中華書局

中華人民共和國國務院批准的重大文化出版工程

國家文化發展規劃綱要的重點出版工程項目

新聞出版總署列爲「十一五」國家重大工程出版規劃之首

國家出版基金重點支持項目

中華大典

宗教典

河北出版傳媒集團
河北人民出版社

《中華大典》工作委員會

主　任：柳斌傑　金人慶

副主任：李　彦　于永湛　鄔書林　張少春　李衛紅　周和平　陳金泉　李静海

委　員：張小影　伍　傑　朱新均　吳尚之　孫　明　王家新　徐維凡　劉小琴　毛群安　遲　計　曹清堯　彭常新　王志勇　潘教峰　姜文明　王　正　石立英　安平秋　陳祖武　詹福瑞　戴龍基　宋煥起　孫　顒　陳　昕　魏同賢　王建輝　朱建綱　高紀言　莫世行　段志洪　李　維　何學惠　甄樹聲　馮俊科　譚　躍　羅小衛　王兆成

《中華大典》編纂委員會

《中華大典》前言

《中華大典》是運用我國歷代漢文古籍編纂的一部大型工具書。其目的是爲學術界及願意瞭解中國古代珍貴文化典籍的人士提供準確詳實、便於檢索的漢文古籍分類資料。

中國是世界文明古國之一，幾千年來纂寫和聚集的文化典籍浩如烟海。我國歷代都有編纂類書的優良傳統，具有代表性的《永樂大典》等大多已佚失，現存《古今圖書集成》編就距今也已數百年。爲了適應今天和以後研究和檢索的需要，一九八八年海内外三百多位專家學者和各古籍出版社同仁倡議，在已有類書的基礎上，用現代科學方法編纂一部新的類書《中華大典》。

國務院在關於編纂《中華大典》問題的批覆中指出，編纂《中華大典》「是我國建國以來最大的一項文化出版工程」。本書所收漢文古籍上起先秦，下迄清末，約三萬種，達七億多字，分爲二十四個典，近百個分典，内容廣博，規模宏大，前所未有。

《中華大典》的編纂工作堅持科學態度和百花齊放、百家争鳴方針。儘量採用古精校精刻本，優先採用我國建國後文獻學和考古學的優秀成果。對傳統文化中重要的不同學派的資料，兼收並蓄。運用現代圖書分類的方法，對收集到的資料，精選、精編，力求便於檢索、準確可信。

這項工作從開始起就受到中共中央、國務院和有關部門的重視和支持。國家主席江澤民、國務院總理李鵬分別爲《中華大典》題詞。江澤民的題詞是：「同心同德群策群力認真編好中華大典爲建設有中國特色的社會主義服務」。李鵬的題詞是：「繼承和弘揚民族優秀傳統文化」。全國政協主席李瑞環、國務委員李鐵映也作了重要指示，要求抓緊辦理。一九九零年五月，國務院批准

《中華大典》爲國家重點古籍整理項目。一九九二年九月，正式成立了《中華大典》工作委員會和《中華大典》編纂委員會，召開了《中華大典》工作、編纂會議。自此，《中華大典》的編纂工作由試點轉入正式啓動，逐步鋪開。

編纂《中華大典》，學術性很强，工作量很大，工程十分艱鉅，全賴廣大專家學者和全國各有關高等院校、科研院所、圖書館、出版單位的鼎力支持與積極參與。大家本着弘揚中華民族優秀文化的心願，發揚奉獻精神，克服各種困難，團結協作，給這部巨大類書的出版提供了根本保證。在此謹表示誠摯的謝意。

對本書的批評與建議，我們將十分歡迎。

《中華大典》編纂委員會

一九九七年四月

二〇〇六年十一月修訂

《中華大典》編纂通則

一、性質：《中華大典》（以下簡稱《大典》）是對漢文古籍（含已翻譯成漢文的少數民族古籍）進行全面的、系統的、科學的分類整理和彙編總結的新型類書，是在繼承歷代類書優良傳統、考慮漢文古籍固有特點的基礎上，借鑒和參照近代編纂百科全書的經驗和方法編纂而成。編纂《大典》的目的，是爲學術界及願意瞭解中國古代珍貴文化典籍的人士提供各種分門別類的、準確詳細的古代漢文專題資料。

二、規模和體例：《大典》所收古籍的時限，上自先秦，下迄辛亥革命。全書共收各類漢文古籍三萬餘種，七億多字。全書體例，着重汲取清代《古今圖書集成》所採用的經目和緯目相交織這一統一框架結構的模式，同時參照現代科學的學科、目録分類方法，並根據各類學科内容的實際情況，一般將每一大類學科輯爲一典，也有將幾個相關學科共輯爲一典的。對各典名稱，均以現代學科命名，對於所收入的各種古籍資料，亦儘可能納入現代科學分類體系之中。

三、經目：大典共分二十四個典，即哲學典、宗教典、政治典、軍事典、經濟典、法律典、教育典、語言文字典、文學典、藝術典、歷史典、歷史地理典、民俗典、數學典、物理化學典、天文典、地學典、生物學典、醫藥衛生典、農業典、林業典、工業典、交通運輸典、文獻目録典。典以下以分典、總部、部、分部分級，分部之下的標目根據各學科特點由各典自行擬定。

四、緯目：共設置九項緯目，用以包容各級經目的具體内容：

①題解：對有關學科的名稱、概念、涵義、特點等作總體介紹的資料。

②論説：有關理論部分的資料。

③綜述：有關學科或事物的系統性資料，凡有關學科或事物的性狀、制度、範疇、特點及學科地位、發展情況等具體内容均編入此緯目中。

④傳記：有關人物的傳記資料。

⑤紀事：有關學科或事物的具體活動或事例的資料。

⑥著録：重要人物或文獻的有關著作資料，如專集介紹、序跋、藏書題記，以及有關著作的成書經過、版本源流等。

⑦藝文：有關屬於文學欣賞性的散文或韻文。

⑧雜録：凡未收入以上各緯目，而又有較高参攷價值的資料，均入雜録。

⑨圖表：根據有關經目的内容需要，圖與表附於相關專題之下，或集中彙總於某級經目之後。

《大典》以内容分類安排各級緯目，各級緯目的正文，一般以原書爲單位，按時代順序排列。每一條資料前標明出處，包括書名或作者名、篇名或卷次，以利讀者核對原書。

五、書目：每分典後附有該分典所收書之書目，書目包括書名、作者、時(年)代、版本等内容。時代以成書時代爲準，成書時代不詳者，以作者主要活動時代爲準，並遵從歷史習慣。

六、版本：《大典》在選用版本時儘量採用古人的精校精刻本，亦採用學術界通用的近、現代整理圈點本及現代學者校點整理本。

七、校點：爲儘可能保存古籍原貌，《大典》衹對底本中明顯的脱、訛、衍、倒進行勘正。古本中的避諱字一般不作改動，衹對缺筆字補足筆畫。後人刻書時避當朝人諱而改動的字，據古本改回。《大典》採用新式標點法。

一九九六年八月

二〇〇六年十一月修訂

《中華大典·宗教典》編纂委員會

主　編：任繼愈

副主編：李　申（常務）　方廣錩

編　委：任繼愈　杜繼文　闍　韜　李　申

方廣錩　王　卡　秦惠彬　郭熹微

段啓明　鄭萬耕　張新鷹　李　勁

《中華大典·宗教典》編纂説明（代序）

李申

不幸，這本來是由任繼愈先生撰寫的文字，如今祇能由我來代寫了。遵照任繼愈先生的意見，本典也不稱序言，而僅稱「編纂説明」。雖小違大典體例，但更合編纂初衷。大典的編纂，本意就是要用材料説話。僅做編纂説明，也就盡了編纂者的責任，也利於讓讀者自己從原始材料中做出判斷。

《宗教典》共分四個分典：儒教分典，佛教分典，道教分典，伊斯蘭、基督與諸教分典。分典根據具體情況，設若干總部、部、分部。所收材料，儒佛道三教主要取自《四庫全書》、《大藏經》和《道藏》系統；佛教與伊斯蘭、基督和諸教分典所取材料，有的本是外文著作，但早已譯成漢文，成爲中華傳統文化的一部分，也加收録。由於宗教的特殊情況，同一緯目下，均仿照儒教分典按經史子集順序和時間先後，排列材料。

我們把《四庫全書》的文字和現代整理本、明清精校精刻本、《四部叢刊》本進行比較後發現，《四庫全書》本除去在某些涉及民族問題上文字小有改動之外，絶大部分資料的選材是精良的，文字也比較準確，故作爲工作用本。

標題一般依大典規定。但文集部分一般先標作者加篇名，其下用括弧標出文集名和卷數。

標點必用句，逗和書名號，少用頓號，冒號，問號，分號等；一般不用引號、感嘆號，省略號。現代整理過的典籍，如二十四史等，保留原標點符號，發現明顯錯誤者，慎重改動。

書名號，混略稱用的，兩頭加書名號，中間用頓號隔開，如《大、小戴禮記》，《論語、孟子集注》等；類名不加，如「五經」、「三史」；指意稱名者，一般不加，如隋唐志、前書（指《漢書》），新書（指《新唐書》）等；卦名一律不加書名號，以免造成「《乾》上《坤》下」等問題。其他更爲複雜的情況，則由編纂者依據實際情況，妥善處理。

甲骨文和金文幾乎可説全是宗教文獻。由於其内容大多已包含在其後形成的儒教文獻之中，加之儒教文獻繁多，《語言文字典》等對該文字有專門收録，所以本典没有選用甲骨和金文材料。新出土的有關原始宗教的資料，

由於多是現代文字，也不在本典選用範圍。

宗教教義中的理論部分，許多已經收入《哲學典》。爲避免重複，本典僅在確有必要的情況下收録。所以讀者欲瞭解中國古代宗教，宜將本典和《哲學典》參照研究。

由於「宗教」概念一直被認為非中國原有，所以於《儒教分典·釋義稱名總部》後特設一《宗教釋義部》，説明「宗教」概念乃中國固有。

根據古代實際，本典給予《儒教分典》以較多的篇幅。並且認爲，講中國古代宗教如果忽略儒教，則必不能準確反映古代宗教面貌。

二〇〇九年七月十一日，對於本典，是一個黑色的日子，主編任繼愈先生在這一天最終離開了他尚未完成的事業。後繼者，只能以完成先生未竟之業，告慰先生之靈。

二〇〇九年九月九日

《中華大典·宗教典》編纂體例説明

本典依照大典統一體例，根據本典實際，補充如下：

一、由於宗教經典特别意義，本書内容排序一般先經後論及其他。在儒教，首先依《四庫》經史子集，經書依《易》《書》《詩》《禮》《春秋》等，史書依正史、編年史等順序排列；然後再按時代排列。其他宗教資料依此原則具體安排。

二、材料僅收集一九一一年及其以前的漢文材料。外來經典一九一一年前已譯成漢文的，已經成爲傳統文化一部分，應收録。

三、標題

（一）經書、二十四正史，一般標：書名加卷數（或篇名），用括弧注明注疏者。如取義以注疏爲主，則標：注疏者加書名加卷數或篇名。

（二）論或儒教子書，一般爲三級：作者加書名加卷數（或篇名），特殊情況可標四級：作者加書名加卷數加篇名。

（三）文章出於文集者，一般標：作者加篇名（文集名加卷數）。

（四）漢及漢以前書，不標作者，只標書名加篇名（或卷數）。歷代欽定、官修書，一般不標作者。需要時標出時代。

四、標點

（一）依大典規定，結合本典實際，書名號、句號、逗號必標；少用頓號、冒號、問號、分號等；一般不用引號、感嘆號、省略號。現代整理過的典籍，如二十四史等，保留原標點符號；發現明顯錯誤者，慎改。

（二）依據現在古籍整理狀況。本典規定對卦名不加書名號。即：乾、坤、艮、兑等。否則將出現「《乾》上《坤》下」等問題。但引用《周易》書中文字時例外。如《周易·彖傳·乾》。

（三）編選者不明確處，書名號寧缺勿濫。如易、詩等。

（四）混略稱書名者，兩頭加，中間用頓號隔開。如《大、小戴禮記》，《論語、孟子集注》。類名不加，如「五經」，「三史」。

（五）指意稱名者，一般不加。如隋唐志、詩書禮樂、論孟荀揚、前書（指《漢書》）、新書（指《新唐書》）等。

中華大典·宗教典

總目

主編：秦惠彬　李申

中華大典·宗教典

伊斯蘭基督與諸教分典

《中華大典·宗教典·伊斯蘭基督與諸教分典》編纂委員會

伊斯蘭基督與諸教分典主編：秦惠彬　李　申

伊斯蘭基督與諸教分典編委會：秦惠彬　郭熹微　項秉光　李志鴻　李　申

伊斯蘭教總部主編：秦惠彬

天主教系總部主編：郭熹微

基督新教系總部主編：郭熹微　項秉光

拜上帝教總部主編：項秉光

境外傳入其他諸教總部主編：郭熹微

境内自生諸教總部主編：李志鴻

《中華大典·宗教典·伊斯蘭基督與諸教分典》編纂説明

本分典包括伊斯蘭教總部、天主教系總部、基督新教系總部、拜上帝教總部及境外傳入其他諸教總部和境內自生諸教總部。

伊斯蘭教總部設教義教職、教派、人物、典籍等四部。教義部既編列五功等資料，也編列一些習俗滲入信仰的准教義記述。編纂所依據的原始資料均出自以漢文書寫的著作，按正史、奏章、官纂文集、私家著述為序。

伊斯蘭教總部編纂者為秦惠彬。

中國基督教設天主教系、基督新教系和中國自創的拜上帝教三個總部；由歸屬東方敘利亞教會（亞述教會）的聶斯脱利派傳入中國的景教，也里可溫教，因聶派本是基督教系統早期異端，而敘利亞教會於1994年又與羅馬公教會達成和解，故將景教、也里可溫教同歸天主教系總部；屬於東方正教系統的東正教，由於資料缺乏和研究不夠，暫不收錄。

天主教系總部介紹傳入中國的羅馬公教系統。該總部設教會與教派、組織與設施、教規與禮儀、典籍、人物、歷史事件、教義和與諸教關係等八部。教會與教派部概述傳入中國的羅馬公教系統各派產生、發展及其在中國傳播的基本情況。組織與設施部分别介紹各派的教階、教堂、十字架等組織與設施以及中國管理宗教的部門，例如元代崇福司及其掌教官。教規與禮儀部介紹各派一般教規禮儀，如十誡、洗禮以及教會節日等。典籍部介紹中文著作中對該教聖經《舊約》、《新約》的一般論述、傳教士和中國信徒的中文著述、石刻碑文等。人物部介紹不同歷史時期各派來華的傳教士以及比較著名的中國信徒。歷史事件部介紹各派傳入中國的歷史過程。教義部介紹不同教派在不同歷史時期對基督教基本教義的表述。

基督教是外來宗教，在華傳播的過程中與中國傳統文化——儒、佛、道既有融合，也有衝突，因此特設與諸教關係部，介紹基督教與儒、佛、道在各個方面的衝突，包括教義上的辯論。

天主教系總部主要資料來源於多種基督教中文文獻彙編，也充分利用當代學人標點整理的天主教文獻以及教會出版的傳教士中文著述；此外還採用了大量史書、政書、地方誌、石刻碑文、考古發現、文集、筆記中關於基督教的文

字資料。由於客觀條件限制，有些資料收集得不是十分完備。

天主教系總部編纂者為郭熹微。

基督新教在中國一般稱基督教。基督新教系總部設歷史、反教和教理教義三部。其中歷史部介紹基督新教在中國的傳播情況，包括各種條約的簽訂和重要教案的原始資料，反教部介紹有關反對基督新教傳播的相關資料，教理教義部介紹基督新教在中國傳播的基督教教理和教義。

拜上帝教是中國自創的基督教派別。拜上帝教總部設神祇、教義、禮儀和清廷論拜上帝教四部。其中神祇部介紹皇上帝、天兄等拜上帝教特有的神祇，教義部介紹拜上帝教特有的創世理論、善惡報應觀念以及生活倫理等內容，清廷論拜上帝教部介紹清朝政府對拜上帝教的態度。

基督新教系總部、拜上帝教總部編纂者為項秉光。

境外傳入其他諸教總部包括國外傳入的猶太教、瑣羅亞斯德教、摩尼教等歷史上曾經傳入我國的宗教，並分別介紹他們的教義、人物和典籍等。境外傳入其他諸教總部編纂者為郭熹微。

境內自生諸教總部包括教派歷史人物部、神祇部、教義部、禮儀修持戒律部、經典寶卷文獻部，分別介紹相關內容。境內自生諸教總部編纂者為李志鴻。

基督教及境外傳入其他諸教設計框架由郭熹微完成，由李申修改和最後確定總部劃分。本說明由秦惠彬、郭熹微分別撰寫有關部分，最後由李申修改、補充定稿。

秦惠彬　郭熹微　李　申

二〇一五年十月二十日

伊斯蘭基督與諸教分典

簡目

目次

典籍部

六 境内自生諸教總部

經典寶卷文獻部

引用書目

伊斯蘭教總部

教義教職部

信仰

綜述

杜佑《通典》卷一九三《邊防九·大食》 杜環《經行記》云，拂菻國【略】亦曰大秦，【略】勝兵約有百萬，常與大食相禦。【略】諸國陸行之所經，山胡則一種，法有數般，有大食法，有大秦法，有尋尋法。【略】其大食法者，以弟子親戚作判典，縱有微過不至相累。不食豬狗驢馬等肉，不拜國王之尊，不信鬼神，祀天而已。其俗七日一假，不買賣，不出納，惟飲酒謔浪終日。

其大食王號暮門，都此處。其士女瓌偉長大，衣裳鮮潔，容止閑麗，女子出門，必擁蔽其面。無問貴賤，一日五時禮天，食肉作齋，以殺生爲功德。繫銀帶，佩寶刀，斷飲酒，禁音樂。人相爭者，不至毆擊。又有禮堂，容數萬人，每七日，王出禮拜，登高座爲衆說法，曰人生甚難，天道不易。奸非劫竊，細行謾言，安己危人，欺貧虐賤，有一於此，罪莫大焉。凡有征戰，爲敵所戮，必得生天。殺其敵人，獲福無量。率土稟化，從之如流。法惟從寬，葬惟從儉。【略】有打毬節、鞦韆節。其大食東道使鎮於此。從此至西海以來，大食、波斯參雜居止。其俗禮天，不食自死肉及宿肉，以香油塗髮。

段成式《酉陽雜俎》前集卷一〇《物異》 俱德建國烏滸河中，灘派中有火祆祠。相傳祆神本自波斯國乘神通來此，常見靈異，因立祆祠。內無像，於大屋下置大小爐，舍簷向西，人向東禮。有一銅馬，大如次馬，國人言自天下，屈前脚在空中而對神立，後脚入土。自古數有穿視者，深數十丈，竟不及其蹄。西域以五月爲歲。每歲日，烏滸河中有馬出，其色金，與此銅馬嘶相應，俄復入水。近有大食王不信，入祆祠，將壞之，忽有火燒其兵，遂不敢毀。

慧超《往五天竺國傳》（《大正大藏經·史傳部》） 大寔【略】國人愛殺生，事天不識佛法。【略】衣著細疊寬衫，衫上又被一疊布，以爲上服。王及百姓衣服，一種無別，女人亦著寬衫。男人剪髮在鬚，女人在髮。吃食無問貴賤，與同一盆而食，手把亦匙著，【略】云自手殺而食，得福無量。國人愛殺事天，不識佛法。國法無有跪拜法也。

《舊唐書·西戎傳·大食》 開元初，遣使來朝，進馬及寶鈿帶等方物。其使謁見，惟平立不拜。憲司欲糾之，中書令張說奏曰，大食俗異，慕義遠來，不可置罪。上特許之。尋又遣使朝獻。自云在本國惟拜天神。雖見王亦無致拜之法。所司屢詰責之，其使遂請依漢法致拜。

又 大食國，本在波斯之西。大業中，有波斯胡人牧駝於俱紛摩地那之山，忽有獅子人語謂之曰，此山西有三穴，穴中大有兵器，汝可取之。穴中并有黑石白文，讀之便坐王位。胡人依言。果見穴中有石及矟刃甚多，上有文，教其反叛。於是糾合亡命，渡恆曷水，劫奪商旅，其衆漸盛，遂割據波斯西境，自立爲王。波斯、拂菻各遣兵討之，皆爲所敗。

《册府元龜》卷九六〇《外臣部·土風》 大食國在南海中，其國男夫黑色多鬚，鼻大而長，似婆羅門，婦人白皙。亦有文字。出駝馬驢騾羖羊等，其馬大於諸國。兵刃勁利，其俗勇於戰鬬。合事天神。而土多沙石，不堪耕種，惟食鳥獸等肉。俱紛地那山在國之南，西鄰大海。其王移穴中黑石寶之於國。

王溥《唐會要》卷一〇〇 大食本在波斯之西。大業中，有波斯胡糾合亡命，渡恆曷水，劫奪商旅，其衆漸盛，遂割據波斯西境，自立爲王。其王姓大食氏，名噉蜜莫末尼。自云有國已三十四年，歷三主矣。其國男兒黑而多鬚，鼻長而大，女子白皙，行必障面。文字旁行。日五拜天神，不飲酒舉樂。有禮堂容數百人，率七日，王高坐爲下說法，曰死敵者生天上，殺敵致福。故俗勇於戰鬬。土多沙石，不堪耕種，惟食駝馬，不食家肉。【略】永徽二年八月，大食遣〔使〕朝貢。至龍朔中，擊破波斯，又破拂菻，始有米麵之屬。又南侵婆羅門，呑諸國，併勝兵四十餘萬。開元初，遣使來朝，進良馬、寶鈿帶。其使謁見，平立不拜。云本國惟拜天

神，雖見王亦不拜。所司屢詰責之，其使遂依漢法致拜。

《新唐書・西域傳・大食》 大食，本波斯地。男子鼻高，黑而髯。女子白皙，出輒障面。日五拜天神。銀帶，佩銀刀，不飲酒舉樂。有禮堂容數百人，率七日，王高坐爲下説法，曰，死敵者生天上，殺敵受福。故俗勇於鬬。【略】

開元初，復遣使獻馬、鈿帶，謁見不拜，有司將劾之。中書令張説謂，殊俗慕義，不可置於罪。玄宗赦之。使者又來，辭曰國人止拜天，見王無拜也。有司切責，乃拜。

又 永徽二年，大食王噉密莫末膩始遣使朝貢。自言王大食氏，有國三十四年，傳二世。開元初，復遣使獻馬、鈿帶，謁見不拜。有司將劾之，中書令張説謂，殊俗慕義，不可置於罪。玄宗赦之。使者又來，辭曰國人止拜天，見王無拜也。有司切責，乃拜。

鄭思肖《心史》卷下《大義》 回回事佛，刱叫佛樓，甚高峻，時有一人發重誓，登樓上大聲叫佛不絶。

又 回回有數十種，亦無姓。回回即回紇也。彼俗不食豬。

許有壬《至正集》卷五三《哈只哈心碑》 我元始征西北諸國，而西域最先内附，故其國人柄用尤多。大賈擅水陸利，天下名城區邑必居其津要，專其膏腴。然而求其善變者，則無幾也。居中土也，服食中土也，而惟其國俗是泥也。和叔則曰，予非敢變予俗而取擯於同類也。其戾於道者變焉。居是土也，服食是土也，吾土之人與居也。予非樂於異吾俗而求合於是也。居是而有見，亦惟擇其是者而從焉。自吾祖爲使而入於中國，委骨於是，若詩書禮樂，吾其可不從乎。俗之不同，禮之頗異，吾其可從乎。於戲，若和叔者，孟子所謂善變者也。

鞏珍《西洋番國志》〔天方國〕彼人云，昔者西方聖人始於此處，闡揚回回教法，至今國人悉遵教門規矩。【略】話説阿剌必言語。國法禁酒。【略】其婚喪禮皆回回教門。再行半日到天堂禮拜寺，堂番名愷阿白，其週如城。【略】每年十二月十日，諸番回回行一二年遠路者到寺禮拜。【略】每禮拜即登塔叫禮。

馬歡《瀛涯勝覽》 天方國。王居之城，名默伽國。奉回回教門，聖人於此國闡揚教法，至今國人悉遵教規行事，纖毫不敢違犯。男子纏頭，穿長衣，足着皮鞋。婦人俱蓋蓋頭，莫能見其面。説阿剌畢言語。國法禁酒，民風和美，無貧難之家，悉遵教規，犯法者少，誠爲極樂之界。婚喪之禮，皆依教門體例而行。自此再行大半日之程，到天堂禮拜寺，其堂番名愷阿白，【略】上用皂紵絲爲罩罩之，【略】每年至十二月十日，各番回回人，甚至一二年遠路的，也到堂内禮拜，皆將此罩紵絲割取一塊爲記驗而去。【略】堂之左有司馬儀聖人之墓。【略】又往西行一日，到一城，名驀底納，其馬哈嘛聖人陵寢正在城内，至今墓頂豪光日夜侵雲而起。墓後有一井，泉水清甜，名阿必糁糁。

費信《星槎勝覽》 天方國，古置禮拜寺，見月初生其酋長與民皆拜天號呼，稱揚以爲禮，餘無所施。【略】地中有黑石一片，方丈餘。

周密《癸辛雜識續集上・回回送終》 回回之俗，凡死者專有浴尸之人，以大銅瓶自口灌水蕩滌腸胃，穢氣令盡。又自項至踵淨洗，洗訖，然後以帛拭乾，用紵絲或絹或布作囊，裸而貯之，始入棺斂。棺用薄松板，僅能容身，他不置一物也。其洗尸穢水則聚之屋下大坎中，以石覆之，謂之招魂。置桌子坎上，四日一祀，以斂四十日而止。其棺即日便出，埋之聚景園。園亦回回主之。凡賃地有常價，所用磚灰匠者，園主皆有之，特以鈔布之直。方殂之際，眷屬皆剺面，捽披其髮，毁其衣襟，躃踴號泣，振動遠近。棺出之時，富者則丐人持燭撒果於道，貧者無之。既而，各隨少長併跪，如俗禮成服者，然後咶靴尖以樂，相慰勞之意。止令群回誦經。後三日，再至埋所，富者多殺牛馬，以饗其類，併及隣里與貧丐者。或聞有至埋所，脱去其棺，赤身葬於穴，以屍面朝西去。（辛卯春於瞰碧目擊其事。）

陸容《菽園雜記》卷二 回回教門，異於中國者，不供佛，不祭神，不拜屍，所尊敬者惟一天字。天之外，最敬孔聖人。故其言云：僧言佛子在西空，道説蓬萊住海東，惟有孔門眞實事，眼前無日不春風。見中國人修齋設醮，笑之。初生小兒，先以熟羊脂納其口中，使不能吐嚥，待消盡而後乳之，則其子有力，且無病。其俗善保養者，無他法，惟護外腎，使不著寒。見南人著夏布袴者，甚以爲非，恐傷外腎也。云：夜卧當以手握之令暖。謂此乃生人性命之本根，不可不保護。此説最有理。

又卷六 嘗聞景泰間，京師隆福寺落成，縱民入觀。寺僧方集殿上，

一回回忽持斧上殿殺僧二人，傷二三人。即時執送法司鞫問，云見寺中新作輪藏，其下推轉者，皆刻我教門人像。憫其經年推運辛苦，讐而殺之，無別故也。奏上，命斬於市。予謂斯人之冒犯刑辟，固出至愚，然其義氣所發，雖死不顧。中國之人，一遇利害，至有擠其同類以自全者。

沈德符《**萬曆野獲編**》**卷二**《**言事・禁嫖賭飲酒**》　近年丙戌丁亥間，巡城御史楊四知者出榜禁殺牛。引太祖所定充軍律，懸賞購人告發。時九門回回人號滿剌者，專以殺牛爲業，皆束手無生計，遂群聚四知之門，俟其出，剚刃焉。四知惴甚，命收其榜。踰月始敢視事。

郎瑛《**七修類稿**》**卷一八**《**義理類・回教**》　回回教。回回祖國，《世史正綱》以爲大食，《一統志》以爲默德那國，據其教崇奉禮拜寺，四夷惟天方國有其寺，或實天方也。入中國乃隋時，自南海達廣，其教有數種。吾儒亦有不如，富貴貧賤壽夭一定也，惑於異端而信事鬼神矣。彼惟敬天事祖之外，一無所崇。富貴者亦不少焉。吾儒雖至親友之貧者多莫尚義，他人不問矣。彼於同郡人貧，月有給養之數，他方來者亦有助儀。吾儒守聖人之教，或在或亡。彼之薄葬把齋，不食自殺，終身無改焉。道釋二教又在吾儒之下，不論也。嘗讀《菽園雜記》，言其教祖之詩曰：「僧言佛子在西空，道說蓬萊在海東。惟有孔門眞實事，眼前無日不春風。」其高又如此。

田汝成《**西湖游覽志**》**卷一八**〔杭州〕眞教寺，在文錦坊南。元延祐間回回大師阿老丁所建。先是，宋室徙蹕，西域夷人安插中原者，多從駕而南。元時內附者又往往編管江浙閩廣之間，而杭州尤夥，號色目種，隆準深眸，不啖豕肉，婚姻喪葬，不與中國通。誦經持齋，歸於清淨。推其酋長統之，號曰滿剌。經皆番書，面壁膜拜，不立佛像，第以法號祝贊神祇而已。寺基高五六尺，扃鐍森固，罕得闌入者。俗稱禮拜寺。

杭世駿《**道古堂詩文集**》**卷二五**《**景教續考**》　回回之先即默德那國國王穆罕默德。【略】按唐之回紇即今之回回。【略】又言國中有佛經三十藏，自阿丹至爾撒凡得百十有四部，如討剌特（降於母撒之經名）、則逋爾（降於達吾德之經名）、引支勒（降於爾撒之經名），皆經之最大者。【略】按經六千六百六十六章，名曰甫爾加尼。【略】在四譯館者，回回特爲八館之首。【略】至於天方則在筠冲地，舊名天堂，又名西域。其國本與回回爲鄰。【略】而今之清眞禮拜寺，遂合而一之念、禮、齋、課、朝五之類，月無虛夕。

朱一新《**無邪堂答問**》**卷二**　回教又本耶穌而小變其說。其始固同出一源。

《**御制敕建回人禮拜寺碑記**》　朕寅承天地祖宗鴻庥，平準噶爾，遂定回部各城。其伯克霍集斯、霍什克等並賜爵王公，賜居邸舍，而餘衆之不令回其故地者，咸居之長安門之西，俾服官執役，受廛旅處，都人因號稱回子營。夫齒繁則見龐，辨類則情煥，思所以統同合異，使瞻聽無奇邪，初不在辟其教而矯揉之也。且準部四衛拉特內附，若普寧寺、若固爾劄廟，既爲次第創構，用是綏寵。回人亦吾人也，若之何望有缺邪。爰命將作支內帑羨金，就所居適中之地，爲建斯寺，穹門塏殿，翊廡周阿，具中程度。經始於乾隆癸未淸和之月，浹歲回衆以時會聚其下，輪年入覲之衆伯克等無不歡欣瞻拜，詫西域所未曾睹。問：「有叨近日之榮，而兼擅土風之美，如是舉者乎。」咸鞠〔月巹〕（〔跽〕）虔抃曰：「然。」復重諗之曰：「爾回之俗，向惟知有魯斯納墨，今則朔奉朝正矣，向惟知有騰格，今則鑄頒泉府矣。越及屯、賦、覲、享諸令典，其大者靡弗同我聲教。而國家推以人治人之則，更爲之因其教以和其衆，揆諸萬舞備銅䋲之技，九賓綴廛頭之班，此物此志云爾，其誰曰不宜。」乃爲之記而系以銘：孰爲天方，孰爲天堂。花門秘剎，依我雲閶。厥城默加，厥宗墨克。派哈帕爾，傳依鐵勒。經藏三十，咨之阿訇。西向北向，同歸一尊。瑨〔王戚〕桷梁司工所作。會極歸極，萬邦是若。乾隆二十有九年歲在甲申仲夏之吉，御制並書。

王岱輿《**正教眞詮**》**卷上**《**回回**》　大哉回回，乃清眞之鏡子，天地即彼之模範也。萬物之擁護，直爲全鏡之形；教道之磋磨，皆緣回鏡之光。夫回光有二：曰「身回」、曰「心回」。

身之回亦有二：曰「還復」也、「歸去」也。還復者，因此身之本，以四大而成形，配合陰陽，轉寄于父精母血。性命生金，相牽黑鉛身體；高低渾合，本因消妄純眞；好吃好眠，盡屬馬牛之行；倚強淩弱，總是虎狼之用。還淸四性，本來淸淨重光；掃淨塵緣，依舊復回原有。出此藩籬，始成人道，玆若璧含于石，金籠于沙，石淨方成連璧，沙淨始現精

金，不悟此機，不特不明取捨，且其損益亦背矣。歸去之回者，乃先天何所，後天何處，來是何來，去是何去。須知來時種子，種入此身之地；歸時發露，善惡各自收成。此種必以正道澆培，莫用己私灌養。以正道澆培者，結清眞之果；用己私灌養者，開謬妄之花。似此歸回，不可不慎也。

心之回亦有二也：人生在世，皆樂富貴而惡貧賤，遂染于二事，妄生貪嗔，墮于苦海，頓忘己之原始。忽然覺悟，利名若夢，身非己有，何況外物乎。復思本來，急尋歸路，熔情欲而爲天理，化萬象而返虛無，玆正心之回也。當此之際，眞如已見，太極已圓，衆妙之門已開，有無之道至矣。所謂無上正眞，不能更進，若欲更進一步，須得扯破眞如幔子，鑽碎太極圈子，拆毁衆妙門子，始超三教之道也。「道外有家人不識，空尋道内作窠巢。」果能復得其巢，即到此家，其無心之回也。無心之回，顯命源而得無極，體無極而認眞主者，其回之至矣哉。今之人多冒名而不務實，及問其理，略無所知，豈不有愧于回回之義乎。昔至聖復命之時，命諸賢曰：「爾等將我之衲，可遺與武畏師。」皆曰：「武畏師，其誰乎？」曰：「訪之自得也。」然後遵命訪求，得之于山野之中，遂相集而言曰：「君何不詣聖乎？」曰：「予之與聖未嘗相間一息，胡爲乎不詣也？若君等之與聖人，莫非見其鬚眉，豈彼眞面目哉。」

又《五常》　正教之五常，乃眞主之明命，即念、施、戒、拜、聚之五事也。因人之表裏，乃色妙相偕，連環互合，其爲鎖也。玆鎖有眼、耳、鼻、舌、身之五簧，其簧必以五常之五匙，方能解脱也。是鎖若開，自然貫通，自然無疑。倘有蔽塞，誠醉夢耳。

五常之首，曰念。其念有二：曰「意念」、曰「贊念」。意念者，乃念念不忘于眞主。忘者，乃喪心也；念者，乃仁心也。死寄于忘，忘不即是死；仁寄于念，念不即是仁。念者，乃念歸故里，慕想清眞；忘者，乃忘記家鄉，叛違原始。因念爲萬行之根，是事皆由此發。一念之誠，可以利貫金石，超越古今，包羅天地，可懷慎哉！忘源自用，即化愚迷；存眞克己，立爲聖賢。身心家國，聖凡邪正，吃緊關頭，在玆一舉，功過莫大焉。贊念者，乃感贊眞主之洪恩，而兼之于至聖，何也？身命乃眞主之造化，衣祿乃眞主之賜予，萬物培植其性靈，天地覆載其形體，豈非洪恩也。至聖乃先天地無極之本然，而爲我輩之根源；中天地統立人道，而爲古今之定理；後天地復命歸原，莫不賴其提拔，焉得不贊之？若飲水思源，不忘于本，其正教記念之仁也。

五常之二，曰施。施有二：曰「己之施」、曰「物之施」。己之施，乃身心智慧施之于主也，施之于親也，施之于君也，施之于天下也；物之施，乃以財帛穀粟之類，施于危困，濟于饑寒。所以清眞之道，無暴露，無乞丐，無穢形，無親疏，無遠近，無古今。遨遊天下，不費錙銖，四海之内，皆爲兄弟。因己之身命財物皆主之賜予，故以其所賜而施及己同類之危難，上不負所賜之恩，下併愛其所愛，此正教施之之義也。

五常之三，曰拜。拜亦有二：「禮拜眞主」、「禮拜君親」。此自然之理也。中節之謂禮，禮其爲人之本歟。觀諸教皆背本忘源，若亡子離鄉，饑寒至極，見人即拜，不知所從，果禮乎？清眞大道，朝拜眞主，清淨無形，不落方位。以七天之禮，合而爲一拜，其中有明命二六，按十二宮分；有天理十二，體一年月數，合而爲念四之時，分而爲周天之度。五時拜禮，理括五行之莫缺；一躬兩叩，體象天輪之長轉，包羅日月之升沉。聖行念八，相繼雲臺星斗；五體投地，天庭正面端然，此禮之本也。或曰：「眞主至尊，何希人之拜也？」曰：尊經有云：「爾等之眞主，無相獨一也。」即此一句，喚醒千古迷人醉夢，辟盡寂滅空無，掃卻諸邪妄像，惟知清淨之眞主也。且敬天事天，拜佛念佛，世皆不以爲異，況造化天地人神之眞主。既居人品，得受清眞，豈可無拜敬哉？

然其拜之理有二，在主則爲恩賜，因指其正以屏邪；在人則爲拜禮，爲不忘本而感謝，此義不可不知。恩賜有二：曰「理之恩賜」、曰「形之恩賜」。夫理之恩賜，因人自草木飛行之理，方成人品之形。設若歸回，必仍自人之品位，復越飛行、草木之性欲。在心則正其意念，在身則勞其筋骨，始能至于原始，是故不苦不難，而便爲聖爲賢，未之有也。所以還清借物，復回原有，逾越萬有關頭，方得本來無極。故禮拜中之侍立，頂天足地，首出庶物，乃爲人之相，玆可以感靈貴之恩也；鞠躬脊背向上，任意往來，乃飛行之相，玆可以感運動之恩也；叩拜垂首于地，自下而上，乃草木之相，玆可以感生長之恩也；拜終跪坐，諸事已畢，乃本來之相，玆可以感元始之恩也。誠所謂來時由此徑，歸去莫他歧，其是義也矣。足見眞主之賜，命人禮拜，分明指示歸回之理，使人莫忘本原，不悟

此機，而猶以爲難，豈知眞主之恩賜者乎！夫形之恩賜，因人生在世，無時不違，無時無過，遂以七天之禮，合而爲一拜之儀。故每番拜禮，包羅萬類之全功，所以贖人之過愆也。

夫人之禮儀亦有二：曰「禮之理」也，曰「禮之形」也。所謂禮之理者，乃心持敬畏，理當發露于心，若種子紅翠，自然發于梢末，其不易之理也。所謂禮之形者，因眞主造化天地萬物爲人，人爲承當眞主之玄機妙用，繼立宇宙，靈超萬品，其體形衣祿皆眞主之賜予。似此洪恩，有財難報，無物可酬，萬事愧非己有，若非此身侍立、鞠躬、叩首、跪起拜禮之儀，將何以爲敬事焉。若人違命于主，在主之尊大毫無虧；若人順命于主，在主之尊大略無益。苟以眞主希人之拜爲見者，陋之甚矣。蓋眞主之愛人，恐人以外邪而亂其內仁，特命聖人作此外儀，以啓人內德，而常存省之。是故日日拜禮，而感之不忘，且以此明人本來，凈人過愆，指人歸宿，增人功德，更令後世享全福之眞賞也。然則眞主令人禮拜，爲人乎？爲己乎？夫人之不拜，是人乎？非人乎？凡人禮拜皆爲知恩，知恩者人也；不禮拜爲不知恩，即禽獸也。本來之禽獸，無有責任，死亡則已；人面之禽獸，有明命之相關，有綱常之攸系，罰之甚重，而且不生不滅，無了無休，較之尤不若禽獸也。

五常之四，曰戒持。戒者戒自性也，持者持智慧也。經云：「爾須以相反之劍，降伏自性也。」自性之本有六：眼、耳、鼻、舌、身、心也。自性之助有二：飽暖、富貴也。故強悍生于飽暖，驕奢出于富貴。降伏自性，須知饑渴之由，則強悍自消；體認中行，定由節儉之禮，則驕奢自已。戒持大義有三，夫人少有當下賢，而往日不爲不肖者也；少有當下在道，而往日不背于道者也。凡人進道，不特知前過而已，必含羞深悔，淡飯粗衣，自甘勞苦，以贖前愆，存心參勘，不少昏晦，此一義也。凡有所行，非智慧，惟由嗜欲之樂者，其貌雖人，而行實異類。他病害止于身，欲之毒染，徹人心骨，故願絶欲而厚養身者，是欲寢火而轉增葦荻可乎。僕役過壯，必忤主人；血氣盛強，定傾心志。所以厚味不恣于身，綾錦不加于體，血氣和平，通身自約，此二義也。且眼前身世，乃長途客寓，非游樂之所，當忙忙于正道，豈暇顧于偏歧。夫道德之樂，可與天仙並列；飲食之關，原與異類同途。道德令人心明，而潤及其身；食飲使人身倦，而累及其心。世人因心有病，不知德行之美，倘知此樂，百味可輕矣。經云：「凡人知戒持之理者，生平自不思飲食矣。」此三義也。三義成全，始爲清眞正智，然正智之上，更有至道存焉。至道者，乃始于智而終超其智也。眞主敕諭云：「戒持類我，親賜彼也。」主本清凈，原無情欲食飲諸緣，如人果能斬絶諸緣，習主清凈，即所云「戒持類我」，非謂主果有所戒持也。凡人一切功行，皆以天國報之。獨此一事，不類萬行，非人自能，其品至清，固非天國可償，必須親賜，方滿其量耳。所謂親賜者，乃見主也。主本無相，非目可觀，惟心能見，夫清凈眞有，得之者不知有身有命，當此之際，渾然無我，有何說乎。心懷道德，交契必是聖賢，所以習主之清凈，自然相近于主，斯戒持之極義也。

五常之末，曰「聚」。聚會之謂約，全約之謂信。其約有二：曰「先天之約」、曰「後天之約」。爰自開闢之初，降人祖于天房，天房居于四極正中，如國之有君，身之有心，日影可證焉。然後阿丹人祖，遵眞主之明命，而後有正教，教化日行，人物日增，則流于天房國外，流被漸遠，日趨于迷，旁枝側脈始于此矣。眞主垂憫世人之離散，頓忘自己之從來，敕命阿丹人祖闡揚大衆，平生一次朝覲天房，割愛離家，古今相繼，爲不忘歷來之根本，相承正教之遺踪，更遵眞主之明命，此後天之約也。及至此間，行其庭宇，不見先人；朝閱天房，復思原主。自豁然開悟，天地是何造化，前人歸回何方？有無如夢，富貴如塵。憶起先天何處，後天何所？此地風光無非客途之幻景，未是吾人之長住。是時省悟，隨即斬斷萬緣牽繞，超越生死關頭，憶還無極之鄉，完結先天之約，復命歸眞，一心向主，此正教聚會之信也。

蓋正教之五常，雖言表裏，本自源流，直指身心，不論人我，誠所謂源清而流自清矣。凡知此道而不遵行，其過倍增，其心愈惑，即若能食而不化，必停滯不舒，不特無益而反貽其害，可不留意乎。

又《真宰》 維皇眞宰，獨一無相，生天生地，生人生物。

馬德新《真德彌維》卷一《明德》 凡爲穆民之至要者，講習清眞認一之學。以至於確然無疑，知聖人之教，眞實無僞，奉天明命，而非私智創設者也。所有制度典章，悉原於天經聖論，更有羣賢之會同比例焉。以是知教典之大，乃述而不作也。既知天語之眞，聖論之詳，各宜凜遵，不

得以私意而妄議之。故讀者當熟其要畧，首認夫眞德之本原與其條例儀典律法，及干犯乎德者。

夫眞德之本。乃確信聖人所受於眞主之禮法而承認之也。

條例者何，勿染於干犯眞德者也。犯德者何，乃天勅聖諭。定爲逆，而羣賢引以爲戒者。

儀則六條。首信眞主乃自然實有而不得不有。有體也其體賾而隱，有用也其用感而通。五官未能覺，智慧莫能知，不可以形色求，不可以虛無論。論體以寂，言用以喻，庶乎近焉。人惟知其當然而不識其所以然。當然雖可知，但非意慮摹想所能及，亦非聰明才力所能通，是以聖人立禁擬慮眞宰之本然。智者愚者均有不可。即慧照明覺，亦無所能。下此又何問哉。夫眞一實有，明據已定。空寂之流，夫復何言。然雖實有，但非形狀之體，亦非氣質之本，非倚物之跡相，亦非着相之本質，不屬象形，不拘方位，不隨年月，無支分，無彼此，無比似，無始終，超萬有而獨立，恆生生而無息，至知也，至能也，觀不以視，聞不以聽，言不以音，意願不以心，造化不以力，自爲無所拘。夫此大用，自然而然，無大不包，無微不徹，所施無不宜，所化無不美，無過無不及，用同體立，義與體殊。蓋大用含於體，渾然無分，因其所達而有異焉。化萬有，育羣生，所爲任意均平無私，無偏無□？生滅以其宜，與授稱其量。人之威權乃眞宰之威權所映照，故必待眞宰之命令，其實亦非眞宰之協輔也。眞宰不以威權付之天仙人神，而天仙人神實如眞宰造化萬物之具，無不聽其操縱。無物出其範圍，豈得自專乎。

信天仙。天神地祇乃妙世之至靈者，無氣稟無嗜欲，讚主念眞，恆而無閒，各勤其功，無自曠者。

信眞經。眞經乃眞宰覺示聖人而著於天籍以闡發其本具之意理也。蓋意理之妙不屬於聲音，字體既發於外，則必以字形，是則所謂天籟也。寶命眞經總括前古所降之經，其義之妙，文之奧，皆人所未能作也。

信聖人。聖者人之至，乃眞主特生以代主宣化而率天下以歸眞者也。大智大覺，超乎天下，懿性美行，卓乎世人，有感應焉，有天降之經焉，奉天命而立言，闡發乎聰明才智所不能及之至理，乃未生之先，既死之後，會歸天國，大彰賞罰，天堂之眞福，地獄之眞苦也，無此等事不足以稱聖。爲聖始於阿丹，越其後裔，至吾聖穆罕默德，集羣聖之大成，統古今之大全，其德無量，其貴無倫。

信會歸。會歸乃世盡之日，天與其所有，地與其所載，同歸於朽。眞主令其原形復由喪而返於成，由朽而轉於久，由不足而轉於大全。萬物之中各呈其眞主寄藏之美德，而幻世轉爲眞境，是所謂復生也。至此則大彰善惡，審訊而考核之，對質案卷，校量功過，度玄關飲仙泉，善登天國，惡歸地禁。眞宰以萬有之大全，而顯其恩之隆，威之極焉。

信善惡。善惡乃眞主之前定，人情之自由。兩相成者如光照物而生影，鏡照形而顯容。不可執一論也。

律法者何？凡遵崇聖教稱爲穆民，若無辜而傷之，奪其財貨，施以刑罰，皆爲大禁。或辱其名或賤之爲奴而買之賣之亦爲大禁。守眞德而不失者，永受眞賞。即有不宥之過，罰必有盡期，終歸天堂。蓋雖有大過，不敢以爲可，亦未敢輕量之，則眞德未喪，不致入於悖逆。否則離經叛道，乃悖逆之人矣。以妄作爲正用，或以正用爲妄作，悖逆也。自甘天罰，悖逆也。自外天恩，悖逆也。妄議天條聖諭，悖逆也。偏解經義，悖逆也。褻玩教典，悖逆也。以眞宰之命禁爲可免，悖逆也。□□主之賞罰有盡限，悖逆也。妄定天堂於羣聖之下者，悖逆也。妄定地獄於良正者，悖逆也。怨恨眞主，悖逆也。憎惡主之前定，悖逆也。過不及歸於眞宰，悖逆也。藐視聖人，悖逆也。信服神巫捏造未來之事，悖逆也。信服托生，悖逆也。祀神求佛且信其能作禍福，悖逆也。凡諸悖逆之端有其一，則眞德喪已。昧乎儀則及儀則之條目，亦悖逆也。

又 大賢哈迺飛曰：信、順，一也，無增無減。

先賢曰：眞德者，信心之眞力也。

曰眞德者，心中之眞光也。眞德在心，如性在身，性無眞德，如身無性。

曰眞德者，心中之種也。其發榮滋長，必以眞功培灌之。眞德之大小視乎眞功，如火之大小視乎薪。

又《禮箴七則》 禮拜之功，萬善之源，誠虔事主，斬絕外援，此功克成，百行咸登，此功有缺，一善莫稱。天恩厚哉，天命諄哉，嗟我同人，各遵循哉，既臨拜闕，一乃心哉。戰戰兢兢，主鑒臨哉。昔我至聖，

敬德自持，迄終溯始，勿敢踰時。矧我下民，縱逸厥性，敢以人情，播棄天命。拜時既至，速邈朝堂，加禮一拜，於爾尤良，今日偶疎，來日徒悔，極世之財，莫贖爾罪。勿曰爾病，勿曰爾貧，天威赫赫，不寬一人，即有所寬，恩自主宰，勿使爾躬，自罹荒怠。莫謂壽考，後補有期，無常忽至，神鬼莫知，妻孥莫留，孤魂附土，試問爾躬，何以見主。嗟我同人，必敬必戒，千金宴客，不若一拜，爾若念主，主亦念爾，永歸天堂，享恩無已。

馬君實《天方衛真要略》 眞主至尊，宜時時誠信。敬畏事務條件，皆主所命，不可輕褻。如人不知敬畏，乃褻稱之曰主兒主子。或聖人經典天仙後世賞罰，或學者學問，少有輕褻俱斷外教。

又 或人問以媽宜是甚麼。答云不知，斷外教。或人故意不大小淨禮拜，故意不向西禮拜，俱斷外教。或人說一切有無之物，我俱知道，斷外道。或向人云惟我求主，你宜求人，說者斷外教。或使人行某事。答曰，縱是主命，我亦不行。斷外教。或惡一人至極處，甚言之曰便是主命我與彼同進天堂亦不願。斷外教。或勸人事事念念當怕主。答曰我無罪如何怕。斷外教。或止人不應行之事，曰此等事，當從主上羞愧。答曰我不羞愧。斷外教。或憎惡一物，曰主上爲何造化此物。斷外教。或教典禁行之事，勸諭者云教規如此斷法如此。答曰我不論教規，斷外教。或人行一昧心之事，轉指主作證曰此事惟主能知。我實如此，其心實不如此。斷外教。或人云我知未來之事，即有人信。彼果知未來之事。俱斷外教。或勸人齋拜。答曰心好不用齋拜，或曰我無妻子，或曰所處貧窮，爲何齋拜。俱斷外教。或讐恨一人，曰求主將他以媽宜取去。斷外教。或人欲歸正教，當即刻與之沐浴，傳授以媽宜，如病或無水，宜先傳以媽宜，後沐浴亦可。或卻以次日，或令覓他師，或在同席令待席散。俱斷外教。或云此事日後定然如此。若不如此，我便不是回回。斷外教。或人戲扮僧道冠服，或念彼經咒，或裝彼形像。斷外教。或人看戲聽彈唱，此爲大罪。若與之合腔點板，或玩味得趣。斷外教。或人舉意出教，即刻轉爲外教。或受虧枉，云主上亦在彼身行虧枉。斷外教。或謂今世無一好人，若或有之，我即與彼叩頭，亦甚情願。斷外教。或謂貧窮，即是薄福。斷外教。或人取債，欠者說我無物償還，取者說便是聖人天仙作証，我亦不信。斷外教。或與人爭鬬云你必死於我手，或曰我叫你死你不敢活。俱斷外教。或與人云，當薄於今世，急辦後世之事，答曰吾不能捨其現在而尋未得者說云。斷外教。或戲言曰我不與天仙買路錢，彼不容我進天堂。斷外教。或勸人做討白。答曰我爲何做討白。斷外教。或假裝講經勸諫之人，爲人取笑，聽者亦以爲樂。俱斷外教。或人幹罪，自認爲罪，罪猶可贖。若不認爲罪，反爲可行之事。斷外教。或人喪父母妻子，損身傷財，並顛沛流離之事，致怨眞主。斷外教。或說教規一人四妻使得。妻云主上不公道，或云此事我不情願。俱斷外教。妻妾在月信未盡之時誤行交合，即當做討白。如故意行之，急罰贖，做討白，若竟謂使得，斷外教。或見人安富高壽，無疾病患苦。戲之云主上忘卻了你。斷外教。或云我依靠在你，非你我如何得過。或答曰其實如此。斷外教。或人相約。奉主要爲你明日來。答云我不奉主，要爲明日來。斷外教。或云只要今世遂意，死後任憑如何。皆可斷外教。或受人虧枉致怨主上不公道，造化如此歹人。斷外教。或見人富貴，怨自己貧窮。斷外教。或云行姦飲酒，及將男作女等事，使得便妙。斷外教。或謂人自禮拜甚久，幹好亦多，未曾有所增益。斷外教。或觀人往講堂聽講經典。答曰聽之無益，即有益，我輩亦不能遵行。斷外教。或與外教人云不入吾教即入別教亦可。斷外教。或人評論某教強於某教。斷外教。或人聞誦經或念拜格納媽子，戲云何處喧嘩。斷外教。或人平日禮拜念經，一旦怠惰，人問之。答曰久而厭矣。斷外教。或問進教之人，你在他教，有何不可，乃進吾教。斷外教。或因私忿，指一正教人曰你不如外教人。斷外教。或見人形容醜陋，戲云是取命天仙。斷外教。正教習學。在一切男婦上，是主命。或人云習學生意，重於習學經典。斷外教。或與人叩頭或受人叩頭。俱斷外教。或人云我眼前屈身營攢，將來受富尊榮。斷外教。正教條律，皆遵主命。聖行不得隨俗轉移。若遇外教時節，隨俗倣行。斷外教。或云不做生意，衣祿從何而有。斷外教。正教遵主前定，不敢妄言術數，預定死生吉凶。亂人歸信。如算命，卜卦，看相，燒龜，掐時打醋炭，看風水，定陰晴，乩仙起數，小兒撲跌，叫名口嚥，說靈哥演禽等類，不能盡述。俱斷外教。或人買賣外教供佛之物，如線香牙檀等香，銀錠紙馬人物，並鍾磬鐃鈸，擊子等響器。俱斷外教。或人怒罵兒女是討債鬼，或稱譽能力牛馬等物，□是還債的。俱

斷外教。凡人預定孕婦男女，或催生或生後拴闕，或寄名，或帶鎖圈。斷外教。或拜壽用八仙桃麵，全帖用人物，取吉等事。俱斷外教。或對人稱正教爲儆教，外教爲貴教。斷外教。或醫預斷生死，或云一服可以回生，或包好，或種子，或斷產，或按時日合藥等事。俱斷外教。或搬家用吉祥草，萬年青，或拾火爐鍋竈在後，因取不斷烟火之意。俱斷外教。或有人於正月無事，縱容小兒代鬼臉殼，幼女成羣請七姑孃，扁擔神，以爲頑耍無妨，信爲使得。斷外教。或有人聽信傳說囈言，搭紅帕於頭，揣梳子懷內，令其吐說，不急用蒼术名香薫之，使狂病甦醒，助魔信邪。斷外教。或嫁娶中用篩鏡插箭，或撒帳，新婦穿踹堂鞋，忌四眼人，飲糖蜜湯，凈桶內放果子，取多子之意，及不遵本教吉日，專擇外教時日等事。俱斷外教。或生意欲人成交，在清晨則云一日生意靠你，在初一十五則云一月生意靠你。斷外教。或彼此問候，如安康生意等事。答云仗你福庇。答者斷外教。吾輩因居漢地，習學漢字，無非書記而已。如初一十五，出香錢，拜牌位等事。俱斷外教。或小兒出痘，忌生人，舉意作油香，炒焦等事。俱斷外教。油香乃食物中一物耳，謂之色德格，以其回賜歸於亡者可也，若云亡者受油香。斷外教。

從前所忌諸事，無論故犯誤犯，俱斷外教。則所辦功課盡皆塗抹，須從新念以媽宜與虎吐白，從來功課方得有濟。可不慎歟。如外教一年老之人，得授以媽宜而死。從前罪過盡爲抹塗，竟進天堂。在本教一年老之人說一酷佛兒之言，行一酷佛兒之事，未得從新念以媽宜而死，則從前功課亦盡抹塗，永遠地獄。可不愼歟。人之生子不肖，莫甚于姦生。而姦生之子有四，一行姦而得胎者，二說過休妻，未曾重念虎口白，而得胎者。三夫妻相爭發誓不曾罰贖，亦未曾重念虎吐白而得胎者。四或男或婦曾有酷佛兒之言，酷佛兒之事，不知復念以媽宜並虎吐白，而得胎者。凡姦生子做不得以媽目，即念邦格，納媽子亦是嫌疑，是何關係，可不愼歟。

又《宰牲條目》 凡男女幼童，知道以媽宜之規矩斷法，俱可宰牲。如不明以媽宜妄宰者，斷爲哈拉目，即不凈之物，不可食用。以媽宜大綱七件：第一歸信眞主。第二歸信一切天仙。第三歸信一切經典。第四歸信一切聖人。第五歸信後世。第六歸信一切好歹是主前定。第七歸信死後復活。如一條不信，斷外教。以媽宜規矩三件：第一定信以心。第二讚誦以舌。第三遵行以身。以媽宜斷法六件：第一不應侵取回回財物。第二不應殺害回回。第三不應毀謗回回德行。第四不應歹猜回回。第五不應將回回子女爲奴。第六要知有以媽宜之人，雖然有罪，後世在地獄中不久，如不知念以媽宜，又不知講解以媽宜，又不明此等條件規矩，即不得名爲回回矣。其宰牲斷不可食也。所以正教習學經典在男婦俱爲主命。其不知者皆素不習學之故。可不愼歟。

宰牲條件有五：第一念特思米葉。第二要刀快。第三要血流。第四要放一足。第五要向西宰。凡宰牲必宰斷四管，一食管，二氣管，兩根血管。如宰斷還可用。如血不流身不動，不可用。凡物自死者，即爲哈拉目。並不可賣錢，惟皮毛蹄角，賣錢可用。

當用不當用。三十欵遵主命當用者六件，肉，脂，心，肝，肺，脾。俗名連貼。嫌疑十六件，腦子，脊髓，肚子，胰子，奶渣，腰子，鼻膈肉，苦肉，紅腸，盤腸，苦腸，百葉，散袋，大腸，小腸，轉腸。哈拉目不當用八件，宰血，心血，陰門，糞門，外腎子，尿胞，鞭子，即腎苦膽。

凡人不信斷法，妄依己見，將哈拉目作哈喇勒，哈喇勒作哈拉目，俱斷外教。

聖云凡人不知分隔食用哈拉目，其辦功做覩阿，俱不准。通身俱爲不凈，後世不能進天堂。必待火獄煆煉已凈，方能進天堂，得永遠之受喜也。

凡宰牲者忘記念特思米葉，其牲可用。如故意不念，宰不可用。若念一遍特思米葉，宰幾個牲，止頭一個可用，餘者不可用。

凡有病危將死之牲，欲趁活下刀，或無大凈之人，或未曾做損納特之人，或內官，或啞子，宰俱姑容使得。然無大凈之人，該用土小凈宰。如等不得，便宰可也。凡人用快劍，或用快竹，刀片，快石片，快骨片宰牲，但咽喉管斷血流可用。若用牙咬，或用掐斷，不可用。因有一國外教人如此行。

凡所宰之牲，腹內有羔犢，不可用。鷄鵝鴨腹中之蛋有殼無殼者，俱可用。

若所宰之牲，有羔犢相隨者，先宰小羔，後宰大牲，使母不罣戀矣。

宰牲後擠出乳來，不可用。如與貧者食可矣。

若宰有病之牲，身雖不動，其血流有聲，或血流湧出可用。倘血流無聲，或血流微細，不可用。或身動，其血不流，亦不可用。若宰有病之牲，四蹄伸直，眼目瞪視，肚腹鼓脹，不可用。如四足縮者，可用。打獵一事，乃遵經有條，或用鷹鷂，或用犬翦，俱使得。放去之時，必念特思米葉。其牲受傷而死者，可用。如有傷未死者，復宰。若無傷自死者，不可用。

如打獵者念畢特思米葉，用刀劍將牲均砍兩段，俱可用。或前半節大，用前半節。下半節小的，不可用。或用翦鏟，將牲鏟下一塊來，鏟下的不可用。

又打獵用火器，或鎗炮，傷牲至死，雖念特思米葉，不可食。

張時中《四篇要道譯解》卷一 眞主在兩世與爾吉慶矣。

又 聖人論但是人虔誠念清淨之言，他已進天堂矣。

又 聖人云說眞言與人脫離，說謊傷人。

又 天經分付，爾衆看守一切納麻自。

又 問以麻呢恬美是甚麼。答曰潔淨而立拜而散財。

又 聖人云爾衆禮五時納麻自，散財帛，宰嗑忒，然後進天堂，無考算亦無罪。

又 聖人云廉恥屬以麻呢。

又 眞主曉諭，夫齋屬我，我親自報之。聖人分付，爾衆習眞主一切性。

又 聖人云母民之心是眞主寶座。

又 問以麻呢根是甚麼。答曰虔誠。

又 問爾在以麻呢或以麻呢在爾。答曰我同以麻呢，以麻呢在我矣。

又 天經云眞是母斷民朶斯替，將他從一切黑暗裡取出，止于止一光明中。

又 我是母民則以麻呢是我動靜。

又 以麻呢比如是光，憑眞主恩慈。人在辦達心間即憑此光認得自己造化之主，止一無如何。

又 問以麻呢有幾樣。答曰五樣。其一受跟隨者。斐而識忒之以麻呢。其二受護佑者。列聖主以麻呢。其三受承領者。一切母民之以麻呢。其四受黜退者。木那廢格之以麻呢。其五受等待者。外道人之以麻呢。

又 問以麻呢規矩有幾事。答曰三事。定念在舌，誠信在心，身行工課。

又 問以麻呢斷法有幾件。答曰六件，五件在今世，一件在後世。

又 凡人不知以麻呢規矩與斷法，所行一切工課即認禮濟齋遊，俱不中用。

又 設或人問以麻呢原根是甚麼。答曰是眞主所垂賜。又云以麻尼是普慈之光。

又 問以麻呢是受造化者或非受造化者。答曰非受造化者。

又 聖人論但是人虔誠念淸眞之言，他已進天堂矣。此天堂非受造入座之天堂，即眞主所謂我之天堂。蓋指自己淸淨本然也。

又 問以麻呢之身是甚麼。其曰是禮拜。

又 聖人云後世先考算吾人以麻呢，而後就是納麻自。

又 天經云一切好能去一切歹。

又 問以麻呢之心是甚麼。答曰念古喇阿納。天經云然是爲古有眞經，授記於仙碑者。

又 聖人云凡物有一心。天經之心是雅心。天經云讚主至淸淨，萬物之生理，憑甚執掌。

又 聖人云說謊者非我敎生。

又 問以麻呢窄隘是甚麼。答曰設有納麻自。天經云有儒斯若非能於禮拜者，決陷魚腹中，至後生之日。

又 問以麻呢達道是甚麼。答曰知哈略力與哈落木。天經分付，爾衆在大地間吃潔淨哈略力。

又 問以麻呢尊大是甚麼。答曰記想眞主。天經分付，歸順之人爾衆多記想眞主而晝夜讚之。

又 問以麻呢果子是甚麼。答曰持齋。天經云眞主將齋寫在爾衆矣。聖人云夫齋是遮火擋牌。

又 聖人云尋學是天命，在一切順命男女上。

又 問以麻呢種子是甚麼。答曰學識。天經云夫學者品級多矣。

又 問以麻呢枝葉是甚麼。答曰計較。天經云委實計較者乃得脫離。

又　問以麻呢髓是甚麼。答曰都阿。天經分付爾衆求我，我准爾衆之所求。

又　聖人云都阿是一切工課之髓。

又卷二　聖人云但是人認得自己即認得其眞主矣。

又　凡喜一事爲主喜，怒一事爲主怒。與不與俱爲主。如此，則自己動靜俱朽矣，而惟眞主存焉耳。

又　問何謂依斯了門。答曰領主命，遠主禁。天經曰委實教門近乎眞主，乃爲依斯了門。

又　問何如人是穆斯理麻呢。答曰人從其手口安寧者。

又　問修理教門有幾事。答曰五事，一曰証主，二曰立拜，三曰持齋，四曰散天課，五曰遊天房。

又卷三　爾知禮拜是眞主一切命令中一件命令，是一切天命中一件天命。在一切男女無論賢愚良賤，俱是天命，凡人不能隱昧。隱昧者即爲悖逆。

又　夫拜乃萬善之根，包含一切工課，脫離一切罪過。在教門如柱石。聖人云拜乃教門柱右。人將此拜立起，實將教門立起矣。人將此拜撇去，實將教門拆毁。

又　問獨自禮拜較隨衆禮拜，其功德如何。聖人云隨衆每拜勝自拜二十五級。

又　問拜外斷法有幾條。答曰六條。一曰水淨。或大淨或小淨。水難得，土淨亦可。二曰衣淨。男子從臍至膝，女人從頭至足，如衣服污穢，若無別衣，以此禮拜無妨。三曰處所淨。可容拜單而已。四曰認時。謂拜當按時也。五曰舉意。先舉意是某拜。六曰向西。如在舟中或馬上，以進乃麻自時向西。此後認其所之，不可轉動。

又　問拜內規矩有幾款。答曰六款，其一大稱，其二站立，其三念經，其四鞠躬，其五叩頭，其六坐定。

又　問爾認得眞主否。答曰我認得。又問認得如何。答曰無似無如何，無相無比。眞主無變無更。

又　聖人云五時之拜譬如汝衆門首河渠，每日其中浴洗五次，其身當有塵垢否。

趙燦《經學系傳譜》附録《經堂八詠・小引》　余居家髫齡時，薄業寒廬，塵草敗壁，然素對青緗，每親黃卷，雖知家傳自有教門，亦知吾教之有眞主，其贊誦齋拜之恩賜刑罰，則泰然不知，亦不問也。及余稍壯，雖性尚愚蒙，而自負有志，惟以顯親揚名爲分内事，遂舉念游燕，以圖異進。詎料辭家未幾，方逾魯境，即遭劫掠，從此進退觸藩，梁秦落魄，希進之念日存於衷，而孱弱之軀已百經挫折矣！後較藝漢南，遭許文宗（諱蓀荃）之擯棄，由是置閣經史，絶意進取，停輟吟哦，謝事筆墨矣。後檢得岱輿王先生《眞詮》一集，始知吾教名爲清眞，主宰系無色相比似起始方位者，乃造化天地人神萬類之主，其贊誦齋拜，遵之則永世有天府各樣之恩賜，違之則有火禁各樣之刑罰，以及飲啄舉動，莫非主之前定。追憶二十年來，濫竽奔走，悉屬妄爲，益悟吾教充棟之經籍，已蘊奥妙之玄機，苟弗一探其奇，豈非丈夫自棄于此生也，斯時已願肄吾教之業矣。後隨先府台馬公（諱耀）馳驛入川，歷任未幾，一旦捐世（因與同庚）。余視其生平之富貴，宛如現在之劇場，愈明前定之理，後雖溷跡提台吳公（諱英）轅下。屢荷栽培，第有妨教律，未免負焚摧焦尾，霜損幽蘭之感，益覺富貴何如春夢，貧窮無那寄旅，有限光陰勿輕錯過，遂毅然勇退，以習吾道經書，邇來似覺有得，但顯親揚名之念，頓擲東流。然非吾之自棄此生，實是前定有以限之，安知塞翁失馬，非福基乎？惟恐不知余所由來之人，以爲笑柄，故集此數詠，以明己意，兼礪後學云爾。

龔景翰《循化志》卷七《風俗・回民》　婚禮。亦有媒人至女家，女之父母允之，又請其親房叔伯父俱至，皆允之。乃以麵用油和成，熟散以盤盛之，遍食之，謂之油交團食。此則永無異說矣。媒人囊其餘覆命以示。男家即如漢俗之婚書也，其財禮亦當日定議，馬二匹或馬一騾一。貧者則以四小牛，擇日令送。貧者先送其半，臨娶又送紅梭布一對、綠梭布一對、藍布褲料布一四、藍布裙料布一疋、桃紅布主腰料一疋。富者被面料二疋、被裏料白大布二丈。娶日，婿及男親皆往迎，至女家門外環坐，生野地，其尊長爲誦合婚經，婿在野中跪，新婦在家中跪，誦畢，女家送油麵硌嗒又名油香，每人各一器，牛肉各一塊，即各先回。女家一女人，送新婦來，各騎牲口。其男眷或多或少，女眷同新婦至婿家。以箭竿二支與新婦磅婿家閉門索禮，以女鞋一雙與之，乃開門。婿家以箭竿二支與新

婦兄弟。婿家女眷奉奶茶四杯，同送親女眷對拜三拜，送親女眷食少許，乃同新婦進房，在竈門前立。其送親男眷不得入門，環坐野地，婿家以牛肉磨廝、油麵硌嗒、饊子餉之，先回。至晚成親，不拜天地，不拜祖宗、翁姑。次日夫婦各洗浴。新婦拜見翁姑及各長輩。婿赴女家，拜女父母各親。新婦耳戴大耳環如鉤，或重至一兩，頭戴銀花及銀冠子，身六牙紅綠布服或綢緞，多如漢制，腳穿布鞋青底紅身。

喪禮。父母死，大小男婦哭泣，置屍木床上，東西向，不向南北，即日浴屍，裸其身以三布單撒紅花潮腦，自下而上裹之，束以布條，入木匣，抬至墳，浚一直坑，又斜浚入內，謂之穿堂，開匣解布條，將屍側身置穿堂內地上，開頭上布單，露其面，以土坯塞門，外填土其上起墳。掌教誦經。先散親房尊長，仍留一人念經，此一人爲其家中所請者，每日三次至墳誦經，凡四十日乃止。家中逢七日請衆人，誦經食油香、宰羊。孝服白布，長大如道袍，腰系白布，鞋亦以白布幔之。至四十日，滿族戚本日來吊。富者以白布散給，又以錢散。貧人送奠儀者，皆折半與之錢，以代酒食。

過年。每三年縮一月，以有閏也。西人不知閏法，故但以十二月爲則過年之末月，謂之閉齋。一月滿，然後開齋。開齋之日，則新年第一日也。以見月爲度，大略前月大盡則在初三，小盡則在初四。其閉齋之一月，雞鳴用飯，至日落復飯，日中即水亦不飲，然惟誦經，及老成人能之，其餘三日五日，或私開矣。過年之日，先至寺禮拜。總教以油香食之。遂至墳上誦經，乃至本莊拜年，互食油香。貧者麥仁飯，次日乃至各莊。開齋之後七十日，謂之小過年，如漢俗之清明，亦至寺禮拜，墳上誦經。富者殺羊或殺牛，散送本莊。如去歲壬子閏四月初三乃開齋，其小過年則六月十二日也。開齋一月之先十五日，轉巴提拉，掌教、副掌教、小掌教等，至各家誦經，家中人皆跪伏，掌教令接躲，各人皆以手對捧在面前，隨以手擦面一下而畢。請掌教食油香、交佈施。

沈鳳儀抄録《岡志·風俗概論》 風俗淳樸，教法精嚴，廣設義學，研窮典謨，名師碩儒，接踵而至。人皆性剛強而敦禮樂，習武勇而尚義俠，護持同類，不容外侮，仍存西土勇敢之氣。飲食則必典、必潔，雖市肆必不容異教竄入。教規率由典則，即小節亦不敢妄有增損；持齋時，燈火滿街，光輝奪月；聚禮日，衣冠盈寺，香氣不墜。先聖之規模，中華之西域也。

又 吾教儀禮雖多，後人當知其有大小之別也。禮之大者無庸議。如：主宰獨一，聖人至貴，遵行五功，敬信經典，嚴謹沐浴，守七辰之禮，重幼童之制，異端飲食諸禁忌，皆凜凜不敢犯。此爲禮之大者，萬國皆同，是無所置議者也。其餘小節，如連、獨等十餘事，則議論甚多，四方教衆亦遵行不一。雖集衆師於一堂，彼各執一說，亦各自有理，所以聚訟百餘年，而辯駁靡定也。

又 予嘗竊思其理有六：

一、吾教自隋時入中國，迄今千有餘年，世遠言淹，教師輩學業淺薄，聞見不廣，惟堅守一面之辭，而不能參考諸經。

二者，自入中國以來，除眞經外，所有者亦不過齋拜、因果、賞罰、勸戒諸經而已。至今群賢議禮諸說，如東土之《禮記·檀弓》、《廿一史》、《文獻通考》之類，必盡藏西國，未獲東流。今人雖欲參考，而又苦於經籍之不廣。

三者，總[縱]使議禮諸經全在中國，予又知其必不能參考，何也？今之教師，東土之人尚不識東土之字，不嫻東土之禮，反能議西域之事乎？況所議者又非西域之粗事，把齋看月，爭連辨獨，即如東土所論天文之月朔歲差，大禮之分祀合祀，非博通今古貫穿百家者，不敢置喙。而教師何人，不讀詩書，未嫻禮樂，所恃者何等學問？何等見解？胸中有何典故，可以引經斷義，觸類旁通？況目前所有眞經三十冊，逐日誦讀尚不能講釋一章，則其餘前賢撰述、禮法名經雖有，亦必展卷不知何物，是斷斷不能參考可知。

四者，教師陋習，率以經籍爲鎮家之寶，若某師有某經一卷，必嚴藏秘錮，無異丹書鐵券，雖至親厚友，亦不假手傳觀。是以數百年來，學問一事愈傳愈隘。

五者，天方罽賓諸國，皆遠在二萬里之外，間關重譯，音信不通，我有疑義既不能往問，彼亦不能厘正。

六者，中國四書五經，皆有今文、古文之不同，苟無師授，按字讀之，必致于循文害義。予意西域經文，亦必有今文、古文之異；八九百年

愚迷授受，恣意誦讀，其中錯誤想亦不少。

有此六端之弊，加以庸淺之師，心滯如膠，眼光如豆，報［抱］偏僻之謬論，起無事之風波，好事之徒又祖而助之，是以紛紛百餘年來辯駁未有底止也。明理者，當遵其大而略其小，則師俗相安於無事。倘不別禮之大小，溺其說而究竟之，則愈究而愈惑矣！吾欲一言以蔽之曰：「不議」。

予賦質庸駑，面牆無識，雖未讀西域經，每好究心教義，間常請問于教師曰：「師嘗言穆撒、達渥德、爾薩諸聖，皆去吾聖幾世幾年，孰先孰後，功業事蹟可得聞乎？」師曰：「經文不載列聖之全跡，亦未嘗言其次序。」問西域有占卜之學否？師曰：「此教法之大禁，不可問也。」問齋月大小盡之理。師曰：「西域禁測算，不論晦朔弦望，以新月爲始，亦無閏月之法。」問有地理否？師曰：「此亦大禁，不可信也。」問眞經三十冊所著何事，請師講解一章，以開茅塞。師曰：「議論眞經，罪過極重，不可講也。」予彼時甚疑，我西域乃遐方遠譯，道理褊淺，無紀事之史，缺百家之言，僅有禮拜、把齋、念經、舍錢而已。究其道理，不大相符，其局面不宏，於是胸中鬱鬱不快者數月。康熙庚寅，偶于友人處得西域天文稿及《哲罕達尼史》，殘篇斷簡，補裰而讀之。其所論九天七地、日月五星之理，皆言人所不能言，發古人之未嘗發，中國天文諸書遠不及也。後又獲見《天方秘書》一卷，乃明洪武時，學士吳伯宗與回回馬沙亦黑奉敕驛［譯］撰。皆載我西域天文地理、風角占候、行軍撰［選］擇諸說，高出於中國《六壬通書》、《武備志》、《虎鈐經》之上。康熙辛丑，予侍値乾清宮，與［於］直廬中，與西洋人馬偉賢語，賢乃天方國之西鄙意大理國人也。其國俗奉天主教，因其逼近天方，頗知吾教之理。予問曰：「我西域奉回教者幾國？」賢曰：「大國十餘，小國百餘。」予曰：「大小何方可也？」賢曰：「大者如中華，小者如朝鮮。」予問有書籍否？賢指保和殿曰：「小國之經書此十殿不足貯也。」予問西域有聖人否？賢白：「自元聖阿丹以下，著經立法者，曰欽聖，因經傳道者，曰大聖。」賢乃屈指數曰，某聖遺留何事，某聖删除何弊，某聖有何靈異，某聖去某聖幾代幾年矣，直數至我們□□□□□□□貴聖穆罕買代。賢乃搖首曰：「此聖道高德盛，仁文義武，删除諸家之謬誤，集回教之大成，感應萬端，臣服諸國。噫，我不能述其功德矣。」予曰：「汝何以知之甚悉？」賢：「我西洋之東有席兒亞尼國者，天方之屬國也。國中有學堂十餘所，生徒千餘人，惟本教眞經不肯妄傳，其餘各種雜藝，鄰國之人皆往學焉。我幼年曾習學于彼國，竊見其歷代史書《列聖紀》、《大聖傳道錄》、《傳心錄》，是以能述其大概也。」予問西域有何雜藝？賢曰：「百家之言無所不有，《天文經》、《測量經》、《星宿圖》百卷，推測交食凌犯，皆蜜［密］合天象，毫髮不爽也。有《七洲形勝記》、《輿圖考》數百卷，言天下山川、水土、物產之不同，萬國風俗好尚之各異。有《算寶經》百卷，推算九天七曜、三角八淺［線］，皆晰入秋毫。置沙於盤，以箸畫之，雖萬境無量之數，千年未淸之簿，九重之高卑，八方之廣輪，瞬息間了若眉列，東土之珠算，萬不及一。今天文、演算法二學，我西洋皆京之。有發歷經十卷，引畫分點，如中國之卦爻，以占休咎；有禮法經數百卷，辨析教義；有醫經數百種，救人夭折；有古文稿及詩詞樂府數百種，又有樂經、選擇經、服食經、耒耜經、棟宇經、解夢經、歷代聖王事蹟考、大聖武功錄、升霄紀、廿三年年表、群賢傳、聖女傳、教禮因革論、天方風土記、異教考源、古文字海、今文字正、文鑰，其修道者有性理經、大觀經、推原經、太充經、壽池經、成道經、歸眞經、直見本來經。此不過一小國經籍。亦我之所窺見者。其餘我之未得見與大國之所藏，尚不知有幾許也。」予問西域亦有兵法否？賢蹙額曰：「唔，可畏哉！西域之兵，熊虎之師也，騎步俱精，水師尤悍，甲冑輕韌，器械悉利，善用埋伏，長於大炮，用間誘敵，詭譎百出，安營善擇方向，必主於不敗之地；交戰先定時刻，預知可乘之機，鑄銅爲炮，實硝黄四五石，一發則山崩城陷，我義理大國雖切齒於回回，然不敢二也，歲修職貢。王與群臣每月拜祭東門，惟求無事而已。」吾始恍然曰：「我西域道理淵深，經史全備，諸家百藝無不造其極微，惜敎師淺俗，惟解齋拜、施捨等事，不能深究細學，而又違心背理，反誣我西域無史傳百家之言，謬設恐嚇之辭，杜人難問，以掩自己之短，豈不可笑又大可恨也！予自斯以後遂不敬信教師矣！」

又　齋月間，岡之大街小巷，逐門懸掛燈籠，寺門劄大架，懸燈更多。舉頭一望，煌煌火城，光明如晝，亦奇觀也。

世人嘗言曰，教入中國自唐始，非也。吾聖命大賢塞爾德・宛格思傳教東土，航海而來，隋開皇時卒于番禺〔禺〕，今廣東省城外懷聖光塔寺是其墓也。西安府省城子午巷禮拜寺碑文，唐開元時王鉷傳，其辭曰：「西方聖人，生於西域，去中華不知幾萬里。其書籍所言綱常倫理，修齊治平之道，與吾儒若合符節。」夫建寺樹碑，有譯書可讀，則其來已久，非唐時始來也明矣。五代以降，雖有回教，人必寥落。或以謂郭子儀以回紇兵入中國，是以回教人多，亦非也。回紇乃匈雙〔奴〕別種，名字不同，嗜好各異，非吾類也。蓋因元太祖窮兵西域，滅國四十，虜降男婦數十萬，蹙夏逐遼，奄有中國。故元之大臣半是回教，百司設官，三種並用，曰蒙古、曰回回、曰漢人。此說亦誤，回回在元時統曰漢人。高麗亦漢人內。章奏文移，皆用回回文字。自番僧巴思巴創蒙古新字，頒行天下，而回回字始停止不用。元有賽典赤，封咸陽王；伯顏居首相；異人紮馬魯丁造萬年曆及七種儀器；元師伊思馬因造大炮，成滅宋之功。終元之世，王侯將相不可枚舉。回教之盛，莫盛於元，截取《元史》讀之自見。迨至明初，萬法失傳，五星違度。徵回回大師馬沙以黑造七政立成以考正大統曆之失，因另設回回欽天監，專掌交食淩犯四季天象。馬氏、吳氏世業其學，食祿迄於明亡。又如鐵鉉、薛祿、陳友諸公，皆名聞宇宙，史冊爛然，吾教亦未嘗無人。今燕都之回回，多自江南、山東二省分派來者，何也？由燕王之國護圍軍僚多二處人故也。教人哭父曰：「我的達」，其亦山東之俗也。

國朝自順治八年以來，外藩蒙古四十八處，凡各處進貢來京者，每年不拘二次、三次，動輒數百人，淹留數十日，分居敎廠、皇寺、館鋒〔驛〕等處，光祿寺給廩餼，理落院差官監散之。其間濫支冒取，其弊甚多。岡人自明季以來，即應充肉商，迨至本朝，商家與光祿寺、理藩院交通作弊，取內帑如囊中物，支銀必數十萬，殺牛羊不可殫記。除正供外，以大車載銀出城，官與商均分。康熙十五年後，其弊益甚。屠商之家，皆雕牆峻宇，妻妾擁珠翠，僮僕衣綾錦，子弟皆入貲補官，娶婦嫁女必窮極華麗，生辰彌月開筵唱戲，賓客塞門，雖士大夫家不及也。西街每日午後宰牛羊數百，血流成渠，各色人等嘈雜喧闐，執刀者、縛者、吹者、剝者、扛者、執秤者；又有接血者、接皮者、買肉者、剮膜者、揀毛者、收雜碎者、剜胸脛者、劃肚〔月莀〕者、擊骨煉油者、經紀說合者，幾十餘行，無慮數千家，莫不飽食暖衣，仰給于牛羊，初不知稼穡何物、澇旱何如，惟視牛羊之多寡，為一歲之豐歉。自康熙三十五年，商戶等互相攻訐，訟獄迭興，上亦稍聞其弊，光祿卿貳，貶謫相繼，情形破露，事漸難辨〔辦〕。治後，廷議專尚節省，進貢蒙古，皆限有常數，每歲止許入貢一次，來，不過十餘人，亦不許多帶人馬，越制者不得入關，酒肉之類皆折銀兩，屠商之家大失所恃。積逋至十餘萬，田產不能抵五分之一，部議責其陸續代銷。邇來，商戶皆貧不能自立；小屠負販者，亦窘不支，而西街午後竟荒涼於往日矣。

教中先塋，盡在西便門外之三里河。數千餘家之墓，高低不等，縱橫相連，以塍壟隔之，如豆腐塊，如窗櫺眼，前無門壁，後無屏擁，間有三、五家闢戶繚垣者，亦不過踏他人之頭頸為自己之便途，可慘。守墓者亦回人，率皆強梁惡悍，可恨，不事商賈，而望城中人破土下葬，築牆禱墓，掠濟貧之餘資，為養身之長計。倘有絕後之家，流移之戶，繼嗣無人，祭掃不至，彼則夷其丘壟，掘其地，刨其樹木，謬稱「淨地」，轉售他人，惡極。又或後世贏〔羸〕弱，人丁稀少，彼必勾連旗棍，埋棺立塚，改換文券，嚇詐財物，種種弊端，不可枚舉，氣極。其間尚有不忍言者。嗚呼，〔以〕我同類之先塋，肥自己之口吻，理極，吾不知造物者，將來何以處三里河之回回也。

《古今圖書集成・職方典》卷一三八〇〔崖州〕番俗占城人，宋元間因亂挈家駕舟而來，散泊海岸，謂之番邨、番浦。今編戶入所，三亞里皆其種類也。其人多蒲姓，不食豕肉，家不供祖先，共設佛堂，念經禮拜。其言語、像貌與回回相似。【略】不與民俗為婚，人亦無與婚者。

林則徐《雲貴奏稿》卷三《飭提永昌京控人證未據報解情形片》 其紳衿掌教等，亦即轉相勸戒，議立條規，不獨具結呈官，且各書和約，同誓於神，以明其無反復。

那彥成《那文毅公籌畫回疆善後事宜奏議》（善後交付折・道光九年二月二十日） 該回俗最重抱經起誓。令該夷使與本城阿奇木當面抱經，試其是否真誠，有無勉強。

《左宗棠全集・奏稿五》（同治十年四月初八） 竊回民以西戎族類，

雜居中土，自古已然，載籍詳矣。就回民自數之典言之：祖曰阿丹，生于天方之野，産七十二胎，每胎男一女一，自爲夫婦，至吙撒而其教始興。又六百年，當隋開皇中，有穆罕默德者，生而神靈，闡明清眞之教，回衆翕然從之，其教始盛。今回民稱天方教，自稱曰穆民，以尊穆罕默德故也；又曰膜民，以阿丹初生之祖言也。其書有《天經》一部，回族稱爲穆罕默德所受之天者；又《天方性理》、《天方經典》兩部，則明代金陵回人劉智所撰，皆發揮《天經》遺意，以華人文字潤色之。其教以識主爲宗旨，似儒者所言明心見性；以敬事爲工夫，似儒者所言制外養中。其教規所謂天道者五：一曰念，謂誦經；一曰禮，謂報恩；一曰齋，謂絶物；一曰課，謂忘（巳）〔已〕；一曰朝，謂歸眞。所謂人事者五，謂倫常之理。七日一禮拜，亦與泰西各國同，蓋其原本出于天主耶穌，而時雜以佛氏之說。稱華人爲大教，自稱小教。非如奇邪詭異之流，專以勾結爲事，煽誘爲能也。是故雜處中國，千數百年婚姻未通，俗尚各別，傳習不同，而未嘗敢萌他志。歷代任其翔泳區宇之內，譏禁無聞。我朝錄其人才，准其仕進，由文武科甲得官，擢至督撫提鎭者，亦不乏人，固未嘗以其進于中國而外之也。乾隆年間，兩江督撫臣奏回教不宜留于中國，高宗純皇帝特加訓飭，聖謨洋洋，足爲百世法。

又（同治十年） 回教之建立清眞寺，例所不禁。據稟回民陳林等求轉稟請立清眞寺宣講聖諭，尚是向善之意，自可准行。如能恪守古教，不失爲鄉里善人，亦回民之福也。惟所稟專爲年老讀書不成者設，至年幼能讀書者仍當飭入義學，以期讀書明理，同爲聖賢之徒，即將來人物科名亦未可量，不可任其終于愚蒙。是爲至要。清眞寺規制，高廣准照各神廟祠宇之式，高不得過二丈四尺，長寬不得逾十丈。頭進爲大門，兩旁爲廂房；二進爲神堂，供奉穆罕默德神位；三進爲經堂，以藏經典。二進至三進兩旁爲長廊，以居守廟之人。牆厚不得過二尺五寸，寺內外不得修建高樓，以示限制。可錄此批詳悉諭知，俾有遵守。

又 河州新、老教回民固多，從教漢民亦不少。

余澍疇《秦隴回務紀略》卷一 舊傳，陝甘回民系唐郭汾陽借大食兵，克復兩京後，留居中土者，迄今千餘年。陝則民七回三，甘則民三回七。明永樂中，徙實江淮，由是花門族類幾遍天下。或曰，元至正末順帝乞師回回，以拒明師，爲常開平所破，盡俘回衆。明祖遍散其人於直省，設清眞寺以居之，白巾短服，終明之世。

溯其教，悉屬西域馬哈墨一派。西域除準部、青海土番、蒙古外，皆回教，又曰天方教。其教以眞宰爲主。眞宰者，生天生地，生人生物，綱維理數，宰制萬有。人之性命，皆所賦予，生時以主宰爲趨向，沒後歸根覆命，仍還於主宰。大抵與天主、佛教大同小異。其人以洗心潔淨、奉經施濟爲務，七日一禮拜，以二十八宿之金星值日爲禮拜期，與天主、邪穌以太陽星值日之期不同。俗忌豕肉煙酒。男女尚潔白。其熟解經典者曰阿訇，衆敬信之。滿三百六十日爲一年。居內地者，其言語氣習多與華同。豫魯江淮間者，漸染風教。惟陝甘回民，習俗強悍，販馬遊牧爲生。

椿園《西域聞見録》卷七 回民過年之前一月，即把齋起。凡男女十歲以上，皆于黎明後不得飲食，甚者津液亦不敢下嚥，方爲善把。日落星全，方恣意飲啖，但不得飲酒、近婦人，日夜禮拜，男女悉以淨水徧身澆灌，而後行禮。毛喇、阿訇等禁忌尤爲繁瑣。至次月初一或初二總以望見新月如鉤則開齋過年矣。回語謂之入則。

開齋之日，竟夜鼓吹至辰刻，其阿奇木伯克鮮衣怒馬、金絲黃阿訇帽，駝馬皆飾以錦鞍，各五七對旗幟鼓樂，海蘭達爾歌舞，紛紜前導，伯克、阿訇等皆白圓帽圍隨左右。其阿奇木之心腹人等，控弦操槊，披甲護衛，一同入於禮拜寺諷經。合城男女皆新衣，喧闐街巷，群瞻阿奇木威儀。禮拜畢，均隨入阿奇木家拜年，阿奇木勞以牛羊之肉、葡萄之酒，男女跳舞歌唱，哄飲盡歡而散。謂之入則愛伊諦。未歸王化以前，是日之阿奇木伯克入寺禮拜畢，即有阿訇等議其賢否，以爲賢則留之，以爲某事無道、某某事尤無道，則與回衆廢而殺之。以故阿奇木多擁兵自衛。今雖不敢擅而兵仗，尚沿其舊。是日回人之拜答飲宴，亦猶中國之元旦也。

入則愛伊諦後數十日，其阿奇木又復儀仗入寺，通城喧樂，謂之因魯班愛伊諦。

又數十日，回子赴素所信奉之人墳墓禮拜諷經。多於頸項、咽喉間用刀透穿其皮，以布縷穿之，血流徧體，云以其身祭神靈也，謂之烏蘇爾。

又數十日，回子老少男女鮮衣修飾，帽上各簪紙花一支，於城外極高之處，婦女登眺，男子馳馬較射，鼓樂歌舞，飲酒酣眺，盡日而散，謂之

努魯斯。

回地各城均於城東架木爲高臺。每于申末酉初，於其上鼓吹，送日西入。宅喇倒訇人等，西向禮拜諷經。謂之納馬茲。其納馬茲均於日將出、日將入及五鼓，並已、未等時，日凡五次率以爲常。遇有吉凶、軍旅迎送大僚，亦於其上鼓吹，蓋曉諭回鄉之號令也。

夏初桑椹熟，回人取以釀酒，家各數石。男女於樹陰草地或果木園中，歡然聚飲，酣歌醉舞，徹夜通宵，從此所遇皆醉回子矣。

桃熟亦可釀灑，味微酸。秋深葡萄熟，釀酒極佳，饒有風味。餘時惟有大麥、糜子燒酒而已。其釀法，納果於甕，覆蓋數日，待果爛發後，取以燒酒。一切無需于曲蘖，均謂之防拉克。

磨糜爲酒，渾似米泔，微酸，無酒之氣，亦不能醉人，謂之色克遜。回人喜飲之，能愈痢，奇驗。

回子無姓氏，宗譜。父兄諸舅皆哥呼之。弟侄甥婿皆第呼之。同一謂之親戚。惟父子尚知敬愛，餘皆平等而已。【略】

回人婚娶，兩家意合，男家饋送牛羊布匹，邀請親戚，更求阿訇數人，同赴女家議婚，念經爲定。至婚期，女家或父或兄一人抱新婦同騎馬上，以帕蓋面，鼓吹導引，送至夫家。凡回女皆垂髮辮數十。嫁後一月則梳髮後垂，以紅絲爲絡，寬六七寸，長三四尺，其雙岐拖地處，仍絡紅絲數寸成穗。富者上綴細珠、寶石、珊瑚等物，囊髮垂後，謂之恰齊把克。小戶貧回及有孝服者，其恰齊把克或用藍或用綠。男女室後皆以清水徧身澆洗。

回民禁忌豬肉最嚴，凡驢狗虎豹及牲畜自斃，苟非其人宰殺去血淨者，悉不食。

人死則海蘭達爾數人，在屋上同聲喊叫念經。其家皆白布爲冠，謂之掛孝。死之日或次日，即舁之郊外埋之，無棺槨衣衾，惟白布纏屍而已。所屬親戚往吊念經，各以所有盡力資助。既葬，請阿訇人等念經。凡親戚之所資助及死者所遺衣物，盡散於衆，以邀冥福。以冥福之厚薄，在物散之多寡也。子爲父毋，妻爲夫及兄弟親戚，皆掛孝四十日而除。

回男不畜髮辮，不剃髭鬚，唯剪唇鬚，便於飲食。生子五六歲，父毋邀阿訇念經，以刀挑斷勢皮。【略】再長，則覓女爲朵斯。朵斯者相交好也。

衣皆大領窄袖。男左衽，女敞前襟，內襯衫襖及膝。女帽冬夏皆用皮，而插鳥翼於前，以爲觀美。男帽多用皮，夏用綢綾，猩氈爲頂，倭緞爲翅，高五六寸，前後尖翅，亦各長五六寸。男翅兩平。女帽後翅少垂，頂上皆起金線爲花。牛羊之革爲靴，爲履，朱色。其履木根二寸，女履有前無後，夏日跣足趿之。益西有高五六寸者。阿訇帽檐白布爲之，中塡棉絮，高厚各五六寸。有一種瓜，名回問帽，形頗似之。

回子見人無跪拜之禮。凡遇尊長及其頭目，交手當胸，頓其首，謂之阿斯拉木。惟納馬茲，則始跪拜。婦人亦阿斯拉木。而長上與幼輩相見，不論男女，皆以接唇爲禮。歸比以來，見中國官長亦皆跪拜、請安，謂敬之如天日神人也。

回子墳多如棺木之形。富厚者或圓形或開穴，或綠琉璃爲飾。多在大路兩旁，謂往來人多，爲之念經祈冥福也。

回人喜畜雕。少有之家即有雕一二架或至二三十架。雕捷而鷙，狼狐黃羊之屬遇之，無得脫者。弓矢非所長也，以大頭短棒拋擲擊兔，一發而斃之，亦回人絕技。

無量衡。糧穀少者以回帽量，多者以他噶爾計算。他噶爾，小布袋也。大者爲帕他瑪。回子秤兩端置物均勻，則兌換。謂之輒勒克。

回子宴會總以多殺牲畜爲敬。駝馬牛均爲上品，羊或至數百支。各色瓜果、冰糖、塔兒糖、油香以及燒煮、各肉大餅。小點、[食不]飽、蒸飯之屬，貯以錫、銅、木盤，紛紜前列，聽更取食。樂器雜奏，歌舞喧嘩，群回拍手，以應其節。總以極醉爲度，有連宵達旦，醉而醒、醒而復醉者。所陳食品，客或散給於人，或宴罷攜之而去。則主人大喜，以爲盡歡。

回樂以鼓爲主，鼓大小數面。葦笳、木管皆八孔。洋琴五十餘弦，鐵弦四，皮弦二，絲弦一。胡琴大小四張，聲音抑揚高下，隨鼓起落，而歌舞之節奏盤旋，亦以鼓爲則，吵雜淆亂之中，按之悉有宮商之義，大抵皆秦音之變調也。

無正朔。以望見新月爲月初，三十日爲一月，無小建。十二月爲一年，無閏。然算其一歲之終，皆三百六十四日，其實皆以八柵爾計算。每

七日，八栅爾一次。每八栅爾五十二次，爲一，以故三百六十四日也。其紀歲月日時，皆有地支而無天干。

回屋聚土爲牆，累厚三四尺，以白楊切胡桐之木横布其上，施葦敷泥，遂成室宇。或爲樓厚七八尺有奇，穴牆爲竈，直達屋頂，寬尺餘，高二三尺，與地平，置木火其中，以禦冬寒，謂之務恰克。穴牆爲洞，寬長不一，以藏物件，謂之務油克。屋頂開天窗一二處，以納陽光，謂之通溜克。屋頂正平，人可於其上往來，且爲曬曝糧果之地，其牆厚頂輕，不慮傾圮，雨少不畏滲漏。富者多於屋内雕泥爲花草字畫，飾以灰粉，細而堅，頗見工巧。亦有施金碧者，涉俗矣。屋旁例有園池，廣植花果。開伯斯塘，以避夏暑。回人以樓高爲貴，有三四上者，樓亦有仿蒙古包形者，有方者，地基少寬。必作洗拜寺，以便納馬兹。墳地上亦多有納馬兹之所，言鬼亦納馬兹也。

夫婦不和，隨時皆可離異，回語謂之揚士爾。妻棄其夫者，不許動室中一芥。夫棄其妻者，家中所有任妻取攜。子女亦各分認，夫得男，妻得女，離異一年之中，其妻或生子女，夫可承認。逾年，則謂不相干涉矣。往往有離異數年，更數夫，而仍歸前夫者，又有歷數年，次數夫，而猶與往來者。

又 回字如鳥跡如蝌蚪，横讀，而連斷處尤不易辨。字頭二十九，通曉字頭遂無疑字。回童能書記者，謂之毛喇。通其文義爲衆所服者，謂之阿訇。亦有大小之區別。敬信不明理處，亦猶額魯特之于喇嘛也，回人遇有疑難皆問阿訇，即男婚女嫁亦所主持。雖有謬誤，亦不怨悔也。

徐松《西域水道記》卷一 瑪木特玉素布之遷喀什噶爾也，土人龎雅瑪獻所居地爲寺，死即葬焉。墓在回城東北十里許。回人即墓爲祠堂，曰瑪咱爾。周甃石欄，中列木格，標馬牛尾、鹿角於其端，謂薦牲祈福也。樹木陰翳，臺宇軒敞，外垣以藍色琉璃，鏤刻花卉。每日寅未申酉戌五時誦經呪，日入則鼓吹送之，曰送日鼓。七日爲市，曰巴咱爾。市前一日，男婦入祠堂膜拜，以求利市。門外刻石柱紀年，一年一畫，以派噶木巴爾初生爲元年。

派噶木巴爾於四月初十日成道，生六十三歲而卒。嘉慶二十四年六月初二日，爲彼中第一千二百三十三年之終。按，回回術有太陽年，有太陰年。齋期以太陰年爲準，數至第十二月則齋，齋滿日，相慶爲正旦。所謂月一日者，又不在朔，以見新月爲准。歷十二月爲一歲，有閏日，無閏月，故歲首無定月，大率每間二年遞早一月。今以初二日爲歲除，是用太陰法，見新月爲歲首也。《明史》曰：「三百五十四日爲一周，周十二月，月有閏日，凡三十年閏十一日。」言太陰年也。準此論之，計三十年應有一萬六百三十一日，則一千二百三十三年積四十三萬六千九百三十四日又十分日之一，以回回歲實三百六十五日一百二十八分之三十一，約之得一千一百九十六年又一百四日半弱。從嘉慶二十四年六月初二日逆數之，當託始於唐高祖武德六年三月初三日也。或曰佛、回作教，皆以滅度之歲紀元，梅氏文鼎推回回術，謂馬哈墨辭世在隋開皇十四年甲寅，而《明史》言馬哈墨作回回曆用隋開皇十九年己未爲元，即以爲建國之年。其身不存，何能立教？正道陵遲，異端滋起，謬悠之論，固難折衷矣。

又 其字曰哈特，凡二十八頭，右行。有史曰《陀犁克》，字書曰《阿里卜》，醫書曰《愓普奇塔普》，農書曰《哩薩拉》，占候書曰《魯斯納默》，梵書曰《庫魯安》。其寫經用克什米爾國紙。余出游回莊，每見跨驢偕行、據鞍授經者。亦立學舍，生徒十數人爲行，負牆跪書所業於版，方尺許，前列木格如馬櫪狀，倚版其上，讀竟剷之。斯亦禮求諸野矣。

裴景福《河海昆侖録》卷六 纏俗奉穆罕驀德之教，其曆以回教紀元之年爲始，以十二物紀年爲一周，有閏日，無閏月，滿三百六十日爲一年，滿三十日爲一月。正月爲麥哈雅，二月爲色擺，三月爲熱比依兒歪，四月爲熱比依阿海，五月爲甲馬底兒歪，六月爲甲馬底兒海，七月爲兒甲普八月爲俠板，九月爲熱瑪斬，十月爲俠挖罔，十一月爲勒卡提，十二月爲子勒阿吉。歲首無定期，每届二年前進一月，如元年在十月，三年則在九月。其每月朔約在漢曆初三四日，以見月爲度。至十二月致齋一月，白晝不舉火，滴水不入口，夜分見月始食，至月晦齋滿，即除夕。明日即歲朝正旦，宰羊祀其先祖，謂之庫旺兒亦提。每月以七月爲一期，第一日爲沙木畢，二日爲雅克沙木畢，三目爲門沙木畢，四日爲賽沙木畢，五日爲恰沙木畢，六日爲排沙木畢，七日爲阿雜拿，即禮拜日。入交易謂之巴劄。男子光頂與僧同，女子蓄髮結辮，多者至十餘，以爲美觀。男衣圓領長衫，無扣紐，略似僧衣，有單棉皮，無夾，悉以布爲之，有彩色印花

者。男女皆著皮靴，冠色尚綠，繡金彩爲花，高胎卷簷。皮者以貉、鼠、羊爲之。以白布纏首，爲禮服。女子則簇錦、雞羽團團飾冠上，先以白巾蒙頂，拖至背，再罩白網巾，謂之裙板，以遮面，而後加冠，結辮以絲條，綴銀花鏤片、珊瑚，流蘇葳蕤，長尺餘，袷絆長不沒足，裁錦綺金絨綴成之，琢珊瑚爲紐，四枚，大如卵。耳飾穿明璫、瑰琳，琅玕，長一二寸，條脫雜金珠珊瑚，累及臂約。指多嵌鑽石，晶光灼目，豔詒跌宕，望之類天魔。與男子歡則鋪氍毹，調弦索，婆娑跳舞，抑揚赴節，謂之煨郎。于闐、和闐所產尤殊色，彈絲撾鼓，游媚貴人公子，類燕趙云。

又 纏、回均宗穆罕默德之教。西四城，一年朝罕者約千餘人，每人約費千金，歸家則名阿吉，猶得道之稱也。所朝之山，石崖壁立，高十餘丈。至者屠羊以祀神，以竿蘸血向石灑之，有點血及石上，群賀爲神所歆，或將石上積血刺落少許，則寶以爲靈丹大藥，至榮大幸。遠道經年，跋涉寒暑，至饑渴勞病而死，人更仰之，如生天成佛，入般若涅盤極樂世界矣。幸而生還，人雖敬奉，猶自以爲未足也。有愚至此，而其俗不可易。纏氏稱「罕，乃極尊大之詞。佛與君皆曰罕。」官曰案板，猶可汗、克罕也。譯音無定字，故無定聲，往往一地一人，其名易。匈奴稱天曰「撐犁」，蒙語曰「騰格裏」，曰「撐裏」，西域稱天曰「祈連」，纏民稱天曰「胡大」，曰胡達，波斯語也。以捲舌音輕讀之，皆可相通。【略】

纏俗【略】男女相悅，男制一托瑪可（即帽），一袷絆（即衫襖），延阿訇誦經，即合偶，反目則離。其離也，男女背相向，各前行數步，撮土向後灑之，即離，謂之「零幹」。離後未出百日，不得別配，配則相撕鬧。欲再合，亦延所訇誦經解之。至三離，如仍欲合，男願則女立屋上，使男過其下。女願則將女送至卡郎擔（即乞丐），與丐人宿，男送羊馬與丐人，而後迎之歸。其俗最重詛誓，謂之「抱經」。凡錢債、田土、婚姻糾葛不明，則詣禮拜寺誦經，誓者將經卷抱胸前，置饢（即饅頭）於地，以足踏之，示不再食意，即罷爭。然稍有虛僞，亦不敢誓，恐爲神所誅也。

和寧《回疆通志》卷一二《風俗》 把齋之半月前，各將油葫蘆懸于高竿，置屋頂上。自其阿奇木伯克家，於一更以後，次第燃燒。邀請阿訇或群童叫號、諷經，闔家向之禮拜，奔走喧呼，【略】謂之把喇特。

陶保廉《辛卯侍行記》卷四 又按：回民即古回紇，實匈奴別部韋紇之裔，後稱韋紇，一稱回鶻。唐時入居關中。回教乃摩罕默德教，其故國在今亞喇伯，其徒美其名曰天方。唐時，其教由西而東，回紇多從之，後人因呼爲回教。其實摩罕默德不自知爲回教也。彼教不啖豕，惡其不潔，且有礙生育。《醫經》、《本草》多言豕性寒，損人，是漢人亦以少食豕肉爲宜。今乃因此詬回民【略】，亦不察之甚矣。彼教戒食之物甚多，如不飲酒，不吸烟，亦彼勝於此。《大學》有云，惡而知其美。未可概加斥辱。秦漢以前，隴右河西，原屬戎地。近世文軌大同，華多戎少，未始非華人之幸。體天地好生之德，自當一視同仁。今無識之徒，往往自詡華族，辱詬異類。不知今之華族，如金氏、劉氏、石氏、苻氏、元氏、李氏、安氏、蕭氏、趙氏之類，其中不少戎種，奚忽隨聲附和，尊己辱人。小忿不蠲，頻釀大禍。夫華族亦多盜賊，回民有身家者，未必盡懷異志。偶因窮而劫奪，群目爲反，將吏好事，從而激之，雖良回無以自保。余非偏於花門也，第念同爲朝廷赤子，而累世尋仇，何異兄弟鬩牆，貽憂父母？況憂患有百倍於此者乎。張子有云，民吾同胞，物吾同與，度量宏，斯嫌怨泯，和氣致祥。爲秦隴士民馨香祝之。

又卷六 天山以南各城土曰「纏頭回」（雜有匈奴回鶻、西羌、畏兀兒、大食、回回及突厥、契丹、蒙古、浩罕、波斯諸種）。入陝甘各省者曰「漢裝回」（大半回鶻之後，具有匈奴、氐、羌諸種）。陝甘人因其語言、衣服皆與我同，呼曰「漢回」，亦稱「小教」。間有逃回入漢者，彼族謂之「反教」。有改從青海蒙古者，謂之「馱毛達子」。漢人從回者，謂之「隨教」。

回俗敬畏阿琿，一呼百應，每寺管若干村莊，各有畛域。阿琿依掌教之權，得撲責回民。有吉凶事必往誦經。

袁大化等《新疆圖志》卷四〇《禮俗》 入寺禮拜，必解屨門外，此西俗之大同者。男子毀齒行割禮，舉家稱賀。稍長則尋爲朵斯，朵斯者男女交好之辭也。配偶之制，惟同出不婚。納采納徵，豐約視家有無。事定則延阿渾誦經，間立判書爲信。親迎之日，新婦帕頭騎馬，導以鼓吹，至夫家誦經成禮。

又 夫妻離異，謂之羊堆。離異逾六月，始許更行嫁娶，望其悔而復合也。離異三次，回律無再合之條。

又 其喪葬之制，人死延海闌達爾集屋上誦經。戚友來弔唁，賻賵銀畜。即日以白布絞尸，納穴中。阿渾誦經，家人皆純素冠帶。子女之於父母，妻之於夫，若兄弟親戚，持服四十日或百日，不薙髮，不華衣。封土爲墳，謂之麻札。上飾馬牛羊角尾，富家有覆綠令適者間築廬墓側，聘明經典者守之，朝夕諷誦，謂之唸素爾。春秋佳節，瀹羊肉麋墓祭，謂之散尼牙子。不建廟，不樹主。有子者財產歸子，其女與前妻之子得分子之半。無子有女者財產歸女。子女俱無者不立嗣，無他人之子不得分財產，兄弟及親戚均而分之。其妻無所出者祇分女所分財產之半。子先父母死，父母財產例不得及於其孫。

又 其教專祀天尊穆罕默德爲賠昂伯爾，譯言天使也。七日禮拜，入寺誦經，謂之朱瑪。每日五次誦經，謂之納瑪茲。歲法以三百六十日爲一年。先期四十五日，以葫蘆燃膏，懸之樹，阿渾誦經，衆人羅拜，夜闌燈燼，蹴葫蘆於地，爭蹋碎之，以消災癘，謂之巴把提。又十五日齋戒，晝禁飲食，謂之若玆，言齋期也。彌月開齋度歲，鮮衣華服，喧填鼓歌，男女往來相稱賀，如是者七日，謂之若玆愛依提。又十七日，刲羊祭教祖先世，謂之古爾巴愛依提，即一歲之終也。其走謁穆罕默德墓者，謂之阿吉，道死爲上，返者次之，故多以此傾產墮業，不稍顧惜。其仰天祈禱，跪而端手齊胸誦經，謂之斗瓦。平民相見無跪拜禮式，遇尊長交手撫胸，俯首誦賽拉瑪里坤帖斯列海，再合手摸面，以爲親敬。女子相見，以靨相撫掩。尊長與卑幼，相接以脣。宴客以多殺牲畜爲敬，瓜果餳飴湯餅肉臐之屬，几案紛羅，叉手大啖。樂賓之樂，以鼓爲主。大鼓以枹擊者，謂之東不拉。小鼓以手擿者，謂之達普。木管謂之娑拉伊。葦笳謂之拉伊。三絃謂之拉瓦普。兩絃謂之色哈。銅絃謂之彈普。絲絃如琵琶者謂之斗塔，如洋琴者謂之喀攏。男女當筵雜奏、唱歌，女子雙雙逐隊起舞，謂之偎郎間。【略】然其民重信敬老親仁，簡質循法，以醉酒爲恥，以貸貧民取息爲大惡。

又卷四八《禮俗》 其俗信誓，誓者以足踏衾而言謂之昂無孫。重則抱經以誓，無不唯命者。

又 其司禮拜寺者，曰伊瑪木，凡誦經講善和訟解紛諸事，皆以之州縣官吏，又於城中設總長一人，謂之鄉約。有大興作徭役，鄉約分檄各長，皆咄嗟立辦。此蓋古鄉官之制。治之有道，則一變至魯，猶反手耳。

又 其教專祀天。其歷法齋期一遵回制，不食彘，不飲酒，宴客薦牛羊酸乳。貧者湛麵爲湯。富者以馬乳茜酒，燔羊肉大米爲飯。賓主之間情意周洽濃至少許虞者。其民易使，敬畏官吏，斯足多耳。

又 其俗向無冠禮。嬰兒四五歲，父母擇日徧告戚友，延莫洛大誦經行割禮。諸戚友相率餽物致賀，富家大族則殺羊馬饗賓客，爲賽馬鬭跤之樂。婚姻喪葬僉以此爲盛舉。過此無恙，始得論婚學騎馬，敎之控縱坐踞諸法。

又 其婚嫁之禮，唯同乳不相妃。妃者不問門戶年歲，視聘資多寡。富人往往致馬千匹，牛千足，駝百峯，銀二三千兩。媒妁入女家議定財聘，偕其父若母或其昆弟爲踏水之禮。

又 男子娶婦不許過四人。嫡妻執家政，諸妾同操作而已。夫妻反目願離異者，則延頭人戚黨論是非曲直，其夫指應出條事，賠嫁貲遣之去。其妻請離異者，則一切什物概不得持取，衆反復諭之，不聽乃立離書，摹手足，頭人用戳印爲據，謂之羊土耳。兒若女均歸諸其夫，婦不復問也。夫死，婦不得嫁異族，其夫之兄弟娶之，不願再醮者亦弗之強也。

又 其俗親死不居喪，不奠祭，惟舉哀而已。死則速葬不宿。人病延莫洛大誦依滿經耳側。既歿取淨水洗尸，以阿和乃哆密檄而堅潔之奠板，上覆以常服之衣，莫洛大率其家人往拱不耳。葬地爲長方穴，舁尸選其中，頭北而足南，面西向，杜門壘土爲墓。會葬者誦經而後返。其禮未葬衆不得飲食，至是始大嚼。莫洛大攫死者衣物以去。既葬四十日以內，皆誦經。莫洛大多者至二三十人，少亦三四人，竣事各酬五歲馬一匹，亦有報以銀者。富者初周之年，設宴會親友，至者賻貨財賵牛馬羊駱駝，量力大小，自絜氈幕，聯結墓左右爲馳馬鬭捷之戲。【略】其俗夫死，婦皆毀容。戚友弔唁者，對之痛哭以抓而流血爲戚。否則鄙笑之，以爲無情。婦之於夫，子女之於父母，喪服無定制。類持服四十日，不出門，不宴樂，無墓祭然。時延莫洛大誦經，以薦亡人，蓋亦追遠之意也。

又 殺牲先誦經，血淨始烹食。然非其種人宰割，亦不食也。每食淨水盥手，頭必冠。儻事急遺忘，則以草一莖插頭上，方敢就食，否則謂爲不敬。【略】禁煙酒，忌食豕肉。呼豕爲喬什罕，見即避之。

又 其教祖穆罕默德，不祀天神人鬼，以敬上帝爲宗。富者橐金走謁

穆罕默德墓，謂之朝汗。歸牧後，去帛服布衣名曰阿吉。以白布重疊匝纏其首，名曰賽里特，尊異之，謂自汗所來也。遊牧夥人爭訟者，皆就折之，無不唯命。晨起男婦趨水濱浣手，滌而浴下體。一日五誦經，遊牧無寺院，面西方禮拜。行路者屆時覓水盥沐，無水則撮淨土代之。禮拜誦經無日敢怠忽。紀年無甲子，數之以十二象月，不置閏，以三百六十日爲一歲。有長齋期，一月始畢。期內早晚均不飲不食，必日落星燦始敢受餐。禁食之末日，開齋過年，謂之小年。越七十日，始過大年。男女老少，著新衣美服，相往來。依麻目率衆西向誦經禱祝。禮畢握手相慶，三日之內，唱歌跳舞，相與爲刁羊之戲。

又 其族【略】無譜牒可稽。父業子受，無子者繼親族兄弟之子爲後。父死則均其財產，子與女共分之。

又 寺中禮拜，戴六稜冠，上銳下側，五色皆備，而白者爲多。以羊鹿皮及布褐爲之。市井貿易之徒率戴白帽。男子年十二，女子八歲，謂之出幼。屆期延師誦經，以謝造我之主，生我之親，教之禮拜諸式，責以成人之禮。婚姻皆家長主之，行媒締之問名納聘，以茗一緘銀一器爲禮。男女主婚者握手，以天經爲證。納徵豐儉，視家有無。親迎之日，壻乘馬至女家，外舅迎入拜於堂命之座。父母誡女於室，女拜辭以幪巾幕首登車。壻出門而先女從之，抵家下車入室，姑去巾命座。主人禮賓於堂饗送者。夫婦成禮，媒氏舉案婦前，壻入合饌，饌畢請盥。延老婦董子婦與婦除飾，下幃，出。翌日婦出見列姑，子拜告父母伯叔，乘馬往見外舅外姑，三拜而返。三日婦入廚操割，彌月而後歸甯。妻無故不得出，出則必告官吏，或聲於寺之主教者，防反復也。喪葬不棺，不立主，不獻不祝。病者垂死，遺言書於方。既屬纊，首北足南而西鄉。誦經更衣，遷尸於床，覆以衾。雞鳴設浴床，浴者盥手，徹衾去死衣，遷尸於浴池，以布幅覆下體，焚香傳鑪一，執瓶沃水以浴，拭用二巾，不梳髮，不齊髭，不翦爪，婦人梳髮析二辮，以繩束其末，覆衾襲斂。設襲床藉席奠枕，斂者盥手，鋪大斂用布三，幅長等身，上下長七寸，廣四尺五寸，鋪小斂布長與身齊，施香屑鋪襯衣，長自肩達於踝，移尸於上，掩襯衣塗冰片加冠巾乃斂。婦人著褻衣，髮辮分垂，其上施裹胸布一幅，長三尺，析其兩端之緯深四寸橫而結之，絡頭用細白布一幅，長三尺，裂布爲帶，絣束以葬。葬不出三日，穿穴奠尸，閉隧封墓。孝子遵遺屬，次第舉行朝夕省墓，亦有廬墓側百日者，三年不宴客，不戲遊，不嫁娶。冠服皆素皀，遵王制也。父母生歿之日，誦經刲羊以祭。取膏煎麥麩爲餅，分遺戚黨，謂之油餉。貧者不之強也。

又 其教專祀穆罕默德，聖誕聖忌皆祭之。紀年十有二月，不置閏。一日五時禮拜，七日一小會，謂之主穆耳。月齋，雞鳴而食，星燦而開，謂之勒默咱。齋期有故，破齋一日者，補一日。無故破一日者，罰二月，否則食貧六十人，人麥二觔。彌月齋事畢，大會。越七十日，又大會。會之日無貧富貴賤長幼，皆澡身盛衣冠，入寺序跪，聽讚頌。各施數十錢於寺，謂之費的爾，譯言佈施也。回民相慶弔，無叩首禮，示不敢當教祖也。入學堂者，飲食教誨不取學資，皆禮拜諸寺給之。其字二十八母，橫行直書，讀者自右之左，用阿拉伯音。寺中司誦讀者曰掌教，司事者曰社長，教授經典者曰阿渾，號召大衆者曰滿爾金，誦經者曰海提卜。其敎重愛樂合。衆有不能自存活者，相與助資財謀生聚。遇餬口遠人資而遣之。死亡未有不收埋者。食肉禁犬豕。戒煙酒，封牲必延師經誦。不信堪輿巫覡，不演劇，不置木偶。污濁之水，不以沐浴。解疑伸屈，捧經決之。凡營造遷徙以禮拜四日爲吉，三日爲凶。此其大較也。新疆之回，安土樂業，家多小康。【略】往者嘗觀天方性理禮法諸書，其敕五典正民常，皆諄諄於教孝敎忠之事。而淫殺賊亂尤爲彼聖之所必誅。其視儒者之道無或歧也。流傳至於今日，抱經之士既束焉而不觀，奉齋之徒更懵然而莫解。於是穆罕默德之大經大法盡失其傳，而區區飲食之微，嚴爲軫界。

《通制條格》卷二《户令》 答失蠻、迭里威失戶，若在回回寺內住坐，并無事產，合行開除外，據有營運事產戶數，依回回戶例收差。

又卷二九《僧道》 至大四年十月初四日，中書省。欽奉聖旨：「哈的大師每，只教他每掌敎念經者。回回人應有的刑名、戶婚、錢糧、詞訟、大小公事，哈的每休問者，教有司官依體例問者。外頭設立的衙門并委付來的人每，革罷了者。」麽道，聖旨了也。欽此。

周密《癸辛雜識續集·海鰍兆火》 於二十四日之夜，大作於天井巷回回大師家，行省開元宮盡在煨燼中，凡毀數千家。

陳誠《使西域記》〔哈烈〕鎖魯檀蓋華言君王也。【略】有通回回教

經典者，衆稱曰滿剌，爲國王所尊敬。

〔哈密〕人性獷悍，與蒙古、回回等雜處，禮俗各異。

黃省曾《西洋朝貢典録》 掌禮之官謂之加的。

《清會典事例》卷九六六理藩院四《疆理四・回部・回部禁令》〔道光〕九年諭，回子當阿渾者，止准念習經典，不准干預公事。其阿渾子弟，有當差及充當伯克者，亦不准再兼阿渾。稽查內地漢回出關充當阿渾，擅娶回婦，愼選回子阿渾。

《欽定回疆則例》卷二 摩提色布伯克管理回教經典，整飭教務，不預民事。雜布第默克塔布伯克專管教習念經館務。

又卷六 各城革□回子，如有習念黑經者，查出即行報明審實，分別久暫，酌擬遣枷責，咨部覈覆遵辦。仍於每歲孟春，由該管大臣申明定例，出示曉諭，嚴行飭禁。該管伯克等亦不得藉端滋擾。

又卷八 回疆阿渾爲掌教之人，回子素所遵奉。遇有阿渾缺出，由各莊伯克回子查明通達經典誠實公正之人，公保出結，准阿奇木伯克稟明該管大臣點充，並於每月朔望赴大臣衙門叩見，日久熟認。如有不知經典，化導無方，或人不可靠及剝削回戶者，即行懲革。並將原保之阿奇木伯克等一併叅辦。

趙燦《經學系傳譜序》 夫道之在天下者，無存亡，道之寓人心者，有斷續，然而人之倫常至大者，雖盈貫於耳，充塞乎口，而周程諸子摹似太極以來，未見實跡所謂如何耳。嗚呼，造物者憫及黎元，垂慈降聖之於西土，使大道綿延不絕，可爲諄切矣。復幸茲土，於嘉隆之際，賜降完人，教民皈正者，逮吾太師故老先生，傑出渭濱之徵也。不惟先生躬承三綱五常，治世之道，昭明于時，而且造化以先，運世以後，其存諸心，出諸口，行諸身者之道，較之非徒口舌筆墨之爲事業者等耳。初，吾教自唐迄明，雖有經籍傳入茲土。而其理藝難傳，旨義難悉，故世代無一二精通教理之掌牧，以致多人淪落迷途，漫漫長夜而甘醉夢之不覺也。

先生長安渭城（即渭城朝雨浥輕塵之處）人，自幼聰敏絕人，靈慧逾衆，且家業豐裕，富甲鄉井，而生平無矜驕，不二色，及慕本教經書，欲譯國悟，以爲斯土百世法。後客都門，年及半百，崇延名師，諳習詩書，由是也而過目成誦焉。不期年而能吟哦。適遘而來異人，相覓與語，遂出經指授之。先生默識旨義，頓會其意。繼歸秦中，遍索藏經之家，高價乞售，積久遂多，於是晝夜鑽研，刻苦考察，冬不爐，夏不扇于衽席者數年，乃深明正心誠意之學，貫通盡性窮理之源，宣天方之秘，漏泄其徵，接東土之音，配合其節，究於理之賅而不偏，辭之平而有味，且好學不厭，誨人不倦，於是遠近吾道之正人端士，如夢者方覺，較於疇昔多有起色，自邇及遐，寰中名播，吳、楚、燕、齊之彥，負笈載道，接踵其門而求學焉。先生溥以待衆，菲以奉身，但教道久湮，人心厭棄，因其習學之難，得味之不易，故中道而止者衆。其中之拔萃者，馮、海二先師，少盡其學，迄今百有餘載，學業相承，代不乏人，幸矣。吾清定鼎以來，學者之多，人才之盛，宛如列星，克廣其傳者，乃先生之遺德有以啓迪之，有以薰陶之也。先生創經學之苦心，引後進之趨步，開百世未明之惑，辨異端似是之非，誠他人之所不能爲而爲之者也。

先生誠慤謙退，性本天賦，然而亦借經書熔化之方，而得道學中庸之正，可謂才周萬物，而不自以爲高，學濟三才，而不自以爲足，行貫神明，而不自以爲異，識越古今，而不自以爲得，此特積於中者，純萃宏深，見於外者，簡易平淡，曩時或有稱之者，曰：「天壤完人也。」今揆其實，洵不謬矣。第百世之下者，景仰無由，且吾道深通書史者無幾，以致紀述乏人，形狀俱失，若此性理宗源，垂功後世，貽教茲土，元黎載德，豈可聽其湮沒哉。但厘代系傳學者，多有知姓而不知字諱，知人而不知鄉貫者，興言及此，寧不長嗟，吾其有望於知而告之，紀而輯之者諸君子。

又 蘊善先生授學較徒法。

先生曰：「不可授吾之學者，其惟聾瞽喑啞之輩乎。」視此，可見先生無不量材而授以學也。先生設法授學，予益於人，欲使人人俱臻誠明之鏡耳。或有知書學，而不能深入吾教之經學者，則授以所譯之《歸眞必要》等經，終則亦能悉通教範，精達先天之理，而先生若此苦心，世無識者。余忖度之，而惟默然感誦焉。

一、每晨諸生受經，但字有錯差，即取別經對閱，若果有錯，隨親手筆改注之。或諸生有曠蕩愚鈍者，略達一二古人相礪，如猶不省，方擰耳而面責之，然其說亦無枉，門人自無不服者。及授經畢，即進早膳，方畢

復命諸生序次揣所接之經講政之，如《那哈吳》經（天房文藝字義之經），則字字指其根源何出，文風何法，而其義俗何說，謂之聽經。除晝寢片刻，朝禮午餐外，雖隆冬日短，而指授直至夜分，猶伺察于諸窗下，以驗勤惰，或漏深歸息，未幾猶有及門扣難者，不因自重，而示答之，故終日無寸暇。

一、凡初學之生，才優可望成者，自《法斯黎》起，《母興麻忒》，再講《同特》半本，即接《塞而夫》三種，並《米斯巴哈》，兼《坯咋倚夫》（此經別學之所不傳，蓋系另一家學問也，即滿推格，由此能解理學），或接《騷烏》或接《太蒲碎爾》，之後，接《滿僚》，並《默阿呢自呀》，蓋此數經，專論字義文風，凡習之者，能通天房之文義矣。方令觀《米納哈暹》，以通法而西之文風（即文法義），於是複從《法斯黎》、《母興麻忒》、《閣特》、《哈噶倚格》、《以而合特》、《呼退步》，並《每格塞特》、《米而撒特》、《勒默阿忒》、《厄噶一特》、《母噶麻忒》等經，及諸《費格》，直至《噶遂》。然斯生之學苟通，則如破竹之易矣！雖茲士所無之經，由《那哈吳》之力，亦能開釋故耳！否則如他學無論才與不才，隨俗序次而進，蓋無分青出於藍之拔萃，終乃妨工，反成苗而不莠者矣。

一、凡接《法斯黎》諸經，命每受之章，先湧字熟練二百遍，兼講讀其義，又三百遍，次早接經，或考問法而西字，令其熟記焉。

一、凡接《塞而夫》三種，並《米斯巴哈柞》《滿推格》諸經，俱限背熟，次早受經，或考昨日所讀字義文風中之難者，命對面背之，兼論其義，錯則諸生必哂之，斯生由愧自應礪志潛心矣！他學惟排念而已，如過十餘日，考其前讀之字義文風，以驗記性之優劣。昔蘊華太先生有月考試，亦一妙法也。於數日前懸牌學門，標寫某日聽考，諸生是日持習過各經，齊集講堂，敘次呈經于案，隨意抽取某經某篇，使之講讀，中有生疏者，或責之，或罰之，或假詞懲之，凡妨工艱于力學者，懸牌之日無庸斥逐，即俯首去矣，而學中無濫食供給之弊，然則魚目［石武］［石夫］自汰，而珠玉日漸盈前矣。

一、凡習《騷烏》以上之經者，日誦三十遍，爲下功，故本學諸生，經之諳熟，甲于諸學，或偶遇他學之生，他生必以經義請政之，本學生皆背誦如流，多人驚異而嘆服焉！

一、凡誦讀之暇，命諸生習寫，而謂之曰：「汝輩固無力請經，既習讀之，而不抄錄本冊回家，雖習之何益哉。」然諸學中反禁學寫者，恐工於寫，而不精于習故也。先生之法，寫讀各有其時，故當別論。

一、先生云：「誦念千句，不如謹記一句，謹記千句，不如解得一句，解得一句，猶不如注寫解得之句於經旁，他日見之，胸次了然，無庸思索矣。」故注寫經邊，俗曰狹經（猶言注多則使經自狹矣！非下經也），有益最多。

一、凡授經時，先生以素珠記數，如一生不至，則一珠不足，即查之某生不到，雖有故亦必責其不預稟之，故日課無間斷疏虞之弊（且不到之生，願與同接經之生共受之，雖不到，其本日之經，自有同經之生指示之，故日課無間斷）。

一、凡可使人有益之短篇，悉令抄寫以歸。

又《經學系傳宗譜敘》 可如胡太先生之五旬慕學，始習詩書，然詩書中自有能循之於正者，正則無多欲矣，雖或有欲，固是不逾於矩者，然則其有終矣。胡太先生既學詩書，復稽求吾道之經籍，苟或猶有其欲，是則專欲于白首窮經焉，討論而泄眞一之機焉，闡揚而發先天之秘焉。兼使吾道之中人苟勤學不怠，終則能寡其過，而臻上人之品矣，或施吾道之老者，苟好學不倦，人咸謂之有終矣。再則訓誨吾道之多人，而偕學之，則亦窒其多欲，而終能證眞一之道，否則皆寡其欲，而有其終矣。胡太先生有功于吾道之人，普矣大矣。而緒傳其後，歷代有功于經學之諸先生，而余哀其勤矣勞矣，然人皆不求知其名諱、大小、貫籍、里居，以遺百世學之欽仰忻慕者，余因深感而太息焉。惟願後之君子留意訪聞，以補續之。此雖纘述賢者之功，亦顯吾輩不患愈饑而患愈愚之正義矣。余誠有望云爾。

魏光燾《勘定新疆記》卷一 辟展以西土回皆應之，號爲怕夏。怕夏者伯克轉語也。

又卷四 瑪雜者，亦稱拱北，回衆之祖墓也。【略】和卓、條勒，皆回部尊其教祖後裔之稱也。

真主

綜述

王岱輿《正教真詮》卷上 其爲教也，以識主爲宗旨。【略】是以聖教教人識主，以返其本體，教人敬事，以完其初命。

又 夫先天至理，造化大原，若非正教眞傳，豈能確知一事。即開闢以來，人物先後，亦非人力所能杜撰而猜似也，必由眞主曉諭，載之經史方無纖誤。試舉混沌初分、人物之先後大略言之。緣夫朕日，首先造化了天地。朕日者，正在色妙之間，兩不著位，乃不群之日也。天者乃無靈覺中最大之物，其形渾圓體、堅而明透，不似他物可變可壞，總是一天而有七重，且能旋轉。七重之上，更有兩重極明極大，未曾運動謂之靜天，其中皆大聖大賢，及近侍天仙。此上無有去所，不屬造化，永幽澄寂，無臭無聲。再無一人能逾越者，非有所禁止也。譬如陸地之物，不能履水；水中之物，不能旱行，皆自然而然。惟有至聖，獨能及此耳。地者乃水土互合之名，其形雖圓其理則方，因其止而不行之謂也。地體重濁而就極下，居天之中，始安妥而不再下。地在天中，猶一點也，故此地體不多而深。初選之時，水覆全土；及造之後，眞主命水退而爲海，不使逾其本界，地始現露而載物焉。除最上兩重，成於朕日。第一日造化山川；第二日造化草木；第三日造化憎惡，在天地爲陰霾晦暝，在人物爲災禍病殃；第四日造化日月星辰；第五日造化飛行之物，莫不備爲人用，此理實不離於當體也；第六日甲時，始命天仙取五方土造阿丹人祖之形體，即古今人民形體之祖也。其體成於四十晝夜，所以天地萬物，始終共四十六日。乃長世之光陰，每一日長有千年。或曰：總一世界，何得長短不同如此？曰：若世俗所謂王子求仙，令威化鶴，長短亦自迥殊。又如鶴壽千歲，彼不自覺爲長；蜉蝣朝生暮死，彼亦不自知爲短。且海鹹江淡，未始不通。鹹中之物，不覺其鹹；淡中之物，不覺其淡。果能超越鹹淡短長，自不被眼前諸緣所拘矣。

又 及人祖身體成全之際，眞主復以其本來眞性，自命智兩源遊歷而來，遂結合於此身之內，然後四肢百骸，眼耳鼻舌，運動靈明。復賜以冠裳袍服，及登寶位，命天仙拜賀以畢，撮擁上升使之游轉諸天上界，萬匯皆聽其命，更賜與大智眞知。故天地之理、萬物之性，無不透徹，各種各名，任其設立。但時憶本來清靜，更思此身原屬泥土，庶自謙虛，不生高傲。及其熟寐，眞主自彼之左肋，造化其妻名曰好媧。所以夫婦之親，本來一體，宜相愛敬。婦從夫出，夫乃婦原，理當聽命。須知人祖一身化爲男女，即此便知太極之陰陽，無極之命智，眞主之恩威，至高至下，原始無終之妙，無不具載於人。倘不達此理，醉夢一生，誠可惜矣。自此命彼二人長住天國，永享全福。惟有一株成人麥樹，別名姻緣樹，禁之勿取。不期魔首因其眷屬，偷登天國，誘而食之，此際正値其一時渾然，遂被魔之誘，違主之約。然名雖如此，實以無已而適中其節，本欲害之，而轉利之，此中機密，非魔之所能知也。是時夫婦冠裳盡落，彼此赤身，遂以上界無花果葉遮蔽其體，各不相顧，墮貶塵世。

或曰：人乃萬物中最靈最貴，何得始初便有如此顛沛？曰：其理有二。正於造人之際，天仙諸神皆不知其爲何也，是故眞主曉諭云，委實在世間，我要造一代位之人。天仙莫不擬議，此身乃土水火氣，四反相聚而成，互相淩犯，恐其將來不妥。首神亦云：此人有欲，誘之極易。皆藐視之。是故眞主復諭云：委實我知之事，爾等必不知也。人祖下降，一則因天國乃善人極樂全福之所，但古今億兆人民總具于人祖一身，兼有善惡二種，若不下降，尙在彼生育，則善惡不分，故此遷於塵世兩有之間。然後各從其類，善者上升，惡者更下是也。一則反天仙之擬議，愧魔鬼之空勞。緣眞主本欲貴人，反自苦之。及至此間，人祖方知眞主之仁慈，始悟自己之違犯，愈自謙卑，憤心仙似，防守魔欺，遵明命，克己私，捨身命忠於眞主。自至下而復升至高，仙擬魔斯，自然熔釋。眞主玄機，朗然獨耀，即此觀之，名雖顛沛，而實增其全品是也。下降三百年來，天昏地暗，二人終日悲啼，懺悔前過。眞主准其眞誠，恕其誤犯，天地開朗，日月大明，夫婦重逢，始遵明命，立教而治世焉。參觀至此，須知無極爲種，太極爲樹，人極爲果。種即是果，樹藏果中，果藏樹裏，包羅貫徹，

無不備具。是故經云：凡人執文字，離當體而言理者，皆緣己私未淨，心目未開，一腔糟粕，豈能達大化之原始哉。雖然此論所及，不過皮毛之大概耳，其精微至理，固非一時筆墨所能罄也。

又《希真正答》客問云：主在哪裏？

答云：主無方向，在哪裏便屬處所。

又云：主怎麼樣？

答云：主無如何，有怎麼，便有似相。

又云：主自何時有？

答云：主無時光，何時有，便有起始。

又云：主能言否？

答云：能言不以舌。

又云：不憑舌，如何能言？

答云：魚無耳而聽，蟬無口而鳴，其出于眞主造化之微物，且非人之知見所能測度，又何况造化天地人神之眞主乎？

客問：主之言語，是何聲音，是何字樣？

答云：主之眞言，不屬聲音，不屬字樣。

客云：尊經自何而有？

答云：從天而降。

客云：主無處所，如何從天而降？

答云：因天仙在天，聖人住世，在主本無處所也。

客云：尊經是何文字？

答云：合天方國文字。

客云：主能言不屬聲音字樣，如何又有此聲文？

答云：除此聲文，天仙則不能領悟，聖人亦不能聽受。所以循其知量而合其文字，始能聽悟。在主之眞言，本不屬聲文也。

客云：此聲文畢竟從何而發？

答云：主要爲中發。試思爾之性靈，自何而發，便悟得此聲文自何而發矣。

客問：認主一事，若無把柄，終屬渺茫。敢求老師指示明白，庶不落于空虛。

答云：春到人間，草木皆知。眞主造化乾坤萬物，人何不悟？春揚紅翠，紅翠非春，然則因紅翠乃知春意矣；主造萬物，萬物非主，然則因萬物自認得眞主矣。

客云：春同于草木，主同于萬物否？

答云：春固同于草木，主亦同于萬物，然而春之于物，有所不在；主之于物，無有缺略，盡同而不同在而不在，不似物我之同在也。

客云：道妙難言，再求捷要。

答云：比如秉燭于堂，光輝一室；風來滿座，兩無滯礙，緣其各有所在也。

又 客問：眞主在哪裏？

答曰：在哪裏即屬造化。

客曰：不在此中，定居天外，豈得無哪裏？

答曰：陽和一動，萬物咸亨。爾言春在物內，春在物外？夫內外只論爾我，如何論得眞主。須知未有天地之先，何嘗有個此中？何嘗有個天外？

客曰：若如此說覺得渺茫。

答曰：現有爾當體作證。

客曰：此身如何作證。

答曰：爾試參勘此身，還是有個造化此身者？還是自有麼？

客良久云：其實非自有也。

老人云：即此便認得有個造化此身之眞主矣。

客云：此身雖可證造化之主，吾人可能見主麼？

答曰：可。

客云：見即二矣。

答云：見于無己之時，焉得有二。

客云：知覺無己，亦爲二矣。

答曰：比如酒醉時，視聽聞言莫不中節，及至醒後，略無知，何二之有？詩云：「新今依舊古，銷熔自不存。即如忠烈士，焉知有己身。」

又 客問，主上大能，旋乾轉坤。此毫末世界，受命而爲正教之人者，不過百之二三。其不受命而爲外教之人者，充滿夷夏。主上何不慈憫

大衆，盡使受命，脫離罪過，一以令吾教廣通，一以令醉夢醒悟，何其格格如此。

答曰，人祖降生中國，正教興於天方，人物日增，流被漸遠，日趨於迷。若東土一區之地，比夫萬國無盡之所，猶大海之一漚耳，豈足証其多寡哉。夫眞主未嘗不慈，奈彼各有所取，然亦理勢之自然，非造化之偏頗。如必使之一概平等，涇渭不分，盡皆受命脫離，公道何存，聖賢何用，賞罰何施，天國地禁誰住。但正教之道，昭如日月，洞如河漢，悟者任其自悟，迷者任其自迷，皆有明証，賞之有據，罰之無枉，豈格格哉。

客問，眞主要爲任意，大能無阻，如其盡造善人，絕無奸惡，豈不全美乎。

答曰，如君之問，竟欲普世平等，德行皆若聖人，尊貴盡如王者，貴賤賢愚，無有差等，將何以成斯世界。茲不獨主僕之分，其恩威賞罰，造化萬全，一切掃除，雖天地陰陽，君臣父子，夫婦尊卑，冥然盡廢，何異以螢火之光，燭崑崙之八面乎。

又曰，既然彼此高下，皆出造化，敢問公道何如。

答曰，非黑夜焉知白晝，無彼此不顯至公。眞主造化衆生，略有三品。其純清而無違者天仙，雖無違而不賞，因其無好欲也。純濁而有違者異類，雖有違而不罰，因其無智慧也。清濁兩全，智欲皆具者人極，智勝於欲，則品逾天仙而有賞，欲勝於智，則不若異類而有罰。此爲至公而至全者也。

又曰，清濁自何而有，欲清欲濁是誰。

答曰，成立清濁乃眞主，欲清欲濁是衆生。緣至聖之本來，乃眞主造化之大源。譬之海水，衆生如魚，水能出魚，魚不即水。其中具五色五味爲前定，任其擇取爲自由，於是五色相攙，變而爲億萬顔色，五味相和，變而爲百千滋味。是故純陽不生，孤陰不長，清濁渾同，陰陽配合，天地萬物，莫不成焉。此特造化一端之妙也。然眞主之動靜有千端，其慈仁復有三品，乃普慈獨慈至慈是也。天仙得其獨慈，異類得其普慈，獨人之體用全具，始能盡得其三。若非克己功勳，安得洪恩無量。微細參之，吾人之品，其大矣哉。凡以己見，謂眞主造人於危險而爲不公者，誠所謂小知不及大知，夏蟲不可與言冰雪也。

又客問云，按期禮拜，乃眞主明命，倘值其時，雖性命相關，反生產之際，猶遵此命，設若違之，必然有罰。切思眞主至慈，及此危難，竟不姑恕，豈不與慈相背乎。

答曰，此乃一偏之見，未達清眞正理。何也。緣夫賞善罰惡，乃治世要術，非此則盡幾於禽獸矣。須知賞一善，可以德澤天下，罰一惡，可以平定國家。法正則賞罰皆仁，不正則賞罰皆暴。所以殺中有慈，慈中有殺，不可不知也。凡以法令禁嚴，便謂不慈者惑矣。即如忠孝，爲人之本，坐談之間，莫不自許，若非經歷危難，其不易之誠，將何以証焉。是以聖賢載道，捨一身輕若鴻毛，自不拘於賞罰，理當感謝洪恩，豈敢須臾遲緩。常人載道，行一善重如山岳，固繩之以法律，勉彼踐聖賢，更使脫離苦海。微細參之，仁慈之至，孰有愈於此乎。夫得者自得，失者自失，其與眞主之至尊何有哉。

米萬濟《教欵微論》 夫清眞正教，理統先天，道宗元始，遠超三代，迥異諸家。其天國風化，有綱鑑可參。西方大聖，有列子可考。理全道備，無太過不及之差。教法森嚴，無毫髮遺漏之弊。蓋其教著於開闢人祖阿丹以修其始，至穆罕默德貴聖以成其終。自隋唐之際，始流衍於東土，迄今千載有餘矣。其間聖帝哲王，敕建寺宇，以崇其教者有焉，嘉言褒美，以尙其風者有焉，曾未有邪僻乘機以壞清眞之事者也，是以其教恢然能行于普世，而卓立于千古也，其道之正也明矣。然本教亦有玩忽抗違而弗崇奉其教者，何也，奈爲習染所拚，猶兼失于習學，或有明師講貫，亦不盡心究竟，以致教理罔聞，惟居其名，而弗務其實，非道之不行，道之不明也。竊惟本教以回回爲名者，亦知回字之意乎。知其意者，行教易于反掌也。夫回之名有二，缺其一不足以爲回回也。一曰難免之回，其意乃謂無常也。蓋人生於世，壽過百年，終無不死，所以古人視死如歸。又曰生如寄，死如歸，又以死之人爲婦人，即回之意也。故雖居天子之尊，具聖賢之德，死期既至，不能片刻少留。所以自古至今，男婦老幼，無常一至，無一不回者矣。斯時也欲不回不能也，故曰難免之回。二曰自由之回，因氣數在身，性命同體，正邪咸能趨向，善惡均能作爲，故曰自由。如在斯時，倘深入名利途中，苦溺繁華幻景，忘源背本，肆志橫行，惟圖長久，迷不知悟，逝而不返，並無轉念回頭，亦不得謂之回也。如在此自

由之時，覷破紅塵乃客寓之鄉，家國非久居之所，處順境而不以爲快，處逆境而不以爲悲，視富貴如浮雲，觀榮華如戲劇，在此戲劇場中，勢態炎涼，豈是本來面目。故達人君子，不以貧富累其心，不以榮辱奪其志，念先天之故國，思自己之從來，良知發露，注意眞誠，惟修厥德，步履清規，却邪歸正，此自由之回也。其回之所往者乃歸之于主也。不迷原來之徑，不被萬緣之擾，原自主上而來，仍向主上而返，此爲回回之大意也。

又 凡欲履正途，歸向眞主者，必先認識的確，始無崎嶇之惑耳。本教以認識眞主爲正道，之始者，譬之遭兵變之時，必思己身爲天朝之良民，必不肯爲叛逆也。如正邪弗辨，認賊爲良，隨入逆黨，擒獲之日，必正典刑也。雖其人素行公平，心慈好善，何足論哉。奈何吾人終身賴天子庥庇之德，累世沐皇朝水土之恩，正宜時時頂禮，刻刻尊崇，如背本忘恩，忍爲叛逆，即爲喪心之徒。有智之士，豈爲之哉。斯念一錯，則萬行皆非。吾教之認主，亦由是也。因人之身體，乃眞主造化，性命衣祿，乃眞主賜與，理宜尋究根原，認識叩感，始顯爲人之品，而不等於異類也。若于此而不加之意，甘爲愚昧，反認邪魔鬼祟爲主，竟無是非之心，明辨之智，何以爲人哉。若認識不眞，或眞而不固，即毫厘千里之別，故眞主首以認己命人者，蓋有大義存焉。

又 其次莫如拜主，夫眞主命人朝拜者，非取其益也，即使舉世之人，咸順其命，主之權衡毫無所增，咸逆其命，主之權衡毫無所減。蓋眞主命人認己者，乃喜人之知己也。命人拜己者，乃喜人之臣服也。命人認之，正以恩之寵之也。命人拜之，正以貴之錫之也。夫肇修大道，拘于念禮濟齋遊之五端，乃教門之基址，進德者之階級。今偶有所擬，不能悉譯其詳，略明大義，以俟同德之君子便覽焉。一曰念作証之言，其作証有二，一作証眞主止一，二作証穆罕默德爲欽差之聖。要知此作証之言，乃教門至大之範圍也。凡念斯言者，雖彼不知作証之意，吾等亦斷彼爲清眞人也。雖然其彼之作証，受准與不准，得爲回與不得爲回，非爾我所意度也。何也。緣作証之意，乃親歷當場，目覩耳聞之謂也。若弗知弗見，何敢擅爲証之者。由是以知此之念，非徒口誦而已也，必加一番認識的功夫，果眞知定見，毫髮無疑，其作証始能無愧，方敢望其准也。故覩萬物之榮枯，旋忝大能大化之跡，見位育之弗紊，即知主宰止一之眞，觀天之高也，無砥柱而覆于大地之上，地之厚也，如山川而懸于太虛之中，星辰之列也，無所繫而旋轉，日月之明也，無少息而升沉，進觀大地，土與水本相尅者也，果土能尅水也，何以振河海而不洩，若水勝于土也，何以浸萬古而不洋，乃觀夫草木均一土之發生也，而花色之紅黃不同，均雨露之滋養也，而菓味之甘酸不一，自金石土木而造物者有之，未聞以水與氣而造物者也。蓋觀人之形體本精血所成，禽之胎卵由通氣而化，誠思何人之妙用，而能至此哉。國有君，家有長，理固然也。至于蜂蟻之微，亦有爲之君長者，豈天地之大，庶物之衆，反任其自然而無主之者乎。必信然有一大能之主宰，造化而養育之，照臨而鑒察之，則心存敬畏，夕惕朝乾，惟精惟一，勿二勿疑，戒愼恐懼，存于此念之中，正心誠意，不越斯念之外，念茲在茲，誠須臾不可離之大道，兢兢業業，實致知格物之功夫。覩物思恩，時參大化，見萬物之有，即定見眞主之有，猶見煙之有，即定見火之有也，認識即堅，則誠中形外，有不容已者，故敢曰，我作証，委實至理一定如此。萬有萬像，皆虛假也，非主也。惟有無像眞主，原有無二，止一單獨，並無似像，亦無伴侶，此念作証言之一端也。二乃作証穆罕默德爲聖。夫吾聖之爲聖也，繼列聖于既往，開大道于將來，警化愚頑，指迷歸正，立綱常之准則，明倫理之重輕，至德感動于當時，惠愛深垂于萬世，吾人即土木爲心，難忘今世善導之德，粉身碎骨，何能報後世救拔之恩。

又 性該億兆，道貫古今，貴聖芳名，早著于有生之前，貴聖感應，叠顯于有生之後，誠爲普世之木鐸，洵爲萬古之宗師。又觀吾聖未嘗爲學，弗識文字，抱純樸之質而宣傳，合萬理應萬事，純奧妙之眞經，斯爲聖之顯跡已明，爲聖之功用大備，亦足以稱爲聖人也。雖然吾教之聖，非由人之所稱也，無眞主之明命，不足以爲聖，無聖之自任爲聖，不足以爲聖，無感應之據，不足以爲聖。感應者乃能人之所不能也，見眞主將至貴之尊經，垂降于貴聖，又將聖諱爲欽差之旨屢標于眞經，非主命歟，自言奉命以覺斯民，將爲欽差之責，以歸于己，非自任爲聖歟。至于感應，則前聖只一二端足矣，吾聖之感應萬端不能枚舉。三者皆備，爲聖之條約全矣。更有可服爲欽差之首者，天姿拔萃，其德性遠超乎列聖，可服爲萬靈之首者，夜升霄漢，其品位獨越乎古今，遵經備載，目

見耳聞，傾心誠服，毫髮無疑。故敢曰，我又作證，委實穆罕默德，是眞主之首僕，欽差之領袖。夫確知眞主也，則凜遵其命，確知貴聖也，則誠服其言。孔子亦有言曰，君子畏天命，畏大人，畏聖人之言。此本教首念作證之言，乃不昧先天之原來，不妄爲人的根本也，而爲仁之本，烏外于是歟。

又 二曰，禮五時之拜。禮拜者，乃叩首于地，謝恩之謂也。用顯主上之尊，僕役之卑也，以伸恭敬之篤之向服之誠也，以酬不能酬之大德，更顯酬報之無能也。日按五是者，乃本五行之不可缺一，而嘗醒之也。夫眞主造化天地，生育萬物，而人之受恩也，與萬類不啻天淵，是以人爲萬有中最靈最貴者也。何也。眞主造人以身體，能立能言，賜人以性靈，能知能悟，爲覆載乎人而造化天地，爲培養乎人而化育萬有，設世無人則天地空洞而無色，萬物寂滅而無光，豈非人之爲貴乎。自胞胎以至成人，歷一境有一境之滋養，越一時有一時之栽培，動靜之間有知覺靈明之德，呼吸之内有助長通體之仁，無日不在恩波之中，無時不居慈海之内，雖爵祿寵錫之恩出于君，而天年之修短君不得而主之，襁褓衛護之恩出于親，而衣食之豐嗇親不得而專之。主不施恩則不能獲君之歡心，雖勤勞王家君恩不得而及之。主不垂慈則不能得親之悅色，雖服勞奉養親慈亦無得而施之。是知君之恩亦主之恩，親之慈亦主之慈也。由是而推無往而非主之恩，無往而非主之慈也。有恆心者靜而思之，安得不感恩叩拜者也。或者曰，感主之恩，固宜叩拜矣，而必拘于五時者其意何居。經云，此五時者乃吾人受恩之大者也。夫物之生也，賴日月之照耀以長養，依晝夜之輪轉以滋生。設純夜而無晝則求飲食以資生者，何動作以經營，東方明矣，是許我運動以謀生，斯時也，豈無感謀作之恩乎。設純晝而無夜，則貪得無厭者，安得不竭力以勞形，日之夕矣，是勸我休息以養生，斯時也，豈無感休息之恩乎。至于午餘日已過中，養育之恩已就，全生之益多成，經營佈置，雖由于已，而生計之盈虛，利益之多寡，又難以自主也。斯時也，豈無感賜衣祿養育之恩乎。至日西垂入于申位，以所獲之利息，仰以事父母，俯以畜妻子，上而忠君，下而資己。斯時也，豈無感保全身家性命之恩乎。已而紅輪西墜日已暮矣，未知壽數幾何，今已全此生之一日矣。斯時也，豈無感賜壽之恩乎。得人斗粟之惠，尙稱再造之恩，沒齒難忘。吾人日受主賜命之恩，反忘而不報答耶。是以吾何至斯五時也，必誠惶誠恐，汲汲遑遑，暫解塵緣，不敢逸豫。未拜之前，必洗其體竅，潔其衣冠，其于滌洗之間，每寓銘日新之意，動定中則，各有懷慚報答之心，盡忠盡孝，均由拜禮之所關，立品立身，悉本拜禮之節制，洵萬善之根基，誠正道之砥柱也。不惟本教有拜眞主之儀，即儒者，亦有事主宰之理。如子思子曰，郊社之禮，所以事上帝也。書曰，以昭受上帝。又曰予畏上帝。詩曰，小心翼翼，昭事上帝。易曰，上帝者乃天地之主宰也。信斯言也，非事主宰之據乎。噫，世之儒者事主宰，而不事佛者，有幾人哉。試思齊治均平，則君君臣臣父父子子以致克全人道，其沐孔子之德，不爲不篤，四方同泰，則愚夫愚婦與知與能以致樂業安生，其沾孔子之惠不爲不深。其他用權術以就功名，而享榮貴者，由孔子之道居多。至于動容周旋之間，無不在孔子鈞陶之中。理宜尊之親之，飲之信之。然而每見俗儒事佛之慇，愈于孔子，尊佛經之謹，百倍于詩書。然則孔子之德猶不及他人歟。堯舜孔子精一執中之傳，猶不足法歟，何讀孔子之書，受孔子之益，反薄孔子，而厚佛老耶。嗟呼，此其間亦有說焉。人之所以流于邪術者，蓋有失于定認故耳。何也。儒書雖言上帝，而未言上帝之所以爲上帝，不過以理擬之，有固然耳，心無確據，終屬渺茫，況今之讀書者，無非假此以爲名利之具耳，豈盡爲明理，而面壁勤苦也哉。故隨波逐浪，流衍于俗，而易入于誕妄也。或者曰，亦有知佛老之非，而不痛折其非者，恐獲罪于佛老，降以災禍耳，而猶供獻以誠敬者，是邀之以降福耳。噫，此亦非眞知其非也。苟敬之即降福，訕之即降之災，乃一貪酷淺量之小人耳，何以爲造化天地，保養世界，命人生死之主哉。昔唐之狄仁傑，巡撫江南，奏毀吳楚淫祠千七百所。宋之胡潁經署廣東，毀佛像而殺妖蛇，杖僧人以脫愚俗，所過淫祠則必焚之。二公獲罪于佛老不爲不多，未聞降以災禍，何一言以折其非，即致之災禍耶。誠如是即爲亂世之邪魔，借端以惑無智之愚迷也。吾教據眞經之指示，貴聖之眞傳，深明主宰之所以爲主宰，令人人洞徹其理，了然于心，定認堅固，毫無疑二，自無歧異之惑矣，邪說又烏得而搖動之哉。是以本教之人，愚不肖者亦悉知眞主，乃古有常在，無色無像無比無似尊大獨一者也。故潔己進禮感恩而酬德焉，受此造化之恩，養育之仁，斷無有不拜原有之主，而反拜亂世之邪魔，糞土

捏塑之假像也。或曰，心地光明，秉公接物，亦可以質主無愧矣，何必孜孜以拜爲哉。予曰，今有臣于此。曰，吾能盡心報國，殺身成仁，亦可以爲忠矣，何必孜孜朝拜爲哉，于理可乎。不惟不朝有違國律，即稍有失儀，亦干法紀也。然而心地固端禮不可廢，譬之君賜臣以微物，亦不敢以口稱謝，必頓首于丹墀，豈有造化天地，調養萬物，至尊至大至仁至慈之眞主，賜我莫大之洪恩，而不垂首叩謝，惟以口□心好，假爲報答，于心安乎，于理安乎。受君之恩而不報，即爲不忠不義，受親之恩而不報，即爲不孝不仁，今君親恩我慈我之主宰，而不報答，忠乎，不忠乎，仁乎，不仁乎。吾教之正人君子，必不作不忠不孝不仁不義之徒，所以時念原來，不忘根本，悔過遷善，立意精誠，無庸香燭之假設，不須供獻以邀求，惟洗心滌慮，沐浴戒持，欽順其命，敬畏其尊，存誠恭敬，謹肅端嚴，叩感保養普世之主宰，五時進禮，無間朝參，此本教感至恩，酬至德，分順逆，別尊卑，思原報本之大禮也。或曰，五時之拜均拜主也，其間拜數有多少之不同者，何也。經云，寅時二拜，乃人祖阿丹聖人所遺。聖乃眞主用土造化，不由父母所生，惟作二拜感謝眞主造化之恩。未時四拜，乃益卜拉希理聖人所遺，聖本父母所生，前二拜感謝眞主垂慈救避火難之恩，後二拜求饒父母之罪。申時四拜，乃尤怒思聖人所遺，前二拜感謝眞主垂慈得出魚腹之恩，後二拜求饒父母之罪。酉時二拜，乃耳撒聖人所遺。聖有母無父，前二拜感謝眞主垂慈不落于冤枉之恩，後一拜求饒母罪。戌時四拜，乃母撒聖人所遺，前二拜感謝眞主垂慈海中得過免死讐手之恩，後二拜，求饒父母之罪，外有三拜未特□，乃貴聖穆罕默德所遺，因寄念萬代之教生愈于父母，故不作單爲父母求饒之拜，但前聖各拘一時拜禮求饒，吾聖相兼五時求饒父母之罪，其孝道猶愈于前聖也。智者參之，朝拜眞主者，盡其天道也。求饒父母者，盡其人道也。遵行五時之拜者，天人之道兼盡，忠孝之道兩全，仁人孝子豈不致意焉。夫禮拜一事，乃修身之道，是以上智下愚，壹是皆以禮拜爲本，若禮拜一舉，而正誠格致之功，無不振起矣。果人人務禮拜而修身也，何慮家之不齊，國之不治哉。今惟諄諄勸人體拜，而未言及其詳者，何也。緣拜理淵微難以片言而罄，猶之乎孔子曰「民可使由之，不可使知之」之意也，若詳究其義，不惟有盡其子道，而孝弟忠信禮義廉恥之八德，無不蘊括之矣。試進論之，

夫禮拜者，乃感主恩也。經云，凡人不克感父母之恩者，即無感主恩也。故拜主者，必克愛克敬，親身以事父母，將順將誠，致悅以體親心，誠若是也，則有合孔子答子游子夏之孝矣。其節飲食，愼言語，却貪圖，遠名利，守禮義，戒非爲，此數者，諸經誥誡，皆禮拜之人分內事也。果節飲食以保身也，則親無惟疾之憂。果簡默而愼于言也，則親無招怨之慮。果却貪圖而遠名利也，其子雖賢則親不憂功名有滅性之術。果守禮義而戒非爲也，其子雖愚則親不憂保身乏明哲之機。苟若是也，則親心安慰，無可憂矣，此亦有合孔子答武伯之孝矣。若父母在堂，則拜中之默祝，亦可以轉親心而爲善，以致不陷親于不義之內。倘父母謝世，則拜中之默祝，亦可以免父母之愆過，以致不溺親于罪業之中。况自成人以至壽終，無日不叩拜眞主，每于叩拜之際，無不默祝于親，是知自成人以至命盡之時，無日不默祝子親也，何孝大于是歟。經云，天下穆民有同胞之責，故不念舊惡，惟秉大公。每于拜禮之中，求恕求饒，何有恨怨于弟之念。猶于拜畢之際，祈福祈安，何有不忿于弟之心。異姓尙若同胞，矧家庭而弗遜讓。故宜兄宜弟，克友克恭，全弟道以慰親心，亦孝道之一端也。觀同胞若手足，體父母分來之骨肉。視四海猶兄弟，念人祖一脈之由來。滿腔友誼，一片熱腸，何弟大于是歟。忠者，不二其心之謂也。禮拜之忠有三。一曰忠于君，凡禮拜之臣不忠于君者，即不在于貴聖之道路矣。恩得經云，在君王之前不可失其爲臣之禮，總然君王過于枉害，不可不忠，雖命赴湯火亦不可辭，斷不宜失其爲臣之禮也，非一心以忠于君歟。二曰忠于世，凡禮拜之人，若藏修自得，坐視同人，沉湎于罪，而不拔濟者，雖辦功一世，亦不能得其脫離也。凡遇親友隣里，及凡同教者，若陷于罪孽之中，必苦口而勸戒之，或善導而默化之，諫之再三，勞而不怨，務期人人共得其脫離，方如其願也，非一心以忠于世歟。三曰忠于主，凡禮拜之人，乃定認眞主惟一，系髮無疑，五時叩感，生平無輟，雖鼎鑊居前，不能惑其認主之念，刀斧在後，不能亂其叩拜之儀，猶忠烈之臣甯死不變，惟知有主不知其他，此一心以忠于至尊之主也。何忠大于是歟。信者，全約之謂也，禮拜之信有二，凡禮拜者，非至誠之心必不能以上格也，若口是心非，妄誕虛僞，何至誠之有也，况經云，多謊言者，非貴聖之教生也。故拜主者，語必眞誠，言必可復，表裏相符，始終惟一，愼于未言之前，踐

于已言之後，欲入于貴聖教下，而望准其拜禮者，非存至誠而說實言，則未可也。是知拜主之人，必復約而全信也。此其一也。凡禮拜者，知性靈非自有，原受命有也，既受召命，即顯已之爲僕也，既領主命，即應爲僕之約也，非僕婢之屬，緣何受命，既秉眞主之命于先天，宜進爲僕之禮于今日，賦命而來，安不復命而返。是以今日之認主拜主，爲不爽先天之約也。何信大于是歟。禮者，天理之節文也，用之以別尊卑耳。禮拜之禮有二。凡拜主之人，必視世人皆勝于己，謙恭遜讓，毫無自欺。何也，若經視長上，藐視同人，高傲之念發于心，即有爭競主權之意，豈不大失尊卑之禮乎。夫教門純以禮讓爲先，以仁義爲最。貴聖有云，無禮儀之人，即無教門之人。既無教門，則拜禮無依。是知拜主之人，恆存慈讓之心也。此一其也。凡禮拜者，乃定認造物之眞主，已身屬于受造之婢僕，即欽遵主命敬畏主尊，依時叩拜，毫不敢違，用顯卑下之順命，以全主僕之大禮也。何禮大于是歟。義者，事之宜也，禮拜之義有三。且傳以通經爲義，義以必當爲主，是以裁成輔相，令萬物各得其宜，斯爲義也。試思萬物各有合用之宜，人亦物耳，何所用乎，此理不明，醉夢一生。孔子曰，朝聞道，夕死可矣。其發是言也，未必不慮及于斯歟。尊經有曰，眞主造人之身體，賜人以性靈，原有認主拜主者也。蓋人之身體如粧台，心如寶鏡，故能灼見眞主乃原有至尊，無像獨一者也。既認之，則拜之，凡不拜者，由認尚未切也。是以吾人今日全其認主拜主之理，是將爲人之物用于相宜之地也，此一義也。眞主賜人以財，而人運用之以謀生，此用財之恩，惟人獨得之，而異類無與焉。是以拜主之人，不敢以眞主之特恩，反爲抗違作孽之資，必審合宜之經營，以活生利命，亦不敢以滿貫之利益，鯨吞自得，必遵主命，出散稅課，以賑濟鄰里親友之急者，以致共享洪恩，同沾普惠，是將財用于相宜之地也。此二義也。眞主以能言之恩，獨賜乎人，而禽獸無與焉。非禽獸果不能言也，乃眞主將能言之恩，未賜彼也。若將賜鸚鵡之能言，而徧及禽獸，亦無不能也。然而未也，而獨貴乎人，故拜主之人，必不敢以此莫大之洪恩，而閑談嘻戲反爲招愆作罪之器具。動則勸人向善，止人爲非，靜則念主眞經，讚主清淨。近而宏教化于當時，遠而垂典籍于萬世，剪除異端，同迪正道，以致衆等咸脫無限之辱，共享永久之榮。今于拜中純念眞經讚主清淨，是將能言之舌，用于相當之地也。此三義也。是以貴聖于登霄之夕，至于至近闕下，朝拜眞主，而復命曰，僕將能言之舌，惟爲主上而言，將應用之財，惟爲主上而用，將能立之軀，惟爲事主而立。貴聖以眞主所賜之洪恩，仍爲眞主用于相宜之地。乃吾聖之大義也。吾等效貴聖之儀型，亦于拜中誦此三言，將眞主未賜及禽獸，而獨貴乎人之三大恩，亦用于相宜之地也。何義大于是歟。廉者，不貪之謂也，不貪始能計較，計較之人，始爲敬畏眞主之人，如貪財帛而不分義利，貪口腹而不辨潔污，外無計較，緣內無敬畏者也。二者均爲不潔，爲教規之所大禁，是故見得思義，取與咸重不苟，擇揀飲食，製作猶宜精潔。經云，穆民食一口不潔淨之食，四十日內眞主不准其所求也，況禮拜者，乃遵主之命，畏主之法也，若貪圖而無計較，何遵命畏法之有也。

又 故凡禮拜者，無廉潔之守不可也。恥者，羞惡之心也，西音以拜名爲塞喇忒，乃止人淫慾與爲非之謂也。因禮拜者，乃寄念眞主，而心存敬畏者也，是故拜主之人，必戒非禮之色，必遠非禮之行，禮拜之外猶如禮拜之中，始顯認識之眞而懼怕之切者也，如肆爲不善，而無所忌憚，暗中苟且，縱意濫行，外無赧顏之色，內無抱愧之心，則拜禮之大義，無依矣。故凡禮拜者，無羞惡之恥，不可也，由是論之，孝親敬長乃禮拜者之急務，忠君信友，爲朝拜者之當然，最重謙恭虛己，猶尚博濟利人，廉潔之守，實係進叩之虔，羞惡之心，更切朝參之要。若是者則拜禮有其本矣。不然則虛禮雖隆，而實德已泯，由外儀以啓內德之意孤矣。是知禮拜者，始爲成德之君子，爲億萬觀瞻，如綱常倫理，至于一言一行之至微，若少有失儀，見之者必從而苦口曰，是非禮拜者之所爲也。務期改過遷善，成全大德始已耳。若缺此拜儀，失此大禮，雖孝弟不周，亦有不褻之教誨也。

拜禮也者，其爲我教修身之本歟。或問曰，大淨已潔其身，而必于小淨方可禮拜者，何也。答曰，頭，面，手，足，乃叩拜之竅，以水去其垢斯亦朝拜至尊之大禮也。夫禮拜者，一爲感恩，一爲求恕求饒也，如抗命作罪，何爲感恩，不改過自新，何以求恕求饒也，因七竅乃招罪之由，抗違之具，洗濯之意，乃却罪不作之謂也，如漱口者，是將談人之過，揚人之短，謊言，搬唆，諂媚，歌唱，詈罵，飲酒，吸烟，食不潔之物，說不

宜之言，及外道之談，躁暴傷人之語，從口中洗去。宜食潔淨之物，說潔淨柔和之語，有益之言也。戲鼻者，是將憎飲食之精粗，嫌肴饌之美惡，及見貧難不堪者，聱唾捹鼻，從鼻洗去。宜增憐憫之心。洗臉者，是將兩面臉，或與弟兄同教之人，破面分顏，及見一切貧窮親友，故作醜臉，或粧冷面，從臉上洗去。宜和容悅色，禮貌謙恭。在洗臉之時，亦必洗眼，是將觀非禮之色，並觀嘻戲奢華，從眼中洗去。宜見物參恩，時觀大能大化，見善勇爲，見惡自反。洗手者，是將稱量不公，強取或瞞隱，及取與不明不義之財物，彈絲弦，弄樂器，及一切睹博，並傷人之事，從手上洗去。摸頭者，因五內之火升聚于首，所以頭面獨能耐寒，今以水制之，乃息慾念之火，去其暴惡之性，益才智，增記想也。摸耳者，是將聽非禮之言，或偵探人之機密，及聽彈唱淫聲，從耳中洗去。惟聽善言而從之也。撓頸項者，是將天人之道交還卸下，如天命當然之事，爲天道，五倫親隣之道，爲人道，又如負人恩債，或借人物件，或寄物必須一一清還，從頸上卸其干係，以免後世之拷算。洗兩足者，是將步踏邪徑，頑戲無益作罪之處，從足上洗去，洗畢將餘剩之水咽下些須，是將高傲，不忿，懷恨，嫉妒，沽名，自覷，妄貪，過慮，坑害，誑騙，損人，利己，喜怒不公，並一切歹思慮，壞念頭，從心內洗去。轉作仁慈，隱惻，正直，公平，寄念原來，時時自省之心，如此洗去，方稱爲洗心浴體內外合一之人，如虔誠恭敬，叩拜眞主者，眞主無不准其所感，允其所求也，此吾人時時自新之方，進道下手功夫，不可不知也。

又 三曰，散天課之財，乃克己分甘之謂也，用彰眞主之恩，更顯感謝之虔也，如人爲慇慇于拜禮，朝夕朝參，固云善矣。若弗遵命出散天課者，其拜禮之所感皆虛。何也。蓋人由財之故，以致父子不親，手足不睦，親戚斷情，朋友絕義，則財之所係于人者，實關身命也，眞主命有滿貫之人，割愛出散者，一以顯僕隸之順逆，一以顯感謝之眞僞也，非眞主能賜富人以財，不能賜貧人以財也，例以十四兩爲滿貫者，取其月盈之意也，出散三錢五分者，取四十分之一也。其出散之規，由近以及遠，先親而後疏，量其急者而周濟之。若繼富者不爲天課也，依例出散者，方爲潔淨之財，却災禍而得安康，緣感讃而增福利。不出散者爲不潔之財，致災禍而難永久，緣慳吝而招損失，積千金者例散四十分之一，若吝而不納，倘運蹇遭坷，家徒四壁，欲四十分之半而不能也。收米穀者例散十分之一，若吝而不納，倘逢水旱凶荒苗稾腐濫，欲散十分之半而不能也。况人生于世，赤身而來，一無所帶，其衣祿財帛，富貴榮華，皆主之恩賜，並非自己之能。今以主之賜我者，而惠及貧難，亦仁者之所爲也。誠思吾人均主之僕也，何彼之時獨隘，而我之時獨寬，理宜倍增知感，樂輸己財，隨力資助，濟困扶危，始顯感謝之誠也。凡出散者，必令受之者知爲天課，一爲受之人倘有積蓄，足其滿貫，彼知之自不當受。一爲出散者，乃彰主之恩也，彰恩即感思也。不出散者，爲不彰主之恩也，不彰恩即昧恩也。昧恩者，仁乎，不仁乎。不周急者，義乎，不義乎。絕親友之所望，失接續之親情，禮耶，非禮耶。不慮世事之變遷，無常之倏至，而以浮雲之富貴，認爲泰岳之永安，智耶，非智耶。有智之士，決不以苛刻之財物，以爲子孫之久計也，每見有遺萬金之積者，後裔無棲身之地，居白屋者，子孫享卿相之榮，然有先貧而後富者，亦有先富而後貧者。一己之身家尚不能保全于世，何况其他乎。務必隨時出散免貽後悔。我當其時，我能濟人，我失其時，人亦濟我也。且本教以出散爲彰主之恩，猶之乎齊晏子以父之黨無凍餒者，母之黨無飢寒者，妻之黨無飢餓者，爲彰君賜之謂也。凡吾教人，不可以主賜之恩，一罟鯨吞，以遺子孫也。必思均眞主之僕婢，咸聖教之後裔。觀先天賦命之光，念人祖一脈之雅，必視宇宙如家庭，四海皆兄弟，凡有不足者，必捐餘以補之，分惠以濟之，務令爾我均安，共沾普慈之惠。今日在此客寓之鄉，若坐視同人顚沛流離，而無仁慈惻隱之心，濟困扶危之念者，來日望聖搭救之際，及同登天國之期，難免質主無愧，謁聖含羞也。此本教出散末課，克己分甘不遺金，而積德之義也。其天課良規，乃老老幼幼，推己及人，以濟爾等之親朋鄉黨，無非廣浩生之德，以全爲人之道也。其與上世修道之聖人，傳化之賢士，何異哉。哲人君子，請裁度焉。

又 四曰，把欽月之齋，乃清心自省之謂也，非徒禁其口腹也。避飲食于白晝，戒色慾于日間，遠非禮之視聽言動，絕作惡之壞念邪思，清心寡慾，時慕普慈大能之主宰，嚴內端外，希效純朴，至誠之聖賢。一月清齋，以銷一歲之孽。三旬持戒，用懺半世之愆。悔罪于既往，向善于將來者也。又因萬類其中，凡能飲食者，不能戒飲食，有色慾者，不能戒色

慾。禽獸之中，擇飲食不淫亂者有之，戒飲食止色慾者，未之有也。爲之人者，能飲食亦能戒飲食，有色慾，亦能戒色慾。故把齋者，乃習清高之品，而超然獨出乎異類也。抑更有說焉，把齋之意，又因人飽食煖衣，不識飢寒之苦，故曰戒飲食，親嘗飢餓之艱難，用恤貧窮之急迫，是以飢客與食，爲教規之大典，渴者與飲，爲吾道之當然，具穀粟問候寒涼之家長，通財物接續骨肉之親戚，厚貺時臨窮里，惠德藹及幼孤，垂憐鰥寡，軫念無依，慮及下人，不使僕婢有飢寒之怨，恩及禽獸，不使空腸有重勞之悲，一切施與仁慈，悉由把齋，親歷飢餓之所由生也。是故清眞正教，路無乞丐之夫，野鮮嗟來之客，即使堯舜行仁、博施濟衆者，未若本教立法之善也，總之把齋之意，猶之乎自怨自艾于桐，以悔過遷善也，亦猶之乎，苦其心志，餓其體膚，行弗亂其所爲也，更猶之乎古昔先王，扶犂以知稼穡之艱難，用恤農民之勞苦也，實乃希聖希賢之大道，興仁興讓之事功，存心制行克慾養眞之大智也。

又 五曰，朝觀天房，乃潛移默化之謂也，因人本來之德，無有不明，奈爲物慾所誘，而惑于財色之昏愚，失却本來之性善，教規命人朝觀之，所以然者，正以令人見天房而思造物之原主，由奇觀而參大化之功能，視古蹟興人感慨之念，遊勝景動人報本之恩，無庸勸化則明德由是而明，無庸教誡則善念由是而發，以致奸者良，而頑者化，愚者明，而哲者純，此默化之大端也。是故孔子曰，西方有大聖人焉，不言而自信，不教而自化，其斯之謂歟。況天房乃人祖始居之地，修道立教之所，但人生日繁，流被漸遠，日趨于迷，故立此朝觀令人廻思故國，不忘人祖之正道也，斯善克從，何患慈祥弗垂降焉，是以生平朝觀一次者乃主命之當然也。雖程途甚遠，亦必朝參，此其中更有說焉，蓋人生于世，所最逆愛者，莫過于妻財子女，適在懽樂之時，忽然無常一至，則將亡者戀妻子而難別，愁懷常悞歸回之正果，存之者多毆暴而悲傷，怨言能損于世之功行。若遵命朝觀天房者，必棄故土而奔他鄉，別妻子而至異國，暫脫塵凡，遠離至愛，割斷萬緣，惟慕眞主。于是出外遠遊之人，坦蕩無憂，惟慮登程之路，在家守業之輩，小心執事，惟恐負其所託。至于旋里之日，人物依前，家業如故。智者參之，瞑目之後，亦若斯也。是以教規令人割愛離家朝觀天房者，乃以暫別之情形，令人知今生永別之景況，故夫無常至日，死之者，傾心向主，易斬萬緣，生之者聽其定數，亦不過于毆怨，則存亡均在于朝觀默化中也。其間惟有程途遙遠，力不足以朝觀者，必須七日赴寺聚衆朝參，亦與朝觀無異也。以七日一聚者，取二氣五行之定數也。

每于瞻禮之際，掌教登壇高諭，令衆見聞，宣眞主洪恩大化，讚貴聖至誠功能，揚大賢之碩德，誦聖裔之懿行，勸教警覺，叮嚀誥誡，務令人人保守其天良，勿由幻景而喪失衛護其眞性，勿以欲性而偏陂，明倫理綱常，勉人必全爲人之道，希教學十德，願人常存賢聖之心，導下學以上達，化愚昧以歸眞。傳諭已畢，復祝諄諄。願大人以公治世，令遐邇共享昇平，燦大道于海宇，煥化日于中天，是以闔教人民，至斯時也，忻忻向善，念念自新，凡我諸夏未讀經者，不識西域之音，必期講貫而後方明，如本方掌教，學行優嘉，即掌教爲之講貫，若不能者，必敦請明師，闡揚教法，代爲講解，命人行善，止人爲非，警醒羣迷之醉夢，援拯沉溺之痴愚，不辭苦口之勞，不慮逆耳之怨，必鎔人于至善之地，以復其本來性善之初，其明德新民止至善之功，不外于是矣。此教規七日大聚，同衆瞻禮，導引人心歸眞向善，不失賦命之約，以全先天至大之信也。

又 凡不能朝觀者，必不可少此七日之大聚也，乃立身明德之大端，修道崇教之勝舉也，是以自古以來，千百世而上，千百世而下，宇宙攸同，萬國合轍，均同此一日，同此一時，聚衆朝參，勸教無息也，豈時作時輟之細事也哉，斯五者，洵正教之根基，歸眞之要路。欲全二回而趨向眞主者，舍此無歸眞之正路，難免失迷原徑之悲哀。凡我同德者，不可不知之，亦不可不遵守而行之也。尚克勉乎哉。

性命

綜述

王岱輿《正教真詮》卷上《死生》 聖云：有今世，畢竟有後世。有

浮生，畢竟有暫死。不可不知也。雖然生死之機難言也，試言其略。生死之謂有無，有無之義蓋有不同。有有三品，曰無始無終之有，乃眞主獨一之有也；有始無終之有，乃天仙、人神、數一之有也；有始有終之有，乃水陸飛行、草木、金石倚賴之有也。蓋性命有三品：下品曰生性，中品曰覺性，上品曰靈性。生長之命，乃草木之性，能扶草木生長、草木枯敗，性亦消滅；知覺之命，乃鳥獸之性，能附鳥獸生長，而又使之以眼、耳、鼻、舌、身、心，能視、聽、聞、嘗、知、覺，但不能推理，至死其性亦滅矣。靈慧之命，乃人之性，更兼生覺二性，能扶人長養，及使人知覺，而更能推論事理，此身雖死，其性長在。凡知覺之事，倚托於身者，身形若止，知覺之性亦無所用，故草木鳥獸之性，以身爲本；身死，其性即隨而滅。若推論明理之性，不必倚證於身，其性自能用事，身形雖滅，依原能用其神，故與禽獸草木大異也。凡人欲明物理，若以己心受物，其物有形，必脫然取其精粹，始能納之於心也。即如目及山河之大，便置之於方寸之間，非心至神，何以微器之中能容此巨物乎？故能受其神者，非神所受，必不能也。

又 大哉無極，乃夫婦之始。太極，乃萬象之原。是故無極顯性命，非性命則無神鬼。太極成兩儀，非兩儀則無天地。無極之始，太極之原，總一大人耳。所謂人極者，即斯大人之心也。夫人爲萬物之靈，其是義也。人極者，體無極之理，繼太極之用，化而爲夫婦。非夫婦則無君臣父子。是故正教結婚，乃眞主明命，違此者逆矣。所以寒不能生寒，熱不能生熱，惟寒熱能生寒熱，此陰陽之化機也。若夫孤陰寡陽之輩，上違主命，下背人倫，出自陰陽，妄思超脫，毀本塞源，愚而自用，其與火裏求冰，水中撈月者何異哉。彼以絕滅不生爲正，然則天地之主何以化生男女，以傳人類。彼此相去，不啻天壤。識者當以誰爲是乎。又言夫婦之道本爲淫欲，皆非正派，彼亦自淫邪而生。又戒人殺生，畜類日增。止人婚娶，綱常盡絕，其意竟欲撲滅人類，而讓天下與禽獸。其可乎。

大觀天地人神，細及昆蟲草木，有情無情，未有不得陰陽而享利者也。若夫當體之精氣，既濟者則和，盛衰者則病，缺一者則死，玆即當體陰陽不齊之驗，又何況夫婦之缺略哉。常見孤陰寡陽之輩，形容枯槁，心意千岐，不正之念叢生，失節之事多有，皆由陰陽失序故耳。所以正教之理，雖鰥寡不宜獨守。何也。寧可明正改節，不可外潔內淫。孰輕孰重，孰是孰非，此固不辨而明者。然此事雖能好人，亦能惡人，不可不知。何也。好人者正色也，惡人者邪色也。詩云，窈窕淑女，君子好逑。所謂得於此而忘於彼者是也。譬如飽飧美食，雖更列珍饈，亦不之顧，是故正色必不可無也。經云，夫婦之道，乃兩相護衛者，即此指也。若夫邪色淫聲，極能惡人。故曰，非禮勿視，非禮勿聽，大都輕見婦女，易動淫念，而有害眞德，況終日狎昵者，可不戒哉。因鹽出於水，沉水即化。男以女生，遇女則迷。若夫水之與土，水本澄清，合土皆成混濁。男女俱善，相近則亂性情，所以邪色必不可有也。經云，猛獸可尾，毒蛇可蹈，惟男女不可輕近也。惡物只自傷身，婦女毒關心命，愼之，愼之。

須知柳下惠坐懷不亂，不若魯男子閉戶不納。何也。下惠之不亂，惟可己身獨守。魯男子之不納，足以取法萬世。若清眞之教，女嫁夫家，至死方出其門，雖父母危亡，非由夫命，自不敢歸視其疾。緣會親之條，自十歲始，除父母伯叔同胞兄弟母舅之外，雖至戚亦不相見，所以君子遠嫌疑也。昔吾聖之女法土默者，偶見瞽目，遂而避焉。聖曰，何以避之。曰，雖彼莫能見我，然我本不應見彼也。況夫無親男女，對面相視，而且談笑者，可不恥哉。聖曰，魔帥近我，嘗自陳說曰，吾之用力最少，而功最速而且大者，莫若男女相侵。吾互爲之飾媚焉。若醒時偷顧蘭室，夢裏和諧鴛枕，此豈非魔之撮合而然哉。必須遵守清眞，趨正避邪，從好去惡，所以乾坤交泰，萬物咸亨，造化之根，發育之理，弘道興倫，三綱五常，亘古不息，莫不由夫婦而立。其理蓋有不能盡述者焉。

德行

綜述

王岱輿《正教眞詮》卷上《正教》 清眞正教，迴異諸家，大端有七：

正教尊單另獨一，諸家以數一爲尊。獨一與萬物無干，數一乃萬物本始。須知數一渾包萬象，即如海出衆流，隨處各成色味，然其洪量未嘗損益。所以滄海能爲江湖，江湖必不能出滄海。故聖智能若凡愚，凡愚必不能似聖智。是理不可不知，茲一異也。

正教認原有新生，禮分主僕。原有者，能造萬物；新生者，受造而有。諸教言萬物本來一體，惟有名相不同，若冰消泡散，依原是水，茲二異也。

正教知天地爲人之居止，萬類皆人之用物，所以人爲萬物之尊。諸教以天地爲大父母，所以人自卑而俯拜。茲三異也。

正教遵眞主之明命，修道而立教，所以古今不易，宇内皆同。諸教循自性，修道而立教，所以諸子各異，閭里不同。茲四異也。

正教忠貞不二，惟尊一主。諸教拜諸佛，祈諸神，雜而不一，不知所從，可謂忠貞乎？據理推詳，惟此獨一眞主化生天地萬物，存養人民。宇宙之間無一物不因人而設，吾人宜感其洪恩，當誠心敬禮爲是。豈捨此大本大原之眞主，而反別有所事者哉！茲五異也。

正教有前定自由，諸教言自然之理。前定者，主也；自由者，人也。未始有天地之先，眞主運無極而開衆妙之門，當是時，各正性命也。衆妙之門乃前定，彼時善惡之因已具，高下之品已設。若海鹹河淡，江濁湖清，分之不開，合之不共。各正性命者，各從其志也。譬如火焚巨室，救之者入室，刼之者亦入室。入室雖同，所以入室則異，取捨是非，各樂其利也。即此便知理性中自有殊異，而後始有是氣，非理由氣所轉也。諸家皆言理同而氣異，《性理》有云：「只是此理，隨于氣質之中而自爲一性，但稟之淸者爲聖賢，如寶珠在淸水中；稟之濁者爲不肖，如寶珠在濁水中。所謂明明德者，是在濁水中揩拭此珠也。」夫明德既染，明明德者誰歟？若言明明者不是明德，但明德爲萬善之本，孰有逾于明德者乎？若是明明德者即是明德，如明德果能自明，始初自能不染，何必自染而後自明也？若言乃先覺覺後覺也，如堯不覺丹朱，舜不覺商均，伊尹不覺夏桀，文王不覺殷紂，孔子不覺陽貨，下惠不覺盜跖，何也？且廉節者處淫地，雖死而不亂其志；貪淫者居淨土，總外潔而内淫。賢者自賢，愚者自愚，豈因患難便隨于不肖哉！若言氣淸氣濁，便爲聖爲凡，雖堯舜亦偶爾爲堯舜，桀紂亦偶爾爲桀紂。因遭其時，盡由于氣，其善亦不足以爲善，惡亦不足以爲惡，何也？原非本性故耳。噫！理性爲本，氣性爲用。以上所見，體用顛倒，成人成物，略不由性，總出氣爲，其理謬矣。《性理》又云：「天有至粹，地有至精。人得之則爲聖賢，鳥得之則爲鸞鳳，獸得之則爲麒麟，介得之則爲蛟龍，草得之則爲靈芝，木得之則爲松柏，石得之則爲瓊瑶。」此説較前大異，何也？前言理同而氣異，是説乃先有萬類不同之理，而後得天地精一之氣，始成萬物之形，據此又氣同而理異也。似此同異，懸隔不啻天壤，皆出名流正論，使天下後學何取焉？茲六異也。

正教有歸回，諸教惟輪轉。歸回者乃遵明命，體聖賢直達本原。上智則品高福永，下愚墮于火獄，位低而罪長。眞主判理至當，協服其心，所謂善不反顧，惡無幸免，豈若諸家之反復也。何也？釋家成佛，則歸虚空，墮落則輪轉不息；玄門得道，羽化成仙，天長地久，不得已往來不已。成佛歸空，難免將來復妄，成仙不死，未免乾坤有毁。即此推詳，仙佛本未脱離生死，病原出于自然，豈非靜極而動，動極而靜乎。《性理》有云：「太虚不能無氣，氣不能不聚而爲萬物，萬物不能不散而爲氣，氣不能不化而爲太虚，循是出入是皆不得已而然也。」噫！若天命之不能自已，并太虚聚散之不得已，二説之義，即若世人做事，妄自輕舉不量己力，事到終來，欲了而不能了者也。須知人類如水中鱗介，固然出自水中，必不復成水體。未有暴虐枉法之流，叛臣賊子之類，倚強凌弱之徒，一旦歸於太虚，善惡竟無着落，豈不縱了惡人，負了良善？且王法五刑之屬三千，各有應得正典，况造化天地萬物至公之眞主哉。夫仁人尚能愛人，能惡人，設若天地之主，不與善人升天國，何以爲能愛人；不降惡人于地禁，何以爲惡人。蓋今世之賞罰，未能體貼其心，必待後世以天闕地禁，報其意念之當然，絶無一絲之枉屈，雖千萬世以前，及千萬世以後，萬事萬物在眞主無一不明如現見也。信不至此，將何以爲信天地之主至仁至公也。茲七異也。

又《正學》：正學有三：曰大學，曰中學，曰常學。大學者，歸眞也；中學者，明心也；常學者，修身也。歸眞可以認主，明心可以見性，修身可以治國。認主之學若性命，人無性命則不活。明心之學若衣

食，人無衣食則必死。修身之學若醫藥，人無醫藥則病必不治。缺一不可也。夫世人之通患，皆溺於財色聲名久矣。既已知學，尚迷於色，將何以爲勇；尚高傲，將何以爲謙；尚惑非義之財，將何以爲廉；尚溺于富貴，將何以爲道德；尚怨主尤人，將何以爲聽命。凡知己之惡者，即見善之端，始易於入德矣。今之人宗地學以忘眞，習虛文而過飾，若此文學誠爲可惜。舟因載物，文緣寄道。舟不載物，舟必敝；衆不寄道，文必虛。通於道者，未嘗不文；通于文者，不必有道。文道兩均，始爲正學。

天道造化

綜述

王岱輿《正教眞詮》卷下《今世》 經云：「塵世之活是一場戲劇。」又云：「無一正人則可，若有，在彼有四敵焉。」四敵者，自性也、魔首也、迷人也、塵世也。」塵世乃古今一大戲場，功名富貴，萬事萬物皆其中之傀儡也。魔首，乃扮戲者；迷人，乃得戲之趣者；自性，乃共席者；正人，乃戲場之過客耳。經云：「塵世乃古今之橋，必游之徑，爾等過之，不可修理。」又曰：「歌舞場中，同席者助也，得趣者罪也。正人過之，未嘗觀焉。」

夫四敵之中，惟自性爲最，何也？彼可以爲戲場，可以爲扮戲，可以得戲之趣，可以爲同席，可以爲行人，較之諸敵，獨爲親切，是故能伏自性者，聖賢之大勇也。自性之與正性，雖有主僕之分，難于兩體之別，若水中之水，善嘗者能辨；如風中之味，善聞者能知；固本體自身，非至人必不能識。此理之微，縱書詞汗牛焉，亦不能悉也。若正人身當此場，猶持重寶，突入危險之中，欲衛此寶，何等提防，何等兢惕，少有差失，所關非細，還可戲乎？又何況戲中之戲哉。凡人知其爲戲，自不認眞；不知其爲戲者，己亦成戲，不至散場，自不肯已。所以有聚畢竟有散，有生畢竟有死，有樂畢竟有苦，有客寓畢竟有家業，智人在此有憂無樂之中，須尋一無憂之樂。凡得此樂者，其與戲劇之悲歡何有焉。是故經云：「人生在世，即是客商。所有之物，無非借貸。」然客商畢竟回家，借物定歸原主，豈長住之眞有哉。悲夫，世人以客寓爲家鄉，以假借爲自有，蓋因染于名利之私，惑亂本心明體，終日忙忙，忘卻生死，誠可憐憫。

經云：「爾爲己身蛻死之後預備無疆之福，須從浮生之前瞬息光陰而取。委實爾不知來日，是生是死耳。」須知患莫大于心死，而身死次之，若身心俱死，作何準備而歸。諺云：「人生自古誰無死，試看從來放過誰？」果然此死信得確當，必須時刻放在眼前，設若死時，與誰伴侶。富貴帶之不去，善惡貼體相隨，論至此間，智人自然驚省，追思往日行爲，豈不捫心慚愧。此時哭且不暇，何遑樂也。賢曰：「世人若牛馬，皆食飲于塵世之槽頭。」或曰：「君食于何所？」曰：「予亦食于此。但彼等食而歡樂，獨予食而悲哀。」歡樂者不若牛馬，何也？牛馬飽餐，則安眠知足；貪圖之人，則晝夜不寧，因忘其死也。

處世之道，必要有五：乃充饑之食、解渴之飲、蔽體之衣、容身之屋、當用之學，此外皆餘事耳。智人必不以餘事誤其正事，因現前光陰，其價無量，須當仔細體勘，切莫等閑放過。志欲超塵，必須良友。賢曰：「凡人與結一良友，聖人之行止足矣；欲擇一同路，記善惡之天仙足矣；欲尋一嗟嘆，世事之變遷足矣；欲行一不善，火獄之刑足矣；欲得一伴侶，尊經之妙旨足矣；欲爲一事，爲主而行足矣；欲得一勸諫，死亡足矣。」照此行去，庶幾不墮于錯謬矣，因夫世人染于眼前之微渺，所以昧乎未見之大觀。譬如因婦懷孕，生子暗獄，子及長成，竟不知日月之光明，江山之秀麗，人事之繁華，萬物之妝飾。以大燈爲日，小燈爲月，以獄中人物爲至美，無可比倫，略不覺此中之穢，猶以爲至樂，故戀戀不憶出也。及有與言天高地厚，日耀月輝，人傑物華，江流山勝，珍饈之適口，綺錦之炫體，始悟隙壁之光，桁楊之慘，禁束之嚴，飲食之糲，衣衾之鄙，自不欲爲長住矣。此時如夢初寤，方謀脫此垢污之場中也。

夫不加考試，何以辨其才華；不爲闡揚，何以悟乎妙理。故欲降之大任，必先苦其心志，餓其體膚，勞其筋骨，經歷危難。奈何以戲場了其一生乎。詩云：「這班大戲籠今古，戲內猶藏扮戲人。夢中夢即人間夢，死後方知夢

不眞。」噫，吾輩還看的是古今大戲，是眼前小戲，還是行人，是長住，還是煎熬，是得趣，還是長生，是死去。話到此間，惟嘆息幾人跳出此場中？

又《三世》 經云：「莫非爾等猜度眞主，造化爾等特爲游戲而已，果不復歸于眞主之尊闕乎？」即此曉喻，則判人有原始、現在、歸回之三世。即若原種、發露、成果之三時，缺一則始終不備矣，是故塵世浮生，乃人寄寓。譬如探海尋珠，得者便登彼岸，正如忠臣受命，孝子辭親，政事完畢，豈敢延緩須臾。倘不復命豈忠孝哉！

須知歸回後世，得者永得，失者永失，必無榮辱兼有，及有平等之地，可以僥幸其得失，非若今世善惡同處，禍福均受。惡者或竟世榮華，善者或一生窮困，故此醉夢之夫將謂生死茫茫，壽夭不一，是非顛倒，似無主持。修善何益，爲惡何傷？人之貴賤，偶遭其時，善未必賞，惡未必罰，由是猜疑，便有空無寂滅之想也。噫，一郡若無一官，則通郡皆亂；一國若無一君，則通國皆亂。有君而無信賞必罰，其令必不行。即此詳之，天地萬物，短長顏色，巨細高低，日月輪轉，晝夜晦明，四時不爽，萬古如一，似此的據，必有一至尊之眞主，行至公之賞罰。無容毫髮之疑也。故後世萬物同歸之際眞主約一判理大會之期，復生今世人物原身，以其至公顯示于古今大衆。是時始知授世福于惡人，非喜之也，以此瞬息細微之値，酬彼偶行纖渺之善，其惡業無限之苦，直待死後方與鬼祟同受于暗獄而無疆矣；其加世苦于善人，非惡之也，因贖彼微小之罪愆，淨潔其世務之染玷，若其眞誠功德之報，亦必待彼歿後，與天仙並列，享全福于天國而無疆矣。

或曰：世人之死，或火焚，或水湮，或土埋。火焚者身爲浮塵，水湮者身亦腐化，土埋者身成枯朽，何以能復原身？且眞主無似無形，當何所面背對理？古今人物非億兆可稽，何以能逐一審判。其尊言不類聲聞字樣，何以問答萬國土語？曰：火能使人成塵，水能使人成腐，土能使人枯朽，此非火水土之自能，皆眞主所命。以所命之塵腐枯朽，復成人之原身，何足爲異。且未有此身之先，自無造化出此身。今以其有而成其有，復何足疑。但眞主之有，不以色相，全是有，無所不有；明不以三光，全是明，無所不明；言不以口舌，全是言，無所不言。故事無難易，亦無多少，亦無巨細，造天地如造彈丸，理萬物如理一物。譬如太陽以全光照一物，亦以全光照萬物。泰山、芥子皆同一照。物繁光亦不加，物少光亦不減。夫以區區螢火之微明，而欲較眞主無量之玄妙，亦妄誕之甚矣。彼時善惡之人，具復生原身，判理已畢，善者便登天國，與其本來靈性同享全福，兼滿形神之樂，其形體之患悉除，內外光明，並無老幼，總肖人祖壯年儀表，亦無長短大小之異，更賜以如意無拘，潤澤其身。所最大者四端，其一乃不滅不壞，凡諸禍害，水火刀兵，損人之物皆不能侵；七情六欲，略無所犯，故不再死也。其二乃透徹，凡諸堅實之物，莫能阻礙，穿金入鐵，無不然也。其三乃光明，所發之照耀，雖太陽之光，亦不能及。其四乃神速，復生之身，非若目今之濁，無翮翅而能飛，不行動而能至。任意往來，不論遐邇高下，瞬息而至也。故云：「清秋露酒水晶杯，杯酒相偕兩不知。見杯不見杯中酒，見酒依稀不見杯。」此指乃內外光明之義也，其中全福皆目未及見，耳未及聞，心未及思，毫無不滿，略無不遂。不然，不可謂之全福也。

又《後世》 夫人形神互合而成一體，其樂自有不同。若身以形用，其福以形受，不能盡及于神，如珍寶玩好，瓊宮瑤宇，綾錦衣衾，飲饌精美，形之樂也。神以神用，其樂以神受，不能盡及于身。如明達天地萬物之理，及認識眞主之妙。此爲神之極樂也。若今之帝王，富有四海，較之天國，無非一瞬，豈能仿佛其萬一哉！迷人則不然，雖同復生，其實乃不死不活，雖自欲長死而不能自死，豈若居天國者，謂之長生與。生者乃動而如意，無拘之謂，如源泉泛泛，晝夜不息，方爲活水；迷人被禁略無轉移，如掘地而注，竟無流動，則死水也。既入地禁，束縛于萬苦之中，日負痛楚，一息不止，雖彼懇求呼吸之停，不特不允其求，而且更加其辱，永久如是，再不滅亡。即世之牢獄重犯，苦之有限，無非一死則已，不若是之至楚至毒，無極無盡也。

或曰：「人生今世，或順或違，長壽不過百年，賞罰如何不盡？」曰：眞主賞罰善惡，量人之心志，不論歲月之多寡。何也？順者活百年而百年順，活千年而千年順，活無疆而無疆順。違命者亦然，因其善惡之念，無有終止，所以賞罰之報，亦無窮盡。此爲至公，非如世法以外貌判理之比，在上有枉法，在下有幸免也。經云：「今世乃後世之田，栽花者得花，種棘者成棘。」故曰「肩擔荊棘親樵採，體着綾羅自織機」。切不可以浮生之微利，誤却永久之榮華，倘然失誤，苦無既矣，豈不悲哉。

教戒

綜述

王岱輿《正教真詮》卷下《真忠》 眞者，化滅諸邪；忠者，斬除萬有，此爲人之大本也。是故君子務本，本立而道生，本若不立，何道之有？吾教自生民以來，不拜像，滅諸邪，方謂之淸淨；尊獨一無二主，方謂之眞忠。一國只有一君，二之則非；天地惟有一主，而二之，豈非宇宙間莫大之罪乎？故正教貴一也。論一有三：曰「獨一」，曰「數一」，曰「習一」。獨一者，眞主；數一者，種子；習一者，眞人。眞主運無極而開衆妙之門，以太極而萬象之體。超越無極、太極，不落陰陽，其獨一乎。種子者，乃無名天地之始，有名萬物之母，其數一乎。眞人者，身雖處于天地之間，不被天地萬物牽制，一心向主，是爲不二，其習一乎。大本眞忠，即此而明，諸像諸邪，由是而滅。如日中天，陰氛盡斂，豈區區半途梢末之忠可同語哉。自斯已下，認己修身，忠君事親，處夫婦，交友朋，治國齊家，莫不由是本而發，捨此別圖，則有歧路之悲矣。

夫忠于眞主，更忠于君父，方爲正道，因其源淸，而無不淸矣。或即忠于君父，而不能忠于眞主者，直爲異端。何也？因其拜張拜李，祈佛祈神，頭頭是主，豈能忠于一乎。况于無父無君者，又何如哉！如生死壽夭，富貴功名，皆由眞主前定，刑德威福，兼託之人主。愚人皆曰由「佛」，彼僭造化之機，竊人主之權，其害不淺矣。假使佛說盡行，人皆無父，則斯人之種必至于絕，而佛法亦不得行矣；人皆無君，則爭奪屠膾，相殘相滅，而佛之黨亦無以自立矣。禁人婚娶，道原自絕；更戒殺生，禽獸日增，世界皆畜類之所有，三綱五常，天地三光，萬事萬物，誠皆棄物矣。竊思世人交友，或有一二誑言，終不盡信其說，似此謬妄，人猶敬信，何其愚也。夫黑水之源，不揚淸碧之波；枳棘之根，豈結松柏之實？非眞忠智士，鮮不惑焉。須知大本眞忠，始自天子，蓋君不能自君其君，惟主能與其爲君。所謂天子不能以天下與人，天與之也，故君父之忠爲寶，臣子之忠爲金，交友之忠爲銀，忠名雖一，其實不同。人必認主而後心正，心正而後忠眞，萬善之根，皆自此忠而發，須能中節，其禮方備。

又 或曰：「何爲眞忠之至禮？」經云：「無一受拜之物，惟拜獨一之眞主是也。」因人生住世，有三大正事：乃「順主」也、「順君」也、「順親」也。凡違茲三者，則爲不忠、不義、不孝矣。然而事有重輕，義有差等，君親豈得與之同等，茲至大之倫，至極之忠，不可不知也。所以至敬以叩拜爲尊，雖君親不得而分致，此爲至禮。何也？人之首務，莫大乎認主；認主之憑，莫大乎拜主；拜主之儀，莫重乎叩首。蓋眞主尊大淸高，無希于人。吾人事主，雖有資財，不得施其用；雖有身體，無所致其勞，臣僕之分，惟此拜禮而已。且眞主造化天地萬物，至貴惟人，人之一身，至貴惟首，以受造至貴之首，拜行造至尊之主，至當允宜。自此以下，孰能當之？至若君親之尊，乃主造化；君親之權，乃主予奪。生死窮通，老幼安危，莫不聽命于主，豈得與于尊大淸高，而欲與抗禮乎。矧臣之事君，君子之事父，有力可竭，有身可致，足以徵敬者何多，僅一叩拜之儀，必欲分致，何以明尊高之義，別臣僕之禮也。必若君事上帝，臣事君，子事父，賤事貴，幼事長，概行叩拜之禮，盡使元首投地，輕重何以分，等威何以辨？又况受造原有，主僕定分，茫無差別，至尊之主，竟與至卑之人均受互得，可乎？于禮何居？此可謂之眞忠乎？有識者定知其必不可也。至于富貴驕人，貧賤卑諂，以及逢土木而屈身，遇鬼祟而稽首，坐高臺而說法，假祖佛而受拜，逆亂綱常，叛違造化，益不忍言也。是故在君親，必須知貴不能自貴，長不能自長，有貴之長之者，自不敢安受至貴至長之儀，此君親之眞忠也。在卑下亦不敢希圖寵幸，取快一時，以自紊其貴，貴長長之禮，此卑下之眞忠也。皆禮也，皆禮之至禮也。若今之世人，不能奉君親于無過之地，徒見不拜，遂以爲無禮者，不知忠，亦不知禮者也。須知禮儀大略有四品，一一必須中節：凡遇平等，惟揖拜而已；見尊長，惟跪拜而已；事君親，當以耳輪向地，側首而拜；惟事天地人神之眞主，始正面而拜焉。似此至大極尊之禮，設若同事于人，彼此招愆，不特己忠孝有虧，亦且干乎上位，豈細務哉。

又卷下《三品十條》 經云：「爾等近主之至貴者，乃至計較也。」

較量者，乃諸事必須正直，不使偏僻，其當體之六根，必須遵造化之原義爲何而設立。所謂感恩，正以主之所賜，不敢施于違命之地是也。若非禮勿視，必須正視；非禮勿聽，必須正聽；非禮勿言，必須正言，斯感恩之謂矣。正教修道工夫，無有窮盡，然其初入者，總于「三品」、「十條」，缺一不可。

三品者：乃「心間誠信」、「舌上定念」、「身體遵行」，兹若根本、枝葉、花果之自然而然者。何也？有根本，必定有枝葉；有枝葉，必定有花果，雖有三品六名，本是貫通一脈，非二事也。寧若異端邪説，獨言修内而不修外之欺蒙耶。凡有根本而無枝葉花果者，其根必枯，不待辨而自知矣。所謂誠信者，乃誠信眞主獨一，毫無疑慮，純潔無染。此中發念，天仙不能贊助，神鬼不能妒毁，是之謂誠。少有人欲相牽，邪即乘機而入，如果受蠧，外雖青翠，中心爛腐，仁何有也。所謂定念者，乃定念不二，非徒贊誦而已，從心至舌，自誠而明也。所謂遵行者，乃統領通身百骸，行住坐卧，力行不息，貫通圓滿，略無虧欠。非其時，獨善其身；遇其世，齊家治國，即所謂源清而流自清者也。

十條之一，乃節飲食。節者之義，乃清潔而減少也。緣夫飲食乃立身修道第一工夫，若無此則身莫能立，而道亦不能修，其爲成人之至要也。經云：「凡人以一口不明不凈之飲食入于胸腹，眞主四十日不准其功行。」何也？清凈之主，所喜惟清凈耳。以不凈之飲食，立身而修道，若以泥水而浣白衣，愈浣而愈污矣。減少之義，因修道之人，衣爲禦寒而遮體，食爲充饑而度命，倘過食則神昏而多睡，陰盛陽衰，精明無貯，若油過燈草，其燈必滅；水逾田苗，其苗心損，此自然之理也。

其二乃節言語。節者之義，非絶而不言，但觀其當與不當耳。當言不言，若遇溺人而弗救；不當言而言，如逢醉夢而共語。故一句非言，折盡平生功行，倘見不眞，直宜閉口深藏。經云：「愚人慎言，即其帷幔；智士慎言，即其粉飾。帷幔者閉其愚陋，粉飾者增其高雅。」即此詳之，言可易哉？

其三乃節盹睡。因盹睡乃純陰之象，死亡之徵。蓋天仙之類，稟之太清而無嗜欲；飛行之物，稟之太濁而有所好。人居于清濁之間，體全太極之理，少盹睡而却嗜欲，則勝過天仙；樂盹睡而貪所好，則不若禽獸。且光陰無價，一息萬金，豈可以醉夢虚度哉！

其四乃悔過。此著功夫，譬如農事，然先治地基，耨其荒草，除其瓦石，驅其惡水，而後可種嘉禾也。凡進道之人，必先去惡，而後始能至善，故有所不爲方能有爲，正此義也。

其五乃僻靜。修道之人，避諸所欲也。得道者，對景忘情，居塵不染，初進者不能也。耳目乃聲色之門，口舌乃是非之鑰，所以欲絶萬緣，必須幽閑靜默，非關寂滅虚無，惟契獨一眞有，掃盡諸邪，本原即露，所謂「欲思此品還須靜，志向成人絶萬緣。」正此義也。

其六乃甘貧。因貧乃習一之機，爲修道之要也。夫貧人諸事倚托于主，富人諸事倚托于財。經云：「守己貧人，通國猜其富足。」因彼之志念富，有眞主可倚，故世人莫測其貧也。聖曰：「貧人乃兩世之王者。」何也？王者之義，乃無拘而尊也。世之貧人，無差徭，無租税，無妄爲，無高傲，無欺凌，賊盗不侵，忌妒不犯，豈非無拘也？歸原後世，無驚恐，無牽繫，無仇敵，無考算，竟登天國，永享極樂，豈非王者之尊也？

其七乃安分。安分者，乃安于衣食，非安于道理。夫道理無量，豈可安止而駐足乎？或曰：「若無定止，何以爲期？」曰：定也者，乃遵眞主之明命，體至聖之眞傳，除斯外而安止者，非正教之安止也。世人止正教而不行，違明命而不安分，全不思胞中飲血，生時啖乳，靈明活潑乃誰備誰能？達此者，自然安定，此輩糊涂，誠所謂安于不安，不安而安者也！

其八乃忍耐。夫忍耐乃超凡證聖之全功，成人修道之要術。有生以來，不經勞苦，而便爲聖爲賢者，未之有也。忍有三品：曰「修道之忍」、曰「見道之忍」、曰「得道之忍」。修道之忍者，若窮通得失，皆聽命自然，其進道法程，亦不由自性，不圖苟安，必遵明命而歷勞苦是也。見道之忍者，乃久歷功夫，身心清靜，見性之時，出入自便，身外有身，入水不溺，入火不焚，履虚不墜，金石無阻，陰陽不拘，古今如一，遐邇若同，此皆途中境界，倘由此障礙而駐足者，則惑矣。得道之忍者，乃超越天地，旋乾轉坤，起死回生，造化若己。當此之時，得聖人知見，堪入全人品内，可登眞主禁中，見天地懸無根，繫在尊闕，恰似微塵，顯妙明普照萬方，在眞主乃如螢火。倘若外道無知，認性爲主，神通自在，誤作己

能。譬之見分五色，惟賴日光，若非光助，見即如瞽。凡事不可以似爲眞，以外著者爲內本。若木鳶之飛，木馬之走，非特本物之靈，必自有外助之消息。似此迷途，終成沉症，不得明命眞傳，自然深入魔境，墮貶下極，永不上升。惜哉，惜哉！

其九乃順服。順服之理，若萬事萬物得失安危聽命自然，略無揀擇。何也？常遇一事，據己見爲極美者，中藏禍害而不知；或有見其甚惡者，內含福利而莫測，方知眞主玄機，超人意見之外。自此虛心，一託眞主，所以倏然臨之不驚，無故加之不怒，蓋得此機也。

其十乃樂從。樂從之義，雖似順服，然其中分別，自有不同。順服，乃順而不怨；樂從，乃樂而且喜，不可不知也。如此至要工夫，眞不可須與離也。

又《宰牲》 天房大會，俗稱小節。繼往聖之遺迹，遵歷來之古禮。大衆宰牲，最爲切要，實爲近主之因由，可渡業緣之火海。夫告朔之羊，亦曰「古禮」，尚然不棄。孔子曰：「賜也，爾愛其羊，我愛其禮。」是知名存而實去者，猶愈于名實兩亡。況正教盡由明命，豈可輕棄也。須知牲有內外，事有源流，宰外牲而不遺舊典，遵聖法而杜己聰明；宰內牲而降伏自性，體聖人而不間須臾。常人自外而內，因彼以見聞而得；至人自內而外，緣彼之性地本明。惟偏于內則太過，不可公行于天下；直著于外則不及，豈得此中之至禮。紅翠闡揚，本是根中活潑；紫黃寂滅，皆緣種裏虛無。內外兼持，不偏不倚，始爲正道也。因正人之與眞主，其中有三大障礙，乃財物也、恩愛也、自己也。性牛若伏，人道始彰，在常流，則割愛施財；居至品，則盡忠捨己。誠中形外，個個可爲聖賢，踐迹入室，循循導引愚蒙。三障未超，怎得清眞世界；四性未降，終墮昏迷苦海。

又《葷素》 夫人爲萬物之靈，超越有無之妙，宇宙之間，知自己之從來者，能幾人哉？眞主造化天地萬物，本爲人而設，即若心爲一身之宰，通體百骸，皆心之用也。是故天地無棄物，人身無餘竅，已明矣。大都養身之道，莫大于飲食，天輪日月，大地山河，盡人衣食之倉庫；水陸飛行之物，花果草木之精，皆人身體之滋養。以是觀之，吾人之品，其大矣哉。既知此身之貴，當思滋養之宜。小人雖無忌憚分別，君子定有當行可止。當食而不食，有違造化之恩；不當食而食，又屬己私之用。食飲之條，可無較量乎。

所以正教飲食不拘葷素，但食葷之條，除事親、節日、醫治、賓客、婚喪之類，無葷可也。若事親不備，謂之不孝；節日不殺，謂之異端；醫治不食，謂之不慈；會客婚喪不用，謂之無禮。眞主造化天地萬物以爲人，而人棄之可乎？如君長之賜群下，必不敢辭，乃禮也。且人之本，通身血肉，胞中飲血，生時啖乳，時刻皆葷，盡由造化，不系人爲。果該食素，當言食素之根源；半途改造，自是異端之左道。本來之與改造，聽命之與自專，以誰爲是乎？所以古今聖賢，皆宰生食肉，而不以此爲戒者，因體本來而順命也。緣天地體太極之形，人身體太極之理，天地即身，人形即心，觀天地則知人身之至理，觀人身則知天地之精微。因太極生兩儀，兩儀則化爲天地，天地覆載，包羅萬物。有草木而後有飛行，有飛行而後有人極，缺一則不成世界。有人極而後有男女，有男女而後有夫婦，夫婦交合，孳生百骸，有生長而後有運動，有運動而後有靈明，缺一則不成身體。是故世間草木，助人身之生長；世間飛行，助人身之運動；世間聖賢，啓發人身之性理。天人符合，理形不異，豈能缺一哉。夫正教之道，不偏不倚，隨處而安，値素亦不思葷，非不食葷也；値葷亦不必素，非不食素也，聽命自然，略無冀慕而自專也。昔有一賢，相訪爸野賚德尊者，迎入室中，化一大海，尊者涌身入海，招客共游。客曰：「吾不能也。」尊者曰：「是爾不能，爾所食非精潔，如何涉得此清净海也。」其指因彼偏于食素耳。又有一賢，探訪喇必安尊者，始見周遭鳥獸，一時盡皆逃避，客曰：「諸物何以避我？」尊者曰：「爾今日所食何物？」客曰：「食肉。」尊者曰：「爾欲食彼之肉，安得不避爾也。」其指因彼偏于食肉耳。緣夫肉食出于造化自然，戒之者非也；蔬食兼之人工溲浡，所以偏之者惑矣。

然諸肉有可食者，有不可食者，不可不知也。可食者，如畜養之類，牛、羊、鷄、鵝是也；山野之類，獐子、兔、鹿是也；水潛之類，魚、蝦是也；飛翔之類，天鵝、野鴨是也。其不可食者有七：慣于刁搶者不可食，鷹、鷂之類是也；性之慘酷者不可食，虎、狼之類是也；形異于常者不可食，鱉、鱔、刺猬之類是也；穢污不堪者不可食，豕、犬之類是也；亂群而生者不可食，驢、騾之類是也；半途而化者不可食，貓、鼠之類是

也；有大功于世者，若牛亦不可輕宰是也。夫人尚且擇行，諸肉豈宜妄食？或曰：「牛既有功，又何故宰？」曰：宰之以資口腹之肥甘，則不可，用之于正禮，政其宜也。譬如奸佞畏縮而善終，忠節挺身而受戮，孰是非哉？若正教經律，凡以屠牛爲業，恣人啖膳者，較之屠宰衆生尤爲切禁，罪莫大焉。

又《博飲》 博戲飲酒，正教所禁。因吾人道履清眞，一心契主，雖有他端，莫得而間之。惟茲博飲，能惑其心。是故此心一搖，怳然無主，則魔乘而誘之矣。夫魔之誘人，不特一局，隨人所欲，妙有轉旋，人若趨善，即乘其善以餌之，俾必出于善，入于不善，斯已也，况人之自趨于邪僻乎。

博戲者，乃魔誘人之巧具也。所以樗蒲弈博之屬，皆分心蕩魄之由，耳聞嘈雜，目視紛紜，心思成敗，神注贏輸。當此之際，須臾不離，安定靜慮何存；不睹不聞，戒愼恐懼何在。吃緊關頭，全不念中識破，如狂流崩湍，毁堤拆障；如猛駒烈馬，裂轡決銜，一往奔潰，莫能底止。當其局中，或値迅雷疾雨，略不顧盼，及其既終，不知影響。視而不見，聽而不聞，雖禍福如山，亦不識趨避。有百年之軀，竟忘百年之軀；有千金之產，即蕩千金之產。忘身及親，又况正心修身之功，一朝盡棄。不知光陰無價，難得易失，今日已逝，明朝不再。若得寶器，當儲美物，長年竟貯臭腐，甚可惜矣。所以聖賢修詣，貴及其時，一息怠迷，如失連城重寶，汲汲皇皇弗敢刻懈。愚懵之人，一昏不醒，居塵海之風波，立生死之險地，以逍遥散誕，認爲眞實受用，忘却長住本原。既知長住眞詳，今世曾無一瞬，豈可以博戲逍遥，而自棄其重寶乎。

且酒之誤人尤甚于此，是故經云：「酒爲諸惡之鑰匙也。」是鎖若開，無惡不至，歷來嚴禁，未嘗少弛，而聽之者誰也？夫以人之不能聽而誨之，乃誨者之過，非彼人之愆也。然亦有不容不論者，故不妨于諄諄耳。古今來以酒滅國亡家者，不可勝紀，其敗紀綱，毁倫常，皆酒之爲禍烈也。彼能易人之志，濁人之神，使智者惑，賢者愚，廉者貪，節者淫，信者遷，順者逆。若摘纓之會，棗栗之投。楊廣因之以弑帝父，祿山因之以犯國母，君臣父子，禮義廉耻，蕩然逾閑，若非酒狂，必不若是之彌天也。世之至愚極獰者，凡至于干名犯分，必不樂爲，使强爲之，必因乎酒故。沉湎者入巍城，以爲六尺之閨；涉洪溟，以爲尋常之壑，緣酒昏其知識耳。每睹世之嗜酒者，輕則足蹈手舞，歌詈並作；甚則掃地冠裳，全蔑體統。好之者，以爲超邁；談之者，以爲高奇。噫！雖有淵明之逸，太白之才，一醉日富，曾何裨于正事。又况貪饕自縱，得無內愧于心乎。夫人之食，日不過一升，而善飲者，何啻倍屣，所以天下不得不窮；農有百畝之田，而種糯者幾居其半，所以天下不得不饑。故能止酒，在天下無饑寒之患，在己身無亡滅之憂。在外則全君臣之禮，朋友之交；在內則全父子之親，夫婦之節，倫理燦然，教典畢具，無不全矣。若夫敗常昏湎之輩，不畏主命，不遵聖言，可謂「欲貪一醉千愁釋，不慮歸眞悔後遲」者耳。

又《利穀》 月利生財，積穀待價，二事清眞切禁。故爲此者，必不得眞主之恩慈，因其有違明命，背匿大恩也。蓋認財物爲己有，思剝人以自豐，更不悟利從本生，本自何來，己從何有？其不仁也甚矣。彼固守其財，有增無減，按期覓利，定規不易，惟取利己，不顧損人，苛刻無慈，其與禽獸也幾希？人物之別，正在于此。凡聚不知散，貪吝不已者，禽獸也；取舍中節，濟困扶危者，人道也。因人之身命財物，本非自有，皆眞主之恩賜也，所以仁者愛人，若不愛人，將何以驗其感恩也。

凡仁義之施有二：仁者推己及人，當有人己之殊，不分人己而言仁義者謬矣；若民物皆與己一體，惟知愛己奉己，而不推之人者，即小人耳。何也？小人只知有己，而不知有人，豈得稱仁義乎？夫德之厚者，在遠而不在近，若近愛自身，以及其親愛，雖異類亦能，况小人乎？惟智人君子，能施遠愛，包括宇宙，無所不及。蓋因世人盡出眞主造化，同始一源，理當悉愛，况君親兄弟，有恩有倫之重者，據經旨又非他人等也。且愛亦非虛愛，凡人饑則食之，渴則飲之，無衣則衣之，無居則捨之，愚蒙則教之，病患則顧之，過失則諫之，孤獨則養之，爭訟則解之，侮玩則恕之，死亡則葬之，無物則助之。較之損人利己，苛刻無慈者何如也？

或有貧乏無聊，願慕其財，樂從其科利者，其罰與受利者均焉。何也？試思有生以來，母腹內，誰育之；產便有乳，誰賜之；即能食，誰導之；日壯一日，誰長之；知識漸增，誰教之；天地之覆載，萬物之培養，較之人事孰大？一旦迷惑，輕明命，忘却化生之眞主；希財場，仰

託幸得之鄙夫。違背之愆，孰有大于此者乎？須知生財自有大道，交易宜出公平，體陰陽之變化，仿時序之盈虛，利害相均，得失同受，當聽其自然而然。諺云：「緊慢之行，前程直有那些路；順逆之取，份中只有許多財。」必不能增減其毫末耳，數當前定，招之不來，揮之不去，豈由人之刻剝哉！且人生兩間，若蜉蝣一瞬，生死窮通，概不由己。昔有二人以漁爲業，一罾魚，一打魚。罾者歸來，見其同伴樂然有得。曰：「今日獲魚多乎？」曰：「偶得巨魚漏網，漁具亦傷。」曰：「所樂者何？」曰：「因見一千足蟲，疾走如飛，竟斃于盲人足下，故感而有詩云：『魚生未盡我無緣，豈望非時得巨鮮。命終總是蟲千足，自向盲人腳底牽。』」達此者，可見壽夭窮通，安危得失，非份中所有，雖一毫亦不能自增減耳。世人大惑有二，終始可憐：其一乃多聚財物，不論順逆，一旦身死，遺與他人；其二乃至後世取公之日，財物出入當否，一一推問己身。夫眼前勞苦，而且遺後世艱難，何其愚也。但願世人，打破名關，頓開利鎖，知其虛妄，自不認眞。當是時，豈敢剝人豐己，規定其月利哉！

至于積穀生財，情尤慘毒。然而其意有三：曰「賑濟」、曰「防饑」、曰「生利」。賑濟者，賢人也；防饑者，常人也；生利者，惡人也。夫賑濟者，或有以心濟人，以身濟人，以物濟人者。若聖人之靜默而雷鳴，意誠而化感；憫此困悴，若已納諸溝中；哀彼烝黎，必欲置之衽席，此則心之濟也。若值災變流行，通國凶荒，啾啾饑窘，民不聊生，賢者因病痛切膚，祈以己代，此其身之濟也。若義士出其所有，罄其所儲，養老恤孤，及諸危困，雖莫被夫遐遠，必思公諸里鄰，此其物之濟也。昔一賢，日以濟人爲事，或問之，曰：「予有所師焉。少嘗避迹山中，見一獅子，撲殺一駝，退匿山谷，待群獸飽啖而去，方出而食其餘。予訝不已，告之樵子，彼曰：『烏足爲異，此特一物之義耳。』」凡人生當以身命濟人，豈惟讓口腹之欲而已。防饑者，力積半年一年之儲，常備一時卒然之變，在高堂無乏奉，則爲孝；在膝前無缺育，則爲慈；宗戚里閭濡其澤，則爲義，豈特保一身之爲仁也。夫命之在人，有一日之命，則有一日之身；有一日之身，則有一日之養。固云：「人無夭壽，祿盡而亡。」有備無患，以待考終，防饑之義亦云可也。生利者，心迷財息，意泯慈祥，冀絕萬衆之生，以飽一家之槖，逆眞主之命，反至聖之仁。盈倉箱以需利，積京坻以待時，深慮昇平，樂思荒旱，聞秧枯稼歉則愈喜，見和風甘雨則愈愁，天下困窮，饑殍滿市，斗粟百金，價勝珠玉，方遂其意。較之定利生財者，惡更倍之。定利者，欲人興隆；積穀者，惡歲豐稔，二意相去甚遠。

竊思意爲萬行之根，聖凡即此而別，意善則爲聖賢，意惡則同異類。意之與心，即若言之與舌。舌不得不言，無言者喑啞也；心不能無意，無意者木石也。高臺無堅基則不起，功行無誠意則不立。意善意惡，賢愚攸判。昔有二人同獵山中，一見林中伏物若獸，慮其傷人，故射之，及視乃人也。一見林中行動若人，亦射之，及視乃獐也。前人誤傷乎人，意在救人，理當斷賞；後人雖是獲獐，意在殺人，理當斷罰。何也？射獐射人，雖屬誤中，意善意惡，理不容逭。即有舍己財物，施濟困窮，而意在圖名者，雖善亦惡矣。蓋緣私意敗其正行，即若一池清水，誤落點汚，自不堪用，何況其惡行惡意哉。

悲夫，積穀名雖似善，生利意成慘虐，不知光陰迅速，轉眼變遷，毫無所有。誤以虛妄爲眞，剝奪不已，造無窮業，受無量罪，亦何益哉？須知眼前富貴，即如流水，始過多方，今及此地，瞬息流遷別所，不少停焉。未及己時，非爲己水；及己則灌己田，或淨己汚，或解己渴，實爲己水不用即逝，又非己有也。譬如二人同行，後隨一僕，是時皆不知誰爲其主，及別後始知也。世人居此，富貴皆從，愚昧者誤認爲己有，去世之時，富貴從世而不從人，豈之己有？本世之公物也。噫！貪財者爲財之役，非財之主也。夫人有僕，爲分憂代勞，但人不能遣財出戶，財能使人海角天涯，苦心冒險，無不順從，非財之僕役而誰？悲哉。

又《風水》 若夫殯葬乃返本歸原，陰陽互轉之理，何也？緣太極而生兩儀，兩儀則化爲天地，清輕者上升，重濁者下降，是故人之性命居于天上，即天之根本；人之身體，出于地中，即地之精華。形神兩合，受命成人，然後始立于天地之間矣。此極大因緣，非片言所能悉。人之生世，雖不擇于處所，其去世必歸之原土，所以清眞殯葬，復回大地之中，本自元來，不用人之造作，但得道之正者，其靈亦復歸天而品升，因彼之

功德也；得道之偏者，其靈謫于地而品降，因彼之異瑞也。然其正偏之身，皆寄于土而長在，猶水投于水而歸源，所以身命雖離，靈明不間，萬物同歸，形神復合，不亦休哉。蓋諸事無益，不若眼前預備。預備者，不系殯葬棺與槨，乃貼身之伴侶耳。夫人生在世，伴侶有三：「財物」也、「妻子」也、「善惡」也。財物妻子，本無終始，遇死難則分離。善惡在心，相隨信友，逢患害而長守，獨此一件，可以同生死，可以共苦樂，其他諸物，有何益焉。

或曰：「清眞正教，法律精嚴。惟殯葬一事，不用棺槨，此之爲教，不近人情。」曰：不用棺槨至理有二：一乃「自然」，二乃「清淨」。自然者，緣人之本來乃土也，返本還原，復歸于土，謂之自然；清淨者，乃人之血肉，葬于大地，遂可化而成土。若以不潔之水，投于江海，即無不潔之味，若傾于器中，其穢越甚。較之此理，豈非清淨乎。夫人本出地土，終貯棺槨，直若冰炭同爐，必不契合，斯謂忘本。忘本必不自然，若亡者無知，雖金棺玉槨，何益于彼？若其有知，身處膿血之中，絕無可避之地，貼體骯臟，何得清淨。生前之孝有期，死後之孝無盡，設令亡親陷此苦難，可爲孝乎？以是觀之，孰清淨也，孰不清淨也？孰自然也，孰不自然也？詩云：「種子遭籠絡，紅黃求寂寥。若還更入土，脫殼任逍遙。」其是義哉。風水不在山川，而在當體；殯葬不在束縛，而在自然。孰是孰非，識者辨之。

馬注《清真指南》卷一《八箴》　內潔、盥手、淨几、誠誦、愼思、遵行、廣化、珍重。

又　聖人云尋學在一切男女是主命。論者謂此學乃指討黑德與一切費格哈也。討黑德是認主止一，其意乃要知道眞主是無色相無如何無始無終至清至淨至大至尊造化天地陰陽人神萬物的主。認得眞主的實力是歸根返本的學問。所謂費格黑者，其中所載乃一切禮法，俱是歸主之舟楫，行道之津梁。須要講明則對境時便好，酬應不致錯悮。

又　聖人所云修理教門在五件事。第一作証之言。此乃領教之文憑，歸眞主之路引，認識眞主最要緊之言語。第二每日五時之拜。在一切貴賤貧富老幼男女是承領的天命。聖人說讓民與外教人的分別惟禮拜耳。又說後世日期頭一件考算是乃媽子。此是悔罪感恩放下萬緣近主的喫緊功夫。第三把齋。每年把齋一月。聖人云眞主吩咐擄則屬我，我親回賜其音，是習主之動靜。又云把齋是後世的搪牌。此是清心寡慾體主動靜的功夫。第四散天課。一年一次，惟在有滿貫財物的人上是法理，則此是克己濟人的實事。第五朝天房。一生一遍是天命，再遊便是聖行。這件天命惟在有盤費有脚力路途平安者應當。如無這幾件，七日做一次主媽阿也，算朝天房。聖人說主媽阿是窮人的海，直此是指引歸源，無我近主的實際。

又　聖人云憑我的主認我的主。若不是我的主，認不得我的主。其意是憑主賜我以媽納，方能認調養我的主。有人問阿不哈你法以媽納是受造的不是受造的？答曰以媽納不是受造的。經云主將自光任隨指人歸正道。聖人云以媽納是主之光，今人能認得眞主乃是眞主之光仍照眞主本然。故云不是受造化的板德。有以媽納始有心間誠信，心誠信則舌上誦念，舌誦念則身體遵行，三事是以媽納的規矩動靜。以媽納的動靜謂之以思畧目。以思畧目乃以媽納之用，以媽納乃以思畧目之體。三者缺一則不合以媽納。吾人雖能認識，若不身體遵行，大有缺陷。

又　以媽納的徵念有六，一曰未見歸信。意謂眞主無似像勿見聞，但看天地萬物造化無窮，乃憑止一眞主。二曰誠信。後世斷法，人生在世有晝定有夜，有夢必有覺，有今世定有後世。善則慶惡必懲此一定之理。是以眞主欽差一切聖人將後世之賞罰，預先曉諭，使人便於趨避。三曰懼怕主罪。四曰指望主慈。懼怕則能改過，指望自欲趨善改過。趨善則以媽納在其中矣。故曰以媽納在指望與懼怕之中。五曰領命。凡主命令，即遵行。六曰奉禁。凡主禁止，不違犯。此係順逆關頭，不可不愼。

又　一曰法理。則此云主命是眞主吩咐人的。如五時拜，整月齋，散天課，大小净，習學經典，忠君孝親等類，遵行者即是順命之人，背逆者即爲叛教之輩。第二是瓦直卜。此云一定不移之理，是聖人如常遵行諄諄諭人的。【略】遵行者得主回賜，違逆者則不是聖人的教生。第三是損納忒。此云聖行，是聖人日夜行的。【略】如隱昧者即違背聖人。第四是母思特漢卜。此云高貴聖人間或的。如底格□並火甫灘前的損納拜潘閃白，主媽阿的齋，修寺造橋補路等類。第五是哈喇勒。此云合

理，是日用常行的。如在理的言行衣食等類。第六是哈落目。此云大禁，是主上禁革的。如忤逆不忠不孝殺人喫酒行姦搬是非說謊侵占人財帛壞人名節。

聖人

綜述

馬注《清真指南》卷二《客問》 客問清眞何始，曰清眞之教，始於天房。

天房之教，始於人祖阿丹。

阿丹生而神聖，故能合天人之道以事造化天地人神萬物之主。嗣後聖聖接踵，相與繼述。至至聖穆罕默德出，而道彌彰明矣。

穆罕默德命立於未有天地之前，爲萬聖命之鼻祖，挺生於十二萬四千有零聖人之後，萃萬聖身之英華，受欽命於三百一十三位聖人之末，作萬聖教之總領，受天經於一百一十四部之終，括萬聖經之樞機，道集大成，包涵色妙，德化靈異，迥絕千古。故經云自我聖封印之後，不復再有繼之而爲聖者。誌云國人遵其教，雖適殊域傳子孫累世不敢易。蓋言其教之眞而守者專，實與私立其教而眞僞難分者不同。蓋諸教皆起於人物充繁之後，守之固可不守亦可。惟吾教傳自阿丹，在諸教未立之先。吾經降自阿丹，在諸經未有之先吾字肇自阿丹在，諸字未著之先。阿丹初生。一切行止語默，皆主之所命。以主所命，教其子孫，歷代相傳，以至於今。是吾人之教。依然阿丹之教也，依然眞主之命也。惟教本主命，雖適殊域，傳子孫，累世不敢易爾。

又 聖人穆罕默德設其經三十部冊，凡六千六百六十六段。第其經非聖人自作，亦非受之前聖者也。聖人爲眞主之所篤降，較諸往聖爲尤隆，主之愛之重；故言之所示者亦深。是經殆眞主所示聖人之言，聖人集之爲經，以播之衆人者也。

又 客曰眞主無像，不落聲聞，尊經自何而有。答曰。天仙在天。聖人住世。傳之者天仙，受之者聖人。聖人欽命自天，故降生於天地之中，眞主篤愛聖人。故文則合天房之文，令天仙而時論之，所謂循其知量而揚以播傳乎四方也。

又 客曰然則眞主可見歟。曰見己身之性靈，則可以見眞主矣。曰性靈安在。曰君之欲動欲靜，欲語欲默，皆性靈之用。至其本體，則放彌六合，退守寸衷。若月印千江同而不在，風來枕席摸之則無。此一身之主，尚不可見，而欲見造化性靈之主乎。夫天覆而地載、日昇而月沉、陰卷而陽舒、春榮而秋實。萬物消長，亘古如一，此皆眞主之大能，分明認主之憑據。譬之樓閣池臺建者必有其人，若以樓閣池臺。即爲所建之主人則誤矣。身體髮膚成於父母而養於天地，其殀壽窮通男女貴賤誰使之然歟。在胞飲血，出腹啖乳。五官靈明，百骸任役。似此至妙安排，或親或己，興廢權衡，渺茫莫測，此皆眞主之妙用，分明認主之確據。譬若丹青文理畫作，必有其人。若以貯積丹青文理者，即爲畫作之工人，是又誤矣。有老曰道，在釋曰佛，在孔曰儒，各是其是，逐教稱尊，互相爭論，無有寧波。若世亂民危，國無共主。有識者決不以一方之尊而當天下之至尊也。隋唐以前異端蠭蝟。叛違主命者遍於西土。聖人起而征之，迄今諸國悉遵教規。誌云其教專以事天爲本而無像，無像誠是也。第以爲天則非也。蓋所事者宰乎天地萬物之主，惟主故無像也。若曰天，天即有像矣。有像者皆眞主之所造。吾教事主之外，凡主一切所造之物俱不事焉。

又 客曰不事天地而事眞主。似也敢問天地人物之所從生。曰譬之五穀，今歲一粒。明歲可得一合，後歲可得一升，再歲可得一石。推一粒之始乃穀類之所從生也。萬民之衆，遡之百年不過千人，遡之千年不過百人。百人之前不過數人，數人之前不過一人。推一人之始乃人類之所從生也。日月星辰火風水土，本於太極。太極之初，本於無極。推無極之始乃天地之所從生也。天地既有從生則知天地非自有，既非自有必不能永保不壞長靜不動。不藉天仙而自運，不假日月而自明，不資雨露而自潤，不假種粒而自生，晝可爲夜，春可爲秋，乃毫難自主者總不出眞主賦物之全能。天地如此，人物又出天地之後，愈不可言自有，而謂能執掌乾坤予奪

生死。以渺小之技，妄出大言，何異煉石補天，策山塡海，謬誕之罪莫此爲甚。故無始無終者乃眞主獨一之有。有始無終者乃天仙人神之有。有始有終者乃水陸飛行草木金石之有。草木金石不同於水陸飛行，水陸飛行不同於天仙人神，天仙人神不同於造物眞主。

又　客曰何謂無始無終。曰眞主運無極而開衆妙之門。譬之工匠成物，必以造物之初爲始，物毁之日爲終。未有以物料之始終即爲匠作之始終。匠作既不同物，眞主焉同萬有。萬有之恒，莫過於歲月。自朝而暮自暮而朝，推太陽之朝暮，此一日之始終也。自盈而虧，自虧而盈，推太陰之盈虧，此一月之始終也。自寒而暑自暑而寒，推陰陽之寒暑，此一歲之始終也。繇一日以至於三十日，一月以至於十二月，一年以至於六十年，物極則返，數窮必週，歲月始終可得。而攷是知萬有因歲月爲始終，歲月因天地爲始終，天地因眞主爲始終。眞主既能成造天地萬物，而又使之能有能無，能始能終，孰有如眞主之永立與眞主之權能。所謂無始無終者屬於眞主。

又　客曰何謂有始無終。曰眞主造化天仙人神，淸濁不等，性靈則一，緣其有色聲香味。一切有形之物，故付以眼耳鼻舌身心知覺，如飛行生長如草木，惟察識物理分別善惡，不與飛行草木同倫，至死而生覺之性隨滅。緣有形之有不能長有。惟靈慧之命與主長存。無目而能視、無耳而能聽、無鼻而能臭、無口而能言、無舌而能嚐、無心而能思，其神倍靈，其用彌遠。不然何以別善惡，分順違，復生原體兼滿形神之苦樂。所謂有始無終者屬於天仙人神。

又　客曰何謂有始有終。曰羽毛鱗甲，形類萬殊，知覺則一。雖生長如草木，視聽如人神，然不能察識物理，分別善惡，至死而生覺之性隨滅。不能與天仙人神同久，緣其無靈慧之命。所以有驅殺禽獸之理而無賞罰禽獸之條。草木金石有生長而無知覺，感四行之變蒸，根本若死，生性隨滅。所謂有始有終者屬於水陸飛行草木金石。設以生長之性同於知覺，知覺之性同於靈慧，靈慧之性同於眞主，何異二氏空無，萬殊一體，宜其六道同根，輪廻生死，妄議猜度，自誤誤人，非有勅降眞經，鮮不若昏夜無燈，人人失足。及至天明，顧問行人則叛道遠矣。

二氏

綜述

馬注《淸眞指南》卷二《二氏》　客曰然則二氏之教非乎。曰二氏之教，古之所謂楊墨也。楊墨之道，無君臣父子兄弟夫婦朋友之倫，虎狼一體，蛇蝎不傷翠竹黃花，無非佛性，天下舉而尊之。尊之者謂其可以轉人之死生禍福也。死生禍福在二氏亦不能自主，而欲使轉人之死生禍福，智亦陋矣。似銀者錫，似金者銅，似玉者石，似珠者蚌。銀之貴百倍於錫，金之貴千倍於銅，玉之貴萬倍於石，珠之貴億倍於蚌，道之貴何啻萬億。今人皆知金銀珠玉之爲貴，而不知獨有一至尊無配之眞主。豈心不若人，不知惡乎。心有二品，有聖心有凡心。聖心包乎天地之外，凡心則拘天地之中。譬之井蛙未見日月昇沉，自覺天地有限。遊於寸窟，娛樂逍遙。非天地止於盈尺，乃知見有以限之也。

與儒佛比較

綜述

馬注《淸眞指南》卷二《二氏》　客曰二氏既非正教，儒者之道何如。曰宇宙間綱常倫彝正心誠意修齊治平之道，理盡義極無復漏遺，至中至正不偏不倚。非此則人道不全，治法不備。此儒道獨隆於東土。第其始之所以來，終之所以往，造化本原生死關頭，一切不言。夫人生之理，生前謂之始，現在謂之中，死去謂之卒。儒者第言其中，而不言始卒。天下深觀之士，不能無疑焉。於是柷髮披緇之流，乃得因其疑而乘之後人不

察，以爲始卒之理實應如是，遂三敎鼎立焉。人生之本莫重於親，莫尊於主。若釋氏之棄父母而不養，捨身喂虎割肉啖鷹，又云天上天下，惟我獨尊，獨不思盈虛消長難踰其數，殀壽窮通。槪不自由，必有一至尊至大執掌乎。造化之微而無能踰越者主宰其間。喪心忘本，乃欲超升三界，稱慈悲法門。其與親親仁民，仁民愛物之說，大相矛盾，是邪說誣民，充塞仁義。仁義充塞。則率獸食人。誠哉是言也。宋儒起而闡明至道，以闢其妄，意亦良善。惜也其未得眞主之明命，至聖之眞傳，徒以語言文字之所及則及之，語言文字之所不及，則不及之。昔孔子之對太宰嚭，曰西方有大聖人焉。不言而自信，不化而自行，蕩蕩乎人無能名焉。丘聞共爲聖人也。客曰孔子生於周，聖人生於唐，世隔地遠，兩相懸絕。孔子之對，或云是佛。曰異哉。此俗子之見，非可語於至人也。吾敎自阿丹沒後，欽聖接踵。孔子儒者之宗也，後天地而生，知天地之始，先天地而沒，知天地之終。且綱常人倫之大，陶唐而下，百氏爭鳴。孔子掃除異端，纘述前聖。若云大聖是佛，此又異學之見也。況清眞証聖，極爲要典。穆罕默德不特天仙奉命神鬼畏避，感應萬端開闢之初，經傳紀載預定朝代徵瑞，及其降生若合符節，所以古今稱之爲聖，天下信之爲聖，聖人自任爲聖。

又　客曰中國聖人不聞眞主之明命，何也。曰譬如麟鳳之生，世人未見，若因其未見而言無麟鳳可乎。煌煌天語。降於西土，又若日月之光，瞽者不能得見。雖處照臨之下如同長夜，非日月無光，繇瞽者自蔽。若夫獅象限於南北，奇珎不產東土，夫物亦有然者，而况於聖人乎。

又　客曰聖人既本天命，人類復有從生。阿丹之始可得聞歟？曰按經云，眞主造化了天地萬物，始命天仙取五方土，造化阿丹之形體，復以其本來眞性，自命智兩源結成人祖之一身。然後四肢百骸運動靈明。又自彼之左肋造化其妻名曰好娲。夫婦相育凡五百胎，及爾洪水，惟七十二人登舟。此古今人民之始也。所以夫婦之親，實同一體，婦從夫出，理應聽命，愛慕之情，俗稱兄姊。萬物生於土，而復歸於土者，性升而體降也。

又　客曰古今既出一體，何爲回漢各別，而敎理不同者何也。曰緣開闢之後，人生日繁，敎道四達，流被日遠，認理或殊，向背各異，子孫之贒不肖故也。贒者務其正而大，不肖者務其偏而鄙。乃此地距天房數萬里之東，去阿丹八千年之後。自伏羲始開文敎，豈前人盡愚，至此始立其間不無見聞失實，然猶彷彿清眞惟事上帝。自玄釋之論出，而上帝又不可攷矣。上帝既不可攷，則釋氏之稱日尊。於是事佛事仙事神事鬼，各擬臆見，使海內之士雖有才智，悉入牢籠，猶治絲而莫揣其端。孟氏有云楊墨之道不息，則孔子之道不著。孔道復幾於楊墨，則清眞之道又安得而著乎。清眞既有其敎，則阿丹當日之所以修齊治乎立敎垂訓之要道，自無不悉，譬若登山問樵，涉水問漁，辨玉分金須訪識者。

又　客曰中國紀載，自盤古迨今，約四萬餘歲，而經謂數千年，何也？曰中國之書不經秦火可爲公証。自太荒至於洪水乃人祖三千年後事，繇洪水至今。又四千餘年。遡人類之原始，攷經傳之詳錄，其實不滿八千年。且燧人製火，始敎烹飪，有錄，其實不滿八千年。且燧人製火始敎烹飪，有巢搆居始敎管作，神農粒食始敎稼穡，黃帝制衣始敎蠶織，可驗如此。以前人類稀少與天地之始不遠，不然，豈數萬年之事轉不若數千年之備乎。太史公曰神農以前吾不知矣。又云作史者當自伏羲造端。劉氏任意推載，以補邵子元會運世之數，俱未可憑。孔子删述六經，諸如此無稽之談，悉刪不道。蓋謂傳信不傳疑，據經不據傳。嘗閱諸國實紀，雖間有以前之說，無非補其缺遺。噫，後天之有形有色尙不能攷其實際，先天之無聲無臭豈能透其玄微。凡以臆見揣摩，未覩天房實錄及尊經之指示者，所謂秋華未被春澤，夏蟲不知冬凜也。

又　客曰天地之間惟人至貴，何爲先萬物而後人也。曰萬物因人而設。譬若嬰兒在腹，必先生乳。宇宙無人，天地亦屬頑空。又若心爲身宰，通體百骸皆心之用也。

眞主諭云我不造化一物便罷，第造一物本以爲人。不造化人則已，但造化人本爲認我。窮通得失，疾厄魔纏，殀壽生死皆因試驗爾等也。聖人醒而不寐，視塵寰如戲局。凡諸所有藉爲修身之具。及其復命，功超上品。賢人寐而後醒，尋思夢中驚恐再不復寐。及其復命，功同上品。愚人長寐不醒，視浮生爲長住，貪圖吝嗇無有寧期。及其命盡若逃僕被擒，怕見家主。罪懲之報，不可具說。經云塵世迷人天堂，謨民監禁，他日所無，今日有之，不足爲喜。他日所有，今日無之，不足爲憂。眞主愛人之重，尊經示人之切，至聖得道之眞，亘古及今蔑有踰於清眞之至理也。

又　客曰吾諸夏國大人衆。自唐堯至今，制度文章甲於海內，禮樂征

伐無土不服。至道所出豈獨厚於西土？曰雷鳴而天下蟄，葉落而四海秋。物之屬於形聲者愚人之知見。理之超於形聲者至人之叅想。今愚人之見猶未了其所見，况至人之想又安能盡其所想乎。按天經總誌：地有七海，西洋乃七海之一海，則今所謂四海者，又西洋之發泒。予閱漂洋客紀，自閩發棹好風凡兩月，穿西洋大海，歷佛狼機黑人紅毛各國，直抵大西洋。去國漸遠，盡吾教人。其間風景人物，土產官室，城郭兵馬，器械衣服，與東土無異。由彼而之天房，自海而江，自江而陸，又一年路。其間不知幾國幾都幾帝幾王，皆奉穆罕默德聖人之教。今此地居西洋之東，西洋又居西域之東，則我所謂西海者又彼之所謂東海也。諺謂西北多山，東南多水。然居天房之西者，又見其東南多山而西北多水。推之南北，莫不皆然。計吾教之在東土較之全土，其人不過萬分之一。而東土之在天地，其地又不過千分之一。合天下之吾教以較夫東土之三教九流百家諸子，又不過百分之一。進而推之，計大地之在天中不過如滄海之一滴，天地之居於苦爾西之下，又不過如苦爾西中之一滴。苦爾西居於阿勒始之下，又不過如阿勒始中之一滴。阿勒始居於默勒枯特之內，又不過如默勒枯特中之一滴。默勒枯特居於偎璧世界，又不過如偎璧中之一滴。偎璧居於清淨本然無量全能保養玄妙之中，又不過如清淨本然之一滴，猶未足盡一滴之體。從學問中求精粹，於人類中覔高品，向天地間訪正道，愈仰愈高，愈入愈深。今以世界中一微塵之身軀，而欲包涵色妙兩界，分別眞僞二途，叅求獨一眞主，非有眞經之指迷，大智之領悟，鮮有不落蟻穴蜂巢之見。隋唐以來其教始流東土。非前此無教至今始立。元明之際其義大明，若日月之經天江河之緯地，得其慈航咸登彼岸，所謂登泰山而羣峰小。仰日月而爝火冥。若夫麟鳳獅寶多產其國，政清民服，道不拾遺，刑罰不設，賊盜不興，此則聖教之流風善政，民日遷善而莫知所之。至其五時之所以拜主，恭謹之所以養親，忠愛之所以事君，謙抑之所以敬師，誠信之所以待友，和緩之所以接衆，沐浴之所以潔體，齋戒之所以檢心，天道與人道並行，今世與後世合轍。起古今之賢聖，無能測其高深。集宇宙之經書，不能及其至理。雖語焉而不精，筆焉而不詳，即西遊之名公巨卿，不能取其至理而彰明之。第紀於誌而爲之頌，曰西方極樂世界而不知更有一極樂之境，以俟夫認主、拜主、遵主之命而勿違犯者，永樂而長住焉。蓋教本清則淨，本眞則正。清淨則無垢不污。眞正則不偏不倚。以無垢不倚之正道，行於國中，若菽粟之於水火。錦繡之與金玉，饑者可以食，渴者可以飲，寒者可以衣，乏者可以用。今之名人智士，不能施一巨眼，而獨於玄釋兩途。尋眞覔道，何異面東走西種桃欲李。

王岱輿《希眞正答・善惡》　客問云：今講經者每云，行此一善，從前罪業都免，得永遠極樂處；又云行此一惡，再無脫離，拘于永遠受罪處。雖都是教人行好無行惡之勸戒，未免輕重失衡。王法五刑之屬三千，各有應得正典，治世賞罰，功不掩過，過不掩功。如何一件好，便免了一切罪，豈不令人有幸心；一件惡，便滅了一切功，豈不令人失把柄。此果經典正訓，或是講經者失于照應麼？

答曰：講經者或未發明，聞經者或未留意。夫善惡之行，以心念爲本，事迹爲末，所以衆人誅事，聖人誅意，兵莫慘于志，莫邪爲鈍，不可不知也。故善惡有二，有心念之善惡，有習染之善惡。若堯舜帥天下以仁，而民從之；桀紂率天下以暴，而民從之。此中賞罰，多及倡首，其附于仁暴者，或未悉然，因其習染之故耳。若心念之善惡，雖堯舜之世，必有其不治之愚頑；桀紂之世，必有不遷之良善。所以堯舜不治之一惡，足以當桀紂習染之千惡；桀紂不染之一善，足以當堯舜隨時之千善。是故經云：「功行未足爲美，唯貴虔誠。」一念之善，立證聖賢之品；非言一句，折盡平生之福。即此參之，豈盡拘于形迹也哉。春秋許世子不嘗藥，即謂之弑父；趙盾不討賊，即謂之弑君，此正誅意不誅事，不可求之功過之間也。

又《五常》　客問云：忠孝乃五倫百行之本，但不知忠孝以何爲本也？

答曰：忠孝之本，乃清眞正道，設若教道偏歧，雖綱常俱足，亦無論矣！何也？緣夫諸家莫不盡忠行孝，惜乎不得其正，渺無定見，雜而不一，是以拜張拜李，祈佛祈神，紛然四顧，身處迷途，豈特不能致君于正道，更且同背乎至眞，可謂忠孝乎？所謂忠孝者，身心不二，掃却諸邪，唯知獨一眞主，始受命修道而立教焉。遂以此道奉君親于無過之地，履清正而不更，復明命而無愧，始終得一，生死皆然，是爲忠孝之大本也。

又《正教》　一縉紳問云：清眞教衆，獨習本教經典，不通儒學理

學，得無有偏見否？

老人云：讀書止可以達眼前事務，竟忘自己之從來；習經唯重始終生死，棄却當下之浮生。今公獨重浮生，而忘却本來，與正教相悖遠矣。

縉紳云：此禮拜寺基，比重先父所捐，且歷年修建，未嘗不遵此教。

老人云：試問先生，儒者以何爲本？

答云：忠孝。

老人云：太老先生捐地建寺，闡揚正教，先生如絕迹不至，可謂孝乎？

良久曰：齊明盛服，昭事上帝，總具此心，故云心外無性，性外無天，不拘拘于外也。

老人云：彼既與本性一體，先生可做主宰麼？

客曰：無不可也。

老人云：果如是說，先生之鬚髮何以蒼白，耳目何以昏沉，少壯何以衰朽？諸事總不自由，乃謂己爲主宰，叛違之罪孰大于此乎！

又　客問：正教之道，臣子不拜君親，禮乎？

答云：臣子拜禮君親，不似拜禮眞主，蓋主僕之間自有分別至禮，非不拜也。

又云：天地造化我，君王職掌我，父母養育我，師長教誨我，玆五倫大綱，缺一不可，有何分別？

答曰：夫源頭不清，題旨不徹，夢夢談理者，總成亂道。天地復載爾我，即若舟航承載貨物，但舟航略無自專，其裝卸皆由本主，如天地果能造化爾我，舟航亦可生發貨物矣。蓋天地乃人之護衛，萬物乃人之陪侍，人爲萬物之首領，若以天地爲主宰者惑矣。即此便知君不能自君，有君之者；父不能自父，有父之者；師不能自師，有師之者。若君能自君，人人盡思帝制，無下役矣；父能自父，人人盡期嗣繼，無絕滅矣；師能自師，人人盡欲賢智，無愚陋矣。以微渺之身，而欲味造化天地君親師之眞主，漫無分別，禮乎？非禮也。

客問云：昔我清眞，始取回字爲名，殊不雅馴，若爲漢人之戲侮，不應久而相延，以爲美稱也。

答云：爲此說者，皆緣心地不明，眼界狹小，深染于俗見，執著于聲聞故耳，不特叛違正教，亦不達儒理，而且訕謗孔顏矣。顏子名回，孔門之高弟也，而孔子賢之。果若字非雅馴，不可以爲美稱，顏子不應以自名，孔子胡不爲改之，而且屢稱之哉？況古之名儒，以此命名尤多，何皆不達此意，至今方理會及之，蓋彼自以爲明，而不知實愚甚矣。何也？回回二字，義理深長。粗言之，因寄寓浮生，心懷長住，不忘本原，身雖在世，心實回焉。及功成行滿，政事完畢，復命歸眞，名雖住世，身亦回焉，忠貞不二，表裏皆回。較諸醉夢，來不知其所始，去不知其所歸，或以眼前身世爲榮，或以虛空寂滅爲本者，何如也？精言之，清眞至道于總綱之外，更有兩大總綱，隱于回回二字。無極包羅衆妙，純清無染，是爲萬靈至大之綱；太極包羅衆象，理氣兼該，是爲萬形至大之綱。正教眞人，知其來復知其去，乘太極之清而回無極之本，更得眞一之賜，始能弘道。若失此正眞，則萍踪不定，來去皆迷，總受萬緣新制，負却先天舊約，必不得回原復命矣，但期正人君子，明心胸而大眼界，超俗見而掃異說，參來去之踪，究歸原之本，始可得中正之要道也。

客問：大道不分，大辯不言，正教以爲何如？

答云：不知此論出于何典？吾聞孔孟攻異端拒楊墨，老莊貶仁義爲道德之賊，釋氏論有三千傍門，則三教俱有分辨也。須知此弊，皆緣反復綱常之輩，欲得任意無拘，設此同異渾淪之說，惑亂世人。間有正人，由習染之深，亦中此癖，唯大智者不惑耳。夫人之異于禽獸者，因有明智，能辨是非，故云無是非之心，非人也。夫清眞至徒，比如太陽，若不闡揚，如籠雲霧；掃除異端，方顯正道。但正與邪反，理與欲叛，憚改者徒欲含糊，尤懷妒忌，異端者竊思己謬，更謀遮掩；世人隨波逐浪者多，眞知定見者寡，遂亦道聽途言，而竟以非爲是，以是爲非，良可悲也。

客問云：凡以一句「哈他」（譯曰差錯）文字，雜于清眞，眞主之慈即止，而罰且隨之。若以「哈他」文字，注釋正教之經旨，豈不大悖乎？

答云：此說有之，但今之爲此說者不明耳。所謂「哈他」者，乃其教道非其文字也。其不明之故有六。吾教有一百一十四部敕降尊經，理雖一貫，文字不同，未聞字體殊別，便即謂之哈他者，此不明一也。且各國各方，正偏皆有，有教道殊，而文字一者；有教道與文字俱殊者，如天方國文字一也，而有七十餘教，除清眞之外，盡屬「哈他」，足見「哈他」不

在文字而在道理，此不明二也。經云：「眞主能準萬國語音不同之祈禱。」則以東土語音祈禱者，應無不準之理，此不明三也。且經典中論「哈他」者甚多，如聖諭有云：「喜愛『旽丫』乃一切『哈他』之首。」噫！果若「哈他」定在漢地漢人，當西域定無一人喜「旽丫」矣，此不明四也。今吾教學人，讀一句西域經典，必以一句漢言譯之，不免互用，既然禁人，何不自禁。此不明五也。此後登壇說法，再不可用漢字講解，倘仍復用，即彼所謂不特無功，且更招過，此不明六也。此論不獨淺狹不明，且有背大道。須知文字比如土木，可以建禮拜寺，可以造供佛堂，正道異端互相取用，其功過不在材料，唯論人之所用何如耳。凡以文字爲「哈他」者惑矣。經云：「眞主之明命，合當地之風俗。」故隨至聖之聲文而降尊經，特爲本地教人，易于學習之故。聖云：「爾等爲人說法，須量彼之知見而言。」亦此義也。由是言之，明命聖諭，何嘗拘于一方，無非便于世人，本爲闡揚正教，豈區區執于文字也哉。

客問：正教食肉，何以謂之齋戒？

答曰：齋在于內，戒在于外。齋者素也、淨也；戒者禁也、止也。洗除滌慮，掃克萬緣，一塵不染，謂之素淨；視聽聞言，行止坐卧，莫不中節，謂之禁止。是爲端本澄源，誠中形外，若諸家之外食蔬淡，而內蓄奸淫者，與吾正教何有焉。

又曰：內既能淨，外何不素？

曰：肉食唯以造化之本來，蔬食兼之糞溺與人事，孰素淨乎？所謂外素者，非戒葷之謂，唯宜究食飲之從來。凡諸不明不潔不義之物，斷不漫用，必擇清廉，始爲外之素淨也。因此一節，乃立身修道之大端，非此則身莫能立，而道亦不修，至大關頭，豈可泛然自欺自污而已。悲夫！世人目因耳用，唯以聲聞，竟不察立身修道之本，但以外食蔬淡爲宗，惑之甚矣。所謂自欺自污者，若枉法不公，或吞占之產，或劫搶之財，或偷盜之物，或隱匿之貲，或虧心之賄，或騙詐之奸謀，或娼妓之誘哄，如此不義之穢物，漫云素淨。或齋僧布道，妄欲贖諸惡業，更思成佛成仙，即如以糞水浣白衣，將愈浣愈污矣。因思此輩直顧損人利己，不畏公道償還，公然虧害于張，徒自賠補于李，似此糊涂，豈不深痛惜也哉。

金天柱《清真釋疑序》　其中詞旨顯豁，大率取儒家道理以證其說之旁通。讀是書者，反覆研求，瞭如指掌，始信四海之大，千聖同心。

又　以認禮齋課游爲綱領，以孝弟忠信禮義廉恥爲條目，其道之大者，五倫五事之必遵與儒教無異。但飲食衣服之制，冠婚喪祭之典，大概從樸素之風，取清眞之義。【略】清眞者，不媚諸邪以邀福，獨事眞宰以聽命存眞去僞之義，明天道也。而回教之來中夏，自隋唐始代爲編氓，絕無異念，親親而尊尊，生養死葬之禮，不爽分毫，盡人道也。

又《清真釋疑》　吾教之道敬一歸眞。開天之聖祖明之，後之子孫謹循恪守，跬步不離，迄於今。凡四方六合，無問海內外言同教者其事不異。乃同教奚啻千萬，止能行而習，莫克言而著者何故。因有賢智愚不肖之殊，與學之偏全不一。彼不能闡吾教之大義，奚以釋各教之疑議，無惑乎。議吾教之偏異拘執者，遍寰區也。吾教之不學者，已尙不明，何由對答。且學不能以兼該，如吾輩幼習儒書，未讀本教之書，是無本之學，於各教問答，焉能曉暢。即專習吾教之書，而置儒書於不問，亦不能引經釋義，大白其衷。兩兩比議，使問者即爲豁然，設有之矣，其誰又復曰偏異拘執者乎。今日三綱五常子臣弟友毫無異於儒生，豈棄而君臣去而父子禁而相生相養之道，以求其所謂清靜寂滅者哉。至吾教所論齋拜慶賀飲食冠裳喪葬祭祀，原有等威不得濫用。各教未得其詳遂生物議。噫，誤矣，未讀孔子書矣。鄉黨篇中不食者甚多，如割不正不食，不得其醬不食，食饐而餲。魚餒而肉敗不食，色惡臭惡、失飪不時、沽酒市脯，皆不食。至於祭肉亦不出三日，出三日則不食。凡此皆攝其性固其命，體天地生物之心，不致有傷性伐命之各。世之人多知尊孔子敬孔子，其能行孔子之言而不食。其不食者，果有幾人。更可異者，釋教之人不食牲牢，律法大戒，雖陽奉於昭昭而陰違於冥冥，且無論違與不違，而自號曰食與不食，是釋教亦有所不食矣。而士君子遇而不問者，其謂之何。釋所論肉食傷人之性，世人皆知之而皆信之。吾教之所言不食者，亦曰傷性，而世人多不知。即一二知者亦不過曰若者。回教之所食，若者回教之所不食，而不知食者之中，猶有不食者在。其衛生之精妙，更有進焉。如牛羊雞鴨之類，乃吾教所必食者。其血眼腦腰兩腎奚爲棄置，因有聚穢與惡氣相沖，故皆不食，亦以其傷性故耳。他如犬豕之甘食穢物，喜居窪下，其性最濁，其氣最昏，本草備載其浸下名家之義，吾教之所忌者於此獨嚴。然亦不特

此，凡物自歿者因病知毒，恐致戕賊，亦與犬豕同戒。即飛禽之有利爪者，走獸之食肉食者，鱗甲之不成正形者，酒醴之醉人者，一槩不食，人知之否。其果蔬五穀出自地脉。除無狂惑人者，未有不食。此亦言食物之大略，不能備載周詳。其所以不食者，實以傷性戕命害其生生不息之理，而然非漫無考憑而故爲此矯情之論。總以吾教經書所載，聖賢所言，學者宣講，行止斯須敬守無遺。予警於心而觸於目也。

又　忽有縉紳之客，揖予而前坐而詰曰，子言過哉。子之教既流行中國，則食物冠裳，當遵時制。子教中人，動爲揀擇。一飲食間有如許議論。嘗言犬豕穢污，喜居窪下。又言其性最濁，其氣最昏。子教之人，皆能避昏濁而不食，胡以堯舜禹湯文武孔孟以及歷代之聖君賢相未有言及犬豕若此者。今以子言，是前古聖賢皆不如子教之人乎。孟子曰吾聞用夏變夷，未聞變於夷。子輩雖回教，久居中夏，仍如此之拘執，善變者當不若是。而子且言教中人皆知性理之學，正心修身之事，決不至有傷性命，是未必然。予曰不然。古先聖賢各有禮制，小大由之。綱常倫紀之道，日用飲食之條，聖以之敦，賢以之學，務納其人於軌物之中，斯須不可或去。正所謂衆物之表裏精粗無不到，而吾心之全體大用無不明者。若專事乎綱常之大而偏廢乎飲食之小，又所謂知和而和不以禮節之，亦不可行也。是以君子不受國門之禦，廉者不飲貪泉之水，皆謹小愼微之意。今子言用夏變夷，恐亦未詳所言之宗旨。使吾教之道，無君臣無父子則當變，無夫婦無昆弟朋友則當變，無貢稅無長幼無仁義禮智不待子言，宜變之久矣。今回教於君臣父子夫婦昆弟朋友，貢稅長幼何如者，而何變之有，而子乃曰回教之人未讀儒書，流於拘執，何未之思也。嘗聞大家祖先，莫不垂有家訓，以示子孫。吾教守祖訓兢兢，曾思父在章尹氏註云，如其道雖終身無改，如其非道何待三年。吾教所不食之物與不行之事皆遵祖訓，於千百年後而不改，延之子孫，終身守之。乃反以不遜之語，斥遵祖訓爲異端，將以非祖訓爲正學。吾恐智者不若是也。吾不知於陵仲子上不臣於王，下不治其家，中不索交諸侯，率民而出於無用，何爲至今不殺者。此又何説也。由此觀之古聖先賢不過以此數事責人，而吾教之人，臣於王者自若，治其家者自若，索交於人者又自若。自古未聞以不食某物之故，而見責於聖賢，何獨至今而疑之。子言吾教之人，不讀儒書，罔知義理，且不論儒教之不讀儒書與吾教之不讀者等，吾恐儒教之誦其詩。讀其書亦未必人人皆君子也。

又　古人云德行本也，文藝末也。又云德行之本莫大乎明德。明德者明其自有之天良，不怨天不尤人。凡天之所以生生不息之理，實當體認，勿效空談。此數語者隱而察之，而儒教之坐言起行者果幾人哉。若吾教之道，言敬一歸眞。歸眞者歸於造物之主宰。今姑無論吾教之所謂主宰，即就儒書所言上帝者不少矣，而其最易明白者莫如詩克配上帝之。朱註云，上帝者，天之主宰也。朱子又曰，天地亦是有箇主宰，方始恁地變易無窮。又言毋不敬可以對越上帝。是非回教之言，而儒教之書也。將謂眞宰之言爲虛誣，則朱子之註與前人之詩皆非。與吾教於亂性者不食，縱未知義理之人，其心中能時具此眞宰，故不至傷性。此吾教不能傷性之説非所論於文藝之末也。客曰，如子所言，教內之人未讀儒書而能具上帝之義。不食戕性之物而能明德者是矣，何也。子教之人，幼而祖父。長而師友，熏陶漸染，終日聞之，見異不遷，抑或自然之理。今子言主宰天地萬有，惟其所生。毋亦近於天主教之謂乎。予曰，是又不然。彼天主教之所謂主宰者設像而祀，飲食不擇，惡得與吾教相似。彼所言主宰似是而非，自認不的。即以天主降生聖母受胎之説，大相天壤。既曰天主，其母又稱聖母，何不直稱天主之母。此自相矛盾，不知根柢之甚也。天地間一物必有一主，物無定主，則起而爭。以世界論，君爲世界之主，而民勿敢爭，即不得與凡民同類。彼天主教曰天主能造化萬物，則聖母之有生，亦被其造化明矣。其母既被造化，彼行造之主，復投於受造之腹中，即此一語，眞僞立分。又曰天主降生欲勸世人信彼爲善，故不憚勞瘁，則更謬矣。全不思彼能造化天地，生成萬物，何難。以風雷之號令，布滿於人間，即如洪水滔天，或山崩地陷，無一不非上天示警之意。豈有降生投胎之理。今天子發政施令，遇有梗頑大則征伐，小則懲創，無往不宜。若天主降生，勸人爲善，則是天子復自爲連帥方伯。而行征伐懲創，有是理乎。吾教所言主宰之理，斯須不離天地之內外，何則。世人皆云天一大天，人一小天。天一大天即有一大天之主宰。人一小天即有一小天之主宰。大天之主宰，爲造化天地萬有之主，能使四時往來，晦明風雨。小天之主宰，能使吾身之手足運動，耳目聽聞，即吾身之命也。

又　或曰，心爲此身之主宰者，未盡然也。謂心以藏神，而爲用事之主宰，其説近是。假使心爲主宰，則人皆長生，何也。世人孰不欲其長生，心既可爲主宰。皆主此身之不死。乃人於死後，何以四肢百骸，忽然渙散。心當此時，亦塊然乎。以是知心非人身之主宰。是此命焉不可須臾離也。天地之主宰又豈可離乎。子思云上天之載無聲無臭。東坡亦謂昊天冥冥，不可得而名。吾教之論主宰，無似無像，亦如人命之在人身，有何比似，孰能見諸。故吾教經中有申如在其上之敬。非惟拜時，宜申如在，欲時時具有此心。正孔子所謂君子無終食之間違仁。子何以天主教律吾教耶。且天主教有所謂耶蘇，彼乃奉之爲主宰者。不知嘗考吾教經中，耶蘇實西方之聖人，亦主宰之差使。當其時有叛道不遵者，暗加非議，欲致之死，復買盜攀害，國法釘死十字架上。彼教凡所行事皆畫十字者，以此所釘耶蘇當日不見，與謀之輩多被其殃。當時知者深爲畏懼，即號耶蘇爲主宰。相沿至今，以訛傳訛。若輩之喻亦猶大軍平復之後，彼即以方伯連帥認爲天子。然純臣知敬，自不敢當。無如若輩，目覩其事，遂銘心刻骨，世傳爲眞，直至今日。

又　客又曰，主宰既生，聖人勸世，應使世人遵崇。勿□勿議。何又任人加害，而不明正其與謀之罪，使後人遭殃，多費周折。予曰，舜大聖人也，浚井而出。孔子阨於陳蔡，斯道今傳，聖賢當阨往往而有。子言多費周折，則中夏諸聖人，即不應有此危阨也。今以吾教之書籍叅之，耶蘇實西方之聖人非主宰也，則吾教之所謂主宰與天主教之所謂主宰，不大可見乎。

又　客曰，予教不同於天主教固然。然汝教來中夏，自隋唐始，凡事俱當遵制，何得自外憲書，以三百六十日爲一年，不講春夏秋冬，三年一轉。世人甚駭。予曰，惡是何言也。胡陷吾教，樂觸□章，計啓衆惑，一至於此。今天下一君，四海一國，煌煌憲書，孰敢不遵。如以三百六十日爲一年，總不計月之小大與春夏秋冬之往來，是別有一天地耶。其然乎。夫吾教所居之地，本無隔膜。若教內人蕃衍，必開設義學，聽遠方單寒，不能延師者就學焉。學者飲食衣服，皆此地之有力者供給，不使他累，致廢時日，數載後學業有成。還鄉日人以成大，小以成小，幸淵源之不絶。在吾教字書。不假漢字音譯，恐音韻背離，有失舊章。故經千百年之久，仍如一日之初者此也。彼不知吾教之大義，又安知不以吾教家貼戶曉之齋拜日期，指爲憲書者。今夫國家每歲制造憲書外，太常寺又刻欽天監選擇祭祀日期及忌辰日期，印刷單條貼於公署。近年憲書於日期之上，新例刻有圓圈，使知忌辰齋戒之期。何必另刻祭祀與忌辰單條，蓋緣書冊常掩，未若單條易見。此國家覺民之道也。由此而推，士庶人自有應祀祖考之期，照式貼於內室。若此亦指爲憲書可乎。吾教每年齋拜，各有日期，必應刻明，亦如祭祀忌辰日期之單條格式，貼之各家，使之望而即知，便於遵行。胡各教之人。不體此情，即以私製憲書之名加之，苟非天意普垂，幾何不爲此語陷也。子其愼之。

吾爲子解以三百六十日爲一年而羣相慶賀之故，緣各教規皆有齋之一條。吾教之齋則與各教不同，吾教聖人思宜體恤窮民，言君公王侯卿大夫下至士庶富厚有力者，自是飲食無虧饑寒罔覺，縱歲遇荒歉未必如鰥寡孤獨，倍加之困苦。方於每年之中設齋一月，均令雞鳴而食，星燦而開。白日顆粒不入腸胃，滴水不下咽喉，無拘祈寒盛暑，挨次三年遵照前設之月舉行，勿許揀擇，是不禁茹葷，而較之茹素者不大有間乎。又謂人生日用，語言行事，孰能保其無過或無知或故犯，於此齋戒之月各加內省悔過，遷善體上天好生之心，自知四民之困苦，得遂愛養之至意，使諸侯體君王之意，布政施令，務期於至公。使大夫體諸侯之意，用刑鞫訟，必期於各當。使士庶人體上帝君王諸侯大夫之意，清心寡慾改過自新，亦知無告之困苦。如此存心設想，敬待期滿，沐浴重新，以祀上帝。拜後各相慶賀，謂此經月之內，閉戶虔修，不比平日，故有慶賀之舉。其所以然者，以人勞則思，思則善心生。逸則淫，淫則忘善，忘善則惡心生。踵而行之而已。今人不思此義，妄爲譏刺。吾教之末學者，固不能道答。間有學者又不能詳細援引解說。相傳至今謂吾教以三百六十日爲一年者衆矣。殊不知吾教之慶賀者，謂齋戒之功成期滿也，非年也。吾子其釋然否。

又　客曰，此意誠得矣。子言君公大人富厚有力，皆儆餓夫，毋乃固執自苦而不通於人情乎。予曰，古者天子躬耕耤田，后妃親治蠶桑，下至士庶人，莫不皆有紡績之勞，胼胝之職。今如子言，則天子躬爲萬乘，后妃尊爲國母，豈必待耕而食，自織而衣。不知欲供宗廟祭祀之用，因以識民間稼穡之艱難，自廣愛民之術。吾觀劉宋元嘉□十一年宋□以衡陽王義

季爲兗州刺史，親餞於武帳。岡將行，敕諸子且勿食，至會所設饌，日旰不至，皆有饑色。乃謂曰，汝曹少長豐佚，不見百姓艱難。今使汝曹識有饑苦知以節食御物耳。此與吾教齋戒之意正自符合。又查古寫齋字原以不食二字叠架爲之。是古人之齋亦取不食之義，不然即不得謂字有取義之訓耳。孟子不云乎，禹思天下有溺者猶己溺之也，稷思天下有饑者猶己饑之也。毋亦固執自苦乎。吾教於民間困苦。曲意仿爲，非特自思而并以己身傚之，大有重於民命，使君公大人富厚士庶，不忘此鰥寡孤獨之無告者。故多方拯救，以體好生之心。此齋之大凡也。更有進者，吾教內貿易四方，有本至二十兩者名曰滿貫。約經營一周，除去日用已費，仍存本二十兩，即應施散錢五錢名曰天課。何爲天課。意使富厚之人代天養育蒸黎不使失所，亦稍能釋我君之憂。此項之銀，推本遞算，并無傳喚催科，胥役擾責，均係己身自算暗給鄉族之無告者。外有衣服住房動用什物，只散天課一次，其後免議。蓋以再無滋息耳。至於田畝所收，除輸納正賦官糧外，仍有什一之天課，照例給人，不敢私匿。間有下愚慳吝不出，吾教經律，明有天譴。其有滿貫應散天課者，不得復受他人之天課。萬一是人遠出窘迫，不妨受天課以全生。吾教之規，總以恤人爲重。凡先聖所言，兢兢自守不敢忽略。故君公大人、富厚士庶必虔齋一月者此耳。延至今日貧富同齋，均期寡過，廣衆大行。吾子不聞乎。

又 客曰齋之一事。曰知之。然子教殯斂無衣衾棺槨，惟用土葬，是薄待其親，與無使土親膚者左矣。予曰然無使土親膚之言，炳如日星。但吾教聖賢垂訓，萬物土中生，萬物土中埋。今葬法有四，金木水火，推之盡頭，同歸土內，未必別有天地以貯其骸骨耶。既不能離土，何不直歸於土。故反覆纏裹，重襲累贅。吾教葬法不取。吾教聖人之訓，以人貴於萬物。富貴雖有殊分，死生原同一致。始酌定葬法，勿使富貴有厚葬之侈，而貧者受暴露之慘。倘不預爲籌畫，則無所適從。故葬法無分貧富貴賤。死之後，挖坑丈餘，傍開一穴，高二尺，餘寬亦如之，長七尺零，其內空虛，非實砌掩覆可比。各教未睹吾教之葬法，一聞土葬，皆以爲用土實掩，井無規格。殊不知此等坑墓，延至百年，方能長滿，非三年五載，即充洞而洽其骸也。百年長滿何以見之。嘗有客死他鄉，待子成立，搬回本地，或二三十年，比及復開，所洽未幾。抑有沙地不宜作此傍穴，只挖直坑，亦深七八尺零，另用厚木作四方圍牆，以防陷塌止用木蓋間有用石板者。其傍穴內，亦有用四方匣，木石無拘。皆可置造，不具衣衾棺槨者。意如人之初生，不分貧富，惟具衣胞，別無他物。今原始反終，仍如來日。惟用新細白布，縫若被單，男三層。女五層，將亡人用淨水洗過。而禮記之喪禮於洗後方爲剪甲齊鬚，此二事者吾教用之於平日。今將洗過之亡人放被單上，後撒攢香細麵朝腦麝香等物。坑內亦用香料，使逐蛇蟲而却病味，存亡俱賴。將死者入畢，先用土坯砌實，傍開坑口，外以竹木作門搪塞，俟收斂之人上出，然後傾土墮築作塚立，□以完葬法。設有旅終外境，貧無以葬。同教輩必爲代葬，仍依前法，亦不暴露。議者謂難免土之親膚其說似矣。吾不知人當盛暑仙遊，既有衣衾棺槨，又多用黃泥石灰，意取滲穢水而斂氣臭，泥灰非土乎。俄傾發變消化，雖不忍使親膚，而泥灰與屍骸已合爲一。此又何說焉。今以各教論未必人人富厚，且不論千百金之購求沐槨，即數十金之棺槨者，止百有四五。而貧無告者，俱二三兩之薄皮燒材。甚至此皆不可得，即得之其材不蔽風雨。再如不能埋葬或掩之不固，不數日間，屍骸暴露，肢體解裂，見者酸心，過者掩鼻，於人心何如豈貧乏之人不足論耶。雖其人之子孫亦付之無可如何而已。當此之際，土親膚乎不親膚乎。掩爲是乎非乎。大抵天地生物人爲至貴。倘世界無人，則亦無圯之土壤耳，有之何益。今富貴之家，聽其厚葬。貧賤之人，任其暴露。有心者當不如是。可怪者富貴之家。多用金珠穿戴，名曰殉葬。惟期屍骸不朽夫。已歸土中，縱千年不朽，何益於事。且即不朽，已伏開門揖盜之端。凡此大葬，庸衆盛稱，播揚既遠。而綠林中豪客已生心矣。寶物冠戴盡行盜去，一經緝獲，開棺者斬。盜物加倍是生人招厚葬之陷，而死者亦被厚葬之慘。始歎杜少陵詩云昨日玉魚蒙葬地，早時金盌出人間，不信然乎。今五都之市，貨賣古玩者每執銅玉舊器，大其言曰此殉葬之漢玉，此殉葬之寶鏡，歷年多矣。而世人不察，既言殉葬，何復售於人間。恬然貨賣，相安無事。縱不以王法論，究竟彼物之來歷。有心者亦當三思。如我以千金購求殉葬，倘後日之出亦如今日，即可以自悟，而不爲殉葬之謀矣。蓋殉葬者未必家家有失，而何可不預防其失也。何如吾教禁用殉葬，不啓小人之盜，存亡俱受其益。人心反無悛乎。是吾教土葬，首無暴露之慘，次免盜葬之患，雖千百年不能一見。以吾教一體葬

法，質諸孔孟，又未必不獲盡善盡美之稱矣。土葬之法，然與否與。

又 客曰，子教葬法可矣。但子教中人究無喪事，常戴白帽，全不忌諱何也。余曰，自古以來，各有所尚。夏則尚黑，周則尚赤，商則尚白，言衣服垂戴，車幃皆白也。倘如至今，悉遵商制，皆尚白色。子復何疑。今日喪制用白色，不知商時於父母之喪，曾用何色，又何忌諱。吾教之戴白帽者，惟禮拜時用，非尚之也。吾輩之不明大義者，欲以別於各教，時戴白帽，則固矣。以教條論，禮拜服色非止白帽，衣皆白色，蓋取對越上帝，神明交諦，有表裏如一，純白無僞之義。且白爲本色，不假染造，以全天眞。除此則君公大夫士庶人，各有大小品級之制，朝衣朝冠，具有等威。介廉劉先生於《天方典禮》中備載明白，焉可小視。客曰，如子所言，子教行事般般可考毫無疑議。吾不知子教禮拜，所拜者何神，所設者何像。如言主宰之說鑿鑿可據，乃云天地萬物俱彼造化，不思天地之大，無有窮極，誰能造化。儒教論天地萬物爲陰陽二氣所生，春夏秋冬，日月往來，四時明晦，古今盛衰，一飲一食，皆天地自然之理，莫非定數。汝教又有賞善罰惡之説，俱出主宰之獨斷，毫不假手於他人，則主宰亦勞且苦矣。且於各方建設禮拜寺，每日五時入寺禮拜，男女雜遝，人傳夜聚曉散。似此舉動自招物議。余曰，然子所詰，皆合吾教之經內具載，有是問答。蓋天下之大，心同理同，而各國有各國之書，各教有各教之論。要以不廢綱常倫紀者爲正教，雖語言異韻，字畫各樣，皆造物之大能，顯著於天地。欲有心者時相叅證，非止一家而已。雖欲齊之，誰能齊也。

又 向有友人與予言，吾教之有聖人言殊虚誑。夫聖人唯中國有之，爾化外何得有耶。余曰，子何小言至此。汝不聞天道至公。至公者無私也。豈天獨厚中國而生聖人以教中國，即不復生聖人以教各方乎。使無聖人則各國之書籍文字何自而有乎。子言一飲一食皆有定數。今有萬金於此，欲給衆人，設無主持，誰肯取少。勢必羣起而爭，爭之不已，後將何極。有主之者量親疎遠近，老少大小，自爲分派，約期給發，可無爭端。夫定數者預定之詞。預定爲誰，造物之主宰也。若以天地萬物皆陰陽二氣所生，以人身論之，精氣神三者，精爲有形之物，而氣與神皆無形，且無論先天之受胎若何，假無此肉身，則精氣神收貯於何方。是氣與神必待有收貯之所，而後有生發之處。試問未有天地，陰陽二氣收貯於何方何所，其意俱欲渾說，不肯明言，禍天下之蒼生者大矣。即如冬至時，天下皆頒憲書。未至其時，孰敢私發，必於是時然後分發，謂有天子，然後可以統一。今使言憲書總無刊刻印造之工匠，又無君命之頒發，於立冬日，而憲書自出矣，人必不信。又常言天地萬物總無行造之主宰，春夏秋冬四時往來，日月晦明，古今盛衰，皆歸於陰陽二氣，天地自然之理，又言莫非定數。試思陰陽二氣必待有天地收貯，而二氣始能發生。縱二氣之當行，亦未有自已行之者。如憲書之無刊刻，無君命而自爲頒發，自爲印刷者無異。故吾教經云世界之君王即主宰之影射，彼爲天下之君，愛養羣生，保障河山，賢者進，不肖者退，善者賞，惡者罰。非人所能爲，實主宰之判斷，意使世人體認此理不致溷淆。雖飛禽走獸蟲魚之類，皆有君長。故孟子云麒麟之於走獸，鳳凰之於飛鳥，世人日見，天子者有幾何，天下無不尊崇無不畏懼。如子之言必待見而後信，舉天下之人皆曰君王幷無賞罰號令，一聽於自然之理，可乎哉。

吾教禮拜之説，七日大拜，每日五時朝拜主宰，於各方建設禮拜寺，誠然因不學之人，罔知教規，不能體認吾教內有學業者，逢期宣講教條與日用五常之節，各有次序，於認主拜主之學，日日新之，彼經營之士終日奔忙，不能靜心逢期聽講。可日月至焉，其所以朝拜主宰者，因吾教經云古往今來，天地萬有，皆受主宰之造化。世人多云財帛兒女俱是前定，不究所定爲何主。故吾教經典，實指主宰超然無極，凡同天地萬有而生，皆爲受造之物。獨主宰爲行造之主，一日五時禮拜，申如在其上之敬，蓋無方所無似像，居東土者惟向西禮拜而已。此種理路原因，未學自不知根，天地間無往而非學問，未有無師指點而能自明者。主宰之喻，如人身然。前所云人一小天。小天之主宰即人身之命也。命之在身，曾有何人見本身之命，何似像何方所。使人言命在頭，則身與足皆屬無命。無命之處，痛癢無知，即爲死物。言命在下，上身亦然。以是知人之命，無方向，無定所，通乎人之一身，無處不在，無處不有，則一身之內更無處不知，無處不覺。經云眞宰同乎天地萬物，亦無處不在，無處不有。切不可以色象方向定主宰之所在。

又 各教人於元旦燒紙，其所供牌位，上書天地人三界，十方萬靈眞宰。此等語意尤須叅究。是天地人三界之有與十方萬靈之生，必有眞宰之

所主持。而世人不察以爲故套。當前錯過，反詆他人。子言眞宰之賞善罰惡何以能知。子當思人於冬日，服飾重重，週身遮蔽，皆不能見。雖有二目位居上方，一有蟣虱知在何處，伸手即得，無微不照。蟣虱微物也，衣爲之遮蔽，十指無目何以一伸即獲，蓋以命之靈光，籠罩乎全體。此即賞善罰惡之一明證。眞宰同乎天地萬有，凡有蠢動，莫不周知。豈無賞罰乎。又雖窮鄉僻壤，如素不知有君父之尊，王法之嚴，任意胡行，一經發覺，自必究竟。倘犯大辟按律何差。並不以彼之無知與從未見君而釋之。賞罰之嚴，一至於此。世之有心者，當即此觸類旁通，以進於認主拜主之道。勿至臨期而悔思無及矣。故吾教之人，心知賞罰，有所畏懼，至能堅守教規，鮮爲非理。若他教之人，實心講論，踵而行之，自能少過，刑措無用矣。

又 吾教所論眞宰之理，具載經書，炳如洞著，絕無游移影響之談。有謂即此昭昭之天，非也。昭昭者人所共見亦有限量，烏能可比。此理甚微，非細心研究與割盡畏難苟安之習，不能有得。即如性理所云無極。無極之言，實指何物，即此一語，可以證吾教言眞宰之實據。大抵儒教之書，多見道之語，而儒教之人多舍難而就易。或有以神道相亂，信釋老之誣，而以邀福動人。彼不知皇天無親，惟德是輔。凡一求福則無往不失。豈特天良，總之信道欲篤。苟信道不篤，焉能爲有，焉能爲無。

又 言男女雜遝，更無可加於吾教。吾教經言男女七歲不同席，此蓋仿於曲禮。再言男子從臍至膝，不可令人見，婦女則從頭至脚皆不可現，以至除七等人外，槩不相見。七等爲誰，祖父、兄弟、丈夫、子孫、親生母舅、親生伯叔是也。又云男女之內可與聯姻者，即不可以相見。又云凡婦女出門，或坐轎，或乘車，皆用罩頭，以紗紬爲之，從頭籠至脚跟，絲毫不令人見，方爲至理。今云男女雜遝，不知何所見而出此言。吾教禮拜寺，所在皆有，曾於何處，見有此等行事。况吾教經中斷定，不許婦女入寺禮拜。雖有父母喪事，亦不准其到墳。總以不可與人相見之故，致有是禁惟令各自在家，潛修暗祝，悉遵條約。間有老朽孤貧無告之婦，每逢禮拜日期，叩寺求討，以度殘喘。然麾之大門之外，聽人施給，並不許入寺同班禮拜。此東土無奈之回民，一在西域另有養膳，決不聽其入寺。且寺內之義原宜潔淨，大凡禮拜，必定預爲沐浴。恐婦女輩於天癸之講究不清，反致褻瀆。况一經男女溷雜，勢必淫行潛滋，將欲爲善，實乃長惡。故吾教不取男女雜遝。

又 吾教之所，必無至言。夜聚曉散，更屬荒唐。試問夜聚曉散之說，不知每日夜聚曉散耶，抑或有時聚散耶。將謂每日夜聚曉散，則士農工賈，各執一業，雖勤惰不同，而仰事俯給，皆不能或廢，稍有懈怠，則啼饑號寒，在所不免。人身精力有限，何能朝朝連連。且夜聚曉散，不得默默，必有所言所行，使無言行，此聚何爲。夫曉不閑夜無暇，而本業又資待理。吾恐精力衰憊，不數日即登鬼錄。此每日之不能夜聚曉散明矣。將謂有時夜聚曉散，天下之大，誰無婚姻喪葬。或吾教之孤客死於異鄉，勢必扶入寺內，衆人代爲安排。次日埋葬。是夜寺內有人置辦，他人不知，即謂夜聚曉散者。又於齋戒之月，禮拜者十倍其常。而回教之士農工賈，或按時不及交還拜課，乃於日落後入寺還補白日之拜課，燃燈時至初更，拜畢歸家休息，以待鷄鳴復起。夫倡夜聚曉散之言者，意欲人以異謀妄圖疑之。吾教經言苟非己之所有，雖一毫莫取，而齋月禮拜尤爲省愆悔過之要，不敢妄涉意念，即衣食之豐歉，事物之順逆，一聽於冥冥之天。總之吾教身體力行者居多。儒書不云修身乎，如非禮勿視非禮勿聽非禮勿言非禮勿動，勿之云者，實用其力，禁止其非也。是以吾教一日五時禮拜與七日之拜時形敬畏，而拜內之虔誠直歸於造物之主宰，其無我忘己之念與之俱化。吾子亦識之乎。

又 客曰，與子言已久，似略曉儒書。既讀儒書，何仍如此拘執。風流灑脫，詩酒陶情，吾曾目睹耳聞。某某名列子教，讀書有成，毫無回教氣象，遇酒即飲，遇物即食，使一旦身入科名，鹿鳴瓊林，執教固辭，或者不可再如某某。當時名流行事亦如之。總無拘執世路，明白交接當道，不過逢場作戲，何必認眞。今而後還須圓通於三界之外，方是英雄本來面目。余曰，子言過矣。世間好事惟忠孝。故徵忠臣於孝子之門，謂其人能孝於親，使親心豫悅，即一顏面之承不爲親所疑慮，不改親之正行。他日之能忠於君，可以託六尺之孤，可以寄百里之命，臨大節而不可奪者，必此其人。夫今以些微口腹，而即可以驗人之忠與不忠孝與不孝必矣。如子言某某者，實係回教。若輩祖父身列回教，不知幾世，而其人竟可以遇酒即飲，遇物無忌。彼雖同人飲食，吾揣其心必不安，色必不正，或且惡人

稱彼爲回教，又必自掩其回教。然惡之亦不能顯惡，掩之又卒不可掩。當飲酒食物之際，此人必如坐鍼氊，雖強爲色笑，其心左右隄防。常恐傍人提出根本，實有無可如何者。奚不直言而顯拒乎。謂其可以求富貴利達，可以取貴人色喜，而直至於卿相之班，其子若孫亦可達於鵷行之列。彼以爲前世求富貴利達者，出妻見子不以爲恥。吾一飲酒食物間，即可以取貴人之喜。尚未至於出妻見子，何樂不爲。殊不知不數年間忽焉沒兮。其子若孫即不能振作有爲並不能以飲酒食物而承祖父之故套下，而出妻見子。未可知矣。作俑之人雖在九泉，未必不知其有今日之報。且若輩當惡人提出與不能掩時，明知若祖與父，世爲回教，一旦舍祖父之教，昔祖父之行而其跼蹐不安，瞻前顧後，恐人提出根本者。此正良心不昧之時，倘能即此改悔尚可期望。設有心者從傍計議，此子原係回教，今以求富貴利達之心，則祖父可悖，廉恥可無，孝道可虧。設彼祖父見之，或被知覺，自不樂承此大不孝之罪也。如是忘本之人，奚云六尺可託，百里可寄，天地間應不可容。雖朝廷有不甚愛惜之官，亦不可苟與若輩。蓋以今日能悖其親，他日必悖其君。以此進推，難期忠幹。欲若輩傚伯夷之高風，萬萬不能此。知與外教飲酒食物全無忌諱者，非止吾教之不容，實天地間無恥之罪人，彼不思酒之害人多矣。雖中國聖人，亦屢禁之。故禹惡旨酒而好善言。周公作酒誥，羣飲則殺之。夫酒小罪也，殺大刑也。以小罪而加之於大刑，周公直忍而不疑者，蓋以酒之生害而至於殺人者衆矣，以爲不如是，不足以一民心而成吾治道。此中國聖人之教民也，亦有是禁。而後世之弛之者吾不敢多言，以獲其咎也。抑尤有外教之人，或因自幼同窻，或同名科第，或同堂辦事，乘間引誘，無本者被其煽惑。分手後，彼即以某人前日飲酒食物爲口實，爲快談。兩人誓不外言之約，皆成虛誑。雖受惑者自應詆誹，然前之同窻同第同朝之誼，業已不加勸阻，反引人入套，使悖其祖教，忘其根本，失其同氣，及受其哄，離席即侈張之。殊不知彼雖暢談於一時，吾恐彼後日之若子若孫，亦受他人引誘，使悖其祖父之孝弟忠信者多矣。何也昔以此施，今以此報，往往而然。所以士君子弔曹瞞詩云，昔日曹瞞相漢時，欺他寡婦與孤兒。誰知四十餘年後，寡婦孤兒亦被欺。有心者胡不自思。吾今此言，非惟勸本教人，自固根本，亦且兼勸各教，倘遇吾教無知之輩，切不可故爲引誘，陷人不義。其實何益於己，徒留此不美之名，以致遺禍子孫。倘汝今日勸人子孫不忘根本，後日即有仁人義士勸汝子孫爲孝弟忠信之全人。今而後子其勉夫，亦或有膺民社之責者遇有回教酗酒事發，更祈加倍整飭，方爲有德。

又　客又曰，身體髮膚受之父母，不可毁傷。子教之人修剪髭鬚與下身毛孔。今日去之，遲日如故。豈不過爲瑣屑，亦未嘗大關義理。余曰，古者男子梳頭，若婦女然，今日遵王制也。吾教所論剪髭非獨敬守教規，亦以爲整飾儀容，清爽身體。且凡事皆有君臣，凡物皆有去留。豈可君臣無定，去留不分，成何世界。如稂莠去而嘉禾植，君臣定而上下安。今以口與髭論之，則已爲君，如人飲食，皆歸其權於口，豈有君嘗飲食，而臣嘗爲之阻撓拂亂，則髭當齊也明甚。雖曰齊髭，亦有界限，無容過尅。齊止上唇之中，其口輔之兩角，仍留長髭，以表威儀。至鬢髯鬍鬚，秋毫無犯。君臣之位定矣。飲食豈能阻撓，縱遇湯水，不致淋漓，可免厭污。倘同人飲食，見此景像，難免憎惡。何所吝而不齊此些微之髭。夫不可毁傷，今之剃頭，獨非髮乎。奚爲從同以去。子教之人卒不置喙於其間，蓋以爲王制也，法盡善也。而不知其法之所以盡善者非盡去髮仍留辮子，以爲存善。閑邪之道萬世不易者也，其所以修剃下身之毛孔，使沐浴之時，不能藏垢，則身清體潔，方可以交神明而禋祀上帝，故等諸去稂莠之法。如上古之時，凡物皆刻銘文，而湯盤爲最。夫盤不過沐浴之器，何以銘爲。其意欲人以此進修身之法，有表裏皆沐之意。中國聖人既已借盤銘，欲人爲表裏如一之人。吾教聖人即就本身修剪之法，爲表裏如一之教。豈不更進一層。語云身外無道是也。

客又曰，如子所言，教中之事，皆有義理，獨不拜神道，似屬矯強。余曰，天無二日，民無二王，敬一無二之理昭著久矣。總之各教多口頭之學而少篤實之行，既曰不諂媚鬼神以要福，又曰拜神。獨不思獲罪於天，無所禱乎。昌黎之佛骨表，言之詳矣。其與孟東野書內云且彼佛者果何人哉。其行事類君子邪，小人邪。如君子也必不妄加禍於守道之人，如小人也其身已死，其鬼不靈。天地神祇，昭布森列，非可誣也，又安肯令其鬼作威福行胸臆於其間哉。進退無所據而信奉之，亦且惑矣。此亦儒教之書而非回教之言也。至理可信，有時疑二，復被其惑者，是以利而自狥之也。回教經言天地萬有古聖先賢皆出主宰之造化。惟有尊敬幷無跡像可

設。所制禮樂禁令行止大小悉遵，不敢殞越。自是日進於高明。孟子云人皆可以爲堯舜，又云舜人也，我亦人也。倘不行堯舜之行而設其像於高堂之上，終日虔修禮拜，所行皆不孝不悌，天必降殃。雖堯舜之神靈具在，豈能爲之護哉。況無據之神靈，事之奚益。若謂彼能降福，則各教之事神者不至有乞丐。將曰彼能降禍，則吾教之不事者應無孑遺。此等理路，惟智者能行。愚人懷富貴利達，信釋老之荒談。據言神能降福。胡終日事佛。而不得一報。若梁武帝餓死臺城，佛不之救。由此觀之，佛不足事可知。彼釋教人又爲之說，梁皇雖云餓死，其實成佛。成佛之說，有何實據。即曰成佛，是釋子從而賤之者奚以明其然。彼常云某帝王是某佛轉世。試參此語，成佛之後，又費許多周折，方能轉世爲一代帝王。如此說來，是帝王之貴於佛也，奚啻什伯。倘曰帝王不貴，何故又勸人修鍊成佛，轉世即可以爲帝爲王。其所以爲帝爲王之故，謂其人當未成佛時受盡辛勤，及轉世爲帝王時將以報其昔日之辛勤，得以遂其所欲爲，而受享之無際。何正有爲之時，而又餓以死，是自相矛盾，欺愚掩飾之辭。進此一追自無著腳之地。余靜思之，更可嗤者，若觀音大士，度盡世間男女，彼成佛之後，雖欲轉世爲一平人，竟無門路，可以投托，尚云帝王。至於求富貴利達，佛之降賜，未見些須。先破己囊，修蓋廟宇，以助嬾人之惡。吾恐善未曾有，殃或倍之。梁武帝之事，非明證與如是。持此以窮究釋子，彼將曰難逃天定，是所謂技窮力屈，無可如何之語，獨恨其言之不早耳。吾教之敬一無二者此也。

客又曰，敬神之說無疑矣。但子教全不茹素，反食牛羊，又必自己念咒宰割，方食其肉。既云食肉，則各教之宰割，均屬一般，何異怪若此。余曰，吾教念經宰物，非念咒也。體上天好生之德，凡用一物必可以告上天者，人聞此語似屬矯強，吾嘗見官司自箴。有云刑罰可省者省。草木皆天生命，草木亦云天生，不可濫用，何況禽獸。實爲有命之物，可不慎諸。至有以此爲業而食其利者，是教中之罪人，君子不齒。其有婚姻喪葬之當用者，皆念經宰割。其意有在天子無故不殺牛，大夫無故不殺羊，蓋重命恤牲，不敢率意以滋口腹之欲。禮在則，然而吾教之規亦然。子今知吾教念經宰牲，更不知吾教必擇遵行者方可宰割。不遵此訓，仍然不食。禮云無故不殺，其實奉行者無幾。規矩無定，誰不可舉手宰割。若吾教之法，難以便行，縱口腹人，素愛飲食，即鳥獸成羣，苟不得宰割之人，與昏夜而非宰割之時，竟難便食。實所以禁無故之宰耳。至婚喪大事，不得吝惜，聽其宰割。倘無故濫宰，雖代宰之人，亦不爲念經以操刀，凜凜乎雖小必嚴哉。

又　客曰，子言誤矣。天地生物原以爲人，今欲食一鳥獸，反制多少難行之例，不欲其便行。與天地之心，不大相悖乎。余曰，子不聞天地之生物有限，而人心之好慾無窮，倘不防微杜漸，謹小慎微，則人之放竟至莫可究詰。故云不以禮節之，亦不可行也。子其信之。

又　客又曰，子教之事章章可考，抑尤有可議者，聞閨門晏寢，次日必然沐浴，方爲飲食。其沐浴之器，又用壺礶，雖夫夫婦婦，人之大倫，須自避忌。似此沐浴，豈不衆人周知，未免令人含笑。又禮拜時，亦用壺礶，洗濯其七竅手足，然後入寺。如此行事可謂勞且苦矣。余曰，吾教之道，大而君臣父子，小而日用飲食，莫不具載經典。雖有怠惰偷安之人，究其心以自問，實有難於自處者，倘遇禮拜齋戒，一切舉行教規之處，此人必不敢違心以自赴。何也。吾教之學，總以毋自欺爲主。如人未經洗濯，必不敢禮拜。何也。如在其上也，故不敢自欺。以未經洗濯之身心，而對越乎上帝，愼之至也。是以童而習之，長而安焉，不見異物而遷焉。又於人倫大典之事，在在愼重，非特父母之命，媒妁之言，即一同夢之歡，未有不爲儆惕，蓋以夫婦爲人倫之首。不有夫婦何有子孫。不有子孫，誰接禋祀。人誰不欲生聖賢之子孫，固恃父母栽培，而其祖若宗不知幾代端方，幾輩修省，方能得此聖子賢孫。儒書曾有胎訓之說，此後一著法也。有何體驗，得胎之後，方有胎訓。不若吾教沐浴之法，可以止淫行，可以潔身心，苟嚴寒酷冷，雖頑夫少子，竟有以畏寒而止者。凡沐浴後，孰不知其爲輕身而便體者。身不朦垢，心方清潔，萬一受胎，是先一著，胎訓之法，此所謂欲潔其流，必清其源。今源則清矣，而流有不潔者乎。吾教經云凡夫妻交媾，或夢入陽臺，或天癸淨後，及生產四十日後，必爲沐浴，以淨此身，方可以治齋戒，祀上帝，此吾教之道也。又以各教論，凡夫妻交媾，次日竟不敢入廟祀神。及問其故，則曰身子不淨，不敢祀神，恐有褻瀆，致遭罪譴。凡物之不淨，必用水漿洗濯，然後能淨。未有不爲洗濯，遲之日久，而能自淨者乎。今日身子不淨，不敢祀神，而又

恥於洗濯。夫不洗濯之身，已經朦垢，彼且不思，垢多必然生腐，而况夫妻之間，豈能斷絶，則是以垢致垢，莫可究詰。是終身朦之而不知去。乃云今日不淨，不敢祀神，不亦謬乎。余又哂焉。

又 何各教之人，皆明於小而暗於大。以天地論之，一大神祇，其威靈赫，擢非工匠之雕塑也，非五采之塗繪也。嚴嚴在上，赫赫在旁，不淨之身，居此當畏。各教之人，身多朦垢，昂然戴天履地，食雨露之恩膏，享禾黍之大德。睹此不懼，是暗於大也。至廟中之神像，不過泥塑木雕。雖青面巨齒，紅髮金身，實污泥朽木，人力之所作爲。而各教自愚自欺，反畏此土木造作之物，是泥於小也。殊不知前輩之人，原以神道設教，欲以儆嚇愚頑，非實有其事也。故吾教規，一有房事，即不可飲食出外，必爲沐浴，然後飲食行動。其所以用壺罐盛水之意，使水過污流，不存毫末。倘沐浴於江河長流水內，則不須壺罐之小器矣。至若盆盛浴水，盆內爲受穢之處，水一傾入，槩成穢污，即不堪以杯飲，未免過用而多敗。獨吾教用壺罐洗濯之義，蓋取用出之水爲穢，而所存貯之水皆淨也。蓋人皆可以飲食，皆知其淨，既知其淨，又以壺罐爲非。何哉。夫妻沐浴却言含恥，設處女未嫁而生育者，人皆以爲羞。既嫁而生人皆曰喜。今以沐浴爲恥，則生長亦非恥乎，獨歸於正不正耳，又何嫌於沐浴乎。

又 至於禮拜，乃祀上帝之禮，以未經修飾之耳目口鼻身體手足，昧昧而對上帝，以修跪拜之誠。可乎哉。故必先爲洗濯七竅體膚，務使內外俱新，然後可以對越。是孟子有云雖有惡人，齋戒沐浴則可以祀上帝，亦此意也。客曰，沐浴之故明矣。子教於父母故後，每逢時節，全不燒化紙錢，供奉食物。何以申如在之敬，又於元日，不用門神對聯者，何故。余曰，天下之人，誰非人子，誰無父母，服勞奉養，尊敬不懈。故後四時禋祀，情所必致。但子教之燒化紙錢，供奉食物，不過欲盡人子一時之心。究之燒化紙錢，是釋老之行而非儒者之教。儒者之祭，用酒灌地，焚帛而已。鬼來食氣。今又雜以釋老之行，吾恐若祖若父有靈，必不願來格來享。世之修齋設醮者十有八九是口言孔孟之教，心向釋老之行。所稱能言距楊墨即聖人之徒者，固如是耶。况釋子之與人修齋設醮者，名之曰應付。是不禁葷酒，又禪和子之所不取。且有自相詆誹，皆非正道。

又 當吾教初來，與中夏言語不通，文字未識，人見吾教有徹底澄清之道，眞實無妄之行，遂别其名曰清眞教。前人有鑒吾教，能除諸妄，敬一歸眞，又名之曰回教。蓋見吾教之行，多自省之意，其禮拜把齋，散財濟貧，均屬放心收回之道。當其始來之時，實不知中夏先喆命名之義，或爲至誠，感昭上帝，特降是名乎，未可知也。不然，何以其名不泯於後世耶。故吾教乃能掃除諸妄，於父母生死忌日，量力置辦飲食，却以錢財散給鄉黨鄰里之窮民與鰥寡孤獨之無告者。其有衣帽什物，量給父母之最契舊好，以爲遺記。此存亡俱受其益，上天亦鑒臨之。豈有好善樂予之子孫，其祖父之神靈反有不重者乎。且人於死後，另有世界，另有管束，亦若未生之初，豈無來歷昧昧者乎。彼釋教之荒談，死後修齋設醮，名爲救拔祖父。世人多不之察昧於義理，如人微犯罪辜，託親友中之貴顯者，向該管官司而求，自必從輕。倘無籍之徒，言彼能往來饒恕，吾恐非徒無益而又害之。在釋教放言，修齋免罪。修齋一事，乃應付之經營，以爲網羅錢財，招致愚人之具。即彼禪和子之所憎惡，今吾以若輩滅其天倫律之，則烏得無罪乎。即以生前過愆，亦無憑空挽回而竟寬貸之理。所費銀錢，空被若輩哄去。祖父之事，仍莫可必。所化紙錢樓庫灰飛而去，莫知其鄉。縱祖父欲居是樓。而守是庫虧其財。而享其物，盡已燒燬，何得再成。欺人之甚，失亦何益。窮源極底，又非儒者之道。何如。即將此項銀錢，散給鄉黨鄰里之貧民，非惟祖父受益，雖數世之子孫更延綿其祖父之餘德，尤必碩大蕃滋，閥閱簪纓，榮昌並茂。何須購求地理講論風水，豈不可惜，豈不眞愚。又嘗觀風水家言入斂下葬，必用某日某時，致有炎天盛暑，或過二三日者，屍骸腐臭，肢體解脱，往往有之，意望子孫家道必然興旺，此乃用人力奪天意者。若果能之，竟使天下孕婦求彼選擇吉日良辰，令子降生，豈不更美。彼不於未就時求必勝，而乃於已壞時爲妄說。計亦左矣。

又 吾教之所以不爲燒化紙錢，供奉食物，求覓地理風水，蓋由學業之有定衡也。夫人於死後，再能衣食世人之衣食，亦必每日三餐，方爲盡心。若一年之內，只供數次。彼於數百日之內，竟爲無食無衣之人。爾在世之骨肉，何忍忘之。是必無此理，若於死後仍然衣食費用人間之財物，而未生之前，尚無有子孫之齋醮祭祀，則衣食費用，又於何處取覓。彼釋子之論，必曰人皆轉輪而生。彼於未生之時，尚有前世子孫之齋醮祭祀費

用伊家。余竊泯目自思，孔孟教人倫常不可倒置。各教之人，皆知天地旣有之後，方有人物。而綱鑑首云盤古氏生於大荒，莫知其胎。而吾教經云上帝首造夫婦二人，男女隔胎而配，如是者七十二胎，胎皆雙生，計百四十有四人。若云轉輪，且不問彼夫婦二人，從何處轉來。即彼一百四十四人之靈又自何方而始。若云必待轉輪，則是甲先死而轉乙，乙又亡而轉丙。挨次輪轉，一人止轉一人，何得至今天下之人奚啻恆河沙數。今槩不論，即以前之七十二胎，爲轉輪之始，汝試推之，今以長房夫婦，先死必投胎於弟婦之腹中，及至生育，是爲兄弟之子矣。一再而推，祖必轉而爲孫。似此倫常倒置，天理豈容，聖賢豈安。即以盤古氏例之，亦必如此相傳，方有今日。故吾教經云眞宰造化萬有，非人心可以測度。又云眞宰行造也，萬有受造也。彼造物之能，欲大則大欲小則小，其多少有無亦然。今以人之寫字譬之，字猶受造之物，人即造字之主。是人欲書其字之大小多少，姸媸醜俊，盡隨其寫字之人。字之必不能操寫字者之權衡，人皆知之。凡有工作，悉同是理。舉一隅以爲例也。然此云行造之喩，而非轉輪之比。轉輪之喩如人書一天字，且不拘大小，今有人欲再求一天字或千萬天字，其人曰不必書，待彼一字轉輪，即可爲百千億萬無數，恆河沙之天字也。汝其信之乎，抑亦辨之耶。自有天地以來，聖凡之身，同出母腹。爲父母者並不知所懷之爲男女，何能知其爲聖凡，即聖人有母腹中必不能制作有爲者，此即眞宰顯行造之大能，使世人叅詳識認，不使錯過。然亦不特此也。千古聖賢止於制作有爲之際，不免升遐而杳適，並不能緩須臾之分，以補捄其未完者。此亦造物之大能，不使有予奪之操也。彼天上地下惟我獨尊者，究未出於生死之路也。不然斯人胡不出世，普度衆人耶。

又　吾想惟我獨尊之言，並非若人之語。此必門下後人侈張其說，爲光大門庭之柄。第修行之人，不敢妄語。今以是言坐之，豈不冤哉。若果有之，是無辭讓之心也。尙可爲訓乎。而生彼之祖父，又置之於何地位。彼獨尊矣，萬有皆不足數幷忘所自矣。無乃大謬乎。故燒化紙錢，供奉食物，轉輪投胎之說，吾教之所悉除也。若張掛門神對聯，前已盡言。至於不用鐘鼓於禮拜之時，使致其對越之誠，不爲聲音之所拂亂，不用音樂于婚喪之際，是方可正關雎之雅化，愼追遠之孝思。此亦人所嘗疑而欲問者，故吾教之道總以掃却諸邪，惟敬獨一無二之主宰，必不以世人造作之假像而亂我之眞性也。神道之說，各有專司，不敢越分，如風雲雷雨，日月星辰，霜露雪雹，山水火土，凡所作爲更置，莫不寓有神道之大權，要皆主宰之使，令非敢妄施毫末之減增而奪主宰之衡量，亦如百司總聽命於君，有應受之俸祿，則必有應辦之執事，不敢順情涉私。若謂可以行私，能邀司農之眄，則是九品之俸，竟可與一品之恩耶。設應一品之俸，斯人拙於逢迎，司農惡之而不給與毫末，斷無是理。因思子路之言有云，未同而言，觀其色赧赧然，非由之所知也。此言未同之語，尙有慙色。彼未同者，是共處一室，與他人言而未與若人言，彼強與之言，宜與夫義若不相合。故子路言非其所知。今人神一理，彼無故之拜禱，首則憚煩而厭其鎖屑，况不能施無據之告求。且如司農日坐高堂，出納天下錢糧稅課，支放俸祿兵餉，皆憑文印散給。而無籍小民終日拜禱堦前，豈能濫給毫末。何况不能任彼接見，抑或營謀鑽刺之人，接踵求見，殊不知彼司農者槩不與聞，何也。首無君命，次少精力。苟非然者將夜以繼日，坐以待旦，亦不能勝其無厭之求也。神道之理，應如是而叅之。自可絕其拜禱矣。

又　大凡天下之政令，總聽命於君王，無敢殞越。雖衆怒無傷，倘違君命而善嬪，雖衆喜何榮。吾教不拜神道，恃此而已。心有主張，外物不能搖撼，故無據之神靈，萬不能惑吾教以動聽，縱有法術，愈爲邪道，非獨吾教之所不信，而亦孔孟之所不齒也。試論彼法眞傳能遣天神諸將，能知過去未來，即如國家之大，君父之重，何代能絕跳梁之賊。或內或外，彼自知之。旣有眞法，能遣天神諸將，何不專使五雷擊死其賊，致免多少財用議論，何爲不快。在彼亦可延好生之德，更有無窮妙處，上而君父喜悅，下而百姓安堵，抑或天時旱澇，五穀不生，人民焦勞，彼有法眞傳之士，不當坐視其疾苦，致君父發帑賑濟，動經萬餘留糧給散。在處有之。吾想彼於已發未發之時，自必先知，抑或不能先知，即於已發之時，多遣天神諸將，使被旱之地，廣佈霫霖，則苗勃然興之，人民感戴以爲何如。抑經澇之處，亦遣天神諸將，速之撥雲霧而見青天，捧紅輪而疏赤水，田父歡欣，公私鼓舞。予竊視之，竟不出此，亦如平人之束手。及問其故，胡不爲之捄極彼將曰天意故也。我亦曰天意故也。直追至此，法力固不可

以攘奪，天意明矣。天意既不可攘奪如此，胡各教之人，不信天而信法，不聽命而聽人，當非吾教不拜神道，不信法術，亦何異慣爲鑽刺營謀之人，而自敬君行古道者爲迂濶之士哉。可慨也夫。

又　且世間原有神仙，自能點石成金，呼風喚雨，斷不肯復與人世交接。若仍與往來，無異平人之衣食者，明係哄騙銀錢，弔取財物，此即觀假神仙之一大法也。抑有言不食烟火之物，每日惟用白水數碗，是欲滲牛炒之念珠也。若遇此輩，將彼衣物另封別處，絲毫不許隨身，則眞情露而誑不行矣。即出家修行之學，吾教方策，條理井然，各有程限，其出家也，非若釋老之流，仍然夏葛冬裘，渴飲饑食，不織不耕，居高梁大廈，玩野鳥山林，以衣食之艱難，寄托於衆人，守寂高枕任其所之。古云日高三丈僧未起，算來名利不如閑。此語世云高曠，吾恐教人悖其君親，必自此語始之。其有逃避禍患，借匿於此。世皆爲便，古今同轍，究難置喙。猶有羅珍饈於案上，擁錦繡於屋中，自以爲常，而恬然不知君父之恩，上天之德，彼竟忘其所自，不知珍饈錦繡皆他人所致之物，並非彼法術仙傳之所得。殊不知天下四民，能食其報者，十無三四。即如文武兩途，爲國家出力報効，實皆損棄身家，且不能如彼之安享。而又毫無責任，毫無考成。聽彼妄言，天上地下之語，世人貪福，易受欺哄，惟達人知之。故有日高三丈僧未起之語。進而思之是亦不平之鳴也。

又　予常涉獵史鑑，自古帝王受方士之惑，食長生不老之藥，後皆不能勝金石濟藥之毒，以致燥渴攻體，其勢難當，訖無成者。若果有之，則秦皇漢武，今日尚然高拱而何杳然無聞也。今予之言，亦前人吐去之果核，非我言也。吾子諒諸。若吾教之有出家者，首則必待父母之天年，使生我之人無憾。其次則男婚女嫁，可以代我成立。再次則債負清還，外無罣礙。倘人負我債，又必揀劵還人，清白己身之事，毫無沾滯，然後出家。其出家也，乃了盡萬緣，獨契眞宰，亦非如白日飛昇之術，玄談寂滅之流也。吾教聖人防微杜漸，恐人仿傚，相率而爲高遠避世之行，垂所立數事，方好出家。非此決不可行。又云人能事君忠，事親孝，交友信，養育妻子奴僕，愛恤鰥寡孤獨，齋拜不缺，好事忙行，較之出家之功德，奚啻天壤。總之吾教經書全以人倫爲重，不求隱僻爲先。吾教內人，一有出家之念，先漸減少飲食，年餘之後，至於一月一食，始能出家。預了己身之事，然後離人世，入山林，朝看麋鹿，夜聽猿鶴，飲流泉而食果蔬，臥夕陽而眠芳草，晦明風雨，任雲影之往來，晝長夜短，絕世人之繼思，山巔水涯，信步所之，石洞天台，聽其酣息，斯時也，心境超然，萬籟俱寂，瞬乎一刻，上下千古，其間之升降俯仰，得失興衰，齊天地渾然之理，偕造物而遊於無間也。獨得之趣，誰能見諸。吾教出家大槩如此。而凡語默動靜，持己涉世，亦無不類乎此矣。而吾教與各教其亦可以曉然矣。余寧敢較量各教之行事，適承吾子問，不得不縷悉實告，而以吾教之眞，共白於此日。客乃唯唯而謝曰，子教入中國，素未講明，止以祖父相沿行事，子若孫不敢擅改爲詞，並未聞有人焉，大發議論，而知爲有本之學，乃如斯也。今而後謹受教，願無以淺見探海矣。雖然學非衆著不明，疑非洞悉不解。今吾與子對談竟日，奚啻千言，予豁然矣。而子以外不乏人也。

又　子盍記此問答，刊刻成書，使疑者議者一見了然，庶幾均有所益，可法可傳。踰年予將於子索問答書籍。謹誌之。愼勿忽。

唐晉徽《清眞釋疑補輯序（馬安禮）》　吾教之道，實與儒術相表裏也。【略】乃中國之人讀儒書者，不知天方經義。習經文者，未讀孔孟諸書，以致扞格難通，互相排詆。

又《序（龔楚翹）》　始知天方之經，闡天地之秘奧，發性命之淵微，大而綱紀倫常，小而日用飲食，無微不至，實與儒理并行不悖。其偶爾少異者，不過語言文字間耳。【略】足令吾教得其指歸，且與儒術間有輔翼。

人與眞主

综　述

馬注《清眞指南》卷二《體認》　蓋雅有四部眞經，一曰乾坤萬物，二曰古往興廢，三曰府爾歌你，四曰身體性命。身體性命又爲三經之古籍。人惟認得自己則觸境逢源頭頭了悟。

又 經云眞主按七重天地以造化奴輩之身體，按阿勒始以造化奴輩之心，從無色相之眞光，以造化奴輩之靈覺。靈覺乃心體之光明。雖居心內實超小外，若燈籠獨照，表裏皆明。才智技巧，聰慧潁悟，發於心思而應於物彙。若紅翠馨香，具於枝葉根莖，而枝葉根莖實含子種之內，陽和溥布，萬物爭榮。肅殺時臨，乾坤減色。惟惺惺一粒，雖經零落，不同枯朽。由此觀之，無身體不能証天地之玄妙，無心巧不能証阿勒始之光明，無靈覺不能証眞主之本然。証於天地者包括之無外，証於阿勒始者表裏之光明，証於眞主者動靜之全品。自其外者而觀之，則天地爲大世界，而人居其中。自其內者而言之，則人爲大世界，而天地居其中。蓋萬物乃天地之精華，人身乃萬物之精華，賢人乃常人之精華，聖人乃賢人之精華，心巧乃身體之精華，才智乃心巧之精華，以媽納又才智之精華。才智乃當體之月，以媽納乃當體之日，學問乃當體之阿勒始，靈覺乃當體之主。月從日顯，日從阿勒始顯，阿勒始從眞主顯。可知無靈慧則不能學問，無學問則不能照察，無照察則才智皆爲錯用，加以嗜性之陰雲，塵世之飄風，邪魔之外寇，雖有天地之文章古往之勸誡眞經之醒令純皆黑暗。故經云若心之五行一有虧損，他即爲地獄受造。雖聖智賢愚品踰年毛而當身古冊人人各具，以此叅之。

又 主之付與人者甚重。而人以輕報之，良所謂自暴自棄，是未從當體而驗之也。當體之驗有六。經云天輪七重，每重相去五百年，而眼能燭之。眼能燭，眼非肉眼，是謂眞眼。既有眞眼，宜尋思所以使我光明無礙辨察天地萬物之有形者爲誰，則視宜感主。視不感主，何異青盲障翳形色不分，而目無眞見。目無眞見則自己先死。鶴鳴九皐，聲聞於天，洪鐘巨雷，雖阻以山川，間以城郭，蔽以牆垣，而耳能通之。耳能通，耳非肉耳，是謂眞耳。既有眞耳，宜尋思所以使我聽慧無礙辨聆天地萬物之有聲者爲誰，則聽宜感主。聽不感主，何異癰毒鼓聽，聲響不聞，而耳無眞聽。耳無眞聽，則耳已先死。蘭生幽谷不見而知。龍涎麞臍，雖混以沉檀，雜以降速，和以片腦，而鼻能辨之。鼻能辨，鼻非肉鼻，是謂眞鼻。既有眞鼻，宜尋思所以使我呼吸無礙辨臭天地萬物之有氣者爲誰，則臭宜感主。臭不感主，何異肺毒涕壅清濁反常而鼻無眞臭。鼻無眞臭，則鼻已先死。談上下論古今明道德辨是非辛酸苦辣鹹淡甘甜，而舌能辨之。舌能辨，舌非肉舌，是謂眞舌。既有眞舌，宜尋思所以使我論談咀啖辨嘗天地萬物之有味者爲誰，則舌宜讚主。舌不讚主，何異癲狂醉夢，滋味反常而舌無眞味。舌無眞味則舌已先死。父母生我，天地育我，日月照我，萬物滋我，行處任由，醒寐任取，寒熱溫涼觸體相關，夢入華胥，到人未到，而身能應之。身能應身非肉身是謂眞身。既有眞身，宜尋思所以使我動靜如意曲直周旋者爲誰，則身宜拜主。身不拜主，何異瘋癱痳木百節拘攣，而身無用。身無用則身已先死。上下古今，遠近險易，巨細隱顯，虛實有無，思而即得，無往不能，爲眼耳鼻舌之總關，實天地萬物之寶庫，而心能照之。心能照，心非肉心，是謂眞心。既有眞心，宜尋思所以使我語默任憑。辯談天地萬物之形聲氣味者爲誰，則心宜記主。心不記主何異犬馬鹿豕。同長養於天地之間。雖視聽同人，食飲同人，冷煖同人，驚懼同人，行止同人，睡卧同人，而不能察識物理。分別正僞任性恣慾。死而則已，而心無用。心無用則心已先死。故經云人莫患於心死，身死次之。心如寶鏡，慾即垢塵，理勝乎慾，嗜好潛消。慾勝乎理，光明自暗。惟平旦之氣與主切近。蓋平旦之氣，喜怒未發，嗜慾未親，若雪霽晴空，光輝畢露。至人長保是氣，處富貴而不淫，遇貧賤而能堅，尋眞悟道。遡本窮源。所以以媽納之光亮。能辨物理。能察物慾，非日非月，所照者遠。非天非地，所包者大。

又 聖諭云我不見一物便罷，但見一物。便認得主蓋有一物。必有一物之理，猶文字中有一字必有一字之義。天地非一物而全，文章非一字而就成文。有人則知造物有主，所以乾坤萬物是一部眞經。桀紂失業，湯武開基，始皇北築長城，實以助漢項羽湧過淮陰，未出汎土而亡。興廢權衡渺茫莫測無常嗟嘆，何曾放過一人。可知賞罰予奪禍福死生必有一執掌之眞主。所以古往興廢是一部眞經。造化之機，陰陽之變，性命之微，死生之秘，禍福之柄，主僕之分，邪正之辨，仙神之奧，天地之大，萬物之繁，古今之遼，色妙之盡，天國地禁賞善罰惡之理，若非勑降眞經，雖有聖智生知不能叅其萬一。所以府爾歌你是一部眞經。

又 天地爲粧臺，萬物爲噐具，兩世爲鏡袋，板德爲鏡子，眞主爲美人，無鏡子則美人不顯，無美人則鏡子無用。鏡子不即美人，因鏡子爲美人而造。美人不即鏡子，因美人無鏡而長有。曉得影不即人，非人無影，

便可認造化之。

又 眞主諭阿丹曰，我作証，委實萬物中通無有主。惟有眞主。何以謂之作証，何以謂之通無，何以謂之惟有，不必言化生萬物之機密保合萬物之功用如何玄微，如何奧妙，但捐一我字而眞主之全體大用，無不了徹胸中。鑄金銀銅鐵者宛然人也，而能鑄其視聽言動乎。造木石泥礫者宛然人也，而能造其饑思食渴思飲乎。吾身未有鑄之造之者，而何以視聽言動活潑玲瓏，遇親知孝，遇長知敬，遇君知忠，遇友知讓，善則喜，惡則怒，喪則哀，樂則樂。如此聰俊，如此靈明，孰生成是，孰主張是，此亦不外認已而有得也。又試思謀一事，立一意，如何作爲如何幹旋及出其經綸，展其計畧，則向之欲成者而忽敗，欲得者而忽失終，日營營徒自勞苦。吉凶悔吝，是誰定之，富貴貧賤，是誰司之，聰明靈巧是誰使之，死生禍福是誰宰之，此亦不外認已而有得也。進而推之。天地爲誰而清寧，日月爲誰而照臨，山河爲誰而流峙，四時爲誰而更遷。萬物爲誰，而生育無我而天地萬物皆虛，離我而眞主之玄機妙用全隱，我本主造，主以我呈水光月圓精靈一色，是一非一是二非二，從此証即從此認人。惟未經參悟，則嗜慾情好，引我而馳驟，聲色貨利，誘我而奔忙。終其身於醉夢，竭其志於劇場，不識我爲何物，造我者誰。若魚遊於水不識爲水，鳥翔乎空，莫測爲空。世無眞學問，自無眞見識。無眞見識，自無眞議論。胥天下而習於優孟之衣冠，漸墮於佛老之窩臼。性命根宗，夢夢渺渺，尙得謂之鬚眉男子出類英雄。嗟乎。一經揣摸潛心靜會，則識鏡一清，妍媸畢露，先天之靈光與後天之覺照而相射映。斯時也不獨分門列戶，千蹊萬徑之爲邪途，即種種事務種種見聞，有纖毫之繫吾心擾吾神以礙夫歸原之路者，皆僻道也。愀然起，喟然嘆，嗟呼，我有主豈無我實，主豈虛我，眞主豈假。向之衣珠行丐誰知衣裡藏珠，持燈乞火原來燈即是火。操一機而千鈞可發，握一權而萬鈞易舉。大海雖巨，飲一滴而滋味相同。金鼎雖多，食一臠而調和如一。較之尋章摘句何啻草木之榮華，齒頰波瀾無異過耳之音樂。故聖諭云你認自己便認得造化之眞主。認己不徹，見日月不爲明目，聞雷霆不爲聰耳，臭香惡不爲通鼻，辨滋味不爲能舌，知冷煖不爲奇身。若懸燈無燭，自先昏暗。雖繪彩炫人，不能持照。

又 經云謨敏誠信眞主，誠信天仙，誠信經書，誠信聖人，誠信後世，誠信前定，誠信死後復活，皆賴此持照之燈籠，是謂有以媽納。有以媽納自能以眞主所賜之眞光，仍照眞主。柰何目不視主之眞經，耳不聽主之誥諭，舌不讚主之清淨，身不拜主之獨一，心不信主之全能，分其視於繁華戲劇，注其聽於唱咏歌彈，工其詞於淫聲艷曲，勞其身於利祿功名，堅其心於子女玉帛，或爲眼前一段，或爲寂滅空無，雖壽踰百歲一生虛度，誠可慨夫。

王岱輿《正教眞詮》卷上《正教》 清眞正教，其要有三：一曰「天命」、二曰「天理」、三曰「聖治」。此三事者，乃萬行之根也。天命者，乃人力所不能至者，如認主之玄機，己身之微妙，天地之本源，萬物之所以，若非明命眞傳，豈能至此？天命之義，乃眞主敕命天仙，降傳至聖，從天而下，故謂之天命，非所謂天降之命也。天命有三品：曰「明命」、曰「兆命」、曰「覺命」。明命者，有明證、有玄旨、有法令，非覺兆也。即吾聖之時，降傳明命，六千六百六十六章，始成天經全部。茲經之妙，貫徹萬物之機，超越有無之外。先天地而有眞得，後天地而有眞命，其爲正道之至教也。兆命者，夢中受命，若黃帝之舉風后、力牧，武丁之舉傅說，文王之舉子牙是也。覺命者，心間開悟，若夫子五十而知天命，孟子之非諄諄然命之是也。或曰：「中國聖人，惟言覺兆，不言明命，何也？」曰：譬如世人未見鳳凰，然鳳凰本有，若因其未見而竟言無鳳凰可乎？天命三品，惟全正教，其他無非覺兆而已。覺兆之命得之者，治國安民，修身行善，亦聖人之事也。其與認主知人，先天之原始，後天之歸宿，何有焉？

二曰天理者，當然也，非關天命，不即聖行。乃天然之誠，出自本心，自然而然者。如惜孤幼，憐貧困，濟饑寒，助喪探病，釋訟解爭，顧愛親戚，和睦鄰里，宰小節之牲，禮夜中之拜。此數事者，不待教諭，理當如是，茲爲原德。三曰聖治者，皆出聖行，然亦有二：曰「聖人之治」、曰「聖法之治」。聖人之治在己，聖法之治在人。故聖曰：「至道者乃吾之時也，中道者乃吾之行也，常道者乃吾之言也。」言者法也，法者視聽聞言，行止坐卧，飲食灑掃，靜中應事，莫不有理，茲爲習德。遵眞主之

明命，三要全備，萬行具足，神化無極，賴及宇宙，宣正古今，誠所謂括天地而理萬物者，乃正教之至聖焉。

或曰：「萬聖元首，何以定證？」曰：清眞證聖，乃極大正事，不證聖者，爲無以媽納。若至聖穆罕默德，不特天仙奉命，神鬼畏避，感應萬端。自開闢初分，首以眞主明命，經經記載，聖聖相傳，預定朝代年月，及其將出有何徵瑞，是時莫不慕其降生，而果應運而興焉。其與紀載遺傳，若合符節，宇宙皆知，毫無猜度。豈若希聖希神之輩，或虛張祥瑞，或謬顯神通，以人我自居之可比者哉。

又《希真正鑒》客問：正教首先認主，無有色相，不類萬物，不容慮想，敢求指示，將何以認？

答云：認識有二，有形者，以踪迹認；無形者，以動靜認。比如風本無形，吹則草木皆搖，息則草木皆定，見草木之偃仰，始知其爲風也；春亦無形，發則萬物爭輝，收則諸緣寂滅，見萬物之榮枯，始知其爲春也。即看人物之生死、貴賤、得失、安危，概不由己，便可以認眞主動靜矣。

又云：主之本然，畢竟是何形狀？

答云：爾曾見風與春之形狀否？客沉思未答。

老人云：風春本出造化，受主使令，尚不能見，況主清淨之本然，孰能見乎？

又云：畢竟能得見否？

答云：直待風定水澄，日高月暗時，方可。

又云：敢求說破何爲日高月暗時？

答云：星辰華彩渾如沒，若與陽光一體同。當是時，尚能見星月麼？

客問：吾當體說話的這個，畢竟是何物？

答云：升堂入室，由淺及深，自然之理，爾試將當體有形之淺者說個明白，我再言無形之深者。客未能答。

答云：此身乃四緣假合而成，一句可了，有何難道？轉問云：當體之風火是什麼？

客云：呼吸爲風，溫熱爲火是也。

又云：此乃風火之徵驗，爾更言風火之本體是何形狀？客不能答。

老人云：淺近尚未了徹，何以便問深遠？請將本體色相了徹，再來問此玄妙何如？

客問：正教之本？

答云：認主。

又云：誰是主？

答云：眞主造化天地萬物，止一無二，原有無始。久遠無盡，無如何，無處所，無時光，無似相是也。

又云：吾當體中這個，不待我有而生，不隨我死而滅。常有常在的亦然？

答云：茲乃受命之有，出于眞主造化，非主也。

又云：他要行則行，要止則止，焉得不謂之主？

答云：生死窮通，安危貴賤，可由得他麼？

客沉思云：其實由不得他。

老人云：既爲主宰，由不得二字，無容加矣。

又 客問云：一切歸信眞主之人，後世得于天堂見主，夫主無似象，無方所，無時節，又如何見之？

答曰：今夫室中見月，月本不在室中；月尚不拘于室內，眞主豈在于天堂。其後世所見者，乃人之時節，非主有所待也。須知聖賢不拘于時，常人必有所待，比如陽光普照，而瞽目不知，非日之有私，乃彼自不能見，直待金針撥轉瞳仁此時方與有目者同一見矣。且人不能見神鬼，神鬼不能見天仙，天仙不能見性靈，諸有皆受造化，因有清濁之分，尚不能通然一見，況眞主乎？又若紛塵貫滿虛空，世人略無所見，陽光才現滿目灰飛。其有形之濁者，尚不能自見，猶有賴于日光，其無形之淸者，更何如哉？夫此極大因緣，必須透徹，始可了人之終始。始者乃一體萬靈，若種中紅翠馨香，自然啓發于外，是爲一本萬殊；終者若果裏包羅諸有，分明重複收藏，是爲萬殊一本。始降終升，先分後合，人全證果，謂之大成，當此之際，得眞主之寵光，衆見以成一見。是以眞主始能見眞主。兩相契合，已有皆忘，有何可見。形神固然皆在，其實動靜一矣。即如日照晴空，列宿自然不現。故云：星月光輝非寂滅，皆因收卷大明中。水晶杯貯清秋露，相映晴空總不分。又云：血肉豐姿造化迹，世人相見盡消魂。若還色外能觀妙，人我皆忘渾一眞。茲乃功成至要之階，最高無上之品，

其人之至矣哉。

又　客問：生從何來，死從何去？

答云：來時種子從天降，成果歸依高下間。只恐狂風兼驟雨，吹落塵中忘本原。

客云：此指包羅始終得失，令人悚懼，定立高下，在此一舉，急若燃頭，眞不容緩也。

老人云：我且問兄，立誓出家，本指爲何？

客云：爲了生死大事，必須斷斷萬緣，方始妥當。

老人云：此乃偏僻小成。夫隆德而隱市朝，處于功名富貴恩愛之間，不被諸緣牽繞，始稱大道。比如太陽無所不照，出處靜喧皆得，非區區陋戾異端之可比也。

客問云：敢求老師指點末後一着。

老人云：人有三時，乃本來、現在、末後，兄奈何不言根本現時，而便言末後一著？且該言根本何如？

客云：不知。

老人云：不知根本，便言末後，得無忘本乎？

客問云：吾人當體說話的這個，可有間斷麽？

答云：無間斷。

客云：承師指教。

老人云：兄既承當，其義必了。睡寐時何如？

客云：若有間斷，其人必死。

老人云：既無間斷，眼耳鼻舌俱在，怎麽不能視聽聞言？客不能答。

又　客云：何爲生死？

答云：生亦非生，死亦非死。

又云：求轉一語。

答云：生亦非生，因其有死；死亦非死，因其還生。

又　客問云：萬物皆主造化，無不感贊造化之恩，雖虎狼蛇蝎，亦在其內，何以聖諭有云：「凡遇諸惡物，當絕滅之。」其與至聖無所不慈，豈不自背乎？

答曰：捨身喂虎，割肉啖鷹，分明縱惡食人，無異賫盜糧而借寇兵。以此大殺，而誤爲大慈。若興利除害，建善鋤惡，即如人身疔疽之癥，若不斷除，則通體皆廢。似此大慈而轉謂大殺，遇迷逆見，是非倒置，不啻天淵，正人視之，深可痛惜。夫天地萬物，本因人有，人爲萬物之靈，倘遇暴虐，理必剪除，豈特異類乎？須知衆理總具于人，除人之外，本無萬物，聖人立教，名雖掃除諸惡，實爲警戒自己。上古之世，尾虎豹而不傷，皆緣人念之善；當今之際，近蛇蝎而即螫，總由人念之惡，以是觀之，興利除害，首先在人，次及于物，不可徒見于物也。故云「宰倒自家牛，天下皆賓服」。其是義也。

又　客問：明命甚多，乃聖諭修道立教，唯以念、禮、施、戒、聚爲五常，何也？

答云：五常乃天命總綱，教道根本，其他命令，皆其枝幹。如念之一端，包括三要六論七條；禮之一事，表裏有十二大典，無非明命，其三者皆類此耳。

又云：五常何以謂之總綱？

答云：五常大本，皆超凡習一工夫，特爲人品與禽獸分別。因人有本念之仁，異類無歸原之志，所以唯取現時一世，不知生死源頭。獨人有兩世，乃浮生與長住，即如客寓與家鄉。是故眞主慈憫世人忘本，特諭聖云：「爾將眞主之本來明與衆人。」故曰：萬物原無，盡由造而有，唯有獨一眞主，常有常在，本無始終，此因方知萬物有朽，本非常住之鄉；憶念先天，復歸無始之處。所以念本者立登人品，忘本者問于異類，此其分別之一也。人有施濟之義，既生世間，理當正心修身，齊家立業，生財處世，皆所不免者。異類爲己，亦不免聚食累巢，但食不與他物共餐，巢不與他物同處，唯知一身飽暖，不顧他物饑寒。獨人念眞主之恩，更施及其所愛，忠則盡命，孝則竭力；交友天下，捨己從人；養老恤孤，扶危濟困。故聚而能施于人者爲人品，聚而獨利于己者爲異類，此其分別之二也。人有拜謝之禮，窮大本而分主僕，立綱常以別尊卑；在異類則無高下，無主僕，無長幼，無禮儀，此其分別之三也。人有戒持之智，遵明命而克己私，明取捨而辨邪正，當行當止，無不中節；非若異類，不辨是非，不循禮儀，妄爲無忌，任性亂行，此其分別之四也。人有聚會之信，遵崇明命，朝覲天房，割愛離家，古今相繼。習返本之儀以克己，啓先天

之約而復命。異類則忘生死，昧本原，貪睡卧而不行，戀巢穴而不捨，此其分別之五也。要知正教之五常，非比諸家之謬誤，何也？緣彼等受眞主之恩而隱匿，被諸邪之誘而遵行，荒唐恍惚，叛正從邪，玆可謂報本之仁乎？若忠君孝親，處妻子，交朋友，扶危濟困，止此眼前一世，總不悟奉君親于正道，超親友于迷途，脫離塵海之風波，復登來岸之長住，玆可謂忠孝之義乎？承眞主之造化，賦性命之靈明，賜衣食之活計，而不拜謝，反拜張拜李，祈佛祈神，心懷疑二，若狡兔三窟，何異食君王之祿，更私事于奸人，玆可謂中節之禮乎？太過則取寂滅空無，不及唯取當今一世，轉棄卻造化天地人神之眞主，竟不究自己之從來，是非顛倒，取捨不明，玆可謂明辨之智乎？人主斯世，若探海尋珠，到手則轉身復命，始爲忠信；若溺塵海之風波，戀浮生之利欲，背本忘原，樂而不返，玆可謂全約之信乎？夫人知仁智兩源，自何而發，其禮義信三事，方有實據。若本智不明，仁義不徹，禮不中節，信必不全，皆緣不明三綱外之大綱，五倫外之大倫耳。唯正教之五常，仁爲感念眞主之造化，義爲代理眞主之普施，禮爲拜謝眞主之恩慈，智爲辨認眞主之獨一，信爲全眞主之明命。其君臣、父子、夫婦、昆弟、朋友之道，皆自此源而發，莫不互有所歸焉。彼來無所始，去無所歸，雖仿佛綱常，依稀倫典，豈能如正教始終淵源之無盡哉！

又 客問：眞主造化天地萬物爲何？

答云：爲人。

又云：造化人爲何？

答云：主要顯己之至尊，特造化了人，其大義也。

又云：主至尊至大，何必曰顯己？

答云：若非有天地人神，將何以爲萬物之主？據爾所言，尊大者不必顯，是君王可以無宰官百姓矣。若無此等，孰爲其君者乎？

又 一羽士問：天地何先？

答云：知男女之次第，自知天地之後先。

客問云：眞主造化七層，有幾日月？

答云：反觀自身有幾日月？便知天地有幾日月矣。

又問：天道左旋，日月右轉，其理何如？

答云：天道左旋，原起于右，其理在身；日月右轉，根由于左，其妙在心。

又 客問：世盡之日，只是一極樂處，一受罪處，無了無休，沒有窮盡。沒有窮盡，作何結果？

答云：大呼不過聲聞百步，志之所在，包羅天地；夫人之身，雖有限量，其心本無窮盡。唯眞主能判人之心志，無了無休，即無窮無盡之結果也。

客問云：眞主造化乾坤，主宰萬靈，何不因人之功過，隨時剖斷，必待數千年之後，一一從土中起而問之，何也？且主無似像，又作何形狀而位之？以何專聲文而諭之？

答曰：夫善善惡惡，乃人之法也，豈可以語天地人神之主乎？如君之論，若一日之間，或一時之內，善惡並行，主上必隨時剖判，則忽然賞，則忽然罰，一人之身，可以兼受，且綿綿不斷，何以治生處世？豈暇忠孝綱常，其君王宰官，更復何用？況有一日之善，利及億萬人民，而且澤流千古；或有一日之惡，殃及無量生靈，而且遺害萬世。似此功過短長，輕重得失，盡報之于瞬息浮生，豈不虧負了良善，僥幸了暴惡者乎？所以必待後世，人物之善惡已定，眞主之至公獨顯，不論光陰之寡多，唯量心念之短長，推其功過，而加諸賞罰。絕無太過不及之差，略無絲毫遺失之誤，此爲至公而至全也。若形狀聲聞之說，獨不參夫陽春一布，萬物增光；清秋剛至，乾坤減色。試問春秋有何形狀？作何聲聞？存貯何地？即此猶能損益諸緣，生滅萬類，又況造化春秋者乎？夫至大無外，至小無內，斂萬有于一息，散一息于萬有，無所不能，無可不可，豈區區微渺之見，所能測度哉。

又 客問：經云眞主造化了「盹丫」（譯曰塵世），從未觀看，因惡彼也，莫非主之觀看亦有所不至乎？

答曰：玆若爾憎惡一人，曰我不看彼，本爲不欲之意，非果不看也。

又云：眞主既然憎惡「盹丫」，復如何造化他？

答曰：「盹丫」乃萬靈之糟粕，固可憎惡，亦有所取。經云：「眞主造化人之生死，特爲試其忠孝與否。」若非此地，將何所試？即若舜在山澤，文囚美里，雖處卑賤，實足顯其大賢耳。比如五穀，食之可以濟人，

入腹即成污穢，雖有可惡，然所取用實大也。

前定

綜述

馬注《清真指南》卷二《前定》 又云：眞主獨憫念貧人，既憫念貧人，何前定之不一，而有殀壽窮通富貴貧賤饑寒飽煖禍福安危種種不同之異變。若云自取，焉屬前定。既由前定，何能自取。曰前定如大海，自由如舟楫，事因若風濤。無大海自無舟楫，是前定不離自由。無舟楫不顯大海，是自由不出前定。譬之五色五聲五味爲前定，變化五色五聲五味者爲自由。前定如樑柱，自由如裝修，變化如粉飾。無樑柱自無裝修，無裝修自無粉飾。粉飾不離裝修，裝修不離樑柱，樑柱不離匠作，匠作不離主人。分之不離，共之不合。曰前定之説既得聞命矣。眞主造化前定願聞其槩。曰眞主運無極而開衆妙之門。無極者仙筆也。是筆蒙眞主之觀看，筆不能受，分爲兩岐，一屬於性，一屬於命。性命之變，不可勝窮。然後聖智凡愚天仙神鬼水陸飛行草木金石之本然，先天已具。經謂如白蔗漿中，取出許多滋味。成者自成，敗者自敗。後自性命之餘濁，化爲至寶，是謂太極。是寶蒙眞主之觀看，寶不能受，分爲兩開，一屬於水，一屬於火。水火相搆，變幻無端，天地爲廬舍，日月爲丹藥，萬物爲良材，四行爲作用，四時爲良工，陰陽爲良相，天仙爲良將，然後草木金石水陸飛行天仙神鬼聖智凡愚之本然，後天畢露。經謂欲識先天眞種子，眼前一一發根苗不是匠作舒能手，長短焉能各適宜。蓋色聲香味乃草木金石之本然。無草木金石，則色聲香味不顯。赤白青黃，清濁高下，馨香臭穢，若辣酸甜，物之原有不能減，物之原無不能增，此草木金石之前定也。羽之屬鳳，鳳之族不可勝紀。鱗之屬龍，龍之族不可勝紀。毛之屬虎，虎之族不可勝紀。陸之屬蟲，蟲之類不可勝紀。羽飛於天，鱗潛於水，毛竹於山，蟲穴於土，反其所能不化則死。此水陸飛行之前定也。仙憑光造，純清不違，神憑火造，遇物則焚，鬼從陰生，妨功嫉善，大仙在天，神居歌扶，鬼盈世間，是玆三品，若海鹹河淡，流而不同。風共鐘聲，兩體各別，反其所任，如移泰山，此天仙神鬼之前定也。聖人醒而不寐，乃受護以嗎納。賢人寐而後醒，乃永領以嗎納。迷人似寐似醒，乃等待以嗎納，讒人長寐不醒，乃黜退以嗎納，雖同居共止，品踰牛毛，此聖智凡愚之前定也。自由若何。曰深山老樹，合抱之材，雖美無濟。牆花路柳，幹無完枝。五穀之屬，種非其時，或爲鳥啄，或遇蟲咀，或苗而不秀，秀而不實。黃金羅敗子之手，寶玉積焚屋之下，此草木金石之自由也。家禽野鳥，海鯇池魚，雖同寄於山水之間，遭逢不一，虎豹豺狼終罹獵手，千足之蟲斃於盲人之足，此水陸飛行之自由也。仙無賞而辦功，鬼知罰而不悔，神之善者與天仙爲隣，惡者同鬼祟共伍，此天仙神鬼之自由也。盜蹠兢富，顏子安貧，巢由洗耳河邊，視富貴如探湯，夷齊餓死首陽，惡不義如鴆毒，忠良死節，邪曲偷生，此聖智凡愚之自由也。曰自由可屬前定歟？曰自由不出前定。昔爾哂嚌勒，功業過於天仙，學識賢於列聖，位居仙首。見御前金牌之上書倚卜裡私，乃主仇敵。仙首曰，倚卜裡私誰也，願往誅之。眞主諭云，我知之事，爾所不知。後以高傲被貶，永墮下極，乃知倚卜裡私即己名也。何則？蓋眞主從七層獄火，造化倚卜裡私之形體。譬之火石，沉於江湖，與他石無異，及接以煤鐵，則本體之火自燃。陞之也實罰之也，罰之也實用之也。又如自鳴鐘按時則鳴，烟火樹觸景而發，非有靈明者運其機巧，而謂二物之自能是，必撫掌大笑。天經諭云，我在地獄上造化許多人神。他們有眼不憑他觀，有耳不憑他聽，有心不憑他思。他們是聾的啞的瞎的，所以他們不解，是自由不出前定也。

又 天經諭云，委實我欲造一代位之人，始命天仙取五方土造化阿丹之形體，是時群仙擬議，以爲此人有慾。眞主諭云我知之事爾等不知。後因麥果被罰，永住塵世。何則？蓋眞主用五土造化阿丹，實以有形之體治有形之世。譬若鵬飛萬里，自落窩巢。宦客行商，終歸故里。罰之也實陞之也，陞之也實用之也。天經諭云我若喜他時，我是他耳目手舌。然後他憑我聽憑我觀憑我取憑我言，是前定不離自由也。曰眞主能更轉前定何如。曰更轉亦屬前定，非前定自無更轉，非更轉不顯前定。府爾歌你尊經，主命仙筆，書於未有天地人物之前。至聖穆罕默德生於十二萬四千有零聖人

之後，二十三載更轉萬變，一字一事若合符節。爾撒聖人行於郊原，忽有呼其名者，聖回顧之，見一人立於破窰，上身赤露，下隱敗垣。聖曰爾欲何爲。曰僕身無一縷，家無粒粟，願聖代祈眞主少寬衣食。聖允其求。久之行於城市，見向之貧人，身戴枷鎖，因問其故，皆曰彼強暴殺人者。聖遂自悔。因悟此人之禍，緣我妄祈。彼二聖者，雖聖哲天縱，睿智生成，猶不能挽其毫末，而况區區螢火之明，蚊蝱之智，乃欲挽造化之玄機，迴天運之未然，不猶夸父追日，以管窺天，以蠡測海耶。故云好歹屬主前定。

王岱輿《正教真詮》卷上《前定》

眞主造化了人神，並人所用之事物，因爲試人之善惡也。成立善惡乃前定，作用善惡乃自由。若無前定，亦無自由。非自由不顯前定，然自由不礙前定，前定亦不礙自由。似並立而非並立也。經云，前定乃大海，凡人探之，必被其溺矣，蓋不獨化機莫測，雖物理亦且不能。何也。若魚無耳而聽，蟬無口而鳴，據人之測度必不能矣。足見化機超越人之知見明矣。前定乃先天之分派，後天之發露，所謂欲識先天眞種子，眼前一一發根芽是也。雖然種子無有更易，花果定有增虧。

或曰，眞主至慈，以生死之難而試人，何也？曰，譬如棘闈文戰，考試再三，難也易也苦也樂也。如堯知舜之賢久矣。衆皆言於堯，堯曰，吾其試哉。妻之二女以顯其德，使諸山林川澤，暴風雷雨，舜卒不迷。是時堯始鳴於衆曰，其爲賢也。倘非堯故使舜於危險，天下終不知其賢也。是然則世人直知堯之難舜，卒不知其耀之耳。或曰，眞主至公，在人有富貴貧賤，妍媸壽夭不一，何也。曰，夢中富貴，本是虛無，眼前貧賤，的非眞有。超越生死關頭，始得如如常在。此乃幻象空花，本是長途一寓，豈爲實據哉。若無彼此高低，必不成玆世界。因其高者則高之，因其下者則下之。君子任其爲君子，小人任其爲小人。使萬物各得其所，其至公之謂也。昔母撒聖人郊行，忽有呼其名者。回顧之，見一人立于瓦窰，上身赤露，下掩敗垣。聖曰，爾欲何爲。曰，僕身無一縷，家無粒粟，敢求吾聖代祈眞主，少寬衣食足矣。聖允其請。久之，遊于城市，見向之貧人，身戴枷鎖。遂爾問故。皆曰，彼強暴殺人者。聖即自悟，斯人之禍，由我之妄祈也。詩云，巧捷賊貓添羽翼，巢中鵲卵必遭�偷。分明前定無差誤，妄與求祈故絕秋。是故當貧者則與之貧，當富者則與之富，是爲至公至慈。設若轉移其位，則兩傷矣。若廣成樂生，夷齊樂死，其樂均也。下惠惡，盜蹠惡善，其惡□也。設奪廣成之生，以與夷齊，奪夷齊之死，以與廣成，下惠之善，加之于盜蹠，盜蹠之惡轉之于下惠，皆非其志也。

夫至公至全當寄于不一之間，不然，至公至全亦無所施設矣。何也，非不同則不顯萬全，非枉屈則不顯至公，天地之中，至貴者人。人身之內，至貴者心。設若天地之中惟人，若無萬物，人身之內惟心，若無諸竅百骸，何以謂之至公至全也。有萬物，自有高低。有百骸，自當殊異。據人之見，在歲惟春夏，在時惟白晝，在人惟長生，在事惟富貴。殊不悟春夏成于秋冬，白晝出于黑夜，富貴隱于貧賤，長生寄于死亡，然後知損之爲益，益之爲損，則幾于道矣。噫，萬物爲道一偏，一物爲萬物一偏，世人爲一物一偏，自以爲知道，無知也。是故自主而觀之，無一物不公，無一物不全。自人而觀之，無一物公，無一物全。綠樹枯枝，一流五色，被皆自有因緣。非大化不公于彼，然其無果之花，亦兼其自取耳。何也。春色本無高下，花枝定有短長。淸酒席間共飮，客顔各自紅黃。短長顔色非春與酒，其大化之謂歟。

或曰，善自何生，惡從誰有。曰，善本原來，惡即新有。雖然，理亦有二焉。一乃自然之理，一爲人情之變。流水千古不更，儲水數朝有異。雷鳴而菌生，氣蒸而物出。皆自然而然也。上古時，藏公糧于畝首，置嬰兒于巢上，猛獸可尾，巨蛇可蹈。今人貪酷無厭，損人利己，天地亦感之，而產諸惡物以應之。豈非人之情乎。或曰，前定自由，何以別乎。曰，前定之外，無有自由。自由之志，囿于前定。譬如魚于水裏，水外無魚也。前定之機，洪深莫測，論之如吹影，思之如鏤塵。雖通一線，惟自明之。此等議論，終屬強解，豈能描寫其萬一哉。

又《普慈》

眞主普慈今世，獨慈後世，所以能足萬物所需，略無缺乏。其恩惠廣大，無壅無塞，至公無私，諸天世界，無所不及，微蟲細介，咸被其澤也。或曰：「世人貴賤、貧富、安危，相去不啻天壤，何以謂之普慈？若云後世永遠，今世不過一客寓耳。然處客寓而安者，何其幸，處客寓而疾患凄涼者，何不幸也？况有一等不知正道者，在今世苦極賤極，或乞丐、或奴婢、或囚犯、或娼妓、或疾病饑寒，展轉無聊而死。若是自作自受者，猶可言也，有非自作自受者，得不可憫。及至後世，又無從脫離，豈不兩世受虧，此等人何以服其心也？且如諸教中，

有仁明正直、忠孝廉節之士，設若與以正道，或能遵行，未可知也。奈彼既無經典開示，又無正學指點，徒使善良之輩，不獲歸眞正覺，豈不更可痛惜。」曰：世人順違貴賤，貧富安危，高低巨細，萬事萬物，各安其位，謂之普慈，非一概均平也。若一概平等，則無高低、貴賤、君臣、父子、夫婦、尊卑，何以成斯世界，彼此不分，非所論矣。夫天有陰陽，人有貴賤，無陰不能成陽，無小人不顯君子。所以石能攻玉，鉛可純金，自然之理。譬如天爲陽，居上而動；地爲陰，居下而靜。設若天俱轉而爲地，日月星辰，無所系載，雨露霜雪，無所降臨，萬物干枯，人間長夜矣；或地俱轉而爲天，萬物無所承載，草木無所植立，世界盡屬虛空矣。以是觀之，陰陽必不可缺，天地必不可同，貴賤必不可一，君子小人必不可少。高者高之，下者下之，因才而用，各得其宜。非普慈而何？

又《眞賜》　眞賜者，即所謂以媽納也。以媽納三字，乃西域本音，譯曰即明德之源也。此乃眞主之動靜，賜之於人者，所以人遂以其所賜方認得眞主確當，故謂之眞賜，非受造之有也。眞賜之兆有三：乃恐懼也，仰望也，眞樂也。恐懼則不違，不違則脱離地禁；仰望則遵行，遵行則上升天國；眞樂則惟知有主，忘卻萬物。凡得此兆者，視金玉如泥沙，閲富貴如夢有，生死如一，得失不驚，自有一段天然受用，非區區名利之樂可以比似，所謂見其大而忘其小者也。蓋天地萬物，富貴功名，無非爲人，皆謂之恩賜。但變遷不時，轉眼成夢，豈眞賜乎。經云：委實畘丫之活，乃一場戲局。畘丫二字乃西域本音，譯曰塵世也。蓋是義也。微細參詳，惟以媽納一事，常在常有，無減元增，至中至正，超越萬有，化服諸邪，誠爲眞賜也。眞賜先天地而爲人極之宗師，處世法而爲正道之樞紐。所以有眞賜然後有眞知，有眞知然後有定理。定理者，古今不二，遐邇皆一，非今所謂道也。何也？人稟各異，品逾牛毛，其性不一。故孔子曰儒，老子曰道，梵氏曰釋，各是其是，道之殊何止萬端，皆由乎任性之故也。且茲諸子，乃歷來循性之宗，猶混爭是非，互眞頡頏。普衆恍惑，不知所從，何能定一哉？是故天不定，則日月亂行；地不定，則江河氾濫；人不定，則是非顛倒。以是觀之，膺譬如涉汪洋之海者，若無指南，必不免於迷亂矣。

又《眞聖》　清眞正教，其要有三：一曰天命，二曰天理，三曰聖治。此三事者，乃萬行之根也。天命者，乃人力所不能至者，如認主之玄機，己身之微妙，無地之本源，萬物之所以，若非明命眞傳，豈能至此？天命之義，乃眞主敕命天仙，降傳至聖，從天而下，故謂之天命，非所謂天降之命也。天命有三品：曰明命，曰兆命，曰覺命。明命者，有明證、有玄旨、有法令，非覺兆也。即吾聖之時，降傳明命，六千六百六十六章，始成天經全部。茲經之妙，貫徹萬物之機，超越有無之外。先天地而有眞得，後天地而有眞命。其爲正道之至教也。兆命者，夢中受命，若黄帝之舉風後、力牧，武丁之舉傅説，文王之舉子牙是也。覺命者，心間開悟，若夫子五十而知天命、孟子之非，諄諄然命之是也。或曰：中國聖人惟言覺兆，不言明命，何也？曰：譬如世人未見鳳凰，然鳳凰本有。若因其未見，而竟言無鳳凰可乎？大命三品，惟全正教，其他無非覺兆而已。覺兆之命得之者，治國安民，修身行善，亦聖人之事也。其與認主知人，先天之原始，後天之歸宿，何有焉？

二曰：天理者，當然也，非關天命，不即聖行。乃天然之誠，出自本心，自然而然者。如惜孤幼，憐貧困，濟饑寒，助喪探病，釋訟解爭，顧愛親戚，和睦鄰里，宰小節之牲，禮夜中之拜，此數事者，不待教諭，理當如是，茲爲原德。

三曰：聖潔者，皆出聖行，然亦有二：曰聖人之治，曰聖法之治。聖人之治在己，聖法之治在人。故聖曰：至道者乃吾之時也，中道者乃吾之行也，常道者乃吾之言也。言者法也，法者視聽聞言，行止坐臥，飲食灑掃，靜中應事，莫不有理，茲爲習德。遵眞主之明命，三要全務備，萬行具足，神化無極，賴及宇宙，宣正古今，誠所謂括天地而理萬物者，乃正教之至聖焉。

或曰：萬聖元首，何以定證？曰：清眞證聖，乃極大正事，不證聖者，爲無以媽納。若至聖穆罕默德，不特天仙奉命，神鬼畏避，感應萬端。自開闢初分，首以眞主明命，經經記載，聖聖相傳，預定朝代年月，及其將出有何征瑞，是時莫不幕其降生，而果應運而興焉。其與紀載遺傳，若合符節，宇宙皆知，毫無猜度。豈若希聖希神之輩，或虛張祥瑞，或謬顯神通，以人我自居之可比者哉。

四行

综述

馬注《清真指南》卷三《四行》問易言五行，而清眞獨謂四行，此理何如。仲修曰，何以言之。曰，金生水，水生木，木生火，火生土，土生金。金剋木，木剋土，土剋水，水剋火，火剋金。故其用也，木主春而位東，其方震，其聲角，其色青，其味酸，於身爲肝，其藏血，其神魂，其液泣，其充筋，其華脈，其候目，其聲呼，發而爲仁。火主夏而位南，其方離，其聲徵，其色赤，其味苦，於身爲心。其養血，其藏神，其液汗，其候舌，其聲言，發而爲禮。金主秋而位西，其方兑，其聲商，其色白，其味辛，於身爲肺。其養皮，其藏氣，其神魄，其液涕，其候鼻，其聲哭，發而爲義。水主冬而位北，其方坎，其聲羽，其色黑，其味鹹，於身爲腎。其養骨，其神志，其液唾，其候耳，其聲呻，發而爲智。土主四季而位中，其方坤，其聲宫，其色黄，其味甘，於身爲脾。其養形，其藏意，其液涎，其候口，其聲歌，發而爲信。故木主於春而生於亥，凋於秋而死於庚。火主於夏而生於寅，衰於冬而死於癸。金王於秋而生於巳，休於夏而死於丙。水王於冬而生於申，耗於土而死於戊。土播四氣，生於丙而耗於卯，是爲萬物之母。仲修曰，如子之言，僅知其用而不知其體也。蓋五行生剋之理，清眞造化之根。生剋謂之後天，造化謂之先天。先天有根，然後後天有理。曰，可得聞歟。曰，眞主不憑一物，而造化天地萬物，始於無極，成爲太極，化爲水火。火中儲氣，水裏含塵，輕清爲天，重濁爲地。地之上水，水之上氣，氣之上火。火清於氣，氣清於水，水清於土，其爲體也，土濁而水活。水行於土，土不礙其爲水，水清於土矣。故鎮靜者土之體，發育者水之用。其在身也，肌骨屬土，精血屬水。血行於肌，肌不礙其爲血，血清於肌矣。故鎮靜者肌之體，潤澤者血之用。水活而氣周。氣充於水，水不礙其爲氣，氣清於水矣。故流動者水之體，浮載者氣之用。其在身也精血屬水，呼吸屬氣。氣行於血，血不礙其爲氣，氣清於血矣。故周流血之體，運行氣之用。氣溥而火熱，火行於氣，氣不礙其爲火，火清於氣矣。故磅礴者氣之體，溫煖者火之用。其在身也，呼吸屬氣，煖熱屬火。火一處不周，則氣一處不行。火行於氣，氣不礙其爲火，火清於氣矣。故溫煖火之體，周行氣之用。四行湊合，兩儀始立，萬物始生，人身始備。天地以象體，日月以象目，五質以象臟，周天以象骨，四時以象氣，五音以象聲，五土以象色，草木以象毛，江河以象脈。靈明體仙神，運動體飛行，生長體草木。先天有命，後天有性。命乃原種，性乃眞果。果不離種，非種無果。種有品級，等踰牛毛。然後聖智凡愚，順違善惡，徵於性而發於用。故經云欲識先天眞種子，眼前一一發根苗。此造化之根原先天之至理也。然五行之中，金不能生水，猶水不能生金。未有金時，金屬於土。及經人工採煉，然後五金乃出。試問帑藏庫局亦有能生水者乎。帑庫既不能生水，則生水者非金之能可知。設謂乾爲金，乾者天也。天不能自生，亦不能自運，其高靡窮，表裏皆火。若能生水，何以今日生而明日不生，此處生而彼處不生。堯有九年之水，湯有七年之旱，禱雨全能，何異測海以蠡。補天煉石宜其僅行於東土，而不能行於西土。若禮樂文章識者不無增損，此後天之理也。至若火勝水竭，水勝土濡，木勝金缺，金勝火滅，土勝木折，物有時而窮，氣有時而竭，此陰陽盛衰之理。其所以命生剋消長有無變幻，總不出造化天地人神萬物之主。以故眞主保養，貫徹諸天世界。而諸天世界，不礙桑林甘霖始降。其生水者，又非金之能可知。土之於木，若母之與子。子從母生，乃水土之寄任，兩無偏勝，物乃始生。設無有土，即植李於江湖種桃於池沼，不惟不生而且腐爛。掘地取泉，開山覓石，園囿町畦，河隍潰塹，非金不能剋。何得謂水獨生木而木獨剋土。其生剋者，又非水木之能可知。若夫支干以紀歲月，乃值日之權宜，吉凶消長，毫無干涉。以渺小之技，欲奪造化之眞主之光，愈清愈淨。無比無衡。所以爲單另獨一之主。人稟眞主之餘光，雖囿四行，實超萬彙，故血肉身軀本於父母而終歸大地，視聽聞言發於心思而終歸眞主。心之所至，無遠無近無上無下無精無粗無巨無細，無古今無難易無阻隔無限量無有窮盡。此眞主之餘光也。人惟全眞主之餘光，則四行非我有，萬物皆虚幻，來時種子從天降，去後依稀月滿中。

天仙鬼神

綜述

馬注《清真指南》卷三《天仙》 天仙迥與神鬼各別，長居在天。傳主明命。捷於心目，純清無染，純陽無陰，無飲食，無眠睡，無嗜慾，無違犯，奉公守正，與世同體，性靈不滅，亦有復生焉。眞主造化一切天仙，在一切天地，各有司職。惟取四大天仙爲首。第一者自勒依勒天仙，奉主明命，傳降一切經書及教規禮體、賞善罰惡、救濟危難興廢等事。自阿丹人祖至於穆罕默德聖人，勅降一百一十四部眞經。教殊而理一，時異而事同，字別而同歸。因革損益千古合轍。若非天仙傳命，雖有聖智生知必不能叅造化之始，窮萬物之終。以故天仙乃萬彙中純清之至靈，上天下地畧無阻滯。或爲氷人沐浴，或爲牽羊易子，或爲傳降聖嗣，或爲懸石登霄。一一皆奉主命，毫無自專。此天仙之首仙也。第二彌咯依勒天仙，奉主明命掌管風雷雨露江河湖海山川社稷旱澇饑荒等事。所行文卷在於捨爾巴月十五日晚，一年交換。以故陰陽之變遷四時之代謝萬物之消長亘古如一。若非天仙司職，雖有人力經營不能勸其萬一。以故天仙乃萬彙中純清之至能，遠近巨細，略無阻難。或爲洪水渰沒，或爲海乾得勝，或爲火化蓮池，或爲風颺婆麫，一一皆奉主命，毫無自由。此天仙之首仙也。第三倚思喇飛勒天仙，奉主明命，手執一簫，直至世盡。太陽西出形如黑旗，行至中天，然後西沒，此壞天地之顯跡。眞主命下令吹第一聲，天開如浮雲。第二聲，普世俱陷。天經諭云我把天開的時候，星散的時候，山行的時候，七重青霄如颺塵相似。我命大風將地刮如水平，凡有命之物俱化爲土。第三聲萬物從土復活，以候御問。此眞主賞罰奴輩之日，雖有聖智神通無能施其技巧。以故天仙乃萬彙中純清之至神，剛柔堅厚，畧無移時或乃雲臺三折，或乃風滅邪王，或乃地陷慳貪，一一皆奉主命，警驗下民，毫無自主。此天仙之首仙也。第四爾滋喇依勒天仙，奉主明命。掌管一切人神性命。經云四霄之上，主生一株仙樹，古今人神姓名各占一葉之上。取命天仙晝夜端守，但有一葉飛落於爾滋喇依勒天仙之前，即知此人命絕，對案查勾，視其葉上光亮圍繞，預知好人屬於天堂，以好容善取其命，視其葉上黑暗圍繞，預知歹人屬於地獄，以歹容惡取其命。復有看守牌文，左右善惡。非若六道循環，虚妄謬誕，丹汞接補，欲求長生，設遇無常，何能暫止。以故天仙乃萬彙中純清之至明，普天率土，畧無遺忘。或爾鳥擊戰將，或爾蠓助孤軍，或爾子償父騙，或爾弟易兄傷，殀壽錯亂，日夜之間，萬死萬生。此皆眞主前定，人生自取，一一皆奉主命，與仙無涉。此天仙之首仙也。復有瑪利克天仙，奉主明命，掌管一切火獄。經云地獄之火，主命天仙，燒一千年成赤色，一千年成白色，又一千年成黑色。邪神叛鬼以及罪人，同幽於內。各以其應受罪報，罰其意念事迹。雖數十百冊，難以窮紀，若非眞主至公，天仙奉命，鮮不虧負良善，僥倖惡人。以故天仙乃萬彙中無慈之至公，幽顯巨細，罪不容髮。此地獄之首仙也。經云七霄之內，各有司職天仙，不一其相，不一其功。第一重天仙，以叩首讚主爲功。第二重天仙，以鞠躬讚主爲功。第三重天仙，以侍立讚主爲功。第四重天仙，以抬手讚主爲功。第五重天仙，以盤坐讚主爲功。第六重天仙，以紛紜讚主爲功。第七重天仙，以哭泣讚主爲功。七霄之上，復有傳旨天仙。一十六行，眞言寶讚。更有七行，侍列圍繞。第一樣天仙，其體半雪半火，眞主命雪火能以相和。第二樣天仙，其體半雷半土，眞主命雷土能以相和。第三樣天仙，其體半水半火，眞主命水火能以相和。第四樣天仙，其體半風半水，眞主命風水能以相和。第五樣天仙，其體半鐵半火，眞主命鐵火能以相和。第六樣天仙，其體半金半銀，眞主命金銀能以相和。第七樣天仙，其體半清淨半功課，眞主命清淨功課能以相和。或曰眞主設列天仙，亦猶君王之與臣宰乎。曰君王本爲分其任，或力有所不及，明有所不逮，智有所不周，惠有所不偏，威有所不加，學有所不明，故設臣宰以代之。眞主造化一切天仙，非爲分其任，本爲顯其全。非爲代其力，本爲顯其尊。其有也能不加多，其無也能不加少。神之所應，捷於影響。命之所出，如手應心。功亦無陞，順亦無賞，以其無好惡嗜慾之故，偏於輕清上下六合。遠近險阻。巨細難易。無不透徹。眞主無色象無比配無增減無往來無開合無抑揚無倚頓無古今，不囿物不同物，

週轉循環，至清至淨。此天仙之由設也。

又《神鬼》 神者次於人極天仙，以其造以火光，其體乃清中之濁，濁中之清，故位不兩及，有男女有孳生有嗜好有飲食有盹睡有順違有功課有事業有己務有死生，距於中土，居崑崙之外。非若天仙之公幹，鬼祟屬於純陰。長居在地，邪而不正。緣眞主造化阿丹以土成形，命一切天仙與彼稽首。有一巨神名爾哂嚌勒，功業過於天仙，神通亦能任意，超越諸神，位居仙首。自謂我乃火造，人乃土造，我先彼後，我高彼卑，抗命不拜，墮貶下極謫爲鬼祟，號倚卜裡思，隨帥諸魔叛命從己，復入蟒口，誘違主禁，嗔憾日生，永爲仇敵。後與九子，惑亂世人。若鉛共五金，無鎔不入水。投漏甕，有隙必浸。雖無體無形而寄神於丹青像塑之中，凡所謂現光附體，或假前身，六道妖祥以希血食，眩世人之耳目，惑亂其心志者，皆魔祟之用。譬之優人，一粧鬼卒，一扮世人，其形貌傀儡，宛然相似。及其鼓罷鑼收，眞身速現。故經云同席者助也，得趣者罪也，正人未嘗覷焉。若非覺燈自照，慧劍反揮，必不能擺脫魔纏，超然高往。故天經諭云你們從早那斯上，求我相祐着。的實他在人神心上唆使，唆使之法，各從所好，儻視聽言動一有弗謹，則五官失守中官撓亂，以媽納必爲所刼。若失印之員，品位已去，罪亦及之。或問以媽納何以便爲所刼。曰譬若眼貪色則視偏視，偏則心爲色所絆，而魔隨羈之。耳貪聲則聽偏聽，偏則心爲聲所繫，而魔隨入之。口論非則言偏，言偏則心爲言所喪，而魔隨乘之。身妄行則動偏，動偏則心爲行所壞，而魔隨兼之。經云正人之心如鏡，鬼祟時嘗竊看，少有小疵即便引入大罪。或曰眞主普慈存而不滅者何也。曰不滅之故有二。一以驗人之邪正堅其操守。一以憫人之愚懵以爲推故。若金憑火試，金成而火不礙其爲金。玉以石攻，玉就而石不礙其爲玉。不過盤根錯節，焉能甄別利器。或曰人魂之死者何別。曰人之善而死者，其魂上升，與天仙爲隣，實非天仙。惡而死者，其魂下墜與鬼祟爲伍，實非鬼祟若海鹹河淡，流而不同，風共鐘聲，兩體各別。世人不察，以爲人死爲鬼，或而爲祟或而爲神，或而爲仙，混爾一體毫無分別。非有□□眞經，鮮不涇渭難分，玉石莫辨。若世之所謂封誥而證位者，此則浮世之虛名，試思未封前誰理斯職。乾坤浩大，方五百年，乃東土萬有餘里。較之全土，等於垣牆。豈一隅封禪，偏周法界，列宿分野，獨應東洲，藐造化之全能，拘域中之偏見。何以西域南北各俗不同，可知萬物執掌非人力所能。設使封誥而後爲仙爲神，可以上登天國。世之忠烈而橫死者，必將爲鬼爲祟，而下謫地禁矣。況橫死者未必爲鬼祟，則知受封者亦未必爲仙神。凡所謂封神誥聖後天地而立諸名者，皆所以奬忠臣勵孝子勸義夫節婦也。要知極樂極苦之境，則惟俟夫眞主考算已畢，與其本來形智，上享天國，下幽地禁爾。故有人之最靈而不同於人者，謂之人仙。鬼之最靈而不同於鬼者，謂之鬼仙。神之最靈，而不同於神者，謂之神仙。仙之純陽而不同於人鬼仙神者，謂之天仙。昔泥法格你問於聖人曰阿丹之前誰爲治世。聖人曰天仙治世二千年，神治世三千年，而後阿丹始出。主命天仙歸天神，逐歌扶之外。然後生人治世。譬若枝葉之與花果，枝先於葉，葉先於花，花先於果，無果不能成枝，無枝不能成葉，無葉不能成花，無花不能成果。在種樹時謂之種，在成種時謂之果。故人爲萬物之果，果既成熟則枝幹花葉皆爲此果之陪伴。又若耕種之與饔食，天仙耕者也，神種者也，人食者也。無食則種無益，無種則耕無益。故曰聖王出百靈服。緣阿丹屬主之影。

又 或曰人物之性命何如。曰性有三品，上品曰靈性，中品曰覺性，下品曰生性。靈慧之命，兼生覺二性，能察識物理，分別善惡，至死而靈慧不滅，此人之性也。知覺之命，亦有眼耳鼻舌身心，饑寒飽煖而不能察識物理分別善惡，至死而知覺暫滅，此鳥獸之性也。生長之命，饑不知食，渴不知飲，隨風鼓動，與時榮枯，此草木之性也。草木之性不同於鳥獸，鳥獸之性不同於人。柰何虛張六道，謬設三途，一人信誣，教成十人，十人信誣，教成百人，百人信誣，教成千人，千人信誣，教成萬人，萬人信誣，教成天下。夫立法於正，猶恐入邪。立法於邪，何以制後。若一盞稗粒傾入嘉禾之中，拔除不易。設使人轉爲獸，宜記前身，或吐人語。一以戒人，一以自省，柰何一無所知，受此鞭撻，烹宰之苦，何異他人作事。罪及無辜。雖世法不能服衆，況在眞主之至公乎。其有忠烈正直，至死而靈爽不昧。或與世人神魂相接，夢境奇逢，如守土狀，乃是眞主以妙境之榮劇，酬其世好，較之眞福不啻夫淵。何則，在命有之時，乃第一個棧道。命連身體之時，乃第二個棧道。命離身體之時，乃第三個棧道。復活之時，乃第四個棧道。妙境乃棧道中之一棧道爾。以一棧道之浮

歡，而欲敵長樂之眞境，何啻夢爲王公，醒作乞丐。呼吸之間，眞假各別。誠悟及此，則昨日之是已成今日之非，今世所有又爲後世所無。智者猛然警醒，則三萬六千棧道，復歸命世原品，由故轍矣。眞主之命有，曰生人身。之命盡，曰死。生謂之有，死謂之無。有有所來，無有所往。譬之長途過客，魚貫接踵，易盡歸家，未有我相即彼相，後相却前身。柰何以水陸飛行之物，脱超卿相宰官身，豈不昧。

又 眞主任人之重，而忘本來之大道。夫亦有人中之仙，宰輔正人是也。人中之鬼，邪曲小人是也。人中之祟，異端左道是也。宰輔正人，處以光明。至忠至信至公至順夙夜辦功不違於主，死歸天堂則品踰天仙。邪曲異端，乃陰霾憎惡凝結成性，雖有可觀，死歸地獄。不若鬼祟，蓋鬼祟得以自由。罪人永遭束縛。天經諭云憑我爲主，的准那一等人的懺悔。因他們在昏愚中幹罪，然後速悔。此等屬於應准的討白。眞主恕饒，恰似恕饒人祖一般。若是高傲着幹罪，長川不改，及至無常到來，方纔討白。此等屬於不准的求祈，一定與鬼祟同幽地禁。故人莫患於心死，身死次之。異端之學可以惑邪曲而不可以惑正人。由正人得以媽納之光亮，若止水明鏡，姸媸自辨。清眞之道可以化正人而不可以化邪曲。由邪曲被魔祟之侵擾，若癲狂醉夢，誨教無益。所以正人嫉惡，邪人嫉善，惡莫大於背主，善莫美於順命。知魔祟之從來，不惟可以密防，亦可以銷傲。柰何事仇敵而叛眞主，捨正路而由邪途。可謂智乎。可謂智乎。

王岱輿《正教眞詮・仙神》 仙乃天仙，神乃神鬼，迥與人不同類。天仙之本體，造以明光，純陽而無陰，長住於天，無老幼，無男女，無好欲，無孳生，無盹睡，無食飲，無違犯，無倦怠，天長地久，與世同未，其性靈常在不滅，而亦有複生焉。鬼祟屬於純陰，長居於地，所以邪而不正。惟人則陰陽兼全，神則清濁各半。人神之善而死者，其靈升天與天仙相契，非天仙也；人神之惡而死者，其魂降地，與鬼祟爲鄰，非鬼祟也。

又 天仙乃萬匯中無形之最靈，偏於輕清；人極乃寓匯中有形之最靈，全而兼備。人有九品，天仙亦有九品。但天仙惟得其清，人極色妙皆具，所以人獨能弘道，道所以專責於人，即此機也。因人乃天地萬物之至全至貴，雖天仙神鬼，莫不因人而有也。天仙九品，其職司大略三等，以彼之能及物中外，亦不煩測度，自然灼照。上職者，降傳明命，料理生死；中職者，旋轉諸天，往來日月；中職者，掌管風雷雲雨，護衛大地山川，細及昆蟲草木，則若轟雷不驚乳子，蠍蛇不侵瞽目，悉屬防守。幾天下之事，目力可及者，能以不行而至；心念所及者，可以不辨而得。彼等傳行主命，速如心目，從天至地，略無留阻。各有所司，皆遵明命，絕無自專。似此順從，亦大升賞，蓋由無好欲之故。即此詳之，雖其品高而清淨，猶成人極之一端，若無人極，天仙亦屬無用。是故聖人貴過上品天仙，賢人貴過中品天仙，正人貴過常品天仙。因人有好欲，而能辨好欲之當行，而不爲其所役也。或曰：眞主以天仙代理天地，亦如君王以文武代治其國乎。曰：君王固尊，莫非人類，其所有知識與衆不異。若眞主有天地萬物，與無大地萬物一同，其知能無不具在，豈若人有限之知能，愈分愈散，事愈多而神愈倦，必賴文武之技，以代其勞者乎。至於眞主賜天仙之能，司守萬物，本爲分其任，本爲顯其尊；非爲助其力，特爲顯其全，此理不可不知也。

又 神者，次於人極。天仙，因其本體，造以火光，乃淸中之濁，濁中之清，故兩不相及。亦有生死，有男女，有好欲，有孳生，有食飲，有盹睡，有順違，有正邪，有功課，有事業，各有己務，非若天仙之公幹也。但其中有一巨神，名以捕哩私，功業過於天仙，神通亦能任意，超越諸神，位居仙品，高傲之念頓生，抗違之機忽露。緣眞主造人極以水土，而轉居於仙神之上，仙神皆受命朝拜於人極，惟兹巨神，抗命不拜，彼自言曰：我乃火造，人自土成。我高而彼下，我先而彼後，以我拜彼，何不平也。彼不知眞主之玄機，安排之妙用，譬如花葉雖先於果子，果子實貴于花葉。火雖外明，而內原黑暗，且難託付，所以星星之火，能燒萬頃之山，頓爲灰燼之餘；土因外濁，而內本光明，更可托付，是故一粒種子，增添百千萬億，總成翠綠之美。蓋得眞主寄托之玄機，故有謙能受益之大德也。因彼抗命，遂帥諸神叛主從已，其中大半拒而不從。其相從者，皆讁爲鬼祟，墮貶下極，永不上升。其在人世，樂人行惡，妒人行善。故逞神通，顯身說法，自言獨尊，愚迷敬信，遠方設像，近者相親。或令諸鬼，潛伏像內，誑言惑衆，或使放光，或使遺跡。無知醉夢，遂懼其禍害，仰其福佑，頓忘淸正。自此攪亂世人，認彼爲主，同歸地禁，此乃彼之至願也。

又 或曰：人極乃眞主造化，貴過仙神，何故容此鬼祟肆行惑亂，而不絕滅也。曰：存而不滅，其理有三：一可以爲人之推故，而得恕免，故曰：世有鬼魔，方有故，其中自有妙安排；一可以顯人之功業，故曰：若無血戰功動，焉得封侯列土。一可別眞僞，因眞僞之間，容貌皆同，其中遇迥別，若不加攻伐，其隱微之念，極難測料，多以虛善自欺，更且欺人，所以金憑火試，德以難眞，微細參詳，此皆成人之妙義也。因人類本有善惡二種，善種必成著果，惡種定開惡花，固然善惡不更，必須皆有培植，始能罄發其蘊。正教眞傳，即正人之培植。鬼祟異端，即邪人之滋養。人之得正者，爲聖爲賢，去世上升大國。人之失正者，爲迷爲逆，死後下地禁，與鬼祟共囚於暗獄。然鬼祟由其自便，罪人不獲往來，即如世之罪犯，禁于縲絏之中，不能自入自出，況後世迷逆之重大者哉。今之愚昧，妄言人類可以爲仙爲神，長生住世，玆又惑之甚者。何也，或言平陰補陽，養砂煉藥，得之不死；或言存神養氣，吸露呼風，可以履虛辟穀，使人忘卻死生之約，歸眞審判之公，其罪彌深。倘果能長生住世，何異亡子不歸，叛卻原本，在臣則爲不忠，在子則爲不孝，況此自用之徒，叛違天地萬物之眞主，而不欲歸原者，其罪爲何如？且天仙乃光所造，神鬼乃火所造，人極乃土所造，因不明造化之本來，妄自錯亂其定位，殊不知人之尊貴，超越萬品，豈自屑居於仙神之列而已哉！

又《正教》 經云：正教之道，惟忠誠而已也。推其理，眞久不偏謂之正，惟精獨一謂之忠，純潔無染謂之誠。其他太過，則寂滅空無，不及則眼前一段，豈雲正哉。夫正教之原，自開闢之初，乃眞主自立，敕降天仙，傳明命于阿丹人祖，代己立極，闡揚至道，首立綱常，而後有教焉。凡命人篤信者，莫非眞理；命人力行者，莫非正務；其所禁止者，莫非異端僻行，或犯義之事。若背此而履他岐，不特不能寡過，而且益增其謬，如面東而欲西，愈趨而愈遠矣。凡有志修德立善者，不由正教，雖竭盡心力，不足克己而歸眞，猶魚網之不能禦寒也。是故正教也者，論其始，則知自己之從來；論其終，則悟此身之歸宿；論其法，皆指示成人之至理。雖千萬世以前，及千萬世以後，宇宙間所有之理，明若列肴，略無猜擬，玆因非人力之所能立也。

五 課

綜 述

馬注《清眞指南》卷四《五課》 問五課之原根，可得聞歟。曰知性命之原根與身體之原根，則可以知五課之原根矣。曰可得聞歟。曰性命之原根，即無極之本來，至聖穆罕默德之靈光是也。身體之原根，即人極之本來，阿丹人祖是也。阿丹未有形體之前，先有至聖穆罕默德之命。穆罕默德已具天地萬有之根。故眞主諭云我把穆罕默德靈光，從無中造化有了之時，從靈光中落下一切珠光，而爲十二萬四千有零聖人之靈覺。又從珠光上造化了阿勒石。苦爾西，仙牌仙筆，七天七地，八天堂，七地獄，天仙人神性命，風雷雨露，光明黑暗，日月星辰，山河萬物，無不悉具。故至聖云主上造化頭一物是我的命，頭一物是我的光。眞主諭云若不是你爲聖的，決然我也不造化乾坤萬物。緣眞主自似珠光色之玄妙幔中，造化至聖穆罕默德之命，俊美光潔。復造一鏡，使之自照，感謝眞主叩首五遍。眞主喜此五叩，遂預定爲吾人五時朝拜之種子。基於性命之原根及阿丹以土成形八命之時，主命天仙將至聖泥丸八於阿丹頂穴，復擁上升，遊歷諸天之上，永享天樂。後以被誘違禁降罰於世。憂懼怏鬱遍體皆瘡，膿血痛苦，疲弱難堪。

又 眞主恩慈顯然，乃命阿丹在寅時朝禮兩拜。阿丹遵命拜畢。從頭至腦，瘡痛減去。及未時，又命朝禮四拜。阿丹遵命拜畢。從胞至臍，瘡痛減去。及申時又命朝禮四拜。阿丹遵命拜畢。從臍至膝瘡痛減去。及酉時又命朝禮三拜。阿丹遵命拜畢。從膝至足瘡痛減去。及亥時又命朝禮四拜。阿丹遵命拜畢，其遍體無復痛楚。阿丹受此朝禮五遍之思命感謝眞主而訢機曰，似此恩慈，單在奴輩，還在別麼。眞主諭曰此恩慈在爾，還在穆罕默德聖人及彼一切教生。蓋眞主敕命阿丹叩首五遍，以次除苦，恩慈顯然，是穆罕默德靈光。叩首五遍之種子還顯於阿丹身形之樹。

一榜打德，始自阿丹聖人。阿丹違禁被降，夫婦分離，各不相顧，黑暗三百餘年，終日悲泣悔罪，得主恕饒，夫婦相逢，復聚於阿里法特山。東方始曙，阿丹站立，朝禮兩拜。一爲感謝眞主與脱離黑暗，二爲感謝眞主與復得光明。眞主喜此兩拜，故令穆罕默德與教下男女，悉遵此拜，一爲感謝眞主與脱離逆恩之黑暗，二爲感謝眞主與得認實之光明。

其二撇申，始自倚布喇希默聖人。倚布喇希默以天經勸教。有一外道國王納毋魯歹命臣下以火柴架焚聖人。蒙主垂救，命彌咯依勒天仙將火化作蓮池，乘蓮而去，隨脱火柴之難。其時正未。聖人感謝眞主隨禮四拜。一爲感謝眞主與釋父母之憂，二爲感謝眞主與釋兒女之憂，三爲感謝眞主與釋仇人之憂，四爲感謝眞主與釋火棚之憂。眞主喜此四拜，故令穆罕默德反教下男女悉遵此拜，亦與解釋四憂，一眷屬之憂，二塵世之憂，三邪魔之憂，四火獄之憂。

三底格爾，始自禹努思魯聖人。禹努思魯以天經勸教外道國王，反欲害之。聖人憂恐，逃至海邊，登船渡海，行至中洋，大魚阻船，不能前進。渡者曰此必有皆主命而逃之者。聖人自思，我以懼害至此，遂跳海中，被魚呑入腹內，凡四十晝夜，刻刻追悔。蒙主恕饒，命魚至岸，魚忽嚏噴，聖人隨嚏得出，其時正酉。聖人感謝眞主，隨禮四拜，一爲感謝眞主與脱離違命之黑暗，二爲感謝眞主與脱離海中之黑暗，三爲感謝眞主與脱離海水之黑暗，四爲感謝眞主與脱離魚腹之黑暗。眞主喜此四拜。故令穆罕默德及教下男女悉遵此拜。亦與脱離四黑暗，一墳中黑暗，二後世黑暗，三罪業黑暗，四火獄黑暗。

四沙沒，始自爾撒聖人。按天經辯難，爾撒聖人因行正教與外道國王台爾沙交戰，軍勢退却至於海邊，前行無路，哀告眞主，蒙主憐憫，將海水分爲一十二路，聖人領人馬前過，追兵愈急，當奉主命，海水陰湧而平，台爾沙全軍皆沒，爾撒得脱海難，正日落之時，感謝眞主隨禮三拜，一爲感謝眞主與免聖母之憂，二爲感謝眞主與免追兵之憂，三爲感謝眞主與免海水之憂。眞主喜此三拜，故令穆罕默德及教下男女悉遵此拜。亦與脱離三憂，一仇人之憂，二墳塋之憂，三火獄之憂。

五虎甫灘，始自穆洒聖人。按天經辯難，穆洒聖人因行正教，奉主命與外道國王匪爾敖你交戰。聖師敗績，復奉主命，再令與戰。戰後又敗前至泥里江，追兵甚急，前行無路。正憂悶間，有者白勒依勒天仙，奉主命，令聖以杖擊水三下，其水兩分，聖人領人馬前過。匪爾敖你率兵追趕，行至中流其水復合，外道人馬皆沒。穆洒得出江險。其時正亥，感謝眞主隨禮四拜，一爲感謝眞主與解邪教之憂，二爲感謝眞主與解眷屬之憂，三爲感謝眞主與解追兵之憂，四爲感謝眞主與解江水之憂。眞主喜此四拜，故令穆罕默德及教下男女悉遵此拜。亦與脱離四憂，一罪過之憂，二妻子之憂，三墳坑之憂，四火獄之憂。是玆五時，乃五聖脱離大難之拜。又自阿丹五時朝拜身形之樹，發而爲四聖之花。譬若桃樹開桃，李樹開李，雖地異世遠，而紅翠馨香，不能易其本有，以時而發。

其六畏特爾，始自穆罕默德聖人。穆罕默德因行正教，爲聖叔額卜哲黑勒以侮謗擊傷聖腿，血流至足。聖人憂悶傷慟。遊於姑母之家，時夜將半，主命天仙取聖登霄，遊歷諸天，直達九重。至於歌白稿腮立站擡手念特克比爾，朝禮一拜，復爲者白勒依勒天仙代禮一拜。眞主賜與百千光明，命聖再禮一拜。聖人遵命拜畢。而祈機曰似此登霄特典，惟賜與奴僕，或亦賜與奴僕之教下否。眞主諭云我賜爾五仙馬，始能及此。亦賜爾教下五仙馬，一念特克比爾，二立站，三念阿葉特，四鞠躬，五叩頭。致爾教下到至近品位，還准他一切求祈，即如我命五仙馬。致爾到至近品位，准爾求祈亦同。然後以五課定爲欽命。諭曰指我尊大作証，我把至貴朝拜之功課，貴爾一切教下，如向右説咱嘚睦我，將爾所見一切天仙之功課，俱寫在彼好文卷之中。如向左説咱嘚睦我，赦彼一切罪過，此又五聖朝拜之花而結至聖領命之果。果從樹生，樹自果出。此經云自我聖辭世之後，不復有繼之而爲聖者。謨民承此五課，若性之有五常，身之有五臟，時之有五行，禦邪魔而泛苦海，越火禁而登天國，豈淺鮮哉。至於每日清晨，未飲食未理世務之前，爲亡過父母求饒，復有兩拜。蓋謂人子當親在之時，不能奉養，及親喪之後，雖有錦繡粱肉，欲報罔極，撫衷自慘，爲彼求祈。其意。

又主原命我孝順父母，我當親在之時，不能遵主明命以酬親，恩求主恕饒我，恕饒我的父母，求主慈憫我的父母，即如我父母在生之時調養我一般。此又盡人道以副天道。身體性命，兩無所虧，此之謂忠孝。

課施

綜述

馬注《清真指南》卷四《課施》 清眞教嚴施濟，奉主之命所以斂豊盈周不給也。人生財富，非出於智力之所能，故蘇喇馬納聖人至富。爾撒聖人至貧，又如孔子之厄於陳蔡，顔回之簞食屢空，古之聖賢猶不能轉移貧富，則必有掌握恩威，隱隱於造物之微者，預定夫人生順逆之機。故祿云天祿，課云天課，猶府庫之財必資稅賦，濟饑之粟，發之倉廩也。中人之富，百不得一。處巨富而至足者，萬不得一焉。是眞主以至貧者，寄於至順之所愛養，一以動人之惻隱，以行周濟。一以淨人之營業，贖其過愆，不得謂我能濟人，市恩悖主。蓋謂人之衣祿繫於眞主闕下。試思祿我者爲誰則慳吝不敢自起，若私主恩以爲己有，口貪圖而吝嗇，雖富有萬鎰萬鍾錙銖粒米，皆暗昧不明之物。鑽營密貯，握如鰍魚，握愈緊而去愈疾，霎時赤手空回，贏得孽如影伴。客曰，爲富不仁，爲仁不富，眞主普慈何不使人人盡富，乃有順逆窮通之不等。曰，緣眞主無偏私之前定，人生有自取之因由。譬之父母生有數子，疼愛則一，及其成敗，非父母有意使之。經云貧人兩世王侯，蓋貧難之人無名利之累，分外之求，榮辱不及於身，憂患不繫其心，儻能克己勤修，缺處知足，今世得其安然，後世亦免罪累，浮情似覺凄涼，天堂與彼終近。富有之人終日營營，未得患得，既得患失，因其資財，無惡不肆，長慮貪圖，無有寧息，今世不獲安然，後世難免罪報，浮情似覺崢嶸，天堂與彼終遠。故富無違犯，今世得其寬容，後世復增高品。及貧之人怠於正務，終日奔馳，百計推諉，豈知命由前定，富不能取，而孽已隨之，今世既受凄涼，後世復罹罪報，豈不兩世自悞。經云後世公判之期，眞主惟以四聖四女爲古今之明證。有至富貴而無違犯如蘇喇馬納聖人，則爲富貴之明證。有至貧難而無違犯如爾撒聖人，則爲貧難之明證。有至病患而無違犯，如藹玉卜聖人，則爲病患之明證。有至孤陋而無違犯如倚布喇希默聖人，則爲孤陋之明證。有處勢阻而能順主命，如阿錫葉，則爲勢阻之明證。有處時窮而能順命，如默勒嫣，則爲時窮之明證。有處富有而能施濟如赫底徹，則爲富有之明證。有處貧難而能施濟如法土墨，則爲貧難之明證。聖人每祈眞主，願一日饑一日飽。聖人曰，吾饑則忍耐，飽則感謝。法土墨七日乏食，二子喟然嘆曰，默克城中亦有如我輩七日乏食者乎。法土墨憂子弗堪，昏暈幾絶。聞衆天仙哀祈眞主。眞主諭曰，爾等豈知我之機密。薏雅不直一粒麥子，若直一粒麥子，我將迷人，雖水亦不與一口飲。我豈肯以至賤之物，與我至貴之人。的實我將天堂賜彼，是以未若貧而樂，樂亦在其中。譬之苦藥針砭，終能却疾，鴆酒毒肉，福乃禍機，果能超越貧富關頭，勘破眼前醉夢，自不被諸緣所惑。昔一狂士諫一王曰，吾夢身登九五，踞龍床，擁金貂，列珎玩，奏美樂，文武朝於下，鹿輦而囿翠蓋張，旌旗灼，百花姸，羣鳥飛鳴，走獸率舞，美女歌，珍饈設，娛樂洋洋，及睜眼時不知樂之何往也。王今所處何異臣之所夢。若閉眼時亦不知樂之何往也。王遂感悟慟哭，悉以貲財施散貧難，棄國而隱。

又 聖諭云，眞主之交友，無處不然，從一院移至一院，譬之財商富客換馬更舟，遊宦行人榮歸故里。莊子謂死有南面之樂。人居母腹，如獄拘攣，非脫其胎衣必不能見色世之恩典與父母之形容。靈魂在體，如囚禁獄，非脫其形軀必不能見妙世之恩典與眞主之清淨。詩曰，果卉當年未布時，色聲香味有誰知。自經人力栽培後，花踐塵塗葉踐泥。種李不能移杏實，栽芙焉可變荷芰。雖然一粒傳千粒，水土何能易化機。客曰，人生暫寓如長途之過客，灼目之電光。死生長短，善惡榮枯，不越眞主之前定。然一日不食則饑，一歲不衣則寒，饑寒迫於身，雖慈母不能保其子，學道之人又焉能保其心乎。曰，此正是試驗貧富之關頭，天堂地獄之氷鑑。無貧不能拔富者之眞辱，無富不能濟貧者之假苦。經云教人不散天課，復生之日彼財化爲黑蟒。盤彼之頸，咀其腮面肌膚，遍體如篩，骨肉相露，一咀之痛七十年猶未息爾。客曰，天課之目，可得聞與。曰，金之滿貫壹兩肆錢，則散金之叁分伍厘。銀之滿貫壹拾肆兩，則散銀之叁錢伍分。雖千萬億，可得而例推也。貨以價值，器皿與首飾同等。羊之滿貫至四十，則散羊壹隻。駄之滿貫至伍隻，則散羊壹隻。牛之滿貫至叁拾，則散牛壹

隻。馬之滿貫，儻爲管運生利，則照時價，與金銀同等。雖百千萬，可得而例推也。牛馬之耕騎者，不散土產之物。五穀蔬果蜂蜜蠶絲俱散十分之一。柴草竹木爲生利者同等。有餘之房，附外之土，斷不敢自私自利。是茲等財譬之牲殺去血，血盡內鮮，若自斃之物，食者戕生。上自天子下及庶民，莫不計財抽課，以歲末分給。此天房所以無貧難之家也。

又 眞主諭穆洒曰你在孤兒上，如疼鶴的父母。着寡婦上，如疼顧的丈夫。着異鄉孤苦人上，如疼顧的弟兄。着貧窮人上，加笑臉慈心着。若你是這等行，我在你上，也是這等行了。委實我的恩慈展眼時不曾離了他們。

客曰，淸眞課散不給外教者何也。曰，譬之俸餉，所以酧勞王事。若叛主之人，無功可紀，此所謂藉寇兵而齎盜糧，不惟受者不應，散者亦且有過。曰，然則可無一濟與。曰，此屬施捨，非干天課。施捨屬於常人，天課則屬本教，淸眞未嘗不施。施有親疎，親者爲先。品有上下，上者爲重。教有邪正，正者爲優。事有緩急，急者爲豫。德有陰顯，陰者爲功。

又 客曰，人無彼此，困貧則一。淸眞鑑別甚嚴，似非普慈。曰，無是非之心者其惟佛老乎。佛老之學世法平等，無有高下。故其教也，無親疎無貴賤無長幼無老少無男女無仇敵，虎狼一體，蛇蝎不傷。彼經云無我相人相衆生相壽者相。死生轉轂牛羊，父母胎卵濕化，可證菩提。誠如是說，則禮義廢恩情絕紀綱亂賞罰無用政教不行。孔子曰惡似而非者，惡鄉原恐其亂德也。孟子謂人之性猶牛之性，牛之性猶人之性歟。眞主諭穆洒曰，無一爲我之人。穆洒曰，我做納媽資，把擄則，散咟德格，出咟咯特，何一非爲主之事。眞主諭曰，爾做納媽資因避地獄火刑，把擄則因想天堂美饌，散咟德格因怕御問日光，出咟咯特因避毒蛇猛焰，何一有爲我之事。穆洒曰然則孰爲爲主者乎。

又 眞主諭曰，夫爲我者，在能好人能惡人者也。好其所惡，惡其所好，則獲罪於主矣。西國有殺人者，日以除暴爲業。卒爲善士。凡祈無應，後遇一惡人殺之，祈而復准。何則，除主之所惡者。唐宗時西僧灌頂疾請釋囚，帝曰釋囚祈福，豈爲師惜。朕思惡人屢赦反害良善，何福之有。不若除之，良善始安。世人不明好惡之正理，多有好人者，反是害人，彼不知好人之損。惡人者，反是利人，彼不知惡人之益。苟明造化之遷移，四時之消長，萬物之盈虛，始可言好惡之至理也。

又 客曰施濟之道何如。曰以學以財以言以力以心。學施者繼往開來闡明要道著述典訓以垂萬世，此學施也。財施者饑則濟以食，寒則濟以衣，困則周以財，露則授以室，此財施也。言施者遇人急難，出言解救，遇人癡迷，出言提醒。勸善止惡。引明正道，此言施也。力施者。盡瘁天宇。効力講堂，葺橋修路，鑿井掩骸，此力施也。心者萬善之根，理慾之界，欲立立人，欲達達人。謨民貧不能濟物，心之所至，功亦至焉。聖壻爾哩，有貧者昏暮乞貸，爾哩吹燈予之。僕人問故。爾哩曰彼乞我者，必其困苦而無告者。若彼此見面則兩傷矣。及我東土若輟女嫁婢之鍾離瑾，恩不求報，聞泣假書之。劉理順德不沽名。馮商焚券，馬涓贈金。鬻產僞書，解山中之鬼嘯。捐金甘苦，聞窻外之神呼。難處濟人，捨己從善，若夫施丐止雷霆之霹，輸鏖免大旱之憂。眞主一毫之善，轉禍爲祥。一念之慈，春風膏雨。昔人有云陰德猶耳鳴人。無知者有濟人之心，而使人聞之，是炫己也。有濟人之心，而使人知之，是辱人也。有濟人之心，而使人感之，是沽恩也。有濟人之心，而使人報之，是易情也。有濟人之心，而使人求之，是市德也。有一於此，皆善念戈矛理路荆棘。雖有善行與惡無異。昔有良士遊於江邊，見一婦人欲投江中。良士近而救之。問其故，婦人曰夫因糧逋，揭銀壹兩，欲以完官。妾繫於身，因浣衣江邊，失去此銀。若夫爲里甲追捕，必遭笞撻。妾室如懸磬，控貸無門，不若一死以解世困。良士憐之，請引至家，如其所失，取以予之。婦乃辭謝而歸，告於其夫。夫曰曠野之閒男女相逢，豈輙有以金而予之者。因疑其妻。妻曰吾同爾至良士之家以雪其冤。時夜將半，二人同至士門。呼扣甚急，良士披衣啓戶，出迎二人正道始末。忽聞摧聲震地，卧榻爲牆壓碎，夫以施濟之功，可以轉禍爲福，可以益壽延年。經云無一可以回眞主之怒，惟是施濟與恕人。施濟之道，無告爲甚。

又 眞主諭穆洒聖人曰，你敬我的客人，就比敬你的客人着。穆洒奏云，客人皆同，何分主僕。眞主諭曰，近在衆人中間，那貧窮微末之人，就是我的客人，我的慈憫吉慶，下在客人所下之處，客若起程，那待客人家之罪，隨客而出。聖諭云嘟爾哩你在歸順的弟兄求祈上，上緊着，委實主上也，准你的求祈。故施濟之效，如水撲火，儻水至而火不滅者，必其積惡熾盛。若杯勺之水不可救車薪，必積累以待之。所以積善三年，必報

之以福。積惡三年，必報之以殃。然施濟之功，莫大於陰。近而孤寡，遠而流離，此困苦中之尤困者。聖人遊於天房，見一惡人，厲聲大呌。聖人曰，爾呌爲何。對曰，吾憂罪大弗赦。聖人曰，爾之罪有山大否。曰，尤大。有海大否。曰，尤大。有地大否。曰，尤大。有天大否。曰，尤大。有苦爾西大否。曰，尤大。有阿勒始大否。曰，尤大。聖人曰，爾因何有此大罪。曰，緣我一見貧人則怒氣如火，自知此罪，難以恕饒。聖人曰，爾可疾走，勿使此火延及吾身。予每反覆斯言，汗流浹背。今之財商富客積貯慳吝者，其說有三，一爲子孫所計，二爲身後所計，三爲交往所計。使子孫而福厚智增，則衣祿必踰宗祖。試思增衣祿者誰，則祖宗皆屬過慮，使子孫而福薄智減，則衣祿必劣宗祖。試思減衣祿者誰，則宗祖又屬妄想，況桑田海水治亂頻仍殀壽窮通轉眼莫測，故昌伯行仁，地不滿百里，至武王而有天下，始皇築怨，奄有四海，及二世而亡，此可爲子孫之鑒者一也。至於死生分定，智難豫想。夷齊恥食周粟，餓死首陽。淮陰功加九錫，未央身死。此可爲身後之鑒者二也。費千金而結納英豪，怎似寒微頌德。搆羣楹以招徠賓客，孰若骨肉孚心。晏子爲齊相，敝車駑馬以朝。侍臣白於景公曰，此隱君之賜也。晏子曰，臣以君之賜，父之族無不乘車者，母之族無不乘馬者，妻之族無不足於衣食者。國之貧士，待臣而舉火者數十百家，是焉得爲隱君之賜乎。

劉智《天方典禮擇要解》卷七《課賦》　課者隆施濟以防聚歛也。凡人執有資財滿貫，應於四什取一，以給貧乏，踰年一算。每金二兩，捐金五分，每銀一十四兩，捐銀三錢五分。錢貨作銀，租者如貨。牛滿三十，捐一犊，四十捐一牸，六十捐二犊，八十捐二牸，餘如算。羊滿四十，捐一羖，至一百二十一，捐二羖，二百有一，捐三羖。三百有一，捐四羖。至四百亦然，餘如算。駝滿五頭，捐一羊，十駝捐二羊，十五駝捐三羊，二十駝捐四羊，二十五駝捐一駝，餘如算。諸畜營運生息者如貨。田園所產。抽其什一。鑛窖所得。抽其五一。羔犢無課，有壯必捐。被貧自捐，負債無課。受課者穆民，良人，在生貧乏，先親而後疎，先近而後遠。有餘入義庫。父子不相與受，夫妻不相與受，主僕不相與受。富者之幼子、奴僕，不應受他人之課財。課財不與哈申人，尊聖族也。故給與不應受者，應復給。誤給與不應受者，不復可也。是故給者必慎，受者必謹。蒙溷而取其財者，罪在不宥。聖人曰，凡物有課，有所能而施之，以濟不能也。財富者，利濟貧乏。學優者，導化愚頑，言美者，釋訟解爭。力強者，扶危助弱。廣修屋廈，以延賓客，多備器用，以應借貸。皆課義也。

天堂地獄

綜　述

馬注《清真指南》卷四《世紀》　穆罕默德至聖，貴過十二萬四千有零聖人。穆罕默德至聖教生，貴過十二萬四千有零聖人教生。眞主浩恩使我得爲至聖穆罕默德教生。府爾歌你。貴過前聖一百一十三部眞經。眞主浩恩使我得從穆罕默德聖人之教，聞府爾歌你尊經，天堂極樂，地獄極苦，後世極長。能保守以媽納者回賜天境。眞主浩恩賞我以媽納，得登永久天堂。以至微之身軀，蒙至大之恩賞。虛延蕩費，不自珎重，若琉璃置於危欄，珠寶繫於焚閣。雖至愚之人，猶知其危之必及也。經云地獄爲火，罪人爲柴。後世考算日期，先從拜禮，拜禮不遵，餘功無濟。若無故撇失一番，按每番懲以六千四百年之火刑。一年八十月，一月八十日，光陰如此其長，火獄如此其苦。吾故表而出之，以告夫天下萬世之爲聖人教生者。巢居知風，穴處知雨，網無綱而不漁，車無轅而不載。堯以天下讓舜，舜以天下讓禹。至聖寧求考賽而池，搭救穩默特。公而忘私，義不及己。蓋謂一方之升沉，係於以媽目，納媽資即其戰場，以媽目爲旗纛，贊理勦軍政，助理援抱皷。申令習熟，進退咸宜，然後一軍之性命賴以存活。又如泛海之舟，風狂浪急，日遠道長，必資掌柁之智公。當此責任，父不得委之子，兄不得委之弟。然後一舟之性命得以全活。今欲泛塵世之苦海，禦邪魔之伏寇，入狹暗之墳塋，當御問之炎熱。過咆喇特之長橋，越地獄之火禁，登天堂之樂境，乃以無德無學者居之。一方之疾苦不聞，往來之痛癢無關，父子相承，兄弟替代，私富衆爲壟斷，避瘠寡若針毡，正道衰禮義廢，教化不行。聖諭云兩等人將我教道後輩斬絕。一乃有學無

行之首領，或人效之習爲違背。一乃有行無學之清廉，或人蹈之陷於異端。後世御問之曰將以嫣目拷問七十二次，吾故表而出之，以告夫天下萬世之爲首領者。忠貞之子，誓不從逆，因親之孝，不改善行。

又　眞主浩恩。從聖人中揀選至聖穆罕默德，從男子中揀選先賢爾哩，從女人中揀選聖女法土墨，則今日之爲聖裔者又一切聖裔中之揀選。譬猶龍虬鳳鷄，魚鳥共慕。蒙此莫大恩典，處此至貴品級，即天命聖行，力行不輟，猶虞德不能修，學不能講，善不能遷，惡不能改，火獄在前，毒蟒在後，有玷至貴之宗祖，而虛延歲月，匪類相親，順阿丹之仇敵，違欽命之聖行，考妣無所望，鄉黨無所稱，令順命之宗祖，寧無寒心。故聖諭云凡清廉計較，屬我後輩，此不得已而警諭。後人之嘆，即聖如努海，洪水之災，不能免其妻子。貴若至聖，幽栖之苦，難以寬其父叔。經云的實額卜他利卜在地獄至淺處。故經謂普慈今世，獨慈後世，立法威大將，至公無私親。興言及此，能不慟心流涕。恐逆命之先靈，無能寬其罪罰，雖有聖子賢孫無可搭救。又甘爲不准搭救之人與無搭救者。經云也沒有進地獄的，則除是不信正道，轉臉薄福之人。揀選今世弱實者漢難是他歸結。

又　吾故表而出之，以告夫天下萬世之爲聖裔者，中人之學百不得一，處叵智而博學者千不得一，博學力行歸於中正準繩者萬不得一。是眞主以至愚者寄於至智之教化。譬若瞽目之人，不知兩閒萬物之形類，必資見者告之，猶恐告之不切，而知之或誤，況於不告。

又　聖諭云吾教下知者有能闡揚正道，號招失路，以承聖者事業，雖非爲聖，已踐聖者之是。夫雲蒸而雨施，水流而物長，學聚而道行，同聲相應，同氣相求，則教化興。昔賢遊郊原，見蝓蟲一身兩首，爭食而自斃。鴟鴞哺其子，羽翼既齊，食母而飛。同胞相鬭，詈及父母，喟然嘆曰，此不祥之物。而不祥之俗也，道之不行其猶是乎。廉頗爲趙將，自矜功高，恥居相右。藺相如引車避之，從者不悅。相如曰，國之所以存者，賴吾二人。兩虎相鬭，勢不俱生。因私憤公，於理非忠。廉頗聞之負荆請罪。蓋眞主以明命諭諸聖人，聖人以明命寄之學者。古今之遼，天下之大，萬民之衆，風俗之殊，語音之別，異端之岐，譬若人非同病，藥非同性，醫非同方，治非同術。以不同之術，治不同之病，猶恐針灸妄投，死生反掌。聖諭云爾等與人言，須量其知識智慧以明厥道。未可強彼一曲之耳目而覺殊異之音，文眞主諭。

又　聖人曰我不差聖則已，但差聖，必就其音文，使之易傳教大衆。今以至孤另之教門，雜處於異端蜂起之會，若孤城受敵，內寇難除，必得智勇死節之士，共勳國務，始乃有濟。柰才無寸長，驕心滿尺，少有勝已，陰計喪之，唇亡齒寒，葉落枝冷，遭此劍害，不知凡幾。欲求道行，烏可得乎。聖諭云矜高不憒，乃教門之讎敵。昔爾哑嚌勒功業過於天仙知識超於列聖，高傲頓生，奸詭不憒，永貶下極。

又　聖諭云天經在壞人腹中是個孤栖。後世以火磨研壞事，學者之首。吾故表而出之以告夫天下萬世之爲學者。

又　默思只德貴過一切房屋，天房貴過一切默思只德，天經貴過天房，是在有力之人不時修補。則堅固整齊。無虞風雨。房屋比教生，默思只德比首領，天房比聖裔，天經比學者。

又　經云眞主造化性靈，在命世有四班，在身世亦有四等。其一乃至聖大聖欽聖之等，其二乃覺聖大賢確認之等，其三乃清廉力行誠信之等，其四乃逆恩違命奸邪之等。又將三等分爲九品，亦如九品天仙之職，歸原於九重。至聖乃哈聽則寄寓天之第九重，即阿勒始名曰靜天，故相合哈聽之時景而沒者，其品位居於第九重。大聖乃烏六勒阿竇密則寄寓天之第八重，即苦爾西亦名靜天，故相合烏六勒阿竇密之時景而沒者，其品位居於第八重。欽聖乃勒蘇禮則寄寓天之第七重，故相合勒蘇禮之時景而沒者，共品位居於第七重。覺聖乃納秘欲則寄寓天之第六重，故相合納秘欲之時景而沒者，其品位居於第六重。大賢乃勿哩則寄寓天之第五重，故相合勿哩之時景而沒者，其品位居於第五重。確認乃阿力伏，則寄寓天之第四重，故相合阿力伏之時景而沒者，其品位居於第四重。清廉乃咱吸德則寄寓天之第三重，故相合咱吸德之時景而沒者，其品位居於第三重。力行乃阿必德則寄寓天之第二重，故相合阿必德之時景而沒者，其品位居於第二重。誠信乃謨民則寄寓天之第一重，故相合謨民之時景而沒者，其品位居於第一重。是此三等屬於揀選之人故眞三諭云我把經典賜與我揀選的板德，的實一切順命好人，俱入天堂。其一等屬於薄福黜退之人。亦有三等，一等屬於母思禮媽納黜退之人，毋納費格是也。一等屬於外教薄福之人，異端左道是也。一等屬於毋思禮媽納行異端左道之事。俱屬薄福黜退

之人。故眞主諭云的實逆恩違命奸邪之人，一總在者漢難地獄。譬之房屋，有屬謨民者，有屬外道者。謨民房屋所集眞經所言正道所行順主之事，歸處天堂。外道房屋所集罪案所言邪道所行叛主之事，歸處火獄。又若魚龍混於江海，玉石雜於邱谷。眞主諭云你們入在我的奴輩裡，入在我的天堂裡。蓋謂謨民行奴輩之事，令行禁止，自能得主之天堂。

又 凡人顧念，同教衣食相助，患難相扶，勿違主命，勿傷謨民之心，譬如孝子顧愛同胞手足，自能得父母之歡心。經云則除是那等之人病熱狂言，是非顛倒，以熱爲涼，以甘爲苦，蓋謂病人內外皆病。美好與彼無分。故聖諭云天堂憑一切人不喜之事圍繞，地獄憑一切好慾圍繞。慳吝轉臉，後世以火具烙其額肋肌膚。吾故表而出之以告夫天下萬世之待同教者。首領係大衆之性，作歸眞之導引，代聖宣化，任重道遠，利則歸人，害則歸己。譬若默思只德上蔽風雨，下安衆人，欲求堅固修理，非一人之力，東土無養贍之助，既無恆產，法令不行，憑舌政以化羣衆，雜教攙擾，若逆水挽舟，行於風波危瀾，故跟隨一拜，抵七十拜之功。聽講一時，抵七百年之拜。饋贈一臠，開七十起之罪。柰駑駘雜於騏驥，言行難兼，雖聽拜沾其福利，而自欺難逃重罰。吾故表而出之，以告天下萬世之待首領者。聖人爲眞主之篤愛，聖裔又聖人之篤愛。故經云你讚主着，讚聖人着，讚主讚聖須讚聖人之後，以希聖人搭救。聖諭云吾子孫若星。星存則天存，星行則天壞。吾子孫不至其處則地壞，而搭救無分矣。譬之天房爲一切默思直德之首領。一經取起，則洪水即至。故聖諭云吾教生中誠能見我之後，賢者愛之，不肖者憐之，困貧相濟，推食解衣，如登努海之舟，雖彼無力相酬，我爲報之。蓋努海之舟，惟順命者，始能得登，一經攜濟，兩世超脫。柰珷玞雜於美玉，眞僞難分，雖敬者沾其福利，而假冒難逃重罪。吾故表而出之以告夫天下萬世之待聖裔者。

又 學者寄眞主之明命，代者白勒依勒天仙之職。居欽差至聖之品，故叅悟一時，勝愚人日間忍饑，夜間辦功。二萬日之功課，講學一時，勝侍奉主二萬年之功課。辦功一日，勝愚人四十年之功課。譬若天經未降則普天如夜。既降則宇宙重明。造化之機，性命之旨，歸原之路，闢邪魔而崇正教，越火禁而登天境，謨民供給學所，功則均分，天堂預進。經云輕視學者，斷爲外道。柰規矩同出一源而教法各執偏見，是在聽言察理，因其所長。吾故表而出之以告夫天下萬世之待學者。

又 經云眞主不造一物則已，但造一物本以爲人。不造化人則已，但造化人本爲認主。認主而不能順主，尤勝於不能認主之人。昔一大賢，買一僕從，隨問之曰爾名甚麼。僕言叫我甚麼，我名甚麼。曰爾食甚麼。僕言與我甚麼我食甚麼。曰爾幹甚麼。僕言吩咐甚麼，我幹甚麼。曰爾要甚麼，僕言爲僕者不敢言要。曰凡事依我，爾可動怒麼。僕言爲僕者不敢有怒。大賢一聞此言，相謂自性曰爾貧難奴僕，在保養爾之主上，亦有此忍耐順伏如僕人之言行者乎。於是羞愧慟哭，昏絕於地，愚昧不才，叨居聖裔，虛度四十餘秋，自知違命之罪，拔髮難紀，兵戈阻隔，二十餘年，幸得遊於燕魯吳越齊楚中山秦蜀滇黔之會。海內名師，或覯其書或見其人或聞其教，採天下之遺珎，一準於經書，擇聖賢要錄，揆以禁律，有者不敢隱，無者不敢增，賢者不敢貶，不肖者不敢譽，紀爲是集，以俟夫天下萬世之有眼有耳有舌有心有身之人，所共覩共聽共言共思共行憑聖教之調養保守這一粒眞種，越三十六千世界，復歸命世之原品，庶無負眞主降經差聖，作迷海之巨筏，同登極樂云。

又 竭天下之脂膏，齋僧賚道，而恩不加於骨肉，卒死臺城，此可爲交往之鑒者三也。蓋人情不甚相遠而用捨則殊，其故者何蓋。眞主不欲以不潔之財，施於正用之地。譬之污穢之水，灌菜則肥，灌松則死。所以一見貧難，則吝心頓生，歌妓匪友，揮金若土。或爲災禍牽連而費，或爲爭訟疾厄而費，或爲焚屋衝田而費，或爲刼擄遺亡而費，如火燎毛，如日照霜，及至追悔恩慈，已遠其有。或見慳吝豪足，羨其充裕，乃是以世福償其纖好，以永獄報其巨惡。興言及此，能不懼哉，能不懼哉。

王岱輿《希真正答》卷上《善惡》 客問曰：貴教之倫，人死歸墳，而賞罰即及之，但不知善人何以便通天堂？惡人何以便道地獄？幸爲指示。

答曰：善人歿後，自有天堂吉兆，非即天堂也；惡人歿後，自有地獄凶證，非即地獄也。故云：肩擔荆柴親樵採，體着綾羅自織機。善惡到頭終貼體，情財途半豈容隨。所以德不孤處，暴不安存，此之謂也。必待考證之後，始得各有所歸焉。

客曰：墳墓之下，謂相近地獄可也，其與天堂相隔懸絕，何以能通？

答曰：吾試問兄，比如夢游海外，到人所未到，睹人所未睹，其人曾離寢榻否？

客曰：未也。

曰：夫身未離榻，則無所不至，其墳墓之中，相近天堂，何足爲異？

客曰：人死無知，何以能覺疼癢。

轉問曰：人之與草木孰靈？

客曰：人靈于草木遠矣。

曰：草木凋枯尚存，浮沉寒熱之性，能治人間疾苦，人死歸墳，豈得不知痛癢。

客曰：身受大刑，何故尸骸不化，數千百年如故也？

答曰：當體之火，較之身外之火不同，即若種中紅翠，本非自外而生。是故病冷者，雖棉絮重加，猶顫不已，無异立于冰雪；病熱者，縱身處清涼，尚炎蒸自若，不啻置于紅爐。此理現著目前，同眞火而不焚，共元水而不溺，悟此者，其墳中火刑，尸骸不化，又何疑焉？

客曰：或有尸骸，盡化爲土，復何以受其刑罰乎？

答曰：因人原系土造，死後復歸于土，此理之自然。但此身之土，不與大地之土相同，即如海咸河淡，江濁河清，分之不開，合之不共。是以經云：「窖罷砂糖後，相親土亦甘。」況妙明之與身體，生死相偕，靈超萬品，自然覺諸苦樂，終來還復原身，豈復與地土相雜，蓋余兹論，特因人之知見，易于誠信耳。若夫眞主之大能，即萬物之有無，人神之生死，莫不任從，無可不可，豈吾人微渺之知見，所能窺其玄妙也哉！

戒持

綜述

馬注《清真指南》卷四《戒持》 釋言齋口，道言齋心。齋口者貧乏易能，齋心者隱僞莫測。清眞齋奉主命，則兼內外而戒持之。此齋之獨異於諸教也。經云眞主造化天仙人物。純清而無染者爲天仙，純濁而無清者爲禽獸。人性氣稟清濁而善惡兼故。勝其清者則品踰天仙，勝其濁者不若禽獸。若非絕嗜好節飲食減寤寐遵命辦工，何以上契天仙，下分異類。此戒持之爲切要也。戒持之利有五。一曰習其清淨，顯爲人之貴，增其品級。二曰克去己私，清心內之晦蒙，增其記想。三曰知貧乏之艱難，以行周濟。四曰爍煉心性，避獄火之侵臨。五曰暫忍饑渴，享永久之天饌。譬之瓊林玉宴光及祖考。若非寒窗十載，棘闈三試，何以名登天府。故心以世用者，以世福報之而非眞福。若心以主用者，以眞福報之並兼世祖。所謂修其天爵，而人爵從之。儻心希人爵，以修天爵，眞主能知人心虛僞。若東家爨火，求煖西隣，豈不謬哉。且人之一身，有眼耳鼻舌之四關，爲色聲香味之所出納，又命視聽聞嘗以司之。眼耳鼻舌屬於父母，色聲香味屬於萬彙，視聽聞嘗屬於眞主。屬於主者以嫣納之照察。屬於物者魔祟之侵擾。屬於父母者愛惡之原根。目之於色，不可不察。耳之於聲，不可不審。鼻之於臭，不可不清。口之於味，不可不潔。故身爲之役，而心爲之宰。經云爾須以相反之劍，降伏自性。自性之戀有六，曰恩愛也，財物也，安居也，飲食也，寤寐也，衣服也。恩愛之情隆，則近主之念寡矣。財物之情熾，則悔罪之念寡矣。安居之情盛，則辦工之念寡矣。飲食之情侈，則認實之光暗矣。寤寐之情濃，則悟道之門塞矣。衣服之情奢，則謙抑之念寡矣。譬之雨露潤地，萬物爭妍，嗜好相攙，慾情愈熾。

又 天經諭云我造化你，原非爲嗜性受用與生靈好慾。莫非你們猜度，我造化你們爲頑戲，將來不歸於我麼。昔倚補喇欣阿達憨國王踞龍床侍美女，歌聲嗎嗎。赫衮聖人夜行宮中，王曰此係宮院，何人至此。聖人曰因失去駱駝，故來尋訪王。曰深宮安有駱駝。聖人曰深宮既無駱駝，龍床安有天堂。言畢而去，不知所往。次日王設朝，聖人復至殿前。王曰汝是何人，入吾禁地。聖人曰此非禁地，乃客店爾。王曰何爲客店。聖人曰我且問王，此殿傳自何人。王曰吾父。聖人曰王父傳自何人。王曰吾祖。聖人曰王父何往。王曰薨矣。聖人曰王祖何往。王曰薨矣。聖人曰死者既往，生者復來，來來往往，不知住過多少帝王。豈不是一個客店。王遂醒悟，棄皇宮，遊海外，辦工終老，去而不返。嗟我同儕，非有崇樓峻廈，

不過旦夕容軀。非有龍牀錦被，不過勞倦就寢。非有侍妾金貂，不過蠢妻拙子。非有錦繡粱肉，不過麤衣糲食。非有僕從車馬，不過信步徒行。甚至傭工就食，地無立錐，草鋪石枕，卧無衾薦。隻身吊影，無妻可伴。負重道遠，無時可息。懸釜待炊，無食充饑。囊罄身貧，無財可用。汲汲遑遑一求不得。窮苦如斯，懨賤如斯，世路風濤，欲去不能。乃欲以苦海爲安居，認客寓爲長住，無常生死，了不相關，一塲春夢萬事都已。誠念及此，則妻子之眷念自寡，財物之積貯自消，安居之棟宇自蹋，飲食之豐美自淡，寤寐之鼾息自醒，衣服之文繡自厭，功名之熾念自冷，富貴之驕奢自抑。故日禮五時，歲齋一月，若丹成九轉，眞金百煉。所以遠色慾愼取捨禁安逸節飲食減寤寐厲衣服者，習主之清淨也。眞主諭爾撒曰你饑餓，你就見我了。你單獨，你就緒連我了。又諭云戒持類我，親賜彼也。戒持之報，非天國可償，必須親賜。親賜者覲主於無尙之慈，受恩於至優之例。若功臣面帝，御錫加封。自與守土各異，光明透徹，神速不壞，天國諸樂，如意所取。故眞主諭云我在清廉的板德上，預備下目不曾見耳不曾聞心不曾思慮的那些恩典，較之富有萬方身登九五，不過浮生一瞬，露電泡影。經云塵世古今之橋，人生塵世之夢，趁此瞬息韶華，急備無窮實用。譬如血戰爭功，必須身冒矢石，得者身榮世蔭，不得名辱身亡，豈不悲哉。或曰清眞教本清淨，乃以啖肉爲齋不禁牲殺何也。曰三才之內，惟人至貴，天地即其廬舍，萬物皆爲培養。且如胞中飲血，誰能教之。出腹啖乳，誰能使之。又如家畜貓犬野獸虎豹飛禽鷹鸇，造物之微，非肉不飽。乃欲違造化之恩，遵異端之學，如是反牛羊爲貓犬，易麞麂爲虎豹。若以燕雀爲鷹鸇，此必不得之數，方悟眞主大恩，各樂其所，各食其食。若君之賜臣，父之賜子，而無受可乎。故凡以義取者，食葷亦可食素亦可。若行不合義，取不合道，雖蔬食菜羹勝飲脂膏，伯夷叔齊恥食周粟，隱於西山，採薇而食。或有譏之者曰薇亦周物，遂餓而死。孔子曰古之賢人也，盜蹠横行天下，鷄鳴而起，孳孳爲利。孟氏謂之賤丈夫。況齋之爲言齊也，戒之爲言禁也。素之爲言淨也，葷素豐歉，隨遇而安。沙漠鮮穀，則産牛羊。東海多魚，衣皮啖肉。即若南泉斬貓，志公啖鴿，猶且未測機關，況清眞至理，豈一偏之見所得而訾議者。

又 或曰然則殺無忌歟。曰妄殺之條經律切禁。如非爲父母師長節日婚喪醫治賓客之用，凡以資口腹之肥甘莫之節儉，或一割兩命絕其乳哺，實所以傷好生之仁。然諸類之中，牛功於世不宜輕宰。經云凡人妄殺一牛，勝於屠宰衆生。若夫販殺爲業，無非下愚。較之至人，視若探湯。且互鄉之惡不能易孔子之聖，桀紂之不善不能污堯舜之美。儒門養親以肉食，其於賓客婚喪養老贍疾之用與吾教大相表裏。至於奉天祀天，皆嘗用之。若賢與不肖，諸教皆然。豈獨疑於清眞哉。

又 或曰肉食之條既得聞命矣。不食外教所宰何也。曰良士不飲盜泉，正人豈食妄殺。且物之生也憑主而有，其盡也亦憑主而沒。若其牲殺之際，上不白於主知，下不當乎正用，以不潔之庖人，加無名之刀刃，何異昏夜殺人。私其貨利食之者，罪與同等。至如誤傷自斃奪掠竊騙之物，用以資飲食之豐美者，實若鴆酒止渴，毒肉充饑，非不暫飽，死亦及之。經云凡人以一口不明不潔之物入於胞腹，眞主四十日不准其功行。推此理也，孰是孰非，孰得孰失。若釋氏之不耕而食，不織而衣，遨遊天下，蠱毒仁義，欺君傲長，絕滅人倫。此天下之廢民也。哀哀父母，生我劬勞，乃棄之而不養，雖曰食稿壞，身蒙重罪，食稻衣錦，於汝安乎。孝經有云身體髮膚受之父母，不敢毀傷，孝之始也。乃捨身割肉，恩及異類。令三十年後，盡幾禽獸之世。彼又曰無故而殺，我父母不得心懷怨憾。無明頓生，嗚乎。父母根本也，以不共戴天之仇，視同陌路。王法五刑之屬三千，罪莫大於不孝。妄言仁物，而不仁人，是之謂不知本末。

劉智《天方典禮擇要解》卷七《齋戒》 齋者，止食色以謹嗜慾也。每年一月，鷄鳴而食，星燦而開。一日之中，省躬滌過。故齋之日，官不聽訟，民不列市，君不設朝，不幸野。齋之前，必致意。甫月朔，見月而齋。有蒙則足其前月三十日。齋二十九日而月見，開矣。齋竟三十日而未見月，開矣。凡疾病或旅途，俟後補可也。齋爲善。婦女行經，或産後，宜後補。乳孕畏傷，後補可也。誤破一日，補一日。故破一日，罰二月。無能，釋僕一人。無能，食貧六十人。每麥二觔。亡人欠齋，按日罰麥如數。衰老維難，且罰且補。病旅至死，無罰無補。聖人曰，凡物有課，齋，氣質之課也。又曰，齋非僅止食止色也，務齋諸耳目身心。故齋之日，不起妄念，不動塵思，舉止唯敬，語默唯恭。

世紀

綜述

馬注《清真指南》卷四《世紀》 昔者阿丹沒，施師亡，三千年後，正道幾息。至於努海，主降洪水。天房起，邪敎滅，人物復孳。又千五百年，至於倚布喇希默，復天房之貴址，挽人心之既潰，苦身焦思，撥邪返正。又千二百年，至於穆洒，克承主命，敎起奕世之衰，道濟人心之溺。凡五百年，至於打烏德，主降聖子。後五百年，至於爾撒，生而能言，感應萬狀，惜也登天之跡已杳，而認拜之理難憑。又六百年，至於穆罕默德聖人，授受眞經超越萬聖，天仙不復降，聖人不再生。由穆罕默德至於今，一千一百餘歲，去聖人之世雖遠，越聖人之居雖遙，而眞經普布，遍於寰宇。是眞主之禁令，無日不昭告於天下萬世。天下萬世如聆眞主天仙聖人之音諭，譬若皜日當空，明者自見，轟雷震地，有耳能聞，惟瞶聾者無與焉。經云無一物能承載眞主，惟謨民之心。先賢曰吾見眞主造化人神魔類，約有十分，惟一分屬於人類。又將人類分爲一百二十五分，一百分屬於野額朱者。默額朱者二十四分俱屬外道，歸處火獄。惟一分屬於母思裡媽納，又將母思裡媽納易爲七十二敎。七十一敎任性行爲，歸處火獄。惟一分屬於以思喇目。順命之人譬若金之與銅銀之與錫玉之與石珠之與蚌。噫危矣哉。眞主造化天仙神鬼水陸飛行，何止萬類，惟人至貴。眞主浩恩，使我得爲人品。人品之中，惟男至貴。眞主浩恩使我得爲男子。以思喇目貴過前聖一切敎門。眞主浩恩使我得爲毋思裡媽納，行以思喇目本來。

又 問人生五個時光。眞主如何命有無無有。曰譬如能文之士，諸緣未起，意見未生，清淨本有，寧定無遷，聲臭題曰杳不可得，此原無之時也。及其諸緣既發，喜怒既生，因物起興，觸目感懷，雖無文字聲音，雄詞麗語，其間抑揚起伏，美刺貞淫，已早具於胎臆之中。此命有之時也。亭臺既設，珎玩既具，飛耎動植，鳥卉喧華，寓目成色，觸耳爲聲，則不得不借筆以導其幽懷，假紙以通其情節，或爲經論，或爲詩辭，百家諸子，各爲文章，然後清濁高下，虛實有無，小大長短，方圓平直，品類名色，六律五音，尊卑貴賤，毫無攙雜。天地以位，日月以度，四時以序，天仙以職，萬物以時，邪正以辨，姓氏以分，一物一理，一字一義，天地雖大，分之不離。萬物雖繁，共之不合。人雖極小，所包者大。此命連身體之時也。

文章既著，丰姿既吐，筆之壽以日計，墨之壽以月計，字之壽以世計，觸於目而記於心，如香在爇，如聲在鐘，蟬脫蜓飛，龍騰豹變，萬卷千章，終成糟粕，菱花止水，形影無差。回視軀巢，如夢初醒。此命離身體之時也。雷鳴菌生，腐草成螢，物之原無，能命其有。以原有之有，復命其有。譬如典籍雖焚，眞傳尚在，重憑筆硯，再錄新書。因其高者高之，因其下者下之，無垢無淨，不增不減，陽和普布，枯稿復生，春令雖榮不能易蕎爲麥，變稻爲黍。此今復身體之用也。是此五時，時光不同，工夫各異，無非發揚主人之妙用，漏洩今古之文章，試問秉筆何人，可以知造化有無無有之主也。

宗戒

綜述

馬注《清真指南》卷五《宗戒》 仲脩居，世英世雄侍。曰眞主有至恩至慈，以命聖人。聖人遵之，以修德立敎，使無害於身，無陷於親，汝知之乎。對曰未也。曰居吾語汝，祖宗遺訓。首行天命有五。一認主保守以媽納，二禮拜五時不可斷續，三出天課按資財無隱。四持齋內外交潔，五遊天房生平一次。此五事者，猶儒之有五常，缺一不可。經云謨民之與外敎無所分別，惟此五事，否則與左道無異。今世謂之不祥，後世必受永罰。爾其戒之。

子孫無論賢愚，自幼務使從師。蓋經書乃培養善脉之根本，超凡入聖

之舟楫，經云男女尋學是天命中一件極要緊事。儻力薄不能從者，衆可助之。古人立義學，何况同宗。若游手好閒，放蕩不經，則百邪並見，將由惡終者矣。或有不振子弟，親房長者，可訓之以禮義，導之以禁律，勿使自困以傷天和。爾其戒之。

世有四等，曰老曰病曰鰥寡曰困貧。當親壯時，猶能起居自理，及至龍鐘鵠立，扶杖易仆，寒夜寂若，鐵骨難挨，或久病坐臥，不時遺溲，穢薦可憎，親所賴子者，此時子所報親者，亦惟此時。又如老景失偶，人人鼾睡，個個貪歡，寂寞更長，孤椀流淚，儻有孝順兒孫，尙娛晚景。設或不肖子媳，逞驕撒潑，一點骨血，空博半生，望一味以垂涎，丐三餐而忍氣，怨若呑聲，憂悶成疾，子孫當竭力盡孝，不可疎畧，言之慘傷，慟心流涕。爾其戒之。

又 親在不可遠離，一行一動，須宜稟命父母，勿使皓首窮年，倚閭嘆望，不惟有傷親心，亦且有犯天律。即父母身歸黃壤，心盻亦然。經云亡者望人搭救，若船至波心，忽遭風浪，覆桅反柁，情迫心忙。穆洒謂爾之脚步若常遊親墳，則天仙脚步不時探你。興言及此，能不慟心流涕。柰有視父母爲路人，棄廬墓爲荒墟，生死忌旦，渺不相關，背井離鄉，終身不返，他日亦何面目見雙親於地下。爾其戒之。

又 生前之孝有盡，死後之孝無窮。二親既沒，不可謂去世久遠，便置膜外。嘗思父母如何生我，如何恩我，如何念我，須要日日於拜禮之後，爲彼求祈。有一日之性命，完一日之子職。更將所積資財，濟貧拔苦，贖其罪愆。子孫有愚不肖者，多方勸諭，教以習學經典，勿致干連宗祖。骨肉之間，遇有饑寒疾厄，加意周恤。此是追遠養志的一番實事，不惟可以報本，亦可以垂後。爾其戒之。

又 人倫有五，兄弟相處之日最長。君臣遇合，朋友聚會，遠近難必。夫妻配偶，早者以二十歲爲率，惟兄弟或一二歲三四歲，相繼而生，自竹馬同遊，以至鶴髮鮐背，進退周旋，恩意浹洽，其樂寧有涯際。乃有不肖手足，絕音問往來，鬩牆思訟，至於異姓，則結爲兄弟，讒夫迸之上賓，豈非第一件顚倒事乎。獨不思父母生我兄弟，如十指在手，長短痛癢一般，兄弟相殘，痛沿父母，苟能平心察理，善體親心，不順婦人言，不聽細人語，則釁安從而生哉。和氣生於家庭，門闌自多吉慶。爾其戒之。

又 一家不和多因婦女，以言激夫搬唆是非。蓋婦女不讀經書，不明義理，所見不廣，又如妯娌，皆異姓稱呼，非自然天合之性，輕於割恩，易於修怨。丈夫非有遠識者，則爲所役，而不知覺。然裙釵者流，日處閨閫，無賢師友相與周旋，又安怪其然哉。經云女人之知識與正理相反，反其所事則理正。書謂牝鷄司晨，惟家之索過。雖罪婦，責在其夫。爾其戒之。

又 婚姻爲人道之始，嗣續之源。世俗求婦必擇高門，入室先問裝奩，以至妯娌忌嫌，舅姑偏愛。此亂忿之尤，文仲子所謂夷狄之道也。胡安定公曰嫁女須勝吾家，娶婦不若吾家。愚謂嫁娶須各自量清愼，即是高門賢淑，乃爲佳配，如此可堅兩姓之好，永保家門之慶。再如兒女長大，爭添財禮，翁老家貧，男不得婚，女不得嫁，以致內怨外曠，卒遇兵火奇窮，參商浪蕩，怨及父母翁岳。此是待兒女極尅苦的一件事。不惟有犯經律亦且良心何忍。爾其戒之。

又 族庶之衆猶枝葉。爾後人視之，覺有親疎，祖宗視之，原無偏愛，其貧乏無足論矣。間有手底寬容及爲廊宰，宜以祖宗之心爲心，一遇困貧，急力周濟，鰥寡不時憐憫。婚喪不振者，當爲贊助。或有遺孤，當收養撫育。今好善者建育嬰堂，收養異姓，何况同宗。昔晏子身甘淡泊，而祿贍九族。若獨享富貴而不恤族庶者，異日何顏見宗祖於窀穸。爾其戒之。

又 生我者父母，成我者師友，生乃血肉之身，成則義理之身。爾血肉之身在一生，義理之身在萬世，况天國地禁，永若永樂攸關，資於事父以事師而愛同，資於事君以事師而敬同。愛敬盡於事師，然後無負於教育，無愧於寸心，乃可爲忠臣乃可以爲孝子。今人於師友，視若有無，安望其德業有成，超俗類而證高品。爾其戒之。

又 治家莫先正倫，男女之別，禮之大端也。男女不雜坐，不同巾櫛，不親授受，嫂叔不通問，諸母不漱衣，外言不入，內言不出。女子出嫁，非大故不回母家，嫁而返，兄弟弗與同席而坐，同器而食。男子無故不入婦家，女子夜行必須秉燭。簠簋宜飭，帷薄宜修。女子雖才，不務外政。童僕雖能，不預內事。所以嚴其別也。昔魔首陳於聖人曰吾之用力最少，而功效最速，莫若男女相候，吾即互爲餙媚。故經云男女憑好慾，眼

彼此觀看，即斷行姦。

又 聖女法土墨見一瞽者輒避之。從者曰瞽者無目，何爲避之。曰彼雖不能見我，柰我不應見彼。爾其戒之。

又 才智矜人，眼空四海，語言剛強，舌如利劍，濫交匪友，拒諫飾非，好言人醜，惟顯己長，錙銖搆訟，忿怒鬬爭，凌薄三黨，侮慢一方。一朝運蹇，抱造次之驚，來顛沛之厄，陷入典刑，貽笑鄉黨，父母憂泣，兄弟怨愁，妻子驚悲，朋友嗟嘆，家產蕩費，吉凶難審，及其後悔，復何益也。豈若遵禮守法，屈己右人，含忍一時，退後一步，方便一言，饒人一着，使鄉黨稱爲端人，一家康樂，福沿子孫。爾其戒之。

又 奸人之前，勿露要言。險人之前，勿發毒言。先生長者不可戲言，達人君子不可隱言，父兄伯叔不可有粉飾之言，賓朋燕會不可出誇妄之言，小人女子勿告以關係之言，時事不可輕言，閨閫不可亂言，交淺不可深言，竊聽不可傳言，婚姻不可破言，正人不可謗言，借貸不可阻言，惡事不可面言，私隱不可彰言，處世不可誑言，讒謗不可信言，倨傲之人不可與言，逞才之人不可辯言。一言得失，榮辱相關，居常三復，禍何由入。爾其戒之。

又 言不可說盡，留有餘以還造化。事不可行盡，存不足以與子孫。福不可享盡，分餘剩以濟孤苦。一念之刻非仁也，一毫之貪非義也，一行之慢非禮也，一事之錯非智也，一言之詐非信也。衆人議論，勿暴人之短。稠人廣坐，勿逞己之長。人爭先而我後之，人爭進而我退之，如意不滿，拂意不怨，責人責己，恕己恕人，克去己私，即還天理。爾其戒之。

又 天下無不是之父母，而有不是之兒孫。當思身體從何而有，七尺何由而大，子年日壯，則親年日衰，子年日長，則親年日促。長則光陰有待，促則盡孝無多。乃有嚴親在堂，慈母在室，另爨分居，聽妬妻言，怨父母之不慈，致使饔飧不能相繼者。有厚於外戚，而薄於父母，私妻子不顧父母之衣食者。有父勞於耕牧，母勞於井臼，夫妻曠閑，猶道父母之不是者。有放肆奢侈，饑寒漸迫，藝業不理，怨父母之不多積貲財，以爲用度者。有兄弟分產，鬩牆搆訟，而怨父母之不公者。有執定輪養，使父母忍淚難言，饑寒失調，致成疾患者。有慵於扶侍，遇事不許開言，使父母忍氣吞聲，無可控告者。有父母病患，不延醫治，借言老病難療，展轉衾蓆，聽其死亡者。嗚乎諸如此輩，何以心忍。生不顧養，死事無益。爾其戒之。【略】親言是矣。敢問子之於親，冬則溫蓆，夏則扇枕，晝不離側，夜不離寢，飲食必親奉，糞溺不厭穢，可謂孝乎。曰是烏足爲孝。子居襁負之中，親亦如此。蓋親之於子也，日喜其來日之長。而子之於親也，日憂其來日之短。喜長則用心無限，憂短則盡孝無多。長短既不相同，服勞焉足稱孝。曰然則孰爲孝乎。曰夫所謂孝者，養則盡其敬，令則願其命，勞則代其力，憂則慰其心，惠則加其愛，食則嚥其餘，功則贊其成，過則匡其失，憂不形於色，怒不作於辭，毋抗坐，毋疾行，毋剿說，毋遲諾，毋拂志，毋登險。毋臨深，毋鬬狠。毋遠遊，毋匪交。毋違師訓，毋犯國法。毋以妻語而違父母，毋以妻語而傷手足，毋以妻語而踈慢伯叔舅姑。型於妻子，型於兄弟，生則備養，疾則調藥，死則具葬，葬則贖罪。父母雖故，不改善行，然後無負所生，無負所命，經云眞主所喜，在人子能順父母，父母不喜，雖辦工慇懃，眞主之怒必加之。能順主命，能悅親心，此之謂全孝。爾其戒之。

七天七地

綜　述

馬注《清真指南》卷七《天國》 天國盤旋七級，位在中天，上懸無極之高，下墜不測之深，齊七政以定陰陽，萃水火而分朔望，八天之樂靡窮，韶光之永不一，思而即得，無往不能，百苦莫之犯，七情不能侵，壽踰天地，品越王公，大仁大慈，無極無量，執掌眞主。言眞主大能，垂造諸天境界，率有九重，除最上兩重至高至大，至堅至明，長靜不壞，即天堂之所，萬物之界。以下復有七重，形圓而盤旋，體堅而明透。地居天之中，體圓而德方，表裏有水，載氣以浮。惟克爾白又居地之中央，若磨之有臍，居乎東者水東流，居乎西者水西流，居乎南者水南流，居乎北者水北流，又太荒之初，人生始於此地。故垂降天宇，證眞主之寶位於天地中

央，非眞主果有所在也。以故萬國之拜主者居乎東則西朝，居乎西則東朝，居乎南則北朝，居乎北則南朝，若射必中鵠。行於中堂，顧思原土。人生遊天房一次，所以報本感恩，復思原始之意也。故云垂造七級位證中天。於是就火風水土九重之體而言之，土乃水所餘之精微，水乃風所餘之精微，風乃火所餘之精微，火乃第一重天所餘之精微。第一重天珇瑁琭色，乃第二重天所餘之精微。第二重天生銀色，乃第三重天所餘之精微。第三重天紅鴉笏石色，乃第四重天所餘之精微。第四重天珍珠色，乃第五重天所餘之精微。第五重天赤金色，乃第六重天所餘之精微。第六重天黃鴉笏石色，乃第七重天所餘之精微。第七重天綠雜白寶石色，乃苦爾西所餘之精微。苦爾西有四柱，每柱脚約有七重天地之大，乃阿勒始所餘之精微。阿勒始有三十六萬柱，每柱脚有世界六萬倍大，乃眞主所造寶形之精微。崑崙之高，不知凡幾，上維乎天下鞏乎地。日月五星，經緯各度，太陰主夜，則麗天之第一重。水星主冬則麗天之第二重。金星主秋則麗天之第三重。太陽主晝則麗天之第四重。火星主夏則麗天之第五重。木星主春則麗天之第六重。土主四季則麗天之第七重。天不動而輪動，猶車不旋而輪旋。列宿麗天如蟻行板，較之天體爲硬。

眞主大能，不憑一物，不倚一物，造天地如彈丸，懸主闕下，若泡泛空中，上懸無極之高莫知所繫，下墜不測之深莫知所止，週旋不息，以北極爲天之樞紐，輪左旋，繞地周匝，日月本東行，牽之以西。

七重之旋轉不同，故四象之遲速各異。北辰既位，若門之有樞，車之有軸，所以斗一南而萬物盈，日一南而萬物死，斗一北而萬物斂，日一北而萬物生。若非樞機運於中宮，何以建四時，移節度，分陰陽，定寒暑也。故云齊七政以定陰陽。又即日月之本體而言之，羣陽之精萃而爲日，羣陰之精萃而爲月，日大月小漸磨成光。日猶火，月猶水。火則施光，水則含影。月本無光，受日則明。故女子雖才，倚夫爲榮。坤道雖成，得乾而化。積三十日爲月。月與日合，月爲日光，銷爍則晦。晦者灰也。近日則明，盡合璧則朔。朔者蘇也。漸離於日，而明漸生，如死復蘇，相與爲衡。分天之中則望，望者遙相望也。去日漸遠，當日則光盈。近一遠三則弦，弦者若張弓絃也。月右於日，其明居左，謂之上弦。月左於日，其明居右，謂之下弦。月體本滿而有晦朔望弦者，所見之地不同，故明亦各異。如此積十二月爲歲。日光本炎而有春夏秋冬者，所經之度不同，故所會之地亦異。若人生斯世，光陰雖一，年貌日更，故老者不能返少，去者不可復追。惟惜陰者如趕行人，程程各別。所以一刻光陰，不肯當面放過。

天體本明，七重透徹，若玻璃照物，愈間愈明。非純陽之光，不易及此。蓋萬物因太陽爲光，太陽因阿勒始爲光，阿勒始因眞主爲光，若靈明之與目，非靈明則目不能視。目之與日，非日則視不能明。故又云萃水火而分朔望，所以仰觀天象，俯察地理則感眞主之洪恩，周密勿遺。然所以至此者，總爲蓄這一粒嘉種。萬事萬物，損益衆生。若父母愛子，經營活計，無所不周。成者自成，敗者自敗。於是立功而上昇者，皆各有品。第一費而忉思天堂，第二特愛目天堂，第三阿待念天堂，第四邁藹娃天堂，第五咆喀睦天堂，第六格喇裡天堂，第七墨嘎彌天堂，第八護來的天堂。其第一座天堂以紅牙骨寶石化生。第二座天堂以綠寶石化生。第三座天堂以赤金化生。第四座天堂以珎珠化生。第五座天堂以生銀化生。第六座天堂以珇瑁綠化生。第七座天堂以毫光化生。第八座天堂以各寶石化生。曲水流泉，同源異味。金城瓊宇，玉貌天香。

細嵌之亭，珠帳之所，園囿奇珎，逍遙快樂。眞主賜人極樂眞境。雖數十百冊，難以窮紀。而所最上者，畧有五端。其一不壞，其二不滅，其三光明，其四透徹，其五神速。不壞者七情六慾不能侵。不滅者水火刀兵不能犯。光明者日月照臨不能及。透徹者金鐵堅實不能阻。神速者遐邇高下可立至。動而如意，思而即得，更不再死。非若今世之樂，到十全處，猶未爾心。蓋今世之樂，有聚必有散，有得必有失，有生必有死。樂極悲生，種種變遷。故心以體用者，體亡而樂亦與之俱止。若心以神用者，神存而樂亦與之俱存。謨民以身體拜主，處富貴而不移，遇貧賤而愈堅，以心神事主。恐懼不能喪其志，憂患不能果其心，故兼滿形神之樂。與眞主契與天仙隣與樂國久。所以壽莫過於天地，天地之固，有時而毀。而壽踰天地。貴莫及於王公，王公之權，有時而息，而品越王公。委實眞主是至仁。及於謨民，獨恩慈於後世。尊無可極恩無可量，執掌天地人神萬物之主。

又《地禁》 普欲衆生，得回正道。設卑暗之囹圄，作逆恩之永域。

罪種種以服心，網恢恢而不漏。七幽之苦靡窮，長夜之景不一。罰滿上昇，孽沉永墮。吉人早悟，得超天境。至仁至慈，至公至斷。還報眞主，言眞主自止一之餘光，造化一切聖賢良善之靈覺。惟迷人又靈覺中之黑暗。若三峽之水，雖本一流，升沉各別。眞主普慈，恐人人失迷正道，所以降經差聖，直指迷途。柰人心錮蔽，違命不遵，眞主以怒造地獄。在七重之下至卑至暗，愈下愈污，原所以預備逆恩違命犯禁肆惡之人並鬼祟之棲所。於是自七重之體而言之，第一重名蕓雅，即人神萬物之所。第二重名篩他肆特，即壞世之風。昔呵得倚攬抗違眞主，主命此風吹滅。第三重名擺他肆特，其人牛耳牛足，未爲善惡，亦無昇天入獄之日。第四重名白推哈肆特，主命硫磺化生，以備罪人獄火之用。第五重名撒可肆特地，皆蛇蝎，蝎尾三百六十鋒，鋒皆毒液，以備罪人獄毒之用。蛇之大不知其幾千百程也。第六重名白兩撒肆特，即獄災之所。其有不順主命不遵聖語不孝二親姦邪悖亂，身故之後屍墜於此，以受罪報。第七重名賽利肆特，主造高臺一座，滿獄火具。作惡罪人幽絆於此，與鬼祟永伴。是此七地，層層間隔，界若蜂巢。善而死者其體清寧，惡而死者其魂下降。所以智人警省，一聞此言，若虎伏前途，自不敢亂行亂語。惟逆恩之人，背主明命，若逃僕叛臣，認賊黨羽，迅速無常，壽殀莫測。及爾身命兩離，荒墟孤塚，浮生之名利盡撇，生平之孽苦相隨。惡具當前，廻旋莫避。至窄至狹，兩脅攙錯。火窻千窟，十萬兇形。主命黑雲一道降入窀穸之中，化爲蛇蝎咀螫之苦，痛息無休。量其心志遠近，以爲罪罰輕重淺深。非若今世，罰可倖免，罪及無辜。在眞主無錯刑也。蓋人生斯世，富貴不致終身，長壽未必百載，百計營謀不免一死。故經云無常是碗苦湯，是人親嘗一次。所以大化恢恢，何曾遺棄一人。及至復生之日，考算已畢，主生咆喇特一橋，徑越三千年遠，其細如髮，其利如劍，其黑如夜，七關之中，順違立辨，墮及地獄，萬苦交煎。第一者漢難地獄，第二咆爾依勒地獄，第三愛呀地獄，第四來咱地獄，第五咆革爾地獄，第六喉特墨地獄，第七哈韋葉地獄。無量無邊，無可窮狀。罪人之體，遍滿其間，各以其應受罪罰，邪鬼相伴，枷鎖拘連，黑暗之中，如同長夜，自覺普獄，惟己一人。其一驚恐，其二憂愁，其三傷疼，其四疾患，其五饑渴，其六不死。火川火凹，火泉火林，如魚在釜，脂膏皆盡。哀痛之聲，上聞眞主。復生幔帳，隔蔽烟熖聲音。其有謨民或有過愆，生前解補未盡，至此受其苦罰。如泥出珠如火煉汞，燒盡罪孽，乃得脫離。豈惟老壯爲然，雖嬰兒孺子勿容踈漏。然嬰兒無知，未爲善惡，無罰可加，處此非有所苦，第無昇天之日。

七幽之罰，既不相等，總一日有五萬日之長，與人世不能相一。蓋人世之苦，至難忍難受，死而則已。地獄之苦，欲生不能，欲死不得，惟以媽納之護持。若員不失印，雖遭險難，終非永苦。其有子孫或行正道，遵命辦工，宥其考妣，藏至仁於至怒之中。所以上等之人，智慮超遠，於未死時便想到既死之後，人世萬般情景作何結局。一聞眞經指迷，聖人喚醒則心間誠信，身體力行，戰戰兢兢，臨深履薄，一息光陰，不肯當面錯過，所以蒙眞主之獨慈，得超天境。若夫絡身迷惑，浪蕩此身，不畏眞主，不懼後世，不信經書，不遵聖行，任意縱橫，至死無悔與知禁故爲，應行不作，所以有一日之壽數，即一日之孽根。及至死時，罪積如山，墮及地獄，若石落空中不至墜底，不能住足，再無有出脫之期。天經論云那一起抗命之人，因他們不信天經，將他們趕進地獄，永罪無赦。委實眞主是至仁及於普世衆生，至慈及於順命謨民。公而無私，斷而必果，還報一切善惡。

又卷八《登霄》　維勒哲卜月念八日夕，至聖宿於姑家。時夜將半，忽聞空中翛然之聲，如傳命而至者。聖人驚起危坐，廼大天仙者白勒依勒，倚思喇飛勒，彌咯依勒，禮自垈勒，率領一切天仙奉主命以寶瓶仙水衣履冠束，引仙驄，召聖登霄。聖廼躡石乘馬。四仙開道，左右一十六萬天仙各執光明寶燭，憑虛而御。行至一處，見一起人，從前而呼，聖人不應。又一起人，從後而呼，聖人不應。又一起人，從右而呼，聖人不應。又一起人，從左而呼，聖人不應。聖問天仙。天仙曰，此四起者廼特爾撒與誅獲反涉，疑行術之人，幸爾不應。爾之教生，不得轉爲外道。復往前行，見一老婦，頭飾金珠，身穿綵服，項掛珠絡，嘻迎聖前。口呼聖名，聖面向右，婦亦往右，聖面向左，婦亦往左，聖人不復再顧。聖問天仙。天仙曰，此即蕓雅，許嫁無數丈夫，都被殺害。幸爾不顧，爾之教生，雖被所誘，終脫永苦。復往前行，見一白石，石中一孔，倏出一牛，漫於山野。一人復欲收入，力竭而不能返。聖問天仙。天仙曰，此石孔者即爾教

生之口，牛即所言。無益之語既出於口，不能復入。復往前行，見三人立於聖前，一老人一壯者一少年。聖人以手挽少年。聖問天仙。天仙曰，此即蔑雅時景。如挽老人，蔑雅恩典，在他不久，是哄人的。如挽壯者，蔑雅患難，在他不寧，是誤人的。幸挽少年，爾之教生直至世盡，是平安的。復往前行，見一天仙，手捧四碗，一水一蜜一乳一酒。奉主命令聖任意取飲，聖人惟飲乳。天仙賀曰，幸爾飲乳。爾之教生，悉屬天堂。復往前行，見一天仙，手捧四衣，一白一綠一黑一黃。奉主命令聖任意取服。聖人惟取白綠。天仙賀曰，幸取白綠，爾之教主，不入火獄。復往前行，見一人，肩擔一柴，力不能勝。復加一束，愈不能擔。聖問天仙。天仙曰，柴即蔑雅。彼擔柴者即務忙蔑雅之人，既得蔑雅貪愈不足，復欲多聚財帛，致將功課懈慢，期欲家務齊備，方理功課。及至無常到來，兩無所濟，財帛遺於後人，未知得當正用。復往前行，見一人立於井邊，以桶汲水，上下俱空。聖問天仙。天仙曰，此爾教生中辦功之人，沽名釣譽，伐善矜誇，雖齋拜施捨，爾盤內毫無觔兩。似此辦功，枉爲辛苦。復往前行，見一人坐於地面，垂首慟哭。聖問天仙。天仙曰，此乃野梯目。衣食無人看管，疾病無人疼顧，艱難苦楚，人莫能知。復往前行，主命天仙取寶座迎接。其寶座以赤金生成，周匝各嵌五色寶石，四脚四珠，燦若明星。座有五十位分，每位分，侍立一千天仙。悉稱讚聖。座有兩翅，極東彌西，翅列二萬五千大仙。與聖說咆嚁睦，聖回咆嚁睦。聖登寶座，奮翼上昇，空中無數飛鳥，排列迎聖，翅肩相接，日月出沒之所。聖問天仙。天仙曰，眞主造化此鳥，食飲睡雛，俱從翅生。自立世至世盡，翎毛無一根落下。復往前行，見一大海。水面向地，海底朝天，懸於空中，寬深彌極。世之所有海中不無，澄清徹底，目見無遺。眞主大能。滴水不下聖過此海，主命風車迎接。牽車七萬餘繩，每繩七十天仙與聖說咆嚁睦，聖回咆嚁睦。聖登風車，踴躍上昇。續命天輪迎接，聖登天輪，見日月交纏，列宿旋繞。至第一層天，天門忽啓，迎聖大仙，掌管七萬首領。每首領率引七萬天仙，左右侍列，與聖說咆嚁睦，聖回咆嚁睦。復往前行，見一起人，腹大如山，欲立不起，蛇蝎咀毒，疼苦難堪，天仙以銅汁傾入腹中，聲如豬喊。聖問天仙。天仙曰，此爾教生中呑食利錢，遇孤寡而不能周濟，酷擠無告，叠算貧難。聖往前行，見一天仙，面如皎月，昂首慟哭，涙滴如珠。聖問是仙。是仙曰，眞主造我，專爲爾教生告饒，直至世盡。聖人感謝眞主。正憂悶間，即時命下，諭聖人曰，我造化風，原吹不定，今定一時。造化天輪，原轉不息，今息一刻。因爾登霄啷。穆罕默德爾休爲爾教生十分憂慮，後世同爾教生過咆喇特橋，是橋浮於獄面，獄火上炎，爾喝一聲，火焰俱熄。聖人感謝眞主。復往前行，至第二層天，見衆天仙，其體半雪半火。眞主大能，命雪火相和，與聖說咆嚁睦，聖回咆嚁睦。復見一鷄頭頂三天，足踏本層。聖問天仙，如此巨身，食飲何物。天仙曰，眞主造化此鷄，頭引須彌之外，食爾教生罪孽，入腹即飽。渴祈眞主恕饒爾教生，其渴即止。聖人感謝眞主。復往前行，見珍珠寶床，坐一仙衣之人，顧右而喜，笑容可掬，顧左而悲，愁眉不展。聖問天仙。天仙曰，即此阿丹。聖人近說咆嚁睦阿丹回咆嚁睦。聖人問曰，吾祖觀右喜而左悲者何也。阿丹曰，眞主造化八座天堂，居我之右，我見子孫辦功，准進天堂，是以有喜。造化七層地獄，居我之左，我見子孫幹歹，罰入地禁，是以含悲。復往前行，見一起人，天仙以刀割其肉，令彼自食，彼不肯食，天仙用火刑威逼。聖問天仙。天仙曰，此爾教生中，背談是非，損人名節，雖辦功無濟。復往前行至第三層天，迎聖衆仙與聖說咆嚁睦，聖回咆嚁睦。見一起人，香肉置右，臭肉置左。天仙用火棍笞撻，令食臭肉，入腹皆成火塊，灼爛臟腑，其聲如驢。聖問天仙。天仙曰，此爾教生中，行姦男子，貪愛他婦，厭棄己妻，復往前行，見一起婦，倒懸其乳，天仙用火刑笞撻，其聲如牛。聖問天仙。天仙曰，此爾教生中，行姦女人，憎惡自夫，淫奔亂義。聖往前行，至第四層天，天門忽啓，見一天仙，登寶座之上，其寶座以珎寶鑲嵌，侍列六十萬首領，每首領率引六十萬天仙，與聖說咆嚁睦，聖回咆嚁睦。復見穆酒之母爾撒之母，匪爾赦你之妻，見寶光天房一座，四方四門，每門一柱，一紅玡瑻珎寶生成，二明珠生成，三赤金生成，四生銀生成，前建銀塔千座，相對蔑雅天房，每日七萬天仙，輪流朝禮。謨民高念納媽資聲徹是霄。者白勒依勒天仙登銀塔之上，亦念邦格納媽資，聲徹上方，衆仙齊集。彌咯依勒天仙，登黃玡瑻珎寶憫拜而之上，念虎吐白。倚思喇飛勒天仙率衆朝禮，祈將功課回賜給穆罕默德教生。復往前行見，一天仙坐於寶座之上，相如滿月，面帶愁容，其寶座四方，一赤金二生銀三光明四火噴，每方七萬足，每足一天

仙，計二十八萬天仙，擡擁是仙。右列六萬天仙，俊美衣綠，光皎如月。左列六萬天仙，兇惡衣黑，口出火焰。與聖說咟嚕睦，聖回咟嚕睦。復見一仙身軀長大手執一牌，面向一株大樹，樹葉明暗交襍，葉之數惟主可知。復見一仙兇惡異常，遍身皆目，端視此牌。面置一盆，兩手連取，部下無數天仙。與聖說咟嚕睦，聖回咟嚕睦。聖人問曰，此盆何用。天仙曰，此世人之影。薹雅多大，是盆多大。予以兩手取人魂魄，其人隨亡。眞主付我人神性命，七天七地，不緩須臾，乃知爲爾滋喇依勒天仙。聖問此樹何用。天仙曰，薹雅男女註名葉上，如葉光亮，即知好人，如葉黑暗，即知歹人，如葉黃落，即知應死。我命兩等天仙，視其順違善惡而輕重難易取之，然後視牌除名。每取一命，以十二萬天仙，直至世盡再無輪及。聖往前行，至第五層天，見一天仙，登寶座之上，部下七十萬首領，每首領率引七十萬天仙，每天仙綠旗一杆，率領七十萬班，每班七十萬天仙，後有無數袋囊，前架三盤，約七千年高，盤大如薹雅。與聖說咟嚕睦，聖回咟嚕睦。聖問是盤何用。天仙曰，世間風雲雷雨，霜雪露雹，滋潤之物，應布多寡，吾以是盤較定。每一點命一天仙送下。凡五穀蔬果草木花卉之物，每一粒用一天仙保守，直至成熟。聖往前行，至第六層天，見一天仙，頭頂阿勒始，兩目仰視，口噙一簫，俯首鞠躬，與聖說咟嚕睦，聖回咟嚕睦。又見一仙，頭在阿勒始之下，足踏七層地面，設將形世，納於口中，其容無有滯礙。又見一仙，頭在阿勒始之下，足在地上，身有七萬首，每首七萬面，每面七萬口，每口七萬舌，舌出七萬，音悉稱讚。復往前行，見一所，設有仙宴，異樣奢華。聖問天仙何人享此。天仙曰，眞主大恩，按七日朝禮，念經貴分，設此仙宴，宴爾敎生男女囉漢一次，即爲御宴之客。聖人感謝眞主。復往前行，至第七層天，即主復有七十翅，翅展大如薹雅，每日浴於慈憫海中，皆按翎毛所滴之水，每一點造化一天仙。讚主讚聖，直至世盡，回賜皆屬聖人敎生。者白勒依勒天仙之所，上有一窑，約二萬年高。聖進領納媽資畢，復往前行，見四大寶座，一赤金生成，二珍珠生成，三紅玡瑁寶石生成，四純光生成。其純光者即聖寶座。每座置尊經一部，一討喇特尊經，二引知禮尊經，三澤布爾尊經，四府爾歌你尊經。每座五十位分，諦誦四萬天仙。復見一大樹，約七萬年高，其樹以明珠赤金，合璧生成，葉大如薹雅，樹出聲音，音皆讚主。聖欲前行，天仙者白勒依勒辭曰，吾位分界限及此，再難進步。復有彌咯依勒天仙，以翅肩接聖。聖踏翅肩之上，過一大海，其海大猶五十倍薹雅。聖過此海，又五百年程，復至火海，深大彌極。聖過火海，及無數幔帳，每幔帳相隔五萬年程。天仙彌咯依勒辭曰，吾位分界限及此，再難進步。復有倚思喇飛勒天仙以翅肩接聖。聖踏翅肩之上，踰七大海，每海有七十倍薹雅之大，每海相去千年之遠。復過七萬幔帳，每幔帳相隔七萬年程。天仙倚思喇飛勒辭曰，吾位分界限及此，再難進步。復見一毯。中有明珠一顆，飄然迎聖。聖登珠毯之上，憑虛而御，寂靜無聲。聖人訝曰，想天仙盡矣，何踪跡一無。復過無數幔帳，至三大幔帳，一光明之帳，二天能之帳，三尊大之帳。每帳七萬條繩，每繩七萬天仙牽引是帳。帳籠阿勒始，復有無數天仙，頭頂阿勒始，兩肩之濶約千年遙。聖至尊大帳，前珠毯忽逝，永悠澄寂，絕無聲臭。聖步上昇，復有九重之高，見一寶帳，懸空永固。聖人怯步，弗敢前進。忽聞微妙音聲，出於清虛無極之中。諭聖人曰爾其上哉。聖人惶懼感恩，立趾擡手念特克比爾朝禮一拜，復爲者白勒依勒天仙代禮一拜。眞主賜與百千光明，而貴至聖。命聖再禮一拜，聖人遵命拜畢。諭聖人曰，爾憑何物見義。聖人奏曰，惟主至旻至玄，我憑舌上功課，身體功課財帛功課侍奉尊大之主。眞主諭云，我的安寧到爾，慈憫到爾，吉慶到爾。聖人奏曰，祈將是恩，賜與同侍奉主清廉計較，辦功板德。復見捧阿勒始天仙與主訢機，念作証之言。其意我作証，委實萬物中通無有主，惟有眞主，眞主止一無偶。我又作証，委實穆罕默德是主首僕是主欽差。眞主諭曰，今爾所祈之事，我悉准爾。前聖敎生，每晝夜五十番拜，歲齋半載，銀課四分之一。在爾定爲欽命。聖人奏曰，奴輩敎生羸弱壽短，恐不能擔。復諭曰，每晝夜三十番拜，歲齋三月，銀二十兩，課二兩五錢。在爾定爲欽命。聖人奏曰，奴輩敎生力怯淺薄，恐不能擔。復諭曰，每晝夜十二番拜，歲齋四十日，銀二十兩，課銀一兩，在爾定爲欽命。聖人俯首默忖無復敢訢。眞主諭曰，爾心中事須憑爾言。聖人羞愧俯伏奏曰，祈將晝夜五番朝拜，歲齋一月，銀二十兩，課銀五錢。眞主准其求祈。諭曰，雖爾敎生，五番朝拜，照前聖五十番之回賜。一月齋，照半年之回賜。每二十兩課銀五錢，照四分之一回賜。聖人感謝眞主。奏曰，奴輩遵依朝拜其賜何如。眞主諭曰，凡爾敎生，遵依朝

拜，如向右說唈嘍睦，將爾所見一切天仙功課。俱寫彼文卷之中。向左說唈嘍睦，赦彼一切罪愆。指我尊大作証。我把至貴朝拜之功，貴爾一切教生。聖人感謝眞主。奏曰，似此登霄特典，惟在奴輩亦或賜與奴輩之教生否。眞主諭曰，我賜與爾五仙馬，始能及此。亦賜與爾教生五仙馬，一念特克比爾，二立跕，三念阿葉忒，四鞠躬，五叩頭。我憑這五仙馬，致爾教生，到至近品位，仍准他一切求祈，即如我命五仙馬致爾到至近品位，與我訢機，准爾求祈亦同。故凡謨民叅拜叩首之處，即彼之米爾拉直。聖人感謝眞主，奏曰，前輩教生，凡幹罪者，或用地陷，或下石擊，或變異類，祈將此刑減去，莫加奴輩教生。眞主准其求祈。聖人感謝眞主。奏曰，前輩教生討白用殺黜妻不再娶衣穢加剪，祈將奴輩教生，有罪追悔，望主恕饒。妻黜不停娶，衣穢滌爲潔。眞主准其求祈。聖人感謝眞主。奏曰，主與者白勒依勒三百六十翅，六十萬翎毛，展翅日月出沒之所，在奴輩可有否。眞主諭曰，爾髮六十萬根，按每一根容爾搭救六十萬教生。聖人感謝眞主。奏曰，主命衆仙朝拜阿丹，在奴輩有此品級否。眞主諭曰，我命衆仙朝拜，因爾光在彼之首。聖人感謝眞主，奏曰，主與倚卜喇希默火化蓮池。在奴輩有否。眞主諭曰，爾後世同爾教生。過唈喇特橋時，是橋浮於獄面，火焰上昇，我命即時氷冷。聖人感謝眞主，奏曰，主與穆洒聖人，海水兩分將匪爾敖你，人馬盡沒。似此恩典，在奴輩有否。眞主諭曰，後世同爾教生，過唈喇特橋時，我命細如髮，快如劍，黑如夜，三千年程途，在爾教生容易過去。聖人感謝眞主。奏曰，主與數喇媽納聖人風床一張，日行千里，文武臣宰俱登其上，飛禽張蓋，走獸列屏，神鬼擁道。似此恩典，在奴輩有否。眞主諭曰，我造化十八千世界，六旱道十二水道，皆因貴爾。彼雖日行千里，今爾片時過七重天地，阿勒始苦爾西。無數大海無數幔帳，至玄極之所，與我訢機。聖人感謝眞主，奏曰，主將皇帝兵馬，用狠風刮去皮肉，至筋斷骨折而死。在奴輩有否。眞主諭曰，後世同爾教生，過唈喇特橋時，我命是風，將無千外道，吹入火獄。爾教生毫毛不動吹進天堂。聖人感謝眞主，爰降四讚及七寶號，爲板德脫離罪獄。一讚主化生萬物止一獨尊，二讚王至大至能造化萬有，三讚主不受所生亦無所生。四讚主無相對無比配。眞主諭曰，我指一切天仙作証，凡人誠念是讚，今世獲其安寧，後世得脫永苦，登於天境，永享極樂。聖人感謝眞主。主命聖回，忽至者白勒依勒天仙之所。眞主諭曰，我將天堂顯爾。聖至天門。守者曰，八天鎖鑰皆具穆罕默德之手。聖人以手扣戶，天門忽啓。守門天仙與聖說唈嘍睦，聖回唈嘍睦。見一鷄立於仙柱之上，身有一千四百翅，每翅七百翎毛，皆以龍涎片腦香麝生成，翅翎上縷經篆。謨民每念邦格納媽資聲徹天堂，其鷄抖翅，搖下渾身片腦龍涎香麝珎寶等物，落於各天堂仙女之首。凡世人交還納媽資，讚主讚聖，鷄亦隨啼，總翅相搠，激出周身美音，七十千樣。致使各天堂樹葉搖動，仙鳥齊鳴。一切仙女，觀看下方，朝拜之人，願祈侍奉。聖往前行，見四大宅院，一赤金一珍珠一紅玡瑁珎寶一祖母綠珎寶，其廣大無比。每院四千官殿，每官殿四千樓閣，臺榭珎玩，龍榻仙姬，綠翠雲環，蛾眉星列，綺羅成錦，雜佩如樂，馨香如蘭，俊皎如月，各具珎盤，內盛綾錦，以待謨民之需。復往前行，見四大宮殿，一赤金珍珠爲檽，一珍珠赤金爲檽，一祖母綠紅玡瑁爲檽，一紅玡瑁祖母綠爲檽。殿之廣大，設燕從東起，欲度往西，至死不竟。五寶爲垣，透若玻璃，九重雖隔，表裏皆明。復往前行，見一涼亭，眞主大能，以明珠生成。聖欲登亭，其亭上昇。聖問者白勒依勒天仙。天仙曰，眞主造化此亭，回賜兩等之人，一不取債於艱難之人，二爲仇人取和。復往前行，見四河渠，穿遶八座天堂，一乳河赤金生成，一蜜河紅玡瑁生成，一甜水河祖母綠生成，一醴河珍珠生成。泥淤成香，沫凝爲片。河中石子，皆各色珎寶。復往前行，見一香河，所流皆香。見一食河，所流皆食，隔岸奇花香馥馥，滿林鮮果味般般。枝垂不用親手採，蓴出嫦娥貌可攀。眞主賜人極樂天境，雖木筆山墨地硯河池，難可窮紀。復往前行，見一河渠，廣潤無涯。聖人遵流而源，見四泉眼出於特思密葉四字之中，一乳汁一甘露一白蜜一瓊醴。白如雪，甜如飴，香如麝，流如箭，達於池沼，共而不攙。池中石子，皆各珎寶。兩岸奇花，異禽鳴遶。聖問者白勒依勒天仙。天仙曰，此即考賽爾池，眞主賜爾後世爾教生，登天國者得飲是水，不渴不饑不疾不老不死。池旁復有一株大樹，樹名土巴，葉覆八座天堂，光耀上方。每葉坐有天仙，讚主讚聖。樹根之土皆明珠各寶。根湧二泉，流出甘露片腦龍涎異香。謨民登天國者，至此相會。聖往前行，見額布白克爾宮殿，藕默而宮殿，藕思媽你宮殿，爾哩宮殿。聖人曰，設主假我以年，自有生以至世盡，天國恩典莫可言罄。主命者白

勒依勒天仙，取天堂仙櫃內貯列聖遺珎。一戒指，主賜阿丹聖人，作聖之憑。後以違禁被罰黑暗三百餘年。束此悔罪，得蒙恕饒，世世相傳，以至打烏德聖人。證聖登帝。聖崩復歸上界。一褐服，主賜倚卜喇希默聖人作聖之憑。聖崩復歸上界。一寶印。方戟仙劍，主賜蘇賴媽納聖人作聖之憑。聖崩復歸上界。一仙棒，主賜穆洒聖人，征討匪爾敖你，作聖之憑。聖崩復歸上界。一纏冠仙絲，主賜倚思哈克聖人作聖之憑。聖崩復歸上界。命聖寄下，欽給四配。一戒指褐服給額卜白克爾。一仙印兵械給罕穆澤。一纏冠仙絲。給藕思媽你。一寶劍方戟給爾哩。聖出天門，主命復觀地禁。守獄天仙與聖說咟嘐睦，聖回咟嘐睦。見地禁七層，層皆黑火，各以其應受罪報，愈降愈熾。復見二人，以錦被覆，雖居獄中獄火不侵。聖問者白勒依勒天仙。天仙曰，此爾父母。聖人問言駭慟，近詢二親，謂聖人曰，吾候多年冀爾祈饒。主恕饒奴輩敎生着。聖人沉思俯伏，悲咽呑聲，懸念二親。眞主諭曰，我將爾敎生分作六分，四分我與恕饒，二分許爾搭救父母。聖人感謝眞主。諭曰，爾祈四萬事，吾已悉准。爾歸耶止。耶聖人曰，昔爾撒聖人。登霄未歸，敎生俱轉外道。祈歸告敎生，揚主恩威。眞主准其求祈，命天仙取光明寶床，令聖乘回。聖登寶床，忽至姑母之家，時夜已半。聖姑拜禮方畢，見聖訝曰，爾從何往。聖將登霄之事，備陳一番。姑母曰，爾言是實。次早至寺拜禮拜畢，與衆撒哈白言登霄之事。內一誅獲歹涉疑不信。私自謂曰，豈有片時而遊歷諸天，登無限程途，見無數恩典者乎。於是遁歸至家，市買一魚。令妻烹治，擔罂汲水及至河邊，解衣而浴，起視自軀，已化爲女。尋覓衣物，杳無踪跡，羞愧追悔，蹲身樹下，見一男子源源而來，憐此窮婦，引歸至家，結爲夫婦，七年育二子。因思昔年形景，感嘆嗟訝。復至河邊，見衣罂猶存，依然身化爲男。於是更衣擔水，急歸至家，魚猶未熟。因悟聖人之言是實，登霄之事非虛。復至寺中，聖人尚言天國，謂誅獲歹曰，來，爾將所歷之事說與衆知。誅獲歹隨將浴體變婦，七年生子，魚猶未熟，歷陳一番。因自悔罪永爲順命之人。

詩曰：

見主當年事未虛，化身身化果稀奇。
至今懸石留仙跡，杜却千秋萬古疑。

其二

幾人夢裡說繁華，客舍原來誤認家。
對鏡尙憐顏色邁，忍將肢體赴紅砂。

其三

誰說登霄事未眞，黃粱夢破識原身。
張□泛斗歸來後，始信天宮有異人。

魔鬼

綜述

馬注《清真指南》卷八《魔鬼傳》 偶默而阿納思與衆撒哈白侍坐，忽聞戶外有聲，欲求進見。聖人曰，戶外之聲爾等知乎。對曰不知也。聖人曰，此魔鬼倚卜裡思之聲也。偶默而一聞此名，怒欲殺之。聖人曰，不可。眞主尙且姑容，以待後世。如殺而人人止罪則可。若殺而人人不能止罪，無以推却則雖恕饒。此眞主宥罪之因由。殺之不可，弗若命入，詢其素行，以作敎生防範。爰合伊進，然後敢入。其容髦，其目獨，其足瘸。與聖人說咟嘐睦，聖人不答。倚卜裡思曰，咟嘐睦，主之恩慈，不答何也。曰，說固應答，緣爾違命，恩慈與爾無分，故所不答。聖人曰，爾曾侍主有幾多年。對曰，七天七地每一層內，有一千年功課。但是天仙侍奉不能及我，學問不能增我，只因違拗主命，將功課盡都勾抹。聖人曰，違傲爲何。對曰，緣眞主命我與阿丹叩頭，只因從火土不忿，不曾叩首。將我謫爲鬼祟。主命阿丹好娲莫食天堂麥果，皆我引誘誤食，將二人逐出天境。一切聖賢一切學者，七天七地衆生，皆從此憎惡耶。欽差聖人，眞主造化天堂。又造化天堂內之人，一切聖賢，一切喜主之人，一切清廉學者，一切好人。爾爲聖人，做了他們的標準，凡人跟隨爾行，便屬天堂。眞主造化地獄，又造化地獄內之人，一切叛命，一切舉伴主之人，一切奸邪壞惡，面是背非。我爲鬼祟，做了他們的標準，凡人跟隨我行，便屬地

獄唧。欽差聖人，莫測如何，將我做迷路，將爾做指引正道之人。聖人曰，眞主將我教生，五百年之罪，只憑一個討白盡都恕饒。爾既知這等，何不悔罪，親近功課，却也能得天堂。對曰昔我與穆洒聖人相遇一山，見我坐於石上，哭淚成渠。穆洒問曰，爾係何人，在此慟哭。對曰，吾乃一巨神，功業過於天仙，因昔違主命，不與阿丹叩頭，謫貶塵世。今已深悔，無計可脫，願求聖人哀祈眞主，儻能恕饒，激感非淺。穆洒許之。眞主准其求祈，命我叩首於阿丹之墳。我思阿丹生時，尚不肯與彼叩首，况今已死。寧違主命，斷不敢從，是以永爲鬼祟。聖人曰，吾教生中，誰爲爾仇。對曰，清廉學者從計較不能勾引。即壞事學者，緣講解人人止罪，幼童禮拜，習學經典，常川小淨，慇勤侍主，便與我意見弗投，事業相反。此數等者皆我之仇敵也。聖人曰，誰爲爾友。對曰，辦功之人遲延鬆懈，言行不稱，昏愚之人，違傲主命，崇信異端，少年之人，茫然虛度，不能尋學，高年之人，懶惰辦功不知追悔，貪得之人，交易謊言，出入不公，高傲之人。縱情恣慾，寵倖矜驕，年邁婦人。痴迷被誘，祝像信邪，年少婦女。貪嗔嫉妒，竊視私奔，皆不知我爲唆使，如指轉丸，如蜜飼蜂，便與我意見相投，事業不反，此數等者皆我之良友也。故我喜之事，在主不喜。主喜之事，在我不喜唧。欽差聖人一個好學，在我較一千拜主之人尤惱。一個穢婦，在我較一千壞事男子尤喜。爾教生若有一人幹好，我令七千鬼祟，伺其隙便誘入罪中。所以禮拜不能眞正，戒持不能周全，施捨不能暗昧，語言不能看守，沽名釣譽，希報施恩，致使討白不能受准，一半做黜退之人，一半做反教之人。凡男子中每百人無一人脫我之奸計，女人中每千人無一人脫我之奸計。聖人曰，爾之子孫有多少。對曰，豈不記經云，人類之衆較家畜十分之一，家畜較野獸十分之一，野獸較飛禽十分之一，飛禽較魔鬼十分之一，魔鬼較神祇十分之一，神祇較野額朱者、默額朱者十分之一。合六類之數，較第一層天仙十分之一。復合六類之數，與第一層天仙，較第二層天仙十分之一。繇二層以至於七層，可例而推。盡六類之數與七層天仙，較阿勒始苦爾西圍遶天仙十分之一。至玄至穹惟一眞主。我之右股屬陽，左股屬陰，陰陽交合，一晝一夜，孳孕百千。阿丹之子孫日減，我之子孫日增。爾之教生日少，我之軍馬日盛。聖人聞言悲泣曰，受主貶的何人能伏爾首。曰多自。悔罪何人能黑爾面。聖曰，暗中施捨。何人能傷爾目。曰，孝順二親。何人能壞爾皆。曰，教規。上緊，何人能裂爾心。曰，五功規論。何人能杖爾軀。曰，誦天經。何人能撻爾面。曰，不看無親男女。何人能陷爾於地。曰，恩濟六親。何人能罪辱爾。曰，常記眞主。何人能奸計爾。曰，公平斗秤。聖人曰，我教生中男女，從爾上不能被誘者何人。曰，除聖友羣賢，如恩母喇納之女默勒嫣、虎白欺礙之女赫底徹、法瓦欣之女阿錫葉、聖人之女法圖墨，從無親男子，目不邪視，皆我不能計誘唧。欽差聖人。凡人莫貴有學，男女無學，如黑暗無光，行於險路，鮮有不蹈吾之阱陷，昔哈嚕納勒施得與其后祖攞得坐談，一謂無學有行之老人勝於有學無行之學者，一謂無行有學之學者勝於有行無學之愚人。互相爭論，彼此不服。內一侍者白於主人曰，今某處有一老人，辦功多載，曷往試之。夜扣其戶，老者辦功方畢，問曰，戶外何人。答曰，吾乃者白勒依勒天仙，奉主命餽爾仙桃。緣爾侍主多年與爾修畢天堂宅院，特來報喜。老者啓戶相迎，欣然讓坐。試者曰，君將何以贈我。老人曰，實無物相贈。曰，既無物相贈，叩我一首。只緣老者無學，除主之外不可叩首。將多年功課，覆墜燎毛即轉外道。使者復命。復差一人，往一壞事學者之家，夜扣其戶。學者燈下閱經，問曰，戶外何人。答曰，吾乃者白勒依勒天仙，奉主命問爾青年學者何行壞教之事，宜速改悔，方得恕饒。學者曰，自吾聖辭世，天仙不復下降，豈有因我一人而特來之理。爾非人即鬼，宜速去，遲則吾責於爾。使者復命。可知無行學者，勝過有行愚人。儻無行學者從壞事止住，則以嫣納自是長明。若無學愚人豈能脫鬼祟之奸誘。然後聖人復問曰，何人是爾至愛。曰，有罪不悔。何人是爾厚交。曰，博弈飲酒。何人是爾疼顧。曰，財帛不公。何人是爾光亮。曰，黜妻設誓。何處是爾拜所。曰，酒肆混堂。何字是爾經書。曰，淫詞美曲。何聲是爾音律。曰，舞唱歌彈。何事是爾營業。曰，我命七萬鬼魔於爾教生中朝出晏歸，搬唆於是非之塲，謊言於交易之所，搆亂於淫姦之地，結仇於爭訟之間，踈忿於骨月之內，或絕義辜思，或背談咒誓，或誘禁誤食，或誤拜軌經，或因財妄殺，或見色思淫。叉手而居，交股而坐，站立而溺，袒肉而行，無淨而卧。歸來陳計，各獻其功，則我娱娱然，不知樂之何極也。惟是記想眞主者，我便遁去。聖人曰，吾教生中禮拜，爾却何如。曰，我如發瘧，念經我如墜地，赴寺我如

綑縛，齋戒我如籠繫，施捨我如截口。因施捨有六件貴。一眞主准施捨人之求祈，二增施捨人之壽數，三加施捨人之財帛，四免施捨人之災禍，五曰記天仙書於好人數內，六與地獄相隔，日出沒之遠。聖人曰，地獄人之行爲何如。曰，舉伴眞主不孝二親，傷損骨肉，斷絶親情，慇勤幹罪，懶惰辦功，不義之財，非禮之食，淫姦殺盜，結隙背談，搬唆嫁禍，冤誣騙凌。眞主造化地獄，皆報歹人。聖人曰天堂人之行爲何如。曰信順眞主，誠孝二親，恩聚骨肉，接緒親情，慇懃悔罪，夙夜辦功，營謀合義，取捨合義，食飲合義，動止合義，雪冤清債，釋訟解爭。眞主造化天堂，緣報好人啣。欽差聖人，惟願爾教生中，不念作証之言，將我一切事務從爾止住，一切遂意從爾無望。聖人曰，受主貶的，我之教生盡被爾磨滅。幸主恩慈，與我搭救。自後無復來言。倚卜裡思一聞此語，面色黧黑，慟哭而去，不知所往。詩曰：魔祟從來無實言，但逢好事便心煙。雖然不見焚燎焰，少老衰亡骨已煎。

教化

綜述

馬注《清真指南》卷八《教條八款》 教條八欵：一教領之宣選授也。風俗關乎教化，董率貴擇名師。譬之病者求醫必須訪尋高手。儻值庸才，不惟己病未除，更且益增新症。教領不擇，風俗由兹日壞，邪正由兹不分，是非由兹不辨，取捨由兹不明，心術由兹不正，行爲由兹不端，教規禮體由兹不振，天命聖行由兹不遵。一人之災，禍延一方，一方之災，禍延考妣，下及兒孫。所謂祖習風俗自性三事相沿，蒂固根深，拔除不易。一方之災也。吾先聖受授天經三十部冊，祖述憲章，撥邪返正，苦身焦思，二十餘年，因革損益，立爲成憲。其倫則君臣父子兄弟夫婦朋友，其民則士農工賈，其教則認禮齋濟遊，其訓則事主孝親忠君信友與人恭接物義持身廉反躬恥，其化則勸善止惡悔罪自新，其賞罰則順陞逆降地獄天堂正心誠意修齊治平。理得其正而不倚，道得其平而不爭。開闢以來如繩貫珠。經天下之眞經也，聖天下之眞聖也，言天下之至言也，行天下之至行也。規矩八極，權衡兩間，夫婦之愚，能知能行，以故教衍中國，歷代相傳以至於今。經籍煌煌，遍於寰宇。孳孕之繁，幾半天下。人籍版圖，爲朝廷之赤子矣。躬耕胼胝，爲朝廷之農民矣。負戴劬勞，爲朝廷之商旅矣。鷄鳴不寐，爲朝廷之士子矣。執鋭披堅，爲朝廷之戍卒矣。藝業繁興，爲朝廷之百工矣。孔子曰，庶矣哉。既庶矣，又何加焉。曰富之，既富矣，又何加焉。曰教之，庶而不富，如豺如狼，庶不可久也。富而不教，如鼠如獐，富不可守也。頑惰之民，不回不儒，習爲僞業，以傷風化，少陵長，賤犯貴，遠間親，新間舊，小加大，淫破義，尊卑躐等，正教不行。豈有國者治安無術，抑訓導者束手無權乎。孔子曰，德者御也，刑者策也。策之不以御，則破車罷馬。德之不以刑，則民頑政疲。無策之馬，無刑之民，雖王良不能御一車，堯舜不能治一邑，而况異姓同途賢愚共處。憑舌教以懲革面之民，用未見以挽不化之衆。雖盧扁難起既死之症，奕秋不救已敗之碁，又何慕經有律而教有戒也。夫峭峰千仞跛牂牧其上，巍城五丈樓季不輕越者，知所禁也。知所禁則不敢犯，不敢犯則禮義之心生，而作惡之念止。賞可勸之爲善，罰亦可禁夫爲惡。反是則民疲，疲則思逸，逸則思淫，淫則忘善，忘善則惡心生。譬若驕子漸不可教，正教之憂也。諸如此弊，總由無專責成之掌教。行與心違，尸位世替之住持，胸無實學，譽己者親，諫己者踈，勝己者嫉，薄己者仇。寅緣附勢，舐痔折枝，社鼠城狐，以竊天祿。致使寡慾廉能，終身窘抑，皓首窮經，杜門結舌。於是因貧搆怨，仇忿日生，復起而訕謗之。是謂小人在位。小人在位則正人隱，正人隱則邪道入，邪道入則正教衰。紫能奪朱，鄉愿亂德，此可憂者一也。

掌教司一方之風化，係大衆之升沉。無論老少，即爲一方之官長，與衆不同，不可失之過謙。過謙則卑猥可厭而受賤。亦不可近於自大。自大則驕慢咸憎而寡儔。做人惟是一味率眞，踪跡雖隱亦顯，存心半毫未淨，作事雖公亦私。附勢趨炎見利忘義外潔内污包藏機械，此是掌教中第一件大病。須要究學精研，持身端潔，講得一章進得一步，說得一句行得一事，則化行品越，人畏道尊。蓋學不精不可以立教，行不端則難以勸人。

學行俱兼，自然賓服。每七日主嗎母搓位，傳諭所屬教親。至寺禮拜，三掌教中或住持或助理或賛理，登堂講論，將教規禮體，逐一開明，日復一日，自然習熟。老練者無虞矣。恐有年幼學淺，難以服衆，一遇問難則坦禿腼腆，眞金化爲須鐵矣。須要平心下氣，於同類中推一有學之人，據經講解，勿順人情，勿執己見，飜譯指撥，開其茅塞，道得理明，自然悅服。父諭其子，夫諭其妻，互相勸勉，教化自行，謗從何起，冤自何生，化之不善，反求諸身，既不愧己，又焉愧人。所謂不教而殺謂之虐。此可憂者二也。

壞教爲非，雖是心地不明，亦因饑寒所迫。他教貧難，易於丐取。惟守教回民饑寒困苦，既不仰給於他教，復不敢犯義亂取。寡獨孤鰥，其苦尤甚。異鄉之投食資生者又尤甚焉。清眞教奉主命，凡有資財滿貫則計財抽課，以歲末分給。一遇貧難協力相扶，風俗所以日善，情義所以日親，教化所以日盛，貧者固勿論矣。近見有餘之家，不惟隱昧天課，視同教之貧難而不顧，即骨肉至親，饑寒困苦，了不相關。傾覆流離，視同陌路。蟒寧遭也，而課不易也。腦寧流也，而財不輕施。吝浮財以招實禍，甘眞辱而貪世榮。嫉人之貧，妒人之富，懷人之仇，樂人之禍，富與富日親，貧與貧日踈，互相刻薄，習染成風，於是因貧壞教，仇忿日生，棄正從邪，遠賢親佞，雖學者口傳家諭，教師問罪執鞭，石皷難敲，枯木不甦矣。天經諭云你將我賜與你們的財帛衣祿，爲我使費着。我把無常到來，你們一刻也不能停緩。此可憂者三也。

虛文之宜革也。婚喪相助，教有常規，餽送虛文，大傷風化，天房難可及矣。予客金臺，每慕燕魯之風，次及秦晉，次及吳蜀。婚喪不振，互相貲助。貿易缺資，衆力相扶。子弟不能念經者代爲供膳。恩不求報，德不沽名。柰有不遵經教，不體聖行，假正教之虛名，倡異端之偷俗。餽送既屬虛文，慶吊全無實禮。既借貸之無門，待賓朋之浪費。水益深而火益熱，雪益飄而風益寒，甚至婚勒財禮，怨女曠男，喪爭孝帛，變產傾家。富者因婚喪而貧，貧者因婚喪而走。利不思義，財不顧親。人情如此，世道如此，風俗焉得不薄。此可憂者四也。

一清眞之與儒教，無所分別，惟認禮齋濟遊之五常，便有些回輝氣象，餘則皆同。非若玄釋之絕婚姻而廢人倫，削鬚髮而禁肉食。便於親朋中看着有些沒體面，不受用處。吾教道理是至中至庸至和至平之正道。總緣祖習風俗，自性相沿日久。扣道既無明師，相逢又無好友。便把自己埋沒在苦海之中，鄉黨無所稱，考妣無所望。做個半上落下人，豈不虛度。你想人生過客，石火電光。鼓罷鑼收，戲場終散。正要在這個時光，尋一個安身立命之處。生爲何來，死爲何去，復活何因祖宗中誰是誰非，鄉黨間孰眞孰僞，自性內或是或偏，撫心自揣，一一從自己身上，已往目前，逐日行藏，向眼耳鼻舌手足省惕一番，勿執己見，勿附人情，闕疑問難，明辯篤行，掀天揭地，做一個鬚眉男子，正教眞人，不枉涉世一番。况吾教道理，分明有一部天經，是我們的路徑。有一個聖人，是我們的標準。多少高人都從這條路上得了脫離。祖宗之教，有賢有愚，有是有非。賢者從其正而大，愚者從其偏而鄙。從其正者吾順之，以慰先人之心。從其偏者吾改之，以救先人之苦。是順亦孝也，不順亦孝也。風俗自性，何足論焉。天經諭云我喜以思嚕目是你們的正道。的實近主的是以思嚕目。凡人除以思嚕目要尋正道，決然不准他在後世屬於折本之人。定將折本之人挐送地獄。此可憂者五也。

禮義廉恥國之四維。異端左道，如黃柏之壞蜜，豐稗之亂禾，蜜可棄稗可拔，異端之害不可除。孔子曰攻乎異端，斯害也已。孟子曰我亦欲正人心，息邪說，距楊墨，放淫詞，以承三聖。夫鐘磬之聲不同音，紅紫之色不同采，邪正之術不同迹。辨聲以耳，辨色以目，辨道以心。心偏則性偏，性偏則道偏，道偏則理偏，理偏則隨入邪道，不可治矣。史論曰自開闢以來，中外之患未有甚於此者也。夫螟⿰虫林一時爲災，而數年乏食。僧尼之患，毒流天下，即患如猾夏不過侵吾之境，刼吾之財，戕吾之人民，於吾彝倫未有所傷，風俗未有所壞。然侵境有時，刼財有限，戕民有數。異端之害根於心，發於事行於事，害於政，入於禽獸而不知者。自漢明帝遣使天竺，求其道得其書。緘之蘭臺，繪之石室。世世相仍，妖氛日熾。闢土結廬，侵田除賦，佛剎僧居，幾半天下，民惑其說親之如父母，愛之如兄弟，信之如筮龜，畏之如雷霆，是侵吾之境矣。陳因果輪廻之妄誕，以惑世誣民，王公宰輔願爲檀越，傾家塑像，變產修庵。財民富客入粟捐貲，竭有盡之民財塡無益之溝壑，是刼吾之財矣。天下見貴人之下賤，尊長之下卑也。婆羅僧尼不耕而食，不織而衣。頑惰之民，男則廢其耕耘，

女則棄其蠶織，變服改容，逃名遁跡，棄父母如路人，捐妻子如敝屣，一人削髮而十人從之，十人削髮而百人從之，百人削髮以至千萬億兆托鉢緇衣，徧滿天下，是戕吾之民矣。從其教者無君臣父子兄弟夫婦朋友之倫，長幼貴賤親踈男女之別。虎狼一體，蛇蝎不傷，反造化之權，戕人倫之本，更且絕人婚姻，禁人肉食，令三十年後禽獸多而人類少，是戕吾之人倫毀吾之憲章敗吾之風化。夫闍黎比丘，其小者矣。優婆夷之屬，因是以出入宦門，通賄富客，偷香竊玉，作浪子之舟航，慾線情針，爲閨閫之蠅蠹。昔劉書上高歡言，尼與優婆夷實僧之妻妾，損胎殺子，其苦難言。今僧尼二百許萬，俗女四百餘萬。六月一損胎則是歲族二百萬尸驗此。佛是滅胎之鬼矣。夫鹽出於水，遇水則化。整冠納履，猶避瓜李之嫌。暮鼓晨鐘，豈無星月之誓。夫優婆夷其小者矣。沙彌遊僧因是設財罩布色網，開慈門延巨盜，脫囹圄之重犯，匿截路之強人，敗卒逃奴十方雲集，披衲持鉢，請疏結廬，借才人之筆，假檀勢之威，城狐社鼠，莫敢誰何。以天下之大，城邑之多，山林之廣，寺宇之繁，大邑不下萬人，中邑不下千人，小邑不下百人，而侵吾之境，刼吾人之財。戕吾之人民，亂吾之紀綱。傷吾之風化，使堯舜周孔之道日衰，而邪說誣民之教日盛，是禍中國者，非賊也，乃佛也。賊中國者，非佛也，乃中國也。唐傅奕上高祖曰佛生天竺，路遠言妖，遊手遊食，易服逃租，背逆君親，不忠不孝，不憚科禁，輕犯憲章，僞起三途，謬張六道，妄言禍福，擅造化之權竊人主之柄，既無裨於政治，復有害於彝倫。設言禍福死生，佛能自主。事佛之謹，莫過於齊元梁武，一爲周師所圍，一被侯景所逼。而漢北之辱，道亦罔聞。臺城之死，佛莫能救。晉魏以來，事佛之報，禍不旋踵，覆車不鑒，何其愚也。土木之性不寒而衣金佩紫，銅鐵之腹不饑而設簋陳簠。嗷嗷二親寒不得衣饑不得食，曾土木之不如。孟氏曰揚墨之道不息，則孔子之道不著。今之佛道又甚於楊墨，夫沙彌遊僧其小者也。革爛得之屬，因是以離天竺入秦邊勾妖人，禍亂中原。感皇上洞察輿情，智分涇渭，愛道除邪，御書讚云朕評漢回天下之大道，自古之宏道也。七十二教誘眞歸邪，修仙成佛，不法之異端，種種生焉。爾漢諸臣日食朕俸，按日進忝。回教未食朕俸，五時朝禮，拜主讚聖，尚知報本。爾漢不及回也。驅革爛得而出諸邊，妖人斂跡，鼠輩潛消，柰源去而流不清，枝剪而根未拔。數年以來，萌蘖復生，或扮僧道，或冒清眞，行彷白蓮，技工妖術，潛遊寺觀，嘯飲山林，行拔髮之術，以蔴葉入煙烟，墮其術者行同禽獸，穢亂閨門，以男女混雜爲接緒，比臍度氣爲工夫，互相侵淫，恬不知恥。於是好酒之回儒，貪色之滿喇，見酒色之可以無禁，食飲之可以無分，拜可以不禮，齋可以不持，體可以不浴，親之爲友，拜之爲師，責之而不退，詈之而不恥，甘心以自己之元配，供妖人之玩賞，甚至對夫淫妻，夫亦莫悟。蓋清眞嚴禁飲酒。一入其彀，尚且如羝羊之觸藩，松膠之捕雀。其他雜教，又有不可知者。洞訪其非，聞之髮指，恨不能磔其尸而粉其骨，殄其類而燔其廬。柰舌不可以爲劍，筆不可以爲刑。榮邀一命，爲朝廷除妖黨，正教立綱常，移風易俗，盡天下而人其人獸其獸，激濁揚清。此可憂者五也。

一清眞嚴禁飲酒，蓋謂酒乃是惡之媒，邪魔入罪之根。古來喪國傾家，敗倫滅理者不可勝紀。奉主禁諭，所以清蒙晦禁逸樂斬萬罪之源也。經云凡一切醉人之物是黑拉目。無論醜䩄長市，醉臥街心，發誕語而詈罵宗親，廢禮義而得非尊長，骨肉魍魎，無問親踈，白日昏更難分晝夜，藝業不理，凍餓其父母妻子，賣田鬻產，以邀同類，產盡而盜心生，竊人之財物，騙人之資本，親識惟恐見面，朋友爲之閉門，醉生夢死，辱祖喪倫，只緣貪口腹沉湎，隨作終身之廢人。及其悔悟，亦何晚也。聖諭云凡人飲一口酒，眞主四十日不准功課。飲酒之人，後世在主御前黑臉，舌拖胸前，膿血淋漓，不受主之慈憫。又諭云凡人飲一口酒，地獄中必飲膿血火汁之穢。曾有人問於大賢曰何爲飲酒酸臉。賢曰其人以媽納出去了，若彼時死，未曾討白，卡費兒着死，永獄不赦。又諭云你們莫坐在有酒席面上吃飲。眞主從此等飲食禁止我，就似從飲酒上禁止我。一般凡人在席面上飲水如飲酒，潔淨之水轉爲黑拉目。先賢額布白克爾撇去七十餘物不食，恐落黑拉目，況犯禁乎。嗟我同教，無心之過，猶可恕也。有心之過是謂之惡。小人閒居爲不善，見君子尚知掩然。今則明揚食之矣，長君之惡其罪小，逢君之惡其罪大。今則設席待之矣。曾晳嗜羊棗，而曾子不忍食羊。棗嗜者尚不忍食，況禁者而故犯乎。經云飲酒之家，祖宗靈魂慟哭而返，天仙不至其門。此可憂者六也。

烟之宜禁也。明興二百餘年，禁烟乃出。《本草》莫之載，食物未曾

見。被其毒者或腦流黑汁，服藥莫能效，或灼爛臟腑，火從口出，或暈倒爐竈，灼爛肌膚。屢經禁約，莫能止遏。自興販日盛，課出而利日增，隨莫之禁。西域俗名坦芭菇。緣乃母魯得以火柴架燒倚布喇希默聖人，命男女行姦，魔之遺精始生。若肉蓯蓉始於馬瀝，紫稍花結於龍精也。經云一切醉人之物，是黑拉目。昔聖人同衆賢，進一花園見此葉而搖首。賢問其故。聖人曰使吾教生迷路，傷以媽納，多半從此葉中。後世從墳中復生之日，面黑口臭，從吾搭救無分。又諭云喫烟之人，地爲之做歹堵垈，不受主之慈憫。嗚乎。食物繁矣，何者不可以適口充腸，而獨嗜於此。何業不可以貿易資生，而獨戀於此。名妓黐經，老僧釀酒，本色既失，眞情畢顯，犯者既不知恥，識者誰復忠言。經云地獄飛仙，口吐火焰，鼻出火烟，復生之日，好人面白，歹人面黑。此可憂者七也。

教體之宜遵也。天經諭云莫非你們猜度，我造化你們爲頑戲，將來不歸於我麼。是時邪教正熾，異端蠡興，擊鼓鳴鐘，正邪莫辨。天經諭云你莫要同他們，若同他們便屬於他們。蓋聖人之垂教不同，故各教之遵守亦異。清眞嚴禁鼓樂，非謂東土之樂不行於西土，亦非謂西土無樂而東土獨有也。耳之於聲，有同聽焉。目之於色，有同美焉。聲同而聽不同，其耳必聾。色同而見不同，其目必瞽。乃同而異，異而同。其故者何。耳聽乎聲，則目必不察。目視乎色，則聽必不聽。淫聲美色亂於心，則邪侈放恣害於正。經云塵世迷人天堂，謨民監禁。即此二句便掃除無限嗜好，無限慾情，修天之要藥也。譬有罪人於此，心憂刑戮，當斯時也，妻子僕從已爲劇場之傀儡，棟宇田園已爲過客之行居，錦繡珎玩已爲當途之瓦礫。美色在前弗視也，嘉餚在席弗食也，好音在耳弗聽也。豈好惡與人不同而性情有異也，蓋心之所之則境不留於目，目之所注則聲不留於耳。邪緣外合，滅德喪心，鬼祟由兹而入，邪蕩由兹而生，功課由兹而懈，藝業由兹而傾。昔魔首陳於聖人曰，混堂酒肆，我之拜所。艷曲淫詞，我之經書。舞唱歌彈，我之音律。清眞教本清靜，不得一毫攙雜。一有攙雜，便是畫蛇添足，刻鵠類鶩，叛教離本，罪莫大焉。其有不得不用以彈壓一方者，如守土大臣不用，則褻天子之威，科第賓興不用，則違天子之制。如守教回人得以自專者切不可用，聖裔學者尤不可用，掌教頭人斷不可用。掌教壞則頭人壞，頭人壞則一方壞。聖諭云兩等人將我教道後輩斬絕，一乃有學無行之首領，或人效之習爲違背，一乃有行無學之清廉，或人效之習爲異端。此二者壞教之蠹俑，清眞穿窬之盜也。不用之故，其說有三，一作樂之家天仙不至其門，二祖宗靈魂慟哭而返，三世盡之日，膽揸納出，以美樂誘入地禁。此可憂者八也。

悔罪與明道

綜　述

馬注《清真指南》卷八《討白》 討白，悔罪之書也。自天子至於庶人，庸夫愚婦，孰能無過，過有大小，罰有輕重，亦有遠近。罰因過施，過以悔滅。久之不改，日流污下，將不自知，其爲非也。掩耳盜鈴，將謂欺人，其實欺己，人之有過，不患其不知，而患其不改，不患其不改，而患其改而復作。刺之在肉拔之則安，過之在己悔之則滅。無心之過猶可恕也，有心之過是謂之惡。總以人身有紀錄善惡之天仙。刁取正念之糜祟，故心存向善，善雖未爲而禍自遠。心存行惡，惡雖未爲而福自遠。禍福具於一心，善惡難逃主鑒。其有曾行善事，福無影響而禍患猝臨者，乃是善行未周。眞主令眼前盤錯，淨其微孽，如石攻玉，如火煉金，期欲與順命天仙，同登極樂。其有曾行惡事，禍無影響而福祥駢臻者，乃是間有微善。眞主命眼前榮利。酧其纖好，如餌飼魚。如肉啖虎，期欲與違命魍魎同幽極苦。我等毋視眼前，和光混俗。饑寒困苦，定是懶惰之人，杻械桁楊，必乃作惡之輩。大命將傾，惟有孽苦相隨。興言及此，能不悲哉。爰註討白，以戒同志。

又《禁解》 清眞禁律，普布西方，家傳戶誦，垂於簡冊，昭如星日，民風淳睦，教化易行。乃此地距天房數萬里之東，去聖人千百年之後。風景既殊，俗染各異，雜教叢興，異端並起，禁之所及者及之，禁之所不及者亦置之而已。以是天經屢降，聖教改紘，猶居倭之鄉不能無倭服，處粵之俗不能無粵語。聖人不凝滯於萬物而能與世推移。譬之曲流舟

渡，隨波宛轉。學者若執一偏，便是膠柱鼓瑟。使非藥手婆心應症投劑，必不能救治沉疴喚醒醉夢。傷時悼俗，抱慟有年，於是博採經傳，搜擬人情，著爲討白一秩。約而言之，百有餘件。推而求之，千有餘條。以俟夫見者聞者改過自新，勿謂善小而不爲，勿謂惡小而憚改。熒熒不滅，炎炎若何。涓涓不遏，將爲江河。一日行善，如登太行之山，久而自上。一日行惡，如墜弱溪之水，不謀自下。眞主開討白之門，放宥罪之典。天堂地獄，任其自取。勉旃同教，勿恃盛年，因循怠惰。無常一至，無論老少，富貴貧賤，奄忽之間，不令人知。當此之時，華堂邃宇何關人事，車馬僕從豈得相隨，妻子眷屬非復我有，錦繡珎寶已爲他玩。雖父母慟門九折，妻子嚎啕悲慘，赤手空回，孽如影件。故人記想無常，自理後世。後世者，今世之歸着也。論色世無常乃盡限之一關，論後世無常又第一個棧道，來不無歸，去不無往。經云從主之罪責上，不可安然。因安然是衆惡之藪，從主之恩慈上，不可無望，因無望是懶惰之根。不安便要改過，指望便要趨善。改過趨善則福至而禍消。人惟望主之恩，而不懼主之罪，是昧其罰。惟懼主之罪，而不望主之慈，是昧其恩。以罰罪之主，恕悔罪之僕，人心轉移，禍福同爲樞紐。誠能以事帝王之念事眞主，以懼國法之念懼後世，以想功名之念想天堂，以愛妻子之心愛父母，以處朋友之情處兄弟，以交富貴之財交貧賤，以積貨財之心積道德，以保爵祿之念保修行，則必膺眞主之喜。上庇祖考，下廕兒孫。雖曰未慶，吾不信矣。

又《條目》　違犯主命，忤逆父母，不忠國王，毀謗聖言，輕慢師長，傷殘兄弟，殺人取財，傾人取位，間離骨肉，計害忠良，損人名節，暴人陰私，謀奪孤寡，酷擠無告，主訟搆爭，失約爽信，陰嫉良善，歹猜敎人，疎慢九族，淩薄三黨，欺侮鄰右，武斷鄉曲，欺凌貧賤，侮慢異鄉，壓良爲賤，淩虐管轄，親狎匪友，辯亂是非，流言嫁禍，綺語媚詞，以姦爲直，利己損人，敗毀德行，死喪不恤，相言不慎，將合不明，父訓不軌，師教不嚴，夫言不正，醫道不明，非財妄取，非色妄淫，非飲妄飲，非食妄食，左言破婚，淫言破義，欺侮瞽目，謔戲喑啞，愚侮孺子，呼喝乞丐，笑人醜陋，覼人羞恥，壅滯醫藥，阻人乞貸，誅求親故，乘危報怨，恩將仇報，德以怨終，棄故迎新，疎遠間舊，背談是非，揚惡隱善，知恩不感，匿怨遷怒，知罪不悔，知惡故作，見善不行，實圖吝嗇，失盜窮治，虐使婢僕，以假易眞，輕出重入，交易不公，窮追債負，拾遺不歸，隱匿寄物，虧害行商，負債懷騙，勸人行惡，止人幹好，敗人閨閫，樂禍幸災，沽名釣譽，爲己躭人，言無方便，不忍怨尤，任性行怨，設誓呪咀，面訐譏誚，怨雨呵風，穢践經書，稱名父母，飲酒歌唱，觀戲聽樂，用金銀器，着像穿紬，博奕禱賽，行術古算，養鴿鬬鷄，畜優攜妓，輿馬饕餮，憎惡飲食，決水焚山，撤橋斷路，掘塚焚廬，毒流穢井，妄殺生靈，虧難畜類，覆巢毀卵，殺蟄殘卉。

又《授書説》　授書說。是書之錄豈偶然哉。經謂語默動靜皆主前定，予每佩服斯言。凡一事一物未敢自執己見。丙寅春正月朔五日，予自燕旋滇，舟次皖城，率家屬暫寓承教親愛。予甚篤，因憶黄石老人孺子可教之語，齊晏嬰仁者贈人以言，乃得以書而遺之。聖諭云爾等與人言，須量其知識智慧。予未嘗不掩卷嘆息，爲膠柱鼓瑟者悼爾。岱輿王先生謂理不圓融機不活，空讀清眞萬卷經。習經者固不可不通儒，習儒者不能通經，此又終身之大恨。是書也雖集於予，不過因經書之所傳，編輯討論，欲公世人，爲習儒者通經之捷徑，習經者指迷之藥方。妍媸異態，入鑒了然。經之所有，予不敢隱，經之所無，予不敢增。一章一句一字一義皆予心血所在。訪之海内証之明師攷之經書，積之歲月，非一地一人一部一日矣。儻我輩幼時不能習學經典，或無力習學，或習學而無明師，或明師不能至之處，少通儒業或業儒之所老者，不可不看，幼者不可不讀，知者不可不講，愚者不可不聽，不知者不可不問。家錄一部置之坐右，愼思審問，明辯篤行，自悟自度。或有力之家，刊刻布行，以廣敎化，庶無負眞主降經天仙傳命聖人垂教集者之婆心云。聊賦數韻以公同志，爲觀者笑。

詩曰：名園逐日鳥聲新，巨耳誰能測奧音。貫徹微塵非渺細，包羅宇宙豈寬弘。家家有水能容月，七萬乾坤共一輪。欲寫美人鎔青鏡，莫將鏡影認爲眞。只因穢染菱花垢，對景嫦娥兩不親。大畫徒懸能識幾，却悲盲瞽負丹青。我今故擲桃花片，爲通消息捕魚人。

一腔心血灑乾坤，半屬天宮半屬人。淨洗湖山磨豸墨，高探日月藻龍文。襟懷落落休嫌瘦，世事悠悠莫厭貧。但願蒼生同樂國，肩擔今古向誰論。

一葉輕舟一片簑，茫茫烟水六旬過。丹砂不駐童顏景，白髮何分老更

多。看來客店光陰少，怎似天宮事不磨。昨夜尋駝君記否，若非巫夢即南柯。

又 大哉玄元。主無像亦無聲，至能至清淨。無配無始終，永活非憑命，要爲無阻停。巨能開萬象，掌握與權衡。不隨天地有，不其萬物終。造鏡著眞影，描眞獨証人。降經復降聖，闡洩天地精。七萬乾坤異，照聆透微塵。切物筋侵命，蟻肝機亦通。感之形逐影，應之聲在鐘。尋春吹絮影，妙喻難比倫。玄玅玄玄玅，思之如鏤塵。海浪河沙舌，難可讚主恩。願祈清淨主，憫拔路岐人。罪消天國滿，功累獄城空。普世蒼生牧，公道悉加增。少懷與友信，子孝及臣忠。太平天子壽，萬國永康寧。時壬午初夏穀旦欽聖穆罕默德四十五代裔馬注盥輯。

又《遺珠序》 學而不明常道中道至道，無貴乎其學也。敎而不能以常道中道至道教人者，無貴乎其敎也。捨常道而言中道至道，猶樹無根。捨至道而言常道，如夜行無燭。捨至道常道而言中道，如紙花滿瓶。捨中道而務常道以尋至道，如鏡無光。三者相連，若身心之與命缺一不可。夫江海之大，非一溪而成，以其卑而下。泰山之高，非一壤而就，以其大而容。才勿自矜，學勿自滿。誨無常師，則理明而道日進。蓋理不明，由學不精，學不精，由恥下問，恥下問，在好爲人師。智者失之太過，愚者失之不及。太過必淪於偏，不及必入於邪，正教之憂也。金有權輕重可知，帛有尺長短可度。道之貴獨無權尺乎。上極九天，下極九淵。前極天地之始，後極天地之終。精麤密秘，邪正是非，清濁高下，虛實有無，隱顯內外，否泰吉凶，窮通貴賤，殀壽存亡，以及飛潛耎動，草木金石，形性萬殊，品類萬異，莫不有至理妙義安藏於巨細體用之間，雖紙盡世楮筆盡世鬼，難可窮紀。吾人幸生天地之間，爲三才之首，命過客行，居電光石火。不啻扁舟之渡滄海，浮雲之過太虛。耳之於聲，目之於色，鼻之於嗅，口之於味，手之於輕重，膚之於冷煖，得於外而印於心。如花在鏡，如月在水。尋花於鏡，鏡非即花。覓月於水，水非即月。不即不離，不離不即，以渺小之形軀，膺至大之恩賞，操無形之權尺，度無盡之造化，包羅色玅，貫徹有無，蘊於心而發於口，如香出麝，如聲出鐘，尋思造化聲色香味輕重冷煖之主，而使我能聽能視能嗅能嘗能知能辨能言能行，誰爲之驅使，誰爲之主張，則無在非主，而無處非主。執一物以尋主而主在，執物物以尋主，主亦無不在。憑一體以尋主而主在，憑全體以尋主，主亦無不在。左右逢源，頭頭了悟，到此地位，水清月現，鏡露美人，優游於物外之天，出入於清虛之表，與眞主契，天仙隣，聖人伍。自覺天地爲逆旅，光陰爲過客，日月爲行燎，塵世爲戲場，富貴爲傀儡，姸媸爲粉黛，皷罷鑼收，味同嚼蠟。智者須宜警醒，勿安昏愚，自暴自棄，勿安逸樂，曠日偷閒。隙駒易逝，人生能幾。若探海尋珠，得者便登彼岸。然後無負於親，無負於師，勿負於眞主，無負於聖人。執此以教，外不愧於他人，內不愧於自己。若學問不精，義理不徹，虛實不明，眞假不辨，邪正不分，言行不稱，取捨不明，外潔內污，巧媚求容，懸羊市狗，欺衆治生，道聽途說，悞己悞人，相沿之害如養癩駝。予爲此懼，輯是集續於指南之末，以俟夫臆度妄猜，入於迷道而不知悟者，以俟夫字舛義訛，認鹿爲馬，以惑衆誣愚者，以俟夫魚眼混珠，若井底之蛙自限其域者。噫，學何事也可自欺哉，教何事也可妄傳哉。一義之謬，謬之天壤。一字之誤，誤及萬年。欲求勿欺以希天寵，胡不進而尋學。故爲之序。

又文炳甫《跋》 書成，或有問於予曰：先生之言，可謂通上下，徹始終，洞幽顯，闡內外，晰有無，明死生，知本末者矣，而多詆外教者何也。曰子何業。曰業醫。曰子既業醫，請即以醫喻。夫醫所以療病也，無病何用醫爲天下有無病者乎。醫方藥譜古人療病之書也，推灸針砭，圓劑膏末，各分其類，失療不治，患無有日。夫甘草性和，遇藜蘆則反，人參潤肺，共靈脂不睦。小人多厭君子，惡人每避善人。嗜酒成癖飲酒益甚，好色成癆色益不衰，因情躭於嗜好，故命盡而不知，不到目瞪神飄，難免慾情牽繞。此等之人由忠言不能素人，雖盧扁不能回生。予爲此懼譯是書，闢邪說正人心，承先聖先賢之教，以禁夫天下萬世之從異端而不知害者，不知害則叛道遠矣。聖諭爾哩云，你做一個知者，不然做一個學者，再不然做一個問者，再不然做一個聽者。切勿做第五起之人，不知不學不問不聽。天下之責係於國，國之責係於家，家之責係於身，身之責係於心。經云後世從爾之執掌，一一皆有問焉。苟欲立立人，欲達達人。子知之以諍父，臣知之以諍君，弟知之以諍兄，夫知之以教妻，士知之以勸友人。人相諍以至於道，復命之日功與均分，又非獨予小子之後望也。

《戒律》卷一《端學習》 經書乃培養善脉之根源，超凡入聖之舟楫。

分別邪正之關頭須要精研窮究，審問慎思，說得一句，行得一件，步步從實處着足，內可以束身，外可以約人，方不致墮入邪途。

天經諭云，我不差聖則已，第差聖必就那方之語音。我等生居東土，學難兩兼，經不通儒，若苗而不秀，儒不通經，若秀而不實。苗不秀其弊也矯，秀不實其弊也狂。三者之患，皆由所學不精，故邪道得而誘之。今世謂之自暴，後世必遭示罰。經云尋學在一切男女是主命。學者非謂學其字迹聲音，足以悅人之耳目，蓋謂尋其至理，可以徹始要終。夫人之知識有限，若憑自己聰明，便落差錯。譬之病人不能自治，蓋謂病人之知識皆病。又云男女尋學直至死日，方爲定限。可知人生難再，正教難逢。若年至四十而不能改惡遷善，學德一無所稱。他的歸着准備是地獄。以此觀之，女人尚宜尋學，何況男子。老者尚宜尊學，何況少年。蓋謂天堂非獨男子可登，女人有分。無常不獨耆應死，半屬少年。老而無學總謂未曾出幼，男子無學一總叫做婦人。故經云地獄因婦人而造，又云地獄純是婦人。可不懼哉。

又《擇教領》 掌教司風化之源，即爲一方之官長。與衆不同，須要擇品行學識及無過犯者，方稱此職。教領不擇，譬延庸醫，不惟已病未除，更添新症，上連祖考，下及兒孫，一方之災也。

聖諭云，兩等人將我教道後輩斬絕。一乃有學無行之學者，或人效之習爲違背。一乃有行無學之清廉，或人效之習爲異端。違背，異端，主上吩咐是地獄。今人一味勢利成風，夤緣釀俗。無論有學無學，廢立之權，操於富豪，或父子相承，或兄弟替代，或畏勢妄舉，或因情誤薦，或傾人奪位，或得隴望蜀。無爲有，虛爲盈，約爲泰。少陵長，卑犯尊，幼欺老，小加大，淫破義，自用自專，生今反古。一遇問難，忐忑囁嚅，無異辨音於聾，問路於瞽。有學之徒，皓首窘抑。於是小人進而君子退，邪道盛而正道衰。甚至諱盜諱奸，賣教謀食，以保身家。種種弊蠹，莫可枚舉。而一二當道明師，所司何事。竭無盡之心力，苦身焦思，訓練人材，期欲挽迴正道。不以賢易不肖，舉直錯枉，將置後人於何地。即我皇上三途取士，資格之外，猶恐一夫之不得所，一事之未盡善，詔書屢下，搜岩穴隱逸之士，以勸化理，賞罰予奪，因之大行。倘能慎黜陟，明教理，何憂不振。

又《敦禮讓》 七日主媽是五行中一件天命。賢愚會聚，尊卑不等。大掌教須面西背東，退二班之中。凡能念經親友，挨次序班，列爲一排。念經幼童，左右順序側坐，令每人念經一段，使各家考妣，沾念經之回賜。不惟惠而能公，謙而有禮，除踞傲不忿之嫌，抑且使念經親友，衆中盤錯，精練習熟，不負幼年所學。內可持己，外可化人。念經畢。大掌教歸位領班。聖後與衆學者，同二掌教居二班之中。高年及遠客居二班之右。在庠及清廉居二班之左。遵守同。中年者居三班。幼童居末班。三掌教居三班之中，督率前班，勿使混淆諠語。屠牲者雖係年高，不宜攙入二班。拜畢，三掌教中有學者，講勸誡一段，或天言，或聖語，或故典，勿順人情，勿執己見，翻譯指撥，開其茅塞。日復一日，教化自行。老練者固勿虞矣。恐年幼學淺，難以出口，須於同類中推一有學之人，據經講解。如是七七操練，工夫自然純熟。無學者，自能謙抑求教。有學者，不敢高傲自尊。教肅禮嚴，邪道何由而生。拜畢出寺，無拘城市路途。或子弟遇父師，或卑幼遇尊長，退立道傍。守教典者高說唈嘞時一揖，俟父兄尊長行，然後行。無教典者，止一揖。他教鄉黨，齒德俱尊者亦同。如子弟卑幼，見父兄師長及鄉黨中齒德俱尊，乘馬竟過者鳴掌教責罰。

又《助婚喪》 婚喪相助，教有常規。其富足者勿容論矣，間有怨女曠夫，男大未婚，女長未嫁，饑寒困苦，度日如年。雖有嚴父慈母，難保其不放僻邪侈，况出入無依，鰥寡孤獨之家。此是人生一件大苦事。親房長者當爲周全謀畫，勿使自困以傷天和。至於死喪窘迫，事急情迫，刻難容緩。古人解驂助麥，何况同宗同教。有掌教之責者，須於平昔推一有德之人，逢欽月，將本教中天課米穀丁銀襍項，計戶清楚。分作二分，一分當時濟貧，一分存置一處，復立一周急善會。每月間或百文或五六十文或三四十文，或朔或望，勒一日期，收獲登記，入櫃封鎖。付誠實者掌之。遇有婚喪不給，將此二項所餘錢糧，本會中代爲料理。風俗所以日善，情義所以日敦。凡我謨敏，慎勿忽諸。

又《清常住》 前人買置常住，或因絕嗣無依，無可寄托，欲求永久功德。或因有餘之財，心存善念，希施濟之回賞。或見善事當行，減食減穿，辛苦所積，欲淨己身之惡孽。或慕想天堂，欲避永獄，計家產之寬容，以一半存度終身，以一半存想後世。常住之積，其用有三。一爲清廉

住持，作歲月之養廉。二爲遵守學者，作經堂之使費。三爲遠來孤客及在地窮人，周貧乏艱難。此悠久無盡之功德，眞主亦即其心念之遠近而回賜之。所謂種瓜得瓜，非于後人者也。食非其人，用非其當，猶恐獄火牽連。近見勢豪有餘之家，竟爾侵占常住，遞年租息不清，乃聲言掌教既食常俸，我等何用待客。若越人視秦人之疾，了不關心，獨不思常住非爾我所置，施濟人人有分。後世御問場中，太陽炎熱，得考賽爾池溏的仙飲，況且教既膺兩世重任，榮多辱多，功多罪多。食祿司事，分所應受。儒書有云無小人莫養君子，無君子莫治野人。滇士薄俗，待客一委住持，是官長與庶民同差，亦何以分上下貴賤，勞逸厚薄之殊乎。自後將常住均攤三分，令清廉無弊者主之，除掌教經堂應受外，遇有遠客及在地孤苦，即此一分，量爲周濟。庶前人得眞主之回賞，後人亦免侵覇隱昧之重罪。有識者愼毋自欺。

又《待遠客》 滇黔蜀粵山路崎嶇，城郭遼遠，非比中州，鷄鳴接壤，地密人稠，舟車可通，旦夕能至。惟此四省，烟蠻瘴癘，奔波苦楚，饑欲食渴欲飲，寒欲衣勞欲息，病欲調理，若嬰兒之迸毋，路遠心忙，一蹴難至。鄙諺有云上山擒虎易，開口靠人難。此是遠客一件說不出的苦楚。有掌教之責者，須於本寺中預設一輪値水牌，將在地親友，逐名登記。有力者書於牌首，力次者書於牌末，力薄者勿用登記。此乃論方非論老幼尊卑，推讓悞事。凡遠客一至毋揸位，傳諭値日鄉老。有力者勿拘客人多寡，待本日之食一日至次日輪及後人。力次者二人，分早晚待本日之客一日。夏秋炎熱日長，添一人，備午食。如客衆多，一家待一人亦可。如是週而復始，則遠客不致受困，在地人亦得受施濟之回賞。客限以三日爲足。恐後人復至，難以應酬，聖後名師不在常客之例。至於程送多寡，或出公帑，或泒私槖，量力周濟，勿得混淆忽畧。

又《厚師禮》 面不能自察，則爲之鏡。道不能自明，則爲之師。師者道之所從出，學之所由明也。學明則爲君子，不明則爲小人。小人之心，屬於血肉。血肉之心，同於禽獸。君子之心，純於義理。義理之心，等於聖賢。等聖賢，天堂之非。同禽獸，地獄之徵。師之爲恩，不亦重乎。鄙諺有云家有三斗糧，不做猢猻王。又云秀才落薄，下鄉教學，雖屬高品，亦係苦事。豈不聞獻穀盈倉，賈逵之舌耕足法。月明滿盤，薛令之糊口堪嗟。梓匠輪輿，志尙求食，畫餠爲飡，豈能飽乎。近見子弟送入經舘，便以爲放豚入苙，野鳥歸籠，寒氈冷蓆，卧月吟風。節無禮，月無俸，歲無租，饑飽寒溫，了不相關。出爾反爾，情所必至，安望其學業有成。出禽類而證人品，履賢關而躋聖域。噫妄矣。今後凡延師授徒，須倣儒舘之例，掌教同當事鄉老，公議束修，一應薪米油鹽，日用之費，勿使欠缺，則師席無内顧之憂，分心之處，孰有不盡心竭力，培其後人哉。

又《愼蒙童》 子弟送入學堂，無拘清儒。若白練染緇，欲求復素，如移泰山。東土習儒爲最，故好子弟多送讀書。倘有教門之家，尚存三分回輝氣象。如無教門子弟，純變爲漢教矣。非讀書之過，因近之儒者，多習楊墨。楊墨之道，褋於清儒。若甘草甘遂，共之必反，求其爲眞回眞儒，十無一得。故經不通儒，不能明修齊治平之大道。儒不通經，不能究原始要終之至理。欲求兩兼，必於本教中選清儒兩明，萬無一失。

又《潔飲食》 飲食所以滋生，猶草木之賴於雨露。溫池種藕，鹹水養魚，烏可得乎。經云凡一口不明不潔之物入於胸腹，眞主四十日不准其功課。近見教親之開食店者，惟用外教烹調，以不潔之庖人，加無名之刀刃，無異懸羊市狗，掩耳盜鈴。倘有清廉學者食之，既受其傷。賣者難逃重罪。趨利忘義，雖有功課，徒爲辛苦驚哉。

又《重喪禮》 世有三重，疼熱莫過父母，義和莫如兄弟，恩愛莫若夫妻。此五倫之大倫，三綱之大綱。至於父母，自懷胎以至生育，乳哺襁負，尿屎不厭，其泣其涕，生欲口噙，遇有疾病，痛思身代，及其成立，經營活計，娶妻生子，親之愛子。如此其勞，子年日長，親年日衰。欲報之德，昊天罔極。若夫兄弟，或一二歲三四歲相繼而生，自竹馬同遊，以至龍鐘鶴髮，恩義浹洽，如手如足，痛癢相關。至若夫妻，良緣夙締，佳偶天成，孤陰不生，獨陽不長。男以女爲室，女以男爲家，如衣如服，寒暑相共。倘能父母俱存，兄弟無故，夫妻長守，一家聚會，骨肉團圓，何等快樂。設有一損，五衷寸裂，涕淚交順，北邙山裏，冷雨淒風，九泉非舍，黃壤爲家。生之報死者，此時死之望生者。亦惟此時，親戚吊望，朋友相幫，或布帛米麫，或油蠟銀錢。及其殯送發引，遠近險易不等，或風霜雨雪，徒步艱辛，或年老尊長，或有學名師，馬步不同，無論親疏長幼貴賤賢愚，自宜登門逐謝，始卸喪家之責，孝子仁人之心。風俗所以日

淳，教化所以日盛，親識所以日睦。近見居喪子弟，不識親疏之厚薄，步送之艱苦，驕慢成俗，禮答不知，惟在寺中，僅以一揖，況又不知上下左右貴賤賢愚，踞傲無禮，慢友輕親。如至寺禮拜者，固不足責。倘不至寺禮拜，或別寺親友及遠來者，則將置之膜外乎。情理不通，漸淪禽獸。俟後凡遇父母兄弟，骨肉喪亡，來吊者，登記姓名，勿論有奠、無奠，俟喪畢，用封筒單帖，登門逐謝，見者一揖，不見者，投帖而返，庶免高人恥笑。至於生死忌晨，開經濟貧，量家計之豐歉，盡孝子仁人之實念，不惟報本，亦可述後。倘死者所積家財，欠缺功課，有遺囑者抽三分之一，爲彼濟貧。所謂生前之孝有盡，死後之孝無窮。誠孝思載指南，勿容贅囑。噫予何人也，敢議教條，獲罪於今之教人時人，受重任而爲各方之首領哉。巢居知風，穴處知雨，耕須問農，織須問女，豐草不除，嘉禾難茂，弊端不革，善敎難興，陽奉陰違，面是背非，皆是敎門中一件大毒。設或護毒養癰，終成大患。今幸左道敗露，蒙某憲頒示兩迤，通行嚴緝，豈惟吾敎之幸。設或糾黨作祟，若漢之張角元末之白蓮等敎，煽禍株連，玉石俱焚，雖欲安枕，不可得矣。爲告同儕，各嚴職守，勿順邪途，以保敎門。則兩世俱慶矣。

劉智《天方典禮擇要解》卷一《原教》 維初太始，萬物未形。惟一眞宰，無方無似。命弘開闢之功，始立億兆之類。造人祖於天方，降聖賢於中極。創制宏規而教立焉。厥後人物充繁，漸達四外。去古近者其敎猶存，去古遠者其敎遂失。故四方之敎，多非古敎也。惟我天方，得衆聖薪傳，道統不絶。迄穆罕默德出，道愈昭明矣。刪經定制，總前聖之精微，而爲大成焉，大道於是乎明備。其爲敎也以識主爲宗旨，以敬事爲功夫，以歸根復命爲究竟。敬服五功，天道盡矣。敦崇五典，人道盡矣。學業精粗，存乎其人。用行舍藏，遵乎其義。婚姻有禮，喪葬有制。一切動止皆有經常達變之法也。法備三乘，理原一本。人區九品，道宗一脉。道有敎而無像，敎有法而無身。是以聖人之道，包貫無極。聖人之敎，正大至中。聖敎之人，不二不惑。會八方如一室，合千古若一時。亹亹相傳，洵不易之宏規，垂萬世而貞盛也。

又卷二《眞宰》 維皇眞宰，獨一無相，生天生地，生人生物。言喻皆眞宰之所生化者也。眞宰則先天地人物而有者也。體立於二氣未肇之先，用著於萬象既形之後。前無始，後無終。大無外，細無內。無形似，無方所，無遐邇，無對待。綱維理數，掌握天人。主萬化而不化，莫非其化。妙萬跡而無跡，孰非其跡。至知也，至能也，至全也，至善也。作焉而不待，化焉而不窮，育焉而不遺，予焉而不竭。動靜不常，其生之本也。《淑眞篇》云曰，是主一也，主究竟也，無産無所産，無一與之配。

又卷三《識認》 工藝必有匠，大造必有主。天下智愚賢不肖，莫不知之。第未識其眞者，不泥於形相，即落於空無。曰老，曰佛，曰天，曰理。擬度爲主，非眞主也。眞主則隱然無象，確然實有。造化天人，運行理氣者是也。惟知眞主而趨向之，則根脚正定。紛紛異端，不得以邪說惑亂矣。今夫見草木之偃仰而知有風，覩綠翠之萌動而知有春，視己身之靈明而知有性，叅天地之造化而知有主。必然之理也。主宰之本然隱於用，見於爲，妙於理，形於象。妙用未顯，其體不可見也。妙用既顯，則萬事萬物孰非其本體之徵哉。經曰，將使汝見吾節於諸方，曁爾諸身，而爾胡不觀。聖人曰，明己則明主矣。是謂認主先以認己爲要也。

又卷四《諦言》 我證第一章

我證一切非主，惟有眞主止一無貳。我證穆罕默德是主差使。

清眞第二章

一切非主，惟有眞主。穆罕默德是主欽差。

總信第三章

我信主本然，以其妙用尊名。我承主一切法則。

分信第四章

我信眞主，信一切天神，信一切經書，信一切聖人，信後世，信善惡有定自主，信死後復生。

大讚第五章

清哉眞主，世讚歸主，萬物非主，惟有眞主。眞主至大，無時無力，惟以尊主。

李向亭《清眞指引》 我憑着普慈今世獨慈後世主的尊名起，以媽尼綱領。以媽尼是憑着舌肉招認，心內誠信，與憑着七竅遵行。舌肉招認清淨之言語，文列於後。

講　義

萬物非主，惟有按撈胡是獨一之眞主，穆罕默德是主的欽差。

心內誠信

以嗎尼規矩有七，斷法有六。如失規矩其中之一，不爲穆民。除非再行入教。若斷法未能全遵，作討白可挽回。

規矩一信主

我信眞主造化天地，日月星辰，世界萬物一總。眞主是獨一無二，他不生人，人不生他，無上下左右前後，無大小內外定位，無比無樣，無始終年紀老幼，所謂原有常在是也。

規矩二信天仙

我信九天七地一些天仙，是眞主差來各辦其事。內有四大天仙爲之首領。一名折白勒衣來掌理於一些聖人，傳旨降經，自我們聖人穆罕默德去世之後，停止下降。一名米克衣來掌理一些古今活物之衣祿。一名而子拉衣來掌理取一些活物之命。一名亦思喇非來掌理壞世界時吹蘇勒。

規矩三信經典

我信主之一些皇言，從阿丹聖人起，至我們穆聖，其計一百一十四部，其中四大部是至有名的，降在目撒聖人上之討拉提，降在達烏德聖人上之則卜勒，降在耳撒聖人上之因知來，降在我們穆聖人上之古而拉乃，包括前聖各部之妙義，乃一百一十四個蘇勒，全部共六千六百六十六段皇言。

規矩四信聖人

我信主的一些欽差聖人，共計十二萬四千有零。聖分四品，至聖大聖欽聖列聖。我們聖人穆罕默德是至聖。

規矩五信結末

我信自己臨終之時，怕亦卜力思刁搶以嗎尼，如刁去乃外道之人。歸回後世，不免永久朶子黑之苦。

規矩六信好歹

我信好歹定奪，是從主上降來的。此好歹乃禍福之好歹，非自己所爲之好歹。

規矩七信復活

我信死之後，復活有兩次。一是墳坑復活。二位天仙問答好歹，有恩有罪暫受，至壞世界時。二次復活又問好歹，秤稱盤，念文卷，過邃拉台橋，有以嗎尼之穆民，送進天堂，無以嗎尼之罪徒，打進朶子黑，永無開赦之日。

又《以嗎尼斷法》

斷法一戒殺害

穆民無故不可殺害穆民。若爲官長殺不法之人，或報讎，於以嗎尼無礙。

斷法二戒強拿

穆民無故不可強拿穆民之財物。若爲官長勦拿不法之人，或報讎，於以嗎尼無礙。

斷法三戒猜疑

穆民未見穆民之行爲好歹，不可猜疑他。若猶疑素日行爲不周之穆民，於以嗎尼無礙。

斷法四戒傷面分

穆民不可壞穆民之名譽，因同教之感情最深。穆民弟兄當親睦之。

斷法五戒奴僕

穆民不可把穆民之兒女拿作奴僕。因穆民是主之奴僕，爲人豈敢專制。用異教之兒女，能跟隨吾教矣。

斷法六知穆民在朶子黑不永久

穆民要知有以嗎尼之人，縱有罪過進朶子黑，罪滿之後，眞主恕饒，仍進天堂矣。

念禮齋課朝五功

七竅有內外，同遵行五功，即念禮齋課朝，孝順父母和睦骨肉也。念是念倆以倆孩應燗撈胡穆罕默杜勒蘇論拉席。禮是一日五時，七日一聚，一年兩開齋節。齋是每年一個天命之齋月。課是有富餘銀，十四兩夠一滿貫，當散天課銀三錢五分，於貧苦之人。朝是朝天方，名曰克而白。有川資安家費之人當然。平生一次是天命，重復是聖行。蓋念禮齋課朝是天道。孝順父母。和睦骨肉是人道。二道並行，可謂眞正之穆民矣。

壞以嗎尼

一不認主聖。一把大罪看的輕，或當的使得。一不信服主的皇言與聖語，及四大以嗎目會同之條件。一把使得當作使不得，或把使不得當作使

得。一從主之罪刑上安寧。一從主之慈憫上無望。一攔擋主之皇言與聖人之聖諭與四大以媽目會同之條件。一把主皇言與聖語，更至偏邪之義味。一戲弄教門。一斷主聖之命令與主聖之禁止，從高等人或常等人上脫去。一隱昧天堂與朶子黑或隱昧一些人在其內永久。一把天堂分定給一些常等人，使不得，自除是一些聖人與憑着天堂報過喜信十個人。一把朶子黑分定給一些眞穆民。一謾怨主聖。一怒惱主之定然。一把無知叙給主聖。一戲弄聖人與有道德之眞穆民。一信實說未來言語之人，如看墳地門向算命占卦看相等事。一信投生轉胎。一信拜除過主的一些物，如財神城隍孔子之類，就是父母亦拜叩不得。因叩頭之人是卡肥日，受頭之人是以不立思。一信除過主的一些物，能掌管他的死生及各樣事體。一隱昧一些天命。一隱昧以媽尼一些規矩斷法與以媽尼所包之條件，如不信復活，秤稱盤，念文卷，過遂拉台橋，天堂朶子黑之類。一只知道合乎人心所忌惡者，不知合乎主聖經典之命令與禁止者，俱傷以媽尼。

教門八件原根

一知主獨一。二知主公平。三知聖爲聖。四知古今之以媽目是穆民官長。五命人行好。六止人幹歹。七遠奸人。八敬賢人。

【略】

墳坑問答

人把亡人放在墳坑內，二位天仙一名閟克勒一名乃克勒，來問這個亡人，調養你的主是何人。答曰是造化天地日月星辰萬物獨一無二之眞主。又問你的聖人是何人。答曰是天地之總綱，人神之頭領，萬聖之領袖，名爲穆罕默德，是我們的聖人。又問你的經典是甚麽。答曰我的經典包括前聖各部經典之奥妙，名爲古而拉乃。又問你的教們是什麽。答曰是以思倆目。又問你的兄弟是何人。答曰是保守五功，不信外道之眞穆民。又問你的朝向是那里。答曰是天方國克而白。然後二位天仙同他說，你是個吉慶的，你能夠端正的回答，你的墳坑是天堂花園之屬。

若是這個亡人不能回答。二位天仙同他說，你是個薄福的，墳坑是朶子黑之屬。二位天仙罪刑他。所有墳坑內能回答者是在世遵行以思拉目，保守以媽尼規矩斷法之人。否則必不能答，乃永久朶子黑矣。

丁榮光《天方端蒙教門串語正解》 教門念禮齋課朝，人當仔細問根苗。每日晨晌晡昏夜，歸眞復命最爲高。

念禮齋課朝乃教門之五功。念遵十制，法備三乘。三乘之外，復有超乘。分爲身心性命四門。生知困勉，各勤昭事之虔，及其成功。一也。修身曰禮乘，盡人合天，尋眞之徑。經云舍勒二特，常道是也。正心曰法乘去人見天，履眞之階。經云脱勒格特，中道是也。盡性曰道乘，天人一致，悟眞之極。經云哈格蓋特，至道是也。致命曰超乘，天人渾化，契眞之妙莫可名狀。經云買勒費特，眞一還眞是也。禮即一心拜主歸原之實義也。須遵主制十二，典禮十二，聖則二十有八。一日五禮，七日一俱，週年二會，併一切副功等拜皆是。齋則每年欽齋一月，鷄鳴而食，星燦而開，禁止食色，洗心滌慮，以希無爲之化。經曰齋屬予，予報之。親切至矣。課以每年四十取一，以富益貧。凡牛羊駝貨。金銀租佃，照規清算無隱。若吝嗇不捨是藐主制而不仁矣。財不永而孽亦隨之。眞主許約，斷然不爽。朝則終身朝天房一次。惟有脚力者是責。若爲脚力所阻，可就近七日赴寺，俱禮一次以補朝儀無異。晨晌晡昏夜謂之五禮。晨禮四拜，肇自人祖阿丹。晌禮十拜，始於道祖倚布那希默聖人。晡禮四拜，始於郁路思聖人。昏禮五拜，始自耳撒聖人。夜禮六拜。始於穆撒聖人。迨至貴聖，集五聖之制，則而大成。霄禮三拜，此萬世不易之大典也。

主制典則與副功，當行當止要分明。嫌疑錯綜愼行止，教道淵源在七宗。

一曰主制，即眞宰勑命之法。勒最也。穆民當終身佩服，而不容息肩。二曰當然，即典也。經云瓦哲布，兼主制聖則而立極也。三曰則，係列聖之準則。凡屬穆民是則是傚，永守無移。經云損乃提。四曰副功，行有功而撤無罪。如附餘禮拜與修橋補路。並稱力周濟鄰丐等事。經云穆思特罕卜。五曰當行，謂合理之事，即主制典則副功是也。爲嚇嘛里。六曰當止，即背理害義之黑納木也。七曰嫌疑，界於行止之間。其中有善事九分，惡跡一分，或惡事五分，善僅五分者，其錯綜不少，總在經權明智，方能區別辨之。防微杜漸，不可不愼。經云買客路哈愼即太革凹。凡一切應用食費皆然。致於暑布嗜特，更宜撿點，留心勿忽。

明德條規信以心，全憑舌念乃爲眞。任重致遠嚴體竅，東作於今慶

西戌。

明德即眞賜之倚嗎呢也。明出天授，德本師傳。月原無光，借日而有光。日由宗動第九天則生明。宗動天光出於至聖。至聖首得眞光，而乾坤永耀矣。德爲二人十四心。以先覺之七竅，覺後覺之七竅。道脉薪傳以心印心，制外養中，認識堅定，歸眞復命，毫無污染，方能西戌可穫，不負東作耕耘。

我證眞主一無二，又証聖人是欽差。萬物非主惟眞主，穆罕默德主差使。

此作証之首念。與清眞之言，乃諦言二章講義也。我爲眞主寄托之我，非人我分别之我也。先天眞主自証，心授至聖靈光，聖傳阿丹，竪指得見聖光。凡穆民有明德之領受者，念作証之音，仍是以主認主，廻光返照。

我是先天呼約來，誠信制度理應該。親聆妙諦無邊福，豈將明德被塵埃。

此諦言總信之三章也。既秉明德於先天，不遵主制於中天，是負呼約而昧妙諦矣。福田荒蕪，明德拘蔽，復初要道，豈可昏暗無光。惟誠信制度，遵守本然。其實踐之心，自不能已矣。

明德遵行又七宗，誠信眞仙經聖人。第五後世六前定，復生御問不容情。

此諦言分信之第四章也。第一誠信貞主，只一無二。認主必先認己，認己不徹，認主無憑。故認主認聖以認己爲喫緊。人本無過，一時忘主即過矣。讚主以時，不離呼吸，心讚美於口念，隱微貴於顯揚，接物以忠，待人以正，亦念主之一端也。至聖嘗訓弟子，念淸眞言，入淨室，聖上跪面南，弟子下跪面北，正對抵膝，手撫兩膝，端手正身，念喀一喀合，以全身之力念之，將氣從丹田之下提起，呼出既竭。然後念印朗老乎，以全身之力念之，將氣出口唇，納入心中。聖如是念，弟子如是習。又曰念喀一喀合，將萬物從胸中推出。念印朗老乎，心內獨存一主於心。凡人如此念，即進天堂矣。第二誠信天仙，奉命司職，受授天勅，時行物生，毫不自專，如日月星辰風雲雷雨是也。第三誠信眞經，勅降至聖。內諭天地人物先天後天造化根由，認主路徑，并一切疑難分晰等事。使穆民不墜迷途而知歸境。四信聖人。非徒自有餘而已，將以補其不足也。代天宣化，振聾發聵，爲穆民悲憫，超拔地步。第五誠信有生必有死。有今生必有後世。種麻得麻，種豆得豆，耕耘收穫，隨手而得。六信前定。語云一飲一啄，莫非前定。須知前定如大海，自由如舟楫。善善惡惡存乎其人。七信死後復生。御問分明，絲毫不爽。

清哉眞主，世讚歸主。萬物非主，惟有眞主。眞主至大，無時無方，惟以眞主。

此諦言大讚之第五章也。

明德斷法六件知，竊奪傷害毁謗施。歹猜買良爲奴者，穆民地禁不沉淪。

明德斷法六件，五件在今世，一件在後世。第一回回不可妄拿回回財貨。竊奪舉其大者而言，如瞞昧之產，需索之財，一切不義銀錢皆是。第二不可妄傷同教性命。殘害肢體，無故行虧，大損明德。第三隱惡揚善。若無端謗毁，惡言阻攖，平地風波，是爲鄉愿之尤，難言表裡如一。第四不可歹猜回回隱微。以不肖之心度人，先自處於不肖之地，揣形抹影，居心最爲下品。事未可期，而罪孽先作矣。第五貧難同教鬻男賣女聞之。即爲設法安置，若賺良爲賤，以作奴婢，是叛明德也。穆民有虧。第六將以上五事不施之於同教。自必民胞物與，明德光昭，即有他事罪戾，定然地禁不永，而天國長享矣。

又　月水金日火木土，恆星宗動爲極處。順信惠明篤發現，心內七層要磨練。

天之最上爲宗動天。由九天而下，至月天止矣。儒書與西經二家稱謂無異。吾人日居其中，不識九天層次名色，殊爲貿貿無知。至於心有七竅，外包七層，人生不無障礙。如鏡之垢，必磨鏡之藥方能明德光輝。其理法甚多，兹不細錄，可於道行推原經考之。或於天方性理求之，可得其梗概矣。

水淨衣淨拜處淨，正時正向舉意誠。拜內无略唸眞經，立躬叩跪主制亘。

主制即法勒最十二件也。拜內六件，拜外六件，缺一而禮不成矣。先言拜外六件。一曰水淨。二曰衣淨。三曰拜處淨。四曰正時。即寅未申酉

亥五時也。五曰正向。即面西背卯之正西也。六曰舉意。先唸告赦語，次分時拜數目。制則副功等事，務必神存內斂。其拜內六件。一曰唸太革必耳旡略，初抬手也，不閧塵世也。經云棄爾來謂爾己私。而來對越眞主也。二曰念眞經。以後四件即立躬叩跪是啣。

十二愼。

又　典禮法所兩拜定，戶德次序禮儀並。坐色谷路七抬手，三高兩低十二愼。

典禮即瓦哲卜也，又名當然。亦係十二件。一於入拜之初唸法體海即眞經之首章也。有十件尊稱名色共一百二十四字，有五十七處関係，住頭七個，務必尊頌着位。若人於拜外唸經，悞記一處不住，可散金錢一文以作罰贖。若在拜內悞記一處不住，其拜壞了。如拜舍他你一般。初學蒙童於此細心緊記，免致習慣成自然，病入膏肓難醫也。二曰續唸所勒前，宜長後短，亦不可先後失儀。三曰於初兩拜言定慣念所勒。四曰於兩拜坐後即唸太沙乎得。五曰拜中次序。即太耳替布也。六曰禮儀即是啣代布也。七曰兩拜必須跪坐。第八拜畢即出兩肩色𠸄木。九曰衛特耳之後即唸都哇古六跌。十曰週年二會僅只典禮二拜，前後抬手七次。十一曰每日晨昏夜三時之拜，俱是高唸領拜。十二曰惟晌晡二時之拜，儘是低唸禮拜。以上十二典禮全矣。

又　註明拜中立站聖行七件。一曰兩手出袖。分開十指，手心向西，抬手用兩大指塞耳至耳垂不聞外事，十腳指向西，中開五寸，左腳攙前一寸，最忌八字站立。二曰以右手中三指搭於左手背上，以大小二指作圈，束左手五指，拱於臍下。三曰觀看叩頭之所。四曰進咂那。五曰唸啣二如丙略吸。六曰唸太思密。七曰唸阿𠯿乃。

按阿𠯿乃，共是四字，係四大聖人名諱，又監觀穆民虔誠之天仙也，實爲吾人聞恩求准祈禱之詞。原冀邀恩，捧手接掇膏澤。若不知敎欸，信手妄行，入於新生杜撰。經云比達二特行新生杜撰的人是買老二呢。今世不受主之恩典，後世不得聖人搭救。是邀恩無分，而反惹罪，皆由素不習學之故。今特贅於阿𠯿乃之後，有十件易犯比達二特。一不可捧手立指。二不可分開十指。三不可指頭迯邅。四不可看手心，只可看指尖或看胸懷亦可。五不可肘挨兩肋窩。惟女人兩肘挨抵肋窩便得。捧手要與心口平對。六不可外看。七不可言語。八唸阿𠯿一句，暗念呀覽必三句。第九唸枉老渾默一遍，兵臉一次，中間又唸一遍。唸完然後唸第三遍枉老渾默，方可二次抹臉，庶不入於新生。十不可抹臉之後，抹鬍鬚。

又　又明鞠躬內聖行七件。

一曰抬念太革比耳。二曰觀看腳背，恐臨危在腳縫，取命艱難。併腳背生毛是地禁顯跡。三曰十指分開抓膝，展開腿灣。四唸蘸不罕。五唸色𠯿枉老乎。六唸覽白納勒克立罕木都。七要起身站定端正。

又　又明拜內聖行叩頭七件。

一曰唸太革比耳。二曰將十指向西，蹼地擠緊，與頂相平，中空四寸，以作叩頭之處。三曰居中叩首。不可攙前過後，務必寬窄合式。四曰唸蘇不罕勒覽比。五曰七竅落地。即二十四叩頭也。六曰開眼看鼻尖與臉。七曰兩叩首必須分別先後。懸肘虛腹，不可折在一處因初叩首，謝倚嗎昵之恩。二叩首，祈倚嗎昵永久。先天後天，全賴此二叩首，分別順逆，玆不細載。

又　又明聖行跪中七件。

第一將右腳立起，使腳指得以向西。第二將左腳蹼倒向內，以便墊坐。三將兩手十指分開，放於大腿面上。四面向西跪。五看胸懷。六唸枉老渾默。七說兩肩左右色嘍木。

以上二十八件聖則全矣。

又　拜內原有七思五觀，忽而不防者多矣。今特記之以便集覽，識者愼之。

上實下橋中眞主，前思無常後思土。右是天堂左地禁，七思禮拜不爲阻。

實爲阿耳實，即最上宗動之九天也，爲清眞至言出處之所。色那長橋係考算古今功過之関，無不恐懼哀憐。眞主是降衷之本源。無常必歸於土。天國所以顯恩。地禁所以示威。以此七思拜內偶觸一思，而不壞拜。不然，拜中思他物，即拜他物矣。可不愼歟。

站看叩所躬看腳，叩首看的鼻梁骨。跪看胸前手放腿，看肩即出色𠸄睦。

拜中偸眼外看，爲黑拿木。又於拜中減儀搪塞了事，乃賊中至歹之

賊，蓋謂以假哄眞主也。除七思五觀之外，拜中更無可思可觀矣。莫將主穆細掐手，緊記一八五二九。六三十來七四一，亢牛婁鬼轉着走。

五功

綜述

劉智《天方典禮擇要解》卷五《五功・總綱》 形器既章，天道隱矣。氣稟日生，眞理晦矣。情僞日出，本性昏矣。明者蔽，純者雜，而通者塞矣。人於天命根原，罔知所自而返焉。聖教五功，念禮齋課朝，示人修道而返乎其初也。念知所歸也。禮踐所歸之路也。齋以絕物也。課以亡己也。朝復命而歸眞也。修此而後天道盡。

又《念眞》 念者心乎主宰之謂也。有心念，有口念。口念以時，心念無時。念之功用大矣哉。凡爲念者有十制：誦辭、知義、信斯理、恆斯道。問不諱答，求不緩授。明夫主有之理，主一之證，惟主無比之據。知夫穆罕默德之爲聖也，爲聖之至。全此十者，然後可克其念之功。聖人曰維念，百功之髓，萬善之元仁者。恆念克終無虞，修道者甚不可以無念也。

又卷六《禮拜》 拜者身乎主宰之謂也。日禮五時，密於昭事之功也。有條例，有儀則。條例：先沐浴，盛服，潔處，正時，正向，立意。闕一而禮不正也。儀則者，先端立，舉手，頌經，鞠躬，叩首，闕一而禮不成也。禮拜中，神存心臨，內慄外兢，毋外慮，毋旁顧，毋搔手，毋舉足，毋作聲。故犯者復禮。一日五禮。七日一聚。一年二會。晨禮四拜，主制二，聖則二。晌禮十拜，主制四，聖則六。晡禮四拜，主制。昏禮五拜，主制三，聖則二。宵禮九拜，主制四，聖則二，典禮三。聚禮十拜，主制二，聖則八。會禮二拜，典禮。凡禮拜，務當其時，務守其中。日禮可補，聚會無補。惟大人有明禮，有夜功，有祀親之禮。祀禮二拜，明禮夜功無數。聖人曰禮拜乃滌罪之泉，行教之柱，所主之階也。蓋以禮拜，有閑邪存誠之妙，拜跪起止，見幽明化育之理。對越趨蹌，寓天人合一之機。禮拜之爲功微矣哉。

又《五功釋義・原始》 形氣章矣，天道隱矣。氣稟日生，眞理晦矣。明者蔽純者雜，而通者塞矣。人於天命根源，罔知所自而返焉。聖教五功念禮齋課朝，示人修道，而返乎其本初也。念在知所歸，禮在踐所歸之路，齋以絕物，課以忘己，朝以復命而歸眞。修此而天道盡矣。

又《外官》 五官爲用，各有德性具焉，而人未能盡其善也。口具能言之德，耳具能聽之德，目具能視之德，鼻具能嗅之德，身具能取與動止之德。德無不善，而或用之不善，則德性喪矣。五功者，拯其既喪之德，而亦保其德不至喪也。

又《內德》 人有內德五焉，心也性也知也幾也微也。性所以生，心所以覺，知所以用，幾則心之動，微則心之隱。五者本至善，而受於造物者也。第私欲灘乎性，是非撓乎心，氣質蔽乎知，謀慮亂乎幾，喜怒得喪動乎微，本善者遂流於不善矣。五功之理，所以湔其私，正其氣，平其是非，定其謀慮，而約束於喜怒得喪之際者也。

又《念儀》 念者，心乎主也。時省於懷，常注於口，永佩乎身，存誠執敬，歌功頌德，凡屬言行，標理中節，惟恐一動，離乎道，心念不忘，口念不輟。經曰興居寢食惟念念哉。又曰念主者，主念之。念主則無過，主念則無虞。自我勤慎，自主佑之。

又《念法》 心猶鑒也，面於此必背於彼，天理也，人欲也。心之面背不常，面於天理，則人欲不入。面於人欲則天理不存。是非之判，善惡之端皆造化於此。危哉微哉，敬哉慎哉。一念正，終身之福。一念不正，終身之禍。敬肆關頭，如防激湍，如羈劣馬，念兹在兹，時加省察，聖人曰心昏如鑒垢，念以磨之。

又《念義》 念，示不忘也，不忘吾之本原也。身之所生，性之所自，造物之本然也。本然至善，念之則無惡。本然至清，念之則無染。本然至眞，念之則無妄。夫念至於無惡無染無妄，即還本原之境矣。聖人曰念則超焉，超乎物我，還乎本然，是爲原始返終之義。

又《念理》 人與主無間也，而必屬念於主者，正以示其無間耳。人

以人爲物，而不知無物之非主。人以物爲幻，而不知無幻之非眞念。人念物則祇見人物，而不見主。惟一念專屬於主，則物我無存，本然獨湛矣。經曰眞主臨人，切於心命。又曰念毋二，敬毋二，奉事毋二。二之云者將以他物二於主也。二甚於逆。

又《念證》 有心之念，以人念主也。無心之念，以主念主也。念主以人，有工夫有時際。念主以主，則無時無地，而非念主矣，則無動無思，而非念主矣。苟有一念一動之不合於道，則是爲有時際而以主念主者。動止非我，渾乎無間，憶慮消忘，肆應周徧，斯爲以主念主者也。故曰維念無方，居不昧念也，起不忘念也，接物以正待人以忠念也。經云經營政治農圃術數而以道，皆念也。聖人曰不念而事事必逆，念而不肖於行念乎哉。

又《拜儀》 拜者身乎主也。一日五時，參禮以衆。時晨晌晡昏夜是也。時各有數，晨禮四拜，晌禮十拜，晡禮四拜，昏禮五拜，夜禮九拜。拜有四儀，立躬叩跪。立則端身正面，拊手齊足，目矚叩所。躬則曲身懸首，平脊捉膝，目矚足。叩則身首匍匐，鼻額着地，懸肘懸腹，目矚鼻端。跪則端坐沉沉，默首撫膝，目矚懷。合數儀而成一拜，全數拜而成一禮。禮有條例，沐浴盛服潔處正時正向立意，一日五禮，七日一聚，一年二會。惟大人有明理，有夜功。明禮兩拜，夜功無數。經曰爾民禮拜，務守其中。中者時中之謂也。聖人曰順與逆無以分也，惟以拜。時至而不拜，逆矣夫。

又《拜法》 拜必恭，心必虔。不恭不虔與不拜等。時必殷，日無間，殷而無間乃作成功。夫拜主命也，時至身必至。時至而身不至，是私身而慢主也。身至心必至，身至而心不至，是虛文而無實也。慢主者逆，無實者謬。逆則禍，謬則不登。是故禮拜必神存心臨，內慄外莊，毋外慮，毋旁顧，毋搔首，毋舉足，毋作聲。故犯者復禮。聖人曰拜主如見主，雖爾不見主，實見之。

又《拜理》 凡屬有物，不出二端，通也礙也。通也理也，礙也象也。滯於象者擬於理，復於理者通於象。然非去象以求理也。能通於理，礙即爲通。不通於理，通亦成礙。人也者，理與象全體聚合之名也。日羈於象，則無由復於通，不特身形不能復於通，即性靈亦不能復於通。何也。靈爲形役矣。日求於理而象不能爲其礙，不特靈性不能爲所礙，即身形亦不能爲所礙。何也。形爲靈超矣，靈爲形役，即通而成礙。形爲靈超即礙而成通。拜也者形爲靈超之妙用也，即礙還通之佳境也。果能至於此境矣，則生死不以爲生死而知有不生不死者在。嗜欲不以爲嗜欲而明有無嗜無欲者在。夫是以不免於生死，亦爲超脫生死者。夫是以不離於嗜欲，而爲棄絕嗜欲者。象者化矣，礙者通焉。經諭諄諄教人禮拜，欲其即礙返通而已矣。

又《拜證》 拜言乎順也。無乎不順，則無乎不拜。順乎主，即拜乎主也。夫順有二。順其命令之當然，順之表也。順其本然之德性，順之裏也。表裏當順，則表裏皆拜者也。無時不順則時時皆拜者也。主命吾念則念之，命吾拜則拜之。非以念拜爲功也，以順爲功也。非以不念不拜爲過也，以不順爲過也。蓋主命如是，即當如是，是爲順也。主無方位，吾亦不以方位拘。主無形體吾亦不以形體礙。主無聲色嗅味吾亦不以聲色嗅味而迷障。一念不然，安於其境，聽其自然而已矣。順焉而不拜，則順無效。拜焉而不順，則拜無功。拜於其時，順於無間，斯之爲眞拜者也。

又《齋儀》 齋者性乎主也。歲齋一月，曉初而食，日沒而開。一日之中，不茹水穀，不近女色，百務皆息，諸念不生，民不列市，官不聽訟，君不設朝，不幸野，或處於家，或守於寺，惟省躬滌過，獨契眞宰無已。聖人曰齋無爲之功也，罷工停政，以重其事焉。

又《齋法》 夫齋者制欲檢行，以謹身心於無妄之法也。目不妄視，耳不妄聽，口不妄言，心不妄思，手不妄取與，足不妄步趨。塵欲之事遠絕，道義之事精虔。徒謹嗜欲而不去邪妄，非齋也。知謹邪妄而不輟食色，非法也。蓋食色者嗜欲之母也，不輟食色，是不能制嗜欲者也。不能制嗜欲，其與齋乎何有。聖人曰齋非僅止食色也，務齋諸耳目身心。又曰嗜欲之情人禽共之，人之所以異於禽獸者能制其情耳。

又《齋義》 一切不善，嗜欲爲之先，氣血爲之乘。守齋則嗜欲遏，氣血羸，而非爲妄作，無所從起矣。德性所以養心而能潤及其身，飲食所以養身而能累及其心。齋止食飲以抑氣質以強其心也。心強則明，明則私欲化而眞性見矣。聖人曰萬物有課，夫齋氣血之課也。經曰主謂爾撤，饑則見，孤則合。謂饑於食而飽於德則性見，孤於己而復於禮則眞合也。一

塵不染，一私不立謂之孤。

又《齋理》 食色以生，生以爲道也，不得已也。求道者減食色，至於棄食色，皆視食色爲累者也，皆以不食不色爲樂者也。且食色後天之需，日逐於食色則日沉淪於後天，而於先天日漸蔽塞而不通矣。抑其後天之情，示以先天之性，而後憶乎先天之景況，則幾復乎先天矣。先天復，而於眞主本然何間焉。故曰齋屬予，予報之，親切至矣。

又《齋證》 僅能止食色，而不能忘食色，非齋也。僅能戒非爲，而不能絕非念，非齋也。僅能守齋，而不見其爲齋之效，亦非齋也。願無食色，幾忘食色者矣，畏有非念，幾忘非念者矣。厭離情欲，樂乎天命，幾見其爲齋之效者矣。聖人曰齋以鎔氣質也。即如鎔金，去其雜而聚其散，齋矣。氣質未絕，紛散未聚，猶未齋也。遠離食色，齋之次也。制欲檢行，齋之上也。己私克盡，物我全忘，齋之制也。故曰齋以絕物也，絕其外物，化其己私而不納一物於心焉，斯可謂之齋矣。

又《課儀》 課者以其財貨用於主也。財貨主無所用而以與貧，由之乎用於主也。滿貫者捐其四十之一。金銀錢貨牛羊駝馬菓穀生産，各有定例，依律清算無隱。一年一課。受給者貧乏良人，先親後疎，先近後遠，餘課納官入庫，賑譏養學。非其人不給，非其人不受。給受之間，有大謹焉。聖人曰凡物有課，有所能而施之，以濟不能也。財富者利濟貧乏學優者，導化愚頑言美者，釋訟解爭力強者，扶危助弱，廣修屋廈，以延賓客。多備器用，以應借貸，皆課之義也。

又《課法》 裒多益寡，克己分甘，仁者之爲也。匿於毫末，則毀於全功。必也爲道而捐，樂而出之，不懷恩心，不眩善名。挾私而與，其猶挾私而匿，勞來賜贈，不作課功，義俠修建，不入課例。謹之謹之。得其人而後與，愼之愼之。度其可而後受。不稽而與，與之過也。朦溷而受，受之過也。

又《課義》 課者體主愛人而忘己忘物之大法也。眞主至仁，施而不靳。吾能施之，是體主之仁也。民吾一身，理宜同愛而分甘普利，是愛民如身也。捨其己有，猶忘己有也。不私其物，猶忘物也。人惟私己之心本甚，故仁愛公義之心不起。一舉課，而四義全焉。

又《課理》 人之所本有者德性耳。一切外物，培德之具也。即身形亦具也。培以生之而反害之，則非具矣累矣。不惟外物爲累，即身形亦累矣。上人不爲所累，故雖身命亦其非有。中人知其累而能舍之下，此者則執之而不舍，終被其累而弗覺也。捐課一法，其示人去外有之私，而用其本有之德性耳。

又《課證》 捐課將以去其私執之心也私物之心尚存，執己之心未化，何有於課哉。然非欲盡舍其有也。厭求而不惱，多索而益歡。財則財之，力則力之。若一身之恤苦，不立彼我之見，斯可矣。仰得之若寄，失之若返。餘則以爲禍累，不足以爲福美。若負擔涉險，然惟輕減而願，斯可矣。抑衆人之私在財貨，大人之私在有己存。一物於心，留一見於己，猶未課也。身世全舍，福報無取，則善課者焉。

又《朝法》 夫朝者五功之總歸，而天人之大會也。念不輟於心，詞不輟於口，拜焉謹趨，蹌而昭對，越齋焉，謹外制內，而制身心於無爲之境，財不用，私不減，稱其所有而力行之。自居而途，自近而遠，割愛離鄉，崎嶇跋涉，功行之中，莫勤於此，莫勞於此。愛焉而不自愛也。毋謂觀瞻，毋謂遠離，毋謂身至而即爲功，嚴防乎戒，縝密乎事，內外精嚴，極盡乎誠敬而已。

又《朝義》 人惟懷土之念。深則契道之念淺。朝覲者絕域登途，去所貪戀。以近其本原也。夫朝覲之人，割愛離家，崎嶇跋涉，而後乃詣其境。則凡修道之人，亦必鎔克己私，勤修苦行而後乃還其眞。此借有形之朝，以起無形之朝也。善朝者身向而心亦向之矣。遠其私欲之鄉，逾一切好惡之界，至禮義之關。新婦潔之沐浴。脫人欲衣，服天理戒。登明識山，會常安郊。宰氣欲牲。然後入親主之禁，所撫機微之懸石，拜伏於契合之聖位。即接渾化之天房矣。外之所朝者，似乎趨蹌之跡猶存。而內之所朝者，渾乎眞宰之體爲一矣。修道之功，豈復有過於此者哉。經曰棄爾來，謂棄爾己私。來於天理。此朝覲之實義也。

又《朝理》 朝曰歸，義旨盡矣。歸者人所公欲，而萬物自然之情也。旅人之還家曰歸，使臣之復命曰歸，鳥之返林，魚之下淵，百川之匯海也，皆曰歸。歸蓋出於人物之自然而無強勉之情也。欲歸而遏之不使歸，何不自然之甚。歸焉而未止於其境，何不自安之甚。雖然人之處於外也，必有所爲而來。底事未盡則亦難言乎歸。人之處世，旅之寓也，將必

歸。必有所爲而來也。盡其事而後乃可歸。聖人盡其事歸矣。而惘人之弗歸，復作法以導之歸。賢者效之而率人歸。智者從之歸，愚人不欲歸，惟嗜欲是戀，漸至流蕩忘返，而終於不知歸。朝覲一功，乃指其歸境而勉之歸也。夫婦自然之事，何須勉。上人不勉而歸，中人勉之而歸，下愚勉之而亦不歸。此下愚終成其爲下愚也。其不若物類也甚矣。

又《朝證》　理境之於人，若朝堂之於天下也。無處不通，無人不可至。而惟人背之則日趨於遠，或向之而功程未盡，終不能到。是朝堂無阻於人，而人自阻也。朝堂無隔於人，而人自隔也。理境於人亦然。無人不可至此理，無處不可見此理，而惟人之向背不同，功夫各別，故有聖凡賢愚之差異也。理本通而人自塞，理本明而人自晦。苟能一日返身而向之，而歸於一原焉。則何聖凡賢愚之別乎。朝堂有遠近，理無遠近。朝堂有方位，理無方位。期月而朝，形跡之朝也。返身而誠，則時時朝，處處朝。時時朝則無念而不以主爲思維。處處朝則無動而不以主所命我者爲遵守。念拜齋課皆以一朝而包完，身心性命皆以一朝而修，盡忠孝節義皆以一朝而周全。天道人道皆盡於一朝之功。故曰朝者百功之總會也。苟於身心之間有一念一動之違於理，即爲背眞，即爲朝之義無有矣。是故觀人之朝者，觀於其日用工夫而已矣，觀於其舉止動定而已矣。

又《五限》　時念何也，心之功也。心無止息，念亦無止息也。隱動幾微之際，理欲善惡之根，頃有忽焉。終身之禍，惟以時念防之。則心有操存而不放矣。日禮五時何也。禮身之功也。身多營爲，當暇時而拜也。曉發政未起暇矣，當拜。日仄政歇身暇矣，當拜。方晡百務咸畢暇矣，當拜。昏夕百務咸皆歸藏暇矣，當拜。及夜萬彙寢寐身心俱暇矣，當拜。若當暇時而不暇，惟身心是務者，是逆命而願已也。一日五時，取五中之義也。晨是夜交晝之中，昏是晝交夜之中，晌是晝之中，宵是夜之中。晡居四時之中。經曰爾民禮拜，務守其中，此之謂歟。一曰古之聖人始禮之拜，即當此五時也。至今守之無改，以追法往聖也。歲齋一月何。齋性之功，性無爲而人之生也。罔不有爲，家國之役，農賈之勞，所不免焉。惟於一年之中，齋一月罷工停政，斯於民無難矣。踰歲一課何。本財貨之功也。一年四時，生植營藝，出入籌計，而財貨之盈縮定矣。然後計其定數而捐之，斯不損其本也。於四十取一何。萬物之數，至四十而盈也。裒多益寡之義也。一生一朝何，朝總身心財貨，且去家國之功也。是功於民爲難，故惟一生一朝而可矣。苟無能焉，朝於其國可也。期年一大朝，七日一小朝，聖人之教，切而不迫也。

又《聚會》　俱人而拜之謂衆。七日一禮之謂聚。二節之禮之謂會。一日五衆，七日一聚，一年二會。會者會一切聚也。聚者聚一切衆也。衆者俱一切人也。會之爲言會也，會其繁而統於一也。會統聚，聚統衆，衆統人，人統身，身統性，性統心，是爲理會大於象會。象會以時，理會無時。是以至人一息二會。

又《衆義》　拜必俱衆何。民務紛紜，心意叢雜，雖臨拜，其衷不能無擾也。惟入寺俱衆而禮之，進趨謹畏，瞻闕凜然，威儀濟濟，班次嚴肅，怠慢之容自袪，誠敬之心油然。如此乃得拜功之福。聖人曰俱衆禮一拜，七十倍獨禮之功。故曰鄰寺者無拜，惟於寺。七日一聚何。天地之數七也。以七天之禮，合而爲一拜之儀。此紀天地之數也。一年二會。何會也者自萬歸一之義也。於一年而重之，一爲開會畢天道之會也，一爲紀會畢人道之會也。

又《禮數》　夫拜有儀也，有義也。以七天之理，合而爲一拜之儀，主制十二，典禮十二，聖則二十有八，體天輪之常轉，包日月之運行，括五行之深義，總萬類之全功。此拜之儀也。求滌己身之罪業，默祝國家之太平，思親恩而感師訓，念友誼以及羣生。此拜之義也。夫拜有數也，一日之中三十二鞠躬，六十四叩頭，一百七十八讚，十二擡手，十七跪，三十二起，二十七獻，左右顧者十一，宣諭五，讚禮五。合一日而爲數，三百八十有四。此合天地初開，日分之理數也。

又《儀象》　叩首，草木根地之象也。鞠躬，鳥獸負天之象也。跪坐，山陵盤踞之象也。站立，頂天立地之象也。周旋升降，陰陽消息，日月運行之象也。是故拜也者，冒天地之全分者也。

又《拜原》　始晨拜者阿丹也，始晌拜者易卜喇欣也，始晡拜者郁訥思也，始昏拜者爾撒也，始夜拜者母撒也，始衛特爾拜者至聖穆罕默德也。衆聖散見於前，吾聖集成於後。所謂道全德備，卓越於千古者也。

又《誠意》　念而不誠，臨拜而不恭，捐課而不樂，齋而不自省於時，朝而不精格於其事，如之何。念而不誠猶未念也，臨拜而不恭猶未拜

也，捐課而不樂猶未捐也，齋而不自省於時猶未齋也，朝而不精格於其事獨未朝也。聖人曰萬務本乎心成乎意，是故郷人砂成穀而錄功，篩核精修百年，一疑而失道。修道者可不謹其心意哉。

又《五象》 拜總萬物之象也。齋肖神祇察而不納，課肖天地施而不返，朝肖江河百匯歸宗，念無肖所以達乎於穆之精也。故五功之中，惟念居首，惟念爲大，惟念樞軸一切功。

又《德門》 五功者入德之門，陟天之階，通微之徑，萬物之精，私欲之鑪，氣質之礪，滌過之泉，濟海之流，修身養性，未有不由此而成功者。

又《旱雨》 五功者，旱時雨，渴時泉，暗夜燈，茫津渡，炎午雲，療疾丹。古人遇艱難，未有不於此而得安者。

又《五益》 念格神，拜殺魔，齋息火，課息厄，朝絕牽繫。

又《五息》 五功有周旋不息之道焉。互相爲始，互相爲終，互相爲體，互相爲用，互相表裏，互相輔成。其由循還，莫可端窮。

又《參化》 五功治五官，五功發五德。五功盡五常，五功讚五行。五功全五典，五功參天地之化育，與陰陽同倫。

又《全體》 五功遍乎全體而無缺也。有行乎心者，有行於身者，有行於手足者，有行於首者，有行於耳目口鼻者。蓋凡有一體，即有一體之過功，以滌其過也。云五功約其總也。

又《屬意》 念屬心，心屬微，其發脈在於口言，其於性分爲仁，其於人道爲孝，其於五行也屬火。禮屬身，身屬幾，其著事在於身行，其於性分爲禮，於人道爲弟，其於五行也屬土。齋屬意，意屬氣，戒於日見，謹於心思，其於性分爲智，於人道爲節，其於五行也屬木。課屬知，知屬血，施用得當，在於耳聽，其於性分爲義，於人道爲友誼，其於五行也屬水。朝屬性，性屬命，其爲功也，具足一切功，施諸所有，而至於鼻亦不臭香，其於性分爲信，於人道爲忠，其於五行也屬金。

又《忘想》 念至無心，善念者也。禮至無身，善禮者也。齋至食色非欲，善齋者也。課至聚斂非私，善課者也。朝至無所趨蹌向背，善朝者也。是故念不以心者，通身皆念之矣。禮不以身者動定皆禮之矣。齋不以食色者無欲非齋矣。課不以財貨者無私非課矣。朝不以趨蹌向背者無往非朝矣。果能如是也，五官開焉，五德昭焉，五氣率從，而五事成焉。

又《開官》 念開口，禮潔身，齋開目，課開耳，朝開鼻。是故阿丹一念而天地闢，魯格茫恆念而微言通，母撒念四十日而對主言，吾聖一呻吟而天下奇才服。是故阿丹再拜釋厄，核子爾勤拜獲長生，爾撒日事禮拜而肉身昇天，吾聖不因公誤拜而全體成光，日下無影，蠅不沾衣，步履九霄之上。是故易卜喇欣持齋自見理世之幾微，母撒饑則見主，吾聖得視塚形見萬物性，玩天地始終如示掌，直見無何有之主。是故哈灘善舍。聞百里之饑啼，速來芒博施解各類之蟲語，吾聖九霄聞屐聲。熟羊告毒，婦啼而識其冤，曰聆眞主之諭。是故葉爾孤白數千里聞衣香，以其心向之專也。吾聖時聞妙世之香，得無臭之臭，蓋鼻乃天門，口爲地闕也。故氣運流行鼻之功，時新吐納口之事，五功盡妙，理象無遮。

又《功效》 念主靜，以待天下之動，則無動而不收納於中矣。禮主動，以歷天下之靜，則無靜而不遍閱於中矣。齋無欲，則凡可欲不能亂吾衷，而愛惡公焉。課無私，則凡所私不能爲吾累而得失等焉。朝復本然，則理窮性盡至於命矣，天人脗合而塞者通焉，夫而後聽非以耳，無所弗聽矣。視非以目，無所弗視矣。言不以口，動不以身，無思弗順，無感弗通，夫而後不思而得，無爲而成。知周有物，神應無方，天地之幾在我矣。夫而後以天用人，以人用天，天人盡妙，體用渾全，天道之本然於茲可見矣。若而人也，天地莫能囿其量，日月莫能擬其明，鬼神莫能窺其事，算數不能紀其功。是五功之效也。聖人曰窮盡則主矣。先賢曰功修既至，天地歸之，斯之謂也。

又《三極》 天有五星，地有五行，人有五官，性有五德，盡人之道有五典，盡天之道有五功。夫五功包天地與人之事者也。凡欲盡夫三極之道而五功之禮，以一貫之矣。

又《法象》 五功之理具於陰陽。五功之道充於天地。五功之事見於人身。夫人身者陰陽天地之大會也。舍人身而別求陰陽天地者未也。是故人者體乎天地之象者也，全乎陰陽之功者也，見諸陰陽天地之事者也。欲言乎草木之生長，則人之生立肢體是。欲言乎鳥獸之運動，則人之行止知覺是。欲言乎神祇之靈明，則人之慧悟智解是。欲言乎天之覆地之載，則人之身心是。欲言乎陰陽之消息四時之變遷，則人之呼吸盈虛幼少壯老

是。氣息如風雲，溫熱如炎火，鼻隆口凹如山谷，經分絡衍如河瀆，肉似土柔，骨如石堅，天地之理，無不備於人，天地之象，亦無不見於人。此人之所以爲天地之會，陰陽之本也。故五功之效，特責在人，而不計他。

又《常德》　五功者成乎性命之德也，全乎天人之義也，盡乎人事之常也，其意大，其味良，民日用於其間而莫之知也。

又《功用》　五功之爲用大也，通天人之幾，悉幽明之故，達性分之微，了生死之義，遠與於穆流行而不蕩於虛淺，近於日用尋常而益見其實際。顧其大而無外，細而無間，與時周旋，亘古今而不亂。

又《普概》　五功所以修身之道也。其爲理也，包乾括坤無所遺。其爲教也，概聖越凡無可免。自少及老統男與婦而不容姑息。其爲禮制儀節也，體天地，象萬物，冒神祇，而方省乎於穆。

又《法聖》　五功者古今之定理也，前聖之遺範，後聖之軌則，命於主，傳於聖，教於人，而人遵之是體主而法聖也。祝乃德曰聖人五功之全體，故爲萬世觀法焉。

又《法程》　聖人設教，將以爲人陟天之階也。天位高遠故其階次層疊，非一蹴而可盡也。念則欲登之意也。拜則登之之法也。課則絕物之牽也。齋則忠己之有也。絕物而忘己，斯至乎其天者矣。至乎其天，斯得朝覲之實者矣。

又《簡易》　聖人之道淺而深近而遠，其示人也簡易，其告人也諄切。然而人不能盡其事，何也。聖人示之簡，而人以爲繁。聖人示之易，而人以爲難。繁則病，難則勞。既病且勞，其何以行之哉。是以行道之人，中途而廢者有之矣，服教之人，沒身而失之者有之矣。

又《位育》　天之所以覆，地之所以載，日月之所以照臨，四時之所以運行，雨露時降，草木時生，鳥獸時育，萬物時成，皆所以培道之具也。人日享於其間而不以修道爲務者，亦有負造物之意矣。勤於天道盡乎人倫，而位育之功成焉。

又《聖凡》　五功所以觀人者也。若聖若賢若智若愚皆能不外五功。而自能成其爲人。聖之所以爲聖者，全此五功也。賢之所以爲賢者，效此五功也。智之所以爲智者，知此五功也。凡愚之所以爲凡愚者，不知此五功也。不知也者，不知其理也，不達其義也。如飲食然，聖人治其味，而教人食者也。賢人知其味，而食者也。智者食之，而知其味者也。凡愚不知其味，而不食者也，即勉食之而終不得其味也矣。

又《忠孝》　五功所以觀人於日用之間也。事親而不勤五功，弗孝矣。事君而不敬五功，弗忠矣。處夫婦昆弟而不修五功，弗義矣。交朋友，接鄰里，而不以五功爲觀法焉，不道矣。耳聞目覩，口言鼻臭，手握足行，念慮思維，而不以五功爲用焉，非禮矣。是以至人之於五功也。曰日不間時，時不間息。

又《一性》　小人大人同其理。聖人凡人一其性。唯欲窒而理蔽，習異而性分，則人品之相云遠矣。五功者所以合其理而一其性也。其殆天人之機，會聖凡之市肆乎。

念之效，不起二念，巴也賚德大賢，不計弟子名。禮之效，受誇而無貶，逆者傷穆罕默德聖齒，反與之祝美。齋之效，棄所欲無往而不順，賊害一補你爾禿花先賢九子，絕無一語。課之效，一私不存，穆罕默德至聖脫袍濟貧，而坐守家庭。朝之效，無己無物，而渾化於眞一。朝房來謁，勒畢爾賢者曰：經典如藥方，辦功如服藥，效即愈矣，愈而能服，保其強壯耳。吾聖因副功拜而腿裂，聖凡知愚於五功中見之矣。

馬德新《禮法捷徑·五時拜數》　晨禮四拜，先二拜是聖則，後二拜是主制。晌禮十拜，先四拜是聖則，次四拜是主制，後二拜亦聖則。晡禮四拜，俱是主制。昏禮五拜，先三拜是主制，後二拜是聖則。宵禮九拜，先四拜是主制，次二拜是聖則，後三拜是典禮。

又《行路之拜》　吾教之人行三日路程，可將四拜主制減爲二拜。若主制是二拜或是三拜均勿容減。若是聖制，勿論四拜二拜不得短少。載在經中非同臆見。

又《拜之法》　主制十二件：沐浴，盛服，潔處，正時，正向，立意。此外六件條例，闕一而禮不正也。端立，舉手，頌經，鞠躬，叩首，跪坐。此內六件儀則，闕一而禮不成也。

又《端立中七件》　兩手齊舉至耳，右手執左手，眼觀叩首處，入色那，念額烏祖，念特思米葉，念阿米那。

又《鞠躬中七件》　念特格比勒，目矚足，手捉膝，默致讚言。念色米甕洛胡，念浪白那，讚畢直身然後叩首。

又《**叩首中七件**》念特格比勒，兩手脚指俱向西，叩首於兩手之中，默致讃言。目矚鼻端，七竅着地，兩叩首中宜住一息。

又《**跪坐中七件**》膝脛着地，坐左足懸立右足，手撫膝，手足指均宜向西，目矚懷，臨尾一坐默致祈祝。左右顧道咆嚐姆。

又《**壞拜五件**》外慮，旁顧，搔手，舉足，作聲。此五件拜中故犯者復禮。

又《**浴・主制四**》淨面，淨手，抹頭，洗足。

又《**聖則十二**》舉意，淨手，念名，洗兩便，刷齒，漱口，淨鼻，抹全頭及耳項，掐鬚淨足手指，捷連，每體三遍，循次第。

又《**壞沐十八件**》大便，小便，下氣，蟲，白濁，血流，擺淋，遺精，滑精，所有之血，瘡膿，瘡內黃水，嘔吐，病狂，昏暈，酒醉，拜中笑，倚物睡。

又《**浴・王命五**》精出，御婦，夢遺，月經止，產後既淨。

又《**聖功四**》七日之聚，兩節之會，遊爾勒法之日，朝覲受戒之時。

又《**浴制三件**》漱口，淨鼻，水遍全體。

又　凡浴宜謹慎仔細，倘有毫髮不周，其浴未全。

又《**拜功儀則**》五番拜，爲天命。拜之法，外六儀。用淨水，服淨衣，立淨處，拘正時，心屬意，面向西。又六件，拜內儀，讃主起，身直立，誦眞經，躬平脊，下叩首，末跪畢。凡禮拜，必沐浴，疑其失，必復沐。須認識，沐五體。一洗面，自髮起，及耳頷，鬢在裏，洗兩肱，至腕肘，抹頭頂，四一有，洗二足，至踝骨。宜周密，勿怠忽。念主名，爲聖則。先洗手，至寸節。淨口鼻，用牙刷。掐鬚髯，並指甲。淨兩便，首舉意。接連洗，按次第。□全項，宜緊記。

兩便出，必壞沐。凡周身，有破處，膿血水，至流布。或昏暈，或嘔吐。拜中喧，倚物睡，呑迷飲，至於醉。沐禮明，認浴功。浴之由，有五宗。陽水出，情慾動。經產淨，男女共。或夢遺，見形跡。浴亡尸，爲典禮。浴之制，洗全體，淨口鼻，兩耳底，虛暗處，宜留意。散鬢髮，毫無棄。

丁寶臣《**清真啓蒙必讀・小淨次序**》先舉意，次洗兩手。淨下。再洗兩手。漱口戧鼻。洗臉。洗兩胳肘。扯麥司孩。洗兩足。再洗兩手。

又《**大淨次序**》先舉意，次洗兩手，淨下再洗手。漱口，戧鼻，洗週身，再洗兩足。

又《**小淨嫌疑十條**》一右手淨前後，二出恭與淨下時面向西，三背向西，四向風小便或淨下，五對日月露羞體，六出恭與淨下時言語，七出恭與淨下時觀天，八婦女在房外小淨，九費水太過，十時不看守羞體。

又《**壞小淨之條**》大小便。泄氣。白濁。下淋。寸白蟲。血。瘡傷膿血。滿口吐。側睡。倚物睡。背靠物睡去物則身倒者。昏暈瘋癲。拜中大笑。

又《**壞大淨四件**》一房事以及夢遺滑精。二夫婦相共，雖未洩精，大淨亦壞。三婦人月經。四婦人生產。

又《**每日五時禮拜次序**》寅時四拜，名爲榜搭的。未時十拜，名爲抛師尼。申時四拜，名爲底蓋雷。酉時五拜，名爲沙目。戌時九拜拜。以上所記入拜出拜時刻，非必從入拜時禮至出拜時也。未至入拜時不許入拜，已至出拜時不可不出也。惟三時不宜禮拜，日出，日落，日正午。

又《**榜搭四拜禮法次序**》先單禮兩拜聖行，再成班，跟隨禮兩拜天命。

又《**抛申十拜禮法次序**》先單禮四拜聖行，再成班，跟隨禮四拜天命，末單禮兩拜聖行。

又《**底蓋四拜禮法次序**》隨外班克上殿，成班。跟隨禮四拜天命。

又《**沙目五拜禮法次序**》隨外班克上殿，成班。先跟隨禮三拜天命。兩單禮兩拜聖行。

又《**虎福灘九拜禮法次序**》成班。先跟隨禮四拜天命。再單禮兩拜聖行。末單禮三拜未台雷，瓦折布。

每日五番拜共三十二拜。十七拜吭雷最。十二拜筭乃台。三拜瓦折布。

又《**七天主麻日禮拜次序**》聽臥足畢。先單禮四拜阿吉耐聖行。再聽念虎圖拜。成班。跟隨禮兩拜住木耳。再單禮十拜。前四拜，中四拜，

末兩拜。

又《來這布月禮拜次序》　見月之當日，在虎福灘前，單禮十二拜泰頭臥。來這布月，則克雷念。

見月第十五日名堵阿宜日。在拋申前，單禮八拜泰頭臥。拋申後，單禮八拜泰頭臥。禮畢，念十本堵娃經，接禮底蓋，大讚後接堵阿宜，叩一頭摸面。

見月第二十七晚夕。貴聖升霄日，在虎福灘後，未台雷前，單禮十二拜泰頭臥。再單禮兩拜。

又《舍二八尼月禮拜次序》　見月之當日，在虎福灘前，單禮十二拜泰頭臥。

見月第十五晚夕，名白臘台。晚夕應禮十四拜。前四拜，中四拜，再四拜，末兩拜。舍二八尼月則克雷念。

又《來埋最尼月每晚禮拜次序》　虎福灘時上殿聽臥足畢。先單禮四拜筝乃台。禮畢成班。再跟隨禮四拜虎福灘。再單禮兩拜虎福灘。再成班。跟禮二十拜泰拉威黑。再跟禮三拜未台雷。

來埋最尼月則克雷念。

見月第二十七晚夕，名爲蓋得雷。晚夕在泰拉威黑後，未台雷前，跟禮兩拜。在未台雷後，再跟禮一百拜泰頭臥。

在齋月末一個主麻，有四拜看罰賴台。

再見新月之晚夕。

又《大恩戴七件母司台汗》　一忙食一物，二用米司挖開，三件務司立四用美香，五穿潔淨衣服，六忙交雖得蓋啡禿雷，七低念泰克逼雷。

又《大開齋節禮拜次序》　上殿聽臥足畢，成班。聽大讚。先跟禮兩拜恩戴啡禿雷。禮畢聽虎圖拜念完。再單禮四拜泰圖臥。

附恩戴兩拜禮法。先成班聽大讚，舉意（一）隨抬手。（二）再抬手。（三）再抬手。（四）再抬手。鞠躬。平身。跪。叩頭。再叩頭。起。立站。（五）再抬手。（六）再抬手。（七）再抬手。隨即鞠躬。平身。跪。叩頭。再叩頭。跪坐。

大恩戴舉意念。

小恩戴七件母司台汗。一封半日齋，二用米司挖開，三作務司立，四用美香，五穿新衣服，六親手作古而八尼，七高念泰克逼雷。

又《壞拜之條》　拜中說話，拜中大笑，拜中吹一物，拜中大哭，拜中無故咳嗽爲裝修聲音，拜中將身上連匯三次，拜中連行三步，拜中睡著，拜中發瘋或昏暈。或榜搭拜中不知日出，或主麻禮至底蓋時已入，或靠牆柱盹睡。

又《拜中嫌疑》　拜中拈鬚撩衣，弄物抉指，敞衣叉手，頻以袖掃叩頭處，腦後綰簪，穿一件衣或隱露羞體，叩頭兩肘落地，拜中閉目閉口，或口含一物，鞠躬或揚頭低頭，往叩頭上提衣服，打呵欠不閉口，旁觀左右，拜中思慮世事。

又《壞齋之條》　至重者在白天故意吃飲與房事。其次者備齋時不知天已亮，開齋後方知日未落。強吐。或心知封齋則加意漱口戧鼻或藥水油水點入耳目鼻諸竅。若偶忘飲食，不壞。晝寢夢遺急速洗亦不壞。如行路勞苦或孕婦懼傷胎或乳婦懼傷子或病時恐增病或庖人懼受暑，現時不把，過日還補使得。或問把齋何所取意，曰一以清心內之晦蒙而增智慧，一以知貧乏之艱難而生惻隱。

又《以嫣尼當然七事》　一交接清廉有學之人。二濟飢渴者飲食。三問候病者。四洗教中亡者。五週濟貧寒。六憐憫孤幼。七解紛釋訟。

又《教門原根八件》　第一認主獨一。第二識主公道。第三畏聖。第四畏以嫣目。第五命人行好。第六止人幹歹。第七遠奸。第八近賢。

又《以嫣尼規矩條件斷法》　舌上讚念。心中誠信。一誠信未見，二誠信惟主能知未來之事，三將孩倆來。四孩拉木信爲孩拉木。五從主之罪責上不可安然。六從主之恩慈上不可無望。（一）無故不可傷母司林性命。（二）不可侵奪母司林財物。（三）不可買賣母司林良人爲奴。（四）不可毀壞母司林名節。（五）不可歹猜母司林。（六）誠信有以嫣尼之人死後，縱有大罪不得永存地禁受罰，滿日仍進天堂。以上爲斷法。

李向亭《清真指引》

又　阿不得斯

小淨天命四件。一洗臉，從頭髮至頷下，旁至兩耳。二洗兩手，連兩肘。三摸頭與鬍鬚。四分之一分。四洗兩脚同兩孤拐，如穿皮襪，就摸兩脚亦可。若四件少一件，小淨不成。

小淨聖行九件

一先念主之尊名。二洗兩手至兩腕。三用米司挖克。四漱口。五戗鼻。六摸兩耳及頸項。七搜鬍鬚與手足一些指甲。八每竅洗三遍。九用水淨下竅，若下竅有污穢大過錢者，淨下即是天命。

壞小淨七件

一前後竅出來之物。前竅如尿精血歡水風蟲白帶，後竅如糞風血蟲。惟男子前竅的蟲不壞。二傷瘡出來之膿血黄水。三滿口吐。四倚靠物件睡。五出幼的男子在拜内大笑，至外人聽着。若自己聽着，只壞拜不壞小淨。若自己未聽着與他人亦未聽着，俱不壞。六瘋的不知人事。七暈的站不住。

握斯里

大淨天命三件，一漱口，二戗鼻，三洗全體。如一根毫毛未洗到，大淨不全。

大淨聖行六件

一洗兩手，二淨下竅，三去週身之污穢，四洗一小淨。自留兩足。五大淨洗全之後，洗兩足。六㪺淨水流於全身。

壞大淨四件

一夫婦相聚，無論瀉精未瀉精。二夢中遺精，如未遺出，疑惑亦要洗。三婦人月經的來。四婦人生產後的見。

聖行大淨四樣

一主目而之大淨。二開大小齋之大淨。三朝天方住而日法提山之大淨。四朝天方受戒人之大淨。

亡人大淨

亡人在嚥氣之前，提醒以媽尼，在兒孫上是緊要之事。最怕亦不力思刁去以媽尼。嚥氣之後，用手把口眼抹合住，將上身衣服脱去，下身只穿一褲，用遮水布蓋好，洗時先將亡人扶坐幾次，捍他的肚腹幾次，令污穢去盡再洗。先用碱水泡溫，洗一混澡。後用淨水作一小淨，惟不漱口戗鼻。再用淨水作大淨，條件俱照活人之大淨。惟有膿血黄水或前後竅所流出者，只洗污穢之處，不再洗全身矣。男子三件衣服，婦人四件衣服。是聖行。婦人多一水褌。

台也悶

天命四件。一□意。二淨土或淨石砂。如用草木灰或草木及淨糧食，俱使不得。三把土抹在面容上。四把土抹在兩手及兩肘上。

土淨四等人

一無小淨之人。二無大淨之人。三婦人月經淨之時。四產後血淨之婦人。

土淨八條

一遠一個密里。二有病不能洗。三無熱水，冷水洗怕病加增。四有水之處，有讐人或有毒蟲，不敢去取。五出外過旱海，帶水只夠吃。六有水，無取水之器皿。七常等人趕兩而得，惟以媽目使不得。八常等人趕折那則，惟以媽目與死人的東家，俱使不得。再者主目而與現時五番之拜，俱使不得。因主目而有撤中替位，五時有還補替位。

禮拜規條八件

一淨水作小淨，或大淨或上淨。二衣服淨。三位分淨。四身體淨。五遮蓋羞體。六朝面克而白。七心中舉意。八認一些時候。以上八欵乃禮拜以前當行之條件，缺一不能成爲拜矣。

拜中盧坤七件

一念頭一個台克必勒。二站。三念一段長天經，或三段短天經。四鞠躬。五兩叩頭。六末坐。七將出拜故意動。以上七條如少一條拜不成。

拜中當然八件

一念法提孩。二念法提孩之後，跟念一段長天經。三三拜或四拜内頭一坐。四在末坐内念台善呼德。五在拜内當高念者高念。六拜内當低念者低念。七在末台勒内念古奴特。八把拜内的之盧坤㪺端正。若錯八件之一，拜終時，沾補錯，兩叩頭名爲賽合昊。

拜中聖行十四件

一同着台克必日着抬兩手抹兩耳。二兩手抄着放在肚臍之下。三念色那。四念艾歐足。五念台思米。六念阿蜜勒。七念色米按拉胡里賣那孩迷代孩。跟隨之人，念讓白那來克勒孩目獨。如單禮的人，亦念前文。八鞠躬内，念蘇卜哈乃爛必也里而最迷。九在鞠躬與叩頭之中站，約一遍特思必孩之時。十叩頭内，念蘇卜哈乃爛必也勒艾而倆。十一在頭一坐内，念

台善呼德。十二在後兩拜內，念法提孩。十三念除過頭一個天命的台克必勒的一些台克必勒。十四說兩邊的色倆目。

壞拜二十七件

一拜中說話，或夢話或與人說色倆目。二或用手或舌內，回色倆目。三哀憐的聲音。四說阿烏。五說烏浮。六因有病疼痛或遭喪的哭。自除是怕朵子黑，哭無妨。七無故咳嗽。八回答噴嚏。九回答好歹奇事之信息。十不跟隨以瑪目，因與以瑪目有意見，願跟隨以瑪目後邊之人。十一照着經本念天經。十地二叩頭在污穢上。十三男女拜內求主，把某一個婦女或某一個男子擇配於他，或求兒女財帛，恩賞於他。十四吃物大過豆子大。十五飲水。十六幹合乎拜外之事。十七男子站在婦人之後或左右。自除是站在前邊不壞。十八能念天經之人跟隨不能念之人。因二人俱無念天經之盧坤。十九不能念的人，在末兩拜內，想起前天有習學之天經，前禮之拜壞矣。二十交還拜之人，在他的以瑪目，外人上提醒，若提自己以瑪目無妨，如以瑪目受自己者瑪而特之外的人提醒，以瑪目拜壞矣。若受自己者瑪而特之內的人提醒，不壞。二十一若有人問清淨的言語是什麼。你在拜內答曰倆以倆孩應爛拉胡穆罕默杜勒蘇論拉席，拜壞矣。回答別事亦壞。若以瑪目拜有錯，將這個清淨言語提醒自己以瑪目，不壞。二十二拜內羞體露出。二十三如果舉意五時拜，須依次叙。偶在拜內想起前有失去的拜未補，現禮的拜壞矣。未舉過意的人，想起前有失去之拜，不壞。二十四暈的站不住。二十五瘋的不知人事。二十六笑的自己聽覺，如外人亦聽覺，連小淨亦壞。二十七天經念錯了。

班克噶默提

五個現時或還補，俱念外班克與噶默提，是聖行。如時候未到，念班克不能算。候時候到再念。惟當然的拜，兩而德拜，聖行的拜，富功的拜，俱無班克噶默提。婦人五時的拜，亦無內外班克。

還補拜條件

如失去五時拜，只補天命，不補聖行，只有榜目達德，前兩拜聖行，午前補，午後亦不補。未台勒亦補。婦人月經已來，失去之拜，俱不補。惟齋非補不可。

出外禮拜條件

出外之人，有三天路程。天命四拜，只禮兩拜。惟當然的拜，聖行的拜，富功的拜，兩拜或三拜，俱不能少禮。在家補出外失去之拜，四拜只禮兩拜。出外補在家失去之拜，四拜仍禮四拜。無論步行或騎牲口或舟車，須有三天路程。如舉意往某處，雖可以看得見，但途中阻而不通，由旁道非三天不可，就按三天而算。

趕拜條件

趕拜之人，無論趕以瑪目的兩拜或三拜或四拜，定要有兩拜蘇勒同法提孩，聚拜方成。

色姪得色合烏

禮拜之人，忘記拜中當然條件八樣之一，或遲滯第三站，或更動天命之條欵，在拜終時念台閃乎得之後，說右邊色倆目一個後，沾補錯兩叩頭，然後再念台閃乎得，再說色倆目，拜乃完全。

五番拜時候

一榜不達德，聖行兩拜，天命兩拜。初時末時。撇申，聖行四拜，天命四拜，聖行兩拜。初時末時。三底革日，天命四拜。初時末時。四沙目，天命三拜，聖行兩拜。初時末時。五虎伏灘，天命四拜，聖行兩拜。初時末時。末特勒。

主目耳條件

聖行四拜，天命兩拜，聖行四拜。身內條件，男子康健之人，良人，出幼之人，才智之人，未出外之人，俱當然。惟婦人病人奴僕頑童瘋子痴子出外之人，俱不當然。身外條件，城市國王或國王替位之官長，撇申之時候，虎土白三寺穆民聚至少四人。永活的寺，四關巷，所言城市者，乃是本方禮拜之眞穆民，全入寺容納不完，就是城市。所言國王者，乃是國王自己或國王替位之人，爲以瑪目領主目耳。所言撇申時候者，乃不得時候向前退後之訛錯。所言虎土白者，必念虎土白之人，是出幼有學識之男子。所言名爲主目耳，其義曰聚。非三寺穆民聚禮不可。至少四人者，因眞主下降主目耳時，四大天仙先禮，至今相傳，四人方可。所言永活的寺，是自從修起此寺永未失撇同着者瑪而特一個現時。所言四關巷者，是有跑馬射箭埋墳之處。我中國身外條件缺少甚多，怕主目耳不成，因叫撇申十拜相隨。但其中四拜天命，非誠信天命不可。雖主目耳缺少條件，亦

得主目耳回賜。

爲以媽目成者瑪而提

爲以媽目有六要。一要學問深。二要念字眞。三要行爲正。四要眼光明。五要出身清。六要有教們。一些婦人成者瑪而特，是增惡。雖然他們能跟隨男子，男子不能跟隨婦人，不跟隨頑童，不跟隨二疑子。又康健之人，不跟有病之人。會念之人，不跟不會念之人。穿衣之人，不跟赤身之人。站禮之人，不跟指點禮之人。交還天命之人，不跟交還富功之人。交還這個天命之人，不跟交還那個天命之人。

天命齋月

天命封一月之齋，名曰勒買抓乃。白日吃飯，夫婦相聚，幹一些罪，俱壞齋。惟重病之人，或出外及月經來之婦人，與產後之婦人，俱可不封。但隨後定要還補。若老年人不能封齋，封之恐傷性命，每日當供給封齋之貧人六十名，抵算老年人封齋一日。

壞齋與還補條件

如有人無故失去一日之齋，或白日夫婦相聚，或幹罪過，其齋壞矣。要接聯還補六十日，方能算一日。如在還補六十日之內，再無故犯以前之罪，非另還補六十日不可。譬如接聯還補五十九日之期，無故又犯，前還補五十九日俱廢矣。

天課條件

如人有富餘銀十四兩，夠一滿貫，要散天課三錢五分於貧苦之人。當先濟親友，後濟鄰居，再濟本處貧人以及外處貧人。又當知道天課銀不能修造主之天房，亦不能相助學堂。但散天課時，必須說明是天課，願受者給之。恐有不願受者，又只許零散，夠貧人一日之用，俟明日再散，不許總濟。如富餘之房屋田產物件牲口俱扣算價目，散天課。如有資本銀一千兩，每年獲利，只夠自己本年家用，本利俱不散天課。分內所用之房屋牲口物件，亦俱無天課。

朝天方條件

人無論男婦，平生一世朝天方一次，是天命，重復是聖行。條件有三。一出幼之人。二除過家內人口之用資外，夠脚力川資之人。三婦人有近男子同往，向父兄子弟俱可。否則不當然矣。

棧道打算七處

後世打算場，立起眞主差天仙秤稱盤，念文卷之後，命衆人過遂拉台橋。其橋在七個朶子黑之上面，共計三千年路途，細如牛毛快如鋼刀，在每一朶子黑上，有一打算的棧道，共計七個棧道。頭一棧道打算爲人以媽尼，如能回答，就放過去。如不能回答，就從頭一棧道打下頭一朶子黑，永久無開赦之日矣。第二打算乃媽子。第三打算天命齋。第四打算天命財課。第五打算朝天房。第六打算孝順父母。第七打算和睦骨肉。如七樣俱不缺少更好，如缺那一樣，就從那一棧道打下去，諸君愼之。

後跋

予爲穆民中一分子，當向穆民男女老幼盡忠言，穆民之所以高貴者，因有以媽尼之至寶耳。獨慨穆民男女中大半不知以媽尼規矩斷法，有其名而無其實，即不成爲穆民矣。不成爲穆民，與外道人何異。將來不免永受朶子黑之苦。予憑主聖發誓，爲穆民擔憂三十餘年矣。人生在世光陰有限，若糊塗過去，至死後雖萬分懊悔，不但本身不能脫離，而本方以媽目與其家主，均受牽連。天仙打算時，問本方以媽目與其家主，何以不將以媽尼教道他，醒領他，則以媽目與家主先受朶子黑之苦果。以媽目家主曾經教道之，醒領之，而他不誠信以媽尼，則只打算此一人，永不能得其脫離。嗚呼。既不知以媽尼根本者，可不敢即求之。而爲以媽目與家主者，可不敢即教道一方之男女與一家之老幼，同得以媽尼之至寶，而爲眞正穆民乎。是書繙成後，適懷寗王君芝生抵燕，見之深蒙謬許。囑予將緊要條件，再增數端。於是又譯數條於篇末，皆吾穆民所當遵行者也。至於吃酒吸煙賭博行奸背談懷恨，一切不合教規之事，難以盡述。雖然能認主獨一之人，時時保守五功，克盡天道人道，自然不敢違犯眞主禁止。向善者自遠於惡，理固然矣。願吾人求根本之學，其庶幾乎。

又

自妻月經時禁止臨近

要知自己之妻於月經未淨時，切不可相聚。如聚之，在該時受孕，生下之子，名爲孩提目雜代。此子成人時，不能爲以媽目，不能爲中正，不能爲媒妁，不能爲封開齋見月之證據人。伊死時非抬至三站路之外，死不能脫離朶子黑之苦。

休妻事大禁止輕言

休妻分爲兩樣，一名巴因休，一名盧只耳休。巴因休亦分兩樣，有巴因一休或二休，有巴因三休。巴因一休二休，乃心中切實舉意，口內說一遍或二遍，我決不要此妻，是巴因一休或二休，夫妻分離矣。若想歸回，此婦人當守限次三遍月經期過。如在月經正來之時，丈夫休之，此月經不算，以後仍守三遍月經過。無月經之婦人，可守一百日，做討白再不犯，拿罰贖，可爲歸回矣。巴因三休，決定分離矣。如想歸回，此婦人要守三遍月經過。憑媒嫁於別人，如後夫再有巴因三休，婦人再守後夫限次三遍月經過，前夫能憑媒再娶矣。三人先說好，俟後夫娶而休之，前夫再娶，決使不得。如不遵行條件，是爲苟合，生子乃是姦生子。此子條件照孩拉目雜代一樣。盧只耳一休或二休，夫婦無論何故，至和睦可爲歸回矣。盧只耳三休，照巴因一休條例辦之，方可歸回矣。

同乳男女禁止相配

無論男女嬰兒，在初生二年半內，如吃別的婦人一口乳，此婦人即爲乳母矣。二年半以外，無論吃幾口，不爲乳母。乳母條件，正是生身母之條件。乳父母所生之男女，即乳子之兄弟姊妹矣。生身父母所生，不能相配。乳父母所生，亦不能相配。兩樣父母條件一般。如不照條件相配即爲親姊妹通姦之條例矣。

婦人守限期條規

如丈夫休之，定要守三個月經期過，才能改嫁他人。如在月經正來之時，丈夫休之，此月經不算，以後仍要候三個月經期過，才能改嫁。無月經婦人，守一百日爲度。如丈夫死之，定守限期一百三十日，以後才能改嫁。孕婦丈夫休或丈夫死，俱俟生産後血淨，才能改嫁。以上各條規如不守之，改嫁後夫，生子爲姦生子。

巴因一休兼發誓之條例

譬如心中舉意，口內說一次同主聖發誓，我不要你。此樣之休，要守一百二十日限期，作討白拿罰贖，可爲歸回矣。

禁止將妻比親骨肉

若一男女，無論喜怒時，對自己妻曰你的全體或頭或脊背或肚腹或羞體或大腿，像我母或像我姑母或像我姨母或像我姊妹或像我乳母或像我乳姑母或像我乳姨母或像我乳姊妹之身體。或妻之竅數，像以上所提各人之竅數，如將一竅比過一次，即是將妻比親骨肉矣，即犯將妻比骨肉之休矣，夫婦不能臨近矣，要想歸回，要放赦一個奴僕爲罰贖，可以歸回。如貧苦不能放赦奴僕，接聯封六十日齋爲罰贖，亦可歸回矣。在六十日之內，如故意開一日，或六十日齋期內，夜間臨近自妻一次，前所封之齋俱廢矣，非從頭再封不可。但每年天命齋三十日及大小節開齋之兩日，又小節後晒肉之三日，共計三十五日，如遇在罰贖齋期內，其三十日天命齋，不能抵算罰贖齋。前提之五日，如遇中間，亦不能封。因此五日禁止封齋，但天命三十日齋及所提之五日，遇中間亦不爲分開。如有病不能封齋，每一日可給六十名貧苦人之飲食，算封一日齋。前篇俱是將妻比親骨肉一次之條件。如犯兩次，要放赦兩個奴僕爲罰贖。如不能放赦，可接連封四個月齋爲罰贖。封齋照上齋之條件。如不能封齋，每日可給六十名貧苦人飲食。一百二十日爲度，可以歸回矣。如犯三次四五次，其放赦與封齋給貧人飲食，照次加增，方可使得。如不照條件，爲苟合之配矣。

聖行修身

夫蓄樹必刪去野條，種苗必鋤去野草，爲人亦然。所有男子外腎之頭皮，裹住外腎頭，淨水不能入其內，污濊不能更其外，大小淨不能成立。須以刀割去外皮。雖係聖行而干涉天命之大小淨，所以作損乃提，在未出幼之頑童上當然。不可遲至出幼之後，因出幼後，遮蓋羞體是天命。

禁止吃利息

第三本天經內云，眞主把買賣做孩倆力，把利息作海拉目。因買賣有長有落，認眞主之定然。利息有長無落，不認定然，而且虧損貧人，故使不得。再者有潔淨之財，相染利息，均成污穢矣。眞主不相助此等之人，必不能久享。爲穆民者當懔遵焉。

佚名《清真必讀》 蓋聞穆民者，迺末見歸信造化萬有之眞主也。信之憑，迺認之實也。認之憑，迺拜之誠也。故穆民須禮拜。禮者近乎天理，合乎人情之禮也。拜者束心煉性之功，身體力行之課也。自幼至老男女皆然。經云拜迺萬善之根，拜能康健身體，拜本間別回漢，拜指返本還原。拜之例一日五番，七日一聚，一年兩會，三個夜頭，一個齋月，並有各樣副功之拜，不可枚舉。拜有主制，聖則，典禮，餘功別之。五時者迺

晨晌晡昏宵是也。晨迺天初曉之時，東方初動也。晌迺太陽偏西之時，春秋冬禮頭時。惟炎夏之日禮中時，待至涼風括起，緣恐人受炎熱的疑難。晡迺太陽上房之時。經云太陽黄晡拜忙。昏迺太陽落山之後。宵迺定更之後。【略】在一拜中有天命十二件，有聖行二十八件，有當然十二件。

天命十二件分爲外六内六。外六件：衣淨，水淨，去處淨，認時舉意，面向西。内六件：抬手，立站，念眞經，掬躬，叩頭，末坐定。此乃十二件天命，少一不成拜，須分明此條。

聖行二十八件分爲四七。抬手中七件：袖，袖者把兩手從袖中取出來不可收於袖内。右，右者將右手搭於左手之上。觀，觀者抬手之後超手立站以眼觀叩頭處。色，色者超手之時定念色那。額，額者在念色那之後接念額嘔足。必，必者在念額嘔足之後又接念特士米叶。密，密者在念特士米叶之後又接念法體孩至阿米耐。掬躬中七件：特，特者念掬躬的特克比而。觀，觀者在掬躬時眼觀腳背。膝，膝者在掬躬時以兩手抓住膝蓋。數，數者在掬躬時念三遍數卜哈奈讓必叶勒而蜜。色，色者抬起頭來念一遍色米二咤忽立默乃米得黑。讓，讓者接着前文念讓白邢勒克絡目獨。定，定者將身站直略定一定方往下叩。叩頭中七件列後：特，特者念叩頭的特克比而。鼻，鼻者在叩頭時眼觀鼻尖。中，中者把臉放在兩手其中。數，數者念三遍數卜哈奈讓必叶勒厄而了。七，七者□□七竅叩頭。開，開者睁開兩眼切忌閉目。者，者者者勒色也在兩叩其中要坐定。坐中七件列後：鋪，鋪者將左腳鋪倒坐於上。立，立者將右腳立起來。放，放者將兩手放在大腿面上。向，向者面向西邊之克而白。懷，懷者觀看懷中。算，算者念讚聖之言即敝咤混默算力而了至尾。目，目者出兩邊的色了目。當然十二件列後：法，法者在每拜内念法體孩。聚，聚者法體孩與數熱聚。言，言者念格額特言定頭兩拜内。看，看者看守次敘不可紊亂。躬，躬者在掬躬叩頭其中略定一定。坐，坐者中坐也。閃，閃者念特閃呼德。色，色者出兩遍的色了目的文。爾，爾者念兩爾得的特克比爾。獨，獨者念都阿古怒特在位特而第三拜内。

【略】

凡禮拜須要知之，此五十二件條見，拜方眞正全美。否則有損，愼之愼之。

伊斯蘭教總部・教義教職部

朝覲

綜述

劉智《天方典禮擇要解》卷八《朝覲》 朝覲者，親詣天闕，以返其所自始也。期月一朝。先期備行，比至闕，受戒，先潔己沐浴，易服佩香，禮拜致告，誦應辭。入戒，露頂裸足，不衣黄紫，不佩容臭，不嗅香果，不滌首，不薙髮，不齊髭，不剪指，不取一切修飾，不殺一切生靈。服戒衣。至墨克，先朝謁，寓彌拏，飲日飲牲。厥明，王侯官庶，咸潔己沐浴。王步履出郊，百官士庶從之。大會彌拏。王登壇告諭。晨駐爾立法堤，正儀面闕，時或高誦應辭，時或恭默念主。暮駐母子得理搏。厥明歸彌拏。大射，凡三射。歸彌拏。厥明復射，翌日終射。初射中射，射於本山。終射射於爾肶白。止應辭。宰牲。開戒。齋戒沐浴，盛服佩香，弁冠入覲。撫石。周廻克而白七匝，每過石必撫，每遊行必讚。臨位禮拜致祈祝。出，至索法，登絕頂，仰天面闕而讚，而頌，而告，默致已重，陳其志之所在。下，徑白土泥川，趨於兩墩之間。至默爾襪，登絕頂，事如索法。復入拜闕，悉如前儀。【略】已，歸必辭朝。謁陵。探泉。復詣闕，撫幔。拊擗憮然，鞠躬而退。經曰，穆民必朝，路艱可待。傳曰路塞之用，無親命廢疾可無朝。道行經云，朝之爲言會其紛散而返乎其本也。省親親賢，閱心念主，其亦猶之乎朝也。

古而邦

綜述

劉智《天方典禮擇要解》卷九《古而邦附開齋會禮》 古而邦，潔己

爲禮，以希臨格於眞主也。其爲禮也，系於三事，大瞻禮也，會集於郊也，宰牲也。自王至於庶民一體遵之。凡有執掌，施厥牲費，男女大小同。父子不相代，夫妻不相代。父代子祀用子財，夫代妻祀用妻財。婦女無瞻禮，無集於郊。先期備牲，牲尚畜不用野。駝曰大牲，牛曰少牲，羊曰配牲。牲必壯，牲必全，牲必肥。牲既足，覆以巾，勿摘毛，勿穀乳，勿以耕負，勿用孕。牝貴於牡，黄貴於黑，一肥貴於二瘦，七羊貴於一牛。得肥須去瘦。十錢買牲貴於千錢給貧。上戶以駝，中戶以牛，下戶以羊。羊一人，牛七人，駝同牛。

大祀三日。祀於初日至善。有阻則二日三日。是日王公百官士庶，咸潔己整齊，齋戒沐浴，盛服佩香。咸着弁。王步行至郊，百官士庶從之。登壇。王首班，公侯後之，學士後於公侯，庶民後於學士。贊教申禮。咸起立，面闕而拜。致意。四舉手。每舉大讚，獻頌。躬，叩，再叩。起立獻頌三舉手，躬，叩，再叩，跪坐。默致祈祝，左右顧，道色闌訖。告諭。王出，衆出矣。歸者異途。返第宰牲。主人自任宰之。斷其二喉二筋，駝斷其臆。牲物區作三分，一自用，一給貧，一饗餽親鄰。開會之禮與祀會同。第晨食而出施開儀，默致讚言，弗用牲。

五　典

綜　述

劉智《天方典禮擇要解》卷一〇《五典・總綱》 有天地而後萬物生，有男女而後人類出，故夫婦爲人道之首也。有夫婦而後有上下，在家爲父子，在國爲君臣。有上下而後有比肩，同出爲兄弟，別氏爲朋友。人倫之要，五者備矣。夫五者萬物之本也，夫婦生人之本也，父子尊卑之本也，君臣治道之本也，兄弟親愛之本也，朋友成德之本也。修此而後人道盡。

又《夫道》 夫盡其爲夫以愛，其道五。教之禮法以嫻其儀，食之義粟以潔其養，量豐歉以示寬儉，嚴內外以正閨閫，無傷毀以永繾綣。

聖人曰：以非禮營物而養妻子，非愛也。

經曰：夫建乎婦。又曰豐用寬，歉用儉。

聖人曰：婦有過善言以教之，勿輕去。

聖人曰：妻暨僕，民之二弱也。爾衣衣之，爾食食之，勿命以無能爲。

聖人曰：夫不私色，不吝用。妻衆必公其衣食，御當夕，不易室。

妻不助我以德，仇之。不媚我以色，珍之。

勿嫌貧，勿憎醜，安居唯和，非有客必同餐。

愛妻以德不以色。

訓婦以父母之事，先於己事。

又《婦道》 婦盡其爲婦以敬，其道五。言必遵夫，取與必聽命，不私出，不外見，不違夫所欲。

聖人曰：婦專敬以致夫愛。夫愛猶主愛，夫惡猶主惡也。

聖人曰：婦無爲，聽於夫。

聖人曰：自行取與，功德在夫，過在己。

聖人曰：婦行主順，隨夫所適。

聖人曰：父母疾，不命不往視。父母喪，不命不往弔。

夫問不諱答，夫召不托事。

夫命事，不委於諸婢。

夫怒，不得去左右，察己過，婉容修言，以回其喜。

婦美美德，不美美色。

婦有大德二：不私，不妒。

居貧困而守禮，遭患難而無怨。

婦從夫，守約事姑。

婦謹言夫無憂，婦謹行夫無辱。

女自十歲始，除伯叔同胞兄弟母舅，即不應見。

又《父道》 父盡其爲父以慈，其道十。謹胎教，命美名，開乳，報牲，防患害，潔衣食，嚴教訓，擇師董學，量才授業，及其長也，男婚女嫁，而爲親之道盡矣。

傳曰：惟天地代主育物，父母代主育人。父母鞠育，功較天地爲勝。

聖人曰：父母其繼眞主而生人乎。男女必同育，聰拙必同愛，教之以禮，授之以業，習射濿以防不虞，食之必以潔，衣之必守分，以布勿以帛。

聖人曰：勿以男喜，勿以女憂。惟男暨女，眞主所寄命也。

形有男女，禮有嫡庶，所出同也，其愛宜均。

夫教有三。胎教於生前，禮教於幼習，學教於少知。失於胎教則氣質不純。失於禮教則言動無節。失於學教則德行無成。教而不善，子之過也。不教而不善，父之過也。

子習學，豐其衣食，倍其用度，使無紛志於營謀。

無誇譽，無姑息。富教以禮，貧教以節。以克成夫性德，斯慈愛有方也。

又《子道》 子盡其爲子以孝，其道十。敬事而順，潔誠而養，奉以親身，執守良業，勤於學而敏於善，不危其身，不辱其名，奉父母於無過。親在，從其事；親沒，守其愛。

經曰：爾民報主，暨爾雙親。

聖人曰：孝有三重焉，敬身，愛人，喜近賢學。

聖人曰：事親而不識主，不體聖，不親賢，居而無業，愚而不學，雖孝弗稱。

修身奉親，光顯祖考，啓廸後人。父母有過，婉言愉色以諫之悔，孝之至也。是要在乎學。

子事父母，猶奴隸之事主人，不緩命，不改委，非身所能，則請命僕協爲之。

親扉未啓，不敢叩。無事則返，有請立而待，有命聲息以聞之，勿敢窺。

父母之前不誇勇，不式力，不矜言，毋噦噫變聲。毋跛立，毋箕踞，毋睇視，咳涕必反面，嘔則起而去之。語必視其面，父母命，唯而進安，所適終始其命，以悅親心。

親在不遠遊，不從征，不履危，不涉海，不以無事而臨大川，不因財利而輕去其家國。

父母在堂，子無私事。

拜中聞母呼，必應，入寺聞親疾，則歸。

父母之喪，貧富貴賤，不違於禮，量力而行宜也。愛其所愛，親其所親。

又《君道》 君盡其爲君以仁，其道十。一曰體主，二曰法聖，三曰敬賢學，四曰親百姓，五曰廣仁惠，六曰正法度，七曰燭姦，八曰從諫，九曰日省己私，十曰時察民患。

經曰：呼達五德，維予命汝，爲天下后，斷民以理，勿縱私，私則迷路。惟諸迷路，於有凶罪。

經曰：維主命汝，公惠親親，止虐惡有畔。厥命諄哉，汝其欽哉。

聖人曰：王者眞主之影，生民之庇，民枉賴以公，民屈賴以伸。

聖人曰：君民者民之役，一夫有失，君之責。

聖人曰：天下與異端可守也。與枉法不可久也。

人君之治，先己而後人。

聖賢君己，不必君人，而人心自服。

體天下人之體，心天下人之心。人安即我安，人危即我危。

毋貪廣，毋慮長，輕勢位而重天下，廢私智而聽賢良。

百工以時，民無怨夫。征伐以時，戍無怨卒。遊獵以時，鳥獸得以生息，草木得以蕃實。此皆澤及生民，恩被庶物之實政也。

開諫門，塞佞路，正己以示百官，型天下。

人君體天，懸日月以利人，垂雨露而潤物。凡有所施，不望報也。人君法地，負區宇而常然，包河海其如素，凡有所加不辭責也。

君志在民，不在位。寶德不寶財，省民困，安民業，賑饑扶危，優賢養士，清盜賊，通商賈，寬刑薄賦，旌善討逆，皆所以順民情而成己德也。

又《臣道》 臣盡其爲臣以忠，其道四。正也，高也，定也，寬也。四者臣之四維也。用於君，宜於君，用於民，宜於民。

聖人曰：民道在君，民行在臣。君臣一德，天下咸寧。

君者主之影，忠於君即所以忠於主也。故賢臣事君，無時無事，不以心致之於君。屋漏之中，如對君面，如聆君言。

念主而忘君，非念主也。念君而忘主，非念君也。

教不同不相爲臣，無已則必有利於民，而無害於道。

甲兵雖强，不如君仁之能克也。城郭雖固，不如臣忠之能守也。

上體君心，下恤民隱，察社稷之安危，審敵人之動静，凡有所見，身先衆庶而亟圖之。

賢臣治事於未萌，才臣治事於已見，庸臣待事滋蔓而莫能治也。

覆載之中，無物不備，而能開物成務者，非聖君賢相未可也。

君以代主，臣以代君，伸屈平冤而反以致枉。是求醫於毒手也。

又《兄弟之道》 兄弟盡其爲兄弟，以協義。兄之道在寬容而不嫌弟之不足，在仁愛而不忌弟之有餘，在體恤不以繁重累之而傷其筋骨，在涵養不以小忿與爭而破其情懷。弟之道恭而敬，順而安，循事而勵，有屈而不愠。

聖人曰：兄弟同本之枝，並蒂之果也。能無和乎。

聖人曰：吾身親身也。吾兄吾弟亦親身也。傷兄弟不即傷親身乎。

兄弟義共，天下與頌。兄弟義畔，天下與戰。

兄弟如手足，右先於左，自然之理也。故任事之責，在兄不在弟。

兄之惜弟，猶右手之惜左手也。右先之，左後之，左弱於右也。右手持重，左手副之，非有所命致也。

朋友盡其爲朋友，以忠信，其道三。始於合志，中於合義，終於成全。成始成終而朋友之道乃盡。

聖人曰：良友者兩世之福。

聖人曰：良友者照垢之鏡，療疾之醫。

朋友爲我之半是第二我也。朋友如日月，相代而不相悖。

知交友之道者比德不比勢。友有三，曰義友，利友，戲友也。君子友義，小人友利，蕩子友戲。古有以多友而稱富者。不圖共樂，必也共憂。不圖共謀，必也共成。

毋褻慢，毋濫交，交友以德，識人以行。交友者先視其事親何若，處兄弟何若，事親處兄弟而不倖，愼勿與交。

民常

綜述

劉智《天方典禮擇要解》卷一四《民常・總綱》 維造物皇恩，誕敷寵錫，加我愚氓，品類時出。五室以居，木竹石土革。五鑛以用，金銀銅錫鐵。五服以衣，錦絲麻葛裘。五食以食，穀蔬果肉飲。五食各五，稻麥稷麻豆，五穀也。

又 蔬瓜苔藻原隰，五蔬也。果蓏藤實藻實土實，五果也。飛走潛穴蠃蟲，五肉也。水乳果漿花露蜜，五飲也。類凡四十以備。以利民事，以弘道績，老得以終，幼得以育。嗚乎皇恩厚哉，寵錫殷哉。維造物皇德，大垂眷顧，重我生民，張陳萬物，民用是足。我民不智，亂厥置位。聖人明聰，無忤無拂。審形辨義，以物付物，順物材物，以不負物。物乃乂義乃成，民斯利益。集義利而成德。以德報德，是爲至德。嗚乎皇德深哉，仁愛淵哉。名無可名，意無可意。居以安，用以乂。衣以衛，食以養。居用服食民之常，安利衛養民所享。常享主祿，企止主德，秪奉主命，以終主福。

又《居處》 居近仁，處執義，非其隣不宅。穆民忌野居，野近愚，城近知。先隣而後宅，以親賢正。不危居，不孤處，不坐臥於寺，不久寓於遠譯之鄉。墳原不寺，國囿無家。禁地之中，無敢私舍。男女之中，有大嫌焉。少幼不共席，鰥寡不爲隣。淫亂之家，不過其門。非我族類，必有表記。凡我中域，不容毆若堂，不容祝虎院，不容佛室道觀，以不眩亂於吾民。

又卷一五《財貨》 財貨非義不取，非禮不用。百官非禮不納，朝廷非禮不稅。仁者疎財以合衆，不仁者分衆以聚財。仁者悠久，不仁不常。聚斂之家，鮮克有終。四民之資在乎業，業無大小，惟近於仁義者爲正。業無通塞，惟本於忠信者爲公。 勿饕利，勿蓄粟，勿鬻良人，勿市諸所

禁，妨義者忌。

饕利四等，一同類之物，借償而有差。二同類之物，兌換而有差。三同類之物，當贖而有差。四同類之物，因美惡不等交易而有差。所謂差者，輕重多寡之謂也。如以金易金以銀易銀以麥易麥以粟易粟，而有輕重多寡，不可也。借金償金，借銀償銀，借麥償麥，借粟償粟，而除本加利，不可也。贖當加月利，不可也。美惡加成色，不可也。

又《冠服》 服有常制，制有常級，非其位，不服其服。王衣金繡冠冕旒，諸王同服，而繡旒有差。冢宰銀繡金素，百官銀素，以職異制。士緣帛，民素布狹其袂。冠一以巾，以職異制。吏奴短褐襟裹膝袖至腕，民不衣帛，不以金銀飾。惟婦女金帛無忌。男子不衣艷色，庸常不服金印，奴賤不衣衫襖。禮官尚白，刑官尚黑，聖王尚綠，庶民土黃，吏役青靛。毋着異冠，毋服異服。時王之制，屬國遵之可也。

又卷一六《飲食上》 飲食惟良，必慎必擇，良以作資，乃益性德。禽食穀，獸食芻，畜有純德者良。若鷄鳧雁雉，穀食者也。若鹿麋麞麡，芻食者也。穴屬有兔，潛屬有魚，蠃蟲之屬有螽。兔食之可，魚食之常，螽食之變，利於大歉。牛羊作膳，馬驢乘負。駝曰大牲，宜祀宜負。祀則不以負。非大祀不宰駝，非賓會不宰牛，市無牛互，於見民政。

又《飲食下》 若草與木，有良有毒。若鳥暨獸，有善有惡。金蠃、浪苔，厥性毒。鷙鳥攫獸，厥性惡。唯毒戕生，唯惡賊性。賊性唯大。鷹鷂梟鸞，鷙類也。虎狼獅豹，攫類也。皆勿食用，其羽革皮毛可也。勿啖豕，勿飲酒。豕汙，酒亂。勿食自死肉，勿食浮水魚，勿食妄殺。魚暨螽無宰而食。獵取者食，死於火器者勿食。

又卷一八《聚禮》 聚禮者斂衆歸一，以示斂性歸眞之義也。七日周復。合衆聚以成一聚，是爲大聚。是日也，王免朝，官謝政，士民解業。釋拘械，寬責譴，厚施豐饌。日甫昃，贊教宣禮。咸潔己沐浴，盛服佩香，聞宣即趨赴於寺。謁拜，既齊，各禮四拜，聖則。序班，止靜。首領陞座，再宣禮。告諭頌先主，次聖，次群賢，次入告誡衆庶之辭。再諭再頌先聖，次王，次當代宰官，次入諷諫王臣之辭。諭畢，贊教申禮，肅班如序，致意入禮，首領揚聲贊頌，率衆再拜，是爲主制。主制畢，再各禮聖則四拜。非其國，復晌禮，主制四拜聖則二拜。終以禱。聚禮必王都，禮法具章。王臣在位，否則必有代位或世蔭者。附邑則守牧。否則任舉賢學。非其人不領，非其國不全，非其日時不聚。聚之義大矣哉。四人成聚，凡居城良正男子，無恙赴聚無免。賤者無責。野人無責。旅人無責。老弱廢疾幽禁無責。

經曰：嗚乎信者，如宣禮於聚日，即趨念主，棄營藝，斯於爾至善。若爾知。

聖人曰：維主命我民聚，於若日時，典制哉，永保攸命，孰敢遺之。茫昧輕視，自散自凶，若人也。五功無實，百行不登。

畢史爾曰：不徒身聚而欲心聚，心聚而性聚矣。是謂聚禮以聚心爲要也。

又卷一九《婚姻》 婚姻無貧富，必擇善良。使媒妁通言，問名，立主親，納定，納聘，請期，書婚。鋪陳婿室，親迎，成禮。明日婦出見舅姑。婿往見婦之父母。

又卷二〇《喪葬》 病危，內外止靜，囑。正寢。與道善言。既絕，安位。備殮。治櫝。造輿。命穿壙。備所應用。三日必葬。葬之夕行所囑。昧爽沐浴。襲殮。入柩。遷於堂。殯禮。遷柩就輿。柩行，主人及子男步從。親戚賓朋先之。及墓，主人視壙，屬香，障幕，乃窆。塞門，實壙，禱而封。

又《附祀典》 既葬始祀。禮主誦經，告庇先靈。施財散穀。祀於葬之日，既葬之七日，四十日，百日，周年，三年，及生歿之辰。服制三載。廬墓。遊墳。

《附》 日有明禮，五時祈祐，七日施散。喜慶大事，先舉祀禮。孝子之於親也，盡乎身心性命，至於歿世而無改。

歸正儀

綜述

劉智《天方典禮擇要解後編·歸正儀》 凡入教，先沐浴以淨其身，

冠裳以重其事。以眞主爲嚮往，以聖人爲依歸。掌教者告以傳心之語，修道之功，明倫之典，婚姻以禮，喪葬以制，戒豕戒酒，戒音樂。

又《集覽》 毋事異端，毋聽邪說，毋信一切巫覡等事。勤學，謹業，親賢學，絕變佞，諭親於道。

天方幼義

綜述

劉智《天方三字幼儀》 天地初，萬物始。有至尊，曰眞主。統乾元，運理氣。分陰陽，化天地。奠山川，茁草木。定災祥，彰日月。騰鳥獸，躍魚鱗。萬類備，乃造人。畀以智，賦以靈。故爲人，萬物精。降聖人，傳正教。教於人，明大道。大道明，方謂人。大道昏，不如禽。爾小子，方有知。學淺近，莫深思。學孝順，事親師。明長幼，別尊卑。知仁讓，習禮儀。謹言動，慎非爲。稍有進，語汝道。道難言，設喻告。道之原，眞主賜。非造成，惟人事。道之首，念眞言。朝謹畏，夕惕虔。物非主，惟眞主。穆罕默，主差使。道之心，念眞經。有聖諭，理分明。凡萬物，皆有心。眞經心，雅西音。道之光，語眞詳。道之暗，語譸張。眞致福，謬招傷。惟魔祟，附荒唐。道之狹，不禮拜。自毀宅，如懈怠。聖人云，拜如柱。立則興，棄則覆。道之美，潔淨哉。禮潔身，課潔財。道之法，畏望間。畏主罪，望主憐。道之禮，知是非。是則近，非則違。道之尊，時念主。旦及暮，毋暫阻。道之膚，須知耻。夫耻也，道一支。道之果，持齋戒。齋戒者，蔽火械。道之種，時習學。惟學人，品高卓。爾小子，須謹聽。習學問，爲主命。凡爲人，俱當效。無男女，無老少。道之葉，是慎獨。道若裸，慎其服。眞經云，慎得遂。後世途，慎作費。道之髓，識歸旨。歸旨明，萬功啓。道之根，在誠意。意既誠，百爲濟。道之宅，穆民心。穆民心，主之闕。爾在道，道在爾。若人問，爾對此。吾與道，道在我。無恍疑，無適莫。人問道，有幾宗。爾對曰，有五宗。秉附者，神之道。受庇者，聖之道。准聽者，穆民道。革黜者，奸邪道。可待者，異端道。吾所履，至聖道。道之綱，信以心。道之目，行於身。修天道，勤五功。盡人道，敦五倫。道如光，在人心。以認主，無象形。述道己，休思止。須講明，認主理。主無方，亦無體。無狀式，無比擬。主無二，乃獨尊。帝之帝，君之君。任行止，命死生。亘今古，無變更。問爾是，穆士林。爾但云，謝主恩。再問爾，自何時。爾對曰，自約期。約期云，是何義。面命時，有諄諭。予主乎，對曰是。化萬生，衣祿賜。有逆者，謬曰否。諸外道，從茲有。吁小子，宜知事。教誨言，須謹記。仰觀天，俯察地。天地中，人爲貴。人之貴，因有靈。參造化，鑑本身。身原無，今有之。既有之，將有歸。識參此，屬誰爲。有主宰，誰敢疑。思爾身，既有主。應領命，聽安處。主命汝，以五事。時念主，絕邪思。曰五禮，却塵世。歲月齋，止慾嗜。富捐財，施仁義。朝天房，驗誠志。統聖凡，括愚智。此五者，毋庸易。始七歲，即令知。教習儀，在親師。十五歲，事在己。自奉行，無推委。主有諭，汝切記。遵有賞，悖有罪。禮拜功，爲首命。萬善根，履眞經。開天鑰，障火屏。滌罪泉，明塚燈。拜之法，外六儀。用淨水，服淨衣。立淨處，居正時。心屬意，面向西。又六拜，拜內儀。讚主啓，身直立。頌眞經，躬平脊。下叩首，末跪畢。凡禮拜，宜整肅。失則沐，脫則浴。爾須知，沐四制。一洗臉，自髮際。至下頷，及耳墜。鬚密者，掐鬚內。二洗手，仝肱肘。三抹頭，四一有。四洗足，仝踝骨。宜仔細，毋怠忽。再須知，沐十則。一洗手，至腕節。二念名，三刷齒。四漱口，五淨鼻。抹耳項，洗兩便。掐鬚髯，搜指遍。每一體，洗三遍。次第明，莫教亂。壞沐者，十八事。自後者，糞蟲氣。從前者，溺與瀝。血與淋，精與溢。顯見者，血與膿。傷瘡水，嘔吐盈。隱微者，狂暈醉。拜中喧，倚物睡。沐禮畢，講浴功。浴之由，十二宗。五主命，四聖功。一典禮，二任從。樂精出，夫婦共。寢睡時，有遺夢。月經已，生產淨。此五宗，爲主命。聚之日，會之期。識之日，戒之時。此四浴，爲聖儀。典禮者，浴亡尸。幼者少，逆者順。浴或否，從所任。凡脫浴，有三制。一漱口，二淨鼻。水遍身，毫無棄。經產者，同此義。經產時，止七事。不拜齋，不入御。不謁朝，不入寺。不捧經，不讀制。除此者，餘無忌。既淨已，沐浴之。凡主命，有二儀。曰正制，曰副制。正制

者，人人事。一人廢，有關系。若齋拜，若施濟，若觀朝，若學習。副制者，責惟備。一人遵，衆無事。如殯禮，如慰嘆。若答安，如問疾。古今聖，十二萬。四千零，道闡半。至吾聖，穆罕默。道大全，有因革。吾聖歸，配賢繼。補白克，歐默利，歐思芒，及爾里。此四配，代傳位。四配己，四賢居。吾班首，哈納非。此四賢，人各遵。不相雜，方謂純。四賢傳，皆聖道。有淺深，有微妙。賢之傳，傳於聖。聖之傳，自四侍。侍與主，中有機。主所隱，人莫知。道無盡，理無窮。能體貼，觸類通。爾小子，熟識此。初學人，可已矣。

又《五更月》 一更初，月正生，叅悟眞宰無影形。妙難喻，無所稱，不落方所乃實眞。永活亘古無終始，獨一無偶惟至尊。開造化，理象成，大命立開衆妙門。一更中，月正新，叅慧無極性理根。元氣剖，陰陽分，萬物全備人極生。無極是種太極樹，樹藏果內果即根。愼分明，須認眞，莫把種作種根人。一更末，月正高，定信吾教異諸教。修後世，望恕饒，遵行天命與聖條。順享天堂無限福，逆罰地獄受刑牢。勸童穉，莫逍遙，免得此後哭嚎啕。二更初，月正嬌，人生世上命不牢。貪榮華，終日勞，身入苦海受煎熬。百年三萬六千日，人生七十古來少。勸童穉，細推敲，瞥眼一時無常到。二更中，月正圓，呼吸二氣莫放閒。減飲食，聊睡眠，常把眞言記心間。青龍寶劍休離手，斬斷恩愛除妄緣。從此間，步步前，得登道岸見眞元。二更末，月正輝，人心惟危道心微。猿馬劣，龍虎威，關口重叠山崔巍。雖有青鋒難敵鬪，怎能砍開出重圍。訪名師，求護衛，透過玄關得眞機。三更初，月正清，大道不離本身尋。乾坤大，物難名，盡向微軀方寸臨。道包天地人包道，貫徹表裏與粗精。知的確，好登程，認己明時認主明。三更中，月正朗，一顆明珠海底藏。忙登岸，駕輕航，翻入龍窩層層浪。受盡千般無限苦，撈得明珠無價償。緊護持，莫放蕩，富貴好還原家鄉。三更末，月正端，一心要從玉院看。登九霄，叩玉環，仙童把盞赴宴歡。採得幾般靈妙藥，製成濟世妙金丹。遇病夫，贈一丸，醫得癖癰壽南山。四更初，月正偏，嫦娥梳妝玉樓前。體似酥，面粉團，蹁躚嬝娜賽天仙。抖搜精神凝魂魄，摘下凡塵配姻緣。男女歡，陰陽聯，相親相愛無限年。四更中，月正西，濁體怎能歸眞一。爐裏煅，火中燒，銷盡鉛華存精汁。不經千錘百煉功，怎與寶鼎金甌匹。主命喚，莫敢違，全體歸眞上太虛。四更末，月正盈，克己復禮至性存。踐三乘，過五行，成全四藏是眞人。崑崙寶鏡原屬我，萬物之中我爲尊。掌慈航，渡迷人，便寓眞誠惻隱心。五更初，月正缺，胸藏一壺眞日月。天已捲，地已裂，萬物相朽理弗滅。一障一消眞容現，色妙二世俱透徹。雖有口，却無舌，難與凡人說妙訣。五更中，月正淹，清心顯性道大全。升降合，循環完，一歸本然渾人天。更超名象眞諦現，三忘盡時本然燦。形體化，兩弧圓，盡終返始歸自然。五更末，月正落，復命歸眞上大羅。無色府，無相所，無聲無臭眞寂寞。一塵一粟全體大，一呼一吸終古多。渾理象，全種果，依然最初獨自樂。

四典

綜述

馬復初《四典要會自序》 六箴，乃聖人授於修道者之心法，而朝夕誦讚之詞，名曰諦言，共分五章，六箴爲第四章。其義乃順教者所當信之理也。詞簡而義賅，誦之者當知其義。誦詞而不知義，如有身而無性，其有若無。淺義易曉，深理難知，而未習天方之學者更難知。余恐衆人誤認其理，故以漢文譯之。夫正道之所關於人者，至矣。其所關之源，信與順而已。信爲順之體，順爲信之用。信而不順，其所信不篤。順而不信，其所順不誠。且信如乎性而藏于衷，順如身而見于外。木生而蕊自發，信誠而順自生。身不修由心不正，順不篤由信不眞。是以一切善功，信爲其根。而當信之源，六箴爲要，信眞主，信天神，信眞經，信聖人，信前定，信復生。一信惑，則十善皆亂。一信邪，則百行皆偏。所以明此六箴，乃正學之本也。

又 此篇乃分析禮功所含之義理。夫禮者，聖人傳授衆人，身體力行之法，乃離諸情欲，絕諸牽礙，而以立躬叩跪等儀，求其身體歸眞之道也。其法乃聖人受之於眞宰，而衆人守之，以求近乎眞主，如士民以文才

求近乎天子，而得其取中也。愚昧者不知禮拜之至義，而疑其亦如他教供奉土俗之神佛，別之天壤矣。明人君子，切無執管窺天，請闊其目，寬其量，而以公正之心，朗觀而詳察之。淸眞所尊奉者，造化天地，養育萬物，綱維理數，掌握人神之眞宰也。儒門稱之爲天，是天下萬世所公共者也。其所持守者，順天事天敬天畏天，亦千古萬國所當行之公禮也。較之他教祝神祈佛等俗爲何如，且更以土木金石爲神佛，妄稱其靈能專主吉凶福禍，誰是誰非。孔子之言，獲罪於天，無所禱也，足以明之。孟子之言，齋戒沐浴，則可以祀上帝。又足以証之。且吾人持守眞功，乃尊眞主之明命，體至聖之遵行，而各盡其爲僕之禮，非以之求世福，或妄冀成仙作佛，並不因希賞而爲善，畏罰而止惡。但爲善有賞，作惡有罰，一定之理也。蓋賞罰隨乎善惡，如影隨形，分之不能也。夫拜之爲功大矣哉。其爲制也，聖賢智愚所不免，少壯及老所當遵，全之者聖也，守之者賢也，勤之者知也，怠之者愚也，廢之者逆也。余恐其未習天方之經者，不知拜之爲至要，特譯漢文而表彰之。

又卷一 我信善惡有前定。前定乃造物預定於先天當然不易之理，而爲萬化之所以然者。夫善惡雖由人之自作，其實不能外乎前定。蓋前定者，天理也。自由者，人情也。人情不能越乎天理，自由豈可外乎前定。非前定必無自由，非自由不顯前定，亦猶身性之相成也，非性必無身，無身不顯性，二者不可相離也。然而前定不礙自由，自由亦不礙前定。說者往往疑之。

古云，一飮一啄，莫非前定。又云，行或使之，止或尼之，行止非人之所能爲也，天也。又云，莫非命也，順受觀之，萬事乃出於命，人所不得而自由也。而又云，善惡出乎自由者，何也。

曰，行止任其意，所爲出自由，人所共知而共見者也。行而無所使，止而無所尼，豈非自由乎。然命中所有者，似不由己而爲之，而適合乎前定。始不約而同，不覺而逢者，非爲者知其前定如此而順應之也。夫事有錯誤，人皆責之者，因其自由也。總而言之，凡有表裏者，當表裏同論，自由爲表，前定爲裏。論善惡之表，似乎全然由己，論其理，似乎全然在主。所謂半以天定，半以自由也。是自由之中有天定，乃命該如此，天定之中有自由者，人之所以然，乃眞主原有自然之妙中所本有者也。理學源宗云，先天之理，各包一氣。後天之氣，各包一理。理中含氣，氣中含理。即前定不離自由，自由不離前定之義也。夫因其善惡之表出於自由，則有命禁焉，有訓化焉，因命禁而有順違焉，因順違而有賞罰焉。又因善惡之裏出于前定，故言其有命焉。命所不能易，則見其萬化不能越乎眞主之綱維焉。不知前定自由分合之妙，不明內外相關而不相礙之理者，不淪於太過，必淪於不及。太過者，惟論前定而不論自由。不及者，惟論自由而不論前定。各執偏見，紛紛聚訟。過者所偏見之理，乃人之身性，本由於造化，而況爲乎。且前定所無者，爲之必無成。前定所有者，止之必不能。以是知其人必順應乎前定，若器具之順應乎人也。聖人云，善者未生而即善，惡者未生而即惡。且貧富貴賤，必不由己，而善惡豈能由人乎。不及者所偏見之理，乃爲人之動靜云爲全然由己，欲爲善則善，欲爲惡則惡，皆人情也。若盡歸於前定，則無辜殺天害物，亦無罪矣。非爲妄作亦無過矣，乃眞主使之然也，而又何有賢愚之分，功過之別乎。信如是，則命令禁止無所益，賞罰報應無所施，而天堂地獄爲無用矣。有斯理乎。夫二者之論，皆是似而非，互相抵觸，不求訓解，其非自明矣。專論前定者，知俟命而不知有人爲，且將人情之鄙惡，委之於眞宰。專論自由者，知人事而不知天道，且將造化之機權，謬爲己能。皆不明乎事理，不在中道也。夫兩相成之事理，不可執一而論。譬如光照物而生影，其影不可以無光，亦不可以無物。鏡照人而有形，其形不可以無鏡，亦不可以無人。而人之作用，不可以無造化，亦不可以無自由。造化與自由，如日照各色玻璃，而映各色之光。日光無色，玻璃無光，光因玻璃成各色，玻璃因光映其明。

或問明經大籍，皆載聖人所傳祈福避禍之語，名曰睹阿。而又云，禍福有前定，而前定不能易，則祈祝何益。期既滿，則不醫而自愈也。且云，壽可加減，加者必在前定之外，減則不足其前定之數，二者皆非理也。奈何。

曰，似乎加減，而實非加減也。譬如墜海之人，臨斬之徒，觀其外象，百死固無一生，然逢救者而得生，是所謂加壽。乃前定中有其人已幾於死，因有救而不死，則幾死有救得生三事皆前定中安排已定，但得生必俟此救者，如貨之俟价，价不至，貨不來，所以不可不盡人情，能救者救之，可祈者祈之，恐前定中有彼之生，必俟乎我之救，或福之臨，必俟乎

我之祈也。又如前定某人之病，以如是之藥而得其愈，其藥必至，其病必愈，若藥不至，或至之而不愈者，前定無此事也。譬如價至而貨不來者，無此貨也。所以祈祝醫藥，時應時不應，夫前定之事，人所不知。猶途之安險，瞽目不見。人遇災禍，猶瞽目之逢坎陷，非坎陷逢瞽目也。是所謂禍福無門，惟人自招。逢災者，宜自怨，而不可怨主也。

此章辯論，惟在善惡，不在禍福。蓋禍福無自由，善惡自賞罰，而禍福非善惡之報，乃命中所有也。命乃人物所秉於天，而爲事理之所以然者也。禍福隨乎命，如迹隨手印，但此因何而有福命，彼因何而有禍命之理，人所不能知也。如海之深，天之遠，人所不能測，夫明人之鴻章大辭，非淺人所能識，況眞主之事乎。孔子曰，及其至也，雖聖人亦有所不知焉。

又《大化總歸》卷上　世之人忙忙碌碌於塵世也，是不知塵世之境，實由於不知塵世之義。眞主示云，今世何世，傀儡登場之世也。爾等信爲眞實，是爾等欺今世乎，抑今世欺爾等乎。聖人又諭云，今世皆屬夢境，斯人無非酣睡，非極之身喪氣絶之日，而總不能醒。嘆哉。經曰，死者，醒也。此之謂歟。夫知今世之爲夢，則知後世之爲醒，知夢之所終爲醒之所始，則知今世之所終爲後世之所始。彼做夢者既醒，則見醒而不見夢。凡夢中所見之物，已非醒時所有之事。乃歎人至死時，將今世所千謀百計而認爲眞有者，至後世則閃盡燈滅，而變爲烏有也。是夢者以醒視之，夢爲幻境矣。今世以後世視之，今世又爲幻境矣。所可慨者，人在夢中忽而遭患難，或泣或悲，忽而得功名，爲歡爲樂。甚有居縲絏而爲王侯，得享非常之爵位，處豐亨而遇貧賤，偏受無心之坎坷。夢中如何急迫，醒來倍覺虛閑，設能於酣睡中而自知曰是夢也，是夢而不醒也，是不醒而知的幻境也。而若之何悲泣，若之何歡樂也。且夫浮生如夢，古今同慨矣。使富貴而可久，功名而可長，榮華而不衰，成實而不落，則樂者無妨常以爲樂，憂者無妨常以爲憂。而豈知千古英雄，傷心永訣，百年富厚，撒手崇朝，妻妾可在，兒女何屬。更有肥身害衆，利己損人，臨危時多少不堪回首者，幻乎不幻。甚哉塵世，本變幻之浮雲，半生只頃刻之歲月，誰其慧目勘破，如聖賢確知無疑，由此明其心□其性，不貪得不患失，舍其幻而求其眞焉，死之日大開醒眼，將有生之事業，一旦而棄之如遺，至此乃知幻境之在今生也，不過一瞥目而過之。

或有問者曰，爾終其身於今世中，亦曾訂居處幾何年，飲食幾何年，謀爲幾何年乎。

對曰，一日半日而已。嗟乎，幻境之不長，死後方知。蓋人於是日醒也，離乎夢也。夢者之所見，夜間之幻境也。醒來之所見，晝間之幻境也。幻境之不同，有如是夫。人奈何不以幻境爲幻境，轉以幻境爲眞境。迨其死期至，而乃猛醒，以悔此幻境也，而已無及矣。

此章借夢醒以喻今生後世。蓋後世之眞，人不知。今生之幻，人亦不知。至夢醒則無有不知。篇中說夢處，即是說幻處，即是說今生後世處。彼夢夢虛生者，最宜三復斯言。

又　儒家動言理欲，抑知理何以謂理，欲何以謂欲。蓋理者出乎天，猶光之生於日也。欲者生於己，猶影之出於形也。惟形凝光，而後成影。惟己凝理，而後成欲。是理之機甚微，微則易爲欲所擾。欲之機甚危，危則難爲理所制。二者相反，而實以相尅。相尅而即不相同。所以理如晝也，晝則爲明之徵。欲如夜，夜則爲暗之驗。晝夜原不並立，亦明暗自不並行，且夫晝何以獨明，向日則明，明之所以屬於晝也。夜何以獨暗，背日則暗，暗之所以屬於夜也。然則理如晝之明，以其向乎主而後明，故理曰天理。欲如夜之暗，以其背乎主而後暗，故欲曰人欲。於此可悟向背乎日，而分爲晝與夜者，即向背乎主而分爲理與欲也。而形影之說，可參焉。經云，塵世本天國之影，即此推之，可見塵世本暗而不明。而白晝之明，乃得太陽之光照之而明耳。至日沒則仍歸於暗矣。歸於暗，則晝之終而夜之始也。然夜即暗，而何以獨得其靜，靜者陰之象，而所屬者地。彼人身至夜而秉於靜，因夜靜得以養其身之凝，是身屬地，而性則屬天也。屬天秉於動，動則能顯性之靈，而歸於天國，更體之濁而化爲輕妙，故不須靜夜以養之。而天國常明無暗者，人亦常覺無寐矣。此後世之所以無夜也。但天國之明，乃自然而明，非借太陽之光以顯其明。聖人云，浮生純暗，聖學能明。可見人在塵世如處陰夜，善惡不辨，黑白不分，眞僞不知，雖有目亦如無目也。於此而欲辨善惡分黑白知眞僞，要惟以聖人之燈光燭之，始可轉暗而爲明。惜乎只能明其近，而不能明其遠，終不若白晝日光，普世共見，遠近皆然之。爲美甚矣，主之大也。

此章言晝明夜暗，爲塵世說也。至天國則純晝無夜，純明無暗，以其所顯者靈性也。塵世之有夜，因夜以養人身。其所顯者，形體也。理欲之說可悟矣。

又 善惡由人，賞罰由主，天下之通論也。固由人則爲善爲惡，在今世而可定。由主則爲賞爲罰，必後世而乃行。後世者，眞主審訊斯人而大彰其賞善罰惡之權，以完其今生之事也。所以前古後今，人民實繁，必一一由死而繼以復生者，殆如一一由夢而繼以復醒焉。天下無不由夢而復醒之人，亦無不由死而復生之人。夫死之必復生，是眞宰統會斯人於無涯岸無參差之大世界中，分班列等，按其次第而顯其塵世所作善惡，以爲判理之場，正斯人莫見乎隱，莫顯乎微之時也。勿論大者顯者，即纖毫隱忽之端，人所不及覺察不及指摘，並不待刑驅勢迫，莫不於斯時而畢現之。殆如鏡中照容，美者顯美，醜者顯醜，毫無作爲之迹。豈似人間案卷，必待告者言情，訴者鳴冤，而有文吏可以舞弊，有財帛可以贖罪乎。夫國家問罪，有下刑拷打之說，誠以不拷則不招，不打則不認。且雖招而招非眞，雖認而認亦僞。要皆不離乎強逼者近是。獨至後世，則另到一天，另履一地，另爲一事，迥然不同尋常。故一置之眞主之前，口不須辯，勢不須加，曲直不須分判，是非不須對觀，而爾時之境何如，爾時之情何如，爾時之人何如，並爾時之心何如，無不自然而明，自然而招，自然而斷也。是日也，乃無形者顯而有形之日也。且不止此也，即己之手足亦可代言塵世之所以然。雖一體亦不能曲護焉。此即呼手足而祈之曰，爾我一體也。今日証我，來日罪我，爾獨不受牽連於我乎。手足答曰，我豈不念一體聯屬，而無奈眞主使言，欲代爲掩飾而不能也。是即十目所視，十手所指之微意也。要惟己之善勝於己之惡，則主或從而恕之。但恕之只不降其罪也，猶必以其事顯示之於己者，而更顯示之於衆，正以見鑒衡之不爽。今之能遁其形而逃其鑒者，有幾人哉。蓋眞宰措施至崇，萬物莫能遺，塵芥莫能隱。雖在今世，惡未見罰，善未見賞，屈未見伸，而知今世之後，必復有一世界焉，以還其塵世纖微必報之事也。吁，可畏哉。且眞宰於人之罪孽，有可赦者焉，有不可赦者焉，有可赦不可赦者焉，彼不敢偶罹於咎而無心過犯，是誤爲者可赦。有敢顯然爲非而無所忌憚，是故爲者不可赦。況故爲而有改悔之心者可赦，故爲而無恐懼之念者不可赦。且於主之命令心雖專，而力不能及者可赦。苟有其力，而心不欲赴者不可赦。推之失於太寬，出於過忍者可赦。若以勢凌人，以權傲物者不可赦。即自知其短，無可如何者可赦，若鬼魔居心，奸詐百出者不可赦。至若人生塵世，與人相接，或受一言之委屈，或受一行之欺凌，即由愧生奮，由奪生怒，必欲報復，而後甘心焉。甚至有怨主不公而妄言者，不知世有屈我欺我之人，而主無屈我欺我之意。然主非徒不屈我欺我已也，猶必於屈我者，而以屈報之。欺我者，而以欺報之。惟是我雖被屈被欺，而見眞主之大罰凜然可畏，於是憫之寬之，不追其屈，不言其欺，將屈我欺我者而自爲解釋，則主亦從而宥其辜，赦其罪矣。此所謂可赦不可赦，不可赦而赦者也。乃知後世審訊惟公，我有必報他人之心，則眞主無恕饒之理，我有不讓斯人之志，即聖人無拯救之權。惟己能容人，主自能容己。非大仁大慈，其孰能與於斯。

此章言眞宰審訊，所以定賞善罰惡之案。而後世之必復生者以此。但不若塵世治獄，多有冤抑強致，不過將今世所爲善惡之情形，昭著於前，使以自觀末節。言可赦不可赦三層，更見眞宰大仁大慈，無虧人星點之事。

又 今夫先天後天之分，分以今生，已往，將來之分，分以現在，今世，後世之分，分以死日。此其故非聖人不能知，非聖人不能見，亦非聖人不能傳。聖人者，眞主所轉生。易以慧目，開其心胸，膺以重任，引進後學者也。故從事聖人者，睹其訓誨，雖百世之群迷可開，聆其言論，而千古之典型尚在。所以卑污者得脫離而進於光明矣。罪罰者得拯救而入於清潔矣。要之聖人所傳後世天國之事，皆本上天敕降之經，以爲確証，而又歷代相傳，毫無足疑，並非敢妄爲創作者也。夫天下豈無故設謬言惑亂人心之人，聖人方將距之闢之，使吾教不流於邪說，不入於異端，又豈肯以荒渺無憑之事，率衆生而入於妄誕之門。況受眞主超拔以來，不通之機密可通，難得之感應可得。聖品之尊貴如此，是必能眞實無僞，代主而立言，並不敢以私智小慧參雜乎其間，致使昧後世者而兼以欺眞主。乃知清眞教定信後世者，誠以一守道聖人之言，較之數千愼言之常人，而愈覺可信。如其不然，何以時代之遠近不同，聖人之誕生亦異，並無萃於一地，產於一時，而如是之若合符節，皆本眞主所言，以反復而告誡。蓋耳之傳聞者既眞，比目之親見者猶實。假若既有受降之天經，復有闡揚之聖人，

如此依據猶謂不足定信，則不知今生中更有如何眞實之足依據也已。

此章言天國後世得之天敕之經，歷代之聖，並非荒渺無憑，所以予人定信把握。至于篇中重發聖人處，以聖人爲眞主特生，任天道而闡揚天國後世故耳。

又 天下事，有智慧之所及者，即有智慧之所不及者。智慧所及而遂以爲眞，智慧所不及而遂以爲僞。是何自誤之甚也。夫後世復生本屬隱微，雖極智慧之精妙，到此亦無能爲力矣。此異端之所以隱昧不言也。試以人身五官而論，耳能聽聲，目能睹色，鼻能觸臭，手能運動，足能步履，每官各有所司。夫固不必疑矣。然究不能使聽聲者而兼能睹色，觸臭者兼能運動步履也。可見五官之中，亦不能強此就彼，則五官之外又焉得另有所能也。若於智慧不通之事，而必恃此智慧以妄爲猜度，即如明眼之人夜行極暗之路，而有不顚仆者，鮮矣。要惟得燈光之照臨，則知上下高低險阻平易而乃有所依據而行也。所以智慧有不及，必待聖人闡揚而智慧乃能有足恃。夫聖人如窺天大鏡，由至邇可視至遠。數百年授受相傳數十卷天經，評闡其証據之確然無疑，較之目睹者可更覺可信。夫天下豈無目之所睹，猶爲僞事乎。彼水之照人形，光之照物影，何嘗非目睹也，信以爲眞。勿論有智慧者以爲非，即無智慧者亦必不以爲是，然而目睹者既不可以爲實，則耳聞者不更可以爲虛乎。執是說也，將千古而上有堯舜孔子，萬里而外有絕域殊方，皆聞也，皆虛也，皆不可以信也，而抑知不然。蓋往事皆得之耳聞，耳聞皆得之傳說。傳說而出於小人者可疑，傳說而出於君子可信，傳說而出於一二人者可疑，傳說而出於千萬人者可信，況傳記而出於數十百代之聖人，又得上天敕降之眞經以爲憑，則已無毫厘可疑矣。此固不須乎智慧之及與不及也。有智慧固憑以爲依據，即無智慧亦不至恍忽也。誠以得聖人之眞光，無異太陽普照，而萬物皆明燭無疆已，智慧云乎哉。

此章言天國後世得諸聖人之傳說，天經之指示，實有可徵。彼妄以智慧揣度者，固不足以語此。

又 眞主造化今世，以其有後世也。造化後世，以其有今世也。今世非後世不顯，後世非今世不彰。合之而爲一世者，分之而爲兩世焉。然必先有今世，而後有後世者，殆如先有樹而後有果也。樹至果，而樹之事全。人至後世，而人之事全。後世者，所以行今世善惡之報應也。

或者曰，眞宰賞善罰惡何以必至後世，豈今世不可以行報應乎。我思與其將報應行於後世，而人尚未信者，曷若將報應行於今生，而人自無疑也。苟今世有人焉，爲善無論大小，爲惡無論多寡，眞主即降以眼前錫予頃刻罪罰，以今生之事，惕今生之人，以今生之人，並顯示今生之報應，則不善者善，善者愈無不善矣，惡者不惡，不惡者終不敢爲惡矣。此何必待於聖人之教化哉，又何須別有一後世哉。

答曰，兩世者，非眞有彼此之別而爲兩境，不過化乎。彼此之間而爲兩面，即如一物之有表裏是也。今日之對手已者，爲今世。明日之背手已者，爲後世。今日去，明日來。後世之裏面，從今世之表面而轉。殆如夜盡而爲晝，虧盡而轉全。毀壞者而永久，虛假者而眞實，是今世之爲表，而後世之爲裏者，此也。不有今世之善惡，又何以有後世之報應哉。聖人諭云，今世者，後世之影也，雖有而虛。自愚者觀之，認爲實有。豈知今世所見之影，即變爲後世所見之本哉。眞主諭云，造化生死，欲斯人自爲試驗。彼今生有爲善者乎，則後世之品詣自因其善而顯。今世有爲惡者乎，則後世之形容自因其惡而彰。善者得善位，惡者得惡位。具布置者在眞主，而修造者仍在斯人也。此前定之所以不離乎自由者也。假使斯人無自由之事，則善者入天堂固無所不喜，而惡者入地獄必有所不服。且從而有言曰，我等皆主之奴僕，不知何故，獨使我爲地獄之人，且不知他人何故，而又得爲天堂之人。故眞主將善惡兩等人，俱生世界，亦欲人人自爲己之所欲得爲，而杜後世之口實也。乃又生傳道聖人，以訓誨之。凡後世有依據者，爲解明而使之喜。有傷害者，爲解明而使之懼。吉人凶人之所以然，細爲剖判於其間。幷囑之曰，今生世界是異鄉之客店，而必使斯人來於其中者，亦爲暫歇，待後世歸宿之處而已。爾等果能於後世中有濟者求之，有害者去之，則不幾時，而善者倏歸天堂。又不幾時，而惡者倏歸地獄，殆無異旅客之歸故鄉也。而善惡之心，皆安然而帖服矣。誠以己之所自作者，即己之所自受也。然則謂今世後世爲兩面，而非兩境也，不信然歟。

此章言眞主造化今生，所以定後世也。造化後世，所以顯今生也。兩面之解，最爲確當。而斯人自由一節，亦了然明白矣。

又 眞主喻云，普地之大，眞光所照，無不明亮。又云，我將一切幔

帳從爾等揭開，則前後兩層合成一間，普地皆眞光明亮矣。所以後世之眼，非猶今世之眼也。蓋今世之眼，幔帳全蔽之眼，而所見者外面之粗迹也。後世之眼，幔帳全消之眼，而所見者中心之精粹也。彼人之妄自猜度者，凡不在我身之端，即視以爲無。殆不知後世之五官，非爲今生之五官。曷觀夢中之人乎。體則如此，心則原生，其外則靜，其內則動，且未嘗無視也，而視非其眼，未嘗無聽也，而聽非其耳，未嘗無言也，而言非其舌，未嘗無行動也，而行動非其手足。凡夢中所往來經過之地，皆不以此身體，而若別有一身體焉，以主持乎其間。至醒時，始憬然悟已之爲夢也。此可見夢爲醒之幻境，今生爲後世之幻境。後世比之歸眞，仍爲幻境。而今生不行報應之理者，誠以身體爲朽壞之物，乃風火水土所配合而成者也。如此變更，則凡今生之所有，皆今生所必朽。朽與久不相合，殆如木之與石，石之與鐵，其性逈殊。及至後世，則身體鎔鑄，靈性不磨，如爲陶瓦者然，必經一番鍛煉，火候既到，乃能堅固而永。故萬物主使之朽，即使之熟而能久。於此而行報應之理，則善惡分明，永久不變，而無虧人星點之事，亦可見矣。

此章言身體爲朽壞之物，故今生不行報應之理。至後世則靈性常昭，身體復活，永久不朽，而報應之理，亦無以變。

又 夫兩世既爲兩面，則在外雖各別，而本然原相通。蓋凡物皆有兩面。對我者此一面，背我者彼一面。對我之一面，即受見今生之一証也。背我之一面，即隱藏後世之一証也。若隱藏之後世轉爲受見之一面，則受見之今生又轉爲隱藏之一面，是兩面而實爲一體也。然必分爲兩面者，殆如一宅之中，間隔一壁，在外者則分爲外室，在內者則分爲內室。兩間而實爲一間焉。故置身外室，則見前層之景物，而後層者必不能見。及轉至內室，則見後層之景物，而前層者又不能見矣。夫前層之景物，今生所顯之濁體是也。後世之景物，後世所顯之靈性是也。知顯於今生者爲濁體，則以俗目視之，而今生可見。顯於後世者爲靈性，必以心眼視之，而後世乃彰。誠以人身爲今世後世之間隔，而今世又爲間隔中之一影也。間隔有兩面，而間隔之影則只有一面。後世間隔之面靈性，光明是也。今世間隔之面濁體，黑暗是也。光明者，爲天堂。黑暗者，爲地獄。所以今世存心光明，則後世之所升騰者即在天堂矣。今世存心黑暗，則後世之所墮落者即在地獄矣。至是乃恍然於人之來也，由靈性光明之世界，而漸入於黑暗。人之歸也，由濁體黑暗之世界，而漸歸於光明。靈性在今生，隨身體而行，雖當爲者，而有所不爲。濁體在後世，隨靈性而具，雖無能者，而亦有所能。此又如油之性本下也，而燈火中之油則上升矣。火之性本上也，而滚水中之火則下降矣。

此章借座宅形容兩面之說，而今世後世之義，自明白了然。中言人身爲今世後世之間隔，而今世又爲間隔之一影，尤屬奇闢之論，發前人所未發也。

又 今夫取金，必損礦。取汁，必損蔗。取油，必損菜。皆得物之精粹，所以不能不壞其形質也。即物與人亦可推，蓋人之精粹，靈性也。人之形軀，身體也。身以性生，性以身顯。在今世，身不能無性。歸後世，性不可無身。可知靈性之精粹，必從身體中超拔而出也。然則死者非即傳金去礦，得汁去蔗，得油去菜之明証乎。夫靈性在今世，藏諸身體之中損其身體，正所以顯其靈性。身體在後世，又藏諸靈性之內，復活其靈性，正所以還其身體。是身體本濁者朽者，而靈性則妙者久者也。濁則不合妙之世界，朽者不合久之世界，故人歸後世，不能代此活體而歸，必另行復生者，是取妙者，必損其所爲濁，取久者，必損其所爲朽，而後可以歸眞返本，証還大原也。至此則以今世之形體，與後世之靈性，合而爲一。性妙而身亦妙，性明而體亦明。妙與妙合，明與明俱，性與身不即亦不離，身與性相隔實相依。身體雖濁與朽，借靈性而無不自得。非如塵世之生，需飮食以資血氣也。但見此身超曠於空虛之表，往來於神明之地，凡兵刃水火損人者不能侵，七情六欲壞德者不能擾，且入鐵穿金天壤無阻凝之物，消災絕禍，從茲無再死之期。而光明照耀，雖日月不能晦，任意來往，即天地亦難拘。又况千里之遙，瞬息可到，誠所謂無翮能飛，不行自至。斯時也，如白晝而無黑夜，並不知有盹睡夢寐，不煩凝神養氣也。雖曰人也，固儕於仙神之倡矣。尤可羨者，內外光明，無老幼大小之異，皆肖人祖壯年之儀表焉。是蓋形神互合而爲一體，以歸天國之眞境。形樂者，而神亦與之俱樂，豈必眞以活體代，至後世勿庸以死間隔其中乎。此殆如鏡中照日，非鏡則日不見。釋玄者流，動言化盡俗身，以歸空極，是欲外此身以求性也。然則舍鏡以求日，而曰日不見，豈知非日之不見，乃

鏡之是舍耳。且夫生人而置之死地，不知者以爲至大之凶惡，其知者以爲至大之恩惠。眞主造化天地，覆載萬物，無非爲人。乃人滯於嗜欲，貪生不能化己，惟眞主以一死化其身，甚至於能復活能見主能歸眞，無不得其原種，而顯己之全體大用，則一死之所成全者多也。由此推之，凡天下萬有之物，非極之剝落殆盡之秋，必不能復乎其先。蓋復者，來之反也。身反於性，而性之妙顯於身。性反於命，而命之理顯於性。命反於眞，而眞主之體用顯於命。故眞經云，會歸之日，地體改移，非如此塵世之地。天形變換，非爲此塵世之天。地以發身，無以成性，從此與天地合撰，身即爲仙身，心亦爲聖心矣。維時眞主揭人幔帳，奧妙大張，萬事萬物無不各顯其所以然。於目未經見，耳未曾聞，心未及思之間，忽現極樂境界，非庸愚所能知者。獨不見鯤魚朝發崑崙之墟，曝鬐於碣石，暮宿於孟津，洋洋乎自以爲此外無世界也。及其化巨鵬，奮翎翮，翺翔於杳冥之上，乃知天之高也遠也，而翻然悟前此之小且近也。彼世之自域其見而不求進於高明者，其不爲鯤魚也者幾希矣。尤足異者，後世之大，人不能知，即今生之善，人亦有不識。天下有濟我利我者，反淡焉漠焉。有害我失我者，則急焉遑焉。譬渚貓犬然，以骨食遺之則爭，以金玉遺之則去。夫以至貴之人，而下等於至賤之物，所爲良可慨已。人曷弗思之甚也。

此章借取金取汁取油，以喻人之死，正以取人之精粹。並言靈性之明妙，非同塵世之生。至於見主歸眞，皆所以顯其精粹也。然非俗人所能知，故借貓犬鯤鵬以形容，而天國後世之大，自當猛省。

又　今生者，幽暗之囹圄，風波之苦海。既入乎其中，非死則不能出乎其外。後世者，眞樂之世界，無息之理境。既出乎其外，非復生則不能入乎其中。可見死者出今生之路也，復生者入後世之路也。一出則入者，身體歸於靈性也。欲入必出者，靈性含於身體也。然則死乃眞主降大恩於我民也，但死有不可一概論者。天經云，人至死日，面容白淨者善人也，面容黑暗者惡人也。至復活則善者自善，并非矯飾。惡者自惡，不能掩藏。故聖人喻云，人不見斯人死時之容，觀於生時所爲，而死之容見焉矣。人不見斯人復生之容，觀於死時所形，而復生之容見焉矣。是死所以寫其生，復生所以脫其死也。且夫眞宰之生人不齊，有屬人性者，有屬物性者。若因屬物性，而即以物形著，則待斯人既刻而又以彰其祖宗父母之必有大惡也，眞主不忍也，是貴人賤物之心也。因以人性勝者，爲人形即物性，勝者亦爲人形，此其故耳。至於後世論裏而不論表，論理而不論情，論性而不論形也。屬人性者顯之以人形，理之所當然，情之所必然。屬物性者顯之以物形，理之所不得不然，情之所不能不然。裏世之必朽其形，而歸於性者，正謂此也。且後天之性，人與物同具者也。迨離母腹後，而氣性始顯焉。但人之氣性中，原含有德性之相。故較諸禽獸之性大相懸殊也。苟人能明心淨性，因此機而遵循禮節，體聖肖賢，則氣性之濁漸消，而德性之明漸顯矣。何難由物性而進於人性。乃知復生之日，濁體胥渾，靈性全昭，超凡入聖，皆於德性，無所虧於氣性，無所囿耳。奈何竟放縱於人欲恣肆之地，而不知所轉，無非違理悖道，而同乎異類之性，則人禽無所分別，從畜性而來者，有不從畜類而顯乎。所以復生之日，必隨乎所稟之性，而顯其形也。則見行虧者，復活而爲狼之形。縱欲者，復活而爲豹之形。喜穢者，復活而爲豕之形。爲盜者，復活而爲鼠之形。以及奸淫成性復活者，其形爲驢。權勢逼人復活者，其形爲獅。毒惡害衆復活者，其形爲虎。總之，物物皆有其性，人人皆顯其形。斷不能以物性勝者，而猶能顯以人之形。誠以今生之所重者形，而後世之所重者性也。人能掩其性於生前，不能掩其性於後世。危矣殆哉。倘能於今生中克己去私，化其物性，使後世盡歸於人性，而不失乎眞宰與我之本性，則天人渾合，又何至下流於物，而反有不如物者乎。

此章言眞宰生人，有屬人性，有屬物性。屬人性者人之形也，屬物性者物之形也。在今世屬物形而不顯者，所以見眞主待人之至仁。在後世屬物形而必顯者，所以見眞主待人之無私。

又　天堂者，眞主報答一切善人之所造者也。是其造非人神所能造，亦并非天仙所能造也。蓋從眞主全美之大能受有而特造者，又從眞主總統之奧妙垂降而獨造者。所以稱之爲天，則不借風火水土四行而成。凡屬地面萬物，無一足擬其形容，而其中之大恩大惠有非數年可盡，更非百年可盡，即極之千萬年而亦有莫能盡者矣。正如疊浪之多，前者去後者來，此層銷彼層續。眞有萬恩不重一恩，千回不厭一回者焉。聖諭云，我爲淸廉奴僕，預備下目所未見，耳所未聞，心所未慮，至大之洪恩，即天堂之謂也。人有不信天堂之美者，豈有不信太陽之美乎。聖人云，天堂之美，勝

於日月者遠，則太陽原不能比天堂之美。夫世無太陽，普世不明。然太陽雖至明，以天堂較之，而其明遠矣。且夫天堂有八品，皆上映乎九天，而與人性相通者也，人能於某品中而盡其性，即能於某品中而踐其位。如阿而實爲至聖性，所藏寓即至聖之天堂也。庫而西爲大聖性，所藏寓即大聖之天堂也。土天爲欽聖性，所藏寓即爲欽聖之天堂也。木天火天日天爲列聖性，大賢性智者性所藏寓。金天水天月天爲介廉性，善人性庸常性所藏寓。即此數者之天堂也，要皆因其品第而屬之。以其天堂各以其地與其天之義理相近似者，而爲天堂也。據此言之，則天堂原有九品也，而何以定爲八品哉。眞經云，阿而實爲眞宰普慈所顯，是統攝乎衆品者，故不以品目之，其爲至聖性所藏寓，則非以外一切所敢擬議。而謂天堂爲八品者以此。但此八品天堂，亦有分爲上中下三等焉。夫下品之天堂着乎形跡，而修身之善人所到也。中品之天堂泯乎形色，而明心之賢人所到也。上品之天堂渾其形神，其色至妙至玄，明其各具之本然，而能盡性之聖人所到也。所以阿而實爲至聖獨見之眞境。此勿論人不易得而至，雖天仙亦有不敢望者矣。中庸云，苟不固聰明聖智達天德者，其孰能知之。夫達天德者，即歸眞之謂也。

又曰，盡物性，贊化育，則可與天地參，夫能盡能贊能參，即復命之謂也。

又曰，致中和，天地位，萬物育。夫致也位也育也，非眞能復命歸眞者，不能也。士曰，歸眞反樸，則終身不辱，殆謂是歟。所以又云，大哉聖人之道，洋洋乎發育萬物，峻極於天，以至於遵德性，致廣大，盡精微，極高明若此者，蓋能由所有之天堂，升至於復命歸眞之間，以一己之本然合乎眞主之本然，而直見首顯之大命。凡見以主見，聞以主聞，言以主言，動以主動，而眞宰之全體大用畢顯於我矣。噫，品至此蔑以加矣。

此章言人性上映乎九天，與天堂相通。而爲之列其品位，分其等級，表其恩惠。并引中庸所言，以証歸眞復命之眞境。信乎回教所定之性理，可以輔翼儒家，永垂不朽。

又 天堂之恩，奇妙不可名言，富貴不可思議，全美不可形容。夫固非世間山海所產之奇珍異寶，得而此其象，亦非帝王宮闕所繪之飛龍舞鳳，得而同其觀者矣。然與今世之人言天堂，固爲耳所未聞，目所未見者也。若不即庸俗耳目素所欣羡之物以示之，則不足以動其賞玩，而天堂之説幾難明於塵世，故有借一切金杯玉盞，珍寶珊瑚，果品仙藥之美名，以彷彿其萬一者亦不過，即今人耳目所見聞，以高其名。其實舉地面至貴至美至奇者，斷不能比天堂中至微至粗之物耳。彼人世君長，富有天下，貴爲天子，奇珍異卉，獻貢者萬國九州，希寶仙禽，來享者遠方絕域。一時建造樓閣，創制宮闈，不無金樑玉柱之稱美，珠簾翠繡之觀瞻，雖公卿相臣亦不敢鬥寵爭妍於其際。誠以國王所經營者，非臣宰所得而擬似。則眞主所成造者，又豈國王所得而修飾哉。故有謂皇宮之金珠玉帛，在天堂中不過爲鋪展之沙石，可信也已。且夫天堂者，眞宰之眞光所發顯而成者也。雖日月亦不得而比其明。竊思日月爲上天之奇物，而地面所有無一相似，乃猶不得比其明者，誠以天堂中類乎日月之多耳。總之不似乎地面之一物，其實亦不需乎地面之一物。所以既名天堂，又名天宮，見主報答賢善之眞境，其中華美異常，至極無加，無拘定之成規，無到盡之大典，有千變之奇異，有萬化之神明，居爲其新，不見其舊，景爲其富，不厭其煩，恩爲其獨，不覺其重，是眞主日新之境也。而人非有日新之德者不能也。所以人之能入天堂者，必其濁體盡銷，虛靈不昧，七情不能犯，六欲不能侵，既不見身體之爲累，復不見秉性之有虧。舉凡塵世間之有所憂患，有所恐懼，有所好樂，有所忿懥，至此皆不知消歸何有矣。禍患者轉而爲安康也，顛險者轉而爲逸樂也，卑汚者轉而爲潔淨也，是由充實而至於光輝，由光輝而至於美大聖神也。非希賢希聖希天者，不能臻其域。甚哉眞主，造天堂以待善人，其意良厚矣。獨是眞主所與今世之恩典至大者，孰有如國王哉。然而兵刀或起於國矣，水旱或阨於天矣，凶荒或嗟於民矣，以及瘟疫流行，山崩地震，奸人內起，外寇頻侵，無一非可憂之端。即無一有免死之術，自古及玆，帝王更移，異姓而起者，不知幾何代矣。由是以推，雖曰爲君，有生者，而生之中必有一死，有樂者，而樂之內即伏一憂，且喜之中不能無所懼，逸之時不能無所勞也。而求如天堂中不知有死有憂，無喜懼之交迫，勞逸之相攖，惟享永久之大樂眞樂也，豈可得哉。至是乃恍然於天堂有至大之品，至貴之相，得全美之眞光普照也。而今生不顯者，因其爲有形之世界，限次有盡，位分無多，不能承載得住故耳。必顯之於後世者，以其爲永常之世界，限次無盡，位分至大，

始能包容無遺故耳。甚哉復生，爲永久不死大化全歸之時。即中庸所言，至誠無息，不息則久，久則徵，徵則悠遠，以及博厚載物，高明覆物，而歸於悠久成物。不見而章，無爲而成，不動而變之時也。不至天國，不能有此眞境。不到天堂，不能成此絶詣。夫由天堂而上之，則有見主之一境焉。蓋眞主之本然，無形體，無方向，無位分，如之何能見。必也。眞主將人之幔障揭開，使俗眼易爲慧目，乃能以己之本然合乎眞主之本然，舉全體大用無不暸然於心目。是乃所謂歸眞者也。且夫婦眞有分爲表裏者焉。聖賢克去己私，復還天禮，於有生時盡一化己之功，即於有生時臻一歸眞之境。此在表歸眞之謂也。下此必待其死而後歸眞者，以死則化己，化已則歸眞。此在裏歸眞之謂也。所以善人以性命爲歸眞之具，常人以死亡爲歸眞之途。到此則舉天堂中之奇境，又不足言矣。世有以人之見主，比諸臣之面君者，不知臣之面君，於臣不加一物。而人之見主，則恩爲到盡之恩，慈爲統聚之慈，一見而一超拔，再見而再升騰，極之數十百次，較諸未見以前，其品級有高出乎十百千萬者焉。此固非人之所得而聚希也。又何怪天仙見天堂中人而爲之奇異也哉。夫天仙品位雖高，而無見主之分，何哉。蓋眞主造化斯人之命，貴於萬物，而爲天地之種也。由種而生苗發秀結實收獲，至復其原種，如此是即天人渾合之一大機會也。則人之貴於天仙者，實以其歸眞而能復命焉。眞主喻云，後世之日，有至大之品，至貴之相，固勿庸人之猜度。即猜度焉，亦有不能比其大者矣。可知眞主之尊大，不必其恩之洪、罪之重，即一星之恩，一沙之罪，亦有如泰山之不可以言語形容也。非天下之至精，其孰能與於斯，非天下之至神，其孰能與於斯。

此章言天堂有至大之品，至貴之相，爲眞宰之眞光所發顯。故一切地面之物，不足以形容。雖富有天下，貴爲天子，亦惟以擬似。及由天堂而上之，以至於見主歸眞，則又非天仙得而彷彿。甚矣，人之大爲何如哉。

又　天堂之異於塵世者何故。蓋人在今生，必需身體。有身體必需氣血。有氣血必需飲食。有飲食必需風火水土。此其所以濁而不妙也。天堂則至妙而不濁焉。妙則不需乎濁體氣血飲食，亦不需乎風火水土。是將自性更變，以至於化己之境。所謂自然而知，自然而能，而一切嗜欲紛華有所不能見也，此其所以能久也。苟其不信，則試問創造天堂者，其工匠爲何如人，猶是塵世之工師乎。其材木爲何如物，猶是塵世之磚瓦乎。其粉飾爲何如寶，猶是塵世之金玉乎。夫天堂而必如塵世所爲，則塵世亦可造天堂矣，何必眞主乎。不知眞主所造之天堂，乃全能所化之眞境，屬恩惠仁慈而成，與地面所有者盡反矣。到此則人之目，非復塵世之目。人之耳，非復塵世之耳。蓋塵世見不及數里，而天堂則見及千里之外，萬里之外，及至數萬里之外，而無定見者焉。塵世聽不及一層，而天堂則聽及千層之上，萬層之上，及至數萬層之上，而無所不聽者焉。且所食者非穀米，所飲者非瓊漿，惟仙品之是飧，無渣滓之足漉，舉腸胃所遺之污穢沉溺已潔淨，其身而無所出。得仙姬玉樂陶淑性情，而凡塵世嫉妬嗔貪，悲淚忿怒之私，不知何以盡去也。又況化己則臭氣全消，塵氛固有所不染，宜人則馨香不絶，蕙蘭豈足以形容。尤足奇者，足不必履地，身可以騰空，穿金原有餘，入鐵無不足。即數百代某聖人之形象，居某品天，某聖人之性分，在某品位，無不歷歷如在目前。且由天堂見主者，或一日一見，數月一見，百年一見，皆視其性之所近似爲衡，而非言思擬議之所能到。乃歎如是而方可成其爲人也，方見眞主之不負乎其人也。彼夫佛言大覺即此象也，而惜乎解者之多謬也。儒言大成即此景也，而惜乎知者之不言也。此清眞教所以特爲發明以補儒者之不及，而正佛氏之錯謬乎。

此章言天堂與塵世全然相反。因天堂妙，而塵世濁也。其中舉所見所聞等事，以例觀無非形容天堂之妙處。至言見主一節，而引大覺大成以爲証，尤儒佛兩教所信然者矣。

又　自塵世禍福之説興，而善惡報應遂不能不爲之顛倒。論古者，所以有不平之恨也。夫泥塵世以觀彼古來堯何以生丹朱之子，舜何以有瞽瞍之父，魏武何以爲五帝之始祖，伯夷何以爲首陽之餓，夫盜跖何以壽考而終，顔子何以短命而死。善以惡報，惡以善報，不知幾千人矣。豈眞主故謬其賞罰乎，而大公何在焉，大仁大義又何在焉。尤足笑者，道釋倡爲輪回，謂今生行善，轉爲來世之帝王。今生爲惡，轉爲來世之乞丐。既舍塵世於前，復求塵世於後，是所重者塵世，所知者塵世，而不識塵世之外另有一世界。舉塵世中，善以惡報，惡以善報者，胥於此而易其賞罰，以展眞宰之全體大用也。蓋塵世百年之富貴，不過轉瞬之間。半生之功名，只屬衾夢之際，雖事功赫赫，不移時則爲落葉浮雲。姓氏彰彰，未數傳則爲

殘棋敗局。每見寒儒志士，少居貧賤，長歷官階，非不光大門庭。然而或只其父見之，其祖即有不能見者矣。或其祖漸能見之，其祖祖斷無能見者矣。又况並其父而不能見者之多乎。豈知塵世之福澤最足蠹人之德性，樂世味而忘道味，天下皆然也。然世福暫福也。善人修功數十年，僅得於塵世間偶享榮華，則報善之量已不充，而喜人之心必不滿。即使世福可久，而愈得愈望，愈望愈貪，則更以啓斯人之險心。至於以塵世而罰惡，不惟不足，且大有礙。或子暴而父仁，誅其子而父苦矣。或妻賢夫不肖，戮其夫而妻累矣。况此外兄弟朋友鄉鄰之受牽連者猶多乎。且殺千人只抵一人，害數命只償一命，不公不平，孰甚於是。至是乃恍然於至幻者塵世，至小者塵世，至暫者塵世，至不公平者亦塵世。而欲於至幻之外求至眞，至小之外求至大，至暫之外求至久，而不公平之外求公平者，其維後世乎。蓋後世舉塵世不齊之事而齊之，不齊之人而齊之，不齊之善惡禍福而亦齊之，是眞主造化斯人一大結局之總歸也。彼塵世善者惡報，惡者善報，至此則眞善眞惡出，眞善眞惡之報亦出。且眞善出，而數十代之祖宗得見之而喜。眞惡出，而數十代之祖宗得見之而愧。眞善眞惡之報出，而數十代之祖宗喜而有榮，愧而滋懼也。

或者曰，然則塵世之禍福，眞主不知耶。

答曰，塵世之禍福，乃命之所定，由先天而來也。而以云報應則非也。誠以報應者，後世之事耳。且夫得後世之永福，方顯眞主之至仁，得後世之永禍，方顯眞主之至義。故善人至後世，而所愛無不周，所願無不滿。以世福視之，則鄙而不肖也。惡人至後世，有利者盡去，有害者俱來。以世禍視之，則悔而無及也。况世界至後世，則天地亦爲之改觀，萬物亦爲之同歸矣。後世之大如此，而塵世愈形其小。後世之久如此，而塵世愈形其暫。後世之眞如此，而塵世愈形其幻。人不知後世，不惟負乎人，而兼以負乎主。不到後世，不惟人隘其量，即主亦窮甚術。甚哉。天國長生之至理，斯人復活之大原，萬物會歸之眞境，非後世而何以顯哉。彼人區區於塵世，而昧乎後世者，甚不以輕爲重以末爲本者幾何哉。

此章總論塵世禍福，天國賞罰之事，實爲前人所未道，並爲各教所未知。以此質之，周程朱張，當亦無可駁辯處。總之教眞則理眞，理眞則事眞，事眞則論眞。廣爲流播，當不知喚醒多少南柯也。

教派部

歷史事項

綜述

杜佑《通典》卷一八五《邊防一・邊防序》 我國家開元、天寶之際，宇內謐如，邊將邀寵，競圖勳伐。西陲青海之戍，東北天門之師，磧西怛邏之戰，雲南渡瀘之役，沒於異域數十萬人。（高仙芝伐石國于怛邏斯川，七萬衆盡沒。）

又卷一九一《邊防七・西戎三・西戎總序》 大唐貞觀四年，以頡利破滅，遂舉其屬七城來降。因列其地爲西伊州，同於編戶。至武太后如意初，武威軍總管王孝傑大破吐蕃，復龜兹、于闐、疏勒、碎葉四鎮。自是諸國朝貢，侔於前代矣。神龍以後，黑衣大食强盛，漸幷諸國，至於西海，分兵鎮守焉。（族子環隨鎮西節度使高仙芝西征，天寶十載至西海。寶應初，因賈商船舶自廣州而回。著《經行記》。）

又卷一九三《邊防九・西戎五・石國》 其川西頭有城，名曰怛邏斯，石國人鎮，即天寶十年高仙芝軍敗之地。

又《大食》 大食，大唐永徽中遣使朝貢。云其國在波斯之西，或云初有波斯胡人，若有神助，得刀殺人，因招附諸胡，有胡人十一來，據次第摩首受化爲王。此後衆漸歸附，遂滅波斯，又破拂菻，及婆羅門城，所向無敵，兵衆有四十二萬。有國以來，三十四年矣。初王已死，次傳第一摩首者，今王即是第三。其王姓大食，其國男夫，鼻大而長，瘦黑多鬚鬢，似婆羅門，女人端麗。亦有文學，與波斯不同。出駝馬驢騾羖羊等，土多砂石，不堪耕種，無五穀，惟食駝象等肉。破波斯、拂菻，始有米麵。敬事天神。又云其王常遣人乘船，將衣糧入海，經涉八年，未極西岸。於海中見一方石，石上有樹，枝赤葉青，樹上總生小兒，長六七寸，見人不語而皆能笑，動其手脚，頭著樹枝。人摘取入手，即乾黑。其使得一枝還。今在大食王處。

陳黯《華心》（《全唐文》卷七六七） 大中初年，大梁連帥范陽公得大食人李彦升，薦於闕下。天子詔春司考其才。二年，以進士第名顯。然常所賓貢者不得擬。或曰，梁大都也，帥碩賢也。受命於華君，仰祿於華民，其薦人也，則求于夷，豈華不足稱也耶？夷人獨可用也耶？吾終有惑於帥也。曰，帥眞薦才而不私其人也。苟以地言之，則有華夷也。以教言，亦有華夷乎？夫華夷者辨在乎心，辨心在察其趣嚮。有生於中州，而行戾乎禮義，是形華而心夷也。生於夷地，而行合乎禮義，是形夷而心華也。若盧綰少卿之叛亡，其夷人乎？金日磾之忠赤，其華人乎？由是觀之，皆任其趣嚮耳。今彦升也，來從海外，能以道祈知於帥，帥故異而薦之，以激夫戎狄，俾日月所燭皆歸於文明之化。蓋華其心而不以其地也，而又夷焉？作《華心》。

陳鴻《東城老父傳》（《唐人説薈》） 因泣下復言曰，上皇北臣穹廬，東臣雞林，南臣滇池，西臣昆夷。三歲一來會朝，視之禮容，臨照之恩澤，衣之錦絮，飲之酒食，使展事而去，都中無留外國賓。今北胡與京師雜處，娶妻生子，長安中少年有胡心矣。吾子視首飾鞾服之制，不與向同，得非物妖乎？

《舊唐書・高宗紀上》 〔永徽二年〕八月乙丑，大食國始遣使朝獻。

又《肅宗紀》 〔至德二年九月〕丁亥，元帥廣平王統朔方、安西、迴紇、南蠻、大食之衆二十萬，東向討賊。

又 〔至德三年九月〕癸巳，廣州奏，大食國、波斯國兵衆攻城，刺史韋利見棄城而遁。

又 〔乾元元年〕五月壬申朔，回紇、黑衣大食各遣使朝貢。至閤門爭長，詔其使合從左右門入。

又《代宗紀》 〔大曆四年正月乙未〕黑衣大食國使朝貢。

又 〔大曆七年〕是秋稔，回紇【略】、大食【略】並遣使朝貢。

又《李多祚傳》 天寶七載，安西都知兵馬使高仙芝奉詔總軍，專征勃律，選嗣業與郎將田珍爲左右陌刀將。于時吐蕃聚十萬衆於娑勒城，據

山因水，塹斷崖谷，編木爲城。仙芝夜引軍渡信圖河，奄至城下。仙芝謂嗣業與田珍曰：「不午時須破此賊。」嗣業引步軍持長刀上，山頭抛檑蔽空而下，嗣業獨引一旗於絕險處先登，諸將因之齊上。賊不虞漢軍暴至，遂大潰，墳溪谷，投水溺死，僅十八九。遂長驅至勃律城擒勃律王、吐蕃公主，斬藤橋，以兵三千人戍。於是拂林、大食諸胡七十二國皆歸國家，款塞朝獻，嗣業之功也。由此拜右威衛將軍。

十載，又從平石國，及破九國胡并背叛突騎施，以跳盪加特進，兼本官。初，仙芝紿石國王約爲和好，乃將兵襲破之，殺其老弱，虜其丁壯，取金寶瑟瑟駝馬等，國人號哭，因掠石國王東獻之于闕下。其子逃難奔走，告於諸胡國。羣胡忿之，與大食連謀，將欲攻四鎮。仙芝懼，領兵二萬深入胡地，與大食戰，仙芝大敗。會夜，兩軍解，仙芝衆爲大食所殺，存者不過數千。事窘，嗣業白仙芝曰：「將軍深入胡地，後絕救兵。今大食戰勝，諸胡知，必乘勝而併力事漢。若全軍沒，嗣業與將軍俱爲賊所虜，則何人歸報主？不如馳守白石嶺，早圖奔逸之計。」仙芝曰：「爾，戰將也。吾欲收合餘燼，明日復戰，期一勝耳。」嗣業曰：「愚者千慮，或有一得，勢危若此，不可膠柱。」固請行，乃從之。路隘，人馬魚貫而奔。會跋汗那兵衆先奔，人及駝馬塞路，不克過。嗣業持大棒前驅擊之，人馬應手俱斃。胡等遁，路開，仙芝獲免。仙芝表其功，加驃騎左金吾大將軍。

又《鄧景山傳》 鄧景山，曹州人也。文吏見稱。天寶中，自大理評事至監察御史。至德初，擢拜青齊節度使，遷揚州長史、淮南節度。爲政簡肅，聞於朝廷。居職四年，會劉展作亂，引平盧副大使田神功兵馬討賊。神功至揚州，大掠居人資產，鞭笞發掘略盡，商胡大食、波斯等商旅死者數千人。

又《田神功傳》 田神功，冀州人也。家本微賤。天寶末，爲縣里胥，會河朔兵興，從事幽、薊。上元元年，爲平盧節度都知兵馬使，兼鴻臚卿，於鄭州破賊四千餘衆，生擒逆賊大將四人，牛馬器械不可勝數。尋爲鄧景山所引，至揚州，大掠百姓商人資產，郡內比屋發掘略徧，商胡波斯被殺者數千人。

又《段秀實傳》 天寶四載，安西節度馬靈察署爲別將，從討護蜜有功，授安西府別將。七載，高仙芝代靈察，舉兵圍怛邏斯，黑衣救至，仙芝大衄，軍士相失。夜中聞都將李嗣業之聲，因大呼責之曰：「軍敗而求免，非丈夫也。」嗣業甚慚，遂與秀實收合散卒，復得成軍。師還，嗣業請于仙芝，以秀實爲判官，授斥候府果毅。

又《王鍔傳》 〔王鍔〕遷廣州刺史、御史大夫、嶺南節度使。廣人與夷人雜處，地征薄而叢求於川市。鍔能計居人之業而榷其利，所得與兩稅相埒。鍔以兩稅錢上供時進及供奉外，餘皆自入。西南大海中諸國舶至，則盡沒其利，由是鍔家財富於公藏。日發十餘艇，重以犀象珠貝，稱商貨而出諸境。周以歲時，循環不絕，凡八年，京師權門多富鍔之財。

又《李漢傳》 〔李〕漢，元和七年登進士第，累辟使府。長慶末，爲左拾遺。敬宗好治宮室，波斯賈人李蘇沙獻沉香亭子材。漢上疏論之曰，若以沉香爲亭子，即與瑤台瓊室事同。

又《盧鈞傳》 〔開成元年〕其年冬，〔盧鈞〕代李從易爲廣州刺史、御史大夫、嶺南節度使。南海有蠻船之利，珍貨輻湊。舊帥作法興利以致富，凡爲南海者，靡不梱載而還。鈞性仁恕，爲政廉潔。請監軍爲市舶使，己一不干預。【略】三年將代，華蠻數千人詣闕請立生祠，銘功頌德。先是土人與蠻獠雜居，婚娶相通，吏或撓之，相誘爲亂。鈞至立法，俾華蠻異處，婚娶不通，蠻人不得立田宅。由是徼外肅清，而不相犯。

又《西戎傳・大食》 永徽二年，始遣使朝貢。其王姓大食氏，名噉密莫末膩，自云有國已三十四年，歷三主矣。【略】好事天神。

又 大食國，本在波斯之西。大業中，有波斯胡人牧駝於俱紛摩地那之山，忽有獅子人語謂之曰：「此山西有三穴，穴中大有兵器，汝可取之。穴中并有黑石白文，讀之便作王位。」胡人依言，果見穴中有石及矟刃甚多，上有文，教其反叛。於是糾合亡命，渡恆曷水，劫奪商旅，其衆漸盛，遂割據波斯西境，自立爲王。波斯、拂菻各遣兵討之，皆爲所敗。永徽二年，始遣使朝貢。其王姓大食氏，名噉密莫末膩，自云有國已三十四年，歷三主矣。其國男兒色黑多鬚，鼻大而長，似婆羅門；婦人白皙。亦有文字。出駝馬，大於諸國。兵刃勁利。其俗勇於戰鬭，好事天神。土多沙石，不堪耕種，唯食駝馬等肉。俱紛摩地那山在國之西南，鄰於大海，其王移穴中黑石置之於國。又嘗遣人乘船，將衣糧入海，經八年

而未及西岸。

龍朔初，擊破波斯，又破拂菻，始有米麪之屬。又將兵南侵婆羅門，吞併諸胡國，勝兵四十餘萬。長安中，遣使獻良馬。景雲二年，又獻方物。開元初，遣使來朝，進馬及寶鈿帶等方物。其使謁見，唯平立不拜，憲司欲糾之，中書令張說奏曰：「大食殊俗，慕義遠來，不可置罪。」上特許之。尋又遣使朝獻，自云在本國惟拜天神，雖見王亦無致拜之法，所司屢詰責之，其使遂請依漢法致拜。其時西域康國、石國之類，皆臣屬之，其境東西萬里，東與突騎施相接焉。

一云隋開皇中，大食族中有孤列種代爲酋長，孤列種中又有兩姓：一號盆泥奚深，一號盆泥末换。其奚深後有摩訶末者，勇健多智，衆立之爲主，東西征伐，開地三千里，兼克夏臘，一名鈔城。鈔音所鑒反。摩訶末後十四代，至末换。末换殺其兄伊疾而自立，復殘忍，其下怨之。有呼羅珊木鹿人並波悉林舉義兵，應者悉令著黑衣，旬月間衆盈數萬，鼓行而西，生擒末换，殺之，遂求得奚深種阿蒲羅拔，立之。末换已前謂之白衣大食，自阿蒲羅拔後改爲黑衣大食。阿蒲羅拔卒，立其弟阿蒲恭拂。至德初遣使朝貢，代宗時爲元帥，亦用其國兵以收兩都。寶應、大曆中頻遣使來。恭拂卒，子迷地立。迷地卒，子牟栖立。牟栖卒，弟訶論立。貞元中，與吐蕃爲勍敵。蕃軍太半西禦大食，故鮮爲邊患，其力不足也。十四年，詔以黑衣大食使含嵯、焉雞、沙北三人並爲中郎將，各放還蕃。

又《拂菻》 貞觀十七年，拂菻王波多力遣使獻赤玻瓈、綠金精等物，太宗降璽書答慰，賜以綾綺焉。自大食強盛，漸陵諸國，乃遣大將軍摩栧伐其都城，因約爲和好，請每歲輸之金帛，遂臣屬大食焉。

又《波斯》 〔貞觀〕二十一年，伊嗣候遣使獻一獸，名活褥蛇，形類鼠而色青，身長八九寸，能入穴取鼠。伊嗣候懦弱，爲大首領所逐，遂奔吐火羅，未至，亦爲大食兵所殺。其子名卑路斯，又投吐火羅葉護，獲免。卑路斯龍朔元年奏言頻被大食侵擾，請兵救援。詔遣隴州南由縣令王名遠充使西域，分置州縣，因列其地疾陵城爲波斯都督府，授卑路斯爲都督。是後數遣使貢獻。咸亨中，卑路斯自來入朝，高宗甚加恩賜，拜右武衛將軍。儀鳳三年，令吏部侍郎裴行儉將兵冊送卑路斯爲波斯王，行儉以其路遠，至安西碎葉而還，卑路斯獨返，不得入其國，漸爲大食所侵，客於吐火羅國二十餘年，有部落數千人，後漸離散。至景龍二年，又來入朝，拜爲左威衛將軍，無何病卒，其國遂滅，而部衆猶存。

自開元十年至天寶六載，凡十遣使來朝，并獻方物。四月，遣使獻瑪瑙牀。九年四月，獻火毛繡舞筵、長毛繡舞筵、無孔眞珠。乾元元年，波斯與大食同寇廣州，劫倉庫，焚廬舍，浮海而去。大曆六年，遣使來朝，獻眞珠等。

《新唐書・肅宗紀》 〔至德二年八月閏月〕丁卯，廣平郡王俶爲天下兵馬元帥，郭子儀副之，以朔方、安西、回紇、南蠻、大食兵討安慶緒。

又 肅宗在岐。至德二載九月，以廣平郡王爲天下兵馬元帥，率朔方、安西、回紇、南蠻、大食等兵二十萬以進討。百官送於朝堂，過闕而下，步出木馬門，然後復騎。以安西、北庭行營節度使李嗣業爲前軍，朔方、河西、隴右節度使郭子儀爲中軍，關內行營節度使王思禮爲後軍，屯於積香寺。

又 〔乾元元年九月〕癸巳，大食、波斯寇廣州。

又《哥舒翰傳》 〔天寶六年，高仙芝討小勃律國〕王及妻逃山穴，不可得，仙芝招喻，乃出降，因平其國。急遣元慶斷娑夷橋，其暮，吐蕃至，不克度。橋長度一箭所及者，功一歲乃成。八月，仙芝以小勃律王及妻自赤佛道還連雲堡，與令誠俱班師。於是拂菻、大食諸胡七十二國皆震懾降附。

又 〔天寶〕九載，討石國，其王車鼻施約降，仙芝爲俘獻闕下，斬之，由是西域不服。其王子走大食，乞兵攻仙芝於怛邏斯城，以直其冤。仙芝爲人貪，破石，獲瑟瑟十餘斛、黃金五六橐駝、良馬寶玉甚衆，家貲累鉅萬。然亦不甚愛惜，人有求輒與，不問幾何。

又《郭子儀傳》 〔至德二年〕俄從元帥廣平王率蕃、漢兵十五萬收長安。

又《李嗣業傳》 初，仙芝特以計襲取石，其子出奔，因構諸胡共怨之，以告大食，連兵攻四鎮。仙芝率兵二萬深入，爲大食所敗，殘卒數千。事急，嗣業謀曰：「將軍深履賊境，後援既絕，而大食乘勝，諸胡鋭于闘，我與將軍俱前死，尚誰報朝廷者？不如守白石嶺以爲後計。」仙芝曰：「吾方收合餘燼，明日復戰。」嗣業曰：「事去矣，不可坐須菹醢。」

即馳守白石，路既隘，步騎魚貫而前。會拔汗那還兵，輜餉塞道不可騁，嗣業懼追及，手梃鏖擊，人馬斃仆者數十百，虜駭走，仙芝乃得還。表嗣業功，進右金吾大將軍，留爲疏勒鎮使。

又《崔光遠傳》 光遠以爲賊且走，命人守神威、孝哲等第，斬曳落河二人。孝哲馳白祿山，光遠懼，與長安令蘇震出開遠門，使人奔呼曰：「尹巡門！」門兵具器仗迎謁，至，皆斬之，募得百餘人，遂趨靈武。肅宗嘉之，擢拜御史大夫，復爲京兆尹，遣到渭北募僑民。

又《鄧景山傳》 鄧景山，曹州人。本以文吏進，累至監察御史。至德初，擢拜青齊節度使，徙淮南。爲政簡肅。有鼉集城門，鄧珽語景山曰：「鼉，介物也。失所次，金不從革之象。其有兵乎？」未幾，宋州刺史劉展反。初，展有異志，淮西節度使王仲昇表其狀，詔遷揚州長史兼江淮都統，密詔景山執送京師。展知之，擁兵二萬度淮。景山逆擊不勝，奔壽州，因引平盧節度副使田神功討展。神功兵至揚州，大掠居人，發冢墓，大食、波斯賈胡死者數千人。

又《田神功傳》 劉展反，鄧景山引田神功助討，自淄青濟淮，衆不整，入揚州，遂大掠居人貲產，發屋剔窌，殺商胡波斯數千人。

又《段秀實傳》 天寶四載，從安西節度使馬靈督討護蜜有功，授安西府別將。靈督罷，又事高仙芝。仙芝討大食，圍怛邏斯城。會虜救至，仙芝兵卻，士相失。秀實夜聞副將李嗣業聲，識之，因責曰：「憚敵而奔，非勇也；免己陷衆，非仁也。」嗣業慚，乃與秀實收散卒，復成軍，還安西，請秀實爲判官。遷隴州大堆府果毅。

又《王鍔傳》 德宗擢爲鴻臚少卿。先是，天寶末，西域朝貢酋長及安西、北庭校吏歲集京師者數千人，隴右既陷，不得歸，皆仰稟鴻臚禮賓，月四萬緡，凡四十年，名田養子孫如編民。至是，鍔悉藉名王以下無慮四千人，畜馬二千，奏皆停給。宰相李泌盡以隸左右神策軍，以酋長署牙將，歲省五十萬緡。帝嘉其公，擢容管經略使，凡八年，谿落安之。

遷嶺南節度使。廣人與蠻雜處，地征薄，多牟利於市，鍔租其廛，榷所入與常賦埒，以爲時進，裒其餘悉自入。諸蕃舶至，盡有其稅，於是財蓄不貲，日十餘艘載皆犀象珠琲，與商賈雜出于境。數年，京城權家無不富鍔之財。

又《盧鈞傳》 〔盧鈞〕擢嶺南節度使。海道商舶始至，異時帥府爭先往，賤售其珍，鈞一不取，時稱絜廉。專以清靜治。蕃獠與華人錯居，相婚嫁，多占田營第舍，吏或橈之，則相挻爲亂，鈞下令蕃華不得通婚，禁名田產，闔部肅壹無敢犯。貞元後流放衣冠，其子姓窮弱不能自還者，爲營棺槥還葬，有疾若喪則經給醫藥、殯斂，孤女稚兒，爲立夫家，以奉稟資助，凡數百家。南方服其德，不徼而化。又除采金稅。華、蠻數千走闕下，請爲鈞生立祠，刻石頌德，鈞固辭。以戶部侍郎召判戶部。

又《西域傳下·康》 明年〔開元二十九年〕，王伊捺吐屯屈勒上言：「今突厥已屬天可汗，惟大食爲諸國患，請討之。」天子不許。天寶初，封王子那俱車鼻施爲懷化王，賜鐵券。久之，安西節度使高仙芝劾其無蕃臣禮，請討之。王約降，仙芝遣使者護送至開遠門，俘以獻，斬闕下，於是西域皆怨。王子走大食乞兵，攻怛邏斯城，敗仙芝軍，自是臣大食。寶應時，遣使朝貢。

又《波斯》 貞觀十二年，遣使者沒似半朝貢，又獻活褥蛇，狀類鼠，色正青，長九寸，能捕穴鼠。伊嗣俟不君，爲大酋所逐，奔吐火羅，半道，大食擊殺之。子卑路斯入吐火羅以免。遣使者告難，高宗以遠不可師，謝遣，會大食解而去，吐火羅以兵納之。

龍朔初，又訴爲大食所侵，是時天子方遣使者到西域分置州縣，以疾陵城爲波斯都督府，即拜卑路斯爲都督。俄爲大食所滅，雖不能國，咸亨中猶入朝，授右武衛將軍，死。始，其子泥涅師爲質，調露元年，詔裴行儉將兵護還，將復王其國，以道遠，至安西碎葉，行儉還，泥涅師因客吐火羅二十年，部落益離散。景龍初，復來朝，授左威衛將軍。病死，西部獨存。開元、天寶間，遣使者十輩獻碼磞牀、火毛繡舞筵。乾元初，從大食襲廣州，焚倉庫廬舍，浮海走。大曆時復來獻。

又《小勃律》 天寶六載，詔副都護高仙芝伐之。前遣將軍席元慶馳千騎見蘇失利之曰：「請假道趨大勃律。」城中大酋五六，皆吐蕃腹心。仙芝約元慶：「吾兵到，必走山。出詔書召慰，賜繒綵。縛酋領待我。」元慶如約。蘇失利之挾妻走，不得其處。仙芝至，斬爲吐蕃者，斷娑夷橋。是暮，吐蕃至，不能救。仙芝約王降，遂平其國。於是拂菻、大食諸胡七十二國皆震恐，咸歸附。執小勃律王及妻歸京師，詔改其國號歸仁，

置歸仁軍，募千人鎮之。帝赦蘇失利之不誅，授右威衛將軍，賜紫袍、黃金帶，使宿衛。

又《大食》 大食，本波斯地。男子鼻高，黑而髯。女子白皙，出輒鄣面。日五拜天神。銀帶，佩銀刀，不飲酒舉樂。有禮堂容數百人，率七日，王高坐爲下説曰：「死敵者生天上，殺敵受福。」故俗勇于鬬。土磽礫不可耕，獵而食肉。刻石蜜爲廬如輿狀，歲獻貴人。蒲陶大者如雞卵。有千里馬，傳爲龍種。

隋大業中，有波斯國人牧于俱紛摩地那山，有獸言曰：「山西三穴，有利兵，黑石而白文，得之者王。」走視，如言。石文言當反，乃詭衆裒亡命於恒曷水，劫商旅，保西鄙自王，移黑石寶之。國人往討之，皆大敗還，於是遂彊。滅波斯，破拂菻，始有粟麥倉庾。南侵婆羅門，幷諸國，勝兵至四十萬，康、石皆往臣之。其地廣萬里，東距突騎施，西南屬海。海中有撥拔力種，無所附屬。不生五穀，食肉，刺牛血和乳飲之。俗無衣服，以羊皮自蔽。婦人明皙而麗。多象牙及阿末香，波斯賈人欲往市，必數千人納氎劖血誓，乃交易。兵多牙角，而有弓、矢、鎧、矟，士至二十萬，數爲大食所破略。

永徽二年，大食王㣊密莫末膩始遣使者朝貢，自言王大食氏，有國三十四年，傳二世。開元初，復遣使獻馬、鈿帶，謁見不拜，有司將劾之，中書令張説謂殊俗慕義，不可寘于罪，玄宗赦之。使者又來，辭曰：「國人止拜天，見王無拜也。」有司切責，乃拜。十四年，遣使蘇黎滿獻方物，拜果毅，賜緋袍、帶。

或曰大食族中有孤列種，世酋長，號白衣大食。種有二姓，一曰盆尼末換，二曰奚深。有摩訶末者，勇而智，衆立爲王。闢地三千里，克夏臘城。傳十四世，至末換，殺兄伊疾自王，下怨其忍。有呼羅珊木鹿人並波悉林將討之，徇衆曰：「助我者，皆黑衣。」俄而衆數萬，即殺末換，求奚深種孫阿蒲羅拔爲王，更號黑衣大食。蒲羅死，弟阿蒲恭拂立。至德初，遣使者朝貢。代宗取其兵平兩京。阿蒲恭拂死，子迷地立。死，弟訶論立。貞元時，與吐蕃相攻，吐蕃歲西師，故鮮盜邊。十四年，遣使者含嵯、烏鷄、沙北三人朝，皆拜中郎將，賚遣之。傳言其國西南二千里山谷間，有木生花如人首，與語輒笑，則落。

又《南蠻傳上・南詔上》〔劍南西川節度使韋皋與南詔王異牟尋攻吐蕃，於貞元〕十七年春，夜絕瀘破虜屯，斬五百級。虜保鹿危山，眦羅伏以待，又戰，虜大奔。於時，康、黑衣大食等兵及吐蕃大酋皆降，獲甲二萬首。又合鬼主破虜于瀘西。

《册府元龜》卷九五六《外臣部・種族》 大食國，大波斯之别種也。隋大業中，有波斯胡人牧駞於俱紛摩地那之山，忽有獅子從地踴出，人語謂胡人曰，此山西有三穴，穴中大有兵器，汝可取之。至穴中，有刀及稍甚多，石上有文，教其反叛。於是斜合亡命，渡常曷水，劫奪商旅，其衆漸盛，遂割據波斯西境，自立爲王。波斯、拂菻各遣兵討之，反爲所敗。其王姓大食，名瞰密莫末膩，至唐高宗時來朝貢，自云有國已三十四年，歷三王矣。

又卷九五八《國邑》 大食國，本在波斯國之西，後衆漸盛，遂割據波斯西境，自立爲王。西隣於大海，有勝兵四十餘萬。

又卷九六〇《土風》 大食國，在南海中，其國男夫黑色多鬚，鼻大而長，似婆羅門，婦人白皙。亦有文字。出駞馬驢騾羖羊等，其馬大於諸國。兵刃勁利，其俗勇於戰鬬。合事天神。而土多沙石，不堪耕種，惟食鳥獸等肉。俱紛地那山，在國之南，國西隣於大海。其王移穴中黑石，寶之於國。

又卷九六六《外臣部・繼襲》 大食國，隋大業中其王名瞰蜜莫末膩，自云有國已四十四年，歷三主矣。一説隋開皇中，大食族中有孤列種，代爲酋長。孤列有二姓，一號盆尼奚深，一號盆尼末換。後有摩訶末者，勇健多智，衆立之爲王。摩訶末後，十四代至末換，殺其兄爲部人所殺，遂求得奚深種阿蒲羅拔立之。阿蒲羅拔卒，立其弟阿蒲恭拂。恭拂卒，子迷地立。迷地卒，子牟栖立。牟栖卒，弟論立。是歲貞觀二年也。

又卷九七〇《外臣部・朝貢三》〔永徽〕二年八月，大食國始遣使朝貢。

又〔永徽〕六年六月，大石國鹽莫念並遣使朝貢。

又永隆元年五月，大食國【略】遣使獻馬及方物。

又永淳元年五月，大食國、波斯【略】各遣使獻方物。

又〔長安〕三年三月，大食國遣使獻良馬。

又〔神龍二年〕七月，波斯國【略】遣使貢獻。

又〔景龍二年〕三月，波斯【略】遣使來朝。

又〔景雲二年十一月〕大食【略】遣使獻方物。

又卷九七一《外臣部・朝貢四》〔開元四年〕七月，大食國黑密牟尼蘇利漫，遣使上表，獻金線織袍寶裝，玉灑池瓶各一。

又〔開元七年正月〕波斯國並遣使朝貢。

又〔開元七年〕二月，波斯國奚拂涅【略】遣使獻方物。

又〔開元七年〕六月，大食國【略】遣使朝貢。

又〔開元十二年〕三月，大食遣使獻馬及龍腦香。

又〔開元〕十三年正月，【略】大食遣其將蘇黎等十三人並來賀正旦，獻方物。

又〔開元十三年〕三月，大食國遣使蘇黎滿等十三人獻方物。

又〔開元十七年〕九月，大食國遣使來朝，且獻方物。

又〔開元二十一年〕十二月，【略】大食國王遣首領摩思覽達干等來朝。

又〔天寶三年〕七月，大食國【略】遣使獻馬及寶。

又〔天寶四年〕五月，大食舍麼國【略】遣使來朝貢。

又〔天寶六年〕五月，大食國王遣使獻豹六。波斯國王遣使獻豹四。

又〔天寶十一年〕十二月，黑衣大食謝多訶蜜遣使來朝。金麼國【略】遣使來朝。

又〔天寶十二年〕三月，【略】黑衣大食並遣使獻方物。

又〔天寶十二年〕四月，【略】黑衣大食遣使來朝。

又〔天寶十二年〕十二月，【略】黑衣遣使獻馬三十匹。

又〔天寶十三年〕四月，【略】黑衣大食【略】遣使來朝。

又〔天寶十四年〕七月，黑衣並遣使貢獻。

又〔天寶〕十五載七月，黑衣大食遣大酋望二十五人來朝。

又肅宗至德初，大食國遣使朝貢。

又乾元元年五月壬申朔，回紇使多乙亥阿波八十人、黑衣大食酋長鬧文等六人，並朝見，至閤門爭長。通事舍人乃分左右，從東西門並入。

又〔上元元年〕十二月，白衣使、婆謁使等十八人於延英殿會。

又卷九七二《外臣部・朝貢五》寶應元年五月戊申，回紇、吐蕃、黑衣大食等國【略】遣使朝貢。

又〔寶應元年六月〕波斯【略】遣使朝貢。

又〔寶應元年〕九月，波斯【略】遣使朝貢。

又〔寶應元年〕十二月，黑衣大食【略】遣使朝貢。

又〔大曆〕四年正月【略】黑衣大食【略】遣使朝貢。

又〔大曆〕七年十二月，回紇、吐蕃、大食【略】遣使朝貢。

又〔大曆九年〕七月，【略】黑衣大食、吐蕃並遣使來朝。

又〔貞元〕七年正月，【略】黑衣大食【略】遣使來朝。

又卷九七三《外臣部・助國討伐》〔至德二年〕九月，迴紇葉護太子領兵四十餘衆，助討逆賊。迴紇葉護太子入見，帝親宴慰，賜以金帛、器物，恣其所欲，待之甚厚。元帥廣平王領朔方、安西、迴紇、大食之兵十五萬，將收西京。【略】癸卯，元帥廣平王整軍容入長安。中軍兵馬使僕固懷恩領迴紇及南蠻、大食等軍，從城南過滻水東下營。十月壬戌，遂收復東京。

又卷九七四《外臣部・褒異》〔景龍四年〕七月戊子，大食國黑密牟尼蘇於漫，遣使獻金線織就寶裝、玉灑地瓶各一。授其使員外中郎將，放還蕃。

又卷九七五《外臣部・褒異三》〔開元十三年正月〕丙午，大食遣其將蘇黎等十二人來獻方物，并授果毅，賜緋袍、銀帶，放還蕃。

又〔開元十三年〕七月戊申，波斯首領穆沙諾來朝，授折衝，留宿衛。

又〔開元十五年二月辛亥〕波斯阿拔來朝，賜帛百疋，放還蕃。因遣阿拔齎詔書，宣慰于佛誓國王，仍賜錦袍、鈿帶及薄寒馬一匹。

又〔開元十六年三月〕辛亥，大食首領提卑多等八人來朝，並授郎將，放還蕃。

又〔開元二十一年十二月〕癸丑，大食王遣首領摩思達干等七人來朝，並授果毅，各賜絹二十疋，放還蕃。

又〔開元二十九年〕十二月丙申，大食首領和薩來朝，授左金吾衛將軍，賜紫袍、金鈿帶，放還蕃。

又〔天寶十一年〕十二月己卯，黑衣大食謝多訶密遣使來朝，授左金吾衛員外大將軍，放還蕃。舍麽國【略】遣使來朝，皆賜錦袍、金帶、魚袋七事，放還蕃。

又　十二載七月辛亥，黑衣大食遣大酋望二十五人來朝，並授中郎將，賜紫袍、金帶、魚袋，放還蕃。

又〔天寶〕十二載四月丙戌，【略】黑衣大食【略】遣使來朝，各賜帛有差，放還蕃。

又卷九七六《外臣部·褒異三》〔乾元元年〕十二月，黑衣跋陁國使伏謝多還蕃，宴賜有差。

又〔貞元十四年〕九月丁卯，以黑衣大食使含嵯、烏雞、莎比三人，並爲中郎將，放還蕃。

《資治通鑑·唐玄宗天寶十載》高仙芝之虜石國王也，石國王子逃詣諸胡，具告仙芝欺誘貪暴之狀。諸胡皆怒，潛引大食，欲共攻四鎮。仙芝聞之，將蕃漢三萬衆擊大食，深入七百餘里至恒羅斯城，與大食遇，相持五日，葛羅祿部衆叛，與大食夾攻唐軍，仙芝大敗，士卒死亡略盡，所餘纔數千人。右威衛將軍李嗣業，勸仙芝宵遁，道路阻隘，拔汗那部衆在前，人畜塞路。嗣業前驅，奮大梃擊之，人馬俱斃，仙芝乃得過，將士相失。別將汧陽段秀實，聞嗣業之聲，詬曰避敵先奔，無勇也。全己棄衆，不仁也。幸而得達，獨無愧乎？嗣業執其手謝之，留拒追兵，收散卒，得俱免。還至安西，言於仙芝，以秀實兼都知兵馬使，爲己判官。

又《唐肅宗至德二載》〔正月〕上聞安西、北庭及拔汗那、大食諸國兵至涼、鄯。

又〔九月〕丁亥，元帥廣平王俶將朔方等軍及回紇、西域之衆十五萬，號二十萬，發鳳翔。

又《唐肅宗乾元元年》〔九月〕癸巳，廣州奏，大食、波斯圍州城，刺史韋利見踰城走。二國兵掠倉庫，焚廬舍，浮海而去。

又《唐代宗大曆十四年》初，代宗之世，事多留滯。四夷使者及四方奏計，或連歲不遣，乃於右銀臺門置客省以處之。及上書言事，失職未敘，亦置其中。動經十歲，常有數百人，并部曲畜產，動以千計。度支廩給，其費甚廣。上悉命疏理，拘者出之，事竟者遣之，當敘者任之，歲省穀萬九千二百斛。【略】

〔大曆十四年七月〕庚辰，詔回紇諸胡在京師者，各服其服，無得效華人。先是回紇留京師者常千人。商胡僞服而雜居者，又倍之。縣官日給饔餼，殖貲產，開第舍，市肆美利皆歸之，日縱貪橫，吏不敢問。或衣華服，誘取妻妾。故禁之。

又《唐德宗貞元三年》〔七月甲子〕初，河隴既沒於吐蕃，自天寶以來，安西、北庭奏事及西域使人在長安者，歸路既絕，人馬皆仰給於鴻臚禮賓，委府縣供之，於度支受直，度支不時付直。長安市肆，不勝其弊。李泌知胡客留長安久者，或四十餘年，皆有妻子，買田宅，舉質取利，安居不欲歸。命檢括胡客有田宅者，停其給，凡得四千人。將停其給，胡客皆詣政府訴之。泌曰，此皆從來宰相之過。豈有外國朝貢使者，留京師數十年，不聽歸乎？今當假道於回紇，或自海道，各遣歸國。有不願歸，當於鴻臚自陳，授以職位，給俸祿，爲唐臣。人生當乘時展用，豈可終身客死邪？於是胡客無一人願歸者。泌皆分隸神策兩軍。王子使者爲散兵馬使或押牙，餘皆爲卒。禁旅益壯。鴻臚所給胡客才十餘人，歲省度支錢五十萬緡。市人皆喜。

又《唐德宗貞元三年》上喜曰，如此天下無復事矣。泌曰，未也。臣能不用中國之兵，使吐蕃自困。上曰，計將安出？對曰，臣未敢言之。俟麥禾有效，然後可議也。上固問，不對。泌意欲結回紇、大食、雲南，與共圖吐蕃，令吐蕃所備者多。知上素恨回紇，聞之不悅，并屯田之議不行，故不肯言。

又　李泌言於上曰，陛下誠用臣策，數年之後，馬賤於今十倍矣。上曰，何故？對曰，願陛下推至公之心，屈己徇人，爲社稷大計，臣乃敢言。上曰，卿何自疑若是。對曰，臣願陛下北和回紇，南通雲南，西結大食、天竺，如此則吐蕃自困，馬易致矣。上曰，三國當如卿言。至於回紇則不可。泌曰，臣固知陛下如此，所以不敢早言。爲今之計，當以回紇爲先，三國差緩耳。上曰，惟回紇卿勿言。

又，既而回紇可汗，遣使上表稱兒及臣。凡泌所與約五事，一皆聽命。上大喜，謂泌曰，回紇何畏服卿如此？對曰，此乃陛下威靈，臣何力焉。上曰，回紇既和矣，所以招雲南、大食、天竺奈何？對曰，回紇

和，則吐蕃已不敢輕犯塞矣。次招雲南，則斷吐蕃之右臂也。雲南自漢以來，臣屬中國。楊國忠無故擾之使叛，臣於吐蕃。苦於吐蕃賦役重，未嘗一日不思復爲唐臣也。大食在西域爲最強，自葱嶺盡西海地幾半天下。與天竺皆慕中國，代與吐蕃爲仇，臣故知其可招也。

《太平廣記》卷三四《神仙・崔煒》 乃抵波斯邸，潛鬻是珠。有老胡人一見，遂匍匐禮手曰，郎君的入南越王趙佗墓中來。不然者，不合得斯寶，蓋趙佗以珠爲殉故也。崔子乃具實告，方知皇帝是趙佗，佗亦曾稱南越武帝故耳。遂具十萬緡易之。崔子詰胡人曰，何以辨之。曰我大食國寶陽燧珠也。昔漢初，趙佗使異人梯山航海，盜歸番禺，今僅千載矣。我國有能玄象者，言來歲國寶當歸。故我王召我，具大舶重資，抵番禺而搜索，今日果有所獲矣。遂出玉液而洗之，光鑒一室。胡人遽泛舶歸大食去。煒得金。遂具家產。

又卷二八六《幻術・陳武振》 唐振州民陳武振者，家累萬金，爲海中大豪，犀象玳瑁倉庫數百。先是西域賈漂舶溺至者，因而有焉。海中人善呪術，俗謂得牟法。凡賈舶經海路，與海中五郡絕遠，不幸風漂失路，入振州境內，振民即登山披髮以呪咀，起風揚波，舶不能去，必漂於所呪之地而止。武振由是而富。招討使韋公幹，以兄事武振。武振沒入，公幹之室亦竭矣。出投荒雜録

又卷四〇二《寶三・水珠》 大安國寺，睿宗爲相王時舊邸也。即尊位，乃建道場焉。玉嘗施一寶珠，令鎮常住庫。云值億萬。寺僧納之櫃中，殊不爲貴也。開元十年，寺僧造功德，開櫃閱寶物。將貨之，見函封曰，此珠值億萬。僧共開之，狀如片石，赤色，夜則微光，光高數寸。寺僧議曰，此凡物耳，何得值億萬也。試賣之，於是市中令一僧監賣，且試其酬直。居數日。貴人或有問者，及觀之，則曰此凡石耳，瓦礫不殊，何妄索直。皆嗤笑而去，僧亦恥之。十日後，或有問者，知其夜光，或酬價數千。價益重矣。月餘，有西域胡人，閱市求寶，見珠大喜，偕頂戴於首，胡人貴者也。使譯問曰，珠價值幾何。僧曰一億萬。胡人撫弄遲迴而去。明日又至。譯謂僧曰，珠價誠值億萬。然胡客久，今有四千萬求市可乎。僧喜，與之謁寺主。寺主許諾。明日納錢四千萬貫，市之而去。仍謂僧曰，有虧珠價誠多，不貽責也。僧問胡從何而來，而此珠復何能也。胡人曰，吾大食國人也。王貞觀初通好，來貢此珠。後吾國常念之，募有得之者當授相位。求之七八十歲，今幸得之。此水珠也，每軍行休時，掘地二尺，埋珠於其中，水泉立出，可給數千人。故軍行常不乏水。自亡珠後，行軍每苦渴乏。僧不信。胡人命掘土藏珠，有頃泉湧，其色清泠，流汎而出。僧取飲之，方悟靈異。胡人乃持珠去，不知所之。出紀聞

王溥《唐會要》卷一〇〇《雜録》 證聖元年九月五日勑，蕃國使入朝，其糧料各分等第給，南天竺、北天竺、波斯、大食等國使，宜給六個月糧，尸利佛誓、眞臘、訶陵等國使，給五個月糧，林邑國使，給三個月糧。

又 天祐元年六月，授福建道佛齊國入朝進奉使、都番長蒲訶粟，寧遠將軍。

又 大食本在波斯之西。大業中，有波斯胡糾合亡命，渡恆曷水，劫奪商旅，其衆漸盛，遂割據波斯西境，自立爲王。其王姓大食氏，名瞰密莫末尼。自云有國已三十四年，歷三主矣。其國男兒黑而多鬚，鼻大而長，女子白皙，行必障面。文字旁行。日五拜天神，不飲酒舉樂。有禮堂，容數百人。率七日王高坐爲下說法曰，死敵者生天上，殺敵致福。故俗勇於戰鬬。土多沙石，不堪耕種，唯食駝馬，不食家肉。西隣大海，常遣人乘船將衣糧入海，經八年而未極西岸。海中有一方石，上有樹，幹赤葉青，上總生小兒，長六寸，見人皆笑，動其手腳，既著樹枝，若使摘取一枝，小兒便死。

永徽二年八月，大食遣朝貢。至龍朔中，擊破波斯，又破拂菻，始有麪米之屬。又南侵婆羅門，呑諸國，併勝兵四十餘萬。開元初，遣使來朝，進良馬，寶鈿帶。其使謁見，平立不拜，云本國惟拜天神，雖見王亦不拜。所司屢詰責之，其使遂依漢法致拜。其時康國、石國皆臣屬。十三年，遣使蘇梨滿等十三人獻方物，授果毅，賜緋袍、銀帶，遣還。其境東西萬里，東與突騎施相接焉。又案賈耽四夷述云，隋開皇中，大食族中有孤列種，代爲酋長。孤列種中，又有兩姓，一號盆尼夷深，一號盤泥末換。其奚深後，有摩訶末者，勇健多智，衆立之爲王。東西征伐，開地三千里，兼剋夏臘，一名釤城。摩訶末後十四代，至末換。末換殺其兄伊疾而自立，復殘忍，其下怨之。有呼羅珊末麄人並波悉林舉義兵，應者悉令

著皁衣，旬日間，衆盛數萬，鼓行而西，生擒末換殺之，遂求得夷深種阿蒲羅拔立之。自後末換以前種人謂之白衣大食，自阿蒲羅拔以後改爲黑衣大食。阿蒲羅拔卒，立其弟阿蒲恭拂。至德初，遣使朝貢，代宗之爲元帥，亦用其國兵以收兩都。寶應初，其使又至。恭拂卒，子迷地立。迷地卒，子牟栖立。牟栖卒，弟訶論立。貞元二年，與吐蕃爲勁敵，蕃兵大半西禦大食，故鮮爲邊患，其力不足也。至十四年丁卯九月，以黑衣大食使含嵯、焉雞、沙北三人並爲中郎將，放還蕃。

又《五代會要》卷三〇《占城國》 占城國，在中國西南，其地東西七百里，南北三千里，東暨海，西暨雲南，南暨眞臘國，北暨驩州界。東北至兩浙，海行一月程。其衣服制度，大略與大食國同。所乘皆象馬，粒食稻米，肉食水兕、山羊之類。獸之奇者有犀牛，鳥之珍者有孔雀。前世多不與中國通。

周顯德五年九月，其國王因德漫遣其臣甫阿散等來貢方物，中有灑衣薔薇水一十五瓶，言出自西域，凡水之霑衣，香而不黦。又貢猛火油八十四琉璃瓶。引對於內殿，賜以冠帶衣服等。其表文以貝多葉，檢以香木函。其年十一月，入朝使甫阿散、金婆叵羅辭各賜繒帛有差。仍命賚金銀器一千兩，繒綵一千疋，細甲、名馬、銀鞍勒等，就賜其國王。

人物部

李珣

傳記

何光遠《鑑誡録》卷四《李亂常》 李珣字德潤，本蜀中土生波斯也。少小苦心，屢稱賓貢，所吟詩句，往往動人。尹校書鶚者，錦城烟月之士也，與李生常爲善友，遽因戲遇嘲之，李生文章掃地而盡。詩曰：異域從來不亂常，李波斯強學文章，假饒折得東堂桂，胡臭薰來也不香。

李玹

傳記

黄休復《茅亭客話》卷二《李四郎》 李四郎名玹字廷儀，其先波斯國人，隨僖宗入蜀，授率府率。兄珣有詩名，預賓貢焉。玹舉止溫雅，頗有節行，以鬻香葯爲業，善奕碁，好攝養，以金丹延駐爲務，暮年以丹鼎之費，家無餘財，惟道書葯囊而已。

胡太師

傳記

趙燦《經學系傳譜》 外猶聞先生幼時，附渭濱之南岸，高太師館中習讀，往返由於津渡，一日，乘殘月獨往，遘一綠衣纏頭叟，先生趨前説色倆目，叟答之，指示數語，旋失其跡，後人擬爲赫資勒聖人，常巡游行于水畔是也，未得其悉，不敢紀入。

先生幼習經學，於講究間，雖明義理，然只可符以漢音之鄙俗者，而其句讀，固不雅馴，每欲謀習儒學，貫通一家，必以練字成句，貫句成章，可啓後世之蒙，能泄先天之秘，而終不果。年及五旬，宏學之念，久蓄於衷，而猶未以告人也。後置貨殖，欲售都門，及逾新豐，適值天房（吾教之國都名，在默克國）來一進貢纏頭叟，亦北上，窺其紇髯拂練，腰頰涵瑩，且儀表昂藏，知其爲偉人也，肅趨面前，以西域音候。叟見甚喜、躍而下騎，如宿晤。先生以經義中蒙而疑者扣之，叟應答不倦，且能使人言下悟，語久，方聯騎抵渭南旅舍，剪燭共語，見其裝有錦囊一，中亟有經，希而視之，叟頷以示，乃《母噶麻忒》，玆土未睹之經也，先生玩不釋手，願以金購，叟哂之曰：「汝師我乎？當傳此贈之。」先生曰：「公之行程，由晉省即赴都耶，抑亦猶有他政乎？」叟曰：「汝國風景殊麗，吾欲遍覽名山大川，少延時日，若即入獻大廷，惟恐促於西返耳。」曰：「末人從貨殖北上，必以早抵都門爲望，否則容俟燕邸候教，可乎？」叟諾之，收經入囊，明旦分手，先生忽忽于途，每爲斯經而遙憶之，及寓都門，以殖爲半年約，盡貨都人，遂延國學名士某，載書二笥，至以授教，先生凡過目者，衆矢弗爰，其士異之，勿以師禮自拘，敬稱老爸爸，不周月，而兩笥，晝夜歷覽無餘，復自購買史鑑詩文諸書，久而漸工吟詠，及見性理，遂哂之曰：「宋時諸先生之言，雖亦似傾國

之一佳人矣，然怪其敷粉塗朱，但徒負土泥氣息耳（猶言泥美人無活氣也）。胡必問其何乏巧笑嬌顰之態哉。」先生授學百日，士人求去，曰：「宿儒之所不及，已盡竿頭，無庸再進步矣。」先生厚酬而別。一日游燕市，見道中之一老媪，攜筐於中，貯經一冊，願售之，先生展玩，即纏頭老叟之一經也，喜若遇仙，概然購以十金，攜歸挑燈讀之，因其經義均乃西域詩文中，如千狐所萃之裘者也，故義理難悉，惟通大概，常遣价于畿南，偵纏長頭叟，一日价復曰：「叟至矣。」先生率從連鑣迓之於彰義門外，叟見先生笑而歌，以《母噶麻忒》經之第二章，篇末之韻句云：「君家何事變行藏，重晤豐儀覺漸倉，億別經年鬢髮白，今朝卻現老人妝。」先生亦笑以經義之次韻和之：「遭逢坷坎怪行藏，虛擲韶華鬢髮蒼，爲惜朱顏容易改，無能留駐舊時妝。」（實誦經中之《敗益忒》，即天房之詩詠也）。叟駭然下騎，執手玩視之曰：「子何能若是哉。」先生曰：「非吾能也，主之所賜也。」於是隨騎至邸，偕叟盤桓，不忍暫離，朝趨暮出，約及二旬，叟以貢例告竣，果即奉旨遣還，先生追隨行幕，叟盡傳茲土所無之經，故益增於學，及過渭城，不抵家，而趨送之，於是越臯蘭，過允吾（音煙霞，即今莊浪衛也），渡黑河，達甘肅，西出嘉峪關（即漢之玉門也），複鑣豪談竟日，別于玄圃之麓，忽二白兔馳於叟前，如連不輟，叟下騎捧手西向，做睹阿（祈討之詞也）畢，以手摸其周身，兔伏而不動，叟上騎揮手西逝，兔猶翹望，似怏怏然狀，逗留上山而沒。先生東返，設館於家，授徒約百數，而大成者乃馮、海二先師。經學之始，闡訓萬代，自先生啓之。其《母噶麻特》（即燕市所訪購者），因後裔貧寒，今尚遺售長安民家，人懇請出一觀雖允，而珍惜之，予百金弗售也。

先生初作巨賈，薄暮抵襄鄧旅舍，解騎飼畢，臨息時秉燭入臥所，見室中置一罌，及舉罌起，而地有阱隙焉，其洞光而留，乃駭而瞪視之，知爲寠人藏奸之藪也。初則驚懼，謀遁無術，猛省之曰：「存亡在主，惶怯何益。」乃小沐而朝禮焉，及畢，長跽默贊，靜聽於命。俄而夜約三漏，聞隙中掀罌，漸漸聲出，先生朗言曰：「贈來先刳吾目，再剖心，可畢吾命。」言之者三，寠人言曰：「公何謂？」曰：「吾家資及萬，足樂此生，耐何眼饞心窘，多婪而罹汝乎？宜以正吾愆也。」寠人曰：「幾誤高賢，天罪僕矣。請公安寢，詰旦祈公恕。」於是隙中寂如。及曙，寠人去衣帽，叩于前，先生扶慰之，詢知先生爲清眞教人，舉教禮以諸事問，先生答之悉，遂舉家歸教，先生增金，而令其別謀生焉。

先生送叟自玉關返籍，道經甘州，久值亢旱，郊民祈雨，或譽先生于甘撫某公前，撫台委員持貼諄請，先生允而晤之，撫台啓儀門以待，見而知非凡品，遂待以客禮，曰：「素聞先生德範，請益無由，茲值歛治乏而已久，特懇先俯憫庶民生，乞一犁甘雨，以蘇民團。」先生曰：「僕乃山野負罪編氓，歉之涼德，恐有負上臺之托耳。」撫台曰：「既承慨諾，不知幾時可獲甘霖耳。」曰：「豈不知天意所欲，非人之所能主者也。」撫台起敬曰：「高論誠是，不識以何物爲禱耳。」先生曰：「聖人之道，不忮不求，況上天乎？」撫台曰：「終則先生以何術禱之。」曰：「清眞比諸教不同，惟舒誠以感之耳。」撫台足恭拱手而謝。先生告退，出而沐身滌慮，衣潔服，攜名香，入寺靜坐，誠敬默贊，而無懈焉。越二日，午後雲忽障起，少傾雷雨交作，又暮方止，四郊沾足。撫台敬申豐儀爲謝，先生固辭，遂差員護送歸里，旌獎其閭。

贊曰：

賢哉先生，志奮道興；學曠千古，才萃萬靈。
按其涵蘊，浩若滄溟；邈想音容，如聞德馨。

馮二先生

傳記

趙燦《經學系傳譜》 馮二先生，諱□，字□，系咸寧杏園頭人氏。學成設帳於家。**【略】**

俗稱老二爸爸，囑後之留心者，道過西安城東三十里大路杏園頭查問，諒有家譜，非難事也。杏園頭，即唐時杏園東，去曲江西也。

海文軒

傳記

趙燦《經學系傳譜》　文軒海先生，諱□，字文訊。

傳月大師，渭濱人氏。中學。俱清廉，餘功非人可及。觀海黄師，有禮穆師，固原木廠溝人氏。設學成都，功敎全蜀，異籍頗多，無傳後學，後入峨眉山不返。姬太師，俗稱也，中泉頭人氏。中學。郭師，臨清人氏。中學。先生乏嗣，妻以長女。馬師，杭州人氏。中學。先生妻以次女。

先生聞河湟之撒喇（地名，系土司，韓姓，吾教人），有《米夫塔哈·歐魯姆》之經，連年忻慕，乃率徒詣其地，圖錄此經。其方耆衆，遙迎安寓，甚敬仰之，連日饋送貂裘錦幛，騾馬鞍輿，約值數百金，及扣來意，曰：「聞貴方有某經，故專來抄錄耳。」其藏經之耆，初則慨然出經，及聞門人欲割經分寫，恐散其册，遂匿而不予，長跽先生前曰：「愚末偏處西鄙，凡仰慕此經，降臨敝地者，皆乃大人，愚等由斯獲瞻其光耳。若中幅抄去，則大人不復至矣。非某吝嗇，乞詳斯情可乎？」先生怫然而入，乃命徒月大師執鑰親查饋物，約會於某所，遂托鄉間赴席，自返約所，越三日，月大師以饋返璧于諸耆，分毫不受，衆咸怨怒藏經苦，悔歎久之。其夕有纏頭叟一，進扣先生旅，既晤，敍談未幾，遂出一經，即《米夫塔哈·歐魯姆》，先生狂喜，如獲奇珍，求請求值，曰：「吾不售也。」曰：「乞贈如何？」曰「固所願耳。」先生以其中之難者，請政之，叟弗嗇浹談，而悉示之，漏約三鼓，斯際諸生咸寢矣。次早其徒持送小沐水，則已失纏頭叟矣。先生于領辰時拜後，雖念作證之言，而不紮指，至今人咸遵之，不敢復改，惜乎其時門人未問教律有一定之由，而除今日妄者之爭端也。

先生門人紀事，有觀海黄師，初從伯庵馮先生學，後歸先生，成全其學，及返滇南，念慕先生不置，每憑高北望而泣之。其徒爲建一樓，額之曰「望海樓」，復自擬其號曰「觀海」，至今其樓遺跡尚在。

馮伯庵

傳記

趙燦《經學系傳譜》　伯庵馮先生，諱□，字伯庵，俗稱爲老三爸爸，系老二爸爸之侄，設帳同心城並雲南，學問淵深。

傳行五馬師，京都人氏。中。雲南黄師，回籍，路遠無考，則知非觀海黄師也。湖廣張四先生。少山張先生。明龍馬先生。子小二師，後傳學于永安、戎吾二師。

先生系馮二先生之從侄，大爸爸之子也。幼習經學，而苦心力索之，故學問深遠。及就業後，滇之蒙化郡，吾教鄉耆，茸備安車，聘先生設帳，允之，率徒以往，值郡庠生馬某，郊迎揖于車前，曰：「生某乞啓一事，昨宵某夢如人警之曰：『汝起授經之師至矣！』某警而寤，蓋初無意習經，故不諜其說也。繼而復夢者三，某始答之曰：『何經也？』曰：『經藏斯櫃，速圖習之。』某起秉燭啓櫃，果函一經，亦不知祖父何人之所遺也。」於是招從人以經進，先生初閱，已驚異之，及稽經名，曰《米而撒特》，乃目所未睹者，彼時茲土所無者也。乃曰：「此經茲土未傳，容閱過，當示汝可乎？」設帳未旬日，盡搜得其經之文之理，遂授馬生，而旨義無闕。後館同心城，門人以《古勒塞托呢》（經名）求指授，亦乃未傳之經也。先生如前閱以旬日，雖亦授之，而有蒙蔽者數處，無所釋也。及蘊華先生出，其理方貫徹焉。人始知此經難於《米而撒特》者也，後馬先生以斯經遺傳於子某，及成立，由甲科內擢翰苑，爲大廷顯宦，每入朝，肩輿中猶以《米而撒特》展玩云。

馮少川

傳記

趙燦《經學系傳譜》 少川馮先生，諱□，字少川，館汴城等處，系馮二先生之長子，乏嗣，以侄養吾先生爲後。

傳少山張先生、子養吾先生，把師，河州人氏。中學。後傳定寰李先生。

先生設帳于汴，約三年，鄉耆有許小槐者，富而豪俠。與汴之七十二藩府交遊，故名振中州。每問事于先生，固多緘默，意謂先生之無學也。議約衆別請少山張先生，意有狀元之學，蓋俗稱譽之故也。及遣人往接，先生聞之，乃曰：「俟彼來。吾即解館矣。」及張將至，小槐遍假各藩之錦絲步障數十，結采三十里許，設宴以迓張，而先生亦出，至八寶麗雲彩絨亘幢之下，乃令設榻帳後，熟臥，及張先生至，衆控騎掖張下，衆未謁見，即詢先生，衆答以少停晤，張曰：「必當先見。」及引抵臥處，先生起，欹榻而坐，顧哂之曰：「汝來乎。」張先生跽榻前，懇握手贊聖畢（乃取其喜也。蓋吾教師禮重于父母之禮），先生曰：「睡此木榻，未啓枕褥，醒來似覺老骨俱疼，汝可代勞爲吾捶打。」張應諾。猶跪不起，捶其兩股，以及腰背，復按摩逾時，方命其坐。蓋先生之視張不啻往昔，不以其近日之貴，而爲改容待之也。然張亦以師徒誼重，而不自視之於貴也。衆窺於簾外，無不齧指驚異，及出詢之，方知即其師也。張謂衆曰：「本不欲來，恐敝先生居此意或不愉，故借相邀特來一探耳。」衆請入城，小槐令攏馬執事馳于前，張爲先生墜鐙，方乘騎後隨之，衆設盛筵款張旬日，凡先生在坐，張必隔席告揖，乃辭歸，衆耆復留先生終館事二年。

馮少泉

傳記

趙燦《經學系傳譜》 少泉馮先生，諱□，字少泉，俗稱小三爸爸，系二先生之季子，設學於家。

傳明龍馬先生，初從伯庵先生于同心城，習讀三載餘，欲返武昌，路過京兆之杏園頭，辭謁先生，及扣子課，猶屬膚淺，故屬其再習，遂師之，復逾三載餘，而始返籍。子養吾先生。丁師，行四，固原了馬堡人。世英馬師，或云：諱有德，俗稱二圪塔師。

世英馬師，因祖籍乃涇原之圪塔關人氏，故俗稱其二圪塔師也。昆仲三人，俱習經學，及講理學道德之經，遂輕塵世，而學業中止焉。或勸其終學，答曰：「多習少遵，徒增永世（即後世）之考問耳。負飽學之名，果何益哉。」故讀一經，即遵一經之命之相宜者，然其性寬慈而柔緩，樂施而不計家貧者也。設帳于高平（今平涼府），時值雪天，途遘貧者，足乏鞋襪，痛憫其苦，遂卸鞋襪以予之，乃跣足歸，途逢市衆嘩聲，見毆一竊賊，師訊之，知已搜還原物，乃勸衆釋放，引歸，問其原欠幾何則足用矣。曰：「千文足矣。」師乃如數予之。凡有正務他出，任其所乘之騎往焉，乘者或返顧，則遂由其歸舍矣，而所往之正務，由斯亦中止耳。蓋其生平不事鞭扑故也。後設帳沙河，固［由］館中返舍，乘馬過涉灞水，值溪水暴漲，岸人見師涉水，俱疾呼無渡，師回：「仗賴於主，汝等弗知斯機宜也。」言畢，策馬驅入波，未及半，水疾湧至，馬遂驚躍，師墮于水，岸人爭呼，覓雇諳水者撈之，異于原波處，得師僵立，面西不仆，已長逝矣。人咸不測其義，逮惟主之能知耳！其兄世奇大師，弟世雄三師（誠愨樸實，行教尚直。面斥人非，而不曲從。羨矣哉，眞學者也），俱負德而多美行焉。

馮養吾

傳記

趙燦《經學系傳譜》　養吾馮先生，諱□□，字養吾，系二先生之孫，少泉先生之子，從父叔受學張家灣、金陵等處，三旬有六而終，有子敬山師，負疾猶巨人授之。

傳戎吾馬師，永安馬師，祥吾高師，普陀原人氏，眞吾馬先生，行五。馬師，臨潼泉市頭人氏。直聲不屈，蓋庵尹師順天人氏，把師，河州人氏，中學。

北直張家灣鄉耆李某，家資豐潤，願于本方寺中，捐金開設義學，衆慕少川先生博學重名，不憚辛煩，躬詣秦中聘請，少川先生曰：「吾年力邁矣。難任驅馳，莫若令小兒少試館務，諒亦不負君家之所望也。」於是令先生出，儀表彬然，年甫及冠矣（方十八齡矣）。初七齡，習經過目成誦，輒記永不復爰，穎悟絶人，學逾先達。于時也，遵父命慨允其請，耆見亦忻羨之，臨歧赴燕，亦乏兒女之態。耆於途間，恆執鞭鐙以伺之，及近郊畿，迎者約數千騎，均欲瞻仰少川先生光儀也。及睹先生猶孺子耳，俱心嗤之。燕都之俗，必客謁主後，而管拜焉。都中清眞寺（東四牌樓）首領馬五師，學問充足，久負重名，源出伯庵先生之門人，與先生世弟兄也。聞其年幼，勉爲人師，而心亦非之，遂作經字文一通，以之備候，蓋其推敲已有日矣。遂遣徒齎送，務以立索回音。先生啓閱，目來人曰：「姑俟之。」即裁楮揮筆立就，付之。來徒覗之，驚愕吐舌，及回，日尚未曛，五師自視，文中言其錯用必字，由是心始愧服焉。詰旦率徒數十，不俟先生往謁，而先拜之。虛心猶多請益，自此遠近咸服，欽仰如神明，晚學如歸市焉。先生門下，有鬚髮浩然者，犯之必循學規，而人受之者無不悅服焉。李耆家畜驢騾，市面爲餘業，時值齊魯境內牲畜甚利，先生笑顧耆曰：「公府多驢騾，至彼必獲厚値。」耆曰：「昨計欲再購數百頭，命价驅去，知有利益，第恐利欲薰染吾心，於拜主之誠，湧主之實中，或有虧歉，故決於中止耳。」諸生中有戲之者曰：「吾生平未識元寶爲何物，君家藏有，欲一見之。」耆曰：「否。師但務學，異日大成，吾贐以一寶作歸府之纏頭需，可乎。」後果如約焉。先生解館歸案，耆獨力雇乘騎饋贐，並贈諸生返籍之費。斯時也，約逾千金，而諸生之大成者亦衆。悲夫，安得千古以下之鄉耆，盡如斯老之眞誠爲主興騰學校者哉。

初少泉先生之妻，感夢月入懷，而生先生。甫八齡，其父值遠歸，而欲晝寢，適有煩先生通請其父者，先生依言趨達，母曰：「汝可向彼覆之云：『家父不在舍也』。」先生不出，乃恃門而泣，父異而詢之，先生曰：「吾苟出答以實言，必違母命，乃不孝也，若虛言，曾聞聖訓曰：『誑言者非吾之教生也』，故兩難之。」父喜起持而笑曰：「寒門不但又出學者，所喜復出清廉之學者矣。」

高陵（縣名）有「米少」（音抄）生者，惟事儒業，不諳教理，値新獲鄉薦，與雲喬師初結姻婭親，偶與先生聯席，談及教律，殊多傲而不答。先生曰：「君于此中不了然者何事也，試一述之。」生曰：「吾教之所以爲主，不識以何義而爲之主也。」曰：「若以教道相談，恐君未即會重，試寫其字，吾剖斯膚淺者，試明之。」生遂寫桌以「主」字，而言之曰：「何謂王字出頭而爲之主耶。」先生素未習讀書字，遂朗應之曰：「古之王（王字樣也）字，上劃離中畫較遠，離下劃較近，蓋上劃象天，下劃象地，中劃象人，三才之道也。故天蓋於人之上，而惟遠焉。地載於人之下，而固近耳。中之一直，乃法天地，立乾坤，貫三才，統萬物之道，而所以爲主也。出頭一點之意，乃永幽澄寂，惟精惟一，包羅無窮之範，迴圈無端之根，寂然不動，感而遂通，所以王者得其正，而能治世焉，即此之所以爲主也。」生初聞之，躬身側耳而聽，漸至駭異出座，端揖而謝教焉。人謂先生應答敏速，非他人之所能及者也。後「米少」赴都會試，獲中，及殿試于唱名時，皇上不識「米少」字，奉紙賜姓米，尋選外職（今人呼秦人曰「米少」子者，即斯義也）。

贊曰：

髫齡抱學，家敎心傳；才敏且捷，性慧固專。

答客以巧，禦衆以權；中道而逝，乃樂先天。

張少山

傳記

趙燦《經學系傳譜》 少山張先生，諱□，字少山，臨潼人氏。因廣學博雅，咸異其才，故俗稱狀元爸爸。因娶于鄭之貂谷，遂遷居焉，設帳金陵、長安等處。

傳祥吾高師，普陀原人氏，臨軒蘇師，渭城灣人氏。中學。抱德不貪，施濟盡家，君實馬先生，盛之袁先生，蘊華常先生，延齡李先生，繼吾把師，鄭州人氏。德行可嘉。君時張師，蘇州府人氏。譯《歸眞總義》等書。見予陸師，秦中驪山人氏。瞽目異學。

先生本秦之驪山人也，從少川先生受業于同心城（原名半個城，因闖賊屢攻，其民同心固守之，故名），後隨至鄭之貂谷（俗名曰吊溝），因贅海氏，樂其地之山水秀麗，且素負「道達則顯，道窮則隱」之志，遂寄籍殖產焉。先生凡值學有難，人事有難終者，惟奮志於誠減，而靜處焉，終則疑難壅滯者，由其徹上下以實理，而漸融釋之矣。獲學之後，反躬窮理，正心居敬，而達於道，亦由其誠故也。後應聘于金陵之敕建淨覺寺中，開設義學，名重一時，他教士夫爭欲識韓，本城有名宦一，慕而往晤，談及道德，先生吐論恂恂然，如春泉之泛波滔滔不竭，而音響清越，令人頓驅煩俗焉。故贊之者曰：「公乃狀元之才也！」由是著名，後因嫁女復回貂谷，南都衆耆，各備錦繡妝奩，排設於桌三里許，先生不錄一物，單騎返籍焉。初濟之蘊華、延齡二先生，聞先生館石城，不憚千里，負笈往從，及誤寓旱西門寺，斯時也，値眞吾先生新館設此，見之接談，甚喜其至焉。二先生亦隱其來意，及約日授經，遂以篇中之疑難者領識其義，詎料彼之學業初就，且乏鑽研功夫，尙多渣滓，竟未獲其益焉。後於某宅席間，得晤先生，談論俱洽，二先生隨其更衣，以經之前疑扣之，先生莞爾而言，俱符其節，遂訂往貂谷之約，未幾各返，二先生自備資斧往鄭，先生喜其踵約焉。二先生囊出元寶二，獻之曰：「自具薪水之費，敢乞錄入。」先生慨收。於是二先生計之曰：「同講一經，則彼此兩費歲月，不若各習一家，均宜勿憚辛勞，成則返濟，互相指投，兩得其益，豈非更善乎」。於是蘊華先生習《那哈吳》之經，延齡先生習《費格》之經，除接經之外，閉戶不出。然延齡先生之苦讀，寒暑不輟焉，蘊華先生恆多晝寢，夜靜挑燈始鑽研之。人以浮情諺之曰：「多瞟常師，多讀李師。」不二載，各成其學，辭歸。先生複以盤貯向之元寶璧二先生，時人擬先生爲映月冰壺，瑩潔無纖塵之凝染者也。

少山先生贊曰：

敬立其本，誠克其私；殫思實理，竭慮致知。

冰壺節皎，絳帳功施；殿元之譽，先覺名馳。

馬明龍

傳記

趙燦《經學系傳譜》 馬明龍先生，諱□，字明龍，江夏人氏。館於家。

傳許景樣師，朱仙鎭人氏。中學。戎吾馬師，永安馬師，俱西安人氏，子房龍大師，諱經皇甫先生常德人氏，漢儒馬師，臨洮人氏。先從蘊華先生，繼至楚，因明龍先生談及蘊華故師，即座起辭，雖留無久學。韓師，蔡師，俱滇南人氏，馬師，河州黑泉溝人氏。

先生幼從父習經兼書，應對明辨，敏達逾人，時伯庵先生設帳同心城，先生自楚赴，途有葺洞爲居者（因岩而鑿土洞而居者，俗名曰窯），窯居必不寓宿，每渡江河，且怯舟楫，故作諺曰：「乘舟乃死而未埋者，窯居乃埋而未死者也。」及同心城，授業越三年，即謀歸，途經杏園，於晉謁少泉先生，扣其學猶未明達，先生復留而求教焉。繼而終以共七年限，學始成，而賦歸歟。抵家足不履戶，費鑽研而學始大成，第《米爾撒德》及

理學煉性入道之經也，而昔授教欠工，心常歉然。適有纏頭名極料理者，雲遊至楚，僑宿於寺，而形狀非凡，舉動輒異，先生奇之，邀請於家，而敬禮焉。先生每讀《米爾撒德》，彼指之曰：「此中何說？」曰：「非爾所知也。」曰：「吾固不知，然爾所知，亦乃白紙行中徒認墨字耳。」或言先生居內房（有兩之內），閑閱經，彼居外房，適一蜂欲出戶而觸窗紙，彼哂之曰：「蓋從門徑而出，徒觸于紙何也。」先生警異，扃戶求益，彼亦漸露其機，固乃深通理學入道之秘者，先生遂乃師之。蓋經學之字義變化萬端，一字數呼，或知其字，而不識爲玆土之何物，故舉諸物以詢之，即漸注譯，盤桓及月，深獲入道之就裏矣。然而極料理囊有一經，名《富而斯》者，猶惜不與之，未幾往遊粵西焉。蓋伯庵先生僅識《米而撒德》字之浮義，先生今得就？而蘊華先生既獲《米而撒德》，於鑽研後，即得義之就？又達字之正義矣。蓋《富而斯》中多蘊《米而撒德》之注釋，及傳蘊善先家師，又得《克世富艾哈查蒲》（譯曰：開幔之經），乃開幢幔（即障隘義），潰壅塞，啓蒙蔽，解羈絆之經，方臻理極義盡之境。則今所傳，眞可爲檀開寶鼎，縷縷皆香，珠滾冰盤，顆顆門色，故深施覺世婆心，頓開千古群蒙矣。復搦如椽之筆，遂著書字之譯焉，名此經曰《推原正達》，無乃有本者如斯耳，後明龍先生聞蘊華先生無庸傳授，而能探測此經之奧妙，乃憒之曰：「此系何物，而能自解悟之哉。」蓋二先生，一得人之指示，一得經之解究，苟論各逞力量之所使，則有強弱之分耳（如路未闢則無徑，既獲行，成道矣，終則可行車焉）。而吾先生復得開幛之經，可爲際遇之獲有不齊，學問之分有多寡耳。凡洪福完人，方能全得其濟，逮亦主欲啓迪理世之學，特出一代偉人，闡發先天之秘，喚醒碎夢愚迷，而能尋永活之泉源也。

先生之居鄰達清眞寺，而接垠撫台轅下焉。朔望之辰，諸司道府必吉服趨謁，俟其啓門而于官解集坐之。一日諸貴偶偕步於寺，而先生之宅有扉可達焉，遂出迓禮于庭，諸司曰：「汝何人也？」曰：「清眞掌教。」曰：「何爲教？」曰：「即修遠之謂教也。」曰：「所修何道？」曰：「率性而修，即修齊治平之道。」曰：「且毋論修齊治平，所云率性，何以解之？」曰：「率性乃克去已私，復還天理，而成寧定之性是也。凡人率此，則道可達矣。」諸司點頭稱善。又曰：「汝等掌教，亦似物外閒人，其如釋道之流，則有笑傲于王公之前者。汝何若是之足恭也。」曰：「吾教與儒教同倫理，凡循禮法者，必以忠君孝親爲事業，而賤之事貴，自有成規，豈可以無父無君之狂妄釋道爲比哉。」諸司見其出言不俗，亦禮而不褻，曰：「聞汝教有經，可許觀乎？」曰：「請至掌教寒廬，何妨一玩。」於是導入小扉，進其院落，則庭除瀟灑，徑闢幽閒，池鱗沁目，砌卉可人，由花架曲廊而達其堂，則几爐起篆，圖畫生風，繼則茗碗花瓶，琴床書案，色色精雅。諸上臺敘爵而坐，命從人爲先生設座，毋許叩，命揖之，諸上臺舉手曰：「請起。」於是先生獻茶畢，取《咯遂》，開篋呈覽，而命講之，先生從容緩言以講，而其理性淵源，闡揚機妙，盡屬儒書中之所未發。各上臺側耳靜聽，無敢聲嗽之者，及報撫台升坐，而猶俱快快未忍去。後朔望輒來聽講，旬日之間，旌獎匾額，森列其廬，給掌教牒並冠帶焉。

賈者詢先生曰：「煙可食乎？」曰：「不可食也。」後一弁丁，亦如是詢之，答曰：「可食也。」各遵其言，約數年，二人客遇途中，賈見弁食煙，而勸以弗食，曰：「此物奉禁，不可食也。」弁曰：「吾扣之于馬四爸爸，彼云可食，方敢食也。」賈者曰：「吾亦曾扣於彼，言不可食。」二人爭詣述之，先生剖之曰：「各有其宜故耳。汝客于外，攜祖父遺資，日獲分文，何異針尖［口束］鐵，汝之飲食，俱屬義財，忌之則取，別益自多耳，若彼爲弁丁者，雖食朝廷糧餉，因爲義資，須盡忠捐軀報國，生平寸心無變，則所食之餉，方爲有義耳。況變亂之際搶虜百出，何莫非不義之食，而必以非煙爲事哉。」二人方始心服。未幾復詣一人，問曰：「煙可食呼？」曰：「有一始末，君試聞之。昔一國君，有女及笄，並宮中數嬪，忽俱臉生癩痹，宮中恐衆沾染，君設一舟，內備米糧需物，命女並嬪委于中，任風所之。其舟入海既久，至一島嶼，因乏燒薪，令嬪上崖樵采，適多煙草，遂采其幹葉作薪，其動爨之嬪，未幾臉癩起疤，漸愈之矣。王女異之，命俱食其葉，而患癩者皆愈焉。然君非害賴者，何食煙爲。」其人大慚，蓋先生之權詞如是。故楚地吾道之常持齋拜者，而猶嗜煙，亦因先生之無定論也。第食煙者知爲不應，罪也，猶可也，若以爲當，則又罪之，不可量者矣。然先生多廉潔，特堪誇之所難能者。時粵西鎭台馬公，諱蛟麟，因先生飽學多聞，常具饋貽，先生堅卻之，馬公時差

一弁，持白鏹百二十金以饋之，先生屢辭，差弁曰：「爸爸既不收爲己用，何如代費之於善事哉。」先生從之。以之收置義田一所，籍其租息月給諸生爲需用，今田猶在，近因馬氏窮落，猶有歸田之意云。

詩曰：

學博辭應善，才雄辯自深。
目空嗟智士，心裕卻遺金。
究理從暇得，求知涉遠尋。
萍蹤西域客，問道獲知音。

張行四

傳　記

趙燦《經學系傳譜》 行四張先生，諱□，字□，系湖廣保慶府人氏。同心城留設帳，遂家焉，俗稱湖廣張四爸爸。剛毅果敢，讜直不阿。地震牆壓而亡。

傳秀字馬師，夭亡。周［口呑］子師，同心城人氏。

先生廉介剛果，人難犯之。原籍楚之寶慶人也。因伯庵先生設帳于寧鎭之同心城，遂負笈往從，數年不返，其學將成，因母喪返楚，及事竣，復往，以終其學。後其弟搬請返籍，先生堅意不歸，蓋吳楚街衢，而多屠肆溷豬，心厭棄之，故不願返耳。其同心城鄉耆，因多抱義，因伯庵先生亡故，遂挽留先生續開義學，代其婚娶安居。先生處人辭色必正，人犯敎法，雖貴必循以律，老幼畏服。其地乃粵西鎭台馬公（諱蛟麟，後侄雄嗣蔭封，升提台）之故里也。每差弁員回籍，必采貴物遺貢于先生，而先生固卻，寸絲不受，繼有饋西洋布潔服，並蜜臘素珠二事，先生復不受，差弁探帽伏地曰：「公若不收，僕難回見敝恩上矣。」言畢，以首擊地有聲，先生顧其徒曰：「何謂相追之若是哉，可收裹貯梁上。」乃扶弁曰：「汝起，寄謝馬官兒。」弁曰：「敝思上乞公向主做一好睹阿（祈主之詞也）。」先生曰：「吾祈向主，令汝馬氏失此世爵馬（襲封十一代），則後輩不致于遺失敎門也。」乞後馬公捐世，其太夫人返籍，先生令徒于梁間取出前饋物，則塵封如故，亦不啓看，謂其徒曰：「今被乃寡婦孤兒之時景也，正堪作贍養計，可璧返之。」其廉介之如是。

崇禎間，五原糧貴，先生曾命其子，裹糧往糴，弗許往官橋，其子諾之，出而與同夥計之，夥曰：「聞官橋糧貴，而價估銀色且高，其程又近，豈可失此三宜，然乃翁非貿易人也，君宜自主裁。」子依其說，既而果趁意返。蓋先生因其地多劫盜，不願資以寇糧，其就裏也。因敎律有禁，由其糴糧之資，俱系劫物，故叮嚀之。其子歸，以盤盛糧價約三百餘金以呈，先生詰之曰，糴于何所，子不諱，先生怒斥之曰：「孽子不遵吾敎，當致爾死，豈以多金而炫我哉。」於是縛以繩索，擲金於戶外，其子肉袒庭下，央衆鄉耆羅跽於前，以懇開釋。先生久之曰：「可盡散此金於貧困，責此賤奴五十棍，而貸其一死足矣。」衆曰：「不若於中取出糧本，散其餘銀，則兩不入於傷矣。」先生嚷之曰：「此中何者爲淨，何者爲汙，煩代揀出。」衆默然。先生不復再視以國輜銖，悉散難者，而必責其子。（官橋堡之人，俱吾敎中人也，若如先生之意，則吾敎之能於散財者，于中亦應諫其人之賢、不肖而施予之。）（失利夫經中，有前聖割肉喂鷹之說，即其不通機宜，不知資盜之義耳，豈不知鷹乃傷鳥害衆之禽乎？此乃釋家經典中，有此悖理之言也。）

贊曰：

學涵正氣，腹隱剛腸；罰不避貴，饋則懸樑。
汙財輕擲，賢行久彰；儀容徒慕，名炙口香。

馬真吾

傳　記

趙燦《經學系傳譜》 眞吾馬先生，諱□，字眞吾，江寧人氏。授學於漢西門。

傳秀之馬師，漢西門學。金六從師，江甫人氏。本方學。養素李師，淮安人氏。有德。鈍益馬師，本京人氏。蘊華常先生。盛之袁先生。延齡李先生。淳益王師，順天人氏。潛輔丁師，維揚人氏。傳若、愚、沙三師，並其侄心、鑒然二師，皆聾，能背誦諸經。進益馬先生，本京人氏。

初南都，吾教之各坊衆教範，雖居家習經，飽食暖衣，早眠遲起，惟居學之名，甘於淺陋而已。先生喟然曰：「丈夫志在萬里，豈可畫地自限，而不謀圖於進取哉。」蓋本方遺教之經，其數數有則，況借他人糟粕，口頭三昧，胡可視爲終身正務哉。聞養吾先生設帳于張家灣，遂慨然北上，謁其門下，先生反長養吾先生八歲（養吾先生後赴江南，方二十八歲，先生已三十六矣）。而師則有時臥授之，先生因學，弗生愧也。凡尋學者，心專於學，則飲食不時，寒暑備嘗矣。而吳越之人，體質孱弱，異旅況飲食難於適口，較之他省調養更艱，則先生之辛苦可知，而其礪志亦可知矣。經歷六載，其學始成，至今人稱先生嗜學，向習《母咯厤忒》，經中多意外味語，乃品位進級之經也，計章五十（每章約三頁，每頁三十八行，並講義字句約七八萬言），先生熟讀，每章一日，即能背記，共五十日，終身不忘。若此博聞強記，亦可爲人所難能，其他可知矣。先生飽學歸里之日，都人遵崇不可言喻，至有豪貴鄉者，因其小淨，屈膝代爲脫襪者。蓋先生乃南都學者之首倡，由之誨引後學，至今代不乏人，實先生有以啓之。

馬君實

傳記

趙燦《經學系傳譜》 君實馬先生，諱忠信，字君實，金陵人氏。本坊授學。

傳何孔煥師，亳州掌教。盛之金師，泊頭鎮人氏。秀卿馬師，北門橋首領。若愚沙師，維揚人氏。公望沙師，蕪湖人氏。仲敏馬師，諱之驥，本京人氏。盡性窮理，精研理學，樂道輕塵，可爲達士。惟一劉師，安慶人氏。純良誠愨。岱輿王師，著有《正教眞詮》等，書字譯經，長於訓勸，奇跡頗多。淳益馬師，江寧人氏。茂之葉師，江寧人氏。安貧樂道。仁甫金師，江寧人氏。敬吾王師，保定人氏。清之白師，諱子俊，廣東人氏。爾眞金師，浦口人氏。文學孫師，本都人氏。丁行白師，維揚人氏。子瑞明大師。精研理學，憶誦成魔。

先生氣質剛方，賦性高曠，幼習詩書，聰慧逾人。因江左文場，較藝遊泮維艱，遂棄儒業。冠後方習經籍，學業淺就而已。教親因其端雅，咸越位尊尙，每席必預首座。後眞吾先生學成歸籍，人皆望塵遙仰，而尊重之。則向之敬先生者，今則改敬於飽學之眞吾先生矣。蓋吾教之道，重學而不重人也。預席間，眞吾先生泰然首座，先生恥之，毅然而自感曰：「舜亦人也，我亦人也，豈堪爲此小丈夫之氣概也哉。」於是拂袖出都，飄然西上，逾函關，越崤澠，達王輔，抵漢唐故都。聞曩所從之少山張先生，于長安敕建古唐明寺（即今倉街河西巷寺）設帳，遂往謁焉。甫見之，互喜甚。秦之鄉耆，有作客南都者，多識先生，爭供膳之。先生乞一靜所，爲晦跡潛心，礪學養志之地。其寺庭中，久扃一彩繪高閣，耆乃啓之，先生隨上，俯而視之，則庭草聯青，古柏交翠，殿宇巍然，石陛蒼古，私喜之曰：「眼底清幽，足可破吾誦讀之倦。」鄉耆請曰：「竊聞山不在高，有仙則名。此雖數椽之閣，得先生棲息于上，不可無名，乞賜一額，以爲異日礪學成功之勸。」先生亦喜，於是揮管拂箋，書「省心閣」三字，列其簷端，至今在焉。先生凡受經之後，終日無所交接，雖同門之生，亦罕晤其丰采焉。後少山先生回貂谷，復追隨學之，約五六載，學業大成，其回籍之日，闔城教中老幼，咸接江上，至有遠迓三百里者，逮亦先生奮志于學，有感人心故耳。眞吾先生會晤之際，多遜讓焉，幾預席互更首座。本坊爲先生設義學，從業者滿焉。授徒之際，多禮而嚴，教以拜主之儀，必敬畏而恭肅，因吾教之人，信異涉邪，以書字注《衛眞要略》一卷，通曉于人，江浙多受其益。余因嗜學，自蓉城由劍門雲棧至長安，四旬入學於河西巷寺，正當年先生礪學之地也。及登省心閣，憶想先生百載之下，音容如在，而塵淹古壁，隱然猶有字跡，及拂拭讀之，乃先生之手題也。曰：

子夜挑燈自省心，好舒眼底再沉吟。
披經三復藏機處，學海生波萬丈深。

余連詠數四，輒喜欲狂，不揆蕪陋，敬和其句云：

生平嗜學願談心，仰慕高風閣上吟。
渡盡迷津貽寶筏，猶明塵海浪何深。

常蘊華　李延齡

傳　記

趙燦《經學系傳譜》　蘊華常先生，諱志美，字蘊華，任城濟寧人氏。同李于本坊開學四十餘年，人材森列，誠如學藪云，傳子遵一大師，夭亡，惜乎！延齡李先生，諱永壽，字延齡，濟寧人氏。傳奎明肖師，諱開泰，東安人氏。騰九魯師，北直人氏。安宇石師，北直泊頭鎮人氏。廉介。敬庵王師，易州人氏。榮廉。馬昆三師，河州人氏。謙溪趙師，壽州人氏。文瑞劉師，諱士貞，江寧人氏。耀宇白師，河間人氏。沖霄陸師，臨撞人氏。行七洪師，臨清人氏。雲卿馬師，諱化蚊，昌平州人氏。俗稱七師。景善舍先生。通宇馮先生。蘊善舍先生。續軒馬先生。鳴皋馬師，武昌人氏。化宇張師，張秋人氏。漢儒馬師，臨洮人氏。子先伍師，諱遵賓，江寧人氏。清宇虎師，鄭州人氏。含秀白師，咸寧人氏。永華文師，濟寧人氏。翥林李師，張秋人氏。順一王師，諱世隆，河州人氏。事一馬師，諱之麟，濟寧人氏。廉介。勝一白師，臨請人氏。剛毅有聲。秀峰李師，汴城人氏。樣宇王師，北直里賢人氏。君配白師，諱廉如，濟寧人氏。觀如劉師，滄州人氏。甯宇安師，京都人氏。明一全師，諱省源，武昌人氏。創立濟甯柳行東大寺。純一王師，北直人氏。藩錫楊師，諱九思，濟寧人氏。彬然鎖師，杭州人氏。敬公末師，北直人氏。中學。著《教款微論》。魁元楊師，濟南人氏。敬吾王師，保定人氏。勸訓動衆。天風穆師，陳州人氏。廉介有守。會元楊師，濟南人氏。龍西馬師，河州諸西溝人氏。仲華文師，諱應試，濟寧人氏。忠卿馬師，諱伯良，濟寧人氏。著《教款捷要》。守貴金師，北直韓塞人。純一益師，諱三才，東安人氏。穆國良師，河州人氏。孕雲奇師，太原重人氏。何孔煥師，亳州人氏。王雲卿師，諱興文，寧陽臺人氏。王養軒。

蘊華常先生、延齡李先生俱任城人也。延齡先生較長，系表戚。蘊華先生垂髫時，無嘻笑，同年兒偶牽戲則啼而遠之。方七齡，二先生同入儒學讀書，過目成誦，日記千言，偶閱唐詩，遂法之，咸能吟詠。至十一齡，常先生與計曰：「書中所求大約如斯而已，莫若習經。」李先生諾，歸告父母，咸允之，入本坊學經。凡所授輒記不忘。又接《弗斯黎》至《塞而夫》諸經，乃笑曰：「漸得佳境矣。」常先生家居宿外房，父母患其夜讀，弗給燈燭，先生暗買盤香，復以麻骨蘸硫而待，臨暮燃香，俟入靜以麻骨取火，借亮讀經兩行，俟默誦熟練，復取亮以讀之。及聞狀元張先生設帳金陵，乃互相密計，遂賃舟偕往，及泊燕子磯，上崖登樓而遠眺之，李先生東望而有感曰：「海外之境而有人所難見之奇觀者，蓋人跡不能臻之島嶼是也。吾教之經亦如是之，蓋於中多有難言之妙理，即乃凡人不能探索之篇章是也。嗟乎！恨乏漢槎而能歷覽海外之諸甸島也，而經中則不知若何？」曰：「海甸有禁，固不能遂人心，然習經之事吾輩堅心祈主，礪志晦學，或有志者終則事竟成也。」曰：「吾必苦讀，君之學自無庸於多慮耳。」於是李先倡吟曰：

蒼山淡日照江樓，水淨蘋花綴素秋。
東望欲求浮海楫，風潮催送到瀛洲。

常先生贊之，李索和，常吟曰：

江天交映燕磯樓，水國凉生萬樹秋。
安得錦帆遊海宇，乘風破浪歷滄洲。

詩成相互贊笑，及詣岸西門之寺，始知爲眞吾師之新設教處，甫見之，承師接待甚喜，逐［遂］勉以接經。鄉耆見常先生多羞赧，乃背嘲之曰：「侉師何能而就學耶？」因其多晝寢故也。天未曙，鄉耆詣寺，隔窗伺之，李先生挑燈苦讀，見其猶寄黑甜鄉耳。且冬晨起，梳櫛畢，已及亭午，俱言廢功，亦愈輕之。先生扣學于師曰：「願先生微開其端，毋竟其說。」眞吾師亦不盡言，及授《米而撒德》，則曰：「乞講詩章，即《敗益

忈》等詩吟也，斯散文則無庸多示矣。」蓋西域詩詞之法，去字增義，文理稠密，習讀更難，若此可觀先生之一斑矣。後承少山先生青睞，相訂往從，及抵貂谷，師知非凡品，乃加意栽培之。李接《費格》諸經，先生惟鑽研于習《騷烏》並《滿僚》並《白亞巴》，既拔此數經之精粹，則已獲開諸經之鑰矣。前三經，乃通貫文藝之經，則能通于諸學，蓋吾道之學有七八種耳！不二年，遂同歸濟，各以未了之學，杜跡互指之。耐何扣門問難者接踵，於是二先生共計，隱於嶧山之岩洞間，而互相切磋熟悉始出。蓋常先生獲學如順水行帆，故後授學之純粹多益，百世之下而莫之與比。然李先生則益于訓勸大衆，儆省人心之功居多，是精于《費格》並《素赫特》之學故也。不期年，東寺（即今濟寧運河岸上之寺）請常先生，設義學，館寺之隔院，五時朝禮未常赴寺（今人不論有故無故，爭言者麻曷特之貴，鄙薄不隨班者，一何可笑，由其胸襟之學未廣也），因其以連班爲當然故耳。約二年，衆耆固請詣寺，先生反復示以連班，不應，其衆不從，故解館。其衆之半，願遵先生之訓者，修建大寺於西隅，由是二先生同堂授學，而猶勿赴寺，必伺獨班已久，五拜時方往焉。一素封鄉耆某姓者，饋二先生千金，作家緣計，咸卻之。耆遂以之建義學及講堂，俟學舍既成，迎二先生赴館授學焉。後因家費無出，一居學訓徒，一往吳越貿易，半年爲瓜熟期，蓋蘊華先生之學多悟而成，志其昔之假寐未必無補於今日之多力也。故指授之際，凡經中有疑絆，則歸臥競日，懸經幅於帳頂，鑽研義理，必至解釋而後已。近見爲人師者，或遇疑絆之節，則蒙溷而過之，悲夫！故負笈相投者甚衆，二先生多謙抑，無驕矜。有窗友張化宇、王敬庵、王養軒師等，聞其闡學名譽日隆，輒來執經問難，先生必以師兄禮接讓之，及披經究理，如坐春風和氣中，悠然談笑而折服之。衆皆悦服，願以師禮求益之。咸受業焉。先生終不自滿，不謂己之高逾於人也。及西寧定寰李先生致候函中，誠言推讓，始知已學超出古人而猶折衷自抑，終有待於逾已者焉。然先生因茲土缺略于經，尚有不可少之經者二，故手著之，乃內蘊法而西文風之《米納哈遲》，並《法而西》所注字義之《赫華亦》，此二經之蘊借包涵義理該備，固非人工筆墨之所能及者。斯經也，不但秉公諸學者稱譽一時，有西域雲遊過濟之輩，錄此二經帶回天房諸國，其地之才人文士，同辭贊絶，猶有欲來茲土一親色笑者。故定寰先生相拒［距］數千里，而同調相憐，每亦倦歷未晤爲歉。然時人以蘊華、定寰、君實、明龍四先生爲東土學者之四鎮云。但吳、楚、燕、秦諸館之所出人才，未及濟水之半，故大成者約百十餘，而有濟濟多士之諺。緣二先生之不憚勞頓，而勤訓授礪諸後進，一也。然亦諸生之奮跡自礪，二也。再則學舍製造得宜，三也。衆鄉耆之爲主供學，四也。由是四十餘年，方克多士之濟耳。後眞吾先生因聞名譽日盛，遂置培往都，逾濟而探測焉。先生猶執弟子禮見，及評論經義，知非昔日阿蒙，遂少爲折節，及見本坊鄉耆敬事先生，遂計之以誘欲小淨，良久假作失驚狀云：「所攜本資三百金，耐已遺失之矣。」衆耆久尋無出，乃暗斂三百金以償，師哂之曰：「吾未常［嘗］失金，特試之耳，汝等果系尊師道爲敎門之鄉耆也，此金收回。」衆曰：「敝方慢待行旌，否則就借之以申牘敬，吾等斷不復收回矣。」師曰：「汝輩果出誠衷，蓋舉爲諸生之公費可乎！」遂辭去。後繼二先生之設學，乃其門人仲華文師、事一馬二師，迄館事未曾停止，而爲中華尋諸生之厚養第一途。蓋此方素多助敎之者，並供給之豐腆，敬重師生之多禮，洵非他學可比。所歉者，後來尋學之輩，耐何無分良莠，不辨蕕熏，一概錄居門下，有坐食八年，猶講《暗》者，逮師長無暇（赴席以終日）留心覺察，鄉耆只知盡送供費故也。嗚呼！昔年蘊華太先生之月考法，何爲而不一試，豈宜行之於昔，而不可行之於今也哉。

昔先生授徒于東寺隔院，纏頭極料理自楚由粵西東，而逾吳越梁魯，及抵濟水，掛衲本坊寺中，孩童叢聚觀之，因法而西語人多不諳，先生往觀，心輒重之，遂揮去閒人，對坐交談法而西語。理曰：「吾于大江左右長河南北雲遊至此，人言君之多學，故特相探耳。」先生曰：「吾固匪材，何幸高賢遠降，不識何益以教？」理曰：「君可語《米而撒德》其中云何？」曰：「茲土指授欠詳，未揆就裏，請試說之。」曰：「君當師我，必盡其意。」先生命請經至，展卷逐行扣其例《吶哈吳》並《滿推格》並《白僚赫》之理，理張目不答，久之曰：「吾有一經能破其理。」遂出紫綃囊，以《富麗斯》示，先生展閱，乃破此經字義之典，喜曰：「經價幾何？吾願請購。」曰：「吾不售也，汝若師我，當贈之。」先生曰：「豈以一經而屈人之爲徒也耶，願購以重價。」理曰：「汝償價幾何？」先生自二十金至三十二，理猶未諾。臨歧遺寫經字「圓光」一於殿壁，而精粹

神工，曲盡其巧，後人無匹者，至今爲寺中之古跡焉。後雲遊至河間府，于大雪中跣足行市，其地有贊廷白師，市貿緞匹，其爲人也，富而好施，嘉行難悉，適見而憐，且異之，請寓於家，連飯數日，詢彼曰：「欲衣乎？」曰：「缺一綢褲。」師以綿綢一端示之，理取迭數折，剪而破之，師傅縫衣者繼而成褲，師逾異之。斯夕也，向懇其道，理授以煉性清心訣，乃曰：「汝既師我，特授一經，此乃破解《米而撒德》之一鑰，可爲異日進道之一助耳。」言畢，出囊授之，即《富而斯》也。其日遂飄然去。未幾有人自楚客歸，告師曰晤極料理于武昌。附説色倆目于吾師，師曰：「何日彼詣諸武昌？」曰：「某日也。」師計之，正理之程期次日也，師深悔之。自因淺學乏力于《米而撒德》，遂命子耀宇師詣濟，自備資斧往，希二先生指授之，耀宇師遣不務學，普散囊金於學中之貧難者，久而歸籍，其父復厚資以遣之，如是數四，其父知先生之欲購《富而斯》也，於是托人持經數十本，詣濟以售，乞先生閱，中有《富而斯》焉。乃笑顧曰：「此經索價幾何？」「余經俱有價值，惟此經乃贊見禮，無庸價也。」先生喜謝，及事竣告歸，先生贐以十金，其人曰：「此乃贊廷白師之雅意也，吾無預焉。」先生始悟，乃寄謝之。先生遙憶極料理之去，已越十五春秋矣。後耀宇師亦悛悔于曩日，奮志務學，大成而歸。先生以《富而斯》之錄本授之，而返籍焉。先生既以其《米而撒德》、《富而斯》相對解明，嚴窮其理，則以經語注釋，得七八，較之前輩不啻天淵矣。但有疑難數處，尚未釋然耳。即後蘊善先生得《克世富艾哈查蒲》，始清釋也。若極料理雖好爲人師，而心傳正學，莫謂無功於茲土者，然西域來遊之輩，自有清以來，約千百計，然皆遊食者多，若極料理之秘傳理學，逸蠻（川名也）阿轟（大人之稱也）之負學，游傳《費格》諸條，厘正教款（茲土學者從之者衆，沾益甚博，及予知都中奸纏頭妖言之變宂，而皤然回國，其神也哉）。厄蒲杜勒直利黎（步花喇人士）之駝經抄據，以正四大掌敎的道路，噶信之廉介不貪，足可風礪吾道之士，其他猶或有不知其善者，尚遺一二，餘則皆碌碌張羅之輩，哄術愚人，投其機械，蓋不知其爲何國何教人，言之令人髮上指也。當今賢君在上，近已驅遣禁阻若輩之於域外，杜其遺患，誠吾道之人邀多幸也。夫先生之雅德，指不勝屈，適有仇者誣扳先生于總河制台案中，及訊究之期，先生由角門人，制台遠而視之，顧左右謂何人，吏曰：「常教督也。」曰：「速命之返，豈有若此體相而爲不善之事者乎？」一顯宦遇先生于清臨舟中，問及教理以至詩文，答之敏捷而當，及視步履，而冠裳不動其褶，密謂其下曰：「此布衣之宰相也。」款留扳敘，同舟數日，珍重別後而常寄候焉。有爲仇者（亦因教律而起釁），激怒十惡少年，並囑一刺客，及見先生儀容慈懿，遂不自由而泣服求恕焉。先生反慰遣之，後俱化爲善士也。先生有二子，長曰遵一，有事入稟密室（先生靜坐閱經之所），見先生同一綠衣纏頭與授經，及外出捧茶復入，則惟先生獨坐。後逾半年，室人某氏之見亦如之，蓋先生所得乃仙學也。壽至六旬有三，疾終於家，葬日天未曙時，遠近教親之男婦老幼，及外教鄰親咸號哭之，如喪考妣，遠聞者若鼎沸焉。制道二憲台，驚聞城外喧噪，恐有激變，均登城密伺，及日出見衣白而泣者約十數萬，制台相顧歎曰：「何善而能使多人之如是感格耶。」次日旌獎其閭，而送喪者各攜香往，及葬，香溢墓外，門人鄉耆，咸閻墓百日，或期年而未歸舍者。羡哉！吾不知何德而能致之也耶。

延齡先生續學授徒十數年，悉遵先生訓授之法，而多柔感，故門人植黨肆橫焉。其徒馬仲良類，著書字《敎款捷要》、《寰宇譲民》（吾道之端士也），多沾益焉。二先生既歿，續學授徒乃仲華、事一二師，然事一馬師輕塵務施，亘富傾家，甘貧有守，可稱賢矣，而不能壓衆制徒。仲華師有操縱之材，決斷之量，第世務紛耘，授法欠練，以致蠶食乏結繭之功，蠹蝕有敝書之患，蓋授學者斷不應于會席拜客，故蘊善先生之授徒有守，故也。惜乎茲土等一學堂，不能似昔蔚起人才耳。既供膳豐裕且長，何不得濟濟多士之效耶（蘊善先生惟考城開學八載，餘俱無過一二載耳，學之日淺，則徒衆乏費，不能隨往，苟連學四十年，又不知人才之盛如何耳）。余爲痛惜，嗟夫！

蘊華先生贊曰：特哉先生，資稟獨全，鋭志破學，默識高眠，力窺堂奥，心湖泉源，疏瀹聖道，闡著幽詮，疏榮導流，克廣其傳，春風發物，莫知所然。

裕心貧者曰：先生偶聞一卷述俗諺云：「十分英雄使九分，還留一分與兒孫，若要十分俱使盡，後代子孫不如人。」先生曰斯言非公也，吾爲正之。乃曰：「十分英雄使十分，下留一分與兒孫，若要使於公道處，不

怕兒孫不如人。」若此者，足見先生以天下之重自任，既獲經學之理，則就以經學直任，不憚其勞，故竭力鑽研，必使授受不失其分，公矣哉。

袁盛之

傳記

趙燦《經學系傳譜》 盛之袁先生，諱□，字盛之，江寧人氏。傳耿惟華師，木方。劉五師，本方，文瑞之父。純一馬師，本方。進一馬先生，本方。子懋昭先生，奕眞楊師，常州府人士，謹忍有守。荊普沙師，杭州府人士。盛之楊師，常州府首領。

先生幼從眞吾師習經，每見經中有景行之善，必自警曰：「汝記之，可終身銘佩而遵行之。」遇罪孽之斷，必自悔曰：「汝易之，當終身不復再蹈前轍，而自新之。」雖寸善必竭力遵，微愆必勿憚改。及學成則陶鎔已就，非比他人學者，始推成於日用練習之間者也。故其素履淳樸，雅識高邁，沉潛仁義，發越謙恭，且簞瓢屢空，怡然自適，樂善畏義，慈物惠人，以至化及閭閻，名馳江浙，雖窮鄉陋巷之孩提，亦知有言行誠實之袁爸爸者。蓋其生平事業可爲精金美玉，而無少遜焉。其善言嘉行，惟遵行聖步欽。然非筆舌可能枚舉，姑錄其實焉。

先生之父已古稀焉，偶値街行，適馳馬者衝突仆地，昏暈將危，市人執之欲鳴官，使其償命，先生至，命釋之，曰：「家父素有昏疾，與彼何涉。」立命解去，先生舁父至家氣絕，其馳馬者，復攜五十金來叩謝。先生曰：「汝何愚也，吾父自暈而歿，何可認此而賈禍耶，速攜金去，乞無復多言。」其人泣感而去。

先生家有僕价，每躬趨街市買物，必自持歸，義謂躬行謙抑，而示其家屬，毋生傲惰，乃遵仿聖行之如是也。凡買物不攜戥秤，如數償價，究其志量飲循公也。偶命徒往買蛋，擇其大者而歸，先生驗視，必令換其小者方已。一日趨市買襪，售以懸標樣襪示之，先生請價，曰：「每雙紋銀五星。」先生出銀，令其自秤，如數與之。而取樣襪出舖，市者曰：「可揀此新鮮者。」曰：「先言即此舊襪耳。」曰：「翁莫非袁爸爸乎？」曰：「然。」曰：「有眼無珠，乞恕之，翁若果用此襪，秤銀三星足矣。」曰：「無乃相讓乎，恐遺君之後悔也。」曰：「此價已過望矣。」於是先生持舊，家人扣値而怪之曰：「何爲買此棄物。」曰：「虧汝此言，若吾不買，終成棄物，反以爲可乎。」由是凡市日用之物者，苟乏售主必持尋先生，如其所欲而給値焉，人亦不敢多索之。

先生一日有事郭外，路遠爲乏，其掛雇一肩輿舁歸，先生忽省之曰：「彼與吾均系主之僕耳，何可僕登於僕之肩乎。」乃呼曰：「爾可少歇，俟吾出轎。」輿人曰：「未抵公門，姑待之。」先生立呼曰：「爾償〔嘗〕使吾處於罪中耶。」輿人無奈停止，先生出轎曰：「爾等隨吾歸，以償勞費。」輿人固請，必步行抵舍，給勞價七錢。輿人再四推讓，先生不收，猶反乞其喜願焉，俱忻感而去。先生終身不復乘輿（凡乘驢騾，由其食路旁草，不施鞭朴）。先生一夕家居，獨佇月下，朗吟西域詩章，適隔垣擲物于前，先生取視，乃金一錠，隨手擲出，而猶終於誦詠。蓋時人多憐其貧，可見先生廉介之斑也。

先生行于酒肆之門，乃迂道而越之，沽者出揖詢曰：「爸爸何謂而更步，遠避寒門耶？」曰：「患於貴肆之酒也。」曰：「不識灑有何患？」曰：「且勿論吾教之律，若酒沾衣，重則割去之，輕則必再浣濯，蓋近酒則罪近於身故耳。」曰：「爸爸以酒爲不可近，逮吾生於斯，長於斯，而罪更當何如也哉？」因泣下求示正道。曰：「某日乃吾教大聚之期，君來寺中聽剖其悉。」沽者謝之。至其日，沽者整衣來寺，竦立於庭，俟朝禮畢，先生對衆講究至日晡。沽者願乞隨教，先生令其沐浴，示誦證言畢。沽者回，盡毀酒器食物衣履，舉家進教。越三年復扣先生曰：「僕之傢俱衣飾，雖更新物，竊思俱屬市酒之資所置，恐有穢染，不若毀去重爲置辦，可乎？」先生曰：「量力爲之，苟有餘力辦之更善。」沽者歸，盡毀而復置焉。其後教門禮節，更勝於吾道祖傳之家者。夫先生嘉行極多，難於備述。歿之日，南都教中老幼咸過於哀泣，送者十餘萬人，巷哭者三日，屠沽俱嗟，爲之罷市，先生之賢子賢孫，紹述繼美，迄今學者三代矣！可爲光前裕後，以顯賢良之報歟。

贊曰：

抱學如愚，操守堅持；斗室蕭然，有以自娛。

臨罪畏羞，樂善嗜飴；身世兩忘，惟道是資。

馬戎吾

傳記

趙燦《經學系傳譜》戎吾馬先生，諱□，字戎吾，咸甯水窯人氏。好學不倦。

傳良吾馬師，八甲人氏。中學。士雄馬師，俗稱三圪塔師，咸寧人氏。剛毅可嘉。永安馬先生，諱□，字永安，咸寧八甲人氏。傳于逢皋師，復傳孔鳳馬師，三山街首領。

戎吾先生，聞同州吾教人（由馬內閣之轉教）漸迷，咸將叛教，遂率徒屬自備資斧三百金，詣王黨村，入其清眞寺，堡（村有土城曰堡）中約三百家，至有溷豕者焉。先生初至，彼此不相扣探，惟命徒掃寺院，日費自辦，暇則窮經授徒。值冬雪，憤嫉者掃雪送寺，以塞其門，先生命徒搬送出堡。凡孩童來寺，乃善言以待之，積果食以飽之，約一載，童來甚衆，視先生如親人，於是教以經語，繼勸習學。童之父老耄者，相隨來去，有問方答，並不申諫，惟烹茶設果以待之，後來者愈衆，咸送童入學，任其來去，其耄亦或請師徒至家款敬，先生率徒，即領擾之。耄來寺，有時烹雞煮羊以答，交往愈篤。值社日，每年構春台於寺前演劇，人皆觀戲旬日，本教少年或有登臺自唱者，今則耄扣先生曰：「請吾師之教，唱戲可乎？」曰：「可，莫若構台堡外，少年無唱可也。」耆應之，果如命。約二年，習經之童漸衆，乃教之隨班朝禮，亦功耆者隨拜，俟其熟練，方勸其淨身而拜之爲愈也。諸童返食時，咸勸其母之遵教行，蓋行教道自內而起，凡人必欲妻喜，方能勇於向善耳。凡婦也，必由優待其子，而更稱譽之，始能生喜故也。由是其地人性漸更向教，終年則無人聽唱矣。繼而有按五時赴寺朝禮者，先生乘暇即講教道命止之條，賞罰酬報之律，或於暮夜懸簾于堂，婦女咸來，坐立於庭，而聆先生之講勸，至有飲泣痛悔前非而使懺之者。不六載，勸回同州所屬六村，約千餘家，近渭南界者十數村，而具尚教焉。本坊留先生開設義學，招延諸生，樂輸供膳，至今人尚教道，異于他方，連年延師設帳不絕，咸由先生之純德，始能建此功也。或云亦虧英吾馬翁之資助護衛，其力甚焉（送先生至村，曾請督行騎兵數十，以勢壓之，方無他虞，連年館費是其設處）。

李定寰

傳記

趙燦《經學系傳譜》定寰李先生，諱旭東，字定寰，古煌中西寧人氏。

傳蘇師。馬師，俗稱阿卜屠師，固原人氏。馬師，固原人氏。小河川學。馬師，諱莊，蘭州人氏。珍寰海師，諱自金，固原人氏。平涼等學，傳馬五師，大隆河人氏，聰慧特甚，夜功虔切。撒師，固原何家堡學。脫師，西寧人士，秦州學。王師，俗稱扛子師。馬師，諱素，臨挑人氏。馬師，諱常，河州人氏。黃師，雲南人氏。馬師，雲南人氏。侄沙娃師。

先生湟中（即西寧衛）人也，賦性誠篤，氣質淳厚，幼于本方塾學學中習經，年稍壯，隨尕師甘州開學，授業二年，歸籍。齒雖長，而學未就，適永安師作賈其地，先生詣其旅舍就教，而胸次猶覺未開。復磋跎二載，而心常切切于學，聞把師於河州授徒，幸其鄰邦之近，乃往謁焉。師視其相貌魁偉，丰采異常，忻慰而優待之。適一鄉耆在座，歡然願作供膳主人，請即居停其家之北院客房。西鄙之俗，一院居數姓人，其院有一賃居之豔麗少艾，其夫常客外，艾室正向館窗，惟離數十武耳。先生每晨赴學授經，飯食返館，究讀於中約半載。一日午窗倦讀，凝目構思經義，忽

見杏花數瓣墜經上，翹顧窗外，乃艾拈花戲先生也，回顧微笑而去，先生壯年，幾不自持。次復投窗以二木桃，及起視，艾於隔窗以玉筍招之。先生笑顧曰：「汝盍來乎？」艾曰：「不若汝來。」先生爲之心動，遂尾去。艾笑迎曰：「汝何無情，妾則有意多日矣。」曰：「多承雅意，惟心銘之。」艾漸以玉腕相挽，先生他顧，乃曰：「恐爲人見，莫若夜靜以領芳情。」艾笑頷而别，先生返，惟向室竟日注視焉。及定更後，閉戶從窗隙中出，披衣趿履，以抵其室，艾掩扉以待，至則攜手喜甚，同入鴛幃，先生猛省曰：「吾緣尋學求進之輩，豈堪爲此薄福之事哉。」此心一驚，周身惶汗而栗，乃紿艾曰：「館門未扃，吾去即來。」艾信允之。先生回館，閉門而臥，艾隨至，遍扣門窗，寂然不應。次早移寓學舍。河州古有爸爸墳，乃昔年得道纏頭仙長之墓也。後築城其上，忽生榆樹一株，俗呼曰「俞爸爸墳」。清初，其城屢遭寇警，或被數月圍者，寇於朝暮見一偉人坐城上，頭頂霄漢，足踩城濠，正其墳畔，由是城得保全，吾道中人，常詣墓所而誦經焉。第其處幽僻，人跡稀少，先生一夕舉意五鼓赴彼誦經，因乘殘月以往，及至城隅，忽見綠衣纏頭者，迎向之曰：「李滿喇（習者之稱）何往？」先生俯身恭說色倆目畢，方曰：「往爸爸墳誦經耳。」曰：「何必乃爾，近來汝行一堪誇喜事，主己准之，多賜福於汝矣，汝於經中，句有蓋特（絆也，疑難蒙蔽之文也）數處，可速爲查看，不復往墳。」先生唯唯，回未數步，而失其人，歸視諸經，凡貼其難解者，見即了然，及未習之經，展卷如熟讀者，師異之，命其返籍，即開義學授徒焉。先生之學，蓋仙學也。況西寧居西域之要衝，多有負學攜金來吾土者，皆先施會晤，故廣覽博聞，無與其匹，人稱其有折沖樽俎之材，洵不誣矣。居家曾首鸜鵒，不施羈絆，而往來自如，先生之異跡頗多，難於備述。

贊曰：

學問洪深，氣節高邁。見色不迷，投桃胡害。

德望愈隆，道統攸賴。衛教長城，明經之帥。

馮通宇

傳記

趙燦《經學系傳譜》　通宇馮先生，諱聞道，字通宇，系養吾先生之族孫也，居家並小河川，橋店等處學。傳張師，山東人氏。中學。勝宇馬師，河州高山人氏。馬師，固原人氏。小河川續學。明宇王師，河州人氏。啓明戴師，諱國朗，鎮江人氏。首領。祥宇馬師，諱芳，蒼頭人氏。【略】

益蠻（地名）阿訇（大人之稱）至長安花區巷之敕建清眞寺中掛衲，從遊學者數十輩，講究各《費格》（通曉教律之經，阿訇能于專授）。初茲土雖有《費喇意特》，乃西域分受家財之經，亦未傳講。先生潛心細閱，研究多日，竟洞悉其意，遂使人達知阿訇，言欲攜經領教，阿訇慕其多學之名，而欣諾之。先生總不赴約，及阿訇訂于某日起程的先一日，適整行裝，而先生方至。阿訇曰：「候駕日久，無緣晤教奈何，翌日馬首東矣。」曰：「不妨請撥冗一論其詳。」曰：「倉猝恐難盡言。」曰：「不若阿訇將此經之分財法任憑示題一二，吾寫以呈覽，若果合式，則不待賜教矣。」阿訇頷之，其從游兼秦川本處學者，俱在座，甚爲驚異。阿訇少思，揮筆書而示之，先生接視不暇思索，揮筆立就，以呈阿訇展閱，遂點首不止，笑視先生，復揮筆書數行，舉雙手以授，先生接閱，含笑寫答之，阿訇視畢，伸手展大指，乃顧衆曰：「雖尼（中國之譯也）學者中之第一流也，若此明析分財之法，此經足可授人，無怪其來遲，蓋有深意耳，汝等當尊重之。」傍有嫉者，猶云：「此經可授人乎？」曰：「雖教授于西域亦可也。」聞者吐舌咬指而訝。阿訇次日行，凡秉公學者，咸詣先生領益焉。蓋《費喇意特》，自先生創思而傳之也。蘊善先生自館遼陽，亦曾細閱此經而測其義，後返奏中，二先生會晤談及此經，通宇先生亦試以題，蘊華先生作而視之，其理如一，偶合無縫焉。

先生危坐，終日寡言笑，遵聖行，通宇必考其源之從喉舌唇腭、刻校一字不苟。夜有拜功，過於廉介，雖粒食勺飲必究其所由來。後西游至邸底，其地吾教人慕名，得晤無任欽仰，懇留設帳。偶一富翁設席而恭請之，先生聞其漁利放債，不允其請，啇乃長跽座前，哀懇良久，乃許之曰：「預與君約，雖去必不飲食。」啇意既允赴席，斷無弗食之理，及踵其堂，客衆三百餘人，哄然起候，安先生首席。及進湯點，先生滴水不嘗，啇固懇乞賞光，以至願作討白，衆客羅跪堂下，先生斷不之許，繼而泣下曰：「吾豈好爲此態耶，奈明命之所不許耳。」啇大慚愧，始知教門之不順情也，後亦改悔其行，先生由此不設帳而歸。

先生至高平，聞續軒先生設帳于天水（今鞏昌），聚徒動百，欲往一晤，因同窗也。奈其地乏水，有渠自城溝流入，多不澄潔，先生鄙之，故不果往。人以其由告續軒先生，於是續軒先生曰：「爲士固取廉潔，吾以授徒行道爲事，非此地不能支持供學之費。謀大事著，不惜微嫌，況合郡穆民皆順其生，我獨以爲不潔，非情也。通宇師兄追跡夷齊，乃效聖之清者耳。吾常言五更之汲必潔，不識衆皆遵之否，苟如是，則與法者何異焉。」後人詳其言，知續軒先生以學自任也。

通宇先生贊曰：篤哉先生，操守多廉，道經勘理，校字悉纖，鉤深窮遠，刻隱搜潛，松筠晚秀，傲雪毅顏。

舍蘊善

傳 記

趙燦《經學系傳譜》 蘊善舍先生，諱起靈，字蘊善，渭南人氏。設帳四十餘年，共紀二十五處，傳次子光悌、末子光宗，學俱大成。

北方門人勤予授學者，惟繼輝曹師，門下人才炳出，應以列例譜。廉介遵守者，惟復元李師。

傳明宇馬師，咸寧人氏。召普楊師，泊頭人氏。美吾李師，金家集人氏。馨如回師，諱之蘭，滄州褚村人氏。君石馬師，北直人氏。張念海師，滄州人氏。

先生本魏裔也，其始以食邑爲氏，世居夷門，迤千載，至宋南渡，故了翁太先生之所以居浙也，後宦游延平沙縣而寄籍焉。迄至正間，鄉嗣蕃錫，族多智勇，因四方變亂，集丁保護於鄉。明初有功，封辰州衛世襲都指揮使，兼賜洞庭湖之半，爲食采邑，有給屯地于龍陽（縣名）者，遂籍辰焉。歷傳至萬曆間，有太乙公之父某，生子四，長宗漢（字太乙）、宗訓（字少室，即先生之曾祖）、宗誠（字天池）、宗詔（字風樓）。某任杭州府尹。宦途廉毅，民不干私，及聞太乙公中乙酉科經魁，乃莞爾笑曰：「兒輩成名，萬事足矣。第邁年負綬，碌碌簿書。使人深羡于五柳先生，胡不賦歸歟也。」詳凡三請，不待命下離任，杭民扳轅。公某不允而歸，抵家怡情山水，樂意琴書，年過古稀，一夕無病而終。

太乙公因世亂不仕，其嗣夭逝，二曾祖少室公生繩尺（字東壁）、繩墨（字元白，即先生之祖），娶成都令吳公之女爲室。繩履（字我楚）、繩度（字維則）。三曾祖天池公，生繩德（字文成，號復煆，中乙酉科舉人，未出仕）、繩祚（字文征，號澹庵，清初中舉，楚雄縣令），序有繩前（字九虛）、繩右（號我尊）、繩直、繩准、繩功等。祖元白公，生建（字千牧，號五錫，府學稟生，亦中乙酉科舉人），娶太祖母胡，生先生。序有周遇、述適等，而諱遵（號從王）者，襲職焉。蓋五錫太先生，序晚而齒長，文成公序長而年幼，故叔受業于侄門，及文成公入泮，四拜於堂，入後庭申禮于胡，分昭穆而互答拜之。天池公夫人大母宋氏，聞而恚之，曰：「師禮何重，家禮何輕耶。」胡答之曰：「寄聲三太母，不但此番，總彼鹿鳴宴歸亦必似此也。」後果如其言。文成公亦因世亂未仕，所著《汗遊詩稿》傳於世。

五錫公生元都，即吾先生之諱也。幼而穎異，繈褓中寡言笑，長而偉貌宏聲，每據床拂衣，端坐終日不仆，逋五齡送學讀書，館于虎谷山堂，一日師偕諸生他出，先生據檻臨流悵然歎曰：「人生不知何處乃到頭之地也。」沉誦不綴，蓋斯時已欲識先天之學矣。至八齡，日誦千言輒記不忘，習詩經，學文藝，殊多秀句，文成公偶言太乙公黃鶴樓一聯，而忘下句，先生曰：「首句云何？」曰：「樓閣倚長空，憑欄處，見七澤煙濤，九江

雲樹，聽鐵笛仙人，五月把梅花吹落。」先生少思應曰：「史書盈短案，討論中，覓千秋美景，百代風光，問金城勝事，幾時得黃鶴飛來。」公異常久之。

先生每入梵宇，見像不拜，偕行者怪之曰：「君非清眞人，何爲不拜？」曰：「彼系土木，無益於我，何謂拜哉。」偶詠山居即事，詩中聯曰：「散步林中分秀色，閑吟溪上摘秋光。」同人曾贊之曰：「幽勁清新，何異唐句。」先生異跡頗多，無暇悉紀。

逾九齡，值流寇跳樑，蹂躪全楚，我清繼天承運，平定楚屬者（指馬公），委標員副戎舍公（諱應舉，號鳳山，吾教人也），署辰州營守府事，及至城駐師，修葺畢，接夫人李氏居辰。李後於會親席上（因公表侄聚辰民之女，故會親），得晤師祖母吳氏，談敘甚洽。翌晨，李乘輿升堂拜員，先生趨階而揖。李之初晤先生也，儀狀端雅，甚喜愛之，承嗣之議基焉。十一齡冬，學台按臨，先生初試歲考，因衡其文秀而蒼古，疑爲宿儒，故首薦，未及遊泮，詎料五錫公方過新正，因病捐世。先生哀毀成禮，殮葬祖塋。有寇自黔滇來，辰民驚慌，舍公令附郭民家入城，師祖母吳哭于家，夫人李聞而造詢，吳曰：「寒門不幸，小兒新喪，竊恐入城無棲止所耳。」李曰：「何傷心乃爾，敝署乃太夫人之故宅也（原系指揮衙署），後有空樓可駐鸞馭。」吳允進城寓其樓焉。未幾賊至，大掠，公俟懈，陳兵大破之，賊遁，民未敢出。李謂吳曰：「妾膝下承歡乏嗣，令孫才德素所傾愛，欲求暫解彩衣之娛可乎？其終身事盡力當謀，生子兩繼祖業，敢希俞允。」吳曰：「向蒙夫人援救，不棄愚頑，敢不從命。第議婚一事，寒家尚然有力，莫若各爲娶姻，生則各從其姓亦可。」李悅而申謝之。於是請舍公至，吳命先生拜之，舍公大婦亦拜謝吳。先生次日進清眞教，自覺心地豁然，如獲清光，怡樂自得者數日，改諱起靈，字蘊善焉。

值寇氛遠徙，吳李其屬返廬，先生往來其間，一日先生詣公，語曰：「終朝碌碌，豈可徒費歲月，甘於浪蕩哉，或經或書務進爲要。」公曰：「任汝所欲，必資汝成。」曰：「總習舉業，亦乃分內事，況終年汲汲，竟若蠹魚似非洽忘耳。無如習經，可窺正道之規，兼探先天之秘，固乃愜意者也。」公曰：「然。」送營中楊師（系楊建堡人氏）教授，不逾月讀尊經數本，盡得其妙，能宣聖諭以勸大衆，遂謂師曰：「尊經之習止此乎？」曰：「經學如海，通理方能究其他經也，非遊學不能大成。」曰：「今天學何地最盛？」曰：「秦、楚、吳、梁皆有學者，其教授有法，人才盛集，無如濟水常、李二師。」先生聞而默志之，未幾吳歿，值調公進剿武陵，與師母胡計，欲先生隨旅以冀紀功，胡諾之。先生以家事付僕，飄然隨往，鎮台馬公（諱蛟麟者），每見必極稱羨之，先生居旅，每以習經爲念，公常獲功，加授武陵協都司，駐守其地，復搬李至署，未幾公復出師衡州，李因衙署乏人，自沅陵搬胡至，伴談久之，而遂家焉。及期年，適永安先生自楚歸秦，公復進征靖州，先生臨歧乃曰：「吾久欲歸秦中習經，今幸永安師返，借往可乎？」公曰：「正堪博取功名，豈可失此機宜哉。」曰：「幾年未晚，學成猶可圖也。」公允之，由此先生歸公故里，乃渭南林口鎮也。於公之至戚未免者，拜探之，鄉人多敬，居未數月，本莊延請馮四師（系養吾先生之兄）設館，先生入之。凡習經以一遍即會，師令講一字不錯，次日乞講十餘頁，師勉爲授之。未幾接《闍謨特》，講方五日，約數十頁，而能解後半冊之義，由是師慚謝歸，閑後數月，族人爲先生議婚，有十餘家允而擇之。

先生習經在念，計其幼者，乃聘倉頭蘭公之女焉，往從永安先生學，接背《塞而夫》，四十日熟請其意。值通宇馮師、含秀白師同窗，以經之《雖赫》（即以字相配而成作造之者，凡能有問，即應對之，方可進涉耳。如書字之一大爲天，然其義理繁密，苟增減點化，則其義更矣，故爲難）爲問難，先生百無一窘。乃謂衆曰：「如問有不能答者，吾不復習經矣。」歷試果然，背講《米斯巴哈》，不逾月而畢，乃接《太蒲碎爾》，日講一章，約五頁，讀不旬日，後文不解自明，遂竊閱《騷烏》，竟自能悉義，故不復講。師屢異之，托故不多接經，先生甚歉，遂與馮、白二師計，欲潛往濟。馮曰：「汝有家事爲累，安得遠遊也哉。」先生曰：「家君久事軍旅，所獲之物，非辛苦可比，乃明條中之永禁者也。吾輩已知而復貪嗜，毋乃罪之魁乎。誓不受其錙銖爲所染也。」馮曰：「汝試與吾贊聖，以顯君之清白可乎？」先生慨從，乃共相約赴濟。未幾，舍公訃音至，故不果，二師亦由他事，而相繼赴濟矣。

初公進征長沙及澧州，屢捷有功，晉升副總職銜，駐嶽三年，因患病多日，上書自陳，驗試准之，回漢口卒。李扶柩歸，抱先生哭，先生伏靈

而慟，遂安葬祖塋。少間扣師祖母胡之音問，李曰：「遺以厚資，寄居武陵耳。」先生自知乏力，不敢聲言往楚省候，且尋學爲重，乘間告李。於是李曰：「吾始西歸，膝下視何人也。」曰：「家有所遺餘資，盡堪母太太費用，吾不望錙銖也。」李許近處尋學，乃赴泉市頭馬五師（人稱其直身不屈，有子揆卿）處，接受《呵退蒲》，命工學長輪教，先生謝以不勞，蓋所閱一遍全會其意矣。四十日講完，接《古勒塞托呢》，未及其半，亦達後意。五師屢拒接經，亦秘其學，先生返林口，廢學二載，其年已二旬矣。乃發奮獨乘一驢，潛赴濟水。常、李二先生見而忻喜，接講《滿僚》，館于李先生之家，幾回館，外扃其扉溫習於內，約講二十餘頁，乃接《木阿呢白央》，復讀十餘頁。二經後文俱能自閱，而竟其義，即欲返秦。諸生相爲有跪留者，二先生亦惜留之，於是諸生每晨接經，先生攜諸經聽講，退即代教諸生，一字不錯，詣學幾十越月，決意辭歸。衆耆控騎懇留，先生善謝，攜經數本悉贈同窗，附舟至虢亭，承教親遣人傳送亳，適李母挽人附資斧至。先生過汴，索性不入城市，不答拜客，不僑寓於寺，蓋不貪其饋贐也。，先生之意，以授學濟世爲己任，倘異日身負重名，豈不有玷於先受其施哉。乃借秀峰李師之經，攜至朱仙鎮，愚鄉耆某請詣其家。先生曰：「不若乞一靜所反爲沾益。」某引至一空院，啓扉而入，廣廈數十間，雅靜幽潔。先生囑以除日送飲食，而鑰其外，人以其年幼，春夜必怯，而先生朝暮詠讀於中，怡如也。

約過三月，乃自謂曰：「少添此力，可以負重恢學矣。」聞通宇先生居貂谷，即辭某耆赴鄭，見馮隱居一岩洞間，閉戶溫習，及見甚喜，云：「兄來彼此砥礪，必多進益矣。」蓋馮先生刻苦搜括，必臻其境，先生則見景生情，亦臻其境，故兩獲資益。凡濟學之所出者，多欠陶鎔，不若二先生之神工純粹，故終身事業亦自不群，通宇先生如壁立千仞，先生之如門嶽難攀者也。惜乎。

馮先生心存潔古，性甘靜默，故傳學無幾，然而秉公守己，亦無愧學者之名，非嗇學之所可比者也。後馮未幾返秦，先生獨處，復窮經半載，鄉人罕接其面焉。無幾，李母命至，促歸，先生遵返，及詣家拜見，李曰：「汝學既成，可完婚事，以免吾憂。」於是娶師慕蘭氏至家，完婚畢，本坊議約，央煩先生開學。將及逾年，洛陽塔兒灣衆具函懇請，遂允而往設帳焉。亦將一年，值渭南之良田坡馳請開館，故復歸秦。其地與故居接壤，先生不以家事毫爲羈絆，終日接徒，無他交接，雖有一二扣門請教者，正色危言，據經論事，咸服其答。

本年夫人李並師慕蘭姑媳相繼逝世，先生殯葬，哀毀盡禮，長於光孝甫三齡，寄育蘭氏，二秋解館。適有滎陽之東郭村搬請設帳，先生因秦俗澆漓，乏再返之意，以家事付僕，囑之曰：「營運成立任爾，毋以我爲遙制之慮也。」遂揮手離秦，至彼授學年餘。而貂谷之衆，誠請設帳，蓋心服當年閉戶而學之故也。既至，值其地境幽僻，盡堪潛窮經學，兼玩子史，或午夜挑燈以求多識，蓋先則務學，今則務窮其理矣。乃讀修道請經（即推黎格忒之學，乃《米而撒特》並《勒默阿忒》諸經），兼觀性理，合其旨義，統成一家之說，往約二春，襄縣教親聞先生負學精粹，教授有法，恭請以至彼地，衆耆與語，咸嘆服之。

蓋先生窮理以致其知，反躬以踐其實，故人皆喜其誠。有襄城營守府張公，諱問行，由武鄉科，北直清眞人也。素乏禮教，及聞先生詣襄，乃謁候之，偶扣性命之學，答而不倦，願依門下而求學焉。先生將《米而撒德》譯以書字，著其名曰《推原正達》，日講千言，中有拜益忒之句，乃作詩歌以授。而張亦不作仕途崖岸，鄉耆或請席，張乃偕衆赴，時或亦效講勸，後漸心重道德，而功名非願焉。

衆耆因先生斷弦，勸以續娶偃師周家寨蘭公之女，其脈亦出自倉頭之蘭族，因遷居此，亦先師母之姊妹行也。衆議代先生寄籍安家，始迎娶焉。

其年有客從楚中來，附一緘至，啓視乃胡太師母之信，言其遠違膝下有十有六載，聞汝名重一時，吾今寄足武陵，願一睹面而萬幸焉。觀畢不禁涕泣如注，次日以館務付學長某，挈徒抵武陵，訪至其居，進見胡，則白髮盈頭，形容非昔矣。母子持哭久之，有一二僕婢叩見，亦無暇赴辰探視族人。次日即買舟奉母歸，於舟中勸其復教。及抵襄，有媳侍奉，虔誠齋拜者又十八年而歿。

越二年，亳州恭請設帳，徒衆愈盛，而授法亦嚴，研搜各經，盡其旨義。惟《母各麻忒》並《勒默阿忒》二經，尙有疑隘。適有人持《哈勒裏》、《米納哥補》（即注解之經也），《母哥莫特》並《克世乃里者補》（即注《勒默阿

忒》之經也）二經，欲售，遂重價購請，對視二經，則易如破竹，故精而益精矣。惟《勒默阿忒》旨義最難，晝夜思維，無法可進。忽思聖諭有虔誠四十朝夕，可通機秘，於是三更睡，四鼓起，細玩此經，越四十日，果洞徹其奥。後晤通宇先生，勘究其義，如出指授，驚羨而嘆服焉。

蓋先生不安于偏見，不急於小成，窮造化之原，盡性情之妙，而達聖賢之蘊，猶以爲義理無窮，歲月有限，常有歉然不足之意。居亳六年，又太和一年，太康半年之學，適值考城衆耆誠請設帳，有富者小字金耆爲首，昔曾居豫省撫台轅下效用，誠心向教，歷試以御先生，深服高尚，乃以事撫台之卑禮以事先生。此即尚教之實心，後以女許妻四世兄爲婚。故獨主其事。開學八年，先生靜而自思，自胡太師創傳經學，數代相沿。至蘊華家師，欲宏其學，寤寐難安，惟恐泯滅其傳，受授之間，晝夜不輟。有間長歎曰：「先覺長逝歟，大道將湮歟，而乏挽回瀾之砥柱者，相共殫力也，奈何？」先生云：非朱子之闡揚注釋，則周、程、張、邵之學久而自泯，朱子之功普矣哉。然吾教經籍，未可盡以注釋爲事必也，獲人多傳，始爲有益耳。禍自失利夫喪心病狂而好自用，是以樗材炫棟，遂編多經，共四十七本，混淆教理，由其淺學偏見者，以之作據故耳。然逞性恃爭之愚者，各縱偏性，藉端起釁，以致訐訟紛紜，遺害經學。今則亦似南北宗之遺派，各從其黨，非復向之，彼此親愛，近日則漸視至咸爲仇敵，皆由習經者之學識有深有淺，遵教律之或順或違所致耳。苟究其原，失利夫之所致也！最可憐者，尋學之輩，鄉耆見其功行，反於己者，則任其異鄉貧困，絕無資助照料，由此求學之艱，恐將來經學久而自泯，則舉世皆迷途矣，悲夫。於是先生課徒愈嚴，每於指授之暇，漏已三催，猶竟察諸生窗下，驗其勤惰，多有晝夜不脫衣者。約五六載間，由此多士之成就，逮其嚴懾之所使耳。嗟夫。先生之自苦如是，亦惟以爲主授學而爲奉念也。然宋代周、陳、張、邵之學，非朱子之纘過，勢必促滅無聞，則吾教之胡、馮、張、常諸學者之授經學，非先生恐亦必至淹沒而已。

時有瀋陽鐵翁昆仲，家業豐裕，性嗜教道，因僻居遼海，教親罕至，爲善無由，乃謀請先生訓其子侄，差人數具聘禮，肅函恭請，先生勉于束裝赴遼。及逾關，翁迎數百里，抵家卑禮以待，有命方告揖而坐，命其鄉薦者子侄數人，在庠或國學生者十數人，俱執弟子禮，先則惟事騎射，不事齋拜，今則咸習禮誦經，而教門方有起色。盛都各上臺聞而慕之，希一見而不可得。先生惟勤授學，暇則整輯各經，復以書字譯《勒默阿忒》，曰《昭元秘訣》，以《默格索特》經曰《歸眞必要》，並前之《推原正達》三經，凡遇儒學者沾益最多，而求道之禮備焉（即性命理學）。

越三年，先生返裏探家，道經都門，其地當道教親教圖開學，先生答以家務少妥，赴館爲約。住家數月，時壽州教親誠請設館，勉而往赴。約半年值都中差人搬請，遂解館往赴。及至都門，鐵翁差人候請，乃復相約後期。遂赴遼，又設帳三年，其子侄俱通經學矣。復留一徒，董其後事，鐵翁垂淚跪留，固懇不允，遂設席餞送，以白金一斗爲贐贈，先生因辭。見其懇切，乃曰：「吾生平所開義學，不言館課，既君誠念，經中有義產一例，名活格夫，莫若將金置店房，或買良田，每年所出之息，可施於貧難孤寡及異鄉窮輩，凡償福賜，則汝我均沾其惠，可乎？」鐵翁領命，至今義產猶存。翁差僕護送至京，乃出百金達其志別之意，先生猶不受，其僕強置而去。

都門衆親款留完約，其地富者，先售一空宅約數十間，而居者言其中有怪物，而故遷之。衆耆公議，館先生並諸生於內，以德鎮之，及暮內廳果異，作聲而出，磚石如雨，先生命諸生集廳間，擊擲如故，惟不傷人。後先生設案秉燭閱經，危坐而待，雖磚石猶擊而不近墮。約二更，倏然而靜，嗣後安寧不復作聲矣。期年解館欲返，值東廠衆親留遷以設帳，乃勉從之，開學後，命學長理館事，遂返裏。

適有堂弟景善先士來晤，相約回秦，修葺祖塋，爲亡靈誦經，先生允從，乃聯鑣偕赴林口。因相離四十餘春，重睹舊時風景，但人物變遷，不覺恍如夢境，未免有感於流光瞬息也。及抵家事竣，即欲東返，各鄉耆糾議留先生設學于普陀原。開館之日，秦中諸生哄然接踵而至，且西郵之罔隨濁流，而聞香尋味者，不憚千里，悉歸門下，授徒百十餘輩。值年逾六旬，晝夜訓誨不輟，偶患頸瘤，醫刀剳割未痊，即呼諸生講究，有不敢持經於前而泣勸者，先生亦泣曰：「非吾自棄，惟恐有負汝等千里相從之困苦也。」紀學二年，先陳州教親屢函搬請，有彼地劉、楊二掌教授經門下，跟隨一載，催請甚切，於是解館赴陳，以踐約焉。及逾二年，都門衆耆復差人恭請至昌平州館參後遷都門，共授學二年，正欲返籍，有泊頭鎮衆耆函請，設帳二年。初先生道

號破衲癡，多內養功夫，故童顏鶴髮，精神飽滿，對卷授徒，終日不倦，有功經學，千古之下不能泯其苦辛，而胡、馮、張、常衆先生之學，非彼則必湮沒。餘燦忝列座末，親睹其勞，而多憫惜焉。

紀設帳二十一處，共四十餘年，門人遍及寰宇，而大成設館授徒者，如列星然。眼見歷傳四輩徒孫矣。有子六，諱光孝、光悌（繼學人成）、光信、光禮、光義、光宗（俱學大成，餘俱中學），俱習經。考之魏氏系傳，又按符於之萼之華輩次者也（遁拙子曰：終猶歸於兩姓，宗譜不越於題，絕妙手筆）。

蘊善先生贊曰：偉哉先生，理微義精，青年抱學，皓首窮經，誨引碩彥，激濁揚清，寒暑無間，而忘生平，宣教申約，百世莫更，學純道萃，斯世主盟。

門人總論

松之、北辰諸師，曩者求學，際遇明師良友，深獲切礎之益矣。于勤習礪志中，無所考其短長，除恆馥、謙居二師，授已有人，門前已列，繼輝師之暮年礪學，授諸後進，勤苦罕聞，雖系傳之位未設，餘已囑之，繼述茲譜者矣。西鄂則貫秋林師，學既成，壯年捐世，聞其嘉行林立，又學者中之一□鑒也。復元李師之廉介功行，代不多得，宜效其行，而輩乏斯人。其他諸師，學成返籍足可樂道養高，雖適志者寡，由之授學閑居，氣數不齊，想俱名稱其實，特未見其拔萃者耳。如近者萃明師之誠實，永錫師之安分。遠者敬山、漢光、振寰諸師，均聞多有嘉譽，亦先生門牆之有光也，如我江左石城之陳師，並鎖師、劉八師，俱英年負飽學之氣概，不幸鎖、劉師夭逝，借哉。

馬續軒

傳記

趙燦《經學系傳譜》 續軒馬先生，諱省源，字續軒，滇之蒙化人氏。設帳鞏昌三十餘年，授徒大成者衆，惟路遠不能悉記，俟後添注。傳觀如劉師，滄州人氏。成學於此。吳師，寧夏人氏。馬師，固原人氏。俗稱胎裏會，傳小寇師等。伯玉古師，鄭州人氏。汴城學。蔡師，雲南人氏。成都學。胡師，張師，「胡張二師」俱本方人氏。先生歿後，續開其學。馬師，俗稱杠子師。

先生賦性慈惠，器量宏深，幼而喪母，隨父貿易。及十五齡，時值永立王竊據滇黔，兵戈尚熾，適值差員往楚，父子計之曰：「終日奔忙，無所利益，莫若離鄉尋學，大人雖年暮力衰，誦讀不能過勞，兒值青年，正堪習學，豈忍終身愚拙哉。」父曰：「善。」聞差員往楚，遂囑員言欲偕行，員許約之。行半月，將至衡州府，恰值我清兵至，擒此員役，波及父子，同縛下舟，解赴武昌。江行數日，詢考其情，乃釋先生父子及從役數人。是日偏值逆風，檣帆無益，舟不能進，命閒人上涯扯纜，父子隨衆拽船，日將停午，人力俱懈。先生見江岸多蘆葦，一望無際，遂遞父以目，推大解鑽入葦中，父亦乘間而入。父子牽衣迤南，漸伏漸奔，露宿三晝夜，饑則掘草根而食，及出大道，詢人乃近竹溜灣之地也。問有清眞人否，答有數十家，遂訪至其處，教親接待甚喜，適有辰源鎮台馬公，諱蛟麟，統兵征粵，路經其地，教親接見之，偶言先生父子尋學之意，鎮台令引見之。先生至，雖敝衣綻履而長揖不拜，且端重有容焉。鎮台喜而顧之曰：「隨營有蔡師開學，汝可隨彼溫習，俟至粵西，必設學館，招延尋學之士。汝無庸他慮，惟勤學加工，無患汝之異鄉用度也。」於是從蔡師授業，暫館于常德府，月給衣膳之資。未幾粵西奏捷，遂駐紮柳州府，差員搬學至柳。先生習學四年，已講《默問呢白呀》矣。蔡見先生並黃、蔡、皇甫三師，學力有成，乃稟達馬公薦送武昌明龍先生學內，於是馬公厚遣四師，撥船載送。明龍先生啓函知薦，接見甚喜，黃、蔡、皇甫三師次日授經，先生似有所試。延至半月，聞金陵君實先生館事正盛，同父計議，覓便遂往金陵，詣其學內，復值他故，因未接經，乃往濟水，道經淮安，其父因途病寒而歿。先生哀毀異常，其地教親助地出喪埋葬。及至濟水，常、李二先生見之甚喜，而學三年，已造大成。正欲謀歸，適有鞏昌茶商某過濟，聞名往謁，見而知爲飽學，乃謀情往鞏，先生許之，借行至汴，商某欲往襄陽有幹，與約安寓而去。值汴之秀峰李師，聞先生成學重名，

與語大喜，請寓其家，求教諸經，甚得其益。倏經逾月，師戲囑其婢，而令先生入廚取水，婢抱戲之，先生怒曰：「老奴薄視吾也。」竟飄然不辭而往鄭州焉。未幾商某訪至，遂同抵鞏，八寺之衆出接數十里，旬日間，爲先生安家婚娶。不及三年，家業數千金，先生視如浮雲，惟勤授學，年逾六旬而歿，病中猶與學長授經。然先生之雅行也，多擔忍耐，久而皆知其寬，益敬禮焉。歿之日，送者萬餘人，如喪考妣，逮亦先生之慈祥有感于人心焉。初天水世乏習經者，及歿，後學者數人，中學者百十輩，兼遠地尋學大成歸籍者，每出學則懸匾一於館門，未年之匾，森然而林立焉。

續軒先生贊曰：

緘默自足，閑泰允宜；萃然蘊德，望而有儀。力慕高遠，學探玄微；何人知賢，而識其機。

舍景善

傳記

趙燦《經學系傳譜》 景善舍先生，諱起鸞，字景善，乃蘊善先生之堂弟也，設帳橋店等處。

傳盛宇馬師，河州高山人氏。海山馬師，咸寧人氏。祥宇馬師，諱芳，倉頭人氏。行六馬師，臨潼泉市頭人氏。常師，壽州人氏。

先生豐軀偉貌，寡笑莊容，幼而誠篤緘默，習經苦讀，雖飲食坐臥亦必默誦之。後依從兄蘊善先生于洛陽肄業，閉戶靜讀，終日不倦，一日考先生以經義，偶因應答不敏，而兄斥之，初則隱忍，後遂發奮往濟，歸常、李二先生門下，晝夜苦讀，晦跡七年，其學大成而返，設帳數處。後聞蘊善先生自遼歸襄，憶昔暌違已三十餘年矣。送往襄縣會晤，兄師亦喜其礪志，乃曰：「向日之憤，吾弟近來可釋懷否？」先生曰：「向非兄長之激，安有今日，人皆稱爲弟兄學者哉。」於是邀請返籍踵墓焉。遂聯騎回林口，時人皆敬羡之。及兄師于普陀原設帳，先生猶以《勒默阿忒》並《噶遂》諸經請政，必不以己之參詳爲是。其初設館也，待徒嚴惼，及見兄師授徒威嚴非昔，於是受接門人亦霽顏以待之。

馬進益

傳記

趙燦《經學系傳譜》 進益馬先生，諱□，字進益，金陵人氏。本方授學。

傳彬然鎖師，杭州人氏。秀文火師，本方人氏。淩霄高師，京都人氏。培元丁師，蘇州人氏。允翼伍師，子先伍師，［允翼、子先］俱本方人氏。士運達師，六合人氏。伯高沈師，鎮江首領。耿惟華師，白惟貞師，［耿惟華、白惟貞］俱本城人氏。劉啓賢師，杭州人氏。

初，先生家寒，資於市鋪，受業袁先生門下，每晨授經即返鋪。雖治生理手不釋卷，燈下傭業亦必展卷於傍，注目視之，漸作而猶究義焉。及讀《米斯巴哈》，曰：「前輩每謂此經，總包《那哈吳》之理，吾今既讀，揆其底蘊，亦不過如斯而已。」及讀方竟，遂竊效作文，從此以上諸經俱讀其半，即換他經。故諸生所以不論彼而遽信其廣學也。及盛之先生疾篤，衆耆偕諸生詣榻前，詢以何人代授後進。曰：「非進益馬生，餘不能也。」言畢諸生皆驚，促耆再問，而袁答之如是者三。一生曰：「未聞馬生多習何經，豈能代斯學任哉。」袁視之，乃曰：「如爾從彼五年，猶未盡其學也。」衆聞之，駭然而退。臨歿前，遺秘經一冊，囑家人曰：「吾亡後，諸生或有不服，可以此示之，能講解者，可代位也。」未幾衆耆遵命，輔先生掌學，諸生不服如沸。袁師母出前遺秘本以示，諸生無解之者，耆執請先生閱，繼而講誦，無微隘焉，衆始服之。及開館日，一生以經之後本接講，有「蓋特」二處先生不解，諸生逮有竊笑之者，先生曰：「明晨與汝指授。」乃還家燈下苦索，久之不覺困倦，隱几而臥，忽夢盛之先生曰：「汝速起，吾授汝一『塞白格』（譯：乃清晨所接一日之經也）。」

先生無異往日，起揖色倆目，傍立侍之，授經二頁，而後驚寤，及閱「蓋特」一已洞悉其義矣。從此心境豁然而無隘焉。

先生之生平也，寡言而端慎，默訥以終身，人謂其芥子之膽者，惟畏塵波之相及也。逸釁阿訇至南都，先生接待過敬，未常少衰，及阿訇少適，所遺吾教厘政之諸條，後值有紛爭之者，踵先生之門求據，苟以人謀計之，先生片言可釋衆惑，詎料先生以「照舊」二字答之，以至南都吾教之衆，即效參商，自相摧折，豈意前定如斯，而起釁之端由此作矣。

皇甫經

傳記

趙燦《經學系傳譜》 皇甫先生，諱經，字□，楚之常德府人氏。設帳西安等處。

傳馬師，咸寧人氏。俗稱「木骨」「木出」師，乃海山師之弟。毅福馮師，咸寧杏園人氏。養吾先生之旅弟也，經名努而師。楊師，西安，學弟也，楊師，諱魁，從兄也，「二楊」俱固原州李旺堡人氏。中學，漢中學功行可嘉，學者中之誠篤者。

袁懋昭

傳記

趙燦《經學系傳譜》 懋昭袁先生，諱汝琦，字懋昭，金陵盧妃巷人氏。居家學館。

傳純一周師，本城人氏。鳴周花師，瓜州首領，有德。殿卿王師，杭州人氏。子宗愈師。彥如花師，瓜州人氏。鎮江等學。炳如程師，本城人氏。文伯沙師，杭州人氏。良臣梅師，壽州人氏。

先生賦性慈祥，處下寬惠，髫齡從父習經，聰明博記，穎悟異常。值父病篤，命門人進益馬先生代指示以終學，毋值弟子禮。進益先生悉遵遺命，後講究經籍，對坐授之，窗友弗知曩有遺命，向多嫉之。及後起釁，而南都學者均預焉。及學大成，居家授徒，而能遵經檢過，樂道安貧，謹禮有守，潔己惠人，執而不迂，寬而多忍。長子宗愈師，聰敏異衆，常隨先生習經大成，亦英彥中之名重一時者也。先生細考諸經，而乏紮指等條，欲釐政之，值逸釁阿訇至南都，亦不紮指，出據立證諸非。及去，先生遂與劉、伍、陳三師，共議禁斷，本方之衆咸遵革之。第撓阻之輩起詭謀而訐訟焉。由是風波萬狀，日現于先生之前，朝不保暮，先生則宴如也。而堅心耐辱，以寧靜杜門鎮之，未幾得卻其禍，人始知其認主之誠，倚主之切，詢乎浮雲掩日，豈其常哉。余聆其家傳德教，義精仁熟，羨矣哉！

懋昭先生贊曰：

明經據實，任道擔當；恪遵箴誡，洞達剛常。

志堅忍切，義萃德彰；陰霾既散，瑞日多樣。

馬恒馥

傳記

趙燦《經學系傳譜》 恒馥馬先生，諱景新，字恒馥，河南太康籍。其父清宇師，原系金陵三牌樓人氏，遊學遷居太康也。先生設帳陳州、通州、河間等處，現時共學十一處，紀二十餘年矣。

傳王師，寧鎮人氏。侄炳然師。良玉馬師，諱之驥，眞定人氏。乘龍馬師，臨洮人氏。字化宇。君聘楊師，沙河人氏。耀寰馬師，諱洪寶，秦之藍田人氏。允升蔡師，諱之文，眞定人氏。進教發奮，習讀大成。化衆

王師，秦之沙河人氏。永和馬師，京都人氏。涿州學。揆軒馬師，諱選，西寧人氏，俗稱西鬍子師。馬師，臨洮人氏。俗稱東鬍子師。仲子馬師，諱鮮，河州人氏。俗稱小犟昌師。馨如回師，諱之蘭，清縣人氏。揆卿馬師，臨潼人氏。新都馬師，泰安州人氏。

先生賦性明慧，氣質端方，體度持重，儀表高逸。方八齡入塾學讀書，過目成誦，習詩能於吟詠，命題屬文，呈閱不改隻字。及竊玩子史諸書，乃曰：「若此義理，百千冊籍，其面目該如是耳，功名進取何足異哉。丈夫處世，總弗建未見之功，亦必希濟世之學，豈可於糟粕中復尋滋味哉。」其師諭留終業，而先生意決不允，於是棄儒業入經館，迄十有六齡，乃赴臨清洪、白二師門下授業。偶與耆某小憤被譖，自諒年青，與較無蓋，抱歉辭歸。遺詩於館壁云：「喜獲名師志興長，孰知小輩效鴟張。五車未讀胸猶窘，六藝初求學欠彰。素願蹈高於入室，惟期踐實以升堂。何年壯氣如虹吐，洞徹函經千萬章。」遂往從舒師（河南周家口學），受業歲餘，道返宛丘（今陳州），遊其地逸園，不禁技癢，乃賦詩曰：「欲從何處問蓬萊，築近仙源處士台（有蘇子由之讀書台與於城西接壤）。畫閣聳雲吞紫氣，珠泉浚海泛霞杯。融枝麗日催鶯語，拂路香風引蝶回。春暖簾亭凝望際，萬花叢裏洞天開。」由茲詩也，園東蘇翁欽敬焉，薦送考城蘊善先生門下。凡誦經義答之敏而且捷，蓋先生資質曠達，氣節豪邁，學問充養，德器早成。後因返家，手不釋卷，終朝溫故焉。蘊善先生館中偶問諸生經義，咸不能答，乃曰：「恒馥在，茲則能答此問矣。」乃促召之。

先生居學時，冬不脫衣者五六載，學業大成。適盛京鐵翁，搬請蘊善先生赴瀋，諸耆擬以某生代理學事，諸生曰：「非恒馥師以董斯事，他人必不能也，否則吾輩散歸矣。」耆等猶勉輔先生攝學，諸生歡然從之，有願執弟子禮者。其年方二旬有六耳。

考城攝學一年，有安慶營守府馬公，諱光宗，慕學差請赴任設帳。其地有瞽者揣骨而神其術，摸先生體，忽驚而屈膝曰：「簡褻翁台。」曰：「吾有何職而若是哉？」曰：「翁勿給我，翁有衡文氣象，必任學台而出仕，已三秋矣。」先生談笑自若，而弗介意。約愈二春，時三岔耆衆搬請設帳，居停未幾，學舍偶災，焚餘檢出多經，一生傍歎曰：「今正所需《滿僚》之經，奈何邊幅號識俱焦，難於辯認耳。」先生取讀片時，核清曰：「無難也，所少七張，抄錄補之，復成全冊矣。」

人言先生之讀《滿僚》，亦猶庸師之讀《赫聽謨》，而更熟也。越三年，臨清諸耆恭請設帳，及衆接見，向之與先生起釁者，見而大慚，絕跡不復再晤。後人吟館壁詩，即知先生之志壯矣，大矣。愈年又三岔並周家口搬請共二載。繼回太康，諸生有不忍離者，居家設教，復兩越歲。太和（縣名）李耆，字俊卿，義舉設學，恭請先生，時蘊善先生館陳州，先生往謁甚洽。師謂之曰：「曩者逸蠻阿訇過秦，所攜有《終穀勒弗托華》之經，景善舍弟乞經拆錄，以致篇章紊亂，而原乏序文（其本原無抵巴赤），賢契可帶往一輯，先生首諾，攜至太和，檢閱校正兼撰序文，而成冊焉。附呈師閱，而哂之曰：「恒馥向居門下，正如錐處囊中，雖少露鋒鋭，今始見其利矣！若此才華，世所罕有，我見猶憐，無怪後進之多相從也。」先生年未四旬，景行之德，不能悉載，然成就人才之方，指授盡善，余見而有感焉。但先生並謙居先生，咸負程德，餘忝屬同門，欲贅一辭，恐人諉以私意，願後之君子果核其實，他年必綴以珠玉，而勝今日之泥也夫。

李謙居

傳記

趙燦《經學系傳譜》 謙居李先生，諱紹讓，字謙居，亳州人氏。先授學本方，後館考城、鎮江等處。

傳善長陳師，金陵人氏。化衆王師，沙河人氏。本源花師，諱遇清，瓜州人氏。蒼霖楊師，常州府人氏。若聘楊師，秦之沙河人氏。返籍堅忍、安貧，不負其學。化蛟馬師，咸寧人氏。夭亡。化宇馬師，諱承一，臨洮人氏。良玉馬師，眞定人氏。秀實李師，睢州人氏。中學。

先生生而聰察，負氣清峭，軀度純雅，志興豪放。因幼而家寒，讀書穎異，能供吟詠，作文雄邁，塾師喜而加工指投焉。謂其父曰：「令嗣瑚璉大器，將來必成，莫若共濟其成名，吾非希汝之館穀也。」父亦喜慰，

先生趨寺朝禮，有台臣馬師勸其習經，先生笑回：「雖習經，吾不師汝可乎？」曰：「但來習讀。吾不汝師也。」自茲訂約，棄儒業而就經學焉。習約［經］二載，已講《米斯巴哈》，乃謀赴考城蘊善先生門下。晤而自喜得人，盡心指授。而先生習讀，寒暑不輟。越三年，假歸省親，抵家咸喜，惟師母陳氏（亦金陵人），扃閣不見，先生扣其意，曰：「妾親操井臼，勤事公姑者，爲君決志成學，方始歸宗，孰料君今中道而廢，妾乏沾榮之幸矣，見亦何益。」先生艴然馳返考城，復礪學三年，大成而返。陳整妝迎門，端肅而拜，闔家而感主賜其學焉。苟習書，惟博功名，雖能得手，猶未知終局何如耳。豈若習經，已獲悠久之貴品哉。東昌有竇者（重教喜學，傾家膳師，其善難悉，乃鄉耆中之翹楚也），恭請先生設帳，本方衆耆亦懇留開義學，先生勉久而辭竇焉（竇後請李兆麟師開學，終至十餘年，竟未出人，而竇亦不悔其資）。於是後進遝至，約授八年，有撓阻者作梗於中，以致辭館，乃泣向諸生曰：「本欲成就汝等之學，耐風波如此何。」於是挈楊生至家（因其學將大成故也），甘貧自守，磨麵爲業，親于營作，供給楊生，必待成學，始令西旋。益先生讜直不阿，淡交寡合，過於廉介。且終年持齋，實以暗卻不義之食故也（患人請，席中有不潔，故托封齋，而不往赴也），人咸稱其學行兼優，其洵矣哉。可選之學者尙多，第地遠人睽，見聞尙寡，不知其悉，惟俟後之君子補輯之。

王岱輿

論說

梁以浚《正教真詮敘》 世界芥子耳，而說者須彌之。果須彌也，東西北南，日出入際，當何如遼闊也。乃此地自唐虞以後，文物衣冠，日趨日盛，命曰中國，而實則止可謂之東土，不可謂之中。若以天地言中，則今所謂西域天房國，日影之可證者是也。蓋有天地以來，天房居四極之中，人祖降生于此，始興治立教焉。自茲以後，生人漸繁，教道四達，流被日遠，然其間不無聞見失眞，而向背各半。隋唐之際，始流傳于東土，非隋唐以前無清眞正教也。

或曰：「此地自數百千年，堯、舜、禹、湯、文、武、周公、孔子創制立法。詩書禮樂爲外夷之觀，物產人工爲外夷之用，所以天子有道，四夷賓服，固天之厚于此土也。即有正教，胡不由厚以施薄，而必緣彼以及此乎？」爲此言者，則亦未讀書之過也。今夫諸書所載天房之風土者有矣，四時如春，無勁寒烈暑之氣，百物咸備，多鷄駭希世之珍。如果棉諸種，自彼而至宮室服制，視此尤隆，惟其于天地之間，爲正教建中立極之地，故特異于殊方。人物修美，山川秀麗，戾氣不干，聖賢接踵。是以孔子之對太宰曰：「西方有大聖人焉，不教而治，不言而化。」夫孔子爲東土儒者之宗，一言而爲天下法，此言宜可信也。然則儒者之道非乎？曰：「否。」宇宙間君臣、父子、夫婦、昆弟、朋友之倫，誠意正心、修身齊家治國平天下之道，理盡義極，無復滲遺，至正大中，絕去偏頗，非此則人道不全，治法不備，此儒者之道之所以不易也。第其始之所以來，終之所以往，造化原本，生死關頭，一切不言。夫生人之理有始、有中、有卒，儒者獨言其中，而不言始卒，天下深觀之士不免疑焉。于是祝髮披緇之流，乃得因其疑而乘之。後人不察，以爲始卒之理，實應如是，遂三教鼎立焉。宋人起而闡明儒道，以闢其妄，意亦良善，惜也其未得眞主之明命，衆聖之眞傳，徒以語言文字之所及及之，語言文字所不及則不及之。

或曰：「清眞之教，業爲正教之宗，何不著書立說，以爲一家之言，使天下後世，曉然知其至理之所在，而竟乃寥寥也。」則亦有說于此，蓋以清眞之道，絲絲相承，脈脈相接，無所用其聰明，不得私其臆見。有尊經以爲指迷，有典籍以爲稽考，故亘古及今，人安其治，家習其傳。況乎字體各殊，學問迥別，或精于此者不精于彼，習于彼者未習于此，著作雖弘，不能互閱。若我岱輿王先生之四教博通，諸家畢覽，蓋百而不得一也。先生平生梗概，大有似乎心齋。少而未學，年二十始能識字，遂深思性命之理，于是博及群書，詳稽奧義，以爲有未盡也，更究心于經典。一切精微，悉由悟入，慨大道之莫宣，念斯人之多惑，頗欲著書，以宏斯道，數年抽繹，得四十篇。或有以辯難而成，或有以明理而作，上窮造化

之玄機，中闡人極之妙旨，下究物理之同異，巨則彌綸無外，細則毫釐無朕。開發萬古之心胸，唤醒世人之睡夢。雖至道之淵微，即汗牛而難罄。而原始要終，有識者已思過半矣，惟是讀此書者爲宜，大其眼界，無拘域内之觀；潤其襟懷，勿執偏私之見；小其心志，深研初終之理，始不負作者之婆心，是則予小子區區之鄙衷也夫。崇禎壬午二月，皖江教弟梁以浚撰。

丁彥《真詮弁言》 道以性名，教以道立。古人止有一性，即止有一道，止有一教也。後之人或爲死生所怵，或爲利欲所誘，如亡家之子，籍他鄉爲故國，漸睽漸遠，愈遠愈迷，遂至分鑣殊軌，家壇戶幟，而黃面青牛家言縱横天下，俾吾人眞性源頭不復澄徹。清眞教古正學也，厥指一主于昭事上帝，而佛老之談，隻字不容躪人。其人其志，固不在子輿氏距楊、墨之下，然其教流傳雖久，并無漢書可傳。或者疑之，王子岱輿曰：「謂無語言文字者，彼髡之妄也，吾教大者在欽崇天道，而忠信孝友略與儒者同，可以揭日月而行中天，可以垂金石而昭來許，自古無漢書可傳，以典籍皆天房國本，不及譯故耳。」于是毅然有開迷導悟之志，乃從經旨中括其大要，統其指歸，得四十篇。宣義精暢，取譬淵遠，此教有此書，不猶適海者之有舟，夜行者之有燭乎？而王子且競棘遜讓未遑，以爲此之所述，于吾道中不過一葦之航，爝火之光而已，敢自居作者哉！王子恂恂粥粥，舉止不妄，眞有道者也。有有道之行，必有有道之言，觀此書者，當不以予言爲妄矣。鶴湖丁彥題。

王岱輿《正教真詮·自叙》 予祖屬籍天房，緣入貢高皇帝，訂天文之精微，改曆法之謬誤，高測九天，深徹九淵，超越千古，無爽毫末。帝心欣悦，以爲非有正學眞傳不能及此。遂授職欽天，賜居此地，准免徭役，與國始終。三百年來，雖於此習熟之久，然而遡本推原，不敢有忘也。自予幼時，未習儒者之習。及乎成立，粗能識字，亦不過往來書記而已。至於壯盛，自慚庸鄙，始閱性理史鑒之書，旁及百家諸子，稍通大義，覺其議乖道異，各相抵牾，揆之清眞，懸殊霄壤。不自揣度，謬欲立言明厥至理。或晤諸家多滋辯論，彼恆不競，爲予理屈，於是諸君子之悦服者，每以不得全覽正教之書爲恨。予時有動於中，歸而取所論記之，更於閑時漫然有作，集之數載，紙墨遂多，存要芟蕪，得四十篇。

馬承蔭《清真指南》卷一《指南叙》 予先大人以提督西粤戎務之暇，輒與一二師學咨論教典，追研精義。是時予雖齡稚而習聞焉。如秦之李秉旭楚之馬明龍魯之常永華李延齡吳之馬君實馬之騏馬承益粤之皇甫經中山之舍起雲燕之馬化蛟，淵源實學，道胍眞傳，東土之不多得者。雖教化叢興，地不乏人，惜無著書遺世，徒以心授，失學拘儒，南轅北轍。於是，教之所及者及之，教之所不及者則不及之。若岱輿王先生回儒博學，墨翰精通，釋杖玄丹，應身垂教。雖未及見其人，而眞詮一集，神遊海宇，功在萬世。非其文，吾不知其人也。

馬注

論説

馬注《清真指南》卷一《進經疏》 勅加西域至聖穆罕默德四十五代裔臣賽義特馬注謹奏爲纂輯眞經抽譯切要繕呈御覽事。竊臣天末廢人，世受國恩，處聖明之世，無益於主，於康熙捌年進京隨旗訓讀一十八載，行止坐卧愧負君親，著經權二集，期副上用。兵戈擾攘，貧不自支，自揣才踈運蹇，能者爭先，是臣文武之途無望也。繼奉聖旨宣講，臣教天經。綸音屢下，詔對乏人。臣叨西方聖裔燃膏繼晝，編輯成書，欲獻上覽。一叩閽於密雲，再叩閽於德州，繼迎駕於江北，疏屢上而機不遇。裘脱齒穿，點金無術，自揣名微力薄，朝野天淵，是臣瞻天之策無望也。不得已匍匐歸滇，躬耕胼胝，以延歲月。復聞聖諭，博採遺書，用充棟府。皇上愛道日切，臣軀離闕漸遠。雖有秘錄要典，焉能入獻。我后懷珎自惜，慕主如焚。自揣貧老路遙，徒步難移，是臣叩闕之想如夢也。臣雖邊遠，時聆聖恩，仁覆海内，恤我回民，如天如地，如日如春，華西一體，痛癢相憐。普天頂祝聖壽無疆，傾心感化，國祚永昌。臣生逢明聖之主，敢不披肝瀝膽，繕經獻呈，詞雖麤陋意本眞經，果使言可濟世黜異扶儒，乞望聖恩，寬臣斧鉞，宥臣愚懵，用頒海内，使天下萬世岐途僻道格面頑民咸知有造

化天地萬物人神性命之眞主。歸眞復命之正道，格物致知，正心誠意，人知生客死歸，賢愚不免，天國地禁，非樂即苦，夙興夜寐，履薄臨深，進思累功，退思補過。臣焉不忠，子焉不孝，修齊治平垂拱而化。

皇上才虛八極，學富百王，誠泰山不辭土壤，江海不擇穢流，非臣螢火之明敢燭大荒，涓滴之水能添巨海，不過如溪風潭月雪鶴堤鸚。皇上聖德包荒，俯鑒臣悃，不以疎遠，加罪寒微見誅。臣雖隱猶顯，雖賤猶貴，雖死猶生，兹緣邊遠蟻衷，籲叩無門，仰天極之環樞上陳御覽。臣不勝惶恐悚懼，仰聖瞻天之至謹具疏以聞。

又《援詔》 康熙十八年己未皇上狩於蠡城，登清眞閣見架置天經，俳徊不忍去，詔寺人能講者來，蠡人無有應詔者。二十一年秋，西域國臣以天經進。上諭禮部侍臣，即傳京師內外，詔能講者來，皇上登景山以待，時日將晡，次日欲幸五臺及詔至，乃敎領之能誦而不能講者。侍臣復旨，上曰：今朕亦忙促，令彼暫回以率伊衆俟遊五臺，回宣能講者，勿虛朕望。及旋，而詔不果。二十五年四月初十日上諭禮部翰林院：自古帝王致治隆文，典籍雖備，猶必博採遺書，用充秘府，蓋以廣見聞而資掌故，甚盛事也。朕留心藝文，晨夕披覽，雖內府書籍，篇目粗陳，而裒集未備，因思通都大邑應有藏編，野乘名山豈無善本。今宜廣爲訪輯，凡經史子集除尋常刻本，其有藏書秘錄作何，給値採集及借本抄寫事宜，爾部院會同詳議具奏，務令搜羅罔佚，以副朕稽古崇文之至意，特諭。欽此。臣聞玉之在石，不剖則藏，珠之在蚌，不剖則匿。道之散於天地，若美王奇珎，隱於深淵窮谷，非有和氏之珎賞，雖連城夜光，終於沉沒。此皇上所以慇慇下詢，採遺書於海內者。柰詔愈下而書愈匿，問愈奇而對愈詘。總以皇上聖哲天縱，睿智生成，一言得失榮辱攸關。臣聞東方有聖人焉，西方亦有聖人。東方治東，西方治西。執東方以論西方則道不同，道不同則言必牴觸。中古之後有書焉，太荒之初豈無經。中古言申，太荒言荒，執中古以論太荒則事不詳，事不詳則紀必舛錯。形世之中有物焉，玅世之中亦有理。形世言形，玅世言玅，執形世以論玅世則理難測，理難測則論必乖張。以不同不詳不測之事故降之以聖，聖不能明，降之以經。經者原始要終，納天下於軌物而認造化獨一之主也。臣本愚懵。幼習儒業，雖循章句，未按深旨。讀大學在明明德致知格物，子思天命之謂性，其爲物不二。魯論未知生焉知死，孟子殀壽不二，萬物皆備於我。易無極生太極，帝出乎震，書天開於子，地闢於丑，人生於寅，禮伸者爲神，屈者爲鬼。大哉聖賢之言，亦已闡幽隱而開聾瞶者矣。默思德從何具，物從何生，性如何，命不二何物，生從何來，死從何去，殀壽何理，萬物何備，無極何始，帝如何出，天如何開，地如何闢，人如何生，神如何伸，鬼如何屈，及悟此間，神痴目瞪。亦少涉獵經史，詳閱諸家，靈樞素問洞古楞嚴星緯河洛異域風鑑皇極先天之書，究皆明其理之所以然，而未闡其道之所從出。即闡其道之所從出，又非灼見眞知。如臣敎眞經，一一皆奉主命。若君之諭臣父之諭子師之諭徒，登堂入室，精粗畢覽。譬猶入人之大國，見其山川城郭宮室樓臺風景人物便知爲誰氏之天下，賞罰予奪一由其主，非羣下所能擅其威福。惟是經書浩繁，雖汗牛充棟，不能殫天經之萬一。東土所習又未得天房之萬一。臣所習學又未得東土之萬一。此書釋解又未能達臣學之萬一。要以發前人所未發，啓後人所未知，經之所有臣不敢隱，經之所無臣不敢增。夫亦曰以管窺天，管中之天亦天也，以蠡測海，蠡底之海亦海也。食一臠而全鼎具，飲一滴而大海皆備，所慚者朴而不華，簡而不賅，俚而不文，總以言本。天經，字用東土，不涉一詞，涉一詞則僞也。臣不敢涉僞詞以背主。又焉敢涉僞詞以媚君。不過如埜人獻曝，罄盡微忱。惟皇上詳閱而採擇之，則臣敎幸甚，華西幸甚。謹爲應詔如左。

又《指南叙》（保天佐） 天下事有可以理推者，有不可以理推者。可以理推者，現在之事，不可以理推者，未來之境。然則卒不可以理推乎，特人未知悟爾。鯤魚朝發崑崙之墟，曝鬚於碣石，暮宿於孟瀦，洋洋乎自以爲此外無復有天地。及其化巨鵬奮翎翮翱，翔乎杳冥之上，廼知天地之高也。道亦同，然惟自足則不能復進於高明。所謂以管窺天，曰天在是，所見者小。爾觀於海者難爲水，遊於聖人之門難爲言。子思曰：及其至也，雖聖人亦有所不知焉。夫以聖人之所不知而欲求其知，非天經之指示、眞主之眞言不可。大學曰：致知在格物，物格而後知。至試思物從何有，造物者誰遡本窮源必得物理之妙。天經物主之書也。以物主而言，物若士之論文，農之論稼，烏有不可信乎。不信是無明德者也。無明德則不能明明德。不能明明德則不能格物致知。不能格物致知則不能止於至善。前人云極目高峰頂，湖山景倍多。蓋天地之外有天地，虛空之外有虛空。

猶天下不可以比國，國不可以比家，家不可以比身。孔子曰：吾道一以貫之。老子云：道可道，非常道，放之則包羅天地，卷之則不滿寸衷。蓋心無盡虛空亦無盡也。畫譜云遠山無樹，遠水無波。論丹青則愈遠愈渺，論世界則愈遠愈寬。以寬之所有較狹之所見，以主之大能較人之微想，陋矣。蝙蝠日伏夜飛，與之論白晝則癡。蜉蝣朝生暮死與之論昏夜則詘。若因其未見而言無晝夜可乎。龍從角聽，蟬以翼鳴，即現前莫測機關，况造化玄機。先天作用若離經以問難，執一以求理，是猶登高者不以梯，渡海者不以舟，鮮有不墜溺者矣。前人云日月籠中鳥，乾坤水上鷗。此見道眞語。試問籠破鳥飛水流鷗散，君在何處着足，及至此間茫然無措。淸眞至理，以人生爲客商，以塵世爲市集，以性命爲資本，以交友爲經紀，以心術爲權衡，以善惡爲貨買，以死亡爲歸宿，以陞賞爲富貴，以降罰爲貧賤。客商一定回家，借物終還原主。何所營而來，何所營而往。韶光荏苒，逝者如斯。名利有時而盡，恩愛有時而窮。死亡不可預度，智識之人若探海尋珠，得者便登彼岸，豈可虛延歲月如夢如癡。余早年幼失經訓，二親早捐。十五而業文章，學爲經濟。二十而涉宦途，遊情詩賦。二十五而訪道德，鋒棒禪玄。三十而著經權，期留青史，亦已編輯成書，自謂修齊治平得其至理。及三十五而訪聞經敎，知天命之從來，日夜鑽研，始覺前轍茫然，身心無濟。於是因聞得悟，領誨明師，或見或聞，著爲指南一集，登堂入室，贊愚便覽。雖其中之得失，余不自知。然未嘗不可爲泛汪洋者東西之一助。知我者其惟斯書乎，罪我者其惟斯書乎。大道苟明又豈敢避罪我而負知音。唐天寶元年春，上以爲西域聖人之道同於中國聖人之道，其立敎本於正，知天地化生之理，通幽明死生之說，綱常倫理食息起居，罔不有道，罔不畏天。聖道雖同，行於西域而東土未聞焉。乃命工部督工官羅天爵董理匠役，建寺長安，賜名淸敎寺。崇奉聖敎，以導其衆。玄宗朝復勅改唐明寺。宋靖康二年差指揮僉事阿討剌督工重修。元中統時勅命余祖伯顏淮安王督修。至元年間余祖賽典赤咸陽王奉勅重修，奏請勅賜淸眞。明洪武初，大將入都，得秘藏之書數十百冊，乃乾方先聖人之遺典，東土無解其文者。命翰林編修馬沙亦黑馬哈麻譯之，通上下徹幽微，曆法始備。置回輝司天監推議曆法，掌察天文占日月星辰氣色之變。御書百字褒頌聖德。二十四年春命余祖賽哈智咸寧侯建淨覺禮拜二寺於金陵長安之地，以事造化天地人神萬物之主。

勅云：朕聞君子之道行是爲萬幸，君子之道不行是爲不幸。非道不行也，乃是君子之不才致道有滯於一時。余每反覆斯言，未嘗不掩卷太息。武宗皇帝崇事聖典邁於前轍。而經傳未譯，儒習罔聞，得非君子之不才致道有滯於一時乎。道不宏則入而自閉其門也。岱輿王先生奮起吳俗，懼道不彰著爲眞詮一集，可謂淸夜鳴鐘喚醒醉夢，苦藥針砭救濟沉疴。逮我大淸數十年來，經教漸開，西學接踵。際聖天子俯躬詢道，窮理若渴，未必非淸眞之幸也。柰旂旃屢詔而華西慱學憯難兼之者，於戲，道不公於君父則臣子之職有虧，明德親民皆學者性分中事也。余小子注托迹金臺，聊借一枝，每以不獲上報君親爲憾。鑿壁分光期欲共炤，不過如太倉粒米海水涓滴，取以供人以顯造化之恩滋養之本。投飴歠流聊具此心，霽水江涯爲觀者笑。有識者其勿以人廢言可也。噫日月易邁，人生能幾，屈指余年四旬有四。設主加我以年恩我以遇，得尊經而繕布之，以教天下萬世，不負造余之主，此又余之後望也。幸冀高明起而教我。時康熙癸亥天中穀旦聖裔馬注識。

又《請褒表》 勅加西域至聖穆罕默德四十五代孫臣賽義特馬注謹奏爲敬援往例請恩追封勅加褒美以昭盛典以垂萬世事。臣聞天生聖人必有勅降眞經，化導羣迷，以通眞主之意。自阿丹開天於西域，繼生一十二萬四千有零，聖人其中有明命兆命覺命之三品，更降以一百一十三部眞經。至梁中大通五年七月十三日，臣祖穆罕默德感神光之異降生西方，生而神靈，長有聖德，奉眞主命天仙降天經三十部冊，凡六千六百六十六章，計五十萬一千一百零九字。二十三載經降始備。徹天地之原始，闡人神之秘密，究性命之從來，知萬物之歸宿，禁異端之邪詖，剖千古之疑誤。冊僅三十自包括前聖一百一十三部眞經，道集大成，功勳萬世。隋開皇中其教始流東土。唐貞觀年詔蒙褒讚建寺長安。宋熙寧時臣祖所非爾爲阿思補哈喇國王入貢京師。神宗大悅，留住淮泗之間，封寧。西域朝奉王子賽嚴封莒國公。賽伏丁封昭慶王。孫蘇祖沙封寧夷侯。紹熙二年遣和於金，卒以殉難。子坎馬丁爲統兵營帥，孫馬哈目封雲中郡公生。瞻思丁會死滅金。瞻思丁率部迎降，太祖欣其慕義，以爲西域聖人之後得歸輦轂，授職中書左丞相咸陽王。子納速剌丁封延安王，忽辛封雍國公，孫伯顏封淮王，伯

顏察兒封奉元王，曾孫宋的納封滇陽侯。子孫宗族世蒙顯爵，故聖裔始流中國而回輝人氏遍於東土。逮明太祖嘉其遺惠宣恩西域，欽與世襲咸寧侯勅賜清寺於西南兩京，及滇南閩粵御書百字褒美清眞。武宗與侍臣評論諸教，特蒙優奬。神宗詔修天下清寺，褒以封號，凡一應住持恩及冠帶准免差徭，供職焚修，以事造化天地人神萬物之主。迄闖賊僭亂，入境凋殘，聖諭皇封，名存實去。逮我皇上建中立極，華西一體，優蒙寵恤，德配昊天。每於經筵之暇諮諏下詢，斯誠超越百代而獨隆千古者矣。臣聞植木者培其本，疏流者擴其源，故孔子生於周而褒於漢，泰於唐而大於元。闕里宗裔恩榮百世，若非聖明之主攷其經書稽其道德，則楊墨之道不分而孔子之道不著。臣祖穆罕默德當異端蜂起之時，西方列土，正道幾息，苦身焦思，撥邪返正。教起百世之衰，道濟人心之溺。書同文行同倫，古今合轍，西方稱爲大聖。歷唐以來千有餘載，經籍煌煌遍於寰宇，遺黎遺孫供國正賦，荷本朝數十年知遇之隆。臣不忍使湮沒無聞，罹不忠不孝之罪。謹將歷代褒封欽嘉實據，繕呈御覽。伏乞皇上原臣忠孝之心，詳查往例，恩賜同仁，遴選清眞實學，儒回兼通，繕經呈進，以立一家法言，垂教萬世，救正天下人心。皇上萬幾之暇，以資御覽，庶不負眞主降經之意。皇上愛道之心，致知格物歸眞復命，直與東魯聖學並濟寰宇。洪名與日月俱長，聖德共乾坤永久。茲緣備陳實蹟，字多踰格，貼黃難盡，俯賜全覽。爲此具本謹具奏聞。

又卷九《原道跋》 昔者努海聖人憂人心之溺而主降洪水。大禹憂洪水之汎而疏九河。益憂獸，稷憂稼，契憂倫，周公憂禮，孔子憂春秋而修六經，孟子憂戰國而講仁義，司馬遷憂國政而著史記，韓愈憂左道而進佛骨表。千古上下贒人迭出，各司其事，治亂異時，興亡異數，經濟異術。孔子曰東方有聖人焉，此心此理同也。西方有聖人焉，此心此理同也。或問數者之憂孰急。曰洪水汎憂在一時而利於萬世，人心溺憂在萬世而急於一時。二者之功，同而異異而同。韓文公謂孟子之功不在禹下。若予祖倚布喇希默聖人憂人心之久潰，復建天房凡二千七百餘年，至於穆罕默德聖人當異端蜂起之會，西方列土正道幾息，苦身焦思，撥邪反正。後五百年至於補花喇國王耶非爾憂隣國之亂，不忍加兵，率親屬部衆入貢中原而正教漸興。又二百年至於咸陽王贍思丁，公憂齊元之亂，賑饑濟民，佐世祖八年而西秦大治。又五年而吳越熙皥，再六年而蜀滇感化。民有溺者猶己之溺，民有饑者猶己之饑。制田里，教樹畜，起庠序，明人倫，建清寺，立養院，造橋梁，明守戍，居江湖之內則憂其君，處廟廊之上則憂其民。流風惠政至今稱之。由贍思丁公至於今四百餘歲。嗟正教之衰微，憾珷玞之冒玉，異端左道未有盛於此時者也，叛正從邪未有衆於此時者也，扶危拯溺未有急於此時者也。外道之異端易分，正教之異端難晰，愚人之任性易除，智人之任性難革。愚也不辰，叨生其時，幼而孤，長而貧，壯而亂，少不能肆其業，長不能養其親，進不能輔其國，退不能理其家，外不能利乎人，內不能濟乎己。淘淘墨硯，行與心違。泛跡烟雲，操瓢京邸，插管毫之短戟，駕芒履之輕舟。漁樵於黔蜀滇楚吳越晉秦齊魯粵閩之會。才非班馬，效杞人之憂天，容劣西子，倣東施之獻顰。窮經問難，搆思揣摸，賦樗樵著經權譯指南上褒表，葺陵寢席不煖，足不停，寢不寐，食不飽。履穿喪脫，忙忙然如喪家之犬，爲時人笑。前後數十餘載，亦不知歲月幾何。展鏡自照，鬚髮皓然。噫老矣。兩袖清風，愧見故人。嘆蜉蝣與世灰冷，青燈獨卧，輾轉衾薦，夜不能寐，披衣而起，優游亭下，皎月當空，人影在地，顧影思身，顧身思親，悠然淚下。嗟乎非親焉有我，非我孰顯親。亦何所假，以買乘駒。跋峻嶺，度長途，歸故井，謁廬墓，撫兒孫，終餘年，叙天倫之樂耶。噫妄矣。或有啓予戶，擕山茗，揖予前，顧予而慰曰，木枯則榮，月虧則盈，蘭生幽谷，其香彌馨。子雖貧，文章經世之業。先爾而生者非子不能明，後爾而生者非子不能成。年壽榮樂孰與於斯，主之恩於爾至矣。子之功又何亞於昔人。予曰噫子孝臣忠各修其職。若謂予功則吾豈敢。時康熙四十六年丁亥季夏望晨，書於蜀會川之跨榜，指南老人馬注識。

傳記

馬承蔭《指南叙》（馬注《清真指南》卷一） 聖后號仲修，字文炳，滇迤西金齒人，至聖穆罕默德四十五代裔，元咸陽王賽典赤十五世孫也。幼習儒業而博經訓。詣京爲聖人請褒。予因慕其人，而尤慕其文也。故爲

之叙。

馬注《清真指南》卷一《郁速馥傳》 先生諱注，號仲修字文炳，經名郁速馥，滇迤西金齒人，西域大聖人穆罕默德四十五代孫，阿丹九十五輩裔也。父諱師孔。母吳氏。初吳母賑先生。夢彩鳳入室，覺而乃誕，故乳名曰鳳。與兄渥受業於虛白先生之門。衆皆嬉戲，先生篤志好學，師甚異之。七歲而孤，祖之雲公憐之倍切。未幾祖故，家計凋零。吳母孀居，紡績治農，爲先生學。十六試泮，十八而吳母故。治亂頻仍，未嘗輟學。明永曆丁酉，建國滇中，爲閣下扶綱所薦，擢之中書，旋改錦衣侍御。順治十六年己亥，滇黔底定。先生僻隱敎讀，筆耕自膳。作隆中吟，賦聯自遣，詞曰：茫茫宦海，片時，有許多波濤。饒三台八座，由人予奪。霎時間夢覺黃粱，將功名富貴撒手全抛，看破這機關，總世情只當虛舟飄瓦，悠悠泉石，終日無纖毫繫戀。凡剩水殘山，任我逍遙。一旦裡，吹鳴鐵笛，縱得失窮通，閉眸不睬。嘗得那滋味，將心事都付明月清風。著《樗樵錄》以寫志，其意遠，其詞悠，其情曠，其志堅，勁而不屈，磨而不磷，和而不戾，衰而不怨，俯仰上下，抑揚古今。讀其書而使貪者廉，奸者化，薄者厚，愚者醒，非晚世語也。乙巳遊武定。武人留之。教育弟子，與觀五何先生遊。文益修，學益進，弟子益盛。著經權二集，以授門人。時戌申秋，霖雨不止，獅石現，太華崩，彗星出，赤虹貫日。先生曰，天變在上，地變在下，上下交警，此不祥之徵也，國將危而不去，與草木何異。己酉春，乃離滇，越黔遊楚，過中山而之燕。燕宗王聞而詔之，與之論兵法、談天官。時日出，烟波釣叟賦以示。先生曰，昔武王伐商，兵不滿萬，一戰於牧野而克紂億萬之師。周以甲子日昌，殷以甲子自亡。由此觀之，勝負之權在德而不在衆。興亡之柄由主而不由人，機謀奇伏，時日天官可爲有德者助，而不可爲無道之資也。王曰善，禮之甚厚。先生不欲以軍旅自擅。賦詩云一將功成萬骨枯，功高那見百年廬。錦城蝴蝶離宮殿，汴水魚鰕遶市都。花竹秦臺今是夢，衣冠明世昔成墟。古來多少王侯第，客舍於今問有無。又云，禍福無門所自招，天公默默豈相饒。淮陰行短遭宮劍，楚項威殘速自梟。二世不能承業遠，始皇何用築城遙。從來智巧翻成拙，試看蜡螂捕草蜩。退而與門弟子講心性之學，從之者日衆。未幾滇變，西南鼎沸，當事欲任隨征，以副叅謀。先生曰，昔陳恆將伐魯，孔子謂父母之邦不可不救，乃使子貢說恆，移師伐吳，一舉而存魯覇越，卒免魯國之羞。今寇逆盤踞滇中，滇人迫於勢之不得已而附之。破屋無完瓦，破國無完民，伯叔兄弟親戚故舊陷於水火而不能拯，反設計以阱之，雖功加九錫，於心何忍。吾聞智者不失身以趨利，仁者不殺人以求榮。時乎時乎，非世之不能用予，乃予自不能用世爾。爰是輯《清眞指南》十萬餘言，上窮造化，中盡修身，末言後世，天地之秘，神鬼之奧，性命之理，死生之説，巨細隱顯，集羣經而摘其粹，忘食廢寢以膏繼日，形容憔悴，顔色枯槁。或有勸之者，先生曰，人生如貿易，付予資本來。及時營正務，苦樂亦何哀。悠悠歲易過，壽數焉云待。昔人謂寧己瘦而天下肥。予蒙眞主造化之恩，有眼當爲主視，是視得其正也。有耳當爲主聽，是聽得其正也。有舌當爲主言，是言得其正也。有心當爲主思，是思得其正也。有身當爲主行，是行得其正也。視當正典，聽當正敎，言當正論，思當正理，行當正務。然後無負於主，無負於聖，無負於親，無負於師，無負於天下後世古今正敎之人。譬之蠶絲蜂蜜，花香鳥啼，亦各還其造化之恩而已。書成以示知音，進敎者日繼。時康熙二十一年壬戌，滇黔恢復，家詔飛蝗。先生日以聖敎爲憂而進退不可，已頻蹙曰，人之求道如病求醫。夫醫者能知寒熱溫涼老弱虛實者也。全吾敎之人，雜於三敎九流。百家諸子若浮沉遲數。洪濤芤紘，雜於六經三部之中而不使識者治之，殆無有日。進敎之人失於指趨，南轅北轍，莫知所歸。學者無眞才而有妬心。首領爲己而不爲衆。上不力行，下不率敎，少凌長，賤犯貴，尊卑躐等，親踈失次，頑惰之民，不儒不回，習爲僞業，以傷風化。此不祥之道也。於是作請褒表。上述千聖之宗，大陳歷朝之典，謂揚正敎標題經旨。疏屢上而機未遇。囊罄衣敝，顔色益悴。先生曰，抱道不出，其咎在己。既已出而道不行，非人力之不周。吾之不遇皇上主也。皇上豈知我哉。至是思歸日切。閲經至討喇特經中「爾之脚步若常遊親墳，則天仙脚步不時探你」，喟然嘆曰，人生若朝露，百年亦何促。父母期我長，我長親何處。漂泊二十年，荆棘生親墓。豺狼聚其旁，那得親者顧。昔我親在時，倚閭望子歸。今親雖入土，心亦何嘗故。揚名欲顯親，身顯親已去。玉食佩金貂，與親無干與。豈知窀穸中，無可訴恐怖。思之倍慘傷，不覺淚如注。歸與復歸與，荏苒休虛度。尙有附郭田，可以贖親過。或見我同

胞，及時共朝暮。題罷淚下，弟子留之弗許。於甲子年九月出都。噫，先生泛長江，過東魯，由吳越度中山，遶秦蜀而歸滇矣。萬里羊腸，思心砧碎。幸得聆先生之教，遺稿盈篋。如還丹之在鼎，啄其遺粒，鷄犬皆僊。聞先生之教。而不順於主遵。於聖者，皆棄於先生者也。聞先生之教，而不忠於君，孝於親者，皆棄於先生者也。聞先生之教，而不敬於師、信於友者，皆棄於先生者也。聞先生之教，而不愛於親，慈於衆者，皆棄於先生者也。先生具誠順忠孝敬信慈愛之心，而居龍潛豹隱之會，不爲家國用，此主之所以厚先生也。使先生而垂紳搢笏，待漏金門，則無暇於教訓弟子，著經權之要畧。使先生而奔走禦侮捍敵疆埸，則無以纂輯眞經，開世人之聾聵。使先生而株守林園，隆山空老，則無以遨遊海內訪明師於天下。使先生時專習本經，則無以博聞洽覽，破諸家之迷誤。使先生而懷居滇左，眷戀及門，則無以就安去危。保性命於亂世。使先生而言責官守，志滿心驕，則無以周流都邑，闡聖教於天下。乃知損之爲益，益之爲損，一語一默一動一靜，皆眞主默默有以使之。封人謂天將以夫子爲木鐸。孟氏謂天之將降大任於是人，必先苦其心志，今先生竟苦其心於世亂頻仍，正教湮傳之後，鑿光問難，二十餘年，期欲爲宇宙南針，泛無涯之苦海，欲渡世人。不負性命時光。所寄之重任。此所以不期遇而遇不期聞而聞者，皆與先生有性命之約會。豈偶然哉。吾聞四霄之上，且樹之巔，有鳥焉，其狀如鳳，其紋如錦，其聲如簧，翅之大，不知其幾千百程也，振羽而天香飄，甘露降，一鳴而羣仙起世鷄啼。此先生之所以爲鳳也。

藝　文

馬廷瑞《贈言》　至人辭世已千秋，瑞繞天方紫氣浮。七萬含靈通聖諱，六千蝌篆露眞修。功垂萬世□烟熄，德邁三才崇羽愁。四十餘傳聞仲子，蚩泥又見活人舟。

馬之騏《贈言》　六書聊倩譯清眞，鉗舌相看不易陳。故擲夭桃瀉春意，欲通消息捕魚人。理當至妙書須火，毒霧猶蒸可廢針。從此石開衡寶啖，太阿專待客求尋。

又其二　孤另無干曰眞一，却於數一示機權。雙池寶硯開能有。一滴生泉寵聖賢。大筆運時姸媸備，妙靈鑒日鬓眉全。明明綺蹙兩乾坤，幾個人窺半點玄。

鄭士昌《贈言》　文章海內幾如君，標旨天經闡靜眞。倚馬才名開後學，圖麟家世紹前勛。一帆短棹君程遠，萬里遐思我夢頻。歸到故園衡泌樂，莫辭錦字寄江陵。

馮通宇《贈言》　認主須憑認已躬，已躬既証更叅窮。始終天地權衡內，生滅人神掌握中。貫徹微塵非渺細，包羅宇宙豈寬洪。要知永活純清淨，超越形容不類空。

李延齡《贈言》　至人出世在天方，瑞滿乾坤草木香。仙擁玉鞍懸石古，神愁金碧倒流狂。指分圓月奇徵異，頂覆靈雲紫氣芒。繩武至今聞仲子，傳燈指上日同光。

古之瓚《贈言》　歷盡名區獨著書，筆端鋒譽滿皇都。裁成子弟中原滿，散盡文章腹未虛。豈是鄉關無樂土，却緣知故盡鴻儒。他年歸到長生府，爲慕童顏玉弗如。

楊國柱《贈言》　昔年陶令賦歸來，門掩黃花一徑開。只爲中州多掌故，致教天末負英才。雲橫楚嶺滇山杳，鴈度秦峯蜀水廻。衰白自憐仙分薄，何能相伴出燕臺。

皇甫經《贈言》　賽公典赤治南滇，四百餘年勣未湮。西述天方恢聖祖，東傳教道滿中原。六王紹業勛仍在，八相調梅事可攀。十五傳來歌仲子，指南贏得水同涓。

劉三傑《贈言》　二十餘年海上遊，上方烟霧掌中收。閒探日月囊中物，笑指乾坤水上漚。天國已聞傳妙偈，人間何羨有千秋。南針不向迷人指，愧殺無緣空白頭。

鄭之璧《贈言》　江南客送滇南客，情意相投不忍別。嗟我已如艸上霜，盻君自是天邊月。情言不盡再行行，血淚難收空默默。莫遣浮雲鎖翠微，行旌閃處腸千結。

蔡鶴鳴《贈言》　西方聖子自南歸，門擁銀鞍鼓角吹。雲簇馬頭天地狹，山橫人面日星卑。峨峰未許留嘉客，蜀水何堪洗是非。幸有遺經存閬苑，墨車何用路岐悲。

舍起雲《贈言》　未入名園便覺香，只因風度御垣牆。山緣客隱名偏秀，水被龍潛譽更長。百戰邊庭功已盡，一灣墨硯福無疆。知音此別知誰健，雲在高峰水在江。

王興文《贈言》　知音欲去難爲別，纔駐行驂又僱舟。萬里雲山君路杳，一江風月我心憂。知機野鳥翔還集，愛國孤臣去復留。幸有南針留後學，鴻名不記有千秋。

袁汝琦《贈言》　先生明月腹中藏，照盡妍媸未損光。只爲乾坤純黑暗，故隨天轂出東皇。光分日耀星辰燦，職任丹青草木芳。此過金陵沾晚照，餘輝不記有滄桑。

楊天虬《贈言》　折柳登程傍曉堤，樵樓更罷曙星低。愁聽畫角均成夢，笑聚青萍又解攜。出浦櫂聲空外杳，隔江帆影雨中迷。知音此別程程遠，水赴東南月度西。

楊榮業《贈言》　先生伏策滯京華，烽燧連年未憶家。治國已傳經世畧，修天復著指南車。墨田不住空山雨，筆樹猶開象外花。此去天涯留勝跡，莫緣身計戀桑麻。

馬化蛟《贈言》　天使奇男欲著書，故教兵革滯皇都。迢遙去國八千里，逆旅經秋二十餘。道括西天輝聖祖，教傳東土振迷途。指南破霧同天壽，委信乾坤一丈夫。

俟啓祐《贈言》　山城凝雪山路深，寒林古木氣蕭森。千峰萬峰當面立，朵朵芙蓉翠欲滴。與君神交十數載，千秋知己空相待。天涯邂逅在此間，松栢亭亭青不改。賢王孫子至聖裔，襟懷落落不可羈。名高萬里爭投轄，曾攜書劍謁天衢。根厚繇來枝自芳，闡幽發秘在指南。一燈再續傳吾道，輝映當爲百代光。嗟君此去意如何，抱璞懷人感慨多。柳條欲折未忍折，驪歌一歌難再歌。北闕上書寢不報，丈夫挾策豈終老。況君落筆春華生，王公孰不相傾倒。十年磨劍笑封塵，霧隱愈文豹始眞。盛朝闢有招賢路，何用悲歌負此生。

馬體仁《贈言》　幾叩金門欲獻疏，豐阿和璞覺知無。千秋事業三更夢，萬世功名一部書。幸有聖明垂旭照，何憂寒谷不春蘇。南針若得留青眼，一任登臨藐太虛。

艾延年《贈言》　一鑑高懸萬象新，筆端難寫上林春。花開紅紫分高下，水遶東南晝古今。無影寺中傳妙偈，有情枝上報寒溫。老夫學得丹青手，也向虛空點太清。

馬綬泰《贈言》　君昔天人裔，懷珎入帝都。欲明天上學，廣讀世間書。理晰乾坤奧，功叅造化初。傳燈留普照，萬古振迷途。

劉智

綜述

景日昣《一齋書序》（劉智《天方典禮擇要解》卷首）　劉君介廉溫、柳，好學嗜書。自經史稗官天官律數以及二氏之書，靡不搜覽，而又能折衷於六經，研辨於性理大全，深得儒者精淵之奧旨。丁亥夏五謁余於系邸，出所著天方之書數十冊，言理甚微，序禮甚悉，凡以爲天人合會之要道也。及與之談古之治亂興亡之由，天文地理，舛訛之辨，身心性命，是非之闕，如決大江沛然若禦，如治亂絲井然不棼。求生一言之□於是不可得也。昔黃□度論學者曰，博而約於衷，騁而歸于性，淺章而潤於質，殆庶幾焉。竊歎世之不好學與不善學者，□耳目心□未嘗少異於人，□□之於聲□貨利，而得失趨舍，擾其中役，役而不知所止。及其既考而衰，悔之晚矣。彼□馳騁于□無幻誕不纏之説，□不能近於人生而靜之初，又不能存□去僞於物□而動之沒，而徒□靡□歲月，□耗其精神。此學卒歸無用。此劉君視之誠何如也。且劉君年富力強，著書數百卷，闡明天方之理，以補中國之用，其功正未可閫量。茲以平日學力之所得者，別自號曰一齊，以顏至寶。云以其書問序於予。余既不文，又深愧踈淺，不能探聖賢精淵之奧旨於萬一，復何言哉。因述其所學所集，以告夫□之不好學與不善學者。聞劉君之用心□亦可以知所返矣。若夫一之義蘊，闡業靡□殯窮極。殯分而爲二，□而爲三，殺而爲百子，敎而爲億萬，不可勝算者，□不始於一歸于一也。以劉君之博學精深，自能發揮無遺蘊而又□□。余之踈涉者爲哉。易曰一陰一陽之謂道，繼之者善也，淺之者性也。惟劉君

於此勉之矣。是爲序。賜進士出身陝西道監察御史景日昣□譔。

□□隆《天方典禮擇要解跋》 吾教由來尚矣。要皆習無不察，故服習其間者止知我爲教中人。至教之所以爲教，究懵懵焉，而莫得其指歸。即嫻熟經典亦不過記述諷誦而已。間有稍通教律時亦講論，又多曲爲臆說，駭人聽聞。不知者遂奉爲典型。彼亦自以爲是而不知返。於是譌以傳譌，眞有不可使聞於鄰國者。其意亦未嘗不□闡揚其教也，然而遠於教也更甚。今讀一齋劉先生所著天方典禮一書，博洽宏通，條分縷晣，精其意以譯□文，釋其文以合乎義，並杬勾深索隱之詞，警世駭僞之論。無非正心誠意之學，修齊治平之道。於至平□常之中，至精至□之理即寓焉。以是知心同理同，而聖人之教原不以方域異也。倘非稽考精確，烏能融貫若此。是書也固不獨吾教同人當尊爲拱璧，即方天之下亦無不知欽崇吾教，而因以羨服劉君之博學也。劉君眞吾教之傳人，吾教之功臣也。夫敢珥筆而爲之跋。時康熙四十九年庚寅歲長至月穀旦江夏眷教弟□□隆拜手撰并書。

梁潘賞《天方性理序》 甲申夏避暑香雪樓，劉子介廉持性理圖說謁予曰，此眞一之譜也。

予駭之曰，眞一烏乎譜。

曰，不譜何以識眞一。

予曰，何以譜。

曰，天地理象譜之實，性理圖說譜之文。天地理象即譜眞一也。眞一固不外天地理象而爲眞一也。

予聞而喜，取讀卒業。曰，是誠眞一之譜也。

夫亦予所欲言而子言之更有進者，何由。因告予廿載辛勤著筆顛末，乃知介廉好學深思人也，冥思默契也。于無書不讀無學不通之後，眞一于冥冥中以眉端示之。介廉遂以其眉端文以目睫上下之，介廉遂以其目睫所上下之意文，書成，而眞一之眉目燦然昭著于人世間矣。

或曰，眞一而有眉乎。予應之曰，劉子之書現寫其眉。眞一而有目乎。予應之曰，劉子之書現寫其目。覽其書，盡其意，自能見之，不須復于口頭說照也。吁嘻，天地上下四方，何者非眞一之眉目乎。眉目之間示人深矣。惟劉子獨能領略而文之，劉子亦今古一奇人也哉。今而後眞一無眉矣，無目矣，盡取而寫之于其書矣。圖者圖其眉目，無容言者也，文者文其眉目可以言者也。善觀圖者觀其圖，已知其文，不必斤斤乎句分而字解之也。圖即文也。善觀文者觀其文，已會其圖，不必眈眈乎對影而虛視之也。文即圖也。或有得于其圖，或有得于其文，則即是可以識眞一，即可以識自己。蓋自己亦眞一之譜也。

眞一化一大世界，天地也，化一小世界，人也。劉子合大小世界而一焉，性理圖說也。則觀劉子之書，又可以知劉子矣。今而後無須語眞，無須語自己，無須語大世界，亦無須語小世界，觀劉子之書，一以貫通焉。

黑鳴鳳《天方性理序》 今幸白門劉子介廉，既精西學，又通諸家，中西異同，燦若眉目，慨然任道，詮發性理，不憚其苦，數十寒暑，纂譯聖經，著爲圖傳，前溯元元，後推永永，中述造化，不遺巨細，廓然大公，不立私意。懷書南北，寓意山水，武林攬勝，弄吟三月，促裝言旋。問予，予曰，是誠通人，寤寐思服，亟請來寧。三復斯傳，精言妙義，堅卓不磨，大慰予懷。第惟性理，人所公具，性理之學，人所公言。以公言公，宜無不同。奈何諸家言人人殊，言物物異。紛紜聚訟，終無旨歸。天方教人，理有一定，認理維眞，毋庸疑猜。言有萬殊，立言務確，毋庸游移。一涉疑猜，即流異學。一語游移，隨起譏毁。今也劉子闡發性理，本乎實有，歸於一眞，條分縷析，足信足徵。

袁汝琦《天方性理序》 劉氏介廉慨然獨任，會通東西之文而漢譯之，採精掲萃，輯數經而爲一經。復因經立圖，因圖立傳，博摭數十部名經之奧義微言而詳說之，以恐學者之有疑也。顔之曰天方性理，卷不盈握，而造物之全體大用，萬物之表裏精粗，星燦眉列，無復遺蘊，誠格物致知之譜本，而窮理盡性之途徑也。學者廢其舊習，入是門庭，則見全見虧，爲眞爲僞，皆能自辨，而亦自期於見其全體大用，無負斯人矣。吁嘻，是何先賢易於傳而後學艱於受，是何介廉苦於成而衆人輕於得耶。先賢于于，後學迂迂，衆人蚩蚩，而介廉亹亹也。夫介廉何如人，偉人也，不偉於世務，而偉於道德，不偉於人之所能，而偉於人之所不能，所以成其亹亹也，偉人哉。爭衡量，校銖兩，介廉不知。攻詞華，邀青紫，介廉不習。惟於性命操持，一息不間，一學不遺。幼從余遊，即有大志，見者皆必其有成，而不圖造道至於如是。學既成，避世居山，殫二十年，苦功

著書十數種，性理則其首編也。其餘禮書樂書典禮諸集，俱各臻其妙，要皆闡天方以曉中國，不以私臆眩諸聽聞。偉哉。三家無是學，千古鮮是人。居喜僻，交寡儔，故都邑不聞其人，鄉里不知其學，戚友皆不識其所作做，至於家庭骨肉厭其不治生産，且以爲不祥。而介廉弗惱，亦弗顧，淡如也，亹亹也。書成，視余。余不文，不能加點問序。既不文，何以序，識其亹亹至意，以告世之學者共相勉於格致窮盡之効，以見其全體大用不負斯人也。則是書之作，不偶然矣。

王澤弘《天方性理序》 秋田書曰，介廉之心甚虚，而不能自信，欲就正儒者而後行其書。吁。以介廉之學，而不自滿假如此，其視以章句而誇許於功名之場者，爲何如哉。余竊以爲劉子無憂也。易一卜筮書耳，而言先天者宗之，言後天者宗之。其言先天也，若天不言，而代之言。其言後天也，若天有成命，而復其命。古今儒者之立言，莫不如是。亦何憂其無本，而借天方以大其傳耶。然劉子馬子，世其家學，各遵其所聞，各行其所知，皆能與吾儒相爲發明，相爲補救。而劉子蓋虚心究學，會貫儒者之典，以日新其機，而富有其業，則天方無書，自劉子而有書。吾儒絶學，有劉子而可與其學也已。豈非世道之大幸歟。

俞楷《天方性理圖説序》 劉子蓋苦學精思人也，棄生産而弗有，棄功名而弗事，棄百家術數而弗爲，一志于學，以之十年之力，既精天方之理，又通中國之書儳焉。日有孳孳不能一刻暇豫。嗟乎，劉子亦何所利而爲之，既自成一家之言矣，而習科舉者不知，爲古文詞者不知，即稍知孔周之學者亦不知。匪惟中國不知，而天方之流寓于此者不知，即天方之奉教素篤者亦不知。嗟乎，不知何害。不知然後見介廉之學眞有合于周子也。雖然周子之圖説中國之自疑者不少矣，不但爲科舉之學者本不事此，即文人學士不過曰文焉學焉而已，亦不知此。故周子圖説一出，而宋之朱震疑之，謂太極圖説本自陳希夷，希夷傳之种放，放傳之穆修，幾陷于異端。朱子雖極力湔説，象山兄弟疑其無極二字，頭上安頭，而譏朱子爲禪，則朱子亦幾陷于異端矣，則是本之大易而傳之周穆者尚滃滃多餘論也。今劉子之圖説，其爲人之所不知也固宜，雖然吾儒之學之所異于異端者，謂其公也，謂其實也。即劉子言性本于天，則合乎儒者之公理，言道歸乎有，則合手儒者之實學。夫私則爲異端，公則何害，虚則爲異端，實則何害，東海西海非大公而至實者乎。豈吾周子之圖朱子之解，群以無極爲端，而如鵝湖鹿洞至今傳疑也乎。獨可念者，劉子孑然一身，著書幾數十年，懷冊書數千里，篤志于道，而冬不爐，暑不扇，夏一葛，寒一裘，世之人皆以其不同于中國，并文而不知其深合于中國之學，雖有澴川氏之激賞而他人異同之見，猶不泯也。吾茲不暇言其底藴，而姑以迹斷之，西域之異端佛也，劉子天方之説大不合于佛。中國之異端老也，劉子天方之説又大不合于老。劉子不逃楊，不歸墨，不逃佛，不歸老，又止談性理，不言術數，則非吾儒而誰與。余故喜其合于周子，序而傳之，將不得與洙泗之學并著天壤哉。

丁灝《天方性理序》 劉子介廉聰明卓越，誕生國初鍵關城西別墅。歷有年所，廣搜天方諸經典，參考載籍，譯經以立圖，因圖以立説。【略】介廉胸有成竹，故爾筆如懸河。予頃答山陽楊廣文札有曰，此書可謂前無古人，後無來者，非虚也。憶十載前，介廉以所著相質。予閲一二歸之，尚慮其落落難合也。不數年，而介廉遊京師，過淮上，梓其典禮竣。又數年，遊錢塘，過甬東，梓其性理亦竣。寧非有志者事竟成乎。

潘鐸《天方性理序》 舊聞金陵有劉一齋先生，康熙年間人，居於清涼山下，深於天方之理而通於儒，其著述甚富。【略】而復初所承恩命，晉階二品冠綴孔翠。其遭際之隆，視一齋又過之。則所以化導回衆，俾之沐浴醲化以盡忠盡孝者，實而見諸行事，不徒以空文垂訓，是又復初本志也夫。

徐元正《天方性理序》（天方）言性理恰與吾儒合。其言先天後天、大世界小世界之源流次第，皆發前人所未發，而微言妙義，視吾儒爲詳。【略】劉子漢譯以授中國，中國將于是書復窺見堯舜禹湯文武周孔之道，則是書之作也，雖以闡發天方，實以光大吾儒。

馬士芳《天方至聖實録年譜書序》 有金陵劉子一齋先生，深以爲幸，能會通東西之文章，極引益見，所以求道理之精義，復憐東土之欲窺聖門而無得而入者，于是立言垂教，自本至末，按西經准墨，依原文直解漢譯，所以提撕誨引于後人，而學士大夫可以望聖域而希之效之。

賽璵《至聖實録年譜序》 劉公一齋著述甚多，爲聖教之功臣，如天方性理典禮字母解義五功釋義諸書，尤其卓卓，而吾所佩服者至聖實録年

譜一書。

袁國祚《**天方至聖實録年譜叙**》 白下介廉劉先生者，幼從先祖遊，即潛心默契眞詮，既壯而慨然以漢譯爲己任，殫廿餘年之精力，彙千萬卷之英華，翻譯成帙，披閲瞭然，俾吾教窮理盡性之學，一旦霧散而睹天光，全體大用之精，尤達車行而明軌迹。不但有功於往聖，實深有裨於後人。苟非劉子之繼父志而宏聖教，以惠無窮者，何能有此輝耀也哉。則劉子之忠孝仁慈，洵有不可思議者矣。總計成書十餘種，而壽梨棗者，僅性理典禮數種而已。

馬復初

綜述

潘鐸《**天方性理記**》 馬復初先生，天方教之篤於學者也。壬戌秋，晤於滇南，以其所著信源六箴示予。余金陵人也。舊聞金陵有劉一齋先生，康熙間人，居於清涼山下，深於天方之理，而通於儒，其著述甚富。復初持其所著天方性理天方典禮，云舊板被燬，思復刊刻。余觸於鄉里之感，取而觀之者累日。今復初之書，與一齋之學同。二百年間，後先相映。而復初新承恩命，晉階二品冠，綴孔翠，其遭際之隆，視一齋又過之，則所以化導回衆，俾之沐浴醲化，以盡忠盡孝者，實而見諸行事，不徒以空文垂訓，是又復初之本志也夫。

宋延春《**天方性理序**》 天方性理一書，金陵劉公介廉之所著也。顧其書文微旨隱，非淺學所能卒解。滇南榆城馬復初先生嘗遊天方，歸得其書，探微摘隱，與其及門，口講指畫，既有年矣。而又恐讀其書者，不能窺見藴奥，心竊憾焉。乃於授徒之暇，取劉氏書，章疏句解，而天方性理之旨，遂以微顯闡幽，爲受其教者示之的焉。先生著述宏富，已嘗窺見一斑。兹又以所解釋眞一三品等篇示余，亦可知先生造詣精微，爲近世習天方學者所罕見。雖其微文奥義，有非余之所敢知。然其苦心孤詣，上接古聖之薪傳，下開後學之蒙蔽，其有功於回教也，豈淺鮮哉。

傳記

張石卿《**四典要會序**》 戊午，重奉命撫滇。有奉旨敕爲回總掌教馬復初者，呈所著幽明釋義一書，再三披覽，覺其見理獨眞，元妙之中處處有實用，且與古來聖經賢傳有相互發明之處。公餘因隨手批數語以示沙孝廉蘭，據沙蘭述及馬復初親到天方等國，見彼教眞經典，所以與世傳回教之粗迹，迥不相同。及復初來謁，骨格清奇，性情恬淡，且深明大義，能約束回教，以正保漢即以保回，實能以菩薩心腸，具聖賢作用者。今特奉旨，總掌其教，化導日深，沾被日廣，將見回民共敦禮讓，化烽燧之焰爲詩書之氣，厥功偉矣。其所呈性理本經及實録寶訓二書，寓深奥於日用飲食之中，與儒經曲禮小學等書同旨。全滇肅清後，擬於回教中多立義學，即將二書作爲功課，令回民童而習之，本忠孝以發爲事業，將馬總戎濟美之忠烈，沙明府琛之循良，何難層見迭出，爲朝廷用，是守土之望，亦復初掌教之責也。

馬德新《**四典要會·幽明釋義後序**》 復翁，大理太和人，年垂七十，爲回教大師長。中年赴西域天方訪道。【略】昔爲幽明釋義一卷。其所云清眞之經，大旨有四，認主宰，認本身，認今生，認復生，及天堂地獄因果，俱自有見解。滇疆頻歲多故，復翁伸明大義，約束回教，眞傭中佼佼者。余奉檄招撫，識翁於萬壽宮，爲賦五古一章，題卷首，既論道要，更深諷規。金經云，如來是眞語者，實語者，不誑語者。復翁勉旃得道，須積功累行，翁釋義所稱，靈魂復生，直達眞一，玄妙天堂，在此舉也。其以婆心藥言，普化大衆，散鬱和衷，歸根復命，以共迓天庥，庶不負國家二百餘年怙冒之恩，亦不背認主宰本身之經旨云。

馬兆龍《**四典要會序**》 公號復初，滇人也。聰明絶倫，世所罕有，而好學不倦。遍遊各國，采風化，審人情，博覽諸書注解，精求各教理法。嗣朝覲天方，伏憩庫藏眞經，詳對東土前遺之經内一一訛錯，悉行更

改，俾與古今，而數十年中，習學淵源，遵中國之理，引孔孟之章，譯出天道人道之至理，指破生來死去之關頭，其功可謂大矣。不但使吾教人容易知曉，即儒諸君子咸知吾教非楊墨之道也。溯自唐宋元明以來，代不乏人，如王岱輿劉介廉馬文炳張世忠諸夫子，皆有譯著。今復初附驥前賢，苦心化導，譯作四典要會，雖未習經之人，開卷無不瞭然。并攜回天方曆之書，破出看月法則，而千載之疑案，從此昭明矣。公眞爲名世特出之人，維系國家安危之事。前滇南回漢械鬭，公曾周旋其間，竭力解合，得救億萬民命塗炭之阨，軍民無不感激。公乃不貪名爵，隱歸林下，繹作各部經書，所註煌煌炳炳之辭，觀之者，一則以喜，一則以懼。喜者遵其言，順其行，以冀提攜天堂之樂。懼者悖其言，違其行，則受地獄之苦。吾人不讀書，不習經，焉明天道人道之旨，愼勿久持愚昧，有負化導之心。既明經書，亦不可空談仁義，宜早動循天理，修身檢心，則終日孜孜，庶而後務善策者無惡事，深存遠慮者免近憂。公再三叮嚀，惟謨民中誤蹈岐路，而願天下人同歸於正道矣。

馬開科《大化總歸序》 科回人也，幼習儒書，於我教中之經籍未之知，我教中之理道未之習。即有時問諸父老師長，不過得其風俗中之末節耳。甚有妄談不經以駭俗，故爲謬語以欺人，予滋疑焉。疑夫回之理爲失其中正也，回之道爲歸於妄誕也，回之教爲流於偏倚也。非科一回人之業儒者如是，凡回人之業儒者亦莫不如是，又何怪漢教中之業儒者有不如是哉。

癸亥秋，得從事復初夫子於滇垣。夫子出劉公介廉所著性理典禮，王公岱輿馬公文炳所著眞詮指南，以及夫子手著四典要會各集示科。科服習之，玩索之，夫子又從而口講指畫之。兩年於兹，乃恍然於天地之原始，萬物之歸宿，人神之機密，性命之從來，將造物之全體大用，聖賢之復命歸眞，庶彙之知能長養，無不畢萃於吾教焉。道之廣大如是乎，教之高明如是乎，理之中正如是乎。特難強未入其門者之見信耳。然非得夫子之循循善誘，而道豈能若是之明哉。夫子篤於天方之學，而又深於儒，與王劉諸公遙接吾教中衆聖群賢之薪傳者也。夫隋唐迄今，千餘年矣。斯道之流傳，獨得王劉諸公維持於不墜，功已不易矣。而獨欲大爲昌明，不綦難哉。蓋中土爲萬教雜出之地，實吾教孤立之秋。其間從佛者混之，從道者混之，吾教中更有名同實異者混之。非得夫子出而防微杜漸，則王劉諸公與衆聖群賢之道，亦湮沒不彰矣。且夫天道否而後泰，世運亂而後治，聖學暗而後明者，亦時也勢也。我夫子慮聖學之不明，翻然於眞傳之未得，名師之罕遇，乃出滇黔，歷嶺表，越飄洋，覲天庭，經數萬里之風霜雨雪，矢八九載之琢磨切磋，目睹中華未見之經，耳聞吾國未傳之道。歸而謝絕人事，搜括群書，是者存之，非者革之，煩者刪之，簡者就之，杜虛誕不經之談，歸大中至正之道，俾學者易於從由，教者難於惑亂，顯與異端相隔閡，隱與儒教爲表裏。至是則見始而忌吾道者，既而親吾道矣，且終而從吾道矣。炳炳烺烺，吾教之彰於東土，不將與雲漢爲昭，山嶽並永哉。獨是王劉諸公所際者，盛時也。夫子不幸而生於變亂之際，尙能以經術而化干戈，以盛德而感蠻貊，作蒼生之保障，心可諒於天地鬼神，受王國之撫綏，功直垂諸鼎鐘竹帛，極之天道能挽，世運能回，未始非聖學能明，有以致之也。然而夫子之所遇，較王劉諸公又勝之矣。彼王劉當日，有德而無權，有學而無勢，雖著作不下數百卷，因王公見忌而不敢傳者有之，因貲費不足而不能傳者又有之。夫子德與權合，學與勢興，所以刊刻之多，爲王劉諸公所不及。所惜者，王劉諸公於後世復生一節，多所闕略。夫子嘗抱恨曰，後世者，生死之大關，幽明之至義，原始反終之要道也。造物之全體大用，聖賢之復命歸眞，庶彙之知能長養，非此概不能顯。奈何王劉諸公之不著也，或著之而未刊也，不將使道佛兩家得倡其輪迴託生之說哉。天經三十部冊，中言復生，七百餘條。眞主於此事鄭重分明者，誠以人爲天地之種，斯道之果也。到此地位，則果熟而正驗種美之日也。我夫子所以必叮嚀往復者，欲爲眞主了造化之一大結局也。昔者夫子著幽明釋義會歸要語信源六箴等集，其言復生奧義，既詳且盡矣。而兹又另爲一集者，因甫蘇師一經，前爲友人借去，其中詞意多所遺忘。今得西上之便帶回此經。於是，忘餐廢寢，日夜探索，覺微言奧旨，有非前數集所能盡者，因以漢文譯之，以續其末，亦欲傳歷代聖人行道不盡之苦衷，並囑科爲刪定成章。科何人，斯敢操此劵。但夫子爲明道計，言之者既已娓娓動聽，著之者又復彬彬可觀。科不過分緒而理，以成此善本焉耳。至是乃歎，科向者未敢深信我教經文，以素來闡發者之無人也。及夫子命譯此經，雖親口授受，而有礙情理者，科未嘗不蓄疑於中，與夫子辯

論焉，而商所以去之。所幸夫子謙抑爲懷，鄭重其事，每於一章一節，必手執經本，逐句對勘，逐字互校，以求無背謬之義，支離之詞，並不敢杜譔一語，有負古聖人立言之本心。可見讀經之難，譯經尤不易。書既成，細玩詞中之義，静勘理内之原，乃知我夫子羅群經以爲一經，杜異説以立一説者，是從數十代列聖之名言至論，而奉以爲依歸者也。此非岱輿介廉而外，獨樹一幟者乎。他日者，讀夫子各集，並得覽石卿和甫平山諸儒家評語，知其見重於儒林者，又非一朝一夕之故。科生不辰，相見恨晚。雖籍隸回族，而非眞回。業習儒家，而非眞儒。今讀夫子之書，乃見天下無眞回，又安有眞儒哉。且見天下皆可爲眞回，又安在不可爲眞儒哉。此集一出，而回教中之業儒者，當無不共勉爲眞回，以進於眞儒也。即不業儒者，亦無不共知吾教有眞回之即可爲眞儒也。此回教之可羽翼儒教者，此也。是爲序。

典籍部

正教真詮

綜述

粵東城南《重刻正教真詮序》 嘗思道有所由明，教有所由著，此必然之理也。竊觀夫正教眞詮一書，纂於岱輿王君，引經據典，規條固甚詳明，指事類情，此例尤爲剴切，洵乎其爲吾教之指南乎。惟是經文與漢字不相符合，識經典者必不能通漢文，習漢文者又不能知經典。自正教眞詮出，遂以中土之漢文，展天房之奧義，故開卷了然，瀹我心源，發人聾聵。閱其條款，而黃童白叟知所欽遵，覽厥遺規，即黑漢村愚亦思所恪守，則聖道借以闡明，正教賴以表著，有裨於吾教不淺矣。但此書板藏於江寧，聞已遭回祿，恐日久篇斷簡殘，有負岱輿王君維持正教至意。今將原書繕寫校核，重付梨棗，庶不致澌滅失傳云爾。刊成板藏於城南清眞寺內，如有同好者或自備紙張印刷，以廣流傳觀覽可也。是爲叙。

梁以濬《正教真詮叙》 世界芥子耳，而說者須彌之。果須彌也，東西北南，日出入際，當何如遼濶也。乃此地自唐虞以後，文物衣冠，日趨日盛。命曰中國，而實則止可謂之東土，不可謂之中。若以天地言中，則今所謂西域天房國，日影之可証是也。蓋有天地以來，天房居四極之中。人祖降生于此，始興治立教焉。自玆以後，生人漸繁，教道四達，流被日遠。然其間不無聞見失眞，而向背各半。隋唐之際，始流傳于東土，非隋唐以前無清眞正教也。

或曰，此地自數百千年，堯舜禹湯文武周公孔子創制立法，詩書禮樂爲外夷之觀，物產人士爲外夷之用，所以天子有道，四夷賓服，固天之厚于此土也。即有正教，胡不由厚以施薄，而必緣彼以及此乎。爲此言者，則亦未讀書之過也。今夫諸書所載天房之風土者有矣，四時如春，無勁寒烈暑之氣，百物咸備，多鷄駭希世之珍，如果棉諸種，自彼而至，宮室服制，視此尤隆。惟其于天地之間爲正教建中立極之地，故特異(干)〔于〕殊方。人物修美，山川秀麗，戾氣不干，聖賢接踵。是以孔子之對太宰曰，西方有大聖人焉，不教而治，不言而化。夫孔子爲東土儒者之宗，一言而爲天下法。此言宜可信也。然則儒者之道非乎。曰，否。宇宙間君臣父子夫婦昆弟朋友之倫，誠意正心修身齊家治國平天下之道，理盡義極，無復漏遺，至正大中，絕去偏頗，非此則人道不全，治法不備。此儒者之道之所以不易也。第其始之所以來，終之所以往，造化原本，生死關頭，一切不言。夫生人之理，有始有中有卒。儒者獨言其中，而不言始卒，天下深觀之士不免疑焉。于是祝髮披緇之流，乃得因其疑而乘之。後人不察，以爲始卒之理，實應如是，遂三教鼎立焉。宋人起而闡明儒道，以闢其妄，意亦良善，惜也其未得眞主之明命衆聖之眞傳，徒以語言文字之所及及之，語言文字所不及則不及之。

或曰，清眞之教，業爲正教之宗，何不著書立說，以爲一家之言，使天下後世曉然知其至理之所在，而竟乃寥寥也。則亦有說于此。蓋以清眞之道，絲絲相承，脈脈相接，無所用其聰明，不得私其臆見。有尊經以爲指迷，有典籍以爲稽考，故亘古及今，人安其治，家習其傳。況乎字體各殊，學問迥別，或精于此者不精于彼，習于彼者未習于此。著作雖弘，不能互閱。若我岱輿王先生之四教博通，諸家畢覽，蓋百而不得一也。先生平生梗概，大有似于心齋。少而未學，年二十始能識字，遂深思性命之理，于是博及群書，詳稽奧義，以爲有未盡也，更究心于經典。一切精微，悉由悟入。慨大道之莫宣，念斯人之多惑，頗欲著書，以宏斯道。數年微緒，惟精唯一，不偏不倚，所以生民倫常之道立，而其教遂亘古而弗衰。弘文宣化，如黃鐘，如律呂，然他氏則蠅聲蛙噪耳。獨清眞一教，其說本于天，而理宗于一，與吾儒大相表裏。昌黎曰：「近乎儒者則進之。」是可悉其始末而昌明之也。厥祖自司馬朝徙入內地，其間或聚或散，靡可稽考。而隋煬帝侈情漢武，四方夷譯稽顙而至，清眞之教大衍于中幅矣。其教亦不廢君臣、父子、夫婦、昆弟、朋友之序，而潔己好施，更廣吾儒所不足。不分爾我，不殊遠近，億萬人如一心，東西朔如一處，此實混沌

未鑿之元氣，獨能保留之而不失，豈不大可尙耶！且立說平易，不事玄誕，與道釋兩家，絕爲霄壤，較之吾儒性理一書，同而異，異而同，亦在所不諱。其蘭臺石室之藏，浩足充棟，但俱國音中幅之人，無一曉者。岱輿先生慨道不大著，教恐中湮，遂著《眞詮》四十篇以行于世，博採經史菁英，廣摭輿徒恆論，疑似必辨，志在詳明，使奉其澤者，如在春風中坐，莫不識其由來，其功亦伊教之紫陽也。

何漢敬《正教眞詮叙》 天地一形器也，而道實於其中。上自俯仰觀察之大，下至貌言擧動之微，莫不有一自然周行在。智者過之，愚者不及，故聖人修之立教。教者所以納天下于軌物者也。【略】且沾沾謙遜弗遑不敢自居作者。吾謂滄海一勺，臣鼎一臠，雖未足以盡滄海巨鼎之大，然其味亦不外于一勺一臠間耳。吾儒六經並垂，光昭日月，而程朱楊蔡諸君子復起而〔銓〕〔詮〕註之，如大全諸書是也。今先生以四十篇闡其精微，明白曉暢，皆可漢讀，亦不異公造指南，使月氏遠人盡歸故國，愚夫愚婦皆可與知與能也。孔子曰，西方有聖人，不言而信，不教而化。吾今服其教矣。太史占德星躔於揚州之野，主有異人出。吾今見其人矣。先生將不得千秋俎豆乎哉。

鄭應驌《正教眞詮跋》 予閱此書，理事詳明，其于正教關係匪輕，不獨戶戶宜藏，更且人人宜讀，凡蒙童小子應與熟讀而謹記之。或不能深習經典，猶可明其大略，庶不致惑于異端左道矣。正人君子幸留意焉。

清眞大學

論　說

清眞鄙人《清眞大學弁言》 參茲大學義理，精詳直達本原，特明眞一，顯正道之光明，驅異端之訛謬，靜則具于胸中，用則彌于宇宙，貫微塵而不細，括天地而不廣，掃除色相，劈破空無，本因全復明德之源，導引歸眞之路，由此則脫離幻海，復回來岸，較之弘道輿倫綱常大典，孰有愈于此乎。果欲演說清眞，闡斯玄妙，非其人必不能解，不應受，亦不能受，誠得斯人，始弘斯道。何也。非其人而解者，若玉面之加脂，反累其本色，非彼自不盡心，較之才力止此而已。不應授而授之，如錦衣之傀儡，外雖華美，內本空尸，若無提攜，豈能自運動哉。夫以金鰲之餌，欲釣池底之魚，不特不吞其釣，更且驚怖而逃耳。然則十室之邑，尙有忠信。百里萬區，豈無賢侶。大都明者自明，晦者自晦。惜乎眞知定見者寡，隨波流蕩者多，不辨是非，以耳代目。詳夫衆好之必察焉，衆惡之必察焉。蓋因此輩而發也。但期正人君子體念忠誠，參求至道，明心胸而大眼界，鎔俗見而掃臆說，踐迹眞傳，方有正得。似此磋磨，始知極大之証明，頓悟當身之古冊，庶幾不負作者之婆心，更闡清眞之至道矣。

希眞正答

論　說

馬忠信《希眞正答弁言》 夫道一也，二則岐矣。道無容言也。岐則百家諸子三教九流紛然雜出，各標其新奇可喜之論，以眩世人之耳目，而惑亂其心志。有識者憂之，則不能已于言矣。今夫國必有君，家必有長，以至十室之邑必有守令，百夫之衆必有主盟。下逮蜂蟻之微，亦必肅其君臣之義。凡物之不可以無主也。道一也，無則亂，二則亂也。若大千世界而必有一至尊，無耦者以爲之主，此斷斷無疑者也。乃迷者則岐于理氣空無之論。使可以空，可以無，可以理氣盡之，則日月何以不亂其升沉，四時何以不易其推遷，寒暑何以不錯其往來。觀其所以不亂不易不錯，則必有爲之主者也。此固不能已于言也，然則有主矣，而其造化之幾微，隱顯之體用，性命之玄旨，以及條律教戒之文，聖智凡愚之別，萬物精粗之理，不容誣也。而世之由焉而不知，知焉而不察者，或岐于毫釐千里之誤。蓋人百其知知百，其用少涉臆見則流于左道而不覺，此又不能已于言也。往岱輿王子，每與予言及，則未嘗不三歎也。于是或有問者，必正言答之，不憚反覆明曉之。同人爲之筆記，得若干則。伍君連城，有心斯道

者也，爰爲參訂，而以問序于予。予讀之曰，是可使岐者一，而惑亂者定矣。誠涉海之津梁，迷途之指南也。喜而誌其大義于簡端。至其扶微悉奧，探頤鈎深，單詞悟道，數語解頤，有目者能見之，予不贅也。

邊聞欽《希真正答又序》 夫仁者，己欲立而立人，己欲達而達人，其是集歟。觀其志，本爲闡揚正教，指引迷途，使聾聵者得有見聞，恍惚者心歸一定，孰有愈于此乎。其中所載，皆人所罕問，亦人所鮮答者。若非開示群疑，將何以証清眞之至道焉。是以經云，正道如種子，問答若滋生。所以理無究竟，其理不明。若財無經營，其財自減。即此推詳問答一端，誠弘道之至要也。譬如因病求醫謂之問，察病發葯謂之答。葯應病而通神，答中疑而即悟，此良醫也。然或一問一答之中，不特不啓其疑，而且更增其惑，何也。設問大而答小，如葯力微，則不能勝病。或問卑而答高，若葯力猛，又恐傷其本。或不答其問而唐突之，尤以一方而治百病。所以患者由斯或益顚狂，或更怯弱，葯餌重加，病原更熾，其何治哉。觀諸疑問，初然有颶風振海之威，有疾雷破山之勢。老人答之以正覺，或應之以機權，則化風濤爲坦途，轉陰霾爲霽景，出沒如電，變化若龍，心胸是何等玲瓏，議論是何等透徹，其理本爲鼓舞天下之英才，其事更欲喚醒世人之醉夢。若徒以觀者稱奇，無非首肯一歎，豈眞知翁之深意也哉。嗟夫時士，惟泥文字，不務眞知。若夫窮僻之鄙人，終日扣盆鉢之音，以爲至美，設不一擊洪鐘，伐巨鼓，卒不知其聲響也。所謂眞知者，乃掃去含瞞，絕無猜疑，比之日耀晴空，無不照徹，道出一字一句，少長愚智莫不了然。譬之猛火，近之則燎，雖炎夏汗流更不能增其熱，隆冬水凍亦不能減其威。誠清眞之正論，聖賢之格言矣。

清真指南

論說

馬注《清真指南》卷一《指南叙》 岱輿王先生奮起吳俗，懼道不彰，著爲眞詮一集，可謂清夜鳴鐘，喚醒醉夢，苦葯針砭，救濟沉痾。

馬大恩《重刻清真指南叙》 粤稽清眞道脉之流傳東土，由來久矣。上歷隋唐宋元，屢著褒封。自前明洪武初，勅修天下清寺，特加優獎，延至本朝恩禮渥隆。逮我聖祖仁皇帝出狩蠡城，登清眞閣，一見天經即頻詔進講。入歷代來，我教以人文蔚起，武功尤盛，荷蒙旌典，共沐殊榮。仰見聖恩加厚我教，與夫隆重天經之至意，並無涯也。予曩因重刻天方典禮、性理、清眞大學、五功釋義、衛眞要畧、至聖實錄等書暨天方三字經，子母解義兩集，而於其中天人性命之旨，日用當行之説，已即各部簡端詳叙之。茲鐫聖裔馬文炳先生所著清眞指南一書，亦欲印刷流布，公諸同志，又何須乎多贅而卒有不容不贅者，夫理與欲不兩存，義與利不並行。間聞前刻諸書，竟有同人攜以他售，攫取多金者，殊出予意料外也。前之人方多端誘掖，深具婆心，俾夫流俗波靡，共拔迷途，諭以本末源流，同臻彼岸，而顧以謀理者轉而狥□，尚義者轉而圖利。是不能尊經而反褻經。其於吾不惜重貲鐫印廣傳之初心謂之何哉。是刻也。分門別類，朗若列星。伏願我同人互相勸勵，沉心講求，果能實力奉行。不惟無負眞主之造化與聖裔之指南，其即有以，仰副聖朝之恩庇乎。予將拭目以俟之。時道光八年五月上浣漢南雲峯馬大恩撰

保安吉《再次重刻清真指南序》 太荒之初，經籍已有，相傳日久，著作暫多。大率本天經地義之理，啓發人之心性，開化人之愚迷，使能誠心研究，窮其底蘊。不惟生前順理，抑亦可以超昇上界。斯書之功德不亦大乎。維聖裔馬仲修公，闡揚教化，既於經理學道無不精入奧妙，而吾教諸集又復詳加摘粹，取其要以爲指歸焉。仲修老先生曾歷掌黔蜀等省，大學公餘之暇，細將漢文發明經學著成清眞指南一部，共十本計十萬餘言。上窮造化，中盡修身，末言後世，天地之秘，鬼神之奥，性命之理，死生之説，罔不巨細畢備。余幼時入寺附學，曾蒙業師馬老夫子親授此書，後旋失去，心甚悵之。忽於同治戊辰復覩是書，如獲異寶。不惜重貲購得全部，與寺内同志諸君子捐資重刊。惟慮其中篇，有遺漏，字有差訛，於是劉君占翔託馬君晴峰轉向白君理堂，借得原本全部，以備較對。今板告成，特請哈君垚階蕭君輔廷，較訂無訛，此書可謂全璧矣。或有少年失於經學者，誠能置此書于案上，隨暇披閱。雖未能深窺奧旨，亦可領會大

意。如遵而守之，爲吾教中心明性定之人矣，豈曰小補之哉。端州何大源禺山馬長安全較刻。時同治八年歲次己巳仲秋後學保安吉謹識。

馬承蔭《指南叙》 予先大人以提督西粤，戎務之暇，輒與一二師學咨論教典，追研精義。是時予雖齡稚，而習聞焉。如秦之李秉旭，楚之馬明龍，魯之常永華、李延齡、吳之馬君實、馬之騏、馬承益，粤之皇甫經，中山之舍起雲，燕之馬化蛟，淵源實學，道脈眞傳，東土之不多得者。雖教化叢興，地不乏人，惜無著書遺世，徒以心授，失學拘儒，南轅北轍，於是教之所及者及之，教之所不及者則不及之。若岱輿王先生回儒傳學，墨翰精通，釋杖玄丹，應身垂教。雖未及見其人，而眞詮一集神遊海宇，功在萬世，非其文，吾不知其人也。辛酉冬予因應詔金門，退朝之暇，過聖后而望焉。見案頭置有清眞指南一書，視之廼知爲聖后數年所集，詞明義徹，言必引經，晰諸教異同之理，闡幽明死生之説，上窮造化，中盡修身，未言後世，天國地禁，燎於指掌。俾善者不能無望，惡者不能無懼，智者不能無警，愚者不能無悟，規諷曲喻殫厥心思。雖未足以盡天經之萬一，而望洋知海，已得曉其大觀。非繼岱輿而有功者乎。昔黃帝作指南車而破蚩尤，刻舟楫以通巨海。大道汪洋，陰霾易蔽。聖後懼正教久湮，異端左道眩惑人心，著爲是集經號指南。遵而守之，可以指一人亦可以指千萬人，推而廣之，可以指一世亦可以指千萬世。是大有功於經教者也。聖後號仲修字文炳，滇迤西金齒人，至聖穆罕默德四十五代裔，元咸陽王賽典赤十五世孫也。幼習儒業而博經訓。詣京爲聖人請褒。予因慕其人而尤慕其文也。故爲之叙。時康熙辛酉仲冬望前授昭義將軍伯阿思呢哈番教弟馬承蔭撰。

保天佐《指南叙》 士君子達則以一身荷天下之任，窮則以一心繫道脉之重。雖不同者其事，而同者其心。心者理慾之關，君子小人所繇辨也。君子嫉惡，小人嫉善。嫉惡者恐其妨善，嫉善者恐其妨惡。仲尼志篤興周，周流都邑，採風問俗，而道不見用於當時。美刺貞淫，見於風雅，麟經褒貶，以終己志。惟封人始能知之。孟軻敷陳仁義，與世相違，卒與萬章之徒辯道終身。世態波遷，東流不返。水能載舟，亦能覆舟。故眞主諭云，自從造化盹鴉吾未曾觀看一次，然則居此而不沉溺者幾人哉。鴈過長江飛聲愈急，猩貪醉飲不顧危亡。士君子遨遊海內，裘脱芒穿，窮經晰理，舌敝喉乾，不過爲斯人懵性命，海浪作舟航，柰月滿長空，螢光自燭，風廻大地，扇羽爲涼。道不遠人，人之爲道而自遠。予未嘗不冷觀而竊笑也。老子云大道無形，生育天地。中庸謂道也者，不可須臾離，朝聞道夕死可矣。眞主諭云，我之近人比人之筋命近人，更還至近。然則心離則道離，心在則道在，眞主無一刻遠人，人自遠眞主。故曰心者理慾之關，君子小人所繇判也。君子不因天堂而辦功，不以地獄而止罪。小人反是。故成之難而敗則易。不佞僻處西蜀，雖有海內名師，間關阻越，惟是風馬牛不能相及。間讀章句未探深旨，雖亦有聞，譬若持杓欲竭滄海，滴水難消夏渴。恆欲奮天池而廣蛙見，和白雪以訪鍾琴。柰孀母垂堂，塤篪互戀。乾坤雖浩，難免管窺之誚爾。丁卯冬，適聖裔仲翁馬老師自燕旋滇，道經閬中，課拜之暇，出清眞指南以示予。展卷披閲，頓忘世務。初讀之而銷人昏氣矜氣，再讀之而滌人輕心怠心。廼知道有三程常道中道至道也。常道如人之身，中道如人之心，至道如人之命。有身無心謂之木偶，有心無命謂之行屍。今予得其心命矣。命有三時，生來現在死去也。生來謂之源，現在謂之客，死去謂之歸。知死而不知生，則忘其源。知生而不知死，則忘其歸。今予得其歸源矣。理有三樞，隱顯内外，有無也。識隱顯則知内外，識内外則知有無。知顯而不知隱謂之昏。知内而不知外，謂之狹。知有而不知無，謂之愚。今予得其樞理矣。認有三柄眞一數一認一也。非眞一不顯數一，非數一不顯萬有。若離數一以言眞一則眞一不顯。離眞一以尋萬有則萬有不著。眞一爲原主，數一爲原種，萬有爲全能。經云你認得自己便能認得造化之眞主。今予得其認一矣。北人乘馬，南人乘舟。反其所習不墜則溺。習贊爲贊，習聖爲聖。今使予得希贊做聖如乘千里之駒，馳騁於平原廣野，駕凌波之艦，沖風於巨海汪洋。皆先生有以惠之，又何慮蛙見管窺自限其域。仲敏云天地不大，還是眼小。眼也不小，還是慾大。誠能斬却外魔，揭開心障，等天地於微塵化古今爲一刻，尋求正道，參悟眞主，則老氏之偏釋氏之迷，又正教所宜憫而宜恤者。噫，先生距予嘉陵五千餘里，脂車在即，使予心有戀戀焉。幸得朝夕聆誨，示書抄録，使予閲中後人窮經而問難者，亦如予之與先生，是又先生之甘棠遺愛，去思而不忘也。時康熙二十七年戊辰春仲西蜀後學保天佐調元頓首拜撰。

天方典禮

論説

徐倬《天方典禮序》 禮所以成物者。天以禮常其清，地以禮常其寧，物以禮常□生息，人以禮成其爲萬物之靈。是以禮權天地束萬物。一日善□□羣有失□。萬物能守禮勿移，人則任欲易亂□。聖人以禮□人，不以禮教物。典謨訓誥，其諄諄於人者至矣。天之生斯民也，不私疆域，凡有生民即有聖人。此天方典禮乃西海聖人用以□西海之民者也。陳隋之時，西方有大聖人生而神靈，感化萬物。文帝慕其風，遣□往求。去經教以歸，□□西域始大通于中國，千百年來流寓者衆。雖居中國猶執祖□，智者守其經，愚者失其義。此劉子用儒文傳西學，以□於同人者也。雖然地有東西，理無疆界。是禮也雖自天方而理通於天下。凡我人士不靳與知亦不靳與能。蓋凡生人之化，心同理同，所□建諸天地而不悖質，諸鬼神而無疑也。況其言天道人道，尤悉學者能於是而用力焉，則亦盡人合天之一徑□□。其可以方域拘諸。賜進士出身禮部侍郎苕溪徐倬題

鹿祐《天方禮經序》 大道之在今古也，如日麗中天，無遠弗屆，無論東海西海凡得心理之同者，即爲聖人之教。堯舜禹湯文武周孔之教，本之平庸，極之正大，天道人道罔不兼該。顧其禮樂刑政典謨訓誥，載在六經語孟者至精詳矣。清眞一教，來自天方，衣冠言貌炯岸異人。予向疑其立教在吾儒之外，而或亦等于老佛之流也。戊子春接劉子一齋于京邸間，暢論天人性命無微弗透。詢其教之原委，一齋出所著天方禮經一集，曰清眞原委，可約略見端于此矣。因留覽卒業，見其微言妙義，切實淵深，天幾人事，節目井然，其倫禮綱常，猶然君臣父子夫婦昆弟朋友也，其脩齊誠正，猶然孝弟忠信禮義廉節也。其昭事上帝有所謂念禮齋課朝五者，亦猶然顧諟明命，存心養性，以事天也。夫然後知清眞一教，不偏不倚，直與中國聖人之教理同道合而非異端曲説所可同語者矣。吾于是益喜劉子之博學，奇才會心，于無盡也，既精天方之典復通中國之經，融會貫通，著爲書以闡其教。通部無一磨稜語，無一驚世駭俗語，所至難言者造物之本然也，而却能鉤深索隱以窮極，其精奧直使莫載莫破之理，盡昭著于不覩不聞之中，無聲無臭之妙俱顯見于魚躍鳶飛之際。禮經一書，殆可與六經並著天壤矣乎。讀是書者玩索而有得焉。探原握本，卓爾當前，天人兩盡，微顯同歸，視聽言動，持循在我，見仁見知，存乎其人。中國聖人復起，其能取斯言而易之。賜進士出身通議大夫兵部侍郎鹿祐拜譔。

楊斐菉《序》 聖天子御宇四十有八年，德被寰區，澤周中外。一置哈密之君，再造哈密之國。寵錫宴賚，恩禮優隆。又特遣郎官，送之出關。我皇上柔遠之道至矣。故天方之人，聞風慕義，梯山航海而來者，踵相接也。第語言異其聲音，文字殊其點畫。見我朝之禮裔裔皇皇，彬雅明備，有餘慕焉，而不能通其文。中華好事者見天方語言文字茫然扞格，疑其禮有驚世駭俗詭異而不近情者。不知疆域雖殊，同此君臣父子夫婦昆弟朋友之倫，飲食日用起居之節，婚姻喪葬追遠之誼，心同理同，則禮安有或異哉。數百年來獨未有人焉爲之細譯而詳解之故致此耳。劉子介廉，天才俊朗，逸思雕華。幼習天方之經，長攻儒者之學，既而旁搜博採二氏歐羅巴之文，靡不悉心殫究。鍵戶清涼山中十經寒暑，繙閱既多，著作益富。見中華天方之人，兩相遇而不能兩相通。因慨然曰譯其文而解其義，俾中外翕然同風，是殆余之責也。夫遂舉我朝典禮，譯爲天方文字，使遠至者知彬雅明備，如此其裔裔皇皇。既爲樂之，又取天方之禮，譯爲漢文，委曲繁重盈尺而不能竟其緒。恐讀者難之，復於禮中擇其倫常食用吉凶之最切要者，詳爲解釋。書成顧而樂之。不敢自是其學，負笈走京華，質諸先正，交口稱許。劉子南歸，以書見示予。受而讀之，忠君孝親之心，居室交友之道，悉本至性至情，流通貫浹衛生送死，可以無憾，絶無詭異不可遵循之弊。數十百年未明之禮於斯較著。上可以報我皇上撫綏之恩，下可以爲人心檢束之範。劉子之功於是大矣。昔孔子自衛反魯，定禮刪詩，雅頌既正，又存十五國之風，以爲全詩。今之刻天方典禮者亦雅頌不遺國風之意也。而好事者讀劉子之書化詭異之疑，與經曲相爲持循，同歸彬雅，庶不負劉子纂輯之初心也已。山陽楊斐菉淇益氏書於大椿樓。

童國選《重刊天方典禮序》 劉子介廉著天方典禮乃中流之砥柱，學問之津梁，書成，一時洛陽紙貴，不意十數載後板遭於火。雖是書流布甚廣，家珍戶藏，然恐年久漸至凋殘。在劉子繼彼先人之志而漢譯是書，闡聖道，開來學，克成其爲大孝。而吾輩父兄伯叔，常以體究經書，訓誨子弟。今幸部帙尚未分散，不亟捐資重付梓人。所愧於子職者寔多，然功難獨擅，事期共濟。因質於金陵諸學者蒙贊美，曰任道闡教貴於早斷，遂付剞劂，照原板隻字無訛。庶狂瀾不礙舟楫，而百川無復迷津。將使先人精折經書之意，得附劉子著述之功並垂於不朽矣。乾隆五年歲次庚申春月，京江童氏國選瑾重刊謹識。

馬大恩《重刻至聖實録年譜序》 性道本同，教屬大公。余自髫年肄經重道，已歷有年所矣。曩見漢譯西經數種，如金陵介廉劉子之天方典禮性理五功釋義，揚州岱輿王先生之清眞大學，關中馬君實明經之衛眞要略等集，無非發明人心道心之微，天人性命之旨也。

天方性理

論說

馬大恩《重刻天方性理序》 性理一書，介廉劉子衛道之書也，闡微之書也，抑救世之書也。其意切故其言詳，其旨遠故其味深，誠吾教傳心之要典也。世之讀是書者，切勿以幽渺惑，勿以高遠置，必當視之如神明，親之如父母，庶有得於太極一原之妙，顯微無間之機，則生可不爲虛生，死可不爲徒死也。緣此書始刻於清源黑氏，後不戒於火，板已無存。繼則刻於京江談氏，久已遍行海宇。然家置一編，即秘不示人，爲其途有遙邇，不易獲耳。況西北去南，水陸綿梗，更不易求。予悼夫性理不明，則岐途百出，惑引才智，誘陷愚氓，甚至滅棄常典，昧失降衷，幾墜於禽獸之域，而不自覺，詭於空寂之說，而執爲高明。其爲聖道之患，豈淺鮮哉。故予樂出善貲，覓工重雕，藏之吾堂，布之遠近，俾家絃戶誦，罔惑異端，則人人可漸知夫性理之微，不出乎中庸之事，人道之大，弗離乎明新之功也。

黑鳴鳳《天方性理序》 吾教言性，本乎實有，歸於一眞，理有一定，言確可徵。【略】今幸白門劉子介廉，既精西學，又通諸家，中西異同，粲若眉目，慨然任道，詮發性理，不憚甘苦，數十寒暑，纂譯聖經，著爲圖傳，前溯元元，後推永永，中述造化，不遺巨細，廓然大公，不立私意。懷書南北，寓意山水，武林覽勝，弄吟三月，促裝言旋。問予。予曰，是誠通人寤寐思服。亟請來寧。三復斯傳，精言妙義，堅卓不磨，大慰予懷。第惟性理，人所公具。性理之學，人所公言。以公言公，宜無不同。奈乎諸家言人人殊，說物物異。紛紜聚訟，終無旨歸。天方教人，理有一定，認理維眞，毋庸疑猜。言有萬殊，立言務確，毋庸游移。一涉疑猜，即流異學。一語游移，隨起譏毀。今也劉子闡發性理，本乎實有，歸於一眞，條分縷析，足信足徵。予忘固陋，妄附蠡測，則贅諸篇末，並擬註釋本經大義，就正有道同志。壽梓非敢自炫，聊明吾教公理公言如是而已。原劉子心鑒武人志所深望焉。

梁潘賞《天方性理圖說序》 天地內外，皆眞一乎。寂然不動者，其體也。感而遂通者，其用也。形而上，形而下，時行物生，周而復始者，其合體與用，而醞釀於不息也。儒者曰，無極而太極。則無極其寂也，太極其感也。動而生陽，靜而生陰，是太極之分著，即眞一之分著也。滿山青黃碧綠，莫非是這太極，即莫非是這眞一也。覘吾人之視聽言動飲食色笑，儼然俳塲傀儡何，莫非眞一提攜歌唱也哉。

渠亦素識眞一之爲眞一矣。然未嘗舉一言示人也，亦未嘗見一人可興言，並亦未見世間有其書載其言。尋梅踏雪，驢背塵遊，隨所適意而已。歸軒獨坐，抱膝長吟，默識自解而已。甲申夏，避暑香雪樓，劉子介廉持性理圖說謂（子）〔予〕曰，此眞一之譜也。（子）〔予〕駭之曰，眞一烏乎譜。曰，不譜何以識眞一。（子）〔予〕曰，何以譜。曰，天地理象譜之實，性理圖說譜之文。天地理象即譜眞一也。眞一固不外天地理象，而爲眞一也。予聞而喜，取讀卒業，曰，是誠眞一之譜也，夫亦予所欲言而子言之【略】示人深矣。惟劉子獨能領略而文之。劉子亦今古一奇人也哉。今而後眞一無眉矣，無目矣，盡取而寫之於其書矣。圖者圖其眉目，無容言者也。文者文其眉目，可以言者也。善觀圖者觀其圖，已知其文，不必

斤斤乎句分而字解之也。圖即文也。善觀文者觀其文，已會其圖，不必耽耽乎對影而虛視之也。文即圖也。或有得於其圖，或有得於其（大）〔文〕，則即是可以識眞一，即可以識自己。蓋自己亦眞一之譜也。眞一化一大世界，天地也。化一小世界，人也。劉子合大小世界而一焉，性理圖說也。則觀劉子之書，又可以知劉子矣。今而後無須語眞一，無須語自已，無須語大世界，亦無須語小世界。觀劉子之書，一以貫通焉。

王澤弘《天方性理序》 丁亥春，居白下。秋田自都下郵介廉劉子所譯天方經傳寄余，且曰願先生序之。因摩挲老眼諦視者屢日盡然，驚曰，有是哉，天方之知性固如是哉。大易尚書之言性也，渾而確。太極通書之言性也，正而嚴。今天方之言性也，詳而核。其言先天也，則天理之節文無不條分而縷析之。其言後天也，則人性之品第莫不伐毛而洗髓焉。天方言性固至於此，而劉子之心思才力固至於此哉。【略】介廉之心甚虛，而不能自信，欲就正儒者而後行其書。【略】然劉子馬子世其家學，各遵其所聞，各行其所知，皆能與吾儒相爲發明，相爲補救。而劉子益虛心究學，會貫儒者之典，以日新其機，而富有其業，則天方無書，自劉子而有書。吾儒絕學，有劉子而可與其學也已，豈非世道之大幸歟。

徐元正《天方性理書序》 古今來言性理者多矣，特患未獲根底之說。堯舜禹湯文武周孔之學，廣大精微，後人不得其涯岸。【略】

余於天方家之言性理，蓋有深感也。天方去中國數萬里，衣冠異制，語言文字不同形聲，而言性理恰與吾儒合，其言先天後天大世界小世界之源流次第，皆發前人所未發。而微言妙義，視吾儒爲詳，不得於理者見於圖，不得於圖者見於文。兩義發明，而天人之秘密性學之根底，燎如指掌焉。【略】白門劉子漢譯以授中國，中國將於是書復窺見堯舜禹湯文武周孔之道，則是書之作也，雖以闡發天方，實以光大吾儒。噫，吾不知劉子心胸何如遼濶，功業何如久遠也。

馬復初《性理註釋自序》 天方之書最難解者，莫如性理。而性理之尤難解者，莫如第五卷補說大小兩世界未盡之義。蓋其義倍精奧，非淺學人所能知。彼云，理在若有若無之境，文在可解不可解之間。於是有謂爲大言欺世者矣，且云可解者以解解之，不可解者以不解解之。夫不解則終於不解而已，尙何以解之乎。

予幼未業儒，年四十始有志於漢文，而時已晚矣，僅得於親友中之學士文人強爲執經問字。經數年苦功，字畫漸曉，書理稍知，即細心研究性理一集，迄今三十餘年矣。所幸予於我教經義得其大略，因合而參之，尙覺於此書之不可解者勉爲解出一途，而使深理之所不能解，以淺詞解之，淺詞之所不能解，以喻言解之。但予稍有見解而詞不達意，因囑馬生開科校訂成章，另置一帙，以便對解。竊思此卷發明之義，本聖人親見確知著爲經文，而深信其必有者，後學覽此，勿以己之小慧私智妄測精深，指爲荒談虛論。

予有何知識敢操解卷而所以必爲註釋者，誠有經之可憑耳。夫聖人著經，無一字無來歷。恐一言僞，而千言皆屬虛飾也。予取聖經以釋圖說，字句無潤色可觀，義理却精微可証。雖非解人可索，當不至如介廉先生所言，可解者以非所解解之，不可解者以無所不解解之也。閱者先揣摩夫原本，後歸証於是書，斯爲善解者歟。

金北高《清眞釋疑自序》 昔岱輿王先生著有正敎眞詮、清眞大學、希眞正答。而清眞指南則文炳馬先生之筆也。迨其後介廉劉先生又著天方性理典禮之類，不可枚舉，皆集吾敎之經，以闡吾敎之義，其事則認主拜主民常日用，其言則指點敎內之人者居多。

五功釋義

論　說

俞楷《五功釋義序》 自有太極，而兩儀生焉。自有兩儀，而四象立焉。有四象，即有五行。五行者，相生相剋者也。而清眞敎規，亦有五焉。念也禮也齋也課也朝也。此亦猶五行之不可減者也。而生剋之義亦寓焉。生者本然之性，由此而生也。剋者繼起之私，因此而去也。總存乎人之用意何如耳。意存乎眞，則行此五者，自見其眞。意存乎文，則行此五者，僅見其文。所謂仁者見之謂之仁，智者見之謂之智。深者自深，淺者自淺是也。今劉一齋先生於五功之義，一一窮究其源而又推類以及餘。使

後之學者，反復尋求身心一片。於其所已言者，固可了然于心。而於其所未言者，亦未始不可觸類而旁通。則所謂五功者，功豈止於五哉。天數五地數五，五位相得而各有合。凡天地之數五十有五者，莫不由五而推。則體此五者，精察而力行之，而眞積力久，自可下學而上達，而約之又約，以至相忘於無言。此又先生之所厚望於天下，天下其無忘先生所用意也云。時康熙四十九年庚寅三月燈下識。

又《明教之禮》 流教分途久，清眞理獨深。三才憑造化，五府任陶鈞。無極緣何極，有神匪自神。靜參玄奧旨，誠奉厥維寅。

又《明教之用》 不染維清潔，有源理自眞。誠心純終始，一篤顯微伸。忠孝無他計，解推不厭頻。服膺匪有得，願共寶奇珍。

四典要會

論說

吴存義《四典要會序》 復初先生著幽明釋義一卷，皆言明心見性，存養省察之功，以求盡人合天，盡幽明之理，可謂君子矣。先生學天方之學者也。因並示天方性理典禮二書而讀之。其言則樸實簡質，其道則君臣父子夫婦昆弟朋友，其義則孝弟忠信，睦姻任恤，其致力則格致誠正修齊，其造極則窮理盡性至命。至于勿惑異端，勿爲邪説二言，尤爲正大。習其學者，讀性理典禮之書，並詳幽明釋義之旨，則不悖於西方聖人之教，即並不悖於中國聖人之教。其諄諄勸人爲善之心，亦可以令人深長思矣。

趙暉《四典要會序》 自古幽明之說，各家聚訟。釋道輪回因果之說，遍於天下，而實不知生於何時，死於何終。孔子不語神，罕言命，又言未知生，焉知死。而亦不言來生去死之所以然。是釋道兩家言之而不知，儒家知之而不言，幽冥之義，所以不終明於天下。暉讀書數年，略知人事，至死後之事，茫然莫解，亦書籍未經見，而耳目多陋故耳。吾鄉復初掌教，初學清眞，未得奧旨。慕穆罕默德之至教，西遊於天方，與彼國之賢士大夫遊，得歸眞秘言一部。歸而合性理典禮指南眞詮諸書，閉戶參考，曉然於幽冥之故。集諸明經，而撮其要旨，輯爲漢文，著幽明釋義一書，發明主宰本身今世復生之旨以示。暉因受而讀之，喟然曰，至哉，此編眞指迷之寶筏，喚醒之晨鐘也。其言認主宰者，以本身之從來求之。其言認本身者，以主宰之造化悟之。其言今世者，以復生之境對待之。其言復生者，以今世之境反求之。始終來復，精粗表裏，一以貫之。將幽明分兩時，不分兩世，生死往來，一理永貞，發人猛省，眞聞所未聞，見所未見也。夫人著書立說，鶩爲高遠，矜奇立異，以新天下之耳目。而不能傳於世者，往往奇而失其正，新而失其故等，諸荒渺難稽也。至如幽明釋義，復命歸眞，萬殊一本，書奇而理不奇，語新而理不新。內云，天大以形，人大以理，眞從反身而試萬物皆備。悟來何等眼界，何等胸襟。學人讀聖賢書，只知有本身而不知有主宰，只知有今世而不知有復生，只知今世人爵之貴，不知後世天爵之尊，只知天堂地獄是後世之報應，而不知天堂地獄實本身之造設。一讀此書，而知本身之從來，即知主宰之造化矣。知今世之修爲，即知復生之道岸矣。知今世人爵之貴，不過春花秋露，轉瞬即滅，而不及天爵之尊，月爛星輝，光景常新矣。知天堂地獄乃後世之報應，實本身之造設，而一時惟恐不登，一時維恐或墜矣。繼往聖之心，傳開後學之智慧，振聾發聵，指迷津而登道岸，其有功於天下豈淺鮮哉。世之不知幽冥與誤認幽冥而妄爲聚訟者，可於此少悟也夫。

馬安禮《四典要會序》 且道之日在天下，而人不知也。終日戴天履地，而不知天地之有主宰。終日衣帛食粟，而不知衣食之有本原。終日酬酢往來，而不知動靜作爲默默中有與我相偕者。生不知其何始，沒不知其何歸，泛泛悠悠，與草木而同朽。夫豈造物生人之意乎。蓋儒者之言約而渾，道釋之言淵而疏，雜家諸子，各是其說，不入於太過，必流於不及，是以認主獨一之學，終不明於天下。介廉劉子出，博覽諸家，折衷於天方，著書數百卷，發明天人合一之理，至矣，盡矣。惜乎其所付諸梨棗者，僅性理典禮實錄諸書，餘皆不見傳於世也。復初老夫子，生長于榆少承家學，落落有奇志。壯遊西秦，博覽經籍，慨然慕穆罕默德之遺風。

於是觀於帝庭，低徊於先聖之流風善政，親炙乎當時之名賢宿學，蓋八年有餘。性命之學，知之深矣。於是歸而閉戶考訂，以其所得於天方者，與東土所存之典故，合而參之，揭精拔萃，約爲典章，以惠我同志。而又恐吾教之業儒者，拘於言語文字之殊，終不得見天方性理之學，乃復提要鉤元，譯爲性源六箴，以表章是道之命脉，其在斯乎。雖然知有餘而行不足，則信亦不眞，故專言禮功以立修道之本。重幻境而忘眞世，則行亦不篤，故悉言幽明以見萬有之歸。至於鄭聲亂雅，鄉願賊德，則又不得不詳說而明辯之，以爲道衛者也。故考其正異，明其是非，以正天下嚮往之路。書既成，編爲一帙，題曰四典要會。亦以見入道之要，會歸於是也。說者曰，孔子不語神，罕言命性與天道，諸弟子莫得而聞之。是書所言，皆幽深玄遠之理，毋乃遺切近而騖荒渺乎。曰，君臣父子之道，儒者辯之詳矣。何待吾言。至於眞宰之體用造化，人生之終始本末，則有不得不言者。且道之大原出於天，自堯舜以來，皆以敬天法天相爲授受者也。是書所言大用渾然，則猶然上天之載，無聲無臭也。所言天仙代理，則猶然鬼神爲德，體物無遺也。所言敬畏眞宰，則猶然昭事上帝，顧諟明命也。所言歸眞復命，則猶然盡性踐形，達天致命也。精理微言，實與古聖賢之旨相發明，特儒者言之渾，而此書言之詳耳。大本既立，則事親事君之道，又可由是而推矣。其裨益於吾人爲何如哉。世之人同此耳目心思，同此憶慮覺悟，顧或用之於聲色貨利，役役焉而不知返，或用之於幻誕虛無，悵悵然而無所歸。及其既老而衰，所求卒無濟，悔之晚矣。海內君子，讀是書而深思之，細繹之，參之性理以窮其妙，合之典禮以踐其實，則於天人相接之際，庶有所得焉。

大化總歸

論說

馬鋭《大化總歸叙》　易伏羲卦傳先天之數，文王卦傳後天之數。鋭中年好易，至今九十二歲而茫然未有得也。乃今讀馬復初大化總歸一書，而始知先後天之貫通也。知眞一之體用爲一也，知眞一之天人合一也，眞一之理，生天生地，生人生物，孰主宰是，孰綱維是，曰眞主主宰之而綱維之也。且夫眞一之理與各敎異與儒家同。易曰天得一以清，地得一以寧，聖人得一以貞孔子傳道。曾子曰吾道一以貫之。此論一之確證也。周子太極圖說，無極而太極，太極生兩儀，陽變陰合，而生五行。五行一陰陽也。陰陽一太極也。太極本無極也。吾敎眞主，其在無極太極之上乎。圖說又云無極之眞一語。朱子解無形無象而有，眞實之理具於其中。此論眞字之確證也。豈似二氏言有生於無，無涉於幻，淪於空虛而無着乎。抑眞一之理，體用具備，中庸言誠者天之道也，誠者物之終始。周子云至誠無爲，寂然不動者，誠也，感而遂通者神也。元亨誠之通，利貞誠之復。通書由本而溯末，曰一實萬分，萬物各正，大小有定。自末而緣本，曰二氣五行，化生萬物，五殊二實，推本則一，起萬爲一。朱子解此理處處渾淪，如一粟種地，生苗生花結實，一粒有百粒，每粒顆顆完全。以百粒復種，依然生花結實。此體中含用，用終還體也。古有歸根復命之說，其斯之謂歟。夫此眞一之理，又豈外人倫之間乎。子思言道本天命率性不可須臾離。顏子見聖人之道卓爾。朱子解卓爾亦在乎日用行事之間，非所謂杳冥昏默者。孟子言有物有則，如有父子則有慈孝之理。有耳目則有聰明之類。父子人也，慈孝天之性也。耳目人也，聰明天所賦也。下學人事，自然上達天理。孔子言知我其天盡人合天之說也。嗟乎，人秉天地之心，眞主以人爲貴，將一切道理命賦人身而人乃以利欲熏心，自甘下賤，自落卑污，豈不辜負眞主生成之恩，聖人設敎之意哉。顧此理此論復初天方書擇之精語之詳矣，奚煩贅說。而鋭猶有言者，復初不憚數萬里重譯而至天方，其志可謂大矣。在天方博採羣書與賢人君子講明切究，有得於心而默識之，其學可謂深矣。迨返中華以得於心者注於筆，至理明名言層見疊出，而著爲書，其功可謂苦矣。而更慈心滿懷望人步賢關，入聖域爲後學津梁。由窮理盡性以至於命，仁之至義之盡性。書垂後世，人足千古矣。鋭年耄未荒，勉爲此叙。如天假數年，于此書玩索而有得焉，鋭之幸也。後之讀是書者勿畏其繁，而探其詳。知爲談理之妙，如抽繭，以一絲而弘萬緒。陶詩所謂疑義相與析是也。先生文章如翻瀾。以莊列縱橫之筆，寫

孔孟精深之理。陶詩所謂奇文共欣賞是也。敢以質之復初及後學之讀是書者，是爲叙。同治四年清和月癸酉鄉進士廣南府儒學宜良期頤子後學馬銳謹識，候補訓導再晚馬文炘薰沐書。

馬開科《序》 科回人也，幼習儒書，於我教中之經籍未之知，我教中之理道未之習。即有時問諸父老師長，不過得其風俗中之末節耳，甚有妄談不經以駭俗，故爲謬語以欺人。予滋疑焉。疑夫回之理爲失其中正也，回之道爲歸於妄誕也，回之教爲流于偏倚也。非科一回人之業儒者如是，凡回人之業儒者亦莫不如是。又何怪漢教中之業儒者有不如是哉。癸亥秋，得從事復初夫子于滇垣。夫子出劉公介廉。所著性理典禮，王公岱輿馬公文炳所著眞詮指南，以及夫子手著四典要會，各集示科。科服習之，玩索之，夫子又從而口講指畫之兩年于兹，乃恍然于天地之原始，萬物之歸宿，人神之機密，性命之從來，將造物之全體大用，聖賢之復命歸眞，庶彙之知能長養，無不畢萃於吾教焉。道之廣大如是乎，教之高明如是乎，理之中正如是乎。特難强未入其門者之見信耳。然非得夫子之循循善誘，而道豈能若是之明哉。夫子篤於天文之學而又深於儒，與王劉諸公，遙接吾教中衆聖群賢之薪傳者也。夫隋唐迄今千餘年矣，斯道之流傳，獨得王劉諸公維持於不墜，功已不易矣。而猶欲大爲昌明。不綦難哉。蓋中土爲萬教雜出之地，實吾教孤立之秋。其間從佛者混之，從道者混之，吾教中更有名同實異者混之。非得夫子出而防微杜漸，則王劉諸公與衆聖群賢之道，亦湮沒不彰矣。且夫天道否而後泰，世運亂而後治，聖學暗而後明者，亦明也勢也。我夫子慮聖學之不明，少承家學而根柢深，壯遊西秦而取法廣，及其晚也翻然于眞傳之未得，名師之罕遇，乃出滇黔歷嶺表越漂洋覲天庭，經數萬里之風霜雨雪，矢八九載之琢磨切磋，目覩中華未見之經，耳聞吾國未傳之道，歸而謝絶人事，搜括羣書，是者存之，非者革之，煩者刪之，簡者就之，杜虛誕不經之談，歸大中至正之道。俾學者易于從由，教者難于惑亂，顯與異端相隔閡，隱與儒教爲表裏。至是則見始而忌吾道者既而親吾道矣，且終而從吾道矣。炳炳烺烺，吾教之彰于東土，不將與雲漢爲昭，山嶽並永哉。獨是王劉諸公所際者，盛時也。夫子不幸而生于變亂之際，尚能以經術而化干戈，以盛德而感蠻貊，作蒼生之保障，心可諒于天地鬼神，受王國之撫綏，功直垂諸鼎鐘竹帛，極之天道能挽，世運能回，未始非聖學能明，有以致之也。然而夫子之所遇，較王劉諸公又勝之矣。彼王劉當日，有德而無權，有學而無勢，雖著作不下數百卷，因王公見忌而不敢傳者有之，因貲費不足而不能傳者又有之。夫子德與權合，學與勢興，所以刊刻之多，爲王劉諸公所不及。所惜者王劉諸公于後世復生一節，多所闕略。夫子嘗抱恨曰後世者生死之大關，幽明之至義，原始反終之要道也。造物之全體大用，聖賢之復命歸眞，庶彙之知能長養，非此概不能顯。奈何王劉諸公之不著也，或著之而未刊也，不將使道佛兩家得倡其輪迴托生之説哉。天經三十部冊，中言復生，七百餘條。眞主于此事鄭重分明者，誠以人爲天地之種，斯道之果也。到此地位，則果熟而正驗種美之日也。我夫子所以必叮嚀往復者，欲爲眞主了造化之一大結局也。昔者夫子著幽明釋義會歸要語信源六箴等集，其言復生，奥義既詳且盡矣。而兹又另爲一集者，因甫蘇師一經前爲友人借去，其中詞意多所遺忘，今得西上之便，帶回此經。於是忘餐廢寢，日夜探索，覺微言奥旨，有非前數集所能盡者。因以漢文譯之，以續其末，亦欲傳歷代聖人行道不盡之苦衷。並囑科爲刪定成章。科何人斯敢操此券。但夫子爲明道計，言之者既已娓娓動聽，著之者又復彬彬可觀。科不過分緒而理，以成此善本爲耳，至是乃嘆。科向者未敢深信我教經文，以素來闡發者之無人也。及夫子命譯此經，雖親口授受，而有礙情理者，科未嘗不蓄疑於中，與夫子辨論焉，而商所以去之。所幸夫子謙抑爲懷，鄭重其事，每於一章一節，必手執經本逐句對勘，逐字互校，以求無背謬之義，支離之詞，並不敢杜譔一語，有負古聖人立言之本心。可見譯經之難，譯經尤不易。書既成，細玩詞中之意，靜勘理内之原，乃知我夫子羅羣經，以爲一經，杜異説，以立一説者，是從數十代列聖之名言至論，而奉以爲依歸者也。此非岱輿介廉而外，獨樹一幟者乎。他日者讀夫子各集，並得覽石卿和甫平山諸儒家評語，知其見重於儒林者，又非一朝一夕之故。科生不辰，相見恨晚，雖籍隸回族，而非眞回，業習儒家，而非眞儒。今讀夫子之書，乃見天下無眞回，又安有眞儒哉。且見天下皆可爲眞回，又安在不可爲眞儒哉。此集一出，而回教中之業儒者。當無不共勉爲眞回，以進于眞儒也。即不業儒者亦無不共知吾教有眞回之即可爲眞儒也。此回教之可羽翼儒教者此也。是爲序。同治四年孟春月宛溫受業馬

開科謹序。

又《大化總歸跋》 復初師譯大化總歸一書，何歸乎，歸乎眞也。何眞乎，修身明心淨性，以復其本初也。爲聖者，自然而歸。爲賢爲士者，勉然而歸。即爲庸常者，亦由困而歸。是善者所歸之驗也。推之惡者，亦未嘗不可變化而歸。且無論人必有是歸，雖萬物何嘗不以是爲歸。乃知眞主不吝人以歸眞之路，而斯人無不有歸眞之時。此大化總歸之義焉耳。且夫眞主造化，至生人而造之事全。人受主命，至歸眞而人之事盡。不知者以意外疑之，而並疑西土聖人所談者之爲幽隱。吁，則儒教所言原始返終與天地參之理，亦可以視爲虛渺也，有是理乎。夫我以有限之聰明，而欲與聖人爭無窮之智慧，無或乎以爲意外也。豈知我輩聰明不過如黑夜行人，彷彿徐摩，而實一無所見。一經聖人闡發，則明如燈照路，步履高卑，無不適中，乃反謂聖人之明燈無補於黑夜之所行，則鄙而不通之論也。尤可怪者，世有以死爲幽遠，而不究其所以然。詎知人之行路，有爲己所不到之路，則謂之幽遠也可。若死者，人所必由之路也，且必由而爲易至之路也，何得謂之爲幽遠。甚哉。塵世日近則日遠。天國日遠則日近。事至常而以爲奇，理至明而以爲暗，要皆由於所見不眞也。見不眞，故視爲幽且隱也。聖人者，本勅降之天經以爲憑，而見之極眞。見之極眞，故凡人以爲幽隱者，而聖人則以爲幽隱也。誠以凡人有凡人之幽隱，聖人有聖人之幽隱。若凡人謂之幽隱，而聖亦隨聲附和而以爲幽隱，則聖人亦凡人耳，又何以稱爲聖人哉。聖人所以異於凡人者，以其所見之幽隱非凡人之幽隱。蓋其跡似幽隱，而其實則精深也。向使無天國後世，則知人之所以來，而不知所以去，知萬物之所以始，而不知所以終，知天地之所以常有，而不知其所以變動，知光陰之所以有初，而不知所以結局，不幾疑眞宰造化之不全乎。此事儒教未嘗不知，但知而不言，或言而不詳，則以任天道人道者之有所分也。我夫子以任人道者屬之東土聖人，以任天道者屬之西土聖人。論古有識，讀書得閑，誠千秋之史筆也。彼疑西土聖人不言人道者，豈知人道華西一體，原無因地而異之理。東土聖人言之，則無庸西土聖人再言之也，且不啻西土聖人已言之也。即言之，而豈能更讚一辭乎。所以不言人道而只言天道者，惟此之故。吾師七旬有餘，尤不惜衰朽精神，忘餐廢寢，而爲此者，誠見東土賢智者，太過而不求知，愚不肖，不及而不能知。非特儒教所未言，即回教亦若罔聞。因付剞劂，欲使此理共明於天下萬世，庶幾體眞宰生人成始成終之至意，而共勉爲歸眞之人而已矣。科時親几席，知夫子兢兢於爲是書之苦心用。敢再弁數言於書竟，以誌企慕之忱焉。

禮法捷徑

論說

馬德新《序》 且甚哉，吾教之名爲清眞也。大矣哉，夫清者不染於濁，貴乎知有源也。眞者不雜於邪，貴乎知有正也。吾人受主之恩，遵聖之教，則一言一字，必遵其源，所行所止，必歸於正。故吾教每日朝時朝拜，乃先天受眞主之明命，中天遵至聖之教典，後天望眞主之眷顧，此自有生以來必如此行者。極古今之遠，盡天下之大，無一事之敢異，無一人或敢違也。苟欲深知其理，非熟習天方經典斷乎不可。然吾人生長中土，大半幼讀儒書，長趨科目，及至年力就衰，欲尋源歸正而習我清眞之經文，已戛戛乎難之矣。乃有二三親知，向予言曰，我輩世族清眞，非不知源非不歸正，但幼失經學晚年舌強。子何不以儒學釋經文，使我輩借韻讀之，庶幾得以拜主而認聖乎。予聞言之下，心惻然焉，因不揣固陋，爰即拜之條例儀則與經文之高貴而簡便者，大概錄之，以漢文譯經之詞，譯經之義，集而成帙，以供同志學而習之，又何慮源不還而正不歸乎。至於齋課朝三者，條例浩繁，集隘不能盡登。是在有志者尋看可也。然此特爲幼年失學，暮而歸正者設。苟欲以此爲捷徑，而遂使後生廢學於不問也，是誠今生後世自暴自棄之人矣，又焉得與尋源歸正者同日而語哉。是爲記。

真德彌維禮法啓愛合編

論說

周明德《首序》 蓋凡東土之民，服我方之教者，有習經者則知其教之當然並知其教之所以然。無如東土之讃民，未習經者多偶值本教天命聖行之命行禁止之事，大都忙然不知。設遇他教問難亦支吾應答。殊不知天方之教，有教有道。教者道之入門，道者教之究竟。未有不入門，而至究竟。昨閲復初夫子所輯禮法啓愛眞德彌維合編一書，既明讃民教典日用應行之事，復明讃民歸信之準的。較諸典禮等書雖淺而明顯過之。如閲者能執此以證經師即可由教。以人道由道直趨讃民應行之所以然。誠如此，書實讃民入教門之津梁，趨眞道之究竟也。吾故樂而刻之以共同好。是爲序。光緒二十五年齋月成都後學周明德序刻于敬畏堂之退齋。

馬安禮《序》 世界有表裏，萬物有始終，來於眞一，必歸於眞一。眞一者造物本然之妙也。超萬有而莫外，貫萬物而不同。玄乎穆乎，非聖人其孰能知之。人之本性乃本然之所自顯。但爲形氣所拘，物欲所蔽，則明德隱，而天與人遂相遠矣。故行之而不能達天，非道也。學之而不能知天，非學也。天方聖人奉天設教，制爲禮法，以教天下。使各明其明德，還於本眞。誠哉至德要道，民之不可須臾離也。但其典籍繁賾，如林如淵，非好學深思，窮究數十年，莫得其要領。我夫子復初氏，憫念東人講習之難，於是提要鈎元，約爲眞德彌維禮法啓愛二經，以明認一之道，修眞之法。簡矣至矣。道之命脉，其在斯乎。然東西異文，業儒者猶有難焉。禮因譯爲漢文，名曰明德經。使吾教之人講而習之，明其眞德，其亦修道還眞之一助云爾。門人馬安禮薰沐序。

四篇要道譯解

論說

王占超《四篇要道譯解序》 費格海是一切禮法，爲歸主舟楫，行道津梁。誠如是焉，克極其至，可以無俟他求矣。故先生命名曰要道。眞爲朝夕所必需者也。余何人斯致妄任鐫功，以與諸君子頡頏然。余家世世格守教規。先君子在日，於孝悌忠信而外，尤時以認識遵守諄諄告誡焉。今親逝矣。春露秋霜感懷庭訓，不能報罔於萬一。竊思刊刻書籍廣爲傳播，使吾教不泯滅，則先君子之志而余小子念念不忘者也。因與白明一校定訛字，重付剞劂。想先君子歸眞之靈或亦爲之欣慰云。同治十一年桂月峩邊千總復學王占超萃軒氏沐手謹序。

張時中《四篇要道譯解緣起》 夫經難言矣哉。大道不落文字，至教悉杜議言。聖賢每以不可道不可參見戒微旨，亦以無如何，無相此示人，余何敢呶呶。然生南土而讀西方之書，未易通曉。解天經而非中國之語，安所傳宣，勢不得不參用之。余客邗上，辱諸公愛，列在講席。會二儀公御中和，諸同契在坐，二儀操觚家，不識經字。公御中和，初入教，尠克與聞，懇懇索解。余以四篇要道共商之。四篇取其淺約，初學易知也。綴以要道，見朝夕必需也。諸子得一語輒記之，恐遺忘也。此不過就經解經，因字訓字。如松濤竹韻，風來則響。春鳥秋蟲，時至則鳴。何有于我哉。讀是書者幸諒之，毋以余爲好事。寒山叟張時中漫筆。

周士騏《募刻四篇要道短疏》 吾教自西來，不啻十萬里，流傳至今，歷年千有餘禩。標立中天，不致湮沒者賴天經盛典，以續其薪傳一脉耳。其間或有興衰，良由經書之明與不明之故也。邇來從教之人，往往進而復去者，亦有業儒者與習經者，互相矛盾者，豈吾道不足以篤其志哉，抑亦經書旨趣彼蓋未之深嘗焉爾。予每欲以中國之言譯解一經，與進教諸君子及夫操觚家共商此件大事，夫何有志而未逮。偶値君時張老師自廣陵

歸，發其秘，有四篇譯解一帙。予捧讀之，其間所引諸經作解，如日方昇，使實行者忽見路之高低邪正，而向上一着，不離乎自修自證之中。較之尋常講論，星淵迴絕。乃知今日之教門盡相沿于風俗之見而已。其于普慈之主委聖設教度世之意，有何干涉哉。讀是書，始知如此方可承受以謨尼，如此方可稱禮拜，如此方可稱把齋，如此方可稱大小淨。能如是斯不愧乎穆斯理謨尼之稱也。予不敢私擅其惠，謹布愚衷，懇祈諸親，屬意樂輸，早付剞劂。則眞宗一脉，永垂不朽矣。教門何幸如之。

佚名《四篇要道譯解序》 予不敏，幼鮮聰慧。垂髫時，父母就外傳，嗜讀孔氏書，然不甚解。凡三墳五典，九丘八索，檀弓公羊及子史左國，秦漢魏晉諸家無不涉獵，窺見豹斑。掩卷後，茫如也。止虞庭十六字，少少記憶之。迨從事八股業，殫精時藝，濬慮名篇。披雲浥露，煽新美以見奇。綴玉編珠，誇綺靡以爲富。性命之理，塵飯土羹棄矣。世態愈冷，名心益熱。競蝸名，爭螢焰，鏖戰文場。沉鎗紫頴，劍橫挑名士。旌旗壁壘，瀝血嘔心。相當處莫不雷興電飈，風馳雨驟。談笑而星日移，喑嗚而山嶽震。戰罷歸來，熱血猶腥，目眦盡裂，悲哉愚也。何執衷至此。生也不辰，遭家不造。會逢改玉，時事多艱。壯心未已。既而舍八股，讀陰符演五花營八陣，權奇倜儻，期有爲于當世。未幾而城陷家亡矣。回想當日之苦心藝苑畢命名塲者夢耶幻耶。倘窮通有定數耶，天耶人耶。想得失有主宰耶，坑埳濟倒，奇變異態，憂勞悲懶，窮怨思通，恍意間，日月已馳，浮生不久。前此何境，後此安歸。求所爲性命之理而不可得。茫然自失矣。會君時張老師自吳門來，予懇求講解一二。老師出四篇要道示予。予少苦未習，不識隻字。適友人馬公御李中和在側，一二公皆初入教，亦不識西方點畫。因共求老師詳言之。拙不能記得一語，疾書之。此譯解所由出也。老師積思通元，孤情直上。每于松風月露之下，焚香偶坐，顯示宗旨，證徹圓明。痛延門作活者，認六賊爲己身。悲到岸尋船者，執空花爲實相。原經本有之意，用揭善誘之門。信矣。好古述焉不作，夫欲坑墮落。皆緣私念紛飛。如其將心覓心，未免因我喪我。悟萬緣虛幻，總屬心生。一脉清眞，皆由此證。遡厥淵源，直追有生之始。撥開雲霧，指明反本之途。緣夫化誘愚俗，何須萬論千經，用以指點沉淪，只此單言隻語。倘指掌而意明，則由教而道存。是解也，昭明文道，何啻揭日月于中天，喚醒群造，不但震雷霆于當頂，先賢固普度乎來茲。老師豈小補于後學，今而悟性命之理如是，己可意會，不可言傳。恨不將金面棋盤一時拍碎，然後知向之獵名者，誕也，妄也。勞心者拙也，愚也，智不磨不瑩也，識不煉不出也。不經困心衡慮，不知天命之微也。不覩隆冬沍寒，草枯木落，不見化工之妙也。乃知昔日之窮途，即今日之覺路也，敢以塵飯土羹棄哉。請以告夫同志。

教款微論

論説

馬銓遵《序》 清眞之傳，其來尚矣，其久而不敝，俾子孫世守綿綿延延以不絕。非如他異端，以窈冥恍惚支離汗漫，而無紀極之說，誘人率從。由其宗旨約而談，簡而易行也，顧其經三十部，惜無有譯而傳之者，而俗師又多粗鄙，昧其指歸，逞臆說以求便一己之私，故據高座者，僅足動愚夫婦之聽聞，而不足牖士君子。吁，可慨也。歲辛未冬有戚手一編，示予讀，竟曠若發蒙。米君見理明徹，能了然於心，故所言平正通達，都無浮飾。間與孔孟之言，相印証知，非徒援儒以附己者。使爲講師者盡如米君其人，開陳啓迪，將必有闡揚吾教，大暢厥旨，俾聰明特達者，尋譯其經，遵行弗懈，詎不甚善，其或未能，則先從是編一參究焉。愈於沿俗說而不知指歸者相倍蓰，其爲功豈淺鮮耶。米君本亘族，家京師，名隸儀曹爲眞教都講，予雖未謀面，觀其撰述，頗心折焉，是爲序。康熙三十年冬十有一月長至後九日古杭馬銓遵素甫題

丁澍《教欵微論序》 中庸首言修道之謂教。教非修不明，道非教不著。夫人既有身而不克修，道何由而明，教由而著乎。蓋獨清眞正教，得之最先，太極生天，人知之矣。若夫太極未生之始，主宰者誰與。鴻濛混沌，其後焉者也。後世嗜慾漸開，羣趨於利，上之人不能行其道，下之人不能率其教，而僞學狂惑，竟至敗壞而不可救。於是正教之聖人起而修明之，辟土

西方，闡揚聖道。尊眞經三十冊，永垂爲訓。臣服諸國，遐邇從風。西方有聖人焉，不言而信，不教而化。孔子嘗言之。自隋開皇至于今，教益精盛于千百年間，此清眞正教所由來也。昌明絶學者所至隨方建寺清修。其中一以明道爲本，認主爲先。教於家即以孝於親，教於國即以忠於君，處則獨善其身，出則兼善天下。江以南，淮以北，往往然也。然而精明者少，愚昧者多，不有創率之，諄勸之，又孰從而篤信焉。金臺米師敬公，遍遊海內，以行其道，所著教欵微論，旨哉言之矣，無容多贅，第其爲人，忠信誠慤，堪爲後學師表行將廣其傳於海內，其有功於世道人心，豈淺鮮哉，是爲之序。康熙辛未嘉平穀旦禮部祠祭清吏司郎中仁和丁澎拜題。

天方衛眞要略

論說

馬鼎元《重刊衛眞要略敘》 且夫眞之爲義大矣哉。定識眞，則異端曲學不得擾其神明。操守眞，則息養瞬存不致流于非理。迺眞則不僞而飾僞者亂之。眞則不欺而自欺者失之。入者主而出者奴。此以言距邪說者必有以杜漸而防微也。昨得君實馬老夫子衛眞要畧一書，言近旨遠，觸目警心。毋因一念之差，致負終身之咎。其間條分縷晰，務使學者得以存其眞而去其僞，守其眞而戒其欺，則捍衛吾道之功，豈鮮淺也哉。兹因舊刻失傳，捐資重付欹劂。爰綴數言以爲之序。光緒十八年歲次壬辰孟冬月龍州定三馬鼎元謹識。

周明德《序》 衛眞要畧者先賢君實馬老先生救世衛道之書也。先生乾隆間人，其學問品行與馬明龍先生相伯仲。先生設帳金陵時，見仝教人心披靡，日習染於風俗，致教道之根源，主聖之禁令，貿貿罔識。恐其東流不返，思所以防衛而維持之故，不憚煩日於天勅聖諭中，選擇其切要命行禁止之事，與世俗易犯日悖乎眞主而不覺者若干，遂集爲一編，名爲衛眞要畧，以醒世。噫，先生救世之心，誠良苦矣。若今之傳經立教者，每於宣講天諭聖言，狥情避諱，故昧經典，縱人于火獄中，所可同日而語哉。惜乎世遠，此板久沒無存。壬辰秋予與龍州馬定三相晤於灌口，談及此書，商速覓善本壽諸棗梨，勿令湮沒不傳。嗣予返省，於友人處，得漢中馬大恩原本，付之剞劂。偉哉定三其人也，於吾教天道人倫靡不竭盡其誠。雖塵俗奔馳勞攘之中，且於五功未嘗失時。而於博施濟衆一語，尤能步其後塵。況家置義塾，大開經書講席，培植後進，四方負笈從學者絡繹不絶。其他善舉不勝枚數。今復樂捐重鐫君實先生遺書，俾傳流永久。□世之獲閱此書者遵而守之，而明德之眞光得以保全，後世可望至聖拯救，皆定三先生有以賜之也。其闡揚之功與君實並垂千古，豈不偉哉。予因見聞所及，故樂贅弁言於簡末。是爲序。時光緒十八年歲次壬辰孟冬月天方周明德序于敬畏堂之退齋。

沙炳《序》 理欲無中立之勢，出乎此即入乎彼。故循理不若防欲，存是不若辨非。仁者復禮，即于非禮防之，即于視聽言動察之。蓋一言一動之失，有數十年師友之教，存養之功，不足恃者。是以君子有謹小慎微之學。君實老師，學通有無，理徹內外，震聵啓聾者，非一日矣。猶慮其教之有未及也，于是以筆代舌，取日用言行，背理傷道者偶拈若干數，遍爲指示。使學者因類推之，逐境省之。毋以一節傷其全體，毋以一息喪其生平。其端甚微，其理甚著，其事爲造次之所不及恃。天下事，忽于微，敗于著，而喪于不及恃者，豈一言一行之故哉。言生于心即以害心，行出于身即以害身。一言一行，不自言行始也，於其中有使之然者矣。師之意，蓋使學者，不必于數十端之言行，按節防之。而止防其一端，而即有以悟。凡有言行，莫不皆然。則防理欲，辨是非，師之有功人心，豈其微哉。同里後學沙炳敬述

清眞釋疑

論說

胡滙源《序》 北高金先生者天方之卜氏也。天方之教自隋唐始入中

夏，沿及於今，蕃衍極矣。枝盛者本蔽，派遠者源迷失。雖遵用教典，斤斤勿渝，而日用民常懵厥宗旨。已則不信，人亦疑之。予自受書後，行遊四方，覿教中人士夥矣。其間如前所陳十常五六，而天姿秀挺者亦間能力自表，揭號稱宗師，顧皆未有以北高之卓然者也。乙丑春予鎩翮南宫，旅食京邸，北高惠然顧我至於再三。越數日遂出所述清眞釋疑論相示，且屬弁其首。予受而卒業，見其連篇累牘，繩貫珠聯，縷析條分，天青日白，且讀且喜，作而喟曰，學道至此抑可謂篤信者矣。夫信生於中無疑，中無疑生於外無雜。朗乎其相輝，鑠乎其孔昭。宣之於口則爲河，籍之於筆則如椽。已實不疑人必信之。是論也，豈家一編手一冊，數千百年之疑團，若紅爐之一點雪。予且拭目而決篤信者之匝於四宇矣，其又何釋焉。是爲序。年家鄉眷弟胡滙源拜撰。

又《七言一律》 羈思無端未易裁，異書誰信枕中來。萬言獨自成千古，一日須教看百廻。中極勝因垂蓋壤，西方遺訓展風雷。憐君大筆於今少，梨棗他年遍九垓。

石可宗《清真釋疑叙》 予始祖天方人也。天方之教，以奉主命朝拜爲務。自隋唐傳入中幅，一切明心見性之旨，足與吾儒相表裏。第國音世罕能識，且附居內地者，爲日既久，沿誦失眞，己則不能無疑，又曷怪人之疑之者。天柱金先生恐教之中湮，爰著釋疑一篇，以行於世。其中詞旨顯豁，大率取儒家道理，以証其說之旁通。讀是書者反覆研求，瞭如指掌，始信四海之大，千聖同心，復何疑於天方之教乎。顧兵燹流離，版片盡失，同人延鳩貲付梓，囑予校讐，誠不欲沒金先生一片婆心也。因爲叙其顛末如此。光緒二年閏五月望日眞州也園氏石可宗謹叙。

佚名《再次重刻清真釋疑序》 竊觀清眞釋疑一書，刊自前賢闡發眞主貴人極品，承領天命五功，人倫五典，天經卌冊明命至眞，以事了目，教門至貴。與夫正心誠意，認己認。主之學遵守者得矣，自欺者失矣。是書也其於好道門之無不讚賞。爲板遺失其廣播重刻，畧叙片言，以誌始末云耳。如有同好道者，自備帋張，印刷以廣流傳可也。

馬廷輔《序》 逢翰林院四譯館教習北高金先生者，言論丰采，彬彬乎詩書禮樂。起居動靜，恂恂然清潔眞誠。知其性天高邁，得於經書之義藴者深也，繼而以清眞釋疑示予，予讀其文，皆本韓柳歐蘇之筆，發清眞奥妙之典，洞若觀火，毫無障翳。能令觀者如逢其故，有了然於心，了然於口，不但他教之人無所疑議，即教中之遊移莫定者，亦可感發其天良，堅定其志氣，永守祖訓於不衰。是北高之釋疑集其爲功於世道人心者豈淺鮮哉。斯誠本教之津梁，可以永垂不朽。至其言之援引辨駁，非好爲訾議，蓋體夫不直則道不見，我且直之之意也。世之睹斯集者，其見諒於北高之苦衷乎。北高屬予爲序，於是約略陳詞，亦望同志諸君子共相篤信，力行云爾。乾隆乙丑清和月穀旦滇南弟馬廷輔君祿氏題於京邸之旅舍。

陳大韶《序》 人心者風俗之本，風俗者教化之著。今天下人文蔚起，紀綱羅列，顯爍薄海，內外陶淑。日上顧不規不潔，我虞爾詐，往往沿習，故常而不能盡革。何也。雍正甲辰予以鄉選進士遊京師，得謁縉紳先生諄諄以此爲訓，談論往復，期歸於清潔眞實，是維持世教者之良法。踰年忝列教習官學，公侯貴冑多彬彬儒雅。講習之下，即以敦倫循紀清潔眞實是訓。偶與賓客晉接亦本此爲贈答。若翰林院四譯館教習北高金先生與旅署最密，邇所藉以扶樹道教之一友也。北高與予往來久幾至忘形，攜子譯署，親自訓課。衣冠常整，飲食常潔，儀禮節度秩如雅。不樂聞佛老語，聚首經年，尊親大義，惻然動聽，此豈漫無所得而好爲矯異者乎。一日北高顧謂予，我教門也，世人耳聞而口道之因，以清眞釋疑一集出示，言焉而正，行焉而庸□。一二末節略與世殊。讀儒書應科目，登皇路率倫常事，篤乎君父兄友者不爽分毫。予幸十餘年來得接當世士大夫啓廸指畫於人心風俗，講究日上。而北高猶以世疑爲隱憾。予曰無憾也，是集出，見者自豁然矣。且家居之不能盡同，非獨爾教爲然也。即州縣此疆彼界，被身服口，安得一轍。今朝鮮逼近東土，之綱之紀，子弟授學，都門世傳殷少師之裔，飲食不可知而冠履裳衣盡與世違。人知其祖制如斯，是以無詞。今是集出人羣知之，知而猶疑必非人情。北高屬爲點次，予以相知久，即以往復之語，書之簡端。時乾隆三年戊午孟秋月教習揀用知縣楚北松滋同學陳大韶頓首拜譔。

清真啓蒙必讀

論說

佚名《序》 丁寶臣阿衡者，北平通人也，腹飽五車目空四海，扶持東土教門不避嫌怨，輯有清眞啓蒙一編，原本送掌教，閲過數次，請急付剞劂者，十之七八，阻勿付剞劂者，十之二三。請之者謂此書乃醫吾教痼疾良方，其中病之由，悉以白話傳出。肯到曲折發人深省，蓋深明回學爲內學，漢學爲外學，回學治身心，漢學應世務，輔車相依，缺一不可。以視膚末陳言無關痛癢者，眞不啻有逕庭之別。其鍼膏肓起廢疾，能令深者見深，淺者見淺，置諸岱輿、介廉、仲修、復初諸子書中，亦無以辨誠，于世道人心，大有裨益，故刊布之以公同好。殊是編出而見理不明者，竟不諒衛道苦心，誣馬君爲僞作，而以外教目之。嘻異哉。吾教之不振作竟若是哉。夫以衛道者爲僞，必以畔道者爲眞，屏激烈奮興者于教外，必引因循腐敗者于教內，安望昌明發達，元氣可復，瞑眩可瘳乎。不平則鳴，物誠有之，人亦宜然。因續撿數則重寄手民。爲上智之士告知我者、以此罪我者，亦以此靜而聽之。初不爲聞道大笑者所搖奪焉。是爲序。

清真必讀

論說

佚名《清真必讀》 粤稽吾回教經書出自西域而不能通行於東土者，蓋以其語音文字各別也。凡吾回教之人，必稱穆民，須悉其教門之根原，經典之奧妙，究本窮源，將來方能復命歸於眞主之前，而不愧吾聖之教

生，穆民之眞正也。奈吾回教之人居東土久矣，所習者儒書，所識者漢字，遂不識吾回教經文經字者多多矣。恐日久相習成風，不知教門之奧妙，禮法之規條，不詳其意，以毫厘之差則有千里之謬。幸先輩賢人畏其教門之湮沒，創修漢譯成書，數十種類，使失經學之人觀之，一目了然。其書各有深淺不同，皆爲使人知其條規等情，今予冒昧將一年之內禮法，按時舉意並各念法以及大小淨舉意都阿等等，以漢字翻識，仍有翻不出音之字，姑以兩字並寫，切其一音，再有此意仍不能取之，只得以別樣字代之。須求知者教之方可，否則有不妥之處，但取音之字，不論好歹之意，只要音合即用，不能取意。再者即此文只能與金陵之人念之，他處之人字音又不對了，不可念之。切切慎之慎之。

清真闢異論

論說

穆之安《清真闢異論序》 西方之有穆罕默德猶中國之有孔子也。孔子祖述堯舜，憲章文武，開陶鑄於尼山，七十子之徒，見淺見深，各得一藝，以名當時。而具體而微，心領神會，紹千古傳心之法，留百世依歸之準者，儘有其人。秦漢以後，雖無傳人，要必有人焉默爲維繫，以相遞沿至宋，而後有周程朱張之屬，闡聖學之淵源，抉性理之精深，舉千鈞一髮之緒起而肩之，而斯文賴以不墜。然後知道之有統，自古爲然。如西域自阿丹遞嬗以至於中土隋時，其間大聖欽聖列聖凡十二萬四千有奇，而後穆罕墨德特生於異學猖獗之會，集羣聖之大成，紹千秋之絕學，闢異端，崇正教，廣德化，正人心，美風俗。聖性廣大統諸天，羣言歧出衷諸聖。聖至穆罕墨德而極，猶聖之至孔子而極也。後之一脈流傳獨探眞蘊者，代不乏人。聖道至今弗替，賴斯人獨寄仔肩，繼往開來之力也。我朝有劉子介廉者，習西方之學，明儒者之經。恐吾教見疑於東土，謂理或有二事不當師。於是屏絶人事，下帷名山，將東西學融會並觀，參互考訂，譯成性理

典禮及至聖實録諸書，蒙高宗純皇帝御覽，敍冠篇首，爲中國法，作萬世規，實千載下聖門之一功臣也。吾儕幸際脩明，遵行尚不逮，敢望其肩背乎。乃當世復有聰明自作私心自逞之輩，識字無多，擅改前賢之著作，一身盡病，妄詆他人之疵瑕者，其誤世豈淺鮮哉。先儒云禹疏九河功在一時。孟子正人心，功在萬世，其功固不在禹下。息邪説，距詖行，放淫辭，乃孟子之所不得辭。故曰予豈好辨哉，予不得已也。能言距楊墨者聖人之徒也。余今爲此嘵嘵者，深恐學者觀其文不詳其人，以楊雄爲賢，王安石爲聖，舍美玉而珍瓦礫，不得不極其生平所行，痛爲闢之，俾世人知其人可殺，其書可火，而不被其害於世道人心。少有補益，斯亦余之厚望焉。時在光緒二十四年歲次戊戌長至日序。

天主教系總部

教會與教派部

教會概述分部

論説

楊榮鋕《景教碑文紀事考正》卷一《景教源流考》 然則今之所謂天主教耶穌教者，何謂也。天主教者，即西宗之的派。耶穌教者，則以西宗積弊千年，去古愈遠，離經叛道之説愈多，甚而至於以十字爲有靈，禁遏景經，不使教友全讀，祇以《聖經擇錦經》、主教等解定之書爲經。而人手所作之書以名經者更多，遂至教友終身未嘗得一見景經之面者，惟主教神父始有解經之權，故教友專以神父之訓爲主。又以作諸善功能免陰間先人煉獄之苦，蓋以煉獄之異説一開，其末流遂若佛氏之瑜伽密教超度者。又以教王神父主教有赦罪之權，故教友之自覺其非者，可詣神父前告解，神父訓飭之後，任意罰作，如許善事，方准赦罪。蓋純以私智誘人行善，揆之景經，殊非正道。大而禁遏《聖經》，事馬利亞如天主。小而繁文縟節，佩十字印若靈符。是以四百年前，歐洲各國敬虔之士嘗思修理正教，排斥異端，然其事大不易爲。及教化王賣赦罪票之事出，而衆大疑。赦罪票者，人無論爲己爲先人買之，則可以銷陰陽兩間之罪案。蓋教王以善功之事費財甚多，欲以此法斂財，而不知已深入魔道矣。有路得馬丁者，日耳曼人，生於景尊臨世後一千四百八十三年，年廿有六歲，升授主教之職，爲當時熱心敬虔之士。得竊讀景教全經，深惡當時羅馬城中之教者學者，在本國傳道援引景經，攻駁異端，不遺餘力，時諸監督主教多嫉之。至賣赦罪票之事行至路得所屬之地，有多人爲其所惑，亦有多人疑其不合正理。惟路氏惡之，如惡惡臭。司其事者爲提汎約翰，威嚇萬端，路得不畏，更不肯稍爲寬假。終至教王遣使臨日耳曼訊斷，使者轄路得服罪，路得引景經攻之，使者無辯以對，惟強路氏認罪而已。路氏以其不公不明，據日耳曼侯護照逕離使者而歸。使者大懼，以辦理不善革職。復派尊大使臣再臨日耳曼，察覈路氏所傳之道。凡攻駁總會之謬誤者數十條，該使者不能辯，惟欲暫事羈縻，遂與路氏約，一禁路氏後日不得再攻駁總會，一使者速請教皇派一明允之監督長查明路氏之書，如有離經叛道之處，路氏必服罪。惟路氏所著之書已不脛而走矣，各國之人讀路氏之書有大悟。羅馬總會之非者，又有請教王速滅路氏，焚其書，不然總會必受傷損者，教王乃頒嚴旨定路得之罪。日耳曼王奉教王諭旨，集大會於娥摩邑，凡日耳曼之政教大臣皆到會，召路得聽勘。路得所屬之諸侯覆曰：不給路得護身照，不准離其境也。日王無如之何，乃授之。路得至，觀者塞道不能行，軍士辟路始至會中。訊者指案上之書問：此皆爾所著否？曰：然。曰：是眞理乎，抑異端乎？路得援引景經歷證所傳之道俱合乎《聖經》，會衆奇其口才膽量，會正謂之曰：若汝不服汝之誤，大會定以背道之書俱宜焚之。路氏不服，王以路氏強梗，命之速回本邑。大會遂定路得之道爲遺臭萬年之異端。路得之身，無許人佑之，助之，納之，違者以謀反論。凡遇之者，皆可執送教皇處死。斯時也，路得出萬死一生之餘，卒保首領，以延道統。平常於大庭廣衆之中，辯折群醜之言，早已深入人心，傳播遐邇。至此路得滅跡潛蹤，所屬諸侯千方萬法以護之，故得以將拉丁文景經譯日耳曼文，各國哲士從而譯之，遂脱拉丁文之軛。而景經復出，益以知羅馬總會之離經叛道也久矣。初，路得常屢勸教皇改正教會，教皇弗恤，遂至土崩瓦解。恫喝詬爭者百十年，則以此舉關於各國政教心術之大事，故也越至於今。凡英美德荷丹瑞威瑞士挪威之國，皆宗路得一派，雖分爲數支，不無小異之處，而大綱則皆同也。其義法奧比日葡秘等國，皆主西宗一派，亦分有數支，而大綱則同。然凡宗路得一派之國必有羅馬總會舊派參於其間，則以路得之派不以權強人，非若羅馬總會之動以教王之尊而壓人也。至若東派之會，則仍以俄國爲最盛，俄帝兼掌政教之權，無預於紛爭之事，而於遠方傳教之舉亦未若英美德法意之汲汲也。然則中國之所謂耶穌教者，即天主教皇所詛爲遺臭萬代之異端是也。所謂異端者，即萬事萬理皆以景經正文爲經，不以歷代教王之經解爲經，以景經眞理爲主，不以教規儀文爲主。以教會與國政分權不欲干預人家國事，祇以悔罪改過

信主力行爲得救，不以告解念經立功守貞等爲聖族之類是已。

夏燮《中西紀事》卷二附《西人教法異同攷》　佛滅度六百年後而有耶穌，是爲天主教。耶穌治世又六百年後而有穆罕默德，是爲天方教。此三教之先後消長升降於西土者也。佛生於中天竺，而天主，天方皆生於西天竺，此三教者，皆在亞細亞洲之界，與極西之大秦無涉也。然佛教之行自西而東，故由天竺而至中土。天主教之行自東而西，故由波斯而入大秦。若天方者，值羅馬之衰，遂幷其東土之西印度諸國，自立一教。有不服者，輒以兵脅之。故始行於葱嶺之東西，遂及於震旦之南北。惟歐羅巴人與之爲仇，故二教雖並踞西土，已分水火之局。而攷其所自來，則皆婆羅門之支流餘裔也。佛經有婆羅門，天祠斥爲外道。而唐陳（元）［玄］奘使西域，經歷各國之奉祀天神者，皆以爲婆羅門種。是其教起於佛氏未出以前，而再盛於佛教既衰以後。若天主之變而爲天方，則又其最後者。觀其削頂留鬚，七日禮拜，與夫分水土爲地體之三行，作十字爲天方之交線，此其拾天主教之糟粕，且不必論。而合二教之書，論之天方古史，稱阿丹爲治世之初祖，傳二千年後，洪水汎濫，有大聖努海受命，使其徒四方治水云云。此全襲泰西《創世記》中語。曰阿丹治世，即記所云天遣亞當下世，肇生人類者也。曰努海治水，即記中所云挪亞避洪水之難，率其子孫散處四方者也。摩西本以色列之族，爲耶穌之遠祖。而以其受十誡於西奈山，則言阿剌伯者，亦本之。西奈山在阿剌伯境內，回部之首也。波斯本條支之地，爲回部之祖國。而以爲大秦經像之所自出，則言景教者，亦宗之。至考其淵源之所自，則三教實皆本耶穌。而言天方者，獨諱之。蓋天方之教起自爾撒，至穆罕默德集其成。故回人以爾撒爲大聖，穆罕默德爲至聖。而爾撒之生，正與耶穌並世。吾友俞理初正燮，謂爾撒者即耶穌之對音，予爲之證。以天方古史言阿丹傳施師，師傳努海，海傳易卜剌欣，欣傳司馬儀，儀傳母撒，撒傳達五德，德傳爾撒，爾撒不得其傳，六百年而後，穆罕默德生。西人紀年以耶穌之降生起數，回部紀年以穆罕默德之辭世起數。梅宣城據回回曆，以推穆罕默德辭世之年，在隋文帝開皇十四年甲寅，上距漢哀帝元壽二年庚申，天主降生，正合六百年之限。是則爾撒，耶穌之非二人，（豪）［毫］無疑義。理初又引回人幹爾塞經，塞與撒音之轉言爾撒聖人者，亦阿丹之後，立教敬天爲主，傳徒繁盛，戰勝攻克。或通其妻，託求異術。爾撒告妻，畏人縛髮。妻於是夜暗繫其髮，仇至遭擒，便被殺害。其徒憤天不垂佑，乃奉天主，不復事天云云。此與湯若望所記耶穌被害，釘死十字架上，同一無稽之野語。而受擒死於非命，大畧相同。且其時已稱爾撒爲天主，尤是一非二之確證。蓋自三教既分馴至數典忘祖，同室操戈，於是西人主耶穌而奴爾撒，回人主爾撒而奴耶穌，實不悟其爲一人。即有知者，亦諱不欲言。乃自於其六百年一語，供證確鑿。然後知天主，天方，固自一家眷屬也。杭世駿續景教攷，既混天方於大秦，錢大昕跋景教碑尾謂耶穌生當隋開皇之世，又誤以穆罕默德辭世之年當之。總緣二教爭勝，皆援唐碑景教之文，故考據家不能別其同異。要知天主本非大秦之產，大秦亦與回部無涉。此不足與之辯。但據其後來之教法論之，則天主教固拾佛氏之唾餘，而天方教又拾天主之唾餘也。非獨二教自分門戶，即天主本教，歐羅巴人所奉，亦不盡同。其總名曰克力斯頓教，後遂演其派爲三，一曰加特力教，即舊天主教。今意大里亞，佛郎西等國所行者是也。一曰額利教，今俄羅斯所行者是也。一曰婆羅特士頓教，士頓即斯丹一曰算灘皆轉音對音也今英吉利，荷蘭，彌利堅等國所行者是也。婆羅士特頓者，英人謂之耶穌教，始於明時日爾曼人路得所立，遂與天主之舊教分。今英制國主將嗣位，則大臣咸集巴厘滿衙門會議，必新王背加特力教而崇婆羅士特頓教，乃共立之。然則天主耶穌以一人而分三教，遂亦如水火枘鑿之不相能，此又何說。故曰六合之外，聖人存而不論可也。

李剛己《教務紀略》卷二下《傳教・新舊兩教盛衰》　基督生於亞細亞，其教風行全歐，則亞細亞傳教使徒熱心宣播之力也。歐洲古一統之國曰羅馬，一稱教宗國，聲明文物爲西洋一大都會。當中國周秦兩漢時，羅馬古教方盛，一切天人要重之事，皆歸教務官統理。都城建大廟曰盤殿，猶中國言諸神殿也，國人所拜之神悉置殿中，任人崇拜。迨基督教東來，專事上帝，不拜他神，排擊一切宗教。羅馬惡其異己，歷代國王嚴禁迫害之。基督教徒百折不撓，仍密傳其教。西歷三百十二年，君士坦丁創立十字架旗於彌倫；曰他日嗣位，當以基督教爲國教。後得教徒力登王位，諭全國奉基督教。時異論蠭起，次年大會於尼開加，始採用耶穌即神之說。自是基督教興，羅馬古教漸廢，西方各國皆請總教士助理國政，修明律

例，列國君主復多出總教士之門，教權日熾。當中國晉宋間，羅馬分爲東西二國，基督教亦判爲二。兩教互爭，勢若水火。東教不設偶像，西教於教堂中設偶像。東教不禁嫁娶，西教傳教之士皆禁嫁娶。兩教始分時權力相埒，厥後西羅馬積弱，國政衰而教權盛，總教士權侔人主矣。初總教士無轄地，至西歷七百五十四年，法王北賓獻佛捺地，總教士撫有土地自土提反第三始，嗣後始稱教王。後法王濵立猛復獻畢魯茄省斯北埒篤省地。一千五十三年日耳曼王杭列又獻百納奮篤地，一千一百二年侯爵婦特斯搆納又獻生培德田產，一千二百二十七年得魯曼捺地，一千三百六十四年得婆羅那地，一千三百至四百年得羅馬都城及薩皮捺地。教王撫土既廣，東至俄，西至英，國王嗣位皆教王奉冕立之。遇兩國兵爭，必判曲直，有不服者，國被兵，主被廢，各國君主俯伏肘下，此爲羅馬教極盛時代。當十一世紀末年，十字軍起，軍士繡十字形於軍服左肩，與異教識別，故曰十字軍。羅馬教徒進擊回回教徒，猶太爲耶穌生長地，歐羅巴人時往拜墓，既爲回部所據，禁不得通，諸國皆怒，合兵攻回部。先後凡七役，歷一百七十二年，歐洲人死亡二百萬。羅馬教徒雖未大償厥志，而工商業進步，地理博物化數建築圖畫等學多所發明。騎士義團騎士初起於日耳曼，凡欲爲騎士，七八歲時就一騎士家爲侍童，習武技，尊義俠，以保教爲己任。騎士見重於世，人人好爲之。義團施行法令者，曰大師長，選擇社員者，曰會長。有病院義團，神殿義團，宙敦義團等名，見《萬國史綱目》。散於西歐，保護宗教，守衛疆土，武門制度一變，教會權力亦驟增。十字軍後，有新舊兩教之爭。十六世紀初年，羅馬教會專恣多惡德，日耳曼人路得起而力排其說。於是基督教又分二派，曰羅馬舊教，即中國所謂天主教。曰路得新教，即中國所謂耶穌教。西人統稱耶穌所立之教曰克力斯頓教。其分而爲三，希臘教曰額力教。羅馬舊教曰加特力教，亦曰公教。路得所立之新教曰波羅士特頓教，曰修教，曰復原教，亦曰辨駁教。入中國則羅馬舊教曰天主教，路得新教曰耶穌教。路得，礦夫之子也。初入澳古斯丁寺爲僧，後舉威典堡神學博士。游羅馬憤教王無狀，教王好營造，鬻赦罪符，大取金幣，路得以赦罪在上帝，豈教王能代。明爲聚斂，不合聖經，乃張九十五條之揭示於寺門，且謂羅馬謬解耶穌書，以刑戮脅人入教，非耶穌本旨。國家威權自有國君主理，僧侶不宜干預，取教王諭書及羅馬律焚之，創改革宗派。凡天主教拜偶像，禁嫁娶，教士之稱，禮拜之儀，一切矯正。諸國奉教者多幡然信從其說，教王大怒，立耶穌會抗之，且令諸王捕殺新教徒，然其教盛行不可遏止。於是民與民因爭教互殺，國與國因爭教相攻者百餘年。干戈雲擾，全歐無寧宇。天主教有兩黨相爭數百年，一黨言教王不能有錯謬也，一黨言非教王不能有錯謬也。既得其位，即不謬矣。西班牙雄視歐洲，荷蘭本其屬國，教王以其奉新教，令西班牙迫之改教，荷蘭不服，西班牙連歐美之衆，爭戰八十餘年，卒不能勝歐洲各國，遂許荷蘭獨立。當荷蘭與西班牙爭獨立時，英主伊利薩伯援荷蘭兵艦橫海上，或捕西班牙商船，或破壞其港灣及都府，西班牙怒。一千五百八十八年，大集艦隊攻英倫，英將雷斯特等力戰破之，又敗之於哀爾蘭。是役也，擊沈西班牙兵艦數十，其餘帆船遭颶風盡沒於海，英倫得全勝，伊利薩伯遂推爲歐洲新教之首。法蘭西亦以宗教軋轢而興大亂，母后嘉撒淩專政，欲全滅烏巨拏新教徒。一千五百七十二年八月二十三日，值聖巴沙羅米由之祭期，其夜預立號鐘，屠新教數萬，勳臣名士皆罹其毒。兩教仇殺四十年，嗣亨利第四立，諭新舊教兩釋仇恨，爭端始息。日耳曼宗教之爭，兵連禍結三十年，世謂之三十年戰爭，而以丹瑞法等國干涉，牽動全歐。日耳曼人戰歿三分之二，國家分裂而不統一，然卒能恢宏其霸業者，則近代事也。自路得改革宗派，泰西各國紛紛與教王爲敵，黨同伐異，殺人如麻，教王威權日替，然猶據羅馬全國。至普法之戰，法撤前戍羅馬軍自救，意大利乘機併之，建都城。自此教王專司教柄，無轄地，與彼得初入羅馬時無異矣。

歐洲爭教之禍，天下至慘也。一千五百五十二年，日耳曼諸戰國立約於巴埽，有許人崇奉新教，無所禁阻之款。越三年，諸國開教法和議於奧革斯堡，有路得新教與羅馬舊教並行之款。一千六百四十八年，德瑞法諸國會盟於威司發里，復申明固持巴埽及奧革斯堡和約。羅馬，路得，瑞士三教並行。見《公法便覽》。以後教禍甫弭。五洲教案紀略威司發里和約成，各國輕視教王，不但息三十年兵爭及各國教案，以前七百年政權亦於是定。

文廷式《純常子枝語》卷二四 《五洲風俗記》云，天主教與耶穌教雖出一本，而不同之處甚多。如人死之後，天主教以爲其人生前必有罪孽，須在煉獄煉過後，俟所受之苦適敵所犯之罪，然後可上升天堂。耶蘇教則言，改過須在生前，此亦不同之一端也。按天主教有聖殮布，經言布上有耶蘇苦難之蹟，遺於衆人赦免煉獄云。德意志人須多因氏講義云，新

舊耶蘇宗教，舊教加特力宗，新教波的坦宗，按即婆羅特斯頓之異譯新教推自良心感正信理者，即自力宗。舊教從他念力應妄信教者，即他力宗。

綜述

李剛己《教務紀略》卷一上《教派·耶穌立基督教》 基督教者，由耶穌傳播於世之宗教也。耶穌譯言救主，基督亦救主之義。此教距今一千九百年，起於亞細亞西部猶太國，其國民爲以色列人，最古之民也。耶穌生於猶太國之伯利恆，當中國漢哀帝建平三年。母馬利亞爲大闢王之裔，約瑟所聘，未昏而有娠。耶穌初生，有波斯國博士自東方見其星而來拜，以黄金，乳香，沒藥爲禮。該撒分封之希律王都猶太該撒乃羅馬王號，是時羅馬統一西方，猶太爲其屬國。聞之，欲殺耶穌，神導之逃埃及，長而還鄉。時有約翰在約但河施洗，耶穌從受洗禮，約翰號於衆目爲基督，不敢自居於師長，遣門徒相從，耶穌遂禁食清齋，登山受籙，以戒定勝魔鬼，屢著靈異，續得十二使徒，經巡諸方，宣傳教旨，兼能起死疾，驅鬼祟，治瘖聾跛躃，止風禁水諸神術。所在從者數千人，其門徒之傑曰彼得，曰約翰，曰保羅。耶穌嘗謂彼得曰，我立教以汝爲磐石，彼得即磐石之義我以天國之鑰賜汝，汝所宥在天亦宥，汝所不宥在天亦不宥。故基督教徒以彼得爲尤得耶穌眞脈。此後世羅馬教皇之緣起初耶穌生而神異，嘗自謂受上帝命降生，以拯救世人。猶太古教有相傳先知之言，謂上帝曾許亞伯拉罕於其子孫中降生救世主，代人贖罪。以是益爲衆所歸信，或稱上帝子，或稱猶太王，祭司長多忌之。耶穌論道與舊教不合，斥法利賽人爲僞學。祭司長法利賽人益仇憤，百計害耶穌。耶穌自知數不可逃，屢告門人曰，吾今榮時至矣。我誠告爾，粒麥遺地未化，則仍一粒，化則結實繁矣。惜生命者反喪之，不惜生命於斯世者，保之至永生。耶穌言此，蓋示人以將死之兆也。踰越節前，踰越節即摩西率族出埃及之日，後以其日爲令節。門人猶大受賄，賣其師。及踰越節之首日，耶穌率門徒赴節筵，夜既詠詩，往橄欖山禱於上帝。猶大率衆適至，欲犯耶穌，從者刃擊祭司長之僕，削其耳，耶穌止之，遂被執。衆既執耶穌，先曳至祭司長亞那所，祭司長以所誨之徒，所傳之教鞫耶穌。耶穌曰，我於世明示之矣，我常誨人於上帝殿間，國人恆集之處，我無私語，曷問我。問聞我者，當知我言也。時有吏傍立，手批耶穌曰，爾對祭司長如是乎。耶穌曰，若我言非則斥其非，若言是，何批我爲。既亞那送祭司長該亞法所，平旦曳入公廨，大酋彼拉多鞫耶穌，知其冤，出謂衆曰，舊例，踰越節當釋一囚，爾欲我釋耶穌乎，抑釋巴拉巴乎。衆請釋巴拉巴，巴拉巴故盜者也。彼拉多曰，然則耶穌將如何。衆呼曰，釘之十字架。彼拉多不得已，遂取耶穌鞭之，士卒編棘冕，取紫袍加耶穌身，且謂之曰，願猶太王安。既而手批之。戲畢，遂令耶穌負十字架至各各他，譯言髑髏處也與二盜同釘於十字架。耶穌之母與門徒同近十字架而立，耶穌頤指門徒告其母曰，是乃爾子。又指其母謂門徒曰，是乃爾母。於是門徒奉母以歸。耶穌乃大呼曰，我之上帝，我之上帝，何爲遺余？既而曰，吾事畢矣。氣遂絶。當是時，自日中至於日昃，偏地晦冥，山石崩裂，萬物慘悽，皆知受難者非常人也。耶穌死時年三十三，傳教僅兩年。葬之明日失其屍，耶穌嘗謂，死後三日當復生。至是門徒皆云，屢見耶穌形，謂耶穌復活，留人間四十日始升天，坐上帝側。云耶穌所傳之教尊崇創造天地之上帝，遵守十誡，與猶太教大旨無異，惟猶太教禮拜在中歷氏女胃柳之日，基督教則移於耶穌復生日，在中曆爲房虚昴星。又謂上帝無所不在，可隨時隨地祈禱，耶穌已自捐軀流血代萬民贖罪，無庸再獻牲血，故不用摩西所制獻祭禮儀，所定律法食禁，不行割禮。其教中要理有三，一曰天主體用。西教經有體一位三父子聖神之說，施生者父，受生者子，父子互發之神愛，謂之聖神。三位共是一體一性，位別而體不分，而其相生之序又皆自無始，而出於本體之自然，至極純神，至尊無對，是爲生天地神人萬物之大主宰。西士證天主之必有，厥有五端。一徵之天象。近代遠鏡日妙，天學日精，曾有人注望天河，歷一刻鐘之久，見經星過遠鏡中者，多至十一萬有奇，以周天計之，當有幾何。然自開闢以來，五緯之軌道不紊，四時之節序無訛，三辰不以長照而失明，九天不以恆懸而或墜，無亭毒之神而能致此耶。亭毒之神非他，天主是也。二徵之地輿。地以十二月繞日一周，以十二時自旋一轉，以一分鐘移行四千餘里，自旋則六十里，循軌遵度，未嘗或誤，然四面皆空，無懸之舉之推之挽之之物也。其發生之力各從土，宜亘古以來從無誤生之物，地中元氣迭出不窮，無宰制者而能然耶。宰制者非他，天主是也。三徵之萬物。世界如極大園囿，其間鳥獸蟲魚不可勝數，然皆有知覺，皆能行動，骨肉相附，脈絡繁多，繩牽絲連，貫通百體，有所觸即有所知。以故觸於聲而耳

能聞，觸於光而目能見，具體雖異，適用則同。萬物若無主宰，豈能自然生成，即使自然生成，亦豈能歷千萬年而不紊其類哉。主宰非他，天主是也。四徵之生理。凡有數之物，必有本始，雖百千萬億必始於一，一則無所從始，則知萬物必始於一神，乃成造化之功。或謂萬物生於理與二氣之動靜。然氣無靈明，又泮渙無定，安能生靈明備具之物。至於理，雖萬物皆具，然有是人，有是物而後有是理。無人無物，理將焉寓。今使有人於此以空氣若干，盪之摩之，久而忘倦，問之則曰，我欲其生物。若爲金石，若爲草木，若爲男女，雖三尺童子亦笑其愚。彼二氣生物之説，何以異此。由此以觀，則萬物皆生於神靈之造作，抑又何疑。神靈非他，天主是也。五徵之人心。人之良知良能，出乎元善，智愚賢不肖無不同也。凡遇危難迫不可待，則心爲之寒，股爲之慄，或涕泣呼籲，或伏地祈禱，此何以故，知穹窿之上必有宰制，故哀求其援救也。且悖禮犯義之人即事追悔，每懷慚怍，未必督責，有人而心已餒。未必刑罰有加，而心已懼。未必聞見，有人而心已惴惴。無他，知冥冥中神靈鑒觀，不可倖免，故震而懼之。神靈非他，天主是也。有此五證，則萬物之必有一天主，更復何疑。以上據《眞道自證》譯本《西教考略》。二曰萬民本分。上帝生人之意所以異於禽獸者，約有數端。一禽獸雖具軀體，本無靈魂，食息優游得此已足。若人則心無窮，期福祿何限。壽命有盡，非報以天國尊榮，不能滿志。一人爲萬物之靈，無論貧富貴賤，善惡靈蠢，上帝既生是人，每厄以艱難困苦，益其才智，使預爲來世之備。一禽獸既無靈魂，故生則娛樂，死則泯滅。若人身雖有衰老死亡，靈魂永無衰老死亡，故人之於世，常恐歲不我與，而奉事上帝尤日急一日，誠恐死生一分，禍福立判，愆尤不及改悔。三省皆上帝生人之意也，由是觀之，人之異於物者，不在今生而在既死之日，明矣。以物而言，上帝生之，予以本分之能，本分之用，物在生前第能盡其本分，即無負上帝。若人之本分，有在生前，有在身後，有在衆見，有在獨知，士之於學農之於稼，工之於製造，商之於負販，各有職分所當爲，各爲人事所宜盡，豈可謂非各盡其本分。然謂爲各盡其本分則可，謂爲已畢其本分則不可，何也，以其第爲生前衆見之事，於所爲身後獨知，猶有未盡也。夫人之所宜自盡者，其要有三。一曰敬上帝，以報造物之恩。二曰潔身心，以爲天堂之基。三曰明義理，以備來生之事。人能行此於今世，可爲全德，於來世可受永福，天堂之選豈外是歟。嗚呼，生時暫也，沒後永也。人爲永存不滅之人，在世惟當立功，身後力膺永福，其功愈多，其福愈厚，故在世以功爲吉，以罪爲凶，而眞吉眞凶即從此而定。所以或富或貧，或貴或賤，或壽或夭，俱不足計，惟善則不得不圖也。當忠則忠，當孝則孝，當敬則敬，當愛則愛，財當輸則輸，力當給則給，遇亨當善用，以成其德，遇困當安命，以增其力。凡事之有關於永久者，不以善小而不爲，不以惡小而不避也。世之小人懷利而昧義，畏刑而怙惡，而豈知其所懷者利也，而天國之永福已無望焉。其所畏者刑也，而地獄之永苦已難免焉。故人之處世，如在戰場，非安所也，戰畢則安矣。以上據《眞道自證》三曰身後永福永罪。人生所有者二，曰身體，曰靈魂。靈魂爲身體之主，曰性，曰命，曰理，曰情，皆本於靈魂。目能見，耳能聽，鼻能別五氣，舌能辨五味，身能動，心能思，皆靈魂主之。而心思之妙能發宇宙之祕，探造化之奇，尤爲靈魂大用。禽獸無靈魂，故不能也。身體乃靈魂宮室，宮室毀，主人在。身體死，靈魂存。耳目口鼻四體，乃靈魂之器用也。人於夢中亦見天地人物，或聞奇樂，或食異味，或聞妙香，或辯論至理，或抒發文詞，此時五官四肢未嘗動也，然耳目之於聲色，鼻舌之於氣味，身心之於晰衆理，應萬事，莫不各效其用，可見靈魂雖無官骸之體，具有官骸之用。且天下官骸不全之人，其心思智慮往往遠過全人，保羅云，外體雖壞，內心日新是矣。是故形軀可滅，靈魂不可滅。人在世時，可以行善，可以去惡，一至命盡，人品已定，永不轉移。天主於時乃審判而賞罰之，其人純一，敬事天主及愛人如己，必升天受福，否則必墮地獄永受苦難。或云死後靈魂脱體，升降空中，雖有苦樂，不知也。西教則謂，身受苦樂，惟有靈魂，故有知覺。若已死之人，雖采色炫目，繁音震耳，必無聞見。雖加以刀鋸，投之水火，必無痛苦。若是者，其身固未嘗不具也。即以生人而論，或心懷憂懼不勝煎灼，或夜得噩夢，頓生恐怖，若是者，其身亦未嘗受苦也。然一則身雖受苦，而絶無聞見痛苦也，如彼一則身未受苦，而不免煎灼恐怖也。如此，是苦樂之無與於形體存亡，明矣。或又謂人死則靈魂散滅，天地間元質六十，有四分合變化未嘗少減，靈魂至貴，反令散滅，有是理歟。或又謂上帝賞善罰惡，不以人世，而必待之身後者何。曰人之處世，良莠相雜，彼此相關，降罰於惡，并損於善，子暴父仁，誅其子，父亦苦矣。妻賢夫不肖，戮其夫，妻亦害矣。且世刑之極不過一死，殺一人者死，殺千萬人者，勢不能千萬其死。況造物仁愛，恆冀人改過遷善，迨至死而不悛，仁慈乃盡，公法乃行，故上帝罰惡不得不遲之身後也。至於世福雖可取快一時，豪傑有志之士所樂者，固不在此，而可以爲報歟。矧善人焦身勞思，堅苦畢世，至於桑榆既迫，墓木將拱，回顧向時事業，忽焉泯滅，而所得者不過一息飽煖，是善人之功不且浮於所報乎。況殺身成仁，授命赴義，皆善之至也。論賞則於世一無所得，無論世福不能慊人之心，而善之至并不能受焉。無論世福不能稱造物之賞，而善之至并不能得焉。然則爲善之報，其不得在世福，而必在身後也，明矣。以上據《職方外紀》《眞道自證》又謂人有本然之罪，有自作之罪，惟上帝能赦之，惟耶穌能介紹之。上帝所造世界必有末日，末日既至，耶穌復臨，天地必壞，已死之魂皆當復生，以受耶穌審判，分別罪福。上帝將別造一新世界，名曰天國。信耶穌者置之天國，不信者置之地獄。問末日何時當到，則曰不知。或千百年後，或即在今日。末期將至，厥有先兆。人攻其人，國攻其國，天象震動，海波沸騰，萬民饑疫，禍及婦孺，譬之無花果樹，見其萌

芽，知夏近矣。必問末期確在何日，雖天神不知，故奉教者當勇猛精進，不可稍怠。古教彙參云，學聖書當如保羅，學耶穌不以己爲既得，當不顧後望前直趨，彼學人間工藝，苟無前進，尚不能見悅於師，而爲良工。況學眞神大道，若無前進，又豈能見悅於神，而爲完人乎。此基督教之大旨也。《新約書・馬太傳福音第一》、《馬可傳福音第二》、《路加傳福音第三》、《約翰傳福音第四》述耶穌降生，行教靈蹟始末。《使徒行傳》述耶穌死後，諸大弟子傳教事蹟。使徒保羅，約翰寄人書，及《雅各》、《彼得》、《猶大》等書，皆其門徒闡揚師教，與各國人論學之書。使徒《約翰默示錄》則言，天地毁劫，救主降臨，更新天地，重造人物，定永賞永罰之事。基督教流派數十，其大别有三。一曰西教，即羅馬天主教，爲耶穌大弟子彼得所傳，今法蘭西諸國奉之。一曰東教，即希臘教，爲耶穌弟子保羅所傳，今俄羅斯諸國奉之。一曰修教，即耶穌新教，起於明武宗時，其中又分路得，束盈黎，甲爾文三派，今英吉利諸國奉之。甲爾文著書曰耶穌教制，束盈黎派與路得派宗旨相同，惟晚禱用酒食異耳。

又卷一下《傳教・西教入華始末》 唐貞觀九年，大秦國上德阿羅本，遠將經像，來獻上京。十二月詔立大秦寺一所，度僧二十一人。世閲七朝，至代宗建中二年，大秦寺僧景淨述其緣起，撰景教流行中國碑。景教不見他書，其所貢之像三一妙身，无元眞主阿羅訶，即基督教體一位三，父子聖神之説。三一分，身景尊彌施訶，即耶穌降生之説。碑云室女誕於大秦，判十字以定四方，分身救度，七時禮讃等語，均與基督教理密合。景尊天主，隨時立名，異派同源，殆無疑義。唐初佛教方盛，西教傳入中國，信從者鮮。元太祖親征俄羅斯保勞尼翁伽里諸國，教王音諾增爵第四遣教士七人隨營宣教，嗣教士柏郎嘉彬齎教王書呈太祖，太祖覆書遣之回國。終元世，通使傳教者不絶。世祖至元二十七年，教士高味諾等請於燕京創大堂二所，世祖親臨瞻彌撒禮。以上據譯本《西教考略》。又西人所撰《東遊紀略》云，有波羅馬哥者，於宋末元初徧遊燕京蘇杭閩滇，曾知揚州行中書省事。至元二十五年，教王遣約翰來華，勸元帝崇奉西教，元帝不從，而立教堂於京師，入教者約六千人。教王復遣安得烈爲之輔，是中國京師建立天主教堂始於元代。明萬曆九年，意大利人利瑪竇泛海九萬里至粤，又二十年至京師。中官馬堂以其方物進獻，有所供天主及天主母圖，神仙骨諸物，自稱大西洋人。帝嘉其遠來，給賜優厚，中朝士大夫咸與晉接。利瑪竇撰《天主實義》諸書，述彼教之説。著《萬國全圖》，論天下形勢。又言中國大統回回麻皆疏舛不合實測，乃持其本國推步之書出示士大夫，皆爲中國典籍所不道者。時臺官言大西洋歸化人龐迪我，熊三拔等深明麻法，請倣洪武初設回回麻科之例，令同測驗，從之。利瑪竇既卒，其徒久留不去，時則有陽瑪諾，鄧玉函，畢方濟，艾儒略，龍華民諸人，皆喋喋言新法，而湯若望，羅雅谷方自西來，若望又述耶穌神靈異蹟，及受刑十字架上代民贖罪之顛末，圖寫流布，朝士相與提倡援引。於是自畿輔開堂，蔓延各省。京師則宣武門之内，東華門之東，阜城門之西。山東則濟南。江南則淮安，揚州，鎮江，蘇州，江寧，常熟，上海，浙江則杭州，金華，蘭溪。閩則福州，建寧，延平，汀州。江右則南昌，建昌，贛州。東粤則廣州。西粤則桂林。楚則武昌。秦則西安。蜀則重慶，保寧。晉則太原，絳州。豫則開封。凡十三省三十處，皆有天主堂。自明萬曆以後，國初康熙以前，其教不脛而走矣。以上據《中西紀事》。若望以明崇禎時用禮部尚書徐光啓薦，令供事麻局。崇禎初光啓進天主教之説，宫府盡毁諸銅佛像，見《烈皇小識》。國朝順治二年，與南懷仁同入欽天監。康熙三年，歙縣人楊光先狀告禮部，摘其推算日食交會之誤奏聞，罷湯若望等，授楊光先爲監副，尋轉監正。六年，以推閏失實革職。八年，南懷仁訟之，論死，減等遣戍，復用南懷仁爲欽天監官。得旨天主教除南懷仁等照常自行外，恐直隸各省復立堂入教，仍著嚴行曉諭禁止。三十一年二月，禮部議奏，各省天主堂應照舊存留，進香供奉之人，照常行走，不必禁止。奉旨依議。雍正初，羣臣多言禁教。二年各省教堂一律改毁，除欽天監修治麻法仍用西人，其餘教士悉遷澳門。乾隆嘉慶兩朝迭申嚴禁。至道光二十二年，與英約於江寧，有耶穌天主教原係爲善之道，自後傳教者來至中國，須一體保護之款。二十五年，耆英督兩廣，爲法人請在海口設天主堂，華人入教者聽之。此時海口雖許傳教，内地猶禁也。咸豐八年，法約第十三款，凡入内地傳教之人，地方官宜厚待保護，凡中國願崇信天主教而循規蹈矩者，毫無查禁。同治九年，刑部删去傳教治罪舊例，續纂新例曰，凡奉天主教之人，其會同禮拜誦經等事，概聽其便，皆免查禁。自是舊禁盡弛，中國二十三行省皆有教士蹤迹，内地教堂林立，習教之徒

愈衍愈廣，仇教之案愈辦愈難。流極至於庚子，邪黨一呼，亂民四起，前後不過數月，遽激成古今未有之奇變。中國痛心之，故不忍言矣。自道光壬寅江寧之約，距光緒辛丑之約六十年，語所謂十日十二子相配，數窮六十，其將復平意者。此後，教禍庶幾少紓。其希臘教教士自守宗派，不出傳教，惟京師，漢口建教堂，此西教入華之大略也。

郭嵩燾《倫敦與巴黎日記》 西洋諸國開闢之初，人民風教，多原始東土。如英國初崇德雷教，亦主輪迴之說，實與佛教同源。希臘、羅馬，立國最早，其教皆原於摩西。而摩西以色列族立國猶太，自衍其教，未嘗強諸國從之。是以希臘、羅馬各主教名。而希臘義納姑來自迦南，開文教之先，至今猶祖猶太教。羅馬當兩漢時兼併諸國，有大一統之勢。會是時耶穌興於猶太，爲其國人爲殀閼，羅馬王獨推崇其教，雄長諸部，督使從之。而教士專習文字科條，講說推行，遍及諸國。於是羅馬剌丁文字，遂爲西洋各國文教之祖。

英部當羅馬盛時，爲所踞者數百年，其教亦以大行。建造會堂，定立科條，凡建國立政之經，如農田水利、醫師方術、百工伎藝，皆教士爲之創始。至唐之中葉，以格伯收合諸部，建立英國以前名比利敦。其時教已盛行，而文章典制及諸興作，一操之教士。今阿斯弗、堪白里治兩處大學館，創建已逾千年，正當英人立國之初，皆教士爲之主持，至今猶然。其國之政俗科條，無一不出於教士。而自初創建會堂，統君民而約禁之，是以國家大權，教士得以操持歷千餘年。人民心意之歸向，已素定矣。而羅馬又立教王以總攝之，以故其權久而不替。

教王既主各國教權而陰制其柄，因以肆志縱慾，諸國亦漸苦之。一千五百年間，當明之中葉，英人有味格里弗著，始著書闢之。日耳曼教士路剔因之創立耶穌教，謂之波羅特士。波羅特士者，誓不從羅馬教之謂也。蓋羅馬教之積敝，而人民日思變計。路剔之創立教名，誠亦末流補救之術也。

然自初羅馬教之行於諸國，皆有功蹟教化於民，導人以信從之。既分立兩教，於是怙權爭勝之心，日挾其術以求逞。乃各私立會名，分佈徒衆，蔓延於亞細亞諸國，以傳教爲「七七」民。諸從羅馬教者相與導揚之，以廣己而造大，而教王又實爲之主持。日思巴尼牙人意格納希珥斯羅爾窩拉，創立熱索亦得會法人語耶穌曰熱索，明季利瑪竇奉之以行於中國。嗣是會名繁興，傳教東土各國，率請命教王，奉其教會名目以行於其所適之國。中國重開天主教之禁，而傳教京師者，又爲拉薩立斯得會。教分，而其傳教亦愈切。英人名羅馬教曰加特力，名耶穌教曰波羅特士，但當時求去羅馬教積弊而已。羅馬教傳之東土，日益加廣，波羅特士教亦相與仿而效之，於是耶穌教會亦興。即倫敦三國，教會亦異。倫敦官教曰意畢斯哥稗里安，蘇格蘭官教曰卜來斯畢諦里安，皆食官祿。不食官祿曰英諦并丹得。其間各私立會，名目繁多，有曰麥托的士，有巴比的士，近年教士四出傳衍，與加特力教爭勝東土。蓋不獨非路剔立教之意，亦非耶穌推衍摩西立教之本旨矣。

梁廷枏《海國四說》卷三《合省國說》 西海有名摩西者，歐羅巴洲人所共稱爲聖人者也，爲耶穌天主教所自。相傳，有神降，授以《聖書》，謂帝命默示之，摩西錄而抱守於其家，未出以教人也。按：《寄味山房雜記》云：「耶穌生有天授，通各國土音，生東漢時，始知以三百六十五日爲一年，創教勸人爲善，忌者釘其體於十字架而斃，其徒號其教曰天主。國會初不信，禁習頗嚴，後與他國相攻不勝，祈於其寺，忽雲中現一十字架，遂以十字架爲前鋒克敵，因大信奉，即造禮拜寺供十字架。」《海國聞見錄》云：「大西洋尊天主而辟之者，惟英圭黎。」據《舟車聞見錄》：英圭黎即英吉利。而據《統記傳》，禱耶穌以十字架勝敵者，爲千士但天。考其在位時，當在西晉愍、元二帝之間，則其國之信奉耶穌教久矣。

摩西既死，子孫乃出所遺書，半傳於亞細亞洲之西希伯國，半傳於歐羅巴洲之東希臘國，遂得傳播其書。所紀皆自夏終漢之事，故尊曰《聖書》。按：《明史》云：「萬曆間，大西洋人至京師，言天主生如德亞國。其國自開闢以來六千年，史書所載，及萬事萬物原始，無不詳悉。」陸氏《八紘外［繹］史》亦載其說。所謂史書者，似即摩西所傳之《聖書》，故西洋人近年紀述多及之。大率皆洪水前後事，常有天帝下與人問答者。所云自開闢至今凡六千餘年，亦與《皇極經世》、《春秋元命包［苞］》諸說不合。其緣始固無足深辨。惟耶穌生如德亞，西行其教於歐羅巴。而摩西則與耶穌同祖，西洋人書稱摩西在西乃山得天《十誡》，爲殷祖辛十三年事。摩西受上帝靈神所默示，得此書。而西人之引是書者，又多紀前聞史事，則人與書之同出如德亞明矣。後漸傳漸廣，士入大學者必熟習之。其說有三：以爲上帝先天地萬物而生，無從窺其端倪，惟至正、至大、至智、至誠，知能

無所限量，天文物曲，皆覆載所創始，故名上帝，曰天父，曰救世，曰聖神，一也。人稟受於天，則首宜尊天，次則父母兄弟，推及天下，故知敬天，敬親，方爲守分良善，二也。按：敬天之說甚正。然惟天子得郊，過數反褻之。故實有精意存乎其間，厥典綦重。今據《志略》稱：「合省之民，惟知崇拜上帝，外無祈禱，無耶穌，即天之子捨死救人之說。」是七日禮拜，非專敬其教主矣。諸書所未詳也。人死而魂常在，善者賞福天堂，惡者罰禍地獄，三也。按：此與佛氏之言正同。而耶穌本教尚有審判復活之事，今《志畧》無之。中又分載新、舊《遺詔》，謂其一已歷二千餘年，一已三千年。大旨以存公去私，遠佞除猛，救難懲爭，禁盜爲訓。尤戒誑言、使酒，而終以不妄求，不倦惰，爲庶民定則。用意似竊中國經訓之餘緒，惟緣起未免不經耳。鄉所在有禮拜堂，七日一至，集衆拜之，曰禮拜日，亦曰安息日。無跪拜儀，以摘帽爲敬。謹按：《皇清職貢圖》：「大西洋夷僧男女，見之跪捧足。」則其俗亦知跪拜，但不以爲見禮耳。是日，不事工作，惟讀《聖書》，擇能解者，講明意義，拜畢環聽。所奉止於天主，別無神祇、仙佛。禮拜外別無祈禱、禳祭。以故國中無和尚、道士。謹按：《皇清職貢圖》：「大西洋夷僧，天主耶穌教，夷人敬信之，削髮留鬚，出入張蓋樹旛。女夷以白布纏頷。夷人敬奉尤甚」云云。今米利堅無之，則風俗稍異矣。

景教分部

題解

景净《大秦景教流行中國碑頌並序》 眞常之道，妙而難名，功用昭彰，強稱景教。

陽瑪諾《景教流行中國碑頌正詮·景教》 性家曰，物名指解物性。名義既明，物性瞭然。因性家欲明解某物之意，立符物意之名，首務也。景淨士將述聖教，首立可名。曰聖教，景教也。識景之義，聖教之妙明矣。景者，光明廣大之義。古時人多述謬，背忘眞主，妄事土神或認天象、日、月、星辰等無靈之物，從而祭之。不知天象、日、月、星辰等類，統惟天主所造，用之以炤臨下土者耳，本無生無覺無靈，不祭其造之者，而祭其受造者，正道不明，厥黯至矣。經曰，若太陽西沉，地昏入寐，夜行者概多陷仆。旭日既旦，地昭人寤，出作盡利。昔先知聖人，仰求天主降臨，乃曰主來鑒茲，下民可憫，久若幽囚，死於冥而弗覺。主教光明，祈主躬臨，解縛昭昏，俾履正道，以肇善行。

又主謂宗徒曰，廣遊普地，敷吾教，從者登，逆者墜。宗徒奉命流行，聖教始周遐遠。經美宗徒曰，厥聲啓口，周地舉充，教通八極，罔少滯壅。主又喻曰，吾教猶網布海，漁諸鱗，迨充牣，厥容廣哉，靡鱗弗存。經云，主國遠總東西之海，廣涵南北之極，靡弗徧焉。既光明，且廣大，名之景故。

又 眞嘗之道，妙而難名，功用昭彰，強稱景教。既詳聖教七益之概，茲約其妙，蓋言聖教爲眞主攸建之教，惟眞主聖教之道爲眞道，爲永嘗不息之道。厥妙難名，自三一之奧，以迄分身之奇，種種聖情，非名言之克竟。且厥用光大，凡世間所有之稱名，概難克肖，不得已而以光而且大之義，名之景教云爾。

楊榮銡《景教碑文紀事考正》卷二《景教流行中國碑》 景教者，乃景宗尼士陀利派大秦國人阿羅本傳景教入中國之初，詳定其所傳之教之名，所以便稱謂，亦猶儒釋道之意焉。景之云者，文取光明之意，義出本經《約翰福音傳》一章文云：元始有道，道與上帝共在。道即上帝，是道元始與上帝共在也。萬物以道而造，凡受造者無不以之而造，生在道中。生也者，人之光，光照於暗，暗者弗識之。有上帝所遣者名約翰，其至爲光作證，使衆以之而信。約翰非光，特爲光證耳。眞光者，臨世照萬人者也。又三章十九節文云：夫光臨世而人作惡，愛暗過於光，此其所以定罪也。作不善者惡光而不就光，恐所行見責。循眞理者就光以彰其所行，遵上帝而行之。又八章十二節文云：耶穌語衆曰：我乃世之光，從我者不行於暗，得生之光。凡此經文，皆阿羅本等定名取義之所本也。教者，非修道之謂，乃上帝之諭旨，神跡之啓示。彰癉之仁明，賞罰之公法，赦罪之盟約，神化之大力，合爲上帝之教。已然者爲《新·舊約書》，現在者爲聖神教會。將來者，爲千聖心傳。久之則爲萬國維新，道一風同，在地若

天。本經（《馬太傳》六章）載，聖徒祈禱云：吾父在天，願爾名聖，爾國臨格，爾旨得成，在地若天。又本經（《希伯來書》一章）文云：伊昔上帝，以多方托先知數諭我祖。今値季世，使其子諭我（子指景尊），上帝以其子肇造天地，立爲萬物主。厥子顯其光華，肖乎其質。此即景淨所謂教也。

又卷三《真常之道妙而難名功用昭章强稱景教》 此文用以通頌前章，歷叙上帝永存之大道。誠有妙而難名者，然其救世之大用，亦已光被四表，燦然現於六合之間。雖道大莫名，然不得不假借以爲名，故强稱眞光之教也。

丁韙良《天道溯源》卷中第八章《釋疑端以明真道》 附錄景教碑文注，因景仰耶穌之道，故稱爲景教。

李之藻《讀景教碑書後》 不曰如德亞而曰大秦，考唐書拂菻國，一名大秦，西去中國四萬里。又考西洋圖誌，如德亞纖東一道，其名曰秦，道里約略相同。阿羅本輩殆從此邦來者，故以大秦稱云。其至長安也，以貞觀九年，上溯耶穌降生近六百禩。是時宗徒傳教殆偏西土。大唐德威遠暨，應有經像重譯而來爾。乃宰相郊迎，翻經內殿，爲造大秦寺於義寧坊，命名景教。景者，大也，炤也，光明也。

王先謙《重刊景教碑文紀事考正序》 《重刊景教碑文紀事考正序》，廣東番禺楊榮鋕褱甫撰，自稱景門後學。書凡三卷，刊於光緒二十一年。卷端列影照碑文一，（弟）［第］一卷載翻譯景教流行中國碑文，次金石家考論，次大秦考，次景教及諸教考。原二、三卷則取今之通行耶穌本經，以證釋碑文者也。碑稱貞觀中大秦阿羅本至長安，詔造寺度僧。高宗時諸州各置景寺，（元）［玄］宗送五聖寫眞寺內安置，肅宗於靈武等郡重立景寺，代宗誕降之辰錫香頒饌。建中二年，僧景淨述頌建碑。文中稱其道曰景門，曰景風，曰景力，徒曰景衆，曰景士。且曰眞常之道，妙而難名，功用昭章，强稱景教。其云三一妙身，無元阿羅訶者，用希伯來音譯，阿羅訶乃猶太人稱造化主之名，即天也。三一分身景尊彌施訶者，希利尼文稱彌施訶曰基督，即耶穌也。號耶穌曰景尊，故其教曰景教。或謂唐諱丙之字曰景，丙於五行爲火，景教即祆教，故以拜火爲宗，此不知火祆非景教，而爲此臆說也。

綜　述

張駒《大秦景教宣元本經》 時景通法王，在大秦國那薩羅城，和明宮寶法雲座。將與二見，了決眞源，應樂咸通。七方雲集，有諸明淨士，一切神天等妙法王，無量覺衆，及三百六十五種，異見中民。如是族類，無邊無極，自嗟空昧，久失其源，罄集明宮，普心至仰。時景通法王端嚴進念，上觀空皇，親承印旨，告諸衆曰：善來法衆，至至無來，今柯通常，啓生滅死，各圖其分。靜諦我宗，如了無元，礙當隨散，即宣玄匠帝眞常（者）。無元、無言。無道，無緣，妙有非有，湛寂然吾［略］

（卷末三十行）

□□□□□□□□□□□不滅除。若受□□□魔鬼道。無仇闘莫如法王。法王善用謙柔。故能攝化萬物。普救群生。降伏魔鬼。妙道能包容萬物之奧道者。虛通之妙理。群生之正性。奧深密也。亦丙（兩）靈之府也。妙道生成萬物。囊括百靈。大無不包。故爲物靈府也。善人之寶。信道善人。達見眞性。得善根本複無極。能寶而貴之。不信善之徒。所不（可）保保守持也。流俗之人。耽滯物境。性情浮競。豈能守持丙（兩）靈。遙叩妙明。夫美言可以（加）市人。尊行可以加人，不信善之徒。心行澆薄。言多佞美。好爲謗辭，猶如市井（人）。更相覓利。又不能柔弱麈謙。後身先物。方自尊高亂行。加陵於人。不信善之徒。言行如是。眞於道也不亦遠乎。神威無等。不棄愚鄙，恆布大慈（莫）如大聖法王。人之不善奚棄之。有奚何也言。聖道冥通光威盡察。救物弘普。假使群生不善。何有可棄心。明慧慈悲。覆被接濟無遺也。夫信道可以驅除一切魔鬼。長生富貴。永免大江漂迷。所以貴此道者何耶。只爲不經。一日求之則得此言。悟者目擊道。有迷（者）於累劫不復也。假使原始以來生死罪譴。一得還源。可以頓免。有此神力不可思議。故爲天下人間所尊也。凡舉聖以勗行人。明動不乖寧。是依信之方。妙契以源。不失眞照。妙理眞宗。照不乖寧。雖涉事有。而即有體定。內眞雖照而無心。外眞雖涉而無事也。大秦景教宣元至本經一卷。開元五年十月廿六日。法徒張駒。

景浄《大秦景教流行中國碑頌并序》 粤若常然眞寂，先先而無元，窅然靈虛，後後而妙有，捴玄樞而造化。妙衆聖以元尊者，其唯我三一妙身，無元眞主阿羅訶歟？判十字以定四方，皷元風而生二氣，暗空易而天地開，日月運而晝夜作，匠成萬物，然立初人，別賜良和，令鎭化海，渾元之性，虛而不盈，素蕩之心，本無希嗜。洎乎娑殫施妄，鈿飾純精，閒平大於此是之中，隟冥同於彼非之內。是以三百六十五種，肩隨結轍，競織法羅。或指物以託宗，或空有以淪二，或禱祀以邀福，或伐善以矯人。智慮營營，恩情役役，茫然無得。煎迫轉燒，積昧亡途，久迷休復。於是我三一分身，景尊彌施訶，戢隱眞威，同人出代。神天宣慶，室女誕聖於大秦。景宿告祥，波斯覩耀以來貢。圓廿四聖有說之舊法，理家國於大猷。設三一浄風無言之新教，陶良用於正信。制八境之度，煉塵成眞。啓三常之門，開生滅死。懸景日以破暗府，魔妄於是乎悉摧。棹慈航以登明宮，含靈於是乎既濟。能事斯畢，亭午昇眞。經留廿七部，張元化以發靈關。法浴水風，滌浮華而潔虛白。印持十字，融四照以合無拘，擊木震仁惠之音，東禮趣生榮之路。存鬚所以有外行，消頂所以無內情。不畜臧獲，均貴賤於人。不聚貨財，示罄遺於我。齋以伏識而成，戒以靜愼爲固。七時禮讚，大庇存亡。七日一薦，洗心反素。眞常之道，妙而難名，功用昭彰，強稱景教。惟道非聖不弘，聖非道不大。道聖符契，天下文明。太宗文皇帝，光華啓運，明聖臨人。大秦國有上德曰阿羅本，占青雲而載眞經，望風律以馳艱險。貞觀九祀，至於長安。帝使宰臣房公玄齡，捴仗西郊，賓迎入內。翻經書殿，問道禁闈。深知正眞，特令傳授。貞觀十有二年秋七月，詔曰：「道無常名，聖無常體，隨方設教，密濟群生。大秦國大德阿羅本，遠將經像，來獻上京。詳其教旨，玄妙無爲，觀其元宗，生成立要。詞無繁說，理有忘筌。濟物利人，宜行天下。」所司即於京義寧坊造大秦寺一所，度僧廿一人。宗周德喪，青駕西昇。巨唐道光，景風東扇。旋令有司，將帝寫眞，轉模寺壁。天姿汎彩，英朗景門。聖迹騰祥，永輝法界。案《西域圖記》，及漢魏史筞，大秦國南統珊瑚之海，北極衆寶之山，西望仙境花林，東接長風弱水。其土出火綄布，返魂香，明月珠，夜光璧。俗無盜寇，人有樂康。法非景不行，主非德不立。土宇廣闊，文物昌明。高宗大帝克恭纘祖，潤色眞宗。而於諸州各置景寺，仍崇阿羅本爲鎭國大法主。法流十道，國富元休；寺滿百城，家殷景福。聖曆年釋子用壯，騰口於東周；先天末下士大笑，訕謗於西鎬。有若僧首羅含，大德及烈，並金方貴緒，物外高僧，共振玄網，俱維絕紐。玄宗至道皇帝令寧國等五王，親臨福宇，建立壇場。法棟暫橈而更崇，道石時傾而復正。天寶初，令大將軍高力士送五聖寫眞，寺內安置。賜絹百疋，奉慶睿圖。龍髯雖遠，弓劒可攀。日角舒光，天顏咫尺。三載大秦國有僧佶和，瞻星向化，望日朝尊。詔僧羅含，僧普論等一七人，與大德佶和於興慶宮修功德。於是天題寺牓，額戴龍書。寶裝璀翠，灼爍丹霞。睿扎宏空，騰凌激日。寵賚比南山峻極，沛澤與東海齊深。道無不可，所可可名。聖無不作，所作可述。肅宗文明皇帝，於靈武等五郡重立景寺，元善資而福祚開，大慶臨而皇業建。代宗文武皇帝恢張聖運，從事無爲。每於降誕之辰，錫天香以告成功，頒御饌以光景衆。且乹以美利，故能廣生。聖以體元，故能亭毒。我建中聖神文武皇帝，披八政以黜陟幽明，闡九疇以唯新景命。化通玄理，祝無愧心。至於方大而虛，專靜而恕，廣慈救衆苦，善貸被群生者，我修行之大猷，汲引之階漸也。若使風雨時，天下靜，人能理，物能清，存能昌，歿能樂，念生響應，情發自誠者，我景力能事之功用也。大施主金紫光祿大夫，同朔方節度副使，試殿中監賜紫袈裟僧伊斯，和而好惠，聞道勤行。遠自王舍之城，聿來中夏，術高三代，藝博十全。始效節於丹庭，乃筞名於王帳。中書令汾陽郡王郭公子儀，初捴戎於朔方也，肅宗俾之從邁。雖見親於卧內，不自異於行間。爲公爪牙，作軍耳目。能散祿賜，不積於家。獻臨恩之頗黎，布辭憩之金罽。或仍其舊寺，或重廣法堂。崇飾廊宇，如翬斯飛。更效景門，依仁施利。每歲集四寺僧徒，虔事精供，備諸五旬。餧者來而飰之，寒者來而衣之，病者療而起之，死者葬而安之。淸節達娑，未聞斯美。白衣景士，今見其人。願刻洪碑，以揚休烈。詞曰：

眞主无元，湛寂常然。權輿匠化，起地立天。分身出代，救度無邊。日昇暗滅，咸證眞玄。赫赫文皇，道冠前王。乘時撥亂，乹廓坤張。明明景教，言歸我唐。翻經建寺，存歿舟航。百福偕作，萬邦之康。高宗纂祖，更築精宇。和宮敞朗，遍滿中土。眞道宣明，式封法主。人有樂康，物無災苦。玄宗啓聖，克修眞正。御牓揚輝，天書蔚映。皇圖璀璨，率土

高敬。庶績咸熙，人賴其慶。肅宗來復，天威引駕。聖日舒晶，祥風掃夜。祚歸皇室，祅氛永謝。止沸定塵，造我區夏。代宗孝義，德合天地。開貸生成，物資美利。香以報功，仁以作施。暘谷來威，月窟畢萃。建中統極，聿修明德。武肅四溟，文清萬域。燭臨人隱，鏡觀物色。六合昭蘇，百蠻取則。道惟廣兮應惟密，強名言兮演三一。主能作兮臣能述，建豐碑兮頌元吉。大唐建中二年歲在作噩，太蔟月七日大耀森文日建立，時法主僧寧恕知東方之景衆也。朝議郎前行台州司士參軍呂秀巖書。

陽瑪諾《景教流行中國碑頌正詮·流行中國》 據碑考年，當時聖教在唐，約二百載。累朝欽崇，聖堂星布，緜宰官，洎都人士，莫不順旨從風，爰立碑記，用垂永休。迨大明萬曆，崇禎間，於閩之泉州，掘土得石，上勒十字聖架之形。又於近地得石亦然，今並豎溫陵堂內。自唐距明，既閱今古，緜閩去陝，又極西東，乃碑刻多証，流行惟舊，於玆益信。

又《擊木震仁惠之音》 擊木，鐸聲也。震，動也。斯以仁惠，明吾主之新教也。古教甚嚴，戒規繁而且厲。吾主降世，定爲新教，易從易守，若木鐸弘音，感發人心，而播其仁惠。

聖人解曰，經記，天主降古教之令，率每瑟聖人登山，授以古教。時巨火烏烟降繞其山，飈風陡作，空中大變，雷轟霹靂嚇聲弗止。聖人明其故曰，古教者，警人之教也。天主欲當時之人，畏厥威，懼厥罰，以守厥戒，故懼者多，愛者寡。新教始興，即有聖神降臨。聖神者，天主之聖愛也。以示新教乃仁惠之教，吾主聖言爲仁惠之音，如木鐸之震擊然也。主規厥徒曰，惟愛之一誡，總括吾教。葆祿聖徒亦云，能愛天主與愛人，乃爲全守天主之教。可知仁惠者故。

楊榮鋕《景教碑文紀事考正》卷一《景教源流考》 是以景尊教行三百年，而異端漸多，至三百六十年，而教規經解則有東西之別。東以土耳其爲首善之區，其大秦、希臘、小亞細亞、波斯、印度、俄族之會皆屬焉。西以羅馬爲教化之祖，凡今之歐洲諸國皆屬焉。分之故則以方言風俗見解之不同，分之局成於羅馬帝遷都於土耳其，兩京監督皆秉國教之權。究其實兩宗皆以小學混大道，僞經亂本經，惟解三一之理，訂婚娶之例，則有不同。蓋西宗則以聖神由聖父、聖子所出，東派則以聖神由聖父所出。其婚娶之例，西宗則凡主教者，無論尊卑，例不婚娶。東派則獨總監督始不娶妻，其餘各從其本，但既娶不可棄，未娶不可求，既死不可續，即教友亦不可續至三次。其外諸儀文小道，皆不過小異而大同耳。至四百三十年，東派有尼士陀利者出，此即唐時傳景教入中國之教會之祖也。宋元嘉十五年，授大秦安提阿主教，廿五年升土耳其監督。夷考其人，聲聞卓著，熱心衛道，嫉惡如仇。當時各監督論彌施訶之妙性，頗有異同，有以彌施訶本身與常人無異，惟至受洗之時，聖神降臨之後，始有神性。斯論也，尼氏惡之，以其害道也。又有以馬利亞爲非常之人，所生之彌施訶即阿羅訶，是以有馬利亞生阿羅訶之說。至今東西兩宗皆同此說。中國之天主教，正西宗之的派，所以亦有馬利亞生天主之言。是說也，尼氏又惡之。謂其與景經不合。原尼氏按景經所紀彌施訶是元始生命之道，與人性混合無間，居於聖神，感馬利亞所生之子之身，成爲一位救主。是人而非純乎人，是神而非純乎神。人也神也，分之無間可尋，合之無跡可混。其飢渴受苦受死之彌施訶，乃人彌施訶，非神彌施訶也。其意以爲道體無所謂受苦受難受死之理，其受苦受難受死，贖萬民之罪者，乃道在厥身之人耳。尼氏堅持此論，提唱後學。當時服其論者，如水赴壑。而與尼氏爲敵者厥爲監督西里宜聯各方監督，訟尼氏於土耳其總監督，既而尼氏落職，幽於靜院。惟尼氏門人，百折不回，分爭益甚，國君欲合之而不得。乃竄尼氏於埃及，病死。而逐尼氏之徒，遂東徙於波斯，時在梁天監十八年也。先是有監督某，將尼氏與西里宜及各監督剖辯之說，並詳書之，函寄駐波斯監督，該督是尼氏之說，乃言於波斯君相。波王亦以尼氏說爲然。迨土京逐尼氏弟子時，波王納之，恩禮有加。以西路士亞爲尼氏會總監督所駐之地，而諸弟子則於尼司備士地方立傳道大書院，造就人才。後來大秦、埃及、印度、亞拉伯、西域、蒙古、中國之監督，半出其門。彌施訶降生四百九十八年，尼氏會各方監督，大會於波斯之西路士亞，定本會所信之道。其綱領與東西兩宗有何同異，後至馬安必安爲總監督時，再爲整頓，將希臘文《聖經》再譯大秦文，復定監督不娶妻之例。而教會中道德學問人才極盛，波斯歷代帝王，大加褒寵，東西兩宗無能出其右者。貞觀初年，監督阿羅本遂至中國，凡崑崙山東西南北之國，莫不有尼氏景教會之徒焉。然教化雖盛，若按景經而詳考之，則有大病者四。一，尼氏會傳

道開基，掌教多賴人力，少賴聖神。雖不以僞經爲經，然解經之權屬於監督。則監督日久，自可變爲僞經之別派。二，景古經之小學，與景尊救世之大道混，若聖祭儀文之屬是也。三，習染別教相似之理法於不覺，若十字定四方，東禮趨生榮之類是也。四，彌施訶在十字架受死贖罪之道，爲諸僞爲深奧之十字説所蒙，誠以景尊代負世人之罪，必當受律法之詛而死以全義，亦以代死以全仁，一舉而仁至義盡，是爲景尊救世大力之原。此而晦昧，則生機日蹙矣。自是以來，景教尼氏派之教會，每視各國帝王尊崇與否爲轉移，如立於中國之會，唐代人主尊之護之，則來中國傳教之士，約有數千之衆。及武宗禁佛，凡異邦來傳之教並遭牽累。又數傳而天下大亂，至五代而尼氏之徒與衆同死於兵戈水火之阨，幾於靡有孑遺矣。然景教之所以不留於中國者，究在彼而不在此。原回教始祖謨罕默德興於西南之亞拉伯，歷唐宋元明，更三朝之主，皆以兵力開疆闢土，一爲亞拉伯朝，二爲土耳其朝，三爲蒙古朝。其所爭戰之地，皆景教尼氏會廣行之地，東至於蒙古，西至於歐羅巴，南至於印度，北至於俄國。尼氏之徒，死於兵戈盜賊水火之間者，不知凡幾。死於時君主好惡者，不知凡幾。至帖木兒時，窘迫彌甚，越至今，凡回教秉權之國，日就衰微，而尼氏會之徒，亦僅若晨星。波斯大秦之間，尚存十餘萬衆，其餘埃及印度之屬，或三萬或二萬，皆椎魯無文。道光中年，美國長老會傳教士勃爾禁至波斯，乙未九月偕醫士革蘭得詣烏魯米，止景教尼氏會衆之邨里，景教人晉接之。景教師往來印證道妙者不少，並請勃氏到己會堂宣道。勃氏等見其墨守儀文，眞道隱晦，乃大索景經古經，除《詩篇》之外，其三十八卷或數卷存於此，或數卷存於彼，總無全帙。而本經則第二十七卷已全失，惟得二十六卷而已。諸經皆用古大秦文（即景碑之字樣），殊不便用，遂以近日方言與古文，作合璧《聖經》。又另全以近日方言譯景經，並譯近四百年經解辯正諸書印送。又因其習回教輕視婦女之俗，乃設女義學。辛丑年有義學十七所，癸卯有四十所。景教師相助爲理，至癸丑年，增至七十八所。烏魯米四方之村，聞而興起者甚衆，遂傳及深山邨里。古景教監督忌之甚，禁其徒不得入外洋景教會，有不聽者即虐遇之。無何，監督之弟亦改入長老會，暨主教亦然。美教士何墨士至，醫士革蘭得攜兩主教歸美國，觀景教振興之象。咸豐辛丑，美教士可恆李亞同至，居茄滑，距烏魯米二百里。傳道士官恆苦之，而教士不爲動，又於各部設義學，生童就學者數千人。波斯王降諭褒美，而兵部大不以爲然，緣其大帥前曾主議禁外洋傳教，其例甚嚴。一訓迪女子，二開義學，三習西洋文，四本地人代傳教，五游歷傳教，六民入會堂，設官察所印書，不得與古景教不合。初禁尚寬，及與英國失和，禁驟嚴，凡美國教士所開之義學盡行封閉。迨和議成，禁盡弛。其實英國之與美國，絕不相干，亞細亞洲諸國之待歐洲人，處處如此，亦一奇也。今日者美國有兩聖會在彼傳道，一爲長老會，一爲吭紀臣會，其傳道光景，稍勝於中國。此即景教尼氏會近日之實在情形也。

丁韙良《天道溯源》卷中第八章《釋疑端以明真道》 查唐朝有景教，亦耶穌聖教之一門也。由波斯傳入中國，至今別無蹤跡，惟留碑銘於西安。若究其未能廣傳之故，或以駁雜不純，或以屢遭大變，未可知也。而元時之奉景教者，尚屬不少，今則無聞焉。其碑文以之作證，不無精意可考。

李之藻《天學初函題辭》 天學者，唐稱景教。自貞觀九年入中國，歷千載矣。

黃鳴喬《天學傳概》 中國之有天主教也，昉自唐貞觀九年，維時大秦國有阿羅本者，奉經像以太宗詔行天下，名曰景教。累朝崇重，所稱盛德元勳如房杜及汾陽諸公，皆越誠稟仰，爲之羽翼。事載閩中，碑頌可考也。

李祖白《天學傳概》 逮至有唐貞觀九年，上遡天主降生六百三十五禩，大秦國即如德亞國修士阿羅本，遠將經像重譯來朝。爾乃宰相郊迎，翻經內殿，命名景教。初勅造大秦寺於京，後又偏勅諸州，各置景寺。開元以後四朝，寵賚彌渥，即郭汾陽王，亦復重廣法堂。依仁施利，修舉哀矜，教行有唐，蓋二百載而近矣。今長安有《景教流行中國碑》可考也。

錢謙益《牧齋有學集》卷四四《景教考》 萬曆間，長安民鋤地，得唐建中二年《景教碑》，士大夫習西學者，相矜謂有唐之世，其教已流行中國。問何以爲景教而不知也。按宋敏求《長安志》：「義寧坊街東之北波斯胡寺，貞觀十二年，太宗爲大秦國胡僧阿羅斯立。」又云：「醴泉坊之東，舊波斯寺。儀鳳二年，波斯三卑路斯請建波斯寺。神龍中，宗楚客

占爲宅，移寺於布政坊西南隅祆祠之西。」《册府元龜》：「天寶四載九月詔曰：『波斯經教，出自大秦。傳習而來，久行中國。爰初建寺，因以爲名。將以示人，必循其本。其兩京波斯寺，宜改爲大秦寺。天下諸州郡，亦宜准此。』」大秦寺建立之緣起也。

碑云：「大秦國有上德曰阿羅本，貞觀九祀，至於長安。十二年秋七月，於京師義寧坊建大秦寺。」阿羅本即阿羅斯也。寺初名波斯，儀鳳中尚仍舊名。天寶四載，方改名大秦。碑言貞觀中詔賜名大秦寺，夷僧之誇詞也。舒元輿《重巖寺碑》曰：「鴻臚待西賓，一支特異於三方，亦容雜夷。而來者有摩尼焉，有大秦焉，有祆神焉。合天下三夷寺，不足當吾釋寺一小邑之數也。」釋寺唯一，夷寺有三，摩尼即末尼也，大秦即景教也，祆神即波斯也。今據元輿記而詳考之。《長安志》曰：「布政司西南隅，胡祆祠，武德四年立，西域胡天神也。祠有薩寶府官，主祠祆神，亦以胡祝稱其職。」《東京記》引《西夷朝貢圖》云：「康國有神名祆，畢國有火祆祠。」疑因是建廟。王溥《唐會要》云：「波斯國西與吐蕃、康居接，西北拒佛菻。即大秦也。其俗事天地日月水火諸神。西域諸胡事火祆者，皆詣波斯受法。」故曰波斯教即火祆也。宋人姚寬曰：「火祆字從天，胡神也。經所謂摩醯首羅，本起大波斯國，號蘇魯支，有弟子名玄眞，居波斯國。大總長如火山，後化行於中國。」然祆神專主事火，而寬以爲摩醯首羅者，以波斯之教，事天地水火之總，故諸胡皆詣受教，不專一法也。大秦之教，本不出於波斯。及阿羅訶者出，則自別於諸胡。碑言「三百六十五種之中，或空有以淪二，或禱祀以邀福。」彼不欲過而問焉。初假波斯之名以入長安，後乃改名以立異。地志稱默德那爲回回祖國，其教以事天爲本。經有三十藏，凡三千六百餘卷。西洋諸國皆宗之。今碑云：「三百六十五種，肩隨結轍。」豈非回回祖國之三十藏與？

若末尼，則志磐《統紀》，序之獨詳。開元二十年敕云：「末尼本是邪見，妄稱佛法。既爲西湖師法，其徒自行，不須科罰。」大曆六年，回紇請荆、揚等州置靡尼寺，其徒白衣白冠。會昌三年秋，敕京城女末尼凡七十二人皆死。梁貞明六年，陳州末尼反，立母乙爲天子，發兵禽斬之。其徒不茹葷酒，夜聚婬穢，畫魔王踞坐，佛爲洗足。云佛上大乘，我乃上上乘。蓋末尼爲白雲、白蓮之流，於三種中爲最劣矣。以元輿三夷寺之例覈而斷之，三夷寺皆外道也，皆邪教也。所謂《景教流行》者，則夷僧之黠者，稍通文字，膏唇拭舌，妄爲之詞，而非果有異於摩尼、祆神也。作《景教考》，俾士大夫之溺於夷學者，知其從來如此。

杭世駿《道古堂文集》卷二五《景教續考》 錢氏作《景教考》曰大秦，曰回回，曰末尼。大秦則范蔚宗已爲立傳，末尼因回回以入中國。獨回回之教種族蔓衍，士大夫且有慕而從之者。

回回之先即默德那國，國王穆罕默德，四譯館考作謨罕驀德生而靈異，臣服西域諸國，尊爲別諳援爾，華言天使也。而天方古史稱阿丹奉眞宰明諭，定名定制，傳及後世千餘載。後洪水泛濫，有大聖努海受命治世，使其徒衆四方治水，因有人焉。此去阿丹降世之初，蓋二千餘歲。後世之習清眞之教者，乃更衍其說曰，阿丹傳施師，師傳努海，海傳易卜剌欣，欣傳易司馬儀，儀傳母撒，撒傳達五德，德傳爾撒，爾撒不得其傳。六百年而後，穆罕默德生，命曰哈聽，猶言封印云。按唐之回紇，即今之回回。回紇之先爲匈奴，元魏時號高車，或曰敕勒，曰鐵勒，其見於魏收，李延壽，宋祁之史者，斑斑可攷。【略】如天方古史云云者，其尤可軒渠者也。又言國中有佛經三十藏，自阿丹至爾撒凡得百十有四部，如討剌特，降與母撒之經名則逋爾，降與達五德之經名引支勒，降與爾撒之經名皆經之最大者。自穆罕默德按經六千六百六十六章，名曰甫爾加尼。此外爲今清眞所誦習者，又有古爾阿尼之寶命眞經，特福西爾噶最之噶最眞經，特福西爾咱吸堤之咱希德眞經，特福西爾白索義爾之大觀眞經，密邇索德之道行推原經，勒瓦一合之昭微經，特卜綏爾之大觀經，侏離昧任，不可窮詰。而其隸在四譯館者，回回特爲八館之首。問之則云書兼篆楷草，西洋若土魯番，天方，撒馬兒罕，占城，日本，眞臘，瓜哇，滿剌加諸國，皆用之。夫篆楷草爲吾中國書法之次第，其徒特借以神其誕幻，而顧倒道而行，迕道而說，以爲得天之明諭。噫，是何其無忌憚之甚也。今以其教之在中國者而考之，隋開皇中，國人撒哈八撒阿的斡思葛始以其教來，故明初用回回歷，其法亦起自開皇。至唐元和初，回紇再朝獻，始以摩尼至。其法日晏食，飲水茹葷，屏湩酪。見《新唐書·回紇傳》二年正月庚子，請於河南府太原府置摩尼寺，許之。見《舊唐書·憲宗紀》明洪武時，大將入燕都，得秘藏之書數十百冊，稱乾方先聖之書，中國無解其文者。高祖勑翰林編

修馬沙亦黑馬哈麻譯之，而回回之教遂盤互於中土，而不可復遺矣。至於天方，則古筠沖地，舊名天堂，又名西域，其國本與回回爲鄰，明宣德間乃始入貢。而今之清眞禮拜寺遂合而一之，念禮齋課朝五之類，月無虛夕。

紀昀《槐西雜誌》卷二　明天啓中，西洋人艾儒略作《西學凡》一卷。言其國建學育才之法，凡分六科：勒鐸理加者，文科也。斐錄所費啞者，理科也。默弟濟納者，醫科也。勒斯義者，法科也。加諾搦斯者，教科也。陡祿日亞者，道科也。其教授各有次第，大抵從文入理，而理爲之綱。文科如中國之小學，理科如中國之大學，醫科、法科、教科皆其事業，道科則彼法中所謂盡性至命之極也。其致力亦以格物窮理爲要，以明體達用爲功，與儒學次序略似。特所格之物皆器數之末，所窮之理又支離怪誕而不可詰，是所以爲異學耳。末附唐碑一篇，明其教之久入中國。碑稱貞觀十二年，大秦國阿羅本遠將經像來獻，即於義寧坊敕造大秦寺一所，度僧二十一人云云。考《西溪叢語》，貞觀五年，有傳法穆護何祿，將祆教詣闕奏聞。敕令長安崇坊立祆寺，號大秦寺，又名波斯寺。至天寶四年七月，敕波斯經教，出自大秦，傳習而來，久行中國。爰初建寺，因以爲名。將以示人，必循其本，其兩京波斯寺，並宜改爲大秦寺。天下諸州縣有者準此。《冊府元龜》載，開元七年，吐火羅鬼王上表獻解天文人大慕闍，智慧幽深，問無不知。伏乞天恩，喚取問諸教法，知其人有如此之藝能，請置一法堂，依本教供養。段成式《酉陽雜俎》載，孝億國界三千餘里，舉俗事祆，不識佛法。有祆祠三千餘所。又載德建國烏滸河中有火祆祠，相傳其神本自波斯國來。祠內無像，於大屋下作小廬舍向西，人向東禮神。有一銅馬，國人言自天而下。據此數說，則西洋人即所謂波斯，天主即所謂祆神，中國具有紀載，不但此碑也。又杜預注《左傳》次睢之社曰：「睢受汴，東經陳留，是譙彭城入泗。此水次有祆神，皆社祠之。」顧野王《玉篇》亦有祆字，音阿憐切，注爲祆神。徐鉉據以增入《說文》。宋敏求《東京記》載寧遠坊有祆神廟，注曰：「《四夷朝貢圖》云：『康國有神名祆，畢國有火祆祠，或傳石勒時立此。』」是祆教其來已久，亦不始於唐。岳珂《桯史》記番禺海獠，其最豪者號白番人，本占城之貴人，留中國以通往來之貨，屋室侈靡逾制。性尚鬼而好潔，平居終日，相與膜拜祈福。有堂焉以祀，如中國之佛，而實無像設，稱爲聱牙，亦莫能曉，竟不知爲何神。有碑高袤數丈，上皆刻異書如篆籀，是爲像主，拜者皆向之。是祆教至宋之末年，尚由賈舶達廣州。而利瑪竇之初來，乃詫爲亘古未有。艾儒略既授唐碑以自證，其爲祆教更無疑義。乃當時無一人援據古事，以決源流。蓋明自萬曆以後，儒者早年攻八比，晚年講心學，即盡一生之能事，故徵實之學全荒也。

石韞玉《獨學廬二稿》卷下《唐景教流行碑跋》　明崇禎間，西安守晉陵鄒靜長幼子殁，葬長安崇仁寺之原，掘地數尺得此碑。按唐時鴻臚待西賓一支特異他方雜夷來者有摩尼，有大秦，有祆神。摩尼即末尼也，大秦即景教也，祆神即波斯也。貞觀十二年，太宗爲大秦國胡僧阿羅斯立波斯寺於義寧坊。天寶四載詔曰，波斯經教出自大秦，將以示人，必循其本。其兩京波斯寺宜改爲大秦寺。碑云大秦國有上德阿羅本，即阿羅斯也。其言貞觀中賜名大秦寺云云，乃胡僧誇誕之詞，非實也。大秦之教本不出於波斯，初假波斯之名以入中國，後乃改名以立異。地理志謂，默德那爲回回祖國，其教以事天爲本，經有三十藏，西洋諸國皆宗之。今碑云三百六十五種肩隨結轍，豈非回回祖國之三十藏歟。【略】所謂景教流行者，則夷僧之黠者，稍通文義而妄爲之耳。其實與末尼，祆神無別，若今之所謂天主教者流亞耳。

俞正燮《癸巳類稿》卷一五《天主教論》　西域有叢神，謂之天祠，有主祠者如巫覡，至其教成，其徒惟奉本師，不復奉天神，勢則然也。魏譯《賢愚因緣經》《摩訶令奴緣品》云：過去提婆令奴王將至天祠，泥木天像起身爲禮。前王五百子中設至天祠，自禮天像，諸餘泥木天像，悉不作禮。《降六師緣品》云：摩訶賒仇利王有先祖天祠。《弓貝恆迦達緣品》云：恆河邊有摩尼跋羅天祠，毗沙門王白帝釋言，我有一臣摩尼跋羅，有輔相從其祠求子。《大唐西域記》云：尸棄尼國王子死，僞問天祠神主，猶言當瘳，王怒殺之，投其神像於河。其所謂天神者，事火事日，又雜兼衆神。所謂主者，廟祝，如馬韓各立一人主祭天神，名之曰天君也。其人非一，惟耶蘇能成大宗。耶蘇亦作爾息，亦作爾撒，對音字不能審也。其先立教者，則爲阿羅訶，亦作阿羅邏。隋譯《佛本行集經》《問阿羅邏品》云：佛出家後，向毗舍離城，路遇仙人，姓迦藍，名阿羅邏。

仙人言，五大者，地大、水大、火大、風大、空大，我及無相，名本性體。又《總論義例》《空有宗體》：一切皆向菩薩而説，菩薩欲供養尊者，阿羅邏言師有多種，彼等實勝。菩薩又問劫盡，阿羅邏默爾微笑。菩薩背去，阿羅邏言惟願仁者所行之處，常得吉祥。於是菩薩遂行。《答羅摩子品》云：菩薩往問羅摩子優陀羅，又舍去。義諦各含，遂留異派。《梵天勸請品》云：優陀羅作飛貍，阿羅邏在邊地作王。佛以不奉佛之地爲邊地。《晉書》《鳩摩羅什傳》云：「羅剎者，外國誑誕道人也。」則佛成教時，阿羅邏已爲王，領羅剎立天主教矣。隋天台智者《妙法蓮華經文句》云：提婆羅跋恕，此云天主。唐道世《法苑珠林》云：《智度論》「提婆那因，秦言天主。」鳩摩羅什譯《妙法蓮華經》《藥王本事品》云：「帝釋於三十三天主。」施護譯《佛説大堅固》《婆羅門緣起經》云「帝釋天主」。支謙譯《佛説八師經》云：「三者不得犯人婦女，或爲天主邊人所知，臨時得殃。」其言天主，非今天主教之天主，謂富貴人主。其言天主邊人，則兼舍衛城習羅剎教之剎利婆羅門及眞羅剎言之。吳譯經已有其目，時其教未至中國，故他譯經不深知耳。佛時，乾闥婆、阿修羅，皆其教，佛初欲供養阿羅邏，而阿羅邏辭之，蓋以種姓不同，各有福力，故傳之耶蘇，其教始盛。耶蘇生當漢哀帝元壽二年，景宿告祥，在如德亞地。後六十年，佛滅度，見神於漢明帝。則耶蘇較幼於佛。唐建中二年，大秦寺僧景淨立《景教流行中國碑》，言大秦寺始貞觀十二年七月。按《通典》《職官》二十二：視流內，有薩寶，薩寶府褉正；視流外，有薩寶府祓祝，薩寶府率，薩寶府史。注云：武德四年置，羣胡奉事，取火咒詛。貞觀二年，改波斯寺。開元二十年，禁民習末摩尼法。天寶四年，改婆斯寺爲大秦寺。其言不相應，碑稱三一妙身無元眞主阿羅訶，又稱其母爲三一分身景尊彌施訶，云室女誕聖於大秦。又言阿羅訶存鬚削頂，七時禮讚，七日一薦。則兼摩尼法。而《冥報記》云：貞觀時，馬嘉運入冥，知王五戒死爲天主，即今所謂天主，則其時中國人知其教矣。明萬曆九年，其人復至廣東，二十九年，至京師。《明史》云：禮部郎中徐如珂召天主教二人，「授以筆劄，所記舛繆不相合」。回回《斡爾塞經》則云：爾撒聖人者，亦阿丹聖人之後，立教敬天爲主，傳徒繁盛，戰勝攻克。或通其妻，託求異術，爾撒告妻，畏人縛髮。妻於是夜暗繫其髮，仇至遭擒，便被殺害。其徒憤恨天不垂佑，乃奉天主，不復事天。」天主教則言耶蘇行教，國王磔之十字架上。其徒所傳艾儒略《萬物眞源》、馮秉正《聖言廣益全編》及《眞詮自證》等經，冗鄙無可採語。十字架者，《景教碑》所言「判十字以定四方」者也。《賢愚因緣經》《優婆鞠提緣品》云：「梵志或事日月，翹腳向之，或復事火，朝夕然之。」即《通典》注言「大秦胡事火咒詛」也。《西域記》云：「鉢羅那迦天祠，人露形，且上高柱，一手執柱端，一足躡旁杙，一手一足虛懸向外，視日影，求出生死。」所謂裸形求仙，是尼犍法，唐義淨譯《根本説一切有部尼陀那目得迦》，謂之露形外道。然則十字架者，高柱及杙，後不事日，猶留其式。耶蘇母抱耶蘇，手執十字架者，懸弧矢意也。耶蘇裸體張十字架上者，耶蘇以他事被殺，而遺像具生時露形，上高柱，翹手腳視日也。其徒文言之，則曰定四方；妄言之，則曰耶蘇磔於十字架。不悟立十字，止上下及兩方，耶蘇誠磔死架上，何忍寶其受慘刑具頂禮之？且耶蘇母何爲以弄其兒哉？《根本説一切有部尼陀那》云：苾芻不敬事天神，亦勿欺淩。是專指天主教言之，時天祠猶散布。《大唐西域求法高僧傳》云：「諸外道先有九十六部，今但十餘，齋會聚集，各爲一處。」是猶同赴齋請，其截然分土，不知始於何時？今天主教皆羅剎，力距佛，佛以羅剎名被之，夜叉戾厲，洋人巧器，亦呼爲鬼工，而羅剎安之。其自言知識在腦不在心，蓋爲人窮工極巧，而心竅不開，在彼國爲常，在中國則爲怪也。乃好誘人爲之，而自述本師之事，亦不求所本。然則耶蘇在羅剎爲持世之人，而他部之人入其教，則亦無心肝之人矣。

夏燮《中西紀事》卷二附《西人教法異同考》 波斯本條支之地，爲回部之祖國，而以爲大秦經像之所自出，則言景教者亦宗之。至考其淵源之所自，則二教實皆本耶穌，而言天方者獨諱之。蓋天方之教起自爾撒，至穆罕默德集其成，故回人以爾撒爲大聖，穆罕默德爲至聖。而爾撒之生正與耶穌并世。吾友俞理初正燮謂爾撒者，即耶穌之對音。予爲之證以天方古史，言阿丹傳施師，師傳努海，海傳易卜剌欣，欣傳司馬儀，儀傳母撒，撒傳達五德，德傳爾撒，爾撒不得其傳六百年，而後穆罕默德生。西人紀年以耶穌之降生起數，回部以穆罕默德之辭世其數。梅宣城據回回歷以推穆罕默德辭世之年在隋文帝開皇十四年甲寅，上距漢哀帝元壽二年庚

申天主降生正合六百年之限，是則爾撒、耶穌之非二人，毫無疑義。理初又引回人幹爾塞經，言爾撒聖人者亦阿丹之後，立教敬天爲主，傳徒繁盛，戰勝攻克。或通其妻，托求異術，爾撒告妻，畀人縛髮。妻於是夜暗系其髮，仇至遭擒，便被殺害。其徒憤天不垂佑，乃奉天主不復事天云云。此與湯若望所記耶穌被害釘死十字架上同一無稽之野語，而受擒死於非命，大略相同。且其時已稱爾撒爲天主，尤是一非二之確證。蓋自二教既分馴至數典忘祖，同室操戈。於是西人主耶穌而奴爾撒，回人主爾撒而奴耶穌，實不悟其爲一人。即有知者亦諱不欲言。乃自於其六百年一語供證確鑿，然後知天主，天方固自一家眷屬也。杭世駿《續景教考》，既混天方於大秦，錢大昕《跋景教碑》尾謂耶穌生當隋開皇之世，又誤以穆罕默德辭世之年當之。總緣二教爭勝皆援唐碑景教之文，故考據家不能別其同異。要知天主本非大秦之產，大秦亦與回部無涉，此不足與之辯。但據其後來之教法論之，則天主教固拾佛氏之唾餘，而天方教又拾天主之唾餘也。

陶保廉《辛卯侍行記》卷三　十四日巳刻自西安浙館起程。【略】五里金勝寺，唐波斯胡寺也。宋敏求《長安志》皇城西第三街義寧坊波斯胡寺，太宗爲大秦國胡僧立。又布政坊亦有胡祆祠，武德四年立。其地當在今西郭內。後訛稱崇聖寺，《長安志》崇聖寺在朱雀西第二街，崇德坊則在今城正南稍西。明成化中秦王題曰崇仁寺，乾隆時巡撫畢沅題曰崇聖寺，寺後有金勝鋪，故俗呼金勝寺，爲西安諸寺之冠。同治元年夏，回匪屢攻省城。提督馬德昭，孔廣順等力卻之，近城邨堡多遭蹂躪。紳士梅錦堂集團勇守金勝寺堡，難民挈眷相依。六月初四賊攻西關，錦堂出戰。賊繞入寺，燒殺男婦數千，彼時奏案僅云團勇小挫而已。去年夏隨友人測量憩此，遺老爲余言之。復於瓦礫中見《景教碑頌》，述大秦國阿羅本以貞觀九年至長安，十二年太宗爲建寺。歷代帝王公卿相繼崇奉，德宗建中二年，大秦僧景淨撰碑頌，朝議郎呂秀巖書。審觀碑文，非印度佛教，碑文有云，聖麻年釋子用壯，騰口於東周，是曾爲釋氏所攻。非波斯火教，波斯火教拜祭日月星風火水神，尤敬日與火。今碑中絕無讚美日與火之語，碑文訾他教云，或指物以託宗，或禱祀以邀福，即不肯拜祭偶像之意，是《景教碑》已斥火教矣。非天方，摩尼教，回教中稱摩哈默德出於哥累斯貴族，其父母貧。又云二歲喪父，四歲喪母。是摩氏有父，異於耶穌之無父。今碑文云室女誕聖於大秦，則非指摩氏矣。明李之藻等據爲天主教，其或然歟。天啓五年，李之藻《讀景教碑書後》其略曰，岐陽同志張賡虞惠寄唐碑，一幅長安掘地所得曰《景教流行中國碑頌》，其即利氏所傳聖教乎，余讀之良然。所云室女誕聖，即以天主性接人性，胎於如德亞國室女瑪利亞而生也。至於法浴之水，十字之持，七日一薦，悉與利氏傳述規程吻合。而今云陡斯，碑云阿羅訶。今云大傲魔魁，碑云娑殫。皆如德亞國古經語。唐書拂菻一名大秦，又西洋圖志如德亞畿東一道，其名曰秦。阿羅本從此邦來，故以大秦稱。其至長安，以貞觀九年。大唐德威遠暨，應有經像重譯而來，命名景教，景者大也，炤也，光明也。所疑傳教士曷以僧名，則緣彼國無分道俗皆髡，華人強指爲僧。即利氏之初入五羊也，數年混跡，後遇瞿太素，氏乃辨非僧，然後蓄髮稱儒，觀光上國。九百九十年前，此教流行已久。碑文瞻雅可味，字亦遒媚不俗，質諸往聖，問官問禮，何隔華夷云云。又崇禎甲申，遠西陽瑪諾著《景教流行中國碑頌正詮》一卷，其詮三一妙身曰，三者三位也，一者一體也。其詮阿羅訶曰，如德亞國天主本號也，其詮然立初人曰，人類始祖亞黨也。又詮三一分身，乃天主第二位，彌施訶乃聖號也。又詮波斯覩耀以來貢曰，主誕時新星發顯，距誕處東去二千餘里，地名福亞臘彼亞，有王三人，識新星爲天主降生之兆，乘駝歷十三日至，獻其方物。詮二十四聖爲古經內先知者。詮懸景日以破暗府六句曰，景日即主受難之日，主既完贖世之工，死後三日復活，後四十日，午時當衆騰空，故云亭午昇眞。詮經留二十七部曰，斯舉新教經數，乃聖史四，路加聖史一，葆祿聖徒十四，聖各伯宗徒一，伯鐸羅宗徒二，若望宗徒四，達陡宗徒一，是也。詮印持十字融四炤，以合無拘曰，十字有四極，入教者奉十字聖架爲表，以法吾主聖愛無拘，富貴貧賤之等，皆必互愛，與四方普地之人融澈和睦也。詮珊瑚海曰紅海也，其說繁多，不具述。或謂利瑪竇東來，令教徒僞作此碑以自詡。求志書院課藝，金山錢潤道云，此碑宋人金石書未箸錄，碑文言貞觀九年命房元齡賓迎入內，詔令傳習，而其事無考。碑又言貞觀中賜名大秦寺，錢竹汀《景教考》引《冊府元龜》，天寶四載，改波斯寺爲大秦寺，碑文實誤，似明人僞撰，託爲明時出土。余按貞觀十二年七月，爲阿羅本造寺之敕，見於《唐會要》，則碑未必僞。又《冊府元龜》宋次道《長安志》皆有改波斯寺爲大秦寺之說，雖年月未盡符，而唐初有景教則可信也。大秦一名犂鞬，在海西，《後漢書》即羅馬國，西人艾約瑟所輯《聖經》，諸國見於《漢書》考曰大秦之名，西國無之，爲中國所名也。臘丁語呼國爲犂軒，又希利尼亦可變爲犂軒，時羅馬西方用臘丁語，東方用希利尼語也。按《四裔編年表》，東羅馬諸部統稱希利尼國。西羅馬今意大利，東羅馬今土耳其。艾儒略《職方外紀》耶穌生於如德亞國之伯利恆，或作巴勒士登，或作白冷。如德亞或作安低亞急呼之即猶太

國。猶太曾屬於叙利亞國，故或云耶穌生於叙利亞國之安低亞。今爲土耳其東南境。《漢書》大秦指意大利在歐羅巴洲，而猶太在亞細亞洲，本非大秦。耶穌未生前六十三年，漢宣帝元康三年羅馬被猶太都城拂菻，即耶路撒冷猶太既屬羅馬，故羅馬大秦之號越海而加於拂菻。教士初來，稱波斯僧。其大秦寺亦稱波斯寺者，緣波斯爲西域古國，《四裔編年表》立國在唐堯以前周景王時，猶太服屬波斯，秦漢時波斯北境爲巴爾的國，即《漢書》之安息國也。艾約瑟曰，漢時西國所謂巴耳低亞，其先祖曰阿耳撒蓋斯，後世三十一君通名之王名，遂爲國名，其音變安息也。梁陳之閒，波斯又屢破東羅馬，故猶太西里亞諸國人，忽稱波斯，忽稱大秦，皆假其上國之名以示大耳。周景王時亞喇伯竝隸波斯，故摩哈默德之徒亦稱波斯人。唐人於胡僧寺概名祆祠，祆音軒，或音暄。《説文》闕中謂天爲祆，後之攷古者，或以祆屬婆羅門教，或以祆屬波斯火教，或屬諸景教與回教，且回教人亦有自誤爲景教者。歐洲人未諳中國掌故，資筆墨於華人，各持其先入之見，故西人所輯書有稱他國古教爲大秦教或景教者，皆譯者之誤，不可據。彼説以辨景教之非天主教也。隋唐之際，摩哈默德據亞剌伯國，漢條支唐大食地創行回教，猶太人多被脅從。阿剌伯嗣君兼幷波斯，東羅馬，猶太諸部。貞觀七年以後，正回教摧殘天主教之時，教徒四散，間有東至中國者，事亦可信。原耶穌創立新教，自有救敝之苦衷，欲平視一切，非以天爲主不可。欲冀人信從不能不託之神靈，雖矯枉過正亦有流弊。而行之泰西，自遠勝舊教，宜歐美各國尊敬弗衰也。迨入中國，其徒又精天算格致之學，一時士大夫樂與之遊。雖名儒如魏柏鄉，亦與湯若望爲友，其贈湯壽文有云謂先生爲西海之儒，即中華之儒可也。其傾倒至此。國朝雖曾申禁，而海禁大開以來，傳教一事已載之約章。其徒以敬天泛愛爲主，而力闢佛老，及諸術家拘墟之説。又多設醫院，學堂，收養貧苦，其宗旨雖與我聖人之教絶異，而較之僧道之諞人財物，其損益則殊，乃佛氏同爲來自異域之教，士大夫究心内典，膜拜世尊，自非守道至嚴者，未聞斥爲名教罪人。獨至耶教，無論賢愚，多生疑忌，雖信從者數頗不少，而稍知自好者，絶少領受洗禮。豈眞我民能不爲異説所惑哉，亦惟中外强弱異勢，交涉未得其平，蓄怨甚深。及禁拜祖先神像之嚴，忤我禮俗，而又誤視爲與吾向來奸民所習諸邪教相似，嫌疑久積，無由消釋耳。若無以上諸故，吾恐流行之廣速，必萬倍於佛老也。嗚呼，吾中國自元明以來，聖道久晦，俗士忘本，幾不知詞科利祿之外，別有學問。正氣不足，諸病環生，若不昌明聖教，雖有至謬極陋之説，吾士大夫猶將信之，何足與耶教相抗。況泰西格致政治諸學，雖發明多在近世，與教旨無關，而彼土格致哲學名家亦憚背教，蓋西人謂天主具無窮力量，神妙不測，雖格致之理日明，而天堂地獄之説尚未足破之。以天主爲在日星之外，其力至大，天文家言不能窮之。則此事正難以口舌爭，要在政府善於外交，長吏修明政令，學士講求實學，闡發聖教，則耶穌之説何妨任其流行，試觀日本何嘗受外教之害。所可歎者，中國書生孜孜焉求一身之名，一家之利，西士反以教化爲已責，不圖名利，不顧身家，有古儒者之心，余論景教滋自愧焉。或曰彼族自王公以逮農商，咸醵財助教士，雖極小之教堂，歲耗數千金，學舍書藏壯麗鴻富。而我中國官民窘於財，得財先以佞佛，及爲浮靡不急之事，以故萬戶之縣鮮備經史，釋褐之士難語九邱。嗚呼，是説也，非下士所敢議矣。景教碑趺碑陰有番字，直行如□□等字，非天方非唐古特亦非今之洋文，西人謂是古叙里亞國字。叙里亞即西里亞，在亞剌伯西北，今土耳其東南境也。金勝寺前平坦，龍首原西阯也。

郭嵩燾《使西紀程》西洋主教，或君民共守之，或君民異教，各有所宗尚，不相儳越。獨中國聖人之教，廣大精微，不立疆域。是以佛教、天主教、回教流行中國，禮信奉行，皆所不禁。唐初已有景教流行碑，所奉祆神，僧景淨釋以爲天神，謂其教起於拂箖，則正摩西之遺也。碑言「懸十字以建極」。天主教建立十字架，其原如此。明萬曆中，利瑪竇東來，徐光啓捨家爲天主堂，而其教遍行於天下，未爲害也。

洪鈞《元史譯文證補》卷二九《附景教考》唐貞觀九年，大秦僧阿羅本至長安，太宗詔所司於義寧坊造寺一所，度僧廿一人。高宗時，崇阿羅本爲鎭國大法主，仍令諸州各置景寺。錢氏《景教序》據《册府元龜》所引天寶四載九月之詔，謂波斯經教，出自大秦，傳習而來，久行中國，爰初建寺，因以爲名。將以示人，必循其本。其兩京波斯寺，宜改爲大秦寺。天下諸州郡宜準此。此大秦寺建立之緣起。而《景教碑》言，貞觀中即詔賜名大秦寺，此夷俗之誇詞也。因疑波斯本奉火祆，阿羅訶初假波斯之名以入長安，後乃改名以立異。《金石萃編》亦疑景教實自波斯，而溯源大秦。《四庫全書提要》謂天主即所謂祆神，引《玉篇》、《説文》祆字之訓爲證。艾儒略作《西學凡》一卷，附錄唐大秦寺碑，則其爲祆教更無

疑義。而利瑪竇之初來，乃詫爲亘古未睹。蓋萬厤以來，士大夫大抵講心學刻語錄，即盡一生之能事，故不能徵實考古，以遏邪說之橫行也。《瀛環志略》則謂，碑中一切詞語，緣飾釋氏糟粕，非火非天非釋，當是胡僧黠者，牽合波斯火教，天竺佛教，大秦天神教，而剙爲景教之名。仍疑即波斯火祆。今案景教碑文，潤色詞藻，附會內典，中土文人所爲，無足辨證。其徵實者，則有天神告慶，室女誕（生）［聖］於大秦。景宿告祥，波斯覩耀而來貢之語。考耶穌母瑪利亞許婚未嫁而孕，所謂室女誕（生）［聖］也。耶穌生後，有鄰國觀星象者，謂有異人降世，遠跡得之，祇獻珍賚，皆見西人所繪耶穌事迹圖像，所謂景宿告祥，覩耀來貢也。鄰國非是波斯，就著稱者舉之耳。耶穌爲猶太人，其地在西里亞南境。漢時，西里亞悉屬羅馬，分遣大酋轄治。其誅耶穌，亦羅馬酋之令，而猶太人奉行之。故即以大秦名其地。七時禮贊，七日一薦，判十字以定四方，皆彼教規戒。其云西域圖記及漢、魏史策，大秦國南統珊瑚之海，北極衆寶之山，其土出火浣布，返魂香，明月珠，夜光璧。俗無寇盜，人有樂康。語意皆本諸史大秦傳，則言羅馬無疑。唐時羅馬已久滅，中土不知，沿襲舊聞，以資夸飾。又西國古書，在中國東晉時，西三百九十五年有聶斯托爾臘丁文作聶斯托魯斯爲東羅馬教士，著書立說，名盛一時。教王以其賢，擢爲康思灘丁諾白爾之主教。其人剙議，耶穌爲立教之聖人，非即上天之子，不宜傅會穿鑿。一時攻之者蠭起，教王乃集衆主教，焚其書，流之於阿昧尼亞，憂憤而死。當時附其說者，皆遭屏逐，散居東方，自稱聶斯托爾教，浸淫東來。自裏海以東以至中土，西人據此以考景教碑下東西兩行，乃西里亞文字，必是聶斯托爾教人久居其地，用其文字，著之於碑。其說甚確。至云大秦，則假舊名以爲焜耀也。《未齋金石考略》，碑下及東西三面，皆列彼國字式。下有助檢校試太常卿賜紫袈裟寺主僧業利檢校建立碑石，僧行通雜於字中。字皆左轉，弗能譯也。又考西書，元憲宗時，教主使人路卜洛克至和林，則已有聶斯托爾教人爲之譯語。世祖時，維尼斯國人謨克波羅至中國，其書謂華地久有奉西教者。明季，利瑪竇至中國，亦謂西教早入中土，不知始於何代。或云唐時，或云元時。近年回疆之亂，俄人襲伊犂，守之。查得其地有聶斯托爾教，內華民約三四百人。俄人以木本水源之說，招令歸附，而誓不從。英國游歷教士郎斯得勒曾觀其教堂，閱其經典，尚有漢文書籍，以不識華文，故不知所始。復云，關內外亦有此種教人。然則天主教之入中土，實自唐景教始。特其人奉公守法，與常民無異，故歷久無詆議之者。而諸儒考索碑文，紛紜聚訟，夫亦可以論定矣。

朱一新《無邪堂答問》卷二 黎佩蘭字詠陔，高要人。《景教流行中國碑考》評曰：景教流行之事，見《通典》、《兩京新記》、《酉陽雜俎》、《長安志》、《西溪叢語》、《墨莊漫錄》諸書。景教即火教，丙丁屬火，文言之則曰「丙教」，避唐諱則曰「景教」。唐時夷教入中國者有三。故《唐文粹》載舒元輿《重巖寺碑》云：「雜夷而來者，有摩尼焉，大秦焉，祆神焉。」大秦，則火教也；摩尼，則回教也；祆神，則婆羅門教也。此皆來自西方，在釋教之外而皆與天主教無涉。舊說以景教爲天主，非也。

文廷式《純常子枝語》卷一八 自杭大宗《道古堂集》，紀文達《槐西雜志》後，攷《景教流行中國碑》者甚衆。近時宋芸子檢討《採風記》云波斯教一曰祆教，西語舊稱比阿釐景，中國以其末字爲稱，故謂之景教。洪文卿侍郎《元史譯文證補》附《景教考》云，西國古書當中國東晉時有聶斯托爾，拉丁文作聶斯托魯斯爲東羅馬教士，著書立說，名盛一時。教王以其賢，擢爲康思灘丁諾白爾之主教。其人創議耶蘇爲立教之聖人，非即上天之子，不宜傅會穿鑿。一時攻之者蠭起，教王乃集衆主教焚其書，流之於阿昧尼亞，憂憤而死。當時附其說者皆屏逐散居東方，自稱聶斯托爾教。浸淫東來，自裏海以東，以至中土。西人據此以攷《景教碑》下東西兩行乃西里亞文字，必是聶斯托爾教人久居其地，用其文字，著之於碑。其說甚確，然則景教之爲波斯爲耶蘇，迄無定論。碑云室女誕聖，實類耶蘇。而削頂留鬚，又非其制。阿羅訶之德號，既襲用釋迦之異稱，懸景日以登明，又實似波斯之舊教。《瀛環志略》以爲胡僧黠者牽合波斯火教，天竺佛教，大秦天神教，而創爲景教之名，固未必然。洪氏但言西書，而於聶斯托爾教何以更名景教，未明言其故。且其徵攷所及亦祗天神告慶，景宿告祥數語，而碑中所云娑殫施妄，鈿飾純精，彌施訶爲何人，廿七部爲何典。亭午昇眞或指復生之日，震仁擊木豈符禮讚之文。如是之倫闕焉不講，則艾儒略，利瑪竇所未證者，寧今日之西人所得而指實哉。其撰碑之僧即名景淨，蓋襲釋子姓釋之義，則以景字爲避丙字改寫者，亦

非要之。此碑必兼證以婆羅門波斯兩教經典，始得其實義耳。

碑云我三一妙身，元元眞主阿羅訶。俞理初，朱蓉生以佛經阿羅邏當之。余既訂其誤矣。按阿羅訶者，上帝之稱也。西人教派書云，回回教出於猶太，不獨《古蘭經》須以《新、舊約》方可解明，即穆罕驀德所拜之上帝，亦即猶太阿伯剌罕所拜之上帝。以猶太教祖阿伯剌罕爲回人之祖，其稱上帝亦以亞細亞洲之古名曰阿剌，與猶太所稱之阿羅阿同意。然則此碑蓋猶太教中文也。碑又云我三一分身，景尊彌施訶。按猶太教書《舊約》首五卷稱摩西五種，記猶太教摩西之事，彌施蓋即摩西之轉音矣。

又卷二一 余據《貞元釋教錄》定景教爲摩西教，已明白矣。近閱明天啓閒李我存《景教碑書後》，云法浴之水，十字之持，七時禮讚，七日一薦，悉與利氏西來傳述規矩吻合。而今云陡斯，碑云阿羅訶，今云大傲魔魁，碑云娑殫，則皆如德亞國古經語。不曰如德亞而曰大秦，考《唐書》拂菻國，一名大秦，西去中國四萬里。又考《西洋圖誌》如德亞畿東一道，其名曰秦，道里約略相同。阿羅本輩殆從此邦來，故以大秦稱云。余謂不曰陡斯而曰阿羅訶，不曰大傲魔魁而曰娑殫，適足爲是摩西教，非天主教之堅證。今猶太教猶稱天帝爲阿羅訶，基督教則稱天主爲罷德勒矣。又明西洋人陽瑪諾《景教碑頌正詮》云，彌施訶，吾主聖號也。按彌施訶即摩西之異譯，攷之西籍，耶蘇曷嘗有此號乎。其詮經留二十七部云，二十有七乃聖史四，路加聖史一，葆錄聖徒十四，聖各伯宗徒一，伯鐸羅宗徒二，若望宗徒四，達陡宗徒一是也。亦牽合言之，未足爲據。近譯古史即《舊約》云，梅瑟按即摩西之異譯集款建堂，男獻黃金白鏉，女獻釵鐶珠寶，其備祭器純金櫃，蓋上有純金所鑄克魯賓天神像，兩對峙兩頭雙翼高舉，此殆碑所云鈿飾純精者歟。其亞郎取女子所施簪鐲諸金以鑄金牛，蓋即娑殫施妄之謂。

又卷二四 楊榮鋕，耶蘇教士也。自稱景門後學，撰《景教碑文紀事》三卷。頗採西書，力辨景教之爲耶蘇教。然不獨未見《貞元釋教錄》，即明陽瑪諾之《景教碑正詮》亦未之見。余按《景教碑》之爲猶太教，莫要於景尊彌施訶一語。唐人既以彌尸稱之，尤爲摩西之確據。乃陽瑪諾詮云，彌施訶吾主聖號也，諱言天主，先許降生救世主也。此乃天主三位之一，第二位聖子，爲昔人攸望降來救世之主。攷《古史參箴》，《聖母行實》諸書，天主第二位名費略，不名彌施訶也，此陽瑪諾之遁辭也。楊榮鋕則云，彌施訶者，希伯來音譯，即沐膏之謂，與希利尼音基督同義，古經中文言之則曰彌施訶，質言之則曰受膏。按其意，蓋以彌施訶爲彌撒之對音字，夫彌撒乃天主教之祭禮，豈可以稱其人，猶中國祭孔子曰釋奠，豈可遂稱孔子爲釋奠乎。且碑中番字以希利尼紀年，用希利尼文字，而此乃獨用希伯來語乎。此又楊榮鋕之遁辭也。總之，景教實即猶太教，其來較早，天主教則自元時始入中國，斷然無疑也。

楊榮鋕所據者，以西人譯碑中番字有祖師漢安依娑訶在位時數字。又云《東方聖會史》記載漢安依娑訶於唐代宗大歷九年立爲東方教主，其死在大歷十三年。景淨立碑時，實死四年矣。緣尼氏會規屆六年教主始有信偏通各國云，此其附會，尤屬顯然。波斯與唐互市往來，萬輩何至四年不通音問。且稽之教皇，洪序是時在位者爲若望，爲波尼法爵，何以不奉教皇而奉教主。又碑文番字題希利尼一千零九十二年，何以不題耶蘇降生七百八十二年，而用希利尼紀歲，皆足爲證此碑非基督教之證。然則漢安依娑訶者，正當是猶太教師之名，偶與基督教會中人同名耳。西人同名者至多，如保祿若望之類，教王中已不啻十數人矣。

又 楊榮鋕又云，景教流行各國，有各國之古道古禮攙入。如景碑之十字定四方，元風生二氣，東禮趨生，存鬚削頂之類，考之景經均無是說。余謂耶蘇既無是說，則正不必以景教爲耶蘇教也。郭筠仙侍郎《使西紀程》云，《景教流行碑》所奉祆神，僧景淨釋以爲天神，謂其教起於拂菻，則正摩西之遺也。碑言懸十字以建極，天主教建立十字架其原於此。其說尚不甚謬。日本高楠順次郎云，見哲學雜誌百三十一號紀元七百八十年至八百四年之時，波斯之捏士多利亞派耶蘇宣教師景淨，是亦以景教爲尼氏教派，與楊氏說同。而以彌施訶爲□□□，則譯言神使也，與楊氏以彌撒解之者異，要之皆未足據。《至元辨僞錄》云，釋道兩路各不相妨，今先生言道門最高，原注元人稱道士爲先生秀才人言儒門第一，迭屑人奉彌失訶言得生天，達失蠻按即答失蠻回教也叫空謝天賜，彌失訶即彌施訶，言迭屑人奉彌失訶，實奉摩西也。若謂彌施訶爲彌撒，則豈得言奉彌撒得生天乎，亦太不辭矣。

又卷三〇 新譯《交涉紀事本末》云，中國與印度所出異物甚多，兼

有織成布疋，古時西人命其名曰色利楷佛司鐵司，其價在羅馬極昂，故商販不辭跋涉也。彼時因早已通商，故即有納司妥廉恩教士深入東方各處極窵遠之境，以傳其教，并能與中國書牘往來，以通聲息。原注云，西曆五百年時，有康司坦汀奴潑而教頭名納司妥廉后司者，與其衆門徒創立一教，即以其名名其教，曰納司妥廉恩教。現在波斯及印度等國，仍有信奉其教者。余按納司妥廉恩教，即楊榮鋕所稱天主教尼氏派也。楊氏附會以爲景教，洪文卿《景教考》言，東晉時西曆三百九十五年，按與交涉本末言五百年者稍異有聶斯托爾，按即納司妥廉后司之異譯爲東羅馬教士，教王擢爲康思灘丁諾白爾之主教者，亦即此人。近年回疆之亂，俄人襲伊犁守之，查得其地有聶斯託爾教，內華民約三四百人。余謂此當由波斯，印度展轉傳入伊犁，與唐時景教固無涉也。《交涉本末》又云，據納司妥廉恩教士書云，中西相通自諸士顛尼恩即羅馬國別繾痕汀皇，生於四百八十三年，歿於五百六十三年。時始，至阿拉伯人懷瞎勃及阿蒲才特游歷東方時止。此二人於八百五十年及八百七十七年中所著《游歷記》言，經過海道及所至口岸，風土民情，并一切通商門徑，靡不詳悉。余按此尤足見納司妥廉恩教非景教之證。景教在唐初已行於中國，其來者豈止二人。且妥廉恩教士書中何不詳述耶。

劉師培《讀書隨筆·景教源流》　景教之說各異。張氏石洲云，景者丙也，丙納音火，唐人諱丙，故曰景教。景教即火教。朱氏《無邪堂答問》據之，遂謂景教大秦教即火教，與天主教無涉。愚按此說非也，景教即耶教之別派，與火教異。按《通典·職官門》云，祆者，西域天神，佛經所爲摩醯首羅也。武德四年，置祆祠及官。常有羣胡奉事，取火呪詛。貞觀三年置波斯寺。天寶四年七月敕，波斯經教出自大秦，傳習而來，久行中國。爰初建寺，因以爲名。其兩京波斯寺改爲大秦寺。案《通典》謂羣胡取火咀呪，是祆祠爲奉火教者所建也。謂波斯經教出自大秦，是波斯寺爲奉耶教者所建也。宋敏求《長安志》云，布政坊西南隅有胡祆祠，醴泉坊又有舊波斯胡寺。又云義寧坊有波斯寺。貞觀十二年，太宗爲大秦國胡僧阿羅本立。由是觀之，祆祠奉火教，出自波斯。波斯寺奉景教，出自大秦。其不可合爲一，明矣。案洪氏《元史譯文證補·景教考》云，中國東晉時有聶斯托爾爲東羅馬教士，教王流之於阿昧尼亞，當時附其說者散居東方，自稱聶斯托爾教。自裏海以東，以至中土，其說甚確。今取其說證之。姚寬《西溪叢語》云，唐貞觀五年，有傳法穆護何祿將經教詣闕，敕令長安崇化坊立祆寺，號大秦寺，又名波斯寺。會昌五年，敕大秦，穆護，火祆等六十餘人並還俗，按何祿即阿羅本。叢話以大秦，穆護與火祆並言，是兩教判然各異，故張邦基《墨莊漫錄》謂祆神出西域，與大秦，穆護同入中國也。惟姚氏以大秦寺爲祆寺，則語焉未詳，未足爲據矣。如據此而以景教爲火教，則《四裔編年表》云周靈王二十一年，瑣羅阿司得著經書爲波斯之聖，即火教之祖。是火教興於周末，非如景教之創於六朝時也。且《景教流行碑》言三一妙身，阿羅訶即瑣羅阿司得之對音，言三一分身，彌施阿即聶斯記爾之轉音。朱氏誤以彌施阿即創祆教之摩醯首羅，此所以合火景二教而爲一也。且《景教流行碑》又云，室女誕生於大秦，判十字以定四方，尤景教出於耶教之確證。蓋大秦即羅馬，耶穌創教之時，猶太已爲羅馬屬地，故亦稱大秦。其曰波斯教者，謂此教由波斯傳入也。後儒因其與火教同爲波斯所傳入，遂混而爲一，殊不知景教之源流，非出於波斯火教也。

錢恂《景教流行中國碑跋》　（存目）

紀事

舒元輿《唐鄂州永興縣重巖寺碑銘》并序　官寺有九，而鴻臚其一，取其實而往來也。臚者傳也，傳異方之賓禮儀與其言語也。寺也者，府署之別號也，古者開其府，署其官，將以禮待異域賓客之地。竺乾之教，蓋西土絕徼者也。自漢氏夢有人如金色之降，其流來東，吾之鴻臚待西賓一支，特異於三方。厥後斯來委於吾土，吾人仰之如神明焉，伏之如風草焉。至有思覿厥貌，若盼然如見者，則取其書，按其云云之文，鎔金琢玉、刻木扶土，運毫合色，而彊擬其形容，搆廈而貯之。猶波之委於瀆，瀆之注於溟，晝夜何曾知停息之時。其如是非官寺之一而能容焉，故釋寺之作由官也，其非九而能拘也，其制度非臺門旅樹而能節也，故十族之鄉，百家之閭，必有浮圖，爲其粉黛。國朝沿近古而有

加焉，亦容雜夷而來者，有摩尼焉，大秦焉，祆神焉，合天下三夷寺，不足當吾釋寺一小邑之數也。其所以知西人之教，能蹴踏中土，而內視諸夷也。

李德裕《會昌一品集》卷二〇《賀廢毀諸寺德音表》 臣等伏奉今日制，拆寺蘭若四萬六千六百餘所，還俗僧尼並奴婢爲兩稅戶，共約四十一萬餘人，得良田約數千頃。其僧尼令隸主客戶，大秦穆護（襖）[祆]二千餘人，並令還俗者。

《舊唐書·武宗紀》 僧尼不合隸祠部，請隸鴻臚寺。其大秦，穆護等祠，釋教既已釐革，邪法不可獨存。其人並勒還俗，遞歸本貫充稅戶。如外國人，送還本處收管。

《新唐書·食貨志二》 武宗即位，廢浮屠法，天下毀寺四千六百，招提蘭若四萬，籍僧尼爲民二十六萬五千人，奴婢十五萬人，田數千萬頃。大秦穆護、祆二千餘人。

王溥《唐會要》卷四七 會昌五年八月制：朕聞三代已前，未嘗言佛。漢魏之後，象教寖興。是逢季時，傳此異俗，因緣染習，蔓衍滋多。以至於耗蠹國風，而漸不覺，以至於誘惑人心，而衆益迷，洎乎九有山原，兩京城闕，僧徒日廣，佛寺日崇。勞人力於土木之功，奪人利爲金寶之飾，遺君親於師資之際，違配偶於戒律之間，壞法害人，莫過於此。且一夫不田，有受其餒者。一婦不織，有受其寒者。今天下僧尼，不可勝數，皆待農而食，待蠶而衣，寺宇招提，莫知紀極；皆雲構藻飾，僭擬宮殿。晉宋齊梁，物力凋瘵，風俗澆詐，莫不由是而致也。況高祖太宗，以武定禍亂，以文理華夏，執此二柄，足以經邦，而豈可以區區西方之教，與我抗衡哉。貞觀開元，亦嘗釐革，剗除不盡，流衍轉滋。朕博覽前言，旁求輿議，弊之可革，斷在不疑。而中外諸臣，叶予至意，條疏至當，宜從所請。誠懲千古之蠹源，成百王之典法，濟物利衆，予不讓焉。其天下所拆寺四千六百餘所，還俗僧尼二十六萬餘人，收充兩稅戶。拆招提蘭若四萬餘所，收膏腴上田數千萬頃，收奴婢爲兩稅戶十五萬人。隸僧尼屬主客，顯明外國之教。勒大秦穆護祆三千餘人還俗，不雜中華之風。於戲，前古未行，似將有待，及今盡去，豈謂無時。驅遊惰不業之徒，已踰千萬。廢丹雘無用之居，何啻億千。自此清淨訓人，慕無爲之理，簡易爲政，成一俗之功。將使六合黔黎，同歸皇化。尙以革弊之始，日用不知，下制明廷，宜體予志。宣布中外，咸使知聞。

《冊府元龜》卷五四六《諫諍部·直諫一三》 柳澤，開元二年爲殿中侍御史，嶺南監選使。會市舶使右衛威中郎將周慶立，波斯僧及烈等，廣造奇器異巧以進。澤上書諫曰，臣聞，不見可欲，使心不亂。是知見欲，而心亂必矣。竊見慶立等，雕鐫詭物，製造奇器，用浮巧爲珍玩，以譎怪爲異寶，乃理國之所巨蠹，聖王之所嚴罰，紊亂聖謀，汨斁彝典。昔露臺無費，明君尙或不忍。象箸非多，忠臣猶且憤嘆。《王制》曰，作異服奇器，以疑衆者殺。《月令》曰，無作淫巧以蕩上心。巧謂奇伎怪好也，蕩謂惑亂情欲也。今慶立皆欲求媚聖意，搖蕩上心。若陛下信而使之，是宣奢淫於天下。必若慶立矯而爲之，是禁典之無赦也。陛下即位日近，萬邦作孚，固宜昭宣菲薄，廣敷節儉，則萬姓幸甚。

又卷九七五《外臣部·褒異三》 開元二十年八月庚戌，波斯王遣首領潘那蜜與大德僧及烈來朝。授首領爲果毅，賜僧紫袈裟一副，及帛五十疋，放還蕃。

《資治通鑑·唐紀·武宗會昌五年》 會昌五年七月，上惡僧尼耗蠹天下，欲去之。道士趙歸眞等復勸之。乃先毀山野招提蘭若。敕上都、東都兩街各留二寺，每寺留僧三十人。天下節度、觀察使治所及同、華、商、汝州各留一寺，分爲三等：上等留僧二十人，中等留十人，下等五人。餘僧及尼，並大秦穆護祆僧，皆勒歸俗。

陽瑪諾《景教流行中國碑頌正詮·道非聖不弘聖非道不大道聖符契天下文明》 言國主助聖教之廣，聖教助國主之光。蓋聖教流行之益，緣帝王從奉，居高作倡，大道廣敷，教法相資，而皇猷熙奏也。

或問，帝王益聖教者何。曰，聖賢者云，帝王者，行道之車。凡人或聞教而多阻者，一則舊習難割，一則欲情恣肆，一則貪利昧理，苟非帝王用善法以御之，期民於善，不甚難乎。用善法以御之者善也，若能躬行其道以帥之，尤善之善也。帝王之勢，譬之宗動天然，晝夜恆運，樞紐九重，力能帶下，強之同動。熱落聖人曰，上者，民師也。教善，而民善，民之太陽也。體光，而地光，民之書楷也。模端而字端，民之明鑑也。光徹而容徹，民之表度也。本正而影正，此帝王從守聖教，上行下效，而異

端邪說，不得而阻之也。

又問，聖教益帝王者何。曰帝王既從聖教，聲名洋溢，遐荒裔域，罔不率俾。生而尊榮，沒而不朽。國人遵教，忠愛其上，親遜同風，道聖符契，天下文明。信哉。

又《太宗文皇帝》 斯述聖教繇來之地，及云其時，其士，其帝，其事等等多情，一一實紀，以致弗信者，因之得信。覽者試思事証多端，弗得弗眞，亦可以無纖惑矣。太宗以下諸帝，及臣房玄齡，郭子儀，俱詳唐史，兹不贅。阿羅本者，乃傳聖教入中土首士之名也。忘筌義見《莊子》，亦不贅言。太宗之時，有上德阿羅本者，自大秦國航海歷險至於中國，貞觀九年，首獻經像。計吾主降世後，六百三十五年也。太宗命宰臣房玄齡出郊迎入，接以賓禮，居之大內，翻經問道，辨其眞正，故於十二年秋，詔示臣民，朝野欽奉，而即於京師義寧坊之地，創聖堂，內置二十一位司祭之士。

又《聖歷年》 聖歷之元年，乃吾主降世後云六百九十九年也。先天之末，乃吾主降世後七百一十二年。用壯騰口二義見《周易》。下士大笑，見《道德經》，不待詮。此言魔嫉聖教之行，引釋輩使皆盡力罄計以阻之，至聖歷年而蜂起，依衆恃強，隨地肆謗。十四年之期，其口不止。又先天之年，無知小儒，齊出護僧，同嗤聖教。奈何教根未固，多輩動搖，而聖教之幹，幾爲之撼。

或疑當時聖教既爲朝野欽崇，又敢騰口者誰。曰欲禁囂訟之口，難矣哉。吾主曾責惡人曰，人行不善，必忌日光，以光著厥惡也。如目瞽之人，日光彌曜，厥目彌昏。異端多詛，曷異乎。

據此碑稱釋子騰口，則此景教明爲正教，不得以景淨士稱僧妄疑矣。

又《玄宗至道皇帝》 云玄宗即位之元年，乃吾主降世後七百一十四年也。此言玄宗宣寧國等五王，躬詣天主聖堂，更新建臺，而聖教棟石復得其正也。

又《天寶》 云天寶元年，乃吾主降世後七百四十三年也。此言玄宗命內臣高力士送先朝五帝之容於聖殿之內，備極禮儀，慶賀之盛也。

又《龍髯雖遠》 云龍髯弓劍，中史紀黃帝昇天事也。事雖迂誕，景淨姑借言之謂古帝修道顯著異踪，今也玄宗令繪五帝之容，置之聖殿，人視其容，如親炙其光，故云日角舒光，而天顏咫尺也。

又《三載大秦有僧佶和》 云三載者，天寶三年也，乃吾主降世後七百四十五年也。此言天寶三年，有西士佶和，自大秦國來，蒙玄宗詔賓之隆，命羅含及普論等，共十七司祭之士，同於禁宮頌《聖經》，而行修道之事。當時聖旨勅諭裝飾聖堂，親題牓額，大顯光耀。其恩如山，其澤如海也。

又《肅宗文明皇帝》 云肅宗即位之元年，乃吾主降世後七百五十七年也。言肅宗於靈武等五郡，重建新堂，更益舊數，大開諸福之門，而皇極克建也。

又《代宗文武皇帝》 云代宗即位之元年，乃吾主降世後七百六十四年也。降誕之辰，吾主聖誕本日也。言代宗每於聖誕之日，勤備異香，送於聖堂，謝主賜祐，得成御衆之功。命備御膳，以給司祭之士，顯其隆情。又言天主美利益人，廣生萬物之品。代宗體主行教，錫福於民，而亭之毒之也。亭毒義見《老子》。

又《建中聖神文武皇帝》 云德宗即位建中元年，乃吾主降世後七百八十一年也。此言德宗勤業明理，化通幽玄。其祝無矯誣，可無愧心也。

黃伯祿《正教奉褒》 上古之世，帝王士庶莫不欽崇造物上主，並摯望降臨，覺世救人，蓋遵祖訓也。開闢初，上主即將至道，啓牖人類元祖，並許日後躬降救世。元祖垂教，裔孫傳述，逮文字興，筆之簡策，說見《眞道自證》。周季，諸侯放恣，惡典籍害己而去之。秦興，始皇棄德，恨經書訾己而焚之。眞傳古訓，由是蕩然。溯我天主教，傳自元祖，歷守遺訓，迨救世主臨凡，復闡明至道，頒制度，定典禮，敎乃大成。漢晉時，已傳行中國。《加爾大意國經典》載：聖多默宗徒至印度、中華等國敷教，多有被化者，考其時在東漢光武明帝間。又明儒臣劉嵩子高《詩集》暨李九功《愼思錄》載：明洪武初，江西廬陵地方掘地得大鐵十字架一座，上鑄三國吳帝赤烏年月，子高因作鐵十字歌，以志其奇。按十字架系天主教所敬之標記也。又《西史》載：加爾大意國大主教亞格阿設立教督，總理中國教務，考亞格阿系東晉安帝時人。其時帝王之向背，史闕無考。然自唐而元、明，以迄本朝，未嘗不爲明君賢臣，洞悉眞正，特加褒崇，證諸中西文獻，固鑿鑿可信也。

唐朝

○太宗貞觀九年，大秦國教士阿羅本等載經東來，至長安，帝命宰臣房玄齡出郊賓迎，居之大内，翻經書殿，問道禁闈，深知正眞，特令傳授。十二年七月，詔曰：道無常名，聖無常體，隨方設教，密濟群生。大秦國大德阿羅本遠將經像來獻上京，詳其教旨，玄妙無爲，觀其元宗，生成立要，詞無繁説，理有忘筌，濟物利人，宜行天下所司。遂於京師義寧坊建聖堂一所，居教士二十一人，宣教功修。

○高宗敕令諸州各建教堂，仍崇阿羅本爲鎮國大主教，統理教務，其時教傳十省，寺滿百城。

○玄宗開元初，令寧國等五王躬詣天主堂敬禮，並下詔修建堂宇。天寶初，令大將軍高力士將先朝五帝眞容送於聖堂，並賜絹百匹。天寶三年，大秦國教士佶和來京，帝詔羅含、普論等七人，與之同居興慶宫，功修行道，又頒賜御題榜額，恭懸堂中，聿揚正道。

○肅宗令靈武等五郡，重建新堂，更益舊數。

○代宗每於救世主降誕慶辰，頒奇香於聖堂，申其誠敬，賜御饌於教士，顯其隆情。

○德宗纘承祖烈，欽褒聖教罔替。

○宣宗大中四年，大主教特阿多爵統理中華、印度等國教務，整頓傳教事宜，派教士東來，構堂敷教，悉奉行無阻。

○唐時奉教者遍於朝野，而汾陽王郭子儀、梁國公房玄齡爲士大夫中之最著者。

楊榮鋕《景教碑文紀事考正》卷三《惟道非聖不宏聖非道不大道聖符契天下文明》（天寶）三年，大秦有僧佶和，瞻星向化，望日朝尊。詔僧羅含、僧普論等十七人，與大德佶和於興慶宫修功德。（此等功德不過將頌詩、祈禱、獻聖祭等規再加儀文，與時君酬酢而已。考之景經，絶無所謂功德也。）

又 （元）［玄］宗至道皇帝令寧國等五王親臨福宇（即禮拜寺也），建立壇場。（此等壇場不過多誦樂章，讚美上帝，爲國爲民祈禱，獻彌撒，聖祭略如今天主教之規模，但與老佛大不同也。）

藝　文

景净《景教流行中國碑頌》 眞主无元，湛寂常然。權輿匠化，起地立天。分身出代，救度無邊。日昇暗滅，咸證眞玄。赫赫文皇，道冠前王。乘時撥亂，乾廓坤張。明明景教，言歸我唐。翻經建寺，存歿舟航。百福偕作，萬邦之康。高宗纂祖，更築精宇。和宫敞朗，遍滿中土。眞道宣明，式封法主，人有樂康，物無災苦。玄宗啓聖，克修眞正。御牓揚輝，天書蔚映。皇圖璀璨，率土高敬。庶績咸熙，人賴其慶。肅宗來復，天威引駕。聖日舒晶，祥風掃夜。祚歸皇室，祆氛永謝。止沸定塵，造我區夏。代宗孝義，德合天地。開貸生成，物資美利。香以報功，仁以作施。暘谷來威，月窟畢萃。建中統極，聿修明德。武肅四溟，文清萬域。燭臨人隱，鏡觀物色。六合昭蘇，百蠻取則。道惟廣兮應惟密，強名言兮演三一。主能作兮臣能述，建豐碑兮頌元吉。

也里可温分部

題　解

錢大昕《元史氏族表》卷二 也里可溫氏，不知所自出。

案《祕書志》有失列門、大德十一年祕書監。雅古、字正卿，泰定元年著作佐郎。囊加台、字元道，後至元三年秘書省奏差。皆不得其世系。又有馬世德，字元臣，官淮南廉訪僉事。見《青陽集》，馬押忽見《元史・孝友傳》。

《欽定元史語解》卷三《部族》 伊嚕勒昆　伊嚕勒，福分也。昆，人也。卷一百九十七作也里可溫。

伊嚕勒昆　伊嚕勒，福分也。昆，人也。卷五作也里可溫，部名。

又卷二四《名物》 默爾根錫爾本　伊嚕勒昆。默爾根，賢也。錫爾

本，賢之助語也。

伊嚕勒昆 有緣人也。卷八十九瑪兒哈昔列班，也里可溫。

洪鈞《元史譯文證補》卷二九《元世各教名考》 也里可溫，爲元之天主教，有鎮江北固山下殘碑可證。多桑譯著《旭烈兀傳》，有蒙古人稱天主教爲阿勒可溫一語，始不解所謂，繼知阿剌比文，回紇文，也阿二音，往往互混。阿勒可溫，即也里可溫。多桑此語，非能臆撰，必本於拉施特諸人，附考於後。自唐時景教入中國，支裔流傳，歷久未絕。元世歐羅巴人雖已東來，而行教未廣。也里可溫，當即景教之遺緒。

魏源《元史新編・元史語解略》 曰荅失蠻，曰耶里可溫，本紀免租稅皆有此二等人，在僧道之外，蓋回教之師也。《元典章》稱先生曰耶里可溫，蓋可溫即今所謂阿渾也。

文廷式《純常子枝語》卷二九 元敕修百丈清規卷一總目云，亦輦眞班皇帝旨裏和尚，也里可溫先生據《至元辨僞錄》注元人呼道士爲先生每，猶今俗言們也不揀甚麽差發休當告天祝壽說有來如今依著在先聖旨體例裏不揀什麽差發休當告天與咱每祝壽。按也里可溫即天主教。洪鈞《元各教考》言之甚詳。然當時固與佛道兩家同祝帝壽，不似今日之顯干刑律，不顧國家也。

劉文淇《至順鎮江志校勘記》 至於此卷述僑寓之戶口，所謂畏吾兒者，回鶻也。《元史》畏吾兒或作畏兀兒。《十駕齋養新錄》云：「回鶻即畏兀兒。」所謂也里可溫者，西洋人也。卷九「大興國寺」條載梁相記云：「薛迷思賢在中原西北十萬餘里，乃也里可溫行教之地。教以禮東方爲主，故謂之長生天。十字者，取像人身四方上下，以是爲準。」據此，則薛迷思賢乃西洋之地，而也里可溫即天主教矣。所謂漢人者，北方人也。《十駕齋養新錄》云：「漢人南人之分，以宋、金疆域爲斷。江浙、湖廣、江西三行省爲南人，河南省唯江北、淮南諸路爲南人。」此皆元時之名目。

綜述

俞希魯《至順鎮江志》卷九 大興國寺，在夾道巷。至元十八年，本路副達魯花赤馬薛里吉思建，儒學教授梁相記。其略曰：「薛迷思賢，在中原西北十萬餘里，乃也里可溫行教之地。愚問其所謂教者，云天地有十字寺十二，內一寺，佛殿四柱高四十尺，皆巨木，一柱懸虛尺餘。祖師麻兒也里牙靈迹，千五百餘歲，今馬薛里吉思是其徒也。教以禮東方爲主，與天竺寂滅之教不同。且大明出於東，四時始於東，萬物生於東。東屬木主生，故混沌既分，乾坤之所以不息，日月之所以運行，人物之所以蕃盛，一生生之道也，故謂之長生天。十字者，取像人身，揭於屋，繪於殿，冠於首，佩於胸，四方上下，以是爲準。薛迷思賢地名，也里可溫教名也。公之大父可里吉思、父滅里、外祖撒必爲大醫。太祖皇帝初得其地，太子也可那延病，公外祖舍里八，馬里哈昔牙徒衆祈禱，始愈，充御位舍里八赤，本處也里可溫荅剌罕。至元五年，世祖皇帝召公馳驛進入舍里八，賞賚甚侈。舍里八，煎諸香果，泉調蜜和而成。舍里八赤，職名也。公世精其法，且有驗，特降金牌以專職。九年，同賽典赤平章往雲南；十二年，往閩浙，皆爲造舍里八。十四年，欽受宣命虎符懷遠大將軍、鎮江府路總管府副達魯花赤。雖登榮顯，持教尤謹。常有志於推廣教法。一夕，夢中天門開七重，二神人告云：「汝當興寺七所」，贈以白物爲記。覺而有感，遂休官，務建寺。首於鐵瓮門捨宅建八世忽木剌大興國寺。次得西津豎土山，并建荅石忽剌雲山寺、都打吾兒忽木剌聚明山寺。二寺之下，創爲也里可溫義阡。又於丹徒縣開沙，建打雷忽木剌四瀆安寺；登雲門外黃山，建的廉海牙忽木剌高安寺；大興國寺側，又建馬里結瓦里吉思忽木剌甘泉寺；杭州薦橋門，建樣宜忽木剌大普興寺。此七寺實起於公之心。公忠君愛國，無以自見，而見之寺耳。完澤丞相謂公以好心建七寺，奏聞璽書護持，乃撥江南官田三十頃，又益置浙西民田三十四頃，爲七寺常住。公任鎮江五年，連興土木之役，秋毫無擾於民。家之人口受戒者，悉爲也里可溫，迎禮佛國馬里哈昔牙麻兒失理河必思忽八，闡揚妙義，安奉經文，而七寺道場，始爲大備。且敕子孫流水住持，舍利八，世業也，謹不可廢，條示訓戒，爲似續無窮計，益可見公之用心矣。」因輯其所聞爲記。」

李祖白《天學傳概》 逮至西漢元壽，天主降生及救世畢，宗徒聖多默者，行教中土，事載西史。而此中中州近地，明季流傳十字教規，緣天主救世，功成十字，故以名教，是即多默所遺教也。

洪鈞《元史譯文證補》卷二九《元世各教名考》 也里可溫，爲元之天主教，有鎮江北固山下殘碑可證。多桑譯著《旭烈兀傳》，有蒙古人稱天主教爲阿勒可溫一語，始不解所謂，繼知阿剌比文，回紇文，也阿二音，往往互混。阿勒可溫，即也里可溫。多桑此語，非能臆撰，必本於拉施特諸人，附考於後。自唐時景教入中國，支裔流傳，歷久未絕。元世歐羅巴人雖已東來，而行教未廣。

也里可溫，當即景教之遺緒。文宗初服，宮廷享殿，亦藉彼教資薦冥福，其談可謂張矣。《元史·孝友傳·劉全》馬押忽，也里可溫氏。事繼母張氏、庶母呂氏克盡子職。西俗一夫惟一婦，既奉其教，不得有庶母。西人云，昔時行教遠方者，大率不易其俗。明世利瑪竇等初入中國，亦復如是。其後教律乃嚴，是説也，華人奉彼教者嘗言之，非飾詞也。

朱一新《無邪堂答問》卷二 至其教入中國之始，據西人所撰《東游紀略》云：「有波羅馬哥者，於宋末元初遍游燕京、蘇、杭、閩、滇，曾知揚州行中書省事。至元二十五年，教王遣約翰來華，勸元帝崇奉西教，元帝不從，而立教堂於京師，入教者約六千人。教王復遣安得烈爲之輔，後爲景教人所嫉，幾被戕。」約翰死於至順三年。嗣之傳教者名尼哥拉，其言夸誕，類黠夷所僞爲。而書中屢稱景教，并云杭州有一景教堂，可知景教之非天主，彼固分別甚明也。

文廷式《純常子枝語》卷二三 《至元辨僞錄》之迭屑，或即以爲聶斯託爾教之轉音，然則聶斯託爾派亦奉彌失訶，即摩西而不專奉耶蘇者也。西書言元憲宗時，教王使人路卜洛克至和林，則已有聶斯託爾教人爲之譯語。邱長春《西游記》云，九月四日宿輪臺之東，迭屑頭目來迎，豈即是歟。洪鈞自注言，有《西游記》注，今未見其書。聶斯託爾既創議，言耶蘇爲立教之聖人，非即上天之子，則必遠循列祖兼述摩西。是可謂猶太之分支，而不可爲耶蘇之嫡派也。惜不得其所著書細考之耳。西人教會書尚有言波斯聶派事者，當譯而考之。

紀事

《元史·世祖本紀二》 中統三年三月己未，括木速蠻、畏吾兒、也里可溫、答失蠻等户丁爲兵。

中統四年十二月甲戌，敕也里可溫、答失蠻、僧、道種田入租，貿易輸税。

至元元年春正月癸卯，儒、釋、道、也里可溫、達失蠻等户，舊免租税，今並徵之。

又《世祖本紀四》 至元七年九月庚子，敕僧、道、也里可溫有家室不持戒律者，占籍爲民。

又《世祖本紀六》 至元十三年六月庚午，敕西京僧、道、也里可溫、答失蠻等有家室者，與民一體輸賦。

又《世祖本紀九》 至元十九年夏四月丙午，敕也里可溫依僧例給糧。

至元十九年冬十月己丑，敕河西僧、道、也里可溫有妻室者，同民納税。

又《世祖本紀一四》 至元二十九年秋七月癸亥，也里嵬里、沙沙嘗簽僧、道、儒、也里可溫、答失蠻爲軍，詔令止隸軍籍。

又《武宗本紀二》 至大二年六月乙亥，中書省臣言：河南、江浙省言，宣政院奏免僧、道、也里可溫、答失蠻租税。臣等議，田有租，商有税，乃祖宗成法，今宣政院一體奏免，非制。有旨，依舊制徵之。

又《仁宗本紀一》 至大四年夏四月丁卯，罷僧、道、也里可溫、答失蠻、頭陀、白雲宗諸司。

又《泰定帝本紀一》 泰定元年二月癸未，宣諭也里可溫各如教具戒。

泰定元年十一月乙酉，詔免也里可溫、答失蠻差役。

又《文宗本紀二》 天曆二年三月丁丑，僧、道、也里可溫、术忽、答失蠻爲商者，仍舊制納税。

又《河渠志二》 致和元年三月，省臣奏：江浙省並庸田司官修築海塘，【略】合役丁力，附近有田之民，及僧、道、也里可溫、答失蠻等户內點倩。凡工役之時，諸人毋或沮壞，違者罪之。

又《食貨志一》 中統五年，詔僧、道、也里可溫、答失蠻、儒人凡種田者，白地每畝輸税三升，水地每畝五升。

又《兵志一》 至元四年二月，詔遣官簽平陽、太原人户爲軍，除軍、站、僧、道、也里可溫、答失蠻、儒人等户外。

又《外夷三·馬八兒等國傳》 至元十九年二月，抵俱藍國。國主及其相馬合麻等迎拜璽書。三月，遣其臣祝阿里沙忙里八的入貢。時也里可溫兀咱兒撒里馬及木速蠻主馬合麻等亦在其國，聞詔使至，皆相率來告願

納歲幣，遣使入覲。

又《世祖本紀九》 至元十九年九月辛酉，招討使楊庭（堅）〔璧〕招撫海外，南番皆遣使來貢。【略】寓俱藍國也里可溫主兀咱兒撇里馬亦遣使奉表，進七寶項牌一、藥物二瓶。又管領木速蠻馬合馬亦遣使奉表，同日赴闕。

又《亦黑迷失傳》 亦黑迷失，畏吾兒人也。至元二年，入備宿衛。九年，奉世祖命使海外八羅孛國。十一年，偕其國人以珍寶奉表來朝，帝嘉之，賜金虎符。十二年，再使其國，與其國師以名藥來獻，賞賜甚厚。

《元典章》卷二二《户部八・課程》 《市舶則法二十三條》一，議得和尚，先生，也里可溫，答失蠻人口，多是夾帶俗人過番買賣，影射避免抽分。今後和尚，先生，也里可溫，答失蠻人口等，過番興販，如無執把聖旨許免抽分明文，仰市舶司依例抽分，如違以漏舶論罪斷沒。爲此於至元三十年四月十三日奏過事内一件，和尚，先生，也里可溫，答失蠻每，但做買賣去呵，依著百姓每的體例裏，與抽分者商量來奏呵，這的言語不曾了來那甚麼。疑定那般者，聖旨了也。

又卷二三《户部九・農桑》 《復立大司農司》 至元十年三月，欽奉聖旨，宣諭府州司縣達魯花赤管民官，管軍官，管站，人匠，打捕鷹房，僧，道，醫，儒，也里可溫，答失蠻頭目諸色人等，據大司農司奏，設立本司元交試勾當三年來，今已三年，若交依舊勾當，更不再降聖旨，諸官不肯盡心勾當。准奏。今降聖旨，委大司農司依舊分布，勸農官巡行勸課農桑，興舉水利，舉察勤惰，仰各路大小官員社長人等，照依已降聖旨調畫，依時用心勸課興舉。

又 《道路栽植榆柳槐樹》 至元九年二月，欽奉聖旨，諭隨路達魯花赤管民官，管軍官，管站，打捕應房，僧，道，醫，儒，也里可溫，答失蠻頭目諸色人等，據大司農司奏，自大都隨路州縣城郭周圍并河渠兩岸，急遞鋪道店側畔，各隨地宜，官民栽植榆柳槐樹。

又卷五九《工部二・造作》 《道傍等處栽樹》 延祐元年正月十五日，江浙行省準中書省咨大司農司呈會驗，欽奉聖旨，節該隨路達魯花赤管民官，管軍官，管站官，人匠，打捕鷹房，僧，道，醫，儒，也里可溫，答失蠻諸色人等，自大都隨路州縣城郭周圍并河渠兩岸，急遞鋪道店側畔，各隨地宜，官民栽植榆柳槐樹，令本處正官提調點護。

又卷二四《户部一〇・納税》 《僧道避差田糧》 自今之後，和尚，先生，也里可溫，答失蠻，不揀誰，在前合納錢糧的田土買了來、與了來，做布施得了的來麼道，不納錢糧的更租佃係官田土，不納税米的人每，依在前納的體例裏納者，事後出首了不納，要罪過者。聖旨俺底。

又《户部一〇・租税》 《僧道租税體例》 元貞元年閏四月 日，欽奉聖旨，諭中書省，樞密院，御史臺，宣政院，行中書省，行御史臺，司農司，宣慰司，管民官應管公事，大小官吏諸色人等，據中書省，宣政院奏，和尚，也里可溫，先生，答失蠻等地糧商税，所辦錢物，若不再行明諭，恐在下官府，合徵納者，妄作免除，不應徵納者，卻行追取，致使僧道人等生受，乞降聖旨事，准奏。所有條畫，開列於後。一，西番，漢兒，畏兀兒，雲南田地裏和尚，也里可溫，先生，答失蠻，擬自元貞元年正月已前，應有已未納税地土，盡行除免税石，今後續置或影占地土，依例隨地徵税。一，江南和尚，也里可溫，先生，答失蠻田土，除亡宋時舊有常住，並節次續奉先皇帝聖旨撥賜常住地土，不納租税外，歸附之後，諸人捨施或典賣一切影占地畝，依舊例徵納税糧，隱匿者嚴行治罪。

一，和尚，也里可溫，先生，答失蠻，買賣不須納税，卻不得將合納税之人等貨物，妄作已物，夾帶影蔽。違者取問是實，犯人斷罪，物貨沒官。其店肆塌房，客旅停塌物貨，依例銷報納税。

又卷三三《禮部六・釋道》 《僧道休差發例》 至元三十一年五月十六日，中書省欽奉聖旨，節該成吉思汗皇帝，月吉合皇帝，先皇帝聖旨裏，和尚，也里可溫，先生每，不揀甚麼差發休教著，告天祝壽者麼道來。如今依著在先聖旨體例，不揀甚麼差發休教著者，告天祝壽者。欽此。

又 《革僧道衙門免差發》 至大四年四月，欽奉聖旨，和尚，先生，也里可溫，答失蠻，不教當差發，告天咱每根底祝壽者道來。和尚，先生，也里可溫，答失蠻，白雲宗，頭陀教每根底多以立著衙門的上頭，好生擾擾他每麼道說有，爲那般上頭，除這裏管和尚的宣政院，功德使司兩個衙門外，管和尚，先生，也里可溫，答失蠻，白雲宗，頭陀教等，各處路府州縣裏有的他每的衙門，教都革罷了，拘收了印信者，歸斷的勾當

有呵，管民官依體例歸斷者。今後依著聖旨體例，和尚、先生，也里可溫，答失蠻，在前不曾教當的差發，休教當者，管民官休教他每當里正主首者，休倚氣力者，這般宣諭了呵，別人的人有罪過者。這和尚、先生，也里可溫，答失蠻等，倚著這般宣諭了也麼道，不依自己教門行做無體例勾當呵，不羞不怕那甚麼。

又《宮觀不得安下》　至元十四年十一月，欽奉聖旨，節該成吉思汗皇帝，哈罕皇帝聖旨，和尚，也里可溫，先生，不揀甚麼休著者，告天與俺每祝壽祈福者麼道的有來。如今依著在先聖旨體例裏，不揀甚麼休著者，依著太上老君教法裏，告天與俺每祝壽祈福麼道。

又《也里可温教》　《禁也里可溫攙先祝讚》大德八年，江浙行省准中書省諮，禮部呈奉省判集賢院呈，江南諸路道教所呈，溫州路有也里可溫創立掌教司衙門，招收民戶，充本教戶計，及行將法籙先生誘化。侵奪管領，及於祝聖處祈禱去處，必欲班立於先生之上，動致爭競，將先生人等毆打，深爲不便。申訖轉呈上司，禁約事得。此照得。江南自前至今，止有僧道二教，各令管領，別無也里可溫教門。近年以來，因隨路有一等規避差役之人，投充本教戶計，遂於各處再設衙門。又將道教法籙先生，侵奪管領，實爲不應。呈乞照驗得此，奉都堂鈞旨，送禮部照擬議得，即目隨朝慶賀班次。和尚先生祝讚之後，方至也里可溫人等。擬合依例照會。外據擅自招收戶計，并攙管法籙先生事理，移咨本道行省，嚴加禁治，相應具呈照，詳得此都省咨，請照驗依上，禁治施行。外行移合屬并僧錄司，也里可溫掌教司依上施行。

《元通制條格》卷四《戶令》　至元十三年七月初二日，欽奉聖旨：亦都護根底，塔海不花、亦捏不花兩箇根底，火州呂中禿兒班爲頭貳拾肆箇城子裏官人每根底，衆僧人每根底，也里可溫每根底，百姓每根底，宣諭的聖旨：哈兒沙沙津愛忽赤旭烈都統奏將來有，「火州城子裏人每的媳婦每，若生女孩兒呵，多有撇在水里渰死了。禿兒迷沙的女孩兒根底水裏撇去間，速安海牙爲頭人每拿住，薛闍干、不顏帖木兒兩箇根底說呵，他每的言語不肯分間，首告的人每禿兒迷沙根底卻分付與了。」麼道奏將來的上頭，速安海牙、塔失海牙狀頭每根底做百姓者。今已後女孩兒根底水裏撇的人每，一半家財沒官與軍每者。首告的人每若是駈奴呵，做百姓者。咱這般說來。這聖旨宣諭了呵，女孩兒根底水裏撇的人面情看覷着，違奉聖旨，管民官每有罪過者。

又卷一七《賦役》　大德五年八月，欽奉聖旨節該：據中書省奏，江浙省言，先爲有力富強之家諸色名項等戶計影占，不當雜泛差役，止令貧難下戶承充里正、主首，錢糧不辦，偏負生受，已嘗頒降聖旨，一例輪當。今有各管官司，往往別稱事故，聞奏聖旨，執把除免，乞奏定例事，准奏。仰不以是何投下及運糧水手、香莎糯米、財賦、醫儒、僧道、也里可溫、荅失蠻、火佃、舶商等諸色影蔽有田納稅富豪戶計，即與其餘富戶一例輪當里正、主首，催辦錢糧，應當雜泛差役，永爲定例。其各管官司，今後再不得似前推稱事故，別行聞奏，並依已降聖旨一例均當。欽此。

又卷一八《關市》　一、諸王、駙馬、權豪、勢要、僧、道、也里可溫、荅失蠻諸色人等下番博易到物貨，並仰依例抽解。如有隱匿，不行依理抽解，許諸人首告，取問是實，錢物沒官，犯人決杖壹伯柒下，有官者罷職，仍於沒官物內壹半付首告人充賞。若有執把免抽聖旨懿旨，仰行省、宣慰司、廉訪司就便拘收。

又卷二九《僧道》　中統五年正月，中書省奏准節該：已前成吉思皇帝時，不以是何諸色人等，但種田者俱各出納地稅外，據僧、道、也里可溫、荅失蠻，種田出納地稅，買賣出納商稅，其餘差役蠲免有來。在後哈罕皇帝聖旨裏也教這般行來。自谷由皇帝至今，僧、道、也里可溫、達失蠻地稅商稅不曾出納，合無依舊徵納事。准奏。仰中書省照依成吉思皇帝、哈罕皇帝聖旨體例，僧、道、也里可溫、達失蠻、儒人種田者，依例出納地稅，白田每畝叁升，水田每畝伍升。買賣者出納商稅。據不該納丁稅蒙古、回回、河西、漢兒、並人匠、及不以是何投下諸色人等、官豪勢要之家，但種田者依上徵納地稅外，仰行下領中書省左右部兼諸路都轉運司、隨路宣慰司一體施行。

又《僧道》　大德八年四月初五日，中書省奏：在前中統五年中書省官人每世祖皇帝根底奏，「成吉思皇帝聖旨，僧、道、也里可溫、荅失蠻種田呵，納地稅，做買賣呵，納商稅，其餘差發免了者，麼道聖旨有來。在後哈罕皇帝時分，依着那體例行來。自谷由皇帝到今，僧、道、也里可

溫、荅失蠻種田呵，不納地稅，做買賣不納商稅。依在前體例教納呵，怎生？」麼道。奏呵，教納來。至元三十年省官人每奏，「僧、道、也里可溫、荅失蠻依買賣百姓體例納稅呵，怎生？」奏呵，奉聖旨：「這言語不曾了來，那甚麼擬定。那般者。」聖旨了也。當年六月又奏，「海荅兒等管課程的說，做買賣的是和尚、也里可溫每，卻不納稅呵，哏損着課程多有，執把着聖旨不肯納稅，降御寶聖旨呵，怎生？」奏呵，「與者。在前已了的勾當，不是咱每的言語，是成古思皇帝聖旨有。」麼道聖旨有來。又大德四年省官人每，河南省、江浙省、陝西省官人每奏將來，「僧、道、也里可溫、荅失蠻將着大錢本開張店鋪做買賣，卻不納稅，他每其間夾帶着別箇做買賣的人呵，難分間，多虧兑課程有。」麼道說將來呵，省官人每商量着，「僧、道、也里可溫、荅失蠻自己穿的、食的、所用的買要呵，並寺院裏出產的物貨賣呵，不納呵，他每也勾也者。將着大錢本開張店鋪做大買賣不納稅呵，不宜因而夾帶着不干礙的人也者。似這般的每依例交納稅呵，怎生？」奏過，交納稅，行了文書來。大德五年宣政院奏：「省官人每奏過，教僧、道、也里可溫、荅失蠻依例納稅者，麼道，俺根底與文書來。俺與剌馬商量得，也里可溫、荅失蠻將着珠荅納等寶貨做買賣有，寺家的壹兩箇店鋪做些小買賣，修理寺院，與上位祝壽僧人的齋糧裏用有。僧、道依在前的聖旨體例裏不教納稅，也里可溫、荅失蠻依着省官人每奏來的教納稅呵，怎生？」麼道奏了來。俺商量來，國家費用的錢糧浩大，近年以來所入數少，不敷支用。合依在前成吉思皇帝聖旨、哈罕皇帝聖旨、蒙哥皇帝聖旨、世祖皇帝聖旨、皇帝聖旨已了的，僧、道、也里可溫、荅失蠻做買賣呵，教納商稅呵，怎生？奏呵，奉聖旨：那般者。

又　皇慶元年四月十七日，中書省奏：爲僧、道、也里可溫、荅失蠻納稅糧的上頭，在先省官與宣政院官互相聞奏不一的上頭，完澤篤皇帝時分羊兒年裏，完澤丞相等省官、荅失蠻等宣政院官，吃剌思八斡即兒帝師根底商量呵，除亡宋時分舊有常住並奉世祖皇帝聖旨做常住與來的地土外，其餘歸附之後諸人捨施、或典買來的、一切影占的，依舊納稅糧者，麼道奏過定體了來。後頭宣政院官，曲律皇帝時分休教納稅者，麼道奏了的上頭，省官人每依着羊兒年裏定擬了的體例交納者，麼道又奏過教行了來。去年也奏來。如今江浙省官人每俺根底說將來，僧人每休教納稅者，麼道宣政院官奏了，與了執把聖旨懿旨有，怎生呵是，麼道說將來有。俺商量來，種田納地稅，做買賣納商稅，的是成吉思皇帝聖旨有。如今依着羊兒年省官宣政院官帝師根底商量着行來的體例裏教行，與了的執把聖旨懿旨教拘收了。必闍赤官人每根底說了，今後與聖旨懿旨呵，除亡宋時分有的並奉世祖皇帝聖旨做常住與來的外，其餘的依體例教納稅糧，明白教寫與呵，怎生？奏呵，那般者。依先例教行者。麼道聖旨了也。欽此。

《經世大典》卷二九《馬政篇》　中統四年，諭中書省於東平、大名、河南路宣慰司，不以回回通事，斡脱並僧、道、答失蠻、也里可溫、畏兀兒諸色人戶，每鈔一百兩，通滾和買堪中肥壯馬七匹。至元二十六年七月十日，兵部承奉尚書省奏，諸衙門官吏、僧、道、答失蠻、也里可溫、斡脱，不以是何軍民諸色人戶，所有堪中馬匹，盡數和買。十四日，兵部承奉尚書省劄付，和尚、先生、也里可溫、答失蠻、斡脱等戶，但有四歲以上騸馬、曳剌馬、小馬，盡數赴官中納，當面給付價鈔。

佚名《大元馬政記》　中統四年八月四日聖旨，諭中書省，據阿朮差來使臣抹臺奏：告闕少馬匹，軍人乞降馬匹事。准奏。仰差人驗坐去馬數於東平、大名、河南路宣慰司，今年新差發內，照依已降聖旨，不以回回通事、斡脱并僧、道、答失蠻、也里可溫、畏兀兒諸色人戶，每鈔一百兩，通滾和買。堪中肥壯馬七匹，分付阿朮等給散與軍人。此係軍情公事，如有怠慢去處，嚴行治罪。准此。

又　至元二十六年七月十日，兵部承奉尚書省奏，奉聖旨和買馬匹事，欽此。【略】摘委本道宣慰司正官、各路總管府一同和買。據宣慰司、按察司、轉運司、總管府及諸衙門官吏，僧、道、答失蠻、也里可溫、斡脱，不以是何軍民諸色人戶，所有堪中馬匹，盡數和買，當即印烙，合該價錢隨即給主。

又　至元二十六年七月十四日，兵部承奉尚書省劄付奏，奉聖旨和買馬匹事。欽此。除經差官前去各處幷劄付本部收買去訖照得，在前拘收馬匹，合該價錢未盡實支付。今次和買，明立價值，委官當面給主。切恐有馬之家不行赴官中納，私下隱藏。權豪勢要人等，故行影占。都省除外，今將榜文八道，隨此即發去，仰收管於大都張挂，曉諭軍民、站赤諸色戶計，幷和尚、先生、也里可溫、答失蠻、斡脱等戶，但有四歲以上騸馬、

曳剌馬、小馬，不分肥瘦，盡數赴官中納，當面從實給付價鈔。

又 至元二十三年六月十三日，丞相安童等奏，議定漢地州城括馬。斡兒脱、達魯花赤官，回回，畏吾兒并閑居人，富戶有馬者，三分中取二分，漢人盡所有拘收。又軍站、僧、道、也里可溫、答失蠻，欲馬何用，此等人不括其馬，則必與人隱藏，乞亦拘之。奉旨准。

又 至元二十四年聖旨，楊總統奏，漢地和尚、也里可溫、先生、答失蠻，有馬者已行拘刷，江南者未刷。僧道坐寺觀中何用馬，令楊總統與差去官一同拘刷，交付江淮省，送鎮南王位下。

又 至元三十年三月十一日，中書省劄付御史臺，令監察御史并各道廉訪司體察，及差官分頭馳驛，前去各處拘刷。下兵部照驗，行移合屬，欽依見奉聖旨事意，并備去事理，專委各路廉幹正官，與都省差去官一同照依坐去數目，將不以是何投下諸色人戶，并和尚、也里可溫、先生、答失蠻，應有馬匹，盡數到官，眼同分揀印烙。堪中馬匹分作運次，差官管押，赴所指處交納。

又 成宗皇帝大德二年十二月十三日，丞相完澤、平章賽典赤等奏：近以刷馬事有旨，令臣等議擬以聞。臣等觀舊簿書，世祖皇帝時刷馬五次，在後一次，括十萬匹。雖行訖文書，止得七萬餘匹。爲刷馬之故，百姓養馬者少。今乞不定數目，除懷駒、帶駒馬外，三歲以上者皆刷。和尚、先生、也里可溫、答失蠻，並其餘諸人，依前例拘刷。奉聖旨准。

又 大德三年二月一日，樞密院奏，前者有旨振給紅胖襖軍物力。今省官議，每人支馬價五錠。臣等謂：雖有給鈔之名，虛費不得用。因與省官議，察忽眞念不烈百姓、又忙奇□百姓及河西不曾刷馬之地和尚、先生、也里可溫、答失蠻馬匹，盡行拘刷，依例與價。

又 至大五年十二月二十日，樞密院准中書省，照會延祐五年十二月初九日奏，阿撒罕等叛亂之時，陝西省所轄地內，不分軍民站赤，一概拘收馬匹。【略】各投下諸色人戶，并和尚、先生、也里可溫、答失蠻應有馬匹，除病并三歲以下不堪馬數分付各主，其餘馬匹，盡數拘刷。卻不得將堪中馬匹作弊隱匿，違者當該，官吏斷罪罷職。

又 致和元年九月一日，平章速速等啓，隨後出戰之軍，即日用馬。今乞令大都南北兩城，除見任官外，回回并答失蠻等馬騾，限初二日赴大都路總管府納官，違限不納者，重罪之。奉令旨准。且云，疾速拘收，敬此。劄付刑部委本部尚書，徹里鐵木兒并大都路達魯花赤舉林伯一同印烙去訖。又九月七日，丞相別不花等啓，燕鐵木兒知院用馬三百匹，昨和尚、也里可溫、先生、秀才馬不曾拘收，今乞將此輩馬拘之。如不敷，各衙門內科派與之。奉令旨准，敬此。

又 至元二年六月聖旨，諭中書省照得已前哈罕皇帝、蒙哥皇帝累降聖旨，禁約諸人無得將馬匹偷販外界。近年以來，亦曾禁治，終是不絕。蓋因沿邊一帶，不分好□，濫行乘騎。及把邊軍官并官民管司，不爲用心關防禁治，以致不畏公法之人，偷販南界，轉資敵人。若不將沿邊去處禁斷，竊恐官民多遭刑戮。除已遍行統軍司并監戰萬戶，嚴令禁治。今擬黃河以南，自潼關以東，直至蘄縣地面內，百姓、僧、道、秀才、也里可溫、答失蠻、畏吾兒、回回、女直、契丹、河西蠻子、高麗及諸色人匠，打捕、商賈、娼優、店戶，應據官中無身役人等，並不得騎坐馬匹，及不以是何人等，亦不得用馬拽車拽碾耕地。【略】僧、道、秀才、也里可溫、答失蠻、畏兀兒大師內，若有尊宿師德，有朝廷文面，方許乘騎。

俞希魯《至順鎮江志》卷三《戶口·僑寓》 戶三千八百四十五。錄事司，三千三百九十九。丹徒縣，二百九十九。丹陽縣，一百二十。金壇縣，三十七。蒙古二十九。錄事司，二十三。丹徒縣，一。丹陽縣，三。金壇縣，二。畏吾兒一十四。錄事司，一十二。丹陽縣，二。回回五十九。錄事司，四十九。丹徒縣，五。丹陽縣，三。金壇縣，二。也里可溫二十三。錄事司，一十九。丹徒縣，三。金壇縣，一。河西三。錄事司，一。丹徒縣，二。契丹二十一。錄事司，一十九。丹徒縣，二。女眞二十五。并錄事司。漢人三千六百七十一。錄事司，三千二百五十一。丹徒縣，二百八十六。丹陽縣，一百二。金壇縣，三十二。民缺儒八。錄事司，六。丹徒縣，一。金壇縣，一。醫五。錄事司，四。丹陽縣，一。陰陽一。錄事司。站二十六。錄事司，二十三。丹陽縣，三。急遞鋪二。錄事司，一。丹陽縣，一。打捕一十四。錄事司，一十二。金壇縣，二。匠一十八。丹徒縣，七。丹陽縣，八。金壇縣，三。軍三千三百六十七。錄事司，三千一十一。丹徒縣，二百七十七。丹陽縣，六十三。金壇縣，一十六。怯憐口二十三。錄事司，二十一。丹陽縣，二。口九。并錄事司。樂人四。錄事司，三。丹陽縣，一。口一萬五百五十五。錄事司，八千九百七十八。丹徒縣，七百八十一。丹陽縣，六

百四。金壇縣，一百九十二。蒙古一百六十三。錄事司，一百二十五。丹徒縣，九。丹陽縣，一十四。金壇縣，一十五。畏吾兒九十三。錄事司，八十一。丹陽縣，一十二。回回三百七十四。錄事司，二百九十六。丹徒縣，三十一。丹陽縣，四十。金壇縣，七。也里可溫一百六。錄事司，九十二。丹徒縣，七。金壇縣，七。河西三十五。錄事司，一十九。丹徒縣，一十六。契丹一百一十六。錄事司，一百四。丹徒縣，一十二。女真二百六十一。并錄事司。漢人九千四百七。錄事司，七千九百九十九。丹徒縣，七百六。丹陽縣，五百三十九。金壇縣，一百六十三。軀二千九百四十八。錄事司，二千七百二十。丹徒縣，八十。丹陽縣，八十八。金壇縣，六十。蒙古四百二十九。錄事司，三百九十七。丹徒縣，六。丹陽縣，一十七。金壇縣，九。畏吾兒一百七。并錄事司。回回三百一十。錄事司，二百七十九。丹徒縣，一十一。丹陽縣，一十八。金壇縣，二。也里可溫一百九。錄事司，一百二。金壇縣，七。河西一十九。錄事司，一十。丹徒縣，九。契丹七十五。錄事司，六十八。丹徒縣，七。女真二百二十四。并錄事司。漢人一千六百七十五。錄事司，一千五百三十三。丹徒縣，四十七。丹陽縣，五十三。金壇縣，四十三。

《元蒙古字碑》譯文（《石墨鐫華》卷六）　長生天氣力裏，大福廕護助裏皇帝聖旨，軍官每根底，軍人每根底，管城子達魯花赤官人每根底，往來使臣每根底，宣諭的聖旨：成吉思皇帝，月闊歹皇帝，薛禪皇帝，完澤篤皇帝，曲律皇帝聖旨裏和尚，也里可溫，先生每，不揀甚麼差發休當，告天祝壽者，宣諭的有來。如今也只依在先聖旨體例裏，不揀甚麼差發休當，告天祝壽者麼道。奉元路大重陽萬壽宮裏，并下院宮觀裏住的先生每根底，執把行的聖旨與了也。這的每宮觀菴廟裏房舍裏，使臣休安下者，鋪馬祗應休著者，稅糧休與者。但屬宮觀裏的水土，人口，頭疋，園林，碾磨，店舍，鋪席，典庫，浴堂，船栰，車輛，不揀甚麼他的，更渼陂，甘澇等三處水例甘谷山林，不揀是誰休倚氣力者，休奪要者。這的每卻倚著有聖旨麼道，沒體例的勾當休做者。做呵，他每不怕那甚麼。聖旨。虎兒年七月二十八日，察罕倉有時分寫來。

《示諭碑碑高三尺一寸二分廣一尺八寸十五行行四十字正書今在永濟縣**》**（《石刻史料新編》）　長生天氣助裏，大福廕護助裏皇帝聖旨。管軍官人每根底，軍人每根底，管城子的達魯花赤官人每根底，過往使臣每根底，宣諭的聖旨。成吉思皇帝，月奇臺皇帝，薛禪皇帝聖旨裏，和尚每，也里可溫，先生每，不揀甚麼差發休當者，告天祝壽者道來。如今依在先聖旨體例裏，不揀甚麼差發休當，告天祝壽者麼道。河中府有的棲巖寺裏住持的定長老根底，欽賣着行的聖旨與了他，這每的寺院裏房舍裏，使臣每休安下者，鋪馬祗應休當者，稅糧休與者。但屬寺家的水土，園林，磨房，店舍，鋪席，降典庫，浴堂，竹園，不揀甚麼，他每根底休□要者。這定長老卻倚着有聖旨麼道，無體例的勾當休做者。若做阿，他不怕那甚麼。聖旨俺的。□□年八月二十四日，上都有時分寫來。大德九年二月二十五日監寺僧懷能立石匠人古舜賀直刊。

《太平崇聖宮碑》（胡聘之《山右石刻叢編》卷三〇）　長生天氣力裏，大福蔭護助裏皇帝聖旨，軍官每根底，軍人每根底，城子裏達魯花赤官人每根底，來往的使臣每根底，宣諭的聖旨：成吉思皇帝，月哥台皇帝，薛禪皇帝，完澤篤皇帝聖旨裏，和尚，也里可溫，先生每，不揀甚麼差發休當，天根底禱告祈福祝壽者，那般道有來。如今依著在先聖旨體例裏，不揀甚差發休當，天根底禱告祈福祝壽者麼道。於道淵授通玄微如靜照大師，冀寧路平遙縣太平崇聖宮住持本宗提點通議中和大師，本宮提點高道陟棲遠常妙大師，提舉趙道恆這先生每根底，執把待的聖旨與了也這的每宮觀每他每的房舍，使臣休安下者，鋪馬祗應休拿者，商稅地稅休與者。但屬宮觀的莊田，桑土，園林，碾磨，解典庫店倉，鋪席，浴堂，船隻，竹葦，醋麴貨，不揀甚麼差發休要者，不揀是誰，休倚氣力者，不揀甚麼，他每的休奪要者。更這的每道有聖旨麼道，沒體例的勾當休做者。做呵，他每不怕的。那聖旨俺的。雞兒年九月初五日，龍虎臺有時分寫來。

《泰山東嶽廟聖旨碑》（《山東攷古録》）　長生天氣力裏，大廕護助裏，皇帝聖旨軍官每根底，軍人每根底，管城子達魯花赤官人每根底，來往的使臣每根底，宣諭的聖旨成吉思皇帝，月古台皇帝，薛禪皇帝，完澤篤皇帝，曲律皇帝，普顏都皇帝，格堅皇帝聖旨裏，和尚，也里可溫，先生，達識蠻每，不揀甚麼差發休當者，告天祝壽者麼道有來。如今依着在先聖旨體例裏，不揀甚麼差發休着者，與咱每告天祈福者麼道。泰安州有的泰山東嶽廟住持提點通義守正淵靖大師張德璘生每根底，執把行的聖旨

與了也，這的每廟宇房院裏，使臣休安下者，鋪馬祗應休拿者，商稅，地稅休與者。但屬他們的水土，園林，碾磨，鋪席，不揀甚麼他每的，休倚氣力奪要者。每年燒香的上頭得來的香錢物件，只教先生每收掌者。廟宇損壞了呵，修理整治者。這的每其間裏，不揀是誰，休八來，休沮壞者。更這張德璘粱道根底聖旨與了也，無體例勾當行呵，他不怕甚麼。聖旨泰定年鼠兒年十月二十三日，大都有時分寫來。

《金石萃編補正》卷三《元天寶宮聖旨碑正書。共二十行，行四十字六。高七尺一寸，强廣三尺一寸。》

長生天氣力裏，大福廕護助裏，皇帝聖旨，軍官每根底，軍人每根寶底，城子裏達魯花赤官人每根底，往來的使臣每根底，宣諭的聖旨，成吉思皇帝，月古台皇帝，薛禪皇帝，完者都皇帝，曲律皇帝，普顏篤皇帝，格堅皇帝聖旨裏，和尚每，也里可溫每，先寶生每，荅失蠻每，不揀甚麼差發休着，告天祝壽者，道來。如今呵依着在先的聖旨體例裏，不揀甚麼，差發休着。告天者。咱每根底祈福者麼道，汴粱路許州有的寶天寶宮裏住持的明眞廣德大師，提點王淸貴爲頭先生每根底，執把行的聖旨與了也。這的每宮觀裏，使臣休安下者，鋪馬祗應休拿者。商稅地稅休與者。莊產園林，碾磨，店鋪，舍席解典庫，浴房，竹葦，船隻，不揀甚麼，他每的不揀是誰，休使氣力者，休拿扯要者。這的每倚有聖旨麼道，沒體例勾當。行的他每，是不怕那甚麼聖旨俺的。泰定三年虎兒年三月十五日。大都有時分寫來。

《元洞林寺聖旨碑》（《金石萃編補正》卷四）　碑陰凡五截

長生天氣力裏，大福廕護助裏。皇帝聖旨。軍官人每根底，軍人每根底，城子裏達魯花赤官人每根底，來往使臣每根底，宣諭的聖旨。成吉思皇帝，月古歹皇帝，先皇帝聖旨裏，和尚每，也里可溫，先生每，不揀甚麼，差發休當。告天祝壽者，麼道有來。如今依着在先聖旨體例裏，不揀甚麼，差發休當。告天祝壽者麼道，屬雪堂總統的鄭州大覺禪寺裏住持的瑋長老，祥提點，福藍寺，璨監寺這的每四箇根底，執把行的聖旨與了也。這的每寺院房舍裏。

羊兒寶年正月二十七日大都有時分寫來。

以上第一列共廿二行行十九字。

長生天氣力裏，大福廕護助裏，皇帝聖旨。軍官每根底，軍人每根底，管城子的達魯花赤每根底，官人根底來往的使臣每根底，宣諭的聖旨。成吉思皇帝，月可台皇帝，薛禪皇帝，完者都皇帝，曲律皇帝聖旨，和尚，也里可溫，先生每，不揀甚麼，差發休當。告天祝壽與者道來，如今呵依着在先聖旨體例，不揀甚麼，差發休當。告天祝壽與者麼道，屬雪堂總統鄭州有的洞林大覺禪寺，普照寺裏的住持瑛長老，寓提點，現監寺等和尚每根底，執把著行的聖旨與了也。這的每寺裏房子裏，使臣休安下者。鋪馬祗應休拿者，地稅商稅休與者。但屬寺家的水土，園林，碾磨，店鋪，席解，典庫，浴堂，不揀甚麼物件，他的不以是誰，休奪扯要者，休使氣力者。更這和尚每，道有聖旨麼道，無體例勾當休做者。做呵他每不怕那甚麼，聖旨俺的

鼠兒年二月二十八日大都裏有的時分寫來。

以上第二列共二十六行行十九字。

長生天氣力裏，皇帝福廕裏。

皇太后懿旨。管軍官每根底，軍人每根底，管城子裏達魯花赤官人每根底，來往的使臣每，百姓每根底，宣諭的懿旨。

成吉思皇帝，月古歹皇帝，薛禪皇帝，完者都皇帝，皇帝聖旨裏，和尚，也里可溫，先生每，不揀甚麼，休着告天祝壽者道來，依着聖旨體例裏，不揀甚麼，差發休當，告天祝壽者麼道，鄭州有的屬總統雪堂長老的洞林

大覺禪寺，寺裏住的爲頭兒長老，提點監寺每，執把行的懿旨與了也。這的每寺裏房舍，他的使臣每，休安下者，鋪馬休拿要者，商稅休納者但屬寺家的水土，薗林，水磨，店鋪，席解，典庫，浴堂，不揀甚麼他的，不揀是誰，休使氣力奪要者。這和尚每有懿旨麼道，沒體例裏的勾當，做着行呵，他不怕那甚麼懿旨。

鷄兒年八月十五日五臺行的時分寫來。

皇帝聖旨裏。

帝師吃喇思巴斡節兒法旨，軍官每根底，軍人每根底，使臣每根底，城子裏達魯花赤官人每根底，鎭□守每根底，通事每根底，站赤每根底，來往科差的每根底，百姓每根底，教諭的法旨。上位與了的聖旨體例裏，屬雪堂總統的鄭州大覺禪寺裏住持的瑋長老，祥提點，福監寺，璨監寺，

四箇執把，告天祝壽。住坐有寺院房舍裏，使客休安下者，差發鋪馬祗應，稅糧商稅休要者，屬寺家田地，水土，薗林，碾磨，店鋪，浴堂，解典庫，不揀甚麽休爭奪要者。休因而取要東西者，休倚氣力者交安隱住坐者麽道，執把行者，法旨與了也。見了法旨別了呵，追問者，這的每倚有法旨麽道，無體例勾當，休做者。

牛兒年三月十八日大都大寺裏有時分寫來。

以上第三列兩方共三十六行行二十五字

長生天氣力裏，皇帝福廕裏，愛育黎拔里，八達令旨。軍官每根底，軍人每根底，城子裏達魯花赤官人每根底，各役下官人每根底，往來使臣每根底，宣諭的令旨。

成吉思皇帝，月古歹皇帝，薛禪皇帝，完者禿皇帝，皇帝聖旨。和尙，也里可溫，先生每，不揀甚麽，差發休當。告天祝壽者麽道有來，如今依着聖旨大體例裏，不揀甚麽，差發休當者。告天與皇帝皇太后咱每根底，祝壽者麽道，鄭州有的屬總統雪堂長老的洞林大覺禪寺，普照禪寺，寺裏住的爲頭兒長老提點監寺和尙每，執把行的令旨與了也。這的每寺院房舍裏，使臣休安下者，鋪馬祗應休拿者，地稅商稅休納者，但屬寺家的水土，薗林，碾磨，店舍，鋪席，浴房，解典庫，不揀甚麽，他的不以是誰休倚氣力奪要者。再這和尙每，有令旨麽道，沒體例勾當，休做者。做呵他不怕那甚麽令旨。

鷄兒年八月十七日五臺行時分寫來。

長生天氣力裏，皇帝福廕裏。晉王令旨，管軍官每根底，軍人每根底，管城子達魯花赤官人每根底，過往使臣每根底，省諭的令旨。大聖旨裏，和尙，也里可溫，先生每，不揀甚麽，差發休著。告天祝壽者，宣諭的聖旨體例裏，不揀甚麽，差發休著。告天祝壽者麽道，鄭州有的屬雪堂總統的大覺寺裏住持的瑋長老，福首座，璘監寺爲頭和尙每根底，執把行的令旨與了也。這每寺裏房子裏，使臣休安下者，鋪馬祗應休拿者，稅糧休與者，水土，薗林，水磨，不揀甚麽他的，不揀誰休奪要者。再這和尙每，這般省諭了呵，別了經文體例，寺裏無干礙的水土爭竟行呵，他每不怕那，甚麽令旨。俺的。

鷄兒年正月十四日大都有時分寫來。

以上第四列兩方共四十一行行二十五字

長生天氣力裏，皇帝福廕裏。也孫帖木兒晉王令旨。城子裏達魯花赤官人每根底，軍官每根底，軍人每根底，往來使臣每根底，宣諭的令旨。大聖旨裏，和尙每根底，也里可溫每根底，先生每根底，不揀甚麽，差發休當。告天祝壽者道有來，如今依着聖旨體例裏，不揀甚麽，差發休當。告天祝壽者麽道，汴梁路鄭州屬司空雪堂總統的洞林大覺禪寺，普照禪寺，王折大明寺，寺裏住的月巖瑛長老，朗首座詮提舉，海提點，寓提點，現監寺，出監寺和尙每根底，執把行的令旨與了也。這的每寺裏，使臣休安下者，鋪馬祗應休與者，地稅休納者，水土，薗林，碾磨，不揀甚麽他得，不揀是誰休使氣力扯洩奪要者，這的每更倚着這般說麽道，別了經文體例，沒體例勾當做呵，他每根底那，甚麽令旨。俺的。

虎兒年十一月二十一日赤那思有時分寫來。

長生天氣力裏，皇帝福廕裏，小薛大王令旨，沒路上有的民戶每根底，城子裏達魯花赤官人每根底，脫脫和孫每根底，管站的每根底，船戶每根底，管和尙頭目每根底，來往的使臣每根底，把城門每根底，皇帝洎每哥哥兄弟每根底，教祝壽的上頭洎每的，鄭州滎陽縣屬雪堂總統的洞林禪寺住的瑛無瑕庵主爲頭兒，三箇和尙每根底，長行馬三疋，爲做好事勾當的上頭來的時分，去的時分，不揀是誰，休得遮當者。經過的百姓每根底，人嚙的茶飯，馬喫的草料，依大聖旨體例裏與者麽道，沿路上行的金印令旨與了也。這和尙每做沒體例勾當，交百姓每生受呵，他每不怕那，甚麽令旨，俺的。

馬兒年二月初七日大都裏有的時分寫來。

以上第五列兩行共三十四行行廿五字

《元崇國寺聖旨碑》 長生天氣力裏，大福蔭護助裏皇帝聖旨。軍官每根底，軍人海根底，管城子達魯花赤官人每根底，往來使臣每根底，宣諭的聖旨。成吉思皇帝，窩闊台皇帝，薛禪皇帝，完澤篤皇帝，曲律皇帝，普顏篤皇帝，格堅皇帝，忽都篤皇帝，亦憐眞班皇帝聖旨裏，和尙、也里可溫、先生每，不揀甚麽差發休當，告天祈福祝壽者說來。如今依在先聖旨體例，不揀甚麽差發休當，告天祈福祝壽者麽道。大都裏有的南北兩崇國

寺、天壽寺、香河隆安寺、三河延福寺、順州龍雲寺、遵化般若寺等寺院裏住持佛日普明淨慧大師孤峰講主學吉祥衆和尚每根底爲頭執把的聖旨與了也。這的每寺院裏房舍，使臣休安下者。鋪馬祗應休着者。稅糧商稅休納者。但屬寺家的水土、園林、碾磨、店鋪、解典庫、浴堂、人、口頭疋，不揀甚麽，不揀是誰，休倚氣力奪要者。這佛日普明淨慧大師孤峰講主學吉祥爲頭和尚每，依着在先老講主體例裏行者。別了的和尚每有呵，遣赴出寺者。更這學吉祥等和尚每，倚有聖旨麽道，無體例勾當休做者，若做呵，他每不怕那。聖旨。至正十四年七月十四日，上都有時分寫來。

李志常《長春真人西遊記》卷上 九月二日，西行。四日，宿輪臺之東，迭屑頭目來迎。

祥邁《辯僞録》卷三（《大正藏》第五二册） 帝對諸師曰：我國家依著佛力光闡洪基，佛之聖旨敢不隨奉。而先生每見俺皇帝人家歸依佛法，起憎嫉心，橫欲遮當佛之道子。這釋道兩路各不相妨，只欲專擅自家，遏他門户，非通論也。今先生言道門最高，秀才人言儒門第一，迭屑人奉彌施呵言得升天，達失蠻叫空謝天賜與。細思根本，皆難與佛齊。帝時舉手而喻之曰，譬如五指皆從掌出，佛門如掌，餘皆如指。不觀其本，各自誇衒，皆是群盲摸象之説也。時逼冬寒，而先生每終不肯到路上淹留。帝謂諸師曰，道家既不肯來，必是理短不敢持論。卻令僧衆乘驛還燕。乃丙辰年九月十日。

《北京房山石經山曝經臺懸崖墨書題記》（《房山石經題記彙編》） 大明國景教慶壽寺僧人超然、經匠道□四名，遊於□□。正統三年四月廿九日遊到□□□□小西天石經堂瞻禮。

洪鈞《元史譯文證補》卷二九《元世各教名考》 元帝崛起朔漠，氈裘舊俗，敬天畏雷，尚巫信鬼，無所謂教也。太祖既下中原，首遣使賫金牌徵召邱處機詢道術。然而清心寡欲之方，無當於禽獮草薙之略，虚崇禮貌，但冀長生。世祖混一區夏，雖亦以儒術飾治，然帝師佛子，殊寵絶禮。百年之閒，朝廷之上，所以隆奉敬信之者，無所不用其至。英宗時，且詔各郡建八思巴殿，其制視孔子廟有加。馴至天魔按舞，祕密受戒。故有元一代，釋氏稱極盛。而西北三藩，則又漸染土俗，祇奉謨罕默德，與天子異趨。其時重致遠人，一切色目，咸與登進。於是殊方詭俗，重譯而至。祆祠寃教，蔓延宇内。乃《元史》列傳僅著釋老，何明初史局諸公之不考也。案本紀中統三年，括木速蠻、畏吾兒、也里可溫、荅失蠻等户丁爲兵。四年，敕也里可溫、荅失蠻僧道種田入租，貿易輸稅。至元元年，命儒、釋、道、也里可溫、荅失蠻等户，舊免租稅，今並徵之。十三年，敕西京僧、道、也里可溫、荅失蠻等有室家者，與民一體輸賦。十九年四月，敕也里可溫依僧例給糧。九月，楊庭璧招撫海外南番，寓俱藍國，也里可溫主兀咱兒撇里馬、管領木速蠻馬合馬遣使奉表，同日赴闕。馬八兒等國，傳作也里可溫兀咱兒撒里馬，及木速蠻主馬合麻，與本紀撇里馬字異，不知孰是。又紀於也里可溫言主，傳於木速蠻言主，皆教主之謂，非國主也。十月，敕河西僧、道、也里可溫有妻室者，同民納稅。二十九年，也里嵬里沙沙嘗簽僧、道、儒、也里可溫、荅失蠻爲軍，詔令止隸軍籍。成宗大德十一年，武宗即位，詔也里可溫、荅失蠻並依舊制納稅。武宗至大五年，仁宗即位，罷僧、道、也里可溫、荅失蠻、頭陀、白雲宗諸司。泰定帝元年，免也里可溫、荅失蠻差役。文宗天曆元年，命也里可溫於顯懿莊聖皇后神御殿作佛事。又案《經世大典・馬政篇》，中統四年，諭中書省於東平、大名、河南路宣慰司，不以回回通事，斡脱并僧、道、荅失蠻、也里可溫、畏兀兒諸色人户，每鈔一百兩，通滚和買堪中肥壯馬七尺。不以猶言不論。至元廿六年七月十日，兵部承奉尚書省奏，諸衙門官吏、僧、道、荅失蠻、也里可溫、斡脱不以是何軍民諸色人户，所有堪中馬匹，盡數和買。十四日，兵部承奉尚書省劄付和尚、先生、也里可溫、荅失蠻、斡脱等户，但有四歲以上騸馬、曳刺馬、小馬，盡數赴官中納，當面給付價鈔。又至元十二年，樞密院奏僧、道、也里可溫、荅失蠻欲馬何用。二十四年，楊總統奏漢地和尚、也里可溫、先生、荅失蠻有馬者，已行拘刷，江南者未刷。江淮省言江南和尚、也里可溫、先生出皆乘轎，養馬者少。

錢單士厘《歸潛記》辛編三《馬哥博羅事》（存目）

雜録

楊瑀《山居新話》 元統甲戌三月二十九日，瑀在内署退食餘暇，廣

惠司聶只兒（也里可溫人）言，去歲在上都，有剛哈剌咱慶王，今上皇姊之駙馬也，忽得一證。偶墜馬，扶馬則兩眼黑睛俱無，而舌出至胸，諸醫束手。惟司卿曰，我識此證。因以翦刀翦去之。少頃，復出一舌，亦翦之，又於其舌兩側各去一指許，用藥塗之而愈。翦下之舌尚存，亦異證也。廣惠司者，回回醫人隸焉。

文廷式《純常子枝語》卷二〇　又按近譯《交涉紀事本末》教皇遣使往韃靼，勸令存心慈愛。庫裕克可汗庫裕克，元定宗名，實貴由之轉音覆書云，來書云我等應受洗禮，以作耶蘇教中之人。是言殊屬不合，爾我種類各殊，何得強我等爲汝教中人。又云，爾西方人民僅知以基督教爲重，而於其他各教一概藐視，亦殊非有國家者之所爲是。定宗之不信天主教具有明文。迨法皇魯意第十一遣羅勃魯奎斯使元時，則定宗已崩，更無從入基督之教。西書殆因其覆書有云爾知我國亦崇奉上帝，故附會爲說。洪侍郎不察而採之，誤矣。

天主教分部

論說

利瑪竇《天主實義》卷下第七篇《論人性本善而述天主門士正學》

中士曰：拜佛像，念其經，全無益乎？

西士曰：奚啻無益乎。大害正道。惟此異端，愈祭拜尊崇，罪愈重矣。一家止有一長，二之則罪；一國惟得一君，二之則罪；乾坤亦特由一主，二之豈非宇宙間重大罪犯乎。儒者欲罷二氏教於中國，而今乃建二宗之寺觀，拜其像，比如欲枯槁惡樹，而厚培其本根，必反榮焉。

中士曰：天主爲宇內至尊，無疑也。然天下萬國九州之廣，或天主委此等佛祖、神仙、菩薩，保固各方，如天子宅中，而差官布政於九州百郡，或者貴方別有神祖耳。

西士曰：此語本失而似得，不細察，則誤信之矣。天主者，非若地主但居一方，不遣人分任，即不能兼治他方者也。上帝知能無限，無外爲而成，無所不在，所御九天萬國，體用造化，比吾示掌猶易，奚待彼流人代司之哉？

且理無二是。設上帝之教是，則他教非矣；設他教是，則上帝之教非矣。朝廷設官分職，咸奉一君，無異禮樂，無異法令。彼二氏教自不同，況可謂天主同乎！彼教不尊上帝，惟尊一己耳已，昧於大原大本焉，所宣誨論大非天主之制具，可謂自任，豈天主任之乎？

天主經曰：「妨之妨之：有着羊皮而內爲豺狼極猛者，善樹生善果，惡樹生惡果；視其所行，即知何人。」謂此輩耳。凡經半句不眞，決非天主之經也。天主者，豈能欺人傳其僞理乎。

異端僞經，虛詞誕言，難以勝數，悉非由天主出者。如曰「日輪夜藏須彌山之背」，曰「天下有四大部州，皆浮海中，半見半浸」，曰「阿函以左右手掩日月，爲日月之蝕」。此乃天文地理之事，身毒國原所未達，吾西儒笑之而不屑辯焉。吾今試指釋氏所論人道之事三四處，其失不可勝窮也。曰四生六道，人魂輪迴。又曰殺生者，靈魂不昇天堂，或歸天堂亦復迴生世界，以及地獄充滿之際，復得再生於人間。又曰禽獸聽講佛法，亦成道果。此皆拂理之語，第四、五篇已明辯之。又言婚姻俱非正道，則天主何爲生男女，以傳人類，豈不妄乎？無婚配，佛從何生乎？禁殺生復禁人娶，意惟滅人類，而讓天下於畜類耳。又有一經，名曰《大乘妙法蓮花經》，囑其後曰：「能誦此經者，得到天堂受福。」今且以理論之。使有罪大惡極之徒，力能置經誦讀，則得升天受福；若夫修德行道之人，貧窮困苦，買經不便，亦將墜於地獄與？又曰呼誦「南無阿彌陀佛」，不知幾聲，則免前罪，而死後平吉，了無凶禍。如此其易，即可自地獄而登天堂乎？豈不亦無益於德，而反導世俗以爲惡乎？小人聞而信之，孰不遂私欲，污本身，侮上帝，亂五倫，以爲臨終念佛者若干次，可變爲仙佛也。天主刑賞，必無如是之失公失正者。夫「南無阿彌陀」一句，有何深妙，即可逃重殃而著厚賞？不讃德，不祈祐，不悔己前罪，不述宜守規誡，則從何處立功修行哉？世人交友，或有一二語誑，終身不敢盡信其言。今二氏論大事，許多誑謬，人尚畢信其餘，何也？

中士曰：佛神諸像，何從而起？

西士曰：上古之時，人甚愚直，不識天主，或見世人略有威權，或自戀愛己親，及其死而立之貌像，建之祠宇廟禰，以爲思慕之跡；暨其久也，人或進香獻紙，以祈福佑。又有最惡之人，以邪法制服妖怪，以此異事，自稱佛仙，假布誕術，詐爲福祉，以駭惑頑俗，而使之塑像祀奉。此其始耳。

中士曰：非正神，何以天主容之，不滅之？且有焚禱像下，或致感應者？

西士曰：有應也，亦有不應也，則其應非由彼神邪像也。人心自靈，或有非理，常自驚詫，已而規其隱者，不須外威也。又緣人既爲非，則天主棄之不祐，故邪神魔鬼潛附彼像之中，得以侵迷誑誘，以增其愚。夫人既奉邪神，至其已死，靈魂墜於地獄，卒爲魔鬼所役使，此乃魔鬼之願也。幸得天主不甚許此等邪神發見於人間，見亦少以美像，常睹醜惡，或一身百臂，或三頭六臂，或牛頭，或龍尾等怪類，正欲人覺悟，知其非天上容貌，乃諸魔境惡相耳。而人猶迷惑，塑其像而置之金座，拜之祀之，悲哉！

夫前世貴邦，三教各撰其一。近世不知從何出一妖怪，一身三首，名曰三函教。庶氓所宜駭避，高士所宜疾擊之，而乃倒拜師之，豈不愈傷壞人心乎？

中士曰：曾聞此語，然儒者不與也，願相與直指其失。

西士曰：吾且具四五端實理，以證其誣。

一曰，三教者，或各眞全，或各僞缺，或一眞全，而其二僞缺也。苟各眞全，則專從其一而足，何以其二爲乎？苟各僞缺，則當竟爲卻屏，奚以三海蓄之哉？使一人習一僞教，其誤已甚也，況兼三教之僞乎？苟惟一眞全，其二僞缺，則惟宜從其一眞，其僞者何用乎？

一曰，輿論云「善者以全成之，惡者以一耳」。如一艷貌婦人，但乏鼻，人皆醜之。吾前明釋二氏之教，俱各有病，若欲包含爲一，不免惡謬矣。

一曰，正教門，令入者篤信，心一無二。若奉三函之教，豈不俾心分於三路，信心彌薄乎？

一曰，三門由三氏立也。孔子無取於老氏之道，則立儒門。釋氏不足於道、儒之門，故又立佛門於中國。夫三宗自己意不相同，而二千年之後，測度彼三心意，強爲之同，不亦誣歟？

一曰，三教者，一尚「無」，一尚「空」，一尚「誠」「有」焉。天下相離之事，莫遠乎虛實有無也。借彼能合有與無、虛與實，則吾能合水與火、方與圓、東與西、天與地也，而天下無事不可也。胡不思每教本戒不同。若一戒殺生，一令用牲祭祀，則函三者，欲守此固違彼，守而違，違而守，誰不亂教之極哉！於以從三教，寧無一教可從。無教可從，必別尋正路。其從三者，自意教爲有餘，而實無一得焉，不學上帝正道，而殉人夢中說道乎？

夫眞，維一耳。道契於其眞，故能榮生。不得其一，則根透不深；根不深，則道不定；道不定，則信不篤。不一，不深，不篤，其學烏能成乎！

中士曰：噫嘻，寇者殘人，深夜而起，吾儕自救，猶弗醒也。聞先生之語，若霹靂焉動吾眼，而使之覺。雖然，猶望卒以正道之宗援我。

西士曰：心既醒矣，眼既啓矣，仰天而祈上祐，其時也夫。

利瑪竇《天主實義》卷下第八篇《總舉大西俗尚而論其傳道之士所以不娶之意並釋天主降生西土來由》 中士曰：以是爲亂，則亂固不勝言矣。時賢講學，急其表而不究其裏，故表裏終於俱壞。蓋未聞積惡於內，而不遽發於外者也。間有儒門之人，任其私智，附會二氏以論來世，如丐子就乞餘飯，彌紊正學，不如貴邦儒者乃有歸元。

此論既明，人人可悟，但肯用心一思衆物之態，必知物有始元，非物可比。聖也，佛也，仙也，均由人生，不可謂無始元者也。不爲始元，則不爲眞主，何能輒立世誡？夫知有歸元，則人道已定，舍事天又何學焉？譬如一身，四肢各欲自存也，然忽有刀鎗將擊其首，手足自往救護，雖見傷殘，終不能已。尊教洞曉天主爲衆物元，則凡觀惡行，聞惡語，凡有逆於理、違於教者，若矛刀將刺天主然，亟迫往護，此亦惟知有天主之在上，而寧知天下有他物可尙乎？故不但不念妻子財資，吾身生命猶將忘之。吾輩俗心錮結，彷彿慕企，輶淺信從，奚云捨生命，棄妻子？有因上帝道德之故，邇移半步，遙費一芥，且各惜之矣，嗟哉。

然吾頻領大教，稱天主無所不通，無所不能。其既爲世人慈父，烏忍

我儕久居闇晦，不認本原大父，貿貿此道途？曷不自降世界，親引群迷？俾萬國之子者，明睹眞父，了無二尙，豈不快哉。

西士曰：望子此問，久矣。苟中華學道者，常詢此理，必已得之矣。今吾欲著世界治亂之由者，請子服膺焉。天主始制創天地，化生人物，汝想當初乃即如是亂苦者歟？殊不然也。天主之才最靈，其心至仁，亭育人群以迨天地萬物，豈忍置之於不治不祥者乎哉。開闢初生，人無病夭，常是陽和，常甚快樂，令鳥獸萬彙，順聽其命，毋敢侵害，惟令人循奉上帝，如是而已。夫亂，夫災，皆由人以背理，犯天主命。人既反背天主，萬物亦反背於人，以此自爲自致，萬禍生焉。世人之祖，已敗人類性根，則爲其子孫者，沿其遺累，不得承性之全，生而帶疵，又多相率而習醜行，則有疑其性本不善，非關天主所出，亦不足爲異也。人所已習，可謂第二性，故其所爲，難分由性由習，雖然，性體自善，不能因惡而滅，所以凡有發奮遷善，轉念可成，天主亦必祐之。但民善性既減，又習乎醜，所以易溺於惡，難建於善耳。天主以父慈恤之，自古以來代使聖神繼起，爲之立極。逮夫淳樸漸漓，聖賢化去，從欲者日衆，循理者日稀，於是大發慈悲，親來救世，普覺群品。於一千六百有三年前，歲次庚申，當漢朝哀帝元壽二年冬至後三日，擇貞女爲母，無所交感，託胎降生，名號爲耶穌（耶穌即謂救世也），躬自立訓，弘化於西土三十三年，復昇歸天。此天主實蹟云。

中士曰：雖然，抑何理以徵之？當時之人，何以驗耶穌實爲天主，非特人類也？若自言耳，恐未足憑。

西士曰：大西法稱人以聖，較中國尤嚴焉，況稱天主耶？夫以百里之地君之，能朝諸侯，得天下，雖不行一不義，不殺一不辜以得天下，吾西國未謂之聖。亦有超世之君，卻千乘以修道，屏榮約處，僅稱謂廉耳矣。其所謂聖者，乃其勤崇天主，卑謙自牧，然而其所言所爲過人，皆人力所必不能及者也。

中士曰：何謂過人？

西士曰：誨人以人事，或已往者，或今有者，非但聖而後能之。有志要名者，皆自強而爲焉。若以上帝及未來之事，訓民傳道，豈人力也歟！惟天主也。以藥治病，服之即療，學醫者能之。以賞罰之公，治世而世治，儒者可致。茲俱以人力得之，不宜以之驗聖也。若有神功絕德，造化同用，不用藥法，醫不可醫之病，復生既死之民，如此之類，人力不及，必自天主而來。敝國所稱聖人者，率皆若此。倘有自伐其聖，或朋輩代爲誇伐，或不畏天主，用邪法鬼工，爲異怪以惑愚俗，好自逞而悖天主之功德，此爲至惡。大西國妨之如水火，何但弗以稱聖乎？天主在世之時，現跡愈多，其所爲過於聖人又遠。聖人所爲奇事，皆假天主之力，天主則何有所假哉。

西土上古多有聖人，於幾千載前，預先詳誌於經典，載厥天主降生之義，而指其定候。迨及其時，世人爭共望之，而果遇焉。驗其所爲，與古聖所記如合符節。其巡遊詔諭於民，聾者命聽即聽，瞽者命視即視，瘖者命言即言，躄者命行即行，死者命生即生，天地鬼神悉畏敬之，莫不聽命也。既符古聖所誌，既又增益前經，以傳大教於世，傳道之功已畢，自言期候，白日歸天。時有四聖錄其在世行實及其教語，而貽之於列國，則四方萬民群從之，而世守之。自此大西諸邦教化大行焉。

考之中國之史，當時漢明帝嘗聞其事，遣使西往求經。使者半塗誤値身毒之國，取其佛經，傳流中華。迄今貴邦爲所誑誘，不得聞其正道，大爲學術之禍，豈不慘哉。

中士曰：稽其時則合，稽其人則通，稽其事則又無疑也。某願退舍沐浴，而來領天主眞經，拜爲師，入聖教之門。蓋已明知此門之外，今世不得正道，後世不得天福也。不知尊師許否？

西士曰：祇因欲廣此經，吾從二三英友，棄家屏鄉，艱勤周幾萬里，而僑寓異土無悔也。誠心悅受，乃吾大幸矣。然沐浴止去身垢，天主所惡乃心咎耳。故聖教有造門之聖水，凡欲從此道，先深悔前時之罪過，誠心欲遷於善，而領是聖水，即天主慕愛之，而盡免舊惡，如孩之初生者焉。吾輩之意，非爲人師，惟恤世之錯回元之路，而爲之一引於天主聖教，則充之皆爲同父之弟兄，豈敢苟圖稱名辱師之禮乎哉。天主經文字異中國，雖譯未盡，而其要已易正字。但吾前所談論教端，僉此道之肯綮。願學之者，退而玩味於前數篇事理，了已無疑，則承經、領聖水入教，何難之有。

中士曰：吾身出自天主，而久昧天主之道。幸先生不辭八萬里風波，

遠傳聖教，彪炳異同，使愚聆之，豁然深悟昔日之非，獲惠良多，且使吾大明之世，得承大父聖旨，而遵守之也。吾靜思之，不勝大快，且不勝深悲焉。吾當退於私居，溫繹所授，紀而錄之，以志不忘，期以盡聞歸元直道。所願天主佐佑先生仁指，顯揚天主之教，使我中國家傳人誦，皆爲修善無惡之民，功德廣大，又安有量歟。

又《利先生復虞銓部書》 竇西陬鄙人，棄家學道，泛海八萬里，而觀光上國，於兹有年矣。承大君子不鄙，進而與言者，非一二數也。然竇於象緯之學，特是少時偶所涉獵，獻上方物，亦所攜成器，以當羔雉。其以技巧見獎惜者，果非知竇之深者也。若止爾爾，則此等事，於敝國庠序中，見爲微末，器物復是諸工人所造，八萬里外，安知上國之無此？何用泛海三年，出萬死而致之闕下哉！所以然者，爲奉天主至道，欲相闡明，使人人爲肖子，即於大父母得效涓埃之報，故棄家忘身不惜也。

幸蒙聖恩，既得即次食大官，八年於兹，亦欲有所論著。不敏未能，作《畸人篇》，則是答問時，偶舉一二理端，因筆爲帙，質之大都人士，其於教中大論，曾未當九牛之一毛也。不圖借重雄文，謬見獎許，諸所稱述，皆非竇所敢當也。獨後來「太極生上帝」語，與前世聖賢所論，未得相謀，尙覺孔子「太極生兩儀」一言爲安耳。太極生生之理，亦敝鄉一種大論，其書充棟，他日尙容略陳一二，以請斧斲。至乃棄置他事，獨以大道商榷，則蒙知實深矣。

捧讀來札，亹亹千言，誨督甚勤，而無勝氣，欲竇據理立論，以闡至道。敝鄉諺云「和言增辯力」，台教之謂乎。且鐘鼓不叩擊，不發音聲；亦是夙昔所想望也。伏讀來教，知竇輩奉戒，堅於金石，不識區區鄙衷，何由見亮？即此一語蒙察，雖極處畢誠於左右，知弗爲罪，幸甚幸甚。

蓋竇輩平生所奉大戒有十，誹謗其一也。佛教果是，果未嘗實見其非，輒遂非之，不誹謗耶？竇自入中國以來，略識文字，則是堯舜周孔而非佛，執心不易，以至於今。區區遠人，何德於孔，何仇於佛哉。若謂竇姑佞孔以諂士大夫，而徐伸其說，則中夏人士，信佛過於信孔者甚多，何不並佞佛，以盡諂士大夫，而徐伸其說也？實是堅於奉戒，直心一意，所是所非，皆取憑於離合。堯舜周孔，皆以修身事上帝爲教，則是之；佛氏抗誣上帝，而欲加諸其上，則非之。竇何敢與有心焉？夫上帝一而已，謂有諸天，不誣乎？渺小人群，欲加天帝之上，不抗乎？比爲瑕釁，孰大於是，亦何必遍繙五千餘卷而後知也。佛氏之書，人自爲說，聞《大藏》中，最多異同。側聆門下，蓋世天才，而留心貝葉，若其書中，果有尊崇上帝，虔修企合，以此爲教，敢不鞭弭相從？若其未然，即竇之執心不易，既蒙台亮矣，至其書中指義，捕風捉月者實多，微渺玄通者不少，雖未暇讀，竊亦知之。然譬諸偏方僭竊之國，典章制度，豈不依稀正統，而實非正統。爲臣者豈可豔其文物，褰裳就之哉？舍衛雖堅，恐未免負固爲名也。雖然，而來教所云「檢閱諸經，探微稽實」者，實獲我心，所不敢廢。頃緣匆匆，未能得爲。仰惟門下，博物多聞，素深此義，若得摳趨函丈，各挈綱領，質疑送難，假之歲月，以求統一，則事逸功倍，更愜鄙心矣。此實良覯，當夙宵圖之，或遂得果此，未可知也。

至於拙篇中天堂、地獄短長之說，鄙意止欲闢輪迴之妄，使爲善不反顧，造惡無冀幸耳。孟子云不以文害辭、辭害意也。儻因鄙言悟輪迴之妄，則地獄窮劫不出，天堂一日千歲，此亦言之有據者也，又何待論乎？

若云生處盡識，故輕此人，此偶舉之言也。海內萬國，頗嘗審究，某方某教，千百其歧，印度以東，延入中國，二三萬里之內，知有佛耳，止一天竺，無別釋迦。但十室之邑，必有忠信，理果是者，何論其地？此非異同之肯綮也。凡諸異教，行久行遠者，無不依附名理，繼以聰明特達之工，入於其中，著述必多，自覺可信。所貴窮源極本，原始要終，以定是非之極。竇輩所與佛異者，彼以虛，我以實；彼以私，我以公；彼以多歧，我以一本。此其小者。彼以抗誣，我以奉事，乃其大者。如是止耳。

且佛入中國，既二千年矣，琳宮相望，僧尼載道，而上國之人心世道，未見其勝於唐虞三代也。每見學士稱述，反云今不如古。若敝鄉自奉教以來，千六百年，中間習俗，恐涉誇詡，未敢備著。其粗而易見者，則萬里之內，三十餘國，錯壤而居，不一易姓，不一交兵，不一責讓，亦千六百年矣。上國自堯舜來，數千年聲名文物，儻以信佛奉佛者，信奉天主，當日有遷化，何佛氏之久不能乎？此未見之事，難以徵信，今直當詳究其理，以決從違。大義若明，即定於樽俎，豈輸攻墨守之比，而待授甲推轂爲哉？

但其中一事，頗覺爲難。佛書固多，習者亦衆，敝國經典，及述事論理羽翼道眞者，方之佛藏，不啻倍蓰，然未經翻譯，竇又孑然無徒，未能辯此。以今事勢，如來教所云「以一疑千，恐遭敗蹶」，此爲力屈，非理屈也。鄙意以爲，在今且可未論勝負，儻藉上國諸君子之力，翻譯經典，不必望與佛藏等，若得其百之一二，持此而共相詰難，果爲理屈，即亦甘心敗蹶矣。自非然者，則台教云「不盡通佛書，不宜攻舍衛城」，竇亦將云「不盡通天主經典，豈能隳我聖城，失我定吉界耶」？究心釋典，以覈異同，竇將圖之；究心主教，以極指歸，非大君子孰望焉。此爲天下後世別歧路以定一尊，功德不細，幸毋忽鄙人之言也。

風靡波流，耳目所囿，賢聖不免。門下云「堂堂中國，賢聖總萃，其所信從，無弗是者」，則漢以前中國無聖賢耶？門下所據，漢以來之聖賢，而竇所是者，三代以上之聖賢。若云堯舜周孔，未聞佛教，聞必信從，則竇亦云漢以下聖賢，未聞天主之教，聞必信從。彼此是非，孰能一之？凡此皆不可爲從違之定據也。

來教又云鄙篇所述，「了不異佛意」，是誠有之，未足爲過。何者？若竇竊佛緒餘，用相彈射，此爲操戈入室耳。今門下已知竇未曉佛書，自相合轍，何不可之有！竇所惜者，佛與我未盡合轍耳。若盡合者，即異形骨肉，何幸如之。門下試思，八萬里而來，交友請益，但求人與我同，豈願我與人異耶？逃空谷者，聞人足音，跫然而喜矣。遼豕自多其異，竇乃極願其同，則群豕果白，亦跫然而喜之日也。

肆筆無隱，罪戾實深，仰冀鴻慈，曲賜矜宥，悚仄悚仄。

陽瑪諾《聖經直解》卷一 又問何謂新教。曰，古新即先後之義，蓋當中古，天主垂誡，命每瑟聖人傳諭世人遵守。斯時依中曆，爲商王祖乙七年壬寅，至於吾主降生，依中曆，爲西漢哀帝元壽二年庚申，相距一千五百十有七載，故彼謂古教，而此謂新教也。又古新二教，強弱自異。葆祿聖徒曰，人拘守古教，而求致其心之聖，不可得也。又云犧牲之血萬不能滌人心，觀此則古教之弱可知。若新教則具大能力，人誠遵其禮，守其規，何罪不銷，何污不潔乎。如行痛悔告解聖禮，則從前罪慝，將必立釋，而其心旋獲潔淨，且蒙寵佑，何強如之。

又問古新二教，厥異願詳。曰，相距遠甚，無可相比。今畧並提數端於左。

一，古教天神奉天主之命，傳於每瑟，每瑟奉天主之諭，垂本國人。新教，則係天主躬建，口傳於世者。聖若翰宗徒曰，每瑟宣傳古教，吾主則自立其眞實之教，聖葆祿又云，天主昔恆默示先知聖人，以布命於人。厥後，乃用其聖予之口，親語吾輩，雖均屬聖恩，後爲奇矣。

二，古教，暫教也。新教，永教也。吾主降生千餘年前，達未聖王，預知天主欲罰本國之罪，乃作聖歌以示世人古新二教之別。曰，天主將遏大江之流兮，本國腴地忽變爲磽瘠之野兮，天主將塞大河之脈兮，本國澤田大變爲焦涸之壙兮。奇哉，焦涸之壙，磽瘠之野，又復變而爲澤田腴地兮。解曰，此寓言也。□腴地澤田，古教諸人是也。蓋天主初時重視□民，愛之如子，時加寵佑，如江河日流而不竭。國人安樂，如腴地澤田然。奈何厥後漸迷本原，負主弘恩，叛逆殺主。於是主始輕視其人，阻塞萬恩，無復顧恤，如腴澤大變爲磽瘠焦涸也。悲哉。後就教外人言，猶曰，厥初迷失眞主，惑於邪神，無異磽瘠之野，焦涸之壙。及後幸聞新教，忻忻信從，乃獲主愛而降聖佑焉。比之變爲腴澤，不其然乎。聖奧斯定解聖歌曰，予將殫心覔古教，果何在乎。覔其實信，無之。覔其教司，無之。覔其眞祭，無之。覔其聖殿，無之。覔其預知聖人，無之。豈非腴地澤田，大變爲野壙乎。

又昔古教衆人，自阨日多國，徙歸本鄉時，途無聖堂，凡欲祭告，設帳行禮。禮畢，撤帳，行踰年始立聖殿。解曰，此古新二教切喻也，帳易展易收，又易動移，難以久存，乃古教之象。新教如石立堅固之殿，莫之能移也。聖基所嘆新教之固曰，欲滅太陽之光難，欲滅新教，則愈難也。新教知天堂茂樹，根不植地，人力奚能拔之。奇哉，固莫固於新教哉，寇敵能攻堅城，羣魔莫能搖新教也。主謂伯鐸羅宗徒曰，吾教，衆魔莫能勝之，是也。又曰，吾教，無終之教也。解曰，無終者，蓋無時能革絶也，蓋與世偕行也，蓋於將來永不復立他教也，世存必不滅，而世盡乃止息也。

或問天主既預定革古教，先何立乎。曰，以開新教之路也。聖奧斯定曰，古教之禮奧祭，俱吾主將來之像。上既來，不必併存矣。

古教，新教之影也，像也。何謂影。曰，影全依人身爲動靜，而人身

全依靈魂爲動靜。古禮之美，全依新教之美，故爲新教之影。聖賢設譬，如附木之藤，沿木而生，不能自植也。何謂之像。曰，古教洗身之禮，即洗靈魂之像也。其煩祭之禮，即吾主受難之像也。葆祿聖徒又云，吾古父之所行，悉顯吾輩今來之像，是也。古教不能闢天門，惟新教大闢之。聖賢恆曰，往古天路塞絕，古聖不能通入。自主降世受死，以十字聖架爲鑰，啓其扃閉，而天門始開，人始得入。

從古教禮所收之報，世福而已。天主謂古教人曰，爾冀聽從吾言，地上膏腴，即爲聽從之酬。又云，爾輩恪稟吾令，爾後嗣必蕃爾地，恆流乳蜜。聖伯爾納嘆曰，嗚呼，古教如軛甚重，載之極難，軛則重矣，報則輕矣。軛重，教規繁劇也。報輕，世福微淺也。若新教之報，則高矣，大矣。加人以聖寵聖愛超性諸德，而許以天國永福。經所載眞福八端，是也。主嘗慰茹苦者云，爾誡爲義被窘難，爾宜喜躍，將以天福爲爾苦之報。

古教誡煩任重，新教誡簡任輕。聖伯鐸羅宗徒曰，古教之重，吾先世及吾輩莫能勝也。聖奧斯定解曰，重者緜誡令太煩，計六百十有三條。新教之誡簡約，總括以信望愛主，愛人，主曰，先知聖人所傳諸誡，總關係於愛慕二誡。葆祿聖徒又曰，無邪婬等諸誡，約歸愛人。蓋人愛人，已守諸誡矣。夫以愛慕二誡，足該諸誡，其任不亦輕乎。主因勸人守之曰，勿怯載吾軛，吾軛飴矣，輕矣，而易任也。

或疑，經載聖賢有言，行德之路最難，主亦云，天路窄狹，率循者稀。常人聞是語，每慨嘆畏難，蹙額而去。今謂輕而易任，何哉。曰，有多故。一，古新相比，古煩。新簡。謂之易。一，人善守愛主愛人二誡，即覺諸誡無難。聖奧斯定曰，愛德在心，諸難坦夷，弗坦弗夷，心必無愛。一人務勤奉聖教規令，必恆沐聖寵聖佑，加以神力，益勉其勤。策其弱，自無難勝之任，比之稺子肩負重物，力不能勝，有巨人助之，則易負之矣。一，世後福報，足平守誡之難。聖奧斯定曰，想天上無盡之樂，斯輕視世間有限之苦。

古教，一國之教，私教也。新教，萬國之教，公教也。經言古教之窄曰，止如德亞國認知有主，而知其大名也。又古教人云，天主愛吾異乎他國，其教惟示吾國也。奇哉，新教之廣大，舉天下尊卑，大小，智愚，無一不招納其中焉。主謂宗徒曰，廣行普地，用敷吾教。宗徒如命，經因指之曰，其聲出口，匝地充滿。蓋指通徹八極，無有壅蔽也。經指吾主又云，其國之長，包東西二海之長，其國之寬，包南北二極之寬。此言新教之四訖，無不周徧也。深探新教之妙，靡罄涓涘。始揭其七端如此。

利類思《不得已辯》 光先云，如眞爲世道計，則著至大至正之論，如吾夫子正心誠意之學，以修身齊家爲體，治國平天下爲（論）[用]。不期人尊而人自尊之，奈何闢釋氏之非，而自樹夭邪之教也。

論天主教何，莫非正心誠意，習之爲聖爲賢，爲治世之大道乎。請申論之。夫治世之大端，以治人心爲治國平天下之根本。要惟使人心定於趨避之眞與賞罰之當，勉人於善，禁人於惡。人心治，則世治矣。何謂使人心定於趨避之眞。蓋天主教率人靈性於其本向，上合於原始眞主，下和於同類儔儕。所就者，信仁愼忍諸德。所避者，悖逆傲妒諸惡。故不義之利達榮貴，不得牽其心。意外之貧辱苦難，不得屈其志。由其所授訓誨，皆有種種善規。今世置人於泰山之安，後世置人於眞福之域。所謂使人心定於趨避之眞者此也。何謂以賞罰之當，勉人於善，禁人於惡。其設賞罰至盡矣，而復至公。至盡云者，以永福永禍之報應善惡。至公云者，以無纖毫之善惡，不能逃天主全知，而不得其報。極足以惕聳人心，使人莫不孜孜爲善，兢兢去惡。尙寧有分外亂萌，而爲壞法亂紀之事哉。則國家之久安長治，可左券而求。所謂以賞罰之當，勉人爲善，禁人爲惡者此也。且歷攷中史，上古稱大治矣。迨末季，求數百年之安，而不可得。任世道者，空有願治之心，恨無必治之術。於是，假釋道二氏之說以輔之。然仙宮佛院滿遍寰區，而世道人心日趨日下，未臻上理。緣其立教也，竊取一二善事，其他議論不眞不確故也。釋氏輪迴凈土戒殺破獄，種種誕妄，不知萬物之原始，人類之趨向，靈魂之性情，生死之究竟，且妄屈眞主於佛之下，乖謬殊甚。此與聖賢眞學之旨悖矣。衍老莊之旨者，涉幽邈而無當，雜符籙而悖理。即據所云成仙登空，亦惟形體，不離塵俗，又萬萬必無之事。況奉玉皇爲皇天至尊，是道家於天主，以人竊其號。佛氏於天主，以人處其上。一不當，一不恭，皆無合於昭事之旨。且二氏之教行於中土已千八百年矣，而人心世道反今不如古。若以奉佛老者，從奉天主，則興化致理，必出唐虞三代上矣。如西方三十多國，奉教後千六百年，大

安長治。人心風俗，不爭不奪，各樂本業。此外治之至象，似不足爲異。蓋其所言生死利害之原，甚悉且眞。身後賞善罰惡之理，甚公且當。朝夕省察之工，甚細且嚴。有聖寵輔佐，有悔罪日新，有修士提警，有善友勸勉，有多許先聖先賢指引表則，種種皆有離惡就善之正道。可知天主正教，誠能治安人心，而爲治世之極軌云。

光先云，其最不經者，未降生前將降生事蹟載國史。夫史以傳信者，安有史而書天神下告未來之事者哉。從來妖人之惑衆，不有借托，不足以傾愚民之心。如社火狐鳴，魚腹天書，石人一眼之類。而曰史者，愚民不識眞僞，咸曰信眞天主也。非然何國史先載之耶。

天下畧知文理之國土，各有其史，不得以我國所未嘗有，而謂他國亦無也。中史所紀者，中國之事耳，鄰國之事無由紀載，況隔遠九萬里外之事乎。天主古經載昔天主開闢天地，即生一男名亞當，一女名厄襪，是爲世人始祖，而未嘗載有伏羲神農二帝之名。不可謂西國無所載，而抹殺中國之無伏羲神農二帝也。若以中國之書觀之，雜載伏羲神農等帝，而並未載有亞當厄襪二祖之名。豈因中國無是載，而即抹殺西國之無亞當厄襪耶。若然，禹蹟不紀大西諸國，可謂天下無大西諸國哉。然中史不載天主降生之靈蹟，遂謂無此事，何其見之不廣也。

光先曰，觀蓋法氏之見耶穌頻行靈蹟，人心翕從，其忌益甚之語，則知耶穌之聚衆謀爲不軌矣云云。

天主降生事蹟，其故雖多，大約有三，一曰贖罪，一曰敷教，一曰立表。贖罪前論已悉，今略言其敷教與立表焉。天主賦畀時，命人以種種之善，克全其性。率性而行，自然合道，原不須教。迨世遠性昧，乃命聖人立教以訓之。至又侮蔑聖言，不知循守，天主不得不躬自喻焉。於是，降世明示人以物之原始，宇宙之究竟，與夫爲善之樂，爲不善之殃，悔改之門，補救之法，遍遣宗徒，譬曉萬方。俾向之事邪鬼者，化而事眞主矣。向之淫者貞，向之貪者廉，向之暴者仁。令寰宇之內，被聖澤而沾風化者，今已十之六七，何莫非敷教之弘施哉。天主于人，崇卑懸絕，何從仰法。惟既降世，則其言行人始得而模楷焉。故隱其神靈赫奕之威，而獨著貞孝廉忍之德，俾衆人皆可效視。西史四聖，各紀其事。嗣後諸聖徒洋溢萬國，皆從耶穌懿訓而成德焉。是之謂以身教，其奇表眞思絕人區者矣。

至於耶穌受難。雖係人情事，與天主之事了不相涉，然亦可謂天主受難。譬有人於此，或毀其衣，裂其冠，雖不擊其身，豈徒曰衣冠受辱，而直曰此人受辱矣。天主耶穌衣人之性，既害其人性，豈徒曰人受難，直謂之曰天主受難何不可哉。今試問光先，惡黨以謀犯之罪罪耶穌，從何知之。荅曰由《進呈書像》。然既引《進呈書像》所載，亦宜引本書冤誣之事。何截取其敘述而掩滅其斷詞，豈非故昧本情，藉以誣惑乎。雖然不觀成湯衣茅負罪之日乎，不知者以爲罪人也。若知其至尊，爲民禱雨，身爲犧牲，不但不減其威尊，且益彰其至德，傳頌萬世。若但竊取《進呈書像》內所載耶穌受難諸蹟，每一字句輙加凌侮，不知耶穌受難諸蹟載在《降生言行紀略》、《聖經直解》、《龐子遺詮》、《提正編》、《主教緣起》等書，行世甚明。況吾儕九萬里東來，正爲闡揚此一大事。豈有書像敢進之闕廷者，而畏他人之揑誣哉。所慮四區賢達未目全書者，或有爲其煽搖。故不厭苦口正告，不然何蜚語之足懼。

又 光先云，天主降生救世，宜興禮樂，行仁義，以登天下之人於春臺，其或庶幾。乃不識其大，而好行小惠，惟以瘳人之疾，生人之死，履海幻食，天堂地獄爲事。

天主降世爲人，立教垂訓，何一不以仁義爲誨迪哉。《言行紀略》載之詳矣。其所提命者，皆使人悔過徙義，遏欲全仁，拔除諸罪之根，忻勤諸德之宗。不但使天下人登春臺，直令萬世享眞福於無窮焉。故遍西極諸國，自尊聖教之後，千六百年來，大小相卹，上下相安，路不拾遺，夜不閉關。至於悖逆造亂，非獨無其事其人，亦并其語言文字而無之。其久安長治如此，況大聖大賢，世世不絕，豈其人皆上智而無中材，惟所授者眞，而力行者不倦耳。且南方僻陬之俗，素以食人爲事，與東北小西之邦，向無國法文字。一授教規，舊習悉變，而爲忠信廉潔之區焉。此非耶穌立教之成效耶。至論耶穌生人之死，瘳人之疾，天地百神咸聽其命，種種靈異，非人所能及也。始証爲天地萬物之眞主，小惠云乎哉。

又 光先云，蓋其刊布之書，多竊中夏之語言文字，曲文其妖邪之說。無非彼教金多，不難招致中夏不得志之人，而代爲之劄潤。使彼之人茀見其粉餙之諸書，不見其原來之邪本。茹其華而不知其實，誤落彼雲霧之中。

西儒非中夏人，而與中夏人問答，用中夏語言文字，理所必然。末年雖遍讀中書，然未免語言文字不熟，請中士代正，理亦必然。承上國大君子不鄙，進而討論精微，勾稽典故，偶有撰述，則鑒賞殷殷。果如所云，則明公鉅卿皆不得志之人，皆西士揮金所招致耶。何出言之無稽也。玆畧引諸賢惠教之言，共質之天下。楊庭筠曰，西書有圖有説，有原本有譯本，每一書出可以考三王，可以達至尊而付史館。汪汝淳曰，得而讀之，則皆身心修正之微言。陳亮采曰，其書精實切近，多吾儒所雅稱。至其語語字字刺骨透心，則儒門皷吹也。其欲念念息息，歸依上帝，以冀享天報，而求免沉淪，則儒門羽翼也。李之藻曰，大約使人悔過徙義，遏欲全仁，念本始。而惕降監綿顧畏，而遄澡雪，以庶幾無獲戾於皇天上帝。王家植云，所習爲崇善重倫事天語，往往不詭於堯舜周孔大指。劉徹昌云，佛入中國千八百年矣，人心世道，日不如古，成就得何許人。若崇信天主，必使數年之間，人盡爲賢人君子，世道視唐虞三代且遠勝之。而國家更千萬年永安無危，長治無亂。可以理推，可以一鄉一邑試也。崔昌云，龐子迪我，著書立言，述物撰德，以通天人之奧。所著《七克》諸篇，而人之變態盡矣。而天人之互相發明，互相告戒，亦畧具矣。總一世教中盡能謙以畜德，忍以濟物，不貪不妬，不淫不怠，不饕人，求策勵。家懷貞節，朝皆貞臣，野皆良士，爭於何有，亂於何生。諸如此類，不一而足。請觀其人其語，詎非纓緌之領袖，述著之翹楚。西儒有何鉅力，得以招致之哉。然猶可曰，勝國諸紳不妨侮之譏之。至我大清聖朝諸王公名碩，承其顧盼傾倒者，踵相接也。而世祖章皇帝，尤稱天出聖明，勅獎頻加，恩綸載錫，賜金剳宇，輪奐東西二堂。如所云落彼雲霧之中者，實指章皇帝也。何不敬之大也。

又　光先下論反復總言，西士在中國藉傳教之名，而謀不軌之事。利馬竇令召在嶼西洋人以貿易爲名，實踞嶼伏戎謀中國。

此事原不必辯而自明也。但世人有智愚不等，知者可疑而疑，不可疑而不疑。愚則反是。故不得不辯以解。從古及今，未聞海外之人謀中國也。海外鄰國之人，尚無此事，況以數儒生，離九萬里之遙，三年之遠航海，謀爲不軌。雖至愚者，不應作是想。雖至愚者，亦不應作是語。至論廣東居嶼西客，謂利瑪竇令召交易，可付一笑。西客居嶼在嘉靖年間，而利瑪竇入中國係萬曆九年，相距五十餘載，此事廣東布政司可考。然西客居嶼，又原有由焉。明季弘治年間，西客遊廣東廣州，浙江寧波，往來交易。至嘉靖年間，有廣東海賊張西老，攘嶼門，至圍困廣州，守臣召西客協援解圍，趕賊至嶼殲之。是時督臣疏聞有旨，命西客居住嶼門，至今一百三十餘年矣。至天啓元年，海冦攻嶼門，西洋人出敵殺賊一千五百有奇，活擒數百名。兩院疏叙首功，蒙旨嘉獎，守城有功，且賞官職。迨明末天下大亂，海寇猖披。西客住嶼交易如常，並無異論。蓋人心有所深謀，雖一時隱匿，久必明露焉。豈一百三十餘年之久，不足以知西客信實忠良之心乎。廣東總督撫院，當道諸大吏，若有纖毫致疑，豈容西客一朝居耶。至論傳教之修士，謀爲不軌，尤屬可笑。今姑舉數端，以闢其妄。凡謀逆，必避人知，踪跡詭秘，必匿隱僻之處，寧有顯在通都大邑，無人不可見者乎。愚民雖云易惑，而明公鉅卿何術可掩其耳目。況人意不顯於言，必露於行，暫隱而久必彰。西士行教在中國八十餘年矣，有纖芥可疑，瑕隙可指乎。細查主教諸書，果有違道非理之事乎。敬主愛人，忠君孝親，無他論也。且西士甘於淡泊，無求於世，惟求身後永福，即可以知其人。況所學格物窮理，傍而象數，正而性命。其行事，不止修身益已，且著書立言。一日之中，對越強半，閑居獨處，不與世事。凡事皆可僞設，西國攜來書籍萬計，裝潢印摹，不足知其胸中所畜耶。若謂爲西洋國主，未聞爲國君而肯遠離不返，舍父母妻子親屬故土，萬死一生，跋涉勞苦，老死他鄉，以謀萬不可幾之利。且忠臣勇士爲君致命者，莫不望爵祿富貴，不及本身，必及其子孫。況我輩原孑然一身，無妻無子也哉。既不爲己身之榮享，又不爲子孫之垂業。人而出此，非愚則狂，而謂無求無欲不婚不宦者爲之乎。又凡有謀於人國者，必內外相通，後先相結。今大西距中國九萬里而遙，航海非三年不達，且海外風濤，難以逆料。求一字相聞，不啻登天，況其他乎。且行教西士先來者，或七八十年，或四五十年，爲枵骨者有之，龍鍾者有之。後至之士鄉國，皆人人殊，寧有隱跡密謀，展轉告授，以繼此未竟之圖哉。以此質之高明，固不足以當一哂，即語之黃童，亦不足聳其疑猜。且遠引無踪無證之日本，呂宋，并指故明禮臣之參疏與捕空之舶商，愈言愈虛，愈虛愈遁。云舶商傳聞西客謀奪日本，試問舶商是何姓名，何年何月與相見。至沈確之參疏，今已五十年

矣，歷時不爲不久，其所言虛實果否，今何如哉。凡觀人者，不知其國視其人，不知其人聽其言而觀其行。況居香山嶴之西客，與居內地行教之修士，所言所行，誠令昔天下萬耳萬目所共見共聞也哉。

孟儒望《天學畧義·天主教異於他教》 明此天學之約義，則明天主教與他教相擬，如光於暗焉。天主教以恭敬畏懼造物主爲貴，此主乃列邦之大君，諸人之大父母，及今後兩世之賞罰在其手，則此主可恭可畏，而其教眞教也。他教以恭敬畏懼釋道土神爲主，此輩在生未嘗認主，其身已死，其靈入獄，一切虛像，皆後人所僞奉，邪魔所憑，托顧拜之事之譬，如人子不事父母而事其仇敵，人臣不事君王而事其島寇，豈不爲謬悖而當遠絕者哉。所以傳教之士，往往與佛老之徒不合，繇邪正不兩和也。即今儒家，亦視釋道爲刺謬，乃有名儒反復信從佛老，豈徒獲罪天主，抑深背孔孟之訓也。或問，天主教於儒者異同若何。曰，按上文，即知之矣。吳淞徐文定公曰，天主教絕佛補儒。武唐塞菴錢相國亦曰，足爲吾儒補亡。夫天主教惟一，而沿革則三。先性教，次書教，次新教。性教者，本性敬畏造物主，而勿反天理。此皆發於人心之自然，是天主銘刻於人心，所謂賦畀之良也，故曰性教。書教者，在十誡等禮儀。天下之人，率忘眞主，棄廢性教，惟如德亞國純一敬事天主，不爲異端所染。天主乃示梅瑟聖人以十誡，俾錄以教民。其大旨總歸二端，愛天主萬有之上，與愛人如己。此謂書教，亦謂之古教。新教者，立性書兩教之綱維，乃天主降生所自定教，即今所傳之教是也。亦云恩教，蓋天主降生而贖人之罪，大恩也。此恩非賴人之功，惟緣天主愛人之心，所以亦云愛教。《中庸》首言天命謂性，修道謂教。蓋欲人盡其性中固有之善，以不負天帝之錫予，則儒教殆即天主之性教也。於乎人皆知己之有性，而不知其出於天主。亦知性爲天主所賦，而不知何修何率以復命於天主，自天主降生爲人，立經典祭祀，赦罪入教，與教中之禮儀，乃能使人免地獄而升天堂，可知天主新教正以補儒所未逮，而使人繇之，益得以盡其性。天下當信從而守之，斷斷無疑也。

或曰，性教極有理，乃今必從新教，古來禮儀不守何也。曰，天主爲教之主，而有移尙之權，性書二教，雖據實理，然性教暗，書教嚴，惟新教光且愛，而能明兩教所未明，如天主三位一性，後世之報，吾人有不滅之靈性，與教中諸妙義，皆新教獨詳之。

又問性教與書教之禮儀如何。曰，古禮許多，最大者爲祭祀天主之禮。昔教欲祀天主，詣天主堂殺牲而獻，殺牲之義，皆指天主爲生死之主耳。惜世人不辨於理，土廟淫祠，殺牲以祭，不亦迷極昏至哉，蓋生死之眞主惟一，故在昔聖賢惟祭天主。而已迨吾主耶穌降世，又革除殺牲古禮，另立新儀，即今彌撒大祭是也。其新儀意味深詳，別有本論。要而言之，天主未降生而有性教書教，譬如國王未出巡狩，而先遣臣布令於四方。及既降生，革除古禮而立新儀，譬如國王巡狩一方，將前所布號令，重爲裁酌改定一番。當是時，爲臣民者將從王親定之新令乎，抑執舊所傳令而不變乎。然則既有吾主親立之新教，其性書兩教之禮儀可廢而不必守，亦明矣。

利安當《天儒印》 《論語》云，巧言令色，鮮矣仁。凡異端邪教惑人聽聞，令人持齋念佛，外面裝飾善貌，誑人皈依，都是巧言令色之類。誘人獲罪，陷人永苦，於以殺害天下萬世之靈神而罔恤也，所謂外着羊皮，而心懷豺狼者也，豈非不仁之極乎。

《論語》云，攻乎異端，斯害也已。異端之說，其初害及其身，人不審察，眩瞀而從之，則盡人而爲其所陷矣。夫世有三讐，魔居其一。凡浸淫於異端而爲其所煽惑者，悉魔讐之害也，其慘禍人心可勝言哉。及深中其害而爲之辭曰，罪在異端。大主賜人明悟，令人推論是非，擇別邪正者爲何也，豈非自貽伊慼耶。孔子所爲不咎異端，而咎攻之者，非寬異端也。異端不足惜，可惜者攻之者也。吾儒動言訓法孔子，然師訓爾勿攻，而爾聽之歟。胡今之爲釋迦，道陵僕僕者，多是誦法孔子之人也，不亦大可憐歟。

《論語》云，朝聞道，夕死可矣。所謂道者，即生死之正道，非輪迴之妄說也。蓋不聞道之人，無論生不可，即死亦未可。生則貿貿，死入永苦。若聞道之人，生雖受艱苦，死後必受永福矣。其云朝夕者，人壽縱百年，不過一朝夕事耳。露電浮生，轉瞬危迫，如何亟亟聞道，以無負茲朝夕，可不猛思痛醒也哉。

《論語》云，有教無類。天下一切教術皆人爲，皆後立，雖名爲教，不名有教。惟天主自無始有，教亦自無始有。故有性教，有書教，有身

教。主有教有始於無始，終於無終，獨名有教，非他教可比絜也。且諸教或儒或釋或道，各於其類，強之使同，弗或同也。故曰，道不同，不相爲謀。惟主惟一，教亦惟一。故上自王公，下逮士庶，無論貧富，無論貴賤，無論長幼男女，無一人不在天主生養中，則無一人不在天主教誡中。統此人類，統此聖教，故謂有教無類。此聖教會爲額格勒西亞，有聖而公也。

楊廷筠《鴞鸞不並鳴説》 或問近世邪慝盛行，明坐左道惑衆，王法所必誅也，乃有舉西國天主教與之同類而非，然乎，否乎。居士曰，否，大謬不然。凡事涉疑似，可就其疑似處議之。若白之與黑，火之與水，晝之與夜，判然爲二，愚夫愚婦不能惑之。今無爲、白蓮邪教也，亂道也，每事與天學相反，正可參伍比儗，第略舉之。其較然不同者有十四，所可察知其異者有三。邪教引人爲惡，西教必引人向善，一不同也。邪教事不傍理，西教必窮理盡性以至於命，二不同也。邪教夜聚曉散，藏匿甚秘，西學偏於通都大邑卜宅，無人不可見，三不同也。邪教所誘皆鄉愚之最下者，西士則與卿相諸名人游，以其所信向而各出序頌褒美之，四不同也。邪教之書皆市井俚語，村學究不屑觀，西書有圖有説，有原本有譯本，每一種出可以考，三王可以俟，後聖亦可以達。尊而付史館，是當與三藏五千卷較是非，是當與五部六冊論邪正，五不同也。邪教歛錢自潤，或用以圖謀惡事，西士皆自食其力，非禮錢一文不受。又教人不貪非分之財，亦不得妄想非分之財，六不同也。邪教妄言禍福，又以術使人見衣冠影像，歆人以非望之富貴，西教但論人死後善者得眞福，惡者得眞禍，又教人輕賤世福，忍受世禍，七不同也。邪教男女混雜，西士自守童貞，又教人守貞或守童身之貞，或守鰥寡之貞，或守一夫一婦之貞，凡淫言、淫行，淫心，悉禁絶之，八不同也。邪教重人引進，各相約束，西教不輕進人，審其能悔罪克己，志定而後受之，與人爲友不爲師，不受人一拜一揖，九不同也。邪教入門必設立重誓，所傳秘密之語，寧死不洩與教外之人，西教明白正大，所傳經典教規，人人能知之，能言之，但能守能信者，則入焉，十不同也。邪教必投愚俗之所便，人喜易從，西學教人求福必須爲善，免禍必須改過，違人之便，人苦其難，十一不同也。邪教多以幻法託名神通以動人，西士無求於世，故不祈動人，惟以人倫日用爲宗，而究推生死去來之因以相勸勉，十二不同也。邪教惟以呪禁嚇人，不容人與辨，西學惟求人多辯，有百折而百不止者，十三不同也。邪教始於煽惑聚衆，究竟圖爲不軌，西教十誡中以孝順爲人道第一，始於事父母，終於事君上，事官長如事父母，不得有違，否者爲犯戒，又以爲道德忠孝節義等事而受患難刑戮者，乃是眞福，十四不同也。以此諸端相提而論，白黑，冰火，晝夜，不啻懸殊矣，而世猶疑之。則此屬闇然自修，人不盡知，鄉僻小民止得其改過悔罪之粗節，不能通達大義。地方惡少以其愚懦易侮，又或妬其善行，或恨其勸戒，緇髠之流又嫉其相抗相辨，欲乘此機逐去之，以是爲佛門金湯耳。當事果有意爲世教爲民風去邪歸正，宜有法以稽查覈實之。其一細查教中諸書果有違道背理犯義傷教否。果是令人爲善去惡遷善改過否，知言者必能辨之矣。其二細查教中諸人所誦習勸戒者何言，所持循力行者何事，所究竟歸宿者將以何爲，知人者又必能辨之矣。其三更或不信，試令一二解事人入於西教，令一二解事人入於白蓮無爲等教，各與講究推求得其底裏，如是而後分別邪正，孰當去孰當留，甚易晰也。西學來歷更□難詳大意，以爲三代而上聖賢皆知天事天，故世教大治，儒道大明。三代而下人人尊佛，至謂其教在吾儒之上，梵天帝釋反拱立佛足之傍，故世教愈漓儒術愈晦。西人不自揣量，來此求與三代聖賢相合，識者亦稱其可以補儒數之闕，可以正釋老之誤，不虞與末俗異端竟水火不相容，今又且與釋氏之異端同類而非之也。鵰鴞鸞鳳同時並鳴，爲妖爲祥，豈能熒明者之聽，作鴞鸞不並鳴説。

凡教之邪正，當觀主教之何如人。今西士之爲教主不婚不宦，無求於世，是恬澹之士也。不用世奉之佛法而獨闢一宗，是特立之士也。窮天地人之理而韜晦不露，甘於遯世，是闇脩之士也。入吾地三十餘年，明接賢豪長者無慮數百，齊民無算，曾不能指其一失□□用意窺瞯，終無瑕隙可乘，是□檢之士也。嘗見世人能論理者未必脩行，脩苦行者未必明理，西士則兼有之。儒者謂之誠明並進，釋氏謂之行□雙脩。豈有此等人乃教人不忠不孝，爲非作歹，□事本末不應，名實背馳，立直木而影則曲，具姸容而照則媸，必無是理。即從教愚民容有不達義理，僅守粗迹，抑或是行不堅，流爲鮮終，則聖人有言與其進也，不與其退也矣。必苛比若輩況從來苛求有一實犯一實証否耶。指鸞爲鴞，必細辨音聲乃可。

武林淇園彌格子楊廷筠識。

又《天釋明辨・原教》　道術不明，風俗日壞，異學誤之也。異學可得聞乎。曰，縱橫名法，農圃醫數，雖非大道，然用之皆有可觀，王者不偏廢焉，不名爲異。巫覡禨祥，白蓮無爲。顯與道悖，止可誑愚民，不能動君子，異則異矣，其害猶易見也。害者維何，在於佛老。蓋自周道衰而楊墨起，晉室亂而清談熾，改換緣飾，二氏之言，遂盈天下，譬物朽而蛀生，室穴而盜入焉，所從來矣。曰二氏並興，老固先出，乃後人尊佛，反勝於老，豈有說乎。曰煉取三物，近在人身，不能作僞。一也。藥物房中，理既不正，事亦不驗，難以惑智者。二也。蓬萊弱水，在方輿之內，與萬億國土之說懸殊，其端不可匿。三也。古來天子求仙，秦皇漢武皆未曾遇，即仙籙仙符非從絶域來，難以翻譯變詐。四也。天子求之不得，公卿以下無從點綴，宋眞之天書，道君之靈素，雖極意恢張，終不能炫眞。五也。若佛氏則不然，彼以實有爲幻，虛無爲眞，展轉逃遁，莫可窮詰。問其經籍，則來自異域，無可證對之因。問佛所生，則生自億劫，誰識去來之跡。其言人道用住世法，精取之吾儒，以爲不可破壞之法門。其言神道用出世法，麤取之天學，以爲不可思議之功德。儒理平實，且家喻戶曉，非精取不能立宗。天學宏深，此中尚未及傳，即麤取已足標異。兼斯二義，遂能傾聳一時，網羅千載。然而羊質虎皮，碔中玉表，有識自能鑒裁。今姑取其依傍天學者，約有數端，各綴其說。學者平心以觀，其爲似是而非，舉一廢百，可得而究言之矣。

問依傍天學，可得聞乎。曰，可。天主耶穌耶穌譯言救世者，即天主降生後之名號也。降生西國，計時在中國西漢末造，至東漢永平年間，耶穌之教已垂世數十年，流傳漸遠，及於東國，歐邏巴之所謂東，正中國之所謂西，印度葱嶺五天竺，皆其地也。諸國素慕大西，歐邏巴風教之美，若天外另一世界，願生其地而不可得。故傳聞耶穌降生事蹟，與其教誡語言，一一模擬而效之。然自西竺而遙傳歐邏巴之事，眞義已失卻一半，用華語而譯番文，眞義又失卻一半，以江左名流托言於佛，番非眞番，譯非眞譯，幷其一半之眞義澌滅不存。就中名相依傍西書者，向實未知。年來西書既出，一一可驗，曰天堂地獄，曰世尊，曰殺戒，曰盜戒，曰婬戒，曰巧言綺語戒，曰觀世音，曰輪迴，曰奉齋，曰念誦，曰無量壽，曰大神通，曰三世佛，曰三十三天，曰三千大千世界，曰佛化身，曰四大假合，曰大事因緣，曰閻羅斷獄，曰度世誓願，曰苦空，曰禪觀，曰四恩，曰出家，曰禱祈，曰懺悔，曰梵音梵字，曰夢幻泡影，曰律教宗，此數種俱似天學之說而實非也，請一一剖之。

又《律教宗》　問律教宗如何。曰釋氏律教宗，似天學性教、書教，恩教言也，而實不同。夫釋之流弊固有多種，原其正派不越三門，曰律，曰教，曰宗。律者，嚴其戒行。教者，闡其義理。宗者，則直指心性。世之學佛者，畏其律拘，而喜談名義，又嫌教門漸，而直揭宗風。語則繇粗而入微，功則舍眞而入僞，良繇始其教者，實無原本，故揚其波者，必至極弊。何也，律本徹上徹下，何有精粗，乃五戒十戒，菩薩戒，意爲重輕，持律偏頗，不出天理人情之至，故法立自不能守，敗律亦不能懲。至藉口者，謂之小乘，縛律妄希解脫，豈欲爲破壞者開方便法門乎。彼佛諄諄遺教，罔知遵守，一玷清規，教宗俱失矣。古以脩道爲教，以明誠爲教，教原不可分門。若以分章課誦，登壇講解，謂之教門，其教亦淺，毋惑乎末後，遂有不立文字，盡斬葛藤，直指心性之宗門相逼而來，趨所必至矣。夫宗門玄悟，能盡廢語言否。曹溪以下漸分南北，派衍五宗，燈燈相續，話頭公案，幾復充棟。自謂能除事障理障，而不知纏於叅證，其爲事理之障轉甚，安見宗之勝於教也。儒者即心即事，故教以直內，必義以方外，未發爲中，必中節爲和，有廓然大公，必有物來順應，性行俱盡，人已兼成，是眞能洞心性者。宗家有體而無用，守其一膜而遺其萬緣，吾不識天命之性，果止守此一膜，天地萬物通置不理乎。逃虛涉僞，大爲性宗之賊，故愚嘗謂依傍教律，雖涉筌蹄，猶遵門戶，揭示宗風，大啓僞途。益滋迷謬，究指識歸，不能不違衆痛伸其辯也。若西儒之教，標其外廓與儒大異小同，但究中扃，全非一轍，天教以賦畀之良知良能爲性，教人類受衷，原有明德，不教而知趨避，上古之人皆有之。經典之訓爲書教，聖人迭興，天主啓迪命之垂訓，筆於書契，傳後信今，此中古之事也。晚近之世，眞性已雕，緣染日甚，書契不能勸，聖人復作，其力有限，天主耶穌降生世間，親行諸德以爲世表，幷立赦過宥罪之法，是爲恩教，此漢哀帝元壽以後事也。語緒甚長，粗述崖畧，世風以漸而入於漓，主恩以漸而入於篤，是豈後人臆說哉。蓋西國當洪荒之後，美瑟生世即有

此語，垂之古記，至今觀之，若左劵焉，不可識造物主貴人之至意，生生之大德乎。釋氏悞其傳而顚倒用之，猶猿猴之效人行事，故昔之淳風，今變爲僞。西教恪守天主教法，故今之世風遠勝於昔，此得之西來諸公先後傳示，若出一口，不我欺也。

又《代疑篇》卷上《答疑西教者籍籍果盡無稽可置勿問條》 問君子不因譽勸，不爲毁沮，然察言觀色，亦不可廢。西士來此久矣，或疑其迹，或疑其心，或慮其有他患，豈人言盡不足畏歟？曰：據某所見，凡與彼交，暫接無不加重，久處無不敬慕，其相疑相詆，皆從未識面，聞風附和之人，未可執爲定論也。其致疑之故，亦有數端：生自絕徼，從古未通，何由信其來歷，一也；人道易明，天道難曉，此又創明其說，人益難信，二也；世情貴同賤異，彼其學問，不苟同俗，三也；粗通華言，妙義在心，不能得之口與手，四也；人就之則見，不則閉戶潛修，人罕得面，五也；人謂夷教夷之，甫入中國，頓與三教抗衡，六也；世重祈求，彼則不問世福世禍，惟重身後，俗情視爲無益，七也；生死大事，非極論不能發明，而聞者止信一二訛傳，八也；世人所尊惟佛法，彼絕不奉佛，犯衆所忌，九也；無二氏之誇張引誘，惟平惟實，人不見重，十也；教人習苦，而富貴之人，多畏拘礙，十一也；炫耀則名彰，彼之教，善恐人知，避名如避疾，十二也；心與行皆過人分量，人反謂不情，疑其幻妄，十三也；貪者求燒煉之術，疑有秘吝，銜恨而去，十四也；緇流慮其說行，有妨彼教，極力詆毁，十五也；彼自以檢身窮理，致人信服，不知者疑其有別故，十六也；載籍充棟，非六書可通，非翻切可入，精義難傳，十七也；世視天渺茫，彼談天親切，朝夕諄諄，止此一事，而俗耳多厭聞之，十八也；學貴信心，雖受世誣謗，不亟辯明，十九也；不畏高明，不虐惸，獨不報冤仇，一以愛人爲主，知者以爲墨學，不知者以爲回教，俱臭味不倫，二十也。有此多端，疑心疑迹之事，或所不無，若誠接其人，聞其學，秉彝之良，自不容泯，謂有一人之疑，無有哉。

或曰：吾之所聞，尚不止此。有謂日本奴酋與彼有連。今黨與日盛，防有不測，若斯之言，胡爲乎來哉？曰：書稱狎侮君子，罔以盡其心。今是之問，謂之狎侮，非耶？吾復言而洗之，增其侮狎，於心滋慼，姑舉淺事明之。子所言第一等惡逆，彼所習第一等善功，設言行相左，人朝聞而夕黜之，可容數十年乎？凡逆謀必避人知，踪跡詭秘，必匿隱僻之所，有顯在通都大邑者乎？愚民或有可欺，彼所交多鉅公名輩，孰能塗其耳目乎？從古讀書談理之儒生，有與海外異邦作間作使者乎？凡事皆可僞設，而書籍萬本，裝潢印摹，精絕無比，有石渠中秘所未見，此可襲取乎？人欲謀事，孰不圖成？自利氏入貢已五十年，壯者老，老者死，尚欲需待何爲乎？日本爲洋客熟遊，略有端倪，彼當洞識，況奴之發難，近在數年，彼之來賓，遠已數十，而頃者獻大銃，構敵臺，正攻奴防倭之秘器，彼之効忠，視內地人情，不尤獨至乎？自乙卯以前，朝貴咸尊利氏學，以序贊相贈，如《同文紀》所載，推許揚詡，且擬於聖，侔於畸，何曾有疑？疑之自南疏驅逐始。然賴南中之疏，而諸士之不淄不磷，若益顯焉。蓋諸士受侮受疑，人以爲絕異，彼以爲尋常，從古來高士奇行，受禍得謗者不少；西教中尤以此爲勵性立功之極則。如耶穌之全能焉，而不免諸聖之效法耶穌焉，而不免諸士又聖神爲徒，何必祈免，此非不得已而受之，意有所擇，乃欣然慨而受之，然則窘難何損於諸人哉。彼入極生極遠之邦，倡立未聞未見之說，戈矛刀斧，逆料必然，甘心順受，等待有日，來而非怪，又何論狎侮詆毁之淺事乎？所恃聖經垂訓，一面受窘難，一面得天國。人以受侮爲辱，而享無窮眞樂在此。語得便宜，無如此人，以能加侮爲榮，而失無窮眞福在此，語失便宜，無如此人，兩者宜何居，雖然西士受誣不辯，予叨叨爲之辯，心雖無他，跡亦有類狎侮矣。

又卷下《答耶穌爲公教諸聖相通功條》 人知中國之內，有釋道異端，不知九洲四海，如此教甚多，名目各別，或一時所尊，或一方所貴，或依附名理，或狥人私意。故有此之所立，不能通彼；前之所說，不能信後，不得爲公教。惟主一而已，萬國共戴一天，共仰一主，予之形軀爲人，復予之萬物以養其形軀，賦之靈性，爲形軀主；兼賦之義理，以美其靈性，萬國無異同焉。有生之倫，皆知爲天主思，則皆感之而不忍貳，敬之而不敢褻。若出彝性，自不可解，不教而能，此謂大公。異端起而其教始分，異教尊而其念始奪，乃一念顧畏上帝之忱，隱隱在中，終不可泯，晦中有明，剝中常復，益知公德在人共尊，惟主謂之公教。誰曰不宜，乃又云聖神相通功，何也？曰：此說似中國未啓，西教學者，人人晰之。有在天之聖神，有在世之聖神，皆體備萬善，不欲自私，願分所有，與人

同德，不啻鐵石之戀針，琥珀之引芥也。惟人不知向慕機緣，無由契合。耶穌契利斯督降生，立撒格辣孟多有七端，依其教而行，悉有諸善人類，即有形之聖神；聖神即無形之善類，在世在天，通一無二，非但一方，即四海九州，同在教中，修習之功德，於我同有分矣。豈惟一世，即往古來今，同在教中，已成之功德，於我均有分矣。蓋緣教是耶穌所設，命是天主所定，自非思議所及，即不能通其理。天主有命，不可疑也。

昔人有問教孰爲眞，答者以十二種別之：一曰眞主之教爲眞；謂世教皆人所立，不能無缺。惟天主爲眞主，所立之教，與人不同。二曰聖而公爲眞；聖不易言矣，普天之下，咸尊一主曰公，另有全篇。三曰最先之教爲眞；自有人性，即知敬天。四曰古今不間爲眞；五曰多聖人奉之爲眞；六曰萬狀攻不能破爲眞；七曰經傳義理歸一爲眞；非如別學，權實互異。八曰有眞超異顯迹爲眞；超異不足表章，性體所露，自不容泯。九曰預言未來不爽爲眞；人知降生爲後來事，不知開闢之初，即預示其兆。十曰奉教者爲教捨命爲眞；捨命爲證教之眞也，故今西國無有貳信。十一曰能釋罪救人爲眞；卷內另有全篇。十二曰能主張內外賞罰爲眞；內謂靈性，外謂肉身。另有全篇。知此爲眞，疑亦無從者矣。

或問如何謂聖神之功？曰：聞之人有三種性光：良知良能，謂之本性之光，即不在教，人人有之；既奉聖教，篤信勤行，天主又加寵，名阨辣濟亞，明悟愛欲，益增力量，謂之超性之光，惟善人有之；至死候，天神降接，又加四種德力，爲昇陟階梯，謂之眞福之光，惟至死不犯誡人有之。此三種光，皆聖神自具，人能信奉，與聖神同德。同德則機神自合，如萬燈相照，重重攝入，應有相通之理，非待人力強爲之合也。世人妄恃，已能不祈主佑，自同魔屬，其爲墮落，固亡足論。稱性修爲，不信若啓若翼，如龍不乘雲，豹不澤霧，鵬不借風，必不能成其變化，不進此解，雖窮年矻矻，勞苦無成，所以通功之義，西士甚珍，非同臆說。況學者自驗，有一分信力，得一分寵佑，隨試輒見，如答桴鼓，如配影形，非敢自誣誣人，則死候神人相接，自同一理，通功何必疑哉？

韓霖、張賡《聖教信證》　宜信而不信者，固執人也。不宜信而信者，愚人也。夫天主教爲至眞實，宜信宜從，其確據有二，一在外，一在內。在內者，則本教著述各端俱屬極合正理之確論，其所論之事物，雖有彼此相距甚遠者，如天地神人，靈魂形體，現世後世，生死等項，然各依本性自然之明，窮究其理，總歸於一道之定向，始終至理通貫，並無先後矛盾之處，如寰宇八方，縱横流注之江河，各分支派，而究歸於海。如此比類，難以枚舉。現有天主教翻譯諸書百餘部，一一可考，無非發明昭事上帝，盡性至命之道。語語切要，不涉虚玄。其在外之確據，以本教之功行踪跡，目所易見者，推而論之，則本教在內諸說，應知每端必有所指之正理。至所行之道，與吾人生死大事，永遠禍福，必關係甚重焉。茲由外及內，畧摘數端。

一曰，世人肯冒死以証其言，則可信之據，莫大於此。今耶穌會諸西士在中國傳天主教者，皆從九萬里航海三年，長辭故國，永別戚友，涉風波不測，經殺人掠人諸蠻域，甘冒九死一生之險，以証其眞教實理，云此外更無他眞福之路。凡往他國傳教者雖生於遠西，歿則隨葬其地。來中國之修士，論同行雖多有其人，實到此中十僅三四，多中途遘疾病盜賊風浪而亡，從一百餘年以來，後先至中國各省，存居本堂，歿立廬墓，不婚不宦，謝絶利名，耑以事天主傳教爲務。若爲圖名利而來，則又於其所冀望眞福之意正相反矣。且傳教者多係世家子，修道之初，即棄功名貲財，方可入門。遠涉九萬里，須自備多金以爲三年航海資斧。設有一窶夫於此，令其泛苦海，歷危疆，許以榮名厚利而絶其歸途，彼豈肯離故土宗親，飄然去國，爲冒死之遊者，況現有爵有貲，肯輕棄而去乎。試觀黄冠緇流，未必有爲傳其教，自費多金，並甘受漂海三年之艱辛者也。今西士上敬天主爲天下人民之大父，下視吾人爲同父昆弟，愛之如己，勸以生世同敬大父，身後同享永福，同免永禍。此實爲遠來之意，可見所傳之教，自是正大至理，萬無容疑。不然生世虚受如是多苦，後世又無眞福之實望，雖至愚亦不出此矣。

二曰，若止有一二人於一時一處受多苦，傳行此教，猶可疑其人爲憨不曉事。今傳教於各國者無慮萬人，咸名士也。其已至中國者，唐貞觀後景教流行，陝碑可証，姑不遐論。自明萬曆間，東西兩海道通以來，約百有餘年，相繼而來傳教者獨耶穌一會，約百餘士，臚列姓名附後，并詳初至之年及所著之書，與其卒葬處所，現在何省。歷歷可考，無所置疑。然諸修士皆冒險歷苦，如上所言者無他。特爲明告中士曰，人間世非吾輩眞

福永樂之地，最久不越百年必竟死亡，世福與之偕亡。但人死其靈魂永存不滅，斷斷無轉生之理。夫天地萬物有一大主宰，爲吾人公共之大父，定須欽崇之，欽崇者，身後享永遠之福，不則受永遠之禍。此皆有實理可証，明著於篇，無一可疑，我輩均爲大父之子，猶一家昆弟，渠意以爲我既幸知，不爾明言，則於欽崇大父之義未爲克盡，揆之昆弟親愛之理亦缺然矣，以故甘冒萬死遠來忠告耳。譬之行旅，有告之者曰，幸稍緩步，前途有強客。行未幾，復有告之如前者。雖急於行路，不能不停步卻回誨明果否也。茲前後百餘修士，不避艱險前來，衆口一辭，告我以身後永遠賞罰諸大端，奚不詢明而亟信乎。即既不詢不信，亦當顧慮而自思曰，茲百餘修士之言，果俱屬子虛乎。倘若所云，我日後一旦不測，失福罹禍，雖悔何及乎。

三曰，百千庸人之言，不若一明哲者之理論爲可信。今遠西修士未可泛視，皆髫齡修道，平生讀格物窮理天學諸書，探討精微，考取三科進士，彼中學問博通者，必在修道之門。其餘不係修道之進士，多來受業，皆經其考拔者。論明季以來，入中國諸修士所著天教之書，不下百部，外講格物窮理性命曆法等學，亦有數十部。久行於世，其各書名目詳後。內所論者，上而諸天性情行動照臨，中而空際變化，雲雨風雷霜雪等，下而修身齊家治平大道。又四元行土水氣火之象，草木五穀百菓所以生長，鳥獸所以知覺，人類所以推論，靈魂所以不滅，并所製便用省力諸器，測天諸儀，自鳴鐘，望遠鏡，各圖像畫法等項，凡上天下地，宇宙萬彙，無不推測諸所以然之理，窮極性情，發明效驗，然此等學問，西士皆目爲餘學耳。惟所傳天學教法，則爲喫緊之要學。今相較論，餘學種種既皆有實據如此，則其所謂喫緊之要學，豈不更有實理，愈有實據哉。我中士豈可但留心於遠西餘學之曆法畫法，奇驗器具，而獨無意於要學之教法乎。夫正理惟一，不以中西之人地而有別。正教亦惟一，中西無二天，則無二天主，而其教爲中西之人所當共遵也。從古以來，中邦止有身世五常堯舜孔孟之道，並無他教可以比論，歷代相傳。後來者，故不以爲前儒之學有所不足，至於佛老空無之虛談，又何足擬，正儒無不闢之。今天主教既有生前死後之明論，補儒絕佛之大道，後來者豈猶可以爲前儒之學全備無缺，無不足哉。

或曰，予不論中西，以心教爲本。予安義命，思言行，求合於理，毫不敢妄行殘物，心既善，則事事皆善，心不善，則事事皆不善矣。何用教爲。答曰，心教者，良心天理之說也。依此而行，亦可至於善福之地，不然則自知有罪，自知應罰。但所謂良心天理，原爲天主之命，銘刻於人心，不可不知也。是以遵從天理，即順主旨，悖違天理，即犯主命。姑設一喻。有人於此年稚離散，未覩父面，及長心頗良善，動靜云爲，莫不敬謹。初未敢獲戾於人，或告曰，若翁在茲，宜趨致禮，展謝生育之恩，乃爲子者漠不關情，弗加諮詢，斯可謂善人孝子乎。今天下多教各立門戶，各自謂眞主，敬之不啻如父。我既知天地眞主惟一無二，竟不肯明究而尊崇之，以感謝其生養諸巨恩，則我心雖曰向善，果可謂眞善否乎，抑可謂依行心教乎。夫行旅遇告有強人，猶以爲可信，今明理修士前後接踵，百有餘人，跋涉九萬里，特來告我曰，向所行者永禍之路耳。乃反不以爲可信，有是理乎，尙得固執其心教乎。每見世人圖一時之福，免一時之禍，不憚盡竭心力，至於得永福免永禍，膜外置之，不加考問，亦可曰理乎，曰心教乎。岐黃之書，載保命養生之方，攝身者悉心叅詳，求合其法。今天學多書，備論永遠常生，保全靈性之道而漫不省覽，未審其理何在，而心教何益乎。士子窮年攻苦，欲得浮名及微暫之世福，聞日者妄言吉凶，實無根之談，往往信爲可望可懼。至天學篇籍皆以正確至理，論眞實吉凶之所在。生死之大端終不以爲可望可懼，又安可謂依天理，依心教乎。況所謂心教者，即性教也。然人性有氣稟之偏，則未免有過不及之差，而率性立教者，亦自有所不知，有所不能也。天主教爲天主親立之教，故無過不及之差，但因有明理者，以本性度之，或遂以天主教爲人所立之教耳。故天主特顯超性之據，性力所不及之聖跡以醒悟之。亦有蒙昧者，未嘗察明正理，止以肉目所見爲是，天主愛人篤摯，另示可信之據，而即以肉目所易見者，補其明悟所不及焉。蓋天主降生，在世三十三年，親傳聖教時經載，多行聖跡，如不用藥物療不起之沉疴，命聾者聽，瞽者視，瘖者言，跛者行，死者復生，巨浪雄風命息即息，虐魔恣害，命退即退。天地鬼神悉畏敬之，莫不遵命。當時親見如是聖跡者，百千萬衆矣。又天主未降生以前，上古先知聖人將降生所行之事預錄經典，後降生時與古經所紀，一一合符。其降生後，歷代聖賢更多所行超性之効，聖跡無算，至今

不絕，斯皆足証天主教爲至眞至實，詎非天主親立教法之明徵歟。

又史載天主降生後一千六百年來，致命聖人凡一千一百餘萬，其致命緣皆証聖教之眞實，雖至捐軀必不稍背也。且錄致命者，不但以數多爲奇，原以盛德爲重。嚴察其心，皆誠意謙虛，篤信正教之理，詳考行實躅潔修身，朝夕以忠孝慈愛爲務。言其學，大都俱格物窮理之名哲。及臨難授命時，皆安心甘願，並無怨怒懊恨，邀圖名譽之情。蓋此等鄙情，聖教禁絕，犯之者爲重罪，應受永罰，倘有役邪呼鬼，幻爲異怪，以惑愚俗，逞術邀名，此爲至惡，聖教防之如鴆毒烈火焉。夫天主教非人所立，再揭兩端以明之。一曰，天主教要綱有二，先有所當知而信，後有所當行而守。所當知而信者，多係天主無限之本體，無窮之知能，極大且深。若止賴斯人有限之聰明，自不能盡知而信之，所當行而守者，如克己致命多反背吾人本性之常情，若止賴己身功力，亦自不能全行而守之也。二曰，天主教之理，並應守之規，雖多超越人之智能，大違人性之常情，究竟天下萬國眞心信從此教者，無論男女貴賤，聰慧愚蒙，難以數計，寧失貲寶功名，父母妻子，寧捐性命，膺苦至死，不敢悖畔教規，現有億萬致命者可以考証。審此，則知此教不屬人立，係天主親立，賴天主寵加德力，令之拒拂本性常情，方能篤行堅守，終不移易。若本性之能力，定所不及也。或問所謂天主降生，行諸奇跡，不過得之傳聞而已，眞僞何由知乎。答曰，凡有可信之眞據而堅不肯信，則倫常亦將有變。如生我之父我何由得知，不過因撫育家室，據而信之。又普天之下，未見國君者甚衆，然國有君上，未有不知者，亦不過因臨御規模，據而信之。又上古堯舜等事，誰人目擊。因載籍相傳，亦無有不據而信之者。倘必以目見爲可信，則世代不同，天主即降生於今日，縱使天下各國都邑鄉鄙之人，莫不旣覩且覯，究竟於後世未見者，復不足以爲可信之據矣。但旣以肉目所見，方爲有憑。今中國各直省後開諸西士之墳墓，并現在各堂焚修傳教者，可援証也。明朝首來中國傳教聖人方濟各，所行聖跡異驗難以悉舉，史載命已死者，復活二十四人，人之疾病，海之風浪皆聽命，立愈立息。此皆係聖人在世時，倚天主全能，所行之聖跡，所以証其傳宣聖教，超越人性之力。其升天後，所顯之聖跡更多，亦有現在都門修士親見甚悉者。聖人之形體現在小西卧亞府，歷一百二十餘年並未朽壞，凡前後來中國傳教者俱經親見，若必竟以肉目爲據，仍言無天主降生之事，亦將無先聖超性之聖跡矣。後列一端更出聖跡之上，并爲諸異驗之第一殊絕者也。試言之，無論東西南北萬國士民，未見斯教之聖跡，超性之異驗，而眞心信服，其本性能力不得明之奧理，又甘心堅守極難行之規誡，并極逆本性情之教法者。玆我輩交接傳聞，遠西百餘士，咸格物窮理，博達君子也，定志甘辭鄉井，永離親屬，梯航山海，冒艱危萬狀，無非爲傳行此教，期斯人共臻永福之域而已。揆情度理，應知適從，請有志存養者，及時考究精明，庶幾乾惕昭事，方爲上達君子。若延至身後則遲矣，幸無以一時之漫忽，遺永世之懊悔可也。倘西來脩士復踵武而至，尤冀後之同學者續輯，以誌源源不絕之意云。

朱宗元《拯世略說・宇宙之內真教惟一》 昔余與人言天主之學，有人曰：予最不喜聞者，天主二字。予應之曰：然則吾子極惡聞父母之名乎？生我者父母，生父母者祖宗，生祖宗者天主也；天主非生人之大父母乎？予又與人言天堂地獄之學，有人曰：纔涉死後，便屬異端，吾儒不道。予應之曰：然則吾子將永生於世乎？孔子言朝聞道夕死，非言身後乎？天下極愚婦豎，仰天地之變化，未有不肅然警懼，謂其中必有主宰者；雖誤以神佛等爲主宰，不過見解習俗所蔽；而其認有主宰一念，則由本來良知，不可泯滅；即此，便爲乾坤有主之證。夫二儀萬類，不能自造，有造之者，恆言所云造物是也。旣謂之物，天地亦物之大者耳，而更有造天地者；以其至尊無匹，謂之上主；以其搏挠萬有，謂之造物；以其主宰群生，謂之天主。夫天主生成化育，降衷下民，則大父也；臨下有赫，降殃降祥，則共君也。不事君親，世未有不罪之者；而大父共君之恩，百倍其功，即吾所謂君若親，亦在其煦養鑑觀之下，獨敢棄置不事，豈非不忠罔上，悖理不孝之極者哉？今夫儒者不言死後，以爲未始履其境，未始悉其狀，即不容以意見所推測，輕置喙以滋惑；此正大爲鄭重，以俟乎得其傳而能言者，非如異端之妄言也，而豈謂可置之不言哉？然則有得其傳者於此，固不容不言已。予之所言，所謂得其傳者也。余之所傳，不自於人；苟自於人，仍屬意見推測，未免有妄。余之所傳，乃皇皇上主，躬降而命之，聖聖相傳，口口相述者也。上主生天以覆人，生地以載人，生萬物以養人，而豈不立教以訓人乎？吾人載上主所生之天，履

上主所生之地，用上主所生之萬物，而奈何不奉上主所立之教乎？凡設教者，皆欲迪人於善，遠人於惡；而教術多端，悉由人立；人雖聖賢，其於至道玄微，識見定有所限，所謂及其至，聖人亦有不知者，則其爲教，焉能盡善而無缺陷？惟天生一教，乃上主降生時，親所指授，至眞無謬，至備無缺，似至淺，實至深；似至簡，實至足；似至易，實至難；舉其概，庸夫亦可以與能；而極其微，雖上聖有所不克盡；由之者，可以得眞福而免眞禍；不由之者，即使絕世文章，彌天事業，與凡辭俗遯世，卻聲色，躭苦空，悉係絕源離根，而不能獲報於主也。或曰：率異教之言而爲善，豈不可以徼上陟乎？曰：夫教猶藥也，藥爲有疾者施，不爲無疾者施；教爲有過者設，不爲無過者設。人性皆受病者，惟界性之主，乃能知其受病之故，而立教以藥之；人雖率循他教，而不飲救性之藥，豈能望其瘳哉？故惟天主之教爲眞教也。

又《聖教釋道不可相渾》 或曰：佛之眞性，無始無終，惟因救度衆生，現身於西域，此與所稱天主，無始終，無不在，而降生西土以救世者無異。認已氏曰：彼既稱無始無終，天上地下，惟我獨尊，則是主張萬有之主也，便當名之以天主，不當名之以佛；主者至尊莫尙，獨一無耦之稱；佛則人人具此性，比肩衆矣。苟佛可以主張萬有，人人皆有此性，則人人可以主張萬有矣。一國兩諸侯，一國不治；四海兩天子，四海不治；天地兩主，天地不治；而況以多多主乎？且佛既無始，則一切人物之性，宜皆爲彼佛所賦，乃佛書言衆生眞性，都是無始遷劫以來，不是佛賦之也。況形骸產於父母，靈性得諸賦畀，亦我輩中之一輩耳，其稱眞性無終始，因救度降世者，悉僭竊天主之似，爲小人無忌憚之語也；可妄混乎聖教哉？若夫聖教言性，必本降衷，佛氏則認爲自有。聖教論物，必分等級，佛氏則混爲一體。聖教則千萬卷書，惟歸一旨；佛氏則教律宗，且分爲三路。聖教兢兢業業，朝夕省察，若鑑若臨；佛家快樂逍遙，倒橫直豎，究竟談空。聖教因其固然，必察由然，精義入神，駸駸上達；佛據現在自然，不究從來，想悟所及，認爲實際。聖教似淺實深，雖凡夫俗子，旦夕講論可通，自此尋討，奧義愈精；佛法似平實幻，令高明達士，參解不來，一明虛妄，懊悔無及。此皆絕不相倫者也。

黃伯祿《正教奉褒》 上古之世，帝王士庶莫不欽崇造物上主，並摯望降臨，覺世救人，蓋遵祖訓也。開闢初，上主即將至道，啓牖人類元祖，並許日後躬降救世。元祖垂教，裔孫傳述，逮文字興，筆之簡策，詳見《眞道自證》。周季，諸侯放恣，惡典籍害己而去之。秦興，始皇棄德，恨經書訾己而焚之。眞傳古訓，由是蕩然。溯我天主教，傳自元祖，歷守遺訓，迨救世主臨凡，復闡明至道，頒制度，定典禮，教乃大成。漢晉時，已傳行中國。《加爾大意國經典》載：聖多默宗徒至印度、中華等國敷教，多有被化者，考其時在東漢光武明帝間。又明儒臣劉嵩子高《詩集》暨李九功《愼思錄》載：明洪武初，江西廬陵地方掘地得大鐵十字架一座，上鑄三國吳帝赤烏年月，子高因作鐵十字歌，以志其奇。按十字架系天主教所敬之標記也。又《西史》載：加爾大意國大主教亞格阿設立教督，總理中國教務，考亞格阿係東晉安帝時人。其時帝王之向背，史闕無考。然自唐而元、明，以迄本朝，未嘗不爲明君賢臣洞悉眞正，特加褒崇，證諸中西文獻，固鑿鑿可信也。

王之春《清朝柔遠記》卷一九《編教民》 國家崇正學、闢異端，教澤涵濡，數百年於茲矣。而欲破堯舜禹湯文武周公孔子之道之藩籬，借天堂地獄之說以蠱惑我民心者，其泰西之傳教乎？

泰西本基督一教，其後分而爲三：英吉利、德意志、丹麥、荷蘭、瑞威頓、瑙威、瑞西等國所從之教，耶穌教也；意大利、奧馬加、比非利亞、法蘭西、日斯巴尼亞、葡萄牙、比利時等國所從之教，天主教也；小亞細亞、歐羅巴東俄羅斯、希臘等國所從之教，希臘教也。各分門戶，互結黨援，即在西國已起爭端。迨明季，天主教始入中國，從者尙少。厥後利瑪竇、南懷仁等挾天算地輿之學來遊內地，其所著《七（寶）〔克〕》等書理亦與儒者相近，故當時士大夫皆與之遊，不甚鄙之。至道光、咸豐間，法人屢遣教士學習華語，奔走四方，開設講堂，於是奸民遂借進教爲護符，詐鄉愚，淩孤弱，占人之妻，侵人之產，及至事發，教士私相袒護，或匿之講堂，或縱之海外，人民怨極，羣思報復，迭至毀教堂，毆教士，滇案甫結，津案旋生，中外幾於失和，皆天主一教階之厲也。

第急於傳教者，只屬法人，實與他國無與。中國人民未及辨此，統聞洋人之名而即惡之，一見洋人之來而即避之，因甲嫉乙，在所不免。且法人本非富強，其所以自備資本、周流勸導，必欲廣其傳者，實欲以小利小惠收拾人心，人心既附，然後可以惟吾說之是從，此中固大有所利耳。不

料利不能圖，害且隨之，欲以之愚人者，適以之自愚。上年普國之戰，教人實啓其端。西班牙謂法國獨居惡名，受其實禍。伊慼自貽，將誰之咎？近聞印度拒額力士教，德國逐耶穌教，葡萄牙、西班牙皆籍教黨財産入官，意德利封教堂七十餘間，簿籍其産，此誠自爲消長之機。現法人已知中國之良民斷不入教，其入教者不過傭工貧民耳，村嫗社婦耳，即有桀黠莠民藉圖生計，其實亦陽奉而陰違，於是自怨自艾，深悔從前傳教之失，各國又羣起而咎其傳教之非，可見秉彝之德出於自然，發於天性，而天堂地獄之説不足以勝之也。但華人之已入迷途者亦復不少，欲救其弊，宜將教民開明年貫、姓名，報明地方官，另編爲一冊，即教士亦應歸地方官約束，遇有事故，依華法秉公照辦，教士不得過問，庶幾入教之民仍不失爲中國之民，即教士亦無所逞其庇縱矣。

尤可慶幸者，自美德二國派員來華，親瞻中朝教化而後，實深欽慕，即各國亦莫不佩服。現在泰西之入學者，必習中國言語文字，所有五經、四子書概行刊刷，先刻華文，而以西文註釋之，日日諷誦。其景從之心，較之中國人之入彼教者爲更切。可見堯舜禹湯文武周公孔子之教，仁之至，義之盡，天理人情之極，則無一毫矯强於其間，而凡有血氣者，自可不言而信，不勸而從也。將來漸推漸廣，風氣日開，聖教盛行，率薄海食味辨色別聲之人，而皆不敢出於堯舜禹湯文武周公孔子之教之外，天主云乎哉？

郭嵩燾《使西紀程》 姚彦嘉見示美國林樂知所著《中國關係論略》四卷。内載總署照會各國教案章程八條，亦嚴切，亦詳明，讀之慨歎。往與文文忠公論天主教爲禍之烈，黔、蜀尤甚，實由地方官辦理參差，動爲所持，積久而風習成，遂至無可施治。承天津教案之後，會商各國妥議章程，以爲善後之計，或猶可稍圖補救。文忠公言：「曾議數條，會商各國，皆置不理。」即此章程也。

查天主教創自摩西，耶穌基督始立教名。數百年而阿剌伯回教興。又千餘年，路得演立西教，而耶穌教興。希臘爲西洋文字之祖，亦緣飾基督之教爲希臘教。其原皆出於摩西。而天主與西教同祖耶穌，互相爭勝。於是羅馬教主闡明天主之原，專以行教爲業，以示廣大。積久而奉耶穌教者亦仿而行焉。西洋主教，或君民共守之，或君民異教，各有所宗尚，不相儳越。獨中國聖人之教，廣大精微，不立疆域。是以佛教、天主教、回教流行中國，禮信奉行，皆所不禁。唐初已有景教流行碑，所奉祆神，僧景淨釋以爲天神，謂其教起於拂箖，則正摩西之遺也。碑言「懸十字以建極」。天主教建立十字架，其原如此。明萬曆中，利瑪竇東來，徐光啓捨家爲天主堂，而其教遍行於天下，未爲害也。

雍正初，立法禁之，則亦禁之矣。近三十年，天主教之禁既開，而法蘭西實祖天主教，以護教爲名，恃其權力以庇之。於是剽賊奸民竄身其中，遂可以抗拒官法，而教士之勢始張。道光、咸豐間，黔、蜀吏治敗壞已甚，奸民骫法者衆，教士乘之以逞，是以二省之爲禍尤烈焉。宜及天津教案之後，會商各國，示以教堂縱庇教民，各省皆然，川、黔之民遂至困於水火，是以聞教士之名，莫不懷憤詬譏，乘便以求一逞。即各處教堂收納奸民，作姦犯科，良民引以爲恥，不獨有失立教之本意，亦恐以此傳示各國，辱莫甚矣。急宜出示曉諭，無論所習何教，但涉官事，即與平民一體處斷。嚴飭各督撫責成州縣，稍有出入，立與參辦。但能一平教民之勢，諸事自不勞而理也。

十一日。午正，行八百一十四里，在赤道北十度十一分十二秒倫敦東六十三度四十八分三十秒。姚彦嘉見示美國林樂知所著《中西關係論略》四卷。内載總署照會各國教案章程八條。承天津教案之後，正當會商各國，妥議章程，以爲善後之計，乃其所議混合各國言之，而其所以示禁之意又無一扼要語，是非互殽，輕重倒置。美使鏤斐迪已逐款駁之。川、黔教案爲禍之烈，久而益甚。失此機會，極爲可惜。

綜述

艾儒略《職方外紀》卷一 亞細亞之西，近地中海，有名邦曰如德亞，此天主開闢以後，肇生人類之邦。天下諸國載籍上古事蹟，近者千年，遠者三四千年而上，多茫昧不明，或異同無據，惟如德亞史書自初生人類至今將六千年，世代相傳，及分散時候，萬事萬物，造作原始，悉記

無訛，諸邦推爲宗國。地甚豐厚，人烟稠密，是天主生人最初賜此沃壤。其國初有大聖人曰亞把刺杭，約當中國虞舜時，有孫十二人，支族繁衍，天主分爲十二區。厥後生育聖賢，世代不絶，故其人民百千年間皆純一敬事天主，不爲異端所惑。其國王多有聖德，乃天主之所簡命也。至春秋時，有二聖王，父曰大味得，子曰撒刺滿。嘗造一天主大殿，皆金玉砌成，飾以珍寶，窮極美麗，其費以三十萬萬。其王德絶盛，智絶高，聲聞最遠，中國所傳謂西方聖人，疑即指此也。

此地從來聖賢多有受命天主，能前知未來事者。國王有疑事，必從決之。其聖賢竭誠祈禱，以得天主默啓，其所前知，悉載經典，後來無不符合。經典中第一大事是天主降生，救拔人罪，開萬世升天之路，預説甚詳。後果降生於如德亞白德稜之地，名曰耶穌，譯言救世主也。在世三十三年，教化世人，所顯神靈聖蹟甚大且多。如命瞽者明，聾者聽，喑者言，跛者行，病者起，以至死者生之類，不可殫述。有宗徒十二人，皆耶穌縱天之能，不假學力，即通各國語言文字。其後耶穌肉身升天，諸弟子分散萬國，闡明經典，宣揚教化，各著神奇事蹟，亦能令病者即愈，死者復生，又能驅逐邪魔。緣此時天下萬國大率爲邪魔誘惑，不遵天主正教，妄立邪主，各相崇奉，其所奉像又諸國不同，不止千萬。自天主降生垂教，乃始曉悟眞理，絶其向所崇信惡教，而敬信崇向於一天主焉。所化國土，如德亞諸國爲最先，延及歐邏巴、利未亞大小千餘國，歷今千六百餘年來，其國皆久安長治，其人皆忠孝貞廉，男女爲聖爲賢，不可勝數。

茲爲畧述教中要義數端：一曰，天地間至尊至大爲人物之眞主大父者，止有其一，不得有二。一者，即天主上帝而已，其全智全能全善浩無窮際，萬神人物皆爲天主所造，又恆賴其保持安養，凡人禍福修短皆其主宰，故吾人所當敬畏愛慕者，獨有一天主也。此外或神或人，但能教人純一以事天主，即爲善人吉神。若以他道誘人求福免禍，是僭居天主之位而明奪其權也，其爲凶神惡人無疑，崇信祭祀此類者，不免獲罪。一曰，天地間惟一天主爲眞主，故其聖教獨爲眞教，從之則令人行眞善，而絶不爲惡，可升天堂，永脱地獄。若他教乃是人所建立，斷未有能行眞善免罪戾，而升天堂脱地獄者。一曰，人有形軀，有靈魂，形軀可滅，靈魂不可滅。人在世時，可以行善，可以去惡，一至命終，人品已定，永不轉移。天主於時乃審判而賞罰之。其人純一，敬事天主，及愛人如己，必升天參配天神及諸聖賢，受無窮眞福。若不愛信天主，違犯教戒者，必墮地獄，永受苦難也。其苦樂永永無改，更無業盡復生爲人及輪迴異類等事。故實欲升天堂脱地獄，只在生前實能爲善去惡，無他法也。一曰，人犯一切大小過惡，皆得罪於天主者也。故惟天主能赦宥之，非神與人所能赦，亦非徒誦念徒施舍所能贖也。今人生孰能無過，欲求赦宥，必須深悔前非，勇猛遷改。故初入教先悔罪，有拔地斯摩之禮。既重犯求解罪，有恭棐桑之禮。遵依聖教守戒，祈求必獲赦宥。不然一生罪過，無法可去，地獄無法可脱也。所以教中要義，望人眞能改過遷善，以獲赦免而享升天眞福，自有專書備論云。

《明史·外國傳七·意大里亞》 意大里亞，居大西洋中，自古不通中國。萬曆時，其國人利瑪竇至京師，爲萬國全圖，言天下有五大洲。第一曰亞細亞洲，中凡百餘國，而中國居其一。第二曰歐羅巴洲，中凡七十餘國，而意大里亞居其一。第三曰利未亞洲，亦百餘國。第四曰亞墨利加洲，地更大，以境土相連，分爲南北二洲。最後得墨瓦臘泥加洲爲第五。而域中大地盡矣。其説荒渺莫考，然其國人充斥中土，則其地固有之，不可誣也。

大都歐羅巴諸國，悉奉天主耶穌教，而耶穌生於如德亞，其國在亞細亞洲之中，西行教於歐羅巴。其始生在漢哀帝元壽二年庚申，閲一千五百八十一年至萬曆九年，利瑪竇始汎海九萬里，抵廣州之香山澳，其教遂沾染中土。至二十九年入京師，中官馬堂以其方物進獻，自稱大西洋人。

禮部言：「會典止有西洋瑣里國無大西洋，其眞僞不可知。又寄居二十年方行進貢，則與遠方慕義特來獻琛者不同。且其所貢《天主》及《天主母圖》，既屬不經，而所攜又有神仙骨諸物。夫既稱神仙，自能飛昇，安得有骨？則唐韓愈所謂凶穢之餘，不宜入宮禁者也。況此等方物，未經臣部譯驗，徑行進獻，則内臣混進之非，與臣等溺職之罪，俱有不容辭者。及奉旨送部，乃不赴部審譯，而私寓僧舍，臣等不知其何意。但諸番朝貢，例有回賜，其使臣必有宴賞，乞給賜冠帶還國，勿令潛居兩京，與中人交往，別生事端。」不報。八月又言：「臣等議令利瑪竇還國，候命五月，未賜綸音，毋怪乎遠人之鬱病而思歸也。察某情詞懇切，眞有不願

尚方錫予，惟欲山棲野宿之意。譬之禽鹿久羈，愈思長林豐草，人情固然。乞速爲頒賜，遣赴江西諸處，聽其深山邃谷，寄跡怡老。」亦不報。已而帝嘉其遠來，假館授粲，給賜優厚。公卿以下重其人，咸與晉接。瑪竇安之，遂留居不去，以三十八年四月卒於京。賜葬西郭外。

其年十一月朔日食。曆官推算多謬，朝議將修改。明年，五官正周子愚言：「大西洋歸化人龐迪我、熊三拔等深明曆法。其所攜曆書，有中國載籍所未及者。當令譯上，以資採擇。」禮部侍郎翁正春等因請倣洪武初設回回曆科之例，令迪我等同測驗。從之。

自瑪竇入中國後，其徒來益衆。有王豐肅者，居南京，專以天主教惑衆，士大夫暨里巷小民，間爲所誘。禮部郎中徐如珂惡之。其徒又自誇風土人物遠勝中華，如珂乃召兩人，授以筆劄，令各書所記憶。悉舛謬不相合，乃倡議驅斥。四十四年，與侍郎沈潅、給事中晏文輝等合疏斥其邪說惑衆，且疑其爲佛郎機假託，乞急行驅逐。禮科給事中余懋孳亦言：「自利瑪竇東來，而中國復有天主之教。乃留都王豐肅、陽瑪諾等，煽惑群衆不下萬人，朔望朝拜動以千計。夫通番、左道並有禁。今公然夜聚曉散，一如白蓮、無爲諸教。且往來壕鏡，與澳中諸番通謀，而所司不爲遣斥，國家禁令安在。」帝納其言，至十二月令豐肅及迪我等俱遣赴廣東，聽還本國。命下久之，遷延不行，所司亦不爲督發。

四十六年四月，迪我等奏：「臣與先臣利瑪竇等十餘人，涉海九萬里，觀光上國，叨食大官十有七年。近南北參劾，議行屏斥。竊念臣等焚修學道，尊奉天主，豈有邪謀敢墮惡業。惟聖明垂憐，候風便還國。若寄居海嶼，愈滋猜疑，乞幷南都諸處陪臣，一體寬假。」不報，乃怏怏而去。豐肅尋變姓名，復入南京，行教如故，朝士莫能察也。

其國善製礮，視西洋更巨。既傳入內地，華人多效之，而不能用。天啓、崇禎間，東北用兵，數召澳中人入都，令將士學習，其人亦爲盡力。崇禎時，曆法益疏舛，禮部尚書徐光啓請令其徒羅雅谷、湯若望等，以其國新法相參較，開局纂修。報可。久之書成，即以崇禎元年戊辰爲曆元，名之曰《崇禎曆》。書雖未頒行，其法視《大統曆》爲密，識者有取焉。

其國人東來者，大都聰明特達之士，意專行教，不求祿利。其所著書多華人所未道，故一時好異者咸尚之。而士大夫如徐光啓、李之藻輩，首好其說，且爲潤色其文詞，故其教驟興。

時著聲中土者，更有龍華民、畢方濟、艾如略、鄧玉函諸人。華民、方濟、如略及熊三拔，皆意大里亞國人，玉函，熱而瑪尼國人，龐迪我，依西把尼亞國人，陽瑪諾，波而都瓦爾國人，皆歐羅巴洲之國也。其所言風俗、物產多夸，且有《職方外紀》諸書在，不具述。

黄鳴喬《天學傳概》 中國之有天主教也，昉自唐貞觀九年。維時大秦國有阿羅本者，奉經像以太宗詔行天下，名曰景教。累朝崇重，所稱盛德元勳如房杜及汾陽諸公，皆越誠稟仰，爲之羽翼，事載關中碑頌可考也。厥後山海修阻，西士不獲接踵，漸至沉晦。萬曆初泰西利先生瑪竇者，偕友數人，航海九萬里來貢方物。因獻天主經像蒙神宗皇帝供奉御前，賜竇等寵晏太官受祿，由京敷教譯經著書，一時碩彥翕然景從，迄今廣被。利公沒，禮部題請奉旨欽䘏，賜葬阜城門外，地二十畝，房屋三十八間，爲其同會龐迪我等供奉天主及祝釐之所。至天啓癸亥旨召西士龍華民、陽瑪諾等赴京聽用。今上三年，虜氛告急，華民、陸若漢等矢志効忠，率西洋住粵士民公沙等貢銃，寧遠、涿州屢用退敵，奉旨賜名神威。迨登萊之役，公沙等盡忠死難，皆蒙恩賜祭葬。又禮部題薦，以西儒羅雅谷、湯若望、鄧玉函等精習曆法，旁通諸學，隨蒙欽召入京，同大學士徐等，開局修曆。進呈御覽曆書一百四十餘卷，考謬訂差，積勞有日。至崇禎九年，曆法告成。値虜迫城下，兵部疏薦雅谷等，料理御前，領發神器，虜退城守有功。疏覆西儒守素學道，不願官職，勞無可酬，蒙旨優給田房，以資口食。是西儒之傳教於斯者歷歷著功於朝，受恩高厚，正足見其學之純粹，而教之不誣也。且其立教要旨，以事天地之主宰爲宗本，以忠孝慈愛爲工夫，以悔罪投誠預備生死大事爲究竟，一切懿訓良規，悉皆公正，於以護身，靈風世俗，豈惟裨益良多，抑亦捨此一教，救拔無門。至於闢除邪教，尤爲正人心，循天理之要端。世人不察，反訝爲非。或有因其不用楮錢，詆爲不奉祖宗。不知天主教誡最重者，第一誡孝敬父母。生則養，盡志盡物，歿則事，如生如存。載在經典，昭然可據。豈有導人不孝不順之理乎。至於非鬼之諂，魯論所譏，紙錠之燒，家禮已斥。古來眞儒正道原是如此，何獨於天學而疑之。或又見行教者不受無名之餽，間

反施濟於人，不審從來，意其擅黄白之術。不知諸儒涉遠行教，本國雅重其德，歲給廩餼，附商而欲使其足已無營，一心謀道。其在京者又蒙皇家優給，豈有異術，費人揣摩乎。且向之貢銃効死，與夫退賊有功者，忠義之誠可貫金石，正修之行無愧聖賢。此固閣部名公以及一時高賢相與論説講求，知其踪跡毫無陰翳，夫安德而横誣也。乃有玉石不分，欲以天主聖教與無爲左道同觀者，亦思無爲之教妖幻拂經，愚昧墜其局中，往往至於滅倫犯義。天教則至眞至確，掖人於善必欲其力，阻人於惡必欲其盡。諸所著述皆可上告之聖君賢相，以贊襄治理。下證之傑士英人，以修明學術。今以除邪之故而波及之，是猶穮蓘之家芟稂薙莠併嘉穀而除之也。是豈祛邪崇正者所宜出此者。今上丁丑令有以修曆推測有違，反誹天學，干冒宸聽，奉旨等推測疎遠，已有旨了。何得更端求勝，且本内毁滅等語，全無忌憚。又十一年，禮部題叙湯若望等刱法講解之功，又薦其道氣冲然，理應褒異。遂蒙諭旨，特賜扃楔，署曰，欽褒天學。煌煌天語，嘉矜遠人，可謂渥矣。今吾閩之初敷教者爲艾先生儒畧，原與諸西儒同居京國，繼爲相國文忠葉公屈致入閩，凡當道大人縉紳先生接其德範者莫不破格優禮，絶無異端。論年來有從他方泛海擅入福寧地方，致生辜疑，隨蒙當道斥回本國。又因白蓮無爲異教擾亂，或有混紫爲朱，指薰爲蕕，誠恐一時或有未督，而正學偶致沉溟，以故泉興諸紳衿，各具呈守道臺前，仰祈諄諭，以揚道風。蒙守道曾公祖於莆牒判云，艾儒畧與利瑪竇同社同業，自入中國來，嵩以請道迪德爲務，並無化營，與異端不同。仰福州府查行繳後，又判泉牒云，西士艾儒畧學道人也。其修詣與吾儒不同者，豈可與無爲邪教同類而共逐之乎。仰府給示并諭各縣遵照行。夫以聖天子之禮待，既如彼士大夫之公論，又如此直道在人，當有能辨之者。但虞以訛傳訛，或致鴟鸞並視，爲此揭其大概，以告達人。倘欲備詳，則有天學諸書行世，且有傳教西儒可以面証。是所望於有道君子虛衷稽寔，共扶正道，庶幾不負歷朝柔遠至意，亦得慰嘉賓遠來迪善，補益王化一叚苦心也。

李祖白《天學傳概》 天學，天主教學也。天主爲萬有之初有，其有無元而爲萬有元。德福圓滿，知能渾全；妙性超然，奧窮思悟，中土尊稱之曰上帝。兹以其爲天地之主宰，故質稱天主也。而其教則爲人而立，別人於蠢動，儕人於天神，令向眞原而求眞福。大要以昭事不墮爲宗旨，以克己愛人爲工夫，以悔過遷善爲入門，以生死大事有備無患爲究竟，誠吾人最喫緊之實學，而其從來遠矣。緬昔天主上帝，於厥世始，開闢乾坤，發育萬物，所以資人安居利用者悉備。而生初人，男女各一，其靈性賦以當然之則，好善惡惡，秉爲彝常，永不能脫。凡遇忠孝大節，舉仰慕之若渴；凡遇奸頑大憝，舉疾視之若讎。自古稱爲性教，愚非不足，聖非有餘，豈不然乎？只以性叅氣稟物誘交侵，失其初良，而不敢漫言率也，則繼之以書教。後開闢三千七百有一年，天主於西納山西距中國四萬里。頂，降石碑二，明列十誡爲目，括以愛主愛人爲綱。是書教者，所以爲性教之申命也。而不惟是，又後千四百九十七年，天主之教世，又有進焉者。先是詔示人間，兼遣神人，此因舉世沉迷，躬自降救，下取人性以接本性，而生如德亞國初人亦生於此，西納山在其界出。之白稜郡，名耶穌。在世三十有三載，所顯奇跡甚衆。命死者活即活，命瞽者見即見，巨浪雄風，命息即息，虐魔恣害，命退即退。蓋與化成功用萬有應命而出者，同一神異也。詳明誡理，簡定新規，群心大服，名其教爲寵教，以見教由主寵，非人分所應有云。較前性書二教，恩施此尤摯矣。然則天學之傳及中土，其時亦可得而稽乎？曰有斯人，即有斯教，中土人與教同時並得也。何以言之？方開闢時，初人子孫，聚處如德亞，此外東西南北，並無人居。當是時，事一主，奉一教，紛歧邪説，無自而生。其後生齒日繁，散走遐逖。而大東大西，有人之始，其時略同。考之史册，推以曆年，在中國爲伏羲氏，即非伏羲，亦必先伏羲不遠，爲中國有人之始矣。

惟此中國之初人，實如德亞之苗裔，自西徂東，天學固其所懷來也。生長子孫，家傳戶習，此時此學之在中國，必倍昌明於今之世。延至唐虞，下迄三代，君臣告戒於朝，聖賢垂訓於後，往往呼天稱帝，以相警勵。夫有所受之也，豈偶然哉？其見之《書》曰：「昭受上帝，天其申命用休。」曰：「予畏上帝，不敢不正。」曰：「惟皇上帝，降衷於下民。」曰：「上帝妥佑下民。」曰：「惟簡在上帝之心。」曰：「惟上帝不常，作善降之百祥，作不善降之百殃。」曰：「顧諟天之明命。」曰：「天佑下民，作之君，作之師，惟其克相上帝。」曰：「我亦不敢寧於上帝命，弗永遠念天威。」見之《詩》曰：「文王在上，於昭於天；文王陟降，在帝

左右。」曰：「維此文王翼翼，昭事上帝。天鑒在下，有命既集。上帝臨女，無貳爾心。」曰：「皇矣上帝，臨下有赫。」曰：「敬天之怒，無敢戲豫；敬天之渝，無敢馳驅。」曰：「蕩蕩上帝，下民之辟。天生烝民，其命匪諶。」曰：「□我來牟，上帝率育。」曰：「赫赫姜嫄，其德不同。上帝是依【略】『無貳無虞，上帝臨女。』」《魯論》曰：「獲罪於天，無所禱也。」曰：「予所否者，天厭之，天厭之。」曰：「丘之禱久矣。」曰：「畏天命。」《中庸》曰：「郊社之禮，所以事上帝也。」曰：「上天之載，無聲無臭，至矣。」《孟子》曰：「樂天者，保天下。畏天者，保其國。」曰：「順天者存，逆天者亡。」曰：「雖有惡人，齋戒沐浴，則可以事上帝。」曰：「存其心，養其性，所以事天也。殀壽不貳，修身以俟之，所以立命也。」

凡此諸文，何莫非天學之微言法語乎？其不但言帝又言天者，天即帝也。猶臣民間稱君上爲朝廷，朝廷即君上也。審是則中國之教，無先天學者。惜乎三代而還，世風日下，民生苦於戰爭，士習壞於功利。呂秦代周，任法律，棄《詩》《書》。從前載籍，盡遭烈焰，而天學不復覩其詳矣，傷哉！逮至西漢元壽，天主降生及救世畢，宗徒聖多默者，行教中土，事載西史。而此中州近地，明季流傳十字教規，緣天主救世，功成十字，故以名教，是即多默所遺教也。逮至有唐貞觀九年，上遡天主降生六百三十五禩，大秦國即如德亞國修士阿羅本，遠將經像重譯來朝。爾乃宰相郊迎，翻經內殿，命名景教。初勑造大秦寺於京，後又徧勑諸州，各置景寺。開元以後四朝，寵賚彌渥，即郭汾陽王，亦復重廣法堂。依仁施利，修舉哀矜，教行有唐，蓋二百載而近矣。今長安有《景教流行中國碑》可考也。又後九百四十六載，遡天主降生千五百八十一年，爲明萬曆辛巳。耶穌會士西泰利子，自歐羅巴梯航九萬里東來，庚子底燕京，貢聖像、西琴、自鳴鐘等物。朝廷義隆柔遠，恩禮備至。縉紳先生與之遊，講究天主大道，多所契合。著有《實義》《畸人》等書行世。服從其教，感其化者比比。辛亥卒於京，賜地葬焉。於是熊、龐、陽、龍諸子，先後接踵來京司教事，而晉有高則聖，閩有艾思及，江南有畢今梁，併顯聞於時。崇禎己巳，庭議修曆。徐文定公素折節西賢，爲性命交。知其旁通曆學，時以少宗伯領督修，疏薦函璞鄧子，未幾病歿。續薦余師道未湯子，暨昧留羅子。曆垂成，羅又病歿。獨余師與曆事相始終。入國朝，用其法造《時憲曆》，頒行天下。命掌欽天篆，辭再三不允。至辛卯，遂荷世祖皇帝特達之恩眷，錫嘉名，晉崇階，更念其將老，勑戶部查給地畝，任作生壙。而且駕數臨堂，諮求教學，賜《御製文》有銘。西泰氏舊堂之東偏，師爲倣西式，改創新堂，寬數倍，於其東階，恭勒綸音於石，以垂不朽，天下聞而榮之。堂近宣武門，屬城西。東華門舊燈市之南又一堂，欽賜於順治乙未，改建於康熙壬寅。堂亦西式，相偕在內行教者，再可利子、景明安子也。人稱東堂，以別於宣武門之堂。天學之在京師，爲四方之望，自京師堂構一新，叨恩格外。而四方西賢鐸振之地，士民益奮欽崇。會有中丞匯白佟、廉察鶴沙許二公，信嚮綦堅。宦遊所到，捐貲營築，以奉天主。俸入不爲己有，而爲天主有。其視明葉文忠、徐文定、韓蒲州、劉成都、李冏卿、楊京兆數君子，樂爲道侶身主者，又何讓乎江南之蘇淞二郡，浙之武林，江右之南昌之建昌之南贛，楚之武昌，閩之福州之建寧之延平之汀州，蜀之重慶之保寧，咸有新堂，西賢居焉。前己丑，余師爲曆學計久遠，特疏上請，敦伯南子以知曆赴闕庭，仰給大官。同時遵旨入內地者，又十餘人。

我國家肇造區夏，一統無外，名公鉅卿，相與黼黻皇猷於上，而輦轂內外，或省會之衢，或鄉邑之僻，每有西賢至此，時出其所學，爲世津梁，指正眞之定極，杜誑惑之旁蹊，於以下肅人心，上襄王化。唐虞三代之風，庶其再見於今日歟？利西泰而下，著述號最富者，進呈《曆書》百餘卷，業蒙宣付史館。他若理器殊彙，莫非教學攸關，成書又三百卷。有經、有史、有超形性學、有形性學、有修學、有天文學，板藏京師，江南、浙、閩、秦、晉各堂。且總計載來圖書七千餘部。群賢感荷帡幪，賓至忘返，共矢協佐同文，抑首翻譯，川至日昇，殆無窮竟。嗚呼，此又秦火以前未有之盛事也，漢唐無論矣。

癸卯孟冬，公餘少暇，客有問天學今昔之概者，謹遵所聞論次之，以代口答。

何文豪、張星曜、楊達《昭代欽崇天教至華叙略》　天主者，生天、生地、生神、生人、生物之大主宰也。自開天闢地以來，人皆奉之，即吾中國六經中之稱上帝是也。黃帝時文明大啓，乃作合宮以祀焉。商湯誕告

萬方，有云：維皇上帝，降衷於下民，若有恆性。故上至天子，下至庶民，無不知有天主上帝。蓋能生我者，始能賞罰我。賞有無窮之永福，罰有無窮之永禍。《書》云：維上帝不常，作善降之百祥，作不善降之百殃是也。夫百祥百殃豈僅人世之暫福暫苦耶？自佛老迭興，吾儒所尊崇之天主上帝，人多不識，豈知佛與老子亦天主上帝所生之一人，安能爲天地萬物之主宰而賞罰我耶？此蓋邪魔誘惑世人，令人尊己，背叛天主上帝，貽禍世人非淺。自天教西來，指明天主降生之事，我中國人始知天主上帝哀憫世人犯罪，親自降生於如德亞國，選立宗徒，親定教規，命敷教萬國，使繩繩相繼，廣救斯人（詳《降生言行紀略》）。中華自唐太宗貞觀九年，西域大秦國上德阿羅本傳教入華，君自太宗、高宗、玄宗、肅宗、代宗、德宗，臣自房玄齡、郭子儀等，無不崇尚，有唐景教碑文可證。嗣後，中華多故，海道未通，阿羅本所攜來經典二十七部，爲學佛人所剽竊隱匿，故其教晦而不顯。明世宗嘉靖朝，歐羅巴聖人方際各行教滿喇加國，始知有中國，於是力疾來遊，至廣東而病劇，從山洲小山頂舉心仰目，嗟歎涕泣，懇求天主福佑中華，使黜異端邪術，而受天主正道，遂逝。神宗萬曆九年，西儒利瑪竇先生果至中國，廣東巡撫節齋劉公待以賓禮，諸當道皆款接加禮，持其經像達闕，神宗嘉悅，命宗伯琢庵馮公館之，給廩餼，賜第邸左，建天主堂。著有《天主實義》、《畸人十篇》、《幾何原本》等書。利先生卒，上震悼，特賜葬地二十畝於阜城門外。嗣後，西儒踵至，翻譯經籍甚夥，如《修身西學》、《齊家西學》、《治平西學》、《超性學要》、《性學粗述》、《靈言蠡勺》、《職方外紀》、《聖經直解》、《主制群征》、《主教原起》、《七克》、《景教碑詮》、《十誡直詮》、《提正篇》、《十慰》、《形神實義》、《寰有詮》、《名理探》、《則聖十篇》、《勾股義》、《同文算指》、《奇器圖說》、《泰西水法》、《測量全義》、《測量法義》、《圜容較義》、《空際格致》、《哀矜行詮》、《滌罪正規》、《彌撒祭義》、《人身說概》等書數百種，不能備載。我朝鼎興，世祖章皇帝御制滿漢碑文，賜西儒湯若望先生號通微教師，建造石坊，賜名通玄佳境，命其傳教，晉位通政司通致使，管欽天監印務。今上皇帝召西儒南懷仁先生治理曆法，南公殫精推算，進《康熙永年曆》。上褒嘉之，加太常寺卿，又加通政司通政使，又晉工部右侍郎加二級。康熙辛亥冬日，御書「敬天」匾額，賜懸天主堂中，且諭云：朕書敬天，即所謂敬天主也。康熙二十七年，南公卒，上臨朝震悼。特諭云「朕念南懷仁來自遐方，效力年久，綜理曆法，允合天度，監造火炮，有益戎行，奉職勤勞，恪恭匪懈，秉心質樸，終始不渝，朕素嘉之。前聞卧病，尚期醫治痊可，今遽爾溘逝，用軫朕懷，特賜銀二百兩，大緞十端，以示優恤遠臣之意。特諭。」復恩給祭葬，御制祭文碑文，賜謚以光墓門云。先是上念南公已老，特旨命訪西儒通曉天文者。公薦安多姓名，上命西儒閔明我先生往香山嶴，召取安先生來京。至是南公卒，上仍命西儒閔明我、徐日昇、安多三先生治理曆法，授甲喇章京，傳教京師。康熙二十六年，西儒洪若、白進、張誠等諸先生由暹羅附粵商王華士船至浙，撫院金公具題。奉旨：起送來京候用。於是洪先生等五人至京，陛見於乾清宮大殿。皇上顧問賜茶，並賜白金五十兩，留白進、張誠二先生在京備用傳教，余三先生聽其隨便居住傳教。二十七年三月，理藩院奉旨：朕看西洋人主眞實而誠慤可信，羅刹著徐日昇去。於是上召徐日昇、張誠二先生赴朝，各賜蟒袍一件、大緞四匹，又賜蟒素鞍襯各二副。又蒙上遣御前侍衛趙捧賜米色御服、御貂之外衣各二襲，至徐、張二先生寓所。康熙三十年，浙江有當事，位極通顯、品極清正，但未知聖教眞實及我皇上老欽崇至意，有疑聖教，欲行禁止。於是治理曆法徐、安二先生上疏，爲直陳始末緣由等事。奉旨：該部議奏。康熙三十一年三月內，禮部等衙門尚書顧等題爲欽奉上諭事。該臣等會議得，查得西洋人仰慕聖化，由數萬里航海而來，現今治理曆法，用兵之際，力造軍器火炮，差往阿羅素，誠心效力，克成其事，勞績甚多，各省居住西洋人並無爲惡亂行之處，又並非左道惑衆，異端生事，喇嘛僧道等寺廟尚容人燒香行走，西洋人並無違法之事，反行禁止，似屬不宜，相應將各處天主堂俱照舊存留，凡進香供奉之人，仍許照常行走，不必禁止。俟命下之日，通行直隸各省可也。本月初五日奉旨：依議。四月三十日，杭州天主堂傳教修士殷鐸澤先生進京，五月初一日陛見，叩謝聖恩。天顏怡悅，備問：「你老人家遠來，身體安康否？」又於初九日乾清宮朝見，綸音下問：「你老人家年壽幾何？到中國幾年矣？」殷先生一一回奏。隨賜茶，命理藩院李、治理曆法安二位大人同殷先生回南傳教。十七日，殷先生又於暢春苑叩辭，隨蒙聖恩賜宴，殷先生叩謝。上命侍衛以手攙扶，復蒙綸音

云：「你老人家行路艱辛，可乘龍舟由河而出。」又賜瓊玉膏一瓶，滋補氣力。康熙三十九年十二月，上諭動發內帑銀兩，建造天主堂於皇城內，又動發廣運庫銀一萬兩，修建天主堂於順城門內，令廣揚聖教。康熙四十三年，山左大祲，流民無算，就食至京。皇上特諭在京西儒云：「爾等遠來，本以愛人爲主，今發帑金，命爾等前往賑濟，庶饑民得沾實惠。」先自康熙二十三年九月，聖駕南巡，及今四十六年，凡巡幸之處，必顧問天主堂所在，引見西儒，溫旨勞問，或賜白金，或賜御膳，或賜袍緞，或賜克食，或賜果餅，從無虛日。康熙四十五年冬，皇上面諭在京西儒云：「朕欲給爾等敕文，爾等得有憑據，地方官曉得你們來歷，百姓們喜歡進教。」於是四十六年聖駕南巡，皇上頒給敕文，備載諸先生各人履歷，命各省傳教。四月初四日，杭州傳教修士艾斯玎先生、寧波郭中傳先生、紹興龔當信先生俱於杭州行宮叩覲天顔。四月二十六日，湖州傳教修士龐克修先生，並各省傳教先生約二十二位，俱在揚州行宮陛見，前後俱蒙聖恩賜宴，並賜緞紗。欽頒敕文有云：永在中國各省傳教，不必再回西洋等語。且諭云：爾等頒敕文之後，與朕猶如一家之人矣。其敕文俱命宣郡王親授。草莽臣何文豪、張星曜等備聞聖諭，舉手加額，叩謝我皇上欽崇天主、陶淑萬民之聖德，可謂至矣盡矣。蓋唐時西國大德至中華者，旱路跋涉，間關疲斃，至者絕少，故止於京師建寺，且唐時以詩賦取士，女人墨士來辨眞理，故聖教大德來自西域，稱之爲僧，與釋氏無別。有明利西泰先生猶踵僧服，後交瞿文懿公之嗣太素公（諱汝夔），詳質所學，始知天主聖教與釋迥別，與吾儒孔子之尊上帝同一欽崇昭事之意，遂俾利先生定服儒服，而佛氏妄尊自大，爲天主之罪人無所逃矣。蓋西國之稱天主，即吾儒之稱上帝，同此造天地萬物之眞主也。吾輩人類皆爲天主上帝所生所養，乃瞢然不知尊崇，反事邪魔，比比皆是，死後地獄當必不免。西國教皇，聖聖相傳，奉天主之命，哀憫世人，窮發之地，必欲聖教流通，救拔人類。考選鐸德，資以俸糧，令其傳教。夫國有賢臣，社稷之衛，故買季在狄，隨會在秦，晉人復之，不欲以賢人資他國也。今鐸德諸先生之至中華者，皆大德上哲，聰明奇傑之人，在本國自可建功立業，而教皇命之遠遊，彼之國君、父母許之，聽其傳教中華，爲我國家效力宣勞，有沒齒不歸者。如此公賢廣愛，誠天下古今所未有。且此諸先生授鐸德之尊品，航海而來，出驚濤駭浪之中，歷萬死一生之地，不婚不宦，不炫己長，寸絲粒米，不擾中國，一以尊崇天主、愛人如己爲心，欲援引吾人，共登天國，不欲使元知衆類長淪永苦，而我輩安居粒食，備聞至理，乃不辨眞僞，積習深錮，不發勇猛，誠奉聖教，本知靈魂不死，妄信釋道邪說，匍匐二氏之門，欲求超度。所謂棄蘇合之丸，而抱蜣螂之轉，豈知釋道無權？彼書固云：衆生自作自受，則亦何益之有？眞掩耳盜鈴，自誑自已，不獨負西士遠來之深恩，亦負我皇上尊崇天主、欽命傳教之至德矣。豪等不揣固陋，謹因皇上賜敕之旨，而綴其言於簡末云。凡我同人當共信之，則貴賤貧富，智勇賢否，共有靈魂，各各幸甚。

張星曜、何文豪等《欽命傳教約述》 天主者，生天、生地、生神、生人、生物之大主宰也。自開闢以來，人皆尊奉，即吾儒五經所稱上帝是也。黃帝時文明大啓，作合宮之祀焉。成湯誕告四方，有云：維皇上帝，降衷於下民，若有恆性。故自天子以至庶民，無不知有天主，爲能死生賞罰，其柄獨操。自佛老之邪教迭興，人多迷謬，豈知佛老亦天主所生之人，安能爲天地萬物之主？彼之生死，已難自主，安能賞罰他人耶？蓋邪魔惑幻，無非誘人，尊己叛主，貽害無窮，以快其妒忌之私，而使世人失主預備待享無窮之福耳。於是天主哀憫世人，親自降生於如德亞國，選擇宗徒，立規敷教，使萬國宣揚，繩繩相繼（詳載《降生言行紀略》）。於是宗徒四出，傳教邇遐。

吾中國自唐太宗貞觀九年，西域大秦上德阿羅本傳教而至，帝自太、高、玄、肅、代、德諸宗，臣自房、杜、郭、李等，無不欽崇，尚有景教碑文可證。嗣因國家多故，魔計侈張，海道不通，西儒罕到，阿羅本攜來經典二十七部，盡爲釋教剽竊，俗儒又爲粉飾，引據六經，采摭子史，故聖教湮沒，至理不揚，正道中絕。明世宗嘉靖朝，歐羅巴聖人方濟各沙勿略傳教至滿剌加國，始知有中國，力疾來遊，至廣東而劇，返卒於三洲島，臨終拊胸，仰目涕泣，懇求天主福佑中華，使黜異端而崇正道，拔沉淪而登樂郊，蒙主鑒允。萬曆九年，有利子瑪竇字西泰者，果至粤東，撫君節齋劉公待以賓禮。利子以純全之德，負奇穎之資，大爲諸當道所敬服，因並經像，薦達闕庭。神宗嘉悅，命琢庵馮公館之，賜第給餼，建堂邸左，有《天主實義》、《畸人十篇》、《幾何原本》等書行世，及卒，上震

悼，賜葬地二十畝，在阜城門外滕公柵欄。嗣後西儒踵至，翻譯經籍甚夥，如《童幼教育》、《修身西學》、《齊家西學》、《治平西學》、《超性學要》、《性學粗述》、《靈言蠡勺》、《聖經直解》、《主制群征》、《主教原起》、《七克》、《景教碑（詮）》、《十誡直詮》、《提正篇》、《十慰》、《形神實義》、《寰有詮》、《名理探》、《人身說概》、《勾股義》、《同文算指》、《奇器圖說》、《泰西水法》、《測量全義》、《測量法義》、《圜容較義》、《空際格致》、《哀矜行詮》、《彌撒祭義》、《滌罪正規》等書數百種，不能備載。

我朝鼎興，世祖章皇帝御制滿漢碑文，賜西士湯若望號通微教師，建造石坊，賜玄佳境，晉階通政使司通政使，管欽天監印務。今上皇帝召西士南懷仁治理曆法，懷仁殫精推算，進《康熙永年曆》，上褒嘉之，加太常寺卿，又加通政使司通政使，再晉工部右侍郎加二級。康熙辛亥冬日，御賜區額，宸翰所書「敬天」二字，懸供堂中。諭云：「朕書敬天，即敬天主也。」康熙二十七年，懷仁卒，上臨朝震悼，特諭曰：「朕念南懷仁來自遐方，效力年久，綜理曆法，允合天度，監造火器，有益戎行，奉職勤勞，恪恭匪懈，秉心質樸，終始不渝，朕素嘉之。前聞卧病，尚期醫治痊可，今遽溘逝，用軫朕懷，特賜銀二百兩，大緞十端，以示優恤遠臣之意。特諭。」恩給祭葬，御制碑文，並賜謚以光墓門云。先是南公年老，上甚憫念，特旨令訪西士通曉天文者。公薦安多姓名，上准命西儒閔明我往香山岙，召取來京。至是南公卒，上命西儒閔明我、徐日昇、安多治理曆法，授甲喇章（京）等銜。二十六年，西士洪若、白進、張誠等五人由暹羅附粵商王華（士）船至浙，巡撫金鋐具題。奉旨：起送來京候用。五人至京，陛見於乾清宮大殿，賜茶優待，各賜白金五十兩，留白進、張誠在京備用，其不用者，聽其便居住。二十七年三月，理藩院奉旨：朕看西洋人眞實而誠慤可信，羅刹著徐日昇去。於是上召徐日昇，張誠赴朝，各賜蟒袍一件、大緞四匹，又賜蟒素鞍襯各二副。又遣御前侍衛趙捧賜米色御服御貂之外衣各二襲，至徐、張寓所。

康熙三十年，浙撫張鵬翮不明聖教眞實，未知皇上欽崇，妄行禁止。徐、安上疏，爲敬陳始末緣由等事。奉旨：該部議奏。三十一年三月，禮部等衙門尚書顧題爲欽奉上諭事。該臣等會議，查得西洋人仰慕聖化，由數萬里航海而來，現今治理曆法，用兵之際監造軍器火炮，差往阿羅素，實心效力，克成國是，勞績甚多，各省居住西洋人，並無爲非亂行之處，並非左道惑衆、異端生事之教，且喇嘛僧道等寺廟尚容人燒香行走，而西洋人並無違法之事，反行禁止，似屬不相宜，應將各處天主堂俱照舊存留，凡進香供奉之人，仍許照常行走，不必禁止。俟命下之日，通行直隸各省，一體遵照可也。本月初五日奉旨：依議。四月，杭州在堂修士殷鐸澤進京。五月初一日陛見，叩謝皇恩。天顏愉悅，備問：「你老人家遠來，身體都安康麼？」初九日，又召見乾清宮，綸音下問：「你老人家年壽幾何，到中國幾年了？」鐸澤一一回奏。賜茶，命理藩院李煦、治理曆法西人安多、殷回南。十七日，殷於暢春苑叩辭，隨蒙賜宴，又命侍衛以手扶掖，復蒙綸音：「你老人家行路辛苦，可載之龍舟，由河而出。」又賜瓊玉膏一瓶補力。

康熙三十九年十二月，特奉上諭，動發內帑銀兩，建造天主堂於皇城內，又發廣運庫銀一萬兩，修建天主堂於順城門內。

康熙四十三年，山左大祲，流民就食京師者無數。上特諭在京三處天主堂內西士云：「爾等遠來，本以愛人爲主，今發帑金，特命爾等前往賑濟，庶饑民得沾實惠。」康熙四十五年冬，皇上面諭在京西士云：「朕念你們，欲給爾等敕文，爾等得有憑據，地方官曉得你們來歷，百姓自然喜歡進教。」

自康熙二十三年九月聖駕南巡及今，每巡幸之處，必顧問天主堂所在，凡接見西士，必蒙溫旨詢問，或賜白金，或賜御膳，或賜袍緞，或賜果餅，或賜克食，從無虛次。

康熙四十六年，聖駕南巡，欽頒敕文，備載履歷，杭州傳教修士艾斯玎、寧波郭中傳、紹興龔當信，四月初四日叩覲於杭州行宮。二十六日，各省傳教修士共二十二位同在揚州行宮陛見，俱蒙恩賜筵宴，並賜紗緞，欽頒敕文，永在中國各省行教，不必再回西洋。且諭云：「領敕之後，爾等與（人）〔朕〕猶如一家人了。」其敕文俱命直郡王親手授付。臣玎等伏聆聖諭，柔惠遠人，尊崇天主，陶淑萬民，至矣盡矣。臣等跋涉間關，原奉教宗之命，闡揚聖教，非以器數末學來炫厥長，今蒙皇上洞鑒愚誠，由加優蔭，異數洪恩，無能仰報涓埃於萬一，惟凜遵聖訓，竭誠敷教，更頌禱於天主臺前，恭祝聖天子萬年永享無疆之曆云爾。謹述。

康熙五十三年三月，敕建天主堂告成。是月十五日，御書「萬有眞原」匾額一面，又對聯一副「無始無終，先作形聲眞主宰；宣仁宣義，聿招拯濟大權衡」。差內大臣送至天主堂懸挂，俱御制宸翰。二十二日，遠臣蘇霖、紀利安、巴多明等赴暢春苑跪奏：「爲恭謝天恩事。竊臣等鄙居西極，志切觀光，深荷聖朝柔遠之典，超逾今古，素沐皇仁優恤之恩，邁越尋常，自先臣湯若望、南懷仁、徐日昇等，無不世受煦培，糜身百體，未足云酬。即臣等奉行天教，非聖主周全庇護，豈能久侍闕廷，安享舜日堯天之福？且愚民昏蟄，焉能復睹青天皎日之光？如艾若瑟等奉敕回西，數年以來，時廑聖慮，下詢回音，眷顧體恤，倍軫天懷，如此隆恩，世所罕覯。臣等夢寐頂感，無地自容，何幸皇仁浩蕩，有加靡已，復因堂宇少修，不無殘缺，蒙賜帑銀萬兩，令臣等改建，溫綸撫慰，敕令輪奐美觀，以申照事。臣等下情，不勝歡暢，恪遵恩旨，竭力興工。幸逢五十載聖祚昌期，恰值亘古今曠典告就，是皆吾皇上洪福所致。又蒙欽賜匾對碑文，以示優崇所屬，由是堂構維新，藉龍章而更耀；式欽眞宰，邁群後而獨隆。光同日月，炳若星辰。帝鑒在茲，兆庶緣一人而篤慶；洪圖遐暢，運祚與山嶽而常垂。此等異數殊恩，非特臣等鼓舞欣感，即西洋各國見臣等書信，亦莫不聞風向慕，遠邇頌揚，眞千載難逢，亘古未有者也。臣等居處中華，奉教貞修。至親遠隔，孤苦無依。乃疊蒙聖恩，委曲備至。臣等雖捐頂糜踵，何能酬報萬一？惟有朝夕焚香，跪祝於天主臺前，祈佑聖壽無疆，永享億萬斯年升平之福，以稍盡微賤之忱而已。特此具摺，叩謝天恩。臣等無任歡忭感激零涕瞻依之至。謹奏。」本日，御前大臣趙昌、王道化傳旨，御批：知道了。本內天主二字不曾抬頭。著飭行奏疏。禮部題覆：該臣等議得，御史樊祚紹條奏一件，妄立異教惑衆誣民等事，疏稱：今有西洋人等造爲異說，名曰天主教，臣訪聞近今京畿直隸各省人民，多有信服其教者，恐流衍日久，漸染滋深，害及中國人心，則廓清不易，伏祈敕下該部，嚴行禁止等語。查康熙三十一年二月內，內閣奉上諭：前部議將各處天主堂照舊存留，止令西洋人供奉，已經准行，現在西洋人治理曆法，前用兵之際製造軍器，效力勤勞，近隨征阿羅素，亦著有勞績，並無作非胡行之處，將伊等之教，目爲邪教，奏請禁止，殊屬無辜，爾內閣會同禮部議奏。欽此欽遵。會議得，各處天主堂俱照舊存留，凡進香供奉之人，仍許照常行走，不必禁止等因具題，通行各直省在案。又於四十七年四月內，由武英殿議得，凡各省天主堂居住修道傳教西洋人等有內務府印票者，任其行走居住，不必禁止。未給印票者，凡堂不許居住，令往岙門安插等因具奏。通行各直省亦在案。今查得，此等住堂西洋人俱仰慕聖化，航海而來，與本國人曾爲國家效力，令居各省堂中者俱領有印票，各修其道，歷有年所，並無妄作非爲，其御史樊條奏嚴行禁止之處，應毋庸議可也。謹題。康熙五十年十二月十四日奉旨：依議。

趙翼《廿二史劄記》卷三四《天主教》 意大理亞國在大西洋中。萬曆中，其國人利瑪竇至京師，爲萬國全圖，言天下有大洲五。第一曰亞細亞洲，凡百餘國，而中國居其一。第二曰歐羅巴洲，凡七十餘國，而意大理亞居其一，第三曰利未亞洲，亦百餘國。第四曰亞墨利加洲。第五曰墨瓦蠟泥洲。而域中大地盡矣。大抵歐羅巴諸國，悉奉天主教。天主耶穌，生於女德亞，即古大秦國也。其國在亞細亞洲之中，西行教於歐羅巴，其始生在漢哀帝元壽二年庚申，閱一千五百八十一年。至萬曆九年，利瑪竇始泛海九萬里，抵廣州之香山澳，其教漸行。二十九年，入京師，以方物獻，幷貢天主及天主母圖。禮部以會典不載大西洋名目，駮之。帝嘉其遠來，假館授餐。公卿以下，重其人，咸與交接。利瑪竇安之，遂留居不去。三十八年卒。其年以曆官推算日食多謬，五官正周子愚言，大西洋人龐迪我，熊三拔等，深明曆法，其書有中國所不及者，當令採擇。遂令迪我等同測驗。自利瑪竇來後，其徒來者益衆。有王豐肅陽瑪諾等居南京，以其教倡行，官民多從之。禮部郎中徐如珂惡之，奏請逐回。四十六年，迪我等奏，臣與利瑪竇等，泛海九萬里，觀光上國。臣等焚修行道，尊奉天主，豈有邪謀，敢墮惡業，乞賜寬假。帝亦不報，而其居中國如故。崇禎時，曆法益舛。禮部尚書徐光啓，請令其徒羅雅（名）湯若望等，以其國新法相參較。書成，即以崇禎元年戊辰曆爲曆元，其法視大統曆爲密焉。其人東來者，大都聰明特達之士，意專行教，不求祿利。所著書多華人所未道，故一時好異者咸尚之。其徒又有龍華民，畢方濟，艾如略，鄧玉函諸人，皆歐羅巴國之人也。統而論之，天下大教四，孔教，佛教，回回教，天主教也。皆生於亞細亞洲，而佛教最廣。亞細亞洲內，如前後藏，準噶爾，喀爾喀，蒙古等部，悉奉佛教，中國亦佛教盛行。亞細亞洲

外，如西洋之古里國，錫蘭國，榜葛剌國，沼納樸兒國，南洋之白葛達國，占城國，賓童龍國，暹羅國，眞臘國，東洋之日本國，琉球國，皆奉佛教。（俱見《明史·外國傳》。）又增迦剌國，馬八兒國，俱有佛鉢舍利。（見《元史》亦黑迷失傳。）其餘海外諸番，則皆奉天主教矣。回回教，亞細亞洲內，惟烏什，葉爾羌，喀什噶爾，和闐，郭酣，巴達克山，控噶爾克，食米爾，退木爾沙等國奉之。（見椿園氏《異域瑣談》。）外洋則祖法兒國，阿丹國，忽魯謨斯諸國奉之。（亦見《明史·外國傳》。）孔教僅中國之地，南至交趾，東至琉球，日本，朝鮮而已。是佛教所及最廣，天主教次之，孔教回回教又次之。孔子集大成，立人極，凡三綱五常之道，無不該備。乃其教反不如佛教天主教所及之廣，蓋精者惟中州清淑之區，始能行習。粗者則殊俗異性，皆得而範圍之，故教之所被尤遠也。試觀古帝王所制禮樂刑政，亦只就倫常大端，導之禁之。至於儒者所言身心性命之學，原不以概責之庸衆，然則天道之包舉無遺，固在人人共見之粗迹，而不必深求也哉。

梁廷枏《海國四說·意大里亞國即意達里亞**》** 謹案：即《會典》所稱之意達里亞。東與哪嗎接壤，地在博爾都噶爾雅之南稍西，佛蘭西之東，荷蘭之東南，並居大西洋中。《明史》云：自古不通中國。萬曆時，其國人利瑪竇言：歐羅巴諸國，歷奉天主耶穌教。而耶穌生於如德亞，其國在亞細亞洲之中，西行教於歐羅巴。其始生在漢哀帝元壽二年庚申，閱一千五百八十一年，始汎海抵廣州之香山澳。至二十九年入京師，中官馬堂以其方物進獻，自稱大西洋人。禮部言：「《會典》止有西洋瑣里國，無大西洋，其眞僞不可知。又寄居二十年，方行進貢，則與遠方慕義特來獻琛者不同。且其所貢《天主》及《天主母圖》，既屬不經，而所攜又有神仙骨諸物。夫既稱神仙，自能飛昇，安得有骨。況此等方物，未經臣部繹驗，徑行進獻，則內臣混進之非，與臣等溺職之罪，俱有不容辭者。及奉旨送部，乃不赴部審譯，而私寓僧舍，臣等不知其何意。但諸番朝貢，例有回賜，其使臣必有宴賞，乞給賜冠帶還國，勿令潛居兩京，與中人交往，別生事端。」不報。帝嘉其遠來，假館授粲，給賜優厚。公卿以下重其人，咸與晉接。瑪竇安之，遂留不去，以三十八年四月卒於京。賜葬西郭外。其年十一月朔，日食。曆官推算多謬，朝議將修改。明年，五官正周子愚言：「大西洋歸化人龐迪莪［我］、熊三拔等，深明曆法。其所攜曆書，有中國載籍所未及者。當令譯上，以資採擇。」禮部侍郎翁正春等，因請仿洪武初設回回曆科之例，令迪莪等同測驗。從之。

自瑪竇入中國後，其徒有王豐肅者，來居南京，專以天主惑衆，士大夫暨里巷小民，間爲所誘。禮部郎中徐如珂惡之。其徒又自誇風土人物遠勝中華，如珂乃召兩人，授以筆劄，令各書所記憶。悉舛謬不相合，乃倡議驅斥。四十四年，與侍郎沈潅、給事中晏文輝等合疏，斥其邪說惑衆，且疑其爲佛郎機假託，乞急行驅逐。禮科給事余懋孳亦言：「自利瑪竇東來，而中國復有天主之教。乃留都王豐肅、陽瑪諾等，煽惑群聚，不下萬人，朔望朝拜，動以千計。夫通番、左道並有禁。令［今］公然夜聚曉散，一如白蓮、無爲諸教。且往來濠［壕］鏡，與澳中諸番通謀，而所司不爲遣斥，國家禁令安在？」帝納其言，至十二月，令豐肅及迪莪［我］等俱遣赴廣東，聽還本國。命下久之，乃遷延不行，所司亦不爲督發。四十六年四月，迪莪［我］等奏：「臣先與利瑪竇十餘人，涉海九萬里，觀光上國，叨食大官十有七年。近南北參劾，議行屏斥。竊念臣等焚修學道，專［尊］奉天主，豈有邪謀。惟聖明垂憐，候風便還國。若寄居海嶼，益滋猜疑，乞並南都諸處陪臣，一體寬假。」不報。乃怏怏而去。豐肅等尋變姓名，復入南京，行教如故。其國善製礮，視西洋更巨。既傳入內地，華人多效之，而不能用。天啓、崇禎間用兵，數召澳中人入都，令將士學習，其人亦爲盡力。崇禎時，曆法益疏舛，禮部尚書羅［徐］光啓，請令其徒羅雅谷、湯若望等，以其國新法相參較，開局纂修。報可。久之書成，即以崇禎元年戊辰爲曆元，名之曰《崇禎曆書》。其法視《大統曆》爲密。其國人東來者，大都聰明之士，意專行教，不求祿利。其所著書，多華人所未道，故一時好異者咸尙之。而士大夫如徐光啓、［李］之藻輩，首好其說，且爲潤色其文詞，故其教驟興。時著聲中土者，更有龍華民、畢方濟、艾如略、鄧玉函諸人。華民、方濟、如略及熊三拔，皆意大理亞國人。玉函，熱而瑪尼國即荷蘭國。人。龐迪莪［我］，依西把尼亞國即以西把尼亞國。人。陽瑪諾，波而都瓦爾國即博爾都噶爾雅國。人。皆歐羅巴洲之國也。

又《西洋諸國》 謹案：西洋在西南海，去中國極遠，於古無可稱。

明初，使中官鄭和遠使西洋。其時，始知有西洋各國而未盡詳。至萬曆九年，西洋有利瑪竇者，至廣州之香山澳。二十九年，以其方物進獻。其徒繼來者益衆，士庶多與遊者。崇禎初，曆法疏舛，禮部尚書徐光啓，請令西洋人羅雅谷、湯若望等，以其國新法相參校，開局纂修。書成未上，旋遭鼎革。本朝建元，採用其説，命若望等理欽天監事。醫學亦間用之。據利瑪竇及南懷仁等稱：所經歐羅巴洲地七十餘國。其大者曰以西把尼亞，拂郎察，意大里亞，熱爾瑪尼亞，拂蘭地亞，波羅泥亞，翁加里亞，大泥亞，厄勒察亞，莫斯哥未。風俗尚天主教，通曆數，善製造。歐羅巴洲大、小諸國，皆奉行其教。

《錢恂奏摺》（錢單士厘《歸潛記》丁編二附） 宣統元年九月二十四日（積跬步任義使時）奏爲西教傳入中國，舊派根柢尤深，亟應確實調查，默施撫馭，內以安民，外以睦鄰，恭折仰祈聖鑒事。竊維西教流入中國，始於唐代，有碑可證。前明正德以後，教分新舊，鬥爭百年，釀成三十年大戰，至順治初年始定。當鬥爭劇烈時，舊派有會名耶穌乙脱者，自揣西方勢力不振，改轍而東，而中國西教從此遂盛。明臣徐光啓，即此會中人也。乾隆以後，新派接踵而來。就今日統計上言之，猶新少而舊多。中國俗稱天主教者，即舊教；俗稱耶穌教者，即新教也。

傳舊教者，重禮式，重皈依；傳新教者，重演説，重周濟。其用不同，其體則一。舊教奉教王爲進退，故昔盛而今衰；新教恃國力以蔓延，故今強而昔弱。東方舊教，自教王力微以後，頗爲法國政府所主持。光緒三十三年法國裁抑舊教，沒其產，逐其人，事極嚴厲。教王不悦，彼此撤使，法國遂不問東方舊教事。而德以專崇新教夙排舊教之國，起而攬任東方舊教事，用意至爲深鷙。中國失此機會，未將舊教事權主張擔任，致柄仍外操，誠爲可惜。今猶幸舊教之徒未盡傾心於新教之國，補牢未晚。

查舊教之在東亞者，以香港爲總匯之地，劃中國版圖爲五部：第一部乃直隸全省，滿蒙全境及河南衛輝一府；第二部乃山東、山西、甘肅、陝西及新疆，第三部乃浙江、江南、江西、湖南、湖北、河南；第四部乃雲南、貴州、四川及二藏；第五部乃福建、廣東、廣西也。此五部中，又各分爲十區、十二區、六區、四區不等，都凡四十二區。區各有長，掌區之行教。即如直隸省分爲四區，區長一駐順天，二駐永平，三駐河間，四駐正定；在順天、永平、正定者爲拉薩里派，在河間者，即耶穌乙脱派也。華民受其學校教育及蒙其慈善恩惠者，人數之多，閲之增駭。謹將光緒三十三年統計人數，開列清單，恭呈御覽。此不過就臣在洋所調查而言，恐未盡確，且不過就直隸一省而言，他省尚不在內，他區更不可勝計。約略言之，中國全境信舊教者當不下百十一萬人。臣又見教王文庫，藏有福建人控訴案牘多件。夫以中國食毛踐土之人，而遠越數萬里，控訴於教王，則中國主權安在？將欲收拾此輩人心，自非洞悉教業之盛衰與教政之施行不可；而欲悉教業教政，又非確查其教地所駐在與教派所區分不可。

教派在中國，曰拉薩里六區，曰耶穌乙脱者二區，曰米蘭者三區，曰巴黎者十區，曰興脱者六區，曰蘭昔斯者九區，曰羅馬者一區，曰司堆爾者一區，曰巴爾母者一區，曰奥古士丁者一區，曰多迷尼加者二區，雖同奉天主而宗旨既微有不同，事業亦隨之而異。方今明詔預備立憲，則教民統計應所必詳，有統計乃可以施撫馭之策。舊教無國力以爲之助，收拾較易著手。果先將舊教撫馭得法，不使齟齬，更推而收拾新教，亦未始竟不可成之事。臣於光緒二十四年仰蒙德宗景皇帝特旨召見時，垂詢教務甚詳。追憶聖訓「教案我最擔心」一語，臣久欲於教務上謀所裨益，以上慰先帝在天之靈：奉使義邦，又舊教根本之地，雖爲時僅及一歲，敢不竭誠謀和民教方法？

臣愚以爲宜先於畿疆調查入手，先作一模範，然後推行於各省。選擇明於教學、明於外交之官員，與各區教長聯絡往來，務盡悉其情狀，以聞於朝，以布於世。俾外人知我中國既非排教人，亦非藐視教務，庶幾民教意見消融較易，而不至因教案而釀成國際交涉，實中國莫大之幸。如蒙採擇，請旨先敕直隸省詳細調查，以爲外省先導，臣不勝惶惑盼切之至。所有擬請先查舊教情形緣由，恭摺上陳，伏乞皇上聖鑒。謹奏

謹將光緒三十三年分直隸四區舊教事業調查統計，繕具清單，恭呈御覽：

第一、直隸北區

舊教信徒八萬伍千九百二十人，內光緒三十三年受洗禮入教者一萬二千人，又未受洗禮而信教者二萬五千人。司事教士：本地人五十人，外國人四十四人。傳道教士：男六百二十六人，女四百七十六人。教堂六十七

所。禮拜壇三百八十所。培養敎士學堂大小各一所，學生共百七十五人。

公開之學堂：男校一百八十一所，生二千八百七十三人；女校一百四十六所，生二千五百九十八人。女師範六所，生一百二十三人。教育初信敎人之學堂：男校四百七十八所，生一萬一千七百九十人；女校三百二十五所，生五千三百五十一人。有寄宿之學堂：歐人男校二所，生三十七人；歐人女校一所，生四十二人；本地人學歐文歐學者四所，生五百二十七人；本地人學中文者八所，生一百四十九人。

病院四所，收容病者一千九百二人。養老院二所，收容老者七十三人。藥局四所。育嬰堂十所，收容嬰兒一千二百九十二人。

右第一區，大約以順天、保定、宣化、天津四府爲境，人口約一千萬，計舊敎徒共十一萬一千人，是佔百分之一矣。除培養敎士學堂外，又開大小學堂一千一百五十一所，收學生至二萬三千九百人，勢力之盛如此。

第二、直隸東區

舊敎信徒五千二百七十六人。又未受洗禮而信敎者一千人。司事敎士：本地人一人，外國人八人。傳道敎士：三十六人。敎堂二十五所。禮拜壇二十二所。培養敎士小學堂一所，生二十四人。

公開之學堂：男校十六所，生一百九十七人；女校十六所，生一百九十八人。有寄宿之學堂：女校一所，生十五人。育嬰堂二所，收容嬰兒二十四人。

右第二區，大約以關東爲境，人口約五百萬，計舊敎徒六千余人，占千分之一有奇。

第三、直隸東南區

舊敎信徒五萬九千六百四十六人。又未受洗禮而信敎者九千七百七十五人。司事敎士：本地人二十人，外國人四十八人。傳道敎士：男七百一十人，女四百五十人。敎堂三所。禮拜壇三百三十二所。培養敎士大小學堂各一所，生共七十三人。

公開之學堂六十所，生一千三百六十七人。教育既入敎與初信敎者之學校：男校二百七十一所，生四千五百一十九人；女校二百六十八所，生三千五百二十五人。有寄宿之學堂三所，生六百一十七人。

藥局二十三所。育嬰堂四所，收容嬰兒一百二十八人。

右第三區，大約以河間、廣平等府爲境，人口約七百萬，計舊敎徒六萬九千餘人，是占百分之一。

第四、直隸西南區

舊敎信徒約四萬人。又未受洗禮而信敎者約七千人。司事敎士：本地人二十三人，外國人一十五人。傳道敎士：三百七十二人。敎堂四十九所。禮拜壇三十六所。培養敎士大小學堂各一所，立共七十八人。

公開之學堂：男校六十所，生八百六十一人；女校三十一所，生四百七十六人。教育初信敎之學堂二百八十所，生約七千人。有寄宿之學堂：歐人校二所，生一百七十六人；本地人女校一所，生三十人。養育堂二所。病院二所。育嬰堂五所，收容嬰兒六百二十七人。

右第四區，大約以正定等府爲境，人口約八百萬，計舊敎徒四萬七千人，佔二百分之一。

再：舊敎奉敎王爲進退，新敎恃國力以蔓延，臣於正摺內業經聲敍。所謂國力者，有補助之財以供其揮霍，有武力之援以恣其要求。故辦理新敎，動關國際，一涉國際，輒形棘手。然新敎教派持論，每平易近人，且多通曉普通科學，樂於親近中國文人。果有明於敎學者，不爲侮敎昧敎之談，以與晉接，亦可藉通民敎隔閡之氣。

查有路德派者，德意志、瑞典等國人爲多，新敎本宗也；有喀爾維派者，和蘭等國人爲多；有英吉利派者，英國國敎也；有梅禿特派者，英敎之別宗也；有長老派者，美國人爲多，中國新敎以此爲最盛；有浸禮派者，以浸爲洗之派；有薩拔脫派者，以通行禮拜日之上一天行禮拜者也。以上八派，皆新敎之行於中國者。派不同者，事亦不同，然大旨無殊，亦體察敎務者所不可不分別研究；即遇有國際交涉，亦當隨之而異其操縱者也。所有新敎敎派流傳中國大概情形，謹附片陳明，伏乞皇上聖鑒。謹奏。

紀事

艾儒略《職方外紀》卷二《歐邏巴總説》 歐邏巴國人奉天主正敎，在遵持兩端：其一，愛敬天主萬物之上；其二，愛人如己。愛敬天主者，

心堅信望仁三德，而身則勤行瞻禮工夫。其瞻禮殿堂自國都以至鄉井，隨在建立。復有掌教者專主教事，人皆稱爲神父，俱守童身，屏俗緣，純全一心，敬事天主，化誘世人。其殿堂一切供億，皆國王大臣民庶轉輪不絕，國人羣往歸焉。每七日則行公共瞻禮，名曰彌撒。此日百工悉罷，通國上下往焉，聽掌教者講論經典，勸善戒惡。女婦則另居一處聽講，男女有別。其愛人如己：一是愛其靈魂，使之爲善去惡，盡享天生之福；二是愛其形軀，如我不慈人，天主亦不慈我。故歐邏巴人俱喜施捨，千餘年來，未有因貧鬻子女者，未有飢餓轉溝壑者。在處皆有貧院，專養一方鰥寡孤獨。處其中者，又各有業，雖殘疾之人亦不廢。如瞽者運手足，痺者運耳目，各有攸當，務使曲盡其才，而不爲天壤之廢物。又有幼院，專育小兒，爲貧者生兒舉之無力，殺之有罪，故特設此院，令人撫育，以全兒命。其族貴而家貧者，耻於送子入院，更有兩全之法：其院穴牆以設轉盤，內外隔絕不相見，送兒者乘人不見，置兒盤中，扣牆，則院中人轉兒入矣。其曾領洗與否，皆明記兒胸，異時父母復欲收養，則按所入之年月便得其子。

又有病院，大城多至數十所，有中下院處中下人，有大人院處貴人。凡貴人若羈旅、若使客，偶患疾病，則入此院。院倍美於常屋，所需藥物悉有主者掌之，預備名醫，日與病者診視，復有衣衾帷幔之屬，調護看守之人。病愈而去，貧者量給資斧。此乃國王大家所立，或城中人併力而成，月輪一大貴人總領其事，凡藥物飲食皆親自驗視之。各城邑遇豐年多積米麥，飢歲以常價糶之，如所謂常平倉者。人遇道中遺物或獸畜之類，必覓其主還之，弗得主則養之。國中每年數日定一公所，認識遺畜，失者與得者偕來會集。如遇原主，則聽其領去，如終弗得主，則或宰肉或賣價，以散貧人。若拾金銀寶物，則書於天主堂門外，令人來識。先令預言其狀，如一一符合，即以還之，不得主，亦散於貧乏。

國中又有天理堂，選盛德弘才無求於世者主之。凡國家有大舉動大征伐，必先質之此堂，問合天理與否。擬以爲可，然後行之。國人病危，悔過祈赦，則分析產業，遺一分爲仁用，或以救貧乏，或以助病院，或以贖敵國所虜，或以修飾天主殿庭，一切仁事，悉從病人之意。遺于子孫謂子孫之財，遺於仁用謂己靈魂之財。其聖教中人更有慕道最深，抛棄世間福樂，或避居於山谷，或入聖人聖女所立之會，而畢世修持者。其入會須發三誓：一守貞以絕色，一安貧以絕財，一從命以絕意。凡歐邏巴諸國，從十六七歲願入會中矢守童身者，自國王大臣宗室以下男女不可勝紀。其女子入會後，惟父母至戚得往見之，餘絕不相交接。其會中居室原極弘敞，亦自不礙遊息也。其男子入會，例有多端：有專自修不務化人者；有務化人不能遠遊者；又有化人而欲及天下者，此則離本國、捐朋友、棄親戚，遍歷遐方，其視天下猶一家，視天下人猶一體，不辭險阻艱辛，雖啖人炙人之地，亦身歷焉，惟祈普天下之皆識眞主而救其靈魂升天，以畢素志。此歐邏巴敬天愛人之大略也。

又《拂郎察》　是國之王，天主特賜寵異。自古迄今之主，皆賜一神，能以手撫人瘰瘡，應乎而愈，至今其王每歲一日療人。先期齋戒三日，凡患此疾者，遠在萬里之外，預畢集天主殿中，國王舉手撫之，祝曰：「王者撫汝，天主救汝。」撫百人百人愈，撫千人千人愈，其神異如此。國王元子別有土地，供其祿食，不異一小王，他國不爾也。

國土極膏腴，物力豐富，居民安逸。有山出石，藍色質脆，可鋸爲板，當瓦覆屋。國人性情溫爽，禮貌周全，尙文好學。都中梓行書籍繁盛，甚有聲聞。又奉敎甚篤，所建瞻禮天主與講道殿堂，大小不下十萬。初傳敎於此國者，原係如德亞國聖人辣雜琭，乃當時已死四日，蒙耶穌恩造，命之復活，即此人也。

又《意大里亞》　拂郎察東南爲意大里亞，南北度數自三十八至四十六，東西度數自二十九至四十三，周圍一萬五千里。三面環地中海，一面臨高山，名牙而白，又有亞伯尼諾山橫界於中。地產豐厚，物力十全，四遠之人輻輳於此。舊有一千一百六十六郡，其最大者曰羅瑪，古爲總王之都，歐邏巴諸國皆臣服焉。城周一百五十里，地有大渠，名曰地白里，穿出城外百里，以入於海。四方商舶悉輸珍寶駢集此渠。自古名賢多出此地。曾建一大殿，圜形寬大，壯麗無比，上爲圓頂，悉用磚石，磚石之上，復加鉛板。當瓦頂之正中，鑿空二丈餘以透天光，顯其巧妙，供奉諸神於內。此殿至今二千餘年尙在也。

耶穌升天之後，聖徒分走四方布敎，中有二位，一伯多祿，一寶祿，皆至羅瑪都城講論天主事理，人多信從。此二聖之後，又累有盛德之士，

相繼闡明。至於總王公斯璫丁者，欽奉特虔，盡改前奉邪神之宇爲瞻禮諸聖人之殿，而更立他殿以奉天主，至今存焉。教皇即居於此，以代天主在世主教，自伯多琭至今一千六百餘年，相繼不絕。教皇皆不婚娶，永無世及之事，但憑盛德，輔弼大臣公推其一而立焉。歐邏巴列國之王雖非其臣，然咸致敬盡禮，稱爲聖父神師，認爲代天主教之君也，凡有大事莫決，必請命焉。其左右嘗簡列國才全德備，或即王侯至戚五六十人，分領教事。

此羅瑪城奇觀甚多，聊舉數事：宰輔之家有一名苑，中造流觴曲水，機巧異常，多有銅鑄各類禽鳥，遇機一發，自能鼓翼而鳴，各有本類之聲。西樂編簫，最有巧音，然亦多假人工風力成音。此苑中有一編簫，但置水中，機動則鳴，其音甚妙。此外又有高大渾全石柱，外周畫鏤古來王者形像故事，爛然可觀。其內則空虛，可容幾人登躋上下，如一塔然。伯多琭聖人之殿悉用精石製造，花素奇巧，寬大可容五六萬人，殿高處視在下之人如孩童然。城中有七山，其大者曰瑪山，人烟最稠密，第苦無泉。邇來造一高梁，長六十里，梁上立溝，接其遠山之水，如通流河也。有水泉，飲之其味與乳無異，汲之不竭，蓄之不溢。近地曰羅肋多，一聖殿即昔日聖母瑪利亞親身所居之室。此室舊在如德亞國，後爲回回竊據，天神凌空移至此地，越海七千餘里，國人欲致崇飾，恐失其舊，因周以玉牆，覆以大殿。今逢聖母誕日，行旅來朝者常至數萬人。儒略嘗親詣此殿，今已屹然巨鎮矣。

《福建建寧縣告示》 福建建寧縣正堂左爲遵明旨褒天學以一趨向事照得天主一教，其所昭事者乃普世之共主，群生之大父，至尊至親，普天率土咸當愛載者也。無奈人心久迷，頓忘其本，泰西利先生首入中華，倡明景教，蒙神宗皇帝賓禮，廩於太官，賜以御葬。自是西儒接踵來都，修曆法守都城，歷著忠勤。今賜以田房，旌以匾額，內而公卿臺省，外而院司守令，莫不敬愛景仰，所題贈詩文刻於《崇正集》者甚衆。而艾思及先生在西儒中尤稱拔萃，所著書皆驚心沁耳，憬迷破夢。相公葉公敦請來閩，教鐸弘宣八閩，郡邑咸建聖堂，以虔昭事。今幸振鐸來兹，本縣亙質所學，尤深讚歎。念列聖之所以欽褒，賢士大夫所以愛敬，豈非以其立教甚正，修己甚嚴，愛人甚切之故耶。本縣不忍兹邑自後於四方，故相率士民共創斯堂，以爲興善宥過之地。爾等須念，泰西諸儒名利不干於胷，世祿不攖其念，歷九萬里蛟龍之窟，畧人噉人之國，以至於此，無非不忍爾輩終背至尊至親之大主，以胥淪於永苦。此何等心，乃有無知愚民聲影生疑，皂白不辨，彼愛我，而我反相仇，彼援我，而我反自溺，哀哉。本縣職司風教，深知西儒之學足輔王化，爲此示諭士民人等，其賢智者務虛心克己，將西儒所刻諸書體心研求，必且憬然會心，悚然愧汗。若乃愚民妄相揣度，則有《鴞鸞說》、《用夏解》及《代放》正續二編，在爾等其繹思之。特示。崇禎十四年六月給。

《山西絳州告示》 山西絳州正堂留爲尊天祛邪事照得開闢一天萬古所尊正道惟一而已，自堯舜禹湯文武周孔以來相傳所謂事天帝事上帝者是也，先儒解曰，上帝，天之主宰，今人以所見之蒼蒼者言天，是猶稱帝王曰朝廷也，即至愚之人不識不知，未嘗不曰天爺，曰天命，曰天理，曰聽天，曰靠天，曰天報，可見性中帶來，原非勉強。自佛道二教惑亂人心，使人不尊天而尊己，所以從古大儒極力闢之，更可恨者非佛非道，有無爲，金蟬等教名，欺天悖理，煽惑愚民，甚至結黨爲非，大干王章法紀，幸有西儒高先生修身事天，愛人如己，以教忠教孝爲第一事，上自聖天子賢宰相莫不敬禮之，以致縉紳學校諸君子尊之如師傅，愛之如兄弟，百姓從其教者，皆化爲良民，其有功朝廷，裨益世道大矣。爾鄉民有心嚮善，何不歸於正道，乃甘從邪教，欲爲善而反得惡耶。夫聖天子固天縱之聰明，而賢宰相以下皆孔聖之弟子也，豈識見不如爾鄉民耶。爾等又何疑焉，而不棄邪歸正哉。爲此出示明智之人自能遷改，即見理未明一時未能從教者，猶可由愚底智，由頑化良，若不但執迷，敢從白蓮，無爲等教者，定行訪拿其脅從之人，一併治罪不貸。須至告示者。崇禎八年六月。

《王太后致羅馬教皇書》（《東方雜誌》卷八第五號） 大明寧聖慈肅皇太后烈納致諭於因諾曾爵，代天主耶穌在世總師，公教皇主聖父座前：竊念烈納本中國女子，忝處皇宮，惟知閫中之禮，未諳域外之教。賴有耶穌會士瞿紗微，在我皇朝，敷揚聖教，傳聞自外，予始知之。遂爾信心，敬領聖洗。使皇太后瑪利亞、中宮皇后亞納及皇太子當定並請入教，領聖洗，三年於兹矣。雖知瀝血披誠，未獲涓埃答報。每思恭詣聖父座前，親領聖誨，慮兹遠國難臻，仰風徒切。伏乞聖父向天主前，憐我等罪人去世

之時，賜罪罰全赦，更望聖父與聖而公一教之會，代求天主，保佑我國中興太平，俾我大明第十八代帝，太祖第十二世孫，主臣等悉知敬真主耶穌，更冀聖父多遣耶穌會士來，廣傳聖教。如斯諸事，俱惟憐念。種種眷慕，非口所宣。今有耶穌會士卜彌格，知我中國事情，即令回國，致言我之差聖父前，彼能詳述鄙意也。俟太平之時，即遣使官來到聖伯多祿、聖保祿臺前致儀行禮。伏望聖慈，鑒茲愚悃，特諭。永曆四年十月十一日。

《王太后致耶穌會總會長書》（《東方雜誌》卷八第五號） 大明寧聖慈肅皇太后烈納敕諭耶穌會大尊總師神父：予處宮中，遠聞天主之教，傾心既久。幸遇尊會之士瞿紗微，領聖洗，使皇太后瑪利亞、中宮皇后亞納及皇太子當定，並入聖教，領聖水，閱三年矣。今祈尊師神父並尊會之友，在天主前祈保我國中興太平，俾我大明第十八帝、太祖十二世孫主臣等，悉知敬真主耶穌。更求尊會相通功勞之分，再多送老師來我國中行教。待太平之後，即著欽差官來到聖祖總師意納爵座前致儀行禮。今有尊會士卜彌格盡知我國情事，即使回國代傳其意，諒能備悉，可諭予懷。欽哉，特敕。永曆四年十月十一日。

龐天壽《致羅馬教皇書》（《東方雜誌》卷八第五號） 大明欽命總督粵閩，恢剿聯絡水陸軍務，提調漢土官兵，兼理財催餉，便宜行事，仍總督勇衛營，兼掌御馬監印，司禮監掌印太監龐亞基樓契利斯當，膝伏因諸曾爵，代天主耶穌在世，總師公教，真主，聖父座前：切念亞基樓職列禁近，謬司兵戎，寡昧失學，罪過多端。昔在北都，幸遇耶穌會士開導愚懵，勸勉入教，恭領聖水，始知聖教之學，蘊妙洪深，夙夜潛修，信心崇奉二十餘年，罔敢少怠。獲蒙天主庇佑，報答無繇。每思躬詣聖座，瞻禮聖容，詎意邦家多故，王事靡盬，弗克遂所願懷，深用悚仄。但罪人一念之誠，爲國難未靖，特煩耶穌會士卜彌格歸航泰西，來代告教皇聖父，在於聖伯多祿、聖保祿座前，兼於普天下聖教公會，仰求天主慈炤我大明，保佑國家，立際升平。俾我聖天子乃大明第十八代帝，太祖第十二世孫，主臣欽崇天主耶穌，則我中華全福也。當今寧聖慈肅皇太后聖名烈納，昭聖皇太后聖名瑪利亞，中宮皇后聖名亞納，皇太子聖名當定，虔心信奉聖教，並有諭言致聖座前，不以宣之矣。及愚罪人，懇祈聖父，念我去世之時，賜罪罰全赦。多令耶穌會士，來我中國，教化一切世人，悔悟敬奉聖教，不致虛度塵劫。仰邀大造，實無窮矣。肅此，少布愚悃。伏惟慈鑒，不宣。永曆四年歲次庚寅陽月弦日書。

《熙朝定案・禮部爲天恩難報事二疏》 禮部題爲天恩難報事。准兩廣總督金光祖揭稱：看得西洋人栗安當等准部文，查內有通曉曆法，起送來京，其不曉曆法，即令各歸各省本堂，除查將通曉曆法恩禮閣、閔明我二名送京，不曉曆法汪汝望等十九名送各本堂訖；又西洋人萬濟國一名，系康熙十年三月內准福建督臣劉斗咨，從福建驛送廣東安置之人，不系栗安當等人數之內；據西洋人何大化具呈，隨伊歸福建省堂，應否令歸該堂，相應請旨定奪者也。揭帖二十四日到部，覆該臣等議得，據廣東、廣西總督金光祖正疏稱，西洋人萬濟國系福建督臣劉斗驛送廣東安置之人，不系栗安當人數之內；據何大化具呈，隨伊歸福建省堂，應否令歸該堂，相應題請等語。查康熙九年內，據浙閩督臣劉兆麒將流行西洋人萬濟國從福建福寧州地方盤獲具題，臣部題覆，驛送廣東總督安置，其萬濟國原非福建省堂居住之人，不便與何大化同歸福建省堂，萬濟國應仍留香山嶴可也。臣等未敢擅便，爲此謹題請旨。康熙十年九月日奉旨：何大化既願帶萬濟國往福建居住，准其往福建居住。

禮部題爲天恩難報事。該臣等議得，欽天監治理曆法南懷仁等疏稱：恩禮格、閔明我亦系通曉曆法，行取來京之人，所需食用等項，相應照例請給等語。查順治十六年，據湯若望題，爲曉曆修士抵京事一疏，臣部議覆，修士蘇納、白乃心二人，跟役四名食用等項，相應酌量給發等因具題。奉旨：依議。遵行在案。今恩禮格、閔明我二人應照蘇納、白乃心之例，行文各該部衙門，照例給與，俟命下臣部之日，劄令該監，自行取給可也。臣等未敢擅便，謹題請旨。康熙十一年四月初二日題，初四日奉旨：依議。

又 康熙二十五年丙寅孟冬之月，阿囉素國使臣二員請旨，往天主堂叩禮天主。本月初八日，奉旨：准往。著禮部右侍郎孫果、理藩院左侍郎喇巴克、禮部郎中帕海帶他去。後聖駕在海子。本月初十日，又特差侍衛趙昌傳旨：著禮部右侍郎孫果、理藩院左侍郎喇巴克、禮部郎中帕海等一并在天主臺前叩頭。

又 工部爲封炮刊鐫其用法等項請旨事。覆欽天監治理曆法加工部右

侍郎南懷仁題前事，康熙二十六年四月十一日題，十四日奉旨：依議。今地方官間有禁止條約，內將天主教同於白蓮教謀叛字樣，著刪去。

又 禮科抄出欽天監治理曆法臣徐日昇、安多謹題：爲敬陳始末緣由，仰祈睿鑒事。本年九月內，杭州府天主堂住居臣殷鐸澤差人來說，該巡撫交與地方官，欲將堂拆毀，書板損壞，以爲邪教，逐出境外等語。此時不將臣等數萬里奔投苦衷於君父前控訴，異日難免報仇陷害之禍。伏見我皇上統馭萬國，臨蒞天下，內外一體，不分荒服，惟恐一人有不得其所者，雖古帝王亦所莫及，即非正教亦得容於覆載之中。且皇上南巡，凡遇西洋之人，俱頒溫旨教訓，容留之處，衆咸聞知。今以爲邪教，撫臣一心何忍。且先臣湯若望蒙世祖章皇帝隆恩，特知盡心，將舊法不可用之處以直治理，惟上合天時，方可仰報知遇之恩，而不知爲舊法枉罹不忠之懲，後來楊光先等屈陷以不應得之罪。皇上洞鑒，敕下議政王貝勒大臣九卿詹事科道質明，是非自白。先臣湯若望雖經已故，奉旨召南懷仁，加恩賜予官爵，命治理曆法，承恩愈隆，故知無不言，言無不盡，西洋所習各項書籍，曆法本源、算法律呂之本，格物等書，在內廷纂修二十餘年，至今尚未告竣。皇上每項既已詳明，無庸煩瀆，若以爲邪教，不足以取信，何以自順治初年以至今日，命先臣製造軍器，臣閔明我持兵部印文，泛海差往俄羅斯，臣徐日昇，張誠賜參領職銜，差往俄羅斯二次乎？由是觀之，得罪於人者，不在爲朝廷效力，而在懷私不忠。若忠而無私，無不心服者；若私而不忠，不惟人心不服，而亦不合於理。先臣跋涉數萬里者，非慕名利，非慕富貴而來，倘有遇合，將以闡明道教，自來至中國，隨蒙聖眷，於順治十年特賜敕命治理曆法，十四年，又賜建堂立碑之地。康熙二十七年，臣南懷仁病故，以侍郎品級賜謚號，諭祭之處，案內可查。以臣等語音，易習滿書，特令學習滿書，凡俄羅斯等處行文，俱在內閣翻譯。臣等何幸，蒙聖主任用不疑，若以臣等非中國族類，皇上統一天下，用人無方，何特使殷鐸澤無容身之地乎？實不能不向隅之泣。臣等孤孑無可倚之人，亦不能與人爭論是非，惟願皇上睿鑒，將臣等無私可矜之處察明施行，爲此具本謹題，臣等無任戰慄待命之至。

康熙三十年十二月十六日具題，本月十八日奉旨：該部議奏。

又 禮部爲恭陳始末，仰祈睿鑒事。禮科抄出欽天監治理曆法徐日昇等題前事，康熙三十年十二月十六日具題，本月十八日奉旨：該部議奏。欽遵。於本月十九日抄出到部，該本部議得，欽天監治理曆法徐日昇、安多疏稱，杭州府住堂臣殷鐸澤使人來稱，彼處巡撫令地方官毀教堂、破書板，目爲邪教，逐出境外，臣等孤獨，依倚無儔，亦不敢與人爭辯是非，惟祈皇上睿照，以明臣等無私之苦衷等語。查得康熙八年，議政王貝勒大臣九卿科道會議，以天主教並無爲惡亂行之處，伊等聚會，散給《天學傳概》、銅像等物，應仍行禁止，其天主止令西洋人供奉等因具題。奉旨：天主教除南懷仁等照常自行外，恐直隸各省或復立堂入教，仍著嚴行曉諭禁止，餘依議。欽遵在案。又查康熙二十六年，治理曆法加工部右侍郎南懷仁疏稱：臣等所奉天主教，祈照康熙初年未曾誣造之前，任隨其便，不阻其門，以斷絕妄指之誹謗等語。工部會同臣部議，以康熙八年利類思、安文思、南懷仁等具呈，經議政王貝勒大臣九卿科道會議，寺廟聚會，永行禁止，其伊等聚會，散給《天學傳概》、銅像等物，仍行禁止，天主教系伊等從來供奉，應止令西洋人供奉。具題，已經奉旨：其南懷仁具題之處毋庸議等因具題。奉旨：依議，今地方官間有禁止條約，內將天主教同於白蓮教謀叛字樣，著刪去。欽此欽遵。已經行文浙江等省，其杭州府天主堂應照舊存留，止令西洋人供奉，俟命下之日，行文該撫知照可也。康熙三十一年正月二十日題，本月二十三日奉旨：依議。

又 康熙三十一年正月三十日，大學士伊、阿奉上諭：西洋人治理曆法，用兵之際修造兵器，效力勤勞，且天主教並無爲惡亂行之處，其進香之人，應仍照常行走，前部議奏疏著掣回銷毀，爾等與禮部滿堂官滿學士會議具奏。

又 康熙三十一年二月初二日，大學士伊等奉上諭：前部議將各處天主堂照舊存留，止令西洋人供奉，已經准行，現在西洋人治理曆法，前用兵之際製造軍器，效力勤勞，近隨征阿羅素，亦有勞績，並無爲惡亂行之處，將伊等之教目爲邪教禁止，殊屬無辜，爾內閣會同禮部議奏。欽此。該臣等會議得，查得西洋人仰慕聖化，由萬里航海而來云云。

又 禮部等衙門尚書降一級臣顧八代謹題，爲欽奉上諭事。該臣等會議得，查得西洋人仰慕聖化，由萬里航海而來，現今治理曆法，用兵之際，力造軍器火炮，差往阿羅素，誠心效力，克成其事，勞績甚多，各省

居住西洋人並無爲惡亂行之處，又幷非左道惑衆，異端生事，喇嘛僧道等寺廟尚容人燒香行走，西洋人並無違法之事，反行禁止，似屬不宜，相應將各處天主堂俱照舊存留，凡進香供奉之人仍許照常行走，不必禁止，俟命下之日，通行直隸各省可也。康熙三十一年二月初三日會題，本月初五日奉旨：依議。

又 禮部爲欽奉上諭事。祠祭淸吏司案呈，奉本部送禮科抄出該本部等衙門題前事，内開：三十一年二月初二日，大學士伊等奉上諭：前部議得，將各處天主堂照舊存留，止令西洋人供奉，已經准行，現在西洋人治理曆法，前用兵之際製造軍器，效力勤勞，近隨征阿羅素，亦有勞績，並無爲惡亂行之處，將伊等之教目爲邪教禁止，殊屬無辜，爾内閣會同禮部議奏。欽此。該本部會議得，查得西洋人仰慕聖化，由萬里航海而來，現今治理曆法，用兵之際，力造軍器火炮，差往阿羅素，誠心效力，克成其事，勞績甚多，各省居住西洋人並無爲惡亂行之處，又非左道惑衆，異端生事，喇嘛僧道等寺廟尚容人燒香行走，西洋人並無違法事，反行禁止，似屬不宜，相應將各處天主堂俱照舊存留，凡進香供奉之人，仍許照常行走，不必禁止。候命下之日，通行直隸各省可也等因。康熙三十一年二月初三日題，本月初五日奉旨：依議。欽此欽遵。抄部送司，相應移咨，案呈到部，擬合就行，爲此合咨前去，煩爲遵查照施行。

右咨直隸各省撫院衙門。

康熙三十一年三月日。

又 欽差大臣兩廣總督部院耆謹奏，爲具奏事。竊查天主教爲西洋各國所崇奉，意主勸善懲惡，故自前明入中國，向不禁止，嗣因中國習教之人每有藉教爲惡，甚至誘汙婦女，誆取病人目睛，經官查出，懲辦有案，於嘉慶年間始定爲分別治罪專條，原所禁中國藉教爲惡之人，並非禁及西洋外國所崇奉之教也。今據咈蘭西使臣喇萼呢請將中國習教之人免罪之處，似屬可行。嗣後無論中外民人，凡有習學天主教，並不滋事行非者，仰懇天恩准予免罪，如有誘汙婦女，誆取病人目睛及另犯別項罪名，仍照定例辦理。咈蘭西及各外習教之人，止准其在通商五口地方建堂禮拜，不得擅入内地傳教，倘有違背條約，越界妄行，地方官一經拿獲，即解送各國領官管束懲治，不得遽加刑戮，以示懷柔。庶良莠不至混淆，而情法亦昭平允。所有請將習教爲善、免其治罪之處，理合恭摺具奏，仰祈皇上恩准施行。謹奏。道光二十四年十一月十九日奉到硃批：依議。欽此。

又 爲通行事。道光二十五年九月初一日，准兩廣總督部堂耆、廣東巡撫部院黄咨，照得學習天主教爲善之民免其治罪一案，前經本大臣奏，奉硃批：依議。欽此。即經本大臣恭錄，行知貴部院，通飭所屬地方官一體欽遵，查照在案。第思天主教以勸善戒惡爲本，而何者方爲習天主教爲善，前咨未經指明，恐各省礙難辦理。兹查天主教系按期會同禮拜，敬供十字架圖像，念誦本教之書，此乃其教中規矩，不如此即不謂之天主教，現既准予免罪，所有會同禮拜，敬供十字架圖像、念誦本教之書、講說勸善道理，系習教爲善之事，均毋庸禁止。其有設立恭奉天主處所，會同禮拜，亦可聽從其便，但不准招集遠鄉之人，勾結煽誘，有違中國定制。倘有不法之徒藉稱習教結黨爲匪，即别教之人因天主教新奉免罪恩旨，輒思溷跡□希圖倖免者，俱屬藉教爲惡，仍各按舊例治罪。除由本大臣部院恭摺具奏外，相應咨行大小衙門，通飭各屬一體遵照辦理。毋違。

又 太子少保協辦大學士、兵部尚書兼督察院右都御史、總督廣東廣西等處地方軍務兼理糧餉宗室耆、兵部侍郎兼督察院右副都御史巡撫廣東地方提督軍務兼理糧餉黄爲恭錄曉諭事。照得本閣部堂、部院具奏摺天主教爲善免罪一摺，於道光二十六年正月二十五日奉上諭：據耆等奏，學習天主教爲善之人，請免治罪，其設立供奉處所，會同禮拜，供十字架圖像，誦經講說，毋庸查禁，均已依議行矣。天主教系勸人爲善，於別項邪教迥不相同，業已准免查禁，此次所請一應一體准行，所有康熙年間各省舊建之天主堂，除改爲廟宇民居者毋庸查辦外，其原舊房屋尚存者爲勘明確實，准其給還該處奉教之人。至各省地方官接奉諭旨後，如將實在學習天主教而並不爲非者濫行查拿，即予以應得處分。其有藉教爲惡及招集遠鄉之人，勾結煽誘，或別教匪徒假託天主教之名，藉端滋事，一切作奸犯科，應得罪名，俱照定例辦理。仍照現定章程，外國人概不准赴内地傳教，以示區別。將此諭令知之。欽此。合行恭錄曉諭，爲此示仰官吏及軍民人等咸各欽遵知照毋違。特示。右仰知悉。道光二十六年二月二十一日告示。

張星曜、何文豪等《欽命傳教約述》 准内務府文，稱多羅直郡王，

本月初七日，呈進西洋人閔等謹奏，爲陳明下情，仰懇恩憐事。切臣等遠西鄙陋，蒙我皇上胞與爲懷，容留行教，凡各省居住之西洋人俱令赴京引見，給賜印票，俾得安居，敷教境中，庶免地方官疑惑稽查，從古帝王懷來柔遠，未有如吾皇上之周詳溥者也。但臣等自信受此高厚之恩，踐土食毛，無可他慮。豈知曠典新頒，外臣未悉，俱以票有眞僞之不同，案無部咨之可考，紛紛盤駁，請示遵，而禮部以無美可稽穰咨覆，外臣益滋疑竇，更致紛呶，浙閩督臣梁鼐通咨直隸各省文內，竟將西洋郭多祿一人止許在廣東居住，其餘俱令回國，其給賜印票，准留中國傳教之煌煌恩旨，反無一語提及，地方官止准此咨奉行，益加盤驗，究詰稽查，刻無寧晷。臣等細詢，方知國家定例，各省俱以部咨爲據，倘不將奉旨引見，令各領票甯居，安心傳教原由，通咨各省督撫，則地方官終無憑免議。閔等目擊外省來書，其情形實有不堪之處，惘無所措，不得不泣陳始末，仰求皇上俯賜矜全，始終造就，恩准通行，俾地方官知有欽賜印票者，照舊看待，免其疑惑，則遠臣等共沐皇上生成之德於無窮矣。臣等無激切仰千戰慄待命之至，謹具摺啓知王爺，伏乞轉奏皇上睿鑒，俞允施行等因具題。隨奏。奉旨：王大臣等議奏。該臣等會議，凡各省天主堂居住傳教之西洋人等有內務府印票者，聽其隨便居住，不必禁止，不給印票者，不許住堂，驅往澳門安插，凡新舊西洋人，未經領票，要領者，准許來京投領，但不許來京遲延，地方官亦不得阻滯，急速催來，嗣後將給票不給票姓名開交包衣大人，由伊衙門行禮部，由禮部轉行各省直隸等因可也。謹題。奉旨：依議，交與禮部。欽此欽遵。除先經領過本府印票西洋人數目姓名開送貴部外，嗣後凡領有印票，居住各省堂中修道傳教者，聽其照常居住，不必禁止，其未經領票，情願赴領者，地方速催來京，毋許久留，有司亦不許阻滯。若無票而不願領票者，驅往澳門安插，不許存留內地，相應移咨貴部，乞即轉行直隸各省可也。爲此知會等因。康熙四十六年三月初一日，奉旨：西洋波爾多噶里亞人穆德我、安懷仁、李若瑟、索諾、瞿良士，此五人著往廣東堂修道，俟龍安國、博賢士來時一併同來給票，其蒙尼、董默覺、巴祿茂、萬多默、方濟國、山若谷、山若蘭、賴嗚遠、羅森鐸、艾毓翰、赫宜、施體仁、勞弘納等，以上不曾給票者俱送往澳門安插。

高尚德、聶若望、孟由義、畢安、馬安能、陽若望、穆代來、畢登庸、張安多、金澄、德其善，以上波爾多噶里亞國人。王以仁、魯多祿，熱爾瑪尼亞國人。南懷仁、巴連仁、郭納壁、卞述齊，依西巴尼亞國人。康和子、伊大仁，方金紀、艾若瑟、梅述聖、葉崇賢、利安國、楊若翰，依大利亞國人。德瑪諾，阿爾撒亞國人，方西滿、殷洪緒、瑪若瑟、龐克修、戈維理、沙年信、聶若翰、赫蒼壁、馮秉正、卜嘉、孟正氣、傅聖澤，法郎祭亞人，龔當信、臺維翰，玻羅尼亞國人，湯尚賢、羅大令日亞國人，郭中傳、艾斯玎，依大理亞國人，以上俱領票訖。

康熙五十一年，欽差西士治理曆法雷、馮、德，向道護軍參領陶，欽天監黑五位大人，造繪各省輿圖，兵部爲遵奉上諭事，准內務府咨，稱養心殿總管張常住、總管李國平傳奉上諭：中國各省領票傳教之西洋人等，如有順便來京者，來時令伊來請安，朕亦得識認其面，將此上諭交與各省報房，並令西洋人等寄信，再伊來請安時進貢之物不必尋覓帶來，亦不得一時俱來，令陸續一二名寬緩前來。欽此。

又 康熙四十八年正月二十五日奉上諭：西洋人自南懷仁、安文思、徐日昇、利類斯等在內廷效力，俱勉力公事，未嘗有錯，中國人多有不信，朕向深知眞誠可信，即歷年以來，朕細訪伊等之行實，一切非禮之事斷不去做，豈有過犯可指？前者朕體違和，伊等跪奏西洋上好葡萄酒乃大補之物，高年人飲此，如嬰童飲服人乳之力，諄諄陳泣，求朕進此，必然有益。朕鑒其誠，即准所奏，每日進葡萄酒幾次，甚覺有益，飲膳亦加，今每日竟進數次，朕體已經大安，念伊等愛君之心，不可不曉諭朕意，今傳衆西洋人都在養心殿，叫他們知道。欽此。二十八日，西洋人蘇霖、紀利安、巴多明等往南苑請安謝恩，內侍李玉、張起麟、養心殿總管趙昌傳旨：爾等西洋人所奏甚是，嗣後凡進的物件，有西洋圖書花押者方許進呈，並要問了西洋人，該傳那一省的督撫，即照西洋人的話傳與那省督撫，如浙閩、兩江、湖廣、廣東，並松江提督等，凡本處西洋人所進上用的物件，並啓奏章疏，即速著妥當家人，雇包乘騾子，星夜馳送來京，不可誤了時刻。欽此。三月十一日，松江提督張差官代堂呈進御物回京，接得手劄、本摺、禮物到京，隨於十二日通知養心殿趙老爺，老爺即將禮摺送來，囑我檢點，我即與大會長魯老爺查看，色味皆美，即用火漆封

固，印蓋圖書。十四日，同到御園，趙老爺極力贊襄，並問張先生可知天文否、西洋音樂否。我對以敝友但知格物窮理超性之學，餘俱未學。維時御前大人皆知松江天主堂所進禮摺，皇上必定喜歡，爭先來取，可惜人多禮少，每人只捧一件進呈，皇上一見，果然大喜，贊道：「不惟物件俱好，即收拾也精致。」就親手開鼻烟瓶嘗嗅，說「好鼻烟，好鼻烟」。兩次開葡萄酒說香味，傳諭：收葡萄酒、西洋燒酒、萬應水、鼻烟、西洋香、金荳糖、木瓜糖、梨膏、蜜甘糖九件，其餘七件，非是不好不受，因朕受他的已多了，所以不受。又傳諭御前大人：你們親手交還蘇霖等這等貴重物件，朕因進貢太多，所以不受，你們拿出去，不要分散了，此番斷斷不可如前。大人們果遵上諭，逐件交還，俱拱手稱喜，轉稱吾兄大喜，會中諸友俱囑筆恭賀，以後進呈第一件是葡萄酒，其餘果有貴重之物，進幾種亦可，但原要托張大人代呈。其不受之禮七件，恐勞差官往返，暫留我處，江南林老爺進呈葡萄酒，廣東穆老爺進呈亞爾格墨斯，皇上大喜，俱令受，因聖躬康泰，用此兩物耳。

黃伯祿《正教奉褒》 定宗名庫裕克，宋理宗淳祐間時，宗室廷臣多有奉教者。定宗之母昭慈太后名脫列哥那信教甚誠，殿前建有聖堂，每值教中禮期，昭太后暨奉教王公大臣詣堂瞻禮，教士柏朗嘉賓曰爾曼國人回西朝覲教宗，昭太后賜狐皮緞袍，以壯行色。

憲宗名蒙哥六年，宋理宗寶祐四年法蘭西國王類思遣教士羅柏魯法蘭西國人奉國書東來通問，賫贈錦幬一頂，幬上彩繡教中聖像，帝奉爲奇珍，謹藏內府。羅柏魯駐京敷教，釋氏群起攻訐，帝令僧徒與教士各述其道，互相辯駁，派大臣監之，僧理窮辭遁。大臣據實奏聞，帝召羅伯魯諭曰：朕與舉國臣民實信天地萬物惟有一眞主，虔誠昭事，罔敢稍懈。嗣後帝屢率王公大臣詣堂敬禮。

世祖名忽必來至元八年，宋度宗咸淳七年遣使使臣賫禮物，遍往西國觀教宗，請派教士東來宣教。偉立爾莫、尼各老等奉派同使臣來華構堂傳教。至元十三年宋端宗景炎元年復遣大臣赴西國，謁覲教宗，使臣面奏稱：中華蒙古與皇帝業已信奉聖教，請多撥教士東來，廣宣正道。至元二十七年，若望高未諾意大理國人等奉派來華抵京，帝禮之加厚，京內有大堂三座，一與宮殿毗連，堂中唱經奏樂，音達紫宸，帝亦率領大臣，頻詣聖堂，恭瞻典禮。

成宗朝，西國教士踵至，帝待之優禮。大德十一年，教宗敕授若望高未諾爲北京大主教，隸屬各省主教七員，士庶感化，入教者三萬餘人。

仁宗延祐元年，聖奧代理谷意大理國人來燕京闡教，官紳士庶多有感化者。

英宗頒定教士俸額，按期支給，時駐京教士柏羅瑟意大理國人昇授浙江主教，帝賜御騎八名，護送任所。

順帝特命大臣往西國，恭覲教宗，奏請轉祝福佑，並派教士來華宣教，教宗亦遣使臣同來燕京，帝賜館授餐，款待優渥，屢幸其館，垂詢經典，嘉許不已。

又 熹宗天啓二年，廣東、福建一帶海疆不靖，盜劫肆行，西士奉旨往墺，商請葡萄牙國水師官員，撥發炮船兵弁捕剿，葡官允之。未幾，盜悉撲滅，荷蘭國人又侵擾墺門等處，葡師亦合力攻擊，荷人遂遠遁，上德葡人功，犒賞甚厚，並嘉獎教士。

天啓二年，上依部議，敕羅如望、葡萄牙國人陽瑪諾、龍華民等製造銃炮，以資戎行。

天啓三年，艾儒略、畢方濟俱意大理國人奉召至京聽用。

又 崇禎三年，先是，天啓元年，部臣議招寓居墺門，精明火炮之西洋人，來內地協助攻禦，至是，龍華民、畢方濟奉旨前往，招勸殷商等集資捐助火炮，教士陸若漢、紳士公沙的西勞俱葡萄牙國人率領本國人多名，攜帶銃炮，前來效力，寧遠、涿州等處，屢次退敵。後登萊之役，公沙的西勞及同伴多人陣亡，陸若漢亦受傷，兵部題請賜恤公沙的西勞等，賜官御祭，陸若漢優語褒異，賞假回墺調理。

又 崇禎九年，兵部疏稱：羅雅各等指授開放銃炮諸法，頗爲得力，但西士守素學道，不願官職，無以酬功。上遂降旨優給田房，以資傳教應用。

又 崇禎十二年十二月初六日，畢方濟上疏，稱奏爲遠臣久切祝聖之忱，謹修方物之貢，並陳一得，仰佐中興盛治事。臣西極鄙儒，以格物窮理爲學，以事天愛人爲行，潔己修身，自神宗朝偕先後輩利瑪竇等，浮海八萬里，閱三年，始觀光上國。荷蒙恩澤屢加，亡者與葬，生者給田，即

在先帝時同輩占星修曆，製器講武，效有微勞，又蒙寵錫洊加，禮數隆重，更賜「欽褒天學」匾額，頂踵戴德，三十餘年，今幸皇上龍飛，仁明英武，立就中興大業，訪道親賢，問民疾苦，振武揆文，遐邇畢炤，遠臣不勝欣戴，向天虔祝聖壽無疆，敬製星屏一架、輿屏一架，恭獻御前，或可爲聖明仰觀俯察之一資，附貢西琴一張、風簧一座、自鳴鐘一架、千里鏡一筩、火鏡一圓、西香六姓、沙漏一具、白鸚鵡一隻，伏乞俯賜飭收。臣義萬目時艱，思所以恢復封疆、裨益國家者，一曰明曆法以昭大統，一曰辨礦脈以裕軍需，一曰通西商以官海利，一曰購西銃以資戰守。蓋造化之利，發現於礦，第不知脈絡所在，則妄鑿一日，即虚一日之費。西國格物窮理之書，凡天文、地理、農政、水法、火攻等器，元不備載，其論五金礦脈，徵兆多端，似宜往墺取精識礦路之儒，翻譯中文，循脈細察，庶能左右逢源。廣東墺商，受廛貿易，納税已經百年，偶因牙儈爭端，阻遏進省貿易，然公禁私行，利歸於奸民者什之九，歸於府庫者什之一，宜許其照舊進省，明定何地棲止，往來有稽，多寡有驗，則歲可益數萬金錢，以充國用。況中商出洋，每循海岸，所以多險，西商惟按度數行止，故保無虞，亦可推而習之，所利非小。西銃之所以可用者，以其銅鐵皆百煉，純粹無滓，特爲精工。竊照天啓元年，邊疆不靖，兵部題奏，奉有取西銃西兵之旨，是以臣輩陸若漢等二十四人進大銃四位，援急擊敵，屢著奇功，兵部題叙，蒙聖旨將陣亡之公沙的西勞等贈棺賜葬，受傷之陸若漢賞勞南還調理，卒於廣省，至今未葬。察得墺中三巴寺旁，有海隅僻地，懇祈恩賜一區，掩其枯骨，俾同伴得以葺築斗室，虔修祝聖，以報盛世澤枯之仁。更乞敕部，由墺聘取熟諳製銃西士數人，以授製藥點放之術，摧鋒破敵之奇，並精明推曆西士數人，襄助曆局供事，伏乞聖明敕賜施行。本月初七日，奉旨：海禁初開，畢方濟著劉若金伴往海上，商議墺船事宜。陸若漢准給地安葬。所進星屏等物，司禮監察收。欽此。崇禎十三年，兵部傳旨，著湯若望指樣監造戰炮，若望先鑄鋼炮二十位，帝派大臣驗放，驗得精堅利用，奏聞。詔再鑄五百位，若望在局内設臺一座，上供天主像，每開爐□鑄，必穿司鐸禮服，恭跪臺前，祝禱降□，局中在事官員見之，俱稱羡不已。帝旋若望勤勞，賜金字匾額二方，一嘉若望才德，一頌天主教道理眞正。若望即將原匾由驛轉送於墺門西士，住墺之西國官紳士商鼓樂放炮，排導歡迎，送至天主堂懸掛。

又　康熙十年九月，禮部題稱，准兩廣總督金光祖諮稱，看得西洋人栗安當等，准部文，查内有通曉曆法，起送來京，其不曉曆法，即令各歸本省本堂，除查將通曉曆法恩理格日爾曼國人、閔明我意大理國人二名送京，不曉曆法之汪汝望法蘭西國人等十九名送各本堂訖。又西洋人萬濟國西班牙國人一名，系康熙十年三月内，准福建督臣劉斗諮，從福建驛送廣東安置之人，不在栗安當等人數之内。據西洋人何大化葡萄牙國人具呈，隨伊歸福建省堂，應否令歸該堂，相應請旨定奪者也等語到部。臣等查康熙九年内，據浙閩督臣劉兆麒，將流行西洋人萬濟國從福建福寧州地方盤獲具題，臣部題覆，驛送廣東總督安置，其萬濟國原非福建省居住之人，不便與何大化同歸福建省堂，萬濟國應仍留香山墺可也。奉旨：何大化既願帶萬濟國往福建居住，准其往福建居住。欽此。

又　康熙二十五年十月，俄羅斯國使臣二員請旨往天主堂叩禮天主。本月初八日，奉旨：准往，著禮部右侍郎孫果、理藩院左侍郎喇巴克、禮部郎中帕海帶他們去。欽此。初十日，聖駕在海子，即南苑，在都城南二十里。特差侍衛趙昌傳旨：著禮部右侍郎孫果、理藩院左侍郎喇巴克、禮部郎中帕海等一併在天主臺前叩頭。

又　康熙二十八年四月十八日，俄國使臣請旨往天主堂叩禮天主，並拜謁徐日昇、張誠。奉旨：著理藩院派員同往。使臣至堂，叩拜天主，極形誠敬。叩畢，引至廳事，徐日昇、張誠、白進、蘇霖等茶點款待。本日，上遣内大臣傳旨：著白進、蘇霖去答拜使臣。

又　康熙二十六年四月十四日，禮部奉旨：今地方官間有禁止條約，内將天主教同於白蓮教謀叛字樣，著刪去。欽此。禮部隨移諮山東、河南等處巡撫，如有將天主教同於白蓮教謀叛字樣，著即欽遵刪去。

又　康熙三十年九月間，浙江巡撫張鵬翮飭令地方官，禁止傳習天主教。十二月十六日，徐日昇、安多具題，稱本年九月内，杭州府天主堂住居臣殷鐸澤差人來說，該巡撫已令地方官，擬即將堂拆毀，書板損壞，以爲邪教，逐出境外等語。此時不將臣等數萬里奔投苦衷於君父前控訴，異日難免陷害之禍。伏見我皇上南巡，凡遇西洋人，俱頒溫旨，教訓容留之處，衆咸聞知。今以爲邪教，撫臣於心何忍？且先臣湯若望蒙世祖章皇

帝特知，治理曆政，而楊光先等屈陷以不應得之罪，皇上洞鑒，敕下議政王貝勒大臣九卿詹事科道質明，而是非自白。先臣南懷仁復奉旨治理曆法，承恩愈隆，故知無不言，言無不盡。西洋所習各項書籍，曆法、算法、律呂、格物等書，在內廷纂修，二十餘年，至今尚未告竣，皇上每項既已詳明，無庸煩瀆。若系邪教，不足取信，何以自順治初年以至今日，命先臣南懷仁製造軍器，臣閔明我持兵部印文，泛海差往俄羅斯，臣徐日昇、張誠賜參領職銜，差往俄羅斯二次乎？先臣跋涉數萬里者，非慕名利，非慕富貴而來，倘有遇合，將以闡明教道，自來至中國，頻蒙聖眷。順治初年，敕命治理曆法。十四年，賜地建堂立碑。康熙二十七年，臣南懷仁病故，以侍郎品級，賜謚號諭祭之處，案內可查。以臣等語音，易習滿書，特令學習滿書，凡俄羅斯等處行文，俱在內閣翻譯。臣等何幸，蒙聖主任用不疑。若以臣等非中國族類，皇上統一天下，用人無方，何獨使殷鐸澤無容身之地乎？實不能不向隅而泣。臣等孤孑無可倚之人，亦不能與人爭論是非，惟願皇上睿鑒，察明施行。十二月十八日，奉旨：該部議奏。欽此。

又　康熙三十一年正月二十日，禮部議覆奏稱，欽遵議得欽天監治理曆法徐日昇、安多疏稱，杭州府住堂殷鐸澤使人來稱，彼處巡撫令地方官毀教堂，破書板，目爲邪教，逐出境外，臣等孤獨，依倚無儔，亦不敢與人爭辯是非，惟祈皇上睿照，以明臣等無私之苦衷等語。查得康熙八年，議政王貝勒大臣九卿科道會議，以天主教並無爲惡亂行之處，伊等聚會，散給銅像等物，仍行禁止，其天主止令西洋人供奉等因。具題。奉旨：天主教除南懷仁等照常自行外，恐各省或復立堂入教，仍著嚴行禁止，餘依議。欽遵在案。又查康熙二十六年，治理曆法、加工部右侍郎南懷仁疏稱：臣等所奉天主教，祈照康熙初年未經誣告之前，任隨其便，不阻其門，以斷絕妄指之誹謗等語。工部會同臣部，議以康熙八年，經議政王貝勒大臣九卿科道會議，寺廟聚會，永行禁止，其伊等聚會，散給銅像等物，仍行禁止，天主教系伊等從來供奉，止令西洋人供奉。具題。已經奉旨，其南懷仁具題之處，毋庸議等因具題。奉旨：依議。今地方官聞有禁止條約，將天主教同於白蓮教謀叛字樣，著刪去。欽此欽遵。已經行文浙江等省，其杭州府天主堂，應照舊存留，止令西洋人供奉，俟命下之日，行文該撫知照可也。正月二十三日，奉旨：依議。欽此。

康熙三十一年正月三十日，大學士伊桑阿等奉上諭：西洋人治理曆法，用兵之際修造兵器，效力勤勞，且天主教並無爲惡亂行之處，其進香之人，應仍照常行走，前部議奏疏，著掣回銷毀，爾等與禮部滿堂官、滿學士會議具奏。欽此。

康熙三十一年二月初二日，大學士伊桑阿等奉上諭：前部議將各處天主堂照舊存留，止令西洋人供奉，已經准行。現在西洋人治理曆法，前用兵之際製造軍器，效力勤勞，近隨征俄羅斯，亦有勞績，並無爲惡亂行之處，將伊等之教目爲邪教禁止，殊屬無辜。爾內閣會同禮部議奏。欽此。

康熙三十一年二月初三日，禮部尚書降一級臣顧八代、經筵講官尚書臣熊賜履、經筵講官左侍郎臣席爾達、左侍郎兼翰林院侍讀學士臣王颺昌、經筵講官右侍郎臣多奇、右侍郎兼翰林院學士臣王澤宏、文華殿大學士兼吏部尚書臣伊桑阿、武英殿大學士兼吏部尚書臣阿蘭泰、太子太傅保和殿大學士兼禮部尚書加三級臣王熙、文華殿大學士兼戶部尚書臣張玉書、內閣學士兼禮部侍郎臣滿丕、內閣學士兼禮部侍郎臣圖納哈、內閣學士兼禮部侍郎臣思格則、內閣學士兼禮部侍郎臣王國昌、內閣學士兼禮部侍郎臣王伊方、內閣學士兼禮部侍郎臣玉機、內閣學士兼禮部侍郎臣李枏等謹題，爲欽奉上諭事。臣等會議得，查得西洋人仰慕聖化，由萬里航海而來，現今治理曆法，用兵之際力造軍器火炮，差往俄羅斯，誠心效力，克成其事，勞績甚多，各省居住西洋人，並無爲惡亂行之處，又並非左道惑衆，異端生事，喇嘛僧等寺廟尚容人燒香行走，西洋人並無違法之事，反行禁止，似屬不宜，相應將各處天主堂俱照舊存留，凡進香供奉之人仍許照常行走，不必禁止，俟命下之日，通行直隸各省可也。臣等未敢擅便，謹題請旨。二月初五日，奉旨：依議。欽此。

又　康熙五十年十二月，御史樊紹祚條奏，爲異教惑衆誣民等事。疏稱：今有西洋人等造爲異說，名曰天主教，臣訪聞近今京疆直隸各省，人民多有信服其教者，恐流行日久，漸染滋深，害及中國人心，則廓清不易，伏祈敕下該部，嚴行禁止等語。奉旨：該部議奏。欽此。經筵講官禮部尚書王掞、左侍郎二格、左侍郎兼翰林院侍講學士王頊齡、經筵講官右侍郎兼詹事府詹事馮忠、經筵講官右侍郎兼翰林院學士胡作梅、祠祭司郎

中張保柱、郎中陳嵩、員外郎偏圖、高怡等會議題覆，稱臣等議得御史樊紹祚條奏，請將天主教禁止一節，查康熙三十一年二月內，內閣奉上諭：現在西洋人治理曆法，前用兵之際製造軍器，效力勤勞，近隨征俄羅斯，亦著有勞績，並無非作胡行之處，將伊等之教，目爲邪教，奏請禁止，殊屬無辜，爾內閣會同禮部議奏。欽此欽遵。會議得，各處天主堂俱照舊存留，凡進香供奉之人仍許照常行走，不必禁止等因具題。通行各直省在案。又於四十六年二月內，由武英殿議得，凡各省天主堂居住修道傳教西洋人等，有內務府印票者，任其行走居住，不必禁止；未給印票者，不許居住，令往墺門安插等因具奏。通行各省，亦在案。今查得此等住堂西洋人，俱仰慕聖化，航海而來，與本國人曾爲國家效力，今居各省堂中者，俱領有印票，各修其道，歷有年所，並無妄作非爲，其御史樊紹祚條奏，嚴行禁止之處，應無庸議可也。十二月十四日，奉旨：依議。欽此。

康熙五十一年，養心殿總管李國屏傳諭：中國各省領票之西洋人等如有順便來京者，到時令伊等前來請安，朕亦得認識其面，將此上諭交與各省報房，並令西洋人等寄信。再伊等來請安時，進貢之物，不必特覓珍奇，亦不得一時齊來，須陸續一二名前來。欽此。內務府隨恭錄上諭，諮移兵部，轉行各省，一體欽遵。

又　康熙五十六年四月，廣東碣石總鎮陳昴奏稱，天主教各省設堂，安知不陰謀不軌，請早禁絕，毋使滋蔓等語。經部議移諮各督撫，轉行府縣，將本境西士行教，有無印票，查明詳報。五月二十一日，蘇霖、巴多明、穆敬遠葡萄牙國人等趨朝啓奏，稱臣等聞部議禁止天主教，但臣等來歷根由，爲僞爲誠，悉在聖明洞鑒之中，伏乞萬歲作主等語。隨面奉上諭：爾等放心，並非禁天主教，惟禁不曾領票的西洋人，與有票的人無干。若地方官一概禁止，即將朕所給的票交看，就是傳教的憑據，你們放心去。若禁止有票的人，再來啓奏。欽此。

又　康熙五十六年八月二十五日，松江府正堂加十級、紀錄十一次李，爲聖主遠念海疆等事。本年七月二十等日，奉布政司楊、按察司祖、蘇松道李憲票開，奉總督部院常、總漕部院施、江撫部院吳憲准禮部諮開，奉旨：天主教除南懷仁等照常自行外，給票兼滿、漢字，將千字文編成號數，挨次存記。欽遵緣由等因。奉經轉行去後，查據各屬申覆前來，除將給票掌教，遵奉諭旨，照常自行外，合行給示曉諭，爲此示仰天主堂掌教家屬人等知悉，嗣後務須懍遵上諭，確守誡規，不得復回西洋。倘有不法棍徒以及無知兵廝混入天主堂，藉端騷擾，故違禁令，許家屬人等不時具稟本府，以憑嚴拿究治，斷不姑寬，愼之。特示。

又　康熙四十七年，上諭傳教西士分赴蒙古各部、中國各省，遍覽山水城郭，用西學量法，繪畫地圖，並諭部臣選派幹員，隨往照料，並諮各省督撫將軍，劄行各地方官，供應一切要需。四月十六日，白進、費隱日爾曼國人、雷孝思、杜德美法蘭西國人奉派往蒙古等處繪圖。

康熙四十七年十月二十九日，費隱、雷孝思、杜德美奉派往直隸繪圖。

又　康熙四十九年六月二十六日，費隱、雷孝思、杜德美奉派往黑龍江一帶繪圖。康熙五十年，雷孝思、麥大成葡萄牙國人奉派往山東，杜德美、費隱、潘如法蘭西國人、湯尚賢法蘭西國人奉派往山西、陝西、甘肅繪圖。

又　康熙五十一年，馮秉正、德瑪諾法蘭西國人、雷孝思奉派往河南、江南、浙江、福建繪圖。

康熙五十二年，湯尚賢、麥大成奉派往江西、廣東、廣西，費隱、潘如奉派往四川繪圖。

康熙五十四年，雷孝思、費隱奉派往雲南、貴州、湖南、湖北繪圖。

又　康熙五十六年，各省地圖繪畢，白進等匯成總圖一幅，並將各省分圖進呈御覽，上甚嘉賞。

又　乾隆二十四年，高愼思奉派往伊犁繪圖，恩賜四品頂戴。

文廷式《純常子枝語》卷二二　文秉《烈皇小識》言明莊烈帝入天主教。余詢諸教中人，則言莊烈帝未嘗入教，其入教者皇后周氏及太子耳。太子入教後，主教者以歐洲古聖王之名名之，曰公斯達。甲申之變，法蘭西王路易起兵救明，兵未出而病卒，遂不果。

又卷三三　李遜之《崇禎朝記事》卷四云，御史楊若橋舉西洋人湯若望製火礮禦敵。左都御史劉宗周奏，國之大事以仁義爲本，若望向來創說邪教，堂堂中國若用其小技以禦敵，豈不貽笑。上曰，火器是中國長技，若望比不得外夷。宗周奏，若望小技何益成敗。目今要愼選督撫，若文官

不要錢，武官不怕死，何愁不太平。蕺山正人，而持論乃如此。兵者專門之學，儒家不宜妄議也。《明史·外國·意大里亞傳》其國善製礮，視西洋更巨。既傳入內地，華人多效之，而不能用。天啓崇禎間，東北用兵，數召澳中人入都，令將士學習，其人亦爲盡力。

耶穌會分部

論說

利瑪竇《天主實義》第八篇《總舉大西俗尚而論其傳道之士所以不娶之意並釋天主降生西土來由》 中士曰：貴邦既習天主之教，其民必醇樸，其風必正雅，願聞所尚。

西士曰：民之用功乎聖教，每每不等，故雖云一道，亦不能同其所尚。然論厥公者，吾大西諸國，且可謂以學道爲本業者也。故雖各國之君，皆務存道正傳，又立有最尊位，曰教化皇，專以繼天主，頒教諭世爲己職，異端邪說不得作，於列國之間主教者之位，享三國之地；然不婚配，故無有襲嗣，惟擇賢而立；餘國之君臣，皆臣子服之。蓋既無私家，則惟公是務，既無子，則惟以兆民爲子，是故迪人於道，惟此殫力；躬所不能及，則委才全德盛之人，代誨牧於列國焉。列國之人，每七日一罷市，禁止百工，不拘男女尊卑，皆聚於聖殿，謁禮拜祭，以聽談道解經者終日。又有豪士數會，其朋友出遊於四方，講學勸善。間有敝會，以耶穌名爲號，其作不久，然已三四友者，廣聞信於諸國，皆願求之，以誘其子弟於眞道也。

中士曰：擇賢以君國，布士以訓民，尚德之國也，美哉風矣！又聞尊教之在會者，無私財，而以各友之財共焉；事無自專，每聽長者之命焉。其少也，成己德、搏已學耳；壯者，學成而後及於人。以文會，以誠約，吾中夏講道者或難之。然有終身絕色，終不婚配之戒，未審何意？夫生類自有之情，宜難盡絕，上帝之性，生生爲本，祖考百千，其世傳之及我，可即斷絕乎？

西士曰：絕色一事，果人情所難，故天主不布之於誡律，強人盡守，但令人自擇，願者遵之耳。然其事難能，大抵可以驗德，難乎精嚴正行。凡人既引於德，則路定而不易矣。君子修德，不憚劬苦。吾方寸之志已立，則世上無難事焉。使以難爲，爲非義，則甚難爲義者也。生生者上帝，死死者誰乎？二者本一，非由二心。未開天地千萬世以前，上帝無生一生者，生生之性何在乎？人心之卑暝，莫測尊極之心，矧云咎之哉！且人以上帝之心爲心，非但以傳生爲義，亦有隙生之理。

夫天下人民，總合言之，如一全身焉，其身之心意惟一耳，各肢之所司甚衆。令一身悉爲首腹，胡以行動？令全身皆爲手足，胡以見聞，胡以養生乎？比此而論，不宜責一國之人各同一轍。若云以此生人，又兼司教以主祭祀，始爲全備，竊謂婚姻之情固難竟絕，上帝之祀又須專潔，二職渾責一身，其於敬神之禮，必有荒蕪。夫人奉事國君，尚有忍剋本身者，奉事上帝，詎不宜克己欲心哉？

古之民寡而德盛，而一人可以兼二職。今世之患，非在人少，乃人衆而德衰耳。圖多子而不知教之，斯乃只增禽獸之群，豈所云廣人類者歟？有志乎救世者，深悲當世之事，制爲敝會規則，絕色不娶，緩於生子，急於生道，以拯援斯世墮溺者爲意，其意不更公乎！

又傳生之責，男與女均。今有貞女受聘未嫁而夫卒者，守義無二，儒者嘉之，天子每旌表之。彼其棄色而忘傳生者，第因守小信於匹夫，在家不嫁，尚且見褒。吾三四友人，因奉事上帝，欲以便於遊天下，化萬民，而未暇一婚，乃受貶焉，不亦過乎？

中士曰：婚娶者，於勸善宣道何傷乎？

西士曰：無相傷也。但單身不娶，愈靖以成己，愈便以及人也。吾爲子揭其便處，請詳察之，以明敝會所爲有所據否。

一曰，娶者，以生子爲室家耳。既獲幾子，必須養育，而以財爲置養之資，爲人之父不免有貨殖之心。今之父子衆，則求財者衆也；求之者衆，難以各得其願矣。吾以身纏拘於俗情，不能超脫無溺，必將以苟且爲幸也，欲立志貴人於義，豈能興起乎？夫修德以輕貨財爲首務，我方重愛之，何勸爾輕置之哉！

二曰，道德之情，至幽至奧。人心未免昏昧，色慾之事，又恆鈍人聰

明焉。若爲色之所役，如以小燈藏之厚皮籠內，不益矇乎？豈能達於道妙矣。絶色者如去心目之塵垢，益增光明，可以窮道德之精微也。

三曰，天下大惑，維由財色二欲耳。以仁發憤救世者，必以解此二惑爲急。醫家以相悖者相治，故熱病用寒藥，寒病用暖藥，乃能療之。玆吾惡富之害，而自擇爲貧者，畏色之傷，而自擇爲獨夫者，處己若此，而後無義之財，邪色之欲，始有省焉。故敝會友捐己義得之財物，以勸人勿於非義之富，爲修道以卻正色之樂，以勸人勿迷於非禮之色也。

四曰，縱有俊傑才能，使其心散而不專乎一，則所爲事必不精。克己之功難於克天下。自古及今，史傳英雄攻天下而得之者多矣，能克己者幾人哉？志欲行道於四海之內，非但欲克一己，兼欲防遏萬民私欲，則其功用之大，曷可計乎。專之猶恐未精，況宜分之他務？爾將要我事少艾而育小兒乎？

五曰，善養馬者，遇騏驥驊騮，可一日而馳千里，則謹牧以期戰陣之用，懼有劣嫋於色者，別之於群，不使與牝接焉。天主聖教亦將尋豪傑之人，能周遍四方之疆界者，以明道禦侮，息異論，迸邪說，而永存聖教之正也，豈欲軟其心以色樂，而不欲培養其果毅，以克私慾之習乎！故西士之專心續道，甚於專事嗣後者也。譬夫歛收五穀萬石，未有盡播之田中以爲穀種者，必將擇其一以貢君，一以藝稼爲明年之穡。曷獨人間萬子皆罄費之以產子，而無所全留以待他用者耶？

六曰，凡事有人與鳥獸同者，不可甚重焉。勞身以求食，求食以充饑，充饑以蓄氣，蓄氣以敵害，敵害以全己性命也，咸下情也。人於鳥獸此無殊也。若謹慎以殉義，殉義以檢心，檢心以修身，修身以廣仁，廣仁以答天主恩也，此乃生人切事，可以稱上帝之大旨。從此觀之，則匹配之情於務道之意，孰重乎？天下寧無食，不寧無道。天下寧無人，不寧無教。故因道之急，可緩婚；因婚之急，不可緩道也。以遵頒天主聖旨，雖棄致己身以當之可也，況棄婚乎？

七曰，敝會之趣無他，乃欲傳正道於四方焉耳。苟此道於西不能行，則遷其友於東；於東猶不行，又將徙之於南北；奚徒畫身於一境乎？醫之仁者，不繫身於一處，必周流以濟各處之病，方爲博施。婚配之身，纏繞一處，其本責不越於齊家，或迄於一國而已耳。故中國之傳道者，未聞其有出遊異國者，夫婦不能相離也。吾會三四友，聞有可以行道之域，雖在幾萬里之外，亦即往焉，無有託家寄妻子之慮，則以天主爲父母，以世人爲兄弟，以天下爲己家焉。其所涵胸中之志，如海天然，豈一匹夫之諒乎？

八曰，凡此與彼彌似，則其性彌近。天神了無知色者，絶色者其情邇乎天神矣。夫身在地下，而比居上天者，以有形者而效無形者。此不可謂鄙人庸學也。似此清淨之士，有所祈禱於天主，或天之旱，或妖鬼之怪也，或遇水火災異之求解也，天主大都鑒而聽之，不然上尊何寵之哉！

然吾此數條理，特具以解敝會不婚之意，非以非婚姻者也。蓋順理娶也，非犯天主誡也，又非謂不娶者皆邇神人也。設令絶婚屏色，而不惓惓於秉彝之德，豈不徒然乎！乃中國有辭正色而就狎斜者，去女色而取頑童者，此輩之穢污，西鄉君子弗言，恐浼其口。雖禽獸之彙，亦惟知陰陽交感，無有反悖天性如此者，人弗赧焉，則其犯罪若何？吾敝同會者收全己種，不之藝播於田畝，而子猶疑其可否，況棄之溝壑者哉！

中士曰：依理之語，以服人心，強於利刃也。但中國有傳云「不孝有三，無後爲大」者，如何？

西士曰：有解之者，云彼一時，此一時，古者民未衆，當充擴之，今人已衆，宜姑停焉。予曰，此非聖人之傳語，乃孟氏也，或承誤傳，或以釋舜不告而娶之義，而他有托焉。《禮記》一書，多非古論議，後人集禮，便雜記之於經典。貴邦以孔子爲大聖，《學》、《庸》、《論語》孔子論孝之語極詳，何獨其大不孝之戒，群弟子及其孫不傳，而至孟氏始著乎？孔子以伯夷、叔齊爲古之賢人，以比干爲殷三仁之一，既稱三子曰仁曰賢，必信其德皆全而無缺矣。然三人咸無後也，則孟氏以爲不孝，孔子以爲仁，且不相戾乎？是故吾謂以無後爲不孝，斷非中國先進之旨。

使無後果爲不孝，則爲人子者，宜旦夕專務生子以續其後，不可一日有間，豈不誘人被色累乎？如此，則舜猶未爲至孝耳。蓋男子二十以上可以生子，舜也三十而娶，則二十逮三十，匪孝乎？古人三旬已前不婚，則其一旬之際，皆匪孝乎？譬若有匹夫焉，自審無後非孝，有後乃孝，輒娶數妾，老於其鄉，生子至多，初無他善可稱，可爲孝乎？學道之士，平生遠遊異鄉，輔君匡國，教化兆民，爲忠信而不顧產子。此隨前論，乃

大不孝也，然於國家兆民，有大功焉，則輿論稱爲大賢。孝否在内不在外，由我豈由他乎？得子不得子也，天主有定命矣，有求子者而不得，烏有求孝而不得孝者乎？孟氏嘗曰：「求則得之，舍則失之，是求有益於得也，求在我［者］也。求之有道，得之有命，是求無益於得也，求在外［者］也。」以是得嗣無益於得，況爲峻德之效乎？

大西聖人言不孝之極有三也：陷親於罪惡，其上；弑親之身，其次；脱親財物，又其次也。天下萬國，通以三者爲不孝之極。至中國，而後聞無嗣不孝之罪，於三者猶加重焉。吾今爲子定孝之説。欲定孝之説，先定父子之説。凡人在宇内有三父，一謂天主，二謂國君，三謂家君也。逆三父之旨者，爲不孝子矣。天下有道，三父之旨無相悖。蓋下父者，命己子奉事上父者也，而爲子者順乎一，即兼孝三焉。天下無道，三父之令相反，則下父不順其上父，而私子以奉己，弗顧其上；其爲之子者，聽其上命，雖犯其下者，不害其爲孝也，若從下者逆其上者，固大爲不孝者也。國主於我相爲君臣，家君於我相爲父子，若使比乎天主之公父乎，世人雖君臣父子，平爲兄弟耳焉。此倫不可不明矣。

夫萬國通大西之境界，皆稱爲出聖人之地，蓋無世不有聖人焉。吾察百世以下，敝土聖人之尊者，咸必終身不娶。聖人爲世之表，豈天主立之爲表，而處己於不義之爲哉？彼有不娶而爲積財貨，或爲糊口，或爲偷安懈惰，其卑賤之流，何足論者！若吾三四友，一心慕道，以事天主，救世歸元，且絶諸色之類，使其專任鄙見，無理可揭，誠爲不可，然而群聖以其身先之，萬國賢士美之，有實理合之，有天主經典奇之，亦可姑隨其志否耶？以繼後爲急者，惟不知事上帝，不安於本命，不信有後世者，以爲生世之後，己盡滅散，無有存者，眞可謂之無後。吾今世奉事上帝，而望萬世以後，猶悠久常奉事之，何患無後乎！吾死而神明全在，當益鮮潤；所遺虛軀殼，子葬之亦腐，朋友葬之亦腐，則何擇乎？

中士曰：爲學道而不婚配，誠合義也。我大禹當亂世治洪水，巡行九州，八年於外，三過其門而不入。今也當平世，士有室家，何傷焉？

西士曰：嗚呼！子以是爲平世乎？誤矣。智者以爲今時之災，比堯時之災愈洪也。群世人而盲瞽，不之能視焉，則其殘不亦深乎！古之所謂不祥，從外而來，人猶易見而速防，其所傷不踰財貨，或傷膚皮。今之禍，自内突發，哲者覺之而難避也，況於恆人？故其害莫甚焉。如風雷妖怪之擊人，不損乎外，而侵其内者也。

夫化生天地萬物，乃大公之父也，又時主宰安養之，乃無上共君也，世人弗仰弗奉，則無父無君，至無忠，至無孝也。忠孝蔑有，尚存何德乎。

夫以金木土泥鑄塑不知何人僞像，而倡愚氓往拜禱之，曰此乃佛祖，此乃三清也，且興淫辭奸説以壅塞之，使之氾濫中心，而不得歸其宗，且以空無爲物之原，豈非空無天主者乎？以人類與天主爲同一體，非將以上帝之尊，而侔之於卑役者乎？恣其誕妄，以天主無限之感靈，而等之於土石枯木，以其無窮之仁覆，爲有玷缺，而寒暑災異，憾且尤之。侮狎君父，一至於此。

蓋昭事上帝之學，久已陵夷。不思小吏聊能阿好其民，已爲建祠立像，布滿郡縣，皆是生祠；佛殿神宮，彌山遍市；豈其天主尊神，無一微壇，以禮拜敬事之乎？世人也，皆習詐僞，僞爲衆師，以揚虛名，供養其口，冒民父母，要譽取資。至於世人大父，宇宙公君，泯其跡而僭其位，殆哉，殆哉。吾意大禹適在今世，非但八年在外，必其絶不有家，終身周巡於萬國，而不忍還矣。爾欲吾三四友，有子之心，有兄弟之情，視此爲何如時哉？

楊廷筠《天釋明辨·出家》 問出家如何。曰，釋氏出家，似本天教會士言也，而實不同。夫人各有家，誰能棄捨，何用出家，何人可稱出家。西國人教，人人知奉天主，其教各有會，會各有意，大都爲形神哀矜之事。人有外身，則有形哀矜之會，如食飢者，飲渴者，衣裸者，舍旅者顧病及囹圄者，贖虜者，瘞死者。此七端，會中或各司其事，或兼總其事，以求利益人之肉身焉。人有内神，則爲神哀矜之會，如以善導人，啓誨愚蒙。責人之有過失，慰憂者，赦侮者，恕人之弱行，爲生死者祈天主。此七端，會中交相警勉，互相覺察，以求利益人之靈性焉。此皆在家居士，人人可行，不必出家也。惟耶穌教會兼形神事，而責任尤備，不得婚娶，願守童貞，不得安居，奔走萬國，入此會者願效耶穌在世之事，耶穌是童身，故會士亦守童身。耶穌以其聖體祭禱於罷德肋，故會士亦嘗行彌撒之禮，復以耶穌聖體奉獻於罷德肋。耶穌受苦難救贖人罪，故會士亦

不辭險阻普救人魂。若此會士，乃可言出家耳。問曰，西士嘗言要重人倫，今不娶無妻子矣，離家棄父母兄弟矣。出遊外邦，無君臣矣，獨守朋友一倫可乎。曰，是正所以重人倫也。天教入耶穌會者，事非尋嘗事，人非尋嘗人，豈於大倫，反不講究。要是奉君親之命，體上帝之意爲世任，此大事乃盡倫之至者耳。何也，西國官有三品。上品理天學，次理民事，其次理兵事。理民事猶今文職，理兵事猶今武職，而莫尊於天學。耶穌會士則天學中超拔者也。人生子弟皆望之爲第一等人，父母之所祈祝，有志之所自許，皆以與會爲出身。彼國中天人理明，生死念切，此事若良知良能，不待教而然者也。然而獨子者，大都不可入會，多子而少聰明，聰明而非有志，不可入會，誠難之也。假如人家有數兄弟，其願婚娶者，父母留之侍己，爲之娶妻生子，以衍道脈。中有賢智特達，願離俗精脩者，則不爲婚娶，務令讀書窮理，如入耶穌會者，先試之艱苦事數端，每端各數月，試之不屈，其心眞矣，其基固矣，然後學費絡瑣費亞。凡事物之原必要窮究，務期能通能辯能講。如此數年，費絡瑣費亞成矣，始應試，試而中者，乃學德珞日亞。此理高人智量未易窮究，有聖賢之成書，有名儒之講解，乃可得通。如此又數年，德珞日亞成矣，然後應試，試而中者，爲撒責兒鐸德。今之遠遊傳教者，正是此人，蓋百千中無一二人也。其不中者，仍歸就學矣。彼國試法與中國糊名不同，與薦舉徵辟亦異，試期必繇教王畀斯玻及道德名儒爲主司，每一人就試，必經衆主司逐位而考，將奧義提質數條，無一差謬，方得入選。蓋主試者與待試者，皆聖賢心腸，欲符天主意，全非爲利爲名，故取用至公至當。非如他處選場，須用關防，兼有奔競也。問曰，若然，諸儒中式者，皆守堅貞之節，通天學之奧矣。獨棄家事遠遊，忠孝之道何在。曰，孝親之道，服勞奉養末也，立身揚名大也，既有兄弟，以全侍養，乃順親志，躬爲顯揚之事。夫一子登朝，猶可庇及九族，況得正道而登天國，生者死者俱受蔭庇，不更宏遠乎。自身得入天堂，萬年長生，何論子孫。至於初入會中習諸會事，教皇命也。畀斯玻考試，教皇命也。奉勅旨遠遊異域，猶食祿本國，教皇命也。如朝廷差官出使絶域，道極險遠，歸必受異賞，尚不足爲忠乎。所少者獨是夫婦一倫，而叩之寔有至理也。彼謂天主制夫婦之禮，正謂生子，別無他意。今既求道，一身自可萬年，何論嗣續，不娶非缺也。且日日當行彌撒禮，若娶妻不潔之躬，懼不可以對越。況又家務分心，欽崇天主之意，必不專且一矣。彼能絶色，故能訓人無二色，夫婦之道大正，反目之釁不作，其默維夫婦之倫，不更大乎。今學佛者或爲窘迫事故，或爲利人衣食，全非慕道之心，爲之師長者，止令之供役使，守庵院，了應赴，絶無法嗣之意。求田問舍，不異俗人，而穢媟不可言，又俗家所未有者矣。舍己之家，空棄人倫，入彼之塗，反纏俗障，捨身出家之義何居乎。議者不諳彼之出家，而疑此之不娶，吾未敢以爲定論也。

郭嵩燾《倫敦與巴黎日記》 廿三日。馬格里言：天主教多立會，名皆取立教人爲名。其原起於日思巴尼牙人名意格納希珥斯羅爾窩拉創立耶穌會，法人語曰熱索亦得（熱索者，耶穌之轉音）。於是紛起立名，有名森佛蘭錫斯堪者，有名拉薩立斯得者，有名多銘意堪者。其分赴各處傳教，皆請命教王，令某會傳教某處。明世利瑪竇、湯若望皆耶穌會人。其會尚通脫，初傳教京師，聽其立祖考、主奉祀。會有多銘意堪會人見而怪之，至相喧爭，訴之教王。教王以非立教本意，天主教原始禁不得祀祖考，凡入教者必先令燬棄栗主。京師頗不便之，是以雍正時嚴禁其教。道光之季，此禁始開。羅馬教王改派拉薩立斯得人主教京師，南京主教者仍熱索爾得會人。其會別立科條，與本教時有出入。每會中設統領、分領之屬，頗設爲刑法治其教人，與中國教匪相近。初入教，先立誓奉其教主、統領之言，赴湯蹈火，皆不得辭。至今法人及日思巴尼牙人皆設厲禁，不准教會至其國。日、法皆尚天主教，而於教會禁之，足知其爲害也。中國則凡傳習天主教者皆會人，爲害安所底也。

綜　述

錢單士厘《歸潛記》丁編二附《景教流行中國表》 舊教之行於中國者，以耶穌會爲最盛。耶穌會者，Zesuite 舊教之一派，創始於前明，其志奢，其謀秘，頗不容於西方，獨蔓衍於東方，誠談教者所宜知也。溯自路得之耶穌新教出，而天主舊教之積習大暴於天下，天下始不甚尊信景宗。耶穌會者，乃崛起於舊教之中，別樹一幟，專以推尊景宗，俾權無限

止爲主謀。會創於嘉靖十九年（一五四〇），創會者名洛欲拉（Royola），先以武學仕西班牙，既受傷辭職，糾十人共立斯會。時歐洲各國方仇視舊教。洛欲拉知會雖立，必無有信其說者，計惟中國則舊敎漸行，新敎未聞，乃泛海徂東，旅於中國澳門。故事，天主敎人受敎職，設三誓：一、畢生不求富；二、畢生不娶妻；三、畢生惟敎長所使，弗敢違。是會又加一誓曰：畢生爲景宗效死力，無論水火兵革，景宗命往莫不往，景宗命爲莫不爲，弗敢疑。（景宗恆命敎士出殺人，前史所載，每有干犯倫紀者。恐人以逆倫疑，故有逼使弗疑之誓。）

時各國爲新敎動，景宗正求助乏人，保羅三（一五三四—一五四九）聞洛欲拉之說大喜，竭力護之。猷鎦三（一五五〇—一五五五）繼位，尤優視之，更予以便利十端：一、在敎院默修之人，又可出而爲神甫。（世通稱傳敎之小敎長爲神甫，向例，在院默修者不兼充神甫。）二、犯罪可不受地方律院按律治罪。三、所有資產進益，可不遵地方舊律按律納稅。四、可不受轄於尋常敎長，除景宗及本會會長外，他非所知。五、遇有禁絕禮拜之時，此會獨可不禁。（禁絕禮拜者，遇景宗有怒於某國之君，輒下令閉其國之敎院，無許禮拜。西例於婚嫁生死，無不詣院禮拜，垂爲典制。一經禁絕，則民間婚嫁生死，不得成禮，自必歸咎於肇禍之人而疾之，於是敎所疾即人人共疾，此敎門之妙用也。而此會獨可不禁者，則又使人人於不便之時，欣此會之獨便，而知所尊奉也。）六、犯敎規者，但罰令焚香誦經，或禁飲食一二日，可不科罪。七、會中人有權可免民間一切罪惡，既爲會人所免，即上帝亦不復科罪。八、環地球之上，可隨處建敎院、置產業，無敢或阻。（此爲國際上生交涉起見。）九、會中人又可各以其學術，出而敎人。（此尤以敎輔各國君王，爲第一要義。蓋朝夕侍從，務使君王浸潤其中，深信不疑，而後可以收君王之權，歸之於敎。）十、會中除會長外，他人不得有絲毫主見，一切惟會長言是聽。（此特重會長之權，異於他會。）

會中以景宗爲一統之君，分地球各國爲數省，省立一長，省長中公舉一人爲會長。此會長權，幾埒景宗。會長左右，有輔相者四人。（省長左右，亦有輔相人。）每省又分爲數堂，堂立一長。（堂長左右，亦有輔相人。）堂長又分遣數人，出爲敎長，專以敎授學術，招人入會爲宗旨。每七日，敎長、堂長，各臚陳逐日所行事於省長，不得以無事曠。省長每月書答，亦不得以無事曠。各省長又月報是月所行事於會長，各堂長、敎長又每三月臚報此三月所行事於會長，逕達會長，不告省長，恐省長之惰厥職也。會長詳叙各省長、堂長、敎長之出身、才具、學術及歷來所行事於册，備因事任使。

凡有願入會者，先由同會人監察二十日，視其心果誠否，誠則許入會，俾設尋常三誓。閱二年，察無他意，遣之出外充敎授學術者五年。五年後，再攻習敎書者五年。五年後，再入院默修者一年。一年後，然後令設第四誓，爲景宗效死力，而成爲會中人，告以會中秘情。所以遲之又久而始許其爲會中人者，恐所志未堅，或洩會中隱情也。此十餘年中課程及動作云爲，下至飲食細故，咸有一定不可移之準；所攻之敎書，除招人入會外，罕他意。務推廣天主敎於所未行之地，中國、印度、美利堅爲尤多。立會所需，亦復不貲，故所至之處置產貿易，事事兼管。會中防範綦嚴，即廝養卒亦必用久在會中之人。

嘉靖三十四年（一五五六），洛欲拉死於澳門。其時入會者千人，而設四誓、預秘謀者不過三十五人。分地球爲十四省，建院一百所。德意志帝（加羅第五及匪地難多第一）、葡萄牙王族、拜晏公均助以鉅資。時歐洲大局，民間多信新敎，君王多信舊敎。會中意旨，尤在收君王之心，謂姑先伸君王之權以抑民，然後再伸敎權以抑君。於是天下大權，盡歸敎中掌握。各國君王左右，無不有會中人時時監察之，使君王日以所犯罪惡自陳。各君王亦以懺悔罪惡非會中人不爲功，亦非會中人不能有免罪之權，故甘心事之。或雅不欲與新敎爲難，迫於會旨，弗敢違也。

萬曆四十四年（一六一六），會勢益盛，分地球爲三十九省，入會者計千五百九十三人；建大學四百六十七所；立傳敎地六十三（中國上海縣徐家匯地方其一也）；設傳敎士百六十三人；建敎院八百有三區，內十五區專以居曾設第四誓之人：置產貿易遍天下，擁資握權，勢力益強。法西王昂利第三、昂利第四，均會中人所弑，彼中人著書自述其事不諱。法人惡而逐其會，但不久潛回。三十年大戰時，舊敎各國亦稍厭兵，然所以鏖戰不休者，會中人實主之。有瓦連士典者，名將也，不忍糜爛其民，有息戰意，會中遣人刺殺之。凡所隱謀，有法蘭西人拍斯克爾聚述成書傳

世，而其謀奪國柄之跡亦大露。乾隆之世，人多疾之。曰法蘭西，曰葡萄牙，曰西班牙，雖皆堅信舊教之國，然於耶穌會亦屢下逐客令（乾隆三十一年，西班牙一夜拘五千人，載以舟，送還羅馬，蓋恨之切齒），雖根株未盡，亦不能爲所欲爲。曰奧地利，曰布魯斯，曰英吉利，曰美利堅，則裁抑之而禁絕不嚴。曰俄羅斯，則自大彼得禁逐以後，不甚措意。至景宗克雷門十四，亦厭而禁之（乾隆三十八年事），事可知矣。嘉慶時，法蘭西帝拿破侖第一，摧敗歐洲，更復教規。景宗比約七謂耶穌會亦舊規之一，亟宜賡復，拿破崙方有藉於教，稍稍許之。道光時，民間抑君權之說大行，會中人乘機借助君抑民之說，以媚時君，往往得時君歡心，而餘焰復熾。羅馬所刊時報，競誇將復格雷郭理一時舊權（宋熙寧六年至元豐三年時，景宗曾大辱德意志帝顯理第四使死，莫敢收葬者）。

咸豐四年（一八五四），會中創一新說，謂耶穌母瑪利無罪（天主教謂：凡人受生即有罪，即須懺悔，不必果有實在罪惡也。惟耶穌爲天生人，受生之前先無罪，故可爲人懺悔。同教中或致疑，謂：耶穌無罪誠然矣，惟其母瑪利，亦人也，何以能生無罪之耶穌乎？會中人乃創新說，謂瑪利無罪以應之。然瑪利何以無罪，究不能自圓其說，仍多不信者）。同治九年（一八七〇），又創一新說，謂景宗道與天道合，無纖毫錯誤。雖空言無實事，而教中又因此啓爭端。德意志合衆時，俾士馬深惡之，抑制頗嚴，致失景宗歡心，俾亦遇刺數次，幸不死，然究未能大殺其勢力也。光緒十六年（一八九〇）間，入會者凡一萬伍佰二十一人云。

雜録

楊廷筠《代疑篇》卷上《答九萬里程途涉海三年始到條》 問西士自言從歐邏巴國，歷九萬里程，幾盡乎地矣。從來無此遠游，豈物之來也，遠則見珍；人之來亦遠，乃見貴乎？竊疑附近屬夷，假託名目，以自彰其辛苦墊隘，亦未可知。曰：內附諸夷，即限隔山海，出千萬里外，既列職方，皆有言語文字，物產風俗，會同館譯字子弟，皆能辯之。不識此種人物，圖書製作，與其書籍中所傳義理學問。今所刻《四夷譯語》內，亦曾稍見一斑否乎？凡事皆可倣效，而義理之學問，非聖賢不能傳，皆可贋爲？而書刻之精備，非千百年不能就，試舉而求諸職方，有一端一節之相肖者乎？既出職方諸夷之外，則其來必係絕遠，有張騫槎所未經，蘇武節所未到，佛澄、羅什、劉賓諸人所未履者。且人品之重，亦不在遠，是其言也，果爲世法；行也，果爲世則。即幅幀近地，亦足自見，何必遐方。若徒假託空名，道家之弱水、蓬萊，釋家之萬億國土，豈不尤誕，曾足爲二氏增重乎？十誡中有妄證一條，天道人事，俱極重此。設一言有僞，即自犯其誡；一誡有虧，即全喪其善。學道之士，何苦而爲此無益之用心也。凡人大有所取於世者，不難少有所喪於己。今西士不婚不宦，於世一無所需，如遊空之鳥，縱壑之魚，何所不得，而必爲此枉尺直尋之事乎？況閱其籍按其圖，皆有度有里。上與極星相應，吾目可知，不必口舌之贅也者。若然，則其人涉海三年，歷程九萬，盡是實語。而其來也，自出家門，拚葬魚腹，一苦也；永絕家鄉之望，二苦也；食用伴侶，非人情所堪，三苦也；語言文字，盡去其熟習，而學所未諳，四苦也；風教未通之地，言而莫信，行而莫與，至或疑之謗之賤之侮之，甚則殺害之，五苦也。備茲多苦，毫無利益，惟欲爲天主闡明其教，歸向天主。雖此中人情，不信其說，而耶穌在世，親傳此命，諸士奉行，一心不貳，視死如歸，通不退悔焉。其國之士，亦有傳教本土者，有在近鄰國者，在有先已明教人心信從之地者。人謂非難，功德不大，惟最遠最險，從來教未通，人未信之邦，世情極苦，而會士偏極甘心，國俗士風，習有由然，西方之人哉。然亦須自審力量，教主亦審其力量，堪充此任，隆禮而遣之。凡到此稱鐸德者，皆國中之上選也。

又《答從來衣食資給本邦不受此中供養條》 夫行百里者，宿春糧，矧身入異域，資生無計，非智也。西士既從九萬里來，道里之費，日用之需，必且不貲。在此歲月即久，居食何從？人饋之錢弗受。且或分資助貧，非天雨非鬼輸，世意其習爐火點化之術，所自來矣，而實不然也。使其能成黃白，則擅造化之權，侔人主之柄世俗向慕。如奉父師，亦可藉之接引，何必深諱，而堅避其名。叢世之揣億，可不辯自明矣。然則何從得之，諸士在本國，俱以賢智食祿於朝，茲奉主命，涉遠涉險，國主愈重其德，愈爲之計食用。歲歲人人，給以常祿，多方曲致，於賈舶擇其最穩

者，於商客擇其最有德行者，託以寄帶，邀有天幸，從來無失。夫百金之寄，稍踰鄉井，有至有不至焉。諸人厚糈，來自絶徼，不異比鄰，即此一種，任人者與任於人者，亦人情所絶難也。止聞有一年，船將抵廣，觸礁而沉。於是一年缺供，資生甚窘。借之澳中不足，借之中土知交不足，諸士乃節腹併衣，度此空戹，竟不乏絶。得及新運之接濟，不可謂默佑非天主也，乃此事大有深意。凡人須自食其力，不望人施，始能伸其志氣，爲世所重。若不農不賈，身必常貧，衣食既窘，不得不仰面求人，求之不遂，未免展轉多營，或裝飾行徑，或恢張言語，眼前流弊，誠可概見。然後知西國立法，所爲諸士謀者誠周；而爲傳教慮者誠遠。今觀諸士於世皆絶拔擾，泯炫飾，固是學習使然，亦由人能自給，不羨長物，教中立法，原自極良耳。吾人於此，更宜著一心思。彼異域人也，於我何親，乃窮極險遠，自裹糗糧；所圖何事，只要與人爲善，同歸天堂。不須論到入吾地者，受難受屈，通不退悔，只想出門發軔之初，如此志願，如此力量，何從得來，非天上人，不足當此也。世人先或不知，蔑視之，詬辱之。今業已有聞，而猶不回其心，至德甘讓於彼，薄德甘處於身，平日爭夷爭夏，爭體面之心，果安在也。

藝文

陳宏巳《**贈泰西艾先生**》 西國有異人，其來九萬里。三歲風濤中，岸得纔到彼。爲我中國言，行我中國禮。讀我中國書，友我中國士。顧倡天學名，所傳悉利氏。謂天有眞主，安得不敬止。必酬眞主恩，乃盡生人理。度世以爲用，出世以爲體。本末始有歸，性命方不詭。予每是其言，不覺煩口耳。頃攜所著書，訪我龍江涘。圖開五大州，一一爲我指。其國無鬬爭，其人尠奸宄。仁義固本性，罔不同亹亹。身絶嗜欲根，家視如脫屣。故鄉無夢到，二十八周矣。予昔慕居夷，聞之覺欣喜。大庭不可見，此國曾足擬。微言諷師歸，請納西方履。不囿世法中，方能出生死。

潘師孔《**贈泰西艾先生**》 鴻濛本無象，造物誰爲主。千聖旣云沒，此義少認取。昔聞西來學，謂可相翼羽。而今見其人，倏爾開矇瞽。大都遡厥初，現前眞宰覩。但思罔極恩，毋乃識吾父。昭事自宜然，諄諄不嫌魯。凡我執經者，恍已親恃怙。況以証儒書，標旨符中土。獨憐九萬程，畏途安可數。孰賜我先生，耶穌意良苦。肖子吾所期，有力應須努。

組織與設施部

景教分部

法主 主教

綜述

景淨《大秦景教流行中國碑頌并序》 惟道非聖不弘，聖非道不大。道聖符契，天下文明。太宗文皇帝，光華啓運，明聖臨人。大秦國有上德曰阿羅本，占青雲而載眞經，望風律以馳艱險。貞觀九祀，至於長安。帝使宰臣房公玄齡，揔仗西郊，賓迎入內。翻經書殿，問道禁闈。深知正眞，特令傳授。貞觀十有二年秋七月，詔曰：「道無常名，聖無常體，隨方設教，密濟群生。大秦國大德阿羅本，遠將經像，來獻上京。詳其教旨，玄妙無爲，觀其元宗，生成立要。詞無繁說，理有忘筌。濟物利人，宜行天下。」所司即於京義寧坊造大秦寺一所，度僧廿一人。宗周德喪，青駕西昇。巨唐道光，景風東扇。旋令有司，將帝寫眞，轉摸寺壁。天姿汎彩，英朗景門。聖迹騰祥，永輝法界。案西域圖記，及漢魏史策，大秦國南統珊瑚之海，北極衆寶之山，西望仙境花林，東接長風弱水。其土出火綄布，返魂香，明月珠，夜光璧。俗無盜寇，人有樂康。法非景不行，主非德不立。土宇廣闊，文物昌明。高宗大帝克恭纘祖，潤色眞宗。而於諸州各置景寺，仍崇阿羅本爲鎮國大法主。法流十道，國富元休；寺滿百城，家殷景福。聖歷年釋子用壯，騰口於東周；先天末下士大笑，訕謗於西鎬。有若僧首羅含，大德及烈，並金方貴緒，物外高僧，共振玄綱，俱維絕紐。玄宗至道皇帝令寧國等五王，親臨福宇，建立壇場。法棟暫橈而更崇，道石時傾而復正。天寶初，令大將軍高力士送五聖寫眞，寺內安置。賜絹百疋，奉慶睿圖。龍髯雖遠，弓劍可攀。日角舒光，天顏咫尺。三載大秦國有僧佶和，瞻星向化，望日朝尊。詔僧羅含，僧普論等一七人，與大德佶和於興慶宮修功德。於是天題寺牓，額戴龍書。寶裝璀翠，灼爍丹霞。睿扎宏空，騰凌激日。寵賚比南山峻極，沛澤與東海齊深。道無不可，所可可名。聖無不作，所作可述。肅宗文明皇帝，於靈武等五郡重立景寺，元善資而福祚開，大慶臨而皇業建。代宗文武皇帝恢張聖運，從事無爲。每於降誕之辰，錫天香以告成功。頒御饌以光景衆。且乹以美利，故能廣生。聖以體元，故能亭毒。我建中聖神文武皇帝，披八政以黜陟幽明，闡九疇以唯新景命。化通玄理，祝無愧心。至於方大而虛，專靜而恕，廣慈救衆苦，善貸被群生者，我修行之大猷，汲引之階漸也。若使風雨時，天下靜，人能理，物能清，存能昌，歿能樂，念生響應，情發自誠者，我景力能事之功用也。大施主金紫光祿大夫，同朔方節度副使，試殿中監賜紫袈裟僧伊斯，和而好惠，聞道勤行。遠自王舍之城，聿來中夏，術高三代，藝博十全。始效節於丹庭，乃策名於王帳。中書令汾陽郡王郭公子儀，初揔戎於朔方也，肅宗俾之從邁。雖見親於臥內，不自異於行間。爲公爪牙，作軍耳目。能散祿賜，不積於家。獻臨恩之頗黎，布辭憩之金罽。或仍其舊寺，或重廣法堂。崇飾廊宇，如翬斯飛。更效景門，依仁施利。每歲集四寺僧徒，虔事精供，備諸五旬。餧者來而飰之，寒者來而衣之，病者療而起之，死者葬而安之。淸節達娑，未聞斯美。白衣景士，今見其人。願刻洪碑，以揚休烈。

陽瑪諾《景教流行中國碑頌正詮》 大法主者，衆司祭之首，統理聖教之事者也。十道者，十省也。高宗即位公元年，乃吾主降世後六百五十一年也。高宗託阿羅本鐸敎之任，統理司祭諸士，并在敎諸人。

楊榮鋕《景教碑文紀事考正》卷一 時法主僧寧恕知東方之景衆也。（按東方聖會史記載，漢安依娑訶于於主降七百七十四年，即代宗大曆九年，立爲東方敎主，駐大秦，而死在大曆十三年。推景淨立碑時，實死四年矣。景淨不知，緣尼氏會規屆六年敎主始有信遍通所屬各國支會，而寧恕則不可考矣。）

主教 見法主

大秦寺

紀事

王溥《唐會要》卷四九《大秦寺》 貞觀十二年七月，詔曰，道無常名，聖無常體，隨方設教，密濟羣生。波斯僧阿羅本，遠將經教，來獻上京。詳其教旨，元妙無爲，生成立要，濟物利人。宜行天下。所司即於義寧坊建寺一所，度僧廿一人。

天寶四載九月，詔曰，波斯經教，出自大秦，傳習而來，久行中國。爰初建寺，因以爲名，將欲示人，必修其本。其兩京波斯寺，宜改爲大秦寺。天下諸府郡置者，亦準此。

宋敏求《長安志》卷一〇 義寧坊街東之北，波斯胡寺。貞觀十二年，太宗爲大秦國胡僧阿羅斯立。

《蘇東坡詩集》卷一《紀行》序 壬寅二月，有詔令郡吏分往屬縣，減決囚禁。自十三日受命出府，至寶雞、虢、郿、盩厔四縣。既畢事，因朝謁太平宮，而宿於南谿谿堂，遂並南山而西至樓觀、大秦寺、延生觀、仙遊潭。十九日乃歸，作詩五百言，以記凡所經歷者，寄子由。

雜録

吴曾《能改齋漫録》卷七《事實・杜石筍行》 杜石筍行：「雨多往往得瑟瑟。」按，華陽記：「開明氏造七寶樓，以眞珠結成簾。漢武帝時，蜀郡遭火，燒數千家，樓亦以燼。今人往往于砂土上獲眞珠。」又，趙清獻蜀郡故事：「石筍在衙西門外，二株雙蹲。云眞珠樓基也。昔有胡人，于此立寺，爲大秦寺。其門樓十間，皆以眞珠翠碧，貫之爲簾。後摧毁墜地，至今基腳在。每月大雨，其前後人多拾得眞珠瑟瑟金翠異物。今謂石筍，非爲樓設，而樓之建，適當石筍附近耳。蓋大秦國多璆琳、琅玕、明珠、夜光璧。水道通益州永昌郡，多出異物，則此寺大秦國人所建也。」杜田嘗引《酉陽雜俎》謂「蜀少城飾以金璧珠翠，桓温怒其大侈，焚之」之事爲證，非也。

藝文

蘇軾《大秦寺》 晃蕩平川盡，坡陁翠麓橫。忽逢孤塔迥，獨向亂山明。信足幽尋遠，臨風卻立驚。原田浩如海，滾滾盡東傾。

蘇轍《和子瞻三游南山九首・大秦寺》 大秦遥可説，高處見秦川。草木埋深谷，牛羊散晚田。山平堪種麥，僧魯不求禪。北望長安市，高城遠似煙。

楊雲翼《大秦寺》 寺廢基空在，人歸地自閑。緑苔昏碧瓦，白塔映青山。暗谷行雲度，蒼煙獨鳥還。喚回塵土夢，聊此弄澄灣。

十字架

論説

陽瑪諾《景教流行中國碑頌正詮・判十字以定四方》 判，分也。十字者，四極交羅之義也。天主化造坤輿，肖十字四端形，緣斯獲晰異教立説大謬。彼謂多主造地，某主山，某主海，故兹以十字詮天主化造之公。大地四極，統惟一主，是生是存，詎獲有他。

文廷式《純常子枝語》卷一四　宋芸子《采風記》云，俞正燮謂爾撒即耶蘇之對音。以彼書自言，後耶蘇六百年爲證。言其教所遵行有摩西舊誡，而無耶蘇新律，如七日禮拜，四十日清齊，不食豕肉之類。惟以十字爲天方交綫，有疑十字架之飾詞。考景教碑言判十字以定四方，《新約·書》耶蘇常語使徒，須背十字架從人子，似非指被釘之十字架言。十字架爲天方交綫，正與景教碑合。而耶蘇被釘十字架，偶與之涉耳。其教由猶太衍傳，特欲推彼族一人以爲宗主，與耶蘇無涉。余按爾撒即耶蘇，回教書亦有徑作耶蘇者。俞理初之言不誤，回教述摩西而不遵耶蘇，猶路德述耶蘇而攻當時之加特力教耳。其實兩教皆出猶太，世次甚明，余前卷已詳考之，不複出。

綜述

陽瑪諾《景教流行中國碑頌正詮·印持十字融四炤以合無構》　斯舉吾主之十字聖架也。主命教內之人，恆印恆持十字，以保所受之聖寵。十字聖架，其四端有四極之形，凡入教者，宜奉十字聖架爲表，以效法吾主之聖愛，無拘富貴貧賤之等，皆必互愛而與四方普地之人，融徹而和睦也。

或問，和睦關于十字聖架何，曰，人方主命，爲主之讐，被主惡憎，彼此絶愛，弗克相和。吾主如中人，降世受難于十字聖架，爲天下古今罪人，獻其功于聖父，求回義怒，復垂聖慈。聖父繇是享受吾主之功，即垂聖愛而和于人。葆祿聖徒曰，奇異哉，吾主之大恩。自甘十字聖架之苦，其寶血俾天合于地，是也。人思聖父爲十字聖架之功，垂愛于我，則印持十字聖架之時，詎難推厥愛，而和睦于人，又思吾主何故受難于聖架，非爲己，全爲愛吾普世之人。吾人時時仰而思之，聖架之形，恆在心目，易效吾主愛和睦之義，不切係乎。

錢恂《景教流行中國碑跋》　額字之上有十字形，此西方耶教派之十字形，四端微豐，而長短均一，乃從希臘十字而來，與波斯十字、印度十字、埃及十字不同，尤爲明證。通常拓本，往往無額，讀者罕見，故詳之。

紀事

陽瑪諾《景教流行中國碑頌正詮》

泉郡南邑西山古石聖架碑式

萬曆己未出地崇禎戊寅摹勒

聖架茲古石，置溫陵東畔郊，年代罔知，往來無覩。崇禎戊寅春，因余興懷主心，鑒格昭示，郡朋獲之，爰請鐸德豎桃源堂中。張賡記

又　閩泉州府城。仁風門外。三里許。東湖畔，舊有東禪寺。《郡志》云，唐乾符中，郡人搆庵居僧齊固。廣明元年，更名東禪。後廢。近寺百武許，有古十字石，在田畔，未有識者。于崇禎十一年二月，吾主復活之四日，教友因拜墓見之。三月望前，同教者恭奉入聖堂云。

又　閩泉州城水陸寺中，有古十字架石，爲大司寇蘇石水先生之太翁所得。崇禎十一年二月中，教友見之，于吾主受難之前日，奉入聖堂。按《郡志》，水陸寺，唐玄宗六年建，今廢。

楊榮鋕《景教碑文紀事考正》卷二《判十字以定四方鼓元風而生二氣》

此文非景敎之道也，觀此而知尼氏敎會之日漸衰微者有故矣。查西土波斯、埃及等國於景尊臨世以前，早有以十字作深微奧妙之僞理：有說人數理者，有講彌綸四極者，有論判定四方者，有指生命之徵者。崑崙山之西，有一大神之偶像，胸前印誌，即十字之形。此或爲講判定四方彌綸四極者之法象。埃及人以尼羅江爲舉國養生之源，江口有一大神之偶像，手執之匙即十字，此十字即生命之徵。埃及帝王祭尼羅江神，侔於上帝。西土埃及士人作文，凡生命聖潔天地幽冥神鬼靈機等字，皆用十字代之。西土既先有如許十字之說，然與景經十字架之事，毫無關涉。原宗敎所稱十字架之道者，乃指景尊在十字架上慘死以代負萬氏罪孽之報之道耳。十字架者，乃波斯國所創刑人之具，傳至羅馬，羅人不肯以之決本國罪犯，以其過於慘酷，僅用之以處屬國重囚。景尊生平傳道行事，猶太之僞善祭司、縉紳士子恨之入骨，尤甚於婆羅門之恨佛，向離之恨孔子，故煽誘頑民鼓噪脅羅馬方伯彼拉多，以此刑致景尊於死，而不知上帝與景尊反以此爲贖罪救世之大法，亦因此而定猶太國滅家亡之罪。案三仁竄死，商是以亡，報應之奇，一至于此，可畏也哉。然則，景敎十字架之道與西土早有之奧妙十字，有何干涉。景衆之初惟重視贖罪之道耳，惟猶太人情，常以天國選民受異邦十字架之刑，辱爲不可解之羞，故聞景尊之徒言及釘十字架而死之耶穌（耶穌譯即救者），即歷世以來所仰望之彌施訶，皆掩耳而不欲聞。景聖保羅深知猶太人之病根正在此處，故直稱贖罪之道爲十字架之道，以折其驕，不虞後人漸以十字說入深奧處去也。其始也，以十字爲遏欲存理之方，謂私欲萌動之時，念此十字，即現景尊受死贖罪之慘，而惡念都消，此猶在敎法正道之中。其繼也，則解經之時，亦以十字混眞理，試舉其一二節言之。如本經《以弗所書》三章文云：基督之仁愛，人不可測。此不可測之文，即有以十字彌綸四極之理爲訓。又云：願爾安仁根深址固，則與諸聖徒共識其長濶高深，得上帝之盛以爲盛焉。此長濶高深之文，又以奧妙十字訓解。此等經解，爲景門中最可惡之異端。其始則以爲妙解至終，則將景尊救世大力之源遏絕，循至乎棄基督絕恩道，不至於悖法稱義而不止。景敎分東西宗時，早具此種禍本，及尼氏會興於東方，亦浸淫於此種異說，是以景淨有判十字以定四方之說也。鼓元風而生二氣句，乃景淨等習染波斯陰陽二神，造化萬類之說。至入中國，又見易象卦爻，原於太極兩儀，與波斯道極相似，故置阿羅訶於無極之地。所謂元風者，太極也。二氣者，陰陽也。此則可謂之習染中國之道，非景義也。查景門無論西宗東派、尼氏派，其習染之性類皆如此，使無景經考正，則不知究竟如何耳。然則景淨何所本而爲是言也，《創世記》第一章文云：太初之時，上帝創造天地，地乃虛曠，淵際晦暝，上帝之神煦育乎水面。上帝曰：宜有光。即有光。上帝視光爲善，遂判光暗，謂光爲晝，謂暗爲夜，有夕有朝，是乃首日。景淨本欲著此段經文之大義，按此經上帝之神四字，原文是阿羅軒之羅訶，此羅訶之名，本與列風元氣通用。地球之初，未有山原平陸，大水包裹全球，熱氣蒸騰，汽天不分，是乃淵際晦暝之象，迨上帝之神煦育，上帝之命作光，然後水面始分光暗。此經之煦育即景淨所謂鼓神，即元風光暗，即二氣。然此經本是老實說開闢之事，與

太極陰陽之道無涉，然欲尋一句七字之文，將首日一經大義揭出，與上文對偶，如此其工亦大難事，故樂得而用此文。用此文而中國儒者觀之，誠厚者則曰，是猶吾儒太極無極陰陽之說。輕薄者曰，剽竊吾儒之說，以張大其辭耳。就令絕無是非，然已迥非景義，是自喪其道也。文字弄人至如此夫。

又卷三《印持十字融四照以合無拘》 此已下至洗心反素之文，皆言尼氏會之儀文也。此文所云，乃尼氏會之異端，與景道了不相關。已辨明於判十字以定四方句。下觀此可知今日天主教會佩十字印，以爲有靈之漸矣。

張賡《武榮出地十字架碑序》 天之有主宰也，習稱之習信之。倏聞天主名，則又異之，異之而再諦想，則亦旋知此稱即與習稱天之主宰無二義，無二名也。若是而以天之主宰呼爲天主，普爲人間世共欽事之主，雖至愚等至狂等，想亦無有異矣。然而傳稱降生，傳奉十字架，不但小慧士或不信，彌自負大慧士彌不信，即最黮暗如余，當未聞道之先，亦不敢頓爲信也。爾時我云，至神無相，我不信降生，正以無相，信天主尊天主也。至神無倚，我不信十字架，正以無倚，信天主尊天主也。今而後，乃知無相者誠天主，無倚者誠天主。但必局無相局無倚，曾不能化爲形相，且永垂此瞻依之具，則又當疑爲幻疑爲空，更不足尊不足信矣。星降說嶽降甫申，是亦何據？古來傳之，人多遂信之。天主生星生嶽，豈眞所生者可云降生？生之者乃不可自降而生乎？胡然降生，爲我衆生；胡然受死，爲救我等死。死則假此架成苦功，死而復生昇天，則遺此架，垂靈跡，是我世世當感念，奚宜怪者，烏號遺弓，乃誕益信，十字聖架，最眞反疑，疑無故不徵不信，不信不尊，夫亦人情。天主閔下，於是乎乃假符節以顯示之。萬曆四十七年，有石刻十字架，從武榮山中爲孩如鄭公開現，莫辨何代神物。天啟三年，關中掘地，亦得景教碑頌，其額鐫十字架。按覩武榮碑，刻畫無異，惟是關中碑，有文有字，知爲唐刻，與今西師傳述降生十字架諸蹤，洎教誡規程，語語皆符。武榮碑固不立文字，而孩如公博奧格致，意是不可棄不可褻，珍而豎諸讀易窩垣間，其有此主神跡，且有關中碑印證，尙未及聞，惜其往矣。極西鐸德艾師思及，從九萬里來，敷教中土，入我八閩，夙爲余承教之師。崇禎二年，載至溫陵，而余適歸休，與同志肇建郡之主堂于崇福古地，余仲倩即孩如公孫，乃于艾師座間，獲聆聖架眞詮，而述此碑。余亟偕師往觀，相與感仰贊禮。越今五載，堂事粗庀，遂胥奉而豎堂中。於戲！武榮去關中數千里，不相謀之地也。唐去今且千年，不相謀之時也。有文字關中碑，與無文字武榮碑，又不相謀之刻也。而此聖架遺跡，截然合符，兩碑後先出地，若有期會，西師持關中刻方來，倏從語次，得茲證佐，又若有假以機緣。嘻！我等知主不在目見，縱令無印無證，亦且必信必尊。然而信者希，尊者希，吾主乃今顯示符節，宛如諄諄命之也。異哉此架，累代秘藏，於今耀靈，肆我皇睿聖間生，小心昭事，而此日在郡當道，又咸志修安，知所欽崇，寰宇紳衿氓萌，亦多翕然共宗。是蓋休明有開，巧相際會乃爾。於是莫禁喜溢，僭爲述敘，幾弘此道以永。

也里可溫分部

崇福司

綜　述

《元史·百官志五》 崇福司，秩［從］二品。掌領馬兒哈昔列班也里可溫十字寺祭享等事。司使四員，從二品；同知二員，從三品；副使二員，從四品；司丞二員，從五品；經歷一員，從六品；都事一員，從七品；照磨一員，正八品；令史二人，譯史、通事、知印各一人，宣使二人。至元二十六年置。延祐二年，改爲院，置領院事一員，省併天下也里可溫掌教司七十二所，悉以其事歸之。七年，復爲司，後定置已上官員。

又《食貨志四》 崇福司：司使，俸八十二貫六錢六分六厘，米八石。同知，俸七十貫，米七石五斗。副使，俸五十九貫三錢三分，米六

石。司丞，俸三十九貫三錢三分，米三石五斗。經歷，俸二十八貫，米三石。都事，俸二十六貫六分六釐，米二石五斗。照磨，俸二十二貫，米二石。

紀事

《元典章》卷三六《兵部三・驛站》［鋪馬馱酒］延祐四年七月，行省准中書省咨：御史臺呈，淮東廉訪司延祐四年正月三十日，有御位下徹徹都苫思丁，起馬四匹，前來揚州也里可溫十字寺，降御香，賜與功德酒段等。至初二日，有脱脱禾孫吳，也先齎到崇福院，元差苫思丁等差劄赴司覆說，苫思丁差劄內別無御賜酒醴。照得崇福院奏，奉聖旨，奧剌憨驢各與一表裏段子，別無御賜酒醴。看詳爲治之道必先信，其賞罰之道尤宜重其典禮。聖天子、宗戚元勳、股肱大臣、勤勞王事者，特加御賜幣帛酒醴等物，以旌其功，理所然也。彼奧剌憨者，也阿溫氏人，素無文藝，亦無武功，係揚州之豪富，市井之編民，乃父雖有建寺之名，年已久矣。本以影射差傜營求，忽察宣慰等包辦酒課，貪圖厚利，害衆成家。取訖招伏，擬決五十七下。申覆憲照詳來奏，明降欽遇詔恩，釋免較之。此輩未嘗御前近侍，又非閥閱之家，聖上亦不知識。今崇福院傳奉聖旨，差苫思丁等，起馬四匹，齎酒醴二瓶，前來揚州，傳奉聖旨恩賜，是乃無功受賞。況崇福院奏，奉聖旨事意內，別無御酒二瓶，不見崇福院端的曾無奏賜酒醴，爲此本司今抄崇福院差劄在前，申訖，照詳得此，照得延祐四年正月初十日欽遇詔赦，欽此。又照得中書省，於皇慶二年二月二十七日，奏過事內一件，差將各處去的使臣并四處的使臣每，外路官人每根底，他每自己索的葡萄酒并酒將去呵，卻謊說是上位賜，將去的麼道說的人多有麼道聽的來，也有咱每與將去的也者。似這般謊的將葡萄酒并酒去的，好生計較者麼道。亦烈赤根底，傳聖旨來。俺商量，上位知識的外路官人每根底，若上位誰根底，賜將葡萄酒并酒去呵，交宣徽院與兵部印信文書呵，卻交兵部與印信別里哥文字，憑著那別里哥將去者。若無兵部別里哥文字的，沿路有的脱脱禾孫每，盤問了留下將去葡萄酒標者，他每姓名說將來。俺上位根底奏了，要罪過呵，怎麼奏呵，那般者麼道，聖旨了也。欽此。皇慶二年二月二十七日啟。今後太后可憐見，不揀誰根底，賜將葡萄酒并酒去呵。徽政院與兵部印信文書，兵部官人每，這依這體例，行別里哥文字呵，怎麼啟呵，那般者麼道，懿旨了也。敬此。今據見申本臺看詳，崇福院官當元止是奏奉御香，別無所賜奧剌憨酒醴。又不經由部、宣徽院，有違定例。緣係延祐四年正月初十日已前事理。後如有似此違例者，擬合欽依聖旨懿旨事意施行，仍令合干部分再行照會相應具呈。照詳得此部省咨。請依上施行。

《元通制條格》卷二九《僧道》至大四年十月十四日，省臺官同奏：昨前宣政院爲和尚、先生、也里可溫等開讀了聖旨的上頭，奉聖旨，教俺與御史臺、集賢院、宣政院、崇福司官人每一同商量者，［麼］道聖旨有來。御史臺、集賢院、崇福司來省裏一處商量來。御史臺官人每說，在先立着僧司衙門時節，告僧官每取受不公不法勾當多有文書來。自罷了僧司之後，教僧人生受的文書，行臺廉訪司都不曾有文書。若是僧人不揀甚麼問的勾當，則教宣政院官人每問呵，這事行不得，只是暗藏着待再立僧司衙門去也。又兼罷僧司衙門聖旨纔開了，如今卻又更改，內外聽得也不宜的一般。如今閫臺御史也動着文書有。集賢院官說，當初宣政院官奏，先生教集賢院管，不曾與俺商量。如今四海之大，先生每犯的勾當多有，俺怎生管得，這事怎生行？崇福司官說，楊暗普奏也里可溫教崇福司管時分，我聽得道來，這勾當是大勾當，不曾與省臺一處商量，省臺必回奏。如今四海之大，也里可溫犯的勾當多有，便有壹伯箇官人也管不得，這事斷難行，麼道說有。奏呵，奉聖旨：臺官人每說他每暗藏着待復立僧司衙門的，哏說的是有。乾凈的好和尚每在寺裏住着念經，與咱每祝壽也者，不乾凈的歹和尚每要做僧官有。在前我栲栳山回來時到潞州呵，平陽的僧錄臘月八日就潞州我的陸水寺裏殺羊喚歹婦女每喫酒，又和尚每告他則潞州裏要了玖拾餘定鈔來，膽八八哈赤也曾說來，好和尚那裏肯做僧官。各寺院裏已有護持來的聖旨，則那的他每根底不勾也那甚麼。他每不做罪過，依本分行呵，誰侵犯他每。別箇的不索多說，依前則教有司問者。麼道聖旨了也。欽此。

掌教官

紀　事

《元代管領泉州路也里可温掌教官兼興明寺住持吴咹哆呢嗯書須彌座祭壇式墓垛石》　於我明門，公福蔭裏，匪佛後身，亦佛弟子。無憾死生，升天堂矣。時大德十年歲次丙午三月朔日記。管領泉州路也里可溫掌教官兼住持興明寺吴咹哆呢嗯書。

《元代管領江南諸路明教秦教等失里門主教墓碑》　管領江南諸路明教、秦教等，也里可溫，馬里失里門，阿必思古八，馬里哈昔牙。皇慶二年歲在癸丑八月十五日，帖迷答掃馬等泣血謹誌。

《元史·百官志五》　崇福司秩二品，掌領馬兒哈昔，列班也里可溫十字寺祭享等事。

梁相《大興國寺記》　公之大父可里吉思，父滅里，外祖撒必爲大醫。太祖皇帝初得其地，太子也可那延病，公外祖舍里八，馬里哈昔牙徒衆祈禱，始愈，充御位舍里八赤，本處也里可溫答剌罕。

又　家之人口受戒者，悉爲也里可溫，迎禮佛國馬里哈昔牙麻兒失理河必思忽八，闡揚妙義，安奉經文，而七寺道場，始爲大備。

司　鐸

紀　事

《元史·百官志五》　崇福司秩二品，掌領馬兒哈昔，列班也里可溫十字寺祭享等事。

十字寺

紀　事

《元史·順帝本紀一》　至元元年三月丙申，中書省臣言：「甘肅甘州路十字寺奉安世祖皇帝母别吉太后於内，請定祭禮。」從之。

俞希魯《至順鎮江志》卷九《僧寺·寺》　大興國寺，在夾道巷。至元十八年，本路副達魯花赤馬薛里吉思建，儒學教授梁相記。其略曰：薛迷思賢，在中原西北十萬餘里，乃也里可溫行教之地。愚問其所謂教者，云天地有十字寺十二，内一寺，佛殿四柱高四十尺，皆巨木，一柱懸虚尺餘。祖師麻兒也里牙靈迹千五百餘歲，今馬薛里吉思是其徒也。教以禮東方爲主，與天竺寂滅之教不同。且大明出於東，四時始於東，萬物生於東。東屬木主生，故混沌既分，乾坤之所以不息，日月之所以運行，人物之所以蕃盛，一生生之道也，故謂之長生天。十字者，取像人身，揭於屋，繪於殿，冠於首，佩於胸，四方上下，以是爲準。薛迷思賢地名，也里可溫教名也。公之大父可里吉思、父滅里，外祖撒必爲大醫。太祖皇帝初得其地，太子也可那延病，公外祖舍里八，馬里哈昔牙徒衆祈禱，始愈，充御位舍里八赤，本處也里可溫答剌罕。至元五年，世祖皇帝召公馳驛進入舍里八，賞賚甚侈。舍里八，煎諸香果，泉調蜜和而成。舍里八赤，職名也。公世精其法，且有驗，特降金牌以專職。九年，同賽典赤平章往雲南；十二年，往閩浙；皆爲造舍里八。十四年，欽受宣命虎符懷遠大將軍、鎮江府路總管府副達魯花赤。雖登榮顯，持教尤謹。常有志於推廣教法。一夕，夢中天門開七重，二神人告云：「汝當興寺七所」，贈以白物爲記。覺而有感，遂休官，務建寺。首於鐵瓮門捨宅建八世忽木剌大興國寺。次得西津竪土山，并建答石忽剌雲山寺、都打吾兒忽木剌聚明山寺。二寺之下，創爲也里可溫義阡。又於丹徒縣開沙，建打雷忽木剌四瀆安寺；登雲門外黄山，建的廉海牙忽木剌高安寺；大興國寺側，又建馬里結瓦里吉思忽木剌甘泉寺；杭州薦橋門，建樣宜忽木剌大普興寺。此七寺實起於公之心。公忠君愛國，無以自見，而見之寺耳。完澤丞相謂公以好心建七寺，奏聞璽書護持，乃撥江南官田三十頃，又益置浙西民田三十四頃，爲七寺常住。公任鎮江五年，連興土木之役，秋毫無擾於民。家之人口受戒者，悉爲也里可溫，迎禮佛國馬里哈昔牙麻兒失理河必思忽八，闡揚妙義，安奉經文，而七寺道場，始爲大

備。且敕子孫流水住持，舍利八，世業也，謹不可廢，條示訓戒，爲似續無窮計，益可見公之用心矣。因輯其所聞爲記。甘泉寺，在大興國寺之側。大光明寺，在丹陽館南，元貞元年，安馬吉思建。

又 四瀆安寺，在開沙。本路副達魯花赤馬薛里吉思建。大法興寺，在通吳門外福田山。亦也里可溫寺也。

又 般若院，在豎土山巔。至元十六年，本路副達魯花赤馬薛里吉思即金山建二寺：一曰雲山寺，一曰聚明山寺。至大四年，改爲金山下院，賜今名。集賢學士趙孟頫奉敕撰碑。其略曰：「皇帝登極之歲，五月甲申，誕降璽書，遣宣政院斷事官潑閭，都功德使司丞臣答失帖木兒乘驛馳諭江浙等處行中書省曰：『也里可溫擅作十字寺於金山地，其毀拆十字，命前畫塑白塔寺工劉高，往改作寺殿屋壁佛菩薩天龍圖像，官具給須用物，以還金山。庚辰，洊降璽書，護持金山，也里可溫子子孫孫勿爭，爭者坐罪以重論。』十有一月庚戌，都功德使臣海音都特奉玉音：金山地外道也里可溫倚勢修蓋十字寺，既除拆所塑，其重作佛像，繪畫寺壁，永以爲金山下院。命臣孟頫爲文，立碑金山，傳示無極。臣孟頫不佞，謹拜手稽首爲文云：『謹按：金山，晉建武始立寺，名澤心。梁天監，水陸法式成，即寺營齋。宋大中祥符，改龍游名，賜江南西津田及地山。皇朝至元十六年，也里可溫馬薛里吉思任鎮江路總府達魯花赤，建兩十字寺西津岡顛，金山田地爲也里可溫所奪，歷二十有七年，乃復得二寺爲下院。三方輝照，一峰中流，益以壯偉，乃作頌。』」云云。翰林學士潘昂霄又奉敕撰碑。略曰：「佛大矣，法門不二，如虛空無去來，大千剎土，應緣而現，而其法門則一而已，寧有二乎？外此以爲法，非吾佛所謂法也。金山古名剎，屹乎大江中流，勝絕天下。江南諸山，南來抵江而止，巉岩對峙，視中流之峰，脈理融貫，傾聳揖顧，若外護然。至元十六年，也里可溫馬薛里吉思者，綰監郡符，勢張甚。掇危峰秀絕之所，屋其顛，祠彼教，曰銀山寺，營隙爲儕類葬區。嘻！西竺之道，九十有六，唯吾佛爲正法，以法之正，容有邪有外耶！今皇踐阼，敕宣政臣婆閭等，即寺故像撤去之，仿京剎梵相，朱金紺碧，一新清供，付金山住持佛海應聲長老，錫名金山寺般若禪院。舉域一辭，歸誠贊羨。集賢大學士臣李邦寧奏，宜文堅珉示永遠，翰林學士承旨臣旦牙答恩承詔臣昂霄屬筆。」云云。

《元通制條格》卷二九《僧道》 元貞元年七月二十三日，中書省奏：「也里可溫馬昔思乞思，皇帝的御名薛禪皇帝、裕宗皇帝、太后的名字裏，江南自己氣力裏蓋寺來，係官地內要了合納的租子，並買來的田地的稅不納官，寺裏做香燭。」麽道教愛薛那的每奏呵，教俺商量了奏者，麽道聖旨有來。俺商量來，爲和尚、先生每、也里可溫、荅失蠻每的商稅地稅，久遠定體行的上頭，皇帝根底奏了，一概遍行聖旨來。若免了他的呵，比那遍行的聖旨相違者有，別箇人每指例去也。依體例教納糧者，若他的氣力不敷呵，別對付着，奏也者。奏呵，是也，那般者。聖旨了也。欽此。

黃溍《敕賜十字寺碑記》 蓋聞大聖應跡，有感必形，蔭覆十方，化周三界，是四生之導首，乃六趣之舟航，惠日既明，光清八嶽，立功闡化，慈照含生敷演，一音各隨。類解像攸興，其來久矣。有斯利益，是以修崇都城西百里有餘，地名三盆山崇聖院，實晉唐之遺跡，乃大遼之修營，已經多載，兵火焚蕩，僧難居止，見有碑幢二座。時有僧淨善，原系大興縣巨族名家，俗姓范，髫年祝髮，禮昊天寺蘠講主爲師，誓修禪觀。時逢夏末，前謁此山住僧，歡迎話談良久，天色將曛，臨幢獨坐，晏然在定。面覩一神緣服金鎧晴巾皀履，赤面長鬚，厲聲而言，和尚好往此山，吾當護持。言畢遂隱，復見古幢十字重重發光，欣然起坐，偶成一偈。特來游此山，定中遇仙言，十字發光現，此地大有緣。敬發誓言，願成精藍。遂回都城，往謁淮王鐵木兒不花，趙伯顏不花，丞相慶童等，備言定中現神發光，應驗古剎事跡。共言罕有，各捐己貲。于大元至正十八年戊戌歲，八月內陸續辦木植磚瓦灰石等件，至正二十三年癸卯歲，起立大殿五間，中塑三淨身佛，十八羅漢，壁繪二十諸天四王。殿宇東西伽藍祖師二堂，鐘鼓二樓，兩楹僧舍庖廚，山門中立石碑一統。聖事已完，淮王鐵木爾不花等奏請聖恩，敕賜十字寺，慈雲遍覆于大千，法雨均霑，諸品彙。不盡功德，專爲上祝皇王壽延萬歲，祈宮掖千載安康，四夷拱手歸降，八方黎庶樂業，永爲萬代龜鑒者矣。大元至正二十五年乙巳歲正月吉日立碑。住持淨善同徒文惠文迪文聰文勝，徒孫從湛從曉從敏從獻從受從明。大功德主淮王鐵木爾不花趙伯顏不花丞相慶童察罕鐵木兒不花哈喇不花脫脫不花觀音奴不花普賢奴不花耿通張氏魏信陶氏信良樂氏蘇成藍氏郭通梅氏張寬李氏鄰山近處檀越芳名信士王廷美梁氏姜創閆氏龐俊高氏霍成趙氏朱環鞏氏高綬喬氏大功德主錦衣衛指揮使榮太夫人左氏男高儒夫人張氏鐫字石匠寧永福

田汝成《西湖遊覽志》卷一六 三太傅祠，在薦橋東，舊十字寺基也。當熙春橋西，元僧也里可溫建，久廢。嘉靖二十一年，吏部侍郎謝丕

建祠，以奉晉贈太傅謝安，宋贈太傅謝深甫，皇明贈太傅謝遷者。

鍾庚起《甘州府志》卷二《世紀下》 順帝至元元年春三月，定甘州路十字寺祭別吉太后禮。別吉太后，世祖皇帝母也。初世祖定甘州，太后與之軍中，后沒，世祖使於十字寺祀之。至是歲久，祀事不肅，故議定之。其禮未詳。

又卷四《古跡》 十字寺，元世祖祀其母別吉太后處，夏建，今大寺也。

又卷一六《雜纂》 元至元元年，甘州路十字寺奉安世祖母別吉太后于內，定祭禮。蓋太后亦在甘殂者。

十字架

綜述

梁相《大興國寺記》（《至順鎮江志》卷九） 十字者，取像人身，揭於屋，繪於殿，冠於首，佩於胸，四方上下，以是爲準。

天主教分部

教階

綜述

楊廷筠《天釋明辨·懺悔》 蓋耶穌昇天，親留法旨，將此教規傳布世間。復擇宗徒有聖德者，立爲教皇，爲諸國教宗，傳賢不傳子，代代聖賢，主世傳教。教皇在，即耶穌在也。教皇廣求賢哲任昇斯玻（司教爵名），昇斯玻在，即教皇在也。昇斯玻又博選有道德者爲撒責兒鐸德。撒責兒鐸德在，即昇斯玻在也。層累而上，轉屬而下，總與天主住世一般，總有洗過之權。此非人力能也，重在耶穌有命，命在世間，永永不改。命不可改，理不可疑也。以其寔理合其寔事，故惟天教赦罪之法，斷非虛語。

教宗

論説

文廷式《純常子枝語》卷二三 德國伯崙《知理國家學》卷四云，加路王上尊號曰皇帝，教王恭捧寶冠如奉神命狀，王使羅馬人誓忠貞勤王。自是主權始判爲二，王賴教王之援助與媒介得羅馬皇帝之尊號，不得不酬其德，故待教主甚厚。後世羅馬人引當時之例爲口實，盛倡皇帝從教王受政權之説，可謂狡獪。加路王之時，教王新立，見皇帝之使節，誓忠貞不敢負，以爲恆例。不如是，則不得爲教王。又當時羅馬貨幣一面印皇帝之名，一面印聖彼得並教王之名，此二事足以知羅馬人之妄。按此知誓不負國實羅馬古教之成規，至其狡獪得施，則由於各國史學不講，而書籍多出於教徒。其誣元定宗及本朝仁皇帝爲習其教者，亦欲用此狡獪也。

綜述

艾儒略《職方外紀》卷二《意大里亞》 耶穌升天之後，聖徒分走四方布教，中有二位，一伯多琭，一寶祿，皆至羅瑪都城講論天主事理，人多信從。此二聖之後，又累有盛德之士，相繼闡明。至於總王公斯瑙丁者，欽奉特虔，盡改前奉邪神之宇爲瞻禮諸聖人之殿，而更立他殿以奉天

主，至今存焉。教皇即居於此，以代天主在世主教，自伯多琭至今一千六百餘年，相繼不絶。教皇皆不婚娶，永無世及之事，但憑盛德，輔弼大臣公推其一而立焉。歐邏巴列國之王雖非其臣，然咸致敬盡禮，稱爲聖父神師，認爲代天主教之君也，凡有大事莫決，必請命焉。其左右嘗簡列國才全德備，或即王侯至戚五六十人，分領教事。

郭嵩燾《倫敦與巴黎日記》 近有意大里神甫古爾錫者，言教王主教，不當主土治民。以其時羅馬教王所轄地並爲意大里所侵佔，聽其教王擁虚名居羅馬宫，仍設兵衛之。教王嘗慨然發憤，謂受拘禁，聞古爾錫之言大怒。嗣是古爾錫無見其面者，人謂爲其主教、統領所拘繫，此其立意亦深矣。相傳謂教皇沒後，嗣爲教皇者，當寄居英國所屬之馬爾他島，不復居羅馬宫也。

紀　事

黄伯禄《正教奉褒》 康熙四十四年五月二十七日，閔明我、安多、徐日昇、張誠以教宗欽差大臣鐸羅已抵廣東，繕摺奏聞。上飭部行知廣東督撫，優禮款待，派員伴送來京。又遣兩廣總督之子，同張誠、蘇霖、雷孝思法蘭西國人等，先期前往天津迎候。十月二十九日，欽使抵京，駐西安門内天主堂。上遣内大臣到堂問好，頒賜珍饌。十一月十六日，欽使覲見，上賜坐，親執金樽賜酒，並賜筵宴，計金盆珍饈三十六色。欽使駐京年餘，覲見多次，頻荷頒賜御饌果品。

又 康熙五十九年九月十一日，教宗欽差大臣嘉録抵廣東省垣，各憲款待甚優。二十八日，嘉欽使啟節赴京，督撫將軍滿、漢文武各官俱送至碼頭。上先派李大臣至廣東，令伴送欽使來京。至是，李大臣同粤督委員，由水陸護送北上。十一月二十七日，嘉欽使抵京，上遣趙大臣，迎至暢春園駐帷，即蒙頒賜御饌果品。十二月初三日，欽使覲見，上釋御服貂套賜欽使，並賜宴筵，上又親執金樽賜酒。明年二月初四日，嘉欽使陛辭，上賜酒，又親執欽使手，溫語祝頌安抵本國云云。

又 康熙六十一年，上遣養心殿内務府大臣陳所社往廣東營葬艾若瑟。先是，康熙三十四年，若瑟奉召來京效用，深孚上意。四十六年十月，奉命赴羅瑪，入覲教宗，患病留西調養。嗣於五十八年，復航海來東，抵小西洋大浪山，患病逝世，棺柩運至廣州。五十九年六月，厝於廣州城西錦雲堂内。至是，六十一年四月，欽遣陳大臣往廣東，飭地方官購買山地十一畝，以作墳塋，並置業田二十六畝零，以資永遠修掃之費。遂於十一月初十日，陳大臣偕廣州各憲，迎柩安葬於城外瑤臺鄉側。

又 雍正三年，教宗遣教士鄂達爾、伊爾方賫璽書、禮物來華，九月抵京進呈。上召見，賜茶優待，即復書答禮，具組金花緞六十四、錦緞四十四、彩綢十四匹、人參一盒，仍由鄂達爾等賫呈教宗。

錢單士厘《歸潛記》乙編《彼得寺》 廊上有樓，正中凸出寺外者爲拔爾貢（形如臺），面臨廣場。景宗新選加冕，有禮式於此。耶穌復活節，景宗立此爲民祝福。衆民匐伏於道，瞻仰景宗顔色於拔爾貢上，謂得於此日一見景宗者，獲福七年。彼得廣場上，人爲之滿，最是大觀。

司　鐸

綜　述

艾儒略《職方外紀》卷二《歐邏巴總説》 歐邏巴國人奉天主正教，在遵持兩端：其一，愛敬天主萬物之上；其一，愛人如己。愛敬天主者，心堅信望仁三德，而身則勤行瞻禮工夫。其瞻禮殿堂自國都以至鄉井，隨在建立。復有掌教者專主教事，人皆稱爲神父，俱守童身，屏俗緣，純全一心，敬事天主，化誘世人。其殿堂一切供億，皆國王大臣民庶轉輸不絶，國人羣往歸焉。每七日則行公共瞻禮，名曰彌撒。此日百工悉罷，通國上下往焉，聽掌教者講論經典，勸善戒惡。女婦則另居一處聽講，男女有別。

隱修院

綜　述

艾儒略《職方外紀》卷二《歐邏巴總説》　其聖教中人更有慕道最深，抛棄世間福樂，或避居於山谷，或入聖人聖女所立之會，而畢世修持者。其入會須發三誓：一守貞以絶色，一安貧以絶財，一從命以絶意。凡歐邏巴諸國，從十六七歲願入會中矢守童身者，自國王大臣宗室以下男女不可勝紀。其女子入會後，惟父母至戚得往見之，餘絶不相交接。其會中居室原極弘敞，亦自不礙遊息也。其男子入會，例有多端：有專自修不務化人者，有務化人不能遠遊者，又有化人而欲及天下者，此則離本國、捐朋友、棄親戚，遍歷遐方，其視天下猶一家，視天下人猶一體，不辭險阻艱辛，雖啖人炙人之地，亦身歷焉，惟祈普天下之人皆識眞主而救其靈魂升天，以畢素志。此歐邏巴敬天愛人之大略也。

騎士團

綜　述

艾儒略《職方外紀》卷二《歐邏巴總説》　封内雖無戰鬬，其有邪教異國恃强侵侮，不可德馴，如韃而靼、度爾格等者。本國除常設兵政外，又有世族英賢智勇兼備者，嘗以數千人結爲義會，大抵一可當十，皆以保國護民爲志。其初入會者，試果不憚諸艱，方始聽入焉。會在地中海馬兒達島，長者主之。遇警則鳩集成師，而必能滅寇成功。他國亦有別會，俱彷彿乎此，即國王亦有與其會者。此又歐邏巴武備之大略也。

醫　院

綜　述

艾儒略《職方外紀》卷二《歐邏巴總説》　又有病院，大城多至數十所，有中下院處中下人，有大人院處貴人。凡貴人若羈旅、若使客，偶患疾病，則入此院。院倍美於常屋，所需藥物悉有主者掌之，預備名醫，日與病者診視，復有衣衾帷幔之屬，調護看守之人。病愈而去，貧者量給資斧。此乃國王大家所立，或城中人併力而成，月輪一大貴人總領其事，凡藥物飲食皆親自驗視之。各城邑遇豐年多積米麥，饑歲以常價糶之，如所謂常平倉者。人遇道中遺物或獸畜之類，必覓其主還之，弗得主則養之。國中每年數日定一公所，認識遺畜，失者與得者偕來會集。如遇原主，則聽其領去，如終弗得主，則或宰肉或賣價，以散貧人。若拾金銀寶物，則書於天主堂門外，令人來識。先令預言其狀，如一一符合，即以還之，不得主，亦散于貧乏。

國中又有天理堂，選盛德弘才無求於世者主之。凡國家有大舉動大征伐，必先質之此堂，問合天理與否。擬以爲可，然後行之。國人病危，悔過祈赦，則分析産業，遺一分爲仁用，或以救貧乏，或以助病院，或以贖敵國所虜，或以修飾天主殿庭，一切仁事，悉從病人之意。遺于子孫謂子孫之財，遺於仁用謂己靈魂之財。

教會大學

綜　述

艾儒略《職方外紀》卷二《以西把尼亞》　以西把尼亞屬國大者二十

餘，中下共百餘。其在最西者曰波爾杜瓦爾，分爲五道，向有本王，後因乏嗣，以西把尼亞之君係其昆仲，乃權署其國事焉。其境内大河曰得若，經都城里西波亞入海，故四方商舶皆聚都城，爲歐邏巴總會之地也。土産果實、絲綿極美，水族亦繁，所出土産，葡萄酒最佳，即過海至中國，毫不損壞。國中共學二所，曰阨物棘，曰哥應拔。其講學名賢曾經國王所聘，雖已輟講，亦終身給祿不絶。歐邏巴高士多出此學。近有耶穌會士蘇氏著陡祿日亞書，最精最廣，超數百年名賢之上，其德更邁於文。國都又有一地，界兩河間，周圍僅七百里，而高士聚會修道之所有一百三十處。又有天主堂一千四百八十所，水泉二萬五千，大方石橋二百，通海大市六處。由此可見其地之豐厚也。

育嬰堂

綜述

艾儒略《職方外紀》卷二《歐邏巴總説》 其愛人如己：一是愛其靈魂，使之爲善去惡，盡享天生之福；二是愛其形軀，如我不慈人，天主亦不慈我。故歐邏巴人俱喜施捨，千餘年來，未有因貧鬻子女者，未有饑餓轉溝壑者。在處皆有貧院，專養一方鰥寡孤獨。處其中者，又各有業，雖殘疾之人亦不廢。如瞽者運手足，痺者運耳目，各有攸當，務使曲盡其才，而不爲天壤之廢物。又有幼院，專育小兒，爲貧者生兒，舉之無力，殺之有罪，故特設此院，令人撫育，以全兒命。其族貴而家貧者，耻于送子入院，更有兩全之法：其院穴牆以設轉盤，内外隔絶不相見，送兒者乘人不見，置兒盤中，扣牆，則院中人轉兒入矣。其曾領洗與否，皆明記兒胸，異時父母復欲收養，則按所入之年月便得其子。

紀事

佚名《江南育嬰堂記》卷二 育嬰堂遷至徐家匯，時在一千八百六十四年，即同治三年春，江南耶穌會會長神父鄂鄂神父法國人，生於 1815，于 1840 進耶穌會，于 1844 到中國江南上海。一千八百六十二年階會長，一千八百六十六年調往直隸東南境，耶穌會會長。因滬城小南門内所租郁家典當房子一座，尙歉狹隘，蓋斯時所收孤兒人數過多，非特易致疾病，兼亦諸多未便，故決意將育嬰堂自城内搬至西門外十餘里徐家匯大堂外，朝南約二百步有樓房一座，大約七上七下。其時堂門前樓房惟此一座，育嬰堂中孩之大者暫且居此，小者在河東之平屋十五間内暫居。其在樓房者，派匯學生李春華無錫堰橋人，因壯其有志進會，管理諸事。李相公于同治六年 1867 進初學爲助理修士，曾匯院董堂涇堂蕪湖土山灣□處院中之事務。於光緒廿九年 1903 病終于洋涇浜本會。堂中又有顧允成，沈則良，朱邦家三人一同管理，俱係匯學生，雖皆有志修途，而俱未成。惟朱邦家後至土山灣，忠厚誠寔，幫管育嬰堂爲時最久。夫同治二年分 1863 鄂會長已看定徐家匯南半里許之土山灣上海縣屬之廿八保六啚，地方在肇家浜中段，一轉灣角嘴，灣上有二丈高，十餘丈長之坭墩一座，此地俗名土山灣。堂中欲買此土山，地主起初堅不肯讓，再三央人設法，始買到此土山，連西北良田十餘畝。適欲擇地以造育嬰堂，會議決定就在此處。故於同治三年秋 1864，委陸乾坤號掘民，所謂老隆相公者經手，于土山之旁造大樓房一長枕，上下俱十九間，兩頭又加大半間，置兩部大扶梯，此樓即今之土山灣南樓是也。當時兩面有走廊，此樓造得頗堅固。【略】造之來春，工始竣，即同治四年 1865，即主教由直隸東南境主教任調回申，爲江南主教。是年本育嬰堂諸孩始搬進土山灣新樓房住居也。其時石神父爲徐家匯當家神父，兼管土山灣育嬰堂事務，派婁良材相公常駐土山灣，管理大小諸務。其時各省慘遭兵戈擾攘之後，各處地方蹂躪已極。又連年成荒歉，窮人難以餬口，所以遺孩頗多。各處本堂所收遺孩送至土山灣，增至三百餘名，其中自蔡家灣搬出者居半。大概係鄉下派兒已多年，受本堂之栽培，而其他亂離後新收之孩，非特年歲

大小不等。其出身處爲南京，鎭江等人俱有之。而且品類不齊，內有爲長毛擄過者，葢長毛最喜收羅小巴戲，即小囝也。老長毛身邊各有擄到之小孩，愛之縱之，任其欲爲。所以長毛中小長毛最爲凶虐，因其不懂人事，殺人放火視爲兒戲。所見種種不法，習以爲常。雖非個個如此，大概性情粗頑，不易管束。其時江南全省中神父甚少，各處傳教尚不敷調遣，故育嬰堂係徐家匯當家石神父兼管，惟委婁修士獨任其勞。除火食廚房有老郭相公經管，其餘作場園地，小囝衣着規矩，俱婁相公事事親身經理。因其年壯力強，德才並茂，故措置裕如。雖然未滿半載任，已積勞過甚，偶患傷寒，遂致醫藥無效，于一千八百六十五年五月初三，即同治四年五月廿五日，安逝于徐家匯本會堂中。長上與諸神父聞此訃音，無不惋惜，惟有敬遵主命而已。按婁相公比國人，生于1818年，于1839年進會，1846年到中國，在中國十九年。於1865年去世，年四十六歲。在會二十六年，聖名雷奧保爾。婁相公精于製造風琴，此術爲其專門，其他修理銅鐵物件，及製石膏像，石印等美術。適在強壯之年，方爲傳教地有用之時，遽耳捐世。葢上主鑒其勤行盡分，不遺餘力，故早賜得苦勞之報于天庭也。婁相公既逝，是年秋，長上派沈二相公則寬，夏相公祝三，同到土山灣代石神父管理諸嬰孩。柏神父爲小囝講問答，聽神工，行聖事。又派艾相公亦到土山灣。柏神父，艾相公始于土山上做路，往種樹木。其時土山不甚高，待至翁相公時，因屢次開河之年，乘機買泥，每擔加錢一文，或二文，漸次增高。并添築支路。樹亦漸長，曲曲灣灣，常在樹陰之下，頗有深山幽谷之景。艾相公在灣未滿半年，即調往直隷張家莊，將馬歷耀相公調回江南，葢其精曉營造學藝也。馬相公于1863年到中國，逕上海往直隷，居彼兩年，于1865年與艾相公對調。既至江南，就于土山灣經管木漆，雕花等作場。馬相公所居之卧房，即今之老虎竈處也。是年即同治四年1865年也。馬相公兼造土山灣聖堂，於南樓北面之中，正對南樓中間，堂無頭門及堂面，惟接出三上三下，爲管理育嬰堂神父所居住。是年造好後，石神父常在土山灣矣。【略】

1867年春，馬相公在徐家匯放大更衣所，兼造河東聖母院，院房，及女學堂，女育嬰堂等。

1866年拯亡會到江南，初住王家堂聖母院內。拯亡會未到之先，伊四姆姆松江人，管橫塘女育嬰堂，與勤姆姆兩人經理聖女院如正副院長，然四姆姆爲正管，確具院長之才德，經管合聖母院內女學生之讀書并一切規矩。後伊四姆姆爲獻堂會冊上第一名者，夫立獻堂會之初意，乃薛公于1855年始于橫塘，成于1868年徐家匯聖母院內，顧勤姆姆辦保德才並茂專管伙食動用等事物，後進聖衣院之都利愛爾。

土山灣印書館

紀事

佚名《江南育嬰堂記・土山灣始置鉛字印書房》同治十三年秋，是年即1869到中國，嚴公于1874也□。新聖鐸品，即定爲土山灣管賬，自嚴公第一始，有管賬神父。兼管鉛板印書事務。鉛字及印書架子，裝在堂前西夾壁兩間，開首先印第一部，即周年占禮經。欲知鉛字之來由，茲畧提之係蘇合登神父□於1865年到中國，于1871年即同治十年分，或前一年所辦鉛鑄工中國字拍交貨而拍下者，拍後一向置于洋涇浜大堂東之洋樓內。於1873年夏秋之間，搬至土山灣，係嚴神父開手經理，排印前一二年蘇神父早已安排一土山灣孩，蔡家灣出身者，名陳阿弟克昌，與錢，錢江灣大場人，係匯學生進小修院而未成者。遣此人往上海虹口往望益紙舘印書房去學習排鉛字，爲預備江南省復設比書處，傳教之用。此印書舘，係葡萄牙富商所開者，爲人忠厚誠寔，與其夫人，俱皆敬主虔誠，善表可風之信友，被一心信任蘇神父，因依賴情眞，故凡事必商諸蘇公，眞言聽計從者也。後爲上海葡國総領事。其時蘇公爲洋涇浜総管賬，兼爲徐家匯拯亡會聽神工神師，每主日至少一次或兩次到聖母院。當時上海地方，坐馬車者大概洋行家東家，各有自備馬車，平常西人坐馬車者亦稀少，中國人坐者更少，即神父進出，非轎即小車或坐船，然步行者多。該商知蘇神父個主日到徐家匯，行路雖不遠，確費時頗多，每次飭家人整備自乘之馬車，到堂侍候。雖蘇公儉樸存心，安步當車，然因事繁務多，藉此少費

時刻，以爲更有益之事，故勉順其請。

既而顧二官，即朗如，陳鹿門等至彼處學習排字，學成後，俱至土山灣印書館。惟嚴神父起初管印書館，請一甯波人徐姓者，幫助布置鉛字架子等。彼曾于美華書館作工，已進過耶穌教。在土山灣約一二年，雖已保守，未領洗而去。同時有錢某南京人，係印手，又陸関榮等三人，土山灣印書房之開手人也。蓋陳阿弟等未即回灣，至1874年即同治十三年，翁相公由徐匯堂中調至土山灣。幫助嚴神父管印書舘事務。翁相公法國人，于1859到中國精于修鐘表。兼曉醫理，善侍病人，常在匯院任司病職。兼修理鐘表，亦善拍照，當時之拍日照，其法尚未成全，蓋照片藥水件件必須自行配合，拍一小照又須歷時頗久。翁相公行之，頗得其法，當時知拍照者甚稀，所拍之照，作爲珍奇。而徐家匯院房并諸位老神父遺像，及江南初起遺跡，至今存留不少者，是皆翁相公之勞績也。嚴神父專管排字印書，而翁相公起初自己學習排字兼管石印。夫此石印架子與石頭，尚是婁相公所辦，向在徐家匯。婁相公死後，即無人用，至是亦搬至土山灣。因印書房初起，只有兩間，故將石印架子裝于西面先生司務房間之中間。是年柏神父始寫石印小抄。爲江南本省傳教中之事務，或新聞，專爲神父們閱者，此即所爲柏報，柏神父起始，而費□之神父繼續，爲費報。費公于1891去世，其三爲富守和神父富報。□□分去世其四廖樹衡神父另爲廖報。1900年□其五爲萬報，□其六爲孔報。1902年管密灣四年，其七爲那報，1910年其八爲翟報，1911年□嚴神父管印書房時，顧朗如錢斐利陳鹿門陸某童生俱至土山灣排字，所有修道院生出院者，大概至土山灣印書舘。夫嚴神父所管不過二年，於1876年秋，調任張涇本堂，印書房係翁相公接手。翁相公囑陳阿弟克昌查見本印書房所缺應用之件。一一開賬，至□□添辦漸臻完美，於是土山灣印書舘所出中西聖學文學諸書，可謂各處傳佈，四海聞名。邱子昂先生頗有才能，十餘年間，助翁相公管理印書房相幫不少，於1899年至大德油廠，助朱子堯經理全廠事務，頗著成效，後助子堯等，開創圖書公司，于上海小南門外教場地。

仁會

綜述

艾儒略《職方外紀》卷二《以西把尼亞》 隨處立有仁會，遍恤孤寡煢獨，或給衣食，或助貲賄，或保護其家，或葬死者。商舶至，或有死而無主者，則爲收其行李，訪其親戚還之。種種仁事，他國雖各有會，莫如此中之盛。此外國王隨處遣官專撫恤孤子，理其家產，廣其生殖，長則還所有，且增益焉。

王徵《仁會約引》 嚮余爲畏天愛人極論，蓋有味乎西儒所傳天主教義，竭力闡明，用勗我二三兄弟之崇信第論焉已耳，未克實行；即行矣悠悠忽忽，未克力；間即憤志力行乎，其力小，其行微，終未克約我同志，共捐全力，以暢我實行之志願。夫西儒所傳天主之教理超義實，大旨總是一仁。仁之用愛有二：一愛一天主萬物之上，一愛人如己。眞知畏天命者，自然愛天主，眞能愛天主者，自然能愛人；然必眞眞實實，能盡人之心之功，方是眞能愛天主。蓋天主原吾人大父母，愛人之仁，乃其喫緊第一義也。余故深信天主之教，最眞切，最正大，最公溥，且最明白而易簡。乃人人所能行，人人日用當行，人人時時處處所不可不。七克中云：聖若盎既耄，不能多言，恆用相愛二字，勸其門人，習聞者頗厭之。問何故？都無他教，答曰：此天主親命，獨行之足矣。夫此道有四善：遇智俱識，至明也；一言可盡，至約也；貧富賤貴，少壯老病，悉能行之。

天主經云：我命不高不遠，在爾心中，至易也。聖葉落泥曰：相友愛，正我儕大益；天主又陳宏報以酬我，其慈無涯，至有益也。嗟夫！人生世間，種種苦趣不可勝言，疇克盡免。凡觸于耳與目者，那能弗惻於心；弗惻於心，非仁；惻于心，而不見之於行，無濟于彼，猶非仁也。其必盡我相愛，能力救之，補之，使之存以順，歿以寧，愛人之功，其庶幾

乎。然匪有力不能濟，匪藉衆多全力，亦不能廣濟。余茲感於西儒羅先生哀矜行詮，立此仁會約；蓋欲從今以後，自竭心力，合衆全力，俾人遊樂郊，補此有憾世界，以仰副天主愛人之至仁，于以少少行其愛人之實功，且勸我會中人，緣此愛人功行，默啓愛天主之正會，庶人人可望天上之眞福云。時崇禎七年後八月一日了一道人良甫王徵書于崇一堂。

又《仁會約所行條目》　仁會者，哀矜之總名也。哀矜之德有二：一形哀矜，一神哀矜。形哀矜凡七端，神哀矜亦七端，總以行此愛人之仁焉耳。然神哀矜之行，但以神行，可不須他物。形哀矜之實，則匪須他物，莫克濟也。故端各臚列於後，而茲會中所訂行者，則尤以形哀矜七端爲急云。

形哀矜之行七端：

一、食饑者。

二、飲渴者。

三、衣裸者。

四、顧病者。

五、舍旅者。

六、贖虜者。

七、葬死者。

神哀矜之行七端：

一、啓誨愚蒙。

二、以善勸人。

凡人靈魂所乏，其在明悟可也。或暗蔽不通，則不能自取爲善之益。故首曰啓誨愚蒙，次曰以善勸人。其在愛欲可也，一有拂意之事，即憂鬱恐怖，非寛解之，必不堪。故三曰慰憂者。人有過，不自知，因而冥行取淚，我不喻之省改，是坐視其陷于罪也。故四曰責有過失者。人或以非理加我，或弱行而不能推情于我，均屬可矜。故五曰赦侮我者，六曰恕人之弱行。若人生而艱難疾苦，及墮三仇誘惑，死無所恃。或歸煉獄，其提拔赦宥，非吾主不能。故曰七爲生死者祈天主。此七端者，皆屬于神，故稱神哀矜也。

以上哀矜之行，專爲愛人而起念，愛人又專爲愛天主而起念。故此仁會之立，獨以形哀矜七端爲急務。此外一切不關救人之務，不但力不能給，即能給者，亦不之行。蓋恐未認眞主，必不能辨爲眞善，正恐反得罪于天主焉耳。又此預白。行哀矜事，有九要：

述聖額我略言：

一曰謙。

視所與者，非我物。且視受者，若實助我德焉。

二曰眞心爲主，不爲虚名。

如此功屬天國，非復當世功矣。

三曰發歡喜心。

聖盎薄西荷曰：欲行善事，宜以喜行爲本。聖葆錄曰：我願行，則有報。强而後行，何功乎？

四曰欲行即行，勿持兩可。

人見父兄子弟有難，即時救之，不能待。彼窮乏者，皆同體，我見之，何獨不然？聖亞吾斯丁曰：人欲曝，日不待求而出。物欲濡，雨露不待求而墜。凡物之于人，多有不求而至者，豈人于人而可恃其求乎？且求之而緩以應乎？

五曰有倫有義。

何時可行？何人宜先？何物爲當？神行在前，身行在後，先者當先，次者當次。由親及友，由友及衆。各依本願遂之。

六曰寛廣。

施最忌吝，吝與仁反。聖葆錄曰：少種少收。經曰：爾施時，用度量，報時亦如之。欲獲厚報，今何不厚施乎？

七曰所施宜慎所從來。

若攘物賑貧，非功也。蓋物來非理，即非爾物。須歸本主，奈何代彼施，而竊爲己功乎？

八曰先宜洗心，斯主歆爾獻。

洗心者何？心無罪慝，而獲存寵愛也。蓋罪慝爲主之仇，主仇未離我躬，雖有微獻，安望其享乎？

九曰所與之物，用爾大願將之。

夫天國之價，至重至貴，爾所持物，毫末耳。爾願不到，縱萬鎰無

益。若得爾願全注之，杯水亦足。蓋施與之願，乃施德之本也。

仁會約款

會之衡：

夫斯會，既以形哀矜爲急務矣，就今日時勢衡之，似又不無最急稍緩之分。蓋兵荒之餘，饑多，病多，死者多，故哀矜此三者尤最急。若飲渴，少俟之盛暑。衣裸，少俟之嚴冬。舍旅，贖虜，少俟物力充足之後，舉而行之可也。最急之中，又須劑量，如食饑，人少則或量給米粟，銀錢足矣。至冬月，及春二三月，饑者必衆，則宜擇公所，立一粥廠煮粥，庶克有濟。顧病，則宜先立一藥局，預買合用藥料，擇一善醫者調視，酌與之。葬死，則宜置一公塋，預作棺木以待。見有無主而死者，即爲葬之公塋。此不得已，而聊爲緩急之衡耳。論愛人全功，果能力量充足，須一一舉行，方成哀矜實行。

會之資：

約：每位銀日一分，月積三錢，年則三兩六錢。或願日日給，或願月一類給，或願一年總給。然類給與總給者，則甯先期，毋甯後。此外有發大願，再肯多出者聽。若力不從心，而意欲與會，若不能如約者，量力喜舍，悉無不可。銀足色，錢十文，作一分等。如或米，布，衣，木等物，照時儀估，抵銀錢數。

會之人：

凡爲愛天主，愛人起念，願如約與斯會者，無論簪紳，文武，宗侯，富室及農商技藝之人俱可。惟僧道不與，蓋彼望人施，非施人者。一入會，則徇情妄用者多矣，故獨不可。若有婦女人，聞風起念，願爲愛天主愛人而施之者，收其所施之物，另簿款開姓氏，以彰其德可也，第勿與會。

會之督：

會既立，脫無人焉督理，其胡能行？故執掌會簿，收視錢物，及斟酌賑救事宜，須推擇一二人，或三人以督之。此督者功，視物之功更大也，幸無相推諉。

會之輔：

督既有人，然一切貯收，易買，傳銀，散給等事，匪藉數人輔助，勢以難行。故又須推擇數人，爲之輔。輔之之功，分督功半，共成愛人之仁，愼勿謂其輔也而忽諸。

會之核：

會既有督有輔，不有綜核之籍，即督若輔，公忠無纖私乎？心事奚自白焉？故須多立冊籍，以便覆核。先爲如約與會者簿一，次爲大願力多出者簿一，次爲不克如約量力與會者簿一，次爲婦女願施不與會者簿一，再爲貯收置買簿一，再爲散給款項者簿一，出入收支，一一登記，諸簿則總隸會督處。

會之推：

此會果行，一方窮乏，不無少賴。推而行之，小而一鄉，大而一邑，再大而一郡，一省。人人同此心，處處立此會，在在行此仁，其所利賴于民生者，或亦匪小。倘又推而廣之，若州邑之賢父母，若郡省藩縣之賢公祖，若爵封采食之懿王賢宗侯，聞此民間自相救恤之法，惻然垂念，轉沛恩施，將仁惠所及，蓋覆無量。頃聖天子軫念民窮，屢下德音，出帑金數萬，專遣一御史大夫，賑我秦饑，想此仁會之立，諒亦當事所嘉與，九重所樂聞者也。或謂連歲兵荒，民幾無如，人日銀才一分，杯水焉耳，焉能救車薪之火？不知日積月累，以至于年，則其銀爲兩者三，爲錢者六矣。年年如約出銀，誰云杯水？即杯水，不猶愈于一滴不漏者耶！且人而十，則有三十餘金。人而百，則有三百餘金矣。浸假而人至千焉，則爲千金者不止三。浸假而人至萬焉，則爲萬金者不止三。積少成多，由微而巨，始焉安一人，既焉安千萬人。將堯舜猶病之心，可從此少慰焉者。奈何少視之？況人日一分之約，正謂杯酌餘滴，便樹愛人功行，正欲人人喜舍無難耳。又況此念一動，將日日存愛人之念。此風一倡，將人人與愛人之風。于以培人心而挽世道，縱不敢望施之果博，濟之果衆乎？似于立人達人之訓，未必無小補云。

仁會約證述：

仁會，原古人已行之成法也。故證述多端，總期感發吾人之仁念。

天主堂

綜述

陽瑪諾《聖經直解》卷七《聖神降臨後第九主日》 驅逐貿易，曰：吾殿祈禱殿。立聖殿之故，祈求，誦念，聽講，與祭，痛告等功，是也，外莫他故。賢者曰，交易，天主所不禁，售獻天主諸物，敬天主之功也。主猶不許行于聖殿，矧閒誕嗤笑，犯理者哉。達未聖王曰，天主造殿於地，以致人聖，因吾入時，心驚身戰。葢天主聖殿，天主聖座也。解曰，聖殿，乃天主之國，天主之天，天神俯伏戰慄，不敢仰視。爾敢失敬，無理哉。聖基所深責斯輩曰，欲閒誕，及交接等務，爾輩無舍乎，城內無市乎，何輕天主聖堂，何高聲狂笑，何阻善友神工。吾友可思，各有神病，聖堂爲神藥聖鋪，可進療病，勿進加病。吾友欲進朝，一身端莊，不敢失容。聖殿，天主之朝堂，其尊即天堂，入時而敢戲笑妄誕，烏畏天主哉，烏敬天神哉，入時而行地上之務，迷甚慢甚。聖人玉言，敎友必宜穩記。

　聖盎博削曰，緘默大德，各處當守，在殿更當也。以妄言俗務，污蠛天主之所，陋也。邪教人，將祭土神，默然致敬。爾乃以囂致侮，恥也。又繼曰，史記，異教者迨寺祭神，副祭向衆高聲曰，斂容同祭。衆如命，皆嚴肅伏地，目容手足，俱不失度，吾友盍似之，惜乎，多有入聖殿，寧可無人，身入心遊，人目視身，主目視心，爾進人目所見，不進天主所視。半進焉，半不進焉，盍全進哉。

錢稻孫《新釋宮》（存目）

紀事

艾儒略《職方外紀》卷二《以西把尼亞》 國中奉天主之堂雖多，而最著者有三，一以奉雅歌默聖人，爲十二宗徒之一，首傳聖教於此國，國人尊爲大師大保主，四方萬國之人多至此瞻禮。一在多勒多城，創建極美，中有金寶祭器不下數千。有一精巧銀殿，高丈餘，闊丈許，內有一小金殿，高數尺，其工費又皆多於本殿金銀之數。其黃金乃國人初通海外亞墨利加所攜來者，貢之於王，王用以供天主耶穌者。近來國王又造一瞻禮大堂，高大奇巧無比，修道之士環居焉，其內可容三國之王，水泉四十餘處。堂前有古王像六位，每位高一丈八尺，乃黑白玉琢成者。堂內有三十六祭臺，中臺左右有編簫二座，中各有三十二層，每層百管，管各一音，合三千餘管，凡風雨、波濤、謳吟、戰鬥，與夫百鳥之聲，皆可模倣，眞奇物也。又有書堂，闊三十步，長一百八十步，周列諸國經典書籍，種種皆備，即海外額勒濟亞國之古書，亦以海船載來，貯於此處。其地原係曠野山林，後因造此堂，鳩工住集，七年遂成一城云。

又《意大里亞》 伯多琭聖人之殿悉用精石製造，花素奇巧，寬大可容五六萬人，殿高處視在下之人如孩童然。城中有七山，其大者曰瑪山，人煙最稠密，第苦無泉。邇來造一高梁，長六十里，梁上立溝，接其遠山之水，如通流河也。有水泉，飲之其味與乳無異，汲之不竭，蓄之不溢。近地曰羅肋多，一聖殿即昔日聖母瑪利亞親身所居之室。此室舊在如德亞國，後爲回回竊據，天神淩空移至此地，越海七千餘里，國人欲致崇飾，恐失其舊，因周以玉牆，覆以大殿。今逢聖母誕日，行旅來朝者常至數萬人。儒略嘗親詣此殿，今已屹然巨鎮矣。

佚名《各省堂誌》 北京在宣武門內東首。即順城門，1650 湯若望建南□堂。又堂在皇城西華門內光明殿上首蠶池口。北堂法籍□□會士，東堂在碑亭巷利瑪竇時之東堂

南京在旱西門內螺絲轉灣。

淮安在新城東門內大河衛傍。

揚州在鈔關門內，過打珠巷槓子，瓊花觀西首。

鎮江在南門內大街第三座牌坊下。即丹徒南門四牌坊雙井巷。

徐州在東門內。近北門斗□宮後。

蘇州在王府基北通関坊金母橋西。

常熟在南門內西首。

太倉在東門內太平橋。

崑山在縣東北四牌樓。

嘉定在西門內宮保橋。

崇明在東門內。

無錫在三里橋。

松江在婁縣東丘家灣。

上海在小東門內。

杭州在北関門內天水橋南。

嘉興在西門內府學後。

金華

蘭谿在朱家馬頭進去。

福州在南門內宮巷。

建寧在北門內。

延平在衛前。

浦城在布心街西繆家□。

邵武府在東門內檀香寺對過。

山西絳州在老王府鋪上。

陝西西安府在北門內糖坊街。

南昌在棉花布戉子牌坊杏花村廣潤門內。

建昌在府前。

贛州在西門內贛南道衙門東首。

吉安在東門內橫街。

武昌在漢陽門內蛇山底下。

濟寧在南門內楊翰林街。

濟南在西門內高都司巷。又堂在西分打銅街。

廣東廣州府在西列外第六鋪。又堂在楊仁里。

河南開封在西門內。

五河在東関外許宅。

四川保寧府在東関內察院西六眼井。再西二十步，即是重慶府。山上有堂，在川東道衙門遠半里路。

寧波府□縣在靈橋門內往西泥橋巷口。

長沙府在長沙縣西長街。

佚名《天主堂基石記》（康熙三十年修《蘇州府志》卷三九） 天主堂在卧龍街通關坊內，向在東北隅貞字二啚長慶巷。順治初，天學傳教士潘國光，賈宜睦來蘇首建。至康熙十九年，傳教士柏應理，畢嘉改建於此。內有唐敕賜大秦景教流行中國碑文，明徐文定公光啓讚，暨國朝世祖章皇帝敕賜欽崇天道匾額，御製碑銘。康熙辛亥即十年冬令，皇上賜御書敬天二字匾額。

徐光啓讚

維皇大哉，萬彙原本，巍巍尊高，造厥胚渾。搏埏衆有，以資人靈。無然方命，忝爾所生。蠢蠢黔首，云何不淑。會是群督，上瘳下黷。帝曰閔斯，降於人間。津梁耳目，三十有三年。普拯橫流，誕降神奇。捨爾靈軀，請命作儀。粤有聖宗，十有二子。逮宣弘化，以迨億祀。如日之升，愈遠而光。千六百載，達於茲方。茲方云何，膺受多祐。正教西來，大眷東顧。凡我人斯，仰瞻遼廓。敢曰無主，敢曰不若。大文無雕，經途無詭。秉心三德，守誠二五。若罔不昇，遠國不墜。勗矣前脩，無作後悔。後悔期那，亟其改旃。鑒搦一息，貫爾百年。如山匪嵬，如海匪淵。矢志崇闕，以隆德馨。

世祖章皇帝御製天主堂碑銘

大圜在上，週迴不已，七精之動，經緯有理。庶績百工，於烏終始。有器有法，爰觀爰紀。惟此遠臣，西國之良。測天治曆，克殫其長。敬業奉神，篤守弗忘。乃陳儀像，乃構堂皇。事神盡虔，事君盡職。凡爾等疇人，永斯矜式。

又道光四年修《蘇州府志》卷三四 闕里分祠在長洲文一啚通關坊，舊係天主堂。雍正二年（1724）禁止天主教，布政使鄂爾泰改建此祠，祀至聖先師。

北京南堂

紀事

劉侗、于奕正《帝京景物略》卷四《西城內・天主堂》 堂在宣武門

內東城隅，大西洋奉耶穌教者利瑪竇，自歐羅巴國航海九萬里入中國，神宗命給廩，賜第此邸。邸左建天主堂，堂制狹長，上如覆幔，傍綺疏，藻繪詭異，其國藻也。供耶穌像其上，畫像也，望之如塑，貌三十許人。左手把渾天圖，右叉指若方論說次，指所說者。鬚眉豎者如怒，揚者如喜，耳隆其輪，鼻隆其準，目容有矚，口容有聲，中國畫繪事所不及。所具香燈蓋幃，修潔異狀。右聖母堂，母貌少女，手一兒，耶穌也。衣非縫製，自頂被體，供具如左。按耶穌釋略曰：耶穌，譯言救世者，尊主陡斯，降生後之名也。陡斯造天地萬物，無始終形際，因人始亞當，以阿襪言，不奉陡斯，陡斯降世，拔諸罪過人。漢哀帝二年庚申，誕於如德亞國童女瑪利亞身，而以耶穌稱，居世三十三年。般雀比刺多，以國法死之，死三日生，生三日昇去。死者，明人也，復生而昇者，明天也。其教，耶穌曰契利斯督，法王曰俾斯玻，傳法者曰撒責而鐸德，如利瑪竇等。奉教者曰契利斯當。如丘良厚等。祭陡斯以七日，曰米撒，於耶穌降生升天等日，曰大米撒。刻有《天學實義》等書行世。其國俗工奇器，若簡平儀，儀有天盤，有地盤，有極線，有赤道線，有黃道圈，本名範天圖，爲測驗根本。龍尾車，下水可用以上，取義龍尾，象水之尾尾上升也。其物有六：曰軸、曰牆、曰圍、曰樞、曰輪、曰架。潦以出水，旱以入，力資風水，功與人牛等。沙漏，鵞卵狀，實沙其中，顛倒漏之，沙盡則時盡，沙之銖兩準於時也，以候時。遠鏡，狀如尺許竹筍，抽而出，出五尺許，節節玻璃，眼光過此，則視小大，視遠近。候鐘，應時自擊有節。天琴鐵絲絃，隨所按，音調如譜。之屬。瑪竇亡，其友龐迪峨、龍華民輩代主其教。教法，友而不師。師，耶穌也。中國有學焉者，奉其阨格勒西亞七式。

福清葉向高《贈西國諸子》：天地信無垠，小智安足擬。爰有西方人，來自八萬里。言慕中華風，深契吾儒理。著書多格言，結交皆賢士。淑詭良不矜，熙攘乃所鄙。聖化被九埏，殊方表同軌。拘儒徒管窺，達觀自一視。我亦與之遊，泠然得深旨。

溫陵李贄《贈利西泰》：逍遙下北溟，迤邐向南征。剎剎標名姓，山山記水程。回頭十萬里，舉目九重城。觀國之光未，中天日正明。

嘉興李日華《贈利瑪竇》：雲海盪落日，君猶此外家。西程九萬里，東泛八年槎。蠲潔尊天主，精微別歲差。昭昭奇器數，元本浩無涯。

同安池顯方《贈遠西艾思及》：尊天天子貴，絕徼亦來庭。鄒衍之餘說，張騫所未經。五洲窮足力，七政佐心靈。何必曾聞見，成言在窅冥。

佚名《北京天主堂》（《欽定日下舊聞考》卷四九） 時憲書局在宣武門內天主堂西，即明天啟二年都御史鄒元標，副都御史馮從吾所建首善書院。後禮部尚書徐光啟借院修曆，名曰曆局。本朝仍令西洋人居此治理時憲書。《大清一統志》

天主堂明萬曆二十八年建，本朝順治十四年修，康熙五十一年重修。乾隆四十年毁於火，四十一年重建。門額曰通微佳境，幷亭內碑銘均世祖章皇帝御製。殿中扁曰：萬有眞元。聯曰：無始無終先作形聲眞主宰，宣仁宣義聿昭拯濟大權衡。

聖祖仁皇帝御書西偏爲時憲書局，有扁曰：勤慎可嘉。

世祖章皇帝御書門額曰：天文歷法可傳永久。堂中扁曰密合天行，曰盡善盡美。後廳扁曰：聲清氣和。聯曰：雲從高處望，琴向靜中彈。皆聖祖仁皇帝御書。

又 天主堂在宣武門東，搆於西洋利瑪竇，自歐羅巴航海九萬里入中國，崇奉天主。所畫天主乃一小兒，婦人抱之，曰天母。其手臂耳鼻皆隆起，儼然如生人。所印書冊皆以白[紙]（紅）一面反覆印之。字皆傍行，其書裝法如宋板式，以漆革護之，外用金銀屈戍鈎絡。所製有簡平儀，龍尾車，沙漏，遠鏡，候鐘，天琴之屬。春明夢餘錄

黃伯祿《正教奉褒》 帝閱覽各物，悉令收存，供天主聖像於御前，置自鳴鐘於御几，萬國地圖珍藏內府，召瑪竇等便殿覲見，垂問天主教旨、西國政治，又設饌三辰，宴勞廷闕，欲親貌顏，令工繪圖，更寵頒官職，瑪竇等同辭，上命禮部待以上賓，厚給廩餼，並于京都宣武門初名順承門內東首賜第居之。

萬曆二十九年，上賜第左淨地一區，利瑪竇等遂建天主堂，譯經敷教，著測算書表，製天象儀器。在京碩彥，翕然景從，時詣瑪竇宅，相與論道，罔不敬服而退，自是教士踵至，俱蒙恩准，分赴各省傳教。

又 順治七年，上賜湯若望宣武門內天主堂側隙地一方，以資重建聖堂，孝莊文皇太后頒賜銀兩，親王官紳等亦相率捐助。若望遂鳩工興建，並撰記立石，都門建堂碑記：

自昔西漢時，有宗徒聖多默者初入中國傳天主正教，次則唐貞觀以後，有大秦國西士數人入中國傳教，又次明嘉靖時，聖方濟各入中國界傳教，至萬曆時西士利瑪竇等先後接踵入中國傳教，譯有經典，著有書籍，傳衍至今，荷蒙清朝特用西法，定造時憲新曆，頒行曆務，告竣，謹于都城宣武門内虔建天主新堂，昭明正教。時天主降生一千六百五十年，爲大清順治七年歲次庚寅。

又 順治九年，宣武門内天主堂告竣，上賜「欽崇天道」匾額，禮部尚書與孔子六十六代裔孫各題贈堂額，頌揚正道。

又 順治十四年二月初一日，上賜御書堂額，曰「通微佳境」，謹案：世祖章皇帝賜額，原系「通玄佳境」，後於康熙朝，因避廟諱，遂改爲「通微佳境」。敕送恭懸宣武門内天主堂，又御制天主堂碑記曰：

《易·序卦》：革而受之以鼎。革之象曰：「澤中有火，革。君子以治曆明時。」鼎之象曰：「木上有火，鼎。君子以正位凝命。」是以帝王膺承歷數，協和萬邦，所事者皆敬天勤民之事，而其要莫先於治曆，定四時以成歲功，撫五辰而熙庶績，使雨暘時若，民物咸亨，道必由之。矧開創之初，昭式九圍，貽謀奕葉，則治曆明時固正位凝命之先務也。粵稽在昔伏羲制干支，神農分八節，黃帝綜六術，顓頊命二正。自時厥後，堯欽曆象，舜察璣衡，三統迭興，代有損益，見於經傳彰矣，而其法皆不傳。若夫漢之太初、唐之大衍、元之授時，俱號近天，元曆尤爲精密，然用既之久，亦多疏而不合。蓋積歲而爲曆，積月而爲歲，積日而爲月，積分而爲日，凡物與數之成於積者，不能無差，故語有之曰：銖銖而稱之，至石必謬。寸寸而度之，至丈必差。況天體之運行，日月星辰之昇降遲疾未始有窮，而度以一定之法，是以久則差，差則敝而不可用。凡曆之立法雖精，而後不能無修改，亦理勢之必然也。自漢以還，迄於元末，修改者七十餘次，創法者十有三家。至於明代，雖改元授時曆爲大統之名，而積分之術，實仍其舊。洎乎晚季，分至漸乖，朝野之言，僉云宜改，而西洋學者雅善推步，於時湯若望航海而來，理數兼暢，被薦召試，設局授餐，奈衆議紛紜，終莫能用。歲在甲申，朕仰承天眷，誕受多方，適當正位凝命之時，首舉治曆明時之典。仲秋月朔，日有食之，特遣大臣督率所司，登臺測驗，其時刻分秒、起復方位，獨與若望豫奏者悉相符合。及乙酉孟春之望再驗月食，亦絲毫無爽。豈非天生斯人，以待朕創制曆法之用哉！朕特任以司天，造成新曆，敕名時憲，頒行遠邇。若望素習泰西之教，不婚不宦，祗承朕命，勉受卿秩，洊歷三品，仍賜以「通微教師」之名，任事有年，益勤厥職，都城宣武門内向有祠宇素祀其教中所奉之神，近復取錫賚所儲而更新之。朕巡幸南苑，偶經斯地，見神之儀貌如其國人，堂牖器飾如其國制。問其几上之書，則曰此天主教之說也。夫朕所服膺者堯舜周孔之道，所講求者精一執中之理。至於玄笈貝文所稱《道德楞嚴》諸書，雖嘗涉獵，而旨趣茫然。況西洋之書，天主之教，朕素未覽閱，焉能知其說哉？但若望入中國已數十年，而能守教奉神，肇新祠宇，敬慎蠲潔，始終不渝，孜孜之誠，良有可尚。人臣懷此心以事君，未有不敬其事者也。朕甚嘉之，因賜額名曰「通微佳境」而爲之記。銘曰：

大圜在上，周回不已。七精之動，經緯有理。庶績百工，於焉終始。有器有法，爰觀爰紀。惟此遠臣，西國之良。測天治曆，克殫其長。敬業奉神，篤守弗忘。乃陳儀象，乃構堂皇。事神盡虔，事君盡職。凡爾疇人，永斯矜式。

又 康熙十年冬，御書「敬天」二字匾額，賜懸堂中，並諭曰：朕書敬天，即敬天主也。

又 康熙四十四年，上頒發廣運庫銀一萬兩，著將宣武門天主堂重行修建。

又 康熙五十年三月初七日，御題宣武門内天主堂律詩曰「森森萬象眼輪中，須識由來是化工。體一何終而何始，位三非寂亦非空。地堂久爲初人閉，天路新憑聖子通。除卻異端無忌憚，眞儒若個不欽崇？」又御書匾額曰「萬有眞元」，並對聯曰「無始無終，先作形聲眞主宰；宣仁宣義，聿昭拯濟大權衡」。特差内大臣送至天主堂，謹敬懸掛。二十二日，蘇霖、紀理安、巴多明等賫折赴暢春園謝恩。奏稱「竊臣等鄙居西極，觀光上國。深荷聖朝柔遠之典，超越古今；素沐聖上撫恤之恩，時出格外。自先臣湯若望、南懷仁、徐日昇暨衆西士等無不世受恩膏，刻骨難忘。即臣等奉行天主教，非聖主周全護庇，豈能久侍闕廷，安享堯天舜日？且遠臣艾若瑟等奉敕回西，數年以來，時廑聖慮，下詢回音，如此眷顧體恤，世所罕覯。臣等夢寐頂感，無地自容。何幸皇仁浩蕩，有加靡已，復因堂宇

少修，不無殘缺，蒙賜帑銀一萬兩，令臣等改作重建，溫綸撫慰，敕令輪奐美觀，以申昭事。臣等恪遵俞旨，竭力興工，幸逢五十載聖祚昌期，恰值亙古今曠典告就，是皆我皇上洪福所致。又蒙欽賜匾對碑文，以示優崇。由是堂構維新，藉龍章而更耀；式欽眞宰，邁群後而獨隆。光同日月，炳若辰星。帝鑒在茲，兆庶緣一人而篤慶；洪圖遐暢，運祚與山嶽而常垂。此等異數殊恩，眞千載難逢，亙古未有者也。臣等居處中華，奉教貞修，至親遠隔，孤苦無依，乃疊蒙聖恩，委曲備至。臣等雖捐頂縻踵，何能酬報萬一。惟有朝夕焚香，跪祝於天主臺前，祈佑聖壽無疆，永享億萬斯年升平之福，以稍盡微忱而已。特此具摺，叩謝天恩，臣等無任感激瞻依之至。謹奏。」本日，侍衛趙昌、王道化傳旨：知道了。本內「天主」二字不曾抬頭，著飭行。

又 雍正八年，上賜駐京教士庫銀一千兩，以資修理京內天主堂。

又 乾隆四十年正月十四日，宣武門內天主堂火，御書匾額對聯亦被焚毀，高愼思、安國亭等引咎奏請議處，奉旨加恩免議，並賜銀一萬兩，著於原址建復。上又親書匾額對聯，賜懸堂中，以復舊觀。

北堂

紀事

黃伯祿《正教奉褒》 康熙三十八年，張誠、劉應、洪若等奏懇恩給西安門內賜宇旁之隙地，以資建造聖堂。上俞允，並頒賜銀兩料物，派大臣督管工程，歷四年，堂工告竣。先是，法王類思第十四位，向與聖祖仁皇帝國書通問，禮幣往來，頻以金銀禮器、繡幔彩罽等物寄賜教士，至是，陳設堂中，益臻美備。堂側另造客廳一所，內懸法王類思與英吉利、西班牙及他國君王繪像多幅，以示普世萬國共奉惟一眞主，而中外竟如一家焉。

又 康熙四十二年十月初十日，樊繼訓法蘭西國人卒。繼訓自康熙三十九年奉派內廷行走，鞠躬盡瘁。及卒，上聞，十月十五日諭赫世亨「據大阿哥所奏，樊繼訓病故，似此外科，委實難得，且人品亦優，深爲可憫，朕甚悼之。爾齊集西洋人等，傳此旨意，將大阿哥所付賞賚之物以賜之。特諭。」十六日，赫世亨隨廣儲司員外郎安泰及茶膳房人員，將帑金二百兩，大緞十匹，賫至西安門內天主堂，宣傳旨意，行奠茶酒。閔明我等齊集恭領，叩謝皇恩。

又 康熙四十四年五月二十七日，閔明我、安多、徐日昇、張誠以教宗欽差大臣鐸羅已抵廣東，繕摺奏聞。上飭部行知廣東督撫，優禮款待，派員伴送來京。又遣兩廣總督之子，同張誠、蘇霖、雷孝思法蘭西國人等，先期前往天津迎候。十月二十九日，欽使抵京，駐西安門內天主堂。上遣內大臣到堂問好，頒賜珍饌。十一月十六日，欽使覲見，上賜坐，親執金樽賜酒，並賜筵宴，計金盆珍饈三十六色。欽使駐京年餘，覲見多次，頻荷頒賜御饌果品。

阜城門外聖母堂

紀事

黃伯祿《正教奉褒》 順治十一年三月二十五日，上飭戶部，將阜城門外利瑪竇墳塋兩旁地畝賞給湯若望，爲日後窀穸之所。若望隨於是地建立石碑，以志盛事。其文曰：

少保兼太子太保黑白昂邦偏俄傳旨，欽天監掌印官湯若望奏請安立墳塋地方事，奉御旨：交付通義隨伊心所願地方，問明啟奏。欽此欽遵。看得同處人利瑪竇墳塋，湯若望房兩旁，親王包牛祿章京王國棟所屬園頭王九重房六間，地土九日。《盛京通志》注：地土一日，約六畝餘。包牛祿章京談步本身園房八間，地土一日，郡王包牛祿章京董奎所屬園頭閆文禮地土二日，共房十四間，地土十二日，離京平子門即平則門，今名阜城門外二里地等因。三月二十五日啟奏，奉御旨：交付

戶部給換施行。

順治十二年十月十五日，加二品通政使司通政使管欽天監印務事湯若望建。

湯若望又於是地建造聖母堂一座，十七年七月工竣，自記碑文曰：今皇帝在位之十有一年，爲順治甲午，臣若望蒙恩軫念犬馬齒衰，賜地一區，以爲他日窀穸所，所以昭異眷也。竊維九萬里孤蹤，結知英主，既榮其生，復哀其死，魚水相歡，得若將終其身，而又預爲之計，久遠如此，寵施優渥，出於格外，豈人力也哉？古聖賢於遇合之際，率歸之天，今予之得遇主上，用西法以定曆，進修士以演教，道之將行，日昇月恆，殆未可量，又不特一身之感恩稱知遇而已，謂非天主上帝默作合於其間可乎？用是昕夕輪誠，仰圖報答，計莫如崇祀，乃於賜地之中央構椽，內供聖母抱天主耶穌，名聖母堂，以資焚祝，自是歲時趨謁，行彌撒禮，誦祈普庇無斁，而奉教友輩，有造門瞻叩申虔者，其務識所從來，伏禱上佑曰：致吾君於堯舜，綿國祥於無疆。斯爲實獲我心者矣。順治十七年歲次庚子孟秋穀旦，敕賜通微教師、通政使司通政使加二品又加一級、掌欽天監印務湯若望撰。

上海天主堂

紀事

李瑞和《上海天主堂》 天啓間，長安中鋤地，得唐建中二年景教碑，士大夫習西學者，相矜爲吾學已顯于唐之世。然撫碑板之文，不睹異人之跡，則信從之者猶少。唯利西泰學士，抱絶世之姿，一旦而入中國，其跡奇，其法大，中國賢志之士多宗之。是時徐文定公光啓假歸里居，講求經國實用之學，而西士郭仰鳳、黎甯石二先生者不遠來謁，文定與語契合，乃爲建堂于居第之西。崇禎二年，文定以禮部侍郎入朝，遂以龍華民、鄧玉函、羅雅谷、湯若望四先生薦修曆法。朝廷諭欽天監正與西士有日食遲速多少驗之，唯西學不爽毫黍，於是遂命督同修曆，有「欽褒天學」之額，懸之各堂，而上海居最先。余奉簡命，來理是邦，于時有潘先生國光者，道風高峙，披面無由。適余至滬城，先生不鄙而過存之，虬髯深目，炯炯有光。余叩以天主立教之意，則抗聲而談曰：「儒者不曰畏天命乎？無主何由命？不曰敬天勤民乎？公有勤民之職者，自源及流，非敬天何以勤民？」余悚然異其言，始知西學與吾儒本天之義爲一揆也。會先生以舊建堂卑隘，瞻禮者衆，不足以容，乃市安仁里潘氏之故宅爲堂，而以向所建者奉供聖母，郡公爲之給帖改建，而余爲之序。時崇禎十四年辛巳春日也。

涂贄《上海天主堂》 今皇帝膺圖御宇，敬授人時，首重憲天之學，特詔欽天監依西洋新法造時憲曆，頒行天下。又以西士湯道未先生辭旨淵深，所言皆驗，不時召對，寵賚有加，錫以通微之號，于宣武門內建天主新堂，宣揚正教，猗歟盛哉。聖主昭事上帝之忱，與賓賢柔遠之典，亙古今而首出矣。緬維明萬曆九年，泰西利瑪竇以神穎之資，挾七克之業，偕同侶航海而至，晉見庭陛之間，備極晏勞之禮，餼廪居舍，眷賜至殷，其所論列天文地理以及製器利用之學，靡不精諳。于時朝端卿尹，咸切景從，而上海徐文定公信服特甚。蓋文定學術宏密，其生平講求，皆裨實務，故崇奉最先。於是天下始知天主之教，格物窮源，大公至正，守誠潔己，不與圓虛詭異者等矣。故都省鄉井皆構堂虔禮，而文定于居第之右，新輪奐以對越者幾三十年，若黎、畢諸君則皆敷教茲地者也。其後鞮鐸往還，潘先生國光與今通微教師湯及賈先生宜睦繼至，潘先生獨留于此，教鐸所開，人心向悅，復建堂于安仁里，丹雘聿新，威儀自肅，其以答于穆而嚴奏格者，功豈渺小哉。文定外曾孫許孝修太史，讀書中秘，精西學，暫出藩敝鄉，以余令茲土，欲介余一言，以垂示來學。余惟唐肅、代之間，有西士佶和入朝，詔于靈武五郡立天主景教寺，彼其時，如房僕射、郭令公實羽翼之，相侈爲盛事，豈若熙朝至尊，特隆欽若之恩，而敷天之下，咸知戴天德以戴聖化者之爲教尤宏遠也。於是乎書。順治庚子二月，知上海縣事涂贄記。

康文辰《上海天主堂》 康熙四年，衆西士奉旨恩養廣東。至奉旨歸堂，柏應理、劉迪我等重修。康熙十年辛亥，余以就選赴京，過宣武門，

登天主堂，威儀整肅，丹雘輝煌，爲周虔瞻拜而出。友人謂余曰：子亦知西學之所由始，與近幾廢而復興之故乎？昔通微教師湯先生若望依西法修時（憲）曆，至精密也。歙人楊光先心害其能，狂言詆讕，衆西士乃旅次東粵，以俟新命。會天子神聖，屢試光先，毫無左驗，褫逐之，仍諭西士南懷仁掌曆事。未幾，余謁選得松之上海，馬首將南，而南先生惠然見存曰：「貴治有堂，爲吾友潘國光所建。潘老矣，將從粵東歸骨於是，先生其圖之。」予諾而之任，乃呼役夫飭庭宇，視垣墻，灑掃以俟。越月，則潘先生已歸道山，而畢、柏兩先生扶櫬而至，因會葬潘先生于城之陽。又繕治故宇，以安畢、柏兩先生之居。兩先生過余謝余，乃述都城所見聞，與蒙恩詔歸堂之始末，以爲之記。康熙十年，知上海縣事康文辰記。

福州天主堂

紀　事

佟國器《建福州天主堂碑記》　嘗聞天載無聲，天命不已，歷代帝王昭事克配，天人相感之際，微乎穆矣。遡唐貞觀九年，景教入中國，勑建大秦寺，名賢碩輔房玄齡、郭子儀輩皆企向焉。迨明萬曆辛丑，泰西利氏梯航九萬里，朝貢《萬國全圖》及西書七千餘部，同會諸子在京繙譯百有餘種，明正教，繼絕學，縉紳先生咸道之。大指謂天地萬物唯有一生，一切佛法玄門皆屬幻說，故其教以敬天地之生爲宗，以愛天主所愛之人爲務，以十誡爲規矩，以七克爲繩墨，以洗滌解悔省察存想爲工夫，以守貞不二爲絕德，是以其踐履，則有向主之三德，頌祝之七求，性錄之十二信，與撒格辣孟多之七功，與神形哀矜之十有四端，此其大要也。原先生民方命，獲罪無窮，天國之法赦之不可，禍之不忍，迺天主聖父豫以聖子降生救世，受苦贖人，而早示其兆於古聖先知，以爲之徵。迨達末之後有女曰瑪利亞，躬備萬德，卒世童貞，天主將降生，預擇而母之，因神聖成胎，誕聖於如德亞之白稜郡，而聖母之童身不損。誕夜祥光若晝，羣神護呵，空中異星忽見八日，如天神之報，名之曰耶穌。耶穌者，譯言救世也。旬餘爰有三王占星求覲，各有獻焉。如德亞王聞而意忌之，聖母因懷耶穌避之厄日多。適有魔憑樹，耶穌至樹下，魔遂遁去。又嘗浴一小泉，爾後其樹與泉皆可以療病。耶穌凡在世三十三年，立言垂訓，誨引世人。其間奇跡叠著，如渡海止風，指水成酒，命瘻者伸，聾者聽，瘖者言，瞽者瞭，呼死者復生之類，不可勝記。信從者益衆，時有惡黨嫉其德而欲害之，耶穌曰，人子顯揚之日至矣。召宗徒濯足，設訓教之相愛，示之受難之期，且告以奉承聖父之旨。夜半惡衆操戈來捕，耶穌躬出迎之，宗徒伯多祿手劍斷其一僕之耳，耶穌曰，使我而不受斯難，即千萬天神扈從何難乎，接僕耳而更合之，遂聽其執以去，鞭以堅繩，壓以棘冠，體無完膚，痛楚備至，竟受死於十字架上。蓋以是苦難，告成功於天主聖父，爲萬民贖無窮之罪也。耶穌既終，魂降於臨博救援古聖，三日而復活，留世四十日，數見於聖母宗徒，因徧慰之曰，我歸天國，當遣聖神來加爾之德力，宜敷吾教遍於諸國。已乃停午上昇，旬日徒衆羣居聖堂，倏爾天響有聲，俄而有舌形火光現衆頂上，一時滿被聖神，能通萬國鄉語，同日而信從者若干人。迄今千有餘年，所化歐邏巴三十餘國。咸知形骸可滅，靈魂獨存，永福之路，常生之門，可以仰望而求，不可造次而失。故泰西國惟一教引善戒惡，祈生天堂脫地獄，事主之堂，餙以重寶，極其壯觀，瞻禮之日則輟常業，聽掌教神父彌撒講道，爲不忘救世者之恩。蓋其虔哉，茲西士東渡有年，建堂行教幾周宇內。

今天子鼎定之初，湯子道未以太常卿兼司天監，治曆明時，咨諸會士，分寓四方，測度闡學。何子德川乃就八閩省會建堂瞻禮。余因思，夫中國居亞細亞十之一，亞細亞又居天下五之一，東海西海，心同理同，敬天愛人之說，皆踐脩之，所不能外也。而西士不憚險阻風波來相勸勉者，是其教眞以敬天地之主爲宗，故以愛天主所愛之人爲務也。爰爲之捐資鳩工，開其舊基，煥其堂室，崇奉天主，耶穌，聖母，天神，永爲耶穌會士闡道之所，與閩士人暨四方昭事君子瞻像究心焉。

部院佟諱代，提督楊諱名高，藩長周諱亮工，謝諱道，臬長董諱名魁，大叅郝諱惟訥，學使孔諱自洙，兵使祖諱建衡，及監司諸郡邑侯，諸縉紳士庶，咸相落成，敬泐石而爲之記。

欽差提督軍務，巡撫福建等處，地方都察院右僉都御史，今陞提督軍

務，巡撫南贛汀韶等處地方都察院右副都御史，佟國器撰文並篆額。

順治十有二年乙未夏五月望日立石。

杭州天主堂

紀　事

李衛《杭州天主堂改爲天后宮碑記》　古昔聖人之言天者，理與數二者而已，太極生兩儀，五氣順布四時行焉，此言理也。日月星辰纏度次舍，此言數也。至于蒼蒼者，則積氣爲之，地之上即天，一言盡之矣。易曰：雲行雨施，品物流形。言天之功用，如此其盛，非爲天之復有施行此雲雨者。書曰：天視自我民視，天聽自我民聽。言天無視聽，就群黎百姓而寄此善惡是非之理，非謂天之上眞有具耳目之質，而司此視聽者。雖齊東之野人，鄒衍蒙莊之恠誕不經，亦未有指天所生之人，以爲能踞乎天之上，挔之縱之于清虛廣漠之中，使天亦退處于無權而爲之主者。自明季萬曆年間，大西洋利瑪竇入中國，造爲天主之名，而其教遂蔓延於愚夫愚婦之口。其徒之入中國者，遂大興土木，營建居室于通都大國之中。我朝廷鼎以來，聖祖仁皇帝念其人生長海外，遠來就化，雖爲說不經，然皆具心思知識，未必不可教道。居之京師使沐浴聖朝德化之盛，久而幡然改悟，歸以其教其國中之人，咸知天經地義之正。此乾坤覆載之深恩，不遺一物之義也。豈知荒誕狂悖之見，固結而不可解。我皇上御極之初，洞燭其奸，黜其人，皆歸南澳不得盤居內地，而直省之所爲天主堂者，將以次而改矣。顧其制皆崇隆巍煥，非編戶之所可居室之，又日就傾圮，去荒誕狂悖之教，而移以奉有功德于蒼生之明神，不勞力而功成，不煩費而事集，此余今日改武林天主堂爲天后宮之舉也。雖然自利瑪竇之入中國，迄今幾二百年，浸淫沉溺惑其教者，未必一旦有豁然之悟，即悟矣，視如今日二氏之說，雖無當于聖賢道德之旨，不妨存而不論，以見天地之大，無所不有。此其得罪于天而爲害於人心風俗，卒未白于天下也。余既深知而熟悉，烏不申其罪，無以服附和之心，不誅其心，無以破奸詭之膽。教稱天主，是風雨露雷陰陽寒暑，彼皆得而主持之也。不知未有天主之前，將竟無有陰陽寒暑風雨露雷乎。抑別有主持之者，俟天主出而授之柄乎。此其謬一也。入其教者，必先將本人祖宗父母神牌，送與燬棄，以示歸教之誠。不知天主生于空桑乎，抑亦由父母而生也。彼縱生乎空桑，亦不得率天下之人而盡棄其水源木本之誼。況人之所以敬天奉天者，以天寔能生人生物耳，今以生我之父母祖宗而棄絕之，不知尙何取于生人生物之天而敬之奉之。此其謬二也。棄絕父母祖宗者，欲專其敬于天主也。然聞西洋之俗，亦有君臣，有兄弟，朋友，且生生而不絕，則何不盡舉而廢之，而所以事天主者尤專且篤，而獨父母祖宗棄若敝屣。此其謬三也。西洋之教，一枝一能務窮思，力索精其藝，而後止設所得，止及于半。而年不我與，則舉而授之其子，其子即就所受之半而接續，以繼其思，猶有未達，則復舉其所得而授諸其孫，或一傳或三四傳，其藝始精，則羣然推而奉之，以爲此可以行教之人矣。今之入中國者，悉此類也。夫一技一能，原無當于生人日用之重，至于奇技淫巧，尤爲王法之所不容，今既不知祖宗父母，則爲其祖宗父母者，當亦不復以子孫視之。獨至奇技淫巧之事，父忽念其爲子，而不啻箕裘之授子，忽念其爲父母，而不啻堂構之承。此其謬四也。藝既精矣，遂可出而設教行道矣，夫既祖宗父母之盡棄，其他漠不相識之人，復何關痛癢而必窮數世之精力，以利他人之用。此其謬五也。然此雖足爲人心風俗之害，弊止及于惑其教之人，其罪猶小，其居心之險，則尤有大不可問者。西洋去中國數千里而遙，非經歲不得達。又有大海風濤之險，去故鄉離妻子，跋涉而來，以人情論必有所利而爲之。攜帶土物造作噐用，詎中國之金錢，誠不可數計。然吾聞人入其教者，必有所資給，人有定數，歲有定額，勞心焦思取中國之財，仍給之中國地方之人，圖利者恐不若是之拙也。或云每年紅毛船到，必廣載其國中之銀錢，以濟此在中國行教之人。或又云彼來中國者，皆善黃白之術，以彼國之金而用之中國，且以此數人之行教，而中國居守之人肯傾其貲以佐之用，所圖者非利也。彼既以天主之教教人，而復備黃白之術以收拾人心，則以幻術愚人以貨財給人，其所設心殆有在也。或又爲之說曰，彼其志欲行教耳，好名之人能讓千乘之國何難。去故鄉離妻子，蹈不測之大海，以博後世之

名。夫好名之人，誠有捨其身以狥人者，然一人好名，何爲而國中之人亦皆好名，而傾貲以佐之也。且絡繹而來，其居天主堂者所而有是，何好名者之多也。嗚呼，此蓋非無所爲而爲之者，一見其技于噶爾巴矣，再見其技于呂宋矣，又幾肆其技于日本矣，爲行教計耶，抑不止爲行教計耶。愚夫愚婦未有不以禍福動其心者，今日本于海口收港登陸之處，鑄銅爲天主跪像，抵其國者不蹈天主像，則罪不赦。既爲天主而受海外一小國如此蹂踐毀蔑，卒亦無可如何，其不能禍福人明矣。所精者，儀器璿璣玉衡，見之唐虞矣。所重者，日表指南車，周公曾爲之也。所奇者，自鳴鐘銅壺滴漏，漢時蚤有矣。所駭人者，機巧木牛流馬，諸葛武侯行之，鬼工之奇，五代特有之，至今猶有傳流之者。其說不經，其所製造亦中國之所素有，其爲術又不能禍福人，吾不知何爲而人之惑其說也。西洋人之居武林者，聖祖仁皇帝曾有賜，白金二百兩之賜，此不過念其遠來而撫恤之。彼遂建堂於省城之東北隅，顏其額曰勅建。夫曰勅建，必奉特旨建造而後可。今以曾受賜金，遂冒竊勅建之名，內外臣工受國家白金之賜者多矣，以之築室，遂可稱爲賜第乎。干國憲冒王章，至矣盡矣，他復何可勝道耶。誣罔不經者宜去，則有功德于人者宜祠也，冒竊勅建之名者宜毀，則列在祠祀典向無專建之廟宇者宜增也。天后之神姓氏顛末見之于書者，雖亦未盡信，然我朝列聖相傳海外諸國獻琛受朔者，重譯而至，魚鹹商賈出入驚濤海浪之中，計日而去，尅期而還，如行江河港叉之間，而天后之神寔司其任，神之靈應呼吸可通，德功之及民，何其盛哉。荒誕不經者去，而崇德報功之典興，毀其居室之違制者改爲廟貌，徹其像塑之詭秘者，設以莊嚴，夫而後武林之人目不見天主之居，耳不聞天主之名。二百年來深沉詭秘之術，將無所施其技，異端邪說，久且漸熄。其有關于風化，豈淺鮮哉。

時雍正八年歲次庚戌九月日，太子少保，兵部尚書兼都察院右副都御史，総督浙江等處地方軍務兼理糧餉，管巡撫鹽政，節制江南江蘇松常鎮淮揚七府太倉海邳通徐五州督捕事務，加六級紀録一次，又軍功紀録一次，在任守制李衛題。

利瑪竇墓

紀　事

劉侗、于奕正《帝京景物略》卷五《西城外・利瑪竇墳》　萬曆辛巳，歐羅巴國利瑪竇，入中國。始到肇慶，劉司憲某待以賓禮。持其貢，表達闕庭。所貢耶蘇像、萬國圖、自鳴鐘、鐵絲琴等，上啓視嘉歎。命馮宗伯琦叩所學，惟嚴事天主，謹事國法，勤事器算耳。瑪竇紫髯碧眼，面色如朝華。既入中國，襲衣冠，譯語言，躬揖拜，皆習。越庚戌，瑪竇卒，詔以陪臣禮葬阜成門外二里，嘉興觀之右。其坎封也，異中國，封下方而上圜，方若臺圮，圜若斷木。後虛堂六角，所供縱横十字文。後垣不琱篆而旋紋。脊紋，螭之岐其尾。肩紋，蝶之矯其鬚。旁紋，象之卷其鼻也。垣之四隅，石也，杵若塔若焉。祔左而葬者，其友鄧玉函。函善其國醫，言其國劑草木，不以質咀，而蒸取其露，所論治及人精微。每嘗中國草根，測知葉形花色、莖實香味，將遍嘗而露取之，以驗成書，未成也。卒於崇禎三年四月二日。按西賓之學也，遠二氏，近儒，中國稱之曰西儒。嘗得見其徒而審說之，大要近墨爾。尊天，謂無鬼神也。非命，無禨祥也。稱天主而父，傳教者也。器械精，攻守悉也。墨也，墨廼近禹。今其徒，晷以識日，日以識務，晝分不足，夜分取之，古之人愛日惜寸分，其然歟？墓前堂二重，祀其國之聖賢。堂前晷石，有銘焉，曰：「美日寸影，勿爾空過，所見萬品，與時併流。」

黃伯禄《正教奉褒》　萬曆三十八年四月二十三日，自利瑪竇卒後，朝中諸公議請葬地，龐迪我、熊三拔等具疏奏請，帝即將阜城門初名平則門外外滕公柵官地二十畝、房屋三十八間賜給龐迪我等永遠承受，以資築墳營葬，並改建堂宇，爲供奉天主及祝釐之所。十月，瑪竇出殯，帝遣大員致祭。

又　順治十一年三月二十五日，上飭戶部，將阜城門外利瑪竇墳塋兩旁地畝賞給湯若望，爲日後窀穸之所。若望隨於是地建立石碑，以志盛

事。其文曰：

少保兼太子太保黑白昂邦偏俄傳旨，欽天監掌印官湯若望奏請安立墳塋地方事，奉御旨：交付通義隨伊心所願地方，問明啟奏。欽此欽遵。看得同處人利瑪竇墳塋，湯若望房兩傍，親王包牛祿章京王國棟所屬園頭王九重房六間，地土九日。《盛京通志》注：地土一日，約六畝餘。包牛祿章京談步本身園房八間，地土一日，郡王包牛祿章京董奎所屬園頭閆文禮地土二日，共房十四間，地土十二日，離京平子門即平則門，今名阜城門外二里地等因。三月二十五日啟奏，奉御旨：交付戶部給換施行。

順治十二年十月十五日，加二品通政使司通政使管欽天監印務事湯若望建。

湯若望又於是地建造聖母堂一座，十七年七月工竣，自記碑文曰：

今皇帝在位之十有一年，爲順治甲午，臣若望蒙恩軫念犬馬齒衰，賜地一區，以爲他日窀穸所，所以昭異眷也。竊維九萬里孤蹤，結知英主，既榮其生，復哀其死，魚水相歡，得若將終其身，而又預爲之計，久遠如此，寵施優渥，出於格外，豈人力也哉？古聖賢於遇合之際，率歸之天，今予之得遇主上，用西法以定曆，進修士以演教，道之將行，日昇月恆，殆未可量，又不特一身之感恩稱知遇而已，謂非天主上帝默作合於其間可乎？用是昕夕輸誠，仰圖報答，計莫如崇祀，乃於賜地之中央搆椽，內供聖母抱天主耶穌，名聖母堂，以資焚祝，自是歲時趨謁，行彌撒禮，誦祈普庇無斁，而奉教友輩，有造門瞻叩申虔者，其務所從來，伏禱上佑曰：致吾君於堯舜，綿國祥於無疆。斯爲實獲我心者矣。順治十七年歲次庚子孟秋穀旦，敕賜通微教師、通政使司通政使加二品又加一級、掌欽天監印務湯若望撰。

堂臺器具

綜述

艾儒略《彌撒祭義略·堂臺器具》：堂必有臺，設聖像于上，帳以時開。臺中置聖石一座，幕以潔白細布三層。在十字號之前，鐸德捧聖爵奠焉。左右燭臺。燭必黃蠟爲之。臺前繪帛綵綉色隨時易。與祭服同以臺爲加襪畧。吾主受難之山，十字架，是吾主所負以救世，而石則吾主之身體也。三層白布指吾主最潔之聖軀，綵綉臺幃之設，吾主種種至德之全也。帳幔之懸，謂人日日戴吾主而不知，如隔一障，使誠心專奉，便可覿面矣。燭用黃蠟，取其純潔也，蜂以童身採花所釀，用純潔者，煉而後用，即滴處亦無汚染也。聖爵爲第一品祭器，遵教化主定規，必須金銀，取其貴也，潔也。聖爵上用拭爵帨。帨上有金銀蓋爵之盤。盤上有方錦蓋，蓋上有幕，幕上有方綉函，以藏布袱。祭時鋪聖體之下者。聖爵，指吾主之棺墓。盤蓋，則其墓上之石。帕帨，則其殮服也。

祭服

綜述

艾儒略《彌撒祭義略·章服》：鐸德祭服有六。六者，天主造天地之功，六日而成也。六服維何。其一，以潔白布爲方領。先以首戴。次乃加于衣領之上，系兩帶縛于胸前。指吾主受難時，被人以帨蔽目，受侮之義。其二，以白布爲長衣。指其受難時，在國王黑落德前，被着白衣，若目爲無知白丁者然。其三，用絲條繫腰，指吾主被縛于石柱，受人笞撻之義。其四，濶短綉帶繫于左臂，指吾主在山園默禱，知惡黨至，親出迎之，受其摯縛之義。其五，濶長綉帶，從領掛于胸前，交成十字，垂于左右。指吾主受難，自負十字聖架，以登于山之象。其六，綾帛彩服，此爲鐸德本品之服。指吾主受難，被比辣多兵卒，以舊紅綵衣加身，譏其爲王也。六服之外，用玄色祭巾。指吾主受難，曾戴茨冠之義。若其祭服之色，白者，指其清潔童身，未染俗穢之義。凡遇吾主耶穌降生，復活，升天，與聖母或聖人聖女瞻禮日用之。紅者，血義。凡遇宗徒，及他聖人有爲天主聖教致命者，其瞻禮日用之。天青者，天之正色，冬春多用，凡遇

齋日，或行苦功，祈天主之時皆用之。此色近天，故願通達于天主者衣之。玄者，冥漠之義，凡已歿之人在煉罪幽暗之處，而欲爲之奉祭天主，則用此色。綠者，生旺之義。如無他等瞻禮之時，則常衣之，夏秋尤多，常望天主加恩生生不已也。輔彌撒者，着白衣，全繞一身，以示其心之潔。或有微過，先須虔誠悔滌，而後爲之。

聖燭

綜述

陽瑪諾《聖經直解週年瞻禮》卷九《聖母獻耶穌于主堂瞻禮聖燭之禮》

祭先司祭行聖燭之禮，示吾主如淨蠟聖燭，降光炤世，而開世冥。今日主入聖殿，時有聖人，名西默完，捧抱之曰，玆眞救世者也，眞乃萬民之光也。

或問，今日敎友，每迨聖殿，各執燎燭，何意。曰，聖燭，信德之豫也。執而顯其信之實。又燭炤暗夜，日出不必燭光，吾人在世，即暗冥處，天主妙義，超性奥理，不能明見，惟若探摸畧測，因必用信當燭。聖人旣入天境，天主炤靈如日，不用信德之燭。

又勸吾輩，當務行善燎信，人有聖寵，有德，其信燎然活信也。無寵及德，其信冥然死信也。經云，寡行之信，死信也。緣敎友臨終之時，執燎聖燭，指到終不移其信，而望天主神光，引導其路，得到天堂永無滅之光。

十字架

綜述

陽瑪諾《聖經直解週年瞻禮》卷九《十字聖架小論》 人弗識聖架貴能。見吾叩拜，嗤哂而問何貴耶，何能耶。曰，吾教人之榮也，吾貴也，吾富也。主選聖木，爲人寶帑，内藏萬恩，時時出厚富世人。葆祿聖徒曰，主之苦木，吾榮也，吾貴也，吾樂也。其外不欲他福，惟衍于世。聖架之奇，吾職也。世人或誚吾如狂，或度如痴多矣，心從而信其奇罕矣。聖奧斯定解曰，聖架，吾主柄權也。可知其貴，惡人皆輕，善人皆重。具也。惡徒之羞，聖徒之榮也，具也。吾主受苦，而贖萬民之罪，具也。因爲吾主受難正像也。萬民當敬畧酧主恩。

或曰，主受苦之本架，因懸主體，塗以寶血。必取聖可敬。但今敎人，不論物料，削木而製，鑄金而銘，立拜木金，何理。曰，木金既有聖架之形，皆吾主受苦之像也，吾拜彼原木，意拜被釘主像，而謝主恩，拜此木金之像，意亦同然。彼此所想同一，所敬同一，所謝同一。何必分敬耶。比之皇帝二像，畫工視帝本容，畫第一，視斯而畫第二，可謂像之像，彼此皆皇帝像也，可均拜敬。拜彼褻此，並褻帝躬，並屬褻帝罪。

至問其敬之故。曰，故有二，其能以益世人一，謝主受苦之恩一。聖奧斯定示吾聖架之能，其奇之衆。曰，世昔暗迷，因聖木受光也，世昔多痴，因聖木始智也。世昔魔奴，因聖木主魔也。世昔主仇，因聖木復合也。世昔如旅，流竄于地，聖木備理天堂之路，引人得進，何必多言哉。聖架諸善之源也，聖良又答曰，聖架，衆人超本二性之恩湧泉也。天主所降施恩皆聖架泉之泒也，其泒難盡，今汲數勺，解異敎之渴。

錢單士厘《歸潛記》乙編一《彼得寺》（存目）

錢稻孫《新釋宮》（存目）

楊廷筠《天釋明辨・梵音梵字》 問梵音梵字如何。曰釋氏梵音梵字，似本天敎以音起字及十字聖號言也，而實不同。夫中華與各國字體逈異，中華先有字，後有聲，乃有音。西國先有聲，後有字，乃有音。中華用六書，盡萬字之體。西國本二十三字母，盡萬字之用，所以形聲甚遠，繙譯易訛。釋敎文字與西國本敎別，其以音起字，與一合二合以至數合，大畧同也。釋氏將已譯之語，直指爲經，無辯無證，即十分訛舛，誰復知之。其未譯之語，則尊爲咒語，爲眞言，若爲天地未洩之秘，使人可心持，不可理解者，此愚人之術也，世間豈有聖賢立敎欲人終不可解之理乎，天敎中譯過之語，儒者皆通。雖以西音換華字，讀之無一語不類，況

未嘗神異其説，謂之眞言秘藏，切不可解也。大都釋氏欲奇而使人不可測，西士欲平而使人不可疑，立教虚實，即此亦一證矣。至釋經中有卍字，不知主意云何。意此卍字，即竊十字聖號而爲之乎。蓋天教以耶穌降生，捨身救人，死于十字架上，將前乎往古之原罪盡行消除，後乎來今之地獄。獄有四重，另有本論盡有出路，此之功德比造成天地養育萬物，尤爲廣大無比。如父母捹身命贖子之死，其恩輕重大小，自然懸絶。故天教十字聖架，爲萬恩之府，萬福之原，學道者無時無刻不注念此事，名曰十字教，自朝至暮，每事祈望天主必畫十字，即凡語言文字，亦必用十字起頭。釋氏竊取其法，故將十字屈曲婉轉以成此體，意同無害，然不識字中大意，有字形無字解，豈不差千里之遠乎。或曰釋經繙譯不免訛舛，似無證辯是矣。西儒之書，乃彼自譯自證，亦猶是也。無訛舛乎。曰此極易辯，凡僞造訛言，惑世誣民，必其於世有取也，西儒則一無取於世矣。必詭異其踪，使人不可測，不能詰，以遁其情也，西儒則逢人喜辯，不極暢不止矣。必謂遠來，止挾一二卷，其端易窮，其僞易飾也，西儒則萬卷縹緗，印刻精妙，非惟口不能誦，抑且日不能遍矣。必信手繙譯，只務新人耳目，悦人心志，不顧與原文相失，西儒則解求逼眞，一字未眞，推敲無已矣。必遷就於口，不顧自心，西儒則極重妄言之罪，數十年來，數十人中，從不聞片語之虚，試將其書，隨手探出一條，隔别試之，一人解如是，數人解如是，不差一字矣。所以釋氏諸經，先後屢易，西儒立説，初終一揆。

黄伯禄《正教奉褒》　《加爾大意國經典》載：聖多默宗徒至印度、中華等國敷教，多有被化者，考其時在東漢光武明帝間。又明儒臣劉嵩子高詩集暨李九功《愼思録》載：明洪武初，江西廬陵地方掘地得大鐵十字架一座，上鑄三國吳帝赤烏年月，子高因作鐵十字歌，以志其奇。按十字架系天主教所敬之標記也。又《西史》載：加爾大意國大主教亞格阿設立教督，總理中國教務，考亞格阿系東晉安帝時人。

佚名《天主堂基石記》　掘地得十字故蹟見盛世芻蕘救贖篇二十六張

明朝洪武初，江西廬陵地方因掘地得一大鐵十字，上鑄赤烏年月。畫赤烏，係三國孫吳年號。人皆不知爲天主聖教之物，有名臣劉嵩號子高者，作鐵十字歌，以誌其奇事。詳劉子高詩集併李九功《愼思録》内。

明萬曆己未泉郡南邑西山掘地得古石十字聖架碑，崇禎戊寅摹勒，見景教碑詮。

閩泉州城水陸寺中古十字架石，爲大司寇衡石水先生之太翁所得。崇禎十一年二月中教友見之隨于吾主受難之前日奉入聖堂。按郡志，水陸寺唐玄宗六年建，今廢，見景教碑詮。

閩泉州府城仁風門外三里許東湖畔，舊有東禪寺。郡志云，唐乾符中郡人構庵居僧齊固。廣明元年更名東禪，後廢。近寺百武許，有古十字石在田畔，未有識者。于崇禎十一年二月吾主復活之四日，教友因拜墓見之。三月望前同教者恭奉入堂。

告解亭

綜述

錢單士厘《歸潛記》乙編一《彼得寺》　欄臂間有懺悔亭（左右兩臂皆有），以十國爲别。來懺者用某國語，即入某國亭，而聽懺之景士即用某國語以相問答。彼得寺事事宏大，即此懺悔亭亦有一種偉大氣象。懺者跪訴罪惡，無論姦盜大罪，心口小過，均明訴無隱，隱則耶穌弗宥。訴畢，出跪正中景士前，景士舉長棒當頭喝之，謂已受天刑，無論何罪均得免去。予屢見之。顧一人生平，不必止一懺。設今午懺後，而入夕作惡，明晨一懺，復爲完人。亦有景士來懺者，與常人同，均可懺不一懺。此自懺之景士，又可旋踵而聽人之懺。此聽懺之景士，又可旋踵向他士自懺。景宗位尊，專設一聽懺士，日日待懺。聞至久每七日必一懺，不若佛教中言，一懺不可復惡也。來懺者女多於男。夫使娉婷女子，步跪於大庭廣衆之中，訴私慝貪欲於非親非故之男子，即罪惡果懺，其如廉恥之莫養何，教人者顧當如是耶？

教規與禮儀部

景教分部

十誡

綜述

《序聽迷詩所經》衆生若怕天尊，亦合怕懼聖上。聖上前身福弘，天尊補任，亦無自乃天尊耶？屬（屬耶□）自作聖上，一切衆生，皆取聖上進止。如有人不取聖上（進止），駈使不伏，其人在於衆生，即是返逆（逆）。儻（倘）若有人受聖上進止，即成人中解事，並伏駈使，及好之人，並諫他人作好，及自不作惡，此人即成受戒之所；如有人受戒及（反）不怕天尊，此人及一（反不）依佛法，不成受戒之所，即是返逆（逆）之人。第三須怕父母，祗承父母，將此天尊及聖帝以若。人先事天尊及聖上及事父母不闕，此人於天尊得福不（必）多。此三事一種：先事天尊，第二事聖上，第三事父母。爲此，普天在地並是父母行。據此，聖上皆是神生今世，雖有父母見存，衆生有智計；合怕天尊及聖上，並怕父母好受天尊法教，不合破戒。天尊所受及受尊敬，先遣衆生禮諸天佛，爲佛受苦。置立天地，只爲清淨威力，因緣。聖上唯須勤伽習俊，聖上宮殿，於諸佛求得。聖上身，惣（總）是自由。天尊說云：所有衆生，返（逆）諸惡等。返（叛）逆（逆）於（天）尊，亦不是孝。第二願者：若孝父母並恭給，所有衆生，孝養父母，恭承不闕，臨命終之時，乃得天道爲舍宅。爲事父母。如衆生無父母，何人處生？第四願者：如有受戒人，向一切衆生皆發善心，莫懷睢惡。第五願者：衆生自莫煞生，亦莫諫他煞。所以：衆生命共人命不殊。第六願者：莫姧（奸）他人妻子自莫宛（怨）。第七願者：莫作賊。第八（願者）：衆生錢財見他富貴並有田宅奴婢，天（無）睢妬。第九願者：有好妻子並好金屋，（莫）作文證加祿他人。第十願者：受他寄物，並（莫）將費用天尊。並處分事極多：見弱莫欺他人。如見貧兒，實莫回面。及宛（怨）家饑餓，多與食飲，割舍宛（怨）事。如見男努力，與努力，與須漿。見人無衣，即與衣著。作兒財物不至，一日莫留。所以：作兒規（親）徒少，不避寒凍。庸力見若莫罵。諸神有威力，加罵定得災障。貧兒如要須錢，有即須與；無錢可與，以理發遣，無中（申）布施。見他人宿瘵病，實莫笑他。此人不是自由如此瘵病。貧兒無衣破碎，實莫笑。莫欺他人取物，莫枉他人。有人披訴，應事實莫屈斷，有惸獨男女及寡女婦中（申）訴，莫作冤屈，莫遣使有冤實。莫高心，莫誇張。莫傳口合舌使兩人相鬥打（打）。一世已求莫經州縣官告，無知答。受戒人一下（切）莫他惡。向一切衆生，皆常發善心。自惡莫願（他）惡。所以多中料少，每常造好向一切衆生。如有人見願，知受戒人寫［經］；誰能依此經，即是受戒人；如有衆生不能依，不成受戒人。處分皆是天尊；向諸長老及向大小相諫［作］好，此爲第一。天尊處分，衆生依，天尊莫使衆生煞，祭祀亦不遣煞命。衆生不依此教自殺生，祭祀吃肉噉美，將漏詐神，即煞羊等。衆生不依此教作好，處分人等。

陽瑪諾《景教流行中國碑頌正詮·戒以靜慎爲固》 斯舉其益之五，乃守聖教之十誡也。十誡之目曰，一欽崇一天主萬有之上。二毋呼天主聖名以發虛誓。三守瞻禮之日。四孝敬父母。五毋殺人。六毋行邪婬。七毋偷盜。八毋妄證。九毋願他人妻。十毋貪他人財物。解見《滌罪正規》《解略》諸書。

或問十誡爲修士之工，在教諸人亦共守否。曰，奚止在教之人當守，雖普地之人盡攝焉。譬之大君御宇，普天率土，莫逃厥制，苟或不服，必屬刑誅。繇是觀之，世人皆天主所生，十誡者，生人之度，盡屬其生，即盡惟其制矣，奚逃焉。

又，人之靈皆有是非之良，是者當行，非者當止。苟遂厥非，即違厥性，而獲罪于天主。十誡皆理之至當，原依于人本性之光，以故弗問其人

在教與否，盡當恪守。聖人示警外教諸人曰，爾輩毋放意自欺，毋謂十誡任重，緊束難卸，弗堪其負，吾寧弗入其教。吁嗟，拙哉。斯心斯計，或入或否，疇能卸之。從天主生民至今，以洎世末，何人何時能脱天主之十誡乎。

論守誡之樂。心靜而安，時惺戒備，愼防將來，根本益固，益難撼搖。經曰，厥靈安樂，如坐盛筵，珍奇既滿，詎虞糲食。莫能度生，弗懼弗怯，威儀秩如。又若獅居劣獸之羣，岳鎭巨風之變，曾弗少動。安哉，其守誡之樂乎。

論犯誡之異。經曰，惡人入無畏之地，厥心恆悸，如在大畏之中，見害微影，輒生戰慄，視如實患。厥心猶恆沸不寧之海，猶恆飄弗止之風。如犯王法者，聞衛士之叩門，驚怖而無少寧。犯誡之危，不甚可驚耶。

均貴賤

論說

陽瑪諾《景教流行中國碑頌正詮・不畜臧獲均貴財於人》 臧獲者，奴擄男女也。斯舉其益之二。西方教人，從古及今，毋得鬻身，鬻妻，鬻子，與人爲奴。惟傭工弗禁，斯不畜臧獲者故。

敷教之士，訓人無私，奬善責非。弗視貴賤，教之如一。且敷教至公，賢愚僉受。主語徒曰，爾輩太陽也，廣周普地，廣衍吾教，從之者升，逆之者降。解曰，太陽至公，山谷並炤，彼此均被。敷教者肖焉。又從教之衆，品列勢殊，苐尊卑貴賤，各安厥分，上弗陵下，下弗慢上，同等弗欺，總如共父之子，視猶昆仲，斯又均貴賤者故。

楊榮鋕《景教碑文紀事考正》卷三《不畜臧獲均貴賤於人》 此文未妥。按《哥林多前書》七章文云：爾爲奴而見召，勿以爲奴，是慮若得釋，自專可也。凡爲人奴，宗主而見召（謂信道也），是主釋之（謂身雖爲奴，心屬天國）。不爲人奴而見召，是爲基督僕，爾曹爲基督所贖，勿爲人奴。《以弗所書》六章文云：僕從基督之命（謂信道也），則當畏懼戰慄，誠心以服所事之主（指主人言）。又云：以是知，凡行善者，不論是僕非僕，必受報於主（指上帝言）。又云：主之待僕亦當馭以寬，毋恐喝，因知在天，爾亦有主，無分彼此。又《提摩太前書》文云：夫既服役爲奴，則務敬厥主，免上帝名與教見譏於人。有宗教爲爾主者，勿以同教而生藐視。必服事維勤，以共宗教可愛，宜獲爾益。此當勸誨焉。據諸經而參考之，則知景教無自鬻爲奴之例，本爲奴而入教仍爲，未入教之主之奴，本不爲奴而入教，則不可將子女賣與人爲奴。本有家奴而入教之家主，釋奴不釋，道不相強。惟公平寬馭可矣。若慮子孫不能寬馭，恐致虐待，逕然釋之，亦盛德之事。但總以不畜爲宜。然家主之與雇工人，亦非無貴賤之別也。

洗禮

綜述

陽瑪諾《景教流行中國碑頌正詮・法浴水風滌浮華而潔虛白》 斯舉行聖水之禮也。法浴水風者，領洗而入教也。浮華者，今世之浮榮也。虛白者，領洗之時，罪汚既除，厥靈淸虛粹白也。蓋今世之榮，似重實浮，人槩迷焉，弗識眞福之路。吾主制立聖洗之禮，俾之獲去罪垢，服從誡規，始輕視乎世榮之浮，而恆護其虛白之潔。經紀聖洗之能，至廣至大者故。

約言聖洗之大能有三。一，洗原罪之汚，飾以聖寵，富以諸德。蓋人受生于其親，而受人之性，因爲人而有原罪，是爲天主之讐。既領聖洗，始得爲天主之子，而後聖寵飾其神生，諸德之聚，繇是能致。二，盡獲本罪之赦。三，全免諸罪之罰。領洗之時，不論罪之輕重多寡，授洗之士，不命領洗者行工，以刑戮抵其前非，即得厥赦。聖賢曰，未領洗者，死人也，領洗始生。天主始紀其行，善者以之賞，惡者以之罰，弗追其未領洗

之往失焉。

篤瑪聖人曰，上三能，皆于聖水之洗切應。水之爲物，光明也，滌垢也，解熱也。受聖洗者，並受聖寵，諸德之聚，厥靈光而無黯，受往罪之赦，厥靈潔而無汚，受罪罰之赦，厥靈免獄火之熱。此聖洗有取于水之義也。

楊榮鋕《景教碑文紀事考正》卷三《法浴水風滌浮華而潔虚白》 此言景教潔禮之要義也。聖會凡接人入敎之時，教師必托聖父聖子聖神尊名，施水禮於受道者。其施洗之儀法有全身浴於水中者，有浴一次者，有浴三次者，有領洗之人鞠躬拱手，教師以水自額滴其手及足者，有以水滴其額者，法不一，各隨時地之宜。惟用水之意，則關要義。尼氏會規乃浴於水中三次者，而風亦與水同義，祇分內外，故曰法浴水風。風謂元風，即上帝之聖神，洗滌人心者。浮華謂人心所慕世間之利祿權位聲色名譽之屬。虚白，乃人之元性未染私欲時之本名。水風之義原出《路加福音傳》三章，文云：亞那該亞法爲祭司長時，撒加利亞子居於野，上帝之命降之，乃來約旦四方傳悔改之洗禮，俾得罪赦。如書載先知以賽亞言，云野有聲（約翰居野）呼云：備主道直其徑，諸谷塡之，岡陵卑之，屈曲使直，崎嶇使平。凡有血氣者，得見上帝救主（俱指預備人心歸向救主）。衆出受洗，約翰曰：蝮類乎，誰示爾避後日之刑乎。故當結果以彰悔改，勿自以爲亞伯拉罕吾祖也，吾語汝上帝能起此石，爲亞伯拉罕子孫焉。今斧置樹根，凡樹不結善果者，即斫之委火。又《馬太》三章文云：夫我以水施洗，俾爾悔改。但後我來者，更勝於我。其履我亦不堪提，彼將以聖神及火施洗爾，其手執箕，盡（□）［簸］厥禾場（禾場喻世界），斂穀入倉，而燒糠以不滅之火（此文乃景古聖施洗約翰指景尊而言）。時耶穌自加利利至約旦（河名），受洗於約翰，約翰辭曰：我應受洗於爾，爾反就我乎。耶穌曰：今姑吾許，吾儕當如是以盡禮（蓋以洗禮爲上帝所立故也），乃許之。耶穌受洗由水，而上天爲之開，見上帝之神如鴿（謂異光翺翔，非眞有鴿形也。此即景尊受聖神彌施訶之表也），降臨其上。自天有聲云：此我愛子，吾所喜悦者也。又《約翰福音》三章文云：有法利賽（猶太教名）人名尼哥底母爲猶太宰，夜就耶穌曰：夫子，我儕知爾爲師，從上帝來者。蓋爾所行異跡，非上帝佑無能行之。耶穌曰：我誠告爾，人非更生，不能見上帝國。尼哥底母曰：人既老，何得更生。豈重入母腹而生乎。耶穌曰：我誠告爾，人不以水以聖神而生，不能進上帝國。由身生者身也，由神生者神也。我言必更生，勿以爲奇。風任意而吹，聽其聲不知何來何往，由聖神生者亦若是。《馬太》廿八章文云：耶穌前謂之曰：天地諸權已與我矣，爾往招萬民爲徒，以父子聖神之名施洗，教之守我所命爾者，且我常偕爾至世末焉。凡此諸經皆景淨所謂法浴水風者。滌浮華而潔虚白句，義出《以弗所書》四章，文云：蓋爾聞而受教，順耶穌眞理以前，此私欲溺志，則革其故態，心神更新，效上帝以義以潔所造之新人。又《彼得前書》一章文云：爾既感聖神，潔靈府，順眞理，友誼無僞，誠心切愛，爾所託以重生者，非可敝之道，乃永生上帝常存不敝之道。二章又云：既蒙主召爾出幽暗入靈光，爾當表彰其德。三章又云：今我賴耶穌基督復生而受洗，不在潔身去垢，乃誠心籲上帝，以此得救。又《羅馬書》六章文云：豈不知受耶穌基督洗者，乃效其死而受洗也，效其死而受洗，是與基督同葬矣。父以赫赫之權，使基督復生，則吾儕作事亦生命維新也。又《哥林多後書》五章文云：宗基督者是爲新造之人，往事已非，諸事更新，萬事本乎上帝。又《哥羅西書》三章文云：爾惟潔淨爲上帝所選所愛之民，故當矜憫、仁慈、謙讓、溫柔、忍耐，倘有嫌隙，宜相恕相赦，基督赦爾罪，爾當互相赦罪焉。又《提摩太前書》二章文云：亦欲婦女衣素衣，幽嫻貞靜，辮髮金珠文綉不以爲飾，惟務善行，乃崇上帝者所宜。又《雅各書》二章文云：勿以貌取人。如有人金環美服，入爾會堂，亦有貧人敝衣並入，爾顧美服者曰：坐此上位。語貧者曰：且立於旁或坐我几下。豈非別貧富而念慮未平乎。總此諸經，皆景淨所謂滌浮華而潔虚白者。

祭禮

論説

楊榮鋕《景教碑文紀事考正》卷二《圓廿四聖有説之舊法理家國

於大獻》 伊昔上帝憫世人之犯罪以陷死亡也，故爲之備贖罪之主，而先立贖罪之禮以俟景尊臨世，即景古教之祭禮是也。其名有三，曰酬恩祭，曰贖罪祭，曰補過祭，祭名雖三，其義則一。獻祭之人皆以手按於犧牲之上，祭司宰牲，流血於壇下，焚牲於壇上。其義即指人必有罪，罪必有死，託此犧牲以代其死，然犧牲非眞能贖人罪也。迨景尊臨世，其遭遇竟正應《以賽亞》五十三章之文，於是乎圓滿。數千年之祀典其於聖殿也，殿前有銅盂，所以盥濯祭司也。【略】考猶太之聖殿，乃廿四聖中之摩西，親承上帝訓示，其經營締造之神妙，誠非世間制禮作樂之聖人思慮所能及。

東向瞻禮

綜述

陽瑪諾《景教流行中國碑頌正詮·東禮趣生榮之路》 斯言吾主在世之時，命人奉敬天主之禮，取向東方，望獲天堂之常生，眞福之光榮也。

自古迄今，西國率以東向瞻禮天主，凡建天主聖堂聖台，厥向槩面西方，瞻禮者向東行禮，以示吾主如太陽東出，光炤普地者然。吾主常曰，吾爲普地之太陽，人從吾，弗陷于冥，必獲常生之光。此東禮者故。

論說

楊榮鋕《景教碑文紀事考正》卷三《擊木震仁惠之音東禮趣生榮之路存鬚所以有外形削頂所以無内情》 此文禮意，於景經中絕無來歷，不過大秦、波斯之古禮攙入於景道，絕無干涉。

主日

綜述

陽瑪諾《景教流行中國碑頌正詮·七日一薦洗心反素》 斯舉其益之七，言瞻禮之主日也。聖教内每七日之一日，謂之主日。在大統歷，日遇房虛昂星太陽之日，是也。薦者，獻祭也。聖教内有獻天主聖祭之禮，其能利之太湔滌司祭之心，俾存其潔，而無汚也。七日一薦者，特指主日之公祭，集衆瞻禮而言也。若司祭之士，每晨奉祭，不必衆集，謂私祭焉。

或問聖教主日者何義，衆集攸行者何工。曰，主日之義，淵矣。教衆之工，善矣。主日者，乃天主始造天地人物之日也。教人是日當謝造成之恩，至日槩罷俗務，蚤趨聖堂，瞻禮致謝。可識是日爲大賚之日矣。奥斯定聖人曰，今世之首日，主日也。又古教之衆被擄，而久羈異國，天主脫之于擄，命還本國，時有大海阻前，衆不得渡。天主分濤成路，衆乃得行，猶履平地，此開海之日，主日也。又古教之衆行路之時，途中絕糧，無法濟餒。天主從空降食，厥味至飴，衆藉以飽。此降食之首日，主日也。又吾主聖誕之日，及復活之日，及聖神降臨之日，皆爲主日。即今世終末之日，亦必在于主日。是貴主日者故。

在教衆人，每遇主日，槩歇百工，恭詣聖殿瞻禮與祭，聽講聖道，誦經。祈禱或爲君親，或爲仕民，或爲親友，並祈天主垂賜祐庇。凡在教者，爲已滌靈，爲人祈福，皆主日之工，可識其善。

論說

楊榮鋕《景教碑文紀事考正》卷三《七日一薦洗心反素》 此則與各國禮拜堂之禮拜大略相同，但尼氏會亦不免有繁文縟節，恆掩眞道之弊。

使徒之初，禮拜聚集之時，獨有樂章讚美上帝，俯伏以致敬，禱告以通情，誠懇以乞恩，精誠以感格，認罪以求赦，講道以養心，勸勉以進德，施濟以盡分，聖餐以念救主，問安以致愛，祝福以致祥，如斯而已矣。尼氏會中景淨等大致相同，其有所別者，只在文質之間而已。

祈　禱

綜　述

《一神（天）論・世尊布施論》卷三　世尊曰：「如有人布施時，勿對人布施；會須遣世尊知識，然始布施。若左手布施，勿令右手覺。若禮拜時，勿聽外人眼見，外人知聞；會須一神自見，然始禮拜。若其乞願時勿漫，乞願時先放人劫，若然後向汝處作罪過，汝亦還放汝劫。若放得，一（神）即放得。汝知其當家放得罪，一還客怒翳數。有財物不須放置地上，惑（或）時壞；惑（或）時有賤盜將去。財物皆須向天堂上，必竟不壞不失。計論人時兩個性命天下一，一天尊，二即是財物。若無財物，吃著交闕，勿如此三思。喻如將性兒子被破凶賊，即交無吃，著何物？我語汝等：唯索一物，當不一神處乞，必無罪過，若欲著皆得稱意，更勿三思。一如（知）汝等惣（總）是一弟子，誰常乞願在天尊近，並是自猶自在；欲吃欲著，此並一神所有。人生看（著）魂魄上衣，五蔭上衣；惑（或）時一所與食飲，或與衣服，在餘神總不能與。唯看飛鳥，不種亦不刈，亦無倉滘可守。喻如一花在磧裏，食欲不短，無犁作，亦不言衣裳，並勝于諸處，亦不思量自記。從巳（已）身上明，莫看餘罪過，唯看他家身上正身。自家身不能正，所以欲得成餘人。」似如梁柱著自家眼裏，倒向餘人說言：「汝眼裏有物。除卻。」因合此語：假矯。先向（自）除眼裏梁柱，莫淨潔安（它）人。似苟言語，似（以）珍珠莫前遼：人此人似睹（豬），恐畏踏人（之），欲不堪用。此辛苦于自身不周遍，卻被嗔責，何為不自知？從一（神）乞願，打門他與汝開。所以一神乞願必得，打門亦與汝開。若有乞願不得者，亦如打門不開，為此乞願不得妄索，索亦不得。自家身上有（害）者，從汝等？于父邊索餅即得；若從索石，恐畏自害即不得。若索魚亦可；若索蛇，恐螫汝，為此不與。作此事，亦無意智，亦無善處。向憐愛處亦有善處，向父作此意，是何物、意，如此索者，亦可與者，亦不可不與者。須與不與二是何物？兒子索亦須與，一（神）智裏（無）有意智亦無意智處，有善處有罪業處不相和。在上須臺舉亦不須言。索物不得，所以不得，有不可索。浪索不得。你所須者餘人索；餘人（所）須亦你從索。餘人于你上所作，你還酬償。去于惡道，喻如正口道，遣汝往天上，彼處有少許人。于寬道上行，向在歡樂，如入地獄。亦有人語于餘語，善惡如此一樣。汝等智（知），為汝命，能聽法來。並彌師訶作如處分。

絕　財

論　說

楊榮鋕《景教碑文紀事考正》卷三《不聚貨財示罄遺於我》　此文亦當考正。景尊之訓曰：勿積財於地，蠹食銹壞，盜穴而竊之處。惟積財於天，蠹不食，銹不壞，盜不穴不竊之處，蓋爾財所在，爾心亦在焉。夫燭於身者，目也。目瞭則全身光，目眊則全身暗。爾光若暗，其暗大哉。一人事二主者未之有也，或惡此愛彼，或重此輕彼。爾不事上帝，又事貨財也。（文見《馬太》六章）

綜　述

陽瑪諾《景教流行中國碑頌正詮・不聚貨財示罄遺於我》　斯舉其益之三，聖教內修士之工有三。一救本靈，一救本身，一救貧人。既入修

會，非止弗私蓄斂，全以己有周給貧乏。

或問，貨財奚害于修，必以罄遺。曰，聖人皆云，神貧之德，輕曰之身，易遵修途。貨財勢如重任桎梏，俾弗獲行。故修道者，棄絶貨財，如捐重任，解桎梏，形神並輕，修功若馳。伯爾納聖人曰，神貧之德，靈性之翼，如翬斯飛，弗煩漸習，而一飛戾天，斯之謂也。又修士以周遊爲職，弗去貨財，必圖存守，烏能脱然，克全本位。斯又罄遺于我者故。

七時禮讚

論説

楊榮銈《景教碑文紀事考正》卷三《七時禮讚大庇存亡》 使徒之時未立梵修之所，獨有七日之會。會衆聚集於一堂，誦聖詩，頌上帝，讀《聖經》，施勸勉，誠心懇祈，守主餐，祝福而後散。當耶路撒冷未滅之前，聖殿未毀之日，使徒之居耶路撒冷者，每日三次上殿祈禱，教士未有如尼氏會、天主教會等之規模也。禱告之時，亦未有爲逝世之人祈禱者，數百年後始有之。此文之禮意，乃尼氏會中傳道之人每日定有禮拜之時，頌詩讚美上帝，祈禱之間，亦爲君王百官萬民祈禱，又爲逝世之人籲禱，不知者以爲佛寺之類，其實大不同也。然爲死者祈禱之理，景經絶無明證。故愈久而流弊愈生，尼氏會尚稍近古，若天主教會，則竟有超度之意矣。

綜述

陽瑪諾《景教流行中國碑頌正詮・七時禮讚大庇存亡》 斯舉其益之六。言聖教修士，既登聖會品級之尊，誦經之工，每日七次，不得少缺。其誦經之益，不特施及在教生人，并及在教亡者。或在煉所，未獲升天，

因賴修士禮讚之工，獲拯厥苦。信經第九端曰，諸聖相通功，是也。

昔達未聖王，解通功之端，竊自忻幸，而呼主曰，我幸者哉。彼畏主者，每行善功，厥功廣溢，以及于吾。解曰，聖會如茂樹，善人乃厥枝也。厥根吸潤，引貫百枝，並受其利。又如美大之軀，善人爲肢，肢雖匪一，厥脈相通。聖教善人，厥等雖殊，通功之利，一而已矣。

廣哉通功之利，弗第及于生人，煉所之靈，並受其益。善人爲煉所之靈，獻功于主，克減厥苦，而升天愈近。或速拔之，俾得升也。

又聖會善士，並通天國聖人之功。聖人在天主之前，恆爲彼祈，天主因聖人功德，而恆允之，以申祐焉。

或問，通功之利，奚獨益夫聖會之善人，而等罪人弗與。曰，善惡既殊，禍福自別。在教外人，既不領洗不信天主聖教，先自絶其萬善之根，必弗能眞立善功。既非眞善，則其善究歸于惡，又在教惡人，無功于己，曷能通功于人，曷能共享善人之功。盎博削聖人曰，筋連百肢，氣血乃通，百肢長養。聖會之中，愛德如筋，善人互愛。因共通功。罪人自絶超性之愛，自斷筋脈之連，烏能與共通功之恩乎。愛德之在人心，有如湧泉，滿而洋溢，善人能通其流，俾無所阻，引而受潤。惡人反是，罪塞其流，靈自枯槁，弗獲受潤，奚異乎。

守齋

論説

楊榮銈《景教碑文紀事考正》卷三《齋以伏識而戒成以靜慎爲固》

此文亦當考正。景教無本齋期，古經之道不過假食物中潔與不潔，分別設禁以示教，非所謂齋也。試舉摩西例中二者言之，一爲鶴一爲豬。不食鶴者謂，其身在雲霄之上，而心則在池沼之魚。所以教人不可身在名教天道之中，而心則在肉身之情欲也。不食豬者，謂其身處污泥之中，口啖臭穢之物，所以教人不可自居於下流之地而食不義之食也。此宗義理亦非

世俗所謂齋也。若國家有憂危大事，如饑荒瘟疫兵困水旱太甚之類，則有禁食祈禱之道，此則竟日不食，專務祈禱，認罪悔罪，求救求佑，亦非齋也。迨夫法利賽教興，自以爲憂國憂民，任大責重，遂定七日之中而有二日禁食之例，無病呻吟。景尊惡其僞也闢之，而門徒復古矣。至數百年後，主教之士多不婚娶，後竟成例。惡血食之助欲也，於是乎有齋之説。別食物何者味厚，何者味薄。薄者爲齋，厚者爲戒，每七日定有二日齋期。天主教會至今仍之。而景淨之時，正當此風之始。然按此文所謂伏識者，意義略深。伏，蓋謂調伏也，識，記也。内典以色受想行識爲五藴，以眼見諸色而心有所受，然後有所想，有所想然後有所行，行之不得，則識於心而不忘，見色爲始而識爲終，淪落生老疾死之輪，皆識之所使，是乃佛道之大戒。景道不然，如人目擊父母有病，輾轉在床，未占勿藥之喜，此心豈能不識。此識豈能調伏。齋以伏識而成，就邪慕言則可，就佛道言則誤矣。戒以靜慎爲固句，語意渾涵，未能確指。景經中《提摩太後書》二章有云：戒血氣之欲從仁義信，與清心籲主名者相睦。景尊之訓曰：自當謹慎，勿以饜飫沈湎世之憧擾累心，恐其日突然臨爾，如機檻臨宅土之人。故宜儆醒，常祈得避將來之事，立人子前矣。（文見《路加》廿一章）此經或即景淨此文之本意歟。

綜述

陽瑪諾《景教流行中國碑頌正詮・齋以伏識而成》 斯舉其益之四。乃持齋素，以馭本身，弗令蕩佚，以敗厥靈。第聖教修士，齋規不一。有終身之齋，雖病弗違。有半年之齋，有惟用茶羹之齋，有惟用一飯一水之齋。各依其本會齋規，以爲嚴守。

齋之爲益，廣矣難悉，約而言之，正諸情之偏，乃齋之本德也。人之肉軀，如不馴之馬，縱以豢芻，愈悍逆而難伏。減其食，無弗馴矣。奧斯定聖人曰，吾軀，吾驢也，欲乘而正行，彼逆而邪僻，我強以齋素，斯順歸正道。經曰，豐育其僕，則當其逆，斯之謂也。解見《聖經直解》第四卷。

存鬚削頂

綜述

陽瑪諾《景教流行中國碑頌正詮・存鬚所以有外行削頂所以無内情》 斯舉傳教之士，與受教之人，厥益有七。斯條首舉其益之一，聖教内修士，勤治内外之神功，槩存鬚削頂自別于俗。聖人云，伯鐸羅宗徒首行此禮，其意有三。一則髮者身之餘，意念之像也。脩士剪一分，留一分，以表專心事主，絶去累情。僅容少念，以便身需，獲免饑寒，利于脩道。二則欲明脩士，首戴吾主刺冠之像，以吾主攸被之辱，戴爲吾榮，而首頂吾主受難之恩。三則示人宜欽厥位，識乃神王。伯鐸羅宗徒謂修士曰，爾皆天主選人也，皆聖人也，皆神王也，人宜欽者故。

也里可温分部

東向瞻禮

綜述

梁相《大興國寺記》 敎以禮東方爲主，與天竺寂滅之敎不同。且大明出於東，四時始於東，萬物生於東，東屬木主生，故混沌既分，乾坤之所以不息，日月之所以運行，人物之所以蕃盛，一生生之道也，故謂之長生天。

天主教分部

十誡

論說

羅明堅《天主聖教實録・自古及今天主止有降其規誡三端章》 或曰，前言世人違背天主法度，則置之地獄，不知天主以何規誡，使人遵守，而救人靈魂升天。答曰，天主之造世人，若有爲善，則取之升天受福，故降其誡於普世，使人爲善，而救其靈魂升天。先一次之誡，天主並無字跡示人，其中只有二事。第一條使人心中自知只有一天主，所當敬奉。第二條使人存一推己及人之心，如不欲人以無禮加諸我，則亦不敢以此加之于人之類。人若能遵此誡，則升天堂受福，而與天主同樂矣。若違此誡則墜地獄加刑，而與天主爲讐矣。此乃先次之誡也。至於二千四百五十年之後，世人漸忘此誡，惡事日興，人皆無行善之心。天主大發慈悲，復降一端之規誡，令一聖人解釋前誡，出示普世，使人復知爲善。此誡中有三事。一者教人奉事天主禮儀，二者以十誡教人行善，三者教人以善政治國。至於一千五百一十年之後，天主見普世人違誡，又皆相從爲惡，乃復降第三次之規誡，即今所守之十誡也。此誡至平而又至善，乃天主自降生於世界而親自教人，彼時至今有一千五百八十四年矣。自此誡之後，再無別誡也。或曰，先一次之規誡果是何人而賦普世，而使之知也。答曰，乃天主默示人心也。世上爲王者亦不得與人法度，而救其靈魂升天。蓋爲善去惡，此乃正法，人人不須學習而自知。亦猶物之全者大，物之半者小，此理亦不待學而自明也。或曰，古者天主付人規誡，默示人心，吾不知當時之人，爲善爲惡。答曰，古者人漸衆時，又相從爲惡，只有一人爲善，名曰諾阨。天主命天神告於諾阨，說某日世界有大難，是以諾阨預知，即造一巨艦，將妻子婦女八人，及其禽獸之類，俱載于艦中。後果天降洪水四十日，世界人物，一切淪沒。及至洪水休息，諾阨登岸爲家，仍前生繼以其禽獸盡放之山林傳種。後至年久，諸阨子孫衆多，分居萬邦。及至四百年之間，爲善者少，爲惡者多，有五城之處，人皆爲惡，將男作女，而行邪淫等事。天主降火燒死五城之人，中間只有一善士，名曰落德，天主使之預知，落德同二女逃出全命，或曰，先時規誡，吾已知是天主默祐人心自知，非有書寫字迹矣。其第二次之規誡，有書示人，吾不知何人而降之也。答曰，向也已言世人不得以規誡與人，惟天主能以規誡與人。彼時天主令一聖人，名曰每瑟，將此誡書教萬邦。又有善士將此誡解釋，使衆人皆知。或曰，第三次之規誡，吾未知是何人而降也。答曰，天主見人違誡，自降生於世教人，親講此誡，平而且妙，正而有理。或曰，天主三次之規誡何如。答曰，先時規誡者，乃默示乎人心，人難盡守。故天主復作次之規誡，令一聖人曉喻普世。此誡之中，條件極多難守。至天主降生，除前誡之多端者，改舊從新。使人易守。吾譬先次之規誡，世人不能盡守其詳，亦猶初種之禾苗也。次之規誡雖有聖人解釋，勝乎先次之誡，猶如苗之有孕，繁□而不結實也。終之規誡，輕善明白，誠如禾苗之結實，人皆知此中之實可以養人也。或曰，終之規誡，所教人者何事。答曰，終之規誡教人者，前有愛天主萬有之上三條，後有愛人如己七條，名曰十誡。凡人守此十誡者，自能得天主之寵愛矣。

又《解釋第三次與人規誡事情章》 或曰，吾未知第三次之規誡何如。答曰，爾欲知此，且以理譬之。如人欲往一處，須用三事。一則此心專要去到，則得以往之。若心不欲去，則不得以往之。二則須明其道路，則得以往之。若道路不明，亦不得而往矣。三則必須有力，則得以往之。若力不足，亦不得而往矣。世人之欲升天堂者亦然，一則決意要去，如尊信天主十二條事情是也。二要明其道路，如十誡是也。三則必須氣力，如七條撒格辣孟多是也。解見末章三次之規誡教人，其中只有此三事耳。人能遵守此三事，則得以升天矣。

利瑪竇《畸人十篇》卷下《妄詢未來自速身凶》 昔余居南粵之韶陽郡，所交一士人名郭某。其尚德慕道，非庸俗人也。一日踵余門，涕淚交頤，而曰：「吾來辭吾師，不再見矣。」余怪問所往。曰：「將去世也。」

余驚而曰：「子年未耄，體壯甚，何從知壽命當終，如此其亟乎？」曰：「往歲之犬馬齒五十有五時，遇高人，談星命如神，爲我推算，預說後來五載事也。其吉者未必然，凶則言言驗矣。謂命終之期，曰今年四月中必不得免焉。今月內果夢，乃見諸不祥，豈不爲徵應乎？嗚呼，客歲吾滿六旬，方產一子，今已矣，獨此呱呱泣者，誰顧育之？痛夫。」余憐其誤也，數頓足惜之。語竟太息而慰之曰：「此世間至虛至妄，無若星家之言與夜夢所見兩者，而子以爲實然，以爲定然，不亦爽與？」曰：「睹其孚，得無信乎？」

余曰：拙工盡日射，固有一二中的，非巧也，其偶得也。奚獨人乎？以數叩五木而問之，數投之，必有一二合者。星命之允，解夢之符，則拙工之中，五木之合耳。況星家之輩，有種種巧術，傳遞鉤致，能無合乎？然終不合者多也。有人於此十試之，有二三焉，以黑爲白，以晝爲夜，吾即知其爲瞽人。夫星家與夜夢者，無曰不混黑白晝夜，紛紜其云，而令我反爲之眩瞀，目爲神靈，何與？以多妄不爲妄，徵以二三偶合，即爲信徵乎？此無他，乃主之刑僇，以譴責不肖子敢徼達不可達之天命者也。吉凶，是非之應耳。吾無是非，非自爲之，豈有吉凶？非自招之乎！天下無物能強汝爲惡，則無物能強汝入凶也。是故人心強於星也。星家既不知人之善惡，豈宜妄言其知人之禍福乎？汝冀吉避凶，我何獨不然？惟迎吉避凶有道，改惡遷善已矣。汝染惡不思洗，見善不圖行，乃欲僥倖免禍受福，星家縱予汝，而天主必不予之，汝猶望得之與？悠悠之俗，錯指禍福吉凶久矣！無不以富貴爲福，以貧賤爲禍，以生爲吉，以死爲凶。錯指之，又錯拾取之。若是之吉凶禍福，忠臣孝子難遇難避也，而此間欲論道何由哉？吾値君父家國之難，則義當急拯之，問星家曰吉我往，曰凶我不往乎？大小萬事皆然，則何徒問之爲？夫善惡是非可否，惟賢智者能審明之。吾有疑，叩賢智者而問之，則能謂汝擇地而蹈焉。彼何人斯？能許人大福，而先索人少財，何不自富貴，而免居肆望門之勞乎？自詫知未來百數十年，曷不識今茲足下乎？吾儕所踐土下，多有古藏金實，何不拍孔以自資，而免巡路求人乎？則彼將曰：「非其命不得而取之。」嗟夫，果非命不得取，有命不得辭，安用推算爲？彼是人者，豈不亦明知其爲虛爲誕，而不耻以是爲業，則吾能信其爲天神所寵異，詔以未來之奧幽乎？夫又奚足譎也。第有人焉，甘以自欺，又甘以欺人，強令信此僞術，侈言某人不信星命，不簡時日而死，而不言萬人深信之，事事差擇，亦死矣。無理可據，惟贅述星家先言後允故事，眩汝聽焉，則汝曷不信正理，而反信若人所記所詒虛哉。且星家所自來，非中國聖賢所作，有陰計，有邪法，鬼魔暝佐，令推得隱事，或自作迷人事，正人以是故不屑求之，曷足信從與？上主恤生靈之勞於晝，則使之夜寢，以宴息無事焉。設人不以夢爲夢，而強欲謂之眞事，不負上主慈旨而自作孽乎？有人偶誑汝以一二虛言，其後有實言，不敢即信之。夫夢者，昔皆謬亂，偶一合則爲實事乎？

郭生曰：星家誠妄，吾往者故不信之。惟此人先說吾數年未來凶禍若神，不敢不信焉。一二，偶合也，一一合，烏云偶乎？

余曰：痛夫，子知往數年之禍，胡爲來乎？彼授之，子掇之。藉令彼不言，子不信，畢不來矣。則子之問彼也，自求禍也。

郭生大訝吾言，問曰：何謂也？

余曰：吾初入中國，竊見大邦之民俗，酷信星命地理之術，受其大害而莫之覺，甚惜之。遽有意爲說擿之，第復睹士民舊俗，安於故習，已非一日，吾材質下，不敢以撮土謀逆塞江流也。然頗有俊士只慎其行，知凡事行止，當量實理，不宜以庸人之度度之也，因而垂問敝國庠校士人風習。吾論其大誡，及天主教所禁止，無不稱善，而憬然忖悟，願改前失，斷絕種種自作之害也。子能聽愚言，其存命不難耳。

郭生蘇然喜，傾耳以聽。余嗣曰：夫身之安危，咸賴心耳，故名爲心君，其居身中，如君於國中焉。人値憂懼之耗，不論眞僞，即四肢血氣來護寧其心，如兵將分列四外，一聞事變，亟赴京師扞衛君主也。以故人懼，則面色青白，四肢搖顫，良由血往於心，不在肢體故耳。若惶懼太甚，血氣追聚於心，反鬱逼之，令心氣遽絕，故有因懼而死者。夫民之貪，莫切乎貪生，則其懼，莫切乎懼死也。吾儕永居百險之中，無處安妥，則其危事易信焉。故忽聞之，不暇繹其眞僞，駭懼急發，不得止矣。恍聞之音，惚見之影屢生，心之大傷也。夫懼之病，最難治也，療之愈增也，謀消之愈長也。遇將蹈之患，乃重患也。何者？懼患，亦一患也。則懼患者，是以患加患也。豈惟加之，懼患之患，頻大於所懼之患者也。

故曰不知以忍受災者，致災也。諺云「信之則有，不信則無」，正謂此等虛妄事耳。若實事者，彼既實有，汝縱不信，何由得無乎？

然虛妄之事，若言吉福，亦非信之所能得有；惟是所言凶禍之事，因懼生災，以爲驗耳。何者？汝信彼言當得吉福，汝則喜悅；人生吉福，固非喜悅所能招致。汝信彼言當得凶咎，汝則憂懼；憂懼之深，則生病患，其應若響。汝向固云「吉未必然，凶則盡驗」，不其言乎！吾行於地，所必須者，惟地八寸以持足耳，然有八寸之木，置絕高處，令汝踐之，縱無人推墜，自傾隕矣；使置木於平地，則汝疾趨其上，無恙也。此何謂乎？豈木在高則狹，在地則廣哉！惟天養人以從容耳，見窄則亟矣，故八寸之外，苟有餘地，乃安行也。子今信妄人之云，是則己命乃在八寸地耳，意無餘地於行，何得不急傾倒乎？

西國中古有一國醫，論其時俗虛言熒惑大爲民害，國王大臣竟未信之。彼醫乞以王命，往拘獄中罪人宜受大刑者來，可徵驗也。王輒許之。罪人至庭，醫謂之曰：「汝法重情輕，斫首鉅痛，王實憐汝。我國醫也，有術於此，用鍼刺脈，微漸出血，略不覺痛，已得死矣。王既許我，汝爲何如？」囚乃叩謝，但幸不痛，安意就死。醫則以繒帛障蔽其目，出其臂，刺以芒鍼，了無創傷，亦未出血；別用錫器，穿底一竅，實水其中，令自竅出，承之以椀。僞爲大聲曰：「血已出矣！人身止血十斤耳，如是出者八椀，則死矣。」如是每椀以次傳報。囚聞水聲，又聞傳報，信謂血出，漸次衰弱，報至八椀，宛其死矣。衆視其身，實無傷也。王始信國醫之說眞實理論駭懼之言，不可輕廢，不可輕聞焉，則以嚴法大戒國民，而禁革僞術，迄今不得行也。嗚呼！造物者天主大慈也，罰罪中不忘其悲心，故藏世人未來凶咎於天命之寂寞，不忍預苦之，而妄人反鑿其空，陰固欲拔之，以疊其罪，以速其禍，以重其苦耳。

郭生曰：卜未來，喜其吉，不懼其凶，不亦可乎？是故古人屢卜而無所傷焉。

余曰：卜不卜在我，懼不懼已不由我矣。聞死候至而不懼，聖人難之，凡人能乎？故不若不卜矣。夫古之卜，非今之卜也。古之卜筮，以決疑耳。今者惟僥倖是求耳。善惡之分易審。二善之中，指孰更善？難也。於是決之以卜筮。卜筮者，以訊二善之孰更善者已。故《春秋》惠伯曰：「《易》不得以占險也。」《洪範》曰：「汝則有大疑，謀及汝心，謀及（鄉）［卿］士，謀及庶人，謀及卜筮。」古之卜最後也。今之問星命最先也。《大誥》曰：「予曷其極卜，敢弗於從，率寧人有指疆土。矧今卜幷吉！」可見周公不以卜爲重也。曩者子無二善之疑可決，則徒卜不可，況問星命以犯天主首誡乎？若曰命在天主之上，非天主所定，則謬莫大，犯愈極矣。若曰在天主下，原爲天主所定，而令小人用以取小財，造作小術便可測量，亦侮天主不淺矣。人心不可測，而至神之深旨可測乎？

郭生聞吾言大悟，即拜謝教曰：吾命也，吾師實更生之。不聞大教，枉自斷棄耳。自今以後，兒復得父，婦復得夫，一家安全，敢忘所自乎！余乃引之天主臺下，叩謝叮嚀之，必勿聽五星地理諸家虛誕浮說，惟正心候天主正命也。

郭生別後，了無恙。踰四年，又得一子。舊歲八旬，猶健飯不減昔日也。

又《富而貪吝苦於貧窶》 余居南中時，一友人性質直，其家素豐，貪得而吝於用，識者慨惜焉。余爲說誡之曰：

貪得者，或歷山谿，或涉江海，或反土於田畝；習武者，損力於弓矢，冒險於戰陣；習文者，疲神於書牒，煩勞於政事；皆曰「吾欲且聚財，俾老弱獲賴耳」。此效夫蟻者也。蟻蟲之智也，以小身任大勞，夏勤力急箝穀食，以爲冬儲，入其垤，弗肯舍之出矣。汝之情，孰異於此？徒欲以富上人耳，無暑無寒，殖貨不厭，不亦異哉。以積增積，彌得彌欲，欲與財均長焉。汝庾藏粟幾萬鍾，而腹幾許大，豈猶不足乎？且循涂皆有負穀而鬻者，亦可以隨糴而隨茹，何必又聚萬鍾之多哉！如曰「吾取於大廩有味乎」，所取則粟也，於巨廩微廩奚擇焉？余儕所需之水，止一瓶耳。汝意將必酌之於大江，不酌之於涓泉，倘臨江而值暴風，水大至，波浪崩江涯，汝身陷水中，誰愍之乎？知止足，則不酌水於江，又不失命於波浪矣。

欲者，在衣食之內則可，越衣食之外，則無定無止焉。貧者之所乏也寡，貪者之所乏無限矣。萬金，重貨也。有以艷羨得之，有以不意得之。兩者孰高乎？財之於用，如履之於足也，適度焉爾矣，短則拘迫，長則傾倒耳。若財能增智減愚，則世有吝踰於爾者，吾不耻之。然吾睹智非因

財長，愚非因財消也。衆人昧於似善而非善者，曰：「富善於貧，求財不可已也。吾身榮辱在財盈耗耳，財愈多，人愈重我也，貧人終身受辱也。」噫嘻！寡有非貧匱，多欲乃貧匱耳。多有非富足，寡欲乃富足耳。夫財縱盛，不滿汝欲，汝以爲薄焉，如此豈不常居窮哉！除此欲心，則罔貧矣。貧者安於本分，則富矣。貧者缺財，以爲不足，富者嗜財，亦以爲不足也。財免我何災乎？財之禍，自不能救矣。財者，習逃僕耳，雖以繩急縛之，偕繩而走矣。嘗置人以守財，而守者攜財而遁矣。

夫財本虛物。如其實也，何不能塞得者之欲乎？如有甚渴者，終日飲水而渴不息，必懼而覓醫。汝久嗜財聚財，得之滋多，嗜之滋猛，何不懼而覓醫乎？凡患疾，用所常服之藥，弗瘳，必懼此藥也或反致傷耳，弗服矣。嗜財之疾，醫以聚財之藥，弗瘳，何不能捨其藥耶？夫善者，善得者之心者也。財也，煽人欲，培驕矜，反謙遜，速諛諂，拂直言，振侈泰，誘邪念，非善甚明也。孰如富而存貧者之節乎？

夫財與德，不共存之物也。慕財之事，乃世俗之大害也。君子倘不以得順其所欲，即以欲順其所得。不屈於貧，不惑於富，兹所以爲君子歟！嘗有喜得而弗享其所已得，生平居患而弗得脫也，吾若之何哉？」西邑古有一人，富而甚吝，所衣檅衲，賤於奴虜，過市，人揚聲而指誚之。渠曰：「彼誚我！我還室，私視金滿笈，自樂矣。」陋哉！志傳曩一富家甚吝，後懼減其財，則舉其資產盡鬻之，得數萬金，成一巨鋌，埋土中，自拾林下苦葉食之。既而盜拍以去，痛哭於藏所不已。有鄉人慰之曰：「汝有金，既悉不用之，今覓一巨石，大小與金等，代汝金埋之土中，則同矣！奚而痛哭如此？」汝今已得若干萬金，全收之笥篋中，閉而小用，則或石或金在笥篋中何異乎？斯如但大氏之渴也，而不得飲近水焉。古有云，但大氏生世饕惏而吝，死置地獄中，不受他刑，惟居良水澤中，口不勝渴，水僅至下唇，晝夜欲就水，隨口所就，其水輒下，徒煩冤，竟不獲飲之，是其咎殃焉。後人將以但大氏事，轉謂汝哉？汝內嫌僕者，外防盜者，勤於扃守，夜不能寢；恨得利未暢，則節食補之，而饑不餮也。惶惶逐逐，自勞自苦也。

古語曰：「汝（咀）［詛］吝者何禍乎？詛其長壽而已。」親戚朋友鄉黨，俱避匿之，厭惡之，惟願彼速死，無有沾其潤者故也。吝諸己，胡能捨諸人乎？吝如牢豚。生而檅濁，人不屑近，惟俟既死，乃益於人焉。吝嗇之污，亦無親人，既死之後，人利其財。貪與吝相隨，貪必吝，吝必貪。如人已死，毋望之言；若人已吝，毋望之財。專於殖貨者，每思盈一數，數盈即忌減缺，以此爲念，則常覺減缺，所有所無，爾俱乏焉。有人於此，聚篙楫帆檣之衆，而了無艘艇之用；集鑿鋸斧斤之廣，而絕不爲梓匠之工；貨筆研楮墨之盛，而竟不爲文字之需；不謂病狂者與。

汝今積金無數，而一不捨用，而自以爲智乎？汝何不明哉！財之美，在乎用耳，豈宜比之如古器物徒以爲觀，如神像以參謁而已哉。此非汝獲物，物反獲汝也。財主使財，財僕事財。爲人之僕，人猶愧之，而爾安心爲小物之僕乎？上古之時，馬與鹿共居於野而爭水草也。馬將失地，因服於人，借人力助之，因以伐鹿。馬雖勝鹿，已服於人，脊不離鞍，口不脫銜也，悔晚矣。爾初亦不知，而惡貧，且借財力以剋之，迨貧已去，心累於財，戀財爲病，且爲財役矣，曷不如馬悔乎？

吾西土昔有一人，忘其名，富而愛財，甚乎身命；俄而病，嗇於治療，久之增劇，熟寐不醒。其友醫也，哀而謀醒之。令家人設几席其榻前，取鑰發篋，置金几上，其親戚皆手權衡，爲分財狀。其友醫就病耳大呼其名曰：「汝睡而不顧汝財，人將瓜分（之）！」病者聞若言，迅醒而立，曰：「吾不猶在乎？」病少間，醫曰：「今病已愈，但腹弱，須服一丸藥，即瘳。」病者問丸之值。曰：「一金。」病者怒罵曰：「此與盜者何異？」醫退而立死，奈何哉！不久則死亦將踵汝門，豈可以賄賂辭耶？所萃橐中金，能攜乎？吾於此不見人無財，見財無人也。吁！財無人，不如人無財，是以吾慘傷之爲此纂言，三夕不寐，思還汝於汝，祈汝片時視而思歸也。

吾友聆勸，恍然有悟，即捨殖貨之事，焚其會計具，而慷慨求道。余爲欣然。廿九日焚之，初一日復製新器，理前業矣。悲哉。

陽瑪諾《聖經直解》卷一《聖誕前第一主日·開治主道正直徑路》

公坦濶大易行曰道，私澁窄狹難通曰徑。天主聖教，有道有徑，十誡道也。經稱十誡曰，善行天主之道，必得眞福。又云，主寬我心，我乃疾行天主十誡之道。蓋十誡皆依本性之理，人人當行，謂之公道，又賴主聖佑，行無畏難，故謂之坦濶易行之道也。

誡外，絕財，絕色，絕意三品美德，徑也。三者惟高明修潔之士，立志獨行，故謂之私徑。又行時，世俗，邪魔，肉身，時時攻敵，故謂之湓狹難通之徑。噫，徑雖湓狹難通，惟其程，近而捷矣。苦處易歷，末得安慰，且其報，較守誡更加異焉。

又卷三《封齋前第一主日》 何謂罪人不入正道，曰，世人皆旅人也。暫寓今世。本鄉，天堂也。坦道，天主十誡也。善人恆履不至大錯，達末聖王謂主曰，主賜聖佑，裕我心飛走爾誡之道。罪人行惡，而出誡道比之安坐路傍者故。

或問惟十誡爲道，其外無他，何由證之。曰，吾主親口言也。經記，當時一人近主曰，請師示弟善道，得入常生之域。主曰，爾慕入常生域，十誡其道路也。

昔範濟聖人會中一友，專志尋覓天堂直路，天主賜之神目，見多天神，齊入聖殿篩灰地上，後分班排立。吾主入門，徐步徑登台上，履跡皆印灰上。聖母次入，全蹈主跡，毫厘不差。宗徒繼入皆然。人衆亦入，不務全依印跡，且蹈且差。終衆齊入，縱步跳躍，無顧印跡焉。會士回心醒目，聖殿天神聖人等，皆不復見。解者曰，聖殿，聖而公會也。聖台，天堂也。灰路，十誡也。吾主先踹其全，立表爲師。聖母法其全，而盡守之，宗徒繼後守，衆人後來者，善人之衆，是也。彼在世雖行多善，不免小非，且踐且不踐之故也。後來之衆，罪人也。彼不理主跡，不顧正路，縱步亂行。惜哉，吾主先履十誡正道，聖母繼後依跡，聖徒聖人一然。罪人不入不行，哀哉其怠之甚焉。

利類思《不得已辯》 光先云，令皈其教者，必毀天地君親師之牌位，而不供奉也。不尊天地，以其無頭腹手足踏踐汚穢而賤之也。不尊君，以其爲役使者之子而輕之也。不尊親，以耶穌之無父也。天地君親尚如此，又何有於師哉。

從奉聖教不拜天地，而欽崇天地之主，前論已詳。不拜君親師，乃妄言也。夫不拜天地，豈特今奉教之人，古時亦莫不然。古時中士設供奉之牌，亦有深意。豈不曰天地而已，乃曰天地十方萬靈之眞宰，明示宜供奉也。非天非地，乃天地之眞宰。後世不明古人之意，止於天地耳。至言奉敬君親師，此則敬天主之後爲首務，係人倫之大旨。蓋聖教十誡中，前三誡係敬事天主，後七誡首即孝敬父母也。父母之義，兼包治我生我養我教我是也。然則聖教最重者君親師也，不知何所據而云然也。

楊廷筠《天釋明辨・殺戒》 問殺戒如何。曰，釋氏戒殺生，似竊天教第五誡，戒殺言也，而實不同。夫上帝好生，殺者生之反，戒殺則保全物命，養我慈心。意本甚善，但人之行仁，自有次第，又必有究竟。親親而仁民，仁民而愛物，此次第法也。言之必可行，行之必可久，此究竟法也。人類與吾一體而分，無論至親，即行道乞人，亦且痛癢相關。釋氏卻不從此理會，無論疎遠，即至親瓜葛，亦漠然等之路人。如天教十四哀矜之事，能一一修舉否。不此之務，惟諄諄然教人戒殺，甚而市買生物，縱之林沼，謂之放生，有大福益。不但於理甚悖，抑聖賢次第之仁，決不如是。夫聖賢立法必近人情，故愛物之政，惟生之有時，而用之有節。祭祀燕賓，養老扶疾，則用牲。天子諸侯，無故不殺牛。卿大夫，無故不殺羊。士無故不殺犬豕。此於禮不廢，於物不濫，法可行而行可久者也。今乃盡教人不殺，謂彼與我同性，恐是我多生眷屬。若此理果眞，當盡廢諸禮乃可。設大禮不廢，禮必用牲，將何以全。豈多生眷屬，大禮便可殺乎。文王畜雞彘，孔子事釣弋，是多生眷屬，二聖猶且殺之，而庖犧作網罟。始佃漁，皆至不仁事，爲萬世造孽者作俑也。且釋氏戒殺，必令世人盡不食肉，乃爲能清其源。而世人能不食肉否，必市井鄉村，盡不鬻生物乃可。而人間有餘之物，能不鬻販貿易否。既不能絕，則一切生物。有則必鬻，鬻則必買，買則必食，食則必殺，自然之理也，何能戒殺生乎。又云不能茹素，但食三淨肉，此尤遷就私情，不合義理。夫戒殺者，專爲生全物命之故，今物已戕矣，肉已入口矣，安在全物命乎。以不見不聞不特，爲可免己之罪，而不知有見有聞有特，已坐他人之罪，己則恣食，是掩耳盜鈴之說也。人則受罪，是借刀相殺之法也。此說一行，開方便端，何慊不爲，屠行肉案，從此接踵矣。夫肉食難絕，則宰殺之事，世所必有。假如此方人應用十豕，或千魚，必有十豕千魚。應受刀砧之害。爾偶見不忍，市而放之。彼於此不買，必於他處買之，捉生替死，安在其爲仁。嘗譬之邑中戶役，有力者藉分上免之，仍簽下戶抵當，何曾免得戶役之苦，而脫者有營求之費，僉者有僉報之擾，兩者俱傷，不曾沾惠。魚鱉禽鳥，網羅一番，已半戕生意，即幸而得脫，不久就斃，況羅者之繼至

乎。偶一爲之，似亦無妨，立之教言，最人嘗行，大惑事矣。且世間好事應做者甚多，即依釋氏言，戒殺放生。謂之好事，亦不過萬善中一小善，奈何他事通不講，獨講此乎。想緇流倡教必立一法，惟此法易信易行，故盛言其利益，人亦相習，不復考論耳。豈知天生六畜原供人用，故其生也，賴人飲食，資捍衛，方得保其軀命。人亦取之養我肉身，此天主恩也。若不爲人用，誰則牧養，縱放林野，將爲強猛者攫食，亦必無生理。在野爲強猛食，在市爲人類食，又何異焉。西土有國人不食豕，其國無豕，豈不反斷豕種哉。問曰，天教第五誡是何誡也。曰，戒毋殺人。明揭一人字，以別於專求活物者。夫所云殺人，豈必以梃與刃，手足他物毆人，謂之殺人哉，凡奪人之財，觸人之忿，因而致死者，皆殺人也。或用毒言罵詈呪詛，或起惡念利人喪亡，或用讒謗敗人之成事，汚人之身名，皆殺人類也。推而至於坐視饑寒，袖手顛連與疾痛危困，可救不救，以致於死，皆殺人類也。夫殺人之事，雖淺深麤細爲類不同，然心之不慈必繇淺而深，繇麤而細。擴而充之，而後毋殺人之戒，其守乃全耳。曰，然則天教不持齋乎。曰持，有正志之齋，有克己之齋。正志者，謂奉祀上帝，安可不明潔其心，則先期有齋。克己痛己之罪，皆爲肉身貪戀世味，汚穢眞靈，嘗仇視此血肉，而極力貶抑之，則後期有齋。其所爲齋或減飱，或減味，大抵不適於口體，使之饕心難逞，不必盡斷諸物也。聖賢之齋必變食，變其嘗食，以示敬心，非必啖素也。天教亦然。正與吾儒一一脗合。

又《盜戒》 問盜戒如何。曰釋氏戒盜，似竊天教第七誡，第十誡言也，而實不同。夫財乃日用所需，而日用裕，而日用窘，故人人貪戀之。富貴者芬華在念，願欲無涯，積之愈多，營之愈急。貧賤者衣食不充，饑寒難忍，望之愈切，求之愈殷。他物皆有饜足，惟此再無厭足。無厭足，其究必至爲盜，盜類有三。有竊取之盜，有明取之盜，有似竊非竊，似明非明，取非其有之盜。穿窬掏摸，欺其不見，惟恐人知，此竊取之盜也。明火執杖，搶奪白晝，不懼人知，此明取之盜也。二盜者人人公惡，誰肯犯之，乃世之不爲盜者鮮矣。商賈飾僞。物以哄人，盜也。駔儈設機械以局騙人，盜也。胥吏舞文弄法以恐嚇人，盜也。豪右武斷放利兼併，盜也。官府憑籍勢位酷以濟貪，盜也。衣冠之倫，口談道德，假途聖賢，既得名，因得利，盜也。其心皆竊取，其事則明取之。而明取之最顯著者，無如今之緇流。四民皆有嘗業，皆有勞動，皆是自食其力，一日不力，餬口無資矣。惟緇流不耕也而有餘食，不織也而有餘衣，不營造屋宇也而琳宮瓊室皆其廬舍，其稍能修飭，善談名理者，則餽遺香積，捆載充牣，奉者極其誠敬，受者以爲當然，知有受不知有辭，但有取不聞有予。問其酬謝之法，不過爲之回向願其得福，空言相謾，安然消受，如此而已。男婦老幼，智愚賢不肖，莫不以爲宜然。謂施者爲種福田，爲人天果，若降福之權，彼實操之，夫貪世之財，猶可言也，貪上帝降福之權，不可言也。舉世不以爲非，彼亦儼然自是，故明取之盜，莫甚於此輩。問天教第七誡，第十誡云何。曰七誡毋偷盜，十誡毋貪他人財也。天主教規日誦主經，所求於天主者，惟日用糧。何云日用糧，穀果牲畜，救饑之糧。麻縷絲絮，禦寒之糧。諸皆天主所賜，故日日祈之。夫天主養人，如父母養子，雖不求而自予。然子之孝者，亦當思哺育之恩，希望圖報，不可安然衣食，忘厥所自也。至於孤寡惸獨，生而廢疾者，則有形哀矜之七端，人各推厥贏餘，多立賢院以濟之，是又體天主愛人之心，以愛人如己，繇是帝賜豐登，人民和洽，有無相資，盜賊衰息，此絕其偷盜之原，立教之本意也。若夫道德高峻之士，則食教皇之祿，敷教四遠，祿僅足用而止，不求積聚。衣淡食，無忮無求。間有同志爲天主樂施者，彼即博給貧乏，或以充刻書之費，秋毫不以入私，此類人守毋偷戒，皆一切躬行於己而後言之，非如緇流諜諜口舌，只教人濟己施己者比也。曰既云毋偷盜，又云毋願他人財，語不重贅乎。蓋財色二欲，人所易犯，故倍加叮嚀，不厭煩複。偷盜者身所作也，不止起念。願財者心所萌也，尚未作事，但見人之有輒生欣艷，欣艷於人欲得於己身，雖不行其心固已馳於彼矣。此念一動，必流於貪，處勢不便，猶能禁制，利權在手，誰能振脫。故盜之惡，必芽於願。而遠盜之方，必始於毋願，如斬草者芟其根，止沸者息其火，貪不期克而自克矣。

又《婬戒》 問婬戒如何。曰釋氏婬戒，似竊天教第六誡，第九誡言也，而實不同。蓋夫婦生育之本，人道之大端，人倫之一也，故天教不禁。而釋氏欲人人槩絕之，以斷婬根。果如所言，必將滅人類，而廢五倫之一矣，豈理哉。但天主初闢，天地止生一男一女俾成夫婦，今亦不容偏多偏寡，以亂人倫正道耳。夫何柔順女人守正，猶知從一而終，剛強堂堂

男子，反不若彼，一娶不已，有妾有媵，甚者宿妓狎童，公然無媿，婬亂極矣。夫婬於女同於禽獸，婬於男劣於禽獸，天教禁之，其理甚正。今釋氏戒婬，果然戒婬否。其賴佛修行和尚大壞本教，固無足論。即有高行沙門登壇說法，密密叩其生平起居，果能純守童身，不犯一色否。名爲出家，已媾室家之事，欲以欺人，人誰可欺。且其接引人羣，惟以持齋念佛，放生布施，叅禪講義爲無漏工課，而婬色大誡，通不稽考。能辦以上工課，便是善智識，大檀信。而左燕右趙，龍陽子都薦枕侍席，通可無問，不識爲時師者，果嚴於己，寬於人耶。抑恐拂人情，不欲違忤，姑以此取順耶。將謂此事無妨學道，已與人安然行之無忌耶。名曰戒婬，而受戒者不聞其不婬犯婬者，不聞其責改，即婬戒之設，亦虛然耳。問曰天教第六誡第九誡云何。曰第六誡是毋行邪婬，第九誡是毋願他人妻女也。二語易明，不必多解，惟就天教再發明之。彼謂毋行邪婬，淫非謂不娶妻也。一夫一婦是爲正色，即不得已，絃斷復續，所對止於一人，亦名爲正，不名爲邪。邪婬者，正配之外，不列夫婦，不屬五倫，乃爲邪耳。有二色者。名爲邪色，有邪色者，安可學道，能發心悔改，方可入教，領受《聖經》，行遵教禮。不然者，斷不曲徇。所以貧賤之人原無二色，遵守恆易。富貴之人漁色偏多，入教恆難。縉紳不如齊民，多爲此事。若能嚴此色戒，萬事俱可刄解，其領會契洽且百倍易齊民矣。至於西儒自律，非止無二色與毋願人色，乃又潔守童眞者也。諸儒謂之撒責兒鐸德，西國品級之名又謂耶穌會中人。聖人所立行教救世之會不但諸儒，即同堂願修之學侶，亦是守貞。其不娶之故，自有別論。大抵好色屬情，情起自形質，一夫一婦相將不離，發乎情止乎理義，雖情而實性有之，不妨學道。不若諸儒全以性用，情念不生於道，最易合造，位最高也。嗚呼，即一色戒，可想像西儒之品格矣。興言及此，企服何能已已。

又《巧言綺語戒》 問巧言綺語戒如何。曰釋教戒巧言綺語，似竊天教第二誡，第八誡言也，而實不同。夫言爲心之聲。人間交接，全藉言傳，言而實，所傳皆實心，言而妄，所傳皆妄心。故誠意之學，自不妄語始也。今據釋教戒巧言，戒綺語，豈不甚正。而其諸經所載，論疏所述，率皆巧言綺語何也。古來操筆繪辭，非巧言綺語不能動人賞鑒，故極力粧點。犯此二戒者，無過文人，而釋氏之書十九出文人筆，是以言多荒唐，語極紕繆，將此二戒遍律釋書，有百口不能解者矣。葢中國自五胡雲擾，天下聰明才辯之士盡避亂江左，彼時聖王不作，處士橫議，以儒先仁義之道平易無奇，特求世外不稽之談以新耳目，而托之乎西來，藉口於佛語，假借名號，以神其說，詭言億劫，以逖其辯。自作自証，迭倡迭和，故奇巧之習不覺其遂至此極也。嗚呼，竺國在中國之西，人迹未到，故僞言可匿。歐邏巴諸儒出入其地，熟視其書，習聞其教，何嘗有玄詞渺論，如中國佛典所言者乎。欲以綺巧爲戒，而自蹈於綺巧，自處於虛詐，其誰信之，其誰信之。曰天教第二誡，第八誡云何。曰，二誡毋呼天主聖名以發虛誓，第八誡毋妄證。前誡是敬天事，要人以實心事天主，不敢一言欺上帝也。後誡是愛人事，要人以實心對人，不敢一言欺同類也。所謂虛誓者，如人奉教，誓絕那一件，後竟不絕，爲虛誓。誓改那一事，後竟不改，爲虛誓。言在先必期踐之於後，方爲敬天主之眞，若睹呪食言，又其粗矣。妄証者，不但敗人之名，壞人之事，不可虛妄。即事本實，而我非親見親聞，言本善而理或半虛半實，即不可出口，出口便屬妄証。言在後必期劵之於先，方爲愛人之眞，若干證曲直又其粗矣。夫戒殺，戒盜，戒淫，戒妄語，皆人心之良原有此公惡，故中華，西國，釋氏不約而同僉有此戒。夫戒殺仁也，戒盜義也，戒淫禮也，戒妄語信也，九州四海咸通此理，智也。緣仁義禮智信五德根於性生，故處處咸設此戒。戒其能滅性者，但名目雖同，而指歸差別，不知後人不守，而失其初旨歟，抑前人立法，原有全缺也。此當虛心一一體勘。

又《四恩》 問四恩如何。曰釋氏四恩，似本天教第一誡，第四誡言也，而實不同。四恩者，一天地恩，二父母恩，三君長恩，四佛恩。合之四法，即天地君親師之五大，苐取義則不同焉。釋氏本義原只尊佛，其餘一切不理，故國王不得臣，而令父母反拜，即天王帝釋之尊，亦侍立佛足之下，果以爲恩而當報之，何前後立教，如此相反。彼以佛即天地，即父母，即君長，專心奉事，謂之一恩，可也。彼見儒者攻其滅棄人倫。等于無父無君，自心不安。且世法森嚴，誰容此等獨出倫嘗之外，故後之稱師稱祖者，補此一叚。謂終日焚脩以報四恩，不知既謂之報，須奉其命令，守四民之分，各理一業，有益世道，有功人間，不至虛糜三食，乃可言報。若止如釋氏焚一炷香，叩幾個首，便筭做報恩，吾恐報恩不如此易

也。況立此名目原是補救缺失，非本教初意乎。若問天教第一誡欽崇一天主萬物之上，第四誡孝敬父母，請終言之。夫天地生養萬物爲人食用，故世謂其功德甚大。但須知天地如何能生養萬物，必有緣故，全賴日月星辰，風雨露雷，水火土氣。互爲其用，而物之飛潛動植，胎卵濕化，始各各自傳其類，此間必有大天神以分領其事，西經謂之諳若。而天神無私意，咸奉天主之意爲意，天神有大能咸賴天主之能爲能，故生養萬物不得歸功天地，不得功歸天神，惟當歸功天主焉。曰，天主之當欽崇，旣聞命矣。謂之曰一者，何哉。曰，天無二日，民無二王，主無二大。天主旣造成天地，人物，鬼神，而爲之共主矣，豈更有並造天地，人物，鬼神而爲之主者，可與稱兩大乎。無兩大必無兩事之理，即有百神皆是奉天主命者。吾爲天主敬百神，豈可遂與天主並其尊事哉。神繇主命，不可並事，若非繇主命，即屬僞妄，又絕不可事。辟如百官是朝廷所命，敬百官即是敬朝廷，然安得以朝廷禮事之。若不繇朝廷，僞官僞勅，人人共罪，將迸斥誅戮之不暇，況可以尊朝廷之禮尊之哉。曰，如何爲欽崇萬物之上。曰，凡人有所欣羨，有所嗜好，而係戀難捨，刑法不能制，義理不能喻，求之必欲得，得之不欲失。此一念誠切，視之在萬物之上也。吾今當猛思曰，吾重視此一物，甘違主命，是愛此一物之心，加于吾主之上矣。平日欽崇一天主萬物之上，其心如何，而頓背之，忍將全功盡棄之乎。即斷然力止，不得以彼奪此，不得以彼等此，推而至於喜怒哀樂，皆用此法以平其情，而無一物得加掩蓋主命之上，方爲欽崇一天主，方爲欽崇一天主萬物之上。孔子言，好仁者無以尚之。斯言可繹矣。若第四誡孝敬父母。此自人良知良能，不必多費詞。然非但生身父母也，君王是統我之父母，官長是臨我之父母，又有管顧者爲衣食父母，授業者爲教訓父母，推而至于父母之所生，父母之所友，父母之所愛，皆有當盡分量，依分盡職，乃不失孝敬道理，如是方可言報恩也。天教愛天主愛人，前三誡言愛天主事，而欽崇條則爲三誡之首，後七誡言愛人事，而孝敬條則爲七誡之首。即此二條，可知其他，故知恩報恩，惟天教爲最實云。

王徵《畏天愛人極論》 客曰，吁，今吾方知人所異于禽獸者非幾希也。靈魂不滅之理甚至甚明也。夫人也弗信天堂之永福，因弗信地獄之永苦，而實先自今同于禽獸草木也而可乎。然必何如而後可望天上之永福，可免地下之永苦。惟吾子昌言之。

曰，至大也，至難也，而實至平至易也。順天者昌，逆天者亡，吾聖賢固常言之矣。今亦無他說，祇予前所常言畏天愛人四字而已。四字總括天主十誡之義，十誡云何。一，欽崇一天主萬物之上。二，毋呼天主名而設發虛誓。三，守瞻禮之日。此三者愛敬天主之事也。四，孝敬父母。五，毋殺人。六，毋行邪淫。七，毋偷竊。八，毋妄證。九，毋願他人妻。十，毋貪他人財物。此七者皆推廣愛天主之心以愛人事也。右十誡總歸二者而已，愛慕天主萬物之上與夫愛人如己。此在昔天主降論，令普世遵守。順者升天堂受福，逆者墮地獄加刑。此教要也，其詳另有專書備論。其工夫下手，則在先以聖水洗其習染之污，而以淨心歸誠于天主，痛悔其過而遷善焉。嘗譬此工如治圃然，先繕地，拔其野草，去其荆棘，除其瓦石，注其泥水于溝壑，而後藝嘉種也。學者先去惡而後能致善，所謂有所不爲，方能有爲焉。夫天堂無窮之眞福，世間絕無能比之美好也，故誠欲見此美好，先宜瞽。欲聞此美好，先宜聾。欲論此美好，先宜暗。欲得此美好，先宜失。欲嘗此美好之味，先宜不知味。何以故。不絕世見，不能見此美好。不絕世聞，不能聞此美好。不絕世論，不能論此美好。不絕世得，不能得此美好。不絕世味，不能嘗此美好。當其未學之初，習心橫肆，其惡根固深透乎心，抽使去之，可不力乎。勇者克己之謂也。旣已知學矣，尙迷乎色欲，則何以建勇毅。尙驕傲自滿欺人，則何以進乎謙德。尙惑非義之財物，不返其主，則何以秉廉。尙溺乎榮顯功名，則何以超乎道德。尙將怨天尤人，則何以立于仁義。秬卣盈以醯醢，不能斟之鬱鬯矣。知己之惡者，見善之倪，而易入于德路者也。欲剪諸惡之根，而興己于善，須逐日再次省察。凡己半日間所思所言所行善惡，有善者自勸繼之，有惡者自懲絕之。久用此功，雖無師保之責，亦不患有大過。然勤修之至，恆習見天主于心目，儼如對越至尊，不離于心，狂念自不萌起。不須他功，其身莫之禁而自不適于非義矣。故改惡之要，惟在深悔。悔其昔之已犯，自誓弗敢再蹈。心之旣沐，德之寶服可衣焉。失德之品衆矣，不能具論。論其綱則仁爲要焉，得其綱則餘者隨之。易云，元者善之長。君子體仁，足以長人。夫仁之說，可約而以二言窮之，曰，愛天主，而天主無以尙。而爲天主者，愛人如己也。行斯二者，而行全備矣。然二亦一而

已，篤愛一人，則并愛其所愛者矣。天主愛人，吾眞愛天主者，有不愛人者乎。此仁之德，所以爲尊。其尊非他，乃因上帝。故曰，仁，天之尊爵也。借令天主所以成我者由他外物，又或求得之而不能得，則尚有歉，乃皆由我心中一念特在一愛云耳。孰曰吾不能愛乎。人人知愛，人人相愛，止一轉念間即是。孰謂不至平至易乎哉。然眞愛人主者，必由畏起敬，由敬起愛，必顯其功德，揚其聲教，傳其聖道。其愛天主之效，又莫誠乎愛人也。所謂仁者愛人，不愛人何以驗其誠敬上帝歟。愛人非虛愛，必將渠饑則食之，渴則飲之，無衣則衣之，無屋則舍之，憂患則恤之慰之，愚蒙則誨之，罪過則諫之，侮我則恕之。故經有形神哀矜之十四端，以着其愛人之實。果能畏天愛人，而實盡其道乎，無論異日者必升天堂，必不墮地獄。即今在生一日，將天之所以與我者庶幾不失，而于仰不愧天，俯不怍人之樂，不亦快然有契乎哉。此予小子日夜汲汲，寧棄其所已學，舊學，近學而不顧好奇喜新之譏，且逢人舉似不厭諄復，不憚強聒，而每每闡譯之者職此故耳。如謂畏天愛人吾聖賢久已言之，此中誰不知之，不必復事闡譯乎，夫聖賢固已言之，然非徒言之而已也，亦非徒令人知之而已也，故欲人人日日設誠至行之。倘果人人日日設誠致行之，眞不必復事闡譯。若猶未也，聖賢救世之念迄今猶未滿也，即反覆闡譯庸何傷。況亦有聖賢所欲言而未嘗言者乎。稍有其書，稍有其言，便謂已足，則堯舜之後，安有孔孟。眞法堯舜孔孟者，必不據堯舜孔孟未盡之言，而距人千里之外也。

客于是洗然嘉嘆曰，嗟乎。悲哉。世人不爲二氏所誑誤，則蕩蕩如無牧之群，直以苦世爲樂地天堂耳。今聆吾子反覆數百千言，句句依理而談，強于利刃，剖我心疑多矣。且明論照然，欽崇一主，既開世人歸之之路，而力排邪說，極證人鬼不滅與夫眞正大賞罰之不爽。既有所望，又有所畏，此仁人之用心歟。今而後予益彌信吾子爲眞善學聖賢人矣。請于異日齋沐再叩，相與盡窮西儒未盡之奧旨。

余曰，嘻。有是哉先生之虛也。輒肯不鄙余言之迂腐，而翻然改聽之若此。余不敏，雖不能盡窺西儒之奧乎，敢不罄竭愚衷唯明問之是聽。

朱宗元《拯世略說·世俗鬼神皆非》　昔先王既類於上帝，至於群神亦偏，山川亦望，春有祈，秋有報，懸揣先王類望之意；上帝者，群神之主；群神者，上帝之臣；於以嘆後人失其意，而蔑其義也。今以聖學按之，天主制宰萬物，原命諸神分司天下矣；九重諸天，各有運動之神焉；山川日月，亦有駕馭之神焉；萬國九洲，各有一神護守之；府州等處，亦有各神護守之，又有護守帝王仕宦者；并有護守群黎百姓者；是皆制宰之權衡也。故春有祈，亦祈之上主；秋有報，亦歸功於造物。夫人受上主之恩固大，受諸神保守之恩亦不少；但諸神悉受命於上主，以司下土人物，則其功仍歸之主也；況其榮福，本來充足，雖施大功於人，絕無所冀望於人，但令人覩兹三光河嶽之麗奐，百穀之繁植，因而感謝大主，信愛謙事，則諸神之心，即不啻大慰矣。乃今世悉以道家所僞撰，爲鬼神本職而禮之；城隍當境，無非已死之前人；玉帝天師，悉由世人之贈號；歲時祭謝，揑天地水府爲三官，侍從神祇，拉馬趙溫關爲四將；蓋世俗之鬼神，已非先王所祀之神祇矣。古者能除凶暴，則稱之；救災患，則述之；有功德於民，則傳之；今則秦政項籍，竟有血食之祀；妬女五通，亦立春秋之祀；吳魏而祀雲長，荆楚而祀子胥，何謂也哉？然徒傳述其人而稱之，猶可也；乃禍福惟彼是求焉，予奪惟彼是畏焉；舉降殃降祥之權，悉歸於愚民所塑之土木，因而燒楮焚香，朔望有拜祈之禮，陳籩設豆，春秋具禋祀之文；或者常念阿彌，冀夫超度；或者連年齋素，惑於輪廻，諂媚妄求，不勝誅也。甚至私自黜陟，升降任意，裝束遨遊，一如人事，顛倒悖理，了無顧忌；總之未嘗格致，見人間事體如此，想鬼神亦當然耳。嗚呼！梵宮霄峙，道觀彌山，野寺淫祠，幾徧海內。幸上主至仁無際，不即刑滅；竟不知愈大寬之於今日者，愈重僇之於死後也。嗟今之人，不亦大愚矣哉？

又《禁妾守貞之訓》　有以不娶妾之說語余者，謂若是，則釐降二女，亦吾子之所深斥歟？曰：奚止於舜？凡古之侯王，固有一娶九女，一娶十二女之禮矣；然天下之事，有不待教而知其罪者，如殺人貪淫之類是也。但耶穌未降未有明訓；既有明訓，則斷斷不可犯矣。或以爲無後不孝奈何？不知得子與否，不在有妾無妾；縱使必因妾得，亦所謂得之不以其道也。得子猶在位也；君子未嘗不欲仕也，又惡不由其道。況聖賢者，循性者也；循性者之訓不可違，況天主自立之訓哉？追原始造人類，一夫一婦，允合情理之中；後人淫願太奢，強借無後之說，以肆其淫惡

耳；甚至有棄正耦而愛孌倖，遠家室而比頑童，此上主所痛惡，而舉世習之，不以爲非，何耶？若西士之守貞不娶，不特奉天主之訓，其關係於天下生死安危亦大矣。絕一身最難絕之欲，以救萬民不可窮之災。一者司大祭，非守貞不能，耶穌以其慘難，仰獻大父，以消威怒，以激矜憐，下民有罪，得不遽罰；每日彌撒之禮，司祭代耶穌獻也；無守貞則無祭禮；上主震怒，降殃速矣。一者聽解罪惡，非守貞不能：人雖修持甚密，而不有大過，必有小疵，縱免行慝，或得心違，必告解始脫；無守貞則無聽解，而人俱爲下墜之品矣。一者遠游敷教非守貞不能：婚娶之人，上顧父母，下顧妻子，自然不容離家；則四方之人，誰從聞天主聖誨，改非易俗，而升天國乎？一者耐習大勞，非守貞不能：凡司教者，視民如子；一有疾病瀕危，不問風雨晝夜，寒暑遠近，竭疲以赴；或游他方，經奇險狂濤，過赤道之炎熱，人物俱腐；經北極之嚴冷，半載冰舟；非眞元不鑿之人，概不敢冒此苦矣。一者通徹奥理，非守貞不能：性天二字，義極玄微；昏人聰明，莫如女色；自二十迄三十餘，又嗜欲更熾之年，學習工夫，正在其際，一經娶妻，不惟明悟易昏，理不能達，而早暮搆思，殫精竭神，亦且身邀短折；故博學大智，十七皆不娶之士焉。若乃性孤僻而不婚，沽名譽而不肯婚，或異端滅倫而不敢婚，皆明拂造物主生生之意，誠無足取。顧不婚不宦者，人猶美之；況西士之守貞，大利於四方萬民者哉！

綜　述

羅明堅《天主聖教實録・天主十誡章》　天主教人正道者有二事，一者十誡，二者勸諭三規。若欲知此誡者，必先聞其喻理。彼爲帝王者立之律令，治理萬民，使之遵守，則國平治。若天主爲普世之主創立法度，頒行天下，使世人遵守，名曰十誡。人欲爲善，一則皆當奉敬天主，二則當和順乎四海之人。天主因欲教人，故立碑二面。第一面之碑文有三條之事奉敬天主，第二面之碑文有七條之事和睦世人。

又《解釋第一面碑文章》　或曰，尊言第一面碑文惟奉敬天主之事，乞詳示。答曰，內有三條事情。第一條，要誠心奉敬一天主，不可祭拜別等神像。若依此誡而行，則是奉敬天主。世人皆知敬其親長，然敬天主當勝於敬親長之禮。何則？天主甚是尊大，勝于親長，是以當誠敬也。違犯此誡者，不敬天主一也，不信天主事情二也，愛其親長及夫百般財物，有甚于愛敬天主者三也。如守此誡，不得敬天地日月及諸鬼神。夜夢不祥，吉凶有兆。尋擇日辰，占卜卦術等事。或曰，不信天主事情，謂之違誡，何也。答曰，此中違誡有三罪。世人既識天主，而有眞經，不肯受教者，罪之一也，不信天主十二條事情，罪之二也，信從別法教門，謂能升天，不須天主眞經救其靈魂，罪之三也。或曰，過愛財物親長，甚於愛敬天主，何可謂之違誡乎。答曰，此中有一罪，如人怨恨天主使己有貧難疾苦，有罪也。何也，天主似乎父師，父責其子，師責其徒，只欲使之守善進德，是以不當怨恨也。或曰，欲聞第二誡，果何說也。答曰，第二條誡，毋呼天主名而發虛誓，此第二誡也。前之第一誡，教人心敬天主。今之第二誡，教人口敬天主也。其中違誡之罪甚多，不及逐一詳告，姑揭其畧耳。或虛假事情，而發誓願者有罪，或誓願害人者有罪。或曰，第三誡者，何謂也。答曰，第三誡者，當守瞻禮之日，禁止百工，詣天主堂誦經瞻禮天主，其餘時日各作本業，固皆正理矣。譬如每月朔望之日，人皆作揖上官，況天主尊大，於每七日之間，其可不拜之乎。此三者，俱是奉敬天主，甚爲至要也。

又《解釋第二面碑文章》　或曰，第二碑文有七條規誡，乞示。答曰，中之第四條者，當愛親敬長。此事甚重，是以占乎六條之先。蓋天主令世人和睦，況人倫之至親者莫過於父母，是以當孝順也。子幼之時，受其鞠育之恩甚多，至于長大，而不知報其恩，則虧其教養之勞矣。且禽獸尚知報本，何況于人乎。蓋爲父母者亦當盡其養育之道，爲師者亦當盡其教誨之道，其爲尊長者亦當盡其慈幼之情，夫婦亦當盡其倡隨之義。反是，俱有罪矣。如父知其子之從於惡黨，而不之責，師以淫穢詩詞而授于徒，尊長而加逆刑於奴僕。子不孝順其親，徒不尊敬其師，奴僕不奉事其家主者，俱有罪矣。第五誡，毋亂法殺人。天主造成世人，有如兄弟之親，故不付之利器，造成禽獸，固有長牙利爪。然人之所以異於禽獸者極甚，所以當和順也。蓋天主令人和睦，人若平心怡氣，則無殺傷之繇矣。

如殺人必用凶器，若遠其凶器，則無殺傷之具矣。亦猶好飲者，若遠乎酒，則自無醉人矣，是以吾嘗稱中華，乃禮義之邦。人雖無帶刀佩劍，其中亦有違誡之事，或打傷他人者，或舉意欲害人者，或思欲圖報冤家者，或惡語傷人者，或妬人富貴者，俱有罪矣。或問曰，居官之人而刑戮其囚犯，吾不知有罪否也。答曰，世人非法殺人者有罪，若有官長依律用刑，以決囚犯，蓋爲萬民除害，烏得言其有罪。亦猶良醫爲人除其壞齒，而免壞其別齒也。第六誡，毋行邪淫等事。世人以色慾爲重，是以設法嚴禁也。天主初造男婦，使人一夫一妻，生傳子孫。人之娶妾者有罪，何也。一女不得有二男，一男獨得有二女乎。夫婦以相信故相結，信失而結解矣。況夫婦乖，妻妾妬，嫡庶爭，無一可者，此所以有罪也。或奸淫他人妻子者，俱有罪矣。或以男子而行淫穢者，此罪尤大。其中罪情多端，亦有解釋於第九誡之內者。第七誡，毋偷盜。諸情或令人偷盜，或同人偷盜，或教人兒女而偷其父母之物，或教人奴婢而偷其家主之物，或放債而倍過其利息者，俱有罪矣。第八誡毋讒謗是非。第九誡毋戀慕他人妻子。第十誡毋冒貪非義財物。或問曰，財物色慾，何故而重誡之也。答曰，天主明知世人以財色爲重，是以重誡之也。此天主所以作之十誡，前三條者，敬乎天主事情。後七條者，益乎世人事情也。

李剛己《教務紀略》卷二上《教規·十誡》 一專奉上帝，毋拜別神。上帝至尊無對，世界諸神皆受造於上帝，不得與上帝一律崇奉。天主教規，凡禱祀諸神巫，覡星卜，皆有厲禁。二毋呼上帝名，以發虛誓。古時以色列國民受神遺詔，述神名曰耶和華，凡發誓祈禱，不可泛稱神名，必至誠用之。三永守安息日。據《創世記》，上帝六日造天地萬物，至七日而止。定每六日後，以一日行敬禮。天主教謂之主日，耶穌教謂之禮拜，名異實同。《庸庵外編》西人七日禮拜說，泰西以星房虛昴四日爲禮拜日，當禮拜時虔誠諷經，默數七日內過惡，以眞心改悔爲期。又以暇至四鄉及花園，博物院，萬生苑遊玩，其俗不知始於何時。而西士誦說耶穌者謂凡人苦心志，勞筋骨，六日後不可無休息，稍休息則精神愈振矣。且人徇嗜慾，騖事物，六日後不可無收束，能收束則身心有主矣。今以休息精神者斂其身心，即以收束身心者養其精神，殆與學記藏修息遊之旨相合。此外又有大禮日，每年十數期。其休止百工，舉行敬禮，與安息日無異。四孝敬父母。生我父母，宜孝敬以報大恩。此外有治我父母如國家官長，教我父母如教授師與工藝師，皆當服勞聽命。五毋殺人。殺人所賅甚廣，不獨殘害生命，凡詛詈怨毒及無故自戕者，皆犯此誡。惟國家決囚爭戰，不在此例。六毋邪淫。夫婦人倫之正，餘皆邪淫，西例無論貴賤貧富，皆一妻。並嚴禁誨淫書畫。西例售淫書淫畫，官發票查搜，審其人，焚其物。七毋偷盜。暮夜胠篋，道路攘奪，偷盜之顯者也。若無其迹而陰謀婪取，如僞造約契，假貸不償，拾遺不歸，貿易不公之類，皆曰隱偷盜，同爲此誡所禁。西國民事公法，凡欺詐商家虧倒之案，可照偷竊案辦理。八毋妄證。此誡禁口舌害人，如横啟訟獄，誣陷良懦，污玷名節，攻訐陰私皆是。華英讞案定章考，凡爲訴狀之見證人，訊官於未問之先給以聖書，使之手執而矢誓，謂所言皆眞實無妄，然後由官詳細斟問。倘仍信口雌黃，日後事發，即治以假立誓辭，謊撰證語之罪。按英例最嚴，妄證之禁不特罪名綦重，敗露以後通國不齒。九毋念他人妻。此誡所賅甚廣，凡男子於他人婦女，女子於本夫外，皆不得起邪念。第六誡禁其事，第九誡禁其心，內外交防之義。十毋貪他人財。此誡禁貪財，補第七誡所未備。貪財與治生有別，事果於義無害，不諱言利。此誡所禁在貪不義之財，如第七誡所云諸事是也。天下無論何教，既明天人相與之際，必以不殺，不盜，不淫，不妄語，不貪他財爲首事。十誡前三條敬事上帝，義本摩西。後七條統以愛人如己，則是墨氏兼愛尚同，佛家平等之義，雖本摩西舊誡，而用心隱有區別。摩西以教合衆，其言純是法耶穌。以衆行教，其言彌近理，見采風記。宜其擴張一宗，爲彼教不祧之祖也。泰西公法家謂公法萌芽於猶太教及羅馬律法，觀十誡所列，而知歐洲諸國風俗政教有自來矣。

紀事

艾儒略《大西西泰利先生行迹》 羅子與講解經旨，覺十誡無難守，獨不娶妾一款爲難。蓋先生獨有一子，而未得孫，意欲納側室以廣嗣也。羅子不許，曰：「有子無子，一憑主命，烏可以此犯誡。」先生躊躇久之，毅然堅決曰：「嗣可無，誡斷不可犯，惟聽大主所賜耳。」遂欣欣受洗，守誡甚堅。天主鑒其精誠，越年即得孫矣。至今諸孫繞膝下，迨曾玄奉

教，濟濟到堂，如層簫然。愈知大主福善，不獨於其身後也。

王徵《祈請解罪啓稿》 謹啓：重罪人某，敢因本名聖斐理伯指引，告鐸德先生前。罪某得徼陡斯恩佑，得聆鐸誨領洗，得入天主聖教，秋毫皆諸鐸德鴻賜。顧自受教以來，信道雖深苦不堅，愛主雖真苦不熱，望天雖殷苦不純，在諸鐸德提誨獎掖汲汲，引爲教中人，年來且承遠西鐸德致書褒嘉，即甚駑弱，忍不思奮。第自省罪愆山積，未克悔解，實自知爲重罪人也。重罪多端，而犯天主十誡之中毋行邪淫之罪爲尤重。蓋罪某初進教時，原矢堅守爲一夫一婦之規以遵誡。故壬戌登第之日，即移書家之人，戒勿爲我娶妾。謂一朝徼有寸進，皆天主之賜也，敢因所賜而反獲罪于天主。比家之人隨居平幹任中，群念無子之故，妻女跽懇，弟侄環泣，重以父命嚴諭，一旦邪念遂生，不能堅守誡規矣。自是以後，極知罪犯深重，數請解罪于諸鐸德。咸曰：非去犯罪之端，罪難解也，不之許。于是痛自追悔，已曾立意嫁妾以贖我罪，乃室人哭懇勉留之，幾至反目。而妾因痛哭幾殞厥生，願言進教守貞，誓死不肯改適。不得已，悠悠忽忽，因循至今。總因罪某守誡不堅，妄想世情嗣續一念，怠緩苟且，故至此，罪將奚諉。昨偶讀彌格爾張子靈應奇迹，及口鐸日抄內刑有罪某向日移書不娶妾一款，不覺慚愧之極，悔恨之極。終夜思惟，年將七十，反不如十七少年功行。且虛傳不娶，而實冒邪淫之罪于莫可解。夫既不能絕人，抑豈不能自絕。況年已垂白，猶然不自決絕，甘犯上主不赦之條，空系進教之名奚益耶。又況百危百險中，賴主佑而生還。縱及時苦修，斷絕一切世緣，能有幾許功行，報答從前公恩私恩。奈何不自割捨，日墮愆海中以速重罰。今立誓天主台前，從今以後，視彼妾婦一如賓友，自矢斷色以斷此邪淫之罪。倘有再犯，天神諳若，立賜誅殛。伏望鐸德垂憐，解我從前積罪，代求天主之洪赦。罪某不勝懇祈之至。

雜録

郭嵩燾《使西紀程》 二十日。午正，行七百六十二里，在赤道北二十七度三十二分倫敦東三十四度二分。海中島嶼三四，兩岸山勢羅列，知已入麥西境。紅海盡處分兩汊：東出曰阿喀巴，地屬阿剌伯；西出曰蘇爾士灣，地屬麥西。兩灣歧分，并寬數十里，中有大山曰賽乃，《瀛寰志略》謂之西奈山，相傳爲摩西以「十誡」立教之地，耶穌及摩哈麥立教源流皆出於此。稍東即土耳其之猶太，《唐書》所謂拂箖國也，爲摩西生長之地。

藝文

徐光啓《規誡箴贊》 維皇大哉，萬彙原本。巍巍尊高，造厥胚渾。摶埏衆有，以資人靈。無然方命，忝爾所生。蠢蠢黔首，云何不淑。曾是群胥，上墋下黷。帝曰憫斯，降於人間。津梁耳目，卅有三年。普拯廣流，誕彰精奇。捨爾靈軀，請命作儀。粤有聖宗，十又二子。述宣宏化，以迨億祀。如日之升，逾遠而光。千六百載，達於茲方。茲方云何，膺受多祜。正教西來，大眷東顧。凡我人斯，仰瞻遼廓。敢曰無主，敢曰不若。大文無雕，經塗無詭。秉心三德，守誡二五。若罔不昇，違罔不墜。昜矣前修，無作後悔。後悔則那，亟其改旃。鑒爾一息，貫爾百年。如山匪嵬，如海匪淵。矢志崇閎，以隆德馨。

又《十誡箴贊》 人心大正，隕自初民。欲橫理危，遡以魔妄。惟皇憫斯，垂誡貞珉。其數有十，總以三綱。以迪民彝，以棄民咎。以享天衢，以絕天禍。乃命明神，傳之邃聖。昭示萬民，謹守勿斁。

王徵《王端節詩文·簡而文自記》 詰朝散步，始見東鄰有一水洞，高出人家屋上數層。洞前隙地長七八丈，寬三五丈。【略】人咸羨爲眞福地，余亦自況小洞天。遠離市廛，漸掃三仇濁累。潛伏洞壑，永遵十誡清修。此余素懷，而今計可幸愜耳。

張開芳《贈泰西艾先生》 西來景主與天通，麾卻沙門立教宗。重譯解儒禪聖語，虔修奉象迥僧空。旨明十誡功行滿，道本一尊心理同。始信大靈歸實地，不須喚醒一鳴鐘。

林傳裘《贈泰西艾先生》 西洋有教主，夷夏仰鴻功。十誡塵心淨，三仇灰刼空。辭家敷帝訓，渡海印儒宗。安得漢天子，論經百處通。

總教規

綜述

李剛己《教務紀略》卷二上《教規·總教規》 一教中德行有八，曰謙虛，曰羞恥，曰柔和，曰慕義，曰清潔，曰矜恤，曰勸化，曰忍耐。二聖靈之善果有九，曰仁愛，曰喜樂，曰和平，曰忍耐，曰溫柔，曰善良，曰信德，曰慈悲，曰節制。三助成善舉。各國傳教經費皆出捐助，統計西國每年每人約捐銀一二兩，不願者聽。

十四哀矜

李剛己《教務紀略》卷二上《教規·十四哀矜》 一食饑者，二飲渴者，三衣裸者，四醫病者，五舍旅者，六贖虜者，七葬死者。此爲外哀矜。一啟人愚蒙，二勸人爲善，三規人過失，四慰人愁苦，五恕人侮辱，六原人弱行，七代生者死者祈禱。此爲內哀矜。瑞士國日尼法人杜蘭德創設紅十字善會，專救交戰時受傷之人，苦者醫之，死者葬之。所議章程有教士必視同局外國人之條。

藝文

徐光啟《哀矜十四端箴贊》 大道廣淵，厥旨惟仁。藹惻肫祥，情現于愛。愛主之實，徵諸愛人。愛有哀矜，或形或神。以富拯乏，以智濟愚。弗私上錫，益來天祐。彼此罔知，天人殊視。棄擯元元，鍵戶頂禮。德之不馨，緊主誰歆。

教民之規

綜述

李剛己《教務紀略》卷二上《教規·教民之規》 有願入教者，先習淺近義理書，以改前愆。教長察其無他，始允入教。其教規每日晨夕祈禱上帝，諷誦經文，遵守戒律。如爲家長，即率家人誦經服教。至禮拜日赴堂受教規，平日居心行事，以和睦，誠實，勤愼爲主。

又《在家應行教規》 一教中子女不孝，教長知之，輕則訓戒，重則斥逐。西國古例，人子辱詈父母，士師以石擊斃之，暴露其屍，使野鳥啄食。一葬父母必量家之貧富，墳塋蒔花木，建碑碣，以爲觀美，仍時時省墓致哀。耶穌教興盛之國，教會墳如國花園。一娶婦不問妍媸貧富，以篤信基督，性情寬柔，智慧贍足，體氣健康爲主，夫婦敵體，不得譴呵楚撻，視同奴婢。一幼女必入塾讀書，可佐夫訓子。一善誘兄弟，同霑教益。一與世往來，貴誠信容讓，服用貴節儉，施捨貴豐厚。

七克

論說

龐迪我《七克自序》 人生百務，不離消積兩端。凡所爲修者，消舊積新之謂也。聖賢規訓萬端，總爲消惡積德之藉。凡惡乘乎欲，然欲本非惡，乃天主賜人存護此身，輔佐靈神，公義公理之密伻。人惟汨之以私，乃始罪釁萬狀，諸惡根焉。此根潛伏于心土，而欲富，欲貴，欲逸樂，三巨幹勃發於外。幹又生枝，欲富生貪，欲貴生傲，欲逸生饕，生淫，生

怠。其或以富貴逸樂勝我，即生妬。奪我，即生忿。是故私欲，一根也。欲富，欲貴，欲逸樂，幹也。而生傲，生貪，生饕，生淫，生怠，及妬忿，枝也。種種罪訧，非義之念慮言動，七枝之結爲實，披爲葉也。地獄之火，此樹薪之。故曰去私欲，而獄火自無矣。世間疾憂患亂，身心不寧，皆由食此樹之實而作者。拔此樹于世，而人皆天神也。視人如己，視死如歸，天堂境界，豈遠乎哉。然而克欲修德，終日論之，畢世務之。而傲妬忿淫諸欲，卒不見消。謙仁貞忍諸德，卒不見積。其故云何，有三蔽焉。一曰：不念本原。二曰：不清志嚮。三曰：不循節次。夫世之傲然自是者，咸謂修德克欲之力量，我自能之。不知自有生來，但有一念提醒，莫非天地元主賜我者。富貴壽安微暫之福，有一隙之明者，皆知出于天主。而克欲修德，最難劇務，妄自認爲己能，謬孰甚歟。如知力量，悉從上主而出，其於欽事祈隮，自不容已。迨德成欲克，皆認主賜也。彼謂我自能之，不緣主力，乃由傲魔所中，忘卻本原。冥悻自是，聞諛則沾沾自喜，稍拂則謂非所應遇，而怨尤不已，此其所修何德哉。凡人善惡，係於所志。有善業而無善志，猶人形而無靈神。非人，徒人形耳。輕舟利車，濟人於難，而人不賞其功。何者，舟車有功，而無濟人之志耳。修德克欲者，惟是蠲潔其一心，以媚茲上主，其志足貴也。次則志羡天德之美也。次則志在乎生享淨心之樂，而身後獲見天主，與神聖耦也。若修德，而雜之以富貴榮名世福之望，則所修非德。乃修他欲，而襲德貌耳。非以德攻欲，乃以欲攻欲耳。舊欲未去，新欲且增塹焉。夫德所至忌，世福之羡也。祛欲者所攻，正攻此羡世福之俗腸。有所攻以積德，又操所忌以毀之，德烏乎成。故志嚮不可不清也。凡有志修德者，必曰：吾必使無絲毫人欲之私。語甚美矣，第言之易也，行之難也。一言而盡，百年不能迄。攻一欲難於勝一國，矧併攻諸欲乎。且德之初修也，甚微甚弱。而欲之初受攻也，方鉅方強。以微弱之德，攻鉅強之欲，意徒鋭而欲彌增，旋廢業而反受其害。夫克私欲，如折舊屋也。先折址者，室覆材破，人受壓焉。先折甍簷，漸至於柱礎，則材與人不傷，而功易奏。是以克欲者，須一一別攻之。始于易小，俟德力滋鉅矣，乃始漸進於難且大者。以漸滋致精，道路更穩。如過于亟，易于礙墜。故曰：進德如升梯，謹行勿奔，奔必隕，不控于地，不已矣。亟修而無度，非自恃而淩躐，即速勦而委頓耳。此不循節次之咎也。迪我八萬里外，異國之旅。蚤荷天主靈慈，悟此世福，至暫至微，匪堅匪駐。轉思身後，實具永年是福。爰從耶穌會教習聞豪傑光闡之旨正己化俗，憫夫邪說充塞不知天主爲人物眞主，不思天堂有眞修捷路。乃偕數友東來，九死一生，涉海三載，而抵中華。中華語言文字，迥不相通。苦心習學，復似童蒙。近稍曉其大略，得接講論，竊見有志儒賢，多務修德克己之功。同方合志，萬里非懸。第緣三者之蔽，隔藩未一。因繹所聞，及所管闚一二，以資印可。夫人心之病有七。而瘳心之藥，亦有七。要其大旨，總不過消舊而積新。積之之極，以積永樂永慶。消之之極，以消永苦永殃焉。諄諄箴勗，良費辭說。蓋緣人心如口也，口各喜其味，故饌各投其喜。德一而已，衆言錯陳，故折俎之不一饗也，惟嗜者之所染指。如曰：支離其辭，以支離其德，則迪我烏敢焉。

萬曆甲寅孟冬望日龐迪我題。

楊廷筠《七克序》 自子思子發明性道，原本天命，後世言道術者準焉。至謂天下之至聖，德施洋溢，及乎照墜，命曰配天，殆未易揆測也。今上在宥天下，遠人來賓，乃有泰西諸君子航海而來，計其途八萬餘里，閱三年抵中國，有古越裳肅愼奇肱身毒所未經涉者，此亦盡乎照墜矣。夫麟遊鳳至，皆稱聖瑞，貴來遠也。物之瑞孰與人爲瑞乎。洋洋乎聖德配天，非我皇疇當之。諸君子觀光用賓，大都潔修自好，其爲人不詭時向，其爲學不襲浮說，間用華言，譯其書教，皆先聖微旨也。察其燕私，屋漏，密修密證，皆鑿鑿不背所聞；其言語文字更僕未易詳，而大指不越兩端：曰欽崇一天主萬物之上，曰愛人如己。夫欽崇天主，即吾儒昭事上帝也；愛人如己，即吾儒民我同胞也；而又曰一，曰上，見主宰之權，至尊無對，一切非鬼而祭皆屬不經，即夫子所謂獲罪于天，無所禱也。其持論可謂至大至正而至實矣。夫課虛崇玄，洸洋無際，要眇何難，要以眞實世諦，使人可信可解，而不可易，此以難耳。則畫師圖鬼物圖狗馬之說也。又以泛而言昭事，稽顙對越皆事也；必愛人乃爲昭事之眞。泛而言愛人，怵惕煦嫗皆愛也；必克己乃有愛人之實。故有所謂食饑者，飲渴者，衣裸者，舍旅者，醫病者，及顧囹圄者，贖虜者，葬死者，皆愛人事。而又有所謂伏傲熄忿，解貪，防淫，遠妬，清飲食，迷醒懈惰，于爲善之七克，

克其心之罪根，植其心之德種，凡所施愛，純是道心，道心即是天心步步鞭策，着着近裏，此之爲學，又與吾儒闇然爲己之旨，脈脈同符。學者循此繕修，存順殁寧，來去翛然，既不徒生，亦何畏死也。惟是七克所載，大率遠于俗情，如富貴榮寵爲綴疣，貧窮苦楚爲福澤；驟閲之，覺可駭可異，而徐玩之，名理妙趣，醒心豁目，未有不躍然神解，而卷不釋手者；此書在慧悟之士，機警觸發，見之自有神契。其次則困衡之輩，推勘路窮，如貧見家珍，渴得甘露，更有津津證人處，惟一種世味濃郁，嗜進無已之人，靈府多滓，難與微言，視此不免嚼蠟；或以此方文字見解測之，更泥不通，則不終卷而卧，此非書之罪也。龐公號順陽，予未與一面，聞其居長安，大官授餐，爲聖天子所禮遇，名流多與之遊諸，題語言人人殊，率企嚮不啻口出，其人可知矣。

鄭以偉《七克序》　人處函蓋中央，如人腹内有心，則人之與動也具來哉。故墮地啞然而啼矣，亡何夭然而笑矣，則順違之故也。順違所起以認墮地之己爲己，而不復知無己之己、無己之己靜也。順己成好，違己成惡。由是從殼漏子起，見識與年長，爲傲、爲妒、爲貪、爲忿、爲饕、爲淫、爲怠，大約撰爲七種，而究之不過啼笑之變。然其性初豈有己哉，常試辟之。湛然者水乎波于風，則跳如沫，蹙如鱗，吼如雷，水體非損也，少焉而澄此湛然者。又不從外得，則己性原靜也。故謂風動水則可，謂水體爲風所壞則不可矣。又試辟之。土與人無愛憎也，或埏爲孟堈，則宋玉惆悵。埏爲隴簾，則負薪者醜之矣。又或埏以爲鬼神，遂走百家之社。其埏以爲瓶盂，人得而器用之，而不知即前日之土。使解其埏，則愛憎敬又亡矣。世間一切可喜可惡可怪可常之境，皆揑土之類，則物性亦靜也。故謂土有異埏則可，謂有異質則不可矣。惟于靜中執一私己，于是熠熠鈎瑣膠固而不能自脱，故樂記曰：人生而靜，天之性也。感于物而動，性之欲也。物至知知然後好惡形焉。好惡者，吾之所爲啼笑也，感于動而後有者也。第不曰情之欲，而曰性之欲，明動之體原靜也。不曰感物有知而曰物至知知，明靜之用即動也。好惡非性，病也。附于己則物至，而人化物矣。物至而人不化，則以無好好無惡惡，如嬰兒日嗄日笑，尚不知有己，何知有順違。只爲墮地有己，此己一生七欲并作，譬蛾之赴火，以有蛾己故。蚋之聚醯，以有蚋己故。蚋不赴火以無蛾己故，蛾不聚醯以無蚋己故。以至秦越相非，肉素相嘲，各以己故。己者，欲之根也，如賊帥。然吾夫子曰：克己復禮。克己者，主靜之謂也。主靜則己無泊處，而欲自克。如太末蟲處處皆泊，而不能緣于火焰之上，以火能克之也。凡師之勝敵曰克，摧堅陷陣者果也，廓清剪除者毅也，伐謀銷患者豫也。顧帥不靜則敵不可得而克矣，即求賊所在而撲之可名曰戰，而不名克，此克伐怨欲不行而非仁也。雖然弓矢弢則與枯株無異，弢弓矢不若弢空虛者之無觸也，乃天下不少矢之殺人者，求其爲枯株亦何可得哉。順陽龐子哀世人之多欲，作七克以覺之，曰伏傲、曰平妒、曰解貪、曰熄忿、曰塞饕、曰防淫、曰策怠。讀之若立射，候之下不覺，令人恭可以折慢憧，若鶬鶊之愈，青棠之蠲怒，饕餮之懲貪，黻笥之刺淫，至策怠一篇，又可以爲竄夫之枉策，一寓目鮮有不憬然悟者。苟可以弢弓矢而止其殺人之用，于世教不無大補也。春秋抑之會而進黃池，嘉其冠端而藉乎成周，爲得尊王之體耳。夫吳王夫差曰：好冠來，好冠來。慕中國之冠，尚猶予之。況慕義而來，藉聖人之言者耶。雖不知有當于主靜與否，亦可謂善藉矣。故不穀樂爲之弁其端。

熊明遇《七克引》　西極之國有畸人來，最先西泰利氏，次順陽龐氏、有綱熊氏偕徒友十數，絕海九萬里，觀光中國，斯亦勤已。所攜圖畫巧作及陳說海外謠俗風聲，異哉所聞。如漢博望鑿空，第云天馬筇竹，特稗師之街談耳。諸公大雅宏達，殫見洽聞，精天官日曆算數之學，而猶喜言名理，以事天帝爲宗。傳華語學華文字，篝燈攻苦，無異儒生，眞彼所謂豪傑之士也耶。七克一書，順陽所著。大抵遏欲存理，歸本事天。澹而不浮，質而不俚，華而不穢，至稱引西方聖賢言行，有鴻寶論衡之新，無鄭圃漆園之誕。薦紳先生家戶傳之，即耕父販夫耳，所謂天門火宅，亦凜凜如也。同文之朝大收篇籍，詎可令沉冥五都之市哉。孔子論仁於視聽言動之四目，而以禮克。孟子論性於口鼻耳目四肢之五官，而以命克。鄒魯相傳所以著道之微，安人之危，千古如日月經天，不意西方之士亦我素王功臣也。

陳亮采《七克序》　曩余年方垂髫，即於天主耶穌之教竊有聞也。蓋吾鄉之舶於海者與大西人游，歸爲余言。天主耶穌之教以事天地之主爲主，以仁愛信望天主爲宗，以愛養教化人爲功用，以悔罪歸誠爲入門，以

生死大事有備無患爲究竟。余聞其說而心嚮焉。其後二十餘年，以待次都門，得交西泰利君。持所聞質之利君，輒大詑，因得畢聞其說。所謂天主實義、畸人十篇者，每閲卒篇，余亦復大詑，謂與周孔教合。其後復因西泰以交順陽龐君，一覯而稱莫逆。一日，龐君過余曰：東方之士才智絶倫，從事於學者非乏也。獨本領迷耳。夫學不稟於天而惟心是師，辟泛舟洪洋而失其舵也。其弊方且認賊爲子，認邪魔而爲天神也，嗚呼殆哉。余曰唯唯否否。夫戒愼恐懼以率其天命之性，而達於上天之載，此吾儒眞本領眞學問也。但恐愚俗不知天爲何物，而以爲在於蒼茫窮冥之表，故權而詔之曰：天即在吾心是也。而後之學者遂認心爲天，以爲横行直撞，眞機旁皇，擺落規條，快樂自在，而卒流爲無忌憚之小人，是豈周孔之教則然哉。龐君殊擊節余說，因持其所論著七克篇示余。余卒業焉。其書精實切近，多吾儒所雅稱。至其語語字字刺骨透心，則儒門鼓吹也。其欲念念息息，皈依上帝，以冀享天報而永免沉淪，則儒門羽翼也。且夫克之爲義，孔顔稱之矣。一日克己，天下歸仁。並育並行，聖神極事。而其工夫惟曰：非禮勿視聽與言動而已，無高詞，無侈說。眞積既久，上與天通，是故孔門之教期於達天，顔子之學謂之乾道。故四勿也，七克也，其義一也。或曰：學貴達天，固也。奈之何其覬天報爲也。余曰：否否。稼不圖熟乎，工不圖良乎。滷莽而稱熟器，苦窳而稱良，其可乎。所惡於覬者，謂人世之報耳。天德無際，天報無涯，圖天之報俛焉。日有孳孳，惟日不足。此文所以純，亦不已而。孔子所以不知老至也，奈之何。其諱言報也，周孔黜人世之報以虚其心，大西希生天之報以實其證。東西南北，聖聖一揆，豈非然哉。龐君以序屬余。余不文，特次第其語而爲之序。

綜　述

李剛己《教務紀略》卷二上《教規・七克》　明西洋人龐迪我撰《七克》七卷，書成於萬歷甲辰。以天主所禁罪宗凡七，一伏傲，二平妬，三解貪，四熄忿，五塞饕，六防淫，七策怠。其言出於儒墨之間，見《海國圖志》。

一謙以克傲。耶穌訓人以虚心受福，爲天國之基。傲者不能虚己受善，最爲彼教所忌。克傲在謙，故以此爲進德之首。二廉以克貪。利之所在，衆人爭趨，貪心一萌，往往見利忘義，臨財苟得，啟天下爭奪之禍。基督教訓人以貪爲戒，以廉爲美，與儒教嚴義利之辨大旨相近。三恕以克妬。妬之爲惡，樂禍幸災，反覆傾軋，皆由此起。此心不去，無論貧富貴賤，無安樂之境，終身無安樂之時。四忍以克怒。怒有義不義之辨，因義而怒，苟不失節，無庸克也。至於血氣之怒，行於家庭則乖，行於朋友則疏，行於國家則危，萬不可不忍。五貞以克淫。男女人之大慾，不能盡絶，惟縱慾敗度，小則致疾，大則殺身，最宜切誡。六淡以克饕。醉飽之過，本無關大節。然其甚者，沈酣貪恣，玩愒歲時，必妨正業，故基督教重淡泊，爲清心寡慾之助。七勤以克怠。萬事成於勤，隳於怠。天之生人，各有應盡義務。若自甘惰廢，豈造物本心，故基督教貴勤誡怠，以挽頹靡之習。薛福成《四國日記》：西人恪守耶穌教者，其居心立品，克己愛人，頗與儒教無甚歧異，蓋守七克之遺矩云。

四　規

綜　述

李剛己《教務紀略》卷二上《教規・四規》　一凡主日及大禮日宜行彌撒禮。天主教禮分爲二等，曰常禮，曰大禮。常禮日日有之，行否可自由。大禮日與凡主日皆須赴堂行彌撒禮，惟距堂遠及因事阻則免。是日不工作，若事爲日用必需，不在此例。二遵守齋期。齋有大小之別，小齋不食牲肉，七日中齋期二日。大齋惟午膳可飽，不早膳，晚膳亦有限制。每年十數期。三解罪。四領聖體。皆七蹟之一義，并見後。

七聖事

綜　述

朱宗元《拯世略説·聖事寓奧於蹟》 天主降世，定教人遵行之七禮，謂之聖事之七跡；其外儀甚淺甚畧，世俗見之，不笑則異；不知此正造物玄機，非人識量所能測度；其精義，非悉通格物窮理之學，及超性達天之學者，不能盡解也；予亦聞其粗而已；今即粗中之略提之。所謂七事者，一曰領洗。將入教者，立於堂之外，示向者未事天主，尚在門外人也。乃代父率之：身必以父生，茲稱代父，示向者靈魂以罪如死，今始生矣。於是以古之聖者名其人：示爾名既易矣，今之爾，非向之爾矣，當毋習於舊矣；又欲法彼所爲，更祈之代請天主，爲我介紹也。以鹽付使食之：百物和之以鹽則固，且有滋味；授以鹽者，示天主之訓，眞切有味，而更堅其心志，俾不壞也。然後引之跪於主前，又以油畫十字於額，於項，於胸：於額者，開其明悟也；於項者，壯其毅任也；於胸者，正其愛欲也。乃俾之追悔前非；悔訖，乃受洗，其辭曰：某，我洗爾，因父，及子，及聖神之名者；凡以水滌額時，誦此數語，其水遂有赦人夙愆之力：示外以有形之水洗其身，内以無形之聖祐，洗其神之夙染也。乃舉白帨以覆之：示受洗既訖，靈魂蠲潔，如此白帨然；顧帨欲善保，不然則復汚之矣；惟性亦猶是也，可不密爲防束乎？又舉燭使持之：示受洗後，心性光明，如此燭然；顧燭欲善覆，不然則風滅之矣；惟心亦猶是也，可不兢兢保持乎？於是拜手稽首而起。天主赦人前非，專恃此心悔改，必立領洗之禮者，一則所以别於教外之人；一則示罪惡獲宥，不恃自己之力，而全依天主之功也。二曰堅振。西土有佳木一種，生美油以塗人身，則肢體堅固；其油聖過付人，示外堅其力，而上主内固其神也，故其禮謂之堅振。領洗者，譬以發散之藥去疾；受油者，譬之服補劑也：蓋天主命之如是，不論何物，能力隨生；水遂有滌心之量，油遂有鞏性之能矣。三曰告解。入教之後，復有過慝，或言，或行，或想，則免冠跪於司教之側，悉吐所犯於其前，司教代主釋之，而命之以補贖之事。人既獲罪，雖痛悔願改，必告解者，一，欲人羞告，則必羞犯；當羞於未犯之前而不犯，不當羞於既犯之後而不告；羞犯爲恤耻，羞告爲匿非。二，欲見其無護過之心：天主固無所不知，人有過而但不敢欺天主，豈謂之不自匿？惟直吐於司教之前，而絶無所隱，則直不護其過者也。凡領洗，受油，告解，必先之以痛悔誓改之心，望赦之願；若無悔心者，則雖洗雖解均未蒙赦也。凡阻於勢而不獲行二者之工，則以愛主眞悔，亦能獲罪之赦矣；勢可以行而不行，雖極悔於心，不克邀宥也。凡領洗，受油，一生止可一舉；告解則日行之而不礙也。四曰領聖體。古教祭天主也以羊羔；今祭天主也，以耶穌體血；所謂體血者，耶穌受難之先一夕，衆徒咸聚，乃付麵餅而囑之曰：汝食，此即我體也；復酌葡萄酒而授之曰：汝飲，此即我血也；蓋萬物變化悉聽天主之命：命餅爲體，則遂爲體矣；命酒爲血，則遂爲血矣。故今祭上主，惟以酒麵餅二物；司教者代耶穌之位，誦其言，則餅即爲體，酒即爲血。明此理而無大過，可領聖體焉，然天主不顯其容，而隱於麵酒之形：主欲降臨愛主者之胸中，而與之相洽，使顯本像，則人必畏懼而不敢領；且吾主聖躬，無極光麗，人未升天時，固不欲令之見也。七事皆屬奥理，而此一端，尤爲深妙，須專書備論乃曉，茲不多述。五曰臨死終傅之禮。以聖油畫五官，即蒙天主提拔洪恩矣。六曰品級，即教中以官師撫治人之神者。七曰婚配。凡夫婦交拜前，邀親友同詣聖堂，請掌教於大祭時，行降福焉。此七迹，乃人生升降之權衡也；不然，雖有絶倫德行，亦難望上升矣。

李剛己《教務紀略》卷二上《教規·七蹟》 一曰洗禮。入教之始，司鐸祈禱誦經，以水沃額，謂之洗禮。西語謂之拔的侍既受洗，終身不再。二曰堅振，即扶首之禮。主教以手撫人之額，默籲上帝助其智，堅其信，此禮惟主教能行，他人不得僭越。若勢難周歴各地，則請教王特准教士代行，但非老病不得請代。三曰告解。天主教據《新約》中爾赦則赦，爾留則留二語，以爲主教，司鐸有耶穌所賜之權，赦人罪過。惟赦過必先知過，因有告解禮。告者告己過，解者解人過。凡天主教堂皆有簾架數具，即供此用。教民無論男女，就而告過，既告則誦經宥之。此羅馬舊教相沿

之禮。自路德新教以赦罪乃上帝之權，非教王，主教，司鐸等所能代，此禮遂廢。然新舊二教斷斷爭辯，至今未已。四曰聖體。猶太古教殺牲以祀上帝，明生殺之柄，上帝主之，非他神能僭。自耶穌降生，始革除牲祭，改用彌撒禮，以耶穌之體祭上帝。今天主，希臘兩教世守之，耶穌教不復舉行。五曰終傅。天主教本意謂人之將死，困苦萬狀，故定終傅禮以慰其慘憂，赦其罪障，又以常人過由五官，教士以祝神之膏傅病人五官，同時誦經祈禱，曩時取人目睛之謠，蓋藉端於此。此禮在天主教中，上下無不遵守。耶穌教不信赦罪之說，不行此禮。六曰神品。主教，司鐸進秩涖事時行此禮。主教與司鐸禮有隆殺，教民則無此禮。七曰婚配。教中定例，凡婚期男女，赴教堂互誓神前，教長扶其男女互握手，祝其所串之指環，乃認爲夫婦。婚配之禮，教士主之，泰西各國相沿已久。一千八百七十五年，德國新律，民間夫婦由官婚配，教會中人欲在禮拜堂行何禮節，悉聽其便。國家並不禁止。意法奧諸國，皆以德新律爲善，各去舊法。

文廷式《純常子枝語》卷二四 《五洲風俗攷》云，天主教祭祀曰彌撒，耶穌教謂之拜神。其外有聽功禮，按即告解禮，譯者異辭追思禮，按即終傅禮皆天主教有之。聽功者以所作事善惡邪正告之教師，教師誘掖警戒之也。追思者人死之後，爲之祈禱消失罪愆也。其外又有開屍棺清淨諸禮，文繁節縟。耶穌教則禮甚簡而敬稍弛，入其教者易于遵守。

洗禮

綜述

羅明堅《天主聖教實録·解釋聖水除罪章》 或曰，前言十條規誡，三條勸諭，則吾既得聞命矣。問七條撒格辣孟多，果何說也。答曰七條事情甚多，且難一言而盡，必須後來著書明示，方可解明。今且舉其至要之一事而言之。經文稱曰，保弟斯摩，譯言領受聖水。人欲進天主教者，則請傳教先生誦經文。以天主所立之聖水與之，既得天主聖水，則前罪盡洗，方可升天，其餘邪魔惡神難以侵近。若未領聖水之先，靈魂穢濁，罪惡多端，彼時事邪魔如君主，與天主爲讐怨。及其死後，則魂進於地獄，而與魔鬼同羣矣。世人若欲升天受福，必從此教，方得天主之恩。所以宇內萬民，皆當認生我御我之大原大主，而虔奉之，萬不容緩也。

陽瑪諾《聖經直解》卷六《天主三位一體主日經》 維時耶穌謂徒曰，予已全受天地權，汝輩往誨萬民，付聖水，因父及子及聖神之名者。包權，能，威，信，眞，籲，六義。教守諸端，若予命于爾。予恆居與爾偕，至今世沒。此慰當時，及今時，及來時，進教者之詞也。言吾今雖往昇天，實亦並在世間。蓋主欲顯其愛人之至，不忍盡去，故留聖體，以護世人。今曰，吾恆居與爾偕，指聖體之聖禮也。【略】

往誨萬民，付聖水。上文兼三端聖洗之序一，聖洗之禮二，聖洗之要三。

其序主曰，先誨後付聖洗。聖額我畧解曰，善序哉，蓋人不能愛不知之物，先知其重，後愛自隨。欲進教，儻先不知其聖，則不知何寶，易進易退。因人求進，敷教諸士，開解多日。既明教理，既定心疑，乃許聖洗。

其禮，聖洗禮儀，衆而不煩，俱有意有味，水爲質，付水時所誦之經爲模，其餘禮儀，已有本論。

其要，吾主曾曰，人不以聖洗再生，不能升上國。蓋言人初出于母胎，謂之生于世。領聖洗時，聖水盡滌靈污，謂之再生于天。聖若翰保弟斯大立聖洗之像居河□□人，吾主以謙亦近受洗，時天大開，天主聖父高聲曰，爾實我所親之子。聖篤瑪曰，可見聖洗之要。人領聖洗之前，天門緊閉，人爲魔子。領後天開，而升天主義子之高位。聖基所自問答曰，主愛洗而天開何。曰，欲人知，聖洗之後，始得昇天，始爲天國之人。

教守諸端，若予命于爾。主命宗徒付人聖洗，教之守聖教規誡。示教友，既領聖洗，可勤于行，不然虛受聖洗也。葆祿聖徒曰，聞教不招聖寵，行教招致之也。雅各伯宗徒又曰，教友勿欺巳，聞教好也，未足也。比之欲往某城，起程而止，何能至哉。人領聖洗欲昇天，領時興程，行善進程，過時必到，止善則止，得到之乎另有本論。

又《尋得十字聖架瞻禮》 人倘弗次生弗爲新人，弗克上天。主示倪閣聖洗之效，聖洗之益，次生而爲新人。其效也。開天堂之門，令人得進，其益也。可識其急。聖基所曰，聖洗，教人之母也。世母猶不及，嬰出于胎，則爲人子。出于聖洗，則爲天主義子，胚居母胎漸成，既成乃出，而謂之人。奇矣，聖水如胎，人入時，胚也，弗成也。出時，得成得聖也，奇矣，人次生于聖洗。主初生于聖母，彼此

二生畧似。聖神賜聖母得生天主眞子，聖神賜聖水得生天主義子。奇矣。

利安當《天儒印》 《大學》云，湯之《盤銘》曰，苟日新，日日新，又日新。天學定初入門者，有領聖洗之禮，以聖水洗額，用盤承之，外滌其形，內滌其神。蓋令人潔己求進，去舊以歸新也。獨以銘沐浴之盤者，若於領聖洗之禮，有默符焉。至于日新又新之説，是又天學悔解之義。凡領洗以滌除原罪也，此後又有本罪，或思或言或行，義士一日七落，恆人能免無過。倘不知解悔，則愆尤業積，所謂自作孽不可活矣。是以天學復有告解之禮，蓋學者既欲洗滌己罪，必當日日定志，日日省察，日日克治，謙抑自下，籲主祈宥，敏策神功，補贖前愆，必詣于純德後已，斷不敢一日苟安，姑待之明日也。信能日新又新如是，吾主聖訓所謂活水溢于其腹是也，可望沾聖寵，獲常生矣。洗解二規，聖教曠恩，缺一不可。有志洗心者，或亦讀《盤銘》而興起也乎。

聖體

綜述

陽瑪諾《聖經直解》第九卷《聖體瞻禮》 聖體者何。曰，吾主兼天主吾人二性，其尊高，全知，至能等奇，是也。其受難前一晚，將歸天離人，以餅酒二物，化成尊體。寶血，畀付于人，奇矣，愛矣，雖離世昇天，實留此世，以養人靈。因今撒責祭時，既念定經，餅酒二物之體，竟然盡無，惟主聖軀代餅，聖血代酒。又當知，聖軀爲活，有靈有血，有天主之性，聖血一然。但人止領聖體，而撒責兼領聖血，此無異，皆全領吾主也。又當知，聖體論其全，全在各餅形之內，論其分，雖分爲百，爲千，爲萬，各分有全聖體，而不受微損也。比之鏡，全炤人面，兩分兩炤，百分百炤，比之靈性，全在一身，全在身之各肢。斯聖體之概。

古今多人疑聖體一端，弗信其實。曰，難信，天主至廣至貴，詎能自縮，而藏細物之內。奚甘自屑而入人身。曰，信其廣且貴，幷信其愛且能。因愛願體人，因能得遂其願。雖然，是端深微，天神罄其睿知，果不能及，矧人之鈍乎。因聖體一端本稱信德之端也。奧斯定聖人曰，信德之光，可先性光如主，勿隨如僕。有主言，性光雖不及，可服可信，不必他問，不必更疑而云，天主焉能既有全能，焉有不能乎。聖體一端，天主之愛也，天主之火也。汝服而信，降愛愛汝，固執弗信，降火熾汝。

昔異端一人，詆信者曰，爾主以一短句。一片言之微，奚能大變世物。聖盎博削闢之曰，天主之言，行也，出口而效隨。厥始無天，天主命出而出。無地，天主申命，地乃始顯，餘物皆然。先無聖體，主命始有，如命則有，汝倘信彼，固弗信此，理乎。聖伯爾納嘆曰，信德，盲也，睫也。人明悟不達聖體之奧理，信德命服而篤信，可知其盲。目視餅酒外形，信目通進，實信聖體藏內，可識其睫。

又 維時耶穌謂衆曰，予體眞食。予血眞飲。領予體，飲予血，伊懷予，予懷伊，生活聖父命予。言吾天主聖父，自本常有生活。而命我降世成人。予生繇父，指其無始之始，生于天主聖父，蓋云。使無第一位天主吾父，吾必無繇，無能有生。領予一然，厥神生繇予。猶云我實聖寵之原，聖寵在靈則生，弗在則死，領我兼領聖寵，謂神生繇予故。此指其聖體。乃自天降食，若云。我自天降成人，將軀血。立定聖體大禮，因養人靈。汝等父者，向過曠野，皆食瑪納。瑪納，譯言，斯何物。昔古教衆人，居異國，天主命之徙地，路途曠野，食飲悉乏。天主自空降味，衆嘗其飴，不知其名，互顧相問曰，瑪納。猶言，斯何物哉。彼味謂之瑪納故。而皆死亡，領予弗爾，咸存生命，以迨無窮。猶云領聖體，並領聖寵，即靈性之神命，幸存無失，必昇天永生之處，果不能再死。

又《箴》 予體眞食。予血眞飲。聖體，靈性之食飲也。比之肉軀，飲食多故，一，飲食充解饑渴，性理家曰，饑渴，飲食之欲是也，內熱恆延如火，令內空乾。空則饑，乾則渴。食充內空，飲潤內乾，饑渴乃止。但食飲有眞假，繪味雖滿，不能充解饑渴，得眞者，饑渴則止。靈性亦然，惟所冀，或僞或眞，僞，世物也，雖笈盛庫實，不能充解。惟聖體眞實飲食，充解靈性之饑渴焉。聖奧斯定解右經曰，主舉聖體之時，弗云，爲靈之食飲，惟云。爲眞食飲。必示其眞，必示世物悉爲假之飲食，必示不能充解靈性之饑渴也。

二，飲食長大人身，無則癯羸瘦弱，未幾致亡。聖體，靈性之強，衆德之徤是也。人領，神力漸長。無領，則漸消也。經記，厄理亞逆知聖人，欲避仇害，謀離仇地，而徙故土。路遙力弱，資乏難行，興程未幾疲困，蔭樹而寐。天神攜麵一餅，清水一

瓶，呼之曰，起食。路途猶迢。聖人如命，倏然力增，精神甚健。連四旬弗饑弗乏。晝夜弗間其程，終及故土。皆聖體之像，大增神力，大補靈劣，以致人子天堂。

三，飲食養存生命，內熱如火如燈，加薪油燒，光滅則滅也。聖體存延神命于無窮也。厥始天主創造佳景，名之地堂，果樹諸品全備，其中第一，永生之樹也。其實極奇，人食延生，而不致死亡，亦聖體之像也。靈性得潔而領，偕領聖寵，如實能延神生于無窮，聖依納爵曰，聖體永生之藥也，世上何人弗勤延生，弗勤避死，而獨怠于聖體靈性之永生焉。惜哉。

爾等父者食瑪納。經內聖體之像衆矣，其第一瑪納也，妙雖難罄，姑提其槩。一，非世之常味，天神親備，自空而降。經曰，瑪納天神之味，故也。二，其味甚異，物雖一，包諸珍味。經曰，教衆者遊曠野之時，弗勞而食奇味，斯味全備諸味。人愛某味，瑪納遂應，而發某味。三，天主命衆出收，定限多寡，或有人貪味而過，或遲而不及，歸家各量所收皆均。經云，收多無餘，收寡無減。四，飴味未降，白霜先降滿地。地面既淨，瑪納始降。五教衆旅時遊野曠，恆用斯味，既入本地，食飲皆備，飴味止息，不復再降也。

皆聖體切像也。其奇異非嘗珍味，瑪納不及遠也。斯降于空中，以養人身，彼出于天堂，以養人靈，天神備斯，調和其味，吾主親手調和聖體也。

又其味甚異，篤瑪聖人譬曰，水始出于泉，勢清味美。既流于地，清味弗若，聖體諸淨清泉源也，諸德之深，其流也，世之味，詎可比哉。且聖體一妙，共包吾主諸妙之味，其愛一味，其能一味，其知一味，其謙一味，多味之衆，聖體全備。瑪納得豈比。

又，人領聖體有別，或領聖體，或兼領聖血，司祭領大，與祭領小，但所領均也而果無多寡之分。

又，白霜先落滿地，示吾領前，必當淨靈，既淨可領。聖奧斯定曰，客赴人筵，卸衵穿朝衣，不敢輕褻主人。聖體，豐筵也，吾主，主人也。請人赴享，靈性之淨，其朝服也，弗淨，若跣若裸，奚可輕易大主之甚乎。人有鮮衣，先備淨處以收，先淨靈性，以領天主理哉。

聖基所深警敎友曰，經記茹答惡徒，污靈領主，魔入其心，身縊而亡。靈下地獄，皆其罪之罰。又記，國王設筵宣衆，其中有一濁衣敢赴。王怒，命卒繫投暗囚加刑，顯戮輕易之罪。吾友鑒戒，勿肖二人，勿效其罪。因免其刑，可警戒甚。蓋靈不潔，而領聖體，比人深藏利劍于腹，偕藏其死也。聖人繼曰，吾國現存美風，敎友或逢主日，或大瞻禮，齊集聖堂，將領聖體，副祭亘聲曰，淨主在玆，淨者近領，濁者弗近，可見在昔敎人，何重聖體之大禮，何勤潔淨其靈。

又，聖體，吾旅人食飲也，在時得領，既詣天堂本國，諸珍味全備，神無苦，形無倦，力無乏，弗須聖體之資。

告解

論說

利類思《不得已辯》 光先云，彼教則哀求耶穌之母子，即赦其罪，而昇之於天堂。是奸盜詐僞，皆可以爲天人，而天堂實一大逋逃藪矣。

蓋人身不能無疾，故爲藥石之方。人心不能無罪，故開悔罪之路。人身有疾，服藥則愈，非復病人。人心得罪，痛悔則善，即非罪人。夫貯油之器，污染四面，投之于火，則旋焉光潔。罪人痛悔之心，若火猛熾，罪有不銷滅者乎。苟非痛悔得赦，天下無善人矣。仲尼之求無大過，大禹之罪在朕躬，湯王之惟求日新，聖賢何常不砥礪兢兢耶。至論赦罪之權，則惟天主操焉。豈有哀求聖母，得蒙其赦。遍察天學諸書，無有此語，此妄言也。惟求聖母以代衆人轉達天主，則有之。

利安當《天儒印》 《論語》云，內省不疚，夫何憂何懼。人生涉世，恆履多憂多懼之地，而誘惑所加，類生可憂可懼之情，求其不憂懼難矣。蓋疚惡叢心，二罪糾纏，三讐攻害，事事拂理，種種違天，故其在安樂，乃其所以爲危苦也。在飽飫，乃其所以爲饑渴也。在歡咲，乃其所以爲涕泣也。今世之憂懼暫且短，來世之憂懼是深且長，何者。疚惡者，憂懼之根也。疚惡不種，憂懼不殖矣。雖然憂懼亦曷可少乎。人惟狃佚欲躭晏樂，則莫知憂懼，何由省察已過，而克免于疚。惟夫知憂知懼，則潛疵隱慝不容留，伏于心意之間，仰不愧，俯不怍，始于憂懼，而卒于無憂懼。由是生順歿寧，詣于常生，而求苦不足以攖之，夫何憂懼之有哉。孔子又云，已矣乎，吾未見能見其過，而內自訟者也。故內省尤無期于內訟，蓋內訟則以其所追省者，露其醜于嚴主之臺前，或可望其慈恕不我再鞫也。不然，吾未知其憂懼果能釋然否也。

楊廷筠《天釋明辨・懺悔》 問懺悔如何。曰釋氏懺悔，似天敎白尼

登濟亞。洗滌人罪言也，而實不同。夫懺悔己罪出自誠心。即改過遷善之門，亦何不可。今人行此者，既不知獲罪于天，當求解于天主，又不明言己有何過。犯有何罪，全無改心，但令僧人與念某經，終以回向務求利益。夫不悔不改，已負一罪，再求利益，罪上加罪。復有所謂梁王懺者，益屬淺陋。無論此懺六朝人所造，原無至理，即使果皆上聖格言，吾跪而拜之，於吾積惡叢愆，有何干涉，便能湔除乎。義理之書，無過《周易》，試取一部《易》書，香花供奉，一字一拜，不識於人罪過能損纖毫否也。此理極明，不但愚夫村婦。習矣不知，賢士大夫。亦復胡跪膜拜。通不知耻，誠不可解也。當時寶誌和尚伎倆如此，何異流俗緇髡，彼且不能自懺，何能設法懺人哉。夫罪自己作，須自己更。辟之病在腹心，須自飲藥，他人強飲，我病何干。又辟之得罪君父，惟君父能解之，他人顰笑，我則何與。若天教洗罪之法。解罪之禮，寔有深意，與此不同。天教謂人罪過。皆得罪于天主，人不知悔，其心方迷，是爲地獄基本。人誠知悔，其心已悟，即爲天路階梯。只患悔不眞，改不力，體面支吾，無救靈神耳。眞心痛悔，決意斬除，舊慝不留，新愆不作，光光潔潔，明體復完。如千年幽谷，一燈纔炤，舊暗全除，萬丈葛藤，一斧斫開，糾纏立解，有何汚染得掛其中。此之爲解，人自解之，有實理焉。又耶穌在世，設立妙法以赦人罪。初入教者，痛悔果切，司教者依耶穌所定經言，以聖水洗之，謂之拔地斯摩。既洗之後，即日命終，徑升天國。如或氣習溺人，不免再犯，犯而不解，是爲縱惡，從前善功聖寵，一切俱失。又須向司教者切悔而告解之，蓋知而故犯，其罪更重，故心悔不足，又須口告，乃足彰其悔恨之誠，堅其自新之念也，是之謂白尼登濟亞，即痛解也。行此禮者，新罪又赦，從前善功聖寵，亦可追還復得焉。蓋耶穌昇天親留法旨，將此教規傳布世間。復擇宗徒有聖德者立爲教皇，爲諸國教宗，傳賢不傳子，代代聖賢，主世傳教，教皇在，即耶穌在也。教皇廣求賢哲，任畀斯玻，司教爵名畀斯玻在，即教皇在也。畀斯玻又博選有道德者爲撒責兒鐸德，撒責兒鐸德在，即畀斯玻在也。層累而上，轉屬而下，總與天主住世一般，總有洗過之權。此非人力能也，重在耶穌有命，命在世間，永永不改。命不可改，理不可疑也。以其寔理，合其寔事，故惟天教赦罪之法，斷非虛語。

又《代疑篇》卷下《答遵其教者罪過得消除條》問有罪必罰，理無虛赦。故天主寧身受刑，代人贖罪，何其嚴也。今西教有撒格辣孟多，奉其教者，即得赦除諸罪，何其易也。設遇狡者，知有此法，儘力爲非，爲訖又解，解訖又爲，不幾以解悔爲戲侮，而與於不仁之甚乎？曰：是皆不然，前後皆主命，毫忽無差焉。先之代贖，贖其首祖以來，所遺之原罪，即壞性之根，造罪之種者是。賴十字聖架之恩，已免此罪，而既免之後，能保人性之不復犯乎？再犯而無以拯之，則已醒復迷，已超復墮，救世前功，幾於盡棄，則又爲將來人類，更立一法。耶穌在世，親定教規，有撒格辣孟多之七端，其中有名拔第斯摩者，是初入聖教，付其聖水，以洗其從前之罪；有名白泥登濟亞者，是既入教後，再有犯戒，聖水既難再領，前美又難棄捐，則容人痛悔，誓不重犯，審其意念果眞，則爲之誦經，及致罰以解之。此法既耶穌所定，萬品受成，如是者能解乎，不能解乎？迨耶穌期滿昇天，又於宗徒中，選第一聖德者，代居己位，謂之教化皇。位在國王之上，代代傳賢，有官天下之風，既是天主所命，又第一聖德，則依法解罪，非教主贖之，天主贖之也，如是能解乎，不能解乎？又教化皇止於一人，豈能傳教萬國，則又擇聖德副己者，立爲畀斯波，畀斯波又擇極有學術、有行誼者，命爲撒責爾鐸德，以行教於萬國。入中華者如利瑪竇以後諸人，皆中鐸德之選者也。其人皆教皇之所選擇，其德即天主之所簡，在彼依經依教，爲人懺解，非曰吾力能脫，恃天主有命云爾，如是者能解乎，不能解乎？既一心求解，誓不重犯，已先改除矣。猶必量其所犯重輕，或令刻責自己，或限出財濟貧，或多誦經茹齋，以勞苦其身心，使人常念解之非易，犯之亦不容輕也。

或曰：佛教中亦有懺經，有拜懺法，與此同否？曰：不同。凡懺罪要先取自心，要祈天主寵宥，要導告解定規，三者缺一，罪不可懺。今不責人定心，亦不專懺某罪，止沿襲舊儀，狥情陪奉，其積垢隱愆，通未舉以對越，是輸情伏罪之小耻，尚嫌不爲，望其一斷永斷，盡滅前非，定無是理。故有跪拜終日，懺禮已畢，茫不知所懺爲何事也，是謂增罪，非云解罪。至所靠福力，則梁武造成之懺經，所奉導師，不皆學行雙全之宿德，則其能解與不能解，世必辯之。欲與西教同類而稱，恐不然也。

問人果定心爲懺某罪，罪可消否？曰：此當全以理論。凡人未領聖

水，其舊罪必多；既領聖洗，其新罪必少。罪少故明知某罪，歷歷在心，自不能容。若洗而猶多，多而冥然不知，是有意犯戒，不但前功盡棄，其罪甚於不在教者。明理之士，必不敢也。惟人定心，摘揀某罪，悉心傾吐，更無不實不盡之處，即此一念，全與天主相合，天主安得不赦之？若言知有此法，解而又犯，犯而又解，以解犯爲戲侮，即此正是極大罪惡，解罪時必明言之，必深悔痛改之，安得再犯乎？此皆不信者，設爲此論，妄相駁難，果以真信入門，雖甚惡人，無敢作此狡獪者，請姑試之可也。

錢單士厘《歸潛記》乙編一《彼得寺》 欄臂間有懺悔亭（左右兩臂皆有），以十國爲別。來懺者用某國語，即入某國亭，而聽懺之景士即用某國語以相問答。彼得寺事事宏大，即此懺悔亭亦有一種偉大氣象。懺者跪訴罪惡，無論姦盜大罪，心口小過，均明訴無隱，隱則耶穌弗宥。訴畢，出跪正中景士前，景士舉長棒當頭喝之，謂已受天刑，無論何罪均得免去。予屢見之。顧一人生平，不必止一懺。設今午懺後，而入夕作惡，明晨一懺，復爲完人。亦有景士來懺者，與常人同，均可懺不一懺。此自懺之景士，又可旋踵而聽人之懺。此聽懺之景士，又可旋踵向他士自懺。景宗位尊，專設一聽懺士，日日待懺。聞至久每七日必一懺，不若佛教中言，一懺不可復惡也。來懺者女多於男。夫使娉婷女子，步跪於大庭廣衆之中，訴私慝貪欲於非親非故之男子，即罪惡果懺，其如廉恥之莫養何，教人者顧當如是耶？

綜　述

陽瑪諾《聖經直解》卷一《聖誕前第一主日・導人以痛告》 聖教有七聖事之迹，痛告云爲其四。本文曰，白尼登濟亞，統含三意。痛悔罪，一告解罪，一贖補罪，痛悔罪何。曰，誠心切恨已往過失，是也。蓋人痛悔自恨，立志必改，乃可望赦焉。夫痛悔之益甚多，言不能罄，姑舉其畧。

洗滌夙垢，令心自雪，第一益也。世水洗身，目淚洗心。聖賢嘗以痛悔爲次領聖洗。蓋凡初入聖教，先領聖水，洗去平生罪慝。嗣後又有所犯，萬勿失望，第激切痛悔，必改必遷，即得再赦洗除，故謂次領聖洗也。

聖基所落曰，時雨自天至地，以樂農心。罪人之淚，自地至天，以樂主心。滌靈污，而滅獄火，利莫大焉。噫，盜賊即服罪痛哭，士師豈改成案而脫其刑，惟天主至慈，故于真心痛悔者，必赦宥其罪。人亦何憚不爲哉。

復活靈性，第二益也。人犯死罪，其靈若死。死罪既赦，靈亦復活矣。蓋人身以靈魂之去存爲生死，而靈魂又以天主之去存爲生死。聖賢云，天主，吾靈魂之靈魂，是也。靈魂痛悔蒙赦，主必復來，是猶靈魂復合肉身而活也。

主嘗勸一人來從，其人答曰，吾父方故，請瘞畢，乃歸受業。主示之曰，死者瘞其死者可也，猶云，爾家人悉罪人，其靈與死者同，待彼瘞爾父可也。如主言，罪人皆死人矣，此死其外，彼死其内。聖奧斯定亦曰，人失靈魂，人失天主，均謂之死，亶其然哉。

聖基所落曰，身失靈魂，臭腐蟲生，過者輒掩鼻弗視。天主離人靈亦如屍，惡德穢聞，心蟲且駸駸嚙入，而活身爲死靈塚矣。乃一得痛哭之力，死靈復活，天主復入，修念復動，百善作而萬德舉，克存真生焉，異哉。

主曾復活死人，名臘匝羅。經云，主心先惻惻動，涕淚交下，乃命復活出塚焉。聖奧斯定解曰，臘匝羅，罪人像也，主心動而哭，示罪人當痛涕以求靈活也。幸哉罪人暫動而致真安于無窮，暫憂而致真樂于無窮，暫痛而致真愉于無窮也。聖祭彼央勸罪人曰，爾親死，爾必涕泣，釋錦衣麻，以顯悲痛。爾神死，胡乃安然不涕不悔，爾非甚愚，何不情至此哉。

開天門，爲第三益也。重罪猶鎖，穩閉天門然。人無從獲入，獨賴痛悔之鑰啓之耳。聖賢喻解痛悔之功曰，大海風濤洶湧，旅客必乘堅舟，乃得安然竟渡，萬一船漏，有沉溺之患，此時更無他策，惟急操片板，亦可登崖耳。大海，今世也。渡者，吾世人也。習俗惡情，如猛風巨浪，時攖我心，曾不少寧，人于此世而欲安行，直詣天國，必精修無間乃可。然人志弱而修惰，乘罅舟者，比比是也，非急持痛悔之板，何由免淪喪而入天

堂哉。

或曰，天主仁慈至矣，于人初犯。痛者赦。再犯，痛者赦。頻犯頻痛，主亦頻赦。但恐斯端一啓，人知主赦易得，而戒心不嚴，不幾輕蹈于失耶。曰，無是理也。凡此妄冀再犯再赦之念，或由痛悔不眞不切所致，豈有眞切痛悔，而尚萌茲狎侮之念哉。聖奧斯定深儆罪人曰，爾愼勿自欺，天主之良善，固可愛，乃其聖怒，尤可懼也。經曰，勿遲向天主，勿憚改已過，蓋主怒速發，速罰重爾惡也。可弗畏哉。

告解罪何。曰，躬詣神父座前，明告本罪，而神父依規解之，是也。吾主在世，知人不能無罪，故定解罪之禮，謂宗徒伯鐸羅曰，我將托爾以天堂之鑰。爾在世定人之罪，或解或否，我在天亦如之。又謂衆宗徒曰，爾輩于人罪，赦之則赦，留之則留，是蓋以解罪之權畀之矣。第宗徒在世不久，後來雖有教皇相繼，而一身難遍天下。故復有撒責之選，以佐其不逮。蓋均在主命之內，而得解罪之權者也。

天主立解罪之禮，欲人親吐本愆，非苛求也。蓋罪人，病人也。神父，良醫也。病人欲愈，必自覓良醫，明告其症。豈有身負大罪，求天主解，而尚吝一告哉。

聖盎博削曰，罪如熱病，熱苟深入骨髓，其病必殆，惟熱發于外，表于肌膚，則病勢必輕，乃易痊焉。罪之在心，猶熱在身，不露不解。罪勢日重日險矣。惟一一吐露神父之前，則心病自散，而痊可得也。經勸解罪云，爾先自訟，聖義即至，聖義者，衆德之聚也，何爲先自訟。聖基所曰，魔，爾讐也，怕伺爾罪，將首告焉。爾有罪不解，魔必訟爾，而爾爲被訟，惟先自認自告，魔則闔口，無能爾訟矣。

或又曰，解罪固爲有益，但吾罪狀醜惡，何面目自吐乎。曰，羞罪，當在未行之先，不當于已行之後也。在先，美羞也，在後，醜羞也。在先過失，在後遏赦。聖納西盎曰，罪人莫避羞，今世不羞後世尤羞。今世之羞，小而輕，後世之羞，在審判之日，萬民之前，大而重矣。智者其何擇乎。

贖補罪何。曰，賠償也，補綻也。蓋人罪如債，必須盡償，否則猶欠也。解罪之後，神父或命濟貧，或念經，或持齋苦己等功，此如贖鍰，用償吾罪之債，故謂贖罪也。又天主聖寵，及衆德之美，潤飾義人之心，猶黼黻然。而罪能破裂之，解罪之後，神父勉增功行，以補神衣之綻，故謂之補罪。

或問，人獲罪，既以悔解，蒙天主赦矣，又必贖補者何。曰，人犯死罪，則從前聖寵聖愛神通功，及己身積善，一時胥失昇天無憑，永殃難免，其害可勝言哉。今賴天主至慈，鑒爾悔解之誠，復賜寵愛，復納通功之中，其所失善亦皆復歸，而昇天之憑復得，惟後世之殃不與盡免，特改永罰爲有限之罰，待爾修補，以表自贖之意，所謂贖補此也。今世不補，後世必于煉獄補之，罰之輕重，各稱其罪，毫髮不爽焉。

或又曰，天主降生受難之功，爲贖人罪也。古今人罪，皆耶穌一身贖之矣，又何必罪人自補贖乎。曰，主勳無窮，固也。但吾倚此，不補吾罪，而欲昇天，則大不可，今設二端解之。其一，譬之病人欲愈，雖有聖方聖醫，然須自服藥苦，口厭藥苦，令人代服，病愈得乎。其二，主功者，大公所以然也，人功者，小私所以然也。大公小私各獨難顯本能，彼此互合，乃易顯矣。試觀日與地皆爲草木之所以然，日大而公，地小而私。無日，地不能滋長，無地，日又何由施其德力于草木哉。惟公私相協，各發厥能，而惟緜惟條，乃可必矣。然則苟無主功，雖有人功，必劣弱微尠，罪必難贖。苟無人功，雖有主功，承接無因，亦終何益于我乎。聖賢云，主功超舉吾功，是也。

艾儒略《滌罪正規畧·總説》 天主聖教有告解之禮，有赦罪之權。原奉吾主耶穌所親定者，使奉教之人，解過有門，自新有路也。何則，人生在世，惟至聖大賢用功深密者方能寡過，自是而下，寧免多過，幾於一念一愆，一言一尤，一動一疵矣。夫罪過害心，猶疾病害身。人有身病，必知且懼，延明醫，亟欲救療。乃有心病，而不知省，省而不知懼，懼而不思所以救療之。將死之症，而憚明醫之治，甘自殞仆。悲夫，顧聞道以前諸愆，初奉教時，苟能誠心痛悔，領受聖洗，天主必全宥之，不須告解。不幸領洗之後，復有所犯，斯時既不獲復領聖洗以滌滅之，必須另行告解之禮，方得全補蒙主佑也。譬之渡海者必賴舟航，如中流舟壞，苟得片板，亦可攀扶登岸，免沉淪也。然犯罪之因，皆由心念，口言，身行，故解罪之功，必復緜心悔，口告，身受苦行，方得赦也。其目有四，曰省，曰悔，曰告，曰補。省察宜細，痛悔宜切，告解宜全，補贖宜速，缺

一不可。故按主經聖傳備陳四則，俾人有罪，依法解之，庶幾得賴主祐可脫永殃而躋天國也。

又《省察》凡人省悟己過，乃爲改過之基。設昏迷罔覺，罪奚繇免。故圖改過，必先省過，一省念，二省言，三省事，四省缺。不善念有三，一妄念一萌，即遏絶不容，此不惟無罪而且有克邪之功焉。一妄念一動，不猛絶之而且想像，如去從未定，此不免有染於心而玷疵也。一邪念發時不惟不力絶，乃心悅之，顧行於事，此雖未行於外，而罪已成於内，與已犯之罪同類也。三者各有輕重，不可不分別也。言過有大小焉，小者，如閑論，嘲謔輕叱等，雖無大傷人已，亦不得謂無罪。大者，如虚誓妄證，揚人隱惡之類，此害人害己特甚，省時不可不自察也。省事，不惟明不善者當省，如犯誡諸欵，人所明知爲惡者，即事原善，而發念之根或有未善，如施財以求名，奉教以邀世福，亦不可不省。若内自省，而能免大犯，則又宜細省其缺。蓋凡分内當爲之善，而尚未爲者，皆缺失之罪也。且亦不惟當省己過，即人之過繇我致者，其罪終歸於我，亦不可不細察之也。故欲解罪者，必先追想從前領洗或從前解罪以來，先後所居之地，所行之事，所接之人，凡念言行闕，係獲罪于主，獲罪于人，獲罪于己。熟思追想所犯各罪，曾犯幾次，即遵十誡之序，逐條審察，庶解罪時，陳說不紊。若不用此省察，不可遽求告解。致漏一二大罪不告，則不惟前罪不赦，反增一重罪也。然解罪禮規，雖本爲死罪而立，其微疵曲過，亦不可不察，以求全赦。

又《省察條目陳列犯戒諸罪以便自省》第一誡欽崇一天主萬有之上。

初奉教時，心尚懷疑，或有他爲，或未悔己罪，未定遷改，而輕遽領聖洗者，有罪。

奉教後，又狐疑天主事理，或要理有不明而不求明，反謗譭者有罪。疑謾有輕重，罪亦如之，後倣此。

妄信未來妖祥，或求籤卜卦，筭命問筊，或事尅擇，過信堪輿或星相諸術者，有罪。

妄禮寺廟神佛，或誦經呪，或投分設醮，許願祈禱，及助緣創建塑繪邪像，燒紙錢銀錠妄信爲冥財等事者，有罪。

書符念咒，顯奇怪之事者，有罪。

藏異端書像，或將除而賣贈他人者，有罪。與僧道術士密處，不避漸染，或混容異端不正之事，阿世順人，不辯眞僞，或不自揣譭應者，有罪。

妄信百家術數等書，取其一二近似之言，向人前稱說，惑亂人心者，有罪。

或陷罪過，失望主宥，遂竟灰心，任墮地獄者，有罪。

横作罪惡，量爲天主所宥，或妄作非爲，恃有解罪能赦，及無功妄擬升天者，益增其罪。

遇貧病困難，不自揣其罪，反怨及天主不我救祐，或咒己者，有罪。

希望天主顯奇以嘗試天主者，有罪。

有罪而妄言不必求解，自可得赦，或以期不自憤求解者，有罪。

有罪求解，而不先省察所犯，致忘重罪不告，或不向主痛悔，立志速改，或隱諱己罪不全吐者，愈增其罪，不行神父所命補贖之功者，有罪。

貪戀世情，過於愛慕天主，或因世務久廢教中工夫，不懷念天主諸恩者，有罪。

或避忌人之譏謗，不行分内善事，或人前自耻奉教，畏官司詰問不直承認爲奉教者，有罪。

第二誡，毋呼天主以發虚誓。

呼天主或諸聖人名號，與雖不呼而發虚誓者，有罪。

在神佛廟宇，呼請其名，發誓雖眞者，有罪。有事未實，或疑其實，而輕指誓爲實，或逼人發誓者，有罪。

誓爲惡事，或誓不爲一惡，而復爲之者，有罪。

事不順意，咀咒他人及自己，或呵風罵雨，咒天詈地者，有罪。

許奉天主事物，而不踐其言，或曾立善願不酬者，有罪。

第三誡守瞻禮之日。

缺教中諸當行之善功，如瞻禮日不與彌撒，不以時解罪，不求領聖體，或久不誦經，不持齋，或有怠慢不致敬者，有罪。

第四誡孝敬父母。

或有不敬父母尊長之念，或言語欺慢，或不愛兄弟姊妹親戚者，有罪。

父母或溺異端或陷他罪，不行苦勸者，有罪。

有不顧父母，或妻子僮僕之養，及其疾病者，有罪。

不聽父母教命，與不遵國家法律，及輕忽師長之訓者，有罪。

自誇賢能，嫌父母醜拙，或願親蚤亡，以得家財者，有罪。

親亡遺債，力可還不還，及遺囑不遵者，有罪。

有因奉順親長，反悖天主正道者，有罪。

任家人犯戒，不行勸責，或不教子弟僕役蚤領聖洗，奉教守誡等要禮者，有罪。

咒願妻子僮僕，或當教當恤而不教不恤者，有罪。

爲上以非義而教誘使令在下者，有罪。有受人之恩，反以仇報者，有罪。

第五誡毋殺人。

恨人詈人，欲其蚤死，願其遭凶。或明言欲害之，或暗地謀想欲害之者，有罪。

言語毁人辱人，致令人喪身命，失名位，損貨財，及成疾病者，有罪。

只求自便，不顧他人失所者，有罪。

自傷肢體，洩忿圖賴，及思害人甘心抵命者，有罪。

枉法酷刑，倚勢傷物，及喜怒不常，呵責人無已者，有罪。

與人有仇，買人報害，及假公洩憤，或受賄聽囑違法害人，或好訟起滅，及爲人設不善之謀者，有罪。

甘言諛人惡行，或可禁而不禁者，有罪。

見人欲爲善，而阻撓之，或喜其犯罪者，有罪。

背面是非，令人成仇隙者，有罪。

嗔怒爭辯，作事急遽過當者，有罪。

故意抑滅人之善勞名聲者，有罪。

見人爭仇而不和解，或與人爭仇而不聽人和解者，有罪。

因我言動不臧，致人效尤，或阻人進德者，有罪。

見人困阨，力可賑救，而不哀矜賑救者，有罪。

自恃己力，不避艱險者，有罪。

若醫學不精而輕用藥，貪利害人者，與殺人同罪。

自縊自刎，飲毒投赴水火等死者，比殺他人之罪尤重，或自言自怨欲赴死者，亦有罪。

或溺女，或下毒藥墮胎者，與殺人同罪。

第六誡毋行邪淫第九誡附。

天主生人，一夫一妻，正道也，此外即宜有別。聖教最重守童貞，其他嫁娶皆一夫一婦爲安，更無二色。即有無子者，亦必安命，不得娶妾妄求。妾且不可娶，而況姦人妻女，宿娼男色，縱欲亂倫，極重夫罪乎。此人人所易曉，故不備陳，以汙耳目。總之，自夫妻正禮之外，不問何色何樣，苟目妄視，耳妄聽，口妄言，體妄動，與夫心妄想，皆爲邪淫之罪也。且不禁邪淫根原，與交遊損友暗地私論，覽觀邪書邪畫，歌唱淫詞，此等情事，皆屬有罪。各當細省，以便陳告。

第七誡毋偷盜第十誡附。

凡取非義，如僞造貨物假銀交易，或合本混瞞數目，調換貨物，霸占行市，價值不公，等秤尺斛，輕重長短大小，出入欺人，假燒黃白，放債估折，謀占用宅，倚勢嚇騙，開賭拐掠，因急搶財匿人物畜，不償人工，多開價值，拾物不還，欠人財物，有力不償，爲盜賤買，利息過當，凡屬不明之財，皆屬偷盜。又雖未得財，而有竊盜心，或不納錢糧者，皆有罪。

竊開人書啓，攘人功勞，與攘人財物者，同罪。

第八誡毋妄證。

妄充□證，以直爲曲，以曲爲直，及造僞契僞約，強證爲實，使人負屈者，有罪。

憑空疑人奸盜，及非理情事，或匿名謗人及輕弄筆端，加人惡事，流傳鄉國者，有罪。

遇毁言而尚用語挑之，或故揚人醜事，及好詢人陰私，或不核人事本實，信口妄談，或眞見人惡而形容過當，或飾善以□要名，及掩己惡以推人者，有罪。

傳人是非，意欲害之，或心不欲害之，而人終因我受害者，有罪。

薦舉非人，刊刻僞書者，有罪。

官府訊獄不合本情，故出入人者，有罪。

受私托許秘密，而復洩之者，有罪。

言語虛誕者，亦有罪。

又《罪宗七端》 第一驕傲。

不引人認主，惟欲人尊我，或硬執意見，不祈融會眞理，或認善勞與所有之物，皆其自有非繇天主者，有罪。

矜己爵祿名位，或自誇善美，侈學問，以爲過人，要人重我讚我，或自用自逞，不聽人善言，或暴人短，以顯己長，皆屬驕傲之罪也。

第二貪吝。

貪與吝，其迹相反，貪者欲他人物歸己，吝者不欲己物歸人。貪欲己處有餘，吝不顧人之不足。總是自私一念，過愛財物，皆屬有罪。詳見第七誡中。

第三迷色。

或動慾念，雖不果行，而樂於想像，不即遏絶者，有罪。

脩飾儀容服飾，以悦人觀者，有罪。餘見第六誡中

第四嫉妒。

見人德福權勢，怨天主有所獨厚，不咎己職分未盡，乃懷嫉妒，而不顧其有，或有意陰害之，或喜談人事敗，樂其憂，憂其樂，及願人得禍者，有罪。

第五忿怒。

聖賢之怒，怒其惡，非怒其人也。其惡已改，其人仍是可愛。今曰忿怒，是我以私意起見，與彼之惡不相當，則可怒又在我矣。

人有犯我，不肯容恕，自逞氣性，瞠目厲聲，而罪之過暴者，有罪。詳見第五誡中

第六饕餮。

飲酒貪醉，及令人醉，或因貪食不守齋期者，有罪。

第七懈惰。

厭教中常功不行，及不發憤爲分內善，及行無益技藝，廢時失事，或心知正道，終不奮志遵從，或遲誤孩童家人領洗，致不得領洗而死者，有罪。

緩怠於善功，或久厭斁，未能剛毅終成者，有罪。

凡前諸條，或自違犯，或主令誘引造謀，阿順諂諛，扶助分贓，可責可禦而不責不禦他人之犯者，其罪皆歸於我，并宜一一痛告。

已上諸端率屬死罪，若仰賴天主未犯，又當細省後數端，人所難盡免者。

曾蒙天主照臨開振，而不自仰副力行，多負主恩否。

曾遇拂鬱苦事，未發忍耐樂受，及謝天主之恩否。

曾瞻禮誦經時，有他念擾心，不即絶之，聊且粗畧完工課否。

頻受主恩，未能盡感圖報，或起居食息，不恆對越求合主心否。

曾未盡愛人如己之心，與諸哀矜之行，又未立一善表，爲人可倣傚者否。

內外所感誘引，未曾即加遏絶驅除，與嚴反己取益否。

外五官，內三司，未曾嚴守，任其放逸，不避引誘之機否。

本性之偏僻，與己習慣宿獘，并本職之事，未能盡心省察其根，求遷改否。

見人有過，未曾恕亮，如願他人恕亮乎己否。

有人勸我善，責我不善，心中不曾服從否。曾喜怒放浪，言語虛誕否。

曾混染閑務，或作事急處過當，無故耗損心身否。

已上諸條，如無，則謝主恩。有則當存記，以行告解求全赦，而加勉也。

又《痛悔》 人非下愚，孰有過而不知悔，然悔非難，眞悔爲難。眞悔之義，西曰共弟利藏，包含有五端，一曰愛主，一曰至切，一曰定改，一曰願解，一曰望赦。

所謂愛主者何。蓋心中宜發一愛慕天主之情超於萬品，想天主至尊至善，本所當愛。又思天主無窮恩德，生我成我，賦我靈性，又刻刻保存安養，無時不施恩於我。我未能盡其敬事之分，又何爲以種種罪惡觸犯至尊，皆大恩主，捫心自揣，何可自容。譬如孝子，偶獲罪父母，心中大有不安，深自痛悔，不能自已。非獨爲畏父母懼其責我而然，實繇愛敬父母而發。如是，乃爲眞悔。苟但爲羞辱，畏刑圖報惡醜等情而發，不念及天

主者，便是痛悔不眞，西謂之亞弟利藏。此但可取以爲悔之助耳，非其本義也。

所謂至切者何。蓋悔罪之心，雖爲愛主而發，若不眞切超于萬情，非眞悔也。如一面悔恨，一面躊躇，兩念交戰，曷稱全悔。故悔罪者，務求激切懇至，寧願已失天下萬物，不願犯諸罪，致失大主之寵愛也。

所謂定改者何。蓋既痛悔前非，必當立志遷善，全悔全改，永守主命，不敢再犯。若有一二端愛戀不割，未定決改，即非全向天主，其欲解之心，定是不眞，何能領受主宥也。

所謂願解者何。蓋天主原立解罪之禮以赦人罪，故奉教者，凡悔己罪，必立志，如期恭遵主命，自陳罪過於司教鐸德前，以求解之。若於告解神父之禮，以爲不必，不肯欣行，雖稍有悔心，其罪亦必不赦。譬若人子得罪父母，其心固痛悔欲改，但於父毋訓規，謂可無奉，不肯恭至膝前請罪，終屬忤親，何以得親之赦也。

所謂望赦者何。蓋既眞悔其罪，必當仰望上慈，賴吾主耶穌救世無窮之功，必赦諸罪。不可自揣罪重自棄失望，以爲天主不我赦，致負大父至慈，反增其罪也。

或問，人有發心悔罪，但不全爲愛敬天主，懼是爲羞惡己罪，與畏懼天主生前身後譴罰，立心必改望主赦宥，其罪赦否。曰，若但如是而悔，則赦罪大恩，固自未足領受，若兼行解罪，全然吐告，天主必憐而宥之，可蒙全赦矣。噫，同一悔罪也，但亞弟利藏爲自身而發，不爲天主而發。共弟利藏專爲天主而發，不爲自身而發。便分受宥與不受宥，便分升天堂與下地獄，人何苦發念時，不審所爲哉。痛悔幾分，尙不足賴，況有一生懞懞不省悟者，悔罪不全，不免地獄，況有宜然無覺悍然不顧者，可畏可畏。故痛悔時，雖須仰企大主至尊至善，本所當愛又感其恩罔極，然或世情搖心難割，則須念我命終時，必自覺平日多罪在身，必然惶惑恐懼，此時欲悔或不及悔，欲解或不及解，目今所愛戀之人之物，至此皆無益于我。今曷不赫然發憤，棄絕罪業，眞心痛悔，自備善終哉。兹陳悔罪經言，以便隨誦發心。

又《滌罪正規略·悔罪經》 至仁至慈者，天地大君，統一普生無上眞主，我重罪人，爲主所生，今因愛慕吾主至切之情，超於萬物，衷誠深悔以前種種罪惡。寧願失天下萬福，盡罹天下萬苦，不願稍獲罪於吾至尊至善之主。以後決定堅守主命，一切棄遠陷罪之端，至死無敢復犯。敢望吾主，念爾聖子耶穌，既爲我等罪人甘心受難，贖我重罪，必允我祈求，滿所冀願，全然賜赦，全然佑改，如是恆守，以至死後，得享吾主無限眞福。亞孟。

此經雖朝夕可用，然臨領洗或告解，或臨急之時，更當切用，以免永墮，徼升天焉。

又《告解》 既自嚴省其過，而眞誠痛悔，則當預告神父請解，至期赴主台前，免冠跪于神父座側，稽首作聖號，眞切開誦解罪經文，至我罪我罪告我大罪，叩心者三而止，遂告明神父如告天主然。初當云，自進教或自前解罪以來，已踰幾何月日，又前解罪時所命補贖之功，已全行否。又若前解時，有所遺忘，宜先陳說，次乃按十誡次序，及罪宗七端，一一明告已犯之過，或在念，或在言，或在行，或在缺失。但告時，須密記三項：

一宜謙，想我是一大罪人，千觸至尊大主，十分謙下。自愧自恨，若無所容，不但外貌之謙，解冠伏地而已也。

一宜全。悉吐所記之罪，又告各罪之類，曾犯幾次，無一敢隱無一粉飾，若隱一死罪不告，不惟前罪不得赦，又新增一瞞昧之大罪，比前罪更重。如非眞欲隱諱，但係日久，細省不能悉記，則當總悔望赦，倘後復記，亦當補告。若記有罪不能盡記其數，則告每日或每月大都犯有幾次，亦可。

一宜哀切。發自恨自責眞篤之情，至於淚下，縱無淚出，心中必極加痛，以下心淚告訖。又當自言，我此重多之罪，與進教後，虛言閑話妄想，竝前番解不盡省察不詳痛悔不眞切者，今在天主台前，實爲敬愛吾主萬物之上，一心懊悔獲罪吾主，寧願失天下萬物，不願有此罪惡失吾主之寵祐。今而後，堅定心志寧受天下萬苦，斷不敢更犯，至死遵守主誡。於是伏地，誦望吾恩保聖母瑪利亞，至於終篇。後遵聽神父所命，服膺不忘，乃虔恭領受赦罪之恩，加冠叩謝而退。誦解罪以後諸經，務存兢兢翼翼之心。如病後得愈，惟恐復罹前患也。

又《補贖》 解罪後，其所宜行者三。一既蒙天主大赦，則當深感洪

恩，如死而復生。又當蚤行神父所命，或誦經奉禱，或齋戒自責，或捨施，或償人債，及補人名聲等。蓋神父隨人過端，施補救之方，用齋戒以補逸樂之罪，用施捨以補貪吝之罪，用祈禱脩德以補驕傲之罪，而至負人債，及累人聲名，則皆罪過之所必當補者。然持齋不可故呈瘠容，徼人觀聽。宜若微有自喜，不覺所苦，施捨勿爲要譽，必須密捨，勿令人知。祈禱慎勿於稠衆中，圖炫耳目，第於僻處，寅恭默禱，方可望主垂允。

二當細想本心之偏，犯過之原，蓋人人各有一二僻向，恆爲衆罪之根，故更當改此根，日日定志，日日省察，每用對症之良藥，以克治之也。

三宜思前罪愈多，必當愈行神功補贖前愆，常自謙下不敢自恃，仰賴主恩大望前進，以至純德之地位也。

又《論前代奉教者如何自責其身以贖己罪》 昔有聖人璣里馬谷，親見諸奉教中自責者，著之于書，中多奇苦極痛，人所不堪而獨欣然樂受。聊舉數端，以爲表則。有終夜□處默道誦經，倦眼下垂，輒日怒罵令醒覺者。又有嘗昂首向天吁嗟嘆泣懇赦己罪者，有身被棕衣，恆叩首搥胸自責者。有致恭長跪流涕濕地，或慟哭如喪父母者。有痛恨己罪，心中難忍如獅之吼者。有尋思義理，心中凝結，如將死不省人事者。有長跪曝身烈日者。有俛首流涕，於饑飡渴飲之際，和淚而吞者。有氣喘舌出，甘受極渴，以苦其身，饑止粒食，渴止滴飲，見食則避，云已無功，應不得食者。有求大主降多災難于現世，或求久病沉篤，或求盲瞽聾瘖，或求被刑憲於現身，或求死後棄溝壑不堪受埋葬之惠者。憂愁痛責，以至形容枯槁，面目黧黑，與死者無異。吁，諸有道聖人，盛德無涯，僅一二罪過，猶不敢自寧，甘受慘苦，補贖其罪，仰主憐宥若此。我等在教者，一日之間，身心不知冒犯幾許，正屬大罪，當受永罰者，乃晏然不嚴加省悔，求解受贖，終罹永殃。是何心哉，可慨也夫。

又《有罪諱解被罰逾重》 凡告罪者，本欲洗滌己罪，堅志決解，若隱諱不全吐，或痛恨不切，或不順神父所命，便無痛改眞心，更增其罪。試觀西史所紀，昔一婦人，犯淫重罪，自羞醜惡，不肯告于本地神父，見遠來鐸德，發憤欲解。至解時，他罪皆言，獨此仍羞不吐。時鐸德有一友，監視于堂隅，見此婦每告一過，即有一蝦蟇自口躍出堂外。將畢，又見有一蝦蟇，比前更大，久在口間，欲出不出，已而復入，乃前已出諸蟇，輒復入口，又有一大者，牽掣其口，以爲甚異，而不明其故。後隨鐸德偕行，乃述以告。鐸德曰，此必天主顯異，明此婦人有不告之罪也。速歸訪以救之，此婦已死。不勝嘆息，恐必墜於地獄，乃爲禱於天主三日。三主遂令此婦明現，軀貌甚醜甚苦，頂有火鑠，兩蛇遶身嚙乳，又二蟇嚙其兩眼，鼻口俱吐猛火，其氣臭惡，髮有四足蛇嚙之，兩惡犬嚙其手，其身跨一巨蟒蛇，百苦備集。自云，我即前解罪婦人也，我犯亂倫重罪，羞慚不告，天主罰我極重，永遠之苦如此。鐸德令陳苦罰之繇。婦人曰，蛇嚙髮者，罰我在世整髮悅人也。蝦蟇嚙眼，罰我在世眼覷美男子也。口吐猛火惡氣者，罰我毀謗善人，及淫語歌唱也。兩蛇嚙乳，罰我取媚男子任摩弄也。惡犬嚙手，罰我手行邪事，及持諸物誘人，可用以濟貧苦而不爲也。所跨蟒蛇，內摧腑臟，外齕臂股，痛苦難支，皆報我淫邪汙穢之行也。又問，凡人墮地獄者，爲犯何罪。荅曰，世人之罪，種種不同，地獄受苦亦不同。我等婦流所犯大端，一犯六誡淫行，二犯多方飾容，三犯信巫覡邪術，四犯羞忌。解罪不全，如此者，必隕地獄，萬不能逃也。語訖，所跨蟒蛇，暴猛奮迅而去，遙見地忽開陷，隨掩不見。繇此觀之，可不戒哉。故解罪時，或羞諱，或遺漏，或當償人物而心終不欲償，皆是大缺，必須復解，以補前非，乃得全赦。

又《罪宜羞犯不宜羞解》 大凡犯罪因繇雖人自造，然邪魔亦時播弄其間，令人顚迷，當其未犯，每蒙其羞惡之心而使犯，比既犯後，又發其愧怍之情而使諱，不敢明吐以求解也。大西一瞻禮日，諸奉教者先期到堂苦解，以滌前垢。時有一撒責而鐸德，忽見聖堂門首一人，凡有入堂欲告解者，趨其耳而密語之。鐸德甚奇其事，就而問是誰。曰，我即魔也。問在此何事，語人者何言。曰，還人昔所奪之物也。問曾奪人何物乎。曰，初其人將犯罪之際，含羞不敢行也，余奪其羞懼之心，而使之竟犯戒也。茲彼欲告解以求免赦，余復還其羞懼，以諱其罪，令不全告，而終不得赦也。忽而不見，鐸德嘆息，知天主欲魔明顯斯像，以警人而戒之也。且知魔之計筴以害我者，甚於人之謀自捄也，人可不慎之哉。

又《虔誠告解汙者轉潔》 大哉，痛解其罪之效也。人心未解之先，縱極汙者，蒙赦之後，必轉潔於雪也。不特令人可慕，天神可喜，即惡如

邪魔，亦莫不之羡焉。

昔有一魔，假人形，向撒責爾鐸德，告犯種種無數之罪，每重惡犯有幾千萬次。鐸德疑異之甚，曰，爾縱有幾千百歲，亦何能犯如此之多罪乎。曰，余生千百載不止也。曰，爾爲魔乎。曰，然。鐸德愈奇而問之曰，爾既爲邪魔，又何能發如是善心，求赦罪耶。曰，我適在堂誘人，乃見凡人來告解者，初醜惡汙陋，甚可憎也。既解之後，皆清潔可愛。余自揣甚醜惡也，欲借告解之禮，以求自潔也。鐸德曰，然則宜承罰而自新也。且先宜跪堂中，伏地哀呼天主，赦免爾重罪也。魔曰，種種難堪之苦，我甘受之，補贖我罪，何敢辭也。但伏天主臺前求赦，我所不願。鐸德曰，爾既倨傲之初心，仍在不悛，何能獲重罪之赦乎。如是魔退，終不能改其傲，而不免地獄之未殃也。然繇此可見，解罪之恩效，至於邪魔，有所仰慕而不可得也。吾輩謙細痛悔，眞心吐告，立志遷改而自新，則罪過重輕多寡，槩可赦免，幸莫大焉。敢不加眞切，不致自誤也哉。

又《有惡不告永不得赦》 人既悔罪求赦，當恪依教規奉行。如服藥者，服之如法，乃克有効。若云粗陳一二，其餘叩首搥胸，自可蒙赦，適墮魔網而已，哀哉。

昔西土一老嫗，屢入聖堂，誦經祈禱，其心甚切，至於涕哭。時有一盛德士，忽見婦人身後有一魔，像如黑人，喜躍而笑。德士奇之，就而問曰，此人懇切求主，汝何笑之乎。魔曰，此婦幼年曾犯一重罪，一生不果於告解，獨自痛悔求赦。既不遵主命以求免，即哀求祈禱，亦空然耳。終必爲我地獄中人也，故我笑其愚癡也。繇此可見不遵教規，用告解求赦者，此即背主命。雖云自悔自解，終爲自昧自欺，而罪無繇赦也。可不愼哉。

終傳

論說

楊廷筠《代疑篇》卷下《答命終時解罪獲大利益條》 問西士：言無妄證，人服至誠，獨遇人病厄，許爲救解，往往即得死亡，何云能救，不幾以空言示虛惠乎？曰：會士所謂解，解其心病，非解其身病也。所謂救，救其罪過，非救其死亡也。如受病，應死則死，乃天主所命，誰能改移？設壽必求延，死必求活，是與造化爭衡。外道異端，容有此說，西教無是也。蓋天主生人，付有二分：一分爲肉身，風寒暑濕能中之，是爲身病；一分爲靈性，世俗、肉身、魔鬼，三仇能中之，是爲心病。二者截然不相混亂，不知者悞認爲一，西教則設爲多喻。身如舟，性如長年，舟載長年，長年去而舟亦隨敝矣。身如屋，性如主人，屋庇主人，主人亡而屋亦就頹矣。是二物原可合可分，合則生分則死，世人惟認做一物，故忙忙碌碌，一生只照顧肉身，而至尊至貴之靈性，反撇卻一邊，猶之捨長年以奉舟，棄主人而徇屋，豈不哀哉！耶穌立教，專來救人之靈魂，凡三十三年，在世之所親講。復生後四十日之所親諭，十二宗徒傳教，與千聖萬賢之所闡繹，無非將人已壞之靈性，刮除洗滌，復還原初。而肉身之可長延，疾病之可不死，未嘗不在，卒無一言及之。解罪之事，平日固是諄諄，臨終尤宜汲汲。蓋一息尚存，猶可發心祈求悔改，有一分之至信，即有一分之解力。故撒責爾鐸德，每依教規及時解之，一藉天主降生福力，二藉本人自新誠懇，三藉司教奉命解釋，如別篇所詳者。不問罪輕罪重，皆可得免。得免如甚小孩孺，純然潔淨，生固無愧，死得昇天，故以爲極幸云。惟過此一會，咽喉氣絕，再無可爲，何論侯王之富貴，何論聖賢之子孫，無力挽回，駢首就獄。故臨死之候，係人鬼關頭、福禍喫緊，是以西士極重之，有可從事，雖極寒極賤，下至病丐殘廢，臭穢不可近之人，一有所聞，攝衣從之，雨夜遠途，徒步之勞，不惜也。原爲救其靈性，而昧者認爲肉身，肉身不救，遂謂解之無益，豈不愚甚矣哉。

或曰：人身只有這個，在目爲視，在耳爲聞，在口啖食，在鼻嗅馨，在手執持，在足運奔，形神總是一物，古德已有明言，判然離歧，恐無定據。答曰：如上所云，人與禽獸同之，皆肉身之一分，靈性不與焉。所謂靈性，不徒見色，且別所見爲何色，色中所具爲何理，及我處此色者，有可否從違之不齊。此與一照而俱盡者，其分大不同也，推之口耳等皆然。禽獸有覺魂，故與人同；無靈魂，故與人異。正緣人混一形神，究竟必混一人物，學術大繆，皆原於此。然又有說，神之與形，其體判然二物，其

用遞相爲君。何謂判然二物？形血氣，神虛靈；形嗜欲，神義理；形滯濁，神昇清；形一往，神萬變；此不可得同者也。何謂遞相爲君？如凡夫認定肉軀，役神以從形，則形爲君，流爲惡類，生同禽獸，死歸地獄者是也。君子認定靈性，役形以隨神，則神爲君，究成善類，生爲聖賢，死爲天人者是也，二端之相去遠矣。而遞爲君臣，頗似不分，故人悞以爲一耳。西士以肉身之修短，聽之主命；以病疾之去留，聽之良醫。惟以心病之當痊，聽人之自浣濯自針砭，並聽能醫心病之鐸德。心病解而生順死安，無復遺憾，所謂夕死可矣。故命終解罪，獲大利益，實事實言，總無妄證也。

婚配

綜述

類思羅《敘倫堂公例・接親行禮式》 諭衆教友知悉，凡在聖教會道理，須知皆由天主聖命而來，必當心領神會，遵守無違。惟聖事中有婚配大禮，最古最聖，因天主造天地萬物，即造成一男一女，令之相配，以傳人類。夫婦兩人本自一體，婚配之義實始於此。所以古教聖人亦明婚配之義，順隨主意，並畏主命，不敢慢成此禮。如多俾亞聖人與撒辣聖女婚配，得天神指引，但因撒辣先曾婚配，丈夫立即死亡，故多俾亞憂疑未決。天神撫慰，喻以彼等皆因心非潔淨，未嘗畏敬主命，與異教之婚配無異，故魔鬼有權害之。爾今預備以求聖佑，則魔鬼無權矣。夫上古有婚配之義而未定其禮，聖人尚且慎重如是。迨眞主降生，親與婚宴，親立此禮爲聖事，以賦聖寵，以正夫婦，以舉婚配之□，衆神子尤當視爲鉅典。聖保祿宗徒云，婚配是大聖事，爲耶穌基利斯督與聖教會結合于人的表記。誠以天主待人各有定命位置，使各成其德，以躋天域，譬如天主定人修道，必遵修道之命。定人守貞，必遵守貞之命。定人婚配，亦必遵婚配之命。謹遵定命，斯能同受攸許眞福。若違命而妄隨私願，或務外而僅慕虛名，自誤位置，既失本分之聖寵，豈能得非常之聖寵，後來難救靈魂矣。□神子等，凡事宜仰思。天主光榮，而婚配更當欽遵聖意，以承好生之德，宜爾子孫認識普世之大父母，在世內外各正乎位，厥後庶可均享天位。倘不明婚配要理，徇世俗以違救規，有千重罪，余甚憫焉。是以諄諄示之，各宜遵照後開，切切無違。特諭。

一婚配係大聖事，先該明白其理，預備其心，庶不陷於危險，致犯冒領婚配大罪。

一婚配之前，熱心教友則必明白婚配極大關係。先祈禱守齋，求主降福，又辦總告，最爲獲益。若不能全守此規，必定該辦妥當神工，若實因未便，該發上等痛悔，並有速願告解之志，一遇機會即行告解。

一聯姻後，若不能即請神父到堂婚配，該先求本堂神父寬免，後到堂中或念經，公所請二三教友，或男或女，爲之見證。結婚的男女二人同跪天主臺前祈禱，敬謹同念信望愛三德，誦小悔罪經各一遍，爲預備領此聖事。念畢起來，照聖教之規，本應以願否問答男女。能守此規者，最合聖教聖意，若必不能守，姑以國俗從寬，准其男手把女手，即各作聖號，爲發顯兩人心願的意，至死不變。若或男或女有不欲行此禮而勉強者，即屬毫無願意，不能領此聖事。惟眞心領之者，後再跪拜謝主，准其回家結婚。日後四規時，亦該求神父補禮。若遇可行彌撒降福日期，仍可求彌撒降福。倘未求婚配或寬免，後並未到堂誦經行禮，毋許喜筵慶賀。擅從習俗，致違聖教嚴命。

一婚配事，不論何時，俱可求領。即嚴齋內，若有緣故必難延遲者，亦准其婚配補禮，仍禁止筵席慶賀之繁華，并不行彌撒降福。

一婚配的本分該終身和睦，相親相愛，尤當互相照顧靈魂，妥當教養兒女。倘或不明本分，夫存棄婦之心，婦有怨夫之意，兒女則或過于縱容，或傷于呪罵，種種罪愆，未始非冒領婚配，不得聖寵所致。爾等亟宜小心恪守，善領聖事，修身齊家，以端人倫之首，以冀天福之榮，以承聖恩之寵，勉旃毋忽。

一聖教中娶外教之女本所厭惡，其或有大故來求以格外之恩，准其寬免。則必先使此女明白聖教婚配大義，然後于歸。而其夫仍照前規到堂誦經預備，迨成婚入房時，亦用手把之禮，表其夫婦願意。後宜速習經言要

理，即求領洗並補禮焉。

佚名《敘倫堂公例・接親行禮式》 一、新人接至廳前，衆親友分列左右平身站立。內戚堂中舖毡，在擱几上恭□像一座，燃蠟燭花燭兩對。一、內戚往開轎門，引新人詣堂中，俱分左右，觀顧新郎新婦二人行禮，會長讚禮如左。

新婚者同詣堂中叩拜天主，序立，就位，整肅，鞠躬，跪，欽崇天主惟一至尊。叩首，興，跪，敬拜天主至聖聖三。叩首，叩首，又叩首，興。

新婚二人轉身交拜，認爲夫婦。鞠躬，禮畢平身，面向主像，請衆代誦婚配祝文。

皇皇天主，俯鑒愚誠。主之全能全智，主之至善至仁，上天下地，物物可徵肇。造亞當元祖，黄土爲身，再造厄娃始母匹配，傳生後人，嫁娶從以興。凡合天主之聖意者多蒙寵佑，如前聖多俾亞，主命天神引導與女撒臘配爲夫婦，齊眉耄耋，繞膝雲礽。迨主降生，隨母賀婚，變水爲酒，以樂嘉賓。歷舉從前之靈蹟，足徵婚配之匪輕。今某男名仰遵聖教七聖規之至意娶某女名爲室，望主仁慈，垂佑二人，亦如前聖平安偕老，篤生肖子，暨諸孫，曾協同敬主，以欽承撒格辣孟多之洪恩。亞孟。

新婚者就位，整肅，鞠躬，跪，拜謝耶穌五□，一叩首，二叩首，三叩首，四叩首，五叩首，興。禮畢平身，退位迎入新房。

守主日，瞻禮日彌撒

綜述

類思羅《再諭者江南更有積習爲靈魂之危險》 昔天主親定罷工之命曰，爾記念聖第七日。因天主從無肇造萬有，六日而備，七日而止，遂降福而聖。此日是訓人以克肖主像，即示人以作息之表，六日營工以表暫生，一日罷工，以表長生。暫生之勤勞有限，長生之酬報無窮也。且第一誡敬主以心，第三誡敬主以行，而三誡實從一誡之本性來者。肉身本性不忘寢食之常，靈魂本性亦自有欽崇之意。夫寢食尚有一定之時，豈欽崇可無專用之日。故宗徒敬遵主旨，而定主日爲罷工之日，即聖子降生救贖復活之日也。聖教會又定主日，凡諸瞻禮之日，該望彌撒，皆所以離開世俗，而勉其恭敬上主之行。二者並爲嚴命，爾等若遇罷工之日而營工如故，及怠惰不望彌撒者，犯此一次，即是地獄之罪。況靈魂既有危險，肉身必無平順，如聖經上記載，天主罰不守此誡者，有疾病荒年各種災害。然則違誡命而勤俗務者，且欲益其肉身，孰知不特無益于肉身，而且靈魂將受永罰。肉身先受現罰者有之，豈不愚哉，豈不惜哉。吁我愛之神子，從今以後，必須善守瞻禮罷工本分，方能救靈魂，即在肉身，天主亦必福汝。葢爾等恆不忘主，主亦恆不忘爾，罷俗工而理神工，不爲所累者，定增神力也。懍之慎之，各宜遵照開列之諭。

一每主日以及瞻禮單上有圓圈記號者，必罷百工以專恭敬之心，以全欽崇之意，由此進德修業，庶能靈魂獲益，免于違命重罪。

一凡事關肉軀，如農桑技藝等動作之勞形勞力者，並謂之工，一定該罷。若事關明悟，如讀書，教書，作文，寫字等用心者，非聖教所禁之工。其有疑惑是工非工者，該赴本堂神父前稟請示知。

一凡身爲家長，有兒女家人管屬所及者，俱該教其罷工望彌撒一臺。謹守瞻禮罷工本分，否則犯此誡之罪。

一凡以工爲生，非此不能度日者，或有出于萬不得已者，該求本堂神父寬免。神父因教宗所給之權，凡遇罷工之日，准其上半日罷工，下半日仍可營工。並沒有准許頭主日三主日罷工，餘可不罷之意。惟四大瞻禮，斷斷不能寬免。

一凡在二三里內，有神父行主日彌撒禮，不論本堂或是別會男教友，俱該赴堂恭望彌撒，其能赴不赴者有大罪，不得以做瞻禮塞責。葢爾等爲世間名利，每不憚星霜跋涉之艱，豈聖教至聖至妙之禮節足增神益者，遂欲怠而不前，諉而不暇乎。或有故而必不得已者，先稟明本堂神父，謹聽神父之命，仍宜小心竭力，毋得藉端懈怨。惟女教友以往來等殊多未便，准其寬免赴堂。以上所諭二端，係奉教人極緊要事情，均宜恪守無違。

上主賞賜平安，降福于爾神子等焉。諭到之日，衆神父即當抄錄傳諭衆

友。開四規時，教友齊集地方，又應自爲明白宣講，俾咸曉喻，欽哉毋怠。

守齋

論說

利瑪竇《天主實義》卷下第五篇《辯排輪迴六道戒殺生之謬説而揭齋素正志》

中士曰：如此則齋素無所用耶？

西士曰：因戒殺生而用齋素，此殆小不忍也。然齋有三志，識此三志，滋切滋崇矣。

夫世固少有今日賢，而先日不爲不肖者也，少有今日順道，而昔日未嘗違厥道者也。厥道也者，天主銘之於心，而命聖賢布之板冊。犯之者，必得罪于上帝，所從得罪者益尊，則罪益重。君子雖已遷善，豈恬然于往所得罪乎？曩者所爲不善，人或赦，弗追究，而已時記之，愧之，悔之。設無深悔，吾所既失於前，烏可望免之于後也？況夫今之爲善，君子不自滿足，將必以闕己之短爲離婁，以視己之長爲盲瞽焉。所責備諸己者精且厚。人雖稱以俊傑，而己愧怍如不置也；所省疚於心者密且詳，人雖謂其備美，而己勤敬如猶虧也。詎徒謙於言乎？詎徒悔于心乎？深自羞恥，奚堪歡樂？則貶食減餐，除其殺味，而惟取其淡素。凡一身之用，自擇粗陋，自苦自責，以贖己之舊惡及其新罪，晨夜惶惶稽顙于天主臺下，哀憫涕淚冀洗己污。敢妄自居聖而誇無過，妄自饒，已而須他人審判其非也乎？所以躬自懲詰，不少姑恕，或者天主惻恤而免宥之，不再鞫也。此齋素正志之説，一也。

夫德之爲業，人類本業也。聞其説無不悦而願急事焉。但被私欲所發者，先已篡人心而擅主之，反相壓難，憤激攻伐，大抵平生所行，悉供其役耳。是以凡有所事，弗因義之所令，惟因欲之所樂。睹其面容則人，觀其行，於禽何擇乎！蓋私欲之樂，乃義之敵。塞智慮而蒙理竅，與德無交，世界之瘟病，莫凶乎此矣。他病之害，止于軀殼。欲之毒藥，通吾心髓，而大殘元性也。若以義之仇對，攝一心之專權，理不幾亡？而厥德尚有地可居乎？嗚呼，私欲之樂，微賤也，遽過也，而屢貽長悔于心，以卑短之樂，售永久之憂，非智之謂也。

然私欲惟自本身藉力逞其勇猛，故遏其私欲，當先約其本身之氣。學道者願寡欲而豐養身，比方願滅火而益加薪，可得哉？君子欲飲食，特所以存命；小人欲存命，特所以飲食。夫誠有志於道，怒視是身若寇讎，然不獲已而姑畜之。且何云不獲已歟？吾雖元未嘗爲身而生，但無身又不得而生，則服食爲腹饑之藥，服飲爲口渴之藥耳。誰有取藥而不惟以其病之所要爲度數焉者？性之所嗜，寡而易營，多品之味，佳而難遂。蓋人欲者之所圖，而以其所養人，頻反而賊人，則謂飲食殛人多乎刀兵，可也。

今未論所害于身，只指所傷乎心。僕役過健，恐忤抗其主也，血氣過強，定傾危乎志也。志危即五欲肆其惡，而色慾尤甚。豐味不恣腹，色欲何從發？淡飲薄食，色氣潛餒，一身既理約，諸欲自服理矣。此齋素正志之説，二也。

且本世者，苦世也，非索翫之世矣。天主寘我於是，促促焉務修其道之不暇，非以奉悦此肌膚也。然吾無能竟辭諸樂也。無清樂，必求淫者；無正樂，必尋邪者。得彼則失此，故君子常自習其心，快以道德之事，不令含憂困而有望乎外，又時簡略體膚之樂，恐其透于心，而侵奪其本樂焉。夫德行之樂，乃靈魂之本樂也，吾以兹與天神侔矣。飲食之娱，乃身之竊愉也，吾以兹與禽獸同矣。吾益增德行之娱於心，益近至天神矣；益減飲食之樂于身，益逖離禽獸矣。吁，可不慎哉。仁義令人心明，五味令人口爽。積善之樂甚，即有大利乎心，而于身無害也。豐膳之樂繁，而身心俱見深傷矣。腹充飽以殺饌，必垂下而墜己志於污賤。如此，則安能抽其心於塵垢，而起高曠之慮乎哉？惡者觀人盤樂，而己無之，斯嫌妒之矣。善者視之，則反憐恤之，而讓己曰：彼殉污賤事，而猶好之如此，愍求之如此。吾既志於上乘，而未能聊味之，未能略備之，且寧如此懈惰，而不勉乎哉。世人之災無他也，心病而不知德之佳味耳。覺其味，則膏粱可輕矣，謂自得其樂也。此二味者，更迭出入於人心，而不可同住者也，欲內此，必先出彼也。

古昔有貢我西國二獵犬者，皆良種也，王以一寄國中顯臣家，以其一寄郊外農舍，幷使畜之；已壯而王出田獵，試焉。二犬齊縱入圍。農舍之所畜犬，身臞體輕，走嗅禽迹，疾趨，獲禽無算。顯家所養犬，雖潔肥容美足觀也，然但習肉食充腸，安佚四肢，不能馳驟，則見禽不顧，而忽遇路旁腐骨，即就而嚙之，嚙畢不動矣。從獵者知其原同一母而出，則異之。王曰：此不足怪。豈惟獸哉？人亦莫不如是也，皆系於養耳矣。養之以佚翫飫飽，必無所進于善也。養之以煩勞儉約，必不誤君所望矣。若曰凡人習於饈美厚膳，見禮義之事不暇，惟俛焉而就食耳；習於精理微義，遇飲食之玩亦不暇，必思焉而殉理義耳。此齋素正志之説，三也。

夫齋有多端，予偏延天下多國，已備聞之。或不拘餐味，但終晝不食，迄星夜雜食衆味，此謂時齋。或不論時餐，惟戒諸葷，而隨時茹素，此謂味齋。或不擇味、時，特一日間食一餐耳，此謂餐齋。或餐、時、味皆有所拘，只午時茹素一頓，而惟禁止肉食屬陽者，其海味屬陰者不戒，此謂公齋。或禁止火食，終身山穴，專以野草根度生，兹歐邏巴山中甚衆，此謂私齋也。然夫數等之所齋，總歸責屈本己，要在視其人、視其身何如耳。富貴膏粱，減取其常，亦可謂齋。彼賤家民，時習粗糲，不可以爲齋也。不則丐子可謂至齋也。又須量本身之力何如。有衰病者，未免時以滋味養身也。有行役者，勞其四肢，不容久餓。故天主公敎制，老者六旬已上、稚者二旬已下，身病者，乳子者，勞力爲僕夫者，皆不在齋程之内。

夫戒口之齋，非齋也，乃齋之末節也。究齋之意，總爲私欲之遏，不可不敦不盡矣。是以持齊而舍敬戒，譬如藏璞而弛其玉，無知也。

中士曰：善哉！法語眞齋之正旨也。吾俗行齋者，非緣貧乏而持齋以餬口，必其偷取善名，而陰以欺人者也。當衆而致齋；幽獨而無人，酒色忿怒，不義貨財，讒賢毁善，無所不有。嗚呼！人目不能逃，能朦上帝乎！幸領高論，尙願盡其問。

西士曰：道邃且廣，不博問不可約守，詳問即誠意之效也。何傷夫！

又《畸人十篇》卷上《齋素正旨非由戒殺》 李水部設席招余。是日値敎中節日，余食止蔬果而已。李子曰：貴邦不奉佛，無殺牲戒，而子齋素，何也？余曰：豈獨敝國？中國自三代以前，佛敎未入，悉不奉佛也，皆以太牢事上主，悉不戒殺牲也。然而祭之前，有散齋，有致齋，齋者悉不飲酒，不茹葷。今所見士大夫，遇郊社大典，咸斷酒肉，出居官次。是則齋素之義，不由釋氏始，不以殺牲故，明矣。李子曰：然。吾儒將祭而齋者，將以齊一心志，致其蠲潔，對越明神也。敢問貴國齋素，何意？時余篋中，適有舊稿一帙，中説天主敎齋素三旨，即出帙觀之。

其辭曰：因戒殺牲，而用齋素，此殆小不忍也。然齋有三志，識此三志，滋切滋崇矣。

夫世固少有今日賢，而先日不爲不肖者也；少有今日順道，而昔日未嘗違厥道者也。厥道也者，天主銘之於心，而命聖賢布之版册。犯之者必得罪於上主。所從得罪者，益尊則罪益重。君子雖已遷善，豈恬然於往所得罪乎？曩者所爲不善，人或赦弗追究，而己時記之、愧之、悔之。設無深悔，吾所既失於前，烏可望免之於後也？况夫今之爲善君子，不自滿足，將必以闕己之短爲離婁，以視己之長爲盲瞽焉。所責備諸己者精且厚，人雖稱以俊傑，而己愧怍如不置也。所省疚於心者密且詳，人雖謂其備美，而己勤敬如猶虧也。詎徒謙於言乎？詎徒悔於心乎？深自羞恥，奚堪歡樂？則貶食減餐，除其殺味，而惟取其淡素。凡一身之用，自擇粗陋，自苦自責，以贖己之舊惡及其新罪，晨夜惶惶，稽顙於天主臺下，哀憫涕淚，冀洗己污，敢妄自居聖，而誇無過？妄自寛己，而須他人審判其罪也乎？所以躬自懲詰，不少姑恕，或者天主惻恤而免宥之，不再鞫也。此齋素正旨之一也。

夫德之爲業，人類本業也，聞其説無不悦，而願急事焉。但被私欲所發者，先已篡人心而擅主之，反相壓難憤激攻伐，大抵平生所行，悉供其役耳。是以凡有所事，弗因義之所令，惟因欲之所樂，睹其面容，則人觀其行，與禽何擇乎？有人於此人其性也，而將易之，使禽其形，寧死不願之，今者人其形也而禽其性，則安之，何哉？夫私欲之樂，乃義之敵，塞智慮而蒙理竅，與德無交，世界之痼疾，莫深乎此矣。他病之害，止於軀殼；欲之毒藥，通吾心髓，而大殘元性也。若以義之仇冤，攝一心之專權，理不幾忘而厥德尙有地可居乎？嗚呼！私欲之樂，微賤也，遽過也，而屢貽長悔於心。以卑短之樂，售永久之憂，非智之謂也。然私欲惟自本身，藉力逞其勇猛，故遏其私欲，當先約其本身之氣。學道者願寡欲

而豐養身，比方願滅火而益加薪，可得哉？君子之欲飲食也，特所以存命；小人之欲存命也，特所以飲食。夫誠有志於道，怒視是身若寇讎然；不獲已而姑蓄之，何者？吾未嘗爲身而生，但無身又不得而生，則服食爲腹饑之藥，服飲爲口渴之藥耳。誰有取藥，而不惟以其病之所須爲度數焉者乎！吾輩此身，皆當爲蟲所食，甘食厚味，以益其膏，不幾爲蟲作牧人乎？性之所嗜，寡而易營；多品之味，佳而難遂。若窮極口體，逞意貪圖，則以其養人者，頻反而賊人，謂飲食殛人多乎刀兵，可也。今未論所害於身，獨指所傷乎心。多聚飲食之處，多來貓鼠蟲蟻；多饕飲食之人，多招罪過其身也。僕役過健，恐忤抗其主也；血氣過強，定傾危乎志也。志危則五欲肆其惡，而色欲尤甚。豐味不恣腹，色慾何從發？淡飲薄食，色氣潛餒。一身既以理約，諸欲自服理矣。古有問賢者何則爲學？答曰：脱身耳。解之者曰：阻心之達眞者，莫甚乎身樂之誘也。身之樂，以重霾霧晦我心才，使不得外脱種種諸像，內釋五官之欲而往察物性，以率造物主命也。故有意於學者，先當拔心於身外也。身也者，知覺尸也，機動俑也，飾墁墳也，罪慾餌也，苦憂肆也，囚神牢也，實死而似生也。家賊用愛誘損我心，纏縛於垢土，俾不得冲天享其精氣也。能救此身，百凶盡熄，心脱阻礙，任天游馴命矣。古賢甘餓，求餒不求飽，其於身也，似仇而實親焉。此齋素正旨之二也。

且本世者，苦世也，非索翫之世矣。天主置我於是，促促焉，務修其道之不暇，非以奉悦此肌膚也。然吾無能竟辭諸樂也。無清樂必求淫者，無正樂必尋邪者，得彼則失此。故君子常自習其心，快以道德之事，不令含憂困而望乎外；又時簡略體膚之樂，恐其透於心，而侵奪其本樂焉。夫德行之樂，乃靈魂之本樂也，吾以茲與天神侔矣；飲食之娛，乃身之竊愉也，吾以茲與禽獸同矣。吾益增德行之娛於心，益近至天神矣；益減飲食之樂於身，益逖離禽獸矣。吁，可不愼哉！仁義令人心明，五味令人腐腸，積善之樂甚，即有大利乎心，而於身無害也。豐膳之樂繁，而身心俱見深傷矣。腹充飽以殽饌，必垂下而墜己志於污賤。如此，則安能抽其心於塵垢，而起高曠之慮乎哉！惡者觀人盤樂，而己無之，斯嫌妒之矣。善者視之，則反憐惜之，而讓己曰：彼殉污賤事，而猶好之如此，懇求之如此，吾既志於最上，而未能聊味之，未能略備之，且寧如此懈惰，而不勉乎哉！世人之災無他也，心病而不知德之佳味耳。覺其味，則膏粱可輕矣，謂自得其樂也。此二味者，更迭出入於人心，而不可同住者也，欲內此必先出彼也。古昔有貢我西國二獵犬者，皆良種也。王以一寄國中顯臣家，以其一寄郊外農舍，使幷畜之。既而王出田獵，試焉。二犬齊縱入囿。農舍所畜之犬，身臞而體輕，走齅禽獸跡，疾趨攫衊，獲禽無算。顯家所養之犬，雖潔肥容美足觀也，但習肉食充腸，安佚四肢，不能馳驟，則見禽不顧，而忽遇路旁腐骨，即就而齕之，齕畢不動矣。從獵者知其同產，則異之。王曰：此不足怪。豈惟獸哉？人盡然也，皆系於養耳矣。養之以佚翫飫飽，必無所進於善也；養之以煩勞儉約，必不誤若所望矣。若曰凡人習於珍味厚膳，見禮義之事不暇，惟俛焉而就食耳；習於精理微義，遇飲食之玩亦不暇，必思焉而殉理義矣。此齋素正旨之三也。

李子讀竟，曰：此實齋素眞旨，吾儒宜從焉。乃謝而請錄之。

楊廷筠《天釋明辨·奉齋》 問奉齋如何。曰釋氏奉齋，似天教大小齋期言也，而實不同。夫口之甘食，原屬性生。斷肉茹素，矯其本性，膏粱之子，尤稱難能。今食素者有斗齋，有月齋，有六齋，八齋，有長齋。克己如此，原是好念。但人發念必有所爲，若止爲惜物命，爲求利益，爲佞佛生慈，是三者皆非也。何也。謂物與己同類，不宜殺食，此輪迴謬談，前篇已詳辯之。六畜原爲人用，若人不食用，誰畜誰管，且斷絶其種類。王政之五雞二彘爲不仁之大者也，此可無論矣。爲求利益，吾不知利益之權，寔誰司之，世間善人善事甚多。豈無加于吃素戒殺者，奚獨于茹素之人，偏加福佑乎。彼以食素，認作上善，世間食葷，俱是大惡。聖王之法，卿大夫肉食，祀先者血食，奉親者有酒肉，胡爲以惡事加于尊貴者耶。至佞佛生慈，言似有理。吾獨謂慈者仁之發，仁者人也，當以愛人爲先。論愛人，泛而同類，近而親友，至切而家庭，皆是當愛用慈，莫切于此。今一體人類，漠不相關，獨區區惜此物命，不親親仁民而切先及物，吾未許其眞慈也。使佛不論義理，惟佑茹素之人以爲親己，謂之佞佛，非過矣。【略】或曰西士持齋，亦有爲乎。曰有爲。一爲虔修祀禮，西國于祀禮極重，臨祀必衣冠盡易，飲食必改嘗，以示敬也。二爲抑制氣血，氣血在腸胃只思飽，在舌口只思甘滑，在唇齒只思軟脆，在鼻齅只思馨香。何厭足之有。不但飲食之人則人賤之，而昏志氣生疾病，皆原于此。

能齋則滋味澹泊，氣血不強悍，有觸不至橫發，肉身自得其職矣。三爲伸拔性靈。性靈原是一身之主，只爲嗜慾昏迷，飲食尤最。飲食既薄，氣力軟柔，此中清清明明，做得主宰，如僕從委順，主令嘗伸。靈性又得其職矣。四爲扶助德行。凡人見善不能爲，見惡不能去，或爲之去之，不能勇決，皆緣眞性爲氣血剝蝕。不能振拔。今既主宰清明，無所牽絆，則見事剛勇，不沮不退。五爲默領眞福。口之于味，是極重嗜慾。爲欽崇天主故。捐所甚愛，以此蠲潔身心，主光必炤，如屋宇灑掃，達官貴人自來駐此，繇是益發心光，增長善念，愈積善功，經所謂頟辣濟亞是也。此皆奉齋者之所爲，專屬心性，不緣生物，不緣福利，不緣求媚。西國克己正志之齋，乃是如此，人誠克己，齋可也。勢或不能，即日啖血肉，不爲違主命。人不克己。念或妄寄，即入關長齋，亦空費祈求。吾見世人有茹素食淡垂數十年，面黃體瘦，勉強呑啖，如此堅忍，本是好念，可與進善。惜其中無實見，不加審擇，以此難事等閑小小用之，曾不爲之一轉移也，可用深慨。

又《代疑篇》卷上《答戒殺放生釋氏上善西教不斷腥味何云持齋條》　問釋氏慈悲，故不食生物。西教不斷血食，即齋日亦用腥味，甚而鱔鱉亦取作膳，豈不可駭？曰：西士居恆多食蔬菜，則齋日不禁水族，聽人用之，人力不等故也。有問鱔鱉可食否？西士不知鱔鱉何物，答云：若是水族，與諸魚無異，豈獨不可食？原來不過如此。而戲侮者，遂執爲食鱔鱉之齋。不知此二物，是善是惡，亦未有定。世間不食，獨嚴此二物，是不可曉也。但人能食齋，本是好念，何可厚非。惟須問其發念，果何所爲，若止爲惜物命，爲求利益，爲佞佛生慈，是三者皆不可也。何也？謂物與己同類，不宜殺食，此輪廻謬談，前篇已詳辯之。六畜原爲人用，若人不食用，誰畜誰管，且斷絕其種類，聖王之五雞二彘，爲不仁之大者也，此可無論矣。爲求利益，吾不知利益之權，實誰司之。世間善事甚多，豈無加於喫齋戒殺者，奚獨於茹素之人，偏加福佑乎？彼以食素，認作上善。世間食葷，俱是大惡。聖王之法，卿大夫肉食，祀先者血食，奉親者有酒肉，豈皆以惡事加於尊親耶？至佞佛生慈，言似有理。吾獨謂慈本仁德，仁者，人也，當以愛人爲先；論愛人，泛而同類，近而親友，至切而家庭，皆是當愛，用慈莫切於此。今於一體人類，漠不相關，獨區區惜此物命，不親親仁民，而切先及物，吾未詳其眞慈也。使佛不論理義，惟佑茹素之人，以爲親己，謂之喜佞非過矣。

或曰：西教大小齋如何？曰：小齋者，變其常食，或平時肉食，齋則去肉，平時兼味，齋則少味；或全食蔬菜，隨人力量。大齋不止變食，且要減餐，減其三餐，止用一餐，有三日者，有四十日者，此皆外齋，齋之淺者也。又有內齋，在明潔其心。齋日密檢十誡，毋蹈七種當克之條，隨宜行十四哀矜方便，晨昏日課，持誦加勤。靜則默想聖教事情。《傳》曰：「齋者，齋不齊而致其齊。」《易》曰：「齋戒以神明其德。」此所謂內外兼理之齋也。

綜述

陽瑪諾《聖經直解》卷四《封齋後第一主日·晝夜連四旬既齋》　高哉，齋德之貴。新教起時，吾主躬親首立齋禮，付于吾人也。聖基所曰，世父逝時，遺產于子，以養子身。吾主去時，遺吾齋產，以養吾靈，可見其貴也。夏時花盛樹茂，而悅農心，夏時風止海平浪息，而悅海客。四旬封齋，進教之夏也，是時靈性若盛茂地，生長多善之花，多德之實，以娛主目，悅其心也。是時愛惡猛風，忿懼巨浪，槩爲恬息，靈性得平，安度生命，得上天堂之岸也。奇哉齋規，古新二經，古新聖賢，廣記其益。今依所記，聊舉萬一。

避魔惡計，敵鬼而勝，齋德第一益。今有二軍其力不侔，弱者恐負，或編寨柵，或入固城而避，斯上計也。吾敵魔鬼也，彼強吾弱，寧進寨柵，寧入固城，以免其害。聖盎博削曰，持素，吾寨柵也。減飡，吾固城也。魔不能進入齋柵，不能攻打齋城，人齋而勝，常事也。齋而負，希事也。魔見齋色，面黃身瘦力弱，則恐而不敢近攻，知其身弱，其靈強。葆祿聖徒所云，吾軀愈劣，吾神愈健，是也。

正惡情之偏，齋德第二益。哀哉，人讎多矣。內外夾攻謀勝，惡神於外，若外國之寇，困圍靈性之城，愛惡忿懼等情，于內逆臣，謀殺吾靈，吾豐養外形，併豐養內讎，以便得勝，不亦惑乎。

比之國主，往攻逆寇，困圍其城，絕其飲食，乃易勝服，城內糧草特盛，何望其降乎。比之讐欲傷我，而手無器，不能傷矣。我與器則害，愚哉。比之火炎，加薪則熾，去薪則熄。比之逆馬，任意齕飲，載則拋卻，跨則倒騎，御則騖曼，簡其芻豆，不竣鞭箠，自柔馴也。

聖奧斯定曰，吾軀吾驢也，常欲跨上而行德路，奈何常逆以致吾失路乎。因我常簡其食，強之持素，乃順而歸入正道也。經云，豐育其僕，必當其逆，此之謂爾。奇哉齋奇，不惟正其往邪，尤預禁未至之偏也。有藥能攻現在之病，可謂良奇，能預固體，使病不至，尤謂神靈，齋德且補已往之過，且遮諸惡之道。奇哉。

諸德之保，齋德第三益。聖盎博削廣述齋美曰，齋德必爲眞德之師。羞恥之保，謙遜之由，克偏之策，約侈之法，哀矜之引，溫和之友，仁愛之母，齒碩之美，幼童之城也。聖基所又曰，懇求吾弟，勿棄勿輕勿淺齋德，奇哉其榮福也。蓋靈性之淨念，合理之欲，無妄之言，中德之機，皆生于齋德。若子生于其母，若幹，枝，葉，花，實，生于木根也。

聖基所祿約齋德之美曰，齋德者，衆惡之死，衆善之生，是也。齋德者，身軀之安，百肢之和，平生之福，是也。齋德者，記司之助，明司之光，愛司之力，是也。齋德者，童貞之城，寡貞之垣，偶貞之郭，是也。齋德者，善功之庠，諸德之師，諸善之由，是也。齋德者，過海之舟，起趕之車，天上之糧，是也。

引人易入默道之精，齋德第四益。霧騰空中，蔽遮日光，無霧天，日月星皆可明視也。多飲厚食，自生濁氣，內竅必窒，性靈何由顯耶，烏能務默道乎。齋腹腔空氣清，內司通開，性靈透理必易，聖奧斯定曰，垢鏡不能照面，腹飽而心通達德微，何能哉。

聖尼祿又曰，食飲淡泊，靈心則明，過度則鈍，人勤伏饕，默道精工即至也。蓋默道之時，腹空則寤，腹飽則寐。因聖基所舉譬曰，齋德，靈性之羽，靈性之帆，是也。鳥有翅，則能騰空，舟有帆，則能飄海。齋德若翅若帆，使靈性得輕得騰，得明天上奇情。禽鳥愈薄食，身愈細，翅愈長，飛愈高，多食體肥，恆居于地，欲飛而身不舉，靈性之羽，其念慮顧欲，是也。養身豐腆，則體肥厚，念欲重，不能向上矣。食薄身輕，念慮精靜，易達奧理，願欲清潔，易登上天，豈不美哉。

平息天主聖怒，齋德第五益。世人誰無缺，而激天主聖怒耶。大哉，齋德之能。捍護罪人，使主止怒，寬宥其惡。經記，昔有名府曰尼尼物，府人惡甚。主欲降罰滅城與人。豫命先知往告之曰，四十日之期，府及府人末期也。先知如命，隨途高聲曰，僅過四旬，此城必沉。王聞大驚，急降令曰，不分男女老幼，盡皆披麻，嚴持齋素，絕食飲，蓋天主慈悲，見吾齋，更改威怒，而免吾罰。府人如命，天主果霽其威，府無損，人無患，皆安如故。

聖賢皆美斯人之齋，斯齋之前，聖盎博削曰，聖經細錄右史，以激吾怠，以引法彼人，以勸持素，而免主戮。聖巴西略曰，天主刑戮幾至，惡人苦，主怒息矣，刑戮罷矣。奇哉。

古經又記，有王名亞加，其惡貫盈，天主厭之甚。將棄絕，遣先知告王曰，天主幾盡滅王室，惜乎王尸未久露地，犬吃鳥啄。王驚，深思往非，心痛身慄，卸棄袞衣，衣麻結草，連日嚴齋。主視王齋，不忍加害，語先知者曰，亞加齋苦，吾罰不及其身，必待其亡，後罰國罪也，大哉，齋德大能焉。因吾西諸國或遇不虞之變，恐主降罰以懲國罪，或旱求雨，或雨求晴等，皆持素，損餚味，槩得效焉。

大利吾身，齋德第六益。醫家有曰，齋素減食節飲，精徤之母也。食飲過度，如毒泉也。筋瘋頭患，心腹攪痛，胃弱多吐，蠱疾，毒疹，癰疽，無聲之病，俱其流。因聖基所曰，吾勸爾輩持素多齋，以免多病。爾笑不信，請問醫家，乃信吾言。

聖巴西略曰，脾之熱氣，其力有限。食飲得度，內火易煮，易分于體，乃體平安。過度火劣，難煮難分，則變而爲毒味，多病自發，以致人亡。如徐加薪，漸發漸燃，薪多，湮鬱而滅也。又曰，舟載過度，則重難行，風雖微，浪雖平，常有沉沒。舟輕，風浪雖猛巨，飄然至岸也。飲食無節，胃重生疾，中道夭亡。習齋持素，腹輕氣清神爽，病或無至，或至而易醫。如精修之士，重視齋禮，畢生無斷。飲食糲粗，聊以度生，壽常過耋耄且期，又有過期者也。

或曰，齋德之奇多矣，奈何吾年已高，體弱力衰，奈何。曰不能持素，不必慮也。另有他齋可持。蓋有形神二品之齋，彼私此公，持此罷彼，何憂何慮。形軀之齋何，曰簡飡，忌味，定時，是也。一日間，只得

滄一，謂簡滄之故。雖然，暮時進微菓點心一枚，亦無妨爾。又齋禮切禁葷味，謂忌味之故。又齋時該有定晷，午初是也，謂定時之故。又齋素首意，在挫其鋭，弱其力，使甘服于靈，不謀犯逆，謂之形軀之齋故。又教友之間，有年齒已衰，有稟氣脆弱，有稚年小童，有病人不耐饑，有勞苦于工，有婦乳其子，斯俱在齋程之外，謂之私齋者故。

靈性之齋何。曰，除罪去惡是也。靈性不戒惡行，比之身不戒毒味，戒而不行，比之身減滄忌味，謂靈性之齋者故。又人不分男女老幼病狀，盡皆必須緊持嚴守斯齋，謂之公齋者故。聖奧斯定曰，改惡禁犯理之欲，卸不仁之心，好廉重義，急務衆善，斯眞大齋也，公齋也，全然精齋也。

聖人雖嘆身齋，廣陳其益，惟比之靈齋，不能及也。蓋靈禁罪，身雖不減味，靈之齋有益，身減食味，而靈不謹，身之齋虛空也。加西盎勸神齋曰，身齋而無善侶之神齋，以助所不及，空虛之齋也。自泥于地，不能上飛，而近于天也。正若鳥然，無備爾翼，不能起薄青冥，噫，身有多食可戒，靈有多味可忌，誹訾，嗔怒，嫉妬，傲氣，饕嗜，懈怠，吝嗇等惡，俱其毒味也，靈性盡絶，乃身齋有益。

聖伯爾納曰，腹習多食而得罪，可減味而齋，以贖其罪也，目習淫視而得罪，可罕視而齋，以補其罪也。耳問訕言而得罪，可緊塞勿許惡聽而齋，以拆其罪也。口舌手足，皆可如此，乃知靈性之齋，第一緊要之齋也。

聖尼青又曰，車板雖堅固，輪輹雖滑轉，服驂雖良馴，設御人風狂，則車無攸利也。形身若車，靈性其御人，齋而修外形，靈乃爲惡，正若狂御，何利之有。聖人常云，且持齋，且爲惡，謂魔鬼之齋也。蓋魔不食而恆謀惡，戒哉。

聖人又示人曰，齋時所簡之味，以施貧人，方可謂善齋也，矜憐之齋也。存留減滄，以備他日之需，可謂慳吝之齋，惜費之齋也。

又《主饑乃誘感者近》 魔知吾主腹枵而饑，急至，勸備味以充腹餒。嗟夫，斯必惡鬼，可防陰狡也。魔豫揣人情所偏，依偏投感。正如墨魚，身無定色，隨物隨變，物黑身黑，物白身白，他魚不覺而近，墨魚攫而食之。聖額我畧曰，弋人先備鳥禽所喜之餌，藏之罟內，鳥獸貪啄，便羅其網也。魔鬼之餌，及網不一，欲羅世人，先窺人情，後依各人本性之情則張，各當張之網也，聖良深戒吾輩曰，戒之戒之，勿入惡鬼陷阱也。其靈甚□也，盡知各人之偏，因盡知排備對感也。聖人常云，魔鬼以我攻我是也。

利瑪竇《齋旨》 齋有三旨焉，識厥三旨，滋切滋崇。夫世固少有今日賢，而昔日不爲不肖者也。少有今日順道，而昔日未嘗違道者也。道爲上主之所命，違之者必獲罪焉。所獲罪者彌尊，則罪彌重。君子雖已遷於善，而責備於己者精且厚，省疚於心者密且詳，愧怍悔懼罔敢飫樂一身之需，力擇犓陋，自苦自罰，稽顙涕泪，以贖舊惡而避新污，庶上主憫恤而赦宥之，不再鞫也。此齋旨一也。

夫德之爲業，人類本案也。第形軀私欲，先簒入人心而擅主之，塞智慮，伐德性，平生行爲悉供其役，究之躭暫微之樂，取永鉅之殃，不亦悲乎。故修士怒視已身若寇仇，然不獲已而姑蓄之，誠以身也者，知覺屍也，機動俑也，飾墁墓也，罪愆餌也，苦憂肆也，梏神獄也，實死而似生也。頑然七尺，未幾當爲蟲齧。甘食厚味，以益其膏，不且爲蟲作牧人乎。僕役過強，慮忤主。氣血過強，恐害人。心則五欲肆毒，而色欲更甚，惟淡飲薄食，氣色潛餒，一身既理約，諸欲自服理矣。此齋旨二也。

且本世哲世也，主置人於是促促焉，修其道之不暇，非可樂玩之修候，然吾無能竟辭諸樂也。無清樂必求污者，無正樂必就邪者，故當快吾心以道德之事，勿令憂困而忘乎外。夫德行之饜，靈魂之本適也，吾以兹與天神侔矣，飲食之腆，形身之竊誤也，吾以兹與禽獸等矣。惡者觀人盤樂，而已無之，則嫌妒之念生。善者視之，則反憐惜焉，而讓之曰，彼殉污賤，而篤效之如此，懇求之如此，吾有志於最上，而未能聊味之，未能畧備之，寧如此懈惰而不勉乎哉。世人之災無他，心病而不知德之佳味耳，覺其味則膏粱可輕矣，謂自得其樂也。此齋旨三也。

余遊歷天下諸國，備聞齋說。或終晝不食，迄星夜雜食衆味，此謂時齋。或戒諸葷而隨時茹素，此謂味齋。或不擇味時，日食一餐，此謂餐齋。或餐時味皆有所拘，只日午茹素一次而惟禁肉食，其水味屬陰者不戒，此謂公齋。或終身禁止火食，僅茹野卉以延生命，歐邏居山中甚衆，此謂私齋也。數等之齋，終歸責屈本己，亦視其人，視其身何如耳。富貴稍減膏粱，即爲貶損。貧賤日習粗糲，無與清修。聖教公判，老者六旬，以上穉者二旬，以下病者，乳子者，勞力者，皆不在齋程之內。蓋口齋乃齋

之末節，究齋之意，總爲私欲之遏，不可不盡也。

祈禱

綜述

陽瑪諾《聖經直解》卷六《耶穌復活後第五主日・經》 聖若翰第十六篇。維時耶穌謂聖徒曰，爾尙倚予名求予父，天主聖父予確說，予父即諾。予名者，主之義德勳勞是也。蓋言爾輩求時，必鼎吾德勳，吾父看我而易允。至今爾輩未將予名以求，求則受，爾樂則滿。予今以喻誨汝，定期將來停喻而明解與汝予父之情。定期吾主復活後之時是也，蓋復活後，四旬之期，恆現聖徒，明解來世之事。路加聖史所云，主復活後密視其徒，誕解天國事情，是也。是日，即復活後之時爾等倚予名求，不必尋求予父，爲汝父愛爾，因爾愛予，因信予自天主出。予也，昔出父入世，今再出世詣父。徒曰，爾言至明至顯，一喻不立，今識爾知全備，不必人叩。因吾實信爾眞出于天主。

又《箴》 求則受。或疑曰，我求而不遂何。曰，主言眞實，無不效。雖然，人常求而不得，不知善求故也。雅各伯宗徒曰，爾輩求，而不獲，必不知善求。善求不係啟口，動唇而已。包多善以成。一，人求時當屬天主寵愛，不屬則爲天主所惡，求而不得曷異。二，人求時，當認眞主，信從聖教。否皆不得善求。三，求時該有聖望，口求心貳，不謂善求。雅各伯宗徒曰，求時不可蓄疑，疑心若濤，隨風而動，斯人不得所求也。四，該求善物，如超性諸德，天堂眞福，其外世物，雖可求，不宜定確。蓋吾不知或利或害，求而順天主聖意，可也。聖奧斯定曰，吾求恆差，物似爲善，而實爲惡。視之如利，而實招害。天主知識其善其惡，其利其害，賜之，可受而謝，不賜可安而謝也。五賢常曰，求當有恆。蓋主欲試吾心，數數不應，不可罷求。可加求工也。聖巴西畧曰，人求而不得，或爲不可得，或爲心疑，或爲無恆。主示聖徒曰，擊門必啟。猶言，人欲入室門闔，當擊求開。家主不應，再擊再呼，家主必開。天堂之門，以求可叩，天主不疾諾應，再擊再求，天主則開，必得所求。又設喻曰，盍視水于石哉，水性甚弱，石性甚堅，漸積密落，猶能鑿石，而使之深。況天主本慈至柔，以吾求之固，對天主之柔，不亦更易易乎，奈何求之不恆，空負天主之本慈也。六，所求不論多寡重輕，必倚吾主聖名寶績。蓋吾本身之善，輕矣劣矣，吾善不靠主無壁之力，不能昇上，而得所求。右六善全備，乃爲善求，天主或速或遲必諾也。何云速遲。曰，天主雖諾，常待時宜，求時無害，天主速賜，不然暫待時宜乃賜。求則受爾樂則滿。聖奧斯定解曰，上文示吾，天堂眞樂，吾輩必當首求。蓋惟眞福得滿人心，世物小微，皆有匱缺，烏得滿人心之量。主誨衆曰，勿急求世物，首求天堂眞國，世物自隨。可師達朱聖王，其詩曰，吾勤于一而已兮，吾急於覔一而已兮，吾求天主賜一而已兮，得享其國於無終之終是兮。另有別論。

又卷二《三王後第四主日》 解其三，天主苦患世人，用罰其罪，乃世人多昧厥自，置主不禱，妄禱邪神。豈知邪神本于吾苦無涉，安能我救哉。且求之於彼，愈重天主聖怒，而苦患愈加矣。經記，惡王阿谷西亞病危，命使禱于土神。天主遣先知聖人急迓之曰，豈國內無眞主乎。往問僞神何爲。爾王病，必不退，天主已判其死矣。使者返而王果死。又經載天主責拜邪神者云，彼拜無能之神者，致發吾怒。今將嚴判其非，削其名於人之中，彼神能救之乎。蓋眞主惟我，我外豈別有主哉。惟我能滅世人，未幾而復活之。惟我能降百苦，未幾而吉祥之。人犯吾法而罹吾刑，孰能救之乎。或曰，有人難中求免于主，而卒不得者，何也。曰，不知善求耳。雅谷伯宗徒曰，爾輩不得所求，蓋不知善求耳，善求何，先改後求，是也。蓋人以得罪致招災禍，乃身負災禍，復不知省，且加慝焉。以是而求解免，曷可得耶，有加苦彌重已耳。聖額我畧比此輩于抗逆之僕曰，本主欲正其抗逆而罰之，設正在杖笞之下，猶加抗逆，雖愈求主罷刑，必且愈益主怒，愈加重其刑矣。

先改後求，求無不得者。經記，昔日名府尼尼物人習于惡，天主欲其遷改。命先知者往示罰戮之期將至。先知者如命，入城高聲曰，四旬日之後，城必沉沒，人必盡亡。國主聞驚，撤座席地，卸寶衣粗。下令，自人至畜，皆廢食飲。人各披蔴，各圖遷改，心痛目淚。庶其感格天主慈心，而停將至之戮乎。天主果鑒之，卒宥焉。噫，求若斯王，信善求者哉。

又卷五《吾主耶穌受難主日之經》 寤祈免陷於誘感。寤祈皆緊務急工也，二者少一，人不免陷于魔誘也。有寤，則便得視魔惑。有祈，則便受神力，得免其惑也。人靈如鳥，弋戶張網設機，鳥看而無翼，不能脫其罟，有翼而無看，不能脫其罟，目翼俱備，乃脫而負弋戶之望也。魔鬼若弋，勤勤設誘，引吾進入，吾怠不顧，厭而不祈，則若鳥無目無羽，何能脫魔罟者乎。寤而不祈，若鳥看網無翼，不能騰空

而脫。祈而不寤，若鳥能飛無目，不知何往，得免落于罟耶。吾寤，則神目加明。吾祈，則天主加力，俾能脫魔之機械焉。

利安當《天儒印》《論語》云，獲罪於天，無所禱也。此天非指形天，亦非註云天者理而已。蓋形天既爲形器，而理又爲天生所賦之規則，所云獲罪于天者，謂得罪于天主也，豈禱于奧灶所能免其罪哉。然孔子斯言，非絶人以禱之之辭，正欲人知專有所禱也。觀他日弟子請禱，但曰，丘之禱久矣。寧云己德行無媿，而不必禱，正謂朝夕祈求天主，而赦我往愆也。合而論之，一不禱于奧灶，而言天以正之。一不禱于神祇，而言禱久以拒之。然則孔子之所禱，蓋在天矣。故其言曰，吾誰欺，欺天乎。又曰，予所否者，天厭之，天厭之。則孔子未嘗不以天禱爲兢兢也。乃孔氏之徒，祈神佞佛，所謂非其鬼而祭之，諂也。竊恐獲罪于天矣。

楊廷筠《天釋明辨·祈禱》問祈禱如何。曰釋氏禱祈，似本天敎。祈求天主言也，而實不同。夫釋敎盛行，充塞儒路，雖緣梵音新妙，能驚俗士之襟，義學玄微，復動高賢之聽。然察其隱衷，原無他故，祇有祈禱一法最易惑人，如藥師琉璃經，求官位得官位，求男女得男女，求長壽得長壽，普門品經念彼觀音力，一切福樂，一切禍患，皆得如願。此爲淺陋，誠不足論。惟大乘諸經盛言諸佛悲智，願力浩大無邊，一切世界帝釋梵天能用神通威力，撚指剎那間，攝入現前，無剩無餘，聽其法音，即得解脫，此等宏濶勝大之言，即賢智猶悚異焉。緣人一生作過多端，念及彌留，難逃地獄。地獄之苦誰能救援，惟有大慈悲大神力之佛佗，方可倚仗。人類不同，獨此一念，生來自有。所以魔事成風，無間僧俗。即有高談宗鏡，哆示往生，禍福祈求，通斥爲妄，而叩其初念，有一不爲是者，吾未之見也。若無祈求一門，世間多少義理之書遠勝內典，佞佛將無一人矣。且人自有心，亦何不思，若果有佛，定是聰明正直，必且佑善而棄惡，必且喜直而惡佞，不爲媚事加親，不爲特立加踈。此在世人稍稍近正者猶然，況彼所謂佛乎。吾果爲善，佛不能不佑，既不須求。吾果是惡，佛不容不棄，又不可求，爲善去惡，在我而已，不求我而求佛，果何益乎。或曰禱祈之事，非始于佛，如祈蠶祈穀祈雨雪晴霽之禮，聖王通行，禱高禖，禱尼丘，臣子爲君父禱于上下神祇，傳記多有，則禱祈亦何傷。曰，如是禱祈，特人私念耳，求之無應，十嘗八九。孔子曰，丘之禱久矣，獲罪于天無所禱也。此正可爲不求佛，而求己者之的證也。若在天敎未嘗無禱，然其禱止知有天主，不知僞神也。正知求眞福，不專求世福也。世福惟求日用糧而已，不求其餘也。何也。天主將世福公布人間，惟人自取，此有餘，彼必不足，故不欲人多取。惟取而益德者默佑之，取而過度者裁抑之，取非其有，或因而爲惡者，罪罰之。則求之有道，得之有命，求果無益于得也。若乃晨昏日課，用信用望用愛以求者，惟是聖寵，眞得眞福。眞福八端皆出聖入神之學，求之不厭，其□得之，不厭其多，此之爲求，果非世俗之求也。或曰天主尊無二上，信當求矣。譬如欲富貴者，求天子，然又有求公卿者，求要津諸大吏者，則求天主何可不併事百神乎。曰，固也。天主初闢天地，即生無數天神，生天地即有司天地之天神。生山川草木，胎卵鱗介倮蟲，即有司山川草木，胎卵鱗介倮蟲之天神，各司其事，諸天神者皆以天主之意爲意，扶持各類，不至消滅，孰謂不當敬事。然一者，全是天主之命，百神無自專權，二者吾不盡知神爲何在，于何而事之，三者百神均是有功，盡宜祇事。經典所載，總領護守天神數位之外，其餘萬萬何容揀擇而事，所以天敎欽崇只一天主，奉天主則百神皆在，其中且亦百神所共忻也。專事百神，則天主反在所忽，又百神所甚恫也，況百神是天主所命，萬年千載，無有更代，安得以人鬼當之。今所當者，皆眼前名位之人，麼魔無數妄加尊稱，躋列上聖。凡人乃欲以凡人爲天神，有此理否。始繇一人訛僞，繼則通國習迷，久乃溺爲固然。豈知人之所立非天主勑授，何異戲場僞職，無有權柄禍福於彼，何與禱祈於我。□□崇隆廟祀，暮鼓晨鐘，以此而求得福固難，且有背天主之罪。

誦經規程

綜　述

楊廷筠《天釋明辨·念誦》問念誦如何。曰釋氏念佛誦經，似竊天敎念天主聖號與聖敎日課也，而實不同。夫釋氏欲人淨念，敎之念佛，念

不易淨，教之誦經，皆謂攝心歸一，令不妄馳。後人以口呼佛號爲念，非初意矣。而誦經止及緇流，士庶不及。迨至末教，又盡掃一切，直指心性。非空非有，背塵合覺，而第一諦義併念誦，又屬口頭禪矣。不識初者是乎，末者是乎，初末者皆非乎。夫釋氏所念六字佛號，其義可知也。天教所念天主聖號三十六字，其義可知也。深心理會，當自能辨。天教日課，人人得而誦之，惟會士則多而詳，教士則少而畧，顧人之功力何如耳。或曰凡教多端皆爲心性，心性誠徹，念誦猶爲粗迹。末教直談義學，見性明心，立地成佛，最爲直捷，子不聞乎。曰，子何談之易也。心性誠徹，可知念誦爲粗。若子不念不誦，果是心性眞徹，不藉苦修粗迹乎。抑苦念誦多拘，心性易匿，托言念誦之不必乎。將平日心性原不叅求念誦，亦未着意權時口辨，特尋此好名色以禦人乎，三者必居一於此矣。夫眞爲心性，願了生死，必大有工夫，豈惟虛叅偶見，不收妄承。即時時念，時時誦，猶謂未滿其向慕也，此爲即念誦。即叅悟。若云叅悟爲精，念誦爲粗，正其未曾叅悟，乃爲此違心之言耳。嗟夫教化既衰。人心好徑，知人貴高明，則專談心性以合之。不知自謂高明，寔卑暗也。人喜直捷，則談不須念誦以合之，自謂直捷，寔欺妄也。特宜細辨，所念者是何名號，所誦者是何經籍，審其來歷，察其義理，果至平至奇至實至妙。非凡所見，必過人知量者所立，何人可更，何地可易，自當一心信奉之矣。夫凡古今立法，雖小道必有善處可觀，惟善中有缺，即不得爲之聖法。聖人立法，必其盡善盡美。乃稱聖法，而況聖人之上有天神，天神之上有天主，天主耶穌立此名號，使人持念，立此經課，使人誦讀，必是大有利益，謂能消罪必寔消罪，謂能益福必寔益福。人視天主，如一粟在太倉，一滴在大海，有何分數，乃欲不遵天主之勑命乎。故人誠認天主則念其名號，誦其日課，皆自表信望愛之眞心，日用粗功，無非精義。不認天主，念號誦經已爲粗迹，幷粗迹而無之，益昏昧放逸，罪不細矣。何也。君父有命無可違棄，若曰吾擇其可從者從之，不必從者違之，自行自止，無法無守。謂之亂臣賊子非耶。嗚呼，今之學者不務實功，闕畧念誦，固涉虛恢，不務窮理，妄有念誦復歸冥蹈，其爲無益均也，可勝慨哉。

伏若望譯《五傷經禮規程》　初行畫十字，恭向敬拜吾主左足之聖傷，念天主經五遍。尋思聖左足之苦難，乃是吾主爲要贖我諸罪，情願受釘左足之聖傷。尋思既畢，向聖左足恭誦云。

吾眞主，吾恩主，爾自生我，養我，存我，降來近我，自願贖我，不辭艱苦。我大罪人，定該棄絶犯命之端，全心堅志，向爾爲善。我今惟賴爾祐，豎立此心，我本力弱無能中合爾之聖意，求爾爲爾左足聖傷，全赦我罪，施以特寵，望至成功。亞孟。

念聖母經一遍，尋思聖母當初。親眼一見耶穌左足之傷，心中何等疼痛難過，哀苦難言。尋思既畢，向聖母恭誦云：

聖母，吾慈母，我今一心想爾之痛苦，一意體爾之艱難，眞該發我神子中情。因求爾我等之慈母，於我心中，深刻我主耶穌釘十字架左足之聖傷，俾我時時切念不忘，再不敢犯誡得罪於天主。我今哀懇聖母慈佑，獲滿此望。引我罪人，得近十字聖架，親口至親我主耶穌左足之聖傷。亞孟。

念畢，親念珠十字架，如親聖左足之傷，恭向敬拜吾主右足之聖傷。念天主經五遍。尋思聖右足之苦難，一心念想天主爲愛人，爲願贖人，甘心受此右足之聖傷。仰惟聖傷，感謝我主耶穌，爲我罪人，忍是苦難。尋思既畢，向聖右足恭誦云：

吾眞主，吾恩主，我今一心，稱美爾情。爾爲愛我，不棄嫌我罪人，賞賜如是重大奇恩。求爾全赦我罪，盡逐惡念，辭絶邪行，屛除惡言。恕我往失，加我新恩。俾能從爾聖意，順聽爾命，堅遠世俗。又求賜我，確信之德，固望之志，熱愛之情，平生仰爾右足聖傷，專向爲善。亞孟。

念聖母經一遍，尋思聖母當初。親眼一見耶穌右足之傷，心中何等疼痛難過，哀苦難言。尋思既畢，向聖母恭誦云：

聖母，吾慈母。我今一心想爾之痛苦，一意體爾之艱難，眞該發我神子中情。因求爾我等之慈母，於我心中，深刻我主耶穌釘十字架右足之聖傷，俾我時時切念不忘，再不敢犯誡，得罪於天主。我今哀懇聖母慈佑，獲滿此望，引我罪人，得近十字聖架，親口至親我主耶穌右足之聖傷。亞孟。

念畢，親念珠十字架，如親聖右足之傷，恭向敬拜吾主左手之聖傷。念天主經五遍。尋思聖左手之苦難，一心記憶，天主爲願贖人，愛人至極，甘心受此左手之聖傷。恭惟聖傷，是乃吾主，爲我大罪，代受艱難。

尋思既畢，向聖左手，恭誦云：

吾眞主，吾恩主，我今一心，稱美爾情，感謝爾恩。爾左手所被之苦，極凶極重，一則釘傷，爲願代我，受此不肯爲善之罪罰。一則爾手擔負爾身之重，爲願代我任罪過之重負。今我恭拜聖傷，求爾賜祐於我，專心思憶爾恩。又求爾，爲爾左手聖傷，脱免我於地獄之永苦。亞孟。

念聖母經一遍，尋思聖母當初，親眼一見耶穌左手之傷，心中何等疼痛難過，哀苦難言。尋思既畢，向聖母恭誦云：

聖母，吾慈母。我今一心想爾之痛苦，一意體爾之艱難，眞該發我神子中情。因求爾我等之慈母，於我心中，深刻我主耶穌釘十字架左手之聖傷，俾我時時切念不忘，再不敢犯誡，得罪於天主。我今哀懇聖母慈佑，獲滿此望，引我罪人，得近十字聖架，親口至親我主耶穌左手之聖傷。亞孟。

念畢，親念珠十字架，如親聖左手之傷，恭向敬拜吾主右手之聖傷。念天主經五遍，尋思聖右手之苦難。專心記念，天主爲愛人至極，降世爲人，願贖人罪，甘心受此右手之聖傷。伏念聖傷，是誠吾主，因我重罪，願被此難。尋思既畢，向聖右手恭誦云：

吾眞主，吾恩主，我今一心，稱美爾恩，讚歎爾意。我雖多有罪過，毫無功德，惟爾聖性本慈，自是哀矜吾人，今爲爾之右手聖傷，千萬求爾，於我棄世之時，許開天堂之門，俾得享見永福於爾臺前。亞孟。

念聖母經一遍，尋思聖母當初，親眼一見耶穌右手之傷，心中何等疼痛難過，哀苦難言，尋思既畢，向聖母恭誦云：

聖母，吾慈母。我今一心想爾之痛苦，一意體爾之艱難，眞該發我神子中情。因求爾我等之慈母，於我心中，深刻我主耶穌釘十字架右手之聖傷，俾我時時切念不忘，再不敢犯誡得罪於天主。我今哀懇聖母慈佑，獲滿此望，引我罪人得近十字聖架，親口至親我主耶穌右手之聖傷。亞孟。

念畢，親念珠十字架，如親聖右手之傷。恭向敬拜吾主肋旁之聖傷，念天主經五遍。吾力不能尋思聖肋旁之苦難，爲吾主絶世之後，所被此傷。我當竭情罄慮，思念我主耶穌，於我罪人，重愛如是。自願死後，更受此傷，全出聖血，點滴不存於聖躬，以明示其意，盡贖吾人。尋思既畢，向聖肋旁，恭誦云：

吾眞主，吾大恩主。我今盡心讚美爾情。爾既死後，盡流爾之聖血，以誡吾人，全心奉獻於天主，立意盡情，要服事爾。我大罪人，眞懷是心，敢求於爾，爲爾肋旁聖傷，慨然施賜我以棄絶世俗之潔志，獨向爾情，時時思爾爲我所受之苦，時時懷爾愛我所施之恩，時時心瞻神仰，爾被釘十字架之聖像。亞孟。

念聖母經一遍，尋思聖母當初，親眼一見耶穌肋旁之傷，心中何等疼痛難過，哀苦難言。尋思既畢，向聖母恭誦云：

聖母，吾慈母。我今一心想爾之痛苦，一意體爾之艱難，眞該發我神子中情。因求爾我等之慈母，於我心中，深刻我主耶穌釘十字架肋旁之聖傷，俾我時時切念不忘，再不敢犯誡得罪於天主。我今哀懇聖母慈佑，獲滿此望，引我罪人，得近十字聖架，親口至親我主耶穌肋旁之聖傷。亞孟。

念畢，親念珠十字架，如親聖肋旁之傷。終念天主經五遍，爲吾主受苦之五器，念天主經三遍，爲吾主被釘之三釘。念天主經一遍，爲吾主死後，肋旁被傷於鐵鎗。念天主經一遍，爲吾主聖躬所被釘之十字架。念畢，俯伏天主苦像臺前，眞心痛悔從前所有之諸罪，立心一便眞解，立望依賴聖祐，不敢復得罪於天主。

耶穌受難禱文

綜述

伏若望譯《耶穌受難禱文》啓：天主矜憐我等。　應：基利斯督矜憐我等。

啓：基利斯督俯聽我等。

應：基利斯督垂允我等。

啓：在天天主父者。

應：矜憐我等。

启：贖世天主子者。
應：矜憐我等。
启：聖神天主者。
應：矜憐我等。
启：三位一體天主者。
應：矜憐我等。
启：耶穌園中祈禱重發憂懷者。
應：矜憐我等。
启：耶穌園中流出血汗濕地者。
應：矜憐我等。
启：耶穌園中俯首順命者。
應：矜憐我等。
启：耶穌被無情所賣者。
應：矜憐我等。
启：耶穌被惡衆拿爾如賊者。
應：矜憐我等。
启：耶穌於官衙審爾如惡人者。
應：矜憐我等。
启：耶穌被惡衆妄證者。
應：矜憐我等。
启：耶穌被惡衆駡詈者。
應：矜憐我等。
启：耶穌被惡人唾爾聖面者。
應：矜憐我等。
启：耶穌被惡人狠擊爾身者。
應：矜憐我等。
启：耶穌被惡隷掌爾聖面者。
應：矜憐我等。
启：耶穌被惡人綁爾聖身者。
應：矜憐我等。
启：耶穌被惡人毁謗爾名者。
應：矜憐我等。
启：耶穌被惡人裂破爾衣者。
應：矜憐我等。
启：耶穌被惡人掩爾聖目者。
應：矜憐我等。
启：耶穌被惡黨棄爾過於凶惡無類者。
應：矜憐我等。
启：耶穌被綁爾聖手於石柱者。
應：矜憐我等。
启：耶穌被重鞭爾聖身五千餘下者。
應：矜憐我等。
启：耶穌無罪而被問罪者。
應：矜憐我等。
启：耶穌肩負極重十字架者。
應：矜憐我等。
启：耶穌被釘十字架者。
應：矜憐我等。
启：耶穌被懸墜於十字架者。
應：矜憐我等。
启：耶穌被釘豎十字架於強盜中間者。
應：矜憐我等。
启：耶穌被嘗酸醋苦膽者。
應：矜憐我等。
启：耶穌仰求爾父赦仇者。
應：矜憐我等。
启：耶穌恩賜右盗升天者。
應：矜憐我等。
启：耶穌被鎗深開爾聖肋旁者。
應：矜憐我等。

啓：耶穌爾聖血水盡流濕地者。
應：矜憐我等。
啓：耶穌於十字架大敗吾仇者。
應：矜憐我等。
啓：耶穌盡贖人罪者。
應：矜憐我等。
啓：望吾耶穌垂憐。
應：耶穌視救我等。
啓：望吾耶穌垂憐。
應：耶穌允救我等。
啓：於諸凶惡。
應：耶穌視救我等。
啓：於引誘邪婬之魔。
應：耶穌視救我等。
啓：於罪過及其刑罰。
應：耶穌視救我等。
啓：於吾仇毒害。
應：耶穌視救我等。
啓：於魔隱計。
應：耶穌視救我等。
啓：於地獄之苦。
應：耶穌視救我等。
啓：於猝然死。
應：耶穌視救我等。
啓：於永死。
應：耶穌視救我等。
啓：爲爾十字架。
應：耶穌救我等。
啓：爲爾茨冠。
應：耶穌救我等。
啓：爲爾三鐵釘。
應：耶穌救我等。
啓：爲爾鐵鎗。
應：耶穌救我等。
啓：爲爾五傷。
應：耶穌救我等。
啓：爲爾聖血。
應：耶穌救我等。
啓：爲爾艱難。
應：耶穌救我等。
啓：爲爾聖淚。
應：耶穌救我等。
啓：爲爾聖終。
應：耶穌救我等。
啓：至於審判。
應：耶穌救我等。
啓：罪人。
應：求爾俯聽我等。
啓：以赦我之大罪。
應：求爾俯聽我等。
啓：以恕我之過失。
應：求爾俯聽我等。
啓：以堅我之善志。
應：求爾俯聽我等。
啓：以承爾苦之恩。
應：求爾俯聽我等。
啓：以安心負我十字架。
應：求爾俯聽我等。
啓：以爲爾不顧世俗。
應：求爾俯聽我等。

啓：以爾十字聖架釘我罪過。
應：求爾俯聽我等。
啓：天主降世者。
應：求爾俯聽我等。
啓：天主受難者。
應：求爾俯聽我等。
啓：天主贖人者。
應：求爾俯聽我等。

孟儒望《耶穌聖號禱文》　啓：天主矜憐我等。
應：基利斯得矜憐我等，天主矜憐我等。
啓：基利斯得俯聽我等。
應：基利斯得垂允我等。
啓：在天天主父者。
應：矜憐我等。
啓：贖世天主子者。
應：矜憐我等。
啓：聖神天主者。
應：矜憐我等。
啓：三位一體天主者。
應：矜憐我等。
啓：耶穌活天主子者。
應：矜憐我等。
啓：耶穌眞天主者。
應：矜憐我等。
啓：耶穌眞人者。
應：矜憐我等。
啓：耶穌全能者。
應：矜憐我等。
啓：耶穌全善者。
應：矜憐我等。
啓：耶穌全知者。
應：矜憐我等。
啓：耶穌至毅者。
應：矜憐我等。
啓：耶穌至成者。
應：矜憐我等。
啓：耶穌極榮者。
應：矜憐我等。
啓：耶穌極飴者。
應：矜憐我等。
啓：耶穌光愈日者。
應：矜憐我等。
啓：耶穌美愈月者。
應：矜憐我等。
啓：耶穌朗愈星者。
應：矜憐我等。
啓：耶穌可奇者。
應：矜憐我等。
啓：耶穌可敬者。
應：矜憐我等。
啓：耶穌可愛者。
應：矜憐我等。
啓：耶穌最遜者。
應：矜憐我等。
啓：耶穌最貞者。
應：矜憐我等。
啓：耶穌最良者。
應：矜憐我等。
啓：耶穌母胎絕色者。
應：矜憐我等。

啓：耶穌母胎絶意者。
應：矜憐我等。
啓：耶穌母胎絶財者。
應：矜憐我等。
啓：耶穌愛凈德者。
應：矜憐我等。
啓：耶穌愛睦德者。
應：矜憐我等。
啓：耶穌愛諸德者。
應：矜憐我等。
啓：耶穌惡諸惡者。
應：矜憐我等。
啓：耶穌吾信之本者。
應：矜憐我等。
啓：耶穌吾望之向者。
應：矜憐我等。
啓：耶穌吾愛之的者。
應：矜憐我等。
啓：耶穌陟天寶階者。
應：矜憐我等。
啓：耶穌聖人之鏡者。
應：矜憐我等。
啓：耶穌諸德之表者。
應：矜憐我等。
啓：耶穌誨人靡倦者。
應：矜憐我等。
啓：耶穌敷教靡息者。
應：矜憐我等。
啓：耶穌爲吾甘受苦者。
應：矜憐我等。
啓：耶穌爲贖吾罪樂受死者。
應：矜憐我等。
啓：耶穌慰凡憂患者。
應：矜憐我等。
啓：耶穌祐誠進教者。
應：矜憐我等。
啓：耶穌痊諸神病者。
應：矜憐我等。
啓：耶穌貧人之父者。
應：矜憐我等。
啓：耶穌寡孤之母者。
應：矜憐我等。
啓：耶穌無價寶者。
應：矜憐我等。
啓：耶穌天財之礦者。
應：矜憐我等。
啓：耶穌聖寵之源者。
應：矜憐我等。
啓：耶穌常生之樹者。
應：矜憐我等。
啓：耶穌天國之美日者。
應：矜憐我等。
啓：耶穌世海之光星者。
應：矜憐我等。
啓：耶穌厥羊之善牧者。
應：矜憐我等。
啓：耶穌昭靈性之光者。
應：矜憐我等。
啓：耶穌諸君之太帝者。
應：矜憐我等。

啓：耶穌乾坤之上主者。
應：矜憐我等。
啓：耶穌諸人之大父母者。
應：矜憐我等。
啓：耶穌諸天神之皇者。
應：矜憐我等。
啓：耶穌諸聖祖之皇者。
應：矜憐我等。
啓：耶穌諸登天國首者。
應：矜憐我等。
啓：耶穌默啓諸先知者。
應：矜憐我等。
啓：耶穌宗徒之師者。
應：矜憐我等。
啓：耶穌諸爲義舍命之毅者。
應：矜憐我等。
啓：耶穌專務脩道者之神光者。
應：矜憐我等。
啓：耶穌諸童身之童身者。
應：矜憐我等。
啓：耶穌諸聖人之冕者。
應：矜憐我等。
啓：耶穌天國之帝者。
應：矜憐我等。
啓：望耶穌垂憐。
應：耶穌救我等。
啓：望耶穌垂憐。
應：耶穌救我等。
啓：於諸凶惡。
應：耶穌救我等。
啓：於諸罪過。
應：耶穌救我等。
啓：於爾震怒。
應：耶穌救我等。
啓：於發虛誓。
應：耶穌救我等。
啓：於魔隱計。
應：耶穌救我等。
啓：於疫荒戰三凶惡。
應：耶穌救我等。
啓：於寃仇盜賊二害。
應：耶穌救我等。
啓：於違爾聖誡。
應：耶穌救我等。
啓：於卒暴死。
應：耶穌救我等。
啓：於降未死之獄。
應：耶穌救我等。
啓：爲爾降孕爲人之奧。
應：耶穌救我等。

苦功。望許我罪人，於審判之日，幸在爾右，安聽爾聖音云，吾父聖福者，偕來享天國，吾父於世初所備於爾者。亞孟。

天主。爾爲要救人贖人，許爾聖子降世爲人，受千萬苦難，被釘十字架死，以逐吾之強仇。因茲求爾，佑吾罪人，不犯爾之聖命。增加吾力，俾能立功，依賴爾恩，俾免地獄，獲升天國，享爾榮福。亞孟。

吾主耶穌，聖父眞子者。爾爲我等天下萬民，釘於十字架。皆因我罪，爾之聖血，盡流注地。我今因感爾恩，心專情熱，望爾垂顧，俾我時時念爾，易立善功。及我絕世，幸開天門，許入爾國，沐爾永福。亞孟。

陽瑪諾譯《聖彌額爾及諸天神列品禱文》

啟：基利阨阨肋依美。
應：基利斯督阨肋依美，基利阨阨肋依美。

啟：天主矜憐我等。
應：基利斯督矜憐我等，天主矜憐我等。
啟：基利斯督俯聽我等。
應：基利斯督垂允我等。
啟：在天天主父者。
應：矜憐我等。
啟：贖世天主子者。
應：矜憐我等。
啟：聖神天主者。
應：矜憐我等。
啟：三位一體天主者。
應：矜憐我等。
啟：聖瑪利亞。
應：爲我等祈。
啟：天主聖母。
應：爲我等祈。
啟：諸童身之聖童身者。
應：爲我等祈。
啟：諸天神之后。
應：爲我等祈。
啟：聖彌額爾總領天神者。
應：爲我等祈。
啟：聖彌額爾護守聖教者。
應：爲我等祈。
啟：聖彌額爾克勝魔鬼者。
應：爲我等祈。
啟：聖彌額爾總收靈魂者。
應：爲我等祈。
啟：聖嘉俾阨爾護守聖母者。
應：爲我等祈。
啟：聖嘉俾阨爾來報聖母者。
應：爲我等祈。
啟：聖嘉俾阨爾天主遣使者。
應：爲我等祈。
啟：聖嘉俾阨爾奉事耶穌者。
應：爲我等祈。
啟：聖辣法阨爾引導旅人者。
應：爲我等祈。
啟：聖辣法阨爾驅遠魔鬼者。
應：爲我等祈。
啟：聖辣法阨爾療醫目瞽者。
應：爲我等祈。
啟：諳若及亞爾甘若諸聖天神者。
應：爲我等祈。
啟：眞福聖品諸天神者。
應：爲我等祈。
啟：護守萬國諸聖天神者。
應：爲我等祈。
啟：護守府州等處諸聖天神者。
應：爲我等祈。
啟：護守帝王仕宦諸聖天神者。
應：爲我等祈。
啟：護守世人諸聖天神者。
應：爲我等祈。
啟：送獻人善諸聖天神者。
應：爲我等祈。
啟：爲人轉求賞善諸聖天神者。
應：爲我等祈。
啟：爲人轉求免罰諸聖天神者。
應：爲我等祈。

啟：安慰憂患諸聖天神者。
應：爲我等祈。
啟：先知之師諸聖天神者。
應：爲我等祈。
啟：侍立天主座前諸聖天神者。
應：爲我等祈。
啟：爲爾純性。
應：求照我等。
啟：爲爾奇妙。
應：求淨我等。
啟：爲爾大能。
應：求護我等。
啟：爲爾大愛。
應：求引我等。
啟：爲爾眞福。
應：求顧我等。
啟：基利斯督諸天神之眞福。
應：求爾俯聽我等。
啟：基利斯督諸天神之榮光。
應：求爾俯聽我等。
啟：基利斯督諸天神之忻樂。
應：求爾俯聽我等。
啟：爲天神昔守地堂之門。
應：求爾俯聽我等。
啟：爲天神昔慰亞巴浪聖人許其後嗣。
應：求爾俯聽我等。
啟：爲天神昔禁義撒聖人之死。
應：求爾俯聽我等。
啟：爲天神昔引多俾亞聖人之路。
應：求爾俯聽我等。
啟：爲天神昔攜祿德聖人使出淫城以免同燼。
應：求爾俯聽我等。
啟：爲天神昔付每瑟聖人古教之令。
應：求爾俯聽我等。
啟：爲天神奉敬耶穌聖誕之時。
應：求爾俯聽我等。
啟：爲天神來報牧童耶穌聖誕。
應：求爾俯聽我等。
啟：爲天神進膳于耶穌大齋之後。
應：求爾俯聽我等。
啟：爲天神顯現耶穌于受難之時。
應：求爾俯聽我等。
啟：爲天神來報聖徒以耶穌之復活。
應：求爾俯聽我等。
啟：爲天神扈從耶穌于昇天之時。
應：求爾俯聽我等。
啟：爲天神屢敗敵人之軍。
應：求爾俯聽我等。
啟：爲天神勉勵致命之聖人。
應：求爾俯聽我等。
啟：爲諸天神祈免我等之罪。
應：求爾俯聽我等。
啟：爲諸天神祈賜我等同享眞福。
應：求爾俯聽我等。
啟：除免世罪天主羊羔者。
應：主救我等。
啟：除免世罪天主羊羔者。
應：主允我等。
啟：除免世罪天主羊羔者。
應：主憐我等。

啟：天主矜憐我等。

應：基利斯督矜憐我等。天主矜憐我等。

同念：在天我等父者。云云。

啟：又不我許陷於誘（感）[惑]。

應：乃救我於凶惡，亞孟。

啟：我願稱頌吾主天主於諸天神之前。

應：我將陟聖殿而稱頌吾主天主之聖名。

啟：天主俯聽我禱。

應：我號聲上徹于爾。

啟：請衆同禱：吾主天主依爾全知明分天神世人之品明別其職懇祈天主命恆侍立天神降來保護吾生爲我等主耶穌基利斯督。

應：亞孟。

啟：天主命爾天神指引爾路，手捧扶爾，使腳勿踏石上。

啟：凡人護守天神。

應：恆視天主聖父尊面。

啟：請衆同禱：全能無始無終天主，僕雖無功，爾猶生我，賜我靈魂肖爾，又命天神護守。懇祈吾主賜僕聖佑，得聽其訓，得遵其命，得免神形諸患，死後同諸天神得享天堂眞福。爲我等主耶穌基利斯督。

應：亞孟。

佚名《天神會規》 每主日第三日有小會。彌撒前念天神禱文，彌撒後念申爾福，又念聖母經一串，求爲諸會友。

每月第二主日之第三日有大會。彌撒前，彌撒後，念如右，又念向聖彌額爾天神經，向諸天神經，向保護天神經。

每年耶穌聖誕，耶穌復活，聖神降臨，建聖彌額爾大天神殿，四大瞻禮日解罪。每會事，皆當聽會長之命。

龍華民《誦吾主念珠默想規條引》 吾主念珠共三十三子，爲吾主降生居世三十三載故。每拈一子，誦在天一遍亞物一遍，則記所誦二經，各三十三遍，此常規也。第凡欲竭誠奮揚，而更合吾主聖意者，匪直口誦其經文，兼宜心想其事理。故今特據吾主行實，畧題三十三端如左，以爲心想之一助。夫心想之功，槩有三益。蓋心務默想，則念慮不散，而專勤于聖業一也。默想聖蹟多端，必發感慕而欽重吾主之大恩二也。明見吾主所行所言，必勉法其衆德之表，而不敢後三也。似此三益，悉繇心想而得，功豈淺鮮哉。至于聖母念珠，亦題六十三端附後。若其餘諸經，悉從此規，無不可者，在人自勉耳。

又《誦吾主耶穌念珠默想規條》 一想：天主聖子，因聖神降孕于聖母瑪利亞。誦在天一過，亞物一過。後各條倣此。

二想：吾主耶穌，誕生于瑪利亞之童身。

三想：吾主誕生吉音，天神以報牧童，而又於空中作樂。

四想：吾主初降生，受瞻拜于牧童。

五想：吾主任受消罪古割，乃立耶穌聖名。

六想：吾主見朝貢於三王。

七想：吾主爲聖母懷獻于主堂。

八想：吾主偕聖母，往避厄日多國。

九想：吾主十二歲在堂與諸師長論道。

十想：吾主與聖母共處三十載，惟全孝順。

十一想：吾主領洗於若翰，乃建入教之大禮。

十二想：吾主在山持齋，被邪魔之試探。

十三想：吾主於諸門人擇十二位，稱爲亞玻斯多羅。

十四想：吾主普宣天上攜來之正教。

十五想：吾主療痊諸般疾病。

十六想：吾主命喚死者復活。

十七想：吾主驅逐邪魔於人身。

十八想：吾主被惡徒如達詭賣。

十九想：吾主親濯宗徒之足。

二十想：吾主建定聖體之大禮。

廿一想：吾主園中禱告，出流血汗。

廿二想：吾主被收于凶卒。

廿三想：吾主被解送于四署。一亞納斯，一蓋法斯，一比獵多，一阨洛德。

廿四想：吾主被縛於石柱，而受鞭笞。

廿五想：吾主被惡黨箍以茨冠。

廿六想：吾主肩負十字架赴山。
廿七想：吾主被釘十字架，而終其命。
廿八想：吾主受大鎗之剽，刺其右脇。
廿九想：吾主入殮葬于石塚。
三十想：吾主降地獄，第三日復活。
三十一想：吾主當諸聖徒之前，停午上昇。
三十二想：吾主從天屬斯彼利多三多降臨。
三十三想：吾主日後再降世，審判生死者。

又《誦聖母念珠默想規條》 聖母瑪利亞在世六十三載，故其念珠共六十三子，內有六大子，謂之間珠。

首十珠

一想：聖母瑪利亞從無始，際預簡定於天主，爲人救世者之母。誦亞物一過，後各條皆倣此。遇間珠則誦在天一過，以謝吾主諸恩。
二想：聖母自生民初，大主即許之，爲吾人類主保，併以壓制邪魔。
三想：聖母爲古聖所指示，而預題其萬端美妙。
四想：聖母爲古多聖女預像之，以顯著其善聖之表。
五想：聖母二親父名若亞經，母名亞納。至老無子，多行善功，以求之於主。
六想：聖母二親許願得子，必獻於主。
七想：聖母蒙大主差天神，報彼始胎於其二親。
八想：聖母始胎獨免原罪，超越古今萬民。
九想：聖母始胎，即蒲彼聖寵，超越諸聖諸神。
十想：聖母既生，即致大喜于世，如時既黎明，即知太陽之將出。
誦在天一過，奉謝吾主造成之恩。

次二十珠

一想：聖母時方三歲爲二親如前願送獻主堂。
二想：聖母至堂，於高階十五級，自升而上，超出本性之能力。
三想：聖母在堂所肄，惟祈禱誦讀，并綉臺上巾帨之屬。
四想：聖母在堂，恆有天神來見。
五想：聖母爲同居幼女孩，諸德之表，極爲衆所愛所敬。
六想：聖母起立終身童貞之願，爲天下第一人。
七想：聖母年十四，奉大主默啓，聽許於若瑟聖人，且明知無損其童貞。
八想：聖母感動聖若瑟，亦發終身童貞之願。
九想：聖母得天神來報，應爲大主之母，而仍爲童貞。
十想：聖母因斯彼利三多，接大主聖子於其胎。
誦在天一過，奉謝吾主保存之恩。

次三十珠

一想：聖母既得爲大主之母，即往見表姊依撒伯爾，而謙事之。
二想：聖母與表姊叙話時，彼子母。俱蒙大主開明其心，一成善聖，一成先知者。
三想：聖母見讚于表姊，即咏一詩，歸諸美好於大主。
四想：聖母在表姊家幾三月，至若翰誕生，即辭歸。
五想：聖母以懷胎，致若瑟憂疑不解，即有天神告以其故解之。
六想：聖母奉國王命，偕若瑟往本籍伯令府，報名輸納丁錢。
七想：聖母在伯冷府，誕生吾主，裹以常衣，置馬槽中以乳之。
八想：聖母于牧童之來，叩聞天神傳知之說，甚喜而藏之于心。天神以大主誕生報牧童，牧童因而來叩。且述告聖母故云。
九想：聖母遵行古割禮于吾主，而稱以天神所報。曰耶穌時聖誕後第八日。
十想：聖母見三王來朝，時聖誕後十三日不勝大喜，而受其所獻三品。一黃金、一乳香、一彌臘，皆具有深意。
誦在天一過，奉謝吾主養育之恩。

次四十珠

一想：聖母懷獻吾主於聖堂，且聖母雖不必行取潔之禮，而亦行之。時聖誕後四十日
二想：聖母聞聖西默盎，預說萬民必受耶穌之救，又說有痛苦之劍必將刺透聖母之心。
三想：聖母聞天神報說，惡王名厄洛德謀害耶穌，即抱而偕若瑟，往避于厄日多國。

四想：聖母爲耶穌潛居厄日多，備受苦勞幾七年。

五想：聖母又得天神報，知惡王已死，乃復還本鄉。

六想：聖母偕耶穌聖童。時方十二歲往京都大殿瞻禮，歸時不見耶穌。

七想：聖母勤苦尋覓耶穌，至第三日乃見在殿，與諸師長論道。

八想：聖母與耶穌，偕處三十載，耶穌服聽其命。此有深意，難以輕則，惟仰敬之可也。

九想：聖母偕耶穌，往赴親戚婚宴。因乏酒，請耶穌救之，乃變水爲酒。

十想：聖母每聞吾主所傳天上之教，并見其極異之聖跡。此係吾主在世最後三年中。

誦在天一過，奉謝吾主救贖之恩。

五十珠

一想：聖母因吾主預告受難之事，心雖大痛，卒全依大主聖意，而忍當之。

二想：聖母聞吾主被讐，被收，被解十數端，甚傷其心。

三想：聖母目擊吾主遍身鞭傷，茨透聖首，且爲問官指示惡衆，欲動其矜憐而抑遏其害之之意。

四想：聖母親聽衆聲求釘耶穌於十字架，寧釋大罪人巴臘把斯。

五想：聖母于中途遇吾主負十字架，赴山，痛苦莫大焉。

六想：聖母目見吾主釘十字架，耳聽鎚擊之聲。

七想：聖母見吾主懸于十字架，在兩盜之中，乃極憐之，而於架傍毅然陪之。

八想：聖母聽吾主從十字架上，目若翰聖徒對聖母曰，女子，彼乃爲爾之子。

九想：聖母見吾主舉一大聲而死，又見一卒以鎗刺其右脇。

十想：聖母抱聖屍痛淚不盡，與諸徒殮葬之。

誦在天一過，奉謝吾主寵召之恩。

六十珠

一想：聖母于吾主死後第三日，忽見其復活，悅樂非常。

二想：聖母于吾主復活四十日中，每相見輒增其喜樂，不可勝言。

三想：聖母于吾主上升時，送之以目，仍更送之以心。

四想：聖母聚諸聖徒於聖宴之堂，誦祈恭候斯彼利多三多，至第十日乃蒙降臨。

五想：聖母於吾主升天後，宗徒四散傳教，己獨在本國如德亞國代吾主護教焉。

六想：聖母是時常往瞻禮吾主在世所履處所，及其受難之地，又且闡明聖教，以訓大衆。

七想：聖母蒙大主遣天神，報以升天之期，滿其所願時年六十有三。

八想：聖母蒙大主差天神倏聚既散天下之聖徒于其前，聖母與之訣別，又屬以聖教之事。

九想：聖母親見耶穌率衆天神，來接其靈魂，及第三日，其肉身亦得復活升天。

十想：聖母蒙天主聖三加以永福之冕，舉之于諸神諸聖之上。

誦在天一過，奉謝吾主榮福之恩。

末三珠

一想：聖母坐於費畧之右，爲我等慈母，併任受主保之職。

二想：聖母操大權于天上，凡大主賜人諸恩，皆經其手。

三想：聖母至仁至慈，凡人誠敬之，又倣效之者，死時必得其求救，而攜升天。

《拜求聖母爲死候經》天主母，至聖瑪利亞，天主罷德肋以其全能，升爾於最高最尊之位，使爾權能遠超於諸人，高出諸天神。我所以甚喜，并請求爾，於我死候，抑住我仇讐之強力。聖母經一遍

天主母，至聖瑪利亞，天主費畧以其全知，充滿爾絕聖之靈魂。以最博學，最廣識，最明智，使爾融通三位一體極深極奧之密事，比於諸天神尤勝。又與爾以最大之光輝，上得照天國，下得耀遍地。我所以甚喜，并請求爾，於我死候，照臨我靈魂，以聖信之耀，不使我被誑於不知之謬。聖母經一遍

天主母，至聖瑪利亞，天主斯彼利多三多以其全善，充滿爾絕聖之靈魂。以神寵聖愛之美味，使爾甘，爾飴，爾溫，爾和，爾仁，爾慈，遠踰諸物。我所以甚喜，并請求爾，於我死候，懇求天主，賜我以聖愛之甘

味，使我死之痛苦，盡變甘飴。聖母經一遍此經，乃聖母所自教誨于王聖女默弟而德云，凡有守十戒之好人，專一純心念誦此經，至死不絕，及其人將終，則我輒來接其靈魂，送於我子之天堂，同享常生。蓋此經，一則令人認一天主三位，乃聖教中首一大事。一則令人贊美天主聖母，一則令人懇求安死善終最喫緊之事，故最爲有益，不可不日日誦也。

靈修

論説

利瑪竇《畸人十篇》卷下《自省自責無爲爲尤》 吳大參昔於白下問余曰：貴教坐功否？余曰：吾輩爲功與俗功異焉，吾所圖者，蓋在神魂，不在形身。吳子曰：既神，則無有衰老，自得常生，何以功爲？余曰：夫人體貌屬形，至壯至老，日漸衰減；智、志屬神，至壯至老，反更強確。足徵神不可殺，不能死滅矣。吾因其常生，謀其常善，永安無虞也。常生而苦辛，毋乃常死乎？與其常死，寧速死乎？此功所爲用耳。吳子曰：善。然則功在行，不在坐與？余曰：坐。坐而默繹之，以擇，以定，以誠，以篤用，果其行也。且行有二等，有出於身外，有留於神內。留於神之行重矣，而神之行，於坐時固可行焉。

吳子問善神之肇端初功。余曰：夫初功者，每朝時，目與心偕，仰天籲謝上主生我、養我，至教誨我，無量恩德，次祈今日佑我必踐三誓，毋妄念、毋妄言、毋妄行。至夕，又俯身投地，嚴自察省，本日刻刻處處所思、所談，及所動作，有妄與否？否即歸功上主，叩謝恩祐，誓期將來繼續無已。若有差爽，即自痛悔，而據重輕，自行責罰，祈禱上主慈恕宥赦也，誓期將來必改必絕。每日每夜，以此爲常。誠用是功，自爲己師，自爲己判，日復一日，無奈過端消耗矣。

吳子曰：功哉功哉，自爲己證，則過不及辭，況文罪與？自爲己判，則不欲欺己，豈待外人諫責焉？先治內心，次攻其表，於言於行，則功得序、得全、得實，愈如靈藥，必效不誤也。夫百人百罰，不如獨責。君子慚懼己知，甚於人知之，所謂自知，則萬證矣，殊乎小人，惟念人知，是愧、是憚耳。其於行也，不圖善，惟圖隱矣，縱可欺人，使之矇曰「是也是也」，而夫心之良，隱隱心聞，若或警呼曰「非矣非矣」，孰能強喑而已之乎？則莫如當夜時，晝事已畢，燈已滅，追求檢察一日之事何如，且詔己令詳審責問，今日嘗治心之何病？禁止何欲？洗滌何汚？改變何醜行？今日移幾步於德域也，夫身今日善於昨乎否也？茲功行，則怒心可滅可除，惰心可振可翌，欲心可懲可化矣。且既自知自省，又日日常追至天理臺前，從公審判，即此諸種妄念不敢發也。自貶自褒之後，固可晝夜安卧無慮焉。第此功也，精矣，美矣，得至無過，便已聖人，何謂初功耶？

余曰：去聖人猶遠矣。是者初功，又有初之初、中、末，三也。蓋凡未行道，而立志行之，其始事猶混濁，未得便澄，惟戒其大非耳；既聊進，方克省其非也。至近善地，乃察細微過者也。譬之如泉，久淪濁，欲清之，先除其粗石耳；水已靜，方可視小石去之；水既澄，則其眇末土沙，沉居水底，悉可睹而汰之矣。此三者，皆掃除之役，屏棄諸惡耳，未及爲善也。吾曾久作前功，進於此，則兼起行善之功，行善精美矣。行善者，於念、於言、於行，非惟審有妄否，猶察夫既有善否？未有善，則自悔自責，如犯誡焉，此時又以無善爲愆也。至善盛，乃可入聖人域也。

吳子曰：信夫聖德雖無惡，及其成道，尚在爲善。貴教作功，一在誠實，斯途轍顯然，程效不虛矣。惜今之俗，淪染佛乘，云空尚無，則論道者一秉高玄，無翅飛天，乃人之所不能行矣。但論，以論不以行，故不顧虛實。子談道以行，即所談者悉可效於事也。然嘗聞志仁無惡，無過失乃近仁也。無過失，曷爲與聖人遠乎？

余曰：玆者能無疵誰乎？齋舍中人與物一一蠲潔，而日掃日除，垢何居？風中難免塵埃也。故在本世，德雖高，前功之篇，不得暫舍乎也。縱設有人，了悉掃除諸等醜咎，而於聖人之域邇乎？農夫既易田者，猛獸已驅，荆棘已拔，野草已燼，瓦礫已脫，地形已平，而無所種藝，是近上農乎哉？子有傭僕，以應家役，彼未嘗竊主財物，未損家械，不擊子詈子，不博不酗，而日惟游閑坐卧，一切不爲，子以爲是僕善乎？不肖

乎？總總生靈，皆農夫，皆僕役，爲天主所傭，以治此道之田，以寅亮上主工也，必欲收投而獻諸主庾，必欲行其役而充本職也，豈啻望不爲非禮耶？今也全德之君子罕見，則非但無過，能寡過即目爲賢爲聖焉，世衰故耳。吾天主大教，論人罪惡，凡有二端，一因不善之有，一因善之乏，俱可悔也，俱可勉也。

吴子曰：談愈微愈美矣。可知凡人無爲於善，即有爲於惡，兩者等乎。蓋凡善，吾力所能行，無非吾分所當爲矣。若此審己也，進道無疆矣。

朱宗元《拯世略説・神功萬不可已》 有謂存心養性，所以事主；我教中誦祈瞻禮，俱屬粗迹，可不必爲。予嘗聞利西泰之説已，事主之功有二：一者，以行事仰合天主；一者，以心神默與天主晤契；行事合天主，即存心養性之謂；而心神默契，非徒對越而已：蓋人之心，必有所寄；不寄於善，即寄於惡：置其心於聲色貨利，則日進於邪慝；寄其心於道德仁義，則日立乎高明；天主者，道德之源，而仁義之海也，我以此心日洽焉，誠日入於善之機矣。況爲善去惡，多恃上主寵綏，人惟自恃厥力，是以行而多蹶；誦祈者，所以乞寵綏於上主也。且誦祈之中，有爲君父祈者，則即以動我忠君愛親之心；有爲天下萬民祈者，則即以生我民胞物與之思；有爲我仇祈者，則即以廓我情恕理遣之量；有爲已死祈者，則即作我存順沒寧之想；遇難而祈忍，則益固我堅貞之力；得意而祈佑，則隨絶我驕溢之端；有過而祈赦，則彌進我遷善之志。且祈忍祈勇，祈謙祈勤，祈畏祈愛，祈信祈望，當此請禱之時，即是力行之始，則又有恭敬天主之文，情慕天主之文，畏懼天主之文，瞻怙天主之文，稱羨天主之文，感謝天主之文：稽首誦經之際，彌全昭事之功。夫人心所欲爲，力或不副，上主所祐，無事不得；故眞心籲主，非徒見之空言，實能邀主福庇；則不出戶庭，而德日成於己，功日加於人矣。且天下之善，莫大於和，而不善莫大乎不和：合則情密，和則相愛，相愛則視人如己，而己所不欲，勿施於人；不合則疎，疎則不和，不和則相惡，相惡則專己自私，而忮妬殘貪，無所不起；是故有瞻禮之日以致衆，又有聖會之期以相萃，互相講解，勸勉效法，以合致和，和致愛，愛致種種之善；而會遇時，司敎闡經談道，片語隻言，皆補助身心之藥石。遇諸主日，則思化育生成之恩，因念我即竭力致命，不足仰答毫末；況一切誡命善事，可不守乎？遇聖人諸瞻禮日，則思彼亦人也，能自克修，成此巨績，萬世而下，敬事若茲；我獨不可猛厲前進，使盛德至善，法彼攸行乎？是故教中之規，瞻禮有單，修會有所，早有課，夕有禱，誦念有珠，總牘有經，或默想，或神領：總之息息念念，期與上主通洽，以成就德行也。若夫習異端之作用，誦悖理之空談，匪直無功，罪難逭矣！

利安當《天儒印》 《孟子》云，西子蒙不潔，則人皆掩鼻而過之。雖有惡人齋戒沐浴，則可以事上帝。蓋人生初始，一無字素簡耳。舉西子，況素質也，蒙不潔，如素簡之受點染。況素質爲罪垢所汚也。凡人一經罪垢叢集，外雖飾其容上，其內靈之醜穢特甚，掩鼻而過，不亦宜乎。夫天主生人，生善不生惡，今玆惡人，即前此西子特蒙不潔，則爲惡人矣。勿曰惡人天之棄人，竟灰心主宥，而不一哀懇籲禱也。倘翻然悔改，依賴聖恩，遵大小之齋期，守二五之誡訓，承法浴之水沐浴，以洗滌其心志，則天主必矜憐而釋之矣。昔吾主設喻，謂人有百羊，偶亡其一，則必遍覓之。既得，則負以迄，聚鄰友共爲之慶也。蓋九十九羊，善人也。所亡羊，罪人也。得善人九十九，不足喜。得一罪人回心嚮道，則喜宜倍矣。故曰，雖有惡人，齋戒沐浴，則可以事上帝。上帝者，即主宰萬有，至尊無二之天主也。然則人不向望天主，將誰望哉。

三　願

綜　述

羅明堅《天主聖教實録・解釋天主勸諭三規章》 或曰，尊師前言勸諭三規，何如。答曰，揭三者而言之，世界惟有三事得以誘人作罪，一者自專，二者貪色，三者貪財。是以天主勸論修道之人守此三規，一者凡事不可縱性自專，須從尊長之命令，二者無慾，三者絶無私財。或問曰，世人若無尊長在上，而舉意作事，亦有財產家業，亦有娶妻繼嗣，吾不知有

罪否也。答曰，若人非專務脩道者，則是無罪。若既專務脩道，或自私財物，或娶妻繼嗣者，其罪甚大不可言矣。人若絕其財色，專一奉事天主者，甚勝乎娶妻求財之輩矣，守此三規則易得道升天矣，是以我等脩道者固守此三規，一者住集於會中，凡事請命於會長，二者不思色慾，三者不思財利以資日用，此所以一心奉敬天主也。

利瑪竇《天主實義》卷下第八篇《總舉大西俗尚而論其傳道之士所以不娶之意並釋天主降生西土來由》 中士曰：貴邦既習天主之教，其民必醇樸，其風必正雅，願聞所尚。

西士曰：民之用功乎聖教，每每不等，故雖云一道，亦不能同其所尚。然論厥公者，吾大西諸國，且可謂以學道爲本業者也。故雖各國之君，皆務存道正傳，又立有最尊位，曰教化皇，專以繼天主，頒教諭世爲己職，異端邪說不得作，于列國之間主教者之位，享三國之地；然不婚配，故無有襲嗣，惟擇賢而立；餘國之君臣，皆臣子服之。蓋既無私家，則惟公是務，既無子，則惟以兆民爲子，是故迪人於道，惟此殫力；躬所不能及，則委才全德盛之人，代誨牧于列國焉。列國之人，每七日一罷市，禁止百工，不拘男女尊卑，皆聚于聖殿，謁禮拜祭，以聽談道解經者終日。又有豪士數會，其朋友出遊于四方，講學勸善。間有敝會，以耶穌名爲號，其作不久，然已三四友者，廣聞信於諸國，皆願求之，以誘其子弟於眞道也。

中士曰：擇賢以君國，布士以訓民，尙德之國也，美哉風矣。又聞尊敎之在會者，無私財，而以各友之財共焉；事無自專，每聽長者之命焉。其少也，成己德，博己學耳；壯者，學成而後及于人。以文會，以誠約，吾中夏講道者或難之。然有終身絕色，終不婚配之戒，未審何意？夫生類自有之情，宜難盡絕，上帝之性，生生爲本，祖考百千，其世傳之及我，可即斷絕乎？

西士曰：絕色一事，果人情所難，故天主不布之于誡律，強人盡守，但令人自擇，願者遵之耳。然其事難能，大抵可以驗德，難乎精嚴正行。凡人既引于德，則路定而不易矣。君子修德，不憚劬苦。吾方寸之志已立，則世上無難事焉。使以難爲爲非義，則甚難爲義者也。生生者上帝，死死者誰乎？二者本一，非由二心。未開天地千萬世以前，上帝無生一生者，生生之性何在乎？人心之卑暝，莫測尊極之心，矧云咎之哉。且人以上帝之心爲心，非但以傳生爲義，亦有常生之理。

夫天下人民，總合言之，如一全身焉，其身之心意惟一耳，各肢之所司甚衆。令一身悉爲首腹，胡以行動？令全身皆爲手足，胡以見聞，胡以養生乎？比此而論，不宜責一國之人各同一轍。若云以此生人，又兼司教以主祭祀，始爲全備，竊謂婚姻之情固難竟絕，上帝之祀又須專潔，二職渾責一身，其于敬神之禮，必有荒蕪。夫人奉事國君，尚有忍尅本身者；奉事上帝，詎不宜克己慾心哉？

古之民寡而德盛，而一人可以兼二職。今世之患，非在人少，乃人衆而德衰耳。圖多子而不知教之，斯乃只增禽獸之群，豈所云廣人類者歟？有志乎救世者，深悲當世之事，制爲敝會規則，絕色不娶，緩於生子，急於生道，以拯援斯世墮溺者爲意，其意不更公乎？

又傳生之責，男與女均。今有貞女受聘未嫁而夫卒者，守義無二，儒者嘉之，天子每旌表之。彼其棄色而忘傳生者，第因守小信於匹夫，在家不嫁，尚且見褒。吾三四友人，因奉事上帝，欲以便于遊天下，化萬民，而未暇一婚，乃受貶焉，不亦過乎？

中士曰：婚娶者，於勸善宣道何傷乎？

西士曰：無相傷也。但單身不娶，愈靖以成己，愈便以及人也。吾爲子揭其便處，請詳察之，以明敝會所爲有所據否。

一曰，娶者，以生子爲室家耳。既獲幾子，必須養育，而以財爲置養之資，爲人之父不免有貨殖之心。今之父子衆，則求財者衆也；求之者衆，難以各得其願矣。吾以身纏拘於俗情，不能超脫無溺，必將以苟且爲幸也，欲立志責人於義，豈能興起乎？夫修德以輕貨財爲首務，我方重愛之，何勸爾輕置之哉。

二曰，道德之情，至幽至奧。人心未免昏昧，色慾之事，又恆鈍人聰明焉。若爲色之所役，如以小燈藏之厚皮籠內，不益矇乎？豈能達于道妙矣。絕色者如去心目之塵垢，益增光明，可以窮道德之精微也。

三曰，天下大惑，維由財色二欲耳。以仁發憤救世者，必以解此二惑爲急。醫家以相悖者相治，故熱病用寒藥，寒病用暖藥，乃能療之。茲吾惡富之害，而自擇爲貧者，畏色之傷，而自擇爲獨夫者，處己若此，而後

無義之財，邪色之欲，始有省焉。故敝會友捐己義得之財物，以勸人勿于非義之富，爲修道以卻正色之樂，以勸人勿迷于非禮之色也。

四曰，縱有俊傑才能，使其心散而不專乎一，則所爲事必不精。克己之功難于克天下。自古及今，史傳英雄攻天下而得之者多矣，能克己者幾人哉？志欲行道于四海之內，非但欲克一己，兼欲防遏萬民私欲，則其功用之大，曷可計乎？專之猶恐未精，況宜分之他務？爾將要我事少艾而育小兒乎？

五曰，善養馬者，遇騏驥騂騮，可一日而馳千里，則謹牧以期戰陣之用，懼有劣嫋於色者，別之於群，不使與牝接焉。天主聖教亦將尋豪傑之人，能周遍四方之疆界者，以明道禦侮，息異論，迸邪說，而永存聖教之正也，豈欲軟其心以色樂，而不欲培養其果毅，以克私慾之習乎？故西士之專心纘道，甚于專事嗣後者也。譬夫斂收五穀萬石，未有盡播之田中以爲穀種者，必將擇其一以貢君，一以藝稼爲明年之穡。曷獨人間萬子皆罄費之以產子，而無所全留以待他用者耶？

六曰，凡事有人與鳥獸同者，不可甚重焉。勞身以求食，求食以充饑，充饑以蓄氣，蓄氣以敵害，敵害以全己性命也，咸下情也。人於鳥獸此無殊也。若謹慎以殉義，殉義以檢心，檢心以修身，修身以廣仁，廣仁以答天主恩也，此乃生人切事，可以稱上帝之大旨。從此觀之，則匹配之情于務道之意，孰重乎？天下寧無食，不寧無道。天下寧無人，不寧無教。故因道之急，可緩婚；因婚之急，不可緩道也。以遵頒天主聖旨，雖棄致己身以當之可也，況棄婚乎？

七曰，敝會之趣無他，乃欲傳正道於四方焉耳。苟此道於西不能行，則遷其友于東；於東猶不行，又將徙之於南北；奚徒畫身於一境乎？醫之仁者，不繫身于一處，必周流以濟各處之病，方爲博施。婚配之身，纏繞一處，其本責不越于齊家，或迄于一國而已耳。故中國之傳道者，未聞其有出遊異國者，夫婦不能相離也。吾會三四友，聞有可以行道之域，雖在幾萬里之外，亦即往焉，無有託家寄妻子之慮，則以天主爲父母，以世人爲兄弟，以天下爲己家焉。其所涵胸中之志，如海天然，豈一匹夫之諒乎？

八曰，凡此與彼彌似，則其性彌近。天神了無知色者，絕色者其情邇乎天神矣。夫身在地下，而比居上天者，以有形者而效無形者。此不可謂鄙人庸學也。似此清淨之士，有所祈禱于天主，或天之旱，或妖鬼之怪也，或遇水火災異之求解也，天主大都鑒而聽之，不然上尊何寵之哉？

然吾此數條理，特具以解敝會不婚之意，非以非婚姻者也。蓋順理娶也，非犯天主誡也，又非謂不娶者皆邇神人也。設令絕婚屏色，而不惓惓于秉彝之德，豈不徒然乎？乃中國有辭正色而就狎斜者，去女色而取頑童者，此輩之穢污，西鄉君子弗言，恐浼其口。雖禽獸之彙，亦惟知陰陽交感，無有反悖天性如此者，人弗赧焉，則其犯罪若何？吾敝同會者收全己種，不之藝播于田畝，而子猶疑其可否，況棄之溝壑者哉？

中士曰：依理之語，以服人心，強于利刃也。但中國有傳云「不孝有三，無後爲大」者，如何？

西士曰：有解之者，云彼一時，此一時，古者民未眾，當充擴之，今人已眾，宜姑停焉。予曰，此非聖人之傳語，乃孟氏也，或承誤傳，或以釋舜不告而娶之義，而他有託焉。《禮記》一書，多非古論議，後人集禮，便雜記之于經典。貴邦以孔子爲大聖，《學》、《庸》、《論語》孔子論孝之語極詳，何獨其大不孝之戒，群弟子及其孫不傳，而至孟氏始著乎？孔子以伯夷、叔齊爲古之賢人，以比干爲殷三仁之一，既稱三子曰仁曰賢必信其德皆全而無缺矣。然三人咸無後也，則孟氏以爲不孝，孔子以爲仁，且不相戾乎？是故吾謂以無後爲不孝，斷非中國先進之旨。

使無後果爲不孝，則爲人子者，宜旦夕專務生子以續其後，不可一日有間，豈不誘人被色累乎？如此，則舜猶未爲至孝耳。蓋男子二十以上可以生子，舜也三十而娶，則二十逮三十，匪孝乎？古人三旬已前不婚，則其一旬之際，皆匪孝乎？譬若有匹夫焉，自審無後非孝，有後乃孝，輒娶數妾，老于其鄉，生子至多，初無他善可稱，可爲孝乎？學道之士，平生遠遊異鄉，輔君匡國，教化兆民，爲忠信而不顧產子。此隨前論，乃大不孝也，然於國家兆民，有大功焉，則輿論稱爲大賢。孝否在內不在外，由我豈由他乎？得子不得子也，天主有定命矣，有求子者而不得，爲有求孝而不得孝者乎？孟氏嘗曰：「求則得之，舍則失之，是求有益於得也，求在我［者］也。求之有道，得之有命，是求無益於得也，求在外［者］也。」以是得嗣無益於得，況爲峻德之效乎？

大西聖人言不孝之極有三也：陷親於罪惡，其上；弑親之身，其次；□親財物，又其次也。天下萬國，通以三者爲不孝之極。至中國而後聞無嗣不孝之罪，於三者猶加重焉。吾今爲子定孝之說。欲定孝之說，先定父子之說。凡人在宇內有三父，一謂天主，二謂國君，三謂家君也。逆三父之旨者，爲不孝子矣。天下有道，三父之旨無相悖。蓋下父者，命己子奉事上父者也，而爲子者順乎一，即兼孝三焉。天下無道，三父之令相反，則下父不順其上父，而私子以奉己，弗顧其上；其爲之子者，聽其上命，雖犯其下者，不害其爲孝也，若從下者逆其上者，固大爲不孝者也。國主於我相爲君臣，家君於我相爲父子，若使比乎天主之公父乎，世人雖君臣父子，平爲兄弟耳焉。此倫不可不明矣。

夫萬國通大西之境界，皆稱爲出聖人之地，蓋無世不有聖人焉。吾察百世以下，敝土聖人之尊者，咸必終身不娶。聖人爲世之表，豈天主立之爲表，而處己於不義之爲哉？彼有不娶而爲積財貨，或爲糊口，或爲偷安懈惰，其卑賤之流，何足論者。若吾三四友，一心慕道，以事天主，救世歸元，且絕諸色之類，使其專任鄙見，無理可揭，誠爲不可。然而群聖以其身先之，萬國賢士美之，有實理合之，有天主經典奇之，亦可姑隨其志否耶？以繼後爲急者，惟不知事上帝，不安于本命，不信有後世者，以爲生世之後，已盡滅散，無有存者，眞可謂之無後。吾今世奉事上帝，而望萬世以後，猶悠久常奉事之，何患無後乎。吾死而神明全在，當益鮮潤；所遺虛軀殼，子葬之亦腐，朋友葬之亦腐，則何擇乎？

中士曰：爲學道而不婚配，誠合義也。我大禹當亂世治洪水，巡行九州，八年於外，三過其門而不入。今也當平世，士有室家，何傷焉？

西士曰：嗚呼，子以是爲平世乎？誤矣。智者以爲今時之災，比堯時之災愈洪也。群世人而盲瞽，不之能視焉，則其殘不亦深乎。古之所謂不祥，從外而來，人猶易見而速防，其所傷不踰財貨，或傷膚皮。今之禍，自內突發，哲者覺之而難避也，況于恆人？故其害莫甚焉。如風雷妖怪之擊人，不損乎外，而侵其內者也。

夫化生天地萬物，乃大公之父也，又時主宰安養之，乃無上共君也，世人弗仰弗奉，則無父無君，至無忠，至無孝也。忠孝蔑有，尚存何德乎！

夫以金木土泥鑄塑不知何人僞像，而倡愚氓往拜禱之，曰此乃佛祖，此乃三清也，且興淫辭奸說以壅塞之，使之氾濫中心，而不得歸其宗，且以空無爲物之原，豈非空無天主者乎？以人類與天主爲同一體，非將以上帝之尊，而侔之於卑役者乎？恣其誕妄，以天主無限之感靈，而等之於土石枯木，以其無窮之仁，覆爲有玷缺，而寒暑災異，憾且尤之。侮狎君父，一至于此。

蓋昭事上帝之學，久已陵夷。不思小吏聊能阿好其民，已爲建祠立像，布滿郡縣，皆是生祠；佛殿神宮，彌山遍市；豈其天主尊神，無一微壇，以禮拜敬事之乎？世人也，皆習詐僞，僞爲眾師，以揚虛名，供養其口，冒民父母，要譽取資。至于世人大父，宇宙公君，泯其跡而僭其位，殆哉，殆哉。吾意大禹適在今世，非但八年在外，必其絕不有家，終身周巡于萬國，而不忍還矣。爾欲吾三四友，有子之心，有兄弟之情，視此爲何如時哉？

司鐸規要

綜　述

利瑪竇《化人九要》一要曰誠。凡人多向世俗肉身虛假之事者，不得謂之誠，即有時切向上主而間斷不專者，亦不得謂之誠。所謂誠者乃超性之德，根於心，發於事，時時無不專向上主也。倘無向主之誠，而爲揚自己之聲名，爲顯口才之雄辯，爲誇學問之宏通，或以巧語勝人爲能，或以重語壓人爲快，或以強詞問難塞人之口爲得計，更有人前論道講經原非本願，或出於偶然，或出於不得不然，若此之類，皆不可謂之純心向主，亦無效驗。

二要曰智。誠而不智，是有體而無用。智德之本分，能分別孰先孰後之序，不致倒施而逆行。勸人之道，必先始於自身，化及一家，然後可以通行遐邇。經云，先行後傳，仁人君子之言，取效最速。若教中冷淡之友，竟如慢絃塵積之琴，音難入耳。

三要曰廉。智而不廉，雖次序秩然，人多疑議。無私無欲之心，最能動人信服。若因勸人之名，兼取己身之利，被人窺破，指摘隨之。阻人遷善，其弊無窮。成人之美而不言謝，天上人也。

四要曰勇。廉而不勇，雖一介不取，而向主之誠，修齊之智，難行於外，故勇爲傳教人切要之德。己之厭煩，勇以克之，人之疑慮，勇以解之，更有世俗邪魔，左右往來之阻礙，勇以退之。膽怯之害，每因些微之扞格，不曰此非講道之地，早應退藏，即云今非傳教之時，暫宜遲緩，或嫌其黨不可與言，或疑其人恐生隱禍，種種推委，只圖且夕之安，總不思畫一全善之策，救人靈魂，可爲痛哭流涕者也。

五要曰實。凡人徒知勇於行事，而不知事事切實與否，即不知本末輕重之分矣。或處難行之事，或值難行之地，或遇難行之人，即宜置而不論，只論其吃緊者。此理不明，易墮奸魔之網，屏絶異端，爲守身之實。明白十誡，爲修身之實，痛責前非，嚴防復犯，使知畏懼而不敢獲罪於上主，爲謹身之實。勉人行善立功，勸人超凡入聖，爲立身之實。

六要曰和。聖多俾亞當造次顛沛時，人人交相贊美，甚至異教之人，感其大德，總因秉性溫和，持躬柔順，煦如春日，和若春風，或甘旨延賓，或親朋慶會，令人知吾名教中，未嘗無可樂之地，故其效如此。因憶吾主耶穌爲訓門徒不可太嚴，不可固執，故有時婚筵赴而不辭。又如嘉祿聖人苦身克己，酒不沾唇，後至一異端之地，風俗以酣飲爲樂，聖人即隨俗共觴，藉兹和順，化導多人。而聖方濟各沙勿畧常賴和顏悦色適人之意，雖元惡大奸，多有悔過自新者，若非光風霽月之襟懷，則臭味難投，無從覿面，何自而成勸化之功。乃有一等聲價自高，不近人情之輩，或出言粗率，不合時宜之人，既無親愛先施，難望他人欽服。極其害，必至人自爲人，我自爲我而後已。

七要曰恆。夫誠智廉勇諸德俱全，而且事得其本，氣極其和矣。乃惟圖速效遂無恆心，則前功盡棄矣。

上主以恆心救我，顯然可以自證，何我不恆心以救人。金口聖人若望說，我等用心料理他人之靈魂，必如上主用心料理我等之靈魂，即此之謂也。倘或重勞心力，躭誤時日，而無此應驗，即或有驗而弗遂所懷，不可自生淆惑，以棄從前熱愛之苦心。

八要曰義。先義者何事之宜也，先言傳教者必由身以及人，智也。次言奉教者，當重本而輕末，實也。首所謂義者專爲料理教事之人，當統計事情之緩急，酌其遲速以行也。聖多俾亞先能裁奪神工之品第，孰當加意用心，孰可稍從簡便，又必裁奪工夫之忙閑，孰當速往，孰可遲行，胷中早有卓識。故臨事不致溷淆，或因管領一病人，或爲付洗一孩童，不獲誦經，不便守齋，不能與彌撒，如此緊要工夫豈惟無罪，且有大功。

九要曰謙。上言和以待人，兹言謙以持己。蓋謙者乃諸德之基，諸德之輔，諸德之飾，凡實心傳教之人，必先具此德，否則隨口閒談，如鐘響鑼鳴，有何益處。聖保祿云，何敢以我之能言，抹煞十字架之能力。羞惡之心，人皆有之。才智人與才智人遇，則兩不相下，誰肯降心相從，惟以謙，未有不心服者。夫以卑勝高，以愚勝智，其相勝之光榮，不歸於人，惟歸上主，故能丕揚休命，適愜衆心也。見有數人信服，即欣自滿，似乎不可一世者，獨不思變化人心，可是人力能爲之事乎。蓋問己身保無有大罪不改，保無有缺乆未償，保無有貪淫惰傲之端，文過飾非之弊，反而求之，尚難革面革心，有何證據，將他人遷之善之功攘爲己有耶。若再轉憶從前許多親戚朋友，因我偷安懈懶，或未曾悔罪自新，或未曾領洗入教，方負罪痛懲之不暇，安敢以微勞自許。

上主准人立德立功，是人愛上主之恩，非人有愛恩於上主也。奥斯定聖師云，人若問我何者爲一生緊要之德，必應之曰，謙爲第一。再問其次，亦以謙應之。更問其次，仍以謙應之。然見吾輩中未能存仁讓之心，不能體認自己，無能勸化者，若而人必少荷主恩，嬾於誦禱者也。欲冀其弗斷神工，周旋同學，難矣哉。

彌撒

論說

楊廷筠《代疑篇》卷上《答禮惟天子祭天今日日行彌撒禮非僭即瀆

條》　禮有名同實異者，不可一概而論也。天子爲萬民主，即爲萬民報答生成於陽生之始，日特舉殷祭，其品用犢，其樂九奏，其瘞埋用蒼璧，昇達用庭燎燔柴配位，則創業帝王，此爲大祀之首，典禮最重，諸侯王通不得僭之，重名分也。若西教之彌撒禮，非此之謂。言人享受天主大恩，日日具有，何可一日忘報。凡人有心，各欲自盡，故每日晨起，或望空拈一香，叩一頭，不教而能，此有何故，表自心之不能已耳。此見禮之根心，原非強世也。耶穌在世，亦日日虔奉罷德肋，親定此禮，爲萬民表率。故西士亦謹守其傳，日日奉祭耶穌。一是感天主之恩，一是守耶穌之命，且其中妙義，悚人心之敬信，邀維皇之默佑，功德甚鉅，語難盡述。有《彌撒解》一編，述舊教新經，沿改事蹟，俱有深意，在教人士，俱能通解。解則此禮當行，自無一日可少，非僭亦非瀆也。

今人止視天主至尊至高，與己邈不相親，不知在人世，則論名分。天主視人，無非其子，無貴賤無賢愚，皆一大父所出。故謂之大父母，尊而且親，無人可得遠之。子事父母，惟力自視；善事父母者，謂之能竭其力。豈有父母之前，可一日不盡其分，以僭與瀆罪之耶？正爲世學不明此理，佯名尊天，其實遠之，甘以極尊至敬，奉所不必奉，則惑也。耶穌所定之禮，酌古準今，繁約至當，革去犧牲，止用香燭，而臺上所獻者，爲阿斯第亞，極薄小麵餅，上有聖號。爵用葡萄酒，盛其服飾，而器具音樂，有人則備，無人則不備。禮隆而不至於繁，意虔而不藉於費，此禮日日可行，會士人人可習。此外非眞潔之人，不可執鬯，不可近於器物。其肅敬也如此。固非如他所云，祭不欲數，數則瀆者，可比倫也。

或曰：人有常業，日日爲此，恐亦妨功。曰：此第就會士言耳。彼專以奉主爲學，入門以來，惟此一事，即其每晨之功課，而所行之節奏威儀，耶穌當日親定，自然恰妥。聖人無以易之。莫非會士，自盡本等職業，來聽彌撒，各從其便，曷云妨功？常見瞻禮日，堂中附聽彌撒，濟濟多人，跪拜終事，寂不聞聲。所謂無言靡爭，惟此近之。此見天主立法，至善至嚴，與世間教法，由人所立，自不同也。

錢單士厘《歸潛記》乙編一《彼得寺》　右入歌路剎埤，歌路剎埤者，晚課行禮之所，日曜日亦行彌撒禮於此。男子非禮服、女子非蒙黑冪者，不得入。音樂甚有名，予恆率孫輩佇門外聽之，不覺神往，孫輩侍聽，亦自然有一種靜肅氣。新派不重彌撒，專事演說。予以爲彌撒智愚皆感，演說僅動廝養，舊派豈可厚非。

又　亭中彌撒几，非景宗不得行彌撒禮於此。景宗不到，則作委任書命君牧師代禮（君牧師即艾儒略所撰《彌撒祭義》之加爾地納耳）。景宗躬自彌撒，予未之見。通常彌撒，予屢見之。彌撒者，景教最常用之禮式，種別凡二十有餘，或因時不同，或因事不同，而新舊各派又各各不同。綜核其要，不外以一粒無酵之餅、一滴葡萄之酒，供奉耶穌，俟耶穌靈聖降於此粒餅滴酒之中，主禮之景士，領此餅、酒吞之。蓋餅即耶穌肉，酒即耶穌血，得以耶肉耶血入我體中，其爲幸福，孰過於是？既受此幸福，烏可自私，必也分布而及於衆信徒，使人人得霑其惠。當分布時，有祝誦詞，述上帝降福於信徒。信徒聞之，引爲大幸。若有以未得分餅、酒爲憾者，可納資請行餐禮，則別爲禮式以餐之，非彌撒矣。彌撒本意，不過因日常必見之餅、酒兩種，以爲紀念耶穌而已。迨舉而定爲敎禮，踵事增華，成爲一種形式。今通例一彌撒中分爲五節：第一曰懺悔，其誦詞主義，在求瑪利、彼得、保羅一切諸聖代請於耶穌，消除我既有之罪惡，而清潔其身心。第二曰祈禱，其詞義在讚美上帝，表白一己之虔誠。此第一第二兩節，雖未受洗禮者亦許同聽，故亦稱爲非教徒彌撒。第三曰供奉，其意在清潔杯皿，供獻餅、酒，祝耶穌來享。第四曰祝咒，意在一經祝咒，則耶穌靈聖直降格於此餅此酒之中。第五曰感格，在景士既領受肉、血，必然上格耶穌，伸其感忱，復傳布信徒，具表神已來格，共用肉血，而禮於是乎成。此第三第四第五等節，惟信徒得預斯禮，故亦稱信徒彌撒。彌撒中，惟十二月廿四之半夜，爲最大最有名，曰半夜彌撒，視常禮三倍，主禮者先須絕食二十四小時云。

綜　述

艾儒略《彌撒祭義略·名義》　奉祭天地眞主之大禮，西音曰彌撒，譯其義，乃獻之謂也。蓋撒責耳鐸德品級之稱主祭代衆獻于天主，因而天主降賜于人許多恩德也。彌撒祭服，堂臺，儀式，皆有取義。

又《堂臺器具》 堂必有臺，設聖像于上，帳以時開。臺中置聖石一座，羃以潔白細布三層。在十字號之前，鐸德捧聖爵奠焉。左右燭臺，燭必黄蠟爲之。臺前繪帛綵綉色隨時易，與祭服同以臺爲加襪畧。吾主受難之山，十字架，是吾主所負以救世，而石則吾主之身體也。三層白布指吾主最潔之聖軀，綵綉臺幃之設，吾主種種至德之全也。帳幔之懸，謂人日日戴吾主而不知，如隔一障，使誠心專奉，便可覿面矣。燭用黄蠟，取其純潔也，蜂以童身採花，所釀用純潔者煉而後用，即滴處亦無汚染也。聖爵爲第一品祭器，遵教化主定規，必須金銀取其貴也，潔也。聖爵上用拭爵帨，帨上有金銀蓋爵之盤，盤上有方錦蓋，蓋上有羃，羃上有方綉函，以藏布袱。祭時鋪聖體之下者，聖爵指吾主之棺墓，盤蓋則其墓上之石。帕帨，則其殮服也。

又《章服》 鐸德祭服有六。六者，天主造天地之功，六日而成也。六服維何。其一，以潔白布爲方領，先以首戴，次乃加于衣領之上，系兩帶縛于胸前。指吾主受難時，被人以帨蔽目，受侮之義。其二，以白布爲長衣。指其受難時，在國王黑落德前，被着白衣，若目爲無知白丁者然。其三，用絲條繫腰。指吾主被縛于石柱，受人笞撻之義。其四，濶短綉帶繫于左臂。指吾主在山園默禱，知惡黨至，親出迎之，受其縶縛之義。其五，闊長綉帶，從領掛于胸前，交成十字，垂于左右。指吾主受難，自負十字聖架，以登于山之象。其六，綾帛彩服，此爲鐸德本品之服。指吾主受難，被比辣多兵卒以舊紅綵衣加身，譏其爲王也。六服之外，用玄色祭巾，指吾主受難，曾戴茨冠之義。若其祭服之色，白者，指其清潔童身，未染俗穢之義。凡遇吾主耶穌降生，復活，升天與聖母，或聖人聖女，瞻禮日用之。紅者，血義，凡遇宗徒，及他聖人有爲天主聖教致命者，其瞻禮日用之。天青者，天之正色，冬春多用。凡遇齋日，或行苦功，祈天主之時，皆用之。此色近天，故願通達于天主者衣之。玄者，冥漠之義，凡已殁之人在煉罪幽暗之處，而欲爲之奉祭，天主，則用此色。緑者，生旺之義，如無他等瞻禮之時，則常衣之，夏秋尤多。常望天主加恩生生不巳也。輔彌撒者，着白衣，全繞一身，以示其心之潔。或有微過，先須虔誠悔滌，而後爲之。

又《與彌撒禮》 彌撒將行，皆鞠躬跪拜，作聖號，誦定心祝文。鐸德詣臺稍退，輔彌撒者誦解罪經，衆宜默默同念，同三叩心，表其痛悔眞切。見鐸德轉身，即致揖，鐸德就臺右念經時，宜立，同作聖號。見鐸德下跪，亦跪而叩首。鐸德盥手畢，轉身，衆人皆跪。默思吾主爲我等重罪受難諸恩，舉揚聖體及聖爵時，俱三叩心，默念舉揚聖體聖爵各祝文。鐸德領聖體時，衆當以神領受，共沾耶穌大恩。鐸德盥手，將移經臺左，即起立，鐸德畫十字祝福于衆，即跪受，或揖。彌撒將畢，鐸德詣臺右誦經，衆共謝恩。禮畢，聽本日應闡義理，及天主諸訓，此總撮禮儀大畧而已，以便易曉。若其詳，見《彌撒祭義》。

伏若望譯《彌撒禮節》 彌撒禮節，約有三端，曰將祭，曰正祭，曰撤祭。將祭十，有八條，正祭九條，撤祭六條。今撮其畧于後，以備日用。

又《將祭》 一，鐸德詣臺退下者，示謙抑不敢當祭，亦以萃一堂精神，莫不冲凜也。與彌撒者，此時當致心兢業思我大罪人，漫與大祭，虔恭比鐸德更當何如。

二，畫聖號。稱天主三位一體云云，指未有天地先，獨有一主，而一主內即含三位。以全能全知全善，造成萬類，即以其無窮福德，公之于物，使各享焉。與彌撒者至此，當敬信感謝大主，備此世界，令我享用，當何等發心奉事乎。

三，悔罪。誦解罪經，指人生世各有原罪，又有自造之罪，必大痛悔，方可拔解。與彌撒至此，自想一生之罪，眞切愧悔。隨輔彌撒者，默誦解罪經，求主赦宥，定志遷改，方敢與祭見天主也。

四，鐸德上臺，就臺左，誦古經一段。指天主未降生前，古聖祈望天主降生，救贖萬民。與彌撒者，當知降生因緣不偶，正欲盡開天路，引我等共升。若肯誠心悔罪欽崇，必蒙吾主救拔。

五，就臺中，誦基利厄阨勒依美九遍。指古聖痛世罪重，哀求眞主早降臨救世。九遍者，每位哀求三次也。與彌撒至此，當想己罪種種，求赦于聖三，又求罷德肋全能，賜我力量。求費畧全知，賜我明覺。求斯彼利多三多全善，賜我眞切向慕之心。

六，將手兩開復合掌，誦厄樂利亞云云，譯言上則榮福于天主，下則安樂于善人，是吾主降生後，天神在空中所歌讚者。與彌撒者，當陪天

神，讚誦上主降我人間。務求自新，不負主恩。

七，轉身對衆，云鐸彌奴斯阿比斯公，譯言主與爾輩偕焉，指吾主降生後，傳播于世，爲人類稱慶者。與彌撒者，當感吾主降生大恩，幸沐其教，求主加寵，降在我中，永遠不離，又求遍傳人間，人人歸向。

八，就臺左，開手誦經，隨本日瞻禮之義祈禱。與彌撒者，至此當申達所願于主前，不拘何等，但非惡事，皆可求也。又要知我所宜得，主必賜我。若不宜得，亦當順主所受。大凡求之先，自辦一事，事合主之念。求之後，自堅一懇，懇不倦之念。蓋吾輩求主關係極切，如何可徒口求，又可懶求耶。

九，按手經上，誦經一段。指古聖所紀論天主降生事，與後來符合。又指若望保弟斯大畧在降生前，令人痛改，以俟主臨。與彌撒者，當思凡有阻礙于主者，預爲清闢，以俟主來。

十，移經臺右，奉香，誦萬熱畧經，有八端禮儀，各有深義。一請經從臺左至臺右，指吾主降生後，聖教從如德亞傳於他國也。二鐸德臺中鞠躬，祈主祐，傳教於人也。三衆人站立聽經語，指勃然振起必欲遵行也。四奉香于經三次。五奉燭二座，蓋尊重其經指萬美聖教，猶奇馥之香，而賜人以靈光之照也。六畫聖號于經，于額，于口，于胸。蓋此經是忍受十字架之主所命者，以畫經者畫于額口胸，見不但不可生妄想，妄言，妄行，而實當時念時言時行也。七念畢，啟經合口，指經味至永，含咀不盡也。八奏樂示和暢全美，將人之精神，俱收攝于其中也。與彌撒至此，會心求益，其義無窮。

十一，就臺中，誦信經。指聖敎既傳萬國，人人敬服，而信從之。與彌撒者，當同鐸德誦十二信經。又想我非奉教中人乎，更于何處着疑耶。

十二，又轉身念鐸彌奴斯阿比斯公，上言萬民信從，則眞主在人心內。故鐸德轉身而慶慰衆，言主在爾輩中矣。與彌撒者，當想既奉教後，眞主親臨，不爲邪據。又恐此後或逆主命，復失其寵，難以稱此語也。醒之醒之。

十三，開爵，奉窩斯帝亞，又酌葡萄酒于中，以是二品奉獻，指吾主降世贖人，不惟以正言訓人，以聖蹟立表，且願以己身爲祭品，奉獻于天主罷德肋，以息威怒。爵中酌酒者，即吾主聖血，流散于十字架上，爲洗萬罪之寶藥。與彌撒者至此，當想已負重罪，賴主大恩，捨身贖我，我當何如報答。此時當以己身心供奉天主，定我一身事，悉遵主命，即爲天主致命，亦所不辭，以盡報主萬分之一。

十四，盥手，轉身向衆，請虔心同禱。與彌撒者至此，當想洗心滌慮，固是本分，而一念虔誠，必使洗之又洗，滌之又滌，以至於無復可洗滌，乃爲敬謹之至。

十五，微聲念經，指吾主未受難前，暫居他方，不顯出於如德亞都城，非爲避難，時未至也。又以訓我等，當亂世出處亦宜相時耳。

十六，高聲念三都斯云，指吾主定受難之期，自遠方進如德亞都城，雖有不知妬害者，其知敬者不啻億萬，拔花迎接，高聲讚賀所云。三都斯云者，譯言聖聖，正是讚賀之言也。與彌撒者至此，當思吾主爲我輩受難，屬其夙願樂爲。而我輩事主，最容易者尚不能爲，愈可羞愧。又以見世情難定，今日尊敬我之人，即五日後侮慢我之人。正警人不可漫聽浮言，輒自矜喜也。

十七，合掌默存，祈求天主保佑當今教主帝王，及諸司教者，與父母及親友，普天下之奉教者。此指吾主受難前一晚，在園中默禱罷德肋，奉己所受諸苦，代民贖罪。又想我縱受苦，尚有不能得其感發遷改，辜負我恩者。作如是想，忽然汗血流地，此吾主之最大苦。與彌撒者至此，當存想此意，偕吾主偕鐸德祈求天主，大開天下之心，教化盛行，使人人不負吾主耶穌至情。

十八，聖爵上，先後畫許多十字，此指吾主受難日，諸般苦痛也。與彌撒者至此，當感謝主恩，即求主賜我日日能負我之十字架，隨從吾主。蓋吾輩每日遇難忍之事，爲主而忍。又所當行克己之功，皆爲我之十字架也。

又《正祭》 一，舉揚聖體聖爵，此指吾王耶穌爲我被釘十字架上，莫大之恩也。與彌撒者至此，思吾主受難，即不靈之物且表其哀，我輩人類可不感動，發心哀悔遷改乎。又舉有舉揚之義，表吾主耶穌甘下受辱，受苦，必爲天主所舉，與以審判之權，而加諸萬民萬神上，爲衆瞻仰。與彌撒者知受難之恩，又知舉揚之義，則悲喜交集，而愛慕不能已矣。

二，聖體上畫十字聖號五次，指吾主受難，遍身皆苦，而手足脅旁五

處重傷尤非他恩可比，故宜時時誦念，較之感誦衆恩尤爲喫緊。與彌撒者想日日固誦五傷經，以求五德，此時更自感激，五傷宛然在目，五德默然印心焉。

三，又合掌默存，指吾主死後救古聖靈魂升天。故鐸德至此，爲奉教已歿在煉罪者祈。與彌撒者，亦當於此致情，蓋聖神相通功也。

四，附心，念諸比斯郭國云云，譯言吾主憐及我衆罪人。與彌撒者至此，亦當悔前罪，以求恩赦。

五，高聲誦主經在天我等云云。我等肉身靈魂，生前死後所望乎主者，今在主經七求。此時聖體在上，正吾主代人贖罪之日，于此不求，烏乎用其求，故鐸德將以立表高聲朗誦，正恐錯過此會。與彌撒者，思平日固誦，而此時同鐸德聲聲喚醒，心神融洽于其中，更爲親切。

六、七，分開窩斯亞帝爲三，蓋指吾主在十字架上命終，靈魂與肉軀相離，又復生升天，而加全福于天上、人間、地獄三處，又已過現在，未來盡三等人，無不被吾主恩。與彌撒者，思己靈魂與肉身離時，若無功德，安得見吾主而受永福。又思吾主如此大功，三處均庇，敢不在此世，急于戰勝登程，使古聖先升者，得引手援我，同與煉罪者，齊登天國乎。

八，又念罷斯鐸彌尼云云，鐸言主之安和在爾輩，乃鐸德祝願衆人之詞也，亦指吾主復生後，現慰宗徒曰，我之安和全在爾輩也。宗徒喜甚。與彌撒者至此，當自發一甦生之意，絕去前日罪過，心中光明迅捷安穩無礙，實是吾主之安和在也。

九，叩心悔罪，隨領聖體。聖體養靈魂之至藥，必先去罪根，然後用之有益。鐸德雖已悔罪，至此復叩心悔之，恐悔或未盡也。與彌撒者，當參想此意。未領者，發一熱心，切望求領。已領者，發一喜心，恭迎吾主降我胸中。然貴實領，貴神領，不可徒領。

又《撒祭》 一，既歛聖爵等物，又請經復過臺左，誦經一段即轉身，仍念鐸彌奴斯阿比斯公，譯言主在爾輩中焉。蓋指吾主之敎從如德亞而傳于萬方，如德亞之民，多反失之，故終必復傳于如德亞。又吾主因救世而於如德亞降生，終必從如德亞降來大審判。與彌撒者至此，當想未聞敎先，猶可諉于不知。既聞敎後，不可不猛省力行，備死候審。

二，又誦經謝恩，吾主之恩，當時時奉謝。然或有受恩而不知者，至審判日，善惡判露，賞罰公嚴，始知吾主當初所賜之恩甚厚也，得不感謝無窮乎。與彌撒者當思彌撒之恩難逢，天主今日使我得與此祭。至審判日，必爲天主所寵，而投誠頌謝，自不能已矣。

三，又轉身念鐸彌奴斯阿比斯公，此鐸德賀衆人之領聖體，及向與彌撒者言，主在爾輩中焉。又指此生前，嚴加修省，必使善念刻刻相續，一非不間，方爲萬德渾全，而與主翕合也。

四，又向衆念依得彌撒云云，譯言彌撒已畢，衆人可去矣。與彌撒者，當轉思彌撒雖畢，而或有忽畧錯過，雖與猶不與也。即當退省，日加精進，以得與此勝會爲喜。

五，畫十字祝福于衆，此時鐸德稱三位一主，祝願奉教者，代天主降福于衆人，又指吾主日後挈善人同升天國享榮福也。與彌撒者，想日後升天之福，斷當勉勵相警，無使空爲善迹，而目失其眞福也。

六，在臺右立，誦經一段。捧聖爵歸，禮畢。古禮以右爲尊，右者，天堂眞福之處也。指世界盡時升天得福之人，永遠在天，讚謝大主。與彌撒者，當思世福至小至暫至雜，天上之福，至大至永至純，與其殉目前暫且雜之小樂，何如圖永遠大且純之眞福乎。故凡我同類，隨賢愚貴賤老幼男女，及殘疾疲癃者，一體隨時誘勸，必以吾主爲父，在天爲歸，欽崇爲事，日窮其理，日除其礙，日勉其進。與彌撒時，紬繹所行之事義，與彌撒後恭聽所講之要道，與彌撒往，寗存所得之精意，以至日後得明見吾主，人人升天受福，而吾主立彌撒之大義，與我等與彌撒之大功，已成矣。詳見《彌撒祭義》。

主日

綜述

陽瑪諾《聖經直解》卷一《主日》 聖教每七日立一主日，即逢虛昴星房太陽之日是也。遇此日，凡在教者俱當罷百工，親詣聖殿，與彌撒，

聽講道。倚加虔切求主，爲君父，爲萬民，爲親友，爲己身，均賜福庇，并祈庇祐世世人人認奉眞主。依此畧盡主日之禮，以收神益焉。聖奥斯定廣述主日之美好曰，天主開世之首日，是世之第一主日也，又中古如德亞人，被虜異國，後天主命之還徙福地，中途阻于大海，天主分開海水，使衆徒行過海。是日亦主日也。彼歸衆在途，曠野寥絶，無術救饑，天主自空命降飴味，衆藉以飽，閱歲四旬，無日不然，按味降之，首日亦主日也。至于吾主降生聖誕，主日也。受難後復活之日，及聖神降臨之日，亦皆主日也。從此逆推世末審判之日，亦在主日可知矣。主日之見重于天主如此，此日瞻禮，可弗守乎。

郭嵩燾《倫敦與巴黎日記》 廿一日，爲西曆七月初一日，禮拜，雨。日意格言，是日法國大閱，與黎莼齋往觀。天主教禮拜，往往舉行盛典，稍停日行常事，而不廢盛舉。耶穌教始一例停止，此路得創立耶穌教之最勝處。既云七日禮拜，一與休息，而大事輒復行之，此何爲也？謨汗默教則以耶穌禮拜五日爲禮拜之期，其餘大抵多同。

瞻禮

綜述

陽瑪諾譯《聖經直解》卷九《週年瞻禮》 聖而公會諸主日外另立多日以謝吾主，慶聖母賀聖人，謂之禮日。當日教友皆可罷工，躬詣聖殿，與祭聽道，策怠加勤，師聖人之德，助益本功焉。

瞻禮日，有上中下三品。上品約有十七，吾主聖誕，三王來朝耶穌，耶穌復活，復活前連三日，復活後連二日，耶穌昇天，聖神降臨，降臨後連二日，耶穌聖體，聖母昇天，聖若翰保弟斯大誕日，聖伯鐸羅聖葆祿二位宗徒，諸聖瞻禮，是也。

中品約有十，天主聖三，立耶穌聖者，聖母聖誕，聖母領報，聖母往獻耶穌，聖宗徒昇天本日，聖史昇天本日，尋得十字聖架，建聖彌額爾大天神殿，聖勞楞佐致命者，是也。

下品約有九，聖母始胎，聖母往見聖婦依撒伯爾，建聖母雪地殿，聖母望耶穌聖誕，耶穌復活後現慰聖母，諸聖嬰孩致命者，思念教中先人，聖枝禮儀，聖灰禮儀，是也。除主日及瞻禮日，其餘俱謂嘗日，任意詣聖堂加工可耳。

又《吾主耶穌聖誕瞻禮》 今日聖而公會三祭。一在子時，一在昧爽，一在天明。其故有三。一，慶賀吾主三生之奇。第一爲無始無終。葢無始之始，受生于父，而延乎無終之終。斯生之理幽深奥微，神人莫測。經指聖子者云，奇哉其生，誰能書述之乎。因子時之祭，慶賀斯生，而祭之首句舉聖子之言曰，天主聖父謂吾曰，爾實爲吾子，我今日生爾也。

第二，有始無終。生諸義人之内是也。人犯大罪，主離其心。幸改就義，主仍入心，若從新再生。經内主所云義人乃吾母也，斯之謂歟。

或疑曰，義人恆犯而失夙義，主亦再出，詎謂無終之生。曰，論人斯生頻有終盡，論主之意，永生也。主生人心，意欲恆住，謂無終者故。又義人沒時，幸存其義，昇天受福，主居其心，于無窮弗離，因謂之無終也。

或又問昧爽之祭，指主生于義人之内何。曰，昧爽微明之時也，義人在時，雖得聖寵，不得明決其是。惟畧揣驗，而莫能無疑，正若人居微明之室。經云，孰能定知，其屬愛乎，其屬惡乎。幸哉，主生義人之内，恆炤其心，其靈恆光。因祭之首句云，今日大光，普炤吾人。

第三，有始有終，生于聖母，是也。天明之祭，指主顯世若太陽然，大散世暗，大炤人心，令知信從之也。主也，生時，外國三王齊至恭慶，國内牧童，齊至致禮。又嬰童者，老年者，配偶者，婺婦者，各等人類，知識吾主，愛慕恭敬。因祭之首句云，小嬰爲吾臨世，而聖父付吾其子也。

二，感謝天主，賜世性，書聖寵三教之恩，引世識主。三教有殊，太古性教時，知主僅如許而已，其餘昏迷。因子時之祭，指謝斯教也。中古書教時，有經書典籍，有預知聖人著言，世人畧明，知主畧衆，因昧爽之祭，指謝斯教也。近古寵教時，主親訓人，宗徒衍教，多聖多賢嗣繼，世人明明知主者衆，因天明之祭，指謝斯教也。

天主降生時，世人太平，時落瑪王大統多國，欲知屬人之數，下令各詣所屬原府，報名上冊。聖母及聖若瑟，時住加理肋亞地納匝肋德府，聞令偕至宗鄉，名白冷，約離本府四百八十里，在玆吾主降生，經言如左。

三王來朝瞻禮

綜　述

陽瑪諾《聖經直解》卷九《週年瞻禮》　吾主降誕本日，新星倏現于東。時東方有三王，各理小國，各精天文，視星依古教預知之書。又依天主默示，知救世之主，今已降生，共議來朝，降生後十三日乃至。

經聖瑪竇第二篇。

耶穌既降誕如大白冷郡。國內有二白冷。一謂如大。一謂加理，聖史書如大白冷以解聖誕之處。阨落德王時，瑪日東來。瑪日，三王公稱，譯言知者。東方諸國，通達性理。天文等學者，俱謂之瑪日。三王各學盡備。因稱之其國東去離如德亞國二千餘里，槩用駱駝疾行，十三日得至。入都曰，適生國王安在。吾見厥星于東，來敬國王。舉城心皆不寧。王集解經諸司，問究捄世將生何處。對曰如大白冷聖誕處。預知者書曰，美哉，如大白冷。國內諸城之間，莫爲末城。厥大將，總督義獵阨爾吾民，且出于爾。預知者，彌格聖人也。其在吾主聖誕前，約有八百年。而明指聖誕之處義獵，上古聖人也。爲本國之宗祖，因取其稱，而稱本國。國王聽畢，恨懼交作，作計殺主，以保國位。王乃密請三王詳諮新星從現至今經幾歲月。後命之曰，赴至白冷，勤究嬰孩虛實。尋旋報吾欲奉朝。三王聽畢辭君出復見新星飛空引導至嬰孩降生處方止。見星忻喜異甚。入室見孩。偕瑪利亞厥母跽伏地，啓笈獻黃金乳香沒藥三禮。三禮皆含奇意。黃金，五金之王也，貢世王者物也。三王信主，實萬王之王而獻。乳香人燒天主前，以致心敬。三王信主，實爲天主而獻。沒藥塗尸令存不朽，三王信主雖天主，兼實眞人，異日受死。而聖尸未久復活，不至腐朽而獻。夢間天主阻復報王。乃自別道歸。

耶穌復活瞻禮

綜　述

陽瑪諾《聖經直解》卷六《耶穌復活本主日》　諸主日之間，此乃第一主日，吾等可忻慶吾主。經曰，天主造成此日，世上每可怡怡，傾心而喜。吾主死時，萬物哀痛，太陽全食，地皆震動，石山相觸，悉明其苦。今日萬幸應迓吾主，比之太陽，沒于西。黑影羅地，飛禽罷聲，若憂其沒，復生于東，地面復光，羽蟲熙熙，若慶復生。聖賢恆云，世物于主，死活悉然也。

或問，復活始末如何。曰，主亡時，靈魂離尸，降古聖所，慰福古教聖人。第三日攜出之塚，入其本軀復活。但前能受苦難，既復活後，諸苦俱不能受也。葆祿聖徒曰，主復活于死者中，再不能屬死，死再不能王彼焉。蓋言天主初造人祖，賜不死之恩，戒曰，勿方吾命。一方爾也，爾子孫也，必死也。人祖頑然方命，自招其死，其裔幷累死刑。皆屬於死，若庶民屬其王然。惟吾主之靈性，既享眞福，能保其身，使之不死。但因贖世之罪，甘心屬死，死後復活，盡脫死權，不能又死。經云，死再不能王彼故也。

又問，古聖之所何。曰，地中有四重大穽。最下者，最深最冥，惡鬼及惡人永苦之牢也。第二稍上者，煉罪之所也，教友生時，雖眞心痛悔，而得往罪之赦，然未全補，暫罰之功。其靈魂離身之後，姑置之是處，當暫楚苦，煉淨必昇天，享眞福焉。第三稍上者，爲天殤之所，是處無天堂之樂，無地獄之苦。蓋孩提本身未行善惡，不必樂苦，惟生時無領聖水之恩，洗滌原罪，死後不能昇天，而享眞福也。第四最高者，古聖之寄所也，蓋天主未降世之前，天門窒閉，古聖人不能通入，其靈魂姑置是處，待天主降來救援。聖經云，吾主死後降臨古聖寄所，舉此處而言也。

又問，主亦降永苦等所否。曰，經不言。惟聖賢解疑槩曰，主不降孩

童，及魔鬼之二所，蓋此等之罰，本無窮際，無容恕赦。或降煉所，慰其靈魂，援之同出，似亦近理。比之國主，或生子嗣，或勝敵，恆降大赦。恤刑官同流通國，大開囹圄，縱釋可宥罪人也。吾主乃天主眞子也，死而復活，如始受生。又，大敗魔軍，則降煉所，而慰煉靈，賜之大赦，援之同出，當然之理也。

又問，主何必復活。曰，立吾望，其故也。吾見吾主聖軀，先受苦難，後復活，而受隆福，則勉吾怠。飴心當苦，而望將來必受苦報焉。葆祿聖徒曰，吾卒世苦甚，使無望身後復活，以受苦報，吾苦虛空。經曰，望德，靈性之貓也。蓋舟無矴石，風濤亂動，下矴則安，人軀亦然。望報起工，失望罷工。

又問，吾輩必待沒世復活，主何不待而偕復活。曰，吾主寶績無比，天主聖父速酧之理也。又，主之聖軀，不宜久于塚，以至腐朽。因主謂聖父曰，父不許吾神居于地內，不許吾身朽于墓，惟賜我知復活之路焉。知復活之路何。曰，第一，復活，始開復活之路，是也。或疑曰，經記，古時已有復活之人，主在世時，令多人復活，此俱先行復活之路。何云首行之哉。曰，倚其本能復活。又，復活而再不死，惟吾主也。其他復活之人，皆不知倚本能復活之路，又，不知復活而再不死之路也，惟吾主俱知之，謂之第一者故。

終問，吾主救世大功既全，速速復活自便，待三日者何。曰，方死遽生，其死難明，疑者則多。待三日之期，其死之眞，復活之實，明矣。主欲堅吾信，故也。主既復活，速現於聖母，安其心，慰其憂。三位聖女不知主已復活，偕詣聖塚，以視聖尸。聖經如左。

錢單士釐《歸潛記》乙編一《彼得寺》 昔歲旅俄，遇彼俗一節日，旅俄華人呼爲雞子節。詢之西人，曰，此帕克節，即所謂耶穌復活節者。自旅義而考溯景教禮節，知耶穌以前已有帕克 Paque，希伯來原字曰 Pessahh，厥義「逾越」，在猶太曆 Nizan 月（春季第一月，即春分之月，以春分後月滿日爲第一日）第十四日。日落，以色列家殺小羊，先擇完善無污點者宰之，染其血於門楣，半夜，與無酵之餅同食之。所謂「逾越」者，其一，天使殺埃及長子時，見以色列家（楣染羔血之家）則越；其二，以色列族由奴隸越出範圍，而入於自由。後世記念此逾越之日，故曰逾越節，爲摩西律中最重要之大典。後來會堂祭司、長老諸人增加其禮節，先於 Nizan 月第十日選擇牡羔，至第十四夕宰之，聚十餘人爲筵宴。宴中客之最年幼者，循例向主人詰問逾越意義，主人循例答說此節古義。半夜，耶路撒冷廟開門，群衆入廟，聽歌誦，觀祭禮。此節凡七日，七日期內，不得用有酵之餅，於是此節又稱除酵節。今日猶太人在可行此禮處，尚必爲逾越節。《馬太福音·廿六》：除酵節前日，門徒就耶穌曰：欲我何處爲爾備節筵乎？曰：爾入城見某，語之曰，師云，我時邇矣，將偕門徒守逾越節於爾家云云。是日耶穌與十二使徒共餐，餐後被縛，越日被殺（西俗宴席忌十三人，嫌於耶穌最後餐也），故有逾越節十字架上不得有死人之說。而景門耶穌復活所以亦用逾越節字也（復活節年年不同日，必以春分陽三月廿一日以後第一月滿日之後日曜日爲正日）。

郭嵩燾《倫敦與巴黎日記》 十六日。爲西曆三月三十日，傳爲耶穌十字架被刑之日，名曰哥弗來兑。是月三十一日至四月初一日耶穌復蘇，名曰依斯德生兑。兩日並西洋大節，而耶穌蘇之日，必值禮拜之時，尤爲慶典。

耶穌升天瞻禮

綜　述

陽瑪諾《聖經直解》卷九《吾主耶穌昇天瞻禮》 主既復活不速離世，俟日四旬，乃昇天，其故有二。固諸門徒復活之信。一。聖良曰，四旬不徒過也。主恆現宗徒偕論同飱，而堅其信，奈何。主復活多效之後，猶多不信其實。一復活遂昇天，信者幾何。指宗徒□多情。二。路加聖史曰，主四旬之朝，恆現恆論天國之情。解曰，天國聖而公教會也，情可信諸端也。蓋兹時主論宗徒。當政治聖會如何，七聖迹質模如何，聖體巨祭儀旨如何等事。宗徒既詳，主攜之出城，偕上高山，午正當面騰空，漸上昇天。經言如左。

經聖瑪爾謌第十六篇。

維時門徒十一。是時宗徒獨有十一，葢茹答已自絕。又瑪弟亞聖徒未補其位。饗膳時，耶穌倏現，正責厥不信之非，迷心之錮，以多目視復活之實，而證于彼。彼猶弗信。繼云，遊遍地，敷教於萬有。萬有者，人也，人雖一物，兼含萬物。葢具天神之靈，禽獸之覺，草木之長，大地之有，此一身內，全備萬有之妙，稱之萬有者故。古賢稱人小天地，信矣。人信兼領聖洗必昇，不信者必墮。或疑曰，教人皆有信，皆領聖洗，皆昇天乎。曰，夫信有活死之殊。活信，兼愛備望，統包諸德之聚，人有必昇天。死信，大不然，吾主舉彼置此。信者，倚予名，便行多奇，能驅惡神，能談異語，命龍及蛇，遠人藏林，應命遠藏。食藥味無被其毒，撫病人立痊。或疑曰，今實信者多，行奇者少。何。曰，現有多行，恆見盛德之人，代代不絕。命死者甦，病者愈，瞽者視，旱潦止消，諸等種種疾患，皆隨命隨應也。又曰，聖迹有有形無形之別，彼小此大，有形雖少，無形者多，何猜彼寡，葢重此衆。無形者何。曰，履歧諸人，魔居其心。吾力勸，引入正道，可謂驅魔。又人夙惡口利舌，觸人穢名，幸變口舌，美揚人名，可謂興言天堂異域語。又罪藏人心，若龍及蛇藏藪，痛悔吐告，可謂遠去。又善人交惡友，而不染其惡，可謂飲毒而不受其害。又吾友力綿，自局不能，吾勉以行，可謂撫病人而愈其病。茲神聖迹教人常行，而皆奇異，何云今無聖迹。

聖額我畧又答曰，主指當時進教之人，當時聖教初興，教人寡弱，主以聖迹固信，理也。今信堅，數衆，聖迹鮮罕何妨。視樹木乎，嫩稚之時，農夫密灌溉，密壅培，根幹既深固，工夫止息。耶穌言畢，聖母，宗徒等，約一百二十人之前。昇天，坐天主右。寓言，以表吾主高位。葢天主純神無形，無左右手。但西方以右爲尊，吾主之位，卓越衆神聖之位，緣聖史借右爲喻。凡坐者，乏倦之狀也。因享眞福之聖，恆立不坐，此云坐者，安穩泰定不易不動之謂是也。聖史云，主坐天主右，猶言其位其權穩定，永不能移也。伊即宗徒門弟等徧行敷教，倚主能。多行奇異，證眞教之眞。

聖神降臨瞻禮

綜述

陽瑪諾《聖經直解》卷六《聖神降臨本主日》 聖神。天主第三位也。原文曰，斯彼利多三多葢斯彼利多，譯言無形靈體，即神之義。三多譯言，有全德，即聖之義。故欲表天主第三位，爲聖中之至聖，神中之至神，而爲諸聖諸神所從出之大原。因謂之聖神，後每云聖神倣此。

左經僅提今日之禮，緣祭時另有他經細述，余揭其畧。吾主既昇天，聖母，宗徒，聖男，聖女，約一百二十位，其居大堂，合如一心，求如一口，十日如一。是日計當辰時正，天忽響如雷，風忽大作，充滿其堂。時現焰火多塊，其形如舌，直懸各位頂上，乃聖神盈滿衆心，使皆熟知萬國之音，使能明知聖教奧理，使能解聖教諸疑，使逆知未來多情，使能行多聖迹，使心定於善，再不能大犯也。當日適遇京中大慶瞻禮，故百方人衆聚行禮，宗徒齊出，隨道勸衆。奇哉，百方異人，各聽本國之語，各明宗徒之言。因皆駭曰，怪哉。斯人詎非生長於加理勒亞地，而弟習本國語乎。吾等異國之人，各有土語，今斯人之言，於吾諸國無異。怪哉。宗徒曰，勿怪。倶主至能，主在時多行聖迹，其行純粹，汝輩大誤釘殺之，惟倚其父天主全能，死後復活。吾等親視，復活後昇天，從彼遣臨聖神也。聽者曰，吾兄今奈之何。曰，當悔當領聖洗，乃始得聖神之恩，即日三千人領洗，而入聖教。

吾主受難前一晚，聖徒痛哭哀切，主慰曰，吾既昇天，聖神降臨撫護，經言如左。

經聖若翰第十四篇。

維時耶穌謂徒曰，愛予必守予令，予父亦愛之，又予等即第一第二第三位偕來居其內。聖奧斯定自爲問荅曰，天主之廣無際，無動移，無往來，從何始來，以居善人之內。曰，必無動移之來，無形之來，其來仁愛之來，是也。葢人既痛解改非守令，天主始愛，始視之若子，始賜聖寵，始勉其弱，始照其內等恩。斯謂來居其內。人無愛予，無守予令。爾輩所聽者之令，不爲予令，倶命予降來聖父之令。此者予已言於爾，偕爾居時，予父看予名。解見耶穌復活後第五主日。將命安慰者聖神，來時且誨，且聶爾諸予攸已言於爾。予平留於爾，予平與於爾。解見耶穌復活後第一主日。世亦與平於人，惟厥平予平異甚。爾心勿岌惶，予已言於爾，且去且來見爾。斯言爾輩已聽。去來二字，指其天主吾人二性，葢言吾人性雖昇天，而離於爾吾天主性，無所不在，不離於爾。汝若愛予，必可心樂，以予將詣大踰予聖父。指其人性，葢吾主天主之性於聖父同一，無前後大小之別。其人性受造于天主。天主大喻之，若造主大喻受造之物。斯倶未來前予預告爾，事來後爾必信予。猶言逆識來事，天主之識也。我今明言來事，事來時爾見於吾言一一相符，必信吾知之全。實爲天主焉。今後予罕言於爾，葢將受難逝世。今世主來，今世，惡人也。世主，魔鬼也。解見耶穌復活後第四主日。覓非于予，不得些微，惟爲世獲知，予愛予父，父隨命予，予隨行。

蓋言，我受難至死，不開魔計，不係仇力，惟由於我愛聖父之至，父命我，惟願若命。

耶穌聖體瞻禮

綜　述

陽瑪諾《聖經直解》卷九《耶穌建定聖體瞻禮》　今日聖而公會立大瞻禮，卸凶服衣吉衣，固有大爲。比之國后國主崩時，泣痛服喪，設適痛泣，倏起去制用綺，視者必異，度有大爲也。主受難時，聖會苦甚。聖臺香几等具俱皀，以顯心痛。今日去皀衣白，不勝心樂，何耶。曰，今日吾主幾乎逝世，不忍離世，而遺吾人，新建聖體大禮，厚贈聖會，表其至愛。聖會因立今日瞻禮，以謝宏恩。惟因不宜全棄受難本等禮儀，未能盡心慶賀，故聖三瞻禮後四日，另立聖體大瞻禮也。主將舉定聖體，先濯門徒之足，示吾領聖體之前，可潔吾心，可法其謙也。經言如左。

經聖若翰第十三篇。

巴斯卦大瞻禮前一日。解已見封齋後第四第六主日。耶穌知其謝世歸父，定期已至。雖向愛厥世人，指其門徒，主選爲徒加遣使之位，恆誨薰陶，謂愛之故。臨終尤特愛，終死之時也，言在時切愛門人，死時愈切愛。兹時降威濯足，多言安慰，賜之聖體，俱爲實愛之表。夕飧畢，魔既入茹答西滿猍斯加畧大心，引付厥師。茹答，第十二宗徒之名，西滿其姓。□斯加畧大，其鄉本名，譯言。殺人之人，其地名。子其凶行甚符。蓋魔入心，引之售師，而付于仇，因足貪情親手殺之何異。知天主聖父，託掌萬有柄，更知厥昔出于天主。即降世之時。今將復歸，即將死，將復活，將昇天，而歸于天主聖父。因起離席，卸表衣，白帨纏腰，持盆盛水，濯拭徒足，首及西滿伯鐸羅，第一位宗徒之名。徒曰，主爾乃欲湔吾足。惶悚謙退之言，深思主尊己卑，驚駭退卻，而言如是。爾吾二字之意，奥矣，玄矣，爾字之意，公包天主無盡之妙。吾字之意，公包吾人無限之卑。蓋言，爾眞天主也，爾高無比，爾尊無等，爾極無侔，爾廣無際，爾能無量，爾知無窮，爾爲萬物之原，萬有之向，諸善之根，衆聖之福，等。吾卑無極，吾賤無底，猶欲洗吾足乎。聖奥斯定曰，爾吾二字之解難矣，心僅能至，筆不能及。耶穌語之云，予兹攸行，爾今莫知，然後乃知。對曰，無竟于今，弗諾師湔弟足。曰，儻予蔑濯汝，竟弗能享予。主言如雷聒徒之耳，恐異日不昇天，不享主福，俛首露足，服行主命。曰，若兹，奚翅弟足。手首憑師欲洗，不敢方命。耶穌曰，潔人但須濯足，爾已淨甚，暨列弟偕淨。嗟惟一弗淨者，主因知將付之徒，厥言如是。濯徒畢，更衣表衣，復席而云，爾其知予兹攸行爾。皆稱予爾師，暨主是，予主暨師，猶洗爾足，爾然宜相洗足。予今暨表，爾視以師。

又《聖體瞻禮》　聖體者何。曰，吾主兼天主吾人二性，其尊高，全知至能等奇，是也。其受難前一晚，將歸天離人，以餅酒二物，化成尊體寶血，畀付于人，奇矣，愛矣。雖離世昇天，實留此世，以養人靈，因今撒責祭時，既念定經，餅酒二物之體，竟然盡無，惟主聖軀代餅，聖血代酒，又當知聖軀爲活，有靈有血，有天主之性，聖血一然，但人止領聖體，而撒責兼領聖血，此無異皆全領吾主也。又當知，聖體論其全，全在各餅形之內。論其分，雖分爲百，爲千，爲萬，各分有全聖體，而不受微損也，比之鏡，全炤人面，兩分兩炤，百分百炤，比之靈性，全在一身，全在身之各肢。斯聖體之概。

古今多人疑聖體一端，弗信其實，曰難信，天王至廣至貴，詎能自縮，而藏細物之內。奚甘自屑而入人身。曰，信其廣且貴，并信其愛且能，因愛願體人，因能得遂其願。雖然，是端深微，天神罄其睿知。果不能及，矧人之鈍乎。因聖體一端本稱，信德之端也。奥斯定聖人曰，信德之光，可先性光如主，勿隨如僕。有主言，性光雖不及，可服可信，不必他問，不必更疑而云天主焉能。既有全能，焉有不能乎。聖體一端，天主之愛也，天主之火也，汝服而信，降愛愛汝，固執弗信，降火熾汝。

昔異端一人，詆信者曰，爾主以一短句，一片言之微，奚能大變世物。聖盎博削闢之曰，天主之言，行也，出口而效隨。厥始無天，天主命出而出。無地，天主申命，地乃始顯，餘物皆然。先無聖體，主命始有。如命則有，汝倘信彼，固弗信此，理乎。聖伯爾納嘆曰，信德盲也，睫也，人明悟不達聖體之奥理，信德命服而篤信，可知其盲。目視餅酒外形，信目通進，寶信聖體藏內，可識其睫。

經聖若翰第六篇。

維時耶穌謂衆曰，予體眞食，予血眞飲。領予體，飲予血，伊懷予，

予懷伊。生活聖父命予。言吾天主聖父，自本常有生活，而命我降世成人。予生繇父，指其無始之始，生于天主聖父，葢云，使無第一位天主吾父，吾必無繇，無能有生。領予一然。厥神生繇予。猶云我實聖寵之原，聖寵在靈則生，弗在則死。領我兼領聖寵，謂神生繇予故。此指其聖體。乃自天降食，若云我自天降成人，將軀血立定聖體大禮，因養人靈。汝等父者，向過曠野，皆食瑪納。瑪納，譯言，斯何物，昔古教衆人居異國，天主命之徙地，路途曠野，食飲悉之。天主自空降味，衆嘗其飴，不知其名，互顧相問曰，瑪納。猶言斯何物哉。彼味謂之瑪納故。而皆死亡，領予弗爾，咸存生命，以迨無窮。猶云領聖體並領聖寵，即靈性之神命，幸存無失，必昇天永生之處，果不能再死。

聖母升天瞻禮

綜　述

陽瑪諾《聖經直解》卷一〇《聖母昇天瞻禮》　聖母昇天瞻禮之理。今日瞻禮必爲聖母純全眞福瞻禮。其他瞻禮，雖多福祉，因主苦難恆在目前，槩雜多苦，莫能純而全，昇天本日，世苦皆離，天福皆至，吾可盡心以慶，解今日瞻禮，可知共包聖母三瞻禮之理，死亡一，復活一，冕旒一。

其死亡，或問，死原罪之罰也，聖母無此，屬彼而乃連累，靡寃罰乎。曰，葆祿聖徒解世祖之罪云，世祖之罪，開世之門，使二惡入世，罪惡一，苦惡一，罪惡原罪也，苦惡死亡也，因世祖之罪，人染原罪，而屬乎死。罪惡，大害也，人有，則爲天主之仇，則屬天主之怒，則可當天主之罰。苦惡輕害也，人有，得爲天主之子，得受天主之愛，得有理宜以享天堂眞福。聖母論本性之勢，本生之道，可屬罪苦二惡，天主隆愛，始胎之時，大破公格，脫之于凡，使免大害，屬死之輕害何妨，罪惡大違天主聖母高位，苦惡莫逆，免彼屬此之故。

次問，人死槩或繇于病，或繇于老，聖母內平調，卒世無疾，年期未邁，死之何故。曰，死繇于愛。愛比之火于薪，薪居地，火結在地，薪上火隨同上。吾主在世，聖母恆覩尊面，恆聆聖訓，而養心愛。主離地而昇天，恆慕得昇以見。他人即聖，未免世上垢塵，死至思判己已，驚怖何異。斯皆世人常情，若夫大聖之聖人，其愛至熾，忌生慕死，死至應迓甚喜。彼之愛，交擬聖母之愛，無愛也。彼之慕，交擬聖母之慕，無慕也。其愛及慕，在世漸長，以至于至，心不勝其熾而亡，斯其死之故，幸哉其死。

死期既至，吾主先命天神伏報福音，告亡之期。時宗徒分散普地，主使一時皆至，以領末訓，以受終福，以禮行喪儀之情。乃躬降臨，諸品天神同臨，神靈出尸，主攜引昇，天神八面翼衛，各執樂器，美音滿空，漸上而入天，安至最高之座，諸天神聖人，遠遠不及也。斯聖母吉死之槩。

其復活。或問，天主已定世之末日死人復活，因全聖人神形之福，聖母盍待末日同全其福。曰，末日人人復活，公法也。天主欲免脫某聖，權在彼，不必他問。天主多賜聖母法外之恩，因榮其生，必當並榮其死，聖人槩云，聖母死後第一日即復活。第九卷，吾主昇天瞻禮，另有多故，皆移于此。

次問，若不待末日，同主同去宜乎。留之何故。曰，故有二，一，因慰宗徒，因誨當世之士。聖母在時，多言慰徒，多訓引人，不同昇愈宜。天主造成天地，並造太陽太陰。太陽主晝，太陰主夜，日落月曈，而相遞光，使人晝夜得安。有時日沒，而月朔魄虛虧，地狀明見焉，推譬得識聖母不同昇之故，二，吾主欲榮光聖母之昇。聖達瑪責謂主曰，主心何忍先昇，而享本國，而留聖母于斯涕泣之谷。美矣善矣主意，聖母同昇，天神奈何可分，一半從主，若己之王，一半從母，若己之后。寧主先昇，寧母後昇，乃神者莫分而皆從母，美矣善矣主意。

其冕旒。或問，聖母冕旒何。曰聖母隆績高德，最位之報，是也。經稱其冕旒之貴，曰十二星餙首也。經揚聖人之旒曰，貴寶珍其旒也。聖母之旒天星也。葢言寶珍雖貴，比之星皆賤。聖人之旒，聖母之旒，相比異甚。比不能萬一。或訊十二星者何。聖賢答曰，明見天主貴體，達其奇妙，比諸神聖愈深，一。愛天主比諸神聖愈熱，二。其神及形之樂，大過諸神聖之樂。三。明見已往，現在，未至之物，比諸神聖更衆更明。四，身體異光。五。恆健莫能受傷。六。輕快之恩。七。得透堅實，物莫能阻礙。八。座安諸神聖之上。九。實爲天國之后。十。天主聖母之位。十一。諸教師之榮，諸致命之功，諸童身之光，皆備而加身上，十二。

次問，聖母在天多奇多福，猶記念世人乎。曰，恆記，恆念，恆教，聖母之本情本職也。右箴云，聖母若太陽也，若太陰也，若星辰也，三光在天，降施滋潤普地。五金寶珍百穀，皆三光之淸施，聖母在天，若三光然，無時莫求，使主恆降恩施。聖賢恆舉多譬以試曰，宇宙大身也，吾主爲首，聖母爲領，世人爲肢，主恩爲食。聖母比領，其故有三。一，領近首，而居百肢之高，聖母在天，切近吾主，座在主下，諸神聖之上。二，領在首百肢之間，聖母若中人，立天主世人之中，代人進言，祈主降恩免罰。三，飲食必過吭領，以養百體，主恩皆過聖母，以養人靈。

又云，聖母，天主之手也。天主將恩世人，付恩聖母，置之手裡，聽意分散。

又云，聖母天主寶帑之鑰也，憑闔憑啓。寬哉其寬，寶帑恆闔，恩澤恆流，無須

息也。伯爾納聖人曰，聖母尊面溫和，慈懷恆開，渠大陽也，炤善炤惡，善近而加其善，惡近而免其惡，隨近隨受應恩。

又繼曰，聖母之容，長也寬也，自出世到世之末，恆救世人。斯其長也，八際之人，或遐邇，或智愚，偕受其恩，斯其寬也，聖母或居地，或在天，以救世人爲職。惟二時之勢有異，居地救人如月，在天救人如日，日大勝月，今其救愈廣也。

又次問，吾等祈罪之赦等恩，先可祈求聖母耶，或先可祈求吾主耶。聖暗色爾答曰，先祈求聖母可也，葢主義主也，吾罪士師也。吾無功而先祈，無獲所祈何異。先祈聖母，求爲主保，主看尊面易諾。試國人無功可恃，欲得欽賜，先尋幸臣，恃寵而獲。聖伯爾納曰，主之權至公，聖母亦屬，惟主雖乃至慈，並乃至義，罪人畏威，焉敢先到祈赦。聖母全仁也，全飴也，依依無畏，近而先祈，求萬莫有負一。

經聖路加第十篇。

維時耶穌入小郡，離京二十五里。有女名瑪爾大。舘之家。厥妹名瑪利亞，坐伏主足聆訓。瑪爾大迫急治席，視妹休坐莫務辨味。向主告曰，妹留我獨勞。主無顧，請命起以佐。主曰，瑪爾大，瑪爾大，重名以深警之。大迫諸衆，須者惟一。解有二：一爾務備飲食，務備調味，務備棹椅等。爾務多而皆輕，務備心味獨一。乃須乃重。二何必忙忙多味，口胃之給，惟一味也足也餘也。瑪利亞攸選，至極美務也，竟無物能奪厥務以至於無窮。葢云爾務于身，身終務亦偕終。彼務于靈，身存務存，身終務存，而無物能奪。

或問，右經于聖母昇天何與。曰，古新二經之內，無聖母昇天之經。聖會借姊妹二聖之經，形容聖母。瑪爾大，急勤外膳，因給主身。瑪利亞急勤于內，供養本靈。聖母卒世甚乏，無資以養吾主，成日作工，而繼以夜，猶難得給。然其內工，無時停輟，德至精，而日進于精，共包姊妹二聖之妙，因今日念右經。

聖伯爾納又曰，吾視二聖女之勤，以舘吾主，可騰畧測聖母何舘何待主降世之時，又可高騰畧測主何舘何待聖母昇天之時。葢彼此二待畧似畧應，普地無處比得聖母之淨胎，天堂無所比得聖母之高座，吾主之座，第一也，聖母之座，其次也。

聖若翰宗徒兼聖史瞻禮

綜述

陽瑪諾《聖經直解》卷一二《聖若翰宗徒兼聖史瞻禮》經。聖若翰

第二十一篇

維時耶穌語伯鐸羅曰，從予。即效吾死猶云。吾先爲汝被釘聖架而死。汝當依迹而從，爲吾被釘聖架而死。伯鐸羅回顧，見耶穌攸愛徒，即晚膳之時，倒憩主懷，而問負爾者誰是也。斯耶穌所愛之徒若翰宗徒也。葢主受難前夕，告徒其間有一將付之于仇徒不知何人。若翰密問吾主惡徒爲誰主，亦密告之。問耶穌曰，若斯者何。葢言弟將從師而死，若翰亦同從死否。曰，尚欲留之于世，待予復來，干汝何與，汝苐從予。皆責伯鐸羅宗徒之詞，若云。可惟急于汝之事，好察他徒，于汝何與。時門徒中乃流言曰，若斯者必存莫亡。因主之言，古今有多，固執私臆曰，若翰宗徒未卒，活存待主再降判世方死。若翰明闢斯說曰。耶穌弗云不亡，惟云尚欲留之于世，待予復來，于汝何與。斯徒証右經，而錄于冊，吾知其証皆眞實。

聖伯鐸羅聖葆祿二位宗徒瞻禮

綜述

陽瑪諾《聖經直解》卷一一上《聖伯鐸羅聖葆祿二位宗徒瞻禮》經記天主厥始造佳景，謂地堂，各品奇木盡備，木中有二更奇，知善惡之木一，常生之木一。並造湧泉引出，其流潤澤普地。解曰，聖會，天主地堂也，各聖各木也。內德若實，以養本靈，外善若葉，以庇他人。惟二宗徒知善惡之木也，常生之木也。敷教啓世之蒙，使知善惡之別，使知可遁可避，使離永死之岐，而履常生之正路。彼也又若地堂二江也，伯鐸羅宗徒，流沃本國之地，葆祿聖徒流飲異教之地。二地先□，經叱其勢，謂之荆棘之地。二位若江潤澤，後叢生多聖也。

二位宗徒之德，其功其妙，聖賢盡力罄筆，而不能萬一。良聖人謂羅瑪京都，即二位聖尸之所，曰主降二位之光，命炤爾迷。未降之前，爾爲謬僞之師，降後則爲眞實之弟。二位爾神父也，神牧也，神目也，榮光也。爾神權之廣，名聞之馨，皆二位之功也。聖瑪是莫又曰，二位，吾主

寶庫也，各藏各珍，以富人心。伯鐸羅引人實信，其珍也。葆祿解經引明，其珍也。彼宣可信，此解所信，此啓心蒙，令人入教。彼啓天門，令人得進，彼先務漁魚，後務漁人，不棄先務，但改夙務。此先仇主，後變愛主，不棄先心，但改夙心。彼先駕舴艋，後駕聖會舶航。此先上昇，而爲主弟，後下而爲人師。二位何翅致命者哉，俱致命者之首，致命者之師，致命者之率，致命者之表，致命者之父，是也。二位之教，聖會之光也。古教時，有逆知聖人，主投神夢，忽視秉金盤燈，其上巨光，左右取膏油茂盛二樹。解曰，盤燈聖會也，巨光聖教也。取膏油茂盛之樹，二位宗徒也。其教訓，若聖會之膏油，恆存其光，使到末世而不滅也。

諸聖人瞻禮

綜述

陽瑪諾《聖經直解》卷一三《諸聖人之瞻禮》 經聖瑪竇第五篇。

維時耶穌視衆齊從登山，既坐門從就，主示曰，神貧者乃眞福，爲其已得天上國。良善者，乃眞福，爲其將得安土。泣涕者，乃眞福，爲其將受寬慰。嗜義如饑渴者乃眞福，爲其將得飽飫。哀矜者乃眞福，爲其將蒙哀矜。心淨者乃眞福，爲其將得見天主。和睦者乃眞福，爲其將謂天主之子，爲義而被窘難者，乃眞福，爲其已得天上國。爾倘爲予被咒辱，殘害，妄誣，乃眞福者，受苦時可喜悅，既迨天國必承隆報。

聖奧斯定解右經曰，右經明示世，贋眞福之殊，贋福在外，眞福在內。贋福富爵樂安，是也。眞福貧之苦難，是也。聖人復繼又曰，吾友可重內眞，可輕外贋，遇苦可喜，蓋遇眞福也。

古時每瑟聖人，依天主命剏制奇木造櫃，藏收寶物幾品，櫃木極貴，內品甚珍，後將粗皮蓋包其外，豫備天變，勿致櫃敗。貴櫃善人也，其貴，內貴也。內藏右八端八珍，其外恆有貧苦，若堅粗皮，得包內珍，預防世變，弗致其壞也。

史記，昔有極名繪師，曰亞伯，繪女像，極盡其美。命弟摹法，弟筆不及，多加寶珍，以娛人目。師視而嗤叱之曰，不能畫美，畫富耳。吾主及今世之像，吾主巧精繪師，止務畫美人內，右八端靈美也，斯像眞實，智者視之必重也。今世拙弟也，務畫人外，弗顧人內，富厚，世爵，逸樂，皆外珍外美，斯像僞幻，止娛愚痴之目，智者視之必輕矣。

解又曰，吾主降世，因指天堂高路，示吾人漸登得入。右經登梯也，入端入級也，欲上可依，其外靡有他梯。後勸曰，吾友昴志，各各競先，勿慮其落，梯級皆穩，勿厭其長，其高天國，勿輕其質，其級皆珍，勿恐差路，主先引導，其迹深印于各級，萬世不能泯。余今依經次序，將釋八級之槩。

天主三位一體瞻禮

綜述

陽瑪諾《聖經直解》卷六《天主三位一體主日》 此日兼包二禮。一天主三位一體，一聖神降臨後第一主日，因祭間兼誦二經。今獨解天主三位一體之經，聖神降臨後第一主日之經便見第七卷。

又《天主三位一體之理》 是日聖會立大主日，慶天主三位一體。三位之情，其微妙精粹，俱無窮際，無界限，蔑以尙之。緣聖賢欲解斯端，皆先嘆而云，淵乎其淵。經記，天主曾攜先知聖人，置之海濱，倏見天神，持丈入海。呼聖人隨入，聖人如命，神量千丈，水至股拐。神前行量千丈，水至膝，又進量千丈，水至腰，終量千丈，水深無底。聖人不能前，乃退而出。聖人解曰，斯水天主三位一體之像也。其廣深，如無際無底之海，人欲明測，思愈勞，則理愈深。猶目視太陽，益視益昏，姑舉數端畧解之。

其一，人想某物，明司即生某物之像，謂之明司之產，明司之子。而愛司自然發愛而愛之。天主第一位聖父，自無始之始。想識本體，本知，本善等無窮之情，即生于已內諸本妙之像，謂之產子。但人像，依賴者像，天主自立者，生活者像也。其諸精妙于天主聖父無異，斯謂天主聖父之聖子，即天主第二位也。又聖父視所生之子無窮之妙，而子視所生者父其妙亦然，互相親愛，而發無窮生活自立者愛，斯謂天主聖神，即天主第

三位也。

斯之精微，教友必當實信無疑，在教外者，聞天主有子，亦不必怪異。須知凡物能生本類之物，具精妙之能，不然不爲活物。況天主常生恆活，何獨無斯能哉。因天主曰，吾賦他物能生，獨吾不能生耶，獨吾自孤子耶。

其二，姑借水以解。譬大海無涯，生大江。海江出流，成大湖。海本無原，而爲江原，湖受成于海于江，分别有三，但海水，江水，湖水，俱一水也。天主三位一體畧然。

其三，人之靈性，會記，明愛三司之別，但靈性之體獨一而已。

其四，譬太陽，有體，有光，有熱。體不係于光于熱，光係于體，熱係于體于光，三者總一太陽而已。右解僅喻其萬一實無神無人能測其微。無心無舌能白其詳，緣不可輕據淺論卑諭輒爲信否，惟當服天主親傳。易釋羣疑，而得眞信也。

噫，天主性奧，吾輩知淺，聖人恆云，可美其大，可駭其玄，可仰其奇，不可妄測。人得盡測，則天主之性，不惟不妙，世物反得過其妙也。蓋人雖潁睿，不能明達被造之性，乃妄欲明測造物者乎。聖巴西畧謂不信斯端者，曰，爾爲不明不信也。吾竊問爾信天主超然大過世物否，爾不狂顛，必曰大過。吾今不舉天神之性，吾人之性，大貴物之性。但舉微蟻之性，問汝其性何性，必云不知。則吾曰，蟻諸蟲之中甚小，其性甚微，汝猶不能測其微之故。天主三位一體之妙，極大極高。妄欲測其高之高，愚哉。

聖奧斯定未進聖教之前，多端難信，私自勉曰，世物吾多不見而信，如未見落瑪府，未見某國，某王等，而或爲友傳，或爲書傳，或爲衆口傳，吾藉其證而信之。又如吾二親，吾知實爲某某，皆倚彼之說而信之。況聖教斯端，聖經所記，多聖人所書，多致命者所證，多聖迹所試。曷不信哉。聖若翰宗徒云，人尚信人，矧信天主乎。

或曰，聖父生子，則父先子後，聖父聖子，並發聖神。則父子在先，聖神在後。有先後之勢，必有有始無始之別，則三位不能俱無始也。曰，先後有二等。時之先後一序之先後一如父子子父多年前其子，謂之時之先後。如火于熱，一有火即發熱，惟因火發熱，而熱出于火，謂之序之先後。天主三位畧然，一有聖父，即有聖子，一有聖父聖子，即有聖神，蓋聖父自于無始之始生聖子，聖子亦無始，聖父聖子于無始之始並發聖神，聖神亦無始，可知論時，無有先後。但父授生于子，子受生于父。父子並發聖神，論序有先後之別。若太陽，有體有光，有熱，三者論時，同時也。一有日體。一時有光，一時有熱，惟因光生于體，熱生于體于光，必有先後之序，又若靈性，有明愛記。三司，一有靈性，三司同時自發，無時在先在後。惟因三司發于體，必謂有先後之序。畧解上疑，其實世上無得解其全也。

又《天主三位一體主日經》 維時耶穌謂徒曰，予已全受天地權。汝輩往誨萬民，付聖水，因父及子及聖神之名者，名者，包權，能，威，信，眞，籲六義。教守諸端，若予命于爾，予恆居與爾偕，至今世沒。此慰當時。及今時，及來時，進教者之詞也。言吾今雖往昇天，實亦並在世間。蓋主欲顯其愛人之至，不忍盡去，故留聖體，以護世人。今曰，吾恆居與爾偕，指聖體之聖禮也。

耶穌聖名瞻禮

綜述

陽瑪諾《聖經直解》卷九《立耶穌聖名瞻禮》 經。聖路加第二篇。

維時既彌八日期。嬰孩受割。受割者，古時天主所立之禮也。經記，天主造物之後二千七十七年，降前一千九百二十三年，按長曆爲夏第十一王果降五十六年丙辰，時有大聖，名亞巴郎，天主欲酬其善，示以將來果降成人，選之爲祖，命其偕後裔男人，皆行割損之禮。一以洗原罪，一以爲記號，皆爲天主之民。吾主降時，斯禮尚存，因亦行之。今寵教時，代以領聖水之禮，若人仍割損者，其謬甚矣。當時依天主之命，男嬰生後第八日行茲禮，且取名。名以耶穌。譯言救世者。即渠降胎前，天神攸報名。

箴

嬰孩受割。或疑曰，受割之禮，意以洗原罪。主若無斯，烏必行彼。曰，故多也。一，國人弗知吾主生者之繇。視之如等，不行割禮，責其大悖天主嚴命。二，舉國企望救世者來。救世者，本國人也，國人悉行割禮，主若無行，而勸人信其爲救世者，烏得乎。三，欲人明知其肉軀之實，而非幻。四，厥時受割，天主初立美禮也。

主自立表，示人但逢主誡，必當遵守。五，欲興救世之功，不忍延待三十三年之期。八日肇流寶血，起償吾債。譬客市物，其值不便齋，特先出些價，約期既至，悉全償之。六，示吾當法，而行更貴，更要割禮。

貴要割禮何。曰，割克内外惡情，是也。古教割禮一時也，一肢也，外禮也。新教之禮，卒世也，全人也，内禮也。

人靈及身比之惡地，惟產荊棘惡草，今日割拔，翌日再萌，後日又然。使農厭勞停工，惜乎茲地，茨藜叢生，毒蟲羣出，何利哉。吾不恆割邪情野草，亦且如是。昔師勸弟神割之工，弟嘆曰，於戲，難哉苦哉神割之工。恕割以忍，縱割以節，怨割以恕，傲割以遜，何時得歇得安。師叱之云，若嘆其難苦，奚不嘆其利益，弗視樹木，農不割餘枝，特茂無菓，割之則結。弟子盡然，嫌割難苦，靈蕪無德。割之，不覺德實，爭先勃發，弗視武士，忌敵寇勞，且不得賞，且不享太平也。今世靈富，後世安樂，皆隨神割之神工。

名以耶穌。耶穌聖名，多妙多奇，聊提其二。尊一，能一，其尊，天主聖父，親立之名也，聖母，天神，世人，果不能立也。葆祿聖徒曰，耶穌聖名，貴矣尊矣。聖父自立，而畀于主。天地諸名，皆不及。居上天神，居中世人，居下惡鬼，悉跽而敬之。聖額我畧勸吾曰，吾友每或聞，或自念耶穌聖名，首俛，膝屈，心懷，以致内外之敬，耶穌聖號尊矣，聖矣，無尊聖能比之也。

其能，聖教行始，宗徒及他聖人，皆倚耶穌聖名，多行聖迹。經記，跛者一人，恆居聖殿門前討吃。伯鐸羅宗徒偶入默祈，跛人求濟，答曰，金錢無也，有神藥可濟。倚耶穌聖號起行，應命脛固，即起安行。視者奇異，齊稱其能。宗徒曰，弗吾能也，耶穌聖號之能也。主命宗徒走四地敷教曰，赴教世，欲驅魔，痊各病，伏猛獸，解毒力等奇，念吾名，皆立應。聖奧斯定解曰，耶穌聖號，魔鬼之敗，諸患公藥，是也。或問，魔悉大驚聖號何。曰，耶穌聖號，救世之意也。主降攻魔，大勝救世。魔負躲避，不敢仰對。今聞聖名，思念夙敗，心驚速退。聖奧斯定曰，魔若犬然，人持樹枝打驅使出，翌日不必再打，視枝自出而去。邪魔如是也。經舉吾主曰，其名聖名也，嚇名也，以聖贖世，以嚇敗魔。伯爾納聖人廣述其能曰，奇哉其利，大哉其能，耶穌聖名，口之飴味，耳之音樂，心之快樂，是也。危之望，驚之勇，誘之佑，是也。病之藥，劣之強，患之慰，是也。逆之退，順之進，魔之降，是也。吾友居室，出戶在市，行工，閑時，食時，夙夕時時聖號不停乎口，不離乎心，可也。

次問，吾主受割，取名二禮，何必同日，曰，一以示聖父不白授聖號于主，主市而出寶血，無竟之價也。一以示教友，何如貴重耶穌教人之名，不必白受，蓋守誡，遵教等工，其價也。聖基所曰，難詳吾教人之貴，其公名耶穌教人也。茲名天主親立，賜畀于吾，何其重乎。

史記，聖人幾乎致命，虐王問曰，何國人哉。答曰，耶穌教人也，再三多問，何勢何職等，聖人如仍，竟無他應。可知耶穌教人貴名之重。聖納西盎曰，異教之人，以富爵，以尊氏爲貴，吾以耶穌教爲貴。但必思實貴何在，貴以虛聖名，而不務善行，莫貴也，羞貴也。

聖母聖誕瞻禮

綜　述

陽瑪諾《聖經直解》卷一〇《聖母聖誕瞻禮經見聖母始胎之瞻禮**》**　今日天上之樂，世人之喜瞻禮也。聖母，聖父之女，聖子之母。聖神之殿，天神之后，善人之祐，罪人之托，是也。天地偕喜，共樂宜矣。聖人恆云，聖母出世，正若曉明之星，亮星未出，黑翳羅地，人皆穩寐，無務世事。既顯于東，太陽嗣繼，始炤普地，人寤皆興百工，因謂聖母，美揚聖誕曰，福哉，爾聖誕也，爾普地黎明也。黎明，往夜之終，來日之始。爾出世時，去向世之苦，招現世之安，去暗而帶聖光。爾未出之前，天主未降，未顯于世。既出，天主則繼，而興救世之工，福哉爾聖誕焉。達未聖王謂國人曰，新月始生，肇顯于東，諧和八音，偕奏出迓。篤瑪聖人解曰，新月，聖母聖誕也，新月之光，時加時增，以至于望。聖母在時，時加時增其德，以至于至。其生，新月也，其終，望月也。世人可喜，可迓可慶。

聖母領報瞻禮

綜　述

陽瑪諾《聖經直解》卷九《聖母領報瞻禮》　天主者，萬民之俱受。

至慈無限，因世祖亞黨敗壞人類豫定降世，以捄世人，定期既至，遣天神降告聖母，論天主降世，歲次庚申西漢哀帝元壽二年，至今崇禎十五年，相去一千六百四十二年。

經聖路加第一篇

維時天主遣天神嘉必爾，譯言天主之能勇。詣加理勒亞地納匝肋得府，加理即天主降生地名，納匝即天主降孕府名。朝報童女，既適達未宗人名若瑟。達未，古教大王，先牧羊，天主愛其良性高德，拔之民上爲王，爲吾主祖，若瑟，聖母之淨配也。當時蓋世一大聖人，其德具至，卒世童身。因主選，賜陟聖母淨配之高位。

或問，聖母吾主降妊前，淨潔童身，既產之後一然，有配者何。曰，一，護聖母之名，其無夫而有生子，人不知其故，必疑其淨，依國律以石擊殺之。二，示人夫婦配伴，乃天主立定之禮。三，輕聖母之勞，其聖配同肩寒家重任。四，聖母因免惡王之害，徙移本國，久住異地，無配同往同居，聖母出入無助。五，得備供給主需，聖母雖多王裔，因便精脩棄財，時乏多需，獨一不能自養吾主。六，示人配伴，無礙互守童身，而法聖母及聖若瑟，大益于德。七，蔽掩魔鬼，以吾主降生之繇。魔知經云，將來天主果借童女之胎，成人贖人。若見聖母無夫生子，易測吾主必乃捄世之主，而百計阻遏其贖人之恩也。童貞之名瑪利亞譯言海星，即北辰。神入室朝曰，亞物禮拜祝願之辭。滿被額辣濟亞者，譯言天主聖寵。主與爾偕焉。女中爾爲讚美，渠聞驚異，天神現時。裝人容聖母不習見人，見之則驚。又聖母至謙，神稱其德，聞之則異。默思來繇。天神復告曰，瑪利亞勿驚，幸獲天主聖寵，適將懷孕生子，立名時，稱之耶穌。耶穌，譯言捄世者。厥位大位，厥稱至高者之子。至高者，天主聖父也。天主將賜以達未厥父御座，永王雅各伯家。達未雅各，皆古大聖，皆吾主宗祖，吾主雖萬國之真主，但在日，以便受苦贖世，斂戢聖威，甘居貧約。其御座，其王，聖而公會及天堂上國，是也。厥國永無疆之國。瑪利亞應曰，我既童身，爾言曷行。聖母矢志卒世童貞，因言如是。神答曰，聖神將降臨，安息爾上。更至上之能，將陰庇爾，緣攸產子，誕時厥聖純備，人人生時，悉染原罪，吾主竟無，大別于衆，或疑曰，聖母及聖若翰，生時純聖，何云。吾主以其生時純聖別於衆。曰，世人皆受父母交感而生，因盡爲首祖之子，而染原罪。聖若翰亦如此，但出世之先，天主賦以聖寵，滌其汚染，乃生時有聖，聖母依其本生亦當如是，但主殊愛，預選爲母，其始胎時，聖寵彌滿其靈，原罪無隙可進，弗能汚衊其靈，吾主大異，因爲天主，因其降孕，弗繇人道，自無原罪，又自不能有之。經云，生時其聖純備故也。其稱天主之子是也。且爾親依撒伯爾即聖若翰保弟斯大母，乃聖母姨表姊妹。雖年老胎荒，今猶妊有六月，天主無有莫能行之行。言天主欲年老石婦產育。即產育，欲童女產子何難。聖女既知天主定旨，不敢復問，乃俯身斂手。曰，主之婢女在茲。希惟如汝之言，至成於我。諾既出口，天主第二位聖子投胎，而童女始稱始爲天主真母。天神朝訖，伏拜辭別。天神魔鬼，何能現人，解見封齋後第一主日。

今日，第一瞻禮可慶吾主，其未臨之前，惟一體一位也。既降始備天主三位一體奇像。天主一體，共包三位。吾主一位，共包三體，天主一，靈魂一，肉軀一。聖伯爾納曰，高矣幽矣，天主三位一體之妙。舌筆不詳何一而三，何三而一，何三不分其一，何一不協其三，可信也，不能解也。高矣幽矣，吾主一位三體之妙。體不分位，位不合體，奇哉。天主聖三，竭能盡知罄善，而成吾主一位三體之妙，可信也，不能解也。

今日亦第一瞻禮，可慶聖母，今日天主賜之登聖母高位，其貴尊奇妙，皆繇于天主聖母之稱，若江若河皆出大海焉。因爲天主聖母，天神，人物，獄鬼，皆屬其權，無一能脫。奇哉其貴，天主人性，雖在萬有之上，甘受其命，若孝子受仁母之命，比之帝王，其位雖至，猶仰國母，而不敢違命。聖盎色曰，國王之位居首，國母之位居次，可知聖母之妙。總天神，聖人，萬物之妙，較擬聖母，皆爲無妙。雖天神之衆，萬有之森，變而成舌，揚其妙，不及萬一，奇哉，其貴無極，其奇其妙，皆應其貴，烏能罄誦。聖奧斯定曰，天主聖母之稱，心不測，舌不解，獨天主在聖母之上，其餘萬有，皆在聖母之下。聖賢恆云，欲丕揚聖母，稱之天神之后，不足也。稱之聖人之主母，不足也。惟天主聖母一稱共包其妙，而對其貴，稱之聖母，則知其貴，必次天主之貴。

或疑曰，若然，吾主之貴，亦在聖母之下，曰否。吾主雖人，兼天主也。聖人曰，獨天主在上，吾主亦在其中。

聖母獻耶穌于主堂瞻禮

綜　述

陽瑪諾《聖經直解》卷九《聖母獻耶穌于主堂瞻禮》經。聖路加第二篇。

今日兼包古教二禮，一謂取潔之禮，一謂獻主首胎男子之禮。二禮見經如左。

維時瑪利亞既滿取潔期，即吾主聖誕後四十日。遵每瑟教令，每瑟教者，即今所謂古教，書教，是也。天主于今三千餘年前，默炤每瑟，引書古教，命傳于國人，雖實爲天主教，因常謂每瑟教也。教令之中，有一曰取潔之令，命婦受孕生子，其身若汚，勿入聖殿，生男待日四旬，生女待日八旬，限期既盡，親詣聖殿，親獻禮物，司祭者代祈，後聽意得入聖殿。或疑，聖母懷孕，其身極淨，何行取潔之禮。曰，然，但行之故有二。一，人見聖母生子，不知其繇，倘不行斯禮，則異度之若犯天主嚴令。二，欲法聖子，原不屬割損之禮，但爲人甘當其苦，聖母不屬取潔之禮，而甘忍其辱。

捧嬰之京，獻聖父。先時天主葢命。獻首胎男子，並獻或斑鳩，或駕二翼。茲乃第二禮，上古國人，居日多國，天主命之遷徙，而往先宗本地，幾出惡王禁阻，天主盡殺通國長子，乃教人自此後，各獻長男子，因記往恩。既獻，二親獻定禮物，贖子以歸。時都有德義欽畏士，名西默完，篤望天主將慰本國，即望天主命救世者降，而慰國民。聖神恆居厥心。許厥終先必躬覯捄世者。是日聖神牖，令詣聖殿，適二親即聖母及聖若瑟懷嬰入，欲行定禮。伊西默完聖人迓捧懷嬰，頌揚天主。懷包吾主，而聖神大滿其內，不勝忻喜，編聖曲，高聲咏唱。曰，請主如昔許兮，命僕安謝世兮，目覯捄世者兮，其來如光。因炤異教人兮，因榮福本國民兮。

尋得十字聖架瞻禮

綜述

陽瑪諾《聖經直解》卷九《尋得十字聖架瞻禮》 今日聖而公會，欲顯心喜，立尋得聖架瞻禮。聖架，其寶珍也，久失久覓，弗得而憂。今日尋得，可識其忻。經記，有人掘地，偶遇重貝，心喜急藏，盡售家產往市是地。又記，婦人失銀一星，心憂不寧，掃室細覓，得之大喜，出戶集鄰女告曰，來矣慶吾，已尋得夙失之銀。然矣，聖架，教人之寶，金銀之星，無盡之富，普地之榮，神死之甦，諸罪之死，靈性之福，是也。宜乎大聚大喜，感謝天主，若斯衆恩，尋得來歷列如左。

主受苦，復活，昇天之後，遐邇教人，感謝贖恩，多往瞻禮受苦之具，踪影不絕。主仇恨甚，深瘞聖架，上立土神之寺，意滅聖名。初時知聖所者俱亡，後繼者不知。漸稀拜敬，而聖架之迹，久已盡泯，教人奈何，惟憂而已。既去二期之期，吾主欲慰世憂，賜世善王，名官且定，國母名阨勒納。德賢甚盛，恆慕恆望，恆祈天主，使世復見聖木。天主篤愛后慕，滿望諾祈。賜之異夢，命過海，迨受苦之國，受苦之府，受苦之山，必得聖木。皇后如命，拆寺掘地，尋得三具，心不勝喜。惟具有三，不知聖具爲何。時有病婦，幾乎垂命，無藥可治，命摸第一，而病如仍。命摸第二，而仍，摸第三，而立痊。則知聖架是是。皇后拜敬，分作二分，大造麗殿，內置其一，鑄雕金銀。藏一歸國，大贈王子，王者多拜屢叩，即下令曰，罪人以後，勿當十字架之刑。從是以來，教人大敬聖架也。

經聖若翰第三篇。

維時有宦臣名倪閣，夜造耶穌。或問，夜時詣主求示何意。曰，意有二，懼司教之衆一，羞衆之目一。司教者衆仇主，不許城人聆訓，矧從之爲弟。又倪閣，國師也，衆共仰之。彼雖仰主而慕爲弟，羞耻人知，緣乘夜詣主而求教。曰，師，予識天主命爾降世，因爲世師。孰克行師攸行，而天主弗與偕焉。耶穌答曰，我實語爾，人弗次生，弗爲新人，弗克上天。次生爲新，領聖洗者是也。倪閣欲識何得自脩而入天堂。主曰，聖洗天國之門也，修工之首工也。人出母胎始爲世人，始爲人子。既領聖洗，始爲天堂之人，始爲天主義子。聖洗謂次生者故。倪閣曰，既生既老，詎得次生，克乎次入母胎，次出而生。曰，予確云爾，人倘弗繇水，弗繇聖神。天主第三位是也。自新再生，弗克入天。倪閣未達主言，特知有繇父母之肉生，未聞有繇天主之神生。因主明解聖洗之要，洗滌舊汚，乃爲天主之子。受生於人，人也。受生於神，神也。葢言，世物各生其類，人生人，禽生禽，各彙一然，神亦生神，因聖神居人內，得生聖寵，聖愛，聖望，聖信，等德，俱爲神物也。勿疑予言爾，爾輩當自新，次生盍視風乎，任起任發，汝聞其聲，固莫測何來何往，人繇聖神而生，一然。猶云人之神生，依人之力則難，依聖神之能則易。比之風，任意而發，任意而息。聖神欲人新生即生，人識短矣微矣，不能盡測聖神化人若何，如不知風氣從何發，何往也。倪閣曰，夫俱奚能爲乎。曰，爾爲國師，尚懵茲理。予誨人，惟言攸明知，惟証攸明見，爾輩猶輕吾証，今將目前淺理示人，人猶弗信，使將天上奧理，信者幾乎。葢言我揣

爾曹器識，以淺近者喻，引導國人，人嫌其高弗信。若將天上奧深之端，伏心而信耶。從來弗人昇天，獨予從彼而降，亦恆居于彼。言世之人，孰識天堂之奇，孰已昇天，後降示人，無人也。獨吾自天降，又吾身雖居地，吾靈恆居天，恆視聖父，精知天上奧情，因獨吾能解，能爲證見也。嗟夫，世人猶不從，而棄吾證。且若每瑟舉銅龍於曠野，予然當被舉。舉，被釘十字架上是也。銅龍，吾主被釘聖架像也。經記，昔教衆徒異地。而往本國，每瑟如帥統衆，途滋而遙。衆厭，無心前，齊詣每瑟大呼曰，爲強斯衆向出美地，引入曠野，似欲殺吾，飲食絕無，竟日，竟月，竟年。所食之味，至薄至輕，弗得補力。厭哉斯味，憐哉吾衆，渴饑倦悴，困煩勞苦，齊集吾身，宜歸夙地，不宜進前。天主欲罰背罪。引毒蛇孽龍，出藪入營，噬殺逆衆。龍蛇之狀，猛烈驚人，口吐火，鼻噴烟，被傷無藥可治，未久立死。幸存者，始覺其非，深痛誓改，詣每瑟哀啼曰，得罪于主，得罪于爾，憐視衆苦，求主退龍，而免酷刑。每瑟求主，主允曰，化銅雕龍形，梟之竿首，被毒者望，毒止而不死也。每瑟如命，病者皆痊，蛇龍仍遯山。衆謝恩，忻然前進，不敢復逆也。聖盎博削解曰，銅龍懸于木，吾主被釘明像也。銅龍有龍之形，無龍之毒，又能解諸毒。吾主被釘，似有罪之形，無纖罪之實，反可以解衆人之罪也。信者且無隕，且存厥命於無窮永。若云，人信，有死有活之殊，依信善行，必免地獄永苦，必享天堂永福也。

建聖彌額爾大天神殿瞻禮

綜述

陽瑪諾《聖經直解》卷一二上《建聖彌額爾大天神殿瞻禮》 聖彌額爾，諸天神之首也。天神各爲天主之卒，各品各枝，各部各隊，公成天主大師。天主托彌額爾天神，統領如帥，因聖賢廣述其奇，曰，宇內時有急緊大事，天主托之命平。厥始有大神，傲心背主，拒抗不伏，引誘多神，同背同拒。彌額爾挺然出征得勝，伏傲討拒。世沒之時，惡人出世，謀簒主位，彌額爾臨討，殺投地獄，昔天神護守古教諸人，即斯神也。常顯多異，古教衆被虜甚苦，彌額爾發現于每瑟，命往慰救。虐王迷固，無心放釋，彌額爾率領屬神，刑罰王民，一晚盡滅舉國長子，強王解虜衆出，年有四旬遊曠野，彌額爾引導，日日降味以養。晝備密雲庇蔭，夜備火炬炤明，親鐫十誡付每瑟，命布于衆。異國惡王，舉兵侵地，彌額爾一夜殺十八萬寇兵，大救國人。今護守聖教聖會，皆斯巨天神之功也。

聖勞楞佐致命之瞻禮

綜述

陽瑪諾《聖經直解》卷一三《聖勞楞佐致命之瞻禮》 經。聖若翰第十二篇。

維時耶穌語門徒曰，麥粒匪播匪死獨孤存，倘播倘死則結多實。主借麥種解其死廣益，言麥粒弗掩弗爛而死，不能生實。爛死，則生苗結實，而爲豐稔。吾不死爲人，獨一在天，若死昇天之衆，不勝其數。但主于麥粒有異，麥粒先落地，後爛而死。主降世之時，落地也。受苦之時，受死也，入塚之時，被埋也，惟聖屍弗爛也。主謂聖父曰，謝父厚錫，賜吾知復活眞路，不許吾尸得朽，是也。愛命者，失命。言人在世，或偏愛其身，順從其欲，或因懼身死背反聖教，後世必落地獄，永失常生眞命。在世而惡厥命，乃存以享萬刦生命，事予者宜從予，從，法也，猶云人慕吾教，而爲吾弟，當法吾行，而履吾迹。逝時則居予現攸居。若云吾身在世，吾靈恆睹吾父尊容，恆享眞福，若在天堂然。有人從吾法死，去世必若吾然，吾弟不必微疑。在天予父必榮光從予者焉。

聖母始胎瞻禮

綜述

陽瑪諾《聖經直解》卷一〇《聖母始胎瞻禮之理》 聖而公會，惟吾

主及聖母立始胎之瞻禮。聖母聖子偕無原罪，恆滿聖寵，而無時無聖也。聖子無而無能有，聖母能有而無。天主愛之至隆，選之爲母，聖寵預滿其靈，既滿無空，原罪無隙可進。

上古天主欲以洪水罰人，先使諸阨聖人急造大舟而入，以免沒沉。洪水，原罪也，廣溢淹地，無一莫溺。舟，聖母母之胎也，諸阨義人，聖母之像也。天主重愛，穩閉罪路，無縫可透，而免溺也。

若翰宗徒曰，曾見天堂多奇，美女在彼，首身足甚光，毒龍突出謀害，時女生翅，高飛而免。解曰，婦女，聖母也。其首，其始胎也。其身，其卒世也。其足，其終末也。毒龍，邪魔也。翅翼，天主覆庇也。始胎之始，以至于終，魔雖謀害，終不能遂也。

經記亞蘇古帝降禁令曰，一統屬人，若無帝宣，勿敢入廷。抗令，無論高卑立斫。皇后偶遇緊情，奈何入宮，視帝心慄幾倒。帝臨急扶，慰曰，宿令爲國人也，后不屬公令，何慄乎。皆聖母之像，世祖方命，天主發令，子孫偕染，偕屬原罪之刑。聖母本性，必當同染同屬，天主異寵，幾乎將落，先扶勿許其落，勉慰曰，公令不爲母也，惟爲他人也。母不屬公令，不必屬罰。聖而公會立今日之瞻禮，慶聖母始胎之時，無原罪之恩。

經聖瑪竇第一篇。

耶穌基利斯督，達未及亞巴郎之子，生歷之譜。聖史始書吾主宗族之譜，首于達未及亞巴郎二大古聖，蓋按古經，天主恆許降世，而爲斯二聖之裔。亞巴郎生依撒，是生雅各，是生如達，及其昆仲。是生發勒，及匝郎，母名達瑪。是生厄斯巒，是生亞郎，是生亞米納答，是生納算，是生撒滿，是生博阿斯，母名臘亞。是生阿白，母名露德。是生葉瑟，是生達未國王，是娶于烏利亞妻。妻名白撒白，先嫁國臣，名烏利亞。夫逝，乃達未國王立之爲后。而生撒落滿。是生羅薄盎，是生亞彼亞。是生亞撒，是生藥撒法，是生藥郎，是生阿西亞，是生若亞當，是生亞加斯，是生厄瑟加，是生瑪納色，是生亞滿，是生若細亞，是生葉各尼亞。及其兄弟。時皆被虜，而徙于巴彼羅。巴彼羅，敵國大名京都，當時如德亞國衰微，敵王戰服，國王宗室臣庶盡被虜掠，因皆徙地，而移于巴彼羅。年七旬居彼，天主憐苦釋虜，賜回本國。厥後是生撒臘低額，是生速羅罷，是生亞彼迂，是生厄理亞精，是生亞作，是生撒鐸，是生亞境，是生厄旅，是生厄肋亞撒，是生瑪丹，是生雅各，是生若瑟，瑪利亞淨配，瑪利亞生耶穌，渠以基利斯督爲號。

聖賢舉多喻解右經曰，吾主宗族若漁線也，亞巴郎，聖母，其二端也。吾主天主之性若鈎，其人性若餌，漁人以餌隱鈎，放海納魚。主以其人性，隱天主之性，入世之海，顯魔以人性，魔貪引仇加害，主未幾復活，敗魔負計。

二，上古雅各古聖神目見梯，自地達天，雅各靠近地第一級，中間多神下上。天主憑倚梯上，皆右經之像。亞巴郎近地，離主遠，中間聖王若神往上，惡王若神往下，吾主居後，而憑最高級也。

三，宇宙內，物等有三。下者，四大也。中者，運動諸天也。上者，天堂也。右經惡王，比之諸行，聖王等聖，比之諸天，聖母居高，天堂也。天堂天主安座，聖母天主安居也。

或問，吾主至惡惡人，其宗族之內，多王甚惡，主爲其子者何。聖額我畧答曰，示吾其降因救惡人，其外莫他故也。主曾規衆設譬曰，設有牧童，牧羊百頭，其一失路，姑置他羣，往覔失羊。吾主于吾同然，人失天路，主降尋人，使再入正道。又曰，人健無病，何必請醫，病人則必也。葆祿聖徒謂弟，指主降來之故曰，爲救罪人也，爾云，天主至惡惡人，否也。奧斯定聖人曰，倘主惡世之惡人，何降哉，何救哉。惡人惡是也，惡惡人否也。

四，右經若地堂也，各聖各樹。聖盎博削曰，亞巴郎達未等聖，皆茂盛木，其德其實也，可視而效，以養吾靈。地堂樹木，皆奇，第一極奇，爲常生樹木，而聖母□像也。其生吾主當生之實。聖奧斯定曰，厄襪世母，常死之枯樹，引形神之死入世。聖母常生之茂樹，吾主其實，令人得延形神之命于無窮也。視樹之實，便識樹木之美，今將畧提始胎之美，得謝天主之恩，得慶賀聖母之幸。

聖母出世，若天主之殿，以始胎爲基。天主大發寶帑以富其基，諸天神之富，較擬聖母之富，乏也窮也。經舉聖母曰，國主公女，各集多珍以富，爾獨一大勝其富。國主之女，天神也。聖人也，其珍，其善德聖寵也，各得多美而富，惟聖母獨一。始胎之時，所受美奇，天神聖人之衆，不及遠也。伯爾納聖人曰，使出愚人，而疑曰，獨一焉克勝衆，吾弗信其疑，而嗤其愚也。

天主開闢之時，造物多類，因其貴賤，居當居之所。水族賤，藏之海內。羽禽畧貴，置之于空。天神尊貴，命居于天，天主何置自己，聖母胎其所也。天神無比吾主，天堂無比聖母，可見始胎之始，其奇其妙，天堂之淨難擬。聖盎色立譬曰，國王將幸，預備多器，多工多費，一宿之宮，極精至麗。天主將幸入世，聖母其宮也。弗一宿之宮也，九月之宮也，始胎之時，預備其工，其奇可知。

撒落滿國王，欲造天主聖殿，先備先王所聚寶珍，發罄外庫內帑，且請鄰王並力以助，曰斯殿，天主之殿也，天主之居也，盡力竭富以極其美，安能對天主之貴，衆料既備，方興工，命琢多玉實基。聖母，天主聖殿也。始胎之時，與開其址，天主大發無盡庫帑，以實殿址，內富其靈，外餙其身，天神聖人能比之乎。

若翰宗徒曰，神目見天堂，態若廣城，城基約十有二，各基各無値之珍，聖賢解右經曰，聖母，若天堂廣城，始胎時，受十有二天主大恩，若奇寶珍，以餙其始胎之基。一，生于年老荒胎之母，斯恩有三妙。一開路引人易得信吾主之生，人見聖母得生于枯瘠之胎，易信主得生于童身之女。二，聖母及吾主之生，畧有似。三，引人貴聖母之生，歸之天主之恩，弗獨歸雙親之工。

二，聖母雙親大聖，路加聖史書若翰聖人之聖生，曰，其父母義人也，府人美其聖也。聖盎博削曰，聖史欲稱若翰，首于親聖，葢世人以親之貴，皆爲本貴，地爵貴人，天爵貴聖，可識聖母。二親之聖，亦爲聖母之恩。

三，天主遣天神，先告二親以聖母之始胎，聖生，聖名，大聖將出于世，天主先告其親，先定其名，以顯其聖，以慰世人，以重其生。聖母之生，至聖也，普世之大慰也，萬民者可重也，天主先告二親者故。

四，始胎時，即得明愛二司全用，他嬰在母胎，雖備靈性，其具至鈍。出胎之後，必待漸成，既成得用，方覺世事。聖母大異。既領聖靈，明愛之司，一時同成，用而無滯也。

五，始胎時，其靈廣滿聖寵，諸德之聚，斯恩于他聖人大異。他聖必待出胎，先領聖洗以聖，在母胎而聖，僅有一二而已。猶比聖母絕不同也，論時早遲，不同也。論滿多寡，不同也。彼滿小河小溪也，聖母大海廣洋也。

六，始胎時無染原罪。斯恩獨聖母之恩也。他聖既落，天主伸手扶起，聖母恆立，葢主弗許其落，恩之可知。比二人近泥，一溺而汚，吾伸手扶起而洗，一未及溺，即扶而免其汚，二扶之大恩也，惟恩大不同也。達未聖王曰，主不待天曉，天色未明，扶救聖母也。他聖既落，天主扶起，可謂之遲。若人作工，而待日出，扶救聖母，未落之前，可謂之早若人作工，而不待昧爽也。

七，定固靈魂，終身弗落，弗得微罪之塵。經曰，天主自造自居麗宮，內樹七楹，以定其固。宮，聖母也，七楹，聖神七恩也。聖母恆備，匡扶聖靈，常正無側，則何有圮頹乎。

八，始胎時，即認眞主，深達其妙，所受之恩，盡心以謝，盡力以愛，比諸天神甚甚。

九，既受明愛之用，恆繼其用，無時間斷。聖人恆云，奇矣異矣，聖母有時身寐，惟其靈恆醒，晝夜繼工，晝夜加功也。

十，聖母即時興工，奇矣其功。他聖漸漸行，徐徐加功，聖母每呼吸盡力以工。主酧而倍其力，並倍心愛，並倍聖寵。聖母再倍其力，再倍其功，時時如是，其功及寵，迄終之際，大集如海，汪洋亦不及。

十一，始胎時，即獻天主其身之貞，葢知天主甚愛貞淨，即立誓順意。

十二，始胎時，即受正性之恩，若元祖未落之前，因靈下分，恆承其上分之命，些微莫逆。七情恆平，恆中其中，無外乎理，靈之上分，自然甘然順受天主之命，而不待勉強。多寶集于基，天神世人難測聖母始胎基之奇。

聖母往見聖婦依撒伯爾瞻禮

綜述

陽瑪諾《聖經直解》卷一〇《聖母往見聖婦依撒伯爾瞻禮》 天神降

報聖母，並報聖戚時懷孕以有六月，聖母雖離四百餘里，亟之慶賀。今日瞻禮，大矣異矣。他瞻或獨吾主，或獨聖母，或獨一二位聖人，今日共包吾主，聖母，聖若翰，二親聖人之瞻禮，可見其大其異。今日吾主首顯于世，首興救世赦罪之工，世人始知其貴其能，謂吾主瞻禮。今日人首知聖母之高位，首傳于世天主聖母之高稱，謂聖母瞻禮。今日若翰聖嬰免原罪之汚，受聖寵之淨，謂若翰瞻禮。今日二親皆受多恩，聖神滿靈，可謂二親之瞻禮。瞻禮之經如左。

經聖路加第一篇。

維時瑪利亞急起興程，騰山之如達府，府坐山上，人赴必上。入匝加利亞室，匝加，依撒伯聖婦之夫。若翰聖孩之父。拜依撒伯爾。伊即依撒伯。聆拜言，覺胎嬰喜悅踴躍，時聖神滿靈，蒙聖神默炤。知天主降臨而居聖母淨胎。向聖母。巨聲曰，女中爾爲讚美，爾胎實並爲讚美。實者。吾主是也。聖婦借樹爲譬比聖母茂盛之木，而生吾主常生之實。

於戲，辱蒙吾主聖母降臨入室，斯大幸何繇至予。奇矣爾拜，一言擊耳，胎子若舞若踴甚喜。爾心之信，眞乃爾福之繇，主向攸許爾，一一將成。瑪利亞既聆美言，聖神滿內，倏編聖曲，屈己揚主。曰，予靈丕顯主兮，主乃予心忻愉兮，主乃予靈眞福者兮。蓋云，天主吾福之始，吾美之繇，所加神恩，其大難量，其多難罄，心不勝任，吾恩向悉出于主，吾今悉歸于主。

聖諸嬰孩致命者瞻禮

綜　述

陽瑪諾《聖經直解》卷一三《聖諸嬰孩致命者瞻禮》 維時若瑟寐時，天神告曰，起攜嬰，暨厥母，偕往日多。異教國名，離本國千五百里。居彼俟予再示。阨落得本國虐王名將覓嬰以殺。若瑟速起，攜嬰暨母，往而居，待阨落得亡。解曰，可知聖母及聖若瑟甚貧，路有一月之迢，不備路費，不治行李，不托家資于親，夜領天神之告，即夜典程，可知其貧。可責世人，將起數日之程，束裝竟月不止，羞哉。是往葢符先知言，代聖父曰，予子往日多國。予命復來，經未詳主居異地幾時，因聖賢論不一，槩云居五年之期。阨落得既覺已被三王攸紿，事見第九卷三王來朝瞻禮。怒甚，依三王見星時，急下令，命卒廣行白冷及厥隣裔，盡殺凡二週以下嬰孩。意在殺主，惟不知其生何時，其居何處，命殺多孩，計殺吾主于多衆之中，或問，阨落何欲殺主。曰，阨落當時御衆，性好高，貪戀尊位。國人槩厭，企望救世者來，以王本國。又知天神于主聖誕本日，明示吾主是王。又，牧童三聖，異國三王，匝加及依撒二聖夫婦，西默完聖人，亞納聖婆皆亦然，斯多聖之言，漸流國內，阨落懼主異日必陟王位，欲固國基，而備將來不虞，因謀殺之于孩時，恐待主長，欲阻而不及也。爾時日勒米逆知之言有驗，葢云喊聲連天，悲哭弗絕。臘客啼泣厥子，弗容吊慰，葢悉已亡。臘客，上古聖婦之名，亡後夫備葬，置屍于白冷，緣先知聖人，借名以稱白冷，及其鄰地。

推思聖教先人瞻禮

綜　述

陽瑪諾《聖經直解》卷一四《推思聖教先人瞻禮》 今日瞻禮，引敎友實信多端，葢聖而公會立聖敎先人瞻禮，勸我加勤以助，須信人人各有靈魂，各靈恆存不滅。後世有天堂以賞，地獄以罰，煉處以補也。敎友倘勿急于行，獨恃其信，信不及，其恃必負也。

所謂靈魂，西土原文曰亞尼瑪，謂生活之原，天主賦畀，爲無形之靈體，全在一身，全在各肢。葢全爲純神，而莫能裂碎，在活身固活，離死身亦活，永無滅息。若運舟舵師，居舟活，離舟亦活。靈魂既離本軀，便赴吾主嚴臺聽判，以受在世所爲善惡之賞罰。

善者在世，倘全補其缺，則沒後直詣天堂受報。衆福諸吉皆全，竟無匱乏，何待吾救，吾反遠睇而待其救也。

惡者在世莫悛悔，莫改夙愆，則歿後直下地獄受罰。斯既溺極苦之海，無法助救，焉可求主寬宥之哉。

二者之間，有在世而犯，在世而痛，罯償夙債，然償未及，死後方適煉罪處，以苦消滓。其苦長短輕重，準應其罪大小多寡，罪既煉盡，便昇天受報。惟苦煉時，教人能助，或齋素，或誦經，或濟貧等，意償其債，補其缺，則脫斯苦而昇天堂也。緣聖會哀矜其苦，立今日之瞻禮。吾等當同心加勤，以申恤救之誼焉。

人救之有二益，其靈之一，己靈之一。論其憐哉其苦，正若窮人負債，士師命囚，全償方釋，若無良友憐苦代補，何時出乎。蓋齋素，賙濟，苦己，念經等工，其銀也，奉主爲彼，則助其乏，而還其債，焉可吝嗇不救耶。

論己。彼出後，而人天國，弗忘吾濟。而百倍以償，恆求吾主大補吾缺，可知吾濟救，弗謂空濟，實謂之貸。吾貸以青蚨，彼還我以兼金，幸矣吾救，幸矣吾貸。

聖賢廣述煉所之苦，曰，多年今世之苦，不及煉罪一刻之苦。今世極苦虐王酷刑，較彼之苦，皆繪苦也，若無刑之刑也。因勸衆人，勿待至彼以補其罪，補于在時，乃智人也。蓋煉罪所有二，一在今世，一在後世。今世之煉，痛悔也，涕泣也。伯爾納聖人曰，煉罪之苦，擬今世之苦，若百擬一，吾友能補以一，何必待補以百。

聖枝禮儀瞻禮

綜述

陽瑪諾《聖經直解》卷五《聖枝瞻禮之經》 維時耶穌幾近日路撒冷，至白法熱，城外郊內小村之名，離京五里，斯爲守養犧牲之所，又爲撒責之莊。蓋撒責不常在殿，輪次理事，定期既滿，迨此居靜，不交常人。於阿理瓦山，阿里瓦取油樹名，斯山廣生，謂之阿里瓦山故。乃命二徒，聖伯鐸羅一聖若翰一。曰，前有村，之彼遇羈犢老牝，小牡二驢，解送予。如或禁，曰，主有用，人即許。皆爲驗先知之詞，云謂西碗女者，西碗京內名山本名。女者，京人也。主稱其城人女，以示愛之如父母愛其女然。曰，慈善爾王，乘化驢，暨厥小駒，而來視汝。二徒如命，牽母子二驢，將表衣置驢上，請主乘行。同行者或解披衣鋪地，或上樹折枝墊路，先行後隨甚多，咸舉聲曰，天主降榮，下福於達未之子。子，吾主也。達未乃吾主降世後之宗，因稱主爲其子。天主居極高，自彼庇廕，自彼廣榮其國。

聖灰禮儀瞻禮

綜述

陽瑪諾《聖經直解》卷一四《聖灰禮儀瞻禮》 封齋首日，聖會立聖灰禮儀，深警教人勿虛封齋聖時，蓋聖灰爲靈性之聖劑，能療各心之病。經記，厥始元祖方命，其靈即萌多病。天主欲醫，謂之曰，可記爲人也，爲灰也，昨日出于灰，翌日必歸于灰。天主以灰醫其神病，命念其始及終之微，以便伏傲抑志而痛其罪。聖會之意，遵體天主之意，因今日借天主之劑，天主之言，用灰點額而云，友憶汝始終之微，皆灰而已，天主以灰造成人身，身未幾且歸灰也。嗟，時時固可思念吾微，封齋時愈可思念也。是時吾主受死，吾當思念吾死，是時吾主至謙，吾當思吾輩之微以壓傲氣。是時吾主多苦多憂多淚，以拆吾罪，吾必痛哭吾失，以求釋洗。今日之灰，心悔像也。古時罪人眞心悔非，或播灰坐上，或撒頂上，以顯心痛，以動天主之心，庶垂憐垂宥焉。昔有名城惡甚，天主欲討，前命先知以告。君聞深痛，播灰而跽主憫其苦，鑒其悔，宥其罪，而免其罰，聖灰謂之聖劑信乎。聖灰禮儀，引人恆念死期，但後卷推思聖教先人瞻禮，其有本論，玆姑未提。

經聖瑪竇第六篇。

維時耶穌語門徒曰，汝齋時勿師僞人，渠齋而悳容，弗豫色，以顯厥齋，予語汝，已受厥報。蓋云齋而不圖悅主心，謀娛人目，而獵其譽，人目且譽其報矣。其齋虛，虛譽正對以報，果不可望天主實報。汝齋時，以美液潤首頮面。

主借喻于當時本國之風。國人或遇大禮之日，或聞大樂之音，取美液傳首，以顯忻心，主若云，齋日喜色樂面而隱齋苦。勿許人知，齋藏內，汝父天主明視報汝。吾主既勸門徒行善時避忌人目，又繼勸以善用世財，示富人不可私用，可普赦貧人，曰。汝勿藏汝賄，勿窖諸地，在地鏥敗，如金銀等。蠹齕如五穀幣帛等。賊奪。如寶貝珍物等。藏窖于天，無鏥，無蠹，無賊處，汝財何在，汝心同在。言人有財可濟窮乏，可托貧手，輸之于天，乃爲穩當，勿慮時變也。且其心不黏于地，同財上升，而享天國眞富。

聖諳德肋宗徒瞻禮

綜　述

陽瑪諾《聖經直解》卷一一上《聖諳德肋宗徒瞻禮》　維時耶穌遊加理肋亞海濱，解見第四卷封齋後第四主日。視西滿伯鐸羅及諳德肋昆仲二人，渠時張罟，蓋以漁爲業。語之曰，從予，予使漁人。言汝今以漁爲業，今後我使汝化人，引入吾教。伊即應命棄網而從，行前視雅各伯，責伯德阿子，及若翰厥仲，偕父居艇修網，召命同從，即捐網謝父而從。

雅各伯宗徒瞻禮

綜　述

陽瑪諾《聖經直解》卷一一上《雅各伯宗徒瞻禮》　維時責伯德阿雅各伯及若翰，二位宗徒父親之名。子之母，暨厥子，子者雅各伯，及若翰兄弟也。近耶穌，跽稽求錫。主問曰，求何。答曰，主既即本國之位，賜予二子，一于右，一于左同坐。耶穌知求原不出于母私臆，惟出于子，不答母，向二子。曰，胡弗識攸求，克飲予將飲之爵乎。爵死也，主借譬指其死謂之爵，故有四，一當時病人，服藥用爵而飲，主死甚苦，若苦藥，但療萬世神病。二人飲酒一盞，飲不難，時不久，吾主因愛世人，易至死地，死苦速過，死利恆存，而延于無窮。主言所示，不必懼爲主受苦，蓋多年之苦，暫苦也。三，本國風俗，人將受刑，先飲藥一巵，身痲不覺刑苦，國人欲指某人幾受刑，曰，某人將飲爵，主指其死，謂之爵故也。四，酒引人寐，過畧再醒，而仍行工。主之死若寐，過三日復活若寤，因其死謂之爵。經內主所云，吾寐後醒，是也。曰克主語之曰，異日固飲，主今預告二徒，畢竟受苦，後來虐王，拘擒雅各伯受刑。又，羅瑪帝監若翰投沸油鼎，命酷笞，命迸夷地，斯皆苦爵未難飲也。乃至吾主受苦時，侍立視師之苦，雖萬死亦擬不及矣。主告之明如是故也。惟與汝予左右之座，罔係予，予父已定斯座，匪能再改。或疑曰，聖父托付吾主萬有之權，憑意制御，今云與汝予左右之座，罔係于予。疑解有四。一，係字之意，于當該可，三字同意，猶曰不可允爾求。蓋爾求出于傲，我諾則助，引其心傲，可諾之哉。聖盎博削曰，主答若云，吾謙之師，引人以遜，弗可諾其妄求。二，基所聖人曰，二徒之求，弗能爲之事也，吾主不能爲何異，主座高甚，非神聖者能及，何有左右之座，經指主曰，其座穩安，但至高天神之上，二徒何得登之，又主坐聖父之右，人得其左，則居聖父吾主之間，能爲之乎。三，主指其人性。若云天上之位，天主聖父已定，吾人性確不可移。爾所求，實不係于我也。四，主指其天主之性。猶云，實係于吾與人以吾左右之座，但于無始之始，欲係于人之聖，善則得，惡則失，善隆位高，善薄位低，斯則極理也。爾兄弟之聖不及，求乃恃親，不恃善德，過分而悖理，吾天主之性至公至義，實不能逆理也。聖基所設喻曰，設國王欲分國位，曰，人立某功，即登首相高位，立某功，登冢宰之位等。若有幸臣，無立某功，但恃王寵敢求或相位，或冢宰位，王答曰，汝求弗係于我，不能允汝成，某位乃立定功之位也。斯答不顯王之不能，正大顯王之公義，吾推聖人之喻，即知主所云之意。

聖斐理伯聖雅各伯二位宗徒瞻禮

綜　述

陽瑪諾《聖經直解》卷一二宗徒卷下《聖斐理伯聖雅各伯二位宗徒瞻禮》　維時耶穌語門徒曰，汝心勿恖勿惶，汝信天主乎，兼可信予。勉勵

宗徒之信，蓋云吾實天主也，爾信天主之言，並可信吾之語。吾于聖父同性，同體，彼此無分，爾輩不必分信。予父宮内多處，予語爾，今逝預備爾處，既備再臨接攜爾，同昇同居予攸已居。勉勵宗徒之望，主已警伯鐸羅宗徒，當夜必背，又知諸徒因懼主仇同背，而恐或失天堂之處，慰之曰，勿恐，爾輩天堂之處已定，我將去以備。又云汝于將來可居吾今所居。蓋主身即在地，其靈恆見天主，恆享眞福，若聖人在天然。汝輩已識予適攸去，且已識厥道。多默曰，徒槩弗識師奚去，奚識道乎，耶穌曰，予道路也，眞實也，常生也，主因其無窮之功，因爲諸德之表，天堂正道也。因其全知不能自欺，因其全善不能欺人，眞實也。因天堂諸聖人，皆視其天主之性，以享眞福，常生也。欲之聖父，依予克之。言吾眞路也，人人可率繇，可賴吾功以立功。爾得知予，則知予父，未幾當知焉。未幾，即聖神降臨之時，蓋聖神降後，大開宗徒之明悟，使洞達聖父之奧情。爾輩已見予父，言吾于聖父同體，父與吾之妙同一，爾若見我，于見父無異。斐理伯曰，主兄弟視聖父，弟願滿矣足矣。主曰，憐哉爾迷，予已居爾間久，爾猶弗知予。斐理伯，人見予，見予父同一。奚云允視聖父，曾未信予在父，而父在予乎。予言匪出乎予，父居予内，躬行予行，汝曾未信予在乎父，而父在乎予。倘弗信予言，宜予行是信，確于汝云，人實信予，必行奇行擬予之行等奇。猶愈奇，予適將詣聖父故也。蓋云。實信之人，或行奇行于吾同等，或較吾更奇，皆係于吾。吾今詣聖父，在彼同父與人斯能。爾賴予名，而禱聖父，予悉允爾禱。

聖巴爾多禄茂宗徒瞻禮

綜　述

陽瑪諾《聖經直解》卷一一宗徒卷下《聖巴爾多禄茂宗徒瞻禮》維時耶穌登山，通夜默道，天曙呼諸徒，選十二名之亞玻斯多羅。譯言遣使者，今所謂宗徒者是也。西滿也，主命厥後稱伯鐸羅，即諸宗徒之首，原名曰西滿，主召之時改名，命稱伯鐸羅，譯言石也，蓋主預定立爲聖會聖殿之基。諳德肋其兄也，雅各伯也，若翰也，斐理伯也，巴爾多禄茂也，瑪竇也，多默也，雅各伯亞爾弗阿也，西滿，伊名曰責落德也。責落德斯乃本地之名，猶云某郡某人。如達雅各伯也，付主者茹答也。厥後下山止平地，諸徒且衆自如德亞。國名及日路撒冷國都及居海濱之人，及弟落，及西多，二府之名偕從耶穌因聆厥訓。因愈身病，因驅惡神，蓋厥德達布于外，病者撫而立痊。

聖瑪竇宗徒兼聖史瞻禮

綜　述

陽瑪諾《聖經直解》卷一二宗徒卷下《聖瑪竇宗徒兼聖史瞻禮》維時一人名瑪竇，坐征稅所。耶穌適過，目之曰，從予，即起而從，時具宴欵耶穌，征稅及罪人貫魚繼至。耶穌諸門徒偕席，司教者竊視，謂徒曰，汝師同征稅，同罪人並席，理乎。皆仇人嫉妬婉譏之詞，蓋言君子小人，道異業殊，如水如火，不能並立，汝師褻邇惡人，同交同席，同惡何疑。耶穌聆曰，人無病不必召醫，病者則召。主深責仇人之迷，蓋言吾神病之醫也，爾輩視爾如無罪人，無有神病不欲近吾，以求神劑。斯者知己病求藥，吾近而治，可譏乎。盍思經詞，盍達厥旨。經内天主云，吾尚仁，弗尚祭。或疑祭，天主美儀也。人奉，天主宜享。經云，弗尚仁，解有二，一，人祭而無仁，其祭無益。且天主弗尚，無祭有仁。其仁有利，且天主亦尚其仁。二，奥斯定聖人曰，經意較擬仁德于祭，示吾天主何尚，猶云，吾尚祭也，惟愈尚仁也。吾主引經，責仇不法主心，而不尚仁德。若言吾近罪人，同交同席，引之改非，皆仁也。天主重而尚之，爾輩乃誣吾以罪，良不達聖經之意，良不體天主仁心。予匪降召義者，惟降召罪者焉。或疑曰，天主降世以救普世，來召罪人以改，召義者以進，改者受赦，進者受賞。今云，匪降召義者何。其解有四。一，基所盎博及多聖人曰，主責仇人自視若義，而實無義。猶云，吾來召衆，但必衆知其病，近吾求醫，爾輩度爾若義，若無神病，不近不求，反遠而仇。二來無益爾輩，若弗來召爾者然。二，多瑪聖人曰，主降召衆，是也。惟以捄以召罪人引改，第一急意也。主今獨提罪人之召，且置召義者之意，猶云，吾來召人以改，義者無有所改，因第一吾來之意，不爲爲救召彼。三，論吾本性本力，普人皆罪人也，

人義盡繇于主之功，猶云，論人之力，無一有義，皆罪人矣，吾來以召罪人耳，必來召衆。若人世無有義人，何能來召義者哉。四，奧斯定多瑪等聖曰，設元祖弗方主命，而子孫恆存初受本性之清純，天主不降爲人，奈何。元祖及吾輩，皆罪人也，因主降而伸救。主云，吾來召罪人故也。

聖西滿聖達陡二位宗徒瞻禮

綜　述

陽瑪諾《聖經直解》卷一二宗徒卷下《聖西滿聖達陡二位宗徒瞻禮》

維時耶穌謂門徒曰，攸命乎汝，惟相愛耳。世主仇及異日殺害宗徒者惡人也。惡汝，當知先惡予。汝倘爲世人，世必愛汝，視之若其物。爾輩非世人，予簡援出于世，世惡汝者故。言惡人每愛惡人，視爲同類同情，汝既皆善人，與彼甚異，惡汝謀害何怪。宜憶予言夙謂汝曰，僕弗，先厥主世人既已迫予，異日必亦迫汝。凡已遵予言者，必遵汝之語，予二三子來日爲予必遭多逆，但汝逆皆繇于世不知遣予聖父焉。令予弗降，弗親諭人，則人靡辜，今也其辜靡有託故也。人惡予，兼惡予父，使予在時，弗行多奇，從來匪人先行，世罪差可原。茲既見多奇，猶憎予，猶憎予父。經曰，無故憎予，厥言茲有驗。

聖瑪弟亞宗徒瞻禮

綜　述

陽瑪諾《聖經直解》卷一二宗徒卷下《聖瑪弟亞宗徒瞻禮》維時耶穌主遣門徒，廣遊本國布教，門徒如命，並行多奇，以致人信。既歸述所行奇，主知門徒已明達聖教奧理，甚喜，謝天主聖父。曰，予揚聖父天地眞主，蓋閉乎斯於世之哲者。斯字，指教幽奧道理，哲，指本國司教之衆，又指已往之儒彼者，因妬因傲固心，不信主，不信三位一體之奧義，以此天主弗炤其心，俾信當信之端，以救本靈。而開世之小者，小者門徒也，皆勢卑賤，性質淳，心謙遜，謂小者故。父欲如是，悉繇于父無測之意，予父畀予萬物柄，主解降世之故，召引人得昇天，其故也。斯約包三奇，茲解第一。即有能召引世人，猶云，召引衆人，大能也，大權也。無能權，即欲召引，人乎聽從。吾父授吾萬有之柄，聽吾欲召欲引，皆當奉命而從。無人知子，指已惟父者如之。無人知父，惟子者知之。子欲示人，人則得知。解第二奇，猶云，人依本性之能，不能知聖父，不能知聖子，必要超性之光，天主默啓其靈，吾權不止理人外身，亦能理人之內欲，示人知吾聖父，人即得知。苦難者，即外受于世上之苦楚。荷任者，即內苦于罪之重任。俱來邇予，予慰輕，解第三奇。猶云，人有權而弗肯用，虛權也。吾既受權，能用也，欲用也，因召普地任苦之人，慰其苦，輕其任。爾伏項承予軛，軛，聖教諸誡也。軛拘束牛，禁勿恣游，聖誡繫人，禁勿縱弛，謂軛者故。法予，矛性良善，心謙遜，解有二。一，人須聽命近吾，若弟受業，法吾善吾謙。奧斯定聖人解曰，吾主全備奇能，厥始造成天地萬物，在世行多奇異，今弗命人效其能，惟命師其善謙，明示二德之要。二，主意若云，吾實世師，召人爲弟。吾本性至良善，本心謙遜，吾弟不必驚吾也。爾神乃康，予軛飴矣，予任輶矣。聖基所解曰，主命雖苦，並調于飴，正若良醫，藥劑峻苦，病人難服，和之以飴，服之則易。

聖斯德望瞻禮

綜　述

陽瑪諾《聖經直解》卷一三《聖斯德望首先致命者瞻禮》維時耶穌語衆，暨司教首者曰，予遣先知講道解經，命衆聖來勸，汝輩執或殺，或釘，或笞，或驅，強頻徙地。噫，厥義血，自義，亞伯爾，迨匝加利亞巴刺加子，俱歸汝，以罰汝罪，是罪幷及國人。義血，即聖人爲義被殺之血也。亞伯爾□□元祖次子也，彼善兄惡，兄妬其善而殺之。匝加，古教司教聖人也，當時

惡王理事，國人槩法，背主而向土神，匝加諫王責人，王怒命人執石而擊。或疑曰，先罪人之罪，何與于主仇。主云，俱歸汝者何。基所聖人解曰，先罪人之惡，雖于主仇無與，但主仇的知先人殺滅義人，的識其罰，乃弗戒而殺吾主，幷殺多聖，其罪之重，百倍先罪人之重，其罰之嚴，百倍先罪人之嚴，可謂先惡之罪，先惡之罰，皆歸于彼。京京重呼京城，以顯悲心，而痛將至之罰，用戒國人，使知其迷。恆殺前知，恆擊遣使聖人。嗟，予屢召城人，欲覆若雞伏子，爾固且迷屢逆，緣爾宮將空虛。宮有二解，一聖殿也。天主降前安息聖殿，若皇安宮，天神護衛，若武士護衛御座。降生後常諭衆，主諭愈至，主仇愈妬，天主天神皆離，聖殿空虛也。天主警戒昔人，曰，至今是堂供吾祭吾聖堂也，今後將棄將毀折焉。史記，毀折之前，城人倏聞空中天神之疊，互告云，可去也，可速離聖殿也。二宮，郡城也。葢人之本所，私家也。民之本城，共家也。仇殺吾主，殺先知聖人，天主甚惡是城，容敵兵來攻圮城，居人半殍半虜而地空虛，吾主預視聖殿郡城之毀，預戒人如是。予語爾曰，今弗克見予，異日汝輩指予而云，依天主名來者，丕享榮福，是日復見予。而下解有二。一，基所等聖人曰，主戒若云吾日後受死，日後升天，爾皆未幾必死，而下地獄，至吾復降判世，弗得見吾，是日視吾榮光嚴威，必云依天主名來者，丕享榮福。奈何今冀欲信從，是日則認，則伏則揚，皆不及也，晚矣。二，熱落等聖人曰，主言若云，吾今寬恕汝輩不悔不信之罪，待悛而信，而眞心稱吾曰，依天主名來者，丕享榮福，汝倘如是，乃得見吾，得享眞福。

禧年

綜述

錢單士厘《歸潛記》乙編一《彼得寺》 正門左有所謂聖門者，常塞不開。門畫一巨十字，遇聖年舉猷勃賚式，乃開此門。舊約（利未記二十五章）摩西律：凡人七日一息，爲安息日，地七年一息，爲安息年。核數至七七四十九年，凡遇安息年七次，是爲禧年。禧年每五十年一次，然所謂五十年者，其實止四十九年。西人至今稱一周爲八日，而實止七日，稱二周爲十五日，而實止十四日。希伯來古語亦然。禧年即第七次安息年也。比五十年一遇之禧年，希伯來文稱爲猷拔爾之年，輾轉譯音，遂爲猷勃賚年。摩西律，當禧年之七月十日，爲贖罪期，遍地吹角，佈告聖年，土地休息，不耕不植，負欠悉免，奴隸反於其家，有大赦之義。景教引之，定爲聖年舉猷勃賚式，以普赦景士、景徒之罪戾。在景教初期，景士有犯教法者，絕斥無赦，尋許懺悔以贖罪。而景士漸多，罪戾亦增，懺不勝懺，贖不勝贖，禁範漸弛。一三〇〇年，婆尼法爵八患之，制爲每百年一聖節，舉猷勃賚式，命景士躬至羅馬，巡拜各寺（在他處者巡拜景宗所指之寺），懺悔罪戾，歌誦祈禱。設聽懺之官，酌其罪之輕重，責以誓，誓有大小。至克雷孟六，縮短期限，以五十年爲聖年。烏爾龐六以耶穌在世三十三年，故又以三十三年爲聖年。保羅二更半五十之數，以二十五年爲聖年，而景士於猷勃賚所當行之事，許以納金代勞。葢此時歷代景宗，以斂財壯彼得寺工爲事，凡此寬例縮期，皆所以聚貨也。聚貨之極，乃賣免罪符，因致改革，論者咎焉。改革之後，景勢式微，政事無可問。故自息司朵五以降，每於聖年之外，舉行猷勃賚，名曰穰民，或穰田，均無不可，一視乎景宗之意興矣。將行此式之前年十二月二十四日，景宗躬親執斧，剷其石灰（石灰泥門上，示不開），然後開通聖門。聖門開通，必先由景宗率君牧師等，衣大禮服入內，寺內奏樂歌聖詩，門乃大開，許公衆入寺。一九〇〇年曾開此門，時予在日本，報紙所傳，神往而惜未見也。其先一八五〇年、一八七五年均未開，以正逢義國革命之故。

典籍部

新約、舊約分部

綜　述

陽瑪諾《聖經直解》卷一《聖經》　原文謂之阨萬日畧，譯言福音，乃天主降生後，親傳以示世人者，即新敎也。蓋天主既用性書二敎，默詔聖人。訓世無間，但因世人沉迷，而拂理違訓者日益衆，於是天主更加慈憫，躬降爲人，親傳聖經，以提醒世人焉。天主洪恩，莫大於此矣。

或問，稱福音者何。聖基所答曰，凡吾主所許衆罪之赦，聖寵之畀，諸德之聚，與人生時，獲登天主義子之高位。逝後必免永苦享永福，諸如此類，備載聖經，故稱福音也。【略】終問，阨萬日畧與聖經何以異。曰，聖經公名也，或天主親口所諭，或天神代主所傳，或先知聖人得天主默照所示，俱稱聖經。惟吾主在世，躬誨聖言，躬行聖事，而命聖史紀載，以詔後世者，乃稱阨萬日畧，而爲聖經之一分。

又問阨萬日畧幾何，紀載聖史幾位。曰，論阨萬日畧所函聖經之意，一而已。聖基所曰，聖經之多寡煩簡，不關史之衆也，惟問經之理而已。理一，經一，雖聖史各有所載，同歸一理，則聖經猶一也。

至若紀阨萬日畧聖史，則有四焉。一聖若翰，一聖瑪竇，一聖路嘉，一聖瑪爾謌，是四位數，包涵奧意，亦非偶然。聖熱羅曰，初時，地堂有大江四支出流，廣潤普地。今聖而公敎會，有阨萬日畧四史，可以廣潤普世人心也。聖奧斯定曰，東西南北，大地四極，乃四聖史所紀之聖經，悉通徹焉。蓋猶登高而呼，提醒各方之聾寐也。

昔聖若翰宗徒，天主賜之神目，見天主座前，四獸奇異，一如鳳，一如人，一如犢，一如獅。獸每六翅，而具多目，高呼稱揚天主曰，聖聖聖，主之榮光，盈滿八際。其聲時時不息，永久如是。解曰，此四聖史之像也。鳳象若翰，蓋指其心思超邈，所書吾主天主之性，於無始之始，出於天主聖父者若何。如鳳之高薄青冥也。人象瑪竇，蓋指其書紀吾主人性也。犢象路嘉，蓋書吾主若馴潔之犧，獻祭聖架臺上，以贖人罪也。獅象瑪爾謌，蓋書聖若翰保弟斯大遯世隱修，高聲引人認主，如獅之在山猛吼也。

又四者，俱備六翅，狀類高飛者何。曰，一則示人四史聖經所載，皆天德之美，天福之聚，絕不沉落於地。一則示人四史聖經傳播，若疾鳥速飛，不日遍滿普世也。

又四者，多目者何。曰，示阨萬日畧，令人廣開神目，徧視已往，現在，未來諸理，而信之也。

又時時高聲稱揚天主者何。曰，示四史聖經無非讚揚大主。使人獲知吾主之榮光，亦當時時讚揚不置也。

又《景教流行中國碑頌正詮》　經留二十七部，張元化以發靈關。斯舉吾主新敎經典之數，二十有七。乃聖史四，路加聖史一，葆祿聖徒十四，聖各伯宗徒一，伯鐸羅宗徒二，若望宗徒四，達陡宗徒一，是也。元化者，聖敎之大化。靈關者，正道之要樞。蓋吾主未降，大化未開，正道多阻，異端滿路，窒塞弗通。吾主既降，躬訓本國，惟別地之人，弗知聖敎，尙迷故習。主故默牖諸宗徒聖史，集錄聖經二十七部，命周大地，隨方敷敎，以聖蹟去其阻，以實理闢其關。繇是天下四方，始覩正道，而始行大化也。

楊榮鋕《景教碑文紀事考正》卷三《經留廿七部張元化以發靈關》　此言本經之能事妙用也，張廣元仁元化，上帝赦罪之恩。化靈關，良心發動之機關，聞道立信之樞紐。蓋謂景尊上昇之後，聖使徒序次景尊臨世之神跡聖訓，所以拯救萬民諸大事，與使徒受命立敎之始基，及使徒治會傳道之筆札，暨聖神默示之預言，勒爲成書，則有廿七卷。【略】廿七部者首曰《馬太福音傳》，凡二十八章。次曰《馬可福音傳》，凡十六章。三曰《路加福音傳》，凡二十四章。四曰《約翰福音傳》，凡二十一章。五曰《使徒行傳》，凡二十八章。六曰《保羅達羅馬人書》，凡十六章。七曰《保羅達哥林多前書》，凡十六章。八曰《後書》，凡十三章。九曰《保羅達加拉太書》，凡六章。十曰《保羅達以弗所書》，凡六章。十一曰《保羅達腓立比書》，凡四章。十二曰《保羅達哥羅西書》，凡四章。十三曰《保

羅達帖撒羅尼迦前書》，凡五章。十四曰《後書》，凡三章。十五曰《保羅達提摩太前書》，凡六章。十六曰《後書》，凡四章。十七曰《保羅達提多書》，凡三章。十八曰《保羅達腓利門書》，凡一章。十九曰《保羅達希伯來書》，凡十三章。二十曰《雅各書》凡五章。廿一曰《彼得前書》，凡五章。廿二曰《後書》，凡三章。廿三曰《約翰一書》，凡五章。廿四曰《二書》，凡一章。廿五曰《三書》，凡一章。廿六曰《猶大書》，凡一章。廿七曰《默示錄》，凡二十二章。總廿七卷，皆書於景尊門人之手，亦爲高年之使徒訂就成帙，萬分珍重。伊古以來尊爲《聖經》。各國經解家無敢擅爲加減一字。景教傳於列邦，皆以此經爲立教之本。今已翻譯三十餘國文字，三百餘土方言，如中國則有文理者，有北京方言者，有上海方言者，有羊城方言者是也。經中奥義雖聖人亦有仰高鑽堅之嘆，然其大旨則婦孺亦可以與知與能。惜乎天主教會堅執恐人誤解《聖經》，貽害不淺之説，故入中國數百年，至今猶不肯翻譯全書。其所擇譯者，如《聖經直解》之類，實不及《聖經》百中之一。中國教友所賴以崇信者，不過主教神父等所著經類之書。究其實，《聖經》如日晷，人手所著經類之書如鐘錶，鐘錶不能全恃，必賴日晷，時時正之，始能不誤。故天主教會傳道於各國，恆以師承爲重。阿羅本時雖不若今日天主教之甚，然其見解正復相類，故譯無多。存此大秦文之景經於諸州景寺之中，通者能有幾人。故遭五代之亂，教士西歸，教友離散，典籍不存，於是乎絕矣。

又《景教碑文紀事考正》卷一《景教源流考》 考景教之原，則有赤瀝瀝者在，不待人之多言，即《新·舊約書》是也。所謂約者何也，謂阿羅訶與世人立約也。（訶）［阿］羅訶者，拂菻人稱造化主之名也。景教傳入大秦，秦人習聞阿羅訶之名，不必譯也。景教傳入中國，阿羅本仍用原音寫阿羅訶字，則以爲不能譯也。按其常用之名，則有昊然巨氣大力之意在內，又是一位人所當拜之主，故難譯也。天主教入中國，爲譯此名，大費唇舌，卒請命於教化王，審定譯爲天主。耶穌教會入中國時，有譯上帝者，有譯眞神者，亦有沿天主教之舊仍用天主者，其實眞難恰合也。

約之云者，《舊約》守法則生，犯法則死。《新約》信者得救，不信者獄成之約也。推景教之原則，自人祖生死之誡，始考景教之經，則自摩西筆述而始著。摩西者，商太戊時人也，著五經曰《創世記》、曰《出埃及記》、曰《利末記》、曰《民數記》、曰《申命記》之五經者。摩西之所述所作者也，自古稱爲神天默示之書。《創世記》所紀之事在摩西以前則爲述，《出埃及記》以下，當摩西之世則爲作。《創世記》中之要道，即爲景教之大原。其第一節是乃萬世道學之宗，其令人久而益信者，則以各國各教所紀開天闢地之次序，無一能與近時格致實學諸家考明者相合。惟《創世記》第一章之文，則合若符節，眞天下絕奇之書也。今揭其大要如左。一紀阿羅訶創造天地萬物之次序。二紀立安息聖日之故。三紀創造世人之始祖與阿羅訶有父子之親。四紀太和之世。五紀性變之始，罪惡之原。六紀天地萬物爲人所累，致有缺憾。七紀郊天正義。八紀善惡結局。九紀人道澌滅。十紀義人碩果僅存。十一紀洪水大張撻伐。十二紀各國古祖恐懼修省，立國淵源。十三紀萬國方言殊異之故。十四紀孝敬之福，慢逆之禍。已上皆太初古祖之家，傳摩西著之於竹帛者。十五紀阿羅訶特選亞伯蘭爲萬國信阿羅訶者之祖。當其未受選之前，本名亞伯蘭，譯即一民之祖。及登道岸之後，阿羅訶更其名曰亞伯拉罕，譯即萬民之祖。十六紀阿羅訶應許亞伯拉罕，救主彌施訶必由其裔降生爲萬邦之救者。十七紀阿羅訶彰善癉惡之公理。十八紀阿羅訶陰騭下民之妙法。已上皆摩西得於列祖之家譜者，總集而爲《創世記》焉。書凡五十章，書中所述諸要道，多非世人本智所能識，乃阿羅訶以行與事，顯示古人列國始祖分散之時，各有所紀，歷世增益，遂成世教。得之則日進高明，失之則日流汙下。稽之萬國之興衰，確有明徵者也。其最關於天下萬世之大事者，則亞伯拉罕之祭典，阿羅訶應許降生救主之恩道是已。《出埃及記》書凡四十章，首記阿羅訶特生聖人，拯斯民於水火之中。次記阿羅訶神體是自然而有，以耶和華爲阿羅訶永遠至尊之名。耶和華譯即自有者。三記耶和華爲造化之主人，所當拜之阿羅訶（阿羅訶或譯上帝，或譯天主，或譯眞神）。四記阿羅訶頒世人當守之天律。五記世人分當敬愛造化之主。六記事阿羅訶之聖殿禮器。七記凡妄稱受造之萬物爲造化之神者，其道必遭禍敗。八記阿羅訶聖潔慈仁爲世人所當克肖。考此一經，允爲萬世黜異端、崇正道之極軌。《利末記》書凡二十七章。一記獻祭阿羅訶之禮物。二論潔淨之儀文。三論飲食之禮節。四定嫁娶之次序。五論祭司之聖品。六論聖會之節期。七論明順逆之禍福。《民數記》書凡三十六章，所紀皆民衆順逆吉凶，捷

如影響之事。《申命記》書凡三十四章，所紀皆摩西生平所歷大事，爲萬民所共見共聞者簡約爲書，重申敎命，終多預言後世。阿羅訶之道必爲萬國所信服。総此五經，皆摩西手筆。上自開闢之始，下及唐虞，至於夏商伊古以來，拂箖人奉之以爲敬天勤民，誠正修齊之本。其餘之古經，皆屬史類、語類，共卅五卷。一曰《約書亞記》，書凡四章，所紀皆奉天征討之義，司空居四民時地利之宜。士師宥過無大刑，故無小之法。二曰《士師記》，書凡廿一章，所紀皆下民順逆吉凶之道，記十四代士師，奉天律以治世。未立國君之時，民多任性，爭戰頻仍之事，而於阿羅訶含忍寬容法外施仁之道，則極顯著焉。三曰《路得記》，書凡四章，所紀路得一人之事，爲節孝之準繩。四曰《撒母耳上》，書凡三十一章，所紀皆帝王大事。曰天難諶命，靡常之道。曰聖用念作狂狂，敬命作聖之道。曰畏天委命之道。曰潛龍之道。曰臨大節而不爲奪之道。曰化仇敵之道。曰盛衰不易其志之道。曰保泰持盈之道。皆於是書取正焉。而最要之道，則阿羅訶重申應許亞伯拉罕之約，謂彌施訶必由其裔降生，爲萬國之救主之道也。亦五曰《撒母耳下》，書凡廿四章，則紀人君君臨天下，立政立事之道。亦紀人君失德，阿羅訶降罰，毫無假借之道。又著史官善善癉惡，不諱人君之直道。六曰《列王紀上》，書凡二十二章。七曰下，書凡二十五章，所紀者皆人君順天者昌，逆天者亡之道。而阿羅訶善善惡惡，改過則宥之情，亦彰明較著矣。八曰《歷代志上》，書凡二十九章。九曰下，書凡三十六章，亦史類也。其大旨與《列王紀》二書同。十曰《以士喇書》，凡十章。十一曰《尼希米書》，凡十三章。備述阿羅訶雖震怒其民，祝降大喪，國破家亡，流離遷徙，及其痛悔怨艾之時，弊絶風清之日，天心克順，又眷顧之，俾其後興之理。十二曰《以士帖記》，凡十章。所紀一事，其道則爲天佑善人，履險如夷，雖困必興報，施惡人自投陷阱，雖高必傾之理。十三曰《約百記》，凡四十二章，所紀之道，奥妙無窮，不可思議，眞天下絶奇之書也。考是書實爲堯舜時之古書，後人考定而爲經者。景經娑殫之名始見於本書，其中備述上帝子伏魔之神能顯維皇降衷之大力，達天生蒸民之正旨，通幽明死生之故，洩復生永生之隱，明其道者，則伊古以來，天下所不能解之理，如辛紂飛微子伏，西伯囚比干死，箕子奴夷齊餓，孔子阨顏子夭，子路醢伯牛疾，原憲貧盜蹠富，堯舜子不肖瞽鯀子克家之類，皆迎刃而解。彼無量因緣，輪迴六道之説，如瞽者辨五色矣。十四曰《詩篇》，凡一百零五篇，中備太古之元音，盛世之雅頌，悔罪之情辭，祈禱之心法，陶淑萬世之性情，策赴天道之正軌者，必此書也。十五曰《箴言書》，凡三十一章，文若丹書之格訓，若五子之歌。俗雖不離猶太，理則萬國皆同，可以家絃戶誦，尤便於田婦村農。十六曰傳道，凡十二章。作之者爲榮華已極之王，究其理，則爲窮虛覈實之道。総由萬關勘破，早見乎後世諸佛祇識一邊一德，協天實踐之，始覺肉軀中之有我。是其旨矣。十七曰《雅歌》，凡八章。體近比興，假此世間，貞一新婚之悦，慕譬彼神天愛世樂善之深情，三復之而神飛，三復之而志篤矣。十八曰《以賽亞書》，凡六十六章。十九曰《耶利米書》，凡五十二章。廿曰《耶利米哀歌》，凡五章。廿一曰《以西結書》，凡四十八章。廿二曰《但以理書》，凡十二章。廿三曰《何西書》，凡十四章。廿四曰《約耳書》，凡三章。廿五曰《亞摩士書》，凡九章。廿六曰《阿巴底書》，凡一章。廿七曰《約拿書》，凡四章。廿八曰《米迦書》，凡七章。廿九曰《拿翁書》，凡三章。卅曰《哈巴谷書》，凡三章。卅一曰《西番雅書》，凡三章。卅二曰《哈基書》，凡二章。卅三曰《撒加利亞書》，凡十四章。卅四曰《馬拉基書》，凡四章。総爲十六先知之書，上自周厲王之十八年，下至周威烈王之元年書成。其中所述之道，則關於敎誨督責，正己學義之事。論其守道之堅貞，則有歷九死而不悔，遭顚沛而弗離者，非徒託之空言，一一皆徵於實事。誠以彌施訶將次降臨，故諸先知皆爲之備道，是以各書之所紀，皆預言彌施訶降臨之大事，或言其聖體，或言其尊大，或言其光華，或言其品位，或論其慈悲，或論其公義，或論其威權，或論其國度，或宣其恩寵，或表其熱愛，或播其奥名，或揚其盛德，或狀其苦難，或詳其遇害，或指其復生，或頌其上升，言不能盡數不勝數，皆於景尊臨世之日而取驗，將以堅萬世之信，端萬民之望者也。自時厥後，先知絶筆，經成《舊約》，世有所宗。繙希臘之文布於泰西，散猶太之衆徧於東土（河南省開封府之拂箖人，始於漢初東徙）。讀先知之書，彌施訶宛在目前，驗世道之衰，有心人殷然冀望。如是者四百有二十年，否極泰來。於是我三一分身，景尊彌施訶戢隱其威，同人出代。神天宣慶，室女誕聖於拂箖。眞人也而有造化之能，眞神也而有飲食之節。卅九卷之古經，注腳胥驗於一

人，八十二位宗徒道種覃敷於萬國，降諸魔道日正天中，拯救斯民，恩同再造。僞善之徒欺天，自聖景尊至行燭照無遺，群聖淆亂，折衷於景尊之訓。異端充斥，掃蕩於光宗一人，萬國聖賢洗滌之而不清者，人心之欲也。景尊以大榮示之，忘乎其所欲矣。天下仁人解救之而不得者，罪孽之報也。景尊以一身負之，安乎其所歸矣。喪天下士修行之心者，失足之易也。沮天下士銳進之志者，衰暮之來也。景尊以赦罪永生之確據示之，則自訟之哲士，垂死之頹頓，亦足以自奮矣。報應顛倒，塞天下勸善之口。百氏爭鳴，聾天下聽道之耳。虐威劫脅，敗天下士之節。死亡覆滅，寒天下士之心。乃景尊則洞開後壁，俾灼見以無疑克一，協天立斯民之正軌。馳驅虎口，磨不磷而涅不淄。毁譽交加，尊不榮而卑不辱。化欲成理，氣至大而體至剛。出死入生，奏凱旋而登天國，備乃聖域，來我後人。偉哉，神哉，聖哉，聖哉。傳其事者，則有若馬太、馬可、路加、約翰。詳其説者，則有保羅、雅各、猶大、彼得。書成廿七卷，額曰本經，是名《新約》。景碑之所謂經留廿七部者，即此經也。詳述景尊臨世救人之大道，揭其綱領，首曰阿羅訶踐其應許元祖之約，應亞伯拉罕、以撒、雅各大闢之誓，降生彌施訶爲萬邦之救主。二曰以馬內利（譯即上帝在人），爲第二世界新民之祖。三曰彌施訶一生經歷盡應前知之預言。四曰彌施訶盡破魔鬼害人之術。五曰彌施訶印證萬國聖人之心法。六曰彌施訶爲道德之王。七曰彌施訶爲兆民立極。八曰彌施訶顯阿羅訶愛人之深心。九曰彌施訶操赦罪之全權。十曰彌施訶甦萬民之困苦。十一曰彌施訶顯造化之權。十二曰彌施訶負萬民之罪。十三曰彌施訶勝死亡之權。十四曰彌施訶顯上帝之光華。十五曰彌施訶開復生之始基。十六曰彌施訶證永生之要道。十七曰彌施訶遣聖神相助爲理。十八曰聖神宏開聖會。十九曰聖神立人傳道。廿曰聖會遣人傳道。廿一曰聖神賦人才能。廿二曰聖神清潔教會。廿三曰聖神鑒別萬理。廿四曰聖神正萬世得救之信，於是乎天道昌明，神戰之陣門大開，聖會之輿圖日闢。繼芳蹤而演薪傳者十二宗徒，七十弟子，爲此道而遘難者實繁，有徒證斯道而遇害者敷盈巨萬，奇之又奇，亘古未聞。眞之又眞，於今爲烈。當宗徒之世，東至於印度，西至於羅馬，南至於埃及，北至於米西亞，凡希利尼、希伯來、拉丁、大秦同文之國，宗徒足跡殆徧，信其道者，奚止萬億。然自古以來，爲景教之患者，不在患難而在安樂，不在鄙屈而在尊崇，不在卑弱而在權力，稽之往古，驗之來今，瞭如指掌。古拂箖人尊古經之極，遂稽古聖之緒餘，集其語言行事家教訓誡文辭書札之屬爲書，別曰遺傳，有名大母地者，有名阿博別法者。其始也，藉以爲解經之助。其繼也，假以爲異端之祖。遂致古教之終流分三派，曰法利賽教者，墨守師承，不明大義者也。其弊遂流於忍心害理，僞善文飾。曰撒土該者，止計今生之禍福，弗問將來之報應。其弊流於希榮慕勢，縱欲喪心。曰以西尼者，探賾索隱，遺世獨立，不畜妻子，安貧自足。其弊流於廢棄人倫，矯枉過正。察三教之理，各有所偏，衡古經之道，皆爲脱軌。及景尊臨世之後，其能爲患於救世大道者有三，一曰古經之儀文，實爲阿羅訶訓蒙之小學，後人尊之，與救世大道等。二爲宗徒以後之人，非目擊耳聞景尊之言行，得自訛傳而作之僞經。三曰景教流行各國有各國之古道古禮攙入，如景碑之十字定四方，元風生二氣，東禮趨生，存鬚削頂之類，考之景經，均無是説，實即波斯、埃及之理法所混耳。

文廷式《純常子枝語》卷二七 《西學略述》卷三，猶太教以摩西創定律法，著《創世》等記，爲聖人。又猶太教之《舊約書》共分三十九卷，爲摩西諸聖之所著。耶穌教之《新約書》二十七卷，爲馬太，保羅諸聖徒之所著。

又卷三六 彭泰來《持義堂集》題訞書云，僞經祕不示人，方寸小冊，字如黑蟻，夷言侏儢，半不可解。今之盡理正道傳，廣寸而尺，譯夷而華，處處竄取經籍語，附會連綴。欲假堯舜周孔，爲惑人之助，執左道，侮聖言。按盡理正道傳，余未之見。據彭氏謂，其言天帝以土作人，獨成一男，刳男之臂，以作一女等語，蓋所譯即《創世記》之類，特好用中國經典，則教徒翻譯務欲其書之行，而適足以增閲者之疑者也。

宋育仁《泰西各國采風記》 彼教新舊約書，推本生民，稱天立約，言非而似是，法簡而易從，傳教者雖無煽亂之心，而實有變夏之志。非明辯正距，彼推本於天，專破名教，害將中於人心。宜詳辨其非，轉譯以貽諸教堂、教會、學會、學院。縱不能遽變而歸化，而其説不勝，傳教之心自阻，從教之民日稀。其效雖緩，而機甚捷。誕敷文德而戰勝，朝廷不可易而忽之也。

錢恂《景教流行中國碑跋》 廿七經（即《新約》廿七篇）馬太福音、馬可福音、路加福音、約翰福音、使徒行傳、保羅達羅馬人書、保羅達哥林多人前書、保羅達哥林多人後書、保羅達加拉太人書、保羅達以弗所人書、保羅達腓立比人書、保羅達哥羅西人書、保羅達帖撒羅尼迦人前書、保羅達帖撒羅尼迦人後書、保羅達提摩前書、保羅達提摩後書、保羅達提多書、保羅達腓利門書、保羅達希伯來人書、雅谷書、彼得前書（彼得兩書以及《猶大書》、《默示錄》均於四五一年始列入《新約》認爲景經，其先頗多訾議也）、彼得後書、約翰第一書、約翰第二書、約翰第三書、猶大書、傳道約翰默示錄。

錢單士厘《歸潛記》乙編一《彼得寺》 景教初興，於紀念碑石之屬，或雕繪人形，以表基督，或雕繪羔形，以代基督。基督立小邱上，邱迸四流，流於四方，所以象四福音，謂基督之道實藉此四福音以流布於四方也。洎後景徒又取《默示錄》中所謂人、獅、牛、鷹四面一體之靈物，以配四福音，更以配《四福音》撰人，如人面配馬太，獅面配馬可，牛面配路加，鷹面配約翰。此配象之圖屢見，而次序恆有一定，考古學家謂實出於臘文地方亶達雷寺之聚珍石工。其用意凡分二說。一說《默示錄》之靈物，初非始創之比喻，蓋引《舊約·以西結書》之基路冰以爲喻也。比其《默示錄》所喻，喻基督之一生，謂基督始生亦常人，故象以嬰兒；比其論道布教，則所謂猶太人王，故象以獅；迨其就磔刑而死，是以一己之軀體爲犧牲以普救萬民，故象以牛；軀體既刑，眞靈昇乎天上，故又象以鷹。是說於所以配《四福音》撰者之故，與夫配序一定不紊之故，皆未能通，遂有第二說。曰：馬太之傳耶穌也，首數其祖先之血統，特詳耶穌人事，意在闡明耶穌亦人也，故以人配之；馬可之傳耶穌也，特稱耶穌爲猶太人王，故以獅配之；路加所傳，則反覆以耶穌犧牲一軀甘就磔刑爲言，故配以牛；約翰所傳，則務神其說，以爲耶穌實天降之神，語言作爲，皆神而非人，論道綦高，淺陋莫接，故配以鷹。古來用人、獅、牛、鷹配《四福音》撰者，所以見四人所傳各有主意也。今姑勿論二說孰是，要以人、獅、牛、鷹配《四福音》傳者，固頻頻見於圖繪雕刻者也，有時且即以一小兒、一獅、一牛、一鷹爲《四福音》傳者之圖，初不必見馬太、馬可、路加、約翰四人面貌也。

景教分部

新約聖經

綜述

陽瑪諾《唐景教碑頌正詮序》 旅人偕同志覲中朝也，幾周甲子於兹矣；一切賢者樂與遊，所著諸篇，詳哉其述之也。乃問者往往以諸輩弗遠九萬梯航備歷，至即如歸，不能無（感）〔惑〕；因嘗具述天主宏慈，惠兹士民，默牖至是，導正闢邪，宜頌宜感。客謂默牖遠來，訓正吾土若民，洵足頌感；然曷弗於數代以前，俾吾先人咸蒙接引，延迨今兹，誠所未解。諸輩時爲太息曰：淺哉智慧，乃妄議天主意如是乎？雖然，疑而思問，請容進其說。西聖奧斯定云：富者濟貧，凡幾何遲速，提衡在彼，貧者不得預之；受濟頌恩，乃其分也。今兹天主祐中土，俾聖教遠來弗頌受，乃怨而責其後至也；借如有鰥升聞，登庸三錫，顧責君寵奚遲，誠哉狂悖莫甚焉。且中賢既言之矣，孰先傳，孰後倦，賢師教其弟子，與天主率厥下民，亦若是焉爾。天主教人，先性教，繼寵教。性教者，吾人因性光也；寵教者，天主超性光也；未能盡厥因性，傾冀超性，是未步先望趨也。前此中土若性教弗遑，尚超性云乎哉。抑聖經喻聖教如日，其初出未曜普地，繇近逮遠，漸被厥光；被早固忻，被遲勿憎，旋至旋被矣。西方距中土幾九萬，聖教來滋遲固也；理論至此，必不復惑；矧遡厥繇，又弗惟自今始。邇歲幸獲古碑，額題景教，粤天主開闢迄降臨，悉著厥端。時唐太宗九年，爲天主降生後六百三十五年，至西鎬廣行十道，聖教之來蓋千有餘歲矣。是碑也，大明天啓三年，關中官命啓土於敗牆基下獲之，奇文古篆，度越近代，置廓外金城寺中。岐陽張公賡虞，搨得一紙，讀竟踴躍，即遺同志我存李公之藻云：長安掘地，所得名景教流行中國碑頌，殆

大秦景教流行中國碑

綜述

陽瑪諾《唐景教碑頌正詮序》 旅人偕同志覲中朝也，幾周甲子於茲矣；一切賢者樂與遊，所著諸篇，詳哉其述之也。乃問者往往以諸輩弗遠九萬梯航備歷，至即如歸，不能無（感）〔惑〕；因嘗具述天主宏慈，惠茲士民，默牖至是，導正闢邪，宜頌宜感。客謂默牖遠來，訓正吾士若民，洵足頌感；然曷弗於數代以前，俾吾先人咸蒙接引，延迨今茲，誠所未解。諾輩時爲太息曰：淺哉智慧，乃妄議天主意如是乎？雖然，疑而思問，請容進其說。西聖奧斯定云：富者濟貧，凡幾何遲速，提衡在彼，貧者不得預之；受濟頌恩，乃其分也。今茲天主祐中土，俾聖教遠來弗頌受，乃怨而責其後至也；借如有鰥升聞，登庸三錫，顧責君寵奚遲，誠哉狂悖莫甚焉。且中賢既言之矣，孰先傳，孰後倦，賢師教其弟子，與天主率厥下民，亦若是焉爾。天主教人，先性教，繼寵教。性教者，吾人因性光也；寵教者，天主超性光也；未能盡厥因性，頓冀超性，是未步先望趨也。前此中土若性教弗遑，尙超性云乎哉。抑聖經喻聖教如日，其初出未曜普地，繇近逮遠，漸被厥光；被早固忻，被遲勿憎，旋至旋被矣。西方距中土幾九萬，聖教來滋遲固也；理論至此，必不復惑；矧遡厥繇，又弗惟自今始。邇歲幸獲古碑，額題景教，粤天主開闢迄降臨，悉著厥端。時唐太宗九年，爲天主降生後六百三十五年，至西鎬廣行十道，聖敎之來蓋千有餘歲矣。是碑也，大明天啓三年，關中官命啓土於敗牆基下獲之，奇文古篆，度越近代，置廓外金城寺中。岐陽張公賡虞，搨得一紙，讀竟踴躍，即遺同志我存李公之藻云：長安掘地，所得名景教流行中國碑頌，殆與西學弗異乎。李公披勘良然，色喜曰：今而後，中士弗得咎聖教來何暮矣。古先英辟顯輔，朝野共欽，昭爛特甚，尙奚有今之人也。繼而玄扈徐公光啓，愛其載道之文，并愛其紀文字畫，復鐫金石，楷摹千古。夫鴻碑

與西學弗異乎。李公披勘良然，色喜曰：今而後，中士弗得咎聖教來何暮矣。古先英辟，顯輔朝野，共欽昭爛特甚，尙奚有今之人也。繼而玄扈徐公光啓，愛其載道之文，并愛其紀文字畫，復鐫金石，楷摹千古。夫鴻碑
較著，朗鑒有三，似勿更贅。惟碑旨淵義古，不敏慮覽者未辨，或猶託其詞，以固前惑也，因弗避膚拙，詮厥概，爲來者孚券云。大明崇禎辛巳孟春之望陽瑪諾題。

又《景教流行中國碑頌正詮》 經留二十七部，張元化以發靈關。斯舉吾主新教經典之數，二十有七。乃聖史四，路加聖史一，葆祿聖徒十四，聖各伯宗徒一，伯鐸羅宗徒二，若望宗徒四，達陡宗徒一，是也。元化者，聖教之大化。靈關者，正道之要樞。蓋吾主未降，大化未開，正道多阻，異端滿路，窒塞弗通。吾主既降，躬訓本國，惟別地之人，弗知聖教，尙迷故習。主故默牖諸宗徒聖史，集錄聖經二十七部，命周大地，隨方敷教。以聖蹟去其阻，以實理闢其關，繇是天下四方，始覩正道，而始行大化也。

佚名《尊經》 敬禮妙身皇父阿羅訶，應身皇子彌施訶，證身盧訶寧俱沙，已上三身同歸一體。《瑜罕難法王》，《盧伽法王》，《摩矩辭法王》，《明泰法王》，《牟世法王》，《多惠法王》，《景通法王》，《寶路法王》，《千眼法王》，《郍寧逸法王》，《珉艷法王》，《摩薩吉思法王》，《宜和吉思法王》，《摩沒吉思法王》，《岑穩僧法王》，《廿四聖法王》，《憲難耶法王》，《賀薩耶法》，《彌沙曳法王》，《娑羅法王》，《瞿盧法王》，《報信法王》，《敬禮常明皇樂經》，《宣元至本經》，《志元安樂經》，《天寶藏經》，《多惠聖王經》，《阿思瞿利容經》，《渾元經》，《通眞經》，《寶明經》，《傳化經》，《罄遺經》，《原靈經》，《述略經》，《三際經》，《徵詰經》，《寧思經》，《宣義經》，《師利海經》，《寶路法》，《王經刪河律經》，《藝利月思經》，《寧耶■經》，《儀則律經》，《毗遏啓經》，《三威讚經》，《牟世法王經》，《伊利耶經》，《遏拂林經》，《報信法王經》，《彌施訶自在天地經》，《四門經》，《啓眞經》，《摩薩吉斯經》，《慈利波經》，《烏沙郍經》。

謹案諸經目錄，大秦本教經都五百三十部，並是貝葉梵音。唐太宗皇帝貞觀九年，西域大德僧阿羅本屆於中夏，並奏上本章。房玄齡，魏徵宣譯奏言，後召本教大德僧景淨，譯得已上三十部，卷餘大數具在貝皮夾猶未繙譯。此係卷中原跋

較著，朗鑒有三。似勿更贅。惟碑旨淵義古，不敏慮覽者未辨，或猶託其詞，以固前惑也，因弗避膚拙，詮厥概，爲來者孚券云。大明崇禎辛巳孟春之望陽瑪諾題

又《景教流行中國碑頌正詮跋》　諾不敏，爲是詮也。懼夫虛前賢之志，錮後學之迷，按碑弗辨，擴入他門。爰舉碑序實義，乃他教不能解，不能竊者，表而出之。攷據聖教諸西來原本，稍釋其下，匪敢自任一斑，庶令千載上下，要歸一致，而無疑爾。於戲，亘唐累朝，聖教光昭，君臣弘獎，房郭諸公，中史推美，既乃顯列。今時學者，稽古多勤，苟詳斯序，聖教流行，其來舊矣。今之所傳，無二於昔。信好之望，存乎博洽。若國朝治隆三代，道軼漢唐，諸輩於茲，沐浴四朝，翻經譯義，編編足考。然而聖德未鐫，頌音莫繼，則請俟之今日房郭焉。區區渴懷，跂予望之。

又《景教流行中國碑頌正詮·碑頌》　碑文體具二端，先序後頌。序者，序聖教之宗。自初入華邦，以迄周彌方域。修士冊名，列宗顯號，都邑著方。頌者，頌聖教之奧紀。累朝弘獎，用茲傳徽不朽，太平有本，協和有原，盛美有自。

南懷仁《坤輿圖説》卷下　最西有名邦，曰如德亞，其國史書載上古事蹟極詳。自初生人類至今六千餘年，世代相傳，及分散時候，萬事萬物造作原始，悉記無訛。因造物主降生是邦，故人稱爲聖土。春秋時有二聖王，父達味德，子撒喇滿，造一天主堂，皆金玉砌成，飾以珍寶，窮極美麗，費以三十萬萬。王德盛智高，聲聞最遠。中國謂西方有聖人，疑即指此。古名大秦，唐貞觀中曾以經像來賓，有《景教流行碑刻》可考。如德亞之西有國名達馬斯谷，產絲緜，羢罽、顏料極佳，城不用磚石，是一活樹糾結，甚厚無隙，高峻不可攀登，天下所未有。

丁韙良《天道溯原》卷中第八章《釋疑端以明真道》　茲附徐光啓奏摺並景教碑文。下卷首章附有猶太碑文，參考有益。其奏摺意眞詞切，文氣深純，古今教中辨論，罕有其比。查唐朝有景教，亦耶穌聖教之一門也。由波斯傳入中國，至今別無蹤跡，惟留碑銘於西安。若究其未能廣傳之故，或以駁雜不純，或以屢遭大變，未可知也。而元時之奉景教者，尚屬不少，今則無聞焉。其碑文以之作證，不無精意可考。

楊榮鋕《景教碑文紀事考正》卷一《金石家論景教碑事書後》　今而後知考古之難而多悞也。諸家之失考，總由景經失傳無所依據，使無天主教人引證，則景碑之出地，不過爲金石家增輝，資博古者談藪，若《來齋金石考略》云耳。自天主教流行中國，而諸君子抱猾夏之憂遽焉昧焉，辭而闢之，遂流於誣謗。用心雖苦，其實不必爾也。蓋考古自有體裁，黜異必憑正理。若錢氏杭氏夏氏（夏氏非獨指上文所錄而言，是指《皇朝經世文續編》所選《中西紀事》之文而言）之論涇渭不分，指鹿爲馬，微獨開罪於前人，抑亦爲博古家之累。聖有明訓，知之爲知之，不知爲不知，信以傳信，疑以傳疑，以待後人，安事武斷爲哉。矧景教失傳於中國者千年，文獻不存，夫人而知士生千載之後，別無所據，而欲窮其所以然，雖聖人亦有所不能，況景碑之出地，實有天意存焉，非所望於世人資之，以爲詬厲之階也。嘗謂天下之大事至今而益變，古之所謂垂象，今之所謂天學，天學之學興而吉凶之象廢。古之所謂靜方，今之所謂地球，地球之學興而法地之道失。古之所謂蠻夷，今之所謂大國，大國之交密而蠻夷之論塞。雷神也，致役於郵傳。五行也，馳驅於水陸。百工也，而一夫裕如。其遞嬗之際，雖百口交爭，及其究竟，亦安之而已。景教之興亦猶是也，殆有命焉，寧敢貪天之功以爲己力。予小子獲聞景道，遍讀全經，窮源別流，旁通各教，確見乎諸君子持論之失，爰著《景教碑文紀事考正》，以告夫好古之士，而於吾道庶幾小進焉。

李之藻《讀景教碑書後》　廬居靈竺間，岐陽同志張賡虞惠寄唐碑一幅，曰，邇者，長安中掘地所得，名曰《景教流行中國［碑］頌》。此教未之前聞，其即利西泰氏所傳天學乎。余讀之良然。所云先先無元，後後妙有，開天地，匠萬物，立初人，衆聖元尊眞主。非天主上帝疇能當此。其云三一妙身，即三位一體也。其云三一分身，即費略降誕也。其云同人出代，云室女誕聖於大秦，即以天主性接人性，胎於如德亞國室女瑪利亞而生也。景宿告祥，異星見也。覩耀來貢，三君朝也。神天宣慶，天神降也。亭午昇眞，則救世傳教功行完而日中上昇也。至於法浴之水，十字之持，七時禮讚，七日一薦，悉與利氏西來傳述規程脗合。而今云陡斯，碑云阿羅訶。今云大儆魔，碑云娑殫。則皆如德亞國古經語。不曰如德亞，而曰大秦，考唐書，拂菻國一名大秦，西去中國四萬里。又考西洋圖誌，

如德亞織東一道，其名曰秦，道里約略相同。阿羅本輩殆從此邦來者，故以大秦稱云。其至長安也，以貞觀九年，上遡耶穌降生近六百禩。是時宗徒傳敎殆徧西土。大唐德威遠暨，應有經像重譯而來爾。乃宰相郊迎，翻經內殿，爲造大秦寺於義寧坊，命名景敎。景者，大也，炤也，光明也。大帝時，又勑諸州各置景寺，崇奉之至顯，與儒釋玄三敎共峙寰宇。非特柔懷異域，昭王會一統之盛而已者。聖曆則武氏宣淫，先天則太平亂政，貞㝎既相挺迕，水火應必煎烹。用壯相傾，理同盜憎，禍來無鄉。蓋千古有同嘅焉。羅含及烈重振斯文，佶和再來渙頒睿劄。玄肅代德四朝，寵賚彌渥。汾陽重廣法堂，依仁施利，修舉哀矜七端，遂勒此碑，以紀歲月。其頌中多述唐德，亦具景敎大指。所稱賜良和懸景日，明著肇我人類，以及補（續）〔贖〕救世之恩。而貞觀所譯，竝所留二十七部經文，即今貝葉藏中，或尚有可檢者。所疑天學儒行，曷以僧名。則緣彼國無分道俗，男子皆髡，華人強指爲僧，渠輩無能自異云爾。即利氏之初入五羊也，亦復數年混跡。後遇瞿太素，氏乃辨非僧，然後蓄髮稱儒，觀光上國。我神祖禮隆柔遠，賜館多年，於時文武大臣，有能繼房郭之芳踪，演正眞之絕緒者乎。七千部奧義宏辭，梯航嗣集。開局演譯，良足以增輝冊府。軼古昭來，其如道不虛行，故迄今尚有所待。三十餘載以來，我中土士紳，習見習聞於西賢之道行，誰不歎異而敬禮之。然而疑信相叅，詫爲新說者亦繁有焉。詎知九百九十年前，此敎流行已久。雖世代之廢興不一，乃帝天之景命無渝，是佑諸賢間關無阻，更留貞石，忽效其靈。所繇仁覆閔下，不忍令魔錮重封，天路終閟，故多年閟奇厚土，似俟明時。今茲煥啓人文，用章古敎，而後乃知克已昭事，以無俾忝生而怛死。此學自昔有聞，唐天子尚知莊事，而況我聖朝重熙累洽，河淸璽出，儀鳳呈祥之日哉。碑文贍雅可味，字體亦遒媚不俗，世不乏欣賞者。要於返而證之六經，諸所言帝言天，是何學術。質諸往聖，曩所問官問禮，何隔華夷。即如西賢九萬里外繼踵遠來，何以捐軀衛道，九死不悔者，古今一轍。而我輩不出戶庭，坐聞正眞學脈，得了生死大事，不可謂全無福緣者。何以尚生疑阻，悖吾孔孟知天事天之訓，而不慙且驚。夫且借碑作砭，明叅細駁，即欲不祛俗歸眞，祈嚮於一尊而不可得。不然者無論詭正，殉魔自斲生理，政恐蜉蝣生死相尋，共作僇民。迴望房梁公，郭汾陽王，已爲絕德，而況其進焉者乎。天啓五年歲在旃蒙赤奮若，首夏朔，涼菴居士盥識

顧大昌《不得已跋》 按天主敎見之於史傳最前者，大秦國上德阿羅本，於唐貞觀九年至長安，此即天主敎始入中國。然是僧故貞觀十二年於義寧坊，建大秦寺，度僧廿一人。後至開元時，其敎大行，其徒夜聚婬穢，畫魔王踞坐，佛爲洗足云。佛上大乘，我乃上上乘。蓋邪敎中之最惡劣者，其徒既衆，天下皆遍，數與軍人格鬥，搶掠姦盜。至會昌時謀反，梁貞明六年又反，其時皆是僧尼也。建中二年大秦寺有碑，名《景敎流行中國》，文稱三一妙眞，無元眞主阿羅訶，判十字以定四方，鼓元風而生二氣云云。又七日一薦、洗心反素等語。今其碑尚存在西安府。

林侗《來齋金石刻考略》卷下《景敎流行中國碑》 今在西安城西金勝寺內，僧景淨述，呂秀巖書，建中二年。石高五尺四寸，廣二尺六寸，計三十二行，每行六十二字。明崇禎間，西安守晉陵鄒靜長先生有幼子曰化生，生而雋慧，甫能行，便解作合掌禮佛。二六時中，略無疲懈，居無何而病，微瞑笑視，翛然長逝。卜葬於長安崇仁寺之南，掘數尺得一石，乃《景敎流行碑》也。此碑沉埋千年，而今始出，質之三世因緣，此兒其淨頭陀再來耶。則佳城之待沈彬，開門之俟陽明，此語爲不誣矣。見頻陽劉雨化集中，字完好無一損者，下截及末多作佛經番字。

葉亦苞《金石録補》卷一七《唐景教流行中國碑》 右碑題云《景敎流行中國碑頌并序》，大秦寺僧景淨述。後云大唐建中二年歲在作噩太簇月七日大耀森文日建立，朝議郎前行台州司士參軍呂秀巖書。碑下及東西三面，皆列彼國字式。下有助檢校試太常卿賜紫袈裟寺主僧業利檢校建立碑石，僧行通雜於字中。字皆左轉，弗能譯也。按碑三一妙身，元元眞主阿羅訶者，敎之主也。大秦國上德阿羅本者，於貞觀九年至長安也。京兆府義寧坊建大秦寺，度僧廿一人，貞觀十有二年也。此即天主敎始入中國，自唐至今，其敎徧天下矣。予讀《西域傳》，拂菻古大秦國，居西海上，去京師四萬里，與扶南交阯五天竺相貿易。開元盛時，西戎冒萬里而至者百餘國，輒貢經典，迎入內飜經殿，遂使異方之敎行於中國。然惟建寺可以度僧，計當時寺五千三百五十八，僧七萬五千二十四，尼五萬五百七十六。凡兩京度僧尼，御史一人涖之。僧尼出踰宿者立案，止民家不過三宿。九年不還者編諸籍，甚嚴也。今天下寺不常建，而僧尼遂至無算，

何耶。

錢大昕《潛研堂金石文跋尾》卷七《景教流行中國碑建中二年太簇月**》**

右《景教流行中國碑》。景教者，西域大秦國人所立教也。舒元輿《重巖寺碑》：雜夷而來者，有摩尼焉、大秦焉、秋疑「秌」字。神焉。合天下三夷寺，不足當吾釋寺一小邑之數。今摩尼、秌神祠久廢，不知所自，獨此碑叙景教傳授頗詳。蓋始於唐初，大秦僧阿羅本攜經像至長安。太宗詔所司於義寧坊造寺一所，度僧廿一人。高宗時，崇阿羅本爲鎮國大法主，仍令諸州各置景寺。其僧皆削頂留鬚，七時禮讚，七日一薦。所奉之像，則三一妙身、無元眞主阿羅訶也。今歐羅巴奉天主耶穌，溯其生年，當隋開皇之世。或云，即大秦遺教，未審然否？後題「太蔟月七日大耀森文日建立」。所云「大耀森文」，亦彼教中語。「火絺布」即火浣布也。

畢沅《關中金石記》卷四《大秦景教流行中國碑》　建中二年太蔟月立，僧景凈撰文，呂秀巖正書并題額，在西安府崇聖寺。大秦即梨軒，《說文》作麗軒，《漢書·西域傳》所稱梨靬條支，臨西海者是也。《後漢書》云，以在海西，故亦云海西國。《水經注·恆水》又逕波麗國，是佛外祖國也。法顯曰，恆水東到多摩梨軒國，即是海口。釋氏《西域記》曰，大秦一名梨軒，道元之據此，蓋以梨軒爲即波麗矣。攷條支即波斯國，《魏書》云，地在忸密之西，東去梨軒猶一萬里。《長安志》義寧坊有波斯寺，唐貞觀十二年，太宗爲大秦國胡僧阿羅斯立，應是大秦僧人入中國之始。合之碑，則云於義寧坊造大秦寺，兩國所奉之教略同，故寺名通用耶。阿羅斯，碑作阿羅本，當是敏求之誤。

石韞玉《獨學廬二稿》卷下《唐景教流行碑跋》　明崇禎間，西安守晉陵鄒靜長幼子殁，葬長安崇仁寺之原，掘地數尺得此碑。按唐時鴻臚待西賓一支特異他方。雜夷來者有摩尼，有大秦，有祆神。摩尼即末尼也，大秦即景教也，祆神即波斯也。貞觀十二年，太宗爲大秦國胡僧阿羅斯立波斯寺於義寧坊。天寶四載詔曰，波斯經教出自大秦，將以示人，必循其本，其兩京波斯寺宜改爲大秦寺。碑云大秦國有上德阿羅本即阿羅斯也。其言貞觀中賜名大秦寺云云，乃胡僧誇誕之詞，非實也。大秦之教本不出於波斯，初假波斯之名以入中國，後乃改名以立異。地理志謂，默德那爲回回祖國，其教以事天爲本，經有三十藏，西洋諸國皆宗之。今碑云三百六十五種肩隨結轍，豈非回回祖國之三十藏歟。總之三夷道皆外道邪見，所謂景教流行者，則夷僧之黠者，稍通文義而妄爲之耳。其實與末尼，祆神無別，若今之所謂天主教者流亞耳。

董祐誠《董方立遺書》文甲集卷下《大秦景教流行中國碑跋》　《大秦景教流行中國碑》有云，判十字以定四方，後人目爲西洋天主教之祖。王氏《金石萃編》以大秦在歐邏巴南，雖陸路可通而甚遼遠，似不能合爲一。按明王徵作《奇器圖說》，序稱《景教碑頌》與天主教若合符節。徵親從湯若望、鄧玉函等遊，所言自當有據。大抵西域諸教，皆宗佛法，後來更創新奇，減棄舊教，故或奉阿丹，或奉耶穌，而清眞寂滅諸旨，則彼此同襲。回回之教出於大秦，歐邏巴之教復出於回回。碑稱三百六十五種，肩隨結轍，及眞寂，眞威，昇眞，眞常，眞經，既與回回教相合，而湯鄧諸人初入中國，尚不忘其所本，迨其術既行，則並諱之。梅定九謂西洋之學，因回回而加精。戴東原謂西洋新法襲回回術，其云測定，乃欺人語。誠哉，是言也。（善惡，宿曜經十二宮名，回回，歐邏巴皆同。凡佛經所稱閻浮提日中時，東方弗婆提便冥，西方瞿陀尼則初出，北方鬱單越則夜半。及風輪持水輪，水輪持大地，皆西人地球諸說所本，知西域皆宗佛教矣。）自唐以來，回教既遍天下，而歐邏巴以微技見錄，日久蔓滋。今則商賈之貿易，士大夫之陳設，無不以洋製爲工。以中國有數之金幣，易海外無益之奇淫，而愚民復時爲耶穌邪教所煽惑。雖嚴旨禁除，而根株未絕。景教之流毒，不知其何所底矣。

徐繼畬《瀛環志略》卷三《航海瑣記》　按上古時波斯天竺皆事火神，拂箖即猶太以西，皆事天神。事火神者拜旭日，或燃柴薪向之禮拜。民非火化不生，非白日則宇宙無睹。故兩地之夷，上古即有此俗。義起報本，非邪神也。事天神始於摩西，時在有商之初。沃丁年間託言天神降於西奈山，在阿剌伯境內垂十誡以教世人。七日安息禮拜，即起於此，距教祖之生，尚隔一千數百年，乃洋教之所自出，非即洋教也。天竺自佛教興而祀火之俗改，今西域之乾竺特，南印度之孟買，仍有拜火之俗，是其明證。波斯則自唐以前尚未改，後其國爲回部所奪，始改從回教。然至今禮拜，仍兼拜火神，故惡末嶼有太陽火神古殿也。中國自前五代時，有祆神祠，又有胡祆祠火祆祠。唐時有波斯經教，天寶四年，詔改兩京波斯寺爲

大秦寺。又有《景教流行中國碑》，建中二年大秦寺僧景淨述。今考祆字从示从天，即天神。其教起於拂箖，即猶太摩西初建此國教祖乃其裔孫本大秦國之東境。大秦即意大里之羅馬國，漢人因其人長大平正有類中國，故稱爲大秦。其本國並無此名。謂胡祆之即祆神，祆神之即天神，祆字本中國人所造，西土不同文，安得有此等字。而屬之大秦，似也。拂箖自漢初隸羅馬，至唐時乃爲阿剌伯所奪。是即西教之嚆矢也。若火神教則出自波斯，與大秦無涉。謂爲火祆，則已混火神於天神。謂波斯教出於大秦，則又遡本支於異姓。景教一碑，尤爲荒誕。景教即火教，中間景宿告祥，懸景日以破暗府，亭午昇眞云云，皆指太陽火也。又牽涉洋教，其所謂三一妙身，无元眞主阿羅訶者，不知何人。而一切詞語，又皆緣飾釋氏糟粕。非火非天非釋，竟莫名爲何等教矣。蓋波斯之祠火神，本其舊俗。而佛教行於天竺，乃其東鄰。天神教行於大秦，乃其西鄰。至唐代，則大秦之洋教又已盛行。胡僧之黠者，牽合三教，而創爲景教之名，以自高異。中國不知其原委，遽從而崇信之，正昌黎所謂惟怪之欲聞者耳。又碑中云，貞觀十二年，大秦國大德阿羅本，遠將經像來獻上京。阿羅德果自大秦來，其爲洋教無疑，其經當即歐羅巴所傳之教書，乃當時不聞有此。而其所謂景教者，依傍於波斯之火神，潤色以浮屠之門面，是不可解也。自唐以後，佛教盛行，胡祆火祆之祠，波斯大秦之教，俱不復見。據泰西人所紀載，惟阿非利加北土之阿比西尼亞，尚有大秦教名，亦仍是波斯之火神教耳。

夏燮《中西紀事》卷二　耶穌以天爲父，自稱神子，厭世上仙，代衆生受苦，以救萬世。故其死也，西人以天主稱之。然自唐以前不聞於中國，迨太宗貞觀間，有大秦上德阿羅本遠將經像來獻上京。太宗詔立大秦寺，度僧二十一人。世閱七朝。當代宗之建中二年，有大秦寺僧景淨述其緣起，撰《景教流行中國碑》，後儒遂以是爲天主教入中土之濫觴。唯其所貢經二十七部無可考，而所貢之像則三一妙身，無元眞主阿羅訶。又有三一分身，景尊彌施阿，則三一妙身之母、碑中所云室女誕聖於大秦者也。一時中國又有三夷寺，大秦一也，祆神二也，末尼三也。解者曰：大秦稱其國，祆神著其所祀之神，若末尼則女夷之入中國者。三教悉淵源於外夷，而祆神之即天主，遂爲西人假托，以爲彼教之流行中土，蓋千年於兹矣。【略】自利瑪竇入中土，得與徐光啓交，自謂淵源於東漢。繼以艾儒略得見景教碑，遂援以證天主，乃作《西學凡》一卷，考其時代源流。湯若望又述耶穌之神靈異迹及其受刑十字架上，代民贖罪之顛末。圖寫流布，於是耶穌及天主之名遂大傳於世。

俞樾《湖樓筆談》卷七　唐建中二年，《景教流行中國碑》云：「判十字以定四方。」又云：「七日一薦，洗心反素。」論者謂即今天主教，固已。惟景教之義未詳。愚謂景教者，丙教也。唐人諱丙，故以景代丙。丙教者，火教也。據《冊府元龜》所載天寶四載之詔，知景教初入中國謂之波斯經教，所建寺名波斯寺。王溥《唐會要》云：「波斯國其俗事天地、日月、水火諸神。西域諸胡事火祆者，皆詣波斯。」然則天主，即諸胡所事火祆也。丙者，火位，故謂之丙教。後又避諱，改作景教，而其義乃不著矣。碑文云：「景宿告祥。」景宿即火宿也。又云：「懸景日以破暗府。」謂火也、日也。景教之義可以瞭然。又云：「宗周德喪，青駕西昇，巨唐道光，景風東扇。」余讀其文，爲之太息。夫海外諸國以中國爲唐人，至今猶然。「巨唐道光，景風東扇」。此語蓋驗於千載後矣。

錢潤道《書景教流行中國碑後》　此碑明時始出土，宋人金石書皆未著錄，不知果眞唐碑否。碑言景教，殆即明之天主教，今之耶穌教耳。碑中所言多與此二教合，故前人已謂此天主教入中國之始。碑中言三一妙身，即二教謂上帝，聖神，耶穌，三者合爲一體也。碑言眞主阿羅訶，即二教言天主耶穌，音近而譯者字異也。碑言判十字以定四方，即二教所言十字架也。碑言室女誕生，即二教所言室女摩利耶生耶穌也。碑云七日一薦，即二教所言七日一禮拜也。然此碑所言，雖與二教合，竊疑是明時利瑪竇入中國後，令中國習其教之人，僞作此唐碑，以自誇詡。故碑言太宗貞觀九年至長安，唐太宗命房元齡賓迎入內，翻經內殿，問道禁闈，詔令傳習。而考之內實無其事。又碑言貞觀中，詔賜名大秦寺。錢竹汀《景教考》已據《冊府元龜》辨。天寶四載，始改波斯寺爲大秦寺，則碑之所言實誤，與《冊府元龜》不合。故疑此碑，乃明時中國習彼教之人僞撰，以誇張其教。惟碑爲明人僞撰，故詐爲明時始出土云。

李文田《論景教碑》　景教碑蓋唐代之祆教，核其所云，與今所謂天

主、耶穌者兩不相涉。獨七日一薦及十字相合耳。西人謂此碑即耶穌教，似不爾也。

陶保廉《辛卯侍行記》卷三 五里金勝寺，唐波斯胡寺也。宋敏求《長安志》：皇城西第三街義甯坊波斯胡寺，太宗爲大秦國胡僧立。又布政坊亦有胡祆祠，武德四年立。其地當在今西郭内。後訛稱崇聖寺，《長安志》：崇聖寺在朱雀西第二街，崇德坊則在今城正南稍西。明成化中秦王題曰崇仁寺，乾隆時巡撫畢沅題曰崇聖寺，寺後有金勝鋪，故俗呼金勝寺，爲西安諸寺之冠，同治元年夏，回【略】屢攻省城。提督馬德昭，孔廣順等力卻之，近城邨堡多遭蹂躪。紳士梅錦堂集團勇守金勝寺堡，難民挈眷相依。六月初四賊攻西關，錦堂出戰，賊繞入寺，燒殺男婦數千，彼時奏案僅云團勇小挫而已。去年夏隨友人測量憩此，遺老爲余言之，復於瓦礫中見《景教碑頌》，述大秦國阿羅本以貞觀九年至長安，十二年太宗爲建寺，歷代帝王公卿相繼崇奉。德宗建中二年，大秦僧景凈撰碑頌，朝議郎呂秀巖書。審觀碑文，非印度佛教，碑文有云，聖庥年釋子用壯，騰口於東周，是曾爲釋氏所攻。非波斯火教，波斯火教拜祭日月星風火水神，尤敬日與火，今碑中絶無讚美日與火之語。碑文訾他教云，或指物以託宗，或禱祀以邀福，即不肯拜祭偶像之意。是《景教碑》已斥火教矣。非天方摩尼教，回教中稱摩哈默德出於哥累斯貴族，其父母貧。又云二歲喪父，四歲喪母，是摩氏有父，異於耶穌之無父。今碑文云室女誕聖於大秦，則非指摩氏矣。明李之藻等據爲天主教，其或然歟。天啓五年李之藻《讀景教碑書後》其略曰，岐陽同志張賡虞惠寄唐碑一幅，長安掘地所得，曰《景教流行中國碑頌》其即利氏所傳聖教乎。余讀之良然。所云室女誕聖，即以天主性接人性，胎於如德亞國室女瑪利亞而生也。至於法浴之水，十字之持，七日一薦，悉與利氏傳述規程吻合。而今云陡斯，碑云阿羅訶，今云大儆魔魁，碑云娑殫，皆如德亞國古經語，《唐書》拂菻一名大秦，又《西洋圖志》如德亞纖東一道，其名曰秦。阿羅本從此邦來，故以大秦稱。其至長安，以貞觀九年。大唐德威遠暨，應有經像重譯而來，命名景教。景者，大也，炤也，光明也。所疑傳教士曷以僧名，則緣彼國無分道俗皆髡，華人強指爲僧。即利氏之初入五羊也，數年混跡，後遇瞿太素，氏乃辨非僧，然後蓄髮稱儒，觀光上國，九百九十年前，此教流行已久，碑文瞻雅可味，字亦遒媚不俗，質諸往聖，問官問禮，何隔華夷云云。又崇禎甲申遠西陽瑪諾著《景教流行中國碑頌正詮》一卷，其詮三一妙身曰，三者三位也，一者一體也。其詮阿羅訶曰，如德亞國天主本號也。其詮然立初人曰，人類始祖亞黨也。又詮三一分身，乃天主第二位。彌施訶，乃聖號也。又詮波斯覩耀以來貢曰，主誕時新星發顯，距誕處東去二千餘里，地名福亞臘彼亞，有王三人，識新星爲天主降生之兆，乘駝歷十三日至，獻其方物。詮二十四聖爲古經内先知者。詮懸景日以破暗府六句曰，景日即主受難之日，主既完贖世之工，死後三日復活，後四十日午時當衆騰空，故云亭午昇眞。詮經留二十七部曰，斯舉新教經數，乃聖史四，路加聖史一，葆祿聖徒十四，聖各伯宗徒一，伯鐸羅宗徒二，若望宗徒四，達陡宗徒一是也。詮印持十字融四炤以合無拘曰，十字有四極，入教者奉十字聖架爲表，以法吾主聖愛，無拘富貴貧賤之等，皆必互愛，與四方普地之人融澈和睦也。詮珊瑚海曰紅海也。其説繁多，不具述。或謂利瑪竇東來，令教徒僞作此碑以自詡。求志書院課藝，金山錢潤道云，此碑宋人金石書未箸錄，碑文言貞觀九年命房元齡賓迎入内，詔令傳習，而其事無考。碑又言貞觀中賜名大秦寺，錢竹汀《景教考》引《冊府元龜》天寶四載改波斯寺爲大秦寺，碑文實誤，似明人僞撰，託爲明時出土。余按貞觀十二年七月，爲阿羅本造寺之敕，見於《唐會要》，則碑未必僞。

錢恂《景教流行中國碑跋》 自景教碑出土，而何教名「景」，實增學者一番探討。學者非不知大秦之奉基督教也，非不知此碑「十字」、「七日」之説之即指基督教也；徒以碑文有「波斯睹耀」之句，碑下有似回非回、似梵非梵之字，遂不得不於回、佛、祆、摩，基督之外，別求所謂景教者。博學如嘉定錢氏、仁和杭氏、順德李氏，且不敢定爲基督，固由愈博學愈不敢率斷，亦苦無載籍以爲之證也。至吳縣洪氏（鈞），以文學儒臣奉使西歐，始據西文書斷爲即今日西教（見《元史譯文證補》卷廿九之《景教考》）。惟洪氏以補史餘筆，偶焉涉及，故言之未詳。）有番禺楊榮鋕者，基督（新派）信徒也，頗讀中國書，撰《景教碑文考證》三卷，所考綦詳。惟彼志在闡明教説，故廣引《新·舊約》，不免多所附會。（《中西紀事》所論景教，糾紛不清，鄶下無譏。）予以爲非將碑中三數實事名詞及碑額雕刻教標詮證眞確，必不能徵信於學者。其他文人詞藻，非所重也。（碑文必當時華人代筆，非大秦僧景淨自撰。）碑中所謂「阿羅訶」，所謂「彌施訶」，所謂「娑殫」，所謂「廿四聖」，「廿七經」以及所謂「室女誕聖」、「波斯睹耀」、「三一分身」、「亭午昇眞」等句，碑額兩旁之基路冰，正中之十字紋，碑下似回非回、似梵非梵之文字及紀年，皆彼教確證。知此而景教之爲基督教，何難永定？

紀事

徐光啓《景教堂碑記》 我中國之知有天主也，自利子瑪竇之來賓始也。其以像設經典入獻大廷，賜食大官，與士大夫交酬問答，因而傳播其書，興起有衆也，自萬曆庚子利子之入都門始也。其莊嚴祠宇，崇奉聖像，使聞風企踵者瞻仰依歸也，自萬曆辛亥利子之賜塋授室始也。利子以九萬里孤踪，結知明主，以微言至論，倡秉彝之好，海內賓脩之士波蕩從之，而信者什百千萬不能勝疑者之一，何也？其言曰：「西儒所持論，古昔未聞也。」嗚呼，古人之前未有古人，孰能無創乎？天地萬物皆創矣，仰中國之有天教已一千餘年，非創也，何從知之？以天啓癸亥關中人掘地而得唐碑知之也。碑文所載貞觀至建中，累朝英誼，崇重表章，事辭頗悉，今已大行世，不具論。獨是太宗以後歷玄肅代德，建寺度人，殆遍天下。聖曆先天稍爲下士所笑，開元御宇，益振玄綱，乃至五季之世，昏霿彌天，遂從湮息。迄兹千載，然後貞石效靈，可見斯道也、契合於興朝，乖迕於亂世，沉埋泯沒於傾危板蕩之時，昭明顯融於河清儀鳳之日，皇皇眞宰，默自主持，豈人力所能擬議哉。鋪觀前後隆替之繇，在唐則法壇道石，所在皆是，上自帝王，下迨房郭諸臣，信嚮甚殷。而西來經典，如云廿四聖舊法，廿七部眞經，翻譯較少，以故百年以後，遺言遺書蔑如也。近來教士，願力弘深，畢世鑽研，抑首著述，所譯內外諸篇，日增月益，如川方至，如日方升，寖盛寖昌，殆無窮竟。而和宮精宇，稍遜盛唐。蓋自辛巳以來，於端、於韶、於洪州、於白下、於武林、於三吳，往往自築精舍，或僦居廛郭耳。頃年一二耆宿，周行秦晉，所在名公，延留居止。於晉絳則有兩韓孝廉，信向尤爲篤摯，爰始爰謀，圖維卜築，將以崇嚴像設，奠安道侶。乃擇於城之東南，捐貲創建，爲室若干楹，因馳書數千里屬余記之。余惟眞主恩施，窮天罄地，無物可酬，人類中稍足自效者，惟信德爲首。信有多端，崇奉其一，倡導其一。有唐之總仗賓迎，特令傳授，崇之謂也；義寧首建，延及諸州，倡之謂也。其在於今，若孝廉之萬里將迎，捐資營造，可謂崇矣；肇立景門，獨有欽賜一區，至於郡邑，則晉絳爲始，可謂倡矣。繼自今而承風相效，人有肅心，豈非此舉實爲之嚆矢耶？凡事大者不速成，歐邏巴數十國曁其他國土以千計，今若於景教者，無不始乎乖暌，終乎翕順。遠者數百年，近者數十年，而後人心大同，教法圓滿。蓋眞主所賜景福，盛大無比，非艱難歷試，不以輕畀其人耳。頃自利子以來，雖一甲子而近，乃自阿羅本賓唐，至於今一千餘載，不爲不久矣，以其時考之或可矣，況聖明御世，日月重新，盛德大業，十倍唐宗，皇矣鑒觀，得無意乎？天人之際，何敢妄意揣摩，則以禎符疊至，《景碑》同出之祥，卜之也。是爲記。

又《鐵十字》 近天啓乙丑，長安掘地得碑，題曰《大唐景教流行中國碑》。碑首冠以十字，亦一證也。碑中言景教自唐貞觀九年，大德阿羅本始奉以入中國。國主大臣，如太宗高玄肅代憲宗，及房玄齡，郭子儀之屬，悉皆尊奉。貞觀十二年，建寺於京師之義寧坊。高宗令於諸州，各置景寺。肅宗又於靈武等五郡建立。則終唐之世，聖化大行。上德高賢，比肩林立。法壇道石，周徧寰宇。何況江右世載文明，廬陵素稱赤望，有兹事迹，豈足疑乎。

王徵《遠西奇器圖説録最序》 邇來余省新從地中掘出一碑，額題《景教流行中國碑頌》，乃唐郭子儀時所鐫。千載如新，與今日諸賢所傳敬天主之教，一一若合符節。所載自唐太宗以後凡六帝，遞相崇敬甚篤也。在昔已然，今又何嫌忌之與。

著録

顧炎武《金石文字記》卷四 《景教流行中國碑》，僧景淨撰，呂秀巖正書，建中二年太簇月。今在西安府城外金勝寺。

《四庫全書總目・子部雜家類存目二・西學凡一卷附録唐大秦寺碑一篇》 末附唐碑一篇，明其教之久入中國。碑稱貞觀十二年大秦國阿羅本遠將經像，來獻上京，即於義寧坊敕造大秦寺一所，度僧二十一人云云。考《西溪叢語》，載唐貞觀五年有傳法穆護何祿將祆教詣闕聞奏。敕令長安崇化坊立祆寺，號大秦寺，又名波斯寺。至天寶四年七月，敕波斯經教出自大秦，傳習而來，久行中國，爰初建寺，因以爲名，將以示人，必循

其本，其兩京波斯寺竝宜改爲大秦寺。天下諸州郡有者準此。《冊府元龜》載，開元七年吐火羅國王上表，獻解天文人大慕闍，智慧幽深，問無不知。伏乞天恩喚取，問諸教法。知其人有如此之藝能，請置一法堂，依本教供養。段成式《酉陽雜俎》載，孝億國界三千餘里，舉俗事祆，不識佛法，有祆祠三千餘所。又載德建國烏滸河中有火祆祠，相傳其神本自波斯國乘神通來，因立祆祠。祠內無像，於大屋下置小廬舍向西，人向東禮神，有一銅馬，國人言自天而下。據此數說，則西洋人即所謂波斯，天主即所謂祆神。中國具有紀載，不但有此碑可證。又杜預注《左傳》次睢之社曰，睢受汴，東經陳留，梁譙，彭城入泗。此水次有祆神，皆社祠之。顧野王《玉篇》亦有祆字，音呵憐切。註爲祆神。徐鉉據以增入《說文》。宋敏求《東京記》載，寧遠坊有祆神廟。註曰，《四夷朝貢圖》云，康國有神名祆，畢國有火祆祠，或曰石勒時立此。是祆教其來已久，亦不始於唐。岳珂《桯史》記番禺海獠，其最豪者蒲姓，號白番人，本占城之貴人。留中國以通往來之貨，屋室侈靡踰制。性尚鬼而好潔，平居終日相與膜拜祈福，有堂焉以祀。如中國之佛，而實無像設。稱謂聱牙，亦莫能曉，竟不知爲何神。有碑高袤數丈，上皆刻異書如篆籀。是爲像主，拜者皆嚮之。是祆教至宋之末年，尚由賈舶達廣州。而利瑪竇之初來，乃詫爲亘古未睹。艾儒略作此書，既援唐碑以自證，則其爲祆教更無疑義。乃無一人援古事以抉其源流，遂使蔓延於海內。蓋萬曆以來，士大夫大抵講心學，刻語錄，即盡一生之能事。故不能徵實考古，以遏邪說之流行也。

王昶《金石萃編》卷一〇二《景教流行中國碑》 碑高四尺七寸五分，廣三尺五寸。三十二行，行六十二字。正書在西安府。【略】右碑下及東西三面，皆列彼國字式，下有助檢校試太常卿賜紫袈裟寺主僧業利檢校建立碑石，僧行通雜於字中，字皆左轉，弗能譯也。按碑三一妙身，元元眞主阿羅訶者，教之主也。大秦國上德阿羅本者，於貞觀九年至長安也。京兆府義寧坊建大秦寺，度僧廿一人，貞觀十有二年也。此即天主教始入中國。自唐至今，其教偏天下矣。予讀《西域傳》拂菻，古大秦國，居西海上，去京師四萬里，與扶南交阯五天竺相貿易。開元盛時，西戎冒萬里而至者百餘國，輒貢經典，迎入內飜經殿，遂使異方之教行於中國。然惟建寺可以度僧，計當時寺五千三百五十八，僧七萬五千二十四，尼五萬五百七十六。凡兩京度僧尼，御史一人涖之。僧尼出踰宿者立案，止民家不過三宿，九年不還者編諸籍，甚嚴也。今天下寺不常建，而僧尼遂至無算，何耶。金石錄補

今在西安城西金勝寺內，明崇禎間，西安守晉陵鄒靜長先生有幼子曰化生，生而雋慧，甫能行便解作合掌禮佛，二六時中略無疲懈。居無何而病，微瞑笑視，翛然長逝。卜葬於長安崇仁寺之南，掘數尺得一石，乃景教流行碑也。此碑沉埋千年，而今始出，質之三世因緣，此兒其淨頭陀再來耶。則佳城之待沈彬，開門之俟陽明，此語爲不誣矣。見頻陽劉雨化集中，字完好無一損者，下截及末多作佛經番字。來齋金石刻考略

大秦即梨軒，《說文》作麗軒。《漢書·西域傳》所稱犁軒，條支臨西海者是也。《後漢書》云，以在海西，故亦云海西國。《水經注》恆水又逕波麗國，是佛外祖國也。法顯曰，恆水東到多摩梨軒國，即是海口。釋氏《西域記》曰，大秦一名梨軒，道元據此，蓋以梨軒爲即波麗矣。攷條支即波斯國，《魏書》云地在忸密之西，東去梨軒猶一萬里。《長安志》義寧坊有波斯寺，唐貞觀十二年，太宗爲大秦國胡僧阿羅斯立。應是大秦僧人入中國之始，合之碑則云於義寧坊造大秦寺。兩國所奉之教略同，故寺名通用耶。阿羅斯，碑作阿羅本，當是敏求之誤。關中金石記

右景教流行中國碑，景教者，西域大秦國人所立教也。舒元輿重岩寺碑：襍夷而來者有摩尼焉，大秦焉，秋疑祆字神焉，合天下三夷寺，不足當吾釋氏一小邑之數。今摩尼祆神祠久廢，不知所自。獨此碑叙景教傳授頗詳，蓋始於唐初，大秦僧阿羅本攜經像至長安，太宗詔所司於義寧坊造寺一所，度僧廿一人。高宗時，崇阿羅本爲鎭國大法主，仍令諸州各置景寺，其僧皆削頂留鬚，七時禮讚，七日一薦，所奉之像則三一妙身，無元眞主阿羅訶也。今歐羅巴奉天主耶穌，溯其生年當隋開皇之世。或云即大秦遺教，未審然否。後題大蔟月七日大耀森文日建立，所云大耀森文，亦彼教中語。火綄布，即火浣布也。潛研堂金石文跋尾

萬曆間長安民鋤地，得唐建中二年景教碑，士大夫習西學者相矜，謂有唐之世其教已流行中國，問何以爲景教而不知也。按宋敏求《長安志》義寧坊街東之北波斯胡寺，貞觀十二年，太宗爲大秦國胡僧阿羅斯立。又云醴泉坊之東舊波斯寺，儀鳳二年，波斯三卑路斯請建波斯寺。神龍中宗

楚客占爲宅，移寺於布政坊西南隅祆祠之西。《冊府元龜》，天寶四載九月詔曰，波斯經教出自大秦，傳習而來，久行中國，爰初建寺，因以爲名。將以示人，必循其本，其兩京波斯寺，宜改爲大秦寺。天下諸州郡宜準此。此大秦寺建立之緣起也。碑云大秦國有上德曰阿羅本，貞觀九祀至於長安，十二年秋七月於京師義寧坊建大秦寺，阿羅本即阿羅斯也。寺初名波斯，儀鳳中尚仍舊名，天寶四載方改名大秦。碑言貞觀中詔賜名大秦寺，夷僧之誇詞也。舒元輿重巖寺碑云，合天下三夷寺，不足當吾釋寺一小邑之數。釋寺唯一，夷寺有三，摩尼即末尼也，大秦即景教也，祆神即波斯也。今據元輿記而詳考之。《長安誌》曰，布政司西南隅胡祆祠，武德四年立，西域胡天神也。祠有薩寶府官，主祠祆神，亦以胡祝稱其職。《東京記》引四夷朝貢圖云，康國有神名祆，畢國有火祆祠，疑因是建廟。王溥《唐會要》云，波斯國西與吐蕃康居接，西北拒佛菻，即大秦也其俗事天地日月水火諸神，西域諸胡事火祆者，皆詣波斯受法，故曰波斯教即火祆也。宋人姚寬曰，火祆字從天，胡神也。經所謂摩醯首羅，本起大波斯國，號蘇魯支，有弟子名（元）［玄］眞，居波斯國，大總長如火山後，化行於中國。然祆神專主事火，而寬以爲摩醯首羅者以波斯之教事天地水火之總，故諸胡皆詣受教，不專一法也。大秦之教本不出於波斯，及阿羅訶者出，則自別於諸胡。碑言三百六十五種之中，或空有以淪二，或禱祀以邀福，彼不欲過而問焉，初假波斯之名以入長安，後乃改名以立異。地志稱默德那爲回回祖國，其教以事天爲本，經有三十藏，凡三千六百餘卷。西洋諸國皆宗之。今碑云三百六十五種肩隨結轍，豈非回回祖國之三十藏與。若末尼，則志磐統紀序之獨詳。開元二十年敕云，末尼本是邪見，妄稱佛法。既爲西胡師法，其徒自行，不須科罰。大曆六年，回紇請荆揚等州置摩尼寺，其徒白衣白冠。會昌三年秋敕，京城女末尼凡七十二人，皆死。梁貞明六年，陳州末尼反，立母乙爲天子，發兵禽斬之。其徒不茹葷酒，夜聚婬穢。畫魔王踞坐，佛爲洗足。云佛上大乘，我乃上上乘。蓋末尼爲白雲白蓮之流，於三種中爲最劣矣。以元輿三夷寺之例覈而斷之，三夷寺皆外道也，皆邪教也。所謂景教流行者，則夷僧之黠者，稍通文字，膏脣拭舌，妄爲之詞，而非果有異於摩尼，祆神也。錢氏景教考

【略】

按此碑原委，《景教考》言之已詳。《潛研跋》謂今歐邏巴奉天主耶穌，或云即大秦遺教。據碑有判十字以定四方之語，今天主教常舉手作十字，與碑言似合然。《日下舊聞考》載，天主堂搆於西洋，利瑪竇自歐邏巴航海九萬里入中國，崇奉天主云云。歐邏巴在極西北，須從海中大西洋迤西而南，經小西洋，大南洋，抵占城瓊島，泊交廣以達中土，有九萬里之遠也。若大秦國以本朝《職方會覽》，《四彝圖說》諸書攷之，大秦一名如德亞，今稱西多爾，在歐邏巴南。雖陸路可通，而甚遼遠，似不能合爲一也。杭氏續考專論回回之教，其說亦詳。然謂唐之回紇，即今之回回說，亦未然。唐之回紇即回鶻，其地與薛延陀爲鄰，距長安祗七千里。若回回有祖國，以今職方諸書攷之，在古大秦國之東，一名伯爾西亞，今稱包社大白頭番，與回紇隔遠亦不能合爲一也。碑稱大秦國上德阿羅本，兩唐書西域傳所載諸國惟拂菻一名大秦，然無一語及景教入中國之事。《唐會要》稱波斯國西北距佛菻即拂菻，則波斯在拂菻之東南，故《長安志》所載大秦寺其初謂之波斯寺。玩天寶四載詔書，波斯經教出自大秦，則所謂景教者實自波斯，而溯其源於大秦也。《唐書·西域傳》，波斯距京師萬五千里，其法祠祆神，與《唐會要》語同，然亦無所謂景教者。祆神字當从示从天，讀呼煙切，與从夭者別。《說文》云關中謂天爲祆。《廣韻》云，胡神。所謂關中者，統西域而言，西北諸國事天最敬，故君長謂之天，可汗山謂之天山，而神謂之祆神。延及歐邏巴，奉教謂之天主，皆以天該之。唐傳載波斯國俗似與今回回相同。此碑稱常然眞寂，戢隱眞威，亭午昇眞，眞常之道，占青雲而載眞經，舉眞字不一而足。今所建回回堂謂之禮拜寺，又謂之眞教寺，似乎今回回之教未始不源於景教。然其中自有同異，特以彼教難通，未能剖析，姑備錄諸說，以資博攷。至碑稱景教，景字之義，文中只二語，云景宿告祥，懸景日以破暗府，是與景星景光臨照之義相符。然則唐避諱，而以景代丙，亦此義歟。

雜録

楊榮鋕《景教碑文紀事考正》卷一　大唐建中二年，歲在作噩大蔟月

大耀森文日建立。（耀森文，秦古音，譯太陽。耀森文日即太陽日，古太陽日後變禮拜日，道變而名不變。大耀森文日者，聖禮拜日也。言非獨禮拜日又值聖節在於是日也。）

又 右碑東西二面，尚有秦文甚多，乃七十位立碑長老之人名，今無庸譯。惟將碑下之秦文譯出如下頁，文俱左行。

譯即

希利尼一千零九十二年，前鉄蒿列士丹城波喇長老，美利弟子長安京師長老兼大監督，我師父耶褒燮，建此石碑，詳述救主神性，及我各先師傳道與中國諸皇帝之事。

譯即

亞當執事地方監督耶褒燮弟子長老地方監督馬雖者士

譯即

娑蘭依娑訶大長老，長老兼執事長，主長安娑勒教會事加伯列

又《大秦確考》 景碑之所謂大秦者，波斯西鄰之敍利亞也。《漢書》之所謂大秦者，一指敍利亞，一指羅馬也。《唐書》、《唐會要》之所謂拂菻大秦者，專指敍利亞之大秦也。《明史》直敍大秦於《拂菻傳》中，是信西士之所當信，疑西士之所當疑，故混羅馬之大秦於不言也。甘英等所記之大秦者，一所至之敍利亞，一所聞之羅馬也。敍利亞者，羅馬之省會。羅馬者，敍利亞之帝都者。帝都者，甘英之所聞。省會者，甘英之所至也。【略】考阿羅本所傳之中國所謂景教，與利氏等所傳之中國所謂天主教者，大秦、泰西均無其名，乃入中國而始立。核其宗派，實自耶穌降生後四百三十二年而始分，門戶之私，早經決裂，故景教則隋唐時波斯歷代帝王爲之護法，而天主教則羅馬及歷代教化王爲之主持。其實羅馬之所謂大秦者，唐代何嘗有傳教入中國之事，所傳者乃與波斯拂菻爲鄰之敍利亞大秦耳。故謂景教與天主教同源則可，謂景碑之大秦即羅馬之大秦則不可。

夏燮《中西紀事》卷一《通番之始》 利瑪竇初至京師，而明之禮臣不識大西洋之爲何地，意大利亞之爲何國也。然中國固不識大西洋之地，而利瑪竇方自海外來，亦茫然，安識其所謂大秦者。蓋自與徐光啓輩交，又得見唐之《大秦景教碑》，以爲與其國所奉事之天主教合，故中外稱之無異詞。艾儒略者亦西人，既載其碑於所撰《西學凡》後，又考其疆域，序其島岸之國名，而作《職方外紀》。【略】

蓋西人初至中國，本不識所謂大秦者。及見《大秦景教碑》，遂以大秦天主誕生之地，而不知如德亞實在亞細亞洲中，不可強合，是不審大秦之別爲一洲也。【略】

景教碑中有室女誕聖於大秦之語，西人傅會室女即天主之母，遂以天主爲大秦產。不知其下文云：景宿告祥波斯，睹耀以來貢。是天主經像來自波斯，而大秦竊之以爲己有耳。

天下第一傷心人《天主邪教入中國考略》 弘治二年，匪徒趙瑛，金鐘，趙俊，俺都刺，曹左，傅儒等，又增造妖書，廣買地基，建造妖寺，分黨於陝之西安，浙之寧波等處，遍傳邪教。且僞造《大秦景教流行中國碑序》，載大秦國阿羅本載眞經至長安。貞觀十二年，太宗詔所司於義寧坊造大秦寺，幷及高宗、玄宗、肅宗、代宗、德宗，皆崇尊其教，廣建祠學，首載寺僧景凈述，末載建中二年立，朝議郎呂秀岩書云云，埋西安府城外，佯掘之以證其教由來之久。

錢恂《景教流行中國碑跋》 碑額題字外圍左右，各雕一動物，有蹄而非獸，有羽而非禽，乃彼教中一種之天使，名曰基路冰。予見古雕基路冰頗多，故一望而知。基路冰者，希伯來名，首見景經《創世紀》之三章。舊教神學家別天使爲三等，每等又各分三群，所謂天使九歌路也。（天使主歌舞，故名群爲歌路）。基路冰爲第一等第二群（第一等第一群名西拉冰，厥義爲光輝，見《以賽亞》六章，主頌揚上帝。西拉冰有面、有聲、有六翼，翼第一對用以向前飛，第二對用以維持於空中，第三對支於足上），觀於上帝用以代亞當守埃田園，則意爲保護可知。厥後摩西之法櫃、所羅門之廟門（即所謂「聖中聖」者）、傳道之椅側，均用基路冰，其他殿宇之上，用者不一。則比碑額命意，亦在保教。惟基路冰形狀，極不可思議。其僅一孩面兩翼而無手足身軀者，爲畫家點綴最簡單之筆。至於一身而有四面（四面者：一人面，一獅面，一牛面，一鷹面，合爲一頭）六翼，合四身十六面廿四翼八獸蹄，加附八輪，而爲一體，遍體遍輪，多目互閃，乃爲最奇（《默示錄》四章，《以西結書》三、九、十章）。雕繪家往往意爲損益，以新格局，亦不甚拘，要之靈物初不必有定形也。

此額獸蹄禽翮，猶爲常格。耶教中至今尚好用基路冰爲美飾。若波斯教，則禁止一切雕刻繪畫之用動植物形，此基路冰自所嚴絶，更證以碑載貞觀詔語，有「遠將經像，來獻上京」之句，像附經行，尤耶教確據。碑頂作鋭形，不平不圓，亦彼教所重之魚形派，魚固耶門舊標也。（原本於《舊約・約拿》第一章。）

文廷式《純常子枝語》卷一八　新譯《西學略述》卷三云，猶太教之《舊約書》分三十九卷，爲摩西諸聖所箸。耶蘇教之《新約書》二十七卷，爲馬太保羅諸聖徒所箸。然則《景教碑》之廿七部，又似即指耶蘇之《新約》矣。蓋當時之奉猶太教者固未攻擊耶蘇。是以回教起於天方，遠述摩西，仍列耶蘇於諸聖也。王德甫《金石萃編》景教碑後案語云，此碑稱常然眞寂，戢隱眞威，亭午昇眞，眞常之道，占青雲而載眞經。舉眞字不一而足。今回回堂謂之禮拜寺，又謂之眞教寺，似乎今回回之教未始不源於景教。余謂此説近之，然回教始於隋代，景教實與之並行。特同出一源，又壤地相接，故不免有所出入耳。

藝　文

周之夔《贈泰西艾先生》　捧出河圖告帝期，經行萬里有誰知。渾天尚有唐堯曆，中國猶傳景教碑。地轉東南分晝夜，人非僊佛識君師。金聲玉齒懸河舌，滄海茫茫不可疑。

林叔學《贈泰西艾先生》　敬天立教本吾曹，仍識唐碑景教高。地界滄溟爭晝夜，學窺衡管折絲毫。五州形勝披圖狹，八萬舟車計路勞。笑殺漢廷張博望，乘槎徒自説波濤。

林焌《贈泰西艾先生》　吾愛艾夫子，梯航九萬里。風律馳險艱，好學前無比。匪不愛其軀，聞道夕堪死。脱身入中華，遍求讀經史。經目不再披，衆同懷來理。八法習同文，何論細言語。知天而事天，孔孟一宗旨。獨有天主像，流覽今伊始。主像亦非支，降生原有紀。異星三君朝，神天宣慶祉。掘地得唐碑，貞觀天教起。沉埋亂世非，昭明清朝喜。嗟哉齷齪人，西鎬共訕詆。華裔無定名，修身可一擬。氐羌有異鸞，肅愼有奇矢。卜人丹砂貴，權扶玉自美。中土衆咸珍，玩好未配□。性命亦至寶，曷云而獨鄙。在唐莊事欽，在明授室侈。景淨既開先，泰西從利氏。分教託諸邦，一派宗門是。贍星獻吳書，何如越裳雉。

蘇負英《贈泰西艾先生》　吾師海外至，海道與雲連。億萬風波阻，孤舟歲月懸。瞻星隨所指，測景看何躔。棹埋流沙界，帆飛弱水前。鰌旗時靡靡，蜃氣更翩翩。秘笈翻未□，寶函泛緑烟。直探周孔奥，高揭昊旻巔。同証此心理，修精即聖賢。傳經皆最上，得解已通玄。至教誰能掩，大文終必宣。荒碑閟陝湧，古石武榮妍。石鋟聖架蹟，碑紀貞觀年。明旦振千載，璋圭達八埏。無人堪自素，有路欲登天。昭事自茲凜，淳風日以還。聖朝賛美化，正學契眞詮。喚醒迷空色，敲回點汞鉛。淵明如可作，八社自應先。

尊　經

著　録

佚名《尊經跋》　謹案諸經目録，大秦本教經都五百三十部。並是貝葉梵音。唐太宗皇帝貞觀九年，西域（太）［大］德僧阿羅本屆於中夏並奏上本章。房玄齡，魏徵宣譯奏言，後召本教大德僧景淨，譯得已上三十部。卷餘大數，具在貝皮夾猶未繙譯。

景教流行中國碑頌正詮

綜　述

楊榮鋕《景教碑文紀事考正》卷一《金石家論景教碑事書後》　今而

後知考古之難而多悞也。諸家之失考，總由景經失傳無所依據，使無天主教人引證，則景碑之出地，不過爲金石家增輝，資博古者談藪，若《來齋金石考略》云耳。自天主教流行中國，而諸君子抱猾夏之憂遽焉昧焉，辭而闢之，遂流於誣謗。用心雖苦，其實不必爾也。蓋考古自有體裁，黜異必憑正理。若錢氏杭氏夏氏（夏氏非獨指上文所錄而言，是指《皇朝經世文續編》所選《中西紀事》之文而言）之論涇渭不分，指鹿爲馬，微獨開罪於前人，抑亦爲博古家之累。聖有明訓，知之爲知之，不知爲不知，信以傳信，疑以傳疑，以待後人，安事武斷爲哉。矧景教失傳於中國者千年，文獻不存，夫人而知士生千載之後，別無所據，而欲窮其所以然，雖聖人亦有所不能，況景碑之出地，實有天意存焉，非所望於世人資之，以爲詬厲之階也。嘗謂天下之大事至今而益變，古之所謂天，今之所謂天學，天學之學興而吉凶之象廢。古之所謂靜方，今之所謂地球，地球之學興而法地之道失。古之所謂蠻夷，今之所謂大國，大國之交密而蠻夷之論塞。雷神也，致役於郵傳。五行也，馳驅於水陸。百工也，而一夫裕如。其遞嬗之際，雖百口交爭，及其究竟，亦安之而已。景教之興亦猶是也，殆有命焉，寧敢貪天之功以爲己力。予小子獲聞景道，遍讀全經，窮源別流，旁通各教，確見乎諸君子持論之失，爰著《景教碑文紀事考正》，以告夫好古之士，而於吾道庶幾小進焉。

陶保廉《辛卯侍行記》卷三 又崇禎甲申，遠西陽瑪諾著《景教流行中國碑頌正詮》一卷，其詮三一妙身曰，三者三位也，一者一體也。其詮阿羅訶曰，如德亞國天主本號也。其詮然立初人曰，人類始祖亞黨也。又詮三一分身，乃天主第二位。彌施訶乃聖號也。又詮波斯覩耀以來貢曰，主誕時新星發顯，距誕處東去二千餘里，地名福亞臘彼亞，有王三人，識新星爲天主降生之兆，乘駝歷十三日至，獻其方物。詮二十四聖爲古經內先知者。詮懸景日以破暗府六旬曰，景日即主受難之日，主既完贖世之工，死後三日復活，後四十日午時，當衆騰空，故云亭午昇眞。詮經留二十七部曰斯舉新教經數，乃聖史四，路加聖史一，葆祿聖徒十四，聖各伯宗徒一，伯鐸羅宗徒二，若望宗徒四，達陡宗徒一，是也。詮印持十字融四炤，以合無拘曰，十字有四極，入教者奉十字聖架爲表，以法吾主聖愛無拘，富貴貧賤之等，皆必互愛，與四方普地之人融澈和睦也。詮珊瑚海曰紅海也。其説繁多，不具述。

王先謙《重刊景教碑文紀事考正序》 《重刊景教碑文紀事考正序》，廣東番禺楊榮鋕裏甫撰，自稱景門後學。書凡三卷，刊於光緒二十一年。卷端列影照碑文一，（弟）［第］一卷載翻譯景教流行中國碑文，次金石家考論，次大秦考，次景教及諸教考。原二、三卷則取今之通行耶穌本經，以證釋碑文者也。碑稱貞觀中大秦阿羅本至長安，詔造寺度僧。高宗時諸州各置景寺，（元）［玄］宗送五聖寫眞寺內安置，肅宗於靈武等郡重立景寺，代宗誕降之辰錫香頒饌。建中二年，僧景淨述頌建碑。文中稱其道曰景門，曰景風，曰景力，徒曰景衆，曰景士。且曰眞常之道，妙而難名，功用昭章，強稱景教。其云三一妙身，無元阿羅訶者，用希伯來音譯，阿羅訶乃猶太人稱造化主之名，即天也。三一分身景尊彌施訶者，希利尼文稱彌施訶曰基督，即耶穌也。號耶穌曰景尊，故其教曰景教。或謂唐諱丙之字曰景，丙於五行爲火，景教即祆教，故以拜火爲宗，此不知火祆非景教，而爲此臆説也。宋敏求《長安志》，布政司西南隅胡祆祠，武德四年立，西域胡天神也。祠有薩寶府官，主祠祆神，亦以胡祝稱其職。今案《舊唐書·職官志》，有薩寶府祆正，亦曰祆祝。《西溪叢話》言，武宗毀浮圖，籍僧爲民。會昌五年，敕大秦、穆護、（大）［火］祆等六十餘人，並放還俗。所謂（大）［火］祆，即祆祝也。祆字胡烟切，從天不從夭。《唐會要》云，波斯國西與吐蕃、康居接，西北距拂菻即大秦，其俗事天地日月水火諸神，西域諸胡事火祆者，皆詣波斯受法，故曰波斯教即火祆也。《長安志》又云，義寧街東之北波斯胡寺，貞觀十二年，太宗爲大秦國胡僧阿羅斯立。又醴泉坊之東，舊波斯寺。儀鳳二年，波斯（三）［王］卑路斯，請建波斯寺。神龍中，宗楚客占爲宅，移寺於布政坊西南隅，祆祠之西。《冊府元龜》，天寶中詔，以波斯經教，出自大秦，改兩京波斯寺爲大秦寺。今考武德所立胡祆祠與宗楚客所移波斯寺之東，同地一祠。又《新唐書·百官志》，兩京及磧西諸州火祆，歲再祀，而禁民祈祭。皆波斯國事火祆之祠也。義寧街東北波斯胡寺，太宗爲阿羅斯立，阿羅斯即碑阿羅本，義寧街即碑義寧坊。此寺與移布政坊西南隅之舊波斯寺，天寶中皆改大秦，推其改名之由，蓋以嫌與波斯祆祠相溷。而碑云貞觀詔造大秦寺，乃從其後名稱之。錢大昕《景教考》以爲夷僧之夸詞，非也。明崇禎

閈碑始出土，今在陝西省城金勝寺內。楊氏宣揚景教，箋釋碑文（弟）[第]一卷，於西國文字之遷貿，輿圖之分合，教宗之同異，剖析詳明，爲言職方者不可少之書，爰重刊以貽博覽君子。二、三卷則以專釋彼教，今無取焉。光緒二十七年歲次辛丑季秋月，長沙王先謙識。

又《景教碑文紀事考正後序》 周地之民，瞋瞋而行，倨倨而卧，無異牛馬也。見夫蒼蒼者高無與並，則神之明明者，疾莫能追。則神之烈烈者，熱不可執。則神之以至鬼怪之毒害，物類之侵偪，莫不相與神之術智者出焉。因其人之敬畏，導以崇奉之禮，禱祀之辭，而教始萌（牙）[芽]。思夫天地如此其遼遠也，蓋有造分天地者。人類如此其蕃滋也，蓋有主持人類者。於是爲教者之論説紛，邪正雜矣。善夫楊氏之論婆羅門也，曰歷夏商周三代，而異端之説日出不窮，則以好論鬼神之過。夫教人而極思於空虛，安在其不爲異端所託也哉。謨罕默德、摩尼之藉教以行其私也，楊氏詳之矣。余嘗旁考中國傳記，亦頗有與西書合者。《五運歷年記》云，元氣鴻濛，肇立乾坤，分布元氣，乃孕中和，是爲人也。首出盤古，且言其垂死化身，備諸神異。《述異記》云，盤古氏，天地萬物之祖也，然則生物始於盤古。今案摩西紀阿羅訶創造天地萬物之次序，祚阿樂士論歐拉密創造天地萬物之主宰，是其例也。《風俗通》云，女媧摶黃土爲人，劇務力不暇供，乃引繩絚泥中，擧以爲人。故富貴賢知者黃土人，貧賤凡庸者引絚人。今案摩西紀創造世人之始祖韋陀言，波綿頭肩股腳生四等人，是其例也。《淮南子》云，積陽之熱氣生火，火氣之精者爲日。積陰之寒氣爲水，水氣之精者爲月。古聖王之祀神也，大者秩望山川，微者迎及貓虎。秦有黃虵雄雉之祠，漢有星辰風雨及天地日月兵陰陽四時八主之祭。今案火祆教，初以日爲衆陽之宗而拜太陽，後以火爲發光之原而更拜火。婆羅門論神道，有天日晝三位，風火湖海及主宰禽獸、昆蟲凶殺諸神，且謂無物不可以爲神，無神不可以爲物。是其例也。竊試論之敬天之理，今古所同。福善禍淫之訓，上帝有赫之歌，《詩》《書》略陳之以垂世戒。雖以子貢之智，不聞孔子言天道，夫子言敬鬼神矣。而答季路云，未能事人，焉能事鬼。《易》之爲書，廣大悉備。夫子作贊，惟返而求之於人事，豈不以垂教之旨，當如是邪。舜典敬敷五教，爲中國言教之權輿。子思子作《中庸》，其言性推極於天命矣，仍不外率性爲道，修道爲教。而申之曰，可離非道。凡所以約人身心，而懼其馳情於幽渺之域也。佛之爲教，清虛浩曠，可爲養性清心之助。然印度戒殺，蛇虎爲殃，則道故有時而窮矣。求其行萬世而無弊者，唯我孔子之教也夫。光緒辛丑長至葵園老人又跋。

文廷式《純常子枝語》卷二四 楊榮鋕，耶蘇教士也。自稱景門後學，撰《景教碑文紀事》三卷。頗采西書，力辨景教之爲耶蘇教。然不獨未見《貞元釋教錄》，即明陽瑪諾之《景教碑正詮》亦未之見。

錢恂《景教流行中國碑跋》 有番禺楊榮鋕者，基督（新教）信徒也。頗讀中國書，撰《景教碑文考證》三卷，所考綦詳。惟彼志在闡明教說，故廣引《新·舊約》，不免多所附會。

著録

徐宗澤《明清間耶穌會士譯著提要》卷五《教史·景教流行中國碑頌正詮》 泰西耶穌會士陽瑪諾註，同會艾儒略、費奇觀、孟儒望仝訂，値會艾儒略准，刻於崇禎甲申（一六四四）。景教唐太宗九年（六三五年）入中國；是碑天啓三年（一六二三）在長安敗牆基下獲之，碑旨義奥，陽公因註釋之。

景教流行中國表

綜述

錢單士厘《景教流行中國表序》 景教流行中國，至庚子排外而愈盛。予既因積跬步主人之具疏入告也，用所集資料摘編爲《景教流行中國表》，復取積跬步十餘年前所記耶穌會之舊稿附後，俾讀者知所謂耶穌會者之眞相。（表嗣出。）

也里可温分部

元崇國寺聖旨碑

綜　述

劉侗《帝京景物略》卷一《城北内外·崇國寺》　大隆善護國寺，都人呼崇國寺者，寺初名也。都人好語訛語，名初名。寺始至元，皇慶修之，延佑修之，至正又修之。元故有南北二崇國寺，此其北也。我宣德己酉，賜名隆善。成化壬辰，加護國名。正德壬申，勅西番大慶法王領占班丹、大覺法王着肖藏卜等居此，寺則大作。中殿三，旁殿八，最後景命殿。殿傍塔二，曰佛舍利塔。成化七年勅碑二，正德七年勅碑二，梵字碑二。梵字不知其工焉否也，濟濟歷歷然，此必工矣。梵語乃不可識，矧可解以不識解，生人齊遬。天順二年碑二：西天大辣麻桑渴已辣行實碑其一，大國師智光功行碑其一。元遺碑三，斷碑一：至元十一年重修崇國寺碑其一，沙門雪磵法禎撰；至正十四年皇帝勅諭碑其一。學中國字而手未忘乎筆，波畫弱硬，其排置甚難也，譯爲中國語而舌未伸於齒，期期支支，笑且讀之。皇慶元年崇教大師演公碑其一，趙孟頫撰并書也。斷碑者，斷爲七，環鐵束而立之，至正二十四年，隆安選公傳戒碑，危素撰并書也。寺爲脫脫丞相故宅，今千佛殿傍立一老髯，幞頭朱衣，一老嫗，鳳冠朱裳者，脫脫夫婦也。後僧錄司，司右姚少師影堂。少師佐成祖，爲靖難首勳，侑享太廟。嘉靖九年，以中允廖道南請，罷侑享，移祀大興隆寺，俄寺災，移此。今一像一主，主題「推忠報國協謀宣力文臣、特進榮祿大夫、上柱國、榮國公姚廣孝」。像精峭，滿月面，目炯炯，露頂，袈裟趺坐，有題偈，署獨菴老人自題。獨菴，少師號也。少師，釋名道衍，字斯道，吳之相城里人，葬房山縣東北四十里，地名聖岡塔，成祖御製神道碑。蓋少師生不冠而髡，不受賜第而寺處，葬不墓而塔，故享不侑廟而亦寺矣。

元蒙古字碑

著　録

趙崡《石墨鐫華》卷六《元蒙古字碑》　重陽萬壽宫元碑無數，皆以蒙古字書，而以漢字譯之。蒙古字法皆梵天伽盧之變也，故皆與佛氏眞言相類。其書亦有佳者有不佳者，其署年月處用雙鉤書，如今世傳飛白字。王元美所載韃靼八字，又若符篆草書，與此不同，不曉何故。但歷年既久，敝邑有力者多以此爲胡碑，取作他用，今存者尚五六碑，不能悉録，僅録一碑文，一年月字并譯文，具左。方與郎君行記，同作異觀。

胡聘之《山右石刻叢編》卷二九　按《石墨鐫華》載元重陽萬壽宫《蒙古字碑》：長生天氣力裏，大福廕護助裏皇帝聖旨，軍官每根底，軍人每根底，管城子達魯花赤官人每根底，往來使臣每根底，宣諭的聖旨：成吉思皇帝，月闊歹皇帝，薛禪皇帝，完澤篤皇帝，曲律皇帝聖旨裏，和尚，也里可溫，先生每，不揀甚麽差發休當，告天祝壽者，宣諭的有來。如今也，只依在先聖旨體例裏，不揀甚麽差發休當，告天祝壽者麽道。奉元路大重陽萬壽宫裏，并下院宫觀裏住的先每根底，執把行的聖旨與了也。這的每宫觀菴廟裏房舍裏，使臣休安下者，鋪馬祗應休著者，稅糧休與者。但屬宫觀裏的水土，人口，頭疋，園林，碾磨，店舍，鋪席，典庫，浴堂，船栰，車輛，不揀甚麽他的，更渼陂甘滂等三處水例甘谷山林不揀是誰，休倚氣力者休奪要者。這的每卻倚着有聖旨麽道，沒體例的勾當休做者。做呵，他每不怕那甚麽。聖旨。虎兒年七月二十八日，察罕倉有時分寫來。與此略同。此碑所刻蒙古語帝號，據《輟耕録》，太祖，國語成吉思。世祖，國語薛禪。《元祕史》，太宗，月哥台皇帝。重陽萬壽宫碑，多完澤篤，曲律二帝。《輟耕録》成宗，國語完者篤。武宗，國語曲律。此碑立大德，故無成，武二宗名。又按《元史·成宗紀》，多以五月

幸上都，十月還大都，八月則正在上都也。

太平崇聖宮碑

著　録

又卷三〇《崇聖宮碑》 按此碑《山右通志》、《金石記》、《平遙縣志》均有。《金石記》云：雞兒年，乃至大己酉，武宗即位之次年也。因縣志以爲蒙哥皇帝碑，遂誤次於此。今攷碑內所云成吉思皇帝，太祖也。月哥台皇帝，太宗也。《元史》作窩闊臺。薛禪皇帝，世祖也。完澤篤皇帝，成宗也。龍虎臺，在居庸關，是年三月武宗幸上都至九月七日丙戌始還，旨發於前二日甲申，近畿駐蹕時也。以十二相紀年，今所見有《元祕史》，碑刻亦間有之。絳州鼓堆有猴兒年碑，當是戊申歲所立者。詔詞率鄙俚不文，實皆原譯。此碑兼書蒙古字可備掌故，據此《金石記》已備攷始末。今按《續通鑑》，諸部長共上元太祖尊號曰青吉斯皇帝，注，舊作成吉思。至元三十一年五月戊午，上世祖廟謚，國語尊稱曰色辰皇帝，舊作薛禪。大德十一年八月壬申，上成宗廟謚，國語尊稱曰鄂勒哲圖皇帝，舊作完澤篤。是元太祖，世祖，成宗，國語稱謂均有證。又按至大二年三月庚寅，帝如上都。九月丙戌，帝至自上都，是武宗幸上都。《元史》亦有證。太平崇聖宮，已見前清虛觀碑。

泰山東嶽廟聖旨碑

著　録

顧炎武《山東考古録·録元聖旨》 《元史·泰定帝本紀》有即位一詔，文極鄙俚。蓋以曉其本國之人者。今嶽廟有二碑，其文亦然，可發一笑。然其曰每年燒香的上頭得來的香錢物件，只教先生每收掌者，則是時香錢固未嘗以入官也。後世言利之臣，蓋元之不如也已。【略】至正四年猴兒年聖旨碑略同。

元天寶宮聖旨碑

著　録

方履籛《金石萃編補正》卷三《元天寶宮聖旨碑》 元時觀所刻聖旨碑，大率相似此刻，在許州天寶宮。書甚瘦勁，乃師柳誠懸者。前後有三寶字，刻於行間，蓋用璽文處也。每行止三十三字，遇抬頭高三格，則有四十六字。然通計亦止有一行，係低三格而到底者，其餘皆抬頭矣。泰定三年歲在丙寅，故曰虎兒年。

元洞林寺聖旨碑

著　録

方履籛《金石萃編補正》卷四《元洞林寺聖旨碑》 右洞林寺所刻聖旨碑，上下分五列，自三列以下皆分前後兩方，共合爲八通也。第一第二爲皇帝聖旨，第三乃皇太后懿旨。其四乃帝師法旨。其五乃愛育黎拔里八達令旨，其六乃晉王令旨，其七乃也孫帖木兒晉王令旨，其八乃小薛大王令旨，皆因雪堂掌教此寺而發，其爲當時尊重可知。而元人之崇信佛法，朝政之秕，亦可見矣。以前七通，免其房院田土糧稅，不許官吏侵擾。末一通則如頒發路引，使髠徒遠行，有供給無遮當也。凡園字加草，體皆作

體，俗體無足怪。帝師吃喇思巴斡節兒，晉王未知即也孫帖木兒晉王否。赤那思，脫脫和孫，小薛大王皆須考。不載元號年，月但以歲紀之。雪堂前兩碑，皆至正二年所刻，大約此亦係至正時也。

天主教分部

聖　經　賀清泰譯

綜　述

賀清泰《聖經之序》　聖經者，不是人說的平常話，乃是天主之意，天主之語。雖然自古以來，聖人們接踵將天主之意，將天主之語，記載書上，從無私意增減，故無絲毫差之處。天主特意開明他，用聖寵光照，使他們知道過去現在未來的事，比親眼見的更明白，更清楚；不但如此，記載的時候，惟恐記錯，不隨自己的意見，全用天主所定的，如親耳聽的眞切話。爲甚麼緣故，因關係我們人的永遠眞福眞禍；況且天地，萬物，神人，萬物終始，人類歸向，在世何爲，甚麼是眞正善德，眞正美功，甚麼是罪，甚麼是惡，甚麼是卑賤，甚麼是過愆，這些緊要的事，聖經全全講明；又有眞切的憑據，天主親愛我們至極，安排這樣齊備，格外施恩，雖數千年來，經水火刀兵災患，賢人名士書籍，俱皆埋沒，但聖經常存，不但常存，還默行引動各國人心，將本地土語翻譯出來；但翻譯聖經的人，虔誠敬愼，惟恐背離聖經本意，聖經大道，即錯亂了，那翻譯的名士，也知道各國有各國文理的說法，他們不按各人本國文章的文法，完全按着聖經的本文本意，不圖悅人聽，惟圖保存聖經的本文本意。自古以來，聖賢既然都是這樣行，我亦效法而行，共總緊要的是道理，貴重的是道理，至於說的體面，文法奇妙，與人眞正善處，有何裨益。聖經有兩樣，一是古經，一是新經，吾主耶穌未降之先作的經，謂之古經；既降之後，謂之新經；雖說是兩樣經，卻都是天主降的旨意，教訓天下萬萬世人。每瑟聖人，遵天主命，創造聖經有五本，頭一本講天地萬物人類原祖原母，天主用全能從無而造，因此叫化成之經；第二本講，天主怎麼從厄日多國，把依斯拉厄爾的後代救出，因此叫救出之經；第三本講天主怎樣挑選肋未的子孫，承受祭權，也教給他怎樣行祭獻的禮，因此叫肋未子孫經；第四本記載依斯拉厄爾後代的數目，因此叫數目經；第五本講依斯拉厄爾在西奈依，親聽的那一代全死在曠野，第二傳是傳給路上生的這代人，故叫第二次傳的經，這五本經，算是接續多經書的根本，暫提這五本經，別的接續多書，候翻譯的時候，纔講是甚麼經，是甚麼聖人作的；若問大字裏頭，攙合的小字，答說，大字是聖經的本話，小字是沒奈何添上的，若不添上小字，中國話說不完全，聖經的本意不能明白，再問這圈的講究，因經上難懂的做一記號，到後編上看有註解，若不解明，人看不懂，不但無益，而且有害；若本文註解，寫在一塊，聖經的本文，就零零碎碎，人看難懂，也不成篇章，所以註解都在後邊。再問這經上傍邊，或畫一直道，或畫二直道，或三直道；答爲分別人名、地方、樹、丈量、邪神，比如人名畫一直道，地方、樹、丈量的器物，畫二直道，邪神畫三直道，天神點點。

又《再序》　看書有兩樣人，一樣是誠心愛求道理，並不管話俗不俗，說法順不順，只要明白出道理來足彀了，也對他的意思；這樣的人，可不是賢人麼，所該貴重的，他們也貴重本來要緊的是道理，話雖是文彩光輝，若無道理，算甚呢，一口空噓氣而已。還有一樣人，看書單爲解悶，倘或是讀書的人，單留心話的意思，深奧不深奧，文法合規矩不合，講的事情，或是從來沒有見過的，或是奇怪的，或是多有熱鬧的，一見沒有，或書上沒有修飾，就厭煩了，抛下書，無心看了。論這樣人，一定要不服我翻的聖經，但這不服的人原不圖取神益，而悅耳目，若是這樣，一定顯出他們不很明白懂得事情的來歷。怎麼說呢？聖經不是人自己本意作的書，是天主親自說，聖人記載的；天主若要用奇妙的文法，既然他無所不知，一定能做絕美文法的書，他不肯，因他的意思，是教人寡學道理，行道理的事，所以特用俗語說了一件事，又重說，要高明的或愚蒙的都能容易懂得，也深深記得當緊的道理，天主貴重的，不過是人的靈魂，聰明愚蒙，天主不分別，爲幾個懂文法的人，不忍耽擱了萬萬愚蒙的

人不能懂文深的書，他們靈魂，也不能得受便益；既然天主的聖意是這樣；翻聖經的人，敢背他的旨意麼？譯翻的書，合對本文，全由不得人，或添或減，或改說法，恐怕有錯處，定不得有人說，爲欽敬天主的言語，也爲合讀書人的心意，也不高，也不低，用中等的說法，翻譯使不得麼，有何妨礙呢。答起初聖教內，有一極高的人名熱羅尼莫，也這樣想，他幾十年看古時博學人的書，後頭覺得外教的人，輕慢聖經，因爲話平常，說法太俗，定了主意，要光榮聖經。挑選西瑟落作的書，以他爲模樣，照他的高文法，翻譯聖經，已經動手，不料一夜睡卧夢寐之中，天神執鞭顯現責備他，用鞭渾身上下亂打，一面打，一面譏誚說，你是西瑟落的門弟，我們特來酬報你。熱羅尼莫一醒，天神不見了。但聖人渾身覺得疼，也滿身有鞭痕，纔知道他的工夫，不合天主的聖意，就住了手。聖人寄書一相契友，詳細訴這件事，也說，你不用想，我這是一虛夢的事，雖到如今已經幾天，我還覺得疼，鞭痕未愈，前轍既覆，後車宜鑒，所以我敢不謹慎，敢不隨天主聖意，致招天主義怒耶。

著録

聖經直解

徐宗澤《明清間耶穌會士譯著提要》卷二《聖書類・古新聖經》

（存目）

綜述

陽瑪諾《聖經直解自序》 凡受造物，莫不各有當然之道焉，蓋天主（其解見後）命之矣。今夫天自東徂西，晝夜密運，從初造以至今兹罔或息，斯非其道乎。天之内充塞維四行。乃厥火炎上，厥水潤下，厥土恆靜，厥氣恆游，又豈非道固然歟。而天與四行之道，非天主命無有也。他若芽茁於青陽，繁茂於朱明，秋風至而寒落，玄霜隕而枯歇者，非草木乎。草木之道，一天主命也。時構巢，時孳尾，時希革，而又時毨氄者，非鳥獸乎。而鳥獸之道，一天主命也。噫，吾博覽夫世物微矣，天主且猶各繫之道，矧於人爲萬形之靈者哉。人之道何在，欽崇天主，全其所畀之善是矣。且夫物蠢人靈，天主非私人也，蓋謂靈者聰明特達，其能循道順命，較萬物必倍萬不啻耳，奈何物之有覺無靈，（禽獸）有生無覺，（草木）或併無生者，（天與四行）類皆各循其道，各順嚴命，而人靈且覺且生者反獨任其私意，剏設多門，迷謬眞宗，畔違正理，甘自折喪其良心哉。用是吾主不勝矜憐，自天降誕，在世數教，以醒沉迷，殆難殫述，而其要之又要者，宗徒傳之，後聖衍之，名曰聖經，中藏奧旨，蓋千六百三十餘年於兹矣。不佞忘其固陋，祖述舊聞，著爲直解，以便玩繹，大率欲人知崇天主，從其至眞至正之教，無汨靈性，以全所賦之道，務使人盡和睦，世躋雍熙，公享福報，此則解經意也。至於文詞膚拙，言不盡意，所不敢諱，觀者取其義而略其詞可矣。

或問正道惟一，其在人心也，如日在天，國王在國，家主在家，乃曰一，王一，主一，不可有二，道亦誠然矣。然一者必眞，而衆僞溷焉，孰眞宜從，孰僞宜棄，不識何法辨之，敢請。

曰道之眞僞，豈容無辨，曷法金工乎？金質未分，試之以石，則眞僞莫遁。天主之道至眞，本不容溷，而魔鬼其（解見第四卷封齋後第一主日）計狡，引人各樹私教，以俾世迷，人乃墮其誘惑，沉沒性靈，若飲鴆毒而甘之，嗜其美，罔知其毒，以迨於死，是以有識君子，必察乎此正道者百鍊精金也；邪道如銅，亦別以試石之法，而眞贋瞭然矣。

第一試石爲細審經言；達未聖王嘗嘆美云：天主聖言，如七煉之金，至純至精，蔑以加焉；即主仇聽之，恆欲伺隙以施其誣，卒不可得，蓋聖經聖言，盡在訓人，上愛眞主，下愛同類，趨善遏惡，以得永樂，以避永苦，所謂至是無非者也，若彼邪道誘世，認已朽之人爲主，且以憐恤禽獸等於人類，上下不分，靈頑莫判，以此爲教，非僞而何。

第二試石爲教宗之聖；吾主之聖，爲天地萬物始，敻絕至極，無一可加；他教宗主悉人類爾，豈足與較哉。

第三試石爲教宗之行；吾主之行，凡仰視恭聽，而心悅之者，各隨其

揚美，主仇圖禁，計無可施，雖甚憎忌，口噤不能言，如見吾主命聾者聽，瞽者視，瘖者言，癱者行，死者活，邪魔敬畏，罔敢違命，爾時惡黨非不且恨且妬也，而欲禁不能，欲指其非不得，於是羣相與謀曰，斯人之行奇且衆矣，將來必舉國從之，不亟殺之不可；而不知凶惡苦難，正吾主所樂就，以爲贖世之值者，是又豈他教宗主所能望其萬一哉。

第四試石爲受從之聖；蓋主敎受從之聖，其行超越，其品衆多，或甘心致命，或克己童貞，或遯世隱修，或闡發誨人，或絶財絶慾，幷絶其意，以下於人，若是者踵相接也。聖王、聖臣、聖婦、聖女、聖嬰，屈指莫可勝計，他教之從之者有是乎？

右四試石，皆詳直解內矣。蓋聖經載吾主之聖德，述吾主之聖行，幷紀從主諸聖之奇節，故其言皆至言，雖多不厭，學者習覽習聽而習玩之，庶幾知其眞，嗜其味，而收其益矣。

天主聖教約言

著録

徐宗澤《明清間耶穌會士譯著提要》卷二《聖書類》（存目）

天主聖教實録　羅明堅

綜述

羅明堅《天主聖教實録引》　嘗謂五常之序，仁義最先。故五倫之內，君親至重。人之身體髮膚，受於父母，爲人子之報父母者，皆出於良知良能，不待學而自然親愛。故雖禽獸性偏，亦有反哺跪乳之恩，矧伊人乎。余雖西國，均人類也，可以不如禽獸，而不思所以報本哉。今蒙給地柔遠，是即罔極之恩，將何以報。惟以天主行實，原於西國，流布四方，得以救拔靈魂，升天堂，免墜地獄，姑述實錄，譯成唐字，畧酬柔遠之恩於萬一云爾。況能從此聖教者，其事不難，不必坐守禪定，亦不必屛棄正業，一惟誠心奉敬天主，無有疑二，則天主必降之以福矣。實錄未見之先，如黑夜無光，不知生死之原。實錄既見之後，自明天主根因，而知所以善善而惡惡者，眞若扒雲霧而覩日月矣。抑或視爲故紙，則受永刑入地獄，終難克見天主，夫誰咎，夫誰咎。第天主義理精微，難以闡發，故作二人問答於是篇云。時萬曆甲申歲秋八月望後三日遠西羅明堅撰。

耶穌會　後學　羅明堅　述陽瑪諾

同會　費奇規　重訂

孟儒望

値會　傅汎際　准

徐宗澤《明清間耶穌會士譯著提要》卷三《眞教辯護類》（存目）

天主聖教約言　蘇如望

著録

徐宗澤《明清間耶穌會士譯著提要》卷三《眞教辯護類》（存目）

天主實義　利瑪竇

綜述

利瑪竇《天主實義引》　平治庸理，惟竟於一，故賢聖勸臣以忠。忠

也者，無二之謂也。五倫甲乎君，君臣爲三綱之首。夫正義之士，此明此行。在古昔，値世之亂，群雄分爭，眞主未決，懷義者莫不深察正統所在焉，則奉身殉之，罔或與易也。

邦國有主，天地獨無主乎？國統於一，天地有二主乎？故乾坤之原，造化之宗，君子不可不識而仰思焉。

人流之抗罔，無罪不犯，巧奪人世，猶未饜足，至於圖僭天帝之位，而欲越居其上。惟天之高，不可梯升。人欲難遂，因而謬布邪說，欺誑細民，以泯沒天主之跡，妄以福利許人，使人欽崇而祭祀之。蓋彼此皆獲罪於上帝，所以天主降災，世世以重也。而人莫思其故，哀哉哀哉，豈非認偸爲主者乎。聖人不出，醜類胥煽，誠實之理，幾於銷滅矣。

竇也從幼出鄉，廣遊天下，視此厲毒，無陬不及，意中國堯舜之氓，周公仲尼之徒，天理天學，必不能移而染焉，而亦間有不免者。竊欲爲之一證。復惟遐方孤旅，言語文字與中華異，口手不能開動。矧材質鹵莽，恐欲昭而彌瞑之，鄙懷久有慨焉。二十餘年，旦夕瞻天泣禱，仰惟天主矜宥生靈，必有開曉匡正之日。忽承二三友人見示，謂雖不識正音，見偸不聲，固爲不可；或傍有仁惻矯毅，聞聲興起攻之。竇乃述答中士下問吾儕之意，以成一帙。

嗟嗟，愚者以目所不睹之爲無也，猶瞽者不見天，不信天有日也。然日光實在，目自不見，何患無日？天主道在人心，人自不覺，又不欲省。不知天之主宰，雖無其形，然全爲目，則無所不見；全爲耳，則無所不聞；全爲足，則無所不到。在肖子，如父母之恩也；在不肖，如憲判之威也。

凡爲善者，必信有上尊者理夫世界。若云無是尊，或有而弗預人事，豈不塞行善之門，而大開行惡之路也乎？人見霹靂之響，徒擊枯樹，而不即及於不仁之人，則疑上無主焉；不知天之報咎，恢恢不漏，遲則彌重耳。

顧吾人欽若上尊，非特焚香祭祀，在常想萬物原父造化大功，而知其必至智以營此，至能以成此，至善以備此，以致各物萬類所需，都無缺欠，始爲知大倫者云。但其理隱而難明，廣博而難盡知，知而難言，然而不可不學。雖知天主之寡，其寡之益，尚勝於知他事之多。願觀《實義》者，勿以文微而微天主之義也。若夫天主，天地莫載，小篇孰載之。

時萬曆三十一年，歲次癸卯，七月既望，利瑪竇書。

馮應京《天主實義序》 《天主實義》，大西國利子及其鄉會友，與吾中國人問答之詞也。天主何？上帝也。實云者，不空也。吾國六經四子，聖聖賢賢，曰「畏上帝」，曰「助上帝」，曰「事上帝」，曰「格上帝」，夫誰以爲空？

空之說，漢明自天竺得之。好事者曰：孔子嘗稱西方聖人，殆謂佛與。相與鼓煽其說，若出吾六經上。烏知天竺，中國之西，而大西，又天竺之西也。佛家西竊閉他卧剌人名勸誘愚俗之言，而衍之爲輪迴，中竊老氏芻狗萬物之說，而衍之爲寂滅；一切塵芥六合，直欲超脫之以爲高。中國聖遠言湮，鮮有能服其心而障其勢，且或內樂悠閒虛靜之便，外慕汪洋宏肆之奇，前厭馳騁名利之勞，後懾沉淪六道之苦。古倦極呼天，而今呼佛矣。古祀天地社稷山川祖禰，而今祀佛矣。古學者知天順天，而今念佛作佛矣。古仕者寅亮天工，不敢自暇自逸以瘝天民，而今大隱居朝、逃禪出世矣。

夫佛，天竺之君師也。吾國自有君師，三皇、五帝、三王、周公、孔子，及我太祖以來，皆是也。彼君師侮天，而駕說於其上；吾君師繼天，而立極於其下。彼國從之，無責爾。吾舍所學而從彼，何居？程子曰：「儒者本天，釋氏本心。」師心之與法天，有我無我之別也，兩者足以定志矣。

是書也，歷引吾六經之語，以證其實，而深詆譚空之誤，以西政西，以中化中。見謂人之棄人倫、遺事物，猥言不著不染，要爲脫輪迴也，乃輪迴之誕，明甚。其畢智力於身謀，分町畦於膜外，要爲獨親其親，獨子其子也，乃乾父之爲公，又明甚。語性則人大異於禽獸，語學則歸於爲仁，而始於去欲。時亦或有吾國之素所未聞，而所嘗聞而未用力者，十居九矣。利子周遊八萬里，高測九天，深測九淵，皆不爽毫末。吾所未嘗窮之形象，既已窮之有確據，則其神理，當有所受，不誣也。吾輩即有所存而不論、論而不議，至所嘗聞而未用力者，可無憬然悟，惕然思，孜孜然而圖乎？

愚生也晚，足不遍閫域，識不越井天，第目擊空譚之弊，而樂夫人之譚實也，謹題其端，與明達者共繹焉。

萬曆二十九年孟春穀旦，後學馮應京謹序。

李之藻《天主實義重刻序》 昔吾夫子語修身也，先事親而推及乎知

天；至孟氏存養事天之論，而義乃綦備。蓋即知即事，事天事親同一事，而天，其事之大原也。

說天莫辯乎《易》。《易》爲文字祖，即言「乾元」「統天」，「爲君爲父」，又言「帝出乎震」，而紫陽氏解之，以爲帝者，天之主宰。然則天主之義，不自利先生創矣。

世俗謂天幽遠，不暇論。竺乾氏者出，不事其親，亦已甚矣，而敢於幻天藐帝，以自爲尊。儒其服者，習聞夫天命、天理、天道、天德之說，而亦浸淫入之。然則小人之不知不畏也，亦何怪哉？

利先生學術，一本事天，譚天之所以爲天，甚晰；睹世之褻天佞佛也者，而昌言排之；原本師說，演爲《天主實義》十篇，用以訓善坊惡。其言曰：人知事其父母，而不知天主之爲大父母也；人知國家有正統，而不知惟帝統天之爲大正統也。不事親不可爲子，不識正統不可爲臣，不事天主不可爲人。而尤懃懇於善惡之辯，祥殃之應。且論萬善未備，不謂純善；纖惡累性，亦謂濟惡；爲善若登，登天福堂；作惡若墜，墜地冥獄。大約使人悔過徙義，遏欲全仁，念本始而惕降監，綿顧畏而遄澡雪，以庶幾無獲戾於皇天上帝。

彼其梯航琛贄，自古不與中國相通，初不聞有所謂羲、文、周、孔之教，故其爲說，亦初不襲吾濂、洛、關、閩之解，而特於知天事天大旨，乃與經傳所紀，如券斯合。

獨是天堂地獄，拘者未信。要於福善禍淫，儒者恆言，察乎天地，亦自實理。舍善逐惡，比於厭康莊而陟崇山、浮漲海，亦何以異？苟非赴君父之急，關忠孝之大，或告之以虎狼蛟鱷之患，而弗信也，而必欲投身試之，是不亦冥頑弗靈甚哉！「臨女」「無貳」，原自心性實學，不必疑及禍福。若以懲愚儆惰，則命討遏揚，合存是義；訓俗立教，固自苦心。

嘗讀其書，往往不類近儒，而與上古《素問》、《周髀》、《考工》、漆園諸編，默相勘印，顧粹然不詭於正。至其檢身事心，嚴翼匪懈，則世所謂皐比而儒者，未之或先。信哉！東海西海，心同理同。所不同者，特言語文字之際。而是編者，出則同文雅化，又已爲之前茅，用以鼓吹休明，贊教厲俗，不爲偶然，亦豈徒然？固不當與諸子百家，同類而視矣。

余友汪孟樸氏，重刻於杭，而余爲僭弁數語，非敢炫域外之書，以爲聞所未聞，誠謂共戴皇天，而欽崇要義，或亦有習聞而未之用力者，於是省焉，而存心養性之學，當不無裨益云爾。

萬曆彊圉叶洽之歲，日躔在心，浙西後學李之藻盥手謹序。

汪汝淳《重刻天主實義跋》 自昔聖賢之生，救世爲急。蓋體陰騭之微權，隨時而登之覺路，繼天立極，有自來矣。

三代以還，吾儒主鬯。自象教東流，彼說遂熾。

夫世衰道微，押闔變詐之機，相爲蟊賊，毋亦惟是，徇生執有之見致然。竺乾居士，予以正覺，超乘而上，庶幾不墮於迷塗；蓋化實而歸於虛，欲人人越諸塵累，不謂於世道無補也。

夫始而入，既而濡，乃今虛幻之談，浸爲冥諦。學人不索之昭明，而求之象罔，喝棒則揚眉，持呪則瞬目，豈不謂三昧正受乎哉，何夢夢也？利先生憫焉，乃著爲《天主實義》。

夫上帝降衷，厥性有恆，時行物生，天道莫非至教，舍倫常物則之外，又安所庸其繕脩，此吾儒大中至正之理，不券而符者也。蓋道隆則從而隆，道污則從而污，持今日救世之微權，非挽虛而歸之實不可。

夫逃空虛者，得聞足音，跫然而喜，不亦去人愈久，悅人滋深乎？今聖道久湮，得聞利先生之言，不啻昆弟親戚之謦欬其側也。淳不佞，深有當焉，特爲梓而傳之。

萬曆三十五年，歲次丁未，仲秋日，新都後學諸生汪汝淳書。

劉胤昌《答鄉人書》 佛入中國千八百年矣。人心世道，日不如古，成就得何許人？若崇信天主，必使數年之間人盡爲賢人君子，世道視唐虞三代且遠信之，而國家更千萬年永安無危，長治無亂，可以理推，可以一鄉一邑試也，執事將何從焉？《實義》中所論理學，止舉大概，若欲盡解其義，宜用經書萬卷，今未得遍譯，他日必當大明，恐吾與執事不及見耳。若未能深明其詳，大端只宜信有天主，天主即儒書所謂上帝也。一信其有，即所立教誡不得不守，所談義理不得不從，如臣從君，子從父，何中國殊方之可言乎？譬如國有其主在京師，大內宰臣侍從方得見之，海濱草野之民不見也。雖則不見，豈可不信其有耶？不信其有，必至犯法干令，直待斷罪闕下，然後信其有，悔罪其晚矣。教中大旨，全在悔罪改過，雖臨終一刻，尚可改舊圖新，可永免沉淪之苦，若在高年，尤不可不

計早也。眼前悠悠不問，無可奈何，今執事來相語難，正自難得旨，相與一講明，非惟救得執事，從執事更可救無數人，執事功德亦不細矣。

紀事

艾儒略《大西西泰利先生行迹》 相國沈公蛟門（諱一貫）時爲設醴，且饋資斧焉。而大宗伯馮公琢庵（諱琦）者，履叩利子所學，深相印可，遂大有志於天主正道。時求所譯經典，復命速譯其餘。且數上疏，排擊空幻之流，欲以章明聖教。竟賫志以沒，惜哉！於時相國文忠葉公，太宰李公，司馬趙公，少司寇王公，少宗伯祝公，僉都慕岡馮公（諱應京），都諫曹公（諱于汴），大參吳公、龔公，都水我存李公（諱之藻），相與質疑送難，著而成書，名曰《天學實義》。而僉憲馮公令速梓以傳。利子以文藻未敷，未敢輕許。馮公曰：「譬如垂死之人，急須藥療之，如必待包裹裝飾，其人已不可起矣。斯文爲救世神藥，烏可緩也。」於是并《二十五言》梓行世，馮公兩爲文弁其首。厥後諸書行世，人心漸明。

著録

《四庫全書總目・子部雜家類存目二・天主實義二卷兩江總督採進本》
明利瑪竇撰，是書成於萬曆癸卯，凡八篇。首篇論天主始制天地萬物而主宰安養之。二篇解釋世人錯認天主。三篇論人魂不滅大異禽獸。四篇辨釋鬼神及人魂異，論天下萬物不可謂之一體。五篇排辯輪迴六道戒殺生之謬，而明齋素之意在於正志。六篇解釋意不可滅，并論死後必有天堂地獄之賞罰。七篇論人性本善，併述天主門士之學。八篇總舉泰西俗尚，而論其傳道之士所以不娶之意，并釋天主降生西土來由。大旨主於使人尊信天主，以行其教。知儒教之不可攻，則附會六經中上帝之説以合於天主，而特攻釋氏以求勝。然天堂地獄之説與輪迴之説相去無幾，特小變釋氏之説，而本原則一耳。

徐宗澤《明清間耶穌會士譯著提要》卷三《真教辯護類》 是書有一特點，即書中稱天主爲天爲上帝，蓋依據我國經書上之意義也。一七〇四年，教皇格來孟十一世禁止此稱呼，故《天主實義》之後印者，均改去天及上帝等字。今徐匯書樓藏中有明刊重刻本，爲未改本，亦一至寶也。

死説 龍華氏

綜述

路嘉《死説小引》 嗟哉，夫人之生，必有死也。奈之何，人每喜言生，而諱言死也。夫不知生之所以生，而喜言生，不知死之所以死，而諱言死，已惑矣。乃喜言生而反自戕其生，諱言死而反自速之死，其爲愚且癡也，不亦甚哉。或問，何謂自戕之，自速之也。曰，躭榮膴，邇聲色，日沉溺於種種快心之事。曾不務以修德，而祇取以娱身。是人也，方自以爲幸生於樂塲，而不知其久已入於死塋也。聲音笑貌，非不宛然具也。所爲若形者，亡焉。非自戕之，自速之乎。乃富貴者，昂昂然競相夸視。貧賤者，皦皦焉爭相乞憐。哀哉，未有喚之醒者。若夫大智者則不然。彼視其生，惟恐其濱於死也。珍時寶晷，潔身修行，日有孳孳焉。富貴貧賤，不以二也。其所履者，世間之境。其所向者，天上之國。即或頻際艱危哉，而其自安，則以爲得樂階矣。蓋借暫苦之園，結永甘之果。備暫死之路，開永生之門也。然則生誠不足喜，死誠不必諱。夫惟眞能念其死，斯乃眞能重其生。倘果眞能善其生，則必眞能善其死。況人之生時，即其死時。越一刻，則一刻死，越一日，則一日死。死之云者，謂已去而不返之謂也。來之日謂生，則去之日爲死矣。念及此謂，宜時時息息，遷善補過之不暇，尚可偷樂以戕生而速死哉。因是知二先生之著爲死説也，非與人説死也，實與人説生也。

羅雅谷《死説引》 龍先生榻側，粘死鑑一圖。旁有西文一幅。客偶見而問之。先生答曰，此《死説》也。客欲聞其語。先生因詳譯以復。客既以質之予。予因知古聖作爲此説，所以誨人善渡兩世之交也。人死必棄此世，適他世，如渡江河，離此往彼者。然一去不回，永留於彼。留之所

報，視去之所取，善惡不爽。故曰兩世之交。夫死，非體，非物，非色，非神。西文特假設其像而解之，如有身體，有靈魂之物，能話能問答，其類頗多。有畫全髑髏，手持一沙漏晷者，喻時滿而來也。又有手持一鐮者，喻如割草，不拘大小堅嫩，一鐮而割之也。死亦如此，老幼同盡。又有畫一蛇在其圍者。蓋蛇每年天寒，脱皮似死，然天熱復活。人死但脱郛廓而活。或曰，人死則尸爲蛇蟲之食。又有畫弓箭以帶遮其眼者。蓋射而不見，無憐恤之意也。像下有云，我昔日如汝，今日胡不思。汝異日如我，今日何不戒。噫，其所以警醒我輩者至深切矣。説亦甚多，特爲選而録之如左。

天學略義　孟儒望

綜　述

孟儒望《天學畧義》　天學玄妙，筆不能悉。若提厥要，不外八端。一天地之間惟有一造物主，一此主含三位，謂之父子聖神。一其第二位即所云子降胎於童貞女而爲人。一其居世而受難受死，以贖吾人之罪。一其死後而神入地獄，救出古聖人。一其身第三日復活。一活後四十日升天，而坐於全能天主第一位之右。一日後將臨世審判，以報善惡者。此天學之大畧也。其中不免有難洞究之義，故竊反復如左以發明之。

張賡《天學略義序》　合宙之物，莫不以不經見爲新，但一經見，又旋曰故矣。況見之而浸歲月焉，更故矣。甘露彩雲，結氣之新者，歲月不解，必等於瘴霧淤濘；龍麟鵬鳳，成形之新者，歲月依人，亦等夫家豢池畜；人事之變，今古迭更；理道之敷，久近彌暢；文章之巧，彼此各不相仍，凡來茲者，閱前往者，規規焉自以爲新，自以爲可用，爲可久矣。見夏繼之剏，謂新於禪；見誅征之剏，謂新於讓；而緜今見之，等故也。人事之變，理道之敷，文章之巧，其新不能常，統皆如是。乃至諸教之遞興，諸子之競爽，概不得謂常新，又奚異焉。夫非新之無常也，彼原非可用，非可久，即或有用之者，亦猶以龍麟鵬鳳爲羞，而甘露彩雲爲飲也。匪養吾生之善物，長物也，故乍見之而喜，喜之而用，用之而竟厭，厭即成故矣。周天内萬古長新者，爲何物？日也；一日無日，則黮曶無色，人物殊無昌光之氣，大明中天，見者常豁心目；且雖人事極變，不能擬其化；理道極敷，不能擬其昭；文章極巧，不能擬其暉燦；即世人日用飲食，最爲急需，亦有時或厭；而容光之炤，必無或不喜者。故人有恆言，皆曰日新，此亦無心而共公稱之語也。謂其爲世所必用，所當久也。孔夫子之教，只是與人明性天，而最穎門徒，乃謂不可得聞，則夫子揭性天且如日，在端木卻企之爲新聞，何哉？蓋誠知其亟當用，永可久，而第恨不能窮其理，盡其性，以上達於天，故終身視之爲新如此也。小子賡從事天學，今二十年所矣，潛心樂玩，諸先生之發明諸書，亦且數十種矣；其專主天帝無二心，其傳述天帝降世同人如一口，其指示天帝愛人之訓，超性德之修，又皆同功，眞似日之爲輪爲旋，爲炤臨，爲章光，爲恆久不息；而其變化，其昭明，其温養民生，時時新，處處新，人人共喜共新，而以之爲切需，尤亟於飲食日用也。世固有矚而忌之者，其目病也；抑或有覩之而若無覩者，其目盲也；天帝開予眼，夙於武林覩諸先生之日，今重來，復再覩孟先生，日日之爲物，莫得而私，亦莫得而贊，第相引而共遊於日之中，勿甘處闇沕，自失其昌光之氣，可矣。或曰：諸先生書，其爲日也多矣，十日並出，昔特作寓言，何必更多。予笑爲再況曰：而覩諸書，昨日以前日也，孟先生《略義》，今日又周之日也；吾儕近光，昨日以前日，此日更不欲近光乎，或無以對，遂求先生普示之。晉江昭事生張賡。

徐宗澤《明清間耶穌會士譯著提要》卷三《真教辯護類・天學略義》
（存目）

主制群徵　湯若望

著　録

徐宗澤《明清間耶穌會士譯著提要》卷三《真教辯護類・主制羣徵》
（存目）

崇一堂日記隨筆

湯若望 王徵

綜述

王徵《崇一堂日記隨筆小引》 崇一堂者，嚮余理維揚時，因遠西諸儒振鐸中土，寓我省會，爰置此堂，以爲朝夕欽崇天主上帝之所。蓋天主十誡，首云一欽崇一天主在萬物之上，故嘗謬擬一聯，自生天生地生人生物以來，兩間無兩主宰。從有帝有王有聖有賢而後，一總是一欽崇。遂取此義名堂，聊旌一念欽崇之意云。比自維揚歸里，會湯道未先生寓此堂中，振揚天主聖教，余間一躬詣，每留連十數日，多聞所未聞，此則坐間筆記之話言也。先生每夕坐間，爲余譯述西賢苦修會中奇蹟一二段，以爲日課。余覩其所述奇蹟小冊，蠅頭西字，横行密排，又是單綿，兩面細印計綿百數十葉，事少者每葉或一叚，或兩三叚，事多則每叚或滿一葉，或多至兩三葉而止。此日記隨筆，不過千百中之一二焉耳。無何，先生驟承欽召，以修曆入都行矣。故所記僅僅若此。此稿嚮攜東省幾失之，今當秋雨連綿，偶翻架上書冊，忽復一見，不覺動今昔之感，隨手錄成帙，漫加評贊於其後，以自省，喜吾鄉創修崇一堂一所已告成矣。倘天主佑我，俾道未先生重遊舊地，續成全書，是余昕夕所祝籲而祈望之者，不知可能如願乎否。客有見之者，笑謂余曰，嚮者吾子從百危百險中，業已備嘗百苦，今且七十老矣，幸淂優游林下，此正天佚以老時也。謂宜追懽行樂可矣，奈何兀坐書窓，日日手自抄錄楷書細字，仍效少年學子之所爲，玆又津津乎有味苦修之蹟而錄之，若是豈其老苦之未盡耶。吾竊爲子不取。余應之曰，愛我哉，我寧不知自愛。顧素性淡寧是甘，殊自樂此，不爲苦耳。諺云，受淂苦中苦，方做人上人。凡世之有志富貴利達者，類皆然。彼苦修士皆有志做天上人者，不苦而能之乎。嗜苦如飴，非矯情也。余之錄此，非果能自取法，亦非必欲強人取法。但思諸修士看透世緣悉幻，獨依天主爲眞，故雖受苦千般，不改欽崇一念。自恨受教已久，認淂天主事理已眞，且默荷天佑提扶保全之恩，已多且厚，乃悠悠忽忽日在醉夢鄉裏，日惟料理塵情俗緣，不肯時時回頭顧主。旣到寶山空手回，寧不痴愚可羞乎哉。邇來天雖老我之鬚眉矣，不老我之心志，不老我之耳目，安居明窗淨几，儘是自在清閑，光陰有幾，忍復虛擲。無問開卷有益，只此賢聖左右對面，至尊不離目前，能不收攝狂念，而潛滋其心靈。如以一時之微苦，淂徼異日之安恬，即眞苦不恤也。況實自不苦，又況發憤忘食，樂以忘憂，吾夫子尚然，不知老之將至。余何人斯，敢自偷閑學少年乎。客乃呵呵大笑曰，老少年，老少年。旋亦索錄其書而去。昔崇禎十有一年，孟秋望日，了一道人斐理伯子王徵謹識。

萬物真原

艾儒略

綜述

艾儒略《萬物真原小引》 凡論一事而有相反之說，旣不能俱眞，必有一確法以定之。如論物之輕重，必須定以權衡；如辨金之眞僞，必須定以鏐石。論道亦然，每遇相反之論，惟藉一理衡石，人能不是己是，而獨是理之是，則決萬疑，亦易易耳。蓋未有理之所是者，而非；理之所非者，而是；理之所旣非旣是者，而可疑是，可疑非。但彼一種似是實非之論，於理遠，又復彌近；故令人難辨。以此愈當尋認眞理，擊排到底，以歸一。譬如童子辨日，其一以大小驗之，謂早近午遠矣。其一以寒煖驗之，謂晨遠而午近。二說相反，又俱似是而實俱非也。以理究之，天包大地在中，如圈中之有一點，日月星辰麗天，週繞大地，如一輪旋轉於中樞，其上下四傍，相距俱等，更無晨午遠近彼此之分；所以早似大，午似小者，緣早間濕氣彌漫地面，重重輝映，開日早光；午間則日在天中，無漏氣遮映，以開散日之光者，故早大，而午則小也。所以早寒午煖者，因早間陰氣甚盛，又日斜照無力，不能一時頓消，到午日力正旺，消化陰氣，又能直照，所以早則寒，午則煖也，亦緣於此。今人論天地萬物之

原，其説不同，或云天地無始無終，或云天地有始而能自生，或云天地有始而有所以生。所謂天地有所以生者，又或曰理，或曰氣，或曰主宰。窮究主宰之説，又各議論不一，以致人心茫然，莫知所向，而人倫之至業，亦不得不大廢矣。此天地間一大事，衆務之先，正學之宗，豈容置而不明論哉。必須逐端以理論之。理者人類之公師，東海西海之人，異地同天，異文同理，莫能脱於公師之教焉。故君子當姑置舊聞，虛其心而獨以理爲主。理在則順而心服；理所不在，則逆而非焉，可也。余述此編，非敢好辨，聊就敝土所傳公論，與夫窮理所得之學，請證於好道之士，以求歸一，或者不倍於眞理云。君子不以人廢言，倘肯留神諦思，相與諮諏正道，予則幸矣。泰西後學艾儒略識。

善惡報略説 南懷仁

著録

徐宗澤《明清間耶穌會士譯著提要》卷二《聖書類》（存目）

盛世芻蕘 馮秉正

綜述

馮秉正《盛世芻蕘・仁愛引言》 善惡正邪之辨吉凶升降之關，無他，仁與不仁而已。盡仁之道，非愛不爲功，盡愛之道，非上愛天主，下愛衆人，不足以成仁。從未有不愛人，而可稱愛主者，亦未有愛主，而不愛人者。溯前明萬曆年間，因西儒利公等進呈經像，此後代有傳人。其時最著者，如大學士徐文定公，大宗伯李我存，少京兆楊淇園諸君子，昌言偉論，著述如林，雖不盡聖學之淵深，亦足發後人之憤悱。所慮理本精微，辭多華藻，誰家爨婢，盡屬文人，既難應對親朋，何以兼通雅俗；若欲得心應口，必須俗語常言，此芻蕘之所由作也。先列鑒閱姓氏，使好學者共知所言之公，以認識天主爲溯源篇，以天主降生爲救贖篇，以認識自己爲靈魂篇，以身後吉凶爲賞罰篇，以旁門外道爲異端篇。語甚簡明，事皆緊要，據此究心，庶無外錯。況窮鄉僻壤，安得人人而口授之，得此一編，各人自己披閱，即與聽講無異。若係不識字之人，或婦人女子，或衰老病軀，欲聞聖道而無人能講，只須一位識字之親友，看書朗誦，又與講道無異，正所謂書中有舌，如獲面談也，謹不避粗疎，公諸同好，於仁愛之業，不無小補云。

著録

徐宗澤《明清間耶穌會士譯著提要》卷二《聖書類》（存目）

聖母行實 高一志

綜述

羅雅谷《聖母行實目録説》 茲《聖母行實》，乃予友則聖高先生所譯，書分三卷：其一推聖母之所自生，與譜其自幼至老，歷年之行狀，幷附其遺室之靈異於卷之末。其二借古今聖人之言，以著聖母之大德，分爲十二端，蓋天生賚聖母之恩而舉之於萬民之上者如此。其三述其聖迹，亦分十端，則係聖母賚人之恩，萬分之一二也。讀者於第一卷，即發熱愛聖母之心。於第二卷，即發誠信聖母欽崇恐後之心。於第三卷，即發冀望聖母主保之心。夫愛信望三德，乃事主事聖母之本德，而讀是書者，悉得之。然則是書固我等不可一日離者矣。古聖有曰：聖母之行實，奉教者之

鏡也；見之而不知所從以改其過，崇其德者，無之。人可弗念哉。書成，或勸余一言弁諸首，以寓讚美聖母之意。余謂聖無庸余譽爲也，譬之太陽然，本體自光，弗以人言加彰，亦弗以人默加晦；即欲昭其大德，以示世人，則諸聖人既已言之，是書既已述之矣，余何敢復贅乎。謹次其目如左。

著録

徐宗澤《明清間耶穌會士譯著提要》卷二《聖書類》（存目）

達道紀言 高一志 韓雲

綜述

韓雲《達道紀言序》 西先生來賓如大樽置衢，過者酌焉。始於吾師徐文定公，迄吾輩未艾也。大約西學規範嚴，一字之差，斥爲異端，書三經審定始敢傳布。此書則聖高先生時以語余，余手紀之者。先生曰，子欲急行，則以子行之。然余敢忘所自哉。余嘗謂西先生無青牛白馬之風，無騷人墨客之套，無道學先生峨冠博帶高視闊步之氣象，教人以身以手以口律己，於言於行於念，周秦以上人也。聞之吾師曰，先生貴人也。其長兄侯國絕，先生當得國，不反顧。惓惓以小心昭事，流行萬國爲弘願。余問之先生，先生曰，神貧者乃眞福，爲其得天上國也。人間世事無復言。

崇禎九年十月望日，晉中韓雲景伯甫書於蓮勺官舍。

造物主垂象略説 徐光啓

綜述

楊廷筠《造物主垂象略説跋》 維皇上帝，語出詩書，學者信之，未有疑其無者，天主即上帝別名耳。今非疑爲無，即駭爲異，是知二五而不知十也。知魯有孔子，不知即仲尼也。亦狃於積習之過矣。或者曰吾所信者無形無聲之上帝，今繪之爲象，演之爲教，不殊人類，似反褻之，故不敢信。曰上帝之靈包乎天地之外，超乎萬物之先，既可造無爲有，化有爲無，則宇宙之大，何所不有，正顯上帝全能，安見執無形無聲必爲上帝，有形有聲必非上帝。而我以凡夫意見，反欲高過造物主宰也，獨非褻乎。今奉天最虔無如回回，亦不設像，不識儒者以彼爲是耶非耶。主釋氏琳宮梵宇，儼然象教，又來自異域，舉世習而安之，何也。若曰佛教其來已久，久故不疑，是不問是非，惟計新故，已非通論，況久之先必有初矣。今之初，後即久矣，不能充類，豈稱達觀。即積習之說，亦有所未通也。要之能測其理，說無亦可，說有亦可。不求其故，說有已非，說無尤非。

畏天愛人極論 王徵

綜述

鄭鄤《畏天愛人極論序》 尙書之湯誥曰：惟皇上帝，降衷於下民。武王曰：天地萬物父母。此皆湯武當軍旅之際，告諭臣民之時，而其言如此，則三代以上，聖人之教，概可知矣。吾夫子以天命立教，其最明切者，曰：君子畏天命，小人不知天命而不畏也。君子小人，間不

容髮，其關在此。自漢儒謂：道之大原出於天。後來愈析愈精，若以天爲玄微幽渺，非聖賢不可許之天，非談學者不許稱事天，則三代之教荒矣。夫上帝臨女，昭事上帝，明乎其有以臨之事也。後乃曰：天即理也，然則祭天乃所以祭理歟？言不幾於不順乎？嗟乎！此學術之所以不古若也。王子畏天愛人極論，直揭天以詔世人，反覆若千萬言。君平道德指歸而後，說之宏暢，未有若此者也。其言天主，亦猶之帝也云爾。或者謂：道無諍，諍乎哉？夫王子直爲事天之心，不可以二，故總其紛紛而要諸至一也。或者又以西說爲疑，夫說亦何西東之有？且王子誠有取爾也。誠使人人皆知天，時時皆能畏天，事事可以對天，是則王子之心也已。苟能是，則三代何不可還，故其說不可以不存也。王子經濟大手，別所結撰，多奇絕。王子一不自有，而獨以此爲日用之課。既極論之，又命予評點以傳。予嘗謂三代以上之人材，其功業皆還之天。三代以下之人材，多欺天以自爲功。惟韓忠獻有言：某生實天扶持之益。天者古之常談，今之絕學。夫詩書之所睹記，有目者皆得而見之。讀者其即是而反之六經之大道，無作爰居之駭也。崇禎七年七月之望，毘陵年弟鄭鄤峚陽氏敬題。

王徵《畏天愛人極論記言》　畏天愛人極論者，所以論天之不可不畏，人之不可不愛。而凡學聖賢者，畏天愛人之功，必不可少也。然論焉足矣，而必曰極者何。蓋畏天愛人，本人人原具之良心，亦愚夫愚婦所可與知與能之平常事。而實千古希賢希聖希天者眞功用，衹在吾人一提醒轉念間耳。奈之何邪說充塞已甚。眞心沉默已深。錯認他人爲本生父母者已久，反遇本生父母而不認也，間有畏天命悲人窮者，非不時爲提醒，其如習念之猝不可轉，何徵不自揣思，欲解人之嘲。輒因畢已之愚，爰爲之反復極論，以破其積習，以開其暗惑，以撥動其夙具之眞心，而指之還家之路。故理所創聞，雖爲舉世所震駭，而實爲天地間之必不可無者，則不得不極論其是。理所僞誕，雖爲舉世所惶惑信向，而實爲天地間之必不可有者，則不得不極論其非是。總之欲吾四海兄弟，人人認得元初眞父母，共盡昭事之道，以期偕歸本鄉云耳，無他腸也。縱高明君子，誚其狂，誚其迂腐，誚其蔓延僻俚而無當乎，吾惟盡吾畏天愛人一點，不容已之心焉耳矣。知我罪我，夫奚恤。

齋旨　利瑪竇

著録

徐宗澤《明清間耶穌會士譯著提要》卷三《真教辯護類》（存目）

七克　龐迪我

綜述

鄭以偉《七克序》　人處函蓋中央，如人腹內有心，則人之與動也具來哉。故墮地啞然而啼矣，亡何夭然而笑矣，則順違之故也。順違所起以認墮地之己爲己，而不復知無己之己、無己之己靜也。順己成好，違己成惡。由是從穀漏子起，見識與年長，爲傲、爲妒、爲貪、爲忿、爲饕、爲淫、爲怠，大約撰爲七種，而究之不過啼笑之變。然其性初豈有己哉，常試辟之。湛然者水乎波於風，則跳如沫，蹙如鱗，吼如雷，水體非損也，少焉而澄此湛然者。又不從外得，則己性原靜也。故謂風動水則可，謂水體爲風所壞則不可矣。又試辟之。土與人無愛憎也，或埏爲盂埾，則宋玉惆悵。埏爲隴簾，則負薪者醜之矣。又或埏以爲鬼神，遂走百家之社。其埏以爲瓶盂，人得而器用之，而不知即前日之土。使解其埏，則愛憎敬又亡矣。世間一切可喜可惡可怪可常之境，皆揑土之類，則物性亦靜也。故謂土有異埏則可，謂有異質則不可矣。惟於靜中執一私己，於是熠熠鈎瑣膠固而不能自脫，故樂記曰：人生而靜，天之性也。感於物而動，性之欲也。物至知知然後好惡形焉。好惡者，吾之所爲啼笑也，感於動而後有者也。第不曰情之欲，而曰性之欲，明動之體原靜也。不曰感物有知而曰物

至知知，明靜之用即動也。好惡非性，病也。附於己則物至，而人化物矣。物至而人不化，則以無好好無惡惡，如嬰兒日嗄日笑，尙不知有己，何知有順違。只爲墮地有己，此己一生七欲幷作，譬蛾之赴火，以有蛾己故。蚋之聚醯，以有蚋己故。蚋不赴火以無蛾己故，蛾不聚醯以無蚋己故。以至秦越相非，肉素相嘲，各以己故。己者，欲之根也，如賊帥然。吾夫子曰：克己復禮。克己者，主靜之謂也。主靜則己無泊處，而欲自克。如太末蟲處處皆泊，而不能緣於火焰之上，以火能克之也。凡師之勝敵曰克，摧堅陷陣者果也，廓清剪除者毅也，伐謀銷患者豫也。顧帥不靜則敵不可得而克矣，即求賊所在而撲之可名曰戰，而不名克，此克伐怨欲不行而非仁也。雖然弓矢弢則與枯株無異，弢弓矢不若弢空虛者之無觸也，乃天下不少矢之殺人者，求其爲枯株亦何可得哉。順陽龐子哀世人之多欲，作七克以覺之，曰伏傲、曰平妒、曰解貪、曰熄忿、曰塞饕、曰防淫、曰策怠。讀之若立射，候之下不覺，令人恭可以折慢憧，若鶬鶊之愈憎，青棠之蠲怒，饕餮之懲貪，敝笱之刺淫，至策怠一篇，又可以爲窳夫之枉策，一寓目鮮有不憬然悟者。苟可以弢弓矢而止其殺人之用，於世教不無大補也。春秋抑相之會而進黃池，嘉其冠端而藉乎成周，爲得尊王之體耳。夫吳王夫差曰：好冠來，好冠來。慕中國之冠，尙猶予之。況慕義而來，藉聖人之言者耶。雖不知有當於主靜與否，亦可謂善藉矣。故不榖樂爲之弁其端。上饒鄭以偉撰。

熊明遇《七克引》 西極之國有畸人來，最先西泰利氏，次順陽龐氏、有綱熊氏偕徒友十數，絕海九萬里，觀光中國，斯亦勤已。所攜圖畫巧作及陳說海外謠俗風聲，異哉所聞。如漢博望鑿空，第云天馬筇竹，特稗師之街談耳。諸公大雅宏達，殫見洽聞，精天官日曆算數之學，而猶喜言名理，以事天帝爲宗。傳華語學華文字，篝燈攻苦，無異儒生，眞彼所謂豪傑之士也耶。七克一書，順陽所著。大抵遏欲存理，歸本事天。澹而不浮，質而不俚，華而不穢，至稱引西方聖賢言行，有鴻寶論衡之新，無鄭圃漆園之誕。薦紳先生家戶傳之，即耕父販夫耳，所謂天門火宅，亦凜凜如也。同文之朝大收篇籍，詎可令沉冥五都之市哉。孔子論仁於視聽言動之四目，而以禮克。孟子論性於口鼻耳目四肢之五官，而以命克。鄒魯相傳所以著道之微，安人之危，千古如日月經天，不意西方之士亦我素王功臣也。南州熊明遇題

陳亮采《七克序》 曩余年方垂髫，即於天主耶穌之教竊有聞也。蓋吾鄉之舶於海者與大西人游，歸爲余言。天主耶穌之教以事天地之主爲主，以仁愛信望天主爲宗，以愛養教化人爲功用，以悔罪歸誠爲入門，以生死大事有備無患爲究竟。余聞其說而心嚮焉。其後二十餘年，以待次都門，得交西泰利君。持所聞質之利君，輒大詫，因得畢聞其說。所謂天主實義、畸人十篇者，每閱卒篇，余亦復大詫，謂與周孔教合。其後復因西泰以交順陽龐君，一覯而稱莫逆。一日，龐君過余曰：東方之士才智絕倫，從事於學者非乏也。獨本領迷耳。夫學不稟於天而惟心是師，辟泛舟洪洋而失其舵也。其弊方且認賊爲子，認邪魔而爲天神也。嗚呼殆哉！余曰唯唯否否。夫戒愼恐懼以率其天命之性，而達於上天之載，此吾儒眞本領眞學問也。但恐愚俗不知天爲何物，而以爲在於蒼茫窮冥之表，故權而詔之曰：天即在吾心是也。而後之學者遂認心爲天，以爲橫行直撞，眞機旁皇，擺落規條，快樂自在，而卒流爲無忌憚之小人，是豈周孔之教則然哉。龐君殊擊節余說，因持其所論著七克篇示余。余卒業焉。其書精實切近，多吾儒所雅稱。至其語語字字刺骨透心，則儒門鼓吹也。其欲念念息息，皈依上帝，以冀享天報而永免沉淪，則儒門羽翼也。且夫克之爲義，孔顏稱之矣。一日克己，天下歸仁。並育並行，聖神極事。而其工夫惟曰非禮勿視聽與言動而已，無高詞，無侈說。眞積既久，上與天通，是故孔門之教期於達天，顏子之學謂之乾道。故四勿也，七克也，其義一也。或曰：學貴達天，固也。奈之何其覬天報爲也。余曰：否否。稼不圖熟乎，工不圖良乎。滷莽而稱熟器，苦窳而稱良，其可乎。所惡於覬者，謂人世之報耳。天德無際，天報無涯，圖天之報僥焉。日有孳孳，惟日不足。此文所以純，亦不已而。孔子所以不知老至也，奈之何。其諱言報也，周孔黜人世之報以虛其心，大西希生天之報以實其證。東西南北，聖聖一揆，豈非然哉。龐君以序屬余。余不文，特次第其語而爲之序。賜進士第出身欽差整飭武德兵備山東按察司副使陳亮采撰。

楊廷筠《七克序》 自子思子發明性道，原本天命，後世言道術者準焉。至謂天下之至聖，德施洋溢，及乎照墜，命曰配天，殆未易揆測也。今上在宥天下，遠人來賓。乃有泰西諸君子航海而來，計其途八萬餘里，

閲三年始抵中國，有古越裳肅慎，奇肱身毒所未經涉著，此亦盡乎照墜矣。夫麟遊鳳至，皆稱聖瑞，貴來遠也。物之瑞，孰與人爲瑞乎。洋洋乎聖德配天，非我皇上疇當之。諸君子覩光用賓，大都潔修自好。其爲人不詭時向，其爲學不襲浮説。間用華言譯其書教，皆先聖微旨也。察其燕私屋漏，密修密證，皆鑿鑿不背所聞。其言語文字，更僕未易詳，而大指不越兩端，曰欽崇一天主萬物之上，曰愛人如己。夫欽崇天主，即吾儒昭事上帝也。愛人如己，即吾儒民吾同胞也。而又曰一，曰上，見主宰之權，至尊無對，一切非鬼而祭，皆屬不經，即夫子所謂獲罪於天，無所禱也。其持論可謂至大，至正，而至實矣。夫課虚崇玄，洸洋無際，要眇何難。要以眞實世諦，使人可信可解而不可易，此爲難耳。則畫師圖鬼物，圖狗馬之説也。又以泛而言昭事，稽顙對越皆事也，必愛人乃爲昭事之眞。泛而言愛人，怵惕煦嫗皆愛也，必克己乃有愛人之實。故有所謂食饑者，飲渴者，衣裸者，舍旅者，醫病者，及顧囹圄者，贖虜者，瘗死者，皆愛人事也。而又有所謂伏傲，熄忿，解貪，防淫，遠妬，清飲食，迷醒懈惰於爲善之七克。克其心之罪根，植其心之德種。凡所施愛，純是道心。道心，即是天心。步步鞭策，着着近裏。此之爲學，又與吾儒闇然爲己之旨，脈脈同符。學者循此繕修，存順没寧，來去脩然。既不徒生，亦何畏死也。惟是七克所載，大率遠於俗情。如以富貴榮寵爲綴疣，貧窮苦楚爲福澤，驟閲之，覺可駭可異，而徐玩之，名理妙趣，醒心豁目。未有不躍然神解，而卷不釋手者。此書在慧悟之士，機警觸發，見之自有神契。其次則困衡之輩，推勘路窮，如貧見家珍，渴得甘露，更有津津證入處。惟一種世味濃郁，嗜進無已之人，靈府多滓，難與微言，視此不免嚼蠟。或以此方文字見解測之，更泥不通，則不終卷而卧，此非書之罪也。龐公號順陽，予未與一面。聞其居長安，大官授餐。爲聖天子所禮遇，名流多與之遊。諸題語言，人人殊率企嚮，不啻口出，即其人可知矣。

彭端吾《西聖七編序》 西洋龐君迪我著七編，始於伏傲，終於策怠。示余，余愛而讀之。蓋洗心之聖水，對證之要方也。古者國有狂泉，國人飲之，皆狂。當今之時，問今之俗，絜己方人，似無不中此七病者，幾於以國狂。而龐君實來傳其國學，實爲此方七藥。龐君雖與華之人處，往往交臂而失。即諳華性，不應徹見腑肝，窮悉底藴，言言當也。石言於晉，或憑之言。龐君之言，無所憑假。意者天主使之耶，特揭開心，鴻宣驚耳。警策破夢，妙喻解頤。天地之淫厲，人身之膏肓，皆從骨髓心絡，剞劂其淫邪蟲毒。薰以反魂之香，塗以合體之膏。其神解，在秦和扁鵲之上。其易簡，在六經四子之表。漢遣宋雲等，往西域得四十二章。經鹿苑之卮譚，鷲峰之粃論，而藏之蘭臺石室，過甚珍藏。余訝時人，見龐君久在華域，溷跡中庸，不澄意遠觀，割情獨繹，不知其可重也。近世學者，祗信即心之學，不解原天之心。素無止定之功，妄言隨欲皆善。往往駕慈航而殞命，握至寶而喪家。無明師友以導之，和毒腊其雜進矣。夫用七德，克七情，以理治欲，實以心治心也。得其道者，藥在殊方絶域，可以籬壁間物代之。讀龐君書者，毋以歐邏巴生遠近想，亦毋以六經四子生異同想。期於切救時病，庶於國有瘳乎。雖然，君書業已懸之國門。或諱疾而忌醫，復增長其病心，與君爲魔難，將奈何。君不與此土人比肩事主，同籍分祿。且所述者，天主之言。天使言之，度無爲君難者。即有之，度無能舉七編之言，而非是之也。則亦不足爲君難矣。

李剛己《教務紀略》卷二上《教規・七克》 一謙以克傲，耶穌訓人，以虚心受福，爲天國之基。傲者不能虚己受善，最爲彼教所忌。克傲在謙，故以此爲進德之首。二廉以克貪，利之所在，衆人爭趨，貪心一萌，往往見利忘義，臨財苟得，啓天下爭奪之禍。基督教訓人，以貪爲戒，以廉爲美，與儒教嚴義利之辨，大旨相近。三恕以克妬。妬之爲惡，樂禍幸災，反覆傾軋，皆由此起。此心不去，無論貧富貴賤，無安樂之境，終身無安樂之時。四忍以克怒。怒有義不義之辨，因義而怒，苟不失節，無庸克也。至於血氣之怒，行於家庭則乖，行於朋友則疏，行於國家則危，萬不可不忍。五貞以克淫。男女人之大慾不能盡絶，惟縱慾敗度，小則致疾，大則殺身，最宜切誡。六淡以克饕。醉飽之過，本無關大節，然其甚者沈酣貪恣，玩愒歲時，必妨正業，故基督教重淡泊，爲清心寡慾之助。七勤以克怠。萬事成於勤，隳於怠。天之生人各有應盡義務，若自甘惰廢，豈造物本心。故基督教貴勤誡怠，以挽頹靡之習。薛福成四國日記：西人恪守耶穌教者，其居心立品，克己愛人，頗與儒教無甚歧異，蓋守七克之遺

矩云。

著録

《四庫全書總目・子部雜家類存目二・七克七卷兩江總督採進本》 明西洋人龐迪我撰。書成於萬曆甲辰。其說以天主所禁，罪宗凡七。一謂驕傲，二謂嫉妒，三謂慳吝，四謂忿怒，五謂迷飲食，六謂迷色，七謂懈惰於善。迪我因作此書，發明其義。一曰伏傲，二曰平妒，三曰解貪，四曰熄忿，五曰塞饕，六曰坊淫，七曰策怠。其言出於儒墨之間。就所論之一事言之，不爲無理。而皆歸本敬事天主以求福，則其謬在宗旨，不在詞說也。其論保守童身一條，載或人難以人俱守貞不婚，人類將滅。乃荅以儻世人俱守貞，人類將滅，天主必有以處之，何煩過慮。其詞已遁。又謂生人之類有生必有滅，亦始終成毀之常，若得以此終，以此毀，幸甚大願。則又詞窮理屈，不覺遁於釋氏矣，尙何關佛之云乎。

藝文

徐光啓《克罪七德箴贊》 凡遏橫流，務塞其源。凡除蔓草，務鋤其根。君子式之，用滌其心。人罪萬端，厥宗惟七。七德克之，斯藥斯疾。如訟必勝，如戰必捷。有祐自天，勿諉勿怯。七克既消，萬端幷滅。

滌罪正規略 艾儒略

綜述

楊廷筠《滌罪正規小引》 或讀西學解罪說，而竊竊疑之曰：儒者之道，易簡理得；得其一，萬事畢；苟心性常靈，情慾何有？此如洪爐之點雪，太陽之破暗，何俟隨事而制，滅於東復生於西，若是其勞擾乎？嗟嗟，此非弟不洞西學，即儒理，亦有所未瑩也。夫道該本末，功有漸次；易簡理得，以一畢萬，此究竟之玄詣，非入門之初功也。虞廷執中，惟大舜得聞；孔門一貫，領略惟曾子。何至後世，忽易言之？祇緣學者喜於欲速，習於好徑，以易簡得一之言，據理既勝，課功又捷，遂謂人人可以與幾，執此謂牖世之津梁，起痼之良劑，循習日久，無敢相非。設世有舜曾，彼固可儼然自居，吾願北面而師之，或猶未也。言與事未一，事與理未一，理與心未一，淺近藩籬，猶未能窺，何論精微堂奧？即不言究竟何如，而當其關門之初，教者與學者，先已墮自欺欺人霾霧中，是非正邪，又無論矣！黜虛者莫若以實，救僞者莫過以眞；事天主之學，千聖實理實事，蹠實而蹈，修乃眞修；救世者於此，每致意焉。解罪說四卷，欲窮人情變態，不嫌稱繁，而大指不踰十誡；十誡盡於敬天主愛人二端：敬天主之實，又在愛人；愛人如己，乃所以救天主；統之有宗，執之有要，未嘗不歸於一；而天下之易簡，無過此矣。眞知昭昭在上，可敬可畏，一切妨人之事，恐明威不測，自不敢犯，一了百了。種種曰省曰悔曰解曰補，皆一齊穿紐，曾無階級，亦非等待洪爐點雪，太陽破暗；正惟此中乃有實境。至解罪之權，雖在解之者，亦係人心自奮，與天主默啓，以獲其效；別篇又有詳論。彼不從事理，不經苦練，自謂要領已得，不過虛摹梗槩，粗涉影響，其中果否有得？語良知者，不知此時眞知何在，戒妄語者，不知此時不妄心何在，固不若隨時密檢之，更無滲漏也。大抵聖賢之出，皆爲救世；救世之術，又各隨時。言仁者，救世之分歧；言義者，救世之功利；言禮者，救世之放誕；言智者，救世之支離。至於今，課虛崇玄，不患其支離，而患其無歸着也；莫若挽之，以信西學之眞：實曰實義，悔曰眞悔，此信之說也。五德循環，相爲終始；即未必盡然，而機緣近似；不敢謂挽迴世風，不從玆始也。

仁會約 王徵

綜述

王徵《仁會約引》 嚮余爲《畏天愛人極論》，蓋有味乎西儒所傳天主教義，竭力闡明，用勗我二三兄弟之崇信第論焉已耳；未克實行，即行矣，悠悠忽忽，未克力；間即憤志力行乎，其力小，其行微，終未克約我同志，共捐全力，以暢我實行之志願。夫西儒所傳天主之教，理超義實，大旨總是一仁。仁之用愛有二：一愛一天主萬物之上，一愛人如己。眞知畏天命者，自然愛天主，眞能愛天主者，自然能愛人；然必眞眞實實，能盡人之心之功，方是眞能愛天主。蓋天主原吾人大父母，愛人之仁，乃其喫緊第一義也。余故深信天主之教，最眞切，最正大，最公溥，且最明白而易簡；乃人人所能行，人人日用當行，人人時時處處所不可不行。《七克》中云：聖若盎既耄，不能多言，恆用相愛二字，勸其門人，習聞者頗厭之。問何故？都無他教，答曰：此天主親命，獨行之足矣。夫此道有四善：遇智俱識，至明也；一言可盡，至約也；貧富賤貴，少壯老病，悉能行之。

天主經云：我命不高不遠，在爾心中，至易也。聖葉落泥曰：相友愛，正我儕大益；天主又陳宏報以酬我，其慈無涯，至有益也。嗟夫！人生世間，種種苦趣不可勝言，疇克盡免。凡觸於耳與目者，那能弗惻於心；弗惻於心，非仁；惻於心，而不見之於行，無濟於彼，猶非仁也。其必盡我相愛，能力救之，補之，使之存以順，歿以寧，愛人之功，其庶幾乎。然匪有力不能濟，匪藉衆多全力，亦不能廣濟。余茲感於西儒羅先生《哀矜行詮》，立此《仁會約》；蓋欲從今以後，自竭心力，合衆全力，俾人遊樂郊，補此有憾世界，以仰副天主愛人之至仁，於以少少行其愛人之實功，且勸我會中人，緣此愛人功行，默啓愛天主之正會，庶人人可望天上之眞福云。時崇禎七年後八月一日了一道人良甫王徵書於崇一堂。

著錄

徐宗澤《明清間耶穌會士譯著提要》卷二《聖書類》（存目）

勵修一鑑 李九功

綜述

陳衷丹《勵修一鑑叙》 夫有本之識，始可以定學。允確之理，自足以堅志。庸昧之子，不覓精鑑，倚徙妄緣，隨俗好醜以爲苦樂，畢世茫茫，不得一歸宿，可憫實甚。間有自執所是者，而元主不奉，費日無功，憂勤不濟實用，齋沐無當馨聞。即枯形槁血，獨耐勞，勞愈成罪，詧其可憫尤甚。夫帝有成命，而入事繇焉。遵之爲實事成之爲實功，通之爲實感實應，從天暨地，緣古迄今，人道物理，義類森昭，其懸鑑固已分明矣，無奈世人之反鏡索炤也。余友其叙鞠力昭事，得之天者深，因而覽之人者正，以其精修，據爲實歷，凡夫宇宙之臚情，聖凡之勝蹟，中土所習聞，外邦所傳紀，與夫上帝之矜嘉何物，下鬼之懼懾何事，莫不羅而輯之，標目揭指，不啻對鍥而數其形，肥瘠黑皙，俱一一睹也。且可以使人審於所事而不惑，定於所信而不搖，處貧無餒，居泰能冲，履疑謗而坦然，當艱阻而不懼，其壯人德力，擔荷大事，寧有旣哉。有金鑑焉千年不磨，啓其匣則日月留光，山河垂象，錯著併現於一團，閉目對之，則帝宮金碧，天官鬚眉，璀燦彬都，落可咫尺接者，則非但寶鑑也，乃神鑑矣。乙酉仲秋仙谿社弟陳衷丹葵伯氏書於于之山約禮署中。

李嗣玄《勵脩一鑑序》 群古今戴髮之倫，萬有不齊者，莫如面。古之瞭者，能察所棲於蟭螟之目睫，而不能自辨其妍媸，於是舉萬有不齊之妍媸，悉委其辨於鑑。然鑑之爲物，舉則辨，措則忘。人日日鑑面，竟不

知妍媸之所存。有人焉從旁而詔之曰，爾某處妍，某處媸，有當於心，啞然信之，故往往□鑑而信人。語曰清無以水鑑，而以人鑑。然人知內而不知外，生暫而不知永。故曰人之君子，天之小人，則夫鑒內□徹始終者，洵莫如天矣。故曰日鑒在茲。□所詔在茲者，古而在茲，隱顯在前，富貴貧賤夷狄患難須臾終食，無不在茲者。人乃欲逃其鑑，譬如赫日中天，隻手自障，而冀其影之不炤也，此無他，自修不勵焉。夫天下之人，有不修之心，而未始有不脩之貌。□舉鑑而炤以惡駭國中，未有不扭鑑而嘆者也。夫惡知鑑，能不昧其媸，而不能轉媸以爲妍。若有鑑於此，能妍人之媸，則世兢寶之。夫心之以惡駭國中者多矣，倘有所鑑而脩焉，則至厲者可轉而爲至姣，此其鑑不屬於水，不屬於人可知也。鑑此者未有不脩，又此者未有不厲鑑，而脩且厲焉，而歸於一者何也。此其義在欽崇之説矣。吾因以爲勵脩一鑑序。勵脩一鑑者李子其叙撮天學之聖跡奇行而彙焉者也。李子之功專，故其述覈而厲。其叙於余，余瞽者也，惡知鑑。有瞭先生曰，張夏詹者，窺心之離婁也，其序天學也，勁而靈，吾畏之。其叙其走清源而質之，其於斯言有當乎否耶。綏安社弟李嗣玄題於石輞山中。

張賡《勵脩一鑑序》 天友李其叙郵置《勵脩一鑑》詔余，余披閱片餉，而鐸德畾先生適辱臨，問何物也。曰鑑也。先生德容純白，不假脩飾，無庸茲鑑也。先生固索觀之，嘆曰，人睹我容［容］鑑，勿須我神藏匿，不但人莫□鑑，即我自鑑，亦難，安得不須此。予曰，然，然此鑑灼人甚昭，人或對鑑而昏也。夫昏豈鑑哉，鑑當前塵棼障焉，人罕能祛障，惡能受鑑之光，灼心神之隱乎。余今將此鑑歸其（叙）［效］，試令懸之室中，能俾一家時時灼刷，厥垢底純白乎。懸之齋頭，能俾每賢友人人灼刷，厥垢底純白乎。若猶未能，□如就人本賦靈光，祈天帝嘿醒，使之返約返刷，即以自己心神，爲自修之鑑可也。何必借前脩爲我鑑哉。敬謝其叙。然耶否耶。

著録

徐宗澤《明清間耶穌會士譯著提要》卷二《聖書類》（存目）

策怠警喻 熊士旂

綜述

楊廷筠《策怠警喻引》 南州熊子，久習西賢，如入芝蘭之室，與之俱化；有德有言，多所發明；時作淺語以諧里俗監市之履狶；每下愈況，折楊皇荂市人，驪然而喜，此熊子設喻意也。世俗黯心科名，有同彝好；其間得失之故，辨析最精，故借此爲喻；齊民易解，既聞此恍然。士嘗學問，知理義，身歷場屋，情境親切，獨不瞿然覺，憬然悟，無是理矣。夫進學者始乎鋭，嘗卒乎怠，矧曰怠始，教中罪宗七端，懈惰於爲善居一焉。爲夫懈怠者，萬德俱廢，教中之大痛，七克有策怠篇，以振之。茲欣勤事天主之鞭轡也。熊子先有天教駢述，膾炙人口；茲復熱腸苦口，用以自策，人爲教中學者。緊鞭其後，余題其端曰，策怠警喻，而弁爲之引。

著録

徐宗澤《明清間耶穌會士譯著提要》卷二《聖書類》（存目）

西琴曲意 利瑪竇

綜述

利瑪竇《西琴曲意序》 萬曆二十八年，歲次庚子，竇具贄物赴京師，獻上，間有西洋樂器雅琴一具，視中州異形，撫之有異音。皇上奇

之，因樂師問曰：「其奏必有本國之曲，願聞之。」竇對曰：「夫他曲，旅人罔知，惟習道語數曲，今譯其大意，以大朝文字，敬陳於左。第譯其意，而不能隨其本韻者，方音異也。」

著録

徐宗澤《明清間耶穌會士譯著提要》卷三《真教辨護類》（存目）

交友論 利瑪竇

綜述

利瑪竇《友論引》 竇也自最西航海入中華，仰大明天子之文德，古先王之遺敎，卜室嶺表，星霜亦屢易矣。今年春時，度嶺浮江，抵於金陵，觀上國之光，沾沾自喜，以爲庶幾不負此遊也。遠覽未周，返棹至豫章，停舟南浦，縱目西山，玩奇挹秀，計此地爲至人淵藪也。低回留之不能去，遂捨舟就舍，因而赴見建安王。荷不鄙，許之以長揖，賓序設醴驩甚。王乃移席握手而言曰：「凡有德行之君子，辱臨吾地，未嘗不請而友且敬之。西邦爲道義之邦，願聞其論友道何如。」竇退而從述曩少所聞，輯成友道一帙，敬陳於左。

馮應京《刻交友論序》 西泰子間關入萬里，東遊於中國，爲交友也。其悟交道也深，故其相求也切，相與也篤，而論交道獨詳。嗟夫，友之所繫大矣哉！君臣不得不義，父子不得不親，夫婦不得不別，長幼不得不序，是烏可無交？夫交非汎汎然相讙洽，相施報而已；相比相益，相矯相成，根於其中之不容已，而極於其終之不可解，乃稱爲交。世未有我以面，而友以心者，亦未有我以心，而友以面者。鳥有友聲，人有友生，鳥無僞也，而人容僞乎哉？京不敏，蚤溺鉛槧，未遑負笈求友，壯遊東西南北，乃因王事敦友誼，覩西泰子迢遙山海，以交友爲務，殊有餘愧，爰有味乎其論，而益信東海西海、此心此理同也。付之剞劂，冀觀者知京重交道，勿忍見棄，即顔未承，詞未接，願以神交，如陽燧向日，方諸向月，水火相應以生。京何敢忘德，《交友論》凡百章，藉以爲求友之贄。明萬曆辛丑春，正月人日，盱眙馮應京敬書於楚臬司之明德堂。

瞿汝夔《大西域利公友論序》 昔周家積德累仁，光被四表，以致越裳、肅愼，重譯來獻。周文公讓而不居，曰「正朔不加，未敢臣畜」。於是以賓禮賓之，而《周官》《王會》，著在史冊。自時厥後，漢通漠磧，唐聘海邦，雖亦殊域，並至德感，鮮稱故庭，實則繁而論著罔列。洪惟我大明中天，冠絶百代，神聖繼起，德覆無疆，以致遐方碩德如利公者，慕化來款，匪希聞達，願列編氓，誦聖謨，遵王度，受冠帶，祠春秋，躬守身之行，以踐眞修，申敬事天之旨，以裨正學。即楚材、希憲，未得與利公同日語也。

萬曆己丑，不佞南遊羅浮，因訪司馬節齋劉公，與利公遇於端州。目擊之頃，已灑然異之矣。及司馬公徙公於韶，予適過曹谿，又與公遇於是，從公講象數之學，凡兩年而別。別公六年所，而公益北學中國，抵豫章，撫臺仲鶴陸公留之駐南昌，暇與建安郡王殿下論及友道，著成一編。公舉以示不佞，俾爲一言弁之。予思楛矢白雉，非關名理，而古先哲王猶頒示之，以昭明德；今利公其彌天之資，匪徒來賓，服習聖化，以我華文，譯彼師授，此心此理，若合契符，藉有錄之以備陳風采謠之獻，其爲國之瑞，不更在楛矢白雉百累之上哉。至其論義精粹，中自具足，無俟拈出矣，然於公特百分一耳，或有如房相國融等，爲筆授其性命理數之說，勒成一家，藏之通國，副在名山，使萬世而下有知其解者，未必非昭事上天之準的也。萬曆己亥正月穀旦，友人瞿汝夔序。

陳繼儒《友論小叙》 伸者爲神，屈者爲鬼。君臣父子夫婦兄弟者，莊事者也。人之精神，屈於君臣父子夫婦兄弟，而伸於朋友，如春行花內，風雷行元氣內，四倫非朋友不能彌縫。不意西海人利先生乃見此。利先生精於天地人三才圖，其學惟事天主爲敎，凡震旦浮屠老子之學，勿道也。夫天孰能舍人哉？人則朋友其最耦也。檇李朱銘常，於交道有古人風，刻此書，眞可補朱穆、劉孝標之未備。吾曹宜各置一通於座隅，以告

世之烏合之交者。仲醇陳繼儒題。

朱廷策《**友論題詞**》　蓋自陳、雷蔑聞，而公叔絶交，始有激論。以予所睹，利山人集友之益大哉，胡言絶也？班荆傾蓋結帶之歡，詎惟是昔人有之？管、鮑、慶、廉，迄於今日，此誼故多烈云。少陵詩曰：「翻手作雲覆手雨，紛紛輕薄何須數。」殆即伐木乾餱之刺，用以示誡則可，倘執五交三釁，而概謂四道，終不可幾於世也。當不其然？丁未新秋日，朱廷策銘常父，題於寶書閣。

著録

《四庫全書總目・子部雜家類存目二・交友論一卷兩江總督採進本》

明利瑪竇撰，萬曆己亥利瑪竇遊南昌，與建安王論友道，因著是編以獻。其言不甚荒悖，然多爲利害而言，醇駁參半。如云友者過譽之害，大於仇者過訾之害，此中理者也。又云多有密友，便無密友，此洞悉物情者也。至云視其人之友如林，則知其德之盛。視其人之友落落如晨星，則知其德之薄。是導天下以濫交矣。又云二人爲友，不應一富一貧，是止知有通財之義，而不知古禮惟小功同財，不概諸朋友。一相友而即同財，是使富者愛無差等，而貧者且以利合，又豈中庸之道乎。王肎堂《鬱岡齋筆麈》曰，利君遺余《交友論》一編，有味哉，其言之也。使其素熟於中土語言文字，當不止是。乃稍删潤著於篇，則此書爲肎堂所點竄矣。

二十五言 利瑪竇

綜述

馮應京《**二十五言序**》　太上忘言，其次立言，言非爲知者設也。人生而蒙，非言莫覺，故天不言，而世生賢哲以覺之。兹《二十五言》，實本天數，大西國利先生作也。

夫大西於中土，不遼絶乎？唯是學專事天，見爲總總天民罔不交相利濟也者，阽危則拯以力，迷惑則救以言，非力所及，聊因言寄愛焉，故不厭諄諄也。凡人之情，厭飫常餐，則尋珍錯於山海，亦秖以異耳。先生載此道腴，梯航而來，以惠我中國，如龍臠鳳嘴，無所希覯，要以陳得失之林，使衆著於性之不可虧，而欲之不可肆，則所關於民用，固甚鉅已。於戲，立言難，聽言不易，中國聖人之訓夥矣，然餔糟者見譏於輪人，挼藻者或方之優孟，則今對證而發藥，烏可以已？儻誦斯言者，穆然動深長之思，一切重内輕外，以上達於天德，則不必起游、夏於九原，而尼父覺人之志以續。其視蘭臺四十二章，孰可尊用，當必有能辨之者。京既受而卒業，幸禆涼德，乃付殺青，公之吾黨，無寧使人謂我金木方訊，獨藉此免内刑，且聽道説途於震修無當也。惟是匯流西海，不隱仁人之賜，俾共戴此天者，曙所嚮往，則知言君子，將亦有契於予心。萬曆甲辰歲，夏五月，穀旦，盱眙馮應京書。

徐光啓《**跋二十五言**》　昔遊嶺嵩，則嘗瞻仰天主像設，蓋從歐邏巴海舶來也。已見趙中丞、吴銓部前後所勒輿圖，乃知有利先生焉。間邂逅留都，略偕之語，竊以爲此海内博物通達君子矣。亡何，賫貢入燕，居禮賓之館，月急大官飱餼，自是四方人士無不知有利先生者，諸博雅名流亦無不延頸願望見焉。稍聞其緒言餘論，即又無不心悦志滿，以爲得所未有。而余亦以間遊從請益，獲聞大旨也，則余向所歎服者，是乃糟粕煨燼，又是乃糟粕煨燼中萬分之一耳。

蓋其學無所不闚，而其大者以歸誠上帝，乾乾昭事爲宗，朝夕瞬息亡一念不在此。諸凡情感誘慕，即無論不涉其躬，不挂其口，亦絶不萌諸其心，務期掃除凈潔，以求所謂體受歸全者。閒嘗反覆送難，以至雜語燕譚，百千萬言中求一語不合忠孝大指，求一語無益於人心世道者，竟不可得。蓋是其書傳中所無有，而教法中所大誡也。

啓生平善疑，至是若披雲然，了無可疑；時亦能作解，至是若遊溟然，了亡可解；乃始服膺請事焉。閒請其所譯書數種，受而卒業。其從國中攜來諸經書盈篋，未及譯，不可得讀也。自來京師，論著復少。此《二十五言》，成於留都。今年夏，楚憲馮先生請以付梨棗，傳之其人。是亦

所謂萬分之一也，然大義可睹矣。

余更請之曰：「先生所攜經書中，微言妙義，海涵地負，誠得同志數輩，相共傳譯，使人人飫聞至論，獲厥原本，且得竊其緒餘，以裨益民用，斯亦千古大快也，豈有意乎？」答曰：「唯，然無俟子言之。向自西來，涉海八萬里，修途所經，無慮數百國，若行枳棘中，比至中華，獲瞻仁義禮樂、聲明文物之盛，如復撥雲霧見青天焉。時從諸名公遊，與之語，無不相許可者，吾以是信道之不孤也。翻譯經義，今茲未遑，子姑待之耳。」余竊韙其言。

嗚呼，在昔帝世，有鳳有皇，巢閣儀庭，世世珍之。今茲盛際，乃有博大眞人，覽我德輝，至止於庭，爲我羽儀，其爲世珍，不亦弘乎？提扶歸昌，音聲激揚以贊，贊我文明之休，日可俟哉，日可俟哉。萬曆甲辰，長至日，後學雲間徐光啓撰。

著録

《四庫全書總目・子部雜家類存目二・二十五言一卷浙江巡撫採進本》 明利瑪竇撰。西洋人之入中國自利瑪竇始。西洋敎法傳中國亦自此二十五條始。大旨多剽竊釋氏，而文詞尤拙。蓋西方之教惟有佛書。歐邏巴人取其意而變幻之，猶未能甚離其本。厥後既入中國，習見儒書，則因緣假借以文其說。乃漸至蔓衍支離，不可究詰，自以爲超出三教上矣。附存其目，庶可知彼教之初，所見不過如是也。

五十言餘 艾儒略

綜述

張賡《題五十言餘》 西泰利先生初以《二十五言》行射覆者，云天數二十有五也。今思及艾先生復有《五十言餘》，因而重之也，又謂愼言其余也。天何言哉。述天上事，行上天功，何必言。吾謂《五十言餘》可無，併《二十五言》亦可無也。夫不善讀者，言言皆忘。善讀者，言言亦皆若忘。忘也者，言當前茫然不行也，若忘也者。神在行，默而化於言也。如是，而艾先生題曰言餘，寔點化人以言外之意乎。故先生西來著書，凡數萬言，總而歸之無言，惟一天主。

著録

徐宗澤《明清間耶穌會士譯著提要》卷八《格言類》（存目）

譬學 高一志

綜述

高一志《譬學自引》 人雖萬物之靈哉，不若天神，不煩推測，洞徹物理也。則必由顯推隱，以所已曉，測所未曉。從其然，漸知其所以然，此格致之學也。夫明隱之道多端，設譬居一焉。故聖賢經典無不取譬，雖夫婦之愚，皆可令明所不明也。且此譬法，非特使理之暗者明，又使辭之直者文，弱者力。凡欲稱揚美功，貶刺惡德，啓愚訓善，策怠約狂者，可以巽悅其耳，深入其心。正如俗傳點化之術，以鉄爲金。又如珍寶嵌物，俾增美好焉。古今書籍汗牛充棟，皆具美譬之資，即天文地理，山峙水流，空際萬衆，四行乖和，卉花之鮮美，羽禽走獸之異性奇情，無不可借以爲譬。而善用譬者，又須先明諸物之性，否則，譬或不切，而旨愈晦。故人之深於物理者，其取譬無曲不伸，無隱不燦，無高不至，無理不通，無論不效，無學不著也。余欲以譬學爲同志者商，而九章叚子適以爲請，遂畧舉吾土古賢譬語，而以用譬之規弁其首。

譬者，借此物顯明之理，以明他物隱暗之理也。故譬心兼兩端，其一已明而取以明所未明，是謂所取之端。其一未明而由他端以明，是謂所求之端。如云德照心，目照身。目照身之理，顯於德照心之理。故此由彼明也。若所取之理不明不切，終不能致明他端矣。又宜兩端相類相稱，如人德本高明也，即以高明者譬之。若云太陽一照，黑霧即渙，而萬象皆明。實德一立，私欲即退，而諸善復生。人惡本慘毒也，即用慘毒者譬之。若云凡值蛇獸之毒者，必驚而亟求醫矣。乃遭邪惡之害，不勤而求醫何哉。

譬非特欲類其物，又欲稱其人。與士言，必取關於學者譬之。與農言，必取關於農者譬之。與君言，必取關於國政者譬之。又必視其人之賢愚善惡，而因其才，順其勢，譬乃有功。

譬之文，欲約而不冗，雅而不俗，明而不暗。冗致人厭，俗致人鄙，暗則致理之晦也。又宜多變，不拘一格，而後免板腐之誚。

譬法甚廣，有明者，有隱者，有曲者，有直者，有單者，有重者，有解者，有無解者，有對而相反者，有無對而叠合爲一者。

明譬者，不待言而自顯。如云舟師順風而引其路，智士順時而治其職。若云，爾既居仕矣，奚不順風而行乎。此乃隱指居仕者，欲盡其職，必須法舟師順時之智也。

直譬者，直言此物即彼物也。曲譬者，反言此物非彼物也。假如目在身，正如日在天，此直譬也。施學非如施財之易盡也，此曲譬也。若云施學非如施財之易盡也，如施光至於無窮，非特不損，尚增長而加明，此譬乃愈曲而愈明矣。又云，君子如太陽一照即惠萬衆，此直譬也。而未悉若云，太陽一射其光，致育萬品，君子一設其敎，必治萬民。此譬則絜其兩端，理因相類而明也。倘又云，君子之敎，非如一七之味不足饜衆，此曲譬也。直言君子所非，而曲指君子所是也。直譬之間，又有詳約之殊。若云凡計喪其國以致幷喪其家，非甚愚者哉。此直說也，不文不力。即立譬云，凡圖沉淪其所居之國，以致其身家幷沉淪者，不甚愚哉。此藉海舟爲譬，未悉也。即復詳云，人圖鑿其所乘之舟，以至幷沉其身者，愚之至也。人圖喪其所居之國，以致幷喪其家，其愚如之何哉。

單譬惟設彼此兩端而譬之也，重者多設其端，或叠譬與一對焉。假如智居於心，正如君居於國也，乃單譬也。若云智於人心，如君於國，如師於舟，如御於車。或云，生各有所爲，馬以騎，牛以耕，鳥以飛，而人以明以行，皆重譬也。

重譬之法，又有多種。一譬二端，各端又兼二相反之端。假云狹口之器，斟以衆液，必不能容，反致旁流矣。漸而斟之，即無不容，以至於實。童幼之資，誨以深理，必不能解，反負師敎矣。淺以誨之，即無不解，以至於成。

譬法之中，多言二端相類，而不陳其所以然，又有陳其所以然者。若云，迷色者正如重病者，俱不喜聞忠言，此則二端會於一理，所以相類而譬也。又有陳各端之所以然者。若云，俗人正如羊羣，羊之同行者，一先而衆後從之，而人執其前行之俗，不復察審其宜否。又云，仁士譬之羊焉，羊也者，以毳，以乳，以肉，以革益物，而仁者以言以行，近遠生死，無不益於世。又欲詳晰一仕之貪，損奪民財，即立譬云，是仕非民之父母也，乃天火耳，隨至毀損，而貽人以禍。倘欲更詳其端，譬其所以然，又云，航海者回鄉，凡值相識者入海，無不以已經之險示之，使預防而戒愼也。蓋人之同業同志者，無不欲相保全也。余曾忝仕籍之末，旣經夫政之多險，可不盡忠以告同事同志者耶。

重譬之法，又有詳悉所以然者。若云，知古，太西國草名，食之無不死者，惟浸以蒲萄汁，可以解毒。倘和蒲萄汁飲之，其毒更甚。諂諛者無異是也，阿諛之毒能害人，直責之，似可解釋。若又藉直責之忠情，而復潛藏其諛毒，其害不更甚哉。

重譬之，則其數可至無窮焉。玆設一條，以例其餘。如云，時日如珍玉，不可不惜也。此譬明直，若復加文加詳，即云物之彌貴者，人存之彌固，用之彌謹，時之爲至寶也，可怠於守而侈於用乎。或有委棄其珍玉者，人知非之，至靡棄光陰之重資，反無非之者，何也。且爾以失時爲何失哉，即生命之失也。夫人之命，非萬珍可比，乃人於珍玉微玷，猶知惜之。於爾命之虧，反不哀耶。況珍玉一失，猶可再得。時日之失，無法可追，無寶可補矣。玉珍之失，多爲他人所得，是雖於爾有損，尚於人有益也。若時之失，獨於爾有損，於人無益。況珍玉已失，能杜人驕侈之端，有益爾之躬脩。而時之失，非特無益，尚絕其脩之路也。珍玉雖固守之，猶慮爲火所燼，爲水所漂，爲盜所掠，然而燼之，漂之，掠之，爾不任其

咎也。若時之寶，無力可奪，無勢可強，而妄棄之，爾之罪矣。蓋珍玉之失，由於外，爾之所不得主也。時日之失，由於內，爾之所不得諉也。且珍玉可以易田地居室，不可以售善心美德。惟時之善用，可以積美學，立誠德，樹不朽之名，成無限之功，則時之益，愈大且廣，其失咎愈重且深矣。彼委棄其珍玉者，或無明律嚴司審之究之，若廢時之咎，必有嚴主審而究治之，乃可不兢兢於寸晷之惜乎。此一譬兼包各品之譬，尚可詳闡任意。但反覆叮嚀之際，戒同文同理重見再出，如此則反致厭咲，雖多奚爲也。

韓霖《譬學序》 譬者何，以彼喻此也。神有三司，明悟居一。理有不可遽達者，必以所知，喻所未知焉。昔有不知彈者，曰彈之狀如何。應曰，彈之狀如彈。未喻也。則更應之曰，彈之狀如弓，而以竹爲弦。問麟何類乎。曰，如麟。問者曰，我見麟，不問子矣。則又曰，麟，麕身牛尾，鹿蹄馬背。問者乃解。此劉彥和所謂物雖胡越，合則肝膽者也。西極高先生，來章亥不到之地，讀《嫏環》未見之書，以筆墨作津梁，垂老不倦。玆復仰觀俯察，觸類引伸，作《譬學》二卷，縮遠而近，化腐而新，粲然如貫珠之聯以澤也，冲然如醇醪之多且旨也，穆然如清風之襲人，濛然如細雨之入土也。使人眩目醉心，淪肌洽髓，慝日修，善日進，而不知其所以然也。能博喻，然後能爲師，先生之謂夫。昔高坐道人不作漢語，安知非巧於藏拙，若寓言十九，非不縱横跌宕，儒者不道也。雖然，悟之則在人矣。不然，叩槃捫燭，有如盲瞽。甜蜜相說，豈知舌根自有味哉，是書也，吾師徐玄扈先生潤色焉，而不佞與九章叚子有較讐之勞。吾宗銕漢捐青氊之俸以既匠氏，皆不可以不紀也。崇禎癸酉日長至寓菴居士韓霖題。

齊家西學 高一志

著録

徐宗澤《明清間耶穌會士譯著提要・補遺》（存目）

童幼教育 高一志

綜述

韓霖《童幼教育序》 西儒高則聖先生居東雍八年所著天學之書以十數，其厄弟加之學，譯言修齊治平者，爲斐祿所費亞之第五支，童幼教育，又齊家中之一支也。稿成，先生俾余同九章段子訂付剞劂，工竣，僭爲序曰：此非獨童幼書也，修齊平盡在是矣。粤惟西儒之學，與吾儒同；古之教者，家有塾，黨有庠，術有序，國有學，妊子有胎教，生子擇於保母，與可者而師之，自能食能言，至出外就傅，其教誨之序，節目之詳，若戴記弟子職諸書，斑斑可考。當時治隆風美，率是道也。聖人不作，而小學之書亦不傳，秦用申韓，漢宗黄老，晉尚清談，唐取詞賦，古人教育之方，邈不復睹矣。趙宋濂洛諸儒，毅然復古，朱晦翁蒐輯經傳爲小學補亡，三代以來，空谷足音。今人父師之教，止於爲文，取科第，八股鮮華，一生溫飽，小學之書，皓首未見，況肯從西極之人，爲空同之問哉。先生之言，于晦翁之書，亦多符合，但其摛好辭於重舌，探藏理於終古，匪獨後生之模範，蓋亦前覺之功臣矣。而敬畏天主，尤西來第一宗旨，晦翁敬身之篇，尚隔一層。許文正公曰：小學之書，吾信之如神明，敬之如父母，余於先生此書，欲自朝廷儲訓，以至閭巷蒙求，莫不以爲蓍蔡，爲師保，三十年後，可致太平，雖謂此書爲厄弟加之全書可也。

著録

徐宗澤《明清間耶穌會士譯著提要》卷四《神哲學類》（存目）

睡答畫答 畢方濟

綜　述

李之藻《睡畫二答引》 人自有生迄沒齒，自省皆是一夢；他人從旁看之，則皆一畫；從古人至今人，皆夢皆畫也；則從小事至大事，從一事至億萬事，愉悲妬戀，得喪死生，以至征誅揖讓，無不夢，無不畫也。夢無留迹，畫有留迹，而迹虛非實；試夢中說夢，畫後評畫，夢從何起，從何滅，何以不自覺，不自主，鑄鼎象物，辨神奸，垂法戒。既以身入畫矣，當作檮杌垂戒畫抑，作聖喆垂範畫。夫夢緣習生，人不夢推車入鼠穴，非所習也；根性本超，合眼栩栩，機神已逗，醒來，秋駕師傳情就熟，生寤不自主，何況於夢。所以練性忘情，以寤寐卜所學之淺深也。若乃舉心動念，便妨描畫，有人十目十手，倍益警策，方且視潛伏爲龍見雷聲，誰甘備諸醜於蠅營狗苟，此今梁子睡畫二答之旨；觕論則隨事省克，精論則通晝夜爲大覺，徹宇宙爲繪觀，無非道，無非學也。如以睡與畫而已矣，則蕉鹿柯蟻，世方長迷不醒，提喚實難，而辯士舌，文士筆，盈耳充棟，絕勝丹青之用，不聞矇瞍有省，奚以之解衣盤礴，而咀黑甜之味爲。崇禎己巳日在斗李之藻書於廣陵舟中。

著　録

徐宗澤《明清間耶穌會士譯著提要》卷八《格言類》（存目）

逑友篇 衛匡國

綜　述

衛匡國《逑友篇小引》 昔西泰利先生緝《交友論》，第與建安王言，少時所聞，未盡友義之深之博也。是篇之述，予雖盡力竭知，敢自謂於友義足盡哉。緣旅人自西海觀光上國，他無所望，惟朝夕虔祝，願入友籍者，咸認一至尊眞主，爲我輩大父母，翼翼昭事，爲他日究竟安止之地，此九萬里東來本意也。今既得上國諸君子締交，旅人所願，勿爲假友，共作眞朋。故始終述逑友之道，雖遠離故土之友，此情自不能忘。因始陳實友之所以然，眞交之本，後指與朋友晤聚之美事。但乍習華言，語難達意，惟願讀者，取其意，略其詞。縱詞不文，而所命之意，必不爲不善。故切懇名賢取其義，爲將仆之援。舛錯之正，不事虛言爲勸。惟期共學，謀友之忠寔，以成美俗。俾凡友者，就其所善，避其所不善，相勸相勵，脫疵覓益，則耿耿鄙衷，庶得慊也。或曰與朋友數，恐或斯疏，不知此不可懼也。蓋婉導友以善而不納，則其初認友不眞，既爲吾眞友，倘彼行不端，則吾規不止，何憚於數哉。若曰，略責之，遂足竟友情，此失交友之眞義矣。故言雖樸陋，特覓善篤說，欲覽者采意以成眞交之本。否則，交天下滿，奚其益哉。故能識眞交之本者，於天國近。

張安茂《逑友篇序》 夫五倫之四皆本乎天，獨朋友則本乎人。本乎天者以學問終之，本乎人者以學問始之。然則不學未可以論友，而閱友正所以明學也。易曰：二人同心，其利斷金。同心之言，其臭如蘭。又曰：上下交而其志同。毛詩嚶鳴之喻亦云：相彼鳥矣，猶求友聲。矧伊人兮，不求友，生則所以周全乎。君臣父子與夫婦昆弟之道者，惟友也。得友而四倫以正，失友而四倫以乖。故五倫之有友，猶星辰之有經緯，素質之有綵繪。名由之成，事由之立，所係不綦重哉。慨自虢服誼衰，釁彰蘇暴，藏戈矛於晏咲，深谿葬於行藏。勢在則趨若附羶，利聚則軌如餓蚋。及乎

患難在前，死喪觸目，求所爲脱驂解綈者無有也，求所爲守疾赴喪者無有也。甚而臨淵下石，乃把臂聯袂之人。市虎成疑，正三物屢盟之輩。嗟乎，此豈友之爲害若是，實乃誤於友者之自害也。夫士有共死生，同利害之交，而後可以行我之忠孝節義。有盡忠告相砥礪之交，而後可以成我之美德令名。如其泛泛相遇，面友非心，則寧有裂裳裹足，側身塵外，爲未嫁之女，爲不售之玉。退而掩户讀書，濯磨我心，如明鏡無塵，妍媸立辨，以庶幾其一遇可乎。濟泰衛先生爲泰西大儒，越十萬里來賓，所至車騎歡迎，非有感慨於世。而所著逑友一編，則曲立善交之方，克盡物情之變，其言足以垂訓善俗，爲世楷模，自王侯士庶當無不備之爲箴銘，吾所謂以學問始之者。亦惟此書作白圭之復，絕韋不倦。已受而讀之，敬爲之序。

徐爾覺《逑友篇序》 今夫上主之理，不過欲人相勗爲善，其責莫近於朋友，故友居五倫之一，後世存置勿論。自《廣絕交》出，遂視友如寇讎，是五倫失其一也。然黨錮興而爭殺，門户起而敗亡，則友之爲害也實甚。凡此皆失其逑友之道，故流患遺毒至是。濟泰衛先生九萬里航洋來茲中土，甚樂與賢人君子爲友。故必須同志者，相爲感應，相爲氣求，庶幾可以廣其益，一其理也。交道曷可不講乎。雖中國名賢上士，博物洽聞，握瑜懷瑾者，不乏其人。倘或巧媚者多，精實者寡，其道在於擇交，不在於泛交，爲作《逑友篇》。中間條分縷析，反覆辯難，皆中國古來聖賢未嘗闡發者。天下學人，果能共勸遵率，身體而力行之，君父賴而天下治，臣子賴而身家寧。有益無損，何必廣絕交哉。宣尼贊晏子曰，善與人交，久而敬之。敬與逑相爲協輔，其中微情奧義，非淺鮮也。何者，敬爲逑後之事，功力皆在於先。未得友，則宜逑。既得友則宜敬。敬者，敬眞友，敬善友，敬益友，非敬僞友，敬惡友，敬損友之謂也。辨別甚難，可槩爲敬哉。今人尚勢利，角憎競，酬饋飲，餙虛譽，非此則交誼日淺。然諸日欵，則逑之之道，不可世世言也。先生則不然，先生大德大智，從顯析微。心靜如鏡，情平如衡，靜則妍蚩悉見，平則取擇靡私。以愛人如己之念逑友，則蘭室長馨，鮑肆日化。讀是編者，皆移其夙志，永合不忤。忠者逑忠，信者逑信，相愛不懼。順理逑義，毋謗毋妒，不怒不疑，比屋皆然，盡人皆是，俗成美俗，里成仁里，前所云君父賴之而天下治，臣子賴之而身家寧者，先生造福於世不小矣，何有黨錮門户之患哉。世上多義友，天子得良臣，豈無裨於平天下之道乎，又豈無裨於上主勗善之理乎。今先生逝矣。是編其萬古不朽與。洪師見示，余爲作序。順治十八年辛丑季夏十日盥手書。

祝石《逑友篇敘》 丁亥五月，衛濟泰先生過玲巖，時山樓坐雨也。言及交友論，先生曰：不此止。因日授數百言，或數十言，間撫手吁曰：妙理，惜無言，字莫形。復沉思久久，顧石曰：且爾，因復授訖，日計五矣。自先生言出，而益知友之不可少也。不可少之故，爲益己之身神。夫泛泛以逑，損者覺益，復著損者等何，等何損益昭，而逑之之道，人樂遵且知人世事勢所極，情因以必有，析以理所不可不然，不得不然，不可不然者，宜也。宜者，上主所定之公性也。不得不然者，愛也。愛者，上主所賦之仁性也。宜也，愛也，故人樂遵也。先生偉儀修體，而神明慈煒，望之猶天神，所謂至人也。願讀是篇者，惟求理之非是，勿以傲睨橫衷。理是，則益身神。益者何，修德。明修德，自能事上帝。

著録

徐宗澤《明清間耶穌會士譯著提要》卷八《格言類》 （存目）

畸人十篇 利瑪竇

綜述

李之藻《畸人十篇序》 西泰子浮槎九萬里而來，所歷沉沙狂颶，與夫啖人、略人之國，不知幾許，而不菑不害，孜孜求友，酬應頗繁，一介不取，又不致乏絕。始不肖以爲異人也。睹其不婚不宦，寡言飭行，日惟是潛心修德，以昭事乎上主，以爲是獨行人也。復徐叩之，其持議崇正闢

邪，居恆手不釋卷，經目能逆順誦，精及性命，博及象緯輿地，旁及句股算術，有中國儒先累世發明未晰者，而悉倒囊究數一二，則以爲博聞有道術之人。迄今近十年，而所習之益深，所稱妄言妄行妄念之戒，消融都淨，而所修和天和人和己之德，純粹益精。意期善世，而行絕畛畦，語無擊排，不知者莫測其倪，而知者相悅以解。閒商以事，往往如其言則當，不如其言則悔，而後識其爲至人也。

至人侔於天，不異於人。乃西泰子近所著書十篇，與《天主實義》相近，以行於世，顧自命曰「畸人」。其言關切人道，大約淡泊以明志，行德以俟命，謹言苦志以禔身，絕欲廣愛以通乎天載，雖強半先聖賢所已言，而警喻博證，令人讀之而迷者醒，貪者廉，傲者謙，妒者仁，悍者悌。至於常念死候，引善防惡，以祈佑於天主，一唱三歎，尤爲砭世至論，何畸之與有？蓋嘗悲夫死之必於不免，且不能以遲速料也，上主之臨汝而不可貳也，獲罪於天莫之禱也，惡人齋戒之可以事主也，童而習之，智愚共識，然而迷謬本原，怠忽秖事，年富力強而無志迅奮，鐘鳴漏盡而尚諱改圖者衆也。非譚玄以罔生，即佞佛爲超死，死可超，生可罔，世有是哉？人心之病愈劇，而救心之藥不得不瞑眩。瞑眩適於德，猶是膏粱之適於口也。有知十篇之於德適也，不畸也耶？萬曆戊申歲日在箕，虎林李之藻盥手謹序。

周炳謨《重刻畸人十篇引》 余遊於利先生，習其人，蓋庶乎古所稱至人也，而名其與諸公問答之語曰畸人。余讀之，求所爲畸人者何在。其大者在不怖死。其不怖死何也？信以天也。至其自信以天，又非矯誣於冥冥也。曰：天所佑者，善耳。吾善乏，蘄有善焉；吾善細，蘄大善焉。密之念念刻刻，用以克厭天心者，求食天報，而去來之際自無弗灑然也。夫世之芒於死生者，驟聞若說，有不駭以爲吊詭者耶？即謂之「畸人」，宜也。

抑余考載籍所稱天主、天堂、地獄諸論，二氏書多有之。然其言若河漢，欛柄莫執，而西庠之傳不然。其指玄，其功實，本天之宗與吾聖學爲近。第聖學言現在，不言未來。故曰：「未知生，焉知死？」蓋藏隱於顯，先民於神也。至其獨參獨證，而指點於朝聞夕死之可，則所謂性與天道，中人不可得聞矣。乃彼中師傳曹習，終日言而不離乎是，何也？大抵吾儒之學主於責成賢哲，以故御天之聖首出庶物，而立命之笑亦無貳於殀壽之數，彼百姓特日用不知耳。而西庠之學兼於化誨凡愚，是以其教之行能使家喻戶曉，人人修事天之節，而不及參贊一截事。此則同而不同者也。雖然，吾華誦說聖言者不少矣，利害得失臨之而能不動者幾人？況生死乎？童而習焉，白首而莫知體勘者，衆耳。今試取茲篇讀之，耳目一新，神理畢現。直指處何寤弗醒，反覆處何結弗破？不令人爽然自失，而竦然若上帝之臨汝耶？則茲刻之裨世道非小也。

客有問於余曰：「如子言，西學其遂大行於吾土耶？」應之曰：「是未可知也。乃余嘗讀《墨子・天志》諸篇矣。其道在尊天、事鬼、兼利天下而不蓄私，每篇之中於天意三致意焉。雖出於道家，多附會，較《畸人十篇》精麤殊，科然大指可睹矣。夫墨子者，固周漢間與孔氏並稱者也。吾以知茲刻之行於華，與天壤並矣。」客曰：「然。」遂併書之，以復於利先生云。

又《畸人十篇跋》 或問畸人之言天堂、地獄也，於傳有諸？曰：未之睹也。雖然，其說辯矣。

顏貧夭，跖富壽，令不天堂，不地獄也，而可哉？大德受命，受命而德施彌溥，報以蒼梧伐木削跡之身。兩楹奠而素王終，即血食萬世，浪得身後榮，聖人不起而享也。報在子孫乎？丹朱傲，外丙、仲壬殤，伯邑考醢，奚報焉！惟是衍聖之爵延世，顧易世而子孫之面目、名號、賢愚，悉不可知，以代聖人受賞，此足以厚聖人乎？不天堂，又不可也。或曰：秦燄酷而其義不存。是一說也。

顧西泰子所稱引經傳非一，固可繹也。然則與瞿曇氏奚異？而云儒曰彼所謂寶玉大弓之竊，西泰子別有辯也。經術所未睹，理所必有，拘儒疑焉，今瞿曇氏竊焉，又支誕其說以惑世，而西泰子孑身入中國，奪而歸之吾儒，以佐殘闕，而振聾瞶，不顧詹詹者之疑且訕。其論必傳不朽，其原則刱非常，是以自謂「畸人」。

王家植《題畸人十篇小引》 木仲子因徐子而見利子。利子者，大西國人也，多鬚寡言，持其國二十經者甚力。間以語聽者，不解，利子乃爲《天主實義》以著其凡；能聽者解矣。利子乃爲《畸人十篇》以析其義。木仲子終其業，而深嘆利子之異也。

西國去中州十萬里，有天有地而不能相通，通之自利子始。利子經國

都以百數，獨喜中州。其航海也，蛟龍獷鬼之區，諸啖膾人類者不少。利子從枕席井竈上過之，去身毒爲最近，獨深闢其教所習，爲崇善重倫事天語，往往不詭於堯舜周孔大指。每過一國都，輒習其國都，入中州，即習其語言、文字、經史、聲韻之詳，不少乖盭。且不難變其俗，而從中州冠履之便。爲利子者，有八難世俗所服，爲能離遠，能杜慾者不與焉。木仲子終其策而深嘆利子之異也。

噫，世無二理，人無二心，事無二善，仰無二天，天無二主，謂利子之異爲吾人之常，豈不可乎？即木仲子所演《十規》，木仲子之心也，利子之心也，人人之心也，亦天主之心也。即世無利子，利子之道固行矣。彼顯處視月，牖中窺日，存乎其人，何與利子？請不以世代之古今，道路之遠近，幽明之隔閡障之。

汪汝淳《畸人十篇跋》 利先生有《天主實義》行於世，淳既爲板而傳之矣，復有《畸人十篇》，蓋述其與縉紳士人答問之語。淳得而讀之，則皆身心修證之微言，其間釋疑辨惑，罕譬而喻，較之《實義》爲更切。今世學士，務爲恢奇，習聖賢之言，往往取道於嵩嶺，豈眞有所證合哉？闍托微燐，徒立義以救饑耳。利先生從西域來，推天主之教，以羽翼聖眞，此豈有所畸於人？而曰「畸人」，何居？莊子曰，畸人者，畸於人而侔於天。惟今人自畸於天而侔於人，此利先生所以畸於人而侔於天也。萬曆辛亥仲春日，新都汪汝淳跋。

虞淳熙《畸人十篇序》 睹子曰：往余爲郎職方，職夤紘無所不屆。已遷主客，古典屬國，授諸屬國館寄象鞮譯隸焉。廼察方言，考辨機法顯西域傳記，可稽者百三十九國。祠天而擯釋，如恭御陀擲枳尼迦摩縷波者，僅國十七，今竝不至。至者若利西泰，故歐邏巴人，傳記所不載，無考也。西泰始入中國，喜論交，偏交中國士，士以此附之。馮司成，何使君爲余言，西泰蓋此方張平子之流云。已翁太守來授所著書《畸人十篇》，使讀。讀之，再乙而偏曰：此不乃西極化人耶。令吾魯先師在，不乃稱西方聖人之徒，樂與進耶。夫畸，於人之謂天人貌，而天之謂聖。其睿通明，其言巧辨，誾誾亹亹殷殷偲偲，比物曲喻，禔衍有格。宗我經，核我史，蒐漁我百氏，而事我之事。我之事者，天也。陶匏繭栗，我事以質，而彼以華。下則象設備，上則堂皇麗煒然，華矣。顧存心養性，非所宗也，是以天爲心性，父也。異我國之昭事也。一朝一夕，一仰一俯，一念一事，天之券左，吾之券右，兩置而兩合者，其事儀也。合漠則美報，報以升堂。不合則墊而入於所謂獄者。其爲慘毒，無論去墠趨鬼，蔭野土矣。堂獄之齡隸首莫算，輪迴之談，迦文虛紀。以若言也，牖華人有不毛伐髓，索途西邁，冀入門者歟。時所畸者，所不畸者也。將西泰子日澡月祓，齋戒沐浴，爲我國先引而置帝左右，羹牆姬文，輔翼三后矣。詎不孅哉。是故睹子讀而屢嘆之也，嘆其孅也。雖然我國先師嘗誨我以事天之經矣，存心養性，內視昭昭，不仰觀也。無聲無臭，獨覩獨聞，貫於一貫。釋茲兩券不靳合也。惟心性之爲太極，而太極之生上帝，我範我圍，天且弗違。西泰子將無駴其高玄，迷其元朔，遺聽瑩緘口輔乎。今夫存心養性而不營報者，其中闃虛，虛則前識，命之曰神，位超睿聖之上，心官覊於福祥，藏往知來之府窒焉。斯言也，睹子所畸於西泰子者也。乃所不畸則有之，貿彼之語，易我之嘿，取益恆於斯。我國日之升也，春之陽也，生道也。滋生者，敷澤遠西域。月之出也，秋之陰也，死道也。候死者，歸源速歸歟。歸歟潛神復命，爰反帝鄉，洵我國之益友歟。若乃夫南樂回曆，象胥之所鼓，保章之所挈即禮，厚於獻琛，均非華夏之乏也，請得神交西泰，各操東西之券。安所稱畸哉，安所稱畸哉。

著　録

《四庫全書總目・子部雜家類存目二・畸人十篇二卷附西琴曲意一卷》 **兩江總督採進本** 明利瑪竇撰，是書成於萬曆戊申，凡十篇，皆設爲問答以申彼教之說。一謂人壽既過，誤猶爲有。二謂人於今世惟僑寓耳。三謂常念死候，利行爲祥。四謂常念死候，備死後審。五謂君子希言而欲無言。六謂齋素正旨非由戒殺。七謂自省自責，無爲爲尤。八謂善惡之報在身之後。九謂妄詢未來，自速身凶。十謂富而貪吝，苦於貧窶。其言宏肆博辨，頗足動聽。大抵掇釋氏生死無常，罪福不爽之說，而不取其輪迴，戒殺，不娶之說，以附會於儒理，使人猝不可攻，較所作《天主實義》純

涉支離荒誕者，立說較巧。以佛書比之，《天主實義》猶其禮懺，此則猶其談禪也。末附《西琴曲義》八章，乃萬曆庚子利瑪竇覲京師所獻。皆譯以華言，非其本旨，惟曲意僅存，以其旨與十論相發明，故附錄書末焉。

藝文

張瑞圖《贈西泰艾思及先生詩》 昔我遊京師，曾逢西泰氏，貽我十篇書，名篇畸人以。我時方少年，未省究生死，徒作文字看，有似風過耳。及茲既老大，頗知惜餘齒，學問無所成，深悲年月駛。取書再三讀，低徊抽厥旨，始知十篇中，篇篇皆妙理。九原不可作，勝友迺嗣起，著書相羽翼，河源互原委。孟氏言事天，孔聖言克己，誰謂子異邦，立言乃一揆。方域豈足論，心理同者是，詩禮發塚儒，操戈出弟子。口誦聖賢言，心營錐刀鄙，門牆堂奧間，咫尺千萬里。

具揭 龐迪我 熊三拔

著錄

徐宗澤《明清間耶穌會士譯著提要》卷五《教史類》（存目）

三山論學記 艾儒略

綜述

蘇茂相《三山論學記序》 《三山論學記》者，泰西艾子與福唐葉相國，辨究天主造天地萬物之學也。夫天地萬物，自必有所以造之者。窮無窮，極無極，其所以造之者，天主是也。然艾子以天主爲降生救人，而天堂地獄實爲天主賞罰之具。蓋其國歷來尊信，教法如此。相國之往復辨難，不啻數千百［言］，微艾子之墨守，曷敵輪攻；然微相國之塵屑霏霏，則艾子之能不疲於屢照者，其明鏡孰從而發之。不佞以爲諸葛武侯讀書，觀其大意。如艾子所論尊崇天主，欲人遵行教戒，返勘吾身從何而生，吾性從何而賦；今日作何服事，他日作何歸復，眞眞實實，及時勉圖，如人子之起敬起孝。此則其論學之大意，其餘雖千百言，以此數語蔽之可也。

段襲《重刻三山論學序》 《三山論學》，書艾先生既刻於閩，余何爲又刻於絳，從余兄九章命也。余兄何以命余，曰：爲天主著書功大，爲天主刻書功亦大也。其大著書功者何？曰西先生學澈天人，不務榮顯，剗名滅跡；向狼烟毒霧中，行九萬里，爲天主鐸教中華，其至德精修，自爾感人。第中華幅員萬里，西先生落落晨星，履跡不盡到，謦欬不盡聞，惟書可以大闡天主慈旨，曉遍蒙鐸，若處處有西先生，人人晤西先生，且若時時留西先生也。故著書功大也，其大刻書功者何也？曰西先生持誡精嚴，一介不取，季饑費倍，額糧愆期；保赤濟饑，率從減口，著書雖易，刻書實難。非資二三信友，仔肩梓工，雖有絕妙之書，超性之理，破千古之悠謬，振舉世之沉迷，而韞匱之藏，終無繇傳所欲傳，使沛然洋溢，若斯之廣且速也。故刻書功亦大也。著書功如日，自具眞光，施照萬有；刻書功如月，無光而傳日光，以照日之所不及照。而清輝耀夜，皎色親人，又疇以其光從日借，遂薄月謂不光也？故刻書與著書功並大也。至於初刻再刻，苟同一心，爲主闡教，即同一月，爲日傳光，要論厥功及人，而得之淺深，刻之先後，無論也。艾先生是書率皆天主要旨，而閩刻至北方者絕少，人多不及見，余兄所以屬余再付剞劂也。抑余又聞高先生三福冠、兩審判之說矣。三福冠者何？爲天主致厥命，守童貞，開聖教也。兩審判者何？人死候小審判，天地終候大審判也。夫致命、守童貞事至難，其獲天上異寵，群中顯著宜也；開教事似易，厥福乃與致命、守童貞同，何也？爲其功大且久，可以被天下傳萬世也。人死候小審判，善惡已定；定矣又須大審判者，何也？曰品定矣，量未極也。人死後流風餘韻，猶並感人；善善惡惡，更相迪引。其功罪亦相通，積累及無窮

世，非天地終候，其量皆不能極，其報亦皆不能盡，故須大審判也。大審判之説，義甚廣，兹其一端爾。而余因是有感於福冠之榮寵也，審判之威嚴也，昇則永昇；墮則永墮；夢夢度日，竟將安歸？清夜一思，芒刺背負，則爲天主開教，而積死後可大可久之功，固非緩事；而開教積功，捨著書刻書，其道或無繇也。著書非深於天學性理不能，西先生事也。刻書則吾輩諸信友皆宜任，非一人事也。敬因是刻，並識余兄與高先生之言，告諸心同余而力過余者。

黄景昉《三山論學紀序》 讀蒙莊氏有云：堯問道於許繇，許繇問於齒缺，齒缺問於王倪，王倪問於披衣，意謂寓言。今觀葉文忠師相之與泰西氏論學也，一晤談間乃有八萬里遼邈之勢。洪荒前事，乃眞有之耳。泰西氏之學，詳具《紀》中。凡吾儒言理言氣言無極太極，皆見爲執，有滯象，物於物而不化之具。其擯釋氏尤力，微詞奥旨，大都以勸善懺過爲宗。文忠所疑難十數端，多吾輩意中喀喀欲吐之語，泰西氏亦迎機解之。撞鐘攻木，各極佳致。語云不發横難，不得縱説，其謂是乎？愚按天之與帝，明分二體。地法天，天法道，道法自然，雖老氏頗亦言及。然降衷昭事，載在《詩》《書》可考也。謂天地之大，別有主之者，理所必然。愚聞之艾思及先生曰：「我歐邏巴人國主之外，蓋有教化主焉，其職專以善誘人。國主傳子，教化主傳賢；國主爲君，教化主爲師。」若然則二柄之難於兼合，即泰西氏亦慮之矣。然其人咸越八萬里而來，重譯絫朞，始習吾中華文字，如痿再伸，如壯再穉。以余所交如思及先生，恭慤廉退，尤儼然大儒風格，是則可重也。嗟乎以彼大儒風格，持見於重譯絫朞之久，八萬里之遙，而吾輩安坐飽食，目不窺井外，乃靦焉議其區區得失，是則可媿也。

著録

徐宗澤《明清間耶穌會士譯著提要》卷三《真教辯護類》（存目）

天學四鏡 炤迷四鏡 孟儒望

綜述

張能信《孟先生天學四鏡序》 家可蔑主乎，主蔑則家廢。國可蔑主乎，主蔑則國廢。矧上帝以合宇爲國，合宇爲家，而謂靡有主焉，此迷説矣。家可衆主乎，主衆則家杌。國可衆主乎，主衆則國析。矧上帝以合宇爲國，合宇爲家，而謂有多主焉，此迷説矣。伊川程子云，形氣謂之天，主宰謂之帝。文公朱子云，天果無心，則應牛生出馬，桃樹上發李花。皆確言天有主也。呱呱之子，各識其親，有親不識，列名曰賊。率土之濱，莫非王臣，民有二王，列名曰亂。故眞知孝人父者，必推孝於天父。眞知忠人君者，必推忠於天君。何則，理不殊而心不隔也。而或言無父與無君，或言多父與多君，非徒未炤天理，寔并未炤人理也。以是鏡之，幾乎破一暗，而全一光矣。草木無性乎，則應不夭不喬，不秀不實。禽獸無性乎，則應不鳴不飛，不潛不走。草木有靈乎，應用人不爲人用。禽獸有靈乎，應制人不制於人。人穉而壯，壯而老，與禽獸草木同。人知饑渴，知利害，與草木異，與禽獸同。若生而畏天敬天，唯此一念與草木禽獸異。濂溪周子云，人爲萬物靈，五性感動，而善惡分，萬事出矣。此言禽獸草木無靈，故無善惡可分，亦不能出萬事也。但靈與生覺，判在幾希。生性覺性，附質而存，隨質而盡。靈性領質之全分，不倚質之全分。質存靈存，質盡靈不盡，故人畏死人，不畏死禽獸，豈非靈與靈相觸耶。而或謂人與禽獸俱滅，或謂禽獸與人俱不滅，此去幾希之言，非存幾希之言也。以是鏡之，幾乎破再暗，而全再光矣。在上所云禍福，在下所云賞罰也。人有純善者，純惡者，大善小惡，大惡小善者，初善末惡，初惡末善者，言善行惡，貌善心惡者，賞罰有不能槩者矣。上主治之，有純禍者，純福者，大福小禍，大禍小福者，初福末禍，初禍末福者，似福寔禍，似禍寔福者，生世有不能盡者矣。夫上主至慈也，至義也，既定其永賞，則世苦

不足避焉。憂患病殀，步福之層梯也。既定其永罰，則世樂非所靳焉，榮富強壽，囮禍之高糜也。茲有人外身所施之事，僞有其功，內心所匿之，隱眞居其罪，則暫報以在世肉軀之福，而久定其身後靈魂之禍。今引長其年者，爲引長其德乎，抑引長其罪乎，爾宜自處也。世濟其榮者，果世濟其福乎，抑世濟其禍乎，吾爲爾惧也。以是鏡之，幾乎破三暗而全三光矣。所謂教者，修其率性之道也。所謂道者，率其天命之性也。眞教惟一，豈得二之三之百之千之如異端紛紛者乎。教散百千，而儒術獨尊，正以其知天畏天，愛人克己，合乎四海同然之公理耳。佛老之說，取罪上帝，取罪君長，取罪父母，取罪聖賢。幸而其說易窮，不能遍奪乎世之人耳，使果盡服其教，人類久已滅絕，寧直亂天下哉。然且流行千餘年，搢紳亦好習其說者，徒以生死之際，孔子未嘗明言，我萬正治之，以君臣父子之法，而詖詭逃乎。生死鬼神之幻，雖欲驟折之而無辭焉，豈知教從天來，二氏既不奉天，即非正教，妄自立教，即爲褻天，此爲折耳。若夫治世既不離君臣父子之經，而修性又詳通生死幽明之理，得非至大至公至正之道乎。以是鏡之，幾乎破四暗，而全四光矣。崇禎癸未立春日，張能信秉修氏頓首謹題於日躋閣。

姚胤昌《炤迷四鏡敘》 炤迷鏡者，泰西孟士表先生救世之書也。謂世其迷乎，曰四元行之所聚，五司之所運，此莫肯不認也。謂世其不迷乎，曰萬物不自活，必皆受活於天主，能授活者自活而不受活於萬物，此理莫肯認也。人之肉軀不自活，必受活於靈性，能授活者亦自活，而不受活於肉軀，此理又莫肯認也。然則謂受活者尊乎，謂不受活者尊乎，不尊其所尊，而尊其所不尊，雖以爲不迷不可得也。古有言登危者駴步，入靜者疑形，夫理與欲之相距，寧直危與靜已乎。人情甫疑且駴，未有不反走下趨者，蓋堅怙其所迷也。老乎，牖民孔易，俾民不迷，先生惡得而不救之哉。夫西儒尊亞尼瑪譯言性靈之學，正言人之所以異於禽獸也，所以尊之者，理居至崇高之處，臨御其欲能，與其怒能，無不可駕馭之，使之從理。凡諸欲之動，能節制之，治人之法，諸臨御駕馭節制之勢，畧相似焉。君子在上，恩德以柔善良，欲能之象也。威稜以懾強梗，怒能之象也。以法制禁令，消弭亂萌，節制諸欲之象也。是故格物窮理之君子，推而至於齊家治國平天下，尊此學爲正，不尊此爲邪。邪正之際，宜何居焉。昔人有引鏡自炤，不見其面，旋及於禍者。夫鏡非不見也，禍之所及，本性迷也。涉大海者，知順風至矣，又不知何時至，所可用物，宜未至豫備之，待既至，乃始備之，不晚乎。既爲天下之人，應知天上之事，升沉有路，勢力難移，砥漏噬臍，知非何及，乃猶堅怙其所迷，而不尊其所必尊，險矣哉。嗚呼，白羽素絲之分染，居蘭處鮑之全違，妖焰晝驕魔宮霄峙，甚至當事者，或誦經以駈魍，或誣鬼以退虜，寧毋震憤上皇，踵兆兵戈饑疫之災，而訑訑焉莫之省憂。繇此觀之，學術之壞，其弊起於一人之迷，而衆迷之，積寖溺爲萬世之禍。先生出是書救正之，其功蓋烏可沒哉。

著録

徐宗澤《明清間耶穌會士譯著提要》卷八《格言類》（存目）

炤迷四鏡 見天學四鏡

天儒印 利安當

綜述

魏學渠《天儒印序》 余髮未燥時，竊見先庶嘗從諸西先生遊，談理測數，殫精極微，蓋其學與孔孟之指相表裏，非高域外之論以驚世駭俗云爾也。顧世不察，以貌相者去而萬里。或陽浮慕之，第膚掠其制作之工巧，與竄述其測算之法度而已。言文而不及理，言器而不及神，毋乃先失其孔孟之指，於體用何所取裁乎。頃見利先生《天儒印說》，義幽而至顯，道博而極正，與四子之書相得益彰，則孔孟復生，斷必以正學崇之，使諸西先生生中國，猶夫濂雒關閩諸大儒之能翼聖教也，使濂雒關閩諸大儒出

西土，猶夫諸西先生之能闡天教也。蓋四海内外同此天則同此心，亦同此教也。今利先生處濟上，近聖人之居必更有發揚全義，以益暢乎四子之指者，則儒家之體用益著云。時康熙甲辰夏閏浙嘉善魏學渠敬題。

尚祜卿《天儒印説》　粵稽天主全能，破□混沌，創立初人，畀以明德之性，啓靈順則，而天教於兹彰焉。以故大主之造物也，殆如硃印之印楮帛，楮帛之印非可執之爲印，斯乃印之蹟耳。天地人物一切萬事之理，皆天主蹟也，使欲當之原印，而復以印諸物，不亦謬乎。想我哲人未萎，泰山梁木誰寔誕之，聰明睿智誰實予之，謂非天生天縱可乎。既曰天生天縱，必有生之縱之之主在焉，則尼山之心源固維皇之降衷也。大主其授印者乎，宣聖冀承印者乎。苟不問生縱之由來，而徒知表章孔子尊爲立極之至範，雖非阿私所好，然執楮帛之印，當原印以印諸物，吾知至人復起，亦必辭而闢之矣。記云，天子有善，讓德於天，矧知天事天之大。聖司傳木鐸，覺世扶民，而又五德在躬，詎有不遜美於至善之天主者哉。不肖從事主教多年，緣作吏山左，宦拙被放，萍踪淹濟，幸淂侍坐於泰西利、汪兩先生神父之側，昕夕講究天學淵微，淂聆肯綮，未敢漫云入室，亦或引掖升堂，不同門外觀矣。嗣此益訂天儒同異，多所發明，不肖爰有《補儒文告》暨《正學鏐石》二書，將以就正同人，剞劂有待。一日利師出所解四子書一帙，且詔之曰，遠人不解儒，畧摘其合於天學者而臆解之，如此然與否與。不肖讀竟，蹶然興曰，吾儕類言天儒一理，若師所言理庸不一，倘溺於章句而不深究，其指之南而以爲之北，奚一焉。今而後謂四子之書，即原印之印蹟也可，於是名其帙曰《天儒印》。天主降生一千六百六十四年，淮陰尚祜卿沐手敬書於濟南之西堂并識。

不得已辯 利類思

綜述

利類思《不得已辯自叙》　甲辰冬，楊光先著《不得已》等書，余時方羈紲待罪，靜聽朝廷處分，又以孤旅遠人，何能攖其鋒刃□敢措一詞乎。閲明年三月，星變者再，地震者五。上大赦，得離西曹法署。至是，可稍稍吐矣。然當言之而不可言，與夫言及之而不敢言，非復余九萬里航海東來之初志也。夫光先借曆數以恣排擊，厥事别有顛末。辯詳他卷。惟是毁聖訕道，悖□拂經，以是爲非，以非爲是，一憑其寸舌尺管，摭拾天學之餘緒影響，而又援引舛誕，以欺當世，莫如《不得已》一書，故不得因其訛謬而弗正告之。顧道本乎率性，而喪乎失德。理明於至當，而忽於苟然。豈得以一人之疑，疑衆人之信。東海西海，此心此理有同然者。余豈忍以蒭言，不急醒之乎，請以質之窮理格物之君子。乙巳夏五月，利類思題於長安旅舍。

又《不得已辯》引　楊光先歷引天學諸書。所載天主造天地萬物，及降生救世諸蹟，謬指爲荒唐怪誕。語云果蠕不知有膚，夏蟲不可語冰，理有固然，無怪其出言之舛。但光先以狂瞽陋見，肆爲悖誕妄詞，將欲蔽塞天下人心。以趨正避邪之路。雖高明者依理攷義，不難徹其雲霧，而閭井細民，恐有爲其所陷溺焉。故據其所言，而畧拆之如左。欲知天學要義，宜閲《天學實義》、《萬物眞原》、《聖教緣起》等書。而窮究其原本微義，細載《超性學要》中。

著録

徐宗澤《明清間耶穌會士譯著提要》卷五《教史類》　（存目）

不得已辨 南懷仁

綜述

南懷仁《不得已辨·自序》　懷仁遠西鄙儒，靜修學道，口不言人短

長，若事關國家億萬年之大典，則不禁娓娓焉諍而白之，蓋言乎其所不得不言也。仁自順治十六年，荷世祖章皇帝欽召進京，豢養繼曆。康熙三年，楊光先以一紙誑詞，搆彌天大獄。方是時，若望瘖矣，懷仁入中土未久，語言不通，一詞莫措。幸蒙皇上洞鑒，待以不死，仁等得仍栖賜宅。掩關靜息之餘，細繹光先所布《十謬》等書，其所抄襲者，皆前朝已弊之舊法，其所詆毀者，皆世祖特用之新法。仁不勝忿激，因著此《不得已辨》，以待公評。夫天文者，朝廷之實政，儒者之實學，非比一人一事，可以掉三寸之舌，立地雌黄，灑筆端之墨，依稀形似者也。此其道在於測驗，《書》曰日中星鳥，宵中星虚。又曰在璿璣玉衡，以齊七政。皆言測驗也。測驗之法不一，舉其膚淺而易見者言之，如日月之交蝕，太陽之出入，晦朔之盈虧，五星之躔度，舉世之人有目共見。測之而驗者法也，測之而不驗者非法也。盡人以合天者，懷仁之言也。強天以合人者，光先之言也。光先胸無確據，強辯飾非，不過借曆法以行恩怨，無怪乎屢測而屢謬也。大抵天文之學，世代愈久，其講求愈精。古來創制曆法者，其聰明百倍於今人，其艱難亦百倍於今日。然一時之窺測，未能盡備也。閲數百年數千年，代有其人，周詳考究，而其法愈精，其學愈驗。懷仁一腐儒爾，幸而生千百世之後，曆法詳備之時，守而勿失。以上測天行，所以屢測而屢合者，非仁之能也，實法之善也。且新法之行，二十餘年矣。以先皇帝之神聖，幾經詳慎部測，監測，屢遣内外大臣公同測驗，密合無差，奉有盡美盡善，永遠遵行之旨。特賜勑書云，天生賢人，以助朕造曆。又云補千年之缺略，成一代之鴻書。煌煌天語，至今猶存。乃光先以舊法爲善，以新法爲謬，竊無稽之唾餘，逞明季上書之故態，鴟張簧鼓，不崇朝而監員八人，無辜駢首。傷心慘目，寧不獨愧於心乎。且光先之言謂但知曆理，不知曆法。夫法出於理，理以法徵，此千古不易之定論。今光先止認通理而不敢認通法者，其心蓋懼曆法有測驗可據，立時可辨眞僞。曆理人多未諳，或可以強辨支吾。奸計若此，其自欺欺人，以欺天欺上，豈不貽笑於天下哉。至康熙九年，上命内大臣，内院部院大臣一測於靈臺，再測於午門者兩閲月。疏稱懷仁所言，件件皆合，光先所言，件件不合。又命親王及廷臣會議，疏稱光先茫然無知，妄生事端，誣害多人，奏請大辟。吁，今而後國家之大典已正，千古之是非得白，懷仁可以無言矣。竊恐天下後世，見光先之書，猶有惑於紙上空言者。謹將其所布《十謬》等書條分縷析，言必有憑，法必有驗，孰得孰失，世必有能辯之者。

正學鏐石 利安當

綜述

尚識巳《正學鏐石叙》 人不知有獨尊，故心無專向。心無專向，則是似莫辨，而從違不定也。將大根本，大主宰，反視之甚遠也。上古之世，性教猶存，未至大離，所以風俗淳朴，而天下和平也。由今觀之，猶是天下也，猶是斯民也。何其民鮮淳朴，世失和平乎，究厥流弊所由來，良以邪魔施妄，人心澆漓，役役營營於恩情名利之間，【略】俾後之生者，於孩提時，凡所習見非楊即墨，而昧於知天主矣。昧於知天主，則失所以事天主矣，本亂眞失，而罔得歸厥宗焉。昏昏於長夜之途，不甚可悲哉。由是天生哲人，著説立教，使之遂生復性，以至善爲止歸。迨夫哲人其委，世衰道微，異端復起，邪説又作，假眞施僞，忻聳視聽，捕風捉影，張大其説，令人終日役役營營，茫無所得，以致斯人盡入魔網，不甚可悲哉。然以常人論，固是泥於見聞之迷謬。獨可恠者，名爲聖人之徒，標於四民之首曰士，口誦聖典，身披儒服，動輒曰我學聖人者，聖人之徒也。人亦目之曰，聖人之徒也。既曰聖人之徒，必也身之所行者，事事求合於聖人，心之所存者，時時可對夫天主，方不愧爲聖人之徒也。往往見有學士之家，口所誦者典謨，心所向者二氏。身所披者儒服，日所行者流俗。每亦曰，道率於性，性命於天，僅口耳也。及於言天，則不知天矣，既不知天，道何由出乎，性何由明乎。性昏道亂，淪於膏肓，非金石其藥，必不能療其沉痾也。至仁至慈天主，痛憫蹈溺，以在中土者，不能治中土也，不能教中土也，本大智大能之善，默啓西土速抵中邦，以救世之丕功，拯我愚氓，立身行道，足爲表率儀型。因人昧於本源，不厭反復細詳辯論，務使晰本洞源。知天主爲性之本而性明，知天主爲道之源而道光。

眞言言金玉，字字藥石，爲正學眞儒之歸宗也。使中土之人士，則而效之，專信而敬事之，然後至理可明，大道可通，聖人之徒可稱，庶幾躋斯民斯世於淳朴和平也。乃視及中士，言行不顧，動非法禮，所謂學聖敬天者，何尚不自愧，反目西士爲夷人。又援孟子之言以矯曰，吾聞用夏變夷者，未聞變於夷者也。獨不曰，舜生於諸馮，東夷之人也。文王生於岐周，西夷之人也。歲之相隔，而時不同，地之相遠，而居不同，揆厥作聖，若合符節，洵哉上下千古，此心此理同也。東西朔南，此心此理同也。奈何中士，其見之不大，而推之不廣乎。若以洞本晰源，昭事天主，戒慎恐懼者爲夷人，吾正惟恐其不夷也。嗟嗟，人心即天心，豈無性善種子乎。特以汩沒深而無由提醒，沉溺久而不知奮興，誠於此一寓目而注心焉，眞僞立辨，則必駭然驚，躍然喜，返歸於大中至正之道也何有。時康熙歲在戊寅季夏月天民尚識已謹序。

天主教奏摺 爾孟慕理

綜述

爾孟慕理《天主教奏摺自序》 宇宙間祗有善惡兩途，善之不得誣爲惡，猶惡之不得稱爲善也。惟惡者不服人善，兼嫉妬人善，妄意善者之不眞，設法傷害在善者。令名雖失，心自無憾，即使羣惡幷攻，捨身致命，仍復處之泰然。中土人不乏磨折天主教者，往往誣善爲惡，且陳之奏牘，上感聖聰。須知天主教極正極眞，萬萬不能爲邪爲假，但必得虛心切問，方可明白其理，獲益良多。于願奏明皇帝，遠人來賓始末緣由，先經呈請直隸總督代奏，據云摺本雖好，不敢上奏，請大法國使臣代奏可也。迨大法國使臣普專託江蘇巡撫代奏，旋接回書，又云孟主教摺無有不合，然不能上達，因大清律例不許外國人奏事之故。予無奈刻印摺本，欲俾衆人咸明白，羅瑪京都天主敎是係聖敎，其敎官來賓始末，均束身無過之人。即索還南北二堂同西人墳地，實屬公議云。

辨學章疏 徐光啓

綜述

丁韙良《天道溯源》卷中 茲附徐光啓奏摺幷景敎碑文，【略】其奏摺意眞詞切，文氣深純。古今敎中辨論，罕有其比。

著録

徐宗澤《明清間耶穌會士譯著提要》卷五《教史》（存目）

闢妄 徐光啓

綜述

洪濟《闢妄略説條駁序》 昔吳淞徐玄扈先生，諱光啓，謚文定者，見釋氏以誦經，持呪，破獄，施食等諸邪妄，蠱惑斯民，崇邪背主；不知設妄誘人，希齋襯以圖養身，與信誘行妄，廣布施以冀超脱者，厥罪惟均，皆不免夫地獄之永苦；故爲《闢妄》八章，以拯救之，其首章曰地獄，以爲有耶無耶？無則罪人原自不人，可以不破；有則爲天主所造，堅於鐵圍，乃困苦冥魂者，竟爲無賴凡流，念數番言，獄破魂走，有是理乎？詳味文定公數言，破獄之妄提醒殆盡。蓋破獄之妄，乃鬼魔寬解爲惡之心，使之毅然横行之秘法也。以爲非義之富貴逸樂現前，儘可享用，身後縱墮地獄，有積壘多金，延僧誦經持呪，獄可立時破壞，魂可立時超脱。

所以世人惟知利己，雖弑父弑君，一切逆倫敗行之事，甘心爲之者，恃破獄之妄以致之也。文定公憫之，謂作惡入地獄，是眞；僧人破獄，是假；一信邪法，永遠沉淪矣。喚醒夢魅，情辭眞切痛快，歷今百年，釋氏中雖有傑出者，無敢置一喙。乃有虞山北澗普仁截沙門者，懼文定公闢妄之言彰，則衆僧謀身之計絶，强爲闢妄略説，希存僞妄，以冀養身。孰知人生百年，不過電光石火，豈可爲朝露之危軀，守惑世之僞術，以致長存至貴之靈性，隨永殃不壞之地獄哉，或曰：身雖暫寄，而饑寒亦是大事，烏容置之不講耶。噫，身之得養，夫豈自爲之能，皆由天主上帝大力深仁錫之使然。人之士農工商，隨分營生，不過仰承天主之錫焉耳。奸僞逆命者，未必獨豐；誠謹順命者，未必盡嗇，試觀前代舊俗，士則冠巾，民則戴帽，於是業結巾製帽者不可勝數。及我皇淸定鼎，改式易服，未同舊制，迄今四十餘年矣，人人含哺鼓腹，共樂時雍，未見昔日結帽製巾之人，失其故業，悉塡溝壑也。明此，則知力棄養身之邪，以事眞主，另謀別業，安見至慈天主之不我加佑，使致安全乎。今截沙門著闢妄略説，既害一己之神魂，復陷多人之靈性，失計甚矣。予與張子紫臣傷之，就其辭之謬妄尤甚者，略駁數條，以當截沙門對證之神砭，并爲信妄誤陷之手援云。

張星曜《闢妄略説條駁序》 人之所以異於禽獸者，以其有五倫五常也。五倫者，君臣父子夫婦兄弟朋友也；五常者，仁義禮智信也。皆天主畀基於靈性，故曰天倫，天性。千古聖賢敬天畏天，自治治人，唯此而已。佛氏興，倫理廢，禪宗熾，義理滅，敢爲捕風捉影之大言謂山河大地，一切唯心具造。雖以賦性之天主，統馭之國王，生身之父母，皆岸然不顧，以爲唯吾獨尊；人倫之禍於是極矣。夫楊墨之無父無君，孟子推其流弊，必至於此；故諄諄辨之。今釋氏儼然無父無君矣，不獨無父無君，且無天主上帝矣；有識之士，其能嘿然已乎。至禪宗一道，即彼佛釋迦亦僅列於六度中，未嘗專重此也。自達磨來，五宗創，南能北秀，異説横生；考其大旨，不過曰無，曰無無，曰無無亦無無而已。而故作無稽之談，不根之説，惑世誣民，巍然高座。其卑者看經持呪，破獄，施食，種種僞妄，誤人靈性。嗟乎，以虛無僞妄之人，説虛無僞妄之言，行虛無僞妄之事，天理何由明，人心何由正乎。泰西諸位先生，自九萬里來行教，見沙門若此，心竊憫之，爰爲吾人分別邪正，教敬畏天主，敦五倫，盡五常，改過遷善，與堯舜禹湯文武周孔之言，翕然符合，此人類之大幸；已有明元輔吳淞徐文定公，因作闢妄八章；欲世人知無益之事不可爲，而悔過遷善，昭事天主，爲必當學也。何物普仁截沙門，敢作闢妄略説，以肆狂詆；汝沙門盍亦思今日之登高座，而能安然説有道無者，非我皇上乂安天下之恩乎？使朝廷不爲汝經理，將强陵衆暴，汝沙門無容足之地矣。今日之饑而食，渴而飲，寒而衣者，非天主生植萬彙之恩乎？使天主不爲汝化育，將水澇旱暵，汝沙門無粒米寸絲之募矣。今日之能視能聽能言能思者，非天主上帝賦汝以靈性，爾父爾母生汝以肉軀之恩乎？使父母之撫卹不周，則汝不能以有生；天主之賦畀稍減，則汝雖有生而不能聰明秀發矣。今也運天主所賦之靈性，享天主所生之衣食，安朝廷所奠之室廬，行父母所遺之軀體，而動口搖手，輒曰：靈性最大，我自無始以來，與諸佛同來也；一切山河大地，果汝妙明眞性中物，汝何不別生一草可以衣汝，別生一穀可以食汝，別於虛空自構室廬可以居汝乎？吾知汝必不能也。汝能離心意識，參出凡聖路學，汝何不屏傳燈指月諸書不視，拒善知不問不聞，遇詆訶汝者不應，獨守一性，變化萬端乎？吾又知汝亦不能也。不能，則知山河之大地，係天主所造也，非心造也；靈性天主所畀也，非無始也；運天主所賦之靈性，享天主所生之衣食，安朝廷所奠之室廬，行父母所遺之軀體；而不事天主，不知君親，日肆妄言，日行妄事，嘻誤矣，可哀也已！孔子曰：朝聞道夕死可矣。汝亦知生死事大，而知此而生，如此而死，其得謂之聞道矣乎？夫人之生，呱呱而泣，此時名物不知也，便溺不辨也。終歲而稍能言矣，積久而始知事理矣。若以爲無始以來，輪迴得生，則何不悉知無始以來之事乎？人之死也，一生善惡，往往雜揉；天主審判，定以升沉。若以地獄唯心所造，可有可無，則惡者之肆志，反得勝算；善者之修持，不幾徒苦乎？截沙門生死之不究，而徒逞誕妄之機鋒；事理之不知，而徒肆狂悖之飾説；惑世誣民，莫甚於此。予竊憫之，與洪濟楫氏生共作條駁八章，以拯世溺，不得已也，知我罪我，人其鑒諸。

王若翰《合刻闢妄條駁序》 人生要務，莫重於認本源；欲認本源，莫急於辨眞妄；苟不辨眞妄，而誤行妄法，必陷靈性，而天譴立加。譬積金者，不辨眞僞，而誤使贗金，必干國法，而刑讞莫道。辨眞贗之金以鏐

石，辨眞妄之説以至理。試觀建中立極之帝，首推堯舜者何？無他，欽若昊天而已。由欽若之心，以克明峻德，敎養斯民，不憚勤勞。迹其生平所爲，巡方省獄，黜幽陟明，唯曰：時亮天工，謂非敬天以勤民，能識本源者乎？孔子刪書，所以斷自唐虞也。楊墨亂仁義，孟子斥其無父無君，蓋逆慮其害，必至是矣。今佛氏不知尊天，異於堯舜，逃棄君親，甚於楊墨，猶儼然以其僞妄之言，陷害人靈，是何異日持鴆毒，暗入壺漿，誘人歆歠，且曰是佳醞也，其不至殺人生命者鮮矣。故程子曰：佛氏之言，比之楊墨，尤爲近理，所以其害尤甚。朱子曰：老佛之言彌近理，而大亂眞；又曰：邪説害正，人人得而攻之，蓋深惡其剽竊名理，藏匿僞妄，以惑世也。有明元輔徐文定公者，學貫天人，識究眞妄，憫佛氏昧本之學，誘人行妄，致蹈獄火，特著《闢妄》一書，發前此諸儒未盡之奇，抉僞敎邪法誑人之妄；猶之永夜幽陰，大光現而冥暗潛消，此誠試眞贋之鏐石已。乃道高者妬深，言正者怨衆，果有截沙門者，懼其僞妄已破，曲意回護，其於孤魂，血湖，燒紙，輪迴，念佛，禪宗諸論，已自知其妄，不敢一言置辯；獨於持呪，破獄，施食三章，巧肆妄説，混淆愚目，其爲人心世道之害，與洪水猛獸比烈矣。同學摘其悖理之尤甚者駁之，顏曰條駁；幷合闢妄原文，付之剞劂，使人知堯舜之敬天爲聖主，則知佛氏之卑天爲妄人；知孔孟之盡倫常爲正道，則知佛氏之背君親爲異端；知程朱近理亂眞之言爲至正，則知佛氏行妄惑人之害爲甚大。諸説具在，眞妄之辨，不啻黑白之較然矣。殆鏡愈昏而愈磨愈明，説彌妄而彌駁彌著者乎？凡我同儕，平心較閱，將灼知天主爲我人類本源，賞罰之權至公，不可撓也。破獄之妄極僞，不可信也。怨艾悛改，棄妄皈眞，即塞獄之良方，修德之捷徑，若人且上侍天主，何地獄之不可免，而惑彼持呪，破獄，施食諸僞妄爲哉。謹叙其合刻之意，以弁之首。時康熙己巳蒲月武林王若翰書。

著録

徐宗澤《明清間耶穌會士譯著提要》卷三《真教辯護類》　（存目）

諮諏偶編 徐光啓

著録

徐宗澤《明清間耶穌會士譯著提要》卷三《真教辯護類》　（存目）

推驗正道論 王一元

著録

徐宗澤《明清間耶穌會士譯著提要》卷三《真教辯護類》　（存目）

鴞鸞不並鳴説 楊廷筠

著録

徐宗澤《明清間耶穌會士譯著提要》卷五《教史類》　（存目）

代疑篇 楊廷筠

綜述

李之藻《代疑篇序》　聖人之道，無疑鬼神，斯不惑後聖。若信心不

及，則疑事無名，疑行無功，未聞與道有入。而彌格子急急望人疑，又恐人不疑，而代爲之疑，遵何說哉？蓋道之近人者，非其至也。故曰：「及其至也，聖人有不知不能焉。」非聖人安於不知不能，而遺其可知可能，惟日孳孳以求知，至知終，故一息不敢少懈也。一番新解，必一番討論；一番異同，必一番疑辯，然後眞義理從此出焉。如石擊而火出，玉礪而光顯，皆藉異己之物，以激發本來之眞性。始雖若戾，終實相生，安見大異者之不爲大同也。唯拘守舊聞，自矜極致，妄謂世無域外之境界，人無超性之名理，局小心量，靈機不活，聖人復起，其以爲然乎？

夫謂道備於古，經盡於聖。則《易》《書》之後，不宜有他書矣，經史之作奚爲？《素問》之後，不宜有醫案矣，諸大家之出又奚爲？此見義理，原自無窮，畸人畸書，應時而出，未宜盡廢。既已畸於人，自必駭於俗。求諸自心而不得，必生疑；質諸習聞習見而不合，必又疑，而疑豈道中所禁哉？顧有正疑，有妄疑。正疑者，恐悖於理，傷於教，迷於人之性情，欲求一端至是，以窒彼之至非，此不可無也。妄疑者，吠聲吠形，襲訛襲舛，不問有無虛實，謂蘭蕙臭，謂莫邪鈍，此不可有也。西儒從絕域外，泛重溟，浮天末，來此創寓，匪第語言未通，性行未浹，即義理精微，全憑書籍，而文教懸殊。此中以六書爲體，有形而後有聲。彼國以二十三字母爲用，有聲而後有形。不但密義難疏，即尋常淺解，有一字而費數十遍翻譯。若欲摘疑生辨，逐支逐節，皆是問端，安可置而勿疑。彼泛泛嘉與，無所違覆者，諸儒固最耻之。若謂彼嘉與者，不過奇我遠國土風，詫我新巧製作，此何異貴翡翠象犀楩檀之入中國，禽獸草木我也。貴工倕之指，離朱之目，般輸之斧斤，梓匠輪輿我也。是故僞者之譽我，不若仇者之詰我。以此望人求疑求辨，共疑共辨，安得不急急哉！始乎有疑，終乎定信。自是一信之後，不復再疑。始知宇宙公理，果非一身一家之私物，吾何不以公心還之。其眞同者，存爲從前聖教之券，識東海西海之皆同。眞異者，留爲悟後進步之燈，亦復命歸根之有賴，無非實益大道爲公，孰與夫意見横分，狹小天地而自束縛其靈才者哉。請以質諸有道，毋靳此疑也。

王徵《代疑篇序舊題徵信篇》 孔子曰：「人而無信，不知其可也。」凡言不知，皆深絕之之辭，非止不可行而已。蓋事理見前，由信得及，然後有心肯，由心肯從，然後能身赴。信菽粟可飽自必食，信布帛可溫自必衣，信水火難蹈，堇葛傷生，自必避。萬事成立，未有不從信始。故西學向天主三德，信爲之首；十二宗徒各表所信，爲《性薄錄》，誠重之矣。木之發榮，託命在根；室之嵬煥，造端在基。根撥而基壞，雖有場師大匠不能成功。故曰師無當於五服，五服不得則不親。信無當於五常，五常不得則不舉。學者欲希聖希天，爲安身立命之事，未有不從信入。此西儒惓惓接引，首闢信門。而彌格子承其意，作《徵信論》二十有四篇，有味乎言之矣。先是西學深渺，與人言多不領契，幸儒者善疑，弭格善辨。舉向來人情最不釋然者，似已掊擊殆盡，昭揭靡遺，自今惟手是編，即同面證言說，可無事乎？抑西士又言，信者心之眞嗜，非必見見，非必聞聞，待見待聞而後信，其信猶淺淺者。信東魯有尼父，未見聖如弗克聖。既見尼父，信亦無所用矣。信長安有天子，豈必身至闕廷，既與至尊接，信又不必言矣。此西國信字之詮解，而又云有死信，有活信。活信者，行解齊到，知與樂好，一時都有。孔子云：「信以成之。」成始成終之理，漆雕之吾斯，武城之莞爾，足以當之。死信則浮慕而已，衷不熱，力不注，究必中槁焉，於以希聖希天，奚繇至哉。敢併述所聞，以足弭格子之未備，不知有當否？是爲序。天啓辛酉關中王徵謹撰。

楊廷筠《代疑篇總論》 有大儒問於彌格居士曰：儒者之學，希聖希天，凡言畏天命，事上帝，是吾儒本等學問，日用工夫。在西士不必哆爲創見，在吾人不必疑爲異端。即禪玄二門，未嘗不尊天，安得於此中著一異同解，獨所謂造化萬物，一歸主者之作用，未信也；生死賞罰，惟係一主，百神不得參其權，未信也；有天堂有地獄，更無人畜鬼趣輪迴，未信也；物性不同人性，人性不同天主性，未信也；戒殺放生，釋氏上善，西教不斷腥味，何云持齋，未信也；佛由西來，歐邏巴既在極西，必所親歷，獨昌言無佛，未信也；既說人性以上所言，報應反涉粗迹，未信也；西國義理書籍有萬部之多，若非重復，恐多僞造，未信也；地四面皆人所居，天有多層，重重皆可測量，未信也；九萬里程途，涉海三年始到，未信也；從來衣食資給本邦，不受此中供養，未信也；人倫有五，止守朋友一倫，盡廢其四，未信也；禮惟天子祭天，今日日行彌撒禮，非僭即瀆，未信也；謂窘難益德，遠於人情，未信也；疑西教者籍籍，果盡無稽，可置勿問，未信也。至西來諸士，觀其篤行，眞是不愧暗室，久習暫處，無不祇服；細談理道，亦多發人未發。然

恐遠方學術，各自源流，未必盡有證據。如云天主有形有聲，未信也；降孕爲人，生於瑪利亞之童身，未信也；天主有三位一體，降生係第二位費略，未信也；被釘而死，因以十字架爲教，未信也；耶穌疑至人神人，未必是天主，未信也；耶穌爲公教，聖神相通功，未信也；遵其教者罪過得消除，未信也；命終時解罪，獲大利益，未信也；十字架威力甚大，萬魔當之，立見消隕，未信也。吾非欲拘常攣舊，墨守井窺，以一膜自封。然儒者所貴窮理，尤貴信心，質諸理而合，方反諸心而安。彼國學者既窮理爲入門，以上多端必辯析有素，若果言之成理，不荒唐，不傅會，信而有徵，使我廓然心解，不難捨所學而從矣。

居士答曰：天人之懸久矣，人事雖極高極奇，近在人世。耳可聞，目可見，口可言，心可想，誰不信之。惟天載玄微，既非耳目所經，亦非言思可及。且人心量有限，以人測天，猶蠡虫測溟渤之寬深，寠夫測王宮之侈麗，多見其不知量。若言而即信，天主心量，僅與人齊，正不足爲天主矣。觀《西經十二信》，首一句云：「我信全能者。」只味「全能」二字，世間何物可稱全能，凡能有所界，必先有過我者，方能界我。而天主無始，即先萬物而亦無始；天主無終，即後萬物而亦無終，物物受始受終焉。在此全能之內，何物可以並之。「全能者」之下，即接云：「天主罷德肋化成天地。」夫天地之大，可以化成，則更有何物可並天地，何事可並化成之難者。況原初空無所有，既能以絶無爲有，則建立以後，造有適有，變有歸無。又不過微塵末事，反掌可就，只「全能」二字，自足了當。如上所示種種諸問，一言蔽之，不必條爲之析矣。

又曰：世之疑西儒者，非謂有遺行也。祇因其行徑，過好過畸，近乎不情。人所必有者，彼獨不有；人所必無者，彼獨不無。人情不甚遠也，彼來自絶域，何獨能然？求諸自心而不得，則反疑其作僞，甚而以不肖之心窺之。不知世情之外，另有人品。衆所未信，未妨絶德，而況遠人心跡，能逃於耳，不能逃於目；能掩於暫，不能掩於久；能塗飾於庸愚，不能塗飾於明智。未有縉紳賢達，日與之接膝，日與之抵掌，經歷數年之久，無一蓋藏，猶有不可信者。則向所疑過好過畸，今已實有是事，明有其人，但可謂之難能，謂之孤行，豈可反生譏謗，大亂名實，何損彼人，自墮雲霧中耳。

釋竹元《爲翼邪者言·代疑序略記》 武林楊彌格襲瑪竇之唾餘，恢耶穌之誕蹟，刊著《代疑篇》始末二十四條，而涼庵子者復爲序云。涼庵子不知何許人，想亦彌格之流也。其行過當，其言甚詭，其心實欲反《中庸》至正之道。而暨挽天下以鈎奇索隱之術，曰道之近人者非其至也。及其至，聖人有不知不能焉。一翻新解必一翻討論；一翻異同必一翻疑辨，然後眞義理從此出矣。余以爲道之近人者，乃其至也，不偏不倚，易知簡能。凡日用飲食之間，鳶魚上下之察，無適而非道，無在而非眞也。是故目擊而道存，指掌而道喻，子曰：「道不遠人。」人之爲道，而遠人不可以爲道，蓋明吾人具足之理觸處如如，而非鶩遠之之謂耳。即我佛於法華會上亦曰：是法住法位，世間相常住。蓋直指天地萬物各住其位，而世間現前之相，即出世間常住之法耳。悟此常住之法，便知道不遠人，信手隨拈全眞獨露，䪨體迥然，超聲越色，無新無舊，無異無同，無悟無疑，無眞無僞，即欲覓其纖毫差別之相。究竟無有，然則聖人有所不知，知之至也。知至而不著於知，聖人有所不能，能之至也。能至而不假於能，豈如彼云不知不能，聖人必以求知求能乎？并如彼之求知求能，將離易簡外以求之乎？至於正疑妄疑，譽我詰我等語，是又不自坐其非，而異喙橫言，以掩夫疑者之不必疑也。緣略之而不復贅辨。

著録

徐宗澤《明清間耶穌會士譯著提要》卷三《真教辯護類》 （存目）

天釋明辯 楊廷筠

綜述

張賡《題天釋明辯》 於乎天學之不明不行也，釋教亂之也。但古來

慧業文人，多爲釋家惑溺，何哉？即惑溺，迺至原道，則罔不云道之大原於天，天之眞是其不可掩也如斯夫。京兆楊公淇園，爲天學苦心，先行諸撰述誘人；又謂似是之關最宜詳明，遂不得已而作此辯，此辯行，釋其無所逃敗。然吾以爲深入禪理者，其轉入天學更彌精也。夫人不困幽谷，不知光天之大之尊。吾天會中玄扈徐相公，及楊京兆，初時者等夙慧，博極羣書，誤入釋門，久且深，因窮思反得天學，而亟歸之恨晚，永歸之無貳。徐相公云：吾生平多疑，至是了無可疑，吾亦時欲作解，至是了無可解，此迺眞慧業文人之眞識力矣。古吳趙太常，嘗從尊人翰撰公，讀書於京兆之室，習京兆辯論甚晢，虛懷傾服，爰茲不忘，其知天事天之自贊，贊艾先生，亟爲梓傳，而命余代之引。

著　録

徐宗澤《明清間耶穌會士譯著提要》卷三《真教辯護類》（存目）

辯學遺牘

綜　述

李之藻《辯學遺牘跋》　蓮池棄儒歸釋，德國潛心梵典，皆爲東南學佛者所宗，與利公昭事之學，戛戛乎不相入也。玆觀其郵筩辯學語，往復不置，又似極相愛慕，不靳以其所學深相訂正者。然而終於未能歸一，俄皆謝世，悲夫，假令當年天假之緣，得以晤言一室，研義送難，各暢所詣，彼皆素懷超曠，究到水窮源盡處，必不肯封所聞識，自錮本領，更可使微言奥旨，大豁群蒙，而惜乎其不可得也。偶從友人得此抄本，喟然感歎，付之剞劂，庶俾三公德意，不致歲久而湮。淺深得失，則余何敢知焉？涼庵居士識。

楊廷筠《彌格子跋》　予視沈僧《天說》，予甚憐之。不意未及數月，竟作長逝耶！聞其臨終自悔，云「我錯路矣，更誤人多矣」。有是哉？此誠意所發，生平之肝膽畢露，毫不容僞也。今之君子，所以信奉高僧者，以其來生必生西方淨樂土也。西方錯路乎？彼既認爲非高明者，宜舍非以從是，否則不爲後日之蓮池乎？噫，予讀此書，津津有味乎其辯之明，亦惟恐衆生墮此危池耳，又豈得已而述耶。彌格子識。

釋圓悟《辨天三說》　夫佛者聖人之聖人也，以非死生而示死示生，以非天人而示現天人，與物同然而莫知其所以然，豈古神靈睿智博大盛備之聖人乎？視閭巷福德之人爲何如哉？然則毀者之不特折福也明矣。余蓋重有憂焉，故不敢以不辨。若夫范君謂余豈今天童更有過於雲棲乎者，則斯言也殆庶幾夫其近之矣，何也？一切衆生皆具如來智慧德相者也，豈余有過於雲棲，即極古之聖者神者，謂之盡其性則可，謂之過夫人則不可也，范君不聞乎？孟子曰：「何以異於人哉，堯舜與人同耳。」故余盡觀大地，無人不同，無人不合，所以不敢欺夫西人卒惓惓與辨者，豈有他哉？正欲共明此無過夫人之一事耳。西人惟求過人，遂忘當世有不可欺之賢哲，自心有不可昧之寸靈，一味誣人以顯己，飾詐以驚愚。如范君謂雲棲嘗著《天說》四條，欲辨天教尚且不勝，至謂余亦不必空費許多氣力之類是也。夫印土被難，奘師救義，況利集馳遍計之說，雲棲無義墮之詞乎？所不滿余意者，第未折衷於群生皆具之性本耳。然亦就機而談，即事而論者也，豈能盡雲棲之萬一而遂謂之不勝耶？且問范君，利氏曾與雲棲面質乎？曾與雲棲往復難問乎？概夫未之聞也。及按二人卒化之年，則利氏先雲棲五載矣。雲棲以是春出《說》，即以是秋入滅。說未出而預辨，何物鬼魅得能譸張爲幻耶？子曰：「視其所以，觀其所繇，察其所安，人焉廋哉。」使范君與天下之人之從之者之皆審此意也。詎不勝於余之辨之也夫。余蓋終以是意望夫范君與天下之人之從之者。崇禎八年十二月八日

張廣湉《證妄說》　天教中刻有《辨學遺牘》一書，乃辨吾雲棲《天說》四則而作也。考雲棲出《天說》時，西人利氏已歿五載，不知此作出自何人之筆，而僞云利氏所辨，讀之不勝驚嘆。今據事直證其誣，緣彼文繁不能盡錄，僅將僞跋刻列於首，願相與共證之。

【略】

乙亥秋月，有禪客從四明來，出天童和尚《辨天初說》見示。予因持往天教堂中索其答辨。時彼堂中稱傳先生者出會，贈予《辨學遺牘》一帙，內載利先生復虞銓部書，及利先生復蓮池大和尚竹牕《天說》四端，後有涼庵居士《跋》。予正駭且疑，適禪客復持閩中所刻《遺牘》，又增有彌格子一《跋》，更誣先師錯路誤人之僞語。予益歎其荒誕怪妄，不得不即其所說之誣，而一一直證其奸也。按先師《天說》三則、《天說餘》一則，皆《竹牕三筆》篇末之語。篇首先師自序，識其歲月乃萬曆四十三年乙卯之春，刻成未印。而先師以是年七月初四日圓寂，以後方漸流行。閱彼教中所刻《利子行實》，蓋瑪竇先於萬曆三十八年庚戌四月已沒，而同侶龐迪峨等《乞收葬骸骨疏》文，亦稱瑪竇於萬曆三十八年閏三月十九日，年老患病身故。準二說去先師著《竹牕三筆》之時，相隔五載。安有未見其說，而先爲立辨之理？先師序文紀歲，《瑪竇行實》亡期，昭然顯著，有目共見者，猶乃公然欺妄，況且他乎？

彌格子《跋》云：「予視沈僧《天說》，予甚憐之，不意未及數月竟作長逝耶。」據此數句，彼亦自供《三筆》爲先師臨歿之書矣。夫乙卯前既無竹牕之《三筆》，而庚戌後何有鬼籙之瑪竇哉？此其脫空之謊一也。彌格子《跋》又云：「聞其臨終自悔云：我錯路矣，更誤人多矣。」嗟嗟！先師無此語，莫謗先師好。先師臨終一段光明，預期告滅，示寂之日，縉紳雲集，僧俗環繞，遠近奔赴者肩摩踵接，室內外滿逾千衆。予時亦在室中，共聆囑累之言，靜聽末後之訓，念佛面西而逝。彌格子於親見親聞者之前，造此無根妄語，不知其欺心幾許。況此跋刻於閩中，而浙板無之。蓋謂可以欺千里外之閩人，而浙中之耳目難掩耳。先師西逝至今二十餘年，而此《辨牘》始出，其不敢出於當年而出於近日者，彼將謂親炙者物故必稀，吠聲者隨波易惑耳。因知答虞德園先生之書，亦屬烏有先生之作矣。此其脫空之謊二也。彼僞答《竹牕天說》中云：「不佛者置之不辨，亦非度盡衆生，我方成佛之本願。」又云辨者吾所甚願也，鐘不考不聲，石不擊不光，又云相與商求，是正其索辨之語，層出叠見。予因是持天童密雲和尚《辨說》，至彼堂中示之。彼傳姓者出見，面許立論相答。三日後往，乃以不可答見覆。明是理屈詞窮，而託言唯喜面談，不欲筆戰。蓋以筆戰則徵實而難遮其醜，面談則駕虛而易飾其奸，黔驢之技止此矣。且云密雲曾來會中辨論，負墮拂衣而去。夫密雲和尚，當今尊宿，與人談話，聽者如雲，一有語言，即時抄錄傳誦。何嘗有私相論議不爲人所見聞之時也耶？今有辨不答，自語相違，此其脫空之謊三也。即此三節，而其他無稽欺世處俱可得其大概矣。

予雖不慧，不忍目擊訕謗之語，貽誤後世，重獲罪於先師，故以俚言發其虛罔，使人知其可笑不可信如此。若其教之鄙猥淺陋，侮聖惑民，自有明眼大手筆起而闢之，非予之所敢任也。

又《證妄後說》 西人誣罔先師，余作《證妄說》辨之。《說》甫出而議者謂雲棲弘濟利生之德，昭如日麗中天，人孰得而掩之。彼誣謗者徒自污耳，何足以損其光明哉？矧於無德無名，人既不重，言奚見信，胡不聞古德云一切是非莫辨之說耶？子烏用是喋喋也。余從容應之曰：子言誠是，但知其一不知其二，所謂鬬諍是非不可有，邪正是非不可無，況有關於法門者乎？子豈不見先師《竹牕隨筆》中禪餘空諦之辨乎？請爲子誦之。先師謂吳郡刻一書號《禪餘空諦》，下着不肖名曰雲棲某著。刻此者本爲殖利，原無惡心，似不必辨。然恐新學僧信謂不肖所作，因而流蕩，則爲害非細，不得不辨。今天教之徒，僞刻辨跋，暗布遠方，貽訛後世，使見理不眞者，誤信其說，陷入邪見網中，其爲害何止流蕩而已也。鄉愚不具信根，那同新學之僧，況其設奸捏誣，又非本爲殖利而無惡心者比，則余證妄之說豈得已之述哉。子更不見夫先師《答虞銓部書》云：「儻其說日熾，以至名公皆爲所惑，廢朽當不惜病軀，不避口業，起而救之。」又《三筆》中云：「現前信奉士友，皆正人君子，表表一時，衆所仰瞻以爲向背者。余安得避逆耳之言而不一罄忠告乎？」又云：「儻余懷妬忌心，立詭異說，故沮壞彼主教，則天主威靈洞照，當使猛烈天神下治之以飭天討。」然則先師居恒未嘗不以此切切焉者。德園先生著《天主實義殺生辨》，末亦云：「雲棲師嘗言諸君若皆信受，我將著《破邪論》矣。」緣先師在日，彼倡教立說，尚無如此之熾；而趨從之者，亦無如此之盛。今其說日熾，而其徒日昌，且公然妄言僞捏以誣罔我大師矣。嗚呼師今已往，邪信日多，余安得起大師於嘗寂光而復作之也。傷哉！昔明教謂韓子譏沮佛教聖人太酷，吾嘗不平。比欲從聖賢之大公者，辨而裁

之，以正夫天下之苟毀者而志未果。然今吾年已五十者，且鄰於死矣，是終不能爾也。吾之徒或萬一有賢者，異日必提吾書貢而辨之，其亦不忝爾從事於吾道也矣。今之從遊於吾雲棲門下稱賢者多矣，寧無念師恩繼師志者起而辨之乎？

夫一夫不獲，若予陷之，儒言也，我佛稱天人師，具大慈大悲等視衆生猶如一子。所以阿贊楞嚴會上贊世尊云，若一衆生未成佛，終不於此取泥洹。是則學佛者當心契佛心，行合佛行，以承佛志，以紹佛願，何乃高視空談而謂一切是非莫辨耶？今子是莫辨而非有辨，當下分别宛然。是非蜂起，一切莫辨之説將誰欺乎？《梵網經》云：「聞一謗佛音，聲如三百矛刺心。」今稱大僧者，誰不秉梵網之戒。若知佛即我師，師即佛等，寧忍聞其謗而恬然無動於中乎？子既安忍無動，而又議予之喋喋也，何哉？或者曰西人蓄謀叵測，子發其奸，寧不畏其禍。余應之曰：彼守邪因之教，且聞其能循教以死天。余奉正眞之道，獨不能抱道以死佛乎？況禍福關於前因，生死繇乎定業，余籌之熟矣，西人何能吉凶我。然余於天教之人，亦何有仇讐嫉忌之心哉？念彼離國遠來，鍊形攝養，欲人去惡爲善，以敬天帝，亦無不可者。而無奈執性顛倒，妄計邪因，不得佛意，即據所立之規誡尙不及舊醫十善乳藥之正木，又何知客醫八種破舊之遠方術。舊醫乳藥大經，猶呵爲其實是毒，矧茲非乳之邪。彼徒知爲善昇天，而更不知昇天必修十善。十善者，首不殺生，謂凡有生命者不得殺。彼十誡之五曰毋殺人。夫殺人者死，我國中已有著令，何藉彼今日遠來指出也。智愚莫不知上帝好生，而我國中歷代聖人亦莫不好生。或解網或畜池，或釣不網不射宿，或遠庖廚不忍食聞聲肉，或戒折方長，種種仁慈，悉難盡舉。而彼教謂禁殺牲大有損牧牲之道，牛馬等受終身之患，不如殺食止一時之痛。噫，是何忍心害理之説，一極此也。種地獄因，希天堂果，斷斷必無之理。即此一誡以見大端，餘何暇盡摘其疵，縱彼倒執超情，何能出一切智神通韋馱等六師三種外道之見，況萬不及一乎？教中謂寧願如提婆達多之永墜阿鼻地獄，不願同欝頭藍弗之生非非想天，以懼邪見故耳。雖然在法華開顯之時，三乘五乘、七方便九法界，均得會歸於圓乘一實之諦，何棄乎彼教之不我類也。獨怪夫僞造污言，誣謗三寶，自執一主之尊，以惑世殃民耳。然三寶乃人人自心本有者也，其可謗乎？謗之適足以自損，於三寶何傷也。苟達三界惟心萬法唯識，不自執其膠固以欺其心。則余將虚其中而聽其教焉，又烏用是喋喋也。今無奈彼執情不化，止可與結毒鼓緣以遠益之耳。悲夫。

釋大賢《緇素共證》 先大師示寂，緇素駢集數萬餘指，諄諄以專修淨土莫改題目爲訓。當時在會入耳銘心者，非止賢一人也。至於《竹牕三筆·四天説》，係大師臨滅之年始出，而西人利氏已先卒化五載，安有説未出而預辨？何物鬼魅揑此虚誑妄語，欺世誣民，即鄉愚稍樸茂者尙不忍爲，況欲移風易俗以行其教乎？夢宅居士《證妄説》直發其奸詭，眞法門功臣，雲棲掙子也。

著録

《四庫全書總目·子部雜家類存目提要·辯學遺牘一卷兩江總督採進本》 明利瑪竇撰。利瑪竇有《乾坤體義》，已著錄。是編乃其與虞淳熙論釋氏書，及辯蓮池和尚《竹窗三筆》攻擊天主之説也。利瑪竇力排釋氏，故學佛者起而相爭。利瑪竇又反脣相詰。各持一悠謬荒唐之説，以較勝負於不可究詰之地。不知佛教可闢，非天主教所可闢；天主教可闢，又非佛教所可闢；均所謂同浴而譏裸裎耳。

徐宗澤《明清間耶穌會士譯著提要》卷三《真教辯護類》（存目）

天帝考 嚴謨

綜述

嚴謨《天帝考序》 此書因近有疑敝邦古書，中所稱上帝者，故著茲。謹抄呈，祈師鑒俯採，過各省羅萬南魯羅聶李諸位師併祈將本與抄存之，以備參考，亦一芻議也。教下嚴保祿頓首拜。

鐸書 韓霖

綜述

佚名《鐸書序》 吾友雨公韓子，學有原本，以敬天愛人爲宗；遇事成書，皆識時救時之論也。寇盜孔棘，人不知兵，雨公作守圉全書十四卷，參古定法，望今制奇，戰守具矣。飢荒半天下，苦無食，雨公作救荒書十二卷，遡流窮源，承敝通變；十二荒政外，談農圃水利甚詳。道術不明，家自爲學，人苦無教，聖主憂之，屢詔郡國宣講高皇帝聖諭六言。獨絳州孫使君蒨溪奉行爲先，雨公在讀法之列，闡繹天言，作鐸書一卷，以余從司成之後，職教人者也，俾爲弁言。余惟唐虞三代之際，道德一而風俗同，自大司徒以下，家有塾，黨有庠，上之所以教，下之所以學，無異指也。聖遠言湮，多得一察焉以自好，卓之爲富貴利達，高之爲氣節勳名，淺之爲技藝文章，深之爲異端邪說，道術將爲天下裂矣。自宋迄明，大儒項背相望，然宗旨不同，家樹一幟，即所在尸祝者，朱陸王薛，亦復角戶分門，後學何所適從哉。惟高皇帝聖諭，蕩平正直，是彝是訓，三十載錫極之功，七十齡建極之化，如日月中天，垂三百年而未免利欲蝕之，異教晦之，即子衿有佻達之譏，況倥侗顓蒙之民乎。雨公本天祖聖，羽翼王言，以開發本然良心爲主。夫人性之善也，猶禾之有米也，舂揄而簸揚之，則米出矣；引翼而勸導之，則善出矣。解聖諭者，無慮數十百家，多老生常談，委巷俗語，味如嚼蠟，鮮所發明。讀雨公書，如夢乍覺，如醉初醒，如飢十日而享大牢焉。如久客還家，而見父兄焉。如苦煩熱，而濯以清冷之淵焉。此高皇帝之功臣，敬敷五教之嫡派也。夫理有當然，有所以然。今詔人曰：汝孝汝親，汝敬汝長，言非不美也，而未明其理。儒者多爲近理之言，或近理而不近情。雨公博極羣書，周遊萬里，凡海內外之老師巨儒，靡不與之上下其議論，而以身體之，以心驗之，自得之解，創獲之言，必極其所以然而後已；不然，雖久定之論弗取也。且文質相宜，雅俗共賞，如海水之中，兼納衆水；一燈之光，傳爲萬燈；正人心，變風俗，有功天下萬世最鉅；乃不自滿假曰：竊比遒人之徇云耳。使雨公早出用世，疏附後先，奔奏禦侮，寧讓古人。然深造之學，堅定之識，未必能如今日，天之玉成雨公，未可量也。雨公修身事天，家無異教，窮年著述，門無雜賓；余及當路諸公，屢擬推轂焉。所著書進呈御覽，當如陳新會來梁山故事，雨公力辭不可，而汲汲以民生未遂，風俗未淳爲己憂。鳳翔千仞，鶴鳴九皐，彼燕雀之儔，烏知雨公之志哉。孫使君治絳，若言游文翁其人，雨公此書相助爲理，余爲使君慶知人能得士也。賜進士出身嘉議大夫詹事府詹事兼翰林院侍讀學士掌院事前國子監祭酒南京總裁知制誥日講官。

李政修《鐸書叙》 豫寇鴞鳴，大河以南無完堡；不佞驅朽鉞鈍戈，爲元元請命於水伯。客冬青煙赤羽，日以旁午，太史冰堅，羲和律轉，天子例懸羊助氣，斬其嚙草，乃數十萬不逞之徒，教誥至三，即欲閉鷹眼而食以膠牙之飴，其將能乎。我有放鳩之恩，賊無畫鷄之畏，煌煌天語，亦徒焉已。絳孝廉韓雨公著《鐸書》一卷，追而授余河之湄，馬上讀之，無淚可揮，此嬴者皆祖宗教養之石民，誠令緇林雜遝，鴻都塡咽，賊避孝子之門，吏伏使君之背，橋上不以憂父老，梁間不以恕子弟，豈至帶牛佩犢，煩有司之赭污乎。頃兵旱相乘，死亡略盡，坐王顯刀頭，卧劉昆膝下，一旦登民於黨正，其不以血抆鵠面者幾希。雨公竭一日之心與手，尋欲人知夏諺物懸周禮辟嶧山之碑然牧者火矣。皇帝乾文巽命，加意遒官，明明聖諭，今且覆瓿，豈淄青之劍獨彈，將巴蜀之檄未殮；然則雨公《鐸書》，又曷可少哉。民知父母，女子可以從軍；民知長上，肥癯可以代死；民知鄉里，何假王烈之布；民知子孫，何待僧虔之刀；生理既定，何勞銀的；然爲旣毖，何羨白丸；天步方艱，王塗向阻；襲遂引繩於上，趙德濬源於左；正月之吉，實惟其時；南山羣盜，飲屠蘇而壽春酒，安在其不能也。雨公星潛處士，略淹丈人，諸如守圉全書，繕吏久著而稽之。乃者欽奉皇帝化成之旨，睠然作指南車，刖者安以秋駕，盲者聽以海潮，離者折其鹿角，合者撤其虎皮；至於敬天愛人之要，未嘗不三致意焉。昔韋昭砌玉，崔浩鏤金，陸澄譏康成之註，蔡沈演新安之本，望古料今，曾無覽不盈篇，三家迷目；竊謂六篇之義，無岐說焉。民亂始於非爲，非爲始漸德，斯則守圉之端委，曷可少哉。當是時，銅焦夜合，木塹晨封，不佞於失生理，失生理始於棄子孫，棄子孫始於危鄉輕家，危鄉輕家，始於罔

上，罔上始於遺親。今夫蜂屯而虎捌，下隴畝而行萑苻之間，羊腥狼毒，狐兔之聲四起，豈有不思其親者乎。先是木偃一手，沉鬼三更，僧食父肉，軍食子肉，或涕泗霑衣，或揮斤蒙面，皆斷脰刳腸，爲釜甑飯，他人何愛焉。邇來關外呼庚，啖盡許遠之妾；汴渠置櫃，盜滿陳胃之圃；朱粲洶洶，亦其勢然也。嗟夫，二雨公之《鐸書》行，威令首塗，仁風載路，亦將呼韓入學，延陀內侍，觀橋門而習射圃，何物小醜，直折箠笞之耳，是不足上慰天子乎。時盤酌五辛，不佞欲覼縷句讀，會軍書至；明日復刷馬河上，謹以數言弁之簡端。賜進士第山西按察司副使兼布政司右參議分守河東道李政修頓首敘。

著　録

徐宗澤《明清間耶穌會士譯著提要》卷三《真教辯護類》（存目）

性理參證

綜　述

佚名《性理參證引言》俗説每云：萬善從孝起，又曰：教乃孝之文；爲人子弟，不認父母，何以稱孝？爲人師表，不指根原，何以成教？欲察教之邪正，務必訪明立教之道若何？教戒若何？趨向若何？三宗果善，教乃眞且正也；否則，邪矣，僞矣。人於斯時，無不查其精美，以定取捨，擇善而從，不善而改；矧於生死大事，靈性之貴賤，道德之眞假，吉凶之永暫，與夫鬼神之有無，祭祀之虛實，關係人類禍福之要端，返置之度外，視猶不經之術，而弗屑以求，造乎其極耶？試看中邦九流三教，七十二門，孰不自逞己之所習，爲普世共當由之大道，人人應遵之至理；然而訪究精微，難舛謬，惟博覽明士實學君子，探知乾坤之始末，人物之來由，明辨是非，無容多騖也；其餘士庶人等，弗被迷惑者鮮矣。當今之人，隨波逐流，習染成風者，弗克操屈，聊舉三教，從奉要端，呈列於后，以示郡迷，庶江河猶知返乎，其餘者，類推焉，幸毋因詞之俚，而棄道之正，竟致自欺，永悔不及云爾。時丙子歲桂月渝城邸舍書。

著　録

徐宗澤《明清間耶穌會士譯著提要》卷三《真教辯護類》（存目）

拯世略説 朱宗元

綜　述

朱宗元《拯世略説自序》余生平，伏念人壽，最遠不過百歲。百歲之身，豈非有盡？雖聲名籍籍，功業蓋世，總一時事，要當尋永久安頓處；又念一點靈明，迥超萬物，斷無與物同生同盡之理。自然暫謝，神魂永存。更念世間萬事，不由人算，意者鬼神司之；然鬼神衆矣，亦自有所從受命者。三教百家，叅悟有年，頗悉梗槩；顧終無眞實確當，了徹完全之義，使此心可泰然自安者。及覩聖教諸書，始不禁躍然起曰：道在是，道在是；向吾意以爲然者，而今果然也；向吾求之不得其故者，而今乃得其故也。復獲交大西諸士，益歎德行之純全，至西士止矣；學問之覈博，至西士止矣，吾何幸而獲聞茲理耶。先我而生者，幾許豪傑，貿貿以生，昧昧以死；其間亦有自號爲了生死者，究竟仍在迷途中也，吾何幸而獲聞茲理耶。雖造物主於人無厚薄，在我不可不自謂特恩，竊用自喜，又用自懼；懼夫既達茲理，而不全不粹，受責更倍於他人。復思吾身幸識此高明之路，豈忍聽有衆之沉淪？故不顧世俗拂耳，每每喜向人道也。雖聖教典籍百萬，振聾聵而有餘，但余小子既受造物主多恩，識所能及，口所

能言者，何敢不竭其區區？始也好辯，爲《答客問》行世；今標大義數端，曰《拯世略説》；大約詳於彼者，則略於此。夫造物生民，備之安所，其如陷吾民者之多也；既陷之後，亦不自知其爲陷，而反以拯之者爲非；若然，則雖欲拔之使出，彼或不肯舉手待援，吾亦如之何哉？

著録

徐宗澤《明清間耶穌會士譯著提要》卷三《真教辯護類》（存目）

答客問 朱宗元

綜述

林文英《答客問序》 吾儒持世，莫先於正經，經正而後教可行，道可一，風可同也。孔氏之教，千言萬語，其本領在修身事天；佛老竊吾儒之支派，創爲釋迦玉皇名色，以愚世人；而魔愈多，而人愈玩，幾謂人受命於魔，而非受命於天，終日逐逐，昧厥本原，經之不正，孰大於是！此有心世道者，欲闢其説，特奉天主之教以正之也。古越朱子維城，精其學，著《答客問》，今蘇先生爲之重梓，問序於余。余不敏，何敢輕爲贅筆；取而閲之，知其指在尊天，實見夫天有主宰；敬而事之，務在盡職；其所云修道存心養性，皆合吾孔氏之教；而據典引經，復饒有實際，詳矣哉。其爲崇正黜邪，而足振斯世之迷惑者乎？余又於朱子有異焉。考朱子之著是編也，年才二十三耳，超超見道，歲何其早，而力何其堅，殆斯教當興，而天早授夫明道之人耶？不僅此也，余聞西學最精天象，今頒行憲曆，皆其所推定，較諸前古爲特善。朱子學既精誠，舉其經緯之理，一一而陳之，亦足見其敬天之心，著爲體天之象，以上資夫燮理。顧乃鄙言術數，而幷斥言占天，豈非務在修德，併不欲以占象之見，紛人昭事之誠也哉。噫，朱子之尊天也，至矣；其欲正人心也，切矣；讀是編者，不必岐之爲西學，取其大經而合之，爲吾儒之教，教固可行，道可一而亦可同也。時康熙歲次丁丑嘉平穀旦閩中林文英拜撰。

著録

徐宗澤《明清間耶穌會士譯著提要》卷三《真教辯護類》（存目）

天主聖教豁疑論 朱宗元

著録

徐宗澤《明清間耶穌會士譯著提要》卷三《真教辯護類》（存目）

息妄類言 方壎

綜述

方壎《息妄類言自序》 天下之道，一邪一正，出此入彼，無容兩是，烏得有所謂三教哉。蓋後世黄白青紫之心日競，而修誠之道日微。釋老之流，因得乘時中人，大肆厥辭，無復顧忌。直欲超周行而趨捷徑，駕古先王而上之。在下則有陰陽巫覡風水諸家以左右之，皆謂富貴壽考，可以前知，可以詭遇。妄談性命，棄人事之修爲，覬覦非常，悖天命而不顧甚矣。夫利欲之惑人也，劉孝標云：命也者，自天命之也，鬼神莫能預，聖哲不能謀，富貴貧賤，死生治亂禍福，此十者天之所命也。愚智善惡，

此四者人之所行也，此君子所以自强不息也。然則怠廢人事，媚瀆鬼神，妄求妄禱，以矯竊造物大主之權，奚能一刻自安其心哉。壎生也賤，知不足以窮理，言不足以信人；兹於作客之暇，剌取古人之成説，類而分之，列爲二卷，淺而旨，約而該，意在揭其根抵，破其虚妄，俾自求多福者，知臨下有赫，天命攸在，吉凶禍福，實非旁門曲徑，可以徼求倖得也。以自强不息之道，息彼妄言，庶幾棄不善以歸眞善，脱實禍而迓眞福，作善降祥，理固然也。山城小邑，藏書者少，謹就所見纂録成帙，覽之者亦可以得其指歸矣。若曰陳陳之言，唯三家村夫子喜談樂道，則是飲者中酒，玉粒炊香而生憎也，終其爲陶家瓦而已矣。時乾隆三十一年歲次丙戌六月下浣秀州鄰鷗氏壎書於江山官舍之内省堂。

著録

徐宗澤《明清間耶穌會士譯著提要》卷三《真教辯護類》（存目）

畢方濟奏摺

著録

徐宗澤《明清間耶穌會士譯著提要》卷七《科學類》（存目）

正教奉褒 黄伯禄

綜述

黄伯禄《正教奉褒序》 宇宙間，邦國分疆，人民分籍，語言文字，各相懸殊，而其由來，同屬一本。則普天率土，所當昭事者，同一眞主。所當崇奉者，同一正教。眞主伊誰，造化萬有，宰制群生之天主也。正教繄何？天主降世，親自創立之聖教也。顧天主教傳入一國，或以其原委未盡詳知，或以其誡規詆及陰惡，往往横遭阻撓，百計擠排，多方陷害，而教士則以勸人昭事眞主、崇奉正教爲己任，雖萬死一生，總不瞻顧逡巡，畏葸中止。每讀教中史冊，歷代同然，不禁爲之黯然神傷，而景慕我教士之蒙難愈貞也。溯天主教傳至中國，自炎漢迄今，雖屢遭抑遏，然亦有顯揚之時。有唐之世，蒙帝王嘉美准行。歷元而明，哲后賢臣，表彰信奉。至我朝定鼎，隆重尤加，賜銀建堂，給憑傳教，聖駕巡狩省方，頻問天主堂所在，召見教士，頒賜白金，溫旨慰勞，且擢用教士，寵任逾恒，聖朝之於天主教，可謂破格褒揚矣。或謂國家任用教士重其學，非重其教，不知教士力學勤修，絶意婚宦，航海東來，其志專在敷教，本不欲以末學炫長，置身顯達，乃蒙徵召而不辭者，實以推曆供職與修身闡教，兩不相妨，雖亦食禄晉銜，然仍厠列賓序，故躬膺人爵，益勵神功，每於奉職餘閒，不輟講勸，且以身近皇居，得將所抱之志與所信之道隨時上達宸聰，是朝廷之簡任教士，始固重其人之才學而用之，繼乃知其爲教士而仍用之，且深悉其教之底藴而終用之。夫深悉底藴而終用，必其奉傳之教正大光明、無瑕可指，則任用教士，不僅重其學，而兼重其教也明矣。癸未孟夏，有友來訪，詢及中朝重教顛末，余歷舉所知告之。友既去，遂編之成帙，而書其緣起於簡端。光緒九年歲次癸未季夏，海門黄伯禄斐默氏識於申江徐匯之書舍。

天學傳概 黄鳴喬

著録

徐宗澤《明清間耶穌會士譯著提要》卷五《教史類》（存目）

聖教信證 韓霖 張賡

綜述

韓霖《聖教信證叙》 有同學友問於余曰，天主教原從外國遠方傳來，諸公中華明理之士輒信從之，何説耶。余曰，因從遠方傳來，正以此爲大可信之據，當務求明於理，惟此理爲應信從耳。蓋大西諸儒來自九萬里而遥，並無别圖，特爲傳教，必有至正至深之理寓其中，爲可察焉。余愈加詳察愈明見其真實，故不得不信且從之。凡人未嘗其殺弗識其味，未究其書罔諳其理，試以虚心叅攷本教之編籍，其中道味奚若，則自分明了徹，庶幾嚮往，恐後無庸訊余爲矣。所謂虚心者，不自滿之意也。使腹已滿，他物雖有佳味，必皆厭而棄之。今余輩所以尊奉此教者，定有其説，畧舉數端如左。時順治丁亥陽月既望，河東韓霖雨公甫題。

著録

徐宗澤《明清間耶穌會士譯著提要》卷五《教史類》（存目）

道學家傳

綜述

佚名《道學家傳小引》 蓋上古之世，非無書史可考，然經秦火之後，古儒眞傳道統，竟多失落；故鑑史之所載天地人三氏等，以至伏羲，中華典籍，皆無確據可稽。是以究諸西史，幸神師指示，古經尚存，一一詳備其內，果見東海西海，此心此理，同一無二，原同一脈，謂之得其傳，曰道學家傳，遡其初也。未有天地之先，昊天之主宰，無聲無臭，於穆不已；以其全能，命陰陽二氣，火氣水土四元行，開闢乾坤，造成萬彙；乃將土化爲人祖，男則名亞當，女則名厄襪，配爲夫婦，以傳人類。父子公孫，代代相繼。傳至諾厄，洪水之世，由諾厄夫婦三子三媳八人，傳至第十三代子孫，名號伏羲者，乃始入中華，爲首御物之君，華地始有民居。從兹至今，朝代年紀，一一可考，與西曆參對，符合無差。由此推之，可知吾儕肉身由父母所生，父母緣祖父所生，推而極之以至於原祖，由原祖推而致之，則知必有一造物者，始生人類焉，果無疑矣。此篇乃聖教之確證，道統之眞傳，古古今今，聖聖相傳，口口相述，道歸一貫，故光啓徐相國曰：普天之下，原同一祖，其斯之謂也。閔予小子，幸師啓迪，誠恐過耳不存，不得已約略串成草創，使開卷如星列，以作世傳家寶云耳，非以傳諸普世也，謹以表白。

著録

徐宗澤《明清間耶穌會士譯著提要》卷五《教史類》（存目）

天學傳概 李祖白

綜述

許之漸《天學傳概序》 自天地之心見，而後君師之道興。帝王之所以爲治，聖賢之所以爲學，未有不本乎天者也。黄軒迄今，世無異治，而教統一裂，人自爲學，家自爲師，若水火之不相謀，要無不尊天以立説者。一彼一此之間，往往陽擯其名，而陰竊其實。雖道家之幽渺，釋子之

虛寂，窮其所託，與吾儒之盡性至命，不有殊途而同歸者乎？惟是斁倫毀紀，捨君臣父子之大，而躭夫幽渺虛寂，以別求其所謂天，此二氏之教，吾儒所以辯而闢之也。彼行之不著，習矣不察，終其身於君臣父子，而莫識其所爲天，即儒者或不能無弊。如欲循其弊以爲救，仍莫若尊天以立說。相傳開闢以來，有所爲天主教學者，驟而聆其語，若儻恍而弗可據。即其於吾儒當告之以二帝三王之道，日月星辰之行，天地之所以著，鬼神之所以幽，物類之所以蕃，江河之所以流，不應瀆告之以其學也。久之而親，其人繹其書，以昭事不墮爲宗旨，克己愛人爲工夫，悔過遷善爲入門，生死大事有備無患爲究竟；其於二帝三王之道，日月星辰之行，天地之所以著，鬼神之所以幽，物類之所以蕃，江河之所以流，靡弗相始終相表裏，超出乎二氏之上，而後知其學，何莫非吾儒之學也？其教自漢唐流傳中土，明萬曆辛巳，耶穌會士西泰利子，航海九萬里而來，建堂於宣武門內。一時名公卿多樂與之遊。至國朝恩禮倍渥，通微教師實總曆務，復勅建東堂，再可利子、景明安子主之，余俱樂與之遊。而然眞李子以余爲有契乎其言也，持所著書，屬利子索余序，因述其大略。惟向者福清葉相國《贈西賢》詩有云：「言慕中華風，深契吾儒理。」又云：「拘儒徒管窺，達觀自一視。」誠化其同異之見，取所爲尊天以立說者。究其指歸，精其義蘊，即不言學，並不言教可也。而一切窮神達化，更有進乎此者，抑非余之所及知也已。康熙三年歲在甲辰春王正月柱下史毘陵許之漸敬題

熙朝定案 南懷仁

著録

徐宗澤《明清間耶穌會士譯著提要》卷六《曆算類》（存目）

欽命傳教約述

著録

徐宗澤《明清間耶穌會士譯著提要》卷五《教史類》（存目）

贈言 湯若望賀文

著録

徐宗澤《明清間耶穌會士譯著提要》卷三《真教辯護類》（存目）

教務紀略

綜述

周馥《教務紀略叙》：自中外通市以來，肇衅之端半由教案而起，防不勝防。朝廷溫諭董勸嚴旨戒飭，奚止三令五申，乃士大夫不暇究其設教之由，輒囂然醜詆爲異類，嚴斥爲邪說。而入教者不盡純良容，或偭規錯矩，遂使平民藐視，至有受入教者欺淩，更相與切齒痛恨。一波未平，一波復起，相激相盪，釀禍無窮。夫在教之人雖賢愚不等，要其教理，大致不外勸人爲善。固不得舉玷教之人爲藉口，而遂疑彼教之足累人也。馥昔服官畿輔有年，隨時維持，幸少教案。光緒二十六年，在京襄贊和議，承全權大臣奏派辦結

京師順直教案，竊見教民受禍之慘，平民受擾之毒，國家賠款撫款之鉅，心實痛之。事畢履任直藩，民教宿怨未釋，所以懲勸而安輯之者，無不備至，幸鋒鏑潛銷，光華復旦。惟慮民教之再起風波也，爰屬直紳李進士剛己，搜輯各集，撮錄要旨，俾闢見聞而拓風氣，非勸人入彼教也。要使先知彼教大旨與夫各國政教之所出，尊奉之所由，而後廷旨弛禁，聽其內地傳教之大意，亦昭然共白於天下。敬錄歷朝保教諭旨，弁諸卷首，以次分爲八類，曰教派，曰傳教，誌由來也。曰教規，曰教例，明信守也。曰條約，曰章程，曰成案，以載官書之有關教務者。曰雜錄，則采輯近人論教諸篇，並附西人之說。都爲四卷，名之曰教務紀略。冀當世讀書明理之士，咸覽是編，而知源流，則凡鄉曲無知一切猜疑之見，自可渙然冰釋。孔孟言人性皆善，尚書言作善降之百祥，大旨略同。雖其言天堂，言地獄，言靈魂，稍涉悠渺，要亦神道設教之意。至若十誡，七克之旨，與吾儒克己之功彌近。果能躬行實踐，篤信謹守，要不失爲儒教中之正士。似其勸善懲惡較之釋道二氏之教，尤爲切實，乃緇流羽衣徧各行省而莫之怪，胡獨於西教而疑之斥之耶。且或逞一朝之忿，而貽君國之憂，其逞權利者遂至蹊田牽牛，貽患甚大，尤爲有志者所痛心疾首。語曰，人必自侮，然後人侮之。蚩蚩之氓，何盲昧若此。有牧民之責者，苟能於彼教原委，歷辦成案，了然於心，隨時化導平民，並訓迪教民毋忘勸人爲善之本旨，交相勉勗，未嘗不可釋疑杜隙，化險爲夷，則是編實講求吏治交涉者之一助也。至於崇教流別，自有專書備載本末，是編不過粗述大概而已，明達之士當分別觀之。光緒二十九年癸卯秋八月，撫東使者建德周馥叙。

又《教務紀略識》 同治初年，余游金陵，有友謂余曰，我中國與各國議約，許教士傳教，許中國安分良民入教，此善與人同之意，無害也。顧華民不學者多，教士易爲所誑，每收錄不馴之人，遂致藉教釀事，迨隙怨已結，浮謗易生，豈特地方之害，抑非西教之幸也。余應之曰，教民犯罪，三尺法可以治之。友人曰，此遏其流，而非所以清其源也。余問，將何道以治之。友人曰，西教大旨俱載舊約、新約二書，官家應刊此書傳布，使民不惑，其有礙於政治者，仍以法律爲斷略，如佛道諸教修身養性，何嘗有戾於法。顧舊約一書，多言上古時事，荒遠難稽，太史公所謂文不雅馴，薦紳先生難言之者，士大夫可以不閱，即孔子刪書斷自唐虞之意也。其新約一書，多剴切勸世語，大旨在不欺，不盜，不妄語，犯而不校，愛人如己，且明天人一理，善惡隨形之旨，明徐文定謂爲切實可行，有勝於清淨佛教。子曷不覽其書，搜輯其要而刊布以傳世，亦勸善弭亂之盛舉也。余心韙其言，顧未敢冒昧從事也。光緒二十六年，直隸拳匪大亂，殺教民數萬，余奉命襄辦和議，時全權大臣慶親王，李伯相，奏派余辦理京師直隸教案，辯議數月，民教安輯。復奉旨會訂民教永遠相安章程，迄以無例可循，意歧勢渙，至今未能議訂，而各教士興學，刊書，施醫，育嬰諸舉日益廣，各省入教之民日益衆，余慮異日或不免仍有妄語惑人如義和拳故事，遂約同志纂《教務紀略》一書，刊印流布，俾官民略知教務要領。顧其中惟教派一卷，采掇舊約，新約兩書，略具摩西，耶穌事蹟梗概，而於彼教之旨固未細譯。今來金陵權督篆，因各處民教意見未融，時有齟齬，忽憶昔年友人之語，不禁爲之怦然。因檢新約譯漢刻木，屬幕僚爲之撮要，錄集爲新約節存一篇，附諸教務紀略之後，其中格言精論，誠篤近儒家堅忍慈愛。近釋氏者采輯略備，鬼神生死之說，則略之。間附疏解於後，俾人知彼教之旨，於國家功令，吾儒學術初不相背，中西風俗雖異，而天理人心固無不同也，似於官之治獄，士大夫之持躬涉世，教民與非教民之畛域未化者，皆不無小補云，識者其鑒之。光緒三十一年乙巳夏四月，權兩江總督周馥識。

又《教務紀略跋》 《教務紀略》編次既定，閱樊主教教案善後章程，有感於宗教之異同，爰泚筆而書其後曰，西教十誡第一條曰，專奉上帝不敬別神。故習西教者首以拜偶像求福田利益爲大禁，爲其捨真神而別有所奉也。充西教禁拜偶像之例，以爲祖先可不祀，孔聖可不拜，專拜上帝，乃爲專壹，乃合教規。此西人之見也。中國祭祖先，拜孔聖，通國人心所同。今曰不祀不拜，則是教人忘其祖先，輕我孔教，人心不服，公憤難容。此中國人之見也。今按樊主教章程，其意以彼教亦重孝親，但敬祖宗之禮在諷經積善以求超度，不在灌獻虛儀。孔聖道德，西人亦皆欽敬，惟不行祭祀之禮，不助修廟之費，是則所謂不祀祖先，不拜孔聖，並非教人忘本，亦非輕我孔教。所以斷斷相爭者，由於中西禮俗不同耳，此中國人所宜考究者也。孝子享親，乃報本追遠之至意，觀於西人攜家省墓，置花繞行以致哀思，與中國追慕祖先何異。至拜跪奠醊諸禮，亦猶西人脫冠鞠躬致其誠敬，不得謂拜跪爲邀福，遂概從偶像禁例也。中國崇拜孔聖典禮至重，國家定爲

功令，士民無不奉行，若不遵守，是謂無法。然如鄉里愚氓，目不識丁，身不入塾，其不拜孔聖也，固亦聽之，亦猶回教之不拜佛，釋氏之不拜老子等耳。至於讀書明理，君子與士大夫之列名仕籍者，雖間有耽心釋道兩教，固無敢背越禮法，不拜孔聖，而釋道兩教義蘊反因讀儒書者討論而益顯，此歷代明效也。考耶穌教規，有誡教徒入某國從其國俗之語，又有敬其國君守其國法之訓，今教士在中國傳教，習教者仍是中國百姓，國家一體保護，絶無歧視，然必使士大夫典禮重地而亦聽教民行止自由，是使教民抗國法也，釀亂機也，豈耶穌傳教救世之心哉。光緒十六年，直隸教士呈遞節略，以深州饒陽、武強等處廩生，不保教民應縣試，有阻上進。案經直隸通飭各屬，准保應試。可見明理教士，亦願教民遵從儒教，不以拜跪虛文分畛域。竊嘗論之，洪荒之世，人有拜水火，拜禽獸爲神者，是耶穌敬天之語誡爲救世良藥，西方諸國殘殺相尋，耶穌獨能體上天好生之仁，力勸行善，誡毋殺人，其救世功用尤大。今東土專行孔教，孔教固以敬天愛人爲重也，與佛老出世之心不同，與耶穌救世之旨相近。而猶執拜跪虛文，不事變通，阻教民仕進之路，啓華民猜疑之心，當亦非耶穌立教之本旨矣。夫立教豈能一轍，要在闡明心性，略其形迹，論事尤貴持平，首在解釋爭端而期久遠，爲今之計，在教民苟守教禮，教規，即爲安分良民，官長別無吹求，惟教民之入官學堂者，登仕籍者，功令所在，通國不敢有違，教民安得獨異。按日本所定憲法，許各教自由，然必以不害治安，不紊秩序，不背臣民之義爲準的，是於任便奉教之中，仍依法律所定之界限，此歐美各邦同認之公例也。中國如釋道兩教，衣冠儀式，無一不與通國歧異，朝廷毫無禁制，以其自屏於國教之外，不圖進取，姑不以國家禮法相繩，故其教有方外之稱。然如兩教之人儘有著僧道衣冠，行僧道儀式，未必眞能究心佛老經典，則亦徒有空名而已。何也，以衣冠儀式，皆僧道之虛文也。西教典禮莫大於祀天，猶太古教所定牲祭之禮，至耶穌則不舉行。天主、希臘兩教，世守聖體之禮，至路得新教，又不舉行。以祀天莫大之典禮，耶穌不同於摩西，新教不同於舊教，其餘禮節隨時更易可知，而各教崇奉上帝之心，則始終如一。可見世界之上無論何種宗教，皆重精神，不重形式，精神乃教之實際，形式乃教之虛文。眞心奉教者，決不以虛文與人爭是非也，又何疑於中國拜跪乎哉。雖然，宗教與國政界限既分，宗教典禮與國家典禮名分亦異，中國自有紀載以來，即有拜跪之禮，歷代定爲儀注，不得僅以虛文目之。且拜跪之禮非由孔聖創定，亦不專行於孔廟，則此禮不屬之宗教，而屬之國家。中國以禮教立國，官學堂爲習禮之地，士大夫爲守禮之人，各有崇敬國教，服屬國權之名義，若令廢此禮節，紊國家之秩序，即是害國家之治安，豈獨中國所不能行，五洲萬國皆無此公例。新約書使徒保羅訓人曰，我不越他人之職。又曰，居上位者，衆宜服之。又曰，守法誡者在內心，不在虛文。宗旨和平，誠得耶穌傳教之正軌。有心救世者，幸三復斯言。光緒三十年甲辰八月，撫東使者周馥跋。

魏家驊《教務紀略例言》　一基督教大旨出入於釋回兩教，此三教者在西土互爲盛衰。佛生於中天竺，耶穌，謨罕默德生於西天竺，皆亞細亞洲之界。考其所自來，則婆羅門教之支流餘裔也。三教流傳中國，民之習釋回二教者，日久相安，不聞有爭教之案，獨於基督教，則深惡痛絶，以爲邪說。使果知基督教天堂地獄本諸釋氏，七日禮拜同乎回教，我之外母別有神，亦猶釋氏惟我獨尊，回教專拜眞神之意，則待基督教人，一如待釋回兩教之法，自然相安無事，何至舉國尋仇，釀禍無已耶。昔曾文正公有云，內地已有三四教，復加一教，亦仍無礙。誠達時之論。是編揭明此旨，務使人曉然於基督教與釋回兩教無異，庶人心可化去教界云。

一是編以調輯民教爲宗旨，凡中國儒者譏西教，與西人譏儒教之言，一概不錄，懼長爭教之燄。

一天主教勸人爲善，歷朝疊降綸音，是編首卷恭錄保教諭旨，凡我中國士民允宜恪守。

一摩西，耶穌生平事蹟，新舊兩教盛衰，以及西人來華傳教始末，鄉曲人士或未周知，傳聞異詞，類非事實，玆編於此數端具述原委，俾覽者咸瞭然於彼教之緣起。其教中規條以類相從，大概采掇西書，略加釐訂，義取簡明不爲繁引　疏舛之譏知不免焉。

一東西各國通行教例，國會與教會界限，釐然兩無妨礙，此爲消弭教禍之本臚，舉各條以著世界。政學日明，則宗教勢力自然日減。

一條約，章程，成案，凡關涉教務者，具載約章，分類輯要，暨教務輯要教案彙編等書，玆編裒輯精要，釐爲兩冊，芟繁就簡，取便檢閱。

一關係教務論說，各類所不載者，裒爲雜錄一門，西人論說果合調輯大旨，亦依次編入。其有中西禮俗不同，顯滋疑議者，必詳加辨明，錄諸

本文之後，庶免民教牴牾有所藉口。

一中國歷次教案創鉅痛深，皆由於不達教旨，不通外情所致。建德中丞懲前毖後，命輯是編，以便牧民之吏得所依據，遇事自能因應合宜。且論教事應用教法，交涉固多棘手，若據彼教條規與之理論，當無拒而不納之患。其最要則在平日勸導愚氓，破除疑忌，地方多明白教務之人，自不至釀成教禍。此尤建德中丞刊布是編，殷殷屬望者也。

一是編成於李大令剛己，家驊與校讐之役。蒐討教務各籍，稍變原書之體例，而增損之其先後修飾者爲吴京卿汝綸，孔編修祥霖，張觀察士珩。光緒三十年六月，魏家驊識。

楊文鼎、張預《教務紀略跋》　自吾國與泰西各國立有傳教條約，而教士之來內地開設教堂，與吾民之信從入教者，皆功令之所許，初無違礙於其閒者也。顧凡民性質往往安於其常，而驚於其異，遂不免多所捍格，因以動致齟齬，而地方有司又以未諳彼國宗教之源流，與向來辦理教案之約章條款，無所依據，以爲曉喻禁戢之方，此教案之所以多掣肘也。今兩江督憲建德尚書有鑒於此，以前在東省曾輯刊《教務紀略》一書，今歲又敘輯新約節存一卷，附錄卷末，而令兩江學務處鋟板印行，飭發各屬，以便遵守伏查。是書所輯宗教之理，本末體用，靡不賅洽。而歷來辦結各案，準情度理，詞氣和平，於國際交涉不失累黍。有任事之責者不致誤於祈嚮，而凡在士民稍能識字明理者，均可平心晉接教中教外之人，相安於無事之天，不其幸歟。文鼎等忝司校刊之役，今值書成，謹誌數語於後。光緒三十一年五月初旬，兩江學務處楊文鼎張預謹跋。

大西利先生行跡　艾儒略

著　録

徐宗澤《明清間耶穌會士譯著提要》卷五《教史類》（存目）

思及艾先生行跡　李嗣玄

著　録

徐宗澤《明清間耶穌會士譯著提要》卷五《教史類》（存目）

徐光啓行略　柏應理　張星曜

著　録

徐宗澤《明清間耶穌會士譯著提要》卷五《教史類》（存目）

奉天學徐啓元行實小記　陸丕誠等

著　録

徐宗澤《明清間耶穌會士譯著提要》卷五《教史類》（存目）

安南副教先生　佚名

綜　述

佚名《安南副教先生小引》　俗云：凡以舊路易新者，必知所離，而

未知所利焉。人依斯諺而概樂踐舊，寧得微而定利，不寧望厚而未定益也我譯述安南副教友記，而迪中友師之，恐必有人或慢褻新法，或嫌辭外來，且舊道而寧我自建副教新規，則余未例斯記之先，欲指余行之宜。彼曰：人俱以舊爲貴，今爾以新來獻，何意？曰世間之物事，無不屬於時之變易，則俱被新舊之異殊，然其宜否，必由於不屬時地等更之理也。理在則順，理不在則棄；乃人廣道，何必曰新舊內外乎。譬如中校學序，其益必不對其勞苦，而依理亦存之不改；蓋非盡力而恆學溫，豈得刻而留於內，其無終字串哉。然抑不依理而貿貿依舊，何避險害乎？噫，中國良可惜其曚，自貴己以大侘理，以天理，而背侮常理也。堅懷舊謬，而不幸未服，且謗天主聖教，則羣遭後世永殃，大理天理何在？夫無太陽人不見，然睹太陽亦不見實是也。但我工非新工也，中國前時必有若是，副教先生，而大利聖事甚照故地，則余專務復之，惟不見其所用法之文，而以安南友記準折之也。夫安南與中國迫近，國也同州，俗禮同字，文校又昔中省也，何必怪怨外地法乎？論肇新法，非我所敢，我元情乃從俗而依理懷舊也；人寧微利而行舊路，況我以行舊道，將獲大利乎？新法未試其重輕宜否，益利設遭幸而不震亡，必久而漸行也。舊矣，舊矣，巴不得舊法見蘇而生如舊，廣益永光耳。教師仰其福期，惟恐今時非往時，則不敢吹火於我有十二年在中州，而初以來未敢以中友爲不肖，則僅遇此紀，就懷之如珍玉，而依時宜，往往露之於數幼友耳。其地爲新地，而其細微之種，亦始美萌也；知之者美之，不知者不以信之；而謂我歎曰，地以未熟，可生貴產。余固不可。諺曰：目不見，心不欲也；中友概不知其友向法，豈欲師之耶？不知則不欲，我何敢誹云不肖也，不能也乎。中友間作起卒世修者，何不能得瞽修者哉，斯乃我揣今在京中友驗之，而明指日本安南等東小國所能，必中大大國，又諸東方文禮之師，苟實欲就能矣。

著録

徐宗澤《明清間耶穌會士譯著提要》卷五《教史類》（存目）

三巴集 吴歷

綜述

宋實穎《三巴集序》 莊定山先生曰：善觀經書者，觀吾心之經書，如郢人之運斤，九皋之相馬，取乎內而忘乎外也。漁山從學有年，詩畫及書法皆妙天下，近復留心心學，優游自足，嗒乎若忘。在身忘身，在事忘事，任風波震蕩而天君泰然，此《三巴集》之所以作也。帝鄉天人之居，海外九州之詠。心中何所不有，何所不無。漁山之作，誠所謂送君者自崖而返矣。致令予乍見之而若驚，繼觀之覺淵乎茫乎，其不可測也，安可以淺近視之耶。是爲序。

墨井集 吴歷

綜述

馬良《墨井集序》 聖篤瑪言，人於性法無遠者，天學之眞光必照。則未見照者，可痛自躬循矣。況降格以求，凡學有內心者，於天學亦不遠。故明季如虞山瞿氏忠宣公之已得眞光之照，洞本徹原。其後有墨井道人者，詩畫琴書，一一能致其曲，而不以干世，殆所謂學有內心者歟。故亦得追隨瞿氏鄉先輩，與聞夫天學之眞。同時有李二曲徵君，固深於道學者也，意者於吾天學，亦有所聞歟。不然，何其言之似吾天學也。著有籲天約，每旦爇香，仰天叩謝降衷之恩，生我育我，即矢今日心毋妄思，口毋妄言，身毋妄行，一日之內，務刻刻嚴防，處處體認。至晚仍爇香仰叩，默繹此日心思言動，有無過愆。有則長跽自罰，幡然力改，無即振奮

策勵，繼續弗已，勿厭勿懈。以此爲常，終日欽凜，對越上帝，自無一事一念可以縱逸，如是則人欲化爲天理，身心皎潔，默有以全乎天之所以與我者，方不獲罪於天云云。按仰叩長跽，欽凜對越等修省工夫，在天學爲人人早晚所習行，而在道學則惟二曲言之頗切，並言一念萬年，此神壽也，若氣斷神滅，則周公不若旦多材多藝，能事鬼神，及文王在上之言，皆誑言矣，曾謂聖人而誑言乎哉。此又吾天學魂不滅之論矣，古有魂不滅一書，而吾天學論之也更古。故以爲二曲於天學，容有所聞。而吾墨井道人則更儻乎遠矣。隨聞隨行，行年五十有一，猶舍其有以干世之具，不憚從事辣丁。即此區區向學之勇，求之於今提倡西文之世，能有幾人乎。然吾友問漁，玩物之戒素嚴，雖言滿天下，要皆布帛菽粟之文，而乃於墨井之詩，既褒緝之，復及其書其畫。何居。或曰，蓋幸天學之有人，而可見重於世也。嗚呼。天學何學，曾待人以見重耶。子墨子曰：天下百姓，故莫不犓牛羊，豢犬豕，潔爲粢盛酒醴，以祭祀上帝鬼神，而求祈福於天，我未嘗聞天下之所求祈福於天子者也。天子有疾病禍祟，必齋戒沐浴，爲酒醴粢盛，祭祀天鬼，則天能除去之，然吾未知天之祈福於天子也。今天子之尊，且不以天下才人歌頌而益尊，矧以天之主宰乎。主豈有求於人，人者生不能自主，死不能自主。其生而全受焉，死而全歸焉，不自求多福於天之主宰，將何以安身，何以立命。是則人以天學而可重，非天學以人而見重。詩畫琴書之在墨井也亦然，非墨井因之以見重，惟墨井能以天學而自重，而詩畫琴書，遂因之以特重。則問漁氏之編之也，其諸異乎或者之言歟。故因其索序於余，而還以質之。彼以天學爲迷信者，徒見於天性有虧而已，烏足以語此。時戊申長至後，馬良謹書。

李杕《墨井集序》 唐虞世南精思不懈，文章贍博。太宗每稱其五絕，一曰德行，二曰忠直，三曰博學，四曰文詞，五曰書翰。虞山墨井道人吳漁山先生，明琴樂，工詩詞，精書法，善繪畫，四者皆絕。而其避世求道，卒成教士。佈化於上海嘉定間者三十載，尤爲庸俗所難能。謂爲五絕，不亦宜乎。乃叔季人情，舍本逐末。重先生之所輕，輕先生之所重。其精於琴也，國初張雲章誌之。其工於詩也，錢牧齋宗伯有思清格老之譽。而道光間，石墩顧氏刊其稿以傳之。其長於畫，善於書也。不特畫徵諸書，藉藉稱美，而今藏其寸楮尺幅者，珍如拱璧，非千金不願易矣。然此皆先生所輕，嘗棄如弁髦而不顧者也。先生之所重，要惟眞道。故既識之，決計遵之。不便遵於家則棄家，不獲遵於里則去里。求之遐域，傳之遠方。而蘇州琴川等志，偏爲隱諱。謂先生晚年浮海，不知所之。夫撰志者果未之知耶，殆以先生爲愚，故立意諱之耳。不知先生未嘗愚，而愚在撰志者也。先生知昭事之宜勤，惠迪從逆之理不能訛。以故一識正教，奮志皈依。等親朋於行路，視名利如浮雲。曾文正有云：賢與不肖之等，奚判乎。視乎改過之勇怯以爲差而已。若先生者，可謂勇於改過者矣。己酉夏，予啓徐匯書樓舊篋，得先生《口鐸》一卷。爲從來所未刻。又得《三巴集》一卷，多於顧氏所搜過半，其言教中事甚詳。予喜，以謂可以明先生之心跡，而剖不知所之之誣矣。因請於上峯，以已刻與未刊之稿，都爲一集，顏以《墨井集》。又請安君守約，攝先生墨蹟影若干，附於卷末。俾閱者知先生之五絕，而尤學其勇於改過也。宣統元年十月朔李杕問漁氏識。

西國記法

利瑪竇

綜述

朱鼎澣《記法序》 今天下無不知有西泰利先生矣，外父徐方枚有所藏先生墓中誌云：「先生於六經一過目，能縱橫顚倒背誦。」澣未嘗不灑然異之。外父曰：「夫有以授之也。其書久在則聖高先生笥中。然出利先生偶爾艸創，未易了了，高先生再爲刪潤之。」高先生則後利先生傳其教於天下，外父所父事者。高先生嘗教澣曰：「靈性有三司，匪直記含而記含，得稱性靈之能，在能記有象，以及無象。如乙能記甲爲兄，丙爲弟，又記甲、丙揔爲同生，又能記同生之甲、丙揔爲人。兄、弟爲專，同生爲揔，人爲大揔，繇此申之，以至念茲在茲，不忘人之靈性以繇生者。」此二先生不遠九萬里西來意也，不然，此書一村學究教人讀書法矣，豈不有負先生？東雍晚學朱鼎澣書於景教堂。

著　録

徐宗澤《明清間耶穌會士譯著提要》卷四《神哲學類》（存目）

空際格致 高一志

綜　述

高一志《空際格致引》　空際所睹變化之跡繁矣，奇矣，明著矣。而究其所以然者，古格致之學恆以爲難。茲余將測其略，須先推明其變化之切根，然後可。切根者，惟四元行，所謂火、氣、水、土是也。

著　録

《四庫全書總目·子部雜家類存目二·空際格致二卷直隸總督採進本》

明西洋人高一志撰。西法以火、氣、水、土爲四大元行，而以中國五行兼用金、木爲非，一志因作此書以暢其說。然其窺測天文，不能廢五星也。天地自然之氣，而欲以强詞奪之，烏可得乎，適成其妄而已矣。

名理探 傅汎際

綜　述

李天經《名理探序》　盈天地間，莫非實理結成，而人心之靈，獨能達其精微；是造物主所以顯其全能，而又使人人窮盡萬理，以識元尊，乃爲不負此生，惟此眞實者是矣。

世乃侈譚虛無，詫爲神奇；是致知不必格物，而法象都捐，識解盡掃，希頓悟爲宗旨，而流於荒唐幽謬；其去眞實之大道，不亦遠乎！西儒傅先生既詮寰有，復衍名理探十餘卷。大抵欲人明此眞實之理，而於明悟爲用，推論爲梯；讀之其旨似奧，而味之其理皆眞，誠爲格物窮理之大原本哉。

竊嘗共相探討，而迷其詞旨。以爲是眞實者，乃靈才之糧，幷爲其美成，爲其眞福焉。爲糧者：吾人肉軀惟賴五穀之精氣，滋養以生。若一日去飲食，則必弱；久去，則必死；又或不謹，而雜以毒味進，則必病，亦且必死。靈才之不得離眞實而進僞謬也，亦如是矣。

爲美成者，人靈初生，如素簡然。凡所爲習熟，凡所爲學問，凡所爲道德，舉非其有。蓋由後來因功力加飾，而靈魂受焉者。顧所受惟眞惟實，其飾也加美；否則不美必醜矣，可惜也。

所謂眞福者，非由外得而不可必者也。惟於我所欲得，即由我得之。惟我欲得而由我得，乃始爲屬於我；惟屬於我，乃始爲我眞福也。彼世所有如財也，貴也，樂也，皆無一由我得，無一屬我，則無一爲我眞福可知矣。然則，孰爲欲得而由我得，誠然屬於我者？夫非明悟所向之眞實歟？

然別眞實之理，不可不明；而明眞實之理，正匪易易也。全明者享全福，此惟在天神聖則然。吾儕處茲下域，拘於氣稟，不能明其全而可以明其端，以爲全明之所自起，其道舍推論無由矣。

古人嘗以理寓形器，猶金藏土沙，求金者必淘之汰之，始不爲土掩。研理者，非設法推之論之，能不爲謬誤所覆乎？推論之法，名理探是也。舍名理探而別爲推論，以求眞實，免謬誤，必不可得。是以古人比名理探於太陽焉。太陽傳其光於月星，諸曜賴以生明。名理探在衆學中，亦施其光炤，令無舛迷，衆學賴之以歸眞實。此其爲用固不重且大哉。

其爲學也，分三大論以準於明悟之用。蓋明悟之用凡三：一直，二斷，三推。名理探第一端論所以輔明悟於直用也；第二端論所以輔明悟於斷用也；第三端論所以輔明悟於推用也。三論明而名理出，即吾儒窮理盡

性之學，端必由此，其裨益心靈之妙豈淺鮮哉。

余向於秦中閱其草創，今於京邸，讀其五帙，而尚未睹其大全也，不勝跂望以俟之。是爲序。

崇禎九年日躔壽星之次奉命督修曆法山東布政司參政李天經書於修曆公署。

李次彪《名理探序》 研窮理道，吾儒本然。然世之擁皋比，譚修詣者，同異互標，醇疵競鶩，而統緒屢歧。

其或負敏喆，侈贍博者，蒐奇襲艷，只事雕蟲繡帨，而旨趣益晦。寖假而承身毒之唾，拾柱下之沈，以奸吾儒之正。舉凡一切修齊克治，咸芥睨爲虛無假合，而理道且愈迷厥向矣。

詎古經籍所載，明德明命，精微奧蘊，遂靡實地可踐，定序可循，本元可探，以祈返於一眞之路哉！抑性與天道，可得而言者，果不可得聞，而徒煩後儒擬議歟？

余小子其何知，惟德曩侍先大夫，日聆泰西諸賢昭事之學。其旨以盡性至命爲歸，其功則本於窮理格致。蓋自函蓋內外，有模有象，不論不議者，無不叩其底蘊，而發其所以然。覺吾人褆繕，始有實際，身心性彙，始有究竟歸宿。貞教淑世，直遡宣尼公且而嘿契焉。彼膠固窒於習見者，未窺其藩，輒生疑沮。嗟嗟，然則道之難明也，雖關、閩、濂、洛諸儒，當年不能援睽使翕，情勢則然；斯又奚足爲西賢致慨乎！

先大夫自晤利先生京邸，嗣轍所之，必日偕西賢切劘揚扢。迨癸亥盧居靈竺，迺延體齋傅先生，譯寰有詮，兩載削稿。再閱歲，因復繙是編。

蓋寰有詮詳論四行天體諸義，皆有形聲可晰。其於中西文言，稍易融會。故特先之以暢其所以欲吐。而此則推論名理，迪人開通明悟，洞徹是非虛實，然後因性以達夫超性。凡人從事諸學諸藝，必梯是爲嚆矢，以啓其倪；斯命之曰名理探云。其爲書也，計三十卷。奧而不浮，賾而有序，統之函五大倫，而究則歸於一眞。語之抉源，步之踸實，殊海心同，若合符節。何有攜貳以自生障礙哉？

第厥意義宏深，發抒匪易。或隻字未安，含毫幾腐；或片言少棘，証解移時；以故歷數年所竟帙十許。乃先大夫旋以修曆致身矣。俟余入署纘業，鞅掌測演，悵居諸之虛邁，繼述之未從，每爲披閱，有餘恫焉。

丁丑冬，先生主會入都，示余刻本五帙，益覺私衷，欣赧交構。蓋赧者所貽清白，力莫能助剞劂之費；至欣者則景祚天開，聖天子留心欽若，邇日昭鑒斯道，有裨世教，因錫以御牓，顏曰欽褒天學。大哉皇言，開榛蕪，啓矇聵，息異喙，定一眞，是斯道大明大行之一會乎！有志於正學者，得是編爲引端焉。於以信表章之非誣，倡秉彝之有自，至德不孤，行將殫西學以公諸寰宇，使旨趣不迷，統諸歸一；則曩之窒者通，疑者信，寧爲名理探而已耶！余小子，實不勝企願焉。因不揣固陋，爲摭其大端如此。

崇禎祝犂單閼之歲日躔降婁仁和後學李次彪譔。

著録

徐宗澤《明清間耶穌會士譯著提要》卷四《神聖學類》 （存目）

寰有詮 傅汎際 李之藻

綜述

李之藻《寰有詮序》 權輿天地神人萬物森焉，神佑人，萬物養人，造物主之用恩，固特厚於人矣。原夫人稟靈性，能推義理，故謂小天地。又謂能參贊天地，天地設位而人成其能。試觀古人所不知，今人能知，今人所未知，後人又或能知。新知不窮，固驗人能無盡。是故有天地，不可無人類也。顧今試論天地何物，何所從有，何以繁生諸有。人不盡知，非不能知，能推不推，能論不論，奚從而知，如是而尚語參贊尚乎。不參贊謂虛生，倂不背推論，不與一切蠢動埒乎。兩人邂逅，初識面目名姓，稍狎之倂才情族屬瞭然。獨於戴堪履輿，五有孕結，其爲生我育我終始我諸所以然，終身不知，終古無人知也可乎。聰明傍用，不著本根，貿貿而

生，泯泯而死。夫惟不能推厥所以然，是故象緯河山，不識準望。躔度變合，不知步測。冷熱乾濕，不審避就。乃至稼穡耕穫遺利，醫療運氣失調，化遷盈縮忽時，工藝良楛違性，梯航軍旅迷嚮。以至操觚繪物，比事撰德，悉皆耳食臆忖，無當實際。彼夫裨海大瀛，三千大千，一切恣其夸毗，以誣惑世愚。而質之以眼前日用之事，大抵盡茫如也。鞮鞻靈明，既甘自負，更負造物主之恩。且令造物主施如許大恩於世，而無一知者，則其特注愛於人類亦何爲也。昔吾孔子論修身，而以知人先事親，蓋人即仁者人也之人。欲人自識所以爲人，以求無忝其親，而又推本知天。此天非指天象，亦非天理，乃是生人所以然處。學必知天，乃知造物之妙，乃知造物有主，乃知造物主之恩。而後乃知三達德，五達道，窮理盡性，以至於命。存吾可得而順，歿吾可得而寧耳。故曰儒者本天然，而二千年來推論無徵。謾云存而不論，論而不議。夫不議則論何以明，不論則存之奚據。蔽在於蝸角雕蟲，既積錮於俗輩，而虛寂恠幻，復厚毒於高明。致靈心埋沒，而不肯還嚮本始一探索也。景教來自貞觀，當年書殿繙繹經典頗多，後人妄爲改竄，以歸佛藏。元宗沈晦殆九百載。我明天開景運，聖聖相承，道化翔洽於八埏，名賢薦瑞於上國。時則有利公瑪竇浮槎開九萬之程，既又有金公尼閣載書踰萬部之富。乾坤殫其靈秘，光岳煥彼精英。將進闕廷，鼓吹聖教。文明之盛，蓋千所未有者，緣彼中先聖後聖，所論天地萬物之理，探原窮委，步步推明，繇有形入無形，繇因性達超性。大抵有惑必開，無微不破。有因性之學，乃可以推上古開闢之元。有超性之知，乃可以推降生救贖之理。要於以吾自有之靈，返而自認，以認吾造物之主。而此編第論有形之性，猶其淺者。余自癸亥歸田，即從修士傅公汎際結廬湖上，形神並式，研論本始。每舉一義，輙幸得未曾有，心眼爲開，遂忘年力之邁，矢佐繙繹，誠不忍當吾世失之，而惟是文言敻絕。喉轉棘生，屢因苦難閣筆。乃先就諸有形之類，摘取形天土水氣火所名五大有者，而創譯焉。夫佛氏楞嚴亦說地水火風，然究竟歸在眞空。茲惟究論實有，有無之判，含靈共曉，非必固陋爲贅，略引端倪，尙俟更僕詳焉。然而精義妙道，言下亦自可會。諸皆借我華言，翻出西義而止，不敢妄增聞見，致失本眞。而總之識有足以砭空，識所有之大，足以砭自小自愚，而蠅營世福者。誠欲知天，即此可開戶牖。其於景教，殆亦九鼎在列，而先嘗其一臠之味者乎。是編竣而修士於中土文言，理會者多，從此亦能漸暢其所欲言矣。於是乃取推論名理之書，而嗣譯之。噫，人之好德，誰不如我，將伯之助，竊引領企焉。不然，秉燭夜遊之夫。而且爲愚公，爲精衛，夫亦不自量甚也。

著録

《四庫全書總目·子部雜家類存目二·寰有詮六卷浙江汪啓淑家藏本》

明西洋人傅汎際撰。書亦成於天啓中。其論皆宗天主。又有圜滿純體不壞等十五篇，總以闡明彼法。

案歐邏巴人天文推算之密，工匠製作之巧，實逾前古。其議論夸詐迂怪，亦爲異端之尤。國朝節取其技能，而禁傳其學術，具存深意。其書本不足登冊府之編。然如寰有詮之類，明史藝文志中已列其名。刪而不論，轉慮惑誣，故著於錄而闢斥之。又明史載其書於道家。今考所言兼剽三教之理，而又舉三教全排之。變幻支離，莫可究詰，眞雜學也。故存其目於雜家焉。

西學凡 艾儒略

綜述

楊廷筠《刻西學凡序》 儒者本天，故知天，事天，畏天，敬天，皆中華先聖之學也。詩書所稱，炳如日星，可考鏡已。自秦以來，天之尊始分；漢以後，天之尊始屈，千六百年天學幾晦，而無有能明其不然者。利氏自海外來，獨能洞會道原，實修實證，言必稱昭事；當年名公碩士皆信愛焉。然而卒未有能盡叩其學，緣其國隔九萬里，象胥絕不相通，所可譯者，器象圖數，有跡可揣之物；而其於精義妙道，析牛毛超象罔者，書雖

充棟不能盡以手口宣也；推厥所繇，彼中士人，學問修詣有次，不能躐等徑造；極開敏者必廿年乃成，再三考試，周德不亂，乃始聽許遠遊。迨入中華，間關數載，又以數載習語，認字數載，通經學文，始能融會兩境，義理有所闡譯，而老將至矣。而我華人又鮮肯虛心參究與共功力者，所以後先數輩，率皆齎志以歿，而學不盡傳；而貌取者，第敬其操詣之純篤，與其名理之該洽；又或以爲淺譚象數，而無當於精奧。抑孰知原原本本，眞有當年累世而莫可窮竟者；即如彼國讀書次第，取士科條，種種實修實用，欲著一詞章功利，欺世盜名，如吾三代以下陋習，而無所庸之；以作此養成就，其人才自是不同。教化流行，風俗醇美，無可疑者。若疑言涉夸毗，諸賢素不妄語，以余所聞，又閱多人多載，顢若畫一。所稱六科經籍，約略七千餘部，業已航海而來，且在可譯，此豈蔡愔玄奘諸人近採印度諸國，寂寂數簡，所可當之者乎。而其凡則艾子述以華言，友人熊子士旂，袁子升聞，許子胥臣，爲受梓以廣異聞；夫此其於天學也，猶未諳象緯，而先持寸軌以求夙莫者也。嗟夫，吾中國文教光天，秘府名山所藏，即珠函貝笈之僻，大抵富有不遺，詎可冷此種學問，歲月遄征，而光彩久韜不耀，假我十年，集同志數十手，衆共成之，昭聖天子同文盛化，良亦千載一時；而其俟河之清，人壽苦短何哉。雖然，吾終不謂如許奇秘，浮九萬里溟渤而來，而無百靈爲之呵護，使終湮滅。獨竊悲諸誦法孔子而問禮問官者之鮮失其所自有之天學，而以爲利民西來之學也。天啓癸亥季夏之吉鄭圃居士楊廷筠題。

許胥臣《西學凡引》　凡也者，舉其概也；左丘明以凡翼經，而西學以凡翼天，天非自西學始也。程子曰：儒者本天，蓋宗古敬天畏天言之；游楊呂三家，親出程氏之門，而已有徑庭之誤，朱子辯之詳矣。浸淫於速化謬，眯於提宗，而格致一種學派，晦蝕幾盡，不圖有返本窮原，苦修實體，而理析於繭絲牛毛，教攝於踐形超性，如艾氏所述西方之學者。讀其凡，其分有門，其修有漸，其詣有歸，恍然悟吾儒格物，原非汗漫；致知必不空疎，而格致果躋治平，治平必肇端於格致也。然則聖人豈欺我，而近儒超捷高妙之旨，果能試之有效，而推東海西海而準否耶。昔左氏不列學官，漢下明詔諸博士，或不肯置對。今試令廣譯西學，傳播人世，眞是眞非，必瞭然心目。第恐創聞則駴，耳食則疑，未必肯虛心張眼，而一一切磋之耳。善乎李太僕之言云：學者之病有四：淺學自奓一也，怠惰廢學二也，黨所錮習三也，惡問勝己四也。祛此四病，而相與馳騁乎域外之觀，會通乎天人之際，不負此身，不虛此日，兹於同志者有深望矣。或曰西學自漢購之，白馬馱來，寥寥四十二章，不聞奇論，迨今迺出，不飾說歟。曰此身毒之書，非九萬里外歐邏巴之書也。吾聞西國書言，大抵千里一譯，距我中華，雖心同理同，而語言文字別有天地，寔不易知。自利氏觀光三十年來，名公鉅儒，相與投分研精，夫非一人一日而所能通譯者，自實義，畸入，七克而外，不過度數器用諸書，千百之一二，非不欲譯，不易譯也。當時蔡諳秦景何人，一往輒返，乃能得其要領，而況身毒距歐邏巴尚七萬里，影響相傳，有何確據。嗣後文人佞佛，增飾夸張，幾與吾儒角立；而吾儒顧且拾其餘瀋，甚且入室操戈。噫，禮失則求之於野，讀西學凡而學先格致，教黜空虛，吾亦取其有合於古聖之教而已矣。未屑借資重譯，而與彼佛較曲直也。艾子西來有年，言不妄發，是學之傳，則余友人袁子升聞，力扣而請以華音譯之者；至於加以句讀，綴之圈點，則余不佞，亦竊有所契於斯文。異日者廣致其書籍，而盡繙譯焉，鼓吹麻明，小可比左氏一經，大則盡洗竺乾之悠謬，竊所寤寐，固不敢謂操緹摘槧，世更無楊子雲也。

著録

《四庫全書總目・子部雜家類存目二・西學凡一卷，附録唐大秦寺碑一篇兩江總督採進本》　明西洋人艾儒略撰。儒略有《職方外紀》已著錄。是書成於天啓癸亥《天學初函》之第一種也。所述皆其國建學育才之法，凡分六科。所謂勒鐸理加者，文科也。斐錄所費亞者，理科也。默第濟納者，醫科也。勒義斯者，法科也。加諾搦斯者，教科也。陡祿日亞者，道科也。其教授各有次第，大抵從文入理，而理爲之綱。文科如中國之小學，理科則如中國之大學。醫科法科教科者，皆其事業。道科則在彼法中所謂盡性致命之極也。其致力亦以格物窮理爲本，以明體達用爲功，與儒學次序略似。特所格之物皆器數之末，而所窮之理又支離神怪而不可詰，

是所以爲異學耳。

職方外紀 艾儒略

綜述

艾儒略《職方外紀自序》 造物主之生我人類於世也，如進之大庭中，令饗豐醼又娛歌舞之樂也。嘗試仰觀天象，而有日月五星列宿之麗，則天似室廬，列象似瑰寶之飾垣壁者然。俯察地形，而有山川草木之羅列芬芳，則猶劇戲之當場者然。其他空中飛鳥、江海潛鱗、地上百穀果實，則集五齊八珍之薦列几筵者然。然則造物主之恩厚亦極矣，胡爲乎人每日用不知，若將謂固然宜然，而曾莫究其所以然也！昔神皇盛際，聖化翔洽，無遠弗賓，吾友利氏齎進《萬國圖誌》。已而吾友龐氏又奉繙譯西刻地圖之命，據所聞見，譯爲圖說以獻。都人士多樂道之者，但未經刻本以傳。迨至今上御極，而文物重新，駸駸乎王會萬方之盛矣。儒略不敏，幸廁觀光，嘅慕前庥，誠不忍其久而湮滅也，偶從蠹簡得覩所遺舊稿，乃更竊取西來所攜手輯方域梗概，爲增補以成一編，名曰《職方外紀》。私竊自哂，殆不過如匠氏竹頭木屑之陳，庖人蘋蘩薀藻之獻，優伶雜劇百戲之搬演，無當大觀，非關實學。惟用以供有識卧遊之萬一，則亦或者小有補云。

且夫士抱雅志，將以周遊四遠。或爲采風問俗，以弘教化；或爲搜珍覓寶，以充美觀；或窮此疆爾界，以察地形；或訪聖賢名流，以資師友；或通有無貿遷，以求贏羨；或考群方萬國山川形勝，以證經傳子史之載紀；或探奇覽秀，以富襟懷，以開神智。諸如此類，即有志焉，而勢不無道里跋涉之勞瘁，舟車貲費之經營，以至寇賊風波意外之警，又往往足爲我虞。矧人壽之幾何，勢非假羽翮以翔遊，或莫能遍歷八荒，以畢吾一生壯遊之願也。兹賴後先同志，出遊寰宇，合聞合見，以成此書，不出戶庭可以周遐遠。在創聞者，固未免或駭爲奇，然而非奇實常；或疑爲虛，然而非虛皆實。夫惟造物主之神化無量，是故五方萬國之奇詭不窮。倘一轉念，思厥所由，返本還原，徑固不遠，區區之愚，良有見於此耳！而淇園楊公雅相孚賞，又爲訂其蕪拙，梓以行焉。要亦契余不忘昔者吾友芹曝自獻之夙志，而代終有成所願共戴天履地者。

既幸宅是庭，饗是醼，觀是樂，因而遡流窮源，循末求本，言念創設萬有一大主宰，而喟然昭事之是惕，則巵言薈稡，庶其不貽說鈴之誚乎！若曰異聞異見，姑以炫耀耳目，則儒略何人，而敢於學海名區呈此伎倆，是又與於玩物喪志之甚者也。天啓三年歲在癸亥八月望日西海艾儒略識

楊廷筠《職方外紀序》 方域大矣，其間位置凴生，日新富有，在一方即有一方物用，滿足周匝，不相假貸。有齊諧不能志，隸首不能紀者，是孰使之然哉？有大主宰在也。《楚辭》問天地何際，儒者不能對。今欲窮思極索，以求涯際，必至狂惑眫渙喪志而未有得，何居乎？西方之人，獨出千古，開創一家，謂天地俱有窮也而實無窮，以其形皆大圜，故無起止，無中邊。最輕清者爲天，天體多重，逈出地外；最重濁者爲地心，恰正在天中，以其爲重濁，本所有形有質者，皆附就之。此外上下四傍，皆係輕清，重地不能就輕，自不能倒落一處。論其成位，則天包火，火包氣，氣包水，水包土，重重包裹。人之肉目只見水土二行，不見氣火二行。遍地周遭皆人所居，不得以地下之人與我腳底相對，疑其有傾倒也。考圖証說，歷歷可據，斯亦奇矣！

揆厥所由，西國有未經焚劫之書籍，有遠遊窮海之畸人，其所聞見，比世獨詳。然是編所摘，猶是圖籍中之百一。即彼國圖籍所紀，又是宇宙中之萬一。而俶詭瑰奇，業已不可思議矣，又況自地而上，窮無窮，極無極，進之而虛空，進之而天載函蓋之間，更無差數可睹，安得以人心分量彷彿測之！夫睹九重宮闕，嵬然煥然，必非謂偶成也，定由工師構之，司空董之，至尊臨御之也。方域至大，其位置凴生，日新富有，徧地生齒各給其用，各不相襲，此不可窺測造物主之全能與貴重，人類獨超萬物之上哉！既知造物主全能，則世惟一尊，無可與並。即生知安行之聖，出有入無之神，不過全能中所造萬類之一類，而豈可以爝火比太陽，蹄涔並滄海乎！惟聖人見其然，故凜凜昭事，畏天命，對上帝，暗室屋漏，日監在兹，不敢戲渝，不敢怠荒，此眞能知天事天，質之東海西海，不相謀

而符節合者。

西士引人歸向天帝，往往借事爲梯，注述多端，皆有深意。而是編則用悅耳娛目之玩以觸人之心靈。言甚近，指甚遠。彼淺嘗者，第認爲輶軒之雜錄，博物之談資，則還珠而買櫝者也。

李之藻《刻職方外紀序》 萬曆辛丑，利氏來賓，余從寮友數輩訪之。其壁間懸有大地全圖，畫線分度甚悉。利氏曰：「此吾西來路程也。其山川形勝土俗之詳，別有鉅冊，已藉手進大內矣。」因爲余說：「地以小圓處天大圓中，度數相應，俱作三百六十度。凡地南北距二百五十里，即日星晷必差一度。其東西則交食可驗，每相距三十度者，則交食差一時也。」余依法測驗，良然。迺悟唐人畫方分里，其術尚踈，遂爲譯以華文，刻爲《萬國圖》屏風。居久之，有濟呈御覽者，旋奉宣索，因其版已攜而南，中貴人翻刻以應。會閩稅璫又馳獻地圖二幅，皆歐邏巴文字，得之海舶者。而是時利氏已即世，龎、熊二友留京，奉旨繙譯。龎附奏言：「地全形凡五大洲，今闕其一，不可不補。」乃先譯原幅以進。別又製屏八扇，載所聞見，附及土風物產，楷書貼說甚細。余以甲寅赴補，幸獲覩焉。此圖延久未竟，會放歸，賫投通政司，弗納，則奉致大明門外，叩頭而去，今尚庋中城察院云。而龎、熊旋卒於途。其底本則京紳有傳寫者，然皆碎玉遺璣，未成條貫。今年夏，余友楊仲堅氏與西士艾子爲增輯焉。凡系在職方朝貢附近諸國，俱不錄，錄其絕遠舊未通中國者，故名《職方外紀》。種種咸出俶詭，可喜可愕，令人聞所未聞。然語必據所涉歷，或彼國舊聞徵信者。世傳貫胸、反踵、龍伯、焦僥之屬，以爲荒誕，弗收也。

艾子語余：「是役也，吾謏聞也與哉！地如此其大也，而其在天中一粟耳。吾州吾鄉又一粟中之毫末，吾更藐焉中處，而爭名競利於蠻觸之角也與哉，則性爲形役，實錯厥履。夫皆夸毗其耳目思想以自錮，而孰知耳目思想之外，有如此殊方異俗地靈物產眞實不虛者，此見人識有限，而造物者之無盡藏也。而又窮變極備，隨處悉供人類之用，兼賦人以最靈之性，俾能通天徹地，不與草木鳥獸同頑同朽。明乎造物主之於人獨厚也，人可不克己昭事，以期復命歸根。作如是觀，庶吾儕未闓天道，先語地員，不詒先後倒置之誚也乎！」而艾子之友金子則又曰：「此姑以綴屏上之圖也云爾！吾欲引伸其說，作諸國山川經緯度數圖十卷、風俗政教武衛物產技藝又十卷，而後可以當職方之一鏡也。」金子者，賫彼國書籍七千餘部，欲貢之蘭臺麟室，以參會東西聖賢之學術者也。德之庥明奎躔炳瑞，時則有異國異書梯航九萬里而來，蓋曠古於今爲烈。聖主崇文，第令得廣致羣英，分曹摘槧，以盡傾海嶽之奇乎！將河洛未足誇，鳳鳥不虛至，而謂曩所拾一屏一冊卧遊之具，尚足爲咫聞炫哉！

余聞西域天文，洪武中曾譯之，右文家法固然矣。禮樂盛百年，聲教敷四海，儒有涵醇飫賾，播頌於無窮，知必不與鳩摩、玄奘輩所致書同類而並眡之也。天啓癸亥日躔天駟浙西李之藻書於龍泓精舍

瞿式穀《職方外紀小言》 鄒子九洲之說，說者以爲閎大不經。彼其言未足盡非也。天地之際，赤縣神州之外，奚啻有九？則見猶未墮方隅。獨笑儒者未出門庭，而一談絕國，動輒言夷夏夷夏。若謂中土而外，盡爲侏離左衽之域，而王化之所弗賓。嗚呼，是何言也！吾夫子作《春秋》，攘夷狄，亦謂吳楚實周之臣，而首奸王號，故斥而弗與，非謂凡在遐荒，盡可夷狄擯之也。試觀嵩高河洛，古所謂天下之中耳，自嵩高河洛而外，皆四夷也。今其地曷嘗不受冠帶而祠春秋，敦《詩》《書》而說《禮》《樂》，何獨海外不然？則亦見之未廣也。

嘗試按圖而論，中國居亞細亞十之一，亞細亞又居天下五之一，則自赤縣神州而外，如赤縣神州者且十其九，而戔戔持此一方，胥天下而盡斥爲蠻貉，得無紛井蛙之誚乎！曷徵之儒先，曰東海西海，心同理同。誰謂心理同而精神之結撰不各自抒一精彩，顧斷斷然此是彼非，亦大踳矣。且夷夏亦何常之有？其人而忠信焉，明哲焉，元元本本焉，雖遠在殊方，諸夏也。若夫汶汶焉，汨汨焉，寡廉鮮耻焉，雖近於比肩，戎狄也。其可以地律人以華夷律地而輕爲訾詆哉！故愚謂茲刻之大有功於世道也，不但使規毫末者破蝸國之褊衷，抑且令恣荒唐者實恆沙之虛見。如第以娛心志悅耳目也者，則雖上窮青冥，亦《山經》、《穆傳》之餘魂，下極黃壚，亦志怪、齊諧之賸馥，而何以追玄造於生成，荷神工於亭毒，幾幾不爲無益之談，以度越鄒子也。後學海虞瞿式穀識

許胥臣《職方外紀小言》 楊子《法言》曰：「吾寡見人之好遐者也。邇文之視，邇言之聽，遐則偭焉。曷若茲之甚也？好盡其心於聖人之道者，君子也。人亦有好盡其心矣，未必聖人之道也。多聞見而識乎正

道者，至識也；多聞見而識乎邪道者，迷識也。」迷莫迷於昧天。西賢之條地規天，專以導人敬天事天，而所以辯乎非天之天者不一而足，而無奈譊譊者天下皆訟也。天下之亡聖也久矣，呱呱之子，各識其親，譊譊之學，各習其師。班固曰：安其所習，毀所不見，終以自蔽。此學者之大患也。精而精之，是在中矣。天下有三好，衆人好己從，賢人好己正，聖人好己師。《職方外紀》似亦稗官小說，要於裒奇薈異，使人識造物主功化之無涯。擴其所見，不局於所未見，而因以醒其錮習之迷，以歸大正，則不第多其見聞而已也。人果盡心於知性知天，晦斯光，窒斯通，狹斯宏，散漫繁衍，皆歸於宗，如之何偭焉？其遐而好盡心於邇也。浩浩之海，濟樓航之力也，航人無楫，如航何？熒魂曠枯，糟莩曠沈，擿埴索塗冥行而已矣，故曰，聖人聰明淵懿，繼天測靈，冠乎羣倫。有以擬天地而參諸身乎！或問天地易簡，而聖人法之，何支離爲？曰，支離蓋所以爲簡易也，摭我華而不食我實，小知之師亦賤矣。衆言淆亂折諸聖，萬物紛錯懸諸天。彼所謂敬天事天者，赫赫乎日出之光，羣目之用也；渾渾乎聖人道，羣心之用也。已簡已易，焉支焉離。

葉向高《職方外紀序》 泰西氏之始入中國也，其説謂天地萬物皆有造之者，尊之曰天主。其敬事在天之上，人甚異之。又畫爲《輿地全圖》，凡地之四周皆有國土，中國僅如掌大，人愈異之。然其言天主，則與吾儒畏天之説相類，以故奉其教者頗多。其言輿地，則吾儒亦有地如卵黄之説，但不能窮其道里、名號、風俗、物産，如泰西氏所圖記。要以茫茫堪輿，俯仰無垠，吾中國人耳目聞見有限，自非絶域奇人，躬履其地，積年累世，何以得其詳悉之若是乎。

昔張騫使西域，其足跡不能出葱嶺、天竺外；元人窮河源，亦至崑崙而止。我朝陳誠、鄭和踰流沙、涉滄溟，輶軒所記，皆在方以内，琛球共貢之所及，然已足以見明德之覆被遠矣。今泰西艾君乃復有《職方外紀》，皆吾中國曠古之所未聞，心思意想之所不到，夸父不能逐，章亥不能步者，可謂块圠之極觀，人間世之至弔詭矣。而其言皆鑿鑿有據，非汪洋謬悠如道家之諸天，釋氏之恆河、須彌，窮萬劫無人至也。泰西氏去中國已九萬里，自上古未嘗通。今艾君輩乃慕義遠來，獻其異書數千種於朝，其視越裳之重譯獻雉，不啻過之。夫安知此後如外紀所臚列，不有聞泰西之風接踵而至者乎，是愈可以昭聖治而暢聲教也。此書刻於淛中，閩人多有索者，故艾君重梓之。余爲書其端如此。

熊士旂《跋》 昔人謂讀書益人神智，又謂開卷有益。《職方外紀》之有刻，爲益匪細也。《中庸》贊天地山川曰無窮、曰廣厚、曰廣大、曰不測，必歸功造物。騶衍之談侈而不核，章亥之步局而未周。西海先生間關九萬里而入中國，仰觀赤道南北二極之躔度以定萬國之封域，而兹紀露一斑云。吾人壽幾何，胡能足跡遍大地悉覩記諸殊尤絶迹哉！蓋惟道無遠弗屆，惟天無地弗戴，諸有道咸以眼事爲宗，欲溥天人人同有是心，共尊所聞。夫是以周游山海，苟有生齒所在，雖食人之國，不避諸艱，以樂就焉。但此猶其大略云爾，善讀是紀者，當思盈天地間生生不已，必非偶然徒然。大造良屬，有意欲令人見形而下者，既如是萬變無方，非一人耳目可悉，則形而上者有無窮奥義妙境，非人心思之所及。浸假而由象識心，由心性求之天載，即一事一物皆可以醒寤。吾人寓形宇内，眇如太倉之一粟，造物者發育萬有，悉用以供我啓翼我德我，其宜何如以仰答之。故覩奇器則知良工之苦心，目名畫則憶國手之巧心，閲《外紀》則念大造生成之宏賜，是皆不役志於物而直探本原。諸名碩先生並譯著其説，倦倦善誘，深意其在斯乎。

著録

《四庫全書總目・史部地理類四・職方外紀五卷兩江總督採進本》 明西洋人艾儒略撰，其書成於天啓癸亥。自序謂利氏齎進萬國圖志，龐氏奉命翻譯，儒略更增補以成之。蓋因利瑪竇、龐我迪，舊本潤色之，不盡儒略自作也。所紀皆絶域風土，爲自古輿圖所不載，故曰職方外紀。其説分天下爲五大州，一曰亞細亞州，其地西起那多理亞，離福島六十二度，東至亞尼俺峽，離福島一百八十度。南起瓜哇，在赤道南十二度，北至冰海，在赤道北七十二度。二曰歐邏巴州，其地南起地中海，北極出地三十五度。北至冰海，北極出地八十餘度，徑一萬一千二百五十里。西起西海福島初度，東至阿比河，距福島九十二度，徑二萬三千里。三曰利未亞

州，西南皆至利未亞海，東至西紅海，北至地中海，極南南極出地三十五度，極北北極出地三十五度，東西廣七十八度。四曰亞墨利加，地分南北，中通一峽，峽南之地，南起墨瓦蠟泥海峽，南極出地五十二度，北至加納達，北極出地十度半，西起福島二百八十六度，東至三百五十五度。峽北之地，南起加納達，南極出地十度半，北至冰海，其北極出地度數則未之測量。西起福島一百八十度，東盡三百六十度。五曰墨瓦蠟尼加，則彼國與之初通，疆域道里，尚莫得詳焉。前冠以萬國全圖，後附以四海總說。所述多奇異不可究詰，似不免多所夸飾。然天地之大，何所不有，錄而存之，亦足以廣異聞也。

性學觕述　艾儒略

綜　述

陳儀《性學觕述序》　往余入留都，會利西泰氏於吾師心堂趙先生之門，知其胸中有奇，而未及深叩。後西泰入都，著書數種，推原天地人物所由生，悉出於天主，爲世間一大父母：人能朝夕承事，出入不詭於所生，即可登天堂而享百福；不然者，將有地獄之苦。初聞之，或以爲臆說；細諦之，即吾儒昭事之學，畏天之旨也。吾儒舉其渾然者則曰天，西氏標其的然者則曰天主，要以皇矣之臨下有赫，大明之無貳爾心，皆總而屬天之主宰；此豈以漠漠蒼蒼言也？當時都中縉紳，亦許可其說，投刺交懽，倒屣推重，傾一時名流；而其所傳衍，若推步表度之法，與製造音律之器，皆超出吾人習見習聞之外，有足爲司天司樂氏備咨諏者。名聞於上，爲予之饘，授之廛，欲以弘同文之化，廣王會之圖，爲一代盛事；而西泰沒矣！余丙辰入都，僅得見其遺書。及獲交龐艾二先生，二先生學問宗旨，原原本本，一惟天主之尊，是敬是奉，而克己苦行，獨復樂道，於名利聲色之習，一切無所染，蓋與西泰氏同軌同轍。第西泰入都，爲都人士所喜，彼一時也；西泰沒後，而人以私意揣摩，夷夏起見，此一時也；道寧有異同哉？龐先生既謝世，而艾先生遂由燕入浙矣；顧晰理愈深，講學不倦，武林諸名公，多觀其深，而京兆淇園楊公，太僕我存李公，尤相篤慕，爲之揚搉非一。余鄉中先達，復有延之入閩者；而棄相國翁宗伯陳司徒諸老，皆喜其學之有合於聖賢，爲序其著述諸書；而三魂一篇，尤先生之推極：草木禽獸，所以不同於人，人獨有靈，所以獨異於物，與孟子幾希之旨合；其旁喻廣證，觸類引伸，無非欲人之攝性完靈，以無忝於天主所以生我之意；蓋肫乎吾儒淑世覺人之心也夫。西國去中國數萬里，開闢以來，重譯未通，言語文字不同，一旦向慕，挾所懷來，譯以中國之文，乃與古聖賢敬天畏天之旨，若爲發明，若加眞切。此從何處得之？正吾儒所謂天工造化之巧，無不持載，無不覆幬，而西國所謂天主者也。今我皇上御極，重體神宗皇帝柔遠之意，乃召陽龍先生輩於京都，而當事者互上薦章，與共勘曆譯書，亦一時盛事也。蓋諸先生來此者，雖先後不齊，然究其相授守一教，閱十數輩如一人，歷四十餘年如一日，已無可疑之行；即死者死，存者存，終不得其可疑之迹。造化無私，王者無外，並覆並載於天地之中，並修並證於屋漏之內，何所攜貳而反生障礙哉？因讀《性學觕述》，而偶發其端如此。

瞿式耜《性學序》　自造物主生天地人物，莫不各有當然之則；故天以覆，地以載，而人物中處其間。世固知人靈而物蠢矣，人貴而物賤矣；從未聞以生魂覺魂靈魂，判草木禽魚與人之界者。聞之，自西士利西泰始。其言曰：世界之魂有三品：下曰生魂，草木者是，扶草木以生長，及枯萎魂亦消滅焉；中曰覺魂，禽獸者是，附禽獸以視聽啖嗅，但不能推論道理，至死而魂亦滅焉；上曰靈魂，即人魂也，此兼生覺以扶長養，使人知覺，又能推論事物，明推理義，人雖死而魂蓋永存焉。其爲說已彰彰中土，但無有得其說之詳者。甲子春，予獲與艾先生游，自存養省察，以至明庭屋漏，昭之爲儀象，幽之爲鬼神，議之爲德行，制之爲度數，靡不亹亹劇談，洞其當然，徹其所以然爲極致。一日出其性學以示曰：儒者致知，必先格物；物有覺魂，靈實兼之；欲識靈之爲靈，宜先知覺之爲覺。予退而閱之，按外則五官效其職，循內則四識列其曹，發用則嗜欲運動提其總；續篇則記憶寤寐噓吸，夭壽老稚生死，挈其全而析其委，詳哉言乎。然味其大旨，則不在是。

夫學莫大於人禽之辨；此虞廷危微宗旨。明於庶物，正爲察於人倫。彼生之謂性一言，子輿氏直斥之爲犬牛；人性不少貫，政慮此覺魂不明，將天下萬世，不卒歸於禽獸不止也。故居屋漏，則心志之鴻鵠，且晝之牛羊必驅；在明廷則當道之豺狼，憑城之狐鼠必詢；務使祥麟與威鳳偕來，鳥獸共魚鼈咸若；而靈者庶不爲覺殉，覺者且賴靈以安，全調劑之，庶上主所以生物之意，與生人能物物，不物於物之意，皆洞達無疑，殆如夢者一喚而使知覺乎？咏鳶魚之詩，先儒嘗活潑地，讀是編，而不於官骸知覺外，恍有所存焉，亦難語萬物之靈矣。

朱時亨《性學觕述引》 望遠者察其貌，不察其形；聞遠者聞其疾，不聞其舒。人之去天非遠也，親受其性以得生，若面詔告之，賦畀之，豈有躬受性，躬言性，乃或不得其舉似哉？無如知識漸紛，靈明自雜，學術相亂，疑信迭更，而後人之去天遠矣。去天愈遠，言性愈難。有人焉，將億萬年性命之學，手授而口指之，如別黑白，如數一二，令人自愛自畏，自知自行，時時可舉吾性與天還相質，亦時時可舉吾性出而告人。斯其斷人之惑，生人之仁，使人知天之畀我者甚重，而我之所以自待者亦不敢輕，則其有功於天主者何如哉！夫天主主張人性，教人率性，明其眞靈，行其眞善，誠欲招漸遠之人心，呼之使與天近也。今者西學艾先生，憫我人之漸遠於天，又憫我人之漸遠於性，遂忘所以賦畀我性之祖；木鐸弘宣，彰於雷鼓，令聞者通身一汗，立見性初，恍然性在吾目，因知天在吾心，人人可爲上主之赤子，人人皆思慕爲大主之順孫；則性學一書，匪但天近，直人而天矣。夫人不識性，亦惟處後則不見初生，處外則不能內視，形相隔，遂以理相格耳。性學之言分別覺靈儼爾危微一線，推入毫髮，洞覽形神，視隔垣能見五臟者，此直如琉璃光，接在目際，竟透十天，亦不止相萬也。至於細列官職，詳示形名，戒懼有方，操存有法，業已精義入神矣；乃題曰觕述，是亦不居德之意云爾。今而知是書一出，所謂相遠者，無不咫尺而近；豈惟咫尺，竟且與爲一體矣。相遠習也，相近性也；此論眞千聖一轍，又何遠之足憂？余受而卒業，亦僥倖乎天之可近，而大主之威靈慈憫，庶幾日鑒在玆乎？是敢奉其敎而爲序。時丙戌春三月南州後學朱時亨德先甫拜撰。

著　録

徐宗澤《明清間耶穌會士譯著提要》卷四《神哲學類》（存目）

靈言蠡勺 畢方濟　徐光啓

綜　述

畢方濟《靈言蠡勺引》 亞尼瑪（譯言靈魂，亦言靈性）之學，於費祿蘇非亞（譯言格物窮理之學）中，爲最益，爲最尊。古有大學牓其堂曰：認己。謂認己者，是世人百千萬種學問根宗，人人所當先務也。其所稱認己何也？先識己亞尼瑪之尊，亞尼瑪之性也。若人常想亞尼瑪之能，亞尼瑪之義，必然明達世間萬事，如水流花謝，難可久戀，惟當罄心努力，以求天上永永常在之事。故格物窮理之君子，所以顯著其美妙者爲此；推而齊家治國平天下，凡爲人師牧者，尤宜習此。亞尼瑪之學，借此理以爲齊治均平之術；蓋亞尼瑪之學，理居其至崇高之處，以臨御亞尼瑪之欲能怒能（說見篇中），可以駕馭，使之從理；凡諸情之動，能節制之；治人之法，一切臨御駕馭節制之勢，略相似焉。君子在上，以恩德柔善良，欲能之象也；以威稜御強梗，怒能之象也；以法制禁令消弭亂萌，節度諸情之像也。亞利斯多曰：醫者欲療肉體之病，尙須習亞尼瑪之學；治人者療靈心之病，其須習也，殆有甚焉。等而上之，欲論天上之事，其須知此，又更有甚焉者。蓋從亞尼瑪可以通達天神無質者之情狀，而亞尼瑪還想本己之性，亦略可通達天主之性，爲依其本性所有諸美好，可遡及於諸美好之源故也。故古昔典籍無不贊歎亞尼瑪，謂之甚奇；如曰：亞尼瑪爲世時與永時兩時間之地平。（世時者有始有終，永時者無始無終。）天下萬物皆有始有終。天主無始無終，亞尼瑪有始無終，在天主與萬物之間，若周天十

二宮。六宮恆在地上，六宮恆在地下，而地平在其中間，爲上與下分別之界限也）如曰亞尼瑪爲有形之性，與無形之性兩性之締結，如曰亞尼瑪爲宇宙之紐約（謂上則爲天主之肖像天神之相似，下則爲萬物之所向）是也。故奧吾斯丁曰：費祿蘇非亞，總歸兩大端，其一論亞尼瑪，其一論陡斯（譯言天主）。論亞尼瑪者，令人認己；論陡斯者，令人認其源；論亞尼瑪者，使人可受福；論陡斯者，使人享福。今略説亞尼瑪四篇，一論亞尼瑪之體，二論亞尼瑪之能，三論亞尼瑪之尊，四論亞尼瑪所向美好之情，總歸於令人認己，而認陡斯，以享其福焉。方本論，未免挂一漏萬，聊當嚆矢，以待異日詳之耳。天啓甲子七月泰西後學畢方濟謹書。

著録

《四庫全書總目・子部雜家類存目二・靈言蠡勺二卷兩江總督採進本》 明西洋人畢方濟撰，而徐光啓編録之。書成於天啓甲子。皆論亞尼瑪之學。亞尼瑪者，華言靈性也，凡四篇。一論亞尼瑪之體，二論亞尼瑪之能，三論亞尼瑪之尊，四論亞尼瑪所同美好之情，而總歸於敬事天主以求福。其實即釋氏覺性之説，而巧爲敷衍耳。明之季年，心學盛行。西士慧黠，因摭佛經而變幻之，以投時好。其説驟行，蓋由於此。所謂物必先腐而後蟲生，非盡持論之巧也。

天問略 陽瑪諾

綜述

陽瑪諾《天問略自序》 造物主者，生人則賜之形軀及靈神，而又特使好知；又生天地列象萬物，種種完備妙巧；如肆大筵，陳異品，置人其間，令形軀享厥用，而靈神窮厥理，且愈窮愈細愈眇，以引其好知心而樂之。故從古即至聖極聰，惟窮理是務，身心之餘，間及事物；物理愈微，其求悟亦愈殷，幸而悟亦愈樂。嘗辟知心於財，心增一知，彌增知渴；益一財，彌益財貪也。吾西格物之學，門號而府藏，枝屬而源備，於天論則尤所詳慎。故其説能剖決心疑，使人不得不是之。如以手指物示人，舉目即得，名爲指論；吾西欲證一切講辨，最確無疑，最實無虚者，即曰天文指論也。論天文者約有二端：一則測天重之多寡厚薄，日月星之運旋遲速，大小上下，去地之遠近，及出入朔望弦食晝夜寒暑，斯類者，雖有實理，第不急於日用，謂之測學。一則定節候，以便稼穡，以令種植；察行度以知時刻，以程作事；算躔會以識稟受，以治疾病；量極宿以度地里，以便行海；斯類者，有益於日用，謂之用學。乃其本旨，則又有説焉。夫學以道德爲本，而道德之學，又以識天主，事天主爲本。有爲於此學之學爲實學，益學，永學；無爲於此學之學爲虚學，廢學，暫學而已。天論者，所以使人識事眞主，輕世界而重天堂者也。譬如入一巨宫，崇而且麗，布置安美，職司勤勸，雖不見其主，必意此室中有主居之治之，且必大富大智大德矣。嗟乎，宫之崇麗，孰如圓穹；布置之安美，孰如七政列宿；職司之勤勸，孰如四時之乘除，萬物之生息；誠孰思之，不可謂天地萬物無主以造之治之也。經云：肉目不能視天主，觀其所造，即能識之；既識之，容不愛敬乎。故使人識事天主者，此也。人情非見彼大，不知此小；非視彼妍，不悟此媸；苟能思天之大且美，則必謂此所立所居所爭所分之地，乃天中一點耳；其間福樂，以天之福樂視之，不可爲眞，乃福樂之景耳。色搦加曰：習於天者，忽於地，故使人輕世界，而重天堂者此也，夫天象甚廣且多，難以殫悟，日月附在人目，亦用切人身，特撮大略數端，使同志者，稍嘗而喜焉，敢曰天論之入門，天堂之引路乎，然實所私祝矣。萬曆乙卯仲秋月泰西陽瑪諾題。

孔貞時《天問略小序》 昔韋宗睹僞檀論議，因嘆絶其奇；以爲五經之外，冠冕之表，各自有人，不必華宗夏士，亦不必八索九丘。旨哉斯言，固有奇文妙理，發於咫聞之外者。第吾人罣步方內，安睹所謂奇人而稱之。予於西泰書，初習之奇，及進而求之，乃知天地間，預有此理；西士發之，東士睹之，非西士之能奇，而吾東士之未嘗究心也。天問冊，特其一端；其言黃道，似沈夢溪辨九道之説；其言曰：日蝕由月，似王充太

陰太陽之說；其言月借日光，似張衡靈憲所什生魄生明之說；其言諸天，似有出諸儒見解之外，而又非佛氏三十三天之說者。嗟乎，往代天官書，唐史甚精，以其多成於李淳風之手，專門校著，視他書楊藻揆天者愈也。今西士以其畢世聰明，求之於天，而通以中國之書，使考測者乘之，不大有裨助乎。夫精如淳風，而麟德之曆，不能不爲大衍，則義淺積畸所繇然矣。今之積差漸久，緹穀不應，而授時度事，亦漸以不符，正之宜亟，則有關於三辰四游者，其書皆宜講求，是書又不止考測之助已也，於徒詫其奇者，何有。時萬曆乙卯夏四月中甫孔貞時題。

著錄

《四庫全書總目·子部天文算法類一·天問略一卷兩江總督採進本》

明萬曆乙卯西洋人陽瑪諾撰，是書於諸天重數，七政部位，太陽節氣，晝夜永短，交食本原，地形麤細，蒙氣映漾，矇影留光，皆設爲問答，反覆以明其義，末載矇影刻分表，并詳解晦朔弦望交食淺深之故，亦皆具有圖說，指證詳明，與熊三拔所著表度說，次第根承，淺深相繫，蓋互爲表裏之書，前有陽瑪諾自序，舍其本術，而盛稱天主之功，且舉所謂第十二重不動之天，爲諸聖之所居，天堂之所在，奉天主者，乃得升之，以欲動下愚；蓋欲借推測之有驗，以證天堂之不誣，用意極爲詭譎。然其考驗天象，則實較古法爲善。今置其荒誕售欺之說，而但取其精密有據之術，削去原序，以免熒聽，其書中間涉妄謬者，刊除則文義或不相續，姑存其舊，而闢其邪說如右焉。

天學初函 李之藻

綜述

李之藻《刻天學初函題辭》 天學者唐稱景教，自貞觀九年入中國，歷千載矣。其學刻苦昭事，絕財色意，頗與俗情相盭。要於知天事天，不詭六經之旨，稽古五帝三王，施今愚夫愚婦，性所固然，所謂最初最眞廣大之教，聖人復起不易也。皇朝聖聖相承，紹天闡繹。時則有利瑪竇者，九萬里抱道來賓，重演斯義，迄今又五十年。多賢似續，翻譯漸廣。顯自法象名理，微及性命根宗，義暢旨玄，得未曾有。顧其書散在四方，願學者每以不能盡觀爲憾。茲爲叢諸舊刻，臚作理器二編，編各十種，以公同志，略見九鼎一臠。其曰初函，蓋尚有唐譯多部，散在釋氏藏中者，未及檢入。又近歲西來七千卷，方在候旨，將來問奇探頤，尚有待云。天不愛道，世不乏子雲夾漈，鴻業方隆，所望好是懿德者，相與共臻厥成。若乃認識眞宗，直尋天路，超性而上，自須實地修爲，固非可於說鈴書肆求之也。

著錄

徐宗澤《明清間耶穌會士譯著提要》卷六《曆算類》（存目）

破邪集

綜述

徐昌治《闢邪題詞》 余佩服儒教，攻苦有年，蓋通晝夜寒暑，而行住坐卧，於此中方以未得理道爲憾，忍聽邪說亂之也哉。日兢兢焉以一善之得、一隙之明，急爲傳布，嘉與流通，何帝典王謨、名臣烈士、貞夫節婦，不一一表章於帙中，迄上古中古前朝君相，豐功偉業，咸密密哀崇於言外，無非以大經大法，迪人心而開人目，使異說不得乘而中也。偶於中秋，偕費隱禪師，連舟詣禾，見其案前所列闢邪諸書，若痛斥天主教之以似亂眞，貶佛毀道；且援儒攻儒，有不昭其罪，洞其奸，彰灼其中，禍

於人流，害於世胥，天下而膺之懲之不已者。南有宗伯，北有諫臣，娓娓疏論於神宗顯皇帝之前，已稱直窮到底。閩諸君子、浙諸大夫，侃侃糾繩。夫以技術巧，以利誘愚，口誅創異，筆伐黨同，何啻張膽明目。至於雲棲有《說》，密老有《辯》，費師有《揭》，邪之不容擯正也。纚纚數千言，佛與儒同一衛道之心矣。費師又慮巧僞易滋，除蔓匪細。不合諸刻揭諸塗，使人人警省，在在聳惕，焉能戶爲說而家爲喻。因以數帙授昌治，編其節次，臚其條款，列其名目。一種憂世覺人之苦心，洞若指掌；一段明大道、肅紀綱、息邪說、放淫詞、闢異端、尊正朔，較若列眉，於中刪繁就簡，去肉存髓。凡一言一字，可以激發人心，抹殺異類，有補於一時，有功於萬世者，靡不急錄以梓。是則昌治以膚見，當佐闢也夫。崇禎十二祺季冬五日鹽官徐昌治覲周甫書於大業堂中。

蔣德璟《破邪集序》 向與西士遊，第知其曆法與天、地球、日圭、星圭諸器以爲工，不知其有天主之教也。比讀其書，第知其竊吾儒事天之旨，以爲天主即吾中國所奉上帝。不知其以漢哀帝時，耶穌爲天主也。其書可百餘種，顓與佛抗。而跡其人，不婚不宦，頗勝於火居諸道流，以是不與之絕。比吾築家廟奉先，而西士見過，謂予此君家主，當更有大主，公知之乎？予笑謂大主則上帝也，吾中國惟天子得祀上帝，餘無敢干者。若吾儒性命之學，則畏天敬天，無之非天，安有畫像？即有之恐不是深目高鼻一濃鬍子耳。西士亦語塞。

或曰佛自西來作佛像，利氏自大西來亦作耶穌像。以大西抑西，以耶穌抑佛，非敢抗吾孔子。然佛之徒非之，而孔子之徒顧或從之者，何也？未幾當道檄所司逐之，燬其像，折其居，而株擒其黨。事急乃控於予，予適晤觀察曾公，曰：「其教可斥，遠人則可矜也。」曾公以爲然。稍寬其禁，而吾漳黃君天香，以《破邪集》見示。則若以其教爲必亂世，而亟爲建皷之攻；又若以予之斥其教而緩其逐，爲異於孟子距楊墨之爲者。予謂孟夫子距邪說甚峻，然至於楊墨逃而歸則受之，而以招放豚爲過。今亦西士逃而歸之候矣。愚自以爲善學孟子，特不敢似退之所稱功不在禹下耳。且以中國之尊，賢聖之衆，聖天子一統之盛，何所不容？四夷八館，現有譯字之官，西僧七王，亦賜闡教之號。即近議修曆，亦令西士與欽天分曹測定，聊以之備重譯一種，示無外而已，原不足驅也。驅則何難之有？李文節曰：「退之《原道》，其功甚偉。」第未聞明先王之道以道之，而輒廬其居亦不必。予因以此意廣黃君，而復歎邪說之行，能使愚民爲所惑，皆吾未能明先王之道之咎，而非邪說與愚民之咎也。白蓮、聞香諸教，入其黨者，駢首就戮，意竊哀之。然則黃君破邪之書，其亦哀西士而思以全之歟？即謂有功於西士可矣。崇禎戊寅歲孟秋晉江八公蔣德璟書。

顏茂猷《聖朝破邪集序》 粵自開闢以還，三教並興，治世治身治心之事不容減，亦不容增者也。何僻爾奸夷，妄尊耶穌於堯舜周孔之上，斥佛菩薩神仙爲魔鬼，其錯繆幻惑固已輾然足笑。世人不察，入其教者比比，愈有以中夷參金之陰狡矣。余在京邸時，接門人黃貞《請闢天主書》。竊有慕沈宗伯苦志而未逮，無何輒以母喪告歸，讀《禮》家居，未敢干絲毫分外事。不審此秋季，艾妖輩踵至吾漳，既已歸人如市，又欲買地搆堂，幾令人目擊心怖。嗟嗟夷變至是，不惟亂世統，兼亂道脈，不特戕人類，并戕人性，舉世冥冥，莫知其詳。間有知者，亦莫之敢言；即有言者，案架沉埋，終莫之見其作。故今日之能使人知，使人言，使人見，江統憂，賈生哭，則《破邪》一集，其以裨於世道人心，顧不鉅歟？惟願得是集者，取而讀之，知諸先生與碩德君子之一字一金，而勿弁髦視之，則幸甚矣。敢冒不孝，姑爲序。崇禎丁丑年孟冬霞漳宗璧居士顏茂猷撰。

周之夔《破邪集序》 夔邇來力闢社黨，不無見尤焉。吾師董見龍先生，諭以安命之學。禪友曹源公，又進以無諍之旨，佩服其教，方修儒宗而求諸心；持佛戒而懺口業。臘八夜坐，心如寒石，次日猶推轉不下。次子渤素孝，自書館來問疾，談次方消，誓從此不談人間是非。而清漳賢者黃天香，持所刻《破邪集》問序於夔。觀儒臣之疏、諸賢之論，凡所以闢西洋天主邪教者，詞嚴義正，已無庸更置喙矣。西洋本猾黠小夷，多技巧，能製玻璃，爲千里鏡，登高遠望，視鄰國所爲，而以火炮伏擊之。故他夷率畏其能，多被兼併，以此稱雄於海外。若其爲教，最淺陋無味，而人多從之何哉？蓋利慾相誘。夷先以金啖愚而貪者，雖士大夫非無欲，亦墮其術耳。病端實實如此，別無玄妙奇異也。孟子待橫逆妄人以爲與禽獸奚擇，於禽獸何難。夔愚每謂視天主教，與從其教者，只宜視如禽獸，不當待以夷狄之禮。何則？夷狄猶靦然人也，而諸君子猶鰓鰓焉，引聖賢與之析是非。此不亦待之過厚，與佛慈悲等。而非吾孟子所以自處乎？

夔又謂吾儒之有孟子，猶禪釋之有達磨，皆直指人心見性。孟子學孔子，吾輩只宜學孟子，學孟子而天下之能事畢矣。孟子救人類，先救人心，而又諄諄告戒曰：「人之所以異於禽獸者幾希。」又曰：「夜氣不足以存，則其違禽獸不遠。」又曰：「飽食暖衣，逸居而無教，則近於禽獸。」又曰：「楊墨之道，無父無君是禽獸，而率獸食人。」其言痛切，幾於一字一淚。則以禽獸視天主教與從其教者，誠非刻而可以佐天香闢邪之本心矣。雖然邪教之亂儒亂佛也，吾與天香諸君子能以口舌爲功。至於嚴不軌之防，芟除殄滅，無俾易種，則當事之責，廟廊之權，即佛慈悲尚判五逆七遮不通懺悔。況吾儒治世者乎？儻謂其天文尚可用，則不主休咎，已明絕吾儒恐懼修省一脈。且彼以堯舜周孔皆入鍊淸地獄矣。其毀吾聖賢，慢吾宗祖，至此而尚爲寬大不較，羈縻勿絕之語。此之謂失其本心，而違禽獸不遠也。崇禎戊寅臘月初旬閩中周之夔章甫書。

闢邪集

綜述

杞憂道人《翻刻闢邪集序》 蓋西洋之學，長於機智而短於心理，故至其說道理之變通，與心性之妙用，則支離夸誕，殆不可究詰焉，徒以衒奇競新爲究理，僞妄亂眞，縱立詭說。若夫玩物天地，魔鬼聖賢，毀祖先之祀，廢父母之喪，以磔刑像爲神，以恣烹割爲齋。凡天下之事悉顚倒，誠理不可解者矣。然而彼以長於機智，故爲天地之事，皆可以機巧測知，昧者爲之眩惑焉。余謂彼夷輩，創造奇器以駭服蠢民，假托耶教而欺誣諸邦。欲以赤手併呑宇內，其奸計不啻封豕長蛇矣。我大雄氏有言云：劫末之世，天魔競興，以邪爲正，以僞爲眞。方今果知懸記之不誣也。頃者夷輩鬩都鄙，欲託言於通商，而私開妖教。余只懼通商一辦，妖教禁漸弛也。適閱明鍾振之居士《天學初徵》、《再徵》，暨羅川「釋如」純禪師《天學初闢》儒釋二論，至理快暢，聯璧合璋，可謂照妖膽之秦鏡矣。爰附訓點，合刻之以公於世。夫妖教之禁，昭代最嚴矣。雖然俗隨世移，事遂時變，吾徒則壹奉寬永之大令，以防微杜漸爲務。語云：「涓涓不塞，終成江河。」可不畏焉哉？可不戒焉哉？是爲序。萬延紀元庚申桂月題於緣嶠南涇古經堂中杞憂道人撰。

又《翻刻闢邪集跋》 鄉余輯《闢邪管見錄》，以問於世。適有同盟見示《原道闢邪說》一卷，受而閱之，則明費隱禪師所著，而議論正確，辨難痛快，可謂妖徒頂門一針矣。余謂甚矣妖徒之覬覦諸邦也，以利啗人，以術誘人，千態萬狀，眩奇逞奸，黠智狡猾，靡所不至。一經禪師喝破，眞如照妖鏡之射物怪。古昔有外道，或斷滅忠孝之道，或撥無因果之理，怪誕不經，鬼辨誑人。於是乎我大雄氏崛起西天，而翻狂瀾，澍法雨，不啻雷霆之啓蟄。今也人心喜新，世將趨澆漓，於是魔風益熾，寒灰再燃。我仁慈之道殆將爲外道所侵辱，悲夫！是余之所以翻刻此書，而伸禦侮之一臂力也。辛酉仲春。杞憂道人題

釋大朗《刻闢邪集序》 法無邪正，邪正在人。迦葉佛滅度後，正法像法俱盡，而常樂我淨之語，變爲九十五種外道。釋迦出世，遂以無常苦無我不淨破之。情計既蕩，聖諦現前，逮雙林示寂，重唱眞常，所謂但除其病，不除法也，流至今日，佛法又幾成外道矣。於是有利馬竇、艾儒略等，託言從大西來，借儒術爲名，攻釋教爲妄，自稱爲天主教，亦稱天學。諸釋子群起而詬之，然適足以致其謗耳。獨《聖朝佐闢》一書，頗足令邪黨結舌，惜乎流通不廣。邇來利艾實繁有徒，邪風益熾，鍾振之居士於是乎懼，著《初徵》、《再徵》，以致際明禪師。禪師笑曰：「釋迦如來，得外道六師之毀，而教道大行。肇公《物不遷論》，得空印之駁，而舉世方知討究。吾安知利艾二人，非不思議菩薩，乘大願力，特來激揚佛法者耶？是故釋子不必忿，忿亦不必辨也。唯居士主張理學，綱維世道，則其闢之也甚宜。近可閑孔孟之道，遠亦可助明佛法。」乃屬夢士評付梓人，而問序於杲庵和尚。杲庵讀竟，兼讀居士禪師往來二札，爲之評曰：善夫利艾二公，能佯作不通之說，以扣擊眞乘；善夫振之居士，能以佛理作儒理辯；善夫際明禪師，能以不辨辨，而寄辨於夢士之評也。利艾不可思議，振之不可思議，夢士不可思議，際明尤不可思議。不思議邪，不思議正；不思議語，不思議默。公案具在，以邪相入正相，以正相入邪相；知

語即默，知默即語，是在具眼者矣。癸未秋日越溪天姆峰杲庵釋大朗書。

程智用《闢邪集跋語》 余嘗讀《觀所緣緣論》，先展轉縱奪以破外人，然後中立正義。儻外計未破，不應先立自宗。譬如良將用兵，先以威伏，後以慈撫也。近日天主之教，淺陋殆不足言。彼翕然信向者，達士不過爲利所惑，庸人不過望風趨影，皆無足怪。獨怪夫破之者，不能借矛攻盾，往往先自立宗，反未免齎盜糧而借寇兵耳。惟玆《二徵》，絕不自執一法，惟乘其釁而攻之，大似尉遲敬德裸身赤手入陣，而奪矛取勝，其得臨濟白拒賊之作略者耶？是集一出，可以破邪，可以匡世，可以閑聖道，可以護國運，利亦偉矣。爰不揣庸劣，評而梓之。

鍾始聲《闢邪集原刻跋》 此書因外道天主教，排三教聖人之至理，而獨排佛更尤甚。至於焚經滅像，非僧毀廬，靡所不至。凡爲釋子當念父母之讐，不共戴天。況佛祖恩德逾於父母，縱無錢鈔賣其衣，單請去流通不爲分外。或勸人刊刻，或置各處庵院，或於村落廟宇，與天下人共見以知其邪謬，據理而驅逐之，則報佛祖之大恩，維持三教之道統，固爲賢行衲子，在於名教永遠可稱道也。砥柱正法，功莫大焉。

南宫署牘 沈仲雨

綜述

陳懿典《南宫署牘序》 《南宫署牘》者，吴興沈仲雨以少宗伯署南禮部諸稿也。仲雨與余同籍同館，號爲莫逆。居恆以經濟道誼相勗，不欲徒以文藻稱雄長，每共討館閣故實，相與歎高皇帝析中書省爲六部，然帷幄未嘗不與儒臣相咨諏，殿閣皆設大學士，特乾綱獨運，親決萬機。故顯潤色之猷，而泯參贊之跡。後人謂國初罷丞相，而内閣創於永樂間者，非也。文皇神武定鼎，投戈講藝，即命三楊、解、胡七大夫，日直文淵閣。親臣比於重臣，贊決機務。有從他曹改入翰林，官僅編簡，積漸尊貴，終始不離詞林。後人謂内閣不盡出詞臣一途者，非也。惟景泰、天順、正靖之間，初有繇潛邸部院入者，而議禮諸臣，皆先改館職，而後大用。則祖宗雅重詞臣，其來久矣。惟是文學侍從之臣，初若優遊無所事事，逮晉卿貳，則肩仔周應皆鉅且要，而禮卿爲尤甚。若南禮部，人人以爲閒適無事之地，用以養望而待遷。而仲雨典南部，獨不取優遊養尊，所奏疏移文諸牘若干卷，余受而卒業焉。所言謹天戒，開儲講，請王婚，定陵祀，皆關宗社大計。引經據禮，明諍婉諷，不遺餘力。而其所發憤抗論，至再至三，不顧流俗，不避勞怨，必期於異説芟除之淨盡者，毋如西洋夷人一事。

夫天下之患，其來有端，其成有漸。惟早見遠慮者，能預察其端，而力防其漸。爲能剪其枝蔓，拔其根株，而不遺大患於後。當其初議時，或目爲迂闊而訕笑之，旁撓之。若見爲尋常不足介意者，正智者之所瞿然恐，蹙然憂，如疾痛之在身，不能一朝濡忍者也。昔賈誼痛哭於庶孽，江統著論於徙戎。當時若能聽其言，則七國之釁必可逆銷，五胡之亂何至横決哉。惟端已見而不知，漸已成而莫覺，故一朝發難而不可收拾也。仲雨於夷人王豐肅等，據律參奏，盡法驅逐，意正在此。或云彼夷無扞罔逆跡，引繩批根，不無傷向化心，一統無外，何所不包荒。又云：夷人窺天之器殊巧，適當修正曆法之際，或可參用，如回回曆法，而反覆仲雨牘中，固皆侃侃言之矣。彼夷妄稱大西洋，且不奉其主箋表，潛跡闌入兩都，與重譯來王不同。且其徒衆日繁，金錢符水，既足煽誘愚民；異教秘器，稱天測象，又足以動士大夫好怪耽奇之聽。於此不竭力掃除，爲虺不摧，爲蛇奈何？即如仲雨身任禮卿，奏請奉旨以治此么麼。而辨揭縱横，南北響應，伏莽含沙，意正未已。藉使鋤治少緩，撰述同貝葉以盛行，部署如黄巾而難制，輦轂之下，陵寢之旁，其禍可勝道哉。學者誦法孔孟，仲尼之誅魯之文人也。固曰行僻而堅，言僞而辨，記醜而博。又曰其居處足以撮徒成黨，其談説足以飾衺熒衆，其強禦足以反是獨力，不可不除也。而孟子之詆楊墨曰：「楊氏爲我，是無君也；墨氏兼愛，是無父也。」夫孔子未攻擅政之三家，而先誅亂政之少正卯。孟子不攻儀秦之傾危，而先距楊墨之淫邪。乃後儒稱孔行周公之志，孟之功不在禹之下，則豈非以奇衺詭譎之患，能早絶其端，而防其漸哉？仲雨之意蓋深遠矣。方今寓内多故，疆事叵測，

皆坐於見端不早，積漸不防，以養無窮之禍。仲雨遇事，有關係者，不少寬假，向與予尋討館閣舊聞遺事，止為今日，政將及於海內共拭目。新參之作用，其擘畫建樹，玆稿不足盡其大。余特為玆刻表其用心之所在云。庚申春仲就李年眷弟陳懿典頓首拜撰。

辨學芻言 陳侯光

陳侯光《辨學芻言自叙》 近有大西國夷航海而來，以事天之學倡，其標號甚尊，其立言甚辨，其持躬甚潔。闢二氏而宗孔子，世或喜而信之，且曰聖人生矣。余詳讀其書則可異焉。孔子言事人而修庸行，彼則言事帝而存幻想；孔子言知生而行素位，彼則言如死而邀冥福；孔子揭太極作主宰，實至尊而至貴，彼則判太極屬依賴，謂最卑而最賤。其以時王之賞罰為輕也，則無君之罪甚於楊；其以親之鞠育為小也，則無父之罪甚於墨；其以理謂非性之本有也，則外義之罪甚於告子；獨託事天事上帝之名目，以行其謬說。嗚呼！大西借儒為援，而操戈入室，如螟特附苗，其傷必多，乃崇其學者，半為貴人為慧人，愚賤如小子，設起而昌言排之，則唾而罵者衆矣。雖然，孔子之道如日中天，大西何能為翳。惟夷教亂華，煽惑浸衆，恐閑先聖者，必憤而不能默也。偶有客與余辨，因臚列為五章。夫亦芻蕘之言，願希聖者採而擇焉。

尊儒亟鏡 黃貞

綜述

黃貞《尊儒亟鏡叙》 儒教崇於宇宙也，諸子百家不能與同行，予胡庸贅言尊乎哉？則以今日之欲滅之者之卑之也，故不忍不號天下以尊。儒道耀乎乾坤也，子臣弟友原奉以為照，予胡庸贅言鏡乎哉？則以今日之欲滅之者之混之也，故不忍不請天下以鏡。夫欲滅之者何物乎？西之夷，天主耶穌之徒；與華之夷，從天主耶穌之徒者是已。然夷固不即滅儒也，而其計先且用媚與竊。媚能顯授人以喜，竊能陰授人以不驚。喜焉從而卑之，不驚焉遂即混之。爪牙備，血力強，一旦相與蹲素王之堂，咆哮滅之矣。予小子誠為此懼，雖然仲尼，吾心之仲尼也；仲尼之道惡可得而滅焉。仲尼日月也，洙泗一堂，舊所傳授之光明，未墜於地，又惡可得而卑與混焉。或曰妖夷惑世誣民，晦盲否塞，乃世運之夜色也。其亟以中天之日月鏡之乎？或曰妖夷語默動靜皆怪，乃中邦之魑魅也。其亟以禹王之鼎鏡之乎？予則以為此蓋似道非道而害道，媚儒竊儒而害儒者，乃孔門之王莽也。予其亟以仲尼一堂所傳授之鏡，鏡之乎。鏡焉然後知聖賢之面目鬚眉有眞，不至為妖夷之所假；鏡焉然後知妖夷之肝膽情形皆惡，不至貽耳目以誤迷；鏡焉然後喜者，或其有隱憂，不驚者或其有危愕，庶不相率而為夷也乎？此區區所以求天下之鏡之，而惟恐其不亟焉。今夷之言曰：我等必教中華盡尊我耶穌，而惟我是從，不然不能已也。嗟夫！苟中華相率而從夷，吾知仲尼之微服遠去也，必且有甚於當年之桓魋。予小子惟有赴東海而死耳，豈肯處夷世界以求活也哉。斯鏡也，聖賢先得我心而作之者也，現成不朽，毋用予鑄，光明不垢，毋用予拭。予惟舉此鏡以鏡之而已矣。然妖夷之假也已久，民物之迷也日衆。予小子之號尊請鏡也，又惡可以不亟。

聖朝佐闢 許大受

綜述

許大受《聖朝佐闢自叙》 闢者何？闢近年私入夷人利瑪竇之邪說也；何言佐？草茅涼德，不敢主闢。而目擊乎東省白蓮之禍，與吾西吳赤子之危，念此邪徒，禍危實甚。而竊儒滅儒，人所叵測，日熾一日，靡有底歸。今且夜授婦女，不闢幃簿之嫌；揮鏹聚民，將有要領之懼，甚至

舉三五君師之諸大聖人，受抑千古，將我二祖列宗之華夷內外，忽倒一時，即欲不佐一臂，而又有所不忍也。或曰汝既懼要領，奈何犯夷鋒，應之曰等懼也。懼法爲正，且夷之言曰：爲夷死難者，昇最上天。夫堂堂中國，豈讓四夷，祖宗養士，又非一日，如能爲聖人爲天子吐氣，即死奚辭。或又曰然則子闢言中，何不直崇儒，而乃兼祖佛乎？曰夷言人有後世非貫通儒釋，不足以折妖邪故也。況夷之狡計，陽闢佛而陰貶儒。更借闢佛之名，以使不深於儒者之樂於趨。故區區之心，必欲令天下曉然知夷說鄙陋，尚遠遜於佛及老，何況吾儒？然後知三教決不容四，治統道統，各不容奸。而聖人之道自常尊於萬世矣。竊料我邦士民，聰明正直，豈難熄此一燐。第好奇者，務採謬言爲新理；見小者，思藉淫巧爲用資。最下則眩其輦璧燒茅爲貪泉金穴，而未究其無君無父，傷俗斁倫之情狀，故致爾爾。儻肯全披是冊，一旦翻然，譬之晛見犀然，立見雪消妖露，則尤小子佐闢之雅志，而世道人心之大幸云。其說之荒蕪刺謬不勝闢，今撮其大要，凡十篇。

十二深慨

綜述

黃貞《十二深慨序》 孟夫子謂心之官則思，思則得之。貞竊以人之神智必歷而始得焉。信生王君感時著《十二深慨》，即普天鏡也。普天鏡者何，普天下之大照，其情其病，備寫於中，數毫髮而莫逃者也。然苟不深心爲道爲世而日維持履歷於其間，烏能知之，是其思誠微矣。嗚呼！奸夷覬中華，亂學脈，出神沒鬼，爲開闢未有之變。痛舉世鮮能知其詳，何以故？則亦舉世鮮有心人而未之思也，故其官之不靈如此。予焉能不望有心人而一睹斯鏡。敬爲序。崇禎戊寅歲孟秋金浦天香黃貞書。

不忍不言 黃貞

綜述

曾時《不忍不言序》 《不忍不言》者，霞漳黃天香社兄之所作也。而作以《不忍不言》者，妖夷天主之說，惑世誣民，滅儒滅佛滅道，痛當世之沙門坐視含結莫可誰何也。夫天香，儒者也，胡不寓書於天下之名公巨卿、道學先生，而必瀝血剖心於沙門，豈天香不忍於釋，獨忍於儒乎？此其故難言哉！且天香尚著《尊儒亟鏡錄》七篇，精辨儒教，羽翼正宗，可謂至矣。嗣《不忍不言》之作，獨無言及儒，是未可爲盡言也。予亦何忍於不忍不言，而未盡言者聽之不言耶？天下一統也，三教一源也，可使妖夷闌入，倡教中國，詆誹三聖，羅織四方乎？天下之大儒縉紳，未見有明經辨析，且有爲之闡揚，誠不知其何解也。抑謂其教與儒合乎？則《天學實義》一書，已議孔聖太極之說爲非，子思率性之言未妥，孟氏不孝有三之語爲迂，朱子郊社之註不通，程子形體主宰性情之解爲妄。凡此數則，可謂其合儒乎？矧他書猶未及閱，其抑儒蔑儒，難枚舉也哉。夫蔑佛則天香《不忍不言》之請懇切而周詳，誠足擻沙門而交攻。至蔑儒而世之儒冠儒服，出入聖人之門者，可各踞絳帳，譚《六經》而不知顧乎？吾不知忍隱不言者，果未聞其教乎？抑未閱其書乎？抑孔孟既死而學其學者，隔膜無關乎？抑畏難苟安，明知其非而不敢指乎？抑身家念重而偷生乎？抑自知其距而不以天下赤子爲心乎？抑天學精微，果足駕夫堯舜禹湯文武周孔之上乎？不然毀我儒宗，亂我中國，害不少也。萬曆以來五十餘年不爲暫也，曾未聞有朝野大儒闢其非者，此何心哉？草莽無權則心惟一旨，可以著不朽，而誅異端。朝廷冠冕則守簡書而申律令，左道之誅，疆界之禁，誠何難哉？果何故而不言耶？嗚呼，今日不言，他日不言；此也不言，彼也不言，處處天主之堂，人人耶穌之教，請觀域中誰之天下，不將載胥及溺哉？昔有唯上人之《緣起誅左集》，今有天香之《不忍不言》，有

心世道者，可以出而言矣。或曰子爲天香序，而何言之長？噫，此正小子之不忍不言也。子曰：「是可忍也，孰不可忍也。」其庶幾以不忍動當世也。苟有鑒天香之不忍，而共發不忍，口誅筆伐，疏聞當今，人其人，火其書，廬其居，則聖人幸甚，今古幸甚，亦天香小子之幸甚也。知我罪我，斯係之矣，序云乎哉。崇禎乙亥長至夜三山社弟曾時薰沐拜題。

不得已 楊光先

綜述

楊光先《不得已·小引》 世間事有不可已而已者，計利計害之鄙夫也；有可已而不已者，暴虎馮河之勇夫也。暴虎馮河，固爲聖人之所不與，而計利計害，亦非君子之所樂爲。顧其事之何如爾，事當其正，雖九死其如飴；事或匪正，即萬鍾所不屑。斯可已不可已之辨，而鄙勇二者之失，皆可置之不問矣。唯於不可已之事，而不計利害生死，堅其不可已之志以行之，迹雖似乎徒搏徒涉，而心終爲先聖後聖之所亮，此不可已之大中至正，當不可已者也。世道之不替，賴士大夫以維之。士大夫者，主持世道者也。正三綱，守四維，主持世道者之事。士大夫既不主持世道，反從而波靡之，導萬國爲正法邪教之苗裔，而滅我亘古以來之君親師，其事至不可已也。舉世學人，不敢一加糾政，邪教之力，如此重哉。三光晦，五倫絶矣。將盡天下之人，胥淪於無父無君也，是尚可以已乎？此而可已，孰不可已？斯光先之所以不得已也。較子輿氏之辯，其心傷，其情迫，何利害之足計，搏涉之云徒哉。故題其書曰《不得已》。

錢大昕《不得已跋》 向聞吾友戴東原説：「歐羅巴人以重價購此書即焚燬之，欲滅其跡也。」今始於吳門黄氏學耕堂見之。楊君於步算非專家，又無有力助之者，故終爲彼所詘。然其詆耶穌異教，禁人傳習，不可謂無功於名教者矣。」己未十月十九日竹汀居士錢大昕題時年七十有二。

黄丕烈《不得已跋》 初，書估攜此冊求售，余奇其名，故以白金一錠購之。後李尚之謂余曰：「錢竹汀先生嘗以未見此書爲言，則此誠罕覯之本矣。」因付裝潢，求竹汀一言，前所跋者是也。至於步算非專家，余屬尚之詳論其所以，適尚之應阮雲臺中丞聘，臨行揀還，未及辨此，當俟諸異日爾。己未冬十一月既望書於聊吟西館黄丕烈。

錢綺《不得已跋》 此書歙縣布衣楊光先所著。楊公於康熙初入京，告西洋人以天主邪教煽惑中國，必爲大患，明見在二百年之先，實爲本朝第一有識有膽人；其書亦爲第一有關名教，有功聖學，有濟民生之書。當時邪不敵正，質審明白，黜湯若望諸人之官，殺監官之附教者五人，禁中國人習天主教，可謂重見天日矣。乃西洋人財可通神，盤踞不去，遍賄漢人之有力者，暫授楊公爲監正，必欲伺其間隙，置之死地。楊公明燭其謀，五疏力辭，又條上六畏二羞之疏，情詞剴切。部議陰受指使，始終不准，不得已就職。不久即以置閏錯誤，坐論大辟，蒙恩旨赦歸，中途爲西洋人毒死，而後西法復行，牢不可拔。蓋楊公死於未授職之前，則無以摘其誤謬，而西術不能復興，即興亦終不能固。故設此陷穽，以洩其憤而售其奸。邪謀之深毒，不可畏哉？然而天主教之不敢公然大行，中國之民不至公然習天主教，而盡爲無父無君之禽獸者，皆楊公之力也。正人心，息邪説，孟子之後一人而已。或以愚音爲過，當請具眼人辨之。

此書於壬寅夏，得刻本於吳壽雲處，價昂不能購。倩友人「胡子安」影抄一本，後有竹汀先生手跋，謂西人購此書即焚燬之。苟非切中邪謀，何以如是。至楊公步算非專家，則明理不明數，公已自言之，何得爲公病？書中辨論，未必無鋒棱太峻語。然闢異端，不得不如此。聖人復起，亦當許之，特拘墟小儒，眼光如豆，不免以此訾議耳。至於辭官諸疏，懇摯暢達，奸謀早已洞燭。意如此其誠，見如此其明，而猶始以布衣供事，終乃就職監正者，實因感激皇恩，而不忍以黨邪疑執政耳。假尊崇爲傾陷，爲從來宵小害君子者，特闢一途，雖聖主亦所不疑。吾爲楊公痛，吾爲世道人心痛矣。丙午六月元和錢綺跋。

又《不得已跋》 此書歙縣布衣楊光先所著。楊公於明末屢以草莽伏闕上章，劾首揆溫體仁、吏垣陳啓新。崇禎癸未冬，襄城伯李國楨薦其有文武材，徵書未達而北都陷。本朝康熙初，入京首告西洋人湯若望等，借知曆爲名窺伺中國，以天主邪教煽惑人心，必爲大患。當時邪不敵正，質

審確實，黜若望諸人，殺監官之附教惑衆者五人，燬各省天主堂，禁人傳習，可謂重見天日矣。乃西洋人財可通神，潛匿京師，遍賄漢人之有力者，擬薦楊公爲監正，必欲伺其間而置之死地。楊公明燭其謀，五疏力辭，情詞剴切。部臣陰受指使，始終以不准辭官議覆，強使就職。而監中諸人，皆係彼黨，詢以中國舊法，諉爲不習，坐視不助。曆算繁要，獨力難支。明年即以置閏錯誤，部議論大辟。蒙恩旨革職回籍。至揚州旅寓，中毒暴死，即西洋人鴆之也。於是若望等復起用，西洋永行，牢不可拔。蓋楊公死於未授職之前，則無以伺其誤，而西法不興，即興亦終不能固。故設此陷阱，以洩其憤而售其奸。邪謀之深毒，不可畏哉？然而天主教之不敢大行，中國之民不至公然習天主教，而盡爲無父無君之禽獸者，皆楊公之力也。正人心，息邪說，遏亂萌，實爲本朝第一有識有膽人。其書亦爲第一有功名教，有功聖學，有功國家之書。西人既復用，以重價購其書，焚燬殆盡。壬寅夏得見刻本於吳君壽雲，時英夷適寇江南。楊公明見在二百年之先，一夕讀遍，不勝駭服。價昂不能購，友人胡君子安，見之亦驚喜，欣然任鈔錄，即以贈余。西人銜楊公，發其奸並賄史館，於《明史》中削去劾湯體仁諸事，幸散見他書。故儀徵阮相國《疇人傳》，猶載其崖略。此書傳鈔數本，不至泯滅。他日論闢異端之功，首列儒林，從祀文廟，未必不賴是書之存也，固跋而藏之。道光癸卯三月元和錢綺識。

顧大昌等《不得已跋》　此書絕少，向只管心梅先生收藏一本，其中批注即其手筆。楊先生事蹟，錢飲江跋語甚詳。同治八年夏日，託劉泖生借得，亟屬江鹿門手鈔，數日而畢，汲汲遑遑，予心亦有所不得已也。稜迦山民記。

此書今日觀之，字字金玉，後人當什襲藏好。設有遺失，得我此書者，亦當珍重。非予之愚，實在事關重大也。又記付。曾壽。

按天主教見之於史傳最前者，大秦國上德阿羅本，於唐貞觀九年至長安，此即天主教始入中國。然是僧故貞觀十二年於義寧坊，建大秦寺，度僧廿一人。後至開元時，其教大行，其徒夜聚婬穢，畫魔王踞坐，佛爲洗足云。佛上大乘，我乃上上乘。蓋邪教中之最惡劣者，其徒既衆，天下皆遍，數與軍人格鬥，搶掠姦盜。至會昌時謀反，梁貞明六年又反，其時皆是僧尼也。建中二年大秦寺有碑，名《景教流行中國》，文稱三一妙眞，無元眞主阿羅訶，判十字以定四方，鼓元風而生二氣云云。又七日一薦、洗心反素等語。今其碑尚存在西安府。摠之讀聖賢書，行當行事。故孔孟之道皆爲帝王卿相，而言孝弟忠信，使其上行下效，人皆感化以翼。垂拱無爲，此等邪教，無非地獄天堂，恐嚇下愚，且疑其別有邪術。舉世下愚，既多爲人上者不爲之教，是自棄其民，況又導之耶，悲夫。民又書。

日本國世弘著《邪教攻心》一論，中有云：西洋人慣以小利誘中國人入教，使變其心腸，仇其君父，惟邪教是信。一旦乘之，則不傷一卒，不費多金，皆爲邪教心腹之民，如此則享國自久。噶嚁巴、呂宋，前車可鑒，所謂西人用攻心之法者如此。

辟邪紀實

綜述

天下第一傷心人《辟邪紀實前序》　耶穌教之邪，稍有人心者必謂斷不可從。有從者，不過市井無賴徒耳，曾讀孔孟書斷不至此。予亦何嘗不以爲然。何也，每見大小試畢，多以佛老因果說爲勸善舉，紛相投贈，罕受而信者，謂近虛荒。吾儒守四子五經，自有實在經濟，豈復爲佛老所惑哉。夫佛老因果猶爲勸善而說，且知虛荒而不信。至耶穌教，則空以永福永禍爲言，所行之虛荒，較甚於佛老萬萬倍，宜其勸之不信，即勒之不從，守四子五經之道爲確不可易也。乃獨有不然者，當未與諸夷大和時，輒聞士宦有從其教者，究未目擊其實，未敢深信。自與諸夷大和後，則見不惑於佛老之因果者，竟惑於耶穌之永福永禍而昭然爲惡矣。至有大吏詞臣，亦置綱常名教於不顧，即求其入於佛老而不可得者，尚安望守四子五經之道，以著實在經濟哉。嗚呼，流毒尚可言哉，尚得謂成人世哉。此予書不能已於作也。始爲集說，歷數其教之邪也。次入中國考略，明邪教所自始也。次辟邪論，錄舊也。次雜引，志事之一二見，及有互異處也。次案證，著邪教害人之實也。附辟邪歌，便淺者傳唱也。附團防法，使人同

心以杜絶也。附哥老會説，因亦足貽大害而并及也。合名曰《辟邪紀實》者，謂無誣枉之詞也。凡歷五晝夜而成書，精神亦大憊矣。速刊傳送，願受者有以鑒予苦心，皆不爲邪教所惑，則幸甚矣。時咸豐十一年辛酉五月朔日，天下第一傷心人自叙。

又《辟邪紀實後叙》 今夫天下之大，惟中土爲聲明文物之邦，帝王師儒皆出其中。有堯舜之心傳，孔孟之道統，爲至正至平之教，人人可遵，歷萬世而無弊，更何有他教而爭勝負者哉。自文藝取士以來，學士大夫遂直以聖賢經傳爲博科名之具，而於實際曾不講求，即或有箋注之學，亦多虚盜匿譽，妄冀身後配祀聖廟，於天下實事，亦顧忌回護，不能本所學以行之，此佛老所以得行其説，而天主邪教亦得伺其隙也。且相識有何王諸徒，於邪教巧爲爭辯，謂若以其教之原始爲妄，則以盤古爲開辟祖，而我之原始獨不妄乎。謂若以其教爲可駭而不可從，則安見在彼教者，不以孔子教爲可駭而亦不可從乎。不過各著其是，特少見而多怪耳。噫，此昧本之言，索隱行怪之爲也。不知孔子删書，斷有唐虞，未或一言盤古事，大聖賢果何在開後世以疑端哉。至以孔子教爲可駭而亦不可從之喻，彼固忍心以言，而聞之能不心寒乎。可知中土聖賢之教，不害於無知之小民，深害於閎肆博辯之才士矣。此予去歲《辟邪紀實》之作，爲萬不得已，非好事之爲也。兹復批駁邪説得數十條，增雜引後，使人知邪教之言，固無在不使人以可攻者。或疑予徒勞無補，邪教之從不從，存乎人之本衷。此則予亦知，既從者爲牢不可破，甚冀未從者見之，有以激發天良，遵守至正至平之教，不使聲明文物之邦，盡爲邪教所壞，亦天下萬世人心之大幸矣。壬戌八月天下第一傷心人自叙。

人物部

景教分部

阿羅憾

綜述

《波斯國酋長阿羅憾丘銘》（《匋齋藏石記》卷二一） 大唐故波斯國大酋長，右屯衛將軍，上柱國，金城郡開國公波斯君丘之銘。

君諱阿羅憾，族望波斯國人也。顯慶年中，高宗天皇大帝以功績可稱，名聞□□，出使召來至此，即授將軍北門□領，侍衛駈馳。又差充拂林國諸蕃招慰大使，并於拂林西堺立碑，峩峩尚在。宣傳□□□聖教，實稱蕃心，諸國肅淸，於今無事。豈不由將軍善導者，爲功之大矣。又爲□□□則天大聖皇后召諸蕃王，建造天樞，及諸軍立功，非其一也。此則永題驎閣，其於識終，方畫雲臺，沒而須錄。以景雲元年四月一日，暴憎過隟，春秋九十有五，終於東都之私第也。風悲壟首，日慘雲端，聲哀烏集，淚久松乾，恨泉扃之寂寂，嗁去路之長歎。嗚呼哀哉，以其年□月□日，有子俱羅等，號天罔極，叩地無從，驚雷遶墳，銜□石。四序增慕，無輟於春秋，二禮克脩，不忘於生死。卜君宅□，葬於建春門外，造丘安之，禮也。

阿羅本

綜述

景净《大秦景教流行中國碑頌並序》 太宗文皇帝，光華啟運，明聖臨人。大秦國有上德曰阿羅本，占青雲而載眞經，望風律以馳艱險。貞觀九祀，至於長安。節使宰臣房公玄齡，揔仗西郊，賓迎入內。翻經書殿，問道禁闈。深知正眞，特令傳授。貞觀十有二年秋七月詔曰：「道無常名，聖無常體，隨方設教，密濟群生。大秦國大德阿羅本，遠將經像，來獻上京。詳其教旨，玄妙無爲。觀其元宗，生成立要。詞無繁說，理有忘筌。濟物利人，宜行天下。」所司即於京義寧坊造大秦寺一所，度僧廿一人。宗周德喪，青駕西昇。巨唐道光，景風東扇。旋令有司，將帝寫眞，轉摸寺壁。天姿汎彩，英朗景門。聖迹騰祥，永輝法界。案《西域圖記》，及漢魏史策，大秦國南統珊瑚之海，北極衆寶之山，西望仙境花林，東接長風弱水。其土出火綄布，返魂香，明月珠，夜光璧。俗無盜寇，人有樂康。法非景不行，主非德不立。土宇廣闊，文物昌明。高宗大帝克恭纘祖，潤色眞宗。而於諸州各置景寺，仍崇阿羅本爲鎭國大法主。法流十道，國富元休；寺滿百城，家殷景福。

景净

論說

陽瑪諾《景教流行中國碑頌正詮》 大秦寺僧景淨述。建碑之士，以厥名、厥國、厥職、首著其信。大秦者，中西一邦也，乃天主降生救世之地，距中土三

萬餘里。景淨來兹，緣以厥邦名，名其寺，其職傳景教。或疑寺僧爲釋，不知寺本官制得名，如大理，太僕，光祿，鴻臚之類。當蒙朝廷崇奬，因以名焉。景士名僧者，當時之士，削頂存鬚，碑中顯舉，既離塵俗修道，通稱亦謂曰僧。就當時所名而名之耳。猶今以所居之宇，而謂之堂，我輩之名，而稱之曰士。曰儒，皆學士家所推重，而别凡俗云爾。若用西文，衆誰能解。試詳碑義所云，無元眞主，三一妙身，開闢人物之始生，邪魔人慝之原委，三一分身之慈，室女誕聖之異，景宿告祥，波斯來貢，無言新敎，開生滅死，七時禮讚，七日一薦，削頂存鬚，白衣示淨，法浴水風，印持十字，同人出代，亭午昇眞等，種種實迹，釋敎悉無，繇斯以觀，衆疑昭釋。緣舉原文，明詮如左。

楊榮鋕《景教碑文紀事考正》卷二《大秦寺僧景浄述》 原佛氏以出家爲道，惟景敎不然。景尊之訓曰：造化之主始造男女。又曰：離父母懷，膠漆其妻，成爲一體。又曰：非姦故而出妻，是使之有淫行也。娶所出之妻者，亦淫行也。文見《馬太福音》十九章。是知景尊正夫婦之倫，與造化主同。惟當日聖會初立，常遭迫害，流離遷徙，困苦異常。諸弟子間有不娶，若保羅者然。其《達哥林多敎會前書》八章内云：我意今時之災，惟守我素爲美。蓋既娶勿棄，未娶勿求。又云：兄弟乎，吾言今而後窘迫之時也，故有妻者當如無妻。玩其辭義，情理顯然，未有所謂僧也。蓋婚不婚，由其人之自主，未聞以爲傳道者之規。其有定規之明文，確見於本經《保羅達提摩太前書》三章一、二節云：欲爲會督，慕善職也。誠哉是言。督者，當無間然，惟一其妻。是知監督之職，當一其妻，不可有妾耳。但其後漸有以不婚爲傳道人之最便者，更有以不婚爲更聖潔者，變本加厲。至景敎分東西宗時，已定爲敎規。凡主敎之人，例不婚娶。尼氏分派之後，亦定監督不娶妻之例。阿羅本、景淨等皆不婚之監督。其在中國，自然以佛氏僧人之名名之，而阿羅本、景淨等，亦不得不以僧自居矣。

文廷式《純常子枝語》卷一八 釋圓照《大唐貞元續開元釋敎録》卷上云，三藏法師北天竺境迦畢試國人也，言劂賓者訛略姓喬答摩氏。建中三年屆於上國。貞元二祀訪見鄉親神策十將羅好心，即般若三藏舅氏之子也。悲喜相慰，將至家中，遂留供養，請譯佛經。乃與大秦寺波斯僧景淨，依胡本《六波羅蜜》譯成七卷。時爲般若不閑胡語，復未解唐言。景淨不識梵文，復未明釋敎。雖稱傳譯，未獲半珠，圖竊虚名，匪爲福利，録表聞奏，聖上察其所譯，理昧詞疎，且夫釋氏伽藍大秦僧寺居止既别，行法全乖，景淨應傳彌尸訶敎，沙門釋子弘闡佛經云云。景淨即撰碑人，貞元牒云，應傳彌尸訶敎。尸施同音，彌尸訶亦即摩西也是唐時國家猶不以景敎稱之。景淨不識梵文，則碑末胡書爲波斯字無疑。而三一等文，實合於摩西《舊約》。蓋景淨雖波斯人，而所奉則猶太敎也。

紀　事

佚名《尊經跋》 謹案諸經目録，大秦本敎經都五百三十部，並是貝葉梵音。唐太宗皇帝貞觀九年，西域（太）［大］德僧阿羅本屆於中夏，並奏上本章。房玄齡，魏徵宣譯奏言，後召本敎大德僧景淨，譯得已上三十部。卷餘大數，具在貝皮夾，猶未繙譯。此係卷中原跋

圓照《貞元新定釋教目録》卷一七 乃與大秦寺波斯僧景淨，依胡本《六波羅蜜經》譯成七卷。時爲般若不閑胡語，復未解唐言。景淨不識梵文，復未明釋敎。雖稱傳譯，未獲半珠，圖竊虚名，匪爲福利。録表聞奏，意望流行。聖上睿哲文明，允恭釋典，察其所譯，理昧詞疎。且夫釋氏伽藍，大秦僧寺，居止既别，行法全乖。景淨應傳彌尸訶敎，沙門釋子弘闡佛經。欲使敎法區分，人無濫涉，正邪異類，涇渭殊流，若綱在網，有條不紊，天人攸仰，四衆知歸，分命有司。

羅含　及烈

紀　事

景浄《大秦景教流行中國碑頌並序》 聖曆年釋子用壯，騰口於東周；先天末下士大笑，訕謗於西鎬。有若僧首羅含，大德及烈，並金方貴

緖，物外高僧，共振玄綱，俱維絶紐。

佶和

論説

景淨《大秦景教流行中國碑頌並序》　三載大秦國有僧佶和，瞻星向化，望日朝尊。詔僧羅含、僧普論等一七人，與大德佶和於興慶宮修功德。

陽瑪諾《景教流行中國碑頌正詮·有僧首羅含大德及烈》　羅含、及烈，上德二士之名也。當時阿羅本已逝，而羅含膺命爲司祭首，與大德士及烈共掌教事。此二士皆自西方巨室，絶棄世務，而來傳教。因景淨曰，是時聖教爲魔裂，如斷綱絶紐，得羅含、及烈是勛貴臣名家士，一心合力，振而維之，聖教復顯，而流行如故。

又《三載大秦有僧佶和》　三載者，天寶三年也，乃吾主降世後七百四十五年也。此言天寶三年，有西士佶和自大秦國來，蒙玄宗詔賚之隆，命羅含及普論等，其一七司祭之士，同於禁宮頒《聖經》而行修道之事。當時聖旨勅論裝飾聖堂，親題牓額，大顯光耀，其恩如山，其澤如海也。

紀事

景淨《大秦景教流行中國碑並序》　大施主金紫光祿大夫，同朔方節度副使，試殿中監賜紫袈裟僧伊斯，和而好惠，聞道勤行。遠自王舍之城，聿來中夏，術高三代，藝博十全。始效節於丹庭，乃榮名於王帳。中書令汾陽王郭公子儀，初摠戎於朔方也，肅宗俾之從邁。雖見親於卧內，不自異於行間。爲公爪牙，作軍耳目。能散祿賜，不積於家。獻臨恩之頗黎，布辭憩之金罽。或仍其舊寺，或重廣法堂。崇飾廊宇，如翬斯飛。更效景門，依仁施利。每歲集四寺僧徒，虔事精供，備諸五旬。餧者來而飰之，寒者來而衣之，病者療而起之，死者葬而安之。清節達娑，未聞斯美。白衣景士，今見其人。

伊斯

論説

楊榮鋕《景教碑文紀事考正》卷三《惟道非聖不宏聖非道不大道聖符契天下文明》　大施主金紫光祿大夫同朔方節度副使試殿中監賜紫袈裟僧伊斯，和而好惠，聞道勤行，遠自王舍之城聿來中夏。（王舍，印度古城名。城有新舊，舊城名萍莎王舊城。新城阿闍世王所建，法顯曾至於此。新舊兩城相離不遠，今已變爲村落矣。案此城於佛滅後一年，即有諸大弟子聚集於此，世稱爲聖城。地在東印度，即今之伯拿地是也。）術高三代，藝博十全，始效節於丹庭，乃策名於王帳，中書令汾陽郡王郭公子儀初摠戎於朔方也，肅宗俾之從邁。雖見親於大內，不自異於行間。爲公爪牙，作軍耳目。能散祿賜不積於家。【略】（伊斯或本爲婆羅門人，或本爲佛教人，歸景教或在王舍聞道，始入中國。或入中國始聞景道。皆不可考矣。然按聞道勤行之言，則似聞道始入中國者。）

又　白衣景士。今見其人。（謂伊斯自大施主至此，皆言景教有人忠於王事，恆於爲善也。）

紀事

陽瑪諾《景教流行中國碑正詮·大施主金紫光祿大夫》　伊斯者，司祭云者之名也。王舍者，西郡之名也。此言伊斯繇小西王舍之郡來入中

國，其德高，其學備，其藝精，効節策名，備極眷寵也。達娑者，釋氏之名，當時有掌賓之職，因接衆而蒙慈惠之稱者也。舉此以明伊斯之美，大勝其人，而聞所未聞，見所未見也。蓋惟聖教之內，有哀矜之行十四端，而食飢，衣裸，顧病，葬死，皆其行之最著者。當時哀矜之行，伊斯倡之，而大人君子如郭汾陽者，皆樂効之。繇是聖教之美行，表白於人目也已。序之以此終者，蓋欲人識聖教之功，本其愛天主之心，推以愛人，其德並立而不孤也。碑文止是，後頌不過總括序言以贊之。首惟眞宰，次美列宗，明國祚之所繇，而以爲聖教之弘功，弗可以弗誌也。義旨顯白，故弗更贅。

也里可温分部

顯懿莊聖皇后 別吉太后

傳記

《元史·后妃傳二·睿宗后唆魯和帖尼》 睿宗顯懿莊聖皇后名唆魯[和]帖尼，怯烈氏，生子憲宗、世祖，相繼爲帝。至元二年，追上尊謚莊聖皇后，升祔睿宗廟。

至大二年十二月，加謚顯懿莊顯皇后。三年十月，又上玉册，其文曰：「祖功宗德，稱誄於天。內則閫儀，受成於廟。行之大者名必顯，恩之隆者報則豐。上以增佐定之光，下以伸遜追之孝。欽惟莊聖皇后英明溥博，聖善柔嘉。尊儷景襄，陰教純被。逮事光獻，婦職勤修。動聿著於承天，祥兩占於夢日。跡聖緒洪源之有漸，知深仁厚澤之無垠。玄符肇自塗山，顯前徽之未稱；蒼籙興於文母，豈後嗣之能忘。是用參考彝經，丕揚景鑠。敷繹寶慈之誼，形容青史之規。謹遣攝太尉某奉玉册玉寶，加上尊謚曰顯懿莊聖皇后。伏惟睿靈，昭垂鑒格。禮嚴閟宮，樂歌夷則。億萬斯年，承休無斁。」

又《文宗本紀一》 天曆元年九月戊寅，命高昌僧作佛事於延春閣。又命也里可溫於顯懿莊聖皇后神御殿作佛事。

又《順帝本紀一》 至元元年三月丙申，中書省臣言：「甘肅甘州路十字寺奉安世祖皇帝母別吉太后於內，請定祭禮。」從之。

高唐王闊里吉思

綜述

閻復**《駙馬高唐忠獻王碑銘》** 大德九年秋七月，詔謚故駙馬高唐王闊里吉思爲高唐忠獻王，曾祖阿剌兀思剔吉忽里追封高唐忠武王，曾祖妣阿里黑爲高唐王妃，祖駙馬孛要合爲高唐武毅王，祖妣皇曾祖姑阿剌海別吉爲齊國大長公主，父駙馬愛不花爲高唐武襄王，妣皇姑月烈爲齊國大長公主。忠獻王前尚皇姊忽答的美實追對齊園大長公主，繼尚皇女愛失里追封齊國公主。從介弟高唐王朮忽難請也。恭承卹典，命府屬王元舉狀先世勳德，謁銘麗牲之碑。謹按家傳，系出沙陀雁門節度之後。始祖卜國，汪古部人，世爲部長。亡金塹山爲界，以限南北，忠武王一軍阨其衝。太祖聖武皇帝起朔方，併吞諸部。有國西北，曰帶陽罕者，遣使卓忽難來謂忠武曰：「天無二日，帝無二王，汝能爲吾右臂，朔方不難定也。」忠武素料太祖智勇，終成大事，決意歸之。部衆或有異議，忠武不從，即遣麾下將秃里必答思齎酒六榼，送卓忽難於太祖，告以帶陽之謀。時朔方未有酒醴，太祖祭而後飲，舉爵者三，曰：「是物少則發性，多則亂性。」使還，酬以馬二千蹄、羊二千角。上詔忠武：「異日吾有天下，奚汝之報，天實監之。」且約同征帶陽，會於某地。忠武先期而至，既收帶陽，天兵下中原，忠武爲嚮導，南出界垣。留居鎮守，爲疇昔異議所害，長子不顏昔班死焉。武毅尚幼，王妃阿里黑挈之，偕猶子鎮國夜遯至界垣。門已閉，訴於守者，縋垣以登，逃難雲中。太祖聞忠武死，悼痛不已。戎事方殷，未

暇治也。雲中既下，詔求王妃二子，得獲賙衈，孤嫠甚渥。鎮國至，封北平王，握金印。武毅自齠齔，太祖攜征西域，還，年十七，鎮國已卒，繼封北平王，尚齊國大長公主，仍約世婚，敦交友之好，號按達忽答。鎮國之子聶古䚟，亦封北平王，尚睿宗皇帝女獨木千公主，略地江淮，殁於戎事。詔以興州戶民千計給葬，其戶至今隸王府。齊國大長公主，明慧有智略，祖宗征伐四出，嘗攝留務。軍國大政，率咨稟而後行，師出無內顧之憂，公主之力居多。初，武毅未有子，公主爲進姬侍，以廣嗣續。鞠育之恩，不啻己出。子男三人，長君不花，仲武襄王，季拙里不花。君不花尚定宗皇帝長女葉里迷失公主。從憲宗皇帝伐宋至釣魚山。宋人堅壁不下，我師環攻。宋卒乘壁而詬，傍有坐而張蓋者，以謂弧矢不我及也。君不花素善鞭箭，射之以顛，遂拔其壘。三子：曰囊加䚟，曰邱鄰察，曰安童。邱鄰察尚宗王阿直吉女回鶻公主。國朝之制，凡宗室之女皆稱公主。武襄雖貴爲帝婿，總戎日多，家居日少。中統初，釁起鬩牆，敗叛將闊不花於按檀火爾歡，獲其屬。鎮海、濟南之役，環城當南面，寇數出南門，禦以勁兵，輒復內竄，以至授首。還率所部從大軍伐叛西北，敗叛王之黨撒里蠻於孔吉烈。數日之間，會戰凡七，俘獲甚衆。撒里蠻尋復來歸。拙里不花鎮雲南而卒。子火思丹尚宗王卜羅出女竹忽眞公主。武襄所尚齊國大長公主，世祖皇帝季女也。生四子，長忠獻王。次也先海迷失，早世。次阿里八䚟，耽嗜儒術，尚宗王完澤女奴倫公主。今高唐王尚宗王兀魯䚟女葉綿千眞公主，早卒。再尚宗王奈剌不花女阿實禿忽魯公主。女三人，必札匣爲皇兄晉王妃，葉里蠻爲宗王按攤不花妃，忽都魯爲河間王也木干妃。忠獻王生長北方，金革之用，固其所長，而崇儒重道，出於天性，興建廟學，裒集經史，築萬卷堂於私第，講明義理，陰陽術數，靡不經意。宗王也不干叛，率精騎千餘，併行旬日。追及之時，天盛暑，將戰，北風大起。衆請勿戰，王曰：「盛暑得風，天贊我也。」策馬以進，大敗敵軍，殺掠殆盡，叛王以十餘騎竄。是役也，王身中三矢，一矛斷其髮。凱旋，認賞黃金二鎰，白金千鎰。聖上御極之初，特頒金印，封高唐王。駙馬封王，蓋自王家始。王以西北未庭，請往征之，詔初不允，請至再三，方許之。將行誓曰：「邊塵不清，義不旋轡。」大德改元，夏四月，與敵遇於伯牙思，或謂俟大軍畢至，戰未晚也。王曰：「丈夫爲國死敵，奚以衆爲。」於是鼓譟而進，大破敵軍，殺傷甚衆，禽將卒百餘人以獻。詔嘉其勇果，賜以先皇所御貂裘、寶鞍，繒錦七百，介冑、兵器有差。二年秋，諸王將帥會於邊，共籌邊事，咸謂：「往歲敵無冬至之警，宜各休兵境上。」王曰：「今秋候騎至者甚寡，所謂鷙鳥將擊，必匿其形。兵備不可弛也。」衆不以爲然，王獨嚴兵以待。是冬，敵果大至，彼衆我寡，三戰三卻之。王乘勝追奔逐北，深入險地，後騎莫繼，不虞馬傷而仆，至陷敵域。敵初待以婿禮，數欲誘降。應對之際，皆效忠保節之語。又欲妻之以女，曰：「吾不睹皇太后慈顏，非聖上面命，不敢爲婿。」卒不能奪其志。上憫王陷敵，欲遣使理索，未得其人，王府藎臣曰：「阿昔思往在戎陣，嘗濟王於險，衆推其可用。」乃遣使敵。一見王於稠人中，首問兩宮萬安，次問嗣子安否，語未竟，輒爲左右所蔽。翼日遣還，王竟以不屈而終。嗚呼，昔忠武以一旅之衆，經綸草昧，去僞歸眞，繼以北平父子、武襄昆仲，披堅執鋭，畢命邊陲以死勤事，至王凡四世矣。蓋王平生潛心聖學，綱常之分了然於胸中，知義重於生，故臨難無苟免，可謂無忝爾祖矣。至於世締國婣，奕葉封王，河山帶礪，子孫世爵，聖朝所以崇德報功，斯亦至矣。初王之北也，世子主安甫脫襁褓。以詔其弟朮忽難，才識英偉，授以金印、玉帶、海東、白鶻，封高唐王。襲爵之後，恪守父祖成業，撫民御衆，境內乂安。時齊國公主卒已久，凡王之珍服祕玩，悉令謹厚者掌之，以需世子成立。又慨兄死節，及先德闇而弗彰，俾元擧走京師，列其事以聞，光荷封謚之號。其孝友敦睦，雖儒素承家，有不迨焉。嗚呼，賢哉。銘曰：

太祖聖武握乾綱，風飛雷厲起朔方。忠武華冑踵後唐，疆界南北司壕隍。有國西北名帶陽，射日之弧期共張。告以僞謀吞厥疆，孤忠竟爲寇所戕。帝聞其死久盡傷，世婣汝締寵渥彰。鎮國金鈕何煒煌，武毅繼踵服王章。子復尚主殁戎行，一門三將迨武襄。東殄海寇斧其吭，北禦邊釁平鬩牆。偉哉高唐忠獻王，外系演慶疏天潢。帝姬再降惠澤滂，尊師重道興郡庠。俗衽金革北方強，禮義一變齊魯鄉。英風勁氣直以剛，捐軀報國分所當。千載烈日橫秋霜，河山誓爵奕葉昌。

《元史・阿剌兀思剔吉忽里闊里吉思傳》阿剌兀思剔吉忽里，汪古部人，係出沙陀雁門之後。遠祖卜國，世爲部長。金源氏塹山爲界，以限南北，阿剌兀思剔吉忽里以一軍守其衝要。

時西北有國曰乃蠻，其主太陽可汗遣使來約，欲相親附，以同據朔方。部衆有欲從之者，阿剌兀思剔吉忽里弗從，乃執其使，奉酒六尊，具以其謀來告太祖。時朔方未有酒，太祖飲三爵而止，曰：「是物少則發性，多則亂性。」使還，酬以馬五百、羊一千，遂約同攻太陽可汗。阿剌兀思剔吉忽里先期而至。既平乃蠻，從下中原，復爲嚮導，南出界垣。太祖留阿剌兀思剔吉忽里歸鎮本部，爲其部聚昔之異議者所殺，長子不顔昔班併死之。

其妻阿里黑攜幼子孛要合與姪鎮國逃難，夜遁至界垣，告守者，縋城以登，因避地雲中。太祖既定雲中，購求得之，賜與甚厚，乃追封阿剌兀思剔吉忽里爲高唐王，阿里黑爲高唐王妃，以其子孛要合尚幼，先封其姪鎮國爲北平王。鎮國薨，子聶古台襲爵，尚睿宗女獨木干公主，略地江淮，薨於軍，賜興州民千餘戶，給其葬。

孛要合幼從攻西域，還封北平王，尚阿剌海別吉公主。公主明睿有智略，車駕征伐四出，嘗使留守，軍國大政，諮稟而後行，師出無內顧之憂，公主之力居多。孛要合未有子，公主爲進姬妾，以廣嗣續，生三子：曰君不花，曰愛不在，曰拙里不花。公主視之，皆如己出。孛要合薨，追封高唐王，謚武毅。後加贈宣忠協力翊衛果毅功臣、太傅、儀同三司、上柱國、駙馬都尉，追封趙王。公主阿剌海別吉追封皇祖姑齊國大長公主，加封趙國。

子君不花，尚定宗長女葉里迷失公主。愛不花，尚世祖季女月烈公主。中統初，總兵討阿里不哥，敗闊不花於按檀火爾歡之地。三年，圍李壇於濟南，獨當一面。事平，又從征西北，敗叛王之黨撒里蠻(子)[于]孔古烈。愛不花卒。子闊里吉思。

闊里吉思，性勇毅，習武事，尤屬於儒術，築萬卷堂於私第，日與諸儒討論經史，性理、陰陽、術數，靡不該貫。尚忽答的迷失公主，繼尚愛牙失里公主。宗王也不干叛，率精騎千餘，晝夜兼行，旬日追及之。時方暑，將戰，北風大起，左右請待之，闊里吉思曰：「當暑得風，天贊我也。」策馬赴戰，騎士隨之，大殺其衆，也不干以數騎遁去。闊里吉思身中三矢，斷其髮。凱還，詔賜黃金三斤、白金千五百斤。

成宗即位，封南唐王。西北不安，請於帝願往平之，再三請，帝乃許。及行，且誓曰：「若不平定西北，吾馬首不南。」大德元年夏，遇敵於伯牙思之地，衆謂當俟大軍畢至，與戰未晚，闊里吉思曰：「大丈夫報國，而待人耶。」即整衆鼓譟以進，大敗之，擒其將卒百數以獻。詔賜世祖所服貂裘、寶鞍，及繒錦七百、介冑、戈戟、弓矢等物。

二年秋，諸王將帥共議防邊，咸曰：「敵往歲不冬出，且可休兵於境。」闊里吉思曰：「不然，今秋候騎來者甚少，所謂鷙鳥將擊，必匿其形，備不可緩也。」衆不以爲然，闊里吉思獨嚴兵以待之。是冬，敵兵果大至，三戰三克，闊里吉思乘勝逐北，深入險地，後騎不繼，馬躓陷敵，逐爲所執。敵誘使降，惟正言不屈，又欲以女妻之，闊里吉思毅然曰：「我帝婿也，非帝后面命，而再娶可乎?」敵不敢逼。帝嘗遣其家臣阿昔思特使敵境，見於人衆中，闊里吉思一見輒問兩宮安否，次問嗣子何如，言未畢，左右即引其去。明日，遣使者還，不復再見，竟不屈死焉。九年，追封高唐忠(憲)[獻]王，加贈推忠宣力崇文守正亮節保德功臣、太師、開府儀同三司、上柱國、駙馬都尉，追封趙王。公主忽答的迷失追封齊國長公主，愛牙失里封齊國公主，並加封趙國。

子术安幼，詔以弟(木)[术]忽難襲高唐王。(木)[术]忽難才識英偉，謹守成業，撫民御衆，境內乂安。痛其兄死節，遣使如京師，表請卹典，又請翰林承旨閻復銘諸石。教養术安過於己子，命家臣之謹厚者掌其兄之珍服祕玩，待术安成立，悉以付之。至大二年，(木)[术]忽難加封趙王，即以讓术安。三年，术安襲趙王，尚晉王女阿剌的納八剌公主。一日，召王傅脫歡、司馬阿昔思謂曰：「先王旅殯卜羅，荒遠之地，神靈將何依，吾痛心欲無生，若請於上，得歸葬先塋，瞑目無憾矣。」二人言之知樞密院事也里吉尼以聞，帝嗟悼久之，曰：「术安孝子也。」即賜阿

昔思黃金一瓶，得脫歡之子失忽都魯、王傅（木）［术］忽難之子阿魯忽都、斷事官也先等一十九人，乘驛以往，復賜從者鈔五百貫。淇陽王月赤察兒、丞相脫禾出八都魯差兵五百人，護其行至殯所，奠告啓視，屍體如生，遂得歸葬。

愛薛

綜述

姚燧《牧菴集》卷二《考崇福使阿實克岱追封秦國忠翊公制》　贈以褒忠，凡善無微而不錄；名取副實，夫官有大而非夸。惟遠藩之舊人，及承事乎列聖。匪封大國，安賁下泉。某考，昔在憲宗未登宸極，初因太子同生於其地，故即在軍鈞錫以是名。嘉與帝姬，共其傅母。臣求愛遇於當世，人誰過諸；女採撫鞠於內庭，妻亦賜者。逮六飛之巡蜀，乘世傳而超燕。世祖異觀，宗臣不劣。所欲則與之聚，爲猷而必其成。屬叛王阻兵於北荒，致懿親絕使於西海。責從間途以往，奚翅乎十萬里之遙；竟懷重實而歸，已忽焉四三年之久。最其勞勩，無與比倫。報宜其身，顧後者天；命由出舌，在今其子。補豈專乎哀闕，用方賴其錢流。設爾無是之雋功，亦朕不遺其哀典。位崇太傅，何及鍾繇虎賁之共㚒；宇啓大秦，足表造父馬迹之不至。英靈不爽，茂渥其承。

程鉅夫《雪樓集》卷五《拂林忠獻王神道碑》　皇慶元年春，天子若曰：「我太祖皇帝肇受天命，太宗、憲宗惟艱惟勤，逮世祖奄有萬方，子孫承承，底於朕躬。元功大臣，宣力載勞，褒崇弗稱，朕甚憫焉。」於是制贈故金紫光祿大夫、秦國公愛綏推誠協力贊治功臣、太師、開府儀同三司、上柱國，追封拂林王，謚忠獻。詔臣某撰文刻碑墓道顯休之。謹按：公西域拂林人，祖巴阿喇，父博囉穆蘇。公剛明忠信，能自致身立節，於西域諸國語、星曆、醫藥無不研習，有列邊阿達者以本俗教法受知定宗，薦其賢，召侍左右。直言敢諫，爲世祖所器。中統壬戌春，詔都城二月八日大建佛事，臨通衢結五采流蘇樓觀，集教坊百伎，以法駕迎導。公進言曰：「方今高麗新附，李壇復叛，淮海之壖刁斗達旦。天下疲弊，瘡痍未瘳。糜此無益之費，非所以爲社稷計也。」上嘉納之。是月望，上幸長春宮，欲因留宿。公趣入諫曰：「國家調度方急，兵困民罷，陛下能安此乎？」上方食，愕然，盡以賜公，拊其背曰：「非卿不聞斯言。」促駕還。自是日見親近，公亦無所隱。至元戊辰春，大蒐於保定之新安，日且久。公於上前語供給之民曰：「得無妨爾耕乎？」上即日罷。從幸上都，新涼亭成，大宴諸王，百官競起行酒。公進曰：「此可飲乎？」上悟，抱公膝上，啐其頂，左手挽公髯，飲以酒，顧謂皇太子曰：「有臣如此，朕何憂焉？」癸未夏四月，擇可使西北諸王所者，以公嘗數使絕域，介丞相博囉以行，還遇亂，使介相失，公冒矢石出死地，兩歲始達京師，以阿魯渾王所贈寶裝束帶進見，令陳往復狀。上大悅，顧廷臣嘆曰：「博囉生吾土，食吾祿，而安於彼；愛綏生於彼，家於彼，而忠於我。相去何遠耶？」拜平章政事，固辭。初，上登萬歲山，瞻望四郊，惻然纍纍，欲遷之。及將盡徙南城居民實大都，皆弗果。賜宿衛士廬舍，禁殺胎夭麑，置西域星曆醫藥之署，立廣惠司給在京疲癃殘疾窮而無告者，皆以公言罷行之。成宗即位，眷益隆，賜腰輿出入。大德癸卯，上弗豫，政出閨闥。秋八月，京師地震，中宮召謂公曰：「卿知天象，此非下民所致然耶？」公對曰：「天地示警戒耳，民何與？願熟慮之。」曰：「卿早何不言？」公曰：「臣奏事世祖及皇帝，雖寢食未嘗不召見。今曠月日不得一入侍，言何由達？」數年之間，災異日起。公力陳弭變之道，辭多激切，弗納。丁未，上棄臣民。公時在秘府，有祕文非御覽不啓，中使奉內旨迫取，公厲色拒之。今上皇帝奉皇太后至自懷州，悉誅奸黨，迎立武宗。以公爲忠，爵賞特異，方倚柄用。至大改元六月癸卯，薨於上都之私第，年八十二。三宮悼惜不已，贈賻有加。某年月日，葬某所。公起家爲定宗近侍，中統間，掌西域星曆、醫藥二司事。至元戊辰，兼廣惠司。丁亥，拜祕書監。己丑，領崇福使。甲午，加翰林學士承旨，兼修國史。大德丁酉，遙授平章政事。丁未，封秦國公。積階至金紫光祿大夫，今而有是命。前後以功、以言被賞賚及卒葬賜贈，黃金爲兩者四百有奇，白金七百有五十，楮幣十五萬，水晶、金玉器珠，衣帽、寶帶、錦衣，白馬，不可勝計。六男、四

婿、三孫，皆爲大官、近侍。長男額哩葉光祿大夫、秦國公、崇福使領司天臺事，次塔爾哈翰林學士承旨、資善大夫兼修國史，次哈斯光祿卿，次克呼濟蘇太中大夫、同知泉府院事，次老哈昭信校尉、提舉廣惠司事，次約尼宿衛興聖宮。長婿榮祿大夫、宣徽中政使訥古德勒，次中順大夫、同知崇福司事蘇爾坦，次資德大夫、章佩院使烏呼納，次更直禁衛士赫赫。長孫布格，次蒐克，次安圖，皆直禁衛，盛矣。竊謂古之有天下者，皆以得人爲基。我朝以神武仁恕定四海，羣方萬國忠良、亮直、雄偉、傑雋之士，莫不都俞廟堂之上，歷數世而彌光。若公者，得輸肝瀝膽，致位丞弼，自公而王，載美太史，垂榮子孫，稱社稷之臣，豈偶然哉。銘曰：

於戲皇元，赫赫巍巍。聖祖、神宗，超姚夷羲。東集扶木，西臻虞池。嚴嚴在廷，文凝武思。我有爭臣，拂林之支。衣義躍仁，載公轢私。佐定翼憲，世皇是儀。靡言罔從，靡德弗施。我車爾輔，我舟爾維。惟公之來，廢寢忘饑。惟公之言，堇荼如飴。杖節遐徼，信威四陲。朝霜茫茫，夕雪霏霏。既復而往，復往而歸。蒙強突勁，晛險如夷。彼留而安，寧歸而危。皇華以遣，出車勞之。大德之末，蕭牆禍基。牝雞晨雊，猩猩夜啼。圓儀示儆，方載陳規。弗悟弗悛，竊弄潛窺。在朝惟公，謇謇不移。我皇赫怒，草刈榛夷。大業載安，天平地熙。惟公始終，不詭不隨。漢軼武騫，唐擬徵珪。何以賚之，寶帶珠衣。何以貴之，大冕桓圭。膴膴拂林，爾封爾提。惟君之聖，惟賢之知。欽於世世，視此貞碑。

程鉅夫《雪樓集》卷四《故金紫光祿大夫平章政事翰林學士承旨秘書監領崇福司事秦國公愛綏贈推誠協力贊治功臣太師開府儀同三司上柱國追封拂林王謚忠獻制》 功大者位隆，勞多者賞厚。備國家之卹典，必勳舊之良臣。故具官某，有服大僚，克勤小物。既宣力於憲廟，復受知於世皇。使於四方，挺節窮荒之外；列於庶位，正色周行之間。早已歷於機衛，晚乃分於茅土。太息九原之不作，若爲千載之可傳。夫官莫隆於師，而爵莫貴於王。且號以表其勳，而謚以著其行。具此衆美，可謂特恩。豈惟旌爾之賢，所以爲後之勸。嗚呼，身沒而名不朽，足慰平生；邦舊而命維新，益昌乃世。英靈有濯，寵渥其歆。可。

傳記

《元史・愛薛傳》 愛薛，西域弗林人。通西域諸部語，工星曆、醫藥。初事定宗，直言敢諫。時世祖在藩邸，器之。中統四年，命掌西域星曆、醫藥二司事，後改廣惠司，仍命領之。世祖嘗詔都城大作佛事，集敎坊妓樂，及儀仗以迎導。愛薛奏曰：「高麗新附，山東初定，江南未下，天下疲弊，此無益之費，甚無謂也。」帝嘉納之。至元五年，從獵保定，日且久，乃從容於帝前語供給之民曰：「得無妨爾耕乎？」帝爲罷獵。

至元十三年，丞相伯顔平江南還，姦臣以飛語讒之，愛薛叩頭諫，得解。尋奉詔使西北宗王阿魯渾所。既還，拜平章政事，固辭。擢祕書監，領崇福使，遷翰林學士承旨，兼修國史。

大德元年，授平章政事。八年，京師地震，上弗豫。中宮召問：「災異殆下民所致耶？」對曰：「天地示警，民何與焉。」成宗崩，內旨索星曆祕文，愛薛厲色拒之。仁宗時，封秦國公。卒，追封太師、開府儀同三司、上柱國、拂林忠獻王。

子五人：也里牙，秦國公、崇福使；腆合，翰林學士承旨；黑厮，光祿卿；闊里吉思，同知泉府院事；魯合，廣惠司提舉。

紀事

程鉅夫《雪樓集》卷四《故妻沙喇氏追封拂林王夫人制》 王封異姓，特隆念舊之恩；妻曰夫人，盍俾從夫之爵。故具官某故妻某氏，位正乎內，德協於中。其夫歷事於累朝，有子咸躋於膴仕。盛大固由於世德，訓戒亦本於閨門。庸啓拂林之邦，式慰君蒿之感。嗚呼，死生契闊，百兩之御，百兩之將；終始哀榮，五鼎而養，五鼎而祭。歆予漏澤，佑爾後人。可。

馬慶祥

綜述

元好問《遺山集》卷二七《恒州刺史馬君神道碑》 死生之際大矣。可以死，可以無死，一失其當，不以之傷勇，則以之害仁。然自召忽、管仲折衷於聖人之手，斯不必置論；至於忠臣之於國，義士之於知己，均爲一死，而中有大不相侔者，蓋不可不辨也。嘗謂：意氣感激，衆人之所同；殀壽不二，君子之所獨。今夫傳記所載猝然就一死，以取千載名者多矣。及就其平素攷之，果嘗以千載自望乎？夫惟志士、仁人知所以自守也，不汩於義利之辨，不乖於去就之理。端本既立，確乎不拔，靜以養勇，剛以作彊。其視橫逆之來，曾虛舟、飄瓦之不若，控搏之變，如寒暑、旦暮之有常。心爲權衡，自量輕重，知有太山之義，而不知有鴻毛之生。結纓之禮不至，無取於海隅之伏劍；漆身之志既篤，不屑於督亢之獻圖。孰先孰後，必有能次第之者。《語》有之：「君子無終食之間違仁。造次必於是，顛沛必於是。」信斯言也！匹夫爲諒自經於溝瀆，其可與求仁而得仁者一槩論乎？君諱慶祥，字瑞寧，姓馬氏，以小字習里吉斯行。出於花門貴種。宣政之季，與種人居臨洮之狄道，蓋已莫知所從來矣。金兵略地陝右，盡室遷遼東，因家焉。太宗嘗出獵，恍惚間見金人挾日而行。心悸不定，莫敢仰視，因罷獵而還，敕以所見者物色訪求。或言：「上所見，殆佛陀變現，而遼東無塔廟，尊像不可得，唯回鶻人梵唄之所有之。」因取畫像進之，眞與上所見者合。上懽喜讚嘆，爲作福田以應之。凡種人之在臧獲者，貰爲平民，賜錢幣縱遣之。君之祖諱迭木兒越哥。父把騷馬也里黜，又遷凈州之天山。天山占籍，今四世矣。此地近接邊堡，互市所在，於殖產爲易。君家勤儉自力，耕墾畜牧所入，遂爲富人。君之父生三子，其二早卒，獨君資稟聰悟，氣量宏博，儕輩無出其右。年未二十，已能通六國語，併與其字嘗識之。泰和中，試補尚書省譯史。使者報聘麗夏，君率在行中。大安初，衛紹王始通問大朝。國信使副，倚君往復傳報。皇帝賞君談吐辨捷，欲留不遣。君百計自解，竟獲復命。其年，乙里祗持譯書，多所徵索。君白於有司，諸所徵物皆畫一供進。自以身在名取之目，匿而不言。乙里祗見衛王，自陳所以名取君者。王召問，君面奏不願行之意，辭情懇到。王爲感動，連賜之酒，出內帑重幣並所酌金鍾賞之。宣宗遷汴梁，乙里祗再至，復斥名索君。朝廷幸和事可成，諭以敦遣之旨。君以死自誓，行議遂寢。於是，君相以腹心倚君，頻歲遷擢，乃自常調中，特恩授開封府判官，進官昭武大將軍。內城之役，奏充應辦使。城成，以勞遷鳳翔府路都總管判官。元光二年秋，大兵有深入之耗。行臺檄君，與治中胥某分道清野。去城不三四里，猝爲游騎所馳，君與其子三達俱爲所執。兵人欲降君，擁迫而行。言語相往復，竟不屈而死，得年四十有六，實十一月之二十二日也。三達以是夜亡還。主帥惡於坐睎而不能捄也，出騎兵千人，輿尸而歸。三軍之士爲之慟哭，官吏、士庶旦夕臨者三日。葬之。尋具君死節，驛奏之。詔贈恆州刺史、輔國上將軍，立像褒忠廟，歲時致祭，且徵一子入侍，皆異恩也。君娶馬氏。子男三人：長即三達，次鐸剌，次福海。女一人，適楊氏。君殷於教子，動有成法，必使知遠大者。三子亦能自樹立，有君之風。女弟適安氏。甥天合，父沒後躬自教督，踰於所生。習諸國語，洎字書授之，爲它日起家之地。其後，馬氏宅相果有成之者。己酉秋九月晦，三達涕泗再拜，以君墓銘見請。予謂：南渡以來，死節之士皆耳目所接見。恆州之事，固已飽聞而屢道之矣。蓋君平生時，每謂所親言：「君父之恩大矣。在狄道，則捕爲生口而全活之。在遼東，則衣食之。衣食之矣，又縱遣之。在大興，則開仕進之路而官使之。官使之矣，危急之際，又以腹心倚之。顧以盡此身以答萬分耳。」是則忠義奮發，不謂之素定於胸中，可乎？是可銘也，乃爲論次之。君尙多可稱，弗著，著所以與享於褒忠者。銘曰：

墓木栢松，碑石蛟蛇。君得所以歸，而行路賫嗟。莫畜者才，賦君則多。沉潛而剛，悃愊而無華。曾是象胥，孰從漸摩。主恩岱崧，我乃負荷。何以矢之？之死靡它。參乎吾前，不磷於磨。寧以四方之彊，偕妾婦而婞婀。河源九天，放爲頹波。砥柱中流，終古不頗。彼美人兮何直，去裔而即華。匪我前知，神理不遐。漠貂七葉，其必爾家。

黄溍《金華黄先生文集》卷四三《馬氏世譜》 馬氏之先，出西域聶思脱里貴族。始來中國者和祿罘思，生而英邁有識量，慨然以功業自期。嘗縱觀山川形勢，而樂臨洮土壤之豐厚。遼主道宗咸雍間，奉大珠九以進。道宗欲官之，辭不就，但請臨洮之地以畜牧，許之，遂家臨洮之狄道。和祿罘思生帖穆爾越歌，以軍功累官馬步軍指揮使。爲政廉平而有威望，人不敢斥其名，惟稱之曰馬元帥，因以爲氏。帖穆爾越歌生伯索麻也里束，年十四而遼亡，失父母所在，爲金兵所掠，遷之遼東，久乃放還，居静州之天山。瀝血求父母，不得，遂隱居不出。業耕稼畜牧，貲累鉅萬。好施與，結交賢士大夫。金主熙宗聞其名，數遣使徵之，辭曰：「古者求忠臣必於孝子之門，吾不逮事親，何顔事君乎？」終不起。伯索麻也里束生習禮吉思，一名慶祥，字瑞寧。性純慤，兒時侍親側如成人，飲食必後長者。既壯，姿貌魁傑，以志氣自負，善騎射而知書，凡諸國語言文字，靡所不通。豪傑之士多樂從之游，食客常數十人。或勸之仕，輒應之曰：「幸有以具甘旨，夫復何求！况昆弟皆蚤世，我出，孰與爲養乎？」父有疾，粥藥必親嘗，衣不解帶。疾不可爲而歿，哀慟幾絶，廬於墓側三年。母亡，執喪亦如之。聞者皆曰：「篤孝君子也。」金主章宗時，衛紹王在藩邸，召見，禮賓之。所陳備邊理民十餘事，皆軍國之要務，悉奏行焉。泰和中，以六科中選，試尚書省譯史。衛紹王嗣位，始通問於我太祖皇帝，信使之副難其人。衛紹王曰：「習禮吉思忠信而多智，且善於辭令，往必無辱。」及人見，上愛其談辯，而觀其器宇不凡，稱歎久之，因賜名曰也而添圖古捏，漢言能士也。暨再使，因留不遣。使人風之曰：「爾國危在旦夕，若屬將爲虜。留此，則可以長保富貴。」答曰：「國之興亡，係政善惡，不係勢之强弱。我國無亂政，爾何以知之？貪利則不仁，避害則不義，背君則不忠，出使而不報則不信。誠拘留不返，當以死自誓。反道失身，雖生何益？」留之三旬，知不可奪，乃厚禮而歸之。太祖思其賢，遣内臣乙里只持國書徵歲幣，且招之使來。衛紹王欲遣之，力辭。貞祐末，挈家從金主宣宗南遷汴，上再遣乙里只諭旨曰：「寧無歲幣，必得斯人。」宣宗幸和議之成，强遣之，涕泣而言曰：「臣身猶草芥，不足惜也。苟利於國，雖死不恨。但以人資敵，豈謀國之道哉？」遂輟不行。尋擢開封府判官，内城之役，加昭勇大將軍，充應辦使，不擾而事集，以勞遷鳳翔府兵馬都總管判官。至則舉賢才，脩軍政，興利除害，境内稱治，而嘉禾秀麥、瓜蓮同蒂之瑞並見。民既甦息，乃立學以教之，四方流寓之士多歸焉。元光二年秋，諜報大軍將攻鳳翔，行臺命清野以俟。主帥素與之不協，乃減其從騎。行三舍，而與大軍前鋒遇於澮水。戰不利，且戰且卻，將及城，伏兵遮其歸路，矢盡援絶，人殊死戰。大軍圍之數重，誘之曰：「我國聞公賢，屢召不至。今亟降，是轉禍爲福之機也。」不聽，乃射其馬，使不能行，覘卒降之。又不聽，而下馬持短兵接戰。將突圍而出，圍益密，遂見執。令軍士彀弓持滿，環向而脅之曰：「不降死矣。」又不聽，彀者畢發，矢集其身如蝟，罵不絶口而死。是歲冬十一月二十二日也。麾下士不降而死者數十人。事聞，宣宗命詞臣王鶚草制，贈輔國上將軍、恆州刺史，謚忠愍，勑葬鳳翔普門寺之東，立廟賜額曰褒忠，事見《金史·宣宗本紀》。新史本紀雖不載，而詳見於忠義傳。金亡時，其公族近臣之家皆羈於汴之青城。太宗皇帝聞其忠義，遣内臣撒吉思不花持黄旗撫問其家，得其三子，俾入覲於和林。憲宗皇帝嘉之，使備宿衛。中統元年，丞相線眞、内侍蒙速速引見世祖皇帝於白馬甸，上諭旨曰：「此也而添圖古捏之子。乃父忠於主，朕今官其子，安有不盡力如其父乎？」三子，曰三達，曰天民，曰月忽難，一名貞，字正臣。三達性倜儻，多謀略，累有戰功，終於中書左司郎中。三子，天下閭、滅都失剌、約實謀，並居天山。天民，山東諸路榷鹽使，從伐宋，以功佩金符，爲太平江州等路達魯花赤。二子：奥剌罕，楊子縣達魯花赤；保祿賜，魁偉沈毅，語言辨給，嘗爲湘陰州達魯花赤，單騎往説左江反者，悉降。遷同知南安路總管府事。其文學政事，有傳存焉。奥剌罕子闕里奚斯，易縣達魯花赤。保祿賜子世德，以國子生擢進士第，今由監察御史遷中書省檢校官。闕里奚斯子祖仁，國子生，靈壁縣主簿。月忽難歷事太宗、憲宗、世祖三朝，終於禮部尚書，有傳在國史，兹故弗序。月忽難十一子：世忠，常平倉轉運使；世昌，行尚書省左右司郎中，贈吏部尚書；世敬，通州達魯花赤；斡沙納、世靖，皆不仕；世祿，中山府織染提舉；失吉，絳州判官；世榮，瑞州路總管；世臣，大都平準庫提領。餘三人皆早卒。世昌四子：潤，同知漳州路總管府事，贈河南行中書省參知政事；節，入道於王屋山；禮，下沙塲鹽司令，贈浙東道宣慰司都事；淵，贈江浙行中書省左

右司都事。世敬子開，在京倉某官。世靖子岳難，灤溪州達魯花赤。世祿三子：失里哈，河南行中書省左右司都事；繼祖，大都宣課提舉；也里哈，不仕。失吉子雅古。世榮子必胡南，同知興國路總管府事；祝饒，富池茶監。潤七子：祖常，進士第一人，卒官御史中丞，仕最顯。其行能勞烈，後之秉史筆者當爲立傳，茲亦弗序。祖義，翰林圈史院編脩官；祖烈，汝寧府知事。天合祖孝、祖常，同年進士，今爲某官；祖信，某場某官。祖謙，國子進士；昭功萬戶府知事；祖恭，國子生。禮四子：祖中，某副使；祖周，鄉貢進士，廣西廉訪司知事；祖善，進士，河東宣慰司經歷；祖良。淵三子：祖元，鄉貢進士，市舶某提舉；祖某，某路儒學教授；叔清。開子某。失里哈二子：某；祖憲，國子進士，吳縣達魯花赤。也里哈子蘇剌哈，棗陽縣主簿。雅古四子：某，某，某，某。祝饒子某。祖仁子伯嘉訥。祖常二子：武子，奎章閣學士院典籤；文子，秘書監著作郎。祖義子獻子，國子進士，含山縣達魯花赤。祖烈子惠子，高郵府知事。祖中子帖木爾，鄉貢進士。祖周子明安沓爾，某稅使。開孫猶子，鄉貢進士。史官黃溍曰：古之得姓者，或以國，或以官，或以王父字，所取非一。馬氏自狄道而天山，則以官爲氏者也。昔臨川王安石爲《許氏世譜》，起唐虞，歷兩漢，至三國，而其傳緒始顯。馬氏之有姓，迨今僅二百餘年，故予爲其世譜可得而詳焉。然予觀許氏，有唐睢陽守遠伏節死難，與恆州府君事正相類。而臨川論盛德必百世祀，獨上推於伯夷，而歎其後世忠孝之良不得與夔皋羆虎之徒俱出而馳焉。嗚呼！遠之不得與夔皋羆虎並馳，所遭之時異也。恆州府君名聞上國，數見羅致。誠使知曆數之有歸，而審於去就，翊扶興運，紀功太常，視夔皋羆虎，尚何歉乎？庸備論之，以著於篇。

傳記

《金史·忠義傳四·馬慶祥》　馬慶祥字瑞寧，本名習禮吉思。先世自西域入居臨洮狄道，以馬爲氏，後徙家淨州天山。泰和中，試補尚書省譯史。大安初，衛王始通問大元，選使副，上曰：「習禮吉思智辯通六國語，往必無辱也。」使還，授開封府判官。內城之役充應辦使，不擾而事集。未幾，大元兵出陝右，朝廷命完顏仲元爲鳳翔元帥，舉慶祥爲副，上曰：「此朕志也，且築城有勞。」即拜鳳翔府路兵馬都總管判官。

元光元年冬十一月，聞大將萌古不花將次鳳翔，行省檄慶祥與治中胥謙分道清野。將行，命畫工肖其貌，付其家人。或曰：「君方壯，何乃爲此不祥？」慶祥曰：「非汝所知也。」明日遂行。遇先鋒於澮水，戰不利。且行且戰，將及城，會大兵邀其歸路，度不能脫，令其騎曰：「吾屬荷國厚恩，竭力效死乃其職也。」諸騎皆曰：「諾。」人殊死戰，良久矢盡。大兵圍數匝，欲降之，軍擁以行，語言往復，竟不屈而死，年四十有六。元帥郭仲元輿其尸以歸，葬鳳翔普門寺之東。事聞，詔贈輔國上將軍、恆州刺史，謚忠愍。

胥謙及其子嗣亨亦不屈死，謙贈輔國上將軍、彰化軍節度使，嗣亨贈威遠將軍、鳳翔府判官。

楨州金勝堡提控僕散胡沙亦死，贈銀青榮祿大夫。

正大二年，哀宗詔褒死節士，若馬習禮吉思、王淸、田榮、李貴、王斌、馮萬奴、張德威、高行中、程濟、姬玘、張山等十有三人，爲立褒忠廟，仍錄其孤。二人者逸其名，餘亦無所考。

月合乃

綜述

馬祖常《石田文集》卷一三《故禮部尚書馬公神道碑銘》　公諱月忽乃，世本屬雍古部族，居靜州之天山。天山，古居延海也。曾祖諱怙穆爾越哥，祖諱把造馬野禮屬，皆以財雄邊。父諱錫禮吉思，當金遷濬都，尚書省辟爲譯字掾曹，試開封判官，改鳳翔兵馬判官，死節，贈鎮國上將軍、恆州刺史。官名有馬，因以立氏。父死節時，公年甫十七，壯其父之忠義，奮而投冠於地，誓曰：「吾父死於國難，吾紓家難可也。」遂侍太

夫人王氏，艱關鋒鏑，跋涉皇夜，出汴絶河而北，見憲宗皇帝於和寧。年少辭容端敬，憲宗嘉賞之，命贊卜只兒斷事官事。國朝天造之始，總裁庶政，悉由斷事官。燕故城爲斷事官治所。中原久剗兵燹，民謳吟思見太平之日。公力籌畫規度，政修事舉，士悦民附，胥焉大和。世祖皇帝以親王南伐，公從行，留汴饋饟，六師悉發，軿窌人賦一石。取濟南鹽，自堰頭舟行陸輓數百萬斤，散布軍所過州郡。汴、蔡河南之地，農在野而商在塗，不恐不驚，而軍政修焉。世祖皇帝即位，降詔褒奬，其詞有曰「有此勤瘁，深可尚嘉」云者。阿藍答兒據魚兒泊叛，倉卒之際，公罄家貲市馬五百匹進上，世祖皇帝嘗給劵賜其家曰：「後當償汝以版戶。」遂試學子，通一經即不同編民。今令甲儒免丁者，公始之也。中統建元，既肇建省、部，明年，拜禮部尚書，佩金虎符。四年八月二十一日薨於上都之邸第，訃聞，内外文武之屬，縉紳之士，咸嗟悼盡傷，形諸文字之間，迄今傳而不泯也。嗚呼！公之薨年甫四十有八，即以某年某月日葬於大都宛平縣清水河之陰之原太夫人王氏墓後。梁郡夫人白氏祔。後六十四年爲至順元年，曾孫祖常辱官禮部尚書，請於朝，追號推忠宣力翊運功臣、勳上輕車都尉、階正議大夫，爵梁郡侯，官僉樞密院事，謚忠懿。子十有一人：長諱世忠，常平倉都轉運使。次韓世昌，行尚書省左右司郎中。孫祖常官忝第二品，推恩二代，贈嘉議大夫、吏部尚書、上輕車都尉、梁郡侯。次諱世顯，知通州事。次世榮，早卒無子。次世靖，不仕。次世禄，中山府織染提舉。次世吉，承公廕絳州判官。次審溫，嘉議大夫、歷台州、淮安、瑞州路總管。餘三人蚤卒不仕。女四人：三蚤卒，一嫁廣東道副都元帥闊里吉思。孫二十人：長諱潤，朝列大夫，同知漳州路，以子祖常備侍御史，贈中奉大夫、河南江北等處行中書省參知政事、護軍、梁郡公。次節，入王屋山爲道士。次禮，下砂鹽司丞。次淵，不仕。次開，監在京倉。次遺、道，遵，皆蚤卒。次通、迪。次保六，賜提舉都城所。次末名，卒。次岳難，武略將軍、蘭溪州達魯花赤。次雅古，處士，以孝聞。次必吉男，奉訓大夫，同知興國路事。次祝饒，監富池茶場。餘四人未仕。曾孫三十一人：長祖常，由進士轉官侍御史。次祖義，郊祀法物庫使。次祖烈，汴梁等路管民總管府案牘官。次天合，監杭州鹽倉。次祖孝，管勾河垛鹽場。次易，朔南察院書吏。次祖謙，昭功萬戶都總使府知事。次祖元，信州路教授。次鹵合，知行唐縣。仕者九人，余者學而未官也。玄孫若干人：長武子，中書省掾。次文子，國子生。次獻子、惠子，並國子生。餘皆幼。諸女孫以多載於家傳，茲不重出。嗚呼！我曾祖尚書，德足以利人，而位不稱德；才足以經邦，而壽不享年，世非出於中國，而學問文獻過於鄒魯之士。時方遇於草昧，而贊襄制度則幾於承平，俾其子孫百年之間革其舊俗，而衣冠之傳，實肇於我曾祖也。嗚呼，祖常生三十三歲，父潤南官漳州，敎祖常曰：「吾祖有德未盡發，吾官州郡不得施，今汝頗樹立，其大將在汝也。」後祖常佩父訓不忘，忝官翰林直學士，太子右贊善大夫，禮部尚書，參議中書省事，入臺進侍御史，叨冒寵榮，夙夜憂懼，惟恐違父之教而墜我曾祖之業，蒙不孝之罪，死不瞑目於地下。葬儀不具，塋域不廣，欲改卜而遷之。宗老曰：封樹八十年矣，神殆安茲，未易改卜。嗚呼，祖常既撫我曾祖行實萬一而略論次之矣，忍不泣而終銘之。銘曰：

有崛而起之，孰趁而掎之？將濟世美，必承而履之。懿矣我祖，百年於茲，衣冠之傳，實維啓之。世多王公，亦多華靡，惟不革俗，而忽其圮。繩繩孫子，思馬有氏。咸宜習禮，以續廟祀。

傳記

《元史·月合乃傳》月（乃合）[合乃]字正卿，其先屬雍古部，徙居臨洮之狄道，金略地，盡室遷遼東。曾祖帖木爾越哥，仕金爲馬步軍指揮使，官名有馬，因以馬爲氏。祖把掃馬野禮屬，徙（靜）[淨]州之天山，以財雄邊。宣宗遷汴，父昔里吉思辟尚書省譯史，試開封判官，改鳳翔府兵馬判官，死國事，贈輔國上將軍、恆州刺史，廟號褒忠。

月（乃合）[合乃]好學負氣，父死時年方十七，奮然投冠於地曰：「吾父死國難，吾獨不能紓家難乎？」會國兵破汴，侍母北行，艱關鋒鏑中。北見憲宗，辭容端謹，帝嘉賞之，命贊卜只兒斷事官事，以燕故城爲治所。月（乃合）[合乃]慨然以治道自任，政事修舉。

歲壬子，料民丁於中原，凡業儒者試通一經，即不同編戶，著爲令

甲。儒人免丁者，實月（乃合）〔合乃〕始之也。性好施予，嘗建言立常平倉。舉海内賢士楊春卿、張孝純輩，分布諸郡，號稱得人。又羅致名士敬鼎臣，授業館下，薦引馬文玉、牛應之輩爲參佐，後皆位至卿相。

歲己未，世祖以親王南征，從行至汴，令專饋饟，運濟南鹽百萬斤，以給公私之費。所過州郡汴、蔡、汝、潁之間，商農安業，軍政修舉，月（乃合）〔合乃〕與有力焉。及即位，降詔褒獎。世祖將親征阿里不哥，月（乃合）〔合乃〕出私財，市馬五百以助軍。帝厚贍其家曰：「當償汝也。」拜禮部尚書，佩金虎符。

四年，南邊不靖，月（乃合）〔合乃〕建言光、潁等處立榷場，歲可得鐵一百三萬七千餘斤，鑄農器二十萬事，用易粟四萬石輸官，不惟官民兩便，因可以鎮服南方。詔以本職兼領已括戶三千，興煽鐵冶，其蒙古、漢軍並聽節制。未行，以疾卒，年四十八。贈推忠宣力翊運功臣、正議大夫、僉書樞密院事、上輕車都尉、梁郡侯，謚忠懿。

子孫登仕籍者甚衆。至仁宗朝，詔行科舉，曾孫祖常，博學能文章，鄉試、會試皆爲舉首。由翰林應奉，拜監察御史，直言忤上官意，去居浮光。數年，起爲翰林待制，累遷御史中丞，卒謚文貞。

馬世德

紀事

余闕《青陽集》卷三《合淝修城記》 至正十一年，寇起淮南，自浙西、江東西、湖南北以及閩、蜀之地，凡城所不完者皆陷。合淝之城久圮且夷，倉卒爲木柵以守。柵成，賊大至，民賴柵以完。其後僉憲馬君至，顧而曰：「以柵完民，幸也，非所以固。」迺白皇孫宣讓王及其憲使高昌公，議修其城。遂發公私錢十萬貫。召富人之爲千夫長、百夫長者傭小民，相故所圮夷盡築之。富人得官發錢，無甚費，咸喜助所不足。小民方饑，得傭錢，奔來執事，鼛鼓不設，鞭朴不施，捧柴荷畚，麢至競作。自十三年二月朔戒事，九月畢，城四千七百有六尺，六門環爲睥睨，設周廬，廬具飾器，門皆起樓櫓，相盜所必攻者甓之。計用木若干，甓四百四十八萬，用人之力七十七萬八千。城成，而盜不至者今期月矣。余生長合淝，知其俗之美與夫所不從亂而可與守者有三焉：其民質直而無二心，其俗勤生而無外慕之好，其材強悍而無孱弱可乘之氣。當王師之取江南，所至諸郡望風降附，獨合淝終始爲其主守，至國亡，乃出降。天下既定，南人爭出仕，而少不達，則怨議其上而不可止。吾合淝之民，布衣育秀者治詩書，朴者服農賈，昏喪社飲，合坐數百人無一顯者，無慍怒不平之色。驅牛秉耒，鷄鳴而耕朝而息，日昃而耕莫而息，不合耦而終十畝，負二石之米，日中趨百里而無德容。惟其質直而無二心，故盜不能欺。勤生而無外慕之好，故利不能誘。強悍而無孱弱可乘之氣，故兵不能訹。昔者木柵猶足以力戰禦寇而無肯失身於不義者，今而得賢使君修其垣墉，救其疾苦，攜持撫摩，以與民守之。而民之與君，又歌舞愛戴，與君守如子弟之於父兄、手足之與頭目然。自今至於後日，是雖無盜，有亦不足憂也。君前爲庸田僉事，城姑蘇。今憲淮南，又城合淝。一人之身，而二郡之民賴之以有無窮之固，儒者之利不其博哉？君名世德，字元臣，也里可溫國人，由進士第，歷官應舉翰林文字、樞密都事、中書檢校，庸田僉事爲今官。與余前後爲史氏，城又余之所志而未成者也，義爲紀之。其敦事與凡供役之人，則載之碑陰。

馬潤

綜述

袁桷《清容居士集》卷二六《漳州路同知朝列大夫贈汴梁路同知騎都尉開封郡伯馬公神道碑銘》 鳳翔府兵馬總判公，諱昔里吉思，以忠節死難，廟食於治所。汴爲金南遷都，作褒忠廟，悉合享死事之臣，兵馬公預焉。兵馬贈恆州刺史、鎮國上將軍。夫人王氏，太尉明德公女。方公提孤

兵，守空壘，力抗不敵，盡室投巨淼。一嫗抱嬰兒以逃，是爲禮部尙書，諱月合。幼歲悲憤感厲，其先居天山，因以兵馬官爲馬氏。植德秉志，贖士人之爲孥者，後皆爲達官，而子孫更業儒術，卒致光顯焉。禮部子諱世昌，爲尙書省左右司郎中，傾貲粟結雋彥，家日困落，子孫益用儒自振。是生漳州，諱潤，字仲澤父，即以文墨入官。初署荆湖道宣慰司令史，遷吉州路經歷，陞兩淮轉運司經歷，改太平路當塗縣長官，再調常州路武進縣長官，進奉訓大夫，知光州，改漳州路同知。皇慶二年，卒於漳州，實十一月某日，年五十有九。其佐荆湖，調漕舟，討夔府，山壁夾江峻矗，挽舟銜尾以進，漕事廼不缺。在吉州，治豪民，絕其柄持。郡守以刻急自任，公以寬輔之，郡事不擾。有劫盜，獄株連百餘戶，閱牘讞論，止坐十餘人，守終不能以奪也。爲轉運幕，商人爭後先。歲終，鹽直不售，公請刻籌第甲乙，實巨筩，俾商人自揲以抽，鹽卒以辦。縣當塗，上疏言括馬料民徙戶增賦爲不便，時柄臣桑哥力主議，公獨以邑宰能奮言之。其治武進如當塗，刑其無良者，而貸假之，觴詠簡適，皆相慕以化。有拾松薪，易酒滓，尉以盜論，公慰釋之。守光州，取官粟之羨者，廣弟子員以食。光久爲用武地，司馬丞相生於光，公歲率諸生以祠，民始知爲儒以自重。會有言利者，請籍光閒田，歲可得粟十萬石。河南省下其事，公執筆不肯署，吏固請，公曰：「官可免，筆不可署。」卒不行。州無茶租，民間採山谷微末以食，轉運司掩捕抵法。會奉使出諸道，問疾苦，公疏所以，轉運生事者各降官三資。漳州負海障崖，龍巖、漳浦數反易。公命吏宣布上意，始受令，漸寧謐。會有言漳州地產水精，卒以獻言者代。公始罷當塗時，居儀眞幾十年。母夫人張氏，語家世官簿微警之，廼復仕。所爲詩曰《樵隱集》若干卷。觀其命名，足以知志意矣。韋布踵門，降席倒屣，傾家治具，輟所得俸，高下賢否以奉。而其教子，晷刻不肯置。以門功讓其弟禮。長子祖常，皇慶初，桷得交於京師。其爲文詞，深湛有師法，嘗默器而期之。科舉行，祖常試汴梁、南省皆第一，於廷對以尊國氏族，爲第二。祖義，鄉貢進士。祖烈，江浙行省宣使。祖孝，與祖常同登進士第，將仕郎、陳州判官。祖信，國子生，試中，承事郎、同知冀寧路保德州事。女二，長適金雲，次適劉某。孫男五人，武子，以公蔭授將仕郎，監常州路宜興州稅；文子、獻子、懿子、惠子。女孫五。祖常官翰林應奉時，請於朝，贈尙書爲正議大夫、治書侍御史，謚忠懿。夫人白氏，追封梁郡夫人。公亦贈朝列大夫、同知汴梁路總管府事、騎郡尉、開封郡伯。夫人楊氏，追封開封郡君。於是郎中之夫人張氏，年八十有四矣。祖常今爲翰林待制、承直郎、兼國史院編脩官，願以其封婦者，回授於張夫人。噫，盛矣哉。某年某月某甲子，將葬公於光州西樊原。桷辱爲文字交，知且深，乃來請銘。銘曰：

節以起宗，儒以紹傳。誰其任之，宗伯維先。再世是承，漳州象賢。佐政慈寬，智名不居。養其熙光，發於詩書。尊聞厲行，飭躬日劬。載籍之藴，心聲爲言。仰止不愆，玆爲德源。積小以高，本本元元。雲興崇山，百穀穎栗。鑒觀厥初，豐報匪嗇。揭其德華，昭銘以述。

馬祖常

綜述

許有壬《至正集》卷四六《勅賜故資德大夫御史中丞贈攄忠宣憲協正功臣河南行省右丞上護軍魏郡馬文貞公神道碑銘并序》 至正六年七月丁丑，集賢侍講學士、通奉大夫兼國子祭酒臣天爵言，故資德大夫、御史中丞、贈攄忠宣憲協正功臣、河南行省右丞、上護軍，追封魏郡公，謚文貞馬祖常，早擢高第，歷踐要途，始終五朝，有文有政，宜錫碑紀德，庸示報功。集賢院臣以聞，制可，命臣有壬爲文，臣玄爲書，臣起巖篆其額。三人皆文貞公同年進士，而有壬託知尤厚，始以學士被命，繼冒承旨，皆職紀述，其敢辭！公字伯庸，世雍古部，居靜州天山。有錫里吉思者，高祖也。金季爲鳳翔兵馬判官，死節，贈恆州刺史，廟賜「褒忠」，子孫因官以馬爲氏。曾祖月合乃，從世皇征宋，留汴，掌饋饟，累官禮部尙書，贈推忠宣力翊運功臣、僉樞密院事，謚忠懿。祖世昌，行尙書省左右司郎中，贈嘉議大夫、吏部尙書。父潤，朝列大夫、同知漳州路總管府

事，贈中奉大夫、河南行省參知政事，追封梁郡公。妣楊氏，追封梁郡夫人。梁公官浮光，因家焉。公七歲知學，得錢即以市書。十歲見燭欹燒屋，解衣沃水滅之，人嘆其異。蜀儒張公須講經儀眞，公未冠，質以疑義數十，張公奇之。科舉詔下，鄉、會試皆第一，廷試第二，蓋以國人冠也。授應奉翰林文字、承事郎、同知制誥兼國史院編修官，拜監察御史。仁皇久正宸極，猶居東宮，近侍利燕飲得售所請，公抗言當御正衙，立朝儀，御史執簡，太史執筆，雖有懷姦利己乞官賞者，亦不敢出諸口。承天地祖宗之重，當極調攝，至於酒醴，近侍進御，當思一獻百拜之義。英廟爲皇太子，請愼簡師傅，下至臣僕，亦宜精擇。時大姦當國，公首知其盜觀國史，洎同列疏其十罪，仁廟震怒，罷之。黨與之布列要地者皆論列黜之，端人昔與抵牾而擯斥者，請拔用之。秦州山移，公言：「山不動之物，而今動焉，豈在野有當用不用之賢，在官有當言不言之佞？」大臣皆家居待罪。薦賢拔滯，知無不言。改宣政院經歷，月餘辭歸。起爲社稷署令，罷雜事於泉南。大姦復相，左遷開平縣尹，欲中傷之。退居浮光。大姦死，除翰林待制。泰定建儲，擢典寶少監、太子左贊善，尋兼翰林直學士。成均釋奠，陳太子視學之禮，內出禮幣，命公助祭，除禮部尙書。祖母張夫人卒，護喪歸。起爲右贊善，復禮部，尋辭歸。天曆初，再使召爲燕王內尉，仍入禮部。兩知貢舉，一爲讀卷官，時號得人。參議中書省事，參定親郊典儀，充讀祝冊官，禮成，資金幣，拜治書侍御史，錫犀帶及御書《奎章閣記》，內廷宴服七襲，金玉腰帶各一。改徽政副使，拜南臺中丞。今上即位，召議新政，賚白金爲兩二百，楮幣爲貫萬，金織綺爲端四。改同知徽政院事，拜御史中丞。以公疾，特免朝禮，命光祿日給上尊。知經筵，進說必陳經史大義，參以祖宗故實。持憲務存大體，西臺御史劾其僚禁酤時面有酒容，以苛細黜之。山東憲以孔氏訟聞，以事關名教，不行，按者亦引去。司憲有以貪墨敗，沒入其田廬，請歸曲阜林廟，從之。拜樞密副使，居無幾，辭歸。復南臺中丞，遷西臺，疾不赴。積階自承事郎至資德大夫。至元四年三月丙午薨於光州之第，得年六十。是年四月壬申，葬州北平原鄉西樊里。有司以聞，有今贈謚。配索氏，封梁郡夫人。子男二：武子，承務郎、湖廣行省檢校官。文子，徵事郎、秘書監著作郎。孫男三，女二。公言事剴切，嘗建議國人暨諸部既誦周孔書，當尊諸誨以厚彝倫。兵家子驕脆，有辜任使，庶人挽強蹶張，老死草野，當建武學、武舉，儲材以備非常。時雖弗用，識者韙之。至於論刑，則一本哀矜，嘗言死罪遇赦，且原減死，流徙未蒙殊渥，當驗情遇恩內徙。漢人滿百執弓矢獵者死，不及百者流，條格已有禁弓矢聚衆之條，又復爲此，是錯綜網羅之，誠恐愚民舉足蹈罪。至論建德民妻之不首夫死者，則當以必死，其得用法之意乎？國家涵濡百年，譽髦斯士，公先世已事華學，至公始大以肆。爲文精核，務去陳言，師先秦兩漢，尤致力於詩，凌轢古作，大篇短章，無不可傳者。與修《英廟實錄》，譯潤《皇圖大訓》、《承華事略》，編集《列后金鑑》、《千秋記略》若干卷。至順間，龍虎臺應制賦詩，有五食之賜。嘗進擬稿，爲之嘆曰：「孰謂中原無碩儒乎？」文集若干卷，臺檄刻之揚州郡庠。仁皇始行貢舉，國人而下列爲四色，國人洎諸部爲右榜，試目視左榜差優。公雖右列，左列及之者指未易屈焉。且其爲學，初不爲貢舉也。以挺特之資，丁文明之會，裒爲舉首，馴至達官，威重足以鎭薄俗，文章足以追古作，議論足以正風教。設科得士，不得不以延祐之初爲盛也。不幸壽僅六十，未究其用，悲夫。銘曰：

元大一統，六合同風。南臺北萊，芃生其中。部族有儒，文貞伊始。文貞之世，翼翼廟祀。後承聿修，講學諸夏。延畀至公，大有無攄。嶄然異稟，幼不事弄。濡衣撲燎，智劇碎甕。益習以進，益混以瀚。不溺不流，而登於岸。先秦兩漢，華咀實擷。天籟冷厲，石湍激冽。天子有詔，乃興乃賓。實三其魁，一推國人。甫試館職，恢莪豸冠。以爾枘鑿，安我考槃。遐心浮雲，束帛空谷。春坊翊贊，經筵啓沃。皇格於天，公司其度。俊造鑑衡，風紀砥柱。厖恩異數，川委充溢。云胡修途，六十而柅。既易其名，亦大其封。於光之原，賜碑崇崇。於赫厥銘。同年之紀，考信匪諞。維爾部族，文貞有躅。敘倫敦典，益介戩穀。

傳記

《元史·馬祖常傳》　馬祖常字伯庸，世爲雍古部，居（靖）〔淨〕州

天山。有錫里吉思者，於祖常爲高祖，金季爲鳳翔兵馬判官，以節死贈恆州刺史，子孫因其官，以馬爲氏。曾祖月合乃，從世祖征宋，留汴，掌饋餉，累官禮部尚書。父潤，同知漳州路總管府事，家于光州。

祖常七歲知學，得錢即以市書。十歲時，見燭欹燒屋，解衣沃水以滅火，咸嗟異之。既長，益篤於學。蜀儒張須講道儀真，往受業其門，質以疑義數十，須甚器之。延祐初，科舉法行，鄉貢、會試皆中第一，廷試爲第二人。授應奉翰林文字。拜監察御史。

是時，仁宗在御已久，猶居東宮，飲酒常過度。祖常上書講「御正衙，立朝儀，御史執簡，太史執筆，則雖有懷姦利己乞官求賞者，不敢出諸口。天子承天地祖宗之重，當極調攝；至於酒醴，近侍進御，當思一獻百拜之義」。英宗爲皇太子，又上書請慎簡師傅。於是姦臣鐵木迭兒爲丞相，威權自恣。祖常知其盜觀國史，率同列劾奏其十罪，仁宗震怒黜罷之。秦州山移，祖常言：「山不動之物，今而動焉，由在野有當用不用之賢，在官有當言不言之佞，故致然爾。」疏聞，大臣皆家居待罪。祖常薦賢拔滯，知無不言。俄改宣政院經歷，月餘辭歸，起爲社稷署令。亡何，姦臣復相，左遷開平縣尹，因欲中傷之，遂退居光州。久之，姦臣既死，乃除翰林待制。泰定建儲，擢典寶少監、太子左贊善。尋兼翰林直學士，除禮部尚書。丁祖母憂，起爲右贊善，復除禮部尚書，尋辭歸。

天曆元年，召爲燕王内尉，仍入禮部，兩知貢舉，一爲讀卷官，時稱得人。陞參議中書省事，參定親郊禮儀，充讀冊祝官，拜治書侍御史，歷徽政副使，遷江南行臺中丞。

元統元年，召議新政，賜白金二百兩、鈔萬貫。又歷同知徽政院事，遂拜御史中丞。帝以其有疾，詔特免朝禮，光祿日給上尊。祖常持憲務存大體。西臺御史劾其僚禁酤時面有酒容，以苛細黜之。山東廉訪司言孔氏訟事，以事關名教不行，按者亦引去。除樞密副使，頃之，辭職歸光州。復除江南行臺中丞，又遷陝西行臺中丞，皆以疾不赴。至元四年卒，年六十，贈攄忠宣憲協正功臣、河南行省右丞、上護軍、魏郡公，謚文貞。

祖常立朝既久，多所建明。嘗議：今國族及諸部既誦聖賢之書，當知尊諸母以厚彝倫。又議，將家子弟驕脆有孤任使，而庶民有挽強蹶張老死草野者，當建武學、武舉，儲材以備非常。時雖弗用，識者韙之。祖常工於文章，宏贍而精核，務去陳言，專以先秦兩漢爲法，而自成一家之言。尤致力於詩，圜密清麗，大篇短章無不可傳者。有文集行於世。嘗預修《英宗實録》，又譯潤《皇圖大訓》、《承華事略》，又編集《列后金鑑》、《千秋記略》以進，受賜優渥。文宗嘗駐驛龍虎臺，祖常應制賦詩，尤被歎賞，謂中原碩儒唯祖常云。

楊維禎《西湖竹枝集·馬祖常小傳》　馬雍古祖常字伯庸，浚儀可溫氏。延祐第一科護都踏兒榜及第，官至御史臺中丞。詩名敵虞王，西夏氏之詩振，始於《石田集》也。竹枝蓋和王繼之作，其音格矯健，類山谷老人云。

雜録

戴良《九靈山房集》卷二一《鶴年吟稿序》　昔者成周之興，肇自西北，而西北之詩，見之於《國風》者，僅自豳、秦而止。豳、秦之外，王化之所不及，民俗之所不通，固不得繫之列國，以與邶、鄘、曹、檜等矣。我元受命，亦由西北而興。而西北諸國如克烈、乃蠻、也里可溫、回回、西蕃、天竺之屬，往往率先臣順，奉職稱藩。其沐浴休光，沾被寵澤，與京國内臣無少異。積之既久，文軌日同，而子若孫，遂皆捨弓馬而事詩書。至其以詩名世，則馬公伯庸、薩公天錫、余公廷心其人也。論者謂馬公之詩似商隱，薩公之詩似長吉，而余公之詩則與陰鏗、何遜齊驅而並駕。此三公者，皆居西北之遠國，其去豳、秦蓋不知其幾萬里。而其爲詩，乃有中國古作者之遺風，亦足以見我朝王化之大行，民俗之丕變，雖成周之盛莫及也。鶴年亦西北人，其視三公差後起。家世以勳業著，而鶴年兄弟俱業儒，伯氏之登進士第者三人。鶴年乃泊然無意於仕進，凡幽憂憤悶、悲哀愉悦之情，一於詩焉發之。觀其古體歌行諸作，要皆雄渾清麗可喜，而注意之深，用工之苦，尤在於七言律。但一篇之作，一語之出，皆所以寓夫憂國愛君之心，閔亂思治之意，讀之使人感憤激烈，不知涕泗之横流也。蓋其音節格調，絶類杜子美，而措辭命意，則又兼得我朝諸閣老之所長。故其入人之深，感人之妙，有非他詩人之所可及。嗚呼！若

鶴年者，豈向所謂三公之流亞歟！然三公之在常時，皆達而在上者也，世之士子，孰不膾炙其言辭。鶴年遭夫氣運之適衰，方獨退處海隅，爲此辛苦無聊之語以自慰。其能知夫注意之深、用工之苦者，幾何人哉？知與不知，在鶴年未足輕重，第以祖宗涵煦百年之久，致使遐方絶域之詩，亦得繫之天子之國，而所以著明王化民俗之盛者，將遂泯泯無聞矣，不亦重可悲乎！予故取其吟稿若干卷，序而傳之，以俟世之知鶴年者，相與諷詠焉耳。鶴年之清節峻行，已具載之《高士傳》中，兹不復論也。

趙世延

綜述

程鉅夫《趙氏先廟碑》 先王之制：諸侯廟五，大夫廟三。父爲士，子爲大夫，葬以士，祭以大夫，禮也。是以君子將營宮室，宗廟爲先，祭器爲次，居室爲後。而宗廟之器苟可銘著者，無不著焉。所以慶，所以勸也，忠孝之道備矣。今天子稽古右文，一本於禮。河洛之思，羹牆之見，慨然延念先正之臣。克左右，亂四方，其股肱心膂之績，固以彰於彝常，焕乎其足徵矣。乃若國家所以報往而勸來者，猶以爲未底極也。爰命公卿，舉先猷展故實，而隧章之典行焉。於是，陝西行御史臺以永古特氏父子勳伐列上。公車有旨，集博士禮官議。議既，上詔：故征行大元帥按扎爾爲推忠佐運功臣、太保、儀同三司、上柱國，追封秦國公，謚武宣；配白氏秦國夫人。故蒙古漢軍都元帥國寶爲推誠佐理功臣、光祿大夫、平章政事、柱國，追封梁國公，謚忠定；配雲氏梁國夫人。明年，公孫世延入參大政，政以咸熙。天子嘉焉，又贈其曾祖故羣牧使達袞彰義保節功臣、資德大夫、御史中丞、上護軍，追封雲中郡公，謚貞毅；配鄂喇琨氏雲中郡夫人。繇是，參政之先，三世六人，皆蒙加恩。又明年，參政拜中丞，自中丞遷右轄分治雲南。天子顧中丞「非君不可」，復拜中丞。以乃祖乃父勤勞皇家，宜撮其平生，著之閟祀，庶幾永啓厥後。因詔臣某文其家廟麗牲之石。臣惟上之下下郅隆者，恩也；大復古始者，禮也。感激奉詔。謹按：永古特氏，雲中世族，武宣公幼孤育於外氏，曰卓裕勒嘉，因姓舅姓，轉而爲趙。武宣智略沈雄，弓馬絶世。未冠，材器已顯。攻城略地，所向無前。扈太祖平河湟，從太宗下岐鳳。馘強俊，取平凉，慶原、邠涇如風隕籜。金源固守關河幾二十載，一旦武宣假道擣虚，如天墜而地湧，良、平之智不及施，賁、育之勇無所用，心潰膽裂，莫之能支。睿宗深所嘉賞，金源繇之遂墟。已而奉律西征隴右，遄定進兵蜀道，首奪階文。守漢陽，制三邊，納吐蕃，收後効。成都、夔門之戰，江油、張掖之師，皆其功之較然者。多謀尚義，厚下恤民。所至捄殄戮，贖俘囚，輯降附，其所惠蓋廣矣。然則開國之功不後諸將，而略不滿假，退然若無，所謂勢謙君子者歟。忠定雖出將家，自幼學問雍容閑雅，言貌甚都。蓋武宣雖積苦兵間，而敬禮儒生，恆戒軍中無毀文籍，是宜有佳子弟之報。慷慨倜儻，能得人之懽心。勇於當敵，愛恤士卒，有古名將之風焉。重慶刪舟之戰，皆居軍鋒，或降或殲，無不如志。火都受首，策之彌精。思立奇功，以承先志。乃招屬戶，脩廢州，虎視西南，別授元戎之寄。於是徼外羌渠畏威，欵塞列於王會。初不自以爲功，降羌爵命，反出其上。殷勤遜謝，益簡帝心。君子有終世濟其美，古之名將，有不能及者矣。竊嘗究觀成功之臣，弗居者百一，而矜以致敗者何多也。若武宣、忠定，爲而弗有，有而弗恃，簪組蟬聯，式克至於今日，父子、祖孫並受顯服，胙之秦、梁，躋之廟祏，將遂爲百世不遷之祖，非盛德孰濟登兹？嘗聞雲中據西北河山之奥，原野高博，風氣凝厚，炳靈異而生其間者，不出則已，出則必瑰偉絶世之材。若永古氏之達已數世，而方來者彌昌，其不謂之間氣之鍾歟？且家奮於韜鈐，而中丞服膺《詩》、《書》，動必以禮，高材姱節，負天下重望。尊天子之命，考先王之禮，於報本返始、教孝移忠之義，蓋惓惓也。《詩》不云乎：「以似以續，續古之人。」斯可謂能似續者矣。揆厥淵委，宜有雄詞；發揚蹈厲，老臣何能？然大君有命，謹摭其大者，而系之銘。銘曰：

皇帝御寓，天蓋地函，萬有咸𢀳。施仁錫類，幽遐闓通，恩明在上。矧兹世勞，崇功廣業，禮有攸當。惟永古特氏，方叔、召虎，父子相望。揚休纘慶，光於邦家，以將以相。桓圭玄袞，爾祖其從，同尊與

亨。馨香惟德，子孝臣忠，世世無曠。刻此貞石，以昭淵猷，以迪永養。

又《雪樓集》卷四《通奉大夫侍御史趙世延故祖父蒙古漢軍征行大元帥按扎爾贈推忠勛庸功臣太保儀同三司上柱國追封秦國公謚武宣制》 應天順人，惟祖宗之仁聖建邦啓土，亦將帥之勤勞，睠比盈成，申之褒贈。具官趙某，故祖父某官某，才兼文武，德備忠良，挺不世之姿，佐方興之運，率師滅夏，莫不望風而降。假道破金，咸謂自天而下。以帝王之兵不殺爲本，故秦蜀之衆長驅而平，遂收百戰之功，迥出諸將之右。慕興唐之英衛，老不辭難。方佐漢之良平，謀無遺策。九京不作，千載如生。是用進位台衡，表勛柱石，冠四字以錫號，節二惠而易名，榮開白社之封，載在丹書之府。嗚呼，望三千之組練，古名將何以加。渺百二之山河，爾嗣孫其是似。尚維英爽，歆此寵嘉。可。

傳記

《元史·趙世延傳》 趙世延字子敬，其先雍古族人，居雲中北邊。曾祖黚公，爲金羣牧使，太祖得其所牧馬，黚公死之。祖按竺邇，幼孤，鞠於外大父朮要甲，譌爲趙家，因氏爲趙。驍勇善騎射，從太祖征伐，有功，爲蒙古漢軍征行大元帥，鎮蜀，因家成都。父黑梓，以門功襲父元帥職，兼文州吐蕃萬户達魯花赤。

世延天資秀發，喜讀書，究心儒者體用之學。弱冠，世祖召見，俾入樞密院御史臺肄習官政。至元二十一年，授承事郎、雲南諸路提刑按察司判官，時年二十有四。烏蒙蠻酋叛，世延會省臣以軍討之，蠻兵大潰，即請降。二十六年，擢監察御史，與同列五人劾丞相桑哥不法。中丞趙國輔，桑哥黨也，抑不以聞，更以告桑哥。於是五人者，悉爲其所擠，而世延獨幸免。奉旨按平陽郡監也先忽都贓鉅萬，鞫左司郎中董仲威殺人獄，皆明允。二十九年，轉奉議大夫，出僉江南湖北道肅政廉訪司事。敦儒學，立義倉，撤淫祠，修澧陽縣壞隄，嚴常、澧掠賣良民之禁，部內晏然。元貞元年，除江南行御史臺都事，丁內艱，不赴。大德元年，復除前官，三年，移中臺都事，俄改中書左司都事。臺臣奏，仍爲都事中臺。六年，由山東肅政廉訪副使改江南行臺治書侍御史。十年，除安西路總管。安西，故京兆省臺所治，號稱會府，前政壅滯者三千牘。世延既至，不三月，剖決殆盡。陝民饑，省臺議，請於朝賑之，世延曰：「救荒如救火，願先發廩以賑，朝廷設不允，世延當傾家財若身以償。」省臺從之，所活者衆。

至大元年，除紹興路總管，改四川肅政廉訪使。蒙古軍士，科差繁重，而軍士就戍往來者多害人，且軍官或抑良爲奴，世延皆除其弊，而正其罪。又修都江堰，民尤便之。四年，陞中奉大夫、陝西行臺侍御史。先是，八百媳婦爲邊患，右丞劉深往討之，兵敗而還，坐罪棄市。及是，右丞阿忽台當繼行，世延言：「蠻夷事，在羈縻，而重煩天討，致軍旅亡失，誅戮省臣，藉使盡得其地，何補於國？今窮兵黷武，實傷聖治。朝廷第當選重臣知治體者，付以邊寄，兵宜止，勿用。」事聞，樞密院臣以爲用兵國家大事，不宜以一人之言爲興輟。世延聞之，章再上，事卒罷。

皇慶二年，拜江浙行省參知政事，尋召還，拜侍御史。延祐元年，省臣奏：「比奉詔漢人參政用儒者。趙世延其人也。」帝曰：「世延誠可用，然雍古氏非漢人，其署宜居右。」遂拜中書參知政事，居中書二十月，遷御史中丞。有旨省臣自平章以下，率送之官。其禮前所無有，由是爲權臣所忌，乃用皇太后旨，出世延爲雲南行省右丞。陛辭，帝特命仍還御史臺爲中丞。三年，世延劾奏權臣太師、右丞相帖木迭兒罪惡十有三，詔奪其官職。尋陞翰林學士承旨，兼御史中丞，世延固辭，乃解中丞。五年，進光祿大夫、昭文館學士，守大都留守，乞補外，拜四川行省平章政事。世延議即重慶路立屯田，物色江津、巴縣閑田七百八十三頃，摘軍千二百人墾之，歲得粟萬一千七百石。

明年，仁宗崩，帖木迭兒復居相位，銳意報復，屬其黨何志道，誘世延從弟胥益兒哈呼誣告世延罪，逮世延置對，至夔路，遇赦。世延以疾抵荆門，留就醫。帖木迭兒遣使督追至京師，俾其黨煅煉使成獄。會有旨，事經赦原，勿復問。帖木迭兒更以它事白帝，繫之刑曹，逼令自裁，世延不爲動，居囚再歲。胥益兒哈呼自以所訴涉誣欺，亡去。中書左丞相拜住

屢首世延亡辜，得旨出獄，就舍以養疾。先是，帝獵北涼亭，顧謂侍臣曰：「趙世延，先帝所尊禮，而帖木迭兒妄入其罪，數請誅之，此殆報私怨耳，朕豈能從之。」侍臣皆叩頭稱萬歲。帖木迭兒在上京，聞世延出獄，索省牘視之，怒曰：「此左丞相罔上所爲也。」事聞，帝語之曰：「此朕意耳。」未幾，帖木迭兒死，事乃釋。世延出居於金陵。

泰定元年，召還朝，除集賢大學士。明年，出爲江南行臺御史中丞。四年，入朝，復爲御史中丞，又遷中書右丞。明年，有旨趙世延頃爲權姦所誣，中書宜偏移天下，昭雪其非辜，仍加翰林學士承旨、光祿大夫。經筵開，兼知經筵事，選揀勸講者，皆一時名流。又加同知樞密院事。

泰定帝崩，燕鐵木兒與宗王大臣議：武宗二子周王、懷王，於法當立；周王遠在朔漠，而懷王久居民間，備嘗艱險，民必歸之，天位不可久虛，不如先迎懷王，以從民望。八月，即定策，迎之於江陵，懷王即位，是爲文宗。當是時，世延贊畫之功爲多。文宗即位，世延仍以御史中丞兼翰林學士承旨，以疾乞歸田里，詔不允。天曆二年正月，復除江南行臺御史中丞；行次濟州，三月，改集賢大學士；六月，又加奎章閣大學士；八月，拜中書平章政事。冬，世延至京，固辭不允，詔以世延年高多疾，許乘小車入内。至順元年，詔世延與虞集等纂修《皇朝經世大典》，世延屢奏：「臣衰老，乞解中書政務，專意纂修。」帝曰：「老臣如卿者無幾，求退之言，後勿復陳。」四月，仍加翰林學士承旨，封魯國公。秋，以疾，移文中書致其事，明日即行，養疾於金陵之茅山。詔徵還朝，不能行，二年，改封涼國公。

元統二年，詔賜世延錢凡四萬緡。至元改元，仍除奎章閣大學士、翰林學士承旨、中書平章政事、魯國公。明年五月，至成都，十一月卒，享年七十有七。至正二年，贈世忠執法佐運翊亮功臣、太保、金紫光祿大夫、上柱國，追封魯國公，謚文忠。

世延歷事凡九朝，敭歷省臺五十餘年，負經濟之資，而將之以忠義，守之以清介，飾之以文學，凡軍國利病，生民休戚，知無不言，而於儒者名教，尤拳拳焉。爲文章，波瀾浩瀚，一根於理。嘗較定律令，彙次《風憲宏綱》，行於世。

五子，達者三人：野峻台，黃州路總管；次月魯，江浙行省理問官；伯忽，夔州路總管，天曆初，囊加台據蜀叛，死於難，特贈推忠秉義效節功臣、資善大夫、中書右丞、上護軍，追封蜀郡公，謚忠愍。

闊里吉思

俞希魯《至順鎮江志》卷一二《古跡・居宅・本府》　本路達魯花赤闊里吉思宅，在□□巷。

又卷一五《刺守・元刺守・達魯花赤兼兼管内勸農事》　也里可溫人，少中大夫。至大元年八月六日至，皇慶元年十二月九日代。

又卷一九《人材・仕進・僑寓》　也里可溫人。至大初，少中大夫、鎮江路總管府達魯花赤，因居於此。魯合闊里吉思子。朝列大夫、潭州路兼揚州達魯花赤。

天主教分部

方濟各沙勿略

傳　記

韓霖、張賡《聖教信證・耶穌會西來諸位先生姓氏》　方濟各沙勿畧聖人，納襪辣國人，明嘉靖三十一年壬子，甫至廣東屬地三洲島即去世。其肉軀迄今不朽，現在小西洋臥亞府天主堂内。其在世及逝後行多靈異，至今不絕，有行實行世。

佚名《道學家傳》　聖方濟各沙勿畧，顯脩，年五十五歲，終於升天後一千五百二十年，按曆爲大明嘉靖三十一年壬子。所謂從來聖不虛生，必顯奇才於盛世也。

羅明堅

傳記

韓霖、張賡《聖教信證·耶穌會西來諸位先生姓氏》羅明堅，字復初。意大理亞國人，明萬曆九年辛巳至，傳教廣東，後回本國。著《聖教實錄》。

利瑪竇

傳記

韓霖、張賡《聖教信證·耶穌會西來諸位先生姓氏》利瑪竇，字西泰。意大理亞國人，明萬曆九年辛巳至，先傳教粵東諸郡，轉至江西，後寓金陵。二十八年庚子，同龐迪我齎方物進朝神宗，恩賚極厚，欽賜官職，固辭不受。蒙上眷注，始留京師，偕龐迪我僦屋以居，日用取給於光祿，遵上命也。至三十八年庚戌四月卒。御賜祭葬，墓在北京阜城門外滕公柵欄，有行畧行世。

著《天主實義》二卷、《畸人十篇》二卷、《辯學遺牘》一卷、《幾何原本》六卷、《交友論》一卷、《同文筭指》十一卷、《西字奇蹟》、《西國記法》、《測量法義》、《萬國輿圖》、《乾坤體義》三卷、《勾股義》、《二十五言》一卷、《渾蓋通憲圖說》二卷、《圜容較義》一卷。

艾儒略《大西西泰利先生行迹》 西泰利先生瑪竇者，大西歐邏巴州（按《萬國全圖》天下總分五大州，其在中國最西者謂歐邏巴州。）意大里亞國人也。（歐邏巴州名邦三十餘，其最南屬教宗所轄者，謂意大里亞。其地度、風俗、土產詳見《職方外紀》。）其父居宦，母有懿德，奉天主（即天地萬物之眞主）甚虔。其受業之師孟尼閣者，亦名賢也。利子得此賢親及師，從幼見聞，俱合正道。且穎異聰敏，十餘歲時即有志密修。父以科第期之，冀紹其家聲，送到羅瑪京都就名師習諸學之蘊奧。僅習三年，欲遂修道夙懷，不願婚娶利名，求入耶穌聖會。時年已十九矣。因致書於父，具言此意。父驟聞未之許也。欲往羅瑪阻之，比起程，忽得病，不果往；稍愈又欲行，又病而回；如是者三。父乃翻然悟曰：「是殆天主所默眷，欲使其傳道於四方者與。吾安可使功名一途，加諸欽崇天主上乎？」遂復書具述屢往屢病之繇，諄諄加勉。利子入會，既於文科理科無不卓然，復於道科日精月進，歷考七次，至撒責耳鐸德之尊品。（大西諸科之詳載拙述《西學凡》與《彌撒祭義》中）嗣後立志航海，欲廣傳聖教於東方。遂請命會長，面辭教宗，於天主降生後一千五百七十七年，閱數國，乃至大西海濱名邦波耳都瓦耳者。利子入見其王，王款之厚。航海東來，歷怒濤狂沙掠人啖人之國，不災不害。次年至小西洋，泊舟，爲開示所學。又次年，爲萬曆辛巳，始抵廣東香山澳。

制臺司馬陳公文峰（諱瑞，閩福州人）移文澳內，請大西司教者并治事之官同商澳事。司教者請耶穌會士羅子（諱明鑒，號復初）代赴其招，事畢而歸。越明年，癸未，利子始同羅子入端州（即今肇慶府）新制臺郭公并太守王公（諱泮，浙紹興人）甚喜，款留，遂築室以居利子。閑制地圖、渾儀、天地球考、時晷、惜時之具，以贈於當道。皆奇而喜之。方知利子爲有德多聞高士也。

利子素有謙德，以異邦甫居斯地，未免有侮，利子不較也。一日有踰後垣而盜其柴者，家人與爭。利子命讓其柴曰：「吾烏可以微物而與人競，且其來或爲貧也。」躬負柴就垣邊送之，其人慚謝而去。

其居端州幾十載，初時言語文字未通，苦心學習。按圖畫人物，借人指點，漸曉語言，旁通文字。至如六經、子、史等篇，無不盡暢其義。始稍著書，發明聖教。日惟勤懇泣下，默禱天主，啓迪人心，端其信向，朝夕不輟。且多方誘掖，欲使人人認識天地大主，萬民之大父母也。時有鍾銘仁、黃明沙者，粵中有志之士也，慕利子之天學，時依從之。

端州有鄉人，夜過荒冢地，爲魔所憑，忽發顛狂。其父母延僧道巫覡

之流，祈禳百端，俱無效。時有告其父曰：「大西有利先生者，崇奉天主正教，能驅魔立應，盍往誠求之。」其父懇祈利子。利子至其家，見諸魔像符籙，諭之曰：「是皆邪魔之招也。悉取毀之。」因代誦經，籲祈天王，且取自佩之聖匱付之，病遂立愈。自是一家之人，無一不欽崇聖教。

有居官梁姓者，遇壯無子。利子命入聖堂，代爲祈求。因連舉二子，遂幷二子奉教焉。

其後司馬節齋劉公開府端州，知利子欲進內地，以廣宣其教。遂移文韶州府，命於南華寺居停。利子請附城河西官地，建天主堂，棲止焉。其端州舊堂，則劉公取爲生祠，薄酬價於利子。利子力辭不受，劉公愈高之。

姑蘇瞿太素（諱汝夔）者，大宗伯文懿公之長子也。適過曹溪，聞利子名，因訪焉。談論間深相契合，遂願從游，勸利子服儒服。

時有同會石子鎭予（名芳棲）者，偕利子處。一日劇盜強入，剽劫貲物。當道嚴捕賊黨，下重獄。利子復哀矜之，力言諸當道，釋其獄。人咸服利子之德云。

太素既締交利子，遂揄揚利子之學於縉紳間。利子因請曰：「公亦有所求乎？」太素曰：「吾年四十有三，吾內子四十有二，尚未有子。先生能爲我祈求大主乎？」利子因代爲密禱，是年即生一男，今名式穀者是也。

利子此時，嘗將中國四書譯以西文，寄回本國。國人讀而說之，以爲中邦經書，其能認大原不迷其主者乎，至今孔孟之訓，遠播遐方者，皆利子力也。

厥後偶到南雄府，時大京兆王公玉沙（諱應麟，閩漳人）者，適宦南雄，一見利子，深相愛慕，而少司馬石公者，適就任之京，亦敬愛利子。遂攜利子之南部。到贛州十八灘，波濤險惡，從行有溺者。利子雖安然無恙，心甚悲之，不禁泪下。比抵南都，未逢知己，殊爲悵然。一夜夢入一宮殿，莊嚴宏敞，有金扁額顏其上。醒而自思曰：「是殆天主所默示者乎？今日雖鬱鬱於此，聖教終有興起之日也。」乃舍南都而轉江右焉。

時暫僦邸舍以居。適有醫官王繼樓者過，睹利子德容，心竊異之，遂延至家館。醫官入告中丞陸仲鶴公，邀見甚喜，談論數日。利子因傳含記之學，順逆皆誦之法。公益相敬愛。一日請觀大西奇物。其中有彩石一枚，目上映光，五彩爛然。公把玩不忍去手。利子因以獻。公堅辭不受，徐謂利子曰：「此寶今長在先生處矣。」利子問故。公曰：「先生此寶，非賢者不送，然爲賢者必不受。故曰長在先生處也。」遂留駐利子於洪州，而同會蘇子瞻清（諱如漢）羅子懷中（諱若望）等，亦自大西至，偕之共處焉。

一日，上謁建安王，王禮賓之，設醴歡甚。王乃離席握手而言曰：「凡有德行之士，吾未嘗不交且敬之。西邦爲道義之鄉，願聞交友道何如。」利子退而著《交友論》，獻之於王。

越二十六年，戊戌，王大宗伯忠銘（粤海南人）者，素聞利子名，將入京，欲攜偕往。過韶州，遂攜郭子仰鳳（名居靜）共到豫章，偕利子之京都。而韶州聖堂，别後西來會士麥子立修（諱安東）、石子鎭予、龍子精華（諱華民）先後居之。

利子向在端州時，畫有《坤輿圖》一幅，爲心堂趙公所得。公喜而勒之石，且加弁語焉。然而尚未知利子也。是時趙公方開府姑蘇，而王宗伯偕利子至南都。趙公饋禮物，幷《坤輿圖》以獻。王公奇之，示利子。因作書復趙公曰：「向所畫《坤輿圖》之人，今兹在矣。」趙公喜出望外，即具車從邀利子，相得甚歡。利子出天主聖像，俾趙公瞻仰。趙公曰：「是不可褻觀也。」遂於常拜天之處，設高臺香燭，稽首而敬禮焉。乃顧謂利子曰：「是像非常，眞爲天地萬物之大主矣。」嗣後遍請當道諸公，同爲瞻仰。且留利子談論，旬餘不倦。而王公不能待，已先行矣。趙公始命衙官，護送利子之淮。利子到京師，適關白倡亂，朝鮮多事，未有朝見之機。復同郭子南回。時冬月河凍，暫留郭子於山東，獨回蘇州，與故人瞿太素之南都。時王大宗伯正官南都，而大司寇趙公、大司徒張公、少司寇王公、少宗伯葉公（即相國文忠公，時爲少宗伯）者，群慕利子名，皆投刺通謁，迭爲賓主。理學名儒李公心齋、禮科都諫祝公石林者，尤深相契合，雅有留駐意。而郭子始自山東回，相與共謀築室矣。適戶部劉公斗墟者見利子，問曰：「聞子欲卜宅居此，信乎？」利子曰：「然。」公曰：「昔於洪武岡嘗備數椽，不意爲魔所據。吾子若不懼魔，甘心售子，毋論直也。」利子曰：「吾自少奉天地眞主，受庇良多。況天主聖像爲魔所極

畏者，魔害不必慮也。」遂偕劉公往觀，殊愜意，乃捐貲買之。是日於廳事立臺，奉天主聖像其中，又以聖水灑淨一室。夜同郭子及鍾念江等居之，魔絕無影響。次日相知諸公過訪問安，見其帖然無恙，俱詫爲奇。他日劉公會諸縉紳，論及此事，曰：「吾昔構此居，其於堪輿克應趨避之術，備極詳審。顧何以人不能居，而魔居焉？今乃知邪不勝正，而堪輿擇日之俱誕也。毋亦此室將爲至人居，故天主命魔守之，不容他處此爾。」

越數時，太史王公順庵者，博學多聞士也，尚未知利子東來意，然素有志於度數曆法之學。乃先遣門下士張養默者，就利子受業。張子故好學，稱才士。久習利子，始知其東來，實欲奉揚天主聖教，固不屑以曆數諸學見長也。厥後張子於渾儀度數之學，既有通曉，始喟然嘆曰：「彼釋氏之言天地也，則但云『一須彌山而日月繞其前後，日在前爲晝，在背爲夜。』其言日月蝕也，則云『羅漢以右手掩日而日蝕，以左手掩月而月蝕。』其言地也，則云『須彌山四面分四大部洲，而中國居其南。』夫天地之可形像測者，尚創爲如是不經之談。況夫不可測度者，其空幻虛謬又可知也。今利子之言天地，明有測驗可據，毫髮不爽。則即其粗可知其精。而聖教之與釋氏也，孰正孰邪，孰眞孰僞，其必有辨之者矣。」後之論者，多以張子之言爲準。

大司徒吳公左海（諱中明，歙縣人）者，亦交利子。見《坤輿圖》而悅之，因請利子更爲考詳，出吏部公帑重梓，以廣其傳，且序弁焉。溫陵卓吾李公時在南都，過訪利子。談論間深識天學之爲眞，因賦詩爲贈，具載《焚書》諸篇中。又汝南李公素以道學稱，然崇奉釋氏甚篤，門下多有從之者。一日與諸公論道，多揚釋氏而抑孔孟。時劉公斗墟在座，瞿然曰：「吾子素學孔孟者也。今以佞佛故，而駕孔孟之上何也？不如大西利子者，奉天主眞教，航海遠來，其言多與孔孟相合。又明辨釋氏之不正。」李公於是始知有利子，乃往邀焉。時有僧三槐者已先在座，而利子偕瞿太素至。三槐岸然居上，利子以謙承之。三槐乃問利子曰：「聞吾子知天文之學，有諸？」利子曰：「頗識其略。」三槐曰：「子之考日月也，或上天看日月乎？抑日月下而與心目接乎？」利子曰：「非我上天，亦非日月下地。我存日月之像於心，照此像，可知日月矣。」三槐欣然曰：「若此，則子能造日月於心矣。何人不可以造天地乎？」利子答曰：「是不然。有日月矣，而我見之。因所見而生是像於心，非無日月而我自能造日月也。譬之鏡然，懸之空中，物咸照焉。即天地日月亦入照矣。然必先有物，而後照有像；非無其物而鏡自能造其物也。」衆人稱善，三槐理屈不能對。時諸公復辨論心性善惡，反復不一。或謂利子未悉其義也。利子集合衆論，具言人性爲至善之主所賦，寧復有不善者乎。且砭萬物一體之說。人咸嘖嘖深賞，其言備載《實義》篇中，茲不具詳。

萬曆二十八年庚子，遂與同會龐子順陽者（諱迪我），以禮科文引，躬詣闕廷，貢獻方物，稍效芹曝之私。諸當道款接如禮。而山東開府心同劉公者，閱諸貢物，倍加優待。乃越黃河，抵臨清。適督稅內官馬堂邀功攔阻，悉將貢物奏章自行上進。奉旨起取赴京，利子始偕伴八人，同入燕都，獻天主聖像、聖母聖像、天主經典、自鳴鐘大小二具、鐵弦琴、《萬國圖》等物。皇上欣念遠來，召見便殿，垂簾以觀。命內官習學西琴，問西來曲意。利子始譯八章以進。復蒙賜問大西教旨，及民風國政等事。於時欽賜官職，設饌三朝宴勞。利子等固辭榮爵，受廩餼。上受聖像於御前，置自鳴鐘於御几，復命畫工繪圖進覽。時大宗伯蔡公者，以屬夷貢獻，必由本部，而利子乃從內官進，不無以此爲嫌。利子因述馬堂強留邀功之意，公始釋然。暫循舊例，留利子於夷館中。利子以旅人浮海東來，觀光上國。原住中華二十餘年，頗識文字，於他夷來賓爲名利者不同。乃具疏請命，或兩京，或吳越，乞賜安插。禮部并爲覆題，未蒙報可。而內官出諭利子曰：「幸勿固辭，主上方垂意，若固辭，則上心滋不喜也。」於是禮部趙公邦靖周旋其間。利子始安意京師，偕龐子僦屋以居。至其日用所需，則取給於光祿，遵上命也。趙公後因他事去官。利子唁焉，對而爲之泣。趙公曰：「吾僚友咸以冷情視吾，子獨爲我相知之深也。其異世俗交乎。」嗣後趙公歸里，虔祀利子所著《實義》一部，朝夕拜奉，以志不忘。

相國沈公蛟門（諱一貫）時爲設醴，且饋資斧焉。而大宗伯馮公琢庵（諱琦）者，屢叩利子所學，深相印可，遂大有志於天主正道。時求所譯經典，復命速譯其餘。且數上疏，排擊空幻之流，欲以章明聖教。竟賫志以沒，惜哉。於時相國文忠葉公，太宰李公，司馬趙公，少司寇王公，少宗伯祝公，僉都慕岡馮公（諱應京）、都諫曹公（諱于汴）、大參吳公、龔

公，都水我存李公（諱之藻）相與質疑送難，著而成書，名曰《天學實義》。而僉憲馮公令速梓以傳。利子以文藻未敷，未敢輕許。馮公曰：「譬如垂死之人，急須藥療之，如必待包裹裝飾，其人已不可起矣。斯文爲救世神藥，烏可緩也。」於是并《二十五言》梓行世，馮公兩爲文弁其首。厥後諸書行世，人心漸明。大宗伯玄扈徐先生（諱光啓，吳松上海人）者，博學多才，欲參透生死大事，惜儒者未道其詳。諸凡禪學玄學及三教等學，無不拜求名師。然於生死事竟無着落，心終不安。萬曆庚子到南都，見利子而略通其旨。回家得一奇夢，如見圓圓堂中，設有三臺，一有像，二無像。蓋天主預默啓以三位一體，降生妙義。然尚未知其解也。癸卯臘月，又到南都，入天主堂訪論天學。至暮不忍去。乃求得《實義》、《解略》諸書，於邸中讀之，達旦不寐，立志受教。羅子與講解經旨，覺十誡無難守，獨不娶妾一款爲難。蓋先生獨有一子，而未得孫，意欲納側室以廣嗣也。羅子不許，曰：「有子無子，一憑主命，烏可以此犯誡。」先生躊躇久之，毅然堅決曰：「嗣可無，誡斷不可犯，惟聽大主所賜耳。」遂欣欣受洗，守誡甚堅。天主鑒其精誠，越年即得孫矣。至今諸孫繞膝下，迨曾玄奉教，濟濟到堂，如層簫然。愈知大主福善，不獨於其身後也。

中州都會，原有教堂，乃如德亞國所傳天主古教。適其教中艾孝廉計偕入京，造訪利子。利子請《天主經典大全》一部，系如德亞國之原文，并後翻譯大西文字示之。艾君誦讀其文，深喜而拜焉。艾之同袍張君，同訪利子，謂汴梁昔有一教，名爲十字教，以奉天主爲主。張孝廉亦其奉教之後裔也。奈百年來多不得其傳者。利子以所佩十字聖架示之。張君一見，不禁泪下。是後利子遣從游者黃明沙馳書訪其實，果如二君之言，但不得其初來傳之詳耳。是後張君選關中教諭。時有從中西到關中鄂本篤者，亦耶穌會士也。風聞東方禮義文物之邦，人皆奉天地主爲宗，以爲與天主聖教正符，欲得其實。陸行三年，經狂沙掠人之國，歷盡艱苦，徑到關中。乃知所聞之國，即中國也。利子聞而遣人訪之，值其篤病，一見問會者，望外喜溢，遂安然去世矣。利子住京師凡十年，交游益廣，著述亦多。時與諸名公論天學，旁及度數。因著《畸人十篇》及與徐宗伯玄扈所譯《幾何原本》、《測量》等書，與李冏卿我存所譯《同文算指》、《渾蓋通憲》、《乾坤體義》等書，俱已行世。自是四方有道之士，多致意請問。利子率手自裁答。時又爲寓中國諸西士之長。即答諸會士書札，亦無不縷縷長言之，而利子不倦也。利子生平樂於接引，所稱「明鏡不辭屢照，淸流無憚惠風」者，利子有焉。故每日除自躬瞻禮，存想省察，誦經諸工外，皆爲談道著書之候。而門有過訪，又亟倒屣出迎。且時患頭風，雖伏枕呻吟，一聞問道者至，即欣然延接，悉忘其苦。客退，呻吟如故矣。於是從教者日廣，多喜與利子相親。利子率諄諄樂告之。即或有貧且賤者，利子亦作平等齊觀，其接見顏色，與見大賓無異也。

比庚戌歲，諸上計名公及省試孝廉，輪蹄相錯於門，而利子俱一一披示，各慊其所懷來。加以新到會士熊子有綱（諱三拔）、費子揆一（諱奇規），初未習中國語言文字，利子又時與之指陳，殫其心力。遇大齋之期，雖日衹一飧，而應接不暇，亦不得安然享之。且持齋甚嚴，絕不用非時飲食。諸會士同居者，皆以利子春秋漸高，何以接應內外諸事，都無倦色，不可謂非天主默祐簡閱之身也。

太僕我存李公久習利子，服其器識，凡有所行，多與相商。覺從利子之言則順，間有不從者，後必有悔也。厥後李公忽患病京師，邸無家眷。利子朝夕於床第間，躬爲調護。時病甚篤，已立遺書，請利子主之。利子力勸其立志奉教於生死之際。公幡然受洗，且奉百金爲聖堂用。賴大主寵佑，而李公之疾已痊矣。

利子累積勞瘁，因躬自得病，首日即謂諸會士曰：茲吾去世之期也。遂依教中善終諸規一一行之。而諸奉教者先後往候，利子無不喜容相接，且加慰勉焉。又時仰祈大主，垂祐中華，俾人人盡識聖教，得沾洪恩。復念皇上體恤遠懷，思報答涓埃。惟望大主福祐默啓，得以闡揚大教。此尤病中惓惓致意也。越數日，利子臨終，再告解請領聖體。同會鐸德依禮捧之至寢，利子奮力強起投地，叩奉不已。同會以病篤寬其安寢，利子竟不敢纖毫褻越焉。有頃，忽閉目如有所思，而已安然坐逝矣。時萬曆庚戌年四月也。

太僕李公經其喪事，市堅木爲棺，會士阻之不得。匠人欲速其工，懼天炎而體變。李公曰：「勿亟也，子第加功焉。吾知利子雖百日不壞矣。」越兩日始就木。前後諸縉紳來吊者，無不極口稱贊。

先是利子數月前嘗致書於郭子仰鳳，末有云：「此吾盡頭之書，從此無書，永言別矣。」及利子初病時，諸會上請其遺囑。利子曰：「吾去後，開吾笥視之，具見之矣。」至是開笥，果見遺囑，教中事理，種種畢陳。至諸名士往來書啓，去者去，而留者留，無不先爲經理。蓋利子甫病，即已無力及此。是必數月之前，預為整頓，始知早識其善終之期矣。

若夫利子一生至德，未易盡述，兹略提其一二。夫人萬善之根，在默與上主神接。利子嘗默默對越，以沾神力。且每晨默道數時，所得上主默啓者，即下筆記之，以不忘主祐。漸而成帙。至今諸會士多喜熟玩，領其訓誨。即儒略讀之，亦時有醒悟也，默道後，虔恭行彌撒禮，切祈所懷，務沾主祐。又每日誦經，贊頌天主七次，昕夕嚴審其私，毫不自恕。薊北天寒，卧不重褥，時用木枕。至所被之衣，不請更易，亦不問。蓋其心惟道德是樂，故輕肉身而粗視之耳。且其初傳教於中華也，未免多有艱阻。利子以謙忍，以寬俟；不以順事而傲，不以逆境而屈。或有面相獎贊者，則兩頰爲赤，目注於地。以故彼都人士，咸相愛敬，願時時親炙焉。至於待諸會士，尤極溫良。其在洪州時，一會士與之調自鳴鐘，蓋將以獻大廷者。忽誤破其機，會士憂形於色。利子詢知其故，怡然曰：「無傷也。若無此進御，則另覓其他可也，何憂焉。」故人盡服其德量。諸會士之入中華者多，利子取六經諸書爲之講解。適與熊子有綱講畢，熊子稱謝。利子遜不敢居。且曰：「如講解有不到處并日常過疵，幸其恕我，以此爲謝可矣。」熊子感其眞切，不禁泣下。至有志學之士，離家相從，或俗念復萌，就利子求解。利子一耳提之，亦無不冰消霧釋者。利子向入中邦，諸昆仲亦有在本國羅瑪者，時寄家書回，并不及他事，只勸其修德行善，仰答天主而已。諸兄弟感慕利子之意，自後有書至，必頂禮而開讀焉。

利子歿後，中朝諸公議欲上請葬地。而龐子順陽、熊子有綱始具疏奏請。命下禮部題覆。相國吳公（諱道南）適以宗伯署部事，遂偕正郎林公（諱茂槐，福清人）、員外郎洪公（諱世俊）、主政韓公（諱萬象），具言其慕義遠來，勤學明理，著述有稱，伏乞收葬等情。上報可。於是吳公牒下京兆黃公（諱吉士）。有籍沒楊內宦私創二里溝佛寺房屋三十八間，地基二十畝，畀葬利子。并爲龐熊諸子恭奉天主，焚修祝釐之所。京兆玉沙王公立石爲文以記之。時有內宦言於相國葉文忠曰：「諸遠方來賓者，從古皆無賜葬，何獨厚於利子？」文忠公曰：「子見從古來賓，其道德學問，有一如利子者乎？姑毋論其他，即其所譯《幾何原本》一書，即宜欽賜葬地矣。」

自利子沒，人多有畫其像而景仰之者。太僕李公繪其像於聖堂左，而瞿太素夫人則請利子小像爲聖牌，且珍藏其手書，以爲至寶。

厥後張識（閩晉江人也）者，聖名彌克爾，奉教至虔，爲衆所仰。天啓癸亥，從父孝廉張夏詹（名賡，聖名瑪竇）掌教中州。臨終時忽見天主聖容，審判其生平，尙加訶責。識宗徒聖瑪竇與利子共現天主臺前，爲之懇祈。天主許登化光天焉。爾時頓蘇，具爲其父言之，乃安然而逝。此亦利子之靈，介天主側，爲中國人祈求之一驗云。向利子未沒時，見有道行之機，且爲熙朝曆法歲久而差，禮部具疏，薦利子及龐子同修。旨報可。利子以道之廣傳及國家重典，俱未可一人獨任，因寄書本國，招一二同志，多攜西書同譯。儒略始偕二三友朋，如畢子今梁（諱方濟）、史子建修（諱百度）等浮海遠來。而利子是年沒矣。然雖不及一面，亦躬造燕京，瞻拜賜墳，感激熙朝之厚仁也。於戲，利子挾天學東來，矢志宣揚正教，幾三十年。余不敏，略次先友行迹，以待後之君子有志而願知者。

紀事

朱國祚《請遣還大西洋國人利瑪竇疏》 會典止有西洋瑣里國，無大西洋，其眞僞不可知。又寄居二十年方行進貢，則與遠方慕義特來獻琛者不同，且其所貢天主及天主母圖既屬不經，而所携又有神仙骨諸物，天既稱神仙自能飛昇，安得有骨，則唐韓愈所謂凶穢之餘，不宜入宮禁者也。況此等方物未經臣部譯驗，徑行進獻，則內臣混進之非與臣等溺職之罪，俱有不容辭者。及奉旨送部乃不赴部審譯，而私寓僧舍，臣等不知其何意，但諸蕃朝貢例有回賜，其使臣必有宴賞，乞給賜冠帶還國，勿令潛居兩京，與中人交往，別生事端。

《熙朝崇正集》卷二《禮部題准利瑪竇御葬疏》 禮部署部事右侍郎兼翰林院侍讀學士臣吳道南等謹題，爲異域微臣銜恩沒齒，懇乞聖慈給地

收葬，以廣皇恩，以風遠屬事。主客清吏司案呈，奉本部送禮科抄出大西洋國陪臣龐迪峨、熊三拔等具奏前事，內稱：臣本遠夷，向慕天朝德化，跋涉三載，道經海上八萬餘里，艱苦備嘗，至于萬曆二十八年十二月偕臣利瑪竇及傔伴五人，始得到京朝見，貢獻方物，蒙恩給賜廩餼，臣等感戴不勝，捐軀莫報。萬曆二十九年正月內，奏乞天恩，照例安插，以將柔遠等情，候旨多年，叨蒙廩給不闕，不意于萬曆三十八年閏三月十九日，利瑪竇以年老患病身故。異域孤臣，情實可憐，道途險遠，海人多所忌諱，必不能將櫬返國。伏念臣等久沾聖化，即系輦轂臣民。堯仁德被于華夷，生既蒙豢養於升斗；西伯澤及于枯骨，死猶望掩覆於泉壤。況臣利瑪竇自入聖朝，漸習熙明之化，讀書通理，朝夕虔恭，焚香祝天，頌聖一念，犬馬報恩，忠赤之心，都城士民共知，非敢飾說。生前頗稱好學，頗能著述。先在海邦，原系知名之士，及來上國，亦爲縉紳所嘉，似無愧於山澤隱逸之流，或蒙聖慈，再賜體訪，不無可矜可錄。臣等外國微臣，豈敢希冀分外！所悲死無葬地，泣血祈懇天恩，查賜閑地畝餘，或廢寺閒房數間，俾異域遺骸得以埋瘞，而臣等見在四人亦得生死相依，恪守教規，以朝夕瞻禮天主上帝，仰祝聖母聖躬萬萬歲壽，既享天朝樂土太平之福，亦畢螻蟻外臣報效之誠，臣等不勝感激屏營候命之至。等情，具奏。奉聖旨：該部知道。欽此欽遵。抄出到部送司。查得《會典》內一款，凡夷使病故，如系陪臣未到京者，所在布政司置地塋葬，立石封識；又一款，夷使在館，未經領賞病故者，行順天府，轉行宛、大二縣，給與棺木銀，領賞之後病故者，聽其自行埋葬。今利瑪竇雖未經該國差遣，而向化遠來，久沾豢養之恩，茲以年老病故，道途險遠，勢難將櫬返國。孤魂暴露，不無可矜，合無查依龐迪峨所奏，參酌前例，覆題賜給葬地，以廣聖澤，案呈到部，看得我國家德化翔洽，雖遐荒絕域，上世所不賓之國，亦有向風慕義如利瑪竇者，跋涉遠途，入京朝貢，在館廩餼，十載於茲，而瑪竇漸染中華之教，勤學明理，著述有稱，一旦溘然物故，萬里孤魂，不堪歸櫬，情殊可憫。所據龐迪峨請給葬地一節，雖其自來中土，與外所遣陪臣不同，但久依輦轂，即屬吾人，生既使之糊口於大官，死豈宜令其暴骨於淺土？且龐迪峨等四人願以生死相依，亦當幷議優恤，相應俯從。伏乞敕下本部，轉行順天府，查有空閑寺觀隙地畝餘，給與已故利瑪竇爲埋葬之所，見在龐迪峨等，許就近居住，恪守教規，祝天頌聖，此聖朝澤枯之德與柔遠之仁，乃所以風勵外夷，而永堅其向化之誠者也。緣系異域微臣銜恩沒齒，懇乞聖慈，給地收葬，以廣皇恩，以風遠屬事，及奉欽依該部知道事理，未敢擅便，謹題請旨。奉聖旨：是。欽此。

萬曆三十八年四月二十三日，禮部署部事右侍郎兼翰林院侍讀學士吳道南、主客清吏司郎中林茂槐、員外郎洪世俊、主事韓萬象。

王應麟《欽賜大西洋陪臣葬地居舍記》 稽古用賓，在九州外廣萬里餘者，斯爲遼絕已。我國家文明柔洽，迄今萬曆庚辰，有大西洋士利瑪竇號西泰，友輩數人，航海九萬里，觀光中國，始經肇慶，托居韶陽。時余刺郡淩江，竊與有聞，遂同傔伴，賫表馳燕，跋庾嶺，駐豫章，溯游長江，覽勝建業，俄越黃河，抵臨清，督稅宮官勒其貢表以獻，皇上啟閱天主聖像，敬藏御帑，留自鳴鐘置左右，籍圖琴所司收之，召見便殿，令禮部賓禮受大官廩餼，不令雜人夷館，聽其便。是時大宗伯馮公琦署部事，探討其學，昭事天主，皆吾人禔躬繕性，踐義精切，確有詳據，屢疏排擊空幻之流，欲彰揚其教典，名卿鉅公，問答成書，同文甚都，見於敘次，衿紳秉翰墨之新，槐位賁行館之重，斑斑可考，凡十年。而庚戌季春，利氏卒，其友龐迪峨號順陽者，偕友輩具奏請恤，復下禮部議，宗伯吳公稱其慕義遠來，勤學明理，著述有稱，宜加優恤，乞敕下順天府，查給地畝，收葬安插，以便祝天頌聖，昭我聖朝柔遠之仁。制曰：可。於是少京兆黃公吉士按宛平縣籍有沒入阜城（成）門外二里溝寺房三十八間，地基二十畝，大司徒稟成命畀之。又三年，余承乏大京兆，於太西爲東道主人，順陽與其友龍精華、熊有綱、陽演西輩，晉接日久，習其言貌，俱彬彬大雅、博聞有道君子，殫其底蘊，以事天地之主爲主，以信望愛天主爲宗，以廣愛誨人爲功用，以悔罪歸誠爲入門，以生死大事有備無患爲究竟，立身謙遜，履道高明，杜色欲，薄名譽，賢智與共，知愚不肖，導之共由，以至玄精象緯、樂律度數、授時製器之學，翼我中華，豈云小補？於是贊我皇上盛治薰風，德澤際會，眞敻絕千古者矣。茲余將命承轄東南，其或松楸不戒，薪木有傷，謂赫赫王命何？余雖去與有責焉。用識顛末於貞珉，紀我皇恩，昭示萬禩，嘉惠遠人於無窮。順天府府尹王應麟撰文，大明萬曆四十二年歲次乙卯端月望日立碑記。

劉侗《帝京景物略》卷五《利瑪竇墳》 萬曆辛巳，歐羅巴國利瑪竇，入中國。始到肇慶，劉司憲某，待以賓禮。持其貢，表達闕庭。所貢耶蘇像、萬國圖、自鳴鐘、鐵絲琴等，上啓視嘉歎。命馮宗伯琦叩所學，惟嚴事天主，謹事國法，勤事器算耳。瑪竇紫髯碧眼，面色如朝華。既入中國，襲衣冠，譯語言，躬揖拜，皆習。越庚戌，瑪竇卒，詔以陪臣禮葬阜成門外二里，嘉興觀之右。其坎封也，異中國，封下方而上圜，方若臺圮，圜若斷木。後虛堂六角，所供縱橫十字文。後垣不琱篆而旋紋。脊紋，螭之岐其尾。肩紋，蝶之矯其鬚。旁紋，象之卷其鼻也。垣之四隅，石也，杵若塔若焉。祔左而葬者，其友鄧玉函。函善其國醫，言其國剞草木，不以質咀，而蒸取其露，所論治及人精微。每嘗中國草根，測知葉形花色、莖實香味，將遍嘗而露取之，以驗成書，未成也。卒於崇禎三年四月二日。按西賓之學也，遠二氏，近儒，中國稱之曰西儒。嘗得見其徒而審說之，大要近墨爾。尊天，謂無鬼神也。非命，無禨祥也。稱天主而父，傳教者也。器械精，攻守悉也。墨也，墨廼近禹。今其徒，晷以識日，日以識務，晝分不足，夜分取之，古之人愛日惜寸分，其然歟？墓前堂二重，祀其國之聖賢。堂前晷石，有銘焉，曰：「美日寸影，勿爾空過，所見萬品，與時併流。」景陵譚元春《過利西泰墓》：來從絕域老長安，分得城西土一棺。斫地呼天心目苦，挾山超海事非難。私將禮樂攻人短，別有聰明用物殘。行盡松楸中國大，不教奇骨任荒寒。

于敏中《日下舊聞考》卷四九《城市》 天主堂在宣武門東，構於西洋利瑪竇，自歐羅巴航海九萬里入中國，崇奉天主。所畫天主乃一小兒，婦人抱之，曰天母。其手臂耳鼻皆隆起，儼然如生人。所印書冊皆以白紙一面反覆印之，字皆旁行。其書裝法如宋板式，外以漆革護之，外用金銀屈戌鈎絡。所製有簡平儀、龍尾車、沙漏、遠鏡、候鐘、天琴之屬。春明夢餘錄

黃伯祿《正教奉褒》 神宗萬曆八年，敕士利瑪竇意大理國人來華，初至廣東肇慶府，時兩廣總督駐紮肇慶郭制臺，名應聘，福建莆田人，進士，萬曆十一年以侍郎兼都御史任廣東制臺，十四年卸事，《廣東通志》有傳。王太守名泮，浙江山陰人，甲戌進士，萬曆八年任肇慶府知府，十二年昇嶺西道副使。款留甚厚，遂築室以居，宣講聖道。旋劉制軍名繼文，字節齋，江南靈璧人，進士，萬曆十八年以侍郎兼僉都御史，任廣東總督，二十一年卸事。知瑪竇欲進內地宣教，遂行知韶州府，給與附城河西官地，建造天主堂，士紳來問道者殆無虛日。厥後瑪竇至南雄州，王太守名應麟，字玉沙，福建人，萬曆十五年任南雄府同知，二十年卸事，嗣任順天府尹。敬愛尤加。越數年，至江西臨江府宣教，謁建安王，王賓禮之。

萬曆二十六年，王大宗伯禮部尚書，字忠銘，素聞瑪竇名，邀至南京，時趙心堂開府蘇州，聞之，具車從邀迎，相見甚歡，明時巡撫蘇州等處都御史稱蘇州巡撫。嘉靖以後，駐節句容，署在縣治東，蘇州城內止有行臺，遇海汛則臨焉，萬曆間趙心堂開府蘇州，署在句容。瑪竇捧天主聖像，與之瞻仰，巡撫曰：是不可褻觀也。遂於平素拜天之處設高臺香燭，稽首敬禮，乃顧謂瑪竇曰：是像非常，真天地萬物之大主也。瑪竇居南京時，王大宗伯常與之談道，深爲敬服。趙大司寇、刑部尚書張大司徒、戶部尚書王少司寇、刑部侍郎葉少宗伯禮部侍郎等群慕瑪竇名，皆投刺通謁，迭爲賓主，祝都諫禮科給事中，字石林尤深契合。

萬曆二十八年，瑪竇偕龐迪我西班牙國人等八人賫貢物詣燕京進獻。十二月二十四日，具疏稱：大西洋陪臣利瑪竇謹奏，爲貢獻土物事。臣本國極遠，從來貢獻所不通，逖聞天朝聲教文物，竊欲沾被其餘，終身爲氓，庶不虛生。用是辭離本國，航海而來，時歷三年，路經八萬餘里，始達廣東。緣音譯未通，有同喑啞，僦居學習語言文字，淹留肇慶、韶州二府十五年，頗知中國古先聖人之學，於凡經籍亦略誦記，粗得其旨。乃復越嶺，由江西至南京。又淹五年，伏念堂堂天朝方且招徠四夷，遂奮志徑趨闕廷，謹以原攜本國土物，所有天主圖像一幅、天主母圖像二幅、天主經一本、珍珠鑲嵌十字架一座、報時自鳴鐘二架、《萬國圖志》一冊、西琴一張等物，敬獻御前。此雖不足爲珍，然自極西貢至，差覺異耳，且稍寓野人芹曝之私。臣從幼慕道，年齒逾艾，初未婚娶，都無系累，非有望幸。所獻寶像，以祝萬壽，以祈純嘏，佑國安民，實區區之忠悃也。伏乞皇上憐臣誠慤來歸，將所獻土物俯賜收納，臣益感皇恩浩蕩，靡所不容，而於遠臣慕義之忱亦少伸於萬一耳。又臣先於本國忝與科名，已叨祿位，天地圖及度數，深測其秘，製器觀象，考驗日晷，並與中國古法吻合，倘蒙皇上不棄疏微，令臣得盡其愚，披露於至尊之前，斯又區區之大願，然

而不敢必也。臣不勝感激待命之至。謹奏。帝閱覽各物，悉令收存，供天主聖像於御前，置自鳴鐘於御几，萬國地圖珍藏内府，召瑪竇等便殿覲見，垂問天主教旨、西國政治，又設饌三辰，宴勞廷闕，欲親貌顔，令工繪圖，更寵頒官職，瑪竇等同辭，上命禮部待以上賓，厚給廩餼，並於京都宣武門初名順承門内東首賜第居之。

萬曆二十九年，上賜第左淨地一區，利瑪竇等遂建天主堂，譯經敷教，著測算書表，製天象儀器。在京碩彦，翕然景從，時詣瑪竇宅，相與論道，罔不敬服而退，自是教士踵至，俱蒙恩准，分赴各省傳教。

萬曆三十四年，熊三拔意大理國人抵華奉敕居京，宣教供事。

萬曆三十八年閏三月十八日，利瑪竇病故，禮部奏聞，上震悼，各部大臣、翰苑諸公暨在京紳士俱贈賻誄。

又 萬曆三十八年四月二十三日，自利瑪竇卒後，朝中諸公議請葬地，龐迪我、熊三拔等具疏奏請，帝即將阜城門初名平則門外滕公柵官地二十畝、房屋三十八間賜給龐迪我等永遠承受，以資築墳營葬，並改建堂宇，爲供奉天主及祝釐之所。十月，瑪竇出殯，帝遣大員致祭。順天京兆王應麟字玉沙素與瑪竇善，特撰碑記，其文曰：

粵稽古用賓，在九州廣萬餘里者，斯爲遼絶僅已。我國家文明盛世，懷柔博洽，迄萬曆庚辰，有大西洋國士利瑪竇，號西泰，友輩數十，航海九萬里，觀光中國，始經肇慶，明時廣東以肇慶爲省垣大司憲制臺劉公旌之，托居韶陽郡，廣東韶州時余奉刺淩江，廣東南雄州竊與有問，隨同儕伴，賫表馳燕北京，跋庚嶺，山界廣東、江西駐豫章，江西建安王宗室挹遘若追歡篤交誼之雅，宗伯禮部尚書王公弘誨竟傾蓋投契合之孚，相與溯游長江，覽景建業，南京箴尹給事中祝公世祿，司徒戶部尚書張公孟男，淹款朋儕，相抒情素，西泰同龐子迪我號順陽者，僅數友輩，乃越黄河，抵臨清，屬山東督税宮官 太監馬堂，持其貢表，恭獻闕廷，皇上啓閲天主聖像，珍藏内帑，自鳴鐘、萬國輿圖、琴器類，分佈有司，欣念遠來，召見便殿，寵頒一職，辭爵折風，《文選·西都賦》注、《三輔故事》曰：建章宮東有折風闕。《關中記》曰：折風一名別風。饌設三辰，叨燕陛闕，欲親貌顔，更工繪圖，上命禮部賓之，遂享大官光祿寺廩餼。是時大宗伯禮部尚書馮公琦，討其所學，則學事天主，俱吾人禔躬繕性，據義精確，因是數數疏義，排擊空幻之流，欲彰其教。嗣後李冢宰、吏部尚書曹都諫、給事中徐太史、翰林苑李都水、工部郎中龔大參布政使諸公問答，勒板成書。至於鄭官尹、詹事府彭都諫、給事中周太史、翰林苑王中秘、翰林苑熊給諫、給事中楊學院、學政彭柱史、御史馮僉憲、按察司副使崔銓司、吏部司員陳中憲、按察司副使劉茂宰，知縣同文甚都，見於敘次，紳秉翰墨之新，槐位貢行館之重，斑斑可鏡已。歷受館餼十載，適庚戌春，利氏卒，迪我偕兼具奏請恤，詔議。禮部少宗伯侍郎吳道南公署部事，言其慕義遠來，勤學明理，著述有稱，且迪我等願以生死相依，宜加優恤，伏乞敕下順天府，查給地畝，收葬安插，昭我聖朝柔遠之仁。奉聖旨：是。宗伯乃移文少京兆順天府府丞黄吉士行宛平縣，有籍沒楊内宦太監私創二里溝佛寺房屋三十八間，地基二十畝，牒大司徒戶部尚書稟成命而畀之居，覆奏，蒙允。余時職江右江西嶽牧，布政使轉任廣陽順天府師表，實有承流宣化之責，欣聞是舉，因而戢節抵寓，順陽子與其友人龍精華、名華民，意大理國人。熊有綱、名三拔陽演西名瑪諾，葡萄牙國人輩，晉接久，習其嗣色，洵彬彬大雅君子，殫其底藴，以事天地之主，以仁愛信望天主爲宗，以廣愛誨人爲功用，以悔罪歸誠爲入門，以生死大事有備無患爲究竟，視其立身謙遜，履道高明，杜物欲，薄名譽，澹世味，勤德業，與賢智共知，挈愚不肖共由，理窮性命，玄精象緯，樂工音律，法盡方圓，正曆元以副農時，施水器以資民用，翼我中華，豈云小補！於是贊我皇上盛治薰風，翔洽遘際，眞敻絶千古者矣。斯時也，余承命轄東南，寧無去思之慨附居郊處，慮有薪水之憂，赫赫王命之謂何，余與有責焉。用識顛末於貞瑉，紀我皇上柔遠休征，昭示萬禩，嘉惠遠人於無窮之至意，爲之記。葬以辛亥 月 日，記以乙卯三月朔日。欽賜房地共三十八間，周圍牆垣二十畝，南至官道，北至嘉興觀地，東至嘉興觀，西至會中牆。

雜録

虞淳熙《與利西泰先生書》 不佞熙，陳留人也。越故有蠻夷之處，而不佞自陳留徙越，稱中國之虞。越人君子，數爲不佞言「利西泰先生，

非中國人，然賢者也，又精天文方技握算之術」。何公露少參，得其一二，欲傳不佞，會病，結轖眩瞀，不果學，亦不果來學，時時神往左右，恍石交矣。既而翁太守周野，出《畸人十篇》，令序弁首。慚非玄、晏，妄譏玄白，負弩播粃，聊爾前引，故當轉克醯雞障耳。

不佞生三歲許時，便知有三聖人之教，聲和影隨，至今坐鼎足上不得下。側聞先生降神西域，渺小釋迦，將無類我魯人詆仲尼「東家丘」，忽於近耶？及讀天堂地獄短長之說，又似未繙其書，未了其義者。豈不聞佛書有云，「入無間地獄，窮劫不出，他化自在天壽，一晝夜爲人間一千六百歲」乎？推此而論，定有遺矚。夫不全窺其秘，而輒施攻具，舍衛之堅，寧遽能破？敢請遍閱今上所頒佛藏，角其同異，摘其瑕纍，更出一書，懸之國門，俾左袒瞿曇者，恣所彈射。萬一鵠無飮羽，人徒空簸，斯非千古一快事哉！見不出此，僅出謏聞，資彼匿笑，一何爲計之疎也。藉令孜孜汲汲，日溫時習，無暇盡閱其書，請先閱《宗鏡錄》、《戒發隱》及《西域記》、《高僧傳》、《法苑珠林》諸書，探微稽實，亦足開聲罪之端。不然者，但曰「我國向輕此人，此人生處，吾盡識之」，安知非別一西天，別一釋迦，如此間三鄒、二老，良史所不辯者乎！古今異時，方域遼邈，未可以一人之疑，疑千人之信也。

原夫白馬東來，香象西駕，信使重譯，往來不絕，一夫可欺，萬衆難惑。堂堂中國，賢聖總萃，謂二千餘年之人，盡爲五印諸戎所愚，有是事哉？玆無論其人之輕重，直議其書之是非。象山、陽明，傳燈宗門，列俎孔廟，其書近理，概可知矣，且太祖、文皇，並崇刹像，名卿察相，咸峙金湯，火書廬居，謂何容易。幸無以西人攻西人，一遭敗衂，敎門頓圮。天主有靈，寧忍授甲推轂於先生，自隳聖城，失定吉界耶？

不佞固知先生奉天主戒，堅於金石，斷無倍師渝盟之理。第六經子史，既足取徵，彼三藏十二部者，其意每與先生合轍，不一寓目，語便相襲，詎知讀《畸人十篇》者，掩卷而起，曰「了不異佛意」乎！遼豕野芹，竊爲先生不取也。

嗟乎，群生蠕蠕，果核之內，不知有膚，安知有殼？況復膚殼外事，存而不論，是或一道，惟先生擇焉。

倚枕騰口，深愧謙占，穹量鴻包，應弗摽外。主臣主臣。

李贄《續焚書》卷一《與友人書》 承公問及利西泰，西泰大西域人也。到中國十萬餘里，初航海至南天竺始知有佛，已走四萬餘里矣。及抵廣州南海，然後知我大明國土先有堯舜，後有周孔。住南海肇慶幾二十載，凡我國書籍無不讀，請先輩與訂音釋，請明於四書性理者解其大義，又請明於六經疏義者通其解說，今盡能言我此間之言，作此間之文字，行此間之儀禮，是一極標致人也。中極玲瓏，外極樸實，數十人群聚喧雜，讎對各得，傍不得以其間鬥之使亂。我所見人未有其比，非過亢則過諂，非露聰明則太悶悶瞶瞶者，皆讓之矣。

但不知到此何爲，我已經三度相會，畢竟不知到此何幹也。意其欲以所學易吾周孔之學，則又太愚，恐非是爾。

沈德符《萬曆野獲編》卷三〇《外國·利西泰》 利西泰發願，力以本教誘化華人。最詳釋氏。曾謂余曰，君國有仲尼，震旦聖人也，然西狩獲麟時已死矣。釋迦亦葱嶺聖人也，然雙樹背痛時亦死矣，安得尙有佛。余不謂然。亦不以爲忤。性好施，能緩急人，人亦感其誠厚，無敢負者。飮啖甚健，所造皆精好。不權子母術，而日用優渥無窘狀。因疑其工爐火之術，似未必然。其徒有龐順陽名迪義，亦同行其敎。居南中。不如此君遠矣。渠病時揉擦蘇合油等物偏體，云其國療病之法如是。余因悟佛經所禁香油塗身者，即此是也。彼法既以闢佛爲主，何風俗又與暗合耶。利甫踰知命而卒。

又《外國·大西洋》 利瑪竇字西泰，以入貢至，因留不去。近以病終於邸，上賜賻葬甚厚，今其墓在西山。往時予游京師，曾與卜鄰，果異人也。初來即寓香山嶴，學華言讀華書者凡二十年。比至京，已斑白矣。入都時在今上庚子年，途經天津，爲稅監馬堂所譙何，盡留其未名之寶。僅以天主像及天主母像爲獻。禮部以所稱大西洋爲會典所不載，難比客部久貢諸夷，姑量賞遣還。上不聽，俾從便僦居。瑪竇自云，其國名歐邏巴，去中國不知幾千萬里。今瑣里諸國，亦稱西洋，與中國附近，列於職貢，而實非也。今中土士人授其學者遍宇內，而金陵尤甚。蓋天主之教，自是西方一種，釋氏所云旁門外道，亦自奇快動人。若以爲窺伺中華，以待風塵之警，失之遠矣。〇丙辰，南京署禮部侍郎沈潅、給事晏文輝等，同參遠夷王豐肅等，以天主教在留都，煽惑愚民，信從者衆，且疑其佛郎

機夷種，宜行驅逐。得旨，豐肅等送廣東撫按，督令西歸。其龐迪義等曉知曆法，禮部請與各官推演七政，且係向化西來，亦令歸還本國。至戊午十月，迪義等奏曰，先臣利瑪竇等千餘人，涉海九萬里，觀光上國，食大官者十七載，近見要行驅逐。臣等焚修學道，尊奉天主，如有邪謀，甘墮惡業，乞聖明憐察，候風歸國。若寄居海嶼，愈滋猜疑。望幷南京等處陪臣一幷寬假。疏上不報。聞其尚留香山嶴中。○萬曆二十九年二月庚午朔，天津河御用監少監馬堂，解進大西洋利瑪竇進貢土物幷行李。時吾鄉朱文恪公以吏部右侍郎掌禮部尚書事，上疏曰，會典止有瑣里國，而無大西洋，其眞僞不可知。又寄住二十年，方行進貢，則與遠方慕義特來獻琛者不同。且其所貢天主天主母圖，既屬不經，而隨身行李，有神仙骨等物。夫既稱神仙，自能飛昇，安得有骨，則唐韓愈所謂凶穢之餘，不宜令入宮禁者也。況此等方物，未經臣部譯驗，徑行賫給，則該監混進之非與臣等溺職之罪，俱有不容辭者。又既奉旨送部，乃不赴部譯，而私寓僧舍，臣不知何意也。乞量給所進行李價值，照各貢譯例，給與利瑪竇冠帶，速令回還，勿得潛住兩京，與內監交往，以致別生支節，且使眩惑愚民。不報。公諱國祚，字兆隆，號養醇。秀水人，以太醫院籍中萬曆壬午順天鄉試。癸未進士第一人。累官光祿大夫柱國少傅兼太子太傅、戶部尚書、武英殿大學士，贈太傅。其在禮部請建儲，公私凡七十疏。又特參鄭國泰，謂本朝外戚不預政事，冊立非國泰所宜言。戚臣爲側目。公立朝無偏黨，守至清。既卒。御祭文有云，忠著三朝，清風百世。又云，生且無居，歿焉能葬。聞易名之典，初擬文清、文介，爲顧秉謙所持，定下謚曰文慤。廷議不平，乃更謚文恪云。

李日華《紫桃軒雜綴》卷一　大西國，在中國西六萬里而遙，其地名歐海。國列三主：一理教化，一掌會計，一專聽斷。人皆畏聽斷者，而教化、會計，獨其尊等耳。旁國侵掠，亦聽斷者徵發調度。然不世及，須其人素積望譽，年過八十而有精力者，衆共推立之，故其權不久，而勞於運用，人亦不甚歆羨之。地多犀象、虎豹，人以捕獵爲生，亦有稻麥菜茹之屬。文字自爲一體，不知有儒、道、釋教。國中聖人，皆秉教於天主。天主者，以爲最初生人生物之主也，立廟共祠之。其言天地萬物之理，與中國異，謂天有三十二層，地四面懸空，皆可著人。日大於地，地大於月，地之最高處有闕，日月行度，適當闕處，則光爲映蔽而食。五星高低不等，火最上，水最下，金木土參差居中，故行度周天有遲速。其言皆著圖立說，亦頗有可採處。自古迄今，不知有中國。至世廟末年，國人利瑪竇者，結十伴航海漫遊，歷千餘國，經六萬里，凡六年抵安南，而入廣東界。時從者俱死，瑪竇有異術，人不能害，又善納氣內觀，故疾孽不作。居廣二十餘年，盡通中國語言文字。瑪竇紫髯碧眼，面色如桃花，見人膜拜如禮，人亦愛之，信其爲善人也。余丁酉秋，遇之豫章，與劇談，出示國中異物，一玻璃畫屏、一鵝卵沙漏，狀如鵝卵，實沙其中，而顛倒滲泄之，以候更數。攜有彼國經典，綵刻，金寶雜識之。其紙如美婦之肌，不知何物也。云：其國之樹皮治薄之如此耳。瑪竇年已五十餘，如二三十歲人，蓋遠夷之得道者，汗漫至此，已不復作歸計。余贈之詩云：云海蕩朝日，乘流信綵霞。西來六萬里，東泛一孤槎。浮世常如寄，幽棲即是家。那堪作歸夢，春色任天涯。彼眞以天地爲階闥，死生爲夢幻者，較之達摩流沙之來，抑又奇矣。

謝肇淛《五雜俎》卷四《地部一》　國朝西蕃天方默德那最遠，蓋玄奘取經之地，相傳佛國也。其經由三十六藏三千六百餘卷，其書有篆草，楷三法，今西洋諸國多用之。又有天主國，更在佛國之西，其人通文理，儒雅與中國無別。有琍瑪竇者，自其國來，經佛國而東，四年才至廣東界。其教崇奉天主，亦猶儒之孔子，釋之釋迦也。其書有《天主實義》，往往與儒教互相發明，而於佛老一切虛無若空之說，皆深詆之，是亦逃揚之類耳。琍瑪竇常言，彼佛教者，竊吾天主之教，而加以輪回報應之說，以惑世者也。吾教一無所事，只是欲人爲善而已，善則登天堂，惡則墮地獄，永無懺度，永無輪回，亦不須面壁苦行，離人出家。日用所行，莫非修善也。余甚喜其說爲近於儒，而勸世較爲親切，不似釋氏動以恍惚支離之語，愚駭庸俗也。其天主像，乃一女身，形狀甚異，若古所稱人首龍身者。與人言，恂恂有禮，詞辯扣之不竭。異域中亦可謂有人也已，後竟卒於京師。

張爾岐《蒿庵閒話》卷一　利瑪竇，歐羅巴國人，萬歷辛巳來貢耶蘇像，萬國圖，自鳴鐘，鐵絲琴，上命馮琦叩所學，惟嚴事天主，精器算耳。越庚戌，瑪竇死，詔以陪臣禮葬阜成門外，劉侗帝京景物略云然。又

聞瑪竇初至廣下舶，髠首袒肩，人以爲西僧，引至佛寺，搖手不肯拜。譯言我儒也，遂倣館延師，讀儒書。未一二年，四子五經皆通大義，乃入朝京師。其所著書有交友論，二十五言，畸人十篇，天主實義。同至諸人亦各有論著，分言理言器爲二種，刻之曰天學初函。又所攜書七千餘卷，並未及翻譯。所言較佛氏差爲平實，大指歸之敬天主，修人道，寡慾勤學，不禁殺牲，專以闢佛爲事，見諸經像及諸鬼神像，輒勸人毁裂，所詆皆佛氏之粗者誕者。有荅虞德園，僧蓮池二書，頗令結舌，亦一快事。然其言天主，殊失無聲無臭之旨。且言天堂地獄，無以大異於佛，而荒唐悠謬殆過之。甲申後，其徒爲耶蘇教會者，男女猥雜，幾與白蓮無爲等，大非利氏之舊矣。以此爲闢佛助儒，何異於召外兵而靖內難乎。要之歷象器算是其所長，君子固當節取。若論道術，吾自守吾家法，可耳。

馬良《利瑪竇遺像題詞》 利瑪竇，字西泰，意大理國人，以大聖方濟各沙勿略卒於嶼門之前兩月生，其踐大聖之志，閱三十一年而至中國之廣東肇慶府，蓋有由矣。時萬曆八年也。郭開府、黄首府授之館，劉制軍節齋又居之以韶州河西官地。萬曆二十三年，逾嶺，駐豫章，建安王忘其貴而與之交。二十六年，從王宗伯宏誨，至金陵，公卿大夫，無不爭相倒屣，而祝箴尹世祿、張司徒孟男尤相契。二十八年冬，同龐迪我等八人，齎貢物，獻北闕，詳其自具疏中。二十九年春，蒙召見便殿，賜宴，欲授以職，則固辭。乃命禮部賓之，太官餼之，并賜左净地一區，建天主堂，繙經推曆，著作甚盛。三十八年三月十八日，積勞病故於賜宇，禮部奏牒大司徒，畀迪我等阜城門外滕公柵官地二十畝，佛寺房屋二十八間，收葬安插。王大京兆應麟爲之碑記，記内有「在京時，大宗伯馮公琦，討其所學，則學事天主，禔躬繕性，據義精衍，因是數數疏擊空幻之流，欲彰其教。嗣後李冢宰、曹都諫、徐太史、李都水、龔大參諸公問答，勒板成書。至於鄭官尹、彭都諫、周太史、王中秘、熊給諫、楊學院、彭柱史、馮僉憲、崔銓部、陳中憲、劉茂宰，同文甚多，見於叙次」云云，亦可見當時士夫之向往矣。

藝文

李贄《焚書》卷六《贈利西泰》 逍遙下北溟，迤邐向南征。刹利標名姓，仙山紀水程。

回頭十萬里，舉目九重城。觀國之光未，中天日正明。

尤侗《外國竹枝詞・歐羅巴》 天主堂開天籟齋，鐘鳴琴響自高低。阜成門外玫瑰發，杯酒還澆利泰西。利瑪竇始入中國，賜葬阜成門外二里溝，曰利泰西墓。天主堂有自鳴鐘、鐵琴、地球等器。國中玫瑰花最貴，取蒸爲露，可當香藥。

巴範濟

傳記

韓霖、張賡《聖教信證・耶穌會西來諸位先生姓氏》 巴範濟，字庸樂。意大理亞國人，明萬曆十一年癸未至。傳教□□□□□□，後回廣東，卒；墓在香山墺。

麥安東

傳記

韓霖、張賡《聖教信證・耶穌會西來諸位先生姓氏》 麥安東，字立修。路西大尼亞國人，明萬曆十三年乙酉至。傳教江西，後回廣東卒，墓

在香山墺。

孟三德

傳記

韓霖、張賡《聖教信證·耶穌會西來諸位先生姓氏》 孟三德，字寧寰。路西大尼亞國人，明萬曆十三年乙酉至，傳教廣東，□□□□□□□墓在香山墺。

石方西

傳記

韓霖、張賡《聖教信證·耶穌會西來諸位先生姓氏》 石方西，字鎮宇。意大理亞國人，明萬曆十八年庚寅至，傳教江西，後回廣東卒。墓在韶州府。

郭居静

傳記

韓霖、張賡《聖教信證·耶穌會西來諸位先生姓氏》 郭居静，字仰鳳。意大理亞國人，明萬曆二十二年甲午至，傳教江寧，後往上海，復往浙江。卒於杭州，墓在杭州方井南。著《性靈詣主》，未刻。

蘇如漢

傳記

韓霖、張賡《聖教信證·耶穌會西來諸位先生姓氏》 蘇如漢，字瞻清。路西大尼亞國人，明萬曆二十三年乙未至，傳教廣東，卒，墓在香山墺。著《聖教約言》。

龍華民

傳記

韓霖、張賡《聖教信證·耶穌會西來諸位先生姓氏》 龍華民，字精華。西濟利亞國人，明萬曆二十五年丁酉至，先傳教江西，後進都中。至大清順治十年癸巳卒，蒙世祖章皇帝賜銀三百兩，遣內侍祭奠，欽賜繪容一軸。墓在北京阜城門外滕公柵欄。著《聖教日課》、《念珠默想規程》、《靈魂道體説》、《急救事宜》、《地震解》、《死説》、《聖若撒法行實》、《聖人禱文》。

佚名《道學家傳》 龍華民，字精華。西濟利亞國人。在中國五十八年。明萬曆二十五年丁酉至，傳教江西，後進都中。至大清順治十一年甲午七月卒，蒙世祖章皇帝賜銀三百兩遣內侍祭奠，欽賜繪容一軸。墓在北京阜成門外滕公柵欄。著《聖教日課》三卷、《念珠默想規程》，《靈魂道體説》一卷，《急救事宜》，《地震解》，《死説》一卷，《聖若撒法行實》一卷，《聖人禱文》。

羅儒望

傳記

韓霖、張賡《聖教信證・耶穌會西來諸位先生姓氏》 羅儒望，字懷中。路西大尼亞國人，明萬曆二十六年戊戌至，傳敎嘉定縣，後至浙江。天啓癸亥年卒，墓在杭州方井南。

佚名《道學家傳》 羅如望，字懷中。路西大尼亞人。萬曆二十六年戊戌至，傳敎太倉州嘉定縣，後至浙江。天啟癸亥卒，墓在杭州方井南。著《啟蒙》一卷。

龐迪我

傳記

韓霖、張賡《聖教信證・耶穌會西來諸位先生姓氏》 龐迪我，字順陽。依西把尼亞國人，明萬曆二十七年己亥至，即同西泰利先生進朝，遂留都中傳敎，後回墺。卒，墓在香山墺。著《七克》七卷、《人類原始》、《龐子遺詮》二卷、《實義續篇》、《天神魔鬼說》、《受難始末》、《辯揭》一卷。

佚名《道學家傳》 龐迪我，字順陽。依西巴尼亞人。萬曆二十七年己亥至。同利西泰進朝，遂留都中傳敎，後回廣東卒，葬在香山墺。著《七克》七卷、《龐子遺詮》二卷、《人類原始》、《實義續篇》一卷、《天神魔鬼說》、《辯揭》、《受難始末》。

《熙朝崇正集》卷二《奉旨再進新譯圖說疏》 大西洋國陪臣龐迪我、熊三拔等奏，爲欽奉聖旨事。九月初二日，該看時刻近侍龐成等傳奉聖旨，發下西洋印板《萬國地海全圖》二扇，著令臣等看詳，已經回話訖。續於本月初五日，有龐成等傳該御茶房牌子魏學顏，御前請出原屏風二扇，著臣等再變寫明白來。欽此欽遵。思得臣國所刻《萬國地海全圖》原有四扇，今止得二扇，謹將屏風照式圖畫，仍補完中國圖及西南方國圖二扇，共四扇，皆易以華文，恐圖中書寫不明，仍將各國政教風俗土產之類另爲一篇，列於下方，以便御覽，謹裝爲四軸，隨原屏風二扇一併上進者。臣自愧才質淺薄，記問不多，所譯文字，大段闕略，如蒙皇上幾務之暇，欲得通知萬國情形，則有《萬國圖志》一冊，先年原系臣等貢獻御前者，其中所說至詳至備，又皆臣國人遊學經商耳聞目見傳信之書，並無鑿空駕造之說。臣等仰蒙聖恩，豢養有年，略通經書大義，似可翻譯成書，臣今外無副本，倘聖意必須詳備，伏乞發下原書，容臣等備細變寫，上陳聖覽。即四方萬國地形之廣狹，風俗之善惡，道術之邪正，政治之得失，人類之強弱，物產之怪異，具載無遺，非徒可以廣見聞，亦或少裨於聖治。而臣等蒙恩日久，得效絲毫之勞，略解素餐之愧，有餘榮矣。外象牙時刻晷二具，或看日，或看月、看星，皆可測知時刻。臣等學道餘閑，頗習曆法，二物系臣等製造，謹附進御前，以爲皇上宵衣旰食之一助。臣等無任戰悚恐懼之至，爲此今將原屏風二扇，並新譯圖說四軸，時刻晷二具，謹具本親賫奏聞。

萬曆四十年九月初二日，該內靈臺看時刻近侍龐成等傳奉聖旨：發下西洋印板《萬國地海全圖》二扇，著令陪臣龐迪我、熊三拔等看詳，已經回話訖。續於本月初五日，該近侍龐成傳該御茶房牌子魏學顏，御前請出原屏風二扇，著陪臣龐迪我、熊三拔等再變寫明白來。欽此。

李瑪諾

傳記

韓霖、張賡《聖教信證・耶穌會西來諸位先生姓氏》 李瑪諾，字海嶽。路西大尼亞國人，明萬曆二十九年辛丑至，傳敎江西等處，後回廣

東。卒，墓在香山墺。

黎寧石

傳記

韓霖、張賡《聖教信證·耶穌會西來諸位先生姓氏》 黎寧石，字攻玉。路西大尼亞國人，明萬曆三十二年甲辰至，先傳教於浙江，後至上海，復至浙江，卒，墓在杭州方井南。

費奇規

傳記

韓霖、張賡《聖教信證·耶穌會西來諸位先生姓氏》 費奇規，字揆一。路西大尼亞國人，明萬曆三十二年甲辰至，傳教河南，後至江西建昌，復往廣東。卒，墓在□□。著《振心總牘》、《周年主保聖人單》、《玫瑰經十五端》。

杜禄畝

傳記

韓霖、張賡《聖教信證·耶穌會西來諸位先生姓氏》 杜祿畝，字濟宇。意大理亞國人，明萬曆三十二年甲辰至，傳教江西，復往廣東。卒，墓在□□□□□。

高一志

傳記

韓霖、張賡《聖教信證·耶穌會西來諸位先生姓氏》 高一志，字則聖。意大理亞國人，明萬曆三十三年乙巳至，傳教山西。崇禎□年卒，墓在絳州南門外。著《西學修身》十卷、《西學齊家》五卷、《西學治平》、《四末論》四卷、《聖母行實》三卷、《聖人行實》七卷、《則聖十篇》、《十慰》、《斐録彙答》二卷、《勵學古言》、《童幼教育》二卷、《譬學》、《空際格致》二卷、《寰宇始末》二卷、《教要解畧》二卷。

林斐理

傳記

韓霖、張賡《聖教信證·耶穌會西來諸位先生姓氏》 林斐理，字如泉。路西大尼亞國人，明萬曆三十三年乙巳至，傳教江寧。卒，墓在江寧聚寶門外雨花臺側。

駱入祿

傳記

佚名《道學家傳》：駱入祿，字甸西，路西大尼亞人。萬曆三十三年乙巳至廣東，卒，葬在香山墺。

熊三拔

傳記

韓霖、張賡《聖教信證・耶穌會西來諸位先生姓氏》：熊三拔，字有綱。意大理亞國人，明萬曆三十四年丙午至，傳教北京。天啓年間欽取修曆，後回廣東。卒，墓在香山墺。著《泰西水法》六卷、《簡平儀》、《表度説》。

陽瑪諾

傳記

韓霖、張賡《聖教信證・耶穌會西來諸位先生姓氏》：陽瑪諾，字演西。路西大尼亞國人，明萬曆三十八年庚戌至，傳教北京，江南等處，後駐浙江。至大清順治年卒，墓在杭州方井南。著《聖經直解》十四卷，《十誡眞詮》、《景教碑詮》、《天問畧》、《輕世金書》、《避罪指南》未刻、《聖若瑟行實》、《天神禱文》。

金尼各

傳記

韓霖、張賡《聖教信證・耶穌會西來諸位先生姓氏》：金尼各，字四表。拂覽第亞國人，明萬曆三十八年庚戌至，傳教浙江。崇禎二年己巳卒，墓在杭州方井南。著《西儒耳目資》三卷、《況義》、《推歷年瞻禮法》。

畢方濟

傳記

韓霖、張賡《聖教信證・耶穌會西來諸位先生姓氏》：畢方濟，字今梁。納玻理國人，明萬曆四十一年癸丑至，欽召進京，尋往河南。後徐文定公延歸上海，傳教吴下諸郡。嗣往浙江，轉入閩中，復至金陵，又往粤東。明末時卒於廣州府，墓在省城北門外。著《靈言蠡勺》、《睡答》、《畫答》。

佚名《道學家傳》：畢方濟，字今梁，納玻理國人，總牧大人。萬曆四十一年癸丑至中華，欽召進京。尋往江南，徐文定公延歸上海，傳教吴下諸郡。嗣往浙江，轉入閩中，復至金陵，又往粤東。明末時卒於廣州府，墓在省城北門外金坑。著《靈言蠡勺》二卷，《畫答》一卷，《睡答》一卷。

艾儒略

傳記

韓霖、張賡《聖教信證·耶穌會西來諸位先生姓氏》　艾儒畧，字思及。意大理亞國人，明萬曆四十一年癸丑至，先進朝，徐文定公迎歸上海，轉行浙江弘宣聖教。葉相國福唐復延入閩，閩中稱爲西來孔子，受教者甚衆。至大清順治二年乙酉卒，墓在福州。著《天主降生言行紀畧》八卷、《降生引義》，《昭事祭義》二卷，《滌罪正規》，《萬物眞原》，《三山論學》，《西學凡》，《性靈篇》、《性學觕述》，《職方外紀》五卷、《西方答問》二卷、《幾何要法》四卷、《景教碑頌註解》、《聖體要理》、《聖體禱文》、《出像經解》、《十五端圖像》、《聖夢歌》、《利瑪竇行實》、《熙朝崇正集》四卷、《楊淇園行畧》、《張彌克遺蹟》、《悔罪要旨》、《五十言》、《四字經》。

佚名《道學家傳》　艾儒畧，字思及，意大理亞國人，文理道三科進士。萬曆四十一年癸丑至，先進朝，徐文定公迎歸上海。轉行浙江，宣教葉相國福塘，復延入閩中，稱爲西來孔子，受教者甚衆。淸順治六年己丑卒，墓在福州府北門外十字山。著《耶穌降生言行紀畧》八卷，《降生引義》一卷，《彌撒祭義》二卷，《滌罪正規》四卷，《萬物眞原》一卷，《三山論學》一卷，《西學凡》一卷，《性靈篇》一卷，《性學觕述》，《職方外紀》五卷，《西方問答》二卷，《幾何要法》四卷，《景教碑頌註解》，《聖體要理》一卷，《玫瑰十五端圖像》，《聖夢歌》一卷，《聖體禱文》，《出像經解》一卷，《利瑪竇行畧》一卷，《楊淇園行畧》一卷，《熙朝崇正集》四卷，《張彌克遺蹟》一卷，《悔罪要旨》一卷，《五十言》一卷，《四字經文》一卷。

李嗣玄《思及艾先生行蹟》　天主耶穌教之入中華也，自極西利公始。其繼利公而來者，皆抱道懷仁，超然物外，然而德最盛，才最全，功最著，化民成物最微妙無方者，莫若思及艾先生。先生闡教事於中華者四十年，功成上昇，實惟順治己丑五月朔，終於延津之聖堂。鐸德何公暨諸弟子奉先生潔軀，葬於福州北關外興聖坑之十字山。吾友沈加祿從先兄李九功其敘先後草先生傳畧，授小子玄，俾有所據依以狀先生。而蔡雅谷幼學又屢而相促，玄逡巡謝不敏者數年，蓋以凡筆而狀望德，猶以蠡勺而測滄海，宜吾不敢任也。然受先生再造恩，雖欲遜之，惡得而遜諸。謹按先生極西意大里亞國人也，其郡為瑪瑟肋納，其姓爲亞肋尼，譯以華音曰艾，其聖名曰儒畧，而思及則其字也。先是利子闡教京師，蒙神宗皇帝授廛繼廩，公將大闡教旨，以淑我中華。乃致書本國招二三德友，賫彼國聖教諸書以獻。先生於是慕義東來，時年二十有六，已拜職本國，爲撒責爾鐸德。彼中官品尊九而卑一，鐸德之品七，猶中華之三品也。其職耑司天主祭祀以化民，一認主爲任。先生體弱而多病，汎海之舉，旁觀或難之。先生毅然請行，入辭賢母。母曰：汝能不惜軀命爲天主遠揚教旨，吾又何求。行矣，無以老人爲念。先生遂行，初登舟風濤大作，眩暈嘔吐者三日，或勸之歸，先生不色沮，惟堅祈主佑，自爾竟無恙。汎海三年，歷程九萬，抵粵之香山澚，時萬曆己酉歲也。不意利公先一載辭世，先生怏快。因與偕來畢史二公修學澚中，先習中華語音文字，僅二三年而中華典籍如經史子集三教九流諸書，靡不洞悉，其姿頴超絕乃爾。蓋大旨既得，然後可以別群非而統歸一是。深痛吾中華人士沉溺佛魔陷阱中，不惜敝舌，嘔心以祛其蔽，孑然孤旅，挺而與燎原倒海之群喙角，即隕身不恤。彼其慈忍謙讓與世無爭而獨爾爾者，定其仇魔佛而有勝心，蓋其愛人無已之念根於天性，迫於至情，有稍委蛇而不得者，其愛我中華之遠人乃如此。我華人顧不自愛，有覿面而失者，有依違兩可者，有始從終背者，不亦孤先生九萬里遠來，循循善誘之苦心乎。然豪傑之士能自拔於燎原，倒海之中者，固不乏人，如雲間徐相國玄扈，武林楊京兆淇園，李冏卿我存，關中王大參心一，皆恪守規誡，迥超流俗。若吾閩則張令公夏詹，柯侍御無譽，葉相國台山，何司空匪莪，蘇司徒石水，蔣相國八公，黃憲副友寰，孫學憲鳳林，銓部周公日臺，陳公視臺，當道則前興泉令冢宰魯公一雲，前漳南道今司徒未孩，此數十公者或義篤金蘭，或橫經北面，其他青衿韋布崩角稱弟子者，奚啻數千人，安在衆咻之中，無獨知之契哉。先

生初由嶺表歷豫章，吳越，齊魯，秦晉，燕趙之區，其化人洗心嚮道，棄邪歸正者，指不可勝計。乃旋軫武林。得夏詹公爲教中柱礎，時張公以教廉掌教杭庠。公家嗣識，字見伯，聖名彌克爾，及其幼子悌尼削，皆優入天域。而見伯年十七，得危病。病中苦修，膺主異寵於幃幙間，示現二十七字，其末五字云：三年將受予。先生即知張子將誕登天國，果子十九歲上升，其月日皆與現字之月日同。厥後有大事，張子必見夢於其家，則必從空而下，衣貌皆光耀眩目，非世間所有。其詳見夏詹所撰張彌克爾顯現述，歲在乙丑。相國葉公致政歸，道經武林晤先生，恨相見晚，力邀入閩。先生亦有載道南來意，乃同舟而來。於是前數十公者雅聞先生名，質疑送難無虛日。偶於相國座間晤觀察曹公能始，反覆辯論，先生次其語爲《三山論學紀》，剖析天學佛教之眞僞邪正，令人解頤心折。吾中華老師宿儒文人辯士所擠舌縮手，不能措一語，下一筆者，先生沛然出之而有餘。非其本原之地神解徹悟，何以能資深逢原左宜右有若此。此惟高明之士能醉心聖德，其他雖不能知先生之淵微，然其洪慈之所感格，善誘之所提撕，德容之所沁入，貞潔之所濆孚，剛正之所默奪，則雖輿臺厮養，無不傾心敬仰，無不曰艾先生眞聖人也。然先生聖不自聖，德彌尊念彌下，深閔舉世爲傲魔所陷，惟以伏傲爲兢兢，其所謂無衆寡，無小大，無敢慢。凡事無關於教誡者，雖幼賤之言無所拂。惟教規所不許者，雖臨之以鼎鑊不撓也。於是先生所至，無不敬之爲明師，愛之若慈父，無智愚貴賤皆捐資建堂爲昭事地。自七郡而鄉凡建堂二十餘所，受洗者萬計，猶欿然答以爲不足。蓋其念切，愛人眞，有一夫陷溺視爲己辜者，其素所矢志然也。先生之敷教也，自下閩而漸及於上游。崇禎十四年辛巳乃至敝邑，時邑侯爲今侍御左公，三山乃忠節少保浮丘公介弟也。見先生而大相敬愛，謂先生曰：吾中華儒者正知天命以下事耳，今所言眞溯諸天命。以前自是超人一等，且吾儒之事上帝也，知尊而不知親，聞公教乃知上帝之眞，爲吾人大父母也，斯尊親至矣。乃倡率建堂，而額其堂曰尊親。此雖侯之超識，而先生過化之神，自有目擊道存者。玄於丙寅夏晤先生子福堂，蒙先生賜以《天學初函》，即津津嚮慕。然於上主降生受難之事不能無疑，至是蒙主默牖，乃豁然有省，盡焚棄向來所惑溺諸書，一心事主。讀至《七克》愛仇奥義，喟然嘆曰：至哉言乎，夫以德報德，報施邊足相償，何功之有。必愛仇始克當主心耳，乃懲忿熄傲從家庭始。於是蒙師殊眷，頗異於他弟子。一日，玄侍坐有不豫色，師即知玄之急於教家也。笑謂玄曰：亦知南風北風之喻乎。古稱北風與南風爭勝，南風曰：彼有人焉，子能解彼人之衣，則子勝矣。北風盡力吹之，風愈厲其人愈護其衣。然後南風起而吹之，陽和噓拂而衣自解矣。夫習俗之蔽心，猶重裘之敝體也。子欲解之，爲南風而可矣。玄服膺此語以終身，雖婢僕未嘗以聲行色加也。癸卯師駕再臨，僅駐堂數日，即赴留都史大司馬諱可法之約，將有事澳中。既而以鞭長不及，乃不果。時先生以德盛才全，諸鐸德推爲會長，總領中華十五國教事。其職當遍巡中夏，時戎馬梗道，鐸音所遍惟東南半壁。席不暇煖，然心所迫，恆以勞爲安。轍環所至，若有人領洗告解，雖數月不厭，否則接淅行矣。恆謂人命僅在呼吸，吾救人靈魂如熄焚拯溺，惡容頃刻作無益淹耶。於是一歲之間遍巡吳越，金陵，江閩嶺表之間，紆迴僻壤之邑，靡不歷遍。衿佩負擔，賢智庸愚之輩，靡不提醒。每爲人解罪，風雨不辭，早晚不辭，遠涉疫癘不辭。臨解之時，必惻然慈憫，咨嗟嘆息，以動人悔心，或有語言不通，敘事失次者，尤傾心諦聽，如良醫按脈，洞悉病根，而後按症療之。解訖或深夜自鞭，代人認罪以息主怒。其深意隱德恆於人所不知之處，祈主赦世之愆，此豈人情量所能測哉。其三臨敝邑也，即順治二年也，爲弘光乙酉年。時玄已携家避亂於泰寧之時綱，師又不憚遠涉，顧我山中，提撕顧復，視昔有加。即鞠育之愛，不啻也。次年玄遭亂旋里，則堂毁於兵，鐸音罕至，告解神工缺。罪戾山積，念之汗下。蓋因悼己罪，益感師恩，不禁涕泗之交橫矣。先生雖轍無停軌，然居福堂之日居多。此堂先爲葉相國長孫高州君暨諸教友所創建，乙酉六月隆武建號於閩，謂規制未壯，不足爲上帝歆格地，乃式廓而輪奐之，樹坊於門，曰勅建天主堂，而錫匾於堂，曰上帝臨汝。且先帝先有欽褒天學之旌，至是又踵事增華，先生深爲吾閩幸，以爲闢邪反正之功自是興起無外矣。孰知時事有大謬不然者，丙戌八月，閩師大潰，先生寓莆陽，進退維谷。先生頗有厭世意，欲周巡吳越，廣宣天學至延津，而道梗閉城者半載。先生糊口不給，猶減飧食飢，卹病舍旅。自是多病，門人或憂之，先生怡然曰：人無病即不死，今長生苦世何爲。且病亦天主所賜，以補煉過端。二三子何憂焉。蓋先生所遇，無論順逆，皆感謝天主，即此可知其梗

槩矣。丁戌之際，閩地多故，視鄰郡若異域然。故先生駐延堂二載，一日謂敎友曰：可爲我書一匾，曰四憂堂。即吾夫子德不修，學不講四語也。其孜孜汲汲，毫不倦勤，尙所謂望道未見，不知老之將至乎。己丑二月，寄書鐸德何公，示以辭世不遠之意。恆謂敎友曰：汝等曾修省否，若猶未也，一旦不可知若吾，則天主有召即行耳。四月晦，赴張賡文家奉彌撒，談道語笑若平時。未申間呼敎友善醫者游安當，告以少時初入會苦修及渡海東來崖畧，與昔年在建州時所示沈加祿之語。同語畢，命游君按脈，居然無病也。次日天未明，呼從者秉燭伏几坐，恭呼耶穌瑪利亞數聲而逝。嗚呼，有召即行之語，至此始驗。若先生者，乃可謂存順沒寧，朝聞夕死可者矣。先生所語游沈二君者，謂其幼時有志於勳名，十八歲而學已成，遇耶穌會修士，勸以守貞苦修，是爲不朽眞勳名。先生初不謂然，修士命其退省七日，再來商訂。先生依命熱思，大有省悟，即求入會，若不容須與緩者。修士大悅，摩其頂曰：子大受器也。先生於昆弟最少，而體最弱。厥兄憐之，且冀其以勳名振厥家聲。慈母賢，允其入會。歷試多難，攻格物窮理之學，進而攻超性之學。七年而學成，擢爲鐸德以司敎事。且謂渡海東來，歷諸苦難，不自意有今日，纖毫皆天主恩也。先生以此詔人，豈非謂功名之念，骨肉之情，初無以異於人，顧所自樹，謂何如耳，其諷諭之意蓋深遠矣。先生於交際之禮最不苟苟，非合義即一文一粒若將浼。然極喜布施，彼國歲有俸金豫附海舶以來，邇年海氛不靖，甚至乏絕，猶約服并衣濟人不倦，又多方勸人布施。武林舊有放生會，歲費金錢無算。先生諷京兆楊公曰：愛物不若仁民。乃作廣放生曰：以其資爲周卹貧乏之費。先生又廣之曰：施人以財不若施人以善。蓋施財者救人之形軀，施善者救人之靈性。施財僅可救貧，施善并可救富也。故先生極喜刻書，嘗謂人之心病不一，廣刻善書譬諸藥肆，諸品咸備，聽人自取，乃可隨其病而療之。乃以修省察之餘時，悉以著述書。以約腹之餘財，盡以梨棗。所著有《夫主降生言行紀畧》，《彌撒祭義》，《滌罪正規》，《三山論學紀》，《萬物眞原》，《降生引義》，《西學凡》，《聖敎神業》，《性學犓述》，《聖體要理》，《悔罪要旨》，《職方外紀》，《西方答問》，《幾何要法》，《五十言餘》，利先生及張彌格爾，楊淇園三公行跡等二十餘種。其文皆洞徹暢達，益人神智，眞治心之神藥也。先生狀貌瓌偉，晬盎之容照人心目。每談論至道，條理井然，其輕重疾徐之際，語默顧盼之間，皆天然合節。客初到堂，一見即洞悉其心，或有問難，語未及半，即知所欲言，代爲剖悉，莫不砉然雲開，突然意得。或橫逆相加，旁觀不平，先生絕不介意，且默祈上主，赦彼無知。左右或有不謹，未嘗庭責，夜靜時微詞婉媮，令其自愧。或有心服先生，稱其聖德者，先生謙讓不居，嘗曰：人非主佑，纖善不能自立，豈可貪天主功爲己力乎。先生功行在人隔榮福在主左右，小子惡能贊一詞。且其隱德甚多，所爲之善己且不有，人惡能知之，小子又惡從而述之。惟是不忍忘先生再造恩，且無以復沈李蔡三君子之命，粗述所見聞者如此。其繼先生以匡群述，同歸天域者，在吾閩則有瞿何聶三鐸德在，倘能時聽鐸音，猶之乎先生在世也。至若先生之功全在微言妙論，喚醒人心。然其言論至多，狀中難以悉載，今摘其最警策者爲先生語錄，另其別帙。此皆至道之腴，雖衆不齊，咸以口嘗味也，不齊，然猶人之口，則未有不知其旨者。今天下靈魂飢渴，極矣哉。我中華諸君子式食，庶幾以無負先生崎嶇遠來施善意哉。

雜録

黃問道《闢邪解》 客有自西洋來者，其人碧眼虬髯，艾其姓，儒略其名，蓋聰明智巧人也。客歲餘自岳陽歸，有友從其敎者，道儒略向同利瑪竇來，數十人自東粵香山澳，賫天主像，挾異物抵京師，謁神宗皇帝。惟時聖天子擴同人之量，示無外之恩，優容而未之遽絕也。無何而利瑪竇欲倡其所爲天主之說，語言不相通，音韻不相叶，恐其旨與吾儒大相刺謬。於是延中國之文人學士，授五經而呫嗶焉。遺其扃，剽其廓，遂陽著其說，似與吾儒堯舜周孔之學無大差訛。實陰肆其敎，排佛斥老抑儒，駕其說於堯舜周孔之上。嗚呼是何言耶！昔者孔子沒，楊墨熵禍，子輿氏力而排之。六經之旨，皎如日星，火傳於漢唐宋以及吾明。楊墨之邪，終不得逞。今閱客之書，大率以天主爲宗旨，以七克爲條件，以悔過邀福爲祈禱，以天堂地獄爲究竟。夫《道德經》有言：有物混成，先天地生，吾不知其名，強名之曰道。儒者猶以爲其說屬玄而不必道，惡至天之上，復

加一主，有形有象，有謀有爲，或隱於上清，或降於人世，或受罪而遭譏，或返魄而上昇。夫普天之下，共一世界；則普地之上，共一天君也。天主既降生於彼國，欲救彼國之殃，則遺漏於他國，坐安他國之虐，有是理乎？況百千億萬其國，則百千億萬其殃。天網恢恢，疎而不漏，豈若此耶？又何以昔不降生而今降生，今既降生而後復不降生？其降生也，天之權孰代之？既降生而復昇天也，地上之殃，又誰續救之耶？至以崇奉天主之故，指天地爲不靈，日月星辰爲頑物，山川社稷爲邪魔，祖宗考妣爲不必祭，有是理乎？《禮》曰：「天子祀天地，諸侯祀封內山川，大夫祀宗廟，士庶人祀祖禰。」以明天至尊不容僭也，祀有等不容越也。今欲人人奉一天主，塑一天像，日月禱其側而乞憐焉。不其邀天褻天僭天瀆天者乎？其所謂七克者，曰驕，曰吝，曰色，曰怒，曰饕，曰妬，曰惰。夫此數者，雖修身之條件，只克復之粗跡。夫子告顔子之旨，大不如是，以仁爲宗，以禮爲體。仁存則不仁自退，禮復則非禮自除，故曰顔氏之子其庶幾乎？不遠之復，以修身也。古者辰弗集於房，庶人走，嗇夫馳，天子公卿往救，示天人相係相關之重也。今《天問》之言曰：日月無食，食者其下蒙氣遮掩也，弗用救。至若分至啟閉之差，黄道黑道之異，南極北極之數，九州分土之殊，言雖影似，自有星官曆師董之。況天道遠人道邇，自不必深究者乎。其他種種悠謬，不容殫述。大抵或可行於彼土，斷不可行於中國；能惑於愚夫愚婦，不能惑於高明俊哲。所可訝者，吾中國之縉紳學士，揚其波而助之焰也。是何異捨汗血連錢而乘駑駘也？是何異捨夜光照乘而珍魚目也？是何異棄蒼璧黄琮而寶瓦礫也？

或者曰，子亦閱其書也，酬應其人也，何攻之至是。余曰：不然。夫攻寇者，必入其穴，探其群，察其動靜，覘其虚實。余向意其慕吾道而來，今乃知其竊吾道而叛。吾鄉崇相董先生，學正品端，不肖從遊門下。先生以天下爲己任，防遼有疏，防海有議，持之數十年之前。談及夷教，慨然有崇正闢邪之思，不肖略撰一二說，以附先生之末矣。男子生世間，旋乾轉坤，排難解紛，作後人之鼻祖，爲前聖之功臣，浸假委委靡靡，閃閃抑抑，媚奥媚竈，傍鬼傍神，是亦堯舜周孔之罪人也。有志之士，欲闢邪閑道，有先生在，執牛耳立壇坫，不肖左執鞭弭，右屬櫜鞬，以從事焉。

藝文

葉向高《贈泰西艾先生》　天地信無垠，小智安能擬。爰有西方人，來自八萬里。躡屩歷窮荒，浮槎過弱水。言慕中華風，深契吾儒理。著書多格言，結交皆名士。俶詭良不矜，熙攘乃所鄙。聖化被九埏，殊方表同軌。拘儒徒管窺，達觀自一視。我亦與之遊，泠然得深旨。

張瑞圖《贈泰西艾先生》　昔我進京師，曾逢西泰氏。貽我十篇書，名編畸人以。我時方少年，未省究生死。徒作文字看，有似風過耳。及兹既老大，頗知惜餘齒。學問無所成，深悲年月駛。取書再三讀，低佪抽厥旨。始知十篇中，篇篇皆妙理。九原不可作，勝友乃嗣起。著書相羽翼，河海互原委。孟氏言事天，孔聖言克己。誰謂子異邦，立言乃一揆。方域豈足論，心理同者是。詩禮發塚儒，操戈出弟子。口誦聖賢言，心營錐刀鄙。門牆堂奥間，咫尺千萬里。

何喬遠《贈泰西艾先生》　天地垂廣運，日月轉雙轂。誰謂有覆幬，光明不照燭。其間名爲人，誰不同性欲。有欲必有性，完本在先覺。艾公九萬里，渡海行所學。其道在尊天，豈異洙泗躅。天地大矣哉，不是無朕足。安得一人教，普之極緬邈。惟此一性同，不在相貶駁。且吾孔聖尊，其西則葱竺。竝存宇宙內，誰復加臣僕。維此艾公學，千古入暘谷。吾喜得斯人，可明人世目。顧雖兼行持，蘧廬但一宿。善哉艾公譬，各自返茅屋。臨岐申贈辭，證明在會續。

張維樞《贈泰西艾先生》　浮槎碧漢水雲鄉，直到東南建法場。望國遙看滄海漲，尊天代演物原章。一枝笻杖扶雙屐，數卷靈編度十方。若至三山須計日，好來江瀨訪柴桑。

曾楚卿《贈泰西艾先生》　九州遊其八，昔人亦以寡，乃有泰西人，一葦浮中夏。目窮章亥步，九萬風斯下，入門粲玉齒，名理恣所寫。生民溯厥初，粉黛一切假，十分婆子心，千古開聾啞。吾儒徒蠡測，著辯誇非馬，所見域所聞，學問亦聊且。寶筏良在兹，洪鑪同一冶。

黄鳴喬《贈泰西艾先生》　滄溟西渡片帆輕，涉盡風濤不筭程。爲闡

一天開後學，纔能萬里見先生。觴傳月下姿如鶴，麈拂花邊屑是瓊。何幸得頻承緒論，知君願作聖人氓。

蔡際昌《**贈泰西艾先生**》　有客自西來，芒蹤遍八垓，文將重譯著，性指上玄胎。萬國車書會，千靈諦義開，知君饒遠志，寧我獨殊才。

彭憲范《贈泰西艾先生》　華夷無異道，況是超凡身。西字成蝌蚪，心源晤聖神。披圖羅萬國，受學溢千人。讀罷玄言論，瀟然灑世塵。

柯杲《**贈泰西艾先生**》　人從西海至，乍晤識高情。見道能超世，乘風又出城。樹低禽語少，霜薄馬蹄輕。函丈自茲遠，先天不可名。

徐景濂《**贈泰西艾先生**》　聞道西方有聖人，先生教澤百年新。三山卜築高山仰，四海傳經濱海親。浪説崑崙渾一脈，驚看壺嶠久爲隣。端陽高旆翩翩至，嫩柳垂堤契夙因。

史惟貞

傳　記

韓霖、張賡《**聖教信證·耶穌會西來諸位先生姓氏**》　史惟貞，字一覽。熱而瑪尼亞國人，明萬曆四十一年癸丑至，傳教江西。卒，墓在江西。

曾德昭

傳　記

韓霖、張賡《**聖教信證·耶穌會西來諸位先生姓氏**》　曾德昭，字繼元。路西大尼亞國人，明萬曆四十一年癸丑至，傳教杭州，轉金陵，復回廣東，卒，墓在香山墺。著《字考》。

鄔若望

傳　記

韓霖、張賡《**聖教信證·耶穌會西來諸位先生姓氏**》　鄔若望，字瞻宇。達而瑪濟亞國人，明萬曆四十八年庚申至，傳教江南，卒，墓在江寧府聚寶門外雨花臺側。

鄧玉函

傳　記

佚名《**道學家傳**》　鄧玉函，字涵璞，熱爾瑪尼亞人，明天啓元年辛酉至。傳教入都，欽命修曆。善醫，格究中國本艸八千餘種，惜未翻譯。崇禎三年庚午卒於京師，葬在阜城門外滕公柵欄。著《人身説槩》二卷，《奇器圖説》三卷，《測天約説》二卷，《黄赤距度表》二卷，《正球升度表》，《大測》二卷。

傅汎濟

傳　記

韓霖、張賡《**聖教信證·耶穌會西來諸位先生姓氏**》　傅汎濟，字體

齋。路西大尼亞國人，明天啓元年辛酉至，傳教浙江，陝西等處。復往廣東香山墺，卒，墓在香山墺。著《寰有詮》六卷、《名理探》十卷。

湯若望

傳記

韓霖、張賡《聖教信證·耶穌會西來諸位先生姓氏》 湯若望，字道未。熱而瑪尼亞國人，明天啓二年壬戌至，欽召入京，修政曆法。至大清定鼎，特命修時憲曆，授欽天監監正，加太常寺卿，勅賜通微教師，除通政使司通政使加二品，又加一級，進光祿大夫。康熙五年丙午疾，卒。八年己酉十月，欽賜祭葬銀五百二十四兩，遣官至墓諭祭。墓在北京阜城門外滕公柵欄。著《進呈書像》、《主制羣徵》二卷、《主教緣起》五卷、《渾天儀說》五卷、《眞福訓詮》、《古今交食考》、《西洋測日曆》、《遠鏡說》、《星圖》、《交食曆指》七卷、《交食表》九卷、《恆星曆指》、《恆星表》五卷、《共譯各圖八線表》一卷、《恆星出沒》二卷、《學曆小辯》一卷、《測食畧》二卷、《測天約說》二卷、《大測》二卷、《奏疏》四卷、《新曆曉或》一卷、《新法曆引》一卷、《曆法西傳》一卷、《新法表異》二卷。

《清史稿·湯若望傳》 湯若望，初名約翰亞當沙耳，姓方白耳氏，日耳曼國人。明萬曆間，利瑪竇挾天算之學入中國，徐光啓與游，盡其術。崇禎初，日食失驗，光啓上言：「臺官用郭守敬法，歷久必差，宜及時修正。」莊烈帝用其議，設局修改曆法，光啓爲監督，湯若望被徵入局掌推算。光啓卒，以李天經代，奏進湯若望所著書及恆星屛障。迭與臺官測日食，候節氣，並考定置閏先後，湯若望術輒驗。莊烈帝知西法果密，欲據以改《大統術》，未行而明亡。

順治元年，睿親王多爾袞定京師，是歲六月，湯若望啓言：「臣於明崇禎二年來京，用西洋新法釐正舊曆，製測量日月星晷、定時考驗諸器。近遭賊毀，擬重製進呈。先將本年八月初一日日食，照新法推步。京師日食限分秒並起復方位，與各省所見不同諸數，開列呈覽。」王命湯若望修正曆法。七月，禮部啓請頒曆，王言：「治曆明時，帝王所重。今用新法正曆，以敬迓天休，宜名《時憲曆》，用稱朝廷憲天乂民之至意。自順治二年始，即用新曆頒行天下。」湯若望復啓言：「敬授人時，全以節氣交宮，與太陽出入、晝夜時刻爲重。今節氣、日時、刻分與太陽出入、晝夜時刻，俱照道里遠近推算，增加曆首，以協民時，利民用。」王獎其精確。八月丙辰朔，日有食之。王令大學士馮銓與湯若望率欽天監官赴觀象臺測驗，惟新法脗合，《大統》、《回回》二法時刻俱不協。

世祖定鼎京師，十一月，以湯若望掌欽天監事。湯若望疏辭，上不許。又疏請別給敕印，而以監印繳部，謂治曆之責，學道之志，庶可並行不悖，上亦不許。並諭湯若望遵旨率屬精修曆法，整頓監規，如有怠玩侵紊，即行參奏。加大僕寺卿，尋改太常寺卿。十年三月，賜號通玄教師，敕曰：「國家肇造鴻業，以授時定曆爲急務。羲和而後，如漢洛下閎、張衡，唐李淳風、僧一行，於曆法代有損益。元郭守敬號爲精密，然經緯之度，尚不能符合天行，其後晷度遂以積差。爾湯若望來自西洋，精於象緯，閎通曆法。徐光啓特薦於朝，一時專家治曆如魏文魁等，實不及爾。但以遠人，多忌成功，終不見用。朕承天眷，定鼎之初，爾爲朕修《大清時憲曆》，迄於有成。又能潔身持行，盡心乃事。今特錫爾嘉名，俾知天生賢人，佐佑定曆，補數千年之闕略，非偶然也。」旋復加通政使，進秩正一品。

欽天監舊設回回科，湯若望用新法，久之，罷回回科不置。十四年四月，革職回回科秋官正吳明炫疏言：「臣祖默沙亦黑等一十八姓，本西域人。自隋開皇己未，抱其曆學，重譯來朝，授職曆官，歷一千五十九載，專管星宿行度。順治三年，掌印湯若望諭臣科，凡日月交食及太陰五星陵犯、天象占驗，俱不必奏進。臣察湯若望推水星二八月皆伏不見，今於二月二十九日仍見東方，又八月二十四日夕見，皆關象占，不敢不據推上聞。乞上復存臣科，庶絕學獲傳。」並上十四年《回回術》推算太陰五星陵犯書，日月交食、天象占驗圖象。別疏又舉湯若望舛謬三事：一、遺漏紫炁，一、顚倒觜參，一、顚倒羅計。八月，上命內大臣愛星阿及各部院大臣登觀象臺測驗水星不見，議明炫罪，坐奏事詐不以實，律絞，援赦

得免。

康熙五年，新安衛官生楊光先叩閽進所著《摘謬論》、《選擇議》，斥湯若望新法十謬，並指選擇榮親王葬期誤用《洪範》五行，下議政王等會同確議。議政王等議：「歷代舊法，每日十二時，分一百刻，新法改九十六刻。康熙三年立春候氣，先期起管，湯若望妄奏春氣已應參、觜二宿，改調次序，四餘刪去紫炁。天祐皇上，曆祚無疆，湯若望只進二百年曆。選榮親王葬期不用正五行，反用《洪範》五行，山向年月俱犯忌殺，事犯重大。湯若望及刻漏科杜如預、五官挈壺正楊宏量、曆科李祖白、春官正宋可成、秋官正宋發、冬官正朱光顯、中官正劉有泰皆凌遲處死，故監官子劉必遠、賈文郁、可成子哲、祖白子實、湯若望義子潘盡孝皆斬。」得旨，湯若望效力多年，又復衰老，杜如預、楊宏量勘定陵地有勞，皆免死，並令覆議。議政王等覆議，湯若望流徙，餘如前議。得旨，湯若望等並免流徙，祖白、可成、發、光顯、有泰皆斬。自是廢新法不用。

聖祖既親政，以南懷仁治理曆法，光先坐譴黜，復用新法。時湯若望已前卒，復通微教師封號，視原品賜卹，改「通玄」曰「通微」，避聖祖諱也。

李善蘭《格致滙編》第五年冬季册《湯若望傳略》　湯若望者，日耳曼之哥倫人也，精曆法通格致。明崇禎二年入中國習華文，時禮部奏請開局修改曆法，徵若望供事數年。勤勞局事，著交食諸書數種，經徐光啓、李天經前後進呈，名聞於朝。國朝順治二年六月，若望上言，於明崇禎年間，曾用西洋新法制測日月星晷，定時校驗。諸器近遭賊毀，臣擬另製進呈。今先將本年八月朔食照新法推步，京師所見分秒并起復方位圖象，與各省不同之數，開列呈覽，及期大學士同若望赴臺測驗，與所算密合。有旨行用新法頒行時憲書。旨召若望入覲，聖心喜悅，以若望掌欽天監事，專推時憲書頒行天下。若望推步交食刻分秒往往不誤。得旨欽天監印信着湯若望掌管所屬官員，嗣後一切候選擇，悉聽舉行。累加太僕太常寺卿，敕賜通微教師，入覲禮儀全行蠲免。待陪臣之恩未有若此其隆者，因此亦優待天主教堂，諭准到處傳教，并勒雲石大碑以記其事。本文迄今尚存羅馬教院，其略乃嘉若望之學與洋教之善。碑立天主堂前，額其堂曰：登玄嘉境（四字未知是否），兼以滿漢文字。因此其教盛行，上下男女奉教者多至八萬人。若望在欽天監所定新法算書總一百卷，所言大要凡四十二事，他書細載，此不另及。順治十七年若望卒。

考中華推曆之古已肇於堯舜前矣，堯命羲和敬授人時，允釐百工，庶績咸熙，惟古曆簡易，未立差法，但隨時占候修改，以與天合。歷二千年劫遭秦火，曆法無存久之。查得遺書，曆法久用多差，屢經修改，始覺益密。元時回回曆法入華，洪武初得其書於元都，十五年秋太祖謂西域推算天象最精，其五星緯度又中國所無，命翰林李翀、吳伯宗同回回大師馬沙亦黑等譯其書，但其書多脫誤。當時臺官未盡明其術，故曆法仍疏，推步交食往往不準，後奏請聘西人修曆，准議。萬曆三十九年聘到熊三拔、龐迪我二人進局，同徐光啓、李之藻譯臘丁文算書，并將到瑪竇前著各書進呈。又測出北京出極緯度，及各省大城經緯，製測量儀器。後曆局員嫉惡西人，奏明罷用，不准。崇禎二年七月，徐光啓薦鄧玉函同修曆法。鄧玉函者，德國之千司但司人也，博學精醫，名甚著。捨醫傳教，先赴印度，究萬物理學及動植物學，凡有新得，隨時記錄，并精於畫。後由澳門入華，因精醫人皆敬之。既入局，翻譯諸術表草稿八卷，次年四月卒，人皆惋惜。後聘湯若望及羅雅谷供局事。羅雅谷爲意國米蘭城人，崇禎九年三月卒。曆法全歸若望推步，他曆家忌之，屢加詆駁，若望終勝諸家。所推曆書，准照頒行。若望官至一品，膺仙鶴補服，受恩可謂隆渥極矣。

紀事

清世祖《御製天主堂碑記》（《日下舊聞考》卷四九《城市》）　易序卦，革而受之以鼎。革之象曰澤中有火革，君子以治曆明時。鼎之象曰木上有火鼎，君子以正位凝命。是以帝王膺承曆數，協和萬邦，所事者皆敬天勤民之事，而其要莫先於治曆。定四時以成歲功，撫五辰而熙庶績，使雨暘時若，民物咸亨，道必由之。矧開創之初，昭式九圍，貽謀奕葉，則治曆明時固正位凝命之先務也。粤稽在昔，伏羲制干支，神農分八節，黃帝綜六術，顓頊命二正。自時厥後，堯欽曆象，舜察璣衡。三統迭興，代有損益。見於經傳彰矣。而其法皆不傳。若夫漢之太初，唐之大衍，元之

授時，俱號近天，元曆尤爲精密。然用之既久，亦多疏而不合。蓋積歲而爲曆，積月而爲歲，積日而爲月，積分而爲日，凡物與數之成於積者不能無差。故語有之曰：銖銖而稱之，至石必謬；寸寸而度之，至丈必差。況天體之運行，日月星辰之升降，遲疾未始有窮，而度以一定之法，是以久則差，差則敝而不可用。凡曆之立法雖精，而後不能無修改，亦理勢之必然也。自漢以還，迄於元末，修改者七十餘次，創法者十有三家。至於明代，雖改元授時曆爲大統之名，而積分之術實仍其舊。及乎晚季，分至漸乖，朝野之言僉云宜改，而西洋學者雅善推步。於時湯若望航海而來，數理兼暢，被薦召試，設局授粲。祭衆議紛紛，終莫能用。歲在甲申，朕仰承天眷，誕受多方。適當正位凝命之時，首舉治曆明時之典。仲秋月朔，日有食之，特遣大臣督率所司登臺測驗，其時刻分秒起復方位，獨與若望預奏者悉相符合。及乙酉孟春之望，再驗月食，亦纖毫無爽。豈非天生斯人以待朕創制立法之用哉！朕特任以司天，造成新曆，勅名時憲，頒行遠邇。若望素習泰西之教，不婚不宦，祗承朕命，勉受卿秩，洊歷三品，仍賜以通微教師之名。任事有年，益勤厥職。郡城宣武門內向有祠宇，素祀其教中所奉之神，近復取錫賚所儲而更新之。朕巡行南苑，偶經斯地，見神之儀貌如其國人，堂牖器飾如其國制。問其几上之書，則曰此天主教之說也。夫朕所服膺者，堯舜周孔之道，所識求者，精一執中之理。至於玄笈貝文所稱，道德楞嚴諸書，雖嘗涉獵，而旨趣茫然。況西洋之書，天主之教，朕素未覽閱，焉能知其說哉？若望入中國已數十年，而能守教奉神，肇新祠宇，敬慎蠲潔，始終不渝。孜孜之誠，良有可尚。人臣懷此心以事君，未有不敬其事者也。朕甚嘉之，因賜額名曰通微佳境，而爲之記。銘曰：大圓在上，周迴不已。七精之動，經緯有理。庶績百工，於焉終始。有器有法，爰觀爰紀。惟此遠臣，西國之良。測天治曆，克殫其長。敬業奉神，篤守弗忘。乃陳儀象，乃構堂皇。事神盡虔，事君盡職。凡爾疇人，永斯欽式。

《熙朝崇正集》卷二《題准查給西儒田房疏》　太子少保、禮部尚書兼翰林院學士臣姜逢元題爲遵旨酌議，恭請聖裁事。祠祭清吏司案呈，奉本部送禮科抄出兵部左侍郎加從二品服俸暫署部事王業浩等題覆虜氛孔棘等事。崇禎九年十一月初二日，奉有羅雅谷、湯若望禮部酌議之旨。欽此欽遵。抄出到部送司。奉此，查得戎政衙門於虜逼近郊之日，疏薦羅雅谷、湯若望等料理御前領發神器，奉有羅雅谷、湯若望等著隨營指授，以折狂氛有功，從優敘賚之旨。迨虜退，城守有功，一體列名敘錄，內稱羅雅谷、湯若望心游方外，制入彀中，既無服官之榮思，宜從以成高尚，或查瞻養之原疏，酌給以示懷柔，及兵部題覆，奉旨著臣部酌議。案查崇禎六年十月內，該太子太保禮部尚書兼文淵閣大學士徐光啓治曆已有成摹一疏，內開羅雅谷、湯若望等撰譯書表，製造儀器，算測交食躔度，講教監局官生，數年來嘔心瀝血，幾於穎秃唇焦，功應首敘。但陪臣輩守素學道，不願官職，勞無可酬，惟有量給田房，以爲安身養贍之資，不惟後學攸資，而異域歸忠，亦可假此爲勸等因。奉聖旨：禮部知道。欽此。又崇禎七年十二月十二日，該督修曆法、山東布政使司右參政李天經題書器告成，敘錄宜加一疏，內開羅雅谷、湯若望等譯書撰表，殫其夙學，製儀繕器，攄以心法，可謂勞苦功高矣。當如原題，查給田房等因。奉聖旨：禮部酌議具奏。欽此。崇禎八年八月二十日，又該天經題恭懇天恩破格柔遠一疏，稱其修曆一役，仰邀皇上不次之典，已非一端，如臣以一介外吏，而業照京官例關領俸薪矣，在局生儒鄔明著等所請職銜，蒙准下部議覆，似亦得叨升斗矣。但臣等所翻譯成書，推測合度，實參西法，而即兩陪臣之法也。臣等猥蒙異數，而陪臣輩殫其所學，拮據六載，曆務甫竣，繼以旁通，乃戮力盡瘁，以願效忠於本朝者，顧使之肄業無所，恆產無資，非所以廣皇恩、風遠人也。縱大官稍有所給，乃月僅兩餘，未供饔食，而萬里孤踪，仕進弗甘，生產又絕，何以爲勞臣勸乎？則一廛之受，數椽之棲，諒非浩蕩之所靳也等因。奉聖旨：該部核議具覆。欽此欽遵。前因通查案呈到部，看得兵部題敘領發神器，陪臣羅雅谷、湯若望奉旨酌議一節，爲照修曆陪臣羅雅谷、湯若望學究天人，思精理數，推測不遺餘力，考驗具有明徵，且撰書製器，不一而足，勞苦功多，故輔臣徐光啟已經首敘，疏開兩臣守素學道，不願官職，勞無可酬，惟有量給田房，以爲瞻養之資。即曆臣李天經亦如前請。近緣城守敘勞，復有或查瞻饔之原題。案查兩臣九萬里來賓，七載於茲矣，饔飧未繼大官之養，日止共領下程銀三件、米四合，似亦不堪清苦，故諸臣以瞻養之資，再三控請，且修歷生儒同敘者，已邀一命，城守諸臣共事者，亦各膺秩級，在兩臣固無服官之榮

想，然既奉有功從優敘賚之明旨，相應如諸臣前請，將羅雅谷、湯若望各量給房一所，田數頃，以資安養，俾得於曆事完日，仍畢力旁通，仰佐國家欽若要務，是亦勸功柔遠之一道，然非臣部所敢擅擬也。既經兵部具題前來，相應議覆，恭候命下臣部，劄行順天府，查給田房，資其朝夕，伏乞聖明，裁度施行。

崇禎九年十二月十八日具題，二十一日奉聖旨：羅雅谷等修劄演器，著有勤勞，自當從優敘賚，這量給房田，果否妥便，還著確議具奏。

太子少保禮部尚書兼翰林院學士臣姜逢元題爲遵旨酌議，恭請聖裁事。祠祭清吏司案查，先該本部題覆兵部左侍郎加從二品服俸暫署部事王業浩題爲虜氛孔棘等事，內覆西洋陪臣羅雅谷、湯若望奉旨酌議等因。崇禎九年十二月二十一日，奉聖旨：羅雅谷等修曆演器，著有勤勞，自當從優敘賚，這量給房田，果否妥便，遺著確議具奏。欽此欽遵。抄出到部送司，案呈到部。看得陪臣羅雅谷、湯若望等自應召修劄以來，著述獨探理窟，製造咸晰天行，功次犁然，況登陴指授，速折狂氛，其一段忠義之氣，尤屬可風，誠有如聖明所謂修劄演器，著有勤勞者也。但查兩臣婚娶既絕，無心仕進，朝廷論功核賞，縱不可縻以好爵，而受廛爲氓，未必非彼所欲，則量給田房，以資朝夕，是亦爵賞之外，別示優異，臣部再四斟酌，似爲妥便，合無仍將羅雅谷、湯若望等各給房一所，田數頃，俾其饔飧無匱，用以酬前勞而勉後效，端在是矣。伏乞敕下臣部，劄行順天府，或查給入官田房，或另設法措給施行，緣系云云事理，未敢擅便，謹題請旨。崇禎十年二月初二日具題。初五日奉聖旨：是。

祠祭清吏司署司事員郎畢拱辰、主事鞏煜、王應華。

又《禮部題准給扁欽褒天學疏》　禮部署部事左侍郎兼翰林院侍讀學士臣顧錫疇等謹題，爲遵旨議敘事。祠祭清吏司案呈，案查先該本部題爲遵旨看議具奏事等因。崇禎十一年正月十九日，奉有新局推測屢近，著照回回科例存監學習，李天經等議敘之旨。又該李天經題爲曆法既經畫一更正，似難久稽，再乞聖明，嚴敕該監欽遵明旨，以新萬年寶曆事等因。五月初六日，又奉有李天經等該部即與議敘之旨。欽此。案查崇禎十年六月二十五日，該本部題爲遵旨製器告成，諸臣勞瘁堪錄，懇乞聖明，俯賜優敘，以勵人心，以鼓後效事。祠祭司案呈，奉本部送禮科抄出督修曆法李天經題前事，內稱臣自奉傳製器以來，朝夕冰兢云云。如遠臣羅雅谷、湯若望等立法指授，訣秘符天，功應首敘，且兩臣原奉有「修曆演器，著有勤勞」之旨云云。敘遵在卷，通查案呈到部。看得修正曆法一事，凡數百年一舉，典至重也。曆臣李天經在局任事，業已數載，宣力成績，斑斑可紀。昨蒙聖明睿照，新法爲近，即奉有李天經等議敘之旨，隨經臣部將李天經移咨吏部，聽其議敘外云云。如遠臣湯若望創法立器，妙合天行，今推步前勞已著，講解後效方新，功宜首敘。乃道氣沖然，力辭田房之給，理當先給扁楔，以示褒異，俟曆成之日，另議酬庸之典。其次則博士楊之華、黃宏憲據督修曆法臣李天經原題，稱推測諸藝，兼長繪製，悉符天度，所當優敘，今楊之華、黃宏憲擬加二級，量帶光祿寺錄事職銜，仍管博士事，至於曆成之日，合局諸臣另行優敘，在聖明自有浩蕩特恩，在諸臣倍當黽勉拮據，仰副授時大典，而非臣等所敢預擬者也。伏乞命下臣部，移咨吏部，銓覆施行。

崇禎十一年七月十七日具題。二十二日奉聖旨：是。吏部知道。

又《題准遵旨補給西儒銀米疏》　光祿寺卿臣王等謹題，爲遵旨補給銀米事。五月二十六日，奉禮部劄付，內開該本部題修曆陪臣羅雅谷、湯若望補給湯飯等因。奉聖旨：是。湯飯著按數補給，不許再延，考正學習，前旨已明，該監如何不遵，汪爾斐不必行取。欽此欽遵。備劄到寺。隨行典簿廳查算，據該廳冊報，湯飯半桌，每月該折銀伍兩伍錢，又飯食每月該折銀貳兩陸錢壹分伍厘，湯若望自崇禎三年十二月初二日供事起算，至十一年六月終止，除折素扣葷外，淨共該銀七百五十二兩九錢八厘二毫，飯米一百五十三石二斗九升六合九勺，酒米一十三石八斗二升六合八勺，以後仍按月開支。羅雅谷自崇禎三年七月初六日供事起，至十一年三月十三日身故止，除折素扣葷外，淨共該銀七百六十三兩八錢八分九厘八毫，飯米一百五十五石三斗九升三合，酒米一十四石一升一合五勺，各開報到臣。該臣等看得湯若望等補給湯飯，八載特恩，一朝總計，積少成多，遂有此數，業經該部具題，奉有按數補給，不許再延之旨，臣等敢不祗承。但念臣等邇年以來，各部借欠頻仍，庫存無幾，月之經費既不可缺，外之解納更復愆遲，不無匱乏可慮，臣等夙夜兢兢，不敢不務爲撙節者也。但奉旨補給，出自聖恩，臣等又當仰體而恪遵者。謹據數上聞，恭

候命下臣等，欽遵給發施行，緣系遵旨補給銀米事理，臣等未敢擅便，謹題請旨。十一年七月初九日，奉旨：著遵旨補給，該部知道。

《熙朝定案・禮部請旨事一疏議湯若望恤典》 禮部題爲請旨事。該臣等議得，湯若望通微教師之名既復行給還，照伊原品級賜恤，應照原任通政使司通政使加二級又加一級掌欽天監印務事湯若望給與合葬之價，並給與一品致祭銀兩，遣官讀文致祭，祭文內院撰擬。奉旨：依議。康熙八年九月日。

又《御祭文一道》 康熙八年十月日，臣利類思、臣安文思、臣南懷仁於敕賜通微教師通政使司通政使加二級又加一級管欽天監印務事臣湯若望墓前設香案，跪接御祭文一道，遣禮部官員致祭。皇帝諭祭原任通政使司通政使加二級又加一級管欽天監印務事湯若望之靈曰：鞠躬盡瘁，臣子之芳蹤；恤死報勤，國家之盛典。爾湯若望來自西域，曉習天文，特畀象曆之司，爰錫通微教師之號。遽爾長逝，朕用悼焉。特加恩恤，遣官致祭。嗚呼！事垂不朽之榮，庶享匪躬之報。爾如有知，尚克歆享。

又《特賜通微教師湯若望敕諭一道》 朕惟國家肇造鴻業，以授時定曆爲急務。羲和而後，如漢洛下閎、張衡，唐李淳風，僧一行諸人，於曆法代有損益，獨於日月朔望交會分秒之數錯誤尚多，以致氣候刻應不驗。至於有元郭守敬，號爲精密，然經緯之度尚未能符合天行，其後晷度亦遂積差矣。爾湯若望來自西洋，涉海十萬里，明末居京師，精於象緯，閎通曆法，其時大學士徐光啟特薦於朝，令修曆局中。一時專家治曆，如魏文奎等，推測之法實不及爾。但以遠人之故，多忌成功，歷十餘年，終不見用。朕承天眷，定鼎之初，爰諮爾姓名，爲朕修大清時憲曆，迄於有成，可謂勤矣。爾又能潔身持行，盡心乃事，董率群官，可謂忠矣。比之古洛下閎諸人，不既優乎？今特錫爾嘉名爲「通微教師」，餘守秩如故，俾知天生賢人，佐佑定曆，補數千年之闕略，成一代之鴻書，非偶然也。爾其益懋厥修，以服厥官，傳之史冊，自不美哉？故諭。

黃伯禄《正教奉褒》 順治元年五月，世祖章皇帝以滿洲、蒙古各旗兵弁齊進京都，城中空房，不足安插。諭內城居民，限三日內，盡行遷居外城等處，以便旗兵居住。是月十一日，湯若望聞諭，即繕招親賫，趨朝啟奏，稱臣自大西洋八萬里航海東來，不婚不宦，以昭事上主、闡揚天主聖教爲本，勸人忠君孝親、貞廉守法爲務。臣自構天主堂一所，朝夕虔修，祈求普佑，作賓於京，已有年所，曾奉前朝故帝令修曆法，著有曆書多帙，付工鐫板，尚未完竣，而板片已堆積累累，並堂中供像禮器，傳教所用經典，修曆應用書籍，並測量天象各種儀器，件數甚夥，若欲一併遷於外城，不但三日限內不能悉數搬盡，且必難免損壞，其測量儀器由西洋帶來者居多，倘一損傷，修整既非容易，購辦又非可隨時寄來，特爲瀝情具摺，懇請皇上恩賜，臣與同伴諸遠臣龍華民等仍居原寓，照舊虔修云云。摺上，有一親王接覽，詢問良久，諭令暫行回寓安居，明日再來候旨。五月十二日，若望趨朝，親王和顏禮待，給付清字上諭一道，恩准西士湯若望等安居天主堂，各旗兵弁等人毋許闌入滋擾等語。並令恭貼堂門。若望回寓，見有旗兵多人在內，因出上諭給看，旗兵遂散去。

又 順治元年，朝鮮國王李倧之世子質於京，聞湯若望名，時來天主堂，考問天文等學。若望亦屢詣世子館舍談敘。久之，深相契合，若望頻講天主教正道，世子頗喜聞詳詢。及世子回國，若望贈以所譯天文算學聖教正道書籍多種，並輿地球一架，天主像一幅。世子敬領，手書致謝。

又 順治八年正月，上親政，頒詔加恩中外。八月，誥封湯若望爲通議大夫，又貤封若望父祖爲通奉大夫，母與祖母爲二品夫人。敕繕誥命絹軸，郵寄西國，給若望家屬祗領。

又 順治十年三月，上賜湯若望號「通微教師」。謹案：世祖皇帝賜號，本系「通玄教師」，後於康熙朝，因避廟諱，遂改爲「通微教師」。諭曰：朕惟國家肇造鴻業，以授時定曆爲急務。羲和而後，如漢洛下閎、張衡，唐李淳風，僧一行諸人，於曆法代有損益，獨於日月朔望、交會分秒之數，錯誤尚多，以致氣候刻應不驗。至於有元郭守敬號爲精密，然經緯之度尚未能符合天行，其後晷度亦遂積差矣。爾湯若望來自西洋，涉海十萬里，明末居京師，精於象緯，閎通曆法，其時大學士徐光啟特薦於朝，令修曆局中。一時專家治曆，如魏文奎等，推測之法實不及爾，但以遠人之故，多忌成功，歷十餘年，終不見用。朕承天眷，定鼎之初，爰諮爾姓名，爲朕修大清時憲曆，迄於有成，可謂勤矣。爾又能潔身持行，盡心乃事，董率群官，可謂忠矣。比之古洛下閎諸人，不既優乎？今特錫爾嘉名，爲「通微教師」，餘守秩如故，俾知天生聖賢，佐佑定曆，補數千年之闕略，

成一代之鴻書，非偶然也。爾其益懋厥修，以服厥官，傳之史冊，豈不美哉？故諭。洛下閎，字長公，四川閬中縣人，隱居洛亭，西漢武帝徵爲待詔太史，改造太初曆。或謂姓黃名閎，隱於洛下。一說落下閎姓落下，名閎，巴郡人。運算推曆。○張衡，字平子，河南南陽縣人，精天文曆算，東漢順帝朝官太史令，作渾天儀，復造候風地動儀，人服其妙。○李淳風，陝西鳳翔縣人，精步天曆算，唐玄宗朝官太史令，製渾天儀。○僧一行，姓張名遂，直隸南樂縣人，出家爲僧，唐玄宗召至京，撰大衍曆。

又　順治十四年十月，上授湯若望通政使司通政使，加二級又加一級。若望具疏辭，稱臣萍飄孤旅，自幼學道，及壯東遊，宣傳天主正教，只緣旁通曆學，恭邀寵眷，茲奉恩綸，不勝惶汗，惟有懇祈收回成命云云。疏上，未荷俞允。

又　順治十五年正月，頒詔加恩中外，誥授湯若望光祿大夫，并恩賞若望祖先三代一品封典。

又　順治十八年正月初二日，聖躬不豫。初四日，湯若望趨內廷請安，太監引至御榻前。上諭免跪叩，賜坐賜茶，片時即出。初六日，大漸，上立第三子爲皇太子，召內大臣索尼、蘇克薩哈、遏必隆、鰲拜至養心殿，詔爲顧命大臣，召學士麻勒吉、王熙，恭撰遺詔。初七日夜子刻，駕崩。恭溯世祖章皇帝，寵眷湯若望迥逾常格，召對不名，而稱以瑪法，即清語謂貴叟也。每有諮詢，隨時宣召。上游幸西苑南苑等處，屢命扈從。嘗諭：凡有奏事，免循常例，可隨時徑人內廷。故若望每趨覲時，上或幸御園，或臨使殿，恆賜坐啟奏，溫語垂詢，倘時值晌午日暮，即就御所賜宴，偶逢重教中齋期，又傳諭御膳房，弗具禽獸胾肴，或時至夜深，則令軍校四員六員不等，擎燈護送。且上亦頻幸天主堂，多不先傳旨宣知，駕至堂門前，率一二親王，步行進堂，其書室等處，亦隨意歷覽，駐蹕時久，輒召若望進便膳，上必稱美。上喜考究天文格致等學，其修士課程，聖教要理，亦嘗詢問，又令若望呈進教中書籍，每於幾餘賞覽。一日，上閱天主降凡在世受難事蹟載記，適若望入覲，因諭令詳細講解，上聆之肅然，世祖之待教士，恩禮極隆，並賞賜服物金銀，殆無虛月，中西爵籍，載之甚詳，至今傳爲盛事云。初九日，聖祖仁皇帝即位，以明年爲康熙元年。上年甫八齡，索尼等四大臣輔理政務。

又　順治十八年辛丑四月初一日，湯若望壽屆七袠，名公鉅卿，贈言稱賀。

又　順治十八年九月，先是世祖章皇帝念湯若望矢志貞修，終身不娶，孑然羈旅，苦獨無依，令其撫養一幼童作爲義孫。至是，聖祖仁皇帝頒恩臣士，特行降諭：湯若望系外國之人，效力年久，原無妻室，不必拘例，其過繼之孫湯士弘著入監肄業。欽此。一時都人士豔稱爲自古未聞之特典，部卿大憲多贈賀文，以紀盛事。

又　康熙八年九月，禮部題爲請旨事，臣等議得湯若望「通微教師」之名既復行給還，照伊原品級賜恤，應照原任通政使司通政使加二級又加一級掌欽天監印務事湯若望給與合葬之價，並給與一品致祭銀兩，遣官讀文致祭，祭文內院撰擬可也。奉旨：依議。欽此。

康熙八年十月，上賜銀五百二十四兩，以資築建湯若望墳塋，並表立墓碑石獸。封演《聞見記》：秦、漢以來，帝王陵前有石麒麟、石辟邪、石馬之屬，人臣墓前有石羊、石虎、石人、石柱之屬，皆所以表飾故壟，如生前之儀衛。○《前漢・西域傳》注：辟邪獸，似鹿，長尾兩角。宋敕編《古玉圖譜》：漢符璽十有六之一，辟邪獸鈕，玉色淡碧，璊斑暈赤，方二寸六分，高二寸二分，璽文曰永昌。蟲魚篆。辟邪圖，鹿首鹿身，兩角尾叢，驟銳長而末蜷。○《明會典》、《明太祖實錄》職官：一品墓碑，螭首龜趺，石人、石馬、石羊、石虎、石望柱各二。二品至四品墓碑，麒麟首龜趺，石人等同一品。五品石羊、馬、石望柱各二。○《大清律》職官：一品至三品墓碑，螭首龜趺，石獸並六。四品、五品墓碑，螭首龜趺，石獸並四。六品以下許用碑，方趺圓首。庶人止用壙志。

康熙八年十一月十六日，上遣禮部大員捧諭祭文一道，至湯若望墓所致祭。利類思、安文思、南懷仁等供設香案跪迎，恭聽宣讀。其文曰：皇帝諭祭原任通政使司通政使、加二級又加一級、掌欽天監印務事故湯若望之靈曰：鞠躬盡瘁，臣子之芳蹤；恤死報勤，國家之盛典。爾湯若望來自西域，曉習天文，特畀象曆之司，爰錫通微教師之號，遽爾長逝，朕用悼焉，特加恩恤，遣官致祭。嗚呼！聿垂不朽之榮，庶享匪躬之報，爾如有知，尚克歆享。

又《湯若望三代誥命順治八年》　湯若望祖父湯玉函、祖母郎氏誥命

奉天誥命

奉天承運皇帝制曰：恩彰下逮，勉篤棐於群寮；家有貽謀，本恩勤於大父。用溯源流之自，爰推綸綍之榮。爾湯玉函，乃太常寺卿、管欽天監監正事湯若望之祖父，植德不替，佑啓後人，綿及乃孫，丕彰鴻緒，休貽大父，聿觀世澤。茲以覃恩，贈爾爲通議大夫、太常寺卿，錫之誥命。於戲！垂裕

孫謀，已沐優渥之典，崇褒祖德，用邀錫類之仁。貽厥奕祚，佩此彰綸。

制曰：一代褒功，勸酬示後；再世承恩，崇獎及先。績既懋於公，家寵宜追於王母。爾太常寺卿、管欽天監監正事湯若望祖母郎氏，爾有慈謀，爰及後昆，念茲稱職，端由壼教，爰錫褒儀之貴，用昭種德之勤。茲以覃恩，贈爾爲淑人。於戲！溯其家法，爰勞既殫先圖；賁乃圖章，昌融益開來緒。永期丕贊，用席隆庥。

敕誥之寶

順治八年八月二十一日

湯若望父湯利國、母謝氏誥命

奉天承運皇帝制曰：揚名顯親，爲子者願以令德歸之父；考績褒賢，教孝者宜以高爵作之忠。是用推恩，特申休命。爾湯利國乃太常寺卿、管欽天監監正事湯若望之父，義方有訓，式穀無慚。念爾嗣之勤勞，既克家而報國；俾爾澤之昌大，爰錫類以昭仁。茲以覃恩，贈爾爲通議大夫、太常寺卿，錫之誥命。於戲！教誨爾子，永勿忝於家聲；聿修厥德，尚無負於國恩。欽承寵命，慰爾幽靈。

制曰：國體勞臣，必溯源而沛澤；家崇喆胤，爰歸善於厥生。盛典維新，壼儀愈著。爾太常寺卿、管欽天監監正事湯若望母謝氏，幃範克端，貽教居身教之先；慈訓惟勤，能愛在能勞之後。宜沛貤封，用昭母德。茲以覃恩，贈爾爲淑人。於戲！子情罔極，感顧復而敦孝；國綸普被，念劬勞以疏榮。嘉乃恩勤，褒其遺範。

敕誥之寶

順治八年八月二十一日

湯若望誥命

奉天承運皇帝制曰：褒忠表義，昭代之良規；崇德報功，聖王之令典。特頒恩命，以獎勤勞。爾太常寺卿、管欽天監監正事湯若望，爾以西洋遠人，素明曆學，久居中國。定鼎之初，授職任事，撰定時憲新曆，占候允合古法，洊加卿秩，尚勵新猷，以承渥眷。茲以覃恩，特授爾階通議大夫，錫之誥命。於戲！恩推自近，乃弘奬夫崇階；業廣惟勤，尚克求夫寵錫。欽於時命，勵爾嘉猷。

敕誥之寶

順治八年八月二十一日

又**《恩榮四世録康熙元年》**湯若望曾祖父湯篤琭、曾祖母趙氏誥命

奉天誥命

奉天承運皇帝制曰：道合明良，一代之隆既濟；澤歸源本，百年之慶聿昭。故淑修實肇其基，而褒典當推於遠。爾湯篤琭，乃敕賜通微教師、加通政使司通政使、用二品頂帶加一級、掌欽天監印務湯若望之曾祖父，善積厥躬，裕垂於後。由微及著，人忽不見之勳；源遠流長，實培可久之業。茲贈爾爲光祿大夫、通政使司通政使、用二品頂帶加一級，錫之誥命。於戲！更四世而再命，家乘彌昌；鑒一德而永孚，國恩未艾。庶篤曾孫之祐，益隆載采之忱。

制曰：成勳著於崇秩，報國之嘉猷；寵錫逮於曾闈，承家之異數。式彰孝悃，愛溯前徽。爾敕賜通微教師、加通政使司通政使、用二品頂帶加一級、掌欽天監印務湯若望曾祖母趙氏，幼稱閨秀，夙茂閫儀。迪吉履和，既厚儲於繁祉；凝祥肇順，遂誕及於來昆。茲贈爾爲一品夫人。於戲！徽音如在，鸞文光石窌之封；渥數洊頒，鳳檢賁幽扃之色。衍蒸常於勿替，垂胤祚以彌隆。

制誥之寶

康熙元年二月二十五日

湯若望祖父湯玉函、祖母郎氏誥命

奉天承運皇帝制曰：貽厥孫謀，恭藎識世傳之澤；繩其祖武，恩榮昭上代之休。仁厚之道攸存，激揚之典斯重。爾贈通議大夫、太常寺卿湯玉函，乃敕賜通微教師、加通政使司通政使、用二品頂帶加一級、掌欽天監印務湯若望之祖父，世德夙培，善澤弘衍。祖孫濟美，嘉爾敕政之勤；綸□宣榮，肆予考績之會。茲贈爾爲光祿大夫、通政使司通政使、用二品頂帶加一級，錫之誥命。於戲！彰茲隆典，慰彼芳模。再世而昌，無忘種德之報；九原可作，永垂奕葉之聲。

制曰：錫孫子之祥，釐爾女士；介王母之福，答我勞臣。澤聿霈於重闈，孝爰昭夫似續。爾敕賜通微教師、加通政使司通政使、用二品頂帶加一級、掌欽天監印務湯若望祖母，贈淑人郎氏，惠可履和，順能迪吉，實

維閫教，培此孫枝。本源之積慶彌深，奕業之長祥未艾。茲贈爾爲一品夫人。於戲！龍章儷賁，何殊親被之恩榮；象服具陳，庶幾歆格於髣髴。載茲緐祉，祐爾後人。

制誥之寶

康熙元年二月二十五日

湯若望父湯利國、母謝氏誥命

奉天承運皇帝制曰：三年考績，忠猷實出孝子之門；一代貤封，寵命式昭趨庭之美。鍾祥有後，食報宜先。爾贈通議大夫太常寺卿湯利國，乃敕賜通微教師、加通政使司通政使、用二品頂帶加一級、掌欽天監印務湯若望之父，德能致遠，善不近名。處厥躬於長厚之間，寄後人以彌綸之業。維爾繼述之子，爲予奏最之臣。茲贈爾爲光祿大夫、通政使司通政使、用二品頂帶加一級，錫之誥命。於戲！教孝教忠，世德之光昭宛在；懋官懋賞，國恩之鄭重常新。光賁九原，榮承三錫。

制曰：詩詠有懷，知賢良所生之自；禮崇報本，在怙恃維德之均。眷茲懋績之臣，甯靳疏榮之典。爾敕賜通微教師、加通政使司通政使、用二品頂帶加一級、掌欽天監印務湯若望母，贈淑人謝氏，終溫且惠，克順而貞。憶支機於當年，彌成賢嗣；開佐門於今日，詎我貞臣。茲贈爾一品夫人。於戲！銜痛白華。不逮三公之養；疏恩黄壤，還加六命之褒。尚承休於象服，永流譽於鸞章。

制誥之寶

康熙元年二月二十五日

湯若望誥命

奉天承運皇帝制曰：考績試功，陟明之大典；褒勳表勩，式序之隆恩。厥職允修，殊綸宜錫。爾敕賜通微教師、加通政使司通政使、用二品頂帶加一級、掌欽天監印務湯若望，海澨遠人，覲光上國，爰授司天之職，用觀治曆之才，任事有年，夙夜克勤。於爾位清階，洊陟恪共罔懈；於當官推步，宣勞歲時無忒。茲當考績，嘉厥小心，宜賁綸章，以昭勸勵。茲特授爾階光祿大夫，錫之誥命。於戲！率屬正己，宜循職而致身；弼主澤民，尚矢心而圖報。惟悃識之益勵，庶休命之永承。

初任欽天監監正

二任加太常寺少卿

三任太僕寺卿仍管監正事

四任太常寺卿仍管監正事

五任通政使司通政使用二品頂帶仍管監正事

六任今職

制誥之寶

康熙元年二月二十五日

雜録

馬良《湯若望遺像題詞》 湯若望，字道味，日耳曼國人，天啓二年來華。崇禎三年，由徐文定徵修新法曆。五年，進呈曆書三十卷。七年，又二十九卷。八年，呈《七政行度》。歲甲申，順治元年五月，監官等依舊法繕呈順治二年曆本，親王告以天運已新，宜用新法。八月朔，日食，大學士馮銓又驗得獨新法合，乃奏取湯若望管時憲曆，並管欽天監印信，若望疏辭不獲。時朝鮮王李倧之世子質於燕京，頻來問道，回國時，若望贈以天算及教理書多種。順治三年，由欽天監監正加太常寺少卿。七年，蒙賜宣武門舊堂側官地，建天主大堂，文皇太后頒賜銀兩，親王等又相率捐助。九年，堂工竣，御書「欽崇天道」匾額，衍聖公亦有題贈。十三年，賜號通微教師，諭內有：「天生聖賢，佐祜定曆，補數千年之闕略，成一代之鴻書。」非偶然也。十四年二月，又賜御書堂匾及碑記。四月，横被吳明烜參奏時憲多謬，後曆經考驗，部議明烜詐妄，罪應死。十月，特授通政使司通政使，固辭，仍不獲，十五年，誥授光祿大大，又三代一品封典。十七年，楊光先以若望等憲書，書依西洋法，而其敎又侮孔聖，赴禮部告，不准。十八年正月，入宮請安，亦蒙引至御榻前。終世祖之世，寵眷逾恆，召對但呼瑪法，猶言父老也不名，入奏，隨時隨地俱可。奏罷，每賜御饍，上亦時幸其第，時索便饍，故龔端毅

公壽其七秩有云：「夜半受釐，時席前於宣室。宸遊多暇，亦輦降於丹房。先生於凡修身事天，展親篤舊，恤兵勤民，用賢納諫，下寬大之令，慎刑獄之威，磐固人心，鏃厲士氣，隨時匡建，罔攝震霆。最後直陳萬世之大計，更爲舉朝所難言，信仁賢之有益人國也。」讀此可想見其效忠焚草矣。而人之忌之者亦以此。康熙三年，楊光先又告若望等陰謀不軌，實鰲拜使之。禮刑兩部徑議湯若望處死，輔政四大臣，方欲批行，而地忽震，驚散未批。自是，連日大震，致山東等處，多有衙獄坍陷者，輔政索尼謂湯若望案宜奏請太皇太后定奪，旋蒙懿旨，着速釋放，並申飭曰：「湯若望向爲先帝信任，禮待極隆，爾等豈俱已忘卻而欲置之死耶？」釋後以明年七月五日終於賜第。及光先情罪敗露，乃蒙親王等會議，給還顯號及原品恤典。

費樂德

傳記

韓霖、張賡《聖教信證·耶穌會西來諸位先生姓氏》 費樂德，字心銘。路西大尼亞國人，明天啓二年壬戌至，傳教河南。究習中國文學，儒者多服其論。崇禎十六年壬午卒，墓在開封府。著《聖教源流》一卷、《總牘內經》、《念經勸》一卷。

伏若望

傳記

韓霖、張賡《聖教信證·耶穌會西來諸位先生姓氏》 伏若望，字定源。路西大尼亞國人，明天啓四年甲子至，傳教杭州。崇禎十三年庚辰六月卒，墓在方井南。著《助善終經》、《苦難禱文》、《五傷經規》。

羅雅各

傳記

韓霖、張賡《聖教信證·耶穌會西來諸位先生姓氏》 羅雅谷，字味韶。意大理亞國人，明天啓四年甲子至，傳教山西絳州，崇禎四年辛未，欽取來京修曆。十年卒，墓在阜城門外滕公柵欄。著《齋克》二卷、《哀矜行詮》二卷、《聖記百言》一卷、《天主經解》、《聖母經解》、《求說》未刻、《周歲警言》一卷、《測量全義》十卷、《比例規解》一卷、《五緯表》十卷、《五緯曆指》九卷、《月離曆指》四卷、《月離表》四卷、《日躔曆指》一卷、《日躔表》二卷、《黃赤正球》一卷、《籌算》一卷、《曆引》一卷、《日躔考晝夜刻分》。

盧安德

傳記

佚名《道學家傳》 盧安德，字磐石，波羅尼亞國人。天啟六年丙寅至，傳教福建。卒，墓在福州府北門外。著《口鐸日抄》。

顔爾定

傳記

韓霖、張賡《聖教信證・耶穌會西來諸位先生姓氏》 顔爾定，字務本。拂覽第亞國人，明崇禎二年己巳至，傳教江西，後至江寧。卒，墓在聚寶門外雨花臺側。

瞿西滿

傳記

韓霖、張賡《聖教信證・耶穌會西來諸位先生姓氏》 瞿西滿，字弗溢。路西大尼亞國人，明崇禎二年己巳至，傳教福建，後進都中，復往廣東。大清順治十七年庚子卒，墓在香山墺。著《經要直指》。

方德望

傳記

韓霖、張賡《聖教信證・耶穌會西來諸位先生姓氏》 方德望，字玉情。法郎濟亞國人，明崇禎三年庚午至，傳教陝西漢中等處，有聖德，多顯奇跡。至順治十六年己亥卒，墓在漢中府。

陸若漢

紀事

《熙朝崇正集》卷二《遵旨貢銃效忠疏》 西洋住澳勸義報效耶穌會掌教臣陸若漢，同管約銃師統領臣公沙的西勞等謹奏，爲遵旨貢銃效忠，再陳戰守事宜，仰祈聖明採納事。切臣等西鄙遠人，崇奉造成天地至尊天主規教，頗識造物根原，最重君親倫理，顧凡該國商舶遊歷所到之處，必先令一掌教訓迪，不許來商毫逾經行國法，以乖造物眞主規教。臣漢自本國與先臣利瑪竇輩前後航海至澳，已伍拾餘年，臣公沙自本國航海偕妻孥住澳，已貳拾餘載。臣等耳聞目擊，身親天朝豢養弘恩，其所以圖報皇上者，已非一日矣。況臣漢與先臣利瑪竇及今輩下臣龍華民、鄧玉函同教同會，先臣利瑪竇生蒙皇祖神宗皇帝館穀，沒蒙皇祖神宗皇帝諭葬，臣龍華民、鄧玉函復蒙皇上採納廷議，欽命修曆，天朝信任寵賚臣等何如深厚。臣漢自幼奉守造物眞主規教，責己誘人，無非敬畏至尊天主，忠君孝親愛民之事，敢不轉相勉勵。是以崇禎元年，兩廣軍門李逢節、王尊德奉旨購募人銃，查照先年靖寇援遼，輸餉輸銃，悉皆臣漢微勞，遂坐名臣漢勸貢大銃，點放銃師前來，而臣公沙亦因受恩同教，不顧身命妻孥，歡喜報效，挺身首出，故該澳臣委黎多等付臣漢以訓迪統領銃師諸人之任，責臣公沙以管約銃師匠役諸人之任也。臣等從崇禎元年九月上廣承認獻銃修車，從崇禎二年二月廣省河下進發，一路勤勞，艱辛萬狀，不敢備陳，直至十月初二日始至濟寧州。哄傳虜圍遵化，兵部勘合，爾旨催趲，方得就陸，晝夜兼程，十一月二十二日至涿州。聞虜薄都城，暫留本州，製藥鑄彈。二十六日，知州陸燧傳言邸報，奉聖旨：西銃選發兵將護運前來，仍偵探的確，相度進止，你部萬分加愼，不得疏忽。欽此。十二月初一日，衆至琉璃河，警報良鄉已破，退回涿州，回車急拽，輪輻損壞，大銃幾至不保。於時州城內外士民咸思竄逃南方，知州陸燧、舊輔馮銓一力擔當，

將大銃分布城上，臣漢、臣公沙親率銃師伯多祿金荅等，造藥鑄彈，修車城上，演放大銃，晝夜防禦，人心稍安。奴虜聞知，離涿二十里，不敢南下。咸稱大銃得力，臣等何敢居功。茲奉聖旨，議留大銃肆位保涿，速催大銃陸位進保京城。臣等荷蒙天主至尊，皇上恩庇，於今年正月初三日同舊輔馮銓護送到京，除臣等恭進該澳臣委黎多等歷陳報效始末一疏并送部，預先恭進大銃車架式樣武具呈覽外，臣等思惟皇上深知大銃有用，賜號神威，臣等不直陳大銃戰守事宜，有負皇上九重鑒知，有虛臣等遠來報效。臣念本澳貢獻大銃，原來車架，止堪城守，不堪行陣，如持此大銃保守都城，則今來大銃陸位，并前禮部左侍郎徐光啟取到留保京都大銃伍位，聽臣等相驗城臺對照處，措置大銃得宜，仍傳授點放諸法，可保無虞。如欲進剿奴巢，則當聽臣等另置用中等神威銃及車架，選練大小鳥銃手數千人，必須人人皆能彈雀中的，仍請統以深知火器大臣一員，總帥一員，臣等願爲先驅，仰仗天威，定能指日破虜，以完合澳委任報效至意。臣等銜感德澤，不覺言之及此，伏乞皇上俯察貢銃效用微忠，并悉大銃戰守事宜，敕下該部，立覆施行。別有貢獻方物，因聞警陸路亟行，尚留濟甯地方，容到日另疏進呈。臣等不勝惶悚待命之至。

崇禎三年正月十七日奏聞，二十二日奉聖旨：澳夷遠來效用，具見忠順，措置城臺，教練銃手等項，及統領大臣，著即與覆行，該部知道。

聶伯多

傳　記

韓霖、張賡《聖教信證·耶穌會西來諸位先生姓氏》 聶伯多，字石宗。意大理亞國人，明崇禎三年庚午至，傳教福建等處，後往江西，至大清康熙十四年乙卯卒，墓在南昌府。

林本篤

傳　記

韓霖、張賡《聖教信證·耶穌會西來諸位先生姓氏》 林本篤，字存元。路西大尼亞國人，明崇禎三年庚午至，傳教廣東。順治八年辛卯卒，墓在瓊州府。

謝貴祿

傳　記

韓霖、張賡《聖教信證·耶穌會西來諸位先生姓氏》 謝貴祿，字天爵。意大理亞國人，明崇禎三年庚午至，傳教江西。□□□□年卒，墓在南昌府。

杜奧定

傳　記

韓霖、張賡《聖教信證·耶穌會西來諸位先生姓氏》 杜奧定，字公開。意大理亞國人，明崇禎四年辛未至，傳教陝西，後往福建。□□□□年卒，墓在福州府海邊。

佚名《道學家傳》　杜奧定，字公開，意大理亞國人。崇禎四年辛未至，傳教陝西，後往福建。卒，墓在福州海邊。著《渡海苦績紀》。

郭納爵

傳記

韓霖、張賡《聖教信證・耶穌會西來諸位先生姓氏》　郭納爵，字德旌。路西大尼亞國人，明崇禎七年甲戌至，傳教陝西等處，後轉福建。大清康熙四年乙巳往廣東，五年丙午四月卒，墓在廣州府河之南。著《原染虧益》上下二卷未刻，《身後編》上下二卷。

李範濟

傳記

韓霖、張賡《聖教信證・耶穌會西來諸位先生姓氏》　李範濟，字仁方。路西大尼亞國人，明崇禎九年丙子至，傳教河南，後至廣東，復回小西洋，卒。

何大化

傳記

韓霖、張賡《聖教信證・耶穌會西來諸位先生姓氏》　何大化，字德川。路西大尼亞國人，明崇禎九年丙子至，傳教福建等處。至大清康熙十六年丁巳卒，墓在福州府北門外。著《蒙引》。

盧納爵

傳記

韓霖、張賡《聖教信證・耶穌會西來諸位先生姓氏》　盧納爵，字焼貴。路西大尼亞國人，明崇禎十年丁丑至，傳教福建，後至江南上海，復往廣東，後回小西洋，卒。

孟儒望

傳記

韓霖、張賡《聖教信證・耶穌會西來諸位先生姓氏》　孟儒望，字士表。路西大尼亞國人，明崇禎十年丁丑至，傳教江西，後往浙江，復回小西洋，卒。著《辯敬錄》、《照遠鏡》、《天學畧義》。

賈宜睦

傳記

韓霖、張賡《聖教信證・耶穌會西來諸位先生姓氏》　賈宜睦，字九

章。西濟利亞國人，明崇禎十年丁丑至，傳教浙江，江南等處。大清順治十六年，卒於蘇州常熟縣，墓在虞山鐵拐亭之北。著《提正編》六卷。

利類思

傳記

韓霖、張賡《聖教信證・耶穌會西來諸位先生姓氏》 利類思，字再可。西濟利亞國人，明崇禎十年丁丑至，傳教江南，浙江，四川等處。清朝定鼎，駐修輦轂下，蒙今上時加寵渥。著《超性學要》目錄，四卷，《天主性體》六卷，《三位一體》三卷，《萬物原始》一卷，《天神》五卷，《六日工》一卷，《靈魂》六卷，《首人受造》四卷，《主教要旨》，《不得已辯》，《昭事經典》，《司鐸典要》，《七聖事禮典》，《司鐸課典》，《聖教簡要》，《正教約徵》，《獅子說》，《進呈鷹論》。

南懷仁、閔明我、徐日昇《利先生行述》 先生姓利諱類思，字再可，遠西意大理亞國人，系出閥閱子弟。自幼齡不事紛華，即入修道會，矢志童貞，絕財絕意，讀書窮理，博學精深，在本國考中文學、理學、道學三科進士。壯歲航海入中華，途計九萬，兩次經赤道南北、四季相反之苦變，歷風濤寇盜之危，雖險阻□端，而先生履之泰如者謂何？惟以迪人□識本原，昭事造物之上帝，同歸於善，以向眞福爲務。厥初至於金陵，豫章，兩浙諸郡，其過化存神，□非人意所及者。嗣後跋涉蜀道，適明季流寇播蕩西川，幾遭殺害者數次，而先生身輕似葉，不徑不竇，兵戈擾攘之中被流矢傷腦及腰，奈矢拔而鏃不出，至荷上帝特佑，幸於曠野獲鐵鉗，賴以出鏃，因而復廷特遇我朝大師猝至，立殲渠魁，乃克免難。順治五年間詣京都，恭遇世祖章皇帝賜宇建天主堂，靜居精修，竭力效勞，時承寵眷，賞渥弘多。迨至今上御極以來，屢蒙召問，恩賚有加。先生居恆溫恭，不伐不矜。其與人交，惟以葆存靈性爲勸勉。且好學深思，寸陰是惜，髦年不倦，即隆冬雪案，猶燈火夜分，數十年如一日焉。所譯著超性學及性理等學□□五十餘卷，間有進呈御覽者，深荷獎譽。洎晚年疾作，今上頻遣侍衛存問。臨終之日，特遣御前趙等捧傳溫諭，優恤備至，賜銀二百兩，緞十疋，先生猶支□俯首恭謝，祝聖躬萬壽者三，越時易簀，安然而逝。計先生旅居中華四十五年，當其生也，蒙皇上賜容，眷顧異常；及其歿也，又蒙特旨遣一等侍衛噶大人及御前趙、龔等員臨奠吊哭，并賜茶酒。天恩浩蕩，誠千載一遇者也。先生生於丙午年正月初十日，歿於康熙二十一年壬戌九月初七日未時，享年七十有七。其行實不能殫述，茲特舉其大略云爾。

紀事

黃伯祿《正教奉褒》 康熙二十一年八月，利類思病篤，上頻遣侍衛存問。九月初七日，瀕終，特遣侍衛龔、薩等恭捧上諭，來堂宣讀曰「諭南懷仁等，今聞趙昌來奏，利類思年老久病，甚是危篤，朕念利類思，自世祖章皇帝時至於如今，效力多年，老成質樸，素知文翰，況爾等俱系海外之人，利類思卧疾京邸，絕無親朋資助，深爲可憫，故特賜銀二百兩，緞十匹，以示朕優念遠臣之意。特諭。」初八日，上遣一等侍衛噶，同侍衛趙昌、龔、薩來堂，賜茶酒祭奠。葬日亦依安文思出殯儀單舉行，特差侍衛三員送至塋地。

《熙朝定案・利類思、安文思奏疏》 大西洋耶穌會士遠臣利類思、臣安文思謹奏，爲微臣感恩無地，敬進西國方物，以表臣忱事。臣等產於西洋，從幼棄家修道，明季東來，至蜀居堂傳教，歷有年所。不意遭寇擄待戮，於順治叁年幸逢大兵西剿，恭遇肅王恩釋，依隨來京。仰荷皇上隆恩，特送禮部及光祿寺，圖賴固山家豢養，朝夕焚祝萬壽，經今伍載，感激無涯。茲有方物陸種，躬獻闕庭，伏祈皇上俯賜款收，則異國微忱，荷蒙天鑒，俾得擇淨焚修，安心行教，仰答皇恩而虔祝萬壽永無疆矣。臣等無任虔切悚息之至。爲此具本親賫，謹具奏聞。計開方物陸件：天主聖象西書壹本、西洋大自鳴鐘壹架、西洋萬象鏡壹架、西洋按刻沙漏壹具、西洋鳥槍壹枝、西洋畫譜壹套，自爲字起，至套字止，計貳百貳拾壹字，右謹奏聞。順治拾貳年貳月貳

拾柒日。大西洋耶穌會士遠臣利類思、臣安文思。

又 大西洋耶穌會士臣利類思、安文思謹奏，爲恭謝天恩事。臣等海國遠人，明季東來，居蜀明教。幸逢肅王，擕臣來京。荷蒙皇上恩送禮部、光祿及佟固山給養多年，皇恩天高地厚，感激無涯。今又蒙俯鑒積忱，特賜銀米養贍，房焚修，益加措躬無地，當即赴闕叩頭謝恩外，竊思臣等九萬里旅人，疊荷天恩，有加無已，區區微忠，捐糜莫報，所永矢者，惟廣播柔遠洪恩，令薄海内外諸國，益勵梯航之誠，恭頌敬天明德，俾直省同會諸臣，共祝岡陵之盛，以永保泰平於無疆，敬迓天庥而勿替耳。臣等無任感激鳴謝之至，爲此具本親賫，謹具奏聞。順治十二年十月二十一日。奉旨：知道了。

潘國光

傳記

韓霖、張賡《聖教信證·耶穌會西來諸位先生姓氏》 潘國光，字用觀。西濟利亞國人，明崇禎十年丁丑至，傳教江南蘇松等處，駐上海，被化甚衆。大清康熙四年乙巳往廣東，十年辛亥卒於廣州府，後回葬上海南門外。著《聖體規儀》、《十誡勸論》、《天神會課》、《聖教四規》、《未來辯論》、《天階》。

萬密克

傳記

韓霖、張賡《聖教信證·耶穌會西來諸位先生姓氏》 萬密克，字潛修。熱而瑪尼亞國人，明崇禎十一年戊寅至，傳教山西。十六年甲申卒，墓在山西蒲州。

徐日昇

傳記

韓霖、張賡《聖教信證·耶穌會西來諸位先生姓氏》 徐日昇，字左恆。熱而瑪尼亞國人，明崇禎十一年戊寅至，傳教杭州，卒，墓在方井南。

李方西

傳記

韓霖、張賡《聖教信證·耶穌會西來諸位先生姓氏》 李方西，字六字。意大理亞國人，明崇禎十三年庚辰至，傳教陝西等處。大清康熙五年丙午，往廣東。十年辛亥，自粵東歸西安。行至江南安慶府卒，回葬西安府，墓在會城東南三里之沙坡。

安文思

傳記

韓霖、張賡《聖教信證·耶穌會西來諸位先生姓氏》 安文思，字景

明，路西大尼亞國人，明崇禎十三年庚辰至，傳教四川等處。遭寇亂危險，幾死者數次。大清順治五年戊子來京，恭遇世祖章皇帝，時荷寵渥。至康熙十六年丁巳卒，蒙今上憫恤，親製諭文，賜銀緞營葬，墓在阜城門外滕公柵欄。著《復活論》二卷。

佚名《道學家傳》 安文思，字景明，路西大尼亞人。崇禎十三年庚辰至，傳教四川，遭寇亂危險，幾死者數次。大清順治五年戊子來京，恭承世祖章皇帝荷寵甚厚。至康熙十六年丁巳卒，蒙上憫恤，親製聖諭祭文，賜銀二百兩，大緞十疋殯葬，又在世時欽賜繪容一軸。出葬日，特差內臣三員，送至塋寺，墓在阜成門外滕公柵欄。著《復活論》二卷。

利類思、南懷仁《安先生行述》 先生諱文思，字景明，遠西波爾杜瓦而國人，系出世胄。自十有六齡入修道會，矢志童貞，讀書窮理，博學精深，考中文學、理學、道學三科進士，爲文學、理學之師。厥後航海三年，經赤道南北、四季相反之苦變，風濤賊寇，九死一生，艱險備嘗，約歷九萬里而來入中國，已閱四十年矣。其初始至西蜀傳行天主教，旅居五載，勸化爲善，後遭流寇荼毒彼方，受殘害幾危者數四，蒙天主特佑，幸值清朝王師馳至，方克脱難。於順治五年戊子來詣京都，恭遇世祖章皇帝賜宇建天主堂，靜居焚修，竭力效勞，於上恩賞弘多，迨至今上御極，屢常召問，恩賚日加。先生學甚博而心甚謙，行愈方而智愈圓，所著格物窮理超性之書，精深明確，豁人心目。其爲人也，性情和藹，慈仁泛愛，痌瘝如切己身。其訓人也，首以昭事上帝，夙夜不懈，繼之忠孝修德，是皆躬先率行。其奉上命也，諸凡製作，盡心經營，式法精奇，雖勞心焦思，有所不惜。故其歿也，蒙皇上憐傷。諭旨獎嘉，特賜銀二百兩，大緞十疋，遣內侍矜恤遠臣，荷茲莫大天恩，誠異數也。越數日，御前內臣三員又奉旨來問：出葬何日？照天主教用何禮儀？臣利類思、南懷仁等開列儀單，御亭一座（內上諭一道），十字聖架亭一座，天主聖母聖像亭一座，總領天神聖像亭一座，欽賜安文思影亭一座，前有示牌十六面、聖教綢緞長旛十五對，每亭一座俱列鼓手細樂，提爐五對，捧爐五對，宮燈五對，左右執香持蠟，次第隨班行走，末後棺柩上有棺罩、綢彩。欽差內臣三員照此儀單回奏。天顏喜悅，隨蒙聖諭：備辦此等儀物，前賜銀兩足用否？內臣三員復奉旨來問。臣利類思、南懷仁等跪奏：蒙皇上賜用有餘，頂戴聖恩高厚，不獨臣利類思、南懷仁等同在中國各省遠臣無任感激，聞之遠西諸國皆稱頌靡窮矣。臣等叩頭恭謝天恩訖，內臣三員回奏。至出葬日，皇上特差內臣三員送至塋地，奉旨親到塚前，詳看葬時天主教所行諸禮，及衆奉教者群集跪念經文等儀，復照其親見者，統述回奏。是日隨喪奉教者八百餘人，均穿孝服，另有縉紳貴客赴送者甚衆。荒遠微臣，在世既邀寵錫，去世更荷殊恩，何皇上格外洪仁隆重優渥如此也。西鄙諸臣無可仰報，惟有朝夕感頌聖德於無疆爾。距生於己酉年七月初五日，歿於康熙十六年丁巳四月初五日戌時，享年六十九歲，於本月十七日瘞葬阜城門外滕公柵欄之原。因約略先生生平梗概以志不朽云。

紀事

《熙朝定案》 諭：今聞安文思病故，念彼當日在世祖章皇帝時營造器具，有孚上意，其後管理所造之物，無不竭力，況彼從海外而來，歷年甚久，其人質樸夙著，雖負病在身，本期療治痊可，不意長逝，朕心傷憫，特賜銀二佰兩，大緞十匹，以示朕不忘遠臣之意。特諭。康熙十六年四月初六日。

利安當 栗安當

紀事

黃伯祿《正教奉褒》 康熙九年十一月二十日，遠西臣利類思、安文思、南懷仁等謹奏，爲大恩難報事。臣等仰荷皇上睿智洪慈，古今無兩，如楊光先誣告湯若望一案，議政王貝勒九卿科道會同詳議，革職者復官，流徙者還土，沒者賜恤，生者頂仁，昊天之恩，無微不照矣。惟栗安當等二十餘人久羈東粵。竊念安當等半系七十、八十不等之年，其中有十餘人

通曉曆法，於順治十六年奉旨入國，禮部題請在案。至臣等自幼棄家學道，生雖西洋，沒則中國，自明迄今，已將百年。世祖皇帝深知天主教無弊，故賜堂賜匾，御製碑文，屢次聖駕臨堂，容臣等各居本堂虔修。伏乞皇上垂浩大之恩，念安當等無辜之苦，賜仍依世祖皇帝時，得生歸本堂，殘歸本墓，以繼世祖皇帝柔遠之仁，則諸臣有生之年，皆皇上再造之德也。伏乞睿鑒施行。本月二十七日奉旨：這本內情節，該部確議具奏。欽此。

康熙九年十二月，部議奏准，康熙四年間，楊光先誣陷案內遣送廣東之西士栗安當、潘國光意大理國人、劉迪我法蘭西國人、魯日滿比利士國人等二十餘人，內有通曉曆法者起送來京，其餘令歸各省居住，隨由部移諮各省督撫，遵照辦理。

栗安當 見利安當

梅高

韓霖、張賡《聖教信證・耶穌會西來諸位先生姓氏》 梅高，字允調。路西大尼亞國人，明崇禎十三年庚辰至，傳教陝西，後往江西。卒，墓在南昌府。

衛匡國

傳記

韓霖、張賡《聖教信證・耶穌會西來諸位先生姓氏》 衛匡國，字濟泰。意大理亞國人，明崇禎十六年癸未至，傳教浙江，後進京。復往福建，廣東等處，仍至浙江。大清順治十八年辛丑卒，墓在方井南。著《靈性理證》、《述友篇》。

穆尼各

傳記

韓霖、張賡《聖教信證・耶穌會西來諸位先生姓氏》 穆尼各，字如德。波羅尼亞國人，明崇禎十六年癸未至，傳教，大清順治十年進京，後至廣東肇慶府，卒，墓在肇慶府城外。

佚名《道學家傳》 穆尼各，字如德，波羅尼亞國人。崇禎十六年癸未至，傳教江寧。至大清順治十年進京，欲往奉天府傳教。蒙旨諭關東一帶，人烟稀少，不必前往。如中國內地，任從傳教。後往廣東，至肇慶府卒，墓在肇慶城外。

瞿安德

傳記

韓霖、張賡《聖教信證・耶穌會西來諸位先生姓氏》 瞿安德，字體泰。熱而瑪尼亞國人，順治六年已丑至，傳教廣西。十三年丙申卒，墓在廣西。

王夫之《永曆實録》卷一《大行皇帝紀》 永曆三年正月，上在肇慶。西洋人瞿紗微進新曆，詔頒行之。［略］十二月，給事中尹三聘奏，瞿紗微擅用夷曆，爚亂祖憲，乞仍用大統舊曆。從之。

紀事

王夫之《永曆實録》卷二五《宦者列傳・龐天壽傳》 天壽事天主教，拜西洋人瞿紗微爲師。勇衛軍旗幟皆用西番書爲符識，類兒戲。又薦紗微掌欽天監事，改用西曆。給事中尹三聘劾罷之。

雜録

文廷式《純常子枝語》卷二八 王夫之《永歷實録》，永曆三年正月，上在肇慶，西洋人瞿紗微進新曆，詔頒行之。是年十二月給事中尹三聘奏，瞿紗微擅用夷曆，爚亂祖憲，乞仍用大統舊曆，從之。按崇禎議曆之後，尚有此事，尹三聘之攻瞿紗微，又在楊光先攻西曆之先，皆可資故實也。瞿紗微何國人，西書必有紀載，俟攷。游藝天經或問列西洋天算家十人，亦無瞿紗微。

瞿紗微 見瞿安德

卜彌格

傳記

韓霖、張賡《聖教信證・耶穌會西來諸位先生姓氏》 卜彌格，字致遠。波羅尼亞國人，順治七年庚寅至，傳教廣西。十六年己亥卒，墓在廣西。

汪儒望

傳記

韓霖、張賡《聖教信證・耶穌會西來諸位先生姓氏》 汪儒望，字聖同。法郎濟亞國人，順治八年辛卯至，傳教山東。

成際理

傳記

韓霖、張賡《聖教信證・耶穌會西來諸位先生姓氏》 成際理，字竹君。路西大尼亞國人，順治八年辛卯至，傳教江南。

張瑪諾

傳記

韓霖、張賡《聖教信證・耶穌會西來諸位先生姓氏》 張瑪諾，字仲金。路西大尼亞國人，順治八年辛卯至，傳教江南淮揚等處，康熙十六年丁巳卒，墓在江寧府聚寶門外雨花臺側。

利瑪第

傳記

韓霖、張賡《聖教信證·耶穌會西來諸位先生姓氏》 利瑪第，字聖先。路西大尼亞國人，順治十三年丙申至，傳教廣東瓊州府，後於康熙二年癸卯往江西江南等處。仍回廣東香山墨，後卒。

王若翰

傳記

韓霖、張賡《聖教信證·耶穌會西來諸位先生姓氏》 王若翰，字振先。意大理亞國人，順治十三年丙申至，傳教廣東瓊州府。後回香山墨。

聶仲遷

傳記

韓霖、張賡《聖教信證·耶穌會西來諸位先生姓氏》 聶仲遷，字若瑞。法郎濟亞國人，順治十四年丁酉至，傳教江西。著《古聖行實》未刻。

傅若望

傳記

韓霖、張賡《聖教信證·耶穌會西來諸位先生姓氏》 傅若望，字遐及。法郎濟亞國人，順治十四年丁酉至，傳教廣東瓊州府。順治十八年庚子卒，墓在瓊州府。

劉迪我

傳記

韓霖、張賡《聖教信證·耶穌會西來諸位先生姓氏》 劉迪我，字聖及。法郎濟亞國人，順治十四年丁酉至，傳教江南，江西贛州，後至上海，康熙十四年乙卯卒，墓在上海南門外。

洪度貞

傳記

韓霖、張賡《聖教信證·耶穌會西來諸位先生姓氏》 洪度貞，字復齋。法郎濟亞國人，順治十四年丁酉至，傳教杭州。康熙十二年癸丑卒，墓在方井南。

穆宜各

傳記

韓霖、張賡《耶穌會西來諸位先生姓氏》 穆宜各，字全眞。法郎濟亞國人，即格我迪我同胞之弟。順治十四年丁酉與二兄同至，傳敎江西，不三月卒，同志惜之。墓在南昌府東門外，康熙十七年移葬於湖廣武昌府。

穆格我

傳記

韓霖、張賡《聖教信證·耶穌會西來諸位先生姓氏》 穆格我，字來眞。法郎濟亞國人，順治十四年丁酉至，傳教陝西漢中。康熙十年，自廣回陝，甫至江西卒，墓在南昌府東門外。康熙十七年，移葬於湖廣武昌府。

穆迪我

傳記

韓霖、張賡《聖教信證·耶穌會西來諸位先生姓氏》 穆迪我，字惠吉。法郎濟亞國人，順治十四年丁酉至，傳教湖廣。

樂類思

傳記

韓霖、張賡《聖教信證·耶穌會西來諸位先生姓氏》 樂類思，字能慮。法郎濟亞國人，順治十四年丁酉至，傳教福建轉江西。十六年己亥卒，墓在南昌府東門外。

林瑪諾

傳記

韓霖、張賡《聖教信證·耶穌會西來諸位先生姓氏》 林瑪諾，字能定。路西大尼亞國人，順治十四年丁酉至，傳教江西，後往江南。卒，墓在江寧府聚寶門外雨花臺側。

蘇納

傳記

韓霖、張賡《聖教信證·耶穌會西來諸位先生姓氏》 蘇納，字德業。熱而瑪尼亞國人，順治十六年己亥，欽取來京，佐修曆務。因水土不

服成疾，詔令養病山東，不久卒，墓在濟南府。

鄔安德

傳　記

韓霖、張賡《聖教信證・耶穌會西來諸位先生姓氏》　鄔安德，字最樂。路西大尼亞國人，順治十六年己亥至，傳教淮安，後轉福建，至十七年庚子卒，墓在福州。

吴爾鐸

傳　記

韓霖、張賡《聖教信證・耶穌會西來諸位先生姓氏》　吴爾鐸，字紹伯。拂覽第亞國人，順治十六年己亥至，傳教山西，復回小西洋卒。

畢　嘉

傳　記

韓霖、張賡《聖教信證・耶穌會西來諸位先生姓氏》　畢嘉，字鐸民。意大理亞國人，順治十六年己亥至，傳教江南，令奉旨駐陝西。

佚　名《耶穌會畢先生碑記》　畢先生諱嘉，字鐸民，泰西義大利亞國人。髫齡時矢志精修，入耶穌會，中式超性窮理科進士，授德品級。於順治十六年航海東來，傳教江南京口、維揚。康熙十二年九月內奉旨遷葬會友，駐陝西堂。二十三年甲子，以綜理會務抵金陵，值聖駕南巡，遣侍衛召見於行宮。天語慰問，寵錫青紵白銀。己巳，賫驗氣儀赴京，欽賜貂裘袍帽，留侍內廷，寵渥有加。辛未，請假南旋，傳道吴越，歷受諸艱。年七十四，染疴數旬，調治不痊，於康熙三十三年八月初六日終於維揚正理堂寢。本年月日葬於西門外金匱山麓之原。先生本性儉約謙和，德教覃敷，在會五十八年，至死彌篤，可謂殫忠於天主矣。某等親炙沐愛，飲和食德，不辭鄙陋，涕泣爲之記。康熙四十三年五月日立穀旦。

紀　事

《熙朝定案》　康熙二十三年九月二十八日，皇上東巡狩，鑾輿至濟南之日，特加惠於我西土遠人，即差侍衛至天主堂下問，不期汪先生往江南，弗克應召。迨仲冬朔日，上駕幸金陵，百官父老簇擁趨迎，是時傳旨問「天主堂在何處？」衆父老奏云「在旱西門內」。次三日晨蚤，差侍衛趙至堂，備細詢問，畢先生恭迎應對。又問「昨萬歲至濟南，差我到天主堂，爲何無西洋先生？」畢先生荅云「因汪先生來江寧看我，故此堂內無先生。」侍衛即飛馬回奏，復蒙皇上遣別位侍衛至堂，傳呼往見，汪、畢二先生俱坐輿齊行，隨攜方物四種而往，將近御前，侍衛趙見畢、汪兩先生至，又進呈方物，即接捧獻上，天顔喜悅，傳旨云「朕已收下，但此等方物，你們而今亦罕有，朕即將此賞賜你們，惟存留西蠟即是，准收。」遂蒙皇恩，賜汪儒望、畢嘉每位青紵、白金。又傳旨密近御座之前，天語慰問姓名、年歲幾何？何年至中華？旅駐江寧幾載？汪、畢二先生逐一上奏，特賜各飲葡萄酒一杯，叩頭謝恩。又蒙皇上顧問：「你們在此何所恃以度日？」隨奏云「蒙皇上已開海禁，今得西洋寄來用度。」皇上又問：「你們亦知道格物窮理之學否？」隨奏云：「臣等亦略知道。」又問：「你們身上帶有天主像等物否？」畢嘉奏云：「臣見帶有十字在身。」即獻出御覽。汪儒望奏云：「臣今身上不曾帶，但臣有帶有不帶。」後皇

上見奏對已久，僉旨令回。至初四日，鑾輿啓行，旋北出阜西門，汪、畢兩先生於天主堂門前設排香案，執香跪送，手捧黃袱，函載謝皇恩七言詩進呈，是時皇上停勒御馬，駐蹕堂門，旨命接收，啓袱御覽，天容歡悅，良久始行。及至臘朔之三日，皇上回都，臣南懷仁等恭趨海子迎駕，但前侍衛趙曾對汪、畢二先生說：「你們蒙皇上弘恩，即將此事情詳細寫書，付我帶回京，交與南、閔、徐三位先生知道。」後奉旨，命將此帶回，西書翻譯進呈，適際是日閔先生差捧御筆，往山西葬恩先生而歸復命，遂同南懷仁等攜此翻譯之書，一齊赴朝，進養心殿御座前，恭進御覽，一併叩頭謝恩，隨奏云：「遠臣生者死者均蒙殊恩，永報不盡。」皇上喜悅，隨蒙顧問，某省某處有天主堂否？臣南懷仁等欽遵，一一俱奏。臣南懷仁等伏思上駕省方，甫至東魯，即惓惓注念我等遠人，至金陵即召之慰問，寵錫厚頒，尤尚於饔飧資斧，重廑睿懷，不啻家人父子，自古柔遠之典孰有若斯之巨盛哉？眞所謂至誠治天下，肫肫其仁，浩浩其天者也。吾儕遠臣，何幸而叨此優渥異數之弘恩。今敬勒之書策，少申恭謝之忱，復思無可仰報，惟頌禱於旻天上帝，祝天子萬年國祚，永享無疆之曆云爾。

又　康熙二十八年春正月，聖駕南巡，渡鎭江，往杭州，會稽，祭禹陵。二月廿五日，由丹陽陸路至江寧，進通濟門時，遠西臣畢嘉、洪若先一日出郊外俟候，本日迎至上方橋逢皇上。此時正下大雨，畢、洪二臣即跪橋邊，恭接聖駕。皇上一見，即勒馬垂問：「畢嘉你好麼？」畢奏云：「臣賴朝廷洪福，好。」又問侍衛趙昌：「這是那個？」趙即啓奏：「就是舊年萬歲召進京的。」蒙皇上云：「是洪若麼？」隨又蒙上諭：「起來起來，雨大，快些回去。」畢、洪二臣即奉命回堂，時日已暮矣。廿六日昧爽，畢、洪二臣赴行宮，恭候皇上萬安。值侍衛趙出云：「二位先生來了麼？」畢答云：「我們來問上安，在此好久。」侍衛趙即入奏，隨出傳旨：「朕好，你們都好麼？」宣訖，即傳諭回堂。廿七日早，皇上差侍衛趙、御前一等哈鄔賚捧黃袱，內包白金到堂，先叩拜天主，次傳畢、洪二臣出廳，隨宣上諭：「朕將這些銀子賜你們爲果餌之費。」宣訖，畢、洪謝恩而領，即邀二大人入內座侍茶，談敘間侍衛趙云：「萬歲爺一路來，凡遇西洋先生，俱待得甚好。」畢隨稱謝云：「萬歲待我輩遠人如此大恩，感謝不盡。」談久留飯而去。至中午，畢、洪赴行宮謝恩，隨帶方物十二種，値駕他往，畢、洪即入宮門俟候。少頃，聖駕回宮，畢、洪即俯跪，叩謝皇恩，隨獻方物。侍衛趙捧入奏獻，即出傳旨：「朕在杭州曾收殷鐸澤一二色，在蘇州亦收潘國良一二色，今你們所獻，朕見如收一般，但不卻你們來意，亦收二色，用表你們之心可也。」宣訖，畢、洪隨奏：「臣等遠人，屢沐皇恩，無可仰報，今之所獻，不過西海土物，但各省遠臣，俱蒙聖恩，臣亦替各省遠臣叩謝萬歲，伏祈皇上全納，不獨二臣感激，即各省遠臣均有攸賴。」奏訖，侍衛趙即入啓奏，隨出傳旨：「據所奏，爾旣爲各省西洋人之意，再收四色，餘可攜歸，若仍懇奏，朕全不收。」畢、洪遵旨謝恩訖。侍衛趙又云：「這二架驗氣管，萬歲爺要收下，奈途次難帶，先生往後遇便，可送至京師。」當蒙皇上又命二位哈送出宮門回堂。未幾，侍衛趙又奉旨來堂問：「南極老人星江寧可能見否？出廣東地平幾度？江寧幾度？」等語。畢、洪一一講述，侍衛趙即飛馬復旨矣。後畢、洪因匆遽回答，恐難以詳悉，至晚戌初時分，觀看天象，驗老人星出入地平度數，詳察明白，另具一冊，於二十八早送入行宮。三月初一日黎明，皇上臨行，又差趙、鄔二大人賚送食物三盤、木箱一樘到堂。畢、洪即擺香案迎出門外，俯叩先問上安，次隨二大人到天主臺前擺設御賜。侍衛趙云：「這是萬歲爺特差我們來賜你們的品物，不是平常，乃蒙古王進貢的，遠方所來，極是難得。」畢、洪云：「我輩遠人蒙皇上恩隆，格外感戴難言，今朝廷所賜，不拘何物，皆爲至寶。」侍衛趙又云奉旨：「不必往行宮謝恩，就在天主臺謝恩罷了。」畢、洪隨謝恩叩領。復承侍衛趙云：「萬歲今日出太平門，不在堂門過矣。二位先生要送聖駕，可先登舟候送。」言訖即辭別而去。少頃，畢、洪亦即出城，至儀鳳門上船，急開到燕子磯，而御艦已掛帆江心，乃由儀眞先至揚州灣頭，恭候送駕，於初五日辰刻，逢御艦過灣頭，即開船恭送，御前哈一見即啓奏，隨傳旨，命畢嘉之船附靠皇舟。畢，洪即叩謝聖恩，朝拜未訖，即蒙敕問：「幾時來的？」畢奏：「臣前日由儀眞到揚州的。」又問：「如此風浪，是什麼船過江？」奏云：「是臣自己雇的小江船。」又問：「怎麼能到得朕之船前？」奏云：「因有風浪，恐難過瓜州閘口，是以從儀眞到揚州，故來得快些。」又問：「爲甚麼緣故來的？」奏云：「爲恭送聖駕，謝萬歲爺的洪恩。」奏對多時，龍顏喜悅，即撤御前饌四色，隨領謝恩。復蒙召過御艦，命入皇

艙，密近御膝之下，隨問畢嘉：「你看朕擺設這書架可好麼？」奏云：「好。」又問：「前日江中有浪，你們如何過江？路上來，可辛苦了，船可快麼？」奏云：「臣等托賴萬歲的洪福，過江來俱系平安，船亦不快不慢。」又問：「畢嘉你今年六十七歲了，洪若今年多少年紀？」畢代奏：「四十有五。」蒙皇上云：「你叫他自己答應。」時洪若中語尚未通熟，亦勉強學答，隨蒙天顔喜笑云：「還說不來。」跪未多時，蒙命起來。又問：「揚州有天主堂麼？」畢奏云：「揚州、鎮江、淮安都有天主堂，但無西洋人，皆是臣照管。」正奏對間，忽岸上有一臣啓奏，皇上一一敕之，敕訖即轉問畢嘉：「朕才所行之旨意好麼？」奏云：「萬歲天從之聰，無不適中，皆是好的。」奏對許久，不覺在御艦內行十五里矣。又蒙皇上命侍衛趙送畢、洪過船。畢、洪奏云：「臣等蒙皇上隆恩，不忍即去，還要前送。」又蒙慰諭：「來送已遠，前途船多難行，不必再送，可速回堂。」畢，洪隨遵上命，謝恩叩辭。聖駕於初七日午後回至省中。

又 康熙二十八年，歲次己巳仲春，恭遇聖駕南巡，駐蹕金陵，時天主堂遠西天學士臣畢嘉，洪若進獻方物測量儀器。蒙旨：命後送來京。欽遵。於康熙二十九年孟夏十五日，臣畢嘉躬送儀器抵都，越二日，趨朝至隆宗門，請旨陛見，隨有御前太監出隆宗門宣旨，畢嘉等皆系朕前之人，不必如外官規例，著趙昌、徐日昇引見。本日即蒙陛見，恩待甚隆。又奉皇上問：「一路來可辛苦麼？」奏：「臣沿路由船上來，仰賴萬歲洪福，毫無辛苦。」又問：「江寧等處地方官何如？」奏：「蒙我皇上倦念小民，兩次南巡，勵精圖治，地方官皆仰體皇仁，撫恤百姓，爲官俱清廉勤慎。」問：「百姓今歲收成何如？」奏：「今歲收成，臣沿路來觀看，田畝多半皆荒，大約收成有限。」問：「路上來河裏有水麼？」奏：「臣一路來皆由水路，及至濟寧州，見閘河之水甚淺，舟行最難，臣恐遲延日期，是以從濟寧起旱來的。」問：「洪若，殷鐸澤、潘國良等都好麼？」奏：「蒙萬歲眷顧，仰賴洪福，俱好。」奏對多時，蒙賜茶飯，留與徐日昇等同住，謝恩而出。自陛見之後，時侍御前，俱荷皇恩，寵賚頻加，名言難罄。至孟冬，復蒙欽賜貂套袍冠各一襲。次日，臣畢嘉等趨朝謝恩，復奉綸音慰諭，遣太監賜茶，謝恩而出。客冬新春，俱蒙恩賜御饌等物，不可勝紀。至上元日，復奉皇上差遣御馬五匹，欽召畢嘉、徐日昇等往暢春園筵宴，觀看雜耍烟燈。二月初五日，蒙皇恩特諭：今徐日昇、安多等日進內廷辦事，恐彼家中馬匹不足，著以後遣監內之馬早晚接送。次日，御馬監官即差包衣內人丁二名，帶送馬匹到堂，每日伺候。三月十八日，恭遇萬壽聖誕，畢嘉、徐日昇等俱馳御馬，往暢春苑慶賀萬壽。是時畢嘉尚在抱疴，又蒙皇恩，免行三跪禮，朝賀完訖，筵宴而歸。四月初二日，安多抱病，未進內廷，隨蒙皇上遣太醫院孫徽百等看脈。次日，又遣御前趙昌到堂，宣奉綸音：「安多之病與朕在外之病是一樣麼？」醫院孫徽百、王元佐即赴暢春苑啓奏。是時，奉旨：「安多之病著王元佐醫治，須要小心調理。」初十日，聖駕回宮。畢嘉等趨朝請安，又蒙賜宴而歸。十一日，遠西天學士臣畢嘉爲啓奏請假旋南養病事，隨有御前趙昌傳旨。朕念爾年老之人，兼有病在身，況目下河道無水，旱路炎熱，不如秋後俟河路有水才去。」臣畢嘉回奏：「蒙萬歲憐念洪恩，犬馬報效，尤尚未能，但臣去歲進京以來，屢沐聖恩，情願沒齒效力，無奈老朽殘軀，不時抱病，今蒙聖恩撫恤，有負皇仁，愧感無地，倘南還痊可，自當再趨闕廷以圖報效。」蒙旨：「畢嘉久住南方清雅之境，難受北地風塵之苦，恐水土不服，朕難強留，行止聽爾自便，今賜這路費，甚是微少，勿以爲輕，不必謝恩。」畢嘉叩領訖。復奏：「臣荷萬歲眷念隆恩，又蒙頒賜路費，此去江南，未知何日得覲天顔，伏懇陛見，聆受聖訓，俾朝夕欽遵，誦祝無疆。」隨蒙召近御前，欽奉恩綸，面諭：「今爾系老年人，行止聽爾自便，前去路上宜小心，保重身體要緊。」奏：「臣蒙萬歲柔遠洪恩，涓埃莫報，但臣老朽不能恆侍御前供奉，惟囑臣在京衆弟盡忠報效，少酬萬一，並同駐各省遠臣祈祝帝歷無疆，頌戴皇恩於萬世。」奏訖，又蒙皇上向御前衆臣獎諭：「今畢嘉年紀雖老，耳目尚健，漢話通明，惜乎牙齒沒有了。」上問：「爾到中國幾年？系西洋何國之人？在本鄉喚何姓名。」臣畢嘉逐一詳奏，天顔大喜。又問：「安多這幾日病體好些麼？」奏：「蒙皇恩，遣太醫每日調理，比前好些。」問：「江寧堂中現有何人照管？」奏：「今是洪若旅住。」奏對多時，皇上慰諭：「爾回江南好好保養，勿負朕諄愛至意。」臣畢嘉即行陛辭之禮，蒙皇恩，憐臣起伏艱難，免三跪禮，即九叩首謝恩，隨又欽賜筵宴而出。十二日黎明，皇上巡幸口外，命張誠隨駕往口外，沿路測驗，至於騎從馬匹駱駝，俱取用於御馬監。日中飯饌，奉旨：同隨去大臣一樣，

俱系朕給，不必自備。臣畢嘉伏思浩浩皇恩，亘古柔遠之典，未有若斯之隆盛也，謹略述毫楮，以抒葵向之誠，祝頌永年勿替之意而已。

又《欽天監治理曆法南爲微臣屢荷生成等事一疏（奏乞俯俞畢嘉即居陝堂）》 欽天監治理曆法臣南懷仁謹奏，爲微臣屢荷生成，皇仁有加無已，仰祈再賜矜全，以安存歿，以終懷柔事。竊照臣以遠西孤旅，過蒙世祖章皇帝暨皇上深恩，委以曆事，夙夜祗懼，無可爲報稱地，然有一二微情，不敢不陳於君父之前者。臣向於順治十六年內，曾與同鄉修士李方西奉旨自粵征取在陝，焚修靜業，臣旋蒙於順治十七年內取來京，其李方西仍居陝省，於康熙四年內遵奉部文，詣廣恩養，至康熙十一年內，伊同畢嘉等復奉諭旨，各歸本堂焚修。此皆出自聖恩浩蕩，臣等雖捐糜莫報者也。不幸李方西自粵還秦，中途病故，畢嘉護喪已至陝省，但念李方西孤墳無主，畢嘉遠旅靡依，伏乞皇上俯俞，畢嘉居陝堂焚修，以便看守墳墓，庶生者死者咸沐聖德於無窮矣。事雖猥末，不應煩瀆天聽，但臣等羈旅遠人，因視昔時舊侶，存者無幾，言之不勝凄愴，又不敢不入告者也。但等不勝待命之至。業經具呈禮部，未蒙代題。爲此具本，謹具奏聞。康熙十二年八月初二日奏，本月初八日奉旨：該部議奏。

又《禮部爲微臣屢荷生成等事復疏（題復著畢嘉居住陝西堂）》 禮部題爲微臣屢蒙生成，皇仁有加無已，仰祈再賜矜全，以安存歿，以終懷柔事。禮科抄出欽天監治理曆法南懷仁題前事。康熙十二年八月初二日奏，本月初八日奉旨：該部議奏。欽此欽遵。於本月初九日到部。查得畢嘉在江南揚州常居住，李方西在陝西西安府堂居住，本年三月內，利類思等將李方西表兄畢嘉著看守李方西墳墓，陝西堂居住焚修等因，具呈前來。臣部將畢嘉原在揚州堂居住，伊有原居住之堂，所請陝西堂居住之處無容議等因，未准在案。該臣等議得，據欽天監治理曆法南懷仁疏稱：李方西自粵還秦，中途病故，畢嘉護喪已至陝省，伏乞皇上俯俞，畢嘉即居陝堂焚修，以便看守墳墓，庶生者死者咸沐聖德於無窮矣等語。應將畢嘉仍在揚州堂居住，但稱李方西中途病故，畢嘉護喪至陝，若葬畢即回，無看守之人，相應著畢嘉看守李方西墳墓，居住陝西堂可也。臣等未敢擅便，謹題請旨。康熙十二年八月二十九日題，九月初二日奉旨：依議。

洪若

紀事

《熙朝定案》 禮部題爲報明事。該臣等議得，浙江巡撫金鋐疏稱：西洋人洪若等五名由暹邏附粵商王華士之船到浙，據稱欲往蘇杭天主堂探望同教之人，如肯容留，情願長住內地等語。查既無憑照，應否准其留住內地，及探望同教，抑或諭令即回本國，合聽部奪，以後凡貿易客商不許擅自攜帶外國人入內地，以杜奸弊等語。查定例，外國貿易人員不許久留內地，其洪若等五名不便久住內地，應交與該撫發出邊境，令回伊國，嗣後凡海內貿易客商應行嚴禁攜帶外國人員，如違禁將外國人員攜帶入內地者，嚴行治罪，俟命下之日，通行該地方官，并收海稅官員等遵行可也。

康熙二十六年八月十九日題，九月初六日奉旨：洪若等五人內有通曆法者亦未可定，著起送來京候用，其不用者聽其隨便居住。

又 禮部謹題爲請旨事。先經奉旨：洪若等五人內有通曆法者亦未可定，著起送來京候用，其不用者聽其隨便居住。欽此欽遵。咨行該撫去後，今准該撫所送洪若、李明、劉應、白進、張誠等，並伊等所帶渾天器兩個、座子兩個、象顯器兩個，雙合象顯器三個、看星千里鏡兩個、看星度器一個、看時辰銅圈三個、量天器一個，看天文時錐子五個，天文經書共六箱，西洋地理圖五張，磁石一小箱，共計大中小三十箱等因到部。相應將洪若等交與欽天監問明，果否通曉天文曆法可也，爲此請旨。康熙二十七年二月二十日題，本日奉旨：此等物件即交與伊等使用，將伊等俱交與徐日昇引見，可用留用，不可用者照原旨，聽其隨便居住。至二十一日引見，在乾清宮大殿蒙皇上慰問，臣徐日昇俱代爲奏對，天顏喜悅，賜茶優待，各賜賚銀五十兩，遣侍衛趙同回天主堂寓所。奉旨：留白進、張誠在京備用。

張誠

紀事

黃伯祿《正教奉褒》 康熙二十九年七月十四日，上巡視塞外，張誠、白進、安多扈從，上賜御馬八匹、駱駝三匹，以資乘騎，及載隨役行李。

又 康熙三十年四月十二日，上巡幸北塞，命張誠隨駕，沿途測驗，騎從馬匹駱駝，俱敕御馬監供應，其飯食應需，奉旨同隨去大臣一樣供給，不必自備。

又 康熙三十年閏七月十六日，聖駕出京北狩，諭張誠扈從。

又 康熙三十二年五月，聖躬偶感瘧疾，張誠、白進、洪若進金鷄那治瘧疾西藥，上派四大臣試驗，給瘧者服之，即愈，四大臣又自服，亦無恙，奏聞，上遂進用，不日即康豫。上欲旌張誠等忠愛，因於六月初九日，賜皇城西安門內廣廈一所，並派内大臣飭工修整，以便修士居住。

又 康熙三十五年二月二十日，上親征厄魯特，六軍啓行，命徐日昇、張誠、安多扈從。

康熙三十五年九月十九日，上巡行北塞，整理軍務，張誠扈從。

康熙三十六年二月初六日，上視師寧夏，張誠扈從。

康熙三十七年四月十五日，張誠、安多奉旨，隨同欽差大臣前往喀爾喀，措置該部事宜。

柏應理

傳記

韓霖、張賡《聖教信證・耶穌會西來諸位先生姓氏》 柏應理，字信末。拂覽茀亞國人，順治十六年己亥至，傳教福建、浙江、江南等處。著《百問答》，《永年瞻禮單》，《聖玻而日亞行實》，《四末眞論》，《聖若瑟禱文》，《周歲聖人行畧》未刻。

吴歷《墨井集》卷一《吴漁山先生天學師柏應理傳》 柏應理號信末，比國人，生於一千六百二十二年。順治十三年來華，傳教於閩豫楚浙等省，於江左爲尤久。徐文定公孫女許夫人饒於財，樂善好施，助柏巨資，建教堂多座。康熙四年，教會遇艱，柏避難粵東。十年難平，復回吴，行教於松滬間。十九年奉檄回羅馬，偕吴漁山先生首途，比至澳門，先生因事不果行，柏乃獨往。一千六百八十二年西十月初抵荷蘭，後往羅馬，以教士所譯華文書四百冊，呈獻教皇。教皇悦，飭置御書樓，用示珍重。既而往法國，見法皇路易第十四，法皇許發帑助教士經費。時值葡皇不用教皇令，阻教士東來，柏俟十年，始得與七教士回東。行至印度洋，大風作，全舟顛盪，一箱縣高處，索裂而墮，適中柏頭，受大傷，竟不起。譯費氏教士傳畧。

魯日滿

傳記

韓霖、張賡《聖教信證・耶穌會西來諸位先生姓氏》 魯日滿，字謙受。拂覽茀亞國人，順治十六年己亥至，傳教江南。康熙十五年丙辰卒於太倉州，墓在常熟縣北門外鐵拐亭之北。著《問世編》，《聖教要理》。

羅文藻

藝文

吴歷《三餘集・哭司教羅先生》 嗚呼訃至今信死，慟哭先生東鐸

始。初自西歸七閩鄉，鬢鬢蒼蒼稱清偉。
適遭物議盡遣粵，轍環四方獨勞矣。勛榮超世主教尊，所傳鐸品只三子。
嗚道辛盡各遠方，惟我追隨久於此。詎料衝寒又離去，奄忽長逝如眠爾。
北望金陵千里天，再哭泪血成紅雨。雲來幽幽曉夢狀，恍若居常每提指。
茲者學道日已少，道在咫尺誰綜理？仰悲大嶺出霧渥，俛憫狂瀾若無砥。
當其齋候講經學，巷擁輪蹄門集履。又期勘讎崇正事，秋毫無不貫西史。
日談前聖勵後修，更將老筆筆於紙。一生到處歷險危，半在小西半東里。
懷從勇渡黄埔潮，今瘞雨花樓畔裏。景移物換窆後殊，空帷象設儼相似。
萋萋宿草日復生，墓碑超行誠難誄。蘁木蕭蕭未得春，廬居願獨三年止。
千古萬古修事業，一言遺重委西士。而今雖不悟死歸，□回情至難忘耳。

殷鐸澤

傳記

韓霖、張賡《聖教信證·耶穌會西來諸位先生姓氏》 殷鐸澤，字覺斯。西濟利亞國人，順治十六年己亥至，傳教江西，今在杭州。著《耶穌會例》、《西文四書直解》三卷。

紀事

《熙朝定案》 康熙三十一年六月初十日上諭：因閔明我領兵部文，欽差往西洋，今該回到，差欽天監衙門治理曆法安多應接到廣東墺門去，若閔明我帶西洋人有學天文曆法要緊用人等，取帶來京用，其餘隨便居住。本月十四日，上諭到大人衙門，內選一官，同治理曆法安多往墺門去。大人衙門奉旨，選董殿邦啓奏云云。奉旨：依議。又李煦同去。本月十六日上諭：安多前病，氣力尚未能全好，旱路難當，可以到濟寧州上船，同帶殷鐸澤往杭州本天主堂，照前居住安養，後到墺門，往回隨便慢走。本日侍衛趙昌代殷鐸澤啓奏辭行，奉旨：著十七日來見。是日清晨，即趨赴暢春苑叩辭，皇上天語下慰，隨命侍宴，後飲宴完畢，鐸澤九叩謝恩。是時，蒙萬歲命侍衛下陛，以手攙扶，復蒙綸音云：「你老人今有安多并差官好伴同回。」又蒙睿慮，念其走路艱辛，遂命載之龍舟，由河而出。本月十七日，安多於暢春苑叩頭辭行。皇上賞賜瓊玉膏，可路上用補力。

又 康熙三十一年壬申，遠臣殷鐸澤於四月三十日至京都。五月朔日，進朝啓奏，遠臣蒙萬歲德威遠照，特來叩謝皇上弘恩。是時御前趙昌傳旨：「你老人家遠來，身體都安康麼？但今日你來乏了，且回去歇息，過幾日再來陛見。」臣鐸澤回奏云：「托賴萬歲洪福，幸獲安康。」遂叩頭謝恩而回。至初三日，復趨朝，進呈天學窮理各書及方物十二種，內有五彩玻璃球遠畫等物，隨奏：「遠臣鐸澤無甚好方物進獻萬歲，不過這些須輕微方物，以表遠臣誠心，伏乞准賜收納。」傳旨云：「這些方物，朕本不當收受，念你老人遠來誠心，朕俱全收了，不令你一件帶回去。」至初九日，進乾清宫九叩頭朝見，萬歲綸音下問「你老人年壽幾何？那一年到中國？在江西住了幾多年？在杭州住了幾多年」等天語。臣鐸澤俱逐一回奏訖，遂蒙賜茶，飲畢，叩頭謝恩而出。

又 康熙二十八年二月初九日辰時，聖駕南巡，幸杭州。殷鐸澤特雇小船，恭持手本，迎至黄金橋，敬遇龍艦，蒙傳問：「是何人？」謹對：「是天主堂殷鐸澤在此迎接聖駕。」傳旨就近御艦，親覲天顏，蒙垂問：

「在中國有多少年？先在何處？在此浙省有幾年？今年多少年紀？」臣即一一上奏。問：「你認得中國字麼？」恭奏：「臣略認，不能多記，因年老了。」問：「京中徐日昇曾有書來麼？」臣奏云：「去年十二月曾有書來，說明年聖駕南巡，或臨杭州，不過疑惑之意。」問：「洪若在南京麼？」奏云「洪若在南京，同畢」，然「嘉」字尚未出口，荷蒙皇上云：「嘉。」完成畢嘉姓名二字。足徵各省遠臣，日蒙皇上垂念無已之恩也。又問：「曾到京中麼？」奏云：「因楊光先時曾到京師，並見過湯若望。」侍衛趙接云：「這些事我常到天主堂，尚不知道，萬歲爺逐事皆知。」奏對良久，蒙皇上慰諭莫慌。奏云：「萬歲爺是臣等大父母，臣不慌。」即欽賜嘉果、異餅，乳酥三盤，並諭云：「這個這裏難得的。」臣恭謝恩。又傳旨賜回手本。問：「天主堂在何處？」恭奏：「在北關門內不遠。」更蒙聖慮垂念，小船不能追隨龍艦，著令你先回去。恭奏云：「臣當即加水手馳回天主堂門首接駕，並謝天恩。」及聖駕經過天主堂時，澤跪迎，天顏喜悅。十一日，侍衛趙、伍來堂叩拜天主聖像，禮畢傳旨，欽賜賚銀，與賜山東濟南天主堂是一樣的。澤攜方物八種，隨侍衛趙趨朝上獻，皇上閱畢，傳諭云：「不收他獻，老人家心眞不安，收玻璃彩球，餘著帶回。」侍衛趙引澤至殿前，恭行九叩首禮，謝恩而歸。十七日，聖駕回鑾，鐸澤同潘國良在天主堂門首跪迎，蒙駐鑾駕，顧國良云：「這是誰？」澤奏云：「這是松江天主堂臣潘國良在蘇州接駕，因船多阻礙，不及遂願，急至杭州，又值聖駕渡江，爲此今日接駕。」駕過少許，差侍衛趙傳旨，著殷、潘二臣龍船面聖，即覓小船出拱宸橋外停泊，候御艦至，謹隨塘路排列，百官一體跪送，蒙招呼親傍龍艦，蒙問：「國良幾時到中國？」良奏：「有一十八年了。」又問：「曾在何處住？」良奏：「先在廣東，次到松江，後至山西絳州，今復來松江。」又問：「松江有天主堂麼？」對云：「有個小堂。」問：「有多少年紀？」奏云「四十三歲。」問：「你同誰來？」良尋憶答遲。澤代奏云：「同廣東天主堂方濟各偕來。」蒙欽賜國良賚銀，侍衛傳諭云：「都一樣的。」又問：「你們要送到那裏？」澤奏：「意欲送至蘇州。」皇上云：「送君千里終須別，老人家好好住在這裏。」叩首謝恩返棹。侍衛又傳旨云：「萬歲爺命老人家好好安心住在這裏。」澤即遵旨住杭州，國良乘小船隨至蘇州。十九日趨朝，侍衛趙出，問良云：「從杭州隨不上，今日才到，趨朝謝恩，並獻方物六種。」侍衛進奏。傳旨：「不受人獻，你們大西洋人不比別人。」取進御覽畢，傳旨問小千里鏡來歷。良奏：「是好的，是西洋磨就帶來之物。」侍衛引良坐西側進奏，傳諭收小千里鏡、照面鏡、玻璃瓶二枚。侍衛引良行九叩首禮，謝恩而出。至二十二日，良船泊楓橋西，隨百官一體跪送，蒙呼親傍御舟，蒙又問：「多少年紀？到中國幾年？曾住何處？到北京否？」良即逐事回奏。蒙欽賜嘉果乳酥二盤。良奏：「蒙聖恩寵錫，臣不能仰報萬一，只求天主保佑萬歲爺永永榮福。」又蒙問：「認得中國字麼？」良奏：「臣略認得。」又問：「曾讀漢書麼？」良奏：「臣看過。」又問：「曉得松江鄉談麼？」良奏：「臣略曉得幾句。」蒙諭特許進奏。良即如前問，依松江鄉談奏對。天顏甚喜，奏對良久。諭著回去好好住著，國良叩首謝恩返棹。侍衛又傳旨，萬歲爺命你回去，好好安心住著。伏念澤等不過西陬鄙儒，荷蒙恩賜果餅，復荷恩錫賚銀，更加頻賜慰問，高厚洪恩，誠不知將何仰報萬一也。

潘國良

紀事

《熙朝定案》 康熙三十八年，聖駕南巡，將臨兩浙杭州天主堂，遠臣潘國良於二月十四日至無錫縣恭迎。皇上坐在船頭，看見國良，就問：「那裏來的？」同奏：「遠臣自杭州來迎接聖駕的。」皇上隨諭，著小船傍近前來，問良姓名。回奏：「遠臣潘國良，向年皇上南巡，迎接聖駕，曾面聖過。」問：「是那一國人？」回奏：「意大里亞國人。」問：「可是與閔明我同國的麼？」回奏：「是。」問：「多少年紀？幾時到中國？」良俱一一回奏。又問：「你有天球麼？」回奏：「杭州天主堂向有一個，是舊的，不甚好。」問：「南京、蘇州北極出地幾度下？」良俱一一回奏。皇上說：「你既住在杭州天主堂，可先回去。」回奏：「遠臣隨聖駕至蘇州，俟十八日恭祝皇上萬壽方回去。」又奏：「遠臣蒙皇上隆恩，今帶幾

件土物進獻。」命送來看，龍顔喜悅，蒙收。侍衛傳說：「你們的船略在前緩緩走，不要離遠，恐萬歲爺還有話說。」少頃，皇上命內臣梁九公賜御饌四大銀盤，良隨叩謝恭領。十五日晚，舟抵蘇州閶門，聖駕至行宮，良於十六日黎明恭請皇上萬安，內臣即入奏，傳諭：「朕好。」十八日恭祝聖誕，天顔喜悅，良即辭駕先回。二十三日，聖駕臨幸杭州。二十四日，良賫送渾天儀進呈御覽。內臣傳旨云：「這個是渾天儀，萬歲爺要的是渾天星球。」隨將渾天儀發還。二十六日，良同遠臣張誠、白進等蒙皇上欽賜御宴湖舫，游覽西湖，至晚偕詣行宮，謝恩而歸。二十九日，聖駕回鑾，經過天主堂，差內臣進堂細看。良因出郊送駕，未及面晤。至四月初一日，皇上在路上問遠臣張誠：「杭州天主堂潘國良在那裏？」張誠回奏：「現在船上恭送聖駕。」初三日，良同遠臣張誠、白進等蒙皇上欽賜御宴，游覽虎丘。初四日，良等偕詣行宮謝恩，皇上命內臣傳諭潘國良：「萬歲前在杭州，叫我進天主堂去看了，隨經回奏，堂被火焚，建造未完，今萬歲爺賜銀壹百金與潘國良造完。」良即叩謝皇上隆恩。又蒙諭：「路遠了，不必再送。」隨叩辭而歸。切良西陬鄙儒，荷蒙恩賜御饌，復荷恩錫賫銀，造完主堂，更加頻賜遊覽，高厚洪恩，愧難圖報，惟有仰籲上主，祈祝聖壽於無疆云爾。

南懷仁

傳記

韓霖、張賡《聖教信證·耶穌會西來諸位先生姓氏》 南懷仁，字敦伯。拂覽弟亞國人，順治十六年己亥至，傳教陝西。十七年欽召入京，纂修曆法。康熙八年己酉，特命治理曆法，授欽天監加太常寺卿，又加通政使司通政使，加一級。著《儀象志》十四卷、《儀象圖》二卷、《測驗紀畧》一卷、《驗氣說》、《坤輿全圖》、《坤輿圖說》二卷、《熙朝定案》二卷、《曆法不得已辯》一卷、《康熙永年曆法》三十二卷、《教要序論》一卷、《告解原義》一卷、《聖體答疑》一卷、《赤道南北星圖》、《簡平規總星圖》。

徐日昇、安多《南先生行述》 皇清誥授資政大夫治理曆法加工部右侍郎又加二級敦伯南公行略。公諱懷仁，字敦伯，遠西熱爾瑪尼亞國人，系出世胄。自幼齡入會修道，矢志童貞，讀書窮理，博學深潛，精通象緯，雖考中文、理、道學三科進士，惟欲引人昭事上帝，專顧己靈。以此航海三年，經赤道四季相反之苦變，風濤寇盜之險危，歷九萬里而來中國，已閱三十餘年。其初由粵至秦，傳教西安府。順治十七年，蒙世祖章皇帝欽取來京佐曆，皇恩豢養。康熙七年，蒙皇上特用，命治理曆法天文，授欽天監監副，具疏懇辭，荷旨准其所請。是時，蒙上命創製觀象臺新式儀器六座，著有《靈臺儀象志》十六卷，圖法備全，蒙加太常寺卿。復奉旨著《康熙永年曆》三十餘卷，預推二千餘年日月五星交食等項，蒙加通政使司通政使，俱經疏控辭，未荷俞允。又集述翻譯窮理學書六十餘卷，圖說詳悉，進呈御覽。兼值吳逆叛亂，上命製輕巧紅衣木炮，連放一百次，堅固中鵠。復奉旨製造紅衣銅炮一百三十位，應戡亂急需。迨至將及隆平，又命製神威戰炮三百二十位。告成之日，命往盧溝橋教習八旗炮手。蒙俞旨著莊頭供應，經三越月，學習先成。恭遇皇上幸臨試放，每炮俱一連三次中鵠，復令請炮齊放。共打一鵠，亦俱齊中。天顔喜悅，賜御服貂裘袍衣，天語獎慰：爾向年製炮，陝西、湖廣、江西等省已有功效，今所製新炮，從未有如此之准者。是時，懷仁叩頭謝恩，回奏：此准炮之法出自皇上創立指示，臣何敢冒爲有功。康熙二十一年，蒙加工部右侍郎。後又奉命製紅衣大炮五十三位，亦已完成。惟二十六年傳旨製造一千斤銅炮八十位，尚未告竣。前年皇上見其顔色舉動大異往昔，深堇睿慮，賜丸藥兩罐，諭令調養。詎料客夏遇疾纏綿，延至去冬，日見沉劇，屢蒙皇上遣御醫診視，至於歲暮，竟爾長逝。其生也每慚無尺寸微勞，過荷殊寵，錫之高秩，矧又賜賚弘多，不可勝紀，毫無仰報，故其歿也，思念隆渥未能仰報，祇具遺疏，恭謝天恩。然其性稟質直無私，宅心慈愛，自奉尤甘澹薄，至於遵趨皇事，如萬泉莊開河、海子開河、測量水閘等項，更敏勉竭力，不辭勞瘁，兢兢成謹，惟恐有負聖恩。若其勤學，克勵苦修，每夜篝燈，遲眠蚤起，至老不輟。易簀之頃，惟俯首感謝皇恩而已。今於

正月二十七日蒙皇上遣大臣發一員，暨侍衛趙、和二員，捧上諭一道，獎嘉優恤，並賜銀二百兩，大緞十端，以茶酒詣柩前奠哭。遠臣荷茲異數隆恩，既叨榮於生前，又復蒙哀於身後。自古優恤遠臣之典，從未有若斯之鉅盛也。昇等涕泣感激，叩謝天恩，曷其有極。公生於前壬戌九月初十日辰時，終於康熙丁卯十二月二十六日申時，享年六十六歲。茲約略其生平梗概，伏冀大人先生哀矜而賜之銘誄，昇等感且不朽。遠西同會徐日昇，安多同述。

《清史稿・南懷仁傳》　南懷仁，初名佛迪南特斯，姓阜泌斯脫氏，比利時國人。康熙初，入中國。時湯若望方黜，楊光先為監正，吳明烜為監副，以《大統術》治曆，節氣不應，金、水二星躔度舛錯。明烜奏水星當見，其言復不售。乃召南懷仁，命治理曆法。南懷仁劾光先、明烜而去之，遂授南懷仁監副。

時康熙八年三月，南懷仁言是歲按舊法以十一月置閏，以新法測驗，閏當在九年正月。既又言是月二十九日雨水，乃正月中氣，即為康熙九年之正月，閏當在是年二月。上命禮部詢欽天監官，多從南懷仁，乃罷八年十二月閏，移置九年二月；節氣占候，悉用南懷仁說。六月，南懷仁請改造觀象臺儀器，從之。十二月，儀器成，擢南懷仁監正。儀凡六：曰黃道經緯儀，曰赤道經緯儀，曰地平經儀，曰地平緯儀，曰紀限儀，曰天體儀；並繪圖立說，次為《靈臺儀象志》。十七年，進《康熙永年表》，表推七政交食，為湯若望未竟之書，南懷仁續成之。二十一年，命南懷仁至盛京測北極高度，較京師高二度，別為推算日月交食表上之。南懷仁官監正久，累加至工部侍郎。二十七年，卒，謚勤敏。

自是欽天監用西洋人，累進為監正、監副，相繼不絕。五十四年，命紀理安製地平經緯儀，合地平、象限二儀為一。乾隆中，戴進賢、徐懋德、劉松齡、傅作霖皆賜進士。道光間，高拱宸等或歸國，或病卒。時監官已深習西法，不必復用西洋人，奏奉宣宗諭，停西洋人入監。方聖祖用南懷仁，許奉天主教，仍其國俗，而禁各省立堂入教。是時各省天主堂已三十餘所。雍正間，禁令嚴，盡毀去；但留京師一所，俾西洋人入監者居之。入內地傳教，輒繩以法。迨停西洋人入監，未幾海禁弛，傳教入條約，新舊教堂遍內地矣。

紀事

王熙《祭治理曆法南敦伯文》　惟君離奇磊落之才，探賾窮幽之智。其學善於以人合天，其術精於利用製器。其居心也，如春雲秋月而朗麗夫襟懷；其肆應也，如紫電青霜而宏通夫名義。方其生於西土，從師教肄，敬業樂群，博聞廣記，英英秀上，冠冕倫類，有迥出之清標，有行遠之宏致。故能觀澄海之無波，慕皇風之遠被。延頸舉踵，望斗以傾心；駿奔稽首，重譯而來至。由粵入京，奏請自試。一吐胸中之奇，具言測驗之事。於聖朝之用人，妙隨宜而位置，叩其中藏素蘊，而知有異衆之能，俾領馮相保章而得有效用之地，於時居稟先程之規，算運體知之巧，思觀文察變，以追合乎日月星辰，前民授事則精辨。夫作訛成易，洞鑒毫芒，殫極勞勩，旁及百物，製作精緻。沖城威敵，鑄金而助火攻；激流成雨，揉木而成水嬉。鐘自鳴而宵晝分明，鏡窺遠而千里可視。足令工倕讓巧，公私攸利，群服其妙，莫敢軒輊。余嘗望君交戟之間，睹其豐姿瑰異，發言恂謹，褆躬淳懿，知其仲叔事羲和，班聯卿貳，實由奉職之公勤，非獨技藝之宏肆，益信國家眷顧遠臣，施恩不次，俾君展布才猷，寵榮莫二，足垂史冊之休光，以作匯徵之鼓吹。今雖鶴馭瑤京，老成淪墜，然身沒而名常存，榮哀而典具備，則當含笑九原，脫然無累。但顧念夫平生，歎芳徽之誰嗣。臨風舉觴，能無涕淚？肴核列陳，椒馨升積，君其鑒此悃誠，聆工歌夫具醉也乎。

《熙朝定案・吏部遵旨查對等事一疏議以懷仁授為監副職銜》　吏部題為遵旨查對等事。吏科抄出該禮部題前事，內開：禮科抄出該臣等題前事，照得先經和碩康親王等會議具題，奉旨：南懷仁授欽天監何官，著禮部議奏云云。欽此。除曆日已經議政王等會議具題外，該臣等議得，奉旨：南懷仁授欽天監何官，著禮部議奏。今楊光先已經革職，所有員缺將南懷仁應授欽天監監正，俟命下臣部之日，移咨吏部題授可也。謹題請旨。康熙八年二月初十日題，本月十二日奉旨：南懷仁議以監正補授為過，著再議具奏。欽此欽遵。於二月十三日到部，該臣等再議得，欽天監見有監副二

員，相應將南懷仁授以監副品級，料理衙門事務，俟監副缺出，將南懷仁補授，請敕吏部題授也。康熙八年二月十六日題，本月二十二日奉旨：依議。欽此欽遵。於二月二十五日抄出到部，該臣議得，禮部疏稱欽天監衙門現有監副二員，將南懷仁授爲監副品級，管理監務，有監副缺出，將南懷仁補授，請敕吏部題授等語。相應將南懷仁授爲欽天監監副職銜，同理監務，遇監副缺出，禮部具題，到日題補可也。恭候命下臣部，遵奉施行。臣等未敢擅便，謹題請旨。康熙八年二月二十九日具題，三月初一日奉旨：依議。

又《驚聞寵命等事一疏懷仁奏辭職銜》 治理曆法臣南懷仁謹奏，爲驚聞寵命，感懼交集，謹竭悃陳情，仰祈睿鑒事。竊臣於本年二月內，蒙吏部遵旨查對等事題復，准禮部疏內，將臣懷仁擬以欽天監監副。三月初一日奉有「依議」之旨。臣聞命悚愕，莫知所以。切念臣本西陬鄙儒，觀光上國，蒙世祖皇帝以臣通曉天文曆法，欽取來京，玆荷皇上不棄樸樕散材，特授司天之職，臣捐軀磨踵，寧能圖報？但臣棄家九萬里，惟以澹泊修身爲務，一切世榮，久已謝絕，況受祿服官，非所克任用，是仰籲皇上含弘俯鑒。臣愚不諳世務，容臣辭監副職銜，俾得褐衣遂願，則臣感激皇恩，靡窮靡極。至於一切曆務，臣敢不殫心竭力，效區區之忠，以答高厚，庶臣素心克遂，而犬馬報稱有日矣。臣不勝冒昧惶悚待命之至，爲此具本，謹具奏聞。康熙八年三月十五日具奏，十七日奉旨：南懷仁著遵前旨供職，不必控辭，該部知道。

又《明綸恩逾格外等事一疏懷仁再疏辭職》 治理曆法臣南懷仁謹奏，爲明綸恩逾格外，微臣顧分難安，謹再疏瀝辭，仰祈俯允事。案炤該臣奏爲驚聞寵命等事一疏，三月十七日奉旨：南懷仁著遵前旨供職，不必控辭，該部知道。欽此。陳恭捧天言，不勝悚惕，浩蕩之恩，頂踵靡報。第臣草茅微悃切切有請者，臣生長極西，自幼矢志，不婚不宦，惟以學道修身爲務，業經三十餘年，荷蒙皇上不棄庸材，特畀簡用，犬馬尚知報主，臣非木石，敢不勉力，以答高深。臣一疏再疏，控辭官職，出於臣至情，非敢勉強瀆陳。至於曆法天文一切事務，敢不竭蹶管理，寧憚煩勞，如唐一行亦任修曆法，亦未嘗授職，伏乞皇上憫臣之心，察臣之悃，允臣微志，臣感激皇恩，寧有涯涘，頃者恭遇我皇上面詢臣藝業，如測量奇器等制，臣少時涉獵，系臣所長，容臣按圖規制，各樣測天儀器，節次殫心料理，以備皇上採擇省覽。臣言出由衷，非敢蹈習巧飾，謹冒昧悚栗，伏乞睿鑒施行，爲此具本奏聞。康熙八年五月日具奏，本月日奉旨：禮部議奏。六月初十日，蒙禮部議復，十五日奉旨：據奏，南懷仁控辭官職，其曆法天文一切事務，俱殫心料理，情詞懇切，准其所請，每年應照何品給俸，著議奏。

又《禮部題復明綸恩逾格外等事一疏恩准懷仁辭職欽給品俸》 禮部題爲明綸恩逾格外等事。禮科抄出該本部題復治理曆法南懷仁奏前事，內開：該臣等議得，臣部先將南懷仁仍留以監副之職辦事等因具奏。奉旨：據奏，南懷仁控辭官職，其曆法天文一切事務，俱殫心料理，情辭懇切，准其所請，每年應照何品給俸，著議奏。欽此。今南懷仁應照監副俸銀俸米，戶部支給可也等因。康熙八年六月二十六日題，二十九日奉旨：南懷仁著每年給銀一百兩，米二十五石。

又《禮部爲請旨事一疏題補監正》 禮部題爲請旨事。查得欽天監監正楊光先已經革職，所遺監正員缺應補，將左監副胡振鉞擬正，右監副李光顯擬陪，俟命下臣部之日，移送吏部題授可也。臣等未敢擅便，謹題請旨。康熙八年三月初七日題，康熙九年六月初九日奉旨：曆法天文既系南懷仁料理，其欽天監監正員缺不必補授。

又《太子太保文華殿大學士管吏部尚書事對恭際欽造之儀象告成等事一疏題授南懷仁欽天監監正加太常寺少卿》 太子太保文華殿大學士管吏部尚書事臣對哈納等謹題，爲恭際欽造之儀象告成，益幸合天之曆法有據，今按器闡明，著有書表，繕塵御覽，以光國典事。吏科抄出該禮部尚書哈爾哈齊等題前事。內開：禮科抄出欽天監治理曆法南懷仁奏前事，康熙十三年正月二十九日奏，二月初三日奉旨：曆法天文，關係大典，據奏儀象告成，製造精密，南懷仁殆心料理，勤勞可嘉，著從優議敘具奏，餘著一並議奏，該部知道，書圖併發。欽此欽遵。於本月初四日到部。查得康熙八年八月臣部具題，內開：該臣等議得，見在觀象臺舊簡儀等三件儀器若仍存在臺，則南懷仁新造六件儀器難以安設，俟南懷仁所造新儀器造成時，將簡儀等舊儀器應移於臺下廂房收存，令當值滿漢官員看守，換班交付，當值官員既稱臺上板房一間遮蔽儀器，應移在臺東靠臺，將門向臺造作。

風杆因礙測驗，將風杆應移在北方。其新造儀器並安設儀器臺基，應聽工部具照南懷仁所指式樣速造可也等因具題。奉旨：依議。欽遵在案。查儀器告成，作何議敘之處，臣部並無檔案可稽。又《會典》內開，正統四年及景泰六年製造渾儀、簡儀、黄道晷影堂等儀器，亦未開作何議敘之處。查檔案內，順治三年六月准吏部咨稱，會同禮部看得湯若望創立新法，勤勞懋著，業蒙聖恩敘賚。兹據禮臣查照前朝欽天監碑記，吳昊以監正於弘治十年升太常寺少卿，今湯若望應加太常寺少卿職銜，仍管欽天監監正事。至賞賚出自聖恩，非臣等所敢擬議等因。奉旨：是。湯若望准加太常寺少卿職銜，仍管欽天監監正事。各欽遵在案。該臣等議得，南懷仁奏稱：臣指授嘔心，業將諸儀安列於觀象臺上，以故覃精研慮，繪圖表，次爲一十六卷，名曰《新制靈臺儀象志》。是書樊然，其不齊也，使非版行，勢難盡人而給，且無以遺久，仰祈敕部，鏤版一副，交臣印刷，以資給發官生，則守是業者皆手習一編，而無闕如之憾矣。至於與事諸員，皆急公勤慎，克底有成，伏望我皇上憫其微勞，量加優敘，以鼓後效等因具題。奉旨：曆法天文，關係大典，據奏儀象告成，製造精密，南懷仁殫心料理，勤勞可嘉，著從優議敘具奏，餘著一併議奏，該部知道，書圖併發。欽此。將南懷仁從優議敘，及與事諸員議敘之處應交與吏部議。既稱使非版行，勢難盡人而給，且無以遺久等語，相應仍交與南懷仁酌量刊刷，散給官生可也。臣等未敢擅便，謹題請旨。康熙十三年二月二十二日題，本月二十四日奉旨：依議。欽此欽遵。於二月廿七日抄出到部，隨移咨欽天監，取在事各官職名去後，於康熙十三年三月十二日，據欽天監呈送監正宜塔喇、監副安泰、左監副加一級李光顯，此三員率領官生；供事工部員外郎翁英、七品筆帖式加一級圖齊哈，此二員監造諸儀；右監副劉蘊德、春官正孫有本、秋官正徐瑚、博士甯完璧、博士加一級孫有容、博士焦秉貞、原任五官司歷革職今在欽天監辦事鮑英齊，此七員監造諸器，按式較對，規制得宜，懋著勤勞；秋官正張問明、靈臺郎加一級李光大、靈臺郎邵泰衢、主簿殷鎧，支從八品俸博士加二級劉應昌，支從八品俸博士加一級鮑英華、博士加一級鮑選、博士張登科、從九品天文生薛宗胤、蕭盡禮、馮方慶、朱世貴、張文臣、席以恭，此十四員安置星座，測對儀象，繕繪書圖，克盡厥職等語。又於康熙十三年三月十七日咨呈，內稱將本監與事堂屬官員及朝夕同事之工部監造員外郎、筆帖式等職名，已經開列呈送外，其工部督造之堂官，及監視司屬官員職名，理合再行呈送，一併議敘，但系大部官員，本監未便開送，應行文工部移取，題敘至本監，供事滿員如五官正加俸二級魏成格、五官正屯主祜、主簿阿莫索莪、靈臺郎加俸二級鰲海、靈臺郎索博、靈臺郎蘇來、博士賈善、七品筆帖式加一級三虎、七品筆帖式加一級三寶、七品筆帖式加一級吳隆古、七品筆帖式吳格、七品筆帖式加一級愛玉璽、無品筆帖式阿達禪，此十三員自創造新儀，數載以來悉心供事，著有勤勞，相應一體議敘等因，呈送到部。該臣等議得禮部疏稱，南懷仁疏稱：臣指授嘔心，業將諸儀安列於觀象臺上，至於與事諸員，皆急公勤慎，克底有成，量加優敘，以鼓後效等因具題。奉旨：曆法天文，關係大典，據奏儀象告成，製造精密，南懷仁殫心料理，勤勞可嘉，著從優議敘具奏，余著一併議奏，該部知道，書圖幷發。欽此。將南懷仁從優議敘及與事之員議敘之處，應交與吏部議等語。查明季以來，儀象俱未修成，其修造官員未有作何議敘之例。順治三年，因湯若望創立新法，加太常寺少卿銜，仍管欽天監監正事，漢品級考內開欽天監監正升加京官銜，仍管欽天監事等語。查康熙八年六月內，禮部具題，將南懷。仁仍留欽天監監副之職，南懷仁具奏請辭。奉旨：南懷仁控辭官職，其曆法天文一切事務俱殫心料理，情詞懇切，准其所請在案。南懷仁見今無官，以閑散治理曆法天文各項，儀象關係大典，南懷仁親身指示，修制告成，應從優議敘，將南懷仁授爲欽天監監正，加太常寺少卿職銜。歷查舊例，無有製造儀象告成者，亦無有將在事工部官員、欽天監各官議敘之例。順治三年新曆告成，止將湯若望議敘，幷未議及欽天監別項官員。且在事官員系南懷仁指示修造，相應將工部堂司官員筆帖式及欽天監別項官員，天文生、筆帖式俱無庸議敘。臣等未敢擅便，謹題請旨。康熙十三年三月二十八日題，本月三十日奉旨：南懷仁製造儀器，勤勞可嘉，著加太常寺卿職銜，仍治理曆法，其在事官員，著再議敘具奏。

又《熙朝定案・欽天監治理曆法南爲懇辭卿銜等事一疏奏辭太常寺卿職銜》

欽天監治理曆法臣南懷仁謹奏，爲懇辭卿銜之寵命，以安愚分事。切臣西庠鄙士，一介孤蹤，猥荷世祖章皇帝召取來京，繼修曆法，後於康熙四年內遭羅誣網，廢時憲曆而不行，改用舊法，曆典蕩然。蒙皇上察臣

曆學有本，屢經奉旨推測，無不密合天行，於是乾斷復用時憲曆日，擢臣監職，治理曆法，當臣以守道修身，不婚不宦，願以儒素，辦事監中，再疏籲辭，蒙皇上俯成微志，允從所請，仍著照品給俸，每年銀一百兩，米二十五石，又蒙僉命，製造儀器，臣自受事之後，夙夜冰兢，罔敢即安。窮神於象數，而務極理之變；悉心於指授，而不憚語之詳，惟恐不盡所學，以負我皇上簡畀敬授之盛心者非一日矣。頃者儀象告成，恭進書表，深荷綸音褒異，隨有南懷仁製造儀器，勤勞可嘉，著加太常寺卿職銜，仍治理曆法之旨。臣伏讀恩綸，感激之餘，不勝惶汗。蓋臣業身任治曆，受國家之豢養，則夫殫心製器，有所發明，亦祇盡臣分之所宜爲，而塞報稱於萬一，初何敢萌一毫覬覦之思，希冀夫非望，詎意輒邀皇上隆恩異數，寵之以非常之遇哉！顧臣本蚤歲清修，生平以澹泊明心，以靜專昭事爲學，自分韋布以終身，不復馳情於仕進，矧山林枯槁之姿，豈堪側身於廟廊之上？寵榮逾望，揣分難安，伏祈皇上俯鑒愚誠，收回成命，俾臣照舊以閑散辦事，得遂疏樸之性，則臣有生之年皆效犬馬於朝廷之日也，敢不頂踵圖報，以仰副聖天子特達之知也哉。爲此具本親賫，謹具奏聞。康熙十三年四月初日奏，本月十二日奉旨：南懷仁製造儀器，有俾天文曆法，可傳永久，故特授卿銜，著即祗遵，不必控辭，該部知道。

又 欽天監治理曆法加太常寺卿臣南懷仁謹奏，爲懇辭溢銜之寵命，以安守愚分事。竊臣以永年曆表告成，恭進全書，深荷綸音褒嘉，隨奉旨：南懷仁著加爲通政使司通政使職銜，仍加一級。臣伏讀恩綸，感激之餘，不勝愧汗。蓋臣業身任治曆，厚蒙豢養，循分自盡，未罄涓埃，何敢萌非分之念乎？臣原不婚不宦，自幼以修道爲本業，雖修道原治內心，非關外貌，而朝紳之中，亦可存繕性之功；布衣之下，亦有藏榮適之想。但職任所責，皆措理外務而難暇治內，故謝絕世務，勤勵於正心誠意，乃修道之本志耳。向荷皇上準臣准辦曆務，免選擇相度等監副，監正之職，是職官既已蒙寬免，今又領受高銜，此微臣之心不安者也。夫國家增秩加銜之典，原以酬賞才能，故才能必須與職銜相當，倘才能低下，不符職銜之崇高，則如身短衣長，不相稱也。臣見蒙太常之銜，已屬逾分，本願再辭，今復加大卿之銜，尤爲越分。伏睹皇上弘恩，如海洋溢，大小高下，無不充滿。但臣才下器小，豈能容此？微臣之心不安者二也。我皇上輝光並日，向東至西，萬方普照。臣本西陬鄙儒，即在九萬里遠地舉目遙瞻，尚難當彩耀，若階榮上卿，去天咫尺，能不昏瞀哉？此微臣之心不安者三也。至於預推永年曆表，不過臣應盡之職分，若緣此加銜，則以後凡分內竭力之事，如理推天象等書，何敢具疏請旨？恐人指謂圖名求榮之爲耳，此微臣之心不安者四也。伏乞皇上俯鑒愚衷，收回成命，俾臣照舊以閑散辦事，澹泊修身，得以安心發明，理推天象等曆務，以圖報我皇上格外洪恩之萬一也。爲此具本親賫，謹具奏聞。十月初八日奉旨：南懷仁預造永年曆，盡心推算，勤勞可嘉，加銜已有成命，不必控辭，該部知道。

又 欽天監治理曆法加通政使司通政使仍加一級臣南懷仁謹奏，爲進呈《神威圖說》，乞准留傳，以昭睿創之精工，以志治平之奇速事。恭惟我皇上仁風被於樂土，孝德昭於配天，聰照纖微，智周無極。知叛逆將亡，指期數歲；授將帥方略，決機九重，契若合符，算無遺策。且舉鴻儒於倥偬之日，制神威於大定之時，經國遠猷，眞超越百王，網羅千代者矣。以臣愚昧，安能備悉高深。而聖德自在天下，竊照群逆背叛之日，臣思無以報國，遵造主輕巧紅衣式樣進呈。議政王貝勒大臣題准陝西急用紅衣二十位，奉旨差部臣同臣監造，臣等仰仗天福，每鑄即成，共計鑄造一百三十餘位，發赴各省平寇，天威遠振，群逆就誅，已見我皇上救民水火之中，功成奇速，自古莫及也。十九年十一月內，我皇上軫念民艱，預爲護國安民之至計，特命創造神威戰炮二百四十位，並載炮之車，著臣造式樣二位，同工部奉旨試放。蒙皇上面敎臣星斗正對之法，臣欽遵製炮完畢，恭照聖諭，在蘆溝橋星斗正對之法，試放三月，無不中鵠，言炮與車堅固，雖一炮而數百放，俱無損傷，轉運之奇妙，即山谷險隘，車不能回輪，人無以施巧，機旋猶能轉動，任其所向，亦無不中。凡此精工，皆由自睿創，歷觀前代，並無是法，洵宜載之史冊，以垂久遠，使世世遵行者也。竊念臣荷蒙眷注，不能上報涓埃，犬馬微勞，分之常耳。屢叨恩賞，親承天語恤臣，向年製造各炮，陝西、湖廣、江西等省已有效驗，臣受恩感念，至於流涕。臣因伏思陝西急用紅衣時，其監造各官，并隨臣效力之員、匠頭等，無不爲國急公，不過二十八日，即全備二十位，以應急用，前後共鑄一百三十餘位，發赴各省，共圖報效，均著微勞。其議敘恩賞，

應否照舊例，恭聽之宸衷。臣又見試炮之日，皇上親臨，即在炮場賜宴八旗各官幷炮手，俱沾賞賚。今造二百四十位之各官，其恩施可否，統乞聖裁。臣仰體我皇上訓迪萬世重武之深意，故不揣冒妄，竊欲闡明睿創准炮之制，使世世遵行，謹備理論二十六，圖解四十四，繕寫成帙，進呈御覽。字多逾格，貼黄難盡，伏乞睿鑒全覽，留傳施行。爲此具本，謹具奏聞。康熙二十一年正月二十七日奏，二十九日奉旨：南懷仁製造炮位，精堅可嘉，著議敘具奏，餘著議奏，該部知道，圖法留覽。

又　吏部題爲進呈《神威圖説》，乞准留傳，以昭睿創之精工，以志治平之奇速事。吏科抄出工部題前事，奉旨：依議。匠役人等應著酌給恩賞，著再議具奏。欽此。該臣等議得，工部疏稱：欽天監治理曆法加通政使司通政使南懷仁先鑄炮一百三十二位，又神威炮二百四十位，指樣製造精堅，應交吏部議敘等語。查王天相原系白身人，以首鑄紅衣炮，授爲拜他喇布勒哈番；金世祥原系遼東銅工，以鑄造紅衣炮，授爲拜他喇布勒哈番；祝世印原系白身，管梅勒事，鑄過紅衣炮，捉拿奸細，超升爲二等阿達哈哈番各在案。今欽天監治理曆法加通政使司通政使南懷仁將炮位指樣製造精堅，既經工部題明，議敘前來，應將南懷仁加爲工部右侍郎職銜，又准加一級可也。康熙二十一年四月初十日，奉旨：南懷仁加工部右侍郎職銜，餘依議。

又　治理曆法加工部右侍郎又加二級南懷仁謹奏，爲恭進《窮理學》之書，以明曆理，以廣開百學之門，永垂萬世事。竊惟治曆明時，爲帝王之首務，今我皇上治曆明時，超越百代，如太陽之光，超越諸星之光。然蓋曆法有屬法之數，有立法之理，設惟有其法之數，而無其法之理，即如人惟有形體而無靈性，亦如諸天惟有定所，而無運動之照臨焉。夫曆理爲諸星恆動定規之所由，如泉源爲江河水流之所自也。嘗觀二十一史所載，漢以後諸家之曆詳矣，大都專求法數，罕求名理，修改之門戶雖歧，實則互相依傍，雖間有出一二新意，亦未能洞曉本原，惟元郭守敬之曆號稱精密，顧其法亦未盡善，在當日已有推食而不食，食而失推之弊。其立法之後，不越十八年，其差已如此，況沿至於今日哉。今我皇上之治曆，已爲全備，其書則有《永年曆表》，有《靈臺儀像志》，有《諸曆之理指》一百五十餘卷，曆典光明，可謂極矣。然臣猶有請者，非爲加曆理之內光，惟加曆理之外光，將所載諸書之曆理，開窮理之學以發明之，使習曆者知其數，幷知其理，而後其光發見於外也。今習曆者惟知其數，而不知其理，其所以不知曆理者，緣不知理推之法故耳。夫見在《曆指》等書，所論天文曆法之理，設不知其推法，則如金寶藏於地脈，而不知開礦之門路矣。若展卷惟泥於法數，而不究法理，如手徒持燈籠，而不用其內之光然。故從來學曆者，必先熟習窮理之總學，蓋曆學者窮理學中之一支也。若無窮理學，則無眞曆之學。猶木之無根，何從有其枝也。所以前代曆法壞亂失傳、朦朧不明者，皆不知理推之法故也。臣自欽取來京，至今二十四載，晝夜竭力，以全備理推之法，詳察窮理之書，從西字已經翻譯而未刻者，皆校對而增修之、纂集之，其未經翻譯者，則接續而翻譯，以加補之，輯集成帙，庶幾能備理推之要法矣。前曾在內庭奏聞，及越一載，復蒙上問格物窮理之書已翻譯完畢否？此見我皇上萬幾之中，尤勤念於典學，明容所照，知窮理學爲百學之根也。且古今各學之名公，凡論諸學之粹精純貴，皆謂窮理學爲百學之宗，謂訂非之磨勘，試眞之礪石，萬藝之司衡，靈界之日光，明悟之眼目，義理之啓鑰，爲諸學之首需者也。如兵工醫律量度等學，若無理推之法，則必浮泛而不能爲精確之藝。且天下不拘何方何品之士，凡論事物，莫不以理爲主，但常有不知分別其理之眞僞何在，故彼此恆有相反之説，而不能歸於一是，必有一確法以定之，其法即理推之法耳。然此理推之法洵能服人心，而成天下之務，可以爲平天下之法也。若寶塔，城池奇巧等工，年代已久，必至湮沒，而創立者之名亦與之湮沒矣。孔孟之學，萬世不磨，理推之學亦然。蓋理爲人性之本分，永刻在人類心中。今皇上開理學之功名，必同刻在人心，爲永遠之鞏固，緣人性永遠不滅，職是故也，由此而皇上之功與孔孟齊光於天壤矣。茲繕成窮理之書六十卷，進呈御覽，伏乞睿鑒，鏤板施行。臣原從曆法起見，字多逾格，爲此具本親賫，謹具奏聞。康熙二十二年八月二十六日奏，九月初八日奉旨：禮部翰林院會同詳看議奏，書併發。

又　康熙二十五年七月二十八日，侍衛趙昌傳旨：著南懷仁照三十斤彈子畫沖天炮式，並相稱之車樣，其炮底著造平底。欽此欽遵。今依製炮之法，將平底炮比例畫其圖式。是時聖駕駐蹕在外，遂將圖式交與侍衛趙昌代奏，進呈御覽。但其炮鑄造一位爲樣，其彈子或鑄十二個，或十五

個，以便屢次所用，對相稱之高度，試驗其至丈步近遠若干，又推知在空中刻分之秒數，以定點火藥筒長短若干，爲其準法，需用銅炭木料等項，或從外工部取給，或從內工部取給，在炮廠鑄成，一併請旨。八月初七日，上諭傳：凡所用銅炭木料等項，一概著南懷仁在外工部取，但試之時，全在爾等用心詳悉可也。炮式車樣甚好，後照式樣鑄成二位。奉旨：差侍衛趙、那、李三員，并海子提督龔，過二員，至海子試放完畢，齊同回奏。沖天炮有相稱效驗之處，天顔喜悦。

又 欽天監治理曆法加工部右侍郎又加二級臣南懷仁謹奏，爲君恩高厚未報，臨死哀鳴，仰祈睿鑒事。臣懷仁遠西鄙儒，自幼束身謹行，遠來原意，皇上素所洞悉，不敢多贅。因臣粗知象緯，於順治年間伏遇世祖章皇帝召臣來京，豢養多年，蒙皇上命臣治理曆法，未效涓埃，過荷殊恩，加臣太常寺卿，又加通政使司通政使，臣具疏控辭，未蒙俞允，尋又加臣工部右侍郎，叨玆異數，至隆極渥，稠叠無已，矧復寵賚頻頒，名難言罄。臣捫心自揣，三十年來並無尺寸微勞，仰報皇恩於萬一，今聞太皇太后仙馭升遐，皇上聖孝誠篤，哀毀過情，臣以卧疾不能趨侍禁廷，持服哭臨，悲感依戀，五中焚裂，痛臣病入膏肓，命垂旦夕，自此永辭天闕，然犬馬戀主之心不能自已。伏枕叩首，恭謝天恩，臣不勝涕泣感激之至，謹具疏奏聞。奉旨：南懷仁治理曆法，效力有年，前用兵時製造軍器，多有裨益，今聞病逝，深軫朕懷，應得恤典祭例，從優議奏，該部知道。

禮部謹題，爲君恩高厚未報等事。禮科抄出欽天監治理曆法加工部右侍郎又加二級南懷仁奏前事等因到部。查得定例，內開：加級至二品侍郎病故者，照伊加級品級給與全葬之價，並給一次致祭銀兩，遣官讀文致祭，應否與謚，請旨定奪。凡與謚官員，工部給與碑價，本家自行建立碑文，祭文內閣撰擬等語。該臣等議得，病故欽天監治理曆法加工部右侍郎又加二級南懷仁，應照定例，按其所加品級給全葬之價，并給一次致祭銀兩，遣官讀文致祭，祭文該衙門撰擬。今奉旨：南懷仁治理曆法，效力有年，前用兵時，製造軍器，多有裨益，今聞病逝，深軫朕懷，應得恤典祭例，從優議奏，該部知道。欽此。南懷仁加祭，並應否與謚之處，伏候上裁。奉旨：依議，還與他謚。

上諭：朕念南懷仁來自遐方，效力年久，綜理曆法，允合天度，監造炮器，有益戎行，奉職勤勞，恪恭匪懈，秉心質樸，終始不渝，朕素嘉之。前聞卧疾，尚期醫治痊可，今遽爾溘逝，用軫朕懷，特賜銀貳百兩，大緞十端，以示優恤遠臣之意。特諭。康熙二十七年正月二十七日。

至二月初十發引之日，復蒙皇上差內大臣一等公固山佟國舅，同多理機昂邦白，暨御前趙，並一等侍衛四員，送至塋地。內大臣一等公固山佟國舅傳旨：南懷仁有體面人，毫無虛假，治理曆法，效力多年。自吴三桂變亂以來，製造炮器，有他的軍功。宣畢，佟國舅又説：因他這樣好，所以皇上差我們來送他、祭他、哭他。

又 維康熙二十七年十一月十七日，皇帝遣經筵講官、禮部左侍郎降一級、仍管太常寺事席爾達，皇帝諭祭欽天監治理曆法加工部右侍郎又加二級謚勤敏南懷仁之靈曰：朕惟設官分職，授時端重，靈臺振旅，治兵製器，爰儲武庫，惟專心以蒞事，斯運巧而成能，無忝厥官，宜膺殊典。爾南懷仁遠來海表，久掌星官。學擅觀天，克驗四時之序；識通治曆，能符七政之占。非惟推步無差，抑且藝能兼備。鑄爲軍器，較舊式而呈奇用，以火攻佐中堅而制勝。恪恭不怠，奉職惟勤，術數咸精，造思獨敏。方疏榮於蒼佩，乃奄息於黄壚，念夙夜之成勞，良深軫悼，稽儀文於舊典，特示褒崇。嗚呼！既賜以金禮，倍隆於存殁，載錫之謚名，永播於遐荒。爾靈有知，尚其歆享。

又 欽天監治理曆法加工部右侍郎又加二級謚勤敏南懷仁碑文：朕惟古者立太史之官，守典奉法，所以考天行而定歲紀也。苟稱厥職司，授時之典，實嘉賴之，況克殫藝能，有資軍國，則生膺榮秩，殁示褒崇，豈有靳焉。爾南懷仁，秉心質樸，肄業淵通，遠泛海以輸忱，久服官而宣力，明時正度，曆象無訛，望氣占雲，星躔式敘，既協靈臺之掌，復儲武庫之需，覃運巧思，督成火器，用摧堅壘，克俾戎行，可謂蒞事惟精，奉職匪懈者矣。遽聞溘逝，深切悼傷，追念成勞，易名勤敏。嗚呼！錫命永光乎重壤，紀功廣示於遐陬。勒以貞珉，永垂弗替。康熙二十八年四月初一日。

雜録

馬良《南懷仁遺像題詞》 南懷仁，字勳卿，一字敦伯，比利時國人，崇禎十四年入中國。順治初年，即徵修曆政。康熙八年禮部題奏：「赴臺測驗。南懷仁所算，逐款皆符，吳明烜所算，逐款皆錯。楊光先職司監正，曆日差錯之處，並不能修理。既屢以推算曆日差錯，不合天象具題，今將合天象之曆日，又堅執西洋之法不可用，大言妄稱國祚，情罪重大。」爲此相應將楊光先革職，交與刑部去後，乃以南懷仁授爲欽天監監副職銜，同理監務。十二年改授正，俱屢抗辭，不獲。十三年製造儀器告成，加太常寺卿職銜，並奉旨繪取眞容，相傳此其臨本也。十七年預推康熙永年曆法成，加爲通政使司通政使職銜，仍加一級，又具疏堅辭溢銜，仍不獲。二十一年正月，呈《神威礮圖說理論》二十六，《圖解》四十四。二月，駕幸關東，南懷仁奉帶測天地儀器以從。四月，以南懷仁向年製造各礮，陝西、湖廣、江西等省已有功效，茲又先後製造神威礮三百二十位，試放，精堅中的，由吏部題加工部右侍郎職銜，仍准加一級。二十二年，又與閔明我隨駕往北塞。二十六年十一月，懷仁病篤，上遣御醫診視。十二月二十八日，卒於任，呈進遺摺。二十七年正月，上賜賻銀二百兩，大緞十端。二月，出殯，上差內大臣一等公固山佟國舅並一等侍衛四員，送至阜城門外塋地。

瞿篤德

傳記

韓霖、張賡《聖教信證・耶穌會西來諸位先生姓氏》 瞿篤德，字天齋。意大理亞國人，順治十六年己亥至，傳教廣東瓊州府等處。後往江西贛州，今仍在瓊州府。

白乃心

傳記

韓霖、張賡《聖教信證・耶穌會西來諸位先生姓氏》 白乃心，字葵陽。熱而瑪尼亞國人，順治十六年己亥欽取來京，佐修曆務。後回本國。

陸安德

傳記

韓霖、張賡《聖教信證・耶穌會西來諸位先生姓氏》 陸安德，字泰然。納玻理國人，順治十六年己亥至，傳教廣東。後往江南等處。著《眞福直指》二卷、《聖敎畧説》一卷、《聖敎問答》一卷、《萬民四末圖》未刻、《默想大全》未刻、《聖敎撮言》一卷、《善生福終正路》一卷、《聖敎要理》一卷、《默想規矩》一卷。

恩理格 恩禮格

傳記

佚名《道學家傳》 恩理格，字性涵，熱爾瑪尼亞人。順治十七年庚

子至，傳教山西。康熙十年辛亥爲曆法欽取來京，時在內廷供奉。十五年丙辰告假，奉旨准往山西絳州，於二十三年六月初六卒。山西巡撫穆咨文到部，治理曆法南即奏聞。蒙皇上綸音憫恤，御書賜海隅之秀匾額旌嘉，特遣侍衛捧至南寓所，復差閔明我先生恭捧宸翰往山西絳州塋葬。

紀　事

《熙朝定案》　康熙九年十月內，治理曆法南懷仁啓奏：通曉曆法恩理格十年奉旨欽取來京，時在內庭供奉，十五年告假，奉旨准往絳州天主堂，於康熙二十三年六月初六日逝亡。山西巡撫穆諮文到部，南懷仁等即以奏聞。荷蒙皇上憫恤，御筆旌嘉，賜恩理格「海隅之秀」扁額，特遣侍衛捧至南懷仁等寓所。南懷仁等恭逢異典，慮恐湮沒，敬摹勒御筆，以志帝恩無疆，昭垂萬世。

又《欽天監監正爲請旨事一疏題西儒恩理格請假給文往晉》　欽天監監正臣宜嗒喇、治理曆法臣南懷仁、監副臣安泰、左監副臣李光顯、右監副臣劉蘊德謹題：爲請旨事。據西儒恩禮格呈稱：禮格原住山西太原府絳州二堂，康熙四年八月內奉旨往粵，所有天文曆法書籍儀器等項俱存二堂之內，今應搬取來京應用，且二堂房宇照管無主，亦須令人居住看守，理合請假數月，給文往晉等情到臣。臣等看得西儒恩禮格呈稱：有天文曆法書籍儀器等項在晉，又二堂房宇照管無主，呈請前往搬取安頓等語。相應准其前往，爲此謹題請旨。康熙十一年閏七月十六日，緑頭牌具題，本日奉旨：依議。

黄伯禄《正教奉褒》　康熙十一年四月初二日，禮部題稱，臣等議得欽天監治理曆法臣南懷仁等疏稱，恩理格、閔明我亦系通曉曆法、行取來京之人，所需食用等項相應照例請給等語。查順治十六年，據湯若望題，爲曉曆修士抵京事一疏，臣部議覆，修士蘇納、白乃心二人，跟役四名，食用等項，相應酌量給發等因具題。奉旨：依議。遵行在案。今恩理格、閔明我二人，應照蘇納、白乃心之例，行文各該部衙門照例給與，俟命下臣部之日，劄令該監，自行取給可也。四月初四日，奉旨：依議。欽此。

恩禮格 見恩理格

方瑪諾

傳　記

韓霖、張賡《聖教信證·耶穌會西來諸位先生姓氏》　方瑪諾，字允中。法郎濟亞國人，康熙三年甲辰由香山嶴至，傳教福建等處。十五年丙辰卒，墓在福州府。

羅迪我

傳　記

韓霖、張賡《聖教信證·耶穌會西來諸位先生姓氏》　羅迪我，字天祐。路西大尼亞國人，康熙三年甲辰由香山嶴至廣州府，今仍回嶴。

楊若瑟

傳　記

韓霖、張賡《聖教信證·耶穌會西來諸位先生姓氏》　楊若瑟，字伯

和。路西大尼亞國人，康熙三年甲辰由香山奧至廣州府，今仍回奧。

石嘉樂

傳記

佚名《道學家傳》 石嘉樂，字樂天，意大利亞國人。康熙七年戊申由香山奧至廣州府傳教，即於是年卒，墓在府城外河之南。

鄭瑪諾

傳記

韓霖、張賡《聖教信證・耶穌會西來諸位先生姓氏》 鄭瑪諾，字惟信。廣東香山奧人，自幼往西國羅瑪京都，習格物窮理超性之學幷西音語言文字。康熙十年辛亥來京，十三年甲寅卒，墓在阜城門外滕公柵欄。

吴歷

傳記

《清史稿・藝術傳三・吴歷》 吴歷，又名子歷，字漁山，號墨井道人，亦常熟人。學畫於王時敏，心思獨運，氣韻厚重沉鬱，迥不猶人，晚年棄家從天主教，曾再游歐羅巴。作畫每用西洋法，雲氣緜渺淩虚，迥異平時。康熙五十七年，卒，年八十七。當時或言其浮海不歸，後於上海南郭得其墓碣，題曰天學修士云。翬初與友善，後絕交。王原祁論畫，右歷而左翬，曰，邇時畫手，惟吴漁山而已。世以時敏，鑑，翬，原祁，歷及惲格，並稱爲六大家。

張雲章《墨井道人傳》 墨井道人姓吴名歷，字漁山。世居常熟，即明都察御史文恪公名訥之七世孫也。少孤，其母守節，漁山清潔自好，於世俗多不屑意。問學於陳孝廉確菴，問詩於錢宗伯牧齋，學畫於王太常煙客，學琴於陳高士岷阮，皆得其指授矣。念無以給母氏之養，尤專意於畫，人爭購之。漁山度可以奉高堂，即不輕出也。太常既甚賞之，盡發所藏宋元人眞蹟示之，日夜復習縮爲小本，實心默會古人神髓於腕下。而漁山之畫遂名一時，同輩爲之屈服。其爲詩也，宗伯嘗稱之曰：思清格老。孝廉亦曰然。所居有言子之墨井，遂以墨井名其詩稿，而自號曰墨井道人。又於書好法東坡，嘗遊吴興，謁其郡守。入未即見，信步至一僧舍，得見東坡眞筆醉翁亭記。喜甚，即就其寮，貿紙筆，布席展卷，臨摹三日，無倦色。太守遣人遍索墨井道人，無有也。逆旅主人亦不知其所往。摹竟，欣欣然若有所得，不告太守而去。母沒後，其妻亦喪，雖有二子，亦竟棄其家矣。於是浮海至於西洋，經數萬里，盡平生奇絶之觀，歸而隱於上海，或往來嘉定，不復他出。其畫益奇，非學力所能臻也，故購之者益以難矣。其與漁山少同里同學於太常者，姓王名翬，號石谷，亦名滿天下。持縑素者日塞其門，然高官大賈，皆得飽欲以去。而漁山跧海濱而隱，求其寸楮尺幅，莫能致也。兩人今皆八十有四，王公年八十餘時，畫益超詣。時時掉一葉之扁舟，徜徉於虞山之下。其流風餘韻，意亦山水之鍾靈耶。是以得遊戲於翰墨之間，享此長年也夫。

張子曰：余與道人無一日之舊。與石谷交，時言及道人之高志，相與歡然者久之。但墨井之筆墨甚寡，其徒陸上游貽予一小幅，得之不勝狂喜。予每過其處，出而觀之，往往徬徨歎息而不能去云。

李杕《吴漁山先生行狀》 先生姓吴，名歷，號漁山，江蘇常熟人也。所居有言子墨井，故又號墨井道人。生於明崇禎四年辛未，西歷一千六百三十一年。都察御史吴文恪公訥於先生爲七世祖，父早世，母賢，善教之，受業於陳孝廉確菴，學帖括，爲邑諸生。性沉静，清潔自持，不與俗子伍。問詩於錢

宗伯牧齋，學畫於王太常烟客，學琴於陳高士砥阮。均得其心傳，學藝因之大進。以畫之可取潤以奉母也，尤致力於丹青，而最工山水，迄今存其一者，非數百金不可致。先生娶某氏女，生二子，既而母歿，先生哭之哀，自是鬱鬱不得志。祿位非其所好，惟念人生於世，荏苒數十年，非偶然而生，偶然而卒，其生也必有所由來，其卒也有所攸歸，思久之，不得透其昧。嗣聞天主教名，與教士交善，考問教理，恍然於惠迪吉從逆凶之眞旨，決意皈依，受洗入教。高氏傳敎志。謂先生母歿後進敎，不知在何年。既而妻亦亡，漸萌修道志，思入耶穌會，發三絕願。三絕者，絕色守鰥貞，絕財甘貧乏，絕意從長命也。商之教士，教士曰善，迺謀所以實踐之。會柏司鐸應理有羅瑪之行，先生欲與偕往。先生何故欲往羅馬，不可考，大約爲入會計。乃部署家事，棄二子而登程，年已五十有一，此康熙二十年事也。比抵澳門，寓耶穌會教堂，堂名三巴，即聖保祿之名首音。院長某知先生意，請留此修省，免數萬里跋涉之勞。先生曰諾。於是西行之意絕，而柏子獨往羅馬，明年先生入會，初學會規，兼讀辣丁神學教律諸書。閲二年發三絕願。康熙二十七年，西曆一千六百八十八年。七月初六日，某主教行禮，晉先生司鐸職，年已五十有八。後回滬，傳教於上海嘉定等處。見費氏教士傳畧，薛氏教士總錄，高氏江南傳敎志。先後凡三十載，有聖德名。康熙戊戌正月二十五日，病終於上海，壽八十有八，葬上海南門外耶穌會墓中。先生有《墨井詩鈔》、《三巴集題跋》各一卷，迄今可考，又有《桃溪集》、《寫憂集》、《暫永篇》各一卷，已不可得。先生洗名西滿沙勿略，西姓雅古納 a Cunha，蓋當時之華教士，皆有西文姓也。費氏謂先生成教士後，將其往日所畫有違教理者，以重價購回，其信道之誠如此。宣統元年五月耶穌會後學李杕敬撰。

閔明我

傳記

佚名《道學家傳》 閔明我，字德先，意大理亞國人。康熙十年辛亥在廣東，欽召來京，佐理曆法。卒於京都。

紀事

《熙朝定案》 禮部爲請旨事。查得先因欽天監監正員缺，將監副胡振鉞擬正，李光顯擬陪等因題請。奉旨：曆法天文既系南懷仁料理，其欽天監監正員缺不必補授。欽遵在案。品級考內開：欽天監監正員缺由監副升任，監副員缺由五官正等官升任等語。今南懷仁病故，補授欽天監監正員缺，或將監副鮑英齊擬正挨俸，將冬官正何君錫擬陪，移送吏部，或將通曉曆法之人令其治理，爲此請旨。康熙二十七年二月二十九日題，本日奉旨：閔明我諳練曆法，著頂補南懷仁治理曆法，閔明我現今執兵部交出差，如有治理應行之事，著問徐日昇、安多。

黄伯禄《正教奉褒》 康熙十年九月，禮部題稱，准兩廣總督金光祖諮稱，看得西洋人栗安當等，准部文，查內有通曉曆法，起送來京，其不曉曆法，即令各歸本省本堂，除查將通曉曆法恩理格日爾曼國人、閔明我意大理國人二名送京，不曉曆法之汪汝望法蘭西國人等十九名送各本堂訖。

又 康熙二十五年，上遣閔明我執兵部文泛海，由歐羅巴洲往俄羅斯京，會商交涉事宜。

又 康熙二十七年二月二十九日，禮部題稱，查得前因欽天監監正員缺，將監副胡振鉞擬正等因題請。奉旨：曆法天文既系南懷仁料理，其欽天監監正員缺，不必補受。欽遵在案。查品級考內開：欽天監監正員缺，由監副升任等語。今南懷仁病故，欽天監監正員缺，或將監副鮑英齊擬正，或將通曉曆法之人令其治理，爲此請旨。本日奉旨：閔明我諳練曆法，著頂補南懷仁治理曆法。閔明我今執兵部文出差，如有治理應行事宜，著問徐日昇、安多。欽此。

又 康熙三十一年六月初十日，奉上諭：前閔明我領兵部諮文，差往西洋，今該回到，茲差安多到廣東墺門去接，若閔明我帶有精通天曆之西人，著取來京聽用，其餘隨便居住。特諭。十四日，上諭：差董殿邦、李

晌同安多往墺。十六日，上諭：安多前病，氣力尚未全復，旱路難當，可以到濟寧州上船，帶殷鐸澤往杭州本天主堂，照前居住安養，後到墺門，往回慢走。特諭。

又　康熙三十三年，閔明我回華復命，奏陳遵旨會商各情，上嘉之，賞賚甚厚，仍令治曆供職。

又　康熙三十九年十月二十日，治理曆法遠臣閔明我、徐日昇、安多、張誠等謹奏，爲恭請睿鑒，以求訓誨事。竊遠臣看得，西洋學者聞中國有拜孔子及祭天地祖先之禮，必有其故，願聞其詳等語。臣等管見，以爲拜孔子，敬其爲人師範，並非祈福佑、聰明、爵祿而拜也。祭祀祖先，出於愛親之義，依儒禮亦無求佑之說，惟盡孝思之念而已。雖設立祖先之牌，非謂祖先之魂，在木牌位之上，不過抒子孫報本追遠如在之意耳。至於郊天之禮典，非祭蒼蒼有形之天，乃祭天地萬物根源主宰，即孔子所云：郊社之禮，所以事上帝也。有時不稱上帝，而稱天者，猶主上不曰主上，而曰陛下、曰朝廷之類，雖名稱不同，其實一也。前蒙皇上所賜匾額，御書「敬天」二字，正是此意。遠臣等鄙見，以此答之，但緣關係中國風俗，不敢私寄，恭請睿鑒訓誨，遠臣不勝惶悚待命之至。本日奉御批：這所寫甚好，有合大道，敬天及事君親敬師長者系天下通義，這就是無可改處。欽此。

徐日昇

傳記

韓霖、張賡《聖教信證·耶穌會西來諸位先生姓氏》　徐日昇，字寅公。路西大尼亞國人，康熙十二年癸丑，奉上諭特差部員，往廣東香山墺，欽取來京，佐理曆法。

紀事

黃伯祿《正教奉褒》　康熙十一年閏七月二十一日，禮部移諮兵部文開，爲欽奉上諭事。康熙十一年閏七月二十日，奉上諭：著取廣東香山墺有通曉曆法之徐日昇，葡萄牙國人，照湯若望具題取蘇納例，速行兵部取去，此去同南懷仁下之人一同去，爲此傳諭禮部。欽此欽遵到部。差本部五品主事錫忒庫、七品筆帖式加一級禪布珠，欽天監衙門治理曆法南懷仁下鄒立山、龐大良，前取徐日昇，伊等於本日起身，所用驛馬，沿途口糧，照常給發，并差官一員，路上護送兵丁，相應給發，爲此諮兵部，煩爲查照施行。須至諮者。

又　康熙二十七年三月十三日，理藩院奉旨，朕看所用西洋人眞實而誠意可信，羅刹俄羅斯國之東部著徐日昇去，會拉提諾文字，其文妥當，汝等也行移文，往說羅刹。

又　康熙二十七年四月初六日，徐日昇、張誠奉召趨朝，賜蟒袍一件，大緞四匹。四月二十八日，賜蟒素鞍襯各二副。五月初一日，上遣趙侍衛捧團龍米色御服貂皮外衣各二襲，至徐日昇、張誠館舍，傳旨賜予。

康熙二十七年五月初二日，徐日昇、張誠奉命隨同內大臣索額圖、佟國綱、馬喇，漢臣張鵬翮、陳治安，北往塞外，與俄國會議兩國邊疆，既抵色楞額固，適厄魯特侵掠喀爾喀部，路途梗阻，俱奉召還。八月十三日進京，上宣日昇等至內廷，詢問良久。

又　康熙二十八年四月二十三日，徐日昇、張誠、白進、安多奉召內庭賜筵。

康熙二十八年四月二十四日，上賜徐日昇、張誠繡龍鞍襯各一事。

康熙二十八年五月初一日，徐日昇、張誠奉命隨內大臣索額圖等北往尼布楚，在中俄兩國交界處會晤俄國使臣，勘議兩國疆界。

康熙二十八年六月十六日，中、俄兩國使臣俱至尼布楚。十七日，俄國使臣費耀多羅遣員來中國使臣行轅，商議相會時日、處所、儀注各款。七月初八日，兩國使臣相集行館會議，各陳條款，譯用拉提諾語，議至日

暮未成，各回本轅。自是索使臣飭徐日昇、張誠向俄使臣善爲商勸，日昇等遂偕同隨員前往俄使臣行轅，反復理喻，往返數次，俄使臣深服日昇等推誠布公，識見高遠，議遂成，定約章七條，書滿、漢、拉提諾、蒙古、俄羅斯五體文字。二十四日，兩國使臣相會，日昇將約章當場宣讀畢，兩國使臣俱畫押蓋印，各執一分，共相祝慶而別。

康熙二十八年九月，奉使大臣回京復命，徐日昇、張誠召至內廷，垂詢會議始終各情，日昇等逐一陳奏，上甚嘉奬。

又 康熙二十八年十二月二十五日，上召徐日昇、張誠、白進、安多等至內廷，諭以自後每日輪班至養心殿，以清語授講量法等西學。上萬幾之暇，專心學問，好量法、測算、天文、形性、格致諸學，自是，即或臨幸暢春園在西直門外十二里。及巡行省方，必諭張誠等隨行，或每日，或間日，授講西學。並諭日進內廷，將授講之學，翻譯清文成帙。上派精通清文二員，襄助繕稿，並派善書二員謄寫，張誠等每住宿暢春園，上派太監伺候照料，並知敎規齋期，不食禽獸葷肴，特諭御膳房，留心分別，備給勿誤。張誠等授講數年，上每勞之。

又 康熙二十九年十月二十二日，上以時將嚴寒，念徐日昇、張誠、白進、安多、畢嘉、蘇霖供職勤勞，張誠、白進、安多又日進內廷授講，賜紫貂袖羔袍、天青緞貂套各一件。［略］。

又 康熙二十九年十二月二十七日，上頒賜徐日昇等鹿六頭、魚十二尾、野鷄三十翼、鹿尾十二條。向於每年歲暮，上賜在廷供職敎士，除果品不計外，每人鹿一、魚二、野雞五、鹿尾二，此次蘇霖出使在外，仍蒙恩貺如數。

康熙三十年正月十五日，上飭御馬監控馬五匹，往召畢嘉、徐日昇、張誠、白進、安多，至暢春園筵宴，觀看雜劇煙火。

康熙三十年二月初五日，上以徐日昇、張誠、安多等日進內廷辦事，恐伊館中馬匹不足，諭御廐長，每日將監內馬匹早晚接送。自是御馬監官每日差包衣內人丁一名，控馬到堂伺候。

康熙三十年三月十八日，恭遇萬壽聖誕，畢嘉、徐日昇等俱乘御廐馬匹，往暢春園，恭祝萬壽。時畢嘉抱恙，蒙恩免行三跪禮。朝賀訖，筵宴而歸。

又 康熙三十三年六月二十八日，上傳徐日昇至黼座前，賜牙金扇一柄，內繪自鳴鐘、樓臺花樹，御題七言詩云「晝夜循環勝刻漏，綢繆宛轉報時全。陰晴不改衷腸性，萬里遙來二百年。」

康熙三十五年二月三十日，上親征厄魯特，六軍啟行，命徐日昇、張誠、安多扈從。

又 康熙四十七年十一月十四日，徐日昇卒。上諭：朕念徐日昇賫誠遠來，效力歲久，淵通律曆，製造咸宜，扈從惟勤，任使盡職，秉性貞樸，無間始終，夙夜彈心，忠悃日著，朕嘉許久矣。忽聞抱病，猶望醫治痊可，遽而溘逝，朕懷深爲軫惻。特賜銀二百兩，大緞十端，以示優恤遠臣之意。特諭。

安多

紀事

《熙朝定案》 康熙二十四年二月十二日上諭。諭大學士勒德洪、明珠：今南懷仁已有年紀，聞香山墺尚有同南懷仁一樣熟練曆法等事才能及年少者，爾等會同禮部問南懷仁是何姓名，舉出具奏；又有善精醫業者，一併具奏。至十三日，大學士勒、明同禮部尙書杭持十二日上諭與南懷仁看，隨詢問見在香山墺熟練曆法及善精醫業者有幾人，並系何姓名。南懷仁答云「熟練曆法者僅有一位，姓名安多。若善精醫業者，不知尙有人否？」大學士勒、明即將安多姓名奏聞。奉旨：南懷仁同居閔明我、徐日昇兩人，著一人同去。是時南懷仁請旨，臣同居通曉曆法閔明我、徐日昇，今差那一臣同禮部官往香山墺，欽取熟練曆法安多。奉旨：著閔明我去。十四日，南懷仁、閔明我、徐日昇齊進養心殿御座前叩頭謝恩，蒙皇上賜坐，天語慰問，並賜棹飯之時，即遣御前太監翟捧銀五十兩賜閔明我，傳旨云：今萬歲賜爾做衣服，凡過山過水要保重，途中不宜太遠，明日即宣諭禮部官，隨爾方便行走。臣南懷仁等伏思受此異數，隆寵復加，

愛惜周詳，誠高厚弘恩，亙古罕觀者也。特紀鐫簡篇，以頌揚皇上柔遠之鉅典。

欽天監爲請旨事。切照康熙十一年閏七月二十日，奉上諭：著取廣東香山澳有通曉曆法徐日昇，照湯若望具題取蘇納例，速行兵部取文去，爲此傳諭禮部。欽此欽遵。通曉曆法徐日昇今已取到，交與臣監，其所需食用等項，照蘇納例，各該衙門取給，爲此謹題請旨。康熙十二年正月初八日，綠頭牌具題，本日奉旨：食用等項給與。欽此欽遵。相應將通曉曆法徐日昇，並其跟役二名，每日所需食用等項，照蘇納例取給，應自康熙十一年十一月十九日到京之日爲始，給發魚肉等項，爲此移會貴寺，查照施行。

欽天監爲欽奉上諭事。該本監綠頭牌啟奏前事，蒙禮部劄開：據郎中黃懋來說，我取安多回來，同南引見，安多現在南處有。但郎中黃懋已經引見本部，毋容引見等因到監。現今安多本身並跟役二名所需食用，應照徐、閔例，於該部衙門領給，爲此謹題請旨。康熙二十四年十二月十八日，綠頭牌啟奏，本日奉旨：依議。欽遵在案。爲此申呈貴部，轉行光祿寺，自康熙二十四年十二月十八日命下之日，安多照徐、閔例給發吃食等因，申呈貴部去後。今查得徐、閔系自到京之日爲始，給發食用，今安多於康熙二十四年十月十二日引見，應照閔、徐例，自康熙二十四年十月十二日起至十二月十七日止，補給六十五日吃食，爲此申呈貴部，轉行光祿寺補給施行。

黃伯祿《正教奉褒》　康熙三十年四月初二日，安多患病，未進內廷，上遣太醫孫詩百等診治。次日，又遣侍衛趙昌到堂，宣旨問「安多之病與朕在外之病是一樣麼？」太醫孫詩百、王元佐即赴暢春園啟奏。奉旨「安多之病著王元佐醫治，須要小心調理。」初十日，聖駕回宮，畢嘉等趨朝請安，蒙賜宴而歸。

又　康熙三十年五月十一日，上回京，知安多病後未健，頒賜人參一斤。二十四日，又賜人參膏一瓶，並諭善爲調養。

又　康熙四十八年六月二十六日，安多卒。上諭：安多自西洋以來，於天文曆法事宜，甚實效力。今聞溘逝，朕深爲軫惻。照賞徐日昇例，賜銀二百兩，大緞十端，以示朕優恤遠臣之意，著李國屏、王道化送去。欽此。

蘇霖

紀事

黃伯祿《正教奉褒》　康熙二十七年三月十三日，徐日昇傳旨：著禮部差員往江寧府天主堂，取西洋人蘇霖葡萄牙國人來京，恐或在路，亦未可知，十分留心，路遇同來。欽此。禮部隨差八品筆帖式山圖、撥什庫阿進前往江甯，取蘇霖一同馳驛來京。

又　康熙二十九年十一月二十五日，上遣蘇霖前往廣東，探詢閔明我回華信息，并採辦西洋器物，又諭內務府派員伴往。

又　乾隆元年八月初十日，蘇霖卒。高宗純皇帝頒賜葬銀二百兩，以示優恤。

柯若瑟

紀事

《熙朝定案》　康熙二十八年正月十五日，聖駕至山東濟南府。早晨，遠西修士柯若瑟乘馬出城十里，跪迎道左。萬歲在馬上遠見西洋面貌，龍顏喜悅，即命近前。臣柯不敢驟近御前，蒙命駕前，大人將柯左手攜送，切近駕前，皇上駐蹕，御手親執臣柯左手，諭「近來些，問你姓甚麼？」柯奏云：「臣姓柯，名若瑟。」又問「你幾時到中國？」奏云「進來兩年。」又問「可曾到京麼？」奏云「未曾進京，臣不曉得天文，才在這裏學話。」即諭云「你回堂。」御手才放臣柯手臂。當時侍衛趙云「先生回堂，我隨後來。」柯若瑟即遵旨回堂，隨備土儀六種。是時，聖駕往觀瀑

（趵）突泉訖，隨上北門城樓，至南門，即起駕南行。柯旁午賫土儀到南關不遇，回堂。有侍衛趙、御前一等哈伍捧欽賜賫銀二十兩到堂，先拜天主，趙、伍二位云：「萬歲爺命我們來拜叩天主，頒賜銀兩。」宣訖，臣柯即叩頭謝恩畢，隨邀二大人進內廳敘話待茶，並申獻土儀之意。侍衛趙云：「萬歲爺已去遠，難以追獻。」趙、伍二位即辭別，飛馬追隨聖駕。

又 康熙二十八年正月初六日，徐日昇、張誠因初八日上將啟鑾南巡，遂趨赴內廷，請安送行。上將巡行處所，傳敎各西士之名姓，及該處天主堂之坐落，逐一垂問，並諭曰：到該處時將召見敎士。又諭內大臣：弗忘隨帶頒賜敎士物件。

利安寧

紀　事

黃伯祿《正教奉褒》 康熙二十八年三月十一日，上南巡回鑾，經山東濟甯，至石佛閘，利安寧西班牙國人迎接聖駕。內大臣啟奏，奉諭云「到駐船處來見。」復奉旨，令騎馬隨行。及到天井閘，上駐船，隨蒙召見。問「姓什麼？」回奏「臣姓利。」問「名叫什麼？」回奏「臣名安寧。」問「號叫什麼？」回奏「臣號惟吉。」問「那一國人？」回奏「臣是意西巴尼亞國人。」即西班牙國問「西洋的名叫什麼？」回奏：「臣叫瑪諾額爾。」問「來中國幾年？」回奏「臣來已四年。」問「多少年紀？」回奏「臣三十三歲。」問「會天文麼？」回奏「曆理深奧，臣略知一二。」問「會說滿洲話麼？」回奏「臣在濟甯，無人傳授，不曾學得。」溫諭云：「漢話說的明白。」問「格物窮理曉得麼？」回奏「格物窮理及超性等學，臣自幼學習，略知大概。」問醫學造器等事，安寧遂一一奏對。蒙賜御果四盤，謝恩退出。隨有內大臣吳、趙來至天主堂聖臺前敬禮，旋傳諭接旨，安寧向北跪聽，內大臣云「皇上賜白金二十兩，命你隨便使用。」安寧謝恩訖，即賫西洋土物四種，趨往獻呈。上收取水晶瓶一對，奉溫諭「收一件猶如全收了。」

郭天寵

紀　事

《熙朝定案》 康熙四十二年，皇上親視河工，南巡幸浙，杭州天主堂遠臣郭天寵、習聖學於二月十四日特雇小船，恭迎聖駕於黃金橋北十里，時在戌初，敬遇龍艦，蒙傳問是何人，謹對是天主堂遠臣郭天寵、習聖學在此迎接聖駕。傳旨命就近，聖學等即捧獻方物手本近前。內臣接本，隨引上龍艦，親覲天顏。蒙問「習聖學系何國人？」奏對「是弗朗國人。」上問「可是與張誠同國？認得他麼？」奏對「認得。」上又問「同何人進中國的？到中國幾年了？有多少年紀？可曾到京中麼？可曉得天文麼？」聖學一一回奏。皇上問「郭天寵系何國人？」奏對「是波耳度加爾國人。」上又問「何人同進中國的？有多少年紀？」天寵一一回奏。上又問「可認得徐日昇？」奏對「認得。」皇上復問聖學「先住何處？幾時到這裏的？今在浙江住在那一個天主堂，那一個先住在這裏？」聖學一一回奏。上又問「曾與你們的親戚相會過沒有？」謹對「還沒有。」皇上特恩命內臣張領他們去相會，後再來回旨。天寵奉旨，即過小舟，敬將方物一十八種獻上。萬歲問聖學云「這萬年眼鏡爲甚麼有十副？」臣對云「五年一換，自五十歲起至一百歲，共有十副。」上又問「可是大西洋磨來的麼？」臣對云「是上等好的。」上又問「西洋香可眞麼？」奏對「是眞正好的。」上諭云「你們西洋人比不得別人，遠來難得的，逐一取進。」御覽畢，天顏喜悅，收下一十四種，欽賜鷄鵝鴨饅首等物。天寵等叩首謝恩畢，遂出。十五日，養心殿侍衛董、張來堂，引領習聖學、郭天寵，偕詣行殿謝恩，即日侍衛董詣堂，拜天主聖像禮畢。傳旨：欽賜百金，與賜蘇州天主堂是一樣的。天寵、聖學恭行九叩首禮謝恩，天寵等再獻方物四種，蒙上收西藥、西紙二種，即叩首謝恩而歸。十八日，聖駕回鑾，郭、習二臣恭送至黃金橋，敬遇龍艦，傳問是何人，謹對是天主堂遠臣郭天

寵，習聖學在此送萬歲。聖上傳旨云「不要遠送，罷了。」後又蒙聖上親自開窗，諭曰「送君千里，終有一別，回去罷。」叩首謝恩，伏念天寵等西陬鄙儒，恭逢聖恩，慰勞頒錫，有加靡已，涓埃莫報高厚洪恩，唯有日於天主臺前恭祝萬壽無疆，以爲天下臣民共慶云爾。

李守謙

傳記

《泰西天學修士守謙李公之墓》公諱聖名西滿，號守謙，泰西大尼亞國厄阿拉府人，生於皇清順治二年乙酉八月，自幼棄家修道，十五年入耶穌會。康熙十三年甲寅入中國傳天主教，十八年三月進京，在宣武門天主堂內助理天文曆政。十九年八月，召對內廷，賜茶及賞職，上表力辭，乞賜傳教，蒙御翰欽給「奉旨傳教」四字。卒於康熙四十二年癸未九月初十日，享年五十九歲。入中國傳教三十年，統計在會四十六年。於四十三年三月十一日祔葬於蘇州府常州縣一都十三圖白鶴嶺。康熙四十三年三月日，同會修士恭日立碑。

黃伯禄《正教奉褒》康熙十八年，李守謙葡萄牙國人奉召進京，襄理曆政。

康熙十九年八月，李守謙蒙召對內廷，賜茶賞職，具表力辭。恩給御書「奉旨傳教」四字，准往各省宣教。

何納篤

紀事

《熙朝定案》康熙四十四年四月初九日，皇上駐蹕西湖行宮，浙江紹興府蕭山縣天主堂西洋進士何納篤、衢州府天主堂西洋進士艾毓翰恭獻西洋方物一十六種陛見，養心殿總領張常住啓奏皇上。傳旨：即將方物收進御覽。天顔喜悦，蒙收一十三種，命內監賫出白金六十兩，特賜何、艾。二臣即行九叩首謝恩，而回時在巳刻也。至未刻，又命內大臣諭總領張傳旨。次日，命西洋進士杭州艾斯玎，湖州隆盛，衢州艾毓翰，嚴州蒙輗，蕭山何納篤五臣送駕。初十日，聖駕回鑾，臣等特雇小舟，至謝村塘口跪送，皇上一見，即命御前內監將御膳烹炙熟豬一口欽賜五臣爲點心云云。臣等即叩首謝恩。又問「各臣是何國人？」五臣俱各一一奏對，對畢，即隨龍舟至儀金渡。蒙皇上又問：「你們往那裏去？」五臣奏云「恭送聖駕，叩謝皇恩，意欲遠送。」皇上親自諭曰「你們自當回去，不必遠送了。」臣等遵旨，謝恩而回，伏念臣等乃西陬鄙儒，恭遇皇恩，慰顧頒錫，有加靡已，涓□莫報高厚洪恩，唯有日於天主臺前恭祝眞福無窮，以爲天下臣民共慶云爾。

艾斯玎

紀事

《熙朝定案》康熙四十四年，皇上親視河工，南巡幸浙，杭州府天主堂西洋進士艾斯玎、湖州府天主堂西洋進士隆盛，又嚴州府天主堂西洋進士蒙輗，自淮安蒙皇上顧問良久，命回省候駕，臣等特雇小舟，至塘棲鎭，恭迎聖駕。四月初三日午刻到杭州，即隨皇上進城，至織造府行殿，獻上方物，內監收進御覽，遂問各種用法，臣等俱一一奏對。龍顔甚悦，命收日月星鐘、天文比例尺、西洋文具、西洋秤、日晷、女魚骨珠等，系蒙輗送獻。又艾、隆二臣每獻方物六種，共一十八種，又皇太子收方物一十二種。總領張奉：賫出白金九十兩，特賜艾、隆、蒙三臣。俱各九叩首謝恩而出，時在戌初也。

戴進賢

紀事

黃伯祿《正教奉褒》 康熙五十五年，戴進賢日爾曼國人奉旨進京，佐理曆政。

又 康熙五十八年十一月二十九日，上諭：非通曉曆法之人，不能細查微小增減，不覺漸錯，戴進賢雖系新來，尚未全曉清、漢話語，其曆法、演算法上學問甚好，爲人亦沉重老實，著放紀理安員缺。欽此。

又 雍正三年三月二十日，上諭：戴進賢治理曆法，著補授監正，加禮部侍郎銜。欽此。

又 乾隆九年十月初六日，欽天監監正加禮部侍郎臣戴進賢等謹奏，爲請旨增修《靈臺儀象志》表，以昭遵守事。竊臣等西鄙庸愚，荷蒙我皇上深仁廣覆，畀以璣衡重任，早夜兢兢，惟恐有曠職守，伏查康熙十三年，蒙聖祖仁皇帝命原任治理曆法兼工部侍郎臣南懷仁，製造觀象臺測量日月星辰儀器六座，又纂成《靈臺儀（象）志》一書，有解有圖有表，皆闡明儀器六座所用之法。此書乃臣監中天文科推測星象所常用者，其中詮解用法，儀詳理備。但志中原載星辰循黃道行，每年約差五十一秒，合七十年，則差一度，爲時已久，運度與表不符，理宜改定。再查康熙十三年，纂修《儀象志》時，黃道赤道相距二十三度三十二分，今測得相距二十三度二十九分，志中所列諸表，皆據曩時分度，所當逐一加修，吻合天行，庶測驗時更覺便於較證。又查三垣二十八宿以及諸星，今昔多寡不同，應以本年甲子爲元，釐輯增訂，以資考測。臣等受恩日久，報稱無能，此乃分所應辦，故敢冒昧陳奏。至修書人員，容臣於監中揀用數員，務期悉心從事，書成之日，進呈御覽，恭請欽定，伏候睿鑒施行。本日奉旨：著莊親王、鄂爾泰、張照議奏。欽此。

乾隆九年十一月初六日，和碩莊親王臣允祿，兵部尚書臣鄂爾泰、刑部尚書臣張照謹奏：十月初六日，發下戴進賢等奏摺一件，奉旨：著莊親王、鄂爾泰、張照議奏。欽此。臣等議得戴進賢等摺，請修《靈臺儀象志》一書，系伊衙門應辦之事，又即請用伊衙門所有之人，不支桌飯銀兩，自應如請，令其精詳修纂完竣，進呈御覽，伏候聖訓。謹奏。本日奉旨：依議。乃著莊親王、鄂爾泰、張照兼管。欽此。戴進賢、劉松齡、鮑友管等纂修《儀象志》三十卷，乾隆十七年十一月告成，上賜名《儀象考成》。又改製儀器，安設觀象臺，並著《儀說》二卷，乾隆十九年正月告成，上賜名《璣衡撫辰儀說》。

又 乾隆十一年三月初九日，戴進賢卒。上賜葬銀二百兩，大緞十匹。

又 乾隆二十九年，郎世甯義大利國人卒。上諭：西洋人郎世寧自康熙年間入值內廷，頗著勤慎，曾賞給三品頂戴，今患病溘逝，念其行走年久，齒近八旬，著照戴進賢之例，加恩給予侍郎銜，並賞內府銀三百兩料理喪事，以示優恤。欽此。

艾啟蒙

紀事

黃伯祿《正教奉褒》 乾隆十年，艾啟蒙奧地利國人以精於繪事奉旨進京，特派在如意館效力，甚合上意，特授奉宸苑卿，三品職銜。

又 乾隆四十五年八月，艾啟蒙時年七十，恭遇慶祝七袠聖壽，上賜御書「海國耆齡」匾額一方，送至館舍，謹敬懸掛。

乾隆四十五年九月初九日，艾啓蒙卒。上賜葬銀二百兩。

徐光啟

傳記

《明史·徐光啟傳》 徐光啓，字子先，上海人。萬曆二十五年舉鄉

試第一，又七年成進士。由庶吉士歷贊善。從西洋人利瑪竇學天文、曆算、火器，盡其術。遂徧習兵機、屯田、鹽筴、水利諸書。楊鎬四路喪師，京師大震。累疏請練兵自効。神宗壯之，超擢少詹事兼河南道御史。練兵通州，列上十議。時遼事方急，不能如所請。光啓疏爭，乃稍給以民兵戎械。

未幾，熹宗即位。光啓志不得展，請裁去，不聽。既而以疾歸。遼陽破，召起之。還朝，力請多鑄西洋大礮，以資城守。帝善其言。方議用，而光啓與兵部尚書崔景榮議不合，御史丘兆麟劾之，復移疾歸。天啓三年起故官，旋擢禮部右侍郎。五年，魏忠賢黨智鋌劾之，落職閒住。

崇禎元年召還，復申練兵之說。未幾，以左侍郎理部事。帝憂國用不足，敕廷臣獻屯鹽善策。光啓言屯政在乎墾荒，鹽政在嚴禁私販。帝褒納之，擢本部尚書。時帝以日食失驗，欲罪臺官。光啓言：「臺官測候本郭守敬法。元時嘗當食不食，守敬且爾，無怪臺官之失占。臣聞曆久必差，宜及時修正。」帝從其言，詔西洋人龍華民、鄧玉函、羅雅谷等推算曆法，光啓爲監督。

四年春正月，光啓進《日躔曆指》一卷、《測天約說》二卷、《大測》二卷、《日躔表》二卷、《割圜八線表》六卷、《黃道升度》七卷、《黃赤距度表》一卷、《通率表》一卷。是冬十月辛丑朔，日食，復上測候四說。其辯時差里差之法，最爲詳密。

五年五月以本官兼東閣大學士，入參機務，與鄭以偉並命。尋加太子太保，進文淵閣。光啓雅負經濟才，有志用世。及柄用，年已老，値周延儒、溫體仁專政，不能有所建白。明年十月卒。贈少保。

徐驥《文定公行實》　嗚呼，痛昔先文定之盡瘁於官也。不孝孤三千里外，奔訃幾隕厥軀，強勉視息，扶柩南旋，日月居諸，星霜再易，若猶是湮墜厥績，勿克邀大仁人長者一言，揭石墓門，罪實滋長。抆淚而言曰：

先文定諱光啓，字子先，別號玄扈。先世自南渡抵中州，分支海上，因家焉。諸牒之廢，以倭燹故也。高祖廣文公家世清白。曾祖淳隱公以役累中落，耕於野。祖西溪公倜儻負氣，去爲賈。雖游於賈乎，所交必行義卓絕者，廉賈五之，竟以是饒。先大父懷西公，配錢太夫人。今自曾祖淳隱公以下，俱贈太子太保，高祖妣陳氏，曾祖妣尹氏，祖妣錢太夫人，俱贈一品夫人。始先大父六歲而孤，遺貲從親故貸去略不問，至鬻田宅以給，伺得鬻輒復貸，終不問也。亡何寇至，從尹太夫人踉蹌避難。公府推擇大戶，給軍興，置爲祭酒，出入危城，能識別名將奇士，指授戰守方略，出人意表。兼以勤學好問，博覽強記，然以亂離，故不竟學。專以修身事天，常訓先文定云：「開花時思結果，急流中宜勇退。」其意遠矣。錢太夫人少經亂離，事勤苦，聞里中有以言事被黜者，嗟吁言曰：「吾兒若貴，庶爲彼之爲乎？」不孝孤嘗見先文定致通家《王少宰書》云：「先慈當保幼年，豫見躍冶之氣，秋闈不利，每爲色喜。今者復得全身遠害，明發之懷，更爲欣慰。」則淵源所致，蓋有自矣。

先文定既早聞家學，膽智過人。弱冠補諸生高等，食餼學宮，便以天下爲己任。爲文鉤深抉奇，意必自暢，嘗曰：「文宜得氣之先，造理之極，方足炳輝千古。」以食貧，故教授里中子弟。知公者相延入粵，荒煙苦雨，崇山峻嶺間，文日益奇益富，得入籍成均。萬曆丁酉試順天，卷落孫山外。是年大司成漪園焦公典試，放榜前二日，猶以不得第一人爲恨，從落卷中獲先文定卷，擊節賞嘆，閱至三場，復拍案嘆曰：「此名世大儒無疑也。」拔置第一。名噪南北，猶布衣徒步，陋巷不改。惟閉戶讀書，仍以教授爲業。尤銳意當世，不專事經生言，徧閱古今政治得失之林。甲辰成進士，改翰林院庶吉士，試《安邊禦寇疏》，慷慨陳列，云藿食之臣，久欲效其區區，適與時會，不容嘿嘿。累累數千百言，雖塞上老將吏勿及。館師唐公極口稱贊，嘆云：「行文學蘇長公，諸封事擘畫處，鑿鑿中窾。」遂以柱石相期，舉朝大奇之。又試《漕河議》，廣至八千餘言，大旨謂：舉南北新舊諸河，從源達委，皆能知其積高積下之數；一河之中，分別測量，又能知其遞高遞下之數。地形水勢如指諸掌，從而錯綜之，參伍之，則其病受之處，必可知也。即旱而某處任其涸，即潦而某處任其決，又必可知也。又列引祖宗來赴南都支領月糧，及伍軍操備旂軍擺堡，運糧宣府獨石口外懷來等故事，爲漕河萬世利。館師楊公畤衡而前曰：「全河全漕，了然胸中，條分縷析，悉有考據。所持議皆裨廟謨。」留心經濟，足覘異日大業矣。

丁未授檢討，即迎先大父於京邸，備極孝養，惟恐少拂先大父意。是

年即遭先大父喪，奔走哀號，匍匐歸葬，哀痛慘怛，三年如一日也。大喪禮畢，遵制起補前職，教習內書堂。癸丑分試禮闈，先文定公故習《葩經》，是役承乏《麟經》，得十有四人，俱名下士。源流展轉相接，皆當代異等。是秋以病歸，丙辰復除前官，丁巳晉左春坊左贊善。奉命冊立慶王。往例概有餽遺，王具二百金幷幣儀等物追送至潼關，先文定謝箋有云：「若儀物之過豐，例無冒受；惟隆情之下逮，即衷切鐫銜」等語，遂委婉謝辭。生平取予不苟，往往類此。復以病歸，田於津門。

戊午東事急，陷撫順清河白家衝三岔河會安堡，起楊鎬爲經略，用兵十三萬，四路進戰，京師大震。先文定慨然上疏曰：「兵家肯綮之論，無如管仲之言八無敵，晁錯之言四予敵。近日遼東之職，我有一可勝敵者乎？杜松劉綖潘宗顏皆偏師獨前，豈非無紀律乎？兵與敵衆寡相等，而分爲四路，彼以四攻一，我以一攻四，豈非不知分合乎？戰車火器我之長技，撫順臨河不濟，開鐵寬奠皆離隔不屬，豈非無政教乎？出關四十里，遇水不能渡，遇險不能過，入伏不能知，豈非不知地利，哨探無法乎？如是而求幸勝，必不得之數也。今日用兵之要，全在選練，但練須實練，選須實選。」又疏言兵非選練，決難戰守等事，條對詳確。疏中幷有亟造都城萬年臺，及亟遣使臣監護朝鮮。奉神宗特旨，以文定曉暢兵事，不宜遠去，即令訓練新兵，防禦都城，陞詹事府少詹事兼河南道監察御史，管理練兵。因條上事宜，如欽命也，駐劄也，副貳也，將領也；又如待士、揀選、軍資、近募、徵求、勸義等項，指陳明晰，當世稱爲碩畫云。尋因邊警稍緩，人情狃於晏安，當事者復多掣肘，至使士卒露宿空拳。特以忠義血誠感激人心，於是有指揮胡楫、中書楊之驊捐助四千金，河南領兵官丁呂試陶堯臣捐百金，置嵩縣槍棍等項，招選教師演習諸法，壁壘遂一新矣。尋遭孝端皇后、神宗皇帝、光宗皇帝喪，山陵襄事，練習之工僅約四月，而瓜期已屆。先文定乃除簡汰老弱三千餘外，存已練者四千六百，諭以忠義，帥以恩威，驅之出關，勇氣百倍。數年後尚有言關門諸事，惟徐詹事練習一隊，足當一面。議者謂以先文定當促襟露肘之餘，小試萬一，已堪若此，況出其全力，何難復全遼也！嗣是以還，人心益怠，先文定亦引嫌告避矣。

辛酉天啓改元，遼瀋繼陷，舉朝震驚，吏部復奏起先文定，遂奉旨回京，因上疏曰：「此事必須盡用臣言，然後可濟。昔年諸疏不幸而言中矣，及今圖之，猶爲未晚。」因得旨，着該部會同議行前條議練兵事宜，另行具奏。先文定乃上疏申奏明初意，尋得旨，「所奏練兵除器甚悉，仍着議委任，以畢其用。」先文定又疏言：往年朝鮮之行，聽臣所指，亦足牽其內顧。至於今日，又可連島夷，接礦民爲恢復計，臣自請行，不敢避難，而某某疏沮，遂辭疾歸。然而忠勤惻怛之至誠，社稷封疆之大計，在人耳目間者，不能澌滅。癸亥即家拜禮部右侍郎兼翰林院侍讀學士協理詹事府事纂修《神宗實錄》副總裁。而先文定以逆焰方張，落落無出山志，遂招黨魏諸人之忌，諷台臣智鋌論劾閒住。

戊辰今上即位，詔起原官，侍日講，補經筵講官。先文定以日講舊例，無益於治，宜節省繁文，凡所誦說，必稱引二帝三王，以爲聖明補助。又欲於講論之餘，商榷章奏諸事，咨考軍國利弊，更增置講官數員，更番入直，遇有重難事情，必須援古證今，按據國朝典故，如此則天下要事，略如指掌矣。疏上，閣擬韙之。十二月以日講敘勞，加太子賓客，充纂修《熹宗實錄》副總裁。是年插酋虎墩兔犯宣大。己巳先文定復上疏曰：「方今急務莫若先事強兵，兵強則戰必勝，守必固，而費又可省。臣十一年條陳諸疏，具在御前，若見諸施行，猶然可以保勝，可以節財。倘蒙聖鑒，先與臣精兵五千或三千，一切所須，毋容牽沮，再加訓練，擇封疆急切處，惟皇上所使，必立微功以報命。既有成驗，然後增兵，大張撻伐。」即命錄進條陳東事諸疏，得旨：「覽前後章奏，具見留心兵事。今封疆所在，戒備緩急何先？督撫專責外，作何專任？」兵部覆奏：以督撫專責外，別無事任，欲留置先文定於左右，以備顧問。四月改左。十一月邊報破撫順，長驅而入，京師震恐，奉旨會議。先文定言：「臣自通籍以來，一切籌策，言之數矣，所言者已成既往。今日之事，惟有待援於遼而已。內地之兵不可以勝，職所能知也；東來之兵必可以勝，非職所能知也，速爲都城守禦之備，弗以張皇爲諱。今太倉無宿儲，凍糧在河干，即發兵防守，能禦寇乎？不若速運，近各城者，即貯各城，更近者運入都。自車牛馬騾而外，可用董摶霄人運之法，不然無待攻圍，只須坐食，而我困矣。」其守禦最急者莫如火器，時大司寇請用先文定，奉旨協同工部尚書張鳳翔料理物件。初四日，上御平臺，召對內閣兵部諸臣，先文定奏：

「臣於今年正月曾疏陳兵事，此時若拮据措辦，得如臣奏，有精兵三五千，今日臣請自願領兵擊賊無難矣。」上曰：「曾有此奏。」先文定復奏：「敵人精騎止萬人，今之人衆，大都掠我良民，其中豈無脱身欲歸者？但官兵遇之，必殺以報功，是絶其歸正之路，所以彼衆日繁，仰祈皇上敕諭招徠，亦解散一策也。」即令先文定屬稿，中有「貪官污弁，尅減成風，虚占軍丁，實充囊橐。又因遼事方殷，月餉稽發，譁而得罪，誠非得已。但爾等生長中華，豈無父母妻子親戚鄉井之戀？彼暫相覊誘，終被屠僇，前此受害者，爾等亦聞之矣；今特赦爾等前罪，許爾維新，解甲投戈，棄敵來歸者，計功加賞，轉滅族之禍爲傳世之榮，在此一舉」。諭到，展轉相傳，一日夜間，棄敵來歸者絡繹不絶。尋議守城及城外箚營事，總協獨主箚營，先文定奏：「守城全賴火器，非素練不能；若營卒出城，則城夫皆屬平民，未經練習，不知火器。昔遼陽之變，臣再遺書諸當事，云城外列營，萬分不可；只憑城用炮，自足盡賊，不聽。大兵出城，望賊潰散。寧遠之捷，憑城用炮，殲敵萬衆。二者較較可知已。」上起立，復問二説何從？總協二臣奏訖，先文定復奏：「古時無火器，非戰不勝；今大炮既能殺賊於城外，是坐而戰勝也。若驅未練習之民於城外，勝負難期，不如守城爲穩。」上曰：「既如此，定於守城。」乃令安民廠造西洋砲三位，一面教練，晝夜在城，饑渴俱忘，風雨不避，手面瘇瘃，提點軍士。二十三日於德勝門外三發大炮，殲敵甚衆。奈當事者展轉齟齬，不踰月而京城之外申甫滿桂兵連遭挫折，至是而文定所言城内守禦，城外列營，於玆益驗矣。時涿州護送西洋大砲至，先文定又疏云：「神器既見，宜盡其用。東事以來，克敵制勝，獨有神威大砲，一見於寧遠之殲，再見於京都之守，三見於涿州之守，既享其利矣，可見空返乎？」時工部尚書南居益疏請一切軍器，皆宜歸併兩廠，先文定於是遂謝其事。然而皇上鑒先文定忠勤城守，敍勞頒賚，寔有加焉。

上又命戶部清理屯鹽二事，先文定疏云：「臣雖東南腐儒，於此二事抱杞憂之日久矣，蓋嘗游學奉使，咨詢十直省，朝考夕思，揣摩四十年。竊有二策於此，其理確然而不易，其事甚易而無難，其着數則捨此而外，別無措意之處，其效驗則漸次而成。要之數年之後，則財計而民生士風邊防，皆倍勝於今日。惟在皇上斷然必行，與中外羣工努力奉行而已。」六二疏條例款要約二萬餘言，上慨然嘉納之。各項俱源委詳明，鑿鑿有據，最得屯鹽要理。兩疏具在，未遑備載。時因言事者議論不協，先文定再疏乞休，而上復有慰留修曆之命。先文定既懇辭不得，因嘆曰：「欽若昊天，王者重事。況歲差之法，歷代皆有修改，煌煌天朝，大典廢缺，生平肄習，其敢愸焉。」於是始精意事天之學矣。

先是萬曆四十年十一月朔日食，欽天監推算不合，兵部員外范守己累疏駁正。四十一年正月十五日月食，又不合，部科請修改，咸薦先文定，不果。崇禎二年五月初一日日食，上傳諭欽天監推算日食刻數，不對。大學士韓公奏言：救護之日，先文定先推算本日食止二分有餘，不及五刻，驗之果合。於是上命修改，給敕書關防。先文定上疏大略：天行有恆數，無齊數，終歲之間無一相似。歲法如此，他法皆然。又陳急要事宜四款，得旨，修議曆法，立論簡確，列法明備。開局未幾，以儆暫停，敵退復理曆事。庚午六月陞禮部尚書兼翰林院學士協理詹事府事，時以曆事正殷，刻分杪末，推算浩繁，繼晷焚膏，不遺餘力。十二月以《神宗實錄》成，加俸一級。辛未三月光廷試讀卷官，六月充考庶吉士讀卷官。八月，邊報攻圍大凌河，援兵大敗，城陷，降我將士。先文定上疏云：「臣言兵十三年，章疏十上，謹檃括上呈御覽。」旋蒙聖鑒，令再詳明條奏。先文定又上疏，言選練事甚悉。疏中陳列雖未獲盡數舉行，然議論豐采，朝野倚重，忠清素望，注卜實殷。時值陵工告成，頒賜銀三十兩。

壬申五月初四日，旋奉旨以禮部尚書兼東閣大學士，入内閣辦事。先文定再疏懇辭，兩承溫旨，着即入直辦事，以副徯佇。先是枚卜之典，必由會推，皇上加意考慎，見先文定勤劬積久，官舍之内，門清如水，謂可屬以大事，故有是命。遂以禮部尚書兼東閣大學士，入内閣參預機務，纂修《熹宗實錄》總裁，玉牒提調。時先文定以孑立之踪，忝居重地，雖生平餽遺請託，必絶必嚴，至是則通候常札，亦必對使焚械，婉詞謝卻。而又以聖恩特達，捐軀難報，每夜必殫焚香告帝之虔，每日入直，目不停披，手不停揮，百爾焦勞，雖有以食少事繁之意微嗣婉諷者，先文定弗顧也。八月同知經筵事，十二月以皇三子命名，頒賜銀十五兩。癸酉元旦頒賜銀三十兩。時先文定雖叨陪密勿之中，時切疆埸之念，而皇上亦有以宰臣行邊之意，屬意先文定。一日夜分退朝，喜形於色，初不以叨居輔弼之

司，遂忘鎖鑰北門之寄，而綢繆戶牖之防，賜蓋一日九迴也。本年七月二品考滿，上隆禮眷顧，謂先文定協贊忠誠，勞績茂著，加太子太保文淵閣大學士，尚書如故，蔭一子中書舍人，追贈先高祖而下，俱贈太子太保。尋遣中使賜鈔二千貫，羊一羣，酒一瓶。八月初九日以脾疾乞假，奉旨：「卿偶恙未能入直，閣務殷繁，暫調一二日，即出佐理，不必請假。」經月不愈，屢遣中使慰問，賜豬羊酒米醬瓜茄，奏謝，奉旨：「慎加調攝，稍痊即出佐理，以慰倚注。」病中以閣臣恭視寫篆進封貴妃冊印，頒賜銀二十兩，賜紵絲一表裏。奏謝，奉旨：「加意調攝，即入直佐理，以副延佇。」又一月病益甚，上疏乞休。奉旨：「卿輔政忠勤，積勞偶恙，殊切朕念，暫調即可痊復，何乃輒有引請，着加意慎攝，稍愈即入直佐理，以副眷倚。」時先文定力疾倚榻，猶矻矻捉管了《曆書》。良由平生勞勩，習與性成，不自覺病體之莫可支也。是日以冊封貴妃，禮成，頒賜銀二十兩，紵絲一表裏，鈔二千貫。奏謝。明日又遣中使王忠賜豬羊酒米醬瓜茄，忠入臥所，面宣上意。先文定就床叩頭奏謝。自念：感聖恩之如天，悲報國之無日，不覺慟哭失聲，中使爲之感動。幸值曆事將竣，先文定度不能起，乃於二十九日疏明：已進《曆書》七十四卷，已完而未進者六十卷，即薦山東參政李天經以畢其事。又奏：明年二月十五日月食。以皇四子命名頒賜銀十五兩。時病勢益甚，尚語孫爾爵曰：「疾深矣。倘得乞休，歸里門，明農訓後人，耕鑿歌帝力耳。」又草《農書》數卷，至十月初七日而長逝矣，嗟乎痛哉。內閣具奏，訃聞，上輟朝一日，深加憫惻，着禮部從優議卹。生之日特達霑恩；歿之日五典備禮，不知先文定何以得此於皇上也。無論不孝孤，即百世之下，聞之猶慨焉失涕者，國事方殷，主恩未報，文定誠未可以死也。

文定爲人寬仁愿確，樸誠淡漠，於物無所好，惟好學，惟好經濟。考古證今，廣諮博訊，遇一人輒問，至一地輒問，問則隨聞隨筆，一事一物，必講究精研，不窮其極不已。故學問皆有根本，議論皆有寬見，卓識沉機，通達大體。如曆法、算法、火攻、水法之類，皆探兩儀之奧，資兵農之用，爲永世利。居恆敬天法天之學，皆得之功深積久之餘，故當機應務，萬變不窮，而一皆根極理要。凡所動作，有一事不可對人，有一念不可對天者，不敢出也。至若應變解忿，他人遲回斟酌而未即得者，文定當前立決，絕無惘疑。如在通州，通天下援遼兵俱道經，諸衣請食者無數，四川石柱司土官秦氏率兵三千至，與兵部請餉，兵部給之曰：「餉俱在通州徐少詹處。」秦氏來謁，先文定曰：「我正苦無餉。」川兵忿無所告，適浙兵亦從天津至，求餉，忿激格鬥，總兵畢應武使兵捕之，見殺，文定使人諭之，遂解散。延綏遊擊盛以彰率兵三千至，糧盡，以彰入京，兵欲譁爲亂，文定躬自拮据，人給二鐶而止。恩信威義，所在感孚，大率類此。時孝瑞皇后崩，文定入哭，鑑湖孫公遣使訃告天下，徑與牒以行矣，文定謂孫公曰：「禮宜請頒哀詔。」孫公亟悟，追還使者，而御史左光斗遂論劾孫公矣。八月，神宗皇帝晏駕，長安洶洶，先文定從通州星夜馳至，備不虞。初議大行皇帝廟號「顯宗恭皇帝」。文定與大學士方公言：「皇上垂拱四十年，深居而天下治，豈非神明默運乎？」因更定今謚。光宗皇帝即位，一月而崩，美政畢舉，羣臣哀慕，爲改元稱號，先文定知其非禮而言之不得也。是非之際，斷然不欺；利害之交，凜然不苟。當練兵通州時，部議廩餼諸費，視巡撫例辭十分之一，迨事竣而所餘廩給，若操賞，若捐助，暨皇賞共一萬六千餘兩，悉奏還各庫，無染指；反以延綏兵故行糧乏而譁，文定自捐俸金百餘兩犒之。而前後所造銃式，及屢造車式臺式共數百金，開局條歷寔備，又日周其不給，不下數百金，而捐己奉公又如此！他年兵部庫中部院緘封銀一篋，後進有司不知也，召經久胥徒而問之，始知爲先文定通州繳還原物。生平懿跡，每事不求人知又如此！居官自迎養，先大父歿後，不欲以家室相隨，官舍蕭然，臨歿之時，適內外孫二人爲應試至，獲視含殮，視笥中惟敝衣幾襲，銀一兩而已。故事詞林之遷轉差遣，一循資敍，萬曆戊午宜典畿試，大學士方公屢屢不出；宜典武試，辭；宜充日講官，辭；宜充經筵講官，辭；冊封之使初定蜀府，有以慶府易則易之；後宜管理誥封，亦辭；宜充纂修官，亦辭。至臨大事慷慨奮發，不知有毀譽禍福，每誦唐人詩：「一人計不用，萬里空蕭條」，有擊碎玉壺之意。都城戒嚴，奉旨協理城守，日苦調度不給，甚至朽木寸鐵，皆爲珍惜。臨沒了了，祗以疆圉多故爲念，一語不及於私。古人連呼渡河之氣，文定有焉。不孝孤當年嘗見先文定覆友人二札云：「東方之事，異常寃慘，假使不佞當之，豈令決裂至此。惟有澄江冷月，差堪語此，興言至是，豈勝邑邑。」嗟呼，文定利於己者無一不讓諸人，利於國

者無一不任之己。世方樹籬立戶，互相標榜，文定不隨波附和，亦不立異以爲高，與物無競，物亦不得而親，終身惕厲，惟知上有朝廷，四十年如一日也。一材一技必折節收之，不惟不待其求，亦不令其知。有枉抑不平者，輒代爲暴白，人或知而引謝，曰：「我自公耳，何謝焉？」人困阨，有求不忍辭，必曲爲捐助，然未嘗一一與家人言。雖博綜最富，著述最多，皆爾雅遒健，然未嘗逞懸河以炫長，或遇人即言，非其人則木如也。又性喜屬意字學，筆筆正鋒，而亦不欲以藝顯。待人溫溫，笑語竟日，無惰容倨色。然不可干以私，門無雜賓，居家絕跡公府，地方利弊，不惜百口。如建閘蓄水，濬吳淞江，復禹舊跡，及民輸布運等役，不靳筆舌。通籍四十年，室廬不改，惟務本業，得開物成務之遺。每有志興西北水利，買田天津，辟草萊而耕之，人遂有倣而行之者。慶弗燕會，不隨俗浮靡，力返於樸，服食儉約，不殊寒士，終身不蓄妾媵。教戒子孫下至臧獲皆有法焉，鄉黨澆薄爲之一變。是則先文定居朝居鄉之大略也。惜乎富強之略，不見之施設，僅見於紙墨之流傳；魚水之歡，不得之盛年，而得之桑榆之迅景。假使先文定慷慨上書之日，無所牴牾，必將大有建樹，何至身都富貴，終身若抑鬱而誰語者哉，不孝孤所以仰天椎心而泣血也。

文定生於嘉靖壬戌三月二十一日，卒於崇禎癸酉十月初七日，享年七十有二。配吳氏，累封淑人，今封一品夫人。子一，即不肖孤驥也，郡庠生，今廕官生。娶太學生顧公昌祚女。孫男五人：爾覺邑庠生，今廕中書科舍人，娶甲子科舉人俞公廷鍔女；爾爵邑庠生，今廕中書科中書舍人，先娶禮部主事喬公煒女，繼娶廩膳生李公延玆女；爾斗邑庠生，娶登萊巡撫孫公元化女；爾默邑庠生，娶南京應天府經歷黃公兆蘭女；爾路邑庠生，娶工部主事潘公雲龍女。曾孫男六人，俱未聘。

所著有《曆書》一百三十二卷，《清臺奏草兵事疏幾何原本測量勾股水法簡平儀農遺雜疏毛詩六帖百字訣》行於世。《文集》數十卷，《南宮奏草端闈奏草經闈講義通漕類編讀書算平渾日晷》《九章算法》《農書醫方》藏於家。

惟是本年月日卜吉而藏，泣血拊心，名公大人狀之則事且無徵，恭惟老先生門下，文薇班揚，道高管鮑，隻字單詞，允爲信史，敢徼福先靈，叩閽以請。泣念先文定溫室之言不泄，闇室之積難窺，謹按疏草憲令，私居遺跡，摭什一於千百，布之司籍，伏乞憐而鑒之，俯賜如椽，以爲先文定公重。詎惟不孝孤寔世世子孫式靈無旣矣！驥無任瀝血哀懇之至。不孝孤驥泣血謹述。

又《徐文定公集序》　聖教昉行一國，率有聖哲挺生，以非常之才，立德功言三者，彪炳一世。或又行起死肉骨，不藥療病等異，耀人目，警人心，風動四民，於是所言必信，有感斯孚，過化存神，教澤深遠，父傳之子，子傳之孫，雖遇艱難困厄，而信志堅貞，歷千百年不變，如班有聖雅各而俗美，法有聖勒米而化行，印度有聖方濟而崇正，皆明證也。我中國聖教盛行，猶在元代，其時有和德理者，亦聖賢中一人，宣訓燕京，都士向慕，後以遄返西邦，未獲卒業，論者惜之。明季利子瑪竇航海來華，上海徐文定公與之友善，聞其教，首先崇奉。用其不世之才，力爲推廣，撰論說，譯經書，陳奏朝廷，闡揚大義，教之所以行，文定之功居多。迄今垂三百載，傳二十餘省，溯厥源流，詎容忘本？然延至今日，知公者其誰？每一念及，良用喟然。丙申春，高司鐸鎬鼎以法文著《傳教誌》，錄文定事頗詳，皆宗古西人函牘。蒙讀而悅之，擬譯華語，爰請文定公哲裔，出家乘諸本，又涉獵教中書暨《明史疇人傳》等摭其要，合於西士所載，都爲一編。惜公之德百不知一，而公之文散遺殆盡，僅得《像贊》三，《原道》一，《行述》四，《序》與《書》各二，外有奏稿如干，多論火器曆法，於以見西學東來，自教士始也。嗚呼，公誠偉人哉！文名蓋當世，功業留簡編，尤能信奉眞教，簪笏立朝，絕不隱諱；若今之稍識之無，從事帖括，輒詆毀我教刺刺不休者，何其不自量歟！蒙一介庸流，行無足算，曷敢與文士抗衡；惟願其一去成見，細審眞教原委而見善力行，則彼之福，即蒙之望也。光緒丙申秋南沙問漁李杕識。

又《增訂徐文定公集序》　徐文定公明季名臣也。秉浩蕩剛大之氣，抱凝粹雄傑之資，其爲文閎博奇瑋，崢嶸磅礴；其爲學網羅中外，闚究天人；其立身處世，沉浸乎道德之府，痛絕乎門戶之心。稽其生平著作：有奏草，有經義，有詩藝，有《徐氏庖言》，有《四書參同》，有《通憲圖說》，有《兵事或問》，有《西法曆書》，有《農政全書》，屈指二百餘部，亦云富矣。惜哉兵燹頻仍，輾轉散佚，迄今所有十不一二。光緒丙申余輯《文定公集》，惟得像贊、原道、書序、奏稿各如干，讀者輿歎闕如，不見

全豹。戊申春，公十一世孫允希司鐸，搜其家藏抄本，又得《屯鹽練兵》等疏各數萬言，忠義之忱，躍躍於言表，誠以公臣於明，不得不忠於明也。脱令公生今日，其忠於我朝更何如乎？公之時有李太常之藻，亦我教中名人，其文雄勁，大抵遺亡，允希君搜得十餘篇，以附於公集，所以遂其追慕之意，亦以饗同人快覩之心也。光緒戊申十二月李杕又識。

徐允希《增訂先文定公集敘略》 我先祖文定公事功炳一世，才略聞八埏，歿後疊遭兵燹，其文散失過半。即刊而亡者亦十八九。光緒丙申李問漁司鐸始編公《行實》，訂《文集》，以行世。時允希旅客金陵，讀之，喟然曰：「我先祖遺澤入人深矣，然其文閟三百年而始出，豈有待耶？」是年復得公墨蹟，識者珍之。癸卯付石，以公同好。既而披家乘，又得章奏及屯鹽疏數萬言。無何，有友自泰西來，言奧國額克薩頓藏華籍甚富，或有文定公遺書存焉。允希聞之，喜甚，致富西友，果得舊刻《聖教規箴》一卷，《治曆疏稿》數十篇。噫，我祖遺編流海外，以免浩劫，豈偶然哉。去年秋，原集告罄，重爲編訂，分五卷。曰《文稿》，曰《屯鹽疏稿》，曰《練兵疏稿》，曰《治曆疏稿》，曰《章疏雜稿》。末附李太常之藻文數篇。夫公之傳於不朽固不賴斯編，然其信道之篤，經濟之洪，愛國憂民之切，學問藝術之精，亦於斯可見一斑，則此編之傳，爲不可少也已。宣統元年歲次己酉仲夏中旬第十一世孫允希敬敘。

雜録

馬良《徐光啓遺像題詞》 徐光啓，字子先，號元扈。先世由河南遷蘇州後，自高祖秉鐸上海，遂家焉。以嘉靖壬戌三月生。生三十六年，始中萬曆丁酉舉首。甲辰成進士，丁未授檢討。丁外艱，一再赴嶴門講習聖教禮規。服闋，回翰林院，旋請病假，至丁巳始遷左春坊左贊善，復請病假。萬曆末年，邊警迭告。乙未，除詹事府少詹，兼管通昌等處練軍事務，以巡撫體統行事，遂奏多造銃臺銃器，尋以乏餉徹兵，又一再請病假。其請病假也，輒至津門，興水利，講農學，爲京師根本至計。天啓癸亥，特旨陞禮部右侍郎。乙丑，爲魏璫所構，著冠帶閒住。崇禎元年戊辰，復特旨起用，加太子賓客。己巳，轉本部左侍郎，奉勅修正曆法，並巡視城中火器，乃徵龍華民等修曆，又從西士新法造大礮。是年十一月，於德勝門外三發大礮，戕敵甚衆。十二月，奏造鳥銃二三千，又奏陳訓練造銃各策。庚午二月，奏陳造銃教演，須徵用西洋人，並奏派龍華民、畢方濟赴嶴，招勸捐助火器。應徵者有教士陸若漢與教紳公沙的，皆屢獲勝仗。六月，陞尚書。壬申，兼東閣大學士。癸酉七月，加太子太保，兼文淵閣大學士。自陞授卿貳以來，每力辭，皆不獲。自是，又屢上疏乞休，卒以十月初七日薨於位。上聞震悼，賜祭賜謚，謚曰「文定」，並賜水衡錢治葬事，一切蔭贈皆如例。當文定未第時，常游學粵東，過韶州天主堂，遇教士郭仰鳳，談道頗契。庚子，訪利瑪竇於白門，益知萬事萬理舍萬物眞原無着落處。癸卯，復至白門，而利氏已北，遇羅如望，令恭默思道八日，恍然天下之天無二天，天主之教亦無二教，因遂受洗禮。入教後，公車北上，與利氏談聖經之暇，講西學，故屢有譯書之請。而沈淮等因附魏璫，屢害教士，文定亦屢上疏爭之，所薦之畢方濟，後亦上疏云：「臣又蒿目時艱，思所以恢復封疆，裨益國家者，一曰：明曆法以昭大統。一曰：辨礦脈以裕軍需。一曰：通西商以官海利。一曰：造西銃以資戰守」云云，皆忠讜至論，惜皆爲食古不化，與放利而行者所廢阻，不獲行其所志。然宮掖之間奉教者已五百餘人，士大夫數百人，以少京兆楊廷筠、太僕卿李之藻、大學士葉益蕃、左參議瞿汝說、其子式耜後謚忠宣者等爲最著。

又《明故少保加贈太保禮部尚書兼文淵閣大學士徐文定公墓前十字記》 嗚呼，聖沙勿略之來賓而薨於粵島也，誰不哭望三洲，奚我獨後？詎知大聖禱祈，早格維皇，即於是年嘉靖壬子，利瑪竇生。壬戌，則文定公生。

初訪利氏之會友於韶州，繼訪利氏於白下。考道數年，至癸卯，乃始深信不疑而受洗。嗣是，無日不推闡所深信之道，口之手之，公諸遐邇。時雖廷臣水火，魏、客煽處，致不能一展其猷，公泊如也。遇中傷教士，則必抗疏以諍之。公孫爾覺，刻其疏於上海南門外耶穌會之墓道。公云：「臣嘗與諸陪臣講究道理，書多刊刻，則信向之者，臣也。又嘗與之考求曆法，前後疏章，具在御前，則與之言星官者，亦臣也。因與講究考求，

知此諸臣，最眞最確，所傳事天之學，眞可以補益王化，左右儒術，救正佛法者也。臣心有一毫未信，又安敢妄加稱許，爲之游說哉？」觀此，知公信道之誠，不啻口出。

高山在望，尤貴景行。今歲癸卯，距公受洗三百周，江南教衆輸資，建十字石於肇嘉浜北原之故阡，取潘國光書旌納壙之文，演以爲頌曰：經云信德有耳聞，有傳有習相須殷。惟明碩輔徐上海，揭信光兮掃羣氛。耶穌會士載拜言，公眞震旦之朝暾。共豎墓前十字石，石弗爛兮矢弗諼。

光緒二十九年癸卯，教衆立。丹徒馬良撰文。婁縣張秉彝書。

李之藻

傳記

阮元《疇人傳》卷三二《明四·李之藻》 李之藻字振之，號凉庵，仁和人也，神宗戊戌進士，官南京工部員外郎，時大統法浸疏，禮部因奏請精通曆法如邢雲路、范守己爲時所推，請改授京卿，共理曆事，翰林院檢討徐光啓、南京工部員外郎李之藻，亦皆精心曆理，可與西洋人龐迪我、熊三拔等同譯西洋法，俾雲路等參訂，疏入，留中，未幾，雲路、之藻皆召至京師，參預曆事，雲路據其所學，之藻則以西法爲宗。

紀事

谷應泰《明史紀事本末》卷七三《修明曆法》 四十一年（癸丑，一六一三），南京太僕寺少卿李之藻上西洋曆法，略言：邇年臺諫失職，推算日月交食，時刻虧分，往往差謬，交食既差，定朔定氣，由是皆舛。伏見大西洋國歸化陪臣龐迪我、龍華民、熊三拔、陽瑪諾等諸人，慕義遠來，讀書談道，俱以穎異之資，洞知曆算之學，攜有彼國書籍極多。久漸聲教，曉習華音。其言天文曆數，有我中國昔賢所未及道者。一曰天包地外，地在天中，其體皆圓，皆以三百六十度算之。地經各有測法，從地窺天，其自地心測算，與自地面測算者，都有不同。二曰地面西北，其北極出地高低度分不等，其赤道所離天頂，亦因而異，以辨地方風氣寒暑之節。三曰各處地方所見黃道，各有高低斜直之異，故其晝夜長短，亦各不同。所得日景有表北景表南景，亦有周圍圓景。四曰七政行度不同，各爲一重天，層層包裹。推算周經，各有其法。五曰列宿在天另行度，以二萬七千餘歲一周。此古今中星所以不同之故，不當指列宿之天，爲晝夜一周之天。六曰五星之天，各有小輪，原俱平行，特爲小輪旋轉於大輪之上下，故人從地面測之，覺有順逆遲疾之異。七曰歲差分秒多寡，古今不同。蓋列宿天外，別有兩重之天，動運不同。其一東西差，出入二度二十四分；其一南北差，出入一十四分，各有定算。其差極微，從古不覺。八曰七政諸天之中心，各與地心不同處所，春分至秋分多九日，秋分至春分少九日。此由太陽天心與地心不同處所，人從地面望之，覺有盈縮之差，其本行初無盈縮。九曰太陰小輪，不但算得遲疾，又且測得高下遠近大小之異，交食多寡非此不確。十曰日月交食，隨其出地高低之度，看法不同。而人從所居地面南北望之，又皆不同。兼此二者，食分乃審。十一曰日月交食，人從地面望之，東方先見，西方後見。凡地面差三十度，則時差八刻二十分。而以南北相距三百五十里作一度，東西則視所離赤道以爲減差。十二曰日食與合朔不同。日食在午前，則先食後合；在午後，則先合後食。凡出地入地之時，近於地平，其差多至八刻。漸近於午，則其差時漸少。十三曰日月食所在之宮，每次不同，皆有捷法定理，可以用器轉測。十四曰節氣當求太陽眞度，如春秋分日，乃太陽正當黃赤二道相交之處，不當計日勻分。凡此十四事者，臣觀前此天文曆志諸書，昔未能及。或有依稀揣度，頗與相近，然亦初無一定之見，惟是諸臣能備論之。不徒論其度數而已，又能論其所以然之理。蓋緣彼國不以天文曆學爲禁，五千年來通國之俊，曹聚而講究之。窺測既核，研究亦審。與中國數百年來始得一人，無師無友，自悟自是，此豈可以疏密較者哉！觀其所製窺天窺日之器，種種精絕。即使郭守敬諸人而在，未或測其皮膚。又況現在臺諫諸臣，刻漏塵封，星臺迹斷者，寧可與之同日而論也！昔年利瑪竇最稱

博覽超悟，其學未傳，溘先朝露，士論至今惜之。今龐迪我等鬚髮已白，年齡向衰，失今不圖，政恐後無人解。伏乞敕下禮部，亟開館局，首將陪臣龐迪我等所有曆法，照依原文，譯出成書，其於鼓吹休明，觀文成化，不無裨補也。

楊廷筠

傳記

丁志麟《楊淇園先生超性事蹟》 淇園楊先生，諱廷筠，浙西錢塘人。楊氏科第，甲於武林。公性質軒朗，以好學樂善稱。壬辰成進士，歷督學御史京兆少府。其自督學解組歸也，左右圖書，手未嘗輟帙。越撫朱公，深相敬慕，將使都人士矜式，爰選西湖佳勝，藉皋比而推公講席；公倡道學，結眞實社，討論勤修，遐邇知名；其優婆比丘，襲乾竺衣鉢之傳者，恆以禪乘中之，於是公之門，有禮僧之室焉，持珠受偈者環堵。公雅好施與，凡寺刹臺殿，多所修建。先是泰西利瑪竇先生，來賓於廷，倡明天主之道，公蓋習聞其說而未之悟也；公友太僕卿李我存諱之藻，實先從事焉。歲辛亥，我存公官南都，與利先生同會郭仰鳳、金四表交善；比告歸，遂延郭金二先生入越，適乃尊疾篤時，因即以終傳之事重托之。公聞李封君歿，往唁，見二先生，欣然叩其宗旨；既而懇覲主像，竦息瞻拜，恍若大主臨而命之也，因延先生至家厚禮之，杜卻囂塵，一意窮聖學指歸。先生爲開示主恩，發明教誡，而後洞然知天地萬物，同歸一天主之生養，於是仰視重玄，俯悼微躬，感生成之極恩，幸迷途之已豁，而曩時修齋佞佛之念，幡然更始矣。一日忽謂先生曰：天主之當奉，固也，謂其爲天地萬物之主也；吾聞釋氏，乃西方聖人，即並奉之，亦何傷乎？先生解之曰：不然，主一而已，胡可並也？握天地之大權者，謂之主；明天地之大主，而翼翼昭事無違者，謂之聖；世未有非天主生之人，則亦未有岐天主之聖矣。今釋氏戴天函地，不知有天主全能大恩，是爲至愚；知有主而不知畏，不知事，是爲至悖；譬之食毛踐土，而不知有君，斯其人之知慮心思，不愚夫愚婦若矣；知有君矣，不忠於其君，而欲自帝自王，斯又亂臣賊子之尤矣；釋氏既欲尊其心性，而滅上主全能，背上主大恩，獨自抗傲，吾故曰，非愚則悖，如是而並奉之可乎？公深服先生之言，因論究經旨；語及天主降生爲人，受難以代贖世界，公意天主至尊無上，何爲至此，戒勿復言，懼褻天主也。先生乃爲發明其故，以證天主降生之實，且曰：降生之事，正與天主相稱。蓋天主至尊而又至善；善之理在於相通，彌善則彌欲通其善也；極其善，則極其相通；未盡其相通之情，則未極其至善之功也。天主化生萬類，夫既已大通其德於極矣，然而通其能，未通其體，則至善之情未盡也，故天主以爲未足，至於親降受生，以天主性合乎人性，以無上至尊之主，而爲萬民萬世贖罪之身，則其相通之情，至此極矣，無以加矣。天主至善之心，於是而始盡矣。故謂吾主降生，代贖世罪，非惟不褻其尊，正以見至尊至善之極功也。公欣然擊節，稱賞不置。一日金四表先生，及粵中會士鍾念江，與公論道，因發明西禮大祭之義，以麵像之間，天主實式臨之，其義深遠，而猶慮公之未諶也，則更爲反覆歷示以證之。公矍然曰：此安所事揣摩爲者？吾主愛世之心無已，其降生贖世之事之恩，非出無稽，更何復有致疑者乎？因矢志爲主功臣，求領聖洗。夫聖洗，蓋初奉教所行以滌夙罪者也。領洗之規，首遵十誡；誡中一嚴邪淫，苐以夫婦爲正，毋二色也。曩公因乏嗣，故置側室，公子二，由庶出，比公固請聖洗，而先生未許；公躊躇且久，私謂我存公曰：泰西先生乃奇甚，僕以御史而事先生，夫豈不可？而獨不能容吾一妾耶？若僧家者流，必不如是。我存公喟然嘆曰：於此知泰西先生，正非僧徒比也。聖教誡規，天主頒之，古聖奉之；奉之，德也；悖之，刑也；德刑昭矣，阿其所好，若規誡何？先生思救人，而不欲奉己，思挽流俗，而不敢辱教規，先生之德也，其所全多矣；君知過而不改，從之何益乎？公忽猛醒，痛改前非，屏妾異處，躬行教誡；於是先生鑒其誠，俾領洗焉。公致虔以奉主像，擇地置堂，蠲潔供具，堂中帳幕，乃以御賜闌縑爲之；曩者菩薩之堂，泥金之相，沉檀珍寶諸奉，俱以瓦礫置之矣。太公之封翁，素有德望，聞公從聖教，輒喜之，亦躬自澡勵，獲霑聖澤。太夫人既耄而憒，日惟長齋繡佛，持誦涅槃，與之談教誡，講理道，如寒灰

不然，枘鑿不合。公低回無計者久之，惟是呼籲天主，引躬自悼，并戒家之人，嚴守聖齋，冀主默啟。時公年邁六旬矣，衣不解結，食不再進者旬餘，遂致形容憔悴，氣體尫羸，母訊其故，公乃俯首自訟不已；母復訊之，則泣然出涕曰：兒不德，不能事吾母，致惑邪說，而背正教，兒之罪也；異日者，母淪永苦，兒百其身，莫可贖矣。太夫人乃悲而悟，悟而愈悲也，欷歔言曰：吾今信矣，爾曷不早言之，而自苦若是？吾今信矣，惟子是從，無復疑矣。於是亟求領洗。一堂之中，讙悅相慰，以爲從迷而得路，出幽而視明也，爰感鴻慈，闔家奉齋，旬有餘日，咸謝主恩焉。既而公顧悼衆迷，深慚獨醒，傷正學之榛蕪，悲邪說之流行，思揚聖教，接導群生，爰於宅畔，擴建主堂，爲同教瞻禮之地，延泰西會士諸先生，住其中，時與衆人講解聖經；武林人士，靡然嚮風矣。居無何，而太公夫人先後遐舉，太公年八十有四，太夫人年八十有三。公居苫次，盡志盡誠。武林故尚佛事，往往齋僧雜道，廣宣經懺，喧鐃鼓於長夜，爇楮幣以終朝，見公闃不聞聲，則咸議焉；親暱宗黨，至有爲公婉規切諫。公命取家禮示公既倡率家人，就宅中之主堂，殫形神以趨赴；迨於公堂中，尤必以身先衆，輸誠致恭，仰而祈祝，俯而訟悔，任舉一事一物，略無苟且者。爾時武林有放生會，歲每糜費數千，悉市鱗介羽毛而縱之；公既奉教，知愛物不如仁民，迺鳩薦紳善士同志者，共興仁會，規簡而當，義博而精，每月就主堂中，隨所願舍笥貯焉；令忠謹之士，司其出入；飢者食之，寒者衣之，渴者飲之，病者藥之，旅者資之，虜者贖之，死者藏之；四方無告之民，利賴無算。而公軫念，更有加及於微弱者，貧窶之人，寒凍殊苦，多患皸瘃，公諭家人，日伺典舖中所鬻敝衣垢裳，收而滌緝之，臬絮則市而楮之，歲施數百所，全活頗衆。鄉之人，有志課其子弟而乏力者，爲義館之設，量才擇師，任其來學，文有期，行有規，時躬檢課，而迪以性學，於是公之里閈，入孝出弟，舉多端士也。一日，行見同教親之曰：此非吾儕所共遵守者哉？禮莫備於家禮，宗儒準古喪祭，垂之萬禩，不過如是，安所取於今之念佛功果爲也？衆皆默然，而猶私擬公儉於待親。於是七七之期，公權佛事之費，而倍施舍之，老羸殘疾，犴獄孤寡，咸沾惠焉，衆乃知公大有所見而然。既釋苫蓋，宅墳塋，則依聖教隆重之禮，尊嚴具備，不與俗同；其地惟取崇潔，屏絕堪輿之説，以爲禮遵三代，去古未遠，後人希世福，而附會之，禮之所不敢出也。夫人之生也，於何而來？其死也，於何而歸？存而順之，沒而寧之，俾其得全歸復命於上主，孝子於親，如是焉止；沿俗而棄古禮，循人而悖上主，悲哉其胥於迷矣。世俗尚鬼，而公重人，世俗狥人，而公奉主，天主與人相感之際，公蓋有以窺其微，而深明其毫髮之不爽也，故寧疏於人，而必不少懈於上主。旦暮誦禱之課，七日瞻禮之期，大小聖齋之日，柩外露，未獲所藏者，公惻然曰：若翁即吾翁也，忍令至是。爲之購隴畝，築墳墓，并令教中貧乏者咸葬焉。又於隴中立一聖堂，以行大祭，祝祈主眷，祐其靈魂，其用意周摯若是，他可知矣。時艾思及先生，在講座，更爲廣之，曰：公憐民而多方拯之，其功固不淺矣，第憐貧而未憐富，第憐病之在身，未憐病之在心也。公曰：將如何？艾先生曰：愚謂施人以財，未若兼施人以訓；財及於人身，訓及於人心，財爲一時之惠，訓爲終身之澤也；因言而施，因施而廣，施之爲功大矣。夫聖教書籍一帙，僅數錢耳，施貧不足，施富有餘；今有富貴人於此，予以數錢則艴然怒，予以書籍則翻然喜也；施受固不同矣，彼知吾言之富，不知吾費之儉也。緣是多刻聖學書籍，廣傳正教。艾先生又告公曰：夫爲善之功，貴於恆久，彌久則功彌大；今仁會之施，一出一入，入者有限，施者不易窮乎？不若權子母而施之；惟是置田宅，計羨餘，歲施其所出之數，此長久計也。公深以爲然，遂置產千金，抵今施不匱焉。公既欽崇正學，推廣善端，貧富同霑，生死咸戴，其家伯叔亞旅，從公入教者以百數；間有浸淫異端，媚佛求福者，公輒阻之，亦皆化而歸正焉。公居家，晝則舉行善課，夜則置淨几，爇名香，聚家人及大小臧獲於一堂，延諸先生端坐，相與發明教旨；蓋公知家庭有罪，歸於家長，是以慰誨提撕，亹亹不倦。至於邦之人，亦以公爲表率，志士仁人，洗心滌慮，嚮化者寖盛。至若平日所躬自克勵，用當韋絃者，約有四端：曰愛人，曰克己，曰忍辱，曰甘難。顧愛人者，先愛其親，誨人者，先誨其子弟；公之子有過，則庭訓責之；家人有犯其命，則每恕之，若犯教規者，必不恕也；蓋恕人之愛淺，而以不恕爲愛，其愛人深矣！凡修德之士，以防私爲要，故克己之功最不可緩也。公時加警策，至東棕帶腰間，頻年坐寢不貼床席，以遏欲於未萌，其克己篤切如此！人於七情之中，惟怒易發而難制，教中七克，含忍其一，若非用力既久，

難言犯而不校也。憶公嘗乘輿入市，騶從駢集，有醉人被觸，恃酒訕公不止；途之人弗堪也，從者欲執治之，公止勿較，歸語人曰：吾平生時聞諛侫，而今忽來譏言，庶幾可贖前愆乎？人服公之雅量。公初奉教時，同鄉沈宗伯，疏彈西學，公不阿權勢，慨然殫力，發明正理，而尤慮西士之不安也，則請寓其家；或有以難告者，公曰：師弟相從，義也；居恆聞道，自謂生死不渝，一朝臨難而棄之，寧惟不慊於情，即學問亦非矣。流言之日，適公楚憲命下，故止不行。或趣公，公徐曰：某卻有一事放不下處；詰其故，則曰不有居者，孰顧西士？沈公乃告公曰：西士之事，今置之矣；公筦然曰：某卻要公不置，猶且望於公，伐某親之也。由是益知公之見義勇爲，非浮慕道學，逃虛獵名者比。乃公之用心嚴密，尤有足述者：計其靜默誦經之時三，曰朝，曰晝，曰暮；其省察之端四：曰思，曰言，曰行，曰缺；時不疎放，事無玩愒，公猶閔閔皇皇，若不及也；蓋曰：世之自謂無過者，皆不從事省察者也；不省察，則過不自知，而反自以爲善，無善功矣；故凡進於善者，皆其不自謂善者也；爲善之事有限，爲善之心無窮，吾苐偶爲一善而善之，未爲者固多，故吾弟覺吾之未能焉，不敢謂吾之已善也。夫不敢以無罪爲功，反以無功爲罪，此其功，在乎身體力行，而要非吾主默啟其心，扶翼其行，未易幾矣！公所以旦夕禱告，祈主默佑，然猶自謂日在過中也；不惟內自訟而已，訟必改，改必告，告必補，每依滌罪正規，設誠而致行焉。凡遇瞻禮之日，肅恭謙抑，求爲告解，補贖前愆，即公事忙冗，不廢操存。又雅慕西士退靜歲省之法，遂乃自定日期，屏棄塵棼，謝絕交際，獨居一室，請艾先生指引，存省默想之功，因省奉教以後，種種罪端，總求解赦，凡曩時痛悔不眞，告解未盡，補贖未全者；既已定心澄慮，密與主通，然後求領聖體；既領聖體，益覺修力彌堅，主恩彌厚也。公見人遷善，不勝欣躍。一瞻禮日，有多人士領洗，輒歡心達於顏色，謂艾先生曰：吾見新奉教者，心實喜而且敬之；何也？茲世界尚混混然，聖教未明之時也，乃有卓識之士相率而來，豈不可敬？若至聖教大行，而後奉教者，不足異也。里中有爲公譽者，謂公生平行事，無一不善，獨有一不善處，是從聖教。公聞之，咨嘆曰：某生平行事，無有一善，乃獨有一善處，是從聖教。噫！共一主也，此以爲正，彼以爲不正；共一事也，此以爲善，彼以爲不善；善不善，亦豈徒口說爲準哉？然公幸而爲此一善，公不爲此一善，則種種善事，何自生耶？艾先生曰：余素勸公爲此一善者，故苐畧述之，以不忘故人云；若夫宦蹟善事，余又安足以知之，一聽之口碑史筆可也。公立天主堂與居宅相連，喜得昕夕與諸先生促膝論學，然慮日久不便，屢欲另構一所。天啟七年，丁卯秋，偶遊他邑，忽切念此舉，不可少緩，急急言旋，遂改造聖堂於武林門內；觀巷工竣，而公疾篤，若謂立堂之願已滿，去世之期未遠也。公沒，其次公子，將田房原契，贈泰西先生；嗣後西來先生，故於武林者，未有葬地，因取公所購舊墳，捐入聖堂，爲諸先生前後藏魄之所；而長公之子，又充田若干畝，爲守塋之需；凡此皆善繼祖父之志者也，公可謂有子若孫矣！公享年七十有一，砥礪篤修，至死不懈。易簀前數日，命取楮筆，闡明天主事理，歷解疑端，娓娓不置；家人憂而止之曰：宜稍寧神，毋煩思索。公執之固曰：聖教妙理，人未能詳，我深知之，俟我寫盡此意，而辭此世，豈容默然不言耶？既成帙，俱定篇名，命梓行世。臨終悉依教規，備行諸禮，先告解，後領聖體，聖油，以堅定心志，存養靈魂於永訣之際，預示死期。死之日，遠近親故，如喪考妣；邦人上諸當道，舉公鄉賢，雖未足酬其萬一，亦足以徵公德之感人者深矣。公所以深明天學義理，躬行不怠者，蓋其好善之心，虔誠虛受，徽承主牖；且先後迓諸泰西先生，如龍精華畢金梁輩，朝夕促膝，惟窮究天學奧旨，或有未明，不憚再三送難，以求理盡心慊。嘗對艾師談論，嘆曰：余與諸先生細論十有四載，無日不聆妙義，大快吾衷，惜乎世人不肯傾心研究，故鮮能深造於斯道者！公著述有《代疑編》、《代疑續編》、《聖水紀言》、《西學十誡註解》、《西釋辨明》、《廣放生說》等書，要皆發明天主之道，精微透切，爲世所珍。按淇園楊公懿行隱德，亦不勝其悉數也，大都爲者不盡聞，聞者不盡筆，其自既認大主之後，居恆必與泰西諸先生處，而形神之功，力行不怠，故善承諸先生之訓者，莫如楊公，而深悉楊公之行者，亦莫如諸先生也。邇者艾先生自武林入閩，余幸而從遊，艾先生每津津道之；余思茲世，錮於習聞，其聆聖學，卓然進修者有幾，今獨於楊公見之，竊仰止焉；聞其行蹟，喜爲筆記，而不覺其不文。嗟嗟！非謂此足令楊公不朽也，蓋使後之同志者，可觀而法焉；斯固艾先生之情也，抑亦步趨者之願也。

王徵

傳記

張炳璿《王端節先生傳》（明涇陽王徵先生年譜） 崇禎癸未之次年三月初四日，涇陽葵心王公卒於里第。卒之日，紳衿耆夙，思公痛公，不能置於其懷，相與唁而歎曰：「夢夢者天耶！胡生弗辰，乃竟使此公賫志以長逝耶！」既而不忍以名名公，後相與考行，私謚稱端節先生。蓋先生生平無逸行，於法得端，節則愾逆闖之入關也，魚肉其薦紳先生，故以僞命辱之。故先生手題墓門之石：有明進士奉政大夫山東按察司僉事奉勅監遼海軍務了一道人良甫王徵之墓。旁更署一聯曰：「自成童時、總括孝弟忠恕於一仁，敢謂單傳聖賢之一貫；迄垂老日、不分畏天愛人之兩念，總期自盡心性於兩間。」又曰：「老天生我意何如？天道明明忍自迷，精白一心事上帝，全忠全孝更無疑。」付其子永春，侄永年輩曰：「吾不忍七十餘年君親生成之身，辱於賊手，旦夕且求死，死以吾所題字鐫諸墓門。泉下人渠復爲名計，死不忘君，永吾志足矣。」已聞賊且使迫促應命；先生輒引佩劍，坐卧所事天主堂中待盡，囑家人勿顧念。使果至，行以頸血謝吾主耳！無何，子永春以先生老病狀復有司，有司縶永春代行。永春喜得代：「第俾吾父考終命於牖下，兒即九死目瞑矣！」先生亦強相慰勞：「兒代我死，死孝；我矢自死，死忠；雖不能不痛惜，兒顧以忠孝死，甘如飴也。」從此遂絶粒不復食，家人勉進匕箸，進藥餌，亦弗御。閱七日而捐館舍。屬纊之際，猶握予手，誦所謂：「憂國每含雙眼泪，思君獨抱滿腔愁」之句。絶無一語及他。予同至親及門視含殮，目先生脫然委蛻，金色浮滿大宅：意先生勤事天之學期二十年。刻刻以畏天愛人爲心，至是復以憂憤盡節，滿面金色示異。君子雖不語怪，要必有不死者存。遠擬夷齊，近媲文山、雪庵，先生之風殆庶幾歟？予既奉先生遺囑，攝先生生平大節，志而銘之。尤念銘藏以示後世，近顧不可無傳。維時關以西立言之士，凋謝殆盡，予鄙僿甚，辱先生情親而誼深，且知先生殊悉。有道之碑，竊幸可以無愧，於是復爲之傳：

先生先世遠，莫可考。諱春，占籍涇陽之始祖也。數傳至瓚，瓚生尚仁。尚仁生雲，是爲先生王父。世有隱德，配衛氏生子二，長應選，純愨克世，以先生貴封文林郎直隸廣平府推官，配張，即予姑。慈惠靜順，贈孺人。以隆慶辛未四月十九日生先生。諱徵，字良甫，道號了一道人，葵心其別號也。先生生而穎異岐嶷。七歲出就外傅，從先大夫學。先生固以理學名關西，教先生占俾章句。灑掃應對外，即一言動不苟。已能日誦百千言，已能爲文，駿發茂美。年十五，有修庵尙翁者，予舅氏也，過從先大夫，因晤先生，異之，試以帖括，不移晷成，斐然可觀。翁即以女許委禽焉。十六歲遊於泮。廿四舉於鄉。名理淵涵，躬行砥礪，人謂先大夫宅相之奇，先生洵無忝於魏收、劉牢之云。居恆嗤士人一甫登賢書，有則狎俠邪，使酒罵座；不則飾裘馬，豪宕不羈；有則溷公府，徵逐貨利；不則求田舍，連卷猥瑣。乃爲文自誓，壹學范文正做秀才，便以天下爲己任。故困於公車垂三十年，而絶無一字陽鱎其間。布袍蔬食，著書談玄。時而策蹇，時而徒步，謙光道氣，有滅明、叔度之遺韻焉。至於事母之孝，根於天性。痛其多病，百計醫療，徒跣百里，十武一叩，以禱藥王。丙夜望斗，膜拜百數，以祈增算。居喪則不茹酒肉，不近寢室。瘠毀骨立，幾於一號殞命。邑里顧化，使人篤於毛里之愛，錫類維則，迄今流餘風也。壬戌登文震孟榜進士，時五十二矣。擢第之日，無論識與不識，莫不欣欣相賀。粹品積學，蔚然公輔之器，其有益風敎民生，將未艾也。已乃司李平干，丁繼母艱。已復司李維揚，丁太公艱。實歷官籍，才二年餘耳。其在廣平，則辨白蓮之誣服，全活無辜以數百計。定清河之水鬨，澤被石田以千頃計。演諸葛之八陣而武備飭，築成安之河壩而昏墊拯。其他丹筆明冤，□魚表潔，美政雖以指數。廣陵甫任，三王就封。無藝之征，王舟之費，榜人貂虎，幾以人爲哺。先生挺身白之王前，力爲元元請命，王終折節聽之。未幾魏璫羅織構獄，連及舊鹺臺樊公，房公，故太守楊公、顏公。又構黃山一案，蔓引幾數百人。奸人乘機磨牙，無一敢逆其顏行。先生獨矢天日曰：「司李，郡執法也。即某在必不敢廢法。法不廢，齗齗者其容嚙弱肉乎！倘不以平反報司李，願罷斥去，廢朝廷法，而爲一己功

名地，死不敢爲也。」當事卒不能辱。璫勢漸灼，人爭獻媚，白下、淮陽建祠累累，部使者以下，竭蹶恐後，先生獨與淮海道來公陽伯名復，毅然不往。來公與先生同里同社，同以風節表著，寧觸璫怒，禍不測，必不污姓字於建祠籍中，一時有關西二勁之稱。丁太公艱後，服尚未闋，會登萊叛將劉興治據島爲亂。登撫初陽孫公，悉先生長於邊計，特疏起升山東僉憲監遼海軍務。先生赴闕控辭，弗允。與孫公劼毖島事，及圖恢復金復海蓋諸道。未幾叛將授首，恢復諸務，駸駸有成算矣。而孔李二將，自吳橋激變，反刃歸登。家屬內伏，叛人外攻，侵尋至於淪陷。橛鼠羅雀，先生力竭，無異張、許之於睢陽。而其間使逆黨服其忠義，不忍加害，授以艅艎，航海歸廷尉。卒徼鷄竿之赦，以返初服。此非至誠足貫金石，格豚魚，能及此耶！返初十五年，卻掃著書，禦寇賑饑，清貧如布索，而切已溺已饑之恥。勤渠如學徒，而開後知後覺之蒙。而且雅量容人，和風扇物，一時提陽秋之鏡者，擬先生孝謹如石建，平恕如劉寬，籌邊如仲淹，直節如汲長儒。其創製有自行車，自行磨，引水代耕，測漏連弩，著成《奇器圖說》等書。又如法和孔明。而惜乎其中道免官，不能大竟厥施，不能不爲斯世扼嗌之耳。然先生享年七十有四，宣髮朱顏，步履強健，談論風生，與人無城府。好獎藉後學，所過人爭延致。又如堯夫先生之花外小車，天下名碩，習公藉甚。官秦者爭先式盧。先生每切切以憂時經世相勸勉，至於銅駝之歎，杜鵑之慨，灼識洞觀，至今不幸其言驗，而付之無可奈何，如先生者夫甯可多得哉！猶憶大祲之後，邑令誤信其下，催科過殿，先生輒手疏數百言，侃侃切直。客虞觸令之怒，先生曰：「竿牘無私，我所自信。令君信我，涇民幸，令亦幸也。即不我信，我固未嘗負令君也。」令卒謝過惟謹。先生如傷之念，此更可窺一般。嗚呼！先生可傳之行，更僕難數，茲僅傳其大略。予嘗有感於士君子完品之難，子云當世名傑，而美新遺詬於千秋。信公有宋第一人也，炎午猶風其速死。蓋人居恆談忠義，扶綱常，嘗不鋼腸鐵骨自擬，視叩馬採薇，扶目斷舌可接踵者：一當患難生死之際，或蒙袂而不知耻，或澳涊而不能決，即甘一瞑矣！而或後時無以自白，均之於品有未完也。若先生者，迹其平生如此，按其晚節又如此。夫當逆黨操生死大權，雖望祠下拜，所損未若反面事仇之甚也；先生尚不肯屈一膝以嘗斧鑕，豈值世運鼎革君父摧殘時，而顧偷一日之生歟哉？故人謂先生之品完於盡節之日，而予於不媚魏璫時，已覘先生之品有獨完矣。故予志銘中特以完人與先生秉彝同心，天下後世，必不謂予阿所好也。先生之配尚孺人，貞壽克儷厥德。側室申氏，青年貞靜，矢志靡他，小星中猶難多得。子永春，孝思篤摯，其得脫逆闖禍也，明則黔首爲之代控，幽則碧翁爲之垂憐，矢佑忠孝，豈眞夢夢也哉！弟徽，醇學篤行，蜚聲藝苑，乙卯秋闈，大受知於有司矣！而顧以數奇未售，先先生卒。弟徹樸茂忘機，無間言於友於。侄永年、永祚、永齡等，猶子情深。一門孝友，尤皆爲先生完品之助。故亦傳之末簡。嗚呼稗官國史，可使修夜常明，誰標金玉之管，尚有採於斯言。

查繼佐《罪惟録》卷一二中《致命諸臣傳·王徵》 王徵，字良甫，號葵心，晚自稱了一道人，陝西涇陽人。生穎異，七歲，過目成誦。二十四，舉於鄉，負志節，以著書講學力行爲務。母病，跣百里，步一禱，注病愈。困公車三十年，乃登天啓壬戌進士，司理廣平。時白蓮黨所連無數，徵盡活之，補揚州，三王之國，挺身白王，民徭減。魏祠大興，徵獨與兵鹽道來復持之，邗上無香火魏者。來復亦陝人，時稱關西二勁。黃山吳養春獄，多波及，徵據法曰：「寧失官，不能深文。」徵奉天主教最，闢佛事，因習西洋術，製有自行車、自行磨，引水代耕，測漏連弩，草《奇門圖說》。崇禎初，降將劉興治據島叛，登萊巡撫孫元化薦徵山東僉事監軍。徵行而興治亦貼。會兵亂吳橋，還據登州，徵與元化並自繫詣闕請罪。元化死，徵赦歸里。著兵書曰《癡想》，所載有三約、三諭、四伏、四活、五飛、五助，凡二十四則。三約，約遼人也；三識，皆邊事也；餘皆火攻之制，時無有信其用者。先是童謠有云：「水過雁塔，李王大發。」時果水浮塔頂。迄癸未冬，賊自成乘勝入秦。徵知不免，書「全忠全孝」四大字，付其子永春，且曰：「吾必死，當鐫石墓門『有明進士奉政大夫山東按察司僉事監遼海防軍務王徵之墓』。」賊至，手劍坐天主堂，閉口不食，七日而死。死之夕，猶誦「憂國每含雙眼泪，思君獨抱百年愁」之句。

屈大均《翁山文外補·涇陽死節王徵傳》 王徵字良甫，一字葵心。涇陽人，天啓二年進士。初任廣平推官，部民爲白蓮教所誣，徵得數百人，冤者釋之。又築清河水閘，武安河壩，有功於郡。丁母艱歸。補揚

州。天啓七年，瑞、桂、惠三王就國，供億繁重，民苦之。徵上啓三王，王皆折節以聽。魏璫忠賢起大獄，構舊巡鹽御史、舊知府樊、房、楊、顏四人。又構黃山一獄，末蔓引至數百人。吏椽藉爲奸利，將不可底。徵曰：「司理，天子之執法也。殺人以阿媚人，死且不敢。事若不直，願罷斥。」忠賢無以奪。時大江南北爭建忠賢生祠，徵獨與淮海道僉事三原來復毅然拒之，時謂關西二勁。崇禎元年，登萊叛將劉興治據島爲亂，巡撫孫元化薦徵邊才，上命以山東按察司僉事往監遼海軍。時徵服未闋，赴闕控辭，弗允。至軍數月，斬興治，恢復金、復、海、蓋諸州。會孔有德吳橋激變，反攻登州。徵城守旬餘，士饑不能出戰，城陷。逆黨重徵不忍害，使航海以歸。既下獄，會赦得釋。闖賊初起，關中岌岌。徵歸與邑令募兵守禦，繕甲儲餉，爲桑梓計。流賊屢攻不能拔。賊往來飈忽數千里，秦無完城，獨涇陽、三原安堵，大抵多出徵與焦源溥方略云。十六年冬，西安陷，賊欲大用徵，使且至。徵引佩刀坐於門以待，謂其嗣子永春曰：「賊使至，吾必不行，當以頸血濺之。」永春叩首曰：「大人毋自苦，兒今走自成所，請死以代大人。」徵曰：「兒代我死，死孝；我矢自死，死忠。兒行矣。」既行，徵遂絶粒不食。延至五日，永春獲釋，系而歸，跪進湯餌。徵曰：「子之於父，當徵其志，今日之事，不忍父死，是亂父志也。」揮之。又餓二日乃歿。邑人私謚曰端節先生。

萬斯同《明史・王徵傳》 王徵字良甫，涇陽人。舉於鄉，十赴會試不第。以孝義爲鄉里所推。天啓二年始舉進士，授廣平府推官。時治白蓮妖黨，株連者數百人，多爲昭雪。建清河水閘，民獲其利。以繼母憂歸。服闋，補揚州。值三王之國，部内大擾。徵直詣王前，白之王，即爲戒戢。徽州黃山獄興，其富人多行賈於揚，主者大肆羅織。徵曰：「我在必不使無辜受冤也。」獲全者衆。大吏建魏忠賢祠，惟徵與監司三原來復不與，時稱關西二勁。崇禎初，以父憂歸。東江副將劉興治作亂，登萊巡撫孫元化以徵素習西洋火器，薦爲遼海道監軍僉事，節制東江。未幾興治爲部下所殺，徵乃與元化謀將進取四衛。上言：十餘年來所爲耗費金錢，荼毒生齒者，總爲遼左一塊土耳。故議者僉曰：「遼事平，天下甯。」又曰：「遼餉不增，遼須罷兵。」夫兵何易言罷也。臣謂兵貴土著，不貴客兵，管仲曰：「有節制之兵三萬，足以横行中原」，況一隅乎？計莫如收拾遼人，令善將者簡閱而訓練之。明其賞罰，施以恩威，可省徵調召募之費。因而扼要設奇，乘險樹壘，以遼人守遼土，可益堅故土之思。因而廣收膏腴，大興屯種，以遼土養遼兵，可漸減加派之困，於攘外之中，得安内之道，幸聖明垂聽報聞。四年十二月，李九成、孔有德反於吳橋，擁兵還抵登州。其黨與爲内應。明年正月朔，城即陷。徵及元化皆被執，幽之空舍，久之縱還。元化論死，徵謫戍，已而赦歸。十六年冬，李自成陷西安，令有司召徵，徵誓死不赴。其子永春陳父老疾狀，有司執以代行。明年京師失守，天子殉社稷，徵爲位慟哭，絶粒七日卒。鄉人私謚端節先生。

方苞《望溪先生文集》卷五《書涇陽王僉事家傳後》 國之將興，其時非無奸險陰賊之臣也，政教方明，而賢者持其樞柄，則務自矯革，以取所求，或伏抑而不敢逞。國之將亡，奸險陰賊之臣，必巧構機會，以當主心；而賢人君子，少得事任，常有物焉以敗之。若是者豈人之所能爲哉？涇陽王僉事徵，當明崇禎朝，以邊才由司理擢按察司僉事，監登萊軍。未閱月軍變，落職歸田里。甲申三月聞懷宗愍帝殉社稷，七日不食死。公少事即慕諸葛武侯演八陣圖，仿木牛流馬，製械器，皆可試用。其家居，見流賊猖獗，但築魯橋城以保涇、原，鄉人賴之。曩令監軍登萊，得期月之暇，撫循士大夫，則凶弁無從煽亂，而公之才賞可顯見矣。乃方起遽踣，持國論者不信罪之有無，而輕棄之，此可爲流涕者矣。然公之功能猶未著也。孫高陽久鎮邊關，功在社稷；而廢棄八年，卒使城破巷戰，闔門就死，其所遇乃憂勤恭儉之君，親見其困於逆閹，又賴其力以收畿疆，紓國難，而終奪於奸險，豈非天哉。少師爲諸生時，即徒步歷諸邊，以天下爲己任。蓋其始也，不以事任之，不屬而弛其憂。其終也。不以事任之，不屬而讓其死。是則諸君子所自爲正而不聽命於天者夫。

黃節《王徵傳》 王徵，字良甫，又字葵心，陝西涇陽人。明天啓壬戌進士。授廣平推官。開清河閘，利濟運輸。起復揚州推官，講禮正樂，政刑清簡，士民胥化，弗拜魏璫之祠。以邊才薦授登萊監軍僉事，未閱月告歸。米賊竄亂秦中，所過州縣率被殘掠。徵里居，倡立忠統營，屢出奇兵卻賊，以故涇、原一邑獨全。自來中國多尚義理之學，而於製器尙象之旨，皆失其意，則以爲奇伎淫巧，而無與於形上之道。徵嘗歎考工指南而

後，宗工哲匠弗傳其術，而諸葛之木牛流馬，雖擅千古，後人亦弗克發明。乃製爲虹吸、鶴飲、輪壺、代耕及自轉磨、自行車諸器。未通籍時，每春夏播耕，多爲木偶以供驅策；或舂者、或簸者、或汲者、或飲者，或操瓶杖抽風箱者，機開轉捩，宛如生人。至收獲時，輒用自行車束載以歸。其所居室，竅一壁以通言語。每一人語於竅，雖前後相隔數十屋，悉聞之。（泰西德律風發明距今不及三十年，而徵時已解此理。）皆其心所發明者。及讀艾儒略《職方外紀》，則慕乎多勒多城山巔運水之器，亞而幾墨得一舉手，轉運海舶之術，則爽然自失。曰西儒所言，當不得妄，而何緣當吾世而一睹之也。以是探賾索奇，思通其術。故當其未第也，就里中金四表者，授泰西文字。既舉進士第，補銓如都，則龍華民、鄧玉函、湯若望泰西諸儒方集都下候旨修曆。徵乃與諸儒游。舉外紀所載質之，於是得窺西儒所著製器圖說，而先從事於度數之學。嘗述西儒之言曰：因度而生測量，因數而生計算，因測量計算而有比例，因比例而後可以窮物之理，理得而後法可立也。卒就鄧玉函口授，而譯次之。其言曰：力藝重學也。力如人力、馬力、水力、風力之類。藝則用力之巧法，如用人力、用馬力、用水力、風力之類。所以善用其力而輕省之也。此重學，其總司唯一曰運重。【略】吾國言重學之源流，多尊之墨子。曰挈有力引無力也，動重學也。曰翟之爲車轄，須臾刻三寸之木，爲任五十石之重，靜重學也。漢志曰：權與物均而生衡，衡運生規，規圓生矩，矩方生繩，繩直生準，是規矩準繩皆本於權衡乃方圓平直之理。九章諸書言之綦詳，而獨不及於重學，豈久而失傳邪。泰西重學發明於亞而幾墨得，殆即徵所向慕之人。然有亞而幾墨得創之於前，而有千百如徵者求之於後，以故泰西近百年來物質之進步，無一不資於重學。吾國則如徵其人者，已不可多得。而當時以爲曲藝，其乃詆及西儒。以爲僅資耳目，而無與於君子不器（見徵自敍）。今有言徵者，舉國將驚而疑之，且不知徵之爲何人，大抵皆是也。悲夫！徵之言曰：學原不問精粗，總期有濟於世人，亦不問中西，總期不遠於天。兹所錄者，雖屬技藝末務，而寅有益於民生日用，國家興作甚急也。於戲若徵者，殆吾國之胡威立者爾（胡威立，英人之精於重學者。著書十七卷分靜重學動重學兩大支）。徵又言曰：民生日用之常，漸有輕捷省便之法，使猶滯泥罔通，似於千古尚象製器之旨，不無少拘。睹彼大圜輪，輪遞轉，匪一機以自輯，疇萬象之更新，而顧爲是拘拘者邪。於戲，使後之人有如徵者，由重學而發明萬匯物體物質之變，於此三百年間，吾國實業當不至窳敗若是，而顧爲是拘拘者邪。當是時，葉台山，徐元扈當國，以王佐才交章推薦，未獲起用。而李自成陷西安，脅徵使效力，則佩刀自矢不肯赴。聞京師失守，思陵殉社稷，□□入關，據地而帝。乃設帝位哭於家，七日不食死。著有《兩理略》、《奇器圖說》、《諸器圖說》、《了心丹》、《百子解》、《學庸解》、《天問辭》、《士約》、《兵約》、《元眞人傳》、《歷代發蒙辨道說》、《山居詠》諸集，學者私謚曰端節先生。

黄史氏曰：予讀明史，於王徵僅一識其名而已（附祝萬齡傳）。蓋死節士也，然或以爲死於癸未十月李自成之陷西安（明李北略亦云然）。則徵之死，死闖耳。及讀陝西志書，徵之死固在思陵殉國，□□入關之後，徵猶得爲位以哭故君。悲夫：徵以此才未盡其用，而乃不肯苟生，後之人不得聞其風，遂不能本其說而有所發明。則非徵之不幸，而中國之不幸也。後之人修史之罪也。當徵之時，唯物唯心論未入中國，而徵之言曰：耳目有資，手足有資，而心獨無資乎哉。西儒資心之書，猝難究竟，其尚俟諸異日，悲夫。設徵不遇國變死，則其所以饗後世者，亦復何限乃僅僅得此，而後之論之者，又謂其荒誕恣肆，不足究詰（四庫全書總目），詆之惟恐不力，悲夫。得之三百年上，而不知寶貴，今始駭而求之，則晚矣，則晚矣。

龐天壽

傳記

王夫之《永曆實録》卷二五《宦者列傳・龐天壽傳》 天壽事天主教，拜西洋人瞿紗微爲師。勇衛軍旗幟皆用西番書爲符識，類兒戲。又薦紗微掌欽天監事，改用西曆。給事中尹三聘劾罷之。

歷史事件部

天主教分部

禮儀之争

《熙朝定案》 治理曆法遠臣閔明我、徐日昇、安多、張誠等奏爲恭請睿鑒，以求訓誨事。遠臣等看得，西洋學者聞中國有拜孔子及祭天、祀祖先之禮，必有其故，願聞其詳等語。臣等管見以爲，拜孔子敬其爲人師範，並非求福祈聰明爵祿而拜也。祭祀祖先，由於愛親之義，依儒禮亦無求祐之說，惟盡孝思之念而已。雖設立祖先之牌位，非謂祖先之魂在木牌位之上，不過抒子孫報本追遠如在之意耳。至於郊天之禮典，非祭蒼蒼有形之天，乃祭天地萬物根原主宰，即孔子所云「郊社之禮所以事上帝也」。有時不稱上帝而稱天者，猶如主上不曰主上，而曰陛下、曰朝廷之類，雖名稱不同，其實一也。前蒙皇上所賜匾額，親書「敬天」之字，正是此意。遠臣等鄙見，以此答之。但緣關係中國風俗，不敢私寄，恭請睿鑒訓誨，遠臣等不勝惶悚待命之至。

康熙三十九年十月二十日奏，是日奉旨：這所寫甚好，有合大道，敬天及事君親敬師長者，系天下通義，這就是無可改處。

朱宗元《極世略說・追念先人當循正道》 天主教中，第四誡曰，孝敬父母。所謂孝敬者，生則敬而養之，死則葬而追思之謂也。飲食者，生人之事，形骸之需；死則棄形存神，既免饑渴，何須嘉旨？試觀苾苾芬芬，一奠之後，總入生人口腹，奚曾沾及先人？特古之人，以爲子孫，事死如生，事亡如存，舍此馨香俎豆，無以伸其致敬致孝之誠，惟是禴祠蒸嘗，互舉於四時之祭焉；然又世遠則情絶，故親盡則祧，非始祖與有功之宗，亦不復祭；此就有位者言也。若庶人原不立廟，祭禰而已。迨後世，以爲祭之義，生於心，固無二致；而祭之禮，因時沿革，不必泥於成典也。於是古者四民祭不追祖，後則凡彼所能憶者，皆合祀之，雖非古典，尚存一本遞承之意也。古者有廟祭，而無墓祭；故寒食野祭，歐陽氏非之；然瞻彼松栢，不免露霜之感，則後之掃墓而獻，雖非古典，尚存逝不可追之恫也。古者有四時之祭，而無生辰諱日之祭；後則謂生之辰，係祖父得有其身之日，死之日，乃子孫抱痛終天之日，手澤猶新，烏能已乎？此雖非古典，尚存樂與哀半之念也。古者冠婚，告廟而不設祭；後則加爾元服，燕爾新婚，始祖以下，俱奠焉；此雖非古典，尚亦存追遠之心也。若古者祭祀，子弟爲尸；後助易之以像，無非因親已不在，而曲爲像，以如見其在也。總之祀先者，報也，非養也；蓋爲人後者之孝思也，非供已死者之日用也。至今世，自餓鬼之說興，始有祖宗餒而之惑；自妖卜之說興，始有先人索祀之疑；自閻王之說興，始有冥司賂賄之訛；而且親死，則祈救無君之佛；超度，則資功悖德之僧，念阿彌，謂黃阡白串，堪作地府金銀；焚關牒，稱片楮隻封，便是冥途憑據；立主位，信形魄歸土，而神魂依於木主也；則今之所謂祭者，其義既謬，其禮已非；故聖教將今之殯葬追薦所用之禮，凡謬妄不根者，概禁絶之。然聖教於已亡之先人，並非無致敬致孝之禮也：蓋有誦禱文，舉彌撒，灑聖水，上乳香等禮，以祈天主，拯拔先靈而登之於福天也。故曰，追念先人之正道，其惟聖教乎。

南京教案

綜　述

沈漼《參遠夷疏》 奏爲遠夷闌入都門，暗傷王化，懇乞聖明，申嚴律令，以正人心，以維風俗事：

職聞帝王之御世也，本儒術以定紀綱，持紀綱以明賞罰，使民日改惡勸善而不爲異物所遷焉。此所謂一道同風，正人心而維國脈之本計也。以

太祖高皇帝長駕遠馭，九流率職，四夷來王，而猶諄諄於夷夏之防，載諸《祖訓》及《會典》等書。凡朝貢各國有名，其貢物有數，其應貢之期，給有勘合，職在主客司。其不係該載，及無勘合者，則有越渡關津之律，有盤詰奸細之律。至於臣部職掌，尤嚴邪正之禁。一應左道亂正，佯修善事，煽惑人民者，分其首從，或絞或流；其軍民人等不問來歷，窩藏接引，探聽境內事情者，或發邊充軍，或發口外爲民，律至嚴矣。夫豈不知遠人慕義之名可取，而朝廷覆載之量，可以包荒而無外哉？正以山川自有封域，而彼疆我理，截然各止其所，正王道之所以蕩平，愚民易與爲非，而抑邪崇正，昭然定於一尊，乃風俗之所以淳厚。故釋道二氏流傳既久，猶與儒教併馳。而師巫小術，耳目略新，即嚴絕之，不使爲愚民煽惑，其爲萬世治安計，至深遠也。不謂近年以來，突有狡夷自遠而至，在京師則有龐迪峨、熊三拔等，在南京則有王豐肅、陽瑪諾等，其他省會各郡，在在有之。自稱其國曰大西洋，自名其教曰天主教。夫普天之下，薄海內外，惟皇上爲覆載照臨之主，是以國號曰大明。何彼夷亦曰大西。且既稱歸化，豈可爲兩大之辭以相抗乎？三代之隆也，臨諸侯曰天王，君天下曰天子。本朝稽古定制，每詔誥之下，皆曰奉天，而彼夷詭稱天主。若將駕軼其上者，然使愚民眩惑，何所適從。臣初至南京，聞其聚有徒衆，營有室廬，即欲修明本部職掌，擒治驅逐。而說者或謂其類實繁、其說浸淫人心，即士君子亦有信向之者。況於閭左之民，驟難家諭戶曉，臣不覺喟然長歎，則亦未有以尊中國，大一統，人心風俗之關係者告之耳。誠念及此，豈有士君子而忍從其說乎？說者又謂治曆明時之法，久失其傳，臺監推算漸至差忒。而彼夷所製窺天窺日之器，頗稱精好。以故萬曆三十九年，曾經該部具題，欲將平素究心曆理之人，與同彼夷開局繙繹。嗚呼！則亦不思古帝王大經大法所在，而不知彼之妖妄怪誕，所當深惡痛絕者，正在此也。臣請得言其詳，從來治曆，必本於言天，言天者必有定體。《堯典》敬授人時，始於寅賓寅餞，以日爲記。如「日中星鳥」，「日永星火」，「宵中星虛」，「日短星昴」，蓋日者天之經也。而月五星同在一天之中，月之晦朔弦望，視日之遠近，而星之東南西北，與日之短永中相應。是故以日記日，以月記月，以中星記時。《舜典》在璇璣玉衡，以齊七政。解之者以天體之運有恆，而七政運行於天，有遲有速，有順有逆，猶人君之有政事也。則未聞有七政而可各自爲一天者。今彼夷立說，乃曰七政行度不同，各自爲一重天，又曰七政諸天之中心，各與地心不同處所。其爲誕妄不經，惑世誣民甚矣。《傳》曰：「日者，衆陽之宗，人君之表。」是故天無二日，亦象天下之奉一君也。惟月配日，則象於后，垣宿經緯以象百官，九野衆星以象八方民庶。今特爲之說曰：日月五星，各居一天。是舉堯舜以來，中國相傳，綱維統紀之最大者，而欲變亂之，此爲奉若天道乎，抑亦妄干天道乎？以此名曰慕義而來，此爲歸順王化乎，抑亦暗陽王化乎？夫使其所言天體，不異乎中國，臣猶慮其立法不同，推步未必相合；況誕妄不經若此，而可據以紛更祖宗欽定、聖賢世守之《大統》曆法乎？臣又聞其誑惑小民，輒曰祖宗不必祭祀，但尊奉天主，可以昇天堂，免地獄。夫天堂地獄之說，釋道二氏皆有之。然以之勸人孝弟，而示懲夫不孝不弟造惡業者，故亦有助於儒術爾。今彼直勸人不祭祀祖先，是教之不孝也。繇前言之，是率天下而無君臣；繇後言之，是率天下而無父子。何物醜類，造此矯誣？蓋儒術之大賊，而聖世所必誅，尚可蚩蚩然驅天下而從其說乎？然閭左小民，每每受其簧鼓，樂從其教者，聞其廣有貲財，量人而與。且曰天主之教如此濟人，是以貪愚之徒，有所利而信之，此其胸懷叵測，尤爲可惡。昔齊之田氏，爲公私二量，公量小，家量大。以家量貸民，而以公量收之，以收民心，卒傾齊國，可爲烱鑒。劉淵入太學，名士皆讓其學識。然而寇晉者，劉淵也。王夷甫識石勒，張九齡阻安祿山，其言不行，竟爲千古永恨。有忠君愛國之志者，寧忍不警惕於此，猥云遠夷慕義，而引翼之，崇獎之，俾生其羽毛，貽將禮備至。縉紳先生與之遊，講究天主大道，多所契合。著有《實義》《畸人》等書行世。服從其教，感其化者比比。辛亥卒於京，賜地葬焉。於是熊、龐、陽、龍諸子，先後接踵來京司教事，而晉有高則聖，閩有艾思及，江南有畢今梁，併顯聞於時。崇禎已巳，庭議修曆。徐文定公素折節西賢，爲性命交。知其旁通曆學，時以少宗伯領督修，疏薦函璞鄧子，未幾病歿。續薦余師道未湯子，暨味韶羅子。曆垂成，羅又病歿。獨余師與曆事相始終。【略】來莫大之禍乎？伏乞勅下禮兵二部，會同覆議。如果臣言不謬，合將爲首者，依律究遣，其餘立限驅逐，仍復申明律令：要見彼狡夷者，從何年潛入，見今兩京各省有幾處屯聚；既稱去中國八萬里，其貲

財源而來，是何人爲之津送，其經過關津去處，有何文憑，得以越渡；該把守官軍人等，何以通無盤詰？嚴爲條格，今後再不許容此輩闖入，違者照《大明律》處斷。庶乎我之防維既密，而彼之蹤跡難詭。國家太平，萬萬年無復意外之虞矣。臣不勝激切待命之至。萬曆四十四年五月□日

又《再參遠夷疏》 奏爲遠夷闌入都門，暗傷王化，懇乞聖明，申嚴律令，以正人心，以維風俗事：

先該臣於本年五月間，具題前事，候旨未下。頃於七月十九日，接得邸報，又該禮部覆題，亦在候旨間。臣有以仰體聖心，未嘗不留念於此事也。則臣言有所未盡，而機務原不可不熟思爾。夫左道惑衆，律有明條，此臣部之職掌當嚴也。裔夷窺伺，潛住兩京，則國家之隱憂當杜也。聖明自爲社稷計，豈其不留念及此乎？惟是兩京事體，稍有不同，而王豐肅等潛住南京，其盤詰勾連之狀，尤可駭恨。則臣前疏，尚有言之未盡者，何也？京師爲陛下日月照臨之所，即使有神姦潛伏，猶或上憚於天威之嚴重，而下怵於舉朝之公論。未敢顯肆猖狂，公行鼓扇。若南京則根本重地，高皇帝陵寢在焉。山川拱護，固爲臣庶之瞻依，而門殿閟清，全在紀綱之振肅。所以譏防出入，而杜絶夫異言異服者，尤不可不兢兢也。而豐肅神奸，公然潛住正陽門裏，洪武岡之西，起蓋無梁殿，懸設胡像，誑誘愚民。從其教者，每人與銀叁兩，盡寫其家人口、生年日月，云有咒術，後有呼召不約而至。此則民間歌謠遍傳者也。每月自朔望外，又有房虛星昴四日爲會期。每會少則五十人，多則二百人。此其自刻《天主教解要略》中，明開會期，可查也。蹤跡如此，若使士大夫峻絶不與往還，猶未足爲深慮。然而二十年來，潛住既久，結交亦廣，不知起自何人何日，今且習以爲故常，玩細娛而忘遠略，比比是矣。臣若更不覺察，胡奴接踵於城闉，虎翼養成而莫問，一朝竊發，患豈及圖。尤可恨者，城內住房既據洪武岡王地，而城外又有花園壹所，正在孝陵衛之前。夫孝陵衛以衛陵寢，則高廟所從游衣冠也。龍蟠虎踞之鄉，豈狐鼠縱横之地，而狡夷伏藏於此，意欲何爲乎？更可駭者，臣疏向未發抄，頃七月初，纔有邸報，而彼夷即於七月初旬具揭。及至二十一日，已有番書訂寄揭稿在王豐肅處矣。夫置郵傳命，中國所以通上下，而廣宣達也。狡焉醜類，而横弄綫索於其間，神速若此，又將何爲乎？頃該巡視東城御史孫光裕，查照會題事理，行令兵馬司拘留彼夷候旨，猶有愚民手執小黄旗，自言願爲天主死者，幸而旋就拘獲，然亦可見事機之不可失，而處分之明旨，更不可後矣。

臣查得大明律例，凡化外人犯罪者，並依律擬斷，註云俱要請旨。除王豐肅係化外人，臣謹遵律令，明文候旨處分外，其餘同居徒衆，妄稱天主教，扇惑人民，見在本所搜獲者一十三名。一面行提鞫審，此外更不株連一人。今小民洗滌門戶，不復從邪，正可嘉與維新。而都士大夫，尤曉然知狡夷不可測，臣乃得昌言以畢其愚慮。惟恐遠聽者不審其情形，而猶惑於術數之小知也。且龐迪峨、熊三拔，久在輦下，傳送既速，簸弄必巧，遷延日久，綫索横出，則亦事機之不可不慮者也。伏乞陛下念根本重計，蚤賜批發該部，覆請速咨。臣等將夷犯從法依律擬斷。其原參未獲陽瑪諾等者，行提緝獲，庶乎明旨昭然，而人心大定，道化歸一，而風俗永清，不惟臣部職掌得申，而國家之隱憂亦杜矣。臣不勝激切待命之至。

萬曆四十四年八月□日

又《參遠夷三疏》 奏爲遠夷情形甚詭，留都根本當防，懇乞聖明蚤賜處分，以清重地，以正人心事：

臣聞邪不干正，而左道惑衆者必誅；夷不亂華，而冒越關津者必禁。方其萌芽窺伺，則以禮教防之而有餘，及其當與勾連，則將干戈取之而不足。竊照夷犯王豐肅等，詐言八萬里之遠，潛來南京，妄稱天主教扇惑人民，非一日矣。先該臣兩次具題，又該禮部及南北臺省諸臣，先後題催，未奉明旨。陛下豈猶未悉彼夷情形之詭乎？夫其術之邪鄙不足言也。據其所稱天主，乃是彼國一罪人。顧欲矯誣稱尊，欺誑視聽，亦不足辨也。但使止行異教，非有陰謀，何故於洪武岡王氣所鍾，輒私盤據？又何故於孝陵衛寢殿前，擅造花園？皇上試差官踏勘，其所蓋無樑殿，果於正陽門相去幾里，是否緣城近堞，蹤迹可疑。南京各衙門月給報房工食，蓋謂兩京事體，奉旨施行，欲其呼吸相通爾。其他鄉官士民皆不能得。而彼夷人亦給工食與報房人，意欲何爲？尤可異者，各衙門參彼之疏，尚未得旨，而龐迪峨、熊三拔等，亦造疏揭，差其細作鍾鳴禮、張寀等，賫持前來，詐稱已經奏進，刊刻投遞。臣觀其疏揭內，公然自言兩京各省有十

三人，殊爲可駭。夫利瑪竇，昔年進京始末，此廷臣所知，原未嘗有如許彼衆也。皇上憐其孤身，賜之葬地，此自柔遠之仁，與成祖當年賜浡泥王葬地相同。若使浡泥王蒙恩賜葬，而浡泥國臣民，遂借爲口實，因緣竊入，散布京省，成祖能置之不問否？彼乃欲借皇上一時柔遠之仁，而潛藏其狐兔蹤迹，勾連窺伺，日多一日，豈可置之不問耶？臣近又細詢閩海士民識彼原籍者，云的係佛狼機人。其王豐肅，原名巴里狼當，先年同其黨類，詐稱行天主教，欺呂宋國主，而奪其地，改號大西洋。然則閩粤相近一狡夷爾，有何八萬里之遙？臣雖未敢即以此説爲據，然而伏戎於莽，爲患叵測。總之根本重地，必不可容一日不防者也。

伏乞皇上即下明旨，容臣等將王豐肅等，依律處斷。其扇惑徒衆，在本所捕獲鍾明仁等，及續獲到細作鍾明禮、張寀等，或係勾連主謀，或係因緣爲從，一面分別正罪，庶乎法紀明而人心定，奸邪去而重地亦永清矣。臣無任激切待命之至。

萬曆四十四年十二月□日。

《付該司查驗夷犯劄》南京禮部爲奉旨處分夷情事：

准禮部咨照得狡夷王豐肅等，與內地奸民鍾鳴仁、鍾鳴禮等，勾連扇惑，潛住輦轂之下多年。先該本部奏爲遠夷闌入都門，暗傷王化，懇乞聖明，申嚴律令，以正人心，以維風俗事。內參夷犯王豐肅、陽瑪諾、龐迪峨、熊三拔等四名，除龐、熊二犯，係潛住京師，近該禮部遵旨遞發外，七月間，禮部覆題抄到二十一日，該巡視東城御史孫，行兵馬司提拘王豐肅等一十四名。該本部於八月初一，題明前事，除王豐肅係化外人，臣謹遵律令明文候旨處分外，其餘同居徒衆，妄稱天主教，扇惑人民，見在本所搜獲一十三名，一面行提鞫審，此外並不株連一人等因。又於十二月初一，該本部續奏爲遠夷情形甚詭，留都根本當防，懇乞聖明早賜處分，以清重地，以正人心事。內稱尤可異者，各衙門參彼之疏，尚未得旨，而龐迪峨、熊三拔等，亦造疏揭，差其細作鍾鳴禮、張寀等，齎揭前來，詐稱已經奏進刊刻投遞云云。

伏乞皇上即下明旨，容臣等將王豐肅等，依律處斷，其扇惑徒衆，在本所捕獲鍾鳴仁等，及續獲到細作鍾鳴禮、張寀等，或係勾連主謀，或係因緣爲從，一面分別正罪，庶乎法紀明而人心定，奸邪去而重地亦永清矣等因，俱候旨問。今該前因除鍾鳴仁、鍾鳴禮、張寀等，合照本部題明事理另審外，及查十三名內，謝務祿一名，亦供稱化外夷人在卷。爲此合劄該司，查驗王豐肅、謝務祿果否俱係化外夷人，其未獲陽瑪諾是否先歸本國，速具確報，以憑查照。禮部題奉欽依事理，速差遞送督歸欽遵施行。

萬曆四十五年二月□日

吴爾成《會審王豐肅等犯一案并移咨》奉本部劄付內開鍾鳴仁、鍾鳴禮、張寀等合照本部題明事理另審外，及查十三名，內謝務祿一名，亦供稱化外人在卷。合劄該司查驗王豐肅、謝務祿，果否俱係化外夷人；其未獲陽瑪諾是否先歸本國，速具確報，以憑查照。禮部題奉欽依事理，速差遞送督歸等因。奉此隨牌行東城兵馬司將遠夷王豐肅、謝務祿二名，提解前來。該本司吳郎中，會同司務廳張司務、祠祭司徐郎中、精膳司黃郎中、儀制司文主事、祠祭司徐主事，會審得：王豐肅面紅白，眉白長，眼深，鼻尖，鬍鬚黃色。供稱年五十歲，大西洋人。幼讀夷書，繇文考、理考、道考，得中多耳篤，即中國進士也。不願爲官，只願結會，與林斐理等講明天主教。約年三十歲時，奉會長格老的惡之命，同林斐理、陽瑪諾三人，用大海船在海中行走二年四個月，於萬曆二十七年七月內，前到廣東廣州府香山縣香山澳中。約有五月，比陽瑪諾留住澳中，是豐肅同林斐理，前至韶州府住幾日。又到江西南昌府住四月，於萬曆三十九年三月內，前到南京西營街居住。先十年前，有利瑪竇、龐迪峨、郭居靜、羅儒望等，已分住南京等處。利瑪竇要得進京貢獻，寄書澳中，到王豐肅處，索取方物進獻。是豐肅擕自鳴鐘、玻璃鏡等物前來。比時利瑪竇先已進京，隨將方物等件，寄進京貢獻訖。比時羅儒望將家火交與王豐肅，遂在此建立天主堂，聚徒講教，約二百餘人。每遇房虛昴星日一會，寅聚辰散，月以爲常，並未他往。其林斐理，於四十一年六月內病故，其屍棺見停天主堂內。其陽瑪諾，向住澳中，亦於先年移住南雄府，約有幾月前到南京，與豐肅同住兩年，又往北京。三年仍復回南同住，於四十三年十二月內，仍往南雄居住，並未回還本國。一向豐肅所用錢糧，自西洋國商船帶至澳中，約有六百兩。若欲蓋房，便增至千金，每年一次，是各處分教龐迪峨等分用等語。

又審得謝務祿面紅白色，眼深，鼻尖，黃鬚，供年三十二歲，大西洋

人。曾中多耳篤，不願爲官，亦只會友講學，於先年失記月日，自搭海船前到廣東澳中，約有三年六個月等語。據此看得謝務祿面貌與豐肅相同，其爲遠夷無疑。陽瑪諾雖未回還本國，據稱見在南雄，則非潛匿此中明矣。緣係劄審事理，理合具繇，連人解堂，伏候裁奪施行，須至呈者。計開解夷犯二名：

王豐肅　謝務祿見病

堂批二犯既查驗明白，即移咨都察院，轉行巡城衙門，遵旨速差員役遞送至廣東撫按衙門，督令西歸。

萬曆四十五年二月□日署郎中主事吳爾成移南京都察院咨。

南京禮部爲遠夷久羈候旨，懇乞聖明速賜處分，以維風教，以肅政體事：主客清吏司案呈，奉本部送准禮部咨前事，該本部題主客清吏司案呈：

奉本部送據南京禮科給事中晏文輝揭稱前事，内云：臣惟天地開闢以來，而中國之教，自伏羲以迄周孔，傳心有要，闡道有宗，天人之理，發洩盡矣，無容以異說參矣。嗣是而老氏出焉，楊墨出焉，好異者宗之。然不過竊吾儒之緒餘，以鳴其偏見。故當時衛道者力闢焉，而不使滋蔓。乃今又有倡爲天主教，若北有龐迪峨等，南有王豐肅等，其名似附於儒，其說實異乎正，以故南北禮卿參之，北科道參之，而南卿寺等巡視等衙門，各有論疏也。今一概留中而不下，豈皇上悉未省覽耶，豈謂此輩未見其顯害，而姑優容耶？夫龐迪峨等在輦轂下，誠不知其詳。王豐肅等在南中，臣得畢其說。豐肅數季以前，深居簡出，寡交遊，未足啟人之疑，民與之相忘，即士大夫亦與之相忘。邇來則有大謬不然者，私置花園於孝陵衛，廣集徒衆於洪武岡，大瞻禮、小瞻禮，以房虛星昴日爲會約，灑聖水，擦聖油，以剪字貼戶門爲記號，迫人盡去家堂之神，令人惟懸天主之像，假周濟爲招來。入其教者，即與以銀，記年庚爲恐嚇，背其盟者，云置之死。對士大夫談，則言天性；對徒輩論，則言神術。道路爲之喧傳，士紳爲之疑慮。祖宗根本之地，教化自出之區，而可令若輩久居乎？以故禮臣沈潅，據其今日行事，虞其將來禍患，發憤疏聞，誠大有裨於世道人心者。其時臣巡視門禁，亦於合疏中，附名以上請。而御史孫光裕羈之以候旨，皆爲地方、爲王化計也，豈好爲是激聒哉？且天帝一也，以其形體謂之天，以其主宰謂之帝，吾儒論之甚精。而彼刻《天主教要略》云：天主生於漢哀帝時，其名曰耶穌，其母曰亞利瑪。又云被惡官將十字枷釘死。是以西洋罪死之鬼，爲天主也，可乎不可乎？將中國一天，而西洋又一天耶？將漢以前無天主，而漢以後始有天主耶？據斯謬譚，直巫覡之邪術也。孔氏有言曰：攻乎異端，斯害也已。今正其攻之之時矣。更民心易於從邪，亦易於返正。自王豐肅被論被羈之後，聞從其教者，一時盡裂戶符，而易門對矣，安家堂而撤夷像矣。悔非遠害，散黨離群，無復可虞矣。惟是王豐肅等，尚在羈繫之中，未蒙處分之旨，守候既久，結局無時。萬一自斃，其如法之未明何？烏在其爲尊朝廷而懾裔夷哉。

伏乞速下部議，或飭我皇綱從重究治，或恢我皇度從輕驅逐，庶風教維而政體肅矣等因到部，送司案呈到部。看得南科臣疏請，雖未奉旨下部，但遠人久在羈禁，時令又值嚴寒，恐傷天地好生之心，相應據揭題覆。

竊照夷夏之防，自古嚴之，故用夏變夷，未聞變於夷者，孟軻氏言之確矣。王豐肅等之在南，龐迪峨等之在北，既自稱八萬里之遠人，不載貢享，突流寓於中華，其來已自可疑，特昔也隱處一廛，無甚非常可駭之事，故置之不論。今孝陵衛、洪武岡，何地也？我太祖龍飛興王之所，而侈列花園，廣集徒衆，大倡天主之教，利誘術籠，無所不至，意欲何爲？此豈聖明之世，車書軌物，一道同風之景象哉？況莫尊於天，帝中國者稱天子，彼乃出於天子之上乎？南禮臣特疏參之而不報，南府部臺省合疏參之而不報，北科道諸臣暨本部參之亦不報，故南科臣晏文輝，又有速賜處分之請也。職等伏念此輩左道惑衆，止於鼓鐸搖鈴，倡夷狄之道於中國，是《書》所稱蠻夷猾夏者也。此其關系在世道人心，爲禍顯而遲，但其各省盤據，果爾出神沒鬼，透中國之情形於海外，是《書》所稱寇賊奸宄者也。此其關係在廟謨國是，爲禍隱而大。年來皇上德威遐鬯，東征西討，諸妖氛小醜，旋即殄滅。視西洋零星諸夷，蒙頭蓋面，講性說天，炫奇吊詭，得無謂其頗有智慧，無甚禍心，姑以包荒於覆載耳。寧知彼天主之說，謬妄欺君，淫邪誣民，一至於此，即所私創渾天儀、自鳴鐘之類，俱怪誕不準於繩，迂闊無當於用。嘗考堯、舜之世，有璇璣玉衡，

以齊七政之法，歷代相傳，有銅壺滴漏以測晷刻之法，豈無穎異，如王豐肅、龐迪峨等，其人絶不聞有此規制也。稽祖宗令甲，私習天文有禁，私通海外諸夷有禁。蓋防微杜漸，慮至深遠也。如皇上憫念遠人，簧鼓雖有的據，跳梁尚無實跡。

伏乞將王豐肅、龐迪峨等，勅下本部，轉行各該衙門，遞送廣東，聽彼中撫按暫爲收管，督令西歸，庶幈幪之仁以廣，睥睨之漸以消，統一聖真，如日之中天；寧謐海宇，如盤之鞏固。天下後世誦英君之舉動，超出尋常萬萬矣等因。萬曆四十四年十二月初十日本部署部事左侍郎兼翰林院侍讀學士何宗彥等具題。

二十八日奉聖旨：這奏内遠夷王豐肅等，立教惑衆，蓄謀叵測。爾部移咨南京禮部，行文各該衙門速差員役遞送廣東撫按，督令西歸，以靜地方。其龐迪峨等，去歲爾等公言曉知曆法，請與各官推演七政。且皆係向化來京，亦令歸還本國。該部院知道，欽此。欽遵。擬合就行，爲此除將龐迪峨等，咨行都察院轉行五城巡視御史衙門，遞至廣東撫按衙門，督令西歸外，合咨貴部查照本部，題奉欽依内事理，轉行各該衙門，速差員役將王豐肅等，遞送廣東撫按衙門，督令西歸，一體欽遵施行等因到部。原參夷犯陽瑪諾，已經先回南雄府。另文知會驅逐外，見有王豐肅、謝務祿二名，俱係夷人相應遞送。看得狡夷王豐肅等，盤據多年，黨與日衆，豈容太平之世，有此不軌之徒。南北交參，事非得已。近蒙聖明洞悉邪謀，立賜驅逐。雖云待以不死，業已永靖地方，但醜類實繁有徒，而道里又甚遼遠，兼以挾貲營幹，不無意外生奸，仍恐遞送員役，萬一疎虞，爲累不小，爲此合咨貴院，轉行五城巡視御史衙門。

查照禮部題奉欽依事理，擇差的當員役，將狡夷王豐肅、謝務祿二名，沿途加意隄防，遞送至廣東撫按衙門，交割明白，仍聽從長計議，督令西歸，事竣之日，希回文過部以便覆題。煩爲查照一體欽遵施行。

萬曆四十五年二月□日。

《南京都察院回咨》　南京都察院爲遠夷久羈候旨，懇乞聖明速賜處分，以維風教以肅政體事：

據巡視京城監察御史郭一鶚、趙紱、孫光裕，呈據指揮李鈺、劉仕曉等賫回總督兩廣軍門今陞南京戶部尚書侯代周揭帖前事，内開准巡視南京中等城河南等道揭帖前事。奉南京都察院劄付，准南京禮部咨主客清吏司案呈奉本部題主客清吏司案呈奉本部送，據南京禮科給事中晏文輝揭前事，題奉聖旨：這奏内遠夷王豐肅等，立教惑衆，蓄謀叵測。爾部移咨南京禮部，行文各該衙門，速差員役遞送廣東撫按，督令西歸，以靜地方。其龐迪峨等去歲爾等公言曉知曆法，請與各官推演七政。且皆係向化來京，亦令歸還本國，該部院知道。欽此。欽遵。備劄到職。奉此看得狡夷王豐肅、謝務祿，連犬羊之類，蓄蛇豕之奸，盤詰且歷有年，黨與所在而是。雖覆載恩深，既以假其殘息，而窺伺情熟，未必懷好音。意外疎虞，萬宜如愼，爲此選差指揮李鈺、劉仕曉，帶領兵勇，將王豐肅、謝務祿二名，開具年貌，押解前去，沿途加意隄防，遞送廣東撫按衙門交割明白，仍聽從長計議，督令西歸，事竣之日，希回文過院以憑回報覆部覆題施行。又准南京禮部咨前事，煩爲查照禮部題奉欽依事理。將狡夷王豐肅、謝務祿，委官的當收管，及查本部原參夷犯，今回住南雄府陽瑪諾，一併行提等因。並據差官解到夷犯王豐肅、謝務祿二名，俱經案發廣東布政司，會同按都二司，將二犯譯審，果否西洋國人，於何年月日，從何處入中國，從何路入南京？今既奉旨遣還，仍從何路歸還本國。陽瑪諾見在何處，曾否先回？龐迪峨計不久解到，應否候其同歸，其在濠境澳各夷，有無相識，應否責成澳夷伴送歸國。取具的確口詞，酌議通詳，及將未獲陽瑪諾，嚴去緝拏去後。今據該司呈稱廣州府署印同知林有樑，審看得夷人王豐肅等，以左道簧鼓士民，麾之使去，是治以不治之法也。

查王豐肅，大西洋國人。萬曆二十九年船泊濠境澳，同行三人。一林斐理，一陽瑪諾。肅與理先駐足韶州數日，乃往江西入省住四月，直至南京，蓋利瑪竇徒也。因利瑪竇有望北之行，先息於三夷人，使居於南，爲之管事耳。後四十一年，謝務祿亦繇大西洋船泊澳，亦繇廣東而江西直抵南京，以尋豐肅等。先陽瑪諾入澳時，患病不能進南京，留於澳七八年方往韶州，二年方進南京。駐數月即進北京。此人頗識天文，故龐迪峨邀之同往。龐迪峨、熊三拔即與樹瑪竇同來者。諾後因不服水土，不耐寒霜，於四十一年還南京，至四十三年臘月還南雄。今查其人已駕西洋船去，其蹤跡不可考也。問二夷去向，大抵欲入澳也。但一入澳，去與不去，難以

鈐制。合就省内另擇一所羈候，日撥營兵二名防護之。五日一换，禁絶通息。即牌令澳中探有大西洋船欲回時，隨就省差指揮官二員，帶兵押至船，直待其開駕回報以便轉文。龐迪峨未知解到何期，陽瑪諾合行牌南雄府屬嚴查下落。其林斐理四十一年六月内在南京病故。今年三月部委上元、江寧二縣，開驗埋葬訖。豐肅、務祿回夷日子未知久近，月各給火食銀二兩等因，具詳到司。該本司左布政使臧爾勸，右布政使堵維垣，會同按察司署印副使羅之鼎、都司掌印署都指揮僉事湯維垣，譯審得夷人王豐肅、謝務祿，俱西洋國人。豐肅於萬曆二十九年船泊濠境澳，轉抵韶州而達江西，直至南京。務祿於四十一年亦船來泊澳，轉繇廣東、江西而至南京。兹奉明旨遣還歸國，無庸再議。但歸國必取道於澳，去留皆不可知，須西洋船至澳，庶便遣還。今西洋船尚未至，難定開洋日期，合應羈候，俟其船到發還。其龐迪峨解向未到，應候解到之日，另行發遣，通取開洋日期，及澳夷不致潛留甘結繳報。又據豐肅禀稱：陽瑪諾於四十三年十二月内，繇南雄回澳訖，未委虚實，應行南雄府嚴查另報。再照夷人稽留境上，無從得食。該府議另擇一所撥兵防護，每月給銀二兩似應准從等因到職。除批如議行外，該職會同巡按廣東監察御史田看得：王豐肅等以海外夷人，先年越關入廣，漸達兩京，潛住長安邸舍，倡立天主異教，惑世誣民，法本難貸。兹蒙待以不死，遣還歸國，誠廟堂崇正之訏謨，安夏攘夷之長計也。萬代瞻仰在此舉矣。既經押解前來，應即速遣還國。第此夷自西洋入中國，取道濠境澳，夷必多熟識。曾經面審並無相識，澳夷情僞叵測，今當暫羈省城，防護之以兵，優給之以食。俟有西洋船到澳回國，即差的當官督押至船，勒令開洋載歸本國，取澳夷不致容留，甘結繳查。其龐迪峨、熊三拔續報已到京城，業行該司會議，併發取各開洋日期呈報。若陽瑪諾則稱久已還國，除另查覈外爲此具揭，並送廣州府印信收管一本等因到職。又准巡按廣東監察御史田牒回前事相同，内開隨經案行按察司，會同布、都二司，將發去夷犯譯審後，隨據該司經歷司呈奉本司帖文開稱：又准布政司照會奉總督兩廣軍門周，案驗亦同前事。依蒙移會二司酌議及行廣州府，將二犯譯審，并行南雄府嚴緝陽瑪諾解報，及香山縣查澳夷有無相識瑪諾，密緝拏解。又蒙本院案驗奉都察院勘劄亦同前因。内稱：龐迪峨等已行京城巡視衙門，督令起程還國，應否候至總發等因。行間就據廣州府署印清軍同知林有樑審看，於五月二十六日具詳到職。除批如議行外，本日就據夷人龐迪峨、熊三拔赴職投見，并遞順天府原給帖文，仰沿途衙門遞送至廣東而止，投撫按查收發回等因。隨牌發按察司，會同布、都二司查驗，并同王豐肅等一體羈候，及委官督兵防守，不致他虞。候有洋船至日，押發歸國。取開洋日期呈報，該職會同總督兩廣軍門周，看得王豐肅、謝務祿之至南京也，始託足於濠境，繼取道於江西，倡邪説以誣民，思用夷而變夏。此固《春秋》所爲别内外，而孟氏所以正人心者。奉旨遣歸，天恩浩蕩。第兩夷之意，亟欲准其入澳，而三司會議，謂宜押令開解，參酌輿情。若聽其從澳而歸，是教之以澳爲窟也。寧使澳夷不致留存界限於今日，毋使狡夷明居澳滋隱禍於他年。惟有暫羈會城量給館穀，俟西洋船至遣還耳。其龐迪峨、熊三拔已到，已牌行臬司議之，亦宜一體施行。若陽瑪諾則稱久已還國，除另行查覈外，合行移復等因到職。准此看得：狡夷王豐肅等已經差官押送至廣，取有撫按牒并廣州府收管一本。惟彼中藩臬熟諳夷情，今准前因處置停妥，事已結局，理合呈報。伏乞照詳咨部以憑覆題施行等因到院。據此案照先准南京禮部咨前事，已經備行巡視五城御史查照，禮部題奉欽依事理，擇差的當員役，將王豐肅、謝務祿二名，沿途加意隄防、遞送廣東撫按衙門，交割明白，仍聽從長計議，督令西歸。事竣之日，具繇回報，以憑咨覆，該部覆題施行去後，今據回報前因，擬合就行咨覆，爲此移咨貴部，煩爲查照施行，須至咨者。

萬曆四十五年八月□日。

廣東廣州府今於□□□□□□□□□□□□□與收領，除將發下夷犯王豐肅、謝務祿收候，遵照明文施行外，中間不違，收領是實。

萬曆四十五年五月□日署印本府清軍同知林有樑。

沈潅《發遣遠夷回奏疏》 題爲欽奉明旨，發遣遠夷回奏事：

主客清吏司案呈奉本部送准禮部咨，爲遠夷久羈候旨，懇乞聖明速賜處分，以維風教，以肅政體事。該本部題據南京禮科給事中晏文輝，揭稱前事，雖未奉旨下部，相應據揭題覆，乞將王豐肅、龐迪峨等，勅下本部，轉行各該衙門，遞送廣東，聽彼中撫按，暫爲收管，督令西歸等因。萬曆四十四年十二月初十日，本部署部事左侍郎兼翰林院侍讀學士何宗彦

等具題，二十八日奉聖旨：這奏內遠夷王豐肅等，立教惑衆，蓄謀叵測。爾部移咨南京禮部，行文各該衙門，速差員役，遞送廣東撫按，督令西歸，以靜地方。其龐迪峨等，去歲爾等公言曉知曆法，請與各官推演七政，且皆係向化來京，亦令歸還本國，該部院知道。欽此欽遵。除將龐迪峨等，咨都察院轉行遞送外，備咨臣部。查照欽依內事理，將王豐肅等遞送廣東撫按衙門，督令西歸，一體欽遵施行等因，到部送司。卷查萬曆四十四年五月內，該臣題爲遠夷闌入都門，暗傷王化，懇乞聖明申嚴律令，以正人心，以維風俗事，稱在南京有王豐肅、陽瑪諾等，及照本年七月二十等日，該巡視東城監察御史孫光裕，行南京東城兵馬司擒獲一干人犯，暫羈候旨。聞彼時提有王豐肅、鍾明仁、謝務祿等二十四名。其陽瑪諾，據稱先歸本國，未知有無窩藏容隱。及見獲謝務祿，亦供稱化外人，未知虛實。今該前因行司審據王豐肅供稱：年五十歲，西洋國人。萬曆二十九年前來南京，建立天主堂，聚徒講教。其陽瑪諾，向住嶴中，先曾與豐肅同住兩年，又往北京三年，仍復回南同住，於四十三年十二月內，仍往南雄居住訖。又審得謝務祿，亦供稱西洋人，面貌與王豐肅相同，其爲遠夷無疑，查明呈覆。該臣查照禮部，題奉欽依內事理，咨行南京都察院，轉行五城巡視御史衙門，速差員役，將王豐肅等遞送廣東撫按衙門收管。續據回稱：會差小教場中營中哨衛總李鈺、龍江陸兵前營把總鎖撫劉仕曉，帶領兵勇俞大亮等八名，於三月二十五日，起程遞送去訖，相應回奏等因，具呈到部。該臣看得王豐肅等，潛住多年，妄稱天主，利驅術誘。愚民被其煽惑，不難出妻獻子，至於擦油灑水，婦女皆然。而風俗之壞極矣。明旨所謂立教惑衆，蓄謀叵測，眞是洞見萬里之外，而尙寬之以不殺之恩。遞還本國，又眞所謂包荒不遐遺，聖人之仁明並用也。惟是私創庵觀有禁，而況乎門庭之清肅，陵寢之森嚴，豈容留狡夷鼾睡之跡，服舍違式有禁；而況乎無樑殿，其制逼尊；事天堂，其名大僭，豈容不掃除以易都人耳目之觀。臣謹行上元、江寧二縣、東城兵馬司，將前項二處，折毁入官。蓋皆遵律令明文，仰體我皇上以靜地方之旨而爲之。一以清愚民積習炫誘之端，一以杜彼夷覬覦復來之地爾。然不敢不一併上聞也。

萬曆四十五年五月□日。

吳爾成《會審鍾明禮等犯一案》 南京禮部主客清吏司，爲緝獲人犯事：

據東城兵馬司呈解犯人鍾明禮、張寀、余成元、方政、湯洪、夏玉、周用、吳南等八名到部，奉堂諭四司會審。奉此該本司吳郎中，會同司務廳張司務，祠祭司徐郎中、儀制司文主事審，據鍾明禮即鍾鳴宇，供年三十四歲，廣東新會縣人。父鍾念山，生兄鍾鳴仁及鳴禮。幼時曾住香山澳中，澳中有大天主殿，一澳人皆從其教。彼時主教者，名曰歷山，又有頭目曰東寶祿兩人，共住澳中。或兩年一換，或三年一換，俱從西洋國撥來。鳴禮失記日月，不知何年分，有利瑪竇、龐迪峨、王豐肅、郭居靜、羅儒望等，從西洋國來入澳。繇將天主教愈加講明，要得行教中國。是父鍾念山率鳴禮兄弟，往拜從之，自此朝夕不離利瑪竇等。向在韶州地方，起造房屋，供奉天主像，約有十年，乃至江西南昌府，賃房居住。比時從之者少，教未大行，衆議分投行教。王豐肅至南京，郭居靜至浙江，羅儒望住江西。萬曆二十七年，利瑪竇、龐迪峨前往北京，有鳴仁從之同住，鳴禮自住江西。於萬曆三十三年間，鳴禮來至南京，與王豐肅同住天主堂內。兄鍾鳴仁亦自北來，一同居住。及萬曆三十九年，利瑪竇死，鳴禮兄弟同往北京會葬。葬畢仍復來京。王豐肅一切費用，俱自香山澳送來。其銀自西洋國送入澳中，澳中商人轉送羅儒望，羅儒望轉送到此，歲歲不絕。凡天主堂中，有來從教者，或鳴仁，或鳴禮，先與講說，然後引見王豐肅，一向無異。至今年五月內，鳴禮前往杭州，與郭居靜會話。八月初二日，知王豐肅事發，兄鳴仁已被拘獲。又聞浙江軍門亦將緝拏郭居靜，鳴禮即於初十日到京，見天主堂已封，即訪教中人王甫、余成元。比時王甫已獲在城，惟余成元在家，見張寀先已在彼，持有北邊書揭，俱不敢開。鳴禮云開亦何害，即開其包袱，見護封內有揭帖一封。是禮稱說：刻此揭帖，徧送各老爺，可以釋放我兄并一干人犯。即於初十夜，將錢雇已發落刻匠潘明、潘華，并已逃秦文等，包工刊刻，至十四日刻完。隨到蓬廠中裝釘，欲於十五日朝天宮習儀處所投遞。不意城上聞知，當有兵馬官前來擒獲。是鳴禮說平日受天主大恩，無以報答。今日就拏也不怕等語。

又據張寀，供年二十六歲，山西平陽府曲沃縣人。於萬曆四十二年三月內，前往北京，推水過活，因見同鄉人說稱天主教極好，遂拜從龐迪峨門下。迪峨即以鷄翎蘸聖油，向額上畫一十字，謂之擦聖油，乃又持聖水

念《天主經》。向額上一淋，即滌去前罪。自後七日一瞻拜，群誦《天主經》「在天我等父者」云云，日將出乃散，習以爲常。至今年七月二十一日，龐迪峨見南京王豐肅事發，要得救解，與宗盤費銀二兩，交袱包一個，內書揭一大封，差宗送南京王豐肅天主堂中開拆。宗於八月初八日到南京，見王豐肅天主堂已經封鎖，乃尋到敎中余成元家。比時鍾鳴禮自杭州來，解包開封，因商量刻揭情繇。十一日刻起，十四日刻完。隨於本夜刷印裝釘，共成一百本，約十五日習儀處所投遞。不意二更時即被拘獲等情。

又據余成元，供年二十九歲，原籍江西，本京府軍右衛人。住鷹揚倉地方，向與王甫同院居住，合種一園。萬曆三十九年十一月，內有表叔曹秀，先從天主敎，勸余成元并入敎中。先遇鍾鳴仁講說人生不久，壽夭不同，不如及今修一修，使靈魂不滅等語，遂於本月初七日，進見王豐肅，成元跪於天主像前，王豐肅先擦聖油，後淋聖水，令拜天主四拜，并向王豐肅叩頭，口稱王爺。自後七日一聚會，天未明而至，日未出而散，每次或三四十人，或五六十人不等。至今年七月二十日，王豐肅事發，王甫被城上拘獲，成元獨住園中。八月初八日，値張宗自北京賫揭前來至成元家，即與同住，尚未敢開揭。適鍾鳴禮亦從杭中來，將書揭拆開。是成元雇得潘明、潘華并已逃秦文等，包工刻完。議於十五日習儀日投揭，隨被拘獲等情。

又據方政，供年三十二歲，徽州府歙縣人。描金生理，先於三十八年十一月二十日，有不在官叔方文榜，向從天主敎。政因此拜從王豐肅，稱爲王爺，自稱小的，擦油淋水，其衆俱同七日一會，歲時不絕。至今年五月內，王豐肅被參。至八月初九日，余成元見北京張宗持揭到來，遂向政說北京有個信來，不知其中何意。値鍾鳴禮自浙江來，乃開書揭，即同刊完，要趕十五日投遞，十四日夜隨被拘獲等情。

又據湯洪，供年三十二歲，上元縣人，住朝天宮後易家橋，總甲劉科地方，有故兄湯應科，向在天主堂中，每向洪勸誘。應科即於四十年十一月，率洪到天主堂，先見鍾鳴仁，即叩王豐肅四頭，擦油淋水如常，自後如期聚會。今年七月內，王豐肅事發，洪雖住家中，時常探聽消息。至八月十四日到余成元家，見張宗、鍾鳴禮等先在，余成元向洪云：你母舅王桂，捉在監中，你可幫送揭帖，救你母舅等語。是洪聽信，亦同在彼幫釘，釘完即同喫酒。約十五日投遞，隨被捉獲等情。

又據夏玉，供年三十三歲，南京府軍右衛人，住本衛平倉地方，賣糕生理。萬曆四十年十月內，前往帽子店曹秀家做帽。曹秀因說：天主生天生地生萬物，汝何不從之。有鍾鳴仁等，與玉講說天主道理。玉云既謂之天主，何以有像。仁等答云：當初天主化生，止有一男一女，自後百姓作業，不認得天主了。所以洪水泛濫，遭此大難。天主不忍，降生西洋國，以敎化天下，至今共一千六百十五六年。又將夷敎書十五本，付玉誦讀。隨進天主堂，擦油淋水，一一是實。若婦人有從敎者，王豐肅差鍾鳴仁前往女家，以聖水淋之，止不用油。至今年七月二十一日，見天主堂門已封，思我既敬天主，就有災患亦無事。至八月二十四日，余成元來叫玉同買魚肉等項，前往蓬中。但見揭已刷完，只要明早送了。正喫飯間，被城上拏獲等情。

又據周用，供年六十八歲，江西撫州府東鄉縣人。一向在京居住，開設書鋪，並刷書生理。萬曆三十八年正月內，王豐肅僱用刷《天主經》。因與用說，你年紀老大，何不從天主敎，日後魂靈可昇天堂，用遂入敎。今年八月十四日早，有湯洪來說，揭已刊完，你須去刷印幾簿。用因年老，恐刷不及，即僱覓吳南同往蓬中，刷至起更時分方完，隨即裝釘，商量明日投遞，不意被獲等情。

又據吳南，供年二十四歲，羽林左衛人，平日刷印爲生，並未從入天主敎中。八月十四日，周用向南說：有一相公有幾本書，速要刷完，要趕十五日分送各位爺，我刷不及，你同去一刷。及刷時乃知其爲揭帖，許錢二十文，尚未交付。正留喫飯，隨即被獲等情。

今據該城將一干人犯，申解前來，各供口詞，前情是實。參看得狡夷之闌入中國也。駕稱八萬里，不可窮詰之程途，妄捏西洋外千古所無之天主，狡焉盤踞留都，突然私駕巍殿，百千瞻拜，昏夜成群，舉國既已若狂，隱憂大爲叵測。已經本部題參，巡院拘禁，靜候明旨。攘除蕩滌，一時從邪之民，俱已去番字而貼門符，遠夷敎而祀宗祖。會見維新之衆，大有廓淸之機。而何物鍾鳴禮等，當此晛雪消之日，迺爲魑魅魍魎之謀，潛集蓬廠，公行刻揭。幸被獲於深夜，幾得中其狂鋒。鍾鳴禮父子兄弟通夷，雖戴履中華天地，而儼然披髮左衽。張宗天南地北奔馳，即么麼亡命

廝走，而甘爲伏戎隱寇；余成元、方政，一則以灌園而爲保匿奸徒之藪，一則以鏤金而効刻揭投遞之功；湯洪、夏玉，一則從兄邪而與舅同惡，一則受夷書而利蓄亡命。此皆利於明條，亦何辭於法網，宜參送法司，次第輕重擬罪儆示者。若周用則垂盡之息，或蠱於輪回而終迷；吴南則鬼鼠之流，偶誘以青蚨而効用，宜即解網以覆顓愚。緣奉堂諭會審事理，本司未敢擅便。伏乞裁奪施行，須至呈者。

計開解犯人八名：鍾鳴禮、張寀、余成元、方政、湯洪、夏玉、周用、吴南。

萬曆四十四年十月□日署郎中主事吴爾成。堂批：題參各犯，自合靜聽處分：鍾鳴禮等，故來犯法，所惡異教之惑人者，正惡有此等輩耳。本都當參送正法，姑念周用年老，止當日受雇；吴南認不入教止受僱，未得錢，量與省放。其餘六犯，情有輕重，總之爲夷人用，而勾連煽惑，揚波助瀾，則鍾鳴禮實謀主矣，該法司分別定罪。

徐從治《會審鍾鳴仁等犯一案》 南京禮部主客清吏司，爲遠夷闌入都門，暗傷王化事：奉本部劄付前事，奉此遵依行。

據五城兵馬司呈解，從夷犯人鍾鳴仁等，一起到司。該本司署司事祠祭司徐主事，會同司務廳張司務、祠祭司徐郎中、儀制司文主事，除王桂即王貴病故外，會審得鍾鳴仁，年五十五歲，廣東廣州府新會縣人。供稱先年同父念山及弟鳴禮，往香山澳中從天主教。於己亥年隨利瑪竇進貢，在北京七八年，方來南京住三年，又往浙江一年。舊歲五月間，仍來天主堂中，爲王豐肅招引徒衆。告婦人從教者，不便登堂，令仁竟詣本家，與婦淋水宣咒。咒云：「我洗爾，因拔的利揭，非略揭，西必利多三多明者，亞們。」大約淋過婦人十五六口，不記姓。仍管買辦使費，所費銀兩在澳中來，每年約有一二百兩。

曹秀年四十歲，江西南昌府南昌縣人。供稱先年來京結帽爲生，因妻染痰疾，五年不愈。慕天主教可以禳災獲福，遂於四十年三月間，同妻入教，誦《天主經》。《經》云：「在天我等父者，我等願爾名承盛，爾國臨格，爾旨承行於地，如與天焉。我等望爾，今日與我，我日用糧，爾免我債，如我亦赦負我債者，又不我許陷與誘感，乃救我與凶惡。亞們。」專務招引從教，如余成元、王文等是實。

姚如望，年六十一歲，福建興化府莆田縣人。供稱挑腳爲生，在京三十年，於甲寅正月十六日進教。因王豐肅事發，手執黄旗，口稱願爲天主死，遂被獲。

游祿，年五十三歲，江西南昌府南昌縣人。供稱髭頭爲生。有夷人羅儒望在江西開教，即便投入教中。於四十四年五月間，儒望以書一封，差祿送王豐肅處。即入天主堂中，於頭門外耳房居住看守。

蔡思命，年二十二歲，廣東廣州府新會縣人。供稱幼年粗讀《詩》《書》，於三十七年間，同陽瑪諾、費奇規來京，投入王豐肅家，專管書柬，兼理茶房。每年約得錢一千二百文，來時年止十六歲。同來費奇規亦夷人，尚在韶州府。

王甫，年三十一歲，浙江湖州府烏程縣人。供稱四十四年五月十二日，有桐鄉縣錢秀才僱甫來京，抽豐失意，棄甫獨歸，被鄰居余成元引進王豐肅處看園。每月得受僱工錢一百五十文，飯米三斗，菜錢三十文。

張元，年三十二歲，江西瑞州府人。供稱結帽生理，在南京十餘年。於四十年間，偶在縉紳家做巾，見本宦拜禮豐肅，心竊慕之。遂傭於天主堂內，客至捧茶，每月得受工食銀三錢，從夷教，守十戒。

王文，年三十歲，江西九江府湖口縣人。供稱補網爲生，來京二世。於四十三年正月十六日進教，有姐夫曹秀先在教中，招之使去也。

劉二，年三十九歲，江西南康府都康縣人。供稱木匠爲生，於三十八年來京，前年從王豐肅教，先在天主堂中修理做工，遂聽其教。迨事發往看，因而被獲。

周可斗，年二十七歲，江西九江府湖口縣人。供稱隨母在安慶府宿松縣王佑家，帶至南京結帽爲生。四十四年六月十二日進教。王豐肅將錢一百七十文，浼斗結帽一頂，網完送去被獲。

王玉明，年二十九歲，福建邵武府邵武縣人。供稱前年八月到京，跟陳外郎度日。外郎往山西蒲州探親，遺下玉明，遂進天主堂煮飯，每月得工錢一百二十文，候外郎回日仍去隨之。

幼童三郎，年十五歲，松江府上海縣人。供稱父親鄒元盤，於四十三年同母病故。有祖父鄒思化，送杭州開教夷人郭居靜處讀書。因交遊不暇，轉送王豐肅處讀書。今染病。仁兒，年十四歲，北直保定府人。供稱

父親劉大，於四十四年三月內，將仁兒賣於龐迪峨，聞南京要人使用，差管家送至豐肅處，兩月被獲。龍兒，年十四歲，北直保定府漆水縣人。供稱父故，有伯張文正，將龍兒賣與龐迪峨，得銀一兩，同仁兒一起送至南京。本多，年十四歲，廣東東莞縣人。供稱父親劉應魁，在此當軍，於四十二年將本多僱與王豐肅燒火，每月得錢七十文。熊良，年十四歲，江西南昌人。供稱父親熊廷試，久住南京，木匠生理，時常在王豐肅家做工，帶良進出。偶豐肅與錢五十文買鷄，送進被獲。各供是實。

據此看得此數犯者，皆亡命之徒，烏合之衆也。執業甚賤，無恆產以固其心。故投之以纖利，而奔走若狂。秉性好奇，有妖言以熒其聽，故攻乎異端，而扞網不顧，即均置之法，庶挽異趨，而細按其情，不無差等。如鍾鳴仁，其殆登壇執牛耳者乎？代宣夷咒，廣招羽翼，猶曰引男子也。至於公然淋婦女之水，而瓜嫌不避，幾淪中國以夷狄之風。父率其子，兄勉其弟，猶曰惑邪謀也。至於甘心供辦之役，而錢穀是司，顯受夷人以心膂之寄，所當與別案之鍾鳴禮，同律擬究者也。若夫曹秀，其即次焉者乎？深信其教，至挈妻以從，縱託言有疾，終屬無耻。誦習其經，至呼朋以往，彼余成元、王文等，是誰之慫。所當與鍾鳴仁，並擬示懲者也。姚如望，一擔負么麼耳，輒敢揭竿而呼，聲言効死，則不但從邪，抑且亂民矣，罪豈在鳴仁、曹秀下哉。游祿既從該省之羅儒望，而郵筒自効，暗通彼此之情，又登此處之天主堂，而閽人見委謹司出入之候。鷹犬不辭，三尺焉逭。蔡思命專供掌記，暇則烹茶，先經與匪人偕來，每年有多錢之入，法不容貸。第其來時年止十六耳，尚屬無知誤入，量當原情末減。此外，則有被服其教，寢處其廬，此借彼之衣食，彼藉此之僱作者，如王甫之灌園，張元之捧茶，王玉明之執爨是也。因之以爲利，非有深謀也。則又有謁徒而來，請依期而進拜，聚則爲教中之人，散猶能自食其技者。如王文之不棄補網，劉二之仍操斧，周可斗之不廢帽匠是也。偶牽於所誘，非其本心也。他如幼童五名：三郎、仁兒、龍兒、本多、熊良，或捨入於堂中，或鬻之爲僕隸，赤子入井，誠爲可矜。即時省發，猶以爲晚。要而論之，鍾鳴仁、曹秀、姚如望，引例則有左道惑衆之人，或燒香集徒，夜聚曉散，爲從者軍衛發邊遠充軍，有司發口外爲民，各犯政與例合。引律則有左道亂正之術，或隱藏圖像，燒香集衆，夜聚曉散，煽惑人民，爲首者絞，爲從者各杖一百，流三千里。各犯又與律合，是在法曹酌而用之也。游祿、蔡思命，雖爲夷人効用，尚非引類呼朋，合送法司定罪，方行遞回原籍。王甫、張元、三郎，免送法司，竟遞回籍。王玉明雖係受僱，實爲愚民，相應與王文、劉二、周可斗，免行遞解，放歸生理。幼童本多、熊良，見有父在，即宜發領。仁兒、龍兒，皆北直人，無親識者，若竟放之，不免爲棍徒拐賣。姑令寺中收管，以俟北方之訊可也。爲此分別具繇，連人犯一併呈堂定奪。原蒙劄審事理，本司未敢擅便，須至呈者。

計開解犯人十一名：

鍾鳴仁、曹秀、姚如望、游祿、蔡思命、王甫、張元、王文、劉二、周可斗、王玉明。

幼童五名：三郎、仁兒、龍兒、本多、熊良。

萬曆四十五年五月□日署司事祠祭主事徐從治。堂批：各犯既審問明白，所引律例，似亦允當。但勘鍾鳴仁、曹秀、姚如望，與別案鍾鳴禮、張寀，平時勾連夷教，扇誘愚民，臨事又往來偵探，壞法情重。按律有在京在外軍民人等，與朝貢夷人私通往來，投託管顧，撥置害人，因而透漏事情者，俱問發邊衛充軍之例。五犯是否，又與此例，合該司並入繇內。將鍾鳴仁等，與同游祿、蔡思命，俱參送法司定罪；其王甫、張元、三郎，免其參送，竟遞回籍；王文、劉二、周可斗、王玉明，姑准省放；幼童本多、熊良，着令親識人領回，取領狀繳；仁兒、龍兒，暫令僧錄司收管寄養，俟該府縣有親識人來發領。奉此遵將鍾鳴仁、曹秀、姚如望、游祿、蔡思命，於五月二十五日，參送南京刑部河南司，收問定罪。取有批回在卷。其王甫，行上元縣，轉遞浙江湖州府烏程縣；三郎行江寧縣，轉遞直隸松江府上海縣。張元在京年久，行上元縣着落甲鄰收管。取上、江二縣回報收管在卷。王文、劉二、周可斗、王玉明，放歸生理；幼童仁兒、龍兒，發僧錄司收養；本多、熊良，各發伊父領回，各領狀在卷。

《拏獲邪黨後告示》 南京禮部爲禁諭事：

照得狡夷王豐肅等，潛住都門，妄稱天主教，煽惑人民。先該本部題參，只欲申嚴律令，解散其徒衆耳。向在候旨，未遽有行。及部科兩疏幷前疏發抄該城兵馬司、奉察院明文提人候旨，本部亦未有行也。但據申報，西營地方，搜獲十三名、幼童五名；孝陵衛地方，搜獲一名，如此而

已。本部之意，若明旨一下，只此見獲者究論，此外不必株連一人。目今地方，素不從邪者，固幸發狡夷之發露，無或撓亂我，而可以各安生理，即有爲所引誘者，知其犯律令所禁，而回心改過，一朝洗滌，依然是平世良民。本部嘉與維新，何曾搜剔，無柰有一二邪黨，如鍾明宇等八名，自遠而來，齎有龐迪峨、熊三拔等疏揭二件，潛搭窩棚，私行刊刻，肆出投遞。夫本部未有一牌票提治，而狡夷公然揭，又公然疏，又公然刻。此等伎倆，豈法紀所容，爲此不得不拏。此外仍未嘗株連一人，猶恐愚民無知怵惕，合行曉諭，今後各務本等生理，不許訛言恐喝，安心無事做太平百姓，不必疑畏。即在彼夷，若能靜聽處分，官府必且哀矜。若多一番鑽刺，徒增一番罪案，無益有損，爲此出示禁諭，各宜知悉。

今將狡夷邪說，欺世惑人，相應破除者，開款於後：

一、夷人辨疏辨揭，俱稱天主，即中國所奉之天，而附和其說者，亦曰吾中國何嘗不事天也。乃彼夷自刻《天主教解要略》，明言天主生於漢哀帝某年，其名曰耶穌，其母亞利瑪，是西洋一胡耳。又曰被惡官將十字枷釘死。是胡之以罪死者耳，焉有罪胡而可名天主者乎？甚至辨疏內，明言天主降生西國，其矯誣無禮，敢於欺誑天聽，豈謂我中國無一人覺其詐耶？

一、《大明律》有私習天文之禁，正謂《大統》曆法，爲萬世不刊之典。惟恐後世有奸宄之徒，威侮五行，遁天倍法者，創爲邪說以淆亂之也。故預嚴其防耳。凡我臣子，皆凜凜奉若，不敢二三，而狡夷突來，明犯我禁，私藏另造渾天儀等器，甚至爲七政七重天之說，舉天體而欲決裂之。然則天下何事非可以顛倒誑惑者耶？無論百里不同風，千里不同晷。九萬里之外，晷影長短懸殊，不可以彼格此。目今聖明正御，三光順度，晦朔弦望，不忒於月，分至啟閉，不忒於時，亦何故須更曆法，而故以爲狡夷地耶？

一、《大明律》禁私家告天，書符咒水，隱藏圖像，燒香集衆，夜聚曉散等款。今彼夷妄稱天主，誘人大瞻禮、小瞻禮各色，不爲私家告天乎？從其教者，灑之以水曰灑聖水；擦以油曰擦聖油，不爲書符咒水乎？其每月房虛星昴大小瞻禮等日，俱三更聚集，天明散去，不爲夜聚曉散乎？種種邪術，煽惑人民，豈可容於堯舜之世？

一、夷人煽惑愚民，從其教者，每人與銀三兩。此係民間歌謠遍傳者。而遠聽之君子，豈能入彼窟穴，探彼蓋藏，遂身任其無咎，曲證爲借貸乎？或曰：人未有不自愛其鼎者。獨疑彼夷有禁咒之術，是以不得已而獲之。不知彼鬼術者，只可在魑魅之邦，騙下愚耳，豈能行於大明之世。而堂堂士君子，立身行己，自有法度，何至畏彼狡獪，反沮其正氣耶？

今該本部出示之後，彼夷縱有邪術，自然不靈，不必畏護。

萬曆四十四年八月□日示。

《清查夷物一案》 應天府上元江寧二縣，爲清查夷物事。

抄蒙巡視京城監察御史趙、郭、孫，憲牌內開：照得狡夷王豐肅、謝務祿，近奉南京都察院劄付，准南京禮部咨，奉有欽依事理，擇差的當員役，押解廣東撫按衙門交割，發遣在邇，所有夷人原存房內貨物，合行清查，爲此仰上江二縣，會同東城兵馬司，原經手三員，量帶隨役三人，前往夷人房內驗開原封，將原日揭報驗存貨物，并隱藏未盡物件，逐一清查。除私置中國書籍，及自造番書、違禁天文器物，具揭報院，以憑轉送禮部貯庫存照外，其餘衣物器皿家伙等項，逐一交付王豐肅收領變賣，以資盤費，以示柔遠之仁。取領狀回報，仍着兵番把守前後門，毋令閑人混入，致有遺失，違者許行拏究，其孝陵衛、洪武岡，違例置造房屋，徑聽禮部定奪施行。蒙此隨經會同東城兵馬司，原經手兵馬三員，前詣本犯屋內查明，違禁天文書籍器皿，并自置番書、天主像造册，并應給本犯衣物器皿等件，當給本犯收領，取有領狀，具繇通詳，去後只奉本院孫蒙批，所不許狡夷帶去者，惟違禁天文器物書籍耳。據册開報，如玻璃琥珀珠串、琴、畫、銅器等件，硃筆勾的，仍給還王豐肅收領，取領狀繳示。中國不寶遠物，毋利分毫之意，其變價什物，着人代爲議價交易，不許勢豪衙役，勒騙強買。驅夷之中，不失柔遠之恩。第毋縱兇出柙，致有疏虞可也。林斐理屍棺，臨行聽其領出，安埋義塚。仰行東城會同查行繳，蒙此隨經會同東城唐吏目，復詣本犯屋內，將册內硃勾，應給什物，逐一查明，當付本犯收領訖。所有衣服什物等件，給發本犯收領變賣。又經復查出，應入官圖像并番書數目造册見在。其林斐理屍棺，責令王豐肅領出葬埋義塚，取有領狀見在。其入官違禁什物，俱封貯本犯屋內，未蒙批示貯

庫，二縣未敢擅便，擬合申詳。爲此今將前緣并造完入官什物文冊，粘連領狀，理合具申。

徐從治《拆毁違制樓園一案》 南京禮部主客淸吏司，爲奉旨處分夷情事：

照得狡夷王豐肅等，違制蓋造無樑殿樓房花園，已經題請拆毁入官，其苜蓿園廳房物料，因浡泥王墳屋盡燬，業經稟堂批行東城唐吏目移蓋。所有園基當憑城官同經紀估價銀一十五兩，賣與內相王明。唐吏目隨將前價，給發工費訖。至於洪武岡拆毁樓房，及基地牆圍，初議欲建公署一所。比緣帑藏如洗，不能爲無米之炊。而拆卸既久，又恐滋鼠竊之弊，合無將前基地磚料發經紀變賣，收其價銀，送貯縣庫，俟本衙門修造取用。庶物料不致散失，而垂涎此地者，亦可息念矣。本司未敢擅便，擬合稟候裁奪，批示施行，須至呈者。

萬曆四十五年八月□日署郎中事主事徐從治。堂批：前據司呈五間樓，移蓋於黄公祠，則遺下地基磚料，委應發賣，以杜非分垂涎者。銀貯縣庫，尤爲得體，依擬查行。

具呈人李成爲承買入官房地事：

近有南京禮部奉請拏獲夷犯王豐肅，起解去訖，遺下入官房地一塊，坐落崇禮街西營三鋪地方，前街至後巷基地，通共七間，併拆毁磚料等物發賣。竊成願得承買，當憑經紀戈九疇議定，時值價銀一百五十兩整，爲此具呈，連銀投上。伏乞俯賜批准發下，該司驗明貯庫，仍賜給執照，自買之後，聽憑成執業翻蓋居住，實爲恩便，上呈禮部老爺施行。

萬曆四十五年八月□日具呈人李成。

堂批：李成呈買官地銀兩，該司查明，發上元縣貯庫，候本部正項修造支發。主客司票仰東城唐吏目，即將承買狡夷王豐肅入官房地人李成二次賫來價銀共一百五十兩，驗看明白，轉送上元縣秤兌貯庫，聽候本部修造作正支銷。其本宅內原樓房七間，木料磚瓦等件，運至黄公祠蓋造，仍將修過本祠并拆花園修造浡泥王墳，一應工料數目造冊回報，以憑施行，須票。

萬曆四十五年八月□日。

會估修黄公祠一案

南京禮部主客淸吏司爲修造名臣祠宇，以光俎豆事：先該本司郎中徐從治，呈爲奉旨處分夷情事，奉一連送，該司行翰林院、行人司五府。詹事府、宗人府、欽天監、太醫院、錦衣衛。

萬曆四十六年正月□日。

紀事

黄伯祿《正教奉褒》 萬曆四十四年五月，南京禮部侍郎沈上疏詆毁西士，謂在京師有龐迪我、熊三拔等，在南京有王豐肅即高一志，意大理國人、陽瑪諾等，其他省會各郡，所在多有，自名其教曰天主教，其說浸淫人心，即士君子亦有信向之者，乞敕下立限驅逐云云。

萬曆四十四年七月，左春坊左贊善兼翰林院檢討徐光啓謹奏，爲遠人學術最正，愚臣知見甚眞，懇乞聖明，表章隆重，以永萬年福祉，以貽萬世乂安事。臣見邸報：南京禮部參泰西陪臣龐迪我等，內言「其說浸淫，即士君子亦有信向之者」，一云「妄爲星官之言，士人亦墮其雲霧」。曰士君子，曰士人，部臣根株連及，略不指名，然廷臣之中，臣嘗與諸陪臣講究道理，書多刊刻，則信向之者臣也；亦嘗與之考求曆法，前後章疏具在御前，則與言星官者亦臣也。諸陪臣果應得罪，臣豈敢幸部臣之不言以苟免乎？然臣累年以來，因與講究考求，知此諸臣最眞最確，不止蹤蹟心事，一無可疑，實皆聖賢之徒也。其道甚正，其守甚嚴，其學甚博，其識甚精，其心甚眞，其見甚定，在彼國中亦皆千人之英，萬人之傑，所以數萬里東來者，蓋彼國敎人，皆務修身以事天主，聞中國聖賢之教，亦皆修身事天，理相符合，是以辛苦艱難，履危蹈險，來相印證，欲使人人爲善，以稱上天愛人之意。其說以昭事上帝爲宗本，以保救身靈爲切要，以忠孝慈愛爲工夫，以遷善改惡爲入門，以懺悔滌除爲進修，以生天長生於天眞福爲作善之榮賞，以地獄永殃爲作惡之苦報，一切誡訓規條，悉天理人情之至。其法能令人爲善必眞，去惡必盡，蓋所言天主生育拯救之恩，賞善罰惡之理，明白眞切，足以聳動人心，使其愛信畏懼，發於由衷故

也。臣嘗論古來帝王之賞罰，聖賢之是非，皆範人於善，禁人於惡，至詳極備，然賞罰是非，能及人之外行，不能及人之中情。又如司馬遷所云：顏回之夭，盜跖之壽，使人疑於善惡之無報，是以防範愈嚴，欺詐愈甚。一法立，百弊生，空有願治之心，恨無必治之術。於是假釋氏之說以輔之，其言善惡之報在於身後，則外行中情，顏回、盜跖，似乎皆得其報，謂宜使人爲善去惡，不旋踵矣。奈何佛教東來千八百年，而世道人心未能改易，則其信似是而非也。說禪宗者衍老莊之旨，幽邈而無當；行瑜迦者雜符籙之法，乖謬而無理，且欲抗佛而加於上帝之上，則既與古帝王聖賢之旨悖矣，使人無所適從，何所依據乎？必欲使人盡爲善，則諸陪臣所傳事天之學，眞可以補益王化，左右儒術，救正佛法者也。臣聞繇余，西戎之舊臣，佐秦興霸；金日磾，西域之世子，爲漢名卿；苟利於國，遠近何論焉？又伏見梵刹琳宮，遍佈海內，番僧喇嘛，時至中國，即如回回一教，並無傳譯經典可爲證據，累朝以來，包荒容納，禮拜之寺，所在有之，高宗皇帝命翰林臣李翀、吳伯宗，回回大師馬沙亦黑、馬哈嘛等翻譯曆法，至稱爲乾方先聖之書。此見先朝聖意，深願化民成俗，是以褒表搜揚，不遺遠外，而釋、道諸家，道術未純，教法未備，二百五十年猶未能稱皇朝表章之盛心。若以崇奉佛老者崇奉上主，以容納僧道者容納諸陪臣，則興化致理，必出唐虞三代之上矣。皇上豢養諸陪臣一十七載，恩施深厚，諸陪臣報答無階，所抱之道德，所懷之忠藎，延頸企踵，元由上達。臣既知之，默而不言，則有隱蔽之罪，足以冒昧陳請，儻蒙聖明採納，特賜表章，自今暫與僧徒道士一體容留，使敷宣勸化。竊意數年之後，人心世道，必漸次改觀。乃至一德同風，翕然丕變，法立而必行，令出而不犯，中外皆勿欺之臣，比屋成可封之俗，聖躬延無疆之遐福，國祚永萬世之太平矣。倘以臣一時陳說，難可遽信，或恐旁觀猜忖，尚有煩言，臣謹設爲試驗之法有三，處置之法有三，并以上請。試驗之法：其一，盡召疏中有名陪臣，使至京師，乃擇內外臣寮數人，同譯西來經傳，凡事天愛人之說，格物窮理之論，治國平天下之術，下及歷算、醫藥、農田、水利等興利除害之事，一一成書，欽命廷臣，共定其是非，果系叛常拂經，邪術左道，即行斥逐，臣甘受扶同欺罔之罪。其二，諸陪臣之言與儒家相合，與釋老相左，僧道之流，咸共憤嫉，足以謗害中傷，風聞流播，必須定其是非。乞命諸陪臣與有名僧道，互相辯駁，推勘窮盡，務求歸一。仍令儒學之臣，共論定之。如言無可採，理屈詞窮，即行斥逐，臣與受其罪。其三，譯書若難就緒，僧道或無其人，即令諸陪臣將教中大意、誡勸規條與其事迹功效，略述一書，并已翻譯書籍三十餘卷，原來本文經典一十餘部，一並進呈御覽，如其踳駁悖理，不足勸善戒惡，易俗移風，即行斥逐，臣與受其罪。此三者，試驗之法也。處置之法：其一，諸陪臣所以動見猜疑者，止爲盤費一節，或疑燒煉金銀，或疑夷商接濟，皆非也。諸陪臣既已出家，不營生產，自然取給於捐施。凡今衣食，皆西國捐施之人，輾轉托寄，間遇風波盜賊，多不獲至，諸陪臣亦甚苦之。然二十年來，不受人一錢一物者，蓋恐人不見察，受之無名，或更以設騙科斂等項罪過相加，且交接往來，反多煩費故耳。爲今之計，除光祿寺恩賜錢糧照舊給發外，其餘明令諸陪臣量受捐助，以給衣食，足用之外，義不肯受者，聽從其便。廣海夷商，諭以用度既足，不得寄送西來金錢，仍行關津嚴查阻回，如此音耗斷絕，盡釋猜嫌矣。其二，諸陪臣所居地方，不擇士民，不論富貴貧賤，皆能實心勸化，自今宜令隨其所在，依止焚修，官司以禮相待，使隨人引掖。或官司未能相信，令本地士民，擇有身家行止者，或十家二十家，同具一甘結在官。如司教之人，果有失德猥行、邪言妄念，表率不端者，依今部議，放流迸逐，甘結諸人，一體科坐；其無人保結，不得容留，若他人有以違犯事理，傳聞告言者，官司亦要體訪的確，務求實迹，則掩飾難容，眞僞自見矣。其三，地方保舉，倘有扶同隱匿，難以遽信，再令所在官司，不時備細體察，如有前項違犯登時糾舉外，其道行高潔，地方士民願從受教者，有司給與印信、文簿二扇，令司教者循環報數在官。年終正印官備查從教人衆，曾不犯有過惡，間有罪名，另籍登記。三年總行考察，如從教人衆一無過犯，兼多善行可指，正印官與司教之人，優行加獎。如從教者作奸犯科，計其人之衆寡，罪之輕重，甘結士民，量行罰治。若從教之人故犯罪惡，司教同教戒勸不悛，因而報明官司，除其教籍者，或教籍未除，而同教之人自行出首者，或過犯在從教以前事發在後者，罪止本身，同教之人並不與坐。如此官府有籍可稽，諸人互相覺察，不惟人徒寡少，仍於事體有益，其他釋道諸人，或爭論教法，更不必設計造言，希圖聳聽，只須分明。司教亦同此法，考察賞

罰，誰是誰非，孰損孰益，久久自明矣。此三者處置之法也。已上諸條，伏惟聖明裁擇，如在可採，乞賜施行。臣於部臣爲衙門後輩，非敢抗言與之相左，特以臣考究既詳，灼見國家致盛治、保太平之策，無以過此。倘欽允部議，一時歸國，臣有懷不吐，私悔無窮。是以不避罪戾，齋沐陳請，至於部臣所言風聞之説，臣在昔日亦曾聞之，亦曾疑之矣。伺察數載，臣實有心窺其情實，後來洞悉底裏，乃始深信不疑。使其人果有纖芥可疑，臣心有一毫未信，又使其人雖非細作奸徒，而未是聖賢流輩，不能大有裨益，則其去其留，何與臣事。修曆一節，關係亦輕。臣身爲侍從之臣，又安敢妄加稱許，爲之游説，欺罔君父，自干罪罰哉！竊恐部臣而伺察詳盡，亦復如臣，其推轂獎許，亦不後於臣矣。臣干冒天威，不勝惶恐待命之至。奉御批：知道了。

明建曆局

綜　述

《熙朝崇正集・禮部薦西儒修曆法》　禮部爲明曆元昭成法，乞賜乾斷，以杜妄議事。一本内云，訪得大西洋歸化之臣龐迪峨、熊三拔等帶有彼國曆法諸書，測驗推步，講求源委，足備採用，已經具題，合照洪武十五年上命翰林院李翀、吳伯宗及本監靈臺郎海達兒等譯修西域曆法等書事例，合令龐迪峨、熊三拔將大西洋曆法及度數諸書，同徐光啟等對譯成書，與雲路等參訂詮改云云。萬曆三十九年十二月十八日具題。

又《欽天監又薦疏》　欽天監監正周子愚爲循職掌、遵祖制，議廣曆法，以集大成事。竊照職監所進之曆，凡有二種，一曰大統曆，一曰回回歷，斯曆所重者，有經緯度及月五星淩犯，此大統之所未備也。推各不侔，而以大統兼推回回，亦祖宗之微意。仰窺聖祖之意，蓋欲職監官生，互相講究，求其法於至當耳。年來漸失其傳，致大統未知，兼推回回之法，思此不無缺略，則於職業謂何？於祖制謂何？職以庸菲，叨荷監務，知而不言，是溺職也。況以該科之法，傳本監之官，原非私授，乞敕禮部行職監，於該科擇其人，用以指授回回之曆，復此兼推一法，是在聖明加申飭焉。顧職更有説焉，天行之度，時歲有差，以無滯之理，而概求以一定之法，幾何不錯，然非職等之謬也。職監官生所按者成法耳，始非有精心多學之人，時嘗考驗，不能通變其法，求合於天也。以職所聞，西洋之人最習曆理，深心推測，久而愈精，故其所著書籍甚多，所制測驗儀器甚巧。向者利瑪竇在京，職亦常細心研究，至今嘆服。近見陽瑪諾等因昔年禮部有修曆之請，遂悉取彼中曆書曆器以備於此。然既有其人，有其書，職等覿面失之，殊爲可惜，倘得照洪武年間舊例，命官翻譯，傳授職監，使職等講求有人，考驗有籍，則曆法益精，職等亦得以無虛職掌矣。乞敕禮部酌議，如果職言不謬，即令回回科悉傳其法，並擇精習西洋曆學之人，與陽瑪諾等翻譯其書，垂之永久，以成皇上欽若敬授之政，端必在此，職無任激切待命之至。天啟三年閏十月二十一日具題，二十四日奉聖旨：禮部知道。欽此。

又《禮部題准召西儒修曆疏》　太子賓客禮部左侍郎兼翰林院侍讀學士督修曆法臣徐光啟等謹題，爲修改曆法事。崇禎二年七月十一日，該本部題爲日食事，十四日，奉聖旨：這修改曆法四款，俱依議，徐光啟見在本部，著一切督領。李之藻速與起補，蚤來供事。該部知道。欽此欽遵。隨行一面製造儀器，續於九月十五日祗領敕書關防，二十二日開局。欽天監開送選取官生戈豐年、周胤等到局，分番測驗晷影。臣之藻祗奉簡命，亦於去冬十一月自原籍杭州府起程前來，行至揚州、滄州兩處，爲因血疾再發，醫療耽延，今幸獲痊，已於本月初六日陛見訖，旋即到局，協同臣光啟恪遵原議規則，督率該監官生，在局供事，推求測驗，改正諸法。先是臣光啟自受命以來，與同西洋陪臣龍華民、鄧玉函等，日逐講究翻譯，至十月二十七日，計一月餘，所著述翻譯曆説曆表稿草七卷。忽因虜患，臣光啟屢奉明旨，拮据兵事，因之輟業，獨兩陪臣與知曆人等自行翻譯，復得諸色據表稿草八卷，日稽月省，臣等廩廩職業，不敢怠荒。獨念天道幽遠，曆學精奧，自古聖哲皆不能爲一定之法，獨郭守敬稱爲絶倫，今復與天不合，則其法亦未精密。臣等佔畢老儒，所誦習者不過漢、唐、宋、元史冊之所紀載，資性愚蒙，亦豈能自出聰明，高睨往古。第今

改曆一事，因差故改，必須究其所以差之故而改正之。前史改曆之人皆不其然，不過截前至後，通計所差度分，立一加減乘除，均派各歲之下，謂之改矣，實未究其所以然也。臣等昔年曾遇西洋利瑪竇，與之講論天地原始，七政運行，並及其形體之大小遠近，與夫度數之順逆遲疾，一一從其所以然處，指示確然不易之理，較我中國往籍，多所未聞。臣等自後每逢交食，即以其法驗之，與該監所推算，不無異同，而大率與天相合。故臣等竊以爲今兹修改，必須參西法而用之，以彼條款，就我名義，從曆法之大本大原，闡發明晰，而後可以言改耳。臣等藉諸臣之理與數，諸臣又藉臣等之言與筆，功力相倚，不可相無。然而布算既密，事緒亦繁，汗牛充棟之書，臣等方愁精力有限，歲月易銷，不意本年四月初二日，臣鄧玉函患病身故。此臣曆學專門，精深博洽，臣等深所倚仗，忽兹傾逝，向後緒業甚長，止藉華民一臣，又有本等道業，深懼無以早完報命。臣等訪得諸臣同學尙有湯若望、羅雅谷二臣者，其術業與玉函相埒，而年力正强，堪以效用。及今西洋掌教陪臣陸若漢南行，即令訪求速來，共襄盛典，事理亦便。伏乞敕下臣部，就便行文，敦諭二臣，并行所在官司，資給前來，庶令人出所長，早奏厥績。臣等竭其愚昧，諮訪商量，一則通曉曆法之人，悉宜收集京師；一則此二臣者，皆系外國賓旅。伏乞皇上明旨徵求，重其事亦重其人，故不免以一事之微，仰瀆聖聽。至於各省直地方，有學術能窺原本，推步確見左驗者，臣等再勤博訪取用，未敢一一瀆陳也。緣系修改曆法事理，未敢擅便，謹題請旨。

崇禎三年五月十六日具題。

太子賓客禮部左侍郎兼翰林院侍讀學士督修曆法臣徐光啟、太僕寺添注少卿協修曆法臣李之藻。

本月十九日奉聖旨：曆法方在改修，湯若望等既可訪用，著地方官資給前來，該衙門知道。

又《題准再譯製造度數旁通十事疏》 督修曆法、山東布政使司右參政臣李天經謹題，爲遵奉明旨，敬申旁通事宜，以便翻譯製造事。先該前輔臣徐光啟條上旁通十事，奉聖旨：度數旁通，有關庶演，一併分曹料理。欽此。蓋因前此曆事未完，工力有限，是以至今未遑措辦也。頃該臣奏爲曆法，業有成局一疏。奉聖旨：新法書器雖完，然推測疏密，未經考驗，且據稱度數旁通，尙有多款徐待製造，豈得遂云局曆告成？李天經還同該監官虛心詳究，務求畫一，以裨曆法。俸薪久不支給，是何緣故？著即與查補，該部知道。欽此欽遵。除臣一面遵旨任事，會同該監諸臣將新舊七政行度朔夕考驗，聽禮部類奏外，所有旁通諸務，臣一一與陪臣羅雅谷、湯若望等逐款商榷，然皆目前切要之事，濟時適用，有裨急需，第非旦夕可竟之功，講解著述，尙須時日，謹照輔臣原題，稍加更正，再行臚列於皇上之前，亦見臣等於考測之暇，非敢玩日愒月，而所接續考求者，乃曆法修正後推廣度數之妙用，以仰佐明時急務，而非止言曆已也。然之數事者，頭緒頗多，形質甚廣，釋義演文，與夫較勘製造，翳惟人是賴，似非臣與一二陪臣所能卒業，故不無望於衆思群力之助也。如在局知曆生儒等，臣曾請以量加職銜，少酬前勞，業蒙皇上下部酌議具奏，但得速爲敘錄，臣亦可藉手責成，不獨日後交食並七政諸曆，皆須爲之推算，即旁通一役，必先示以勉勵之意，使諸臣薪水無慮，得以一意隨分盡職，如明旨所爲分曹料理可也，統候聖裁。

計開度數旁通十事：

其一：考求七政行度性情，下合地宜，一切水旱蟲蝗疾癘兵戎，可以約略預知，則凡先事修救，如農家因之勤稼穡，兵家因之備邊儲，其於民生國計，大有利益。

其二：度數既明，精通水法，一切疏浚河渠，灌溉田畝，置閘河以利運艘，造水銃以救火災，與夫風水輪盤諸器，治水用水，各利實用。

其三：度數與樂律相通，明於度數，即能考正音律，製造器具，於修定雅樂，可以相資。

其四：兵家營陣器械，及築治城臺池隍等，皆須度數爲用，精於其法，有裨邊計。

其五：算學久廢，官司計會多委任胥史，錢穀之司關係尤重，度數既明，凡九章諸術，皆有簡當捷要之法，習業甚易，理財之臣，尤所急需。

其六：營建屋宇橋樑等明於度數者，力省功倍，且經度堅固，千萬年不圮不壞。

其七：明於度數，能造作機器，可以任重致遠，一切舉重引重諸器，皆有利便之法，以前民用，以省民力。

其八：天下輿地，其南北東西縱橫相距，紆直廣袤，與夫山海原隰，高深廣遠，皆可用法測量，洞其隱微。

其九：醫藥之家，宜審運氣，曆數既明，可以察知日月五星躔次，與病體相視，乖違順逆，因而藥石針砭，不致差誤，大爲生民利益。

其十：造作沙水等漏，以知時刻分秒，若日月星晷，依視學製造，不論公私處所，南北東西、欹斜坳突，皆可安置施用，使人人能分更分漏，以率作興事，屢省考成。

崇禎八年四月廿七日具題。

黃伯祿《正教奉褒》 萬曆三十八年，欽天監推十一月朔日食，分秒虧圓時刻，俱有差忒，職方郎范守己疏駁其誤。先是監官推曆，已屢次不合天行。如英宗正統六年，監推正月朔日食，已而不應。代宗景泰元年正月朔日食卯正三刻，誤推辰初初刻。二年，監官言六月朔卯初刻，日當食，至期不見。英宗天順八年四月朔，監推日食不驗。憲宗成化十五年十一月望，月食誤推。十七年，直隸正定縣教諭俞正己上改曆議，禮部尚書周洪謨等奏正己輕率狂妄，宜正其罪，遂下正己獄。十九年，天文生張昇上言，請修改曆法，欽天監謂祖制不可變，昇說遂寢。孝宗弘治中，監推月食屢不應，日食又舛。武宗正德十二年六月，十三年五月，預推日食起復皆弗合，漏刻博士朱裕上言請改正曆法，部奏古法未可輕變。世宗嘉靖十九年，推三月朔日當食，不驗。萬曆二十四年，河南僉事按察司副使邢雲路疏言監官推算有誤，請敕修正，欽天監見雲路疏，甚惡之，監正張應候具奏，詆其僭妄惑世。禮部范謙乃言曆爲國家大事，士大夫所當講求，非曆士之所得私，律例所禁，惟妄言妖祥者耳。監官拘守成法，不能修改合天，幸有其人，當和衷共事，不宜妒忌。至是禮部疏請，博求精通曆學者，令與監官晝夜推測，庶幾曆法靡差，於是五官正周子愚疏言：大西洋遠臣龐迪我、熊三拔等攜有彼國曆書，多中國典籍所未備者，乞敕取知曆儒臣，率同監官，將諸書盡譯，以補典籍之缺。禮部奏稱，翰林院檢討徐光啓字子先，一字玄扈，江蘇上海縣人，萬曆二十五年舉順天試第一，三十二年成進士，由庶吉士，曆贊善。天啓三年，擢禮部右侍郎。崇禎元年，轉左侍郎，三年進本部尚書，管曆局務。五年，以本官兼東閣大學士，入參機務，尋加太子太保，進文淵閣。六年十月，以病辭局務，薦右參政李天經董其事，逾月卒，贈少保，謚文定，後加贈太保。南京工部員外李之藻字振之，又字我存，號涼庵，浙江仁和縣人，萬曆二十六年成進士，四十一年官南京太僕少卿，召赴北京，參預曆務，崇禎四年卒於官。亦皆精心曆理，可與龐迪我、熊三拔等同譯西洋曆法，以資參訂修改，乞敕詔下從事。時廷臣以曆法浸疏，推算交食，往往不驗，多議改用西法，然臺官墨守舊聞，謂祖制不可變者亦衆，建議者俱格而不行，故奏入留中不報。

又 萬曆四十一年，時李之藻已召至京師參預曆事，授南京太僕少卿，乃奏言：監官推算日月交食，每多差謬，有大西洋國陪臣龐迪我、熊三拔，龍華民、陽瑪諾等慕義遠來，讀書談道，俱以穎異之資，洞知曆算之學，攜有彼國書籍極多，久漸聲教，曉習華音，在京仕（士）紳，樂與講論，其言天文曆數，有我中國先賢所未及道者。迪我等不徒論其度數而已，又能明其所以然之理，所製窺天、窺日之器，種種精絶。昔年利瑪竇最稱博覽超悟，其學未傳，溘先朝露，士論惜之。今迪我等鬚髮已白，年齡向衰，失今不圖，政恐後無人解，伏乞敕下禮部，亟開館局，首將陪臣迪我等所有曆法，照依原文譯出成書，其於鼓吹休明，觀文成化，不無裨補也。其時庶務因循，未暇開局。

又 懷宗崇禎元年七月，上以欽天監推算不合天行，諭禮部曰：監官推算日食，前後刻數俱不符，天文重事，這等錯違，卿等傳與他，姑恕一次，以後還要細心推算，如再錯誤，重治不饒。

崇禎二年五月朔，日食。監官據大統曆，元統，號抱拙子，陝西長安縣人，明太祖洪武十七年，爲漏刻博士，取元朝授時術，刪訂四卷，進呈，名之曰大統曆法，擢統爲欽天監監令。推食三分二十四秒，回回曆回回曆，回教所用之曆，隋唐以來，已見於中國，明太祖既造大統曆，命欽天監將回回曆參用推步。推食五分五十二秒，禮部左侍郎徐光啓依西法推北京食二分有奇，南京食六分有奇，瓊州府屬廣東食既，大寧縣屬山西隰州以北不食。屆期，驗光啓所推，密合天行，大統、回回各曆皆不合，帝切責監官，五官夏官正戈豐年等言大統乃國初監臣元統所定，即元太史郭守敬字若思，直隸邢臺縣人，精於曆算，輯授時術，元世祖成宗朝知太史院事。之授時術，古今稱爲極密，然守敬以元世祖至元十八年造曆，越十八年，爲成宗大德三年八月朔，推當日食二分有奇，詎至期不食，六年六月朔日食，反又失推，時守敬方知

太史院欽天監事，亦付之無可奈何，彼立法者尚然，況後之斤斤守法者哉？今欲循守舊法，向後不能無差，欲行修改，更非淺陋所及。於是禮部奏請徵召西士，開局修改，以光啓督修新法，敕曰「西法不妨於兼收，諸家務取而參合，用人必求其當，制象必核其精，責有攸歸，爾其愼之。」七月，光啓奏舉太僕卿李之藻，並疏言，西洋天學臣利瑪竇等曾經部覆推舉，今有同伴鄧玉函日爾曼國人、龍華民居住賜宇，必得其書其法，方可較正增補，并須造象限儀六、紀限儀三、平懸渾儀三、交食儀一、列宿經緯天球一、萬國經緯地球一、平面日晷三、轉盤星球三、候時鐘三、望遠鏡三，報允。九月癸卯開局，局設宣武門內天主堂東首善書院，名曰曆局。本朝仍令西士居此治曆，世祖章皇帝御書匾額曰「勤愼可嘉」。聖祖仁皇帝御書門額曰「天文曆法，可傳永久」，堂中匾曰「密合天行」，曰「盡善盡美」，後廳匾曰「聲清氣和」，聯曰「雲從高處望，琴向靜中彈」。其監官仍居欽天監，在闕東、禮部東、鴻臚寺南，西向。依舊法大統、回回兩曆推算。

崇禎三年五月，徐光啓又徵若望，日爾曼國人羅雅各意大理國人襄授製器演算諸法。

又 崇禎四年正月，龍華民等進曆書二十四卷，旋又進二十一卷。

崇禎五年，湯若望進曆書三十卷。

崇禎六年十月，徐光啓以病辭職，薦山東參政李天經字長德，直隸趙州人，萬曆三十一年進士，歷署河南、陝西藩臬，崇禎十一年進光祿寺卿，仍管曆務。代董曆務。

崇禎七年，湯若望進呈曆書二十九卷，並星屏一具，嗣又進曆書三十二卷，其時日晷、星晷、窺筒即望遠鏡諸儀器俱已製成，奏聞。上命太監盧維甯、魏國徵至局驗試用法，旋令若望將儀器親賫進呈，督工築臺，陳設宮庭，上亦步臨觀看畢，就內廷賜若望宴。自後上頻臨觀驗，分秒無錯，頗爲嘉獎。一日有內庭應用物件，扛至宮中，須經儀器之旁，內宦之黨同監官者乘機將儀器移動，遂至測驗不符，上詫異，召若望至，詰以不符之故。若望驗看儀器，知已移動，即復如法安置。上究其事，知內宦因與守舊監官相善，爲此隱詐，以害若望，遂嚴加申飭。

崇禎八年四月，湯若望進呈七政行度曆。

又 崇禎十年，帝以曆年類食淩犯，派大臣登臺觀驗，獨西法密合天行，大統、回回各法俱有差謬，欲廢舊曆，專用新法，而舊監中各官多方阻撓，內宦又左右之，帝意遂不決。

崇禎十年十二月，欽天監官自知測驗不及西士，心甚嫉妒，乃上疏言：湯若望等所講天主教道理，大悖堯舜、孔子之道，請禁止傳習。上疏後，又賄囑內宦，在帝前毀譖西士，帝敕軍校至天主堂，將所譯教中書籍盡數搜去，交部臣逐一詳加磨勘，部臣覆奏，勘得教中各書俱無乖理之處。上又親加核閱，降諭：爾監官等推測疏誤，前已有旨，何得挾私傾陷，更端求勝，且本內詞語肆口揑誣，全無忌憚，著傳旨申飭。

崇禎十一年，禮部題敘，湯若望等創法講解，著有功效，並道氣冲然，頗資矜式，理應褒異。上諭傳旨嘉獎，並御題匾額曰「欽褒天學」，敕賜若望敬掛堂中。

又 崇禎十四年，禮部議曆法疏稱，前因欽天監推法差誤，奉旨特置西法一局，令禮臣徐光啓領其事，而寺卿李天經、陪臣湯若望、中書王應遴、新局官生黃宏憲等累年著成新曆書一百四十餘本，日晷、星晷，星球，星屏，窺筒諸器，多曆家所未發，專門勞勩，積有歲年，似宜量加敘。

崇禎十四年，因西士龍華民、鄧玉函、羅雅各、湯若望等修曆有成，上諭吏部議賜爵秩，諸西士固辭，以不婚不宦，九萬里遠來，惟爲傳敎勸人，事奉天地萬物眞主，管顧自己靈魂，望身後之永福，請收回成命。上允，諭禮部褒揚天學，禮部遵旨，將「欽褒天學」御題匾額，分賜各省西士祗領，懸掛天主堂中。

崇禎十四年十二月，湯若望進十五年新曆。

崇禎十六年三月朔，日食，大統、回回舊法所推仍俱不驗，獨與西洋新法密合。八月，詔西法既屢驗得密合天行，著通行天下，然終以臺官泥於舊聞，當事憚於改作，格未施行，其曆局中諸西士，費十餘年之勤勞，製成各種儀器，翻譯多類曆書，若預以備我朝之採用者，斯亦奇矣。

明季西士在曆局供職，深爲監官妒忌，惟因帝與朝臣洞悉教士立身行事，無瑕可指，故監官未得逞志擠排，而各教士亦得隨處建堂敷教，不被阻撓，統計奉教者有數千人，其中宗室百有十四，內官四十，顯宦十四，貢士十，舉子十一，秀士三百有奇，其文定公徐光啓江蘇上海縣人、少京

兆楊廷筠浙江錢塘縣人、太僕卿李之藻浙江仁和縣人、大學士葉益蕃福建人、左參議瞿汝說、忠宣公瞿式耜父子，江蘇常熟縣人爲奉教中尤著者。

曆獄

綜述

利類思《不得已辯・附藉曆法行教辯》 光先云，若望得藉其新法，以隱於金門，以行邪教云云。

先是明季壬戌年，開局修改曆法。閲十年，而湯若望自陝西西安府天主堂行教，以崇禎四年辛未欽取進京。則非藉曆法以行教，極彰明較著矣。且西士在中國行教，自利瑪竇始。萬曆辛巳年，入中國朝見神宗，獻天主像等方物。於宣武門內建天主堂，著書譯經，發明天主教正理，至今八十七載。接踵而至者，浙江杭州郭居靜（癸未），江西南昌府蘇如漢（甲申），建昌府費奇規（辛卯），江南江寧府高一志，松江府黎寧石（壬辰），陝西西安府金尼閣（己亥），閩福州府艾儒畧（壬寅），山西絳州曾德昭（甲辰），河南汴梁畢方濟（丁卯），各居本堂行教。是知湯若望未修曆法之前，西士在中國行教已三、四、五十年前矣。至光先所云，湯若望隱於京都以行教，愈顯其虚。崇禎十三年，湯若望進呈書像，畧講天主降生行實，天主教要。疏內明云，臣等輕棄家鄉，觀光上國，意實爲此，（即右所云爲傳教法。）不敢隱也。書疏見存。順治元年五月內，若望奏疏。略曰，臣自大西洋八萬里航海來京，不婚不宦，專以昭事上帝，闡揚天主聖教爲本，勸人忠君孝親貞廉守法爲務。臣自購置天主堂聖母堂一所，朝夕焚修，祈求普祐云云。本月十二日蒙頒給清字令旨，張掛本堂門首。順治元年十二月內，若望辭官，疏內明言，臣辭家學道，誓絶世榮。傳教東來。云云。又順治十四年十月內，若望又辭官，疏內曰，臣萍飄孤旅，自幼學道，及壯東遊，宣傳天主正教，祗緣傍通曆學云云。又順治十三年十月內，利類思安文思謝恩疏內曰，臣等海國遠人，明季東來，居蜀明教。又蒙俯鑒積忱，特賜銀米養贍，賜房焚修，皆以傳教二字明明人告，豈隱身之所爲。況蒙世祖皇帝臨幸天主堂者不一，賜扁旌表，賜銀修餙，并蒙御製碑文，建立堂左，皆所以崇教法也。種種殊恩，昭彰耳目。且章皇帝神智天縱，倘若望所行稍有可議，豈能逃如天之照哉。

又《附中國初人辨》 《易》云，有天地，然後有萬物，有萬物，然後有男女。此據理而言。計此男女，生於天地成位，萬物潔齊之後，必也普世之初人乎。生必有地，據天主經爲如德亞國。（按《輿圖》，天下分五大洲，一曰亞細亞，一曰歐羅巴，一曰利未亞，一曰亞墨利加，一曰瑪熱剌尼加。今如德亞國在亞細亞內，與中國同洲。）既有普世初人，方有各國之初人。據經各國初人，皆普世初人之後，則皆如德亞國之苗裔，豈中國初人獨否耶。楊光先捏據，以爲罪案。推其意，以爲中國人，耻言生於他國，今請得而辨之。謂中國初人非他國之苗裔，則他國之初人乃中國之苗裔，理所必然。但合考中西古史，不載中國初人遠遊他國，而西史載如德亞國初人遠遊東來。則謂中國初人，生自他國爲有據。而謂他國之初人，生自中國無所憑。如初人生於他國，即爲中國之初人，不得不爲他國之苗裔。此必然之理，何足云耻哉。此中國彼外國，作如許區別者，皆後世之論，非所論太古之初者也。世方洪濛，此中正教未舉，禮樂未興。更遡其生，并生齒亦未之有。於斯之時，宇內元氣渾渾淪淪，會有人焉遠從外來，爲中國之鼻祖。木本水源，理所必至，孰爲耻哉。夫中國之所以謂中國者，特以能興禮樂，制文藝，該忠孝仁義，非因初人生在中國也。且中國有人之初，豈遂有文物禮儀之盛乎。亦必漸而興焉。若以方域論，將馮之姚，西羌之似，岐下之姬，均非足中國之聖人矣。宋陸子曰，東海有聖人出，此心此理同。西海有聖人出，此心此理同也。但求心理之同，不分東西之異。何所見之不廣也。

南懷仁《不得已辯・總畧》 夫新法者，傳自西洋。諸國曆家，互相考訂，法綦備矣。歷數千年，經數百手，非憑一人一時之臆見，貿貿爲之者。明末曆法，歲久漸差，詳稽修改，亦非湯若望一人一歲之力。自萬曆利瑪竇暨熊三拔、陽瑪諾、艾儒畧、高一志、鄧玉函、羅雅谷諸君後先訂正，累繼而及湯若望，人閲有八，歲閲八十有三。兹數人者，皆精於象緯，善於變通。先以交食凌犯諸星行動，較定順天府子午正線，依大地之

經緯度，以便測驗，以爲諸曜之定應。然後於西國治曆諸名家所訂曆書，採其精微，倣其推步，按中西年代，參究異同，彙輯成書一百餘卷，恭進內廷，業蒙宣付史館。又以測驗爲曆家首務，故奉旨修改以來，除西製大銅儀數具外，在曆局別造大儀幾座。同監局官生，晝測日，夜測月星。遇五星凌犯伏見，日月交食，公同部監赴觀象臺測驗，累蒙欽遣大臣，隨時審視。又因交食，差官四方測驗異同。嗣後奉命造進黃赤大儀及星晷天球，大日晷等。或內廷親測，或內靈臺諸臣公測，如是者又數年。至我世祖握符定鼎，以憲天勤民爲首務，留心曆法，更復精詳。欽遣內大臣公同測交食等，果密合無差，乃命以新法鑽造頒行。當此之時，楊光先蚤已潛身京師，倘智識果能恍惚章皇帝萬分之一，而駕諸鉅卿名喆之上，即宜據實陳言，以正訛謬。何以舍毒二十年，乘章皇帝龍馭賓天與湯若望病瘖，始張陷誣之網，然則光先之心眞不可問，眞爲章皇帝之罪人矣。

又《辯依西洋新法五字并中國奉西洋正朔》 湯若望初進曆時，曆面上原無依西洋新法字樣。此五字者，乃內院大學士奉上傳，批在原本曆面上，發與禮部頒行。時若望尚未受職，承行者監正戈承科也。光先云依西洋新法五字，斷無加於皇上之曆之理，藐大清而欺皇上。信斯言也，則禮部歲歲頒曆，已二十餘年。豈內外諸大臣俱未見此五字，皆相率而欺藐耶。況順治元年七月初十日，奉旨云應用諸曆，一依新法推算。其頒行式樣，作速催竣進呈，禮部知道。又旨云遠臣湯若望所用西洋新法，測驗日食時刻，分秒方位，一一精確，密合天行，盡善盡美。見今定造時憲新曆，頒行天下，宜悉依此法爲準云云。明以示天下一代之興，必有一代之曆。而大清之曆，用西洋新法推步，非前代之曆可比。勅書云明代雖改元授時爲大統之名，而積分之術實仍其舊。然則新法之可貴者，不徒改曆之名，正在改曆之法。今我皇清之曆，不但改大統爲時憲之名，特用西洋新法，改革舊法諸差。即自古聖君賢相，握機衡以齊七政之盛治弘庥，無逾斯時。則書此五字，以贊揚盛美，豈無意哉。正以見我皇清鼎定，能使九萬里孤臣亦竭效微勞，以隆兹鉅典，何不可之有。謹按《御製碑文》有云，天生斯人，以待朕創制曆法之用，即傳之天下，垂之永久，於以彰至治之美。俾薄海內外聞之，莫不梯航恐後，意至深遠也。今光先托稱古法，以欺誑朝廷，豈不知推算儀器等法，種種實仍大統之舊。獨時憲二字，爲大清曆之虛名。光先之欺君罔上，孰有甚於此哉。又妄言中國奉西洋正朔。光先不知中曆與西曆大不相同，如中曆以立春相近之月朔爲正月，西曆則冬至後約十日爲正月，一不同也。中曆推算七政，民曆等，從冬至起，而西曆則從春分起，二不同也。中曆以合朔定月初日，以月望上下弦分之，西曆不用朔望上下弦而定月分，惟以節氣日計定月日，三不同也。中曆每月計日或二十九日，或三十日爲一月，西曆每月計日或三十日，或三十一日，或二十八日爲一月，四不同也。中曆有閏月，西曆無閏月，每四年止閏一日，五不同也。中曆二十八宿等相連之星座，與西曆相連之星座其多寡形像名目俱不同，六不同也。總之，以中曆與西曆相較，日月五星等度分不能一日相合，豈可指中曆爲西曆哉。光先茫然無知，惟圖聳動上聽，蠱惑人心。故妄爲此言，欲遂其奸欺耳。

又《測驗爲諸辨之據》 曆法之精微雖日究心於書與法者，尚難盡晰其理，矧兼通乎。故欲辨光先之悖理，姑舍諸曆奧義與新法所著曆學，惟以測驗乃眼前共見者，可爲諸辨之據。光先自謂能知曆理，故著書立言，其中種種妄誕自尊，至反覆論新法之差，深加詈罵，意不過煽搖未究心曆法者爾。豈知難欺者天，難掩者人耶。譬猶兩醫於此，各執一見，不知醫者，似難分其高下，惟視其立方之有效爲優。新舊二法亦然，視合天爲效，當以測天爲據。蓋莫難於造曆，莫易於辯曆。天之高，星辰之遠，先期布算，使時刻分秒，毫髮不爽，非積久測驗，累經修改，其勢不能。今欲辯術業之巧拙，課立法之疎密，則以日月交食、五星凌犯伏見等類，豫令推算。臨時測驗時刻分秒，合即是，不合即非，若指諸掌，安可欺乎。故光先所懼者，測驗也。當康熙四年朝審時，問測春分時刻。仁對欲知新舊二法之孰是孰非，須兩法自定。或春分本日，或春分前後，不拘某日時刻，某表影應長短幾尺寸分，臨測孰合，一見便知。蓋太陽日日有一定之高度，表影亦有一定之長短。每節氣日時刻，年年如一，不容增減。此時光先不敢測驗，但混言新法錯了，請以候氣爲憑。今候氣已三年矣，不爲不久，宜有確驗以証是非。何無一字上達，無一語布聞。蓋光先測驗不敢，遁而候氣。候氣又不驗，遁而自供原不知曆。是明知舊法之差，恐他日難逃欺罔之辟，欲別尋一題目，以掩前羞，奚可得耶。

又《新法曆遵聖旨爲無庸辯之原》 楊光先《孽鏡》中云，大統曆之黄道，自郭守敬至今三百餘年未修，而差已五度。雖善算者，不過以平線求之，分秒終有所未盡正，間有時刻分秒之差。又曰，大統黄道自郭守敬至今未修，十二宫之濶狹盡皆不同，所當亟宜修改者也。此非光先之言耶。既明知其有差，何以敢廢世祖皇帝屢驗合天之新法，將歷奉綸音等之弁髦耶。順治元年八月初一日日食，内院大學士批中堂公同用儀器測驗，大統曆差有一半，回回曆差有一個時辰，惟西洋新法，分秒時刻，纖忽不差。以明朝二十年未及行之新法，大清朝以數日間行之，一試驗而合若符節，可謂奇矣。着用心精造新曆，以爲萬年之法傳。初七日奉旨，西洋新法測驗日食時刻分秒方位，一一精確，密合天行，盡善盡美。見今定造《時憲新曆》頒行天下，宜悉依此法爲準。以欽崇天道，敬授人時。該監舊法歲久日差，非由各官推算之誤。以後都着精習新法，不得怠玩。禮部知道。順治二年正月十五日月食，奉旨，這新奏月食分秒時刻方位，公同測驗，一一脗合，知道了。禮部知道。光先反其言曰，新法件件悖理，件件舛謬。又曰新法之行，起於大統，回回交食之勿驗，而新法驗不是眞驗。此光先蔑旨欺君之罪一。順治二年，奉有新曆密合天行，所進曆書，考據精詳，理明數著之旨。光先反其言曰，總之西洋之學，左道之學也。其所著之書，所行之事，靡不悖理叛道。此光先蔑旨欺君之罪一。順治元年七月二十日，湯若望有《恭進萬年寶曆》一疏。奉旨，這恭進新曆，節氣交脱。與太陽出入，晝夜時刻，按道里遠近，推算諸方各有不同，果爲精確。光先反其言曰，此爲荒唐之説。此光先欺君蔑旨之罪一。御製碑文畧曰，湯若望航海而來，理數兼暢，豈非天生斯人，以待朕創製曆法之用哉。勅賜嘉名曰，精於象緯，閎通曆法。光先反其言曰，一代之大經大法，不可委之不學無術之夫，任其胡裁亂訂。此光先欺君蔑旨之罪一。勅賜嘉名曰，元郭守敬，號爲精密，然經緯之度，尚未能符合天行。其後晷度亦逐漸差矣。天生賢人，佐朕定曆，補數千年之闕畧，成一代之鴻書，非偶然也。光先反其言曰，新法大不合於天，不可爲一代之典。此光先欺君蔑旨之罪一。御製文曰，伏羲制干支，神農分八節，黄帝綜六術，顓頊命二正，堯欽曆象，舜察璣衡，三統迭興，代有損益。見於經傳彰矣，而其法皆不傳。自漢以還，迄於元末，修改者七十餘次，創法者十有三家。至於明代，雖改元授時曆爲大統之名，而積分之術實仍其舊。洎乎晚季，至分漸乖，朝野之言僉曰宜改。又順治元年六月二十三日，奉有舊曆歲久差訛。西洋新法屢屢密合之旨，聖謨洋洋，萬代瞻仰。光先欲復舊法，反其言曰，尊羲和之法。豈舊法即羲和之法乎，抑光先自立羲和之法乎。此光先欺君蔑旨之罪一。

又《遵旨查對等事一疏懷仁奏查對回回曆本》 遠西臣南懷仁謹奏，爲遵旨查對曆本，謹據實列冊回奏事。本年十一月二十六日，蒙皇上發下欽天監監副吴明烜所造康熙八年七政民曆二本，著臣查對差錯。切念臣遠方孤旅，荷蒙皇上特知之隆，敢不竭力殫心，以求無負我皇上憲天授時之至意。今以臣所推曆法查對，本曆所載相去甚遠，如本曆載有康熙八年閏十二月應是九年正月者，有一年節氣或先天或後天一二日有餘者，有一年兩春分兩秋分者，有每月晝夜長短概不合於日出入時刻者，有五星伏見日失天至三十日有餘者，如此等錯，俱已條詳。冊内即使本曆所定無差，亦只爲直隸一方之曆，而不可通用之天下各省，況爲一方且錯誤種種乎。蓋一年晝夜長短、日出入時刻與節氣時刻隨地不同，並交食時刻、食分多寡，無不如之，故據本曆，有外省日日失天至十五度有餘者矣。今我皇上德威遠播，拜玉帛數十國，奉正朔者幾萬里，自京師以至四訖，豈可使一年俱不得其眞晝夜、眞時刻、眞節氣哉？概天下之理，惟不明其所以然，則已然者茫茫不知何來，其當然者昧昧不知何往。今本曆差錯之所以然，誠非疏内數言可盡，其詳具在臣所較對曆法書百餘卷内，且此法非一時一人之力所能全備，遠方諸曆學專家互相考訂，其來已久，自入中邦，部監公測，密合者屢矣。若閏月節氣等差，即以本年十一月所驗表影可據，凡欲定某日表影之長短，必先定本日時刻，太陽所躔某節氣度分正午之刻，在地平高下，日日不同，表影之長短隨之，前臣所預定表影長短合天，既已如此，則是日所預定太陽躔節氣度分不得不合明矣。抑臣九萬里外之孤旅，無家無親，且自幼學道，口不言人之短長，兹叨奉上諭，以七政民曆著臣查對，不敢不據實開晰明白，免蹈失實之咎，謹列冊一本，並欽發七政民曆二本，一並繳呈御覽，仰憑乾斷。臣無任戰慄恐懼之至，爲此具本親賫，謹具奏聞。計開：欽發七政民曆二本，查對列冊一本。康熙七年十二月日具奏，本月二十六日奉旨：曆法關係重大，著議政王貝勒大臣九卿科

道掌印不掌印官員會同確定具奏，冊併發，該部知道。

《利類思、安文思、南懷仁奏疏》 具呈。利類思、安文思、南懷仁呈爲詭隨狐假，罔上陷良，神人共憤，懇殲黨惡，以表忠魂事。痛思等同鄉遠臣湯若望，自西來住京四十八載，在故明時即奉旨修曆，恭逢我朝廷鼎革，荷蒙皇恩，欽敕修曆二十餘載，久合天行，頒行無異。哭遭棍惡楊光先，其在明時以無籍建言，曾經廷杖，今倚恃權奸，指爲新法舛錯，將先帝數十年成法妄譖。幸諸王貝勒大臣，考正新法，無有不合，蒙恩命南懷仁仍推新曆，此已無容置辨。惟是天主一教，即《經》云「皇矣上帝，臨下有赫」，萬物之宗主者。在西洋三十多國如一家，千三百年如一日，是可大可久之教也。即在中國萬曆年間，西士利瑪竇東來創宇行教，已八十餘載，其著書立言，大要以敬天愛人爲宗旨，總不外克己盡性、忠孝節廉諸大端，往往爲名公卿所敬慕。世祖皇帝，數幸堂宇，賜銀修造，御製碑文，門額「通微佳境」，錫望「通微教師」。若系邪教，先帝聖明，豈不嚴禁？今爲光先所誣，火其書而毁其居。又光先誣望謀叛，思等遠籍，跋涉三年，程途九萬餘里，在中國不過二十餘人，俱生於西而來於東，有何羽翼，足以謀國？今遭横口蔑誣，將無辜遠人二十餘人押送廣東羈紲，不容進退；且若望等無抄沒之罪，今房屋令人居住，墳墓被人侵占，此思等負不平之鳴者。今權奸敗露之日，正奇冤暴白之時。冒懇天恩，俯鑒覆盆，恩賜昭雪，以表忠魂，生死銜恩。

上呈

康熙八年五月初五日。

禮部等衙門題爲請旨事。該臣等會議得，據利類思、安文思、南懷仁所告狀内，天主一教即在中國故明萬曆年間西士利瑪竇東來，創宇行教已八十餘載。其著書立言，大約以敬天愛民爲宗旨，總不外克己盡性、忠孝節廉大端等語。查得順治十三年十一月，恭捧上諭，諭禮部：朕惟治天下，必先正人心而黜邪術，儒釋道三教並垂，皆使人爲善去惡，反邪歸正。此外乃有左道，惑衆結黨，夜聚曉散，小者貪財恣財，大者亡命希謀，履行嚴飭，不意餘風未殄，實系有徒。京師輦轂重地，藉口進香，然肆行無忌，男女雜糅，特諭欽遵，通行嚴禁在案。又世祖皇帝賜湯若望碑文内一段曰「朕巡幸南苑，偶經祠宇，見神之儀貌如其國人，堂牖器飾如其國制。（問）其几上之書，則曰天主教之説也。但若望入中國已數十年，而能守教奉神，肇新祠宇，敬慎蠲素，始終不渝，孜孜之誠，良有可尚。」等因。又南懷仁等原供内，男女入教用清水洗額，赦他的罪；又入教男女，凡所犯罪過，替天主解赦；又凡人病危，用聖油傳其五官，天主必憐而赦之；又祖宗亡故者不燒紙，乃是不行孝道。又無明顯解赦有益之處，且系三數以外之教。天主教非爲正教，不便舉行。又稱火其書而毁其居，今房屋令人居住，墳墓被人侵占等語。西洋教書籍銅像，《天學傳概》書版，俱系天主教之物，已經焚毁。其宣武門内堂、房屋，奉旨給與欽天監監正，其東堂與湯若望、利類思等居住。阜城門外墳前所有堂交工部，工部具題變賣。所買之人，將堂屋拆毁。至於外省堂，遵旨未經拆毁，令人居住，其墳地並未與人，仍留與其伊等。又門上所書「通微佳境」，並賜與湯若望「通微教師」之名，皆因若望能知天象，故世祖皇帝賜之，非爲表揚天主教賜也。因湯若望傳行天主教緣由革職，交與刑部議時，將「通微教師」之命一併革去。又西洋人二十餘名留此處，恐復行邪教，具題遵旨押送廣東。又有佟國器、許纘曾、許之漸等，或因助銀修堂，或因入教，或因作《天學傳概》書序，俱治罪革職，無庸再議。查得此案俱系詳查，相應並題明。旨：前楊光先告湯若望，擬以重罪，今既稱湯若望之罪冤枉，豈可不將是非議明？著議政王貝勒大臣九卿科道會同再行詳議具奏。康熙八年七月二十六日。欽此。該臣等會同再議得，惡人楊光先捏詞控告天主教系邪教，已經議復禁止，今看得供奉天主教並無爲惡亂行之處。相應將天主教仍令伊等照舊供奉，其伊等聚會，散給《天學傳概》，銅像等物，應仍行禁止。其湯若望「通微教師」之名，復行還給，該部照伊原品賜恤。其許纘曾等應令該部查明原職給還。至於阜城門外堂及房屋，其所賣之價、空地，還給南懷仁等。因天主教緣由解送廣東西洋人二十五名，行令該督撫，差人解送來京，俟到日，該部請旨。又李祖白等各官，該部照原官恩恤，其流徙子弟有職者各還原職等處。今楊光先倚勢奸情，已經皇上天察楊光先惡處，奪其監職，復用南懷仁管理曆法，可見楊光先前日之誣告，實權奸鰲拜使爲他等語。楊光先倚附惡黨，誣陷是實。又光先將奉旨所留天主教龕座碑記，自行拆毁等。今爲冤枉參人多款，又

爲已上誣告等款緣由，將楊光先仍即行處斬，妻子流徙甯古塔可也。旨：楊光先本當依議處死，但念其年已老。姑從寬免死，妻子亦免流徙。西洋二十五人不必取來京城，其天主教除南懷仁等照常自行外，恐直隸各省或復立堂入教，仍著嚴行曉諭禁止，餘依議。

又 遠西臣利類思、安文思、南懷仁等謹奏，爲天恩難報事。臣等仰荷皇上睿智洪慈，古今無兩者也，如楊光先誣告湯若望一案，議政王貝勒九卿科道會同詳議，革職者復官，流徙還鄉，沒者賜恤，生者頂仁，昊天之恩，無微不照矣。惟是栗安當等二十餘人，久羈東粵，竊念安當等半系七十、八十不等之年，其中十餘人有通曉曆法，於順治十六年奉旨入國，禮部題請在案。至臣等自幼棄家學道，生雖西洋，歿則中國，自明迄今，已將百年，世祖皇帝深知天主教無斁，故賜堂賜扁，御製碑文，屢次聖駕臨堂，容臣等各居本堂焚修。伏乞皇上垂浩大之恩，念安當等無辜之苦，賜仍依世祖皇帝時，得生歸本堂，老歸本墓，以繼世祖皇帝柔遠之仁，則諸臣有生之年，皆皇上再造之德也，伏乞睿鑒施行。已經具呈禮部，未蒙代題，爲此具本，謹具奏聞。

康熙九年十一月二十日，遠西臣利類思、臣安文思、臣南懷仁。

康熙九年十一月二十八日奉旨：這本內情節，該部確議具奏。該臣等會議得，據利類思等奏稱：栗安當等二十餘人，久羈東粵，切念安當等半系七十、八十不等之年，伏乞皇上垂浩大之恩，念安當等無辜之苦，生得歸本堂，老歸本墓等。查得先經會議具題，奉旨：栗安當等二十五人，不必取來京城。其天主教除南懷仁等照常自行外，恐直隸各省或復立堂入教，仍著嚴行曉諭禁止。欽此。今栗安當等俱著各歸本堂，恐日久復立堂入教，亦未可知，因此將利類思具題之處無容再議，仍照前旨遵行可也。此前一議。

又一議，查得議政王貝勒九卿科道官員會同具題：革職者還職，流徙者還鄉，亡故者賜恤。栗安當等仍羈在廣東，將伊等各歸本堂，但奉有恐直隸各省或復立堂入教，仍著嚴行禁止之旨，不便令各歸本堂。若仍在廣東，伊等之罪未赦，既稱內有十餘人通曉曆法，將栗安當等俱取來京城，與南懷仁一同居住可也等因。康熙九年十二月十八日題，本月二十一日奉旨：據利類思等奏稱：栗安當等半系七十、八十不等之年，無辜久羈東粵等語。此內有通曉曆法的著取來京，與南懷仁等同居；其不曉曆法的，准其各歸本堂。除伊教焚修外，其直隸各省一應人等不許入教，仍著遵前旨禁止。欽此欽遵。查得山東省堂栗安當、汪汝望；山西省堂金彌格、恩禮格；江南省堂張瑪諾、魯日滿、畢嘉、潘國光、劉迪我、成際理、柏應理；湖廣省堂穆迪我；江西省堂聶仲遷、聶伯多、殷鐸澤；浙江省堂洪度貞、閔明我、費里白、白道明；福建省堂何大化、郭納爵；陝西省堂李方西、穆格我；廣東省堂瞿篤德、陸安德。欽此欽遵到部。相應移咨廣東總督，查明內有通曉曆法的幾名，即行起送來京，其不知曆法者，即令各歸各省本堂可也。爲此合咨前去，煩爲查照旨內事理，欽遵施行。康熙十年正月十八日，兵部行咨各省總督撫院。

《熙朝定案・上諭諸臣詳定曆法並諭遣諸大臣測驗日影及內院禮部回奏始末》 康熙七年十一月二十三日，欽遣內院大學士李霨等捧上諭一道，諭楊光先、胡振鐵、李光顯、吳明烜、安文思、利類思、南懷仁：天文最爲精微，曆法關系國家要務，爾等勿懷夙仇，各執己見，以己爲是，以彼爲非，互相爭競。孰者爲是，即當遵行，非者更改，務須實心將天文曆法詳定，以成至善之法。欽此欽遵。本日又奉上諭：爾等同禮部尚書布顏、郝惟納去測驗日影。欽此欽遵。十一月二十四日，內院大學士李霨，學士多諾、吳格塞、卓令安、范承謨，禮部尚書布顏、郝惟納等帶領欽天監監正楊光先、監副吳明烜及南懷仁等到觀象臺，預推正午日影所止之處，測驗合與不合。據楊光先，吳明烜說：我等日影所到之處，以後方知推算等因具題。奉旨：楊光先、吳明烜，先問爾等，既稱能推日影，今又怎說得不知？著伊等一併帶去，將日影遮掩測驗。欽此。本日隨到觀象臺，叫楊光先、吳明烜推正午日影所到之處。據楊光先等說：我等所到日影之處，若離表影，不能推算，但日影所到之處，以後方知推算等語。南懷仁等將表影高做成八尺四寸九分，正午日影到一丈六尺六寸六分之處，畫成界限，日到正午，我等公同看得日影，正合著所畫之制。楊光先說：影已多九分等語。吳明烜說：已多六分等語等語。本日具題。奉旨：二十五日、二十六日再測。吳明烜所造七政及民曆，俱交與南懷仁，若有差錯之處，

寫在傍邊。欽此。本日與南懷仁等定高二尺二寸的木表，將二十五日正午日影所到之處交與推算。據南懷仁等推算，日影所到四尺三寸四分五厘之處，止預先畫定界限。於二十五日在午門前，放在平地，看得正午日影，正合著所畫之界。又在觀象臺表影上，二十六日正午日影所到之處，交與推算，南懷仁等將測驗表影做成高八尺五分五厘，所推日影所到之處一丈五尺八寸三分之處止畫制。於二十六日看得正午日影。正合著所畫之界等因。本日具題。奉旨：知道了。將吳明烜所算七政及民曆，著南懷仁驗看差錯之處寫出，俟報部之日，爾等議奏。

又《和碩康親王等題復遵旨查對等事一疏請差大臣測驗》和碩康親王臣傑淑等題爲遵旨查對等事。本月二十六日奉旨：曆法關係重大，著議政王貝勒大臣九卿科道掌印不掌印官員會同確定具奏，冊併發，該部知道。欽此欽遵。該臣等會議得，據南懷仁所稱吳明烜推算曆日，種種差錯之處，皆系精微，其是非一時據難定議，必須差委測驗大臣，同欽天監馬祜等，將南懷仁、吳明烜推算曆日內可以測驗的數款，誰人合天象不合天象之處，測看完日再議具題，差委大臣職名，該部具題可也。臣等未敢擅便，謹題請旨。康熙七年十二月二十九日題，本日奉旨：著圖海、李霨、多諾、吳格塞、布顔、明珠、黄機、郝惟納、王熙、索鄂圖、柯爾科代、董安國、曹申吉、王清、葉木濟、吳國龍、李宗孔、王日高、田六善、徐越等去測看，餘依議。

又《和碩康親王等再復遵旨查對等事一疏測驗後回奏始末》和碩康親王臣傑淑等題爲遵旨查對等事。該臣等會議得，南懷仁因吳明烜推算曆日差錯具題之處，奉旨差出大臣赴觀象臺，測驗立春、雨水、太陰、火星、木星，南懷仁測驗與伊所指儀器逐款皆符，吳明烜測驗逐款皆錯，南懷仁測驗既已相符，應將康熙九年一應曆日交與南懷仁推算，吳明烜交與吏部議處，南懷仁應授欽天監何官，聽禮部請旨具題可也。康熙八年正月二十四日題，本月二十八日奉旨：南懷仁授欽天監何官，著禮部議奏，吳明烜著吏部議處，楊光先前告湯若望，議政王大臣會議曆法，以楊光先何處爲是准行，湯若望何處爲非停止，曆法系要務，其以爲非停止款項，復用與不用之處，不向馬祜、楊光先、吳明烜、南懷仁等問明，酌量畫一，詳議具奏，乃草率具奏不合，又李光顯、胡振鉞但以知天文任用，今知天文曆法與否，亦并未詢問，著再行明白確議具奏。

又《禮部遵旨查對等事一疏議楊光先誣告顛倒參觜等項將光先革職交與刑部從重議罪》禮部爲遵旨查對等事。禮科抄出和碩康親王傑等題復南懷仁奏前事，康熙八年正月二十四日題，本月二十六日奉旨：南懷仁授欽天監何官云云，著再行明白確議具奏。欽此欽遵。該臣等會議得，前奉旨差出大臣二十員赴臺測驗，南懷仁測驗逐款皆符，吳明烜測驗逐款皆錯。據監正馬祜、監副宜塔喇供稱：同奉旨差出大臣二十員赴臺測驗，南懷仁所算逐款皆符，吳明烜所算逐款皆錯，南懷仁所算曆日想必是等語。又據監副胡振鉞、李光顯供稱：看赴臺測驗，吳明烜的錯，南懷仁的合天象等語。前因百刻曆日，自堯舜以來，曆代行之已久，自今以後，應照一百刻推算曆日，准行在案。今南懷仁推算九十六刻之法，既合天象，自康熙九年起，應將九十六刻之法推行，一應曆日俱交與南懷仁。據南懷仁供：內羅喉、計都、月孛系推算曆日所用，故此造上，其紫氣星無象推算曆日時並無用處，故不造上等語。吳明烜供：內紫氣星推算曆日，並無用處，造上也可，刪去也可，但只是算卦之人用得著等語。前因紫氣星系自古以來有的，紫氣、月孛、羅喉、計都、四餘之星，湯若理伊造的曆日內止寫月孛、羅喉、計都星，伊私自刪去紫氣大不合，相應照舊行等因在案。今南懷仁、吳明烜等既稱推算曆日並無用處，應自康熙九年起將紫氣星不必造入七政曆日內，其觜參星今既將九十六刻曆日准行，仍應交與南懷仁推算，其二百年表已經題結，無容議。據南懷仁既稱候氣者因系自古以來之例，故此候氣推算曆日并不相涉，亦無用處等語，以後停其候氣。據楊光先供內：以百刻推算系中國之法，以九十六刻推算系西洋之法，若將此九十六刻曆日頒行，國祚短了，如用南懷仁，不利子孫。又供：不載書例，是我自己供的等語。楊光先伊身職司監正，曆日差錯之處並不能修理，既屢以推算曆日差錯、不合天象具題，今將合天象之曆日，又堅執西洋之法習不可用，大言妄稱國祚，情罪重大，爲此相將楊光先革職，交與刑部，從重議罪。據監副胡振鉞、李光顯供內：我等止知天文，不知曆法，看赴臺測驗，吳明烜的皆錯，南懷仁的皆合天象等語。伊等原因知天文授職，無容議。康熙八年二月初五日題，本月初七日奉旨：楊光先本當依議，交與刑部，從重治罪，但前告湯若望是實，依議著革職，姑從寬免，交刑

部，餘依議。尋於本年七月內奉旨：諸王貝勒大臣九卿科道會審，得惡人楊光先捏詞誣告湯若望，情罪重大，議將楊光先即行處斬，妻子流徙甯古塔。

又《吏部遵旨查對等事一疏題復吳明烜議處奉旨**》** 吏部題爲遵旨查對等事。吏科抄出該禮部題前事，內開：禮科抄出該臣等題前事，照得先經和碩康親王等會議具題，奉旨：南懷仁授欽天監何官，著禮部議奏。吳明烜著吏部議處云云。欽此。康熙八年二月二十日題，本月二十九日奉旨：前因曆法精微，關係重大，曾有旨令吳明烜、南懷仁等詳加對驗，毋得各執所能爲是，有違正理，吳明烜既知其是，不即以爲是依從，仍執己之錯處爲是，本當依議革職，從重治罪，姑從寬免，仍留原任，已後著更改前非，實心實意與南懷仁商議，務求合於正理，以造曆日，若復顛倒是非，明知其能而忌嫉之，從重治罪。

又《監正馬等代題事一疏題楊光先移會**》** 欽天監監正馬祜等爲代題事。准監正楊光先移會，爲職有三事未完，患病不能任辦，請乞代題，以賜褫斥事。炤得光先自康熙五年內，一件爲敬陳候氣之制度事，所應用之律管，葭莩，秬黍俱已取到，照尺寸方位整候冬至、夏至，二年未經效驗。按候氣之法，自北齊信都方取有效驗之後，經今千二百餘年，俱失其傳。光先原疏中延訪博學有心計之人，與之製器，共候假以歲月，較正講求，因二年來未得其火，光先不幸而染右手中風之病，不能遲久以待。一件爲曆科推算每年上吉曆一本，漏刻科推算每年壬遁曆一本，以備皇上行幸省覽之用，後爲湯若望奏革不進，光先欲請復舊制，亦因未經訪舉推算，容光先罷官之後訪舉推進。一件所請江南解來之儀器，其中渾儀簡儀表影件數缺少一半，又且北極出地之度數南北高卑不同，雖曰不全，仍宜留之，以用時添改，猶不失爲古器，若廢之，不過有限之銅，誠爲可惜。此皆光先在監未完之公事，理合移會題明，將光先誤事之過立行褫革，庶得靜養，以延殘喘等因到監。臣等未敢擅便，謹題請旨。奉旨：該部一併察議具奏。

又《禮部恭進考注等事一疏奉有嚴旨切責楊光先任意改易舊書**》** 禮部一本恭進考注事。復欽天監。奉旨：楊光先任意將吉凶之神更換均分，戈繼文以爲不便，三次具呈，即系對答，但以其於馬祜等面問時不答，爾部欲交吏部議處，殊爲不合，戈繼文等著免交吏部，楊光先任意改易舊書，更換均分吉凶之神，馬祜等不加詳核，反同楊光先將戈繼文等參奏，亦殊不合，應一并從重治罪，姑從寬饒，這一遭選擇之書，關係緊要，應作何定正，頒行爾部，會同吏部再確議具奏。

又《楊光先請法堯舜等事一疏奉有切責嚴旨**》** 欽天監監正楊光先謹奏，爲請法堯舜，以正國統，以尋國體事。康熙七年十一月二十三日，蒙皇上諭楊光先、胡振鉞、李光顯、吳明烜、安文思、利類思、南懷仁：天文最爲精微，曆法關係國家要務，爾等勿懷夙仇，各執己見爲是，以彼爲非，互相爭競，是者即當遵行，非者更改，務將天文曆法詳定，以成至善之法。欽此欽遵。大哉聖謨，誠萬世之至論也。使南懷仁之言稍近於理，臣必服之不暇，何敢復與之爭？無奈其駁吳明烜之歷，皆惑世誣民之說，不但不至善，且至不善也，臣不得不與之辯。臣惟臣監之曆法，非郭守敬之法，乃堯舜相傳之法也。皇上所正之位，乃堯舜相傳之位也。皇上所承之統，乃堯舜相傳之統也。皇上頒行之曆，應用堯舜之曆。皇上事事皆法堯舜，豈獨於曆有不然哉？皇上自康熙五年復用堯舜之曆，普天下莫不稱快，以爲重見天日者，見皇上之爲堯舜也。今南懷仁乃天主教之人也，焉有法堯舜之聖君，而法天主教之法也？懷仁駁明烜之曆有曰：本年天上立春在正月十四日，而本曆之天下立春在正月十六日，夫以地上之人而說天上之立春，其荒唐不亦甚乎？且明烜之曆未嘗有天下立春之說也，其言胡爲乎來哉？又曰：一年有兩春分、兩秋分。夫四時八節一而已矣，豈有兩哉？又曰：星宿過宮，皆是先天自有。曆法至今未聞有先天之說也。又曰：二十八宿東行。夫二十八宿西行，舉頭即能見之，而謂二十八宿東行，不但知曆日不肯作此言，即三歲孩童亦不肯作此言矣。不經之駁，種種類此，而又欲毀堯舜相傳之儀器，以改西洋之儀器。夫西洋至我大清國相去八萬里，星宿宮度自然各別，豈可以八萬里之外國，而毀我堯舜之儀器哉？使堯舜之儀器可毀，則堯舜以來之詩書禮樂文章制度皆可毀矣。此其人只可稱製器精巧之工匠，而不貫穿於聖賢之道理。只知說無根之天話，而不知合禮數之精微。若用其人，臣未見其可也。臣病日深一日，以將就木之人而娓娓不休者，爲堯舜法計，爲皇上國統計，爲皇上國體計耳，《非自爲也，伏乞皇上垂察焉。臣謹席稿以待斧鉞之至。奉旨：曆法見令諸王貝勒大臣等會議，楊光先若實有所見，應於衆議之處說出，且

前有天文最爲精微，曆法關係國家要務，爾等勿懷夙仇，各執己見，以己爲是，以彼爲非，互相爭競，孰是者即遵行，非者即更改之旨甚明，楊光先不候定議，據稱爲不可用，阻撓具奏，殊爲可惡，理應從重處治，姑從寬免，著飭行該部知道。

又《和碩康親王等請旨等事一疏議楊光先誣告湯若望等應將光先處死妻子流徙》和碩康親王臣傑淑等謹題爲請旨事。禮科抄出禮部等衙門題前事，該臣等會議得，湯若望等建造天主堂，供獻大主，系伊國之例，並無誘人作惡結黨亂行之處，只因供獻伊國原供獻之天主緣由，將湯若望官職並所賜嘉名革去。又因入教捐銀作序情由，將許纘曾等革職，俱屬冤枉。且所賜湯若望通微教師之名，因通曉天文曆法賜給，應將湯若望通微教師之名復行給還該部，照依原品級賜恤，其許纘曾，許之漸等應令該部查明，給還原職。至於阜城門外堂及房屋，工部具題變賣，無容議，所賣原價，並將空地工部取還給南懷仁等。因天主教緣由解送廣東西洋人栗安當二十五人，應行該督撫差官驛送來京，候到日該部請旨。關系西洋人書籍銅像及《天學傳概》書板，前已焚毀，無容議。楊光先告稱：榮親王系丁酉年生，納音屬火，以水爲殺，宜選一木生旺之日以生火，令水不克火而生木，以化殺忌，水生旺之月以克火，以水能滅火也。一說亥子丑爲火，絕胎養之鄉火，至北方而無元氣等語。李祖白等供稱：葬榮親王系三山丙向，非子山午向也，洪範五行，壬山屬火，火墓在戌，遁得壬戌水運，納音屬水，惟忌土年月日時等語。隨據楊光先稱：洪範五行乃唐朝丘延翰造，此顛倒生死之五行，以哄蠻彝，原是中國撰記，俾流外國，使其用之，剿絕根源，蕩除種類，謂之滅蠻經等語。事關重大，故議將李祖白等正法。今據欽天監漏刻科五官挈壺正吳周斌、五官司晨王柱、蔡九旃等呈稱，按學士傳洪範五行以配八卦，取義郭璞，諸君子屢皆用之，吳景鸞進五行表於宋英宗，英宗允之，於是頒行天下。羅青霄《陰陽辨疑》云：洪範五行作於唐僧一行，傳流外國以滅蠻，何遼金元反盛而不可滅也？此立滅蠻之說以斥洪範五行者，益見其不經矣。說洪範五行者起於唐，而唐之袁、李、楊曾爲陰陽之家，未聞斥其非也。皇極範圖衍於宋邵康節，邵乃理數之宗，亦未以納甲爲非也。宋輝山《通書》，明朝刊入司禮監，通行天下，劉誠意、姚恭靖諸公皆精於陰陽之術，亦未斥其非也。宋中散大夫田吾公，同司天監楊維德奏編《塋原總錄》首篇論五行云：洪範者此名大五行，古今之極，有徵驗陰陽之妙，有不可詰。徐世彥《地理元關》云：洪範五行之起例，從先天卦爻互變而來者也。源其始，始自洪範九疇，繼而管、郭但申明之而已，流而至於今日，以訛傳訛，誘以滅蠻荒唐之語，考之並代，並無此說。況蠻類萬千，漢二師之旅，孔明七縱之雄，亦不能盡其類，況洪範一書可滅也？且蠻與中華書不同文，洪範將何所用耶？榮親王戊戌年八月二十七日壬辰日辰時安葬，系壬山丙向。據洪範五行，壬山屬火，火墓在戌，此戊戌年遁得壬戌運屬水忌土，年月日時克山運，查戊戌年屬木，八月辛丙亦屬木，二十七壬辰日屬水，甲辰時屬火，年月日時俱不克。查正五行，壬山屬水，水墓在辰，此年遁得丙辰運屬土忌木，年月日時克山運。查戊戌年屬木，八月辛酉亦屬木，二十七壬辰屬水，甲辰時屬火，年月克山運，日時不克山運，戊戌年亥上有劫殺，子上有災殺，丑上有歲殺，亥子丑三山，是爲三殺，癸上有大禍，壬上有伏兵，查安葬門類，無忌伏兵字樣。看得洪範五行，自古以來歷代悉皆用之，並無有礙而不用。楊光先稱如將洪範五行用之，剿絕根源，滅除種類，注云滅蠻經，事關重大，未加詳察原由，將李祖白等各官正法，子弟流徙，俱屬冤枉。應將李祖白等該部各照原官恩恤，其流徙家屬取回來京，有職者各還原職。其洪範五行，應仍照舊復用。又康熙五年楊光先疏稱：今順天府候氣之制，陰陽官失其傳，准臣延訪博學有心計之人，與之製器共候，假以歲月，較正講求等語。禮部議復，俱照伊所請舉行，其竹管並葭莩蘆葦秬黍等項，於該省取來，交與楊光先，已候氣二年，毫無徵驗，伊實不知候氣，謊奏虛費錢糧，此一也。康熙五年，楊光先疏稱：曆科舊制，每年十二月二十五日推進上吉曆一本，漏刻科推進壬遁曆一本，開注逐日吉神，以備朝廷行幸省覽，自順治二年不行推進，相應訪舉推造之人，以復舊制等語。禮部議復，照伊所奏舉行，楊光先三年有餘並未推進，伊自不能，妄生多事，謊奏訪舉推造之人，此二也。楊光先原用選擇曆書，所有吉凶之神任意改造，新書將月建、續世、雷公、天嶽、大殺、臨日、復日等諸神，云選擇曆書差錯，將名更改，以吉爲凶，以凶爲吉，有一神，半爲吉神，半爲凶神，亂行更改，此一也。爲水星出現，與湯若望相爭屬虛，將擬死，赦免之，吳明烜、楊光先以推算淩犯曆日乏人，謊

奏補授欽天監，此一也。康熙六年，楊光先疏稱：江南省觀象臺有元郭守敬所造六合等儀，相應解送來京應用。禮部議復，照伊所請，行文江南，督撫差官送部。楊光先並不能用解送儀器，以致苦累驛遞，虛費錢糧，此一也。今問楊光先，供稱：親自不曾見西洋人的器械，人俱在香山嶴，系聽見人說，我不曾見，且領金牌之人，俱是他們的人，必定明明反了，才作得反麼等語，俱系妄行捏詞謊供，此一也。看得楊光先原告之處，所造《始信錄》序，伊稱系自己作的，又稱明時崇禎要他爲大將軍，又因參了首輔溫體仁，揚名在生，名垂史書，自行矜夸，造寫五千餘本傳行，此一也。楊光先將自古以來歷代所用之洪範五行稱爲滅蠻經，用之則凶，故將李祖白等各官正法，此一也。且推算曆日與候氣製造儀器洲驗天象等項，伊茫然不知，妄改神名，將吉凶顛倒，妄生第端，將無辜之人陷害，又種種捏造無影之事，誣告湯若望等謀叛之處，情罪重大，相應將楊光先先即行處斬，妻子流徙甯古塔可也。謹題請旨。康熙八年七月二十日題，本月二十三日奉旨：議政王貝勒大臣九卿科道會同將這本內情節再加詳議具奏。

又《和碩康親王等請旨事一疏議楊光先欺罔等罪並李光宏等所告諸款》

和碩康親王臣傑淑等題爲請旨事。禮科抄出該臣等題前事，奉旨：依議。今又李光宏所告之處，奉旨：這本內事情，著議政王貝勒大臣九卿科道會同與楊光先一案，一併詳議見奏。欽此。該臣等會同再議得，惡人楊光先捏詞控告天主教系邪教，已經議復禁止。今看得供奉天主教並無爲惡亂行之處，相應將天主教仍令伊等照舊供奉，問欽天監漏刻科五官挈壺正吳周斌、五官司晨王柱、蔡九旄等看洪範五行之處，既稱洪範五行系初開山蓋造房屋所用，若不看洪範五行，別無可看之書等語。相應將洪範五行仍用，其湯若望通微教師之名復行還給，該部照伊原品賜恤，其許纘曾等應令該部查明原職給還，其伊等阜城門外堂及房屋，工部具題變賣，所買之人拆毀，其所賣原價工部取給，將空地還給南懷仁等。因天主教緣由解送廣東西洋人栗安當等二十五人，行令該督撫差人驛送來京，俟到日該部請旨。又李祖白等各官，該部請照原官恩恤，其流徙子弟取回，有職者各還原職，俱應照前議。又查李光宏等所告之處，黃鞏所測太陰行度在於康熙五年月十三日夜，楊光先於四月二十五日方行題參，如果有差錯，應與滿漢官公同具呈，次日即行題參，乃至兩月有餘，楊光先自行捏詞題參，爲此緣由議罪冤枉。李光宏、黃昌將火星康熙五年三月十五十六此二日未行呈報，楊光先四月二十五日方行題參，未報之時，理應即與滿漢官員公同題參，乃至一月有餘，楊光先自行捏詞題參，爲此緣由議罪冤枉，今黃鞏、李光宏、黃昌等原降革之職復應還給，俟欽天監應補缺出補用。又司爾珪康熙六年考察，注有疾，移送吏部，具題革職，傳問司爾珪，據稱我并無病等語。將無病之人考注有病革職冤枉，應將原革之職復還，俟欽天監應補缺出補用。又潘盡孝所告狀內：今楊光先倚勢奸情，已經皇上天察，奪其監職，復用南懷仁管理曆法，可見光先前日之誣告，實權奸指使所爲等語。楊光先倚附惡黨，誣陷是實，前因潘盡孝傳散銅像等物情由革職之處冤枉，潘盡孝所革之官應行給還。又潘盡孝所告狀內諸款，皆與南懷仁所告相同，無容另議。又許謙所告狀內，劈毀嘉名扁額之處，先因將賜與湯若望嘉名並官職革去，交與刑部，因取到部拆毀，無容議。其餘各款俱與南懷仁、潘盡孝等所告相同，亦無容別議。楊光先康熙五年說，黃鞏將太陰行十八度之處，彼時未行即參，乃至二月有餘，方行題參，此一也。李光宏、黃昌三月十五十六此二日不報火星之處，彼時不行即參，乃至一月有餘題參，此一也。將李光宏因不報湯若望所造星球少后宮、庶子、太子，帝座四星，未曾造完，星少一半題參，此一也。楊光先將奉旨所留天主堂龕座碑記自行拆毀，此一也。先參八款，此四款緣由，將光先仍即行處斬，妻子流徙甯古塔可也。奉旨：楊光先本當依議處死，但念其年已老，姑從寬免，妻子亦免流徙。栗安當等二十五人不必取來京城，其天主教除南懷仁等照常自行外，恐直隸各省或復立堂入教，仍著嚴行曉諭禁止，餘依議。

又《監正馬特參欺誑監副等事一疏劾吳明烜》

欽天監監正馬祜謹題爲特參欺誑監副，伏乞敕部處分事。竊惟曆官治曆，欲合天象，法器自當相合。人臣供職，欲取實效，言行自應相符。監副吳明烜向因妄奏水星出現，已經擬絞，適遇恩赦獲免。又於去年十一月內在皇上御前面奏，會算勾股表影，及同諸大臣臨期測驗，又稱其實不會，此言不顧行者也。今年正月內，皇上特遣大臣公同測驗，彼以回回三百六十度之法妄測於三百六十五度之儀，此器不合法者也。又黃道宿度與赤道宿度各有長短不同，明

烜乃以黃道所推七政用赤道之儀測之，此又器不合法者也。明烜始而毀古法差訛，稱回回法善，及用回回法測驗，全不合天，復稱古法堯舜相傳，豈可廢置。似此恣意妄言，擾亂曆典，得蒙皇上寬宥，奉有嚴旨在案，明烜自應洗心改過，以圖報效，乃欺誑性成，怙終不改。本月二十四日，同臣等啟奏皇上，面問南懷仁，所推天象，爾會算否？明烜不會算，又復妄奏會算，於君父之前，毫無忌憚，妄肆欺誑，臣等實不能爲彼掩也。謹據實題參，伏乞皇上敕部處分，以儆欺誑，爲此謹具題請旨。康熙八年六月日奉旨：吳明烜著革了職，刑部嚴加議罪具奏。

又《刑部特參欺誑監副等事一疏議復將吳明烜責處流徙》 刑部題爲特參欺誑監副，伏乞敕部處分事。刑科抄出吏科外抄該欽天監監正馬祜題前事，奉旨：吳明烜著革了職，刑部嚴加議罪具奏。欽此。該臣等看得監正馬祜等參疏內稱，吳明烜向因妄奏水星出現，已經擬絞，適遇恩赦獲免；又稱古法差訛，回回法善，及用回回之法測驗不合，復稱古法堯舜相傳，豈可廢置等語。皇上面問：南懷仁所推，爾會算否？吳明烜實不會算，又復妄奏會算，君父面前毫無忌憚，妄肆欺誑等情。據吳明烜等口供：今舊法不合天象，應用南懷仁所推新法，我果然不如南懷仁，及星儀差錯星辰等項缺少違限之處，於我有何辨處。自行招認，吳明烜不會推天象，皇上問時謊奏會算是眞。查律：凡對制及奏事上書，詐不以實者，杖一百，徒三年。吳明烜應照律擬，但吳明烜先因妄奏水星現擬絞，今經復用，既實不會天象，皇上問時，吳明烜不將伊不會情由據實回奏，又妄稱會算欺誑，應將吳明烜不准折贖，責四十板，並妻子流徙甯古塔可也。康熙八年七月二十九日，奉旨：吳明烜姑從寬，免流徙，著責四十板。

又《欽天監治理曆法南爲曆法天文等事一疏鮑英齊被楊光先藉端參革流徙請旨召回復用》 欽天監治理曆法臣南懷仁謹奏，爲曆法天文已復世祖垂憲，兄屬精習成材，被陷流徙，伏乞代題，仰籲皇恩，俯賜赦回，以積厥用事。據本監博士鮑英華、鮑選呈前事，內稱胞兄鮑英齊荷國厚恩，歷升本監司曆，效忠守法，臨履冰兢，闔監官員共聞共見，禍遭亡賴積棍楊光先倚恃權奸，妄變世祖成法，欺世盜名，濫竊監正之職，凡本監各官精通新法、能專其事者盡遭陷害，有至於正法者，有流徙者，有革職者。痛兄英齊止因精習新法，觸迕光先，遂視爲仇讎，不置兄於死地不已，於是揑稱職兄受紙行王永機之賄，以作饋伊之禮，朦朧題參，及下部鞫審，永柱三訊三刑，仰天抵死，無迹可認，已經回奏，無奈棍先權勢熏灼，見復奏招由盡屬於虛，自知誑疏罔上，惟恐反坐，遂調川司復審。又因永柱足脛潰腐，刑不能忍於再四，以故違心屈認饋兄銀式拾兩，冀免一時之死。至稱饋伊銀拾式閱，實無其事，特棍先欲加之罪耳。比兄見永柱之認，乃事之大者，既已屈供成招，則知誣枉之罪，不能免於奸黨之阱，故於饋先禮銀之小節，不必再辯。蓋恐觸其嚴刑，徒受苦於無用之地，亦即隨口應認，聽其胡盧提以成獄耳。向使兄罪果當，其實亦當援天文生犯罪、習業已成、能專其事者，照例問罪，仍在本監應役之典，況兄本非罪，爲棍先之所誣乎？今查本監官員，凡受光先之誣陷而至死者，俱蒙皇恩賜祭，以恤冤魂，其有無辜革職者，盡獲邀恩起復，以昭誣枉，獨兄英齊遭先陷阱，未蒙昭雪，尚在流徙地方。今天文曆法諳練者少，兄系精習成材，竄非其罪，伏乞代題，仰邀聖恩憐察奸之陷害，准賜赦回，不惟兄冤得白，職等亦感佩無旣矣等情到臣。該臣看得，天文曆法系人間僻學，精習者難得，與別衙門官員不同。鮑英齊原屬精習之人，在監效職二十餘年，能專其事，具有成績。嗣因楊光先變行舊法之時，凡屬諸練新法者意在剪鋤盡淨，英齊所習，原系新法，光先見其迕己，亦藉端參革流徙。查本監官員，凡受光先之誣陷者，俱蒙聖鑒，開釋鮑英齊事，亦在誣陷之中，情實可矜。據鮑英華等具情前來，臣從曆法天文需人起見，故敢冒瀆聖慈，伏乞睿鑒施行。緣系據情陳請事理，字稍逾格，統祈鑒原。爲此具本親賫，謹具奏聞。康熙十年六月二十七日奏，七月初二日奉旨：該部察議具奏。

又《禮部爲曆法天文等事議復二疏一議復請敕刑部查議。一議復奉旨被楊光先參處的通行逐一察明議奏，將鮑英齊並妻子取回交與該監》 禮部題爲曆法天文已復世祖垂憲，兄屬精習成材，被陷流徙，伏乞代題，仰籲皇恩，俯賜赦回，以勸厥用事。該臣等議得，據欽天監治理曆法南懷仁疏稱：鮑英齊在監效職二十餘年，原屬精習能專其事之人，具有成績，嗣因楊光先變行舊法之時，凡向諳練新法者，意在剪鋤盡淨，英齊所習原系新法，光先見其迕己，亦藉端參革流徙等語。查鮑英齊等原系刑部議罪，仍應請敕刑部查議可也。臣等未敢擅便，謹題請旨。康熙十年七月十二日題，本月十日奉旨：依議。

禮部題爲曆法天文已復世祖垂憲，兇屬精習成材，被陷流徙，伏乞代題，仰籲皇恩，俯賜赦回，以勸厥用事。禮科抄出該臣部題前事，內開：禮科抄出刑科外抄刑部尙書莫落等題前事，內開刑科抄出禮科外抄禮部尙書祁徹白等題前事。康熙十年七月十二日題，十四日奉旨：依議。欽此欽遵。於本月十八日到部，該臣等議得，禮部疏稱：據欽天監治理曆法南懷仁疏稱：鮑英齊在監效職二十餘年，原屬精習能專其事之人，具有成績，嗣因楊光先變行舊法之時，凡屬諳練新法者，意在剪鋤盡淨，英齊所習，原系新法，光先見其忤己，亦藉端參革流徙等語。查鮑英齊等原系刑部議罪，仍應請敕刑部查議等因具題前來。案查康熙五年八月內，楊光先疏參鮑英齊，將買造曆紙張，侵克紙鋪人王永柱銀二十兩。臣部審問時，鮑英齊招認受銀二十兩是實，故此照伊所認口供，將鮑英齊依官犯贓十兩以上，例責四十板，並妻流徙甯古塔議復。奉旨：依議。欽遵在案，應無庸再議。今據南懷仁疏稱：鮑英齊原屬精習能專其事之人，事隸禮部，仍應請敕禮部議可也等因，康熙十年八月初十日題，十二日奉旨：依議。欽此欽遵。於本月十五日到部，該臣等議得，刑部疏稱，鮑英齊造曆紙張，侵克紙鋪人王永柱銀二十兩緣由，依官犯贓十兩以上，例責四十板，並妻流徙甯古塔在案，應無容再議。今據南懷仁疏稱：鮑英齊原屬精習能專其事之人，事隸禮部，仍應請敕禮部議等語。查得南懷仁雖疏稱：鮑英齊在監效職二十餘年，原屬精習能專其事之人，臣從曆法天文起見等語。但鮑英齊系職官犯贓流徙，且英齊流徙來，曆日事務並未遲誤，據此，南懷仁所奏無容議。臣等未敢擅便，謹題請旨。康熙十年八月二十七日題，本月三十日奉旨：欽天監人員被楊光先參處的，著通行逐一查明，一併議奏。欽此欽遵。於九月初一日到部，隨行吏、刑二部及欽天監，將楊光先參處人員開明呈送外，吏部於九月十六日，刑部於九月二十一日，將原議案卷移送臣部，查閱前來，逐一查楊光先前首告題參處過人員，及干連處過人員，有於康熙八年議政王等會議給還原官者，有未還原官者，有雖還原官未還原蔭家產者，除已故左監副周胤、見任博士劉必速、李光宏、黃昌、司爾珪，靈臺郎黃鞏，五官保章正張問明，殷鎧已還原官，及監正馬祜、監副馬郎古、宜塔喇等罰俸已結，俱行不議外，該臣等議得，用洪範五行選擇日期之湯若望、李祖白等俱屬冤枉，已經給還原官，子弟內有官員監生者亦俱開復，惟杜如預、楊弘量，及宋可成之弟宋可立、湯若望義孫湯士弘四人未經議及，但伊等同案處過人員，俱已開復，杜如預等四人原官原蔭似應給還，相應交與吏部議。又李祖白、宋可成、宋發、朱光顯、劉有泰、劉有慶、賈良琦七人家產入官之處辦未議及，但李祖白等既以冤枉給還原官，取回子弟，伊等家產似應給還，應交與刑部議。臧餘慶雖系欽天監參送降級休致，但稱被楊光先敕令取保，授時曆法不從，藉端參處等語。臧餘慶似應給還原官，仍應交與吏部議。郝本純、張化鳳已經病故，應無容議。歐繼武雖稱爲較正選擇，光先怒其迕己，藉端勒令休致，但歐繼武原系自稱年過七十，病發嘔血，具呈欽天監滿漢堂官解任，歐繼武辦應無容議。畢璉器因系特差買紙官員，庫中錢糧，並不詳查紙價，以致鋪家得庫銀二百兩利息，削去加級紀錄，亦無容議。至於鮑英齊雖據南懷仁疏稱，原屬精習能專其事之人，鮑英齊系職官犯贓流徙，應仍照前議。但查《會典》開載欽天監天文生犯，該充軍，果系習業已成、能專其事者，照例問斷充軍，仍在本監應役等語。今鮑英齊既稱原屬精習能專其事之人，似應比照天文生之例，取回該監辦事，但系刑部審擬之案，律例俱在刑部，相應交與刑部議。再查此案，因逐一查明議奏，限內難完，已經題明寬限在案，相應一併題明。臣等未敢擅便，謹題請旨。康熙十年十月十六日題，十一月初二日奉旨：依議。欽此。該臣等議得，除杜如預等四人之處應聽吏部議外，禮部疏稱：李祖白、宋可成、宋發、朱光顯、劉有泰、劉有慶、賈良琦等七人家產入官之處亦未議及，但李祖白等既以冤枉，給還原官，取回子弟，伊等家產似應給還，應交與刑部議。其鮑英齊既稱原屬精習能專其事之人，似應比照天文生之例，取回該監辦事，但系刑部審擬之案，律例俱在刑部，相應交與刑部議。李祖白等子弟既經復還原職品級，其房產財物應移咨該部衙門，照數取給，李祖白等子弟收領。再查楊光先疏參鮑英齊侵克紙鋪人王永柱銀二十兩，臣部審問時，鮑英齊招認受銀二十兩是實，故此照依所認口供，將鮑英齊依官犯贓十兩以上，例責四十板，並妻流徙甯古塔議復。奉旨：依議。欽遵。發遣在案。今據禮部疏稱：鮑英齊原屬精習能專其事之人，似應比照天文生之例，取回該監辦事等語。查律內天文生有犯徒流罪者，杖一百，餘罪收贖等語。應將鮑英齊並伊妻取回，交與該監可也。臣等未敢擅便，謹題請旨。康熙十年

十一月二十一日題，本月二十三日奉旨：依議。

又《欽天監治理曆法南爲曆典之頒行等事一疏指參奸民楊燝南擾亂曆典》

欽天監治理曆法臣南懷仁謹奏，爲曆典之頒行大定，奸民之藐旨宜誅，伏祈宸嚴亟正亂法之罪，以杜群邪，以重國是事。竊惟一代之興，必有一代之曆，則曆者固帝王敬授之大權，非愚賤所得進而參其説者也。我大清定鼎之初，洞鑒大統之訛，簡用新法，屢經院部大臣公同測驗，奉有新法，密合天行，盡善盡美，見今定造時憲新曆，頒行天下，宜悉依此法爲準。又新曆密合天行，已經頒用，所進曆書，考據精詳，理明數著，著該監官生用心肄習，永遠遵守，仍宣付史館，以彰大典之旨，遵行二十餘年，毫無差謬。自楊光先變亂成法，矯用授時，三四年內，凡所推算，求一事之合乎天而不可得，曆典大壞，故於康熙八年正月內奉旨，差大臣二十員公同測驗，屢經議政諸王貝勒貝子大臣九卿科道會議具題，南懷仁所算逐款皆符，又推算九十六刻之法，既合天象，自康熙九年起應將九十六刻法推行，一應曆日俱交與南懷仁。奉旨：依議。欽遵在案。是則曆法已晦而復明，國是已搖而復定，將奉茲實曆，傳之無窮，夫豈得而訾議之哉？頃者見有江南吳縣奸民楊燝南捏造《眞曆言》一書，妄肆譏刺欽定之成曆，其立説大率剿撮類書，中語汗漫，不中肯綮，如歲差、四餘、飛灰、置閏、節氣、百刻等項，又皆拾楊光先之唾餘，凡此業已屢經大臣公同測驗。臣向所辯論，具在會議，案內可查也。總之，楊燝南本江湖無賴，行險僥幸，其所用心，不過踵楊光先之故智，藉徑以希進用，故布散其書，冀惑當塗之聽，實無一能也。竊思國家之實曆創制於祖宗，厘定天子，燝何人斯，乃敢起而議其短長也邪？夫曆典關係朝廷之大政，楊光先亂之於前，爲傷於國體者既不少矣。今復有奸宄細民如楊燝南，又私訐於其後，則是朝廷厘定之曆典，忽是之而又忽非之，終不能取快於悠悠之口，而一代之大經大法直同兒戲矣。臣愚以爲，亂法之楊燝南不置之重典，則後來尤而效之者，且日至而未有止也，豈所以昭畫一之法而垂於永久乎？臣從國體起見，將楊燝南所捏造之書《眞曆言》一並進呈御覽，伏冀皇上敕部處分，緣系指參撓亂曆典情由，字逾常格，統祈鑒宥施行，爲此具本，謹具奏聞，右謹奏聞。康熙十一年七月二十二日奏，二十六日奉旨：據奏，楊燝南造刻私書，撓亂曆法，殊干法紀，著該部嚴拿審擬具奏，書併發。

又《禮部爲曆典之頒行等事復疏議復楊燝南交與刑部嚴加議罪》禮部題爲曆典之頒行大定，奸民之藐旨宜誅，伏祈宸嚴，亟正亂法之罪，以杜群邪，以重國是事。禮科抄出禮部題前事，奉旨：著圖海、李霨、杜立德、哈占連、都虎、郭廷祚、宋德宜、傅達禮、熊賜履，及本內所開九卿科道等官會同驗看。欽此。該臣等會同議得，據楊燝南供稱：今年立春、立秋、閏月各節俱錯，有各書坊刻本憑據，每節或前或後，參差不齊，必得飛灰，曆法、節氣始明，曆法我從書上細推，聖人也不過述而不作，七政、四餘也有一定度數可考，書上行度也都算過，但從未到渾天儀前測驗，就是飛灰也不敢家裏私造，飛灰堂并無別項驗看憑據也，不必同南懷仁驗看，書上所有我照書上供稱等語。據此，楊燝南並不知曆法，妄圖僥幸，因此所稱差錯之處，無憑測驗。其楊燝南並不知測驗飛灰等事，任意造刻《眞曆言》書，擾亂定曆，妄稱立春、立秋、閏月俱錯，捏指古書巧飾，殊干法紀，相應交與刑部，嚴加議罪可也。臣等未敢擅便，謹題請旨。康熙十二年八月十八日題，二十日奉旨：依議。

又《刑部為曆典之頒行等事議復二疏二疏復將楊煜南杖一百徒三年》

刑部爲曆典之頒行大定，奸民之藐旨宜誅，伏祈宸嚴，亟正亂法之罪，以杜群邪，以重國是事。山西清吏司案呈，奉本部送刑科抄出欽天監治理曆法南懷仁題前事等因。康熙十一年七月二十二日題，二十六日奉旨：據奏，楊燝南造刻私書，撓亂曆法，殊干法紀，著該部嚴拿，審擬具奏，書併發。欽此欽遵。抄出到部。該本部議得，楊燝南雖供：因曆日舛錯，我在通政司説曆日舛錯，寫奏疏要求代題，具呈通政司批，此事屬禮部之事，我因此在禮部控告。這《眞曆言》之書，我欲進呈御覽，我獨自造，並無與我同夥造的人等語。據欽天監治理曆法南懷仁奏疏內稱，因曆法大壞，奉旨差大臣二十員公同測驗，屢經議政諸王貝勒貝子大臣九卿科道會議具題，南懷仁所算既合天象，一應曆日俱交與南懷仁。奉旨：依議。欽遵在案。茲寶曆傳至無窮，夫豈得而訾議之哉？頃者見在奸民楊燝南捏造《眞曆言》一書，妄肆譏刺定曆，今將楊燝南所造之書《眞曆言》一並進呈御覽。奉旨：據奏，楊燝南造刻私書，撓亂曆法，殊干法紀，著該部嚴拿，審擬具奏，書併發。欽此。查律，私習天文者杖一百等

語。據此楊燝南應杖一百，折責四十板，其楊燝南私刻《眞曆言》書並板燒毀可也等因。康熙十一年閏七月二十二日題，二十七日奉旨：據楊燝南供稱，曆日舛錯，今年立春、立秋、閏月差了等語，有何憑據，應差大臣科道等官驗看，其應差職名，禮部開列具奏。欽此。抄部送司，奉此，相應移咨，案呈到部，擬合就行，爲此合咨貴部，煩爲查照，欽遵旨內事理施行。須至咨者。康熙十一年八月日。

刑部題爲曆典之頒行大定，奸民之藐旨宜誅，伏祈宸嚴，亟正亂法之罪，以杜群邪，以重國是事。刑科抄出刑部題前事，奉旨：這所引條陳時務律未協，著再議具奏。欽此。該臣等復議得，大學士圖海等會議疏稱：楊燝南並不知曆法，妄圖僥幸，因此所稱差錯之處無憑測驗。其楊燝南並不知測驗飛灰等事，任意造刻《眞曆言》書，擾亂定曆，妄稱立春、立秋、閏月俱錯，捏指古書巧飾，殊干法紀，相應交與刑部，嚴加議罪前來。臣等將楊燝南比照，凡不系本職而條陳時務詐妄不以實者杖一百，徒三年律等因具題。奉旨：這所引條陳時務律未協，著再議具奏。欽此。臣等查得楊燝南《眞曆言》內寫俱論天文曆日之語。查律文內載：不系天文生，私習天文者，杖一百等語。又查得，凡僞造諸衙門印信及曆日，爲首雕刻者斬監候等語。將楊燝南引私習天文律，似屬太輕，擬僞造曆日律，又無僞造曆日，難引此律，亦無相合別條律例可引。但楊燝南伊身非系天文生，而任意造刻《眞曆言》書，稱今時曆日舛錯，呈通政司，代題臣部，故比引凡不系本職而條陳時務，詐妄不以實者，杖一百，徒三年律，今楊燝南相應仍比照前擬律，杖一百，折責四十板，徒三年，其楊燝南私自所刻《眞曆言》書並板俱燒毀可也。臣等未敢擅便，謹題請旨。康熙十一年九月日，奉旨：依議。

《禮部題稿》　禮部題爲曆法天文已復世祖垂憲，允屬精習成材，被陷流徙，伏乞代題，仰籲皇恩，俯賜赦回，以勸厥用事。禮科抄出該臣部題前事，內開禮科抄出刑科外抄部尚書莫洛等題前事，內開刑科抄出禮科外抄禮部尚書祁□□等題前事。康熙十年七月十二日題，十四日奉旨：依議。欽此欽遵。於本月十八日到部，該臣等議得，禮部疏稱，據欽天監治理曆法南疏稱，鮑英齊在監效職二十餘年，原屬精習能專其事之人，具有成績；嗣因楊光先變行舊法之時，凡向諳練新法者，意在剪鋤盡凈；英齊所習，原系新法，光先見其忤己，亦藉端參革流徙等語。查鮑英齊等原系刑部議罪，仍應請敕刑部查議等因，具題前來。案查康熙五年八月內，楊光先疏參鮑英齊，將買造曆紙張，侵克紙鋪人王永柱銀二十兩。臣部審問時，鮑英齊招認，受銀二十兩是實，故此照伊所認口供，將鮑英齊依官犯贓十兩以上，例責四十板，並妻流徙甯古塔議復。奉旨：依議。欽遵在案，應毋庸再議。今據南□□疏稱，鮑英齊原屬精習能專其事之人，隸禮部，仍應請敕禮部議可也等因。康熙十年八月初十日題，十二日奉旨：依議。欽此欽遵。於本月十五日到部，該臣等議得，刑部疏稱，鮑英齊將買造曆紙張，侵克紙鋪人王永柱銀二十兩緣由，依官犯贓十兩以上，例責四十板，並妻流徙甯古塔在案，應無容再議。今據南疏稱，鮑英齊原屬精習能專其事之人，隸禮部，仍應請教禮部議等語。查得南□□雖疏稱，鮑英齊在監效職二十餘年，原屬精習能專其事之人，臣從曆法天文起見等語，但鮑英齊系職官犯贓，流徙以來，曆日事務並未遲誤，據此南□□所奏無容議。臣等未敢擅便，謹題請旨。康熙十年八月二十七日題，本月三十日奉旨：欽天監人員被楊光先參處的，著通行逐一察明，一并議奏。欽此欽遵。於九月初一日到部，隨行吏、刑二部及欽天監，將楊光先參處人員逐一查明去後，續據欽天監將楊光先參處人員開明呈送外，吏部於九月十六日，刑部於九月二十一日，將原議案卷移送臣部，查閱前來，逐一查楊光先前後首告題參處過人員及干連處過人員，有於康熙八年議政王等會議給還原官。有未還原官者，有雖還原官未還原蔭家產者，除已故左監副周胤，見任博士劉必遠、李光宏、黃昌、司爾珪，靈臺郎黃鞏，五官保章正張問明、殷鎧已還原官，及監正馬祜、監副馬郎古、宜□□等罰俸已結，俱行不議外，案查康熙三年三月內，據江南徽州歙縣民楊光先首告通微教師通政使司通政使加二品又加一級掌欽天監印務湯□□借修曆爲名，行其邪教，傳惑天下之人等語，首告到部，隨經臣部具題請旨，奉旨：這本內事情關係重大，爾部會同吏部詳加察議具奏。欽此欽遵。臣部會同吏部審取口供，議得湯□□捏造《天學傳概》書，惑人入伊教內是實，加正五品夏官正又加一級李祖白謊造《天學傳概》書，傳人是實，應將湯□□、李祖白革職，交與刑部議罪，又欽天監加正五品春官正又加一級朱可成正六品中官正劉有泰，加正五品秋官正又加一級宋發、加正五品冬官正又加一

級朱光顯等身系職官，入湯□□教，俱應革職等因具題。將湯□□、李祖白交與刑部議罪問，本年十一月內又據楊光先首告以子山午向葬和碩榮親王，年犯三殺，月犯生殺，日犯党殺，時犯伏吟等語，首告到部，隨經臣部請旨，會同吏部審取口供，議得欽天監選擇之見任漏刻科加監正銜、仍掌科務加正四品又加一級杜如預，五官摯壺正加二級又加一級楊弘量革職，李祖白、宋可成、宋發、朱光顯、劉有泰及已故監副劉有慶、賈良琦，伊等明知順治十五年南北方不利，將不應用的洪範五行丹書選擇葬和碩榮親王，湯□□系掌印官，不行詳問即行用印送部，關係重大，杜如預、楊弘量應革職，與湯□□等一併交與刑部議等因具題。尊奉俞旨，交與刑部，隨經刑部審湯□□、杜如預、楊弘量、李祖白、宋可成、宋發、朱光顧、劉有泰並已故劉有慶、賈良琦，伊等葬和碩榮親王，明知順治十五年南北方不利，將不應用者洪範五行丹書選擇是實，伊等之罪重大，照大逆律將湯□□、杜如預、楊弘量、李祖白、宋可成、宋發、朱光顯、劉有泰皆擬凌遲處死，湯□□、杜□□等並已故劉有慶等之祖父、子孫、兄弟皆斬立決，未至歲數之子妻家屬、房地財產等物俱各入官等因具題。奉旨：議政王貝勒大臣九卿科道會同核議具奏。欽此欽遵。議政王貝勒大臣九卿科道會同仍照刑部擬定具題。奉旨：湯□□系掌印之官，選擇事情不加詳慎，輒爾用印准行，本當依擬處死，但念專司天文，選擇非其所習，且效力多年，又復衰老，著免死。杜如預、楊弘量本當依議處死，但念永陵、福陵、昭陵、孝陵風水皆系伊等看定，曾經效力，也著免死。湯□□、杜□□、楊□□並其干連人等，及李祖白、宋可成、宋發、朱光顯、劉有泰並其干連人等，應得何罪仍著議政王貝勒大臣九卿科道再加詳核，分別確議具奏。欽此。復會議得，湯□□、杜□□、楊□□等奉旨免死，李祖白、宋可成、宋發、朱光顯、劉有泰俱改擬斬立決，伊等妻室未至歲數之子并家人房地財物入官，見今查獲劉有慶之子劉必遠、劉魁，賈良琦之子賈文鬱，宋可成之子宋澤溥，李祖白之子李式，湯□□義子潘盡孝，伊等系干連之人，相應免死，各責四十板，並家產妻子流徙甯古塔。杜□□、楊□□等祖孫父子兄弟并同居之人，伯叔父兄弟之子，俟查送到日，亦各責四十板，流徙甯古塔等因具題。奉旨：李祖白、宋可成、宋發、朱光顯、劉有泰俱著即處斬，湯□□、杜□□、楊□□責打流徙，俱著免。伊等既免罪，湯□□義子潘盡孝及杜如預、楊弘量案內干連族人責打流徙，亦著俱免，餘依議。欽此欽遵。隨將李祖白、宋可成、宋發、朱光顯、劉有泰俱行斬訖，餘照具題入官，責打流徙。訖康熙八年五月內，據湯□□同鄉利□□、安□□、南□□等告稱，天主教是可大可久之教，故明萬曆年間西士利瑪竇東來，創宇行教已八十餘載，其著書立言，大要以敬天愛人爲宗旨。世祖章皇帝數幸堂宇，賜銀修造，錫湯□□通微教師。若系邪教，先帝聖明，豈不嚴禁？今乃爲楊光先所誣，將若望擬死，使忠魂含恨九泉等語，具呈控告。該臣部議覆，因湯□□傳行天主教緣由革職，交典刑部議，時將通微教師之名一並革去，無容再議等因具題。奉旨：前楊光先告湯□□擬以重罪，又這案內將數人處死，數人治罪，今既稱湯□□之罪冤枉，豈可不將是非議明？著議政王貝勒大臣九卿科道會同再行詳議具奏。欽此。隨經議政王貝勒大臣九卿科道會議得，湯□□等建造天主堂，供獻天主，系沿伊國之例供獻，並無誘人作大惡、結黨亂行之處，只因供獻伊國原供獻之天主教緣由，將湯□□之官職並所賜嘉名革去，事屬冤枉。且所賜湯□□通微教師之名，因通曉天文曆法賜給，應將湯□□通微教師之名復行還給，該部照伊原品級賜恤。其安葬榮親王時所看洪範五行，自古以來悉皆用之，並無因其有礙而不用，因楊光先稱如將洪範五行用之，剿絕根源，滅除種類。注云滅蠻經事關重大，未經詳查緣由，將李祖白等各官正法，子弟流徙，俱屬冤枉，應將李祖白等該部各照原官恩恤，流徙子弟取回來京，有職者各還原職，其洪範五行仍應照舊復用等因具題。奉旨：依議。欽此欽遵。隨將已故之湯□□、正法之李祖白、宋可成、宋發、朱光顯、劉有泰俱已給還原官恩恤，已故劉有慶、賈良琦給還原官，子弟自流徙地方取回，原系官員監生俱已給還伊等原職監生，惟原任漏刻科加監正銜仍管科務加正四品又加一級杜如預，五官挈壺正加二級又加一級楊弘量，因業已病故，議政王等會議時未經議及。又宋可成之弟宋可立原系欽天監博士，因宋可成案內革職，湯□□義孫湯士弘原系湯□□蔭生，因湯□□革職，革去蔭生，議政王等會議時亦未議及。又康熙五年四月內，據欽天監原任監正楊光先以聾老病夫不勝監任等語具題。奉旨：楊光先系特授監正，如有應整頓事情，應將緣由明白陳奏，朦朧奏請處分解任緣由，著明白回奏，該部知道。欽此。楊光先除伊回奏

外，另附十二款，具題內一款，內稱康熙四年印造五年曆日，系郎中畢璋器、司曆鮑英齊買辦紙張，去年九月內，英齊持銀十二兩送至職寓，問此是何銀，英齊云裁下紙頭賣的銀子，職發回不收，疑其中必有侵冒，職以初到監之人，不知監務底裏，不便直查，至今年二月因造曆樣，職查紙張銀兩，英齊開報細數，用大呈文紙一十萬一千五百八十八張，每張價銀二分零六毛，共用銀二千零九十二兩七錢一分二厘八毛，職即令人往郭家紙店買大呈文紙九十八張，每張作銀一分二厘二毛四，系計每張侵冒銀八厘三毛六，系共計侵冒錢糧銀八百四十九兩二錢七分五厘七毛等語。隨經吏部、都察院會題，奉旨交與刑部，刑部審畢璋器、鮑英齊買造曆日紙張侵銀屬虛，將楊光先交與吏部都察院議處間，續據光先又以奏報，今年造曆紙張價目以見往年侵贓之實等語。具疏題參畢璋器、鮑英齊，臣部題復，仍交與刑部，刑部審明題稱，據鮑英齊口供：去年六月內買紙，本年九月往鋪內交銀，我說你們買這多紙不給我甚麼禮麼？王永柱給我銀二十兩是實，因楊光先將我委署主簿，將所得銀二十兩內十二兩爲禮，送與楊光先未收等語。鮑英齊於紙鋪人王永柱等侵銀二十兩，內將十二兩送與楊光先情眞。據此，鮑英齊系見任文職，應交與吏部革職，交與臣部之日，擬罪具題。畢璋器雖與銀之王永柱等、受銀之鮑英齊俱未供扳，及審未露侵銀之事，伊系特差買紙官員，庫中錢糧買辦並不詳查紙價，以致鋪家王永柱等將庫中之銀二百兩利息，據此，畢璋器交與吏部議處等因具題。奉旨：畢璋器加級紀錄俱削去，著留任，餘依議。欽此欽遵。畢璋器加級紀錄削去留任，鮑英齊交與刑部，照官犯贓十兩以上例杖一百，折責四十板，並妻流徙甯古塔訖。又行欽天監查楊光先參處人員名數，據欽天監申稱，原任五官靈臺郎加一級臧餘慶呈稱，被楊光先勒令出保授時曆法不從，藉端甄別，降二級休致，至今未蒙復還原職。又據原任漏刻科博士加二級又加一級歐繼武呈稱，被楊光先未較正選擇，光先怒其忤己，藉端勒令休致，至今未蒙復還原職。查康熙七年六月內，該監將丘官靈臺郎臧餘慶、博士郝本純、張化鳳以才庸不能辦事，參送到部，臣部題參，將臧餘慶等各降二級休致訖。康熙五年十月內，據欽天監申稱，據漏刻科博士歐繼武呈稱，切職自順治四年除授博士，迄今十有九載，不意年過七十，血氣痿衰，偶於康熙四年九月內老病□發，嘔血欲絕，前已兩具呈，蒙准假調理至今，老病雜症，時常昏暈，耳目俱廢，不能任事焉，敢妄希饘祿，伏乞代題休致等情到監。該本監看得博士歐繼武年老有病是實，相應准退等因到部。臣部隨轉咨吏部，經吏部議以博士歐繼武既經查明年老有病是實，相應准其休致，微官例不具題，將歐繼武休致訖。該臣等議得，用洪範五行選擇日期之湯□□、李□□等俱屬冤枉，已經給還原官，子弟內有官員監生者亦俱開復，惟杜如預、楊弘量及宋可成之弟宋可立、湯□□義孫湯士弘四人未經議及，但伊等同案處過人員俱已開復，杜如預等四人原官原蔭似應給還，相應交與吏部議。又李祖白、宋可成、宋發、朱光顯、劉有泰、劉有慶、賈良琦七人家產入官之處亦未議及，但李祖白等既以冤枉給還原官，取回子弟，伊等家產似應給還，應交與刑部議。臧餘慶雖系欽天監參送降級休致，但稱楊光先勒令取保授時曆法不從，藉端參處等語。臧餘慶似應給還原官。郝本純、張化鳳已經病故，應無容議，仍應交與吏部議。歐繼武雖稱爲較正選擇，光先怒其忤己，藉端勒令休致，但歐繼武自稱年近七十，病發嘔血，具呈欽天監滿漢堂官，解任歐繼武，亦應無容議。畢璋器因系特差買紙官員，庫中錢糧買辦並不詳查紙價，以致鋪家得庫銀二百兩利息，削去加級紀錄亦無容議。至於鮑英齊雖據南懷仁疏稱原屬精習能專其事之人，鮑英齊系職官犯贓流徙，應仍照前議。但查《會典》開載，欽天監天文生犯該充軍，果系習業已成，能專其事者，照例問斷充軍，仍在本監應役等語。今鮑英齊既稱原屬精習能專其事之人，似應比照天文生之例取回該監辦事，但系刑部審擬之案，律例俱在刑部，相應交與刑部議再查此案，因逐一查明議奏，限內難完，已經題明寬限在案，相應一并題明。臣等未敢擅便，謹題請旨。康熙十年十月十六日題，十一月初一日奉旨：依議。

楊光先《不得已》卷上《請誅邪教狀》 江南徽州府歙縣民楊光先年六十八歲告，爲職官謀叛本國，造傳妖書惑衆，邪教布黨京省，邀結天下人心，逆形已成，厝火可慮，請乞蚤除，以消伏戎事：

竊惟一家有一家之父子，一國有一國之君臣。不父其父，而認他人之父以爲父，是爲賊子；不君其君，而認海外之君以爲君，是爲亂臣。亂臣賊子，人人得而誅之。況污辱君親，毀滅先聖，安可置之不討？西洋人湯若望，本如德亞國謀反正法賊首耶穌遺孽。明季不奉彼國朝貢，私渡來

京。邪臣徐光啟，貪其奇巧器物，不以海律禁逐，反薦於朝，假以修曆爲名，陰行邪教，延至今日。逆謀漸張，令曆官李祖白造《天學傳概》妖書。謂東西萬國，皆是邪教之子孫；來中夏者，爲伏羲氏；《六經》《四書》盡是邪教之法語微言，豈非明背本國，明從他國乎？如此妖書，罪在不赦。主謀者湯若望，求序者利再可，作序者許之漸，傳用者南敦伯、安景明、潘進孝、許謙；又布邪黨於濟南、淮安、揚州、鎮江、江寧、蘇州、常熟、上海、杭州、金華、蘭谿、福州、建寧、延平、汀州、南昌、建昌、贛州、廣州、桂林、重慶、保寧、武昌、西安、太原、絳州、開封並京師，共三十堂。香山嶴盈萬人，踞爲巢穴，接渡海上往來。若望借曆法以藏身金門，窺伺朝廷機密。若非內勾外連，謀爲不軌，何故布黨立天主堂於京省要害之地，傳妖書以惑天下之人。且於《時憲曆》面，敢書「依西洋新法」五字，暗竊正朔之權以尊西洋，明白示天下，以大清奉西洋之正朔，毀滅我國聖教，惟有天教獨尊。目今僧道香會，奉旨嚴革。彼獨敢抗朝廷，每堂每年六十餘會，每會收徒二三十人，各給金牌繡袋以爲憑驗。光先不敢信以爲實，乃託血親江廣假投彼教，果給金牌一面，繡袋一枚，妖書一本，會期一張。證二十年來收徒百萬，散在天下，意欲何爲？種種逆謀，非一朝夕，若不遠行翦除，實爲養虎貽患。雖大清之兵強馬壯，不足慮一小醜，苟至變作，然後剿平，生靈已遭塗炭。莫若除於未見，更免勞師費財。伏讀《大清律》謀叛、妖書二條，正與若望、祖白等所犯相合。事關萬古綱常，憤無一人請討。布衣不惜齏粉，効忠歷代君親，謹將《天學傳概》妖書一本、邪教圖說三張、金牌一面，繡袋一枚、會期一張、順治十八年漢字黃曆一本，并光先《正國體呈稿》一本、《與許之漸書稿》一本，具告禮部，叩密題參，依律正法，告禮部正堂施行。

康熙三年七月二十六日告。本日具疏題參，堂司官親帶光先至左闕門引奏，隨令滿丁十二名，將光先看守在祠祭司土地祠。八月初五日，密旨下部會吏部同審。初六日會審湯若望等一日，初七日放楊光先寧家。

又《與許青嶼侍御書》 新安布衣楊光先稽首頓首：上書侍御青翁許老先生大人臺下，士君子搦七寸管，自附於作者之林，即有立言之責，非可苟然而已也。毋論大文小文，一必祖堯舜，法周孔，合於聖人之道，始足樹幟文壇，價高琬琰，方稱立言之職。苟不察其人之邪正，理之有無，言之眞妄，而概以至德要道許之，在受者足爲護身之符；而與者卒有比匪之禍。不特爲立言之累，且並德與功而俱敗矣，斯立言者之不可以不愼也。吾家老，不曉事，豈不可以爲鑒哉。茲天主教門人李祖白者，著《天學傳概》一卷，其言曰：天主上帝，開闢乾坤，而生初人，男女各一。初人子孫聚居如德亞國，此外東西南北，並無人居。依此說則東西萬國，盡是無人之空地。當是時，事一主，奉一教。紛歧邪說，無自而生。其後生齒日繁，散走遐逖，而大東大西，有人之始，其時略同。祖白此說，則天下萬國之君臣百姓，盡是邪教之子孫。祖白之膽，信可包天矣。考之史冊，推以曆年，試問祖白，此史冊是中夏之史冊乎？是如德亞之史冊乎？如謂是中夏之史冊，則一部二十一史，無有「如德亞」、「天主教」六字；如謂是如德亞之史冊，祖白中夏人，何以得讀如德亞之史？必祖白臣事彼國，輸中國之情，尊如德亞爲君，中夏爲臣，故有史冊曆年之論。不然我東彼西，相距九萬里，安有同文之史冊哉？謀背本國，明從他國，應得何罪，請祖白自定。在中國爲伏羲氏，謂我伏羲是天主教之子孫，豈非賣君作子，以父事邪教，祖白之頭可斬也。即非伏羲，亦必先伏羲不遠，爲中國有人之始。伏羲以前有盤古、三皇，天皇氏已有干支，自天皇甲子至明天啟癸亥，凡一千九百三十七萬九千四百六十年，爲天官家中積分曆元。祖白曆官不知曆元之數，而謂伏羲以前中夏無人，豈止於惑世誣民已哉？欺天罔人之罪，祖白安所逃乎？此中國之初人，實如德亞之苗裔。伏羲是如德亞之苗裔，則五帝三王以至今日之聖君聖師聖臣，皆令其認邪教作祖，置盤古三皇親祖宗於何地？即寸斬祖白，豈足以盡其無君無父之事？以中夏之人而認西洋之邪教作祖，眞雜種也。上天何故而生此人妖哉？自西徂東，天學固其所懷來也，生長子孫，家傳戶習，此時此學之在中夏，必倍昌明於今之世矣。伏羲時，天主教之學既在我中夏家傳戶習，且倍昌明於今世，必其書有存者，自有書契至今，絕無天主教之文。祖白無端倡此妖言，出自何典？不知祖白是何等心覈。國家有法，必剖祖白之胸，探其心以視之。延至唐虞，下迄三代，君臣告誡於朝，聖賢垂訓於後，往往呼天稱帝，以相警勵。夫有所受之也，豈偶然哉。以二典、三謨、六經、四書之天帝，爲受之邪教之學，誣天非聖極已。即啖祖白之肉，寢祖白之皮，猶不足以泄斯言之恨。其見之《書》曰：「昭受上帝，天其申命用休。」引《書》九十五言。《詩》曰：「文王在上，於昭於天。」引《詩》一百一十言。《魯論》曰：「獲罪於天，無所禱也。」引《論語》二十六言。《中庸》曰：「郊社之禮，所以事上帝也。」引《中庸》二十言。《孟子》曰：「樂天者有保天下。」引《孟子》五十九言。

凡此諸文，何莫非天學之微言法語乎？往時利瑪竇引用中夏之聖經賢傳，以文飾其邪教，今祖白徑謂中夏之聖經賢傳，是受邪教之法語微言。祖白之罪可勝誅乎？審是則中國之教，無先天學者。無先天學，則先聖先賢，皆邪救之後學矣。凡百君子讀至此，而不痛哭流涕與之共戴天者，必非人也。噫，小人而無忌憚，亦至此哉？不思我大清今日之天下，即三皇五帝之天下也，接三皇五帝之正統。大清之太祖、太宗、世祖、今上也，接周公孔子之道統，大清之輔相師儒也。祖白謂歷代之聖君聖臣，是邪教之苗裔，《六經》《四書》是邪教之微言，將何以分別我大清之君臣，而不爲邪教之苗裔乎？祖白之膽何大也。世祖碑天主教之文有曰：「夫朕所服膺者，堯舜周孔之道；所講求者，精一執中之理。至於玄笈貝文、所稱《道德》《楞嚴》諸書，雖嘗涉獵，而旨趣茫然。況西洋之書，天主之教，朕素未覽閲，焉能知其說哉？」大哉聖謨，眞千萬世道統之正脈，後雖有聖人弗能駕世祖斯文而上之也。蓋祖白之心，大不滿世祖之法堯舜，尊周孔，故著《天學傳概》，以闢我世祖而欲專顯天主之教也。以臣抗君，豈非明背本國，明從他國乎？而弁其端者，曰：「康熙三年歲在甲辰春王正月柱下史毘陵許之漸敬題。」噫吁戲，異乎哉許先生而爲此耶？學士大夫如徐光啟、李之藻、李天經、馮應京、樊良樞者，若而人爲天主教作序多矣。或序其曆法，或序其儀器，或序其算數，至《進呈圖像》一書，則罔有序之者，實湯若望自序之。可見徐李諸人，猶知不敢公然得罪名教也。若望之爲書也，曰男女各一，以爲人類之初祖。未敢斥言覆載之內，盡是其教之子孫，君子直以妄目之而已矣。祖白之爲書也，盡我大清而如德亞之矣；盡我大清及古先聖帝聖師聖臣，而邪教苗裔之矣；盡我歷代先聖之聖經賢傳，而邪教緒餘之矣，豈止於妄而已哉？實欲挾大清之人，盡叛大清而從邪教，是率天下無君無父也。而先生序之曰：二氏「終其身於君臣父子，而莫識其所爲。天即儒者，或不能無弊」。噫，是何言也。二氏供奉皇帝龍牌，是識君臣；經言齋千辟支佛，不如孝堂上二親，是識父子，況吾儒以五倫立教乎？唯天主耶穌謀反於其國，正法釘死，是莫識君臣；耶穌之母瑪利亞，有夫名若瑟，而曰耶穌不由父生，及皈依彼教人不得供奉祖父神主，是莫識父子，先生反以二氏之識君臣父子者，謂之爲莫識君臣父子；以耶穌之莫識君臣父子者，謂之爲識君臣父子，何刺謬也。儒者有弊，是先聖乎？先賢乎？後學乎？不妨明指其人，與衆攻之。如無其人，不宜作此非聖之文，自毀周孔之教也。楊墨之害道也，不過曰「爲我」、「兼愛」，而孟子亟距之曰：「楊墨之道不息，孔子之道不著。」《傳概》之害道也，苗裔我君臣，學徒我周孔。祖白之意，若曰孔子之道不息，天主之教不著。孟子之距，恐人至於無父無君；祖白之著，恐人至於有父有君。而先生爲祖白作序，是距孔孟矣，遵祖白矣。儒者不能無弊，先生自道之也。意者先生或非大清國之產乎？或非大清國之科目乎？胡爲而爲邪教序，此非聖之書，發此非聖之言也，先生過矣。尋復思之，是非先生之筆也，何以明之？先生讀書知字，發身庠序，爲名進士，筮仕爲名御史，其於聖人之道，幼學壯行熟矣。非先王之法，服不敢服；非先王之法，言不敢言。先王之所素定者也，肯屑爲此非聖妖書之序哉。或者彼邪教人之謀，以先生乃朝廷執法近臣，又有文名，得先生之序，以標斯書，使天下人咸曰：「許侍御有序，則吾中夏人，信爲天主教之苗裔，勿疑矣。」妖言惑衆，有魚腹天書之成效。故託先生之名爲之序，既足以搖動天下人之心，更足爲邪教之證據於將來也，必非先生之筆也。不然或先生之門人幕客，弗體先生敬慎名教之素心，假借先生之文，以射自鳴鐘等諸奇器，必非先生之筆也。再不然近世應酬詩文，習爲故套，有求者率令牀頭捉刀人給之，主者絕弗經心，不必見其文，讀其書也。況先生戴星趨朝，出即入臺治事，退食又接見賢士大夫，論議致君澤民之術，奚暇讀其書哉？使先生誠得讀其書，見我伏羲氏以至今日之君臣士庶，盡辱爲邪教之子孫，《六經》《四書》盡辱爲邪教之餘論，當必髮豎眥裂，擲而抵其書於地之不蚤，尚肯爲之序乎？此光先之所以始終爲必非先生之筆也。光先之《闢邪論》，距西集殺青五六年矣，印行已五千餘部，朝野多謬許之。而先生獨若未之見，若未之聞，豈於非聖之書，反悅目乎？必不然矣。於此愈信必非先生之筆也。雖然光先能信必非先生之筆，有位君子能信必非先生之筆，天下學人能信必非先生之筆，但此序出未二月，業已傳徧長安。非先生之筆而先生不亟正之，恐後之人未必能如光先，能如今日之有位君子，能如今日之天下學人，能信必非先生之筆也。得罪名教，雖有孝子慈孫，豈能爲先生諱哉？猶之[乎]光先今日之呼吾家老不曉事也。先生當思所以處此矣。天主耶穌謀反於如德亞國，事露正法，同二盜釘死十字架上，是與衆棄之

也，有若望之《進呈書像》可據。然則天主耶穌者，乃彼國之大賊首。其教必爲彼國之所厲禁，與中夏之白蓮、聞香諸邪實同。在彼國則爲大罪人，來我國則爲大聖人。且謂我爲彼教之苗裔，而弗知辱；謂我爲彼教之後學，而弗知惡。使如德亞之主臣，聞之寧不嗤我中夏之士大夫無心知、無目識乎？先生雖未嘗爲之序，而序實有先生之名，先生能晏然已乎？以謀反之遺孽，行謀反之邪教，開堂於京師宣武門之內、東華門之東、阜城門之西，山東之濟南，江南之淮安、揚州、鎮江、江寧、蘇州、常熟、上海，浙之杭州、金華、蘭谿，閩之福州、建寧、延平、汀州，江右之南昌、建昌、贛州，東粵之廣州，西粵之桂林，蜀之重慶、保寧，楚之武昌，秦之西安，晉之太原、絳州，豫之開封，凡三十窟穴。而廣東之香山墺，盈萬人盤踞其間，成一大都會，以暗地送往迎來。若望藉曆法以藏身金門，而棋布邪教之黨羽於大清京師十二省要害之地，其意欲何爲乎？明綱之所以不紐者，以廢前王之法爾。律嚴通海洩漏。徐光啟以曆法薦利瑪竇等於朝，以數萬里不朝貢之人，來而弗識其所從來，去而弗究其所從去，行不監押之，止不關防之，十五直省之山川形勢，兵馬錢糧，靡不收歸圖籍而弗之禁，古今有此翫待外國人之政否。大清因明之待西洋如此，遂成習矣。不察伏戎於莽，萬一竊發，先生將用何術以謝此一序乎？《時憲曆》面書「依西洋新法」五字，光先謂其暗竊正朔之尊以予西洋，而明白示天下以大清奉西洋之正朔，具疏具呈爭之。今謂伏羲是彼教之苗裔，《六經》是彼教之微言，而「依西洋新法」五字，豈非奉彼教正朔之實據明驗乎？惑衆之妖書已明刊印傳播，策應之邪黨已分布各省咽喉，結交士夫以爲羽翼，煽誘小人以爲爪牙，收拾我天下之人心。從之者如水之就下，朝廷不知其故，群工畏勢不言，養虎卧內，識者以爲深憂。而先生不效賈生之痛哭，尚反爲其作序以諛之乎？光先抱杞憂者六年矣。懷書君門，抑不得通，惟付之筆伐口誅，以冀有位者之上聞。先生乃聖門賢達，天子諫臣，不比光先之無官守言責。執典章以聲罪致討，實先生學術之所當盡，職分之所當爲者。況有身後之累之一序乎？光先與先生素未謀面，而輒敢以書唐突先生者，爲天下古今萬國君臣士庶之祖禰衛，爲古先聖人之聖經賢傳衛，爲天下生靈將來之禍亂衛，匪得已也。請先生速鳴攻之之皷，以保立言之令名，以消身後之隱禍，斯光先之所以爲先生計，非誚讓先生也。幸先生亟圖之，知我罪我，惟先生所命，主臣主臣。康熙甲辰三月二十五日光先再頓首面投。

又《闢邪論上》 聖人之教平實無奇，一涉高奇即歸怪異。楊墨之所以爲異端者，以其持理之偏，而不軌於中正，故爲聖賢之所距。矧其人其學，不敢望楊墨之萬一，而怪僻妄誕，莫與比倫，群謀不軌，以死於法，乃妄自以爲冒覆宇宙之聖人，而欲以其道，教化於天下萬國，不有所以迸之，愚民易惑於邪，則遺禍將來，定非渺小。此主持世道者，他日之憂也。故不憚繁冗，據其說以闢之。

明萬曆中，西洋人利瑪竇與其徒湯若望、羅雅谷，奉其所謂天主教以來中夏。其所事之像，名曰耶穌，手執一圓象，問爲何物則曰天。問天何以持於耶穌之手，則曰天不能自成其爲天，如萬有之不能自成其爲萬有，必有造之者而後成。天主爲萬有之初有，其有無元，而爲萬有元。超形與聲，不落見聞，乃從實無，造成實有，不需材料、器具、時日。先造無量數天神無形之體，次及造人。其造人也，必先造天地品彙諸物，以爲覆載安養之需。故先造天造地造飛走鱗介種植等類，乃始造人。男女各一，男名亞當，女名厄襪，以爲人類之初祖。天爲有始，天主爲無始，有始生於無始，故稱天主焉。次造天堂，以福事天主者之靈魂；造地獄，以苦不事天主者之靈魂。人有罪應入地獄者，哀悔於耶穌之前，並祈耶穌之母以轉達於天主，即赦其人之罪，靈魂亦得昇於天堂。惟諸佛爲魔鬼，在地獄中永不得出。問耶穌爲誰，曰即天主。問天主主宰天地萬物者也，何爲下生人世？曰天主憫亞當造罪，禍延世世胤裔，許躬自降生，救贖於五千年中，或遣天神下告，或託前知之口代傳。降生在世事蹟，預題其端，載之國史。降生期至，天神報童女瑪利亞胎孕天主，瑪利亞怡然允從，遂生子名曰耶穌。故瑪利亞爲天主之母，童身尚猶未壞。問耶穌生於何代何時？曰生於漢哀帝元壽二年庚申。噫！荒唐怪誕，亦至此哉？

夫天二氣之所結撰而成，非有所造而成者也。子曰：「天何言哉，四時行焉，百物生焉。」時行而物生，二氣之良能也。天設爲天主之所造，則天亦塊然無知之物矣，焉能生萬有哉？天主雖神，實二氣中之一氣，以二氣中少一氣，而謂能造生萬有之二氣，於理通乎？無始之名，竊吾儒無極而生太極之說。無極生太極，言理而不言事。苟以事言，則六合之

外，聖人存而不論，論則涉於誕矣。夫子之不語怪力亂神，政爲此也。而所謂無始者，無其始也。有無始，則必有生無始者之無無始；有生無始者之無無始，則必又有生無無始者之無無無始。遡而上之，曷有窮極？而無始亦不得名天主矣。誤以無始爲天主，則天主屬無而不得言有。眞以耶穌爲天主，則天主亦人中之人，更不得名天主也。設天果有天主，則覆載之内，四海萬國，無一而非天主之所宰制，必無獨主如德亞一國之理。獨主一國，豈得稱天主哉？既稱天主，則天上地下，四海萬國，物類甚多，皆待天主宰制。天主下生三十三年，誰代主宰其事？天地既無主宰，則天亦不運行，地亦不長養，人亦不生死，物亦不蕃茂，而萬類不幾息乎？天主欲救亞當，胡不下生於造天之初，乃生於漢之元壽庚申。元壽庚申距今上順治己亥，纔一千六百六十年爾，而開闢甲子至明天啓癸亥，以暨於今，合計一千九百三十七萬九千四百九十六年。此黄帝太乙所紀從來之曆元，匪無根據之説。太古洪荒，都不具論，而天皇氏有干支之名，伏羲紀元癸未，則伏羲以前，已有甲子明矣。孔子删《書》，斷自唐虞，而堯以甲辰紀元。堯甲辰距漢哀庚申，計二千三百五十七年。若耶穌即是天主，則漢哀以前，盡是無天之世界。第不知堯之欽若者何事，舜之察齊者何物也。若天主即是耶穌，孰抱持之而内於瑪利亞之腹中。《齊諧》之志怪，未有若此之無稽也。男女媾精，萬物化生，人道之常經也。有父有母，人子不失之辱；有母無父，人子反失之榮。四生中〔惟〕濕生無父母，胎卵化俱有父母。有母而無父，恐不可以爲訓於彼國，況可聞之天下萬國乎？世間惟禽獸知母而不知父，想彼教盡不知父乎？不然何奉無父之鬼，如此其尊也？尊無父之子爲聖人，實爲無夫之女，開一方便法門矣。瑪利亞既生耶穌，更不當言童身未壞。而孕胎何事，豈童女怡然之所允從？且童身不童身，誰實驗之？《禮》内言不出公庭，不言婦女。所以明耻也。母之童身，即禽獸不忍出諸口，而號爲聖人者，反忍出諸口，而其徒反忍鳴之天下萬國乎？耶穌之師弟，禽獸之不若矣。童身二字，本以飾無父之嫌，不知欲蓋而彌彰也。

天堂地獄，釋氏以神道設教，勸怵愚夫愚婦，非眞有天堂地獄也。作善降之百祥，作不善降之百殃。百祥百殃，即現世之天堂地獄，而彼教則鑿然有天堂地獄，在於上下。奉之者昇之天堂，不奉之者墮之地獄。誠然則天主乃一邀人媚事之小人爾，奚堪主宰天地哉。使奉者皆善人，不奉者皆惡人，猶可言也。苟奉者皆惡人，不奉者皆善人，抑將顛倒善惡而不恤乎？釋氏之懺悔，即顔子不二過之學，未嘗言罪盡消也。而彼教則哀求耶穌之母子，即赦其罪，而昇之於天堂。是奸盗詐僞，皆可以爲天人。而天堂實一大逋逃藪矣。捨釋氏之唾餘，而謂佛墮地獄中，永不得出，無非滿腔忌嫉，以騰妬婦之口。如眞爲世道計，則著至大至正之論，如吾夫子正心誠意之學，以修身齊家爲體，治國平天下爲用，不期人尊而人自尊之。奈何闢釋氏之非，而自樹妖邪之教也。其最不經者，未降生前，將降生事迹豫載國史。夫史以傳信也，安有史而書天神下告未來之事者哉？從來妖人之惑衆，不有所藉託，不足以傾愚民之心，如社火狐鳴、魚腹天書、石人一眼之類。而曰史者，愚民不識眞僞，咸曰信眞天主也，非然何國史先載之耶？

觀蓋法氏之見耶穌頻行靈蹟，人心翕從，其忌益甚之語，則知耶穌之聚衆謀爲不軌矣。官忌而民告發，非反而何？耶穌知不能免，恐城中信從者多盡被拘執，傍晚出城，入山囿中跪禱。被執之後，衆加耶穌以僭王之耻，取王者絳色敝衣披之，織剛刺爲冕，以加其首，且重擊之。又納杖於耶穌之手，此之執權者焉，僞爲跪拜，以恣戲侮。審判官比辣多計釋之而不可得，姑聽衆撻以洩其恨。全體傷剝，卒釘死於十字架上。觀此則耶穌爲謀反之渠魁，事露正法明矣。而其徒邪心未革，故爲三日復生之説，以愚彼國之愚民。不謂中夏之人，竟不察其事之有無，理之邪正，而亦信之皈之，其愚抑更甚也。夫人心翕從，聚衆之蹟也；被人首告，機事之敗也；知難之至，無所逃罪也；恐衆被拘，多口之供也；傍晚出城，乘天之黑也；入山囿中，逃形之深也；跪禱於天，祈神之佑也；被以王者之衮冕，戲遂其平日之願也；僞爲跪拜，戲其今日得爲王也；衆撻洩恨，洩其惑人之恨也；釘死十字架上，正國法快人心也。其徒諱言謀反，而謀反之眞贓實蹟，無一不自供招於《進呈書像説》中。十字架上之釘死，政現世之劍樹地獄。而云佛在地獄，何所據哉？且十字架何物也，以中夏之刑具考之，實凌遲重犯之木驢子爾。皈彼教者，令門上堂中，俱供十字架。是耶穌之弟子，無家不供數木驢子矣，其可乎？天主造人，當造盛德至善之人，以爲人類之初祖，猶恐後人之不善繼述，何造一驕傲爲惡之亞

當，致子孫世世受禍。是造人之人，貽謀先不臧矣。天主下生救之，宜興禮樂行仁義，以登天下之人於春臺。其或庶幾，乃不識其大，而好行小惠。惟以瘳人之疾，生人之死，履海幻食，天堂地獄爲事。不但不能救其雲礽，而身且陷於大戮。造天之主如是哉，及事敗之後，不安義命，跪禱於天，而妖人之眞形，不覺畢露。夫跪禱，禱於天也。天上之神，孰有尊於天主者哉。孰敢受其跪，孰敢受其禱，以天主而跪禱，則必非天主明矣。

按耶穌之釘死，實壬辰歲三月二十二日，而云天地人物俱證其爲天主。天則望日食既，下界大暗，地則萬國震動。夫天無二日，望日食既，下界大暗，則天下萬國宜無一國不共睹者。日有食之，春秋必書，況望日之食乎？考之漢史光武建武八年壬辰四月十五日，無日食之異，豈非天醜妖人之惡，使之自造一謊，以自證其謊乎？連篇累牘，辯駁其非，總弗若耶穌跪禱於天，則知耶穌之非天主。痛快斬截，眞爲照妖之神鏡也。一語允堪破的，而必俟數千言者，蓋其刊布之書，多竊中夏之語言文字，曲文其妖邪之說。無非彼敎金多，不難招致中夏不得志之人，而代爲之創潤。使後之人，第見其粉飾之諸書，不見其原來之邪；本茹其華而不知其實，誤落彼雲霧之中，而陷身於不義。故不得不反復辨論，以直擣其中堅。世有觀耶穌敎書之君子，先覽其《進呈書像》及《蒙引》《日課》三書，後雖有千經萬論，必不屑一寓目矣。邪敎之妖書妖言，君子自能辨之，而世有不及知之無狀，眞有不與同中國者，試舉以告夫天下之學人焉。今日之天主堂，即當年之首善書院也。若望乘魏璫之焰，奪而有之，毀大成至聖先師孔子之木主，踐於糞穢之內，言之能不令人眦欲裂乎？此司馬馮元飈之所以切齒痛心，向人涕泣而不共戴天者也。讀孔氏書者，可毋一動念哉。邪說跛行，懼其日滋，不有聖人，何能止息？孟子之距楊墨，惡其充塞仁義也。天主之敎豈特充塞仁義已哉。禹平水土，功在萬世。先儒謂孟子之功，不在禹下，以其距楊墨也。茲欲距耶穌，息邪敎，正人心，塞亂源，不能不仰望於主持世道之聖人云。韓愈有言：「人其人，火其書，廬其居。」吾於耶穌之敎亦然。時順治己亥仲夏望日新安布衣楊光先長公氏著。

又《闢邪論中》 聖人學問之極功，只一窮理以幾於道。不能於理之外，又穿鑿一理，以爲高也。故其言中正平常，不爲高達奇特之論，學人終世法之，終世不能及焉，此《中庸》之所以鮮能也。小人不耻不仁不畏不義，恃其給捷之口，便佞之才，不識推原事物之理，性情之正。惟以辯博爲聖，瑰異爲賢，罔恤悖理叛道，割裂墳典之文，而支離之。譬如猩猩鸚鵡，雖能人言，然實不免其爲禽獸也。利瑪竇欲尊耶穌爲天主，首出於萬國聖人之上而最尊之。歷引中夏六經之上帝，而斷章以證其爲天主，曰天主乃古經書所稱之上帝。吾國天主，即華言上帝也。蒼蒼之天，乃上帝之所役使者。或東或西，無頭無腹，無手無足，未可爲尊。況於下地，乃衆足之所踏踐污穢之所歸，安有可尊之勢，是天地皆不足尊矣。如斯立論，豈非能人言之禽獸哉？

夫天萬事萬物萬理之大宗也，理立而氣具焉，氣具而數生焉，數生而象形焉。天爲有形之理，理為無形之天，形極而理見焉。此天之所以即理也。天函萬事萬物，理亦函萬事萬物。故推原太極者，惟言理焉。理之外更無所謂理，即天之外更無所謂天也。《易》之爲書，言理之書也，理氣數象備焉。乾之《卦》：「乾：元亨利貞。」彖曰：「大哉乾元，萬物資始，乃統天。」夫元者，理也。資始萬物，資理以爲氣之始，資氣以爲數之始，資數以爲象之始，象形而理自見焉，故曰乃統天。《程傳》：乾天也，專言之則道也，分言之以形體謂之天，以主宰謂之帝，以功用謂之鬼神，以妙用謂之神，以性情謂之乾。此分合之說，未嘗主於分而不言合也。專者體也，分者用也，言分之用而專之體自在矣。天主敎之論議行爲，純乎功用，實程子之所謂：「鬼神何得擅言主宰？」朱子云：「乾元是天之性，如人之精神，豈可謂人自是人，精神自是精神耶？」觀此則天不可言自是天，帝不可言自是帝也。萬物所尊者惟天，人所尊者惟帝。人舉頭見天，故以上帝稱天焉，非天之上，又有一帝也。《書》曰：「欽若昊天。」「惟天降災祥在德。」與天敘天秩天命天討。《詩》云：「畏天之威，天鑒在茲。」皆言天也。「上帝是皇，昭事上帝。」言敬天也。「予畏上帝，不敢不正。」言不敢逆天也。「惟皇上帝，降衷下民。」衷者，理也，言天賦民以理也。《禮》云：「天子親耕，粢盛秬鬯，以事上帝。」言順天時，重農事也。凡此皆稱上帝以尊天也，非天自天，而上帝自上帝也。讀書者毋以辭害意焉。今謂天爲上帝之役使，不識古先聖人何以稱人君爲天

子，而以役使之賤，比之爲君之父哉。以父人君之天，爲役使之賤，無怪乎令皈其教者，必毀天地君親師之牌位，而不供奉也。不尊天地，以其無頭腹、手足，踏踐污穢而賤之也；不尊君以其爲役使者之子而輕之也；不尊親以耶穌之無父也。天地君親尚如此，又何有於師哉？此宣聖木主之所以遭其毀也。乾坤俱汨，五倫盡廢，非天主教之聖人學問，斷不至此，宜其夸詡？自西徂東，諸大邦國，咸習守之，而非一人一家一國之道也。吁嘻！異乎哉。自有天地以來，未聞聖人而率天下之人於無父無君者也。諸大邦國苟聞此道，則諸大邦國，皆禽獸矣，而況習守之哉。夫不尊天地而尊上帝，猶可言也；尊耶穌爲上帝則不可言也。極而至於尊凡民爲聖人、爲上帝，猶可言也；胡遽至於尊正法之罪犯爲聖人、爲上帝，則不可言也。古今有聖人而正法者否？上帝而正法，吾未之前聞也。所謂天主者，主宰天地萬物者也。能主宰天地萬物，而不能主宰一身之考終，則天主之爲上帝可知矣。彼教諸書，於耶穌之正法，不言其釘死者何事，第云救世功畢，復昇歸天。其於聖人易簣之大事，亦太草草矣。夫吾所謂功者，一言而澤被蒼生，一事而恩施萬世，若稷之播百穀，契之明人倫，大禹之平水土，周公之制禮樂，孔子之法堯、舜，孟子之距楊墨，斯救世之功也。耶穌有一於是乎？如以瘳人之病，生人之死爲功，此大幻術者之事，非主宰天地萬物者之事也。苟以此爲功，則何如不令人病，不令人死，其功不更大哉？夫既主宰人病人死，忽又主宰人瘳人生，其無主宰已甚，尚安敢言功乎？故只以「救世功畢，復昇歸天」八字結之，絕不言畢者何功，功者何救。蓋亦自知其辭之難措，而不覺其筆之難下也。以正法之釘死，而云救世功畢，復昇歸天，則凡世間凌遲斬絞之重犯，皆可援此八字爲絕妙好辭之行狀矣。妖書妖言，悖理反道，豈可一日容於中夏哉。

又《闢邪論下》 詳閱利瑪竇闡明天主教諸書之論議，實西域七十二種旁門之下，九十六種邪魔之一。其詆毀釋氏，欲駕而上之，此其恆情，原不足爲輕重。利瑪竇之來中夏，並老氏而排之。士君子見其排斥二氏也，以爲吾儒之流亞，故交讚之援引之，竟忘其議論之邪僻，而不覺其教之爲邪魔也。且其書止載耶穌「救世功畢，復昇歸天」，而不言其死於法。故舉世縉紳皆爲其欺蔽。此利瑪竇之所以爲大奸也。其徒湯若望之知識，卑闇於利瑪竇，乃將耶穌之情事，於《進呈書像》中和盤托出。予始得即其書以闢之，豈有彼國正法之罪犯，而來中夏爲造天之聖人，其孩孺我中夏人爲何如也？耶穌得爲聖人，則漢之黃巾，明之白蓮，皆可稱聖人矣。耶穌既釘死十字架上，則其教必爲彼國之所禁，以彼國所禁之教，而欲行之中夏，是行其所犯之惡矣，其衷詎可測哉。若望之流開堂於江寧、錢塘、閩、粵，實繁有徒，呼朋引類，往來海上。天下之人，知愛其器具之精工，而忽其私越之干禁，是愛虎豹之文皮，而豢之卧榻之內，忘其能噬人矣。夫國之有封疆，關之有盤詰，所以防外伺，杜內洩也，無國不然。今禁令不立，而西洋人之集中夏者，行不知其遵水遵陸，止不知其所作所爲。惟以精工奇巧之器，鼓動士大夫；天堂地獄之說，煽惑我愚民。凡皈之者，必令粘一十字架於門上，安知其非左道之暗號乎？世方以其器之精巧而愛之，吾政以其器之精巧而懼之也。輸之攻，墨之守，豈拙人之所能哉。非我族類，其心必殊，不謀爲不軌於彼國，我亦不可弛其防範，況曾爲不軌於彼國乎？茲滿漢一家，蒙古國戚出入國隘，猶憑符信以行。而西洋人之往來，反得自如而無譏察，吾不敢以爲政體之是也。正人必不奉邪教，而奉邪教者必非正人。以不正之人，行不正之教，居於內地，爲國顯官，國之情勢，保毋不外輸乎？人無遠慮必有近憂。謀國君子毋以其親匿而翫視之也。彼教之大規，行教之人則不婚不宦。考湯若望之不婚，則比頑童矣。不宦則通政使食正二品服俸加二級掌欽天監印矣。行教而叛教，業已不守彼國之法，安能必其守大淸之法哉？《詩》云：「相彼雨雪，先集維霰。」「依西洋新法」五字，不可謂非先集之霰也。陽和布氣，鷹化爲鳩，識者猶惡其眼。予蓋惡其眼云，懷書君門，抑不得達。故著斯論，以表天主教之隱禍有如此。寧使今日詈予爲妬婦，不可他日神予爲前知也。論甫刻成，客有向予言：利瑪竇於萬曆時，陰召其徒，以貿易爲名，舳艫銜尾，集廣東之香山澳中，建城一十六座。守臣懼請設香山參將，增兵以資彈壓。然彼衆日多，漸不可制。天啟中，臺省始以爲言，降嚴旨，撫臣何士晉廉潔剛果，督全粤兵毁其城，驅其衆，一二三十年之禍，一旦盡消。此往事之可鑒也。今若望請召彼教人來治曆，得毋借題爲復踞澳之端乎？彼國距中夏十萬里，往返必須十年。而三月即至，是不在彼國，而在中國明矣。不知其人於何年，奉何旨，安插何地方也？如無旨

安插，則私越之干禁，有官守言責之大，君子可無半語一詰之哉？茲海氛未靖，譏察當嚴，廟堂之上，宜周毖飭之畫，毋更揖盜，自詒後日之憂也。績因所聞，補贅論末，憂國大君子鑒之。

又《臨湯若望進呈圖像說》 上許先生書後，追悔著《闢邪論》時，未將湯若望刻印「國人擁戴耶穌」及「國法釘死耶穌」之圖像，刊附論首，俾天下人盡見耶穌之死於典刑。不但士大夫不肯爲其作序，即小人亦不屑歸其教矣。若望之《進呈書像》，共書六十四張，爲圖四十有八。一圖系一說於左方。茲弗克具載，止摹「擁戴耶穌」及「釘架」「立架」三圖三說，與天下共見耶穌乃謀反正法之賊首，非安分守法之良民也。圖說附於左方。

湯若望曰：耶穌出，行教久，知難期之漸迫也，旋反都城就之。從來徒行，惟此入都則跨一驢。且都人望耶穌如渴，聞其至也，無貴賤大小，傾城出迎。貴者縉紳，賤者百姓，擁戴之盛，取死之速，妖人從來如此。有以衣覆地，弗使驢足沾塵者，有折枝擁導者，如此擁戴耶穌，則如德亞國主與耶穌勢不能兩立矣。非國主殺耶穌，則耶穌必弒國主。前後左右，群讚其爲天主無間也。噫！是蓋有二意焉：一，少顯尊貴之相於受難之前，妖人之情不覺自露，惟其尊貴所以取釘死。以見受難實爲天主；一，借此重責五日後有變心附惡者。五日前奉迎者愚民受其惑；五日後變心者，懼王法悔前非也。若曰爾所隨聲附惡，以相傾陷者，非即爾前日歡迎入城，讚爲天主者乎？自供。

楊子曰：此湯若望自招天主耶穌是謀反之口供。

若望曰：其釘十字架也，左右手各一釘，二足共一釘。有二盜在獄未決者，今亦取出釘之，以等耶穌於盜，爲大辱云。

楊子曰：犯人畫招已畢，此眞所謂不刑而招。

若望曰：釘畢則立其架，中耶穌，兩傍盜也。耶穌懸架，天地人物俱證其爲天主。天證如太陽當望而食，法所不載。且全食下界大暗；且久食曆時十二刻也。地證全地皆震，驚動萬國。人證無數，死者離墓復活。物證如石塊自破，帷帳自裂等是也。尤足異者，既終之後，惡衆有眇一目者，舉鎗刺耶穌脅，以試其實死與否？刺血下注，點及惡目，隨與復明。邪教之意恐人議論耶穌是邪教，不是天主下生，故引天地人物作證，以見耶穌眞是天主。必要說到理事之所無，使人不敢不信。細考耶穌釘死之日，依西曆乃三月之十六日，考之中曆爲漢光武建武八年壬辰歲之三月二十二日。夫天既肯違常度，非朔日而食，以證耶穌爲天主，何不食於廿二而食於十六。若望亦自知下弦之月不能全掩太陽之光，故於既望月圓之朝，疾行一百八十二度半以食日，下界大暗。精於曆法如若望，方知此食在羲和曆官，斷斷不能言，斷斷不敢言也。若望既敢妄言，吾亦姑以妄信。彼日有食之，春秋必書。但查建武八年三月四月無日食、地震之文，況望日日食乎？彼邪教人止知說燥脾之謊，以惑愚夫愚婦，不提防明眼學人，有史冊可考，以鏡其失枝脫節也。獨怪向來士大夫，願爲定交，願爲援引，順爲作序，豈眞無目？不過利其數件奇巧器物，與之狎爾。殊不知一與親暱，即弗能守自己之正學，乃玩物以徇人。舉世尤而效之，遂遺天下後世無窮之禍。作俑無後，吾必以徐光啟爲萬世大罪人之魁。

楊子曰：右三圖三說，是聖人，是反賊？是崇奉，是正法，吾弗能知，請歷來作序先生辨之。

又《正國體呈稿》 江南徽州府新安衛官生編歙縣民楊光先呈，爲大國無奉小國正朔之理，一法無有閏有不閏之月，事關國體，義難緘默，請乞題參會勘改正，以尊大國名分，以光一代大典事：

竊惟正名定分，在隻字之間，成歲閏餘，有不易之法。顧法不可以紊亂，而名不可以假人。名以假人，將召不臣之侮，法而紊亂，定貽後世之譏。斯國體之攸關，匪尋常之得失也。皇上乘乾御宇，撫有萬國，從來幅員之廣，重譯之獻，未有如皇上之盛者。而正朔之頒，實萬國之所瞻聽，後世之所倣則，非一代因革損益之庶政比也。必名足以統萬國，而法足以憲萬世，始克稱一代之曆焉。茲欽天監監正湯若望之以新法，推《時憲曆》也。於名則有無將之誅，於法則有擾紀之罪。爲皇上之臣民者，豈能晏然而已乎？夫《時憲曆》者，大清之曆，非西洋之曆也；欽若之官，大清之官，非西洋之官也。以大清之官，治大清之曆，其於曆面之上，宜書「奏准印造時憲曆日，頒行天下」，始爲尊皇上而大一統。今書上傳「依西洋新法」五字，是暗竊正朔之權以予西洋，而明謂大清奉西洋之正朔也，其罪豈止無將已乎？《春秋》，魯記事之史也；仲尼，魯之老臣也。魯臣而修魯史，尚不敢自大其君，而必繫之以春王正月。蓋所以尊周天王而大一統，非藉周天王而張大夫魯也。今以大清之曆而大書「依西洋新法」，不知其欲天王誰乎？如天王皇上，則不當書「依西洋新法」；敢書「依西洋新法」，是藉大清之曆，以張大其西洋，而使天下萬國，曉然知大清奉西洋之正朔，實欲天王西洋而魯大清也，罪不容於誅矣。孔子惜繁

纓，謂名與器不可以假人。今假以依西洋新法，此實見之行事，非託之空言者也，豈特繁纓已哉。若望必白五字出自上傳。夫上傳者，傳用其法，未嘗傳其特書五字於曆面也。皇上即傳其特書五字於曆面，若望亦當引分以辭曰：「冠履有定分，臣偏方小國之法，曷敢云大國依之，而特書於曆面，以示天下萬國，臣不敢也。」天威不違顏咫尺，小白敢貪天子之命，毋下拜，不可師以辭乎？如曰習矣而不察，小國命大國，非習而不察之事也。人臣見無禮於其君者，如鷹鸇之逐雀。光先於本年五月內，曾具疏糾政。疏雖不得上達，而大義已彰於天下。若望即當檢舉改正，以贖不臣之罪。何敢於十八年曆日，猶然大書五字，可謂怙終極矣。此盗竊名器之罪，一也。三歲一閏，氣盈朔虛之數也。無法以推之，何以知其某月當置閏，其月不當置閏乎？一月之內有一節氣、一中氣，此常月之法也。有一節氣而無中氣，則以上半月爲前月之中氣，下半月爲後月之節氣。此置閏之法，夫人而盡知也。《新法》於十八年閏七月十四日酉時正初刻交白露八月節。十四日以前作七月用，十四日以後作八月用。此有節氣而無中氣之爲閏，此法之正也。忽又於十二月十五日申時正三刻交立春正月節，此月有節氣而無中氣，政與閏七月之法同，是一歲而有兩閏月之法矣。同一法也而有閏有不閏，何以杜天下後世之口乎？且順治十八年實閏十月，而《新法》謬閏七月，此不知其憑何理以推也。若望必曰西洋新法與羲和不同。夫用新法者，冀其精密於羲和之法也，而《新法》謬亂若此，不敢望羲和之萬一，尚可侈口言《新法》哉？匪特此也，一月有三節氣，則又更異於有閏、有不閏之法矣。至於冬至之刻，至立春之刻，應有四十五日八時弱，而《新法》止四十四日一時三刻，將立春之刻躦在前一日六時三刻，是不應立春之日而立春，應立春之日而不立春。凡此開闢至今所未聞之法也。夫春爲一歲之首，《禮經・月令》：「立春之日，天子親帥三公九卿大夫，以迎春於東郊。」關於典禮，何等重大。乃以偏方之新法，淆亂上國之禮經，褻天帝而慢天子，莫此爲甚焉！《政典》曰：「先時者殺無赦，不及時者殺無赦。」《新法》之干於《政典》多矣。此假攙天紀之罪，二也。夫以堂堂之天朝，舉一代之大經大法，委之無將攙紀之人，而聽其盗竊紊亂，何以垂之天下後世哉。總之西洋之學，左道之學也。其所著之書，所行之事，靡不悖理叛道。世盡以其爲遠人也而忽之，又以其器具之精巧也而暱之。故若望得藉其《新法》，以隱於金門，以行邪教。久之黨與熾盛，或有如天主耶穌，謀爲不軌於其本國；與利瑪竇謀襲日本之事，不幾養虎自貽患哉。二事一見於若望進呈之書，一聞於海舶商人之口。如斯情事，君之與相不可不一聆於耳中，以知天主教人之狼子野心。謀奪人國，是其天性。今呼朋引類，外集廣澳，內官帝掖，不可無蜂蠆之防，此光先之所以著《摘謬十論》，以政其謬曆；《辟邪三論》，以破其左道也。謬曆正而左道祛，左道祛而禍本亡，斯有位者之事也。伏乞詳察，備呈事關國體，具疏題參，請勅滿漢内閣翰林六部九卿科道，公同勘議，請旨改正，並將邪教迸斥，以爲無將攙紀之戒，庶名分定而上國尊，曆法正而大典光矣。字多逾格，仰祈鑒宥，爲此具呈，須知呈者。順治十七年十二月初三日具投，禮科未准。

又卷下《孽鏡引》　孽鏡者，鏡《西洋新法》之妄也。人生世上，造種種罪孽，事發經官，備諸拷掠。而飯刑憲之徒，獨強辯抵飾，以希徼幸。及至閻羅孽鏡之下，從前所作罪孽，畢見鏡中。然後欲辨不能，始俛首承伏，此予所以有孽鏡之著也。《新法》之妄，其病根起於彼教之輿圖，謂覆載之内，萬國之大地，總如一圓毬，上下四旁，布列國土，虛懸於太空之内。故有上國人之足心，與下國人足心相對之論。所以將大寰内之萬國，不盡居於地平之上，以映地上之天之一百八十度，而將萬國分一半於地平之上，以映地平上之天之一百八十度，分一半於地平之下，以映地平下之天之一百八十度。故云地廣二百五十里，在天差一度，自詡其測驗之精，不必較之葭管之灰，而得天上之眞節氣。所以分朝鮮、盛京、江、浙、川、雲等省爲十二區，區之節氣時刻，交食分秒，地各不同。此荒唐之說，不但不知曆者信之，即精於曆法曆理者，亦莫敢不信之。何也？天遠而人邇，邇者既不克問天，而遠者又弗肯人答，眞與不眞，安所辨驗。雖心知其妄，然無法以闢之。所以其教得行於中夏，予以曆法關一代之大經，曆理關聖賢之學問，不幸而被邪教所擯絕，而弗疾聲大呼爲之救正，豈不大負聖門。故向以曆之法闢之，而學士大夫，邃於曆法者少。即有之，不過剽紙上之陳言，未必眞知曆之法。故莫爲羲和之援，所以《摘謬十論》，雖爲前矛，然終以孤立，莫克靖其魔氛。既又以曆之理闢之，學士大夫，既不知曆之法，必反疑理之未必眞能與法合。所以《呈稿》一

書，竟作存疑之案，以俟後之君子，訂其是非。故若望愈敢肆其邪妄，而無所忌憚。噫！斯學士大夫之罪也。《典》重欽若察齊，不知學者何以弗潛心探討。明祖禁習天文，未嘗禁習曆法也。蓋天文觀星望氣，詹驗妖祥，足以惑亂人聽，動搖人心，故在所禁。若曆法乃聖帝明王敬天勤民之實政，豈亦所宜禁哉？使曆法而禁，則科場發策，不當下詢曆法於多士矣。朝廷既以曆法策多士，而多士又以曆法射榮名，今乃諉之弗知，而坐視《新法》之欺罔，羲和之廢絶，豈非學士大夫之罪哉？曆法近於術數，固不足動學士大夫之念。而二《典》爲祖述堯舜之孔子所首存，豈亦不足動學士大夫之念乎？此予之所以日夜引領，而不可得者也。不得已而幸冀於羲和之舊官，而舊官者，若而人乃盡叛其家學，而拜讐作父，反搖尾於賊蹠，以吠其生身之祖考，是欲求存羲和已絶之一綫，於羲和之後人者，又不可得矣。予爲此懼，捨欽若之正法正理，都置不論。唯就若望所刻之輿圖，所訂之道理，照以孽鏡，與天下後世共見其二百五十里差一度，天上眞節氣之不眞，即愚夫愚婦，見之莫不曉然明白，盡識其從前之無所不妄。學士大夫繇其天上眞節氣之妄，推而知其曆法曆理學問之妄，鳴共攻之鼓，不與同於中國，俾羲和之學，墜而復明，尊羲和以尊二《典》；尊二《典》以尊仲尼，端有望於主持世道之大君子。特懸孽鏡，以照其妄如左。康熙改元仲夏端陽日新安布衣楊光先長公氏著。

又《孽餘》 書成客有問於予，曰：子之《孽鏡》就事照事，行文如白傅之詩，雖讀使老婦聽之，亦莫不解，況學士大夫乎？但《新法》之行，起於《大統》《回回》交食之弗驗，而《新法》之驗，［子］將何道以令大統、回回二科之驗乎？予曰：客果知二科之弗驗，而《新法》之驗耶？不知所謂不驗者，匪天時之不驗，人事之不驗也。薦利瑪竇之曆法於朝者，宗伯徐光啟爾，未幾而宗伯平章軍國矣。驗與不驗，出於若望之所唱，相國之所和，非日與月之所得自主也。相君之所是，孰敢非之；相君之所非，孰敢是之。《新法》即不驗，有牀頭捉刀人爲之代草，以鳴己之驗，而坐二科之不驗。二科即驗，無禆諶爲之草創，以拾《新法》之不驗，而聲己之驗。一如提線之傀儡，運掉靈便而衆人謂之驗；一如斷線之傀儡，僵然似屍而衆人謂之不驗。此《新法》之所以驗，而二科之所以不驗也。繼相君而監西局者，爲之藻、天經二李君，而辯詰之疏揭紛然矣。二科曷敢置一喙以抗之乎？二科之不驗，繇局面人事以限之也。即二科眞不驗，而交食不過曆法中之一事爾。而以箕三度入丑宮，鬼金羊入午宮，調參水猿，居觜火猴之前，如此撫亂乾象，未見相君言《新法》之非，舉世言羲和之是，愈可以明二科不驗之故也。相君苟以交食爲盡曆法之奧，則相君誠不知曆法矣。天本無宮，人以一歲有十二月，故判天爲十二宮；天本無度，人以一歲有三百六十五日三時，故判天爲三百六十五度四分度之一。又恐宮之無別，故指二十八宿以名宮，又恐日躔有歲差之移，故於列宿取星之近似者，立十二象以驗十二宮。知午宮以軒轅爲獅子象，未宮以鬼宿爲巨蟹象之類。《新法》宿移而象不移，相君不知因象以求宿，安得謂之知曆法乎哉？不但相君不知，即若望亦不知象爲何物。所以莊烈皇帝問象於若望，而若望畫五彩獅子爲午宮之象、青綠蟹爲未宮之象、紫袍白馬爲寅宮之象十二圖以進，莊烈皇帝嗤之。故修曆者雖極口讚《新法》之精，而終烈皇之世，《新法》所以不得見用，繇若望之底蘊爲烈皇一眼所看破也。夫交食之法，全在黃道十二宮之闊狹度數、增減之差，增減得而交食自無不驗。《大統曆》之黃道，自郭守敬至今三百餘年，未修而差已五度。雖善算者不過以平線求之，而宿度之分秒，終有所未盡，正間有時刻分秒之差。蓋太陽一歲而差一分五十秒；六十六年二百四十三日六時而差一度。此一度之差而黃道十二宮之宿數，宮宮各有增有減。所以闊狹不同，故必六十六年八月而一修，而交食無不驗也。夫所謂修者二分之刻，測太陽躔赤黃內外二道口之交，匪法壞而待修也。儒者不明其故，謂法久而差，不知差者，歲差之差，非差錯之差也。天行一歲，有一分五十秒之差；六十六年八月有一度之差，天之定體也。知歲差之定體，而羲和之法、回回之法、西洋之法，殊途而同歸矣。然羲和之法所以善於回回、西洋者，二家以三百六十度，配歲之三百六十五日三時，其間以短爲長，未免有迂曲之算。豈若羲和以三百六十五度二十五分，配歲之三百六十五日三時之爲直截省事哉。觀此則羲和、《新法》之是非得失，不待學而知矣。以三百餘年未修之宮度，而交食尚未盡差，則羲和之緻猶善也。使監修者無偏黨之心，尊羲和之法，以爲之主而加修之。用回回之凌犯以驗星象之行度，用西洋之交食以正日月之躔離，豈不集衆長以成一家，何故分門別戶，必欲滅大中至正之法，而獨尊僻誕不通之法乎？此

所謂愛而不知其惡，非君子之用心也。至於交食分秒時刻之驗，其中有大弊焉。日月食於天上，分秒之數，人仰頭即見之，何必用彼教之望遠鏡，以定分秒耶？不知望遠鏡有展小爲大之異。廢目用鏡，中夏之士大夫落其術中久矣。若夫時刻之數，則其弊又特甚焉。大凡公家之事，恐其言之不驗，則遷其事以神其言，況數家之冰炭水火乎？惟勢之所在則金颺而羽沉。故午末而報未初者有之矣，未初而報午末者有之矣，孰爲争此一刻乎？又有以細草插壺之孔，微其漏以候時者。此又近時之事，誰察其莫辯之冤。客所謂不驗者，率皆如此之類，安得叫徹九天，以定其眞是非乎？客幸詳之。客曰：今而後知驗不驗之故也，微子之論，吾亦幾成吠聲矣。

又《日食天象驗》 湯若望之曆法，件件悖理，件件舛謬，乃詫於人曰：我西洋之《新法》，算日月交食有準。彼以此自奇而人亦以此奇之，竟弗考對天象之合與不合，何其信耳而廢目哉？已往之交食，姑不具論，請以康熙三年甲辰歲十二月初一戊午朔之日食驗之，人人共見，人人有目，難盡掩也。其準與不準，將誰欺乎？而世方以其不合天象之交食爲準而附和之。是以西洋邪教爲我國必不可無之人，而欲招徠之，援引之，以自貽伊戚也，毋論其交食不準之甚。即使準矣，而大清國卧榻之内，豈慣謀奪人國之西洋人鼾睡地耶？從古至今有不奉彼國差來朝貢，而可越渡我疆界者否？有入貢陪臣，不還本國，呼朋引類，散布天下而煽惑我人民者否？江統《徙戎論》，蓋早炳於幾先，以爲毛羽既豐，不至破壞人之天下，不已兹敢著書顯言，東西萬國及我伏羲與中國之初人，盡是邪教之子孫。其辱我天下人至不可以言喻，而人直受之而弗耻，異日者脱有蠢動，還是子弟拒父兄乎，還是子弟衛父兄乎？衛之於我，不可拒之，力又不能。請問天下人何居焉？光先之愚見，寧可使中夏無好曆法，不可使中夏有西洋人。無好曆法不過如漢家不知合朔之法，日食多在晦日，而猶享四百年之國祚。有西洋人，吾懼其揮金以收拾我天下之人心。如厝火於積薪之下，而禍發之無日也，況其交食甚舛乎？故圖戊午朔食之天象，與二家報食之原圖，刊布國門，偏告天下，以辨舊法新法之孰得孰失，以解耳食者之惑云。

又《一叩閽辭疏》 江南徽州府新安衛官生編歙縣民臣楊光先謹奏，爲天恩隆重，臣分難勝，仰籲皇仁，憫臣聾老，准臣辭職，在監效勞，以報皇恩，以安愚分事：

本年二月内，禮部爲請旨事，奉旨吴周斌等三人准取來，將楊光先應於欽天監以何品用，一併議奏。欽此。臣聞命自天，汗流浹背，即具呈禮部，未准代題。三月内禮部題授臣欽天監右監副。四月初四日吏部題覆。初七日奉旨，依議。欽此。臣愈措躬無地，隨繕疏賫投通政司，不准封進。下情無路上達，只得具本叩閽。臣惟功名之途，人咸争趨，祇有求而不得，未有出自特恩而反辭者。更値聖朝，欣逢睿主，政臣子宣猷効命之秋，何敢辭榮，自矜高尚。況監副係小京堂官，非布衣一蹴之所可到，但臣生性下劣，有不可一日居官者。臣自知之深，不得不披瀝於皇上之前。臣稟不中和，氣質麤暴，毫無雍容敬謹之風，純是鹵莽滅裂之氣。與人言事，無論兵刑禮樂，上下尊卑，必高聲怒目，如鬭似争。臣父每戒臣曰：汝此性像，若居官必致殺身。雖日嚴督臣讀書，終不能變化氣質，故不令臣赴舉子試。臣謹遵父命，不敢襲先臣宗伯楊寧巡撫軍功之世廕，讓職臣弟，所以懲傲悖守父教也。頃因邪教毁滅天地，廢亂綱常，更包藏禍心。用《滅蠻經》之《洪範》五行，暗害我國，而又枉參部臣，立威以鉗制群工之口，遂敢大膽無忌，造傳妖書，謂東西萬國，盡是邪教子孫，明白示天下，以叛逆之漸。臣用是忿不顧身，發其罪狀，原不敢望有生。賴皇上聖明，認道之眞，信道之篤，毅然不惑，將五六十年之大姦伏莽，一旦鏟除，斯皇上扶持道統，培養國祚之大烈鴻休，永垂於千秋萬世。而臣一生讀書衛道之志，亦藉信於下矣。若一受職，則臣伐叛討妖之舉，非爲衛道衛國而作，是爲功名富貴而作也。錫之鞶帶，終朝三褫，聖有明戒，臣何人斯而敢不畏聖人之言耶？且臣年六十有九，雙耳聾鐘，崦嵫之日，爲光幾何，人當懸車，臣反釋褐，是眞知進而不知退，知得而不知喪之小人，皇上何所取若人而任之哉。況數月對審，心血已枯，精神恍忽，時作眩暈。若不揣分，貪戀功名，日趨職事，愈加衰憊，脱有錯誤，死不償責。從皇上不殺臣，天下人能不笑罵臣哉。此臣所以不敢受職之實心也。伏乞收回成命，准臣辭職，容臣以布衣在監聽皇上差遣。臣矢竭平生之學術，以報皇上之特恩，惟皇上垂鑒焉。臣曷勝隕越，待命之至，字多逾格，仰祈鑒宥，爲此具本叩閽，謹具奏聞。

康熙四年四月十四日叩閽，十五日奉旨，差官將臣併本交與吏部議奏。初一日吏部題覆前事，據楊光先《叩閽疏》內云云，查得康熙四年四月內，臣部覆禮部尚書祁等，爲請旨事一疏，將楊光先補右監副等因具題，奉有依議之旨在案。今雖稱年六十有九，耳聾眩暈，心血已枯，精神恍忽等語。但先將楊光先補授右監副，具題已經奉旨，其叩閽辭職緣由，相應不准。本月初四日奉旨：依議。

又《二叩閽辭疏》 江南徽州府歙縣民臣楊光先謹奏，爲再懇天恩，允臣辭職，在監供事事：

臣蒙皇上以臣爲知曆，故授臣欽天監右監副，臣於四月十四日叩閽辭職，奉旨吏部議奏。五月初一日，吏部題覆，不准臣辭。初四日奉旨依議，欽此。臣思官以欽天名，必精於曆數曆理者，方能勝任而無失。儒家但知曆之理，而不知曆之數；曆家但知曆之數，而不知曆之理。臣於去年在部對審之時，有楊光先止知曆理，不知曆數之親筆口供，在案可查。又於去年十一月十三日，部臣祁徹白、王熙將《日食圖》三張，問臣孰得孰失。臣回稱：光先未習交食之法，實不知道，寫有口供。二臣見在可問，此皆在未奉皇上議品之旨之先之事，非逆知皇上授臣欽天監之官，而先造此口供以爲今日辭官之地也。今以未學曆數，聾老眩暈之夫，冒濫欽天監曆數之職，實不副名，是爲騙官，臣寧萬死不敢欺君。故於初四日聞不准辭之命，即於初十日以民服到監供事，不敢報名謝恩，不敢穿著頂帶，不敢到任支俸，不敢隨班朝參，謹冒死再疏上聞。伏乞皇上俯念臣未習曆數，准臣以布衣在監學習，待曆數精熟之日，然後授臣以官，庶上不負皇上之隆恩，下不負臣職之名實，臣感恩無窮矣。爲此再疏叩閽。

康熙四年五月十一日叩閽，發吏部議。五月二十六日吏部覆。查得凡官無辭官布衣供事之例，本月二十八日奉旨：依議。

又《三叩閽辭疏》 欽天監供事布衣臣楊光先謹奏，爲三懇天恩事：

臣頃再疏辭職，吏部題覆從無布衣供事之例，不准臣辭。臣惟皇上授臣欽天之官，實本朝從無之例，誠千載曠遇之恩。臣即頂踵捐糜，尚不能報，何敢至再至三，自干罪戾。但臣之辭職，非敢辭榮沽名，實懼不能勝任。按曆法俱係幾百幾十幾萬幾千百十分秒數目字樣。習者記性聰明，原不甚難。但臣精神耗鈍，記性全消，曆法起例止四十餘條。臣自奉命至今，凡四閱月，尚不能成誦，而冒欽天之職，寧不自慚。臣之所以冒死必辭者，聾老昏憒，恐負皇上拔臣之心；臣之所以願以布衣在監供事者，天恩未報，欲竭駑駘之力，以報皇上曠世之恩也。臣願報恩之心，匪獨止臣一身。臣欲習學精熟，俾子傳孫，孫傳曾孫，世世子孫，得爲皇上之犬馬臣。此臣報皇上無窮無盡之心，豈忍恝然辭職，不以布衣供事，而負皇上之恩於不報耶？銓臣執無例二字，臣以爲布衣不由薦擢，特旨拔授監員，斯皇上之恩例也。若允臣所請，亦皇上之恩例也。例總出於皇上，授免無非天恩。如明太祖初取江南，即聘鎮江布衣陳遇，授以編修。遇辭不受，以平巾供事終其身，至今人稱明祖之聖。臣才遠不及陳遇，而皇上之聖神實過明祖，此臣所以哀籲［於］皇上之前也。臣非敢執此爲例，但就銓臣無例之言，則布衣供事，前已有行之者矣。總之臣之職出自皇上之特旨，銓臣斷不審覆准臣辭。伏乞皇上俯念臣老不勝任，仍頒特旨准臣以布衣在監供事，使臣他日不以曆數得罪，則皇上保全微臣性命之恩，與天地併矣。爲此具疏叩閽，謹具奏聞。

康熙四年六月十三日具疏叩閽。十四日早，奉上差蝦諭旨，清朝從無布衣供事衙門之例，官不准辭，原本發還。

又《四叩閽辭疏》 江南徽州府歙縣民臣楊光先謹奏，爲臣有六不敢受職之畏，二不敢受職之羞，謹將實情分具八本，冒死披陳，仰祈睿鑒事：

本月十三日，臣具第三疏叩閽，請比編修陳遇以平巾供事明太祖之例，蒙皇上差蝦諭旨，清朝無布衣供事之例，官不准辭，將原本還臣，欽此。臣蒙皇上天高地厚之恩，不以臣屢辭震怒，置臣於法，臣即有胸無心，敢忘捐糜圖報。但察之人情事勢，有所大畏而不得不辭者。臣若不以布衣在監供事，是以臣而抗君，臣應萬死。臣自五月初十日到監供事，見人情行事，無一不伏殺臣之機，臣安得不畏。臣素以理學自信，豈畏一死；所畏者被人排陷，死敗名爾。臣今以辭職，干皇上之怒，賜臣以死，臣雖死無罪，天下後世，必有恤臣有明人倫、尊聖學、闢邪教之功。臣死猶生，臣苟不能逆睹禍機之來，貪戀一時之榮名，坐入陷穽之中，不但皇上他日不能原臣，臣即渾身是口，有所不能分辯。是臣以見利忘害，有罪而死，天下後世，誰復憐臣，而肯爲臣暴白。此臣之所以大畏，冒死辭

職，奏明於生前，以求明白於死後也。謹將可畏事情，分具八本叩閽，謹具奏聞。

康熙四年六月二十一日具本叩閽。二十七日奉旨：楊光先所奏各本內事情，着吏禮二部會同，一併察質取口供具奏，各本俱無小日，八本無貼黄，着飭行。

第一不敢受職之畏疏

臣所告邪教，是爲往古來今明人倫，爲朝廷百姓除隱禍，非有私怨而與之訟也。彼乃思圖報復，大張機穽，忽造流言，臣寧不畏。臣於本年正月十五日，奉旨召至內院，同滿漢院臣、滿漢禮臣，選皇上大婚吉期。臣恭選得本年八月二十八日辰時，古曆已交寒露節，鑾輿由大清門進，此臣之所擇也。忽於二十日遍地閧傳，謂臣言三年內無婚嫁吉期，長安中無不人人且笑且罵，致臬臣李秀忿恨之極，不審有無，遽誤形之章疏。若非皇上明察秋毫，嚴旨爲臣剖分，則臣之冤，千古莫白。而他日滅臣族之慘，早伏於阻皇上三年大婚之一語。此言不但殺臣，且並李秀幾累臣之顯禍，得李秀而始免。此謀不出自邪黨流言，何從而生？其計今雖不行，不能保其日後之無暗算。機深叵測，禍隱難防，此臣之所以深畏而不敢受職者，一也。伏乞皇上鑒察。

奉旨：已有旨了。

第二不敢受職之畏疏

助教臣許之漸序邪教妖書，謂二氏同知君臣父子，即儒教不能無弊，誠名教中之大罪人。荷皇上寬恩，僅褫其職，宜亟歸里，閉門思過，尚難免萬世唾罵。乃敢潛住京師，日與湯若望及各省解來之西洋人，朝夕往來，謀薦復官。聲言起官之後，誓必殺臣，風聞雖不足信，但查革職漢官，引嫌畏譏，從無久住京師之例。今敢留京，無忌其中，必有深謀。邪教金多，群居思報，臣之智力有限，安能察其隱微。日憂中傷，夜虞刺客。此臣之所以深畏，而不敢受職者二也。伏乞皇上鑒察。

奉旨：已有旨了。

第三不敢受職之畏疏

皇上殺欽天監五官，及流徙已死劉、賈二人之家屬而不赦者，以其用《洪範》五行而暗害國家也。率土之臣，見《洪範》五行，即宜力加排斥，始盡臣子之心。未有既知五官爲《洪範》五行而殺，而反欲用《洪範》五行者，蓋其心有所爲爾。臣未到監之先，選擇官持各家通書，稟三滿監臣，言各家通書，俱有《洪範》五行，不宜偏廢等語，滿監臣嚴叱其非。及臣到監之後，部劄行監，選蒞格格葬期。選擇官呈稱，宜將《洪範》五行參用，更爲合理，滿監臣塗抹其呈至再而後止，可謂只知有邪教，而不知有朝廷之法度矣。夫既對臣以《洪範》五行爲是，則是明斥臣之距《洪範》五行爲非。彼不但力斥臣，且敢力抗皇上，其心不過受邪教之主使，以臣不用《洪範》五行爲非，竟不思皇上不赦劉有泰諸人之爲是也。監員之立心行事如此，臣安敢與之同衙門，共事皇上哉？此臣之所以深畏而不敢受職者，三也。伏乞皇上鑒察。

奉旨：已有旨了。

第四不敢受職之畏疏

本年五月二十九日，臣隨滿漢諸監臣，上觀象臺考驗儀器，見湯若望之西洋日晷斜安八分。臣即言曰：「去年十二月初一日日食，用此斜晷以測時刻，曆科博士何雒書、馬惟龍安得不輸？」天文科博士李光宏應曰：「去年日食不在西洋日晷上測。」臣問：「在何處測？」答曰：「是在簡儀上測。」臣指簡儀問光宏曰：「簡儀是子在北、午在南，乃夜用之以測星者，豈可用以測日之時刻？」光宏答曰：「二百年來俱是如此測。」臣曰：「二百年來既用簡儀，上測星之赤道，何故於簡儀下之平盤，又立一子南午北之日晷？」諸臣看曰：「此是測時刻之日晷。」臣曰：「放着子南午北之日晷不用，豈有以簡儀夜測星之赤道，而測日時刻之理，二百年來之臺官，其不通不至此也。」光宏猶曰：「此是倒冲測法。」臣曰：「依你說夜時刻可倒冲日時刻，獨不思小寒節，太陽在赤道外二十一度，不曾躔入赤道，如何十二月之太陽，照得上簡儀之面。此話只好替湯若望欺欽差部院大臣，如何欺得我？你不是欺欽差，你是欺皇上。我明日奏過朝廷，請官與你測驗，便見誰是誰非。」光宏語塞，始曰要求指教。復於簡儀平水槽中注水，見簡儀斜側五分。夫儀既不正，即測天度星辰，盡皆不準，何況用之以測太陽？如此情形，率與邪教朋比爲姦，以欺天下。臣安能與之同衙門，共事皇上哉？此臣之所以深畏而不敢受職者，四也。伏乞皇上鑒察。

奉旨：已有旨了。

第五不敢受職之畏疏

臣惟皇上聖明，頒行大清一代之曆，革除邪教《新法》，復用堯舜舊法。不但山陬海澨之民，咸慶復見天日，即聲教所迄之國，莫不欣霑聖化。爲羲和之曆官者，宜何如歡躍，何如鼓舞，各展抱負，以報皇上復用其家學之恩。乃今首鼠兩端，心懷疑貳。見西洋人公然馳騁長安道中，揚揚得意，相傳湯若望不久復官，不敢出其所長，以得罪於若望。故全會交食七政、四餘之法者，託言廢業已久，一時溫習不起，止會一事者，又以不全會爲辭。目今考補春、夏、中、秋、冬五曆官，而曆科所送之題目，不以交食大題具呈，止送小題求試，意在暫圖陞擢，他日好以不全會推諉，無非欲將舊法故行錯謬，以爲《新法》留一恢復之地。是人只知若望之威之可懼，而不知皇上之命之當遵也。人心如此，臣寧不畏？此臣之所以深畏而不敢受職者，五也，伏乞皇上鑒察。

奉旨：已有旨了。

第六不敢受職之畏疏

皇上因星變地震，大赦天下，非爲湯若望一人而赦也。今民間訛傳，稱若望是眞聖人，其教是眞天主。故於若望將刑之時，天特爲之星變，地特爲之震動，朝廷遂不敢殺，乃全面生之，仍令其主天主之堂，可見眞聖人眞聖教之不可滅，有如此斯言也，豈天下國家之福哉？皇上之赦天下，不知生全幾萬千人，而人獨於若望之一身，貪天功爲己力，人心至此，可不大憂？小民不知大義，易爲邪言煽惑，此言一行，即傳天下，將見天下之人民，盡化爲邪教之羽翼。是臣以攻異端之法語，反爲邪教增重其聲價，臣之罪不可解矣。向盤踞京師者，止若望四人，今則群聚數十；向尚不知避忌，今知秘其機緘。金多可役鬼神，漢人甘爲線索，往來海上，暗通消息。若無有以關防之，實爲養虎自遺其患。從來天下之禍，常伏於其所忽。初以其根蒂之小也，不甚留意提防，及至毛羽既豐，一旦變作，不可撲滅，雖悔何追。自古至今，每每如斯。況其教以謀奪人之國爲主。查其實蹟，非止一端。其謀奪本國也，有耶穌正法之書像可考；其謀奪日本國也，有舶商之口可憑；其已奪呂宋國也，有故明南禮部臣沈漼之參疏可據。如此狼子野心之凶人，又有火器刀甲之銛猛，安可與之同中國哉？臣不但爲身懼，爲族懼，且爲天下懼，爲朝廷懼矣。此臣之所以深畏而不敢受職者，六也。伏乞皇上鑒察。

奉旨：已有旨了。

第七不敢受職之羞疏

臣聞有眞過人之學問，然後可以爲人之師表。無其學而充其位，人雖壓於勢而不肯心悦誠服，必有覆餗之患。臣無算曆之能，而儼然居於能算曆之官之上，對之能不自慚？或有錯誤，臣無術以正之，何以謝欽若之責？此臣之所以甚羞而不敢受職者，一也。伏乞皇上鑒察。

奉旨：已有旨了。

第八不敢受職之羞疏

臣惟曾以正論規諫人者，不敢自蹈其轍。明末武舉陳啓新，負斧鑕上五千言，授以吏科給事中。臣曾規正之，曰：人之情，不做官則敢作敢爲；一做官便瞻前顧後，科長若不受職，辦着一張鋒快嘴，說些民間利病的公道話，替朝廷治得天下，救得蒼生，自然名傳後世。科長如今做了官，不見有所建明，只學得保守紗帽，恐後來死得不好。臣著《正陽忠告》一書譏之。啓新後果被糾參提問，自投黄河而死。舉世皆笑啓新之愚，而稱臣言之是。今臣以不能算曆之夫，而濫受皇上欽天之職，將來必有如楊光先之人，來笑當年規正陳啓新之楊光先矣。臣雖靦顔偷生世上，死之日將何面目見陳啓新於地下哉？此臣之所以甚羞而不敢受職者，二也。臣有二甚可羞、六深可畏，安敢輕易受皇上之官，而不冒死以必辭耶？此臣之所以不避斧鉞，而叩閽之無已也。伏乞皇上鑒察。

奉旨：已有旨了。

又《五叩閽辭疏》 欽天監供事臣楊光先謹奏，爲天恩愈重，臣懼愈深，懇鑒微忱，收回成命事：

本年七月二十七日，吏禮二部取臣等供回奏。八月初五日奉旨：欽天監事務精微緊要，既稱於三月初二日地震之間，簡儀微陷閃裂，彼時何不即行具呈。經楊光先看見說出，始於六月十八日具呈請修。據此凡事俱草率因循，張其淳着降，楊光先着爲監正；張其淳着爲左監副，李光顯着爲右監副。欽此。竊照臣屢疏瀆聒，宸聽不以臣爲煩擾，置臣於法，反加臣爲監正，臣感皇上如天之恩，至於如此之極，而不覺繼之以泣也。但臣自

揣分量，實不敢一刻自安。臣聞人臣事君，進退以禮，辭受以義，祇有辭尊居卑，未有辭卑居尊者。臣蒙皇上授臣右監副，臣以學術未精，不能勝任，凡四叩閽疏辭。玆授臣以監正，臣即拜命，則臣前日之辭，是辭監副之卑；而今日之受，是受監正之尊矣。於卑則辭，而於尊則受，是臣止知躁進，而不知事君進退之禮，辭受之義，安望其能盡臣職哉。況看出簡儀傾倒者，乃滿監臣，而責令其具呈請修者，亦滿監臣也。臣不過於辭疏中，舉監員稽怠之習以入告。皇上以臣爲能，而加臣爲監正，是臣掠滿監臣之美，以得監正，臣能不自愧哉。臣又聞驟富貴者不祥。臣以無位布衣，一旦得六品之官，已犯驟貴之戒，尚未謝恩到任，又擢爲五品，視篆京堂，於驟之中而又加驟焉。天災人禍，將必隨之。臣以天道人事之理指人，而不自知吉凶之趨避，是懵於天道人事之理矣。以懵於天道人事之理之夫，豈可以爲欽天監之監正哉。此臣之所以深懼而必辭也。臣又考之史冊，上有大聖人之君下，然後有不受職之臣。故上有堯、舜，下有巢由；上有漢高、光武，下有四皓、嚴光；上有宋祖、明祖，下有陳摶、陳遇，是皆遭際聖君，故得遂其高尚。臣固不敢追踪前哲，實以堯、舜、高、光、宋明二祖仰望皇上。倘蒙皇上允臣所請，俾千秋萬歲後之人，頌皇上容一明人倫、尊聖學、闢邪教之楊光先，而不強之以職，則皇上聖神之名，駕越於堯、舜、高、光、宋明二祖之上矣。伏乞收回成命，准臣以布衣在監供事，庶臣無掠美之愧，而更鮮驟貴不祥之懼矣。字多逾格，仰祈鑒宥，爲此昧死叩閽。

康熙四年八月二十四日，奉差蝦交吏部議。本年九月十三日，吏部議得已經奉旨：楊光先着爲監正，其辭職緣由，相應不准。十四日奉旨：楊光先因知天文衙門一切事務，授爲監正，着即受職辦事，不得瀆辭。

蕭穆《敬孚類稿》卷一一《故前欽天監監正歙縣楊公神道表》 穆嘗恭讀世宗憲皇帝所錄《庭訓格言》，中有訓曰：「爾等惟知朕算術之精，卻不知我學算之故。朕幼時欽天監漢官與西洋人不睦，互相參劾，幾至大辟。楊光先、湯若望於午門外九卿前，當面賭測日影，奈九卿中無一知其法者。朕思己不知，焉能斷人之是非？因自憤而學焉。今凡八算之法，累輯成書，條分縷析，後之學此書，視此甚易，誰知朕當日苦心研究之難也。」穆既知聖祖仁皇帝之精算術，實由於此，因想楊公之爲人。今年夏，晤黟縣老友李君宗煝，談及楊公當日情事。因託遣人於歙縣楊氏，代求楊公所著之書。旋於楊公族裔孫某孝廉家得之。穆既得所錄副本，因念楊公之墓，年久不免荒蕪，復託李君他日會同孝廉，商爲修理。因略敘其生平事蹟，他日表於其阡。

公姓楊氏，諱光先，字長公，徽州歙縣人也。其世祖諱凝，字彥謐，明宣德五年進士。官至禮部尚書，調南京刑部尚書。嘗自敘前後戰功，乞世廕，子堣遂得新安衛副千戶，子孫遂世襲焉。傳世至公，乃讓職與弟光弼，孑身入京師，時爲崇禎十年也。時有山陽武舉人陳啟新者，崇禎九年詣闕上書，言天下三大病，捧疏跪正陽門三日，中官取以進，帝大喜，立擢吏科給事中，歷兵科左給事中。劉公宗周、詹公爾選等先後論之。公復劾其出身賤役及徇私納賄狀，帝悉不究。復經御史王公聚奎、倫公之楷，給事中姜公埰先後劾其溺職，及請託受賕、還鄉驕橫，併不忠不孝、大奸大詐狀，乃削籍下撫按追贓擬罪，啟新竟逃去不知所之。又中極殿大學士溫體仁，當國既久，劾者尤多，公復論之。至輿櫬待命，帝皆不省，每斥責言者以慰之，至有杖死者。而公卒以此遣戍遼左。然體仁亦旋以黨與奸狀，爲帝所悟，放歸。十六年冬，烈皇御經筵，求文武材，襄城伯李國楨以公對。上曰：「是舁櫬之楊光先乎？」遂懸大將軍印以待之。襄城遣人迎，未至而明已亡。先是崇禎元二年間，莊烈帝以欽天監推算不合天行，日食失驗，欲罪臺官。時禮部尚書徐光啟言臺官測候，本郭守敬法。元時當食不食，守敬且爾，無怪臺官之失占。臣聞曆久必差，宜及時修正。帝從其言，詔西洋人龍華民、鄧玉函等推算曆法，徐光啟爲監督。三年五月又徵日耳曼人湯若望、意大理人羅雅谷，襄授製器，演算諸法。入國朝順治元年夏，湯若望具疏將本年八月朔日食，明年正月望日食，照新法推步，京師所見虧蝕分秒，並起復方位圖象，與各省所見不同之數，繕冊進呈。七月復將所製渾天星球一架、地平日晷、窺遠鏡各一具，幷輿地屏圖一幅進呈，旋補授欽天監監正。自是十餘年，屢加恩擢用。十七年公入京抗疏，以西人耶穌會非中土聖人之教，且湯若望所造《時憲書》，其面上不當用上傳批「依西洋新法」五字，具呈禮部，不准。是年復召比利時人南懷仁來京，纂修曆法。

康熙三年七月，公復叩閽，進所著《摘謬論》一篇，摘若望新法十

謬；又《選擇議》一篇，摘若望選擇榮親王安葬日期，誤用《洪範》五行，下議政王等會議。四年三四月，議政王等逐款鞫問，及遵旨再議，湯若望等奉旨僅得罷職，旋以病死。聖祖特授公欽天監右監副，旋授監正，公以但知推步之理，不知推步之數，叩閽辭職，疏凡五上不准，乃輯前後所上書狀論疏，爲上下卷，名曰《不得已》。七年詔求直言，公條陳十款，多見採納。內逃一人一款，得免十家連坐之例，實自公發之。八年春二月，爲治理曆法南懷仁所劾，曆日差錯，得旨革職，旋蒙恩放歸，卒於途。

公歿後西人以重價購其書，悉爲焚毁，欲滅其跡。新城王文簡公士禛所撰《池北偶談》，曾記此書事，實西人復以計削去此條，且有改爲詆毁此書者，以故公此書及生平事實，後人罕有知音。嘉慶間吳門黃主事丕烈曾得此書，嘉定錢少詹事大昕、儀徵阮相國元，先後評跋。阮公復見初印本《池北偶談》，併採公所著《日食天象驗》篇，爲《疇人傳》。且推《摘謬十論》譏西法一月有三節氣之新、移寅宮箕三度入丑宮之新，則固明於推步者，所不能廢。錢公雖以公於步算非專家，亦深惜公無有力者助之，故終爲彼所詘。其詆耶穌異教，禁人傳習，爲大有功名教。近吳門葉君廷琯，嘗稱公少年已氣節觥觥如此，乃越三十年，時移世易，而剛直之性不渝，可謂豪傑之士。其書雖爲西人計燬，然迄今仍有傳本，而姓氏亦稱道弗衰。蓋其精誠固結，自有不可磨滅者在云云，皆能知公之深。穆乃恭記《庭訓格言》一則，並綜《明史》姜埰、溫體仁等傳及《東華錄》、康熙朝《徽州府志》、近世名人著述之可傳信者，檃括以表公阡，俾鄉之後進者詳焉。

教義部

景教分部

上帝天尊 阿羅訶

論　說

陽瑪諾《景教流行中國碑頌正詮·常然真寂》 景淨起詮天主之妙，曰眞者，蓋眞，天主之本德也。寂者，天主之本情也。常然者，恆永而無變也。

《聖經》每稱天主曰其眞實，厥言眞實，確宜篤信。又云，永永眞實，厥言恆固。又云眞實乃天主束儀，言約束吾人，無容妄動，主言爲眞實約，既發厥口，永永弗爽。伯鐸羅宗徒語其徒曰，汝未入聖教前，攸奉神悉僞妄。既入後易心，從眞實主。奧斯定聖人曰，眞與妄，如光與暗，直與曲，弗信天主聖言之眞者，如求光於暗，求直於曲，其將能乎。天主之知全知，因無欺於己，其善全善。因無欺於人，是乃其眞實之繇。人既信天主惟眞，斯信厥敎並眞，從事尤易。

恆行恆寂，又惟天主。厥御萬有，若际微蟲，靡有能棼厥寂。雅各伯宗徒曰，天主無變動，併無微影變動。經紀天主曰，惟吾眞實，惟吾無變。聖人謂天主猶石柱砥江流，厥流弗息，或越柱，或方逮柱，或猶未底柱，惟柱恆寂弗動，世物於天主亦然。

或疑天主因厥人有罪，怒欲加罰，厥人既悔，天主息怒旋宥，曷云蔑變。曰，非然。天主自無始之始，早見厥人罪，即自無始之始，並早見厥人悔。怒罰，矜宥，無始悉定，未之少易。第厥人攸爲有先後，而天主應隨之現耳。可悟人爲之變，主自無變。

又《先先而无元》 无元者，天主無始之始也。是妙惟天主自有，厥妙靡窮，略徵於物，如天神性，洎人性，亦肖天主之靈，第厥無始之始，縱天神蔑有，矧人於物乎。經曰，天主萬物始，是也。奧斯定聖人詮曰，物有三倫。下倫有始有終，如草木，禽獸，魚蟲之屬，以逮人之形軀，斯厥存時，謂曰流時。不免先後，修短，久暫之殊。中倫有始靡終，如天神以逮人之靈性，厥存謂曰永存弗敝，縱無先後修短久暫之殊，第厥始既受賦於天主，是厥存滅，蔑弗繇主。上倫蔑始蔑終，厥存弗第靡先後，修短，久暫之殊，更蔑他物獲敝厥存，斯惟屬天主自存，是厥存也，全體渾焉，純一靡竟，永恆蔑限，絕無往來現在之別，洎出入加減之分，永自成一。

又《窅然靈虛》 詮天主之知。窅，深也。虛，純無錯雜也。言天主之靈，靡所弗知，自徹厥體，蔑始蔑終蔑量，幷徹厥化萬物之諸蘊。斯天主之至靈，人非下質，疇容疑貳。昔有矇者曰，主座高遠，詎獲覩知人事。經責之云，斯狂人言哉。天主生人，俾克覩聞，已顧弗克覩聞。生人俾厥克知，已顧弗克知。藉厥蔑知，烏克經造萬有，而護存。而賞罰各盡，而救持災患，聆人禱祈，悉遂之。今人奉神，弗辨眞僞，即推以至靈，恪稟莫違，獨萬物眞主而疑之乎。藉厥蔑知，罔殊盲聾，胡爲天主。奧斯定聖人曰，凡悖理之念，莫甚於認有眞主，藐若冥頑。則既爲天主，靡所弗知。信矣。

聖人譬吾人智，如人坐平地，止覩目前，天主智，如登崇臺，弗界邇遐，一覽悉具。物之流勢，有已往未來現在之判。天主至知，恆一現今，永蔑判別。聖人又解天主之精知曰，吾人之知，有時倦息差謬，莫能一覽洞物之情。必先知其一，漸測其二。繇物之固然，因推其所以然。弗免勞思焦心。主之精知，無時停息，無不昭視。凡人念慮語言行事，皆在其目，了無暗冥怠忘差謬，因能準人善惡之賞懲。其昭視也，安安而無微勞，無少倦，一炤而物之當然，及所以然，了然洞徹，弗慮微謬。

又《後後而妙有》 右晰蔑始者，惟一天主爲萬有先先。斯晰蔑終者，惟一天主自爲萬有後後矣。厥性自有，靡他倚賴，永永恆有，絕異萬有之有，謂爲妙有，性家攸論，弗係於物以始，即弗係於物以存。靡物獲

竟厥終，斯理至昭，罔勞苦索。

又《總玄樞而造化》 斯示吾人宜信，天主以厥全能，於全無化有萬有，萬有胥應命立顯。經曰，天主發命，萬有咸出。順命而顯，弗延須臾。既晰天主爲萬物主，斯晰萬物莫之違矣。

或疑全無曷能生有。祭利聖人曰，物未有前，無物則全無者，厥本名也。斯地無草木昆蟲諸物，惟全無獲稱。克造物者非人非神，第天主全能俾萬有出於全無，斯謂總玄樞而造化萬有。

又《妙衆聖以元尊》 妙，美飾也。元尊，天主貴體也。既信天主全能，厥始生物於全無，各俾本性諸恩，斯可信厥性至尊莫尙，備美諸聖，凡諸聖人超性明德，蔑弗繇之。葆祿聖徒抑傲者曰，爾形神攸受恩，咸天主授爾。爾宜俯謝，弗得自驕，妄云繇已，宜法古聖識已貧乏曰，吾善悉天主寵，吾行善惟主導，吾言善惟主啓，吾念善惟主興。主聖祐先予偕予隨予，予乃善。

楊榮鋕《景教碑文紀事考正》卷二《其惟我三一妙身無元真主阿羅訶歟》 阿羅訶者，希伯來音，乃猶太人稱造化主之名。今開封府猶太人之禮拜古寺，壁上所書之聖誡，如請其人讀出，即聞耶和華阿羅軒之音。查景經中古先賢用以稱上帝者共有五名。凡欲稱獨一至尊之主，則曰阿羅訶，今譯上帝。其一名阿羅軒，譯即昊然絕大神力，古聖稱造化主之名，用此如太初之時，阿羅軒創造天地者（亦譯上帝）。其一名阿羅，譯大權者。一名羅訶，譯神。已上四名皆猶太古人尊稱者，故其所指則有變動之處，如羅訶之名，亦有作烈風元氣用者，阿羅之名亦有作疾威用者。阿羅軒之名亦有作士師乃崇高可畏用者。惟阿羅訶之名，乃一位之名，故無變動。其一名則爲耶和華，譯自有者。此名非人所尊，乃上帝訓示，關乎敬褻，故猶太人敬畏特甚，凡稱此名，愼之又愼，是以絕無變動。景教入大秦，秦人可以不譯。傳入中國，阿羅本諒必難譯。天主教入中國，費盡唇舌，教皇定譯天主。耶穌教會入中國，有譯上帝者，爲麥氏等譯本，本書所引之經文即此本也。有譯神者，爲長老會譯本。爲譯此名，論辨不休。主上帝者，據昊天至尊獨一之主之義而言。譯神者，據受拜之總名造化之本義而言。卒至一教之經分爲兩本，使阿羅本、景淨有知，當曰無論譯天主、譯上帝、譯眞神，皆不能正對，誠如此艱苦，無寧不譯之爲愈也。

又卷二《粤若常然真寂先先而無元》 昔景淨等欲立碑以紀景教流行中國之盛，故必先敍明景教所自出之原。欲推其原，必自阿羅訶神性始，常然，亘古如斯也。此言上帝性體，自然而有，永生常在之意。其義散見景教經中，不可枚舉。姑錄數節以明之。按《出埃及記》三章，記上帝命摩西救以色列族之時，摩西對曰：若以色列族問我阿羅訶何名，將奚以對。上帝曰：我自有恆有。爾當告以色列族曰：自有者遣我。又曰：爾必告以色列族，遣爾者乃其祖所事之上帝，即亞伯拉罕之阿羅訶，以撒之阿羅訶，雅各之阿羅訶，耶和華是。此我恆久之名，歷世爲誌。又景本經《提摩太前書》六章文曰：惟彼永生，處於光明，衆不能至，人所未見，亦不得見。願尊榮權力，歸之永世靡暨。凡此經文，即景淨所謂常然者。愼毋作佛典常然解，緣彼乃空常然，此乃實常然，字同而義異。景淨無文可用，故特假借其文耳。眞寂者，景淨假此文以明上帝無形之妙體，義出古經《約伯記》二十三章，文云：乃趨之於前，而彼不見。索之於後，而彼不在。意其匿於左，而不能遇。意其隱於右而不克覿。我之行爲，彼實鑒察。此即景淨所謂眞寂者，原是一位無形無像，鑒察隱微之神。莫作佛典妙空觀也。上先，先後之先。下先，未始有物之先，元始也。義出古經《以賽亞書》四十三章，文曰：在我之先，在我之後，無他上帝，惟我爲耶和華，我外無他救主。又見古《詩篇》九十章，文曰：主爲吾人所歸依，萬古不易兮。山崗未爲爾所立，寰宇未爲爾所造。自亘古迄叔季，爾爲上帝，無始無終兮。此即景淨之所謂先先而無元者。

又《窅然靈虛後後而妙有》 景淨假此文以明上帝神妙不測，貫通萬有之意，實亦不與老佛同道也。窅然之義，原出古經《約伯記》十一章，文曰：大哉上帝之智乎，雖上窮碧落，下及黃泉，周行陸地，偏歷滄海，亦終莫之能測。又三十七章文曰：全能之主，妙不可測，巨能至義，一秉大公，待人無偏，雖智者亦有所不知，故人當寅畏焉。又古《詩篇》一百四十五章文曰：耶和華至大，神妙莫測，當贊美不已兮。又本經《羅馬書》十一章文曰：奧哉上帝，何智慧之大乎。其法不可測，其蹤不可追。凡此諸經，即景淨所謂窅然者。惟靈故無所不知，惟虛故無所不在。義出《詩篇》一百三十九篇文云：耶和華兮，爾監察予兮，我或坐或起，或寢或興，爾知之稔兮。念慮未萌，爾知之久兮。我之步履，爾察之詳兮。耶

和華兮，我之言詞，爾無不悉兮。在前在後，違我不遠。恆撫予兮，斯道奧妙。巍巍無上，我不能及兮。爾之神無所不在，余安能避之，無乎不有，余安能逃之兮。如上升於穹蒼，爾居於彼。如長眠於地下，爾亦在彼兮。又古經《耶利米書》二十三章文曰：我爲上帝，無間遐邇，人能退藏於密，使我不見乎，我豈不能充塞乎天地哉。此即景淨所謂靈虛者。上後先後之後，下後天地萬物既成之後。有者，舉凡天地之間，有形無形，有色無色，有情無情，凡可以名名之者，皆曰有。妙者，異形異性，異性異宜。人有官，物有曲，水潤下，火炎上，風有涼，日有暄，無論天地日月，風雲雷雨，山川湖海，金石草木，飛潛動植，各有其性，各呈其才，燦陳於大氣之中，其用無窮，不可思議。此即所謂妙也。原其義之所出，則古經《以賽亞書》四十章文云：夫耶和華永生之上帝，創造地極者也，爾豈未之知，未之聞耶。其力不疲，其智莫測，是其義也。

綜　述

《序聽迷詩所經》　爾時彌師訶說天尊序娑（婆）法云：異見多少？誰能說經義難息事？誰能說天尊在後顯何在？停止在處其何？諸佛及非人、平章天、阿羅漢（漢）、誰（雖）見天尊，在於衆生，無人得見天尊。何人有威得見天尊？爲此，天尊顏容似風。何人得見風？天尊不盈少時，巡曆世間居編（偏）。爲此，人人居帶天尊氣，始得存活，然始得在家安至心意到，日出日沒已來居見，想心去處皆到。明在明樂靜度。安居在天。皆諸佛爲此風流轉，世間風流無處不到。天尊常在靜度快樂之處，果報無處不到。世間人等誰知風動？唯只聞聲顛（韻），一不見形，無人識得顏容端正若爲，非黄、非白、非碧。亦無人知風居強之處。天尊自有神威，住在一處，所住之（處）無人捉得。亦無死生，亦無麗娑相値所。造天地已求（來），不曾在世間無神威力，每受長樂仙緣。人急之時，每稱佛名。多有無知之人，喚神比天尊之類，亦緽（喚）作旨尊旨樂。人人鄉俗語舌。我別天尊，多常在，每信每居，天尊與人意智不少，誰報佛慈恩？計合思量明知罪惡不習天通，爲神力畜養人身到大，亦合衆生等思量。所在人身命器息，總是天尊使其然。衆生皆有流轉，關身住在地洛，爲此變造微塵。所有衆生皆發善心。自紀思量，生皆死，衆生悉委。衆生身命爲風，無活，臨命之時，風離衆生。心意無風，爲風存活。風離衆生，有去留之時。人何因不見風去？風顏色若爲？若緋若綠及別色。據此不見風若爲。衆生即道：「天尊在何處」？衆生優「復」道：「何因不見天尊」？何因衆生在於罪中？自於見天尊。天尊不同人身，復誰能見？衆生無人敢近天尊。善福善緣衆生，然始得見天尊。世間元不見天尊，若爲得識衆生自不見天（尊）。爲自修福，然不隨惡道地獄，即得天（道，）得如有惡業衆，隨落惡道，不見明果，亦不見天道。衆生等好自思量，天地上大大，諸惡衆生，事養者勤，心爲國多，得賜官職，並賜雜菜（采，）無量無量。如有衆生不事天大，諸惡及不取進止，不得官職，亦無賜償，即配徒流，即配處死。此即不是天大，諸惡自由至。爲先身緣業種，果團圓（圃園）犯有（罪。）衆生先須想自身果報，天尊受許辛苦，始立衆生，衆生理佛不遠，立人身自專。善有善福。惡有惡緣。無知衆生遂（造）泥木駞衆牛驢馬等。衆生雖造形容，不能與命。衆生有智自量，緣果所有具見，亦復自知，並即是實。爲此，今世有多有衆生，遂自作衆衆作士，此事等皆天尊，遂不能與命俱。衆生自被誑惑，乃將金造像、銀神像及銅像，並泥神像及木神像，更作衆衆諸畜產。造人似人，造馬似馬，造牛似牛，造驢似驢，唯不能行動，亦不語話，亦不吃食，（無）息無肉，無皮，無器，無骨。令一切由緒不爲具說，一切（由）緒內略，説少見多。爲諸人說，遣知好惡。遂將飲食，多中嘗少，即如何食，有氣味無氣味。但事天尊之人爲說經義，並作此經，一切事由大有歎（難）處，多有事節由緒少。但事天尊人，及說天義，有人怕天尊法，自行善心，反自作好，並諫人好，此人即是受天尊教，受天尊戒。人常作惡，及教他人惡，此人不受天尊教，突墮惡道，命屬閻羅王。有人受天尊教，常道我受戒，教人受戒。人合怕天尊，每日諫誤一切衆生皆各怕天尊，並綰攝諸衆生死活，管帶綰攝渾神。

《大秦景教大聖通真歸法贊》　敬禮大聖慈父阿羅訶，皎皎玉容如日月，巍巍功德超凡聖，德音妙義若金鐸。法慈廣被億萬生，衆靈昧卻一切性，身被萬毒失本眞。惟我大聖法皇，高居無等法界，聖慈照入爲灰塵，

驅除魔鬼爲(巳)[民]障，百道妙治存平仁。我今大聖慈父，能以慧力救此億兆(巳)[民]。聖衆神感超海法，使我瞻拜心安誠。一切善衆普尊奉，同歸大法乘天輪，敬禮瑜罕難法王位下，以次誦天寶藏經，多惠聖王經，阿(思)[恩]瞿利律經。《大秦景教大聖通眞歸法贊》一卷，沙州大秦寺法徒索元定傳寫教讀，開元八年五月二日。

天尊 見上帝

景净《大秦景教流行中國碑頌並序》 粤若常然眞寂，先先而無元，窅然靈虛，後後而妙有，摠玄樞而造化，妙衆聖以元尊者，其唯我三一妙身，無元眞主阿羅訶歟！

阿羅訶 見上帝

上帝

論說

陽瑪諾《景教流行中國碑頌正詮・鼓元風而生二氣》 鼓，動也。元風者，萬物未分之前，其元料。中史所謂渾淪是也。經記，天主厥始，將造萬物。最先造天，次造水地二行。用之而鑄形有之萬有。二氣者，中儒所謂陰陽是也。氣居空際，分上中下。上分逼日故熱，下分返炤亦熱，中分遠於上下故冷。因其雖本特一，原蔑能二，但因含熱冷二情，有二氣，有陰陽之稱。

又《暗空易而天地開日月運而晝夜作匠成萬物》 時始蔑光，天地蒙昧。天主生光，易晦成昭，乾坤乃曜。古昔天主默啓古聖每瑟，命紀剏闢，貽示來茲。厥典備載天地物始，洎歷代人族統系。茲譯本《寰有詮》，《寰宇始末》、《萬物眞原》等書，悉準聖典，業詳厥概，茲弗贅。

楊榮鋕《景教碑文紀事考正》卷二《摠玄樞而造化》 此文景淨用以發明上帝肇造三才，宰制萬有，覆育群倫之意。摠，摠攬。玄，天樞制動之主也。天樞，北辰也。《論語》爲政以德，譬如北辰，居其所而衆星共之，此言上帝摠攬宸綱，轉坤旋乾之力，義出古經《約百記》三十八章，文云：誰繫昴結解參帶，引十二宮，躔度不差，轉斗柄旋衆星乎？又二十六章文云：主陳北極於淸虛，懸大地於無物。是即摠玄樞之義矣。造者，發號施令之謂，非由無生有也。此道爲萬世理學之根宗，最關緊要。誠能於此關頭，理會淸楚，自可免諸異端煽惑，爲幸不淺。何以言之，儒者曰：《易》有太極，是生兩儀。是以太極分爲陰陽，陰陽化爲萬物也。佛者曰：色即是空，空即是色。色不異空，空不異色。是以空幻而爲色，色化而爲空。其實一也。老子曰：天地萬物生於有，有生於無。是道物一體也。巴比倫、印度、波斯、埃及中古理學之説，類皆如此，惟眞道不然。昔摩西蒙上帝現示尊名，曰耶和華，譯華文而爲自有者，惟自有惟能有萬有，宰萬有，貫萬有。則景教傳上帝造物之道，猶人之胸藏萬卷，發而爲錦繡文章，究其實，人自爲人，文自爲文，非若各教之以人化爲文也。斯義也，詳載景古經《創世記》第一章。【略】按此經記上帝造物之道，明明上帝自上帝，萬物自萬物，非上帝散而爲天地萬物也。其與各教之不同者如此，是則造命者與受命者迥不相侔。若乃貳心於天地六宗山川百神，諸天諸佛，天尊道祖，聖母宗徒者，其是非得失，不待辨而自明矣。化者，化化無窮之謂，非化而爲無也。

又《暗空易而天地開日月運而晝夜作匠成萬物然立初人別賜良和令鎮化海》 此言開闢天地之事也。暗空者，即《創世記》文：淵際晦冥之象。易者謂上帝之神煦育乎水面，上帝布命發光，然後暗空之景易，爲晝夜之象，故言天地開也。天地開者，謂上帝命有蒼穹也。迨上帝再命地球爆出大山，而天下諸水匯歸一區而成今日之大洋。於是空氣益淸，見日月運而有晝夜也。然此時所見之日月星辰，仍是太初之時上帝所造耳。自人觀之，見日月之大小皆同，而《創世記》文云：上帝造二耿光，大以理晝，小以理夜也。匠成萬物然立初人者，謂《創世記》所記上帝於第一週造光。第二週造蒼穹。三週造水陸草木。四週造日月定四時。五週造水族

暨飛禽。六週造走獸萬物皆備，然後乃造人。如是是之謂匠成萬物立初人。而所謂匠成者，謂萬物皆由上帝智慧全能仁愛之善命作成，並非偶然無心而幻化也。初人者，謂世間初有男女二人，萬國皆同一祖也。別賜良和者，謂良和異乎天上地下，人間萬物乃上帝特賜，以爲萬物之靈者，即《創世記》文所謂，遂造人維肖乎己象上帝像者，是乃萬物之所無，惟人所獨有，故曰別賜良（和），良知和中和然，此乃先天之太和，非喜怒哀樂發而中節之中和，緣此時止有喜樂之情，未生哀怒之性也。化海，未詳。據景經當指世界而言也。《創世記》文云：遂造人維肖乎己象上帝像，造男亦造女，且祝之曰：生育衆多，昌熾於地，而治理之以統轄乎。海魚飛鳥及地昆蟲，亦以治理乎地。此即景凈令鎮化海之義歟。

又《或空有以淪二》　此言佛道空萬有，沒造化爲魔道也。空，本無也。有，天地萬物也。淪，埋沒也。二，陰陽也。景凈等既以陰陽爲上帝造化之法，故謂佛道萬物由妄而有之說，爲淪沒造化之魔道也。景凈等曷爲以佛氏證空之說爲魔道也。據耶和華之尊名而云然也，夫自有者，實有也。惟實有方能造萬有，自有、實有、萬有、眞有，不得謂之空。謂之空者，猶人坐享祖父成業，而謂乃祖乃父實無其人，廣廈良田，家資物產，悉屬虛幻，豈理也哉。匪惟不得謂之空，更不得謂之自然而有，即一毫一髮之微，亦必爲上帝全智全能之大命作成。

綜述

《一神（天）論・一天論第一》　問曰：「人是何物作？」答曰：「有可見無可見，何（可）在（有）作，何（可）無作。有可見則是天下從四色物作——地、水、火、風、神力作。」問曰：「有何四色作也？」答曰：「天下無一物不作，一神亦無一物不作，一神亦無在天下，無求請天下。譬如作舍，先求請作舍人處。求情此，並一神所舉意即成。如憐一切衆生，見在天下，憐敏畜生，一神分明見。天地并一神所作，由此處分。神力意度如風，不是宍（肉）身亦神識，人眼不見少許。神力所遣，神力所喚，物當得知。餘物何處好不作，是何彼相玆。大有萬物安置一神。舉天下共神力。畜生蟲鹿不解言語。無意智所以因此。若箇萬物二共一三共二不相似。一一天下不可見。是（以）人疑心中思餘神。彼相分明萬物作。更有神彼相誰不分明作萬物。因此餘神彼相。不分明萬物作。所以可見萬物亦無可見萬物。向盡兩種。一人作分明。譬人有兩種。一種不可言得。一不可言得。一不可言得。未有兩種神誰作此人物。亦不言誰得。天下由此兩種神理別。一神作兩種。安置一神。亦兩種二天下作也。一個天下。譬如身合神識。更第二天地。似彼天下共魂魄。合天下誰共。身合有盡共。魂魄合常住無損傷，譬如魂魄不滅。神力種性，人魂魄還即轉動。魂魄神識是五蔭所作。亦悉見，亦悉聞，亦言語，亦動。魂魄種性，無肉眼不見，無肉手不作，無肉腳不行。譬如一與二兩相須，日與火二同一性。由此知日中能出火，一物別性。日不然（燃），自光而自明。火然（燃）自光，不（非）柴草不得自明，故知火無自光。譬如日火同一性，日自然（燃）有明，火非柴草不能得明。猶此神力，能別同而同。別異而以（似）。此神力不用人力，自然成就，皆是一神之力。喻如魂魄五蔭不得成就。此魂魄不得五蔭故不能成。既無別作神。因此故。當得五蔭手。然後天下常住不滅。萬物莫不（成）就。由如魂魄執著。五味如五蔭。爲尺下魂魄美味。魂魄知彼相似。譬如說言。魂魄在身。上如地中麥苗在（而）後生生子。五蔭共魂魄。亦言麥苗生子。種子上能生苗。苗子亦各固自然生。不求糞水。若以刈竟麥入窖。即不藉糞水。暖風出。如魂魄在身。不求覓食飲。亦不須衣服。若天地滅時，刼更生時，魂魄還歸五蔭身來，自然具足，更不求覓衣食，常住快樂，神通遊戲，不切物資身。喻如飛仙快樂，若快樂身遊戲，彼天下快樂亦如魂魄游在身上快樂。彼魂魄如容（客）在天下快樂處，於此天下五蔭身共作容（客），同快樂於彼天下。喻如魂魄作容（客）此天下。亦是五蔭身。此天下作容（客）。魂魄彼天下無憂快樂。爲是天尊神力使然。如前（說）魂魄於身上氣味。天尊敬重。一切萬物分明見。天下須報償。如魂魄向依。魂魄共（五）蔭作客主。天下常住。䆀（覓）魂魄何許富在。前借貸五蔭誰貧。彼此勿疑。若五蔭貧不能償債。如魂魄富飽貨債與五陰。五蔭若貧魂魄富飽。因此無疑不能償債。得此說言。五蔭貧魂魄富飽。亦無別計眞實。所以五蔭總是泥土。魂魄少許。似身兩共五蔭共魂魄自一身。神知若知。亦無此天下

知。雖兩共先此處知亦彼天下知。更在後。亦如在。亦如在先作。胎中不住。所以知在先母胎中生。如此聞。須作者此天下。彼處作在後生時此天下。如是此天下生亦不生常住此處。爲如此生能修善種果報。彼天下須者。皆得在先此天下種於後去。彼天下是何處。此處。須母胎。即預作若個萬物。彼天下須。（此）天下須在前。此間須作分明宣說。但天下明，須眼所看之處，並須明見；亦有無量種語聲音，亦須耳明聽；無量種香，亦須鼻嗅香分明；無量種食，亦須口嘗其味；無量種作，須手自作：此五蔭說言，非此處作，是母胎中作，若忽然有此五蔭，少一不具足。母胎中出。如天下人盡皆是母胎中所作。餘處不能作。若見此處作。可作母胎中作。如彼天下須者。此間合作。此間若不合作。至彼處亦不能作。一切功德須此處作。不是彼處作。莫跪拜鬼。此處作功德。不是彼處。一神處分莫違。願此處得作。彼處不得作。喻如作功德，先須比處作。不是彼處。布施與他物功德，此處施得，彼處雖施亦不得。發心須寬大，不得窄小。即得作寬；此處得作，彼處作不得。以此思量；毒心，惡意，怨酬，憎嫉物，須除卻。此處除可得，彼處除不可得。身心淨潔，恭敬禮拜，不犯戒行：此處作得，彼處作不得。至心禮拜天尊，一切罪業皆得除免：此處禮（拜）得，彼處禮（拜）不得。若有此天下去人。於此處種果報得具足。彼處雖種不得具足。於彼天下唯見快樂。亦不見阿誰。一神自聖化神。自聖化神力作在先。安置天下，然後彼天下去。須解無便宜。辛苦處於人一切於自家。辛苦處不覓功德。此大如（恕）人在先。知天尊誰置。唯事一神天尊。禮拜一神。一取一神進止。不是此意知。功德不是。餘處功德。此處功德不是。功德處，喻如人作舍，預前作基腳，先須牢固安置。若基腳不牢固，舍即不成。喻如欲作功德，先修行具戒備足，亦須知一神安置。人皆須禮拜，須領一神恩，然後更別作功德。此是言語贊歎功德。亦不是餘功德亦須知。喻如說言，須作好善意。智裏天尊何誰，別在功德處。不勤心時，如似人無意智欲作舍。基腳不著地。被風懸吹將去。如舍腳牢，風亦不能懸吹得。如功德無天尊證，即不成就。若人欲得見見（現）一神，自身清淨心見。盡須如是思量。如五蔭有無量筋（筋）脈。一一各不相似。五蔭身及魂魄一是自在。一切筋筋（脈）是處相固。於一切天下有數種。一與二皆須似一神。一共彼總一神所作。養育成就。皆須禮拜自言。常（住）不滅時節。總受處分。亦是春秋迎代。寒暑往來。四時成歲。將兼日夜。相添足浹辰。還緣一神賢聖智惠自然。常定無虧無盈。喻如善響自在故自然還自應。一神圓滿自在。故自然清教具足。勝於諸天子。衆人緣人聞有怨家。惡魔鬼迷或（惑）。令耳聾眼瞎不得聞戒行。衆人先自緣善神。先自有善業。爲是愚癡緣（人）破惡魔迷惑。未得曉中事。喻如人自抄錄善惡。人還自迷惑不覺悟。不知神之福祚。乃如四足畜生。以是等故。心同四足。故難爲解說。難得解脫。而無分別。是知四足之等緣無識解。不解禮敬一神。亦不解祠祭。惡魔等與惡魔相遠（逐）使人迷惑。惡入惡怨家。無過惡魔等。但有愚人皆是惡魔等迷惑使墮惡道。以是因緣此人聞（間）怨家，莫過惡魔迷惑人，故使有癡騃在於木石之上看神名字；以是故說：惡魔名爲是人間怨家。是以須知名字爲人論，使人知善惡淺深。若人不解思量者，還是緣惡魔迷惑，不能修善；以是亦須思惡魔。若人能靜惡魔，使逐（遂）覺悟，其惡魔亦如天上飛仙等同一種。以是自用惡故，回向惡道。喻如愚癡人，亦背善緣，自用惡故，轉口便思惡見，緣惡見。故此人即是一神及諸衆生等惡怨家無異，便遂飄落，離於大處。緣神惡故，非獨一身不離三界，亦出離衆善眷屬，因即名惡魔鬼；改名娑多那。喻如胡號名惡魔。以是故惡魔［以是故魔］等同一字。亦如惡魔有回向惡道。亦如迷惑衆人回向惡。愚癡（人）皆緣惡魔迷惑。故回心向惡者。名字同鬼。亦如魍魎。並皆回向惡道。遂便出離於天堂。天下惡所是其住處。依其神住。說言惡風還在天下。惡行還如魔。是人間怨家。樂著惡處住者。然其下處惡中最大號名參怒，自外次第號爲鬼也。然此鬼等即與惡魔離天堂，其明同歸惡道。緣參怒常設數種惡方便，迷惑衆人，故使其然也。惡魔嫉妒衆人爲善，以是緣不令人尊敬一（神）故；惡魔專思爲惡，故還欲迷惑衆生人，使墮惡道。以是惡魔迷惑故，愚癡人等無心尊敬一神，信邪倒見。故先墮三惡道中惡魔鬼中，後於天下生人間，邊地下賤中生。以是一願成劫，萬劫法恆常住，永無異時。無惡魔緣惡雖（唯）見惡爲思惡，故（故）惡中將向惡處。但四天下常令念善願成好者，一（神）是也。四天下思惡，迷惑衆人，使墮惡道者惡魔也。是故一神始末願總成聖。

又《喻（論）第二》 萬物見一神。一切萬物既是一神一切所作，若

見所作，若見所作之物，亦共見一神不別。以此故知一切萬物並是一神所作。可見者，不可見者，並是一神所造。之時當今，現見一神所造之物，故能安天立地，至今不變。天無柱支托，若非一神所爲，何因而得久立不從上落？此乃一神術妙之力。若不（是）一神所爲，誰能永久住持不落？以此言之，知是一神之力，故天得獨立。以譬喻則知一神神妙之力。既是神力，故知天無梁柱，天（亦）得獨立。天既無梁柱托獨立，則知天不獨立，一神力爲此，則若可見天梁天柱。則知一神之力不須梁柱牆壁。人見在（無）天地安置處，人亦無安置處，因此道是無安置處。安置爲是水上安置。水何處安置？風上安置。爾許時不崩不落，轉運萬事，不見一物，但有神力，使一切物，皆得如願。譬如人射箭，唯見箭落，不見射人。雖不見射人，之箭不能自來，必有人射。故知天地一神任力，不崩不壞。由神力故能得久立，雖不見持捉者，必有以神妙捉者。譬如射人力既盡箭便落地，若神力不任，天地必壞；由是神力，天地不敗，故天地并是一神之力。天不墮落，故知一神妙力不可窮盡。其神力無餘神。唯獨一神既有，不見亦有二見。譬如左右兩手兩腳，或前或後，或上或下，相似不別。又如一神一機內出一神斟酌因此而言（因此斟酌）。故知無左無右，無前無後，無上無下，一神共捉一個物，無第二亦無第三。不可作得，亦無作師，亦無捉人，亦無作人。見一神住立天地，不見捉天地，而能養活一切衆生，則是可見。譬如一個舍，一個主人。身一魂魄。若舍饒主，則舍不得好。一人身饒魂魄，則人不得爲善。故人魂魄無二，亦無三。譬如一個舍，一舍主，無兩主，亦無三。天地唯有一神，更無二，亦無三。一神在天地不可（見，）亦如魂魄在人身，人眼不可見。魂魄在身既無可執見，亦如（一神在）天下不可見。魂魄在身，人皆情願執見；大智之聖等虛空，不可執。唯一神遍滿一切處，將魂魄在身中自擅意亦如此。天下有一神在天堂無接界；總是一神亦不在一處，亦不執著一處，亦無接界一處，兩處，第一第二時節可接界處。喻如從此至波斯，亦如從波斯至拂林，無接界時節，如聖主風化見今，從此無接界，亦不起作，第一第二亦復不得。此一神因此（因此一神）既無接界亦無起作；一切所有天下亦無接界，亦無起作，亦無住所，亦無時節；不可問，亦非問能知。一神何處在？一神所在無接界，亦無起作。一神不可問何時作（何）時起，亦不可問得，亦非問所得。常住不滅，常滅不住。一神所在，在於一切萬物常住。一神無起作，常住無盡。（一神）所在處亦常尊在，無（見）亦常尊在。一神作經律亦無別異，自聖亦無盡，天下無者天尊作，天尊處。天下有者並可見，亦有無可見。譬如見魂魄，人不可得見；有可見欲，似人神識，一切人見二種，俱同一根。喻如一個根共兩種苗。譬如一人共魂魄並神識共成一人。若人（無）身不具足；人無魂魄，人亦不具足；人無神識亦不具足。天下所見獨自無具足；天無可見獨自亦具足。天下在兩種一根。若有人問：有何方萬物一神（作）知？又不見者何在？如此語：此萬物不能見者天下在，如一神所使者；如許個數幾許多人起作，天下萬盡一四色。

景净《大秦景教流行中國碑頌並序》　粤若常然眞寂，先先而無元，窅然靈虛，後後而妙有，摠玄樞而造化，妙衆聖以元尊者，其唯我三一妙身，無元眞主阿羅訶歟？判十字以定四方，鼓元風而生二氣，暗空易而天地開，日月運而晝夜作，匠成萬物，然立初人，別賜良和，令鎮化海，渾元之性，虛而不盈，素蕩之心，本無希嗜。

基督 彌施訶

論說

陽瑪諾《景教流行中國碑頌正詮・三一分身》　三一分身者，乃天主第二位也，彌施訶，吾主聖號也。譯言天主先許降生救世主也。此乃天主三位之一，第二位聖子。爲昔人攸望降來救世之主。

楊榮鋕《景教碑文紀事考正》卷二　至寫景本經時，希利尼文已盛行於亞細亞之西，歐羅巴之南，非利亞之北，故諸使徒所讀之古經，多是希利尼文。是以寫本經時，廿七卷俱用希利尼文。故凡稱彌施訶處，皆曰基督。基督者，希利尼音譯曰傅油，與希伯來音彌施訶同義。【略】彌賽亞，蓋言基督也，然則彌施訶基督，既爲沐膏之意，而以爲景尊之號，奈何曰

有故。昔猶太古禮，凡立祭司國君，皆有先知奉上帝命以角盛香油，傅於祭司長或國君之首，是爲行彌施訶禮。其義即奉天受命之表。久之，此禮此名遂作天立受命受封之辞，譬之中國科場中簪花之名義一式。景尊者，乃上帝以聖神封立爲萬邦之救者，故稱彌施訶基督也。

錢恂《景教流行中國碑跋》（存目）

綜　述

《序聽迷詩所經》衆生背面作惡，遂背天尊。天尊見衆生如此，憐愍不少，諫作好不依。天尊當使涼風向一童女，名爲末艷（馬利亞）。涼風即入末艷腹內，依天尊教，當即末艷懷身。爲以（此）天尊使涼風伺童女邊。無男夫懷任（妊）令一切衆生見，無男夫懷任（妊）使世間人等見，即道：「天尊有感力。」即遣衆生信心清淨，回向善緣。末艷懷後産一男，名爲移鼠。父是向涼風，有無知衆生即道：「右向風懷任（妊）生産，但有世間下聖上放勅一紙去處，衆生甘伏。據此，天尊在於天上，普著天地。」當移鼠迷師訶，所在世間居見明果在於天地。辛星居，知在於天上，星大如車輪，明淨所，天尊處，一爾前後，生於拂林園（國）烏梨師斂城中。當生彌師訶五時，經一年後語話，説法向衆生作好。年過十二，求（來）於淨處，名述難（約旦河）字，即向若昏入湯。谷（昏）（約翰）初時是彌師訶弟，伏聖在於硤中居住，生生已來，不吃酒肉，唯食生菜及蜜，蜜於地上。當時有衆生，不少向谷昏渾禮拜，及復受戒。當即谷昏遣彌師訶入多（述）難中洗。彌師訶入湯了後出水，即有涼風（淨風，聖靈）從天求（來），顔容似薄閤，（白鴿）坐向彌師訶上。虛空中問（聞）道：「彌師訶是我兒，世間所有衆生，皆取彌師訶進止！」所是處分皆作好。彌師訶即似衆生天道爲是天尊處分，處分世間下衆生休事屬神。即有衆當聞此語：休是屬神，休作惡，遂信好業。彌師訶年十二及只年卅二已上，求所有惡業衆生，遣回好業善道。彌師訶及有弟子十二人遂受苦。回飛者作生，瞎人得眼，形容異色者遲差，病者醫療，得損被鬼者趂鬼，跛腳特差。所有病者求向彌師訶邊，把著迦沙（袈裟）幷總得差。所有作惡人，不過（回）向善道者，不信天尊教者，及不潔凈貪利之人，今世並不放卻嗜酒受肉，及事濁（屬）神文人留在著遂誣或翅睹（嫉妒），遂欲煞卻。爲此大有衆生，即信此教，爲此不能煞彌師訶。於後惡業〔人〕結朋扇翅睹（嫉妒）信心清凈人，即自平章，乃欲煞卻彌師訶。無方可計，即向大王邊惡説。惡業人平（章）惡事，彌師訶作好，更加精進，教衆生，年過卅二，其習惡人等，即向大王毗羅都思（彼拉多）邊言，告毗羅都思前，即道：「彌師訶合當死罪！」大王即追，惡因緣〔人〕共證彌師訶向大王毗羅都思邊：「彌師訶計當死罪！」大王即欲處分其人死當罪；我實不聞不見，其人不合當死。此事從惡緣人自處斷。大王云：「我不能煞此〔人〕。」惡緣〔人〕即云：「其人不當，死我男女！」大王毗羅都思索水洗手，對惡緣人等前：「我實不能煞其人！」惡緣人等更重諮請：「非不煞不得！」彌師訶將身施與惡〔緣人〕，爲一切衆生，遣世間人等知，其人命如轉燭，爲今世衆生布施，代命受死。彌師訶將自身與，遂即受死。惡業人乃將彌師訶別處，向沭上枋枋處，名爲訖句（各各他），即木上縛著。更將兩個劫道人，其人比在（左）右邊。其日將彌師訶木上縛著五時。是六日（第六日，星期五）齋，平明縛著，及到日西，四方暗黑，地戰山崩。世間所有墓門並開，所有死人並悉得活。其人如此，亦（何）爲不信經教？死活並爲彌師訶其人。大有信心人即云。

《一神（天）論・世尊布施論卷第三》汝等智（知），爲汝命，能聽法來。並彌師訶作如處分。覺道徑由，三年六個月，如此作行如學生，於自家死亦得上懸高。有石忽人，初從起手，向死預前三日早約束竟，一切人於後欲起從死，欲上天去，喻如聖化作也。營告此天下亦作期限。若三年六個月滿。是汝處分。過去所以如此，彼石忽人執亦如（此）從自家身上作語。是尊兒口論。我是彌師訶。何誰作如此語。此非是彌師訶。誑惑。欲捉。汝作方便。爲此自向拂林。寄悉在時。若無寄悉捉道理亦無不敢死。若已被執捉。配與法家，子細勘問。從初上懸高。若已付法。方便別勘當。所以上懸高。汝等語當家有律文。據當家法亦合死。所以從自身作此言。誰道我是世尊，息論。實語時此家不是汝自家許。所以阿談。彼人元來在。從一切人所以知是人在。誰捉（提）身許言。是世尊。忽如此

可見也。亦吃彼樹。尊處分勿從。吃作如此心吃。若從吃時即作尊。明於自家意似作世尊。所以是人不合。將自家身詐作神合死。所以彌師訶不是尊。將身作人有尊。自作於無量聖化。所作不似人種。所作尊種。亦有愛身。是彼舩家。所以共阿談一處。汝等處（分）所以。舩家舊（種）在。亦不其作。不期報知。唯有羊將向牢處去。亦無作聲。亦不唱換。作如此無聲，於法當身上。自所愛以受汝。阿談種性輸與他。喻如彌師訶於五蔭中死。亦不合如此於命終。所以無意智舩家。亦如此阿談種免死。從死亦非不合死。於相助聖術。於彌師訶得免。如此方便。受彌師訶於辛苦處。受他不是無氣力。受亦無氣力處作。執法上懸高。於彼時節。所以與命。地動山崩。石磬上氍蹹壁。彼處張設聖化擘作兩段。彼處有墓自開。聞有福德死者。並從死得活。起向人處來。亦有十四日一月。亦無時日不見暗所。聖化爲此三時日如此。喻如暗裏一切物。人眼不能得見。聖化可（耳）聞眼見。所以彌師訶上懸高。求承實世尊。喻如說書。當向暗處。彌師訶五音身人。世尊許所以名化姚霫。執捉法從家索。向新晾布裏裏。亦於新墓田裏。有新穿處山擘裂。彼處安置大石。蓋石上搭印。石忽緣人使持更守掌。亦語彌師訶有如此言。三日內於死中欲起。莫迷。學人來是。汝靈柩勿從被偷。將去語訖。似從死中起居。如此作時。石忽人三（日）。內（納）彌師訶。喻如墓田彼印從外相。喻如從起手從女生。亦不女身從證見處。此飛仙所使世尊著白衣。喻如霜雪。見（現）向持更處。從天下來此大石。（石）在舊門上。在開劫。於石上坐。其持更者。見狀似飛仙。於墓田中來。䍃（覓）五蔭不見。自曰遂棄墓田去。當時見者向石忽人具論。於石忽人大賜財物。所以借問逗留。有何可見。因何不說。此持更人云。一依前者所論彌師訶。從死起亦如前者說。女人等就彼來處依法。石忽人於三日好者（看）向墓田。將來就彼分明見，彌師訶發迷（途）去。故相報信向學人處。喻如前者女人。於天下寄信（女）。妄報於阿談。因有此罪業。向天下來。喻如女人向墓田來。彌師訶見言是實。將來於學人就善處。向天下來，於後就彼來將信去也。彌師訶弟子分明處分。向一切處。將我言語示語一切種。人來向水字於父、子、淨風。處分具足。所有我迷（途）汝在。比到盡天下。聞有三十日中。於彌師訶地上。後從死地起。於一切萬物所有言話。並向汝等具說。亦附許來。欲得浮風天向汝等。彌師訶從明處空中看見。天上從有相。大慈風中坐。爲作大聖化。於天下示（亦）見。惡魔起惡姤（妒）。向人上從如供養擲下於地、世尊所得並於一切辛苦處。亦於惡魔起手向人配。惣（總）不堪用。所以受大辛苦。恐畏將人遠離世尊。向彌師訶（起）手。一切人有信。共向世尊來。若無信者。向如此言。所以眼不能見。所作者。由來具足。亦如是。此人即今見在。生人亦不疑慮。意中恐不（不恐）死。喻如前者人死。如許人等誰死者。有信向彌師訶處。亦不須疑慮。起從黃泉。一切人並得起。於後彌師訶向上天十日。使附信與弟子。度與浮風。從天上看弟子分明具見度（與）淨風。喻如火光住在弟子邊。頭上欲似舌舌。彼與從得淨風。教一切人。種性處有彌師訶。天下分明見得天尊處分。誰是汝父來向天下。亦作聖化。爲我罪業中於巳（己）自由身上受死。五蔭三日內從死起。憑天尊氣力。尙上天來。末（未）也聞。此天下是彌師訶自譽處。起於一切人。有死者從起於天下。向未聞亦於天下向彌師訶處分。起從黃泉向實法處。生欲與一切人。喻如思量時。此天下亦報償。亦有信者向彌師訶處。取禮拜世尊者於彌師訶父處。將向天堂至常住處。亦與長命快樂處。於彼彌師訶處。無行不具足。受處分世尊。喻如自父。不禮拜乃向惡魔禮拜。有不淨潔處。意憘取汝處分。於黑暗地獄。發遣去。常處共惡魔鬼同。永去善處。明見於天下。教詔處分所教亦具足兮。向自家弟（子）不是人種。世尊種性。所以弟子向彌師訶名。有患並療得差在。惡魔鬼傍名拔脫。從人處死得活。更此作個是普天下。使彌師訶弟子作怨字。一切（人）亦共一（切）處。相竟得勝於彌師訶弟子。得亦於先石忽人。所以不受處。無數中辛苦處。示（亦）竟所以至末（未）間。石忽不他。所以拂林。向石國伊大城裏。聲處破碎。卻亦是向量從。石忽人被。余百姓並被抄掠將去。從散普天下，所以有彌師訶弟子。有言。報知於世尊。及事從世尊。一切人爲怨家。大小更無餘計較。唯有運業能得。彌師訶弟子並煞卻滅祚。可以遣具足受業。此云向說世尊聖化預知。後於無量時預前須自防備。汝等誰事世尊。自籌量較計。惡說欲非來。是好事亦不具足得汝情願。世尊共人相和。一切王打百姓自由。在拂林向波斯律法如此，作怛索惣（總）煞。諸聲打破。破作丘坑（坑）亦不須放。向自家國土。有誰事彌師訶者。亦道名字分明見。是天下所作（作）處。世尊化

術。異種作聖化。計較籌量。亦是他家所作。唯有世尊情願具足。欲此諸王等聖主。誰向拂林誰向波斯并死。亦是惡律法。於所著者爲怛索到不堪處。所以一切拂林如今并禮拜世尊。亦有波斯少許人。被迷惑行與惡魔鬼等。所作泥素形像禮拜者。自餘人惣（總）禮拜世尊翳數彌師訶並云。此等向天世尊聖化行。亦無幾多時。所以分明自爾（示）已來。彌師訶向天下見也。向五蔭身六百四十一年不過。已於一切處。誰有智慧者。此變見並化術若爲。向天下少時。聞亦不是人處傍能處。所以天尊神力因於一切人智。一切萬物見在者。惣（總）是神神力。所以彌師訶自家弟子選將去也。汝等發遣向天下。我所有言教。並悉告知。不是聖主國王。能自作富貴種性人中選弟子。所以於貧賤無力小人中選取。是彌師訶情願法。所是汝許語。自餘一切具足。亦於一切人知此是一神所作。所以知是言法亦是一神自家許。一切人誰欲解。於一神處分具足。於魂魄上天堂。亦須依次法行所以可見。不是虛誑。亦不是迷惑。亦不妄語。不（亦）無罪業。法須如此一切人。浪行者其作罪業從錯道行。亦從罪業裏欲得回實。亦須依一神道上行，取一神處分。自餘無別道。人須向天堂。唯識一天尊亦處分。其人等人受一神處分者。若向浪道行者恐畏人。承事日月星宿。火神禮拜。恐畏人。承事惡魔鬼夜叉羅剎等。隨（墮）向火地獄裏常住所。爲向實處。亦不須信大。作信業不依一神處分。唯有惡魔共夜叉羅剎諸鬼等。其作經文一神律法書寫。於天下欲末時。惡魔即來。於人上共作人形。向天下處分現見。於迷惑術法中作無量種罪業。作如此損傷一切人。離一神遠近已（己）身處安置。所以如此說言。我是彌師訶。三個年六月治化。於後三年六個月。所有造諸惡業惡性行人者。可得分明見。誰向實處作功德者。亦有無信向天尊處分者。唯有惡魔鬼等。作人形現者。彌師訶與一神天分明見。向末世俗死人皆得起依處分。所以於汝向有信者作諸功德者。誰依直心道行者。得上天堂。到快樂處無有盡時。所有萬識一神直道。向好經不行。亦不取一神處分作罪業者。於惡魔夜叉諸鬼所禮拜者。向地獄共惡鬼等一時隨（墜）入地（獄）。常在地獄中。住辛苦處。於大火中火（永）住無有盡時。有欲得者聽此語能作。亦皆聽聞亦是作。若有不樂者可自思量。共自己魂魄一處。若有不樂不聽者。即共惡魔一處。於地獄中永不得出。

景净《大秦景教流行中國碑頌並序》 於是我三一分身，景尊彌施訶戢隱眞威，同人出代。

三位一體

論說

陽瑪諾《景教流行中國碑頌正詮・其維我三一妙身無元真主阿羅訶》

斯詮天主三位一體難名之妙。三者，三位也。一者，一體也。妙身者，天主全體也。聖經恆用人身之名以解其全體，試解罪人之靈及身盡敗以罪，曰罪人。盡敗其身，是也，阿羅訶者，如德亞國，天主降生救世之地，主本號也。斯示人識天主何體，謂厥位三，厥體一，實乃眞主，本號阿羅訶。天主三位一體，厥義淵深，蔑容名狀。天主降世躬昭斯示，宗徒獲厥親承，累葉聖人，翼翼詮厥奧。本論具《聖經直解》，兹弗贅。

又《設三一净風無言之新教陶良用於正信》 三一者，即前所言天主三位一體也。净風者，至潔無污之化也。無言者，其教弗係於口，弗希多言，特貴善行也。新教者，吾主降世，易古教之規，而躬建新教之禮也。良用者，人性明愛之良能也。正信者，信用於正，不入於邪也。蓋吾主降世，明示天主三位一體至精至妙之義於人，而躬建新教，非若古教之難明。其首重之大端，在信天主三位一體。教化之美至净至聖，能化習俗之迷，陶鎔其性。俾明愛之良，用得其正，信向一主，而無他岐之惑矣。

楊榮鋕《景教碑文紀事考正》卷二《其惟我三一妙身無元真主阿羅訶歟》 三是上帝一體分而爲三，曰聖父曰聖子（道也）曰聖神。一是聖父聖道聖神合而爲一上帝，妙者謂聖父在聖道聖神之際，聖道在聖父聖神之中，聖神在聖父聖道之間，分之而同體同性同榮同權，在此而在彼，是分三而合一也。謂聖父職在創造覆育，聖子職在綱紀經綸，謂聖神職在變化盡善，合之而分位分職分司分守，彼疆而此界，是一而分爲三也。此即所謂妙也。身者，假此有象之文，以明確有一位神妙莫測之上帝，不得以頑

空一氣一道一理之類當之，更不得以三寶三清三元等名混之。蓋三一妙身乃景凈假借內典之文，然其義之所指迥異。

又《設三一凈風無言之新教陶良用於正信》 三一聖父、聖子、聖神三位一體之上帝也，凈風神力感化也。人心以上帝神力感化而歸正，故曰無言。斯道爲亘古所未聞，故曰新教也。陶甄陶也，良用（良知良能）也。正信者，篤信聖父聖子聖神之道，不信其他也。昔景尊告猶太宰尼哥底母曰：人非更生，不能見上帝國。又曰：人不以水以聖神而生，不能進上帝國。又曰：風任意而吹，聽其聲不知何來何往，由聖神生者亦若是。（文見《約翰》三章）又告其徒曰：人愛我必守我道，我父必愛之。我儕至（謂聖父聖子聖神也）而與之居。又曰：爾若愛我，則守我誡。我將求父，父必更以保惠師賚爾，終與爾居，即眞理之神，世人不能接者，爲其不見不識之也。爾識之，以與爾偕，將居爾心。又曰：惟保惠師即聖神父，緣我名而遣之者，將以衆理示爾，使憶我所言耳。（文見《約翰福音》十四章）又曰：我誠告爾，我往則爲爾益。我不往，保惠師來往則遣之至，必以罪以義以審判，使世自責。又景尊攜使徒彼得、雅各、約翰潛至高山，當前變化，面耀如日，衣皎有光，摩西以利亞現，與語言時景雲蓋之，雲聞有聲云：此我愛子，吾所喜悅者，宜聽之。（事見《馬太》十七章）至景尊臨別升天之時預告其徒曰：聖神臨時，爾則有才，且爲我作證於耶路撒冷，擧猶太撒馬利亞以至地極。（文見《使徒行傳》一章）及景尊升天之後，使徒傳道之初，時爲五旬節，天下敬虔之猶太人皆回耶路撒冷守節，使徒咸集維一心，忽自天有聲如奮迅之風，充滿座室，遂見火焰如舌，歧而止各人上，衆感聖神，克言各國方言，即聖神所傳授者（文見《使徒行傳》二章）景聖保羅告羅馬人曰：兄弟乎，我儕非爲欲所役者，豈甘從欲，從欲者死。惟藉聖神以滅吾身之情欲則生。（文見《羅馬書》八章）凡此諸經，皆景凈所謂三一之凈風，無言之新教也。信者，立事之本，吉凶之原，成敗之樞，志之所自出，氣之所自雄。信正志正，信邪志邪，其關於吾人身心性命，生死禍福之大事者，無有倫比，方之顔曾篤信孔子，則庶幾乎。優人入聖域，陳相篤信許行立至乎，倡率爲僞，故人畢生之結局，皆取決於此。如篤信上帝，終至於昭於天，在帝左右。篤信異端，終至與魔爲侶，永受酷刑，信之爲義誠綦重矣。橫覽古今，能不爲魔道所惑者，有幾人哉。景尊所以拯救之先策，惟以三一之神力。首端厥信，然後良知之所發，本正源清，自無誤指受造之物以爲造化主之害，亦無誤認中毒之性，以爲本原之性之患也。蓋人之生也，生於肉非生於神，稟於中毒之性，非稟於渾元之性也。然則甄陶良用於正信之道，究竟如何，此則端賴神力爲多。【略】蓋人心之靈，必生於信上帝，而死於溺魔道。信上帝者從道，溺魔鬼者從欲。道自有生，欲本無生，景尊之所以爲是證者，將以托聖神感天下萬世之人，使知罪者死之原，死者罪之證，而出死入生之正道，專賴篤信景尊也。

綜述

《景教三威蒙度讃》 无上諸天深敬歎，大地重念普安和。人元眞性蒙依止，三才慈父阿羅訶。一切善衆至誠禮，一切慧性稱讚歌。一切含眞盡歸仰，蒙聖慈光救離魔。難尋無及正眞常，慈父明子凈風王。於諸帝中爲師帝，於諸世尊爲法皇。常居妙明無畔界，光威盡察有界疆。自始無人嘗得見，復以色見不可相。惟獨絕凝清凈德，惟獨神威無等力。惟獨不轉儼然存，衆善根本復無極。我今一切念慈恩，歎彼妙樂照此國。彌施訶普尊大聖子，廣度苦界救無億。常活命王慈喜羔，大普躭苦不辭勞。願捨羣生積重罪，善護眞性得無繇。聖子端任父右座，其座復超無㝵高。大師願彼乞衆請，降栰使免火江漂。大師是我等慈父，大師是我等聖主。大師是我等法王，大師能爲普救度。大師慧力助諸羸，諸目瞻仰不暫移。復與枯樵降甘露，所有蒙潤善根滋。大聖普尊彌施訶，我歎慈父海藏慈。大聖謙及浮風性，清凝法耳不思議。

《尊經》 敬禮妙身皇父阿羅訶，應身皇子彌施訶，證身盧訶俱沙，已上三身同歸一體。

景凈《大秦景教流行中國碑頌並序》 揔玄樞而造化，妙衆聖以元尊者，其唯我三一妙身，無元眞主阿羅訶歟。

又 設三一凈風無言之新教，陶良用於正信。

道成肉身

論說

陽瑪諾《景教流行中國碑頌正詮·於是我三一分身景尊彌施訶戢隱真威同人出代》 斯晰天主降世之繇，天主降世爲救人罪。主曾自明厥來之故，設爲喻曰，昔牧童牧羊百，偶一離羣失路，牧童姑置九十九羊，往覓厥一。覓既獲，抱懷至喜，携入原羣。詮曰，牧者，吾主也。九十九羊者，天神也。離失一羊者，世人也。世人獲罪，失天堂之路。天主降世成人，受難救贖人罪，引之獲升天國，登天神之位，如失羊之復羣然。

又昔罪人就主聆教，主以喜色與共食。時有惡口謗云，與罪人同席，是亦罪人。主答曰，人強無疾，弗事迎醫。疾者必迎醫療，吾爲神醫，罪人靈病，吾來匪醫義人，耑療罪人。

聖人詮曰，詳主二喻，斯明吾人之罪，乃天主降世之故。緣救罪人，甘取人性，欲人升天，甘降爲人。又曰，世人咸緣罪失聖，天主降臨，俾之獲返厥聖。又曰，吾主爲神醫，其寶血爲神劑，若人靈無病，奚煩主來，而傾灑其寶血耶。

又《三一分身》 三一分身者，乃天主第二位也。

又《彌施訶》 吾主聖號也，譯言天主先許降生救世主也。此乃天主三位之一，第二位聖子，爲昔人攸望降來救世之主。

又《戢隱真威同人出代》 戢隱眞威同人出代者，言天主降世之時，斂藏聖威，出世如人。聖人詮曰，主隱聖威，如帷燈罩燭，燭燃於內，光映於外。論吾主天主之性，雖隱人性之內，人性莫掩厥光，隨時宣著，故奇行聖蹟，昭灼於外，俾人易信厥爲眞主。經曰，天主將往異域，乘輕雲而入。詮曰，吾主天主性，如太陽。其人性，如輕雲。雲惟輕，日易顯。吾主人性，輕清無翳，透露厥內，含天主之性。以故一盼及瑪竇，而化貪爲潔，竟列宗徒。口訓人士，而多方信從，頌聲丕播，手撫諸病，應時輒愈。罪人抱其聖足，而蒙赦。死者聆其聖音，而立甦。斯可信厥爲眞天主，幷眞人矣。

又《神天宣慶》 斯述天主降世之第一大奇，首提天神宣慶，以賀普地之大幸，經記天神降報約有三。一，爲天主降孕之前，天神來報於至潔淨，至盛德童眞女之前，曰，申爾福童女，天主聖寵盛滿爾靈。主降世爲人，豫選爲母。童女弗敢違命，伏叩敬諾。於時天主聖子，降厥淨胎成人，爲厥眞子。斯童女高位，爲天主母。厥名瑪利亞，譯言海星。自光炤人，母德之至。罄天神與人之舌，靡揚萬一。縱令天神幷諸聖人之德，統會成一，較擬聖母之德，遠遠弗逮。經記達未聖王神目見天國聖城，深嘆曰，美麗哉，懸絕萬世之美麗。異哉厥址，世城之址，皆深埋於地，乃址至峻，矗然建諸崇山之上。詮曰，聖城者，聖母也。主安厥胎，若大君安居堅城。始胎之際，乃厥址也。建崇山之上者，是時攸受天主聖寵，遠越諸神聖之表。經贊聖母云，凡天神聖人，皆勤集其神財，特爾財叠出諸財之上。

聖賢恆言，聖母之奇，略似吾主。主如帝王出幸，先有諸臣淸道。主未降，時多豫像，代有先知聖人，豫書其情，以示後來。聖母則如皇太后，其未生亦先有多像，亦多先知聖人，豫錄厥奇。伯爾納聖人曰，奇哉聖母之大奇。早早於未生前，天主示元祖，而許其生。默啓先知聖人，錫之豫識聖母。雖弗克以肉目覩，而神目視之如在目前，愛之如母，仰之如后，奉之誠如天主聖母。

又，其始胎之奇，略似吾主。主投聖母之胎，聖母仍是童身。乃聖母之母年已老，胎已荒，得生聖母，與童女生子略似。又，吾主投胎，原罪莫染，聖母始胎，原罪宜染而弗染，亦略似焉。篤瑪及衆聖人皆曰聖母高位，可稱無窮際。天神世人能讚其美，莫能詳讚其美。

二乃經紀聖母既懷吾主，未幾淨胎忽顯。若瑟淨夫，弗得其故。天神語之曰，若瑟，達未王裔。勿疑淨女，厥妊弗繇人道，悉天主聖神之工。將生之嬰，名耶穌。彼贖人罪，救世之主。

三，亦經紀，吾主聖誕當夜，郊外牧童三人，看羊守夜，忽巨光射目，光中天神語曰，毋驚畏，來報汝福幸之音。汝也，通國也，咸宜欣樂。救世之主，頃降誕某所，亟往躬拜。牧童如命往見，悉符神語。斯第

一奇蹟，可釋異教之疑。

據經所紀，聖母甚貧，產厥子於廢亭，卧以馬槽，裹以薄襁。煢煢一嬰，迨既長，恆羅百難。如是而欲信其眞爲天主，眞爲救世之主，誠甚難哉。弗知天主降世，厥旨有三。一則贖人之罪。人之罪概繇佚樂，主故贖之以苦。二則主乃神醫，降來療罪人神病。神病之根，始於愛私傲淫奢忿貪饕等情，悉愛私之枝。主欲以謙療傲，以貞療淫，以乏療奢，以恕療忿，以淡薄療貪饕。人法主苦，病根必除，病枝自散。三則主乃神師，降世指人天國正路。阻厥路者，財也，樂也，傲也。此主在世，恆以神貧，身潔，心謙三者勸人，主若弗貧弗潔弗謙，胡爲良師，胡爲善誘，是其多羅苦難，明徵實有人性。若其明顯並有天主之性，更多証實。伯爾納聖人曰，吾主誕日，雖擇馬槽，母衣以襁，若與世間寠人無異。乃天神當時齊集欽承，奉命而往告牧童，奉命遠報異國之人，是皆証厥眞爲天主。第執迷者故棄實証，弗之肯信。雖弗以予言信，宜以聖經信。葆祿聖徒曰，天主聖父，命厥聖子降世成人，并命天神降來欽奉厥命，則宜信厥爲眞人，兼眞主矣。

又《室女誕聖於大秦》 斯述天主降世之第二大奇。誕於童女之身，厥身仍爲全潔。經曰，主若太陽，母若水晶。太陽之光，透入透出於水晶，而水晶無損。又若太陽之光，出於其輪，而輪質弗傷。又若地生五穀百卉，而厥土罔虧。自生人以來，未有童女生子者，即自兹以迄世界窮盡，亦再無童女生子者。童女而生子，特聖母之至奇，而天主自作之神工也。

又《景宿告祥波斯覲耀以來貢》 斯述天主降世之第三大奇。景宿者，巨光之星。波斯者，異國之名。吾主誕時，新星發顯，導異國之人，恭詣降誕之所，俯伏朝禮，而貢獻其方物。

或問，來朝爲誰，人有幾，國何方，貢何物。曰，據經與聖人之言云，有土之王共有三人，厥地名福亞臘彼亞，距主誕處東去二千餘里。厥貢三，黃金一，乳香一，沒藥一。三王皆極賢達，各諳天文，咸識新星爲天主降生之兆。攸貢之物，並含吾主之義並表三王之誠。黃金，王於五金，王信吾主實王天地萬物，故貢。乳香，焚供天主者。王信吾主內涵天主性，故貢沒藥，用塗人尸，存久弗朽。王信吾主並爲眞人，將來雖死，聖尸復活，弗至腐朽，故貢。

或問，新星何星，始顯何時，三王何識其爲天主降誕之兆。曰，斯星非歷象列宿間之星，列宿諸星，恆麗本天，咸有厥度。太陽光出，厥光悉隱，弗能顯於白晝。斯星不然，第遊於空，東西南北，隨三王以偕行偕止。乃天神携之而動，又能弗避太陽，晝夜皆顯。且厥光大過太陽，俟主命既訖，散弗復存。故吾主降誕之夜，新星忽出，三王乍覩，速乘駱駝啓行，歷期十三日乃至。三王皆古先知之裔，其於一千五百餘年之前，預錄遺書曰，來時新星必顯，實乃瑞徵爲救世者聖誕之兆。三王久習遺書，忽見斯星，偕約亟往。又仗天主默詔，俾能尋至主誕之所。

楊榮鋕《景教碑文紀事考正》卷二《神天宣慶室女誕聖於大秦景宿告祥波斯睹曜以來貢》 此乃景尊臨世時，天上人間，特顯之神異，以爲萬邦救主之要證者，不可以作等閒觀也。神天宣慶事見《路加福音傳》二章文曰：野有牧者，於夜迭守群羊，主（指上帝言）之使者降臨主之光華環照，牧者大懼，使者曰：勿懼我，報爾嘉音，關衆民之大喜者也。今日於大闢之邑，爲爾生救主基督，將見嬰兒裹於布，寢於槽，是其號矣。倏有衆天軍偕使者讚美上帝云：上則榮歸上帝，下則和平人沐恩澤矣。諸使者升天而去。此即景淨所謂神天宣慶之事也。室女誕聖事見《馬太福音傳》首章云：耶穌基督之生，其事如左。母馬利亞爲約瑟所聘，未昏感聖神而孕。其夫約瑟義人也，不欲顯辱之，而欲私休之。思念間，主之使者見夢曰：大闢之裔約瑟，其娶爾妻馬利亞以歸勿疑。蓋所孕者感於聖神也。彼必生子，可名曰耶穌，以將救其民於罪惡中。如是主託，先知所言應矣。曰處女孕而生子，人稱其名以馬內利，譯即上帝偕我焉。（文見古經《以賽亞書》七章）約瑟寤，遵主使者命，娶之以歸。未與同室，及生冢子則名曰耶穌。又見《路加福音》一章文云：天使加伯列奉上帝命，往加利利拿撒勒邑，臨處女馬利亞，大闢族約瑟所聘者，天使入告曰：受恩此女安，主佑爾，諸女中惟爾見寵。馬利亞見之，訝其言，思問安曷故。天使曰：馬利亞勿懼。爾得上帝恩，將妊而生子，命名耶穌。彼將爲大稱至上者之子，主上帝與以厥祖大闢之位（指天國言），永爲雅各一家主（指信者之家言），其國靡暨。對曰：我未適人，何由得此。天使曰：聖神將臨，爾至上者之力將庇爾。是以所生之聖者得稱上帝子。此即室女誕聖之事

也。大秦解見篇首。景宿告祥事見《馬太福音》二章，文云：希律王時耶穌既生於猶太伯利恆，有博士數人自東方至耶路撒冷（波斯在耶路撒冷東）曰：生而猶太人王者安在（民是讚美上帝之民，國非世上之國）。我在東方見其星，故來拜之。（此乃上帝開示萬世信徒，使知必以聖德之光，引導萬邦歸救主之象。莫作天上某星等呆解）希律王聞而懼，舉耶路撒冷皆然。乃召祭司諸長，民間士子問曰：基督當何處生。僉曰：猶太伯利恆。昔先知記曰：猶太地伯利恆乎。在猶太郡中，爾非最小者，蓋將有君於爾，是出以牧我以色列民矣。（文見古經《米迦書》五章）於是希律密召博士詳問星見之時，遂遣之伯利恆，云：爾往勤訪嬰兒，遇則告我，我亦將往拜（心懷不軌）。博士聞命而行，忽東方所現之星前導至嬰兒所居，則止其上，博士見星喜不自勝，入室見嬰及母馬利亞，俯伏拜嬰，啓寶盒以黃金乳香沒藥諸物獻。博士夢中得默示，令勿反見希律，則由他途而歸。此即景淨所謂波斯睹耀以來貢之事也。

綜述

景淨《大秦景教流行中國碑頌並序》 於是我三一分身景尊彌施訶，戢隱真威，同人出代。神天宣慶，室女誕聖於大秦，景宿專祥，波斯睹耀以來貢。

救贖

論說

楊榮鋕《景教碑文紀事考正》卷三《懸景日以破暗府魔妄於是乎悉摧》 此言罪惡入世以來，魔妄彌綸，此是彼非，譸張為幻，施羅布網，昏夜迷人。迨夫景尊臨世，如日正中天，凡前人遭困之境，無論若何機巧陷阱，皆得以盡發其覆，而燭其奸，攻其堅，有若山崩崖墜之形，陷其陣有若摧枯拉朽之象也。思景尊之法力何以至於是也，有二道焉。一、明證上帝之律，絲毫不能苟免。二、故縱魔鬼，竭盡智謀而畢勝之。斯二者景尊所以覆巢搗穴而成救世之大功也。曷言乎，明證上帝之律也，則以景尊自誕生以至遇害，皆守全上帝之法，無間隙之可尋。故其言曰：勿以我來壞律法及先知也，我來非以壞之，乃以成之。又曰：天地未廢律法，一點一畫不能廢，皆得成焉。（文見《馬太》五章）如是人遂不能視律法為上帝苦人之具。景尊既為吾人守全天律，而魔鬼遂不得以上帝律法之威嚴，沮喪吾人之心志，更不得誘人文法以自欺。故雖日翻波浪，而信徒總有一守全聖律之神在心。雖遭震盪，瞬息之間，即復景尊守法而目，而誘人犯法之技窮矣。蓋犯法者，人之所不免者也。刑罰者，人之所極畏者也。刑罰愈施，人心愈離，魔鬼遂得挾禍福之術，以籠絡人心。而指物託宗，禱祀邀福之害，流毒蒼生。乃景尊則以一死為眾受刑，以全律法之義。

又《掉慈航以登明宮含靈於是乎既濟》 此言景尊身作慈航，以受萬姓，安渡苦海，返於帝鄉之義也。此文乃假借內典道書文字以為文，讀者不以文害辭，不以辭害意可。慈航之喻，內典以照空五蘊為義，景義非也。含靈之文，內典指一切有生有情有覺者而言，景義獨指人而言已。明宮之文，道書指玉京金闕言，景義亦非也。景義所謂慈航者，讀古經《創世記》挪亞傳而知慈航之事。讀本經《彼得前書》三章，論挪亞方舟事，然後知慈航之義。在景淨等當日要作如許妙文，故不能不假借，今則據景經而釋之。按《創世記》挪亞傳，可知世間曾經大變。蓋以開闢之初，人俱長壽，動至千百歲。未及二千年，而人民繁衍於中亞西亞之間者，不知凡幾，惟是殘忍暴虐不稱人類。惟挪亞一人，謹守道義而已。上帝震怒，預命挪亞創造極大方舟，備六畜百獸之糧。如是者一百廿年。挪亞傳道義而人不信，屆期上帝命挪亞一家八口三子三媳，咸登方舟，生物雌雄牝牡各存其種，於是霪雨四旬，晝夜不息。洪水氾濫，中亞細亞之山為之湮沒者一丈有五，地下人物凡有鼻可通呼吸者，咸就死亡，越一年水退盡，而高原始現。上帝命挪亞出方舟，挪亞築壇獻祭上帝。挪亞一家，身歷大災，畏天明命，創垂家法，而文字興焉。此伏羲以前事也。伊古以來，即

以上帝爲挪亞預備方舟，以救信者脱於水災之事，是乃上帝爲世人預備彌施訶，以救信者免於沉淪之象。此方舟即挪亞一家之慈航，此彌施訶即天下萬國信者之慈航。【略】故凡今之信徒皆以上帝爲父，以世人爲上帝所造，以信徒爲上帝所復生之子。信者天下一家，聖會一人，基督爲元首，聖會爲四肢百體，同一天父，同一救主，同一聖神，同一信服，同一心志，同一潔禮，同一聖餐，同一願望，同一仁愛，道義之交，他山之錯，周而不比，和而不同，無傷也，何患於波濤兇險之不濟也。【略】故凡事上帝之國於無告之民尤加之意焉。聖會之中於悔罪改過之人，視如信徒焉。則景況淒凉之苦，又何不可以安然竟渡哉，是知景尊之所以安渡萬姓歸於帝鄉者，非以毀倫滅性，苦空之道度人，實以上帝之鴻恩，無價之寶血，生命之正道，無量之聖神，於性情倫理苦難罪惡死亡之中，拯救萬民，出死入生者，是以景凈著此文也。

又《能事斯畢亭午昇真》 此言景尊勝死亡之權，完天律之案，成救世之工，塞陰司之路，證生人之旨之事也。所謂能事者，按本經《哥羅西書》二章文云：綑我儕者，儀文之劵，以基督釘十字架，塗抹去之。基督釘十字架，勝諸權力，明徇於衆而凱旋，是其義矣。蓋犯法者死，上帝主之。犯法取死，人自主之。上帝不能廢法，人自不能絶欲，魔鬼復勤於搆煽，如是律法之嚴，私欲之熾，魔鬼之誘，三者合而爲死亡之大權，古今萬國之聖賢、豪傑，無有能解其戹者。乃景尊以一死贖犯法之罪，銷其罪案。以一死絶萬民之欲，挽其天良。以一死破魔鬼之術，覆其全軍。此所謂能事也。【略】斯畢之文，義出《約翰福音》十九章文云：耶穌受醯（羅馬決犯之所常用醋和膽飲之，以減其痛苦。景尊受醯而不受膽，甘受痛苦故也）曰：事畢矣。俯首氣絶。蓋此經記景尊臨終之言。而曰事畢者，以景尊臨世三十三年，至此而大功告成。贖罪之工已畢，救世之道大全。誠以天道雖極昭明，如無代死贖罪之實據，罪案終未能銷也。【略】亭午昇眞，事見《使徒行傳》一章，文云：耶穌受害後，以多確據顯其復生，凡有四旬，現於使徒論上帝國之道。耶穌集使徒命之云：勿離耶路撒冷，以待父所許者，即爾聞於我也。蓋約翰施洗以水，惟爾受洗於聖神不遠矣。又曰聖神臨時，爾則有才，爲我作證於耶路撒冷，學猶太撒馬利亞以至地極。耶穌言畢升天，衆觀有雲蔽之而不見。耶穌升時，衆注目仰天，有二人白衣傍立曰：加利利人乎。胡爲仰天而立此。耶穌別爾升天也。依爾見，如是升天後，必如是而來矣。此即所謂亭午昇眞之事也。

綜述

景凈《大秦景教流行中國碑頌並序》 洎乎娑殫施妄，鈿飾純精，閒平大於此是之中，隟冥同於彼非之內。是以三百六十五種，肩隨結轍，競織法羅。或指物以記宗，或空有以淪二，或禱祀以邀福，或伐善以矯人。智慮營營，恩情役役，茫然無得。煎迫轉燒，積昧亡途，久迷休復。於是我三一分身，景尊彌施訶，戢隱眞威，同人出代。神天宣慶，室女誕聖於大秦。景宿告祥，波斯覩耀以來貢。圓廿四聖有説之舊法，理家國於大猷。設三一凈風無言之新教，陶良用於正信。制八境之度，煉塵成眞。啓三常之門，開生滅死。懸景日以破暗府，魔妄於是乎悉摧。棹慈航以登明宮，含靈於是乎既濟。能事斯畢，亭午昇眞。

陽瑪諾《景教流行中國碑頌正詮·開生滅死》 斯乃吾主降世之首務也。主謂衆曰，吾降爲何，爲致人之生，爲滅人之死。經曰，自元祖方命，死若王。王於普地，人皆屬死，如屬於王，皆因原罪，並有靈性之神死。吾主爲善牧，勤牧厥羊，俾獲無窮之生也。主又規衆曰，吾乃萬民之生也。罪人者，死人也。彼願從我，我存其靈，俾永生焉。奧斯定聖人解曰，阨襪也，聖母也，二者之殊，一可異，而一可奇。可異者阨襪首爲萬民之母，乃聽魔誘，大闢死門，引死入世，人皆屬死。可奇者，聖母領天主之命，大啓天堂之門，幸哉產吾主，以致萬民之神生，以滅萬民之神死。經曰，天主於降生之先，誚死勢之劣，曰，死乎死乎，吾乃汝之死也。蓋言吾將降而致汝，吾將受難而死，以吾之死贖世之罪。厥罪既償，厥靈復活。死失其權，吾之一死，實乃死之死也。謂開生滅死者故。

又《棹慈航以登明宮含靈於是乎既濟》 此承上文，言主降臨古聖寄所，拔其靈於暗府。棹其慈航，登之眞福之明宮，而古聖之靈久待而望濟者，於是而既濟也。

復活

綜述

陽瑪諾《景教流行中國碑頌正詮·能事斯畢亭午昇真》 斯言吾主既完贖世之工，死後第三日，聖靈自古聖之寄所，回返聖尸，復活如舊。後四十日，以厥本能，日午之時，當衆騰空歸於天朝。信經第六端曰，我信其升天，是也。

經解是端始末曰，吾主既復活，四十日間，恆現宗徒，明示種種未來之事。至期各與撫慰，携之登山，舉手降福，倏爾上升，同諸古聖，偕登於天。天神齊降環衛，音樂滿空，頌聲盈耳，漸升漸遠。聖徒目送而神馳，時有彤雲降遮，遂弗能見，宗徒仰望，不忍下山。主遣二白衣天神，降而諭之曰，仰誰耶。主今雖升天離汝，第至世末必復降。降時厥光灼爍，於兹罔異。宗徒聞命以歸。主升諸天之上，安坐聖父之右，統御萬物，厥國厥權，永弗易焉。

三常信望愛

論説

陽瑪諾《景教流行中國碑頌正詮·啓三常之門開生滅死》 三者，信望愛，超性三德也。常者，人人宜保此以終也。備斯者，升天國。喪斯者，墮永獄。啓厥門者，吾主也。生者，靈性之神生，即天主之聖寵也。死者，亦靈性之神死，即諸端之重罪也。吾主既降，常生之路開，永死之途滅。凡進三德之門，蔑不沐厥弘慈也。

信德何。曰，神業之基，善程之始也。無斯德者，厥業無功，厥程弗上，天主不錄，雖行弗克至天國。葆祿聖徒曰，主弗愛無信者，弗愛其人，詎愛其工。

或問，宜信何端，乃獲超性之信。曰，宜信天主。凡屬天主之降諭，或命天神之降誥，或示先知聖人之豫言，盡宜篤信，總爲出自天主也。倘疑其非眞，更求別証，是慢天主爲不足信也。譬有忠信之士，口傳某事眞實，爲我目擊。苟聞者而弗信之，不亦藐視厥士乎。慢侮天主，罪莫大是。

或云奚據知其總爲出自天主。曰，兹據約有三。一，爲聖會衆人所信，代相傳受，絡繹弗絕。衆之所信，可信出自天主。葆祿聖徒曰，聖會乃美麗身，吾主爲首。首降施於肢，時相默喻，豈有差謬。二，爲主教之士以萬計，精天學之賢以萬計，明哲傑儒以萬計，羣集討論定厥信端，必宜確信。吾主親許云，凡有羣集討論聖教之理者，我在中焉，而導引焉。如是而容有謬耶。三，爲教皇代吾主居世，獲主殊寵，聖神默炤。故其所決之疑，所定之信，莫能少欺。主語伯鐸羅宗徒并後諸教皇曰，吾求聖父固汝信，魔雖罄術相攻，竟弗克動。聖賢曰，教皇之信，乃聖教神宮棟樑，命信者必信，命棄者必棄，厥命爲天主命。此謂聖教眞實之信。

眞信之等，又分二殊。一曰活信，一曰死信。聖寵乃眞信之活，重罪乃眞信之死。吾人靈性，無罪則活，有罪則死。雅各伯宗徒喻曰，無靈之尸，與無善之信惟均，蓋言尸無靈，雖有耳目口鼻，不能見聞啖臭。眞信而無善行以輔之，厥靈蒙罪，任行多工，弗獲名功，曰死者故。葆祿聖徒曰，吾信雖至，可以移山，雖至行多奇蹟，倘靈無聖寵，死信也，無益之信也。

繇是可識靈魂於身，善行於信，彼此之義槩均。軀有靈存，五官百體悉效厥職。有聖寵之信，雖行微善，定獲厥功，謂活者故。主曰，濟貧者，雖冷水一勺，厥功鉅，厥報優矣。

又 望德何。曰靈性之可也，怠志之鞭也。人非仰望功報，厥志易隳，手足懈倦，輟工弗前。惟望德能堅定厥志，臨難弗移，如商賈望利，險阻不避。三軍望賞，效死不難。傭者望酧，而不惜其汗勞。農夫望穫，而不辭其胼胝。葆祿聖徒曰，吾善敵神讐，善趨德路，主豫備旌善之冕，

吾望既逝，主加吾首。額我略聖人解曰，聖徒比人勞苦於工，身面汗濕，拭之以帨，復繼厥工，念望工報，聖徒之帨苦於前工，思念苦報，乃肯奮繼完工。斯望德之益。

或問，安得超性之望。曰先建厥功而後望超性之眞善，是也。眞善有序，眞望亦然。其一，在望天主爲其爲萬物之向，宜爲我眞望之故。蓋望天上之眞福，全在獲享天主也。其二，在望聖寵，以獲眞福之助。其三，在望聖人爲我轉祈天主，托其功德，望天主速允吾求，速赦吾罪，加吾德力，與凡靈性之需。其四，在望天主賜吾世物，備繕升天之程。若人意止身家，無超性高志，不得謂超性之望。

或問，先建功，而後望者何。曰，不務建功而望，曰虛望，弗克遂厥所求。先建功而望，曰實望，天主乃允厥求，而弗孤攸望。雅各伯宗徒謂弟曰，多有求而不遂者何，乃弗知善求故。解曰，有功之求，爲善求。第天主因其善功，以時賜恩。賜恩遲速，人不能知，何時爲合當之時。稱厥時宜，獨惟天主。

又 愛德何。曰，斯諸德之后也，諸德之飾也。愛德在中，諸德不孤。衛之如王，諸德賴之皆光，天主乃樂視之。否則諸德黯冥，而弗能邀主之視。

或問，宜何愛以獲超性之愛。曰，厥類不一，愛天主其首也，爲厥無量能，無量知，無量慈，無量善，種種所有之奇，皆屬無窮，非人言思之所克竟。姑約言之，則曰愛天主爲其爲天主，非止爲其能酧善賜福而愛之也。

其次，愛己之靈也。凡人之靈，誰不自愛。然必勤務行善，乃獲升天，而享天主。若行之未善，弗成愛己。經曰，惡人必惡己靈，而自爲之讐，是也。

其次，愛己之身也。依節存養，毋自損傷。身者，靈性之良友，助靈修德行善，乃稱良友之職，如徒佚樂飽飫，無輔厥靈，失厥本職，反爲靈讐靈害。身同害矣，烏謂愛身。

其次，愛人也，并愛吾之讐也。蓋愛德至全，必含普地之人，弗包仇人，弗謂全也。信望愛三德，論至廣，不能備述。斯之爲德，吾主未降之先，行者甚希。主降之後，行者甚衆。謂啓三常之門故也。

楊榮鋕《景教碑文紀事考正》卷三《啓三常之門開生滅死》 此言景尊開天國之門，塞陰府之路也。三常者，信也，望也，仁也。即景聖保羅謂，所存於今者，信也，望也，仁也。三者之中，仁爲大之言（文見《哥林多前書》十三章），是其義矣。門者，天國之門也。天國之門者，景尊是也。景尊設譬曰：入羊牢不由其門，而以他處踰者，竊也，盜也。由門入者，羊牧也。司門者爲之啓，羊聽其聲，遂呼羊名引之出，出則先之行，羊識其聲而從焉。羊不從他人而避之者，以不識其聲也。耶穌設此譬人，不知其云何。耶穌曰：我誠告爾，我即羊之門，不由門入者，竊也，盜也，羊不之聽。我即門也，由我入者得救，出入得芻。盜至特以攘以殺以滅，我至使羊得生且盛。（文見《約翰福音》十章）按此譬所謂門者，即能與人信望仁之關鍵也。羊者，信徒也。芻者，眞道也。竊盜者、魔鬼，異端，僞善也。開生滅死者，謂三常之門既開，而入之者皆永生之人，死亡無所用之，如景聖保羅謂：基督身猶幔，撤之則爲我闢永生之新路。（文見《希伯來書》十章二十節，幔例見《出埃及記》二十六章三十三節）原此幔乃猶太上帝殿中之幔，間於聖所至聖所之間，至聖所之地，乃上帝榮光臨格之所。千百年來，舉國無一人能入其地者例也，緣有罪之人不能入上帝至聖之所也。迨景尊在十字架上氣絶之時，殿幔自上至下忽裂爲二，（事見《馬太》二十七章五十一節）蓋此異兆即上帝以人信景尊代死贖罪之恩，則可毅然入至聖所矣。保儸所指，蓋謂此也。

綜述

景净《大秦景教流行中國碑頌並序》 啓三常之門，開生滅死。

信望愛 見三常

真福八端

論説

陽瑪諾《景教流行中國碑頌正詮·制八境之度鍊塵成真》 八境之度者，聖教眞福八端也。塵者，惡人也，世物也。眞者，善人也，天國之物也。聖教迪人，特重眞福八端，神貧一，良善三，泣涕三，嗜義四，哀矜五，心浄六，和睦七，爲義被窘難八。解見《聖經直解》第十三卷。

或問八端槩苦，曷謂福，曷謂眞福。曰，世人如瞽，第視目前世物，輒以爲眞，弗知凡目及覩咸屬有形，咸歸易盡。乃天主造此，以供吾人度世之需，可用而弗可溺者也。兹世之後，世物悉無所用，善人所托之以爲不朽者，惟生平所寶八端眞福而已。奥斯定聖人曰，眞福八端者，明世福與天福之絶殊，世福外，天福内。世福，富貴安樂，暫而且險。天福，貧窮患難，忍而成功。世福，贋也。天福，眞也。世人鮮識内者眞者，槩迷外者贋者。迨兹世既逝，務眞福者，永享天國之眞福。輕眞福者，永罹地獄之眞禍。經曰，惡人厥欲靡恆，厥心如月，盈虧時變，須臾易面。善人異是，見善固執，至死弗變，彼謂之塵，此謂之眞故也。經又曰，世物如纖塵，厥値至微，厥勢速變，哀哉。惡人在世若瞽，視世物若永享，迨厥已逝，啓視吾之富貴，其速如塵飛雲散，漚之起滅，然後嘆夫僞之誑眞，不已晚乎。後世之物，則不然，皆眞實永存不變。善人既升天國，極戴主恩，曰，深謝主恩，錫予爲王。予國靡竟，予爵無疆，世苦痛哭諸患，遐哉永離，莫侵予國。故彼曰塵，此曰眞。人入聖教，定志從守，弗問善惡，僉受弘益。善人入教，賴之日進厥善於粹精，奉持信德，修眞福八端，爲每日善課。津津受聖教，如弟子之於良師。惡人入教，既悔往非，改惡從善，鎔其渣滓，用信德之火，習眞福八端，爲熱心之薪。其就聖教，如就爐冶。又聖教之益，尤能大改世物之觀，俾人視若微塵，獨晰天上之物，誠重且眞。

楊榮鋕《景教碑文紀事考正》卷三《制八境之度煉塵成真》 此言景尊制定世人求福之準繩，以化塵心，使歸聖域也。境，福境也。八境，八福之聖境也。制八境之度者，謂自景尊制定以來，天下萬世無能踰越其準繩，以求其所謂眞福者，蓋人心之靈本是萬福之器，而四支百體亦是作福之具。蓋有上帝無窮之恩愛存於三才之間，本無庸別有制作也。慨自元祖背約，邪慕頓生，性眞驟變，天地感應，禍福無常，太和之象已非最初之心，全失本福境也，竟變爲罟獲陷阱。本生道也，循至乎疾病死亡命不可知。【略】景尊憫焉，爲制八境之度至明，且確使天下之人聞而深悔。歷世以來，妄走邪途也，煉化也，塵邪欲靡窮也，眞謂由身以及於心，由生以至於死，由地以至於天，由今生以及來世，由現在以至無窮期，皆爲無敝無缺無玷之眞福也。煉塵成眞者，謂景尊以八境之眞福，銷鎔世人之邪慕，以成眞安樂國也。八福之目詳於《馬太》五章，文曰：虚心者（天主教會譯神貧，長老會譯本用心貧，麥氏譯本用虚心）福矣，以天國乃其國也。哀慟者福矣，以其將受慰也。溫柔者福矣，以其將得土也。飢渴慕義者福矣，以其將得飽也。矜恤者福矣，以其將見矜恤也。清心者福矣，以其將見上帝也。和平者福矣，以其將稱爲上帝子也。爲義而見窘逐者福矣，以天國乃其國也，爲我而受人詬誶窘逐，惡言誹謗者禍矣。當欣喜歡樂以在天，爾得賞者大也。蓋人窘逐，先知自昔然矣。此九福自古通名八福緣，八九兩條意義相同，爲義之言所包者廣，故景尊特舉以明義，蓋爲景尊而受窘逐乃義之最當，亦理之自然者也。之八福者果何以能煉塵成眞也，夫塵者，欲也濁也，無常之境也。眞者，神也道也，眞常之境也。虚實相形，塵心自化。蓋福者，聖凡同欲而異乎求。昭事上帝，聿懷多福，無然歆羡，先登於岸，文王之福也。酒池肉林，玉杯象箸，鹿臺之財，鉅橋之粟，桀紂之福也，同出而異歸也。如此化工，誠不可少矣。

綜述

景浄《大秦景教流行中國碑頌並序》 設三一浄風無言之新教，陶良用於正信。制八境之度，煉塵成眞。

罪

論説

陽瑪諾《景教流行中國碑頌正詮・洎乎娑殫妄施鈿飾真精閒平大於此是之中隟冥同於彼非之内》 洎，及也。娑殫者，邪魔本稱，譯言讐也。鈿飾，粧點之意。閒字，古書與間字同用，謂間隔也。茲詮元祖亞黨厥性粹精，緣聽魔妄，掩飾本美，與平大之眞性間隔，與冥同之眞愛仇隟也。

或疑天主厥初生人，既予性美，欣欣樂生。何今吾皆不然，曰邪魔妄施厥計，誑元祖獲罪於天主。吾人咸屬厥枝，厥根既敝，枝並弗榮。人方主命，庶物緣遂方人，世難並集，咸人自招，弗足云異。

經曰，天主既造無靈庶物，繼造男女兩人，締以夫婦禮。命廣厥類，用滿八埏。先置極樂之境，俾享厥福，備諸草木百卉觀美，果實旨甘。一以試厥順，一以示厥福之繇，匪出於人，咸繇天主。緣禁一樹之實戒云，勿食。食則死，並喪攸受諸恩，斯吾嚴命。無何，魔嫉人福，誑乃妻云，視某樹實甘美，盍取食。渠云，主誡予食必死，無敢輒動，矧食之。魔云，汝誠愚甚，弗識斯實之能。食之能洞萬有，等天主。主言弗誠，弗願汝夫婦輩與齊，斯戒食故。渠緣魔誘，遂摘食。用一授厥夫，夫暱妻柔，弗克忍而亦食。緣並方命，受厥約刑，吾人厥苗裔，並受遺累，斯邪魔施妄，世苦之繇。

或疑一果實至微，食過甚細，主刑太嚴，未見厥慈。曰，非也。厥罪至重，約舉四焉。一，斯戒易守，故犯甚重。奥斯定聖人曰，元祖迷甚，樂境諸果，儘甘任食，主禁只一。厥戒胡輕，守斯匪難。試詰犯繇，克辭乏食，克云難從，弗欽故犯，誠乃實辭，厥辭醜，厥僭至矣。二，大負主恩。纔受多寵，弘慈擊目，方宜心感守令，顧倏受倏方，宜晣厥重。三，天主既戒云，食之必死。邪魔縱云，食之無害。乃弗以主命爲誠，而信魔妄，甚辱主命。詎謂輕科，可貸嚴刑。四，厥罪匪一，即方一端，兼有多辟。一曰厥心疑主。二曰徇婦慢主。三曰妄驗果實之能，欲試主與魔言孰確。四曰貪食踰節。五曰害己又害厥後。六曰希與主並，斯端極傲，允屬罪魁，惡首惟傲。緣一果冀齊天主，奚傲如之。奥斯定聖人曰，元祖多智，厥智猶暗，又厥攸知，增減存滅，惟主是繇，乃自憎厥知，自厭厥下，冀俾無所弗知，至尊罔匹。致慢主命，厥心傲，厥迷哀，希擬主福，喪現福焉。迨若魔計，抑又陋哉。罔己以傲，罔人以傲，並莫逃厥傲刑。

或問傲惡奚居首。曰，緣貪而食，緣魔誘而貪，緣喪主寵被誘，緣慢主致喪主寵。緣自尊輕主，傲惡存乎自尊。一入元祖心，大主疾惡棄絶。斯晣傲誠惡首，故經曰，傲矜居萬罪首。昔上古多彼亞聖人訓厥子云，戒之戒之，毋容傲氣入乃心，毋得自尊入乃心。喪乃心，而諸喪之首。斯罪之狀，莫克勝數。天主嚴刑奚異。

矧主用罰之際，旋施厥慈。經曰，元祖方命，天主旋示良方。俾獲起，時主語魔曰，毒龍毋自妄誇，毋昂傲首，我於來時，將生一女，踏汝首。厥女之子大克汝，汝羣乃大敗。良聖人詮曰，毒龍乃邪魔，女乃聖母瑪利亞，其子既降世，以攻以勝以破魔惡計爲職。《聖經》紀厥勝云，逆賊勤守厥寨，安享厥財，忽巨勇突入，攻而勝之。必奪厥兵，抄厥輜重，以散本兵。解曰，逆賊，指邪魔。厥寨，指普地。厥兵，指惡謀。巨勇，指吾主。吾主降世敵邪魔，殺厥力，破厥謀，削厥權，制厥勢，於是俾人棄魔而向主。

奥斯定聖人嘆曰，幸哉人罪。緣主降世，成人贖人，大施靡竟之慈。昔魔妄施，俾人離地堂樂境，茲主降世，俾人登天上福堂。爾徒異主罰，弗念主慈者，謬也。

奥斯定及多瑪兩聖人評元祖夫婦罪，誰首誰從。云，罪首屬妻，繇彼嫉主福，疑主言，推厥夫同陷者故。又有聖人云，罪首在夫，以亞黨躬承主戒，厥妻轉受於夫，夫爲妻首，首受主戒，首方主命，首招萬民之苦，緣彼方命，世染原罪，無與厥妻，重罪歸夫。斯評較切。

或問元祖獲罪，受罰宜矣，後人何與。曰，泉濁流濁，本傷枝傷。元祖獲罪，厥裔共之胡異。譬之發麪酵，合時味甘，踰時味酸，麪緣並酸。元祖乃吾人同類之首，始生未犯，厥性本美。方命之後，大改厥性，吾人爲彼傳生，生際必共厥污，是名原罪。

聖賢又紀曰，天主初造人，與約誡云，雖汝罔功，吾徒手賜汝本性超性多恩，汝必盡忠奉命。如是，汝乃安享厥賜，汝子若孫咸享厥賜，吾甚愛之，視若忠裔。不然，汝或心迷方予命，汝乃蒙叛逆惡名，吾必甚怒，降罰萬苦，以迄於死，汝子若孫，並同汝罰。汝宜警戒切識。噫，元祖弗戒，倏忽忘命，昏迷負約而犯誡焉。天主如約始降多罰，用懲厥罪，先失靈性之聖寵，後罹種種世殃，并吾子孫輩同厥累焉。斯晰天主罰元祖，並罰吾輩之大義。

聖賢又設喻曰，今有臣未建尺寸功，其君先予以高爵厚祿，旋戒曰，予奪繇我，茲特徒手賜汝，汝能遵命，乃終厥享，汝裔世食汝享。不然，爲叛逆，吾奪汝而罰至重。凡汝子孫恆是逆裔。君命如是，設其臣弗戒，而遂叛焉。自取放置，爲厥子孫視無祿爵，煩苦如民。宜異厥先之千憲乎，抑異其君之法讁乎。用是推之，可無疑義。是故人生帶有原罪，不可少疑。

昔異教人，不信小兒初胎皆有原罪。乃曰，父授子以生，無罪。子受之父而生，亦無罪。原罪何隙入之。奧斯定聖人答曰，今有人偶陷深坑，見者不速救，而徐責其陷坑之人，必怪之曰，汝宜速援吾出，弗宜徐責吾入也。然則人既偕入原罪深坑，汝怪其入，奚益哉。宜求天主施救，乃利矣。嗚呼，久哉巨門大闢已入，汝何求小隙耶。葆祿聖徒明厥門曰，元祖之罪，引罪入世。罪既入，死輒隨之。罪在彼謂之本罪，在我謂之原罪，欲晰其流毒之遠，當知後人原係元祖之身，如肢體係元首然。彼代吾人首領主命，并代吾人首肯主約，則彼領即吾領，彼守與犯，即吾守吾犯。彼受供命之賞，吾與共之。則彼受犯命之罰，吾亦與之共之矣。原罪之流，不益信乎。

或問，原罪招致多難，請示厥詳。曰，厥患屈指莫罄，第言其略。則先敝內靈，繼延厥身。原罪在靈，不容聖寵，故厥靈甚醜穢，天主甚讐惡之，苟弗求聖教善法以潔除，終弗能升天。斯一患爲最，別有四患，聖賢謂之四傷。一傷明司。二傷愛司。三傷下分之嗜。四傷下分之怒。

傷明司何。奧斯定聖人詮曰，無喻可喻吾人之愚。夫羽禽雖愚，人殆甚焉，羽禽弗學而認厥母，弗携而識就哺，人顧不然，生時弗知其母，餧時弗知就乳。長而無師，弗能辨生死之向，與形神貴賤諸理。雖有大智，師心矢論，尚多謬雜。學士雖勤，弗能悉準。經曰，天主造世，物類森森。人雖殫思，弗罄厥理。夫物既至賾，學宜至長。而年壽甚促，或誇周知，不亦過妄。寧謂無知，庶乎允當。又況生命本促，人更爲之促其促。宴息居半，飲食閒暇居半，務學之時，僅惟半晷，可識甚淺。且天主生人形軀，俾得盡力於善學。人反厥用，先身後性。五官爲性學門，狥五官而性學喪焉。古賢嘆曰，物質咸助厥模，用修厥職，特人質宜助厥靈，而反敗厥職。聖經曰，肉軀重土，勢本墜落，牽靈偕落，是也。明司固迷，斯傷至劇。若元祖未犯命時，明司受有大光，用燭物理，靡弗確當。既犯命後，明司被傷，忒差莫計。

傷愛司何。曰，愛之偏，如毒涎惡酖，首害人心。俾偏愛己私，弗同未方命時，厥愛咸正恆和天主，愛憎順主，今輒忘主，弗審當否，第狥厥貪。奧斯定聖人悉厥害曰，凡囂靈之思，焦心之念，平生之愁懼淫忿，背公，失信，妄証，邪謀，詐佞，盜竊，妬上，慢下，憎惡同儕，尊己卑人，種種之偏，皆歸愛己，而愛司至傷。

愛司既傷，循善避惡弗啻其難。葆祿聖徒曰，異哉吾愛司，愛善，而行之則難。惡惡，而避之弗易。奈何愛惡互爭，難易相敵，勝負莫辨，甚哉愛司之劣。詮曰，人性含理，惡者，理之反也。今人趣惡若馳，就理如負，猶病者愛生惡疾，顧辭瘳疾之劑，而甘發疾之食也。

又人當幼時，向善甫始，厥行弗定，倏忽更變，惟逡巡惡習，固持難釋。故經曰，幼童錯履，迄耄弗知返。此之謂也。皆明驗愛司之傷，奧斯定聖人嘆曰，靈使百肢，或作或止，速順靡違。及使循善卒難，時順時否，來去弗定，可以弗定名厥定，亦可晰愛司之重傷。

傷下分之嗜何。曰，靈性之下分，嗜欲之敗也。嗜欲無度，以人行獸。元祖未方命時，原義克制逆萌。方命後，則如駁馬跳梁，羈之弗得。葆祿聖徒自異曰，吾不幸人也。嗜欲頻攻吾心，吾身作吾勍敵，吾奚敢寐。謹厲吾兵，迎敵接戰，齋素鞭撻，以苦吾身。敵鋒速挫而伏命。噫，聖如聖徒，尚患嗜欲之攻，必習苦以勝之。哀哉吾人，不聖不德，乃安意逸樂，藏賊於靈，不用微勞，妄希克敵，能乎。蓋嗜欲者，悍僕也，逸之益悍，撻之斯降。又炎火也，世味之薪，益增其炎，勞之以苦，如水斯滅。又劇病也，縱口增病，戒口則瘳。聖徒之法，後聖皆倣傚焉。吾人舍

是，奚法可師。傷下分之怒何。曰斯忿，怒踰節也。巴西略聖人曰，天主畀人以怒者將防患而衛生也。如勇士防寇，如筋節防身。何方命後，顧以怒情傷人之命，卸仁德之慈，襲猛獸之暴。忿怒所發，噬人如犬，牴如牛，吼如獅，殘如虎，靡所弗至，悉怒情之傷。

怒，害人多，自害弗少。緣怒而致重疾，弗計其數。厥苦弗堪，種種怒病，人槩目擊奚煩更悉。

又飢渴之害，人所莫免。士攻業，農力田，商經遠，工動作，多難之故，咸以飢渴。天主欲罰元祖之罪，謂之曰，自茲以後，弗能坐食，腹餒必勤耕，汗力反土，耘耔穡事，食飲粗足，斯乃汝罪之刑，是也。

又多禽獸之害。元祖未方命時，禽獸百物咸順人命。方命後，物亦方人，爪牙蹄角之屬皆若共盟，利器毒人，職是之故。又多寒暑旱澇之害。元祖未方命，終歲和平，雨暘時若，百物長春。方命而後，水旱叠興，呼而弗應，嚴冬酷暑，相迭難人。經曰，諸天之變，四時之乖，雷霆孛彗，災異駭人。空中諸象，皆如主兵，用征逆然。又生命之促，必臻於死。厥初天主化成長生樹，人啖其實，年延無損，安度世期，活能升天，弗經死苦。元祖方命，主謂之曰，識之識之，爲人爲灰，昨出於灰，來歸於灰，必迨死亡。斯罰爲人世終罰，重罰也。夫人莫不愛生怖死，今卒弗克，斯刑誠極。經釋人命之短，設多喻曰，人生如牧者之蓬，朝成暮毀。如織者之經，未就悉斷。如驛者之倏至，如順風之發舟，如翬斯飛，如矢去弦，如朝榮夕枯之草。

或聞而異之曰，嘗覩多人至耄期，曷云甚短。曰，若是人幾何，千伯一二耳。餘或幼亡，或壯逝，或鋒鏑橫暴，莫可勝舉。又況耄期，雖云齡久，較擬身後永時，弗啻殀焉。特如俄頃，俄頃既過，死期速臨。原罪之罰，卒莫能避。

昔主以原罪之患規衆曰，譬之旅者，下山遭寇，罄劫斫傷瀕死。詮曰，旅從山下，乃人性也。天主造時，並錫多寵，先既高矣。方命自招諸罰，後乃下焉，如自上而下者然。異教之人，弗解世患奚自，弗識原罪之故。

或疑原罪染人，未有實証，故弗之信。不知聖教教人，不敢以難信者誣人，姑舉三條，用証厥眞。

一，証聖經。葆祿聖徒曰，元祖一人招罪入世，厥流綿延相染，斯罪爲吾世父遺產，吾子輩咸承受焉。如今之人子，承乃考之產然。第斯產也，陋矣哉。而斯承也，哀矣哉。又曰，元祖於吾主互反，兩行甚懸。元祖方命，蠛己性，并蠛厥後之性，驅人悉供魔役。吾主承聖父命，俾之咸脫魔繩，復爲天主子。元祖害己性，自致死罰，并害吾輩，咸罹干死。吾主降世，以身受死，緣救萬民之死。俾吾靈性，仍獲厥生。經曰，疇無罪，疇能自誇厥靈至潔無污。彼初生之嬰，厥靈尚弗免垢。達未聖王嘆曰，異哉，予始胎，吾靈即穢。吾母受孕，吾始有罪，斯罪非厥本罪，爲原罪明矣。

二，証聖人之言。聖人僉曰，天主降世受生受洗受死，曷以故。蓋主受人性，緣痊吾人之性。受洗，緣洗潔吾人之靈。受死，緣去吾人原罪之死。又曰，元祖食禁樹之實以方命，吾人均屬方命，均屬負欠者。厥劵懸於禁樹之枝，吾主緣自懸於十字木架之上，用厥釘勾免，用厥聖血塗抹，乃獲聖父之釋貰。又曰，最初夫婦二人既方主命，既出地堂，如發配人徙厥本鄉然。彼乃敗根，吾皆敗枝。彼敗曰本罪，吾敗曰原罪。哀哉，吾性不幸，未出胎而靈已污，未覩光而靈先暗。信哉世人不幸之甚。

三，証眞理。一爲天主攸造之物，必全無缺。造天全造地全，造昆蟲草木，咸罔弗全。備物凡以爲人，是故造人，獨畀靈性，超越萬物。造物既能各極厥妙，詎造人顧弗粹精。達未聖王謂主曰，主造人時，大彰厥智。我思厥營人身，及賦以人性之精，極殫思。厥造精妙，益精益微。乃今人性多缺，明悟多謬，愛欲多偏，身多穢行多醜，人亦甚拙矣。曷造之云工，可明斯拙，非繇天主手，特壞於吾人轉手也。緣知自作其拙，乃原罪故。

二，爲天主之義，至公無私，賞罰悉中，惡不累善，善不混惡，定法不易。昔古教人時有穢行，主亦時降厥罰，衆心執迷弗知厥非，相顧異曰，異乎天主之義。先人獲罪，而吾被其刑。如父嘗醯，子齒得酸，義乎哉。天主甚惡斯喻，責之曰，悖義之徒，爲是悖義之喻，盛吾怒而用擊劇罰。吾造先人，吾造厥裔，彼此之靈，吾造也。吾義惟公，視厥行美惡，隨賞罰之，弗問厥父與子。奧斯定聖人詮曰，主言顯示世人咸有原罪，今吾目覩世罰，多苦多病多逆多難，以趨於死，明皆天主之刑。如使元祖方

命，罔與吾人混同彼罰，必傷主義。茲視吾罰，并視吾有原罪矣。

或問據聖賢喻，原罪染世，若洪水淹人。第按經記，洪水之時，尚有八人幸免厥害。則茲原罪之害，亦有幸免者乎。曰，獲免斯者鮮矣，僅有二人，餘無一免。其一爲吾主，以人性締天主性，降世成人，本無原罪，本莫克染。蓋凡繇人道生者，斯有其染。吾主弗然，降世咸出天主之工，絕非干於人道者故。其一爲聖母。論其始胎於母，宜染如衆，第緣天主原選爲吾主降生之母，愛之特甚，緣獲脫免，異於凡人。如將溺者，幸賴有力先提幸免。故聖母始胎，天主以聖寵大滿厥靈，罔使微隙，原罪無自可入，緣脫斯染，聖賢廣徵斯理，一曰，母勢貴賤榮辱，咸係厥子，孰有子而弗願榮貴厥母。天主自能脫免聖母於原罪，即弗染矣。二曰，元祖夫婦二人之位，與萬萬天神之位，擬較聖母，弗及萬一。彼輩皆爲使役，其位有限。聖母則天主母皇，厥位靡對。元祖天神受造之時，尚皆無染，聖母之益當無染，信矣。諳德肋宗徒曰，天主選至凈之土造首人，選聖母至凈無罪之胎，造厥至凈之身，是也。三曰，《聖經》多喻聖母之凈云，聖母之美，完全之美。厥光，太陽之光。全美者，言其無時得蒙罪污也。太陽之光者，言其無時得蒙罪影也。四曰，衆聖人之言皆云，聖母始胎，天主聖寵先貯厥靈，後來原罪莫得侵之。又云，聖母聖靈，乃天主聖殿，無纖芥可掃，無半塵可拂，無微灰可除，至潔至凈，卒世全精者也。綜覽諸條，可無餘惑。

元祖夫婦二人，謂本罪，不謂原罪者，以厥始生爲天主親造，弗同於衆，弗屬罪人子，特惟自作之辜故也。

又《是以三百六十五種肩隨結轍競織法羅》 言異教之衆，爭立門戶，若人悉力織網羅禽也。斯晰世人明悟之傷，迷惑之至，蓋教之眞，路之正，必有一而無二，奈何世人順從多岐，繇是其種愈久而愈紛矣。

又《或指物以託宗》 人昧正道，錯認諸物，尊之若主。或奉日月，或奉斗星，弗悟斯皆天主攸造之物，用以炤臨吾人，緣引吾人推徵厥造眞主，乃俱瞢然指物爲宗，不綦惑歟。經曰，天主生日月星辰，布列於天，光美炫目燿心，人宜以爲梯，漸引使上而識造之之主。不知緣物以徵主，反用物以自弇，大負天主生物之意，惜哉。

又《或空有以淪二》 淪，亂雜也。二者，空有也。斯晰釋非，蓋云物出於無，終歸於無。而有者實有，不得淪亂。今釋盡空諸有，淪此二端，良弗識萬有之主，厥性妙有，眞實非虛，弗容或空也。

又《或禱祀以邀福》 斯晰人之淫祀邪神求福，謬妄弗悟。經曰，土神邪魔之像，不見聞，不言動，塊然如尸，弗能自佑，烏能佑人。禱祀之者，非徒無益，又獲罪於眞主，是求福得禍也。

又《或伐善以矯人智慮營營恩情役役茫然無得煎迫轉燒積昧亡途久迷休復》 斯晰二氏之妄。吾人無善可伐，異端立教妄自尊大，矯誣眞理，俾人惑於其說，營營役役，茫無實得。其心煎迫，轉相燒害，久迷沉錮，失向眞主，若盲者失路，永昧安止本所也。

楊榮鋕《景教碑文紀事考正》卷二《洎乎娑殫施妄鈿飾純精間平大於此是之中隙冥同於彼非之内》 此以下至久迷休復句，總言魔鬼誘人干犯上帝，縱欲從魔，圮敗性靈，暗府門開，明宮路絕之事也。娑殫魔鬼名，希伯來音，譯即惡敵，謂與道與人爲敵也。近時所譯之景經俱用撒但字樣，其事始見於《創世記》三章，其名始見於《約百記》一章，其來歷見於本經《彼得》、《猶大》二書，其作爲則上自《創世記》，下及《默示錄》，層見疊出，其道萬變，其術險惡，古今來上帝困之，以妙萬國之聖，以顯上帝子伏魔之能者。堯舜子不肖，即彼之所爲上帝困之，以作成揖讓之德。舜之父頑母嚚象傲，亦彼之所爲上帝困之，以作成萬世孝友之道。如此之事，景經所紀可謂多極，而景凈此文之所指，乃《創世記》第二、三章之事，今節錄其文以觀其義之所自出。二章文云：耶和華上帝，摶土爲人，嘘氣入鼻而成生活之人。有囿於埃田東，乃耶和華上帝所樹者。當囿之中有生命之樹，亦有別善惡之樹，上帝挈其人置埃田囿，使之栽植，使之防守，命其人曰：囿之果實任意可食，惟別善惡之樹不可食，食之日必死（此景教之始也）。第三章文云：耶和華所造生物中莫狡於蛇，蛇謂婦曰：囿有百樹，上帝豈語汝勿食乎。婦曰：囿樹結實，我俱可食，惟囿之中有一樹焉，上帝命毋食毋捫，恐陷死亡。蛇曰：汝未必死。上帝知食之之日，爾目必明，能辨善惡，仿佛上帝。婦視其樹食可適口，觀可娛目，能益智慧，使人生慕，故取果食之，亦以奉夫，夫亦食之。二人目明，自知裸體，遂編蕉葉爲裳（生是非心，生善惡心）。按此一經，即景凈此文此義之所本。所謂施妄者，謂魔鬼娑殫以似是而非之言誘惑始祖

母，使陷罪也。其言即云：汝未必死，上帝知食之之日，爾目必明，能別善惡，仿佛上帝之言。夫上帝明禁別善惡之樹斷不可食，食之必死。而魔鬼反以能別善惡，仿佛上帝之言，以掩其死而成其死，是施妄也。鈿飾純精者，謂非本質所生之光華。蓋始祖父母渾元之性，本極精純。娑殫乃以爾目必明，能辨善惡，仿佛上帝之虛榮，蒙羃始祖父母純精之性，若鈿飾非眞者然，故曰鈿飾純精也。間，致隙也。平大侔於上帝也，即魔鬼所云，能別善惡，仿佛上帝也。此此心也，是以魔鬼之言爲是也。昔也未嘗有此心，心亦未嘗有此是。及聞魔鬼之言，頓生邪慕，觀之則覺異常悅目，思之則以爲得計，食之覺其適口，循至始祖，自家骨肉反成魔鬼之戈矛。昔也，未嘗敢食，未嘗敢捫，並未嘗敢視。今也，以爲食之而適口矣，觀之而悅目矣，思之而益智慧矣。明犯上帝之禁，而此心猶以爲是，則致此以平大爲是之，間隙於始祖之心中者，魔鬼也。而使魔鬼得以致之者，情欲也。凡今之人非上帝是主，惟一己是主。凡百謀爲予惟己是順，予惟己是適，錮蔽而不可解，其所由來者遠矣。間平大於此是之中故也。隙裂也，裂開嫌隙之路也。冥暗也，同同也，外觀似爲仿佛上帝，而暗中實同於魔鬼也。彼非謂此心，既以此魔鬼之言爲是，自然以彼上帝禁誡之言爲非矣。始也，此心未嘗以彼爲非，及信魔鬼之言，既視之而又捫之，又食之，又從而思慕之，轉瞬之間，反覺上帝禁之爲不情，而彼非之心頓開。夫既以君父爲彼爲非，則妄作聰明，盜弄父兵，不至於僭竊而不止，此所謂開同魔之路於始祖，以上帝爲非之心，內者乃娑殫投間抵隙之所爲也。

又《是以三百六十五種肩隨結轍競織法羅》 此乃承上起下之辭。言自始祖間隙之路開，是非之念作，而遂不可收拾。子武孫繩雖有智者亦不過克勝己私，聿修明德而已。然理欲紛乘，異端蜂起，常在無可如何之日，永無自然清淨之期矣。舉三百六十五種以爲言，非景教之道也。查景經論魔鬼之類，並無成數之可稽，而天下古今之異端左道亦無定目之可核。則三百六十五種之言，仍是景浄等以波斯昨阿樂士論陰氣之惡神邪道，解景教之娑殫魔鬼耳。肩隨者，如兄如弟，如足如手，互相依傍也。結轍者，如車之聯貫，如浪之追隨也。競者，分道揚鑣也。織者，絲絲入扣也。法羅者，謂三百六十五種密布於天地間，如天羅地網也。此二句總言曲學異端，彌綸宇宙，無地不有，無時不然，彼盛而此衰，彼消而此長，分途而治世，並力以網羅，古今萬國之人，無有如之何者，良由欲匹上帝，故遭荼毒也。

又《或指物以託宗》 此文乃景浄於魔道中揭出大綱，以著娑殫爲害之烈，以告人也。指物，謂世人以私心測度，任指天地之間一物也。託宗，謂以所指之物立之爲主而尊之敬之，或謝之拜之事之賴之之謂也。蓋指物託宗乃世人初離上帝，由光入暗之始，凡罪者皆能令人畏定罪之主，畏斯離，離斯暗，暗則魔鬼得以售其奸，而世人遂甘心將乃天父之恩，榮歸於其所指受造之物，於是上帝益離，而魔鬼益親。上帝日賜萬恩，即以萬恩歸榮於所指之物。所指之物雖無靈而魔鬼有靈，竊上帝之恩以爲己有，而人心益固，遂至世間稱帝稱神稱宗稱主者日多。其始也，以蒼蒼之天爲君爲父，而又以地配，是父天母地也。然上帝實非天地也，不過指物託宗而已矣。其繼也，又有指太陽以託宗者，斯道也，以波斯、印度、埃及、巴比倫爲最盛。景經記迦南人竟有焚子以祭太陽神者矣，此等惡俗爲上帝所不容。又繼而指陰陽以託宗，始而巴比倫、波斯、印度。有商之世，巴比倫文士有入籍中國者，其說蔓延久之，遂混而不分，究之陰陽，不過變化物性之一法，非造化授命之主也。周初五星主命之說興於巴比倫，周衰五德迭王之說興於中國，虞夏之際，六府三事，未聞五行之論也。《洪範》一篇，傳自周初，吾不知其爲眞書僞書也，然實爲宗五行者之祖。兩漢經師宗託尤甚，迄於趙宋，河洛諸儒又轉一宗，不曰五德而曰理氣。託宗五行固屬魔道，即宗理氣，猶在法羅之內也。夫氣猶質也，理猶法也，氣譬物也，理譬規矩準繩也，皆無知覺者也。匠人不運思，二者何以成物也。使上帝不造物，氣於何有。上帝不賦理，理於何有。上帝不布命，理氣何以成物也。此猶論物也，人爲萬物之靈，能行善能作惡，豈理亦有惡理耶。無怪乎明季諸儒又宗心學矣。以心爲主，善夫曰危甚，仁義禮智謂由心出，恐未盡然。惟淫念、隱惡、貪婪、暴狠、媢嫉、兇殺、爭奪、詭譎、刻薄、中傷、訕謗、怨恨、狎侮、驕傲、矜誇、機詐、迕逆、文過、失信、殘忍各性，正不得不謂之不由心出也。天下無無心之人，生而居仁，由義者誰乎，貪殘驕文者遍天下矣。越至於今，無所可宗，惟以偶像財神爲宗。以偶像財神爲宗，其不至於天良喪盡不止。此景

淨所以著之爲魔道之首惡者也。《出埃及記》二十章，上帝垂誡曰：余而外不可別有上帝，毋雕偶像，天上地下水中百物，勿作偶像象之，毋拜跪，毋崇奉，以我耶和華，即爾之上帝，斷不容以僞上帝匹我，正謂此也。

又《或伐善以驕人》 此乃元祖受惑於魔，能別善惡，性根流於後世之奇患，正娑殫之秘術也。善者，美名也。天下皆知善之爲善，斯不善矣。善之云者，由惡相形而後始有善之名也。善者，人之本也。惡者，人之變也。以本爲異，以變爲常，毋乃禽獸天下而人我乎。世人皆惡而我獨善，此乃世間最悲慘之事，顧乃以之驕人耶。【略】彼言性善者，知本不知變。言性惡者，知變不知本，言性相近者，其殆庶幾乎，猶未能直指其所以然也。能直指其所以然者，其在景經乎。性者，上帝像也，不識上帝不可以言性也。性者傷於魔也，不識魔鬼不可以言性也。性者，人之眞也，不識景尊不可以言性也。彼渾元之性，人也，我也，善也，三者一體，不知所謂人，不知所謂惡也，何所伐，何所驕。《創世記》一章云，上帝視所適者盡善矣，彼中毒之性，我也，善也，惡也，三者同出而異名。我也，三者異視人也，三者異趨，入乎此必出乎彼，入者主之，出者奴之。求不伐善而驕人，庸可得乎。夫伐善驕人之道，乃一目無上帝，喪其本心，失其所以爲人之理而與魔鬼同刑者也。《書》曰：有其善喪厥善，矜其能喪厥功。何也，天道也，自然而然者也。天道，何謂也。仰觀乎天，生氣彌綸，日月，風雲，雷雨，霜雪，霧露之屬，其祝福於人者，不可以數計。俯察乎地，山川河海，五穀百果，禽獸六畜，麻縷絲絮，金銀銅鉄，名花異寶，其所以備物於人者，又烏可以法測量哉。然而上帝弗自伐也，未嘗責報於人也。行其所無事也，無聲無臭，於穆不已而已矣。景本經《使徒行傳》十四章文曰：先世上帝容諸民自爲其所爲，然上帝善視人，雨降自天，果生以時，賜我嬴糧，喜溢於心，如是證己爲上帝矣。《馬太》五章曰：蓋天父以日照夫善不善，以雨濡夫義不義者也。又曰：故爾當純全若爾天父焉，觀於此而知伐善驕人之道，眞目無上帝矣。【略】惟天陰騭下民以諧合其居業，使有常生之資，故賦人以才能學問，智慧權力，奇技異能，乃不資之爲善，以歸榮上帝，補益世人，顧因之以驕人耶，喪固有之良，失生人之理，眞魔道也。而伐善驕人，尤魔中之魔也。人患不肯爲善耳，今伐善之人，非不從事於善，又使之自矜自詡而盡喪之，又從而附之，以矜伐之惡，魔鬼誠詭哉。語曰：如有周公之才之美，使驕且吝，其餘不足觀也已。景尊之訓曰：慎勿人前施濟，故令人見之。若然則不獲爾天父之賞矣。故施濟時勿令吹角於前，若僞善者在會堂街巷求榮於人。我誠告爾，彼已得其賞矣。惟施濟時勿使左手知右手所爲，如是則爾之施濟隱矣。爾父監於隱者，將顯以報爾也。文見《馬太福音》六章。有數人自恃爲義而藐視人，景尊設譬謂之曰：有二人登殿祈禱，一法利賽人，一稅吏。法利賽人獨立禱曰：謝上帝使我不似他人殘酷不義、淫惡，亦不似此稅吏。我七日禁食者，二而以所有十輸其一。稅吏遠立不敢舉目仰天，拊膺曰：我有罪，上帝憐之。吾語汝，此人歸以義見稱，較彼尤勝。蓋自高者將降爲卑，自卑者將升爲高也。此即伐善驕人之象也。此即目無上帝，喪其本心之魔道也。歷稽景尊生平聖德神功，自有上帝氣象，而景聖保羅於《腓立比》二章論之曰：彼具體上帝即匹上帝不爲僭，然猶虛己誕降爲人，以僕自處，既爲人猶屈己順命致死，甚而死於十字架，爲此上帝躋之無上，錫以顯名，超乎萬有，使天地幽冥之人聞耶穌名，無膝不屈，無口不稱耶穌爲主。此是上帝自躋之自使之，人自樂得而稱之，非景尊自爲之也。景尊之所自爲者，惟行父所悅，而又屈己順命致死以贖萬民之罪耳。

又《或禱祀以邀福》 此文字義顯然，無庸贅釋。然景淨之所指，則謂禱非其主，禱所不當禱。祀非其主，祀所不當祀。淫祀邪禱，非惟無福，益以取禍，正魔道也。伊昔上帝憫人與魔之不敵，不忍遽絕於人。人苟立志，崇正黜邪，籲禱上帝，上帝亦必援手，而祀典則上帝特立，用以示萬世贖罪之法者也。故禱有邪有正，祀亦有正有邪。

又《智慮營營思情役役茫然無得煎迫轉燒積昧忘途久迷休復》 此文景淨用以指明，此世自有魔道以來，而世人心思意念常在火炕之中，久之則習慣自然，無復帝鄉之念矣。智，私智也。慮，圖度也。營營，勞擾不息也。思，心思。情，情欲。役役，力役不休也。茫然，無所見也。得謂心中確有所得，生死不奪其安也。煎，如物之被煎，迫如拷訊之迫。轉，輾轉也。燒，火燒也。如輾轉於火炕之中也，積世增其惡也。昧，黑暗也。世惡愈增，人心黑暗愈甚也。忘失也，途天國之路也久，自元祖犯誡

之時，至景尊臨世之日也，迷不知所往也。休復，《易》復卦文六二，休復吉言，復見上帝之心也。總言世人日以私智圖謀，勞心竭力，至死不休，而心之所思，皆爲欲所役，如牛之負軛，被鞭而不得一刻之休息。既竭吾才，所欲不遂而無所得，所欲皆遂而終無所得。秦皇漢武並六國，勤遠略而窮於仙之類是矣。一得茫然無所得，得其所謂得，亦終無所得。無窮之欲煎迫，終無所得，更煎迫於是，自火自煎，自轉自燒，久之而內體之五濁惡。世成蒙蒙然，憧憧然，其志昏昏然，其視茫茫然，其聽轟轟然，雖有天路，弗能識也。遑問上帝之心乎？此即普世人心之象也。

綜述

景净《大秦景教流行中國碑頌並序》 洎乎娑殫妄施，鈿飾純精，閒平大於此是之中，隟冥同於彼非之內。是以三百六十五種，肩隨結轍，競織法羅。或指物以託宗，或空有以淪二，或禱祀以邀福，或伐善以矯人。智慮營營，恩情役役，茫然無得。煎迫轉燒，積昧亡途，久迷休復。

地獄

綜述

陽瑪諾《景教流行中國碑頌正詮·懸景日以破暗府魔妄於是乎悉摧》

景日者，光大之日，即吾主受難之日也。吾主既死，聖靈離尸，光昭如日，贖世之急務已全，爲光而且大之日也。暗府者，地中古聖之寄所也。主既受難死，聖靈降於古聖寄所，是所先謂暗府，今則破暗而爲光矣。魔妄者，對眞主而言也。吾主爲眞，邪魔爲妄矣。悉摧者，羣魔驚吾主贖世之功，而鋭氣摧挫，弗克當天主之聖威，魔力至此而窮也。

按古經典，及聖賢諸解，皆曰，地中有四重大穽。最下者，大地中心，謂之地獄，乃惡鬼與惡人所受萬苦永殃之冥阱。稍上一重，爲煉罪苦所，在教之人，幸獲善終，或因謝世之時，猶有宜補工夫，未能補之於在世，死後姑置此所，以鎔其滓，厥靈既淨，乃獲升天。又稍上一重，爲殀殤之所，是所無苦無樂，爲其在世孩童無知，本無善惡，故其所報，亦無苦樂。但非領洗，因有原罪，弗獲升天。又最上一重，爲古聖人寄所。自元祖方天主命，天門因人罪而閉塞，雖古聖人莫能自進，天主俾之姑寄此無苦之所，待主降生，受難救世之後，乃啓天門。故吾主聖靈降此，以攜古聖偕出升天，謂破暗府者故。信經第五端曰，我信其降古聖之寄所，是也。

先知

綜述

陽瑪諾《景教流行中國碑頌正詮·圓廿四聖有説之舊法理家國於大猷》 圓者，周全也。廿四聖者，古經內先知者，豫紀天主降世之情，約二十四也。舊法者，古經也。吾主自降誕以迄受難，凡厥言行，按之古經，二十四先知者豫紀之言，一一符合，周全罔缺。繇是聖教之美，大扶王化，而家國大猷，清和咸理有餘矣。

楊榮鋕《景教碑文紀事考正》卷二《圓廿四聖有説之舊法理家國於大猷》 此文是指景尊上應前知之預言，下奠邦家於磐石。集古經廿四聖之大成，其昇降生死，視聽言動，畢生遭逢，皆足以爲古經全部之注腳，滿古經之望有過之無不及焉。圓，《易傳》文是故蓍之德圓而神，亦內典圓通、圓滿等習用之文，而景義則取曲當精微之意也。廿四聖者，一曰摩西，二曰約書亞，三曰撒母耳，四曰以士喇，五曰尼希米，六曰約百，七曰大闢，八曰所羅門，九曰以賽亞，十曰耶利米，十一曰以西結，十二曰但以理，十三曰何西，十四曰約耳，十五曰亞摩士，十六曰阿巴底。十七曰約拿，十八曰米迦，十九曰拿翁，廿曰哈巴谷，

廿一曰西番雅，廿二曰哈基，廿三曰撒加利亞，廿四曰馬拉基。廿四聖所著之書共卅九卷，其略詳於景教源流考，茲不復贅。景古聖不止廿四人，如以諾那亞、亞伯拉罕，以利亞等皆不在廿四聖之列，以彼等只有行狀可傳，而無經典垂訓，是無說也。其有說者惟廿四聖而已。然古聖言行之當傳者亦已略載於廿四之書矣。曰舊法者謂廿四聖之古經，皆本上帝之公義而立。其威儀法度，微旨大義，必俟景尊臨世之日而考成。既以考成者爲新，自然以草創者爲舊矣。今西人所譯之景經，古經命名《舊約》，本經命名《新約》。其取義與景淨等同出於本經《哥林多後書》三章，按其文曰：我不能擅自思索，吾之能由上帝賜我，有能爲《新約》之役，非循舊典，乃本於神，舊典致死，本神致生。昔摩西面暫榮，以色列人不能注目視彼（事見《出埃及記》三十四章）。夫以舊典致死之法鐫諸石，其榮且如此，況本神之法，其榮不更甚哉。若定罪之法榮，則稱義之法益榮，此即新舊之別也。

錢恂《景教流行中國碑跋》（存目）

娑殫

綜述

陽瑪諾《景教流行中國碑頌正詮·洎乎娑殫妄施鈿飾真精閒平大於此是之中隙冥同於彼非之内》 洎，及也。娑殫者，邪魔本稱，譯言讐也。鈿飾，粧點之意。閒字，古書與間字同用，謂間隔也。茲詮元祖亞黨厥性粹精，緣聽魔妄，掩飾本美，與平大之眞性間隔，與冥同之眞愛仇隙也。

或疑，天主厥初生人，既予性美，欣欣樂生，何今吾皆不然。曰，邪魔妄施厥計，誑元祖獲罪於天主，吾人咸屬厥枝，厥根既敝，枝並弗榮。人方主命，庶物緣遂方人，世難並集，咸人自招，弗足云異。

靈修

綜述

《志玄安樂經》 聞是至言時，無上（一尊彌施訶與衆脫出愛）河，淨虛堂内與者（俱。岑穩僧伽及諸大）衆，左右環遶，恭敬侍（坐，普心至仰，時岑穩僧）伽從衆而起，交臂（而進，作禮贊白彌施訶言：）「我等人衆，迷惑固（久，願修勝道，不審以）何方便救護，有情（大衆，皆可得安樂道？」（一尊）彌施訶答言：「善（哉斯問，善哉斯問！汝欲衆生求預勝法，汝（當審聽，與汝宣言：一切有情）一切品類，皆有安（樂道。然含生沉埋不見）如水中月，以水濁故，不生影像。如草中火，以草濕故，不見光明。含生沉埋，亦復如是。岑穩僧加！凡修勝道，先除動欲，無動無欲，則不求，不爲。無求無爲，則能淸能淨。能淸能淨，則能悟能證。能悟能證，則遍照遍境。遍照遍境，是安樂緣。岑穩僧加！譬如我身，奇相異志，所有十文，名爲四達。我於四達，未嘗自知，我於十文，未嘗自見。爲化人故，所以假名，於眞宗實無知見，何以故？若有知見，則爲有身；以有身故，則懷生想；懷生想故，則有求爲；有所求爲，是名動欲；有動欲者，於諸苦惱，猶未能免；況於安樂，而得成就？是故我言：無欲無爲，離諸染境，入諸淨源。離染能淨，故等於虛空，發惠光明，能照一切。照一切，故名安樂道。復次，岑穩僧加！我在諸天，我在諸地，或於神道，或於人間，同類異類，有識無識，諸善緣者，我皆護持，諸惡報者，我皆救拔。然於救護，實無所聞，同於虛空，離功德相。何以故？若有功德，則有名聞，若有名聞，則爲自異；若有自異，則同凡心。同凡心者，於諸矜誇，猶未度脫；況於安樂，而獲圓通？是故我言：無德無聞者，任運悲心，於諸有情，悉令度脫。資神通故，因晤正眞；晤正眞故，是安樂道。復次，岑穩僧加！我於眼法，見無礙色；我於耳法，聞無礙聲；我於鼻法，知無礙香；我於舌法，辨無礙味；我於

身法，入無礙形；我於心法，通無礙知。如是六法，具足莊嚴，成就一切。衆眞景教：皆自無始，暨因緣初，累積無邊，囉嵇浼福。其福重極萬億，圖齊帝山，譬所莫及，然可所致方始善衆，會合正眞。因茲惠明，而得遍照，玄通昇進，至安樂鄉，超彼凝圓無轉生命。岑穩僧伽！如是無量，囉稽浼福，廣濟利益，不可思議。我今自念，實無所證。何以故？若言證，則我不得證；則我不得稱無礙也。是故我言：無欲、無爲、無德、無證，如是四法。不炫己，能離諸言說。柔下無忍，潛運大悲。人民無無邊欲，令度盡於諸法中，而獲最勝。得最勝，故名安樂道。爾時岑穩僧伽重起作禮贊言：「大哉無上一尊！大哉無上一尊！乃能演說，微妙勝法，如是深奧，不可思議。我於其義，猶未了悟。願更誨諭。向者尊言，無欲、無爲、無德、無證，如是四方（法）名安樂道。不審無中云何有樂？」一尊彌施訶曰：「妙哉斯問，妙哉斯問！汝當審聽，與汝重宣：但於無中，能生有體。若於有中，終無安樂何以故？譬如空山，所有林木，數條散葉，布影垂蔭。然此山林，不求鳥獸，一切鳥獸，自求棲集。又如大海，所有水泉，廣大無涯，深浚不測。然此海水不求鱗介，一切鱗介自住其中，含有生緣。求安樂者，亦復如是。但當安心靜住，常習我宗，不求安樂，安樂自至。是故無中能生有法。」彌施訶又告岑穩僧伽及諸大衆曰：「此經所說，神妙難思。一切聖賢，流傳法教，莫不以此深妙眞宗，而爲其本。譬如有目之類將遊行，必因日光，方可遠見。岑穩僧伽！此經如是，能令見在，以及未來有善心者，見安樂道。則爲凡聖諸法根本。若使復有人，於此經文聞說，歡喜，親近、供養、讀誦、受持，當知其人乃祖乃父，非一代二代，與善結緣，必於過去，積代善根，於我教門，能生恭敬，因茲獲祐，故懷願樂。譬如春雨沾灑，一切有根之物，悉生苗芽；若無根者，終不滋長。岑穩僧伽！汝等如是，能於我所，求問勝法，是汝等數代，父祖親戚，善尤多轉及於汝。」岑穩僧伽恭敬悲賀，重起作禮，上曰尊言：「大慈大悲，無上一尊；乃能如是仁愛於我，不以愚蒙，曲成贊誘。是則爲我及一切衆，百千萬代，其身父母，非唯今日得安樂道。但我等積久沉淪昏濁，雖願進修，卒未能到。不審以何方便作漸進緣？」一尊彌施訶曰「如是如是，誠如汝言。譬如寶山，玉林珠果，鮮明照耀，甘美芳香，能療饑渴，復痊衆病；時有病人，聞說斯事，晝夜想念，下離果林。然路遠山高，身尫力弱，徒積染願，非遂本懷。賴有近親，具足智功，爲施梯櫈，引接輔持，果尅所求，乃蠲固疾。岑穩僧伽！當來衆心，久纏惑惱，聞無欲果，在安樂山，雖念進修，情信中殆，賴此知識，作彼親近，巧說訓喻，使成梯櫈，皆能悟道，銷除積迷。當有十種觀法，爲漸修路。云何名爲十種觀法？一者：觀諸人間，肉身性命，積漸衰老，無不滅亡。譬如客店，暫時假宿，施床廗，具足珍羞，皆非我有，豈關人事？會當棄去，誰得久留？二者：觀諸人間，親愛眷屬，終當離坼，難得會同。譬如衆葉，共生一樹，風霜既至，枝幹即凋，分散零落，略無在者。三者：觀諸人間，高大尊貴，榮華興盛，終不常居。譬如夜月，圓光四照，雲霧遞起，晦朔遷移。雖有其明，安可久恃？四者：觀諸人間，強梁人我，雖欲自益，反爲自傷。譬如蟲蛾，逢見夜火，旋飛投擲，將以爲好；不知其命，滅在火中。五者：觀諸人間，財寶積聚，勞神苦形，竟無所用。譬如小瓶，纔容升升，酌江海水，將注瓶中，盈滿之外，更無所受。六者：觀諸人間，色欲耽滯，從身性起，作身性冤。譬如蝎蟲，化生木內，能傷木性，唯食木心，究竟枯朽，漸當摧折。七者：觀諸人間，飲酒淫樂，昏迷醉亂，不辨是非。譬如清泉，鑒照一切；有形之物，皆悉洞明；若添淤泥，影像頓失，但多穢濁，諸無可觀。八者：觀諸人間，猶玩戲劇，坐消時日，勞役精神。譬如狂人，眼花妄見。手足攀撓，晝夜不休。筋力盡疲，竟無所獲。九者：觀諸人間，施行雜教，唯事有爲，妨失直正。譬如巧工，尅作牛畜，莊嚴彩畫，形貌類眞，將爲田農，終不收獲。十者：觀諸人間，假修善法，唯求衆譽，不念自欺。譬如蚌蛤，含其明珠，漁者破之，采而死。但能美人，不知己苦。觀此十種，調御身心。言行相應，即無過失，方可進前，四種勝法。云何四種？一者：無欲。所謂內心，有所動欲，求代上事，作衆惡緣。必須制伏，莫令輒起。何以故？譬如草根，藏在地下，內有傷損，外無見知。見是諸苗稼，必當凋萃。人亦如是，內心有欲，外不見知；然四肢七竅，皆無善氣，增長衆惡，斷安樂因。是故內心，行無欲法。二者：無爲。所謂外形，有所爲造，非性命法，逐虛妄緣。必當舍棄，勿令親近。何以故？譬如乘船，入大海水，逐風搖蕩，隨浪遷移。既憂沉沒，無安甯者。人亦如是，外形有爲，營造俗法，唯在進取，不念劬勞。於諸善緣，悉皆安

廢。是故外形，履無爲道。三者：無德。於諸功德，不樂名聞。常行大慈，廣度衆類。終不辭説，將爲所能。何以故？譬如大地，生養衆物，各隨其性，皆合所宜。凡有利益，非言可盡。人亦如是，持勝上法，行景教因，兼度含生，便同安樂，於彼妙用。竟無所稱，是名無德。四者：無證於諸實，無所覺知。妄棄是非，泯齊德失。雖曰自在，邈然虚空。何以故？譬如明鏡，鑒照一切，青黄雜色，長短衆形，盡能洞微，莫知所以。人亦如是，晤眞道性，得安樂心，遍見衆緣，悉得通達。於彼覺了，忘盡無遺。是名無證。」彌施訶又曰：「若復有人，將入軍陣，必資甲仗，防衛其身。甲仗既堅，不懼冤賊，唯此景教，勝上法文，能爲含生，御煩惱賊。如彼甲仗，防護身形。若復有人，將渡大海，必資船舶，方濟風波。船舶既破，前岸不可到。惟此景教，勝上法文，能爲含生，度生死海。至彼道岸，安樂寶香。若復有人，時逢疫癘，病者既衆，死者復多。若聞反魂，寶香妙氣，則死者反活，疾苦消愈，惟此景教，勝上法文，能令含生，反眞智命。凡有罪苦，咸皆滅除。若有男女，依我所言，勤修上法，晝夜思惟，離諸染污，清淨眞性，湛然圓明，即知其人，終當解脱。是知此經，所生利益。衆天説之，不窮眞際。若人信愛，少分修行。能於明道，不憂諸難；能於暗道，不犯諸災。能於他方異處，常得安樂，何況專修？汝等弟子，及諸聽衆，散於天下，行吾此經，能爲君王安護境界。譬如高山，上有大火，一切國人，無不睹者。君王尊貴，如彼高山；吾經利益，同於大火。若能行用，則如光明，自然照耀。」岑穩僧伽重起請益。彌施訶曰：「汝當止止，勿復更言。譬如良井，水則無窮。病苦新愈，不可多飲。恐水不消，便成勞復。汝等如是，善性初興，多聞致疑，不可更説。」時諸大衆，聞是語已，頂受歡喜，禮退奉行。

也里可温分部

彌失訶

綜　述

祥邁《辯僞録》卷三　今先生言道門最高，秀才人言儒門第一，迭屑人奉彌失訶，言得生天，達失蠻叫空謝天賜與。

梁相《大興國寺記》　祖師麻兒也里牙靈迹，千五百餘歲，今馬薛里吉思是其徒也。

天主教分部

天　主

論　説

羅明堅《天主聖教實録・真有一天主章》　問天下萬物惟賢才最貴，蓋以賢才通古今，達事理也。故欲明理之人，不遠千里而師從之。予自少時志欲明理，故奔走四方，不辭勞苦，其所以親炙於明師者誠不少，切磋於良朋者亦至多，孜孜爲善，吾心猶未足也。何者。今世之事雖可畧明，死後之理誠未知也，今幸尊師傳授天主經旨，引人爲善，救拔靈魂升天堂。予特來求教，希勿吝。答曰，堅生西國，聞中華盛治，不憚風波，泛

海三載，方到明朝。今居於此非爲名利，惟奉祀天主而已。蓋天地之先本有一天主，制作乾坤人物，普世固當尊敬之。人雖至愚，知有尊長在上，則知奉敬，只不知誰爲至尊而奉敬之耳。予見賢友敏達，姑揭一二正理云。天地之中眞有一尊，爲天地萬物之主，吾西國人所奉之眞主是也。吾且以理譬之。譬有外國一人遊至中華，見其各處州縣府司三院，承事一位人君，撑持掌握，故能如是之安泰，雖未嘗親至京師，目見君王，然以理度之，誠知其有一位人君也。如此，乾坤之內，星高乎日，日高乎月，月高乎氣，氣浮於水，水行於地，地隨四時而生花果草木，水養魚蝦，氣育禽獸，月隨潮水，日施光明，予忖度之，誠知天地之中必有一至尊無對之天主，行政施權，使無天主，焉能使四時而不亂哉。此乃第一之喻理也。且物不能自成，樓臺房屋，不能自起，恆必成於良工之手。人必生於父母，鳥必出於其卵。知此則知天地不能自成，必繇於天主之制作可知矣，此余所以知其原有一天主也。此乃第二之喻理也。且日月星宿各尊度數，苟譬之以理，誠如舟楫之渡江河，檣艦帆舵百物俱備，隨水之上下，江海之淺深，風濤之或靜或湧，而無損壞之憂者。則知一舟之中，必有掌駕良工，撑持掌握，乃能安渡。此固第三之喻理也。何況天地之間事物如此其至衆也，苟無一主，亦何以撑持掌握此天地萬物哉，此余所以深知其定有一尊之天主也。

又《天主事情章》 或曰，予聞尊師明言，始知誠有一天主矣。敢問天主之説何如。答曰，凡物之有形聲者，吾得以形聲而名言之。若天主尊大，無形無聲，無始無終，非人物之可比，誠難以盡言也。嘗聞古有一位人君欲知天主之説，問於賢臣。賢臣答曰，容臣退居一月尋思，乃敢以對。至期而君問之，答曰，此理微妙，誠然難對，乞再容一月何如。如是者已三月矣，並無以對。君怒曰，爾何戲侮若此。臣曰，臣何敢戲君。但此理精微，益思而理益深。亦繇仰視太陽，益視而眼益昏。是以難對耳。又聞古有一聖人，欲盡明天主之説。晝夜尋思，一日在於海邊往來，遇一童子，手執漏碗，望海而行。聖人問曰，子將何往。童子曰，吾執此碗，欲汲盡此海水。聖人笑曰，欲以漏碗而汲盡滄海，子言謬矣。童子曰，爾既知漏碗不能汲竭海水，而顧勞神殫思，求窮天主之量，豈不大謬。須臾童子不見，聖人驚悟，知其爲天神也。以此觀之，則天主誠非言語之所能盡，吾直解其畧耳。但天主之德甚是圓滿，無所不足，予先以理譬之。此人皆稱火甚熱，何也。因其能熱乎萬物。又稱日甚光，何也。因其能施光於月，而照萬物耳。夫火之熱，日之光，萬物之靈秀，皆天主之德之所及也，是以稱其圓滿而無所不足也。此乃天主第一之事情也。且又甚嘉，而能施恩於人物，何以徵之，作之金石珠玉，作之草木花果，又作之諸般禽獸而使之知覺運動，若夫作成人類，則又賦之靈魂聰明睿智，達事情，知物理，是以稱其甚嘉也。此乃天主第二之事情也。且天主甚是靈通，何以知之。知其魚游而處之水，鳥飛而處之木，走獸之類而置之山野。又明普世人心之善惡，是以稱其靈通。此乃天主第三之事情也。天主有甚權衡能幹，而能宰制乾坤，生養人物。夫當世之王者且能行政，平治天下，況天主乎，是以稱其權衡能幹。此乃第四之事情也。且又正法而能賞善罰惡，人之爲善者，今世雖未盡賞，至於身後，必降之以永福。爲惡者，今世雖未盡刑，至於身後，必加之以永禍。此乃第五之事情也。天主且甚慈悲，人若犯罪而能遷善改過，哭求赦宥，則亦恕之不責，是以稱其慈悲。此乃第六之事情也。又見天主無爲而成，苟有作爲，亦只成於須臾之間耳。若夫人之欲成一器，必賴良工精製而後成。若無良工，則不能以成其器。天主與世人大是不同，是以無爲而成也。此乃第七之事情也。或聞之而躍然喜曰，吾今眞知天主之事情矣，第欲以身見之，未知得否。答曰，得見之以理，而不得見之以目。且宇內之物，一者有形，一者無形，有形之物，眼得而見之。無形之物，若天神魔鬼人之靈魂等物，人皆不得而見，但度之以理而已。亦猶見其室上烟騰，雖未嘗親至室中，自然知其室中之有火矣。見其人身運動明智，則知其有靈魂。若愚昧之人見有形之物，則曰有，若無形不得而見者，則曰無矣。因此余言天主，天神，魔鬼，靈魂等，皆是無形，人不得而見之也。若賢者則不然，見其有天地，則知有制作天地之主。見其人身之運動明智，則知其有靈魂矣。此所以言欲見天主而不得見之以肉眼也。

又《解釋世人冒認天主章》 或曰，吾平日所習詩書亦有數卷，其中義理與此大異，茲者領教尊師，方足吾願。先聞眞有一尊天主，復聞掌握乾坤，及其圓滿慈悲等情，誠爲正理。奈何當世之人，不識天主，將妖詞洋溢普世何哉。有者曰，宇內靈神極多，不特天主。有者曰，天地至尊，

非餘物之比。有者曰，釋迦彌陀眞成道果。有者曰，世界並無靈神，凡事皆繇乎命，妖詞多端，罔知眞理，希指引爲幸。答曰，余見尊友畧明諸經，又以妖詞詢問，吾故樂告。蓋人之魂眼光明，得以眞知正理，亦猶明目之人，見其物之白者曰白，黑者曰黑。人之魂眼暗昧，不得明其正理，似乎盲瞽之人，以白爲黑，以黑爲白矣。予今言之，天主最靈，獨有一尊掌握宇內事物，譬如一人止有一首，一家止有一長，一國止有一君，假如有二，則國家亂矣，故曰天主獨尊。其餘天神，亦不得配乎天主矣。且天非尊神，乃天主之家庭也。世之奉事乎天，亦何異於遠方鄙細之人，輒至京都，見其皇宮殿宇，則施禮而拜之，傍人有笑之，則曰，吾拜吾君，夫何笑。今人奉敬乎天，是即拜皇宮之徒耳，其可笑當何如。或者又問，汝言天非尊神，焉能化生萬物哉。答曰，化生萬物皆繇天主掌運，諸天流轉而降之雨露，然天能降之雨露，而其所以降者，天主使之也。譬如鋸鑿雖能成器，皆繇匠人使用，乃能成器也。或問釋迦勤苦勞心，著作經文四千餘卷，果無可誦讀與。曰，釋迦經文虛謬，皆非正理，故不可誦，姑試論之。曰四生六道，人魂輪迴。又曰殺牲者，魂靈不得升天，或魂歸天堂者，復能迴生世界，及地獄充滿之際者，復得再生於人間。又曰禽獸來聽講法，亦得以成其道果。又有一經，名曰《大乘妙法蓮花經》，囑其後人曰，能誦此經者，得到天堂受福。今且以理論之，使有罪大惡極之徒，家有錢財，買經誦讀，則得以升天受福，若修德行道之人，貧窮困苦，買經不得，亦將墜於地獄與。此釋迦之言，誠不可信。或問彌陀釋迦既非得道之人，若人求福，感應甚驗，何也。曰，此等皆邪魔惡鬼潛附佛像之中，誑誘世人，是以求之有應也。或問天主何故容其邪神，而不除滅之也。曰，人既背主向魔，故邪魔惡鬼得以迷之。上古之人甚愚，見世人畧有威權，及其死後則立之貌像，置之祠宇，以爲思慕之跡。及其年久，人或進香獻紙，以爲祈福之基，魔鬼因欲迷人爲惡，故居於神廟，以應世人之祈求。夫人之奉敬邪神，及其既死，則靈魂墜於地獄，爲魔鬼所役使，此乃魔鬼之幸也。或曰，予聞人之貧富壽夭，皆出於命，未知是否。曰，人之貧富壽夭，要皆天主之所命也。或曰，天主至公，則當賞善而罰惡可也，吾觀世人固有惡者而富貴，亦有善者而窮貧，何也。曰，善惡而見報者，其事固少。至於死後，善者靈魂升於天堂而受福，快樂悠久無疆。惡者靈魂墜於地獄，受刑苦楚萬狀，永遠不脫。此其事甚大也，然其間亦有爲惡而富貴者，行惡之中亦有小善者存，故天主以財物見報之，若死後則必加之以刑矣。亦有爲善而貧賤者，爲善之中亦有小過，故天主以貧賤見報之，至於死後，必加之以福矣。故吾曰，萬事皆繇天主，而不出於術數之命也。

利瑪竇《天主實義》卷上《解釋世人錯認天主》 中士曰：玄論飫耳醉心，終夜思之忘寢，今再承教，以竟心惑。吾中國有三教，各立門戶：老氏謂物生於無，以無爲道；佛氏謂色由空出，以空爲務；儒謂易有太極，故惟以有爲宗，以誠爲學。不知尊旨誰是？

西士曰：二氏之謂，曰無曰空，於天主理大相刺謬，其不可崇尚，明矣。夫儒之謂，曰有曰誠，雖未盡聞其釋，固庶幾乎。

中士曰：吾國君子亦痛斥二氏，深爲恨之。

西士曰：恨之不如辯之以言，辯之不如析之以理。二氏之徒，並天主大父所生，則吾弟兄矣。譬吾弟病狂，顚倒怪誕，吾爲兄之道，恤乎，恨乎？在以理喩之而已。

余嘗博覽儒書，往往憾嫉二氏，夷狄排之，謂斥異端，而不見揭一鉅理以非之；我以彼爲非，彼亦以我爲非，紛紛爲訟，兩不相信，千五百餘年不能合一。使互相執理以論辯，則不言而是非審，三家歸一耳。西鄉有諺曰：「堅繩可繫牛角，理語能服人心。」敝國之鄰方，上古不止三教，累累數千百枝，後爲我儒以正理辨喩，以善行嘿化，今惟天主一教是從。

中士曰：正道惟一耳，烏用衆。然佛老之說，持之有故。凡物先空後實，先無後有，故以空無爲物之原，似也。

西士曰：上達以下學爲基。天下以實有爲貴，以虛無爲賤，若所謂萬物之原，貴莫尙焉，奚可以虛無之賤當之乎？況己之所無，不得施之於物以爲有，此理明也。今曰空曰無者，絕無所有於己者也，則胡能施有性形，以爲物體哉？物必誠有，方謂之有物焉，無誠則爲無物。設其本原無實無有，則是并其所出物者無之也。世人雖聖神，不得以無物爲有，則彼無者空者，亦安能以其空無爲萬物有、爲萬物實哉？試以物之所以然觀之，既謂之空無，則不能爲物之作者、模者、質者、爲者，此於物尙有何着歟？

中士曰：聞敎固當。但謂物者先無而後有，是或一道也。

西士曰：有始之物，曰先無而後有，可也。無始之物，非所論矣。無始者，無時不有，何時先無焉。特分而言之，謂每物先無後有，可耳，若總而言之，則否也。譬如某人未生之先，果無某人，既生而後，有也，然未生某人之先，卻有某人之親以生之。天下之物，莫不皆然。至其渾無一物之初，是必有天主開其原也。

中士曰：人人有是非之心。不通此理，如失本心，寧聽其餘，誕哉。借如空無者，非人，非神，無心性，無知覺，無靈才，無仁義，無一善足嘉，即草芥至卑之物猶不可比，而謂之萬物之根本，其義誠悖。但吾聞空無者，非眞空無之謂，乃神之無形無聲者耳，則於天主何異焉？

西士曰：此屈於理之言，請勿以斯稱天主也。夫神之有性，有才，有德，較吾有形之彙，益精益高，其理益實。何得特因無此形，隨謂之無且虛乎？五常之德，無形無聲，孰謂之無哉？無形者之於無也，隔霄壤矣。以此爲教，非惟不能昭世，愈滋惑矣。

又 中士曰：吾儒言太極者，是乎？

西士曰：余雖末年入中華，然竊視古經書不怠，但聞古先君子敬恭於天地之上帝，未聞有尊奉太極者。如太極爲上帝萬物之祖，古聖何隱其說乎？

中士曰：古者未有其名，而實有其理，但圖釋未傳耳。

西士曰：凡言與理相合，君子無以逆之。太極之解，恐難謂合理也。吾視夫無極而太極之圖，不過取奇偶之象言，而其象何在？太極非生天地之實，可知已。天主之理，從古實傳至今，全備無遺，而吾欲誌之於冊，傳之於他邦，猶不敢不揭其理之所憑，況虛象無實理之可依耶。

中士曰：太極非他物，乃理而已。如以全理爲無理，尚有何理之可謂？

西士曰：嗚呼，他物之體態，不歸於理，可復將理以歸正議，若理之本體定，而不以其理，又將何以理之哉？吾今先判物之宗品，以置理於本品，然後明其太極之說，不能爲萬物本原也。

夫物之宗品有二，有自立者，有依賴者。物之不恃別體以爲物，而自能成立，如天地、鬼神、人、鳥獸、草木、金石、四行等，是也。斯屬自立之品者。物之不能立，而託他體以爲其物，如五常、五色、五音、五味、七情等，是也。斯屬依賴之品者。且以白馬觀之，曰白曰馬，馬乃自立者，白乃依賴者。雖無其白，猶有其馬，如無其馬，必無其白，故以爲依賴也。比斯兩品，凡自立者，先也，貴也；依賴者，後也，賤也。一物之體，惟有自立一類。若其依賴之類，不可勝窮。如人一身，固爲自立，其間情聲、貌色、彝倫等類，俱爲依賴。其類甚多。

若太極者，止解之以所謂理，則不能爲天地萬物之原矣。蓋理亦依賴之類，自不能立，曷立他物哉？中國文人學士，講論理者，只謂有二端，或在人心，或在事物。事物之情，合乎人心之理，則事物方謂眞實焉。人心能窮彼在物之理，而盡其知，則謂之格物焉。據此兩端，則理固依賴，奚得爲物原乎？二者皆在物後，而後豈先者之原？且其初無一物之先，渠言必有理存焉，夫理在何處，依屬何物乎？依賴之情，不能自立，故無自立者以爲之託，則依賴者了無矣。如曰賴空虛耳，恐空虛非足賴者，理將不免於僵墮也。試問盤古之前，既有理在，何故閑空不動而生物乎？其後誰從激之使動？況理本無動靜，況自動乎？如曰昔不生物，後乃願生物，則理豈有意乎？何以有欲生物、有欲不生物乎？

中士曰：無其理則無其物，是故我周子信理爲物之原也。

西士曰：無子則無父，而誰言子爲父之原乎？相須者之物，情恆如此，本相爲有無者也。有君則有臣，無君則無臣。有物則有物之理，無此物之實，即無此理之實。若以虛理爲物之原，是無異乎佛老之說。以此攻佛老，是以燕伐燕，以亂易亂矣。今時實理不得生物，昔者虛理安得以生之乎？譬如今日有輿人於此，有此車理具於其心，何不即動發一乘車，而必待有樹木之質，斧鋸之械，匠人之工，然後成車？何初之神奇能化天地之大，而今之衰敝不能發一車之小耶？

中士曰：吾聞理者，先生陰陽五行，然後化生天地萬物，故生物有次第焉。使於須與生車，非其譬矣。

西士曰：試問於子：陰陽五行之理，一動一靜之際輒能生陰陽五行，則今有車理，豈不動而生一乘車乎？又，理無所不在，彼既是無意之物，性必直遂，任其所發，自不能已，何今不生陰陽五行於此？孰禦之哉？且「物」字爲萬實總名，凡物皆可稱之爲「物」。《太極圖註》云理者，非物矣。物之類多，而均謂之物，或爲自立者，或爲依賴者，或有形

者，或無形者。理既非有形之物類，豈不得爲無形之物品乎？又問，理者靈覺否？明義者否？如靈覺、明義，則屬鬼神之類，曷謂之太極，謂之理也？如否，則上帝、鬼神、夫人之靈覺，由誰得之乎？彼理者，以己之所無，不得施之於物以爲之有也。理無靈無覺，則不能生靈生覺。請子察乾坤之內，惟是靈者生靈，覺者生覺耳。自靈覺而出不靈覺者，則有之矣，未聞有自不靈覺而生有靈覺者也，子固不踰母也。

中士曰：靈覺爲有靈覺者所生，非理之謂，既聞命矣，但理動而生陽，陽乃自然之靈覺，或其然乎？

西士曰：反覆論辯，難脱此理。吾又問，彼陽者何由得靈覺乎？此於自然之理，亦大相悖。

中士曰：先生謂天主無形無聲，而能施萬象有形有聲，則太極無靈覺，而能施物之靈覺，何傷乎？

西士曰：何不云無形聲者，精也，上也；有形聲者，粗也，下也？以精上能施粗下，分不爲過。以無靈覺之粗下，爲施靈覺之精上，則出其分外遠矣。

又云，上物能含下物，有三般焉。或窮然包下之體，如一丈載十尺、一尺載十寸之體，是也。或渾然包下之性，如人魂混有禽獸魂、禽獸魂混有草木魂，是也。或粹然包下之德，如天主含萬物之性，是也。夫天主之性，最爲全盛，而且穆穆焉非人心可測，非萬物可比倫也。雖然，吾姑譬之，如一黃金錢，有十銀錢及千銅錢價，所以然者，惟黃金之性甚精，大異於銀銅之性，故價之幾倍如此。天主性雖未嘗截然有萬物之情，而以其精德包萬般之理，含衆物之性，其能無所不備也，雖則無形無聲，何難化萬象哉？

理也者，則大異焉。是乃依賴之類，自不能立，何能包含靈覺爲自立之類乎？理卑於人。理爲物，而非物爲理也。故仲尼曰「人能弘道，非道弘人」也。如爾曰「理含萬物之靈，化生萬物」，此乃天主也，何獨謂之「理」，謂之「太極」哉？

中士曰：如此，則吾孔子言太極何意？

西士曰：造物之功盛也，其中固有樞紐矣。然此爲天主所立者。物之無原之原者，不可以理、以太極當之。夫太極之理，本有精論。吾雖曾閲之，不敢雜陳其辨，或容以他書傳其要也。

中士曰：吾國君臣，自古迄今，惟知以天地爲尊，敬之如父母，故郊社之禮以祭之。如太極爲天地所出，是世之宗考妣也，古先聖帝王臣祀典宜首及焉，而今不然，此知必太極之解非也。先生辯之最詳，於古聖賢無二意矣。

西士曰：雖然，天地爲尊之説，未易解也。夫至尊無兩，惟一焉耳，曰天曰地，是二之也。吾國天主，即華言上帝，與道家所塑玄帝玉皇之像不同。彼不過一人，修居於武當山，俱亦人類耳，人惡得爲天帝皇耶？

吾天主，乃古經書所稱上帝也。《中庸》引孔子曰：「郊社之禮，以事上帝也。」朱註曰：「不言后土者，省文也。」竊意仲尼明一之以不可爲二，何獨省文乎？《周頌》曰「執競武王，無競維烈，不顯成康，上帝是皇」，又曰「於皇來牟，將受厥明，明昭上帝」。《商頌》云「聖敬日躋，昭假遲遲，上帝是祗」。《雅》云「維此文王，小心翼翼，昭事上帝」。《易》曰「帝出乎震」。夫帝也者，非天之謂。蒼天者抱八方，何能出於一乎？《禮》云「五者備當，上帝其饗」，又云「天子親耕，粢盛秬鬯，以事上帝」。《湯誓》曰「夏氏有罪，予畏上帝，不敢不正」，又曰「惟皇上帝降衷於下民，若有恒性，克綏厥猷惟后」。《金縢》周公曰「乃命於帝庭，敷佑四方」，上帝有庭，則不以蒼天爲上帝，可知。歷觀古書，而知上帝與天主，特異以名也。

中士曰：世人好古，惟愛古器古文，豈如先生之據古理也，善教引人復古道焉。然猶有未諳者。古書多以天爲尊，是以朱註解帝爲天，解天惟理也。程子更加詳，曰以形體謂天，以主宰謂帝，以性情謂乾，故云奉敬天地。不識如何？

西士曰：更思之。如以天解上帝，得之矣。天者一大耳，理之不可爲物主宰也，昨已悉矣。上帝之稱甚明，不容解，況妄解之哉？蒼蒼有形之天，有九重之析分，烏得爲一尊也。上帝索之無形，又何以形之謂乎？天之形，圓也，而以九層斷焉。彼或東或西，無頭無腹，無手無足，使與其神，同爲一活體，豈非甚可笑訝者哉！況鬼神未嘗有形，何獨其最尊之神爲有形哉？此非特未知論人道，亦不識天文及各類之性理矣。

上天既未可爲尊，況於下地，乃衆足所踏踐，污穢所歸寓，安有可尊之勢？要惟此一天主，化生天地萬物，以存養人民。宇宙之間，無一物非所以育吾人者，吾宜感其天地萬物之恩主，加誠奉敬之，可耳。可捨此大本大原之主，而反奉其役事吾者哉！

中士曰：誠若是，則吾儕其猶有蓬之心也夫？大抵擡頭見天，遂惟知拜天而已。

西士曰：世有智愚，差等各別。中國雖大邦，諒有智，亦不免有愚焉。以目可視爲有，以目不能視爲無，故但知事有色之天地，不復知有天地之主也。遠方之氓，忽至長安道中，驚見皇宮殿宇巍峩巀嶪，則施禮而拜，曰「吾拜吾君」。今所爲奉敬天地，多是拜宫闕之類也。智者乃能推見至隱，視此天地高廣之形，而遂知有天主主宰其間，故肅心持志，以尊無形之先天。孰指兹蒼蒼之天，而爲欽崇乎？

君子如或稱天地，是語法耳。譬若知府縣者，以所屬府縣之名爲己稱，南昌太守稱謂南昌府，南昌縣大尹稱謂南昌縣。比此，天地之主，或稱謂天地焉，非其以天地爲體也，有原主在也。吾恐人誤認此物之原主，而實謂之天主，不敢不辨。

中士曰：明師論物之原始，既得其實，又不失其名，可知貴邦之論物理，非苟且疎略之談，乃割開愚衷，不留疑處。天主之事，又加深篤。愧吾世儒，彷彿要地，而詳尋他事，不知歸元之學。夫父母授我以身體髮膚，我固當孝；君長賜我以田里樹畜，使仰事俯育，我又當尊。矧此天主之爲大父母也，大君也，爲衆祖之所出，衆君之所命，生養萬物，奚可錯認而忘之？訓諭難悉，願以異日竟焉。

西士曰：子所求，非利也，惟眞道是問耳。大父之慈，將必佑講者以傳之，祐聽者以受之。吾子有問，吾敢不惟命。

又《辯釋鬼神及人魂異論而解天下萬物不可謂之一體》 中士曰：吾古之儒者，明察天地萬物本性皆善，俱有宏理，不可更易，以爲物有巨微，其性一體，則曰天主上帝，即在各物之內，而與物爲一，故勸人勿爲惡以玷己之本善焉，勿違義以犯己之本理焉，勿害物以侮其內心之上帝焉。又曰人物壞喪，不滅本性而化歸於天主。此亦人魂不滅之謂，但恐於先生所論天主者不合。

西士曰：兹語之謬，比前所聞者愈甚，曷敢合之乎？吾不敢以此簡吾上帝之尊也。天主經有傳，昔者天主化生天地，即化生諸神之彙，其間有一鉅神，名謂輅齊拂兒，其視己如是靈明，便傲然曰「吾可謂與天主同等矣」。天主怒而並其從者數萬神變爲魔鬼，降置之於地獄。自是天地間始有魔鬼，有地獄矣。夫語物與造物者同，乃輅齊拂兒鬼傲語，孰敢述之歟？

世人不禁佛氏誑經，不覺染其毒語。周公仲尼之論，貴邦古經書，孰有狎后帝而與之一者？設恆民中有一匹夫，自稱與天子同尊，其能免乎？地上民不可妄比肩地上君，而可同天上帝乎？人之稱人，謂曰「爾爲爾，我爲我」。而今凡溝壑昆蟲，與上帝曰：「爾爲我，我爲爾。」豈不謂極抗大悖乎哉？

中士曰：佛氏無遜於上帝也。其貴人身，尊人德，有可取也。上帝之德固厚，而吾人亦具有至德；上帝固具無量能，而吾人心亦能應萬事。試觀先聖調元開物，立教明倫，養民以耕鑿機杼，利民以舟車財貨，其肇基經世，垂萬世不易之鴻猷，而天下永賴以安。未聞蔑先聖而上帝自作自樹，以臻至治。由是論之，人之德能，雖上帝罔或踰焉，詎云創造天地獨天主能乎？世不達己心之妙，而曰心局身界之內。佛氏見其大，不肯自屈，則謂是身也，與天地萬物咸蘊乎心。是心無遠不逮，無高不升，無廣不括，無細不入，無堅不度，故具識根者，宜知方寸間儼居天主。非天主，寧如是耶？

西士曰：佛氏未知己，奚知天主？彼以眇眇躬受明於天主，偶蓄一材，飭一行，矜誇傲睨，肆然比附於天主之尊，是豈貴吾人身，尊吾人德？乃適以賤人喪德耳。傲者，諸德之敵也。一養傲於心，百行皆敗焉。西土聖人有曰：「心無謙而積德，如對風堆沙。」聖人崇謙讓。天主之弗讓，如遜人何哉？其視聖人，翼翼乾乾，畏天明威，身後天下，不有其知，殆天淵而水火矣。聖人不敢居聖，而令恆人擬天主乎？

夫德基於修身，成於事上帝。周之德，必以事上帝爲務。今以所當凜然敬事者，而曰吾與同焉，悖何甚乎。至於裁成庶物，蓋因天主已形之物，而順材以成之，非先自無物而能創之也。如製器然，陶者以金，斲者

以木，然而金木之體先備也。無體而使之有體，人孰能之？人之成人，循其性而教之，非人本無性，而能使之有性也。

若夫天主造物，則以無而爲有，一令而萬象即出焉，故曰無量能也，於人大殊矣。且天主之造物也，如硃印之印楮帛。楮帛之印，非可執之爲印，斯乃印之蹟耳。人物之理，皆天主蹟也，使欲當之原印，而復以印諸物，不亦謬乎？

智者之心，含天地，具萬物，非眞天地萬物之體也，惟仰觀俯察，鑑其形而達其理，求其本而遂其用耳，故目所未睹，則心不得有其像。若止水，若明鏡，影諸萬物，乃謂明鏡、止水均有天地，即能造作之，豈可乎？必言顧行乃可信焉，天主萬物之原，能生萬物，若人即與之同，當亦能生之。然誰人能生一山一川於此乎？

中士曰：所云生天地之天主者，與存養萬物天上之天主者，佛氏所云「我」也。古與今，上與下，「我」無間焉，蓋全一體也。第緣四大，沉淪昧晦，而情隨事移，「眞元」日鑿，「德機」日弛，而「吾」、天主並溺也；則吾之不能造養物，非本也，其流使然耳。夜光之珠，以蒙垢而損厥值，追究其初體，昉可爲知也。

西士曰：吁，咈哉。有是毒唾，而世人競茹之，悲歟。非淪昧之極，孰敢謂萬物之原，天地之靈，爲物淪昧乎哉？夫人德堅白，尙不以磨涅變其眞體；物用凝固，不以運動失其常度。至大無偶，至尊無上，乃以人生幻軀能累及而污惑之，是人斯勝天，欲斯勝理，神爲形之役，情爲性之根，於識本末者，宜不喻而自解矣。且兩間之比，孰有踰於造物者，能囿之陷之於四大之中，以昧溺之乎？

夫天上之天主，於我既共一體，則二之澄徹混淆無異焉。譬如首上靈神於心內靈神，同爲一體也，故適痛楚之遭，變故之値，首之神混淆，心之神鈞混淆焉，必不得一亂一治之矣。今吾心之亂，固不能混天上天主之永攸澄徹，彼永攸澄徹，又不免我心之混淆，則吾於天主非共爲一體，豈不驗乎？

夫曰天主與物同，或謂天主即是其物，而外無他物，或謂其在物，而爲內分之一，或謂物爲天主所使用，如械器爲匠之所使用。此三言皆傷理者，吾逐逐辯之也。

其云天主即是各物，則宇宙之間雖有萬物，當無二性。既無二性，是無萬物，豈不混殺物理？況物有常情，皆欲自全，無欲自害。吾視天下之物，固有相害相殛者，如水滅火，火焚木，大魚食小魚，強禽吞弱禽。既天主即是各物，豈天主自爲戕害，而不及一存護乎？然天主無可戕害之理。從是說也，吾身即上帝，吾祭上帝即自爲祭耳，益無是禮也。果爾，則天主可謂木石等物，而人能耳順之乎？

其曰天主爲物之內本分，則是天主微乎物矣。凡全者，皆其大於各分者也。斗大於升，升乃斗十分之一耳。外者包乎內，若天主在物之內，爲其本分，則物大於天主，而天主反小也。萬物之原，乃小乎其所生之物，其然乎？豈其然乎！且問天主在人內分，爲尊主歟？爲賤役歟？爲賤役，而聽他分之命，固不可也。如爲尊主，而專握一身之柄，則天下宜無一人爲惡者，何爲惡者滋衆耶？天主爲善之本根，德純無渣。既爲一身之主，猶致蔽於私欲，恣爲邪行，德何衰耶？當其制作乾坤，無爲不中節。奚今司一身之行，乃有不中者？又爲諸戒原，乃有不守戒者，不能乎？不識乎？不思乎？不肯乎？皆不可謂也。

其曰物如軀殼，天主使用之，若匠者使用其器械，則天主尤非其物矣。石匠非其鑿，漁者非其網、非其舟。天主非其物，何謂之同一體乎？循此辨焉，其說謂萬物行動，不係於物，皆天主事，如械器之事，皆使械器者之功。夫不曰耜耒耕田，乃曰農夫耕之；不曰斧劈柴，乃曰樵夫劈之；不曰鋸斷板，乃曰梓人斷之；則是火莫焚，水莫流，鳥莫鳴，獸莫走，人莫騎馬乘車，乃皆惟天主者也。小人穴壁踰牆，禦旅於野，非其罪，亦天主使之之罪乎？何以當惡怨其人，懲戮其人乎？爲善之人，亦悉非其功，何爲當賞之乎？亂天下者，莫大於信是語矣。且凡物不以天主爲本分，故散而不返歸於天主，惟歸其所結物類爾矣。如物壞死，而皆歸本分，則將返歸天主，不謂壞死，乃益生全，人亦誰不悅速死以化歸上帝乎？孝子爲親，厚置棺槨，何不令考妣速化爲上尊乎？

嘗證天主者，始萬物而制作之者也，其性渾全成就，物不及測，矧謂之同？吾審各物之性善而理精者，謂天主之迹可也，謂之天主，則謬矣。試如見大跡印於路，因驗大人之足曾過於此，不至以其跡爲大人。觀畫之精妙，慕其畫者曰高手之工，而莫以是爲即畫工。天主生萬森之物，以我推徵其原，至精極盛，仰念愛慕，無時可釋。使或泥於偏說，忘其本原，

豈不大誤？

夫誤之原非他，由其不能辨乎物之所以然也。所以然者，有在物之內分，如陰陽是也；有在物之外分，如作者之類是也。天主作物，爲其公作者，則在物之外分矣。第其在物，且非一端。或在物如在其所，若人在家、在庭焉。或在物爲其分，若手足在身，陰陽在人焉。或依賴之在自立者，如白在馬爲白馬，寒在冰爲寒冰焉。或在物如所以然之在其已然，若日光之在其所照水晶焉，火在其所燒紅鐵焉。以末揆端，可云天主在物者耶。如光雖在水晶，火雖在鐵，然而各物各體本性弗雜，謂天主之在物如此，固無所妨也。但光可離水晶，天主不可離物。天主無形，而無所不在，不可截然分而別之，故謂全在於全所，可也；謂全在各分，亦可也。

又《論天主始制天地萬物而主宰安養之》 中士曰：夫修己之學，世人崇業。凡不欲徒稟生命與禽彙等者，必於是殫力焉。修己功成，始稱君子。他技雖隆，終不免小人類也。成德乃眞福祿。無德之幸，誤謂之幸，實居其患耳。世之人，路有所至而止；所以繕其路，非爲其路，乃爲其路所至而止也。吾所修己之道，將奚所至歟？本世所及，雖已略明，死後之事，未知何如？聞先生周流天下，傳授天主經旨，迪人爲善，願領大教。

西士曰：賢賜顧，不識欲問天主何情何事？

中士曰：聞尊教道淵而旨玄，不能以片言悉。但貴國惟崇奉天主，謂其始制乾坤人物，而主宰安養之者，愚生未習聞，諸先正未嘗講，幸以誨我。

西士曰：此天主道，非一人一家一國之道。自西徂東，諸大邦咸習守之。聖賢所傳，自天主開闢天地，降生民物至今，經傳授受，無容疑也。但貴邦儒者，鮮適他國，故不能明吾域之文語，諳其人物。吾將譯天主之公教，以徵其爲眞教。姑未論其尊信者之衆且賢，與其經傳之所云，且先舉其所據之理。凡人之所以異於禽獸，無大乎靈才也。靈才者，能辯是非，別眞僞，而難欺之以理之所無。禽獸之愚，雖有知覺運動，差同於人，而不能明達先後內外之理。緣此，其心但圖飲啄，與夫得時匹配，孳生厥類云耳。人則超拔萬類，內稟神靈，外睹物理，察其末而知其本，視其固然而知其所以然，故能不辭今世之苦勞，以專精修道，圖身後萬世之安樂也。靈才所顯，不能強之以殉夫不眞者。凡理所眞是，我不能不以爲眞是；理所僞誕，不能不以爲僞誕。斯於人身，猶太陽於世間，普遍光明。捨靈才所是之理，而殉他人之所傳，無異乎尋覓物，方遮日光而持燈燭也。今子欲聞天主教原，則吾直陳此理以對，但仗理剖析，或有異論，當悉折辯，勿以誕我。此論天主正道，公事也，不可以私遜廢之。

中士曰：茲何傷乎？鳥得羽翼，以翔山林；人稟義理，以窮事物；故論惟尚理焉耳。理之體用廣甚，雖聖賢亦有所不知焉。一人不能知，一國或能知之。一國不能知，而千國之人或能知之。君子以理爲主，理在則順，理不在則咈，誰得而異之？

西士曰：子欲先詢所謂始制作天地萬物，而時主宰之者。予謂天下莫著明乎是也。人誰不仰目觀天？觀天之際，誰不默自嘆曰，「斯其中必有主之者哉？」夫即天主，吾西國所稱「陡斯」是也。茲爲子特揭二三理端以證之。

其一曰：吾不待學之能，爲良能也。今天下萬國，各有自然之誠情，莫相告諭，而皆敬一上尊。被難者籲哀望救，如望慈父母焉。爲惡者捫心驚懼，如懼一敵國焉。則豈非有此達尊，能主宰世間人心，而使之自能尊乎！

其二曰：物之無魂無知覺者，必不能於本處所自有所移動，而中度數。使以度數動，則必藉外靈才以助之。設汝懸石於空，或置水上，石必就下，至地方止，不能復動。緣夫石自就下，水之與空，非石之本處所故也。若風發於地，能於本處自動，然皆隨發亂動，動非度數。至如日月星辰，並麗於天，各以天爲本處所，然實無魂無知覺者。今觀上天自東運行，而日月星辰之天，自西循逆之，度數各依其則，次舍各安其位，曾無纖忽差忒焉者，倘無尊主斡旋主宰其間，能免無悖乎哉？譬如舟渡江海，上下風濤而無覆蕩之虞，雖未見人，亦知一舟之中，必有掌舵智工撐駕持握，乃可安流平渡也。

其三曰：物雖本有知覺，然無靈性，其或能行靈者之事，必有靈者爲引動之。試觀鳥獸之類，本冥頑不靈，然饑知求食，渴知求飲，畏矰繳而薄青冥，驚網罟而潛山澤，或吐哺，或跪乳，俱以保身孳子防害就利，與靈者無異。此必有尊主者默教之，纔能如此也。譬如觀萬千箭飛過於此，每每中鵠，我雖未見張弓，亦識必有良工發箭，乃可無失中云。

又　中士曰：天地間物至煩至賾，信有主宰。然其原制造化萬物，何以徵也？

西士曰：大凡世間許多事情，宰於造物，理似有二，至論物初原主，絶無二也。雖然，再將二三理解之。

其一曰：凡物不能自成，必須外爲者以成之。樓臺房屋不能自起，恆成於工匠之手。知此，則識天地不能自成，定有所爲制作者，即吾所謂天主也。譬如銅鑄小毬，日月星宿山海萬物備焉，非巧工鑄之，銅能自成乎？況其天地之體之大，晝夜旋行，日月揚光，辰宿布象，山生草木，海育魚龍，潮水隨月，其間員首方趾之民，聰明出於萬品，誰能自成？如有一物能自作己，必宜先有一己以爲之作。然既已有己，何用自作？如先初未始有己，則作己者必非己也，故物不能自成也。

其二曰：物本不靈，而有安排，莫不有安排之者。如觀宮室，前有門以通出入，後有園以種花果，庭在中間以接賓客，室在左右以便寢卧，楹柱居下以負棟梁，茅茨置上以蔽風雨，如此乎處置協宜，而後主人安居之以爲快，則宮室必由巧匠營作，而後能成也。又觀銅鑄之字，本各爲一字，而能接續成句，排成一篇文章，苟非明儒安置之，何得自然偶合乎？因知天地萬物，咸有安排一定之理，有質有文，而不可增減焉者。夫天高明上覆，地廣厚下載，分之爲兩儀，合之爲宇宙。辰宿之天，高乎日月之天；日月之天，包乎火；火包乎氣，氣浮乎水土，水行於地，地居中處，而四時錯行，以生昆蟲草木；水養黿鼉蛟龍魚鱉，氣育飛禽走獸，火煖下物。吾人生於其間，秀出等夷，靈超萬物，稟五常以司衆類，得百官以立本身；目視五色，耳聽五音，鼻聞諸臭，舌啖五味，手能持，足能行，血脈五臟全養其生。下至飛走鱗介諸物，爲其無靈性，不能自置所用，與人不同，則生而或得毛，或得羽，或得鱗，或得介等，當衣服以遮蔽身體也；或具利爪，或具尖角，或具硬蹄，或具長牙，或具強嘴，或具毒氣等，當兵甲以敵其所害也。且又不待教而識其傷我與否，故雞鴨避鷹，而不避孔雀，羊忌豺狼，而不忌牛馬。非鷹與豺狼滋巨，而孔雀與牛馬滋小也，知其有傷與無傷異也。又下至一草一木，爲其無知覺之性，可以護己，及以全果種，而備鳥獸之累，故植而或生刺，或生皮，或生甲，或生絮，皆生枝葉以圍蔽之。吾試忖度，此世間物，安排布置，有次有常，非初有至靈之主賦予其質，豈能優遊於宇下，各得其所哉？

其三曰：吾論衆物所生形性，或受諸胎，或出諸卵，或發乎種，皆非由己制作也。且問胎卵種，猶然一物耳，又必有所以爲始生者，而後能生他物，果於何而生乎？則必須推及每類初宗，皆不在於本類能生，必有元始特異之類化生萬類者，即吾所稱天主是也。

又　中士曰：萬物既有所生之始，先生謂之天主，敢問此天主由誰生歟？

西士曰：天主之稱，謂物之原。如謂有所由生，則非天主也。物之有始有終者，鳥獸草木是也；有始無終者，天地鬼神及人之靈魂是也。天主則無始無終，而爲萬物始焉，爲萬物根柢焉。無天主則無物矣。物由天主生，天主無所由生也。

中士曰：萬物初生，自天主出，已無容置喙矣。然今觀人從人生，畜從畜生，凡物莫不皆然，則似物自爲物，於天主無關者。

西士曰：天主生物，乃始化生物類之諸宗。既有諸宗，諸宗自生。今以物生物，如以人生人，其用人由天，則生人者豈非天主？譬如鋸鑿，雖能成器，皆由匠者使之，誰曰成器乃鋸鑿非匠人乎？吾先釋物之所以然，則其理自明。試論物之所以然，有四焉。四者維何？有作者，有模者，有質者，有爲者。夫作者，造其物而施之爲物也；模者，狀其物置之於本倫，別之於他類也；質者，物之本來體質所以受模者也；爲者，定物之所向所用也。此於工事俱可觀焉，譬如車然，輿人爲作者，軌轍爲模者，樹木料爲質者，所以乘於人爲爲者。於生物亦可觀焉，譬如火然，有生火之原火爲作者，熱乾氣爲模者，薪柴爲質者，所以燒煮物爲爲者。天下無有一物，不具此四者。四之中，其模者、質者，此二者在物之内，爲物之本分，或謂陰陽是也；作者、爲者，此二者在物之外，超於物之先者也，不能爲物之本分。吾按天主爲物之所以然，但云作者、爲者，不云模者、質者。蓋天主渾全無二，胡能爲物之分乎？至論作與爲之所以然，又有近遠公私之別；公遠者大也，近私者其小也。天主爲物之所以然，至公至大；而其餘之所以然，近私且小。私且小者必統於大者、公者。夫雙親爲子之所以然，稱爲父母，近也，私也；使無天地覆載之，安得產其子乎？使無天主掌握天地，天地安能生育萬物乎？則天主固無上至大之所

以然也。故吾古儒以爲所以然之初所以然。

中士曰：宇內之物衆而且異，竊疑所出必爲不一，猶之江河所發，各別有源。今言天主惟一，敢問其理？

西士曰：物之私根原，固不一也；物之公本主則無二焉。何者？物之公本主，乃衆物之所從出，備有衆物德性，德性圓滿超然，無以尚之。使疑天地之間，物之本主有二尊，不知所云二者，是相等乎？否乎？如非相等，必有一微，其微者自不可謂公尊，其公尊者大德成全，蔑以加焉；如曰相等，一之已足，何用多乎？又不知所云二尊，能相奪滅否？如不能相滅，則其能猶有窮限，不可謂圓滿至德之尊；主如能奪滅，則彼可以被奪滅者，非天主也。且天下之物，極多極盛，苟無一尊維持調護，不免散壞；如作樂大成，苟無太師集衆小成，完音亦幾絶響。是故一家止有一長，一國止有一君，有二，則國家亂矣；一人止有一身，一身止有一首，有二，則怪異甚矣。吾因是知乾坤之內雖有鬼神多品，獨有一天主始制作天地人物，而時主宰存安之。子何疑乎？

中士曰：耳聆至教，益信天主之尊，眞無二上。雖然，願竟其說。

西士曰：天下至微蟲，如蟻，人不能畢達其性。矧天主至大至尊者，豈易達乎？如人可以易達，亦非天主矣。

古有一君，欲知天主之說，問於賢臣。賢臣答曰：「容退三日思之。」至期，又問。答曰：「更六日方可對。」如是已六日，又求十二日以對。君怒曰：「汝何戲？」答曰：「臣何敢戲。但天主道理無窮，臣思日深，而理日微，亦猶瞪目仰瞻太陽，益觀益昏，是以難對也。」

昔者又有西土聖人，名謂嶼梧斯悌諾，欲一概通天主之說，而書之於冊。一日，浪遊海濱，心正尋思，忽見一童子掘地作小窩，手執蠔殼汲海水灌之。聖人曰：「子將何爲？」童子曰：「吾欲以此殼盡汲海水傾入窩中也。」聖人笑曰：「若何甚愚，欲以小器竭大海入小窩。」童子曰：「爾既知大海之水，小器不可汲，小窩不盡容，又何爲勞心焦思，欲以人力竟天主之大義，而入之微冊耶？」語畢不見。聖人亦驚悟，知爲天主命神以警戒之也。

蓋物之列於類者，吾因其類，考其異同，則知其性也；有形聲者，吾視其容色，聆其音響，則知其情也；有限制者，吾度量自此界至彼界，則可知其體也。若天主者，非類之屬，超越衆類，比之於誰類乎？既無形聲，豈有迹可入而達乎？其體無窮，六合不能爲邊際，何以測其高大之倪乎？庶幾乎舉其情性，則莫若以「非」者、「無」者舉之；苟以「是」、以「有」，則愈遠矣。

中士曰：夫「極是」「極有」者，亦安得以「非」、以「無」闡之？

西士曰：人器之陋，不足以盛天主之巨理也。惟知物有卑賤，天主所非是，然而不能窮其所爲尊貴也。惟知事有缺陷，天主所無有，然而不能稽其所爲全長也。今吾欲擬指天主何物，曰：非天也，非地也，而其高明博厚，較天地猶甚也；非鬼神也，而其神靈鬼神不啻也；非人也，而遐邁聖睿也；非所謂道德也，而爲道德之源也。彼實無往無來，而吾欲言其以往者，但曰無始也；欲言其以來者，但曰無終也。又推而意其體也，無處可以容載之，而無所不盈充也。不動，而爲諸動之宗。無手無口，而化生萬森，教諭萬生也。其能也，無毁無衰，而可以無之爲有者。其知也，無昧無謬，而已往之萬世以前，未來之萬世以後，無事可逃其知，如對目也。其善純備無滓，而爲衆善之歸宿，不善者雖微，而不能爲之累也。其恩惠廣大，無壅無塞，無私無類，無所不及，小蟲細介亦被其澤也。夫乾坤之內，善性善行，無不從天主稟之。雖然，比之於本原，一水滴於滄海不如也。天主之福德，隆盛滿圓，洋洋優優，豈有可以增，豈有可以減者哉？故江海可盡汲，濱沙可計數，宇宙可充實，而天主不可全明。況竟發之哉？

中士曰：嘻，豐哉論矣。釋所不能釋，窮所不能窮矣。某聞之而始見大道，以歸大元矣。願進而及終。今日不敢復瀆，詰朝再以請也。

西士曰：子自聰睿，聞寡知多，余何力焉？然知此論，則難處已平，要基已安，餘工可易立矣。

綜　述

龐迪我《天主實義續編·人宜認有天主》 世界定有一至尊主，初造天地萬物，而後恆存育臨涖之。此理銘刻人心，不待論而自明。普天下智愚賢否生而知之，故遇吉福如意之事，莫不顒天，敬禮，感謝，求申益

之。艱難拂意，莫不籲天，祈釋解之。爲非者，亦莫不怖畏之，疾痛呼號救之，共禱，共謝，共敬，共怖，不約而同。亦以徵天地一主之實理矣。西國稱爲陡斯，縱其地其人冥愚無知，不識文字，隨處必有一敬事此主之大禮，衆共守之。即習俗相沿，有謬認邪魔□鬼爲仁主者，誤信其降吉降凶實有權能，而建神設像，欽崇瞻拜，畏懼祭祀之，其本心固惟達推欽崇一尊主之，正心良性而已。譬如有人遙聞，京中有至尊國主，但未識爲誰。入京適見一人儀范尊嵬，以爲是也，遂俯身叩禮。此雖誤認，顧惟欽朝一尊主之意，固甚眞也。古賢有言，疑雪非白，宜治其目。疑天地無眞主，良心熒迷，宜治其神。此正道實理，即造物主開啓人心，識此主爲實學，事此主爲本分，愛此主爲本性。苟欲修德克私，而不奉主爲先任修善德，盡爲有缺，爲無根，爲易敗，爲甚微，悉無應報於天堂焉。所克情欲特暫飾醜貌，非實滌污根，幽獄永世之譴責終無由免矣。天主經云，癡人自云於心內天地無主，緣是則承朽襲壞，甚爲可憎，無一爲善者也。

夫知天地有主，及身後有善惡之報，正爲修善去惡之羽翼也。邪魔欲奪人信向，敗人功德，淪於萬罪，俾失天福，而與己同墮永獄。其秘計萬端，無非蔽人心目，使不識有主，不信身後有報。則爲惡者，無所怖而易恣，向善者無所望而難勉，即邪魔之願望不啻慰焉。無窮毒害，無數罪訧，可不愼哉，可不懼哉。

夫信有一公主，設心奉敬，遵守戒命，則生死大事及行善去惡之大本建矣。關係甚重，利害甚分，信之大利，而不能小害。不信之大害，而不能小利，有利無害。何也。令爾信有而果有，則今已免不識大父母之罪，且能虔心奉戒，死後升受天堂之眞福，利莫大矣。如信而果無，則亦莫能討爾信之微訛，何害之有，況非訛哉。其有害無利。何也。如爾不信有而果有，即負不信不識，不奉爾大父母之咎，又誰助佑爾爲善遠罪，以脫死後永年猛殃害何如。況既不信有主，亦不望行善有賞，不畏行惡有罸，縱橫爲惡，益無顧憚，害更何如無利，不必言矣信之哉。不然，審判之時天地大主問爾曰，爾大父奚不孝，爾大主奚不敬。馬牛獅狼皆識恩主，賜爾靈性超絕萬類，生物萬彙爲爾施用，保護爾命抹爾難申爾福，奚不求信識奉事恩主。爾將何以答之，不竢迫危之期而先慮，預備眞智，不宜然乎哉。

或曰，信萬物之上有造物尊主，是矣。但願聞，信此者即足成善人，受天報歟。抑尙別有當行之工業也。曰，篤信此實理，乃修善之趾，蹈天路首步也。不先舉此趾，行此步，則所積善德，所行功業，皆空虛，與主無與，亦無報於天堂焉。假令人有所爲，若爲我我乃重視之，厚酬之，苟非爲我，我何與哉。人緣信而愛大主，故奉其聖命修善行德，大主乃喜受重視，以天福酧報之。若非信而愛主，其志必屬世福，爲德甚小，大主視之甚輕，雖不廢賞，特以世之暫福酧之，不畀天上永福焉。況不求識愛所從出大父母，爲忘本，便是大罪。凡以念言及動犯大主所賦心理，即獲罪也。人負債，獨債主能赦之。獲罪於造我者，獨造我者能宥之。不識不愛，所犯從何得赦乎。是以從生及死，大小罪過，死時一一當償，一一當受其殃焉。識愛與否，維係不至重乎。第徒信有主不知疇是，如何昭事，如何信其言，奉其誡命，至終身無改，亦不足爲眞善，不足受永福矣。

我西域千餘國，千六百年前雖知天地特一尊主，但未知誰是，未聞其性德，未識其誡命敬事之法。善惡之報，尙未詳曉。故人各設所喜，各敬所設，各以所設敬爲眞，萬人萬心，教法萬派，風俗不美。獨如德亞一國之人，自古欽崇一造物大主，多出聖賢。物主以其性德及其教規之詳善惡之報，初造制天地人物之緣由，親諭彼國聖人，亦親載於冊，垂訓萬世。因有流傳四方者，四方聞而遵焉，教法人心乃始歸一。各國至今多出聖賢，學問彰盛，潰亂自息，風俗自美。此冊所述教規，大都天地大主所親宣示，及聖人據其親言所推識解釋，萬萬不疑實理無謬，弗敢加私見片語也。

聖弟阿泥削曰，人所由識天主有三路，一曰由造作。蓋人莫不自悟，物未有能造存己者，因悟物上須有造存物之主也。一曰由物情。因物之精美，追知必有主者付畀之，主者所散賜於物之渺分已如是，所自具更如何。一曰由除去。蓋見物有瑕釁不精不足處，則知至精。天地之主不宜有此也。今將述天主實理當從三路徵之。夫此理雖具人心，第迷惑已久，惟肉目所視是信，肉軀所樂是行，如瞽聾無靈神者。天主賜人靈神，御身於善，賜人肉身輔神於善，肉身從神靈者喜於行善，則神靈躋天域蒙永福。靈神隨肉身者喜於行惡，隨墮魔境負永苦。此物主諄諄尊命也。世人顚倒迷罔靈神，千態萬變，悉趨身之悞樂僞益，不思命終所向所受，亦大可悲

矣。夫獸無靈德，尚知愛憫同類，我人類□道妄行，將入永苦，忍坐視乎。爾拯將入□者爾仁德也，能拯而不拯，不異爾殺之。拯其肉身不過暫生，尚爲大德，矧拯人於地獄永劫之艱難，德不更盛歟。故天主聖經有言，正義訓人，放光如日，永世不絕。大西諸國千六百年以來，皆遵天主正教之地也。有士儒謝世富貴安娛之樂，不辭離親背鄉多年航海之苦，學異言異文，習異俗異食之勞，講論譯述晝夜勸人之煩，其意誠願天下國國人人皆得識眞主，循正路，以積實德，建眞功，使今世得享寧安之樂，而身後亦得躋天界，蒙無量福。惟是載教之經卷頗多，難以殫述。姑採掇切要，輯之斯冊。其理義則實學之根源，身後萬年或福樂或苦難，喫緊關係至大無侔焉。惟讀者虛心祈天牖照念慮，克信悟其實理。感誘心願，使樂從其戒命。庶幾吾述爾讀俱有益耳。

又《物始徵有天主》　人孰思萬物初始，無不爆然覺悟，物上當有一至靈至尊無始之主矣。特按東西南北諸國之記，數千年前普天下人獸最稀，人亦析居，無君長，無法律，無宮室，未習六藝，一切人類之事，俱未興。數百年後，人生甚繁，隨立君王官長，分此國省郡邑之界，種種憲法隨處定行。如中國史書所載，畫卦鑽火，嘗藥教稼等萬用萬事，無不有由肇始，不能自始。何獨造是事用之人類，與安立人類之世界，偏無肇始，偶然突而全有哉。夫天地萬物既皆有始，有始則必有造其始，此造始者有始乎。若曰有始，是亦待造，尚不離物。若曰無始，是即吾所求無始無終無量，爲凡物之總原總主者矣。若云目前此物出自彼物，如子出自父母，則父母又從安出。追至元祖，元祖亦弗能自始。推之無形有形，凡物盡然。則萬類未始之先，豈得不有一無終無始無量者爲萬類之始，豈得不爲萬物之主哉。今亦不必追至元祖，如人父母有欲生子而不能生者，有不願生而生者，有願生男而生女者，人亦安能自造。可見兒女之生皆由大主，特假父母之形力以贊其成，用父母之料質以備其體，而安排於未生之先與養護於已生之後，固非父母能力所及，非物主之全能，孰成就之耶。

且人之形軀，其體情無異鳥獸，至爲鄙屬，獨靈神之體情近天神，故屬精品。是以身軀賴靈神以生以立，獨靈神不賴身而自生立也。造者之用動，恆隨其體而與之，類彼形物所造。特惟形物，曷能造作無形之物哉。今又屢見父母生子，百骸盡賅，而靈神未加，絕無生氣，以是亦灼然明知，結締神形以成人，悉物主能，非關父母也。故知生我者私父母，私父母之上，尚有一公大父母。私父母之恩，人易知，莫不終身感激，致敬孝以報之。公大父母之恩萬倍宏厚，人顧不知感激圖報，棄捐弗認忘己背本之罪，嗚呼甚矣。

且今勿論物有始與否。物之造物，必造者在先，被造者在後。造者先有，被造者尙無。若物有能自造己者，則一物當兼先及後，并有與無。先後有無又相反之情勢，豈能併立耶。是以造者與被造者決非一物。物不能自造，則凡被造物之上，必有一不被造之物，爲諸被造物之原，自明矣。

造成者，自無物造有物謂也。夫物造物，必資材質然後能動作。是其造作多屬改形貌，從造者之性皆悉屬變化，弗能自全無物中造實有物也。獨物主其能無涯，不資質料初自無中，造成天地及諸品天神。今亦日日自全無中造成衆人之靈神也，其願能相隨，願有倏有，故物無難易者，造成一天地與萬天地，如造成一蚊虻也。此固物主之全能所獨及，故聖亞達納削云，掌物人能之，造物獨物主能之。聖亞吾斯丁曰，神鬼己先無己，故弗能造己，無材質故弗能造物。弗能造物，與不能自造等也。

況物者若其性體美好，不受之於外，則悉屬自取自立也。不受之於外，則其上，莫或定畫能限其性德美好之多寡矣。任自取自立，則其所自取性德與美好，必不自限矣。今天地萬物性德美好咸有限際，弗能任益無難，存所先有易。若物情屬之物自立，則生者當長生，不至死矣。生物既不獲長生，則其情性不屬之物自立，萬物之上有所從立之主，何疑耶。故物資造主猶日光資日輪，日光非日不生，日蔽光亡，弗能自立自存焉。

或曰萬物偶成，不竢主制之。曰世間有一微物不待營籌，不加工業，偶自肖成人，皆奇異之，詫爲希有。況萬物各隨其性，渾然精美，云皆偶然成就，有是理乎。譬如帝王宮殿豐麗無侔，或曰一山崩其土偶自成磚瓦，樹偶自成柱棟椽門，又偶自契合而成就斯殿也。誰不以爲狂誕乎。一殿之微不能偶成，天地萬物之大云皆偶成，不爲狂誕乎。苟造成偶然其常存不滅絕，常治不紊亂，亦皆偶然乎。

或曰物皆自然而成，曰何謂自然。若謂物各自造其然，孰不欲成造美好，而顧有頑蠢陋劣者。且既能自造其然，必也亦能存護其然，何又漸滋

衰弱，至老死滅亡耶。見嘉篇文字必意高才之士撰述之，或曰自然若是，不待文人撰述。誰不以爲妄言耶。見天地萬物之全備艷美，則宜越陟於物上，因而追求全智全能，至仁至尊之物主，以致其敬愛。斯則修善之實學也。因物之全備嘉美，特云自然而忘造其然者，特樂其用，而不索造爲我用者，冥頑莫大矣。設試爾見石人言動，銅毬運旋，死人復生因自然耶，抑有大能使之然耶。曰有大能使之然者必矣，骨肉之人能言動又能論理，不比天毬不生不靈能運旋不息，俾一死人復生爲事小，俾衆未生者生，已生者存生爲事廣大，且更難，而獨不認有大能宏智之主就成之何也。嗚呼，彼因罕且私，故異之感之，此因常且公，更當感念之，而反忽忘不思，斯謂有目而不視，有耳而不聽，有心而不悟，熒惑矣哉。

又《蠢物徵有天主》 右論既有心理追達萬物之上，應有物主，復以肉目觀覩萬物之妙，則物上有一至尊主，更昭如也。么麽之蟲大抵具備五官百體，無異牛象，無缺無餘無可增減，無可更易。鳥獸本屬蠢類，宜無靈覺，而蜂制蜜蟻積糧，蛛蜘織網，百鳥獸護命養生，就利□害，採掇藥草，分比毒良，治病瘞死，測將來風雨震雷之變，種種無異有靈覺者。凡有靈效，必萌自靈性，明矣。其有不屬靈彙而靈迹可見，必有靈物引延之。矢中鵠，知有人發之。鳥能言，猴能舞，知有人練肄之。萬種盡然。夫鳥獸性不靈，而跡多肖靈，若非有一至靈至能之主營制其性情，蠢屬焉能若是耶。或曰，鳥獸能舉靈跡，安識無靈性。曰，靈性如人，其計謀籌策隨遇日新。若鳥獸靈跡各類不同，各有一定，乃物主初造其性所定就者。譬如鳥能言，特惟數語。則知其非性有靈才，且非以宣內意，乃特外習數成語而已矣。

且不靈之物更極精美，足徵有主。昔西國有名士亞爾寄氏者最精星學，曾以玻瓈制一天毬，日月五星列宿諸天，及其順逆遲速，朔望交會，一一若天。古今人皆稱聰明，世無比者，亦爲其畧能通達形容大天之一纖耳。夫見一物精美者，知有智巧人制造之。入人之家，內外整頓，規度相稱，僕役莊勤，日用隆盛，不同戢而情相親愛，不同性而心相脗合，各安其分，稱其職，不相傲妬，見者雖甚愚，必意此中有一尊主智主，百役所自聽命者也。霄壤之間萬物一大室也，地當其中，無所憑倚，而萬物憑之。凡人心所願，以養以樂無不備。其中水體廣大，洶湧滔決，而循涯輒止。上有天以覆之，萬年不朽，無車輪消息，而永旋不輟。日月星辰皆麗之以照曜天地，而因其順逆之行以別四時，分晝夜，成歲功。若不運旋，恆駐一所，則此處恆夏，彼處恆冬，此恆晝，彼恆夜。近者莫堪其炎烈，遠者莫勝其寒凄，化育無由以成矣。又以其精德下射徹達地球，以輔萬物，且攝地氣，使至空中冷際而或成雲，雨或成霜雪或成雹露，復落於地，而豐饒之。四時之別以扶人獸所資，以生四液而保護之。春溫以扶血，夏炎以扶黃痰，秋燥以扶黑痰，冬冷以扶白痰也。若自冬之迫寒，俄入夏之猛熱，其性相反，物必受害。是以冬寒既極，漸由春溫而入夏。夏炎既極，漸由秋涼而入冬矣。乃萬形之物，取質於四行，據其性情，各得其所。火至輕清，躋於天域，使燄不下害。土至重濁，離天最遠。水稍輕，則浮土之上。氣輕重之間，則乘水上而負火焉。四行之情相攻互敵，而攻敵之中又有相和。土燥水濕相敵，乃以俱冷而和。水冷氣熱相敵，乃以俱濕而和。氣濕火燥相敵，乃以俱熱而和。火熱土冷相敵，乃以俱燥而和。全敵而無和物不生，竟和而無敵物不成。和敵各半，造化併興。然彼此力埒則不相藉，或一強一弱，則強常勝，弱常負，而不相配，物俱難保矣。四行則強以攻者弱以防，強以防者弱以攻。如火性猛急，所遇即化，水弱反熄之。土性鈍懦化物最遲，火剛即變之。若此，則其強弱適調，而後萬物之造化存安甚順也。

豈獨天地及四行及人，凡天壤中微物之妙，俱循此理。況物主造生此世，悉爲人用。故凡傷人之物，如毒蛇虐獸，皆使畏人，喜居深野，生養最稀。而爲人用者，生獨繁性獨擾，樂居人間也。假如人父生子輒賅其衣食日用之物以育養之，舊衣未破而新衣已製，前飡未竟而後餐已備，子長則與之德師敎之藝文，訓之正道，迪其善，董其惡。疾則醫之，憂則慰之。生平勤勞，集財以富之。若是者，不亦顧愛其子之慈父耶。天主顧愛人物，何啻於此。人物所須以養其生，樂其耳目口鼻四體，醫其疾，萬萬具備。諸種金銀珠寶以富之，今年稼穡僅畢而再年之種已起，去歲之穀未罄而今歲之穀已熟矣。以善念德願，誘我善德，陳身後永年之報，以勸我善德，懲我罪惡。無微物不時時刻刻沾蒙其顧護之澤，謂既造人物之後，廢然遺留，不復以父母之心顧衛，可乎。人能凝神默想，不無惺然醒悟曰，亞爾寄氏之天毬無所利益，不爲大用，止因畧肖天像令人讚稱無已，

惓惓求識其人。而眞天地時在目前，時蒙其利益，目擊其精妙，而不足動我心，不足徵物上有造成調護之主，萬無是理也。不然人有靈才，能循理義，苟不率一首，弗能久安。況無生覺無靈心，性情相悖之物，若無一總主，調護治涖之，胡能若此久安，無潰滅之患哉。

天物之久安，足徵有主。若或異常妖變失其常者，如地震，山裂，風烈，水溢，旱潦饉饑，瘟疫及鬼魔厄災，此又更證上有至靈無量能之主。或治萬物俾存其常，以布其仁慈，令人感格，遵其修善之命，以謝之。或縱之變異其常，恣傷人物，以宣其盛義，罰人罪惡，使之畏其刑，悟改而遷善也。故見其或變，則知從常時必屬物主調持，使循其常也。見其常，則知變其常時，必有物主，縱放其毒害也。見其毒害或重或輕，則知其上有至能之主，限定其輕重，不使任恣也。不然鬼魔爲物，其強梁有力，非他物可比，其恨憤人物亦甚矣，使上無一主，防其恚怒壓其猛力，而恣其所爲，則殘滅萬物，無噍類久矣。我儕生存不至輒滅，皆物主之隆恩博愛。殫心力，修德行義，以謝之，至宜矣。不惟不謝，而反生疑，妄詈無有，負恩甚哉。惜乎。

又《蠢物徵有天主》 再論蒼蒼之天，日月星辰，旋運不輟不怠，各守其位，不侵不亂，亦足以明證其上有主，使之運旋也。蓋靜者自美於動，動者自向於靜，無論靈蠢生否未有自喜動，而不因求靜者，未有肯舍所得福而不因就得更大福者。物重如金石自行下，物輕如火氣自行上，皆以得合其本性安所也。得之則寂然靜謐，不復有移動焉。乃知其移動出自內性情，非自外至也。若風吹與舟行，非因求靜就安，行動原不於本性，乃外來之力強激使然，外力或息，動行即止矣。夫蒼天日月星辰，恆恆運動，在東則旋西，至西復離西向東，瞬息不憩，其東西兩所無異，何所揀擇，必非離其非本所之不安靜，以就本所之安靜，其不出於本性，不待論而自明矣。動轉不出本性，則其或東或西，或順或逆，或速或遲，或過或不過，永永若是，絲毫不爽，必非蒼天及日月星辰不靈不生之物所克自定也。虛心深思斯理者，雖肉目不覩物主之體，亦無不心悟□然曰，日月星辰之上，必有無量能智一主。俾之永旋，奠其次列，俾恆守其銓序焉。人物之上必有愛人物一大父母使天及日月星辰常運不息，爲人物之利益焉。譬如人問爾形內有靈在否，爾非死必曰有矣。爾安識有，曾覩其體貌歟，不覩必矣。因枝葉則根柢睹，因外效則本質顯，如目視耳聽，口言體動，心明則識有靈神在內，如照如視也。天地有主掌世間事物，猶神靈掌一身之百務。人睹其玅效靈跡，如天旋地靜，雨潤日暄，雷動風散，山藏海育與人之壽夭，善惡之褒貶，年歲之豐荒，祝而致效。雖不覩其體，不閱其所，亦燦然明悟，天地萬物之外，實有掌人物一至仁至義總主焉。

可見彼造之物猶未能自立自存，存立仍須物主也。故繫於物主，弗能離之。譬夫日光繫於日輪，光非日不生，非日不存也。且物主既能自無物造有物必也，亦能復滅物如初無物。物賴主始有，離主仍無，乃知物主存物之恩，時時刻刻猶新從無中造也。故《聖經》云，我曹生存與動興，咸賴天主。又曰，非天主生存我儕，從何自生存哉。聖厄勒卧略亦云，萬物雖實體，非物主之手扶提，弗能存其實焉。

天地之主造此天地萬物，豈惟爲人具備育養施用而已，併爲衆人學眞道之冊籍也。凡形享其利於外，因而心上尋求恩澤所從來，而一心昭事之，德功之立最無大此。譬如人行路勞疲，忽得休息飲食，必求其主而頌謝，終身不忘。況赤身入世，忽得萬物之用，問誰爲之，誰預備之，豈可不求識愛奉事之乎。從古萬國聖賢修士皆求識天地總主，大父母爲首務，不識者讀天地萬物性情之籍，則因而追識之。已識者復究萬物性情之妙，更識其智能仁義之無量，故更益其愛慕欽崇焉。

天主聖經云，上天法象，譔誦天主之光榮也。夫天無口舌，何爲譔誦。曰，雖不發聲言，第其光耀豐麗高廣與夫運旋鉅力，皆爲明聲之口舌。恆誦曰，我上有一無量能主，造我治我，更明於口舌之聲言也。蓋聲言獨使聽者能悟之，今目視其精玅，身享其大益，無論智愚莫不明聽其無聲音之言，故聖契所云，人縱甚愚，但不識物主孰是，無不識物有一主也。聖祭被利云，不認所不得不識者，罪愆無辭矣。

聖盎薄削曰，天地之主純是妙體，故肉目弗能視之。第因肉目所視因以心目，超陟天地萬物之上而視焉，是以天地萬物爲升物主之階，且以爲照物主之明鏡也。即今世之識爲暗識，婉識也，但今不得此暗識，身後不能享其明識，親視之永福焉。故經云，不信大主者，既審判矣。猶言世間證有一總主之事物甚多，人尙弗信之，其罪甚明，不待評論，決當受地獄永殃也。

萬類精備及調協臨涖之妙，上下諸品，次第之美，至能智至仁義之驗效，明跡也，奚不認有至能智至仁義之主造治之哉。矧不認一主造治，則世間事物之所以然，多難解釋。所知識不過目前爾我之間一二淺理，而六合之外，天上及身後之事，天上之性德，天神及靈之性情，當行之工業，俱不及自知。學問隘淺，故易受誣謬之欺矣。若信有一主造治之實理，則萬物有原委，萬事有安置，萬理易明，聖賢意言易解，學問有據甚廣矣。故舉一主，而萬事一貫。何其不思之甚也。

又《人類徵有天主》　此理之據胡竢遐索於物，人各反諸己，熟思日行之專亦自足也。試問天旱爾求雨，雨求晴，疾求痊，曲求申。値艱仰天祝籲，霹靂□□□傷，不傷則謝爲非，縱無人知亦憂怖，爾所求謝者怖畏者疇是與必也。意有靈主能聽爾求，喜爾善，憎爾惡，有慈能爲爾感，有拯患降福之能，肯拯降之仁，能命火勿熸，雲勿雨，霹靂勿擊，豈非明證萬物之上，別有至能智可敬畏愛慕之主，致此大效，舉此明跡乎哉。第難禍中，爾以心言行明證之，向祈之，難釋禍解，不復識之，何也。災迫心懼，邪情跧伏，正理易明，故發正念，災過吉轉，則伏情宛然復突，正念復沈，猶行海者風浪興作，悚惶□□誓許善行無已，風靜浪平，所誓遂諼，不復念之。哀哉，夫享福脫禍，以至一呼一吸，悉皆大父母之恩，恩中不信有致恩者，艱難中不認有拯艱難者，不啻不求識主，反若無主，則以心言及行，滅亡之。此則以讐報愛，以害報恩，罪惡孰大若此者歟。

夫天地間，大小物無不有其性所趨向美好，而望得者也。幸得之，則祉福滿圓，宜無復有願望矣。衆人生平千計萬謀所圖無休息，何也。願望無限際，萬物之美又微小，以微小之福圖盈實休息無限際之願，猶持勺水熄猛火，豈惟不熄，滋增其熾烈焉。苟非無限際美好烏能盈滿其願望之無極哉。夫天地大主，繼於人性之願望者，決非空虛，徒造不可充實休息者矣。願望可充實，則必有一物，其性德及美好粹精，皆無窮際，皆不可加，能充滿休息者。此即我所謂天地總主，萬物大父母也。故聖亞吾斯丁謂此大主云，吾主，爾所以造我，正以歸向於爾，見爾體，享爾美好而已。非及見享爾時，吾心胡能休息靜謐歟。

使一國無一首可率，無一法可遵，而人各若其私意，潰害安能絕止哉。天下人同具斯理，故隨處立君長，從其令命。君臣之義，始爲人間大倫鉅綱矣，吾竊伺衆人心志，莫不切冀得所歸向於冥冥中者，苦難，願得所哀訴祈援者。福樂，願得所頌謝禱申者。有罪過，願得所仰以祈赦宥者。向善，願得所嘿引佑者。斯類冀願，人人生而懷之，豈徒哉。正上天大主所賜，引人求索能盈息其冀願之，天地大主焉。苟無可歸向之主，則人心分離，□隔不能歸一，生時無規程可憑依，惟欲是行，爲惡無畏，爲善無望，罪愆孽害，曷有窮盡。死時無功可恃，以冀天報。有罪無仰向，以祝宥赦，惶憂如濤，併興猛攻，不使休息。由是觀，則人有公主，豈非第一大倫，爲他倫之根柢哉。

矧賞善罰惡，令人遷善，此則人間立君長要意也，最急職分也。第其智識短狹，特憑肉目見外形，而善惡之本隱內，是以賞罰弗克周，弗克當，且勸懲不加於善惡之本際也。惟物主全照內外，直賞罰其內心之眞善惡，令人寡心罪遷心善，不亦至當，萬不可無耶。

又《天主何如》　人既知天地有主，不無願知其尊富善美智能仁義諸性德之詳也。第凡此類，在人與神皆爲情屬，非憑附物之性體，弗能自立，故與物性爲二，而倏消倏長，倏存倏亡也。第物主其智能仁義諸德，與其性渾然一純體，全無體情二物之殊。故在物主，不宜謂之情，情謂德云。夫物主者至精美，至尊善。智能無量，性德無窮。慶福無際，無始終，萬物所從出，萬物之上一物謂也。知物主之性德，則學問之根源也。然世有稱智慧聰明者弗能悟其理，輒云穆穆高遠深幽，非人心所及思，口舌所及言，豈容窺測。此豈眞情實言哉，誠以餙其怠惰，不願知識之非耳。殊不知物主之理雖玄奧，不可罄探，其可探者亦自不希矣。且主義至精至妙，得悟絲毫，其照樂滿足人心，又萬倍世間諸物之義理也。人心愈思之，其念慮愈清澄，物主之性彌大，義理彌精彌有可知識，稱譽彌宜殫心力以思念之，盡口舌之力以談論之，故聖梁謂物主曰，緣其性德之精美不可盡言，故令人恆言之，緣口舌之議論讚譽未嘗稱足，故令人未嘗閒其議論讚譽也。第天主之理無涯，人之識些微，竭心舌力，詎能研考闡其萬一哉。古有國王問物主之說於賢士西末泥，賢士求數日思之。期至，又求倍之，數次如是。王怒，以爲戲。賢士對曰，臣彌思彌覺其義深遠難明，故弗輕對，敢戲哉。可窮者盡洞達，竟通徹之謂也。夫有限際之司明者特能窮底有限際之物，無限際之性德非無限德力之司明者弗能畢達窮底之

也。夫凡神及人之性情德力咸有限際，而物主之性德自無邊際，其不相稱極矣，其不相及無量矣。是以物主無量之性德，特物主無量之司明者能畢達窮底之，固非天主所已生，及所能生之物，所能竟通全含焉。此其故，非物主之實理不可明，但司明者於實理，猶目于色，耳于聲。目所視色加光也，耳所聽聲音而已。使目視日光，耳聽震聲，皆受傷，惟其光及聲過耳目之力，故耳司明者所悟實理而已。第以有邊際之司明者欲殫含窮達無邊際之理，不惟不窮達，而愈圖達之愈昏冥焉。故經云，圖窮物主之宏大者，必鎭抑於其隆光焉。

又《天主惟一》 造物者特一無二，天地一至尊，萬物出於一尊，此衆庶恆言也。一家一首，一國一君，斯國治家齊，然亦惟假天地一主，大理之一纖耳。《聖經》屢云，天地之主一而已，此外絕無可稱主者。但人間或爲邪魔所迷，妄信有多主，如一明燭其光本一，但目德劣弱，遂爲邪氣昏昧，遂見多光。照世無量之光惟一，無始終之主而已。心目受蔽，乃以人類區區之力量度物主無境之智能，見天地之廣袤事物之繁夥，而皆常治不亂，則以爲非一主所能當，臆立多主，以分治事物之煩勞。或一主天，一掌地。一理火，一典水。各分其職，其多寡之數任意行其所尊，不覺以是喪亂世界之佳美，且褻侮獲罪於其主也。何也。乾坤猶一鉅身，萬物其百骸，而物主其首也，一身多首不成怪形耶。世界事物甚繁甚異，而其次第甚佳甚稱，各得其所，各守其職，各務其業，不相侵奪，萬物聯繼，毫無間虛。自有天地以來，世世如一，若非一主摠持，安能若是耶。爾入一大國，其郡邑村落衆夥相逖，而及法律規矩衣冠語言，秤量輕重盡同，則知皆屬一主治之。地雖廣大，四方隔遐，但處處火熱雪冷，晝明夜暗，四時相接，人之心欲，鳥獸之情性，處處如一，此亦萬物悉屬一尊主治蒞之明徵乎。其侮慢何也加多主，則以是驗主之能德短狹，力量懦弱，不足當也，而愈增其數，愈減寡其能力，消蝕其智權，此非辱慢之而何。譬如舉巨石，一人之力足舉之，必不積多人。若必積多人，不亦證一人力之微弱，不足舉歟。

吾設問，爾云有多主，咸出一總源，抑皆自由若出於一。則彼特一至大，故獨稱總主，餘則有限之物，奚得爲至極主乎。夫物上有物主，任造物之情性，任定其多寡之數，故其性情與數，咸有限際。若彼物主皆其性德自有，不係於外，莫能畫定，可有二三主，亦可有無數主，其性德其智能，當等無窮際等即有際，安云無窮際乎。況凡可有之物，物主任能造輒有，且亦能不造輒無，若物主不造不能使無，則能亦有限。彼無數主不能自造，又不能自有，然則孰有之。若無數主不可有，則一者有矣。

凡可有美好精德，皆天地主所當盡包，故其德悉宜至極無窮際，不得有二設有二主，非一大一小，則皆埒齊。若一大一小，惟大者爲主，小者非至極，安可與並若埒齊。則各已有對，有對則其榮光彌小，權柄彌短，固非所謂至極無量能之主矣。設問彼所有德，此亦悉有之否歟。若有，歸一矣，已無二矣。若否，則彼之美好此無之，此之美好彼無之，彼此皆有虧闕，愈有際矣。固非物主全然滿圓，無所不抱之德性也。若尙云相埒齊，復設問，兼二之能德大於單一之能德否歟。單一之能力所不及，兼二之能力倂及之否歟。若大且各有所不及，則二之能德皆可增受益，非極矣，豈所爲至極主耶。若否，則單一之能德已至極矣，已滿圓矣，盡足造作□護一天地與萬天地，而其餘力，尙無窮際矣，餘多俱虛無用，加多何爲乎。

今觀天壤間萬類各有一至大宗者，有身形者，天爲宗大光明者，日爲最煖熱者，火爲極。一國一君，一陣一大將，一家一長，豈天地獨無一至物爲萬物之宗主哉。一首之治，亦自安靜平夷於多首之治，若一國二君，一陣二將，一家二主，則猜忌爭亂輒生，不可息矣。況天地如有多主，各舉其志，各有其職，各行其策，念意願欲，弗能盡令。此所願，彼所憎。一願若此，一願不若此。此所舉造，彼則傾覆之。此爲主當有全能，據此之能全，則能制彼。彼亦爲主，亦當有全能，據彼之能全，則又能防此。是以二之能全，而又不全也，倂能相制又不能相制也。彼此不相下，爭亂何底止耶。止欲造作若俟彼旨，則能劣權小。若不俟而造作自若，彼權亦微小。二之能不免有限，豈所稱無量能主哉。一人蒙恩，不識所從來之主以謝之。一人受難，亦弗識從何主降。以求見解之。一人喜此主，一人又喜彼主，不多忌多亂乎。故云，天地有多主，與絕無主害埒也。云有實無，與云無實有，其奪眞主等也。古賢德爾都氏曰，天地若非一主，全無主。嗚呼，愚人信多主，以爲主多保護亦多，安福更穩。而不知以是失主，失天上眞福。悲夫。

茲惟論天主性體，若論其全於一體，固有三位，所謂天主罷德肋，天主費畧，天主斯彼利多三多，三位一體是也。本論詳之。

又《天主無始終》 夫物有三種，一有始有終，如草木鳥獸等。其魂與身始同始，終同終，無所遺留。又如人物之視聽愛惡諸情用，皆有始終，其暫久之時，名爲流時也。一有始而無終，神鬼人之靈神是也。其有始無終，名謂厄窩。非如流時，有先後長短暫久之異，永存不敝，第悉係於物主，初自無中造有，故不得云無始。一無始無終，此則特一物主其無始終，自謂厄得爾泥達，釋謂永長無際也。此其勢無先後長短暫久之別，無已過，現今，未來三際之異，乃渾然純一，而兼含流時三際焉。聖亞吾斯丁云，物主永長無際，絕無已過現今未來三際之殊，非如流時，前分既出，後分始入，乃永永爲一，無前後焉。聖人曾設二比。一比石柱，置於流江之中。江水恆流不停，有已過柱所之水，有僅到柱前之水，有未及柱所之水，而此石柱寂然靜謐，不易其所也。又比圓圈與其中心。中心者，一點而已，不可剖分，無小大廣狹之異，而兼應全圈之萬點萬分也。故凡云，物主先後已過未及之異者，惟人之思才淺劣，未能畢達，竟釋其永長無際之眞說。乃緣其通包悉應，流時先後，故以流時先後釋之。此先後之殊異，不在物主厄得爾泥達特，在流時矣。

物主既自有不怙外物，必也自無肇始，無時不有。夫苟不待而自有，何故此時而不先時，何故有始而不無始歟。假令有始，則當其未有已時，必弗能自造已。弗能自造已，則其上必有造其始者，此造其始者必主，有始者必非主。則眞主即無始者矣。既無始，亦自無終。蓋自有自存之物，何故暫存而不永存，何故有終不無終乎，況物莫避乎終滅，非萬不獲已，未有自肯終滅者。夫物主無身，既非如有身形者冷熱燥濕四情，恆相攻剌，而使之終滅也。且物主上無物，物主能上無能，疇能強之終滅，使不永存乎哉。

又《天主有生命》 物主非冥頑，無生命之物也。設非生活，有何明知，有何尊貴，能德福樂歟。人之善惡如何能知，安能酬報之。敬之不視，祝之不聽，敬祝之何爲，尚不如人有靈有覺，矧爲至尊人物主哉。是以天下之人，凡所約欽崇祈祝者，無論眞僞，皆以爲至生活，至靈明，能視聽之物，況生命知覺者自爲大福，而又爲享諸福樂之根本也。除生活知覺，則諸福併亡。假令物主自無於己，安能付與於物耶。天主聖經錄有恣惡之徒，不堪其罪惡之憂怖，妄圖偷享安樂曰，主，必不視，決不明悟，我務業何妨。天主答之曰，愚魯人，汝輩盍悟。造耳者不能聽，造身與心目者不能視悟乎。夫生活也者，動而自適之謂也。非惟草木人獸有之，原泉混混，不舍晝夜，亦曰活水。掘地而注，更無改移，人亦謂之死水矣。故因物之動，知其生活，因其動用貴賤，知其生命尊卑之品也。用動屬形，生命亦屬形類。用動屬神，生命亦屬神類。草木無知覺，特能生長，其動與生品最爲卑陋矣。蛤蚌之屬雖有微覺，比草木稍貴，亦相去不遠，故尙爲卑陋甚也。鳥獸諸彙，其用動爲內二官，外五官所感誘，稍肖靈物，故其動用及與生品貴於他類，而賤於人矣。右三種動用，生命，人性皆包之。而外又與天神能明達愛惡，舉意設志知事物之然，而因追知其所以然。此等動用，與其所由出生命者，悉屬神事，故更爲貴品，非身形諸類可比也。第其性體生命，悉受之物主非屬自由，故又有限際，非能至極矣。獨物主之生命曁其明達愛惡享用，悉皆自由，毫芥不係於外，故其尊貴至極，超絕萬物之上。矧神與人之用動盡屬附體之浮情，故與物體爲二，而能消長存亡。若物主其明達愛欲生命諸德，統一粹體無二。他物之生用皆待外資，雖靈物之福樂，亦自外至。若物主悉備於已，故渾然滿圓，蔑以尚焉。

又《天主純神無形》 夫神與身者，體情相悖，殊類不能相通也。故物之屬身者，終爲身屬，縱千淘萬浚，去粗遺細，除賤留貴，亦特爲本類。分細粗貴賤異情之別，未有一體之中，因細粗貴賤別其類。而粗賤者成身，細貴者成神者也。夫人心所思意之像，皆由五官而入心。五官所覺，特惟身形之屬，是以心所思意，非實有身形，必肖有身形者，故併其神物皆思之如細微之氣，而寔細氣乃絕於諸身氣之外，異類也。

夫神也者，自立之體，有生命，有智能，可以行德，可以犯罪。無聲無臭，至速至細，至剛至貴，雖不可以肉耳目聽視之，但見其蹤跡效用，則知其性體矣。蓋屬形之用，如耳目之視聽，手足之行作，五官諸用，其遠近暫久，各有限界，弗能任過之。若神物之用，明達愛欲，無論邇遐，已過未來，無所不通達矣。乃知其用及其所從出之體，悉皆神品，無系毫身形者也。不惟身神之體用不同，其居於所亦自甚異。屬身之物，縱至極

細微，如空中之氣，必有丈尺分寸長短，寬窄所亦應之。故彼此二分，弗能相通互徹，後氣入前氣必出，弗能同歸一所也。若神物無分寸之長短，故無論多寡，同入一所，亦與身形相通互透，不相窒礙。試設人生時靈神在身內，死出於身外，其處所之大小，生死無異矣。居一所，非如身，前分在前所，後分又在後所，乃全神在全所，又全神在全所之各分所也。如人之靈神，全在人之全身，又全在首足手指各支體也。由是論則知二體之性情，霄壤不侔。夫身者，本屬賤陋，故物入身彌深，彌爲遲鈍粗拙，其身彌細微，如氣如火，彌爲精貴，彌爲能力。全脫身形，如天神及人之靈神者，皆屬精品，更有能力。況物主其體德之精妙，無量至精至美之物，豈爲粗賤身屬，而不爲精貴神類乎。況身者，皆有邊界，分寸之長短，故弗能與他身徹入一所。本非屬生靈，不能當生靈。若物主之體純一無二，無邊界分寸之長短，無所不貫，與萬物徹入一所。其性本至生至靈，種種與神同，與身異，豈非神彙哉。今俗謂造物者口言目視手作，非物主有口目手等體，乃緣其行事，如默訓照視，制造肖人口言目視手作，故設此爲比也。

茲惟論天主降生爲人之前，乃降生之後，天主既取人性而爲眞人，雖天主性體仍爲純神無形，因天主純神之性與人類有形之性，被結於一位，可謂天主實有身形，與人無異。

又《天主至純無雜》　夫天地之主，惟德之精美至極無瑕，其聖體與德，至純至一，絕無殊二。蓋一者自精於二，純者自精於雜。苟非一純，不亦已缺一純之美，而有二雜之不美。況主體苟非一純，則有二半體合成全體，猶形軀及靈神結締以成全人也。若此，則兩半先當合後當成，如木石料在先，成室在後。且兩半體弗能自結，其上必須得結之者。夫二體不同，其美好亦自異。且彼此不相有，必相須以成全體，是二體之美好皆有限界，弗能至極矣。凡有限界弗能至極者，雖締結弗能成一至極無限界者，二體締結，焉能成一美好至極無限界物體之體哉。微獨無二體之殊，且亦無體情之異。蓋情者雖爲物德，以補綴其不足，而物皆資之以動，如火之孤體自無所能。加之光熱二情，然後照物熱物，由照熱而敷其德於物也。除情，寡體有何施益耶。人之靈神獨自弗能明悟愛惡，加以司明司愛二情，然後能明悟愛欲，使缺此情，孤性有何尊貴，有何靈覺歟。雖然情爲體德，但物益加之以多情，益徵其體不精不足，故須外情以助之。況情者爲物，非憑物體弗能自立，故又屬甚不足之品也。物性資情以布其德，情資物體以自立，彼此相須，故皆懷不足之疵也。使物主能智明達愛欲仁義諸德，皆匪本性自有。而如人物假於附體之情，則其性體甚匱乏不足，亦殊不精美矣，豈畢包諸精德諸美好之主歟。是以仁義明愛之類，在人及神皆屬可消長去來浮情，得之者謂有仁義能明愛，而自非己之仁義明愛也。在物主乃性體所確有，非附體之情與己一體，故非惟有仁義乃自實爲其仁義，非惟能明達愛欲，乃自實爲其明達愛欲焉。俗見其降祥爲仁效，降殃爲義效，制作爲能效，似若分二其德，而實非分二，其德乃一純體，盡含智能仁義諸德。我見其或降恩則特慕其仁，見降殃則特畏其義，見其造制特稱其智能，但此特其驗效之殊異，而其所從出仁義諸德，統惟一至純性體而已矣。猶太陽然，熱物、照物、燥物、攝地氣有四異效，而統出於一性也。

又《天主無所不在》　物主體無量，不可以度數揣測，無所不貫，無所不滿而莫或能滿之。若欲略釋此德，則須知物主在物有三種。一謂以見。蓋凡已過、現今、未來之事物及其用動，靈物之念欲言行咸在目前，無一不眞視，無一可掩蔽諼忘也。故《聖經》云，萬物赤在其目前，無一能避其視。一謂以能。蓋以其全能造成存護萬物，非天主以其至能扶提輔助，物莫能自造運動者。故《聖經》云，以其有能之一言，即興作保護萬物。且云我曹生安運動，悉憑天主之輔助也。一謂以體。蓋不特見與能偏迄萬所萬物，乃并其無量尊體偏貫通萬物，無內不一徹入也。此則前二種之根底。蓋因其尊體貫達萬所，配諧輔弼，故能運用萬物，盡識其事，提護其體。《聖經》中天主自云，我盈克天地。且經中聖人對天主言曰，何徂以避爾體，何伏以脫爾面。若躋天則爾在彼，若降淵爾亦在彼。若辰旦取羽翼而翔飛至海末，惟資爾手領我，爾右手護我。我或冥闇覆我，夜影冪我，但冥影於爾無暗冥，暮夜於爾明烺如晝。猶言物主之體無所不在，併其見能之無量，皆無法以避之矣。使物主之體不達物內與物同所，則物之起居靜動及靈物之念欲善惡，何由以自識耶，不識安調保護，焉能酬報哉。

或曰，天與地相去甚遐，而天以其德助地，如日光照煖萬物，物主之

德體類是乎。曰，天及日其運用造作於于物，或由熱或由光等憑體之情而已，由情造及於物，故特以熱以光等情接物足矣。若物主，其德即其體，絕無體情殊異也，是以其德及物，接物與物同所，即其體與物同所也。曰，物主雖其體不與物同所，以其德及物不足乎。曰，天及太陽其光熱等浮情造作於物，故特其情與物同。若物主，其造作扶護之德，非如凡物假於憑體之情，乃與己同一粹體，是故其德即其體，以其德及物，即以其體至物也。雖然天壤間萬所物主無一不在，第天所至尊，其聖體顯著於彼。凡享天福之聖神，皆以心目直昭之，故特稱天主，且稱天爲其所耳。天地間卑賤之物雖衆，惟神物異彙絕類，體情與形物大相懸絕，故雖親近之，弗能染於其色也，詎獨神物。日月本屬形彙，照下界諸濁物而不爲所染污，況神物哉。

夫物主之體既無邊際，詎以此天地界爲境。凡心所及思慮所，無論實有物空無物，無所不充塞焉。蓋特造制物體者，爲能限其大小之界。若物主者自有，其外莫能造之，且亦確有定體，非可增減改易之。孰能蹕蹋於天內，使不伸達於天外無窮之所哉。矧此天之外，天主尚克化生無數天地，苟非其聖體先在彼所，安能化之哉。若云，未造之先不在彼，已造之後始在彼。則如諸有限之物能徙移，豈物主之無量之體所能容哉。故《聖經》屢稱其無限量，無窮際莫足容載之。聖契利瑣云，使此天之外，物主欲造成無數天地，倏能造成，通能衛護臨涖，而其體如初，無改易無遷徙。聖弟阿泥削亦云，物主在物內以護，在物外以圍。抱圍萬物，而莫或能抱圍者。聖亞吾斯丁亦云，物主如無涯無底之海，而天地萬物如寸泥浸於其中，以明物主之體徹物，如水透泥也。

《天主無所不能》 物主有全能，天地萬物咸徵之，惟至愚不認天地有主者能疑之。蓋能德恆隨性體，性體有限，智能諸情亦咸有限。性德無量，智能諸德亦與共無量也。使其能非無量則可以有上，若不可有上，其能必當無量矣。況可有之物與造物之能，兩相視互稱也。有能有之物，必有能造之能。夫能有之物無盡能造之能豈非無盡耶。故《聖經》每稱全能無量能主也。

物主之能較之物能，其爲無量益著也。蓋物造物必有所待。弗能倏成，故待時刻。弗能從無造有，故必待材料。獨自不足造成，故待主輔。是物能雖大，亦咸有邊界。獨天主性體自有，其能與造亦皆自有。即所能即所造，造一物如全在此物，造萬物如一物，一照全知，一願全成，何資材質，何待時刻。命有即有，無絲毫憂慮劬勞，是其能獨爲全焉。猶太陽全光以照各物，不以物多寡，爲盈歉安勞也。夫凡人神及萬物之能，不足造成一蟻、一蚊、一樹葉，物主自無中造有萬物，非其能無量，安及此乎。

凡或謂物主弗能作，非其能有所不及，乃物自不能有。譬云，天主弗能使一物併有與無，此豈能所不足，乃有與無直相刺謬，自不可併立也。謂物主弗能爲不善，弗能死滅，弗能徙移等，此更不傷其無量之能。蓋萬物弗能全善，故能不善。弗能長生，故能死滅。弗能無邊涯，故能徙移。此名謂能而實爲不能，而此類弗能，正驗全能焉。

凡俾人最十克己精修，樂欽崇奉事天主，祈祝而冀得者，莫若信其全能。天主之理雖玄奧，人心不及達，第知其大無極，其能無量，則易信易望，弗敢猜疑之。知其能無境，無不知生死禍福皆任賜奪，則人心屈下，弗敢犯之。人爲天主受難，信其能全，則知欲捄即能捄，不欲捄而艱中至死，能以天堂福樂報之，則艱中甚樂，罹死危不怖矣。經云，特能死身者而已，勿怖之。能使爾身爾神靈，投委於永火之窖者，獨當怖焉。

又《天主智識》 夫物主有智識，非甚愚未聞物主之性德者，莫能疑之。蓋物主賜神與人能明達有知識，而獨自不能明達知識，萬無是理也。使果無明達知識，則天地萬物之精妙，烏能策籌經營，烏能造作存護耶。不能見萬物及其行動念欲，不聽其祈祝，焉能捄其患，降其賞罰耶。是天下萬國之人，凡所建立爲主者，不拘眞僞，無不以至靈至智，無所不洞達推之，然後肯欽崇祈祝，守其戒命矣。矧智識明達者，則神性之耳目視聽也。若物主心不明無智識，則猶目盲耳聾，不能聽視人也。豈惟目盲耳聾而已。去其心之明，則其仁義慶福諸德咸俱喪亡，奚可稱至精物主哉。故《聖經》屢稱物主至智，無所不見。聖亞吾斯丁亦云，凡悖理之念，莫甚於認有物主而以爲冥昏，無明達無智識也。不惟能明達知識，而自爲已之明達智識也。且其明達智識無息時，非如神與人之明達智識有息時也。使有息時，則其知識已微，已屬能變易，是爲情屬，與其體爲二，豈物主至極之德哉。且彼息時，靈物善惡弗能知識，安能酧報之。是以已之性德及

萬態事物，無時不昭視，而其昭視，自然而然不爲劬勞，未嘗倦厭也。其明達知識與已共一體，故共與無極也。且以其明達反諸已，盡洞殫徹本性德之無窮，是其智識昭見之力，亦自無窮也。畢達已無量之能，故凡其能所及造作事物，無論目今有無，日後造成與否，無一不視識焉。是以不啻天地間事物，凡神鬼及自始迄終，已死未生人之念慮願欲語言行動，靡不盡識，殫昭如在目前，不可諼忘，迨臻酹善惡之期，皆付其報焉。凡物之性情，原屬物主所付與。凡物動作，物主亦與同動作，是以萬物之性情及其行動皆然明識，了無暗冥差爽，是其心於事無所猜疑，無用評議也。蓋議者有所未明，故用議論以確之。物主有何未明，待議以確耶。因至明故無議，亦因是無信。蓋事之未視未明者，因聞而生信，倏視忽明，則信自已矣。物主於事物皆直然昭洞，有何事不明，而待以信之歟。

夫人之知識短隘膚淺，不能一覽而直洞，徑達事物之理，故或知一，因漸思而追知二三。因用則知性，因然追知所以然，故以思慮勞心也。若物主不勞思意追測，而萬物性情之然及所以然直洞徑達，無所不徹，其智識昭視無始無終。凡係可知識之事物，皆從無始知識之，故其智識至極，無可增益，至純一，無已過未來之殊。譬如人在高樓，因自高臨下，故未及者，僅對已者，已過者，皆一覽畢視也。萬物性情微下有限，而物主之識見高大無際，故物之已過見在未來者，皆在目前焉。又如明鏡左右及對面之物，同鑑昭矣。若是物之於已，有已過者，於物主未過矣。於已有未來者，於物主已至矣。物有先後之易，而物主之識視永永如一，無已過未來及先後之易焉。

又《天主誠實》 誠實也者，不空虛不欺誑謂也，有三。一曰體誠實，謂物非僞似，乃果正實也，物主之體德至正無僞，至實無虛，爲物眞主。故《聖經》屢稱，生主實體眞主，以別於多人所自立私敬，無生命無誠實，特外形虛像耳。經云，見爾眞實主，此則長命福。經中聖保祿謂所化人曰，爾輩先事僞像，轉事眞正天主也。一曰德誠實，此心中一德，其效則令人念言行皆正實無譎無妄。雖此德果令人念言行皆正實，但人尚不從德令，而或因貪婪，或因私愛惡，流於誑言妄行也。若物主其德與已共一粹體，自其誠實。故其念言行動不獲不誠實也，《聖經》亦屢稱爲實行之源泉。

一曰言誠實。謂語言正貞，無誑誕也。此者，人或從而正言。或犯而誑言，獨物主不能犯之，故其語言，一一至正至實，無纖芥差爽誑誣矣。夫言行，不合心意謂之誑也。正理，乃念言行之法，念言行依正理則善則德，否則罪，則過矣。天地大主賚人，能言以宣心意，口言身行實發心意，則正理，則物主之意，苟心所懷，一言所發又一，則物主之意及正理俱失矣。故事急大則成罪愆，□小則成過失焉。夫物主以至善至潔爲號，凡與其性相刺悖者，其心所恨嫉者，莫罪過犯正理故也，誑言及行直違正理，實爲罪過，豈物主所能容哉。況誑欺者直毁忠信二德，其害人間交接親和，甚矣，故人人皆怒之，矧諸善德之源者物主歟。聖亞吾斯丁云，實與誑，猶光與冥。《經》云，物主全然光輝，絕無闇冥者。猶云全然誠實，絕無誑欺也。以差忒加於物主，猶弁冥與光矣。聖多瑪斯亦曰，天主者，至正至實也。謂天主犯誑言，猶謂正實爲虛誣，可乎。

夫誑言有三。一曰有質無模，謂其言偶悮，不正實而心意原正實也。譬如，言吾已見某人，而實非某人，乃相似者。此其意實，而其言誤。雖非過失，亦視識不明。若物主識見至明，豈受此欺。一曰有模無質，謂意欲誑而言偶實。譬如我果見某人，亦曰見某人，而心實誤認他人。此其言偶實而志欺也。一曰模質俱誑，謂其意與言併爲誑誣。如明見某人，而云非某人也。後二者直犯正理及心意，皆眞罪過，豈至正至善天主所能犯哉。夫天主至善不誑欺，其智識至坦不受欺，故其語言一一至正至實，萬萬無差忒矣。今天主經言，皆天主親宣之言。是故至正至實，人人當遽篤信無疑。疑之者，則以物主爲不足信，褻嫚之罪重矣，大矣。

又《天主善好》 夫物之善好有三。一謂性體善好，物若依其情性，所宜得竟得之，謂之善好也。如一馬身高大，堅壯，形色豐美，情馴疾行，耐勞，則謂之善馬好馬也。若此而言，則萬物之性情咸有限，獨物主其性德之好美無限，故其善好絕於萬物之上無窮焉。《聖經》云獨一物主善好，非物無善好，乃以物主無量之善好視物，則其善好至微不足數也。

一曰用善好。一物於我或有用，則謂之善好。譬如吾欲作官，讀書有益，故讀書於我謂善好也。若此而言，則物主爲萬人物性德所從出之源，凡靈物之福樂，見物主始滿圓，故爲福樂泉也。我有福樂美好，皆物主致之，故爲我福樂美好也。我有功德富貴，皆物主致之，故爲我功德富貴

也。凡物所有盡物主之恩澤，大有益於物，故於物至善至好焉。一曰德善好。一人其念言動靜悉依正理，此爲善人好人也。若此而言，天主不啻有善德，自爲已之善德，故其念願言動皆至善至好，皆爲至善至好之法，則人人當信遵之，而愈信遵之，愈善愈好。愈疑逆之，愈不善，愈不好矣。

或問，善人不計人忒，愈善好愈喜恕赦，天主若其仁善無量，當輒赦人罪宥其刑，乃聞人違罪必墮幽獄刑罰無。既此，豈至善□□然歟。且人愈善愈悲。人犯天主，若其仁善無極，盍使人皆修善不至犯科以免其永罰乎。曰，不惟天主之仁無量，其義及諸德亦無量。以其仁慈憐人之罪，欲宥其罰，故或賜之恩惠以感之，加之微苦以驚之。投之善念，令聞善言以誘之。俾見他人善行以激之，見他人之罰以戒之。久竢其悔改。肯改惡遷善輒赦其罪寬其刑。今賜恩後永福，非其善無量安能若此。既布□□仁，若人終不悟不改，則不獲已遂用其盛義據罪刑罰，不亦宜乎。若凡人有獲罪於已者弗能私復，私復之非義也。但能忍愛恕赦不訴，故以恕赦爲仁德也。使罪人，國君恕赦不罰之，可謂善君乎。仁義各有其時，執權居任者當兩併立。不以仁傷義，亦不以義傷仁。況傷仁之義非義，傷義之仁非仁也。犯罪者宜罰之，妄赦之非仁而犯義。而以是奪惡人之鑒戒，令肆於橫行無所顧憚焉，夫天主即萬物之總主，其心至公。當赦則赦，當罰則罰，而我人見其赦罰，宜遽謹服，豈可妄疑妄論歟。雖其仁義併無邊際，第其仁跡較義跡萬倍盛廣。蓋其宥赦賜恩出於本心，故經曰，主慈克盈世界。且曰其慈愍遠過他業。且經中天主曰，凡惡我者，我罰其罪以及四代。愛我者，賞報其德以至千代。是其賞褒，恆過功德也。人物時時承蒙其恩澤，因多且常，故不異之。若其誅罰出於我罪，故不獲已，而恆不及罪矣。誅罰之跡更稀，故見者聞者甚異之畏之矣。若使人確乎行善不得犯罪，天主固不難矣。但縛人於一，爲善與惡不克自若，則其惡非惡，其善亦非善，終無功績，可以食報於天也。幼年之童善惡未辨，此時不犯罪而人不稱其功德者，正謂其不能爲非。使能爲而不願爲之，此則實可讚稱之德矣。《聖經》讚善人曰，能犯而不犯，能爲惡而不爲，故其吉祥定於無窮也。天主欲人積善德，建功績，以厚其報，故皆賜之張主，使執本心之權衡陳善惡二路，舉天堂地獄二報，賜循善避惡之助祐力量，若人不肯循善甘狗惡，終受地獄之永刑。此則其盛義，不獲不然之罰矣，豈天主之本心哉。故經中天主曰，吾豈願罪人常死於地獄，改惡遷善而常生於天堂，誠我願焉。

又《天主殊福》 造物者其尊貴智能美好至極，故《聖經》皆言無際無量。聖達馬則云，天地主之性德皆無境涯，神與人之總慧弗及窮底之。其所窮底者，惟其無可窮底而已也。聖亞吾斯丁亦云，凡可有及靈心所及思念之美好慶福，物主悉含抱於已，故獨自足，更無外物係其所須。蓋物雖各有美好盡受於主，故隨其性所應有物主所肯賚，各畫定其多寡皆有限際，皆可增益，非渾然滿圓也。若物主無上無偶無先者，是其性德不受乎外，而悉皆自有，故亦莫能畫其境，定其限，分別其多寡焉。況靈物如神及人，其受享美好願望非天壤間物所能充足。獨物主能充足之，則其美好慶福詎不無境涯哉。

夫物所自無於已，弗能付畀他物也。萬物所得美好盡出自物主，故亦盡集儲於物主。譬如百官尊貴出自朝廷，故亦兼集於朝廷之位也。又譬如黃金一銖包銅錫之萬銖，非黃金含銅錫體亦非黃金變爲銅錫，乃銅錫萬銖之價，盡集於黃金一銖之價耳。而銅錫在本體爲賤物，在黃金則爲貴質，自不相混。物主所親得於已者，特其至純，無量性德，故謂萬物在物主，非物之體入於物主之體，亦非萬物之美好，納爲物主之美好。萬物所能，物主盡能之，萬物極其美好，物主任能造制，付予之，故謂皆在物主焉。

天地萬物其性情智能，竟受之於物主，非能自得。神人善德之務亦資主祐，獨自非能行之，其福樂亦皆外物所致，故未有自足自滿之物而無所須願望於外者，故世人自足自滿皆爲倨傲，若物主性德馨自有自憑，眞自滿足，乃其至精至能至極本然之源也。神人諸靈物生平嘆息願望，必見物主，始渾全圓滿。故至此即止，見之愈明，福樂愈深也。物主恆以司明之目，畢視其性德無窮，而以司愛受享之。故凡所能願美好福樂自備於已，不減不增，其自無始特有一物主，而無天地神人萬物，其全福系忽無減，後造刱萬物系忽不加矣。假有所加，盍先造作，俾先享其福樂歟。盍長盡其力量之無涯，造刱無數天地神人，以尤增其福樂歟。

或曰使無神人萬物，而特一天主，不亦孤孑，不亦甚閑乎。曰，人弗能自作，獨居則缺配所致祐樂也。若物主業明達愛樂而已，以司明司愛反

諸己，則凡所能明能愛悉骸於己，己有何缺，而假待於外乎。外物所有悉出於己，且其明愛己物無時絕，可謂閑哉。有萬物之後，亦如此而已，況物主自無肇始，其智能諸德皆無畔際，而萬物皆有始有限，以有始有限之物，欲爲無始無限物主之配可乎。使缺神與人爲孤孑，即有無數之神人不免孤孑，如無有同，何者。譬若世間獨有一人而無相類爲配者，即牛馬異類充盈宇內得爲不孤哉，是以物主造刱天地萬物，豈以益其福惟以布其福，至其能先造天地萬物而不造，之所以然，物主聖意豈神人可竟測乎。或俾我儕悟曰，未造天地之先無窮年特有物主而無其物，後造物豈非不能免物乎。且今造我護我，亦能不造護。既造又能泯滅，令我悟曰，初造我時時刻刻存我，我宜時時刻刻念謝精修，以副其聖意，報荅其重仁矣。時時刻刻亦能死我，我宜畏怖其盛義矣。

又《天主愛德》　大靈物者皆能明達愛欲，故皆有司明達司愛欲二能。譬如人能視聽，則有目司視，耳司聽者也。靈心能明實理，能愛美好，則亦有司愛司明二能，爲明愛二用之根也。夫司愛者本隨於司明之後，故凡靈物之善德罪惡係於司明者司愛者，而皆麗於二能也。屬明達如信不是否，皆麗司明者。屬愛欲如貪怒傲妬等，皆麗司愛者也。

夫凡靈物俱能明理愛善，況靈中至靈物主哉。第物之明愛及司明愛者，皆屬附體之情，而物主之明愛及司明愛者，皆統一粹體。靈物犯罪，或因見識不及，或因世樂益所役，或無他誘特任意甘犯。若物主其識見無涯，悉知不善之醜不獲不恨之，知善之美不獲不愛之，其所得於己，安樂亦無境，不能爲外樂所牽誘，其善即其體，故特善是愛，不善是惡，萬萬弗能變易矣。經云直哉物主，絕無不至善。且曰爾主之目至凈，凡非義不克視之。

夫司愛者所趨向即美好而已，有美好在司愛者輒愛樂之，而美好愈大，其向愛之愈深也。天主之美好完全自無窮際，無纖毫虧缺瑕釁，其感司愛者使向己愛己，亦自無境際焉。享天堂福之天神及聖人昭視天主性體美好，雖不及畢達其無窮，不獲不傾心向樂寵愛之。矧天主畢達窮底其性德美好之無量，胡克自已而不竭其司愛之量，無限之力，以向愛己耶。不啻不獲不自愛，且亦不獲自息於愛。蓋物主美好自無邊際，是其可樂可愛，幷無邊際。司明者恆罄昭，竟徹其無邊際之美好，司愛者之感激，傾向亦自無邊際，自然不獲自息。且自然不願息於享愛己焉。況福樂雖本至極，若能失之則微，不能失之方爲滿圓也。靈物福樂之享悉由明愛，苟物主息於明己愛己，則其福樂享輒失矣，可謂滿圓歟。

夫天主之愛，豈止愛己，亦幷及物，第己不獲不愛，而己之外，凡其寵愛造作諸業，俱任其意，欲作則作，已則已，欲多則多，寡則寡，非如日照火熱。蓋有日輒照，有火遽熱，輒殫其力，無時能息。若天主之能力，苟弗獲自若，則其能力，每當殫竭矣。因日照火熱弗屬自若。故未有求日勿照，求火勿熱者。若物主之愛惡動止，固然不任意，祈之降福解禍何益歟。縱得若願，亦本不獲，不加之恩澤，何感謝歟。夫今天地萬物，其體與數，咸有限際，且皆有肇始，此則物主愛造作動止諸用，悉皆隨願之符信也。按天下衆人之意詞，皆言富貴壽夭等禍福盡係於天主，皆任能降之，按其行欲得者則皆祈祝之，既得則感謝之，則咸徵物主賜之與否，竟屬自若焉。第己之美好無窮，不獲不自愛己，且不能息於愛己。若萬物其美好皆有限際，且又屬可消耗喪亡，是以不能令物主確於向愛之，愛與否悉任其意焉。

夫物主所以愛物之冠志□□□也。蓋先自己愛，因己之榮光智能美好之無□聞著於萬物，故亦寵愛萬物也，亦因物盡出於物主，且皆顯揚其智能榮光，故爲萬物之始終焉也。次志，則愛物爲物也，但物有靈蠢二種，物主愛之各異，靈物能明達愛欲省於物主。故可與物主以友情相愛，德士樂天主有無量善美，因是而愛之。天主愛天神及人不啻爲己，亦幷爲人，與神所得於己善美也。若蠢物弗能以是愛愛之，但愛人爲人，愛蠢物爲有益於人也。

又《天主他德》　夫麗司愛之德有三種。慈悲德者。人施人財：或憂缺乏，或冀報荅。天主富足無量雖分不減。故無不足之慮。亦竟無所望報焉。人見人之苦難，則哀痛而願振之。其哀痛惟能受苦之性者有之。天主福樂至極不能微苦，故不能哀痛。特愛人無量，見其苦難將至則振捄，使不至。若或已至，則解釋之。故謂有慈悲德焉。勇德者，臨事攻克怖畏，消融艱難及死險，所至憂慮也。若天主弗能死歿受難，故無此勇，但其能無量，凡所欲爲輒焉，無所驚惕，莫能阻滯。此皆肖勇效，故謂之德勇也。忍德者，克苦辱所生憂怒也。若物主不受苦辱，故亦無忍德以當之，

但其仁德無量，得罪於己者不輙罰戮，乃待其悔改遷善，故謂之有忍德焉。

若夫德之隨於釁罪而生者，物主不宜得之，如悔德也。有罪者以悔改爲德，但以其犯罪而後悔改者，無寧無罪可悔改也。病者得良藥爲幸，不如無病而不得藥爲大幸也。又如謙德也，凡神與人或有過不及之疵，縱無疵，第善德之幸盡怙主祐，弗能自足，故皆宜向下，居謙爲德。若物主竟無疵忒，無所不足，無與爲侔，不怙外祐，無上可讓。蓋以言行圖顯揚其功德，廣達其名聞，不遜人，不從人，而欲人遜己，從己，讚己，敬己。此等情在人，或爲倨傲邪欲，若天主本爲萬物所從出，至尊總主，其性德美好俱皆無極，故闡揚其能德，廣達其名聞，不遜物，不從物，而欲物遜己，從己，勸人讚己，崇己，皆性德所宜，萬萬不可無。故經中天主自云，吾榮光決不付於他物。且屢勸人盡心竭力愛己事己欽己，一則爲己所宜有，一則爲人人所當行而行之，受大益不行之，受大損也。假令微人有慫恿人，以朝廷之禮禮己者，宜戮也。朝廷責諸臣民，以朝廷之禮禮己，勿禮他人，豈倨傲耶。況物主爲諸德萬福之根源，令神與人欽崇之，得領受之，非仁乎，非義乎。故謙遜不應有。

又《天主不改易》 凡體德，非至極之物皆屬可增減，故皆屬能易者。若物主體德至極，獨弗能易。夫物之易有三，一謂體易。始有所先無之有，或始無，所先有之有是也。萬物皆有始，而又多併有終，皆屬體易。若物主體無始終，安有易。一謂情易。知所先未知，愛所先惡。先冷後熱等變是也。萬物皆有附其體之情，其情或減或增，或去或來，故易。獨物主全然一純體而已，竟無附體之情，安有易。一謂所易。萬物之體或有竟界，弗能貫充萬所，故皆易其所。獨物主體大無量，無所不貫，天地內外無所不盈，故不能易其所，且無所可適以易焉。《聖經》曰，天主微獨不實易，且亦無易影，故全不易，特物主之德也。經中亦以不可易之主自稱，是其知識愛惡不增減變易，今所知識，皆從無始知識之。今所造作，皆從無始，約請斯時造作之。假令先約罰而後見宥者，亦非自改易從無始，見我罪當罰，且併見我改悔，而約赦之矣。所謂見罪則怒，見善則樂，非其心以怒樂變易，第從無始見此人之罪宜罰，彼人之善宜賞，而約迄此時賞此，罰彼也。而其心其見從無始，若此其約亦從無始，若此全不變易焉。從無始所見約隨所約時顯行之，故變易不在大主，特在物與時焉。

又《天主公賞罰》 或曰天主賞善報惡，作善賜之百祥，作不善加之百殃。善者蒙福，惡者膺譴。理有固然，奈何事有不然。或善而遭不虞之災，不善而冒非分之福，顛倒孔多，無乃增君子之疑，起小人之倖，此不亦物主高遠，茫乎善惡之報之明符耶。曰，嗚呼愚哉，世人也。以褊心淺智，妄量物主之事，謬莫大焉。善者蒙福，惡者受禍，斯義正矣確矣，奈何哉其顛倒也。夫眞善眞惡誰能決判，善惡皆戒於心，亦多匿於心不著於形。人視形，天主視心。烏知人所稱善，非天主所稱惡者與反耶。爾謂此人甚善，苦之非是。吾謂天主至明至公，其能識善惡，苦之必是也。以人之隱善，疑物主之顯義，抑以物主之顯義，疑人之隱善，孰是乎。

欲明禍福之理，當先知禍福之眞僞。有眞禍，有眞福，有非眞福眞禍者。生積善德，死則蒙慶眞福。生作罪惡，死則受苦眞禍也。夫人自願爲善爲惡，而天主強之，於理無有。自集有稱天堂之功德而天主拒之，有稱地獄之罪惡而天主不加之，亦於理無有，則何可謂天主以眞禍加善人，與眞福加惡人歟。若其貧富貴賤，病安壽夭等，斯本非眞福眞禍也。特視所用用之，以敬天主，濟人建功德，乃福。用之以害人益罪，乃禍。行人遇岐路，未造其末特見其始，安危夷險，莫得定也。世間苦樂兩岐，愚人特視苦之始，不審其末，妄謂樂者爲安夷，苦者爲危險，從彼避此，急急如鶩。智者不信始，亦不妄測末，歸明於物主，待物主自決焉。故人於天主，猶病人於良醫，病人特願除病得安而服藥甘苦，惟醫者所爲，病人敢自取舍哉。聖賢不無願得福脫禍，但所由就之道或苦辱，或安榮，俱聽命於天主，弗敢自必。遭艱難，縱未及樂之，強勉安忍之，弗敢直求天主去之。去與留，弗識孰爲已益，故也。時或順意，謂天主勸我之恩，時或逆意，謂天主儆戒我之恩。雖順逆無常，修勵惟一。種種世途，悉以增德益功。故經曰，愛天主者順逆萬端，皆助其福。不肖者不然，順來不以勸善，逆來不以戒惡，故順逆萬端皆增其禍焉。

夫修士者莫不因輕忽世福成就其德，不肖者亦莫不因重貴世福犯罪，受欺惑於邪魔。則世福者，惡之涕邪魔所據，眞德之士皆懼之，人以爲眞德之報謬莫大矣。聖亞吾斯丁云，世福天主或予之惡人，徵非眞福。世禍

或予之善人，徵非眞禍。即是人果善矣，爾爲苦不幸，天主不宜加之。抑知天主用苦以加善人，乃大可幸乎。經中天主曰，吾所愛者必譴責之。且曰，我所受爲子者必責之，今與身後之福不能并享之。爾有罪過，天主必刑之，今宥身後必不宥也。今刑暫微，則父刑。後刑永重，則讐刑焉。聖厄勒卧畧曰，天主今恕必欲永責，今責必欲永恕。犧牛將殺，任其遊食。惟所欲生者，拘繫之勞任之。良醫病可爲，則進苦口之藥，多所禁忌。其重不可捄，悉惟所願，不禁焉。人雖甚惡，鮮有無一二微善者，且善雖微，不無蒙其報，天主以今世暫且微福賞報其微善，而以身後地獄永苦，罰其重惡焉。事天主善人雖有大善，鮮有無一二微過者，其過煉於目前暫苦，而其善德之永報，死後蒙享於天堂也。

聖厄勒卧畧曰，天主苦難善人，以煉其過滓，增其功德，豐其報於天也。且使不溺於世樂，物久煑不撓動，則膠於釜，而香味色俱失。善人久安，不以難撓動之，恐漸染世味，而功德悉喪焉。地厚加耕，則生五穀，否則生惡草，浹歲俱夏，則草木之根淺，實亦瘦稀，根以寒沈，根深而實盛焉。善德之根以苦難沈，根沈則效茂矣。惡人見善人難中尙存其德愈羞其惡，而勉改焉。且令之自悟曰，今世者，天主用慈赦罪之時，又重愛善人也。尙以微過得重譴乃爾，況死後爲用義判罪之時，負惡以往嚴罪更何如乎。且天主之義至公，有善惡各得其報應。此世善人多苦，惡人多樂，終身若是則以是明徵其善惡之全報，誠在身後。善人巽之，則困中安樂。惡人畏之，樂中憂難焉。

雖然善人受難，惡人受樂者固有，但善者而蒙世福，惡者而受世難尤多矣。蓋諸種罰戮竄流拘囚誰當之，不亦寇賊奸宄犯法者乎。是者人皆怒之，內心多懼，故甚不寧，外無逐之者，而自遁逃。此則將來地獄永苦之端倪，何樂之有哉。若善者不犯法律，故無畏，人皆愛譽之，自懷凈心之樂，誠將來天堂永樂之一味，福樂莫大矣。但若物主令善者恆樂，了無些苦。惡者常苦，盡無微樂。則令人疑曰，善惡之報俱畢於此世，竟無可望於身後，修德者恐皆向世福，是其德似德，而實貪也。若善者恆苦，而惡者常樂，則欲爲善者畏苦，故難進，欲爲惡者以安樂更恣。意或苦或樂之間，則兩便焉。聖契瑣曰。天主於所愛聖賢修士，不使常樂常苦，乃或樂，以興其望，申其心。或苦，以作其畏，屈其傲。畏望申屈之間，其途路更穩焉。

陽瑪諾《聖經直解》卷一《天主》　西土原文曰陡斯，乃天地萬物之主，是自有者。至神無形，無始無終，常活常王，無所不在，萬善萬福，渾然全備，無以尙之。未有天地之先，獨有此一天主。以其全能，從無物中，造成天地人物，而常爲之宰制。保護開引，俾萬彙咸得其所。且又至義至公，古今善惡，悉有賞罰，毫髮不遺，是誠生我御我之大原大主。所以宇內兆民，皆當認從而虔奉之，非釋氏諸天各一天主之謂也，觀者辨之。

又《天問略自序》　造物主者，生人則賜之形軀及靈神，而又特使好知；又生天地列象萬物，種種完備妙巧；如肆大筵，陳異品，置人其間，令形軀享厥用，而靈神窮厥理；且愈窮愈細愈眇，以引其好知心而樂之。故從古即至聖極聰惟窮理是務，身心之餘，間及事物，物理愈微，其求悟亦愈殷，幸而悟亦愈樂。嘗辟知心於財，心增一知，彌增知渴；益一財，彌益財貪也。吾西格物之學，門□而府藏，枝屬而源備，於天論則尤所詳愼。故其說能剖決心疑，使人不得不是之。如以手指物示人，舉目即得，名爲指論；吾西欲證一切講辨，最確無疑，最實無虛者，即曰天文指論也。論天文者約有二端：一則測天重之多寡厚薄，日月星之運旋遲速，大小上下，去地之遠近，及出入朔望弦食晝夜寒暑，斯類者，雖有實理，第不急於日用，謂之測學。一則定節候，以便稼穡，以令種植；察行度以知時刻，以程作事；算躔會以識稟受，以治疾病；量極宿以度地里，以便行海；斯類者，有益於日用，謂之用學。乃其本旨，則又有說焉。夫學以道德爲本，而道德之學，又以識天主，事天主爲本。有爲於此學之學爲實學，益學，永學；無爲於此學之學爲虛學，廢學，暫學而已。天論者，所以使人識事眞主，輕世界而重天堂者也。譬如入一巨宮，崇而且麗，布置安美，職司勤勸，雖不見其主，必意此室中有主居之治之，且必大富大智大德矣。嗟乎，宮之崇麗，孰如圓穹；布置之安美，孰如七政列宿；職司之勤勸，孰如四時之乘除，萬物之生息；誠孰思之，不可謂天地萬物無主以造之治之也。經云：肉目不能視天主，觀其所造，即能識之；□識之，容不愛敬乎。故使人識事天主者，此也。人情非見彼大，不知此小；非視彼姸，不悟此媸；苟能思天之大且美則必謂此所立所居所爭所分之地，乃

天中一點耳；其間福樂，以天之福樂視之，不可爲眞，乃福樂之景耳。色搦加曰：習於天者，忽於地，故使人輕世界，而重天堂者此也，夫天象甚廣且多，難以殫悟，日月附在人目，亦用切人身，特撮大略數端，使同志者，稍嘗而喜焉，敢曰天論之入門，天堂之引路乎，然實所私視矣。萬曆乙卯仲秋月泰西陽瑪諾題

艾儒略《萬物真原・論天主造成天地》 夫天主造成天地，其説甚廣，雖數千百冊，亦紀載不盡，今畧陳其梗概。其一曰，天主造天地之功，與人造物之功，其不同有五。蓋人之造物，必須材料以成物之體，又須器具以裁物之料，又需時候以俟其成，又須勞心力以營其功，既造之後，又不能保其不壞。今天主造天地，絶不資物料，純以無物化成萬有，一也。絶不藉器具，惟出自全能，其所欲生即生，二也。絶不待時刻瞬息，而天地即立矣，三也。絶不費心力，隨意而辦四也。既造之後未嘗有損壞，永保持之，五也。其二曰，欲詳知天主造天地之功，必須按天主古經及諸聖所傳，約言天主造成天地，雖不必費時候須臾，但萬類繁多，其中更有次第深意。故天主造成天地萬物也，先造成四件，其一造成天堂之天，天堂之天以外無物。此天爲萬物之界，其體内圓外方，至高至大，至光至精，常靜不動，以待他日靈明之物立功上昇，以享其樂。其二造成大地之體，形圓而德方，其中分別三層地獄。最下處所在地中心，爲永苦獄，以處邪魔惡人，永不赦除。次外一層爲煉罪獄，凡善人或有過愆而生前解補未盡者，至此受其苦罰，必煉淨乃得昇天。此處苦不異於永苦獄，所不同者，永苦内無窮盡之期，煉獄雖多苦楚，終有昇天之日耳。又外一層，爲暫候獄，絶無苦惱而有安樂。天主未救贖前，天路未開，有德者暫處於此。後天主救之同升，今爲空獄矣。另有別篇詳之。其三，從地而至天堂之天，純一希微之水，以爲萬物之質，其四化生九品天神，乃無象無形靈明，其多無數，分爲九品，亦詳別篇。次以希微之水在地上者，化成氣，氣之上化成火，併地水共成四元行。地之於水，水之於氣，氣之於火，火之於天，層層包裹，如葱頭相似。火上分成重重天，以旋轉運動。次命地窪下盛水，以爲湖海，命地突出而成山岳，以平地居人。又命餘地發草木花菓種種，其地中更有樂土，以待始祖之居。次造天上日月五星，各麗一天以爲七政。又一層造衆星辰，各天以其本星爲名，今依中華所名名之，一月天，二水星天，三金星天，四日輪天，五火星天，六木星天，七土星天，八列星天，九宗動天。然此天地諸星，非靈覺之物，諸星麗天，如木節之在板，其體比天更硬更堅，能發光輝，此詳見曆法書中。次命水中生水族，如蛟龍魚鼈之類。又復命生氣族，飛禽如鳳凰鷹雀之類。次命地生走獸，牛馬獅象之類。此三族物類，但有知覺而無靈明。天主賦之本性，令各能生養，各傳其類，各適其用。萬物已備，方造二人，一男一女，男曰亞黨，女曰厄襪。與之權能，主持世界之物享用之。欲使人知恩認主，常感而事之也，二人之身，當始造時即如成人，賦之靈心以全其性，包含萬物之美。蓋有體如天地四行，能生長如草木，能知覺如禽獸，又能明理如天神，故人爲形物之最貴最靈。而天主造天地萬物之功，俱已全備矣。或曰，天主既欲造成天地，何不於無窮世之前造，而直待此時造之。曰，天主造成天地之意，不可以人意定之。其期或先或後，自有適當其可者。要之先生後生總是一理，人但識其造成世界，獨加意人類，有如此其貴重者，皆望以登天堂。事主享福是大要領處，若論所生，定然着一時候，豈必先生者爲愛之深，後生者爲愛之淺乎。即令先生億萬年無窮世之前，而是前生之人，又疑曰，何不早闢數千年萬年，則安有已時乎。此非窮理者所宜枉費心思也。

又《論天主爲萬有無原之原》 或問天主生天地萬物是矣，不知誰生天主。余曰，噫，天主爲萬有無原之原，胡詢其所從生乎。天主有所從生，則非天主矣。蓋有始者，必出於無始，天地有始，始於天主之全能，將窮夫生天主者又從何生耶。逓推原本，既不可至於無窮，必有所止極，則天主爲萬物未始有始之始矣，何更求之有哉。若必云天主有所從生，則則最先最初，無所從生者，乃吾所謂天主造物者也。世無可比，淺譬之樹木焉，其葉花實，必出於枝，枝出於幹，幹出於根。至於根，則爲花實枝葉本原，又何復問根之根也哉。又譬之數焉，億出於萬，萬出於千，千出於百，百出於十，十出於一，一也者，億萬千百十之原，諸數之始者也，又何復問一之一者哉。若問樹之根，數之一，亦爲物耳，則必復有所從生。余曰，論根一字，則指樹木花果之原無可復推矣。論乙一字，亦諸數之始，更無他數在一前也。若論其爲物也，如一人一馬一樹，則必生於前人前馬前樹，窮其前人馬樹所初出，則必出於天地間第一人馬，第一樹木

也。而天地間最初人馬樹木，既不復有人馬樹木所從生，則皆爲天主大造物之所化生也。而天主自超萬物之生，自在萬有之先無所從生，而實爲自有，且爲萬有之元有者也。蓋物有有始有終者，草木禽獸及人之肉軀是也。有有始而無終者，天地神鬼及人之靈魂是也。其爲無始無終者，惟至尊天主，無窮妙體者已矣。蓋天主無窮妙體，則無他物在前焉。嗚呼，天地人物皆天主爲人所生，則天主實萬物之天主，吾儕之大父母也。要在認得眞，愛得切，圖成天主之肖子功臣，斯不負其生養保存至恩，而日後復命，可永遠享無疆之眞福矣。今欲稍知其恩，姑舉其一。試思天地或無日，萬民俱坐長夜，忽見太陽東出，普照大合，則必大懽，而轉思，誰命此日寵出照臨，豈不大謝造物至恩。乃今無日不見太陽之光，胡可忽天主恩澤，不致感謝哉。舉一太陽，而水火衣食種種日用之物，可推類矣。聖博納文有云，若爾生而瞽，而聾，而喑，而癱，而死，幸蒙天主洪恩，復甦爾身，開爾聾瞶，解爾口舌，救爾諸疾，爾既含靈覺，敢忘其再造之恩，而不圖所以報之乎，今天主保爾全身，令汝未死，未聾，未瞽，未喑，未病，爾自思其恩，不亦更大於既病既死，而豈賜爾安康耶。爾尚未興感謝一念，不圖所以報其恩萬分之一，而可乎而忍乎，思之思之。

又《三山論學紀》 旅人西陬後學也，承先聖造物主眞傳，梯航九萬里，經身毒諸國入中華。初繇粵而兩都，觀光上國，復繇都門而晉、秦、吳、越，每喜請益大邦諸君子。相國福唐葉公以天啓乙丑，招余入閩，多所參證。

丁卯初夏，相國再入三山。一日余投謁，適觀察曹先生在座。相國笑而謂曰：「二君俱意在出世，顧一奉佛，一闢佛，趨向不同，何也？」儒略曰：「大都各以生死大事爲重耳。」

觀察公曰：「吾於佛氏，亦擇其善者從之。如看古名人法帖，歲久多蛀，吾直摹其未蛀者耳。釋氏之教，未暇論其細，第摘一二，如六度梵行，或亦人世指南，胡可少也？」儒略曰：「六度條目，與天學七克次序頗似。第論學術，必挈宗旨源頭，方可別其正否。如偏霸上國，其創制立法，豈不依彷正統？然實是僭竊名號。吾泰西諸國，千百年來，盡除異端。一以敬天地之主爲宗，且天下萬國五大洲之廣，強半多宗焉。既至身毒佛生之地，邇來亦多捨釋敎而宗天主。天主也者，天地萬有之眞主也。生天生地生人生神生物，而主宰之安養之，爲我等一大父母。心身性命，非天主安畀？天下國家，非天主安立？吾人所極當欽崇者也。按釋迦，乃淨飯王子，摩耶夫人所生，則亦天主所生之人耳。雖著書立門，爲彼敎所尊，豈能出大邦羲文周孔之右。今奉羲文周孔之教者，亦但尊爲先王先師，不敢尊爲萬物主。則奉釋迦之道者，豈可不知敬信天主，忘其無上尊威，無盡恩慈，而輒一心奉佛，禍福惟彼是求，生命惟彼是依也哉。噫！人心性命，原天主賦也。佛以明心見性爲宗，則當先發明天之所以爲主，其賦於人者若何？吾之所以爲人，不負造物主者若何？心性之學，始有本原，始有歸着。今佛單揭自心廣大無際，抹殺大本大原，絕不導人歸向，則心於何明，性於何見，是源絕而根拔矣。即有一二微語，譬如果實既敗，縱有未全爛者，概不堪用也。夫一心學佛者，豈不亦爲身後大事，急求脫離。第有爲善之心，而無成善之路，錯認鄰人爲父，非其所當皈依也。旅人遠來，涉險歷艱，經啖人掠人之國，備極危苦，惟恐人忘極大恩主，不圖所以復命；永劫沉淪，至於悔而無及也。夫推大造愛人無已之心，凡我人類，皆如兄弟親屬，彼不以菽粟養生，而日服烏喙毒藥，爲長年養命計，能不痛切而禁止之耶？說至此，眞可痛哭太息，故不憚再三，欲人於性命關頭，尋認生死路徑，以欽崇一造物眞主，豈徒挈長較短，欲攻彼嘵嘵以求勝乎？」

觀察公曰：「吾中國人士，雖奉佛未嘗不敬天，如元旦啓寅，必拜天地，後及祖考百神，即男女婚娶亦然。豈有含齒戴髮，均爲覆載中人，而不知敬天者。」曰：「至尊原無二主，至道本無二理，人心亦不可有二向。既知敬天爲主，則又奉佛何爲？況釋氏僭尊抗天，我又安可附之以尊。且拜天拜地，是特就其形器致敬，敬將誰任受也？試思夫蒼蒼者塊然者，果能自位奠乎？凡天地間種種妙有，豈其自然而能自生自滅，自消自長乎？亦豈其偶然而能並育並行，不害不悖乎？」

又 觀察公曰：「謂二氣之運旋者，非歟，抑理也？」曰：「二氣不出變化之材料，成物之形質，理則物之準則，依於物而不能物物。《詩》曰：『有物有則。』則即理也。必先有物，後乃有理。理非能生物者，如法制禁令，治之理也。指法制禁令，而即爲君乎？誰爲之發號施令，而撫有四國也？若云理在物之先，余以物先［之］理，歸於天主靈明，爲

造物主體。蓋造物主未生萬有，其無窮靈明，必先包函萬物之理，然後依其所函而造諸物也。譬之作文，必有本來精意，當然矩矱，恰與題肖者，立在篇章之先，是之謂理。然而誰爲之命意搆局，繪章琢句，令此理躍然者？則理自不能爲主，當必有其主文之人。繇此觀之，夫物之理，自不能生物，而別有造物之主可知矣。」

又 相國曰：「天地萬物，有一大靈明之主宰主之，吾中國經書屢言之矣。《詩》曰：『皇矣上帝，臨下有赫。監觀四方，求民之莫。』《書》曰：『惟皇上帝，降衷於下民。』若有恆性，明道亦曰，以其主宰謂之帝。紫陽曰：帝者，天之主宰是已。今云天主始造天地萬物，此說吾未之前聞。大抵先有我之身，然後有我之神，以爲身主；未有是身，無是神也。有天地，斯有天主主之；未有天地，云何有主？」曰：「師相見解超倫。主宰既得認眞，則大端已定。而茲所論先有大主，後有天地，亦易見矣。蓋必有無始，而後有有始；有無形，而後能形形；有所以然，而後有其固然。吾身之先，必有父母生我，必有天主降衷於我。若無賦我靈性，與生我形骸者，神身從何出耶？夫天地猶一宮室也，宮室樓臺，必待有主製造而後成。曾是天地之大，無有主之者，竟能自造自成乎？是知天地大主，原在萬有之先，本爲無始，本爲無象，而實爲萬象始，爲萬有所以然者，方能化生萬物，而常爲之主。猶夫開國之君，爲一國主，肯搆之人，爲一家主也。若云天地之先，無此全能大主，既有天地，方始有之，請問天地從何出，此主其後從何來，且誰立之爲主乎？」

相國曰：「太極也者，其分天地之主也。」儒略曰：「太極之說，總不外理氣二字，未嘗言其爲有靈明知覺也。既無靈明知覺，則何以主宰萬化。愚謂氣於天地，猶木瓦於宮室。理也者，殆知室之規模乎，二者闕一不得。然不有工師，誰爲之前堂後寢，爲之庖湢門牆，爲之棟梁榱桷也？向呈拙述物原之論，師相謂深入理窟，正合今日之所舉矣。儒者亦云：物物各具一太極，則太極豈非物之元質，與物同體者乎？既與物同體，則囿於物，而不得爲天地主矣。所以貴邦只言事上帝，亦未嘗言事太極也。」

又 相國曰：「天主化成天地萬物，則造世者也能造世，豈不能救世，而必躬爲降生，何也？且其至尊無二，爲天地萬有之主，若復降爲人，豈不甚褻，此於理似有不可。自開闢以來，我中土未之前聞。書契肇興，傳載訖無可考，安知果曾降生也？」曰：「此天主降生莫大之恩，原超人思議之外，豈可一言而盡明哉，姑觕論之。天主妙體，雖爲實有，第無聲無臭之至，非耳目可以覩聞，不降世則下民雖信其有，猶以爲高高在上，遠而不相涉也。天主至尊，而其孺愛兆民，則情又至親也。實與我親，而我輩不知，其瞻依之念愈疏，其違背之諐彌積，懵懵然載胥及溺也，而吾主忍乎？必也降生爲人，乃可以示耳目之津梁，洗衆生之業垢。故無聲無臭之主，偕有形有聲者而顯著焉。然其降生也，實非離於上天，囿於下地。蓋其靈明之極，原無邊際，六合之內，六合之外，無所不在，無所不有。當其降生，亦在於天；迨及昇天，亦不離世。且雖降在世，亦豈先爲靈明之主，後乃爲形聲之人哉？聖體自然無有終始遷變，降世之時，仍自制馭天地，主張萬有。第以本性之原體，結合於吾人之性體，孕聖女胎中，而生以救世也。譬之以梨接桃，梨藉桃以生，桃何嘗損其本體。天主接人性以降，何嘗損其本性。其爲降生，亦何不可？且夫德愛之彌深者，其用愛亦彌切矣。慈母育子，其懷抱洗滌，必躬必親，不言其褻。帝王尊居九重，設見愛子忽墜池中，豈不躬自急援，寧嫌其褻而徐徐然，俟呼左右哉？天主之愛人，不啻慈母之愛子；世人之造罪，不啻溺水之危急。罪不可不滌，世不得不救。則其降生也，亦胡能自已耶？況夫救世之全功，以贖萬世之罪，又非諸神聖之能可以代之也。未降生千百年前，天主已豫示其必降之兆。古經所載，其誕某時，降某地，徵何瑞，顯何功，及其將降之時，又有天神之來報。果以漢哀帝元壽二年庚申，生於如德亞之國。景宿導引於中天，三王來朝於聖土，普濟四方，傳授徒衆，仍勑以廣宣八荒，流衍萬世。種種奇功異瑞，歷百千載，而皆相符合。當時聖徒紀其事，歷代諸聖詮其詳。其書充棟，特未傳譯於中土耳，豈載籍無稽者耶？矧其生平聖蹟，如使瞽者明，聾者聽，喑者言，跛者行，甚至死者復活，令非眞天主乎。即古來至聖，居帝王之位，德可以感格上天，權可以生人殺人者，曾能仿佛其萬一否耶？救世功畢，白日昇天，此豈世俗所誇神仙誕術，餐露煮石，丹砂羽化，烏有之類也。」

相國曰：「如此則天主必須降生矣。然既欲降生人間，即從天而降，不尤易易，何必胎於女腹中？」曰：「降孕則眞爲人，自天而降，則不取人身、不同人類，豈不駭人見聞，如空桑之生，啓天下萬世之疑乎？剖

脅而生，已不是生人正道，況自天而降耶？」

相國曰：「既降世何不降爲帝王之胄，威福易行，而顧孕於孑然女氏也？」曰：「王侯貴胄，則微賤者仰之懸絶，衆庶效法無階，且備受世福，不也？」曰：「王侯貴胄，則微賤者仰之懸絶，衆庶效法無階，且備受世福，不習饑勞，則行願不滿，救世之標表不立。況聖母亦國主之裔也，卒世童貞，女德之盛，萬古莫加，天主擇焉。於是乃以天主之性，合於人之性，以顯其救世之功，其道超妙無窮，未易以思議窺也。」

相國曰：「仁覆閔下，其愛人無已之心，如此其亟也。何不降我中土文明之域，尤易廣布，則不煩先生九萬里之勞矣。」曰：「若然，則先師孔氏，何不生於中州，令四方來學者，道理均平，顧獨生於東魯耶？楚人曰何不生於吾楚，越人曰何不生於吾越。是必生百仲尼，方可滿四方人士之願耳。舜諸馮，文王岐下，人皆以爲夷，其實人之眼目囿於陋小，各從厥居，擬其近遠。若操域外之觀，更無中外華夷之分也。縱降生中國，爲文明大邦，其自他方視之，則亦不免同此猜疑，同此觸望，將何以滿其願耶？設降貴邦，則旅輩固不必航海東來，以傳其旨，然又必勞師相輩西行，以廣傳其教於遠方也。今誕於如德亞國，此地不屬毆邏巴，與上國同一方域，總在亞細亞之界內，尤爲三大洲之中正，居寒暑適均帶下，實厥初生民祖國也。其地氣候中和，雨暘時若，土膏沃衍，民物樂康，《經》稱川河流乳，樹木凝蜜，非他國可比者，至今傳爲聖土。按《唐書》舊名大秦。貞觀九年，曾有傳教東來者，今考《景教碑序》，可知梗概。天主降生此地，正爲此地易於流行。且宗徒多默，敷教於小西時，去天主降世未六十年，傳播已廣。漢明遣使西行，訪求佛書，以爲西方有聖人焉。此時必有所聞，其使者行至天竺，不能復西，偶得浮屠之書，認爲聖教，遽以四十二章東入中國，悞取之也。若乃天主經典，昭如日星。吾大西七十餘國，人人奉之，奚啻如中國之六經，家絃戶誦已乎。且紀載之符合如彼，聖蹟之絶奇如此。若使降生他國，則典籍不載，耳目未聞，非惟人之不信，且將玩而褻之。其在今日，毆邏巴諸國盡從其教，咸自如德亞國相傳而來。今上國所傳景教，流行至今，則亦淪肌浹髓久矣。要以德教之行，未可以遲速遠近論也。總之或見而知，或聞而知，眞似之辨白既眞，正教之擔當自力，世道人心，端必賴之。豈可以天主不降於此土，而疑其偏僻也耶！大抵造物主之陶鑄天地，搏埏萬物，生生化化，無始無終，其妙理無窮，不啻如滄海之浩蕩，豈可以涓滴而測之。要之信之一字，道之原也，功之首也，萬善之根也。眞信得過，知爲天地大主宰，萬民大父母，翻然動其敬畏愛慕之誠，遵行教誡。返勘吾身從何而生，吾性從何而賦，今日宜作何昭事，他日作何歸復，眞眞實實，及時勉圖。如人子之事親，朝夕溫凊，起敬起孝，雖督之勞之，亦惟命是從，不敢少有猜疑過望，如是而後，謂之孝子。若無敬畏之心，而徒探究大主奧義。譬沐太陽之光，未感其照臨之德，徒瞪目視之，強欲覷其光耀之原，則其目必致眩瞀，而反不受其照矣。曰其可窮乎哉？曰不可窮，況天地之旋轉乎日者哉！天地不可窮，又況天主之生天生地者哉？知天主之生天生地生人生萬物，又降生救我，則知其當一心欽崇在萬有之上，無疑矣。」

相國曰：「天主之教，如日月中天，照人心目。第常人沉溺舊聞，學者競好新異，無怪乎歧路而馳也。先生論如披重霧覩青天，洞乎無疑矣。請示我《聖經》，以便佩服。」儒略曰：「此其大略也。師相見徹人天，已解未始有始之始矣。請繹經典，講解數日，更有深益。向觀察公已曾面諭，須撰數語以便參同。請先以此質之何如？」遂敬紀數端，授相國典載者。

湯若望《主制群徵》卷上《首以物公向徵》 凡物依其本性，避害保己，各趨所向，是名私向。詳見本論今所論者公向也。公向云何，寰宇之中，函有庶品，庶品雖繁，寰宇惟一。繁者向之，一乃所向，如家人然，親疏貴賤不同，同向一家。如演戲然，嬉笑怒罵不同，同向一戲。所向惟一，故名公向。即此公向，足徵主制，試舉四端。

一，物之有爲，以有所向。設若無向，即無一爲，爲亦必亂。如射者正鵠未立，不得發矢，苟或發之，是爲戲射，無中理矣。今寰宇中物，無一無爲者，亦無一亂爲者。雖體勢性情，種種殊異，或相克伐，然即此相異相克，而公美正賴以成，匪直無損於大全而已。苟求其故，豈非萬有不齊，摠決注於公向之一故乎。

二，凡物之類，有總如鴉如馬，皆稱覺是也。有專。如鴉從飛，馬從走是也。較而論之，專乃類之切分，而總爲遠矣，然則終守其專以自存。彌一彌安，豈非物情固然乎。乃今萬物之中，變入他類，以得存於總類者，往

往而有。如蠶變子而蟲，變蟲而蛾是也。奚輕棄其專若是，蓋以向在一已，所全私而失公，向在全宇，所全公而失私故也，不則胡爲棄專而入他哉。

三，統觀萬物，莫不急於傳類。然傳類有情，獨人願之。他物冥行而已，奚其願。傳類有理，獨人知之，他物惷泥而已，奚其知。既不願不知，胡爲而傳類之急且繁，更甚於人之願而知之者，至若植物珍寶昆蟲等屬，化生之物，雖以其傳類故而傷其體，損其命不惜，使非公向寰宇之美，又胡爲而然哉。

四，凡物以缺而存，知必有向故也。如藥草，雖或誤投傷人，以其向在瘵病，終不因誤而廢。乃今萬物之中，其有欠缺者，不一而足，如地震，水溢等。而終不可廢者，豈非以其所向者，公且大乎。循上所論，萬物共以公爲極而向之矣。夫向極者，必也先於欲爲未爲之間，灼見是物有美可愛，因而求以得之。合見與求，乃得云向。彼蠢然塊然者，能任此乎，所以然者，萬類之表，別有至靈者爲之宰，定其極，使之不得不然，所謂造物大主是已。

大主之定物向也，第以厥體在物存物，物向自定。譬之靈魂之在人身，骨肉筋痰，情勢各異，賴有靈魂居中，宰制諸體，弗使盡出私力，肆相攻克，因以各正其本用，環向一身，以保護之。彼物主之定物向，亦猶是矣。靈魂離身，身必死，大主離物，物必滅，其理一也。以身生徵魂在，以物存徵主在，其理亦一也。

所謂至靈者，體備萬物之美，照悉物情，因而保之存之，又以引之各至所向，非天神但能變物情，不能成物體之靈可比也。非人但能以明悟格物，以智巧師物之靈可比也。蓋無始眞源，無所不知，無所不能。凡物皆其所造，則凡向皆其所定，彼不能成物，與夫格物師物者，安能與於此哉。

又《次以物私向徵》 公向者，萬物一向。私向者，一物一向。私向或論形容，或渾體，或分體，各不等，各次第先後亦不等。蓋繇大主預定多向，并預備各向相須之力，弗使萬物有向而不得之弊，大智全能於兹見矣。

又卷下《以天地之美徵》 物推精美者無他，其體之分與全，適相稱之謂，無生成造成皆然。如宮殿者，視其堂其廡，凡蓋址棟宇之屬，悉合於式，彼此相稱，即徵巧工無疑。然則天地一大宮殿也，其形其性其理，無弗稱者，豈不明証厥先造者巧妙絕倫乎。試觀厥蓋，惟天上覆千世不裂，不偏不損，備諸采色不變，飾以明耀珍貝，大小無算，深淺次第，各得其宜。風霾所不能昏，雷霆所不能隕，精美至矣，莫能加矣。非天主神功，孰能爲之哉。

地如屋址，一切重濁歸焉。然觀名山大川，奇花珍草，凡諸美利，皆其所生，抑何美也。嘗入王公之囿，莫不積石爲山，豬水爲沼，雜種花木以爲飾，是効美於地也。地本塊然，靈如人，而師塊然又終弗及者，何也。蓋地不靈，而制地者至靈。大地之美，至靈之跡也。人靈非至靈比，其師之而弗及也，豈不宜乎。

或曰，七政以遠近正斜之照，令地發生，所謂天施地生是也，曷須他制。曰天與日月星，悉不能自制其性，以和悅萬物，不過因勢而行，公施厥力於物。乃今降施惟一，而生效於各物則殊，是必別有制之者，嘿令各物自依厥性，與時消息。而其體其形其式，皆有本賦，一定而不可移。彼日月星者，第下施其力，奮發其生機而已。

又《以人物外美徵》 物美有四，各能自存。一有形物，五官所司是也，是爲外美。餘三者，即生覺靈三魂，五官不能及，則以心測知之，是爲內美。兹論外美，如人一身，即分與全之稱，其美具見矣。自其一身之高言之，六倍者廣，十倍者厚，比於肘四倍，於二足六倍，於手大指七十二倍。連餘四指比之，其倍也二十有四。而舒兩肘比之，縱與橫適等矣。面之長，連四指三量之，下頦至鼻孔一，鼻與額各一。額至頂，連四指二量之，盡矣。其廣也連四指四量之，鼻左右至眼之角各一，又至兩耳亦各一。耳弓上於眉，下於唇，其相去也適相等。身以內若骨，若腸，若筋，若脈，若肉界，長或短，厚或薄，疏或密，堅或柔，無弗稱者。凡人身相稱之屬，悉數之，數萬不啻，然又缺一不可，異哉。

生覺之體亦然，即最微蟲，體必稱其性，形必稱其體，甚巧且精，不獨人也。然則造此者誰乎。靈如人心，求造一蟻，必辭弗能，蓋蟻體雖微，內外美具，如覺悟行動性向，人弗能達之，又安能造之。靈人不能，況下此者乎，信惟至靈獨擅已。

植者發之於地，以飾地身，生即繫其根於地，如恐昇起，輒爲風偃

者，其種無算，約曰草木，或待耕，或自生焉，或喜山，或平原焉。厥利給人需，屋者，器者，繩者，席者，蓬者，悉取資而不窮。若夫娛人心目，莫花若矣。花以諸形色香，時供玩賞。智者於此，當知大主欲人於閒適之時，悟造物之能也。花有瓣有心，有底有根，皆配厥模，不可易。厥種包函生理，待時而芽。疑於靈者，凡此，孰非至靈之跡哉。

又《以人物内美徵》 凡物外之所著，必從内發，内體兼含外美之理，則其美有加矣。如植者生長，其式與力，各從厥類，而主之者生魂也，覺魂者，禽獸既内存外容之理，更兼爲五官之運，内司之動，本性之向，所繇出。間嘗觀其外容，而測知其意想也，無寧晷無擇形，凡屬分内，心動而像隨，物不能阻，身不能辭，亦奇矣。其餘諸能皆有所任，人雖盡格致之力，弗獲悉達。蓋緣造成之主，超越人才無量故也。

靈魂則更加明悟，記含，愛欲三能，以明悟通達六合内外，無所不至，有形無形，并屬所司。以記含固存物像物性之理，物雖異類雜投，先入後入，皆有所藏。有以物多而盈，致不能容者，未之前聞矣。愛欲之量，最寬無界，乃於萬物之用，密取其利，日益不足。且自定向極，他不能強，自行決棄，他不能留，卓哉自專之神，非他形物可方萬一也。夫形物至麄且賤，尚以其體之巧，與分全之稱，識有靈原制之，豈於人靈超軼形物如是，反置所以然弗講哉。

又《以諸物弱緣徵》 凡形物必須兩所以然，曰質曰模是已。質者，塊然弗自主，任模來取，或彼或此，無不惟命，則其弱著矣。模者，定本倫之形勢，以別之於彼倫，然非模自定也。所以命其爲此爲彼，而弗易者，是在作者矣，不有作者，彼能自主乎。匪直質模，凡純體之物，土水火氣四原行是皆無自主之能。凡自主者，必其本體更無所屬，超萬物而上之，乃稱強焉，彼四行不能也。且四行所承之有，悉非自爲，乃爲合體之物，而爲之質也。既有爲者，必有作者，何也。凡物之情，悉欲自爲如所爲在他，必繇本物之外，别有物使然。此使然者，即名作者。夫此作者，無物無之，惟自有者，乃無作者。既無作者，并無爲者，萬爲悉歸自爲故也，彼純體奚足語此。又原行本體渾然漠然，廣狹大小等勢，悉繇外緣所致，因物付物，不得不然。凡此皆弱劣相須之徵，非有主者，吾知其淪於無已。若夫原質，如太極是方之原行更弱，頑陋無能，並無模像，全乎順應以益他物，謂之渾全自足能自主持，不亦謬乎。

天之需外主持也，即其體之順動知之。動屬主命。上篇詳矣，今論其體之順動。試觀太陽從宗動天，西行四刻，約應地四百五十二萬里，列宿天近赤道之恆星，則行五千二百六十萬里矣。物行之速，莫如銃彈，銃彈之行，經刻之一分得九里。如欲繞地一周，非七日不可。是太陽四刻之行，乃銃彈三百四十八日之行也，而列宿天則又較疾於太陽四十倍有奇。夫天動至易至疾如此，乃其體有順無逆，千古常然，豈其性與，有主之者矣。又分論天體，各天各星，大小不等，性情非一，在彼在此，既不相應，則不相益，而高明上覆，永久不移。此果何爲哉，蓋主者將有所用之天，自弗克違之耳。

形物既屬受造，不能自主。則夫定厥向極者，必屬無形至靈造物之主無疑矣。何以知其無形。曰，凡有形所以然其造物也，必先需物材以承其造，然後施其造於物材。若所造者既名原質，則是時本無一物爲材矣。既無物材，則其造之也，直是從無造有，不可思議，此豈有形所以然之能事哉。或疑天爲初所以然，益謬。凡天之能，不越照施二者，使世無物受之，則天能皆虚。雖欲著效無繇，豈有依物著效，而爲物初所以然哉。何以知其至靈。曰，徵之有三。其造原質也，使之能承萬模，以成萬體。萬體之中，萬性附焉。如非預識萬物之性，所造安能各順其當然。是所建者一物，而盈萬異向畢聚焉。此靈之一也。凡造異體性之物者，必躬兼所造之微妙而藴含之。今夫生者覺者靈者，體性各異，萬有不齊，則造者之廣智大能，從可知矣。是其靈之二也。凡具有明悟愛欲者，乃可稱靈，既造物者大顯厥能，其行如此，則其所以行者，亦必稱是，則其明悟愛欲，非復可量。是其靈之三也。

又《以世人同心徵》 天下萬國，各有定教，祭祀誦祈，概所不廢。豈不以萬物之上，必有主者，視聽於無形無聲，決賞罰，判善惡，一一不爽乎。彼雖不知孰者是主，與夫主一或多，主無形或有形，主無始或有始，要莫不存戒謹之心者。且此心非繇學得，率性而行，不得不爾。是必實有主者在上，而人爲其屬，故其性然耳。如實無主，則是其性自陷其心，悖理甚矣。蓋論人明悟一司，必欲向物之眞實而得之。彼虚與僞，正其所惡。今以實無主而謬爲有主，豈非以其所惡陷心乎，必不然矣。

格物家論主宰曰，主宰者可有，即必已有，如或無有，即必不能有。以其爲自有故也。蓋萬物惟自有者，無可有不有之理，並無不有能有之理，今設無有主者，而人性皆以爲實有主者，豈直性從虛僞，且以非爲是，以不能有爲已有，抑何刺謬至此。竊觀世人窮極呼天，不待思想。如望其救，即或不加名稱，而悲哀嘆息，總爲待救之聲，是豈偶然。又凡懷誠不白者，動舉盟誓以爲証，良以人心隱微，同類不能見，而玄漠之中見之，苟有欺妄，加罰無難。以故王公大人，下至黔首，事無公私，用以爲信，所從來矣。彼即誓淫祀之前，漫不加察，皆緣習俗之誤，而本性之知所戒懼，正於此見。且使果無主者，持公義於上，則人何爲見善則祝頌，見惡則呪詛，而躬犯重罪者於心終覺不安，若或督之，若或察之，而不自已也哉。

又《以鬼神徵》 鬼神者，無形自立之體，其靈超越人類，非陰陽之謂也，人有善惡，鬼神亦然。善神奉大主命，輔相萬物，啓迪人群。每見學者於玄奧之理，未遑思慮，忽然明通，未繇存想，油然默契，此豈盡繇人力哉，非天主之親佑，即善神之輔翼所致，然此非無良之人，所能概得，故不若惡神之多與人接更著焉。自有淫像以來，邪魔憑以發言，惑世誣民，錮不可解。時制諂事者，使之昏仆，弄其舌以語人，亦有非像非人，發聲空中，以獨昭其跡者矣。又有巫祝之術，每著妖驗，是皆足徵鬼神實有者。又或呈露僞形，令人目擊，或不現形，特以行事見奇，明徵實有焉。往往負魔之人，本屬耑愚，忽能論道奇奧，通人所不能通，傳異域方言，發人秘密，或語隔地事物如在目前，著一切超人之跡。豈非其人靈魂之外，更有神憑之乎。

神多必屬一至尊主之，不則亂矣。今凡有形之族，皆次第相屬，以杜亂端，豈無形獨否乎。以理度之，必分品級，必分等類，必有最上至尊至能者，居至先而爲之統矣。且使衆神無統，必各恣意妄行，其力又鉅，人其無噍類矣。蓋邪魔性本至惡，妬恨人類，苟無制之者，令彼得行其志，人安得久存乎。嘗觀史載，魔命祭者，以人爲牲，或少拂意，輒加水火諸災，不一而足。是雖大主降罰，聽魔行此，而魔性凶猛，亦可概見。苟非大主嘗有以制之，其害可勝言哉。

大神之有也，既非二氣所生，即疑爲自有者，不知自有者，以獨徵至。此則以衆徵劣，獨者體含全美，無少欠缺，衆者具有分美而已。分則有限，此之所有，彼之所無，彼之所盈，此之所歉，安稱至乎。以故神之互相須，以成一全，猶之有形之族，合萬姓成國，合萬國成天下，豈能獨而無耦哉。且既有所須，即不爲自有，以自有者自足，全乎自向而不向物，無物能反之，無物能佑之，本體不動，恆無增減，是之謂止於一。既止於一，即無限量，無始終，而爲萬物原，有餘矣，彼鬼神能乎。夫鬼神既不本於陰陽，又非自有，則豈非外有一至尊至神者爲之造成，爲之主宰也哉。

又《以無主悖理徵》 夫人信有主宰，修身繕性，自不容已，豈非眞德之本乎，惜哉執迷不悟，而日陷縱欲敗度中也。蓋心無所畏，則從惡如崩，無所望，則從善如登，自然之理耳。且彼不信主宰者，豈自甘悖理哉，或亦以無主爲是，有主爲非耳，知無主爲智，而不知無主爲愚耳。循無主行者爲當，而循有主行者爲謬耳。然試平心論之，何世之信從主者，舉皆抱道懷德之徒，而不信不從者，盡自欺欺人者乎。何彼所謂愚者，率其所不知，見之躬行，皆無頗僻，且以利天下無難。而其所謂智者，恃其所知，敗事傷衆，爲害不可勝言乎。謬行者，理宜晦，何昭然宣布，惟日不足，正行者理宜著，何多方掩飾，不敢告人乎。何明司亂者，加心美飾，而明司精者，反減心美而增闇昧乎，不亦可怪乎。且極其所見，自古及今，凡縱惡者知皆明，行皆當，而聖賢爲不可法，帝王郊社之禮可廢而乾乾昭事。見無形，聽無聲者，總屬虛誑之事。雖獲罪於主，侮君子，褻大人，皆合於理矣，可乎。

或曰，神道設教，萬國皆然，此治世術也，豈眞有主制物乎。曰，凡認主之念，有公有私。私者不待眞傳，自立一物，欽崇之爲主，而實非主，此則謬矣。公者率本性之覺，想有一主，而不敢妄擇一爲主，此則是矣。如望遠者見其有動，輒疑爲人，但尚未辨何人，而妄指其姓氏，鮮不謬者。惟止曰是人，奚謬乎。今各國向主者公也，是也，於遷善遠惡何難。若緣是定何爲主，則私謬不免矣。然猶賴有此，善本終存，方之無主者猶勝。夫無主者，必謂萬物生於自然，如火自炎上，水自流下。不知自然之說，殊非究竟之旨，格物者既從物生得自然，又必從自然求其所以然。如火自炎上，所以然者，體輕故也。水自流下，所以然者，體重故也。設無所以使

之自然者，亦安得自然而生乎。

又《以人心之能徵》有謂萬物無與人心比能者，他物各有專向專用，其能有限，獨人心量甚寬，所向不一，不容界止。以其智巧，明庶物之情，制而用之，無弗聽命者，是人已爲萬物之所歸，已爲萬物之主矣，豈又有主制物，并制人群乎。曰，不然。人心之能，異於動覺物之能，是在格物及自專二者，然皆有不足存焉。格物之學有三。一學在己，一學及人，一學制物，學在己者，或格物公理，或格物有之所以然，或格物自成之效。又凡從色味音臭寒熱堅軟，一切依賴之情，推及自立之體，通達物體之本然，是皆神靈之效，異於禽獸者，第人心本屬神物，而斯學全係有形，故必假以思慮，可漸成，不可頓致，始因見推其原，繼因原測其效，亹亹探求，殆未易幾矣。至若格無形之物，雖即返照本體，靈才未便了徹。且猶不離外司與物像以爲用。今夫去耳目，棄典籍，而能自明其心者幾人哉。且人心又苦泥於形體，每見抑制，未暢厥用，思欲爲善而弗之爲，思欲戒惡而弗之戒，形與神恆相反，有如是也。此人心之不足一也。

學及人者，如勸善之論，齊家治國之法。舉凡以智以義所立之功行，多所不及，無後世眞福之效。且即治止今世，尚以善爲向。推其意指，孰不謂世主之上更有主宰，以爲眞德正治之原哉。

論學制物，凡物類性巧者，或利用，或飾觀，非不誠智，然皆一成不易之法。泥於此，不通於彼，且各自爲利餙，不及同類，雖知奚足貴哉。惟人獨得活法，兼用諸物之巧，而又利在天下，不私一身。凡鳥之翼魚之淵，獅熊之猛，馬象之力，犬鹿之輕疾，莫不效於人之手。效之舟車以利行，效之山林以利觀，效之農圃以利食，效之棟宇以利居，凡此皆天下公利明矣。夫人智巧出於已心，非不可私之以自利其身，乃其所成盡歸天下之公利，豈非更有主宰天下者，加其力量，牖使急公而後私乎。

或疑人受造之因，未必出於主宰。答曰，論人靈心，神也。神本無形，超於血肉之上，有形者不能造，斯豈父母之所與子者哉。雖然，以靈心爲出於父母者非，即謂發於天地陰陽者亦非也。天地陰陽，雖曰變化不測，終不越以有成有。若夫靈心，既非先有者，又非依賴於他有者，陰陽曷預乎。即論肉身質資父母，誠然。乃其模外依模亦制於主宰，比之造埴，準使直，繩使平，悉繇大匠。若彼合土於水者，賤工而已耳，奚足與較功哉。蓋惟大主能知人身筋肉骨脈痰，各類本用本位，而又補其損者，連其斷者，造化神工，豈人力所能及哉。

凡人自專自主，全繇靈力，所繇異於禽獸也。夫禽獸一生以存命佚身爲務，有觸即赴，不復審擇。人則不然，能究是非，能辨可否，肯與不肯，能決於己，足徵自主之力矣。然而人心不能無偏，往往暗於事物之當然。而又物搖於外，情亂於中，雖能自主，誰則自主哉。以爲天主賦性然乎，非也。主所予者良性，人自以罪累弱之，乃主憫其弱，復不忍棄，時加默牖，令全所向。至哉，主之恩，施獨厚於人矣。

又《以聖跡徵》跡者，足之所遺。不知其人所自來，與其所向往，視其跡，天主所施於人者，皆跡也。跡有常著者，有特著者。常者，如萬物依性自存傳類，與造化相終始。形天日月星之旋動，萬古不易，以扶物生長，是豈物之自謀，天之自願哉。特者，如前所述，洪水淹沒四方，一舟而保萬種，必非自然，特繇主旨可知。試再廣徵之，古有三人者，欽崇一主。國王強之拜魔，不順，縛置窯中，乃焰高出五丈餘，傷左右數人。而是三人者，身衣纖毫不損，但焚脫其縲絏而已。達尼爾爲守敎屏邪，被讐推納獸城，內畜猛獸數，乘其餓挑之，以致害，獸不應。且數千里外，一賢者將餽田夫飯，忽見天神降告，達尼爾餓甚，遂挈移獸城食之。聖人見拘六日無恙，王悟，乃出達尼爾，而命其讐入獸城，身未及地，群獸躍起，爭嚙斃之矣。厄禮亞之思儆惡也，求主加刑。大旱三年有半，后復祈雨即雨，自居山中，有野鳥饋食者二，飯與殽俱焉。《經》紀聖跡類此者不一。蓋大主制世，雖恆因乎各物之自然，而或遇變故，特行己意，以顯厥能不可掩也。

天主降生爲人，聖恩無限。一啓口，一舉手，即足救人病者愈，死者活，負魔者安。嘗食饑者，以六七麪餅飽數千人腹矣，嘗海浪木石悉如有靈聽命矣。即其受難時，嘗日望退光而食，見者數十萬人矣。至若所召十二宗徒，素本耑愚無聞名，一受寵任，材質遂變。加以聖人之才，天神之膽力，莫不棄財輕名，絕樂苦身，愛讐善世。甚至致命無難，而天下卒化之。一切誘惑凶惡，無有沮撓之，震撼之者。噫，何異也。

自是以來，聖跡不絕。史記額勒我略掌敎，欲建主堂，往視地。以介

山海故苦隘，聖人乃於衆歸後，獨留祈祐。詰朝忽見山已遠退，中地廣開矣。又有弟兄共受一湖，以魚利爭者。聖人勸不聽，乃求主制之，其湖忽變爲田。聖人之鄉，徑以大河。聖人慮其爲災也，以木挺插水濱，頃即生活，長爲茂樹，水順流河中，卒免氾濫之患。凡遇邪魔居人身，與塑像妄言未來，解人心藏密事，輒遂之去者，又比比也。聖百爾納者，日以畫十字聖號去諸疾，以故聖一出門，衆迎敬之，如天神然。史記聖人一日在途救瞽者十一人，痿手者十人，痿足者十八人。蓋凡聖人爲主寵任，畀以超性之力，顯行奇跡類如此。

或問徵主奚用聖跡。曰，人之智者，凡於天地萬物因其然，探其所以然，自足認主，奚假聖跡。至若凡愚則知識卑下，日習不察，必以常見常聞爲平等，而以目所未見，耳所未聞，爲難能不可幾及也。主故因其性而啓迪之。又大主之心，日欲引人向未止之極，故於聖人爲衆表者，獨令行超性之效，以著其道爲眞道，德爲實德，因而令聞日廣，漸相師法，以向至極。又或因認主之人，心忽外馳，主乃行聖跡，俾繇外身可見之恩，以轉念內身不可見之恩，庶幾覺悟，一意欽崇矣。

或問，中學亦尊天，與主教何異。曰，中學所尊之天非蒼蒼者，亦屬無形，第其所謂無形，卒不越於天。蓋天之蒼蒼其形，而天之運用不測，即其神也。運用不測之神，雖無形不離於形，與天一體，是無心無主張者，非吾所稱尊主也。吾所稱尊主，雖曰不可見，不可聞，而非即以不可見且聞爲貴。蓋與天地萬物，其體絕異，至純至靈，不由太極，不屬陰陽。而太極陰陽，並受其造。且一切受造，無不聽其宰制者，神功浩大，人不能測，遂曰無心，豈眞無心無主張者哉。

或曰，凡人之行各隨己力，似己實自主，曷更有主主之。曰，物行有常，其性定也。獨人無定性，任其意之所之。然大主主物，固順其有定之性，而其主乎人也，亦即順其無定之性。人雖具大才力，有謀必遂，而不得大主之命，未有底厥績者。且主特顯威權，奪人私謀，明示公制，間亦有之，第非常法耳。是如密罩布於美景之上，偶遇隙縫，美僅微露，而秘藏者多，必欲一一測而知之，難矣。

或又曰，物行本屬自然，以故千歲不易，蓋所行由己，又曷需主爲。曰，是大不然，物性不變，所行有常，此即造物主張，既始定其然，而又保存其性，使之常然，全能妙用，焉可誣也。如以有常不易，而謂物行自然，不由主制，則必將造化止息，形天不動，春秋錯，雨雪絕，萬物毀敗，而後徵有主制乎。蓋物性之定，物行之常，主命之矣。主之所命，物不能違，奚論一息與千古乎。且以千歲爲久者，自人視之則然，若自無始無終者視之，猶呼吸耳，曷云久乎。

曰，即有大主巍然獨尊，充然自足，可也，曷屑與世事。曰，使主有所限，奚克分營細務，急他而忘己。乃主實無限，其體其心其能皆屬無限，且體之無不在，因乎自然，即無不知，無不能，亦因乎自然，何物不由之，而又何物能勞之。物雖微賤，而分辨乎物之知，保存乎物之能，主張乎物之理，固皆至尊無比，而又分毫不損己之貴予物，分毫不取物之賤附己，何嘗不尊。若論其自足，其理物也，非外求以自益，全乎其爲利物也。蓋主美本全，容物分享之，猶之泉既充盈，則分潤流派，無所不可。然皆屬益物，非己不足而求益於物也。

或問，尊主治世，豈必躬臨。即如人君治平天下，身未嘗一日離九重矣。曰，主體無所不在，非世主比。且人當受造之初，併賦義理，皆主躬施。主既躬施於始，亦必躬保於終。如匠者造器，肇始厥功，不底於成，器不釋手。然則人曷嘗頃刻離主乎。由斯以談，凡有背理傷義不守教誡，皆在大主目前無纖毫掩者，其不即見罰，以需悛改，非竟置不問也。可無畏哉。

利類思《不得已辯》光先云，天二氣之所結撰而成，非有所造而成者。

謂天爲二氣結撰而成，不知萬物之根由也。以理推之，凡物受成之所以然有四端，曰質，曰模，曰造，曰爲，缺一不能成物。物之生又分兩種，有生成者，有造成者兩種，俱賴四端而成。生成之物，人類是也。形體爲質，靈性爲模。父母爲造，眞福爲爲。造成之物，陶冶是也。沙土爲質，式樣爲模，工匠爲造，適用爲爲。萬物皆然。則在天之先，縱有二氣，亦斷不能自結撰而成天，必有所以造之者。如房屋，資以木石，不能舍工師之斧斤，非木石自能爲房屋也。又如靈魂肉身幷而爲人，必有所以生之命之者，非魂與軀而能自生自命也。夫二氣無靈之物耳，豈能結撰而成天，則天斷有所受造可知矣。

光先云，天何言哉，四時行焉，百物生焉。時行而物生，二氣之良能也。

光先引孔子之言，誣天爲二氣所結成，而非有所造，是妄解孔子之言者也。吾道至明，不待言而自顯，如天道不待言而可見，謂天非有所造乎。夫二氣使時行而物生，非自有之能也。以無靈之二氣，而俾四時次序不爽，俾物物各以其類生，嗣續不亂，必有一至靈至睿者宰之。以其全知所定之秩序，以其全能所賦之德，使各傳其類，各得其所，所謂天主是也。時行物生，孔子未嘗歸功於二氣，光先何所見而云然乎。四時行非二氣之能，請詳其説。蓋二氣使時行，必因二氣自動而動四時，而二氣自動，必因他動而動。蓋凡動因他動而動，必先有施動者，而後有受動。如乙受動，必依甲施動而動。丙受動，必依乙施動而動。餘可類推。夫相因而動之倫，不止於最初施動，而自不受動者，則必至於無窮極。若果無極乎，則最初施動者，與次施動者，理應并無。蓋既爲無窮，則無初施動，亦無次施動緣次施動者，受動於最初施動故耳。而今不然，是相應遞動之倫，必不能至於無窮極，必當止於最初施動之萬有，而自不動者也，是爲至上至靈至一之妙有天主是也。則四時行，非二氣之能也明甚。論物生，亦非二氣之能。凡造物者，必在物體外。如工匠造器，必不分其體爲器皿，須以他物造之，其工匠固在他物外也。今二氣渾在物之中，以成萬物。是二氣爲物體，而不在外，僅可爲質模而不可爲造者。豈得謂二氣之能生物乎。

光先云，天設爲天主之所造，則亦塊然無知之物矣，焉能生萬物有哉。

夫天之説有二，一有形象之天，即蒼蒼之天是也。是爲天主所造，屬塊然無知之物，而不能生萬有誠然。蓋天生萬物，因日月五星之動，而日月五星原非能自動，自有靈者使之動也。一無形象之天，主宰是也。至靈之妙有，先我而無元，爲萬有之根源。故中儒言天，不徒指其形體，而即兼乎主宰，如臣稱主上爲朝廷，夫朝廷宮闕耳，而主上該焉。至經書所言尊天，事天，畏天，天生物，皆指主宰者而言耳。詳後。

光先云，天主雖神，實二氣中之一氣。以二氣中之一氣，而謂能造生萬有之二氣，於理通乎。

嗟呼，一物耳。忽云靈，忽云無靈，自相矛盾莫此爲甚。今謂天主屬神，又謂天主屬氣，何出言之悖謬乎。蓋神爲有靈，氣爲無靈。以氣爲天主，不但不知天主，并不知氣爲何物也。從地而天，有四元形，土上爲水，水上爲氣，氣上爲火，火上爲七政列星之天。至火域無氣矣，體更清於火，所謂無聲無臭者是也。天主者，萬有之初有也。其有無元，而萬有以之爲元。性一無二，聖性所啓，即顯全能。其能其有，皆屬於無窮，充塞萬物。萬物莫能限，莫能函，不繇質模之合。至神無迹，行而不動，而令萬物動。是謂萬作最初之作，是謂萬爲最終之爲。是之爲至靈，而萬靈繇之肇靈。是之爲至美好，而萬美好繇之爲美好。往者來者，無不即其見在。至近而至遠，不可見而無不見。常行而常寂，悠久而常新。一切萬有有形無形，悉出於此，是爲天主。詳見《超性學要》諸冊。今謬指天主爲二氣中之一氣，無乃荒悖殊甚乎。

光先云，所謂無始者，無其始也。有無始，則必有生無始者之無無始。有生無始者之無無始，則必又有生無無始者之無無無始。遡而上，曷有窮極。而無始亦不得名天主矣。

爲此論者，所謂大謬不然之甚者也。蓋無始者，能生有始之物，安有生無始之無無始乎，況生於無無無始而至於無窮乎。不知有施生，然後有受生，既受生，必有始也。今謂無始，受生於無無始，則仍有始也，何得謂無始乎。即如所云，誤謂無始受生，亦不能至於無窮極。蓋凡施主之所以然，皆相關相接而生，推尋原本，不能謂之無窮遞傳，而無所止極也。必有最初施生，以爲中者之施生之所以然，而中者施終者之施生之所以然。苟無初所以然，則無中所以然，況終所以然乎。蓋既無其施生者，則自無其受生，據理不得不然。以理推尋物之施生所以然，必至最初施生所以然而止矣。

光先云，誤以無始爲天主，則天主屬無而不得言有。

此論更謬。凡謂天主無始，惟謂天主爲萬物之元，而無所從來，即爲自有，非一切凡有有始可比焉，豈得謂天主屬無哉。如凡受造之物，必由於造物者，而造物者，非受造也。今因無受造而謂造物屬無，此理通乎。正因天主無始，則惟天主可稱有。而凡有，皆因天主有而有矣。

又 光先云，眞以耶穌爲天主，則天主一人中之人，更不得名天

主也。

天主降生爲人之事，原超人思議之外，豈一言而明哉。《超性學要》，《降生實義》諸書，其詳之審矣。天主降生非他，即天主本性之原體，結合於吾人之性體於一位耶穌。是耶穌一位具二性，一天主性，一人性。粗比之樹，天主其樹體也。上有二枝，一自根發者，主性是。一自外接者，人性是。而二枝固同一體，同一樹，非可分之爲二者。是合人性於主性，論人性並謂有始之人，論天主性並謂無始之天主。耶穌兼包天主及人二殊之性，實有天主無量之能識，而又實有人有限之能識。天主取人性，不失其爲天主。而人性被取於天主，不失其爲人性焉。具人性謂之人，其天主性謂之天主。稱耶穌曰天主，何所不可。天主降生乃聖教最要之奧旨，請申言之。今世群疑而不決者，莫如降生一事。或疑其不宜，或疑其不能，或疑其勢。今特揭其要旨三端。一曰降生之意，二曰降生之說，三曰降生之事，然後答其疑。何謂降生之意。須知天主爲人而造天地萬物，故造天地萬物畢，然後造人，正以示種種皆爲吾人而設也。世上無人，則不造天地萬物。天上無備永福，亦不生人。乃人祖方主命後，則遺有原罪。因而人類不惟不得上昇享福，且又墜罹永殃，是負天主造人之原意矣。天主仁慈之無涯，豈忍棄人而不顧。造人必救人，但須得救人之法。蓋天主所行之事，必完滿無缺，仁義各全。獨赦人罪，則義缺。獨罰人罪，則仁缺。故用其全知，以顯仁義兩全，乃躬降生是也。是耶穌則天主而人。論其爲人，可以代人負債而受苦。論其爲天主，可以代人還債而補贖。代人負債而受苦，示其仁慈無涯。代人贖罪，示其至公極嚴之義。使非主代救人，罪無由消滅矣。蓋人得罪於天主無容補，盡天上衆神，盡天下衆人，百千萬死，悉不能贖人類之罪。何也。蓋罪之輕重，以所犯者與犯罪者之尊卑爲則。天主至尊無以上，吾人至卑無以下，非無限之德，則不足以自贖其罪之萬一也，而況欲悉償萬世衆人之罪乎。惟降生一事，人類則蒙赦宥，而天主造人之原意不負矣。何謂降生之說。天主降生非他，乃天主性締結人性於一位耶穌。是耶穌一位，實人亦實天主。言人有始而始生於世，言天主無始，從無始有，非始生於世。今從無始生，故謂之降也，謂之爲人也。非天主化本性而成人，亦非耶穌化其人性而成天主，又非兩性交和合一，乃天主性與人性，寓於耶穌一位之中。如我輩靈魂肉身，成爲一人，是天主而人成一耶穌然，與一切人無異。論天主性，降生之先是如此，降生之後亦是如此，惟因天主性與人性締結，故可以互通名稱也。是耶穌謂之天主而人，人而天主。因此曰天主降世受苦受死復活昇天也。何謂降生之事。經典詳之，姑舉其略。開闢之初，天主已示其旨，而降生千五百年先，更詔古教聖人相傳候望。迨降世時至，天主遣天神報所選降世之母，名瑪利亞，從幼矢守童身，已聞此事非由男女交感，乃由天主之全能，而其母且孕且育，仍然處子，乃以謙詞允之。故即頃受孕，九月而生，一如天神所報。時漢哀帝元壽二年冬至後四日夜分也。生時室中光明如晝，九品天神群來呵護，空中作樂。其頌云，上天榮福於大主，下地安和於善人。天見異星，引導外國三君，各持方物，奉獻朝覲。降生之地，曰如德亞國。亞細亞，歐邏巴，及利未亞三大洲之中。即亞細亞洲，與中國同洲。蓋天下此時，惟此一國，獨存主教，不爲異端所染。又爲天主開闢之初，化生人類元祖之地。先知聖人預言主降生之事，以爲日後符徵，載在經典，皆存是國。主降生之名曰耶穌，譯言救世，以示其降世乃救世人也。居世三十三年，所顯之靈異不可盡述。如命死者生，喑者言，聾者聽，瞽者明，病者痊，巨浪雄風命息即息，天地百神咸聽其命，以徵其爲天地萬物之眞主。其垂訓立教，大要人倫之盡，而聖學之至，使人在世，樂於道德，而後世享上主所備之榮福。其神跡天訓，舉世尊崇。時惟司教傲滿，不察耶穌之時與事，與古經符合，謂以人僭稱天主謀殺之。而耶穌因之，以成救世之功。遂聽彼加害，釘之十字架而死。時春分後望日午時。日月相對，不得薄食。月乃違其常，而掩日輪。宇宙晦冥，大地全震，石多破裂，塚墓自開。先聖已死者，多出見於世。天地萬物，皆含哀傷。三日後復活，復居世四十日，重定教規，命十二位宗徒，遍曉萬方，言畢歸天焉。今將解先疑。疑天主不能也。天主全能之義，凡於理無悖，皆在全能之界，不限於某某物，總該萬有之德能。今天主性與人性合於一位，實邁越人之思想。或以因天主性與人性湊合耶穌而成一物，不知兩性之名稱可通，而兩性之實各別也。或以爲降生後，天主性有所變易，不知主性之妙有，從無始恆一，雖降生締結人性於己，而天主性原無所易，惟人性登高位焉。或以爲天主囿於形身時，息宰宇宙萬物之權，不知降世仍存天主性，而御天地萬物。蓋天主性無窮妙有，在形無囿於形，在物無含於物，且能舍萬

物。又何疑天主降生有所不能也。二疑天主降生之不宜，各物相稱本性之義也。天主本性爲萬善之本元，則凡係善之義，皆宜天主。夫善之爲德，在傳其美好於物。善愈大，即其傳美好於物也愈宜天主。天主之善爲至善，則傳達本美好於物爲至宜。此則莫若天主降生爲人，令受造之物締結於造物者之本妙。審此，則天主降生爲人至宜矣。又須知天主傳達其美好，各有等級。如天地火氣水土金石等，止爲有而無生。草木，止爲生而無覺。禽獸，止有覺而無靈。人類，止爲有靈而不純。天神，止爲純靈而有限。是傳其美好有等且限。惟此天主性締結於人性，傳其美好於受造之物至盡矣。使即具能知善諸德於無窮，而稱之天主。今人惟知天主造天地萬物，顯其榮尊威嚴，而不知降生救世愈顯其榮尊威嚴焉。天主因其仁義知能諸德無疆，故爲至尊無以上。而其仁義知能無疆，莫若顯於降生之至盡也。故不嫌人類微賤，示至仁也。不赦人罪，而代贖之，顯至義也。得救人之妙法，彰至知也。人與天主二物，相距於無窮，合於一位，明大能也，餘德可推類矣。三疑降生之勢。以天主欲降生人間，從天降世，免囿胎於女腹，何等榮顯。不知降孕而生，乃眞人也。從天降來，非同人類，豈不駭人見聞乎。然而降世不擇帝王之室，安華之地，溫煖之時，凡此皆寓深意。蓋天主降世之意，不惟代贖人類之罪，且拔其根也。凡人諸罪之宗有三，一曰好富，二曰好貴，三曰好逸樂。以天主至尊之位，而下降極賤之處，爲抑我傲。以天地之主，甘降最貧之地，爲破我貪。以全福之備，而選苦寒之日，又爲藥我躭逸。至論耶穌之受苦，一動一靜，能救萬世之罪，而欲受千端苦難，致釘十字架酷刑。其義有二，一示忍德之美且要用訓我等。凡天主所降苦難險困，皆宜欣然順受。二示犯罪之凶惡，寧甘重殃大害，以至致命，不可一息違天主之命也。

又　光先云，設天果有天主，則覆載之內，四海萬國無一而非天主之所宰制，必無獨主如德亞一國之理。獨主一國，豈得稱天主。

予曰誠然，誰謂天主獨主如德亞一國哉。

光先云，既稱天主，則天上地下，四海萬國，萬類甚多，皆待天主宰制。

予曰誠然，何待言乎。

光先云，天主下生三十三年，誰代主宰其事。天地既無主宰，則天亦不運行，地亦不長養，人亦不生死，物亦不蕃茂，而萬類不幾息矣。

前已詳言矣。夫所謂天主降生，非向在天而後乃降生於地也。蓋其靈明之極，原無邊際，充塞貫滿於六合之內外，無所不在。當其未降生，亦不離於世。及其既降生，亦不離於天。其制馭天地，主持萬有，無分降生與否耳。特天主取人之性與己之性相締結，故曰降生也。且必孕而生，自幼而壯，居如德亞而行道，至釘而死，死而復活昇天者，此皆耶穌人性之事也。其天主性不易不動，不幼不壯，不生不死，仍然宰制乾坤，化生萬物耳。豈云天主降生，遂謂天不運行，地不長養，人不生死。何異以管窺天而蠡測海也。

光先云，天主欲救亞當，胡不下生於造天之初，乃生於漢之元壽庚申。元壽距今上順治己亥，纔一千六百六十年爾。

天主所行，超越人之意量。主造物時，並無有擬議謀度救世之事。亦莫非然。但揣摹其故，須知人類未方命之先降生，固不宜也。降生爲救贖人罪，無罪何贖。猶無病者無庸醫治。又當人類方命之初降生，亦所不宜。其故有三，其一視人祖方命之根由在傲，治其傲宜令自反，又不徒恃本性之力所能克，人性雖壞，不自覺知，故迨聖主之垂救。其二視信德之篤。蓋天主降生多信從者，賴有天主親論，又賴有群聖望主降生之至殷。其三視聖教之傳，若世初降生，人類甚少，必日久失傳。如造成之恩，因時遠人少以至失傳。據此，則知天主降生，不宜於世界受造之初矣。

光先云，開闢甲子至明天啓癸亥，以暨於今計一千九百三十七萬九千四百九十六年。此黃帝《太乙》所紀。從來之元，匪無根據之說。太古洪荒都不具論，而天皇氏有干支之名，伏羲紀元癸未，則伏羲以前，已有甲子明矣。孔子刪《詩》、《書》，斷自唐虞，而堯以甲辰紀元。堯甲辰距漢哀庚申，計二千三百五十七年。

中國自伏羲以後，書史載有實據，自此以前，尚數萬年多難信者。蓋羲軒堯舜之時，生人至少，豈有數萬年之久乎。伏羲堯舜之民，性心純善，制文藝，興法度，肇宮室，始耕鑿，正惟此時，推知其去原初，不甚相遠。南軒氏論堯舜以前之事，曰其中多有不經，又曰作史當自伏羲造端無疑也。太史公曰，夫神農以前，吾不知矣。《綱鑑》亦曰，不信傳而信經，其論始定。今吾據經載，自帝堯迨順治元年，正四千年，此與六經義

不遠，而於天主經相合。由此而知，天皇氏有干支之名，伏羲紀元癸未，皆外紀荒唐不經之語也。

光先云，若耶穌即是天主，則漢哀以前盡是無天之世界，第不知堯之欽若者何事，舜之察齊者何物也。

主降生在漢哀，則謂漢哀以前無天之世界，猶夫前言天主降生，天地不幾無主宰同義，無庸贅答。

又 光先云，利瑪竇欲尊耶穌爲天主，首出於萬國聖人之上而最尊之，歷引中夏六經之上帝，而斷章以證其爲天主。曰天主乃古今書所稱之上帝，吾國天主即華言上帝也。蒼蒼之天，乃上帝之所役使者。或東或西，無頭無腹，無手無足，未可爲尊。況於下地，乃衆足之所踏踐，汙穢之所歸，安有可尊之勢。是天皆不足尊矣。如斯之論，豈非能人言之禽獸哉。

耶穌譯言救世，乃天主降生之尊稱。天主二字，亦中華有之，吾西國稱陡斯也。其義則曰生天生地生萬物之大主宰，簡其文曰天主。六經四書中言上帝者，庶幾近之。然亦非由利子始也，中夏名儒久稱之矣。馮應京曰，天主者何，上帝也。吾國六經四書聖聖賢賢，曰畏上帝，曰助上帝，曰事上帝，曰格上帝。楊庭筠曰，夫欽崇天主，即吾儒昭事上帝也。李之藻曰，其教專事天主，即吾儒知天事天也。朱子曰，帝者，即天之主宰，以爲主宰天地萬物是也，故名之主則更切。而究極其義，則宇內萬國之一大父母也。說天莫辯乎《易》，《易》爲文字之祖。即言乾元統天，爲君爲父，又言帝出於震。而紫陽氏解之，以爲帝者天之主宰。觀此，則天主上帝之義，不自利子剏矣。光先口誦六經，而不達六經言上帝之義，則反以他人爲能人言之禽獸耶。至所云蒼蒼之天，乃上帝之所役使，其義甚明。蓋稱天有二，一有形象之天，在上爲日月星辰，在下爲水金石，是蒼蒼之天與地之塊然者，正相等無足異耳。一無形象之天，即天之所以爲天也。天之所以爲天者，指天主，即華言上帝也，乃生我養我之大本大原也。畏天者，謂其威靈洞矚，而臨下有赫也。《書》曰，於昭上帝，其申命用休。《詩》曰皇天上帝。夫以上帝言天，非蒼蒼之謂明矣。又聖賢言天，恆依之以命，則固有出是命者。然不言天主但言天者，正如指主上曰朝廷。夫朝廷宮闕耳，言朝廷即言此攸居之上主也。

又 光先云，理立而氣具焉，氣具而數生焉，數生而象形焉。

此本宋儒之唾餘也。宋儒指天即理，光先因指理爲天，故有生氣數形象之說。夫理不能生物，亦甚明矣。凡物共有二種，有自立者，亦有倚賴者。自立者，又有二種，有有形而屬四行者，如天地金石人物之類。有無形而不屬四行者，如天神人魂之類。倚賴者，亦有二種，有有形而賴有形者，如冷熱燥濕剛柔方圓五色五味五音之類。有無形而賴無形者，如五德七情之類。夫此自立與倚賴二種，雖相配而行，然必先有自立者，而後有倚賴者。設無其物，即無其理，是理猶物之倚賴者也。無有形之體質，則冷熱燥濕剛柔方圓五色五味五音，俱無所着。無無形之靈，則五德七情，亦俱泯於空虛，而謂理能生物乎。即云天地自有天地之理，神鬼有神鬼之理，亦從有生之後，推論其然。若無天地人物神鬼，理尚無從依附，又何能自生物乎。理者法度之謂，造物者成物之時，不特造其形而亦賦其理，猶如開國之君，必定一國之法律以爲治。倘國無君，法律豈能自行乎。《天主實義》理之生物辯其詳。

光先云，天爲有形之理，理爲無形之天。形極而理見焉，此天之所以即理也。

此虛誕不經語也。既云天爲有形之理，則理不能爲無形之天。又云理爲無形之天，則天非得謂有形之理。一物也，忽謂有形，忽謂無形，非自相矛盾乎。試問理有形否。謂有形，則理非爲無形之天。謂無形，則天非爲有形之理。況天亦不可謂之理。夫天自立之體也，非恃別體以爲物，理則倚賴，而託他體以爲物。是物在理先，理居物後。《詩》曰，天生蒸民，有物有則。則，乃理也。先有物而後有物之理，則天不能謂之理也，明甚。孔子謂郊祀上帝，不言祀理也。且所謂天以理理物，猶天子以法理人，豈謂天子即法乎。無人則法亦不設，無物則理亦無名也，謂天即理可乎。

光先云，天函萬事萬物，理亦函萬（載）［事］萬物。故推太極者，惟言理焉。

若是，則人有雙耳，驢亦有雙耳，可云人即驢乎。凡二物，如甲乙有一二相通之情，不可謂甲乙即是一物耳。天也理也，虛實各別焉。天以其形無物不包，理以其神無物能離，謂理與天似則可，而謂天即理可乎。

光先云，程傳乾，天也。專言之則道也。分言之，以形體謂之天，以主宰謂之帝，以功用謂之鬼神云云。

此欲誣天即上帝，而托指程傳以爲天之説者。而其妄據爲難端者有三，其一以爲一物具多情，因而得多名，非實爲二物。因其形體，故謂之天。因其主宰，故謂之帝。同一物，非有所分也。其二以爲天也上帝也，人之通稱。蓋萬物所尊者惟天，人所尊者惟帝，故又稱天又稱帝也。其三引《詩》、《書》稱天稱帝，惟此一天，非天之上，又有一帝也。今答其一曰，形體無靈之天，不能主宰萬物。既云主宰，則非形體之天矣。有形之物，皆順命而行，行必有所向，向必有所得。故有至靈至睿者，以其全知所定之秩序，爲之主宰，間引萬物各得其所。此皆非有形象之天所能致也。是則形天之外，自有一帝。不以名稱各異，或爲主或爲帝也，而本體亦異焉。答其二曰，人舉頭見天而稱帝，必也以爲天之上，有一帝主宰萬物。如見宮闕，而知其內必有一天下臣民之主，尊居九重。豈見宮闕，不知內有君乎。故見天，即知上有主宰矣。尊天者以其宇內萬形之中，位於至清至高之所，而覆蓋萬物。尊帝者，以其上下萬靈之中，居於至純至尊之美，主宰萬物。尊天尊帝之義殊異，則天也帝也，迥然各一矣。答其三曰，《詩》、《書》所歸之德於天，非形天所得擅焉。如畏天，敬天，天討，天命，天降衷下民，於形何與。形天乃無靈之體，何敬畏之有。所可敬畏者，惟因其上有純靈之妙體耳。降衷下民，即賦民以理，豈可謂蒼蒼有形象之天，自無知覺，能賦民以理乎。凡物以所自無，不能施所有者，甚明。然則，《詩》、《書》以此德歸於天與帝者，明指此形天之上，必有一至靈至純者，以其全能全知，統御乾坤，降衷下民，甚可敬可畏者也。以辭害意，善讀書者，豈謂是歟。

又 光先云，夫吾所謂功者，一言而澤被蒼生，一事而恩施萬世。若稷之播百穀，契之明人倫，大禹之平水土，周公之制禮樂，孔子之法堯舜，孟子之拒楊墨，斯救世之功也。耶穌有一於是乎，如以瘳人之病，生人之死爲功，此大幻術者之事，非主宰天地萬物者之事也。

凡互相辯理，先須明彼此所據之理是否，方始辨（拆）［析］，若不洞曉而強辨，則不免嘵嘵而滿紙鴉鳴矣。夫天主降生，其事業縱使細微，其功固無窮也。即盡天上天下衆神衆聖之功，合而爲一，較天主耶穌一靜一動之微功，亦不足以言功。緣彼由人爲有限，此由天主爲無限故。蓋論功輕重，視立功者之位之尊卑。天主至尊無對，則其所立之功，亦至弘無對，豈衆受造之物可比擬哉。但降世屬於人形，惟見其爲人，而不見其爲天主。至示其爲天主，降世救人，故行非人與神所能及之事。如死者復活，瞽者復明，巨浪雄風命息即息。種種靈異，超越人神之能力。夫播百穀，始耕鑿，明人倫，制文藝，興法度，平水土等，人力能行者之事。若只行此事，僅謂之聖人耳，豈爲天地之主乎。但耶穌救世之功，豈止生人之死，瘳人之病而已。其功在救世之人於永禍，而得天堂之永福。救衆生之罪，明人物之原始與其終向，使宗徒遍曉萬方，敬主愛人，不慾不貪，不傲不妬。種種避惡趨善之功業，令今世後世得享眞福。此等功績，邁越人力，是豈先聖後聖之可擬議也。

孟儒望《天學畧義·天地之間惟有一造物主》 統觀宇內第一大事，莫過知有一造物主而奉之。古之君子欲知造物主者，先務知人。欲知人者，先務知物。欲知物者，先務格物而窮理。蓋習格物窮理，則知物之性。知物之性，則知人之性。知人之性，則知造物主之性。蓋人乃物之終，而造物主乃人之終也。人爲物之終者，謂人靈於物，則萬物之生共向之。如天之所覆，地之所載，日月之所炤，雨露之所潤，禽獸之所養，五金之所富，五色之所悅，皆資人之用以存人類，所謂人乃物之終也。造物主爲人之終者，謂造物主更靈於人，則人宜於今之世，敬事此主。而後之世，乃享之事也者守其誡也，享也者見其無窮之妙也，此所謂造物主，乃人之終也。然則萬物各得其終，而萬物之靈者，獨不知已之有終，豈不惜哉。

又觀物生，則明物何以生。時生之也。觀時，則明時何以行，天行之也。觀天，則明天何以動，造物主動之也。非此主，天無動。非此天，時無行，非此時，物無生，則其間有爲動天行時生物之主者矣。

且觀萬物之美好，天地之美好，何以不及草木。以草木有生魂，而天地無生也。以有生較無生，則有生勝草木之美好，何以不及禽獸，以禽獸有覺魂，而草木無覺也。以有覺較無覺，則有覺勝禽獸之美好。何以不及人，以人有靈魂，而禽獸無靈也。以有靈較無靈，則有靈勝人之美好。何以不及天神，以天神爲全神之體，而人之靈魂必合於肉軀，而始全也。以

全神較連形，則全神又勝。乃因思此美好，皆有限際，則必有無限之美好，以限此有限，而宇內必有一主，遠過天神，人類，禽獸，草木，天地諸物之美好矣。故此至美好者，譬之源焉。水出於源，而源非出於他源也。萬物之美好出於此至美好，而此至美好非出於他美好也。不然，溯而上之，不及萬美好之源，其於格物窮理，相去遠矣。

又觀天覆而動無息，地載而靜無偏，日月代明而晝夜無貿理，四時錯行而寒暑無失序，四元行火氣水土結體成物，而冷熱燥濕無乖用，則知厥中有主爲之安排布置，條理咸宜，然後乃能奠天地之位，運日月之治，綜四時之變，制元行之情也。

又觀萬有。有神者如天神，有靈者如人，有覺者如禽獸，有生者如草木，有不生者如天地，然後知天神者，兼有人類之靈。人類者，兼有禽獸之覺。禽獸者，兼有草木之生。草木者，兼有不生之有。而後推而論之，知天下有一上有者，兼神靈覺生之至義。夫上有者，非無元之有，焉能造萬有，而成其性，異其用，正其終乎。此上主固萬動之所以然，衆序之則，百善之源，兆有之始，萬人之終。顧是一非二，何也。大天地於小天地無不相似，人咸知大天地兼統萬物，上有日月，下有河川，中有火氣水土。乃小天地者人也，首其天也，足其地也，眼目有似乎日月，血脈貫通，有似乎河川，熱濕冷乾，何不是四元行乎。則人謂小天地，不背於理。今推尋小天地之主非他，人之心也。人心者，終身之所主也。人之五官，皆屬於心。人之日用動靜，無不節於心。夫人之心，惟一而已，所謂人無二心是也。此小天地既惟一小主，則大天地獨有一大主甚明。此大主者，至尊至貴，無對無配，論其性最神，無形像也。論其悲其義，皆無窮極也。論其福，全備無闕。論其美好，超天地神人諸物之美好無量數倍。論其知，往者現者來者，皆其見聞所及，約之無所不知。論其能，造成天地神人萬物，而常存之，約之無所不能。論其體，未有天地之先，圓滿充塞空虛。既有天地之後，圓滿充塞天下。故謂天主在天之外，在天之中，約之無所不在，然非如物各膠於一。蓋造物者之性，與受造者之性，萬有不同之極致也。彼無限，此有限故。

又《天主耶穌第三日復活》 三日未滿，我主耶穌之靈性進塚墓，合於本軀，忽然復活。厥光勝日，厥美超繪，厥衣潔如雪，總之聖容奪人心目。即現於其聖母，次於其弟子，而言天國微妙事，吾主耶穌復活，撥開其徒之雲霧陰翳，而篤其信，使見吾主之死，信有人之性。見其復活，信有天主之性。非死何證是人，非復生何證是天主乎。難死屬於人，復生屬於天主故也。所謂復生屬於天主者，非天主之性復生，天主之性不能生死，只是吾主耶穌恃天主之全能而復生也。今細言吾主耶穌復活之義曰，夫人身之所以壞，皆繇罪起耳。吾主耶穌非有罪之影，則不壞，而復活當然之理也。且吾主耶穌之肉身，尊於天地，天地且不能壞，況其尊焉者乎。又其死雖解肉身靈魂之結，而肉身於天主嘗相合，則此至聖之身不可歸土，而又復活，又當然之理也。且吾主耶穌卓然高出於天地神人百物之上，若死而非復活，則此細巧之初，亦不久之功也。故其身於其神，復相結以成此奇異之功，而符於實理矣。且非吾主之復活，又誰信萬人之復活也哉。

或曰，人死，其身即壞。其神有功，升天堂以受賞，若有罪，落地獄以受罰。今此公復活之奇事新說，從何而據。曰，考經傳，天主先未降生，已示公復活之說於知未來者。又天主降生在世，以聖口傳之，而其宗徒紀於典冊，則諸人復活，乃不疑之理也。且天地神人百物，皆出於天主之全能，則公復活，於天主又何難焉。今且借物以明之，太陽之出入，有復活之象焉。入死也，故入於西而夜，萬物死者，夜之象也。出生也，故出於東而晝，萬物生者，晝之象也。又樹木冬月藏而枯，春月發而生，樹木之□枯者象死，人死必藏於墓。樹木之發生者象復活，人復活須發生長之效。即夫五穀子粒，與人甚相似。五穀者，種先爛而後生，則人之身雖死而壞，終有期以復活明矣。又天主於人之母胎，便造人身賦以靈性而使生，何不能從墓中俾之復活哉。

又觀世人，每以葬爲重事，遠西諸國因明復活之義，故棺有用玉石者，香木者，銀鉛者，欲其永無朽爛，存其屍骸以需復活。貴邦雖未聞復活之說，然亦知重葬禮，此乃自然而然，如望人之復活也。若夫人之死者，或投於水火，或化爲塵埃，至灰燼無存者，然其元體還歸，四行變變化化，不出天壤之間。天主向能從無中造成天地萬物，今何難取其散漫飛遊於天壤間者，聚其元體而爲人哉。

又《天主耶穌升天而坐於聖父之右》 我主耶穌復活，至第四十日午

時，自舉而升天。諸古聖人及無數天神，以躬送之，十二位宗徒及諸弟子，以目隨之。吾主耶穌至上天，坐於天主第一位之右，爲人類保主，以息其聖父之怒，免其罰而祈其恩。

或曰，天主耶穌所言所爲之事，咸有深義。第三日復活，而第四十日乃升天者何。曰，吾主欲斷諸疑之根，故不復活於三日之前，恐人疑其不死也。不即升天於四十日之前，恐人疑其不活也。又不居世於四十日之後，以明吾人本鄉不在世間，而在天上，俾吾心思天堂之妙福。且吾主耶穌爲至尊至貴，而其身爲最光最美，則不可久交於世人，而升天以交於天神及聖人，自然之理也。又倘天主耶穌未棄世，萬邦之王之民，必皆離其國家而爭赴如德亞，以睹其聖容，聆其聖言，從其聖教，而忘歸國家。如此，亦大不便於人矣。又人必皆見天主耶穌，而乃信其言，聽其命，何功之有。惟未聞吾主而信之，未見耶穌而愛之，而事之，則爲功之至也。然則吾主耶穌，必宜升天明矣。

利安當《正學鏐石・釋天主太極之辯》天學論天地未有之先，必有一大根原，大主宰，以爲萬物宗，欽而崇之曰天主。儒學論天地未有之先，亦有大根原，大主宰，以爲萬物宗，統而名之曰太極。

天學論天主者，天上眞主，主天主地，主神主人，主萬物，一切天地神人萬物，不能離之以爲主，至尊無對，故曰惟一天主。儒學論太極者，亦云無極，至中至正，至精至粹，至妙，一切天地神人萬物，咸具此極之內，至盡無加，輒曰無極而太極。

天學論天主神體，無形妙性，超然萬類之外，惟一不二。是自有者，自立者，無始者，無終者，以無所倚之謂天主。儒學論太極列在五運，初非肇始，太極之上層遞數之，則有太易，有太初，有太始，有太素，後乃質形已具，而有太極。

天學論天主靈明自立，神用無方，大智全能，造生萬有，而常宰制之，故推爲天地萬物之眞原。儒學論太極，只是一理，只是一氣，蠢冥無爲，自無心意，而能主張之，乃亦認爲天地萬物之眞原。

天學論天主含有三位，全能屬聖父，全知屬聖子，全善屬聖神，然位三體一，而惟一性一主，無有彼此先後之殊。譬有三角玉形，列之有三，渾之一玉體而已。儒學論太極先有五運，何以置太易太初等於不問，而獨標一太極以爲無極，彼前之四運從何起，從何往耶。況云太易屬氣相未分，太初屬元氣始明，太始屬氣形之端，太素屬形氣變而有質，至於太極乃始形質已具，則各有漸次，各有乘除，豈能無先後彼此之殊哉。

天學論天主無形無聲，而能施萬象有形有聲。謂天主之性最爲全盛，蓋雖未嘗截然有萬物之性，而以其精德，包含衆物之性之理，其能無不備也。儒學論太極，不過形質已具，則是有受造之能，而無創造之能也。夫無形聲者，精也上也，有形質者，粗也下也。以精上何難施於粗下，而若以粗下之質，擅精上之能，豈得有此異量乎。

天學論天主造生萬物，又復照護養育，一刻不照護，萬物即亂。一刻不養育，萬物即滅。所謂天主無所不在，無不全在，所謂誠者物之終始，不誠無物者是也。儒學既謂太極爲化之原，亦宜照護而養育之。然萬物不聞蒙照護者何功，不聞被養育者何澤，謂萬物同一太極乎，萬物各一太極乎，彼太極安在哉。以此衡萬物宗，屬天主乎，屬太極乎。

天學論天主居於靜天之上，備萬福以賞善，降萬殃以罰惡。仁慈可望，義怒可畏，永活永王，臨下有赫也。儒學論太極造於理氣之間，雖萬善亦無功而不知賞，萬惡亦無罪而不知罰。無福德之可仰，無嚴畏之可畏，冥然漠然，等於虛無而已。夫冥然漠然，視永活永王者何如，以此衡萬物宗，屬太極乎，屬天主乎。

天學專尊天主爲宗，故令人信主，望主，愛主，無不奉向一主，而欽崇於萬有之上。諸凡虛無空寂之論，一切擯爲異說。儒學既云太極爲極，是執一眞實道理以爲主宰，非空無者比矣。何不信極望極愛極，而又云天地從虛中來，虛者天地之祖，則又出入於佛老之餘誕而罔忌也。豈非自鄙其太極，自悖其太極乎。夫萬物眞原，胡容鄙，胡容悖，而苟可鄙之悖之，則非萬物之眞原矣。天主之與太極，烏可同日語哉。

又《釋天主上帝之辯》天學曰天主，儒學曰上帝，名相似也。釋是也，天主爲天上之主，上帝謂上天之帝，義相似也。然天學單揭天主爲天地神人萬物之主，猶國之有帝王，理無二上，勢無兩大者也。儒學訓郊社之禮，以事上帝，謂不言后土者，省文也。是分郊事爲上帝，社事爲后土，上帝與后土齊耦，則有二上，有兩大矣。名義俱乖，豈天主惟一之謂乎。

天學稱天主者，別其稱天爲主者也。儒學每稱上帝即天，天即心理。夫形天者，帝所處也。心理者，天所界也。三稱三義，焉容混而一之。然天地之主，或稱天者，如民稱君，借稱朝廷之謂，朝廷即君，猶天即帝廷，可相通也。乃又謂形體爲天，主宰爲帝，則是上帝以天地爲體矣。帝天渾列，厥失維均，夫豈靈明自立之天主哉。

天學稱天主無始自始，無所從生，而實爲自有，且爲萬有之元。儒學《易》曰，帝出乎震。則是天主上帝有所從生矣。夫震者，卦圖之一數，東方之一位耳。數位方圖皆由帝出，而謂帝反出乎震耶。況帝也者，非天之謂。蒼天者抱八方，何能出於一乎。意《易》所稱帝，當別有解歟，又豈可加無元而爲萬有元之天主乎。

天學所稱天主者，無上專尊之稱。儒學所稱上帝者，百神渾同之號。專尊則天無二主，主無二稱。渾同則名無定屬，易地皆然。是以天子祭天地，則以天地爲上帝。諸侯祭山川，即以山川爲上帝。大夫祭五祀，亦即以五祀爲上帝。無祭不舉，便無不呼上帝。其名褻，其位輕，其權散，其統亂矣。天主者惟一焉，爾安以無窮之上帝充之乎，推知上帝天主，當有別矣。

天學言天主，儒學言上帝，既相比倫，然與道家所塑玄帝玉皇之像不同，彼不過倶人類耳，人惡得爲天帝皇耶。設人得爲天帝皇，彼將干天主之權，則必得罪於天主矣。吾欽崇天主者，斷然攻詆而痛絕之矣。彼或冒上帝之位，亦必得罪於上帝矣。吾昭事帝者，又安能澹然而容之哉。然而天學之所禁斥，間爲儒家之所安聽，將無詩書羅列之上帝，未足與天主相方也耶。推知天主與上帝之稱，尤當考其實矣。

天學言天主，儒學言上帝，既相比倫，則天學謂天地人物自天主出，儒學亦謂天地人物自上帝出，斯合矣。乃性理諸家，率云開物之後，有天地，有人物，如此太極爲之也。并上帝一似太極之所生者，因問上帝太極，孰爲先後。如云上帝在先，則上帝爲萬物宗矣，是上帝與天主，特異以名也。倘云太極在先，而上帝處後，則不可以爲萬物之宗，恐如是之上帝，詎可擬於大原大本之天主哉。推知天主上帝之分，又不僅以名焉矣。

天學論世界窮終天主審判之期，天下凡有形之物，無不燼燬，惟諸神者，諸人類復活者，及天地與四大行，存而不滅。諸凡舊造天地人類如重新者然，莫不升天得福，備享天主萬有之永榮，此則世界雖終，而上帝永活永王，固無終矣。儒學性理又謂開物之後，人銷物盡，天地又合爲沌混者，亦太極爲之也。若然，則天地萬有倶滅，而歸於其原宗，太極并上帝，亦游於無何有之鄉矣。所謂審判生死，從彼而來者誰乎。且究其說，謂太極常常如此，不可以未判已判言，則是理氣復萌，將必復創天地，復造萬彙，而上帝又復立矣。恐如是之上帝，烏可爲福德隆盛，悠久常新，無限無量之天主乎。故勿狥其名，而求覈其實，則天學所稱之天主，與儒所稱之上帝，蓋判然不可淆矣。

又《釋天主形天之辯》 天學論天主者，天地神人萬物之總主也。而獨稱天主者，謂天者一大之義，舉大以該小也。釋此，可推天非蒼上覆之謂，正以上有眞主，人心對之，自然加肅，不敢戲渝，比之臣民望九重而叩，叩九重內有聖明，非徒叩也。儒學每言尊天事天，蓋即以天爲尊爲大，故但知事有形色之天，不復知有無形聲之主，則所謂尊而事之者，特穹窿高廣之形焉而已。何啻臣民覩宮闕而施禮，遽謂吾拜吾君也乎哉。知夫敬天地，多是叩宮闕之類也。

天學論天主，神體無形，最尊惟一。凡人舉首所見者，此有形之天，人目之所可見者也。而睎兹有形之表，推見至隱，遂知有天主，主宰其間。此無形之先天，人目之所不能見者也。儒學未察其所不能見者，而第就目之所能見，認爲至尊至神，故其解天曰，以形體謂之天，以主宰謂之帝，以至妙謂之神，以功用謂之鬼神，以性情謂之乾，其實一而已，所自而名之者異也。又云天，專言之則道也。嗚呼，天也，帝也，神也，鬼神也，乾也，道也，各名各實，惡能此紛紜哉。朱解天，謂形體爲天，性情爲乾，得於化成宰制者則有然矣。若夫主宰神妙之稱，此則天主矣，何以天爲哉。蓋天帝定於一尊，蒼蒼有形之天有九重之分析，烏得爲一尊也。天帝索之無形，又奚以形之謂乎。天之形圓也，而以九重斷焉，彼或東或西，無頭無腹無手無足，更爲有至妙之神，與其神同爲一活體耶。況形天特覆物之一大器皿耳，以其不能自爲功用，天主命以天神旋轉，造化以彰其迹。是則功用屬之鬼神，不屬天地，又安得言其功用，而混列於鬼神之類也哉。至於以天言道，與儒學亦舛，儒云有物之大，莫如天地，天地安從生道，生天地，而太極者道之全體也。既謂道生天地，而又云天即道

耶，物與道無分耶。既謂道之全體在太極，而又云專言天則道耶，天與太極無分耶。夫循其名者責其實，核其實者定其名，諸論錯陳，無有捉把，大都不知主宰謂帝，無由知各類之性理，故即一形天而莫得其據矣。以目所可見者如此，矧目之所不可見者，可得而思議之乎。

天學論天主至尊，雖高高在上，世目所不得見，然非遠而不相涉也。每見人罹疾難，仰首號呼，以望救援，夫何爲者。人心之靈，誠覺虛空內，定有一至尊臨焉，可以籲告而祈求之，此情不覺畢露耳。儒學亦言人有疾痛呼父母，有患難則呼天。呼父母者，實知有父母在也。則呼天者，寧向形色之天聊一慰遣之耶，亦必知無形先天，有吾大父母焉。孰指此形天以爲祈嚮乎，推知天主之與形天大別矣。人窮返本，臨難則激發，而居平則懵昧，奈之何哉。

天學論此形氣之天，必然有一全能者，造成形天之原主在也。惟此一主爲造者，天爲受造者，故此主無時不有，無知能德福不備，而天得依之以常存不減焉。儒學不求此物之原主，而誤認此物即爲原主，所以動輒言天足矣。《詩》、《書》所載，往往而是，不知天雖光明，亦有昧蝕，雖至廣大，亦有窮盡諸重天之上，更無天也。九重天以下，亦無天也。其體有限，其用有量，烏能與天主較德福乎。盡心之學，究於知天，苟舍此大本大原之主，誤以受造者認爲造物者，而實謂之天主。不惟不知主，并不知天矣，故不可以不辯也。

又《釋太極理氣之辯》 天學論凡物受生，必有四所以然。曰質，曰模，曰造，曰爲，無論生成造成之物，必賴四者以成，缺一不能，但造者爲者立物之外，質模即爲物體，而與物俱者也。如工匠造器，須以他物造之，迨質模已定，各成器皿，其工匠即在物體外，必不分其體以爲物也。儒者論太極，五運形質已具。既云物質，僅可稱質者模者，而不可稱造者爲者明矣。且論萬物一太極，萬物各一太極，則又分其體於萬物之中，是即爲物體，而與物俱焉。豈能立於物外，而與造之者同其作用乎。造爲均在物外，而人有分造屬物主，爲屬物用，造者居物之先，開物之始，而立物之外，爲則處物之後，渾物之中，而主於物之外者也。

天學論天地未開闢時，從地至天，純一希微之水，地居其中，水環其外。空中密霧濛濛，地面未露，天體未呈，所謂混沌洪荒是也。此即萬物之質也。惟時以希微之水，在地上者化成氣，氣之上化成火，併地水共成四行，火氣水土爲四大元行，合天爲五大有，於是萬物之體質成焉。惟此爲形物之體質，故一受形物之體模，即形物之全體，無不成焉，此形質之所由來也。據儒論上運所云太易，氣象未分，非其混沌候乎。所云太初元氣始萌，非希微成氣，而有其萌乎。所云太始氣形之端，非氣化成火，而有其形乎。所云太素形氣變而有質，非其成四元形，而爲形物之體質乎。則所云太極形質已具，又非即四行，因緣和合，萬形萬象，資之以爲體質者乎。由是推之，太極當與四行同受承天主之造無疑矣。特天主造於萬相之先，先此者無一物，後此而始分萬形萬相也。故儒云，物物各具一太極。識此故而明於此論，則形質已具，較之氣象未分相去遠矣。儒者何得云開物之前，混沌未始，渾元之如此者，太極爲之也。夫太極在後，四運在先，四運不可爲渾元。而形質在太極之後，反可爲渾元耶。豈太極渾元時，太極而無極，太極形質時，無極而太極耶。如太極亦渾元亦形質，亦形質亦渾元，則專言太極可矣，何必以太易等，錯雜其間乎。先太易等爲偏運，而太極乃正運耶。遡帝皇之統者，刪羲農而首堯舜可耶，否耶。夫形質之與混沌不能不判，太極之與太易等不容不判，又何得云以未判已判言太極者，爲不知道之言乎。儒者遇爲揄揚太極，而不知失其據矣。

天學論天地萬物，不能自然而有，必有造之之主，無容更置喙矣。然造物者，必先有其物當然之象，在明覺中，因照內心之象，然後能成其物也。如工匠造器，必先有器之象了於胸中，然後能信手造出。如無此象，便幪然不能措手矣。儒論太極，則云天之所以萬古常運，地之所以萬古常存，人物之所以萬古生生不息，非各自恁爾，俱是理主宰其中，便自然如此。蓋總天地萬物之理，至此湊合，更無去處，及散爲天地萬物，又皆併力無虧，恁地渾淪極至，故以太極名之。夫太極何物，即云是理，冥然頑然，無意無爲，聽其使然而然，又不得不然，無有靈悟，無有通達。彼未能明了天地萬物之象，何能造天地造萬物哉。況云天地萬物之理，湊合至此，而無容他生。則仍是天地萬物自然而有，初非有一理先立一處，而自能造萬物也，於太極何有哉。然則儒所謂太極造化之樞紐，品彙之根底者，當由天主所造，而建之以爲樞紐，立之以爲根底，大都如元行元質之說耳，豈謂太極能自爲樞紐根底也哉。推知造物之功，與理無與，自屬造

者之靈悟，能明理而有其功矣。

天學論物之宗品有二，有自立者，有依賴者。自立有二種。有有形而屬四行者，如金石人物之類。有無形而不屬四行者，如天神人魂之類。依賴亦有二種。有有形而賴有形者，如冷、熱、燥、濕，剛柔方圓，五色，五音，五味之類。有無形而類無形者，如五德七情之類是也。比斯二品，雖相配而行，然自立者先也，貴也。依賴者後也，賤也。依賴之情不能自立，苟無自立者以爲之託，則依賴者了無以據。儒云，太極不過一理。《詩》謂有物有則，則即理也。蓋有此物，則有此物之理。無此物之實，即無此理之實。是則理在物後，猶物之依賴者焉。自不能立，何立他物哉。如云，物先必有理存，試問初無一物之先，理在何處，依附何物者乎。倘曰，賴虛空耳。恐虛空未足賴者，理將不免於偃墮也。推知太極者理者，與物原相爲有無，無理物不成，無物理亦無著矣，豈能如在物離物，皆超然獨存獨立者哉。無名公傳曰，借爾面貌，假爾形骸，閒往閒來。夫云借，云假，太極之非眞可知，且處於閒分，自無色相自不能生色生相，而色相之來，受之不能卻也。由是觀之，太極之理之效，蓋可覩矣。

天學論天主，初闢混沌，鼓元風而生二氣。元風即元氣，二氣即陰陽。維時暗空易而天地開，日月運而晝夜作，此元氣之鼓發，固造物者之全能矣。乃儒者云，天地之先惟有一氣，自不能消滅，淸者分而爲天，濁者分而爲地，此天地之根也。是以氣爲自然而生者也。儒者又云，有太極而陰陽分，有陰陽而五行具。又云，動而生陽，靜而生陰分陰分陽，兩儀立焉。此太極之本然也，是又以氣爲生於太極者也。比而論之，二說均非也。凡有自然而生之物，必先有定其自然之性，以爲其所以然者，如火自然而熱，水自然而濕，必先有定熱濕之性者，而後水火能有此性耳。非水火能自任己意，而以爲熱濕也。水火如此則氣列行之一，諒與水火同功。苟無造之者，即氣亦無所從來，安得有自然之異能，而以其淸濁分天分地也哉。故氣者，不過造物之材料，但可爲質者模者，而不可爲造物者也。又凡物之性，其本體所未有者，必不能傳之於他物。蓋物必實有，方謂有物，如日施照，火施熱，如有財施惠，以其至足於己，故能施之於物，以爲有也。設其本原無實無有，則是並其出物者無之也。世人雖有神明，胡能以絕無有於己者，得施於有性形，以爲萬物有，爲萬物實哉。若夫太極圖解，不過取奇耦之象立言，而其象何在。象既虛象，必無動靜可求，安得一動一靜之際，即有二氣之舒歛。輒能生陰陽五行，而又憑其氣之所發，輒能造天地萬物也哉。以其絕無所有於己者，而得施於物，以爲之有，太極亦過神奇矣。蓋太極本爲質體之類，質體者，本無一之形相，能受萬形萬相，如甘受和，白受色之類，皆是爲諸形象體之質也。而必借理氣之精粗，陰陽之變化，以爲形象。所謂無意無爲，色相之來，受之不能卻，聽其使然而然，又不得不然也。何先儒皆以太極二字，爲萬類之原乎。

天學論造物眞元之主，精粹微妙，無聲無色，不落方所。寓物非物，制物非物，是其本體至神之神也，故無不體物，而彼此各異，實不同體。若儒言太極，既屬質體，則所受依賴亦質，分爲天地，散爲萬物，充滿於有形有義者而爲之骨子，即螻蟻荑稗等物，各得充足，不欠不餘，故曰可貴可賤，可約可散，道之類也。則是天地萬物，總一道體可成，無有殊異。體寄於物，不能離物而獨立，故又曰萬物一體。夫太極與物同體，是太極亦一物焉已矣。《易》言太極是物。蓋物字爲萬實總名，物之類多，而均可稱之爲物，或自立者，或依賴者，或有形者，或無形者，莫不皆然。太極即爲理氣，雖非有形之物類，亦是無形之物品，豈得不爲物乎。太極既然是物，即不得爲造物者，則其非萬類之原，益了了矣。

天學論如上太極理氣，其說畧著，而儒論紛紜，不相同一，未能縷錯，再摘二三端言之。儒云太極者，道之全體。又云道生一，一爲太極。夫道之全體，即全在太極，則言太極，可不言道矣。曷云道生一，豈非以太極生於道乎。即既道生太極，則道先而太極後，何云太極道之全體。豈生一時，道體猶偏，至太極生道體乃全。即若云道即太極，太極即是道。則太極生一，一爲太極。當無此語法耳。況云生太極，必有生之者矣，則太極非元，宜別求其生之元矣。

儒云，語道體之至極，則謂之太極。語太極之流行，則謂之道。夫道者，理者，虛字耳，太極則指道體而稱言之也，太極較實矣。萬物之理，實可包虛，虛難概實，故言太極則該道矣，言道未足以該太極也。今以流行者謂道，至極者謂太極，則當其謂道，不可謂太極矣。當其謂太極，不可謂道矣。豈非道自道，而太極自太極乎。乃又云，強有二名，初無兩體。既無兩體，烏知流行之非至極，烏知至極之非流行，而孰定其謂太極

謂道乎。況名由體立，言道則云強名曰道，言太極又云強名曰太極。太極與道，均屬強名，而其體安在。則太極也道也，其屬依賴，而非自立者，不既彰彰耶。

儒云太極者，本然之妙也。動靜者，所乘之機也。故云動而生陽，靜而生陰。則是太極能爲動靜，能生陰陽矣。儒者或云，太極非能動靜之物，隨陰陽而爲動靜耳。比之蟻附磨上，因磨動靜，以見蟻之動靜。是又以太極本無動靜，不過依附於陰陽而已。儒又云，太極乘氣，氣動則太極亦動，氣靜則太極亦靜。譬猶弩絃乘機，機動則絃發，機不動則不發。是又以太極不自爲動靜，而唯憑氣之所發動焉而已。由是論之，則太極之本然特一無化生，無運轉之物焉爾。天學儷之於質體之類，謂其借理氣之精粗，陰陽之變化，以爲形象，蓋不誣矣。

儒云，太極之有動靜，是天命之流行也。一動一靜，互爲其根命之所以流行而不已也，夫天命何解，非言上帝之命令乎，其眞元主宰不在茲乎。既曰天命，故太極本無動靜，而有其動靜，夫固有命之者矣。惟命令自天，萬化流行，於穆不已。所以一動一靜，互爲其根，命之使然而有不得不然者也。豈太極之自能爲根底哉。噫，儒者動言太極，而不悟天命之旨，迷謬眞元，雖終日言理言氣，如水掬月，如啞述夢，則亦何由以聲大道乎。

儒云太極，天地萬物自然之理，亘古亘今，顛撲不破。此誠服太極之辭也。儒者又云，論格局，則太極不如先天之大，而詳論義理，則先天不如太極之精而約。又云，合下規模，不同太極，終在先天範圍之內。又不若彼之自然，不假思慮安排也。據前論，是亘古今惟一太極之理，爲萬化宗元，無可再置一解，踰於太極之外者矣。據後論，有太極有先天，兩者相較，先天爲先，則太極爲後矣，而後豈先者之原乎。且物理之極者，能爲範圍而不受範圍，若仍存先天範圍之內，則太極可範可圍，僅爲質者模者，而非造者爲者明矣。先天處尊，太極處卑，而卑豈有加於尊者乎。即太極與先天較，已居不勝之數，況先天之先，未有始之始，無元之元尊矣。吾睎太極之説，特論其義理如此。初非有實理可依，先儒惟蔡西山有云，看一部《易》，皆是假借虛設之詞。嗚呼，苟其爲假借虛設也，則太極之爲太極，固可得而斷矣。右上數則，只就太極理氣之辯，附摘一二如此，尚有他端可參，後於各類再拈及之。

又《釋天地生物之辯》 天學論天地，不能自生自有，必有造之者，即化生天地萬物之主也。蓋有此造物之主，命其生焉，而後乃有生也。前論已明。乃儒學云，天何依，依乎地，地何附，附乎天，天地何所依附，曰自相依附。若以天地爲自生自有者，然不知凡物之生，必自無而得有，當無有絶難自有。理易知也，則當天地未有之時，且無天地，何地可依，何天可附，而輒得自相依附乎。既無依附可言，則天地非能自生也明矣。又云天依形，地附氣。此又因天積氣，地積形之説，而以形氣之有依附，見天地之有依附也。不知天固積氣也，然輕清者爲氣，重濁者獨非氣乎。地固積形也，然下墜者爲形，上浮者獨非形乎。則是天地未可以形氣判言也。形氣未判，何由測其依附乎。況天地若能自生自有，則有氣必有盛衰聚散，有形則必有堅朽存歿，天地必是一活物也。吾視天地萬古大小如一，堅固光明如一，可知天地固非活者，不活安能自生。釋此可推形氣之天地，不可以言無始，必有一無始焉者。出乎天地之元，能造成天地無疑矣。乃儒者又云，能造萬物者天地也，能造天地者太極也。夫太極無非理氣，其不能生天生地，悉如前論，無容贅陳。但天地既屬受造，必無自生之能，則亦無生物之能，又安得以受造者，而謂其能轉造萬物也哉。

天學論天地不能生物，而凡物之生必須各物之本類，自相傳生。且物生物，又不能超出己類，而别生他類矣，固有限之者也。儒謂天地之大德曰生，恆云天大生地，地廣生天，天既大生，何不再生一天，地既廣生，何不再生一地，天地不能復生天地，則知天地不能以本類自傳也明矣。既不能傳生本類，而謂能生他類乎。則古今同此天地，何以據目前所見天地，未曾有生人物，而必各出於其種類乎。乃儒者又謂，陰陽紛擾，生人物之萬殊，如麵磨相似，四邊只出，天地之氣轉，亦只管生出人物，是豈非以人物不成於種類，而成於天地耶。不知物不離類而生，如土然，但有體質，而無生活，故所生者亦止塊然堅凝之質，如金石類焉耳。草木僅有生長而無知覺，豈能生有知覺之類，如禽獸者乎。禽獸僅有知覺而無靈明，豈能生有靈明之類，如人者乎。今天地本無生長靈覺，又奚自而肇有生長靈覺之物也哉。先儒比天地於磨盤，下盤不動如地，上盤旋轉如天，此理不易。然天之旋轉，必借外有力者以運動之，固非天地之本性，能自

爲運動也。天地且無運動，則其無有化生，愈明矣。

天學論天合四元行爲五大有，論陰陽二氣與水火土等分四行之一。則天但爲助生，不直謂生。陰陽但謂資生之料，非謂能生，理甚明也。乃儒者云，天地則無勾當，只是以生物爲心。又云，萬物生長，是天地無心時。枯槁不生，是天地有心時。夫天地既無生活靈明，何心可言，而謂以生物爲心乎。且既以生物爲心，則心必常在，又安得有有心之時，有無心之時乎。儒者又云，天地之化，陰陽而已。一動一靜，一晦一朔，一往一來，一寒一暑，皆陰陽之所爲，而非有爲之者也。又云，天地如洪鑪，凡物之散，其氣遂盡，無復本原之理，造化又焉用既散之氣哉。夫天地之化，既皆陰陽所爲，則是四行之功，止憑一氣，而何須水火土之結合乎。既皆陰陽所爲，而非別有爲之者，則是物之四所以然，凡其質者模者，一聽陰陽之結攝，更無需於作者爲者矣。況陰陽變化，其氣循環不已，何爲而有氣盡之時，倘謂大鈞播物，一去便休，絶無散而復聚之氣，彼物日日生，時時生，將氣必日日散，時時散，所散之氣與物俱去，既散之氣又不復聚，則陰陽之化，日施日給者，孰停毓是乎。抑穀梁有言，獨陰不生，獨陽不生，獨天不生，三合然後生。夫獨陰獨陽不生，則知陰陽爲資生才料，必與四行相配而有成也，明矣。又獨天不生，則化育流行天下，地亦有助生之功用，而非即謂天地之生物也，又明矣。且云三合然後生，此非天有求於陰陽而陰陽應之，亦非陰陽各相求而各或應之，其合也，固有造之而使合者矣，是不爲生物之本哉。

又《釋人物造生之辯》 天學論天主開闢天地，始生二人，一男一女，男名亞當，女名厄娃。此人類之元祖也。以此男女二人配爲夫婦，令其媾合孳生，此人類之由傳也。當夫人類未生，天主先造無數萬物，備人需用，此物彙之肇始也。爲人造物，物賤而蠢，人貴而靈，此又人物之殊宗也。此造物主之全能，莫可得而量焉。儒論云太極，二五妙合，而人物生。解云，天下無性外之物，性無不在。此無極二五所以渾融無間，妙合而凝，氣聚而成形也。性爲之主，陰陽五行爲之經緯錯綜，又各以類凝聚而成形焉。是則言人物之所由生，莫不本於二五之凝合。而人物之所由分，又得二物之妙有，以參伍變化於其間也。不知陰陽二氣不能創生，悉如前論。而五行所司，要亦四元之屬，如質模者是，有何能作爲，而生有人物也哉。且云性爲之主，當思天命謂性，天下無性外之物，則天下必無天命外之性也。設曰天命，而謂二氣五行亦自有性。彼二五之性，奚來奚秉，而謂性無不在，將焉據乎。倘云此性既屬人物之性，得於天命者然也。則知人物之有生，固有造生人物之主在矣。

天學論天主造人類，造靈無質，獨由全能以無爲有，乃人上分。其造肉身，以土爲質，與造獸同，是其下分。示人宜賤形而貴神也，顧以土爲質，其造初男爲然，至造初女，則又以初男熟寐，取一脅骨化成女身，相示締結信愛，此即夫婦所由造端，而男女所由各正也。若夫造生物類，天主賦之知覺，令各能生養，各傳其類，各適其用，如是焉而已。儒論云，人物之生，莫不有太極之道焉。又云，天地之間，有理有氣，理也者，形而上之道也，生物之本也。氣也者，形而下之器也，生物之具也。是以人物之生，必稟此理，然後有性。必稟此氣，然後有形。釋此，而推人物從生，莫不有太極在其中。非謂太極自立，莫不有人物生其中也。則太極之不能生人生物，亦既斷矣。況太極不外理氣，則是理者，治物之規則，附物而顯者也。主所賦氣者，成物之材料，即物而呈者也。主所治理氣，必相依而後行，故理形而上，屬於道，是天主立之以爲生物之質也。氣形而下，屬於器，是天主施之以爲生物之具也。理既爲形上之道，必不能復形而下，道非器，則淪於無，又安得單言理，以爲有生人物之能乎。氣既爲形下之器，必不能復形而上，器非道，則滯於有，又安得單言氣，以爲有生人物之能乎。即云理氣合則一，是以人物之生，必稟此理，然後有性，是其所上達也。必稟此氣，然後有形，是其所下達也。若然，則理氣太極，不過有是形上形下之原質也。竊問無形之純神者，其不能從形之宗而成，如火非能於泉之出，從何宗來乎。儒論又云，乾男坤女，以氣化者言也。萬物化生，以形化者言也。解云，陽而健者成男，則父之道也。陰而順者成女，則母之道也。是人物之始，以氣化而生者也。氣聚成形，則形交氣感，遂以形化。而人物之生生，變化無窮矣。由此言之，是爲人物之始生，生於氣化，而男女異位，由於陽健陰順，感於氣化之異也。不思混沌之初，氣象未分，何陰何陽，何健何順，孰道宣之，孰發育之，而能自有其化乎。即謂動而生陽，靜而生陰，二氣萌矣。然獨陽不生，所云陽健成男，將無藉於陰乎。獨陰不生，所云陰順成女，將無資於陽乎。抑陰陽

相媾，二氣氤氳，別有默象乎其間者，而不必於陰陽之健順也。且人物之生生不已，因於形交氣感，遂以形化有固然者，當夫人物初生，形無所交，氣無所感，何所結聚，而竟有此氣化之奇乎。豈前此之氣，無待於形而自能化生萬物，後此之氣，苟非形感則亦無感，而無由以措其化乎。況夫氣也者，形而下也者，若專以氣化言，則形而上之理，何以置之於不問哉。倘理氣不偕行，則氣化之後，人既稟此氣而有形，何由稟此理而有性乎。於此宜知初人之身，當始造時時即成人，天主賦之靈心，以全其性。包含萬物之美，故人爲形物之最貴最靈，非若物族知覺之倫，天主賦以本性，第能生養傳類，適用而已也。然則人物所由造生，不在理氣，而在天主造物之全能，唯其所化生矣。

天學論人所從生惟造物主，其別於物與別男女，一惟主命，無或違者，理固然也。儒論云，陰陽五行，氣質交運，而人之所稟，獨得其秀，故其心爲最靈，而有以不失其性之全，所謂天地之心，人之極也。又云，形生於陰，神發於陽，五常之性感物而動，陽善陰惡，又以類分，而五性之殊散爲萬事，故其在人者，如自非聖人，全體太極，有以定之，則欲動情勝，利害相攻，又極不立，而違禽獸不遠矣。由是言之，是謂人物之生，一切本於二氣五形，雜揉於其間，第物得其蠢，人得其秀，物得其頑，人得其靈。物得其偏，人得其全也。果爾，人既得秀，得靈，得全，則其去獸禽已遠，當復人人全體太極，何以欲動情勝，利害相攻，分聖賢善惡於其中乎。不知物之萬品，各有一定之類，有屬靈者，有屬愚者，如有形者爲一類，則無形者異類也。生者爲一類，則不生者異類也。能論理者，惟人類本分，故天下萬類無與能論也。則天下萬類，無有與人類齊者。此別人於物之大致也。若夫人之一類，靈之巨，微正僻，其類甚多，智者獲靈之多，愚者獲靈之少，賢者得靈之全，不肖者得靈之偏，並爲人類也，豈謂異類者哉。惟人之中，能自立主張，而用其本有之靈，志見於事爲之際者，或有邪正得失精粗好醜之不一，此聖賢異趨，而善惡之所由各歸也。偕謂陽善陰惡咸以類分，則是善惡之一定，感於氣化之必然，豈其然乎。儒者之論善惡，男女之分也。夫乾道成男，坤道成女，謂陰陽謂男女之分可也，而因其陽善陰惡，遂謂善惡爲男女之分可乎哉。苟如所言，類而充之，形生於陰，是生於惡也。神發於陽，是發於善也。善惡又形神之分也。且動而生陽，是生善也。靜而生陰，是生惡也。善惡又動靜之分也。以斯推論，無理可據，況二氣五行，屬在氣質，原無德慝，安有善惡。矧太極之理，既爲至中正至精粹至神妙之理，當必純善無虧，至善無加，何容有善氣惡氣之殊乎。又況云男女各一其性，男女同一太極也。同一太極，而男則得太極之善，女則得太極之惡，何利於男何害於女，竟有如是分別取舍之太極哉。設果男善女惡，宜無不男男皆善，而顛悖蹶行者伊誰。又無不女女皆惡，而童貞潔修者伊誰。男女果可以善惡分也，毋怪佛氏毒唾，謂女子不克升天，必轉世化作男身，方有升天之望。吁咈哉，未必非此語爲之厲階也已。儒論又云，聖人太極之全體，一動一靜，無適非中正仁義之極，蓋不假修爲而自然者也。自非然者，修之吉則君子，悖之凶則小人也。夫儒既謂萬物各一其性，萬物一太極，豈非太極在外之內爲其本分乎。既在內分，而爲一身之主，則人俱得全體，太極以作善之本根，天下宜無一人非德純無渣者，而猶蔽於情欲，受侵於利害，則聖人所遇之太極何隆，而凡流所遭之太極何衰耶。況從古無坐致之聖人，天學中凡登聖品者，靡不由精修苦修而成，今云不假修爲，或是太極能爲神奇，先揀擇一二聖，私錫以中正仁義之美，俾立爲人極，其餘聽其修則吉，而悖則凶耶。否則聖人不概見，將無全體太極者之無人耶。抑彼制情克欲，不以利害役其心者，將不得爲聖人耶。借謂修之則吉，悖之則凶，夫果修吉而悖凶也，則其責在自立主張，於太極何與哉。雖然，修吉悖凶之說，自不可泯，但宜認造生人物之主，而知所祈嚮。吾果知此而修之，斯以爲吉矣。吾果不知此而悖之，斯以爲凶矣。若云修悖以求合於太極也，彼太極何物，豈能有吉凶之應哉。

又《釋鬼神祭祀之辯》 是以世人祈求，或祝福或免罪，必向望天主，誠無不應。而非禱爾神祇，可冀其有獲也。時人不察，妄意吉凶禍福鬼神主之，而祭祀諂瀆欲自此得之，不知獲罪於天，無從禱免，又安得有禱而應，有祈而獲之鬼神，可冀其佑我乎。夫吾儒言必稱理，論鬼神亦自有鬼神之理。鬼神之理，邪正善惡而已。豈如世間萬事之理，可以精粗大小相較衡者比哉。借曰精粗大小可言，當必神精鬼粗，則不得列鬼於神，又必神大鬼小，則不得屈神侔鬼。而吾儒動曰鬼神，烏知其孰爲鬼，孰爲神乎。烏知鬼之不冒爲神，神之不混爲鬼乎。致令鬼神之名號大不白於天

下，而人心之禱祈，因以旁雜而無所歸，坐此弊也。理云理云，鬼神云乎哉。

天學論天神，唯奉天主之命，司造化之事，而無柄世之專權，故一切祭祀用以欽崇天主，而必不可移。而以事他人他物，如臣工敬愛朝廷，以萬萬年呼之，斷不容襲其稱，而加於本國之臣宰，及異邦之敵讐者也。儒論云，鬼神自造化而言，是專言之也。主乎祭祀而言，是偏言之也。夫造化自有元尊，人心決有定向。鬼神雖職司造化，不過分攝而已，此之在位者，非彼所謀，彼之秉權者，非此所代，天下寧有專造化之鬼神哉。既無可專言之鬼神，以主造化，則亦無可偏言之鬼神，以主祭祀。借曰鬼神亦必有當祭者，必其此鬼神，知能大全，無與耦尊，人世之吉凶禍福，惟其所操，更無有司旁分者，即偏言祭祀，何不可。不然，彼衆多鬼神，其間異名異職，概以事之，則有所難。偏擇一而事之，又有所弗兼，吾欲祭祀將向何鬼神，而可容其偏狥乎。矧天主比於朝廷，鬼神例於臣僚，煌煌大祭，義切欽密，幾見對越趨蹌之班，而有儼然恭己之臣子，又安見履明標之位，而有赫然臨汝之鬼神乎哉。苟移事主之禮以事鬼神，是悖朝廷而拜禮其臣宰也，非禮之所敢出矣。微論天神奉主，弗克承祭，即傲魔欲抗主擬主，而永罰在身，決無謬於祭祀之典。彼世之貿貿焉，趨魔而諂事之，是又舍所事之君王，而臣服其寇讐，尤大謬之極者也。然則祭祀可瀆言也哉。

天學論人心莫不有向，既有向必有所向之極，如矢與的然。的其向之極也，矢其向之者也，矢或舍的而他向，是爲謬向也。顧自正傳不明，所以人之謬向多矣。或因物大而向如天地，或因物光明而向如日月，或因已死人魔托現，因爲所惑而向，如諸佛仙土神。諸如此類，引人謬向，良足嘆也。儒者論云鬼神若是無有，古人不如是求，七日戒三日齋，或求諸陽，或求諸陰，須是見得的。又如天子祭天地，定是有個天，有個地。諸侯祭境內名山大川，定是有個名山大川。大夫祭五祀，定是有個門行戶竈中霤。今廟宇有靈底，亦是山川之氣聚會處，久之被人掘鑿損壞，於是不復有靈，亦是這些過了。由是論之，天子祭天地，是以天地爲向也。諸侯祭名山大川，是以山川爲向也。大夫祭五祀，是以門行戶竈中霤爲向也。人各其向，人各其祭，豈非謬向乎。弗思天地，日月，山川等，無生覺無靈明，天地如房屋，日月如燈燭，山川如器皿，皆天主造生以給人之需用者，何足敬禮之乎。縱云天地山川定有其神，神也司守者也，而豈主之謂乎。況門行戶竈中霤，尤人之居處，出入水火日用之常，而謂此處俱有神守，豈其然哉，則祭何爲而設也。更可訝者，謂廟宇有靈，山川之氣聚然也。夫氣聚則靈，靈在山川，宜攷求其山川何神，而俎豆之，奚爲廟宇中祖佛充盈，仙神布列，悉以已死之人充之乎。蓋神則純神無形，不容詭附，而已死之人有氏族，有聲聞，可以騰其誑誕，其爲魔託現跡無疑矣。世人不察，漫謂山川靈氣聚會使然，亦遂因其神而神之，不知靈氣果聚，當無往不聚，何致掘鑿損壞，氣竟衰落，而不復靈乎。或曰，氣過不靈，則是山川之氣不能自保，祭之有何補耶。況人氣散，則人死矣，山川氣過，亦必山崩川竭矣，而胡爲不然。可知前此之靈，魔託故也，後此不靈，魔去故也，夫豈山川之氣爲之哉。釋此而知人心原有本向，心無所依不得安止。因以種種謬向失諸正鵠，寧不悲夫，此正傳所以不容已也。

天學論鬼神非氣，前說已著，故從來聞說有祭鬼神者，未聞有祭氣者，則鬼神之非氣愈明矣，乃儒者專以氣論鬼神，并祭亦似祭氣者然，故其言曰，古人祭天地山川皆立尸，誠以天地山川只是陰陽二氣，用尸要將二氣來聚這尸上，不是徒然歆享，所以用灌用燎，不知立尸以像神也。天地山川形氣之物，而無靈明之神，尸何像耶。若曰有主，天地山川之神者故像之。夫主天地山川之神，非即天地山川也，其神純神無形，何取於形尸而像之乎。且應否歆享，神弗克擅，又豈尸之所得而歆享乎。況儒云，太極生陰陽，陰陽生天地萬物，則是天地山川，無時不與二氣相包，并何待灌燎之而始出哉。又尸固人類，既得陰陽化生，應自有二氣聚於尸體，與天地山川之氣相接，又何俟二氣之來聚於尸上耶。儒者又言用牲用幣，大要盡吾心之誠敬。誠敬既盡，則天地山川之氣便自聚。夫祭貴誠敬，其必然者，但云誠敬盡而氣自聚，設有所未置將二氣立在何處，而不來聚耶。試問爲尸時，果知木偶，學得二氣來聚耶，否耶。果經灌燎便有二氣來歆耶，享耶，否耶。此不可解一也。或問祭天地山川，而用牲幣酒醴者，只是表吾心之誠耶，抑眞有氣來格耶。曰若言無物來享時，自家祭甚底，肅然在上，令人奉承敬畏是甚物。若云眞有雲車擁從而來，又甚妄誕。夫禮莫重於祠典，《中庸》云，郊社之禮，所以事上帝也。蓋云有是

天地山川之大尊，而後郊社之禮行焉。又云使天下之人齊明盛服，以承祭祀，洋洋乎如在其上，如在其左右。蓋惟此在上者，是爲天地山川之大尊。其在左右者，悉皆承行於天之百職，所以人心作肅，而精白承休，齋明盛服之不容已也。世儒類言，有其誠，斯有其神。假令迷失眞宗，不知天地山川之主，而徒祭天地山川，則雖日陳牲於庭，日灌酒於地，吾心之誠，將誰表耶。何氣之來，於誰格耶。無論氣無知覺，格所未能，氣無靈明，格亦奚爲。設謂有氣來格，然則有物來格者，氣享之耶，我所祭者，是祭氣耶。然則肅然在上者，氣在上耶。我所奉承而敬畏之者，是奉承氣，敬畏氣耶。竊恐信氣之謬，有甚於靈車擁從之爲說者矣。此不可解二也。或問，子之祭先祖，故是以氣而求。若祭其他鬼神，則如之何有來享之意否。曰，子之於祖先，固有顯然不易之理。若祭其他，亦祭其所當祭，祭如在，祭神如神在。如天子則祭天，是其當祭，亦有氣類，烏得而不來歆乎。諸侯祭社稷，亦是從氣類而祭，烏得而不來歆乎。今祭孔子必於學，其氣類亦可想，此又以氣類之相從，而徵其感召之必然也。果爾，則天子撫有天下，與天爲氣類，諸侯撫有一國，與社稷爲氣類似也。然則五祀之設，屬自大夫，則大夫將與門行戶竈中霤同一氣類者乎。又學士家祭孔子於學，從其氣類可也。今有祭仙神佛祖及已死之人，於廟宇宮院者，亦從何氣類乎。此不可解三也。或問天地山川，是有因物事則祭之，其神可致。人死氣已散，如何致之。曰，只是一氣，如子孫有個氣在此，畢竟是因何有此，其所自來。蓋自厥初生民氣化之祖，相傳到此，只是此氣。夫氣之不能化生萬物，悉如前論。而厥初生民之祖，由天主始造人類即成一男一女，立爲世人元祖。而後嗣孕繁衍，相傳以有此者也。天下生者不能傳覺，覺者不能傳靈，草木禽獸其大效睹矣。氣化何覺何靈，決不能肇生知覺靈明之人類。而謂自有生民以來，遡厥初而祖氣化，抑何謬哉。況人死氣散歸盡，神存不滅。不滅之神，各有定所，必非祭之所致耳。而散盡之氣，無復氣在，又豈祭之所能致乎。如曰子孫之與先祖一脈相通，自應一氣相感，理固然也。然厥初生民之始，生氣敷榮，猶尚不克保存，而有散盡之期，何至氣之既散，反有一種死氣，繚繞縈迴於人間，以應後世之子孫祭享耶。借云相傳不已，畢竟是氣，又何得言人死，氣已散乎。此不可解四也。或問如名山大川，能興雲致雨，何也。曰，氣之蒸成耳。又問，既有氣，則莫須有神否。曰，只氣便是神也。又問，鬼神便是此氣否。曰，又是這氣裡面神靈相似。合二說觀之，既謂氣便是神，是合神於氣之內也，神與氣爲一物也。又謂氣中神靈相似，是分氣於神之外也。神與氣又二物也，釋此而知鬼神必非氣，氣必不可爲鬼神。從來祭祀之禮，是祭鬼神，必非祭氣。種種言論，置鬼神言氣，不但不知鬼神，並不知氣矣。此不可解五也。

天學論祭禮之初，當洪水以前，上主所令與亞白爾聖人。洪水以後，又降衷於諾厄聖人，咸奉造物元尊以一所向。此外鬼神，無敢有僭越者。考諸帝典王謨，兢兢以昭事上帝爲言。其初意未盡失也，迨日久禮廢，迷謬眞宗，是以儒家議禮，制作紛紜，典故繁興，此天地山川五司之所由起也。其後益靡無物弗祭，無事弗祭，瀆亂不經甚矣，乃儒者更有一種神道設教之論，以故異端邪術，得以幻論鬼神，以驅役天下。雖前代已死之人，謬崇褒封，而附趨之，此神仙佛祖之縱橫於世，而英烈俠義之掀騰於時，不知其惑於魔誘而罔覺也。追論其故，約有五端。其一，即由上古諾厄氏有次子名岡者，生負悖父之罪，因遭主譴，以其不認父，遂使不得認天主大父。而天良昏昧，乃命其子若孫，拜求三光。此人奉物之始，時在佛前千五百餘年。其二，又有稱諸氏者，孝父而過於禮，父死造像，命所屬拜之。相延日久，乃遂奉之爲主，而眞主反失矣，時在佛前千餘年。其三，緣後世人懷念古初聖賢有大功德於民，亦遂移事主之禮事之。其四，係人傲妄，自立一教，誑人歸附，如釋迦氏，明是一人，乃令生父反行禮拜，滅倫大逆，永罰奚逃。其五即邪神是也。凡前四，故魔皆與力，蓋魔自陋惡，不能引人認己拜己而背主，則別設一計，引人拜他物，他人因以背主。緣此人心向往，習久成俗，遂有焚禱像下陳牲故供，以祈福佑。故魔邪鬼幻潛彼像之中，得以使迷誑，誘以增其愚。及爲之指正，而大惑不破，且曰，天主尊如朝廷，烏知一切神佛，非其宰官，非其所遣使者乎。不知神佛爲天主所遣使，當自己先尊事天主，亦令他人同事天主。今敢以眇眇之躬，於誇傲睨，肆然比附於天主之尊，則非天主之使令者甚明矣。地上之民，不可妄比於地上之君，而可同天上之主乎。況天主所差之天神，心純一忠敬天主，假令敢自擅受祈謝之禮，以專禍福之權者，決非天神。且天主所生無數天神，其名號品級，世人罕識。

如今神佛，大率是遠古之人亦有不知來歷，妄自設立，加其名號，推尊爲主。然官不出於朝廷，便是僞官。神不出於天主，便是邪神，或邪神所詭託以誘人者，烏容禮事之哉。夫非鬼而祭謂之諂，敬鬼而遠謂之智。吾儒世教民風之責者，宜以智令，抑以諂遵耶。愚謂釐定祀典，祗定一尊，在今日當亟講求矣。

又《天儒印》《大學》云，在明明德。註云，明德者，人之所得乎天而虛靈不昧，蓋言吾人之靈明，不能自有，而爲天主所畀也。明者，言當用吾明悟之推測，洞見本明之眞源，以充全其初。則可以因固然而得其所以然，因萬有而得夫萬有之所從有也。

《大學》云，在親民。親之一字，甚切於天學愛人如己之旨也。註釋作新，新者，但指有舊染之污而去之，此義包於親內，則親足兼新，而新不足以兼親也，仍舊文自合。

《大學》云，在止於至善。超性學論，惟天主可云至善，則至善即天主也。其曰止於至善者，謂得見天主之至善，而息止安所也。夫止者，吾人之向終也。故曰，知止而後有定。蓋既知吾人究竟，即當止向天主，則定而靜，而安而慮矣。慮而後能得者，謂於目前而能豫籌身後之圖，則有備無患，自得所止也。凡失天主爲永禍，得天主爲永福。得即得至善，永福之天主也。

《大學》云物有本末，事有終始。本即《中庸》所云立天下之大本。本字，其謂本者，又即所云誠者自成，而道自道之義。蓋未有天地之先，自立常在者之體，所謂本也。而使物有宗類殊獨依者，所謂末也。其云終始，亦即誠者，物之終始之謂。蓋造天地萬物爲之發端，而爲之歸結者，天學《聖經》載天地大盡時，宇宙灰劫，是時天主審判生死。惟此無始無終之主，能終始萬物，所謂事有終始也。夫事物之主宰，惟此一主，先先而無元，後後而妙有，精理奧藴，至道存焉。人能識認眞主，以致其知，則先後了悟，而本末終始，罔不洞徹，不其近道乎。倘迷謬，不知根源一失，事事物物履錯紛如。故又曰，其本亂而末治者否矣。

又《中庸》云，天命之謂性，此天字，與本章天地位焉之天不同，彼指蒼蒼者言，此指無形之天，即天主是也。所謂性者，言天主生成萬物，各賦以所當有之性。如草木則賦之以生性，禽獸則賦之以覺且生之性，人類則賦之以靈而且覺生之性焉。天主初命人性時，即以十誡道理銘刻人之性中，而人各有生之初，莫不各有當然之則，所謂性教也。以故趨善避惡，不慮而知，豈非秉異同然哉。人能率循性教，可無違道之譏，奈性久淪晦，人難率循。於是又有書教，以十誡規條刊列於石，令中古聖人以宣示之。俾人率性而行，遵如大路，所謂道也。迨世風日下，人欲橫流，書教又不足以勝之，及至天主降生贖世，親立身教，闡揚大道，普拯羣生，使天下人皆得性教原本，而教術始咸正無缺矣。夫合性書二教而爲身教，此屬吾主寵教恩施於此尤摯，迄今聖教彰明，天命實式臨之，敢曰不欽若承之哉。

《中庸》云，及其至也，雖聖人亦有所不知焉。蓋言惟天主則無所不知也。又云，及其至也，雖聖人亦有所不能焉。蓋言惟天主則無所不能也。又云，鳶飛戾天，魚躍於淵，言其上下察也。天淵魚鳥，何一非造物主之化生，所充貫乎。上下察者，非以明天主無所不在之義乎。

又《中庸》云，惟天下至誠，爲能盡其性。所謂至誠，即天主也。蓋金石無生，草木無覺，禽獸無靈，人類無全神體，天神無最純之神體，故就其本性，雖各圖滿，然終屬有限，不可謂之盡。惟天主則全能全知全善，本性充然盡足。且也生人，則賦以靈兼生覺之性，而人性無不全焉。生物則賦草木以生性，賦禽獸以覺且生之性，而物性無不全焉。生天地則賦天地以化育之功用，而其所以化育者，寔由天主默相乎其間，所謂贊天地之化育也。然化育所以然之妙，精深莫測，人第就諸天之運動，大地之發生一想像之，孰主張是，孰安排是，必有立乎天地之先而宰制之者，從此由見窺隱，由顯察微，則有以得其故矣。故曰，則可與天地參矣。

《中庸》云，至誠之道，可以前知。天下一切未來之事，雖神人不能預測，惟無所不知之天主能知之耳，即天學中諸聖人，亦多有前知者，然非本力所能，咸由天主默啓而得之。況至誠曰道，乃可前知。今人奈何以推筭占卜之僞術，而求駕於上主之智能乎，亦誕妄極矣。

《中庸》云，誠者自成也，而道自道也。萬物不能自成，俱受成於天主，惟天主則靈明自立，而不受成於萬物，故曰自成。天主凡所行爲，皆由本性之欲而行其所欲行，絕無有引於先，而能導之者，亦無有從於後，而能踐之者，故曰自道。凡物有有始有終者，有有始無終者，惟天主無始

無終，無始是以能始物而爲物之始，無終是以能終物而爲物之終，故曰誠者物之終始。若非天主授物以有，則物豈能自有哉。故曰，不誠無物誠之爲貴者，言君子惟尊貴此誠，即天學欽崇一天主於萬有之上之意也。天主爲萬物從生之大原，既生之後，復無物不保存照護之。故曰，誠者非自成己而已也，所以成物也。天主萬德悉備，咸具微妙靈明之性。故曰，成己仁也，成物智也，性之德也。天主既生萬有於外，視未生萬有所内含之元則無以異，故曰合外内之道也。迨乎造物之時既至，則無形與有形咸造，而物物各予以當然之宜，故曰時措之宜也。

《中庸》云，天地之道，可一言而盡，其爲物不貳，則其生物不測夫天地特一物也。曰天曰地，已二之矣，曷云不貳。蓋言惟一主宰化生天地萬物云爾，非人所可思議也。故不言天地爲物不貳，生物不測，而言天地之道，其爲物不貳，其生物不測，兩其字，明指出天主矣。悟及此，則天地之道豈不可一言盡乎。

《中庸》云，維天之命，於穆不已。蓋曰天之所以爲天也。今人誤認形天，輒施崇奉，不知形天，特覆物之一大器具也。固有所以爲天者存所以爲天者，非即天主乎。否則，維天之命，於穆不已，豈形天之所有哉。

《中庸》云，大哉聖人之道，洋洋乎，發育萬物，峻極於天。洋洋云者，言天主之全能，無不充滿，而萬物因之以發育也。天主雖無所不在，而靜天之上，尤爲發現之所。且此天爲萬物之界，此外則無物矣，故曰峻極於天。然何以曰聖人之道。蓋聖人奉此，以爲行路之準也。

《中庸》云，萬物並育而不相害，道並行而不相悖。小德川流，大德敦化。此天地之所以爲大也。並育矣而不相害，孰使之不相害乎。並行矣而不相悖，孰使之不相悖乎。必有所以然者以宰制之，故物物各有私所以然，是爲小德之川流。而又有一總所以然，是爲大德之敦化。此乃天地之所以爲大，所以爲大者是即天主耳。

《中庸》云，惟天下至誠，爲能經綸天下之大經。所云能者，言惟天主有此力量也。大經者，天地神人萬物之秩序也。經者，言限定各物之全性，而使之同一宗類也。綸者，言各類分界之，而使之成特一，因以共成某類也。又云，立天下之大本。本者，所以然之謂也。凡物有三所以然，曰私所以然，曰公所以然，曰至公所以然。如父母爲人之私所以然，主宰一家者也。如君王爲人之公所以然，主宰一國者也。二者名曰小本。天主爲萬有之至公所以然，名曰大本，是人類之大父，乾坤之共君，主宰天地萬物者也。蓋天地萬物咸因此而生，如草木之有根也，豈非立天下之大本乎。又云，知天地之化育，凡格物窮理者，皆知其妙，而究莫知其所以妙。惟生天地者，始洞徹其情。知者有生養保存之義，如今知府、知縣之知，非徒知之，實主之也。凡受造之物，不論有形無形，皆有自立依賴二者。惟天主則至純，神自立，絶無依賴，故曰夫焉有所倚。

《中庸》云，肫肫其仁，淵淵其淵，浩浩其天。天主生天以覆人，生地以載人，生萬物以養人。其於人之有罪應罰者，亦不遽加，而俟其痛悔遷改。雖不廢至正至嚴之義，然正義之責，終不踰其慈愛之錫，非肫肫其仁乎。此雖不言降生代贖，而已若爲降生代贖，示其意也者。天主妙有美好，深微無極，非神人識量所能盡識，故以受造之美好，與天主之原美好較，猶大海之一滴而已，非淵淵其淵乎。九重天之上，别有永靜天，爲萬福之所，此天爲天主發現及諸天神，諸聖人受眞福之處，廣大無比。以永靜天，視九重天以下之世界，正猶以世界視母腹中也，非浩浩其天乎。

徐光啓《造物主垂象畧説》 造物主者，西國所稱陡斯，此中譯爲天主，是當初生天生地，生神生人，生物的一箇大主宰。且道天主爲甚麼生天，天有兩件，一件是我們看得見，上邊有日月星辰的天，造這天與我們做蓋覆，造這日月星辰與我們做照光。此乃是有形的天。爲我們造的一件是我們如今看不見的，叫做天堂，乃是天神及諸神聖見天主，享受無量無限的年正福樂的居處，我們做好人爲天主所愛，後來命終，身形歸土，其靈魂亦得居於天堂，與天主神聖一同享受無邊無量，永遠眞正福樂也。這就是如今看不見的天，是我們做好人纔上得去的。再説天主爲甚麼生地。地有兩件，一件是我們看得見，上邊有山川人物的地，造這地來乘載我們，造這萬物來養育我們，此乃是看得見的地。爲我們造的一件是我們如今看不見的，叫做地獄，乃是邪魔惡鬼，及諸惡人受無量無限之年苦難的居處，我們做不好人，得罪於天主，後來命終，靈魂亦要墮入地獄，爲魔鬼所苦，與他同受無量無窮，永遠眞正苦惱也。這就是如今看不見的地，是我們做了不好人，定要下去的。再説天主爲甚麼生神。當初造天地的時，再造出許多神，用他奉事天主，聽候使令，守護人類，扶植萬物。這

神至靈亦純，是神體無有形質，神數極大，總分作九品。天主造成了這許多神，其大半誠心奉敬，曲服於天主，謝造他的恩，故天主賜之入天堂，永遠受眞福樂。我們在世賴他扶持，如今作好人，死後與他同住天堂受福，這善神就是如今衆人說的天神。衆神中有一個最尊貴名曰露際弗爾，天主賜他大力量大才能，他見這力量才能便驕傲起來，要似像天主一般。九品裡邊，有許多神亂從露際弗爾傲心與他背天主所以天主同罰他下地獄，受無量無窮永遠眞正苦惱。這神獨爲惡不爲善，常受苦，無福樂，這是衆人說的邪魔惡鬼。天主容他在此世界，陰誘世人的心，一則以煉善人的過失，增善人的功德。一則以罰惡人的罪，使改惡遷善。人不識認天主，不能力行善道，便要被他哄誘了去，做許多惡事，死後便與他同在地獄受苦也。再說天主爲甚麼生人。生人的意思，與生天神的意思一般也。只要我們奉事天主，便立功德，得升天堂受福。後來我們不肯純一爲善，就分了兩箇路頭，一路是善，一路是惡。世界上又有三件甚能哄誘我們爲惡，叫做三仇。第一仇是肉身。我身上的耳目口鼻四肢，要被這些聲色香味安佚等件引誘去，便爲惡。第二仇是世俗。外邊這些風俗習慣的事，人情大家喜歡的事，把箇人埋沒在裡頭，難跳出去，便爲惡。第三仇是魔鬼。他的計較又多，或把肉身世俗上的情欲引誘人，或把功名富貴引誘人，或把陰陽術數詭說先知，謂可趨吉避凶引誘人，或造假經假像，說道祭祀他，奉承他，便可求福免禍，引誘人，人纔中了他的計較，便爲惡。有此三仇，所以我們爲惡最易，爲善最難也。世人亦大概都被三仇引去，入了地獄，豈不辜負了天主生人的聖意。所以古時天主降下十戒來使人遵守，使人不被這三仇引誘去。若人眞能守定十戒，無所干犯者，必定不被三仇引去，必定可升天堂，免墮地獄也。那十戒在《天主教要》上只說得箇題目，中間還有道理要曉得，畢竟要與傳教的仔細講解，方得明白，方能遵守。古時天主雖然降下十戒，有許多聖賢講解，勸人遵守。却因這聖賢都是人，他沒有力量赦免得天下萬世的罪過。到這聖賢自家身上曾有的罪過，更不是自家赦免得的。所以天主自家降生爲人，傳受大道，把自家身子贖了天下萬世人的罪過，然後人得升於天堂，其改惡爲善免於地獄都不難。天主降生於一千六百一十五年之前，歲次庚申，當漢哀帝元壽二年，名曰耶穌，解曰救世者，上邊供敬的正是耶穌聖像也。降生爲人三十三年，在世親傳經典，揀選宗徒十二人，顯出許多聖蹟，都在天主經典上，一時說不盡。及至後來，功願完滿，白日升於天堂，遺下教規，令十二宗徒遍行於世。教人知道天地間只有一造物眞主，至大至尊，生養人類，主宰天下，今世後世賞善罰惡，乃人所當奉事拜祭的，其餘神佛天地日月衆星都是天主生出來的，不能爲人的眞主，不當拜祭。又教人知道人的靈魂常在不滅，今世當守十戒，爲善去惡，雖曾犯有過失，如今聞了耶穌的聖教，從了耶穌的遺言，誦了耶穌的經典，却把從前的罪過悉祈天主赦免。立意赦免之後，必常守十戒，遵行不犯。命終之後，其靈魂必得升天堂，不墮地獄也。這十二宗徒散布天下，傳教於萬國，自近及遠，到今一千六百餘年，天下許多國土。但是耶穌聖教人行的其國中，君臣士庶，老幼男女，一心爲善者多其地方，永遠昇平和睦，所以人人得安意爲善。其中讀書學道的一心要推廣天主聖教，使萬國萬世，人人得升天堂，所以發心輕世願，離了本鄉，勸化遠方，這是何意。一則爲天主宣傳聖教，是於天主位下立了功勳。一則天下人同爲天主所生，就是骨肉一般，勸得人識天主，改惡爲善，以免地獄升天堂，是又有益於人。所以雖出海外百千萬里，亦所不辭，所以雖遭了風波虎狼蠻夷盜賊之災，亦所不避也。說有天堂地獄雖然未見，却是實理。且看古今善人爲善，惡人爲惡，世間何曾報得他盡。若非死後天主報他，豈不枉了善人，便宜了惡人。所以說天堂地獄不是虛無玄遠的，今雖不見，待我們見時，又翻悔不轉了。所以要及今翻悔轉來，只要眞天主自然赦罪賜福。不要說如今，就是臨終時一刻，聽從了天主的教法，也還翻悔得轉來，直到氣盡了罷了，萬萬無及矣。天主教中說箇爲善去惡，都要遵依了十戒，從自己身心上實實做出來方是。說箇改過悔罪，都要將自從來過失，眞心實意痛悔力除，後來不敢再犯方是。若不是這等的眞實，今世必定要被三仇引誘，後世必定下地獄，不得升天。天主豈是欺瞞得的，天堂豈是僥倖到得，地獄豈是僥倖免得的。如今釋道家要人施舍些錢財，備辦些齋飯，燒化些紙張，便是功果，便要升天堂脫地獄，此必無之理也。恐見者不察，謂天主聖像與釋道二家的像一般，故略說其理如此。若要明白，還須細細講解，茲不能盡述。

李之藻《刻聖水紀言序》 西賢入中國三十餘年，於吾中國人利名婚宦事，一塵不染，三十餘年如一日。其儕十許人，學問品格如一人。譬則

儀鳳遊麟，不必產自花囿，偶爾來賓，斯亦聖朝之瑞也。其教專事天主，即吾儒知天事天事上帝之說，不曰帝曰主者，譯語質朱子曰，帝者天之主宰，以其爲生天生地生萬物之主也，故名之主則更切。而極其義，則吾六合萬國人之一大父母也，我有父母，可不愛不敬事乎。我則人人有大父母，又可不愛不敬事乎哉。由生身之父母，悟及生天生地生萬物之父母，而中間一邑一郡一國之父母，以至華夷共主之父母，可知義同迯雨，無之非是，總之尊則統卑，其大較然也。明乎天主之義，而訓孝勸忠於是爲大矣。識洞乎一本，愛徹乎一體。一切利名俗念，尚從何處安着。即欲不愛親愛君，及推君父之心以愛民也，而忍乎，而敢乎。或疑西賢何爲辭父母別鄉井，梯航八萬里而來，絕生人不能絕之慾，受人生不肯受之苦，其或有僞焉，抑別有求也，而皆不然。夫僞未有三十餘年不敗者也，即平生奸僞，至死亦見眞性。今化者數人矣，其死也，皆有以異乎。人之死者也，謂有求與，求明乎天主之教，俾人遷善遠罪，相與善其生，因善其死而已。其諸異乎人之求之與，其緒言所及，水法算法曆法，種種具大學問，吾輩隨求隨答，不吝不驕，相與受大利益，顧吾中國人未有副其求者。獨我聖天子柔遠嘉善，館之司賓，生有餼而歿有卹，帡幪無外，風厲將新，賓至忘歸，報恩自矢。彼將闡繹圖書，以佐同文盛治。或於聖神。廣運之化，有所裨益，而未可計之旦夕。人有恆言，道之大原出於天。如西賢之道，擬之釋老則大異，質之堯舜周孔之訓則畧同。其爲釋老也者，與百家九流並存，未妨吾中國之大。其爲堯舜周孔之學也者，則六經中言天言上帝者不少，一一參合，何處可置疑關。以彼眞實，配吾中國之禮樂文章，庸詎不鼓吹麻明，輝映萬禩，令必局壇宇以示遠人，上無以昭宣德意，又令後世追慕，有麟見不時之嗟，則吾儕當執其咎，故樂爲表章之。所著述如實義，畸人，二十五言，七克，幾何，天問，表度諸編，不下三十餘卷，奧衍人鮮卒讀。偶得吾鄉楊觀察聖水紀言，是其坐間酬客語，然淺顯有可味者刻之，以代口答，抑亦廣緇衣之好爾云。

楊廷筠《天釋明辨·世尊》 問世尊如何，曰釋氏世尊，似竊天主首條云，欽崇一天主萬物之上也，而實不同。夫有物必有主統於一尊，一家有一家之尊，一國有一國之尊，天下有天下之尊，等而上之，又有上天下地神鬼人物之尊。推而至於古往今來，無盡無窮，必有古往今來無盡無窮之尊。吾雖不能定其何名，以理推測，決有一位至尊不可加尙者爲之主宰，此人心所共明也。釋氏曰，佛爲世尊，在三千大千世界之外，其尊無比。天教曰陡斯，即宇宙眞宰，在天地神鬼人物之上，其尊無比。二家相爲角立，幾於聚訟。奉佛教者極言佛道之廣大，陡斯且失其尊。奉天教者極言陡斯之全能，佛乘又失其據，然則烏乎定之。世間稱尊，不過二端，非屬名分，即屬道德，匪是二者莫與焉。名分道德兼，則舉世尊之，兼而造其極，舉世共尊之。此正宜有一，不得有兩也。故曰天無二日，民無二王，家無二宗子，凡紛然雜出，皆亂道也。今難以口舌辯，即就人所自明，平心而論，莫大於天地，是天地從何來，必有生天生地者在。莫衆於人物，是人物從何來，必有生人生物者在。莫靈於神鬼，是神鬼從何來，必有生神生鬼者在。有如是能，方謂全能，能如此全，方謂共主。舉世間名分之尊，道德之尊，無得而踰焉。誰足以當之，道家曰天尊，似乎近之。然老聃亦人耳，而躋之天尊，則不倫矣。佛氏之爲世尊，吾不能知，謂其生天地乎，生神鬼乎，生人物乎。不聞內典中有此說也。既與天地神鬼人物了不干涉，無甚功德，不知佛氏之尊尊過陡斯，其實安在。謂佛是性耶，性則天賦不能自造，則有大靈明者而後此性因之而顯，故《中庸》曰，天命之謂性。性胡足以當尊，謂佛是盡性者耶。盡性必須人類自應受命於帝，不應越上帝而自爲尊也。謂佛以性理教人，扶持宇宙，功德甚大耶。此益屬人事，從古開天帝王，名世聖賢，如此多矣，未聞有尊羲農堯舜等爲天地萬物之主也。況古時無佛，世不加亂。今世有佛，世不加治。宇宙成毀，何關於佛。乃舉世信之尊之，至無以並，眞不可解，祗因佛氏之徒推崇其教，過分讚揚，雖以古今極尊之天帝，反抑而居其下。設之爲像，筆之於書，又嚴其不信佛經謗毀佛法之罪。人有賢愚，位有貴賤，其畏死怖罪之心同也。故聞不經之言，心雖不然不敢疑辯，羣然影附，遂奉爲法寶，凜爲功令，似謂至是無非，靡過佛乘矣。獨西來諸儒不畏死，不懼禍，直以理爲衡，心爲鑑，身歷目覽爲繩尺，能疑能辯，不復含糊，於是是非眞僞，毫不能遯。何以言之，夫仰而見天之動，俯而見地之靜，中而見人物之並育並行，幽而見鬼神之體物不遺，此實理也心所明也。天何以能動，地何以能靜，人物何以並育並行，鬼神何以體物不遺，必有主命存乎其間。設無主宰，必且錯亂斷滅，造化或幾乎息。此實理也心所明

也。聖人時人之耳目也，義理皆取決焉。自有書契以來，立教聖賢必令人敬天畏天，如曰天命，曰皇降，斷斷乎定有所指。孔子曰，郊社之禮，所以事上帝也。此上帝以其至尊無偶，故謂之上，原與陡斯尊稱，理大懸合。此實理也，心所同也。此心之同，南海北海東海西海不得有異，故此心之同，儒墨佛老，智愚賢不肖，安得有殊，是故定尊於一，方是正理。紛然雜出，究必爲邪。如云中國有二天子，必是亂臣。生身有二父母，必是賊子。此天理民彝大緊關處，何可無辯。或曰敬天子者，不敬公卿大夫乎。愛父母者，不愛伯叔兄弟乎。既敬天主，即敬佛何妨。曰，子之視佛果是公卿大夫，伯叔兄弟乎。佛以上天下地，惟我爲尊，謂之世尊，創爲梵天帝釋之像，拱立其傍與之摩頂受記。是其意，非但不臣天子，反欲以己爲天子之天子，而令天子臣之。非但不事父母，反欲以己爲父母之父母，而令父母事之。則將謂佛爲天主之公卿大夫，抑亂臣乎。將謂佛爲天主之伯叔兄弟，抑賊子乎。是故天教於人無所不愛，雖至罪人乞丐，猶不敢侮。獨語及此事，則必直窮到底，明知與世乖忤，不敢含糊遷就。夫豈好辯哉，大不得已也。

又《無量壽》 問無量壽如何。曰佛言無量壽，似本天主無始無終言也，而實不同。夫天主生物各有本壽，壽最短者，爲有始有終，草木禽獸魚蟲，人之肉軀，皆藉四元行，偏則爭，絕則死是也。壽最長者，爲有始無終十一重天體，日月星辰，水火土氣，天神魔鬼，人之靈魂，皆天主自造，不藉四元行。一成無壞是也。是可言無量矣，然猶有始，則不得云無量。惟天主則超然獨存，無始無終，化成天地，爲天地之主，長養人物，爲人物之主，役使神鬼，爲神鬼之主。天地人物神鬼未有，天主已先有，推之不見其始。天地人物神鬼可滅，天主不可滅，推之不見其終。乃可言無量壽乎。佛氏之壽，吾不知如何。佛猶是人，人即四元行會合，不過百年，無有不壞。佛或非人，疑指爲性，性不能自立，屬於人爲人性，屬於物爲物性，屬於天地鬼神爲天地鬼神性，俱天主以後所生，佛既是人，其所有者即是人性，欲與天主比壽，何異莛之與楹，卷石之與太山乎。

又《大神通》 問大神通如何。曰釋氏大神通，似竊天教天主有全能言也，而實不同。夫佛法初來，繇漢明使蔡諳等十三人往西域取經歸，而以四十二章經奏之。雖語多附會，未敢放言高論，第令人忍辱克己，作實修行事，未嘗有他奇也。後來朝廷宗室大臣百官翕然從風，意謂卑之無甚高論，何以示尊，何以聳世。於是種種神奇，日積月增，事難枚舉，如云白毫宛轉五須彌，紺目澄清四大海，空中化佛無數億，化菩薩衆億無邊，四十八願度衆生，九品咸令登彼岸。此放言高論始作俑者也，《華嚴》、《金剛》世謂大乘法寶，觀音普門品，世謂度世津梁。試摘其語，殊可揶揄。經言佛以大威神力，能舉恆沙世界。彈指見前，總攝十方。諸佛菩薩悉入眉間白毫光中，無剩無餘，嘗於維摩丈室，致八萬四千獅子寶座，高廣各幾千繇旬，愁能容受。佛告須菩提，盡四方世界滿貯黃金，以充布施，不如經中持誦四句，功德勝彼。而念彼觀音力，求無不遂，害無不避。如此神通，種種絕倒，作是經者文人戲筆，取快一時，不以爲異。豈知癡人之前，不可說夢。稺子嘗眎無誑，今之僧俗，能知夢知誑有幾人哉。習其誕語遂謂上天下地大有神通，能救拔一切，惟佛獨也。故雖聖人有名教，名教亦不畏之，天子有王法，王法亦不畏之。即從古以來，聖王教人尊天順命，亦視爲蒼茫渺忽，通不畏之。舉世所尊，惟知有佛而已。假令有人自言，吾能挾太山，超北海，鞭霆駕霧，粉碎虛空，亦必試之，使吾親見。若不必實有其事，止據大言，一心信順，恐世間□此痴人也。問曰，子謂天主有全能，於何見之。曰，廣矣大矣，不容聲說矣，姑言其顯著者。日之麗天光炤下土，萬物生意皆取給焉。一晝一夜，不爽其候，孰使之然。月星暎日以昭其度，各有所司，各有所攝，化生萬物，孰使之然。風雷雲電，雨露霜雪，倏有倏無，四時密移，萬載無改，孰使之然。四行無知之物，相生相滅，自爲消長，一物離卻不得，孰使之然。峙而爲山，禽獸草木居之。流而爲川，蛇龍魚鱉居之。平土而爲疆域，人民靈秀居之。其間各正性命，保合太和，傳生別類，靈蠢各得，孰使之然。是即不言神通，而全能如此，不謂之神通不可。佛於是數者有一乎。且吾再問，子有耳目口鼻四肢，則必日有所需於世。凡天地間五色燦然供吾目者，繇天繇佛。曰，天之能五聲琅然供吾耳者，繇天繇佛。曰天之能五香郁然供吾鼻者，繇天繇佛。曰天之能五味充然供吾口者，繇天繇佛。曰天之能萬用雜然供吾體觸者，繇天繇佛。曰天之能。曰然則子已知天主有全能，佛不與其事。子之明已過我矣，何必更爲之說乎。大抵論道者，當先明天人之撰。天之與人，如霄之與壤，大海之與一沙，其分量懸絕，不可

筭數。聖人教人事天，畏天，只通其理焉耳。若謂人之力量可與天主並，而造化生心，宇宙在手，此後人爽口驚俗之窾語，不思而發，害道傷理，莫此爲甚。何以明之，宇宙間惟天神力量最大，司天者能運天體之大，司地者能奠地域之大，故主動主靜，惟其摶埦。如上所言日月星辰，風雲雷雨，山川草木，禽獸人類，種種化工，不可思議，不可測識，皆天神司之，寔天主命之矣。天主無命，天神且不克效其能，則世間百神衆職，無一不係能於天主之命可知矣。若夫人道其分量藐小，只可盡人之事，因天贊天，因地贊地，就造化生成後而裁成之，輔相之，不能化無爲有，變毁爲成。即如神農之嘗藥，燧人之鑽木，黄帝之支干，虞帝之璣衡，羲和之若時，稷之播穀，契之明倫，皆天主已啓其事，聖人因而相成之。而其能相成之聰明才力，又皆天主所與，且命天神陰隲默佑。所以古來聖賢功德愈高，持念愈虛，舉而歸之於天，奉天享帝，極其隆重，一切典禮謂之天敘天秩，賞罰謂之天命天討，官職謂之天工帝載，一毫不敢專焉。自非然者，聖王不能以己意命空中雨一粟，地上長一毛，體間迸一錢也。聖王且然，何况凡人。且人之力量可以挽回造化，則堯水湯旱，孔厄顏夭，挽回之實又安在乎。聖言既遠，異學繁興，於是畏敬之事徵，而無忌憚之風長，然蒙莊禦寇之流，不過滅裂仁義，誹毁先聖而已，從未有卑視天道，藐忽上帝，謂彼尚在輪迴之内，已獨超三界，越三千大千，而迥出其外。若今之談佛佞佛，放蕩無忌者也。或者又曰，神通非佛法所貴也。予則曰，既非所貴，即不宜列之於經，試問以上諸欵，是否大乘寶經所載，釋流至心歸命，篤信不疑者否。不貴神通，又《大藏》何函中，載有此語，而變爲此説乎。本以神通廣大，恢張其教，復以不貴神通閃避其譏，舍曰欲之而必爲之辭，轉换支吾，如見肺肝矣。夫謂天主能主世界，寔徵其理，明有其事，如父母實主一家，能處分一家之事。君長實主一國，能處分一國之事。此眞理也。謂佛氏大有神通，自言自證，無一實際，如畫師不圖人物，只圖鬼怪。《西遊記》摹寫悟空極其神異，此窾言也。明者講辯之。

又《佛化身》　問佛化身如何。曰釋氏佛化身似本天教耶穌降生言也，而實不同。夫降生之事原難理辨，釋教天教難以私見定其眞訛，惟二端並陳使人自擇，當有取裁焉。釋言佛雖暫居人世，實古佛轉身。雖生今世，寔累前劫已有，使人以是人非人疑之。夫六合之外聖人有所不能知，今且超天地，歷累劫，而盡窮其來踪寄跡，吾不識何人有此能，何人有此考驗也。須佛是一人，考驗又是一人，方可憑信。若自言而自證之，吾未敢以爲然也。或云若然，則耶穌降生亦無明證，將於何信之。曰，是大不然。觀時行物生，則知天中有主，《聖經》明言之，天教詳載之。即吾人自有明德，不讀一書，不識一字者，亦必知之，不必覼縷。天既有主，爲我人類造許大世界，必非無思無爲，混沌一氣，聽其自然流行，即有錯亂斷滅不顧也。其理亦明，不必再言。通此二端，而降生之繇，可得而推測之矣。天主有意每傳示天神，天神則默啓世間聖人，彰明其理，西國有美瑟聖人者，受天主聖寵，每蒙天神默啓，能彰往察來，知人間所未知之事。筆之於書，其言天主生人，嘗垂至教，在上古以依從性教，人皆向善，自順主命，不必有書契也。其在中古，以書教文字始興，聖人出焉。其在永世，立寵教降生爲人，代人贖罪，立救世法，違其法者降地獄，順其法者昇天堂。而所以降生之故，又有别論，此美瑟等聖人在初有書契時，耶穌未生前二千餘年明載傳記，凡洪荒開闢後世未來之事，歷歷傳寫，如在目前。其言天主降生有時有地，有異星出現，其降生也，擇有至德室女，以天主性接人之性，不用男女交感，童身成孕。降生之後爲世人贖罪，歷盡苦難，併爲世修行作法。此等備細詳載美瑟等聖古經中。所以彼中民人咸望天主降生，救贖我等。而耶穌降生果應其時與其地，若合符節。在明理之士篤信知是天主，一心歸命，至死不變。而性惡之徒，如般雀比辣多等，疑爲妖妄，果欲害之。謂天主若降，是何等尊高，必大顯神聖，豈甘在世受苦。疑其作惡，遂將聖體釘之十字架上，死而乃瘞。於是耶穌救世之功乃始完成。蓋耶穌身有二分，一分是天主性，一分是人肉身，人肉身可以死，死則能贖人罪。一分是天主性，不可以死，故三日後自死者中復活，復活後又在世講道四十日，從衆中連肉身白日昇天。此事千古以來絕未經見，原難遽信。若非親見，焉得不駭。後宗徒傳教四方，猶有不肯尊信，謂天主未生，生者非天主，謀欲加害。宗徒願學天主冒苦受刑，甘心如飴，後來者愈多愈烈，死者至數萬人，以證聖道之眞，而後教始大明大行。緣一證美瑟預報之書，再證爲道致命之聖人，至今西國一道同風，無

㒸疑信者矣。所以西儒遠來，所傳所述原是耶穌生後事蹟，既降生人類中，自有言語，有行事，使人可信可傳。若夫耶穌未生之前，天人懸絕，形聲俱泯，將以何者垂示世人哉。問曰，降生在何國何時，獨取彼國，寵異一方，何也。曰，降在大秦如德亞國，此國代有賢聖，最尊信美瑟等聖之古經，人日日仰望降生，眞主下世，必擇善地炤臨。知吉士無如此國，猶創業帝王有湯沭邑，何必疑也。以通曆攷之，在西漢之末庚申年，實漢哀帝元壽二年也，與佛化身之說，其考據有無，一中智能辨之矣。有《天主降生言行紀畧》十數卷行世可攷鏡。

又《代疑篇》卷上《答造化萬物一歸主者之作用條》 物彙至多，問誰始造。或云一氣所爲；或云氣中有理；或云偶然遇合，不須造作；或云自然生成，不由主宰；皆求之不得其故，漫爲之說也。夫氣無知覺，理非靈才，若任氣所爲，不過氤氳磅礴，有時而盈，有時而竭，有時而逆，有時而順，焉能吹萬不齊，且有律有信也。即謂之理，理本在物，不能生物，如五聲之在八音，變不勝窮，皆屬之理；理在鐘鼓管絃，不能自生鐘鼓管絃，此人人所自明也。若偶然之說，尤屬謬妄。天地萬物，自古及今，無一僁差，是何作用？可以偶然值者當之乎？金偶然遇火則流火，偶然遇水則滅，若不相遇，終古不生不剋。四行之用，一物不可少。若待偶然相值，物類毀滅久矣。人惟不明此理，第認物自生自長理氣之中，如魚在海中一般，反視天夢夢，若與我邈不相干。天載之事，可知可不知，可事可無事。本由習迷不覺，復爲異學奪志，將自古聖賢諄諄敬事之語，盡移之他向，而學術人心，敝非一日矣。誠思天何以動，地何以靜，日月星辰何以運行，風雨雲雷何以變化，山何以峙，川何以流，四行何以生剋，飛潛動植何以生長，何以收藏，物何以蠢，人何以靈，何以各循其軌，各安其類，無相假借，無相淩奪，此必有大主化成其間，不待智者能知之也。海中一舟過焉，帆檣整理，即不見其人，知有操舟者在也。空中一矢過焉，發必中的，即不見其人，知必有運矢者在也。

或云大生廣生，自然而然，不由主宰，此又見其末，不見其本，不可不亟論者。洪荒之初，未有天地，焉有萬物，其造無爲有，非天主之功而誰功。《古經》云：天主化成天地，以七日而功完。時則物物各授之質，各賦之生理，予之生機，各畀天神以保守之，引治之，此迺天主洪恩。自此物物依其本模，轉相嗣續，完其生理，暢其生機。人第云天地之功，不知天地無功。天主命之，百神司之，即天地定位，誰非天主造成？知其自然，不知有使之自然者，豈探本之論乎？祖父宮室，子孫自然居之。創造由祖父，營搆由工匠也。又如自鳴鐘、銅壺滴漏，風車水碓、木牛流馬、橐籥編簫，用之者以爲自然，作之者幾經智慮也，可僅云自然已乎？但人之造作，或用五官，或用百體，縱極神巧，有可得而測量。天主不然，非有思非無思，竭千聖智巧，不能窮其思，特不見其思之倪；非有爲非無爲，合千聖之力量，不盡其爲，特不得其爲之窔。此種義理，止可神會，難用舌傳。夫造物化工，昭昭在人心目，何須詮解。惟是天主全能，乃爲前數說，掩蝕已久。異學縱横，駕軼其上，反以凜凜上帝者爲迂遠，爲無據，寧知天主如許全能，如許化工，是吾人大父母，出王游衍，無息可離，無處能遁，乃竟覿面而違之，沒齒而昧之，不能不爲之深慨也。

又《答既説人性以上所言報應反涉粗迹條》 程子言：「人性以上，不容說。」後儒因是，止言率性以下，修道之事。而天命一語，從無剖抉精微。揭而示之，不知程子之言，特形容天命之妙，不可輕擬；說而不當，不若不言之爲愈。非謂可說不必說，乃不容說也。《易》曰：「窮理盡性以至於命。」使可無說，則窮理盡性足矣，何以必至於命哉？今只就「天命之謂性」一句繹之。言人有性，從天降之，猶官有職，從朝廷與之。朝廷不分自己與人，所與者誥勑文憑；上帝不分體質與人，所命者虛靈性體，其理極明。惟後儒不得其解，又強欲爲解，乃謂命即是性，天即是人，總是這於穆不已。在天爲命，在人爲性，特一物而兩名。若造化分體與人，人各得造化一體，謂之物各一太極。又謂之造化在手、止問在我之天，不必有在天之天。猶之居官者，執誥勑文憑，即信是朝廷，不復有端冕凝旒、明目達聰之朝廷，君臨主宰其上也，可乎哉？無操握大寶者，君主於上，誥勑文憑，不過一紙，人雖至愚，必不以一紙爲朝廷明矣。

或問：天命云何？曰：西儒言人爲萬物之靈，故所具亞尼瑪，人與物迥然不同。蓋覺魂從耳目口鼻四肢而生，血肉之精華，不但人有之，禽獸皆有之。既從血肉而生，凡具有生覺，即能嗣續不絕，不必再領主命。惟亞尼瑪，譯言靈魂，人之所以異於禽獸者，全在於此。不關血肉，不涉耳目口鼻四肢，從新天主付畀，其付之之由，不從內發，不從外入，實天

主造以予之。若誥勑文憑，然非深思，非明傳，未易信而悟也。此程子所謂不容說之意，蓋防世之不知，而妄爲之說者。若可說不說，使世認物與人無異，人與天無異，源頭不清，流弊蓋遠，非程子立言意矣。靈性惟由主賦，所以必無散滅。無散滅，所以必有報應。報應之事，有天堂有地獄，粗言之似乎涉跡；精言之極爲玄微。蓋天主全能大智，至善萬福，既超人性以上，必思通己所有，以與人共。於是乎受其所分者，有善報，而天堂之賞，亦人性未有之賞也。棄其所分者，有惡報，而地獄之罰，亦人性未有之罰也。既報其生前，又報其死後；既報其靈性，並報其肉身。極言天主報人，無所不盡，正是超性者之作用，非人思議，豈云粗跡哉？至耶穌住世，所言所行，每以微論而寓至理，以瑣事而表鴻訓，非冥思實體不能領會，俗眼俗情，視爲粗淺，正其高深不可測識處，亦超性以上者之呈露也。西士每舉聖蹟，必自始至終，詳細備述，嘗恐一字增損，有失本眞。奉教惟謹，述而不作之意，嘿嘿可想。況以西言，始發此中文義，語不應口，筆不湊句，安能遽玄遽妙，聽者不深惟其意，反謂涉迹，如在璞之玉，韞蚌之珠，凡目眂之藐爲非珍，初何損於至寶哉？

又《答生死賞罰惟係一主百神不得參其權條》 問天之道，福善禍淫。世顧有善未得福，反以得禍；惡未受禍，反以受福，此可謂有天道乎？曰：天道本不盡然，即此或然，內亦定有故，不可不察也。天主生人，原以世福均散世間，聽人自取。凡有知慮者，自能思索；有才幹者，自能運用。人人皆可得取，故善人惡人，皆可有分。且賦予之初，惡亦未立，只爲世人求福，有過當，有適中，便種種差別，善惡乃分。有得所應得者；有有而不居，推以廣庇餘人者；有甘守無得，絕不冀人之有者，此因世福而生善者也；有得非其有者；有只顧自己，略不爲人者；有妄求強奪，公取竊取者；皆因世福而生惡者也。可見善惡，常與世福相夾而來，不必盡是善惡之報。又世間賞罰，多不合情，必天主予奪，方無滲漏。除上善極惡，無一假借外，其餘中等之人，或善中有惡，則先降困苦，以削其見在之惡，死時只留全善，徑得善報，而享極樂。是善人得禍，非不幸也。或惡中有善，則先與榮寵，以酬見在之善，死時只留全惡，徑得惡報，而遭極殃，是惡人得福，大不幸也。又天主陰騭下民，不重陽善陽惡，故善者得聲名，其善已酬，報亦不厚；惡人得訾詈，其惡已洩，謫亦可輕。正子之所謂善人惡人，昭昭與世共知者也。知即是報，何云無報乎？況人之善惡，又有隱微，如有爲善與文飾詐僞，皆善中之隱惡也。無知陷溺，或眞心不揜，皆惡中之隱善也。此則人不及知，惟主知之，則賞罰有獨異焉。以此言之，世法勸懲，容有僭差。天主彰癉，必無謬誤。

或曰：萬法心造，自求多福，似乎人亦有權也。法王宰官，可以貧富人，可以生殺人，似乎君相有權也。曰：是皆不然。幸而得之，皆值天主之所許也。如其不許，天子不能富貴一人，冤仇不能排陷一人，古事往往有之，豈有人力可以違主？

或曰：鬼神者，造化之功用。今云百神無權，禁人不得奉祀，此不可解。曰：天主生天地，即先生無數萬神。自天地山川，日月星辰，以至昆蟲草木，皆有所司，開闢至今，俱有分職，各神惟順主命，毫無曠越天主之意，無非百神之意；百神之功，無非天主之功。第其名其號，吾人未盡測識。雖欲信奉，無從尋覓，既不容於中有所揀擇，亦豈容己意擅立所尊。擅立者，謂之矯誣，得罪甚大。西學不事百神，非不敬神，正是敬神之至。今人漫信鄉俗，或以意之所重，衆之所推，便立爲神。一時謬舉，久作當然，慢神忽天，莫此爲甚。非卓然不惑，安能定見不搖也。夫授官品者，必係朝廷；授神秩者，必由天主。官不出朝廷，謂之僞職；秩不由主命，必係妖魔。西學事天主，即百神在其中。世人泛祀無考之百神，反使對越天主之虔，有缺不全，吾不知其可也。

又《答天主有形有聲條》 天主二字，原非本稱，在西國只稱陡斯。陡斯云者，譯言大主。在天地，爲天地之主；在人物，爲人物之主；在神鬼，爲神鬼之主。無所不主，即無所不在，其體亦與之相稱，但雖不可問形聲，亦不可疑有無。實自有無形之體在，形聲自出，天載至妙乎。以其不可睹聞，謂之無形聲可；以其形聲所自出，謂之未嘗無形聲可。譬之於風，搏之不得，未始無氣，水中之鹽，視之無色，未嘗無味。無形之體，仿佛近之。又近取人身，性體寂然，形聲安在？俄而七情交感，喜怒哀樂，紛然異象，烏得言無？故執形執聲，不足明人物之近，矧云天主哉？然有無又有實理，非混而無辯也。天主未降世，形聲原無，無既不能強言有。古西國之教，雖建立殿宇，奉事天主，然只有經典，未嘗有像設也。天主既降生，形聲實有，有即不能強言無，西國實見實聞而信之，

此中未見未聞，而信不勝疑者，是也。或謂降生一事，正爾不能信，人請明言之。

答曰：此理甚長，須盡看別篇，方能曉悟，姑略言之。天主愛人甚矣，上古之時，性教在人心，依其良知良能，可不爲惡，只以行與事示之，聖賢名敎迪之，人人自畏主命，不須降生。然而《詩》《書》所載，欽若昭事，如臨如保，已示開光之兆矣。三代而後，聖賢既遠，奸僞愈滋，性教之在人心者日漓，《詩》《書》之示監戒者日玩，則又大發仁愛，以無限慈悲，爲絶世希有，自天而降，具有人身，號曰耶穌，此云救世者。既是降生，則實有其地，如德亞國是也；實有其母，瑪利亞是也；實有其時，西漢之末庚申年是也。雖性是天主之性，原無形聲，而特接人性以出，則四肢百骸，盡與人同，安得謂之無形聲哉？夫在世之主，與在天之主，原無二主。惟是在天，則無形無聲，萬古如斯，即降生者之原體也。在世則有形有聲，三十三年暫現，即無形聲者之化體也。顧在天則霄壤懸隔，在世則呼吸可通；在天則默運難窺，在世則實跡可仰；在天則無階可昇，在世則有途可入。故降生一節，仁愛之極思，人道所未有，此種義理，在西國有源有委，有前知有後證，萬種之書，皆記載此，皆發明此。學者如日用飲食，言出信隨，不似此中苦費詞說也。今人知九重宮闕，至尊端拱，不可聲聞矣。時或六飛親駕，一遊一豫，畎畝農民，皆得見之，安可云端拱者爲帝王，豫遊者即非帝王哉？吾人心量不能測識天主，即不可信無形聲者爲眞，有形聲者爲假。若謂有者爲假，恐認無爲眞者，亦屬虛想，不過蒼蒼茫茫之舊見而已。

又《答耶穌疑至人神人未必是天主條》 高視天主，疑其必不降生；卑視耶穌，疑其必非天主。遷就兩者之間，非主非人，則以爲至人神人，皆凡夫之臆說，非窮理之極解也。蓋天主與人，其性體不同，其分量大異。猶如滄海之與一漚，千古之與一瞬，曾不得比而同之。從古至人稱神者，豈不迥絶人類？然止做得人世間事，盡得爲人的分量，而人事之外，不能令地生一草，天降一粟，人產一卵。即從古開天聖人，不過舉已生已有之物，節宣轉徙，如金木具，而聖人取以作室；水火具，而聖人取以烹飪；百穀百果具，而聖人取以供食用。謂之代終，謂之輔佐則可，若化無爲有，變死爲生，即萃千古神聖於一堂，不能成一事也。曾是人可擬於主，主可混於人乎？

若降生西國，西國又從來窮理之邦。西士篤信，決非偶然。在未生前，有美瑟等聖人，受天主默啓，預知其事，具載《玻羅弗大之書》，後來靡事不驗：一，擇大聖瑪利亞爲之母，童身而生；二，將孕時天神嘉俾阨爾前來報期；三，既生後有異星出現，其大非凡；四，三皇在數千里外，望星來朝；五，斂其全能，處於極卑極困之處；六，自發大願，代世贖罪；七，擇取釘死之刑；八，死後三日，自墳墓中復出，住世四十日，與人傳道說教，傳畢，白日上昇，有目可見，有耳可聞；九，宗徒皆漁夫常人，初無學識，後皆靈異，走萬國，作開物成務之聖人；十，所立教法，皆耶穌當日躬行，傳之後世，萬聖人不可易；十一，生平行事，全顯天主眞性，瞽者命視即視，聾者命聽即聽，瘖者命言即言，瘻者命起即起，死者命生即生；十二，此何等事，而可云至人神人？子欲將至人神人一語，抹煞降生因緣耶？至昇天之後，有不見者，尚不信之，欲毀其教，而宗徒篤信彌堅，寧捨身命以證此教之眞，愈殺戮，愈感奮，爭死者至千萬人，謂之瑪而底而，然後舉世大悟，一信不疑，已上所言，不過聖跡中萬分之一，即讚揚耶穌，舉及神奇，亦聖性中自不容掩，非以此當全能。若全能而可言盡，非天主矣。即論天主在世，平平常常，不異庸人，此正以身率人，極高極妙處。夫火能不熱，水能不寒，汞能不流，金石能懸空不墜，此不現其能，正爾絶奇希有。世或不識，以卑淺疑之，此眞凡夫之見，不足測天主，並不能窺聖神矣。

夫凡夫之見，疑駭降生，必視天主頑然不靈，民生罪福，通不關心，所云出王遊衍，陟降臨汝，通是虛談，即不畏天命，亦無不可，以此不信降生，名曰尊天，而實褻天矣。又使拘儒執泥常理，淺律耶穌，則聖人必得其壽，何止三十三齡，聖人無死地，何至被釘十字架，聖人過化存神，成聚成都，何至遭盡謗毀。聖人不語怪神，何至復生後，疊顯神奇，即稱耶穌爲聖神，恐亦非子心之所安矣。故能信則當直認天主，不必更云聖神；不信即宜盡掃實見，全歸滅無。聖神之名，並可不立，二者將何從耶？

王徵《畏天愛人極論》 客有愛余者，顧而言曰，聞吾子有志學聖賢人也。乃今異乎吾之聞。請得正言而無隱可乎。

余曰，嘻。余小子不敏。自束髮來，解讀聖賢書，便欲覓天之所以命我者，以求不負乎人之名而不可即得。於今正皇皇也，敢云學聖賢乎哉。先生儼然詔我以正乎，敢不敬承大君子之休命。

客曰，天命匪遙，人道伊邇。子顧遠且難，焉求之。向聞子曾求之瞿曇氏矣。一切徵心見性之義，幡動鐘鳴之解，靡不證合。一時諸老宿咸謂善知識無兩也。亡何乃竟棄去不問。旋且轉而問之黃老。於是黃老之書，又靡不尋覽。且依古本手訂周易參同契注百字牌等書，已且自爲辨道篇及元眞人傳與下學了心丹諸作，縉紳先生見之者，謂似類古之得道者然。乃子沉涵於是業廿餘年所矣。顧今又棄去不問，獨篤信西儒所說天主之教。子何輕棄其所已學而信未學，棄舊學而信新學，棄近學而信遠學之若是哉。恐聖賢無此異教，學聖賢無此異學矣。而且盡置向之所崇信者，而獨欽崇一天主在萬物之上，朝夕起居，若時時臨汝而處事之不少怠。每每揄揚其說，無問人之喜與不喜，而強聒之。甚且一家非之弗顧，一國非之弗顧，天下非之弗顧。人咸惜子之狂惑不解，而子乃執拗自是。反若見之獨定，知之獨眞，信之獨堅，而好之更愈甚。抑或偏耶。即就子所譯刻西儒耳目資一書，尙謂多所創見。及今所譯繪遠西奇器圖說，其中洵亦有此中所未之前聞者，然亦祇可備文人學士與工匠技藝之流采擇云耳。詎遂可爲希世之寶。而子輒詫爲不世出焉。見亦邊矣。猶曰此各人之邊見好奇之過也。至昤子所譚天主之敎，猶然多述天堂地獄之賞罰，比與佛氏之謬何異。固向也吾儒所不道者，而吾子反執以爲美談，是豈學聖賢者之所宜有哉。繹其旨要，則又總不出乎畏天愛人之常說。此畏天愛人之說，吾聖賢久已言之，此中人誰不知之，而又勞吾子之闡譯爲。

余曰，嘻。余過矣，余過矣。余惟求天之所以命我者而不得，故屢學之而屢更端。總期得其至當不易之實理云耳。乃釋典盡費參究，而迄不見其要歸。人雖謬云解悟，而反之此中殊未了了，敢自欺乎。故不得已尋養生家言，以爲此或眞修之正路也。維時鑽研日久，頗獲的傳。亦復識其作料孔穴，殫力行持，似亦稍有微驗。顧形身非不快適，而心神輒復走放，亦是茫無巴鼻，此中猶弗慊也。偶讀孟子三樂書，而忽有省於仰不愧天，俯不怍人之旨，作而嘆曰，微矣哉。此吾聖賢千古壯神法也。夫不愧於天，不怍於人，此其心神何如暢滿。孔顏樂處，寧詎外是。顧安所得不愧不怍，而坦然於俯仰天人之際，令此心毫不走放也耶。適友人惠我七克一部。讀之見其種種會心，且語語刺骨，私喜躍曰，是所由不愧不怍之準繩乎哉。方欲卒業，而余病矣。病且廿餘日，不下一粒。於是追惟從前所作，不但原未解悟者，祇覺虛幻。即稍有微驗者，仍屬影向，而止有可愧可怍之罪愆，明目印諸方寸，展轉弗能脫。則始悟半生功力，竟不能尋得天命所在，而今已矣。空負人之名焉耳矣。烏可追，烏可追。儌有天幸得不死，病少愈，遂日取七克置床頭展玩，然恨未遽鏡其原也。亡何復詣都門，及晤七克作者之龐子，因細扣之。龐子笑曰，此吾輩下學。於畏天愛人中，各審擇其病痛而自旋針砭克治之小策耳。子奚所見而愛之。因偏示邸寓所攜來諸書，簡帙重大，盈几滿架，令人應接不暇，恍如入百寶園，身游萬花谷矣。初若另開眼界，心目頓豁。已復目絢心疑，駭河漢之無極也。龐子爰爲予陳其梗概曰，吾西學從古以來，所闡發天命人心，凡切身心性命與天載聲臭至理者，不下七千餘部。而其最切大者，則人人能誦讀焉。部蓋二十有四，撮其大旨，要亦不過令舉世之人，認得起初生天生地生人生物之一大主，尊其命而無逾越，無干犯，無棄逆，於以盡昭事之誠，於以體其愛人之心以相愛，於以共游於天鄉云耳。予於是日似喜得一巴鼻焉者。隨與龐子時時過從，相與極究天人之旨。竊謂果得一主以周旋，自可束我心神，不致走放，可訓至不愧不怍無難矣。乃龐子肅然引余瞻禮天主聖像。見其像儼然人也，而手撫天地一圓儀，余徐問所以。曰，此吾西國自國王以至士庶，無問尊卑大小，即婦人女子，人人所共敬事之陡斯也。陡斯者大主之譯，蓋爲生天生地生人生物之一眞正大主宰云。天地間凡物無不有一主宰，而非其大。喻如一人之身，有一主焉，心神是也。所以統領五官四體而綱維乎百爲者，悉此焉宰之。推而言之，一家有一家之主，家人之嚴君是。一國有一國之主，一國之君王是。天下有天下之主，一世之總王是。主而至一世之總，王亦大矣。然果能如心神之宰一身者乎。不能也。則必有一大主默宰其間。舉四海萬國之大，視同彈丸，若運旋一掌之內，無所不照臨，無所不安養，無所不震懾而提扶，而且無遠弗屆，無微弗入，無隱弗燭。不疾而速，不行而至，天上地下，總皆臨莅之區，往古來今，渾囿一視之中，蓋心神之宰一身之易之妙，猶未足仿佛其萬一耳。此非生天生地生人生物原初之陡斯，其疇足以當此。吾西國

有史能志開闢之初，當未有土地人物之先，有一全能者罷德肋，化成天地，創造人物。爰生一男名亞當，一女名厄襪，以爲我人類之祖。罷德肋譯言父也，即陡斯之謂。蓋陡斯之造天，所以覆我人。造地，所以載我人。造萬物，所以養我人。故造成天地萬物，總爲我人類而設。而人獨靈於萬物，感其覆載生全安養之恩，莫能報謝，爰總呼之爲罷德肋云。罷德肋之全能，既於無中化成天地萬物，輒於其中摶一泥土，付之靈性曰亞尼瑪。即成亞當，爲男。又取亞當一肋，付之亞尼瑪，即成厄襪，爲女。又造無數天神，大小尊卑共有九等。一則隨從陡斯侍衛於十二重之永靜不動天，以爲役使。一則暗偕我人，爲我照護引治，以爲當身之諳若。史載陡斯造成天地神人萬物之功，甫及七日而畢。於是置亞當厄襪夫婦二人於美囿良和之奧，名曰地堂。令之不耕而食，不織而衣，無疾病苦楚患害，一切禽獸蟲畜之類，蔑不服順。祇示一命，俾其敬遵弗違，約期至日，還歸天鄉，永享福樂。此之爲恩又何如其洪大也。無奈二祖，偶爲傲神露祭弗爾所誘，乃犯逆陡斯誡命，故從兹以後，致干天怒，而天之降罰世日以重也。因出天主十誡示余。誡之條有十，總歸二者而已。曰欽崇一天主萬物之上，曰愛人如己。且曰，此在昔天主降論，令普世遵守。順者升天堂受福，逆者墮地獄加刑。余曰，所稱天主即陡斯乎。曰，然。曰，奚不仍稱陡斯，而胡易以天主之名爲。曰，此中難明陡斯之義，不得不借天地人物之主，而從其大者約言之耳。其實吾西國原無是稱。此中不嘗曰帝者天之主宰乎。但言天非不可，但恐人錯認此蒼蒼者之天，而不尋認其所以主宰，是天者似涉於泛。故於天加一主字，以明示一尊，更無兩大之意。且主者視父尊嚴，專操賞罰之大權。不獨偏施生全安養之恩而已也。曰，此正與吾書所言，惟上帝不常，作善降之百祥，作不善降之百殃。其義適相吻合，可以窺賞罰之大指矣。然即易之以上帝之稱，似無不可，而胡必欲名之天主，以駭人之聽聞。曰，初意亦以上帝之號甚當也。比見此中廟貌甚多，稱上帝者甚伙。余以爲上帝之廟貌也，竊喜此中人知敬天矣。乃徐察之，則率以人神而謬擬之。如玄天上帝之類，不可枚舉。私又想其混也，以人僭天，故卒不敢以褻吾陡斯之尊稱。要之，果眞知其爲生天生地生人生物之主宰而畏之，而愛之，而昭事之，則謂之天也可，天主也可，陡斯也可，上帝也亦可，而奚拘拘於名號之異同哉。余於是洸然若有以自新也，灑然若有以自適也，而又怵然若無以自容也。曰，嗟乎。今而後余始知天命之有在矣，余始知天命之果不爽矣，余始知天命之眞可畏矣。向者誦吾孔子之言曰，君子有三畏，以爲此學者攝心法耳。而孰知千古作聖之心法也。夫士希賢，賢希聖，聖希天。固未有不希天而作聖者，然焉有不畏天而可希天。又焉有不知天命而能畏天。故既而惕之曰，小人不知天命而不畏也。夫既讀聖賢書矣，疇肯自甘於小人。然試一問能畏天乎。則或敢即應之曰，畏。試又轉問其知天命乎。則或者弗敢直任以爲知也。何者天命果易知乎。將孔子天縱之聖，必先知之蚤矣。胡以自言五十而知天命。孔子五十而知天命也，天命不易知矣。天下事，苟欲知之，未有不留心究徹而遽能曉然也者。況天命何事，有未曾一留心焉，而能即知者乎。夫不知，而胡以曰畏也。不畏，而胡以自免於小人。君子小人，祇在一念畏不畏分途，此其際不甚嚴哉。然謂君子小人，止以定人之品，猶就是非論也。固有不顧是非而肆無忌憚者，亦何所畏。誰知降祥降殃，天命赫赫，不可禱之。賞罰即於此畏不畏時定之。故知命君子，懷刑與懷德之念并急。懷刑者不但畏世主之賞罰，實以畏天主之賞罰。而懷天刑之念，正其畏天命之實功耳。孔子折王孫賈奧竈之問，明明以天之威命靈爽不可禱者，懾服小人之膽。而解者乃謂天即理也，權奸寧知畏理乎哉。祇以天言，說理得，說道得，說蒼蒼亦得。天而系之以命，則律令虛威，有以所命之者，則必有所以出，是命者所謂主也。有不敢不畏者在矣，試問瞻宮闕則起敬，入公門則起敬，遇君位則起敬。有明知天子儼然在位，天威咫尺，賞罰森嚴，而敢不畏焉者乎。嘻，世之人祇知地上有主，而不知天上有主。祇知地上主賞罰可畏，而不知天上主更有眞正大賞罰之更可畏。惟其不知天上有主，故謬爲之說，有指天爲積氣者，有指天地爲氣機之自動自然而然者。因不知主，并不知有賞罰。遂指一切福善禍淫之應，與災祥之示，率諉之天行天運天數之適然。或且妄謂并天不自由，而皆出於天命之自然當然，其勢不得不然，而莫測其所以然。一似蒼蒼之表，冥然空虛，全無一主宰之者。長天下後世無忌憚之習，皆此說忞之也。識者自可察其謬妄，無足深辨。今第約略言之，使天果積氣乎。氣即積久，亦未有不散者，胡爲乎萬古恆如斯。且日月星辰之昭垂者，胡其布置位列，毫髮不爽，從無一日一時之散亂錯動也邪。就使爲氣機所動，自然而然，借問

起初使之自然而動者爲誰。今人見風鳶淩空而起，乘風而動，以爲是氣機所使自然而然乎。然誰制風鳶。誰提綫索。誰促之乘風而動耶。則必有所以使之者矣，不可謂無主人翁也。嗟夫。睹門庭之巍焕，窺堂奥之静深，與夫鐘鼓器具之森列，雖未目擊主人翁之儀容乎，諒無不信有主人翁在。乃今天如此其高明也，地如此其博厚也，日月星辰山川草木如此其照耀而克鬱也，疇爲開此。疇爲闢此。疇爲生養而安全此。信非生天生地生人生物起初之陡斯，決無能辦此者。而反疑穹窿之上，衹蒼蒼之積氣，而無一主宰之者。噫。亦愚甚矣。果明知其有主，則一切災祥禍福，寧可漫付之運數哉。故明乎天之有命，明乎天命之出於天主，明乎天主之命之無不善，無可違，無所禱，則雖欲不畏烏乎敢。蓋天既有主，則不得徒視爲形色蒼蒼之天。主而冠之以天，則一尊而更無兩大。詎但一人一家一國之主莫之敢并，即一世之共主，千萬世之共主，莫不在其統領綱維中，同受其賞罰也者。縱生知安行之聖，出有入無之神，亦不過全能中所造萬類之一類，第出乎其類焉耳。而豈可以爝火比太陽，蹄涔擬滄海乎。彼媚佛媚仙媚鬼神者，正奥竈之故習也，正吾孔子之聖所謂獲罪於天者，又安可踵而行之哉。況不知有眞主，而漫焉不畏者，其罪猶小。乃明背眞主而反媚篡弒之強臣以爲主，此其罪可禱邪，不可禱邪。吾中國自伏羲堯舜而後，代有正統，主維一眞。迄周末之季，十二侯王各相雄長，幾不知有周天子也者。然周天王雖徒擁虛器乎，而諸侯王有能朝周知尊奉正朔者，則諸國莫不相與推爲盟主。其臣能使厥辟尊周無貳者，天下後世猶咸美其王佐之才。蓋人心雖當式微淩夷之際，隱隱一念，猶咸有眞主在也。迨至戰國而澌滅極矣，亂臣賊子，楊墨邪說，遂充塞乎仁義。孟軻氏闢而距之，而其功不在禹下。然而篡逆者踵相接，謬認篡逆爲主，甘心事賊者亦踵相接也。夫身爲篡逆，僭竊眞主之權，假其名號而自立，罪固不容於堯舜之世矣。明知篡逆之非，眞主徒怵於恐喝之威福，又或迫於附和之脅從，甚或殫精竭力，反排抑正人，誅鋤忠良。彼棄眞主之倫常，稱頌篡逆之功德，以自附於股肱心膂，此其罪能容於堯舜之世哉。蔑貿貿無知之氓，相率從逆，無足深責。獨怪讀聖賢書，翻爲篡逆之忠臣乎。於篡逆名忠，於眞主必爲賊，至無上至無等也。孔子所謂獲罪於天無所禱者，正指乎此。倘一捫心，應自咋舌，奚俟余言之諄諄。

又　夫世上主不可篡，天上之主可篡乎。篡世主者罪不容，篡天上主者可容乎。事篡世者罪不可禱，豈事篡天之主者福獨可徼乎。甚矣。他媚者之惑也。佛氏哆云，天上地下，惟我獨尊。爲之徒者，尊而信之，位於諸天之上。且謬謂此蒼蒼之天，乃四天下之一天云耳。此外一天下積而數之至於千，乃爲小千世界。又從一小千積而數至於千，乃爲中千世界。又從一中千積而數至於千，始爲大千世界。佛乃獨超三界之外，而三界億萬諸天，皆拱立於梵王之側，梵王於佛，猶在弟子行。則佛視諸天之主，如周天子之視八百諸侯，猶不啻也。間有讀吾聖賢書者，亦復淡泊吾聖賢畏天愛人之說以爲常，而反信其虛□之譚。以爲佛之尊，不但在諸聖之上，抑且在諸天之上。遂亦相率尊而信之，謂爲聖中之聖，天外之天，堅不可破云。夫聖中聖，天外天，此兩言者聊以表天主之德也則可，而乃以之佞佛，謬甚矣，僭甚矣，不倫甚矣。姑無論傲爲凶德，一傲而諸德盡喪。佛氏之傲然自尊，正與聖不自聖者相反。試觀從古帝王賢聖，有一不尊天者乎。佛不但敢於不尊天，而且自尊於諸天之上，若視天甚卑甚小，不敢仰望焉者。世有此等聖人乎。若者不第不得名聖，且必爲諸聖所棄逐，矧敢云聖中之聖乎哉，矧可稱之曰天，且尊稱之爲天外天耶。如果爲聖中之聖，則讀聖賢書者，既知有此至聖矣，胡不師佛而乃師孔子。果不止尊如天，且爲天外天，則帝王相傳，胡不曰奉佛承運，而必曰奉天承運。豈其所尊信在彼，而所崇奉顧在此耶。不亦不情之甚乎哉。夫以千古帝王賢聖從來所尊事之天，敢於卑小視之，以極擬一己之尊大，此固露祭弗爾之傲態乎。天上主應自有誅篡法，吾不敢知。即彼爲之徒者，崇信其說而推尊之，猶無足怪。獨怪夫讀聖賢書者，捨吾聖賢帝王所尊事之天不畏，而反佞佛媚佛者如此也。不知出吾聖賢何書乎。故新莽篡漢，一時稱功頌德者四十八萬七千餘人，史不之書也。而紫陽綱目，獨於劇秦美新之人，筆之曰，莽大夫揚雄死，其所以誅亂臣賊子之於讀聖賢書者，最深且嚴。嗟夫。人流之抗罔，無罪不犯。巧奪人世，猶未饜足，至敢於圖僭天主之位而欲越居其上。而聰明才智之儒，又爲之吮其唇而助其焰，不顧叛我聖賢帝王所昭事之眞主，而反作彼之忠臣。吾不知視莽大夫有異乎不也。夫人知事其父母，而不知天主之爲大父母。人知國家有正統，而不知天主統天之爲大正統也。不事親不可爲子，不識正統不可爲臣，不事天主不可爲

人。試觀今之世，小吏聊能阿好其民，便稱父母，建祠立像，布滿郡縣。而佛殿神宮偏市彌山不止也。豈其天主至尊，無一微壇以瞻禮敬事之乎。以化生天地萬物大公之父，又時時主宰安養無上之共君，群世人而莫之仰，莫之奉也。不將無父無君至無孝至無忠乎。忠孝蔑有，尚存何德哉。夫天主化成天地萬物以養我人，而人無一物奉天主。乃并天主所賦一點靈心，不歸向天主，而反歸向乎莫之爲誰之傲魔。試一反之，此中能安邪，不能安邪。疑之者謂，天漠漠耳，蒼蒼耳。無頭無腹，無手無足，其高廣不知其幾千萬里之大也。而謂儼然一人像，而手撫天地，誰其見之。誰則信之。吾儕抬頭見天，祇知拜天而已。今又於天之上，猥云有主。不但此中從所未見，亦從所未聞也。而一旦欲其信從而無疑，不亦難乎。噫嘻。世之人信耳目而不信心也，久矣。輒以耳所習聞者爲常，以所不習聞者爲怪。以目所習見者爲有，以所不見者謂爲必無。故謂天爲漠漠然，無與世人之殃祥善惡也者。褻天棄天而甚且逆天，無足論矣。間有良心不昧，夫亦知事天矣。乃徒知事蒼蒼有色之天，而不知天之上更有主也。何異遠方之氓，忽至長安，道上驚見皇宮殿宇，巍峨嵲嵽，則施禮而拜曰，吾拜吾君。是以宮闕爲其主也，詎知宮闕之內，固自有眞主在乎。夫眞主深居大內，原非人人可得習見。彼宰臣侍從，始得目睹清光，親彼寵盼。下此而追隨簪紱鴛鷺之班聯者，亦或竊幸快睹其睟穆。海濱草野之愚民，委難見也。雖則不見，豈可不信其有乎。不信其有，必至犯法干令，直待斷罪於闕下。然後信其有，悔其罪乎。晚矣，晚矣。惟智者不信耳目而信心，乃能推見至隱。視此天地高廣之形，而遂知有天主主宰其間。故肅心持志，而獨欽崇一天主萬物之上。

客曰，平治庸理，惟竟於一。故聖賢勸臣以忠，忠者無二之謂也。五倫甲乎君，君臣爲三綱之首。夫正義之士，此明此行。在昔值世之亂，群雄分爭，眞主未決。懷義者莫不深察正統所在，則奉身殉之，罔或與易也。邦國有主，天地寧容無主。國統於一，天地寧容有二主乎。天上有主，智者固深信而無疑矣。然天下萬國九州之廣，或天主分委此等佛菩薩神仙諸名聖保固各方，如天子宅中，而遣官布政於九州百郡然者，亦未可知。何吾子闢之之深也。

曰，主既惟一，教豈有二。天主非若地主，但居一方。不遺人分任，即不能兼治它方者也。彼其知能無限，無外無爲而成，無所不在。所御九天萬國體用造化，比吾示掌猶易，奚待彼流人代司之哉。且理無二是，設天主之教是，則它教非矣。設它教是，則天主之教非矣。朝廷設官分職，咸奉一君。無異禮樂，無異法令。彼佛氏之教，不尊天主，惟尊一己爲耳。已自昧於大原大本，所宣誨諭，大非天主之制，具可謂猖狂自任，豈天主委任之乎。黃老神仙之屬，竊天地之機，盜造化之精，以自養其身形，雖未合乎大道爲公之旨，然猶每每尊天而弗敢自尊。故君子亦不概爲深罪。獨怪夫佛之猖狂自任，政不奉朝廷之正朔者也。有忠義之心者，方將聲罪致討之不暇，寧肯借朝廷之名器爲之寬假乎哉。蓋擇主而事，良臣之哲，從違一判，忠佞立分。彼佛之初而自以爲至善利者，不猶事篡逆者彌竭其忠，彌顯其奸佞乎。此正善惡分途之最關切要處，故不得不三致意云。

佚名《復蓮池大和尚〈竹窗天說〉四端》 《天說》一曰：一老宿言，「有異域人，爲天主之教者，予何不辯？」予以爲教人敬天，善事也，奚辯焉！老宿曰：「彼欲以此移風易俗，而兼之毁佛謗法，賢士良友，多信奉者故也。」因出其書示予，乃略辯其一二。彼雖崇事天主，而天之說，實所未諳。按經以證，彼所稱天主者，忉利天王也，一四天下，三十三天之主也。此一四天下，從一數之，而至於千，名小千世界，則有千天主矣；又從一小千數之，而復至於千，名中千世界，則有百萬天主矣；又從一中千數之，而復至於千，名大千世界，則有萬億天主矣。統此三千大千世界者，大梵天王是也。彼所稱最尊無上之天主，梵天視之，略似周天子視千八百諸侯也。彼所知者，萬億天主中之一耳；餘欲界諸天，皆所未知也；又上而色界諸天，又上而無色界諸天，皆所未知也。又言天主者，無形無色無聲，則所謂天者，理而已矣，何以御巨民、施政令、行賞罰乎！彼雖聰慧，未讀佛經，何怪乎立言之舛也。現前信奉士友，皆正人君子，表表一時，衆所仰瞻以爲向背者。予安得避逆耳之嫌，而不一罄其忠告乎？惟高明下擇芻蕘，而電察焉。

辯曰：武林沙門作《竹窗三筆》，皆佛氏語也，於中《天說》四條，頗論吾天教中常言之理。其說率略未備，今亦率略答之，冀覽者鑑別，定是非之歸焉。

其一首言「教人敬天，善事也，奚辯焉」。此蓋發端之辭，非實語，然不可不辯。夫教人敬天者，是教人敬天主以爲主也，以爲主者，以爲能生天地萬物，生我養我教我，賞罰我，禍福我，因而愛焉、信焉、望焉，終身由是焉，是之謂以爲主也。主豈有二乎？既以爲主，即幽莫尊於天神，明莫尊於國主，皆與我共事天主者也，非天主也。佛惟不認天主，欲僭其位而越居其上，故深罪之。即吾教中，豈敢謂事天主可，事佛亦可乎？彼既奉佛，是以佛爲主也，凡上所云生養諸事，愛信望諸情，皆歸於佛，則佛之外，亦不應有二主。二之，是悖主也，安得云敬天善事耶？且彼妄指吾天主爲彼教中忉利天王。其大梵天王，萬億倍大於忉利天王，而大梵天王，又於佛爲弟子列也，則忉利天王之於佛，烏得擬八百諸侯之於周天子？蓋名位至下，特小有所統率，如所謂輿臣臺、臺臣僕者耳。今有人事周天子以爲主，又謂其輿臺亦可爲主乎？舍周天子不事，而事其輿臺，威福玉食望之以爲歸，此乃周天子所必誅，即亦臣事周天子者所必誅，反可稱爲善事，置之不辯耶？故我以天主爲主，汝以佛爲主，理無二主，即無二是。無二是，即無二主，利樂無二，不受甚深地獄之苦，此豈小事，可相坐視者？西士數萬里東來，正爲大邦人士認佛爲主，足可歎憫故也，彼以佛爲主，宜以我爲非，共相憫恤，深相諍論，孰是孰非，令其歸一可也，何爲置之不辯耶？以佛爲主，不佛者置之不辯，亦非「度盡衆生我方成佛」之本願矣。故辯者吾所甚願也。鐘不考不聲，石不擊不光，不辯則未明者無時而明矣。第辯須有倫有序，如剝葱笋，如析直薪，方能推勘到底，剖析淨盡，使事理畫一，衆無二尊，此辯功之成也。若憑訛傳之謬說，以爲根據，信耳不信理，因而妄相折挫，辯之不勝，即傲言詈語，欲擊欲殺，此爲兒戲，非正辯矣。

訛傳謬說者何也？所謂四天下、三十三天、三千大千者，即是也。四天下、三十三天，其語頗有故。蓋今西國地理家，分大地爲五大洲。其中一洲，近弘治年間始得之，以前無有，止於四洲。故元世祖時，西域札馬魯丁獻《大地圓體圖》，亦止四洲，載在《元史》，可考也。四洲之中，獨亞細亞、歐羅巴兩地相連最廣。其中最多高山，故指亞細亞之西境一高山，爲崑崙亦可，或爲須彌、爲妙高，皆可。此四天下之說所自來也。西國曆法家，量度天行度數，分七政爲七重，其上又有列宿、歲差、宗動、不動五天，共十二重，即中曆九重之義。七政之中，又各自有同樞、不同樞、本輪等天，少者三重，多者五重，總而計之，約三十餘重。此皆以璣衡推驗得之，非望空白撰之說也。此三十三天之所自始也。此二端者，自有本末，但言出佛經，多竄入謬悠無當之語耳。

至於「三千大千」之說，不知孰見之？孰數之？西國未聞。即西來士人，曾游五印度諸國者，其所勸化婆羅門種人，入教甚衆，亦不聞彼佛經中，曾有是說。獨中國佛藏中有之，不知所本。以意度之，大都六代以來，譯文假託者，祖鄒衍大瀛海之說而廣肆言之耳。不然，何彼湮滅之盡？此相肖之甚也。蓋五印度近小西洋，西國往來者甚衆，經籍教法，從古流傳至彼。其所爲佛教，皆雜取所聞於他教者，會合成之。如善惡報應天堂地獄，是從古以來天主之教，如輪迴轉生，則閉他卧刺白撰之論。迨後流入中華，一時士大夫醉心其說，翻譯僧儒又共取中國之議論文字，而傅會增入之，所以人自爲說，不相統一。若其間鈎深索隱，彼法中所謂甚深微妙，最上一乘者，綜其微旨，不出於中國之《老》、《易》。蓋自晉以來，人人《老》、《易》，文籍必多，今皆泯沒不傳，則當時之玄言（塵）[麈]論，汪洋恣肆之譚，微渺圓通之義，盡入之佛經中矣。不然，何印度所譚佛法，了不聞此等議論也。印度去中國甚近，婆羅門輩求之不難，果欲眞辯是非，試覓彼人數輩，令盡持其經典以來，復覓此中才士數輩，共肄習翻譯之，果否眞僞，有無竄入，灼然自見矣。

若言三千大千，以佛慧眼見知，非常所識，是佛所說，當可據依，則此一天中事，佛尤宜識之，何諸經所說日月星宿度數，一一不合，且自相舛錯耶？又其顯者，西國分天文爲五十二相，如大熊、小熊之屬；近黄道者十二相，如獅子、寶瓶之屬，其說有圖有解，分列位次，與三垣、二十八宿，文絶不類。今佛經中，但取十二名字，附會中國二十八宿，與陰陽吉凶之說，湊合成文，此外毫不知之，云是文殊菩薩所說，此即是抄謄二方議論，雜合成書之佐證。謂「四天下三十三天」，不出於西國，謂「三千大千」，不出於鄒衍，可乎？就令此三說者，出佛知見，不當得妄，即此三事，所言亦宜統一。云何四天下之最中處，一經言崑崙山在地，一經言妙高山在水，孰是乎？崑崙山，一經言高一萬五千里，一經言二萬一千里；妙高山，言入海八萬踰繕那，高四萬由旬，孰是乎？三十三天，

一經言欲界、色界、無色界，自下而上；一經言崑崙四面，面各八天，其上一天；又孰是乎？孰爲不誑語、不異語乎？然謂四天下總一天主倘可，謂三十三天各一天主，謬矣。至三千大千，則天主至衆，有如品庶，惟佛至尊，罪尚有大於此者乎？

佛者，天主所生之人。天主視之，與蟻正等。今反尊之，令尊卑易位，大小倒置，問孰知之、孰言之？則又自知之，自言之。此又何等妄誕，而賢智之士，皆從而信向焉，何居？譬如有人，本一鄉民，鄉屬於國，國屬於天子；天子視彼鄉民，大小懸絶，亦何待論？忽復中風狂語云，「此國外有百千萬億國，國各有主，凡此各主，我皆得而臣視之。」同鄉之人，不一核其眞僞，亦皆從而臣事之，他日轉聞之天子何如？惜哉！何不一論其眞理，果可信耶否，而空與其罪也。若喜其微渺之言，而甘心從之，寧知微渺者，又非彼自言乎？可因而並信其猖狂無上之言乎？若因其猖狂無上之言爲可駭異，以爲非佛不能，則莊周消遙、宋玉大言，中國有之舊矣，亦可信以爲眞乎？規鵬之大以爲籠，規鯤之大以爲釜，規夸父之大爲衣裳冠履，則人必狂而笑之。今者披猖醉夢，妄言「天上天下惟我獨尊」，舉萬國數千年以來帝王聖賢所昭事之上帝，降而下之，儕於品庶，反以爲是必然不可易，乃至塑作梵天神像，侍立佛前，何不思之甚哉！

儻云善惡報應，在身之後，必然不爽，早宜修繕，此則自然之理，根於人之靈心，生死大事，關繫人之眞命。佛能驅人類而從之者，本原在此。不知此本吾天主之教法，附會出之者也。果爲生死大事，則當承事天主，去僞即眞，脱屣凶禍之鄉，寘身吉福之境，在一反掌間耳。願有志者，據理而論，擇地而蹈，相與講究從事可也。

彼又言，天主無形無色無聲，則是天主者，理而已矣，何以御臣民、施政令、行賞罰乎？惜哉此言，傷於率爾！謂天主無形、無色、無聲者，神也。神無所待而有，而萬物皆待之而有，故雖無形色聲，能爲形色聲，又能爲萬形萬色萬聲之主，曷爲不能御臣民、施政令、行賞罰乎？理者虛物，待物而後有。謂天主爲理，不可也。且佛經言佛菩薩不多有神通靈應乎？佛則曾有報身，涅槃後已無之；諸菩薩並報身無之。試問今佛菩薩，爲有形色聲乎？爲無神通靈應耶？則亦自相矛盾矣。

格物窮理之説甚長，今未易盡，請以異日。儻向上所説，更須折辯者，仍祈示教，共參訂焉。辯者吾所甚願，前既已言之矣。

又《天説》三曰：復次南郊以祀上帝，王制也。曰欽若昊天，曰欽崇天道，曰昭事上帝，曰上帝臨汝，二帝三王所以憲天而立極者也。曰知天，曰畏天，曰律天，曰則天，曰富貴在天，曰知我其天，曰天生德於予，曰獲罪於天無所禱也，是遵王制，集千聖之大成者，夫子也。曰畏天，曰樂天，曰知天，曰事天，亞夫子而聖者，孟子也。事天之説，何所不足，而俟彼之創爲新説也？以上所陳，儻謂不然，乞告聞天主。儻予懷妒忌心，立詭異説，故沮壞彼王教，則天主威靈洞照，當使猛烈天神下治之，以飭天討。

辯曰：彼説所引南郊祀上帝，與《詩》《書》所言欽若昭事等，以爲從古帝王，皆事天也。夫釋氏而肯言帝王之事天，此吾所甚願也。引孔、孟言知天、事天等，以爲孔孟教人事天也。夫釋氏而肯言孔、孟之事天，又吾所甚願也。何者？至是而天乃大矣，不若向者三千大千之云，至衆多卑微矣。雖然，其如背佛何？

佛既居大梵天王於弟子列，其忉利天王，不能當周天子之輿臺，中國聖賢所事之昊天上帝，則亦忉利天王耳。堯、舜、孔、孟等，豈知有欲界色界無色界諸天乎？若果以佛爲主，則堯、舜、孔、孟等，亦所謂舍周天子不事，而事其輿臺，周天子所必誅，臣事周天子者所必誅也。今既事佛矣，又盛稱諸事天者爲憲天立極，爲集千聖之大成，爲亞聖，則是以周天子爲天子可，以周天子之輿臺爲天子亦可也，世豈有如是兩可之理乎？既以爲兩可，則彼居一天之下，其中心實未嘗不以一天主爲至尊無上，未嘗不以諸帝王聖賢事天畏天者爲當然不易之理。雖習聞「三千大千」之説，習稱佛言不誑不異，實亦未嘗眞見其然，以爲昭灼無疑，特溺於所聞，姑爲之因仍演説云耳。

今設立兩端，求其必定歸一，從佛則天主爲至微至卑，天主必罪之；從天主則佛爲至妄至誕，佛必罪之，將何從焉？必且首鼠兩難，必不敢盡舍天主而歸佛矣。此等意象，出於人之靈心，不可強也，不可滅也，不可欺也。試人人捫心求之，誰獨不然乎哉？誠見其然，即是去僞即眞之機括，故曰吾所甚願也。若其兩難適從，惶惑無措，即當相與講論商榷，

研析幾微，務求至當，披剝至盡，豈有永無歸一之理？故曰「辯者吾所甚願也」。

但云天之說無所不足，何俟創爲新說？此又傷於率爾矣。若儒書書言天果無不足，更無一語可加，今來所舉，止於推演舊文，是則不名新說。果係新說，爲儒書所未有者，便可發明補益，又安知非足其所不足者乎？夫帝王聖賢言事天、畏天等，信有之。然帝王聖賢自爲此，必教人共爲此，又必期人人盡爲此，然後謂之帝王聖賢耳。今天下果能人人昭事奉若，人人日日事事言言念念，皆無毫毛過失獲罪於天，則聖賢帝王所言所願，無一不滿，眞可謂無所不足矣，眞無俟創爲新說矣。若猶未也，則帝王聖賢之志，此時尚爲未遂，果有待後人之足之也。然則堯、舜、孔、孟而在今日，撫此民物，自知欽崇奉若之志未爲暢滿，必將求所以滿之之術，如饑於食、渴於飲焉；聞有傳述天主之教，教人欽崇奉若，牖民使歸誠於天主，祈天主願降祐於民，究將使人人日日果無獲罪於天者，必且速致之；按其書與言，必共討論之，論之而當，必尊信力行之，何謂不俟新說乎？

事天者守其已陳之說，無俟於新。所俟於新者，必佛說而後可乎？吾天主之教，自開闢以來，相傳至今，歷歷自有原委。其間一字一句，一事一法，不出於天主上帝，不由千百聖賢眞傳實授的然無疑者，不以入之經傳。誰敢自立一矩矱，自撰一文言？特中華遠未及傳，近歲及至耳，非今日創爲之新說也。

若中國堯、舜、孔、孟言天、事天之書，火於秦，黄老於漢，佛於六朝以降，又雜以詞章舉業功名富貴，書既殘缺，所言所事，又未見人人日日投誠致行之，何謂已足乎？即使已足矣，相與參求闡發，又奚所不可乎？若稍有其書，有其言，便謂已足，則堯、舜之後，安用孔、孟乎？眞法堯、舜、孔、孟者，必不據堯、舜、孔、孟殘缺之言，而距人千里之外也。

天主之能無盡，仁愛無盡，謗者害者，無不憐憫之，誘掖之。今者一言沮壞，謂：「且遽飭天討」，吾安敢知？然言「天主威靈洞照」，即又知有天主，向者「三千大千」之說，果未能灼然無疑，又一徵也。不然，佛至大，忉利天王至小，果信其然，何得於佛弟子，所命天神飭天討乎？若眞見其不能討，而姑爲是語，又犯妄言兩舌戒矣。余聞此翁，天資樸實，有意爲善，特囿於本教，未能透脱耳。惜哉惜哉！

邵輔忠《天學說》 我明國從來不知有天主也，自神宗朝泰西利瑪竇始倡天主之教。其所立言以天文曆數著一時，士大夫爭慕嚮之，遂名天學云。今上復授泰西學者官，俾訂大統曆，於是其教益行於各省郡邑間。然不免有迷者，疑者，謗者，無有發明天主之義喻之者。孔子曰，中人以下，不可以語上也。上何所指，非天乎。天堂謂蒼蒼之象哉，有主焉。主者至一而無不統貫之，謂此主生天，則謂之天命。此主生人，則謂之人性。子貢曰，夫子之言性與天道不可得而聞也。天下惟中人以上不易有，則性與天道不易言，亦不易得聞。所以孔子以欲無言提醒子貢，及子貢苦無述，復言之曰，天何言哉。四時行焉，百物生焉，寥寥行生焉。語令今世學者從旁耳聽，不幾訝與吾身不相親切哉，乃子貢言下了悟寂無疑辯。嗟乎。古今此天，古今此時此物，顧終日見天而不知天之主，終日行時中而不知時之所以行，終日生物中而不知物之所以生。予少而壯，壯而老矣，猶悵悵焉作一不知人哉。逮今而始悟奉天主一從事焉。闡其教惟教天，其學亦惟學天，閱天。問幾何原本諸書皆以明曆數，夫曆數豈非天主倡明行生造化譜乎。凡曆數一年十二月，一月三十日，一日十二時，不知者視爲欽天博士家選擇言耳。反復思之，其中日之出入，月之晦朔弦望，與夫風雷霜露，草木魚鳥，無一不載之於曆，此何關於選擇事。予謂時有盈虚消息騐諸物，物有榮枯生死乘諸時，故春月物生，夏月物長，秋月物收，冬月物藏。有收藏便有生長，有生長便有收藏，此孔子所謂時行物生對炤鏡也。炤物則須認己，己一物也。炤時則須識天，天一時也。然物生而物何以生是時，時行而時何以行是天，非時無物時在物中，非天無時天在時中，則時之行，乃天之行也。顧天行一日則一小周，一歲則一大周。小周一晝一夜，大周積晝積夜而成一歲。日出而晝，萬物並作。日入而夜，萬物並息。是晝則天行，地上長而收也。是夜則天行，地中藏而生也。人不知春夏秋冬之爲生長收藏，而又何知一日之爲春夏秋冬爲生長收藏乎。何者。以人之生，而父兄之養，師之教，莫不先以名利之念入之，名利之事成之，只知向外務生務長，不知反內而收之藏之者爲實能生之長之也。萬物中人爲最靈，萬物不識，不知順天之則常收常藏，故常生常長

乃人違天而行其獨。衰老死病魔難罪獄相尋而無能已，説者悞認死以爲歸藏而非也。孔子所謂未知生焉知死，予亦曰未知藏焉知生。古歌云，年年歲歲花相似，歲歲年年人不同。可不哀哉。予稽古帝堯書載，命羲和曆象日月星辰敬授人時，曰欽若，曰敬授，何隆重一至於此。惟是人時蓋重人體天時，以盡人道也。不特人也，至堯老以天下傳舜，此古今第一大事。惟咨舜曰，天之曆數在爾，躬豈矜詡履帝位者紀永年乎，明以天道傳焉。故繼之曰，允執厥中。中者何，天心也。先儒邵子曰，天向一中分，造化是也。孔子贊堯惟則天，故堯亦惟以天道傳舜。然云允執者何，《黃帝陰符經》曰，觀天之道，執天之行盡矣。孔子對哀公亦曰，誠者天之道也，誠之者人之道也。擇善而固執之者也。從來聖聖相傳，道統心法，無以踰此。即《中庸》贊孔子曰，仲尼祖述堯舜，上律天時。其亦有見於此乎。然而我明國學者止知尊信孔子，不知孔子自道下學而上達，知我者其天。何下爲學，何上爲達，何天爲知。竊想孔子一生所深知而得力者，莫如《易》，《易》天書也，天學之祖也。觀贊《易・乾卦》曰，大哉乾元，萬物資始乃統天。乾元統天，天主之説也，異其名而同其實也。贊《易・坤卦》曰，至哉坤元，萬物資生乃順承天。坤無元以乾之元爲元，乾施而坤承之也，故曰順承天。贊《易・六十四卦》曰，乾以君之，坤以藏之。不大明天主之義而泄《易》之緼耶。孔子提醒子貢，時行者乾，物生者坤。下學者坤，是卑法地。上達者乾，是崇效天。而知我者天，則惟統天之乾元與之爲一，而通乎晝夜之知也。所謂大人者與天地合其德，四時合其序者，此也。知孔子之贊易，則知天主之義矣。予未能悉知其義，竊觀聖母天主像，而又借易以明之，聖母有坤之象焉。坤，母也。故懷子即天主，係所生子也。天主有震之象焉，震乾之長男也，代乾行權，故手握天震木之數三，又名天主三也。然既名天主矣，又生於聖母者，何也。天主有先天之主焉，則開天闢地生人，是天地人資始而天主無始，故稱乾父有後，天之主焉，則今圖像罷德肋，費畧，彼利斯多三多，是生於坤之聖母者也。所稱代乾行權者也，故稱震男。泰西稱聖母童貞，則此天主三又何以生焉。蓋乾體位上，坤體位下，何常見乾下交乎坤。然乾坤不交以體而交以氣，乾行爲施，坤承爲受，則稱爲童貞者，宛然模擬一坤藏乾之全體，於此見藏諸中則爲坎，生諸外則爲震。曰震曰坎曰艮，雖乾有三男之名，而止坤中之藏爲坎中之一。天主名三而實一者，不誠相合一乎。故坎位子也，古人謂乾之元復於子，人之元胎於子，曆之元起於子。孔子於復卦象曰，雷在地中復雷震也。先王於至日閉，關商旅不行，后不省，方得藏之之義焉。聖人以此洗心退藏於密者，指此《中庸》贊仲尼不特曰上律天時，又曰下襲水土。土坤水坎，直指下學上達處，此上律之眞源頭也。古今聖賢密相授受，子貢所謂性與天道不可得而聞者，亦惟此爾。天主教不以言明人，而第以其像明人，使學者觀象而心悟之。孟子曰，天下之言性也，則故而已矣。苟求其故，天之高也，星辰之遠也。千歲之日至，可坐而致也。孔子後惟孟氏揭出夜氣透露消息，孟子後惟先儒邵子云冬至子之半，天心無改移時行物生，秘密滿盤托出。嗣是而後知者何人，言者何人。不意今日泰西天主教猶能發明斯義以教人，苟學者能不迷不疑，登天主之堂，入天主之室而學焉，問焉，辯焉，思焉，行焉，則庶幾矣，故作天學説。

嚴謨《天帝考》 敝中邦古書，惟五經四子其説可憑，然《易經》語象非實談事，《春秋》乃紀周末人事，《禮記》多秦漢著作，惟《尚書》《詩經》二經及四子書，其中所載爲詳，而語且無訛。今欲聞上帝所稱爲何，故謹摘錄二經四書中所言上帝言天之語，以備參考。

以今考之，古中之稱上帝，即太西之稱天主也。曰惟皇，曰皇矣，其尊無對也。曰蕩蕩曰浩浩，其體無窮也。曰上天之載，無聲無臭，純神無形也。曰維天之命，於穆不已，無終也。曰及爾出往，及爾游衍，曰陟降厥事，日監在兹，無所不知，無所不在也。曰無不克鞏，曰靡人弗勝，無所不能也。曰有赫，曰顯思，曰聰明，曰震怒，靈明威權也。曰視聽，曰眷祐，曰錫保，曰監觀，曰陰相，曰臨下，曰無親，曰靡常，曰作，曰降，曰矜，曰謂。至神至活也。曰生烝民，曰降衷於下民，生人生性也。曰福善禍淫，曰命有德討有罪，曰作害降之百祥，作不善降之百殃，好善惡惡，賞善罰惡也。曰天矜於民，曰求民之莫，曰天命殛之，曰降災於下，至仁至義也，順之者則爲聖賢。曰永言配命，曰克享天心，曰順帝之則，逆之者則爲小人。曰矯誣多罪，曰穢德升聞，曰不知不畏，所以歷觀古聖人事上帝之學。曰勑天之命惟時惟幾，曰聖敬日躋，昭格遲遲，曰小心翼翼昭事上帝，曰敬之敬之，天維顯恩，曰獲罪於天無所禱也，曰存心

養性所以事天，唐虞夏商周孔孟之學如一也。蓋古人一行一動，無有不稟以上帝者。傳天位，則曰天之曆數在爾躬。命臣職，則曰亮天功，代天工。行放伐，則曰致天之罰。畏上帝不改不正，曰帝休大命殪戎商，祗承上帝遏亂畧。舉一賢，則曰天命有德，曰爾有善，朕弗敢蔽，簡在上帝之心，籲□尊上帝。罸一罪，則曰天討有罪，曰天用勦絕其命，曰罪當朕躬弗敢自赦。立爲天子，則曰皇天眷命奄有四海，曰帝命式於九□，曰作之君作之師，曰上帝是皇。建國都，則曰增其式廓，此維與宅。曰帝遷明德，帝省其山。心有德善，則曰錫王勇智，曰天生聰明，曰帝度其心，曰天之牖民。事有福慶，則曰昭受上帝申命用休，保右命之自天申之。每年必祭，其禮甚尊，每事必告，其情甚親。災祥必祈，權能知屬。受獲必報，美利知恩，以至行止死生無不曰有命，貧窮患難無不曰樂天，明旦闇室無一處不謹其無敢不愧之衷，須臾夭壽無一時不深其率性俟命之學。凡聖賢諸百德行，何一不從事上帝來者。則古中之稱上帝，即太西之稱天主無疑矣。或曰天主無始自有，主體有三位一體之奧，天主有造成天地神人物之工，向書中並無言之。曰天主無始與三位一體之奧理，極起人性。天主未降生前，非出天主之默示，人亦不能知，亦不敢言。其造成天地神人物之序，非居如德亞，見古經，亦不能知，亦不敢言。中古聖賢之無言此者，蓋其當也，蓋其慎也，不可以此責其有闕，而以其所稱上帝謂非天主也。且其所言上帝，靈明威權無有在其上者，則無始之義亦在其中矣。曰生烝民，曰天生人，曰降衷，曰物則，則雖不言某時造天地，以土造身，又造靈魂其中，然亦已知上帝生人錫性矣。至三位一體，則萬萬不可及。雖然吾正幸吾上古聖賢之言簡而意慎也，《論語》曰子罕言命，又曰性與天道不可得而聞也。使言多，則必有旁溢假借之語。萬一其中有一二疑似之言，今之論者，必執以爲非天主矣，豈必語入於邪始可疑。即有但如太西古經之言天主者，則上帝亦必被誣爲非天主矣。何以言之，古經云天主父語天主子曰，我今日生爾。又天主將罰瑣法馬五城，曰我不信，我且下觀之。又如太西古畫三位皆有像。如此類者多，使非解釋明白，人將謂天主非無始者。三位有大小先後，天主有所不知，有所不在，且非無形矣，將何以爲辯乎。今幸吾經書中無一語疑似，豈非上古慎言簡言之利溥哉。他如諸子書中，亦有言似明過於詩書者。如《莊子》稱造物者，又云有夫未始夫有始也者。伯陽父曰，有物混成，先天地生，函三爲一。又漢世祭三一，想亦古初有所傳聞。但今不敢引以爲証，以其中語多不純，不如勿語之爲更當也。或曰既稱上帝，有時又稱爲天何也。天則非天主矣，曰此古人之借稱也。經書中單言帝，言上帝，言皇矣上帝，皇皇后帝，蕩蕩上帝之類不可勝數，不屬天也。有時稱爲皇天上帝，昊天上帝者，蓋此表明之法也。人目所見惟天爲大，言天所以引吾聰明以知上帝之大。止言帝，人主亦有稱帝之文，不舉天不足以表明其大也。至於經書中有時單稱天者，此又用字法也，是天以言帝也。今人稱順天知府爲順府，知縣爲縣，豈城郭即爲知府知縣乎。稱主上爲朝廷，爲陛下。豈殿宇階級即爲至尊乎，不過借以爲稱指耳。夫以人類之顯見可見，尚必借稱如此。豈以純神非形體之上帝，而不可借一大以稱之，以引人思想之有所歸宿乎。此等用字，古人亦妙，非有錯也。故其所言天者，皆靈明威權之事，悉非穹蒼九重之圓體所有者，亦不憂其疑混也。況經書於一句中，上帝與天兩兩俱用，如昭受上帝天其申命，如矯誣上天帝用不臧，如帝乃震怒天乃錫禹，如視天夢夢有皇上帝，等等不一，亦不患人之疑天字謂非以指言上帝矣。總之天主無名，因人之互視而名，上帝與天主之稱，共以表其至尊無上而已，非有異也。如言人主爲君，爲后，爲辟，爲皇，共是一君。如言父爲父，爲爺，爲親，共是一父。蓋當視其所指者之何義，豈可以異地之殊稱，而謂彼是君父，此非君父，上帝非天主哉。不知上帝二字之稱，比天主二字更好，蓋必如太西稱爲天地萬物之主宰，始爲恰當。若紐攝作天主二字，反不如上帝之稱爲更妙也。何也。帝者，君也。上則天上之大君，其包則天地萬物在其中矣。稱爲天主，彼不知者，但以爲屬於天。漢世亦有天主地主山主之分，不幾乎小哉。然天地萬物之主宰，多字難以名呼，無奈紐攝，自有解說顯明，亦不妨也。初來諸鐸德，與敝邦先輩，翻譯經籍，非不知上帝即天主，但以古書中慣稱，人見之，已成套語。又後代釋老之教，目上帝以爲人類，又其號至鄙，其位至卑，俗人習聞其名不清，故依太西之號紐攝稱爲天主，非疑古稱上帝非天主而革去不用也。今愚憂新來鐸德有不究不察者，視上帝之名如同異端，拘忌禁稱，誣敝邦上古聖賢以不識天主，將德義純全之人等於亂賊之輩，邪魔之徒其謬患有難以詳言者，故備錄經書所言。而畧附愚論於後。惟祈公心破惑，共躋同美，以

合大主之意焉。至詩書中文原明白，有一二條被後儒錯解，不足以掩原義，愚亦著有《詩書辨錯解》一冊，倘欲詳考，或可再瀆也。閩漳後學嚴保琭謨定猷氏著

朱宗元《拯世略說·物必返其所本》天下無無原之水，無無本之枝；天主者，固天地萬物之源本也。造我形軀，賦我靈性，俾明睿尊鉅，超絕萬物；而又預備天堂眞福，期人受享；迨至悲憫人世，罪惡深重，甘自隱屈，降生爲人，受難至死，以闢萬民升天之牖，以贖萬世無窮之債；此則上主之全能、全智、全善，殫盡其慈，而慈恩洵莫尚已！夫惟天主愛人之心，至眞至篤，不可復加；吾人受恩於主，至大至普，不可限量；吾儕即致身致命，猶不足以仰答鴻恩萬一；故一生之精力，當全注於此；而此處昧昧，雖他行俱全，未免爲大闕陷。然則他行可不修乎？蓋思他行如枝，得此一枝，或失彼一枝；故貞於色者，未必廉於財；足於仁者，未必全乎義。欽崇天主，若網之有綱，衣之有領，一絜而統體俱振，萬目畢舉矣。未有眞心愛主之人，而行不可法，言不可信者；未有眞心愛主之人，而事君不忠，事親不孝者；未有眞心愛主之人，而臨財苟取，臨難苟免者；蓋種種善事，皆天主命我爲之；一有不全，則逆天主之命，而不得爲愛主之至矣。故萬善萬德，不過成就其昭事功夫耳。

又《儒者窺見大原》百家之說紛然，而儒道得尊於世者，百家爭其流，而儒者窺其原也；是故有畏天命之說焉，有顧諟明命之說焉，有敬怒敬渝之說焉，有昭事昭受之說焉，有欽若靈承之說焉。其論道也，則曰，大原出於天；其論德也，首言天命之謂性，卒以天載之無聲無臭爲至；曰維皇上帝，降衷於下民，若有恒性；曰明德者，人之所得乎天；則皆言吾人性靈，賦自上主，與異端言吾心能主張天地者，異矣。曰天地設位，聖人成能；曰用天之道，因地之利；則明知聖人不過於既有天地之後，爲之裁成輔相，與異端言山河大地，皆心性妙明中所生之物者，異矣。曰天降大任於是人，必先苦其心志；曰天奪其魄；曰天牖其衷；則明言上主有轉移人心之權，與異端言眞性自爲主宰，毫不聽命於主者，異矣。曰獲罪於天無所禱；則明知事物權衡，宰自上主，百神不得分其職矣。曰下學上達，知我其天；則明知朝夕存想，與主默契之爲闇修矣。曰惡人齋戒沐浴，可事上帝；則明知一切人靈，痛悔自新，俱得奉事天主矣。或以爲昭事之禮，唯天子舉之，諸侯且不敢僭，況庶人乎？不知所云不得僭者，特郊社之禮耳，豈禁人稽首拜禱，疾痛患難之籲而呼也。即今諸夏之人，凡遇元旦長至，及婚姻一切吉凶之禮，不論貴賤，必先拜天，此豈號爲僭妄？古人趙抃，每夕焚香告天，亦豈以人臣僭擬天子乎？大抵聖賢經史，其精義多與聖教默合，而後儒詮疏，反多渾淆，如太極生兩儀之謂。試問太極有知覺乎？則必曰無有。太極有靈明乎？則必曰無有。太極能賞罰乎？則必曰不能。故聞祭上帝也，未聞祭太極；聞畏天命矣，未聞畏太極。太極者，最先之謂也，如草木之有種子，人物之有元質；天之所以爲天，地之所以爲地，是謂天地根，是謂太極。或又曰：生天生地之天主，固與儒者所論無二；若大秦耶穌之降生，恐不可以當上主也。曰：子以端居九重爲天子，巡狩方嶽者，非天子乎？古者天主未降，但祀無聲無臭之上主，即如天子，端居時耳；方今天主既降，則必奉有名有像之耶穌，即如天子巡狩時也。故在西漢以前，天主尚未降生，宇內之人，果因性之本善，恪守其良知良能，其心亦已盡；西漢而後，降生之主，闡發至義，更立新典，必悉遵其言說，乃爲完備；聖經所謂新教是也。蓋儒者，知宰制乾坤之天主，而不知降世代救之天主；知皇矣蕩蕩之眞宰，而不知位三體一之妙性；知燔柴升中之牲享，而不知麪體酒血之大祭；知悔過遷善之心功，而不知領洗告解之定禮；此則聖教所備，佐吾儒之不及，爲他日上升之階梯也。凡吾師法聖賢者，毋汩此窺見大原之性天也哉！

又《天主性情美好》萬物不自有，恆受有於天主；天主則自有，而不受有於萬物；萬物不自存，恆賴存於天主；天主則自存，而不賴存於萬物；不始而能始物，不終而能終物，不動而能動物，不變而能變物；其性情之尊貴，爲無窮際之大；其品位之峻絕，爲無窮際之高；其包涵之富有，爲無窮際之廣博；其存駐之無初無末，爲無窮際之久遠；其精微之難測難量，爲無窮際之幽深；盡天下聖人，盡天上天神，假之無量時，相與形容測究，譬如以掌挹大海之流，安能罄其毫末哉？凡物皆有依賴：聲色臭味，依於形也；識悟慮想，依於靈也；天主則純神自立，德即其體，用即其性，而絕無依賴矣。凡物皆有流時：一爲已去之流時，一爲未去之流時；天主則前之無始，都爲現在，後之無終，亦都爲現在，而絕無流時矣。是以物物之性，性性之理，自無始時，皆藏於天主之意中，謂之元

則，西文謂之《意得亞》，與天主純體爲一；後特依此所畜元則，因時授造，故萬物既受造者，與天主爲二；或有始無終，或有始有終；而所畜元則，永在主性，與其純體，同爲無始無終也。天主外所顯之作用，欲如是以爲之，則如是以爲之；欲不如是以爲之，即不如是以爲之；存乎天主之意者也。若其內性之相生相發者，出於不得不然，自然而起，非欲然而作，故有三位焉：第一位曰父，第二位曰子，第三位曰聖神。第一位，明見本性無窮之美好，即生一肖己之像，與己纖悉不殊，而第二位，已全得父之性以爲子矣；如人對鏡，即生一像於鏡中，與己若一。但鏡之照爲外照，故像爲虛像，照掩而像藏；天主之炤爲內炤，故像爲實體，照永不息，像永不滅，而成一對己之位焉。但非父任意生子也，如人對鏡，非欲使鏡中有像，明照之下，自不能無像耳。第一第二位相親相愛，即自無始，發一固結之愛情，而第三位已全得父子之性，以爲聖神矣；如人胸中懷某人，即恍有某人在某胸中。但人之愛向於外，故思懷所成爲虛物，想止，而想之所成隨滅；天主之愛向於內，故愛之所成爲眞有，愛無時已，則愛之所成亦無時已，而爲一對己之位焉。顧非父子任意發聖神也，如人見極美麗之物，不必有心契慕，兩好相值，自不能不樂賞矣。父之生量，已盡於生子；父子之發量，已盡於發聖神；故不可復加於三。然父不能遏其照使不生，父子不能遏其愛使不發，故必極於三而止。位雖三而體則一，同能，同知，同善焉；如體也，光也，暖也，而止成一日。然天主非物可擬也：子雖由父，聖神雖由父子，但其生其發，不待俄頃，同爲一無始之眞主焉，所謂有原先後，無時先後也。而取人以降生者，第二位子也。凡超性之理，悉屬奧玄；而此一端，尤爲奧中之奧，玄中之玄；始之以格致之學，繼之以超性之學，庶畧可朗悟；而幼學者未克明透，但實心信愛，漸求解達可也。

又《天主聖教豁疑論》 始余大夢人也，不自知其爲夢，一朝而覺，然後信天下之皆夢也。余不忍以己之覺，聽天下之夢夢，故敢以己之所覺，與天下共覺之。天下之理有不待教而知者，莫著乎天主之說也。天主者何，上帝也。中華謂之上帝，西土謂之天主。上天自有一主宰，豈待辨而始明哉。是以中華先哲雖未親聞造物之傳，然莫不以敬事天主爲學，曰畏天命，曰顧諟天之明命，曰存心養性以事天，曰小心翼翼，昭事上帝，曰予畏上帝，不敢不正，曰上帝臨汝，毋貳爾心。經傳所載，不一而足，皆明言天之有主也。後儒罔晰丕原，唯認天以蒼蒼者，是謬矣。嘗稽六籍，談天厥有二義。如莫高匪天，高明配天，欽若昊天之屬，皆言形也。如天監在下，天命有德，天難諶斯之類，皆言主也。乃形者謂天，主者亦訓之以天，猶今稱元后以朝廷，言朝廷即言其處朝廷之后耳。明此說而後知聖賢凜凜祇敬者，非空指蒼蒼之天，唯此一大主也。乃說者曰，生天生地，是名太極，曷云天主。然所謂太極，乃二儀未□，萬象蒙冥，爰有元行，克塞兩間，形形色色資之以起，後人弗獲厥解，則名之曰太極也。無極也，太始也，太易也，渾沌也，不知特生生最初之材質，繇物主造，非即物主也。頌維皇降衷，若有恆性之語，即可推天地人物所從生。讀夭壽不二，脩身以俟之文，即可知聖人兢兢畏死，惟恐忽至，而不及備齋戒沐浴。可事上帝，非悔罪歸直之義乎。獲罪於天，無所禱也。非言一切淫祀之皆虛乎。作善降之百祥，作不善降之百殃。非言上帝有大賞罰乎。乃不能無疑於天堂地獄之說者，惟謂人死而魂即滅耳。不知爲此說者，是欲禽獸我也，艸木我也。禽獸無靈，艸木無覺，故一死而與之具盡。人爲萬物靈，形體有壞，靈性不壞。試觀詩書攸載，即可徵人靈之不滅，天堂之必有焉。如所謂文王在上，於昭於天。文王陟降，在帝左右。世有哲王，三后在天。天既遐終，大邦殷之命。茲殷靈先哲王，在天作丕刑於朕孫，迪高后丕乃崇降不祥，皆班班可攷者。《中庸》一書，言天命謂性，終以上天之載，無聲無臭，固明謂人本乎天，而必以歸天爲復命之全功也。惜哉，吾儕失其本來所自有之天學，而錯認爲西國之學。夫以我心原有之理，貿貿罔察，有迸而呼之，謂宜愓然醒，瞿然慮，顧忘己之同，反詫彼爲異，不令西士笑我愚狂哉。抑不能無疑於天堂地獄之說者，謂佛氏蚤有論也。不知佛氏持竊天學之緒，而未獲其旨耳。按《西域圖誌》，釋迦始行教國中，專事明心見性。衆莫允從者，乃取天敎天堂地獄之說，衍以輪迴六道之議，國人翕然順焉。夫人覊不可變爲異類，此身不可代爲他身，輪迴舛謬，已有明論。若其所謂天堂者，不出香花金寶，此塵界之榮富，非超性之天福也。所謂地獄者，不過刀鋸湯火，此有形之難災，非神靈之劇苦也。且於人死，而延僧祝讖，即云可滅罪昇天，則元惡大憝，皆有法以救厥後，不既誘民陷辟乎。其不足信也，明矣。難者曰，天學既即儒

理，孔孟之訓已足，何必舍己從人。而徐相國更云闢佛補儒，敢問儒者何闕，而待於彼之補之也。曰知天事天，大較不殊。三代而降，雖言知天，實未殫乎知之奧秘。雖言事天，實未盡乎事之禮則。故終日曰知曰事，究竟無一人知且事者。若乃乾坤開闢之時日，萬類窮盡之究竟，上主無窮之妙性，身後罔極之苦樂，悔過還誠之入門，遷善絕惡之補救，必待西說始備。但觀西土聖賢輩出，獲諸傳聞者無論已。以余日接諸君子，其人皆明智而忠信，溫厚而廉介，慈藹而謙下，澹薄而勤奮，簡身若不及，愛人如惜己，令人一悟言間，莫不瞿然顧化，如坐春風。詎彼性獨異人乎，良由授受明而教法備也。我中華典墳廢闕古史殘滅，九頭疏仡之記，荒唐而不可憑。觸山煉石之說，鑿空而不可信。是以删書斷自唐虞，賛易惟稱羲聖。非智弗及前此以上，緣書傳無稽也。惟如德亞國，史載無訛，自開闢迄今，不過七千餘載。肇產人類，男女各一。男名亞當，女名厄襪。內則聰明聖智，不待學習。外則康寧強固，無有遘疾。百果昌繁，猛毒馴命，維此二人，既方主誡，凡厥攸煬一切墮失矣。然以理推之，亦可信者。天性皆善，何以聖一狂千，則知必有壞性之繇。人爲物貴，何以方寸之蟲，即可斷命，則知必有召災之故。是以越二千載，主乃大降洪水，勦絕民命。惟存八人，後復繁衍，偏居萬國，至漢哀帝元壽二年庚申歲，天主降生爲人。其義未□殫述，主本純神無像，今之攸陳，即降生後之聖容也。是故天地之有主也，此主之宜事也，佛老之宜斥也，滛廟之宜蠲也，星卜矯巫之宜擯也。皆儒者所已言，其事已著，其理易知。若乃天主三位一體之秘，一位降世救贖之功，萬民復活審判之義，天地人物始生之原，中華舊無言者，言之自西儒始。始於西儒，曷以知其不謬耶。凡爲僞說以誣人者，非至愚昧，必將假此濟求耳。西士窮天下所不能窮之理，格天下所不能格之物，莫容欺以罔誣。自入諸華，贈遺皆絕，日用飲食，攜自本土。不聚徒侶，不求名位，後先數十輩，老者死，壯者老，非有求也。行既爲坊衣矣，言獨不著藜乎。蚩蚩之民，溺於舊聞，或難遽曉。膠□咕嗶之子，固知天地之必有主，而欲行其私，則不利賞罰，因言無賞罰，吾願含生之倫，大開眼孔，認眞本主，去風溺之意見，証以天下萬世之公理。討講儒訓，以究因性之義。尋繹西典，用求超性之微。翻然悔悟，肅然改圖，庶幾不虛此生，不失至理，不悞靈魂大事，方可使夢者而爲覺，悟今是而昨非，不終爲上帝之僇民，大父之逆子也。幸矣。

紀事

黃伯祿《正教奉褒》 崇禎十三年十一月，先是，有葩槐國君瑪西理，飭工用細緻羊鞹裝成冊頁一帙，彩繪天主降凡一生事蹟各圖，又用蠟質裝成三王來朝天主聖像一座，外施彩色，俱郵寄中華，托湯若望轉贈明帝，若望將圖中聖蹟，釋以華文，工楷謄繕。至是，若望恭賫趨朝進呈，並具疏奏稱：竊維天主者，天上眞主，主天亦主地，主神主人主萬物，譬猶國家之有帝王，罔所不統，理無二上，不容齊耦，勢在必從，不容疑二者也。試觀普世之人，莫不瞻天敬天，蓋天非蒼蒼上覆之謂，正以上有眞主，人心對之，自然加肅，不敢戲渝，比之臣民，望九重而叩，叩九重內有聖明，非徒叩也。且天主者，自立神體，不著形聲，大智全能，造化萬有，而常宰制之，更於萬有之中，加愛人類，故當創造初人之時，賦以正理，而人各有生之初，莫不各有當然之則，所謂性教也。以故趨善避惡，不慮而知，凡遇忠孝大節，舉仰慕之若渴，凡遇奸頑大慝，舉疾惡之若仇，而有疾痛，呼則父母，有患難，則呼天，人窮反本，於茲益著，豈非秉彜同然哉？獨惜世風日下，人欲橫流，人生其間，漸淪昏罔，而性教不足以勝之，於是天主大發仁慈，戢隱眞威，同人出代，而不著形聲天主之體，降寓形聲人體之中，在世凡三十有三載，闡揚大道，普拯群生，而恩施至此已極，救世功畢，亭午昇天，遺有經典六十三冊，並命宗徒等布教萬國，凡遵其教者，必與上昇，以享眞福，蓋天主至公，無善不報，此又比之人主，論功行賞，輕重大小，並及靡遺者然。從此宗徒等奔走四方，流行教法，代有好修樂道之士，上順主命，下重人靈，相繼傳宣，以至今日。即臣等輕棄家鄉，觀光上國，意實爲此，不敢隱也。總之天主正道，與釋道等教殊趣，以昭事天地眞主爲宗，以導人仁睦忠良爲本，以悔過遷善爲入門，以生死大事有備無患爲究竟。王者用之治國，則俗樸風醇，人心和輯。君子奉之修身，則存順歿寧，永遠吉祥。誠普世之人，所當共務欽崇，以隆造物之本始，以一人生之歸向者也。臣故不揣荒陋，敢

因進書而陳其大略如此，伏惟聖明垂察焉。上覽奏，即將冊頁聖像置設御几，凝神細閱，幾不忍舍，旋宣皇后來前，將冊像事蹟，指示講解，皇后虔誠下拜，帝命將冊頁聖像供奉殿廷，令宮中諸人，隨時瞻拜。

利類思《不得已辯》 光先云，按耶穌之釘死，實壬辰歲三月二十二日。而云天地人物，俱證其爲天主。天則望日食既，下界大暗，地則萬國振動。夫天無二日，望日食既，下界大暗，則天下萬國宜無一國不共暗者。日有食之，《春秋》必書，況望日之食乎。考之漢史，光武建武八年壬辰三月十五日，無日食之異。豈非天醜妖人之惡，使之自造一謊，以自証其謊乎。

天文家論各國各地交食有異，有此方日食，彼方不食者。有彼方日食，此方不食者。曆法之常經也。蓋各方子午各異，交食隨之而異。有東西之差，亦有南北之視差。此方多食，彼方少食。有此早彼遲，此有彼無者。各方各別，天下豈能一例乎。況曆家測量日食，必以朔日，從無望日食者。耶穌受難爲建武八年三月十五日，此天變示警，象緯失位之象，非曆家所得知也。然中國史書之不紀也，其故光先未之知也。蓋大地圜體舉於天之中，人從所居莫不足履地而首戴天。日月星辰之旋轉運行，天動而地不動，故晝夜遲蚤之殊。今耶穌受難在漢建武八年三月十五日午時，以地體論，如德亞國與中國地勢隔遠，而時刻自別。當彼午正，於中國差二十余刻，又視差四刻，合算在酉正強。且時際春分，日已入地平。即有變現，無由仰觀史官從何而紀。按西史載一大賢，諳於天文，名低尼削，時居厄日多國。仰觀日色昏暗，愕然曰，此或造物主被難耶，抑天地世界將終耶。數年之後，宗徒至其地傳敎，低尼削乃詳知其故。遂奉敎著書，發明天主奧理焉。

藝文

林欲楫《畏天箴》 皇矣上帝，居高聽卑，何以事之，念念勿欺。居心勿凈，濁魔爲祟，舉頭見天，云何勿畏。彼夜而告，以省其私，吾謂帝心，未告已知。雖有旃檀，香不盈室，德馨所聞，靡遠弗格。雖有鮑魚，臭不越肆，穢念所觸，諸天掩鼻。世人佩芳，以襲其體，我衷吾芬，惟心是洗。洗之又洗，如滌腥羶，庶幾不滓，以對於天。

林維造《論天》 西方有至人，所談皆主天。聞道盡欽式，疑此翁是天。天乎不可問，吾儒自有天。不是昭昭多，不是蒼蒼天。孔子言知命，孟子言事天。至於紫陽氏，謂是主宰天。足方而履地，頂員而戴天。安受之謂順，儌倖曰逆天。如何世蚩頑，所行多違天。腑肺多欺昧，平旦失所天。曷試纔閉目，開目即見天。開目便入妄，閉目尋眞天。發念常如在，方信溥博天。咲彼狂奔者，不知我有天。亦有尊奉之，爲別一洞天。若言血氣者，則皆可配天。我本中國產，我家有父天。父敎未能習，焉能知主天。大願世間人，修身莫怨天。下學而上達，知我者其天。

天主之造化

綜述

羅明堅《天主聖教實録・天主制作天地人物章》 前已明言天主之德，今以制作天地人物言之。自五千五百五十餘年以前之時，別無他物，只有一天主，欲制作天地人物，施之恩德，故於六日之間，俱各完成。第一日先作一重絕頂高天，及其衆多天神，混沌之地水。第二日之所成者，氣也，火也，九重之諸天也。第三日則分其高者爲山，流者爲水。第四日，則作之日月星辰，第五日作衆禽飛於上，魚鱉游於水。第六日作百般走獸，及人祖以生育乎人民。或曰，此事皆未前聞，今得領敎，誠爲至妙。若第一日之制作也，有幾件事否。答曰，第一日之所成者，其中固有四般。第一般者，地也。此地甚廣，周圍計九萬里，其中心乃地獄之所在也。地形重乎水，是以地居於下，水浮於上。第二般者，地上之水也。水環地外，似乎鷄卵之白，地居水中，如有鷄卵之黃。第三般者，絕頂之高天也，天神與奉天主之聖人，俱居於此。第四般者，造天神之數衆多。或曰，我今已知天主先日作地，譬如房屋之定基址，及成絕頂一重之高天而

覆乎世界萬物，譬如房屋之成其障蓋也。曰，此言誠是也。今吾就汝所言房屋之事而明言之，第二日之制作亦有三般存焉。第一般者，絕頂高天之下，又作九重之諸天，上下相包，如葱頭然。若第九重之天，流行似箭之速，一日而周天一次。第九重之天既動，而下八重諸天亦因之以俱動矣。若第八重之天，衆星所居之天，星之在天，亦猶木節之在板也。第七重者，塡星所居之天。塡星者，土星也。第六重者，歲星所居之天，歲星者，木星也。第五重者，熒惑星所居之天，熒惑星者，火星也。第四重者，日輪所行之天。第三重者，太白星所居之天，太白星者，金星也。第二重者，辰星所居之天，辰星者，水星也。第一重者，月輪所行之天也。第二般者，乃月下之火，此火與月相近，其性甚熱，而又次燥也，是以與水之性相背馳。第三般者，乃火下之氣也，此氣雖在火之下，實則水之上也，其性甚濕，而又甚熱，是以與地之性不相和。至於第三之日，天主作其地，與人物所居。彼時地水混沌，故分其山，處之高，人之困於水者，有所寄。河海分其處之低，橫流混濫者，皆繇地中行，使人物得循其居止於山，則布之草木。又作一處甚妙光景，付與原祖亞當阨襪所居。第四日之所作者，日月五星，分於諸天，諸般星宿居於第八重之天，施光於宇內，爲人所瞻仰。但月屬陰，本無光，必借日之光以爲光。臨朔之時，日疊乎月，是以月光在上，世人見其月昏，至初三四，則月頗離乎日，故上弦臨望，日月相對，世人居中，是以見其圓滿而光明。至於二十三四，則日復近乎月，故下弦，日月旋轉，及其相映之際，遇地隔於中，地影衝障，是以世人見其月蝕。月行黃道而遮其日光，故世人見其日蝕也。若第五日之所作，使魚蝦游於水，衆禽飛於空，而生生不已。第六日，則先成其百般走獸，次成一男名曰亞當，後成一女名曰阨襪，使之配偶，此二人者乃普世之祖，使居樂土，是謂地堂。無寒無暑，百果俱備，且天主令之曰，爾若尊順乎我，則萬物亦順乎爾。爾若背我，則萬物安肯順爾哉。

朱宗元《拯世略說·天地原始》 凡物之理，皆可意測，惟往古事緒，歷年多少，必待信史相傳，非推測可悉也。易稱伏羲神農，已不能詳其姓氏郡邑，故刪書斷自唐虞，明前此悉茫昧難據矣。宋儒羅泌，乃取子家雜言，及道家之說，彙爲路史，言自開闢至春秋，二百七十萬年。邵子元會運世之說，亦如更生五行，多牽強附會。至佛氏謂恆河一粒沙，爲天地一啓闔，尤屬誕妄。總之，不獲其傳，任諸家剏無根之說耳。但萬國史書，無記開闢事者，惟如德亞國存之。自有天地至今順治之甲申，僅六千八百四十四年，中間復遭洪水之厄；洪水已前，人類已繁衍如今日，因其背主逆命，悉淹沒之，僅存大聖諾厄一家八口；自洪水至今，四千八百餘年耳；開闢之距洪水，可二千餘年。中國之有人類，大抵自伏羲始，故一切制度規模，悉肇於此數帝；不然，後世百年之後，制作變遷，已不可紀；豈前此有多多之年，其人悉愚，待神農始耕，黃帝始衣哉？夫天主不生天地於無窮之年，而生於數千載前者，正可知乾坤與民物，皆屬有始，皆屬眞主制造，而謙事主耳。若稽主作之序，六日而畢；天主能成萬有於俄頃，而必需之六日者，欲其與後世物以漸成者類，使人知目今之化育，新新不竭，即向者生天生地之主之力也。其第一日，於靜天上造九品神：神有順主者，有逆主者，而善惡判，升降定矣：升者謂天神，降者謂魔鬼。六日之後，乃生人類，男女各一：男曰亞當，女曰厄襪。必天地萬物備而生人者，正以示世上種種，皆爲吾人而設，而造物者安頓吾儕，委曲周至，人當感謝於無窮也。玆時人民未有，僅生二人者，欲萬古生民，咸知同原而出，相愛如昆弟也。一男止配一女，不以多女奉一男者，示萬世夫婦之正道也。元祖之生，處於地堂，無風雨寒暑，無疾病苦惱，萬物咸順厥命；一切生植，不用人工，自然蕃茂；一切名理，不待推究，自然洞徹。天主許二人以能守主命，則永生不死；在世之期已盡，遂升之天域焉；而幷以此福傳之子孫。惟一樹菓，主禁勿食，食之則世福遂墜，殃起身死，靈亦不能陟本鄉焉；而凡人類之爲其子孫者，皆傳其罪污也。元祖方命，信魔，冀匹天主，遂食此菓；主乃驅出地堂美麗之域，不許更入。土生荆棘，畊乃得食，四時不齊，疾病始起。人既犯主命，物亦犯人命：猛獸毒蛇，皆能施害；雖本性之美好不失，而性外所加之美好潤澤，悉奪滅而無存矣。夫一菓之違，罪逆甚輕，情則至重：信魔言而背主命，是棄親而崇仇也；食菓覬覦比天主，是僭恣而無忌也；明告以嚴刑而不顧，是不愛其身，且不愛其子若孫也；萬類之供其欲者甚多，而不禁一菓之嗜，是以神靈聽口腹之命也。況天主賜元祖聰明，超絕後人，特於無中造此世界，令二人安享，幷爲生人鼻祖；此何等恩德。纔受恩時，便爾悖逆，罪焉可逭？然元祖於後人，功罪各不相及；而元祖之污，則遺於後人者，

主嘗誠之矣。帝王號令，猶在必行；況天主而不自踐其言哉？且欲知祖宗遺殃，猶且見罰如此；則我自作之孽，其罰更何如耶？以小事犯主命，世上之禍，遂與人類相終始；以大事犯主命，地獄之刑，豈不爲無窮無極耶？況人既爲罪裔，自分與主棄絕，然呼主而必應，求主而必憐，主之聖愛，於茲益顯。又使人還自念曰：既負此無疆之愆矣，夫誰爲救拔余者；則必望眞主之我拯而我贖也。彼叛逆者，罪其子孫，原不爲過；而天主則特微罰而已：但奪性外之諸潤飾，而本性之美好自在。且元祖惟超性智量，迴過後人，故一犯訓，立施降罰；若天主不使原罪相承，仍以初賜原祖之恩賜後人，則後人有犯，罪惡益重，當即施滅絕，而人類或幾不可存矣！夫今人竭志學問，猶有不能通達之理；殫力經營，猶有不能生全之計；微蟲卑畜，力可殺我；水旱病疴，毫不自由；尚且有傲誕自滿，矜我性爲無始，如佛氏者；使若元祖之時，肆妄當何如耶？然吾人氣稟劣弱，易於趨惡，雖由原罪；而主畀本體，正不受蔽；爲善爲惡，仍屬自主，不得委罪於元祖也。

耶穌基督

綜述

陽瑪諾《聖經直解》卷一《耶穌》 天主降生後之名，譯言救世者。蓋世人既因元祖悖反主命，敗壞厥性，致有元罪。且又人各造罪，莫可解免，是則世人如負無窮之債，若非天主自救，即屬神人補贖之功，終有限，安能盡償，緣此天主大發慈悲，降生拯拔，是爲救世者，而以耶穌稱之也。

又《契利斯督》 吾主耶穌之別名號，譯言受油傅也。古禮或新立國王，及聖教宗主，俱以聖油傅於其頂。今耶穌既爲萬物之王，又爲古今聖教之一大主，身兼二貴，而其神靈滿被聖寵，亦如身傅聖油然，故以是爲號。

艾儒略《職方外紀》卷一《如德亞》 此地從來聖賢多有受命天主，能前知未來事者。國王有疑事，必從決之。其聖賢竭誠祈禱，以得天主默啓，其所前知，悉載經典，後來無不符合。經典中第一大事是天主降生，救拔人罪，開萬世升天之路，預說甚詳。後果降生於如德亞白德稜之地，名曰耶穌，譯言救世主也。在世三十三年，教化世人，所顯神靈聖蹟甚大且多。如命瞽者明，聾者聽，喑者言，跛者行，病者起，以至死者生之類，不可殫述。有宗徒十二人，皆耶穌縱天之能，不假學力，即通各國語言文字。其後耶穌肉身升天，諸弟子分散萬國，闡明經典，宣揚教化，各著神奇事蹟，亦能令病者即愈，死者復生，又能驅逐邪魔。緣此時天下萬國大率爲邪魔誘惑，不遵天主正教，妄立邪主，各相崇奉，其所奉像又諸國不同，不止千萬。自天主降生垂教，乃始曉悟眞理，絕其向所崇信惡教，而敬信崇向於一天主焉。所化國土，如德亞諸國爲最先，延及歐邏巴、利未亞大小千餘國，歷今千六百餘年來，其國皆久安長治，其人皆忠孝貞廉，男女爲聖爲賢，不可勝數。

文廷式《純常子枝語》卷一八 耶蘇之所以得行於世者，以其捨身爲代衆生受苦也。《論語》曰有殺身以成仁，佛說投身飼餓虎，經云我今捨身救衆生命，其大指亦極相似。然孔子包周身之防，佛說乃過去之事，匡人之厄，未喪斯文，提婆達兜之害，唯少出血。而耶蘇則身丁其禍，慘酷逾恆，其教既行，則人之哀思也亦愈切，固必然之理也。

藝文

徐光啓《耶穌像讚》 立乾坤之主宰，肇人物之根宗。推之於前無始，引之於後無終。彌六合兮靡間，超庶類兮非同。本無形之可擬，迺降生之遺容。顯神化以博愛，昭勸懲以大公。位至尊而無上，理微妙而莫窮。

三位一體

綜述

羅明堅《天主聖教實録・天主聖性章》 天主一性而包含三位，西土謂之伯鎖亞也。第一曰罷德肋，譯言父也。第二曰費署，譯言子也。第三曰斯彼利多三多，譯言無形靈聖，或聖神也。分別位有三者，合性體言之，總一天主而已。須知此三者更無大小，無強弱，無先後可言也，且約舉兩三端以推之。其一曰，凡有神性者，本有明悟，亦有愛欲也。司明悟者，先引而使知，司愛欲者，後從而使行。無明悟則昏昧，不得知所當行也。無愛欲則虛弱，不得行所已知也。兩者相須相賴也。司明悟者既明事物，必生事物之象而含存之。司愛欲者愛一物，必生一愛情而內含存之。此神性之妙用也，凡有神性者皆然矣。其二曰，夫物之宗品有二，有自立者，有依賴者。物之不恃他體以爲物，謂之自立。物之不能自立，而託他體以爲其物，謂之依賴。自立之物或有形者，如天地人身等類是也。或無形者，如天神人之靈魂等類是也。依賴之物亦然，或有形而賴有形自立之體，如五色之類是也。或無形而賴無形自立之體，如五常明才七情等是也。人物及鬼神皆如此。極於天主至精至純之情性，豈有自立依賴之殊也乎，則明悟愛欲等內發之情用，本自立無賴而成一純性，一純體矣。其三曰，天主必至靈至神者也，至靈神則不能不明盡其性之妙也。明盡其性，則不能不生其象也。此象因爲天主內發之全象，故於天主必同性體，同知能，無多少之異焉。因爲天主自然之象則無始終，無先後，無移變之殊焉。雖然彼此無不同，唯位不同矣。蓋本有授受之次第故也，即授者，謂之罷德肋，父也，第一位也。受者，謂之費署，子也，第二位也。又父明其所生之子，必不能不愛之，子明其所授生之父，必不能不親之，父子相親愛，則愛情繇發矣，此愛情因爲天主內發之情，則於天主必同性體，必同知能，無多少之異焉。因爲天主自然之愛則無始終，無先後，無變移焉，直因其爲二位，相親之所繇立，故特有次第之殊。而謂之斯彼利多三多，聖神也，第三位也。天主一體三位，此之謂也。嘗譬之水矣，出於泉，流於川，聚於湖，泉川湖雖三，其水實惟一而已。罷德肋爲無源之源，則泉也。費署源生於罷德肋，則川也。斯彼利多三多源發於罷德肋及費署，則泉川共聚之湖也。若天主位雖分三，體實唯一。蓋神妙之極，難以言語形容，一而三，三而一者也。

陽瑪諾《聖經直解》卷六《天主三位一體主日》 此日兼包二禮，一天主三位一體，一聖神降臨後第一主日。因祭間兼誦二經，今獨解天主三位一體之經，聖神降臨後第一主日之經便見第七卷。

又《天主三位一體之理》 是日聖會立大主日，慶天主三位一體。三位之情，其微妙精粹，俱無窮際，無界限，蔑以尚之。緣聖賢欲解斯端，皆先嘆而云，淵乎其淵。經記，天主曾擕先知聖人，置之海濱，倏見天神，持丈入海，呼聖人隨入，聖人如命，神量千丈，水至股拐，神前行量千丈，水至膝，又進量千丈，水至腰，終量千丈，水深無底。聖人不能前，乃退而出。聖人解曰，斯水天主三位一體之像也。其廣深，如無際無底之海，人欲明測，思愈勞，則理愈深。猶目視太陽，益視益昏，姑舉數端畧解之。

其一，人想某物，明司即生某物之像。謂之明司之產，明司之子。而愛司自然發愛而愛之，天主第一位聖父，自無始之始，想識本體，本知，本善等無窮之情，即生於已內諸本妙之像，謂之產子。但人像依賴者像，天主自立者，生活者像也。其諸精妙於天主聖父無異，斯謂天主聖父之聖子，即天主第二位也。又聖父視所生之子無窮之妙，而子視所生者父，其妙亦然，互相親愛，而發無窮生活自立者愛，斯謂天主聖神，即天主第三位也。

斯之精微，教友必當實信無疑。在教外者，聞天主有子，亦不必怪異。須知凡物能生本類之物，具精妙之能，不然不爲活物。況天主常生恆活，何獨無斯能哉。因天主曰，吾賦他物能生，獨吾不能生耶，獨吾自孤子耶。

其二，姑借水以解。譬大海無涯，生大江，海江出流，成大湖。海本無原，而爲江原，湖受成於海於江，分別有三。但海水，江水，湖水，俱

一水也，天主三位一體畧然。

其三，人之靈性，含記，明愛三司之別，但靈性之體獨一而已。

其四，譬太陽，有體，有光，有熱，體不係於光於熱，光係於體，熱係於體於光，三者總一太陽而已。

右解僅喩其萬一，實無神無人能測其微。無心無舌能白其詳，緣不可輕據淺論卑諭，輒爲信否，惟當服天主親傳易釋羣疑，而得眞信也。

噫，天主性奧，吾輩知淺。聖人恆云，可美其大，可駭其玄，可仰其奇，不可妄測。人得盡測，則天主之性，不惟不妙，世物反得過其妙也。蓋人雖頴睿，不能明達被造之性，乃妄欲明測造物者乎。聖巴西畧謂不信斯端者，曰，爾爲不明不信也，吾竊問爾信天主超然大過世物否，爾不狂顛，必曰大過。吾今不舉天神之性，吾人之性，大貴物之性，但舉微蟻之性，問汝其性何性，必云不知。則吾曰，蟻諸蟲之中甚小，其性甚微，汝猶不能測其微之故。天主三位一體之妙，極大極高，妄欲測其高之高，愚哉。

聖奧斯定未進聖教之前，多端難信，私自勉曰，世物吾多不見而信，如未見落瑪府，未見某國，某王等，而或爲友傳，或爲書傳，或爲衆口傳，吾藉其証而信之。又如吾二親，吾知實爲某某，皆倚彼之說而信之。況聖教斯端，聖經所記，多聖人所書，多致命者所証，多聖迹所試，曷不信哉。聖若翰宗徒云，人尚信人，矧信天主乎。

或曰，聖父生子，則父先子後，聖父聖子，並發聖神。則父子在先，聖神在後。有先後之勢，必有有始無始之別，則三位不能俱無始也。曰，先後有二等，時之先後一，序之先後一，如父于子，父多年前其子，謂之時之先後。如火於熱，一，有火即發熱，惟因火發熱，而熱出於火，謂之序之先後。天主三位畧然，一有聖父，即有聖子，一有聖父聖子，即有聖神。蓋聖父自於無始之始生聖子，聖子亦無始，聖父聖子於無始之始並發聖神，聖神亦無始，可知論時，無有先後。但父授生於子，子受生於父，父子並發聖神，論序有先後之別。若太陽，有體，有光，有熱，三者論時，同時也。一有日體，一時有光，一時有熱，惟因光生於體，熱生於體於光，必有先後之序。又若靈性，有明愛記三司，一有靈性，三司同時自發，無時在先在後，惟因三司發於體，必謂有先後之序，畧解上疑，其實世上無得解其全也。

又《聖神降臨本主日・聖神》天主第三位也。原文曰，斯彼利多三多蓋斯彼利多譯言無形靈體，即神之義。三多譯言有全德，即聖之義。故欲表天主第三位，爲聖中之至聖，神中之至神。而爲諸聖諸神所從出之大原。因謂之聖神，後每云聖神倣此。

左經僅提今日之禮，緣祭時另有他經細述，余揭其畧。吾主既昇天，聖母，宗徒，聖男，聖女，約一百二十位，其居大堂，合如一心，求如一口，十日如一。是日計當辰時正，天忽響如雷，風忽大作，充滿其堂。時現焰火多塊，其形如舌，直懸各位頂上，乃聖神盈滿衆心，使皆熟知萬國之音，使能明知聖教奧理，使能解聖教諸疑，使逆知未來多情，使能行多聖迹，使心定於善，再不能大犯也。當日適遇京中大慶瞻禮，故百方人衆聚行禮，宗徒齊出，隨道勸衆。奇哉，百方異人，各聽本國之語，各明宗徒之言，因皆駭曰，怪哉。斯人詎非生長於加理勒亞地，而第習本國語乎，吾等異國之人，各有土語，今斯人之言，於吾諸國無異，怪哉。宗徒曰，勿怪，俱主至能，主在時多行聖迹，其行純粹，汝輩大誤釘殺之，惟倚其父天主全能，死後復活。吾等親視，復活後昇天，從彼遣臨聖神也，聽者曰，吾兄今奈之何。曰，當悔當領聖洗，乃始得聖神之恩，即日三千人領洗，而入聖教。

吾主受難前一晚，聖徒痛哭哀切，主慰曰，吾既昇天聖神降臨撫護，經言如左。【略】

又《箴・愛予必守予令》聖神，聖父及聖子之愛，是也。主遣聖神降臨以顯其愛人之至。右經示吾，當愛主如何，以酧其愛。云，從守吾誡，愛吾之眞效也。聖賢常云，權衡稱物輕重，丈尺度物長短，鏐石試金眞僞，守誡眞愛權衡也，丈尺也，鏐石也，稱其輕重，度其長短，試其眞僞。聖額我畧曰，爾勿欺己，勿輕言愛主。有証可問，守誡眞証也，其証不可辭也。蓋眞愛自不能閑，在心常行。無行，則無愛。比火於薪，近薪火燎，去薪火滅，守誡愛薪也，守之愛存，犯之愛滅。

多瑪聖人，廣述守誡之要，以顯眞愛。曰，該守於耳，廣聞其解，該守於心，常玩其味。該守於口，常論其妙。該守於手，常勤於行。人有斯愛，天主之人也。主曰，僕知主命而不行，其罰必重。又曰，識我，信

我，呼我，不得昇天也。聽從聖父之聖命，得致聖父之聖愛，雅哥伯宗徒曰，信我罷行，比人對鏡照容，照過速忘其容，前照何益哉。正若吝人，封金惜用，終至飢殍，寧無金哉。

又《予等偕來居其內》 傳解曰，上文示吾，人之靈性，天主殿也。葆祿聖徒勸門弟曰，何不思爾輩天主聖堂也。何不思天主謂吾曰，爾皆吾殿也。若堂若殿，可識其凈其飾。聖額我畧曰，使貴客將來吾室，吾必急急掃拭，預備器具，使無物得犯客目。怪哉。天主欲入吾心，不勤勤哉。守誡則凈，有愛則飾，昔撒落滿國王，造大聖殿，華麗至極。經美之云，滿眼所視皆金。聖殿吾靈魂像也，赤金，愛德是也。靈魂有愛，則爲天主殿，天主則近，居其內焉。

傳解又曰，居常留，不離之意也。蓋天主進入吾內，意在恆居，再不出吾心。達未聖王曰，天主選西宛而云，斯必吾安居之所，再不出於無窮之終。西宛，京邑名山本名，義人之像也。主入其內，不欲再出，其出由於吾。惜哉，吾性易變，吾善無恆，吾志弱劣，難定於一，今日改非，天主則入，須臾行惡，使之出矣。若伯聖人，深嘆人性之變。曰，吾生易動移之風。解曰，風無定向，速發速止，今發於東，驟然移方，而發於西。吾輩盡然，易敗宿善，使主易離吾心。惜哉。

或問聖神居吾內，何益。曰，噫，難悉。其來無虛，其居無空。撒落滿國王曰，天主降入吾心，幸哉。諸善之聚，同降同入也。吾主在世，入若翰聖父之室，洗子之原罪，以聖寵滿其靈，入匝轂寓，大福其家，賜改往非。蓋天主聖火也，在心加愛，固立信望等德，聖光也，在內射靈，使能行諸善也。聖伯爾納曰，聖神入居靈性，富之多恩。使心得凈，言得誠。行得正，患得忍，善得恆，敵魔得勝也。蓋在吾內，恆誨明悟，恆提記含恆動愛欲。三者，聖神之本職也。聖良又曰，聖神乃聖會之師，信德之弼，聖愛之泉。聖歌曰，伏求聖神，從天射光，克滿吾心。爾爲貧乏之恩主，孤獨之父，靈性之光，憂者之慰，苦者之安，勞者之息，涕者之樂，吾心之飴客也。伏求聖神降臨，以潔心污，以灌心枯，以醫心疾，以揉心硬，以暖心寒，以迪心履，伏求聖神降臨也。

又《且誨且聶爾》 或問曰，億兆之內，鈍者甚衆，儒者甚罕，何。賢答曰，人敎人其故也，聖神敎人不然，一時之促，能敎萬理之長。今日爲宗徒之師，使一時能達聖教之理，能興聖會之基，能言萬國之音，能誨萬方之人，能的萬民之疑，能闢他教之非，能通古經之意，能作新經之典，斯衆等類，宗徒無學之勞，無讀之苦，而一時倏備於其內，蓋其師聖神也。聖良曰，疾哉，宗徒之學。聖神爲師，而疾敎，彼者爲弟，而疾學，不費片時而知，不用形耳而聽，不務久習而熟，疾哉奇哉。或問聖神降臨，親誨宗徒是也，宗徒亡久，今聖會何師耶。曰，聖神其師也，恆居其內，賜之多恩。一以時時誨聶，令不能少差。二，以保存其德，令恆有隆德之士。三，以保存其七聖事之迹，令其內之聖寵，若湧泉恆流，到世末不絕。四，以保存特賜之恩，特賜之恩何。曰，得行聖迹，不學而言他方之語，得驅惡鬼，得逆言未來，得明別善惡，得明解聖教奥義等，是也。斯俱不係於行善，不爲德報，惟天主特賜，爲益他人，使易信聖教而從之，謂之特賜恩者故。斯者，聖會內雖隨時或多或少，恆有奇士能行。五，以保存奉敬天主眞禮，默示聖會，勿用所忌之禮。六，以保存其神力，使能當惡人之害，能勝惡鬼之猛，能破其狡計。七，以保存聖會到今世之末，世存必存，世沒乃同沒於地。而始生於天，在彼其常生，延於無終者之終矣。

孟儒望《天學畧義·天主包含三位》 今世間獨人類有天主之像也。所謂像者，非人形體能肖天主，乃謂人之靈性也。靈性者神之類，天主無形至神之體，靈性全在人之全身，亦全在身之各分，天主全在全宇宙，亦全在全宇宙之各分。靈雖只是一，然包三司，曰明悟，曰記含，曰愛欲。明悟者，明物之體。記含者，記物之理。愛欲者，愛物之善。天主乃至一至純，而包含三位，曰父，曰子，曰聖神。則人之靈性，天主之像也。所云位者，性中界限之借辭，猶言列位與在位之位不同，故分言位，乃靈性之界限。蓋三位以天主之性，而成父子聖神，是謂天主之性之界限，猶之人有人之性而成人，是謂人性之界限。天神有天神之性而成天神，是謂天神之性之界限也。合言位，則包性與性之界限而言。天主內之界限有三，以限天主之性而成三位。

或曰，天主之性，無量無涯也，誰見無量無涯之性有界限乎。曰，界限總歸二端，一有限，一無限也。有限者爲有限之性之界，而無限者爲無限之性之界。今天主既有無限之性，宜有三限以限其無限之性而成三位。

然非有上下尊卑之别，皆包天主無限之性，故異其位而同其性也。第一位與第二位，雖無形身之别，然第二位乃第一位所生，故以父子名之。蓋凡爲所生者，皆可以子稱也，故第二位乃第一位之像也。子無不像其父者，故聖神雖與第一及第二位相似，然非有其子及其像之義何也。夫第一位，明達其本性無窮之妙，生第二位。第一位與第二位，愛其本性無窮之妙，發第三位。如此可見，第二位乃父，明功之界。而第三位，乃父子愛功之界也。則有其子與其像之義者，不在愛能之内，而在明能之中明矣，繇是三位有先後之義焉。先後者，非時有先後，乃元有先後也。三位皆從無始而自有，只因第二位繇於第一位，而第三位繇於第一位及第二位，故第一位獨爲無元之元，因非繇他位也。夫天主三一之微妙，天學之綱領也。予明其大概如此。其精義雖以海水磨墨，尚恨其少。以諸天爲楮，尚恨其短，猶不足以釋萬分之一。蓋此最玄最微之妙，實乃無邊之海，無極之天也。

又《天主第二位降生爲人》　既明天主三位一性之微妙，易明天主降生爲人之事跡也，天主開天闢地之後五千一百九十餘載，見世之人大都不認造物主，而以泥木塑雕之像爲其主，發仁悲之心，取人之性，人性者爲人之身與人之神也，當此時，如德亞國有一大德之童女，天主第二位借其胎而降生，無損其母之貞體。天主降生後之名號，即曰耶穌，譯云救世也。吾主耶穌含天主之性與人之性，故雖是一位，不可不謂之天主，亦不可不謂之人。今按經典，耶穌是天主之眞子，未有天地之先，生於天主第一位。亦是人之眞子，既有天地之後，生於童貞女。論耶穌是天主，有父而母，則無，父則天主第一位是也。論耶穌是人，有母而父則無，母則聖瑪利亞氏是也。論耶穌是天主與第一位及第三位，並生天地萬物，而充滿六合内外。論耶穌是人，降生居世，然後升天。夫天主降生爲人之功，超天主所爲之諸功無量倍數，是故敢謂天主窮其無窮之能，殫其無殫之知，盡其無盡之善也。蓋天主雖恃其全能全善全智之廣博，不能經營一物，使有加於耶穌之美好，因他物雖有盛美盛好，終不能越受造者之界，則其美好無不有限。獨耶穌不可謂受造者，蓋容造物主之性，函其無限之美好，兼無窮之能，包無窮之善，含無窮之知，所以超天地萬物之上無量倍數也。且凡具無形之體，而欲明其義，愛其善，非易易也。況天主以無形至神之體，乃欲明其無窮之妙，愛其無窮之善，其難尤甚。以故天主取有形之體，降居人間，而被世人見聞交接，使人人得明其義而愛其善。如此，可見天主降生爲人，非有自謙之意，只是尊人之性，如王取臣之女，非謙王之身，只是尊其女，立之於皇后之位。天主第二位，取人之性，尊人類，立耶穌於上皇之位，亦可見耶穌之聖母，在九品天神，及諸聖人之上，爲天主之母也。爲天主母者，非生天生地之天主生於母，只是吾主耶穌生於其聖母也。但因耶穌是天主，故其聖母可謂天主之母。

或曰，耶穌生於童貞女，吾不能不疑。蓋嬰生於其母，非破其身未有也。曰，凡欲不疑天主聖教之深奥。須追天主所行之大功，具有全能，惟信天主無所不能，萬疑冰釋矣。且據理而言之，天主乃最純最聖，及諸貞之源。倘此女非童貞，天主安肯生於其胎。又此童女自少立意守童貞，若天主降生，損其貞體，此童女安肯爲天主之母，則天主既定爲人，必不可不生於童女矣。且生天生地生人物之功，大乎生於童女無壞其身也。彼既繇天主之全能，此藉全能天主，又何疑之有。且耶穌升天時，透入諸天，未破諸天之實體。又死既瘞，未開墳墓復活而出，及堂戶皆閉，得入而現示於其徒。則天主耶穌降生，無損其母之貞體，無難也。

楊廷筠《天釋明辨・三世佛》　問三世佛如何。曰釋氏象教似本天主三位一體言也，而實不同。此理甚大，又甚微，未易形容，聞者未易領畧，姑就人可知，畧淺解之。造物主無形無聲，卻不是空無，實有至靈至妙者在。惟至靈妙，卻又無形聲，所以爲天載，不可思議。夫天主至尊無對，不容有二。然天主一體之中包含三位，第一位曰罷德肋，譯言父也第二位曰費畧，譯言子也第三位曰斯彼利多三多。譯言聖神也總言造物主靈體雖有三位，統爲一體。未有天地人物，先有此大靈體萬彙之象，萬象之理，靈體中都已完滿具足，故爲第一位。既有無窮靈體，豈得不生覺炤，覺炤不惟能炤萬理，而又自炤其本體無窮之妙，而内自生其像，猶第二我也。此乃第一位而生第二位，二位互相愛慕，而發第三位也。位雖有三，其寔無大小，無先後，故云一體。此理甚深而微，天學書中言之詳矣。姑取譬之日，日有輪有光有熱，三而一日也。又取譬之水，水有源有流有歸，三而一水也。又取譬之人身之靈魂，蓋靈魂是天主所造靈體，故其像亦畧相肖。靈魂有三德，曰記含，曰明悟，曰愛欲，記含能具萬象，似第

一位。明悟能通萬理，似第二位。愛欲能達萬用，似第三位。總一靈魂又似一體，但人記含萬象，必藉五官受處方有，不受全無。天主靈明不藉五官，無所不有。人之明悟有起有斷，天主嘗炤無斷，自無始至窮盡，一徹齊徹。愛欲因感而動，有息有限，天主生生之原，無息無限，是又萬萬不可比。然不如此比方，益無處理會矣。人能洞天堂有主，主有三位，三位惟一體。始知西學言天，實有所見，非如世認蒼蒼之天，渾然一氣，冥然不靈，穆然尸無事之地，與世界判然不相干涉也。竺乾氏聞有三位一體之說，未得其解，乃以過去，見在，未來當之。過去爲毘盧佛，見在爲釋迦佛，未來爲彌勒佛，到處叢林莊嚴廟貌，金身寶座焜耀寰中。愚民不知何義，人諸人趨。其後佛宮又有尊釋迦而侍阿難迦葉者，又有尊阿彌陀而侍觀音勢至者，又有尊如來而侍文殊普賢者，不識於一體三位之說何居。即法身、報身、化身之說，雖欲更端，稍爲救正，然從前諸佛名號作何消除，若實有諸佛，豈曰全能，本是一佛，奚多名相，或分或合，總無取裁。

又《代疑篇》卷下《答天主有三位一體降生係第二位費略條》 問西士每言天主三位一體，願聞其說。曰：此事過人心量，未易窺測，從古以來，無有明傳，則亦難怪人之莫曉也。惟西庠學者，專務窮理，謂道之大原，理之極則，皆原於天。千聖相傳，專重此事，則其究心有獨至者，始緣異人異書，預揭其理，後賢發明，理益昭徹。其言天主，非屬虛無，實有體在，欲窮其體，妙不勝言。一位不足以盡之，蓋有三位，如云有三力，有三德，總是一體一性也。然問如何爲位？如何爲三爲一？雖有巧舌，不能盡言。取喻設譬，不過世間所有，終於天載無當，第不從借證，益無由明，則僅取近似聽人自悟焉。一位曰罷德肋，二位曰費略，三位曰斯彼利多三多，此西國本音。罷德肋，此言父也；費略，此言子也；斯彼利多三多，此言無形靈聖也。以經論之，各位有屬。全能屬罷德肋，全知屬費略，全善屬斯彼利多三多。然以父子爲言者：言子，即知有父；言父，即知有子；言父子，即知交相愛。蓋天主原爲至靈，自照本體無窮之妙，而內自生一無窮妙之像，與己全同，獨有生於受生之分。生者爲父，受生者爲子，又父子相慕，共發一愛，爲神聖也。故位分而爲三，體合而爲一，三位無大小先後之別，共一性也，一主也，一體也。譬諸人之靈性，具有三德：一曰含記，二曰明悟，三曰愛欲，實則一人之性；又譬諸日焉，有輪有光有熱，總一日也；譬諸水焉，能濕能寒能下，總一水也；此三位一體之說也，人誠明知三位，是眞實理，則知巍巍天主，非無思無爲者。殆自開闢以至末造，無所不照察，無所不運量者乎？旣常照又常運，故千古人性，一時俱在現前，即知上古時醇宜性教，中古漸開宜書教，後代人性大壞，雖聖賢書教，亦難轉移，非以身爲教，不易行其救拔矣。故降生之事，從開闢時，即默啓於神人，傳述於聖筆，後來一一符應，非待至其時，始有其事也。

問降生爲第二位費略，果主何意，又耶穌在世，日日敬奉天主。若天主是一，豈自奉自己耶？答曰：一體者，本不得分三位，則各有所重。罷德肋稱全能者，爲萬化主；費略稱全智者，爲救世主。故罷德肋化成天地人物，而費略乃降世立表贖罪。《信經》云：「我信其惟一費略，耶穌契利斯督我等主；我信其因斯彼利多三多，降孕生於瑪利亞之童身」是也。要之罷德肋，未嘗不在人世，降生之天主，未嘗離得罷德肋。如樹木一本三枝，其枝葉花果，雖各自敷榮生意，總由一幹，無可疑者。其耶穌之奉主，一來，是以身立表；一來，耶穌性兼天主之性，性與主合，如子依父，不得不事。身是聖母所生之身，身是人類，以卑奉尊，不容不事。吾教所傳奉彌撒禮，是耶穌在世，奉罷德肋之旨，義理最深，利益最大，學者誠不可不講也。人只有三位難明，非可辯說而得，非可義理而通，要在信心，要在潛悟，又須耐久，默求天主加其力量，有時忽然而通，一得俱得，如上所問諸疑，一朝冰釋矣。

紀　事

艾儒略《大西西泰利先生行迹》 大宗伯玄扈徐先生（諱光啓，吳松上海人）者，博學多才，欲參透生死大事，惜儒者未道其詳。諸凡禪學玄學及三教等學，無不拜求名師。然於生死事竟無着落，心終不安。萬曆庚子到南都，見利子而略通其旨。回家得一奇夢，如見圓堂中，設有三臺，一有像，二無像。蓋天主預默啓以三位一體，降生妙義。然尚未知其

解也。癸卯臘月，又到南都，入天主堂訪論天學。至暮不忍去。乃求得《實義》、《解略》諸書，於邸中讀之，達旦不寐，立志受教。

救贖

綜述

陽瑪諾《聖經直解》卷五《吾主耶穌受難主日之經》 解經前須知吾主耶穌降生三十年後，遊巡如德亞國，諭化甚衆，行迹最多。如此三年，自知己所預定受難之期已至，與十二徒同適日落撒冷都，先告其期，後慰之曰，吾二三子，心勿哀慟。我今雖亡，亡後三日復活，而現爾於加理勒亞地也。都外有囿，主於日暮攜十一聖徒至彼。即起受難之工如左。

又《經》 耶穌同厥門徒出往責多亂溪後，責多亂小溪本名，離城五里。行際語之曰：爾曹今夜皆背予。背，逃散也，奔走也，猶云今夜仇至擒我，爾輩小膽，怕死避凶而走。經紀曰，我即天主聖父擊牧者，吾主羣羊宗徒悉走散，予復活後，便現爾於加理勒亞。伯鐸羅第一宗徒答曰，雖皆背，我竟弗背。耶穌謂之曰，予眞語爾，今夜雞鳴二番前，爾卻背予三番。曰，使偕師致命，了弗背師。衆徒説一然。耶穌偕徒迨囿，名熱色瑪倪。語徒者曰，坐茲，待予之彼禱，爾等亦宜禱。免陷於誘惑。即攜伯鐸羅，暨雅各伯，暨若翰，少離徒等，心始怖怯憂鬱，曰，吾靈憂甚至死，爾輩偕予在茲，偕予寤惺。乃前行離擲石之地，跪伏曰，父，爾能全，倘可免予飲斯爵，爵者，受難而死是也。請諾。第請勿如予願。禱畢還視三徒，皆甚憂寐，乃謂伯鐸羅曰，西滿伯鐸羅宗徒別名眠，弗克同予寤半晷。寤禱，免陷於誘惑，爾心毅，爾軀綿。次往禱曰，吾父倘必予飲斯爵，惟若爾意。又起來視三徒，時再寐。厥目紅瞀，無言對，再離彼，又次往禱如初。時天神降勉，惟厥憂鬱愈深，禱愈長，乃徧體汗血流地。復來視徒，謂之曰，爾輩寐歇，定期人子指自己當被付於罪人手，已矣。付予者近，付予者茹答惡徒也起偕予出迓。茹答十二徒之一，引兵卒，暨司教使者，皆持燈炬兵器來。茹答謂兵預告之曰，我攸禮即是，急捕押送。茹答，第十二徒名也。其性甚貪，知都城尊位巨室，概妬主德，常圖害殺，因賣主以饜其貪。仇者甚喜，約與三十銀錢，是晚知吾主同十一宗徒出城，乘隙急告其仇，選精兵千餘，入囿以捕。耶穌言畢，茹答適至，近耶穌行禮曰，亞物臘彼。亞物，禮拜詞也。臘彼，譯言師。通經講教者，誨民者，俱稱臘彼。耶穌謂之曰，友至此爲何。茹答以禮付人子。指己人性，蓋吾主本具天主及人性，論彼實爲天主聖父之子，論此實爲世人之子。耶穌知將來諸難已至，前行迓衆曰，覓誰。曰耶穌納匝勒諾。納匝勒，吾主降生後本府之名，猶言尋覓某府之人。耶穌曰，是予，是時茹答及武士等人皆立圍主是予二字。甫出主口，悉卻仰倒。少頃，主許復醒復起。再問曰，覓誰。曰，耶穌，納匝勒諾。耶穌荅曰，已曰是予。倘覓予，斯從予者，勿禁任去，以驗經云。爾天主聖父付予數人，予罔一遺。時衆緊縶耶穌，徒者見事勢急，謂主曰，主容下手。伯鐸羅抽劍，斫司教首僕之右耳。耶穌諭徒曰，休。乃輕捫厥耳愈之。語伯鐸羅曰，收劍。人以劍傷，以劍被傷。父錫予斯爵，爾無欲予飲。盍知予能祈父，立命八萬餘天神來拯，經所以言曷驗。猶言，聖經前錄，我降來，被捕被死爲人。或今不然，則聖經何驗。緣不必爾傷此人，亦不必我求吾父之救也。又向衆曰，爾輩操劍持干出捕予，如捕賊然。予日日於爾輩前，講教聖殿，而不擒執，斯時定屬爾輩時，併屬魔顯能時。時徒皆奔，衆將耶穌，押送亞納，即蓋法當年衆司教首者之外父，亞納送之蓋法，時講經者，司教者等一城老長者，俱已聚厥堂。伯鐸羅及他徒若翰宗徒遠跡隨耶穌，掌教者熟識是徒，因同耶穌得進在掌教之墀，第伯鐸羅立墀門外，惟他徒出門，謂守門婢，使伯鐸羅能入。時尚寒，掌教令人設火，墀間伯鐸羅雜僕，偕坐偕烘，欲視事終。撒責者首，及會集者衆，皆推究，希獲妄證，陷以死刑。然誑證者出百般，竟無實據，卒二証出曰，是人昔云，予敢毀敗天主聖殿，又能三日間自新再造。斯言吾輩親聞，司教首起立，問曰，爾被面訐重多於此，爾無一言以白。耶穌默然不答。司教首又問，爾所從徒若何，傳教若何。耶穌答曰，予明講於世，予時恆示人於聖殿衆集之所，私地無出片言，奚爲詢予。詢聞予訓，渠知予出辭，言竟侍一僕掌耶穌面曰，應教首如是。耶穌曰，予答如有未善，爾証厥未善，如善奚爲傷予。教首者又問曰，汝果天主子，當明語吾等。耶穌謂之曰，爾言是我，又與爾説，異日爾目將見人子坐天主右，

乘雲降來。教首聆言嗔甚，裂裳，此乃古時之風，凡人聞辱慢天主之語，即破裂其衣，以顯其痛。曰，此人今出深辱天主辭，寧須更問証人者。勃然大怒嗔目，偏視左右坐者曰。辱天主辭，爾輩明聞，判當如何。僉曰，決可死。乃或唾厥面，或捫厥目，披頰多掌，曰，測披汝者誰。武卒僕役等，相與欺侮戲誚。伯鐸羅時坐下墀向火，守門婢視之曰，爾爲斯人徒否。曰否，我不識斯人，言即出墀，雞初鳴，適出他婢見之曰，斯人果從耶穌。矢曰，不識是人。近火武卒，及僕役俱曰，爾果是斯人徒，爾音明露誠是。吾主本爲加理勒亞人，其宗徒亦然。此地聲音與京都畧異，緣衆人聽伯鐸羅語音，就知是耶穌鄉里，而幷爲其徒。衙內一僕，即伯鐸羅所斫耳者舅，謂伯鐸羅曰，或我不見汝偕彼於囿。伯鐸羅又發矢曰，我實不識斯人。言未畢雞再鳴。主回目顧伯鐸羅，乃憶主云，雞二番鳴之先，爾三番必背予。即出門，慘哭苦泣，主深入衙內，伯鐸羅偕武卒，偕僕役等衙人，俱住於外，主之形目雖不見宗徒，其神目明視之。以神目視其內，以聖佑動其心，使深痛苦泣背非，斯謂回顧而視之矣。或曰，主初在衙內，惟仇既察其罪，既侮戲唾撾其面，擕之出外。撾時見伯鐸羅，形目視身，神目視靈，使能痛改也。天既黎明，老長者及撒責首者，俱再集，共議其約殺耶穌。乃縛入公堂，曰，爾倘爲救世者，可明語我。對曰，若語爾輩弗信，若問爾輩弗對弗釋。予確語爾，來日爾曹親目將視人子，安坐天主右，乘空中雲降世。悉齊出曰，若然，爾則爲天主子。曰，爾輩自說予是。衆云奚必他証，証今出厥口，吾等親聞。急起乃緊縛耶穌，送付般雀比辣多都院。時茹答見主既決死案，惡厭已非，將三十銀錢還撒責首及老長者，曰，我大犯罪人，無辜付義血。彼拒云，爾罪我何與，爾宜預籌。茹荅委錢聖殿內，疾出自縊死。或問，此人甚痛至悔其罪，天主不宥之何。聖熱落曰，其痛不眞，其悔不實，厭其非，不悔其非，不求主宥，止怕人羞，厭命而自縊。或又云，不求天主之救，求魔鬼之救，其求不減其非，反加其非，烏得有赦。撒責首者曰，斯銀血價，弗可投各爾波納。各爾波納，譯言呈物者，獻物者，蓋聖殿有大篋，以收人所奉天主金銀等物，物與篋俱謂之各爾波納。乃公議貿陶地，作旅人義塚。斯地自當日迄今，稱血地故。日勒米亞預知者云，將三十銀錢售價即吾主被售之價市陶地，是言是時驗。比辣多出曰，爾輩訟何辭於斯人。答曰，斯人若不辜，必不付汝。比辣多曰，依本國律，爾輩處斷。曰，吾等萬無可殺人，用成驗耶穌預所云，當被死如何。耶穌先已說，當被釘十字架而死，乃如德亞國無此刑法，人犯死罪，庶民會集，擲石而殺之。釘十字架，乃落瑪國，即比辣多國刑。主仇付主於比辣多，求釘殺之，吾主之言則驗矣。次曰，是煽惑本國人心，又禁納稅於責撒肋。落瑪國帝皇名號。又自稱國王。三者訟辭，顯露主仇之凶心。即國人明知此三言俱僞。蓋主三年首務，勸人一心事敬天主，守其聖誡，從順掌教之命訓，有何煽惑。又仇欲得誣隙，問納稅於帝皇可否。主答，帝皇之物，當與帝皇有何禁納，又國之衆庶，慕仰其德，公議立主爲王。主知而遁跡，不從衆意，有何謀國。掌教誣時，主嘿不辯。比辣多謂之曰，爾不聞訟汝事情者衆，竟弗置對，官大異，引入公堂，問之曰，爾爲本國王否。耶穌曰，爾自發斯問，或預聞於人，今詢於予。比辣多曰，或以我爲斯國人，爾同地人，暨掌教者，付爾於我，爾出說素行何如。耶穌荅曰，予國非爲今世國，若是，予臣予民，俱出力，使不被付於若人。予國允匪在茲。主本爲天地眞主，握操萬有之權，今云其國不在今世何。曰，世物無一不屬主權，憑意可用。但爲贖人罪，寧居貧賤，下欲立臣庶而治世事，反勸人棄世俗。惟慕天主，今此云故。比辣多曰，則爾信國王。曰，爾自說予爲王，予降成人，因爲眞實証，眞實人聽納予言。比辣多曰，眞實者何。既問不等主答再出，謂衆曰，詳察斯人，果無可罰辜，衆呶呶不絕，亂呼曰，昏亂衆心，縱横其教於如德亞國，其毒始流於加理勒亞地，廣延以至茲國。比辣多問其爲加理勒亞人否，乃知屬額落德權，額落德時主加理勒亞地送額落德。蓋當時居京，渠以夙問耶穌奇異諸蹟，得見懽甚，望吾主當面行異，妥舉多問。主惟默無出言。撒責首等衆，偕亂証，閧閧喧天，額落德暨護臂，武士兵卒僉欺藐，又衣以白衣，還送於比辣多。是日額落德暨比辣多彼此平合，蓋宿日互結讐。比辣多集撒責首，理事士民衆，謂之曰，汝輩皆送斯人於我，謂有犯教亂衆之辜。爾今所訟伊罪，訊鞫汝當面弗克獲一，且額落德一然。難加可死刑，我茲殆罰，罰竟乃釋。是日遇當巴斯卦瞻禮，依國例隨民願釋一獄犯。當時獄中有一，稔惡無類，名把拉把，一乃宿盜，一乃近日興亂殺人。比辣多謂衆曰，今有把拉把，有耶穌二者，爾欲釋誰。撒責首及老長者之衆，勸民請放把拉把，問死罪耶穌，因皆大呼曰，殺此釋彼。官意欲釋耶穌，次問衆曰，爾輩之王，當如之何。衆再大聲曰，當釘當殺，釘刑甚酷至辱惟名盜者受之比辣多曰，我果不見釘殺之辜，罰後且釋，衆愈高聲大呼釘殺，比辣多乃命釋把拉把，鞭耶穌。官卒將耶穌入公堂，集衆武卒，解其衣裳，披以紅袍，織棘圈，戴之首上，使

右手持竹竿，而跽其前，戲嗤曰，亞物禮拜之詞如德惡隆王。後唾其面，以竹撾其首，戲僞禮畢。比辣多携耶穌出外，謂衆曰，我今携此人，欲爾便知我不知其辜。耶穌出時戴棘刺圈及披紅袍，比辣多對衆指吾主曰，人乃在茲。掌教等人，更大喧譁曰，釘之釘之。曰，爾者接釘。曰，吾國有法，依法應死，以自謂我實天主子。比辣多聞語大驚，再入公堂，問耶穌曰，爾何方人。耶穌不對。曰，不對我，盍知我有釘汝權，并有釋汝權。耶穌荅曰，倘允命不降自上，爾萬億弗克屬予於爾權下。吾主天主聖父眞子也。聖父不許其死，今世之權何屬之乎。姑比國嗣，法司無權以屬之，倘有王旨，乃敢尊旨而問之。緣付予於爾，厥罪愈重。緜斯比辣多盡力圖釋，如德義大呼亂喧曰，爾或釋斯人，明著弗愛帝皇，人謀篡王位，斯必帝皇之仇。比辣多聞是語，偕耶穌出，上座時幾午正，對衆云，爾王在是。衆狂呼曰，舉之舉之。猶言舉此人而釘之十字架上。比辣多曰，爾王奚可釘哉。曰，吾王惟責撒肋。落瑪府天子位名比辣多坐席際，伊婦遣使，戒之曰，爾於彼義人無與，我今日爲彼夢間被見多異。斯婦之夢其緜難定。或云，緜天主而得，天主欲官妻亦證吾主之聖德，故也。或云，緜魔而發夫魔昔日視主若平常義人，引誘惡人妬誣謀殺，迨受難期，見其毅，忍，謙等德之精，即疑是天主否，若是而死，便知能贖萬民之罪，而開天上之門，緣當時急欲阻吾主之苦，投夢於官妻，故也。比辣多既設多計，盡無益，又衆洶洶羣噪，將水對衆盥手，曰，斯無辜人之血，與我無與，爾輩自顧。諸衆齊聲荅曰，吾輩并吾輩子，俱任受之。比辣多氣怯，姑狥衆情任憑戮殺，武士解耶穌所披紅袍，衣之本衣，將木十字架使負之，行詣加爾瓦略所，譯言骷髏之所，高山惡人受刑之地。城中人民羣隨，并有婦女哀號甚慟。耶穌回顧，語之曰，京都之女，勿哭予，當哭爾，當哭爾子。定期定至，乃人曰，石女者，不産子者胎者，不哺兒者乳者，斯俱眞福者女。其時人對山嶽山丘陵言，山嶽崩塌吾上，丘陵壓瘞吾等。以茂樹受罰如茲，朽木將何如。猶言我如茂樹開花結實，而吾父爲人罪，罰我至嚴如此。斯城之人，如枯木朽枝，更當屬吾父之罰。偕行盜賊二人，同赴受刑。釘於十字架，以賊左右耶穌。民衆及民首，爭笑詈譏之曰，能救他人，不能救已。爾倘天主子，可下，吾見即信。比辣多書一横板，置之十字架楣上曰，耶穌納匝肋諾，如德惡隆王。仇者請比辣多曰，勿書如德惡隆王，寧書其云，我爲如德惡隆王。比辣多曰，所書既書。猶言已書之板，萬不可刪改。耶穌忘其苦極，憐仇之愆，仰視謂聖父曰，父寬宥彼罪，彼實弗識所爲。又被釘十字架左盜，譏之曰，爾倘爲救世者，救爾兼救吾輩。右盜責之曰，爾者並屬罰例，猶不畏天主之威。爾我受刑，乃理乃義，斯刑正當吾愆。斯人實無辜。即向耶穌云，主至本國時，請記我一念。耶穌謂之曰，我確語汝，汝偕予今日並享天堂眞福。吾主受難之日未昇天，復生四旬後纔昇。主云，爾與我今日同享天上之福何。曰，享天堂眞福，今繫於見天主，人見之遂爲眞福之人。右賊之靈神，既離本身，疾降古聖人之所，乃見天主，而眞福與在天堂無異。主言，今日爾享天堂眞福者故。聖母近立耶穌架旁，及其妹瑪利亞客阿拂聖母之母，止生聖母，另無子女聖母何有妹。曰，當國之人，若有極近親族，男稱之兄弟，女稱之姊妹，聖若瑟爲聖母之凈夫，而瑪利亞客阿佛爲其侄女，稱之聖母之妹故也。客阿拂，乃父之名。猶言，瑪利亞客阿拂之女。及瑪利亞瑪達勒納即名家富族之女，原主村謂之瑪達落，稱之瑪達勒納故，其旁亦站若翰宗徒。耶穌視母，併視所愛之徒，即若翰聖徒謂母曰，女人，主稱聖母女人，不稱之母何。曰母稱切親，母聞必感必動，當時聖母心，既深痛，主稱之母，必增其痛，稱之女人故也。彼爲爾子。彼即若翰次謂徒曰，彼爲爾母。彼即聖母從茲以後，徒盡孝事。爾時正午，至申初初刻，日全失光，普地暗瞑。幾及申初，耶穌大聲曰，吾天主，吾天主，何捨去我。耶穌知降世之故已全，欲成聖經之言，曰渴。達未先知聖王於吾主受苦一千一百餘年之前，廣述主受苦之狀，主所發苦時之言，其中主深責其仇之虐。曰，吾渴。而彼獻醯以解吾渴，主已將亡，曰渴，仇者送醯，乃經言有驗。近有醋餅，侍卒乃持斯盤壤，木耳之類，易濕易透水浸以醋，包裹義索剝，苦草名孽之高竿，送厥口。耶穌吮醯後曰，終。即大聲曰，父我神付於爾手。言畢俯首，斷息而崩。於時聖殿帷帳從上至下自裂，地球震動，石自碎，塚墓自闢。已亡多聖人之屍，再活出墓。於耶穌復活後，入聖府，見於衆。聖府，國都是也，解見封齋後第一主日。百夫長及守耶穌等卒，見地震等異，驚愕曰，此人眞天主子。是日正當巴斯卦大瞻禮日，如德義不欲屍懸架上，因請比辣多命折斷其脛下之。武卒折斷二賊脛，後詣耶穌，見已亡，不斷厥脛，但一卒持矛刺胸，血水併流。此吾主受難之概。聖史四位紀錄於冊，以傳於世，俱必爲眞實之證。

又卷六《聖神降臨後第一副瞻禮·經》 維時耶穌語尼閣德磨本國巨家人名號曰，天主即三位之第一位聖父惟生一子，付之人，其愛人若是甚，欲人信彼，信吾主得免恆苦，得享恆福。天主命子於世，莫因判世，惟因救

世。或問吾主實有審判萬民之權。何云，降世莫因審判。曰吾主下世約有二，一已過，一將至。第一則爲救世，第二則爲判世。右經舉第一人信彼不被審判，蓋言人有活信，必昇天，而享眞福。已被審判，惟不信人蓋言不信不從聖教，必下地獄，而受眞苦。其人在世審雖莫顯，天主已判其不信之罪，預定其罰。其不信天主惟一子之名故世人不論信否，皆屬吾主審判。經云，信者不審何。又信者間多不守教規，而下地獄。經云，信不被審判，不下地獄。何。曰，信德有死活之別。活信包十誡之守，天主聖寵，羣德美飾。死信俱無也。又，審判有賞報，刑罰之殊。經云，信者不被審判，不下地獄，指有活信之人。斯雖聽賞報之審，則不被刑罰之判，不被永苦之殃。大光已降入世即天主第二位聖子世人行醜，緣悉愛冥避光，斯即忌光之罪，愛冥之非。實爲審判料，行者不善惡光明，忌目免責。行者善，喜光明，欲彰攸恃天主行善。

又《箴・天主惟生一子付之人其愛人若是甚》 註解曰，上文共包二端。第一，誰愛，而愛誰。第二，其愛何愛。第一誰愛，天主也。愛誰，愛人也。天主，至善，世人俱惡，彼高吾卑，彼富吾貧，彼強吾弱，彼智吾愚，彼主吾僕，彼造物者主，吾被造者物也。彼猶不厭愛人，爲何如之恩哉。

第二，聖額我畧曰，行，愛之試也。行大且衆，試愛之厚。行小且少，試愛之薄。大矣衆矣，天主之行，以顯其愛，其恩，恆流無息。七政四行，皆依天主嚴命，以利吾人。又預備萬品，以養人身，預備眞福，以福人神。爲何如之愛哉。

噫，吾主降世前，天主聖父，加世多恩如是，猶未稱其愛，斯恩有際，其愛無窮。噫，付聖子於世，恩愛乃相等。蓋聖子之貴，無貴可增。聖父之愛，無愛可加。葆祿聖徒曰，天主遣聖子降世受死，大顯其仁之富，愛之極，因聖而公會，熟思斯恩。長嘆曰，大哉聖父之慈，至哉聖父之愛，爲贖鄙僕，付託所至愛之子。

聖賢廣述天主愛人之妙，今舉其畧。一，天主先愛吾人，不待吾先愛彼，吾必感戴其愛而愛之。若翰宗徒曰，天主先愛吾，吾當報其愛。聖奧斯定曰，人不欲先愛他人，常事耳，不欲酬愛，無情之極也。二，吾人皆罪人，罪必天主之仇。天主可仇可罰，而反加愛，可知其愛。聖賢曰，愛德有上中下三級，愛愛我者，其下。愛不愛我者，其中。愛仇我者，其上也。葆祿聖徒曰，天主受死爲吾仇人，大顯其愛。蓋受死爲友，世上且少。受死爲仇，世上必無。斯愛惟天主之愛也。因聖基所嘆曰，可銘於心天主之愛，其尊無對，其高無等，吾身則微塵之微，可知其鄙，吾靈則多罪之肆，可知其醜。天主宜惡而愛，可知其至善之至。

三，天主愛人之愛至公，試有善人，天主必愛，迪其善，加其力，重其德，報其功。有惡人，亦必愛，動以改，赫以退，勵以進，懇求則聽，心痛則赦，可識其公。主視衆曰，可法在天爾父之公愛，命太陽出而照善惡者，命雨降，而潤澤善惡之田。葆祿聖徒云，天主無私於人，是也。

或疑曰，聖經聖賢常云，人改爲善，天主則愛，不改則惡。曰，善人，天主必愛其善，必愛其性。惡人，天主雖惡其惡，必愛其性。聖奧斯定曰，使主不愛罪人，奚降受死以救其罪。

四，天主之愛，有恆。因謂人曰，吾從無始之始愛汝。噫天主愛吾從無始之始，以至無終之終。而吾愛時時變移，今日痛改，向主而愛，未時再犯，向魔而失其愛，惜哉。

孟儒望《天學畧義・天主耶穌居世受死以贖人罪》 吾主耶穌居世三十三載，立新教，躬敷於如德亞國及鄰邦，又擇十二弟子，賦之聖德極智，命遊天下，傳其教於萬方。凡欲窮耶穌在世所爲之聖迹奇事，雖載籍萬卷，猶不克稍殫。顧總括之，命死者活即活，命瞽者視即視，命聾者聽即聽，命喑者言即言，命浪風息即息，命邪魔去即去，故信者從者法者孔庶。雖復如是，間不免有疑者誹者嫉者。當時學道者，多被邪魔誘之，迷之，故皆謀殺耶穌，一夜拘之，逾日問之釘之。終命之時，天昏地震，日月無光，人方信是天主之子。而天下萬物慘傷其造者之死，吾主耶穌在十字架上，呈其慘難於聖父之前。天主聖父，念其子無窮之功，即赦宥我人之罪。此所謂贖人之罪也，豈不爲恩之至大乎。

又《天主降生爲人之義》 天主降生爲人之故有三，其一誨人，其一立人之表，其一贖人之罪。誨人者，天主見世之人大都不認造物主，不認天上之路，從私欲而不從天理，背正教而向邪術，發慈悲之心，降生爲人立教。親傳天主三位一性之微妙，天上無窮之福樂，地中無窮之苦惱，人之靈性不滅，與教內之實義，使人聞其聖言，見其聖行，莫不服膺感奮，爭欲睹聖容，聆聖語，就聖教。有短身者，登樹杪以望見之。離其家者，

以得爲其徒爲幸，多往從之。自當時至今，異端散而天教行，邪術衰而正教盛。昏者昧者，克己而復理，皆專向造物之主。使非吾主降生，而教人以天主精密之事，人焉得而知之乎。

或曰，吾未見耶穌，未聞其言，何能豁心之疑。曰，見而後信，此信其目，豈云信主。夫信德，據天主之實言也。天主在人間所行奇聖，所言微妙，其徒咸紀於册。天主不能自欺，蓋有無窮之知，亦不能欺人。蓋有無窮之善。凡不信其言者，背天主之全知，蔑天主之全善，辜吾主降生之意，而身後不免下地獄。又且疑天主之聖言，而反信成佛成仙，與輪迴之謬，其昏昧不明彌甚。今世人君有言，其臣無不信。人父有命，其子無不順。天主既爲天地之大君，萬人之大父，顧不信其言，不順其命可乎。

立人之表者，天主耶穌居世時，見人皆不知德之價，而先財後德，牽於人欲，故發明其德之盛，欲人以實心體之，以實意效之，其德非筆舌能盡，然言其大畧，則遜乃至深，孝乃至誠，義乃至公，愛乃至熱，忍耐至於極，寬仁至於仇，惠施至於衆，眞所謂動而世道，行而世法，言而世則也。故從者法者甚多，人始知德之價，以寡過勤脩爲本。修道者，守童身者，不可勝數，隱遯滿野，聖賢盈國。自天子至庶人，莫不以德爲寶，而聖道乃始大行，是可永乘爲後世之表鏡矣。

贖人罪者，《經》云，天主生天地，然後生萬物。生萬物然後生一男一女，以傳人類，此二人乃萬人之元祖。天主謂之曰，宇宙物，皆是吾生爲爾輩。若爾奉吾之命，終有大幸。不然天甾必逮爾躬。大幸者，在元義嘗生與他惠，隨人之意。元義者，即超性之恩，能潤人身神，能服人欲於天理。嘗生者，永不屬於疾病及死也。不意此二人忘天主恩澤，而獲罪天主，即脱元義之衣，閉天堂而開地獄，廢嘗生之惠而屬於難死。罪乃難死之本，難死乃罪之效，罪與難死，遞傳於人類。世世之人，皆此二人之子孫，故古之墮地獄者甚多，天主欲救吾人，發憫惻之心，降生而以其無窮之功，贖我人之罪。在世受難死，以滅永死之本，立嘗生之根。而嘗生永死，皆在後世，嘗生在天堂享無窮之福，永死在地獄受無窮之苦。如此，可見天主耶穌受難受死之故，乃人之罪也。凡欲知刑之輕重者，必先觀罪之大小。今獲罪者，皆背天主無窮之善，反天主至聖之命，則其罪乃無量之惡，故其刑乃地獄無疆之苦。非天主耶穌無限之功，雖聖人天神不能贖之至盡。以天神聖人之功皆有限，而獨吾主耶穌之功無限也。

或曰，天主耶穌未受難受死之先，儘有無量之功贖吾人之罪，何必服拘釘之苦哉。曰，吾主受難受死，降地獄復活，皆有深意。受難受死，以發明其乃人類。降地獄復活，以發明其乃天主。故難不能窘，死不能壞，魔不能克，獄不能禁。又以發明於今世，受難受死爲德義，於後世變移永福及嘗生。又以發明其深愛吾人，至於受難受死，而爲我輩，斯亦愛之至矣。念及吾主爲我人至死，孰不願爲吾主致命無厭乎。又欲以其讓抑我傲，以其潔滌我穢，以其耐簡我怒，以其愛熱我心。天主造成天地萬物，人皆享其恩澤，而無謝之愛之之心，吾主欲感動人心，所以甘於受難受死，將使人愛之事之，而身後享其無窮之福樂也，此大恩人，何可忘。

又《天主耶穌降地獄而救古聖人》　吾主耶穌死，厥徒葬其身，而其靈魂降地獄。夫地心有四大重，最深曰魔鬼之地獄，次曰煉罪之地獄，三曰孩童之地獄，四曰古聖人之地獄。若第一重，凡不遵天主十誡者，皆墮此獄以永終受苦。若第二重，凡有微失，及未盡其罪之罰，至死下此獄以煉之，煉淨然後登天。蓋天堂之福樂，在見天主無窮之至美好，此至美好者，乃衆榮萬福之源。非淨潔之靈性，不能得嗜此至美好之深味，而飲此天源之水，故有此獄以煉人之罪。若第三重，孩童未至七歲而死，皆以無苦無樂之獄爲其永寓。蓋孩童未入天主聖教，無功也，不可升天堂享福，亦未悖天主十誡，而不可落惡人之地獄受苦，所以有孩童之獄，繇天主至公，非有功不賞，非有惡不罰也，然此特就教外者言之。若教中領洗之孩童，則元罪清潔，一死即升天矣。至第四重，天主未降生爲人，諸聖因元祖之罪，不能登天，所以皆居於此無苦之所，俟耶穌來救之。蓋惟吾主耶穌之功，足以開天上之門耳。是故古聖人在世，及在於此獄嘗嘆曰，乾何不降義者，坤何不降救世者，皆指耶穌而言。如是，可見古聖人深望耶穌。天主因古聖人之功，速降生以救之，成贖世之功，吾主耶穌之靈性，至於此獄，救諸聖人升天，故此所今空矣。

楊廷筠《天釋明辨・度世誓願》　問度世誓願如何。曰釋氏度世誓願似本天教耶穌救世者言也，而實不同。夫發願救世意豈不善。度盡世人，已方成道，願豈不大，論豈不高。然皆虛語耳，實事安在。子貢欲博施濟衆，夫子言堯舜猶病，未聞堯舜所難，人力可能之也。且問釋氏用何法度

人耶。輪迴等語既爲明眼勘破，義學精微皆是吾儒日用家嘗，止憑語言教誠，便是度盡世人，有是理乎。凡言度世者必寔有事驗，如起死回生，赦有罪爲無罪，拔地獄之苦升天堂之樂，方云度世之實。佛氏自審有此力量否。天主之下莫尊於天神，天神奉天主命，能令天地不毁，不能以己意榮瘁一物。佛氏視天神何如，乃欲度盡世人，已方得道。以此發願，吾知其終不能成道矣。今有人言，吾願五嶽皆黃金，恣人採取。四海貯菽粟，滿人食用。大地皆廣廈，盡人帡幪，吾願方稱。最後乃取一金一粟一寶，以爲受用，不然寧不衣食寧乏使用。爲此言者非極痴愚，必敢爲大言，以誑惑一世者也。豈有不操一術，便欲爲古今未有之事。言雖誇大，其誰信之。或曰佛教甚善，猶謂不能度世，如天教耶穌，名爲救世者，耶穌非人乎，何獨能救盡世人也。曰，耶穌二字是西國本音，以此中義意解之，稱爲救世者。夫救世事有大小，如寒而衣之，饑而食之，渴而飮之，勞而逸之，病而醫療之，凡哀矜等事，皆救人之小者，人力可能也。然且取必博施，至聖難之。若夫生萬物以養人之肉身，付萬理以養人之靈性，又於靈性離肉身之後，令其能免地獄，能超天堂，決非人之力量可與，定須歸功天主也。辟之朝廷，爵祿之主，方能予奪臣民。父母生育之原，方能主張子女，餘人通不相關，雖有煦煦之言，總是虛人情耳。吾主耶穌以爲非人，則生於瑪利亞，明有軀體，載有血肉，謂非人不可。以爲全是人，則性位是天主費畧之性之位，其降孕也，不繇人道。其出胎也，不坼聖母，纔覺欲產，便已在前。既生之後，聖母仍是童身，謂之非天主不可。以天主本性接人之性，故論其五官百體，無以異於人羣。而全能至善之本性，與天主罷德肋一體，而分辟天子之子，其耳目口鼻四肢與人同也，獨其生自帝王，權位尊於天下，威福加於四海，人所不能濟之人，天子之子能濟之，以其權自天子出也。世所不能救之人，罷德肋之子費畧能救之，以費畧之能與罷德肋等也。罷德肋無形聲，而耶穌有形聲，耶穌在世似有始終，而在天實無始終，謂天主全能救人，語非誑也。又問耶穌救世之寔，可得聞乎。曰，廣矣大矣，深矣奧矣，不可得而思議矣。天主生人之初，即預知千萬世之後人類大惡應入地獄，若一概赦之，是主命可輕違也，不得言義。一概不赦，是人人悔改無門也，不得言仁。吾主欲施方便何繇，計惟有降生爲人，代世受難，方可贖盡人之罪。雖無誓願，而意之所至更勝誓願。蓋天主一身可當千萬世之人身，天主一身受難，可當千萬世人身之受難。雖主性全能無可加害，而身備血肉全與人同，五毒備加，被釘而死，其苦難寔願慘受，故千萬世人，前後脩者，從此盡得脫免原罪自罪，徑升天堂，耶穌受難之功也。所稱度盡世人，惟耶穌乃可當之。佛氏竊其餘緒，寔不□聲，將何事比耶穌耶。或曰佛氏亦有捨身，與受難何異。曰，佛氏捨身，恐是喻言。若曰四大可捐云耳，非眞喪其身也，即使眞喪其身，亦與匹夫匹婦自經溝瀆者等耳。帝王爲臣民而盡瘁，功德方稱無量。況天主之尊，又萬萬倍於帝王者乎。故天教論耶穌降生贖罪之功，大於化成天地，生育萬物之功。彼是救人之肉身，此是救人之靈性，彼是以意而成，如人主之出命令。此是以身而贖，如人主之親赴難。相提而較，誠不可並論也。問曰，聞西士以撒格辣孟多七端禮儀，能解救人罪。有此理乎。曰，七撒格辣孟多皆是教人遷善改過之方法，依法者縱有罪過，主教撒責兒鐸德能解之，非獨撒責之道德能解之也，非獨所傳之經言能解之也。所重者是耶穌之命，耶穌在世親立此七端，命後代教皇世世守之，教皇又命有道德者，奔走萬國流傳其教，皆如教皇親至其地，即如耶穌在世無異，故能遵此撒格辣孟多七端之教者，即得免罪受福也。或曰，天主全能，何不人人予之至善，乃多費如此氣力也。曰，若論天主力量使人人歸善，亦有何難。然天主生人獨異於萬物，欲令其能自專也。能自專者，所作善惡繇已，可以功罪課之。不能自專者，所作善惡不繇已，不得以功罪加之。此造化生人生物之區別也。人有靈性可以推論，可以主張，惡本易爲，而不肯爲。善本難行而不肯不行，所以謂之德，謂之至善，升天堂者，非此不可。若使付以自然之善，本不能爲惡，如火自熱，如水自寒，如蜂蟻之忠，蛛蠶之巧，皆天主所付之能，彼寔不得不然。且又不知所以然，即有善乎，是天主之善，非水火蜂蟻蛛蠶之善也。天主生人，強令之善，乃與萬物不自專等，是待之反薄，非造物主以人爲貴之初旨矣。且云天主何不人人予之以善，此言亦非也。天主以靈性付人，原是極光明之物。光明中萬理皆有，故云仁義禮智性也。天主所與我者，我固有之也。《聖經》謂之明德，儒者謂之良知，何嘗有一不善賦在人身。後來之不善，皆人所自作，重形骸不重眞性，重世間習尚，不重至尊賦予，惛惛逐逐，日陷於非，於天主曷與焉。不能順天而反怨天，不思甚矣。

朱宗元《拯世略說・天主必須降生》 今世群疑而不決者，莫如耶穌降生一事；在西洋有百萬典籍，以究解此，未及悉譯，莫通玄旨。所謂降生之說，非天主向在天，後乃降生於地也；天主無所不在，當其未降，原在於世；及其既降，亦不離天；特天主第二位，名稱曰子者，取人之性，與己之性，相締結而爲人；然以尊合卑，謙之甚，下之甚，故曰降生也。且非天主化其性爲人之性而成人，亦非耶穌化其人之性爲天主之性而成天主；乃耶穌一位，兼有天主與人之兩性，故曰天主降世爲人；蓋無始之天主，一體而涵三位；降生之耶穌，三位中特著一位；凡孕而生，幼而壯，被釘而死，死而復活升天者，皆耶穌人性之肉身事也；其天主性，則絕不易不動焉。所謂降生之意，其故雖多，大約有三：一者贖罪，一者敷教，一者立表。何謂贖罪？一曰原罪：原罪者，性根原有之罪也。昔元祖，以一人而開萬世無窮之愆；耶穌以一人而贖萬世無窮之債；元祖以至賤，悖逆至貴，盡罰人類，不足以究其罪；耶穌以至貴，代贖至賤，盡赦人罪，不足以竟其功；首魔據菓樹木，而誘陷元祖；耶穌以十字木，而戰勝仇魔。蓋人力雖大，功雖多，不足補獲罪天主之惡，而天主純神聖性，又無從代人受愆；耶穌則人而天主者；謫其爲人，可以代苦受償；論其爲天主，則又力大功多。天主不直赦人罪，必待耶穌救贖者：一則示其愛人無已之心，於無可肆赦之中，曲行其挽回矜拔之事；一則示其至公極嚴之義，苟非此代救一節，人類萬無從望宥也。一曰本罪：本罪者，自作之罪也。人犯大辟，心雖哀悔，口雖求免，帝王未有赦之者；然則人既得罪於主，一痛悔而克取宥者，雖本此心悛改之功，亦吾主功德有以償補彼債矣，特不知痛悔之人，無緣取償於吾主耳：此所謂贖罪也。何謂敷教？原天主當付畀時，命人以種種之善，俾克全其性；使率性而行，自然合道，不須教；人有不盡性者，天主乃命聖人施教以訓之耳。如上古諸聖祖，大聖梅瑟暨先知諸聖皆是也。人又侮蔑聖言，不知遵守，天主不得不躬自降生喻世；於是明示人以爲善之樂，不善之殃，人物之原始，宇宙之究竟，悔改之門，補救之法；俾宗徒徧曉萬方，然後向之事魔鬼者，化而事眞主矣；向之淫者，化而貞矣；向之貪者，化而廉矣；向之暴者，化而仁矣。盡六合之內，沾聖風者，今已十六；奈我中邦，矜驕自滿，溺於習聞，錮於俗見，猶難速變耳！此所謂敷教也。何謂立表？天主於人，崇卑懸絕，何從仰法？惟既降生，則其言行俱得學焉；故隱其神靈赫奕之威，而獨著貞孝謙忍之德，俾中材皆可倣視；聖史四人，各紀其事訓，謂之福音；嗣後聖人聖女洋溢萬國，皆從學習耶穌而成德：此所謂立表也。所謂降生之事，經成數萬，姑舉其畧，歸於六端：一者降生之地，曰如德亞國之白冷郡。在亞細亞洲，與中國同洲。天主不降生他國，而必於如德亞者，蓋緣開闢以後，萬國皆失源流，惟此一國，獨認眞宗，不爲異端淫祀；又先知聖人，豫言降生之事，筆之於册，以爲日後符徵者，書幾百卷，皆存是國；又元祖亞當被驅出地堂之後，亦居此國，而亞當所葬之山，即耶穌受釘之山也。二者降生之母。如德亞國有聖女瑪利亞，聖王達味之苗裔也，幼志不嫁，以上主命，配聖若瑟，雖爲夫婦，俱實童身；主命天神，報瑪利亞曰：上主降生，救世之期已至，擇爾爲母；瑪利亞以爲矢絕人道，從何得孕？神言此天主神功耳，豈特受孕不須人道，即分娩亦不損爾初體；瑪利亞始允諾，即受孕九月而生，一如天神所報，時《漢》哀帝《元壽》二年，冬至後四日之夜分也。夫天主何不從空降世，乃必生於人者，正欲示其愛人之心，與吾人類相關通；然不感而孕，則又特異於人，而表眞天主矣。三者降生之祥。時如德亞有司教士，曰匝加利亞，其妻曰意撒伯，皆有聖德，年各七十有奇而無子；一日方祭，忽天神報曰：爾今將產一子，爲降生之主前驅，意撒伯果孕，遂舉一子，先耶穌六月而生，即大聖若翰呼人認主者也。耶穌生時，異光滿室，神報牧羊之童，皆來致敬。天生景星，外國三君，並精曆法，一見此星，謂非天體素有；忽憶經言，眞主降世，景宿告祥，以爲此必其驗也。三國相去各千里，不期而俱望星以走，十三日抵如德亞，星至降生之地即止，三王因就朝焉。及耶穌行世，救民聖蹟，不可枚舉：如命死者生，喑者言，瞽者明，聾者聰，跛者走，病者瘳，狂者醒；巨浪雄風，命息即息；天地百神，咸聽其命；前此惑人魔像，盡成虀粉；種種神奇，載之聖史。四者降生受難之事。耶穌在世三十三年，人半服其神跡，仰其聖行；惟司教者傲滿，不察耶穌之時與事，與古經相合，謂以人而僭稱天主，殆妄者也，謀殺之；而耶穌因之以成大功，遂聽彼加害焉。故預告其徒曰：吾將爲萬民受死，然汝儕勿愛，吾死三日，則復活與汝相見也。一夕禱於山囿，更念我受如是大苦，人猶有不能感動信從，至於下墮者，悲痛至極，徧身汗

血；深夜惡徒引衆執之，遂以堅繩毒鞭，體裂血流；又織棘爲冠，以加其首；後乃以巨木製十字架，逼耶穌自負之，而往至加瓦略山而釘焉；在十字架，凡三時而死。時春分既望，日月相對，不宜薄蝕，乃日忽失光，宇宙晦冥，全地大震，山陵崩裂，塚墓忽開，聖人之已去世者，多出見於世；惡黨見此異災，亦有自悟其非，思改悔者，而耶穌已葬之後，踰二日，果復活也；處世復四十日，詳定教規，然後於方午上升焉。或疑耶穌受難，出於天主樂爲，則殺耶穌者，無罪乎？不知有人侮我，我雖甘心忍耐，但非我敎彼侮也；忍受者，雖成在己含忍之德；而肆侮者，烏得云無罪乎？五者，升天之後奇跡：如天主聖神降臨，宗徒皆頓明奧理，不待學習，能講萬方之言，敷教天下；其升天處，耶穌足跡恆著山巔，宛如鐫刻，後有聖后赫肋納敕建聖堂，穹窿合頂，正對足跡處；工竣，以大石覆頂，頂不受覆，其頂遂恆露不覆焉。六者，十字架之神威。此架既爲天主受難救世之具，遂付之以大能力，有用之以驅魔逐魅，而無數妖氛，立見消滅者矣；有用之以拯疾救痾，而夙恙沉災，旋得痊愈者矣；有用之以禦寇應敵，而百萬雄師，俯首順命者矣；有用之以扶危濟患，而風濤火獸，立見解脫者矣；有用之以克己遏欲，而邪念穢想，忽致清淨者矣。非特天主所釘之架，有此奇妙，即肖其形而製之者，概多神跡。此可想天主之慈威，畢注於此也。況萬惡之成，多由忿躁；萬德之成，率由含忍；忍其大者，則小者無不可忍而德成也；故耶穌甘受毒釘之大忍，示萬世堅忍之則。況天主造萬有，本欲人觀感，不背主恩；人反認物爲主，而用所造之物，爲叛主之具；不然，則或視爲當然固然，曾不知恩所自出。天主憫之，以爲民愆重，既不可苟赦，又不忍盡罰；乃不惜現身以代負其債，而萬苦萬刑，甘受不辭。此一事者，天主愛人到至極處；猶頑不知感，則眞無辭於永罰矣。故宗徒傳教，遇暴君惡吏之虐，惟念天主爲人，且不惜死，吾何不以死報主乎？於是刀俎鼎烹，不避不屈，反深幸爲主而受此。當聖教初行，三百年內，爲事主堅忍被殺身者，不知幾千萬億；而愈殺愈堅，愈禁愈熾也。若據世俗之見，必謂巍巍上主，斷不降生；即降生亦必煇煌袞冕，奚至受難受辱？是烏足以測造物之玄旨哉？

十字架

綜　述

陽瑪諾《聖經直解週年瞻禮》卷九《十字聖架小論》　人弗識聖架貴能，見吾叩拜，嗤哂而問，何貴耶，何能耶。曰，吾教人之榮也，吾貴也，吾富也。主選聖木，爲人寶帑，內藏萬恩，時時出厚富世人。葆祿聖徒曰，主之苦木，吾榮也，吾貴也，吾樂也，其外不欲他福，惟衍於世聖架之奇，吾職也，世人或誚吾如狂，或度如痴多矣。心從而信其奇罕矣。聖奧斯定解曰，聖架，吾主柄權也，可知其貴，惡人皆輕，善人皆重，其也。惡徒之羞，聖徒之榮也。其也吾主受苦，而贖萬民之罪。具也因爲吾主受難正像也，萬民當敬畧酧主恩。

或曰，主受苦之本架，因懸主體，塗以寶血，必取聖可敬。但今敎人，不論物料，削木而製，鑄金而銘，立拜木金，何理。曰，木金既有聖架之形，皆吾主受苦之像也。吾拜彼原木，意拜被釘主像，而謝主恩。拜此木金之像，意亦同然。彼此所想同一，所敬同一，所謝同一，何必分敬耶。比之皇帝二像，畫工視帝本容，畫第一，視斯而畫第二，可謂像之像，彼此皆皇帝像也，可均拜敬，拜彼褻此，並褻帝躬，並屬褻帝罪。

至問其敬之故。曰，故有二。其能以益世人一，謝主受苦之恩一。聖奧斯定示吾聖架之能，其奇之衆曰，世昔暗迷，因聖木受光也。世昔多痴，因聖木始智也。世昔魔奴，因聖木主魔也。世昔主仇，因聖木復合也。世昔如旅，流竄於地，聖木備理天堂之路，引人得進，何必多言哉。聖架諸善之源也，聖良又答曰，聖架，衆人超本二性之恩，湧泉也。天主所降施恩，皆聖架泉之泒也，其泒難盡，今汲數勺，解異教之渴。

其一，限伏魔猛，使弗肆弗加多害。聖基所曰，吾主降世敵魔，聖架其鎗其劍也。主持之刺斫，大敗魔軍。魔今視被敗之具，心慄急避也。聖盎博削曰，夫魔勇猛至極，能力大甚，何怖怯哉。答曰，懼聖架也。向聖

架攻敗諸魔，剪能消力。今視其像大驚，弗敢正對也。比之犬，入室被叩，次來視枝，速速自退，而不敢再進。魔地獄猛獒也，入世害人。主執聖架如枝，叩逐使出。今欲再入謀害，吾友急畫聖號額上，貼之門前，奉之宅內，魔必退也。奇矣，聖架，固城也，魔雖力攻，弗能破頹。吾神形堅鎧也，魔器雖利，弗能攻透，吾披靈身皆全也。

其二，摧折敵寇鋭英，增益義軍志氣，史書古王出征逆臣，彼此各統嚴部，惟寇兵壯精，王師弱而未練，不敢應戰，王久踟躕未定，出寨祈主，忽見於空大光，中有聖架形，金字環遶，曰，倚兹必勝，入寨急製聖架之形，命一勇臣揭諸竿，首行而引前鋒，敵視聖號，或戰而死，或怖而走。王連三戰，三剿寇兵。另有一奇，始者人擎聖架，懼而謀避，付之侍人，僅離數步，被寇一箭而死。次擎之士，屢次出入寇軍，竟弗得微傷也。

其三，衆患之解也。聖基所曰，聖架之奇不一，昔今恆顯其奇，使病者痊，死者復活，解毒伏獸，拆破地獄，平夷天路，伏抑魔恨，皆其奇異也。夫天堂正鑰，闔戶於惡，闢戶於善也。試古教聖人，其聖雖甚，弗能入天，既有聖木，天門大啓，皆入也。聖熱羅書記曰，主降生後約二百餘載，天主欲罰世罪，諸災叠起，海沸出域，多城連人沉沒。時有大聖，名依臘良，鄉人倚仗其德，強之迨岸，而命海平。聖人對海印聖號於沙，命海勿過定限。奇夫，波濤湧至，一見聖號，如皆含靈，厲聲猛鬨而退，未時海仍平息。

聖架能得如是，宜輕棄不常用乎。聖額弗冷勸教友曰，宜畫於額，於口，於胸，於百肢上，得避魔害。聖號神死之甦，世人之望，普地之光，上國之鑰，信德之基，教人之榮，是也。各晝各夜，各時各務，室內室外，將寐既寤，興繼畢程，水陸之間，飲食之時，居動之際，忽念聖架爾生皆安，爾事皆福，諸善皆至，諸惡皆避也。聖基所且勸且責罕用聖號曰，愧哉爾怠也，未入教之前，勤勤窺星測象，圖吉俗務，今不必，分心於衆，聖架獨一，衆吉之根也，諸福之泉也，天國之星也，爾視而稼德善，必稽常生之實，視之而興今世之程，必到天堂也，焉怠於其用哉。又繼曰，主受難之前，十字可驚可輕之具也，受難之後，可愛可重之架也。因教友不論庶民，世家，國臣，帝王，主僕，男女，皆跽叩奉，樹之屋內，市上，道中，岐間，高山，深谷，以顯爾敬。又海舟，衣裳，家器，當有聖號，以福其用也。聖人深嘆繼曰，異矣，贖世之原罪，釋本身之非，償所負之債，享無窮眞福，免眞苦之永，皆聖號聖樹之美實也，宜時時弗用乎，宜時時弗敬乎，宜時時弗謝乎。

昔天主預備聖架多像，因顯其奇，一若翰宗徒，天主賜之神目，得見多奇。曾見一木奇異，終年茂盛，其實無斷，以充衆飢。實之品共十有二，各月各品，今年如是，翌年一然。時時不絶，皆聖架聖木之像。其木天上茂樹也，其實相繼，常存於無窮。其實之類，十有二，洗滌人原罪也，釋宥本身之非也，迸魔於世也，□上神之敬也，使入世聖教也，令人篤信固望心愛也。童身之潔，致命之勇，苦脩之恆，限魔之力，啓天堂之門，閉地獄之戶。

二，上古世人婬甚，天主罰以洪水，先呼諾阨聖人曰，造舟免患。舟工既畢，諾阨也，家親也，共有八人，進舟而存，其餘盡沒，無一得免。聖盎博削解曰，舟，聖架像也。其世人之舟也，人進安登天堂之岸，免沉永苦之海，不進必沒也。

三，經記雅歌古聖，夢見高梯，其腳安地，其首靠天。其中多神，且上且下，無時斷絶。聖良解曰，梯聖架之像也，主執而爲騰上之階。其爲主之死，而吾之生。爲主之苦，而吾之安。爲主之憂，而吾之樂。爲主之下，而吾之上。聖奧斯定又曰，吾主削木爲梯，令人昇天。木，聖架之木也，梯久已備，皆得安登，勿懼其窄，勿厭其長，勿恐弗穩。主手足之釘，預穩其上其下也。

四，每瑟古聖之枝，聖架像也。經記，教衆被虜苦甚，天主命每瑟執樹枝往救，引出敵國，而入福地。王怒弗諾，每瑟倚枝，行異多般，虐王無奈許出。僅行幾程，王悔急募精兵，追衆謀殺。奈前海阻道，後軍又追，不利進退，命在呼吸。每瑟持枝叩海，海水大開，衆人徒腳履沙安涉，忻然繼程，以享福地。此異枝，即聖架之像也。吾皆原魔虜，主執聖架無盡之値贖吾，大開天堂之路，令人得進。

又每瑟之枝，其棒也，倚而不倦，靠而不蹶。世人在世，行人也，道勢巖巇，倦而倒十分之九，安行不跌，十分之一。聖架，若杖扶翼其行也。

五，經又記，教衆行際渴甚，水皆苦難飲。天主命每瑟取苦木浸水，木入水立飴。解曰，彼木性苦而解諸苦，正聖架之像也。爲主之苦，而飴世苦。人遭世患，難當其苦，瞻主聖架，深默主苦，苦變爲飴。聖奥斯定曰，飴甘聖架苦木，飴甘其念，人憂而思，心踴而喜。嗟夫，吾愛惡吾，加恩仇吾，祈爲害吾，皆苦誡也。但視聖架之木，念主苦時，憐愛其仇，祈禱爲彼，覺諸誡無苦，反有多飴。

六，右經立聖架之像曰，每瑟植木，懸銅蛇，被毒者視，立痊也。經示吾輩，聖架之木，諸罪之赦，神病之藥也。銅蛇之解，見左經。

七，昔教人概醜，其中幾善，主將滅彼存此，命天神印號善之額上，勿害有號，無者盡剿。解曰，號有十字之形，而爲聖架之像，示吾有人自迷，輕棄吾主受苦之恩，不免永苦之死，自悟從教，篤信善行，印心聖架，得存而享無窮之生。

八，厄日多，大名之國。古時多賢多字，字中有一，有聖架之形，其意來生之常生是也。字之形及意，奚偶然哉。天主引人，預知後世之常生，聖架之效也。因此國人互相授受聖架之德，企望其來，來後多賢奉敬，而進聖教也。右論足解教外之疑，足知吾奉敬聖架，當嗤吾痴耶，當揚吾智耶。

楊廷筠《代疑篇》卷下《答被釘而死因以十字架爲教條》 或問：上言天主降生，理已可信，至被釘十字架，天主爲無能矣。無能宜亟諱之，諄諄舉以爲教，此心想所不到也。答曰：據人心想，必謂天主全能，宜大顯威神，無可加害。即加害者，必極惡之人，何不反中其身，而自甘受刑，於理無當。嗟嗟！此正猶人之見，不足以知天主也。若欲反中於人，何如弗受於事更易。豈知耶穌出世，原爲救贖人罪，興此大事，發此大願，受刑受難，原其自擇，非迫於不得已也。將舉萬方萬世之罪，歸併一身，而以一身之受苦受難，消盡萬方萬世之罪愆，此事豈同小可。奈人之罪惡，無所不有，刑罰無所不犯，則代之受者，亦宜舉世間無所不有之罪苦，總萃一身，乃可償補無歉。故當時十字架上之傷之痛，筆不能盡，口不忍言，天主猶謂未足也。

或曰：天主至仁至慈，何不竟赦人罪，以身代之何爲？曰：有罪不赦，是謂不仁，不仁非主心也；有罪徑赦，又爲不義，不義非主法也。寧過於仁，無過於義，世法有此姑容，天網決非偏漏。欲求至當，無如身代，使人知有罪，天主不輕赦之，直自代受之，如何敢犯，仁之至義之盡也。

或曰：「萬方有罪，罪在朕躬。」古只有此語，豈眞一身可以遍償。曰：此正天主權衡，一毫不爽者。凡人重罪，莫過違主命。將此罪秤量，無可比度，必有與主命相當者，方足銷除，則無如耶穌自身也。必有大善大福，與世罪相當者，方可準抵，無如釘十字架功勞也。請詳言之。有人於此，得罪國王，必力等國王者，可以解之；得罪天子，必力等天子者，可以解之。進而得罪天主，必能鈞天主，可以解之。耶穌一身人而天主者也，四方萬國，皆天主所造成，則以耶穌與世罪較，世罪又其小小者。大可包小，豈其不能解乎？

或問十字架，稱大善大福，吾則未解。曰：此非口舌所能誦揚，略舉數端。尊肯降卑爲至善，語尊誰如天主者；有德不居爲至善，語德誰如天主者；以德爲罪，忍辱不較爲至善，忍辱誰如天主者；以死爲人爲至善，耶穌之死，通是爲人，毫不爲己，愛人誰如天主者；能贖人罪爲至善，耶穌一死，萬民宿罪全除，救世誰如天主者；在世立表爲至善，耶穌三十三年，示脫罪之路，開上天之梯，立功誰如天主者。善即福也，知大善即知大福矣。今人止知十字架爲受刑之具，受刑爲不得已之事，故以爲下劣，爲詬病，又不認釘十字架者，眞實天主，故只草草看過。若明認是天主親身受難，出自本願，則上所言善福數條，誠千古聖神未有之慈悲，無方之普救。西經論被釘之功，過於化成天地。蓋化成只是用意，今親身降臨更難也。化成萬物，養人肉身；今救人靈魂，脫人心罪，更精也。萬物不自專而順主命，化成無難；惟人自專能逆主命，轉移極苦，更難也。耶穌不降生，人類生者必死；指不能昇天。既降生，人性死者復活，指能昇天。更超越也。而大樞紐，大竅會，總統在十字架中，義理無窮，故特尊之，以爲教也。

或曰：凡教務欲流通，其益始廣，十字之外，更有神通妙用。如佛經所載，豈不更易動人？曰：會士守其師傳，本教所重者，不以世之所棄而略言；本教所無者，不以時之所趨而增益。寧莫我知，何忍遷就，況如神通之說，不知有無，即誠有之，令人艷慕，馳騖不過增長憍慢，厚集恢

張，於實修奚關焉？心求日上者，德日下者也；心求日下者，德日上者也。此會士之所守也。然吾主降生，實多異蹟。大抵在世，全立人表，故事多卑近，令人可師，復生而後，全是顯聖，種種神工，又須別論也。

又《答十字架威力甚大萬魔當之立見消隕條》 以世法言十字架，刑人之具，人所畏惡也，乃西國獨珍此事，謂上善聖蹟，無過十字，此自有說。蓋刑及惡人，謂之平常，施之無罪則駭矣，施之善人君子則大駭矣；施之聖人神人則駭不可言矣，況等而上之乎？無罪之刑，加之平人，已爲非常；加之士大夫則駭矣，加之公卿則大駭矣；加之國王天子則駭不可言矣，況等而上之乎？絶世希有之事，至十字而極。後世對此架，謂之聖架，謂聖體在架，萬世猶新，感動人心，莫切於此；萬全功德，莫備於此。西國之教，即以此架爲號。一日之間，凡作事用功，必先畫十字於額於口於胸，以凈其身口意，而後有營爲。經籍所載，皆十字起首。今觀釋經卷首，皆有卍字，亦見十字流傳西竺，未嘗不共尊也。萬魔當之，無不立隕，此非竅言，一者可以理測，一者可以事驗。理測者，世間惟正邪二途，正則自與正合，邪即不能勝正。如寒冰不可當烈火，目力不可敵太陽，自然之理也。事驗者，百聞不如一見，人言不若親歷。善人在患難中，矜持十字，甚有得力處，往往奇驗，庸愚被魔附體，轉念持號，魔即立遁，或己力不能，敦請主教會士，灑水持號，應手而除，此百試而百不爽者。今人不信西教，只用此一事，便可勘對虛眞，此所謂事驗也。惟人見事驗而信，不若不見事驗而信。故會士每有神奇，通不置頰，恐人專信顯應，失立教初意耳。

若西經顯揚十字，功難盡述，有用之闡法，而萬神百靈，無不拱手聽命者矣。有用之臨陣，而猛將雄兵，無不屈首受降者矣。有用之降大災，施大福，而城廓人民時有頃刻變化者矣。諸如此類，更僕難宣。蓋天主降生之功，勝於開闢天地，其功之得成，由於受難；難之所罹，由十字架；則自應有威力。第恐庸人妄用，濟其私欲，天主斷然不許，又不可以驗不驗，信其理之有無也。

聖母

綜述

高一志《聖母行實》卷一《總述》 聖母者，乃造成天地萬物眞主降生爲人所受孕之母也。行實多端，非潁舌能罄，玆特略表其氏族，及聖功之尤著者。先總述其大概，而後分紀之，約爲三卷。俾從教諸士，知所景仰云。

納撒肋者，古如德亞國名郡也。自有天地以來，人類相傳，惟知欽崇一造物眞主。中有王裔，名若亞敬，妻名亞納，夫婦幼習正教，密於精修。以其家貲均析爲三，一資聖殿，一周窮乏，一留自給，由是恩惠廣及，爲衆感仰。第居室多年，享諸順境獨患無嗣，蓋世福缺陷難全，類如此也。乃夫婦修益加勤，惟祈天主寵賜胤嗣，又許即幸得嗣，必送聖殿，奉事天主，不敢背願。未幾，一天神降來，示若亞敬云，天主大慈憫爾，已允爾願。期年之內，爾妻當受娠，產一淑女，名瑪利亞。此女自母腹，遂備聖德。逮至年長，當受天主降孕於其童身，用捄萬民，爾宜愼保之。言訖，復告亞納，更叮嚀勿慮勿疑，惟堅篤其望，將必無負。遂辭去。夫婦各述神語，且信且感。時冬至前十有餘日，亞納受孕。此係古教紀述眞確，無可惑者。

凡受生者，當神形交合時，皆染始祖之病，所謂元罪也。一染此罪，則性稟劣弱，易就諸惡，難修諸德。獨瑪利亞豫蒙天主祐寵，免其夙染，始胎即含聖德，是以形神之潔，特超衆聖。其一生易進諸德，實本於此。蓋天主既寵之爲母，豈容纖疵點染。古今聖賢萬口一辭，咸謂聖母與日爭光，與玉比潔，絶不受染元罪，諒矣。

受孕九月後，於納撒肋誕生。匪但父母之樂，實係普世之慶也。生八日，從國俗，立名，即依天神所稱瑪利亞稱之。至八十日，若亞敬及亞納夫婦依古禮，抱瑪利亞獻天主臺前，并獻所攜禮物而返。自後弗敢私恤輕

視，惟致力傾心，善其本躬，以率於神修。至滿三歲，慶酬前願，特赴日露撒冷國都大殿中，先以潔物，享祀天主。次謹告曰，斯小女，乃昔予夫婦懇切祈望，而幸卒獲者也。今滿三歲，弗敢忘主大恩，久留私室以違前盟。恭獻臺前，望吾慈主惠納於斯，俾得終身服事，幸甚。再向司教者曰，是女也，上主允予夫婦之求而錫之，今復歸之，義也。惟吾師以道德引而成之，則夙願畢矣。是時瑪利亞即一心向主，辭別父母，絕無繫念。蓋已立遠脫世情，欽崇天主之表矣。

於是司教者一見瑪利亞，年雖甚幼，而儀容端飭，迥異凡女，即知中懷聖德，欣然居之童女之宮。宮立殿側，蓋容一國所寄童女，使之伏聽賢婦之訓，靜習女德，及笄遣歸，以禮嫁之。瑪利亞初入女宮，猛立高志，絕諸嬉笑穉態，惟密登聖殿，朝拜天主靡渝。或入私室，潛自捫心嚴察其念其言，并其動靜，合宜與否。漸至默思天上之事，沉潛涵泳，洞徹聖道微奧，益加勤修。優造聖域，其見諸外，多聞寡言，謙己尊衆。視女中懿行者，輒師事而法之。長者有命，雖苦不辭，採取善言，踐行善行。衣素弗文，食粗弗飽，言遜弗傲，其動履端莊而不促急，其容色和婉，而無煩憂。與同侶交，不但毀言妄語不設，即狎笑躁情不形，周旋中禮無須臾失。且又時執卑役，遵命事長，顧病濟困，掖弱扶危，或勤事女紅不厭，以供祭祀。或恭玩經典罔怠，以益神糧。妙義會心，應存自警，則隨筆以紀之。偶偕同志，可與發明，則直揭所得以授之。總之起居表裏，隨地隨時，無不盡分合宜。蓋將弘肇聖業之基，自應若是其深且固也。乃天主恆加寵愛，每遣天神臨格，密爲啓牖，倍其功德，日益精純。繇是同修女伴，衆競興起而趨法恐後焉。然其德愈盛，其心愈虛，更求精進，未或少息。譬川潦集之益盈，而其就下益速也。

至十一歲父母壽終，瑪利亞用其所遺，禮塟既畢，乃益自勵趨向至善。知天主所與時日，不可輕擲，因矢志精潔，絕卻財色名三欲，誓不少染。蓋斯人雖有卓越之志，苟於三者一有迷惑，必不克前。故凡聖教中誓永修貞潔不渝者，必以瑪利亞爲正鵠焉。

至十三歲，當世俗婚期，司教者以無父母，因與其戚屬代議嫁之，以繼其祖之後也。瑪利亞聞之，急辭曰，昔父母獻我於斯，終身奉事上主，吾承二親之意，誓守永潔，以謝主恩，豈敢婚配焉。司教者欽服其言，未敢決，乃告請於天主。天主乃默授厥旨，令瑪利亞同族公議所配之人。又遣天神示瑪利亞勿懼，主必保守爾貞，不致妨礙。茲界所擇配，實係終身持潔之信士，天主不過俾爾僅成婚禮之迹，一則杜人世之嫌疑，一則障阻蠱惑之鬼魔，弗使明達天主降孕之道也。瑪利亞既獲主旨，即順司教之命，歸於若瑟。若瑟，蓋王室之胄，亦自幼精修，不染世塵。茲乃伏領主命，恭迎聖女，居止祖室，並矢各守童貞。瑪利亞一入閨閫，益奮前修。若瑟亦感其盛德，心企躬從，斯固遂其相成之至願，而大主之所降諭益信矣。

居二載，時瑪利亞年十有五。天主降生屆期，先遣一天神朝報之，向前呼曰，亞物滿被額辣濟亞者，主與爾偕焉，女中爾爲讚美。瑪利亞驟聞其語見其容，驚而且異。天神復呼告曰，瑪利亞，爾毋驚畏。幸獲天主福寵，將孕一子，名稱耶穌。此子乃大奇異，是必登皇祖達未德之位，而建無限之基業。實係天主費畧降孕爾身，非世人比也。瑪利亞雖蒙聖諭，未達受孕何繇，恐損厥貞，謹對曰，吾矢志貞潔，永避人道，所云孕產，將如之何。天神曰，此全不繇乎人，惟繇天主全能耳。天主既選爾爲其母，自能庇爾，爾又何虞。且不觀爾姻依撒伯爾乎，平生羸弱無孕，至茲耋矣，乃蒙主佑，已受胎六閱月，仗天主福命，奚難孕乎。瑪利亞因信神語，對曰，主之婢女在茲，希惟致成於我，如爾之言。言訖定心，瞬息之間，天主第二位費畧因天主第三位斯彼利多三多之神用，降投其胎成孕。蓋斯彼利多三多以其神用聚合瑪利亞腹中淨血，化成小軀，即賦之靈魂，用全人性。乃天主費畧接合之於已位，而天主性亦全焉。此瑪利亞所繇得孕，而實稱天主之母也。

瑪利亞既受天主降孕，靜隱數日，感謝至恩，因憶天神所言依撒伯爾受孕之事，即偕若瑟往謁之。至門，施禮稱賀。依撒伯爾遽覺所孕之子，自腹踴躍，因知天主降孕於瑪利亞有日矣，不勝欣喜，呼誦曰，女中爾惟讚美，爾胎子并爲讚美。我何人斯敢當吾主之母，遠來顧我。爾德崇峻已極，是宜天主寶諾，終不爾負，而眞福其必爾從。萬世之下，惟爾瞻仰不忘焉。瑪利亞聆此譽頌，益起謙恭，口約成章，告謝天主曰，吾神稱揚吾主，極悅喜於救我者。緣主俯憫婢之卑賤，將卑萬世讚頌我爲眞福，賜我奇恩，用彰聖榮。并厥聖名，莫大仁慈，恩施於敬畏之，子孫永世相繼。

以厥臂顯厥能，滅人傲心，提人謙志，福彼饑乏。空棄富飫，爾惟不忘意臘阨耳之小，終爾聖慈，賜與其子，以踐所許於先祖亞巴郎，及其後嗣於世世之世。祝畢，依撒伯爾恭接入內，同居三月，乃辭歸。

聖母自受聖孕，聖若瑟猶未知其故。但覺聖母之腹日起，又明信其聖德純備，不敢疑問，躊躇弗慰，冀天主示之。瑪利亞亦覺聖若瑟心懷憂疑，猶自謙抑，不敢輕泄，亦惟乞天主解慰之。天主果鑒其誠，即發天神臨聖若瑟之室，以其聖配受孕之神功，夢中曉示。若瑟恍然大悟，益加敬順。嗣後事事伏役於聖母，頃刻不敢忽焉。迨聖母胎臨九月，產期將近，會西國宗王以舊制，令民各於所屬原府，報冊送京。時若瑟與聖母雖遇隆寒，道路修遠，兼值貧窘，然以生民急公之分，不敢遑恤其私，即奉令登程。二聖在途，備耐諸苦，難以殫述。冬至後三日，抵伯冷屬府城下。行旅充斥，無復餘次，姑就道傍一廢廬寓焉。是夜之半，產期已迫，聖母乃就靜隅，默肅祈主，毫無苦難，遂誕聖子。譬之日光進出於玻璃瓶，而玻璃如故也。是則聖母雖產，猶然處子，豈非終古絕無僅有一大聖事哉。聖母初視其子，不免色寒，心爲之動，輒裹以舊褟，權置於傍之馬槽。先盡臣禮拜之，繼用母情懷之。時若瑟目擊聖誕之奇，亦恪敬供事罔怠。乃於誕生之八日，從古規行割損禮，即以上天所賦名耶穌稱之。耶穌者，譯言捄世也，以是知捄世之功，其托根於苦與貧者固若此。又越數日，有東國王者三人，見天際有異星浮空，其光絕大，適符古經所紀大主降生之兆。於是三王各離本國，各乘駱駝，望星而至，會於伯冷府城，朝拜降生新主。各出方物，曰黃金，曰乳香，曰沒藥，貢之。咸述異兆，俯拜稱頌。聖母接見，不勝愉悅，即默自服膺，恆以自慰也。三王仰奉聖母聖德，多領慈訓。及獲見造物眞主，釋除諸疑。久之，方辭歸國。

於是聖母從聖教規，居靜四十日。然後抱所生子獻天主臺前，正登殿，逢一聖士，名西默盎，一聖女名亞納者，各有默感，來迎吾主。遂懷抱頌讚之，既而泣謂聖母曰：斯子眞捄世者。然如正鵠爲世衆所共射，將來刃刺爾心。聖母聞言，銘刻五內，叩謝再三。旋懷耶穌，同若瑟還家。居未久，有大患將至，主命天神以夢示若瑟，言如德亞國君名赫羅得者，傳聞誕生新主，恐致篡竊，下令伯冷府界內，凡二歲以下新生之男，將盡殺之，宜急奔他方避焉。若瑟即順命，夜起束裝，偕聖母抱耶穌往厄日多國。又冒風雨窘難之苦，益知凡爲天主所寵，主必試以艱勞，不一而足。即二聖亦恆以是念自愜其懷焉。既入厄日多國，人感聖母大德，咸敬愛之，始明天主降生之道。自後國中良民，棄邪投正，甚至矢志精修，比比然也。二聖居此數載，赫羅得死，天神復引之歸國。

當時二聖與耶穌各執功業，無所欠缺。耶穌年十二，二聖守常禮，率隨國人遠赴公殿，瞻謝主恩。禮次，二聖隨衆返，耶穌獨後，弗使二聖知也。在途竟日始覺，以爲在同旅，與其姻戚處也。徧詢無有，於是聖母芒芒轉覓，復抵殿中，時別耶穌三日矣。乃見端坐高士之中，荅問經典奧旨，異之。徐呼告曰：吾子爾胡離我側，而留於此乎。令爾父與我憔悴，覓爾不已也。耶穌對曰：奚爲覓我，爾不識我天上父之事，我當在其中乎。言訖，辭殿，即隨二聖歸焉。嗣後經典，惟記耶穌恆侍母側，聖母亦事其聖子，凝神欽仰，法其精德，贊其妙用，餘未盡記也。

至耶穌年三十，宣教本國，周流四方，聖母時獲親炙。會有親屬，新婚宴客，延耶穌同聖母往臨以福之。酬酢方慇，酒忽罄，聖母見之，私告耶穌曰：酒無矣。耶穌陽荅曰：此何預爾我事。然聖母默喻聖意，囑司席者，惟耶穌命。少頃，耶穌令攜數器，實以清水，隨命變酒，酒即成矣。此酒行，主人大奇之，未詳其故。惟聖母及司席之役知之，因而徧傳之。此耶穌造聖跡之首，衆門人信從之始也。乃知聖母祈求聖子之言，必不虛負。以故後世聖賢，凡欲其意易達於天主者，必冀聖母代請，鮮不副望焉。耶穌廣行聖行，已三年餘，其自天降來，願行捄世之美功，今當建立時矣。於是先辭聖母，悉告以將至之患。次聚諸宗徒，自迎苦難，聽許惡黨拘執，誣告妄鞫，備極淩辱。至釘十字架而死，時惟聖母堅持心志。隨處相從，毅然卓立於聖子苦難之前，衷痛慘裂。向所謂刃刺爾心，玆驗之矣。顧聖母雖則悲苦不勝，而既盡母情，又合子心，求赦惡人之罪，絕無讐恨。容止罔愆，情不掩禮，其永爲萬世瞻仰，宜哉。耶穌既終，聖母偕宗徒治墓事，瘗之。乃返城內，潛隱居哀，以候耶穌所許復活之期。第三日果如所許，死中復活，來晤聖母。精光四射，迥異生前。聖母乍見，喜溢尋常，譬之蝕後之月，去其陰黯，復接日光，其輝映不倍萬乎。耶穌復活，留世四十日，諭宗徒傳教四方。雖隱顯靡定，其於聖母左右，時相與偕。且常叮嚀聖母，詳究敎中奧旨，及明晰日後難知諸事，代勉門人，以

所聞密訓造就之。迨耶穌升天後，聖母率衆徒，集於舊堂，以候耶穌所許斯彼利多三多降臨之恩。第十日，正當殷勤求禱，忽天主斯彼利多三多托火舌形，降臨於諸聖徒頂上，施以大恩。獨於聖母較贏，倍萬不啻，賚予極其隆盛焉。

迨衆聖徒遵主命，出散四方，敷傳聖教。而聖母惟依聖徒若望，隱潛於如德亞國都。斯時聖母神功課業，日益精新。愛主之心，慈人之念，日益懇切。或偕門人詳布神訓，或在公會剖釋疑難。或提援弱者，或寬慰憂者，或責驁傲者，不使縱恣，或勵失志者，不使惰窳。或遇暇日，親至耶穌向所棲止之地，覆視蹤跡，追念其功德，因以大慰衷懷，而自利其神。斯時也，盡國之境，無倫不沐其澤，無人不受其訓，遠近賢愚，親疎老幼，咸倚之爲師若母。諸凡溺惡，魔誘慾攻之徒，與夫遭亂世陷陋俗，而處危地者，但屬祈向聖母，未有拒卻而負其望者也。豈不爲衆生之依歸，聖教之楨幹，禦魔之樓櫓，諸德之安所哉。以故四方聖賢，有不遠萬里，趨赴如德亞國，以求一晤者。曾有名士，曰悌阿尼削者，從遠邦航海而來，一見聖母神德之容，又見無數天神侍聖母左右，心輒敬異之。嘆曰，使我非明知其不是天主，必將以爲天主矣。又聖人依納爵者，居一大郡，司教宣化，每聞聖母之德，歆動衆心，無不願親炙之。聖人以隔海遙險，止許男者往，女者惟謹致書求聖母回數言，以慰之。又有聖母屢適他邦，安撫而訓誨之者。此又足徵其爲主布化之懇，捄人飢渴之無窮矣。

繇是聖母精修至六十餘歲，親見聖教廣傳，耶穌聖名顯播。自歎曰，吾世願庶幾足矣。所歉者，面吾主與親吾子耳。是念日切，愈思愈願，惟展轉告禱不已。於是天主先遣天神，報以升天福音。聖母聞之，伏謝。然後傳示若望，若望傳之衆賢，未幾遍達國中。是時宗徒各居一方敷教，乃在天耶穌欲顯異母氏神德，默使俄頃環集聖宅，不速而至，不約而齊，及本國聖人亦集其前。聖母視之，慶幸不勝，告衆以歸天之期。言訖，投身卑榻，旋顧左右，令近就以承其終言。因仰天，祝告上主，大降福祐，使衆日就於聖域，用以統率世人，迪於正道。次以和睦互相愛讓勸之。聖徒聞言，號哭涕洟，痛拜於地而言曰，小子敢不各竭心身之力，如慈母聖旨顧吾輩煢諸孤，在此危世，無父可怙，又復無母可恃，奈何聖母重慰之曰，爾父雖在天上，未嘗不臨格於茲，安云失怙。即吾或從主命，昇歸於天，自是亦將祐爾，又奚恃之失哉。爾輩哀殆過矣。辭畢，聖徒遂見耶穌率無量數神聖，降迎之曰，亞物瑪利亞聖母，苦冬已逝，福春洊至。茲吾慈母，理宜離此垢地而躋清天。爾居人中，常行神事，惟天國是懷。罷德肋重鑒之，故諸神亦從我來，迎歸本鄉，用登永定之位也。聖母獲聞聖子之音，且信且悅，乃端顏正體仰天，以掌合十字，言曰，吾乃上主卑婢，雖無功德，希惟施及於我。如主之言，遂如寧寐。吾主耶穌，乃引其靈魂昇天而去，謹按聖壽，從耶穌誕年，至茲四十有七。從耶穌升天至茲，一十有五。雖在世總數，諸史不載，而約之六十三歲云。

聖魂甫出，耶穌接迎，指引昇天，面謁罷德肋慈顏。於是天上羣神，前後左右，圍繞護送，述其功德，頌其靈事，且位之神聖之上，耶穌之右。其聖骸離魂之後，亦潤澤，亦鮮秀，亦馨香。天神洊至朝禮，時設美樂，令衆聽之，致感，爭敬禮焉。其衆宗徒咸各悒怏感慕，伏地瞻仰，依禮誦經。祝告畢，然後從俗，傅以香液而謹殮之。是時遠近流傳聖母昇天，士女湧集，禱籲不已。次日平明，聖徒親奉柩，赴葬熱色馬尼山。有一凶人，於中途舉手加柩，欲推而辱之。天主輒顯其罰，令所舉之手，倏自斷而膠於柩不得脫。凶人自驚異刑，痛悔求赦。聖徒伯鐸羅，默求聖母慈祐，令凶人自就所斷之手，命之復合。果然，凶人偕大衆，共謝聖母之恩。墓禮葬訖，即以重碑封識其山。衆宗徒居守，三日夜無間，悲哀思慕之中，恆聞天神讚頌之異音。輒各述心中最所仰異之功德，頌而和之。時惟多默不在，乃亦不期而來，於葬後三日突至，堅欲瞻禮聖尸，聚衆徒復啓塚，惟殮服空存而已，遂驚異而紀之。從是古今聖賢，確信聖母聖軀僅入死域，旋蒙耶穌光照復活，即昇天堂也。蓋是聖軀既幸天主降孕，又以貞乳養育之，且畢世周旋之。載此異功，若使朽腐於塚或久瘞於地，即不相稱，故於其甫完生死之道，上主即收之天國，俾合其神，以享無涯眞福。理之自然，無可疑者。且夫聖母形神，既全在於天，凡我生民，皆有依倚，果堅向天國，慮無不得聖母之接引者。蓋天主於聖母，愛之至，而尊之極，委以天上地下之權，爲萬民之主保，遂其捄世之心，無求不得。是以聖人嘗謂聖教中人，正如百骸合成一體，耶穌其首也，聖母其項也。一身血氣，自首而下，未有不繇項以相貫者。耶穌恩澤，皆繇聖母以下及於世人。故聖經謂聖母爲天門，乃諸福賜所繇出，諸善士所繇進焉。然則

修行聖敎者，於聖母不仰慕祈求，可乎。又於其所當求者，不翹首望得，可乎。

聖伯爾納鐸嘆謂聖母曰，世間惟未識爾慈，未蒙爾惠者，是即不讃爾德可也。其意蓋謂斯世斯人，盡在聖母慈惠中，或有未識未蒙者，乃陷於魔誘之人耳。又曰，凡入斯世苦海，欲免諸不虞之患，必仰此海星而後可。瑪利亞譯言海星且或遭驕傲嫉妬之狂飈，投擲於山陰，或爲人欲邪俗之險浪，沉淪於淵底，以至感疾偵讐，遇難溺罪，懷疑患乏等，皆仰恩母瑪利亞，哀呼聖祐，定獲允諾。將見無不克之難，無不勝之敵，無不愈之病，無不立之德，無不去之惡，無不除之患。而謂有求不與，有叩不應，未之有也。

陽瑪諾《聖經直解》卷一〇《聖母》 或問，聖母如何。曰，美矣，難矣爾問，因美可喜以對，因難可驚以退。聖伯爾納將美聖母而書其奇，深嘆曰，噫，噫，揚美聖母，吾樂也，吾心也，吾願也。奈何幾執筆，心驚，舌結，言乏，其奇無名可指，無言可詳也。聖達瑪曰，世人之口，天神之言，即極其精，揚美聖母，其精竟鈍竟拙。聖母奇妙，卓然自立，超邁衆有之上。聖母深廣洋也，神人欲度得進也，弗得到中，矧能到岸，而極其奇。雖然，聖母又海星也，可望可求指路，賜得入海，克汲一蠡以對爾問焉。

問聖母者何。曰，天主降世成人托胎之母也。見天主聖母之高稱，則知聖母之高位，盛德隆功等奇，皆應天主聖母之稱。如國人一知某婦爲帝之母，何必他問，高位尊富等妙，自函國母大稱之內。爾推畧得擿埴索塗，求聖母之妙。

何云擿埴索塗。曰，世上譬喩，不及萬一。世上帝王高位榮光，擬主高位榮光，無似遠國母聖母之二位，豈近似乎。篤瑪聖人曰，天主聖母之稱，其貴尊皆無窮。蓋世上無子得勝吾主之貴尊，則亦無母得勝聖母之貴尊。夜望月星光，即以爲大，太陽既現，細矣微矣。獨思國母之位，且高且榮，倘對聖母之位，細矣微矣。經指吾主曰，萬帝之帝，萬王之王，萬主之主，是也，斯其名其號也。則識聖母萬皇后之皇后者是也，斯其名其號也。

另有他名以顯其貴，瑪利亞聖名第一也。其亦不出於雙親私臆，乃天主自立，遣天神告其親以稱，名共包多意，若云皇后也，帶光也，炤光也，大海也，辛海也，海星也，渠既騰天主聖母高位，即騰萬有之上。天神雖位甚高，世人雖極聖，悉居其下，竟莫能及也。聖達瑪曰，聖母以主母爲號，蓋造物者之母，必爲受造物者之主。古時賢皇后，曾入見帝，召婢二女以隨。皇后，聖母之像也，二婢，天神世人也。蓋皆受命如婢，聖母發命如后也。

渠也，帶光也，其靈恆光，大罪之冥，小非之影竟無。若翰宗徒曰，神目達天，倏視婦女，其光奇異，三光皆罄其光以飾，太陽飾身，太陰飾履，星辰飾首。解曰，婦女聖母也，其外其內，無物無光，身軀甚淨而光，下情極純而光，思念至潔而光，以帶光爲稱之故。

渠也，在地宗徒之明師也，口傳多奇，使傳於世，以言引人，以德迪衆。在天恆祈，恆捄世人。經指之曰，滿月也，太陽也，月炤夜，太陽炤晝，聖母炤善惡。善人受炤，以得加善，惡人受炤，以得減惡，復得夙光，謂炤光之故。

渠也，大海也。聖人曰，天主初創天地，諸水之匯，名之大海。聖母諸德之聚，多奇之會，謂之海故。又曰，海水之滴，幾乎無數。聖母奇妙，幾乎無盡，惟天主得計而盡。聖伯爾納曰，衆流所鍾海也，其容深廣也，大中小流欲進海收。聖母恆開慈悲之懷，虜人求贖而贖，善人求進而進，罪人求赦而赦，病人求痊而痊，憂人求慰而慰，謂之海故。

渠也，辛海也。在時甚愛天主，知世之罪，念天主之辱而苦，至愛聖子，視子之苦而苦。聖熱羅曰，欲知聖母之苦，謂之致命者猶不及，蓋視聖子之苦，其苦大踰諸致命者之合苦。斯之苦，外苦也，肉苦也。彼之苦，內苦也，靈苦也。極愛世人，恆念多落干非，多墮地獄而苦，謂之辛海故。

聖博納另舉他故曰，聖母爲子之苦，苦海也，爲庇世人甘海也，爲敗衆魔，辛海也。昔敎衆徒地，幾將渡海，海水大開，安然履地而渡，虐王追襲謀殺，海水復合。虐王也，王師也，皆沉也。聖母，若甘海浮人，若辛海沉魔，而魔不敢聞其名。因伯爾納聖人曰，聖母聖名，魔鬼之驚，魔鬼之敗是也。聖名如火甚烈，黃蠟近火而化，魔聞聖名而敗，謂魔鬼辛海者故。

渠也，光星也。或問，何謂之星。伯爾納聖人答曰，星射光而體無損，聖母生子普地之光，而身潔恆存，謂之星故。又問，天備多星，聖母比之星，何星耶。曰，比南北二極定辰也，定不動不移之名也。諸星麗天，依天運旋，或生或沒，或升或沉，弗克正度海之路。南北二極之星，其位恆一，客望正道，得至本鄉。世人度生，若客度海，聖母在天若星，其悲心恆定無變，可望可祈可念可法，乃路不爽，得至天堂也。聖伯爾納曰，聖母高立世海之上。其光德，其光也，其明功，其明也，度海可望以免其沉。

聖盎博削又曰，瑪利亞聖號，何云偶然耶，天主特立，預示聖母本職，預告可望可祈。其名意，海星也。吾靈若舟，載德若貝，吾望聖母，求引正路，傲風雖發，靈必不覆，世逆疊來而不裂，魔計攻敵而不溺，興程則吉，繕程則樂，終程則安，順到天堂福岸，奇哉瑪利亞奇號焉。

利類思《不得已辯》 光先云，若天主即是耶穌，孰抱持之而內於瑪利亞之腹。齊諧志怪，未有若此之無稽也。男女媾精，萬物化生，人道之常經也。有父有母，人子不失之辱有云云。

欲以人事測天主之事，猶以地量天，不啻倍蓰。天主欲不借母胎，自天而降，降即成大人之身，固於全能無難，但不足以爲人之表。必也降孕而生，眞人血脈，乃知雖爲天主，亦眞人也。吾儕所當感恩而師法者，但不從媾合而生耳。蓋古來大聖之生世，多異於凡人，況天地之主乎。即此正顯其全能，而示其鍾愛貞潔之德焉。天主降生奧旨，其所最要，在以其母爲降生之基。於時即擇一室女爲之母，絕衆人所染之原罪。定其形質之美，性體之純，德行之備，及其生前生後所見之純工，所履之聖域，加以母皇之位，充至尊之職，皆已包含於其體之中矣。故開闢之初，已示斯旨。而降生前千五百年，更詔先知聖人相傳於後世，而聖母所由始胎於其母者，乃於其父母既耄之年。蓋終其求而得，與衆大異。夫其不染原罪而生，又有天主之母義，自不同於世人之所由得生也。迨降生之時已至，天主默運神功於聖母之淸淨體中造成一全美肉身，又與精粹靈神，以結人性。蓋一息之頃，而聖胎成焉。今試以土爲喩。夫土生百穀，必先播種，加以灌漑耕耘，乃能生育，此定理也。人之孕生，亦猶是焉。顧論初造天之時，未生百穀，種從何來。必不待播種漑灌，而天主命生百穀即生，則是最初之穀，亦生於童身土中耳。聖母亦得天主之命生耶穌，彼時聖體即孕，童身寧改於初，自應無纖毫之損缺焉。如玻瓈瓶，太陽光照瓶中，玻瓈不損。太陽透出瓶外，玻瓈不傷。何異聖母降孕而仍童女乎。

楊廷筠《天釋明辨・觀世音》 問觀世音如何。曰釋氏觀世音，疑從天教聖母瑪利亞來也，而實不同。夫瑪利亞是如德亞國女子，天主像生其聖德高過世人，特選擇爲受生之母，被聖寵於主世，無其比。經云，滿被額辣濟亞者是也。是以受孕在胎，即知其爲耶穌救世者，在襁褓即奉之爲天主，在世三十三年，時時供奉，代人祈赦過免罪。以瑪利亞之聖德，又滿被聖寵，所以求無不允，是爲極慈極悲，救苦救難。西國奉事天主者，無不虔奉聖母，藉之轉求，故所繪聖像有天主手撫天地者，有瑪利亞手捧耶穌者，像有多端，而聖母手捧則第擧初生之一時事。蓋禮重最初，而第二位費畧從天國下生世界，乃人間莫大之慶，古今未有之事，故國中欽崇，首繪此圖，其後奉之講道，奉之救世，奉之受難，奉之昇天，自各有像，第此中未盡傳耳。而竺國摹彷其事，遂以慈悲救難歸之觀世音，女飾莊嚴，善才龍女護從其傍，令世之女流便於奉事。其迹雖近似，而來歷大相懸矣。閱其經卷，念彼觀音力，一切苦難盡解脫，與諸經讚佛神通，大意相同。而天教則不然，謂解脫罪愆必繇天主，雖聖母之被寵，不能自專，止爲人代求。而觀音則令人求己，求賜福即得福，求赦罪即得赦罪，佛教諸品，各各自有其權，政出多門，貪天歸己，人將何所適從乎。或謂觀音妙莊王公主，或謂大士男身，總屬渺茫，不可究詰矣。

又《代疑篇》卷下《答降孕爲人生於瑪利亞之童身條》 天主降生，宜無此理，乃西邦如德亞國，實實傳有此事。多少聖賢，參證講辯，確信無疑，歷今千數百年，流傳遠近，萬國無不信奉。今就人心所明，如太上有母，逍遙李下，剖左脅而生老聃；淨飯王摩耶夫人，剖右脅而生釋迦。其說頗類，彼爲不經，人反不疑。何此極眞宜信者，乃獨致疑乎？

或云天主欲救世，即從天而降，何所不可，奚必孕自母腹？曰：自天而降，則不取人身，不同人類，反增疑駭。且其降生有大因緣，欲爲萬民贖除原罪。非自身受難，原罪不除，不取人身，全是主性，不能受難，何由贖罪。故擇聖德室女，投入胎中，出世爲人，受盡世間苦難，以償千萬世未償罪債。其降生有爲，與道釋兩家剖脅而生，其義大不同也。獨聖

母既有孕育，猶爲童身，人苦不解。常取玻璃瓶爲喻，太陽正照，光射瓶中，玻璃不損，太陽既去，光出瓶外，玻璃不傷。聖體清虛，出入無礙，何以異此。

或曰：天主降生，何不既現玉霄金闕之象，徑投帝王貴胄之家，威力既大，弘敎尤全。胡爲擇取貧女，主與爾偕，雖云聖德，豈不重褻至尊？曰：此正卑陋末俗之見，不足窺穆穆深意也。顯露本相，世共尊仰，既無由受難，本願不成，且在世行事，實欲爲人立表，顯示威神，人力卑微，何能仿效，豈降生接引意乎？

或曰：繪像者，以一女相，抱一嬰兒，似少莊嚴，何以起人肅敬？曰：西國聖像，自有多種。有手撫天地，顯化成之能者；有以身受難，成贖罪之功者；有一體三位，示無窮妙義者。而是聖母手抱，則取降生時最初聖迹，有深意焉。其一，彰聖母之德。凡人德行，第一是守貞，尚不如童身之貞。聖母發此誓願，女德無比，耶穌選擇爲母，益加寵佑。自此奉敎會者，男效耶穌，女效瑪利亞。西國童修極多，則身先之效也。其二，顯聖母之愛。凡用情眞切，無如母之愛子。以瑪利亞之聖德，鍾愛耶穌之聖子，其呼吸顧復，必非人情可想，言語可明者。故西國繪像，常繪在一處，而特取初生時，欲人愛敬天主，如聖母之抱初生，方爲無缺。其三，表聖母之功。天人懸絕，人有祈求，何能遽達。聖母爲人性人身，猶屬同類，可藉之以轉達臣民章奏，必藉大納言，始得上聞。耶穌極愛聖母，故聖母之求耶穌，無不允許。循理之求，聖母無不轉達，特繪此像，導人祈求之法。耶穌初生，即是全體全能，非可小大分見，豈曰嬰孩。至視聖母與俗所謂觀世音者比倫，尤萬不相侔也。

徐道《歷代神仙通鑑》卷九　彼國初有童貞瑪利亞，於辛酉歲實漢元始元年，天神嘉俾阨爾恭報，天主特選爾爲母。已而果孕降生，母極喜敬，裹以常衣，置於馬槽，羣天神奏樂於空。後四十日，母抱獻於聖師罷德肋，取名耶穌。方十二齡，隨母往謁聖殿，歸時相失。母心痛苦三日夜後，覓至殿中，見耶穌上座，與耆年博學之士講論天主事理，見母忻喜同歸，孝敬事奉。至三十歲，辭母師遊行如德亞，傳敎淑人。所行聖蹟甚多，其國中巨象及在位者極傲惡，嫉其衆歸附，謀欲殺之。耶穌十二徒中名茹答斯者，素有貪行，揣知本國衆意，因以攫利。夜深引衆捕縛，送於亞納斯，在比剌多衙內。褫衣繫石柱，鞭五千四百有奇，全體剝傷，默不置辨如羔羊。惡黨以棘刺冠箍於其額，以絳敝袍披其身，僞拜如王。造一重大十字架，逼令肩荷，一路壓跌難堪。被釘手足於架上，渴以醋膽。終命時，天昏地震，石相觸碎，時年三十三。死後三日復活，身極光美，先見母以解憂。四十日後，將欲升天，面諭宗徒百二十人，分行天下訓誨，與領聖水洗罪入敎。諭畢，古聖羣從，隨躋天國。後十日，天神降臨，迎母升舉，立於九品之上，爲天地之母皇，世人之主保，徒衆分巡化敎。

紀事

錢單士厘《歸潛記》乙編一《彼得寺》　正座高於柄桴二級，此級上即庇約九宣佈瑪利不婚而孕爲無原罪之所，時一八五四年十二月八日，自後永爲勝地。

藝文

徐光啓《聖母像讚》　作造物之尊母，爲至潔之貞身。原之於胎無罪，秉之於性全仁。頻施光兮照世，職恩保兮救人。義鏡垂而羣法，天門啓而衆臻。位越諸神兮益上，德超庶聖兮特張。福既極而難並，美非常而莫倫。

宗徒

綜述

**陽瑪諾《聖經直解·諸天神兼諸位宗徒瞻禮》卷一一上《諸聖宗徒之

理》諸位宗徒其聖德，其行實，其功績，其靈異迹等奇，皆見聖人行實。

或問，宗徒者何。曰，吾主聖弟，兼遣使者，是也。吾主在世選之爲弟，而陟遣使之位，因門弟恆近吾主，恆受聖業，涵濡聖訓，可識其聖。篤瑪聖人解示其聖曰，宗徒之聖，超越童身之聖，致命之聖，先知之聖，太師之聖，其聖克對其位，乃位卓然邁乎衆位之位，聖越乎衆聖之聖。因遣使，多勤勞導人，可識其功。

聖賢廣述其妙，今畧微提。聖基所曰，宗徒，聖會高固敵樓，聖宮楹棟，神疾神醫，迷人之光，愚人之師，主師之帥，是也。何必一一述計宗徒之奇，其位共包衆聖之奇，主去留之代己，以繼救世本工。其能克對其聖，能治諸難治之病，能驅諸魔，能伏其猛，能易空中之變，地苦乾，命雨降潤，患澇，命止而止，命活者死，命死者活，生死應諾，而受其命。宗徒，聖會美身之首，是也。首居最高，而備五司之具，宗徒之位，最高聖會之位。若世目，令人得視可循可避。若世耳，令人得聆聖教而從。若諸德之馨，令人得嗅而法。若神料，令人貪嗜聖教之味。若神覺，令人固信莫視之端，如親手探觸，又且更堅更固也。

宗徒，普地明師也。未行世之前，世人多謬多迷，拜魔供神，不知正路，既行世，廣布聖教以示，人乃改謬棄迷，履聖教正道也。

宗徒，教人父母也。異教諸人，受人生而爲人子，宗徒訓導，使正衷性，從新再生而爲天主之子，葆祿聖徒謂教友曰，汝有多師多友，迪引以善。親父獨一而已，我是也。又曰，吾小子皆在吾心，若胚在胎。吾漸教以養，來幾必成，而爲天主之子。宗徒皆然，謂教人父母者故。

宗徒，聖教之種也。聖額我畧曰，主散宗徒於地，若農播種於田。稼少穡多，惟稼十二粒，穡歛萬民。奇矣。當時領教者，及現時所領，將來所領，皆宗徒十二粒之種也。良聖人曰，伯鐸羅葆祿二位，吾主美種二粒也，主蓺人中，若靈明之田。異哉二粒之德，致命爲主，被瘞於地，而致命之億，從教之兆，發出如穗，其數無盡數也，二位聖會之帥也，背人概背眞主向邪神，主謀抑伏，大統神旅以歸。二位帥神旅，使萬民伏降眞主焉。

聖會，若極麗之高宮，宗徒其址，其門也。主在世將立聖會聖宮，選宗徒以創其基。吾輩若牆，皆恃以繼。教人雖衆，宮牆雖高，無慮得圮。宗徒之址，至固至實也。若翰宗徒，曾見眞福之境，嘆曰，其城至峻至廣，城門十二，城基亦然，其上銘鐫十二位宗徒之名，各基各名，達未聖王曾視眞福亦然，深嘆亦然，曰，異哉其基，他宮之基皆深，深埋地內。天堂之基皆高，出立高山之上。麗哉其門，主愛他宮。斯宮之門愛甚，聖奧斯定解曰，皆美宗徒之言也。吾恃其信以信，恃其固以固，因謂之基。吾恃其教以入天堂，因謂之門。宗徒爲基，而上高山之上，蓋其德功在他聖人德功之上。天主大愛聖人，惟愛宗徒愈盛，聖王達未所云，主愛他宮，斯宮之門愛甚，是也。

主謂宗徒曰，爾皆普地神鹽也。解曰，主借鹽形容宗徒之奇，鹽奇有二。一，各味之味也，味就佳珍，無鹽必餲。二，鮮味無鹽則爛，有則難敗，久存鮮氣。宗徒皆然，以衆德，以多異，使世嗜聖教之味，入敗爛世，使新而存其鮮也。

主又繼曰，爾皆普地太陽也。聖巴西解曰，太陽未出，地面冥暗，物色弗辨，人寐無工，皆若死屍者然。太陽既杲，人醒典工，振羽噪鳴，惡獸入穴，稀出害人，宗徒太陽也，其光炤世人，興善行，知揚正主，惡神迴避而不能如意害人。

又，古教時，多先知聖人出世，示引國民，但皆若燭，若炬而已，其光概囿本國內，稀達於外。宗徒若普地之光，則爲太陽也。主謂之曰，散矣，廣遊普地，廣衍吾教，而教萬民。達未聖王，神目視宗徒，指之曰，其廣，天廣也，四面包地，無分寸外遺，宗徒之聲，大通埏垓，無人弗聞，人居極東極西，皆受其光其熱，謂之太陽信乎。

天使 天神

論說

利安當《正學鏐石・釋鬼神祭祀之辯》 天學論天主既造天國，隨造

九品天神，令其服役。天主其體純神無質，非若人靈之須肉身，故於受造爲最貴，處以天上，固其所也。但始造之日，其間有一鉅神，名路祭弗爾自負靈明，謂與天主齊等，天主貶之，並其從傲數萬神，黜爲魔鬼，置之地獄。自是天地間始有魔鬼，有地獄矣。正直而善者爲神，凶邪而惡者爲鬼，此神者實有之論，而邪正善惡之所由分也。儒者乃論鬼神不一，或云鬼神者造化之跡，或謂鬼神便是造化也，或云鬼神者二氣之良能。神者氣之伸，陽之動也。鬼者氣之屈，陰之靜也。凡但論氣有屈伸之異，而不知有鬼神之實，或云陰陽交而有神，形氣離而有鬼。又云致生之故，其鬼神致死之故。其鬼不神，此即氣之離合，分言鬼神，而又似實言鬼，虛言神也。或又問鬼神有無。答云爲爾言無，則聖人有是言。爲爾言有，爾得不於吾言求之乎。此謂說有則非，說無亦非，而爲此恍惚之辭也。更又云信之則有，不信則無。而吾心之信否，定鬼神之有無者，諸論紛紜，總無有得鬼神之情狀，而一裏其名義者，殆與天學所指之鬼神，均無當焉，焉得不歷明之。

天學論乾坤之內，雖有鬼神多品，獨有一天主，始制作天地人物，而時主宰安存之。故凡造造化化，悉屬天主全能，鬼神何力焉。況鬼神亦屬受造者，受造而豈能爲造，特是鬼神供命天主，使之運動諸天，以司其旋運造化之事，斯則鬼神職也。天主至高至尊，既無形聲，豈有迹可入而達乎。然而人不覩大主之玄妙，未始不窺諸天之運動，輒以鬼神爲造化之迹，不知鬼神亦是彰顯其踪，而非自刱一跡也。野曠之中，吾雖未見人，見人之跡，知必有人過此也。於穆之表，吾雖未見天主，見造化之跡，知必有造物主也。則造化之迹，正所以彰顯天主之跡，而豈鬼神即爲造化之主哉。釋此，而儒言鬼神便是造化者，當有辯焉。

天學論氣者，四元行之一，與水火土等，相輔而成。即如人以水火土三行而成形，靈魂在人內分，爲一身之主，而以呼吸出入其氣者也。氣自氣，神自神，文殊而理亦別。況天主始造天地，即造成無數天神，而於次日成元行。則造神在先，造氣在後，氣之不可爲神，判然矣。若以氣爲鬼神，彼陰陽二氣爲物之體，而無所不在，將天地之間，無一物非陰陽，即無一物非鬼神乎。微論鬼神不可爲物，并神亦自神，而非鬼也。鬼亦自鬼，而非神也。如以氣伸爲神，氣屈爲鬼，陽動爲神，陰靜爲鬼，則猶是氣也。當其伸時，鬼亦現而爲神，當其屈時，神亦伏而爲鬼乎。猶是陰陽動靜也，當其陽進陰退，是有神無鬼乎。當其陰盛陽衰，是有鬼無神乎。又當其動極而靜，靜極而動，是神未去，而鬼已何，抑鬼將謝而神來代乎。不知陰陽無端，鬼神異位，安得混於二氣之中，而亂其等類。又況即以氣爲鬼神，而並紊其名實哉。釋此而儒言鬼神二氣之良能，抑亦知所察矣。

天學論鬼神之分，謂向主而有功者，天主定爲正神，並以超恩，即天神者是。其悖主而有罪者，天主定爲邪神，不惟超恩不及，而苦罰隨之，即魔鬼者是。然而天神乃絕神之品，其神靈精於人靈，蓋緣人靈在須肉身，用須肉體，動爲肉體所礙，不得徑遂。而神體者即自在本靈，即自用本靈，無礙無須，此神靈所以大勝人靈也。夫天主造人，造形有質，造靈無質，況純靈者哉。則儒云，陰陽交而有神者舛矣。不但天神純神，非陰陽可屬，即諸邪神罰下地獄，而體超五官，不受死滅，雖其凶惡之性，毅然而爲鬼雄，與天神迥別，顧其純神之體，又與天神同造，未或異也。然則魔體不異神體，則彼固不即於形，而靈形自在，不雜於氣，而靈氣常存，烏得有形氣離之時乎。設謂眞形氣果離也，並無鬼可言矣，儒者云形氣離而有鬼者舛矣。至於生死之故，又未可以律神鬼也。蓋以神鬼之體，爲純神體，義不受滅，非若人類之形體，有生有死者比也。是以天神恩受永福，永在天堂。魔鬼罰受永苦，永在地獄，何繇而致生致死乎。抑儒有言，謂天之神曰神，地之神曰祇，人之神曰鬼。所謂生死，或亦就人神之鬼言歟。不知人既死，不可以鬼稱也。蓋鬼神有邪正，人靈有善惡者，善者曰善靈，則陟於天，而與正神爲伍，同諸神而非神也。惡者曰惡靈，則墜於地而與邪魔爲儔，同諸鬼而非鬼也，故辨其名義，何獨神自神，鬼自鬼，即人亦自人，而不可以類混也。況人體雖隔神體，而人靈不謬神靈，其受永福永苦，不受毀滅，義亦猶是，尙有生死之迹可求乎。說者謂死而致生，生而致死，氣之聚散爲之也。止可言聚散，不可言生死。言聚散，聚是其氣之合而進，散特其氣之退而伏也。若言生死，生則有氣，死則便無氣矣。知聚散之非生死，又何分於其鬼神，其鬼不神乎。矧鬼神異名異義，苟以神不神定鬼，則是鬼爲實義，而神爲虛文矣，又何言之舛也哉。

天學論天神九品，其初造生之數，多於從古迄今之人數，是以有侍立

主前而奉主令之役遣者，有運動諸天而司日月星辰之行者，有經理山川而掌國都郡邑之事者，有護守帝王仕宦以分隸人群及物族之類者，其間異名異職，不可勝紀，則其不等著矣。然皆徵鬼神之實有，而萬無可疑者也。儒者未明於萬物之眞宗，因以不識夫純神之首造，故人疑鬼神自無因，就學士問以釋疑，而我或有疑不決，安能荅之以有無哉。然而孔子嘗言之矣，曰鬼神之爲德，其盛矣乎。言德盛，則其性情可求矣，鬼神寧虛無者耶。曰體物而不可遺，言體物則其職守可列矣，鬼神寧遠者耶。曰誠之不可揜如此夫。言誠不可揜，則其眞實而無妄，彰明而不惑，又可按矣。鬼神寧空幻無據者耶。雖曰視弗見聽弗聞，以屬純神體，故純神無形，肉目不見，而神目見之，故視之而弗見也。純神無聲，肉耳不聞，而神耳聞之，故聽之而弗聞也。然曰視之聽之苟非實有是鬼神，惡乎視，惡乎聽哉。況乎無形無聲者之於無也，隔霄壤矣，孰謂之無哉。蓋其立言之意無他，惟曰有則人見之，人莫見之則無矣。故隱其旨於若有若無，以視其懸會而弗思，論天地之大尊，奚用此恍惚之辭耶。乃若吾心信否，能有無物者否。或論星夢擇卜等類，則可凡事物，有則即有，無則即無。使其果無，固非信之所得有。使其果有，亦非不信之所得無。譬如西域獅子，知者信其有，愚人或不信，然而獅子本有。彼不信者，能滅獅子之類哉，又況鬼神哉。釋此而知鬼神必有，唯信勿疑。彼陷於無鬼神之說，而付之影嚮疑似之間者，其舛又愈甚矣。

天學論正直爲神，凶邪爲鬼，亦既別矣。然正神在世，非奉主遣，不至人間，故人罕有見天神者。魔既凶惡，主欲用之，間留人世，一以容魔誘感，爲世人立功之地。一因體負重罰，使人類知警，借以及時改遷，厥旨深矣。然主雖用魔，又以其凶惡莫敵，嘗制之使不得騁，是以魔或時見，不恆見，不然遂其性，則陷人無噍類矣。夫天神既不易見，凶魔又不恆見，彼人世福祿，非鬼神所能，由天主耳。仲尼謂敬鬼神而遠之，意在斯乎。乃儒論云，雨露風雲，日月晝夜，此鬼神之迹也。此是白日公平正直之鬼神。若所謂笑於梁，觸於胸，此所謂不正邪暗。或有或無，或去或來，或聚或散者，又有所謂禱之而應，祈之而獲，此亦所謂鬼神，同一理也。世間萬事皆此理，但精粗大小之不同耳。試取而折衷之，天下有公平正直之神，決無公平正直之鬼。蓋鬼神性異而行亦不同，正神守護人類，扶植萬物，所爲皆善也。邪魔誘人萬惡，陷人萬罪，所爲皆惡也。天神魔鬼，悉奉天主使令，以故天上賞善之事，唯善神司之。地下罰惡之事，俾凶魔任之，並其職役亦自異也。若夫雨風露雷者，大化之氣行，日月晝夜者，天道之循環，此則天主之全能，惟命天神克襄其力。然謂是天神者，有以經營雨風露雷，日月晝夜之務則可也，而豈謂此雨風露雷，日月晝夜者之即爲天神，可乎哉。既不可以名天神，而何況於鬼魔乎。矧前云鬼神者，造化之迹，茲又以造化爲鬼神之迹，鬼神造化，果無辯者耶。至於嘯梁觸胸之行，所爲駭異，以至有無莫定，往來不一，聚散靡常者，特以伏藏窺探之功，以惑人心志，簸弄誘惑之術，以搖人耳目，正所謂凶邪暗昧之鬼，其情態爾爾。曾有公平正直之神，而有嘯於梁觸於胸者哉。且鬼神既稟主命，凡有舉動，必令而行，雖其智力大勝於人，而柄世之權，一聽於天主，無有敢專擅者。

又《天儒印》《中庸》云，鬼神之爲德，其盛矣乎。渾言之，凡無形無聲而具靈體者，總稱曰鬼神。分言之，則正者謂神，即聖教所云天神是。邪者謂鬼，即聖教所云魔鬼是。德之盛，當就天神言，蓋天神有九品，有侍立天主者，有運動諸天者，有護守國土郡邑人物者，然皆承行天主之旨，無敢違也。若鬼邪，悖叛眞主，受苦罰之永殃，雖間容在世者，惟以誘陷人類爲務，何德盛之有。其云體物不可遺者，凡人皆主造生，凡人皆主保存，故凡一人咸有一天神護守之，如納赤子於襁褓中也。天神無形無聲，故曰視之而弗見，聽之而弗聞，然曰視之聽之，寔有一天神領守我者，以日施其照護引治，而迪人於正道也。然則人宜視於無形，聽於無聲，惟神是式是訓，無負上主仁慈之所託可也。奈何因其弗見弗聞，而自遺於所體之外乎。釋此并知體物不遺，自是正神德愛。鬼邪既務誘陷，尙可言體物耶。故鬼自鬼，神自神，別其邪正，則判然矣，烏容并列而混稱之也。

綜述

羅明堅《天主聖教實録·天神亞當章》 或曰，前言天神，亞當，天

堂，地獄四事，尚未通曉，望明敎我。答曰，吾先告爾天神，亞當之事。蓋天主之所成者有三般焉，一者無形，一者有形，一者魂形兩全。若無形者，乃是天神，聰明超出世人，世人亦不得以肉眼見之。世人要做一件事，久即忘卻，天神則不然，且天神之心，欲爲善事，則終始如一，絕無倦怠之心，豈若世人作事，嘗有半途而廢之情。所以天主令此天神，指引世人爲善。或曰，敢問天神其有幾多。答曰，天神衆多，難以勝數，即使古往今來世人，亦不如天神之多也。或曰，抑不知此等天神，亦得居天堂否。答曰，天主造之天神，誠有尊卑不同，其中分作九品位次。造之世人，任其爲善爲惡。然後從而賞罰之。若天神之在天堂，亦是如此。天主當時方造天神之日，囑之曰，爾等安分，則得同吾受福於天堂。若違法犯分，吾即重刑不恕。間有一位總管天神，名曰路祭弗爾，甚是聰明美絕，尤異於衆天神。乃告管下衆天神曰，吾得掌握乾坤人物，而與天主同品。間有天神應之曰，然。天主因這天神驕慢犯分，並與衆天神之黨惡者，逐出天堂之下，而爲魔鬼，是以魔鬼常恨乎天主也。或曰，天神之被逐者，共有幾多。答曰，三分中逐有一分下去。天神常懷被逐之恨，故迷誑世人爲非作惡，及惡人死後，即拘其靈魂，進於地獄，此乃魔鬼之幸也。人若心正爲善，則魔鬼不得而害之，及其既死，則魂升天堂受福矣。其餘二分天神永居天堂，奉敬天主，專於引人爲善。或曰，尊師言魔鬼無形，人常見其似乎猛獸。何也。曰，魔鬼欲人驚駭，故變成形像，而使人得見也。或曰，天神未得罪天主之前，居於天堂，亦有幾久。答曰，天神方成之際，即獲犯上之罪，遂逐下爲魔鬼矣。或曰，天神既被逐，則彼所居之位即空了，吾不知後亦有人居此位否。答曰，此問甚妙，而且有理。吾言第一端之物者，天神魔鬼，有靈無形者也。今且告之以魂形兩全之說。天主既逐下天神，則天堂之位已空，故造亞當阨襪魂形兩全，使之生傳人類。其間若有爲善之人，則取其靈魂升天，以充天神之位矣。或曰，原祖亞當也似世人否。答曰，亞當魂形兩全，與我等一般，但他聰明美貌，故爲普世之祖。彼時若不違誡，天主當使亞當常生不死，及其年久則魂形俱升天堂受福。雖後世子孫，亦得如是。彼時既違其誡，則天主逐之出地堂而罰之，得有勞辛死亡諸苦，所以今人之有疾病災難亡夭者，皆因亞當之所致也。彼時亞當既違其誡，自知得罪天主，是以哭告天主，求赦罪愆。天主見他悔過，但許其靈魂待後升天也。或曰，當時亞當違何法誡。答曰，天主既造成亞當，置之地堂快樂之所，欲試其心，先以一樣果子，囑之曰，此果不許汝食。若食此果，即是違吾誡耳。魔鬼見亞當循善，妬其後日靈魂升天，即誘亞當食之，以違天主之誡。是以亞當既自得罪，復貽其罪於子孫，而與天主爲讐矣。夫無形之物，與夫魂形兩全之物，余已明言。若夫有形無魂之物者，天地水火等物，止有形象而無靈魂者也。

陽瑪諾《聖經直解》卷一一《天神者》 西土原文曰諸若。天主造成萬有初，即造一無形之體，極其靈明，有始無終，而能借氣成形以見於人，以傳主命，非人死能變爲者，每稱天神倣此。

解本性之高尊，則宇宙無高尊可比。其眞福全備，恆視天主貴容，時刻不離，其德純粹，無虧無缺，其能無等，或日運宗動之天，而不倦，或震地動海，而不費力，其知盛靈，大超世傑，弗苦思慮，而物理之所以然，物理之固然，一炤即徹，毫髮不爽，其衆之數，無人能解焉。按經典分其數，有上中下三大部，每部有三品，其品益高，其福益深，其德益精，其能益大，其知益明，其數益廣。

上部最上之神以熾爲名，其愛天主，比諸天神更尤切，擬之火故。夫火奇妙有三，恆騰，至本所纔止一，力大易燃近物二，物近受炤三。此最上九品之神，其愛常騰，既至天主，即安而止。又，且熱且炤下品之神，令愛天主，令知其指，而傳於人。上部次上之神，以知爲名，斯神愈近眞主，愈其知精。知識既滿，諭下品之神，使知當知之事情。上部又次上之神，以座爲名，天主安居斯神，若皇安於御座。又，皇將宣令，以示國民，坐御座乃發，天主時有大事，前示斯神，命示世人。

中部上神，以權爲名，天主將決世上急事，恆用斯神。其權大廣，下品之神及世人等物，皆伏其權，聽命弗逆。中部次神，以主爲名，斯神掌管下品之神，使從其命，聽之若主。又，引導示諭世上國主亦爲本職。中部又次神，以能爲名，天主欲伏抑魔猛，恆用斯神之強，魔驚而伏，若悍奴驚懼嚴主之威。

下部上神，以力爲名。下部之神力雖大，比斯神之力，不及遠也。天主欲行異事行大聖迹，大變世物，顯罰世人，恆用斯神之力。又，守國，守省，守王，兼爲斯神之職。下部次神，以遣使之首者爲名。斯神若首，

主下品之神，天主欲默祐聖人，賜知前事，恆遣斯神，若使之首使者然。又守府，守縣，守臣，守鳥獸草木之類，兼爲斯神之本職。下部又次神，以遣使者爲名。天主欲示世人，令知常事，恆用斯神另亦以守人爲職。

又《彌額爾天神》 聖彌額爾，諸天神之首也。天神各爲天主之卒，各品各枝，各部各隊，公成天主大師彌額爾天神，統領如帥，因聖賢廣述其奇，曰，宇內時有急緊大事，天主托之命平，厥始有大神，傲心背主，拒抗不伏，引誘多神，同背同拒。彌額爾挺然出征得勝，伏傲討拒。世沒之時，惡人出世謀篡主位。彌額爾臨討，殺投地獄，昔天神護守古教諸人，即斯神也，常顯多異。古教衆被虜甚苦，彌額爾發現於每瑟命往慰救，虐王迷固，無心放釋，彌額爾率領屬神，刑罰王民，一晚盡滅舉國長子。強王解虜，衆出，年有四旬遊曠野，彌額爾引導，日日降味以養，晝備密雲庇蔭，夜備火炬炤明，親鐫十誡付每瑟命布於衆，異國惡王，舉兵侵地，彌額爾一夜殺十八萬寇兵，大救國人。今護守聖教聖會，皆斯巨天神之功也。

又《護守天神》 凡人一出母胎，各有護守天神，卒世晝夜不離。其所授恩，舌筆弗詳。約數其概，阻遏魔力，禁之肆毒，如牧守羊，禁狼近害一，庇護常遠忽死之繇二。吾遇患代求天主，賜力能當三。人行善，則爲之慶急昇獻主，求加神力以繼四。吾心憂愁憚於善，且慰且勵五。人蒙聖教眞理，炤其明悟，令能透達，令剖疑實信六。人迷諸罪，無意改悛，引至聖堂，求主動心七。使人入行善之繇，速出行惡之機八。人出遊外守神作伴，扶倦慰憂，使安得歸九。吾命將終，驅魔保靈，勉勵能敵能勝十。靈出無罪滓可煉，同昇獻之眞主十一。有滓可凈，偕之煉所，慰苦立望，罪滓既凈，引出昇天，永愛若伴，猶更切十二。

或問恩多且隆，何得酬謝。聖伯爾納答曰，勿行惡以致其憂，行善致樂，善謝上道也。烏烟散蜂，惡臭散駕，惡德遠守神也。

錢單士厘《歸潛記》乙編一《彼得寺》 （存目）

天神 見天使

魔鬼

綜述

朱宗元《拯世略説·魔鬼能爲變幻》 魔鬼者，天主所造，本與天神同類；其巨露際弗爾，乃諸神中最尊鉅者，恃其尊鉅，傲慢背主，罰而爲魔，而其黨亦與之俱墮已。然雖受地獄之苦，其本性之智力仍在，遊行地上，網羅萬民；其謀甚深，其計甚巧，其能甚大，其布置甚多方，使人不着於此，則觸於彼；蓋緣魔既失升天之望，因妬人類之能升，合力畢攻，阻絕天路，諸所作爲，無非使人心想，顛倒迷惑，背主積罪，永墮冥獄，與己同受無疆之苦耳。是故或煽人血氣，使淫念勃然，敗倫拂性；或動人殺心，使剛愎忿怒，爭鬪傷殘；或因好修之士，亂其明悟，俾北適南轅；或假卜筮以呈奇，或托五行以示幻；或以符咒與人，使之呼召往來；或以邪術衛人，使之吞針浴火；或托於無知之物，使石言木徙；或依於禽獸之身，使豕立人啼；或藏神佛像內，能動能言，宣洩微隱；或憑巫覡妖身，測福測禍，妄言未來；或於衆僧誦經之場，俾甘露時來，天花亂墜；或於羽流設醮之壇，俾玄鶴翔舞，彩雲竚凝；或入赤子之口，自言前世事緣，使人信因果之非誣；或入畜類之中，自道我某家子，俾人惑輪迴之變化；或於夢寐之際，大肆誘惑；或因心志有疑，乘機翻弄；或生風鼓浪，使人祭祀請祈；或現形傳話，使人心驚膽裂；或假祖宗之像，以示子孫；或假仙佛之號，以遊人世，與之相狎；或取他人財物以富之，如今之五通；受其秘密，能使生平所惡者見災，如妖僧之咒術。變幻萬端，言之不盡；雖緣魔搆，半以人訛：一則文人墨士，喜造瑋言奇論，聳駭見聞；一則衲子羽流，自撰殊蹤怪跡，證彼

教法；一則無識愚民，偶得影響一言，浪說傳播；蓋古今來所載無窮異事，眞者十無一二，僞者十有八九；源流既明，物理一致，舉世惑之而不能決者，我可斷其由然者矣！

錢恂《景教流行中國碑跋》（存目）

聖人

綜述

陽瑪諾《聖經直解》卷一三《聖人瞻禮・聖人之理》　中士問曰，各國首務立善教也，善教首務正人內外，致之成聖，是也。因各國有本國之聖人，請示極西所謂聖人何妙何聖，得登聖人之高稱。答曰，西方人登聖位，難矣，嚴矣，必全備諸德，諸德必卓立常德之上。至於極隆，又其在時概行多奇，多異聖迹，明顯其聖，可識其難，然在時，人亦不敢稱聖，必俟之逝世，即逝後人猶不敢任臆與之聖稱，必待敎皇細察詳究，多有見証，果其德甚隆備，在世行何聖迹，口口皆符，敎皇乃籍名於聖人之冊，衆始尊之爲聖，繪其像，立聖殿，求其祐，蓋明知其定在天堂，而爲天主聖臣也。可識其嚴。

聖人在天，多利世人，吾當日加欽敬，畧得酧恩，余解瞻禮聖人之理，將提四端。聖人之貴一，護保世人二，法其德三，勉吾望四。

其貴。聖人在天皆天主之孝子也，忠臣也，良友也，天國國王也。葆祿聖徒嘆其貴曰，聖人居世，世忝與同居。熱落聖人解曰，統合普地之貴，擬一聖人之貴，無足貴也。世蒙聖人居世，蒙其非宜殆，夫聖人在世至貴，可見在天何貴。第七卷聖神降臨後第二主日已有本論。

護保世人，聖人之本務也，聖賢稱爲人之中人，當備二端，爲國君幸臣，大得其寵一。愛憐托己之人二，恃幸寵敢求，因愛憐欲求，聖人皆天主幸臣也。天主異寵，不敢求乎，皆吾人之類也。視人若同族之親，吾之苦險甚悲，不欲求乎。

聖伯爾納曰，吾皆可喜而喜，有天朝多臣，恆爲主保，聖人在時，指引度世之苦海，在天代求，救得登岸，在時引吾立功，在天求主報功，聖人在天富盛，不求爲己，恆求爲人，可喜爲彼之眞福，可喜爲吾之神利。

聖基所又曰，榮光聖人，爲彼賜世天主恆情也。讀聖經，洊得多証以証。爲亞把郎古聖，賜其侄勿燼爲達味聖王賜嗣裔弗敗，爲葆祿聖徒賜同行莫沉，爲德望聖人賜葆祿以主之仇爲主之徒。大哉聖人之益，天主爲彼寬恕惡人，實爲罪人之城，四方包圍，禦罰不進，聖人在天若星，星恆降澤豐地，聖人恆求，使主福世。

聖額我畧勸曰，吾友在時，勿怠恆求聖人，賜護保審判之時，可效世人，有事於士師之前，勤尋知愛，代已進言。吾友異日必至吾主座前，聽斷終身之行，今求聖人智也，怠而不求愚也。史記，昔有婦勤祈聖人，一日加勤，倏現二聖，若旅過戶，善婦急呼家婢濟之，聖人曰，吾至貴也，盛富也，不必爾濟，吾特來濟汝。汝今求吾，審判時當盡力救汝，言畢不見。

法其德，伯爾納聖人問曰，天主歷代默動多人，勤書先聖之德何。答曰，欲吾人得法之也。聖人之德，吾鏡，吾表，諸德之和味也。飲食雖珍，不得其宜，則餲而難咽。德，皆珍味也，奈何靈味多敗難行，先聖之德，和調其難，人乃思勉勵以法。奇矣，聖人即已久離世，吾念其德，視之若在。其軀已死，而使吾靈復活，其德如利兵，吾法而用之，易敵以勝諸仇也。

古敎時，天主命敎皇礪光金牌，鍥先聖之名，將入聖殿奉祭，懸頸項間恆視。聖額我畧曰，主欲先聖之德恆在胸，次目前。胸次以愛，目前以法。奇矣，聖人天星也，恆炤吾靈，指之諸德，某指仁愛，某指謙讓，某指忍耐等。噫，多光多星炤吾指路，可行勿差，可走無蹶，可飛無息。吾乃若盲多錯，若躃多蹶，若駑不進，赧哉。

聖基所深戒怠人曰，迷哉，人皆揚美聖人，而無顧聖人之聖。人不法聖人，不必揚聖人，重聖人，而實輕人聖，何理耶。聖人前行聖行，後成聖人，可知法聖人之聖，首善也。揚美聖人，次善也。

勉吾望。聖而公會立諸聖之瞻禮，聖熱落解故曰，獨致命之聖，雖每日得瞻五千，周年不盡其數，況他聖之衆耶。若翰宗徒，神目得見聖人之

衆曰，前視古教聖人，其數十四萬也。後視新教聖人，其數無數也。吾知彼皆在世，先行聖行，後得昇天，可勉心懈，可法其德，可望得同聖同昇也。

基所聖人勗勵吾望曰，天路峻澀，上之爲難，行之不易，多聖在前，剗峻平澀，奚失望哉。聖人在時，人類若吾，負軀若吾，有情若吾，天路幾塞，勉勵而通，彼先吾輩，大開通塞，可望而隨乎，可失望而退乎。

奧斯定聖人，未進聖教前，久疑進止，私想曰，弗進，弗救吾靈。進而弗守，吾靈無益。進而守至難，如之何。進否之間，神目倏見孩童，稚女多聖。聞聲曰，斯皆在世，守誡受苦，汝失望，不敢守受哉。聖人猛省，勉勵心弱，不日成大聖焉。

或問曰，聖人之聖，皆歸乎已。法之益，皆歸乎我，倘有善法以法請示。曰，恒誦其書，習玩其行，實善法之善法也。弗識聖人何爲，能法之乎，習覽習玩，則知其德，嗜其味，收其益矣。

聖賢廣述其益曰，聖人之行實，吾人之明鑒也。炤之者，得見魔之詭計，諸德之妍，諸惡之媸。人玩聖人之書，明司受光，愛司受熱，記司受喜，又靈性之食飲也。未誦靈弱，無能進前，誦後生力，醒起而耻不隨之。又德之招，尤之驅，世之輕，天之重，是也。奇哉，諸等皆爲神兵器械之庫，人誦時，猶披甲荷戈之武士，赴場敵仇，而勝之易。倘不誦，空身之兵卒耳，敗北何疑。

又喩曰，孩童新進發蒙，所其要有二。一，看古名法帖，或模或對。二，求勤師，時勉其進，時責其退。吾輩始入德學，如蒙童然。聖人行實，其法帖也，其嚴師也，進則引之，退則責之，迷則指之，劣則厲之，怠則策之，冷則熱之。

史記西方曾有二臣，大獲王寵，爵高祿重。偶讀盎當聖人行實，心切慕效，共矢辭榮，入聖人之會，一心效法聖人。是時奧斯定聖人，未曾入教，方慕其入，復懼其難，遷延時日，而弗能勇決，一則聞二士之奮，一則讀盎當行實，指書深嘆，謂友曰，吾友曾讀此一冊乎，曾聞此二士之變乎。奈何，彼皆質鄙猶能毅然騰上，而搶天國。吾胸羅今古，而蒙然瞽然，日趨於下，未幾必至地獄焉。既而長嘆曰，嗚呼，吾友耻從先吾者乎，抑耻不從者乎。言畢決意入教，獲成名聖。繇此觀之，聖人行實之書，宜讀乎宜釋乎。

信德

論說

利安當《天儒印》　《論語》云，篤信好學，守死善道。向主有三德，曰聖信，曰聖望，曰聖愛。而望愛必以信爲基，故十二信經咸以我信爲啓迪之要。良繇聖教眞理，大主覿面授之，歷代聖人公見公聞傳之，其理誠篤無僞，其言篤實不欺。吾黨學者第宜一心篤信，而無容疑貳，無容搖惑者也。明悟既徹，則愛欲所鍾，惟當精思好學，以求其理。諸凡規誡所昭，訓典所垂，遵持而佩服之，用爲省察克治之功，念茲在茲，罔有斁茲，所爲篤信而好學也。夫信好若是其專者，何也。蓋萬物眞宗惟一大主，是爲人類之所切向。每念其救世降贖之恩，慈愛群生，窮天罄地，靡可爲報。惟有以愛還愛，以死還死而已。是故爲義而被窘難，或有異端魔讐之傾害，或有暴君汙吏之摧殘，則寧失天下萬福，寧罹天下萬苦，而不敢少得罪於吾至尊至善之主。有如白刃可蹈，匹夫不可奪志是也。夫死忠死孝，世容有不得其正，未合於道者，而惟爲天主致命，則死於欽崇，以一死而炳耀天國，於道爲至善矣，所謂守死而善道也。

王徵《代疑編序》　孔子曰：人而無信，不知其可也。凡言不知，皆深絕之之辭，非心不可行而已。蓋事理當前，由信得及，然後有心肯。由心肯從，然後能身赴。信菽粟可飽，自必食；信布帛可溫，自必衣；信水火難蹈，堇葛傷生，自必避；萬事成立，未有不從信始。故西學向天主三德，信爲之首；十二宗徒各表所信，爲性簿錄，誠重之矣。木之發榮，托命在根；室之巍煥，造端在基。根撥而基壞，雖有場師大將不能成功；故曰師無當於五服，五服不得不親；信無當於五常，五常不得不舉；學者欲希聖希天，爲安身立命之事，未有不從信入。此西學惓惓指引，首闢信門；而彌格子承其意，作徵信論二十有四篇，有味乎言之矣。先是西學深

渺，與人多不領契，幸儒者善疑，彌格善辨，學向來人情最不釋然者，似已掊擊殆盡，昭揭靡遺。自今惟手是篇，即同面徵言說，可無事乎。抑西士又言：信者心之眞嗜，非必見見，非必聞聞，待見待聞，其信猶淺淺者。信東魯有尼父，未見聖如弗克聖；既見尼父，信亦無所用矣。信長安有天子，豈必身至闕廷；既與至尊認，信又不必言矣。此西國信字詮解。而又云有死信，有活信；活信者行解齊到，知與好樂一時都有。孔子曰：信以成之，成始成終之禮；漆雕之吾斯，武城之莞爾，足以當之。死信則浮慕而已，衷不熱，力不注，究必中槁焉。於以希天希聖奚由至哉。敢並述所聞，以足彌格子之未備，不知有當否，是爲序。

朱宗元《拯世略說・聞教與不聞教者功罪有辨》　客有獻疑於予者曰：據吾子所說，則雖廉如伯夷，忠如龍比，孝如曾參，信如季路，不幸而不沾洗滌之德澤，不免爲下墮之人；而靡所不爲之士，一經悔洗，反可上升；天主之賞罰，恐不如是失公也。余應之曰：惡人而知悔改，視素不爲惡者，更爲難遇；譬如得已失之物者然。今有兩子於此：其一聰明正直，處置世務，皆極停妥，但終身不認父母；其一子生平狂悖，忽改絃易轍，依依父母之傍；則父母所愛，將誰屬耶？昔天主降生時，一學士有德者，與一不肖同入主堂。學士祝曰：謝主之異我於衆人也：衆人皆淫而我獨貞兮，衆人皆貪而我獨廉兮，衆人皆哺啜而我獨齋克兮。不肖者聞之，惶悚戰栗，不知所爲，不敢仰視，跪伏涕泣，求主宥其夙非。耶穌謂宗徒曰：夫夫也，入時潔，出時污矣；彼人者，入時污，出時潔矣。一原有善，以矜善而喪善；一原有惡，以悔惡而滅惡。彼學士者，原知謝主，但以滿恃，遂爲上主所棄；況久昧眞宗，徒矜己善者乎？故世所稱爲完善之人有三：一，不認主者；二，認主而未聞教者；三，認主聞教而不肯守者；故畧言之。一，若人縱有忠孝廉潔之行，然於乾坤之有主宰，爲人之大本大原，則茫然不究；是人也，如四肢百體雖美，但少一頭；則世人之君子，天主之小人，必有不認主之罰矣。二，人無不善之行，雖耳不聞聖教之奧，口不言天主之名，而心則明見乾坤有主，掌賞罰之權，常存敬畏而昭事之；此不幸阻於無傳，而於超性之義未達，然因性之善未失也；如世而果有此成人君子乎，則主曰閔斯，必默爲之牖，啓其未達之義，錄於永賞之列；此認主而未聞教者也。三，人無惡行，又知認主，且聞耶穌所立之教，而傲然自是曰：彼所謂天主者，吾已尊而事之矣；彼所謂七克十誡者，吾亦且兢兢守之矣；何以洗滌爲？何以耶穌之教爲？則悖逆彌甚，主所棄絕。昔如德亞國之人，皆素事眞主者，惟因不認耶穌爲天主，不肯服其新命，主遂命敵人滅其國，毀其城，殺其人民，幸得脱者，流徙他方，爲丐爲傭焉。夫世上之罰猶如此，則地獄之永刑何如耶？由此斷之，認主聞教而不守者，不如認主未聞教之聖賢也。目今不進教之達士，恃己自盈，決難逃乎永墮。客又進於予曰：據聖教臨死一刻，尚可痛改，過此則無及矣；故大善之人，少此一悔，必邀冥罰；有此一悔，必得上登；彼善人因負不認主之罪，但一刻之間，分升降，而置其前行不較，不幾寬於惡人，負於善人乎？曰：善始不如善終，故曰蓋棺始定，亦於末路見人品也。然吾人吃緊，專在死候，朝夕祈求上主，亦冀於此處提攜；緣此時聰明昏眊，神情竦烈，未免悮淪魔誘；生平日習於善之士，猶懷此懼；況一生作惡，臨死乃克悔乎？萬一能如此，最爲難得。嗚呼！少壯迄老，滋行不義，期於頻死之頃，蓋厥前愆，不大危乎？所謂臨死一刻，尚可悔改者，特欲廣惡人遷善之路，使毋自棄耳。若人不知眞主，不論他事臧否，同爲天主所惡，就其初而言，善人之污少，惡人之污多；乃善人以無末日之一洗，而少污永存；惡人以有末日之一洗，而多污併去；則於此時衡較，自洗者潔，而不洗者污也；上主升之墜之，至公至當，豈負於善？豈寃於惡者乎？譬如兩人同疾，一甚危，一不甚危；但甚危者，求藥以治；不甚危者，委之不顧；則危甚者，反可得生；而不甚危者，反不免於死也。若已奉聖教而惡如故，天主謂之大辱名教之人，其罰倍重於教外之惡者。

綜述

羅明堅《天主聖教實録・解釋人當誠信天主事實章》　或曰，尊言人當誠信天主事實，吾不知其當信何事也。答曰，一者，當信惟一天主，全能者罷德肋，故爾時從無造有，化成天地。蓋天主三位一體不分，共一全能，共化成天地獨言罷德肋化成天地者，以彼二位，一爲子，一爲聖神，

則第二三位皆繇於第一位罷德肋也。故言第一位，而二者在其中矣。又造成天地屬能，而能之事情屬罷德肋第一位也。獨言造成天地者，天地內包函萬有，言天地，則萬有在其中矣。二者，當信天主第二位費畧降生，名耶穌契利斯督。耶穌，譯言救世者，契利斯督，譯言受油擦，古禮立王，及主祭之宗位，以聖油點其額。天主第二位費畧降生救世，本爲萬民之主，而又始立天主大祭之禮，故以此義爲名號也。三者，當信天主選擇世間良善童貞女，名瑪利亞，是爲聖母。不繇交感，童身而受天主第三位斯彼利多三多之降孕。聖母瑪利亞孕九月而生耶穌，既生之時，並無半點汙穢，仍前全體之室女。譬如太陽射光於琉璃瓶中，光雖在內，而琉璃瓶依舊不穿漏也。四者當信耶穌到三十三歲之時，自願在於十字架上被釘而死，救拔普世之靈魂。或曰，天主無所不知，而耶穌何以不知人之害己，天主無所不能，而耶穌何以不能避人之害己。答曰，天主未降生千百年前，已嘗示意於聖人，謂日後人有欲害己者。及既降生後，又嘗爲聖徒言之極詳，何爲不知。其不避害者，正欲因是而贖人之罪，乃降生之本意耳，何爲不能乎。況天主之性及人之性，湊合一位耶穌，受苦難死者，人性也。若耶穌天主之性，則未嘗受苦難死也。譬如日光炤樹，樹雖砍斷，而日光猶存。則耶穌天主之性，譬之日光，耶穌之身譬之樹耳。五者，當信耶穌身死，魂進於古聖寄所，名曰令薄，救出人類原祖亞當，及往古諸聖人之靈魂，引而升之於天堂受福。耶穌至於死後之第三日，以魂湊合其身，而復活於世。六者，當信耶穌復活於世，又在四十日，與一切聖徒來往，詳究教中奧理，命其傳道於四方。一日午間，忽於衆聖徒前昇天，祥雲擁護而去，居於天主罷德肋之右座。或曰，天主罷德肋原無形體，何以分左右乎。答曰，此尊耶穌之詞也。世人之禮，大概以右爲尊，宗徒錄經者言耶穌復活後，帶人之性與身上天，則得天主下之至尊位，而非諸天神與衆聖人所得比也。七者，當信天地終窮之日，則耶穌從天降來，將往古來今人之生死者公審判，從而賞罰之。或曰，人死時，天主即因其平日善惡而報應之，亦所得爲何必待天地終窮之日乎。答曰，人死，本靈魂至於天主臺前聽審判，因向所行之善惡，即受賞罰矣。若其肉身置在墓中，俟日後之公審判也。八者，當信天主第三位斯波利多三多，與第一位罷德肋，第二位費畧，一體不分，一性，一能，一知，一善，更無大小先後之殊。九者，當信有聖而公之額格勒西亞諸聖相通功，額格勒西亞者，譯言天主教會也。天主所立之教，絕不侔於人類所立之教，謂之聖教，又爲天下之總教會，非一國一方之教會也。謂之公教，諸聖相通功者，天主聖教中常有已往現在之聖人。其功德碩大，吾人祈望天主降福赦罪，不能恃自已之功力，亦賴聖人之轉祈，因而得天主之賞赦，是聖人之功相通於教中人矣。又不獨通於在世之人，即煉罪所之人，亦得相通。譬之天子寵賚功臣，而亦得贈廕其祖考子孫，理則一也。十者，當信罪之赦。天主生人，原各賦以明德，能辨善惡，審從違。但人爲原祖亞當之原罪所蔽，故行事之時，多有過愆，此背天主之命，而得罪天主者也。惟天主教會有二等赦罪之眞禮，一則凡人誠心信道，入教之時懺悔宿過，然後領受聖水，則天主盡赦其舊惡矣。一則入教之後，若有違誡而得罪天主，不得再領聖水，但有解罪之正規，必也自怨自悔，不當得罪於天主。請求解釋，乃必得罪之赦，而復爲天主所愛矣。十一者，當信吾人肉身死後，至於天主公審判之日，還要復活。上文已言天地終窮之日，往古來今人之生死者，公同復活，受天主之審判，從而賞罰之矣。但此肉身之復活，惟天主之力能然，蓋天主制作天地人物之先，能以無物爲有。此人之復活，乃復活於既有之後，又何難哉。十二者，當信肉身復活之後，善人之靈魂偕其肉身常生於天堂，四體美好，靈魂至樂，永無間斷之期也。其身體光明，非日月可比，亦永無損壞之期。任意所適，一霎可遍，亦不必飲食衣服寢息爲也。靈魂明見天主，一體三位之神妙，則聰明睿智，悉知萬物之所以然，心止於善，終無遷徙，終無違越，心滿願足，與天神並行矣。此十二條之事情，設若疑惑中間之一條，即是不敬天主，其罪甚大，而入於地獄。或曰，人若不信此十二條事情者，何謂不敬天主。答曰，譬如帝王立有命令，人若不肯遵信，即是欺藐其君。況天主甚尊，又不特帝王比也。或疑其眞傳之事情，非不敬天主而何哉，所以人欲爲善，思升天堂，必須遵信十二條，及十誡，及七條撒格辣孟多，然後可也。

陽瑪諾《聖經直解》卷六《耶穌復活後第一主日·經》 維時瞻禮日間一日，即第一日，吾主復活本日。天暮，宗徒因懼主仇，同聚一堂，堂戶俱閉。蓋恐主仇入害，備之如是。耶穌進立其中。或疑曰，主軀復活後實有形質，何能透門入堂。曰，豈獨吾主一身乎。聖人之身，凡至復活，俱然。蓋靈性即見天主，

其美廣達於形，美之一，名神透，自能透達堅物無滯，葆祿聖徒云，吾尸入塚，則禽獸之類，復活後幾乎天神，是也。聖人之身美，具第十四卷。曰，予平者，安居與偕。平者，內心安，外相和，是也。言畢，伸手顯肋令視。視者視五傷之迹也。或問主復活後，留五傷迹何。曰，欲聖徒及吾等，深信其軀眞實，非虛幻也。又，欲感天主聖父，寬宥人罪也。蓋吾主五傷，眞爲吾罪債之價。聖父看之，而義怒霽息也。又，聖傷爲主愛之記，存之欲人恆見其愛之至也。又，欲末日，審判之時，深責惡人，負主死之恩，輕聖傷之價也。此傷極光美，日光猶不足比。在吾主之身，若星在天，珠在冕，而加其美焉。聖徒見主至忻，耶穌又曰，予平者安居與偕，聖父遣予，予然遣爾。言吾父遣我降世救人，今將去世昇天，因我亦差爾巡行普地，敷教諭人。言訖，噓之曰，領受聖神。聖神天主第三位名號。爾赦人罪則赦，留則留。此主授聖徒以赦罪之權，相傳而至今之撤責也。或問曰，解罪之禮，痛悔涕泣之禮也。待復活大喜之日，以立之何哉。曰，靈魂得死罪，謂之死魂。痛而解，謂之復活。復活之日，立復活之禮理也。又赦罪之禮，猶病劇立痊，猶負債白釋，猶甚之得富，猶放流得寵，俱大喜之情。主立之復活大喜之日，故也。耶穌來時，多默十二宗徒之一，別名弟弟末不在堂。吾主即去，多默始來。衆徒與語曰，我等見主。答曰，非見其手釘迹，非我指入釘穴，非我手探其肋孔，必不信爾。噫，聖徒衆見主容，目擊其傷，耳聽其言，多默迷而猶弗信，其迷梗在心八日。八日後，即復活後第一主日。宗徒仍聚一堂，多默俱，堂戶亦閉。耶穌進立其中，曰，予平者安居與偕。即手指厥傷，乃謂多默曰，親指入斯穴，親視予手，親手探予肋孔，勿爲不信輩，可爲忠徒。多默豁曰，我眞主，我天主。耶穌曰，多默以見我信我，乃有不見而信，斯果乃眞福人。言先試後信，小信也。後必有人，雖未見我，但聽吾教，甘心信服，是信爲大，其酎眞福者也。或問，俗喻曰，視者，知之，聞者，信之。今主謂多默曰，以見我信我，何也。聖額我畧答曰，多默視也，兼信也。然非信所視者也。主兼吾人及天主二性，多默視主之人性，而信天主之性。

或曰，主云，有人不見而信，斯眞福者，則教中人，皆不見而信，皆必昇天矣。聖額我畧曰，信德有活死之別，無善行之信，死信也，不能引人昇天。信行相顧，其信乃活，足致天堂眞福，主言之信，此信也。教友可戒哉。斯乃若翰宗徒兼聖史末篇，既述吾主在時攸行奇異，又繼曰，斯外猶有多異。耶穌行於徒前，不錄於斯冊，惟書此。令人篤信耶穌爲基利斯督天主子，仗其名名指吾主之至德聖寵鴻動斯信之報，必享常生也。即能昇天，受無窮之生。

又 耶穌來時，多默不在堂。主入堂時多默在外，不見吾主，歸堂而見。註曰，彼堂，原乃聖母，宗徒，聖人，聖女之所，因爲聖教之像，人在其內，得見眞主，得享眞福，在外果不能也。經記，上世風俗甚醜，天主降洪水滅之，單命諾阨聖人，刱構大舟，免罹公患。夫婦，三子，三媳，入舟存命，其餘皆渰死。聖賢解曰，大舟，聖教像也。領洗而入，得存靈生，得享眞福，弗領弗入，無救也。

又 我非見云云必不信爾。或問，天主何許多默宗徒落於不信之罪。曰，吾主復活，最緊極要之端也。聖教多端，概繫於此。信主復活，必先信，其降世成人，其受死以救萬民，其復活後必昇天，其靈魂常存不滅。又，信吾人死後，亦得復活，得善惡之報。當時若無人心疑，而明審細究，今時疑者必多。聖額我畧曰，多默不信之罪，豈偶然哉。爲吾將來之人，主許其落也。彼之疑，吾心病之藥也。彼疑且摩主體，療吾不信之傷也。聖奧斯定又曰，多默不信之害，衆人之益也。其心不穩，而穩吾心，其目親容，其手摩體，其指入孔，多驗之後，何必再疑。

紀事

利瑪竇《西字奇蹟・信而步海疑而即沉》 天主已降生，託人形以行教於世。先誨十二聖徒，其元徒名曰伯多落。伯多落一日在船，恍惚見天主立海涯，則曰：「倘是天主，使我步海不沉。」天主使之。行時望猛風發波浪，其心便疑而漸沉。天主援其手曰：「少信者何以疑乎？」篤信道之人踵弱水如堅石，其復疑，水復本性焉。勇君子行天命，火莫燃，刃莫刺，水莫溺，風浪何懼乎！然元徒疑也。以我信矣，則一人瞬之疑，足以竟解兆衆之後疑。使彼無疑，我信無據。故感其信亦感其疑也。」

望德

綜述

陽瑪諾《聖經直解》卷一二《斐理伯雅各伯二位宗徒瞻禮・汝信天主

乎兼可信予》主預告徒，在世心受多苦，必當惡人之仇，虐王之酷，以至致命。門徒聞言，必殊悒悒，若卒恐敵，不敢前向，主將二兵固靈，信一，望一。今將畧提信兵，聖祭利解上文曰，信德首冑胸鎧，手牌，是也。魔鬼，惡人之利器，竟不能透過，人信主能，並知其愛，心勵弗懼仇害。達未聖王謂主曰，主恆庇臣，怯之何哉。世王師旅，就近攻臣，臣必弗憚，毅然挺身，實信固心故也。葆祿聖徒又曰，僕愛主至甚，世上苦患，飢裸，危險，致命之凶，皆不能奪滅僕愛，若有信德，何必畏憚。毅哉，信德之勇焉。古聖依信大勝酷王之虐，被擊以石而不屈，被淩□而不退，被慘死而不辭也。奇矣，信在，善人就被困攻，或生或死，常勝也。奇哉，其勇焉。

伯鐸羅宗徒勸我等曰，吾弟，魔鬼猛獅也。恆巡伺隙可進呑人，披此信德之固鎧，乃不至受害。葆祿聖徒繼其言曰，魔鬼，弓手也，恆發火箭射心，必挽信牌，火箭皆滅。聖喜臘解曰，魔鬼之箭，衆也，各感各箭。信之一牌，焉能搪抵。答曰，可貴信德之公能，盍視形藥，概有二等，私一。公一。私者，獨對一病，其能則止。公者，弗間於一，得瘳多病。德之類概然。愛攻惡，謙攻傲，潔攻淫等。信德，公藥也，公兵也。渾身甲鎧也，魔箭雖衆，信德獨一，全護心，使皆空發焉。因盎博削聖人誦美信德，嘆曰，富矣信德，普地之富，擬信皆乏也。勇矣信德，普地之勇，擬信皆弱也，信德奇藥也，普地之藥，莫及其奇。信德利兵也，諸仇之兵，不及其利。

又《予父宮内多處》聖奧斯定解曰，天堂之宮有多處，處有高低。吾友可勤行善，宮廣闊，無慮無處，處高低，無慮無處。稱功，可念葆祿聖徒之言，慰勉門弟曰，星雖各光，其光有異。天堂聖人亦然。大聖大光，中聖中光，下聖下光。光對其聖，各有本光。各安其光，而無慕他聖之光。

主舉上文若第二利兵，勉勵弟望。聖賢恆云，望有三等，善人之一，惡人之二，世人之三。善人行善，而望主報。惡人行惡，而望主釋。世人事世，而望世酹，第一實望也，第二妄望也，第三虛望也。今將畧解各望之態。

實望黽勵善人忻然行善，毅然挺身，而逆世苦。經記每瑟古教聖人，幼時美甚，君女立之繼嗣。當時教人多苦，每瑟謝朝，棄輕榮光，投苦者，於之同苦。葆祿聖徒指故曰，棄樂選苦，輕國之富，重世之乏，遠國臣，近主善民，望天主眞報故也。聖達瑪責解曰，望德之大能也。人無，勞苦雖微，心冷，膽落，手垂，而怯行工。人有大苦在前，輕身而不敢頓避焉。視麋鹿乎，麋鹿過海，往尋牧地，過際弗見美地，第聞地氣，方敢入海，善人之像，在世慕天眞報，雖弗能視，信德其聞司也，信在，望德自隨。望在，敢過世之苦海。望既過，則迨天堂樂岸也。

主曾規衆勸曰，可肩吾軛，吾軛輕且飴也。聖額我畧問曰，主軛，守誡也，克邪欲也，受難爲義也。皆重而苦，主謂之輕飴何故。答曰，主軛，重苦也。但人思報則變而爲輕飴。農夫軛牛，先備柔枕，架軛其上，牛背不覺其硬也。望報，柔枕也，無望苦勞皆難。有望，皆易也。

葆祿聖徒懋黽弟心曰，苦難之時，堅心以忍，望報聖喜，既堅則喜。視農夫乎。稼時多苦，望穡多喜。商客過海多險，望利而喜。兵旅敵寇多危，望祿而喜。善人難時，望報何獨不喜。解曰，善人若樹，苦難時，乾燥之時也。不務灌溉，樹木則枯，灌溉則茂，善人苦時，無念來報，靈槁難當，思之則勵，苦至而志不屈也，奇矣，望德，苦難之盜賊也。賊竊人物，使人弗有。望德竊苦，使人就苦。視之若無，謂苦之賊故也。又見第三卷封齋前第三主日，又第四卷封齋後第二主日。

罪人之望何。若伯古聖答曰，妄望也。若蜘蛛之網也，若木植磽瞙之地，根無濕氣，匪能長成。天主甚惡之望也。惡人縱肆，猶望祈主，主允之乎。其祈之聲，猥聲也，天主塞耳，而叱其聲，萬祈而必萬負。

經又荅曰，罪人禍人也，妄望天主也。惜夫其望正若楊柳輕絲，風發飛而不見。若水浮漚，波起而滅。若烟騰空，僅登而散。若一宿之客，晨起嗣程，東主速忘，而不知何人也。天主責其望曰，爾望，僞望也。任意行惡，乃望吾慈來求，無可諾之求哉，就使聖人代求，不聽其求，不容爾望，反罰爾罪也。聖伯爾納解曰，罪人之望，無德也，罪也。其望無減其惡，反加其惡，天主甚惡，而罰之故。

世人望世，望謂之虛何。經答曰，今世，佯僞也，可望之乎。人恃而負，不必異矣。宜嗤其痴世，脆薄荻葭，持之以杖，必刺其手。人恃世，禍人也，望而不得遂也。其望若草生於乾燥之地，不能生長，未幾則枯。

奈何望世望於空虛也，望於全無也。醜哉，人望世之產，心內妊勞，勞成產罪焉。猶云，人事世，望得事報，先爲多勞，若婦妊胚，後概多非若婦之產，可醜之望哉。皆聖經之言，第十二卷雅各伯宗徒瞻禮，已見本論。

愛德

論說

利瑪竇《天主實義》卷上第四篇《辯釋鬼神及人魂異論而解天下萬物不可謂之一體》 中士曰：聞明論，先疑釋矣。有謂人於天下之萬物皆一，如何？

西士曰：以人爲同乎天主，過尊也；以人與物一，謂人同乎土石，過卑也。由前之過，懼有人欲爲禽獸。由今之過，懼人不欲爲土石。夫率人類爲土石，子從之乎？其不可信，不難辯矣。

寰宇間，凡爲同之類者，多矣。或有異物同名之同，如柳宿與柳樹是也。或有同群之同，以多口總聚爲一，如一寮之羊皆爲同群，一軍之卒皆爲同軍，是也。或有同理之同，如根、泉、心三者相同，蓋若根爲百枝之本，泉爲百派之源，心爲百脈之由，是也。此三者，姑謂之同，而實則異。

或有同宗之同，如鳥獸通爲知覺，列於各類，是也。或有同類之同，如此馬與彼馬共屬馬類，此人與彼人共屬人類，是也。此二者，略可謂之同矣。

或有同體之同，如四肢與一身，同屬一體焉。或其名不同而實則同，如放勳、帝堯二名，總爲一人焉。茲二者，乃爲眞同。

夫謂天下萬物皆同，於此三等何居？

中士曰：謂同體之同也。曰君子，以天下萬物爲一體者也；間形體而分爾我，則小人矣。君子一體萬物，非由作意，緣吾心仁體如是。豈惟君子？雖小人之心，亦莫不然。

西士曰：前世之儒，借萬物一體之說，以翼愚民悅從於仁。所謂一體，僅謂一原耳已，如信之爲眞一體，將反滅仁義之道矣。何爲其然耶？仁義相施，必待有二。若以衆物實爲一體，則是以衆物實爲一物，而但以虛像爲之異耳。彼虛像焉能相愛相敬哉？故曰爲仁者，推己及人也；仁者以己及人也，義者人老老、長長也；俱要人己之殊。除人己之殊，則畢除仁義之理矣。設謂物都是己，則但以愛己、奉己爲仁義，將小人惟知有己，不知有人，獨得仁義乎？書言人己，非徒言形，乃兼言形性耳。

且夫仁德之厚，在遠不在近。近愛本體，雖無知覺者亦能之。故水恆潤下，就濕處，合同類，以養存本體也；火恆升上，就乾處，合同類，以養全本性也。近愛所親，鳥獸亦能之，故有跪乳、反哺者。近愛己家，小人亦能之，故常有苦勞行險阻、爲竊盜，以養其家屬者。近愛本國，庸人亦能之，故常有群卒致命以禦強寇奸宄者。獨至仁之君子，能施遠愛，包覆天下萬國，而無所不及焉。君子豈不知我一體、彼一體，此吾家吾國、彼異家異國？然以爲皆天主上帝生養之民物，即分當兼切愛恤之，豈若小人但愛己之骨肉者哉？

中士曰：謂以物爲一體乃仁義之賊，何爲《中庸》列「體群臣」於九經之內乎？

西士曰：體物以譬喻言之，無所傷焉；如以爲實言，傷理不淺。《中庸》令君體群臣，君臣同類者也，豈草木瓦石皆可體耶？吾聞君子於物也，愛之弗仁。今使之於人爲一體，必宜均仁之矣。墨翟兼愛人，而先儒辯之爲非。今勸仁土泥，而時儒順之爲是，異哉。天主之爲天地及其萬物，萬有繁然，或同宗異類，或同類異體，或同體異用。今欲強之爲一體，逆造物者之旨矣。物以多端爲美，故聚貝者欲貝之多，聚古器者欲器之多，嗜味者欲味之多。令天下物均紅色，誰不厭之？或紅，或白，或青，日觀之不厭矣。如樂音皆宮，誰能聆之？乍宮，乍商，乍角，乍徵，乍羽，聞之三月食不知味矣。外物如此，內何不然乎？吾前明釋各類以各性爲殊，不可徒以貌異，故石獅與活獅貌同類異。石人與石獅，貌異類同，何也？俱石類也。嘗聞吾先生解類體之情，曰「自立之類，同體者固同類，同類者不必同體」，又曰「全體者之行爲，皆歸全體」，而並指各肢。設如右手能救助患難，則一身兩手，皆稱慈悲；左手習偷，非惟左手謂賊，右手、全體，皆稱爲賊矣。推此說也，謂天下萬物一體，則

世人所爲，盡可相謂跖一人爲盜，而伯夷並可謂盜；武王一人爲仁，而紂亦謂仁；因其體同而同之，豈不混各物之本行乎。

學士論物之分，或有同體，或有各體，何用駢衆物爲同體？蓋物相連則同體也，相絶則異體也。若一江之水，在江內是與江水一體；既注之一勺，則勺中之水，於江內水，惟可謂同類，豈仍謂同體焉？泥天地萬物一體之論，簡上帝，混賞罰，除類別，滅仁義，雖高士信之，我不敢不詆焉。

中士曰：明論昭昭，發疑排異，正教也。人魂之不滅、不化他物，既聞命矣，佛氏輪回六道、戒殺之説，傳聞聖教不與，必有所誨。望來日教之。

西士曰：丘陵既平，蟻垤何有？余久願折此，子所嗜聞，亦吾喜講也。

利安當《天儒印》《論語》云，己所不欲，勿施於人。吾主聖訓曾有是語，此即愛人如己之大旨也。蓋不欲有二，有肉身所不欲者，有靈神所不欲者。肉身之所不欲，如饑寒病苦諸拂逆等事，靈神之所不欲，如貪淫忿詐諸惡慝等情。載在《十誡》、《七克》、《十四哀矜》諸書可考也。蓋兩情相絜，一理互揆，彼此均愛，無睽爾我，所謂恕也。故恕訓如心，如其愛己之心，則愛人如己矣。然言不欲勿施，未言所欲則施，倘己所欲者，邪情邪事，而以施之於人，是又害人如己也。故善言愛者，必體天主之愛人以行其愛，而後可以言愛人如己，則愛人即所以愛天主也。果如是，則一言而可以終身行，行此一言而可以愜聖旨承眞福矣。奈何世情迷謬，其求諸己者，惟曲濟其所欲，而其施於人者，恆皆己所不欲之事。不思我施人，人亦反而施之，則不惟不知愛人，併亦不知愛己矣。所以《中庸》言，忠恕違道不遠。施諸己不願，亦勿施於人，豈非有淂於愛人如己之理，而爲之一發明也哉。他日曾子稱孔子之道，亦曰，忠恕而已矣。夫忠者，臣愛君之稱。恕者，即不欲勿施，人己相愛之義。天主既爲天地大君，不愛天主，可謂忠乎。欲愛天主，而不愛天主所愛之人，可謂恕乎。故所云忠者，即聖誠所謂愛天主萬有之上。所云恕者，即聖誠所謂愛人如己是也。愛主愛人，如南北兩極，不容闕一。不愛主斷不能愛人，不愛人稱不得愛主。先儒曾言，無忠做恕不出。此語可謂得其旨矣。但學者莫不知有夫子之道，試於忠恕二義而究心焉，其或庶幾於天學乎。

又《論語》云民之於仁也，甚於水火。水火吾是蹈而死者矣，未見蹈仁而死者也。夫殺身成仁，所在俱有，曷言未見蹈仁而死者。蓋言若爲愛天主與爲愛人如己之仁而死，則形軀雖死，而靈魂得常生之福於天上國也。夫水火，本天主所生以養人之具，而不善用之，即爲害人之具。彼世間之功名富貴等猶水火也，善用之即爲事主愛人之具，不善用之，未始不爲水之溺人，火之焚人者矣。

朱宗元《拯世略説·爲善不可以無所爲》聽其言，高妙而可喜，求之而實不可行者，類所爲而爲善之一説也。夫無所爲，則滅意矣；大學教人誠意，亦禁其僞者耳，豈併其意而滅之耶？子曰，視其所以，觀其所由；既見其外之善行，悉其起念之若何者，豈非問其爲善之心，果何所爲哉？故爲善，非但不可以無所爲，實不能以無所爲耳，而但當於所爲之中，辨其公私。即如學問者，惟志在干祿，其志則鄙矣；若欲聰明德性，日進高明，則自屬美意；苟使并此念而去之，又何事學問乎？孝親者或以之沽名釣譽，或以爲有利於身，此其私願矣；若欲得父母之歡心，與期盡人子之職，則其發願乃正大矣。然欲得歡與盡職，此二念者，獨非所謂爲也哉？故行一事，必有所以行此事之故；制一器，必有所以制此器之意：制釜者，將以爨也；制戈者，將以禦也；農夫力田稼穡，期於有秋；商賈蒙霜犯露，期於幾倍也。故爲善之志，約有五等：動於利而爲善，與動於名而爲善，所謂醜意，污其善行也。好仁之美而爲仁，好義之美而爲義，此從德美起見者也。以爲善則加妍於吾性，不善則加媸於吾性，此從心性起見者也。若最上最美之念，惟在爲天主而爲善：以爲凡吾蒸民秉彝之良，皆由生我之意，一切修爲，皆從惟恐獲罪於主一念起：故愛親，亦徵其愛天主；愛君，亦徵其愛天主；博施濟衆，亦徵其愛天主；克己忍欲，亦徵其愛天主；此則心心息息，與上主相關通，而爲眞主之所欲報也。苟不於此起見，則汎汎漠漠爲善，亦何與天主事，而天主報之哉？譬如有人於此，爲我而盡心竭力，我則酧之；若爲他人而盡心竭力，吾豈代他人酧乎？故我等教士，但當以愛天主之心，行愛天主之事，一念，一言，一行，惟期仰翕上主之旨，而美報待其自至；此心從愛天主而發，則其所爲也正矣。若曰我善，則天主且賞我以天堂，否則天主且罰我以地

獄；此心從畏天主而發也。畏與愛，高下殊等已。

又《愛仇復仇説》 犯而不校，横逆自反，洵成德之粹語也。且天主垂訓，寧人負我，毋我負人；寧有不計之怨，毋有或遺之德；而甘受屈抑於世者，必大蒙振拔於天也。或見七克中，有子被殺，母反縱其仇者，遂疑聖教同異端之寃親平等；不知史册載及此事，以見如此大仇，尚且忍得，彼小怨而終日介介者，何慘刻之甚也。且人之被殺，未有無因；如有罪而被殺，似不必圖報；使無罪而被殺，不特國法有三章之約，更難逃天主之刑威也；何必爲私自復仇之舉哉？或曰，春秋大復仇。獨不曰，春秋嘉釋怨乎？且不事復仇，總由愛天主之情而發。彼人終日獲罪於主，主猶愛之而不加滅；彼獲罪於我之事，較之獲罪於主者，不啻萬之一，奈何欲必反乎？雖爲我之所仇，尚爲主之所愛。經曰：如我亦免負我債者。吾時時負罪債於主，猶求主之矜宥；他人偶一負我，遂至不能釋乎？故吾主有言，我於人罪一一計較不置者，天主於我罪亦一一鞫治而不赦也。大約居上者貴盡法，平等者貴含忍；有忍乃有濟，有容德乃大。以德報怨，雖曰，無以報德，而寬深之仁，亦不失爲君子，宣尼豈無所取而言之歟？奈何今之人，侈言不共天，不反兵，竟不捫心於平日，事親事兄之道何如？甚至眞有仇不共戴，義不反兵者，或爲權勢所撓，或爲阿堵所誘，未有不甘爲共天，欣然反兵者矣！何獨至於天主赦人而疑之哉？可慨也夫！

綜述

陽瑪諾《聖經直解》卷七《聖神降臨後第十二主日·經》 維時耶穌謂門徒曰，目視爾輩攸視，乃眞福目。蓋言覩我之人必眞福。吾語爾，逆知者多，君國者衆。願視爾攸視，不能視，願聞爾攸聞，不能聞。蓋言，古聖人古逆知者，慕吾容吾言，不得見聞。爾輩常見常聞，何幸哉。或曰，當時惡人亦見聞吾主，彼之目耳，福乎禍乎。曰，斯輩以藥爲毒。視而嫉，聞而逆，目耳兼禍。視而愛，乃福目，聞而順，乃福耳。時明經一士突立，試主曰，師我何修得享常生乎。曰，經載若何。曰，以全心，全靈，全力，全意愛慕天主，又愛邇爾者猶已。邇爾者，他人是也。物有邇有遐，我或邇或遐，繫於同我與不同我，同我者，惟有生，有覺，有靈之人。物概不然，如天地日月，無生無覺無靈，因遐我甚遠遠。草木有生，無覺，無靈，因遐我遠遠。鳥獸有生，有覺，無靈，因遐我遠。人備有生覺靈，於我同類，謂之邇我。主曰，善夫爾答。爾能如是，始入常生域。常生，天堂也，人在彼恆享無盡之生。士佯復曰，人邇予疇人，耶穌立喻解疑曰，有人自日路撒冷國都本名下日利各，近都名府。離都七十五里。都坐高山。人往日利各必下。道遇寇，罄劫砍傷幾斃。適有撒責解已見聖誕前第二主日。偶下是路，視而去。肋未大解已見聖誕前第二主日。繼過，視亦然。撒瑪利大諾解已見封齋後第五主日。後過，視之心惻。用酒洗，油傅，布裹傷，脫乘馬以載，抵館厚欵。次日捐資二錢，畀館主曰，醫餌，且有他費，悉歸補。三者孰爲被傷邇人。曰，哀矜者是。耶穌曰，汝往行若兹。聖賢解喻曰，旅人自上而下，人性也。人主初造人類，賜之多恩。靈有聖寵，諸德之聚，超性之妙，本性之福皆備，世物不害，時變不攻。無苦，勞，憂，懼，病，死，既享世福多期，神形偕升，而享天上眞福。奈何方命失寵，物害時攻，勞苦病死等患悉至，如自上而下焉。魔鬼若盜，務刦所留微善，而重加本罪之傷。人性其患如是，古教之士，皆過而不救。蓋古教之禮，不足救人。吾主大悲人患，自降入世，取人性，近人也。美液，主寶血，能療罪傷也。店舍，聖而公會也，店宿各等之人，聖會無人而棄，店爲旅人暫宿之所。後往本鄉，聖會亦然，吾輩從教若旅投宿，皆望得到天堂本鄉也。吾主升天，託人於司教諸士，厚許勤報，可識主愛人者甚。

又《箴·以全心全靈全力全意愛慕天主又愛邇爾者猶己·愛德總論》

人問主曰，經內多誡，最大最先何誡，答曰，第一愛天主是也，厥次愛人猶己是也。主答雖畧，義意無窮。聖賢廣舉多故，以解愛德之尊，之勇，之益，之容，之易，之永。

其尊。經曰，天主尊體，完全之愛。又曰，愛出於天主。聖奧斯定解曰，愛德，天主之子女，人倘有信無愛，謂之主僕，第入聖教之單，不入天主義子之錄。愛，乃天主義子之號。愛，衆德丈尺天平也，量稱聖之長短重輕，愛厚，聖厚。愛薄，聖薄。愛，衆德之皇也。諸德前後左右擁護，如臣翼衛帝王。愛德若皇定法，以制諸德之用。德守皆眞，德違皆僞，其無皇乎。尊哉。

五金之中，黃金爲主。四行之中，火行爲主。七政之中，太陽爲主。夫愛猶黃金，有者，則富。無者，則貧。其價正對眞福。愛多福厚，愛薄福薄。天主曾責罪人曰，汝靈無愛德之金，何云富足，無所求人。盍知其

貧，盍視其裸，欲捄其患，市我百煉之金，以富汝靈。解曰，煉金，愛德也。蓋人雖饒裕，無愛爲乏。雖無立錐，有愛爲富也。夫愛猶火，火煉五金，愛煉諸德。火雖藏灰内，其熱恆發。他行有時而閑，火行獨不然。試天靜，氣安而閑。無風，水靜而閑。農夫未稼，地空而閑。火不能閑也，有料必行，無料必滅。德勢概然。無遇人乏，施德則閑。無上之命，順德則閑。無人觸侮，忍德則閑等。愛無時而閑，閑則滅，則不能爲愛。聖額我畧曰，無行者愛，無愛也。夫愛猶太陽，太陽旭時，地面美飾。旰昃地面暗黑。愛德在心，靈性美飾，不然暗黑。又月星無光，皆借太陽之光。愛德爲諸德之光，愛在，諸德俱美。不在，俱醜也。尊哉。

其勇。他德無愛同力，皆劣弱，不能立功。獨一愛德，能敵諸仇，能攻諸難，能勝諸患。葆祿聖徒曰，勇哉，吾愛之勇。世患逼迫，饑裸危急，利刃能攻，不能勝我愛也。生死，現在，將來諸物，皆不能奪吾愛也。經曰，愛之勇若死，世物皆屬死權，世難皆屬愛德，無一能脱其權。聖奧斯定解曰，世難如鉄，愛德如火，火銷堅鉄，愛勝諸難。

其益。愛入人心，諸德偕入。葆祿聖徒勉徒曰，設我無愛，雖能言天神及萬國之言，吾聲若釁鐘之聲。雖知未來，而達經奧，雖罄吾財，因濟乏人，雖受萬苦致命，皆無益。吾弟以愛調和諸德，取譬於味。蓋言肴雖佳，無和必淡，和則滋味充適。愛，諸德之和也。愛存，諸德有益。不存，則無益哉。

聖經聖賢曰，愛德，天堂大路是也。他德失愛，如人失路，不能至天。葆祿聖徒曰，今欲指汝直路，愛是也，獨愛致汝天堂。雅各性教聖人，天主賜之神夢，見梯從地至天，天主在上，雅各在下，天神在中。解曰，梯，天堂之路也，愛德之像也。天主在上，因愛世人從上而下。人在其下，因愛從下而上。天神在中，衆德之像。衆德有愛，皆履天堂正路，無愛皆失直道。

其容。公含諸誡，葆祿聖徒曰，勿好淫，勿偷盜，勿妄證等誡，俱歸一愛，人全守愛誡，全守聖敎也。經云，十誡總歸於愛，是也。史記若翰宗徒規徒恆云，吾子互相愛親，每日如是，無立他規。徒謂曰，屬矣愛規。師百萬叮嚀，請更他規。曰，愛規公包諸規，而爲吾主本誡。爾輩能行，不必他規。善師貴約，煩則厭，吾斯規約也，不煩也，何厭。

其易。不似諸誡之難，忻然樂守。聖奧斯定曰，他誡難苦，愛誡易飴，他誡若鐵鍊束人，愛誡若金練飾人。

其永。他德，如信，望，憐，捨，忍等，有時而止，愛德恆在。葆祿聖徒曰，吾今有信，有望，有愛三德，獨愛存永而不滅。觀右論，愛德之大可見矣。

何謂先。曰，故有三。其一，論時最先，愛誡偕人同出，一有人類，即有愛主愛人之誡。其二，他德皆係於愛，獨愛自善自立。因經及聖賢恆云，愛德衆德之根也，心也，幹枝花實皆係於根以生，百肢皆係於心以動，樹根自生，人心自動，諸德於愛盡然。聖額我畧曰，根生百枝，愛生百德。枝無結根以吸土脂則枯，德無結愛以取善美則死。又曰，愛德，諸德之胎母也，乳母也。胎母生子，使之得生，乳母乳養，使之得長，二母之死，赤子之死也。愛德生長諸德，愛去心，他德皆死德也。

其三，作者，質者，模者三所以然，皆在爲後，皆歸於爲。葆祿聖徒曰，愛誡，諸誡之爲也。蓋言天主列多誡命人守，一以開路，而致人愛。一以主愛德之礙，一以堅人心之愛，可知愛誡諸誡之爲也，諸誡第一也。

又《愛天主萬物之上》 愛天主之誡，不待學習出於自然。愚智皆知。但有眞主必當心愛，今姑揭數端。第一，爲天主爲惟一最上極尊之主。試借觀國主，其尊貴較擬國臣懸絕，因通國愛敬宜矣，矧天主哉。世王尊位，雖大雖高，難較量焉。夜望月星光，即以爲大，太陽一現，彼光細矣隱矣。經擧天主之尊曰，萬王之王是也，萬主之主是也，其尊銘刻於本體。蓋言世主雖尊，皆係於外。比之披衣，易衣易卸，有臣庶，有寶庫，乃王也。無之則無。又未久死至，而奪其位。天主尊貴，銘刻體内，無物能奪，無時能滅。經又曰，獨天主至尊至高，天容地廣，物森比擬皆若平準之針，若露之滴可愛之乎。

第二，爲天主自具諸善衆好，人愛所趨向。在善與好，物愈善好，人愈可愛。萬靈之善好，比主之善好，皆如小滴於大海之深廣。

第三，爲天主乃人極大至公之父，人親其親，天下同情，禽獸亦備，豈人不當愛夫生吾之天主。

第四，爲天主第一大恩主，世人凡受他人恩惠，皆求有以報謝。吾生長育存等類恩賜，皆天主之恩，仰而觀天日月星辰，俯而視地山海等，何

有而非天主爲吾生存者耶。噫，斯恩皆本性之恩，雖大且多，較擬超性之恩，又皆微且少。天主自降，親口教人，受死代贖我罪。斯恩比本性之恩，如天與淵，是以世人，雖晝夜時刻盡力竭心愛之，不及萬一。

第五，爲天主預備眞福，以酧人愛。迷哉，人人甘役於世，甘受艱辛萬狀，其所受報，只是世物，又不過分釐。若愛天主，其報我，天主也，眞福也，萬善萬榮也，盍愛之乎。

第六，爲天主先愛吾人。若翰宗徒曰，吾弟各皆愛主，蓋主先愛吾輩，葆祿聖徒深嘆曰，吾皆主仇，主當讐罰，而反愛捄，致其受死，高深廣哉天主之愛。倘有教中人，不愛先愛之主，凡教友可叱，可削其名於教冊。聖奧斯定解曰，烏獨於教冊，當削其名於人數。蓋人不愛先愛者人，非人也，僅得入禽獸之類。

聖賢總曰，天主之愛，公包三端，歸愛一，遵愛一，價愛一。歸愛者何。曰，凡諸福善竟歸於主，蓋皆出於彼，心願皆歸於彼，而彼仍有全能智，全善奇，全備萬福萬妙，全爲天地無始無終之眞主，是也。

遵愛者何。曰，務謹恆守天主命令，是也。吾主示徒曰，愛我者，遵守我令。其遵守必徵其愛。經内天主勸善人遵愛曰，可印我於心，可印我於手。解曰，印於心，歸愛也。印於手，遵愛也。蓋心願主得諸妙，而不遵行，一足之蹶愛也。心行同合，乃證眞愛。

價愛者何。曰，尊貴天主萬物之上，而他物之愛，不至奪吾愛天主之愛，是也。世物皆若售物，吾愛若價以市。我所重，愛之厚。所輕，愛之薄。天主尊貴，在萬有之上，吾可重之萬有之上。而愛之價，可對其重，謂之價愛者故。聖賢戒人曰，人愛世物可也，天主不禁，但禁無差等。天主上，萬物下，愛主爲已，理也。愛物爲主，可也。聖良曰，人愛天主雖甚，可懼不及。愛物雖薄，可驚其過。因愛主之人，愛物如主，愛之助。不愛如主，愛之阻，可知但有物愛，微妨主愛，必務割除。主規衆曰，人愛父母勝於我，不得享我，愛妻子女勝於我，不得享我。

又《愛人猶己》 人愛人，天主鈞命也。愛人連於天主之愛，彼此不能相離。聖額我畧曰，主愛，胎母也。蓋生人愛，人愛，乳母也，蓋養主愛。聖奧斯定又曰，靈之左右，二愛之誡也。以右抱主，以左抱人。靈之二足二愛也。靈以善走，缺一則跛，蓋人愛人，並愛愛人之子，世人皆天主之子，愛主不愛人得乎。

愛人之誡，論人論時，極公之誡。論人，兼包普地之人，或親或疏，同鄉異域，皆天主之子也，聖伯爾納曰，廣哉，愛德之容，能包現在，及將生之人，隨生隨包，無一不入其容。正若天廣，體包全地，太陽煖四域，雲澤潤田山。愛德亦然，公包衆人，潤之以恩。愛吾者，如美田也。讐吾者，如瘠山也。愛德如天，不分美瘠，不別恩讐。達末聖王謂主曰，廣哉，主誡。聖奧斯定解曰，主誡，愛誡也。夫愛無限界，包地上世人，包天上聖人，包地下煉靈。信夫，廣哉愛誡焉。

論時，包吾平生之時。聖奧斯定曰，愛債無窮之債，人不能盡脫，無時不負。今日愛人，還愛債，翌日再愛再還，後日一然，平生盡然，蓋時時之債也。

愛人之爲雖多，約以三。同族一，同身一，同性一。

同族何。曰，世人皆天主之子，皆爲宗親，經恆稱世人兄弟者故。又深責相害者曰，衆人之公父一也，天主也，爾猶敢欺兄弟哉。

同身何。葆祿聖徒曰，爾輩共成一軀，每各爲肢，可忍恕他肢之煩數，蓋言身之肢，雖貴賤有等，高低，大小，長短，相依相護，百體之間，偶有相傷，受傷不怒，受害不復，不失舊情，吾人皆當如是。

同性何。曰，凡人盡屬人類，同受天主所畀之靈。同性之物，不相搏噬，虎不殺虎，狼不殺狼。水合水，火合火。世物皆然，豈獨人可而不然。賢勸弟守愛人之誡曰，汝不愛同性之人，何愛哉，上不愛天主也。蓋經曰，人不愛所視者人，不能愛無視者主，又不愛無靈之物。蓋自不屬人之愛德，故汝不愛人，何愛哉。汝愛之司，空虛也，白受之也。汝可思人仁二字，同名之字也。其名之合，無偶也。蓋仁，人本德也，出於人性，如熱於火，如光於日。火無熱，無火也。日無光，無日也。人無仁，無人也。汝思我論，則知愛人者誡，人本性之誡也，自然之理之誡也。

或問愛人猶己何。曰，我所願無，不可容人有，所願有，不可容人無，是也。聖額我畧曰，人懼人患，如驚本害。慕人福，如望本吉，乃謂愛人猶己。蓋眞愛以己度人，無彼我之分。若翰宗徒曰，舌愛，僞愛也。行愛，眞愛也。己富，視人乏無捄，何愛乎。雅各伯宗徒曰，吾兄弟姊妹，袒裸無裳衣，饑渴無飲食，我視而不濟，徒口曰衣之飽之，吾言何

利。獨行愛有利於人。

又《愛仇》 或嘆曰，難行者之誡哉。愛愛我者易，愛無愛我者，且難矣，況愛仇我者乎，斯命果難奉焉。聖額我畧荅曰，難行，是也。不能行，否也。達末聖王已行，德望聖人已行，已往聖人皆行。吾主自立愛仇之表親行，汝獨不能行哉。主示門徒曰，汝愛愛汝者，不必望報，惡人亦能。愛仇，吾聖父本德也，吾子可體而肖之。

古賢曾論愛仇之妙，聞者笑曰，此何理乎。荅曰，愛所親者，猛獸悉能，汝僅如是，何爲大德。我論勸人，不勸獸。汝欲愛仇，可思仇人各備二件，仇一人一，汝惡其仇，而愛其人，可也。其仇，惡也。天主聖人偕惡人惡，而愛惡人。達末聖王云，吾以善惡，惡世惡人。善惡者何，惡惡人之惡，而不惡惡人之性，是也。奧斯定聖人曰，讐吾之讐，惡人之工也。讐吾之性，天主之工也。爾可惡人工，而愛天主之工，爾惡無罪，爾愛有功。可法醫者焉，攻人之病，而愛病人。我論可笑侮乎，可棄若無理乎。

賢又曰，愛友之益，小且微，愛仇之益，大且厚。愛友如腴美地，農夫稼麥穡麥，小益哉。愛仇如确薄山而產金玉，大益哉。又繼曰，胃熱若少，止化薄味，吃粗胃敗而哇。熱盛，收化粗細，而養百體。靈之熱其愛也，愛少，止愛親友。愛盛，不拘遐疎，共包世人。收化仇讐，口不吐咒詞，而養靈性。聖奧斯定深嘆曰，弱哉吾愛之力，較擬已往聖人，無愛也。彼也，受辱受害，受刃受死，愛火恆熖。吾也，偶遇一咒，忿火烈心，時圖報讐，何望其報於天，而不法其愛於地。

又《愛教友》 右箴之愛，皆本性之結，肉軀之締。在教友互結神親，相締神身，其愛必當更切，吾神身之□，吾主也。其靈心，聖神也。其神領，聖母也。其手足，聖人也。其護守，天神也。可見其美其貴，吾幸得在其內，而爲神肢，何宜勝親愛之乎，聖基所曰，世人親結，視教友親結，遠不能比。親戚之親，朋友之結，二身之親結也。教友皆自備一神身之親結，世上何得比之。

聖教始興，教人相愛甚篤，身心如一。異教嘆美曰，美哉教人之愛，兄弟之名，不離於口，斯欲致命爲彼，彼爲斯亦然。異哉其愛。時有嗤忌教中昆仲之名，賢責之曰，何嗤何忌吾兄弟之名，世人因有同性皆兄弟也，吾教友，皆同性也，吾主吾同父也，聖而公教會吾同母也，聖神吾同心也，獨一性同，遂爲兄弟，多同何不可爲乎。爾皆兄弟也，吾皆兄弟也，爾者有時而爭，吾者無時而不和，爾者有時棄親若疎，吾者無時不懷疎若親。爾之結易解，劣肉之結也，吾之結難解，固愛之結也。葆祿聖徒曰，教友之首工，愛是也。斯愛完全，蓋結身，結心，結靈，三結之結，完全結也，死結也，卒世之結也。經所云，堅哉絆之堅，力扯而不斷，是也。

主剏聖教之殿，選昆仲二雙，詔之爲徒。聖賢指故曰，四兄弟，聖教之基也。基結於兄弟之愛，基上之石皆當一然。

上古洪水前，天主命諾厄構舟，以避水患，並命攜各獸之品同入，以存獸類。倚哉，舟外禽獸互相殺食，入舟皆和，同住，同歇，同吃，若皆同類然。解曰，舟，聖而公教會像也。人在外，或結讐，或報復，不必怪異，入後皆可平和，而效舟中之獸。

主曾示徒曰，互愛相親，若同胎兄弟，人視爾愛，必知爾爲吾弟。聖基所解曰，宗徒備有諸德，能行異迹，能講萬國之語，種種奇行，不顯爲主之弟。蓋異迹等奇，惡人倚賴天主之能亦行。獨愛，主徒者之號也，教友各皆吾主門弟，互相愛親，眞弟也，無愛假者耳。

又卷一二《聖西滿聖達陡二位宗徒瞻禮·經》 維時耶穌謂門徒曰，攸命乎汝，惟相愛耳，世主仇及異日殺害宗徒者惡人也惡汝，當知先惡予，汝倘爲世人，世必愛汝，視之若其物。爾輩非世人，予簡拔出於世，世惡汝者故，言惡人每愛惡人，視爲同類同情。汝既皆善人，與彼甚異，惡汝謀害何怪。宜憶予言，夙謂汝曰，僕弗先厥主，世人既已迫予，異日必亦迫汝，凡已遵予言者，必遵汝之語。予二三子來日爲予必遭多逆，但汝逆皆緜於世不知遣予聖父焉。令予弗降，弗親諭人，則人靡辜，今也其辜靡有託故也。人惡予，兼惡予父，使予在時，弗行多奇，從來匪人先行，世罪差可原。茲既見多奇，猶憎予，猶憎予父。經曰，無故憎予，厥言茲有驗。

又《箴·命汝相愛》 吾主在世，恆勸門徒互相親愛，將逝再三叮嚀。比父將亡，先書遺囑，分產於子，以養子身，愛人之德，主遺產是也。遺留於人，以養人靈。靈有，則健則活。無，則餒則死。基所聖人廣述其要曰，愛德在心，地變而爲天堂焉。無在，地變而爲地獄焉。使人相

愛，國王何刱法度，國臣何斷訟詞，士師何加刑誅。諸善入心，諸惡無隙可進。葆祿聖徒曰，愛人之人，忍人煩數，憐人患難，濟人空乏，人善，心忻。人惡，心憂。無逆上，無傲下，無忌等，和睦於衆，其量甚廣，無一不容也，地變而爲天堂，信乎。使人無愛，爭、惡、偸、奸、殺、戰等惡連絡齊至，地變而爲地獄，信乎。

聖人又繼曰，吾主云，愛人之德，吾眞徒之號也。蓋主徒之位，雖包諸善，但愛人之德，明指其爲徒也。比之國王，服錦裳朝衣朝冠，猶不知何人也。國臣亦得服之，使服袞衣黻冕不必猜疑待問，必是國王，而統享通國諸福諸富也。然人行多奇，多異聖迹，猶弗爲吾主眞徒之效。蓋惡人賴主亦多常行，惟有愛人之德，不必他問，不必疑貳，蓋愛人眞徒之準號也。愛德，使人得躋眞徒高位，既登，諸德諸超性之善，自然畢隨也。

昔賢規弟曰，吾弟愛人，主即愛汝。天主從始至今，多法以致人相親，厥始親造一男一女，意欲世人皆受生於人，皆出十二宗，因固其親。後禁同姓同族之嫁娶，命結於異氏，以延人愛，使易廣於異姓。又生地之時，不欲一地各全備捄人之需，某地產某，某地亦然。地人無奈，遷本地所產，互市貿易，乃素無相知之人，始知結親，而和愛焉。又欲人無渙散，引之築城立邑，建侯以御，定律以羈，選仕以制，創造百藝以通衆用，乃從王相廛爲氓，相繼而習愛焉。

巴西畧聖人解斯天主之法曰，一國之律，一府之制，先會人身，後結其心，恆見異國，異府，異俗，異音之人，既集一國一府，其俗其音則一，其心亦一，其身之衆，特一心同具也。

葆祿聖徒勸門弟互愛喻曰，統論世人，一身耳。分論，各各一肢也。可師一軀之肢，一樂悉樂，一痛悉痛，一行悉助，損益公共，吾弟宜不似耶。師肢可，師吾亦可，吾也，猶吾視人，所欲與聚，吾樂其樂，痛其痛，人喜同喜，悲同悲。吾心猶炤面之鏡，視人之狀，吾心即應，而體其狀焉。基所聖人解曰，聖徒弗慮人勢，弗拘親疏，遐邇之人，特思人皆爲人，同共人性，同寓一宇，同享一地，一天覆蓋，一日炤光，聖徒思一同之衆，愛衆猶己之一。廣哉其愛，弗求私利，恆謀公益，愚者敎之，迷者引之，固者警之，善者進之，仆者起之，立者扃之，怠者策之，憂者慰之，多計何歟，視己若普人之母，視人若出胎之嬰，多法若乳以養其靈。

賢師示畢，向弟曰，聖徒切依天主之法，吾弟必法聖徒，不必怠心，法之乃樂天主之心，宜思普地之美麗，可喩琴瑟，各人各絃也，掌樂之師，愛德也。無之，琴瑟不和，天主塞耳，惡聆其音。有之，諧和傾耳，樂天主心，若奏大成。

弟曰，愛人之妙，其要其益明矣。但愛藏於心，難知其實是實非，請示何效以知。答曰，經云，誰人懷火而裳衣弗燬耶，夫愛火也，藏於內，弗著於外未之有也。必多破孔以顯，伸手以捄人乏，一破孔也。額我畧聖人曰，矜行試愛，若鏐試金。人乏，吾憐而濟，實愛之效也。乏，而吾忍弗濟，虛愛之效也。若翰宗徒謂弟曰，見昆仲之窮，心弗痛，手弗捄，虛愛哉。吾弟實愛弗係於口，特係於行也。以口以言美揚人行，勿汗其名，一孔之驗也。伯爾納聖人曰，和睦於衆，弗相抵觸，禁口弗啓以傷其心，眞愛之效也。蓋經曰，口出甘飴之語，心則愛人，而致人愛。刺諷之言，遠心愛，而招人仇，宜禁哉。第七卷聖神降臨後第十二主日有本論。

真福八端

綜　述

陽瑪諾《聖經直解》卷一三《諸聖人之瞻禮》 聖奧斯定解右經曰，右經明示世，贗眞福之殊，贗福在外，眞福在內。贗福，富爵樂安，是也。眞福，貧乏苦難，是也。聖人復繼又曰，吾友可重內眞，可輕外贗，遇苦可喜蓋遇眞福也。

古時每瑟聖人，依天主命夸制奇木造櫃，藏收寶物幾品，櫃木極貴，內品甚珍，後將粗皮，蓋包其外，豫備天變，勿致櫃敗。貴櫃善人也，其貴內貴也。內藏右八端八珍，其外恆有貧苦，若堅粗皮，得包內珍，預防世變，弗致其壞也。

史記昔有極名繪師曰亞伯，繪女像極盡其美。命弟摹法，弟筆不及，多加寶珍，以娛人目。師親而嗤叱之曰，不能畫美，畫富耳。吾主及今世

之像，吾主巧精繪師，止務畫美人內，右八端靈美也斯像眞實，智者視之必重也。今世拙弟也，務畫人外，弗顧人內，富厚，世爵，逸樂，皆外珍外美，斯像僞幻，止娛愚痴之目，智者視之必輕矣。

解又曰，吾主降世，因指天堂高路，示吾人漸登得入。右經登梯也，八端八級也，欲上可依，其外靡有他梯。後勸曰，吾友冣志，各各競先，勿慮其落，梯級皆穩，勿厭其長，其高天國，勿輕其貿，其級皆珍，勿恐差路，主先引導，其迹深印於各級，萬世不能泯。余今依經次序，將釋八級之槪。

又 斯第一級也。解斯級可知，貧有三等，身貧者一，貧神者二，神貧者三。第一，原無善無惡，第二，恆惡，第三恆善。

身貧者何，曰窮乏之貧也。斯貧，原無善無惡，善惡皆繫於人。貧人憤懥，靡忍其貧，怨主恨己，貧變爲惡，心忍謝主，安然度生，貧變爲善。若伯古聖，示貧人善用其貧。彼原富盛，一日寇至罄捲，夙甚富夕甚乏。無詈寇，無怨主，平心曰，吾宿財皆天主之賜，主與主奪，稱謝天主。

貧人弗知身貧之善，因弗知謝主恩，知富惡，則知貧善。聖基所曰，富人恆懼盜賊，恆懼身害，賊謀刦財，先謀害命，寧獨懼盜賊，且懼高我之謀，嫉我之怨，同侶之誣，同室之貪，子孫企望夙死，得享其富，多懼之中，安乎。經所云，富人集財，而致其害，是也。第三卷第二主日，又第四卷第一主日已有本論。

貧人者大異，正若人居高山望海，聽視嚮動而笑其猛，平安度生，弗慮心害就在盜賊之間，安居穩寐，古諺有云，貧旅偶過賊藪，高聲謳歌，無可懼是也。

聖賢勸貧人曰，汝爲貧勿色憂，勿心失望，勿謀人財，勿屈行醜，蓋經曰，貧人之苦，其陶也，爛精爾靈，當貧之火，則純。因貧行穢，有滓而益增滓，何益哉。

良聖人問曰，天主何意，恆有貧人。世財皆在主手，若分於富，盍分於貧，使彼此得均也。答曰，欲報貧富，其故也，貧忍有報，富濟有報。經曰，貧苦之忍終不至辜負，富人忻心而濟，天主甚愛其濟。解曰，聖經何云忻心。答曰，示富人何必行濟之工，以致其功，蓋人濟貧而心不忻，但濟以免貧數，其濟救貧，而不樂主心，可望報乎。

或問，忻心之報何。達未聖王答曰，人慰貧苦，實眞福者人也。凶時之時，天主必慰其苦，使凶爲吉也。凶時者何。曰，飢年之時，審判之時是也。人救貧飢，年飢而已不飢。經云，飢歲他人赧面求施，贍人有足有餘，他人飢色而餒，贍面潤色而飽。又審判之末時，主念宿濟厚酬，當日惡人之凶日也，仁人之吉日也。人知濟報，猶多見鉄腸之人，不濟而加詈咒，厲言觸貧，嗟夫，貧人近戶，哀聲求慰其苦，彼乃又倍其苦。比人受傷，投醫求劑，醫持刀而加其傷。比人陷落於穽，人見不援，反嗤其痴，怪責其失。天主何如罰焉。

貧神者何。曰，罪人也，罪惡入靈，盡敗靈德，罪人謂貧神者故。惜夫，罪人不念其貧，時刻加惡，而加其貧。第三卷封齋前第一主日已有本論。

神貧者何。曰輕棄財利爲主，安居於貧，意欲割心世阻，因法主貧，而全從事是也。右經云，神貧者，乃眞福。斯貧也，斯德修道者之德也，其益難罄，其報難測。

耶穌會規內有一曰，會士可愛神貧，若子愛母。猶云，神貧之德，乃修士之母，自生多益，若其子然，神貧之德，輕人之身，令易行諸德之路，世財，重任也，桎梏也，夫人或負重任，或受綁繫，焉得速行，神貧棄任，解繫，靈身甚輕，行速若馳。伯爾納聖人曰，神貧之德，靈性之翼也。奇哉其翚，靈不必習倦，一飛即至於天。汝信主言哉。蓋云神貧者已得天國，眞福之六端，吾主許報曰，某德將得天國。至於神貧曰，已得天國，其飛速矣，其報厚矣。

宗徒問主曰，弟皆棄財從師，師將何報。主曰，汝之報厚且隆，來日吾降判世，汝輩同降，皆坐高座，同吾判人。聖賢解曰，主謂門徒，而許審世之位，惟神貧之士，勤敏於精，日精其精，皆在主許內，皆同判世焉。

昔古敎人始入福地，天主分地於衆，各支派得有定分。但於衆中，選一支曰，某支可理聖殿，會祭禮儀，不必受地之分，吾將其分，而顧其需也。解曰，選支，神貧之像也。棄財無分於地，天堂其分也，幸哉神貧之交易，易世於主，易地於天，幸哉智哉。

又良善，第二神梯之級也。神貧在心，良善次繼，可謂神貧之長子。今將畧提其貴，其勇，其益，其報。

其貴。良善，吾主本德也。主曾勸衆曰，可師吾之良善。古新二經，頻列主德，至於良善曰，主良善羊羔也。蓋云，他獸或具利爪，銳角，長牙，硬嘴，毒氣，當兵，以敵仇獸，其間倘無此兵，必備善毚輕身，以避身害。惟羊羔皆無，剪絨而不吼，致之死地而不逆，吾主良善也。經借羊羔以比，主貴至甚，可見良善之貴，比之國主，所用器皿裳服，皆貴也，弗貴弗用，吾主卒身良善，時刻不輟其工，貴哉。

其勇。伯鐸羅宗徒舉主良善曰，受咒多般，勿復以咒，受苦多類，弗憤以懲。噫，以良善之勇，勝魔之勇，而贖世罪焉。奧斯定聖人解曰，主善羊羔也。魔，凶猛獅也。魔肆心凶，主獻心忍，以忍破魔之凶。致命之衆，法主良善，而並法其勝，可知良善之勇。

主遣宗徒四遊布教曰，人皆如狼，汝可如羊，乃伏人伏魔也。聖基所深異曰，異哉主命，異哉敵仇之計。世人敵寇，以猛敵猛，以勇勝勇，主以良善命徒，善猛勇，異哉。答曰，欲示良善之勇，蓋徒如命，隻身若羊突入狼羣，而獲大勝。當時良善如是，今時必然如是。良善忿怒二人，或有時互爭，怒人目亂，口訶，手挺，乃良善者忍耐其兵。世目視彼若勇若勝，視此若劣若負，天主大美其勇，大揚其勝，勇哉良善之勇。

其益。思忿懥之損，便知良善之益，忿懥在心，暴風也，弗許心平。良善之心，恬海也，風騰空中，不下鼓浪，海晏不動，忿人之忿，厲咒厲言，若風亂飄於空，不入良善之心，不使失平靜也。

基所聖人曰，怒人在世，何利耶，不利於己，不利於人，何利耶。於己恆辛，於人恆苦，何利耶。寧居於毒獸，弗宜居於怒人，毒獸旣馴，恆存馴性，怒人旣息，怒性再萌，不知自止，何利耶。良善之性，峻山之頂，不動之天，無雲之晝，可愛哉良善之德。

吾主甚愛，勤顧良善之人，其第二益。聖基所曰，吾主爲良善牧人，良善人其羊也。怒人，豺狼也，主牧之乎。達未聖王所云，天主視吾良善，若牧牧吾者，是也。

其報。右經曰，其將得安土，或問安土何。曰，聖人之解有三。一伯爾納良等聖人曰，安土，軀身也，肉軀猶逆馬，邪情恆發，入即盡計難伏。良善伏怒一情，主賜其制伏等情，使心不動若居穩地。

二，基所等聖人曰，安土，普天下也。怒人不和於衆，皆抵之不容同居，若迸於地之外，何人莫愛良善焉。善者，因相肖而愛。惡者，因不復而愛。海內皆爲兄弟，到處皆其安土也。

三，熱落等聖人曰，安土，天堂也。因靜謂安，因爲聖人之居謂土。三解皆奇，以報良善之德，第一安內，第二安外，第三共安內外，美矣，良善之安。

又或問曰，涕泣之故不一，人喪考妣而哭，失財而哭，受刑而哭，淩辱而哭，斯皆在眞福內否。曰，否。恩情之淚，貪財之淚，自愛之淚，復讐之淚，皆本性之淚，焉得眞福超性之報。聖賢解上文皆云，人或泣本身之過，或泣他人之罪，斯眞福人也。泣本身之醜，眞惡也。泣他人之尤，眞愛也。涕泣皆眞，獨眞福眞報，得對其眞，良聖人曰，或涕泣自罪，或人非眞福者之淚也。蓋淚湔本靈，靈旣淨得享眞福。

或疑曰，罪垢在靈，涕泣在身，安得通內洗靈。經答曰，目，靈性之門也，門啓，靈內得視。目開而哭，靈痛自顯，淚流於外，則爲內痛眞証，靈魂眞痛，天主則釋，則澣宿垢，不必少疑。蓋謂罪人曰，隨時痛哭往非，隨時悉釋其非。

聖賢廣述涕泣之能，曰，聖而公會神藥之肆也，眞痛乃神劑，能療諸等靈病。罪人入肆服劑，入時靈穢，出時靈淨。入時靈病，出時靈瘳。入時靈死，出時靈活。入時眞禍者，出時眞福者也。奇矣其能，世藥雖神，一對一病，痛哭一劑，衆神病之劑也。罪人可忌其苦耶，可愛其益耶。

繼曰，人重藥草之汁，因得明目，輕病舒心。□淚之汁，其力其能，大勝萬藥之汁。他汁雖珍，弗能自滅地獄猛烈一星，眞痛一滴，息撲地獄之焰。又曰，痛哭攻敵天堂固城，突門而入。至主座前聽判，毅然弗懼仇魔多訴，多呈多計，列排宿非，終不能得計。痛哭自地迨天，惡神不能截路，天神不能闔門。安入安求，求萬萬不得負一，天主視人痛哭，塗抹罰案，立釋其罪。

額我畧聖人大異罪人不哭往失，曰，已矣乎罪人之愚，已矣乎罪人之迷。不思所招，其愚也。不念所失，其迷也。不思宿時無善，斯時有惡，不念已失眞福之宜，已招地獄眞苦。不思不念其不哭之故也，可哭而嗤，

痴人之嗤哉。經責其嗤曰，愚人恣肆大笑，智人僅敢微莞。罪而笑愚人也，罪而泣智人也。

奥斯定聖人，喟然嘆曰，醜哉世人之態，受罰爲罪，獨哭罪罰，弗哭其罪。落累多哭，落罪弗哭。子死慟哭，靈死弗哭。世物皆見虚戲，視之若實，愛之若重，大哭其失。失靈，實失也，重失也，視若虚輕。愚矣，迷矣。弗淚爲靈，而淚爲身，可淚斯淚也。主慰涕泣者曰，將受寬慰，其報也。寬慰，今世後世之眞樂是也。

或聞罪人在世有樂，心疑曰，惡在人内靈性之獄卒，刺心利劍，齕腸毒龍，靈目黑烟，是也。罪人奚能樂乎。曰，聖人舉上喻，解罪人之害，而不涕其害。涕者人甚異，痛哭者得釋，靈安心平内淨，靈目復明。前乃天主之仇，惡鬼之奴，後登天主義子之位，樂甚，不亦宜乎。

基所聖人曰，罪人前哭後喜，思往非而哭，念現釋而喜。其靈若空中之境，陰雲布合，沛然雨飛，天屢日不開。既收毀晴，空中愈清，太陽愈光，人心愈舒。夫罪在靈，靈陰若雲密布空中，既哭既淚，靈清心舒，内外皆樂。不涕其過，若天不雨，時惟暗黑，焉得安樂。經云，惟哭之人得知眞樂，他人莫知，伯爾納聖人解曰，人靈若樹，目淚灌漑，令生美實，聖寵之味，釋罪之恩，靈性之安，心之眞樂，其實也，罪人不涕，靈木枯槁，美實不生，奚得知痛哭之樂。經曰，不嗜眞樂，不知何樂，獨嗜之知之，故也。

達未聖王痛哭往非曰，吾樂正對吾苦。解曰，天主與哭人，若二商交易。售者出貨，市者出值。貨多值厚，貨寡值薄。主執權衡稱人痛哭，依痛賜樂。但今世之樂，暫也，不定也。人在世時，不幸再落，再失心樂，宿憂再至。後世之慰，愈眞愈實，悠久安慰。涕泣之人，既入天堂，謂主曰，在世哭泣，今樂饒靈，永不受侵，謝主斯大變易。

若翰宗徒神目曾見天堂眞樂，倏聞聲曰，斯天主之朝宫也，聖臣既入，天主親口安慰，親手拭淚，竟不能再哭。其哭已去，永不復至。斯皆涕泣之報，痛哭之益。右經謂之眞福者故。第一卷吾主聖誕前第一主日，又第二卷三王來朝後第十一日已有本論。

又 嗜義如飢渴者何。曰，解有二。一曰，義，公義，即萬德之聚也。人尋諸德，弗可若人飽飫，食飲雖旨，亦則不甘而棄。惟勤業者，如飢渴而覓飲食。一曰，義，私義。即依理斷獄，依功分賞之德也。

解諸德之聚。或問，慕德而心勤業以得，比腹空求飲食者何。曰，故有三。

一，世人之苦勞，皆爲得便飲食，商賈梯航，農夫胼胝，百工勤動，皆腹飢渴之故也。古賢曰，至矣人腹之知，甚矣其智，諸技之師，諸難之夷，諸伺之明。人腹也，無腹，人皆問，皆勿顧禮，皆異類也。有腹而空，必生多計，以實其空，人靈飢渴於德，自勤計以充，即有百阻重難，視之輕易，其飢渴之故也。

二，飢渴者，易爲食飲，味餲咽之如珍，苦亦如飴。史記，古帝出於遊畋，有日逐射失道，從臣到處不遇。帝飢渴入莊，莊戶進糲數餅，濁泉一缾。帝盡食飲。嘆曰，飴哉其飴，朝之肥甘不及也。人覓異品，以加食味，而孰知飢渴，乃衆食上品上調乎。善人飢渴於德，何德而無味。

賢解右經曰，嗜義如飢渴者，何難不易，何苦不飴，勞至挺身，患至先迓，仇辱安忍，魔攻毅敵。但隨遇行德之機，隨行恐失，惟圖充解飢渴焉。惜夫，惡人，饜人也，德味絶珍，棄之若淡。經指善惡者曰，腹饜視蜜如辛，腹餒視辛如蜜，斯之謂也。

三，人飢且渴，弗至充解不止。善之飢渴，終身之飢渴也，善人在世，不可暫止，而罷善工。於戲，善人就勤行德，概有多虧，不慊於心，焉得充解飢渴耶。迨天其德完全，飢渴乃止，其工亦罷。達未聖王謂主曰，臣在世恆飢，入主眞福，乃飽乃飫也。

第二解曰，義，私德名義是也。斷訟以理，依功給賞，各合於義，而爲居上治民者之德也。但鰥寡孤獨之人，概飢渴斯義也。四者望上者伸義，若人極飢甚渴。理事之臣，或畏貴勢，或貪富賂，固意虧枉，弗顧煢困飢渴也。

經内天主恆責諸仕者曰，噫。吾民者之仕，皆失吾信，皆盜賊之侶，皆望富者之賄。寡婦鰥孤煢乏，時有訟事，號求依義裁制，而無顧其義。吾明顧之，可寬恕乎，可嚴誅乎。解曰，斯爲在位者戒也。天主授位，命斷以理，爲高者失義，爲卑者失義，何時中義乎。天主明視汝賕，明聆孤求，明罰汝咎也。

又 救乏人患，哀矜之本職也。之患有二，身一靈一，哀矜有形神之

別，形者救身，神者救靈，人在世勤行，逝世天主厚酧，不辜其勤。

聖賢依主上文，廣述形矜之益。基所聖人勸本郡友曰，吾友逝時，各赴吾主嚴座聽判，若犯人赴士師之公署，異矣。世仕貪受獄貨，則謂贓官，則貶本職。吾主不同醜也，欲罪人進賂，弗懼贓名，弗恐辱職。奇矣。欲受罪人之賂，繇於至仁之清名，而大榮光其職。蓋主盛富，罔所需賂，惟授之貧乏，乃主親受之耳。吾友盍思雅各宗徒語云，弗哀矜弗施於貧，審判時，弗受哀矜，哀矜之德，舉起天主審判。解曰，宗徒斯譬，因解哀矜之重。猶云審判之時，天主較擬人之善惡，若客執銓衡稱貨，將判嚴，置之一盤，將人行，置之一盤，設人幸有矜行。其價至重，其盤則重而垂，嚴判之盤，則輶而昂。哀矜者得免審判之嚴，而受哀矜之審判。大哉哀矜人之幸。

哀矜之德，宜解二奇，以成其奇。一，富人於濟時，宜先送財，使先往備善所。愚夫多有卒世安享其富，弗念貧苦，死至莫能延命同留，莫能攜之同去，乃寫遺書，命散幾金於貧。死後散金，善美也。生時躬散，愈美也。生時躬施，憐心之效也。逝後命施，無何者之意也。

可法雅各古聖。經記，胎兄謀害，聖弟離鄉，久遊於外，歸時恐兄不良，不敢入城，謂妻曰，心生善計，先送金帛賂心，吾隨以入，兄憾必止，喜色接我也。基所聖人解曰，神矣，雅各神策焉。是偶然，經書其策豫示吾輩法則，先賙貧人，後受而授天主。天主親受，異日再授於吾，可知吾救貧時，少救其身，多救吾靈。吾友納從吾言，先濟先救，後求天主，吾友，貧乏皆良醫也，其手大能，伸手受濟，手帶玉劑，得瘳靈魂各病。

第二奇，濟不必遲延，而待空乏哀聲久祈。奧斯定聖人曰，濟先窮乏之聲，美濟也。後隨其聲，弗全也。嗟夫，空乏弱息，大聲也。飢色，大聲也。裸體，大聲也。各患各口也，各苦各聲也，奚必久待口聲。若翰宗徒曰，富人視孤獨之苦，情不動，心不恤，鋼腸之人哉，奚愛主愛人者哉。解曰，宗徒勸富人，示行善濟。蓋目視昆仲之患，手必從目以濟，不必待祈也。

富人可師若伯古聖，自己揚美其濟曰，哀矜之德，同我出於母腹，同生同長，若同乳昆仲，饔飧既具，急請孤獨同食，心不忍瘵寡之目久望吾手，速速伸手厚濟，斯吾本心恆情也。

神哀矜者何。曰，濟救罪人之靈，是也。聖賢恆云，神形二濟，雖皆美而易，但靈身較擬，大不相若。形神之濟之功，大不相侔。主曾規徒曰，身之食飲，焉得比靈，彼賤斯貴。

額我畧聖人，解其易曰，設使有人心惻，意救乏人，或深嘆曰，家資不足，行不能若意。吾對曰，乏米充飢是也，乏帛煖體是也，乏舌能勸惡人，否也。送舌救靈，則救而濟也。人身卑也，屬死也，不免過時而逝，人濟獨延其死，弗悠其生，人靈貴矣，不屬死矣，人濟使免神死，永得神生。形濟美焉，神濟愈美焉，又愈易焉。

基所聖人又曰，易矣漁乎人靈，不必入海當洶浪危，風猛之險，居室安坐，得漁多人。勸家屬使改，而漁其靈，勉朋行善，而漁其靈，若厭而云，多設羅網，不漁得一，胡必空費多工耶。吾云，勿厭善工，家人朋友今日固心，翌日改心，設怙終不改，汝功不空，必全也。斯箴前卷有本論。

又 上文示吾可急正心，以求靈淨。世人急務潔身整外，善人急務潔心飾內，繇是可知惡善之類。有賢規弟曰，二三子可思，各爲繪工，畫美像悅主目，勿師世之繪工，畫人像獨急外形弗顧其內，師之者，假德之輩也，止務畫外，惟重人目，而輕心內，經內天主責之云，吾民拙繪工也，太緊畫口，以口近我，而揚吾名。太緩畫心，以心離我，而逆吾命。太緊畫外容，齋素面枯腹空，靈容醜甚。仇忮，妬媢，偷盜，實滿其心，若塚壙外堊而飭，內骴而醜，誠拙繪工焉。吾弟可效人性，夫性將成人體，興工於心，人心首一肢也。巴西聖人曰，人之百體若宮，人心若址，址既定，立宮易矣。立德之宮，吾弟急務也，先務淨心，心淨德淨，心濁德濁。不可謂天主麗宮，可謂穢神穢櫪也。

經記，主仇多勤外淨，食時亟沐浴盥手，亟洗器皿不顧淨心。猶異主徒希用斯淨，主嘆其迷，責之曰，濁矣汝淨，心濁身淨，何淨耶。曾不知眞濁眞淨，皆繇於心，偷盜，奸私，惡念醜行，犯理之語，繇心出，而眞污人。身潔手淨，外淨也，何與於靈哉，瞽者也，迷者也。首湔內，次及於外。

人心善惡之源，源清泒清，源濁泒濁。心意善外行皆善，意惡行惡。

試人厚濟貧乏，意獵人譽，以得仁聞，濟者空虛也。葆祿聖徒曰，使我無眞意眞愛，而空囊以救人乏。吾囊空也，吾靈兼空也，蓋吾濟無功也。奥斯定聖人所云，濟時可先淨心後濟，天主先視人心，後視人施，是也。

聖人多述淨心之妙曰，淨心，天主御座也，天堂也，聖殿也，明鏡也。尼色聖人曰，鏡無定像，隨形自現。淨濁定心之像，淨則天主明鏡也，天主對炤，而印其容，其與天神恆對，而不知厭也。美哉幸哉，淨心之美幸焉。濁，則魔鬼昏鏡也，魔鬼對炤，而印醜形，天主天神閉目翻面，不欲直視。醜哉禍哉，濁心之醜禍焉。

又 他德各有本師，乃世上萬物，皆可爲和睦之師。四大也，性雖甚悖，而時時相合相助，以便存物，弗合且助，萬物已久滅矣。無靈禽族，孰不和同巢。人，靈物也，備有多師，乃相合者希。愚哉，今解上文，可知和睦之德，共包三端，貴一，要一，類一。

其貴。和睦之工，吾主本職也，降世本意也，本工也。從來天地矛盾，人皆背逆，天主震怒欲懲，吾主乃降解釋使合。經曰，主降報世以天主於人和睦之福音，將寶死寶血，代筆代墨，勾抹夙仇之書，使天於地復合，實爲和睦之首主，和睦之首王也。主貴和睦，以爲本貴，其貴明矣。

其要。吾和睦於人，天主和睦於吾，吾否，天主亦否，斯天主於罪人定而不移之約也。經曰，罪人不和其仇謀復，必遭天主之復。欲主合汝，前合汝仇。汝人也，汝仇人也，汝彼同等同類，心固弗欲同合，心迷不釋，猶欲求主合釋，無義之求，犯理之合釋也。

主曾勸衆和睦，設喻曰，有僕欠王金億萬，僚友欠彼數星，王憐其苦盡赦，乃固弗赦僚友薄債，國主震怒，急呼衛兵，命繫投獄，待還宿逋纔釋。主解喻曰，爾輩不眞心免人之辱，眞心釋尤，眞心和睦，天主弗免弗釋，弗和睦於汝也。

其類。和睦之類，約有三。和睦於主，和睦於己，和睦於人，是也。和睦天主何，良聖人答曰，愛主所愛，惡主所惡，視命而從，視禁而止，以心爲心，以意爲意，是也。比之二人，心意同一，乃胥和睦也。一是一非，心意互逆，能和睦哉。

和睦於己何。曰，身屬靈，靈屬主，是也。比之國人，庶民屬仕，仕者屬帝，國內太平。下逆中，中逆上，國亂並起。古新二經，恆美善人之太平曰，人愛主教，眞心恆遵，其靈平安樂逸，天路踧踧走也，跑也，飛也，弗慮蹴跌也。人入主教寛路，太平廣滿其靈，若江泛濫廣沃近地。惜乎罪人之靈，正若亂動沸海，夙夕不寧。盎博削聖人解曰，經解善人之太平，惡人之不寧，福哉善人之靈，安岸也，禍哉罪人之靈，亂海也。善人居高安坐，遠望世亂而嗤。惡人之心，居巨浪暴風之內，平安否乎。

基所聖人又喻曰，善人之靈，若幽閑之地，恆清淨，恆寧息。惡人之靈，市朝也，爭鬪之閧，市售之鬧，來往之譁，齊集其處，多慮多愁，多煩叠起，惡人之心，奚得安息耶。罪人若輪也，善人若軸也，輪無軔恆旋，輪軸恆停。德善，靈性之軔也，惡人無德善，朝暮弗息，何異。經指之所云，不仁之靈，時刻幹旋，不得寧靜，是之謂也。和睦他人者何。曰，心口行之合也，惡其惡，而愛其善，心合也。阻其退，而勵其進，口合也。人資不及，廣救勤補，行合也。

葆祿聖徒曰，人皆可盡心，以求和睦。或問聖徒何云以求和睦，弗云盡心以得和睦。曰，聖徒示吾和睦之難，異哉，多有敗心之人，以藥爲毒，以恩爲仇。善人心愛，口揚行恩，勤求和睦，終弗得也。如主於仇，主恩愈隆，仇仇愈甚，終不得和睦。主求而終不得，矧吾哉。求和在我，得之在人。聖徒特責吾勤求和睦之故。

和睦人之報，天主義子者也，報正對和睦之德。經曰，天主和睦之主也，和睦之人，肖主若子肖父，主愛其肖，而謂之子。額我畧聖人嘆曰，榮光和睦之報，和人即爲天主之子，否即爲魔鬼之奴。吾友愛從和睦，惡遠怨仇，已有別論。

又 斯神梯第八級，極高極近天也，不必勞步，不必再上，一步入天，而享眞福。斯眞福第八端何。聖賢皆曰，概致命者之眞福也。

或問，致命之彙多矣，強賊致命，逆臣致命，煽惑民庶致命，烈女致命，爲守聖教致命，爲衍聖教致命，是皆眞福者乎。伯鐸羅宗徒答曰，吾友受窘難時，勿受如殺人，如奪財等惡類，斯苦無功無榮，虛辱之苦也，受苦爲主，爲守主教，汝苦有功，有榮光也。奥斯定聖人解曰，致命之爲，分人之苦。試主受難時，盜賊同受，苦難同一，苦故大異，吾友視人受苦，勿遽定福而云眞福人哉。前審苦故，爲德美苦也，爲惡醜苦也。因

主弗云，人受窘難乃眞福，而加爲義。有主言，奚必再問再疑。

依主言，則知首三等之人，皆眞禍也，其罪斷其命，使不得其死也。次三等者，眞福也，蓋或爲衍主教，或爲守聖教，或爲各德致人之累，皆在第八眞福之內。

善人在世，所當窘難不一，正若舟居海內，暴風四面攻鼓，何時得息。四面之風何。曰第一，內邪情也，斯風如南風性涼，人不避而受其害。邪情盡然，漸入樂性，人蒙不覺，大敗靈魂也。基所聖人曰，醜哉邪情難避，其敵柔入，阿哄若友，而□凶仇也。人視友之外貌，不覺仇之內質，免害希矣。吾友勿謂，獨有虐王之窘難，諸邪情皆虐王也，虐王欲奪信德，邪情欲奪他德，二者之害同一。爾之勤，得免其害，必當不異也。

第二風，惡人之窘難也。斯風如北風，性冷凍身，無衣煖體，難堪惡仇亂謀，若冷風然。善人不煖靈心以愛，則亦謀計報復，靈必受其害矣。

葆祿聖徒勵勉門弟毅然當惡輩之累，且警豫備以當，以己爲表曰，吾也內外恆苦，內心懼惡人未至之窘而苦，外身當已至之窘而苦。吾弟勿異吾苦之多。善人在世，若居惡人之中，必居困憊之內，時時無聊也。因經逆告善人曰，吾子欲進德路，可先備心固志，惡黨逼迫阻進，毅然可前，勿墮志而退焉。

第三風，魔鬼之窘難也，斯風如東風，性燥，發時木枯花謝草萎，透內敗根，使莫能生長也。魔誘善人，敗心德壞靈美，阻其進，其本意也，右卷常有本論。

第四風，虐王酷吏之窘難也，斯風如西風性濕，發時潤物，虐王酷吏，毒殺善人，大益致命之靈。古新二經，古新聖賢，一口廣揚致命之高位隆福，而實不詳其位其福也。

經嘆曰，爲義致命，眞福也，似死而實延命於無窮。人視之若死，主視之若生。惡人窘迫善人，致之死地，俱言人耳。世之末日，啓蒙開目，見其眞福，長嘆曰，前日彼人比吾甚異，彼也在世吾視其生若狂之生，視其死若辱之死，乃今其生眞福也，其死榮光也，皆天主義子，皆受天堂大分。彼智者哉，吾狂者哉，今痛莫及，悔且遲也，祭彼聖人曰，寶矣福矣致命之死，其價重矣。昔出暫死之值，今市無窮之生，在世有事虐吏前，逝世有事天主前，虐吏審信斷死罪而殺，天主審罪，盡釋盡免罪罰，其審寬矣，其釋幸矣。

經記，古教衆人，往福地時，紅海當路，天主命開，衆皆步過，忻然繕程。聖而公會解曰，致命聖人之像也，紅海其寶死，貴血也。過而無礙，即得進天堂福地也。

望天定報，定固諸致命之志，使以忍以樂致命。經美其望曰，天主緊守致命之靈，穩持手內。虐王之刑，獨苦外身，不能透內害靈。美哉其望，望身既終，靈即入常生之境。其苦暫矣，輶矣，希矣，其苦之酧，永矣，重矣，衆矣。解曰，巧奇致命之計，以暫死免永死，以暫苦免永苦，出苦微價，市福厚寶。其死，衆罪之死，衆善之生，衆危之終，衆安之始。天堂正路，眞福之質。是也，巧奇交易。右經主勸教友曰，受苦之時，可喜悅，既迨天國，必受隆報，故也。聖會聖事七迹第一迹已有本論。

藝　文

徐光啓《真福八端箴贊》　欲累環攻，神目盡瞽。愈擅世趨，愈遠天路。僞雜百端，以相誑惑。惟我正教，惟一惟眞。德必眞德，福必眞福。德以致福，德亦名福。肇諸人世，充諸帝庭。精修玅契，寵澤光榮。

靈　魂

綜　述

羅明堅《天主聖教實録·論人魂不滅大異禽獸章》　或曰，尊言人有魂形兩全，禽獸亦有魂形兩全，二者相同否乎。答曰，人有魂形兩全，禽獸亦有魂形兩全，人之身體固成於水土氣火，而禽獸之身亦成於水土氣火，但人之所以異於禽獸者，在乎其有靈魂。吾嘗聞異端有言曰，人之靈

魂或進於禽獸之身，而回生於世間，此誠虛誕之詞也。夫人自己之魂，只合乎自己之身，安能以自己之魂，而合乎他人之身哉。禽獸之魂不能論理，但覺肉情，謂之覺魂，只合乎禽獸之身，奚可以人之靈魂，而合乎禽獸之身哉。亦猶刀只合乎刀之鞘，劍只合乎劍之鞘，烏能以刀之内而合乎劍之鞘哉。欲知禽獸之魂不同乎人，必須虛心以聽可也。彼世界之魂有三品。下品之魂者，草木也。此魂只扶其草木生長而已，及草木枯萎，此魂遂滅。中品之魂者，禽獸也。此魂在於禽獸之身，能助禽獸之生長，及其耳目之覺動，至於身死，則此魂遂滅。上品之魂者，人也。此魂之扶乎人有三，一則能扶其身之生長，二則能助其耳目之覺動，人身既死，則此二事俱無矣。若夫第三，則精靈之魂，能明事理，欲爲則爲，欲止則止，雖至身死，而此一事固常存而不滅也。或曰尊言魂有三事，其扶助生長覺動二事，身死則隨身而滅，惟精靈一事，身雖死，乃能常存而不滅，吾固不能無疑。答曰，扶助生長覺動之二事，皆賴身用事，故身死而此二事俱滅。若人之靈魂不賴乎身，故身死而精靈之魂悠久常存而不滅也。或曰，尊言二事賴乎人身，靈魂不賴乎身者，幸明教我。答曰，吾今先以二端之賴乎身者言之，誠以目司視，耳司聽，鼻之於臭，口之於味，四肢之知其冷熱，固矣。設有一物，不置之目前，而置之背後，則不見。物之有聲者，近於耳則聞，遠則不聞。物之或香或臭，近於鼻則能辨，遠則不辨。物之鹹苦辛甘，入口則知，不入口則不知。又如同一耳也，聾者則不聞。同一目也，瞽者則不見。此所以余言身死而二事亦隨之以滅也。若夫精靈之一事，固不論賢愚而皆有之者也，譬如禽獸若逢饑餓，見有可食之物，不擇是非而處食之。若人則不然，苟遇饑餓之時，立志不食，即雖美味擺列於前，而亦不食。又譬如人之身，遠遊在外，而此心一點，尤必時常掛念家中，則此明理之靈魂，誠不賴身而用事者也。故余言人之靈魂，大異乎禽獸者如此。或曰，尊師所言人魂不滅，吾嘗聞人有言，靈魂隨身而滅，何如。答曰，禽獸之身魂，皆因水土氣火而成，苟此四者，有一相勝，而不相和，則身隨死。身既死，則魂遂滅矣。人之身雖亦緣於水土氣火而成，但人之靈魂乃天主所特賦，非成於水土氣火，是以不能滅也。此乃第一之理。且天主報應無私，善者必賞，惡者必罰。假如今世之人，亦有爲惡者而富貴，爲善者而貧賤，天主必待其人既死之時，然後取其善者之魂，而升之天堂受福，審其惡者之魂，而置之地獄受苦。若魂隨身而滅，天主安得而賞罰之哉。此乃第二之理也。且普世之人，亦有棄其事業家產，而爲天主精脩苦行。若魂與身俱滅，亦何須脩行哉。此乃第三之理也。惟人有靈魂，故人常問人之死後如何，若禽獸則無靈魂，故未聞問及禽獸之死後如何。人何故而常問也，皆因其魂之不滅而已。此乃第四之理也。或曰，人死靈魂不滅，既是不滅，吾不得而見聞之。答曰，宇内之物不得而見者，亦猶夫風能動物，人亦不得而見其形也，亦如黑夜之時，雖有人近汝，汝亦不得而見之，若欲見黑夜之人，必須燭火，然後得見。若以汝之靈魂，欲見□人之魂而及其無形等物。必須至於死後得見天主。天神魔鬼及人之靈魂，無形等物也。或曰人死之後，魂既不滅，何故不在本家而照顧其妻子家人乎。答曰，天主制作萬物，分定各有所在，不然則其事亂矣。且不謂之死矣。且觀星宿居於諸天之上不得降於地下。而雜乎草木，草木生於地下，□不得升於天上。而雜乎星宿，魚鱉之在水者，不得往於山林。而雜乎禽獸。故言萬物各安其所不得而妄動也。譬如水底魚饑將死，雖有香餌在岸，亦不得往而食之，是以人之靈魂雖念妻子□不得回在家中也。或曰，人之靈魂，未升天堂之先居於肉身之時，常與妻子合歡。及至死後升天之時，不知亦有合歡於妻子之思念否也。答曰，人魂若離其身，則與在世之日不同矣。亦猶水性常趨下而歸於海。及其太陽炎照之時則變其氣之輕清上騰，而無趨下歸海之性矣。是以吾嫌異端之虛詞，言人靈魂既離乎身，復投別人之胎而回生於世界也。或曰尊言靈魂永不滅失，既不滅，則必須費用，吾不知其費用何物也。答曰，人之與草木禽獸，其類各別，類既不一，則所用亦異，何以見之。草木，下品也，所用之資甚卑，故用之糞土。禽獸中品也，而勝於草木，故食用芻草。世人上品也。故用珍羞美味，因其品之高，故生時所用之資必高。若夫人之靈魂，更極尊貴，故不用世間有形粗物，而但用明理之神味，眞知灼見，不容世間虛詐矯誣之禮以欺之也。

又《解釋魂歸五所章》 或曰，尊言天主造成萬物，各有其所。又言人之身死，靈魂亦有其所，吾欲知其靈魂之處何如，答曰，天主造有五所，以置人之靈魂。地心有四大穴，穴第一重最深之處，乃天主投置古今惡人，及魔鬼之獄也。其次深者，古今善人煉罪者居之。蓋善人死時，或

其罪未及贖竟，則置之此所受苦，迨其罪盡消除，即獲升天堂矣。又次則未進教之孩童居之，孩童未嘗爲善，不宜上天堂受福，亦未嘗爲惡，不宜下深獄受苦，第以元祖亞當遺有原罪，故處之此所，雖無福樂，亦無苦刑。又次則古時聖人居之，夫論聖人功德，死後即可升天，但亦因亞當之罪，天門閉而不開，以故凡古聖死，其靈魂姑居此處，以待耶穌受苦之後，降臨取出，引導之，使升天堂也。天堂之處，甚是清潔高聳，天主並諸位天神俱居於此。凡進教人在世守天主十誡，其死後靈魂到此，與天神爲侶，和順相愛，眼見天主，晝夜光輝，無寒無暑，無饑無渴，無病無苦，甚是快樂，而悠久受福矣。此乃天主賞善之所也。

利瑪竇《天主實義》卷上第三篇《論人魂不滅大異禽獸》 中士曰：吾觀天地萬物之間，惟人最貴，非鳥獸比，故謂人參天地，又謂之小天地。然吾復察鳥獸，其情較人反爲自適。何者？其方生也，忻忻自能行動，就其所養，避其所傷；身具毛羽爪甲，不俟衣履，不待稼穡，無倉廩之積藏，無供爨之工器，隨食可以育生，隨便可以休息，嬉游大造，而嘗有餘閑。其間豈有彼我貧富尊卑之殊？豈有可否先後功名之慮操其心哉？熙熙逐逐，日從其所欲爾矣。

人之生也，母嘗痛苦，出胎赤身，開口先哭，似已自知生世之難。初生而弱，步不能移，三春之後，方免懷抱。壯則各有所役，無不苦勞。農夫四時反土於畎畝，客旅經季徧度於山海，百工勤動手足，士人晝夜劇神殫思焉，所謂君子勞心，小人勞力者也。五旬之壽，五旬之苦。至如一身疾病，何啻百端？嘗觀醫家之書，一目之病，三百餘名，况罄此全體，又可勝計乎？其治病之藥，大都苦口。即宇宙之間，不拘大小蟲畜，肆其毒具，能爲人害，如相盟詛，不過一寸之蟲，足殘九尺之軀。人類之中，又有相害，作爲凶器，斷人手足，截人肢體。非命之死，多是人戕。今人猶嫌古之武器不利，則更謀新者，益凶，故甚至盈野盈城，殺伐不已。縱遇太平之世，何家成全無缺？有財貨而無子孫，有子孫而無才能，有才能而身無安逸，有安逸而無權勢，則每自謂虧醜。極大喜樂，而爲小不幸所泯，蓋屢有之。終身多愁，終爲大愁所承結，以至於死，身入土中，莫之能逃。故古賢有戒其子者，曰：「爾勿欺己，爾勿昧心；人所競往，惟於墳墓。」吾曹非生，是乃常死。入世始起死，曰「死則了畢已」，「月過一日，吾少一日，近墓一步」。夫此只訴其外苦耳，其内苦誰能當之？凡世界之苦辛，爲眞苦辛，其快樂爲僞快樂。其勞煩爲常事，其娛樂爲有數。一日之患，十載訴不盡，則一生之憂事，豈一生所能盡述乎？人心有此，爲愛惡忿懼四情所伐，譬樹在高山，爲四方之風所鼓，胡時得靜？或溺酒色，或惑功名，或迷財貨，各爲欲擾，誰有安本分而不求外者？雖與之四海之廣，兆民之衆，不止足也，愚矣。

然則人之道，人猶未曉，况於他道，而或從釋氏，或由老氏，或師孔氏，而折斷天下之心於三道也乎，又有好事者，另立門戶，載以新說。不久而三教之岐，必至於三千教而不止矣，雖自曰「正道正道」，而天下之道，日益乖亂，上者陵下，下者侮上，父暴子逆，君臣相忌，兄弟相賊，夫婦相離，朋友相欺，滿世皆詐諂誑誕，而無復眞心。

嗚呼，誠視世民如大洋間著風浪，舟船壞溺，而其人蕩漾波心，沉浮海角，且各急於己難，莫肯相顧，或執碎板，或乘朽蓬，或持敗籠，隨手所值，緊操不捨，而相繼以死，良可惜也。不知天主何故生人於此患難之處？則其愛人，反似不如禽獸焉。

西士曰：世上有如此患難，而吾癡心猶戀愛之不能割，使有寧泰，當何如耶？世態苦醜，至如此極，而世人昏愚，欲於是爲大業，闢田地，圖名聲，禱長壽，謀子孫，篡弑攻併，無所不爲，豈不殆哉。

古西國有二聞賢，一名黑蠟，一名德牧。黑蠟恆笑，德牧恆哭，皆因視世人之逐虚物也，笑因譏之，哭因憐之耳。又聞近古一國之禮（不知今尚存否），凡有產子者，親友共至其門哭而弔之，爲其人之生於苦勞世也；凡有喪者，至其門作樂賀之，爲其人之去勞苦世也，則又以生爲凶，以死爲吉焉。夫夫也，太甚矣，然而可謂達現世之情者也。

現世者，非人世也，禽獸之本處所也，所以於是反自得有餘也。人之在世，不過暫次寄居也，所以於是不寧不足也。賢友儒也，請以儒喻。今大比選試，是日士子似勞，徒隸似逸，有司豈厚徒隸而薄士子乎？蓋不越一日之事，而以定厥才品耳，試畢則尊自尊，卑自卑也。吾觀天主亦置人於本世，以試其心，而定德行之等也。故現世者，吾所僑寓，非長久居也。吾本家室，不在今世，在後世；不在人，在天；當於彼創本業焉。今世也，禽獸之世也，故鳥獸各類之像俯向於地，人爲天民，則昂首向順於

天。以今世爲本處所者，禽獸之徒也，以天主爲薄於人，固無怪耳。

中士曰：如言後世，天堂地獄，便是佛教，吾儒不信。

西士曰：是何語乎？佛氏戒殺人，儒者亦禁人亂法殺人，則儒佛同歟？鳳凰飛，蝙蝠亦飛，則鳳凰蝙蝠同歟？事物有一二情相似，而其實大異不同者。天主教，古教也。釋氏西民，必竊聞其說矣。凡欲傳私道者，不以三四正語雜入，其誰信之？釋氏借天主天堂地獄之義，以傳己私意邪道，吾傳正道，豈反置弗講乎？釋氏未生，天主教人已有其說。修道者後世必登天堂，受無窮之樂，免墮地獄受不息之殃，故知人之精靈，常生不滅。

又　中士曰：夫常生而受無窮之樂，人所欲無大於是者。但未深明其理。

西士曰：人有魂魄，兩者全而生焉。死則其魄化散歸土，而魂常在不滅。吾入中國，嘗聞有以魂爲可滅，而等之禽獸者。其餘天下名教名邦，皆省人魂不滅，而大殊於禽獸者也。吾言此理，子試虛心聽之。

彼世界之魂，有三品。下品名曰生魂，即草木之魂是也。此魂扶草木以生長，草木枯萎，魂亦消滅。中品名曰覺魂，則禽獸之魂也，此能附禽獸長育，而又使之以耳目視聽，以口鼻啖嗅，以肢體覺物情，但不能推論道理，至死而魂亦滅焉。上品名曰靈魂，即人魂也。此兼生魂、覺魂，能扶人長養，及使人知覺物情，而又使之能推論事物，明辨理義；人身雖死，而魂非死，蓋永存不滅者焉。凡知覺之事，倚賴於身形。身形死散，則覺魂無所用之，故草木禽獸之魂，依身以爲本情，身歿而情魂隨之以殞。若推論明辨之事，則不必倚據於身形，而其靈自在，身雖歿，形雖渙，其靈魂仍復能用之也，故人與草木禽獸不同也。

中士曰：何謂賴身與否？

西士曰：長育身體之事，無身體則無所長育矣。視之以目司焉，聽之以耳司焉，嗅之以鼻司焉，啖之以口司焉，知覺物情之以四肢知覺焉。然而，色不置目前，則不見色矣。聲不近於耳，則聲不聞矣。臭近於鼻，則能辨，遠則不辨也。味之鹹酸甘苦，入口則知，不入則不知也。冷熱硬軟合於身，我方覺之，遠之則不覺也。況聲，同一耳也，聾者不聞；色，同一目也，瞽者不見。故曰覺魂賴乎身，身死而隨熄也。

若夫靈魂之本用，則不恃乎身焉，蓋恃身則爲身所役，不能擇其是非。如禽獸見可食之物即欲食，不能自已，豈復明其是非？人當饑餓之時，若義不可食，立志不食，雖有美味列前，不屑食矣。又如人身雖出游在外，而此心一點猶念家中，常有歸思，則此明理之魂，賴身爲用者哉？

子欲知人魂不滅之緣，須悟世界之物，凡見殘滅，必有殘滅之者。殘滅之因，從相悖起，物無相悖，決無相滅。日月星辰麗於天，何所繫屬？而卒無殘滅者，因無相悖故也。凡天下之物，莫不以火氣水土四行相結以成。然火性熱乾，則背於水，水性冷濕也；氣性濕熱，則背於土，土性乾冷也。兩者相對相敵，自必相賊，即同在相結一物之內，其物豈得長久和平？其間未免時相伐競，但有一者偏勝，其物必致壞亡。故此，有四行之物，無有不泯滅者。夫靈魂，則神也，於四行無關焉，孰從而悖滅之？

中士曰：神誠無悖也，然吾烏知人魂爲神，而禽獸則否耶？

西士曰：徵其實何有乎？理有數端，自悟則可釋疑也。

其一曰，有形之魂，不能爲有之主，而恆爲身之所役，以就墮落。是以禽獸常行本欲之役，狥其情之所導，而不能自檢。獨人之魂，能爲身主，而隨吾志之所縱止，故志有專向，力即從焉，雖有私欲，豈能違公理所令乎？則靈魂信專一身之權，屬於神者也，與有形者異也。

其二曰，一物之生惟得一心。若人，則兼有二心，獸心、人心是也；則亦有二性，一乃形性，一乃神性也。故舉凡情之相背，亦由所發之性相背焉。人之遇一事也，且同一時也，而有兩念并興，屢覺兩逆。如吾或惑酒色，即似迷戀欲從，又復慮其非理。從彼，謂之獸心，與禽獸無別；從此，謂之人心，與天神相同也。人於一心一時一事，不得兩情相背并立，如目也不能一時睹一物，而并不睹之也，如耳也不能一時聽一聲，而并不聽之也。是以兩相悖之情，必由兩相背之心；兩相悖之心，必由兩相背之性也。試嘗二江之水，一鹹一淡，則雖未見源泉，亦證所發不一矣。

其三曰，物類之所好惡，恆與其性相稱焉。故着形之性，惟着形之事爲好惡，而超形之性，以無形之事爲愛惡。吾察萬生之情，凡禽獸所貪娛，惟味、色、四肢安逸耳已；所驚駭，惟饑、勞、四肢傷殘耳已。是以斷曰，此諸類之性不神，乃着形之性也。若人之所喜惡，雖亦有形之事，然德善、罪惡之事爲甚，皆無形者也。是以斷曰，人之性，兼得有形無

兩端者也。此靈魂之爲神也。

其四曰，凡受事物者，必以受者之態受焉。譬如瓦器受水，器圓則所受之水圓，器方則所受之水方。世間所受，無不如是。則人魂之神，何以疑乎？我欲明物，如以己心受其物焉，其物有形，吾必脱形而神之，然後，能納之於心。如有黄牛於此，吾欲明其性體，則視其黄，曰非牛也，乃牛色耳；聽其聲，曰非牛也乃牛聲耳；啖其肉味，曰非牛也，乃牛肉味耳。則知夫牛自有可以脱其聲色味等形者之情而神焉者。又如人觀百雉之城，可置之於方寸之心。非人心至神，何以方寸之地，能容百雉之城乎？能神所受者，自非神也，未之有也。

其五曰，天主生人，使之有所司官者，固與其所屬之物相稱者也。目司視，則所屬者色相。耳司聽，則所屬者音聲。鼻口司臭司嗜，則所屬者臭味。耳目口鼻有形，則併色音臭味之類，均有形焉。

吾人一心，乃有司欲，司悟二官，欲之所屬善者耳，悟之所屬眞者耳。善與眞無形，則司欲、司悟之爲其官者，亦無形矣，所爲神也。神之性，能達形之性，而有形者固未能通無形之性也。夫人能明達鬼神及諸無形之性，非神而何？

中士曰：設使吾言世無鬼神，則亦言無無形之性，而人豈能遽明之乎？則此五理，似無的據。

西士曰：雖人有言無鬼神，無無形之性，然此人必先明鬼神無形之情性，方可定之曰有無焉。苟弗明曉其性之態，安知其有無哉。如曰雪白非黑者，必其明黑白之情，然後可以辨雪之爲白而非黑，則人心能通無形之性，益著矣。

其六曰，肉心之知，猶如小器，有限不廣，如以綫系雀於木，不能展翅高飛，綫之阻也。是以禽獸雖得知覺，有形之外，情不能通，又弗能反諸己，而知其本性之態。若無形之心，最恢最宏，非小器所限，直通乎無礙之境，如雀斷其所束之綫，則高飛戾天，誰得而禦之？故人之靈，非惟知其物外形情，且暢曉其隱體，而又能反觀諸己，明己本性之態焉。此其非屬有形，益可審矣。

所以言人魂爲神，不容泯滅者也，因有此理，實爲修道基焉。又試揭三四端理，以明徵之。

其一曰，人心皆欲傳播善名，而忌遺惡聲，殆與衆生不侔。是故行事期協公評，以邀人稱賞。或立功業，或輯書册，或謀術藝，或致身命，凡以求令聞廣譽，顯名於世，雖捐生不惜。此心，人大概皆有之，而愚者則無，愈愚則愈無焉。試問死後，吾聞知吾所遺聲名否？如以形論，則骨肉歸土，未免朽化，何爲能聞？然靈魂常在不滅，所遺聲名善惡，寔與我生無異。若謂靈魂隨死銷滅，尚勞心以求休譽，譬或置妙畫，以已既盲時看焉，或備美樂，以已既聾時聽焉，此聲名何與於我，而人人求之，至死不休？彼孝子慈孫，中國之古禮，四季修其祖廟，設其裳衣，薦其時食，以説考妣。使其形神盡亡，不能聽吾告哀，視吾稽顙，知吾事死如事生、事亡如事存之心，則固非自國君至於庶人大禮，乃童子空戲耳。

其二曰，上帝降生萬品，有物有則，無徒物，無空則，且歷舉名品之情，皆求遂其性所願欲，而不外求其勢之所難獲。是以魚鱉樂潛川淵，而不冀游於山嶺，兎鹿性喜走山嶺，而不欲潛於水中。故鳥獸之欲，非在常生，不在後世之躋天堂受無窮之樂，其下情所願，不踰本世之事。獨吾人雖習聞異論有神身均滅之説，亦無不冀愛長生，願居樂地，享無疆之福者，設使無人可得以盡實其情，豈天主徒賦之於衆人心哉？何不觀普天之下，多有抛别家産，離棄骨肉，而往深山窮谷，誠心修行。此輩俱不以今世爲重，祈望來世眞福。若吾魂隨身而歿，詎不枉費其意乎？

其三曰，天下萬物，惟人心廣大，窮本世之事物弗克充滿，則其所以充滿之者在後世，可曉矣。蓋天主至智至仁，凡厥所爲，人不能更有非議。彼各依其世態，以生其物之態，故欲使禽獸止於今世，則所付之願，不越此一世墜落事，求飽而飽則已耳；欲使人類生乎千萬世，則所賦之願，不徒在一世須臾之欲，於是不圖止求一飽，而求之必莫得者焉。試觀商賈殖貨之人，雖金玉盈箱，富甲州縣，心無慊足。又如仕者，躐身世之浮名，趨明時之捷徑，惟圖軒冕華袞爲榮，即至於垂紳朝陛，晉職台階，心猶未滿。甚且極之，奄有四海，臨長百姓，福貽子孫，其心亦無底極。此不足怪，皆緣天主所稟情欲，原乃無疆之壽，無限之樂，豈可以今世幾微之樂，姑爲饜足者。一蚊之小，不可飽龍、象；一粒之微，弗克寔太倉。西土古聖曾悟此理，瞻天嘆曰：「上帝公父，爾寔生吾人輩於爾，惟爾能滿吾心也；人不歸爾，其心不能安足也。」

其四曰，人性皆懼死者，雖親戚友朋，既死則莫肯安意近其屍，然而猛獸之死弗懼者，則人性之靈自有良覺，自覺人死之後，尚有魂在，可懼，而獸魂全散，無所留以驚我也。

其五曰，天主報應無私，善者必賞，惡者必罰。如今世之人，亦有爲惡者富貴安樂，爲善者貧賤苦難。天主固待其既死，然後取其善魂而賞之，取其惡魂而罰之。若魂因身終而滅，天主安得而賞罰之哉？

中士曰：君子平生異於小人，則身後亦宜異於小人，死生同也，則所以異者，必在於魂也。故儒有一種，言善者能以道存聚本心，是以身死而心不散滅，惡者以罪敗壞本心，是以身死而心之散滅隨焉。此亦可誘人於善焉。

西士曰：人之靈魂，不拘善惡，皆不隨身後而滅。萬國之士信之，天主正經載之。余以數端實理證之矣。此分善惡之殊，則不載於經，不據於理，未敢以世之重事，輕爲新說，而簧鼓滋惑也。勸善沮惡，有賞罰之正道，奚捐此而求他詭遇？

人魂匪沙匪水可以聚散。魂乃神也，一身之主，四肢之動，宗焉。以神散身，猶之可也，以身散神，如之何可哉！使惡行能散本心，則是小人必不壽矣，然有自少至老爲惡不止，何以散其心猶能生耶？心之於身，重乎血。血既散，身且不能立，則心既散，身又焉能行？況心堅乎身，積惡於已，不能散身，何獨能散其心乎？若生時心已散，何待死後乎？造物者因其善否不易其性，如鳥獸之性，非常生之性，則雖其間有善，未緣俾鳥獸常生。魔鬼之性，乃常生之性，縱其爲惡，未緣俾魔鬼殄滅。則惡人之心，豈能因其惡而散滅焉？使惡人之魂，槪受滅亡之刑，則其刑亦未公，固非天主所出。蓋重罪有等，豈宜一切罰以滅亡哉？況被滅者，既歸於無，則亦必無患難，無苦辛，無所受刑，而其罪反脱，則是引導世人以無懼爲惡，引導爲惡者以無懼增其惡也。

聖賢所謂心散心亡，乃是譬詞。如吾汎濫逐於外事，而不專一，即謂心散。如吾所務不在本性内事，而在外逸，即謂心亡。非必眞散眞亡也。善者藏心以德，似美飾之；惡者藏心以罪，似醜污之。此本性之體，兼身與神，非我結聚，乃天主賦之，以使我爲人。其散亡之機，亦非由我，常由天主。天主命其身期年而散，則期年以散，而吾不能永久；命其靈魂常生不滅，而吾焉能滅之耶？顧我所用何如，善用之則安泰，悞用之則險危云耳。吾稟本性，如得兼金，吾或以之造祭神之爵，或以之造藏穢之盤，皆我自爲之，然其藏穢盤獨非兼金乎？增光於心，則卒騰天上之大光；增瞑於心，則卒降地下之大瞑，誰能排此理之大端哉？

中士曰：吁，今吾方知，人所異於禽獸者非幾希也。靈魂不滅之理，甚正也，甚明也。

西士曰：期已行於禽獸，不聞二性之殊者，頑也。高士志浮人品之上，詎願等己乎鄙類者哉？賢友得契尊旨，言必躍如，然性遐異矣，行宜勿邇焉。

又第四篇《辯釋鬼神及人魂異論而解天下萬物不可謂之一體》　中士曰：昨吾退習大誨，果審其皆有眞理。不知吾國迂儒，何以攻折鬼神之實爲正道也？

西士曰：吾遍察大邦之古經書，無不以祭祀鬼神爲天子諸侯重事，故敬之如在其上，如在其左右，豈無其事，而故爲此矯誣哉？

《盤庚》曰：「失於政，陳於兹，高后丕乃崇降罪疾，曰何虐朕民。」又曰：「兹予有亂政同位，具乃貝玉。乃祖乃父丕乃告我高后，曰作丕刑於朕孫；迪高后丕乃崇降弗祥。」《西伯戡黎》祖伊諫紂曰：「天子，天既訖我殷命，格人元龜，罔敢知吉；非先王不相我後人，惟王淫戲用自絶。」盤庚者，成湯九世孫，相違四百祀，而猶祭之，而猶懼之，而猶以其能降罪降不祥，勵己勸民，則必以湯爲仍在而未散矣。祖伊在盤庚之後，而謂殷先王既崩而能相其後孫，則以死者之靈魂爲永在不滅矣。

《金縢》周公曰，「予仁若考，能多才多藝，能事鬼神。」又曰，「我之弗辟，我無以告我先王。」《召誥》曰：「天既遐終大邦殷〔之〕命，兹殷多〔先〕哲王在天，越厥後王後民。」《詩》云：「文王在上，於昭於天，」「文王陟降，在帝左右」。周公、召公何人乎？其謂成湯、文王既崩之後，猶在天陟降而能保佑國家，則以人魂死後爲不散泯矣。貴邦以二公爲聖，而以其言爲誑，可乎？異端熾行，譸張爲幻，難以攻詰，後之正儒其奈何？必將理斥其邪說，明論鬼神之性，其庶幾矣。

中士曰：今之論鬼神者，各自有見。或謂天地間無鬼神之殊。或謂信之則有，不信之則無。或謂如說有則非，如說無則亦非，如說有無，則得

之矣。

西士曰：三言，一切以攻鬼神，而莫思其非。將排詆佛老之徒，而不覺忤古聖之旨。且夫鬼神，有山川、宗廟、天地之異名異職，則其不等，著矣。所謂二氣良能、造化之迹、氣之屈伸，非諸經所指之鬼神也。吾心信否？能有無物者否？講夢則或可，若論天地之大尊，奚用此恍惚之亂耶？譬如西域獅子，知者信其有，愚人或不信，然而獅子本有，彼不信者，能滅獅子之類哉？又況鬼神者哉。

凡事物，有即有，無即無。蓋小人疑鬼神有無，因就學士而問以釋疑，如答之以有無，豈非愈增其疑乎？諸言之旨無他，惟曰「有則人見之，人莫見之則無矣」。然茲語非學士者議論，乃郊野之誕耳。無色形之物，而欲以肉眼見之，比方欲以耳啖魚肉之味，可乎？誰能以俗眼見五常乎？誰見生者之魂乎？誰見風乎？以目睹物，不如以理度之。夫目或有所差，惟理無謬也。觀日輪者，愚人測之以目，謂大如甕底耳；儒者以理而計其高遠之極，則知其大乃過於普天之下也。置直木於澄水中，而浸其半，以目視之，如曲焉，以理度之，則仍自爲直，其木非曲也。任目觀影，則以影爲物，謂能動靜，然以理細察，則知影實無光者耳已，決非有物，况能動靜乎？故西校公語曰：「耳目口鼻四肢所知覺物，必揆之於心理。心理無非焉，方可謂之眞；若理有不順，則捨之就理可也。」

人欲明事物之奥理，無他道焉，因外顯以推內隱，以其然驗其所以然。如觀屋頂烟騰，而屋內之必有火者可知。昔者因天地萬物而證其固有天地萬物之主也，因人事而證其有不能散滅之靈魂也，則以證鬼神之必有，亦無異道矣。如云死者形朽滅而神飄散，泯然無迹，此一二匹夫之云，無理可依，奈何以議聖賢之所既按乎哉？

中士曰：春秋傳載鄭伯有爲厲，必以形見之也。人魂無形，而移變有形之物，此不可以理推矣。夫生而無異於人，豈死而有越人之能乎？若死者皆有知，則慈母有深愛子，一旦化去，獨不日在本家顧視向者所愛子乎？

西士曰：春秋傳既言伯有死後爲厲，則古春秋世亦已信人魂之不散滅矣。而俗儒以非薄鬼神爲務，豈非春秋罪人乎。夫謂人死者，非魂死之謂，惟謂人魄耳，人形耳。靈魂者，生時如拘縲絏中，既死，則如出暗獄而脫手足之拳，益達事物之理焉。其知能當益滋精，踰於俗人，不宜爲怪。君子知其然，故不以死爲凶懼，而忻然安之，謂之歸於本鄉。

天主制作萬物，分定各有所在，不然則亂。如死者之魂仍可在家，豈謂之死乎？且觀星宿居於天上，不得降於地下，而雜乎草木，草木生於地下，亦不得升於天上，而雜乎星宿。萬物各安其所，不得移動。譬水底魚餓將死，雖有香餌在岸，亦不得往而食之。人之魂雖念妻子，豈得回在家中？凡有回世界者，必天主使之，或以勸善，或以懲惡，以驗人死之後其魂猶存，與其禽獸魂之散而不回者異也。魂本無形，或有著顯於人，必托一虛像而發見焉。此亦不難之事，天主欲人盡知死後魂存，而分明曉示若此。而猶有罔詆無忌，亂教惑民，以己所不知，妄云人死魂散，無復形迹，非但悖妄易辯，且其人身後之魂，必受妄言之殃矣。可不愼乎。

又 中士曰：謂人之神魂死後散泯者，以神爲氣耳。氣散有速漸之殊，如人不得其死，其氣尚聚，久而漸泯，鄭伯有是也。又曰陰陽二氣爲物之體，而無所不在，天地之間無一物非陰陽，則無一物非鬼神也。如尊教謂鬼神及人魂如此，則與吾常所聞無大異焉。

西士曰：以氣爲鬼神靈魂者，紊物類之實名者也。立教者，萬類之理，當各類以本名。古經書云氣，云鬼神，文字不同，則其理亦異。有祭鬼神者矣，未聞有祭氣者，何今之人紊用其名乎？云氣漸散，可見其理已窮，而言之盡妄。吾試問之：夫氣何時散盡？何病疾使之散？鳥獸常不得其死，其氣速散乎？漸散乎？何其不回世乎？則死後之事，皆未必知之審者，奚用妄論之哉。

《中庸》謂「體物而不可遺」，以辭迎其意可也。蓋仲尼之意，謂鬼神體物，其德之盛耳，非謂鬼神即是其物也。且鬼神在物，與魂神在人，大異焉。神在人，爲其內本分，與人形爲一體，故人以是能論理而列於靈才之類。彼鬼神在物，如長年在船，非船之本分者，與船分爲二物，而各列於各類，故物雖有鬼神，而弗登靈才之品也。但有物自或無靈，或無知覺，則天主命鬼神引導之，以適其所，茲所謂體物耳矣，與聖君以神治體國家同焉。不然，是天下無一物非靈也。

蓋彼曰天下每物有鬼神，而每以鬼神爲靈。如草木金石，豈可謂之靈哉？彼文王之民，感君之恩，謂其臺曰「靈臺」，謂其沼曰「靈沼」，不

足爲奇。今桀紂之臺沼，亦謂之靈矣，豈不亦混亂物之品等，而莫之顧耶？

分物之類，貴邦士者曰：或得其形，如金石是也；或另得生氣而長大，如草木是也；或更得知覺，如禽獸是也；或益精而得靈才，如人類是也。吾西庠之士，猶加詳焉，觀後圖可見。但其倚賴之類最多，難以圖盡，故略之，而特書其類之九元宗云。【略】

凡此物之萬品，各有一定之類，有屬靈者，有屬愚者。如吾於外國士，傳中國有儒謂鳥獸草木金石皆靈，與人類齊，豈不令之大驚哉。

中士曰：雖吾國有謂鳥獸之性同乎人，但鳥獸性偏，而人得其正。雖謂鳥獸有靈，然其靈微渺，人則得靈之廣大也。是以其類異也。

西士曰：夫正偏小大，不足以別類，僅別同類之等耳。正山，偏山，大山，小山，并爲山類也。智者獲靈之大，愚人獲靈之小，賢者得靈之正，不肖得靈之偏，豈謂異類者哉。如小大偏正能分類，則人之一類，靈之巨微正僻，其類甚多。苟觀物類之圖，則審世上固惟「有」、「無」二者，可以別物異類焉耳。試言之，有形者爲一類，則無形者異類也；生者爲一類，則不生者異類也；能論理者惟人類本分，故天下萬類無與能論也。

人之中，論有正偏小大，均列於會論之類，而惟差精粗。如謂鳥獸之性本靈，則夫其偏，其小，固同類於人者也。但不宜以似爲眞，以由外來者爲內本。譬如因見銅壺之漏，能定時候，即謂銅水本靈，可乎？將軍者有智謀，以全軍而敗敵，其士卒順其令，而或進或退，或伏或突，以成其功，誰曰士卒之本智，不從外導者乎？明於類者，視各類之行動，熟察其本情，而審其志之所及，則知鳥獸者，有鬼神爲之暗誘，而引之以行上帝之命，出於不得不然，而莫知其然，非有自主之意。吾人類則能自立主張，而事爲之際，皆用其所本有之靈志也。

中士曰：雖云天地萬物共一氣，然物之貌像不同，以是各分其類。如見身只是軀殼，軀殼內外，莫非天地陰陽之氣；氣以造物，物以類異。如魚之在水，其外水與肚裏之水同，鱖魚肚裏之水與鯉魚肚裏之水同，獨其貌像常不一，則魚之類亦不一焉。故觀天下之萬像，而可以驗萬類矣。

西士曰：設徒以像分物，此非分物之類者也，是別像之類者耳。像固非其物也。以像分物，不以性分物，則犬之性猶牛之性，犬牛之性猶人之性歟？是告子之後，又一告子也。以泥塑虎塑人，二者惟以貌像謂之異，宜也；活虎與活人，謂止以其貌異焉，決不宜矣。以貌像別物者，大概相同，不可謂異類。如以泥虎例泥人，其貌雖殊，其爲泥類則一耳。若以氣爲神，以爲生活之本，則生者何由得死乎？物死之後，氣在內外猶然充滿，何適而能離氣？何患其無氣而死？故氣非生活之本也。傳云「差毫釐，謬千里」，未知氣爲四行之一，而同之於鬼神及靈魂，亦不足怪。若知氣爲一行，則不難說其體用矣。

且夫氣者，和水火土三行，而爲萬物之形者也。而靈魂者，爲人之內分，一身之主，以呼吸出入其氣者也。蓋人與飛走諸類，皆生氣內，以便調涼其心中之火，是故恆用呼吸，以每息更氣，而出熱致涼以生焉。魚潛水間，水性甚冷，能自外透涼於內火，所以其類多無呼吸之資也。

夫鬼神非物之分，乃無形別物之類，其本職惟以天主之命司造化之事，無柄世之專權。故仲尼曰：「敬鬼神而遠之。」彼福祿免罪，非鬼神所能，由天主耳。而時人諂瀆，欲自此得之，則非其得之之道也。夫「遠之」意，與「獲罪乎天，無所禱」同，豈可以「遠之」解無之，而陷仲尼於無鬼神之惑哉。

又卷下第五篇《辯排輪迴六道戒殺生之謬說而揭齋素正志》中士曰：論人類有三般。一曰，人之在世，謂生而非由前跡，則死而無遺後迹矣。一曰，夫有前後與今三世也，則吾所獲福禍於今世，皆由前世所爲善惡，吾所將逢於後世吉凶，皆係今世所行正邪也。今尊教曰，人有今世之暫寄，以定後世之永居，則謂吾暫處此世，特當修德行善，令後世常享之，而以此爲行道路，以彼爲至本家；以此如立功，以彼如受賞焉。夫後世之論，是矣，前世之論，將亦有從來乎？

西士曰：古者吾西域有士，名曰閉他臥剌。其豪傑過人，而質樸有所未盡，常痛細民爲惡無忌，則乘己聞名，爲奇論以禁之。爲言曰：行不善者，必來世復生有報，或產艱難貧賤之家，或變禽獸之類，暴虐者變爲虎豹，驕傲者變爲獅子，淫色者變爲犬豕，貪得者變成牛驢，偷盜者變作狐狸、豺狼、鷹鷲等物；每有罪惡，變必相應。君子斷之曰：其意美，其爲言不免玷缺也。沮惡有正道，奚用棄正而從枉乎？既沒之後，門人少嗣

其詞者。彼時此語忽漏國外，以及身毒，釋氏圖立新門，承此輪迴，加之六道，百端誑言，輯書謂經，數年之後，漢人至其國，而傳之中國。此其來歷，殊無眞傳可信，實理可倚。身毒，微地也，未班上國，無文禮之敎，無德行之風，諸國之史未之爲有無，豈足以示普天之下哉。

中士曰：睹所傳《坤輿萬國全圖》，上應天度，毫髮無差，況又遠自歐邏巴，躬入中華，所言佛氏之國，聞見必眞。其國之陋如彼也，世人誤讀佛書，信其淨土，甚有願蚤死以復生彼國者，良可笑矣。吾中國人不習遠游異域，故其事恆未詳審。雖然，壤雖褊，人雖陋，苟所言之合理，從之無傷。

西士曰：夫輪迴之說，其逆理者不勝數也。兹惟擧四五大端。一曰，假如人魂遷往他身，復生世界，或爲別人，或爲禽獸，必不失其本性之靈，當能記念前身所爲。然吾絕無能記焉，幷無聞人有能記之者焉，則無前世，明甚。

中士曰：佛老之書，所載能記者甚多，則固有記之者。

西士曰：魔鬼欲誑人而從其類，故附人及獸身，詒云爲某家子，述某家事，以徵其謬，則有之；記之者必佛老之徒，或佛敎入中國之後耳。萬方萬類生死衆多，古今所同，何爲自佛氏而外，異邦異門，雖齊聖廣淵，可記千卷萬句，而不克記前世之一事乎？人善忘，奚至忘其父母，幷忘己之姓名，獨其佛老之子弟以及畜類，得以記而述之乎？夫詭談以欺市井，或有順之者。在英俊之士，辟雍庠序之間，當論萬理之有無，不笑且譏之，鮮矣。

中士曰：釋言人魂在禽獸之體，本依前靈，但其體不相稱，故泥不能達。

西士曰：在他人之身，則本體相稱矣，亦何不能記前世之事乎？吾昔已明釋人魂之爲神也。夫神者，行其本情，不賴於身，則雖在禽獸，亦可以用本性之靈，何不能達之有？若果天主設此輪迴美醜之變，必以勸善而懲惡也。設吾弗明記前世所爲善惡，何以驗今世所值吉凶，果由前世，因而勸乎懲乎，則輪迴竟何益焉？

二曰，當上帝最初生人以及禽獸，未必定以有罪之人變之禽獸，亦各賦之本類魂耳。使今之禽獸有人魂，則今之禽獸魂，與古之禽獸魂異，當必今之靈而古之蠢也。然吾未聞有異也，則今之魂與古者等也。

三曰，明道之士，皆論魂有三品。下品曰生魂，此只扶所賦者生活長大，是爲草木之魂。中品曰覺魂，此能扶所賦者生活長大，而又使之以耳目視聽，以口鼻啖嗅，以肢體覺物情，是爲禽獸之魂。上品曰靈魂，此兼生魂、覺魂，能扶植長大及覺物情，而又俾所賦者能推論事物，明辨理義，是爲人類之魂。

若令禽獸之魂，與人魂一，則是魂特有二品，不亦紊天下之通論乎。凡物非徒以貌像定本性，乃惟以魂定之。始有本魂，然後爲本性；有此本性，然後定於此類；既定此類，然後生此貌。故性異同，由魂異同焉；類異同，由性異同焉；貌異同，由類異同焉。鳥獸之貌既異乎人，則類、性、魂豈不皆異乎？人之格物窮理，無他路焉，以其表而徵其內，觀其現而達其隱。故吾欲知草木之何魂，視其徒長大而無知覺，則驗其內特有生魂矣。欲知鳥獸之何魂，視其徒知覺而不克論理，則驗其特有覺魂矣。欲知人類之何魂，視其獨能論萬物之理，明其獨有靈魂矣。理如是明也，而佛氏云禽獸魂與人魂同靈，傷理甚矣。吾常聞殉佛有謬，未嘗聞從理有誤也。

四曰，人之體態奇俊，與禽獸不同，則其魂亦異；譬匠人欲成椅桌，必須用木，欲成利器，必須用鐵；器物各異，則所用之資亦異。既知人之體態不同禽獸，則人之魂又安能與禽獸相同哉？故知釋氏所云人之靈魂，或託於別人之身，或入於禽獸之體，而回生於世間，誠誑詞矣。夫人自己之魂，只合乎自己之身，烏能以自己之魂，而合乎他人之身哉？又況乎異類之身哉？亦猶刀只合乎刀之鞘，劍只合乎劍之鞘，安能以刀合劍鞘耶？

五曰，夫云人魂變獸，初無他據，惟疑其前世淫行曾效某獸；天主當從而罰之，俾後世爲此獸耳。然此非刑也，順其欲，孰謂之刑乎？奸人之情，生平滅己秉彝，以肆行其所積內惡，而尚只痛其具人面貌，若有防礙；使聞後世將改其形容，而憑己流恣，詎不大快？如暴虐者常習殘殺，豈不欲身着利爪鋸牙，爲虎爲狼，晝夜以血污口乎？倨傲者習於欺人，不識遜讓，豈不樂長大其形，生爲獅子，爲衆獸之王乎？賊盜者以偸人財貨度活，何憂化爲狐狸，稟百巧媚以盡其情乎？此等輩非但不以變獸

爲刑，乃反以爲恩矣。天主至公至明，其爲刑必不如是也。如曰自人之貴類，入獸之賤類，即謂之刑，吾意爲惡之人，卻不自以生居人類爲貴，大抵不理人道，而肆其獸情，所差者具此人面耳已；今得脱其人面，而雜於獸醜，無耻無忌，甚得志也。故輪迴之謊言蕩詞，於沮惡勸善無益，而反有損也。

六曰，彼言戒殺生者，恐我所屠牛馬，即是父母後身，不忍殺之耳。果疑於此，則何忍驅牛耕畎畝或駕之車乎？何忍羈馬而乘之路乎？吾意弑其親，與勞苦之於耕田，罪無大異也；弑其親，與恆加之以鞍，而鞭辱之於市朝，又等也。然農事不可廢，畜用不可免，則何疑於戒殺之説，而云人能變禽獸？不可信矣。

中士曰：夫人魂能爲禽獸者，誠誑語也，以欺無知小民耳。君子何以信吾所騎馬，爲吾父母、兄弟、親戚，或君，或師、朋友乎？信之而忍爲之，亂人倫；信之而不爲之，是又廢畜養，而必使不用於世，人無所容手足矣，故其説不可信也。然若但言輪迴之後，復爲他人，乃皆同類，亦似無傷。

西士曰：謂人魂能化禽獸，信其説則畜用廢。謂人魂能化他人身，信其説將使夫婚姻之禮，與夫使令之役，皆有窒礙難行者焉。何者？爾所娶女子，誰知其非爾先化之母，或後身作異姓之女者乎？誰知爾所役僕、所詈責小人，非或兄弟、親戚、君師、朋友後身乎？此又非大亂人倫者乎？總之，人既不能變爲鳥獸，則亦不能變化他人，理甚著明也。

中士曰：前言人魂不滅，是往者俱在也。有疑使無輪迴以銷變之，宇内豈能容此多鬼哉？

西士曰：疑此者，弗識天地之廣闊者也，則意若易充也；又弗通神之性態者也，以爲其有充所也。形者在所，故能充於所；神無形，則何以滿其所乎？一粒之大，而萬神宅焉，豈惟往者，將來靈魂并容不礙也，豈用因是而爲輪迴妄論哉？

又中士曰：輪迴之説，自二氏出，吾儒亦少信之。然彼戒殺生者，若近於仁。天主爲慈之宗，何爲弗與？

西士曰：設人果變爲禽獸，君子固戒殺小物如殺人比，彼雖殼貌有異，均是人也。但因信此誕説，朔望齋素以戒殺生，亦自不通。譬有人日日殺人而食其肉，且復歸依仁慈而曰：「朔望我不殺人，不食其肉。」但以餘日殺而食之，可謂戒哉？其心忍恣殺於二十八日，彼二日之戒何能增，何能減其惡之極乎？夫吾既明證無變禽獸之理，則并著無殺生之戒也。

試觀天主，生是天地及是萬物，無一非生之以爲人用者。夫日月星辰麗天以我照也，照萬色以我看也，生萬物以遂我用也，五色悦我目，五音娛我耳，諸味諸香之彙以甘我口鼻，百端軟暖之物以安逸我四肢，百端之藥材以醫療我疾病，外養我身，内調我心，故我當常感天主尊恩，而時謹用之。鳥獸或有毛羽皮革，可爲裘履，或有寶牙角殼，可制奇器，或有妙藥，好治病疾，或有美味，能育吾老幼；吾奚不取而使之哉？借使天主不許人宰芻豢而付之美味，豈非徒付之乎？豈非誘人犯令，而陷溺之於罪乎？且自古及今，萬國聖賢咸殺生食葷，而不以此爲悔，亦不以此爲違戒，亦豈宜罪聖賢以地獄，而嘉與二三持齋無德之輩，躋之天堂乎？此無乃非達者之言歟。

中士曰：世界之物多有無益乎人，且害之者如毒蟲、蛇、虎、狼等。所言天主生萬物，一一以爲人用，似非然。

西士曰：物體幽眇，其用廣繁。故凡人或有所未能盡達，而反以見害，此自人才之蔽耳。人固有二：曰外人，所謂身體也；曰内人，所謂魂神也。比此二者，則内人爲尊。毒蟲、虎、狼險外人而寧内人，卒可謂益於人焉。夫傷身體之物，俗稱惡物，而其警我畏天主之怒，使知以天，以水，以火，以蟲，皆能責人之犯命者，吾於是不得不戒懼，以時祈乞其助，時念望之，豈非内正人者之大資乎？

且天主悲惜小人之心，全在於地，惟泥於今世，而不知惺望天堂及後世高上事情，是以兼置彼醜毒於本界，欲拯拔之焉。況天主初立世界，俾天下萬物，或養生，或利用，皆以供事我輩，原不爲害。自我輩忤逆上帝，物始亦忤逆我，則此害非天主初旨，乃我自招之耳。

中士曰：天主生生者，必愛其生，而不欲其死，則戒殺生順合其尊旨矣。

西士曰：草木亦稟生魂，均爲生類。爾日取菜以茹，折薪以焚，而殘忍其命，必將曰：「天主生此菜薪以憑人用耳，則用而無妨。」我亦曰：

「天主生彼鳥獸，以隨我使耳，則殺而使之，以養人命，何傷乎。」仁之範惟言：「無欲人加諸我，我勿欲加諸人耳。」不言勿欲加諸禽獸者。且天下之法律但禁殺人，無制殺鳥獸者。夫鳥獸、草木，與財貨并行，惟用之有節，足矣。故孟軻示世主以「數罟不可入洿池」而「斧斤以時入山林」，非不用也。

中士曰：草木雖爲生類，然而無血無知覺，是與禽獸異者也。故釋氏戕之而無容悲。

西士曰：謂草木爲無血乎？是僅知紅色者之爲血，而不知白者、綠者之未始非血也。夫天下形生者，必以養；而所以得養者，津液存焉，則凡津液之流貫，皆血矣，何必紅者？試觀水族中，如蝦如蟹，多無紅血，而釋氏弗茹；蔬菜中亦有紅液，而釋氏茹之不禁；則何其重愛禽獸之血，而輕棄草木之血乎？且不殺知覺之物，以其能痛也已；我誠不欲其痛，寧獨不殺，即勞之、役之，將有所不可。凡牛之耕野，馬之駿乘，未免終身之患，豈伊不長有痛乎？較殺之之痛止在一時者，又遠矣。況禁殺牲，反有害於牲。蓋禽獸爲人用，故人飼畜之；飼畜之而後，禽獸益蕃多也。如不得之以爲用，人豈畜之乎？朝捐不急之官，家黜無能之僕，而況畜類乎？西虜懼食豕，而一國無豕。天下而皆西虜，則豕之種類滅矣。故愛之而反以害之，殺之而反以生之。是禁殺牲者，大有損於牧牲之道矣。

畢方濟《靈言蠡勺引》 亞尼瑪譯言靈魂亦言靈性之學，於費祿蘇非亞譯言格物窮理之學中爲最益，爲最尊。古有大學，牓其堂曰認己，謂認己者，是世人百千萬種學問根宗，人人所當先務也。其所稱認己，何也。先識己亞尼瑪之尊，亞尼瑪之性也。若人常想亞尼瑪之能，亞尼瑪之美，必然明達世間萬事，如水流花謝，難可久戀，惟當罄心努力，以求天上永永常在之事。故格物窮理之君子，所以顯著其美妙者爲此。推而齊家治國平天下，凡爲人師牧者，尤宜習此亞尼瑪之學，借此理以爲齊治均平之術。蓋亞尼瑪之學，理居其至崇高之處，以臨御亞尼瑪之欲能怒能，說見篇中可以駕馭使之從理，凡諸情之動，能節制之。治人之法，一切臨御駕馭節制之勢，略相似焉。君子在上，以恩德柔善良，欲能之象也。以威稜御強梗，怒能之象也。以法制禁令，消弭亂萌，節度諸情之象也。亞利斯多曰，醫者欲療肉體之病，尚須習亞尼瑪之學，治人者療靈心之病，其須習也，殆有甚焉。等而上之，欲論天上之事，其須知此，又更有甚焉者。蓋從亞尼瑪可以通達天神無質者之情狀，而亞尼瑪還想本己之性，亦略可通達天主之性。爲依其本性所有諸美好，可遡及於諸美好之源故也。故古昔典籍，無不贊歎亞尼瑪謂之甚奇，如曰亞尼瑪爲世時與永時兩時間之地平，世時者有始有終，永時者無始無終。天下萬物皆有始有終，天主無始無終。亞尼瑪有始無終，在天主與萬物之間，若周天十二宮，六宮恆在地上，六宮恆在地下，而地平在其中間，爲上與下分別之界限也。如曰亞尼瑪爲有形之性，與無形之性兩性之締結，如曰亞尼瑪爲宇宙之約謂上則爲天主之肖像，天神之相似，下則爲萬物之所向。是也。故亞吾斯丁曰，費祿蘇非亞總歸兩大端。其一論亞尼瑪，其一論陡斯。亞尼瑪者令人認己。論陡斯者，令人認其源。論亞尼瑪者，使人可受福，論陡斯者，使人享福。今略說亞尼瑪四篇，一論亞尼瑪之體，二論亞尼瑪之能，三論亞尼瑪之尊，四論亞尼瑪所向美好之情。總歸於令人認己而認陡斯，以享其福焉。方之本論，未免挂一漏萬，聊當嚆矢，以待異日詳之耳。天啓甲子七月，泰西後學畢方濟謹書。

又卷上《論亞尼瑪之禮》 惜哉吾世人，迷於肉身，忘想亞尼瑪之至妙也。聖白爾納曰，有多多人，能知多多事，而不知自己。覓多多物，而獨忘自己，求美好於外物，而未嘗旋想自心之內，有美好在也。人人自心之內，有至美好之形像，至美好者，天主也，何獨人可謂之天主像，他物則否乎。物無靈不能識天主，人之亞尼瑪能識之，能向之，能望之，能愛之，能得之，能享之，故曰有至美好之像。何必外求物乎。

欲盡通亞尼瑪之妙，非二事不可。一者依天主經典所說，二者依我信德之光也。信德者，信天主之德。今依聖經，依信德，略言之。

亞尼瑪，是自立之體，是本自在者，是神之類，是不能死，是由天主造成。是從無物而有，是成於賦我之所，賦我之時，是爲我體模。是終賴額辣濟亞，譯言聖寵賴人之善行。可享眞福。以上數端，下文詳言之。

何謂自立之體。凡格物者，欲定一物之稱謂，必以總專爲法，闕一不可。總稱者，衆共之。如人有生，草木禽獸亦有生，生者。人與物所同也。專稱者，如人有靈，能推論理，草木禽獸無之，靈者，人所獨也。故指人爲有生之物，此謂總稱。指人爲能論理者，此謂專稱。自立之體者，亞尼瑪之總稱也。自立體，不止亞尼瑪，而亞尼瑪則是自立體。如凡言有生之物，不止是人，而人則是

有生之物。格物之說，有自立，有依賴。自立者，自爲體，而爲他物所賴，依賴者，不能自立。依自立之體而爲有，不依賴於自立之物，則不能自爲一物。

何謂本自在者，言本自在，以別於生魂，覺魂也。魂有三，生魂，覺魂，靈魂。草木之魂，有生無覺無靈，禽獸之魂，有生有覺無靈。人之魂，有生有覺有靈。生魂，覺魂，從質而出，皆賴其體而爲有。所依者盡，則生覺俱盡。靈魂在人，非出於質，非賴其體而有，雖人死而不滅，故爲本自在也。本自在，與自立之體異義，如人是自立之體，馬亦是自立之體，但馬之體模，因馬而在，無馬，則無馬之體模，不得言本自在。人之亞尼瑪，人在亦在，人不在亦在。故言本自在者。

前謂神之類，言神類以別於他不屬神之類，如生覺魂等。又以正他諸妄說，如謂魂爲氣等也。

何謂不能死以別於他物之生魂覺魂，不能自立，與體偕滅也。又以正人死，魂與偕滅之妄說也。又以正夫人有三魂，死則生覺已滅，靈魂獨在之誤論也。亞尼瑪，是一非三。只此靈魂，亦生亦覺。人死之後，因無軀殼，故生覺不用。儻令復生，靈魂與肉身復合，仍用生覺，如前未死時。如草木凋落，枝葉花實皆晦於根。迨於春時，根力重申，枝葉華實，依然發見。

何謂由天主造成，以明非天神等所造成也。天主造成萬物，造成人類，造成天神，造成天地，可見不可見，一切諸物，皆非他所造成，何獨亞尼瑪由他造成，不由天主乎。

何謂從無物而有，以明非天主全體中分予之一分也。亦非他有大靈魂，分彼而予此也。

何謂成於賦我之所，賦我之時，以明非造成之初先造幾許靈魂，原居天上，與天神同，或他貯，隨時取用也。又非欲賦予時先化成後賦予也。又非肉身之外，造成靈魂，幷合爲一也。曰造肉身，肉身已成，曰造靈魂，而賦之。新新非故，即成時，便賦畀。即賦畀時，便成。成與賦但有原先後，無有時先後。時先後，如器先造而後用，如水先源而後委也。至如日光一照，若高若下，同時俱有。特從金水月天而至於地，不得言由地面至於月水金天，此謂原先後，卻非日光其時先至，金水月天某時後至於地，故無時先後。又若父子等，相因而有之，物亦有原先後，而無時先後，何者，當無子時不可謂父，有子而可謂父，故父子之稱，同時俱有。

何謂爲我體模，凡物皆有兩模，凡物有四所以然，曰作，曰模，曰質，曰爲。模者，模狀之。如是者爲是物置之於本倫，別之於他類也。俗言爲樣子，譬之車輪，牙周，輻輳，轂抱，賢空爲模也。若輪，人是作者，材木是質者，用之利轉以行車，是爲者。一體模，一依模，體模者，內體模，物所由成，非是模不成是物。依模者，外形模。物之形像可見者是也。今言亞尼瑪爲人之體模。以明非由熱冷乾濕四情，會合所成，可聚可散，如陶人埏埴也。

何謂終賴。額辣濟亞，賴入之善行，可享眞福，是言亞尼瑪之爲者也。爲者，四所以然之一，如造矩爲作方，造規爲作圓也。亞尼瑪在人，他無終向，惟賴聖寵，可盡力向事陡斯，立功業以享天上眞福也。亞吾斯丁曰，天主造成人之亞尼瑪，爲通達至美好，通而愛之，愛而得之，得而享之，曰額辣濟亞者，以明天上眞福。非人之志力。欲得眞福，須立爲善之功，欲立爲善之功，亦必賴主祐。若自賴其志力，爲善立功以得福，未能也。與天主公祐，所能得之。爲善立功，既賴主祐矣，然主祐有二，一公祐，一特祐，公祐者，人與物所共得，一切生長安存，及其各行各動，皆須天主公祐，故天主爲萬行萬動之原所以然，而行動之物，爲其行動之次所以然，如火爲熱之次所以然，而天主爲熱之原所以然，此源所以然之公祐，無物不得，既所共得，即若物所自有者，然若專藉此，與物不異，用以爲善立功，而得眞福，亦未能也。必有額辣濟亞之特祐，然後能爲義者。凡未認天主不得其聖寵，或已認之，而因行惡失聖寵者，皆屬於不義，因於主祐，而幸認之幸改過遷善，即獲聖寵，是名義者。爲天主所愛，而當受眞福也。曰賴人之善行者，額辣濟亞之特祐，又有三端，一爲初提醒特祐，二爲次維持特祐，三爲後恆終特祐，初提醒特祐者，非我功力所致，天主徒與諸人者也。人向無聖寵之先，多爲不義，忽自覺非，而欲悔改，此爲提醒之特祐，我既不義無光，爲何得此提醒之祐，乃是天主憫我罪人，自肯提醒，無因而得，故曰徒與諸我者。如暗途中，有坑阱，我向冥行，將陷於阱，忽得明燭，與者之恩。次維持特祐者，人已得提醒，又賴此維持特祐，與我偕行，日遷於義，而行義加勤，獲祐加重，此維持之特祐，爲可與而與者也。可與者，未何言當與也。未可言必與也，能偕維持之祐，日進於善，以應主恩，如既得明燭從此進步，進步不止，燭光不息，因其肯進與之燭光，令可至於欲至之地，中道而止，亦不可知，未應得受能至之報，故曰可與而與。非當與而必與也。賴此維持特祐，而偕行諸善，爲義不止，又得天主與我恆終特祐，時刻偕行，至死爲義者，毫無間斷，此恆終特祐，亦可與而與者也。如是命終，而得眞福，則爲當與而與者也。當與而與，如工完受直，不得不與。可見不因自身善行，雖得提醒之祐，不能得維持之祐，又賴此維持之祐進進不止，而得恆終之祐，至死爲義者，然後

得受升天之眞福，享當與之定報，故曰賴人之善行，而可得眞福也。聖亞吾斯丁曰，凡能自主之人，欲去前不義，不自悔，不能遷於義者，曰能自主爲孩童無知，不能自主者，不論故也。

從此可推，他言人之亞尼瑪，可分散於諸有生者，非也。又言亞尼瑪有形像，附我形像因人小大，因人老幼者，亦非也。爲人之亞尼瑪，是神類，無幾何可論，全在全體，亦全在全體之諸分，如天主無所不在，全在天地之間，亦全在天地間之諸分也。

又從此推，人之亞尼瑪，非人也，但是人之一分，爲其無形無象，又不能死，必與軀殼合，乃成人耳。

又從此推，或言亞尼瑪在人，如主人在家，舟師在船，此喻似之而非也。信如此喻，將疑亞尼瑪不爲人之內體模，不知人之爲人，全憑此爲內體模。若脫離者，不成爲人，非若主人或去，家猶是家，舟師或離，船猶是船也。若不於離合際會，精求至理，但於生死，論其粗迹，相合即生，相離即死，即上二端，差可設爲權喻，以曉愚俗。

又從此推，或言人心爲亞尼瑪之所，但居中心而制百體，如國主居朝，宰制四境，此亦非也。亞尼瑪全在全體，而活其體，模其體若在一分，即全在其分，而活其分，模其分，無有方所，何得言但居中心，而遙制各分。然亞尼瑪雖全在所在，活之模之。而每於中心，施爲運用諸關生命之事，如身中之火，身中之血，皆從心而出，若水自泉源，分別枝派，故謂心爲亞尼瑪之初所，又爲亞尼瑪之終所。初所云者，非謂初居中心，次及各分也。爲諸關切生命之事，由心運用，故運用之初，似在心始，終所云者，非謂先在諸分，退歸於心。而人命終，爲諸關生之事，既由心運，及於末際，諸分謝事，心猶運用，漸至終絶，故運用之末，似在心終也，蓋亞尼瑪在心而在諸分，活心而活諸分，模心而模諸分，無有時先後，止有原先後耳。

又從此推，或言亞尼瑪是人之血，或言在人之血分，皆非也。亞尼瑪神類，全在全體，全在諸分，何得爲血，何得在血。但血爲生命之輿，又具熱性，而周行百脈，一切喜怒哀樂，愛惡羞懼，諸情皆憑血運。皆因血顯，比之筋骨皮肉等，殊覺迥然。故亞尼瑪之功用，於此特爲顯著耳。

又從此推，亞尼瑪一種學問，早夜以思，比於他諸學問，致爲有益。

如上文聖白爾納曰，人知多事，不如知己，覓多物，不如覓己。求美好於外，不如想美好在自心之內。

又《論亞尼瑪之生能覺能》 亞尼瑪既生既覺，其能如何，今略陳數端。

其一，爲人身萬行萬動，至近至切之所以然。

其二，凡生魂所有之能三，一者育養之能，育養者，如草木藉於膏潤，人身資夫精血，日以滋養。二者長大之能，三者傳生之能。試觀人生，既能育養，又復長大，旋至充滿，充滿之後，又能傳生類已之人。一一如草木然，是生魂所有之能。天主於人之亞尼瑪，皆全畀之，即人之亞尼瑪亦可稱爲生魂也。

其三，凡覺魂所有之能二，一動能，一覺能。鳥獸等生而能動，草木無之，人亦生而能動，是有覺魂之動能也。覺能又有二，一者外覺，二者內覺，行外覺以外能，外能有五司，耳目口鼻體是也。行內覺以內能，內能有二司，有四職，一公司，主受五司所收聲色臭味等，受而能分別之。二思司，思司有三職，其一，主藏，五司所收，皆受而藏之，如倉庫然。其二，主收覺物自然曉達之意。如羊知狼是其讐，即知懼也。其三，主藏所收諸物之意也。內二司之外，別有一能，曰嗜司。凡外五司，內二司，所收之物，可嗜之，可棄之，此爲嗜司。嗜司之能，又有二分。一者欲能，二者怒能。怒非喜之對，如草木怒生之怒，言其敢也。凡所嗜所棄，於己相宜，則欲求之，不相宜，則欲去之，此爲欲能。所嗜所棄，於己相宜，則敢求之，不相宜，則敢去之，此爲怒能。或嗜或棄，各兼二者，然欲能柔，怒能剛。怒能，欲能之敵也。已上內外諸司，人與鳥獸等無異。是覺魂所有之能。天主於人之亞尼瑪，亦全畀之，即人之亞尼瑪，亦可稱爲覺魂也。但人之欲能怒能，本屬於理而聽其命，如此爲可愛，此爲可慕，此爲可捐，此爲可禦，理所是者，不得不從。乃時欲自任，當聽從時，每存抑惜，如馬於御者，意自欲騁，因其控止，特爲躑躅也。是在人情自可覺察，譬若威主烈士，或時憤發，如火熾然。而忠臣良友，力相規戒，如火得水，旋爲消滅矣。

又《論亞尼瑪之靈能》 天主於人之亞尼瑪，若但予之生魂覺魂，即與草木禽獸等，無以大異，其予之令超軼萬類，卓然首出者，靈魂也。靈

魂有內三司，一曰記含者，二曰明悟者，三曰愛欲者。

記含者，名之爲三總之歸一，爲亞尼瑪之能，藏物之像，以時而用，能記有形無形之物，其所爲亞尼瑪，爲腦囊，其功有二。其爲益難盡言。

何謂名之爲三，總之歸一。凡論物理，先考名實，如物有同名異實者，舉其名，先定其物之實，然後可得而論也。一魚也，水蟲名魚，走獸名魚，天星名魚，但言魚者，格物家未知所的指，謂之疑謂。若定指其一而論之，謂之指謂。今言記含名之爲三，其一記能，能記也。其二記功，記之也。其三習像，已記也。總之歸於記含，今所指論者，記能也，亞尼瑪之能也。

何謂亞尼瑪之能，是總稱也。亞尼瑪之能有三司，不止記含，而記含則得稱亞尼瑪之能。

何謂藏物之像，以時而用，是則記含之分職，所以別於他司也。凡外五司所收之物。皆有形質，不能入於內司，則取其像，入於公司，此像甚粗，既從思司，分別取細，入於記含之司，待至欲用，隨時取之，若無形之物，不屬外司，爲內二司所收，亦入公司，本無粗像，不必取細，徑從思司，藏於記含之司，以時取之。取之者，所藏之物，種種不一，若隨時欲取一物，則記含之司，悉呈諸物，任所欲得，如庫司主藏，待命出之也。是知記含之藏物，甚多無數，故亞吾斯丁曰，記含之容，大哉玄哉。記含之竅，微而密哉，曲而深哉。無物不登其門，無物不入其藏，非收物之體也，收物之像也，久收之以聽用。

何謂能記有形無形之物。記含者，分之有二。一曰司記含，一曰靈記含，司記含之職，止能記有形之物，故禽獸等皆有之，即禽獸等亦不必全有。何以明之，試觀巢居穴居者，恆識所止，去而復還，能識其子。又犬馬牛羊等四足之彙，亦能作夢，犬方酣睡，忽然而吠，非由夢乎。既能作夢，必有經歷之事，藏於內司，又如畜狸犬者，各加名稱，聞呼以至，此司記含之效矣。惟魚亦然，扣擊作聲，旋予之食，後聞是聲，群然唼聚。其在水中，亦有本所，恆依向之，趨利避害，旋往復來，皆由能記也。其無記者，但具嘗司觸司，止識見在之事，不能憶既去之事。如蠔之屬，生而不動，不能記含，亦無用記含。又如蟲蛆之屬，雖有動作，茫無歸向，亦無記含矣。靈記含之職，能記無形像之物，惟人有之，何者，人能記物之專，又能記物之總。總者，無形之物也。如乙能記甲爲兄，丙爲弟，又記甲丙總爲同生，又記同生之甲丙總爲人，兄弟爲專，同生爲總。人爲大總，同生與人，無形之物也。又如記人之白，記馬之白，又能記一總白，總白者，無形之物也。又能令人死後，其靈魂必能記生前之事，此亦無形之物。且外司已謝，必不緣司記含，當緣靈記含也。

何謂其所爲亞尼瑪，爲腦囊靈記含。依亞尼瑪之體，與明悟愛欲同，皆謂之不能離之賴者。格物之論，有二種依賴，一能離於承受之體，如色如味，色改黑，則失白，味變酸，則失甘也，一不能離於承受之體，如熱於火，冷於水，是也。司記含之所在者腦囊，居顱顖之後，何言兩記含當有兩所，試思天主賜我能視有形之物，既有有形之目，則能明無形之物者，必有無形之目。能嘗有形之味，既有有形之舌，則能嘗無形之味者。必有無形之舌。有形之司，收有形之物，其所記含，必有有形之所，無形之司，收無形之物，其所記含，必有無形之所。有形之所，則腦囊，無形之所，則亞尼瑪。

何謂其功有二。一者憶記，二者推記。憶記者，先我所知，今如先所知，復向而知之。何者，先所未知，直無所知，不可謂記。先有所知，後已悉忘，不可謂記。惟先所知者，今一念及，宛然如見，此謂如前所知。復向而知之，亞利斯多曰，凡經過之事屬於記含，見前之事屬於所司，將來之事屬於望。推記者，從此一物而記他物，如從記鶯而推記其黃，又因而推記黃金之黃，又如記今春之濕潤，因而推記去春之濕潤。蓋記含無他，止於先所藏者，今復覓之。覓未得時，設遇與此相似之物，或與此相連貫之物，乘其機緣，展轉相關，因而得所欲得，此爲推記也。推記須因衆物而得一物，憶記者，不須衆物，直記此物。此兩所記，總皆經歷之事。物像猶在，故可憶可推，其實一也。若本無知者，知而悉忘者，無此物像，莫可憶矣，莫可推矣。

從此可知，人之亞尼瑪，既離肉身之後，尚有憶記，而無推記，何者，推記而記，緣我嘗忘，所緣忘者，爲記含之器，或受他損以亂其像。亞尼瑪既離肉身，其所記含，不藉肉身之器，無可受損，同於天神之類故也。

若禽獸之屬，亦有憶記而無推記。何者，凡推記之節次有三。一者須記他物，二者由他物而推尋此物，三者因而得遇此物，皆緣人靈能推論

理，以致其然，此中包含明悟，能推記者，則是睿哲之徵，非物類無靈所能與也。或有言禽獸能推記者，如補大爾歌曰，狐狸遇冰，先聽流澌，以爲行止。一似因聲知動，因動知危，因危知溺也。走狗逐兎遇三岐之路，先嗅其一，次嗅其二，悉無兎氣，次及於三，不復再嗅，徑往逐之。此亦能推之驗，不知是等禽獸所知，非靈魂之正推，乃推之像耳。走狗逐兎，緣趨利甚急，迫使速去，此知覺中自然之能。狐涉聽冰，緣其避患甚巧，平時遇水，聞聲不敢逕渡，今聞水聲，亦復知避，此知覺中之復記。皆非因此得彼，若人靈之推論矣。

何謂其益難以盡言。凡人誦讀談講，思惟學習，諸凡所得，賴此而得久存，賴此而得應用。故天主予我記含之司，如藥肆然，任所取之，以療我心靈也。補大爾歌曰，記含者，百學之藏，諸業之母，智者之子。令人無記含，必不得稱智者。謂智者，必以昔視今，以往知來，若非前記不忘，將何藉以推測，得稱智邪。凡物有知其爲奇，而不能知其奇之所以然者。若記含者不知何緣，能以不同類，不同品，無量數物，入於諸藏，雜然并容，井然不混，無來不收，無取不應，分求分予，合求合予，簡擇而求，簡擇而予。試觀書生背誦經籍，所取給字像，經歷數時，袞袞不竭，聽者欲厭，而記含之司，出之不倦，又且纖悉靡遺，次序不越，後出者先不能逆阻，求此者，彼弗敢混投。此亦奇而不可知之一也夫。

西國有記含之法，習成者，試與一篇書，默識一二過，即成誦，從首至尾，又從尾至首，又中間任命一字，順誦其後，逆誦其前，或更隔數字誦一字，無所不可。又如伯爾西亞國王濟祿，兵士四十萬，皆識其名。般多國王米的利達，能說二十二國方言。此皆原本資性，亦因學習，然足徵記含在人，奇妙無方矣。雖然，天主以此記含之司，賦之亞尼瑪，以予人者。何也，欲令人記憶天主之恩，而感之謝之也。人能記百凡事理，而不記天主恩，即無所不記。如無一記，能記憶天主，而不能記憶他事，即一無所記，其爲記多矣。

又 明悟者，分之有二，總之歸一，爲亞尼瑪之能。以明諸有形無形之物，不獨明彼，而亦自爲所明，亦非恆爲所明，爲其能明恆須物之像，雖自無質，其所不在有質之體，而不受壞於所向，亦不能死，顧亦與司相似，其功有三。

何謂分之有二，總之歸一。分爲二者，其一作明悟，其一受明悟。作明悟者，作萬像以助受明悟之功。受明悟者，遂加之光明。悟萬物而得其理。作者能爲可得，受者所以得之也。何以必言二者，凡物之所然，皆有二緣，一爲作緣，一爲受緣。先有作者，後有受者。試如器用，造之者爲作者，用之者爲受者。又如耳所聽之聲爲作者，以耳聽之爲受者。若未有作，安得有受，盡所然如是，何獨明悟否乎。今有一理於此，已得明悟，是所然也。其緣則先有作者爲可明，次有受者明之，則遂明矣。試以有形易見者解之。凡明悟者，非明悟其物之體，物之質，必將棄其體質，精識其微通者焉。體質者爲專屬，微通者爲公共。如遇一有形之物，彼先出其像，入於我之目司，此時物去則像隱，其像全係物之體質，是爲至粗，非可明之物，能被明悟者也。既而入於公司，公司者，五司之共所也。此像既離於此物，然物之專像，無所不收。像與物各有係屬，是在精粗之間，亦未爲可明之物也。既從公司入於思司，而分別之，則此物咸別於他物，既不能無分彼此，即像與物微有係屬不能化於太通，亦未爲可明之物也。既而歸於作明悟者，不惟盡脫於物之體質，并悉捐棄其爲彼爲此，但留物之精微，衆物所公共者，則可得而明悟之矣。譬一尺度於此，木爲體質，尺爲其全，寸爲其分，所當明悟者，其全大於分也。目司所收，有形之度，載尺與寸，未離體質也。公司所收，脫去木體，止有體之形像，載尺與寸，即與他物總受總藏，未能分別也。思司所收，則已從他物而分別之，脫去形像，獨留其分與寸矣。作明悟所爲，則全脫於度，并其尺寸，但留微妙玄通，至公大總者，爲全與分，是則爲可明之物，足以被明悟者也。既爲可明，則受明悟者，加之光而遂明之，明其全大於分矣。又如物有白者，則是可見之白，日光未至，但爲可見之白，不爲已見之白。日光既至，遂從而見之，作明悟所爲者，如白可受見也。受明悟，如施之光而見白也。總之歸一者，作明悟，受明悟，兩者缺一，即不能完明悟之功，故總此兩者，爲亞尼瑪之能。譬如定時水漏，上下各爲一斗，一者主施，一者主受，兩者缺一，即不成器，合此兩者，方成一漏刻之能，總名一定時之器矣。

何謂亞尼瑪之能，亦總稱也。亞尼瑪之能，不止明悟，而明悟即得稱亞尼瑪之能。

何謂以明諸有形無形之物，此言明悟之分職，以別於他內司也。明悟之司，所職者，凡物皆通達其公共之理，公共之性，但物之有形無形，截然不類。其明諸有形者，不能脫其公質，而獨脫其私質。如人本有肉體，則從其肉體者明悟之，而不論其某肉體爲某人也。若無形之物，不係於質，則可得而通之，如天神等無形之類是也。此謂靈魂離身之後也。蓋欲明悟此物，必令其物合於明悟之司，有形有質者，不可得入，即不可得合。故必脫去私質，取其公共者，與作合而明悟之。若無形無質者，不須解脫，自能成靈像而作合也。故亞利斯多曰，亞尼瑪者是萬物，謂一切諸物。凡有形者，盡歸五司，亞尼瑪得用明悟者，取其像而通之。無形者盡歸明悟，取其靈像而有之，而通之，則亞尼瑪不化爲萬物，而萬物皆備，是得有萬物也。如外五司所收之物，皆歸公司，若幅輳於轂，爲萬物之總府即公司，亦可稱爲萬物。內司所收之物，皆歸於明悟，而承受之，通達之，亦萬物之總府，可稱爲萬物矣。

何謂不獨明彼，而亦自爲所明，亦非恆爲所明。凡明悟所明有形之物，必須解脫私質，獨取其公共者明之。若本司亦自無形質，無容解脫，是以不獨明彼而亦自明，故明悟比爲亞尼瑪之神目也。形目者，能見萬物，不能自見明悟者，能見萬物，又能轉見自己矣。其非恆明者有二，一者須復念，自明其明，不須解脫，了無隔礙，應得恆明，但緣自明，必須廻光反照而得之，故非恆明也。二者亞尼瑪在人肉體，恆接於有形有質之物，中多混雜，不及時返照於己之無形無質也，故不獲恆自能明也。

何謂爲其能明，恆須物之像。格物家言，明悟者之受明悟，必有靈像以爲明悟之種。何以徵之，五司於其所司，若無司像，必不能司其所司。明悟者於其所明，若無靈像，亦不能明其所明，一也。又明悟者之能明物，無物不屬其能，於彼於此，原無定向。欲明此物，必有明此物之種以明之，焉得不須此物之靈像，以別於彼物。欲明彼物，必有明彼物之種以明之，焉得不須彼物之靈像，以別於此物。或言明悟既屬能明，則思司所收之像，無所不呈，明悟者隨呈隨取，自足爲明悟之種，何事又須靈像。不知思司所收之像，猶微係於物之形質，若彼若此，未能全爲公共微通之物。且思司所呈，自外而至，未爲明悟者本司所有。凡物之所以然者，必須所然之原，在於所以然本己之中，乃能作其所然。若從外至者，必不能作。如火之熱物，熱爲火之所然，火爲熱之所以然，其能熱之原必在火體之內，而後出之以熱物。是爲作其所然，若能熱之原在火之外，則火何由作熱。故明悟者必須有物之靈像，在於本己之中，而後能作明悟，非藉外之司像所能作也。又因此靈像而作明悟，故既明之物，恆留而不滅。緣是格物之家，分物像爲四等。其下者，爲屬五司之物像，恆係於所向，在則存，舍則亡。其次上者，屬內二司之物像，脫於所向，亦自能留。顧其收藏之所，尙屬有質，因其有質，初則存收，後亦漸次隳壞。其又上者，爲明悟之靈像，當作明時，向於所向。既明之後，已脫於所向。而靈像尙在爲其存留之所，爲亞尼瑪，不係於形質之所，是以所向既去，猶抱而不脫也。其最上者，爲天神所有萬物之靈像也。人類所有明悟之靈像，雖屬精微，不免漸次而得。天神於萬物之靈像，自天主造成天神，即萬物之靈像。同時俱得，不由漸次也。

何謂本自無質，其所不在有質之體，而不受壞於所向，亦不能死。依前論，明悟者既能爲萬物，即不宜自具一物之質。若自具一物，即不能爲萬物。如太質本無一物之模，故能爲萬物之模，若自有本模，即不能爲萬模。如舌本無味，然後能別萬味，若舌先自有一味，即不辨他味。他司如外五司，固在有質之所，即內司亦不能無有質之所。惟明悟獨在亞尼瑪，不在有質之所，其在全不係於肉體，既不在有質之所，而獨在亞尼瑪，即與亞尼瑪同是恆在，雖肉體滅，有質之所亦滅，而此爲不滅，故不能死，其不受壞於所向者。他司係於肉體，其所向，若最大者，即所向在此，不能及彼，所向既大，即能向之力或受衰滅。如目視日，是所向也。日光既大即目力但能向日，不能向於他物。目受日光，力既不敵，即目力受其衰滅。惟明悟者無所不明，所向在此，亦能及彼。無多不應，任所向者，最大最難，愈增其力，愈加其明，不因所向之大，壞其能向之力也。

何謂亦與司相似。凡司皆有受，乃有作，不受所向，則無從可作，不作是功，則受功不竟。明悟者亦作靈像，受之而明，故爲相似也。

何謂其功有三，其一直通，其一合通，其一推通。直通者，百凡諸物，一一取之，純而不雜。如甲知是甲，病知是病，冷水知是冷水，乙知是乙，一一直知，未相和合也。合通者，和合二物，幷而收之，分別然否。如甲與冷水二物，今言甲飲冷水，是合其然也。乙亦一物，今言乙不飲冷水，是合其不然也。

推通者，以此物合於彼物，又推及於他物。如冷水能作病，甲飲冷水，推知其病也。冷水能作病，乙不飲冷水，推知不病也。直通者，皆眞無謬。一物自爲一物，故也。甲即是甲，病即是病，何謬之有。合通者，推通者，有眞有謬，以此合彼，有中有否，以此合彼，又以推他，岐路愈多，愈多不中故也。如甲飲冷水，飲即是中，或其不飲，則是不中。乙不飲水，不飲即中，或其飲之則是不中也。又如水飲作病，甲飲水，推知其病，果飲果病，則中。或具不飲，或飲而不病，皆是不中。飲水作病。乙不飲水，推知不病，果其不飲不病，即中。或其飲之，或不飲而病。皆是不中也。凡推通者，獨人類爲然，禽獸不能推通。天神至靈，天上天下，物物皆能通極至盡，不待時刻，無有先後，皆屬直通。人則以此推彼，漸次迨及，人之推知，如積時累日，先後序至。天神之直知，如無窮之時，無始無終，故天神稱爲靈者，人稱爲推靈者。

明悟者在人。明哉尊哉，曷言乎其尊也。論在我所得之，服習有兩端。其一自立所得者，則愛欲所得屬諸義，明悟所得屬於知也。知方於義，則明悟者爲尊。其一天主所賜予，我得而服習者。獨於明悟者，錫之靈光，以慰亞尼瑪之內目，而得見天主，則明悟者又尊。論內外之行，凡亞尼瑪之行有二端，其一出外者，外五司之接物是也。其一在內者，內三司是也。則愛欲之行，雖在於內，未免出而交於所愛，故曰人有所愛，其心每在所愛之物，不在所居之身是也。明悟之行，恆在於內，每攝入其所悟之物，兩所由全完其功用者，一則有藉於外，一則全藉於內，如是則又尊。又愛欲不能自行，必先明悟者照之識之，然後得行其愛也。記含亦然，故愛欲譬也，而明悟爲其目，照之引之，若駕馭之，主持之，爲其萬行之所以然。故天神爲天主所使，大天下之原動者，十重天，各有天神主持運動，因之運用四行，化生萬物。是神動天，天動物，故稱爲原動者。明悟爲小天下之原動者，人身萬行萬動，若小天下。如是者則又尊，故明悟之能，似於天神。明悟能使人別於禽獸，明悟可通達於至微至玄至深之所，可達於至高至明天上之上。爲亞尼瑪警省守視之神獒，爲諸讐之間諜，爲分別萬眞萬僞者試金之石，爲分別諸毒物之靈藥。爲亞尼瑪中居堂皇審判功罪之官司，爲照察黑暗私欲之燎燭，爲炳燿潤飾心宮之夜光珠。爲亞尼瑪渡海舶檣最高遠照，以察視深淺險易之明燈。爲亞尼瑪辨可否，決嫌疑，定猶豫之指南鍼。爲亞尼瑪中遍照遠近巨細，明無不見之視遠鏡。故亞尼瑪藉明悟以克明明德，其在亞尼瑪之國，如大天下之有日也。吾人既有此光，可得窮理格物，致極其知，以至於萬物之根本。若有人明悟萬事，而不識根本，如在大光中，而目眩如盲，與黑獄無別，豈不惜哉。

又 愛欲者，分之有三，總之歸一。爲亞尼瑪之能，任令愛惡諸物，得自專，不必自明，不能受強，其所向，爲先所知之美好，惟於至美好，不獲自專，而爲至自專，巍巍尊高，王於內外。

何謂分之有三，總之歸一。三者，其一性欲，其二司欲，其三靈欲，性欲者，萬物所公共，生覺靈之類皆有之，是各情所偏宜。專欲就之，不待知之。如石欲下就於地心，火欲上就於本所，樹木欲就於風日雨露之所及。又如海魚專就於海，又如人專欲就於常生眞福。舍此所宜，雖百方強之不安，必得乃已。亞吾斯丁曰，主造人心以向爾，故萬福不足滿。未得爾，必不得安也。司欲者，生物所無，覺類人類則有之。是各情所偏，偏於形樂之美好。其在人爲下欲，下欲者，令人屈下，近於禽獸之情，令人失於大公，專暱己私也。靈欲者，生覺物所無，惟靈才之天神與人則有之，是其情之所向，向於義美好。故在人也，居於亞尼瑪之體，爲上欲，爲愛欲，靈欲爲諸愛欲中之至尊至貴者，故可獨名愛欲。司欲與靈欲，其所以異者數端。一者靈欲隨理義所引，司欲隨思司所引，隨思者不論義否，惟所樂從也。二者靈欲所行，皆得自制。司欲所行，不由自制，惟外物所使，隨性不隨義。其在禽獸，絕不自制，一見可欲，無能不從。故聖多瑪斯曰，禽獸所行，不可謂行，可謂被行，不能自制之謂也。其在於人，一見可欲，或直從之，或擇去之，或從否之間，虛懸未定。如是者，稍似自制，實則稟於靈欲以使其然，非由本質，蓋乃自制之影耳。又人最初一欲，不待思辨，觸之即發者。雖屬靈欲，而靈未用事，若者不得爲罪，嬰兒有欲，靈亦未用，病失心者，靈爲病阻。三者亦皆不能自制之類也。其曰總三歸一者，爲是三者，依其本情，雖有三向，如性欲本向者，是利美好。司欲本向者，是樂美好，靈欲本向者，是義美好。然歸於一總美好，故曰總之歸一也。

或曰愛欲與明悟，同爲亞尼瑪之內司。向者言明悟有二，其一作者，其一受者。今言愛欲，卻不分作愛欲，受愛欲，何也。曰外五司，皆不必言作者受者，爲是諸司所向，皆自能發其本像，動其本司，且諸司所向，

皆係粗像，有質之物，未能至於無質之等。物與司皆係於質，則皆相似，則所向之物，即是可司之物，不必作司作彼之像。與司相似，而後收之也。明悟不然，所收之像，皆從有質而來，不得爲可明之物，必有作者，化有質以爲無質，是名靈像，然後爲可明之物，遂從而明之耳，且愛欲者，凡物可愛可惡，皆從明悟所明之靈像，呈於愛欲。愛欲者，遂受而愛之惡之。故作愛欲之功，似明悟者先已作之，不待愛欲者自作之，故愛欲一司，不必分作與受也。

何謂亞尼瑪之能，亦總稱也。亞尼瑪之能，不止愛欲，而愛欲則得稱亞尼瑪之能。

何謂任令愛惡諸物，此言愛欲之分職，以別於他內司也。所云任令愛惡者，獨指靈欲也，依於亞尼瑪之體，爲其不可離之賴物。

何謂得自專。得自專者，亦獨指靈欲也。靈欲在人，自能主宰。凡明悟所呈，一切所向，雖有可愛，有可惡，然可愛者或能惡之，可惡者亦能愛之。或可愛可惡，虛懸以待其去取，若性欲司欲，覺類所共具者，自無主持，惟意所便，惟欲所使，一見所向，即偏向之於己所利，不得不趨。於其所害，不得不避，勢不由己。故聖多瑪斯曰，凡禽獸所行，非作者乃被作者。蓋先不能知其可否，惟他所使，是名不自主之行也。惟靈欲在人，先知其合理與否而後行之，故自爲主之行。不能自主者，其行隨性，故無功亦無罪，不可得賞，亦不可得罰。譬如生身長大，飲食便溺等，皆不得不然，非我所能分別去就何功罪之有。能自主者，其行隨理，故順理爲功，逆理爲罪，功可賞，罪可罰也。

何謂不必自明。愛欲者，雖不能自明，亦不必自明，爲其隨明悟者之明，一切所呈可愛可惡，已先爲明之，故也。或言愛欲者既不自明，曷爲又有功罪。曰，明悟雖借之光照，明其可否，至其主宰全在愛欲。譬如輔弼之臣，陳言是非得失，豈能強之國主，其獨斷獨行者，君也。明悟則輔，愛欲則主。故功與罪，歸之愛欲矣。

何謂不能受強。凡自主之行，是名人之行。若本非願作，因有所畏而強作之，是亦名爲人之行否。曰，是亦人之行也。何故，因畏而作，作者是我，是亦自主之行，安得不名人行而無功罪乎。故記含明悟，皆可受強，如邪魔顯設多像，呈於記含，彼記含者，不得不爲容收，溷殽眞像，呈於明悟。彼明悟者，或因而謬誤分別。惟愛欲者，操秉獨持，雖顯諸可愛，莫能令我必愛。顯諸可惡，莫能令我必惡。但能誘惑，莫使必從。凡所向者，及諸邪魔，及諸萬苦萬刑，皆不能強我所行。如瑪而底兒，雖歷無量艱苦，其德意屹然不動，更加精勇，足可徵驗。是知一切所行，皆屬愛欲，自主自作，故不能受強，而功罪歸之也。或言假有暴君，強令是人拜禮魔像，抑按肢體，稽首屈膝，無能不從，安得爲不受強者。曰，凡若此者，是名體行，不名意行。彼能按抑我體，不能按抑我意。凡罪所罰，必由意所愛欲，是體行者不由本意，即得無罪。向言不能受強者，意行也。暴君能強抑我體，我不受強之情，可出之舌。縱斷我舌，我不受強之情，可形於四肢百骸。縱斷我命，不能滅我與愛欲爲一體之亞尼瑪。安有我不愛欲，而強之可令愛欲者乎。豈惟他不受強，即於天主，亦不受強。蓋天主欲人之愛欲，作一善功，如悔罪等。則視其時候，乘其機適，與之額辣濟亞，既得額辣濟亞，兼乘此機適。其人雖能不作，畢竟作之，則此人之作此善功，皆由自主。天主特以令切行之，特賜額辣濟亞。額辣濟亞有二，其一爲足可行之額辣濟亞，其一爲令切行之特賜額辣濟亞。其品數皆同，但不乘機適，人莫之用。是雖可行而不必行，則爲足可行。若乘有機適，而令必行，則爲令切行。故人纔覺有此機適，則是天主所用以救我者，此時足可行者，即爲令切行者，不可不亟承聖佑，乘機作之。若失此機會，後此雖有額辣濟亞，亦但是足可行者。我不用之，必行也。委曲引掖，作此機緣，令我肯作，非強我作之也。譬如小兒在彼，我以果餌乘其饑候，出而示之，彼雖可以不取，畢竟來取，是我特引之使來，非強之使來也。從此可見天壤間，萬樂萬苦，皆不能移人之愛欲，故曰不能受強。

何謂其所向爲先所知之美好。凡美好，若先不知之，則不爲愛欲所向。若先知之，則眞美好是其所向，即本非美好，而蒙以美好之貌，亦是所向。或問有人自斷其命者，此何美好而亦向之。曰，凡愛欲所向，無有不以爲美好者，若欲死者，爲是生時，必有甚苦，當受苦時，不知此死爲更甚大苦，而謂死者得免目前之苦，則亦以此死爲美好也。凡美好有三，其一樂美好，其一利美好，其一義美好。世間所有萬物之美好，皆至美好之一微分，而天主則爲完全之美好。樂者利者義者，無不備足，無不充滿，故世物之美好，爲愛欲之分向，而天主爲愛欲之全向，世物雖盡得

之，我不能足，我不能安，而天主眞福，我得之，則至足至安。或問既爾世物爲分向，爲不足不安，而人情惟樂與利，慕之求之。天主爲全向，爲至足至安，乃不必慕之求之，此又何也。曰，樂美好最能動人，一見便生欣悅，不煩計慮，故向之最易，更甚於利，勿論義也。若利美好亦能動人，稍須計慮，乃可得之，故次於樂。此兩美好，皆着於物，其美好易見，故庸人小人，皆趨慕之。若義美好在物之外，非庸常所見，必須智慮籌度，乃能知其美好而願得之。故向之爲難，獨君子能然，此三美好，趨向難易，等級分異者，緣人靈魂係於肉體，樂與利，最爲肉體所便。義美好則靈魂所便，肉體所不便，故也。至若天主，其爲美好，無形無像，更非庸衆所見，必遠慮卓識，思路超越，乃能知其美好。令有人得向此美好，此其所爲，必邈然出於樂利之上，寧違世間萬樂而受萬苦，寧去世間萬利而就萬害，必欲得此而後已。凡人有甘歷苦辛，冒危害，而求之者，爲樂與利在其中也。求得天主，至於受萬苦萬害，欣然欲之，安得不有至樂大利在其中乎。特尋常識慮，不能及此，故雖全備滿足，至樂大利，反不若世間暫樂微利，足動人意耳。庸人惟肉體是狥，惟樂利是求，不知其違義犯天主，陷於萬罪，故罪人謂之愚人。

何謂惟於至美好，不獲自專，而爲至自專。謂若能明見至美好，即不得不愛，勢不在己。何者，明見之後，凡諸至樂大利，可願可求，爲愛欲所向者，完備滿足，自能全攝，愛欲者而愛欲之，爲此是亞尼瑪，愛欲者之全向，故得之爲得至足，爲得至安，爲得至樂，爲得至利，爲得至義，是不得不愛，故爲不獲自專。而此不獲專者，正是本情所最向，所至愛至欲者，故又爲至自專。譬如向日之蓮，其向日也，爲受彼利益，不得不向，似乎不得自專。而以向之爲益，不然則害，是其本情所甚願者，得非至自專乎，凡在天之神聖，明見天主者，皆如是也。

何謂巍巍尊高，王於内外。或言愛欲與明悟者，如孿生姊妹，等級不異，無有尊卑也。亞利斯督格物之論，獨明其不然，爲愛欲明悟，本不同類。凡物之類，如數目然，無有二數可相等者。則物類之中，定有等差，無有二類能相等者。亞吾斯丁雖云三内司同等，特言三内司皆在亞尼瑪之體。以亞尼瑪之尊，而爲同等之尊，若各論其本類之尊，不得不有差等。則最尊者，愛欲也。何者，欲明亞尼瑪之能，孰尊孰卑，凡有三端，一視其所習之德，一視其所行之行，一視其所向之向。愛欲者之所習所行所向，尊於明悟者之所習所行所向，故愛欲尊於明悟矣。今論所習，愛欲所習者仁也，明悟所習者智也。以仁方智，則仁尊，則愛欲尊，論所行，愛欲之行自動，又令他動也。明悟之行，爲他所動也。自動又令他動者，方於被動者，則自動令他動爲尊，則愛欲尊。又如指我以爲善之路，與令我即得成爲善者，兩相較，則得成者爲尊。明悟者，開我迪我，使我知有眞福。愛欲者，令我得有眞福，則愛欲尊。又及論之，明悟之反爲不知，愛欲之反爲惡。人之不知德行，方於人之惡德行，其惡孰重。惡者甚重，則愛欲尊。論所向，愛欲所向爲全美好，明悟所向爲分美好。蓋明悟所務，惟在求眞，眞雖美好，特美好中之一端，美好中尚有多端，愛欲者無不愛之，是爲全也。以全較分，則愛欲又尊。夫天神斡運各天，次天主而爲大天下之初動。人之愛欲，在人之小天下，凡内司外司，百骸四體，各聽所命而効其職，亦次亞尼瑪，而爲諸動之初動。故曰巍巍尊高，王於内外也。夫以愛欲之尊如是，其所向爲至美好，而有人焉用此愛欲，俯狥世間之至輕至微，以王尊而見役於卑瑣下賤之類，豈不至爲屈辱，至可愧悔者乎。

又《論亞尼瑪之尊與天主相似》 天下萬物，其美好精粹，皆有限數，其與天主無窮之善，無窮之妙，無相等者，亦無一能彷彿無量億數中之一二者。今言亞尼瑪與天主相似，特是假借比喻，爲是其影像耳。形與影，不爲相等之物，亦無大小多寡，可爲比例也。儻不達此意而泥其詞，謂我眞實可比擬之，豈不屈抑天主，而長世人莫大之傲哉。後諸比意，惟爲顯揚天主全能大智至善之性，又讚美其普施於人亞尼瑪無窮之恩云耳。其云相似，凡有數端，總歸三者，一曰性，一曰模，一曰行。如左。

性一：天主性分本自滿足，不屑他物充之。聖亞吾斯丁曰，亞尼瑪乃無形無壞自立之體，與天主甚相似也。雖本無形像，有天主之像在焉。伯爾納曰，人之亞尼瑪，能幹萬物之務，而萬物不能充其欲。蓋亞尼瑪既爲天主之像，則可容無窮美好，其在天主下萬物之美好，必不能滿之，故相似。

性二：天主之性極純，無質模，無總專，無一毫之雜。亞尼瑪之性亦純，無質無形無分，但亞尼瑪之純，有總專之合，與天主異耳。總專之合

者，人各有亞尼瑪。是名爲專。凡人之亞尼瑪同是靈者，是名爲總天主無是也。

性三：天主純神，能灼見萬事萬物，而不屬於人目。亞尼瑪，神類也，無形無質，亦不屬於人目，而明達萬物萬事之理，至幽至賾至眇之情，皆能洞識。

性四：天主至靈至理至義，而爲萬理萬義之準則。人之亞尼瑪，有靈有理有義，方諸草木禽獸無靈無理無義之亞尼瑪，特爲超越。

性五：天上天下惟一天主，其功行甚多。而有不同，人身惟有一亞尼瑪，其功行甚多，亦各不同。

性六：天主本不能死而無終，人之亞尼瑪亦不死而無終，故與天主相似。其異者，天主無所始，而亞尼瑪有始，始於天主。

性七：天主體在能在見在，而無所不在。人之亞尼瑪，能充周於全體。其明愛無際，能徹於天上天下，徧於地上地中，凡厥所欲，無不可在。

性八：天主之體，無所由成，天主之功行，惟由於己。人之亞尼瑪，惟由天主親所造成，亞尼瑪既備物之靈像，以行其功，即其功行不由他物。其居本軀時，明悟愛欲記含之功行，不由於本軀。離本軀後，亦能明悟，亦能愛欲，亦能記含，如在本軀時。故其體其行，皆不由他物，與天主相似。

模一：天主本性，常明達自己，常愛樂自己。人之亞尼瑪，若效天主之性，則能向天主，能明天主，能愛樂天主，而賴其額辣濟亞以明之愛之。雖未能全明全愛，亦與天主相似，故肖天主性之像焉。若效天主之三位，亦爲肖天主之像。蓋天主雖一性，實有罷德肋，費略，斯彼利多三多三位。人雖一亞尼瑪，而實有記含，明悟，愛欲三司。天主費略，生於罷德肋，天主斯彼利多三多則由罷德肋與費略。亞尼瑪之明悟者，由於記含。亞尼瑪之愛欲者，則由記含與明悟。

亞吾斯丁自爲問答曰，亞尼瑪何以爲天主之像。曰，爲其能記天主，能明天主，能愛天主，故爲天主之像。又曰，亞尼瑪爲天主之像有三，依其性，依其額辣濟亞，依其榮福。榮福，西言我樂利亞。依其性者，亞尼瑪本性，能明能愛天主，此能明能愛之性，人人所有，則皆有天主之像。依其額辣濟亞者，人有額辣濟亞。即能行明行愛於天主，特未全耳。此行明愛之功，惟義者有之，亦皆有天主之像，依其我樂利亞者，凡獲眞福之神聖，賴我樂利亞之光，榮福之光者，人之亞尼瑪升天後，天主賜之榮福之光，以堅固慰藉之，乃可見天主也。如無榮福之光，必不能見天主，亞尼瑪得榮福之光，比之目衰者得眼鏡也。無所間隔其明愛，得見天主。如此無間隔得見天主，而向眞福，惟天上之神聖有之，亦皆有天主之像。

模二：額辣濟亞者，譯言寵恩，乃天主賜人以增美乎亞尼瑪，而寵愛之，實爲萬善之根，升天之憑。論額辣濟亞之性，其尊超越於亞尼瑪，與諸諳若，而似天主之性。故亞尼瑪得額辣濟亞時，其欲愛與否之意，轉合天主之命，若額辣濟亞有以變亞尼瑪，與其明悟愛欲之行，而相肖於天主然。

模三：天主與萬物爲物，任意行之，如用械器然。亞尼瑪以其神能全模肉軀。幷模各分，而爲人，亦任意行之，如用械器然。

模四：天主所已造之物，與所未造而能造之物，盡有其物之意得亞，意得亞者，譯言物像，制作規模也。具存於已人之亞尼瑪。因外五司所司之物。以明悟者明之，而明悟者明其所明之物時，翕然歸一，故亞尼瑪所明之物，則有其物之像，具存於心。而亞尼瑪與天主相似。

模五：經曰，居於聖愛者，則與天主偕，而天主亦與之偕焉。又曰，親附於天主者，則切體於天主焉。蓋天主所愛之人，則與其人偕焉。諺曰，亞尼瑪所愛者，比其所模者，相居更爲親切。蓋亞尼瑪所愛之物，則與其物偕焉。故與天主相似。

模六：天主性體，充偏於天上天下，而天上天下，不能界容於天主。人之亞尼瑪，充偏於全軀，而全軀不能界囿於亞尼瑪之諸行。

模七：天主全在全宇宙，亦全在宇宙之各分，即各分內，有一分毀壞，而天主全無一分毀壞。人之亞尼瑪，全在人之全軀，亦全在全軀之各分，雖軀有或分，而亞尼瑪不可得分軀或有壞，而亞尼瑪無一毫得壞。

行一：天主是萬物之始，萬物皆由天主造成，故也。又萬物行之始。凡物將有所行，必得天主扶祐之，乃可行也。人之亞尼瑪，是本軀內外諸司之始，人有內司外司，內有明悟愛欲記含等，外有視聽啖嗅覺觸等，皆由亞尼瑪而成其所司也。及其自然行之始，又其介然行之始，自然之行者，順其本性行之，如火燥水潤，鳥飛魚躍，人之視聽啖嗅等，皆行乎自然，無善無惡，無功罪者也。介然之行

者，係於人意，故或善或惡，或功或罪，可揚可抑，可賞可罰，介有兩端之意也。若此兩行，皆由亞尼瑪爲之始也。

行二：天主是萬物之終，是萬物爲者之所以然。是萬物之成，是萬物所向之福。人之亞尼瑪，是本軀之終，本軀爲亞尼瑪所用器械，器械非能自爲用，必用於匠作，故亞尼瑪爲本軀之終，本軀萬行之所以然。亦天下萬物之終。天主造人，貴於萬物，爲其在世，能敬事天主，而世後得享天主之福。既畀人此靈才，乃造成天地，如房舍然，令居處其中。造成草木禽獸等物，如錢穀然，待人隨取隨足。令人之亞尼瑪得以泰然慕嚮其所自，而終得享天主之福。故人之亞尼瑪爲本軀，天下萬物之終。

行三：天主通達明悟萬物，而其通達之勢，超越於神人所通達者無量倍數。神人之通達，雖精雖細，尚有未盡，惟天主之通達，能洞徹各物本性之淵微，窮盡其義理之幽眇，至其所以然之所以然，而毫髮無遺，故超越於神人所通達，無量倍數。人之亞尼瑪，亦能明達，屬造成之物，不屬造成之物。屬造成之物，不屬造成之物者，分別天主與萬物也。萬物皆稟生於天主，惟天主無始無原。豈屬造成。能通達屬質不屬質之物，屬質不屬質之物，分別有形有像，與無形無像者也。如天神靈魂道理德業等，皆不屬質之物，而亞尼瑪悉能通達之。其屬質之物，通達之際，變爲神物，亞尼瑪通達諸物，其物當入亞尼瑪之中，因屬質者不能入於靈魂。故先脫其質，而留其靈像，與其理，以至於亞尼瑪，而皆通達之。故質物通達之際，變爲神物焉。故相似。

行四：亞尼瑪通達物之際，即生其物之內言，內言者，是物之義，若外言方出於口，即通於耳。倘亞尼瑪不先生內言，亦無以遽通物之性與理。天主通達自己之性，亦生內言，天主通徹己之性，則生自己內像，爲第二位費略，是爲罷德肋之內言。

行五：萬物不自活，皆受活於天主。天主自活，而不受活於萬物。人之肉軀不自活，皆受活於亞尼瑪，而亞尼瑪自活，不受活於肉軀。

行六：天主公潤天下，所潤之中，又有得潤之膏澤者焉。萬物至洪至纖，受天主之公潤，各得其分。至觀天之垂象，晶瑩森羅，尤爲受天主公潤中之極精極倅者焉。亞尼瑪公潤肉軀，所潤之中，又有得潤之膏澤者焉。肉軀四肢百體，受亞尼瑪之公潤，各充其量，至觀首之統貫，聰明，從審，尤爲受亞尼瑪公潤中之至美至好首焉。

行七：萬物自不能動，而受動於天主。天主爲萬物之原，而常自安然不動。人之肉軀全體與各分，自不能動，受動於亞尼瑪。亞尼瑪爲肉軀萬動之原，而常自安然不動。

行八：天主治天下萬物，於可大受者，若天神與人有靈之物。照之教之。於可小受者，如草木禽獸等無靈之物。護之引之全之，令各得其分。人之亞尼瑪，治肉體之全軀，乃及各分，令諸司皆得其職。諸情咸得其正，牖其明悟，正其愛欲，富其記含，而潔清其心，不惟牖正富潔其一已，且可推而牖正富潔其人群，以治天下。亦可馴狎禽獸，脫其猛性而柔伏焉。夫亞尼瑪以本性之力，又賴天主賦之聖祐，庶乎彷彿天主之能，故與天主相似。

行九：天主是宇宙大天下萬物之主宰，其權無以尚之，天下萬物，悉歸嚮之，無不聽其命者。人之亞尼瑪，是肉體小天下之主宰，其權能自專，而肉體之全軀與各分，悉皆歸嚮之，又賴天主之祐，能主制其七情，及願欲等，而天下禽獸萬物，無一能外乎吾人亞尼瑪之靈意，夫亞尼瑪之靈意，強果無比，天下萬能萬力，莫有得強其意者。故與天主相似。

行十：人之才雖妙好，天神之才雖峻捷，若自憑其本能之力，均不得全識亞尼瑪之尊。何也，亞尼瑪有天主之像焉，如欲識像之肖物與否，必先識其肖像之物，人與天神，才既有限，皆不足以透徹天主無量之妙。亞尼瑪既是天主之像。若欲全識亞尼瑪，先當明識天主，人與天神，不足識天主，又足識其像乎。然有一道，可推測而識，因其願，推其尊也。亞尼瑪之願，極天地萬物之至尊至貴至珍至奇，凡屬於天主之下者，皆不足以充其願，獨天主爾。由是可知亞尼瑪之尊也。故撒羅滿古賢人也欲令亞尼瑪自識其尊而言曰，萬物最美者，此稱亞尼瑪之詞也。爾欲識爾尊，爾出隨爾羊群之踪跡，羊群者，指人之五司，耳目口鼻等。踪跡者，指天下萬物也。牧爾之羔羊，羔羊者，人之情，人之欲也。近牧者之牢，牧者，世間狥欲之徒。牧者之牢，是世人嬉遊戲樂逐利溺色功名榮貴等暫歡之所也。乃得識爾尊而可安也。撒羅滿之云，若謂亞尼瑪。爾出隨爾之五司情欲，歷諸事物之景況，以隨爾情，以從爾欲，迨歷徧諸境時，將見世間之萬美萬好，萬寶萬珍，榮祿富壽，皆不能流其願，而且隨以多多勞苦殆辱，然後一意復原，歸於天主，心安願足，識已之尊焉。既不知天主，即不能識亞尼瑪之尊，可知亞尼瑪與天主相似。

或言凡物兩相似者，必兩相向，必兩相愛。亞尼瑪既與天主相似，即

亞尼瑪之所向所愛，應是天主。今觀人之所向所愛，多在世間之利與樂爲是，亞尼瑪寄在肉體，故隨肉體所向而向之，所愛而愛之，甚順甚易也。若亞尼瑪能違肉體之所便，能超出於世利世樂，不爲所牽，不隨所引，而專務想亞尼瑪之本，向想至美好無窮之妙，想至美好無窮之眞利眞樂，想至美好中包含無數美好，即世利世樂，都可漠然無營，淡然無好矣。

又《論至美好之情》 至美好者，原美好也。無他美好在其先。其爲美好也，并無所以然，無所以然者，非由他造，非由他化，非由他成，不因傳授，不因積習，不因功勛也，但至純至一之性，自然而然，其善與體，其體與其善，是一非二。

此美好爲大美好，能包人萬億美好。爲總美好，他美好由此而美好，此不因他美好而美好。爲最美好，他美好不能如其美好，其勝於他美好，無倍數可論。爲恆美好，定美好，無時不爲美好，無物不爲美好，無處不爲美好。

論至美好之性情，其尊貴也，爲無窮際之大。論至美好之品位，其峻絕也，爲無窮際之高。論至美好之包涵，其富有也，爲無窮際之廣博。論至美好之存駐，其無始無終也，爲無窮際之久遠。論至美好之精微，其難測難量也，爲無窮際之幽深。

至美好之美好，其體不因他美好而有，其功用不因他美好而成。他美好之體，則因此而有，他美好之功用，則因此而成。

他美好之物，必具四端，其一有，其次存駐，其次作用，其次知作用，萬美好之有，藉此至美好而有，此美好不藉他美好而有。萬美好藉此而存駐，此不藉他而存注。萬美好因此而作用，此不藉他而作用萬美好，藉此而知作用，此不藉他而知作用。

此美好爲公至足，公至足者，無所不取資，無所不足。至足於己，亦至足於萬物，亦至足於無窮世之萬物，乃至萬物萬世，更倍之倍之，以至無數可論，亦無不足，是謂公至足。

他諸吉者善者凶者惡者萬端，此至美好，悉能利益於善者吉者，悉能治療於凶者惡者，於諸上下大小貴賤，所營職業，悉皆取資，左右隨足，無有匱乏。

此至美好，其在今也，目不可見，耳不可聞，惟當信之，惟當望之，惟當存想之。我此信此望此想，即是所惠教訓，所施慰勉，所予欣悅，所垂祐助。至後來明見之日，自當茫然㸌然，若攝我心，若失我身，若眩我睛，若饜足我中情，怡然得所而大寧，福我永我，乃以常生。

此至美好，非我可得，惟依額辣祭亞譯言聖寵而可得之。得之者，便爲成善，使我疑於天神，使我疑於聖人，使我疑於天主，使我衆行百爲，皆似天主。所差別者，天主自然而然，我依額辣祭亞而然。

此至美好而與我亞尼瑪偕焉，則天主收之，天神聖人愛之，衆人仰之儀之，邪魔懼之，賢者讃之述之，令我勇，令我貴，令我樂，令我富，令我有功，令我於萬善衆德，種種備足。

此至美好，我若得者，莫能妬之，莫能沮之。其與諸我也，無不與之，無不願與之，其情性自然如此故。

此至美好，常與人偕，有四端焉。其一，以造成人與人偕，與人偕者，爲造成萬類，獨人爲其肖像也。人爲肖像者，非形體之謂，爲獨人類能識之，能愛之，能與受其福，故人爲肖像，以造成人與人偕也。

其二，以備所須與人偕。備所須者，人人屬其顧念也，有二端。肉身所須日用糧，如衣服飲食器用等。萬事萬物，種種具足。如父母育子，又令我備具他人所須，若家督上承父母資糧，徧育家衆，皆父母所養也。又靈魂所須日用糧者，如額辣濟亞，以及道德仁義等，萬善具足。如父母教子，又令我訓誨他人，若承父母家訓，徧教家衆，皆父母教也。故曰以備所須與人偕也。

其三，以保存人與人偕。保存者，護衛之，留駐之，使免散壞也，而有數種，如四行等無生覺靈者，保存之以有，即偕焉以有。其保存人也，亦與四行等同，有如草木等無覺靈而有生者，保存之以有，又以生以養以長。其保存人也，亦與同，有同生長養。如禽獸等無靈而有生有覺者，保存之以有以生，又以內外諸司令彼知覺。以內外諸動，令彼運用。其保存人也，亦與同。有同生長養，同知覺運用諸種之外。其於人也，又保存以記含，以明悟，以愛欲，以主宰，是則四行草木禽獸等所無也，而於人獨也。故曰以保存人與人偕也。

其四，以無不在與人偕。無不在者，體無不在，見無不在，能無不在，其無不在，於人至親至切，而人不能覺。比於靈魂在人，使我生，使

我行，使我通達外來事物，又通達內心情性，而我不覺，是靈魂所使。比於日在天，生養萬物，所可見者，皆承大光，而我不覺爲所生養照臨，其爲親切，皆倍萬不啻也。故曰以無不在與人偕也。

此至美好，任我所在，無處不可依向之，無處不可得之，無處不可饗之，無處不可留之，無處不可想慕之，無處不可講說之，無處不可見之，無處不可聞之，無處不可嘗之。

人有二光。其一自然之本光，推理致知，人力可及者是。其一超於自然者之眞光，在理之上，惟天主賜與，非人知見所及者是。此至美好者，在我今日，依我本光，稍亦識之。其在他日，依藉眞光，果得見之，而此識者見者如飮海滴水，見日隙明，悉難罄盡。惟獨自能窮究，自能全通，自能全愛，此全通者，全愛者，是名無窮眞福。

此至美好，在此世間，依我本光所能識者，極爲微細。雖則微細，以視世間學問，倍萬爲眞，倍萬爲確，倍萬爲益，倍萬爲宜，倍萬爲足，倍萬爲貴，倍萬爲樂。

此至美好，我此世間而欲識之，非因講究思惟，便可必得。惟是衷情慕愛，心地蠲潔，方可得也。

此至美好，我能明悟，我能愛慕，而有恆者，即是常生，即是眞福。得此福者，雖以世間美好，幷合一處，終莫及之，相去倍數，非復計量所及。

此至美好，爲純美好，非如他美好尚有雜者。爲足美好，非如他美好尚有闕者。

此至美好，無有他美好在其上者，無有他美好與之等者。非獨此耳，幷亦無他美好在其下者，若云或在其下，便屬比方。此至美好，無比方者，縱令幷合世間一切美好，至大至多，求與之比，其爲比例，若有之與無。不然，亦其影也，影之與形，不爲比例，終屬無耳。

天之高，地之厚，萬物之賾，置此美好之前，猶露華一點耳，不足論於多寡輕重。更復倍此天地，倍此萬物，倍之又倍，至於無筭，其爲多寡輕重，亦復如是。

此至美好，爲他諸萬億美好之準則，爲此美好，能節度於他諸美好。彼諸美好，論其本體，自無美好，爲與至者相近，稱爲美好。愈切近，愈美好，其分別差等，皆以至者多其法式。如精金至貴，下至銀銅錫，近者愈貴，分別差等，以金準之，是名準則。

爲此美好而能遺棄他諸美好，爲他美好能阻我抑我，令我不得此至美好，故須一切棄置，視若敝帚。如是者，世或目以爲愚，其愚不可及也。

此至美好而我得者，是徒得之，其與我者，是徒與之。何者，我無功故就令有功，而此功績從何得之。我本無功，何由可得。故與我者，是名徒與。雖然，亦須我與同行，不然者，雖欲徒與，而莫或受之。

能識此至美好之繇有七端，因於自然之本光一，因於超自然之眞光二，因於心之潔清三，因嘗其味四，因於恆相密交五，因於謐靜五司六，因於默想透達經典深意七。

欲知此美好爲至美好，當觀古今無數聖人，大才至智而爲此致命受無窮之苦。聖女亦然。其受苦難也，他人視之若苦，而彼甘之若飴，嗜之若渴。古今無數主教賢人，恆歎息，恆仰慕，恆祈求，恆行百計建立功勞，行人所難行，講解傳說言語踪跡徧天下，又屏棄一切身世所有，克己習勞忍辱耐苦，終身如是，是何所爲乎，此不足爲至美好之徵乎。

試觀古今聖賢，所爲講解稱說，覃精竭才，造作無數經典書籍，不啻汗牛充棟。而此輩聖賢，皆言喜等所說甚少。所當說，所未說，所不能說者，至多至多，無有數量其比例，若有與無也，此又何也。

欲讚歎此爲至美好，不能形容，不能窮盡。即以海水磨墨，尚恨其少。以諸天爲楮，尚恨其狹。以天神之聰明才智，尚恨其鈍。以億萬萬無窮極之年，尚恨其短。窮古終天，無數聖賢，無數天神，幷合其才智心思，窮慮極想於無涯，無量之才智心思，而此才智心思，猶不足摹擬萬分之一也。

欲知朝廷之尊，覩得罪於朝廷者，其罰甚重則可知之。欲知此至美好者之尊，試觀罪者之罰，無窮盡時，爲萬苦聚，又無法可以解之可以救之。如此，其罰至重，即知施此罰者，巍巍隆高，其尊無上也。

人有三在。其一體在，體則居之所能限之，所外無體。其一見在，見則目所接能限之，接外無見。其一能在，能則事所營能限之，事外無能。此至美好者，體無不在，見無不在，能無不在。其體其見其能，無處不在，無時不在，無行不在。又於人類萬物，默爲存收，使免傾散。而與之

同行，與之偕動，爲萬行萬動之所以然。

此至美好，最玄最微，不可以形像摹擬。非但不可摹擬，兼亦難可思惟，雖復聰明絶世，不能形容其毫末。

此至美好，不能明知，不能明見。若有思惟擬議，以爲已能知見，此政極無知見。若更加窮究盡思極慮，至於昬無所得，自視爲至愚至懵。我所想，我所講，我所識，與所當想，所當講，所當識者，全然未有分毫入處，此正爲有所知，有所見矣。

有至香者其本體香，不足爲香。有無數穢惡，移與相近，悉化爲香，與本香相類，是爲至香。此至美好者，舉天下無數惡人，嘗造無量惡跡，若與相近，悉化諸惡而備諸德，入於聖域，都成美好，豈非至美好。

盡天下聖人，盡天上天神，相與讚歎此至美好之爲美好，時時讚歎，窮無量時。時時以爲奇異，時時讚歎，窮無量時。時時以爲喜樂，時時讚歎，窮無量時。時時不竭，新之又新，無有盡際。

神有三司，一司記含，一司明悟，一司愛欲。記含者，記含此美好時，即爲至富。明悟者，明悟此美好時，即爲至光明。至高貴愛欲者，愛欲此美好時，即爲至正，爲至尊。而一切人，一切時，一切楮墨語言等，但一沾此美好，皆悉成爲至尊至貴，隆崇無比。

有人於此，與人爲善，惟日不足，多出智巧方便，化誘於人，彊勉於人，如是人者，可名甚善。而此至美好者，從造物初時，恆出無量無數仁愛人之智計方略，牖人於善，救人於惡。時時扣我心門，督趣覼縷，有會即投，無時肯釋，必欲相將人類，悉成美好。此其美好，爲至美好。

開闢以來，無量數聖人，所行所作，功德無數，其所以然，皆繇此至美好而出。自今以後，至於世盡，無量數聖人，所行所作，功德無數，其所以然，亦皆繇此。而前後無數聖人，特如繪師之鉛槧，工匠之斧斤，其握鉛槧，操斧斤者，此至美好也。

繪者方繪次，拙工攙筆壞之，良工就彼拙筆，增修焉，更加巧妙。縫者裁剪次，拙工誤剪壞之，良工就其壞處縫補焉，倍益佳麗。此爲善繪善縫矣。至美好者，恆聽人爲惡，及至當機，即取惡爲善。取惡爲善者，令彼從前百千罪過，皆爲立功累德之材具也。正如醫師製度毒藥，匪但令其無毒，且借其毒性以取奇効，是取彼不美好以爲美好。知此能此，恆知此，恆能此，是爲至美好。

至美好者，不能自爲不美好，亦不能令他爲不美好，具此兩不能，是爲全能。

隨其所命，但所命爲者，即是至善。隨其所禁，但所禁不爲者，即是至惡。

有在艱難苦毒中，而此至美好者，默爲勉勵，默爲照護，默爲安慰，是此大恩，但得幾微施及於彼，彼即以甚難爲甚易，以甚苦爲甚甘。若無此默佑，即甚易事，亦成甚難，即甚樂事，亦爲甚苦。故得此佑者，要其至竟，不得不成吉福。失此佑者，要其至竟，不得不成凶惡。

此至美好者，默能係攝萬物，使彼萬物，不得不於彼趨向。使得微見之，微識之，即自歎泣痛悔，從前未向於此，未識於此，所作所爲，空費時日。他諸美好，夙昔係戀者，皆是至惡，盡可棄捐。視彼未見未識，係戀於他諸美好，不能舍置者，以爲至愚無知也。此何以故，爲得此者，雖他無一有，已爲至富，已爲至足。失此者，雖他無一無，亦是至窶，亦是至貧。

此至美好自萬物視之，實公有之，爲普徧故。自物物視之，皆若獨有之，爲滿足故。

能識此美好與否，只在當人人能自進於美好，即能識此美好，愈進亦愈明。人自遠於美好，即不能識此美好，愈遠亦愈蔽。

欲見此美好，先宜瞽。欲聞此美好，先宜聾。欲論此美好，先宜喑。欲得此美好，先宜去。欲嘗此美好之味，先宜不知味。何以故，不絶世見，不能見此。不絶世聞，不能聞此。不絶世論，不能論此。不絶世有，不能得此。不絶世味，不能嘗此。

此至美好，但歸向之者，必將爲美好。不然，亦必大去其不美好。如入寶藏而出，必富。不然，必大消其貧。如造良醫而還，必安。不然，必大減其疾矣。

爲此至美好而作者，雖微善，必得無窮盡之報。其施甚小，其獲甚大。如此旋念有人悖之違之，雖所作者，特是微罪，萬萬不可。何以故，爲彼是彼故，且所犯微罪，非微罪也。今爲微罪，究其將來，必造於無窮之惡。

凶惡有二種，其一罪愆，其一患難。此至美好者，患難之所以然，非罪愆之所以然。所以患難我者，非患難我也，正欲用此救我，使進於善，使近於美好也。

此至美好而欲禍我，甚無難也。但舍置我，便爲無量數之苦。已旋思之，但收受我，其爲美好當復何似。

無此美好，即無爲善之始，亦無爲善之中，亦無爲善之終。爲萬善所係，皆在於此。其係屬也，如光係日，如熱係火，倍萬親切。

此至美好，無時無處，不施無窮之恩，無窮之善，無有竭盡。亦無宰制之者，而無不屬其宰制者。

此至美好之前，無有大凶惡，不可救者。無有大美好，不可施者。雖有至惡人，在於至美好之前，而能自愧悔，認己爲惡，即彼自謂至惡，已是大善。能自謙抑，謂己無功，即彼自謂無功，已是大功。

此至美好，爲欲人至於美好，多用計畫，令我得至，甚懇甚切。所屈抑者，甚尊甚貴。所俯就者，甚痛甚苦。令我從之，甚近甚易。種種非人思慮所及，但我輩不能體認眞切，即彼所爲，我不能信，或謂非宜。若體認親切者，無論深信不疑，即我自心，亦自計慮，以爲非此固不可也。以此至美好而爲我主，我爲其民，豈非大福，豈非天寵哉。

右所論至美好是亞尼瑪之造者，是萬物之造者，是亞尼瑪之終向，是人之諸行，人之諸願所當向之的。人幸而認此，凡百無有差謬如海舟之得指南，定不迷其所往也。求此則遇萬福。爲此而死，則得常生，爲此入患難之中，則是大安樂。爲此淪於卑陋，則是榮福。爲此貧困，則是極富厚。爲此饑寒，則是極飽暖。爲此竄流，即得鄉其本鄉。是人類共所當敬，是泰西諸儒先所自奉事，所傳教人共相奉事。是因愛憐萬民，親來降世，以其教光普照天下，令得天上眞福，是定何謂，謂之天主。述此書者，無非令人在此世中，認此事此，而身後見之，用享其福。第此所論，殊未詳盡，即令詳盡，千億倍此，亦不能罄其無窮。譬如一滴，不盡大海。譬如一塵，不盡大地也。讀者於此，識有闕漏，即當存之所論者，至爲無窮論之者，至爲諓劣，庶或無譏焉爾。

艾儒略《三山論學紀》　相國曰：人之善惡不齊，生前賞罰未盡，必在身後固宜。然或謂人之靈魂也，精氣耳。氣聚則生，氣散則死，安見身後復有賞罰耶？縱人之靈氣，或有精爽不散者，形軀既無，苦樂何所受，賞罰何所施耶？曰：按敝土性學，氣者四行之一，頑然冥然，瀰漫宇內，全無知覺。在物則爲變化之料，在人則爲呼吸養身之需，夫非所謂靈性也。又人在氣中，晝夜呼吸，時刻無停，不知幾萬更易。設使人魂爲氣，則魂亦有更易乎？魂更則人與俱更。且晝之己非暮夜之己，有是理哉？況人寓氣中，呼吸有餘，何緣有盡，乃爲氣盡而身死乎？設人之靈與氣同散，則先王先師，與夫祖先之神，與其身亡矣。彼立祠立像，而致敬盡禮祭祀之，不過祭其土木，與先人無與乎。可見氣是氣，靈是靈，判然爲二，豈可混爲一而不分別哉？

［相國］曰：人魂非呼吸之氣固矣。然或與人精氣爲一？曰：設使人之精氣與靈明爲一，凡人之精氣強壯，則其靈明才學，亦宜與之強壯也。人之精氣衰弱，其靈明亦宜與之衰弱也。今每見人當氣強壯時，其靈明才學，反爲衰弱。至氣若衰老，其靈明之用，義理之張主，更覺強壯也。當知所謂魂也者，乃生活之機，運動靈覺之原也。生物有三種，下者則生而無覺，草木是也；中者生覺而無靈，禽獸是也；上則生覺靈，三能俱備，人類是也。故魂亦有三種：一爲生魂，一爲覺魂，一爲靈魂。生魂助草木發育生長；覺魂助禽獸觸覺運動，二者囿於形，根於質，而隨物生滅，所謂有始有終者是也。若人之靈魂爲神妙之體，原不落形，不根質，自無更易聚散之殊。故雖與人身俱生，必不與人身俱滅，所謂有始無終者是也。是以人之靈魂，特有所異，合身亦生，離身亦生，不論聖賢不肖，英雄凡夫，賦畀無二。不因善否變易性體，故永存亦無二也，獨其所受善惡之報殊甚。蓋人之靈魂，原爲一身之主；形骸百體，靈魂之從役者也。善惡雖所共行，而其功與罪，總歸主者。形骸歸土，主者自存，必復命天主，以先聽其審判賞罰也。

相國曰：天地之間，不離順逆二境。人之閱世，不離苦樂二情。然當苦樂之遭，而身受之者，以其有五官百骸之用。故耳司聽，目司視，口司啖，鼻司臭，四體司覺。死則一具白骨，立見僵仆，形軀無所受，苦樂無所施；神雖不滅，安見朽腐歸土，又別有苦樂可受哉？」曰：「無論身後，即生前所受之苦樂，並非繇形骸，而實繇靈神也。非因有身在，而神始有知覺。蓋有神在，而身始能知覺也。則其苦樂之加，神原受之也。試

觀人之生時，凡遇五官之順境，其神情自懽忻暢適。值苦境則轉生拂鬱。忽然而死，豈不耳目口體俱備，而主翁出舍，破宅徒存。司明者眼光落地，司聽者聞根去體，雖列美色於目，奏美樂於耳，豈能見聞之哉？此何以故？非苦樂之緣，原在神而不在形，必神在而形始能知覺乎？古西土有名醫然納帝阿者，性良直，好施孤貧，素敬奉天主，而但致疑身後之事。謂靈魂既出軀殼，則苦樂無所附着也。然雖有此念累心，亦不敢疏缺欽崇之禮，與救濟貧人及諸哀矜之行。天主亦哀憐而開救之。一夕夢美童子入其室，呼之曰：「從我來。」即從之。入一城，極佳麗，聞世所未嘗聞之樂，甚樂之，以爲奇絕。童子曰：「此聖人在天之樂也。」又城中所見美好之物甚多，寤後甚追想樂之。次夕就寢，又夢童子呼之曰：「然納帝阿，爾知我否？」曰：「非昨夜之童子，引我入佳城，及聞美樂者乎？」童子曰：「是天物也，爾何得見乎，夢耶？寤耶？」然納帝阿曰：「夢也。」童子曰：「夢時爾目闔乎開乎？」曰：「闔也。」童子曰：「爾目既闔，何能見我，且同我入佳城，見諸好物也？」莫知所答。童子曰：「此非爾世眼，雖闔而自然有見乎，則爾靈神，自更有一目以見，而不藉此瞭眊之瞳子爲也。故身沒之後，爾神自有所用，無耳而能聽，無目而能視，無舌而能嘗，則苦樂必有所受，而非泛泛然無所附着也。」且思生世之韶華，其富貴佚樂，軀殼受之也，懽然自適；忽轉一拂意憂愁之念，則心焦欲死。此苦既不關形軀，豈非靈神獨受之乎？若貧窮勞病無聊，四體痛楚，患難無底，忽生一道德樂境之念，便覺神清氣定，怡然閒適，自忘其一身之痛，此樂既不關肉軀，豈非神之爲乎？是以身生身死，而神明常存，必有不與白骨俱朽者。賞罰之必加，苦樂之必受，其不藉肉軀之有無明矣。人能知靈神之不滅，則不可不圖所以善其生，所以善其死；知苦樂之必受，則不可不於生前爲永樂之圖，離永苦之路。噫！苦樂之因，善惡幾希之間，可不畏哉，可不畏哉？

利安當《正學鏐石·釋生死魂魄之辯》 天學論人身之生，所賴惟魂，然有生而不免於死者，非謂魂死，惟謂人形魄耳。蓋形魄者，靈魂之室也，器也。器大壞，則不稱其用，室大傷，則不足以存其體，靈魂於是乃去，魂去而身死矣。儒論云，人之生也，精與氣合而已。精者血之類，是滋養一身者，屬陰。氣是能知覺運動者，屬陽，精即魄也。氣之謂魂，人少壯則血氣強，強故魂魄盛。及其老也，血氣既耗，魂魄亦衰，即死則魂升於天以從陽，魄降於地以從陰，而各從其類焉。又問人死時，只當初稟得許多氣，氣盡則無否。曰是。曰如此則與天地造化，曰生死由命。當初稟得氣時，便定了，便是天地造化，只有許多氣能保之，亦可延。又問魂氣升於天，莫只是消散其實，無物歸於天上否。曰也是。氣散，只纔散便無，如火將滅也，有烟上，只是便散。人之將死，便氣散，即是這裡無個主子一散便死，大率人之氣常上，且如說話中，都出上去。又問，或云氣散而非無，竊謂人稟陰陽五行之氣，以生到死，後其氣雖散，只反本還原去。曰，不須如此說，若說無，便是索性無了。惟其可以感格的來，故只說得散，要之散也是無了。又問，燈熖冲上，漸漸無去，要之不可謂之無，還是其氣散在此一室之內。曰，只是他有子孫在，便是不可謂之無。凡此皆誤認氣爲魂，故只在氣上推求，而不得其死之之說也。不知魂去身死，理所固然。然其致死之由，約有二故。凡人或傷其切要一肢，如首與心，靈魂即捨肉身去矣。緣靈魂與肉身偕，而身去切要之一肢，則失其所以爲身，故去。猶初胎時，肢體未備，靈魂亦不得有也。如不屬切要之肢，靈魂即舍所去之肢，而退存所存諸肢，靈魂固不與肢同捐也。又或原熱盡耗則死，原熱盡者，或是原濕過少，養熱無資，或是原濕過盛，反滅其熱，皆足致死。然傷肢之死，變也。熱盡之死，常也。置變論常，則其故耑在原濕之缺，有以致靈魂之去明矣。若夫氣者，乃靈魂在身，用之一呼一吸，以爲涼心之具。魂去則既用之者，又安得有呼吸乎。不察於是，第謂氣盡而死，不知其魂去而氣無所用也。不但此也，據論精氣合而成人，即謂精者血類，以滋養一身，氣充於體，爲知覺運動，則是精血，特魄之滋養，可云精即魄乎。況在父曰精，在母曰血。精屬陽，而亦屬陰乎。縱謂精爲陽中之陰，而魄是形魄，既言精，當不復言形，如云精魄形魄通稱，從來精形二字無相連之文，則知其義不相借也。至於知覺運動者，身也。而所以命知覺運動者，靈魂也。氣不過効其充周活潑之用，豈魂之謂哉。矧魂有三品，有生，有覺，有靈。覺勝生，靈超覺也。即令運動是氣，而知覺必非氣之所爲，何者，氣無知而覺有知故。氣且不可以言知覺，何況靈魂爲神體之類，逈出知覺，又豈氣之可謂乎。矧是而知血氣有強耗，魂無強耗，形魄有盛衰，魂無盛衰，人有少壯老，魂無少壯老，

凡以與身，俱生，不與身俱滅，在身離身，皆超然獨存獨立者也。則魂烏可與血氣同類也哉。且所云魂升於天，魄降於地，非有得於天堂地獄之旨，如天學所論。常考其說，不過謂人將死時，熱氣上出，即是魂升也。下體漸冷，是即魄降也，則是升於天者，特氣之遊散於虛空而已。降於地者，特體之瘞埋於土而已。雖從陽從陰，各從其類，而究之陽主升，從陽而升，將安於何所，而謂之天乎。陰主降，從陰而降，將歸於何處，而謂之地乎。若止以遊於空，瘞於土者之謂升降，勢必魂與魄同歸於壞滅焉耳。

又 夫靈魂爲神體，當其在世，能行善能行惡，若使受滅，則賞罰之報無所施矣。況由天堂地獄之論，要其末後，善人之魂僉升於天，惡人之魂僉降於地，惡得槩以升於天者，爲魂之一例耶。抑善人之魂復活，常生在天，惡人之魂，復活永苦在地，惡得槩以降於地者爲魄之一例耶。明於此，凡諸問答之言，皆可得而相正矣。人之壽算修短有數，延促有期，唯天地大主，當造化生人之初，默以宰之，所謂生死有命也。若以人得氣化而有生，氣盡則無而死，是死生有氣，非有命也。試問稟氣時，便定是氣自然而稟乎，抑將別有稟之者乎。又氣自然而定乎，抑將別有定之者乎。既云稟氣，初已定之所限，當無容或越，又謂保之亦可延，我能保之，則知氣不能生之矣。我有可延，則知氣不可爲定矣。此其說之舛一也。凡吾人在生，或善或惡，死後則天主之賞罰隨之。人能行善，則承賞受福，靈神實歸天上。故升於天者，是人生之歸宿，究竟得其所，而居之安也。人惟善其生，乃能善其死，始可冀其升天，否則降於地矣。摠之在天在地，靈魂永存，不屬消散。若只言氣散便無，氣是必散之物，散即空無之狀，此論氣則可，豈可以論魂哉。蓋人死非因氣散，實因魂去而氣不用，則氣不得不散，人不得不死。然而靈魂者，肉身之主也。魂去則肉身無主，所以氣散便死。靈魂則有主之者，現世善惡，以承死後賞罰，或當生之生，或無死之死，主者定之，詎云一散便死耶。且火氣列在四行，火質至精而輕，烟騰必奮起而上，氣精且輕，徵諸辭氣，出必向上，是蓋從質定位，上乃得所，如執氣爲魂，但可云氣行上昇，尙漫云魂升於天乎。此其說之舛二也。又人身活動，不因四行之合，其死亦不因四行之散。若以四行散合，律人之生死，當其合也，草木具有四行，云何不動。人甫死時，四行現在，云何不動。推知人生之所以然，別有所因，即靈魂是也。況四行頑冥不能超有，人身安得以己所無界之他體而克生人身乎。且人具四行，蓋稟有四行之情，而非分取四行之質也。四情如紅液得氣情，黃液得火情，黑液得土情，白液得水情。設誠取質，即人身爲依賴之合，如石一推，如泉一撮，而豈一體純合者哉。既非四行之質，則不得謂人死氣散，四行復歸於原，蓋歸原必有其方，如水歸北，火歸南，氣歸西，土即在棺之身是也。不知四行既散，屍爲何物。且四行隨處皆是，何得各歸一方，而東方獨無歸者。人不言生歸何方，則知還原之無據也。說者謂五行較備，而二氣又在其外，故二五妙合而凝也。是殊不然，稽大主開闢天地之次日，即造生四大原行，以爲化成萬物之資料，止有水火氣土，而金木不與焉。以故萬物載有四情，而金木無功，彼無其原，又何原之可歸耶。然所云五行者，或以配四時，以定歲序，而初與成物之本質無關。不然，草木未生，五金未作，其始亦資四原行以爲質，爾時金木從何來耶。豈未有金木，耑用四原行。既有金木，遂損益四行爲五，而二氣自爲區別也耶。釋此而幷謂人稟陰陽五行以生，亦有可議者矣，又無問反本還原如上所辯也。至於氣散而非無，散之與無，其義有別有同。夫分離之爲散，寂滅之爲無，此相別者也。乍無則散，一散則無，此相同者也。但此論氣則然，若人死非氣，故有靈神肉軀二者，神軀相離是散也，而肉軀有始有終，靈神有始無終，是肉身有散可言無，靈神不散不可言無也。苐儒者執祭祀有感格之理，欲遽言無，從何感格的來。故不得不言散，謂散可聚，別其異於無也。既非無則亦非散，何者便可常常感格的來，固自常聚，何云散乎，又何云散亦是無，終歸於無乎。此其說之舛三也。且靈神不散，或在天堂享眞福，或在地獄受永苦，上下各有定所。享眞福者，不羨世上之味，墜永苦者，無由來索食飮，何用祭祀。即祭祀，何由以感格之哉。試如燈焰冲上，雖終歸於散，未便散盡，無論散於一室之內，或一室之外，然既往之氣，可得引爲復來之氣否。儒者解云，先祖世次，遠者氣之有無不可知。然奉祭祀者，既是他的子孫，畢竟只是一氣，所以有感通之理，是以云有子孫在，便不可謂之無耳。由斯言之，則是先祖之氣散在子孫之身，猶之燈焰，散於一室之內之義也。果爾，則氣有曰有，氣無曰無，烏容言世次之遠者，氣之有無不可知，而爲是恍惚無定之辭也耶。據云，子孫在不可謂無，取

現在之氣，與已往之氣，似乎一氣之有可召致。假令世次失傳，嗣胤衰息，縱先祖之遠氣有無不可知，而子孫之近氣有耶無耶，復不可知耶。如其言無，何以一散而遽盡。如其言有，則此氣散於何處，又待何人以感通之耶。此其說之舛四也。大抵魂氣之解不眞，故生死之理不明。識火者必不呼爲水，知白者必不指爲黑，達於靈魂者，豈有以氣當之者哉。

又 天學論靈魂者，天主造之，以賦於人身者。夫靈魂非屬氣聚，非涉形化，非由天降，非由地出，幷非從四方來投者，乃獨受造於天主。當其造之始有，先時無有也。儒論云死而氣散，泯然無跡者，是其常理。恁的有托生者，是倘然聚得氣不散，又怎生去□着那生氣便再生，然非其常也。又云人生始化曰生，既生魄陽曰魂。所謂始化，是胎中畧成形時，人初間纔受得氣，便結成個胚胎模樣，是魄既成，魄漸漸會屬陽，曰魂。即形既生矣，神發知矣，故人之知覺屬魂，形體屬魄。又云原始要終，故知生死之說，此申無極而太極，太極本無極之理，使人知生死本非二事。而老氏謂長生久視，佛氏謂輪迴不息，能脫是則無生滅者，皆誕也。又云，人生得天地之氣以爲體，得天地之理以爲情，原其始而知所以生，則要其終而知所以死。古人謂得正而斃，謂朝聞道夕死可矣，只言受得許多道理，須知得盡得，便自無愧。到死後，亦只是這二五之氣，聽其自消化而已，所謂安死順生，與天地同其變化，這便是與造物爲徒。纔有私慾，有私受，割捨不斷，便與大化相拂。又云，人生天地間，生死常有之理，豈能逃得。卻要尋個不死，寧有是理。凡此皆未知靈魂之所由賦，與靈魂之不滅所由安止而常生也。夫人死而氣散者，特氣散耳，非魂散也。氣散自泯然無跡，魂不散，則必有歸息之所，不在天，必在地矣。魂既有歸息處，安得有托生之事乎。如謂托生者是魂，靈魂當人各各受生之際，天主各各造之。曰造肉身，肉身已成，曰造靈魂而賦之，新新非故，或造於前，或造於後，自生民以來，無時不造也，又何須於托生乎。偕曰托生者氣耶。氣既散矣，何緣得聚，以爲偶然耶。論其常理，氣必散矣，緣何得此偶然之氣，聚而不散。纔令偶然聚得此一種不散之氣，未曾耗折，曷不徑爲再生，奚必湊合生氣爲乎。倘云氣雖不散，已屬衰氣敗氣，必湊生氣以爲生。果爾，是又生氣不足，勢不得不挾衰敗之餘氣，相湊以爲功矣。儒者曾言天地之化，自然生生不窮。更何復資於既斃之形，既返之氣，以爲造化。今乃云聚氣不散，湊生氣而再生耶，不自相舛謬乎。況吾儒論理，當置偶而信常，托生出於偶然，無理可據。不執一定之常理，而存此一非常之論，以滋人惑，無怪乎輪迴之異說，喧騰而未息也。此一誤也。人生而魂魄具焉，魄先而有固然，第人之受生，父施精氣，而引母氣之熱來合，因以漸成人身，則是魄之始化，亦必資陽煖之氣以結成胚胎，據儒解陰陽之始交，天一生水，物生始化，曰魄，既生魄煖者爲魂，是以賦形之初，必是先有此體象，方有陽氣來附也。故又解云，煖氣便是魂，冷氣便是魄。若然，是胎形之始結，先有冷氣，而後陽氣附之，纔得煖也。又解云，魂是氣之神，魄便是精之神。若然，是精氣之交感，氣屬於煖，而精之所施則爲冷也。嘗考醫家嗣息論，精不存，而謂冷氣成魄可乎。況陽陰嬗化，獨陰不生，獨陽不生，必相和而後生。記云，陰陽合而萬物得和者，兗周融暢之謂，陰陽合用，而非單行陰中之陽，陽中之陰，相資相助，而胚胎成矣。安得以始化之魄爲冷氣，而以魂爲煖氣乎。矧靈魂非氣聚，非形化，無論冷氣爲魄不可，即謂煖氣爲魂亦非也。至於魂魄之分，論形神不論精氣，今謂形體屬魄是矣，而又謂知覺屬魂，夫分靈覺專言知覺，是覺魂也，豈人靈之謂哉，殆未諳魂有三品之說矣。此二誤也。凡人靈魂既屬主造，即屬有始。但本純神無受滅義，不屬有終。有始無終，則是靈魂大勝肉身，以故常不滅，正緣其身雖死，有不與偕死者在也。從老佛之徒，亦知有生必死，人所不免。而或講長生，或講無生滅。老曰，逍遙自在，佛曰任意縱橫，豈非明於生死之故，而思欲解其拘縛，逃其刼數者哉。然而不順受生死主之正命，放恣禮法之外，所謂長生者，不過託修煉飛升之詭術而已。所謂無生滅者，不過說輪迴轉變之虛妄而已。彼意爲逍遙，果可任其逍遙者耶。彼意爲縱橫，果可任其縱橫者耶。以爲誕則誠誕矣儒者知其然也，獨執一無極而太極，太極本無極之理，以齊其生死之事。謂原始要終，總消息於太極中焉已爾，不知太極乃形物之體質，一受形物之體模，即形物之全體成焉。然而太極之與形物，原相有無，體具於物，不能離物獨立，故生則太極相成，死則太極亦無著矣。如是太極不能操生死之始終明矣，夫靈在而生，靈去而死，此生死故不可不究。所謂原始，原於此也，所謂要終，要於此也。蓋太極爲形氣之質，而靈魂非形氣，太極非靈明之宗，而靈魂爲靈明，惟其爲靈明而非形氣，所以吾人在

生，或善或惡，死後大主之賞罰隨之。靈受賞罰，以承報施，其爲長生不滅，實理實事，豈同二氏之虚誑。雖然，二氏之誑誕，猶知有身後來世之情也。獨恠吾儒，計目前不計身後，論現世不論來世，生不知所從來，死不知所自往，而固執太極無極之説，埋沒靈魂於理氣之中，竟不問其長生不滅，作何安頓。則其朦瞽人心，更有甚於二氏者矣。此三誤也。夫人生死由靈魂，靈魂之非理氣，故原始而知所以生，要終而知所以死，正可於此求之。蓋理氣冥冥，塊然無知，無有明悟，不能通達。靈魂則有明悟，而能通達天下之理，追究吾人自何處來，向何處去，並能識我性命之根本，以殫力昭事，必敬必愛，罔或厭佚。此人所由得邀聖寵，得享眞福，而復活常生，永不壞滅也。由此而知生死正道，無能越此，故謂聞道而死。聞此爲道，得正而斃。得此爲正，外此一切旁門異説，悉非道，悉非正也。果爾，知得盡得，安生順死，寧復有愧乎，無奈儒者所論，許多道理只是説二五之氣，自爲消化云爾，盍思人生不因氣聚，人死不因氣散，惟此靈魂承天主畀與靈明通達之性，在世行善，死後升功，方且有無窮之報，遐登天國，沐天主之永榮者。而苟消化於二五，但其蠢寘無知之氣，同其聚散，烏覩所謂生順而死安者乎。況靈神蒙升，迥絶塵地，透越諸重天之上，儔伍神聖，覲光三一，豈僅與天地同變化已耶。又況造物爲徒，夫造物者伊誰耶。不特此也，即以人靈負惡行，罰將有無窮之永殃以報之。若亦消化於二五之氣，以彼有私慾，有私愛，割舍不斷，既與大化相拂，則此二五之氣，容其消化否耶，抑不容其消化否耶。如容其消化，是狥慾戀愛，與安生順死者，混處一氣之內，縱拂大化不患其不容，無分擇，無別白，則義亦眞不靈之物矣。如其不容，勢必不能消化，將退伏於二五之外，浮沉自如，亦無德慝，亦無功罪，亦無賞罰，則彼狥慾戀愛之私，何所創懲，何樂而不與大化相拂，則氣尚可謂有權者哉。此四誤也。凡人悉願常生，即甚貧苦，此願不易。又睹高志之士，明悟所發，輒探求身後之事，時作身後想，願思常生之情，非願望可得，彼何爲而發，又令身後之事，違於人性，則安得有此探求，有此想哉。念昔初人生福地中，使不反命，主許以不死，即死可免，而今不可得矣。以故原罪所有貽累，後有生有死，是屬常理。然而人身必死，則常生之情，不在肉身，而正在靈魂，身後之想，非求逃死，而正尋不死，如天學所云，常生不滅，詎有誣哉。弟人不明生死之所以然，而墜於老佛之荒唐，或妄思乆世，餌丹服食以延年，又或躭慕無生，超度西方以極樂，卒之金石多致暴亡，涅槃終就頑苦，未能不能，而已得一無死之永死，嗟何益矣。儒者亦知生死難逃，故不信不死之虚妄。然未知超性之眞傳，確不死之至理，乃漫不尋求，將所謂得正而斃，聞道而死者，何塗之從乎。此五誤也。嗚呼，靈魂神體，造自天主，生死原委，悉繫於此。但昧於超性，大道無聞，竟不識靈魂爲何物，生死芒然，長夜何時旦乎。噫。

又 天學論魂有三品，生魂，覺魂，靈魂是也。草木之魂有生，無覺無靈，下品也。禽獸之魂有生有覺，無靈，中品也。人類之魂有生有覺有靈，上品也。身有五司，一目司視，二耳司聽，三口司啖，四鼻司嗅，五四肢司持行運動，五司屬形外，是爲魄。心有三司，一司記含，一司明悟，一司愛欲。記含之司在腦囊，居顱顋之後。明悟之司在首，居頂腦之中。愛欲之司在心，自作自主惟心所發也。三司屬内屬神，是爲魂。儒論云，人只有個魂與魄。人記事，自然記得的是魄，如會恁的搜索思量的，道是魂。魂日長一日，魄是稟的，來合下恁地，如月之光彩是魂，無光處是魄，魄亦有光，但藏在裏面。又曰，氣之呼吸爲魂，耳目之精明爲魄。耳目精明是先藏在裏面，如令人聽得事，何嘗是去聽他，乃是他自入耳裏面來。因透諸心便記得，此是魄。魄主受納，魂主經營。又云，人記得一生以來履歴事者，此是智以藏往否，曰此是魄強所以記的多。又曰，無魂則魄不能以自存，今人多思慮役役，魂都與魄相離了。又云，魂屬木，魄屬金，所以説三魂七魄是金木之數也。儒家之論魂魄，尚有種種多義，而摠其大要，不越數端，然與天學之旨大相刺謬，可參伍而□斷之。凡形物造生，各有四所以然，而模其一也。模者所以置是物於本倫，別是物於他類者，當人始胎之時，猶未成人者，模未具也，數十日後，形體既備，乃蒙大主造賦靈魂，以爲其身之體模，於是乃成人類，而異於飛潛動植一切蠢寘之物焉。所以然者，人與禽獸草木，因其本模不同，即生覺靈異性，而品類自別也。若夫天主於人之魂體，但予之生魂覺魂，瞻五司之用，即與覺物無異，苐靈魂復得三神司以外接五形司，所由通達萬物之象，而推通萬物之理，司記者記之，司明者明之，司愛者愛之。蓋人靈不但超軼形物，而亦宰制形司，惟其有三司之能也。儒者亦言動者魂也，靜者魄也，

凡能運用作爲皆魂也，魄則不能也。今人之所以能運，都是魂使之爾，魂若去，魄則不能也，由是推之，人身猶有一靈魂，亦惟一靈魂所統御，而靈魂與本身，亦彼此各異不同體者，使從而悟入焉，豈可不得魂魄之大較乎，無如儒者之闇於論也，其謂記得事者是魄，會思索者是魂。夫記事之能，屬記含所分之職，而搜索思量之能，屬明悟所施之功，皆靈魂爲之也。魄者不過官骸肢體之具，雖人之內司，必借外司，使借納諸象而內傳之，然後有以神明其所傳之象，以對應萬物之理。是魄如屋牖然，牖閉則內絕光照，牖啟則諸外物入焉。諸外物人，而於牖何有哉。今以記事歸之魄，魄有記含乎。借魂能記，當亦能搜索思量，何以又歸之於魂乎。豈有僅有明愛二司，而記司在魄，將一性三能之有分屬耶，殊謬矣。其謂魂以日長，魄由稟來者，此又不然。蓋靈體大異形體，肉身有生有長，靈魂有生無長，然雖無長而有進，肉身分長，靈魂分進，肉身寸長，靈魂寸進，比如屋分內外，內門未啟，光滿外半，內門既啟，光滿內半，而光初非有長，有進而已。故人之初生，長不滿尺，自少而（狀）［壯］乃成丈夫，則是魄日長一日，而靈魂不與偕長，固稟來合下如此，今謂魂長魄定，不相悖乎。其謂月光月魄，尤不知月。夫月有魄而無魂者也，凡形物之魂，或生或覺或靈，有生魂則有長矣，有覺魂則有知覺運動矣，有靈魂則有靈明推論矣。月無生覺靈明，何魂可言。彼月之光彩，非月有光，借日以爲光耳，則有月光猶是依賴者也。魂體自立，光屬依賴，豈得謂月之光彩是魂乎。或謂魂魄相兼者也，月既無魂，恐亦非魄，不知月有體模，則體模即是魄也。魄本無光，寧有光藏乎內。所云魄亦有光者，正體模所具之微光，因依賴而有，在外不在內也。即以日論，太陽崇輝借映於月，然有日模所發之光，不得因其光之太盛而謂日有魂也。何者，爲其無生覺靈明，日猶之乎月也。既等無生覺靈明，一則普光施照，一則借光煥彩，大不同者。蓋物主造生日魄，過於月魄，其模使之然也。夫日月弟可言魄，而不可言魂，則以光彩謂月魂，藏光謂月魄者，詎有當哉。其謂氣之呼吸爲魂，形之精明爲魄，是欲明魂光內藏之義，而不知其視魂甚粗，視魄轉精也。夫氣之呼吸，魂爲之也。魂在而氣附之，於是出入呼吸，是因魂用氣而有呼吸，非氣之呼吸，即爲魂也。氣無知覺，而魂能運導，奈何於其所呼吸之氣，而反認氣爲魂乎。至於耳目魄也，耳目視聽，亦魄所得於耳目之官也，然命之能視能聽，精明於其中者，爲靈魂焉爾。譬之燈光在室，是燈照室有光，非室發光有燈也。則精明在魂，不在魄審矣。今云耳目精明者爲魂矣，魄果精明，何以同是耳，而聾者不聞，同是目而瞽者不見，豈非耳目之官廢，而形魄之司有缺乎。又何以有耳而或聽之弗聞，有目而或視之弗見，魄未嘗無耳目也，光未嘗不藏於內也，而不精不明，幾與無耳目同，將心不在焉之故乎，抑魄不在使然耶。且耳不往聽，聲來自入，因透諸心而得記固也。設令魄來精明，試當入耳之際，不必透諸心而自便記得，是則耳之精明，洵魄之精明也。然不能不透諸心，則此記功在心耶，在耳耶。若謂在耳，假値聲響雜投之時，聽此聽彼，勢不能不紜擾錯亂，使非聽此以靈心，凝注入衆聞之衢，萬聽不能一記，還是從耳透心，還是從心透耳，以此察之，謂魂乎。乃若魄主受納，魂主經營，分屬又非，蓋受納者魂之記含寄之，經營者魂之明悟司之，均靈魂事也。故記含之司如庫然，一切物象物性之理，皆貯存於中，物雖異類紛集，先後沓至，皆有所藏。迨其欲用，則順人意旨取之而出，由是明司取司記之所收者，而經營之，其於事物萬理，弗論有形無形，悉能推測明達，務協其於理當否，以定愛欲之準焉。則受納之與經營，豈非靈魂統主之哉。或謂魂主受納，亦自有魄之所受納者在，諸如臟腑血脈之類，依賴於魄，而各有其經絡，豈得不謂之受納乎。是又不然，凡物有自無而有，受於茲納於茲，是謂受納。臟腑血脈處魄內分，官骸肢體處魄外分，合而成魄，當其各各受生之時，同時并有，豈魄之所受納哉。釋此而知聽記之能，受納之司，主魂而不主魄愈明矣。其記事多者，由於魄強，又舛矣。凡魄強有二，人稺幼則弱，暮老則衰，而惟人之壯盛者則強。又或人失其養，恆尫羸而瘠，養之厚者多肥碩而強，此二強之故，魄不能外。今謂魄強多記，是必壯盛之年，其靈明才識與之爲壯盛也。衰弱之時，靈明才識亦與之爲衰弱也。然每見壯盛者，其靈明才識反多衰弱，至年或衰弱而靈明之用，義理之張主更愈壯盛者，何故。又或羸瘠之人，以清心寡慾而轉強有餘，肥碩之夫，濃於世味，耗於世慾，而聰明反鈍者，又何故。因知記事之宏多，無關於體魄之強旺也，良由記含之器，精美完好，未受他損，以亂其象，故一生履歷之事物之象猶在，所以可憶可推，因得所往得也。此亦睿哲之徵，包含明悟以致其然，即謂智以藏往，亦可也。況天主以此記含之

司，賦之靈魂，以予人者何也。欲人察所當從之美善，攷所當避之醜惡，一一推論剖分，因以記天主之恩，而感之謝之也。人能記百凡事理，而不記天主之大恩，即無所不記。如無一記，能記憶天主，而不能記憶他事，即一無所記。其爲記也多矣。令人負魄強之材質，處魄強之歲月，其一生以來事，履歷多多，指不勝屈，爲問美善者幾何端，醜惡者幾何事，爲問當從而從，當避而避，知所取舍者幾何狀。魚魚鹿鹿，茫無檢點，及與之談大父救贖之恩，則雖入耳而不進，心寧記無限世俗之事。愚啖肉身，不肯記此眞切心性之事，扶掖靈神，徒誇記事，記何益乎。縱號魄強，強何用乎。智耶愚耶，請思之。其謂思慮役役，魂與魄離，此大誤也。凡質模相合，乃爲物之美成，如人靈合於人身，乃稱爲人，分之，則人之半，非美成矣。以是知魂與魄不可刻離者也，所謂無魂，則魄不能以自存矣。既知其然，乃又謂思慮役役者，魂都與魄離，夫思慮之來根於心，而貫於想，能使得其正以用之，可以作明悟之功，辨可否，決嫌疑，定猶豫，因以受明悟而遂加之光，明悟萬物，而得其理，夫何役役之有。然而思慮紛營，役役不已而無能解脫者，緣靈神在人肉體，恆接於有形有質之物，中多雜混，不及時返照於己之無形無質，以故不獲自明。而本性發自形體，行隨私欲，不克反制，所以世欲魔邪，攜肉軀以爲我仇，靈神昏劣，若退出於鈍，與五官同用，蔽於物而爲物所引也。然本靈雖受屈抑，而性光終不能掩，所由憧憧往來，覺無安止寧宇之象，而豈魂之離魄哉。試觀吾人，或於夜夢，或於晝想，而見他處之物，是非靈魂出身之外以適物處也，乃彼物之象先從五官入，以藏於記憶之司，因夢想而見矣。人謂日之晝夜，人之小生死也。睡爲死相，即吾人日日不免死也。不免死而非實死，魂在故爾。借魂少離魄，魄死矣。夫睡死象也，幽夜之會，與黑獄無別，近死地也。而魄載其魂，魂檢其魄，無或須臾離，奈何以思慮之役役，遽謂魂離魄乎哉。假令魂果離魄，則思慮役役，不知其竟日幾廻還也。一刻役役，魂離一刻，魄一刻死矣。竟日役役，魂離竟日，魄竟日死矣。苟令不死，而以無魂之魄去其半人，尙能屍行肉走，有是理哉。其謂三魂七魄爲木金之數者，此尤不知魂魄之解，而爲是穿鑿之論矣。天主以四行生人，有火氣水土而無金木，前論已著。即無金木，謂魂屬木，謂魄屬金，何據云然。即以金木論之，凡未生已物，不能自生已物，模未立

也。凡已物之所本無，不能強爲已物之所固有，質不存焉。當夫金木未生之初，不能自發一木，自創一金，易明也。即金木甫生之時，不能木中帶木，金中帶金，亦明也。故金木止具四情而不資五質，即如木鑽而火是火也，木勝而烟是氣也，木燒而瀝是水也，木毀而灰是土也，木中曾有金乎，是木有金金方剋之，寧復生之乎。又如金蒸而露是水也，金鎔而油是火也，金滓而灰是土也，金灰而烟是氣也，金中曾有木乎。使金有木，木方受剋，能復生之乎。矧金木原不作行，義無生剋，且四行去氣而增金木，木無氣則木不植矣。金無氣，則金不堅矣。先不利於金木，又何利於他物乎。矧去氣則行缺，謬入金木則行襍，豈大施造之元行乎。借謂有五行以備生剋之用，有陰陽二氣以立化生之本，於義爲信，爲問此氣在行內乎，在行外乎。謂在行內，則氣原在行，何必更言陰陽二氣，再加金木，是四而六矣。謂在行外，則氣不合行，氣無從入，必不能湊金木以成功，是四又僅存其三矣。缺行中之氣，而增行外之金木，求之於理，無可通者。釋此而知魂雖資行，無金可屬，魂并超行，豈反屬木，則魂木魄金之說，其荒唐不待辯矣。更可咤者，附會金木，因謂三魂七魄，以比金木之數。試申論之，世界魂品有三，惟生惟覺惟靈，兼并而有，奚以明其然也。凡生魂所有之能有三，一養育之能，二長大之能，三傳類之能。試觀人生既能養育，又復長大，旋至充滿。充滿之後，又復傳生己類之人，一一如草木然。此生魂所有之能，天主於人魂皆全畀之，即人魂亦稱之爲生魂也。凡覺魂所有之能二，一動能，一覺能。鳥獸生而能動，草木無之，人亦生而能動，是有覺魂之動能也。覺能又有二，一外覺，一內覺。行外覺以外能，如口耳目鼻等之五司是也。行內覺以內能，內能有二司，一分司，主受五司所取聲色臭味等，受而能分別之。二思司，主藏凡五司所入皆受而藏之，如倉庫然。又主收覺物自然曉達之意。如羊知狼，是其仇即知懼也。又主藏所收諸物之意也。內二司之外，別有一能曰嗜司。凡內外司所收之物，有可嗜者，有可棄者，所嗜所棄宜於己則欲求之，不宜則欲去之，此欲能也。又相宜則收求之，不宜則敢去之，此怒也。怒非喜對，如草木怒生之怒，言其敢也。或嗜或棄，總屬嗜司，各兼二能，此則人與禽獸無異，是覺魂所有之能，天主於人魂亦全畀之，即人魂亦可稱爲覺魂也。但人之欲能怒能本屬於理，而聽其命，如此爲可愛，此爲可慕，此爲可損，

此爲可禦，理所是者，不得不從。乃時欲自便，而不可得，此人所謂超軼萬類者耳。有生有覺有靈，所謂三魂者此也。至於七魄，以人物揔類計之，天者，喬者，飛者，走者，游者，潛者，各有其魂與人形體。其數也，耑以人身言之，耳目口鼻手足膚殼，合計之有七，之謂也，魄其在茲乎。若以金木相例，魂不屬木，爲可以木三之數，稱人靈爲三魂乎。魄不屬金，烏得以金七之數，稱人形爲七魄乎。認魄既錯，論魂尤謬，無怪體，靈頑混襍，無由以表見於天下也。夫靈魂獨較異於物類，兼更上肖造物大主，以遠超於萬物，是天主之於人恩施獨至矣。嗚呼，吾儕之身，各具此一最尊貴者，而曹然弗之知，可乎。苟識之，則於以察人靈之尊貴，因以察天主無量之尊貴，爲天地神人萬物之大主，從而愛之，慕之，敬事之，愼勿爲太極理氣所封錮，庶不負上主生人寵畀之至恩也。吾願與共學諸君子就正焉。

馮秉正《盛世芻蕘·靈魂篇》 假如有人不信靈魂不滅，來問云，人居世間氣聚則生，氣散則死，請看遇了災害，欲知他活與不活，只問有氣沒氣。孟子善養浩然之氣，醫家治病，先保元氣，可知氣就是魂，魂就是氣。身死氣斷，即與禽獸草木同歸於盡。惟有忠孝節義之正氣，雖死猶存，所以說君子存之，庶民去之。除氣之外，若說另有一個不死不滅的靈魂，有何憑據。答云，尊駕所言，純把肉身之事認做靈魂，所以連那孟子的話，亦錯解了。若說孟子養的氣就是靈魂，則本章前後所說持的志，不動的心，配的義與道，都作何着落。大人之學，養氣就彀了，何必要誠意，正心，明明德許多的囉唆。君子之存，喜其理存而欲遏，庶民之去，責其理去而欲萌。並未曾說着靈魂。差之毫釐，謬以千里，這樣牽強的拉扯，如何去得。幸有上下原文可據，不用多言分辨。今且說我們當緊的話，我們頭一件當緊的事，要認得天地人物的大主宰。第二件當緊的事，就要認得自己的靈魂。若說氣聚則生，氣散則死，沒有一個不死不滅的靈魂，連天主也不用認得，併那仁義道德之言，忠孝節義之事，俱用不着了。我爲何說這樣的話。蓋思患預防，人之常情。若只有世間的凶禍，則脫逃漏網者，不知多少，且除了一死，無苦可加，揀着做一個忘恩負義奸盜詐僞的人，只要自己巧妙，人不知，鬼不覺，那裏就沒了體面，遭了王法，樂得快活一生一世。到了氣散而死，與那戒愼恐懼的善人，同歸於盡。無患可防，又何必講什麼仁義道德，做什麼忠孝節義。就說正義常存，不過是後世名聲，與死過本身毫無干涉，不存亦無災害，要他何用。不聞無耻之徒，笑駡由他笑駡，好官我自爲之麼。現在尚且不顧，誰肯捨了一生實受的享用，去換那千古虛名。我所以說不獨仁義道德都用不着，連天主也不必認了。開小人僥倖之門，啓惡黨自寬之念，只消這一句話，種下了萬禍之根。關係如此之重，不得不與尊駕說明。查敎中講論靈魂不死不滅，常生常在的道理甚多，亦頗明白易曉，今不能備細面言。只要所說的話彀解尊駕之疑，就算此番幸遇，不爲空過。尊駕說身死氣斷，即與禽獸草木同歸於盡，當知病根全在於此。今要去此病根，先該明白魂有各等的不同。再當明白，各魂來路的不同。然後纔能知道各魂有滅有不滅，大不相同。如再不信，還有許多可憑可據的印証。此義一明，自然知道氣是氣，魂是魂，判然各別了。

怎麼說魂有各等。《大學》云，致知在格物，可見不能格物，即不能致知。而神人萬物，都不能淸楚，於是不合理之言，得以乘虛而入。若將上天下地有模有質之類，格其高下，分剖明白，雖有邪說異端，決不能被其搖惑。但格致之工最爲精細，今只好略言其大概。自上天而至下地，統計受生之類有五。一曰定。如天地金石之類，純質而模，塊然介然，雖分有輕重，象有方圓，料有精粗，體有動靜，外有光暗，內有剛柔，可聚可散，或變或存，然在外之物，一無所需，故謂之定。二曰生。如草木花菓之類，無血而有液，無口而常吸，由種而活，由小而大，亦變亦常，且能傳後，故謂之生。三曰覺，如鳥獸蟲魚之類，能食能鳴，能視能聽，有本形之苦樂，有本實之知能，故謂之覺。四曰靈。即我們人類無形無像之內體，雖在形身之中，直超形身之外，明能推理，才可經營，無物不存，無美不欲，故謂之靈。五曰神。係九品天神之類，純神之體，不屬形質，爲天主之親臣，享眞榮而常健，擅直通之智，秉潔淨之源，故謂之神。此五種，除純質純神二類之外，所有生覺靈三類，照依俗人叫慣的稱呼，都謂之魂。論我們書上，都該叫做性。《中庸》說，自誠明，謂之性。惟天下至誠爲能盡人之性。《孟子》說，君子所性，仁義禮智根於心。這說的性，就是人的靈魂。《中庸》又說，能盡物之性。《告子》說，生之謂性。這說

的性，就是草木禽獸的生魂覺魂。然當知生覺二魂，雖能長大發生，運動知覺，到底與定類相近。靈魂雖拘於形身，到底與神類相近，又當知獨有吾人，能合五類而全得之，他類俱不可比。如生魂只兼定質，覺魂只兼定質生魂，天神只屬純神。人則不然，具金石之定，具草木之生，具鳥獸之覺，又具本類之靈，可肖天神之神。所以神與物之德，明明全備於人，此即各魂不同之等也。

至論各魂的來路，大有不同，若不說明，又難知該滅不該滅之故。草木的生魂，由於水土之濕氣。鳥獸的覺魂，由於血中之熱氣。不是濕熱即成生覺，係本質原有之生覺，乘濕熱而發，故此二魂，皆出自本質之內。獨有人的靈魂，要俟氣土水火所成之人身，已具胚胎之質模，然後天主特賦一靈魂，從外而有，與氣土水火之四元行，毫無干涉。猶如山泉之水，太陽之火有招引之具，水火即至。人身之胚胎，即招引靈魂之具，胚胎一成，靈魂即至。

從這各魂以然的來路，推想他所以然必滅必存之理。可知草木離了水土，濕氣一乾，則生魂必滅。鳥獸受了損傷，熱氣一冷，則覺魂亦滅。因係本質內所出之生覺，故質壞而生覺不能獨存。靈魂既由外而有，則肉身雖死，必能由內而出，萬萬不與肉身同壞。故窮理之人，俱稱靈魂爲有始無終，不死不滅。尊駕若尚有疑惑，我再說幾樣常在常生的憑據。

其一，靈魂的明悟，記含，愛欲，即係靈魂常在常生之實據。何以見得。世上有形之體重莫過於金，堅莫過於玉，用爲器皿，往往歷數千百年而不壞。推而至於天地，愈高則愈堅，愈厚則愈重，愈堅愈重則愈識其悠久無疆，因見此堅重之質，即知其必有長遠之期。今論靈魂之明悟，不獨千古而上，千古而下，五洲萬國之多，無處不到，即天地之外無窮無盡之區，皆不能阻其想念。可賴肉身而行，亦可離肉身而發，目所未見耳所未聞，口所未嘗鼻所未嗅，肢體所未覺者，莫不可以推通。出入無時，往來無定，全不倚傍形體，當拘束於肉身之日，尚然如是。請看世上，除了我們人類，誰再有這樣的明悟。以此無形無像之體，具此至神至靈之大用，豈有不常在常生之理。論靈魂的記含，尤不可測。耳聞目見之事，不論大小美惡，無不一一收藏，幼而至老，尚能記憶，隨取隨應，偶或遺忘，係形質受傷，與內之靈司無涉。其積累之妙，雖有格物窮理之學，而所以然的精奧，終不能透徹以此無形無像之體，又顯此至神至靈之功效，豈有不常在常生之理。若論靈魂的愛欲，更與明悟記含，愈覺不同。上等之愛，愛天主，愛君親，愛善行。中等之愛，愛才學，愛美名，愛生賢子孫，愛交好朋友。下等之愛，愛富貴，愛酒色，愛奇巧，愛安逸，不可勝數。總而言之，盡天下人之讚美，都歸於我，終嫌其假，盡天下人之權勢，獨操在手，還憂其暫。以天主之全能，全智，全善所造的錦繡江山，竟不足供一人之欲。因所愛無窮，故所欲亦無限。此等愛欲，皆與肉身無關，以此無形無像之體，更具此至神至靈之奇妙，豈有不常在常生之理。天主生物以養人，故人爲萬物之主，物爲吾人之僕，乃堅重之質。及生覺二魂，往往久存未壞，聽他各盡本質之能。今靈司之容極廣大，靈司之體極高深，靈魂的性情功效，極盛極美。人人反心自問，未有不信其如此。倒只有數年，數十年，即與身俱沒，竟不能盡其所有之盛。眼見主人大不如僕役，又何煩天主特賦此可貴可久之靈魂置於無用之地。由此以推具堅重之質者，且能垂久，有本質之能者，俱盡其長。則此廣大無窮高深無限之靈魂，必有無窮之常在無限之常生，這是擺在眼前的憑據，何疑之有。

其二，凡人自主之權，出於靈魂者，肉身不得而強之。可知靈魂原不依賴肉身，則肉身之死，亦不能連累靈魂。豈非又是一個靈魂不死不滅的大憑據麽。今將靈魂不依賴肉身之處，說個明白。靈魂驅使肉身，不啻主人之使奴僕，行食坐臥，悉如其命。肉身所好之物，所畏之事，若與靈魂不合，斷不能行。靈魂所好之物，所畏之事，雖與肉身不合，莫不唯唯聽從。如肉身最怕的，莫甚於刑罰，到了那殺身成仁，舍生取義的地位，管不得肉身怕不怕。又如肉身最喜的莫甚於安逸，到了那名利場中，攘臂爭先的境界，顧不得肉身安不安。所以事不論好歹，年不論老少，主見都由靈魂而出，即天主所定的夙興夜寐之規，亦拘束不住。非秉燭夜遊，即當晝而寢，比不得飛鳥出林，牛羊奔棧，無能自主，只看天光早晚，時刻不敢停留，即此一着，明知鳥獸生覺之魂，全賴肉身，一切求全避害之狀，專在肉身。且鷄司晨，犬司夜，馬乘牛耕等項，亦止係於肉身，雖百千萬億之鷄犬馬牛，莫不如是。因屬不形所具一定之知，並無自主之權，故同此孳生，即同此運動。獨我人類各人有各人的主見，士農工商，憑他揀擇，賢奸善惡，由己自爲。古人嘗說，人而之不同，如其面焉。見此外行

之不同，就當知這等來路，全係靈魂自主之權，必不依賴肉身，並不是那飛禽走獸的生覺，所以死的雖死，活的仍活，好像另是一物，論正經道理，有形的不得不壞，無形的不得不存。原不必多此推求，况既能宰制肉身於未死之時，豈不能超出肉身於已死之後。從來有其父，必有其子，肉身之父，原有一死，子之肉身，豈能常活。惟生我靈魂之大父，原係無形無像，無始無終之天主，所以靈魂之無形，與天主之無形相肖。靈魂宰制肉身之權，與天主宰制天地萬物之權亦相肖。就可定後來靈魂之無終，亦必與天主之無終相肖。倘此處不能深信，請問這現在無形的內體，與現在宰制肉身之權，是從何處得來。多因尊駕疑心太過，特將現在本身之事，印證未來，竟使那未來之事，就如當場看見的一般。人縱多疑，亦當冰釋。

其三，靈魂不滅不獨有理可推，且有事可據。事有由外而來者，如人之尊貴既在萬物之上，則所處之境亦該在萬物之上。何故自富貴以至貧窮，由下愚而至上智，其憂勞恐懼，愁苦悲哀，嫉妒惱怒等情，無人得免。倘身死而靈魂即滅，反不如生覺之類，優游自適，何樂而有此靈魂，又事有由己而出者。小人好色貪財，驕奢淫逸，君子勤修力學，克己服勞，倘身死而靈魂即滅，何樂而爲君子。好生惡死，人之常情，乃往往有捐生赴死，以苦爲飴者。倘身死而靈魂即滅，又何樂而自絕其生。似此可據之事，不一而足，略提一二，餘可類推。或疑生前之事，難以印証死後。勤學捐生，不過盡各人的本分，何曾爲着靈魂不滅。殊不知死後之實據，全在生前。孔子亦云，未知生，焉知死。後人不揣立言本意，反借辭寬解。若不嫌冒瀆，改日再說明身後賞罰之事。則不滅之靈魂，愈知着落。

其四，尚論之法，多有援古証今者，這靈魂不滅從古相傳，亦無二說。如《書經》的恆性，《大學》的明德，《孟子》的良貴，字雖不同，名雖各別，正義無不脗合，常久纔是恆虛靈不昧，纔是明終不能賤之貴，纔是良若身死而靈魂亦滅。明失其明，貴失其貴，只此電光石火的工夫怎麽算得恆。尊駕既知道《孟子》的養氣，爲何把這專指靈魂的話倒不提起。氣爲四元行之一，朱註嘗說氣以成形，雖不曾說全，還算不曾說錯。《孟子》的養氣，醫家的保元氣，人之死活，只看有氣沒氣。這都是那氣以成形之氣。尊駕不曾辨明，竟說氣就是魂，魂就是氣。豈特不合天主《聖經》，併與朱註不合。所以尊駕一說出口，我先奉答云，這純係肉身之事，隨將神人萬物的等類各魂的來路，靈魂不滅的憑據，逐一說明。倘此疑不晰，請問恆性等說，作何講解。

佚名《復蓮池大和尚〈竹窗天説〉四端》 其二曰：又問：「彼云梵網言一切有生，皆宿生父母，殺而食之，即殺吾父母，如是則人亦不得行婚娶，是妻妾吾父母也；人亦不得置婢僕，是役使吾父母也；人亦不得乘騾馬，是陵跨吾父母也。士人僧人不能答，如之何？」予曰：梵網止是深戒殺生，故發此論。意謂恆沙劫來，生生受生，生必有父母。安知彼非宿世父母乎？蓋恐其或己父母，非決其必己父母也。若以辭害意，舉一例百，則儒亦有之。禮禁同姓爲婚，故買妾不知其姓，則卜之，彼將曰：「卜而非同姓也，則婚之固無害。」此亦曰：娶妻不知其爲父母，爲非父母，則卜之，卜而非己父母也，則娶之亦無害矣。禮云倍年以長，則父事之。今年少居官者何限？其舁轎引車張蓋執戟，必兒童而後可；有長者在焉，是以父母爲隸卒也。如其可通行而不礙，佛言獨不可通行乎？夫男女之嫁娶，以至車馬僮僕，皆人世之常法，非殺生之慘毒比也。故經止云「一切有命者不得殺」，未嘗云「一切有命者不得嫁娶、不得使令也」。如斯設難，是謂騁小巧之迂譚，而欲破大道之明訓也，胡可得也？復次彼書杜撰不根之語，未易悉舉。如謂「人死其魂常在」，無輪回者，既魂常在，禹、湯、文、武，何不一誡訓於桀、紂、幽、厲乎？先秦、兩漢、唐、宋諸君，何不一致罰於斯、高、莽、操、李、楊、秦、蔡之流乎？既無輪回，叔子何能說前生爲某家子？明道何能憶宿世之藏母釵乎？牛哀化虎，鄧艾爲牛，如斯之類，班班載於儒書，不一而足。彼皆未知，何怪其言之舛也。

辯曰：按《實義》第五篇正輪回六道之誣，略有六端。今所辯一切有生皆宿生父母云者，是其第六，則前五端，皆屈服無辭，必可知矣。第六端言：「據輪回之說，一切有生，恐爲宿世父母，不忍殺而食之，則亦不宜行婚娶、使僕役、跨騾馬，恐其宿世爲我父母眷屬等。此理甚明，無可疑者。」今辯曰：「恆沙劫來，生生受生，生必有父母，蓋恐其或己父母，非謂其決己父母也。」夫恐其或然，則不宜殺之；不謂其決然，則可

得而婚娶之、役使之、騎乘之，於理安乎？

夫生生必有父母，恆沙劫來，轉生至多，父母亦至多。其爲叔伯尊行、兄弟、子孫、親戚、君師、朋友尤多，而吾一生所役使、用度諸物又多，輪回果有，必將遇一焉，豈卜可避免乎？佛教明言，卜筮等事，皆不應作；今又教人卜度前世事，不犯佛戒乎？卜何能知人事？即目前事，卜而偶中者，百中有一耳。其不驗者至多，能知前世事乎？能知沙劫以來生生世世事乎？婚娶可卜而避之，則役使騎乘等，亦可卜而避之，云何不卜乎？吾一卜甚易，父母眷屬，役使騎乘，甚辱甚勞，又何憚不以吾之甚易，免彼勞辱也？即日用間又不勝卜矣。故又轉爲倍年父事之說。禮言「倍年父事」，蓋父執也，非謂貴賤不倫者，一概皆父事之也。不然，以六尺之孤，而臨王位，無所措其手足矣。從上言，恐爲父母轉生，不應殺食等者，謂眞父母，不謂似父母也。云何得言今年少居官者，皆以似父母之長年爲隸卒，則亦可以眞父母之轉生者，爲妻妾、童僕騎乘乎？何其引喻之不倫耶！

凡辯論事情，宜循其本。《實義》所云，蓋以此證輪回之必無耳，意若曰：「天主造物，既使人轉生爲禽獸，又不令人知之，萬一爲其宿生父母，而殺食之、騎乘之，又爲大罪，則是以天下爲大阱而罔民也，故知天主必不使人轉爲禽獸也。既使人轉生爲人，又不令人知之，萬一爲其宿生父母，而嫁娶之、役使之，又爲大罪，亦罔民也，故知天主必不使人轉爲人也。」此本意也。若欲明輪回之必有，亦宜條論其所以必有之故；既能明其必有，然後別生他論可也。今者空然坐據輪回之必有，而曲論其所以處置之術，是謂不揣其本而齊其末，猶向者坐據「三千大千」之必有，而遽欲小天主而尊佛。乘浮雲，摧泰山，其失略等矣。既明輪回之必無，則禽獸可得而殺與用，人可得而嫁娶使令，此理燦然，云何小巧迂譚乎？人死其魂常在，必然之理。必如是，然後善惡之報無盡，然後可以勸善而懲惡，顧猶有不覺不力者焉，藉其泯滅，豈不令小人倖免，而君子枉受爲善之苦勞乎哉！

天主教與佛多有相左，至言靈魂不滅，佛教中亦有之，云何自背其說乎？靈魂必滅，彼往生成佛升天者何物乎？輪回六道，地獄受苦者，又何物乎？禹、湯諸君，其靈魂必不滅，然桀、紂、斯、高等之殃罰，天主主之，非諸君事也。此理甚長，今未易罄。若言不行罪罰，以證靈魂必滅，則《三筆》所載某爲城隍、某爲閻王甚衆，若將信之，其靈魂不在乎？其家子孫童僕犯有過失，亦能誨督罰治之乎？此可謂輕於持論矣。某前生爲某家子，某轉生爲某物，佛書與小說書多有之，然而訛傳妄證者至衆，往往有載入刻中，傳播遠邇，而歷其地、詢其人，乃毫無影響者，是知書傳所說，未可信也。萬一果有之，則是魔鬼憑依以誑惑人，使從其類。信之，是墮其計中，尤不可之大者。且此等傳記，皆佛入中國始有之，何漢以前，了無一人知前身事乎？佛果以輪回誘人爲善去惡，宜使人明知之，云何億兆之中，僅得一二也？載於儒書便爲可信，則今小說家，汗牛充棟，盡皆實事？於理難言矣。

又《天說》餘曰：予頃爲《天說》矣，有客復從而難曰：卜娶婦，而非己父母也，既可娶，獨不曰卜殺生而非己父母也，亦可殺乎？不娶而生人之類絕，獨不曰去殺而祭祀之禮廢乎？被難者默然，以告予。予曰，古人有言，卜以決疑，不疑何卜？同姓不婚，天下古今之大經大法也，故疑而卜之。殺生，天下古今之大過大惡也，斷不可爲，何疑而待卜也。不娶而人類絕，理則然矣，不殺生而祀典廢，獨不聞二簋可用享、殺牛之不如禴祭乎？則祀典固安然不廢也。即廢焉，是廢所當廢，除肉刑、禁殉葬之類也，美政也。嗟乎！卜之云者，姑借目前事，以權爲比例，蓋因明通蔽云爾。子便作實法會，眞可謂杯酒助歡笑之迂譚，俳場供戲謔之諢語也。然使愚夫愚婦，入乎耳而存乎心，害非細也。言不可不愼也。客又難殺生止斷色身、行淫直斷慧命，意謂殺生猶輕。不知所殺者，彼之色身，而行殺者一念慘毒之心，自己之慧命斷矣，可不悲夫！

辯曰：夫卜筮陰陽之說，人世之大害，不可信用也，矧曰用以卜前世事乎？害之中復有害焉。且卜而可信，則三千大千世界，尚不知其有耶否耶？宜先卜之。卜而無有，宜屏絕不言，如是可謂能信卜者。苟爲不然，則其於卜也，猶在疑信之間，只以是爲權宜副急之策，乃彌見其辭之窮耳，何明之因，何蔽之通乎？今所論者，輪回之有與不有。在《實義》《畸人》《七克》諸篇，稍說其一二矣。若信爲必有者，願顯舉諸篇，對析其理，勿以卜之一言，姑借權比云爾也。

然則殺生如何？曰：殺生不殺生，不可爲功與罪，有所附則爲功與

罪。如殺生者爲事邪魔，恣淫慾，及和合諸惡事，則殺生大罪也。如不殺生，爲信有輪回故，是顯背天主賞罰之正經，若世法擅改律令者，則不殺生大罪也。如少殺，生爲事天主故，則愛物亦徵其愛天主；少殺生爲養人故，則愛物亦徵其愛人；此爲功矣。儻無所附麗，其愛情全向於物，但能不爲輪回而愛之者，則非功亦非罪也。若言盡不可殺，殺之者爲天下古今之大過大惡，則天主未嘗有是命；古西土聖賢，及所聞於中土聖賢者，亦未嘗有是訓；萬國君臣所以約束人民者，亦未嘗有是律。何所據而名之罪惡若斯甚乎！

夫教訓法律，因於理而出，理附於事勢而見者也。教訓法律、事理事勢，又天下古今之公物也。一物不可殺，即物物不可殺；一人不可殺生，即人人不可殺生；一時不可殺生，即百千萬年不可殺生；如此，豈非自今以前，上溯之至於生人之初，人人不殺生乎？果若是也，則世界安得有人矣。

造物之初，先有萬物，然後有人。造物之主，本爲人而生萬物也，嘗命人主萬物矣，嘗命人用萬物矣。自生人之祖，有方上帝之命，因而鳥獸亦方人之命。於斯時也，爪牙角毒，鳥獸之猛百倍於人，皆能殺人而食之。才智者出，不得已作爲五兵網罟之屬，以自救而制勝，因而食其肉，衣其皮。是食肉衣皮，起於殺鳥獸，殺鳥獸起於自救其命，自救其命起於鳥獸之能殺人也。寇賊奸宄妄殺人，制治者殺之，鳥獸能殺人，何獨禁殺之乎！相沿至於堯舜之世，猶曰獸蹄鳥迹交於中國，是堯舜以前更多也。益烈山澤，禹治洪水，然後害人者消。益烈山澤，不殺之乎？不殺能驅而放之、而消之乎？自是以來，鳥獸之迹不交。食人之鳥獸既遠，人亦不得恆食鳥獸，於是稼穡之利興，則猶有食稼穡之鳥獸，稼穡盡，猶之乎殺人也，於是作爲蒐苗獮狩四時之田。田者，獵於田中，去其害稼穡者。此皆殺生之所自來也。

如生人以來，天主遂著殺生之戒，則一蟲之微，殺一人有餘矣，況其他毒螫鷙猛者萬端！彼得而殺人，人不得而殺之，豈能以生人之至寡，當彼至衆乎？堯舜之世，著殺生之戒，不烈山澤，驅蛇龍，獸蹄鳥迹何時消乎？不爲四時之田，稼穡卒痒，人不盡饑而死乎？如此，人類之滅久矣，安得有帝王聖賢？又安得有所謂佛者，起而爲衆生戒殺也？則彼將曰：「生人之初固然；至於今，鳥獸不甚殺人，人宜戒殺。」如此，豈非自今以後，至於百千萬年，人人不可殺生乎！果行此，則數十百年以後，世界又無人矣。鳥獸至易蕃育也，不殺之則亦不宜搏擊，恐致死也。不殺不搏擊，必將居人之居，食人之食，一蝗之類能盡穀，一虎之類能盡人，何況其餘毒螫鷙猛者萬端！彼得而殺人，人不得而殺之，不出十年而鳥獸遍國中，不出百年而天下無孑遺，自然之勢也。

若曰：「我不殺之，而能驅逐之，捍衛之。」不知何法而能可乎？彼見今畏死之鳥獸避人，初不知不殺之後，強者攫殺，弱者援噬，攫人而奪之食矣。度其勢，不至於人殺之，則必至於殺人。殺生之戒，又焉能充其類也乎？必充其類，將拱手就噬，而讓此世界於鳥獸，不知天主造此世界，爲人耶？爲鳥獸耶？如爲鳥獸，鳥用生人？如果爲人，人曷爲拱手就噬，而讓之於鳥獸？

如必曰生人之初，可以殺之，百年之後，待其殺人也，可以殺之，特今世不可以殺之。即非世世通行之常法。如曰他人殺之，鳥獸既遠避矣，不我殺矣，我可以無殺之。即又非人人通行之常法。如曰：彼能殺人之鳥獸可殺之，此不能殺人之鳥獸不可殺之。即又非物物通行之常法。夫我之法，既不可爲天下古今之大常，犯之者又焉得爲天下古今之大過大惡哉！

故天主造物，無所不能，儻有意戒殺，必不爲此鳥獸與人不可兩存之勢。既有此不兩存之勢，即有可殺而用之之理，即不宜有禁殺之教訓法律，故千古帝王聖賢，止於愛養，時取節用之，未爲失也，豈可與肉刑殉葬同類共譏之乎？肉刑殉葬，人也。人與物輕重之分久矣，必欲等無軒輊，須果有輪回而後可，輪回又必不可得有，則人與物必不能等無軒輊。定有定無，儻未信者，請須後命，相與商求是正焉。

楊廷筠《天釋明辨·輪迴》 問輪迴如何，曰釋氏輪迴似竊古人閉他卧刺白撰之言，非實有也。彼憫愚俗頑鈍，難於化誨，設喻設教，以感動民心。乃云人世自多種輪迴，皆就人所最懼最忻者立爲名相，使人有所警動，不敢爲惡也。而西儒知道者，非之曰，閉他卧刺意則善矣，所以立教非也。愛人自有正道。其成就人，自有實心實事，何必飾無爲有以誑之乎。本欲誨人，已先妄語，是不愛己也，不愛己又焉能愛人。何也。天下惟一眞乃可不破，稍加粧揑，久必昭彰。一事涉欺，衆信俱毁，明者因此端之誑，并眞實可信者俱疑爲誑矣。愚者又因明者之疑，并己之篤信者亦

轉生疑矣。今世將聖賢明教千古正傳半信半疑，莫肯確認，是誰之故。權教爲俑，貽害無窮耳。可謂閉他卧刺其人賢，其心善，遂云此教無妨哉。天教謂卧刺死後，必不免地獄，非無見也。乃旁近諸邦傳流其説，迄於竺國，遂以爲至理妙法，而中國沙門因而祖述其説。不知此一端者，在西國已爲久棄之唾，無復置齒者矣。或曰西儒不言天堂地獄乎，何以别於閉他卧刺也。曰，彼言天堂地獄，似屬形相色身受用之苦樂，故享可言盡，盡可復輪轉。天教之言兩所，本是神靈苦樂，不涉粗迹，烏得同然。其説流傳已久，浸灌最深，非多方破解，不能使人洞然無疑也。今將輪廻之謬，一再詳之。如何見人與畜類不相輪廻，凡生物皆依本性。如草生草，木生木，馬生馬，牛生牛，同性故也。草不能生木，牛不能生馬，不同性故也。據天教，草木止有生魂，故依類而生，依期而長，而不能趨避，是無覺魂也。禽獸有耳目口鼻血肉，故有生有覺。能知趨避，而不能推論義理。惟人可以知古今，察天地，窮事物，五嘗百行皆從此出，是爲靈魂，與禽獸草木迥然不同。豈止云靈蠢之分，且無靈故謂之蠢，不蠢故謂之靈，靈之與蠢，如明之與暗，明則不可謂暗，如燠之與寒，燠則不可爲寒，寧僅能疑似分别已哉。告子惟不知性，乃謂生之爲性。孟子直折以犬牛與人絶不同性。人將信告子乎，信孟子乎。既不同性，如何相生。況人性之妙，彰往察來，無所不通，何一受物形。毫無明德，通不理論，則又曰形體拘之耳。夫性是神物，一掬可通垓埏，聞神能役形也，不聞形可拘神也。且形亦奚甚異乎，即以豕論，其耳目口鼻四肢，盡與人同，五臟六腑百節，盡與人同，以至血肉氣味，無不與人同者何。人性著彼，便至拘礙，不得出露，而天下之言蠢極無比者，獨歸之豕耶。或曰物類雖蠢，亦有靈者。麟鳳龜龍命曰四靈，此外蜂蟻之君臣，虎狼之父子，鴻鴈之兄弟，且知時候雞司晨，犬司夜，蛛網蠶絲之巧，更僕難悉，不靈若是乎。曰，所謂四靈，即言靑龍、白虎、朱雀、玄武四位，言非必其有靈性也。麟鳳龍不可見矣。龜果有靈，何不逃余且之網，免七十二鑽之患。即此一物，推之可見。凡物皆有一性，性中各有一善，或予之自全，或令之有用，或借之示法，蓋造物主化工之妙，物物皆然，特此諸物，尤最昭著耳。然此諸物偏善，天主特付之，司物之天神又默引之，彼實不得不然，如火自然炎上，水自然流下，依其本性，水火不知也，諸物亦不知也。只有此一善，不能兼他善，故其性有嘗。六合中，凡物類同，即性情同。彼不能自專，不能明悟，所以有嘗無變。若能明悟，能自專，如人類然，則不知多少變換矣。蓋此等善物非靈性所發，不關心肯，所以善俱無功，與狼虎之殘忍，蝎蛇之毒害，其不得有罪者，同緣上帝未付靈性，原無知識，不得課其功罪也。若果靈性所發，蜂蟻等善，乃世間至善，人類不如，死後當上品，上生天堂之上，皆此輩托生矣。又畜生輪轉爲人，須有大善，如羊豕等，是何善功而得轉乎。或將曰，彼原造殺業，業盡亦得轉生也。嘻，羊豕既有殺業，應受殺報，若不殺而豢養之，終身又不爲用，增其業也，殺之則羊豕業盡，而業又歸之屠宰也，業之流轉，何有已時。且吾不知爲羊豕者利於殺，而業盡乎。利於不殺，而業不盡乎。則戒殺之説，又非通論矣。如何見人與人不輪廻，若人有輪廻者，必能記憶前身，何自古至今，通無一人記憶。老年人能記少年時事，靈性往來數十年如一日者。若此有死，彼有生，刹那間事，何遂毫無影響。則曰，人死或有罪，未得遽生。或病耄消耗而死，不能記憶也。夫有罪者誠不能遽生，若前世聖賢死必速生，並未聞速生是何人今世帝王，據釋教皆云，羅漢轉世，亦不聞前世是爲何人。又有強陽而死，無疾而暴死者，不必盡消耗也，何知前身者通無一人耶。據史傳中間有言，前身某人者，多是好奇之文人與附會之衲子，三代以前無此説，三代以後之聖賢無此説，豈從古所未有，賢聖所未言，止一二文人衲子，其言可憑信乎。最有一端易辯此者，夫天地開闢之初，必止一男一女，此二人者每人各付一靈性，二人未死已生數男或數女，此數男數女各有靈性，從何得來。自後十而百，百而千，千而萬，萬而億兆，以至無盡，豈皆從禽獸中輪轉，釋氏不能解，漫云從他刼帶來，他刼不知何處帶來，不知何法，一個個帶來，還大夥帶來，寄在空濶處，逐漸取用乎。又初生人類，一男一女，如此其少，禽獸魚蟲已萬億其種矣。謂之人必善種所投，謂之禽獸魚蟲必惡種所投，豈他刼帶來，止帶一二善種，而惡種獨萬億之多耶。則他刼帶來又有所不通矣，問者曰，當今世界，人類已如此多，況前乎千百世之既往，後乎千百世之將來，不可勝數。地獄雖寬，未必寬過於地，安得如許大獄，容此罪人。吾意有增有減，新故相代無窮，固不若六道輪廻，猶有分屬安頓之處也。曰，子疑及斯，夫不思有質無質，有礙無礙，彼此迥不相倫耳。人身

是形質，乃有拘礙，人魂有靈無質，不是礙物，何處不可安頓。一燈之光，大可數畝，而一室可容萬光，是何安頓，是何窒礙耶。且夫地獄是極苦之所，逼窄正是地獄一局法，子乃欲具寬舒，安養諸惡人乎。夫三所世界是天主分定，地獄之異人世，猶人世之異天堂，百千萬倍不足比量。今子欲將人世較量天堂地獄，眞管窺蠡測之見矣。況以凡人心思，欲議易天主成法，曰不若以彼易此，是必天主立法有未盡善，反不如人類之心思也，何足爲天主，何以稱全能哉。

又《代疑篇・答命終時解罪獲大利益條》 問：西士言無妄證，人服至誠，獨遇人病厄，許爲救解，往往即得死亡，何云能救？不幾以空言示虛惠乎？曰：會士所謂解，解其心病，非解其身病也；所謂救，救其罪過，非救其死亡也。如受病應死則死，乃天主所命，豈可挽回？設壽必求延，死必求活，是與造化爭衡，外道異端，常誣此說，而從未有驗，西士無是也。蓋天主生人，並付二分：一分爲肉身，風寒暑濕能中之，是爲身病；一分爲靈性，肉身，世俗，魔鬼，（聖教謂此爲三仇，因與靈性爲仇故也。）能中之，是爲心病：二者截然不相混亂；不知者悞認爲一，西士則設爲多喻：身如舟，性如舟子，舟子去，則舟不能行，而隨敝矣；身如屋，性如主人，主人亡，則屋亦曠，而就頹矣。身與性，可合亦可分，合則生，分則死；世人惟認做一物，故忙忙碌碌，一生只照顧百年有盡之肉身，而至尊至貴，永遠不滅之靈性，反撇卻一邊，猶之捨舟子以狥舟，棄主人而奉屋，豈不哀哉！耶穌立教，專救人之靈魂，凡三十三年，在世之所立表，復生後，四十日之所親諭，十二宗徒所傳教，與千聖萬賢之所闡繹，無非將人已壞之靈性，刮除洗滌，復還原初，而肉身之可長延，疾病之可不死，此心未嘗不然，卒無一言及。解罪之事，平日固應諄諄，臨終尤宜汲汲：蓋一息尚存，猶可發心悔改，祈求寬赦，有一分之至信，即有一分之解力，故《撒責爾鐸德》，每依敎規，令人及時解之：一藉天主降生福力，二藉本人自新誠懇，三藉司教奉命解釋，如別篇所詳者，不問罪輕罪重，皆可得免；免之則如嬰孩，純然潔淨，生固無愧，死得升天，故以爲極幸云。惟過此一會，咽喉氣絕，再無可爲，何論王侯之富貴，何論聖賢之子孫，何論英雄之事業，總無他途可救，竟就地獄，沉淪無已時也。故臨終之候，係生死禍福關頭，最爲喫緊，是以西士極重之，苟能眞心悔過，雖極寒極賤，下至病丐殘廢，臭穢不可近之人，一有所聞，攝衣從之，無論雨夜遠途，徒步亦不惜也，祇爲救其靈性；而昧者認爲肉身，肉身難救，遂謂解之無益，豈不愚甚矣哉？

或曰：人身只有這一個在目爲視，在耳爲聞，及口啖食，鼻嗅馨，手持足行；形神總是一物，今欲判然離岐，恐無確解。答曰：如上所云，人與禽獸同之，皆肉身之一分，靈性不與焉。所謂靈性，不徒見色，且別所見爲何色？色中所具爲何理？及我處此色者，有可否從違之不齊：此與一照而俱盡者，其分大不同也；推之口耳諸司皆然。禽獸有覺魂，故與人同；無靈魂，故與人異，正緣人混一形神，究竟必混一人物，學術大謬，皆原於此。然又有說神之與形，其體判然二物，其用遞相爲君。何謂判然二物？形血氣，神虛靈；形嗜慾，神義理；形滯濁，神昇清；形一往，神萬變；此不可得同者也。何謂遞相爲君？如凡夫認定肉軀，以狥人欲，役神以從形，則形爲君，流爲惡類，生同禽獸，死歸地獄者，是也；君子認定靈性，以存天理，役形以隨神，則神爲君，終成善品，生爲聖賢，死爲天人者，是也。二端之相去遠矣，而遞相爲君，頗似不分，故人悞以爲一耳。西士以肉身之修短，聽之主命，以疾病之去留，聽之良醫；惟以心病之當痊，聽人之自浣濯，自針砭，并聽能醫心病之鐸德；心病解，而生順死安，無復遺憾，所謂朝聞道，夕死可矣；故命終解罪，獲大利益，實事實言，總無妄證也。

王徵《畏天愛人極論》 客曰：常生而享無窮之眞福，人所欲無大於是。第吾儒謂人死之後，魄歸於土，魂則無不之也。終歸散滅而已，則縱有眞福誰其得而享之。

曰，爲此說者，是未知人魂之靈異，將等之於禽獸草木之魂而槪歸之散滅也。人有魂魄，兩者全而生焉。死則其魄化散歸土，而魂則常在不滅。必如是，然後善惡之報無盡，然後可以勸善懲惡，顧猶有不覺不力者焉。藉其盡歸散滅，豈不令小人幸免而君子枉受爲善之苦勞乎哉。夫世界之魂有三品，下品名曰生魂，即草木之魂是也。此魂附草木以生長，草木枯萎，魂亦消滅。中品名曰覺魂，則禽獸之魂也。此魂附禽獸以長育，而又使之以耳目視聽，以口鼻啖嗅，以肢體覺物情，但不能推論道理，至死而魂亦滅焉。上品名曰靈魂，即人魂也。此兼生魂覺魂，能附人長養及使人知覺物情，而又使之能推論事物，明辨理義。人身雖死，而魂不死，蓋

永存不滅者焉。凡知覺之事，倚賴身形，身形死散，則覺魂無所用之。故草木禽獸之魂，依身爲本情，身歿而情魂隨之以殞。若推論明辨之事，則不必倚據於身形，而其靈自在。身雖歿，形雖渙，其靈魂仍復能用之也，神故也。故人與草木禽獸迥不同也。蓋長育身體之事，無身體則無所長育矣。視之以目司焉，聽之以耳司焉，知覺物情之以四肢知覺焉。然而，色不置目前，則不見色矣。聲不近於耳，則聲不聞矣。嗅近於鼻則能辨，遠則不辨也。味之咸酸甘苦，入口則知，不入則不知也。冷熱硬軟合於身，我方覺之，遠之則不覺也。况聲同一耳也，聾者不聞。色同一目也，盲者不見。故曰覺魂賴乎自身，死而隨熄也。若夫靈魂之本用，則不恃乎身焉。蓋恃身則爲身所役，不能擇其是非，如禽獸一見可食之物，即欲食不能自已，豈復能明其是非。人當饑餓之時，若義不可食，立志不食。雖有美味當前，不屑食矣。又如人身雖出游在數千里外，而此心一點默憶家鄉，則山川里社景物，靡不色色宛現目前。則此明理之魂賴身爲用乎哉。夫有形之魂，不能爲身之主。獨人之魂能爲身主，而隨志之所縱止。故志有專向，力即從焉。雖有私欲，豈能違公理所令乎。則靈魂信專一身之權，屬於神者也，不與有形者埒也。蓋物之生，一物惟得一心。若人之生，則兼有二心，獸心人心是也。則亦有二性，一乃形性，一乃神性也。人之遇一事也，且同一時也，而有兩念并興，兩相悖逆。如吾或惑酒色，既似迷戀，欲從忽又慮其非理，矢不肯從。從彼謂之獸心，與禽獸無別。不從彼謂之人心，與天神相肖也。夫人止一心乎。一時一事，不得兩情相悖并立。如目也，不能一時睹一物而并不睹之也。如耳也，不能一時聽一聲而并不聽之也。是以兩相悖之情，必由兩相悖之心，必由兩相悖之性。故着形之性，惟着形之事爲愛惡。而超形之性，則恆以無形之事爲愛惡。彼禽獸所貪娛者惟味色，四肢安逸耳已。所驚駭者，惟饑寒，四肢傷殘耳已。是以斷曰，此諸類之性不神，乃着形之性也。若人之所愛惡，雖亦有有形之事，然德善罪惡之事爲甚，皆無形者也。是以斷曰，人之性兼得有形無形兩端者也。此靈魂之爲神也，且如人觀百雉之城，可置之於方寸之心。非人心至神，何以方寸之地，能容百雉之城。能神所受者，自非神也，未之有也。形則有滅，神則烏得而散滅哉。今夫人心皆欲傳播善名，而忌遺惡聲。是故行事期協公評，以邀人稱賞。或立功業，或輯書冊，或謀術藝，或致身命，凡以求令聞廣譽於後世，雖捐生不惜，此心人大概皆有之，而愚者則無，愈愚則愈無焉。試問死後吾聞知吾所遺聲名否。如以形論，則骨肉歸土，未免朽化，何爲能聞。惟有靈魂常在不滅，所遺聲名善惡，實與我生無異。若謂靈魂隨死銷滅，尚勞心以求休譽，譬或置妙畫以己既盲時看焉，或備美樂以己既聾時聽焉。此聲名何與於我，而人人求之至死不休。彼孝子慈孫，四季修其祖廟，設其裳衣，薦其時食，以悅考妣。使其形神盡亡，不能聽吾告哀，視吾稽顙，知吾事死如事生，事亡如事存之心，則固非自國君至於庶人之大禮，毋乃童子之空戲也歟。夫靈魂者正前所云天主造成亞當厄襪之身，而賜之以亞尼瑪者也。靈性一賦，常存不散，第善者藏心以德，似美飾之。惡者藏心以罪，似醜惡之。如兼金然，或以之造祭神之爵，或以之造藏污之盤，皆我自爲之耳。然其藏穢盤獨非兼金乎。增光於心，則卒騰天上之大光。增瞑於心，則卒降地下之大瞑。誰能排此理之大端哉。

李剛己《教務紀略》卷一上《教派·耶穌立基督教》 人生所有者二，曰身體，曰靈魂。靈魂爲身體之主，曰性，曰命，曰理，曰情，皆本於靈魂。目能見，耳能聽，鼻能別五氣，舌能辨五味，身能動，心能思，皆靈魂主之。而心思之妙，能發宇宙之秘，探造化之奇，尤爲靈魂大用。禽獸無靈魂，故不能也。身體乃靈魂宮室，宮室毀，主人在。身體死，靈魂存。耳目口鼻四體，乃靈魂之器用也。人於夢中亦見天地，人物，或聞奇樂，或食異味，或聞妙香，或辯論至理，或抒發文詞，此時五官四肢未嘗動也，然耳目之於聲色，鼻舌之於氣味，身心之於晰衆理，應萬事莫不各效其用。可見，靈魂雖無官骸之體，具有官骸之用。且天下官骸不全之人，其心思智慮往往遠過全人。保羅云，外體雖壞，內心日新是矣。是故形軀可滅，靈魂不可滅。人在世時，可以行善，可以去惡，一至命盡，人品已定，永不轉移。天主於時乃審判而賞罰之，其人純一敬事天主及愛人如己，必升天受福，否則必墮地獄永受苦難。或云死後靈魂脫體，升降空中，雖存苦樂，不知也。西教則謂，身受苦樂，惟有靈魂，故有知覺，若已死之人，雖采色炫目，繁音震耳，必無聞見，雖加以刀鋸，投之水火，必無痛苦，若是者，其身固未嘗不具也。即以生人而論或心懷憂懼，不勝煎灼，或夜得惡夢，頓生恐怖，若是者，其身亦未嘗受苦也。然一則身雖

受苦，而絕無聞見痛苦也。如彼一則身未受苦，而不免煎灼恐怖也。如此，是苦樂之無與於形體存亡明矣。或又謂人死則靈魂散滅天地間，元質六十有四分合變化未嘗少滅。靈魂至貴反令散滅，有是理歟。或又謂上帝賞善罰惡不以人世而必待之身後者何。曰，人之處世良莠相雜，彼此相關降罰於惡并損於善，子暴父仁誅其子，父亦苦矣。妻賢夫不肖，戮其夫，妻亦害矣。且世刑之極不過一死，殺一人者死，殺千萬人者，勢不能千萬其死。況造物仁愛恆冀人改過遷善，迨至死而不悛，仁慈乃盡，公法乃行，故上帝罰惡不得不遲之身後也。至於世福，雖可取快一時，豪傑有志之士所樂者，固不在此，而可以爲報歟。矧善人焦身勞思堅苦畢世至於桑榆，既迫墓木將拱，回顧向時事業忽焉泯滅，而所得者不過一息飽煖。是善人之功，不且浮於所報乎。況殺身成仁，授命赴義，皆善之至也，論賞則於世一無所得，無論世福不能慊人之心，而善之至并不能受焉。無論世福不能稱造物之賞，而善之至并不能得焉。然則，爲善之明矣。以上據職方外紀，眞道自證。

藝　文

黃文炤《贈泰西艾先生》　絕徼梯航來獻琛，袖珍一篋勝球琳。八行譯出全傾槖，六籍參同總盍簪。滄海無波風最遠，西方有聖信而今。吾徒休訝亞尼瑪，邃古虞廷這道心。

人生與人性

綜　述

利瑪竇《天主實義》卷下第七篇《論人性本善而述天主門士正學》

中士曰：先辱示以天主爲兆民尊父，則知宜慕愛。次示人類靈魂身後不滅，則知本世暫寄，不可爲重。復聞且有天堂爲善者昇焉，居彼已定心修德，以事上帝，與神人爲侶；況有地獄，居彼已定心不改惡，以受刑殃，致萬世不可脫也。茲欲詢事天主正道。夫吾儒之學，以率性爲修道。設使性善，則率之無錯。若或非盡善，性固不足恃也，奈何？

西士曰：吾觀儒書，嘗論性情，而未見定論之訣，故一門之中，恆出異說。知事而不知己本，知之亦非知也。欲知人性其本善耶，先論何謂性，何謂善惡。夫性也者，非他，乃各物類之本體耳。曰各物類也，則同類同性，異類異性。曰本也，則凡在別類理中，即非茲類本性。曰體也，則凡不在其物之體界內，亦非性也。但物有自立者，而性亦爲自立；有依賴者，而性兼爲依賴。可愛可欲謂善，可惡可疾謂惡也。通此義者，可以論人性之善否矣。

西儒說人，云是乃生覺者，能推論理也。曰生，以別於金石。曰覺，以異於草木。曰能推論理，以殊乎鳥獸。曰推論不直曰明達，又以分之乎鬼神。鬼神者，徹盡物理如照如視，不待推論。人也者，以其前推明其後，以其顯驗其隱，以其既曉及其所未曉也，故曰能推論理者。立人於本類，而別其體於他物，乃所謂人性也。仁義禮智，在推理之後也。理也，乃依賴之品，不得爲人性也。古有岐人性之善否，誰有疑理爲有弗善者乎？孟子曰「人性與牛犬性不同」，解者曰：「人得性之正，禽獸得性之偏也。」理則無二無偏，是古之賢者，固不同性於理矣。釋此，庶可答子所問人性善否歟？

若論厥性之體及情，均爲天主所化生，而以理爲主，則俱可愛可欲，而本善無惡矣。至論其用，機又由乎我。我或有可愛，或有可惡，所行異，則用之善惡無定焉，所爲情也。夫性之所發，若無病疾，必自聽命於理，無有違節，即無不善。然情也者，性之足也，時著偏疾者也。故不當壹隨其欲，不察於理之所指也。身無病時，口之所啖，甜者甜之，苦者苦之；乍遇疾變，以甜爲苦，以苦爲甜者有焉。性情之已病，而接物之際，誤感而拂於理，其所愛惡，其所是非者，鮮得其正，鮮合其眞者。然本性自善，此亦無礙於稱之爲善。蓋其能推論理，則良能常存，可以認本病，而復治療之。

中士曰：貴邦定善之理曰可愛，定惡之理曰可惡，是一說固盡善惡之

情。敝國之士，有曰「出善乃善，出惡乃惡」，亦是一端之理。若吾性既善，此惡自何來乎？

西士曰：吾以性爲能行善惡，固不可謂性自本有惡矣。惡非實物，乃無善之謂。如死非他，乃無生之謂耳。如士師能死罪人，詎其有死在己乎？苟世人者，生而不能不爲善，從何處可稱成善乎？天下無無意於爲善，而可以爲善也。吾能無强我爲善，而自往爲之，方可謂爲善之君子。天主賦人此性，能行二者，所以厚人類也。其能取捨此善，非但增爲善之功，尤俾其功爲我功焉。故曰天主所以生我，非用我，所以善我，乃用我。此之謂也。即如設正鵠，非使射者失之，亦猶惡情於世，非以使人爲之。彼金石鳥獸之性，不能爲善惡，不如人性能之，以建其功也。其功非功名之功，德行之眞功也。人之性情雖本善，不可因而謂世人之悉善人也。惟有德之人，乃爲善人。德加於善，其用也在本善性體之上焉。

中士曰：性本必有德，無德何爲善？所謂君子，亦復其初也。

西士曰：設謂善者惟復其初，則人皆生而聖人也，而何謂有生而知之，有學而知之之別乎？如謂德非自我新知，而但返其所已有，已失之大犯罪；今復之，不足以爲大功，則固須認二善之品矣。

性之善，爲良善；德之善，爲習善。夫良善者，天主原化性命之德，而我無功焉。我所謂功，止在自習積德之善也。孩提之童愛親，鳥獸亦愛之。常人不論仁與不仁，乍見孺子將入於井，即皆怵惕，此皆良善耳。鳥獸與不仁者，何德之有乎？見義而即行之，乃爲德耳。彼或有所未能，或有所未暇視義，無以成德也。故謂人心者，始生如素簡無所書也。又如艷貌女人，其美則可愛，然皆其父母之遺德也，不足以見其本德之巧；若視其衣錦尚絅，而後其德可知也，玆乃女子本德矣。吾性質雖妍，如無德以飾之，何足譽乎。

吾西國學者，謂德乃神性之寶服，以久習義，念義行生也。謂服，則可著，可脫，而得之於忻然爲善之念，所謂聖賢者也，不善者反是。但德與罪，皆無形之服也，而惟無形之心，即吾所謂神者衣之耳。

中士曰：論性與德，古今衆矣，如闡其衷根，則玆始聞焉。夫爲非義，猶以污穢染本性；爲義，猶以文錦彰之。故德修而性彌美焉。此誠君子修己之功，然又有勉於外事，而不復反本者。

西士曰：惜哉！世俗之盡日周望，殫心力以疊僞珍，悦肉眼，而不肯略啓心目，以視千萬世之文彩內神之眞實也。宜其逐日操心困苦，而臨終之候，哀痛懼慄，如畜獸被牽於屠矣。天主生我世間，使我獨勤事於德業，常自得無窮之福，不煩外借焉，而我自棄之，反以行萬物之役，趨百危險，誰咎乎，誰咎乎。

夫人非願爲尊富，惟願恆得其所欲耳。得所欲之路無他，惟勿重其所求，得之不在我者焉。我固有眞我也，我自害之；心之害，乃眞害也。人以形神兩端，相結成人，然神之精超於形，故智者以神爲眞己，以形爲藏己之器。古有賢臣亞那，爲篡國者所傷，泰然曰：「爾傷亞那之器，非能傷亞那者也。」此所謂達人者也。

中士曰：人亦誰不知違義之自殃，從德者之自有大吉盛福，而不須外具也？然而務德者世世更稀，其德之路難曉乎？抑難進乎？

西士曰：俱難也，進尤甚焉。知此道而不行，則倍其愆，且減其知。比於食者，而不能化其所食，則充而無養，反傷其身。力行焉踐其所知，即增闢其才光，益厚其心力，以行其餘。試之則覺其然焉。

又《畸人十篇》卷上《人壽既過誤猶爲有》 李太宰問余之年。余時方造艾，則答曰：「已無五旬矣。」太宰曰：「意貴教以有爲無耶？」余曰：「否也，是年數者，往矣，竇不識今何在，故不敢云今有爾。」太宰疑之。余繼而曰：「有人於此，獲粟五十斛，得金五十鎰，藏之在其廩若橐中，則可出而用之，資給任意，斯謂之有已。已空廩橐費而猶有乎？夫年以月，月以日，累結之。吾生世一日，日輪既入地，則年與月與吾壽悉減一日也。月至晦，年至冬，亦如是。吾斯無日無年焉，身日長而命日消矣。年歲已過，云有謬耶？云無謬耶？」太宰惺余先答之意，大悦曰：「然，歲既逝，誠不可謂有與。」

余又曰：「苟有人焉，獲金幾許鎰，粟幾許斛，用之易布帛、什器以自養，養老慈幼，無即無矣，猶可爲有焉。若呼盧擲去之，或委諸壑，或與之非其人也，是無爲眞無矣。惜乎竇已往之年，於治國無功，於家政無營，於身德無修，是年時已用，徒用也，則今無而誠無之矣。令我僞云猶有乎？」太宰曰：「噫，子何言之謙也。以爲徒過光陰，無所事事，無前壽矣。世有不肖者，從少臻耄，侮天耳，害人耳，污己耳。天大慈，更益

之以壽，望其改行，而彼反用之增慾也，迨身將斃，則年數與惡積等焉。殆哉，子言之其壽有乎，無乎？」余曰：「不如未生矣。」

既而太宰易席於堂，見其諸戚，述前問答語，曰：「夫西庠實學，大獲裨於行，汝儕當繹之，勿忘矣。」

嗚呼，時之性永流，而不可留止焉。已往年不爲有，矧未之來與。余故爲《日晷箴》，曰：時之往者，已去而不可追。時之來者，未至而不可迎。時者何在？惟目下過隙白駒，可修可爲。藉如用此，以作無益，則有益者待何時乎？凡物之失，以力可追復，以勤可裨補，惟時者否也。今日一去，來日益多，今日益遠矣，胡能復回乎？來日之日，力僅足來日之事爲耳，胡有餘以補今日之失乎？春已至，農不得補冬之失時；老已至，人不得補少年之失時也。故無時可徒費焉。

夫物之爲我有，而便於用者，無如吾之年。年者，與我同生同死，無人能強脫之，無時不我隨，無處不我左右矣。智者知日也，知日之爲大寶矣。一日一辰，猶不忍空棄也。

昔日吾鄉有一士，常默思對越天主，務以行事，仰合其旨，不得爲俗事所脫。一日值事急，茫然一辰，忘而勿思，既而猛醒，即悔歎曰：「嗟嗟，盡一辰，弗念天主，如禽獸焉。」茲士一辰不思道，咤已爲禽獸。有人終日無是念，期年忘之，奚不詈己爲草木土石乎哉？

至人者，惟寸影是寶，而恆覺日如短焉。愚人無所用心，則覓戲玩以遣日。我日不暇給，猶將減事以就日也，暇嬉遊哉。實心務道者，視已如行旅，懷珍貝，走曠野，俄日暮昏黑，而不識路，又不知安宿處遠耶，近耶。是時可綏行乎？可不戒心勤慎乎？

夫日，本無不祥，無空亡。凡有日，不聊用寡汝過，不聊用長汝德，即此日也，可謂日之不祥，日之空亡耳。常人爲財有急用，恆自惜財。君子爲日有正用，恆自惜日。嗚呼，世人孰有重視時，孰不輕一日容易棄擲焉，而烏知一日之功，吾可致無盡善，可免無量愆？鄙哉，蜘蛛之爲蟲也，終身巧織，張細罟羅蚊虻，而數爲風所散壞也。人有終生務淺微事而猶不得遂，何異此乎。

夫世事世物，吾不可卻，亦不可留。故賢者借心焉，不肖者贈心焉。借者暫寄，贈者即非吾有矣。吁，世之人何大誤也。晨夕亟於俗情，若論及道德，檢心修行，便曰：「至善也，至重也，第吾不暇耳。」處不至善、不至重則暇，迄爲至善且重者，即曰不暇，非猖狂哉！人縱有甚急事，未嘗不日日卻冗再三食也，未聞曰不暇矣。以養身必卻冗於事隙，如此其勤焉，以養心不能乎？爲養心德求，汝卻冗於事隙，亦足靦赧甚矣，矧求而不得之與？痛哉，痛哉。

又《人於今世惟僑寓耳》 馮大宗伯問余曰：吾觀天地萬物之間，惟人最貴，非鳥獸比，故謂人參天地。

然吾復察鳥獸，其情較人反爲自適，何者？其方生也，忻忻自能行動，就其所養，避其所傷，身具毛羽爪甲，不俟衣履，不待稼穡，無倉廩之積藏，無供爨之工器，隨食可以育生，隨便可以休息，嬉遊大造，而常有餘閑。其間豈有彼我、貧富、尊卑之殊，豈有可否、先後、功名之慮操其心哉？熙熙逐逐，日從其所欲爾。

人之生也，母先痛苦，赤身出胎，開口便哭，似已自知生世之難；初生而弱，步不能移，三春之後，方免懷抱；壯則各有所役，無不勞苦，農夫四時反土於畎畝，客旅經年遍渡於山海，百工無時不勤動手足，士人晝夜劇神殫思焉；所謂君子勞心、小人勞力者也。五旬之壽，五旬之苦。至如一身疾病，何啻百端。嘗觀醫家之書，一目之病，三百餘名，況馨此全體，又可勝計乎。其治病之藥，大都苦口。即宇宙之間，不論大小蟲畜，肆其毒具，往爲人害，如相盟詛，不過一寸之蟲，足殘七尺之軀。人類之中，又有相害，作爲凶器，斷人手足，截人肢體，非命之死，多是人戕。今人猶嫌古之武不利，則更謀新者，輾轉益烈，甚至盈野盈城，殺伐不已。縱遇太平之世，何家成全無缺？有財貨而無子孫，有子孫而無才能，有才能而身無安逸，有安逸而無權勢，則每自謂虧醜。極大喜樂，而爲小不幸所泯，蓋屢有之。終身所愁，終爲大愁所承結，以至於死，身入土中，莫之能逃。

故古賢有戒其子者曰：「爾勿欺己，爾勿昧心，人所競往，惟於墳墓；吾曹非生，是乃常死，入世始起死，曰死則了畢已；月過一日，吾少一日，近墓一步，常畏所不得避患，何時安乎？」

夫此只訴其外苦耳，其內苦誰能當之？凡世界之苦辛，爲眞苦辛，其快樂爲僞快樂，其勞煩爲常事，其娛樂爲有數，一日之患，十載訴不

盡，則一生之憂事，豈一生所能盡述乎？人心在此，爲愛惡忿懼四情所伐，譬樹在高山，爲四方風之所鼓，胡時得靜？或溺酒色，或惑功名，或迷財貨，各爲己欲所牽，誰有安本分而不求外者？雖與之四海之廣、兆民之衆，不止足也，愚矣。

然則人之道，人猶未曉，況於他道？而既從孔子，復由老氏，又從釋氏，而折斷天下之心於三道也乎。又有好事者，別立門戶，載以新說，不久而三教之岐，必至於三千教而不止矣。雖自曰「正道正道」，而天下之道日益乖亂，上者陵下，下者侮上，父暴子逆，君臣相忌，兄弟相賊，夫婦相離，朋友相欺，滿世皆詐諂誑誕，而無復眞心。嗚呼，誠視世民，如大海中遇風濤，舟舶壞溺，而其人蕩漾波心，沉浮海角，且各急於己難，莫肯相顧；或執碎板，或乘朽篷，或持敗籠，隨手所值，急操不捨，而相繼以死，良可惜也。不知天主何故生人於此患難之處？則其愛人反似不如禽獸焉。

余答之曰：世上有如此患難，而吾癡心猶戀愛之不能割，使有寧泰，當何如耶？世態苦醜，至如此極，而世人昏愚，欲於是爲大業，闢田地，圖名聲，禱長壽，謀子孫，篡弒攻併，無所不爲，豈不殆哉。

古西國有二聞賢，一名黑蠟，一名德牧。黑蠟恆笑，德牧恆哭，皆見世人之逐虛物也，笑因譏之，哭因憐之耳。又聞近古一國之禮，不知今尚存否？凡有產子者，親友共至其門，哭而弔之，爲其人之生於苦勞世也；凡有喪者，至其門作樂賀之，爲其人之去苦勞世也；則又以生爲凶，以死爲吉焉。夫夫也，太甚矣，然而可謂達見世之情者也，見世者非人世也，禽獸之本處所也，所以於是反自得有餘也。

人之在世，不過暫次寄居也，所以於是不寧不足也。請以儒喩。夫大比選試，是以士子似勞，徒隸似逸，有司豈厚徒隸而薄士子乎？蓋不越一日之事，而以定厥才品耳。試畢，則尊自尊，卑自卑也。吾觀天主亦置人於本世，以試其心，而定德行之等也。故見世者，吾所僑寓，非長久居也。

吾本家室，不在今世在後世，不在人在天，當於彼創本業焉。今世也，禽獸之世也，故鳥獸各類之像，俯向於地。人爲天民，則昂首向順於天。以今世爲本處所者，是欲與禽獸同群也。以天主爲薄於人，固無怪

耳。天主所悲憫於人者，以人之心全在於地，以是爲鄉，惟泥於今世卑事，而不知惺望天原鄉，及身後高上事，是以增置荼毒於此世界，欲拯拔之焉。

且天主初立此世界，俾天下萬物或養生，或利用，皆以供事樂我輩，而吾類原無苦辛焉。自我輩元初祖先忤逆上主，其後來子孫又效之，物始亦忤逆我，而萬苦發，則此多苦，非天主初意，乃我自招之耳。

大宗伯聞畢，嘆曰：噫嘻，此論明於中國，萬疑解釋，無復有咎天之說；天何咎乎？夫前聖後賢，凡行道救世者，其一生所作，莫非苦辛焉。設造物者令成道之人，身後與草木並朽，而無有備樂地，使之永安常享，則其所歷苦辛，造物者竟無以酬之，豈不使世人平生疑惑乎哉？且高論所云，無非引悉人於實德，沮人欲不殉虛浮，堅意以忍受苦辛，不令處窮而濫，強志以歸本分，別尊類於醜彙，皆眞論也。

從是日，大宗伯大有志於天主正道，屢求吾翻譯聖教要誡，命速譯其餘，又數上疏，排空幻之說，期復事上主之學於中國諸庠。嗚呼，傷哉。大宗伯大志將遂，忽感疾而卒，遂負余之所望也。嗚呼，今而後，大都之中，有續成其美意者歟？余日望之。

李之藻《睡畫二答引》人自有生迄没齒，自省皆是一夢。他人從旁看之，則皆一畫。從古人至今人，皆夢皆畫也。則從小事至大事，從一事至億萬事，愉悲妬戀，得喪死生，以至征誅揖讓，無不夢，無不畫也。夢無留迹，畫有留迹，而迹虛非實。試夢中說夢，畫後評畫，夢從何起，從何滅，何以不自覺不自主。鑄鼎象物，辨神奸，垂法戒，既以身入畫矣。當作檮杌垂戒畫，抑作聖喆垂範畫。夫夢緣習生，不夢推車入鼠穴，非所習也。根性本超，合眼栩栩，機神已逗，醒來秋駕師傳，情就覲生。寐不自主，何況於夢，所以練性忘情，以寤寐卜所學之淺深也。若乃舉心動念，便妨描畫有人，十目十手，倍益警策。方且視潛伏爲龍見雷聲，誰甘備諸醜於蠅營狗苟，此今梁子睡畫二答之旨，牣論則隨事省克，精論則通晝夜爲大覺，徹宇宙爲繪觀，無非道無非學也。如以睡與畫而已矣，則蕉鹿柯螘，世方長迷不醒，提喚實難。而辯士舌文士筆，盈耳充棟，絕勝丹青之用，不聞矇瞍有省奚以之解衣盤礴，而咀黑甜之味焉。

楊廷筠《天釋明辨・夢幻泡影》問夢幻泡影如何。曰釋氏夢幻泡

影，似天教在世須臾言也，而實不同。夫釋氏慮人貪着不能解脱，故言人世無常，不是堅久，如夢如幻，如泡如影，如露如電，極易消滅，過即等空，人何苦留戀不舍哉。此意未嘗不是，然不逐一分剖，概等無常，世味是幻，即善業亦應歸空，善業既空，即惡業亦總非實。使人耽有者，既不知空，溺空者，并全棄有，未可謂作引世之津梁也。天教專談一寔，不言事物無常，惟言肉身是四元行會合，不能堅久，身既易壞，身之享用益復迅速，故謂之須臾。須臾云者，以人壽極長，不過百年。靈神一離肉身，非是極樂，即有極苦，萬萬年如是，再無回轉。以百年之人壽，視萬萬年之天堂地獄，豈不誠須臾乎。人若如此，以須臾之苦，易萬萬年之樂，何憚不爲。以須臾之樂，易萬萬年之殃，何苦爲之。至於萬萬年身後之苦樂，全係須臾在生之人世，則我此生，寧容浪做。天教令人嘗念死候，聞自鳴鐘刻刻懼曰，時又去矣，對所懸髑髏，刻刻自儆曰，爾肉身相也，非人世須臾意哉。夫以肉身之須臾，可謂夢幻泡影，享受之不堅，又謂之如露如電。若靈神在，人有作有受，斷斷不滅生前死後在在實有，安可以無嘗概目之乎。或曰，人類只有一生，再無多生，前見教天堂地獄，不信輪迴等篇，已明其旨，不多喙矣，然竊有疑焉。天堂地獄，享受不同，其無窮同也。生乎吾前，以遡天地之初，升天堂者已先享數千年之樂，降地獄者已先受數千年之殃，從此迄後，至於無窮，乃復與後死者同等。吾恐前人之善，未必盡勝後人也，何以獨饒千年之樂。後人之惡，未必盡減前人也，何以獨少千年之苦。似此不均，難明天意，曰以若所論，必欲人類生死同在一日，不先不後，方謂賞罰得平乎。有世界，必有人類，有人類，必逐漸生，逐漸死，自然之勢也，且天堂之爲極樂，以其滿樂之分量，再無可加一日，猶萬年也。若以一日之樂歉於萬年樂之分量不滿，非天堂矣。地獄之爲極苦，以其滿苦之分量，再無可加一日，猶萬年也，若以一日之苦，寬於萬年苦之分量不滿，非地獄矣，所以兩處分途再無輪轉，如天堂可輪轉，樂中有苦，非滿分量之極樂，地獄可輪轉，苦中有樂，非滿分量之極苦。造物主安立世界，即預定法，以待作善作惡之人，萬萬無差，不俟後人智巧補益之也。誠知此理，則與前數篇之義益相發明，何用執爲疑府耶。

又《代疑篇・答物性不同人性人性不同天主性條》 問：仁者以天地萬物爲一體，儒先至言也，今欲闢輪迴之非，而曰人物不同性，人與天主，性尤迴絕，果儒先之言盡非乎？曰：儒先之言，自有所爲：爲隘視吾身者，守其一膜，與天地萬物，絕不相關；泛視天地萬物者，任其慘舒榮悴，與吾身絕不相涉；是以自私自利，相戕相賊，寧知原來同一爐冶？故明儒特醒之曰：物我一體，分雖殊而理則一，派雖別而源則同，如見入井之孺子而怵惕，見堂下觳觫而不忍，皆實境實情，惟仁者見其然焉，然云以之爲體，則彼亦一體，此亦一體，不可強而同，明矣。今夫明鏡在懸，萬象攝入其中，似乎實有，然而攝者，虚象也，光去則不留，體移則盡換，鏡與影原非同體，豈不昭然？

若論性體不同，諸篇自有明解，姑摘言之。如草木依類而生，依期而長，止有生魂而不知趨避，是無覺魂也。禽獸既有草木之生長，而又能趨避，是有覺魂，然不能論義理，是無靈魂也。人魂兼有三能，能辨理之是非，別人事之可否，禽獸有是乎？今言草木不同於禽獸，人皆信之，獨謂禽獸不同於人性，無有信者，則輪迴之説，溺其見，而又一體之論，成其訛也。

或曰：物亦有靈，人亦有蠢，安得執一論之？曰：善持論者，當觀其大全，物之靈，人之蠢，不過千百中之一二，豈可因其一二，遂廢千百？況所謂物之靈，不過雞司晨，犬司夜，牛司耕，蜂蟻之義，蛛蠶之巧之類，有似乎靈，而不知此非靈也，特覺魂之偏至者，或資用於世，或示表於人，即諸物不自知之，惟其爲天所生之性，諸物不得不然，不得言功，亦不可言靈。靈者，見其當然，又推測其所以然，惟人有之。設禽獸諸物，能見義理，亦能自專，必有然有不然者，而物態萬殊矣；胡爲此方之物類，無殊萬方，今時之物類，不殊古昔乎？聖教言物之無異，由不自專，雖有善，非物之善，主之爲也。人之萬變，由得自專，則有善，非主獨爲，亦人之功也。不然，諸物既有靈，復有善，且殺身以報於世，大忠大義，人類不如，果可爲通論乎？知物之與人，即知人之與天主矣。天主之性，不可名言，即後章一體三位，與性薄錄之十二信，一時不能遽悟，久久或可推求，遂謂人性能窮天主之性，則亦未敢矣。嘗謂人有三世，母腹一世，出胎一世，歸天堂一世：在胎不盈一掬，自謂至適，不知人世之寬也；出胎，見天覆地載，方駭廣大無比，又不知天堂之無窮無際

也，天堂之與人世，人世之與母胎，廣狹不同量矣！此人性主性之別也。學者不明此理，徒見一體之説，膾炙已久，襲舛承訛，遂至汎濫無極，卑者認物猶我，與衆生輪迴，既無了脱之期；高者認主迂遠，謂福盡復降，寧有敬事之念；悞認一體，流弊至是，不可不深辨也。

又《答既説人性以上所言報應反涉粗迹條》　程子言人性以上，不容説；後儒因是，止言率性以下修道之事，而天命一語，從無剖抉精微，揭而示之；不知程子之言，特形容天命之妙，不可輕擬，説而不當，不若不言之爲愈，非謂可説不必説，乃不容説也。《易》曰：窮理盡性以至於命；使可無説，則窮理盡性足矣，何以必至於命哉？今只説天命之謂性一句繹之，言人有性，從天降之，猶官有職，從朝廷與之，朝廷不分自己與人，所與者誥勅文憑，上主不分體質與人，所命者虚靈性體，其理極明；惟後儒不得其解，又強欲爲解，乃謂命即是性，天即是人，總是這於穆不已，在天爲命，在人爲性，特一物而兩名；若造化分體與人，人各得造化一體，謂之物各一太極，又謂之造化在手，止問在我之天，不必有在天之天，猶之居官者，執誥勅文憑，即信是朝廷，不復有端冕凝旒，明目達聰之朝廷，君臨主宰其上也，可乎哉？無操握大寶者君主於上，誥勅文憑不過片紙，人雖至愚，必不以片紙爲朝廷明矣。

或問天命云何？曰：西儒言人爲萬物之靈，所具靈性，極其尊貴，故人與物，迥然不同：蓋覺魂從耳目口鼻四肢而生，血肉之精華，不但人有之，禽獸皆有之；既從血肉而生，凡具有生覺，即能嗣續不絶，不必再領主命；人之所以異於禽獸者，全在於靈性，不關血肉，不涉耳目口鼻四肢，從天付畀，其付之之由，不從内發，不從外入，實天主造以予之，若誥勅文憑然，非深思，非明傳，未易信而悟也。此程子所謂不容説之意，蓋防世之不知，而妄爲之説者；若可説不説，使世人認物與人無異，人與天無異，源頭不清，流弊益遠，非程子立言意矣。

靈性惟由天主所賦，所以必無散滅；無散滅，所以必有報施；報施者，有天堂有地獄也；粗言之，似乎涉迹，精言之，極爲玄微。蓋天主全能大智，至善萬福，既超人性以上，必思通己之所有，以與人共；於是乎受其所分者，有善報，而天堂之賞，亦人性未有之賞也；棄其所分者，有惡報，而地獄之罰，亦人性未有之罰也。既報其生前，又報其死後，既報其靈性，并報其肉身，極言天主報人，至公至嚴，無所不盡，正是超性者之作用，非人思議，豈云粗迹哉？

至耶穌在世，所言所行，每以微論而寓至理，以瑣事而表鴻訓，非冥思實體，不能領會。俗眼俗情，視爲粗淺，正其高深不可測識處，亦超性以上者之呈露也。西士每舉聖蹟，必自始至終，詳細備述，嘗恐一字增損，有失本眞，奉教惟謹，述而不作之意，嘿嘿可想！況以西國言語，始發中華文義，語不應口，筆不湊句，安能遽玄遽妙？聽者不深維其意，反謂涉迹，如在璞之玉，韞蚌之珠，凡目眂之，藐爲非珍，初何損於至寶哉？

又《答耶穌爲公教諸聖相通功條》　人知中國之内，有釋道異端，不知九洲四海，如此等教甚多，名目各別，或一時所尊，或一方所貴，或依附名理，或狥人私意，故有此之所立，不能通彼，前之所崇，不能行後，皆不得爲公教。惟上主一而已，萬國共戴一天，共仰一主，予以形軀爲人，從予之萬物，以養其形軀，賦之靈性，爲形軀主，兼賦之義理，以美其靈性，萬國無異同焉；有生之倫，皆知爲天主恩，則皆感之而不忍貳，敬之而不敢褻，若出彝性，自不可解，不教而能，此謂大公。異端起，而其教始分，異端盛，而其念始奪；乃一念畏顧上主之忱，隱隱在中，終不可泯，晦中有明，剥中常復，益知公德，人所共尊，惟大主謂之公教，誰曰不宜？乃又云諸聖相通功，何也？曰：此説，中國所未啓，大西學者，人人晰之。有在天之聖人，有在世之聖人，皆體備功德，不欲自私，願分所有，與人同德，不啻磁石之戀鐵，琥珀之引針也。蓋耶穌愛人至極，欲已受難宏勳，常留於世，爰立聖事七件，并彌撒等聖蹟，作聖寵之原，積德之具，人若善領此恩，莫不增其聖寵，倍其功德；而相通功者，即公之之謂也：不但一方，即四海九洲，同在教中，修習之功德，於我均有分矣；豈惟一世，即往古來今，同在教中，已成之功德，於我亦均有分矣。凡此皆耶穌所定，天主之聖意也，雖吾人思議不及，莫能洞其奧理，亦當堅信，不可稍疑。

昔人有問教孰爲眞，答以十二種別之。一曰，眞主之教爲眞。謂諸教皆人所立，不能無缺，惟聖教爲眞主所立之教，與人不同。二曰，聖而公爲眞。聖不易言矣，普天之下，咸尊一主，曰公。三曰，最先之教爲眞。自有人性，即知敬

主。四曰，古今不間爲眞。五曰，古聖人咸尊之爲眞。六曰，萬狀攻不能破爲眞。七曰，經傳義理歸一爲眞。非如別學，概多互異。八曰，超異顯迹爲眞。超異不足表章，性體所露，自不容泯。九曰，預言未來不爽爲眞。人但知降生爲後世事，不知開闢之初，即預示其兆。十曰，奉教者，爲教捨命爲眞。捨命爲證，教之眞也。故今西國，無有貳信。十一曰，能釋罪救人爲眞。十二曰，能主張內外賞罰爲眞。內爲靈性，外爲肉身。知此爲眞，疑亦無從着矣。

或問如何謂聖神之功？曰：人有三種性光：良知良能，謂之本性之光，即不在教，人人有之；既奉聖教，篤信力行，天主又加寵焉，明悟愛欲，益增力量，謂之超性之光，惟善人有之；及至死候，則天神降接，又加四種德力，爲升陟階梯，謂之眞福之光，惟至死不犯誡之人有之。此三種光，皆聖神自具，人能信奉，與聖神同德；同德，則機神自合，如萬燈相照，重重攝人，應有相通之理，非待人力強爲之合也。世人妄恃己能，不祈主佑，自同魔屬，其爲墮落，固無足論，即養性修爲，而不信若啓若翼，如龍不乘雲，豹不澤霧，鵬不借風，必不能成其變化，不進此解，雖窮年矻矻，勞亦罔功。所以通功之義，西士甚珍，非同臆說；況學者自驗，有一分信力，得一分寵佑，隨試輒見，如答桴鼓，如應影形，非敢自誣誣人，則死候神人相接，自同一理，通功何必疑哉？

朱宗元《拯世略說·氣質所以不齊》 若問人生智愚強弱，良暴壽夭，判然不齊，其性有善惡乎？天主有厚薄其間乎？抑氣化之自然，雖造物者亦無如之何耶？予曰：主賦之性，本來皆善：堯舜之與桀跖，無以異也，顧所謂善者，質善耳，非德善也。性固可以爲仁，但不得以性中有仁，而遂爲仁人；行仁則爲仁人，行不仁則爲不仁人也。性固可以爲義，但不得以性中有義，而遂爲義人；行義則爲義人，行不義則爲不義人矣。譬如一幅良楮，可以繪佳像，而拙工以繪醜像，楮不任罪；一秉好筆，可寫美字，而拙手以寫惡字，筆不任罪。人性自可爲善，凡爲惡者，人自悖性而行，非性之罪也。若夫氣質之說有三：一者父母之血氣：血氣少而清者，其子弱以智；血氣盛而強者，其子濁以愚。一者此方山川之秀，而仁智之質因之：如江南之人，概多文秀；北土之人，概多質直也。一者教育之遲速，父師之賢不肖，境地之觀摩，習染之深淺耳。蓋稟受不齊，不過明愚勇怯之異；若爲善去惡之權，主張在心者，非氣質所能蔽。不能生而知之，獨不曰，學而知之，困而知之乎？不能安而行之，獨不曰，利而行之，勉強而行之乎？況剛明者，往往作過；愚怯者，往往不能爲大惡。即如生質貞潔者固美；生質好淫，而能反之於貞，則爲力雖難，爲功更大。生質溫和者固美；生質易怒，而克之歸於和，其事更苦，其功倍盛。此天主所以任氣化之不齊，而不強之使齊者也。故聖教稱肉身，世俗，邪魔，爲三仇，深爲靈魂之累。肉身，即氣質之謂也。世俗，則所習之頹風；苟非卓立，難免污染：或懼違衆受譏，聊亦苟且相和。邪魔恆以非義投入我念，但魔能誘我，不能強我；誘惑在彼，主持在己；初發一念，機不係我；隨時遏除，不惟無罪，且有克己之功。故聖人之禦肉身也，不使血氣過盛，寧靜淡泊以養之，俾神靈能制嗜慾；其禦世俗也，天下非之不顧，一國非之不顧，衆濁我清，衆醉我醒；其禦邪魔也，念吾主之五傷，畫十字，呼聖號，而又時加省察，隨起隨禁，不使想成也。昔一聖人默禱，主呼之曰：爾欲我去爾惡念，使不自起乎？曰：不欲也，但祈加我戰勝之力耳。將不遇敵者，是不欲成功受賞也。故天主許魔鬼在世，試煉人心，以玉成其德行焉。若開物成務之哲，訓世設教之聖，天主使其稟受，稍美於他人，非獨厚一人也；厚一人，正以厚衆人；而其於人總無厚薄也。至於壽夭，雖由主命，但寡欲善養，或可消愆卻病；洩越暴殄，或速致病夭亡；然人而善，壽固增其德業，夭亦速邀其天賞；人而惡，壽則日積愆尤，夭則早受地獄；天主不以壽夭爲輕重，猶之不以貴賤貧富爲輕重也。

藝文

利瑪竇《西琴曲意》八章 萬曆二十八年，歲次庚子，竇具贄物赴京師，獻上，間有西洋樂器雅琴一具，視中州異形，撫之有異音。皇上奇之，因樂師問曰：「其奏必有本國之曲，願聞之。」竇對曰：「夫他曲，旅人罔知，惟習道語數曲，今譯其大意，以大朝文字，敬陳於左。第譯其意，而不能隨其本韻者，方音異也。」

吾願在上 一章

誰識人類之情耶？人也者，乃反樹耳。樹之根本在地，而從土受養，其幹枝向天而竦。人之根本向乎天，而自天承育，其幹枝垂下。君子之

知，知上帝者，君子之學，學上帝者，因以擇誨下衆也。上帝之心，惟多憐恤蒼生，少許霹靂傷人，當使日月照，而照無私方矣，常使雨雪降，而降無私田兮。

牧童遊山　二章

牧童忽有憂，即厭此山，而遠望彼山之如美，可雪憂焉。至彼山，近彼山，近不若遠矣。牧童、牧童，易居者寧易己乎？汝何往而能離己乎？憂樂由心萌，心平隨處樂，心幻隨處憂，微埃八目，人速疾之，而爾寬於串心之錐乎？已外尊己，固不及自得矣，奚不治本心，而永安於故山也？古今論皆指一耳。遊外無益，居內有利矣。

善計壽修　三章

善知計壽修否？不徒數年月多寡，惟以德行之積，盛量己之長也。不肖百紀，孰及賢者一日之長哉。有爲者，其身雖未久經世，而足稱耆耄矣。上帝加我一日，以我改前日之非，而進於德域一步。設令我空費寸尺之寶，因歲之集，集己之咎，夫誠負上主之慈旨矣。嗚呼，恐再復禱壽，壽不可得之，雖得之，非我福也。

德之勇巧　四章

琴瑟之音雖雅，止能盈廣寓，和友朋，徑迄牆壁之外，而樂及鄰人，不如德行之聲之洋洋，其以四海爲界乎？寰宇莫載，則猶通天之九重，浮日月星辰之上，悦天神而致天主之寵乎？勇哉，大德之成，能攻蒼天之金剛石城，而息至威之怒矣。巧哉，德之大成，有聞於天，能感無形之神明矣。

悔老無德　五章

余春年漸退，有往無復，蹙老暗侵，莫我恕也。何爲乎窄地而營廣廈，以有數之日，圖無數之謀歟？幸獲今日一日，即亟用之勿失。吁！毋許明日，明日難保；來日之望，止欺愚乎？愚者罄日立於江涯，竢其涸，而江水汲汲流於海，終弗竭也。年也者，具有輶翼，莫怪其急飛也。吾不怪年之急飛，而惟悔吾之懈進。已夫，老將臻而德未成矣。

胸中庸平　六章

胸中有備者，常衡乎靖隱，不以榮自揚揚，不以窮自抑抑矣。榮時則含懼，而窮際有所望，乃知世之勢無常耶？安心受命者，改命爲義也。海嶽巍巍，樹於海角，猛風鼓之，波浪伐之，不動也。異於我浮梗蕩漾，竟無內主，第外之飄流是從耳。造物者造我乎宇內，爲萬物尊，而我屈己於林總，爲其僕也。慘兮慘兮，孰有抱德勇智者，能不待物棄己，而己先棄之，斯拔於其上乎？曰：吾赤身且來，赤身且去，惟德殉我身之後也，他物誰可之共歟！

肩負雙囊　七章

夫人也，識己也難乎？欺己也易乎？昔有言，凡人肩負雙囊，以胸囊囊人非，以背囊囊己慝兮。目俯下易見他惡，回首顧後囊，而覺自醜者希兮！觀他短乃龍睛，視己失即瞽目兮。默泥氏一日濫刺毀人，或曰：「汝獨無咎乎？抑思昧吾儕歟？」曰：「有哉？或又重兮，惟今吾且自宥兮，」嗟嗟！待己如是寬也，誠闇矣。汝宥己，人則盍宥之？余制虐法，人亦以此繩我矣。世寡無過者，過者纖乃賢耳。汝望人恕汝大癰，而可不恕彼小疵乎？

定命四達　八章

嗚呼，世之芒芒，流年速逝，逼生人也。月面日易，月易銀容，春花紅潤，暮不若旦矣。若雖才，而才不免膚皺，弗禁鬢白。衰老既詣，迅招乎凶，夜來瞑目也。定命四達，不畏王宮，不恤窮舍，貧富愚賢，概馳幽道，土中之坎三尺，候我與王子同坳兮。何用勞勞，而避夏猛炎？奚用勤勤，而防秋風不祥乎？不日而須汝長別妻女親友，縱有深室，青金明朗，外客或將居之。豈無所愛？苑囿百樹，非松即楸，皆不殉主喪也。日漸苦，萃財賄，幾聚後人樂侈奢一番，即散兮。

道德倫理

綜　述

利瑪竇《交友論》　友之與我，雖有二身，二身之內，其心一而已。

相須相佑，爲結友之由。

孝子繼父之所交友，如承受父之產業矣。

時當平居無事，難指友之眞僞；臨難之頃，則友之情顯焉。蓋事急之際，友之眞者益近密，僞者益疏散矣。

有爲之君子，無異仇，必有善友。如無異仇以加儆，必有善友以相資。

交友之先宜察，交友之後宜信。

雖智者亦謬計己友多乎實矣。愚人妄自侈口，友似有而還無；智者抑或謬計，友無多而實少。

友之饋友而望報，非饋也，與市易者等耳。

友與仇。如樂與鬧，皆以和否辨之耳。故友以和爲本焉。以和微業長大，以爭大業消敗。樂以導和，鬧則失利。友相和則如樂，仇不和則如鬧。

在患時，吾惟喜看友之面。然或患或幸，何時友無有益？憂時減憂，欣時增欣。

仇之惡以殘仇，深於友之愛以恩友，豈不驗世之弱於善，強於惡哉。

人事情莫測，友誼難憑。今日之友，後或變而成仇；今日之仇，亦或變而爲友。可不敬愼乎。

徒試之於吾幸際，其友不可恃也。脈以左手驗耳，左手不幸際也。

既死之友，吾念之無憂，蓋在時，我有之如可失，及既亡，念之如猶在焉。

各人不能全盡各事，故上帝命之交友，以彼此胥助。若使除其道於世者，人類必散壞也。

可以與竭露發予心，始爲知己之友也。

德志相似，其友始固。㕛也，雙又耳，彼又我，我又彼。

正友不常，順友亦不常。逆友有理者順之，無理者逆之，故直言獨爲友之責矣。

交友如醫疾，然醫者誠愛病者，必惡其病也。彼以救病之故，傷其體，苦其口。醫者不忍病者之身，友者宜忍友之惡乎？諫之諫之，何恤其耳之逆，何畏其額之蹙。

友之譽，及仇之訕，並不可盡信焉。

友者於友，處處時時，一而已。誠無近遠，內外、面背、異言、異情也。

友人無所善我，與仇人無所害我等焉。

友者過譽之害，較仇者過訾之害猶大焉。友人譽我，我或因而自矜；仇人訾我，我或因而加謹。

視財勢友人者，其財勢亡，即退而離焉。謂既不見其初友之所以然，則友之情遂渙矣。

友之定，於我之不定事，試之可見矣。

爾爲吾之眞友，則愛我以情，不愛以物也。

交友使獨知利己，不復顧益其友，是商賈之人耳，不可謂友也。小人交友如放帳，惟計利幾何。

友之物，皆與共。

交友之貴賤，在所交之意耳，特據德相友者，今世得幾雙乎？

友之所宜，相宥有限。友或負罪，惟小可容；友如犯義，必大乃棄。

友之樂多於義，不可久友也。

忍友之惡，便以他惡爲己惡焉。

我所能爲，不必望友代爲之。

友者古之尊名，今出之以售，比之於貨，惜哉。

友於昆倫邇，故友相呼謂兄，而善於兄弟爲友。

友之益世也，大乎財焉。無人愛財爲財，而有愛友特爲友耳。

今也友既沒言，而諂諛者爲佞，則惟存仇人，以我聞眞語矣。

設令我或被害於友，非但恨己害，乃滋恨其害自友發矣。

多有密友，便無密友也。

如我恆幸無禍，豈識友之眞否哉。

友之道甚廣闊。雖至下品之人，以盜爲事，亦必似結友爲黨，方能行其事焉。

視友如己者，則遐者邇，弱者強，患者幸，病者愈，何必多言耶。死者猶生也。

我有二友，相訟於前。我不欲爲之聽判，恐一以我爲仇也。我有二仇，相訟於前，我可猶爲之聽判，必一以我爲友也。

信於仇者，猶不可失，況於友者哉。信於友，不足言矣。

友之職，至於義而止焉。

如友寡也，予寡有喜，亦寡有憂焉。

故友爲美友，不可棄之也；無故以新易舊，不久即悔。

既友，每事可同議定，然先須議定友。

友於親，惟此長焉。親能無相愛親，友者否。蓋親無愛親，親倫猶在，除愛乎友其友，理焉存乎？

獨有友之業能起。

友友之友，仇友之仇，爲厚友也。吾友必仁，則知愛人，知惡人，故我據之。

不扶友之急，則臨急無助者。

俗友者，同而樂多於悅，別而留憂；義友者，聚而悅多於樂，散而無愧。

我能防備他人，友者安防之乎？聊疑友，即大犯友之道矣。

上帝給人雙目、雙耳、雙手、雙足，欲兩友相助，方爲事有成矣。友字，古篆作㕛，即兩手也，可有而不可無。朋字，古篆作羽，即兩习也，鳥備之方能飛。古賢者視朋友，豈不如是耶？

天下無友，則無樂焉。

以詐待友，初若可以籠人，久而詐露，反爲友厭薄矣。以誠待友，初惟自盡其心，久而誠孚，益爲友敬服矣。

我先貧賤，而後富貴，則舊交不可棄，而新者或以勢利相依。我先富貴，而後貧賤，則舊交不可恃，而新者或以道義相合。友先貧賤，而後富貴，我當察其情，恐我欲親友，而友或疏我也。友先富貴，而後貧賤，我當加其敬，恐友防我疏，而我遂自處於疏也。

夫時何時乎？順語生友，直言生怨。

視其人之友如林，則知其德之盛。視其人之友落落如晨星，則知其德之薄。

君子之交友難，小人之交友易。難合者難散，易合者易散也。

平時交好，一旦臨小利害，遂爲仇敵，由其交之未出於正也。交既正，則利可分，害可共矣。

我榮時，請而方來，患時不請而自來，夫友哉。

世間之物，多各而無用，同而始有益也。人豈獨不如此耶。

良友相交之味，失之後愈可知覺矣。

居染廛，而狎染人，近染色，難免無污穢其身矣。交友惡人，恆聽視其醜事，必習之而浼本心焉。

吾偶候遇賢友，雖僅一抵掌而別，未嘗少無裨補，以洽吾爲善之志也。

交友之旨無他，在彼善長於我，則我效習之；我善長於彼，則我教化之。是學而即教，教而即學，兩者互資矣。如彼善不足以效習，彼不善不可以變動，何殊盡日相與遊謔而徒費陰影乎哉？無益之友，乃偷時之盜。偷時之損，甚於偷財。財可復積，時則否。

使或人未篤信斯道，且修德尙危，出好入醜，心戰未決，於以剖釋其疑，安培其德，而救其將墜，計莫過於交善友。蓋吾所數聞、所數睹，漸透於膺，豁然開悟，誠若活法勸責吾於善也。嚴哉君子，嚴哉君子，時雖言語未及，怒色未加，亦有德威，以沮不善之爲與？

爾不得用我爲友，而均爲嫵媚者。

友者，相褒之禮易施也，夫相忍友乃難矣。然大都友之皆感稱己之譽，而忘忍己者之德，何歟？一顯我長，一顯我短故耳。

一人不相愛，則耦不爲友。

臨當用之時，俄識其非友也，慼矣。

務來新友，戒毋諠舊者。

友也，爲貧之財，爲弱之力，爲病之藥焉。

國家可無財庫，而不可無友也。

仇之饋，不如友之棒也。

世無友，如天無日，如身無目矣。

友者既久，尋之既少，得之既難，存之或離於眼，即念之於心焉。

知友之益，凡出門會人，必圖致交一新友，然後回家矣。

諛諂友，非友，乃偷者，偷其名而僭之耳。

吾福祉所致友，必吾災禍避之。

友既結成，則戒一相斷友情。情一斷，可以姑相著，而難復全矣。玉器有所黏，惡於觀，易散也，而寡有用耶。

醫士之意，以苦藥瘳人病；諂友之向，以甘言干人財。

不能友己，何以友人？

智者欲離浮友，且漸而違之，非速而絕之。

欲以衆人交友則繁焉，余竟無冤仇則足已。

彼非友，信爾，爾不得而欺之。欺之，至惡之之效也。

永德，永友之美餌矣。凡物無不以時久爲人所厭，惟德彌久，彌感人情也。德在仇人猶可愛，況在友者歟？

歷山王大西域古總王值事急，躬入大陣。時有弼臣止之曰：「事險若斯，陛下安以免身乎？」王曰：「汝免我於詐友，且顯仇也，自乃能防之。」

歷山王亦冀交友，賢士名爲善諾，先使人奉之以數萬金。善諾佛而曰：「王既吾以玆，意吾何人耶？」使者曰：「否也，王知夫子爲至廉，是奉之耳。」曰：「然則當容我爲廉已矣。」而麾之不受。史斷之曰：王者欲買士之友，而士者毋賣之。

歷山王未得總位時，無國庫，凡獲財，厚頒給與人也。有敵國王富盛，惟事務充庫，譏之曰：「足下之庫在於何處？」曰：「在於友心也。」

昔年有善待友而豐惠之，將盡本家產也，傍人或問之曰：「財物畢與友，何留於己乎？」對曰：「惠友之味也。」別傳對曰：「留惠友之冀也。」意俚異而均美焉。

古有二人同行，一極富，一極貧。或曰：「二人爲友，至密矣。」竇法德古者名賢聞之曰：「既然，何一爲富者，一爲貧者哉？」言友之物，皆與共也。

昔有人求其友以非義事，而不見與之，曰：「苟爾不與我所求，何復用爾友乎？」彼曰：「苟爾求我以非義事，何復用爾友乎？」

西土之一先王，曾交友一士，而腆養之於都中，以其爲智賢者，日曠弗見陳諫，即辭之曰：「朕乃人也，不能無過，汝莫見之，則非智士也；見而非諫，則非賢友也。」先王弗見諫遇，且如此。使值近時文飾過者，當何如？

是的亞是北方國名俗，獨多得友者，稱之謂富也。

客力所西國王名以匹夫得大國。有賢人問得國之所行大旨，答曰：「惠我友，報我仇。」賢曰：「不如惠友而用恩，俾仇爲友也。」

墨卧皮古聞士者折開大石榴。或人問之曰：「夫子何物，願獲如其子之多耶？」曰：「忠友也。」

萬曆二十三年，歲次乙未，三月望，大西域山人利瑪竇集。

衛匡國《逑友篇小引》 昔西泰利先生緝《交友論》，苐與建安王言少時所聞，未盡友義之深之博也。是篇之述，予雖盡力竭知，敢自謂於友義足盡哉。緣旅人自西海觀光上國，他無所望，惟朝夕虔祝，願入友籍者咸認一至尊眞主，爲我輩大父母，翼翼昭事，爲他日究竟安止之地。此九萬里東來本意也。今既得上國諸君子締交旅人，所願勿爲假友，共作眞朋。故始終述逑友之道，雖遠離故土之友，此情自不能忘，因始陳實友之所以然，眞交之本，後指與朋友晤聚之美事。但乍習華言，語難達意，惟願讀者取其意，略其詞，縱詞不文，而所命之意，必不爲不善，故切懇名賢取其義，爲將仆之援舛錯之正，不事虛言爲勸，惟期共學，謀友之忠寔，以成美俗。俾凡友者，就其所善，避其所不善，相勸相勵，脫疵覔益，則耿耿鄙衷，庶得慊也。或曰與朋友數，恐或斯疏，不知此不可懼也。蓋婉導友以善而不納，則其初認友不眞，既爲吾眞友，倘彼行不端，則吾規不止，何憚於數哉。若曰，略責之，遂足竟友情，此失交友之眞義矣，故言雖樸陋，特覔善篤說，欲覽者採意以成眞交之本。否則交天下滿，奚其益哉，故能識眞交之本者，於天國近。

又《逑友篇》卷上《得真友之難》 友者愛之海，最難遊也。浪恬波平，舟怡然入深洋，倐狂風決起，洪濤涌浩，多覆溺憂，海性無恆，航海者故兢兢戒謹也。渡愛海者亦然，必探厥心之深淺，試形貌之善惡。世有親愛現外，憎惡內伏，腹口爲岐者，若交出正善，憂時解禍，福則加謹，弘乎益哉。苟生乎假險，則大矣。夫害來顯仇，能防也。蓋知彼不端之心，明敵以避厥惡。至僞交巧令，著友善名，實搆仇意，深計以求阱人，觸發即直吐腹腸之毒矣。況成德君子，懷量洪廣，與交此流，更甚危殆。蓋其行率易無曲，直性不起纖疑，以己謂友，亦當若是。不度有僞友行詐，遂不以欺退欺，因逾受僞者之害也。且其無所屈撓，動必合義，不信於他人所自莫有之欺，不知自所不設之陷阱，以待不虞之詐，而其險益甚焉。度略曰，諂諛，交友之疫也，諂諛墮眞德，蓋交之首，務敦以誠一。若一人無一心，則眞德滅矣。諂諛雖一人，其心則甚多焉。雜其言，雜其色，雜其意，隨人隨時，罔不阿狥，豈不驗一人之多心哉。度略之言，以

諂諛者，幻張虛情，與眞友不相凝，正相敵。夫交以合爲本者也，諛人是面非心，徒知爲我，則是自己之交，愛己利己而已。加多曰，讐之用心，其益我，猶愈於諂媚者，彼讐雖惡，其警必以眞寔之語責之，我可因益加謹。若媚友，絶無寔情施其友，故知寧有讐，毋交媚。蓋媚友挾大害，顧我不能脫之者，不見故也。嗚呼，此世眞交罕，諂士多，擇友可不愼歟。

又《眞僞友之别》　辨别友之眞僞，不易哉。兩者咸禮貌敬順，柔和親愛，言詞皆彷彿也。然眞友柔中有剛，衷寔確然，僞友之親阿諛耳，故聽友言，必察行。設爾於患難時窺之，本懷自露。譬猶暴浪，舟師巧拙，於此徵焉。或曰，待楫傾颿摧，後知舟師之巧拙，曷不先事識之。交友者，何作旣往之試。曰，諺云比隣之苦難，增吾之明智。爾冀交一士，視彼夙昔與人惟謀利，値患害不共，救援不力，此即浮友，交不可定也，於此亦足試友之眞僞焉。佯爲已歸險狀，名聲家產性命，且致危殆，或貽告之，或俾我所厚者告之，觀其所以應我，彼焉廋哉。昔一幼子，於老父前，自矜有福於得友。其父知己子年少，交友之變未經，語之曰，子交友固多，然眞友不易得。子試佯謂汝友曰，適與人鬭，恚甚。以刃剸死，爾幸勸我瘞其尸，庶得脫厄。子如命往，友辭不敢，且急遣曰，毋冀吾分汝之巨罪。於是幼子始識其友，而悔曩者擇之謬也。父復語之曰，吾年八十餘矣，所交亦多，至今惟得某爲眞友之半，盍亦試之如前。子如命往，父友曰，汝罪雖大，悞耳。勿憂，今與汝往，密瘞彼尸。幼子聞言，跽伏地，明告父友以父計，幷告己友之相負，更訂石交焉。故諺云，常値無禍何以識友。色聶加曰，卜友者，望扶掖焉。遇微險即棄，謂之暫友。夫勢利相與，名曰買愛。爲但用恩之量以圖愛，恩送彼多，則愛亦多。故友者，察其所愛，所愛在財勢，終屬僞交。亞利曰，相友以利者，無利即無友。利友並亡，因愛不相屬，惟愛己而已。蓋愛人爲己益，得其益，則不愛也。度略曰，貪者交友之毒，害莫大焉。彼之愛友，如牧畜，人育之者，爲利而已矣。惟以佯愛，釣其欲得耳。望友以饋，復度饋大小，而高下厥愛，饋之所去，即遠離矣。蓋以恩爲界也，恩無則友亦無矣。西王有亞爾豐肅者，涉海之西齊里亞，越海時，羣鳥隨之飛，王散食水上，鳥競啄之，飽遂颺。王顧侍臣曰，爾輩亦猶是，爾願旣恰，即置我國事不顧矣。古賢曰，眞認友之時，俱無也。

又《眞友不相懼》　交友之先旣加察，交友之後不當懼，懼愛不相合，未有愛友而復懼之者。懼者吾之決，彼即愛我，亦不彼信，不信則疑，小疑大逆，必至之理也。度略曰，友之堅固，惟信而已矣。無信，則交不永也。友不信，初因懼，蓋懼之人，則愛不得耳。若友知我懼彼，彼亦不能愛。緣愛之中，不能有懼。人心中密事，必無有懼者也。懼則不可倚吾財貨，托吾生命，尙可與竭中心之藏哉。勒略云，交有二本，一毋僞，一毋疑。僞出於懼，而疑懼之侶也。若我知彼懼我，則疑彼矣。因爲懼我，愛我不能相連。因爲懼我，則不信我。懼去信也。西諺云，事暴主與事仁主異，事暴主者，因懼之故，假愛之形，事仁主者，因信之，所以止用眞，眞則愛。信者，開心之祕，又開懼之鑰，因爲信其信也。

又《當擇何友》　度略曰，擇友必愼，將欲愛之，不遽愛之，以無愛之因。故可愛之因，善德而已矣。德之善，意雖不可見，實能引人以俾承遠慕也。惟善是與，斯著實愛。按度略所言，謂定交者當愼擇，旣與爲友，不可復離也。寡德者，無恆志，無篤心，匪堅友矣。巴辣多曰，惟善者，可友善者，不善者於善者，不能交，且亦於不善者不能交。蓋善惡不同心，不合意，善惡之自心，尙不能一，兩人殊情，豈能成交道哉。故善人協和乃稱交，不善者雖羣處，非交也，犬豕聚耳。沙路斯帝曰，善中有友，惡中有叛。蓋愛緣理，惡逆理，故叛也。況不善者，亦憎不善，自所造之不善，於己心猶且惡之，恐人亦慮己欺而不信之也，而可稱莫逆乎。度略曰，惟有德者就論交時，已固存而不替。蓋德爲交道之當然，一常不變，恆堅篤也。西則祿曰，風俗不同，則意有不同，不同之意壞友也。友爲天地之上，至愛之和，不同風俗，和不成，故善惡不能相友。悶者非靜人也。悶者，乃安心之仇，猶陰雨中不能望晴也，故不可與友。

又《不善友之害》　善與惡交，難免無惡，人德昏蔽，弱於善，強於惡，故善者學不善，易於不善者學善也。惡莠自茂，無勞耕耨。微鴆多藥莫解，滴漏久且洞石，友惡入心，甘引同凂。故煤肆染舍，皆不處，黑污白也。乃白之爲黑也，甚易矣。聖保琭曰，義不義不同分，暗明不同和，倘偶友不善，則善危矣，因不善強於善耳。色聶加曰，疫毒流行，雖避有染，蓋病之時，與無疾人往來，即是無疾人病之時，定交者可不戒。聖詩云，與聖同居，且亦聖。與善同事，寧不善。同於天主所喜者，天主亦喜

之。西諺云，有百羊爲羣，一羊瘡，百羊傳其疾，雖百善羊不能愈，一羊之疾，而反受其疾也。故百善友，不足易一惡友，而一不善友，大足誤百善友。嗚呼，害友之具，莫大於汚俗。敗德之事，莫甚於惡習。愼哉。

又《善友之益》 西誌云，眞友不易覯，瑩瑩如玉也。罕物，斯貴之矣。太西諸籍，莫不讚譽良友，至謂不能名，第稱爲世福之極，人樂之至。兩眞友相得，無微慍，有永甘，故眞友者，衆疾衆痛之減劑也，禍之祉，憂之喜，涕之乾也。死爲友，非死也，是二生之屬也。永生於眞友之心，而永不忘之矣。是故愛亦名生，吾生吾愛焉。然則永愛，可以名永生矣。況眞愛無限，無量，不能滅也。眞愛者，神靈之大德，神靈悠遠不散，眞德與俱，故良友雖至死後，亦愛之焉。緣長在愛者之心也，是之謂德愛，罕睹。有愛我者，有友我者。愛我者，好我之身。友我者，好我之心。故友者德之助，非身之助。第完曰，人得多友，猶得多目，多耳，多手，多足，多口，多心也。目所不睹，我友睹之。耳所不聽，我友聽之，手所不勝，我友勝之。足所不逮，我友逮之。口所不達，我友達之。心所不悉，我友悉之。故天主多賜良友於爾，如賜多耳目手足口心於爾也。肋略曰，貧賤相得，獲志則棄舊者，情乎。是非善友也，善友者，改福易位，不改我交。蓋眞友，改福不改友，否則，不爲人友，而爲福友。故易交者，不可謂久友，止可謂時之友耳。又曰，勗爾修德，德者眞交之本。天下無友者，樂無也。眞樂不出心之勉強，人之感觸，故兩心相分，不能有樂。設疑設懼，則樂無也，所以萬樂俱在愛之上也。眞友不能得以兵，不能得以財，集之以愛，聯之以德。國恃力，變多貪利，敗不旋踵。愛者，國之凝，邦之固也。人主有軍士城池之衛，兵民之心，不屬愛焉，不能泰然，戰爭之具，可以守己，亦可以殘己。眞愛既至，不甲堅，不城固矣。

又《眞愛之能力》 愛之能力甚巨，心性偉烈，不辭鴆毒，不避兵刃，以救其所親愛。蓋視友之命如己，且尊於己，故寧輕己之生，而冀久生厥友。昔有兩忠友，一曰阿肋德，一曰比辣得，俱至他國。阿肋不問禁，犯其律，有司擬殺之。比辣見事迫，欲代死，往見有司。曰，我實獲罪，阿肋無罪，我當死。阿肋亦欲己死，而生其友。自誓以認己罪，兩人爭死。有司知其情，不勝驚異，遂兩釋之，反爲延譽。故曰，眞愛友者，友或履險，不損我之祿位性命，以拯存其友，即不樂也。如名將之甚愛君者，奮身冒刃，至死不變，彼之甘死爲愛君故。夫勇士亦有死而不厭者，顧死中猶惜其生。若愛死其君，此謂大愛之勇。西王剛比斯，虜其隣王，曰沙滿，幷子女臣庶。剛比斯使沙滿之子之女與賤隸賤婢同繫而汲水，臣民之被徙者，見君子君女之若此也，莫不流涕，而沙滿不動也。乃復取一人繫之，沙滿哭慟。剛比斯曰，汝於子女恝然，臣是泣乎。曰，此非吾臣也，乃友也。吾於子女，哭不足盡我痛。於吾友也，以一哭始發吾情矣。昔一臣弒君簒位，盡滅君之族。惟餘皇長女，將執之。一宮人深愛其主，救之以計。乃佯冒名服其服，而自呈於賊，皇女知宮人之忠，恨無以答其情，思維已死以生之，乃出見於讐。嗚呼，寧死己而生友，豈不爲大愛之驗哉。露際落，捕露篤，暗多尼阿三人相友，甚善也。忽捕露篤，與暗多尼阿相讐，露際落解之，勿聽。已而暗多尼阿與捕露篤戰，捕露篤敗，暗多尼阿之士追之，露際落値於途，即曰，吾捕露篤也，士遂執以獻。暗多尼阿曰，此非吾讐，吾友耳。士以失讐，懼甚。暗多尼阿曰，毋畏，我命爾得我仇，爾今乃得我友，爾功更多於得我仇矣。愛既全得於心，無事復強也。善奪愛者之心，而獻之於己所愛焉。故眞愛無懼，不顧事勢難易，莫不奮身以就所愛，而拯其急也。

又《眞交之本眞交之第一端**》** 聖伯爾納曰，眞交無利心，惟求互愛。互愛之外，無冀纖毫也。但愛愛己之友，猶私也，等愛祿位也。眞交者，惟愛友之愛而已。惟特愛所既友，更欲交我者，覓多友而申吾愛。故愛友如愛己，信友如信己。亞利曰，友者，即一身之內，一活一魂也。眞愛不望友之物，但望愛，惟愛愛之者。若因富貴，乃爲利愛，非爲心愛。愛者是愛之利，所以利爲一己之愛，而不爲兩人相愛也。兩友互愛，無分數之別，無彼此之殊，見我如見友，見友亦如見我。以己度友，以友度己，同無同，異無異。是故一之病，二之痛，一之嬉，二之苦，一之憂，二之慍矣。一笑即二笑，一哭即二哭焉。辱者榮者，在一而兩得之也。故曰，眞友之物，無不共。西賢亞尼多，欲飲其友，亞際比以他故未至。亞尼多與別賓會食，席半，亞際比至，即大拾亞尼多之物以歸。衆賓怒，亞尼多曰，吾財即彼財也，雖盡取無恨。彼僅拾半，不大廉乎。瑣加德嘗晏客，妻曰，毋太儉。曰彼善人，且喜我之眞，苟不善人，亦毋容費我以奉之

耳。色搦加曰，眞友共物，譬一胞之子，共父母之物焉。又如二子，不能指曰此父生也，此母生也。又如兩子，厥父母亦不獲分之曰，若爲父之子，若爲母之子也。故友無私悅，無私慼，以公滅己，兩意相得，兩體若一矣。友心如我心，愛我物如友物，豈不一心二身也哉。眞友之寔，猶二身相離，一心同在。爾室，我爲第二爲我室，爾爲第二我，爾爲我之事，如我在彼。我爲爾之事，如爾爲己，緣二身同一愛也。

又《眞友順友之理不求非義者眞交之第二端**》**　我不可求友以非義，友亦不當順我以非義也。交有疆域，惟德惟義，求非義者，越其界矣。坐視友不善，已爲不愛友，若反引之於惡可乎。人固未有冀友之損害者，而損害寔甚，順非故也。天下之大害，莫大心惡。動靜云爲之僻戾，昏德性之美，亂情理之中，而順非之士，皆以致之，則爲我大仇矣。恨仇之害傷身，損友之害敗德。爾睹友面垢，必曰盍拭。冠不正，必曰盍整。奈何知友不善而不言，故爲友文過，名曰交賊。忠告者，導其友以仁義，俾得凈心之樂，愧怍之消，憂患之遠，福幸莫偉焉。聖經曰，人行不善，或不自覺，我責之，則彼覺。既覺，則不復爲。是我絕彼之不善也。西賢曰，爾既爲我友，而不責我過。是即爾之大過也，吾當責爾矣。西王斐理伯執叛臣數十人，讞畢將刑。一人大呼曰，我先王之臣，吾王始終之友也。王曰，爾非吾友，曷言吾友。曰，欲言之，則請密言。王與偕之隱所，問焉。曰，臣適見王衣不飭，坐不端，皆由德不固。王曰，吾以兹知向者，爾責我以不善，而我不汝從，遂致汝於叛，若眞吾友也。竟釋之，後斐理伯亦爲令主焉。蜂之爲物，有刺有蜜，人不惡其刺，而愛其蜜。故無謂友之責我不善，爲投我以刺，當謂其欲玉我於善，爲遺我以蜜也。肋略曰，交友之首，不在不求友以不善，在不許不善於吾友中求之也。友之不善我無可委，忍友之惡者，視爲彼惡，不知己任之爲吾惡。損友，并損我矣。

又《自不善外眞友無不當行眞交之第三端**》**　友戒順非者，恐損善德也。若合義之事，雖喪我之祿位生命，亦當爲友竭力焉。昔有虐王氏阿尼，詔繫一臣名大漫，將殺之。大漫之友比帝亞謀救大漫，自質於王，求暫釋友數日，得處置家事。王許之曰，限至不至，代死。因錮之，大漫急返家，竣事而至。大漫之來也甚速，乃限時已盡，王命殺比帝亞，將刑，大漫至，大呼曰，我至，我至。王駭異，輟怒，并釋大漫。且求與二人交，爲三密友焉。足見友之眞愛，其大能如此。蓋暴主極不愛德，而獨愛友，故改其怒爲愛，改其刑法爲恩，改其苦爲尊敬。或曰，先友後己，今時落落，何也。曰，由不識眞友味之甘，是爲難耳。彼以救友爲樂者，其樂友之安甚於樂己之安也。以己之苦，易友之樂，顧嘗同樂，而忘己之苦焉。眞友當厄困時，愈堅摯其情，爲友而死，且甚幸其死，此無他，眞愛眞仁，知己死而友可獲安。即死中，亦樂眞友之樂也。惟謂失此良友，則福中有禍矣。然得忠友者，不可圖之爲免禍地，苟懷此想，是免禍反得大禍也。西方有能救其友者，爲其友死者，皆尊之譽之，顧死友，欣然往，而生友則甚痛喪良朋，以爲己大禍焉。故曰，爲吾友竭力者，雖喪祿位生命，不辭也。

又《解友不可憑之疑》　智士之言曰，人懼爲仇所知，必不敢行不善，於友亦爾。今日所交，宜思後或變爲仇矣。世物皆屬壞，世事皆無定，所見所習，往往屢遷，故昔賢之警交者曰，高山堅石，亦致毀敗，人心豈能恆定。爾當思今所交，翌日或失之，則可恥之事，毋曰吾友足信，姑安行焉。或以此言太甚，然不可不察。人至不敢量其友者，初失擇取故也，輕合者媒輕散，浮交易違也，故易散之友，小人羣耳。眞友不但不棄生友，即死友亦時居心目焉。苟愛可變惡，其爲友特愛之影，寔愛相與，惟恃厥德，憑善而往，曷畏我朋，故在友之前，與在仇之前等。友善友者，不當慮友之可變仇也。蓋德爲交之美所以然，德彌久彌引人情矣，何慮哉，何變哉。是以德交者，泰然中懷，獨於我友，無少懼，無少疑也。若可疑，可懼，特非道相狎者耳。西比阿曰，賊交之論，莫大乎目今所友愛，詰日或可惡之也。夫思友可爲仇，心必生畏，生疑多疑，則泯忠滅信，喪我心泰，勿獲安良友之深味矣。色搦加曰，預得良友，泰然置吾心於彼，後或有甚密計，可盡泄我中藏，則樂莫大焉。夫我所自知，猶自懼之，良友知我其懼也，反甚於我懼我矣。故善友釋心之愁，其論定我之疑，其情引我以歡也。又曰，得一友而不信之如己，大謬矣。此輩不知眞友之力，渾然嘉美，靡事不可與議，顧無所苟且。多方計量，在未定交先，及既交也，則視若一身。既定既信，則言之於友，猶言之於己焉。已不能爲己之仇，故人莫慮自傳其密而害己者，亦不當慮友傳吾密也。慕德而與，行善爲孚，故德交之士，雖有甚祕，悉皆合義，不必掩藏於良友。

信生信，愛生愛，欲友吾愛，以我愛將之。欲友吾信，以我信將之。引愛之饋，是以禮致禮，兩愛互生，如火生火。或曰，今俗善變爲惡者多，豈不啓信友之懼。曰此無眞交之所以然也。當其納交原非慕德，安免疑畏。向善而交，後雖易爲不善，顧方交時，變態之思，不宜預作。蓋交善友，惟行善德，無虞於敗類矣。

又卷下《友之善惡易染》 德交之實，眞友之美，前已略言之。茲則論處庸友，幷善羣集之方也。人生天地，不能無儕，非善人，則惡輩。故人游世，如蜂游卉，留其刺之惡，取其甘露以成上德之蜜也。人處大善大惡之間，常所熏習，久則爲定模，蓋默浸其益與害也。故交友初難悟其損益，馴至大善大惡，積累而漸明焉。昔一西士曰，吾往惟勉己進德，今隨所欲，莫非至理導習，孰必大生力焉。與善友俱，必成醇美，如卉木邇水，兼多受太陽，其潤與色，自必得矣。既得善友，自修更不可懈。我不克終，難去舊即新。嗚呼，去善易哉，窒惡難哉。今世有多引多助，惜惟識不善之徑也。故稗茂沃田，若嘉穀非植之力，耨之勞，豈有成也。人心之田，罪愆自生，以蔓德美，況翼無良。友有四，一曰性友，同氏族也。一曰習友，同居處也。一曰近友，同鄉邑也。一曰天友，爲吾神靈之交焉。手探松瀝，其瀝必沾也。久在烈火，則鐵亦化。吾德雖堅，必融於惡人之火矣。人終日履危險，必有顚跲。與惡人終日處，能無危乎。寧使不善者惡我，毋使彼友我。有人設燕待爾，無曰今日是何飲食，惟曰今日是何人飲食。遠離匪友，八德之始也。罪醜無誘，無偕，無贊譽，則亦易減。惡友知吾惡，反飾之，獎成之，其我不善之餌也。人心如海，無風而濤不怒。人雖無良，惡友實爲之風，鼓其恚，動其悵，扇其殘，感其矜，引其慾，萬罪起如洪沸。本性之善，澌敗盡矣。故佞者污言，逸者盤樂，酗者彝醇，而善意昏。幻妄者，終日匪德語，而謔浪爲事，皆害友也。人既交匪朋，亦不可遽絶之，恐發其嗔，或成大釁。智者相時審勢，漸遠漸離，斯善矣。

又《交者不可有怒惟宜和柔》 交宜禁怒，多動忿懥，必致相憎相戕之禍焉。故躁急者，不但不可交善友，幷不可與庸人羣也。是惟曠野獨居，無儕可耳。怒者無理之心溷，大敗眞和，如狂風蕩物，莫不擾矣。聖經曰，勿友易怒人，如同惡猘，恐習其性情，傷汝心之德美也。故擇交者必避躁友，一爲引牽，且肖其態，夫怒時所行，息時必悔。然已獲罪於上主，已布害於人，雖悔何益。人問霸辣篤曰，何以知人之賢否。曰，譽不可驕，毁不可怒。霸辣篤一日怒其僕曰，汝幸值我怒，故釋汝。若值我不怒時，必刑汝矣。水淆，待清後汲焉。怒者，心之淆也，必待其靜而後行事焉。置舟於涯，美惡不見，蕩於暴風之中，斯知之矣。故投以甚怒不激，斯成君子。舟師涉海，必握其舵。理者，心舵也，常握之，何懼吹於怒風。西方一郡，凡殘疾者入城，必致一錢。一跛者將入城，門者索其錢，怒不予。門者復視其兩臂，則疥盈焉，乃索其錢二，更怒不予。門者益視其目，則有流液，索其錢三，更怒不予。展察其體，方有大毒將潰，遂索其錢四。既得，始縱之入。夫以怒靳一錢，卒致四錢。怒之敗人，類如斯。凡與人處，和悅待之，愉迎之，□送之。或無禮加我，亦不見聞，嬉笑任之，泰然直受，不思報也。二石擊火生，堅柔相推，自無傷。太西賢者，有人以足撥之仆地，傍曰曷報。曰，使驢怒而蹄我，我亦怒而蹄驢也哉。故聖經曰，弱應破怒，堅語發凶。或曰，不復仇，則人鄙其無勇。曰，此言也，謗訕善德之君子，不報無道之賢者，輕略以德報怨之至人，稱譽結仇積禍之小人，豈知盛德所涵哉。以辱復辱，以害答害，血氣之勇，猛獸之情也。君子知寬仇之榮，甚於勝仇之榮，雖惡不善，亦怒其罪而愛其人。聖經曰，愛愛汝者最易，雖惡人亦能之。止能是，何報於上主乎。汝當仁愛仇汝者，加惠惡汝者，乃爲上主之子也。上主命太陽普照善惡，所降雨澤，不論有罪無罪，同沾潤焉。總王大亞諾，凡求覲者，俱善待之，羣臣咸諫。曰，吾爲天子，不忍不善待下。猶吾在下，亦欲天子之善待我耳。得勒國與其弟，皆爲諸侯，國人譽兄，不頌弟。得勒國之弟曰，何以若是。曰，汝不能忍人惡，故衆惡及之。或曰，報仇不可，然以直報怨足矣，何必以德報怨邪。曰，以直報怨，匪罪亦匪功。以德報怨，甚感天主之心，而成大勛也。以直報怨，不爲彼仇，以德報怨，不但解仇，且化爲友，俾其改過矣。親仇之愛，必反深於親友之愛。蓋愛仇爲克己之至，不惟不怨其仇，且以我之眞愛，化仇爲德，如火然，且化物爲火，故報怨之德，甚於報德之德也。難行，其功更豐。

又《交不可生憎不可妒競》 畜憎於心，則必妒，而易生嗔怒焉。見友之德業吉祥，富貴光榮，即大嫉之，欲己處其上。始忮，繼忿，終怨，

密友遂爲死仇矣。至骨肉至戚，情好本篤，忽或嫌忌，其怨惡視疎者更甚。物之難成，既成必永久，必完寔也。難合者難散，易合者易離。交之妒端雖多，莫過才能祿位之不齊也。即一父之子，一旦貴賤貧富稍殊，遂不念親愛，寧降己位，黜己祿，而不欲吾同氣得之。寧與他人，毋與兄弟，惟以胎之上下爲苦，無父母之分別，同乳之分別，難禁尊貴之分別也。妒者，非特榮貴之人，即里巷細民，下至百工技藝亦然。不但明矚其獲福是怒，即疑惑焉亦怒。西詩曰，他人之田，更豐茂於我，他人之牛羊，更肥毳於予，每以空爲實。又曰，他人之肥，是妒者之瘠。他人之福，是妒者之禍。他人之悅樂，是妒者之憂也。夫妒者，恆欲勝人，及一不勝，爲之大戚，心生恨憎。已憎之，必殘害之。或不能害，則終身妒恨盈懷焉。兩友生平所行密事，必相告語。及一居尊，一居卑，卑者懼尊者知己，尊者亦懼卑者知己，遂相妒娼矣。世人多怨己，少其友也。自視己善，必遠過友。視友之善，悉在己下。他人大善，必細蔑之。惟己所爲，雖小亦行張大。他人有功，必謂有缺。己雖有缺，亦謂完美。視舊友之新福，恆冀其無加於舊也。或曰，人無才德吉福，必不妒之。動其憐恤，尤在凶禍，然猶有妒之者，謂其生平爲才德吉福之君子也。嗟乎，福德既備，不遭妒友，可謂福中生福矣。不招友妒，有道焉，得尊富，自視如不敢當，毋忘曩昔之舊，禮益恭，情益篤。毋先之以言，曰我知未有莊敬，損位之尊高也，未有謙沖，減在上者之榮光也。先敬禮人，必發引其敬愛，而大增己之榮光也。光榮如影，常隨避之者，而避圖之者。故我善和友，不但不妒，且譽我也。犬入牛槽，牛將食，犬格之。牛曰，爾不能食我之草，何爲禁吾食草。妒者不能使福歸己，徒忌沮人之福，其情亦猶是矣。

又《交友毋謗》　聖葆琭曰，讒夫者，上主所惡怒也。又曰，讒邪之說，壞多堅城，敗多世家，衰多民之強力，覆多勇之邦國。誹謗者，渾亂是非，顛倒邪正，大亂天下也。與人晤，當韁著汝舌，礙著汝唇，先切磋其言，而後言焉。人無可譽，亦不得毀人，或稱彼不善，爾當解覆，懼招訕者之怒，則惟緘默不言，訕者當不憾汝訥也。或覺爾默，即復詢曰，某誠何如。爾則惟道其善。訕者或又曰，彼之不善，吾目之。何譽也。汝則曰，偶然之過，聖人不免。且彼可述者多，一失固不足以掩。如此多方釋曰，雖樂謗人者，亦且爲爾化矣。無德有惡之人，不能譽，不可毀，惟付之不言。人不但毋以口行讒，亦不當以耳讒也。好聽，是以我耳引其讒矣。故曰，喜色誘讒，怒顏塞謗。羅瑪有兩石像，其一卑小，常揭人陰過於上。往來者咸擊之，耳目鼻口，無復全者。其一高大，安全不損。或問曰，此何故。答曰，此著人之過惡，故受傷。彼靜默，故無害。

又《交友毋自譽》　與人交者，當譽友，不當自譽。試問所誇揚何物乎，或家之富，或位之尊，此業不久即屬他人，謬視爲汝福耳。譽馬者，不譽馬之鑣鞍韁勒，惟譽其調良善走也。調良善走，馬之本美，外飾至槽即去。人惟明德，爲己本物，然亦不應自譽。蓋我所謂德，人或視爲過，自愛自喜之甚，必不能悟己德己過之輕重也。故己不能爲己之定，必待定於直友。西諺云，己口之譽，必變醜媸。宜待人述之，頌之，而亦當以赧然受之，色忸怩，光美益盛。蓋人所有之德，或實德乎，或僅德之影乎。實德則不待揚述，著乎外者，本乎內。逾欲闇，逾欲抑，則逾章也。如燭然，上壓之，光益著。若僅德之影，逾宣讚之，第露其冥虛矣。蓋譽己之言，必令聽者咨審其寔眞，若求其端本，終必露其郛廓耳。獅爲百獸王，集羣獸問曰，獸中孰爲最美。有猴挾其小子獻曰，此爲美中之最美。適視之，乃其後無蔽。夫猴以自美呈其醜，人以自誇揚其劣。

又《兩舌者不可爲友》　心與口不顧，必非善友也。所藏於心，發於口，苟或不一，決有大逆理者隨其後。初或冒爲良朋，久且施其籠絡。蓋誑言自淺，精心視之，即識其浮。其美若幾何之面，無厚之極，浮於細塵也。俗多瑪，西方之名城也。有果焉，形甚美，熟候色更秀。剖之，則穰極穢，似於黑塵，稍摸，即穰穢飛散也。是果也，其兩舌之象。獵人逐狼，狼急走，疲而憩。遠見羊過焉，欲使近而得之，則呼曰，予適渴甚，取水予我。羊曰，汝非求水，求我耳。僞友之言，猶狼求水。僞友雖卒不能掩其惡，然初爲計甚巧，謀甚深，不易遂識而預避之。欲試不信之友，視其所諾，必其所不應。視其所不諾，必其所應。愈慷慨自誓，愈不足信，懼其詭焉。聖經曰，兩舌之言，似單素而易透，雖柔聲怡色，蓋內藏七慝焉。巧言僞貌者，如桂葉之清秀，揜藏棘刺也。夫空中之鳥，捕者必假其聲音，唱和以誘之。僞友之計亦然，必托爲良善而籠我焉。浮靡過寔之友，此仇效也。君子與人，醇樸威嚴，文質得宜，不喜人佞，亦不佞

人。彼口喋喋，特卑下者之態耳。德士首務誠實，視廉恥爲甚重，而以失眞爲大危焉。或曰，今時欲覓富貴者，椎魯樸質必不可得。其得此者，必作僞貢諛之人也。故虛誕之詞，古可少耳。曰，今與古，時一也，古之德美，猶今之德美也。尙僞者，雖不事德美，然必好之也。故狙詐之長，恆喜下之義諒。蓋詐者，亦懼人之圖己，如己所以圖人也。與人同惡，不指己之惡，而指人之惡，然彼我既一像，招揭彼，即招揭我也。

又《交友爲饋非交友也》 交友以饋者，非愛洽，乃利洽也。依西多曰，因饋而友，無情之結也，必不忠於其友。使友不常饋之，即退離焉。愛友之財利福吉者，非友其友，乃友其物耳。秖欲友出所有以利己，即竭家貲以贈之，彼猶不足也。苟或稍餘所有，彼亦不爲償願，惟願其所未得，而速忘其所已受。不睹幾何饋之，惟睹幾何受之。已受惠，輒忘惠。纔受饋，即遺饋。如不肖子承父業，於親死，哭泣甚哀，而內藏得利之喜焉。貪友於被惠時，僞爲永遠不失記之狀。但以手獲饋，非以心。手接之，則輒忘之。手無記含爾，手滅饋如頤乾泪焉。總王亞歷山常饋其國之賢者，賢者問致饋之人曰，一國之人甚衆，何爲獨饋我。曰，以汝爲賢者。曰，既以我爲賢，則無以饋視我矣。亞而加默，爲大郡之長，人饋咸不受。或問之曰，吾受饋，則不得平行吾理也。非而亞得貧甚，外國有贈遺者，悉卻之。或曰，爾貧，外國之遺奚卻。曰，彼饋我者，將來我以情也。不致吾情，是吾無情也。苟致吾情，殆且枉法也。故不受也。或問西王，以其國之法若何。曰，若蛛蜘網，輕貧者輒係，富重者隨棄墮焉。

又《善用其饋之宜》 處今之世，受饋之士，亦不宜忽。雖萬不可以饋求利，然有非義之禍，無妄之災，亦可用饋以冀避其害，而求其當理之扶掖也。吾愛吾情，不足動人寵，爾饋遺或可感發其良，盛德之輝，當理之事，所不能得者，饋遺或可得之。惜哉，今世不爲依賴德美之時矣，雖有功德，苟無贈饋，不可望彼提攜也。然交際之初，不宜遂厚饋之，姑漸遺之，而動其記焉。嗚呼，今之頹俗，有才有德，匪財汲引，不得滿志。苟有貨賂，縱無才德，何求不成。負才以窮，抱德復窘，斯長困厄矣。故單寒之士，不登巨室之堂，鮮爾服，美爾役，豐爾遺，何遂爾志。陋俗固然，善人亦不得免，若外不文不麗，才德必祖必饑，此非理所設也，惡俗然也。夫才德本自美麗，若加外物，反損懿光。然今人不貴德才之光，反嗜金幣之耀，假不用饋求通，而使匪流以貨得高位，布其施於天下，猶大不忍也。古之欲善者，執贄以圖榮，非樂其位，謂可以阻不善者之倖進也。至若恃財營圖不義，干求非理，則萬不可耳。

又《邏瑪總王瑪耳谷與其友卑刺滿書》 瑪耳谷，古大西域大賢也，後位總王。有一至忠密友曰卑刺滿，爲國離京，偶值事急，愡惘中致書於瑪耳谷，而不明言其致難之故，瑪耳谷答書，且諫且慰之。朕瑪耳谷，邏瑪城後學，責略山人。邏瑪城中有七山，責略其一也。祝我甚厚友卑刺滿之眞福，願我友勇能力戰，勝諸凶禍之遭。吉月始接教言，俱領悉。爾旨雖幽，朕亦亮達。爾灼知直言惟友之責，亦既定交，應恆受友善責。朕言雖煩申，止欲勵益於患，俾造次時泰然無害爾樂。朕不畏爾顰之蹙，允愛爾德之光。讀來詞，覺爾心有不懌。觀朕多言，豈不暢曉我心。呼若勿聞，激若勿痛，若不知我勸，爾則不智。知之不受，爾則違道。卑刺滿，昭知吾與汝相親之至，相友之素，相愛之堅，兩心孚契，禍福僉同。曷憶羅得祀城之同塾，同學，同几者乎。當時爾願朕行之，朕言爾不違，爾寔在朕心中，朕寔在爾心中，二身一心，朕亦一爾，爾亦一朕。任處，任時，任事，罔不一，洵無異詞，洵無異情。吾友卑刺滿，何爲告我多憂，乃不明揚厥故。誰將斲爾命，正友曷其無益，是貧之財，是弱之力，是疾之劑。臨憂大減乃憂，既若茲，何不炳示我以煩寃之由，或恐感爾友乎。茲慮無煩，止友利或可分，害必相共。朕爲爾故友，今爲爾新君，君民猶同憂樂，朕躬爲衆苦庫，可積可儲。爾多憂，爾訢無幸於得福，朕乃以積友禍爲福，朕豈不常視爾如己乎。爾冀全交誼，尙聽聽朕言，朕福期爾全享之，爾禍朕期全任之。爾生爲樂朕樂，朕生爲負爾苦。朕茲不餙言，吾友卑刺滿，諒灼知而不疑，疑友大逆交道。不竭露乃心，爲事情多緒鮮測友乃肇疑，事情難遂，疑厥友且懈，夙愛且寒。兩友信助，事則充成。正友之道，在或榮或辱，僉互胥助。爾剖釋乃大憂，朕頤冀翌爾，爾走之路，左右矢不離，爾進矢不退，爾退矢不進，爾息矢不驅奔，爾願死朕不欲生。擇在爾，共亦遂朕攸難，爾攸苦惟傷在一心，朕惟願爾攸願，外爾願，朕亦罔願。復讀來教，知爾多難中，親莫爾濟，朋莫爾慰。嗚呼，爾處彼有大戚，朕處此，惟茲無盡心。又知爾親爾友，獨知利己，罔復顧爾。是不可號之親，號之友，友無善益，僅與仇罔患害同。又知爾親爾友

之多諾，迄踐時咸喪厥孚。爾茲訴彼良然，然不足厚怪。智手不當行愚舌攸發，舌自滑捷，手自重遲。今世何世，罔不忻然濫許，罔不憂愁無蹈。因是思己攸克爲，不必友代爲。有賢曰，寧盡諾而踐徐。有則曰，寧無苟諾，迪則速。朕則曰，信於仇且不可棄，矧於友。於友能救能予，乃勿救勿予，是乃明仇，若允克救厥友，茲不需於言，言者人之虛，心者人之實。友獻實心以交，我惟報之虛言，正友不若是。古賢霸辣篤有言，榮際毋失議，患際毋失望。榮際失議，多於悅樂，憂苦且尾。患際不失望，善受今艱，堅乃性德，增其不能，是則窮難內，亦被大利，不亂所爲，厥後必得盛榮介福。爾今値艱難，重訴多友之負盟，爾以一人議多友，當思多友亦或譴爾，豈不騐爾訴，弱於多友之訴。多友訴，尙強於爾一人。曷準度量之，先攸受友厚待爾多恩，或勝今之微有爽諾。嗚呼，吾儕情悃厚被厥恩，日日微之，遂漸諼之，情一不許，言不一踐，即訴乃朋，譸張其微失。吾友卑刺滿，行年五十，其間幸享諸祿，偶今八日離苦攖禍，頓忘五十年樂，勿達曷甚。復念來敎，知爾友不惟不爾援拯，尙媢爾苦中微福。故違爾，期重抑爾。朕雖苦爾苦，尙怪責爾。人生攸怪責，或愚或不習於事。爾若不灼茲世人，各懷忌嫉，爾則誠愚。若不灼忌嫉且盈八埏，爾則誠不習於事。形軀之害，各有對待。人方游於逸，淫於樂，習於規避，以冀免厥害，以食療餒，以安勝疲，以熱敵寒，憂媒樂疾圖醫，遏絕生命之害，生命反隨遏絕而盡。計避妒無他術，惟毋棄行善之意，美德之向，朕已得一避妒法。妒者，既苦爾樂，爾當樂其所苦。

高一志《童幼教育》卷下《交友》 友者，人之比宇內，無人自足以生，自足以事，則亦無人不須友以成也。故天主歸斯民於同宇，命其結親交友，彼此相助焉。倘除友於人中，是除日月於天，除水火於地也。若童幼者愈偏於愛情，必愈趨於結友，古所謂老者多積資，幼者多結友是也。雖然，友之積，彌易亦彌危，蓋幼之成敗概係於友之善不善。何者，常所聞見漸入於心，引而效彼之善惡不自覺也。聖經曰，與聖者交必將入聖，與善人交亦將爲善，與惡人交亦將爲惡。信哉。伯路氏曰，爾自謂與何人交，我亦謂爾將爲何人。蓋交於儒者多習於書，交於獵者多從田逐獸，交於醉者多湎於酒，未見相交之久而不相從相法者也。向爾無病，但親近於篤疾者，彼患將逮於爾躬矣。何爾無香，但親近於懷香者，彼氣將散於爾躬矣。古明賢常謂嚴君明師之訓誨，大不如朋友之語能動諸友之心，以此觀之，凡學者可不謹所交哉。吾西先知者設陳擇交眞論，無不欲童幼友其益者，友其寡者，友其永者，而戒其友之損及衆，且新者也。或問賢師，與何人友可。答曰，於益者而已。又問其益者云何。曰，善於我者則謂之益。蓋眞友之義，以德志之相似始立，以德行之相長始成，所謂正友之結以德爲本，以德爲終是也。兩石忽値而相擊，則著光發火。夫石者人也，人倏會談交如相擊，然相交而內德之光志遂顯彰矣。德顯而人情結咸友焉，友以德起相長相益無已矣。古諺曰，燈無油，友無德，不遽滅乎。西史曰，善者相交，謂之友。惡者相交，謂之盟。傷哉，世俗之陋。交友之際，多惟計賤利之益，而未喻火德之益，則何異於商賈之徒也耶。昔者或始交於賢，而富者未幾求以微利。賢曰，何爾必計友吾金，未計友吾身，且舍所求利而永辭之。蓋志於利而友者，至於無所望而友止矣。嗟夫德者乃生人之寶資也，則其能益我以德，甚乎能益我以財也。西古名賢色搦加云，眞友之妙，在乎彼以其長增補吾短，使齊彼善。又以吾長增補彼短，使齊吾善。若其無所取以補之，則亦無所取於友之義也。或問聖人以益友之道。答曰，順我於理，逆我於罪，直言吾惡，簡稱吾善，希言多行，所許遂踐，夫乃益友之眞者也，可不從之乎。若其無順逆之殊，常飾吾非，常揚吾是，且狂於言而畧於行，夫乃損友之徒也，可不戒乎。因是而幼之智者，於結友必勿忽，必勿速焉。比達卧辣，上古之學宗嘗戒曰，勿苟伸手而取友也。蓋人性情難測，友之惡者難辨，則豈可速交乎。諺曰，急於取友未免致悔，取而旋悔，不如不取矣。智者擇友之遲猶有謬，愚童者於結友之速將免謬乎。是以先知擇友，必欲彼此同食鹽幾斛，然後定交焉。蓋限以時日之久，而因擇其所從與，其所當避也。若吾西古俗，仁親智師多不許其幼任意取友，又不待鹽食之限也。乃自定所從友，而先察其益與害焉。若其幼者繼世，非特承父之產業，尙從父之善友，蓋父所已試忠信之友，孝子以爲美資，而終無故不肯絕也。故罷辣多曰，父卒而遺寶資之重於子，大不如遺善友之衆，豈不信哉。薄厄爵，西土大賢也。向聞其友遭患窮困，則慰唁之曰，爾室豐業雖亡，信友之衆仍在，不必憂也。若伯聖人一朝聞廣業敗毀，子女壓死，屋室傾頹，衆僕虜亡，乃有三信友者終不離於側。則聖經所謂，金銀之重不可例於信友者，然矣。以此觀之，忠

信之友既有數也，則吾所當交者寡矣。經云千中取居其一，凡物貴且奇者必不多，多則不奇不貴矣。昔者或誇以多密友。賢者聞之，即譏之曰，爾無密友矣。蓋友之多者初不可証，試中不可密交，終不可存保，乃易合而易散矣。色搦加氏嘗謂，吾凡出而友，彼賢之希者，必倍吾善而歸矣。室凡出而友所遇之衆者，必倍吾惡而歸室矣。可不戒哉。益友既覓之久，而結之固，則無大故終不可絕也。古言曰，友之無故以新易舊者，不但失往日之恩，又將致害矣。幼之愚者不知交友之妙，乃每順則相結，逆則相棄，古智比之淫妓焉。其與所交，時容時棄，時愛時厭，而終未能有交之密者。知道之君子既友友之德，未有不久者也。

又《譬學》卷上　玻里波魚性甚鈍，而欺噬小魚甚巧。世人德甚昏，而獵取小利甚明者，當作玻里波魚觀。

旨酒注之毒器，未有不染其毒者也，反引其毒而傷人矣。善學授之惡人，未有不沾其惡者也，反濟其惡而禍世矣。

海水不免苦鹹，而其負大舟也則甚力。愚人不免迷謬，而其資大智也則甚弘。

不俟馬馳而御之，於不馳之先而御之也。不俟事僨而謹之，於未僨之先而謹之也。

慈母於子之仆也，必先扶之而後督責焉。友之遭患也，不先捄其難，而遽責其失以博直也，豈稱良友哉。

明鑑以照爾，見爾醜，爾無惡於鑑也，忠友以救爾，謫爾過，爾何惡於友哉。

嘉穀下地愈深，上萌愈疾。誠德內藏彌久，外著彌彰。世患如矢，預備之，則被傷也輕。

醫法疾篤，勿遽藥之。教法心迷，勿遽責之，當俟其有回轉之機。

毒而漸習之，終至無害。勞而漸習之，終將無勞。

西國有地，以雨乾，以暑濕。世間有人，以恩長惡，以勞復善。

解玉者因玉，或以酸辛，或以飴蜜。教人者因人，或以嚴厲，或以寬柔。

國律如羅網，大且強者破之，小且弱者罹之。

雨澤偏注於卑地，天恩多降於謙人。

水從所經之地而染其色，易其味。智者之應事也，安得不因其時，相其勢哉。

繪法白□以黑影形之，愈顯矣。正以邪形之，善以惡形之，不愈顯著哉。

聞美樂之音而心悅，久之猶悅，悅在耳聞。正德之論也亦然。

葵花心向於日，日暮而不改其向也。貞女生隨其夫，夫亡而不失其守也。

月失其光，地間之也。日失其光，月間之也。日月以無所間而光，夫婦以無所間而和。有所間，則白華之刺作，谷風之怨興矣。

病目不能當小燈之光，何能當太陽之輝哉。褊心不能忍一言之逆，何能忍大患之觸哉。

身病者一著微風，愈病矣。心愚者一遭微逆，更愚矣。

心病政如身病，治於微時易瘳也。否則，愈遲愈難。

身失其和，口無甘味。心失其德，身無樂境。

加瑪勒玩蛇之微者也，以氣爲食，張吻享之。噉虛名者類是。

缸愈實則愈下，德愈實則愈謙。

缸愈虛，人視之愈高。德愈謙，人視之愈上。

卵之實者重沉，虛者輕浮。人之有德者鎮定，無德者流蕩。

風行將息更烈，燈之將滅更光，人至盈滿之時，勢窮之兆也。

孔雀，人或視而奇之，即張其羽，愈以示奇。傲人，人或見而譽之，即揚其學，愈以博譽。

雞鬬勝則鳴，愚人微功，即自鳴之。

西國有鳥，身極微而大聲如牛，名曰牛鵲。小人而好爲大言如博學至能者，牛鵲也。

葡萄非剙其枝，必將蔓延，然枝繁而果則稀矣。人心非剪其欲，必將橫肆，然欲遂而德則壞矣。

人才如地，六藝諸學如樹也。地各有所宜，不能盡各樹而使之茂。學各有所近，不能盡各才而使之成。

樹屢見移，未有不槁者也。人屢改學，未有能成者也。

食而遂嘔之，食無益於身也，學而遂泄之，學無益於心也。

石不擊不發火，德不磨不成章。

入染室，握烏薪，履塗泥，未有不受污者也。與惡人交，而欲免其浼也得乎。

月彌近乎日，彌隱彌遠彌顯。人之近遠於世貴者亦然。

果□無所不施以自長也，貪人無所不取以自益也。

西海有魚，身極微，而附於舟底，即足止其速行矣。故心中微欲，亦足滯大學之進。

蠅頭細書，專視之，無不傷明。故君子不親於細事。

人多如蟻，生平拮据。惟知益己，而不知益人也。

月承光於日，必施之於物。君子賦才於天，必共之於人。

治香者必染其香，交善者必獲其善。

學德譬之學書，彼乃從善書者之字。此乃踵善行者之跡。

又　銕色本黑，煉磨之無不精光。人之愚鈍，豈無所用其煉磨哉，而弗思也。

敏才而勤正學，如水清而遇日照，豈不益光美哉。

一太陽之光，能隱列宿之光。一君子之智，能空衆人之智。

木之朽者多生蠹，心之弱者多生疑。

人病置之金榻，不能使之愈也。心愚加之富貴，豈能因而改其愚哉。

疾病至，凡所飲食，悉以爲苦。嫌隙生，凡所見聞，悉以爲疑。

水先熱後冷，其冷更甚。人從善變惡，其惡更深。

樹以他枝接之，果實遂繁。人從他人學之，藝能有不多乎哉。

銕杵久磨成鍼，愚人多學成智。

魚易入於笱而難退，人易溺於惡而難改。

吝者積美物而自用其陋者，正如贏負酒而自用水也。

吝者如姦，此置其偶而戀他人之偶，彼匿其財而貪他人之財。

吝者其小西之蟻乎，洞穴中堆積金沙，而不沾其澤也。

水蛭之爲蟲也，喜吮血而裂其身。貪者從多取患，亦復如是。

生金之地多枯瘠，貪吝者彌豐於財，彌荒於德。

鳥之以攫爲生者，非以老以病死也，惟以饑餒死。貪吝者多以積財之累，催其老，損其命，致其死。

水銀遇他物不入，惟喜黃金，貪得者所思所圖，亦惟金，他諸美學無與。

由大光而入幽隱之處，其目即冥。棄道德之學，而投惡業，其心遂昏愚矣。

獵犬踪跡獸兔，久之無不獲也。善學者討論誦習，久而不厭，安所不得哉。

歷山王有馬，未得裝飾，人易服乘。既得裝飾，但服其王耳。貧賤之士，和而接衆，位高金多，能揖戴笠者鮮矣。

石灰遇水，則裂而發烟。愚人遭逆，則怒而發氣。

厄知多國甚熱，試弟亞國甚寒，俱無霹靂也。世之極尊者與極卑者，多不受人害。

亞弟諸端之爲草也。入水不濡，誠德之士，雖遭惡人之害，不能辱之。

蚊蟲嘬人時，或不覺，腫而後知其嘬也。與惡人交時，其害亦復不覺，久而後知其害也。

射石者非特不損，或反退而自傷。謗賢者何異射石者乎。

人有指爾衣沾泥者，爾必謝而灑之，不復以泥污人也。人或指爾之過，爾復指人之過，不思謝而改之，何哉。

容谷本無音聲，惟受聲於外而倍傳之。然則傳訛言者，空虛之人也。

獅子獸之尊強者也，而駭於雞鳴，故大人亦忌小人之言。

獅象久胎遲成，而體則大矣。凡成大事者，無不難且遲也。

銘石不如書紙之速也，然可以久。人之學也亦若是，學愈苦，忘愈難。

玫瑰從棘而生，美學從苦而得。

一燈之光傳之，千萬燈不減其光，抑又加明矣。一人之學傳之，千萬人不減其學，抑又加大矣。

翻車筩所挹之水，旋即傾之而不留。淺人所得之學，旋即施之以爲利，則所得者亦鮮矣。

弟勒石之入水也，全者浮，破者沉。夫人之德亦猶是也，以完而登，以虧而崩。

好爭者如雞，相傷相殺，惟引人笑而已。

錦韉繡鞍，非能除馬之病，而加馬之良也。豐貲尊勢，豈能加善於人，而除其惡哉。

靈雨潤地，使生嘉禾。正訓潤身，使行實德。

水滿於器，非先傾之，不能注嘉液也。自滿之心，不先逐其傲氣，安能受美學哉。

無益之樹，接以嘉木之枝，即有益矣。無才之人，加以勤學之功，即有才矣。

凡較己於惡人，而以己爲善者，如較於跛躃，而謂己爲速行也。

又 獅子雖猛，惟蔽其目，則易服。人心雖暴，惟順其好惡，未有不服從也。

或厭大學之勞，投小業度生，正如蜘蛛織細網，獵微利耳。

寒灰不可復然，敗名難以復立。

日影不論前後，愈遠愈長。善名不論死生，彌久彌大。

石楹難立，立永不朽。善名難立，立永不磨。

名香以火燃發其鬱烈，誠德以困欝顯其堅貞。

穗以多穀，樹以多果，人以多財，恆墜下而易敗。

天平左加即左重而下，右加即右重而下，人情加之以恩，未有不爲我降下者。

天平如天心之平，因以名之。左愈重，則左愈下，而心亦愈向左矣。右愈重則右愈下，而心亦愈向右矣。人之德愈重，亦愈謙下，而主心亦愈向而加寵矣。

樹枝北向者，強固於南向者也。人之習逆，堅且勇於習順者類此。

掌樹愈加重其力，愈奮志。士愈屈抑其力，愈堅。

海族生於苦鹹之中，而味自佳。豪傑生於污濁之世，而德自美。

朦者觸我，非朦者之咎也，咎在我不避耳。夫世患攖我，亦如朦者之無心矣。我自求之，無不近也。我自避之，無不遠也。

矮人置之高峯，依然矮也。長人置之深谷，依然長也。然則賢者豈以賤陋改其賢，愚者豈以尊巍改其愚哉。

波浪衝石，非能損石，反益其潔矣。世患攖賢，非能損賢，反進其德矣。

蚌蟹月盈而盈，月消而消。愚者逢順即滿而生傲，逢逆即窮而喪志。

異光昏目，大勢昧心。

身病者，厭淸味而從濁味。心病者，恆厭道德，而以陋業爲樂也。

投犬以食，呑而復望人投矣。貪者與犬何異哉，不計其所已得，而恆計其所未得。

天晴忽變而驟雨者，恆事也。人事久安之餘，不無以一時之變而構大患。

一歲之極豐，多引來歲之甚歉。事之至順，概啓致逆之端。

江河之甘水入海，未能解其鹹而使甘。外至之財物權勢，豈能解中心之憂而除其害哉。

羅多西樹也，羊食之則以爲毒，人食之則以爲藥。世患其西樹之葉乎，愚者爲毒譬則羊也，智者爲藥譬則人也。

非道之富貴，可以倏而得，亦可以倏而失，譬之流星，一時騰光，一時隕滅。

伯阿弟亞國，有二泉相近。其一飲之使人記，其一飲之使人忘。世間無不損近於益，害近於利，毀近於成。故人世無全美者。

泉未嘗乏水，因其源恆湧不斷。賢者未嘗乏樂，因其德恆完不缺。

日至正頂，悉無影矣，即影亦甚短。德入聖域，悉無妬矣，即妬亦甚鮮。

加榮於愚，加財於惡，正如進毒於病者也。

饑者視人食，更饑矣。貪者視人財，更貪矣。

禽獸預覺將至之患而避匿之，人靈也，反不備將來之難乎。

托財據勢而圖登進者，譬從朽梯而升高也，懼將隕而敗矣。

以愚率愚，無異以瞽相瞽，未有不並陷者也。

西里亞有蛇一種，本國不以爲毒，他國甚畏之。人之蛇其性也，固有有情於鄉黨，而甚無禮於他鄉之客者矣。

凡欲上於衆，必先下於衆。譬之水，其下愈深，其上愈高。

假造之銀，外白而中實黑。僞誠之士，外樸而中實狡。

鬻贋貨者，多文飾以幻人目。聞人以多言譽爾也，即當疑其爲贋矣。

西海有魚名碣納者，一時爲雄，一時爲雌。世俗固有碣納其人者，一時有丈夫之概，一時露小人之態，一時爲友，一時爲仇。

狡者如月，或上或下，或大或小，或見或隱，無時不變。

西南有湖，其水時變而苦，時變而甘，日凡三易。人情或和而溫，或爭而厲，喜怒無常，惟情所使，惟時所引，一日之間，奚翅三易哉。

世所謂兩頭蛇者，西方多有之，乃隨時取便，互爲首尾。奸狡之徒，利在則先，利不在則後，殆所謂兩頭蛇者耶。

蝙蝠明於昏夜，而昏於白晝。世人固多靈於惡，而昧於善。

積德積學，譬諸草木之成長乎。成之後可見，長之時不可見。

蠟受日則柔，泥受日則堅。賢者聞善言，即服而受其益。不肖者聞善言，愈傲而加其惡矣。

萬億人面無二相同者，萬億人才各有短長，無二齊等。

肥地能長嘉禾，亦能長豐草。故高才者，可爲作善之基，亦可爲濟惡之具。

於蛇猶可取藥，以治蛇毒。於仇猶可取益，以避仇害。

烏鴉遠聞腐胔之臭，而近不聞生人之氣。小人不覺人之美行，惟覺其不善也。

又　謗言惡行，遇誠德之士，正如以火投水，隨投隨滅。

車輪既曲，不能復直。人習既惡，不能復善，所謂習如第二性也。

無地無毒，無室無妬。

影隨光，無光斯無影矣。嫉隨榮，無榮斯無嫉矣。

火煙攻目，雖近前之物，亦不能視。忿怒迷心，雖甚近淺之理，亦不能辨。

大數以零數而合也，大學以瑣學而集也。

加辣西亞，玉性之甚寒者，雖投之火不能煖。人有錮於惡者，雖勸以善，加以刑，不能改也。

西國有廊，響一聲而應七聲。人之好新者，聞一傳十。

亞耳你亞國有泉，投之重物弗沉也。人之難托重密而洩之者，可名曰亞耳你亞泉。

孩言之早者，其行必遲。人言之夸者，其行必缺。

滅火之道有二，沃水一，抽薪一。窒慾之道有二，除其端一，苦其體一。

喧嘩之中，難以明聽人言。忿怒之中，難以順受人訓。

氣中有霧，遠物見大，心中有怒，即以微言爲大過矣。

心怒如濁水也，必俟其靜而清，然後所照之物像見。

糞壤之蟲，避香馥而親臭泥。濁惡之徒，舍德學而執陋業。

刺蝟不論遐邇，握之者無不受其刺也。凶人不論親疎，近之者無不被其凶也。

人身如樹木，溉之有法則暢茂，否則漸就枯槁矣。

貪財者，恐損其財，恆吝於捨。貪名者，恐損其名，恆吝於譽。然捨財者實損其財，譽人者反加其譽。

讀史正如赴宴，餚核畢具。不但宜擇其所嗜，猶宜擇其益人者而食之。

行路而遇不潔，則掩鼻而過之。讀史而逢不潔，當掩目而過之矣。

蜜蜂不採朽花，潔人不讀穢史。

山中之花，雖備衆用，而蜂以善擇善用，益其蜜。書中之論，雖備衆意，而智者以善擇善解，長其學。

池之傍有樹，倒影池中，而樹實未嘗倒也。君子時遭患難，世人謬謂傾倒，不知此但君子之影耳。君子卓然自立，實未傾倒也。

風匿地中而欲出，多致山崩水漲。功名之貪一生乎內，多妄動而敗其身，害其國家。

樹木雖生於土哉，而枝則向天。人生長於地，而心志不向於天也，可乎哉。

道傍樹二，一多果，以見擊而虧。一無果，以不擊而全。君子與小人，並生斯世。一見排擊，一見安樂。何也，一多功德，一無功德故也。

蠶種甚微，懷久即變大蠶。邪念始萌雖微，喜懷之，漸至變爲大惡矣。

矢欲進，必退之，退之愈後，進必益遠矣。人圖進於榮，須退以謙，謙彌深，榮彌高。

三角形與圜形，不能相容相合。人心如三角形，世界如圜形，奈何能

相容而安乎。

星照水中，實在天上。聖賢者身雖居世，而心遊於天。

富尊而無德無學者，猶象人之俑，外發威儀，而內空虛，止堪爲醜蟲巢耳。

美樂非一音所成，音愈多而和，其樂愈美。美俗非一人所成，人愈多而和，其俗愈美。

昆弟宜如安石榴子，同色，同味，同室，同衣，雖有大小，無容間也。

有漉囊者，以濾汁液，則清過而滓留。有忘人之厚恩，而但念舊惡者，其不謂之漉囊之人與。

水瓶汲水以口，旣滿其腹，反而出水也，亦以口。宵人譽人以口，既得其欲，則反而毀人也，亦以口。

視日將入地，知去夜不遠矣。視年將入耄，知去死不遠矣。

海容納萬川之甘淡，而反之以苦鹹也。無情者受人之恩澤，而報以惡行，其罪深於海矣。

室中有柱，燃一燈，即立一影，多燈亦多影矣。有才之人，人必嫉之，故多才者，亦多嫉也。

獸雖猛，恩可服也。人雖惡，訓可改也。

野草移之於善地，澆之以清泉，不能易性。世有人焉，誨之以賢師，訓之以嘉言，未能改其邪習，野草哉。

航海者，雖有定向，而用帆無定法也，惟風所使而已。行政者，期於治也，然亦豈有定法哉，惟時所宜而已。

佞者之言如生果，無味無益。智者之言如熟果也，非但味佳，又足養人。

易交友者，亦易絶之。譬於蠟印，趣刻趣銷，不難也。

醴愈旨，而變則愈酸矣。人愈賢，而變則愈惡矣。

美玉加於帝冕，人無不以爲寶也。置於貧賤之冠，人無不以爲石也。

高言出於賢士，人無不以爲奇也。出於庸衆之口，人無不以爲常也。

一時脩善，一時行惡，譬之盛水於漏甖也，此入彼出。

穉樹易移而生，勿待其長老也。童幼易遷於善，勿待其深錮也。

人心如地，久不耕耘，必生荊棘及諸無益之草矣。

君子如明燭焉，輝光四射。小人雖掩之，而終不能虧其明。又譬之日焉，雲霧似能蔽之，然而雲霧自昏，太陽自明。小人以妬謀蔽君子之光，人但謂小人之謀妬，而不謂君子之德爲無光也。

池水易腐，江水不然，流與不流異也。人或易敗而無功，或成大功而不敗者，緣此好學而不暇，彼好暇而不學也。

視大光者，其目迷瞀，投之暗中，則復其明矣。遇世福者，其心昏晦，以將來之禍，伏於暗中者醒之，未有不復其明者也。

伏翼蟲恐目傷於日光，故藏於晝而不出。智者恐心昏於世福，則亦甘於隱而不出。

汎海者，無風不可，烈風亦不可。處世者，無苦不可，太苦亦不可。無苦則易肆矣，甚苦則難立矣。

機會之際，如飛鳥投懷，執之立可得也，稍緩則去不可追矣。

川流而大聲者，淺也。流而無聲者，深也。智者深恆罕言，愚者淺恆多言。

火匿灰中，其焰不發，噓之其熛四射矣。怒情內匿，以忿噓之，未有不肆情害物者。

松脂得火而燃，沃之以甘水更燃。人情遇怒而烈，攻之以和言更烈。

巧鎖非得本鑰不可啓也，欲啓物情之理鎖，必以眞實學問爲本鑰焉。

又 琴絃太道則絶，太緩則不成音。人事太急則僨，太緩則不成功。

對鏡而面之，美醜可見，覿子而親之，賢否可知。

鳥一出籠，可復入乎。言一出口，可復含乎。

凡器之小而虛者，成聲大，實則無音矣。小人器小而虛，故多言而氣揚，君子器大而實，故反是。

礪石不動不利，能使刃利。君子不言而能成教於人。

藏香之器，甚戒其漏。故抱實德之君子，未有不守口如缾也。

不對病之藥，縱良無不傷身，不合時之言，縱善無不敗事。

人於言，如鐘於音。鐘叩而後鳴，不叩而鳴者，妖鐘也。人時然後言，非時而言者，妖人也。

蠅蟻多，歸於聚飲食之事。罪愆多，歸於饕飲食之人。

財之於用，如履之於足，短與長俱不可，適度相稱乃善耳。

病渴者，飲水愈多，愈增其渴，因知病使然也，必覓醫治之。病貪者，得財愈多，益長其貪，豈非內病使然，可不覓醫乎。

豬生而汚濁，人不屑近，死而後人食其肉焉。吝嗇之徒，人不屑親，死而後人利其財焉。

耳目，心之門戶也。非勤守之，外敵入矣。

幼穉之心，如新作之器。初所斟之液，終存其氣而難變也。

水至弱也，滴久則石爲之穿。人性雖鈍，勤敏攻苦，有不致精透者乎。

蟻積穀，必囓其芽，不使萌生而朽敗也。學者凡事不知豫絕險機，是蟻之不若矣。

加德石灌之以水，即發火而燃，潑之以油，即滅火而寒矣。人情或遭拂逆，即奮起而修德，或値順境，反怠惰而不能成功。

象棊居囊中，未辨誰尊而前，誰卑而後也，辨之其在列局時乎。人生世時，善惡賢愚，亦難辨也。出世之後，始各踐其位矣。

二目同合同張，同瞠同轉，無異也。夫婦正如一心住於二身，同生同育，同苦同安，可有異乎。

蜂遇烈風，恐其飄蕩，則抱土而卑飛。智者遇事之逆，恐失其身，即操道而潛隱。

一勺火藥足毀萬力所不能毀，一人智計能成萬衆所不能成。

小人如藤，卑賤不能自起。惟用邪計，托於高木。既登而茂，又枯其所托之樹。

德者，人之鄉也。生於是，長於是，考終於是，則飲食起居，宜不離於是。不者，必爲離鄉流蕩之徒矣。

民猶蜂群也。蜂群居花，不相妬也，不爭奪也。各急其所業，不怠惰也。各取其所美，不損花也。所釀之蜜，以其半養生，以其半共主。故民猶蜂羣也。

鍼黏磁石，欲靜不動，必向不移之北極，不得其向，不能安也。人心以不變之實德，爲不移之北極，不得其向，能寧靜耶。

日，光之源也，月星皆借光焉。日照之，則萬象皆光，不照則萬象無色矣。德，日也。富貴，月星也。德在，而諸美皆光，德不在，而諸美皆隱。

孔雀美羽毛，以足之醜，不敢傲。智者，恆視己短，省己過，以爲克傲之資。

陶器小大厚薄不等，其先壞者，未必盡小且薄者也。人老幼強弱不等，其先死者，未必盡老且弱者也。西諺曰，入屠之牛羊，子乃多於母。

愈老而愈貪，正如行路者，彌近乎鄉，彌欲豐其資乎。又譬之負重者，彌弱彌加重焉，迂甚矣。

人生遊世，正如象戲在局。或主或役，或將或卒，或進或退，或負或勝，事畢歸諸原囊，不復辨矣。

畫圖覩近如遠，覩庳如高，人技之巧使然耳。世事虛者如實，薄者如厚，非世勢之幻使然哉。

葛藟纍樛木耳，樛木偃仆，葛藟無自立矣。財物，世樂皆賴乎。人身歿，財樂何能永存也。

箕分粟於秕。人之才辨，分善於惡，分眞於僞，分實於虛，分益於損者也。

花草樹木，非得露滋，未得長茂。人才非得天佑，不能成功。

織師以百室之絲成錦，巧蜂以百花之味成蜜，善學以百書之妙成學。

薪雖濕，久居火中，未有不焚。人雖善，久交惡友，未有不染者也。

馬制之以轡，舟引之以舵，人率之以理。

果之生而酢者，漬之以蜜，則甘美矣。幼之無知，教之以學，則立志而成材矣。

沉泥之玉，貴於在懸之石。貧士有學有德，貴於尊富而愚者也。

財而無德者，如疊石而無灰也。積愈高，頹愈速。

山溪時漲時涸，無定也。愚者於施，或厚或薄，亦無定也。

明燭必用以照，豈欲隱藏。德士必用於政，豈宜隱匿。

天上之星甚大，而從地觀之則小。聖賢之德亦大，而居世之時，亦自見其小也。

谷隨山，山愈峻，谷愈深。謙隨德，德愈高，心愈下。

晷之表正，隨日所轉，時刻無不準者。心之意正，則隨事所行，豈有

不中者乎。

樹根先取力於地，然後均分於各枝，爲師不先取學於古，何以分之於弟子哉。

又　西南有一種蜜，雖甘而毒。婬書之文亦然。

慱學猶利劍也，托於不善用者，其害大矣。

月所向日之面必光，所向地之面必暗。人心向理而行無不光也，向利而行無不暗也。

香花嘉草易謝，蒸而爲露，所遺香氣可久存也。人命及勢利易散，修德立功所遺之美跡可久存也。

功小而升之大位，如身窄而衣之寬衣也，不稱甚矣。

己屋焚而趨滅他室之火，不亦愚耶。置其身之惡而攻人之惡者，其愚亦復如是。

土自生荆棘，非得耕耘播種，不能生嘉穀。人情自能邪惡，非得拯拔指引，不能立善功。

善農既播種，遂以土掩之，忌露而來鳥之食也。修德者愈有實行，愈欲隱匿，忌露而被譽之賊也。

實德如日，自有之光常存不變，風霾雲霧莫或消損。尊富者如月，借光於外，隨外聚散爲消長耳。

水之流也，深淺巨微不等，入海而不復辨矣。人之生也，貴賤貧富不等，入墓而不復辨矣。

旋風先自旋而後旋物，惡人先害己而後害人。

居世之高勢，正如居極峻之嶺，其目眩眩，其足戰戰。

以舟車任載者，無不量其堅瑕，與貨之輕重也。任馬□者，無不察其強弱，與物之多寡也。惟人於任事不然，愈弱劣，愈欲負重任，半塗而廢，宜哉。

井彌深，其水彌甘。學彌深，其言彌旨。

異香非特自香，所加之物，惹之亦香。實德非特自美，所接之人，化之亦美。

由眼鏡視物者，未有不因其鏡色而變者也，鏡紅物紅，鏡綠物綠。人因其情之正邪，而意度他人之情，何異於是。

不肖者如豕也，豕經美景不顧，遇污溺即投焉。不肖者遇德士不顧，遇小人則暱焉。

財勢榮名如鱔然，握之益固，其滑而出也益速。

財貨如棘，持之益固，益傷其手，故捨財者，無不增其德而抒其憂。

世福無定，正如流水。今至我室，異日必至他室。今澤吾田，異日必澤人田。豈可久留而私之也。

火所著之物，或化爲火，或留其火跡焉。仁者所交之人，或化爲仁，或遺其仁跡焉。

身之泥垢，以水除之。心之穢污，以苦治之。

火一也於金煉之，於草燼之。難一也賢因而成，愚因而敗。

財於人，如膏於燈，甚則滅，寡則無光。

教誨之道，如甘雨然。徐零入土，加力使盛。倘過猛驟，非徒無益，而又害之。

人財如窄口缾焉，漸酌之易實，速斟之反傾。

醉人其無舵之舟乎，進退無法，動靜無主。是故舟敗而德伐，其理一也。

風起水湧，底中之泥悉露矣。酒多人醉，心中之密悉露矣。

諸星之光，晝不可望。望之其惟下深井乎。天上之事，人不可測，測之其惟存謙心乎。

火初發甚微，忽之漸熾而難滅矣。邪欲初發亦甚微，縱之漸長，欲遏之不亦難乎。

訛言易破，譬之蛛網，組織雖工，微風足以敗之。

目不能見目，而能見萬物。人多朦於論己，而曙於論人。

寶之美者愈珍藏，德之誠者愈隱匿。

魚出水外，不可久生。人出分外，豈能久存。

鑑多且異，其所照之物雖一，而若不一矣。人衆而異論生。則一之所是，一必非之。一之所取，一必棄之。

人目或近視，或反獨遠也。人心或勤於己事，而怠於公。或急於公，而忽於己事也。

西島有異火，投之水愈炎，投之草易滅。人中或有異情，求之不與，

辭之反與。勸止不止，勸不止而反止者。

掌舵者，坐舟後而引其先。智者慮事終，而圖其始。

厚於養體者，如載舟特重，不虞其將沉也乎。

鹽池之水，多雨後更甘於諸水。人久習惡行，一時蒙天主啓牖，更善於他善者也。

小西古有一種異人，幼時髮白如老，老時髮黑如幼。人中幼年有智如老，至老或不如幼時，不亦異哉。

昏夜燈照皆喜，忽滅皆憂。人之生也衆樂，其卒也衆哀。

人生譬漏滴焉，漸漸消流，至盡而死，非終滴致然也。

嗜酒者猶餔其糟，貪生者猶戀於耄。

玄鳥不巢於將毀之宅。人於僑寓之世，乃圖恆業，求永安乎。

人生於德門而去爲不肖，其如濁溪而源於清泉者乎。

西有一種小鵲，緣無足趾，或懸於空，或投於地。世有一種小人，緣無識量，或高而狂，或卑而鄙。

牛牯先閉目低首，然後觸物。怒情先蔽內理外目，然後害人。

造難毀易，論他人所作者甚易，而自作之也則甚難。

有泉之地，於日將出時，偏多發霧。懷德之人，雖含匿之，無不時露其藏。

日愈高，其影愈短，愈低，其影愈長。人德彌峻，彌欲其晦。彌卑，彌欲其顯。

獒犬値小犬之吠，弗爲動也。君子當小人之詈，直當以小犬視之。

老蛇蛻去舊皮，又復幼矣。人老於惡，不思改其舊而復新耶。

西國有河，入大湖而其水不雜。政如盛德之士，生濁世而不沾其惡也。

沙雖輕，積之多即重矣。過雖小，積之多即大矣。

西有一草，種之近海即甘，遠海即苦。凡人近大人即習爲謙和，遠大人即習爲傲慢矣。

善工從木於繩，不從繩於木也。學者宜就身於道，不宜就道於身也。

航海者，不至於岸不止，學者非至於成不息。

畜硝之泉，不產他物。修德之心，不得他營。

海水至底乃甘。學猶海也，深入其內，愈覺其甘矣。

厄基諸者，海中小螺也。預覺風浪之起，則堅附於石，不則深匿於沙。學者預覺時運之變，而不固操道柄，潛隱適軸，不如螺矣。

松栢一樹，塗之以油，不受蟲蠹。心樹畏慾蟲之蠹，德學其油也。

寶玉質生於地，而光象乎天。君子身居於地，而心繫於天。

又禽獸交跡於花草之地，各有所取而不相礙。蜂採其花，羊食其葉，鳥擇其子，豕齕其根，鹿取其枝。學者同習一書，而才情識解，各有所取。

人聲從筩管中出者，愈清。而明德譽從困鬱後顯者，愈光而大。

怒狂如雷，橫下而縱擊之，凡所値者，無不傷損。

地雖肥美，非得良農治之，不能產禾。人雖美才，非得明師指之，不足成器。

名醫不論疾之大小，無不可以施其技。名賢不論事之大小，無不可以用其才。

束耳波樹，葉遲發而速彫。人亦有之，一生積財累功，而喪於瞬息。

狗急於產，故所產之子恆瞽。故欲速而急於爲者，皆不明者也。

北風先烈後微，南風反是。人之所爲，凡大急於始，必漸緩於終。功用不成，必也。愼其始而勵其終乎，則成功者乎。

無目者，妄伸手而不能取物。無智者，妄執事而不能成功。

烏蜂不自釀蜜，而惟竊蜂蜜。學士不能自作，而襲取他士所作者，烏蜂之類也。

學者如飛鳥不齊矣，或目徹千里，或僅辨一武，或飛戾天，或時控地。

栢種微而樹巨。大惡大亂，無不繇微端而生。

貪者如藤，所遇必戀而固持之，以至於槁不舍也。

民如海，自無不靜。惡風鼓動，始作波濤。

春無花，夏勿責之以果，幼無學，老無望之以成。

友者，非如舟也，乃如醴耳。舟愈新，愈善而□。醴愈老，愈旨而力矣。

僞友其木瓜乎，木瓜有香而無味。僞友言極善，而心甚惡也。

善教者，宜法乳母，乳母先食美味，然後以所化之清乳，食其子。善師先涵泳道理之蘊，然後以約且明者，訓其徒也。

宇宙之物，以或滅而去，或生而來，成其美觀。正如文人之言，以往反辨博，成其高論。

自鳴鐘，鍾每下不止，非復引上，其運無由也。人志恆下，無異此矣。非常常立志，安能成大功哉。

鵂鶹以多食毒物而肥其身，君子以多聞謗言而完其德。

犬之最惡者，或不吠而噬人。陰險小人似之。

貧者假爲不貧，是速其貧也。蓋貧至於不可假，而貧不可救矣。惡者假爲不惡，是甚其惡也。蓋惡至於不可假，而惡不能改矣。

蛇之毒，害物而不害己。人之惡，害己而後害人。

舟在江河中見大，在海中見小。人雖聰穎博學，至於通都，未必顯著。

猴無業於己，在學人爲業，止取人笑而已。人有不能自造，以効他人而取譏者，猴也。

聚會時用溫和戲謔之言，正如鹽焉。多則羹敗，少則羹和。

嫉妬者如獒，獒閒卧，而不容人走。嫉妬者己自無功，而恆忌人功。

勿求光於無膏之燈，勿求恩於不仁之人。

善筆而入惡手，不如惡筆而入善手，其書猶可觀也。多財而歸惡人，不如少財而歸仁人，其功猶足世也。

污穢之所，蠅蚋集焉。污穢之心，邪魔聚焉。

世祥正如海靜，豈可久保無風浪乎。

醫者以毒攻毒，學者以苦攻苦。

醫者以識疾爲瘳之端，學者以知過爲改之兆。

削木鐫石，鏤金刻骨之法，愈損之，愈增其飾。君子益受苦屈，益精其德，益成其功。

水銀依戀黃金，眞榮依憑誠德。

世榮微薄難保，其蜘蛛之網乎。勤苦經營，不能不爲風雨所敗也。

行曠莽中，無不中蒺藜之刺者也。行苦世中，無不值小人之虐者也。

世俗之務，一似孩童之戲。以泥造室，以竹製馬，以爲急事，不知大人之旁觀而竊笑也。

楊廷筠《代疑篇》卷上《答人倫有五止守朋友一倫盡廢其四條》

問：人有五倫，缺一不可。西儒既先窮理，宜於此理極明，胡爲不婚不宦，去父母，遠兄弟，以事交游，將四倫可全廢乎？聖王制禮，生則養，死則祭，故祀典極重。聞西教不奉祖先，此出訛傳猶可，設果有之，忘親倍本，不足齒矣。答曰：此關人道之大，極宜辯明。而不奉祖先，尤爲大逆，不可不先剖者。西教十誡，是爲人彀率。前三誡歸天主，後七誡歸於人。而七誡之首曰：孝敬父母。父母生則養，盡志盡物；死則祭，如生如存，乃孝敬也。豈西國異人異心，獨於父母死，不孝敬乎？不孝敬何爲列諸首誡乎？觀此中縉紳奉教最堅者，其家中廟宇，必崇飾品物，必隆備禮節，必準古，此足明徵。若所奉一教，所行又一教，是爲二心，何云奉教最堅也？惟是教中祀禮與此不同，人頗疑之。紙錢銀錠，冥器明衣，是今人所重，彼皆謂無益，通不用之。惟獻過品饌，己不食用，並撤以送貧戚，爲亡者廣仁，資其冥福，是或一禮。今庶人之家，所供神佛，謂之家堂，大都與祖宗牌位，共在一處。西教不信三官聖帝爲何神，五聖五通爲何祀，教人廢此，弗爲非鬼之祭，世遂訛傳不奉祖先。有不知而悞信者，有明知而故入其罪者，故悞由人，彼曷與焉？若論人倫，渠在家事父母，娶妻子，和兄弟，尊君長，盡與此同。惟一種特達之賢，願入耶穌會，稱會士者，方守童身，出家學道。學道而有得者，稱撒責爾鐸德，千百中無一，國中所最貴也。蓋其國之人，相習成風，以此種人爲第一流。如狀元及第，中華所美，人人爭羡，父母兄弟所祈望，惟願得爲鐸德，即不翅榮福，無復他願，自是彼方風尚，非他邦可例也。故父母生子承祧嗣續，多先有人，而其間賢智絕倫，則侈爲家之祥，國之瑞，勸守童貞，送入教會，此父母之治命，兄弟之同心，不謂之不孝不弟。及乎道成，而陶淑一家，並登天路，彼又以此事爲孝友之至大，或與吾儒顯揚之指合乎否也。夫妻止一娶一嫁，再無二色，凡出遊必奉君長之命，食君長之祿。食其祿者，致其命，萬死有不辭焉。彼其於倫，蓋有維其實，不徒狥其名者矣。

或曰：娶妻生子，理亦何妨，即無子娶妾，亦屬正道，何必禁之嚴也。曰：娶妻無妨，故不禁人。惟會士願學耶穌，非童貞不克相肖，此其

一；極重彌撒之禮，每晨行祭，非絕色者不可，此其二；遠游異域，孑然一身，不得有所攜，此其三。夫有志不娶，士林高行，中國有此，從來以爲難，未聞議其短也。且生子爲宗祀，則同胞有娶，已堪承祀，於祖父無闕，所闕獨當身之祀。而得昇天堂，享福萬年，爲祀更遠，又非不孝論也。況以倫言，妻不容有二夫，夫豈容有二妻。如轉一名謂之妾，遂云無妨，豈婦私一男，亦可轉一名，謂之無妨乎？西國之言人倫者如此。

罪

綜述

陽瑪諾《聖經直解》卷三《瞽人時坐道畔乞食》 聖賢解曰，斯瞽人罪人像也。瞽有四患可傷，罪人有四害可避。瞽人目無光一，坐不能立二，坐道畔三，至窮乏四。罪人內冥無光一，不得自立二，不入正道三，其靈至窮四。

何謂罪人內冥無光。曰，靈性之目，明司是也。罪人神目冥冥如瞽，謂之神瞽，經指罪人曰，彼常行黑中。又云，彼心癡黑，神目無光而瞽。經又廣述地獄罪人之言曰，嗚呼，吾輩在世，寖向邪崎，天堂坦平正路，竟不知履，義光不照吾心，太陽神射不射吾內。又瞽人行時，或深坑在前，或讐人當面，而不知避矣，哀哉。地獄冥坑，讐魔謀害，罪人不顧，而不知住止，不謂之瞽乎。其瞽，其諸惡之由也，因瞽不視本非而不羞，不視天主嚴威而不畏，不視天主至慈而不愛，不視天主厚恩而不謝，不視天堂眞福而不望，不視地獄眞苦而不避。其害皆出於瞽，因魔之首務，在冥人神目焉。

經記，有人名三箠，其力過衆，其勇無比，讐衆竟不敢對。偶落讐計，前剜其目，後憑加害焉。魔之正計，先剜罪人神目，後聽意加害也，仁鳥欲獲羊鹿等獸，知力不足，以翼收塵，篩獸之目，目昏獸困，乃剜獸眼而殺。噫，魔鬼狡計，用世輕物如塵，置之目前，肉目一視，心目頓昏，不視正路。魔任加害，使失聖寵，而致其神死，深哉罪人之瞽。

何謂罪人不得自立。曰，坐者，弱而閑之狀也。罪人甚弱，無力能起，設主不振提，終不能立。嗚呼，匹夫自能燒敗珍宮，自不能補損也。自能大亂萬乘之國，自不能治亂也。自能沉沒於大海，自不能振已也。噫，罪人盡然，自能敗靈性珍德，自不能歸於德也，自能亂淆心平，自不能平心也。自能沉沒於衆罪之海，自不能浮出也，必係天主神手而振之也，經云，爾惡，惟出於爾。爾善，惟出於我，是也。

又罪人，閑人也。既失德味，多生怠心，不務善工，故也。又天主聖寵爲神工之根，死罪入心，盡敗聖寵，根敗神功，何由立哉。罪人之工無功，急改痛號，可也。聖奧斯定謂罪人曰，爾不幸失謹而落於非，不可失望，而罷善工。痛號求釋，天主慈耳亦聽也。

何謂罪人不入正道。曰，世人皆旅人也，暫寓今世。本鄉，天堂也。坦道，天主十誡也。善人恆履，不至大錯。達未聖王謂主曰，主賜聖佑，裕我心飛，走爾誡之道，罪人行惡，而出誡道，比之安坐路傍者故。

或問惟十誡爲道，其外無他。何由證之。曰，吾主親口言也。經記，當時一人近主曰，請師示弟善道，得入常生之域。主曰，爾慕入常生域，十誡其道路也。

昔範濟聖人會中一友，專志尋覓天堂直路，天主賜之神目，見多天神，齊入聖殿，篩灰地上，後分班排立。吾主入門，徐步徑登臺上，履跡皆印灰上。聖母次入，全蹈主跡，毫厘不差。宗徒繼入皆然。人衆亦入，不務全依印跡，且蹈且差，終衆齊入，縱步跳躍，無顧印跡焉。會士回心醒目，聖殿天神聖人等，皆不復見。解者曰，聖殿，聖而公會也。聖臺，天堂也。灰路，十誡也。吾主先踹其全，立表爲師。聖母法其全，而盡守之，宗徒繼後守。衆人後來者，善人之衆，是也。彼在世雖行多善，不免小非，且踐且不踐之故也。後來之衆，罪人也。彼不理主跡，不顧正路，縱步亂行。惜哉，吾主先履十誡正道，聖母繼後依跡，聖徒聖人一然。罪人不入不行，哀哉，其怠之甚焉。

何謂罪人之靈至窮。曰，天主聖寵，信望愛超性三德。諸德善功，俱吾靈天爵天祿也，有則富，無則乏。罪人既失聖寵，善功之根甚貧也。經叱之曰，爾佯誇已曰富，曰足，曰無所求，盍知爾心窮乏，爾靈裸跣乎。

主曾訓衆立喻曰，有巨家浪子，前貴無比，後肆於色蕩財，未時窮乏，無法充饑。解曰，浪子，罪人像也。未離親側，榮貴富極，離即窮乏萬狀並起，罪人未獲罪之前，爲天主仁父之子，榮貴多福，善功叠興，富矣。不幸得罪，榮福悉奪，富足盡喪。無善可養神命，傷哉。

又《聞從者讙譁》 右箴解罪人四害，吾輩可避。左箴解瞽人四善，罪人可法，得開神目焉。四善何。曰聽先過之讙譁一，知主行過而求捄二，大發高聲三，過者責之而不顧四。備此四善，致主止步，憐其瞽，諾其求，使復視焉。罪人法此，吾主乃近，而大發惻隱，命開神目，而宥夙失也。

先過之讙譁何。曰，已往聖人之行實，是也。已往之聖，其德其善，如鴻巨聲音，可聒罪人神耳醒改，如太陽之光，射罪人心目，使視其污，而求其淨，如高燈引罪人，使尋正路。聖尼則諾曰，人過世，如過大海。聖人如海濱高臺，其德如燎燧，引人登岸。

聖額我畧曰，行德之路，多茨難進。但有人先入，伐茨開路，平治粗澁，次入者易通。德路難進，惟已過聖人，先行親蹈，而平其難。吾視其跡，可策吾怠，可勵吾劣，望得隨之。又云，聖經記錄聖人之德，并書其非，錄其騰焉，書其落焉。吾視其德及騰，則愛慕效。視其非及落，則怵爲戒。視其德騰，羞矣，勉矣。羞爲不似，勉而起行。視其非落，望矣，法矣，望能得宥，法其改悔。

古書寓言曰，上古有謳翁名阿弗阿，其聲清亮，善撫樂器，禽獸聞樂相率爭先躍舞而從。解曰，謳翁，聖人也。樂器，其德也。禽獸，罪人也。感聖人盛德之和，魚貫而至，欣然從學其德也。聖基所曰，聖人良樂師也，言行相符，如調琴瑟，罪人聞之，心樂而效。

落瑪府自古至今，尚存一風，有勇士猛將，立異功，大益於國，既逝，宫塑其像，置之都市。人視思念其行，每爭先師法焉。嗚呼，勇者得激人心，矧聖人之德哉。

或曰，聖人之德極高，吾仰企不及，能法乎。曰，彼我性同，我何不能於彼同德耶。奥斯定聖人未入聖教之前，沉沒於非，主動其心，使視已醜，而圖已改。奈何醜習深錮，欲進旋退。一日天主賜之神目，見聖人聖童聖女甚衆，忽聞聲曰，斯者俱人也，斯能勝已，能勝德難，爾盍勝之乎。聖人回心，恥勉並作，毅然改非，而成大聖，可知聖人之聖，大開罪人神目，使去心瞽。

又《衆答曰耶穌納匝肋行過》 此瞽人第二善，罪人可法。此善何。曰，緊乘善機是也。瞽人聞主現過，不忍失機，發聲懇求，待主既過，安得捄乎。罪人者，或人善引，或主默提，可急乘機，善機一去，或不復得。古時繪師畫機像，足踏毬上如飛，而不能自住。前額長髮，腦後淨光。解曰，恆走不停，易至易飛，人不能暫留止之，因足踏毬也。前額有髮，示吾一至，必可持之也。後腦淨光，示吾已過無法可追也。此像，戒惡人，幸得善機，改悔必不可怠，來時未必復得，乃悔而不及也，已有別論。

又《大號》 此瞽人第三善，罪人可法。此善何。曰，大痛深悔，誠心求釋，是也。蓋吾內口心也，心冷於求，天主不聽不諾。心熱，乃聽焉。每瑟古教聖人，有日求主，唇不動，口不言，惟誠心默默。天主語之曰，每瑟何厲聲如是求我乎。聖人云，罪人大痛，猶若大聲，通達天主之耳。

又《前行者止勿喧渠聲愈高》 此瞽人第四善，罪人可法。此善何。曰，惡黨惡友，欲止吾善，我不顧，愈善是也。聖奥斯定曰，哀哉謀改之人，其阻必多。有本身之弱，有行善之難，有魔鬼之誘，有惡人之言。身弱，德難，魔誘，其害必深，惡人之害必不淺也。彼遮路而曰，爾眞狂人，求主不可煩聒，不可褻瀆。行衆行，謂之公行。行獨行，謂之私行。公善私惡，嗟乎。達未聖王立意行善，惡輩見王自苦粗食，笑侮謀阻，聖王愈固曰，吾讐多語鼓耳，我若聾若瘖，訥訥不言，罪人可師，聖王可法瞽人焉，惡友愈禁，愈可激厲而進，奇哉。巴爾瑪樹，攀枝愈下，枝逆愈上，泰西諸國，立巴爾瑪枝爲得勝之表，故也。罪人如是，則勝惡黨，主乃必近聽其痛號，而諾其求焉。

又卷五《代疑論·疑四》 爲何罪受刑受死也。曰，當知天主刱造天地萬物之時，遂造男女二人，爲之人類始祖，身心粹美，吉福滿備，燠寒，貧苦，艱難等苦悉無。不病不死，壽考之後，活騰升天。其子孫皆然。奈何背主犯其聖命，恩澤悉隳，病患競至，邪情穢欲，羣萌叢出。萬端之罪，肇興於是。蓋吾人若枝若派，吾原祖若根若源，彼既蠹污，吾無

不然。經指此罪，稱之原罪故也。此外各人又自增親作之孽，而爲天主所惡。何由能息主怒，能贖己之重罪，能酧負夙債，能復得升天乎。廣哉大哉，天主仁慈，其悲痛博厚無限，其矜恤宏深無涯，哀憐吾人，而不忍遽絕。見其不能償所負之債，乃親降生成人，忻然膺罰，以償吾債，贖吾罪。吾債既償，吾罪既贖，吾人與天主協合，天門始開，而人方能入之焉。此爲吾主受苦難之故也。

朱宗元《拯世略說・罪人之功非功》 所謂罪人，教外不認眞主之人，與被教之士，有所過犯，而未經悔解者也。不認主者，或有他善矣；未悔解者，或有後善矣；然既負罪於身，便爲眞主厭惡；特上主無量仁慈，不遽絕滅，久容以俟其悛改也。譬如脾胃一敗，海陸珍錯，俱無益於血氣，如實漏巵者，旋注而旋洩也；又如一體之間，苟有大毒，則全身與之俱斃矣。蓋善必居其全，乃可受賞；惡有其一，已足被罰。如國家法律，死罪數十條，豈必盡犯；苟陷其一，遂可致辟矣；而士師於人負重辟者，豈曰其人有他善行而釋之乎？但在國法，雖悔不赦；在教法，圖改便免耳。故經云：有此愛主之德而作者，雖微易事，必得天上無窮之報；苟無愛主之德而作者，雖艱大事，必不可望天上之報。今有素不爲惡，徒恃此無根無據之善，自謂可得天福，則萬萬必無之理。蓋一疾在身，則血脈不關通，必滌除以去之；未去其疾，雖甘旨，悉無補於身矣；有罪在我，亦與天主不關通，必洗解以達之；未達於主，其德行，悉無償於後矣。或曰：聖教純修之士，其德行固高不可尚，其尋常寡過之人，視古所稱名賢豪傑，行事奇偉卓犖者，十不逮一；然論升天，則尋常寡過者，可以萬全；奇偉卓犖者，反無把柄，恐與人之德不相準也。答曰：有其善，喪厥善；聖教爲功，全在隱藏而不露；子僅目之爲尋常寡過者，安知非闇然内裕也？然縱使眞不如奇偉卓犖之人，則亦有說：蓋吾人升天，不恃自己善狀，而恃耶穌救贖之績，但以吾善爲往取之價；故救贖之功，譬則食也；善，譬則金銀也；千金之子，可以不死者，非金銀足以療饑也，謂貿易便也；若有種種善業，而不爲天主用，譬如擁貲巨萬，不以之貿食；彼善雖小，由愛主之心而起，譬如有百金者，專用以易粟；則巨萬者，必饑而死；而百金者，得食以生也。夫駕巨舫者，極力搖蕩，不過數武；乘流揚帆，則一日千里者，托於風也。竭蹶奔走，百里而疲；乘騏驥綠耳，則周四極者，托於馬也。雖有多力疾足之人，徒涉不可以越江河；跛者有乘則過焉，托於舟也。善蹟雖微，而獲天樂者，托於主也。彼不知所托者，雖勞亦奚益哉？

又《義人之罪微罪》 所謂義人者，信愛天主，被服其教，時省時悔，時解時補，不使罪積於躬者也。此等之人，兢兢自持，大過恆鮮；然偶陷落，則一念之疵，一言之失，一行之尤，時或有之，而人遂非之曰，此亦有罪人也；罪若當罰，彼且蒙罰也；罪若獲赦，我亦獲赦也；是烏知其不可同日語哉？彼人有愆不悔省；而義人者，有愆即悔，力求去之。譬如鏡然，雖同受塵障，然一者時時刮垢而磨瑩之；一者任其昏而不顧；受蔽雖同，而後之明暗，必有判矣。今夫器之貯油者，積垢四面，投之於火，則旋焉光潔；義人愛主熱心，若火熾烈，雖有小疵，如微塵入熾鼎，無不消滅者矣。衣或垢穢，濯之以江漢，無染不去；告解之功，亦滌罪之澄淵也。故經曰，時雨自天降地，以樂農心；罪人之淚，自地戾天，以樂主心。彼朝夕嘆息，涕泣於主前，以祈宥者，固吾心之時雨也。世乃有言奉教之士，或恃有告解一路，隨犯隨解，而復隨犯，且奈何。此亦不思之甚也。夫告解去罪，猶藥去疾也；有疾雖可藥愈，而無疾，不尤益乎？然人身萬不能以無疾，故爲劑治之方；人心萬不能以無過，故立告解之禮。若曰，告解爲易陷之招，豈方藥爲得疾之媒哉？一罪在身，已經痛告，主雖免其永罰，亦恐入煉罪之獄，以鍛其渣滓。此處之刑，與永火之慘毒無異；所異者有盡耳：過大與多者，其煉久；過小與寡者，其煉速。總之上主報人，纖息必究，怙終則永罰，悔改則暫刑，惟無過純善之人，乃能直升天域；不然，則勞績美功，亦可補償煉苦，補之不足，則入煉耳。故告解一條，乃於既落之後，爲斡旋之法，非於未陷之前，先開苟且之門；且不徒爲善惡相渾者，啓其便，并爲百密一疎者補其隙。聖經云：義人失陷七次。義人尚且如是，則下此者，小過時時不免也。小過不除，終爲上達之累，必解而去之，方能誕登天國，固無疑者。然則元惡巨憝，即悔亦可以得赦乎？數犯數悔，而亦可數赦乎？夫罪雖大，如果眞悔，必蒙赦宥；此天主一定之律也。但惡極罪大者，心志迷惑，罕能知悔，設有此等之人，如古之窮奇檮杌，莽操懿溫，盜跖秦檜等，果能悔過，亦可蒙赦升天；然克悔，則必追恨無極，猛勵前進，反勝於平日自稱無過之

人；數悔數犯，斷不其然；所慮時解而時不能絕者，日用言念之間，少差違耳。然人奉教以後，視過反多於奉教以前；蓋前此冥冥昧昧，不省不察，有非莫覺；今則考核甚嚴，細微畢現，知過，正聖功也。若夫世俗之士，作一不善，亦有心生懊悔者，而此情不爲天主發，則亦何益之有？又往往絕大重罪，習俗相仍，不以爲非，漫不知悔，斷不克蒙赦於主也。

靈修

綜述

利瑪竇《天主實義》卷下第七篇《論人性本善而述天主門士正學》

中士曰：吾中州士，古者學聖教而爲聖，今久非見聖人，則竊疑今之學非聖人之學，茲願詳示學術。

西士曰：嘗竊視群書，論學各具已私。若已測悟公學，吾何不聽命，而復有稱述西庠學乎？顧取捨之在子耳。夫學之謂，非但專效先覺行動語錄謂之學，亦有自已領悟之學，有視察天地萬物而推習人事之學。故曰智者不患乏書冊，無傳師，天地萬物盡我師，盡我券也。學之爲字，其義廣矣，正邪、大小、利鈍，均該焉。彼邪學固非子之所問。其勢利及無益之習，君子不以營心焉。吾所論學，惟內也，爲已也，約之以一言，謂成己也。世之弊，非無學也，是乃徒習夫寧無習之方，乃竟無補乎行。吾儕本體之神，非徒爲精貴，又爲形之本主。故神修即形修，神成即形無不成矣。是以君子之本業，特在於神，貴邦所謂無形之心也。有形之身，得耳、目、口、鼻、四肢五司，以交覺於物。無形之神，有三司以接通之，曰司記含，司明悟，司愛欲焉。凡吾視聞啖覺，即其像由身之五門竅，以進達於神，而神以司記者受之，如藏之倉庫，不令忘矣。後吾欲明通一物，即以司明者，取其物之在司記者像，而委曲折衷其體，協其性情之眞於理當否。其善也，吾以司愛者愛之，欲之。其惡也，吾以司愛者惡之，恨之。蓋司明者，達是又達非；司愛者，司善善又司惡惡者也。三司已成，吾無事不成矣。又其司愛司明者已成，其司記者自成矣。故講學，只論其二爾已。司明者尙眞，司愛者尙好。是以吾所達愈眞，其眞愈廣闊，則司明者愈成充；吾所愛益好，其好益深厚，則司愛益成就也。若司明不得眞者，司愛不得好者，則二司者俱失其養，而神乃病餒。司明之大功在義，司愛之大本在仁，故君子以仁義爲重焉。二者相須，一不可廢。然惟司明者，明仁之善，而後司愛者愛而存之；司愛者，愛義之德，而後司明者察而求之。但仁也者，又爲義之至精。仁盛，則司明者滋明，故君子之學又以仁爲主焉。仁，尊德也。德之爲學，不以強奪，不以久藏毀而殺，施之與人而更長茂，在高益珍，所謂德在百姓爲銀，在牧者爲金，在君爲貝也。嘗聞智者爲事，必先立一主意，而後圖其善具以獲之，如旅人先定所往之域，而後尋詢去路也。終之意，固在其始也。

夫學道，亦要識其向往者。吾果爲何者而學乎？不然，則貿貿而往，自不知其所求。或學，特以知識，此乃徒學；或以售知，此乃賤利；或以使人知，此乃罔勸；或以誨人，乃所爲慈；或以淑己，乃所爲智。故吾曰學之上志，惟此成已，以合天主之聖旨耳，所謂由此而歸此者也。

中士曰：如是，則其成已爲天主也，非爲己也，則毋奈外學也？

西士曰：烏有成已而非爲已者乎？其爲天主也，正其所以成也。仲尼說仁，惟曰「愛人」，而儒者不以爲外學也。余曰仁也者，乃愛天主，與夫愛人者，崇其宗原而不遺其枝派，何以謂外乎？人之中，雖親若父母，比於天主者，猶爲外焉。況天主常在物內，自不當外。意益高者，學益尊。如學者之意，止於一己，何高之有？至於爲天主，其尊乃不可加矣，孰以爲賤乎。

聖學在吾性內，天主銘之人心，原不能壞。貴邦儒經所謂明德、明命，是也。但是明爲私欲蔽揜，以致昏瞑，不以聖賢躬親喩世人，豈能覺？恐以私欲誤認明德，愈悖正學耳。然此學之貴，全在力行。而近人妄當之以講論，豈知善學之驗，在行德，不在言德乎？然其講亦不可遺也。講學也者，溫故而習新，達蘊而釋疑，奮己而勸人，博學而篤信者也。善之道無窮，故學爲善者，與身同終焉。身在，不可一日不學。凡曰已至，其必未起也。凡曰吾已不欲進於善，即是退復於惡也。

中士曰：此皆眞語，敢問下手工夫。

西士曰：吾素譬此工如圃然，先繕地，拔其野草，除其瓦石，注其泥水於溝壑，而後藝嘉種也。學者先去惡，而後能致善，所謂有所不爲，方能有爲焉。

未學之始，習心橫肆，其惡根固深透乎心，抽使去之，可不黽黽乎？勇者，克己之謂也。童年者蚤即於學，其工如一，得工如十，無前習之累故也。古有一善教者，子弟從之，必問曾從他師否？以從他師者，爲其已蹈曩時之誤，必倍其將誠之儀。一因改易其前誤，一因教之以知新也。既已知學矣，尚迷乎色欲，則何以建於勇毅？尚驕傲自滿欺人，則何以進乎謙德？尚惑非義之財物，不返其主，則何以秉廉？尚溺乎榮顯功名，則何以超於道德？尚將怨天尤人，則何以立於仁義？秬卣盈以醯鹽，不能斟之鬱鬯矣。知己之惡者，見善之倪，而易入於德路者也。欲剪諸惡之根，而興己於善，不若守敝會規例，逐日再次省察，凡己半日間所思所言所行善惡，有善者自勸繼之，有惡者自懲絕之。久用此功，雖無師保之責，亦不患有大過。然勤修之至，恆習見天主於心目，儼如對越，至尊不離於心，枉念自不萌起。不須他功，其外四肢莫之禁，而自不適於非義矣。故改惡之要，惟在深悔，悔其昔所已犯，自誓弗敢再蹈。心之既沐，德之寶服可衣焉。

夫德之品衆矣，不能具論，吾今爲子惟揭其綱，則仁其要焉。得其綱，則餘者隨之，故《易》云：「元者，善之長」，「君子體仁，足以長人」。

夫仁之說，可約而以二言窮之，曰愛天主，爲天主無以尚；而爲天主者，愛人如己也。行斯二者，百行全備矣。然二亦一而已。篤愛一人，則并愛其所愛者矣。天主愛人，吾眞愛天主者，有不愛人者乎？此仁之德，所以爲尊。其尊非他，乃因上帝。借令天主所以成我者，由他外物，又或求得之而不能得，則尚有歉，然皆由我內關，特在一愛云耳，孰曰吾不能愛乎？天主諸善之聚，化育我，施生我，使我爲人，不爲禽蟲，且賜之以作德之性。吾愛天主，即天主亦寵答之，何適不祥乎？

人心之司愛，向於善，則其善彌大，司愛者亦彌充。天主之善無限界，則吾德可長無定界矣，則夫能充滿我情性，惟天主者也。然於善有未通，則必不能愛。故知寸貝之價當百，則愛之如百；知拱璧之價當千，則愛之如千。是故愛之機在明達，而欲致力以廣仁，先須竭心以通天主之事理，乃識從其教也。

中士曰：天主事理，目不得見，所信者人所言所錄耳。信人之知，惟恍惚之知，何能決所向往？

西士曰：人，有形者也。交於人道者，非信人不可，況交乎無形者耶？今余不欲揭他遠事也。子孝嚴親，無所不至，然子何以知孝？惟信人之言，知其乃生己之父也；非人言，自何以知之乎？子又忠於君，雖捐命無悔。其爲君，亦只信經書所傳耳，臣孰自知其爲己君乎？則吾所信有實據，不可謂不眞切明曉，足以爲仁之基也。況夫天主事，非一夫之言。天主親貽正經，諸國之聖賢傳之，天下之英俊僉從之。信之固不爲妄，何恍惚之有。

中士曰：如此，則信之無容疑矣。但仁道之大，比諸天地無不覆載，今曰一愛已爾，似乎太隘。

西士曰：血氣之愛，尚爲群情之主，矧神理之愛乎？試如逐財之人，以富爲好，以貧爲醜，則其愛財也，如未得，則欲之；如可得，則望之；如不可得，則棄之；既得之，則喜樂也；若更有奪其所取者，則惡之；慮爲人之所奪，則避之；如可勝，則發勇爭之；如不可勝，則懼之；一旦失其所愛，則哀之；如奪我愛者，強而難敵，則又或思禦之，或欲復之而忿怒也。此十一情者，特自一愛財所發。總之，有所愛，則心搖，其身體豈能靜漠無所爲乎？故愛財者，必逝四極交易以殖貨；愛色者，必朝暮動費以備嬖妾；愛功名者，終身經歷百險，以逞其計謀；愛爵祿者，攻苦文武之業，以通其幹才。天下萬事皆由愛作，而天主之愛獨可已乎？

愛天主者，固奉敬之，必顯其功德，揚其聲教，傳其聖道，闢彼異端者。然愛天主之效，莫誠乎愛人也。所謂「仁者愛人」，不愛人，何以驗其誠敬上帝歟？愛人非虛愛，必將渠饑則食之，渴則飲之，無衣則衣之，無屋則舍之，憂患則恤之、慰之，愚蒙則誨之，罪過則諫之，侮我則恕之，既死則葬之，而爲代祈上帝，且死生不敢忘之。故昔大西有問於聖人者曰：「行何事則可以至善與？」曰：「愛天主，而任汝行也。」聖人之意，乃從此哲引者，固不差路矣。

中士曰：司愛者用於善人可耳。人不皆善，其惡者必不可愛，況厚愛

乎？若論他人，其無大損。若論在五倫之間，雖不善者，我中國亦愛之，故父爲瞽叟，弟爲象，舜猶愛友焉。

西士曰：俗言仁之爲愛，但謂愛者可相答之物耳，故愛鳥獸金石，非仁也。然或有愛之而反以仇，則我可不愛之乎？

夫仁之理，惟在愛其人之得善之美，非愛得其善與美而爲己有也。譬如愛醴酒，非愛其酒之有美；愛其酒之好味，可爲我嘗也，則非可謂仁於酒矣。愛己之子，則愛其有善，即有富貴、安逸、才學、德行，此乃謂仁愛其子。若爾愛爾子，惟爲愛其奉己，此非愛子也，惟愛自己也，何謂之仁乎？惡者固不可愛，但惡之中，亦有可取之善，則無絕不可愛之人。仁者愛天主，故因爲天主而愛己愛人，知爲天主則知人人可愛，何特愛善者乎？愛人之善，緣在天主之善，非在人之善。故雖惡者，亦可用吾之仁。非愛其惡，惟愛其惡者之或可以改惡而化善也。況雙親兄弟君長，與我有恩有倫之相繫，吾宜報之，有天主誡令慕愛之，吾宜守之，又非他人等乎？則雖其不善，豈容斷愛耶！人有愛父母不爲天主者，茲乃善情，非成仁之德也，雖虎之子爲豹，均愛親矣。故有志於天主之旨，則博愛於人，以及天下萬物，不須徒膠之爲一體耳。

中士曰：世之誦讀經書者，徒視其文而闇其旨。某曩者嘗誦《詩》云，「維此文王，小心翼翼，昭事上帝，聿懷多福，厥德不回」。今聞仁之玄論，歸於天主，而始知詩人之旨也。志事上帝，即德無缺矣。然仁既惟愛天主，則天主必眷愛仁人，何須焚香禮拜，誦經作功乎？吾檢慎於日用，各合其義，斯已焉。

西士曰：天主賜我形神兩備，我宜兼用二者以事之。天主繁育鳥獸，昭布萬像，而其竟莫有知所酬報者，獨人類能建殿堂，設禮祭，祈拜誦經，以申感謝，何者？天主之愛人甚矣！大父之慈，恐人以外物幻其內仁，則命聖人作此外儀，以啓吾內德而常存省之，俾吾日日仰目禱祈其恩。既得之，則讚揚其盛，而感之不忘，且以是明我本來了無毫髮之非上賜，而因以增廣吾仁，且今後世彌厚享賞也。

天主之經無他，只是欽崇上帝恩德而讚美之，或祈恕宥昔者所犯罪惡，或乞恩祐以勝危難，以避咎愆，以進於至德。故數數誦之者，必益敦信此道，愈闢心明以達學術之隱也。又恐污邪妄想，侵滑人心，因而渙散，於是天主又教之以禮，不拘男女，咸曰誦經拜叩以閑其邪。夫吾天主所授工夫，匪佛老空無寂寞之教，乃悉以誠實引心於仁道之妙，故初使掃去心惡，次乃光其闇惑，卒至合之於天主之旨，俾之化爲一心，而與天神無異，用之必有其驗，但今不暇詳解耳。

吾竊視貴邦儒者，病正在此，第言明德之修，而不知人意易疲，不能自勉而修，又不知瞻仰天帝以祈慈父之佑，成德者所以鮮見。

又《二十五言》

物有在我者，有不在我者。欲也，志也，勉也，避也等，我事，皆在我矣。財也，爵也，名也，壽也等，非我事，皆不在我矣。在我也者易持，不在我也者難致。假以他物爲己物，以己物爲他物，必且倍情，必且拂性，必且怨咎世人，又及天主也。若以己爲己，以他爲他，則氣平身泰，無所牴牾，無冤無怨，自無害也。是故凡有妄想萌於中，爾即察其何事。若是在我者，即曰：「吾欲祥則靡不祥，何亟焉？」若是不在我者，便曰：「於我無關矣。」

欲之期期於得其所欲也，避之期期於不遇其所避也，故不得其所欲，謂不幸焉；遇其所避，謂患焉。藉令吾所欲得，惟欲得其所得之在我耳；吾所避，惟避其所不遇之在我耳；則豈有不幸而稍爲患哉！爾冀榮祿、安佚、修壽，爾畏貧賤、夭病、死喪，固不免時不幸而屢患也。

彼恆被遇富顯，以饌具宴飲之，以繒帛贈遺之，爾不得焉，勿以爲意也。何也？彼所爲，爾弗爲之，則彼所得，爾宜勿得之矣。彼以順媚、以諂諛得斯耳，爾不欲順媚諂諛，而復欲併得斯，無乃悖乎？不予其價，能取其物乎？如經過市中，有買蔬者，與若干錢，而爾否也，爾豈妒買之者而以爲得多乎爾耶？彼擕蔬而去，爾存，未費錢而往，則同矣。富顯者無饌宴，無繒帛予爾，無他焉，惟爾無饌宴、繒帛之價與之耳。彼以順，以譽，皆價也。爾如欲貨，則勿惜價矣。然而我代饌宴、繒帛者獲何物歟？不阿順，不苟譽，存直蓄忠於己則贍矣。

適遇難事，縱非我所願，又非我所能避焉，是在用智以善處之。士之行世，譬如博塞之精者。然值勝數而勝，夫人之所能也；值不勝之數，而善運之，以使勝，是以智易其不勝之數也。

有傳於爾曰：「某訾爾，指爾某過失。」爾曰：「我猶有別大罪惡，某人所未及知；使知之，何訾我止此歟！」認己之大罪惡，固不暇辯其指

他過失者矣。芳齊，西邦聖人也，居恆謂己曰：「吾世人之至惡者也。」門人或疑而問之，曰：「夫子嘗言，僞語縱微小，而君子俱弗爲之。豈惟以謙己可僞乎？夫世有害殺人者，有偸盜者，有奸淫者，夫子固所未爲，胡乃稱己如此耶？」曰：「吾無謙也，乃實言也。彼害殺、偸盜、奸淫諸輩，苟得天主祐引之如我，苟得人誨助之如我，其德必盛於我也，則我惡豈非甚於彼哉？」一聖人自居於是，余敢自誇無過失，而辯訾者乎？

儻有受益於物而愛之，爾極思夫何物類也，從輕而暨重焉。愛甌耳曰：「吾愛瓦器，則碎而不足悼矣。」愛妻子曰：「吾愛人者，則死而不足慟矣。」瓦者毀，人者喪，常事，難免焉。

欲安靜其心，當先舍俗慮。俗慮曰：「我不汲汲於營貲，恐卒無以望吾腹矣；不恆怒，則孥僕爲不良矣。吾意寧甘心死於饑餓也，無寧憊心生於豐饌也；寧孥僕爲不良也，無寧我爲不肖子也。」試言其小者，如忽瀉燈油，破罐子，且禁其駭怒，默詢於己曰：「心之安靜貴耶？天下貴耶？心之安靜貴，無疑矣。今何不以油一勺，以瓦一片，買此安靜心乎？所得之貴如此，捐價之賤如彼，何惜耶？」又爾呼兒童，兒童不應。彼或未聞爾聲耳，或已聞而有所避命耳。雖然，爾豈宜因他心之忤，即怒亂而挫損本心哉！

人凡立志修學，即當預思，必有指議我者，如見端立拱翼，必且曰：「此矜容也」；如見周旋中禮，必且曰：「此色莊也」，咸指曰：「夫夫也，從何處忽發聖者耶？」今吾爲學，惟斯不矜容，不色莊，而卓然自立，儼如承上帝之令，列於行伍，而不敢有尺寸之失焉。此則始也指議之者，自心服其實修且起敬，自悔其議矣。若不然，一因指議，而驟自退屈，不將爲人所重笑乎？先笑我進，後笑我退也。

物之奇異，爾毋傲而誇也。若馬自傲，而曰「我乃良馬也」則已，爾傲而曰「我有良馬」，不爾赧代畜而傲乎？爾非馬也，但獲馬之用耳已。吾克以道義，用物，是我事也，而傲猶不可，況矜夫不在我者耶？

物無非假也，則毋言己失之，惟言己還之耳。妻死則已還之，兒女死則已還之，田地被攘奪，不亦還之乎？彼攘奪者固惡也，然有主之者矣。譬如原主使人索所假之物，吾豈論其使者之善歟，惡歟？但物在我手際，則須存護之，如他人物焉。

嘗有所遇諸不美事，爾即諦思，何以應之。如遇惡事，君子必有善以應，遇勞事以力應，遇貨賄事以廉應，遇怨謗事以忍應，猶以鐵鉞加我，我設干盾以備之，又何懼乎？

爾在世界中，宜視己如作客然，宴飲、列席，饌具厚薄，由乎主人。爾無責望行炙之人。以次當及爾，爾徐徐寡取之；行過弗及爾，爾毋援之；行而未至爾，爾毋迎之。爾能於所服御如此，於妻子如此，於財貨如此，於權勢如此，則爾宜爲天主所客宴諸天上矣。使如行炙人之及爾，厚爾，而爾無與焉，爾已天上客，豈猶爲乃世人耶？

夫仁之大端，在於恭愛上帝。上帝者，生物原始，宰物本主也。仁者信其實有，又信其至善，而無少差謬，是以一聽所命，而無俟強勉焉。知順命而行，斯之謂智。夫命也，我善順之則已，否則即束縛我，如牛羊而牽就之。試觀宇宙中，孰有勇力能抗違后帝命，而遂己願者乎？如以外物得失爲禍福，以外至榮辱爲吉凶，或遭所不欲得，或不遭所欲得，因而不順命，甚且怨命，是皆失仁之大端者也。何也？凡有生之物，皆趨利避害，而并怨其害己之緣者也。不能以受害爲悅，必不能以損己爲喜。父子之恩，而至於相殘，無他，謂其親不遂其所欲得也。衛輒，子也。蒯聵，父也。子而拒父，正以君國爲福，爲吉焉耳。彼農夫之怨歲也，商賈之怨時也，死喪者怨天也，亦猶是也。是俱以外利，失其內仁也。君子獨以在我者，度榮辱，卜吉凶，而輕其在外。於所欲値，欲避，一視義之宜與否，雖顛沛之際，而事上帝之全禮，無須臾間焉。

天下難事，執有兩柄，一可執，一不可執。試如父兄之欲害其子弟也，曰：「害人之事，是乃不可執之柄」，則難舉之矣；曰：「父兄也，是乃可執之柄」，則舉之矣。然則父兄不善，欲害子弟也，子弟不可怨矣。

雖有父兄不善，造物者以我屬焉，豈容我擇其善否乎？

若或取樂之淫想形於心，汝先勸戒勿被其取焉，後退而念取樂之際，自汚自醜一時，取樂之畢，自悔自責一時，終則思曰：「如此非樂，何不捨之，而獨樂潔己正樂哉？」使我剋樂，善乎？使樂剋我，善乎？寧不思取歡之頃瞬息，而遺長痛於膺中乎哉？若斯必慾心自消，道心大長，而神樂於爾生矣。

爾觀受爵祿者，得安逸者，有聲望者，勿萌妄想，謂彼獲眞福而果幸

也。眞福也者，在於我所欲得即由我得之，不在於得其所不由我者也。彼皆不由我者，從外而來，誰言其得之在我乎？爾不願爲富貴、有聞、名第，願有德而爲正人耳。然行德而爲正人之道，莫如賤視凡物不由我也。夫不肖者竟不由己，懼害望利也，而皆由他人焉。君子一一責諸己耳，而恆曰：「彼能死我也，不能害我矣。彼能富我也，不能利我矣。」進德之兆，多默少言。言而不言，酒之旨，殺之美；不訕人，少譽人，不訐己之長；聽己之譽則默笑譽之者，聽己之訾則不辯訾之者；卒防備己，如仇如寇焉。

人生世間，如俳優在戲場上，所爲俗業，如搬演雜劇，諸帝王、公卿、大夫、士庶、奴隸、后妃、婦婢，皆一時妝飾者耳，則其所衣衣，非其衣，所逢利害，不及其躬；搬演既畢，解去妝飾，則漫然不相關矣。故俳優不以分位高卑長短爲憂喜也，惟扮其所承腳色，則雖丐子，亦當眞切爲之，以稱主人之意焉。分位全在他，充位亦在我。

務形上之工夫，如多飲、多食、多眠、多色，是賤丈夫之效也。夫大丈夫之誠意，惟在神心耳已，彼形事若恥之焉，但無如之何，姑輕事之耳。我身譬則驢也，而神心譬則子也。養驢則整其廄櫪，厚其飲食，華其羈絡，飾其鞍轡，而令己獨子，穢也，餒也，凍也，殍於途中，夫賤丈夫乎？嗚呼，今世之賤丈夫盈街，而人莫之惜也。

欲知性之正，當觀人與己不殊事試之。如他僕乍壞瓶子，爾必曰：「常事也，不可怒。」則可知爾瓶子壞，非怪也。自微推巨，他妻子死，無不識曰：「命也，數也。」儻己所愛而死，則遽傷神號泣「嗚呼嗚呼，哀兮哀兮」，晝年不已，胡不記曩爲他人言乎？爾恚兒童者嬉則愚也，乃欲弱非弱矣；譴奴僕者惰則愚也，乃欲駑非駑矣。欲子不死亦愚也，乃欲人非人矣。

踰分之任，智者毋負。負所不能任者，並失其所能任者焉。爾或爲虜，賣爾身爲奴，何等羞慚憤恨！爾將自己心役役於物，束縛苦楚，而乃熙熙乎哉？

有人通《易》善解，輒以敖人，或自誇其能。爾聞之，默曰：「使伏羲氏明著性命之理，不以卦爻藴蓄其旨，此人將無以自誇詡焉。」然有人欲學儒，則慕性命之理，心將明之，身將行之，且稽古中國先進孰善說性命？顧聞其人莫如文王、周公、仲尼，其說莫辨於《易》，即取《易》讀之，讀之未達，即詢能解之者而窮叩之。止於是，其所事無貴矣。既解達，而能力行，是乃貴焉。如徒誦其文而揚其微義，是圖爲儒而成優伶乎？惟用《易》代樂府耳。夫見人從我求《易》之講，當愈恥己之不能行其言也，況敖誇乎哉？

交於小人，爾愼戒賊心，如行路戒踏釘失足焉。相互於穢物，無不自浼也。故遘譚淫事者，汝或有道以移，易其譚以潔論也，否則以面之紅，且現己弗悅聽之。

有毁謗爾，爾想彼以是意爲其自所當爲也。人各有意，孰能皆與爾翕歟？然其狀惟自誤自妄耳，於爾初無關矣。譬有人疑我曾婚，而我未婚，彼昧也，於我曷傷乎？則方遇忤逆者，爾則曰：「彼以是意爲其自所當爲」，則無詫異而不加嗔於人也。昔吾鄉有三善士坐道旁，忽被無道人詈訕極甚。其一士竟不動心，一囅然喜，一憂而泣焉。心不動忿者，乃心已定，無以外爲累也。喜者，乃思己或有愆，則喜人之知，而我責也。憂而泣者，乃視其詈己之罪，矜而哀之也。噫嘻！吾儕陋焉，凡遇受辱之患，苟免報復之戾，且幸矣，孰暇憐其辱我之罪耶？以人德裨己行，常聞焉；以人慝增己德，尙矣夫。

君子毋自伐。自伐也者，無實矣。爾在學士之間，少譚學術，只以身踐之可也。若同在筵，不須評論賢者在筵何如，惟飲食如賢者而已。從衆之情，於形有利，而於心有傷。賢者不以形之苟樂，陷心於難洗之恥也。評論德行，宜讓齒爵之尊。躬行道德，無可讓者，人愈謙愈爭先也。設因訒，有譏爾曰無知，而爾喜之，爾學已有符矣。蓋羊之示飽，非哇草之謂也，長羢充酪，而牧已知矣。

學之要處，第一在乎作用，若行事之不爲非也。第二在乎討論，以徵非之不可爲也。第三在乎明辯是非也。則第三所以爲第二，第二所以爲第一，所宜爲主爲止極，乃在第一耳。我曹反焉，終身泥濡乎第三，而莫顧其第一矣。所爲悉非也，而口譚非之不可爲，高聲滿堂，妙議滿篇。

又《畸人十篇》卷上《君子希言而欲無言》　曹給諫問余曰：聖人皆希言，而欲不言也，奚謂乎？

余答曰：夫言，非言者所自須，乃令人知我意耳。若人己心胥通，何

用言？如人面語，可省簡牘也。聖人言以誨民。民自知，則其言之工，止矣；民弗知，聖人始言焉。然博雅之言，言約而用廣，蓋粹言比金鋌焉，微而賈重矣。是以聖人罕言，而欲無言也。無言則人類邇於天神，所謂人以習言師人，以習不言師神也。故天主經典及西土聖賢，莫不戒繁言，而望學者以無言焉。

曹子曰：吾幼讀孔子，木訥近仁及利佞之説，即有志於減言，且聞貴邦尚眞論。今願聞禁言之法言，幸以告我，以証聖人之旨，以堅此寡言於同志也。

余曰：竊承命，不敢辭。然茲論也，浩且博，吾試揭數端，子自推其詳備焉。凡不肖者，言不顧行，行不踐言，則易其言也。言也如飛之梟，一出口，不得追而復含之矣。鳥出籠，即自此樹飛於彼樹；言出舌，亦自此口傳於彼口，不還也。故智者多默希言，乃爲翦其羽矣。天主聖經曰：「多言之際，不能無試，能守己舌，乃智之至也。」又曰：「愚者不言，則人將謂之賢者。」釋之者曰：「愚者未言，與賢者無異，惟舌與音，爲其愚之徵耳，是故宜恆以手掩口也。」束亂氏，古之賢者，於大衆會不言。或譏之曰：「言之窮乎？性之愚乎？」曰：「然。愚者不能勿言先世之所寄，臣曰惟命；獨有一物，臣不敢受寄。」問：「何物？」曰：「隱密之言耳。」曰：「何謂也？」曰：「言也難收矣！不洩之以聲，恐露之以形；不漏之以醉，恐傳之以夢也。」

中古西陬一大賢瑣格剌得氏，其教也以默爲宗，帷下弟子，每七年不言，則出。出其門者，多知言之偉人也。是默也，養言之根矣，根深養厚，而株高幹枝盛也。又嘗出一名師，教人論辯，所著格物窮理諸書，無與爲比，至今宗用之，而其人每靜默希言。或問之曰：「子自不言，何能教人言？」對曰：「子不見夫礪石乎？己不動不利，能使刃利焉。」凡器之小而虛，則其聲揚；器之大而充，則無音。何謂小人？中無學問，惟徒以言高焉。君子充實而美，斯無言也。善行爲善言之證也，行也無音而言矣。故曰善言者不可以邪行壞之。若言行不相顧，豈不以邪行壞其善言乎？造物者製人，兩其手，兩其耳，而一其舌，意示之多聞、多爲而少言也；其舌又置之口中奧深，而以齒如城，以唇如郭，以鬚如欙，三重圍之，誠欲甚警之，使訒於言矣。不爾，曷此嚴乎？夫口也，又心之藩籬焉。故經曰：「守言即守心也。」圍無藩籬，外患即侵而毀之，心無口之禁，不止受外入之累，自亦逃而失己矣。舌毋先心，可也。吾未嘗不言而悔，只多有言之悔耳。

敝鄉之東，有大都邑，名曰亞德那，其在昔時，興學勸教，人文甚盛，所出高俊之士，滿傳記也。責媛氏者，當時大學之領袖也，其人有德有文。偶四方使者，因事來廷，國王知使者賢，甚敬之，則大饗之，而命諸名俊備主賓之禮，責媛氏居首。是日所談，莫非高論，如雲如雨，各逞才智，獨責媛終席不言。將徹，使問之曰：「吾儕歸復命乎寡君，謂子何如？」曰：「無他，惟曰亞德那有老者，於大饗時能無言也。」只此一語，蘊三奇矣：老者四體衰劣，獨舌彌強毅，當好言也；酒於言，如薪於火，即訥者於是中變而譁也；亞德那，彼時賢者所出，佞者所出，則售言大市也。有三之一，難禁言，矧三兼之乎？奇哉，教可傳之四表，故史氏不誌諸偉人高論，而特誌責媛氏之不言也。

邦伴氏，至德之士，初發志修行，即入學。其師方講經，次經曰：「吾將守我行以免舌之咎。」聞此一句，即辭而曰：「足矣，請先習是句耳。」久修而後反學，師問曰：「何遲之久也？」曰：「未盡習初句，不敢還也。」自後德名藉藉，遽入深山，獨居默修，用以晦迹剷名，而名日益高。夫名也，如影焉，避就者，就避者，而愈晚愈長。是以邦伴雖屏居數年，四方共景仰之。於時有尊位持教官，赴山中見之。邦伴了無言，官曰：「乞賜片言，小吏取以布教。」曰：「子不取我不言，何能取我言乎？」此可謂盡習初句者矣。載香器，必固塞其口，不爾原氣渙矣。子承傳於心，苟冀儲之，以備施用，莫若閉口默蓄矣。

吁，今之學，非爲己，悉爲人耳。故大學師，有人以其弟來學，其弟久侍而不言，學師令曰：「言之，余以觀汝。」夫人在目前，必令言以觀之乎？覿面則視其形，聞言則視其心矣。試人如試陶等焉，叩擊之，陶以音著其裂，人以言顯其疵也。西邑諺曰：舌頻回於病齒。故吾先正，每曰：「吾未聞一人言，常畏之。」往時有一士，嚴坐於衆士列，良久不言，俄發言，言其人所不達。或曰：「此人也而終不言，不亦可謂士乎？」默之一藥，能療言之萬病矣。

世之大惑者，每從師以肄言，無師以習不言也。第不言難，惟英俊能

之耳。言欲遂而強止之，如以口含滅光燭，豈不難耶？誌載昔非里雅國王彌大氏，生而廣長，其耳翌然如驢，恆以耳璫蔽之，人莫知焉。顧其方俗，男子不蓄髮，月鬀之，恐其鬀工露之，則使鬀之後，一一殺之矣。殺已衆，心不忍，則擇一謹厚者，令鬀髮畢，語以前諸工之被殺狀，「若爾能抱含所見，絕不言，則宥爾。」工大誓願曰：「寧死不言。」遂生出之。數年抱蓄，不勝其勞，如腹腫而欲裂焉，乃之野外屏處，四顧無人，獨自穴地作一坎，向坎俛首，小聲言曰：「彌大王，有驢耳。」如是者三，即復塡土而去，乃安矣。後王耳之怪，傳播多方，或遂究其說，曰此坎中從此忽生怪竹，以製簫管，吹便發聲如人言曰：「彌大王有驢耳。」國民因而知其事也。嗚呼，禁言之難，乃至此歟。

是故昔西國君誥其賢臣曰：「吾於卿屬有入之胸，特爲流言溝焉，即入即出，無留乎心，無增乎行矣。」彼喧譁之心，無殊於隙甕，雖斟之美液，四處漏，奚得滿乎？欲塞言之漏，縱不得不言，可不愼於言乎？曷事敗不因言而敗？曷國覆不因言而覆乎？所謂人之生死，皆由舌也。善馬不轡銜不可御，修士不謹言不成德。東方鶴，初冬去之西土，道牛山，牛山產大鷹，鳥鶴所忌也；鶴過山，則銜小石，恐忘而妄鳴，且受害，踰山方捨石矣。人輩亦過此世之險山，五欲之鷹，張爪吻以傷此心，何不以默之石塞口，而終日謹謹乎？

世之害，莫大乎佞者。佞者以巧言迷人心，如仇類以金爵酖人命也。其所言非昌，徒以巧詞綺語，飾而出之，如塗朱傅粉婦女之事，非大丈夫之氣也。束格刺得氏，當亂世，卓立自好，正言不屈，奸人謀而陷之於罪，被拘囚以誅焉。其門弟子大憂之，獨己至死不變色。於時有一名士，大雄辨，論理無對，則代之慟，而作一文字，剖析事理，申雪枉抑，使束格刺得持於公堂辨之，必免刑也，躬詣獄致之。束格刺得讀畢，曰：「不對，不堪用。」士曰：「此文言言切中夫子之事，奚云不對不堪用也？」曰：「婦人履，稱我足，我亦不著矣。男子氣雖斷於殃，不取於卑陋巧言，而汝安取之，以自敗其德乎哉？」佞者致言之病耳。蓋言之期期以人信焉，立言而無人信，如創室而無人居也；人所深信，乃其所明視耳。汝以言之葉蒙之，則有所不通矣，故人疑而弗信也。藏麥於窖，麥得土氣欲坼，出而量之多於初，然麥浮敗矣。言在佞人口，盛而愉多，惟無孚也。

嘗聞人稱譽人以多聞，未聞稱譽以多言。言雖善也，多則人病之；善言不可多，而虛言、妄言、罪言可多乎？

或曰：既爾，宇內何以言爲？寧不皆銜枚而瘖然行世乎？曰：否也，聖人勸寡言，拯扶世流耳，無言孰世乎？禽世耳。惟言，衆人以是別鳥獸，賢以是別愚，文明之邦以是別夷狄也。人無言，虞廷何以拜昌言？孔孟何以知言？且今多聞者從何而得聞乎？利兵以捍國禦奸也，有妄持之以刺正人，則目爲凶器而禁之，非其人不藏焉。是貶言之原，由人誤用耳。聖人欲不言，欲人人皆正行矣。如醫之慈者，欲無醫乎，乃欲天下無病者乎？

阨瑣伯氏，上古明士，不幸本國被伐，身爲俘虜，鬻於藏德氏，時之聞人先達也。其門下弟子以千計，一日設席宴其高第，命阨瑣伯治具。問：「何品？」曰：「惟覓最佳物。」阨瑣伯唯而去之屠家，市舌數十枚，烹治之。客坐，阨瑣伯行炙，則每客下舌一器。客喜而私念，是必師以狀傳敎者，蘊有微旨也。次後每殽異醬異治，而充席無非舌耳。客異之。主慚，怒叱之曰：「癡僕，乃爾辱主，市無他殽乎？」對曰：「主命耳。」藏德滋怒，曰：「我命汝市最佳物，誰命汝特市舌耶？」阨瑣伯曰：「鄙僕之意，以爲莫佳於舌也。」主曰：「狂人，舌何佳之有？」曰：「今日幸得高士在席，可爲判此：天下何物佳於舌乎？百家高論，無舌孰論之？聖賢達道，無舌何以傳之，何以振之？天地性理，造化之妙，無舌孰究之？不論奧微難通，以舌可講而釋之矣。無舌，商賈不得交易有無，官吏不得審獄訟。辯黑白以舌，友相友、男女合配以舌，神樂成音，敵國說而和，大衆聚而營宮室、立城國，皆舌之功也。讚聖賢，誦謝上主重恩造化大德，孰非舌乎？無此舌之言助，玆世界無美矣。是故鄙僕市之，以稱嘉會矣。」客聞此理辯，則躍然喜，請貰之，因辭去。厥明日，其詣師謝，語昨事，以爲非僕所及，意師之豫示之也。師曰：「否否，僕近慧，欲見其聰穎耳。」衆猶未信。師曰：「若爾，請復之。」隨命阨瑣伯曰：「速之市，市殽宴昨客，不須佳物，惟須最醜者，第得鮮足矣。」阨瑣伯唯唯，去則如昨市舌耳，畢無他殽也。席設，數下饌，特見舌，視昨無異。客益異之。主忿怒，大詈之，問曰：「舌既佳，疇命汝市佳者，何弗若我，而惟欲辱我乎？」對曰：「僕敢冒主乎？鄙意舌乃最醜物耳。」

主曰：「舌佳矣，何爲醜乎？」曰：「吾解鄙見，請諸客加思而審之：天下何物醜於舌乎？諸家衆流無舌，孰亂世俗乎？逆主道邪言淫辭，無舌何以普天之下乎？冒天荒誕妄論，紛欺下民，無舌孰云之易知易從？大道至理，以利口可辯而毀矣。無舌，商賈何得詐僞罔市？細民何得虛誣爭訟，而官不得別黑白乎？以舌之謗諛，故友相疏，夫婦相離。以舌淫樂邪音，導欲溺心。夫友邦作讎，而家敗城壞國滅，皆舌之愆也。侮神詆上主，背恩違大德，孰非舌乎？無此舌之流禍，世世安樂矣。是故鄙僕承命市醜物，遍簡之，惟見舌至不祥矣。」客累聞二義，陳說既正，音韻祥雅，俱離席敬謝教。是後，主視之如學士先生也。

以是觀之，舌也本善，人枉用之，非禮而言，即壞其善。是故反須致默，立希言之教，以遂造物所賦原旨矣。

夫穀言無五毋，有五有也。污、邪、巧、謗、誇，五毋也；眞、直、益、減、時，五有也。

言毋污則近淨，而潔者就之。無縱吐污言以咤小人，而先穢己口也，勿曰：「彼耳是宜聞」，惟曰「吾口是當言耳」。惡言來，吾用惡語報之，是火將熾，而吾施之鞲；初惡一，今惡二矣。苟用善言迎之，是火漸延，而吾徙薪，豈非以我善致彼善乎？毋邪則近正，而端者取之。正心必發正言，正言未必由正心也。雖然，正言之時，心能據正，恆自據正，即有邪心，亦可匡也。若果僞者，并亦不能恆作正言，斯爲邪耳。鸚鵡鳥能人言，而不自達其意，平時諄諄與人無異，忽逢擾擾，即揚禽聲，而復其咈咈也。詐正人，善爲仁言，而不自通其旨也，無事便便，與人無異，俄值拂逆，便轉邪情，而還其偏本也。詐不可久，矧能恆乎。毋巧則近質，而誠者尚之。法言素樸，而自光美，不求鮮華之飾。戾言病醜，不能不借於繪工，愚者雅之，智者病之，行行古之道，言言今之詞耳。毋謗則近恕，而忠者若之。世道衰下，讒言易發易傳也，故當戒口以言，戒耳以聞也。無聽讒者無讒，故讒人與聞讒者，吾未識罪孰重乎？毋誇則近謙，而敖者去之。自伐善者，非因已既行德而言之，乃行德以言之耳。如是，以虛德爲實慝矣。以慝易德，吾所伐善安在乎？吾之譽在我口，是反爲訾也。彼稱我善，愛道而長己德；吾自稱己善，冒名而泯己德也。此五毋也。

言有眞則無誕，而人即信焉。眞言全體相結，僞言始終不類也。眞者如明燭焉，光四射，縱掩藏之，必乘隙而出矣。蒙者、醉者、狂者，三人之言咸眞實無僞，汝爲不然，豈不居三人之下乎？直則無詭曲，而人悅依焉。直路一而去彼界近，曲之無數，而皆彌遠矣。汝冀蚤赴家，莫善於從徑途也。視利而行，行不得義，察色而言，言不得直也。發矢不直，是無力，安能中乎？張弦不直，則無音，胡得和乎？發言不直，則無志無氣，必不及致其所圖也。益則無竅，而人以爲用焉。有千金之言，有無價之言，誰曰言無直歟？富贈人財，仁贈人言。珍貝利財，忠言利德，二者孰利乎？凡無利於衆，無補於身，悉妄言也。遇事當言，度言之勝乎不言，而後言無悔矣。減則不繁，而人好繹焉。凡眞論欲人易曉，莫若淡且簡也。約言近乎不言，故爲趣矣。少可以成事，何用多爲？無餘無缺，始爲減也。有不言之處，有希言之處，無盡言之處矣。吾言之眞，寧使人嗣之以思，無寧使斷之以厭也。時則不誤，而人願聆焉。時而不言，猶不時而言也。時雨，人翹首而望之；時言，人傾耳而納之，皆得其欲也。不對病之藥，縱善而傷身；不合時之言，縱昌而敗事也。雖然，知言之當以時發衆也，知當言之時，幾人乎？體人之言眞，從義之言直，由禮之言減，敦信之言益，惟智之言，時矣。此五有也。

使言無斯五毋，獲斯五有，談自旦迄夕者，或謂之多言，吾敢謂之希言焉。有言者，人一聞而喜。此言者，人百聞而猶喜也。

語竟，曹子悅曰：「旨哉！聞之曰，人也於言，如鐘於音焉。大叩之大音，小叩之小音也。若無叩而音，其妖鐘已。請益。」余曰：「瞻已，恐中國士誚我曰，西士以喋喋勸希言也歟。」

又《冷石生演畸人十規》 十規，西國之微旨也。或曰細蘊，或曰顯道，或曰臆之，或曰公之，或曰事天交友。茲其濫觴。

人不可以無年？可以無年？眇年眇湔。人可以無歲？不可以無歲？多歲多慧。日隱天夜，念息入夜，屑越戲娛，獸行禽化。歲與年契，年與歲雔，來者誰牽？去者誰留？智者知日，大智憂年，不祥空亡，贈心嗜愆。惟勤心活，惟虛氣聚，冥去冥來，昭格天主。

萬鎰行估，百金就屋，丐子嗷號，一錢信宿。息氣接睫，儆焉迺同，不如歸家，務我圃農。人之處世，亦復然然，棄家馳逐，夫何有焉？失或寒冰，獲斯火熾，仰譬大圓，爾司何事？濁貪貪利，清貪貪名，清其

如蚓，濁其如氍。西國先達，黑蝹德牧，黑蝹恆笑，德牧恆哭；笑嗤失心，哭傷喪性，一念沉淪，比諸破鏡。堅忍順受，棲澹化瞋，天主降鑒，脫之苦辛。

爾緣何息，云胡不生？爾依何來，云胡不死？死匪可諱，死乃得止。胡齒斯促？而欲斯長；胡生斯繁？而歸斯駛。思矣思矣，不如退而修行，徐候其所。下士生不如死，死不如生；至人生如其生，死如其死。惟其能生，是以能死，非仙非佛，不怖不恃。法雅哥般，問黑人多，既覿天主，不廢嘯歌。

殀壽不貳，朝聞夕死，傳茲靈心，曰修曰俟。且晝所行，宵無嗔乎？生生所營，死無纍乎？冰天胡婦，爲焰熄乎？南海黎渦，湛矜式乎？當境諠赫，誰滕解乎？身後虛名，可留縶乎？施勞伐善，驕且吝乎？卻老耽存，擅以爭乎？馴茲五益，用守三和，如雲經天，如水隨波。數贏皇皇，數消廩廩，存順沒寧，天主用甗。

四時不行，萬物不生，雖稱玄默，了無一成。惟其無言，行生相禪，終日風雷，寂寂莫見。載塞其竅，載捫其舌，不言躬行，何騰虛說？瑣格剌得，邦伴責煖，有口如人，載緘載罕。欽惟天主，守舌寡尤，匪醉匪夢，鼓妖可羞。

不戒殺，不窮味，苦不厭荼，甘不厭薺，饑渴害心，饜飫損氣。清虛日來，渣滓日棄。先正曰：「人莫不飲食也，鮮能知味也。」吾酌之以玄酒，調之以太羹，奉而薦之天主。天主嘉澹泊，賞攖寧，習於嗇，遠於豐。中士治身，上士治神。中士治氣，上士治心。省是良藥，爲是煎煮，夜夜朝朝，心口相語。經火爊灼，見炭顫動，自訟自悲，再犯再病。省是良藥，悔是良方，珍重一爲，何用不臧？譬諸農夫，去礫去草，苟無種藝，荑稗翻好。譬諸僕人，不博不酗，苟爲坐糜，不如井杵。纖惡必除，微善盡體，天主鑒之，錫以福祉。

鳥生以飛，人生以勞，勞者息以死，飛者息以巢。情所歡喜，中藏煩惱，世人不知，遂心是好。情所勞頓，中藏鼓舞，世人不知，勞形是苦。苦者不苦，不苦者苦，豈忍一逸，易茲百苦？爲善亦苦，去惡亦苦，受苦一生，卻能離苦。天路甚樂，天門甚卑，天時甚長，天堂甚低。地下有獄，一入不出，向時耽淫，變爲觳觫。彼浮屠氏，竊其近似，設爲輪迴，變人心志。惟樂最苦，不苦不樂，天主召之，駐茲寥霩。

人以死生，患得患失，一引其心，皇惑成疾。或說五行，或說風水，一中膏肓，畏死不止。請驅小數，請芟邪魔，我生有爲，我死無他。善種種心，惡種種語，黜陟分別，天主自主。

世間作業人，莫如守財虜，剖身以藏珠，朝夕事斂聚，纖利竭羊羔，顆粟堆倉庾，不肯賙窮乏，但知敬商賈；疲精如馬牛，心計師狐鼠，嗜利類蚋蚊，驕痴類虓虎。嗚呼氣盡時，持何見天主？貧者士之常，善者福之府，兩路分人禽，智者自識取。多少聰明漢，惺惺檢絲縷。

龐迪我《七克·伏傲第一·傲如獅猛以謙伏之作伏傲》 傲者，過分之榮願也。其端甚多，綜統有四。以爲善從己出，不歸天主，一。知善從天主出，而因己功，二。伐有所實無，三。輕人自以爲異於衆人，四。自滿自用。自騁自誇。好勝人、好異、好名、戲侮人，爭鬭，不恭敬，不孝順，飾罪詐善，皆傲之屬也。天主聖經云：一傲之子萬罪宗。蓄之者，必滿其禍災。

聖厄勒卧略曰：傲爲百罪之王。一入於心，罪惡萬端羣從之。一不獨至，善德萬端俱去之。一不並立。何也，他欲倍德，以一對一而已。忿倍忍，妬倍恕，一雖壞，他未全壞。惟傲反謙，謙爲萬德根。根毀矣，德安積。故傲雖一罪，萬罪總焉。

物有決然相滅者，莫若德與傲。丁香樹性至熱，樹之其旁草木悉枯，後栽者必不生。蓄傲於心，德不能入。有德在心，傲亦滅之。徒存德態，絕泯德性。故曰：修心以攻欲爲急。攻欲有先後，不先攻傲，而攻他欲，他欲不去。傲去，他欲易除矣。聖契理瑣曰：先除炫人之情。他情易除。

聖若漢有言：傲之敗德，每當其成。如載重寶，涉狂波，危險過矣，急於登岸，賈勇爭先，覆舟失載，反由於此。我欲修德，風濤洶湧以蕩我，巉巖錯刺以破我，幸而獲全，顧以全喪乎。

天主惡傲何故，萬善萬福，皆天主賦予。傲者以主賦爲己自有，若斯倍負，是以所受於天主者，反與爲敵讎也。天主豈不與爲敵讎哉。世人皆天主所育，皆所慈愛，傲者心心事事，惟願尊民。盡人類欲淩轢屈抑之，則天人交惡焉。故他罪離於天主，傲罪遠於天主。妬奪人，怒奪我，傲奪天主。

或問天主讎傲，猶有在高位者，何故。曰：使傲人登高，非增其榮，獨重其隕。聖百爾納謂傲者曰：爾漸級而登，不漸級而下，乃暫然疾如霹靂也。

西有國王傲甚，聞誦天主經者曰：天主黜尊者於高位，而陟謙者。曰：此語可删。如我今處王位，誰黜我，誰陟我上乎。不數日，王幸溫泉浴，置衣於室，從臣俱避去。忽有天神肖王之容，衣王之寶衣，而易敝衣置之，桁遂出。諸臣以爲王也，扈從歸朝。王浴竟，呼無應者，索得敝衣，甚怍之，強衣之。出索從臣，悉已去，益怍之。獨行入朝，則王在也，以爲妖異，見寵臣問曰：爾識我乎。臣弗識。曰：我非爾王耶。是臣笑以爲狂。詈而逐之。王不勝憂懣，自悟曰：此不虞之患。正以責前日之傲言矣。退悔痛哭，矢必悛改，求天主赦之。夜入朝，每念前日之榮福，今日之辱苦，哀嘆不息。一夕朝臣俱散，天神出問曰：汝今已知世國之與奪，權在天主乎。天主奪，不必干戈也。王曰：目擊身受，曷敢疑。神曰：如是，仍衣汝衣，陟汝位。但今以後宜敬信天主全能，勿以傲言，別致重殃可也。言畢不見，王爲故王矣，而內官外朝無知者。後王自言之，乃傳於世。

傲入於心，心自遂翳。正平之義，忽盡亡失。他人爲善，雖大必厭，惟己所爲，雖小自喜。人有功輕之抑之，己有功，張大之。視己在上，視人悉在己下。人有成事，必謂有缺。非我經營補綴，不盡美也。自矜其德，欲人信其有是德，自責其過，非欲人信其有過，但欲人譽我能謙耳。偶有以是過責之，必甚怒。每事自用自信，獨於己事，則不信己而信人。自審無才德，有以才德譽之者，輒棄所自信，甚信彼言。傲者之情，一一如此。自欺之至也。

傲者自視過高，謂細務非所當爲。人又卑視之，謂重任非所能爲。已則不屑爲所能爲，人又不使爲所欲爲。自棄於小，人棄之於大，棄人矣。貪賈無厭，貨值無幾，而高誕其價，不肯以實值售。人又不肯與以所求值，是終不售而已。

又《克傲難》　其夢者，必已醒。識其惡者，必始遷善矣。治病之始，須識有病。若病不認病，而不求治，則難愈焉。傲入於心，輒瞢心目。不使識有傲，而妄認有謙，故傲彌深，自視彌謙也。傲病日痼，無由療矣。人行他惡，羞而匿之，惟傲者明行其傲，不以爲羞，反以爲榮。故其染人益易，其除去益難。

奧吾斯定聖人曰：人積諸種情欲，懼其爲罪，懼之乎惡，惟傲一端，懼其爲罪，懼之乎善。何者，德與傲雖相反，德志一忒，則以德生傲，甚害於德。雖存德形，全滅德性。譬之蠹然，以木生而害木也，皮之徒存，其心槁矣。

他欲攻形，傲攻神，惟神至微。故攻我者至險難避，他欲攻我，止於一面。傲之攻我，挾美衣亦來，挾美貌亦來，挾仁亦來，挾義亦來，挾智亦來，甚而挾謙亦來，四方八面，無不來也。

魔計詭矣，不能以其惡勝我，則以我所勝彼之善，皆入而勝我。他欲攻我，惟以惡貌，易識易勝。傲之攻我，初以惡貌攻不入，則變貌爲德以攻我。如以傲貌不勝，即貌爲謙厚。以富貌不勝，即貌爲輕財。以貴貌不勝，即貌爲讓爵。以才辯貌不勝，即貌爲靜默。我顯行善，彼以顯行善攻我。我陰行善，以避顯行之傲。彼以陰行避傲之善攻我，我既全避他傲，猶以避傲之傲攻我。譬之剝葱，去其一，內復有一，百剝百有。墨魚體無定色，隨所居水爲色。欲攫他魚，輒伏石，色與石無異。他魚以爲石也，或就之，殲焉。亦以此避他魚之攫也。夫傲亦如是，不能明爲邪，即貌爲德，我欲察而袪之，彼亦然。

他欲雖大，至死則止，惟傲殮尙形於棺，葬尙形於墓，永世不已。他欲受克，漸次消瘁，不復滋長。或易其處，或易其時，數如泆湯。去其薪火，稍得平矣。如色慾少則釁，老則息。如忿怒，忍則去，靜則卻。惟傲一納於心，時處附着焉。或動或靜，或言或默，或衆或獨，必不可離，且不可掩。身能老而傲不衰，日以益甚。我易境，而傲如境。我易業，而傲如業。愈仆偃之勝之，愈鼓力而復鬭，我克之已力，辯之已精。彼亦已就滅絕，滅絕之中，復增猛烈，辟猶蹴踘，撲地滋重。騰激滋高，故傲之一念，先發後勝，德未至，念已芽，發之先也。德已成，害尙存，勝在後也。譬如裏衣，衣之最先，去之最後。裡衣不去，終爲蔽體。傲氣不去，終爲蔽人。

傲念配善行，如黑影配日光。一面有光，對面必有影配之。至日在頂，光直下照，然後四面無影耳。我修德之念，未全向天主，其光必偏，

傲影乃附。惟正德純心，一與天主對，上下相合，全身是光，傲無自來矣。

又《戒以形福傲》試問傲何故乎。爾盍思爾生從何來，將從何往，今復何爲。言爾來，則天主造爾也。爾以前，是何貴重物。無爾也，無爾，則賤於獸。微於草，浮於細塵者爾也。言爾往，往於土耳。爾非永久物，未及百年，穢灰而已。言爾爲獨有妄想妄言妄行在，皆取罪者也。有何聰明，有何智巧，有何力能乎。夫前爲空爾，後爲灰爾，今又爲罪爾，爾如是止矣。而且傲，嗟哉。百爾納語人曰：爾思所從來，甚可愧恥。思今所在，甚可嘆哭。思所從往，甚可戰慄。人恆存此三思，傲當自減矣。

假令有人手數銖錢，自謂至富矣。沾一命，謂大貴矣。生未及期，謂永壽矣。如是者，孰不笑之。無以其見挾而受微乎。嗚呼，笑人而莫覺有笑我者。我取富貴榮壽於世，而笑世之貧賤夭折人。以多笑寡，宜矣。然此世，雖多亦寡，雖全亦缺。況我所當，爲前古後今中一息。我所居，爲高天廣地中一塵。奈何以此寡缺之世，取笑於得全福乎天者哉。我視世，世分多少，以天視世，世無分多少矣。以存視今，今分有無。以亡後視今，今無分有無矣。惡得自恃而傲乎。

夫人任所感觸，但一回想，皆可引使改傲爲謙也。或作內外想，或作上下想，或作平等對境想。想外者，人有智能才德，我或無一如人，宜謙矣。想內者，我有罪過天主所惡，天神所厭，有邪欲可防。有善固借之於天主，有智固學之於人。所知雖多，所未知必尤多，我又謙矣。想下，下有地獄，以罰有罪，甚可畏。有鬼魔，能煽惑我心，殘害我身，非天主佑我，我不能防之，獸勇於我，禽捷於我，草木或花可視，實可食。各有用於我，我不能有用於物。物皆能無用我，我不能無用物。我又謙矣。想上，上有天神。其性情靈於我，我恆賴其保護，以避世患。又上有天主，人不能奪其能，不能晦其智，不能違其義，不能槁其仁，孰得外之，又孰得強之。我又謙矣。想平等對境者，我儕類甚多，計算沓至，憂患紛集，遇之必傷，逃之無術，我又謙矣。想及諸種種，猶不去傲存謙乎。未想耳。

又《戒以心德伐》有人欲擇地修道，問於賢人曰：靜處與囂處孰安。答曰：自責不伐，兩處是安。不自責喜伐，兩處是危。故存一喜伐念。獨知衆知之害均也。

虛伐有三端。隱而自喜，一也。顯而自譽，二也。遇其言受之，三也。兩自內出，一自外來，隨德起傲，隨傲受傷。初結念時，辟之種果。此時傲，種朽不生。已行踐時，辟之發芽。此時傲芽蠹不長，朽蠹內出也。迨成就時，辟之蕃枝茂實。此時以受人之甘言傲，是風從外至，枝摧實散，遂以不成。

僕者，以主貲市易，不染指則忠，否則賊。善言美行能才，天主所賜我貲，以售天堂永福，廣天主榮名。誨勸人爲善，而輒自伐以圖己榮，染指矣，盜罪曷逃乎。

人最善，而不以善歸上主，乃最惡也。聖博納文曰：爾將使物歸己，僭爲物主，魔之徒也。才德智能原出天主，妄謂己有，是則甚愚。若其知之，冒爲己榮，何異穿窬乎。爾能先除其不屬爾者，餘則許爾自伐矣，試除其不屬爾者，則當除才除德除能除智。復且除己，終歸於無，伐其無可乎。

自矜其德者，非因有德矜德，乃因矜德行德也。即後可以徵前，天主聖經有言，兩人登天主堂，祈祝天主。其一才智榮名過人，其一無賴也，才智者近立謝曰：謝天主獨厚我，俾我異於他人。他人姦淫，盜賊犯義，又大異此無賴人。我一七二日齋，捐己財什一，爲天主奉敬，謝天主。無賴者皇竦遠踞，不敢仰視，拊胸籲號曰：嗟乎，天主憐我罪人，耶穌天主降生名號判之曰：此人惡，顧自悔自下。入時罪人，出時潔矣。彼誇者以傲以滿，自滅前善也，出時愈污矣。才智者，以德取傲，傲存則德亡。無賴者，以罪取謙，謙至而罪滅。德反爲罪，惡反爲德，故曰：以美食自病，不如以毒藥自療。以美德自傲，不如以惡罪自謙。又曰：傲與德兼，德全滅，況與罪兼乎。謙與罪兼，罪全滅，況與德兼乎。鮮衣行乞，安能使人憐而衣食我。我欲見憐於天主，宜露所不足以動之。匿醜於行，矜誇其德，天主憫我乎，憎我乎。故恃有餘不知求，天下之絕貧也。

百爾納責自伐者曰：爾所有，特天主已授爾。人所無，特天主未授人，豈可以天主之賜，貴爾而賤人乎。受愈多，爾責愈重，以此自伐猶伐爾責多而賤人之責少者。

百爾納曰：水之原，海而已，江湖皆流也。凡德之原，天主而已，善

念昌言美行，皆流也。江湖復歸海，故能環轉不窮。才德受而復歸天主，故能生成不毀。爾有才德勿自恃，生虛喜而輕他人。須念非自我來，悉惟主惠。既能與，即能不與。雖已與，又能復取。我其寄也，何與而驕哉。

我原非從我出，今存我，又非我自存。我且不能爲我，況我所有奚能爲我乎。性命受之天主，則才德功績，性命之末飾，我曷與耶。有眞德則榮讚益報兼配之，榮讚歸天主，益報歸我矣。若以榮讚自歸，并益報俱失也。故誠德之士，有美德善功，聞讚譽，則瞻仰天主，而頌謝轉歸之。是以功德愈盛，益報愈定。

昔賢與數輩渡大江，舟覆溺將死。仰天祈祐，天主使神援登岸。忽自念以功德之盛獲救於天也。俄馬蹎蹶焉，始覺傲心之罪，惕然改悔求赦。幸而不死，人也恃天主之祐，險中乃安恃其功德，安中乃險。

人不先自欺，孰得欺之。不先自喜，孰得喜之。百爾納所遺聖跡甚衆，四外聞名，辭曰：我聞聖跡之眞者，誠成之，僞者假襲之。我自視無誠德在，亦無假行在，跡於我何與乎。天主留以訓世勿以名我。夫上百人之行，不勝夫下一人之心。萬口之共尊，不敵夫一念之自貶。聖人如此。

或言爲善者，我爲之如工人作器，工人伐之，伐可不可。曰：其故有四。雖我實爲，非得天主佑我，不能爲。舟隨水下，不能逆水自上。魚自入笱，不能自出笱。土自生荆棘，不能自生百穀。人情自向惡，非天主助祐，不能自善。故聖經曰：凡嘉惠從上來，自大父降。又天主謂人曰：爾損悉自作，爾祐悉吾降也。故爲善之譽，宜歸天主，不應自居。一也。善之合否，我難自定。若白聖人亦曰，我心雖純清，我自不能知。故凡人今世爲善，如夜作事。夜作之事，不至白日，美惡不分。人爲之善不質之天主，孰能豫定其眞僞乎。聖保祿曰：我察己無惡，未必即是善，蓋判我者非我，實惟天主。二也。吾所爲善，雖似至純，鮮不缺誤，金雖精不必無滓。我所爲惡則純惡，係我自爲。我所爲善，未必純善，又非我所自能爲也。未成之工，工人不以示人。未成之善，人宜視以自愧可自伐乎。善雖多端，苟有一惡，終爲無善。故爲德如守城，一陣之瑕，萬堅無益。三也。德非堅久不動物，安可一時自持。如戰未訖事，孰可言勝。形忽變遷，至無常也。故德之全虧，受攻乃見。德未受攻，堅瑕未試，未可謂眞德，況自伐乎。四也。

又《戒好異》 傲者以爲異於人，如自立山頂。視其下，如蹲鳥也，以爲我高矣，貴矣，異矣。不知我遠視人，謂衆鳥在地，人亦遠視我，謂一鳥在山。

亞利思多，西之名士也。聞有自伐其異者。訓之曰：爾人耳，何以異於人。異於人者，非人也。上則天神，下則獸。上者不能同，下者不欲同，亡若與人同乎。

默搦加甚傲，欲人敬之如神，奉之如天主。費理簿王欲誚之。一日盛饌宴客。設別几筵默搦加。默搦加以爲王之待己異衆人也，竊自喜。坐定，王命於他客進一饌，則於默搦加進一香，猶以王爲異視己也。益喜。終席如是，衆飫矣，弗復下肴，慚極而去。

人欲異於人者多，知所以異於人，與行所以異於人者寡矣。異者非常之謂也。志言行異於常，即異也。富貴同欲也，爾知爲微暫不永久物。偶得之如未嘗得之，未嘗得之亦如已得之。不以得失分樂憂，則異人。美譽同欲也，爾知爲速過之風，不損善以取之，不陰心以圖之，則異人。安逸同欲也，爾知此安逸與禽獸等。人既異於禽獸，不宜同樂所樂，於是圖爲善以生心樂，勿爲形樂，則異人。若也求世所等求，得世所等得，何異之有。

又《戒好名》 契理瑣理聖人曰：爾未嘗與天主，天主何從報爾乎，夫人爲之善，人耳。何益天主而稱與之，惟爲天主爲善，是則與天主也。故天主受之，以定其報。若行善圖名，心本爲世，得世名，報施稱矣，於天主曷與乎。忽至死時，何所持以易報於天，而免永刑於地獄耶。聖經曰：爾賑窮乏時，右手所爲，勿使左手知。秘密而行，爾父則報爾。又曰：即爾行善，愼勿顯行使人視。不者，無報於天。

人之爲善，與其爲人爲，無寧不爲。不爲者，在天無得，在世亦無失。爲人爲者，在天既無得，在世復有失。有如食饑衣裸一切諸行，孰謂非德實。費貲財，或費心神，實費失矣。虛名之得，非得也。聖亞塞捏曰：爲善求名，如實漏巵，此入彼出，不問多寡也。所存惟行德勞苦，與輕敗德之罪而已矣。

有物於此，來日可得百金，今日亟以微價售，誰不笑之。德至重寶也，不能善藏，以徐待報於天，而以虛名微價，輕出迫售。哀哉。

吾人無可不行善之時，惟顯善之遲速自有定候，天主操之，我無與焉。非時而露，使人見稱，路旁果也，人人取之，安問者熟。百千萬果，竟無一成。

我有寶賄明示人，是誨盜也。譬欲語人，汝何不知我此寶。則是語人，汝何不取我此寶，德身寶也。爾急露之。羨者歎賞，令爾自喜。妬者訾議，令爾懼而輟，或不忍而怒。此皆消德損功之緣矣。故修德宜如播麥，播麥者，喜寒畏熱。方種之時，其根最淺，一遇風熱，即芽蘖乾枯無復此麥。故種德者務居於靜以深其根，後雖有稱毀之風熱，犯之終不搖矣。

聖賢修德之意，惟是媚兹天主，徐以食報於天。若夫污眞德，虛天報，莫名譽若矣。露德求名之罪，甚於乏德。故聖賢修德之志，不加於藏隱之志。其避世譽也，甚於世人願得世譽也。罷西略聖人曰：吾於當世名，微獨不敢冀之。縱偶值，亦不敢納之。恐今世之榮，即不及滅我德，亦必減天報也。

係辣戀聖跡甚衆，名播萬方，來訪者日衆。聖人不悅，數徙避之，不獲而哭。門人問故。答曰：聖經云，凡欲循仁，必受窘迫。吾考前輩諸聖賢，有實德者，無不因世苦辱。密就其德，以蒙天報。今敬譽我者多，恐天主以是足我報於世乎。

泥哥老之鄉人，貧甚。有三女，長而未嫁，暮夜挾貲潛擲其家。是人得貲，嫁其長女。復擲如初，嫁其仲女。終莫解所從來，私謂仁功未竟，仁心當未休。吾有少者在，必復來也。陰伺之，果至。擲貲而奔，急追得見，甚感其恩。問何以報也。泥哥老曰：我之行此惟爲天主，故恐人知。當我生時，爾弗告人，是報我矣。嫁女如親，避人如盜。藏德以避虛譽，聖人也。

每塞身隱一陶，名彰萬國。有貴客往訪之，途見老者曳杖來，以爲知每塞者也。詢之，答曰：每塞落拓人耳，豐儀不足象，修行不足尊，奚見爲。貴客聞言，廢然而返。以語其友，知即每塞也。益嘆服曰：向聞其聖者，未試之，今目擊矣。

聖厄勒卧畧曰：傲者實知我無是德，以是譽我，乃無弗喜。不以主與實德之失爲憂，惟以人與浮名之得爲樂。謙者異是，譽言之至，一一自反，反之我無，是毀詆我無也。我愧而修，反之我有，是飄散我有也，我懼而藏。經曰：試金納之紅爐，試人納諸譽口。僞金入火，隨烟而散。眞金入火，彌煉彌精。譽之於人，虛德遇之，輒生虛喜，故消。實德遇之，輒生實懼。故長。

實德如活物也，無待於外，自能行。故不以外譽去來，爲我行止。惟虛德乃待人譽之。笛本無聲，氣吹則作。舟本無力，風御則行。氣息風收，頑然而已。西有不類者，謂人曰：爾不示人美以引人譽，而入市寂然，對人默然；是才是德爾何與乎。衆皆怒而逐之。古盛德者沙哥博嘗曰：我願當世善人諸苦患，一切我身代受，而彼得免苦患者，謂我罪重罰深，無復憐我。我最樂此。不類者之德，死德也。向人之風，得之則行，失之則止。聖人之德，活德也。向向於天主，譽來不驚，去亦不寂。

智者如日，自有之光，常存不變。風霾雲霧，障而不消。愚者如月，借光於外，隨外聚散，以爲消長。眞德常榮，即有毀者，能掩不能滅。僞德榮於人口，一時虛譽，似若可矜。稍不遂意，輒已沮喪。故隨譽聚散，用爲消長，倏崇倏卑，倏然消無。閃忽不定，無刻可固，何足自恃哉。

雕者玻離隔國工也。嘗作二像，自信精絕。藏其一。出一示人。某曰：此處當何似。輒易。某曰：此處當何似。又輒易。某曰：此處當增。輒增。當減，輒減。己視之，則成一怪形矣。見者驚問故，乃出藏像示之曰：此夫我獨造者如是。此夫爾共造者如是。人心百千萬異。我欲人人稱美，則合百千萬異，安得不成一怪乎。

德猶珍珠，譽猶市衡。以市衡，衡若珍珠，平乎哉。德之能，出於天。德之權，懸於天。多寡之數，惟天主能判之。天主之衡，至是定平，是而多實多也。以我衡或以人衡，而多未必多。如輸稅者，有王府之嘉量在，我量謂多，公量謂寡，多乎寡乎。

行善而無心名譽，名譽隨之。其眞能作德，眞能輕譽也，有二美焉。有心名譽，名譽去之。其所重浮名，所喪實德也，有二辱焉。故曰：榮名隨德，如影隨形。我向影取之，愈去。我背影避之，愈來，何者，名從德生，當隨德至。避譽存德，名何自去。逐譽敗德，名何自來乎。不問形黑形白，均一黑影。影非有物，惟是無光。榮名或生於眞德，或生於僞貴。莫非黑影，然實可持。惟係浮思，虛想得之。虛想樂之而已。

人有重寶，不欲寄人，必什襲藏之。緘縢扃鐍，方爲實有。天下之實寶，貴莫如德。藏德之器，堅莫如心，邪魔不窺，盜賊不竊，隨索隨得。人口無鍵之櫝。我寄之人口，能永存哉，寄之人口，則得與不得，不在我，惟在彼。彼稱譽則得，毁詆則失，奚爲我有哉。厄勒卧略曰：實德而冀人譽，賤其德者也。

又《戒詐善釣名》 無有微價可得貴物者，有之，則贋物也。不則竊以來也，更不則售物者愚耳。德爲至貴重物，顧以虛名之微價售之，贋乎，竊乎，其愚乎。

鷹。賤鳥也。卑飛附地，以取腐鼠於地也。或高飛向天，非欲向天，見腐鼠而欲搏之，故高飛以伺便也。好名者得獵名之便，則言貌飛出衆人上，一似天上人。察其志趣，惟望假榮虛譽之腐穢物，飾行相矜，下而取之。夫鷹得腐鼠。能救其餓，尚爲有益。人得虛名，不滿其心，又匱其德，不亦賤於鷹乎。

西有死海，海濱有樹，果色甚美，見者愛而採之。着手即破，中皆穢烟，一無所有。假善行以取虛譽，類是果矣。經謂之白墓，外設色，內朽骨也。

詐善非善，乃兼二惡，不善一，詐善一。詐善之害，甚於顯惡。聖契理瑣曰，爾既以善貌爲美而欲張之，善體更美，何不欲得焉。以惡貌爲醜而欲匿之，惡體更醜，何不欲除焉。既不欲得所顯善，寧顯所存惡，庶不以詐善欺人。亦不來詐善之譽，受人欺也。

好名者似善非眞，故最忌眞善。使以假善之勞，移之圖眞善，則善神與善貌兼之。而顧以其力造惡，又以其力飾之，力費者倍，善失者全矣。

又《戒聽譽》 聽樂者，美聲暱耳，靜時猶聞。隱隱自思，習業俱廢矣。聽譽者，美言暱心，過時猶憶欣欣自喜，實德實行，要業俱弛矣。故曰：智者，傾耳以聽譽，則愚。既聽而自喜，則狂也。

人情變態無常。其譽我，欲毁我也。我愛譽。彼以是毁矣。童兒嬉戲，衆推一以爲尊焉。楮爲其冠。芻爲其帶，相與呼擁而崇奉之。然一爲所推，即嬉然而聚笑矣。

面譽者如鏡，無不似也，無不反也。我在左，彼在右。我在右，彼在左。諛人之言，是非喜怒，悉悉如人，而其心準背評，又悉悉相反矣。始以諛入之，既以受諛誚之。蜂也口甚甘，尾乃毒，取其蜜，受其螫。

寓言曰：烏棲樹喙肉。狐巧獸也，欲得其肉，詭諛烏曰：人言黑如烏，乃濯濯如雪。殆可爲百鳥王乎，特未聞和鳴聲耳。烏大喜，啞然而鳴，肉則墜矣。狐得肉，視烏而笑，笑其黑，且笑其愚也，彼面譽爾者，若以爾爲智，必知爾不喜譽，而弗敢爲譽，惟有求於爾不得，且意爾爲愚可欺，乃面譽以增爾愚，而得所欲得焉。一已得，且譏爾傲，笑爾愚也。爾奈何傾耳以聽虛譽，而取笑譏乎。

猴也，不能守如犬，負如馬，耕如牛，使人笑悅而已。面譽人者，不重實行有益之事，而獻虛譽，使人笑悅而已，與猴何異。

面譽之害，甚於面毁。毁者揚人惡，使人識己而自下。譽者掩人惡，使人忘己而自上。厄勒卧略曰：遇艱難而不失其正者多，值稱譽而不失其正者寡矣。塞揚加曰：離人於正，莫如喜聽譽也。

面譽者，繫人於惡。惡者畏諫，則止。不畏諫，且聞譽，日沈淪於惡，不自覺矣。亞吾斯丁曰：稱譽者多，而諫責者寡，則驗天主之甚怒也。

智者耳聞譽，其心若撻諸市焉。西有賢王辣第思老，或頌其德，王手撾其面。或怪問曰：彼譽王，王何撾彼。答曰：我正報彼，彼先撾我耳。蓋受諛與造諛罪等，我縱不撾，無爲喜悅。彼惟求悅不得，即休矣。

昔有武士，教其徒技擊，衆方稱賞，師遽責之曰：爾未盡善也。爾盡善，人安得稱賞。故純德不待譽，我有不足，始以譽言補之。如天體周圓，誰稱譽其周圓。日有陰晴，故稱日以晴，月有盈闕，故稱月以盈，人情大抵如是。

聖法蘭濟，德行最多，稱譽籍甚。聖人令其徒隨所譽者，輒詆毁之。彼言智，此易以愚，彼言才，此易以拙。有人故以惡名加之，聖人致謝曰：自有我來，未有識我如爾者。

聖鐸敏我，居篤洛撒，教化人甚衆，已避居加爾加瑣。人問故，答曰：篤洛撒，敬譽我者多。我居之，虛喜易至矣。加爾加瑣，毁我者多。我居之，實謙易保矣。

或曰：名譽隨德，如鼓應桴，必畏名譽，恐修德者懼矣。曰：有德欲人知之，本非罪也。經曰：爾光明顯於人前，俾視爾善行。而讚美在天爾

等父者，惟以德自歸。及以善圖名，是爲罪矣。夫榮譽有虛有實，當去當就，所宜自檢者三。一爲所以受榮譽之事，二謂授榮譽之人，三謂圖榮譽人之志意。吾所以受榮譽之事，宜實爲之。若其過情，恥也。取非其有，謂之盜矣。亞吾斯丁聖人曰：吾不喜愛我者譽我以所未有。此非譽我，乃別譽一人係名於我耳。授譽之人，苟非明，誠不辨虛實，其言弗可聽也。故曰：譽我於污人，譽我以污事，兩辱等耳。又曰：爾不見訾於惡類，爾德未眞，況見譽於惡類，可得爲實譽乎。又曰：譽爾者，勿論幾人，惟論何人。沽名者，在自見，無心向上以求讚頌天主，及爲人之利益，其榮甚虛矣。夫名譽非可願愛之物，惟有益於人始可願愛。夫我有其德，令人見我德，遂能讚頌天主，知爲萬德之原。觀我善行，各自警策懈惰，欽從訓誡，是於我事天主，愛人眞心，大有利益也，如是則名譽足貴也。

又《戒好貴》　居高位，愼勿恃也。惟善德者，抱不脫之物，自易遷流，莫如貴位。欲固得之，如握泥鰍，握愈固，失之愈速。黑雲四布，雷聲電光，轟爍交至。行道之人避之，雨收雲散，雷電俱滅，所存惟泥塗而已。世間貴位權威，薰灼暫時，雷電何異。迨身命徂謝，向時聲勢，悉委泥塗，誰復重之乎。百爾納聖人訓一國主曰：爾思居尊位高，與衆甚異。兼思爾身是浮灰，與衆不異。合此二念，自忘其尊高矣。

昔有國王，統百萬衆征行。布陣原野，登高望之，輒生雄心。私念百萬之衆，誰能禦之。我爲其主，尊矣大矣。忽覺爲傲，反念曰：不然，不及百年。彼百萬皆死，我亦死。以一死爲衆死主，何足矜矣。

水之分流，有淺深大小，入海則等水耳，無復知孰深大，孰淺小也。人在世，水流地也。其貴賤淺深大小也，至終時，則入海矣，豈有貴賤哉。

物像愈精，愈僞愈欺人。愈精則愈似，愈似，愈令人誤以爲眞物，而實非眞物也，乃惟眞物之像耳。世位愈尊貴，亦愈僞，愈欺人。愈尊貴，則愈似可欲。愈似可欲，愈令人誤以爲眞福，而實非眞福也，乃惟眞福之影耳。眞福者獨善人，宜有之。尊貴則善與惡俱得有之，豈可謂福哉。

或問一賢者曰：人心之最擾不休者，何物。答曰：圖高者是也。未高，求得不能安，既高恐失，又不能息。

成萬物有四行，土水氣火是也。成萬罪有二行，好貴第一，貪財第二。塞搦加曰：好貴者，辟之旋風，先自旋而後旋物，石之在山，靜則已矣，惟自崩而後觸之者傷，當之者破也。人當伐善時，不見在己上者，惟見在己下者，迨求貴時，不見在己下者，惟見在己上者。不知爾欲爲貴，必合爾神身，無不震動以營之，而後得之，而人乃或淹抑矣，或擠蹈矣，夫非以我之貴震動人也，乃以人之貴震動我耳。

今人視此世貴，甘之如飴。夫求貴者欲也，貴不得亦欲。既得亦欲，日加熾焉。如消渴者，飲水暫減，少頃愈加，水反爲薪矣。好貴不知足，恆冀所未有，不能享所已有。如食已飽，又加餐焉，出而哇之，並歸無用矣。

阨勒卧略曰：好大者，欲伸於他人之上，而自屈於傲情之下，欲爲他人之主，而先爲其欲之奴，我苟欲貴，是勞我以卑我也，我即得貴，益助我以抑我也，且人心方有所欲，則胸中便成厥像。動一欲貴之想，胸中忽覺棟宇巍絶，忽覺見奔走承役者，覺崇壇廣筵，凜然臨萬人上。覺威風淩攝人，覺取怨讐報復，覺頃刻呼擁前後無數輿馬赫奕，覺多脅肩諂笑者來，我輒色喜。覺推墜一人可至地，提挈一人可至天。覺堂下人哀乞千百狀，我能憐之恕之。覺天上人戴謝我，我詡然自居，或僞退讓。種種諸念，牢印於心。一觸其端，茫如逐影。還視此身，蕭然而已。非醒時入夢而何，未及受是位之樂，而先來是樂之勞。

好貴者，不自覺其至險至危，妄爾欲入。夫身登峻嶺，不重則必傾，足搖目眩。飄然浮雲，可復定乎。高位非易居也。厚其仁，深其智，吾身重而後能安之。且居高位者，百責聚焉。以一身委百責之中，險危極矣。而人之如溺何哉。昔有將受王位者，其諸父賢人也。就問之，賢人引至高處，令入圓盤中，急轉之。少頃，眩瞀欲隕，乃下之，眩尚未定。良久而坐，謂之曰：在高則險且隕，在卑則安且止。吾命女矣，遣去，遂不敢受，無何卒。靈神示人曰：天主賜予升天堂，享永福。且喻我云：曩不聽若言受位者，必墮污行，不能逃地獄永患矣。

好貴者，其未得時，謀望既爲心患。其已得時，竊據更爲心患。至於失位，愈又更爲心患。其始謀望時，得位心重，遑計其他，遂不知天主，不知人，不知己，皆大患也。內多歉畏，恐失人意，語言行事，無不求媚於人。僞爲謙恭，又如不欲得者。屈己徇人，諂諂百出，是衆役也。心分

兩念，自相爲鬭。其一惡情本欲爲不善，又因好貴，懼人知覺，姑強抑之。兩惡心相反，不許有靜時。既處高位，身心最險，蓋有位爲惡，其勢既便，又無從旁畜止者。是以在位彌久，造罪彌深，迨既失位，而受居位不善之永罰，其患又極矣。聖經曰：大者受苦亦大。亞利思多喻好大者曰：人視貴位，俱宜視後，不宜視前。蓋先寬後窄，先甘後苦，如生果焉。色美而味酸，方見輒欲嘗，方嘗輒受其苦矣。

任馬者，揣力強弱，較物多寡，然後行。任舟者，亦量重輕，酌堅瑕，察波濤風色，然後行。於物無不然。獨好高位者，不自度其能否，力綿而任巨，皇皇然惟恐不得，得而不勝。收韁迴舵則晚矣。

人無有自信所不能爲者，與縫人以尺布，而欲爲衣。與履人以寸皮，而欲爲舄。必決起而力辭。居貴任以治人最難爲之事，而無人自識其難也甚狹不足，以爲甚有餘。惟眞能辭者，乃眞能任焉。寓言曰：衆樹共議，欲立一樹爲長，共宗之。首推阿理襪，阿理襪美果美膏之樹也。辭曰：我膏甚潤，爲人用。不願散我潤，易爾衆樹長也。次推葡萄，辭曰：我果甚甘，我酒甚美，爲人用。不願散我甘美，易衆樹長也。已及辣末。辣末者，棘屬也。無花葉實，叢生多刺，一無可用，燎爨而已。遂躍起曰：信然耶，則當來就我影下，惟我所爲，誰敢逆者。逆則我辣末當出火焚之矣。夫有德者，滿於膏，豐於實，懼因貴任而散也。微特不喜，且畏之。微特不求，且避之。愚者拙者，無美可懼散，不畏不避，則辣末而已。

法蘭濟，避尊位弗得，質之天主。天神以玻璃缾注清水，示之曰：已清如此，而以濯人，則可矣。遂避之。夫周於德者，非主命，弗敢輕受尊位，何況染於罪者乎。

厄勒卧署，欲避主位。衆迫之甚急，守之甚堅。乃自匿巨甑中，兩人舁出城。而藏之復陶，衆索之其家弗得。俄見遠山有猛火幕之，怪而往觀，聖人在焉。夫聖人甚畏高位而急欲避之，惟知高位之責重險多，身居高，而心存謙德甚難合。故非萬萬不獲已，弗敢自恃其德而遽當之。

好貴者，惟爲一時之假榮，不復覺終身之眞辱。徒計在後之得，遂盡擲從前之功。

好貴人有可笑，有可憎，有可愧。以微功力求尊高，可笑矣。其得之爲僥倖，可憎矣。若窮神盡智而終不得，或旋失焉，適可愧矣。陟高之路，莫捷於輕高也。

居高位，非大人所以爲大人，而似大人。蓋以世情量世物，不於其身，於其礎耳。然登侏儒於無極之臺，不得爲長人，納防風於不測之淵，不失爲長人也。故辨高卑者，獨量其身，勿兼其礎。西有費理簿者，大國王也。勝敵國而奄有其地，大自矜伐。一賢者問之曰：王滅是國矣，取是地矣。試度王影，視昔得長少許否。

人以高位爲榮。然以小人居高位，反辱矣。何者，高位不能榮小人，極能見小人也。若使不在高位，孰知小人哉。如猴升屋而坐，非尊榮也，第令人笑之。

人當願有其具，不當願有其位。有才無位，彌榮。有位無施，彌辱。西國古俗有大功者，得立像。加當者，功最大，未立像。或問故，對曰：我願人問加當何故不立像，不願人問加當何故立像。

又《論謙德》 謙者何，自居賤，自居下也。人思天主之大，己之渺焉，非主弗生弗成，弗賢弗聖。其心下於天主，則下於人。斯謙已，謙爲德根。凡德不絕於是根，則暢達焉，殑茂焉。不則摧折焉，枯萎焉。聖亞吾斯丁曰：謙德斯須不可離，謙者先善以引善，配善以固善，隨善以掩善。不則傲目取釁以入，全奪我矣。

累臺者，必固其址。若以浮沙積，愈累愈險，愈速傾矣。善才能基，莫固於謙。若不以謙心積，愈多愈高，愈險愈毀。聖厄勒卧署曰：積德不以謙，如持浮灰而逆飄風。又曰：紅爐之炭，不以灰蒙之，須臾而滅。盛滿之德，不以謙掩之，須臾而亡矣。

聖百爾納曰：雖過謙下，不必自疑畏。若有絲毫上人之心，正可畏也。譬如入門，門高而我過屈，奚害。軒然直行，或擊其首。多瑪斯賢人也，其言曰：心下於萬人，何害乎。心上於一人，有害矣。

天主經曰：爾身所居愈高，事事愈謙下，天主寵爾。浮海之舟帆既高，無重載以壓之，鮮不得覆。人者樹也，身其枝，心其根。枝升根沈，上下相應，乃能禦風而本，不撥華且實焉。故身伸於萬人者，心屈於萬人。我位勝人，味然不見。人德勝我，灼然見之。

凡人愈善愈謙愈下。井之深者，水愈甘。蜂房之在下者，蜜愈多。黃金者，五金之至貴也，體最重最下。果之實者枝必垂，粟之堅者穗必俛。

百千萬物，無一不然。故重與下俱，德與謙并。重德結於身，其心愈不足矣。觀己所不足，則向下，淩人以有餘，則向上，淩人以有餘，有餘乎哉。

鏡之照日也，圓實者，其光不耀。虛圓如盂，不可逼視，且發火焉。虛故容也，故聚也，故能發也。人自滿德，無所受矣，安能及物。

算數法有空位。空位非數也，以之加於數後，則進十爲百，進百爲千，進千爲萬，空位益加，數益大。謙於他德，如空位於正數也。故曰：爾有所爲。一若未嘗有所爲，所爲全成。

傲者相爭不息，謙者自處最安。傲者求上，誰不求上，故皆爭。謙者求下，誰則求下，故獨安。謙居下，下不復墜矣。傲居高，危哉。

傲本謙之讐。或不敢徑行其傲，必也襲謙之迹以自蓋焉。是明知謙爲吉德也夫。夫謙無不受益，獨見讐於傲耳，今并其讐，亦且明叛之，隱假之。謙果吉德也夫。

世榮不兼之謙德，愈近辱也。謙無他榮，自足爲榮。若兼他榮，則更榮。譬之美香。非獨自香，兼他物皆得香。惟傲反是，美德美才，受若辱，染若污。

或問一賢者曰：學孰大。答曰：學爲小者大。問學小如何。曰：願不見知於人，願見賤於人。蘇瑣西國盛德士也，從幼至壯，念念修德，人爭譽之，忽天神謂曰：爾修誠勤，爲人皆崇重讚譽。故德未尊，僅臻小學，是後天主令爾受人賤慢窘迫，以爲天下最鄙惡，親疏憎厭，不屑與言。爾能欣然樂受，不怠前修，則入大學矣。

謙心者，注美德美智之器也，他器愈注愈滿，此器愈注愈虛，故愈注愈容。他德長，謙德與俱長。德愈實，自視愈虛。謙愈厚，併己無謙，是以愈受愈虛。愈虛，天主愈授之，故謙者如貧而日富，如賤而益貴，如禺而大智。如世人，而實天上人也。

拔剌諳，西之賢王也。行遇二人，鶉形鶉服，誦經讚美天主。王趣下輦禮之，諸大臣不悅，謂王輕身匹夫也。王歸命製四櫝。其二絶精麗，黃金爲鍵，實以枯骴及諸穢物。其二甚樸陋，實以珍奇。召大臣前問價孰重，俱曰：美者重。王曰：謬矣。啓美者，露其中醜。曰：此譬傲人外色豔美，內心窊戾。世人尊之，天主及天神則厭棄之。啓其醜者，露其中美。曰：此譬謙人。輕忽世福，外形污瘠，世人賤之。內心精潔，豐於道德，富於功勳，天主與天神甚重愛之。向者兩人是也。吾下輦禮之，曷怪焉。

動天主之至慈，莫若謙。慈心遇貧者則動，富則否。傲者自視滿足，略無所需，故天主棄廢不與。謙者自視貧甚，略無所有，恆若有求，故天主哀憫付足焉。經曰：天主盈饑者，遺富者。又曰：惟小者見憫。

消天主之威怒，亦莫若謙，經曰：自伐者興訟，自謙者消之。又曰：謙應則破怒。怒猶蹴踘也，遇堅則激，柔則止。獅百獸之王也。敵之雖飽必殺，服之雖餓必舍。得罪於人者，謙必免。夫謙貌能格猛獸，謙言能消人怒。化讐爲友，矧謙心乎。豈不足感天主之慈心，而消其怒哉。

或請天路於亞吾斯丁。答曰：實謙其第一，實謙其第二，實謙其第三。百問之，百如是答。夫天主所上者，惟先自下之，天主所成者，惟先自虧之。天主所識者，惟先自忘之。天主所重者，惟先自輕之。謙者實歉其無德，在無可受報。天主正以爲是應報，實歉其望天主而未遑格，天主正以是故格焉。微獨如其望，且申之望外以益其謙。故經中天主自言：吾所顧視爲誰，謙靜而畏吾言也。

經中天主誨人曰：眞福有八端。其第一曰：神貧者乃眞福，爲已德天上國也。不以功德自歸，悉歸天主，不自滿足，不恃己，不淩人。身居人上，心居人下，此神貧也。存此謙心，必上昇受享天國。

登高之路惟謙。凡以謙向下，似下實上。以傲向上，似上實下。經曰：謙者自下，天主益下近之。傲者自上，天主益上遠之。高山之隈，爰有國都。近君者貴，何嫌平地。遠君者賤，何必高山。人欲尊貴，近天君者是。近天君何道，謙者是。

聖法蘭濟一友，最盛德。天主賜以神目，見天堂甚明，寶座甚多，一座尤高峻，光耀絶異。心奇之，思世人功德，孰有稱是座者。天神應曰：此尊神之座，初以傲罪見屏，今天主豫定以酬法蘭濟之謙德也。友不敢宣，欲一試聖德。一日與同行，問曰：夫子自視何如。答曰：吾爲世人最惡者。友艴然曰：世間惡者甚衆，夫子乃作是言，無乃不誠乎。曰：世間最惡者，苟得天主憐恤寵眷佑助之如我乎。其殫力爲善，盡心愛慕天主。必勝我，我乃如此而已，豈不甚惡於彼哉。友喟然嘆曰：我昔所見，今證

其實矣。法蘭濟自居人下，天主豫定其位於他座之上。自下彌卑，天主上之彌高。故曰：獨傲能以天神爲邪魔，獨謙能以世人爲天神。

我欲修德，邪魔必厭惡圖我，恆投邪念穢感以攻我。我欲存我德，防禦其下。計莫若自謙下。冀佑於天主，勿恃己德力，或問一賢者曰：邪魔每以淫慾攻我，我不能當。其故何也。答曰：爾惟棄爾干戈，故不敵。何謂干戈。曰：謙與忍德也。魔之來攻，傲者訑訑自足，恃其德力當之，故屈。謙者自視無德可恃，惟望祐於天主。以此敵之，故易勝矣。闍當古聖人也，天主嘗授以神目，令見世界，滿皆罟網機阱，鬼魔所布，用以陷人。聖人悚然懼畏，嘆息曰：世之險危隱且多，人孰能避之乎。輒有天神答曰：能不蹈鬼險者，心謙而已。昔有聖瑪加略，嘗受魔攻。以謙防之，魔不能入。一日魔見形，謂曰：今我負矣。惟爾謙勝我也。遂不至。蓋魔來攻我，惟欲損我德，污我心，消我功。我以謙當之，彼攻愈多，我功愈大。彼侵愈甚，我德愈成。彼又何利而攻我哉。

凡謙者智，傲者愚。曆山西國之名王，好學。一賢者見其甚傲自滿，謂曰：天主自欲垂智於爾，惟爾無以納之。蓋傲比山焉，雨露降之，流而不存，故常磽瘠。謙比谷焉，雨降之，存而不流，故能爲五穀田。

邦薄，西國德士也。天主賜之大智，故四方以事諮請者，求釋難者甚衆。邦薄弗敢自智，必先祈天主開牖，乃答之。如是終其身，臨歿謂其友曰：凡生平所言，不能記憶。其遺悔之一詞，謬言甚易出矣。邦薄所以生平不出，非獨其智廣大，惟自謂無智無德，恆持天主，不敢自智也。聖經曰：恃天主者，必甚明於實理。又屢儆人曰：勿自恃己智。聖寄理瑪曰：人自信自恃己智。自爲魔，何必待魔來紛欺之。

或問一賢者曰：智之至者爲誰。答曰：謙。愚之至者爲誰。曰傲。問故。曰觀擇。謙擇內，傲擇外。謙擇得，傲擇聞。謙擇本，傲擇末。謙擇谷，故有豐盛之福，傲擇山，故有風旱險荒之禍。謙擇勝己，傲擇勝人。謙擇實，傲擇葩。謙擇味，傲擇色。謙擇眞，傲擇似。謙擇義性，傲擇義形。謙擇死後永福，傲擇目前暫便。謙擇下，故安靜，而人盡欲上之。傲擇上，故養爭，而人盡欲下之。經曰：傲路滿於干戈，欲保其心者遠之。夫傲所擇俱虛，謙所擇俱實。孰爲智爲愚哉。

昔賢讀天主經，至疑難處，年餘蔬食自苦，每祈天主垂誨，不獲。既乃往請於名士，途中天神見形謂曰：年餘蔬食祈求，不足感天主垂訓。今退然從人諮請，天主命我告爾，因是可見微謙之功。過年餘之苦，故謙德如珠，微而價重矣。

又《識己保謙》　聖意納爵曰：我最不畏者惟傲。人異而問曰：傲念最危，易入難避，害重。何得不畏。答曰：人不識己，即傲入之。我深識我不足，何畏矣。

或問一賢者曰：何道而能謙。答曰：交謙者，勿交傲者。聖經曰：交傲者，必著其傲。交謙者反是。熟思爾罪過，勿思人之罪過。移視人之目，反而視己。從人勿從己。

智者始於識己，終於識天主，識天主，故能事天主。夫我與我無分，故最近我。若我未識最近之我，安識最遠之天主。百爾納曰：爾持二知，逃二不知，則能成智。知己，則生謙爲衆善之始。知天主，故愛天主爲衆善之成。此二知也。不知己，故生傲爲衆罪之始。不知天主，故無所畏望於天主，爲衆惡之成。此二不知也。

蜂之輕也，風能飄之。知風將至，豫抱沙石自鎮，欲保謙德。免虛伐，莫若念己罪過。抱以爲石，即虛聲虛念之風，不能散我德矣。聖契理瑣曰：自省一日罪過。可保終身之德，況終身之多罪乎。故欲存謙辟傲，視己而已。

孔雀文鳥也，人視之輒自喜，展翅尾示人，忽見其趾醜，則厭然自廢，斂其采矣。禽獸無知，猶知以微惡廢全美。人欲以微美掩全惡乎。

亞得納斯，西之古學也。出其門者，多茂異之士。就學者不遠千萬里，踵相接也。門難氏曰：從亞得納斯者，初年智，二年奮，三年愚。何者。及門之始，未臻堂奧，虛憍恃氣，竊然自智也。敬業歲餘，稍窺道妙，駸駸嚮往，志不可遏。又復歲餘，道蘊彌深，德精彌堅，自顧無幾矣。故初學人之心，如已得者。三年之後，反若初學人。自此以往，其詣益深，其識益超，還照虛靈，竟同無知。蓋實德愈充，虛氣愈去。譬罇之空，虛氣必滿。徐納佳液，液入如許，氣出如許。佳液漸實，虛氣隨盡，無所容矣。佳液既實，愼自奉持，勿使虛氣得復入之。

亞吾斯丁曰：進德者，就其所到，覺遠於眞德，所進於眞德不小矣。

厄勒卧畧曰：人進德彌深，修德彌精，其視己彌空，賤己彌甚。知天主之至清，識其罪過之多，善行之微，彌明也。是以不曰已至，反覺未始。法蘭濟已入聖域，猶日自呼曰：法蘭濟，德路甚長，至今未始。蹈今速行，補往日之怠可也。

登謙德之極域，有七級。識己爲罪人，自覺可輕，一。因以痛悔於內，二。因以曉告於外，三。願人信我實有是罪，四。傳聞於人譏議者，我即忍受，五。因是辱我慢我，怡然不惱，六。深願侮慢之我加，七。

或問人有罪，自知不諱過，謙乎。曰否。觀其實心，實謙者一見其罪，深自退悔，必期一改，明令世人見我實過。即逢侮辱，以爲實當其罪，毅然忍受。今所謂謙，或未必然。自知其罪，度必呈露，反自揭揚。若爲不欺，實不欲人信其有過，但冀反獲能謙之譽，蓋自刻責，僞示其謙，人或責之，終不能忍。襲謙名，伏傲性，以其所短於人，願欲見長於人。離謙愈遠，入傲更深。故曰罪之宣露也，謙者以保謙，傲者以增傲。謙者有德不欲露，畏傲也。傲者有罪不欲露，畏辱也。而謙傲自露各不可隱。蘊火無烟乎。蘊德與罪，蘊謙與傲，無榮辱乎。

聖厄勒卧畧曰：聖人恆圖保護謙德，自覺有所知所行善，翻然轉思所未知所行不善及所未行善，思不足，使不矜有餘。如市故衣者，徧察遇破隙，指以消其價。

又曰：德非謙不成。故聖人以保謙爲急，觀己觀所短，觀人觀所長，以其未成之微善，載人之大善。故嘗自責其怠，自勵其德，謂己不如人。聖賢以之養謙。觀己觀所長，觀人觀所短，嘗謂人不如己。以其罪惡，較人之愈大罪惡，而辭己之罪惡，愚夫以之養傲。

視人之惡，形聲象貌，未覈其眞也。或其志亦善，其事偶涉猶可持以解之。若爾自作之惡，爾自明之而縱之，雖解於人，難解於己。夫明知多惡之實，而不自恨一善之微，反謂我善於彼，豈不甚欺哉。故曰：智者不敢以他人罪爲重於己者，見他人之罪惡未能如己之甚明故也。

百爾納規其徒曰：爾非但不可自上，亦且萬勿自比。勿比大者，勿比小者。勿比相等者，比人之情萌於心，傲矣。危之機矣。又曰：人雖明知己之善與彼人之惡，一有比心，即有矜傲毀詆。兩不善心，況目前善，安知異日一念不檢，不變爲惡，而墮幽魔之苦。目前惡，安知異日一改圖，不終得天神之樂。

爲德者，不獨戒人知，尤戒自知。不獨貴能藏，尤貴能忘。夫何故，我忘而天主不忘，勿論也。忘則從前所有，視之已無，惟日不足，德乃日進。不忘，則既往之善執以爲實，畫地自安，德乃日消。故聖葆祿有言：忘其後而急於前。夫行道之人，向前之一步，即落後之一步也。但問其能歸何地，不問其能過何許也。沈神漫想，若愚若狂，掉手數足，忽至其方。若後途是顧，必阻往前。不惟阻於往前，即使復退於後。何者。德之路，不聽暫止。一不欲進於善，乃既退於惡，猶以小舟泂溯猛流，竭力鼓棹，則逆流而上，稍止則順流而下，不能遏也。

百爾納曰：爾知德尊貴而爲之，爾勿知德尊貴而伐之。則爲一倍一矣。譬之兩僕忠愛等，勤力等，其一則欣欣自爲功，其一歉然若弗及，闇然若弗識也，爾誰善乎。不亦効力同，而取愛於主大殊乎。故聖經誨我曰：爾盡行天主命，悉守天主誡。即曰：所爲惟所宜爲，非能有益之僕也。

爾德既隱於人目，復隱於本目。人之念眼，常聚於己所樂憶之事，故凡己所既爲之惡，及未爲之善，皆不欲憶。惟就所少行之善，時想之以自慰。方爲纖善，多惡俱忘。見居罪中，竟不自識。夫有責多還不可謂償，全還始爲償也。行路者，勿念已過幾何，當念未過幾何。漸過之，漸棄之，未過者來愈無窮。已過者去愈無用矣。德者，升天歸天主之路，其遠甚也。苟念及不可欺之天主，則必不以纖善自矜，而惟以多惡自憂，必不喜一惡偶去，而惟懼全善未償，故聖人日觀所未爲之善，光照萬方，自不見光。力舉天下，自不覺力。方爲之時，神能畢集，方爲之後，記眼已塞。

又《解貪》 含如握固，以惠解之。作解貪。

貪吝者何，無度之財願也。天壤中物，皆貪心所願得也。故皆引其貪，貪心不日深哉。凡情蚤發晚息者，莫如財貪。試幼穉之人，他情未發，而即知求得求多也。老耄之人，他情俱息，貪心愈深，經曰：一貪財，諸惡之根。根者樹之口也，幹枝葉花實，受育於根。財貪，諸惡之口也。忿怒鬬訟，欺誑，盜竊，酷虐，邪淫，懈怠諸情，受養於財也。古賢有言：財於邪情，猶糞於草木。草木失糞則萎，得之則滋。邪情無財，發

微易消。有財資之，易動速長矣。生金之地最瘠，不能爲五穀之田，愛財之心最荒，不能爲善念美德之田。

吝者，世人所乘之車也，心弱，酷虐，輕天主，忘死候，四輪也。奪攘不施舍，兩牛也。貪婪，御夫也。乘此何歸，歸於鬼域。經曰：惡莫大於貪財。貪者値益財之勢，心沒沒焉。天主靈心，天德天國，遽以微財之價易之矣。售己之外微物，無不求價與物稱，售己之內貴物，乃不論價稱否焉。何哉。己外之物，無不願善美者，特己不願善美矣。聖亞吾斯丁謂貪財者曰：凡爾所用，有不願美者何物。妻乎，子乎，役乎，衣乎，舄乎，無一物矣。而特不願得美心，不圖得清心。望爾勿賤己，視爾心如爾舄可乎。

饑不生姦，窘不生淫，因貧而受罪，未見焉。飽思姦，豐恣淫，因富而受罪者，可盡計哉。貧人見刦不避，遇盜不畏。富者見大人恐謀之，見小人恐竊之。無或逐之而恆逃，無或逼之而驚怖之聲恆注其耳，今人俱豔富之我勞，疾貧之我安，何哉。

夫財富，極能消人勇力，令柔弱如女人。貧能忍大苦，力能負重任。一富則勇力膽氣俱消，微苦微勞，悉不能當矣。亞立山西國大王也，與鄰國王達略戰，敗之。藉其地，俘其財，士卒富於鹵獲。達略復戰，亞立山敗績。曰士卒無財，莫我敵也。富於財，氣不揚矣。聚衆俘焚之，復戰滅之。

受恩者感恩，非徒人情，亦鳥獸之情也，無論犬馬矣。獅子獸最猛，受人之恩，終不諼，亦無不報矣。龍蛇亦然。貪吝者獨否，恆冀所未受，遂忘所已受，及所從受者也。故曰：石人勿求之言，吝人勿求之情。夫世富悉天主恩賜矣，賜我不賜彼，修心奉事以謝之。善施周急，以報之可矣。貪吝者，不因恩求。識愛授恩者，彌富彌順意，彌忘天主，彌恣回行。絕慈心，害人，豈獨天主之罪人，亦鳥獸之罪人矣。

富人之患，無友其一。其無友何也。蜜在蜂聚，胔在狼聚，羶在蟻聚，穀在鼠聚，富在友聚。爾富見愛於人，其爲愛爾乎，其爲愛爾財乎，不可知也。不可知，與無友何異哉。爾既失財，愛財者去，愛爾者留，眞僞友乃見焉。經曰：眞朋福時不識，僞朋禍時不匿。居貧忘爾者，於富必非愛爾矣。夫世之富，無大於良友，失財得友，以小富易大富，何足痛哉。

世富者，聖經譬之爲荆棘也。或問曰：棘刺傷心，金錢娛心。兩者之情不異乎。曰：最不異也。嘉種播叢棘中，苗生棘即壓之，不使滋長。嘉言美意，善行之種也。播之嗜財之心，財念亦即壓之，不使滋殖焉。夫棘以鋭刺刺身，財以惡念刺心。人入棘地，鮮不受害。非害爾身，必搏爾衣，交於富者，非攫我室，必奪我田，未嘗不受損焉。夫棘，申手取之，不傷也。曲掌握之，乃傷矣。握愈固，傷亦愈深。財者申手散施，無害有益。惟固握不舍，乃無其益而受其害焉。夫毒螫多匿於棘域，倚棘爲城。諸凡罪污，俱聚於貪心，亦倚富爲城。人欲恣肆妄行，得財爲之使，最便無忌憚矣，故曰：富人所爲惡，使貧人得爲之，獄不足容罪人焉。經曰：富恣惡而尙嚇，貧蒙害而反噤。富者有言，人盡讚美之。貧者發口，則衆誰何。故財害至多，乃其牽人爲惡，令無所忌，此害最大矣。夫棘者，刺時痛，不除之愈痛，除時又更愈痛。財聚時，未必義也，故多險多難，心固不安矣。既得之，未必保也，故甚愛甚勞，心尤不安焉。不幸而失，傷心之痛更甚焉。故曰：財得時生假樂，失時遺眞憂。聖百爾納曰：謀財者，聚時甚勞，得時甚憂，失時甚痛，矧務聚財而不犯義者鮮焉。聖亞吾斯丁亦曰：富者有益，遂有損。益於籯，損於心。得衣失仁，增金毀義。故富者非惡人，必惡人之苗裔矣。棘者通身乎潤，惟末鋭能刺。好財者，身命存時，視財甚乎潤懿美。至其末命，財不我隨，獨聚財之罪我隨。乃覺其刺焉。經曰：安於其財者，死念最苦。夫童兒相戲，藏棘於奇花之中。見花者輒嗅，方嗅輒受其刺，爲童兒笑矣。邪魔挾財以戲人多矣，顯其美色，而匿其利刺。故聖經稱財爲誑財，所顯一。所伏又一。所許一，所與又一。許豐足，而與心貧。許安樂，而與心憂。許光榮，而與以多罪之辱。許爲人欽愛，而與以爲衆所厭惡，許永久我從，而與以善脫能遁逃。未得時，許助我以爲善以捄人，既得時，乃誘我於惡，而害人矣。夫財至今世世戲人，無有窮已，而人盡信之慕之，哀哉。

一人貧而慈。有所得，盡以施人。一賢者慕其德曰：此人財薄能救人，財厚更何如。時乞天主增其財，使廣濟人。一日聞有天語曰：我增彼財，爾能保任其德乎。賢者願保任之，天主輒予大富。是人既富，恐或謀之，遂徙居京都，與豪貴伍。前日之善念慈行，悉如遺跡矣。賢者往欲勸

化之，其僕侮辱屏逐焉。憂甚，聞天語曰：爾既使之得富，又保任其德，非爾過乎。是後所愛人勿求得富，乃可。賢者復乞天主，去其財。是人失財，善念慈行如初。

亞利斯多者，古名師也，西國之爲格物窮理之學者宗焉。彼論人之眞福何在，先定不在世富。何也。眞福者，必我身心保有之。人所以謂之富者，乃在用財。故富之美福，弗在保有，反在散用。不在得於我，反在離於我，安可謂我之眞福哉。

金之貴賤，從於人意。去人之意，瓦礫何殊。是以金寶非因可重，故人貴之。徒因人貴，故重之。惟德不然，自有之價，重之不增，輕之不消。

世間相抗立者，相爭鬬者，分上下者，不過於大天中一點地上耳。有尺寸之壤，蟻王得之，必分邦國郡邑大小尊卑，以爲寬然有餘也，而實湫隘甚矣。路狹往來者相觸，故生爭。世富之路甚狹，故兩人相遇穴中，非彼退，我不得進，世富最貧，如一物而兩人交欲得之，非是人無，我不得有。非多人貧，我不得富。惟德最富，欲取者。俱取而不減。其路最寬，欲行者，俱容而不相觸。

又《解貪第二》世財如僞友，安則從我，危則遺我矣。有人以貪吝積得大財，忽遘疾長死，呼捄於財不得，乃怒之曰：無情之物。平生愛爾事爾，爲爾日不息，夜不寐。今我值患，爾不拯我，我去爾不從我，而將從他人乎。我必先遣爾。遂以散施貧人。財既散，而貪吝息，死乃最安矣。

爾與財，不能久同居。非財遯遺爾，必爾圽遺財，故世財如流水也。已先過多方，今及此方，小頃則流於他方也，不暫留止矣。未及我時，非我水也。及我而用，以灌我田，以洗我污，我水也。不用而遽逝，又非我水矣。世財非我財。惟經我手，先曾已經多人，乃今及我。亟用以敬天主，周人遷善，則我財也。匿而不用，旋屬他人，豈我財哉。二人同行。一犬從之，當同行時，孰爲犬主，難識也。視別後所從，乃識焉。爾居世之時，與世同行，世財亦從爾，故誤謂爾財也，別世之時，財從世，不從爾。豈爾財，正世財耳。

顧靈心者爲顧己。顧身形者，非顧己也，顧己物也。顧財者，非顧己也，又非顧己物也，顧與己不相關之物也。故君子之富，全在其身內，無所求於外。外物來不增，去不消。有貪者，所居國，爲敵國所破滅。城焚，其妻子死，財物燼，孑身幸脫。敵國王問之有所失否。答曰：否。我物悉攜我身也。貪財者所營，悉在於物，已則忘矣。聖亞吾斯丁曰：絕財者，所得則已，若心溺於聚財之務，則已非已。西有諺：心不在其所在，在其所愛。爾愛財，爾心豈爾心，正財心耳。西有一人富而貪，身歿將殮，有聖人閣多泥，借以勸衆。令輕世富，重天德也。向死者曰：是人生則大富，今死其靈神遽墮地獄，爲邪魔從。其形心亦不在身中，乃在銀籯中。聞者初謂勸戒語耳，已而疑其言。視銀籯中，乃有肉心，生血猶糢糊也。衆而後知聖人所言，靈神受罪於地獄信矣。

世富如夢焉，謂富者非眞，惟夢耳。饑渴者寐則夢食飲，珍味旨酒，醒焉饑渴如初。富者得財，殷賑自樂，頃焉貨財之饑渴如初。夢飽食者，當其夢也，莫能使覺知其非眞飽也。樂財者，亦莫能使覺知今所得財之果虛物也。死期既至，夢訖，乃覺矣。惜乎晚矣。此時輕財非德也，不獲已耳。非己遺財，乃財遺己矣。路之末，有嚴關。無論大小物，悉奪之，勿聽攜。行路者檢其資非甚不可免，必棄弗攜矣，世路之末，有死關焉，必過之，大小物悉不聽攜。經曰：入世無所納，出世必無所攜矣。路資特攜僅足者，大智矣。多攜者，既當長途負重之勞，路竟，又受全奪之憂。

人未有欲升高山而自負重任者，負者，明徵不願升高山也。天高甚矣。爾以重富任己，明徵不願升天也。時有人自伐己富，聖亞吾斯丁聞之曰：爾伐何也，伐己任大乎，美己負重乎。減爾富，消爾任，分施於貧伴。貧伴已捄，己任又減，兩便矣。

大約人之匱貧，非因財乏，乃因財貪。假令爾有衣足禦寒，有食足飽腹，有室安居，足蔽風雨，是亦不易得也。人多望之，幸得之，必以爲大福大富矣。爾得之，而尙自視甚貧無福。此爲乏所須乎，爲乏所嗜乎。故曰：狥性不貧，狥欲不富。吝貪之情，使人於富中貧乏。其所犯受罰之正義也。

使人愈食，腹愈寬，何能飽乎。貪吝者，有新金，旋製新籯也，有新穀，旋造新廩也。先有金穀，患無籯廩容之。後有籯廩，患無金穀實之。先思容物之所，後思實所之物。一貪未終，一貪續之。故貪心如大道矣，

來往之跡，相繼不絕，無時可靜。

物各有其用，飲食能實腹，衣能煖體，類然。使飲食不實腹，衣不煖體，又焉用之。夫財貪與財均長焉，不能自止其嗜，於我何救哉。故增財止貪，如歆鹵止渴也。夫水能止渴，第令水在井，渴在口，不相捄矣。金在櫝，金渴在心，曷能相捄乎。夫財形物，心神物也。其體與情各甚懸殊，櫝不能盈於心之神智神德，心曷能盈於櫝中之形金形物哉。矧財又自爲虛浮之物。空室雖無他物，亦滿於氣，但其能容他物，無異於無氣，故謂空虛也。爾得財雖多，爾心能容財。既得復嗜，無異於無財，不亦空虛乎。故曰：財不能飽心。如氣不能飽身，聚之何益乎。

以其所得知足者，大富也，實富也。不知足者，大貧也，實貧也。故貪吝者如富焉，未嘗富矣。聖厄勒卧略謂吝者曰：爾見財，能奪則奪，不能奪則貪。因貪也，日欺人，日詛人，日竊人。此徵富耶，徵貧耶。櫝虛實，不謂貧富。人虛實謂貧富，爾心與手俱虛，即爾櫝實於金物，我不謂爾富也。貪吝者，未得弗任得，已得不任用，兼乏焉。不貪吝者，已得能用之，未得能輕之，故兼得焉。經曰：有無所得者，而恆如富。有盈於財者，而恆如貧。有分其財者，而日豐。有奪非其財者，而恆居匱乏。此之謂也。聖日羅尼曰：不貪者，世界咸爲其富。貪吝者，毫釐皆其所須。

或問財物不能富人，愈得愈增其渴，何故。曰：人既得一，即得二之基。故貪得二也。夫人心之量，恢然弘廣，自能容享天福之廣。世福纖微，豈能充之哉。夫人以衡稱，以尺量，所稱量，必有限。人以其所須度所取，所須有限，所取亦有限，得而足矣。鳥獸無人靈，其情欲有節，能以所須定所取。獅虎鷙鳥，饑則搏，不則止矣。苟欲得爲得，以物欲稱量物取，物欲無限，物取安所底止，而能足乎。勿論世間所有簡微物，即盡天主所能造物，不盈一夫一念之貪也，矧簡微世以盈衆貪哉。有賢人曰：人之不足，與不知足者，其貧等。或曰：不然。不足之不足，微財可足。不知足之不足，竟莫能足之。亞立山西國大王也，一日大哭。大臣驚問故曰：頃聞天中世界甚多，我尚未及作一方之共主，能無慟。身富無比，心貧如丐。得多之樂，不足解嗜得之憂，世貪率類此矣。

饑渴者，得飲食而止，則徵強，若不止而逾甚焉。則徵疾矣，欲療其病，不在益飲食，在消浮火。財之嗜，心之饑渴也。得財知足，徵心之精神，愈得愈嗜。心不甚病乎。徒增財藥，不滅浮貪，可得瘳乎。夫物欲與物齊，乃足矣。故人心之足，不在多得，在得所欲得。夫欲無限，物有限。不能增物以及欲，豈不能減欲以及物，提以爾願爲富足。勿務增財，務減貪。爾財物不足，爾使爾足爾財物，不能令物及爾願，曷不令爾願不過物乎。色搦加箴一貪財者曰：爾願得所求，曷不願得無求乎，無求不勝得求乎。無求得在己，得求得在人，孰易乎。

有財者輕財易，既試財苦故。無財者輕財難，特視其虛光故。有賢者曰：使圖貴者，能信貴人言貴者之苦。圖富者，能信富人言富者之苦。不圖矣。

貪財者，正爲財役，非主也。非自獲財，惟獲於財。故貪吝者，聖經謂之財之人。人之財，理也。財之人，貪吝也。故言吝財者獲財，猶言因繫者獲桎梏。實非自獲桎梏，正獲於桎梏矣。主喜役亦喜，主憂役亦憂，此忠役也。財消爾心亦以憂消。財長，爾心亦以樂長，且以傲長。其爲財役，甚明矣。夫爲財主者，隨欲隨用。吝財者，心本願用。理亦曰宜用，天主亦令爾用，而吝心不聽爾用，既悉聽其命，而欲不稱其役，得乎。夫人有僕以分憂慮，代煩勞。財在，憂慮尤深，煩勞尤重，爾不能遺財出戶，而財能遺爾遠遊涉洋。入險負勞。爾悉順從之也，忠役矣哉。人有僕役，惟求其身力，不責其心慮，獨貪吝一情，既奪我時，盡殫我力，又奪我心止使謀財，不得他慮也。主多有善視其僕役者，獨貪吝之情，役我最煩，視我最薄，并我食我衣，悉將靳之。

木有實，採之易脫，木不傷。若在高杪，或帶固蒂，人將攀援擊落之。食其實，披其枝矣。貪吝者，自不忍舍，人孰聽之，多方以破其意，拂其願，財失，而苦辛甚焉。

聖亞吾斯丁問貪吝聚財者曰：爾勞苦誰爲乎。曰：爲我子。爾子勞苦誰爲乎。曰：爲子之子。如是以至無窮，則無有爲己乎。爾云：聚以與子，安知不聚與賊，聚與火，聚與讎乎，爾以貪吝漸聚之，安知爾子不以蕩淫忽散之，故爾愛子，遺之以德，財福并隨之。遺之以財，德與財俱險矣，財者萬罪之器，以幼子擁多財，如狂夫擁利劍也。殲己害人，俱不免焉。覆濟，西國富貴人也。有餽之黃白金數億者，卻不受。或惜曰：受之不自用，盍以遺子孫乎。答曰：子孫循理節用，我所遺多矣。若恣欲浪

用，兼彼亦不足，受之何益乎。

加德，西國名士也。將終，以黄白金數億，寄其友人曰：我死之後，子孫作德善用，全予之。否則毫末勿予。或問故。曰：金錢者，善用之爲德器，否則爲惡器。我子孫不能必其爲善，不願助其爲惡。

西國一人，富而貪。有二子，長子私慮，我父聚財豐多，有不義者乎。分受其財，或分受其罪，因遁世修道。父卒，少子遂全獲焉。越數年，少子亦卒。長子恐父弟因財受罪，憂慮不已，祈天主賜見所歸處。天主賜見地獄中受罪者，徧閲無有，喜幸。次見父弟，兩出於眢井，互詈互擊。父詈子曰：我爲爾盡心力聚財，以而受罪，我恨爾。子詈父曰：爾不義財遺我，使我受罪，我恨爾。

一商人富甚將終，謂其友曰：我身瘞之某處。我靈神，并我妻子之靈神，付與鬼魔，俱瘞於地獄。聞者甚駭，以爲狂病，切責之。答曰：非也，我心甚明。因問故。答曰：妻喜鮮衣，若金寶之飾。子喜佚游，我願聚財以給之，多至欺人害人，固宜并受其罪，言訖而絶。

平心受貧，忍也。樂貧，大智也。貧匱之樂，升天之翼。經曰：神貧者乃眞福，爲已得天上國也。況樂貧者非貧，身貧心亦貧。貧乃爲德。身貧而心貪，貧非德乃患。今謂貧者非眞，第假僞貧，用飾實貪吝。

世財所在，百物隨之。故世人欲得財，非爲財也。財得，世物皆可得，世事皆可爲也。聖賢修德者反是，知人性脆弱，恆垂於惡。得財之便，恆欲易遂，諸惡易成。情欲在人，突發難制，叢生難屏，則絶令無以爲之階，絶其階，情欲易鎮，功德易保矣。故聖賢不喜富，非畏富，惟畏己，恐以形之僞富，害心之良富也。

富有中道，捄爾貧患。足爾用，是也。亞利斯多曰：財富不過中則幸。若此者，易以順理故也。人於財聚，以所須爲限甚善。不則以所足爲限，亦可也。外此俱險矣。故西國大名士撒辣滿祈天主曰：誑言遠之我心，貧富咸欲見賜，賜所足，足矣。富過者，恐忘爾，而云誰爲我主。貧過者，又恐流入盜竊誑誓故也。

知貧非大災者，則知富非大幸也，若此人可令富矣。君子於財，不羨，惟隨順之。得之不廢，惟輕之。

古以事任人者，視德巨細。今以事任人者，視財多寡。德榮，財奪之，哀哉。

一人富而吝，遇事變，盡亡其財，以告色搦加。曰：若失爾財，兼失爾貪，大幸矣。即不失貪，失財，去貪之媒，亦幸也。

聖厄勒卧略曰：貪吝者，厭所已得，而冀得人所得。未得時，日慮夜籌，躁擾萬緒，而棄置實事。所願隨大，計慮隨廣。倏思得一漁獵之策，自以爲得所願得也，大喜矣。倏思所已得，若何運用之，乃得饒益。倏思當有妬我富者，謀我財者，其所設計畫如何，我若何應之防之。尚未得一物，而虚樂之，虚爭之，虚保之，未享財益，而已得貪亂煩勞。

財多，貪之者亦多，費財之緣亦多。華衣，衆役，豐食，珍器，與凡顯傲之跡，皆富之漏竇耳。傲者，富之蠹也，以富生而消富也。富者云：我所須事物最多，非豐財，安能備之。不知多事之須，正生於富，非因須得事物。故不免於得財，反因得財，故不免於事物也。財消，所須物亦消。古有賢絶富喜貧，一日入大市，見貴物甚多，曰：今我所不須，若此多乎。聖亞吾斯丁曰：財厚自伐者，猶身病瘍，而云我所得瘍方甚多，以自伐也。無瘍不更安乎。一人恆受魔害，聖意辣捄之。是人甚感其恩，厚餽金寶。聖人指所食麵麥餅，所飲水，所衣惡衣，曰：喜衣斯，食飲斯者，視金寶如土也，竟卻之。

我西國有兩人鄰居，一甚富，一甚貧，富者日事經營，煩擾憂慮，貧者日出傭工，夕持直歸。自給而已，不求其餘，歌樂不輟。富者異之曰：彼貧恆樂，我富恆憂，何故。遂召貧者曰：多年比屋。知子寡於財，豐於德，欲相拯濟。今貸錢若干萬緡，任往市易，約若干歲歸我以母錢足矣。貧者感謝不已。既得財，憂慮不問，弗復歌矣。彼富者，而後知已憂生於貪，彼樂生於無貪也。貧者亦自知得物失安樂，持其資逕還之，樂如初。

弟阿熱搦，西國賢士。蚤年慕道，絶世富而喜貧。一日向水濱自浣蔬。亞利斯弟見之曰：子有大德大智，能與我事王可大富貴，何至自浣蔬。對曰：子能與我知足，一試匱乏之樂，可大賤，何至以諛言欺王。

又一賢大富，自覺財念甚阻於德修。輦金投之海，曰：惡物，我先溺爾，不竢爾溺我。

貨財之美有一端，能顯明人所懷善惡。

經勸我曰：勿勞躁圖衣食，爾大父知爾輩皆須得此。爾盍視空中鳥，

不蠶繅，不耕穫，而天主衣之食之。爾輩不貴於鳥乎，焉忘爾哉。且爾靈神暨爾身命，俱大於衣食，天主已賜爾大者，獨靳爾小者哉。惟爾先求天國，及天國之義，而衣食諸物，天主多益爾矣。撒落滿西國大王也，欽奉天主，最純最敏。天主遣天神謂曰：隨爾所禱，我悉從爾。王曰：予小子年幼識薄。國民衆多，恐不足膺此重任也。望主賜我良善心，明朗識，可辨別善惡當否，以撫此大衆也。天主大喜曰：不求富壽復讐，特求治人之智。今如所求大智，令絶前絶後莫與比者。此外復益爾所未求富貴榮名也。君子永貞一心，奉事天主。有餘力，或以求財，必用正道，天主無不與之。財雖微，得之大安，享之大樂。聖達未得曰：我自幼至今，老矣。善人而見棄。善人之種而乞食，未見也，夫富由天主賜也，所以得之道，天主自己定矣。爾從其道未得焉，惟爾欲爲富，不望之於天主，不求之以正義，特恃巧計欺人，恃威強奪人，亟欲得，而不計如何得。得之不安，享之不樂，失之最速，何足怪哉。

有賢者，記所見一人貧甚，偶得數銖，往粥酒，用河水倍之，售賈亦倍。如是數月，積得十金。貪心不已，盛之革囊，入市貿易，適饑欲買食，委金於旁，烏誤以爲肉也，攫之去。是人大呼追之，河上囊破，金隕沉焉。從水而得，從水而失。但漸積暫亡，枉用勞，徒存罪耳。可不戒哉。

聖厄勒卧略，勸一富者曰：爾值取財之勢，宜思非義之財一取，即得罪於天主也。財不償，罪不得去。罪不去，永刦之殃，亦不能免。而妄取之，險哉。爾既得財，宜思爾去世之時，財不隨爾，特取財吝財之罪隨爾，財樂遺之他人，聚財之罪，永刦自負。愚哉。深思此理，貪吝自消。

二士好道，造先達求益。經天主堂，入瞻禮。門側有三瞽者坐乞，自相問致瞽之由。其一曰：我蚤年因惰故貧。一日有富人厚葬，藏金寶甚多，我夜入其墓盡扣焉，特遺其袒服。既出，又貪是服，復入褫之。死者輒起，以兩指鑿我雙目，遂瞽矣。二士聞之曰：天主命瞽者，訓我戒貪耳。受益多矣，遂不復造先達也。

貪吝者，不止貪財吝用而已，亦有貪智吝才者。取非其財，謂之貪。圖知非理之事，測人上之理，謂智貪矣。前知禍福夭壽，及諸未來事，悉屬天主無量智能，天神不與焉，矧人類哉。爾欲以數定之，以陰陽干支測之，不亦智貪乎。財貪奪人之財物，智貪僭天主之智能，罪孰重乎。故天主聖經，嚴禁知願勿過當，務廉於知人上之理。強求測之，最險，惟命是從最安。勿問星命，勿信夢卜，勿選年月日時。聖亞吾斯丁亦曰：世間測吉凶未來諸法，悉以邪魔惡心，傳流天下，以網人於罪。故凡信行諸術者，無不得罪天主。功德悉散，死後不免永罰。目前所願免之患，以此更深，蓋天主因所犯罪罰之。或曰：星家推算屢驗，何也。聖人答曰：此天主所以罰智貪之罪也。愈驗，愈以爲可用。愈用，又愈陷於罪。今世以罪罰罪，後世尤增無涯之刑僇焉。

人有智，可以啓人之愚。有德，可以迪人於善。有良方，可以捄人之疾。有力能，可以援人於患。靳用之，皆吝才也。才爲物，非散之可消。施之者，善得之，不施之者，不善得焉。夫財，目下愈散愈消，故靳施者多也，若才德愈施愈長，何吝哉。財吝者，生不用，死留他人用。才者，生不用，死與爾同死，人不能用，全歸無益，靳施何爲。

又《論施舍德》 夫物無論靈蠢，愈善愈崇，愈願推達其美好吉福，使廣至於物也。無靈之物，莫崇於日月，其德下際，其光普照寰宇之内，大小共達焉。有靈之物，莫尊於天神，其保護扶持之恩，無微物不被焉。人德彌大，其欲化人於善德，欲萬物各得其所，彌切彌急也，天主之仁與義，均無量也。而經中獨以仁慈之父爲號。其恩施，出本性之慈仁，故恆過功，其責譴刑罰，出於我罪，故不獲已而恆不及罪。故有實德者，必愛人於萬物之上，不辭勞苦以捄人患，不惜費以拯人貧。若吝於費，明徵爲鄙人，且無德焉。

聖逸羅尼曰：喜捨施而以患死者，未之見也，人求爾，爾能予則予，不能予告之以其故。即不予，人不恚矣。若設巧計拒之不可也。西有國王甚吝，有求多物者，曰：已多，爾不得求。有求少者。曰：已少，我不屑與。悉不與焉，人俱恨之。亞立山，亦西國大王，恆謂我樂爲王，正樂得與人也。或求以少物，王厚賜之，是人辭，王曰：我不視爾所求，惟視我所當予。或問曰：所得盡予人，己所留何物乎。王曰：留予人之樂耳。國人俱愛服之。

弟阿尼王，見太子珍器甚衆，責之曰：爾不知以此器贈忠臣良友，無王心矣。示得人心，莫如慷慨捨施也。

西有歷刪者，教王也，從卑秩陟尊位。恆曰：前居卑，富。稍遷，貧。今在王位，如丐焉。蓋位愈尊，救衆心愈切，費愈大。有求以物者，能予必予。有求以事，或不合義者，即問曰：爾行此可得幾何，遂以予之。曰：吾與爾所得矣，勿行可也。

西有尊者，僕役甚衆。家令請曰：役太衆，請擇其有用者，餘罷遣之。因兩藉其名以進，主閱竟曰：此有用者，我須彼。此無用者，彼須我。悉留不遣。

施捨二戒。一戒勉強。爾喜予，予乃爲恩，強而後可，弗德也。故曰：我感人所喜予，不感我所強逼也。色搦加亦曰：吾不視人以何物與，惟視以何心與。不視何所爲，特視以何意爲。有人喜與，與而如自受。所與雖微，吾視之最厚。何故，吾喜順手，不喜滿手。

二戒需遲。諺曰：速與者兩與。人有所願，莫苦乎久久懸望，而弗得焉。故與其須，不如即拒。即拒，欺微也。譬戮人者，以漸加刑，似愛而實酷。況遲施者，久或靳之，辱慢入人，深於恩惠。恩惠易忘，慢辱難忘。猶之與人也，先以須暇辱慢之，以久懸厭苦之，尚望彼感爾情，厚報爾恩施乎，不爾怨足矣。物以金易，不如以久。久求望易者，賈貴也。自好之士，啓口求人，羞有餘於面。爾不俟彼求，先與之，而免彼羞焉。此之爲恩，不已厚乎。

施恩者，宜視所施人，及所施物也，物勿全施一人，宜及多人。先己後人，先親後疏。先善者，後惡者。爾欲效天主勿棄惡者。日光下照，不遺惡人也。貧人雖惡，與視其惡而棄之，無寧視其性而拯之。所施恩，勿過爾量，視友如己足矣。列仁之序，從己身始，故予貧不使我貧，捄患不使我入患。乃善予也。

施者，益一人不損一人，善施也。苟損彼益此，損益半，可謂善施哉。施不待求，謂之美恩。如求我以非義而施之，謂之柔讐。知我施彼，彼必恃恩以恣惡。勿施，恐其罪惡及我故也。

有不可不忘，施恩於人者是。有不可忘，受恩於人者是。爾施不知謝，勿怒也。不怒，或可化令改矣，怒之則令增惡後人也。不應一施，必應再施。再施亦忘，三施之。或并前二，能追憶焉。若不增新恩，豈不失舊恩而得讐乎，且徵爾量狹矣。施恩而失之，不足徵大度。夫恩而施之，乃足徵大度也。故君子能施於無情之人，以至化令有情。如良農，以勤功勝地荒。

施捨功非一端，最大者爲天主周貧乏也。經言：爾授乃受。且曰：爾掩耳不聽貧人聲，爾禱我亦掩耳，不聽爾聲。又曰：周貧乏之富，其藏之固，固於金寶之藏。周貧者，可以消鍊往罪，動天主慈，而令得天堂長命故也。又曰：爲我施一升河水，必不失報矣。天主審判人時罰惡者曰：我饑渴，不我食飲。裸不我衣，旅不我舍，今逝於永火，與鬼魔並受大苦。惡者曰：我主，何時若此，而不爾捄也。主曰：不施貧者，是不施我也。向善者曰：我饑渴，食飲我，裸衣我，旅舍我，今與我升天域，與天神同受無量樂矣。善者亦曰：我主，何時若此，而捄爾乎。主曰：施於貧者，是施我也。故經曰：不哀矜者，天主必以嚴義審判之，略不蒙哀矜也。惟哀矜者，乃眞福，爲其將蒙哀矜己也。

升天之路，非一也。天主貧爾，欲爾以貧忍功受報矣。富爾，欲爾以周貧功受報矣。是以天主富爾，非欲酬爾德，正欲成爾德。命爾周貧，豈徒捄彼貧患，尤欲捄爾罪患也。但爾須悛改舊惡，乃能以周貧之功，動天主之慈而赦罪矣。若罪惡如故，是以己物奉天主，以己奉罪也。能以財施泯天主之直義，而免罪刑哉。

爲天主周貧者，似授而實受。所授則土，所受則天也。故貧人亦當云：使無我受爾土，爾安能以賤土售天國乎。爾以授益我耶，我以受益爾耶。

百穀，收之者失之，播之者益之。世財亦然。爾匿之，令世不用，後世又不能用，其歸無益也。施之貧人，今與後世，俱有益焉。故爾所收財，不能恆得。所施財，乃恆得。所施，自享。所不施，遺他人享。經曰：慈貧者，積富於天域也。故濟貧財不失，乃置於安穩之處耳。爾有粟盈廩，爾友告爾此地下，濕粟必芽，且敗，爾不遽移諸爽塏乎。聽友勸粟，曷不聽天主勸財勸心哉。

西國王有一大臣，或於王前訾其過富。王問之，果否。對曰：否。臣千金產耳。其人曰：某室某田賈幾有，曷面謾。曰：田地諸物，王欲取，即能取，豈我物耶。獨嘗爲天主，施於貧人者千金，莫我能奪也。臣千金產耳。

經曰：濟貧者所施，是質諸天主也。質庫之利，天主償之。施一，今世得百。後世仍蒙天主之報矣。西有貴人，盛德大富，日所施貧人甚多。恆云：吾濟人不惜財，意欲令天主負我微責，乃遽得厚酬。施一得百，施百得萬，故施惟多，所貸天主，責愈重也。

富之於貧，如胃於諸體也，胃消化食飲，自取所須，分其餘於百體，故胃強而百體王。若盡留而不散，胃有有餘之患，體有不足之患，兩受病矣。不足之病，在百體。有餘之病，病在中氣，孰大哉。

或曰：天主之能無量，何不自捄貧者之患哉。曰：主有粟，或命人給散之，是人竊而衆餒焉，豈其主過乎。父有子，令共一衾。中夜，一子掣而擅之，餘子寒苦，失豈在父哉。人皆天主子也，天主所與世財，則足捄世人有餘矣。惟爾以貪擅之，以吝靳固之，不聽天主周人之命，果天主所與不足耶，爾貪吝有餘耶。彼貧者饑寒，爾有餘財，當衣食之，不衣不食而死，則爾殺之，主必責爾償焉。

又《坊淫第三》　淫如水溢，以貞坊之。作坊淫。

淫者何，樂穢娛而不自禁之勢也。心盲不度，輕變無恆，急趨如崩。縱己情，惡天主，厭德義及身後之事，皆從於淫之惡。百爾納曰：邪魔攻道念，其車孔多，淫車爲一。豐食飲，華衣裳，閑而多寐，念擾易熾，四輪也。事順物裕，兩馬也。怠愞苟安，二僕也。

淫欲，心火也。此火一發，善念德願義行，悉燬焉。其薪酒食，其燄倨傲，其熛孅言，其烟穢名，其燼惡疾矣。火初發雖微，忽之必至大烈，最難撲滅也。淫欲之初，魔陳污象，我乃動念。念動不亟抑之，則動欲。欲動乃樂，既樂乃行。行久則習，習則自諉。自諉則置羞，置羞則增護，護則伐，既伐則難捄矣。諫之則怒，聽道言則厭。視義行則譏，猶腹實擅穢，遇嘉味，俱厭不欲嘗焉。經曰：好色者，聽智言則厭，擲之背後，故以道義語淫人，猶以珍寶置豕前，必踐污之。

淫慾始甘終苦。魔欲惑人，露其甘，匿其苦。爾欲勝魔，則深思其大苦，始可辭目前所獻微甘。色搦加曰：淫樂無可重，不稱人性之尊貴。徒以賤體而致，攜多穢污，一息遺終身之憂耳。一人多年堅坊淫感，以保童身。忽憶淫樂，謂必大美。既試，嘆息不已。曰：以瞬息之穢樂，貽終身之憂悔，易童身不可補之至寶。嗟乎。

淫色者，如狹口之井也，入易出難。初意可暫嘗而後已，不知未試，發微易敵。既試，發猛難敵矣。故自德墮淫者多，自淫遷德者寡。如漁入笱焉，其入甚順，出乃甚逆，萬入無一出焉。豕蟄於穢泥，聽庖豕之聲，則駭然暫起。聲止，則忘而復蟄焉。蟄於淫者，聞淫之污且害，天主之怒，受地獄之殃，則醒然暫置。小頃，淫欲復發，遂忘而復蟄焉。古有賢人盛德，顧化者甚衆。獨一好色人，累累勸誘，不能化之。或問曰：惡人多可化，此獨否。何也。答曰：焉有腐物可以鈎致者哉。

人犯他罪，不必有儕侶。犯淫者，必有儕侶。邪魔以此誘一得二，故甚喜爲之。他情欲，特喪心德。淫情既盡喪心德，又喪身福。毁名之高，殺力之強，變顏之美，致躬之惡疾。槁幼年之豐華，速耄老之黃耇。鈍心靈，閟聰明，所入於心念，所發於言動，無非穢孅。勿論德行，一切良業益學悉廢焉。故曰：喪身福也。既喪身福，又消家財，諺曰：腹虚色寒，故肆於淫色者，必肆於飲食也。自喜人美，又願人以我爲美，必將麗服芬芳，喜妝飾，用物必奢焉。故財者，熾淫之薪。諸如此類，遽數不終。財雖厚，不速罄哉，故曰：消家財也。既消家財，又損人威重，凡人一有淫念，必且目恣污視，耳放淫聽，鼻縱污臭，口肆污言戲言。其笑輕狂，其四體恣觸穢娛，動靜悉戾於正焉。

妨人之智行，亦莫如淫情也。凡智者之行，必踐四級而後成事焉。一謂明照。明照者，明所欲行之事合義否也。淫情突如其來，撼心最急。迫爾而往，迷心最深，不使見實義矣。二謂量議。量議者，既明合義，因而斟酌就之。淫情著中，不容更出他念，急急赴之，如隄崩水溢不遑徐議也。蓋淫心自無節度，安能以節度御之。三謂決定。決定者，酌議以後，審實應作。淫心急趨污樂，既不見義，安能決定於行義哉。四謂命令。命令者，既定於義，申命行事也。淫情傾消心剛，令柔厓如女婦，故悉奪其恆心也。夫淫欲，喪德，坊智，廢良業，損身，亂容，匱財，而人不知避，哀哉。

淫念淫行，苟非大穢極醜，云何人人以爲耻乎。聖百爾納勸一好內者曰，何我甫且弗敢行，向天主及天神前，曷敢行哉。爾將行淫，必求隱屏，不令我知。若知我伺爾，必甚羞而舍之。夫爾縱不見天主，不見天神，豈不明知天主，及天神能見爾乎，奚不尤羞而舍之哉。古有淫女，蠱

一賢人，答曰：必欲爾，共向市中作之。女訝曰：市中衆見不恥乎。賢者曰：爾慮市中衆見恥之乎。曷不慮冥中天主見，罪罰之乎。不能忍恥，而能忍罪罰乎。女亦悔悟，棄淫守貞焉。

若盎，西國名賢也，天主賜之大能，能服邪魔。四遠被魔者，來祈拯援，邪魔無不聽之。一人爲魔所憑，賢屢命之去，弗聽。俄有一少年來，魔見之，甚怖，悲哀而去。異之，問其爲人，及今來意。答曰：弟子無德，獨早歲發志，欲遁世隱居，純心修道，事天主。自知非謝形樂，不能也。故矢絕情慾，保完童身矣。既而親命強醮焉。初婚之夕，勸化新婦，與我同志。幷居十餘載，相視如兄妹。內不起污念，外不作污行也。近約分別各修，弟子乃來，從初志棄世求教矣。賢者嘆曰：夫婦少年共居，而心形俱淨，勝居猛火聚而不焚也。若此潔士，當彼污，魔能無避乎。

鳥獸無靈，而情慾有節也。雌雄牝牡，交合以生子，繁育種類，故特用正色。不論媸妍，孳尾之時，浹歲一過，猶爲貞潔矣。獨人類者，天主予之靈心，付之理銜，使御形欲。合義則縱之，否則控之。顧自倒置，使形欲反御而爲主，靈心服從之。嗟夫，水本滅火，火猛水微，不惟不滅，乃益其熾，水反爲薪焉。靈心自能以理坊淫，第淫深，駕之靈神之上焉。則此心之聰明智慧，悉合以籌策其穢行惡德也。既不坊淫，反益智巧於淫焉。如鷙鳥愈捷，愈善搏矣。嗚呼，爾有尊貴美懿之靈神，與天神類，有賤微鄙陋之形軀，與地獸類。舍彼德義之清樂，而取此觸罪之穢娛，非天主賜爾能爲天神，而爾自甘爲禽獸乎。禽獸雖蠢，疑有險，必舍其樂。餧虎見餌疑阱，必棄餌矣。饑鳥疑羅，見粒不下。人明見大險地獄，永殃之阱，不知舍其淫餌。好色之人，不愚於禽獸乎。海國捕猴者，鑿椰一孔，裁容入手。椰瓢甚甘，猴特嗜之。入手其中，握取滿握。握不可出，終不釋手，乘是獲之。好淫樂者，以滿握自禍至死，不悟不舍焉。斯亦握椰瓢之類，而遺魔獲者乎。

人盡知德之美且益，第以爲無樂，故畏之避之。亦盡知淫之醜且損，第以爲特有樂，故甘之從之。不復知此正邪魔欺世，陷人於萬罪之巧計矣。形軀者，人之卑分，其樂鳥獸樂也。靈心者，人之尊分，類天之神。形軀行污有樂，而靈心行德無樂乎。果爾，是明使人淪欲厭德，豈天主至平之義哉。亞利斯曰：人心各向於吉樂。特形軀之樂，易見亦易得，人遂向之，而妄謂樂，不復知有靈心之樂矣。夫審味之甘苦，宜聽之身強者，豈宜聽之身病者。惟善人能爲世儀，欲辨樂之大小眞僞，亦宜聽善人定之。淫者，善人不以爲樂，獨心病趣淫之人以爲樂，何足憑哉。饑渴，形虛也。德與智乏，神虛也。身食飲而飽，神積德增智亦飽。夫心向德智，深於身向食飲。德智爲物，亦清且實於形物也。身飽於觳賤猶樂，心飽於清美不樂乎。無論他樂，爲天主絕淫樂之樂，尤大於淫樂矣。矧蹈仁義之樂，與夫心淨身貞之樂，與夫望天堂，見天主，接天神，及諸聖賢之樂，與夫天主日所賜虔修者，不可言之大樂，固非世所謂樂者，可擬其萬一也。故曰：世間有樂，獨淨心得之。得嘗此樂者，遂以世樂爲大苦，悉厭棄焉。色搦加嘗謂好色者曰：我勸爾絕色守貞，豈欲爾無樂。正欲舍爾微且污之樂，易爾大且淨之樂也。正欲樂生自爾，常永無涯。勿索於外，與物同盡。正欲食之於清泉，勿食之於汙潦耳。況狥淫者，必有罪。罪在，憂懣必隨之。故雖備得世間人所爭羨者，亦不能安享其樂焉。夫德自有大樂，爾不覺焉。何也，形樂德樂，相反相滅也。爾溺於形之穢樂，焉能知德之清樂乎。且世行初暫甘，後永苦。德行初暫苦，後永甘。爾一嘗初行德之微苦，遂以爲苦也。畏之避之，不猛於進。安能至其境，享其甚甘永樂哉。古賢有言：爾欲得實樂，期緩隨在勞苦後，勿亟取在勞苦前。

身貞心貞，貞乃爲德。身貞心淫，非貞德，乃貞貌矣，且淫翳矣。經曰：凡視婦女而願之，其心已犯姦矣。絕色豈遽爲德乎。絕色者，志克己，減形娛，以感天主。潔心修道，事天主，還償前罪之責，乃貞德大績也。天主及天神重之，邪魔畏之。若絕色以期盡年保身者，縱非罪，亦非德也，特自愛之情耳。以此故絕色者，即斬淫行，豈斬淫心。淫心在，淫罪亦在，若絕色釣名圖財，則以一惡攻他惡，舊惡不除，而新惡加矣。又有人焉，心慕貞德，而恆起淫念，未能悉制。既不勝其繁興，以爲貞德非己所能守，旋復自棄，服於淫欲。此尤非也。夫初發之念，是不在我，雖聖賢難悉免之，又非我所能豫坊，不爲罪也。淫念動，我或樂想之，或欲從之，乃成爲罪焉。若不樂不從而惡之敵之，豈惟不損貞德，其貞德彌堅，貞功彌大焉。古有人學道，志欲守貞，淫念繁生。其師賢者問之曰：爾願我祈天主除此念否。對曰：否。勿祈去之，惟祈賜我坊勝之德力足矣。問故。答曰：德不受攻不成，將不欲鬪者，不欲建功受賞矣。

他情攻我如讐，淫情要我如友。他情以苦，淫情以甘。故於敵爲勁，其害難悟也。他情外來，淫情內出。我此身形，自爲其媒，其攻最繁。夜眠不已，誘惑於人，極易極衆。欲保貞德者，先須讐視本形。若欲守貞而厚養身，是毆犬而投以肉也。凡邪魔以傲妬貪諸情，攻而不勝。以淫攻，鮮不勝焉。世人不染他惡者，向多有之，不染於淫者幾乎。故淫爲邪魔巨網，世人幾爲羅盡也。

夫向色之心，與我生俱。我此本身，天主所賜以育子孫，傳生人類。天主所爲，事必有節。從節則善，違則惡矣。一夫一婦，正也。外此萬狀，悉皆邪淫。若心樂想之，身行之，則違正犯罪也。上天之樂不得，下獄之苦不免焉。經云：行淫者，無分於天主之國也，不特爾也。夫婦之欲，亦有節焉。志爲生子，行不過當則正。志爲樂，邪矣。或曰：我有正妻，弗敢外淫。一賢者謂曰：爾家釀，不可醉爾乎。

淫罪多端，男淫最大。我西國，凡罪皆名以其罪，獨此罪者，名爲不可言之罪。示此罪，行者污心，言者亦污口矣。罪惡天主悉惡之，而惡此罪尤甚。經云：殺人淫男，二罪。恆呼天求罰也。蓋乾男坤女，是爲生理。一夫一婦，是爲人道。淫女者，滅人道，罪矣。淫男者，反生理，罪中之罪矣。女淫，以人學豕。男淫，豕所不爲，更下焉。經記昔有瑣奪馬國，地豐饒。用力微，而生產裕。其人富厚優閑，恣於男色。天主久俟之，不悛。屢戒之，不聽。故厭惡而約罰之。經曰：瑣奪馬人，劇惡於天主前，天主亦曰：瑣奪馬惡聲日大，其罪特重，吾欲降視之。釋者曰：此罪甚大，聞者怪異難信，故天主之言，疑而未信，欲降觀果否也。此國之中，有一賢士，名曰落德。天主遣神促令出境，遂降大火。草木室屋人畜鳥獸諸物，頃刻煨燼。從此至今三千餘載，地不生寸草，山石尚存火跡。遇火輒燃，惡臭不可聞。海不生纖鱗，名爲死海。海風中人，輒生諸疾。我西方從此傳知男淫之罪，天主深惡重罰焉。爾犯之，而天主未遂降殃，詎寬爾罪，正俟爾悟改之耳。不悟不改，積怒甚矣。經云：勿謂我已犯罪，今患何在乎。天主雖暫忍，必有時而報，目下之遲，卒重補矣。

淫念初發力微，以善念亟坊之，易勝也。兩情相反，人心不能兼懷之。善念在，淫念無自入矣。有賢者曰：我一覺此污類，欲扣我心門，亟入心內。闔戶扃牡待之。援善念爲輔，枝柱之。彼來扣，答曰：室中有他客，不幷容也。久扣不闢，去矣。夫他情攻我，迎敵之，其力愈消，易勝。卻避之，其力益大，難勝。淫情反是。迎敵之難勝，卻避之易勝。何故，淫念如火，人心如薪，相邇而不熾得乎。敵來攻我者，遍體不潔。我力能勝之，亦不與敵，恐染其污也。淫欲者，渾皆穢蠛，即之而不染者鮮矣，豈可與近敵乎。他情攻人，更諦思其惡，更起人憎。淫情攻人，更諦思之，更起人愛。故守貞者，淫念裁萌，亟以善念背之，弗敢徐思其惡，恐以增其烈焉。列陳相鬭，知或士卒有謀叛者，交綏將倒戈，必不復鼓行矣。理淫敵也，淫來攻我，我心欲鬭，形軀將叛我外向，同力以扼我。我豈宜與鬭乎。

有賢者箴其徒曰：淫情攻爾，持已德力，必難敵之。恃天主之能，祈求默佑，又加心攻，乃能敵焉。問心攻如何。曰：天主之佑，恆切求之。我自心之功，淫念方芽，輒思曰：我心則天主所樂居之處，道德之宇也。我以淫欲污之，天主心去之，道德盡亡，而向來行善之功績悉虛。我曷堪以穢樂微賈，易此至寶貴重物乎。不息，則默想我神升於天堂，視彼光耀蠲潔。見天主，接天神，暨諸聖賢大榮甚樂。自謂曰：我行淫，天主暨諸神俱厭我惡我，不得入此享此。淫欲奪我此大福，豈不甚可憎哉。又不息，則默以我心下於地獄，目視彼處猛火巨殃，耳聽彼受淫罪之悲哀忮懻，問之曰：所以受此罪之樂，今何在。必曰：淫樂一息而亡，應淫罪之苦永劫不消。自謂曰：我不辭此樂，不能免彼苦。深思此地獄之火，甚易撲滅淫火也。古有賢者，淫念勃發，恐力不能敵之，自謂其身曰：爾欲行淫樂，先當自試，能當地獄之火否也。以手置火中暫炙，不堪痛楚，曰：既不堪微苦，豈宜行淫樂乎。淫念頓忘矣。又不息，自視己身，次及於死。曰：死期有時至矣。今樂，死時必憂。將來之日，所必悔之事，今日豈可行哉。又神往故人之墓，思爾往日所識，頗享世樂者，今皆臭塵濁泥。復自謂曰：此人往日，在世如我。我來日在墓如彼，身形及其美懿，逸樂萬狀，悉若是而已，何足重哉。又不息，身形不從理，則宜視如蹇驢，鞭策之。痛自刻責，減疏其食飲，增其勞苦，拂其願欲，用以抑強坊邪矣。意辣少時，淫念時起。自怒其身曰：此驢也。欲不切蹄齧，不養爾以菽麥，養爾薦草，加爾重任，使爾饑疲，思食思憩，勿令飽佚而思騰擲矣。自此恆負重任。或怪之，問故。答曰：我勞勞我者。聖法蘭濟少時，自矢守

貞。一日不堪淫念，摶爲雪丸，裸體置之，謂其身曰：此大者爾妻也，小者爾子也。今而後，當勞勤育養之。蓋以雪之寒，滅淫之熾也。從是以後，淫念不生焉。或問之曰：夫子不慮傷生乎。曰：擇害取輕，以免大害。

祓理斯，西國賢者。一日天神以事顯象，與同行。道遇死馬，賢者掩鼻過之。神問故。曰：不勝其臭。神曰：我此不覺也。少前遇一人鮮衣美飾，芬香鬱然，神掩鼻速過之。賢者問故。神曰：淫人也，不勝其心臭。

西有少年，風貌甚都，覺淫女之説己也。私念曰：我貌美，恆誘人思淫犯罪，何自得去之乎。遂懇祈天主去之。頃之以病，眇一目，人不復顧之。甚自喜焉。去恣貌之美，非不善也，又非我所自爲也，是天主之賜耳。賢者恐害己之貞以及人，甚畏之，惡之。矧增僞美以誘人視，啓人淫心哉。

古有修士，一日見美女盛飾者。後其象貌恆著胸中，不能遣之。越數年，女死，遽往求見之。尸已臭腐而未殮，以巾染其腐血藏之。每淫念動，即齅其臭，自謂曰：爾昔所視美女，今者臭腐若此，淫念頓息矣。聖厄勒卧略曰：凡能坊淫欲者，莫若深思所愛人，死後何如矣。

守城者，無急於守門。守貞者，無急於守耳目。耳目門輒闢，內德易泄，外惡易入。謹守之，內美無由自泄，外污無由自入焉。亂德之念，由輕視而入。累年之績，由一覽而墮者，可勝計哉。人情相染，多緣於視。見彼怒，動我怒，見彼憂，動我憂。見彼淫貌，動我淫心。見彼尊，難安我卑。見彼富，難忍我貧。見彼安樂，恨我勞苦。類然。夫人所自有之邪情，猶不可當。矧又以視因，增他人之邪情哉。

古有賢屢覺輕視之害，曰：我目奪我神心。聖若白亦曰：我與我目自期矣，勿視童女。此言何謂，恐輕視之後，強嗜所視焉。又期辭視之樂，免輕視之罪憂矣。故所不當欲，俱不當視。不視之尙易，視而不欲之尤難。我不能自禁己目勿視，既視，安能禁念勿思，心勿欲與。

斤達者，蚤歲修道，矢志守貞，目不視女人。或譏之曰：子竟不視女人，恐一視即流污行乎。答曰：否。盡其在我，不輕視，自絕罪端，天主必佑我免之。不盡其在我，而自納於險，天主乃棄遺我，自陷於罪。不亦宜乎。

德默者，國王也。有兩寵臣，未既其心，令傳語其后。其一還，王問曰：爾視后何若。對曰：傾城傾國，絕世獨立。其一還，王問如前。對曰：王命臣傳語，弗命視也，徒聞其言，亦溫惠矣。王大喜，厚賞任用之。謂先一臣曰：汝目不貞，汝心亦爾矣。遽遣之。

一少年，嘗淫於色。後悔之，欲絕其端。屏居精修，數年而歸。有先所識女，遇之途，怪問曰：我昔年某，不顧我何也。答曰：我非昔年某矣。不顧而去之。

賢者撒拔授徒甚衆，恆訓之。欲保心潔，滅淫念，必勿輕視。一日偕門下一少年同行，遇一美女，撒拔欲試之。遽曰：此女若不眇者，國色矣。門人曰：女故不眇。曰：爾未諦視耳。門人曰：我視最審，流眄特美焉。乃責之曰：爾未能禁目，安能保心。禁不使出戶者兩期，使肄不輕視焉。

夫視女人，動淫心，害貞德，況狎昵之哉。鹽以水出，沈水則消。男以女生，狎女則迷。雨與土兩淨物，合則成污泥。男女俱善，相近則污念穢行俱易發焉。

聖亞吾斯丁，不肯與其妹同居。或怪問故，答曰：來訪我妹者，非我妹也。貞士非徒須斬淫行，亦須斬淫疑。

眩服者，傲之旗，淫之室也。非先輕心德，必不重爲身飾矣。故外飾明徵內傲，服美明徵心淫，美衣者。不止動我淫念，亦動視我者之淫念。不止令己犯罪，又誘視我者犯罪。人罪由我，不悉我負乎。故鮮衣盛飾者，聖經謂之鬼魔。

一人鮮衣盛飾，而問道於暗弟卧，不應。問故，答曰：爾問無與爾事，何應爲。又一少年鮮衣問道，答曰：我尙未知爾男耶女耶，何用答爾。天主貴爾，爾自賤。天主賜爾爲男子，爾自飾爲女人。

西王物斯罷則官一少年。入謝，被服鮮華，加薰香之飾。王大怪，詫之曰：曾不如葷臭，遽奪其官。曰：爾身甚飾，爾心必甚穢惡也。且柔弱如婦女，足當我任使耶。

賢人多瑪見一女子，勞於修飾，曰：天主若不念爾勞，而報爾以地獄，眞負爾矣。爾飾身以大勞，顧市得地獄。肯用其半以修心，乃可得天國矣。

又《貞德》　貞者何，絶淫慾之願也。其級有三。下則一夫一婦之貞也。夫婦特行正色，而不過節。身心言行，皆絶於非分之邪欲，是也。中則鰥寡之貞也。一配既歾，其一守節，不復嫁娶。向後身心言行，幷無正欲是也。上則童身之貞也。從生迄死，時時刻刻，心潔於色願，形淸於色行是也。聖經列其功報曰：守一夫一婦之貞者，其報如種一而收三十。守鰥寡之貞者，其報如種一而收六十。守童身之貞者，其報如種一而收百。

貞德之美，已試者難言，未試者難悟。蜜味之甘，未嘗者豈知之。然思婚媾之勞苦，聊可測貞之安樂也。經云：婚姻非不善。第婚姻者，必須膺肉身之大苦也。古賢有言：我儕愚矣。我未婚時，竊意婚姻縱無他樂，形軀必有其樂。既試之，乃更得形軀之多苦多慮，尚有何樂乎。人一娶遂拘攣，不能爲自身之主，而爲妻子之僕役。賢婦最難遇，近之不遜，遠之則怨。中國孔子亦言之矣。當其生子時，母必屢膺大痛。子生母死，是失妻之憂，消得子之樂。子既得，則乏子之憂已，而得子之勞始矣。養之護之，惟恐其遇病遇患，而復失之。於是乎有子之樂，與有子之苦，常參半焉。若其偶死，則數載劬勞，愈增憂痛矣。或子女既多，患無資以衣食之，嫁娶之。或積得大財，又患無子以遺之。是此之願望，爲彼之苦患也。或得賢子，患其蚤死。或生不肖子，又患久生。隨婚娶之患，豈可盡計哉。婚娶者，自目擊之身負之，待我更僕數乎。夫人爲天主，爲道德，負勞苦。勞苦之中，參有大樂，勞苦之後，又望得大報，故其苦輕焉。若夫勞苦爲身世，勞苦純全，又無所望報，不甚重耶。守貞者，所辭則身穢，且微娛矣。所免則身之大苦，心之大憂，既辭此微且穢之樂，又享心淸之樂，貞德之安，且自得爲主。貧亦一身耳，易救。有患一身耳，易任。而又有大報之望，斯其爲福孰大歟。故先嘗貞樂，而後嫁娶者鮮矣。嫁娶，而後憾其先失童貞者，甚多其人也。

凡蔽人之性靈，令厭眞德之嚴修，莫女色若也。人上有天神，人下有地獄。人有靈心如神，有形軀如獸，吾居其中。其所行動，順靈神，則類神。順形欲，則類獸矣。形欲之中，色慾尤穢賤，鳥獸微蟲俱有之。故人彌行慾，彌謝人性之尊靈，而彌近禽獸之蠢賤矣。以是心也，求明道德之理，求悟大事，如鴟鳥之目，以視日光。非獨邪淫，正色亦然。譬如忿怒，不問合義與否，其淆人靜心，亦埒也。是以婚姻正禮，特令人可行，而免犯淫。然慾情之火，以正色之行，不能抑遏，將彌益其熾焉。雖行後暫伏，其再發尤猛矣。亞利斯多曰：向慾之心難熄，彌狥之，彌益之。迨其既衍，即懵昧理心，侵褫行善之力矣。故縱慾於正，自寖增力，而漸趨於邪也，此人人日所目見，何待論哉。守貞者，正邪色俱絶，是斬慾根。慾心偶動，不即狥，決不用此發重難熄，乃緣是益輕益易止焉。夫邪情之中，莫如慾情難勝。人既以貞勝之，故勝他情，有餘矣。諸情之垢既滌，內心乃燦然粹朗。故道德之精微，天事之奧妙，俱能洞照瑩然蠲潔。此中爲一小天堂，天主最喜居之。聖經中眞福八端。其一曰：心凈者乃眞福，爲其已得見天主也。

婚姻者，心牽於多願，析於多慮。道德之事，俱不暇計，且厭之。貞者，心盡竣世樂世慮，一心以修德事天主，故易造聖賢之域。聖亞吾斯丁云：貞德令人辭多歸一。此一者則天主也。其美善無極，其福無涯，我今盡心力愛事之，善莫大矣。後得見之，所享福樂，蔑以加焉。

聖盎薄削曰：婚姻滿世界，童身滿天堂。生子者增人之數，守貞者，增聖賢之數。其益於世果孰大乎。婚姻人事，貞德人上之事。非天主之佑，人力不能自造焉。賢者撒辣滿云：我自知貞德非天主賜我。我自不能造之。是故恆祈求焉。聖亞吾斯丁云：愛讐，心謙及童身，此三德者，獨我天主眞教中有之。外此，偏閱諸國，所稱聖稱賢之書，決無此蹤跡也，況其人哉。天主未降生面諭世人之前，世上人特知有婚，不知有貞。得子爲天祥，無子爲天殃。天主降生於世，以童身之母而生己，又守童身，且宣貞德之美，貞德始興於世。凡尊從天主聖教之地，守童身之男若女，遂多有之。其視貞德，重於身命也。若遇守貞而當失命，寧失命，必守貞矣。若舍天主聖教，而從他教之人，決無生平守心與身俱貞者也。勿論他徵，即此足證天主聖教之獨眞矣。

聖瑪爾丁與其徒同行野中，先過羣豕踐拊之土，次過畜牧羊牛之土，最後花草叢茂，無物害土焉。聖人曰：豕拊者比淫人，邪魔全奪之矣。畜牧者比婚娶人，女婦消之矣。花草盛者，此童身人，所受於天主者，全存不傷，故全美焉。

聖經云：天堂無交婚。乃人既升天域之後，蠲潔如天神也。夫他人升明天而後得之。貞者，在幽世而即已得之。居子肉室而不染於肉慾，何異

已出此世，而移居天域哉。居於污世，負向慾之軀，視聽誘慾之事，恆當邪魔之慾惑，而心潔形清，與天神曷異邪。矧天神者無形，其貞性貞也，不足爲德。寓於明天，恆對天主。其貞無與爲敵讐，故不足爲功。夫貞人，必克本性，犯世俗，敵邪魔，貞德乃成焉。斯之爲功，不以大乎。但大功，非大勞不成。貞爲德最美，天主及天神俱重之，邪魔俱畏之，然而難守焉。身貞，豈足爲貞德，心貞，耳目貞，言貌貞，衣貞，牀蓐貞，乃足爲貞德。缺其一，餘俱險矣。非恆祈之天主，讐視本身，攻邪念，窒邪欲，絕女人，遠淫人，時操益業，不使優閑，必不能久貞也。故貞德如玫瑰花，香味最美，而生棘中。欲享其味，勿避其刺。

貞雖難守，第人思天主所備酬貞之報，亦不難守矣。身命雖長，必有限際。保延壽命之願，今世人辭慾守貞，而天上壽無疆之願，不能令修士絕慾守貞哉。經中天主謂貞者曰：爾勿言我枯樹矣，我定爾寶座於我城中，賜爾名甚美於有子者。是天上國，貞尊於婚。貞者報，大於婚者報矣。聖若盎，天主曾令見天堂受福人。有近天主者，其懿美光耀，燦朗無比。聖人異之，問爲何人。忽聞答曰：是者童身不受女污，恆從天主。夫貞士懿美光耀，天堂之域，聖神之中，燦然顯著矣。矧於暗冥之世，罪人之中哉。

貞德者，既令靈神光昭於天，亦能令形軀死後，馨香不朽於地。我太西從天主聖教諸國所屢見焉。不獨死後數日，亦有數百千年不朽之童身耳。夫貞德，不啻延身壽，保身之強，且令死軀馨香不朽，令心恆保凈樂，增功德，益天報，令人見愛於天主。親重於天神，尊敬於世人。爲報不亦重乎，而何得不以守貞之直易取之。

或云：人俱守貞不婚，人類不滅乎。曰：勸人娶一，猶費說詞，何煩過慮耶。倘世人俱守貞，而人類將滅。天主猶欲生之，必有以處之。且生人之類，有生必有滅，亦始終成毀之常也。若得以此終，以此毀，幸甚大願，徒恐未可幾耳。

貞人者，邪魔甚瞋恨之，此亦足徵貞德之至美，且大功也。西有名士，自幼守貞，邪魔深忌焉。四十年攻伐，弗克勝之。後乃稍變，爾時有人入城，日暮，就路傍廢宅宿，深夜有羣魔入中，一巨魔據高坐，覈諸從魔功績賞罰之。或曰：我曾令某所人作亂相殺。或曰：我曾鼓烈風壞海舟，沈其人。或曰：曾誘人行盜竊劫掠。各陳所行惡狀。巨魔俱以爲懈怠，切責之。最後一魔曰：我曾以淫念，誘某貞士，逮今四十餘年，不克。昨更竭愚計誘惑之，乃得視家中一童女，手拊其背也。巨魔踴躍大喜，獎其功。勸令盡力，事成有豐賞。宿者不勝怖懼。審畢，魔散厥明。往見所謂貞士某，具告之。貞士乃深悔，更加精進。遂辭家，弗敢與女人偕居焉。

則祭理亞，西國聖女也。少時矢志，終保童身。既而親命嫁焉。初婚之夕，謂其婿曰：我自幼誓存童身，天主賜我一天神嚴守之。爾欲壞我，必被戮矣。婿曰：我不見天神，不爾信也。聖女曰：爾欲見，當純誠奉敬天主，歸從聖教，滌除心慾，即見矣。夫悉如其言，天主賜見焉。異其懿美曰：天神之尊，天主遣令下世，以保護貞人。其重貞德甚矣，遂與婦共約終身守貞也。自後天神恆以奇妙花，爲冠，冠之。終歲香不滅，色不稿，獨夫婦兩人能聞見之，他人莫聞見焉。

又《婚娶正議》 或問余曰：貴國婚禮如何。曰：敝鄉千國之俗，皆以伉儷爲正。上自國主，下至小民。一夫特配一婦，莫或敢違。婦沒，得更娶正妻，不得妾也。曰：禁娶妾，必有明據，願聞其義。曰：凡直物自爲己之繩也，猶尺度焉。兩端與中叅相望則直，否者曲矣。若他物，絜之直尺，乃知其直曲焉。天主自正直無曲，萬物天主所造，皆如其本性，亦正直無曲焉。夫不靈之物，各存其性之本直。天恆靜，地恆旋，火恆熱，萬類盡然。故恆保其精美，獨我人否矣。天主表我於萬物之上，賜我理性，付我本心之權衡。令自能伏形欲，循善避惡事天主，建功德以蒙美報。乃反據其本性靈明，用以縱欲而犯命，即天主所賜直性，不悉悖乎。即教萬方萬古，一切賢聖教訓，帝王法令，無非削揉其曲，令歸本直也。訓法令，必也合天主生人之原規，乃善美，否則醜惡矣。夫天主經典，悉載刱造天地萬物之眞論云：開闢之時，天主既造成萬物。乃造一男，名亞當，一女，名厄襪，爲人類宗祖。謂之曰：爾夫婦二人一身，天主所配，人不分之。夫開闢時，人類之始，生育最急，何不以一夫配多婦，令速生。乃天主特以一夫配一婦者，明徵伉儷爲正禮。此即天主生人之直道，其外萬狀，悉皆邪淫。即人自生曲矣，故天主甚惡之。夫人生之初，世界空虛，天主且不使犯一夫一婦之正，今人充滿世界，而反以一夫配多婦，

爲不犯正，不大謬惑乎。

夫物生之性自向於精，力不足，生者稍劣矣。人類男精於女，故論生人之性，男多於女，縱不多必不少矣。今使一男配一女，必也三分生人之率，而男一女二可也。過二以上，則男生當愈少，女生當愈多矣。苟爲不然，不將使世有曠夫，而無女可配乎。失一正配，即失多子女，是害人類也。且凡男各望有子，又各有向色心，人人不異。不能得正配，必恣奸淫。恣奸淫，必生爭訟鬭亂而犯刑僇。夫令人恣奸淫，生爭訟鬭亂而犯刑僇之道，可謂正乎。或曰：若每男各娶二女則然。但今娶二女者，不過數人耳，何足大亂哉。曰：我豈論娶者多寡，第論理之是否。苟一男娶多女，果不犯於理。衆人行之，一人行之，等耳。苟衆行而生亂，明徵犯理矣，犯理一人行之可乎。

夫女性易忿，易妬，多疑多慾。爾既娶妻，又娶妾，若愛之勝於妻，妬爭計謀不息矣。縱不勝於妻，而妻愛以分故減，愛減亦生妬。即妾，及妾之子，及爾，俱被妻憎焉。是令妻犯憎妬之罪，令妾及其子俱受妬妻之害，畜復讐之志也。妻恃尊，妾恃寵，兩不相下，其亂不已。爾婦爲讐，兩婦之子，豈得相合。是一家犯罪，罪悉由爾。爾之負罪不已重乎。爾娶一妾，而父子夫婦兄弟，三大倫俱廢，尙曲解爲不犯正道哉。

夫結夫婦，固密於結友。兩人結友，體貌不敵，不成爲友，矧夫婦哉。故曰：妻者，齊也，明敵體也。欲妾則妾，是婦非爾婦，乃爾婢。爾非其夫，乃其主也。不齊不敵，亦已甚矣。天主經中有言：婦不爲自身之主，夫爲其主。夫亦不爲自身之主，婦爲其主。婦從非其夫，則悖婚配之禮，故犯奸罪。夫從非其婦，詎不亦悖婚配之禮，而犯奸罪哉。

夫天主令人結婚，欲夫婦得相眷顧之益也。其一病，其一事之，憂則慰之，有子共養之，教之。夫積婦藏，有子孫以遺之。假使一夫而有多婦，豈不睠顧，分則必消。婦各私聚以遺其子，將必竊。凡教孩幼，大半由母。衆婦之子，教亦廢焉。幼穉之心，如新瓦器，初盛之味，或甘或苦，一爲所入，洗滌甚難。爾子若女，從幼至壯，習耳習目，更有何事。父好惟色，母爭惟色，欲其貞心，不亦難乎。

凡牝不能自養子者，必牡佐之，皆以一配一而已。試觀鳥生子，一覆翼，一求食，更分其任焉。惟牝自足養子者，乃無定配耳。夫人有子，衣寒食饑，備其用物，教之義方。疾則療之，不肖督責之。壯而家之室之，皆父事也，母不能及。此非獨子矣，并妻之養，亦待於夫。是夫於子有父之責，於妻有父之責，其配一之義，視物類不尤切哉。

夫女人嫉妬忿怒諸邪情，其發最猛，解之最難，欲強其合理又難。故曰：與配悍婦，寧配虎狼。一女足亂一國，矧多女一男哉。古賢有言：人一渡海不足異，再渡異矣。人一婚不足異，再婚甚異矣。故婦之險，無異風波也。加當賢人亦曰：使女人可免，則人之念慮動行，可效天神矣。故女人正爲難免之害。一之爲甚，而可再乎。是以萬國聖賢，明於道德，爲世表儀者，非存童身，大約先與女絕。其心淸貞，其見愛於天主最深。其見道行德如神，其動人化人，照臨萬世之功乃成焉。

或曰：人有子，娶二婦，淫罪不免矣。若正妻無子，將恐滅祀不孝。爲求後而再娶，似未悖也。曰：否。夫死，婦不復嫁。雖無子，國主旌之，國人誦之。婦雖無子，夫不復娶，人亦稱爲義夫焉。有人因慕貞德欲存童身，以淸心修德事天主，將訾其不孝耶，抑嘆其能克己守貞耶。歎其貞必矣。夫貞德萬端，皆自相結和，不得相反。因守貞德而犯不孝之罪，必無之理也。今人不守貞，豈爲求孝，正惟德力不足守貞。故竊孝名以飾淫心，假不孝罪以辭恣慾之罪。況人即得子，未必是福。因不肖子，而陷於禍，且覆宗者，何可勝數。故經云：與其遺不肖子，無寧終而無子也。爾子賢不肖，爾既不能豫定，而何望之，若是急急乎。且子之有無，不徵爾之善惡，亦非爾不能免之物也。得子，猶得財得命，世福而已。以正道得之，乃善美，而爲我榮也，以邪道強得之，正爲我辱焉。語曰：不可爲小惡以成大善。矧因得子之小益，犯淫欲之大罪哉。人無子，豈必皆由婦，亦或由夫。女人之性弱於男，其望得子顧護之，深於男。今因夫無子，而婦欲嫁他夫，必以爲怪。因婦無子，而夫遂娶他婦，獨不以爲怪乎。一身而兩首，一首而兩身，其爲怪何殊之有哉。古賢以是勸人，存妻去妾。其人曰：理雖正，妾我弗能免之。賢者曰：爾弗能免妾，天堂亦能免爾。

或曰：此理實正，第妻齊妾接，我國古人多行之。我踐其故轍，亦可乎。余曰：中國所稱聖賢，縱有多娶者，亦非中國之聖賢。所以爲聖賢也，置其所由稱聖賢之德業。而特稱其多娶，斯果摹聖賢之行耶，抑飾爾

恣慾之邪，中土稱聖賢，而娶一婦者，亦多其人。盍視此之貞，以益爾貞，而獨視彼之多，以增慾乎。我西國上古，聖人娶二妻者，亦有二三輩。緣爾時人少，天主欲興其家，蕃衍其子孫，以廣傳聖教於世。又知其德清且堅甚，必不因多而淫，故寬娶一之經，使得娶二耳。是古聖配多，非經也，權也。其所以然之故，亦至重不輕矣。且非己私意，乃奉天主命焉。眞聖娶多妻，皆以此，今人無此德，無其故，無其命，詎可行其權哉，行之免得罪於天主乎。上古以後，聖人更多。皆尙貞德以是守己，以是訓人。其德比前人尤著，人亦無不信從其訓焉。至天主降生後，四方萬國，所出聖賢尤多。其慕貞德尤深，求獨守一夫一妻之正，乃并不嫁娶，終保童身。故其淸德茂勳，不止於己，又及於人。不止一世一方，乃既及於萬世萬方焉。

又《熄忿》 忿如火熾，以忍熄之。作熄忿。

怒者何，復讐之願也。惡言詈語，爭鬭戰伐，傷殺過刑諸情，皆怒之流也。

經曰：輒怒者，易流於惡。聖厄勒卧略曰：忿怒衆惡之門也。闔之，而衆德安其居。故忍在心，如長在家。百役無不歛戢，無不謐靜。忍主一去，心怒目瞋，舌譁面厲，手奮身顫，百役盡亂矣。

易怒者，如居草舍，草舍失火立燼。今日大富，明日大窮矣。怒火不戢，財力悉費，精力悉耗，是自焚也。又如水，煑物釜中，薪盛火熾，百沸不止。初湧去浮沫，不止。渣汁俱盡，不止。釜實乾焦，更不止。釜并破裂。

忽怒者，人情也。畜怒則罪人矣，蓋怒老則成惡。惡成，與殺人罪等。

以微害輒怒者，本自謂不宜受此害，而實爲所以宜受此害。以微觸輒發痛聲者，必徵其負創。以微害輒發怒者，必徵其負傲。大容與大傲似而實異。大容之人，輕忽世患，故恆靜不亂，恆榮不辱。惟傲人不能忍微害，故愠怒不止，爭鬭不絕。

非義之怒，猛獸之情也。無理以御心，無忍以當害。故有毒氣螫尾，或有堅蹄銳角，或有利齒長距，恣所用之，以防害復讐。獨人赤身而出，一無所有，示其性善良，宜相合無鬭也。人忘其本性，而自造衆多凶器以害人。不知以本性之理熄怒，而欲以獸情復讐，是天主賜爲人，而自願爲禽獸乎。且禽獸雖虐，無害其同類者。即鬼魔更虐，未嘗不相合以謀我害我。獨人之凶怒，乃傷害其同類之人，是虐於惡獸邪魔哉。

凡邪魔陷人於罪，密求可乘之隙。可乘之隙，莫如怒時。盜入人室，必俟其暮。風雨交作，狼乃攫畜。漁網之設，必在濁水之湄。邪魔虐賊，貪狼巧漁，等計也。欲陷人於惡，必窺人怒時。詈言虐行，害人害己，皆基於此。故邪魔最喜人怒。一人怒，不止得一人，因得衆多人。何故，怒必有敵，或遷焉，展轉相牽相陷矣。

智者，必不怒一人。何者，人非善即惡，善者非至愚，孰怒之。惡者亦不宜怒。心惡猶身疾也，身疾者，人共憐之。心惡者，其病益重且危，不尤可憐哉。一人訾色搊加，人告之，答曰：若以存心訾我，我或怒。但以病心訾我，何怒。

所加德，西國名士，途遇一人，禮敬之，其人不答。從者怒，欲責讓之，所加德止之曰：右有身病於我者過此，爾怒之否乎。此人之心病於我心，何怒爲。

斯德望，西國名士也。或怒之，無所洩，則焚其禾。佃者來報，以爲恨。答曰：我害在我外，未大。彼害在心，甚深難補。盍哀彼而哀我哉。

故以怒害人如蜂，蜂以怒螫物，物得微痛，而自失命。

與平等鬭，險。與強鬭，狂。與弱鬭，辱。故人之傷爾者，弱於爾，宜恕彼。強於爾，宜恕爾，與爾等，宜恕彼與爾。

人奪爾冠，爾因棄爾衣挈缾墜井，因而投綆，孰不笑爾乎。人奪爾財榮，財榮已失矣。忍而害止，爾怒而復讐，自又敗心德，虛功力，失天報也。奪爾財者，絕爾於富籍，爾怒復讐，自又絕於善人之籍。彼奪地上暫福，自又奪天主永福，彼害爾物，爾又自害己。害孰重，讐孰眞乎。故曰：怒人者，不先重害己，不能輕害人。況人未必害，己無不害也。

人有訴爾者曰：盲人觸我，我甚怒之。爾必曰：彼盲者曷能避，爾則有目，能避不避，爾則過矣。怒人心目不識理，形目不識人，爾不知避之，宜自怒。何怒彼哉。

亞勒山易怒，亞利斯多箴之曰：自視善且大於衆，而以此輕其謗言可也。此言似忠而佞。以惡攻惡，不免爲惡。爾受人害，勿以己爲善於害爾

者，惟以爾德爲堅於彼害可也。

厄爾則大，西小國王也。事繁役多，未嘗有憂怒之色。或怪問：何以能如此。答曰：怒心萌時，恆默念曰：使僕役拔爾鬚髮，尚未及一微怒之害。爾害宜擇輕，乃擇重耶。

聖百爾納將終，其弟子請教以入聖之方。答曰：恆從人不從己。受人害，不怒。不思復讐。

瑪加略，怒一蠅而殺之，遂自責曰：蠅嘬不能忍，能忍太苦。遂解衣行野，令蚉蝱嘬其膚。人問故，答曰：習忍責怒。修德累年，忽聞有聲曰：某所有二女，其德修精於爾，遽往見之，問其修德之方。答曰：妯娌也，同居十五年，無一念一言相迕耳。問可以得爾。曰：爭者起於爾我，我輩相約，共絶世財與世榮以不貪。無爾我，去爾去我，爭亦去矣。

翳人心目者，莫如怒。理雖甚明，心怒，不能見之。先所已明，心怒復暗。故凡人決斷諸事，最忌者二。噪怒。泰西之俗，罪人有未服者，得上於他司更讞。國王費理薄視朝，怒一大臣，輒欲論死。其臣不服曰：當上他司更讞耳。王愈怒曰：更誰居我上者，得讞耳。答曰：今王怒，更上於王。不怒，更讞則是矣。後王怒解，果明其無罪，貰之。

怒。暫狂也。以酒醉，以怒醉，等也。狂人醉人之言，之行，不若義。故曰：最不可共計事者三。色貪，酒醉，忿怒。怒時所行，怒解必悔。故怒時宜自禁，且勿思，且勿言，且勿行。所以怒事，且勿責所怒人。如欲渡者，順風則行，逆則止。怒動風逆，此時行，險哉。怒息浪平，行可也。故怒時特務醫己，勿務醫人。凡所欲爲，雖似甚近理，第疑勿信，第緩勿急。蓋此時最不便語言行事，而怒人最欲語言行事。亞勒山性易怒。因怒易害人，亞利斯多箴之曰：怒動必先誦本國字母數過，然後命人行事。瑣加德愈怒，言愈寡，聲愈微。拔辣多怒其僕曰：我不怒，必責爾。

凡病發時尚可用藥，忿怒一情獨否。怒起蔽心之目。當是時，無有能識其怒之非也。譬馳馬，馬馳，無有能遽止之。故易怒者，於無怒時，宜備防怒之藥。西國有名王，或貢以玻璃水晶器。王喜，厚賞其人。稍展視，則一一命碎之。見者甚惜，問故。王曰：我信喜之，第我甚易怒。此物甚易壞。若有人壞之，我必怒。今豫絶其端，無使怒害我，我怒害人也。

則撒爾，大西諸國宗王也。有大臣名薄量，王一日幸其第，薄量饗之。其盤盂俱玻璃水晶之屬，光彩陸離。役吏趨走傾跌，壞一器，薄量甚怒，命投其人池中，爲魚所食。犯者脱赴大王前跪請救，王悉聞前故。命役者捧寶器以來，偏閱之。既見，一一破毁之，且命平魚池，謫薄量曰：天主生萬物爲人，故勿論大小尊卑。是人，則非天壤間寶物可比。爾愛物於人上，不識重輕，甚愚也。以微物害人命，大罪也。今破爾器，以杜爾狂端。

亞勒山，亦西國大王也。其母怒一無罪人，求殺之。告曰：大人以他事命兒，無不共命。第無罪人之命，無物可以償之。乞赦之。

君子緣罪怒人，怒不獲已，罪解而怒息。小人之怒，出於自心，無故而怒。故一怒，則存怒增怒，直欲以重怒久怒，顯其宜怒。

或問忿怒悉惡，悉宜絶否。曰：否。聖契理瑣曰：不當怒而怒，自犯罪也。當怒不怒，不欲救人罪也。其罪等。故怒其罪，謂愛其人。見非義而心不動，非能忍也，惟過柔耳。忿怒從於理後，則爲義役，勿得過柔。刑當其罪，甚助於義。若在理前而僭爲主，斯過於虐，甚害仁義矣。怒人如治病。醫者愛人，故怒其病，求攻之。仁者愛人，故怒其惡，治其罪，求改之。今人不然。怒惡之人，不怒人之惡。原惡不改於人，怒惡先染於己。

又《愛讐》 爾遇難不能忍，所行善無益。凡懷怒時，所爲善事雖大，所奉以供事天主雖厚，天主必厭棄之。經曰：依爾施人者，天主亦以是施爾。爾以慈施人，天上以慈施爾。爾以虐施人，天主以虐施爾。經中天主謂人曰：爾持物供我，既臻我前。偶憶人有恨爾者，姑置前。往與彼諧，次來奉供可也。故不與人合，不能與天主合。

經曰：爾欲復人讐，天主必復爾讐。又設言曰：一臣負王萬億債，不能償。王命并其妻子粥之。臣跪請曰：乞寬臣時日，全償焉。王憐而全赦之。臣出，遇其僚有負己百金者，扼而索之。是人亦跪請曰：乞寬我時日，全償焉。不聽，囚繫之。傍觀者，憤且憂，以告王。王大怒，命捕之曰：惡吏。爾求我，我全貰爾。爾曷不憐彼，如我憐爾乎。乃付司刑，俾全償焉。爾不以誠心赦人，天主施爾無異此。故爾欲復人讐，天主所已赦

罪，復追還之。

經曰：爾不赦人，天主不赦爾。赦人，天主乃赦爾。爾得罪於天主，人得罪於爾，孰多乎。人得罪於爾，無幾也。爾得罪於天主，無數也。赦人之無幾，以得天主赦爾之無數，不便乎。譬爾負人責億萬金，人負爾責數十金，悉載一券。留之，即人償爾少，爾償人多。不留之，即人不償爾少，爾不償人多。爾願留之乎，願焚棄之乎，願焚棄必矣。奈何記人少罪，令天主記爾多罪耶。

揣功德之巨微，視事難易，難者功巨，易者功微矣。人有他惡，不直反我愛，我愛之不甚難，獨惡我讎我者之惡，直反我愛，愛之絕難。故深增我功，徵我德焉。

熱遠物之火，熱近物之火，火孰盛。熱遠者盛也。愛讎我之仁，愛愛我之仁，仁孰盛。愛讎者盛也。大火聚，所投物，輒化爲火。大仁所值事，輒益其仁。微獨以恩益，以害亦益。羣歌合作，則善歌者混。獨歌，善乃露焉。爾以愛天主之心愛友，友或爾契也。或爾施也，或爾倚也。羣愛合出，則愛天主之心亦混。讎者無他可愛，故愛天主之心，特露於此。

經曰：愛愛爾者最易，惡人亦能之。爾獨能如是，蒙何報於天焉。爾能愛讎爾者，能惠惡爾者，乃天主子也。假令爾在天主前曰：彼愛我惠我，我愛之惠之。天主必曰：此愛已得報矣，我不負矣。若曰：彼惡我害我，我爲天主愛之惠之。天主必曰：此愛我負矣，我報矣。

人有讎爾者，宜即思并有兩讎，人一，魔一。一可愛，一可避。一明攻於外，一暗攻於內。爾以形之福勝人，故欲奪爾所勝之福。以讎之愛勝魔，故欲奪爾所以勝之愛。爾欲復人讎，則令魔復爾讎。爾欲勝人，遂令魔勝己。爾樂能奪人安，魔樂能奪爾德。惟爾能愛讎，兩讎俱勝矣。

復讎者，於人害覔其安，以人損求其益，能得乎。塞搦加曰：大容之君子，讎既在手，則以能復讎，爲復讎。知復讎之大且榮者，莫如能復而不復，莫如能害而赦也。故曰：寬讎之榮甚於勝讎之榮。況爾欲復人讎，人又欲復爾讎，爭鬬紊亂，何所底止耶。

復讎者云：不任受辱，不悟不能忍微害，而欲復讎，更爲正辱。

經曰：勿曰以害報害，望主而捄爾。捄爾何也，捄爾於復讎之勞，之辱，之費。捄爾於身害，心罪，地獄之永殃也。經中天主謂人曰：讎之復由之我，我復也。爾不言，天主代爾言。爾不罰，天主代爾罰。爾言爾罰，天主則不復顧爾矣。有人告一賢者曰：某害我，我欲復讎。賢者仰天曰：此人自欲復讎，天主不必顧之。其人悔悟不復也。

修德者，皆急於識己過，識過斯能改過矣。夫人皆重愛己，故不能盡識己過也。佞人之言，又不可信也。友我者狥情而閉口矣，莫我攻也。欲聞己過，惟讎我者而已。故曰：讎我者，惠我而不望我報，正可愛焉。

意撒白，西國聖公主。一日跪天主臺前，誠心祈曰：每害我者，願天主賜一恩以報之。輒聞有聲曰：生平所行德，未有感動天主如此願者。今悉赦爾一生之罪也。

數年前，敝國以西巴尼亞有殺寡婦之子者，吏將收之。寡婦知所在，贈以良馬資裝，令速避去。是人得脫，其子忽見大寶光，謝其母曰：死後過失未凈，當受多年煉罪之苦。今母以恩報害，以愛報惡，甚感天主心，故赦我罪，免我刑。已昇光明天，享大福樂。此恩豈生養我可比哉。言畢不見。聖亞吾斯丁曰：不赦讎者，天門已闔之。其祈不入於天主，天主之慈惠，亦不降於己也。

葆琭聖人曰：詈爾者贊美之，勿謗訕之。勿以惡報惡。又曰：爾讎饑食之，渴飲之。不勝於惡，反以善勝惡矣。若以直報害，免己犯罪。以恩報害，又捄人罪。以直報讎，免爲人讎。以愛報讎，又化讎爲友。孰善乎。

費理白，西國王也。有亞爾寄者，恆謗王。王之諸臣，請捕治之。一日偶遇其人，王優禮焉。色和語溫，申以厚餽。越數日，王問其臣曰：亞爾寄謂我何。皆曰：甚贊頌大王之德。王曰：然。我爲醫，良於爾。

亞立刪，西邦最尊最盛德人也。一人大竊其金器物以逃。他日此人爲敵國所虜，亞立刪厚資贖之。他凡有害之者，必厚恩以報之。故本國俗云：欲得亞立刪之恩，莫如害之。

西國有人欲殺其讎，求之不得。遇大瞻禮日，入天主堂。適見焉，遽欲手刃向之。忽自轉念言：今日大瞻禮，人人向此中悔過遷善，求赦罪於天主。獨我向此中殺人報讎，重得罪於天主。不可。遽攜其讎，同詣天主位前，誓願今日以後，爲天主故，不復讎爾。願爾亦爲天主不復讎我。其人感動，相與捐棄前惡。共詣天主像下，抱足頂禮。於時木塑聖像，遽伸

一臂，下抱其人。萬衆共見，驚異歎仰。知忘怨釋怒，天主所最重也，其聖像伸手作抱勢，至今不復收矣。

又《以忍德敵難》 忍者何以乎，心受害，不忌授我害者，是也。

夫忍者，善人之甲胄也，以當世變。勝鬼魔，攻諸私，保諸德。防怒，羈舌，御心，養安鎮怖，祛憂絶爭。抑富者之恣，伸貧者之屈。居尊巍者使存謙，受艱難者使存勇。人得罪於我，令我即赦之。我得罪於人，又令我永求赦之。忍離於心，無事可成。此何待遠試，即此鄙篇所述，前聖賢訓忍之説，非有忍德者，必不能熟察其端，深思其理，堅從其箴，而受其益焉。

凡世所謂凶禍者，忍德能轉爲吉福。凡世所賤所畏者，忍德能變爲可貴，可愛物也。世所賤惡，無過貧窘，疾病，耻辱，損失，患害，忍人能樂受之，則以償其罪責，以贖其罪刑，以增積其德，以市天上國也。其値豈世間珍寶可論哉。故忍人以侮辱榮光，以賤微尊貴，以降黜上昇。以貧富，以餓飽，以負勝，以荒歲豐，以逆風行，如海舟値浪險，浪愈高，迺愈近天也。

忍保諸德，防諸惡。經曰：子欲就事天主，須恆抱畏心。而豫爲備，以當誘感窘迫。蓋人欲行善修德，必須忤世俗，攻習情，防魔惑，則三爲我讐矣。三讐者，要結以攻我。世人譏笑撓阻於外，習情衝勃擾亂於内，鬼魔煽誘攻戰於内外。譬如畜鳥，閉之樊中則已。決而飛，必百追以求復獲。人爲惡，已墮魔計，則已。決而遷改，必百誘以求復獲。苟無忍德以當之，昨所去惡，今復行也。聖厄勒卧略曰：欲行善無忍德，如在嚴陣中無兵甲，能不受傷失命哉。

遇難而委命者多，遇難而堅忍者寡。以力服國者多，以忍服己者寡。故忍一難之勇，甚於委百身之勇。服一己之榮，甚於服萬國之榮。忍小難之功德，甚於行大事之功德。

人無不可勝，獨忍人不可勝。以勇力兵革鬬，勝負不可定。以忍鬬，勝定矣。忍者能加以世難，不能染以世汚。能滅其形軀，不能消其仁義。能使其身痛，不能使其心怒。能奪之世福，不能奪之心樂。故一眞忍人，總天下人莫能勝之。無兵革，而恆勝兵革。不敵人，而恆服敵之者。經曰：忍者善於強者。強者以力脅人，不能以德服己。勝一國，或不能忍一言。服天下大衆，常自屈於心欲，豈不勝辱乎。忍人先以德勝己。己勝，其外無不勝。故曰：勝己者，無不能當。人服之，鬼魔亦畏之。意撒西國之賢人，魔甚畏之。或問故。答曰：從修德以來，恆自舉意，必不使怒念注心，怒言出口。

未曾德西國大聖人也，心純一事天主。時國王甚惡，欲強令棄去，事他神像。未曾德曰：天地間至尊眞主，惟有天主。此外稱主，皆僭矣，正宜絶之。棄天主弗事，事焉，罪惡孰重此乎。王曰：從我予若高位，且厚賜。不，且爲大僇。聖人不聽，王怒，命懸而榜箠磔裂之。聖人心顔俱樂，了無痛楚聲。王益怒曰：不聽我，且更加大刑。答曰：此我願也。王又命束縛，囚之冥獄中。地布芒刺，炮諸烈火，周身熾鐵，數日不給食。聖人謂王曰：世所言苦者，爲天主受之，即不足爲苦，正惟喜樂事也。以苦圖變我心，曷可得乎。威王以苦鬬，聖人以忍當。王力竭計盡，能隕聖人之生命，卒不能改其忍，不能屈其義，不能奪其樂。孰勝乎。

惟以忍御難者能避難。若以怨怒，遂得兩苦。原苦一，今怒一。余屢聞之人曰：我怒何益。所失不追，而更以怒害我。夫既不能以怒去害，奈何不以忍增德。忍則省今怒之苦，并消原苦之苦矣。何者。人有難，大都由天主降爲罪罰，怒增罪，故愈觸天主怒而苦愈重。忍增德，故感天主心，而罪赦，罪赦而苦除。夫世間所謂苦辱，非正苦辱，惟係人意。意以爲辱則辱，不以爲辱，不辱矣。弟阿熱，一人譏之。答曰：爾譏我，我不任爾譏。色搦加曰：君子特以罪惡爲正辱，舍此悉非辱也。受人辱曰：彼欲辱我，未嘗辱我矣。如此，非特辱消，辱我者亦止。何者。彼欲辱我，知我不以爲辱，無道可辱我，止矣。

修德者有三級，有始者，有進者，有已至者。忍亦有三級，遇難強忍之，忍之始。遇難樂忍之，忍之進。願得所忍難而求之，既得而樂不願去之，已忍之至也。已至之人，其身在地，實天人矣。

或問亞利斯多曰：大有容之人，何自識之。答曰：能以乎心愉色，忍受大難者是也。故易怒者，驗其量狹。老人，病人，婦女，孩童，皆量狹，皆易怒難解。

天主心無量寬，故亦有無量忍。人之得罪者，能即罰滅而尚寬容，以俟悛改。蓋慈賞出於本性，故無限。怒罰出於我罪，故不得已。人逾忍，

量逾寬，逾似天主爲天人也。天之所，雲不掩其光，風不撓其靜，終古如一。惟下處自暗自晴，自寒自暑。大容之人，事變而心常，世亂而心靜，身難而心不憂，如立方物，六面如一，無不安穩。又如黄金，煉之不耗，鍛之不斷，以爲小器，爲大器，其價埒。惟寡容狹心之人，倏怒倏愛，倏憂倏樂。如樹葉，隨風變動，無刻得同。故大容之人，以一心御多事。小容之人，以多變御一心。

有喪子者極憂忿，得磨納慰之曰：爾徧求諸國中，有生平未嘗遭喪而哭者，得三人以來，我能令爾子復生。其人以爲甚易得也，徧求之，竟無一人以復。得磨納曰：既爾，何用過慟爲。獨爾受此患也哉。

理爵國之俗，男子遇患，不衣婦人衣，不聽哭。以爲遭世難而悲憤，非男子事，正惟女情耳。

以惡言犯爾者，自先爲惡，而欲爾效之。故曰：爾受惡人之害，忍而恕之。勿兩爲惡，勿兩受害。

或詈得磨斯，答曰：凡爭者，以勝爲榮。惟今日負者，善且榮於勝者。我肯與爾鬭乎。故曰：人以詈言加爾勿答。爾勝，勿復，愈重復。又曰：凡惡言以忍當之，則激而歸乎其所從出。

居苦辱非功德，忍苦辱實功德。故曰：勿論何所受，惟論何如受。受難不足驗聖賢，樂忍難，乃足驗聖賢。眞忍必愛所忍者，蓋貌忍心怒，非忍德，乃怒翳也。力不能復讐，姑忍之。即不復，有復之心矣，有復之罪矣。凡思我身，多所願忍於人者，必不難忍人。爾尚未能自治己如己願，安怪人不悉如己願。爾不怒己不能忍人，不與己鬭，不能與人合。

受害辱者，口不言，色不厲，心不憂，不計，是正忍也。古賢有人以惡言嫚之，答曰：任爾言。我已命舌勿言，心手勿動。今人受辱，能不言，謂忍矣。然而減於口，增於心。口寂而心喧，色愉而胸惱，手垂而中攘，此爲不忍尤大，其害尤深。胸懷怒意，口發怒言，兩惡俱不可。與其默畜而蘊，無寧口發而散。

感人化人之德，無如乎心愉色，忍受非義之言也。非獨見者化，并受害者亦速化矣。昔有賢人與弟子偕行迷失道，蹊人之田，守者甚怒，大詈曰：爾不畏天主，何道之脩，畏者當如是行耶。師命弟子勿答，自答之，曰：爾言最當令我輩，正爲修德。人必不爾，第求恕罪耳。野人爲若言所動，悟向者乃不當怒詈之也，跪而祈赦。慕此隱德，盡棄其田業而受學焉。故曰：抑辱慢我者，莫如忍其慢。經曰：怒者生爭，忍者滅已生之爭。語曰：凡物剛勝柔，獨忍柔能勝怒剛。

穌琑西國名賢也，有人無故以惡言嫚之。賢者不答，走避之。有天神謂曰：是奚足哉。必跪而求赦，如眞得罪者，乃正忍矣。如神言。其人深自慚悔，轉求赦。蓋以怒對怒，彼以怒爲得。語曰：爾以惡言答惡言，彼必以爲己勝。同作此事，彼先一籌故也。以忍光照怒，彼自見其怒之醜矣。

夫苦難不論大小，不論由人由物，皆天主有意分予焉。聖賢明於此理，值苦難，弗視由人由物，不辨有故無故，惟視難所從來之原，即服而忍之。夫爾受人之害，獨視爲人所加，或能辭曰：我未嘗得罪於此人，則不堪忍。若視天主所加，能或言我未嘗得罪於天主乎。人人無不自知以惡念惡言，及非義之行，屢犯理道。是以值苦難，默念所犯，自責我曾犯某罪，我曾行某非義之事，正當受此苦，故易忍矣。聖厄勒卧略曰：人私念所爲惡，不難忍所值嫚。深思以多罪宜受重刑，必不難忍微害矣。或訾一賢者，人告之，答曰：我尚有他大罪，彼人未及知。使知之，何訾我止此乎。多落陡賢人曰：修忍德，保心安。其道莫便於遇難自責，以爲由己罪出，而不辭己以尤人。故人所行善，雖大且多，不由自責，必不能安靜，而免於憂怒。賢人有言：諸德皆歸一家。或問家，曰：自責。又一賢愛人嫚，心忽小動，自責曰：我心動，非彼之嫚大，乃我之忍小，我忍堅一言之微，曷能動之。

若白中西國上古聖人也，尊貴富厚，當世無比。忽中落，七子皆夭，身復病癘，前相欽重者，謗爲罪人，受主降刑。聖人恬然忍受，憂不見色，口無怨聲，心無惱意，恆曰：赤身出母腹，固當赤身歸矣。主予主取，悉如主意。惟念聖名贊頌而已。其妻誘之，令怨主而死。聖人責之曰：爾言大愚矣。福樂受之於主，患苦奚不忍哉。如是者十有四載，尤人怨天，未嘗萌心出口。原天主之意，加此患苦者，非以罪罰，欲標其忍德爲世儀也。十有四載之後，除其患，倍歸其富貴安樂，而盛德榮名，施於萬方，流傳至今。故曰：先忍暫苦者，後必享永樂也。香者火熱之，顯其鬱烈。善者患苦之，著其盛德。

亞吾斯丁曰：天主或欲爾安，或欲爾病，爾安時愉樂，病時憂愁，是喜天主有仁，而不喜天主有義，且不願以爾心從天主。心但願天主心，從爾心，爾心不邪乎。

或遇難，一賢者勸之，堅忍勿憂。答曰：我有罪甘之，無罪而受此，不堪憂憤耳。賢者曰：盜以罪受戮，聖賢者以無罪蒙難。爾願誰之如乎。經曰：爾以罪負刑，以惡受害，有何功耶。若實行善而樂忍害，此正天主之大恩，爾之大功也。又曰：爾受難，勿因盜因劫因謗，若因爲善，則勿以爲辱，乃眞榮也。故見人受難，勿問所受難，惟問所以受難。天主經眞福八端，其第八曰：爲義而被窘難者乃眞福。爲其已得天上國也。

瑣加德，古名士也。國王忌之甚，命殺之。將死，或嘆曰：無罪而被殺，正可悲。瑣加德聞之曰：我被殺不足乎，何願以罪殺我乎。

多嗚，盛德人也。惡黨妬其德，欲殺之。遇諸途，曰：我輩欲殺爾，爾將若之何。答曰：願勿速殺我，惟漸磔手足肢體，爲天主久忍痛苦矣。衆異其大忍，弗敢殺。他日又有是輩欲殺者，答曰：我功德微小，恐不克承此大榮也。聖賢誠德人，値爲天主爲義受苦失命，以爲天恩。微獨不避，且甚樂之。天主有言，曰：人窘迫爾，爲我大謗爾，爾宜悅樂，爾報豐大於天也。故聖厄勒卧略曰：天主加苦，而并賜能忍之德，斯恩甚於絕苦矣。

世人之心，悉在圖樂。忽値患，奚能不憂不怒哉。世患不虞而至，則傷深。豫視之，則傷微。夫患之至最定，特至期未定耳。爾欲患時不濫於憂，莫若於患未至時，思其將來備忍以當之。勤練之卒，簡器習武，常在平時。安居營壘，如正對敵。設志以待，故敵來而應之整暇。若惰游之卒，時朽器械於室隅，消膽力於不試。遇敵戰慄，能不受殲。爾忍不先習，患至不及忍矣。是故修德君子，急習忍德，不因患覓忍，常以忍備患。日夙興，恆念今日必有嫚我害我人，必値不如意事，定心受之。是患未至，能自先忍，患至如常。

爾遇難時，惟視有樂勝爾者，故難忍。若視有苦勝爾者，易忍矣。昔有賢人寓言曰：獸中兔膽最小，一日衆兔議曰：我等作獸特苦，人搏我，犬狼噬我，即鷹鷙亦得攫我，無時可安。與其生而多懼，不如死，死而懼止矣。向前有湖，因相約往自溺水。水旁有蛙，見兔驚亂入水。前兔見之，止衆兔曰：且勿死，尚有怖過我者。

或問曰：世事觸人怒，至易至多。欲學忍，將獨居岑寂特交聖賢，可乎。若與世人接，難免焉。答曰：忍德求助於外，曷能久。惟內積能永久矣。毒蛇猛獸，寂不害物，不謂毒猛乎。靜處不怒，非無怒情也，無怒幾也。不拔其根，而摘其實。根在，有時而實。即無怒人，亦必怒物。昔有道侶數百人，其一甚易怒。因屛居，忽怒破一器，自謂曰：我易處未易心，避人未避己。己在怒在，不如人間習忍，以攻怒情。遂歸。故曰：怒情以鬬能勝之，以避不能勝之。若與聖賢同居不怒，玆豈我德，蓋聖賢之德。況無忍德，獨交聖賢，怒亦不免。不如務拔怒根，習忍於心，靜處囂處俱安。賢人，不肖人，好爭人，好靜人，俱合也。

色搦加訓令忍世患箴曰：受竄流云何。曰：凡安靜之所，即爲本鄉。謂安靜者，不在其所，正在其人也。智則旅遊，愚則竄流。著痛云何。曰：痛小任之。微忍矣。痛大忍之，大榮也。痛峻，非痛峻爾自柔矣。能薄力微云何。曰：以此不能害人，以此不敢慢人，不亦美乎。失財云何。曰：財亦或有時失爾。今失財，并失吝幸矣。縱不失吝，去其妄行之質，非幸歟。爾失財，爾財曾已失多人，今行彌輪，居彌靜。天主減爾，任安爾居，豈非吉哉。爾失財，彼他人所先失，以爲爾得乎。失目云何。曰：已絕邪情欲之途也。目，諸情欲之媒，諸慾誑之引也。失子云何。曰：哭不能不死者之死，不愚乎。不能不死者已死，徵爲他主之物。予爾育養之，今於爾乎取之，非奪之也。沈舟失物云何。曰：失爾物，不兔爾身耶。徒手登岸，已登岸矣。財沈，而豈不能并沈。遇盜竊物云何。曰：爾避之，幸矣。失良友云何。曰：更求之，求之當於可得之所。酒殺之間，非其所也。必於實學道德之務，勞苦身心中，乃得之矣。失一良友，更無他友者，恥也。大濤之海獨恃一碇乎。失賢妻云何。曰：求賢妻最易得矣。慈父母旣失，不可復得。賢妻屬，可再致之福也。哭失賢妻，而適得更賢者多矣。

或曰爾死。爾曰：入時約必出矣，必死。還所受衆人之定規也，必死。入世猶出旅遊，久必須返焉。彼久須暇者，卒亦不能脫之。必死，我非首又必非末也。凡先我者，皆先我死。後我者，皆後我死。旅死。曰：我所必還。隨責主所求處即償之矣。死無棺塋，棺塋之缺，易忍矣。我身

無覺得棺失棺，無我預矣。我身覺棺塋不皆爲大苦乎，棺塋之計，豈緣顧死人，正以顧生人也。人死斯畏之，故爲是掩離之耳。死態必狠。曰：死態雖狠，所求惟命而已矣。斯即無他患老患所必褫，何足畏歟。所由致死之緣雖大，我死本微小。一石觸我，一山鎮我，何異哉。若隕，盍隕於天乎。少年死，曰：尚可生之時至死，美死也。未願死之先至死，幸矣。不少年死，安知不遭不虞之患。即無他患，老耄之患，焉能免哉。我曹皆并逝死，故今不論死與否，惟論蚤晚。數人令屬大辟，或有以後見殺爲大福者，誰不笑之。我曹悉望稍遲死以爲巨幸，何異此乎。我儕日近於死等，衆壽日減亦等。我生愈長，我命愈短。誰欲恆懸而無寧一隕乎。生與死爲隣，最切近如居海舟。所爭者寸木耳。爾憶海舟之險，謂生死海中獨爾隔，謬矣。生死相隣，雖各處顯著不一，各處切近無異焉。身命爲物微渺，遺身命。爲德甚大，遺之者，海沸而安視之，地裂側立而不顫，爾欲保德安居，身命須澹視之。勿論因疾病與他緣來索之，欣然遽即償焉。

闍弟吾諾，西國名王也。有兩人大誹謗之，王伺聞之，曰：稍遠之恐王聞之。謗者甚感其不怒，而轉譬之。

一賢人忍德累年，或問自覺何益。答曰：衷有備，以忍世患。又無賴人譏笑侮慢之曰：積久事天主修德，安用之。答曰：令我受爾此等惡言大害，而心不動不怒，不足乎。

亞加爵，甚能忍人也。死之日，或悲其早世。棺中忽有聲曰：忍者不死。夫忍者，神靈永生於上天，美名常彰於下世，可謂不死。

有賢者，大病而愈。後恆哭曰：天主不復念我。如是一年，天主使病如初。以苦爲樂，非知忍難之大益。曷如此願望深切乎。

有盛德者，或以惡言加之。笑曰：此當以重價市焉，今而徒得之。幸矣哉。

白鐸落，西國盛德人也。病失一目，曰：故有兩讐，今去其一。天主之恩也。

又《窘難益德》 或有問於余曰：書云，天道福善禍淫。又云，惟上帝無常，作善降之百祥，作不善降之百殃。是以善者蒙福，惡者膺譴，理有固然，奈何事有不然。或遭不虞之災，或冒非分之福，顛倒孔多，參錯過半。無乃增君子之疑，起小人之倖。天道不平，厥歎久矣。是誠何謂。

曰：善者蒙福，惡者蒙禍，斯義正矣，確矣。奈何哉其不平也。夫人之眞善眞惡，誰能決判。念想言行，咸若義理。此爲眞善。微有不然，豈眞善也。求善非全不成，若求不善，一缺已足。夫全善了無微缺之人，世間有之乎。今人視形，天主視心。烏知人所稱善，非天主所稱惡者耶。且爾謂此人甚能作善，苦之非是，余謂天主至明無暗，至公無私，甚能識善惡，苦之必是也。爾信人之隱善，疑天主之顯義。余信天主之顯義，疑人之隱善。孰是乎。即是人果善矣，爾謂苦爲不幸，天主不宜加之。抑知天主用苦以加善人，乃大可幸乎。嗚呼，世人神目常昏，如瞽焉。往觸一人，怒而詈曰：爾瞽耶。人非瞽也，己則瞽也。見苦善人，疑天主不明，主非不明，人則不明也。欲明禍福之理，當先明禍福之眞僞。眞禍未有及善人，眞福未有被凶人者也。何者。世間之事，不過三種。眞福一，眞禍一，非福非禍者一。生積德，則死永樂眞福也。生作罪，則死永苦，眞禍也。夫人自不願爲善爲惡，而天主強之，於理無有，自有應受天樂之功德。而天主拒之，有應受地獄之罪過，而天主不加之，亦於理無有。則曷可謂天主以眞禍加善人，以眞福加惡人與。若其餘貧富賤貴，病安壽夭等，斯本非禍非福也。聖亞吾斯丁云：富貴安樂，天主予之善人，徵非眞禍。予之惡人，徵非眞福。其爲禍福，特視所用，用以建德蒙永樂，乃福，用以助惡蒙永罰，乃禍也。因富以敬天主，周貧人，則富爲福。若因而縱欲害人，則富爲禍也。因貧以怨天主，貪富人，則貧爲禍。若用以抑情增忍，則貧爲福矣。諸如此類，可概推也。第兩者之損益，人每不能自豫定之，獨天主無量之鑑，乃能定之。行人遇歧路，未歷其中，未造其末，特見其始，安危夷險莫能定也。世間苦樂兩歧，愚人特視苦樂之始，不審其中與末，妄謂樂者爲安夷，苦者爲險危，從彼避此，急急如騖。智人不敢信始，亦不妄測其中與末，歸明於天主，待天主之自決焉。故世人於天主，宜於病人於良醫。病人特願除病得安而已，若所服藥味，爲甘爲苦，惟醫者所爲，病人敢自取舍哉。聖賢無不願得眞福，亦無不求得眞福也，然所以得之道，或苦難賤辱，或安樂榮貴，非敢自必。聽命於主。時或順意，謂天主慰勸我之恩。時或逆意，謂天主儆戒我之恩。故順逆無常，修勵惟一。種種世途，悉以增德。經曰：愛天主者，順逆萬端，皆助其福。不肖者不然，順來不以勸善，逆來不以懲惡。故順逆萬端，皆歸於禍焉。夫古今修

德者，莫不因輕世福之念，成就其聖賢。世人犯罪者，亦莫不因重世福之念，受欺惑於邪魔。則世福者，陷善之阱，聖賢所懼，引惡之梯，邪魔所據。人以爲實德之報，謬莫大矣。使天主必以世福酬德行者，遂希世報，與工人冀值何異。挾貪心以行德，即存德虛形，豈存德實性哉。

善人受苦，驗天主之愛。天主經曰：我所愛者，必譴責之。又曰：天主所愛爲子，必責之。聖亞吾斯丁曰：爾在天主責外，必在其愛外。終不能爲其子也。下民有罪，天主不能不刑。今宥，死後必不宥也。今刑微且暫，則家刑耳。死後刑，重且永，迺國刑焉。聖厄勒卧畧曰：天主今恕，必欲永責，今責必欲永恕。故今責微慈，今恕微怒。犧牛將殺，任其遊食。惟所欲生者，拘繫之，勞任之。

假令父有兩子，一愚，一慧。愚者時時嬉遊，了無譴怒。慧者時時勤敏，則督責之。童兒之情，但見目前，無志日後。以爲厚於愚，薄於慧，不知父無望於愚者，慧則重有冀也。世人之情，何異愚童。富貴寧壽，謂天厚之。窘貧賤夭，謂天薄之。不知今福後福不幷享，天主所欲豐報於天者，先卑之於世，以苦鍊化其過滓，增其功德也。恆豐於世福，無患難，恣其非義而不見譴責者，天主所棄於天，約永罰於地獄也。如醫然，病可爲，則進苦口之藥，多所禁忌。其重不可救，乃悉惟所願，不禁焉。

父以難事責於子，君以危事託於臣。孝子忠臣，必不謂君父惡我害我，蓋乃貴我重我，以我爲孝子忠臣故也。天主，人之共主公父。以艱難遺我，而不遺彼，以驗其愛我重我於彼也。塞搦加曰：不遭艱難者，正爲最無幸人。明徵天主，因我怠惰忽忘我耳。修德者，知不戰不能勝，戰不危，勝不樂，故願得所忍難，以建孝子忠臣之功於天主焉。

商人以此方最多物，最賤物，遷於少處貴處，以取重值。此世之物，未有多且賤於苦難僇辱，而天上一無所有。善人，神貨之商人也。知爲天主忍苦難之價最重。故遇苦難，則忍之榮之，易異日之重值也。經曰：此時艱難，不當日後所顯於我輩福樂也。

夫玉琢之磨之，夫金鍛鍊之，雕刻之，無不攻治如讐焉，以成名器。人不經病苦，不嘗慢辱，不試諸艱難，而成天上所用德器者，無有焉。故經曰：修仁者，必受世之窘迫也。不窘於世，其德不誠。且曰：欲升天堂者，必由頗受世苦。亞吾斯丁曰：天主估天國，其價艱難而已。又一賢曰：世福遂意者，可畏也。恐其終不能爲天人故也。鷙鳥生時人貴之，置於淨室，養以肉食，死則委之於壑，爲犬所食。鷄生時，置穢處，養以糠覈，死則置於几案，以爲美殽。惡人世之鷙鳥也，生則豐榮貴，人人羨慕之。死則棄於巨壑，爲獄犬食。善人生或爲人所輕，恆居難苦，死則置於天几，天主天神所珍重。福孰勝哉。故世之苦樂無常，樂訖苦繼之，苦終榮續之。一時之苦，令忘多年之榮。微獨令忘往樂。往樂之念，亦增今苦。一時之樂，亦令忘多年之苦。非徒令忘往苦，往苦之念，亦增今樂。故經曰：吉時勿忘凶，凶時勿忘吉。吉時念凶不陷，凶時念吉不隕。

人之事世者，先得微樂，後責大苦。先得暫便，後加永難。事天主者，先受微勞，後蒙大安。先承暫苦，後享永樂。爾願事誰乎。農人先以苦種，後以樂收。工人先造作，而後受直。兵先致死，而後蒙戰勝之賞。商賈先以貲市物，而後享什一之利。萬事盡然。爾修德，必先負修德之勞，與夫克己之苦，與夫不德者之忌，與夫鬼魔之誘惑，與夫天主之德試。德既大成，然後可享心淨之樂，望天之報焉。今人僅行微善，心若天主負我安樂，負我富貴。不與則怨尤。望世報，自徵心貪，怨尤自呈大傲。天主當降祥耶，降殃耶。

蹇驢邪行，見鞭知當正路行。正路行，見鞭知當速行。凡天主所譴責者，欲使正路速行而已。今人之苦永久不釋，惟得福者，即謂德之報應。得難者，或曰：無幸而偶值禍災。或曰：前世往因，今生果報。未嘗反思目前之罪訧，迄不悛改。艱難往往相繼，永久不悉。何足異哉。

或問聖厄勒卧略曰：天主恆以苦難加善人，何也。答曰：以煉其過滓，增其功德，因得豐報於天也。且使不溺於世樂。物久煮不撓動，則膠於釜，而失色味。善人久安，不以難撓動之，恐漸陷於世樂也，且令惡者自悟曰：今者爲天主用慈赦罪之世，又重愛善人也。倘以微過得，重譴乃爾，況死後爲用義判罪之世，負惡以往，嚴罰更何如乎。

一賢出行，遇一盛德人，被獅子齕死於野。及郊，遇一惡人之喪甚盛。竊疑曰：彼賢而橫死，無人收之。此不肖而人崇之。非天主明釋我此故，我不前矣。忽有天神曰：此誠惡，曾有微善，天主以微榮酬之。其靈神重受大苦於鬼境。彼誠賢，曾有微過，天主以此橫死鍊之。其靈頗需大樂於天域也。但爾以後，愼勿要天主，凡天主所爲惟信服之，勿強測之。

言訖不見。

爾溺水，有因急援傷爾手者，爾忌其微傷耶，感其拯命耶。爾與人鬭，忽有殲爾敵，使爾能勝，不重德其人乎。我靈神與軀殼，體最親，情最異也。神喜理，身喜欲，故神之所願，身之所惡。身之所求，神之所避，恆爲敵讐也。爾以道德助神，身必負而屈於理，乃所以效天神也。以甘食冶容逸樂助身，神必負而從於欲，乃所以效地獸矣。天主以病窘諸苦難加爾，豈樂爾難，正以此殺身之強，減形之力，使知服於神，從於理。爲役勿爲主，不至陷神於罪惡。聖保祿曰：我衰時乃彊，是以誠德。君子遭患，即不能樂之，強勉安忍，弗敢直求天主去之。去與留，未知孰爲己益，故也。

物達西賢人也，身後顯聖跡最多。一瞽者跪其墓前，因其功德，求得見，輒見。己默疑曰：見與不見，未知孰有益於我。復祈曰：若見無益於我，願以初瞽還我。輒瞽如初。

厄午峨，生時亦頗見捄人聖跡。一瞽者求賜視，答曰：爾即無形目，不能見色如狸犬。尙有禮目，能見道如天神。身目復見，神目必瞽，終害於爾，勿求之。

或有疾，告若闍聖人祈捄焉。答曰：爾正欲除有益於爾事耶，身垢以水浴，神穢以病磨，衣污以煩擱去，心罪以艱難除。又一人病，其師賢者慰之曰：爾爲鐵，以病剉則除銹。爾爲黃金，以病煉，則增光，何憂乎。

厄勒卧畧曰：此世界恆以艱難加人，此非自鳴令人勿愛我而何。

世願悉遂，世人以爲大幸，不悟此正驗將來之大災。聖盎薄削行次，宿一豪家。主人自伐云：生平安樂，不值微患。聖人偕共從者輒去之，曰：此人一生安樂，宜速避之，恐與俱受大患也。去不百步，地忽裂，人與室俱陷，無遺跡矣。是以聖賢修德者，甚畏久安無苦，恐目下之寬遲，卒以重補故也。

亞吾斯丁曰：金入火生光，草入火生烟。苦難一也。善人遇之，而以感頌天主，愈清矣。惡人遇之，怒而怨尤，愈濁矣。世苦自無善惡，惟我忍則爲益，而徵天主之愛，不忍則爲損，而徵天主之怒，故聖厄勒卧畧曰：目前之苦，苟化爾爲善，則爲前罪之終。不化爲善而尙爲惡，則爲將來永苦之始。

又《塞饕》 饕如壑，受以節塞之。作塞饕。

饕者何，食飲無節之嗜也。多言忿怒，諱嚚，淫慾，吝貪，懈怠於善，諸情皆其流耳。夫饕者，我身中最密邇之敵，脩士所當先攻先勝也。身中形敵不先勝，徒攻身外神敵，必不勝矣。討四境之寇，遺國中之叛臣，何益耶。矧身中之情，莫劣弱，莫易識。易勝於饕情者，弗能勝劣弱，能勝強梗歟。是以古今聖賢德士者，無不由克己而成就其功德，升受天報也。若稽克己之跡，無不以克饕肇業耳。

夫天主所自造之物，皆有定趣也。造人之靈，使能明實理，蹈實善。因而事天主，升受天國之永樂焉。造人之形軀，使爲神靈役，輔之爲善矣。知形軀不食飲不生，故造多味以養其生焉，人食飲以養身，俾有力以輔神於善。意合天主之意，食飲爲德。且不必過節，身王而德建矣。若食飲圖樂，意悖天主之意，即食飲爲非義，且必過節，身強與心德咸銷矣。聖亞吾斯丁云：爾食飲以節，特以養身。縱口不言爾食飲，讚美天主也。若圖樂者縱口鳴讚爾食飲，亦褻之矣。夫人願欲所趣向者，美好而已。美好有三。一曰利美好，一曰義美好，一曰樂美好。爾食飲以節，利義樂，三咸享也，否則咸亡焉。故食飲圖樂者，微獨傷身損德，所圖樂並消亡矣。

利美好亡，何也。語云：厚味百疾。燈非膏不燃，膏溢亦滅，穀非水不成，水淫亦朽。火非薪不熾，薪厭亦熄。食飲以節，身養與身安兼保也，否則兼損焉。醫方亦云：前食未化，又加飡焉，必生疾矣。色搦加曰：人有酷視仇我者，未如饕情之酷視服我者。人有仇，能盲之，怒必熄矣。饕於從之者，盲之，瞶之，瘠之，弱之，老之，終而殺之。以微體頃刻之樂，遺全體終年之憂。以一肴之妙甘，屢致數年辛藥之苦。故曰：饕情如盜，親我以殺我。又曰：兵刃所殛人寡，饕所殛人甚多矣。能克饕者，必能護斯微形之安，延其壽期耳。夫壽者，衆人冀之，饕者獨否乎。豈然哉，第善德萬狀。自相契合而私欲自相刺謬也。故此欲所嗜，彼欲所忌。饕之所期，壽願所避也。一欲既發，遂蔽心明，詎惟不使視正理，亦特令視是欲所願，而不令視彼欲所憎。使視斯欲之益，不使視彼欲之損，是人欲之微益，恆兼於大損矣。故曰：從欲者，愛其身命，而又憎其身命。勿論修德，即保身全形，豈不悉在克己寡欲哉。

義美好亡，何也。義思道行，悉由靈神生。邪思回行，由形軀生。兩情如敵寇，相攻互鬭，其一強，其一弱矣。益此必損彼，益彼必損此。豐養形軀者，兼養其情欲。形軀增強，其邪情回行。日繁日盛，靈神替弱，其善念義行，日少日微矣。經云：厚視其僕者，後必覺其忤逆耳。此之謂也。語曰：饕腹不抱淸念。欲革邪念，而厚養口腹者，猶惡木繁盛而加漑壅也。驢馬厚食之，久習閑放，後載之，必逆而棄任，跨之必棄主，御之必不順轡銜矣。若薄食肆勞之，即重任不逆，行止遲速，惟言謦欬，不竢鞭箠也。我形軀之情，與驢馬何異。豐育之，久居逸樂，必抗畔不復理命，而反自擅纂爲主。習以勞事，淡泊滋味，其聽從道心之命，必甚易焉。故曰：形軀優樂，靈神遽病。形軀居苦，靈神病愈矣。

聖法蘭濟入道時，求天主諭以精進之術。忽聞有聲云：法蘭濟，避世樂如眞苦，抱世苦如眞樂。聖人多年如命，既試其益，曰：天主賜我明悟此理，邪魔正寓於豐食逸樂之中。恣口腹之樂者，邪魔遂輕忽之，敢攻而幾勝焉。南海島有呑牛之蛇，百獸皆畏避之，無法可制。獨食牛既飽，絕不能動乘，此時一人能劖截之。修士自辭世樂，而擇居苦處。就食飲如就藥，特取所須，以保身安，捄饑渴之病，邪惑之大竇已杜矣。邪魔之煽誘必希，懼不我勝，而彌攻彌固其功德焉。古賢有言：口者心門，邪魔以饕主口。一切邪情，皆令入心。故饕者，邪魔所加於人口之銜也，隨欲隨牽之。

夫邪魔侵敗我心德，悉由我形，我形詎非我敵耶。我厚養之，實養我敵，而自己爲養我也，謬孰大乎。夫攻敵者，能困圍之。隔絕其食飲，乃能必其勝矣。形軀爲敵最強，欲勝其欲，而不減粗其食飲，殺其強梁，從古莫能克之。今人豈無願勝之者，第欲兼保厚味，大存其逸樂，不舍舊而更求新。豈能就哉。夫減粗肴味，豈獨益於神靈，亦大益於肉身也。神靈或因節德，建功蒙吉。或因饕饞，犯罪受殃。肉身悉從之於行，豈不從之於報耶。

夫樂亦苦種，苦亦樂種。今不以苦栽，後安能以樂收。今樂，後又樂，今世後世皆爲第一。今世滿腹，後世滿心，萬萬不得也。暫饑以得永飽，疇不謂益哉。況我此肉身者，稍若其情，遂以爲例，必且固握，不肯捨置也。先爲之暫寬，後自以爲永規。先爲能免之偶樂，後爲不能免之切須。先爲微娛，後爲重任，可不愼啓其端乎。古有賢人，甚廉於食飲。遘疾，其徒勸之，稍洗腆。病已復故。答曰：爾今以爲暫，恐此身後以爲常。要我勿絕之，難復於故矣。是則外殼愈，而內心疾也，何如勿開其端乎。

甘樂之美好亡。何也，夫飲食之甘，不生於豐腆，生於饑渴也。今人或因病，或因飽，饑渴皆暫止，此時得豐美味，必厭棄之矣。正饑渴者，雖設粗淡味，必甘嘗之。恣饕者腹恆飽飫，焉能享饑渴所烹調美味之樂哉。故曰：恣樂者不享樂，乃事樂也。廉士必俟饑渴，然後食飲。苟弗得所喜厚具，必俟我不厭草具焉。中士亦曰：晚食當肉。

色搦加曰：廉士必不犯食飲之持，必用庸常易化之物。食期既逮，特就於食，不就於樂。故饑引之食，渴引之飲，不令旨酒嘉肴，牽我就食飲焉。蓋修士於情欲，不務從之，惟務止之。微物可止之，安用豐美物從之耶。達略西國古大王也，城破國燼。幸奔脫。渴甚，於枕骸流血中，得潦水飲之，曰：生平飲水，無甘於此者。此豈潦水甘哉，渴甚，甘之矣。

食飲非樂，乃苦也。人以饑渴爲大苦，食飲能除之，謂樂。既除饑渴，若遇飽，即又覺食飲爲苦，而望饑渴矣。食與饑兩苦互相尋，前苦之終，後苦之始。如出火入水，出水入火，俱不可久，俱不可恃。惟天上全樂之域，饑渴之疾既去，食飲之須亦已。

夫食飲之樂，微體瞬息之樂也。今人所特重味之甘旨，喉舌之間，二寸而已，過是則已矣。寸體之樂，而窮土中水中空中之物，不足應之。片時之樂，而經歲累月不足備之，不亦異乎。牛與象雖大身，數畝之地，足生之。而天下之大，萬物之衆，不足養一人之微軀，何哉。眞饑渴不難止，嗜饑渴難止。饑渴不侈奢，饕侈奢，性所須，不勞力而易營。饕所嗜，甚勞力而難營矣。獸雖大身，其食飲特以養體，已饑渴故易足也。饕者食飲以狥嗜，故雖大勞，必不能足焉。語曰：欲食而得飽，勿加飡，惟減嗜。

夫食飲之嗜，非饑渴也。饑渴者，身之實乏。食飲之嗜，饕之僞乏也。彼微食而足之，此愈食愈不足，譬之實渴，與中消之渴，彼飲微水即息，此彌飲彌熾。故曰：狥饕就食者，以食求滿而益虛，求飽而增饑。以無饑生饑，饑安所底止哉。經云：善者食而飽，惡者之腹，不知足矣。故

饕者未嘗能飽，縱得如意，又患不足如意也。得盡如意，又或患烹調不如意也。縱三者皆得如意，又患無腹能容納之如意矣。非乏糧，即乏橐。非腹大於食，即餒大於腹。非恨食飲不足腹，即恨腹不足食飲。故曰：世人所稱樂者，稍踰節度，輒始爲苦。又曰：斯身所陳樂者，獨且暫，且貽悔。且非甚廉以用之，遽轉爲患焉。

古有良庖，諸國皆重之，至辣則德國，國主令之速出境，若曰：我國人願其以勤勞致饑渴，以飢渴甘庸常之味。

夫藏粟之宮多鼠，恣饕之心多罪。恣饕必恣貪淫，古賢有言：去饕而貪淫自已，饕之爲主甚侈，非大費莫能給之。從饕者，數月之大勞所萃，不足備饕主之一飧，能不流於貪竊以給之乎。食飲淡泊，淫慾發微。食飲豐厚，淫慾發猛。人減薄食飲，可以消形之邪氣。護形之強，猶當爲之，矧可以消心之貪淫，護其精靈哉。或告一賢曰：我淫慾猛發難制。賢曰：我必不爾。問故。曰：此身我養之甚薄，不令至飽。所思食飲，弗暇及娛樂矣。

夫饕者，亦謂之怠惰之母也。恣饕者，未食之前，食飲之念最繁，道德之慮，無由自入，有益之業，悉不暇爲。食飲之後，腹首俱重，目冥神昏，惟思寢寐，道慮德願，沈淪不振，有益之業，盡無力爲之。何者，神瘞於果然之腹，猶身陷泥中，莫之或援矣。

聖百爾納箴其徒曰：爾就食時，須念食飲之後，尙須務道德誦念之神業也。以此意豫度量食飲多寡，乃可令得中不過節矣。若食飲至前，後度其多寡，則目視色，鼻聞香，口嘗味，皆令人深向之，因而強其胃愁受之，欲持中不過，則甚難也，胃受過多，內火不能化，是以其養身者污身，厭身矣，內火亦並受損焉。譬之於燭，內心與外膏稱者，膏不淋溢，燭爲明朗。若膏過多，火能溢之，不能消之，則光闇膏溢，燭污而速滅焉。

饕又能貧人。經云：饕情必致貧匱。聖厄勒卧略曰：隨饕者，形軀及靈神之害甚衆，且無論他害。特令人空費天主所賜，育身，養家，遺子孫，周貧乏，以贖己罪之財，而致貧乏，亦甚可畏避焉。況斯身形，正爲無底之橐，且凡所盛貯，遽變爲朽污，以貴美物實之，何益哉。色搦加云：爾得飽腹，養身之物足矣。凡腹所受，無論好醜，皆並朽壞之，何必豐美乎。

色搦加云：凡從口腹者，宜儔之鳥獸，不宜儔之人類矣。相彼鳥獸，饑渴既止，食飲與食飲之思慮俱止，而安享飽飫之樂，亦未有傷食而病者，尙可謂有節也。獨人明知傷食致疾，險危其身，曾不知輟。前嚥未畢，遽圖後飡。腹滿欲裂，而慮食若大饑，何也，饕情令人飽中饑渴，固其所犯受罰正義耳。

廉士不獨戒嘉味與多食，尤戒因食飲圖樂矣。若食飲不圖樂，雖過節，其爲過微且小矣。若因嗜樂故過節，所食雖賤陋，其爲過尤大，爲眞饕焉。故欲識饕與否，勿視所食飲，惟視以何意食飲。與其食蔬飲水以應嗜，無寧旨酒嘉肴以應性也。鳥獸所食，不若於人，可謂廉於人乎。廉士食飲，我爲口腹主，故食旨不傷其節。饕者食飲，我爲口腹奴，故食麄亦傷節矣，食旨過節小有辭，食麄過節尤呈饕乎。

饕患過節，酒最大。酒譬之雨焉，徐徐零，故入土深，能增土膏。若猛而驟，無益於澤，土脈蕩盡矣。節飲之酒，能養和，消憂，增力，外形與內靈咸益焉。過節者反是。形與靈皆溺於酒濤，顚倒迷瞀，目無視，耳無聽，體無覺，心無明，百骸亂營。形與靈皆束縛於酒，固於桎梏，盡失其所爲人矣。故曰：犯淫者生而猶死，酒醉者猶死而已殮也。死者無生，善惡並止。醉者善念悉去，惡念愈生，嘉言懿行盡亡，而妄言回行羣出焉。醒時所必不敢爲，醉則悉爲之。故曰：酒醉者，闔門於諸善，而闢門於諸惡。經云：孰爭乎，孰傷乎，孰隕於坎乎，熟目鑿乎，孰不虞之死乎，不亦肆於爵，務飲酒者乎。又云：離智者於道，莫女與酒若也。聖亞吾斯丁云：酒過節，則奪心，鈍五官，昏靈神，煽淫慾。淆舌，朽血，弱體，銷精神，減壽命。又云：酒柔魔也，甘毒也，飴罪也。服之者，非特犯罪，全是罪也。自以爲飲酒，而實飲於酒也。故經云：子勿自欺，酒醉者，無分於天國也，奈何哉。有人焉，欲醉以解憂。我勸醉以敬客乎。戒之哉。

今人設席豐盛，以爲優賓榮己，實則慢賓辱己也，以豐厚待客者，以淫根投其腹中矣。且意彼喜厚厭薄，故厚奉之，正以訕其侈奢，無節廉耳，豈不甚慢之乎。古有賢者，或設席邀之。賢者曰：待我，如以我爲德士，可也。夫我以豐厚待人爲敬人，必也。望人以豐厚待我爲敬我，豈非

明顯己之不廉，正自辱乎。瑣加得延衆賓，爲具甚薄。或誚之，答曰：人以是待我，我謂敬我。我以是待人，亦意人謂我敬己也。且彼客廉士，不謂不足矣。彼非廉者，我謂有餘矣。

醉者人所自喜之暫狂也。利爵國之法，因醉犯罪，戮倍於常。今大西諸國之法，因醉犯罪，自承醉者，截輕於常也。行僇雖異，法意則同。彼曰：醉爲萬罪根抵，人故飲致醉，是故欲犯罪，罰宜倍重也。此曰：人靈而自承酒醉，是自承爲狂人，辱莫甚焉，遂可當大僇耳。故有志者，或因醉取罪，寧受全刑不自承醉矣。大西國之俗，生平嘗一醉者，訟獄之人，終不引爲證佐，以爲不足信故也。或詈人以醉，則爲至辱，若撻諸市焉。

夫酒者，俗謂之無舵之物也。海舟失舵，隨風進退，莫能使之正行避險也。理心者，人之舵也。理心以酒蔽蒙，人遂失其舵矣。故口舌容貌，皆隨酒紊亂。而動靜俱失其威重，浪笑，戲言，污言，詈言羣出，誹言尤多。是且不獨食禽獸之肉，又食人肉，不徒飲酒，又飲人血，易致大禍焉。凡令人漏泄中心之秘藏，莫酒若也。海風入水，波浪湧起，海底盡露。酒風入人，談言之波浪亦起，心底盡露矣。辣則德中，西古名國也。其俗張筵，客既集，則有監史戒之曰：此中之言不出堂，有外傳者，目爲卑人也。故彼國有諺云：我憎有心記之客。知酒能亂人舌，令人慢人辱己，輸寫秘密。故酒間所聞言，不令得傳，以爲大戒焉。國事以密成，若機務漏洩，亦易致大亂矣。故治國所最忌者，彝酒也。經云：治國者，勿畀之酒。酒所主，無秘計故耳。今大西諸國之俗，好酒者，不得與聞國事，防不密也。諾瑣王，有他國使臣來，先設盛饌。酒酣，扣之，遂能盡探其心意，及其國之秘計矣。

酒淫薪也，恣酒不恣淫，鮮矣。經云：愼勿酒醉，淫在其中故也。西國上古之俗，少年及女人，皆有厲禁，勿飲酒。女人飲酒，犯姦也。今世女人或少飲，甚希，女而醉，古今未聞焉。男子未三十，亦不得嘗一勺酒。蓋少年及酒，淫之兩翼耳。年少者，內火方熾，淫慾怒發，猶且難防。飲水減之不足，矧加酒以益火乎。其慾念淫行可絕，貞德可翼哉。豈必少年，凡有志絕淫守貞者，皆視酒爲貞德之毒。非因疾弱，萬萬不獲已，必弗嘗之。

酒入適心，心者諸情欲之地也。心血以酒熾，諸情與俱熾。始滅者復生，已生者增力，皆勃發焉。是以酒盛者，喜怒淫慾酷虐傲妒諸情皆縱。理心爲酒烟蒙蔽，不能盡用其力以防之。罪益增，德益消矣。夫酒爲諸德之敵，諸惡之媒，而人不知以節用之，哀哉。

酒能傷心記，故健酒者健忘。又損神智，令人昏愚。經云：樂酒者不能成智。又云：智者不索與務逸樂人之地。諺亦曰：娛樂之城智無寓。何也，果然之腹，念慮不精微，故不能澄撤奧遠之理。撒辣滿西國宏智之王，曰：我思遷心於智，故誓絕酒。酒人者心恆昏昧，雖積大智，亦不能用其智。心意口言，弗智所令也，酒所令也。

海船風波之險，船師尚能用智，設方略捄之。遇劫掠，能力敵之。若多滲水，載物過重，雖風恬海靜，師智船堅，役衆藝精，亦自以本任沈淪，終不能捄之。恣饕之人，腹果於酒肉，善念，規勸，羞怍，地獄之畏，天堂之望，與凡一切廸善董惡之道，悉不能動其心。而念慮願欲，靈神與形軀，皆沈於罪海，莫或能拯捄焉。

夫食飲無定度，特取所須以益心力，保康寧，斯美矣。定所須，勿聽饑渴。何也。壯強者饑渴之嗜，恆過所須，試聽從饑渴之嗜而食。食已，必過飽，胃氣亦不能盡化。不聽饑渴之嗜，食不至飽，食已必不饑，自知足矣。而胃氣愈強，乃知眞饑渴所須有限，過此以往，皆饕嗜也。是以欲止饕者，宜漸次度量，詳審究察。本身所須，應多應寡，覺多則減，覺少則加，持中而止，求定所須，勿竢食時，宜先自定，既定之後，萬勿爲僞饑渴所欺，美味所牽，致令踰限可也。

聖意納爵箴其徒曰：爾能辭甘旨，習食飲蔬惡，克饕愈易也，即食佳味，不能全消其味樂，能減耗之，亦可矣。問減耗之道。曰：就食，必豫備食時所思道德之事，聖賢之德行，或使形與神各得其養，心有所思向道德之事，必不復傾於食飲，而益減其娛樂，絕其流於饕之幾焉。且量定所當食飲，必在不饑渴之際。至饑渴時，萬萬勿違之。

古賢篤羅陡者，有多少年從游學道，覺其食飲過度，欲節之，初任令食，後稍減之。匝月，問饑否。曰：初減時稍饑，今已習不覺矣。次又減如初，漸令歸節，不自覺饑苦焉。

聖末曾德亦箴其徒曰：多味至前，爾取嗜所不樂，舍其所向樂，以克饕可也。其徒曰：物皆天主所造用以養人，奈何舍好取惡耶。曰：天主造

多味，如大王宴設也。多寡豐約，豈以賓客所當食飲爲度，特以其至尊富，所應借爲度矣。天主博造嘉味以顯全能，敷布其無量德也。令人感其宏惠，因而愛事之。且令人取舍其中，以克饕習節也。若無此衆多味者，人無從得饕，是天主自節之，曷顯人之能節乎。

夫人因向物樂過當，得罪物主。今舍不犯義之物樂，以督責所取非義之娛。贖其罪負，感天主赦宥之，不亦宜乎。聖亞吾斯丁云：絶酒肉及諸美味之意，非因物有惡不可食者，惟以督譴本身贖其罪訧也。人自知犯罪愈多且大，愈宜斷娛樂。既違於大，曷不自責於微少。因饕背天主，離於道，固當因饑渴之微，責令復向天主，歸於道矣。

不獨責已違之罪，亦防未違之罪。聖厄勒卧略云：不流於非義者，獨能節用其義者是也。聖亞吾斯丁云：辭謝嘉味，恐厚育形質，並育其邪情。形腴情壯，故難敵矣。形質猶地，地本沃饒，復加溉壅，其生物愈繁碩暢茂焉。地瘠少壅，生物亦且簡微羸瘠也。食薄形臞，情欲雖發，替弱易克耳。食豐體充，情發甚猛，難敵矣。

饕情忽發，宜思世間貧匱者甚多，冀得疏糲充腸則爲大幸。爾應饕一飧之費足捄多人之饑。爾一人饕，不令多貧人饑乎。天主賜爾大財，爾據以恣饕，用天主之恩，以違天主。背本負恩，罪孰逭乎。天主生爾，欲爾勤於爲善以事之。爾念慮，爾功業，悉在供口，年月時刻，盡用樂腹，爾奉腹如奉天主，腹爲爾天主乎。盍思凡聖賢德士，今與天神同福者，皆由減耗食飲之樂，忍饑渴之苦，僅乃致之。爾終年務饕娛，與聖賢異行，能與同報歟。奚啻不蒙天報，亦緣微體之暫樂，致全身之永殃，不思甚哉。

又《論節德》 人於萬類中，天主獨爲之大其身，小其口者何，非以徵其宜節廉於食飲乎。禽鳥逾薄食者，翼逾長大，能迅疾且高飛。多食如鵝鶩者，最肥，恆地居，翼不能舉其身也。人心之翼者，念慮願欲也。食飲多，身厚，念慮願欲皆重濁，其勢下墜，不能自舉向上矣。食薄者，身輸疾，氣清，五官有力，心靈明朗，念慮精微，能通豁奧理，能思天事。願欲清潔，不染下土之塵垢，進善無滯閡，而心自向於天主，冀天上之常命，識天主及己益明焉。

食飲者，我肉身所資以存生也，故爲吾人所不得不償之稅焉。償稅者，既滿所負，肯多償乎。夫食飲之須，恆兼於樂。故其食飲者，爲應性須邪，爲狥饕樂邪，最難明之。饕嗜屢竊假須之貌，令人疑爲應性須之節德，而實狥饕情之罪嘗也。故饕者，正道中之盜，未易避焉。聖亞吾斯丁云：饑渴性疾也，用食飲之藥治之，第身負饑渴之苦，恆求饜飽之安，嗜樂遂中道迎合之，令以身之須，掩飾饕嗜之樂，而令天主所賜以捄性疾者，自用以傷性喪德，可不慎哉。

經云：殺味至前，節用之，慎勿過多，致視爾者之憎與愾也。同人食，後人始，先人終。節士於食飲際，所宜視有四。一曰時。節士之食有定候，非大故弗違之。經云：有國者，其尊人巨室，食飲有定時弗違之。其食飲不圖應饕樂，惟應性須，止有幸之國耳。一曰味。節士得可食飲之物以爲足，弗選也。偶遇甘旨，不棄，惟恐即於饕，加意節用之。增於美減，吁數矣。厄被古西國無賴人也，一意求樂而恆蔬食，或問故。答曰：膏粱甘毳，我甚樂之。第求備之勞，勝食飲之娛，姑置焉。一曰幾向。節士就食，宜思並設兩客也。肉身一，靈神一，各食其味。芻豢蔬素，養肉身之味也。節德養靈神之味也。食飲以節，形飽於形味，神飽於神味。各得其養，皆安靜受益焉。食飲無節者，肉身有有餘之患，靈神有不足之患，皆受損焉。一曰狀貌，節士食飲，如口腹之王，雖饑餒，不使牽誘於食飲，而喪儀失度。無節之人，食飲至前，威容則紊。朶頤延頸，攘袂振臂，肴羞杯案，欲幷呑之。身居一席，其手與目，旋行諸方，眈眈旁睨，如將攻城而揣所從入也。此皆著饕之跡，節士所宜避焉。

夫節者，滅我淫火，拒彼邪魔。勝其煽惑，破其計謀。箴砭私欲，使服於理。祛形之濁娛，致心之清樂。抑傲揚謙悔罪，啓心之暗昧。策怠惰，減寢寐，令人富於時，保身之安靜，消身之邪氣，延壽期。感天主之慈，蒙罪赦，釋罪罰，消諸惡，增諸德也。人情貪得，多以應口腹之嗜。口腹之嗜，以節克之，淡薄自足，貪吝之根則斷，雖貧亦安矣。淫欲之火，以饕爲薪。饕既克，淫欲息滅也，故節謂之貞德之旌。絶饕者，貪吝淫諸情幷息，心愈靜於妄念，愈觸於穢欲，思道益明，精進益速，無沮閡焉。故節德謂之智母。諸德爲肴，節德爲肴心之鹽，能令堅久，不致敗餲，生邪念穢欲之蛆也。又謂諸心與身疾之良藥也。且無論修道務克己之士，試察萬國人。雖甚愚無知，凡遇不虞之變，或畏天殃，或感格天主求罪之赦。旱禱雨，雨禱晴，戰禱勝，與夫一切禳禍致福，興作大事，皆知

減麄食飲，持齋最虔。故其間能濟大事者，無不減損肴味，以齋食自苦而成就焉。鳥獸昆蟲有無目者，無耳鼻者，獨口啖體覺二官，雖甚微之蟲皆有之，乃知二官最爲鄙陋焉，他官與物接，能自遠趨向之，二官獨否。非物狎近之，不能向覺之也。稍遠焉，娱則已矣，故其樂最短最濁矣。人深思節德之善妙大益，比饕樂之污醜短隘，非大愚焉，忍以此易彼哉。

節德之行不一，或絶諸種美味，或食飲甚薄，不至飽。或獨食果核飲水，或獨食蔬菜，不下鹽豉膏油。或絶酒肉而齋素，皆節根之枝也。此都爲形軀之苦，未審是德。審是德與否者，更視趨向之志。若節食以衛身保命者，縱不爲惡，特愛己之情耳。若以省財釣名，屬傲貪矣。若以贖罪責，克邪情，助德修，此則天主所愛，眞節德也。眞節德者，既戒食飲過多，又戒過少，既以節克多食之過，又以智克少食之不及，令就中也。食飲過多，則肉身距違，不若於理。過少，則肉身弱，不能輔神於行德，其害一也。是以齋素之食，與凡節德之行，非以傷生滅性，惟以去罪滅欲，能減罪消欲，不及損身沮義行，智士之齋已。故曰：肉身須以味衛之，勿隕。亦須以齋抑之，勿抗也。齋素而兼善德爲德飾，素食而兼罪惡爲罪翳。不去心之罪污，獨以齋食勞身，何益耶。戒人所可食之味，不戒所不可爲之慝，可謂德歟。聖百爾納云：口腹犯罪，獨齋可也。苟他體各造罪，盍目齋於邪視，耳齋於謗聽，舌齋於詆毁，手齋於妄作，心齋於欲罪乎，齋心不齋口，猶耕耨近田苗之地，而棄田苗矣。是故齋素者，以凈心奉之天主，天主喜而受之。若心巇者，猶供嘉果而盛之穢槃，爲敬耶，褻耶。身瘠於齋食，心滿於倨傲，口絶於醇醲，心醉於忿憎。豈天主所喜齋歟。齋食者，須兼之利濟，爾節爾食，以食貧乏。節惠具得，貪饕并除。

或問於余曰：稽古我先聖賢，其齋也，止以滌除所難免之瑕穢，蠲潔其心，以虔事上帝，祭上帝也。佛教入我國之後不然，皆勸食齋素，不茹葷。其志意則戒殺生也。蓋曰：前後萬世之人，與諸畜生，轉輪變化。前世爲鳥獸者，今世或爲人也，今世爲人者，後世未必不爲鳥獸也。因信此說，謂殺鳥獸者，其陰禍無殊殺人，故戒殺鳥獸，無殊戒殺人。其說正耶。其志意善惡，貴國必有定論。幸以教我。

余曰：變化輪迴之說，有所自始。昔我大西之東境，厄勒祭亞國，亞德納城，有彼達卧辣氏者，始造爲之，因而流傳於世也。爾時亞德納城，多有名士，皆能格物窮理，分別正邪者，大詫其說，目爲狂誕，問之何故忽創此言。答曰：世人往往恣惡不返，久矣。我痛其惡，創此說以懲之。諸士讁之曰：天主自有能勸善，能懲惡之正道。世人尚背違之而肆爲惡，爾以無憑之誕言，圖令創懲不悖哉。世惡不可懲，而更遺此邪說流傳於世，以欺人亂正道，斯實天主及萬民之罪人耳。今我大西諸國，凡指一言一事懸空無憑者，皆目爲彼達卧辣夢語也。

夫不殺生，不爲德，亦非罪。殺生不爲罪，亦非德。仁德以愛天主爲主，次則愛人。廣此仁，俾及物，愛物亦眞仁之徵印也。若特向物之愛，是爲仁影，豈眞仁哉。

夫鳥獸疑爲人類轉生，愛不忍殺。斯因矜愛人，故矜愛鳥獸也。則其矜愛人，必倍至矣。今不忍殺生者皆然乎，甚不然也。憐恤鳥獸，酷虐人民。遇捕獲生物，捐貲贖之，收養之，放釋之。至小民之困苦饑寒者，行乞者，曾不反顧，跡之甚遠。乞之甚悲，恬然漠然，莫捐半菽也。即有施予，豈緣愍其患，止以杜其煩擾耳。一錢半文，投擲於地，令俛拾之，視人如犬耶。或益以詢辱，豈施予哉。小西洋者，中華所稱佛地也。余暫居數月，熟稽其道言，審其行跡，以愛愍鳥獸爲一大事。建巨室崇壇邃宇，廣儲錢穀以養鳥獸。走人於四外，徧索諸鳥獸之老者病者，舍之，養之，病死瘞之，病痊釋之。至窮苦之民，老者，病叫號者，僵仆地者，何論存恤收視，亦莫之盼睞也。余異而問之：視鳥獸若此其重者何。答曰：恐其爲人類轉生，故矜恤舍養之。余曰：然。因疑人類轉生，故愛禽鳥。盍尤愛此見生未轉之人乎，抑爲其鳥獸轉生也，故不愛其人乎。曰：吾不識其是否，第從上以來，用是傳之，我用是守之耳。默無他答，懷慚而退。嗚呼，譎哉邪魔矣。迷惑人心，必假善迹。令人以德貌自安自足，不復求眞德也。矜恤鳥獸，自以爲仁。而天主所命，古今諸國聖人所訓，本性所具，仁愛哀矜同類人之眞仁，既不能致行之，亦并不識之。不悟慈愛物不足爲德，不慈仁人足爲罪。不悟天主不因殺鳥獸罰我，而因不愛人甚罰我。悲哉，非獨此也。凡信輪迴之處，貧人生子，或慮養育之難，嫁娶之費，輒殺之，曰：吾生爾貧爾，願爾死。蚤託生貴富家，正爾福也。痛哉，中土聖賢，言親親而仁民。我西國論殺至親之罪，甚於殺人之罪。奈何哉，以僞慈之貌，飾殘賊之心。借虛誣之言，掩故殺之辜。緣貪吝之

情，忘父母之慈，謬執大乎。則此諸被殺之小兒，非輪迴轉生之一言，爲之方斧方刀也哉。語悉愛人慈人，行顯憎人害人。此謂外襲羊皮，內懷狼心，正邪魔恚人類之酷計也。此則信輪迴因果之明效矣。

夫信輪迴轉生之說，既不足迪善董惡，亦反逆阻行善之途，平開恣惡之路，何者。欲爲惡者，持此言懲之。不欲爲善者，持此言勸之。彼將曰：爲惡無他殃，爲善無他酧乎。禽獸者，方其爲禽獸也，自適其性已矣，安樂於我矣。夫安知前身之爲人，後身之爲禽獸而以爲苦，亦順其性已矣。縱轉爲鳥獸，曷足畏哉。若是行善益怠，行惡益無忌矣。世有懼變鳥獸，而置所願爲之惡行，所不願行之善者，余未見其人也。信輪迴者，肯內求諸心實究圖之，自足爲證，何至溺所聞以自欺乎。道德之士，遭世不虞之變，必反諸己曰：天主降我此苦，用以罰我罪，策我怠矣。猛省過僁，嚴督其倦，勤於善，痛悔改圖之。或疑所循道非正，所行善非眞，則虛心質之天主，望開牖其愚，徵之聖賢先覺，求引翼其行，是因世患致眞福也。信因果者不然，遇世之變，不反諸己，不省行事，不疑道術，惟曰：前因不善，受今果報矣。目前顯明之罪惡棄置不顧，不復改圖，而轉目視未經之冥世，未犯之虛罪，豈非邪魔陷人於萬罪之穽，而不令自覺之至計哉。因果之說，可謂勸善懲惡者乎。

夫據因果之說，甚惡人當轉爲甚惡獸也，則習殘殺者，當爲獅虎屬。其次者，當爲牛馬屬矣。夫論性，彼鳥獸之類，皆安於本性也。論情，即馬牛之屬，生平受束縛草食之苦，耕駕負任之勞，正於諸獸中爲最苦耳。獅與虎，人獸皆畏避之，生平閒放，略無愁苦，其安樂不十倍馬牛乎。夫據義，即最惡人，當受最重罰。據輪迴法，即最惡人，受最輕罰，豈天主全智，所建生死大道公義，正惟愚人所爲悖道非義之蠢計耳。

夫彼淪畜道者，自知先爲人類。今以罪，故罰爲畜乎。如曰：不知。必也。以畜性自適，不自知罰矣，且不願變其本性易人之性也。不自知罰其所以受此罰之心與罪，又安能痛悔悛改哉。罪不痛改，不去。罪不去，變畜之緣，不滅變畜之刑，奚能自釋止哉。豈非淪畜道，竟無法可轉爲人乎。或曰：以受苦難償罪，罪贖，刑已矣。余曰：我聞艱難之忍，足動天主之心，能贖罪消刑。未聞艱難之任，足感天主之心，贖罪消刑也。彼淪畜道者，不謂艱難，不識善惡，無意堅忍其艱難以贖罪，焉能蒙罪之赦，釋刑僇而轉爲人類耶。

如曰：自知昔嘗爲人，今以罪罰爲鳥獸必也，以爲大苦難，其靈神居鳥獸形中，不勝憂懣哀悲。苟冀一死，則能脫乃禽之形而轉生爲人，必不以見殺爲患。其視見殺，猶破狴犴，見天日，企足引領，惟恐遲遲也。又曷爲戒殺之乎。若云：能覺憂樂，必亦能覺善惡，知建功犯罪也。假令最惡人，習於殘殺。既轉爲獅子虎狼，既知爲前生作虐，今生受罰矣。又復肆其毒害，搏攫搓噬而增其罪，死後又變爲何物乎。虎狼爲知善惡之物，必亦知畏知望也。盍建之懲惡勸善之法，盍與之明師，引之循善避惡乎。盍立之官司，以定其褒貶賞罰乎。既不能然，任其增惡，必不當復轉爲人，豈不令世人日少禽獸日多哉。然而禽獸不靈於人，人不能知前生之事，則禽獸之不知而自適其性必矣。爲禽獸樂也，不殺更樂也，是畜道爲樂境也。

人所爲善惡，靈神爲主，形軀共之。其報應也，則靈神與形軀，兼受義矣。世之富貴安樂，貧賤苦難，悉屬形物，故皆爲形軀之禍福，非靈神之禍福也。若以爲德與罪之報，彼爲善爲惡之形軀宜當之。今人形軀徂謝即殮瘞，數日則腐朽，永年不復離於棺槨，則爾所言轉生他處者，固非彼爲善爲惡之形質，乃再造之形質矣。夫爲善建功之形質，腐朽於此，不爲善不建功之形質，蒙福於彼。此形質犯罪，彼形質受殃，人聞之愀然不忍，豈天主至公至平之義哉。

人行事欲知眞善與否，在其志趣也。爲善以遵天主之命，行德爲德之美，則眞善實德也。行德以冀名冀財，詎眞德，正屬傲貪矣。以世之富貴安樂，定善德之報，則令行善作德者，因而冀望之。是其善德，徒善德之貌，實貪傲之性也。善德之性，以忒志先喪，不免永殃，矧蒙吉祥之報哉。況世間諸罪惡之根抵有三。一好財，一好貴，一好安樂。人所爲大小罪惡，悉此三根萌也。拔此三根，功德乃成。人爲善而以轉生於富貴安樂處定其報，則用其所必絕以爲善者。而報善也，是因爲善而投之喪善敗德，陷於萬罪之穽也。詎天主酬實德之報，正邪魔忌德喪德之上計耳。

信因果者，既無明理可據，則圖以事跡驗之。既不能徵之以理，則圖徵之以目。曰：某所某甲，生而能言。曰：我本某家子也，此非我正父母，乃託生父母耳。又有能憶能言前身事者。是類甚多，非輪迴顯跡乎。

余曰：明理所不足徵之事，徒目不足徵之，矧正理所謬事哉。天主賜人目，特以別色。目利甚微，或因疾病，或因物遠離，或因隔氣，物疏密，屢致大謬。以黑爲白，大爲小，直爲曲也。邪魔欲欺人，亦能變物色與物形，亦能昏迷人目，令視虛影爲實物。恃目別色，猶且謬誤多端，豈可恃以徵事之實理哉。據目棄明理，據明理疑目，孰非孰是乎。況所言輪迴顯跡者，此人言，又據彼人言，彼人又聞之他人言，展轉相信，實無有明視一人之輪迴者也。此獨耳爲證，又何嘗以目證耶。

夫正道易明，雖愚夫自能悟之，輪迴之說，萬國之民，未有能悟之者。聖賢明道之士，又皆刺譏之，勸人勿妄信焉。正道亦至公天主欲人人知之，是用隨時隨處，見明驗著顯跡。今覈佛教未入諸國，所紀開闢以來，未見未聞有一人輪迴者。其間天縱神聖，亦未有言輪迴者，佛氏獨自輪迴，語曰：自訟自證，人必不信。輪迴之說，佛氏之訟也。輪迴之證，佛氏之徒也。流誑甚易，曷足信哉。行非禮，罪也。信非義，豈不爲罪乎。輪迴之說，至暗至私，絕不合理，多瑕釁易攻，此眞邪道之跡也，何足信正耶。信正之，能免輕信邪語之讐與僇歟。

輪迴之說，果有之，則自開闢以來，一靈神所經世界甚多，所見事所識人甚衆，竟無有一人能記一事，能識一人。而佛氏獨記其事，識其人，豈衆人獨善忘，佛之徒獨善記耶。抑佛氏獨智，而餘人皆愚乎。我明知己及衆人皆不記，不能明知，彼一人獨記。何必疑己與衆皆善忘，而不疑彼一人語爲誑語乎。

夫天主定善惡之褒貶，固以罰已犯之惡，賞已建之功德，亦以董未犯之惡，迪未建之功德也。若輪迴之變，實天主所設，用以勸善懲惡，必也令人憶樂而望之，憶苦而畏之。其善與惡，乃能勸懲矣。若令全不能記憶，善亦不足勸，惡亦不足懲，終何益於我哉。

若言前生爲某家之子，今生我者非眞父母，惟托生之父母，更誕語也。人有神靈，有形軀靈神者，天主自無中造有之，與父母無預也。惟有骨肉之身，由此男此女得之，故爲我父母也。夫今生之肉身，異於前生之肉身也。前生之肉身，由彼男女得之，故實爲我父母。今生之肉身，由此男女得之，曷獨不實爲我父母乎。若今身之父母，非眞父母，乃托生之父母。前身之前，又有前身，前身之父母，又不能爲我父母也。縱有生而爲此言者，正爲邪魔誘人，棄父子相愛敬之正道，惑人心怪妖之語，豈輪迴之實徵哉。

或曰：輪迴爲虛誕，是已。敢問生死正理何如。余曰：靈神肉身，兩者締結成人也。一肉身既成就，天主從無中造有。一靈神付與締結之，人之性始全焉。此肉身之前，未嘗有此靈神也。是以凡人之靈神，初生時，絕無知識，後隨目所視，耳所聽，日漸滋長其所曾知曾識焉。人既死後，雖甚惡者，其靈神萬世不能散滅，又不能轉生輪迴，乃隨死候所就，或善或惡，遂入其報應之境耳。既入此境，永不能復出。所受苦與樂，甚大無極，非世間苦樂，所能比其萬一。且非人心所能思，世理所能論也。此則天主所訓古今萬世，聖賢所信於己，所傳於世，不可易之正道矣。其他邪說，悉邪魔誘不肖之人，傳貽於世，以紛亂世人，使淪溺於罪也。其計甚秘，稍似實理，非天主牖明我心，難以盡識罄避焉。蓋乾坤有主宰人物之主，世間有善惡之人，必有賞善罰惡之定法定所，即所謂天堂地獄是也。邪魔懼人篤信此實理，必能去惡歸善，則令佛氏雜之，誣語多端。俾人雖信有天堂地獄，不以爲甚可畏望而輕忽之。又作瑜珈邪法，謂捐少財物，即天堂可倖致，地獄可倖免焉。又令兼之輪迴畜生之說，俾人悟斯爲虛誕，并天堂地獄之說，俱當無憑，特寓言勸誘而已。既不能信實有天堂地獄，則無所謂望於死後，去死後之畏與望。即世法之賞罰，必不能稱人之善惡，使人肆於惡，怠於善，豈不日深歟。

又《平妬》 妬如濤起，以恕平之。作平妬。

妬者何，人福之憂，人禍之樂是也。妬者，傲之密侶，相求不離。計念人惡，訾毀人非，幸人之有災，凡此諸惡，皆妬之流也。

他情雖大，可鎭於內，使不著於外。雖傷心德，未必傷身安。惟妬情一起，目瞠，面黃，唇顫，齒切，言猘，手鷙，體寒，神憂，通身皆顯妬形，皆受妬害矣。經曰：妬者必不享其命，而先以憂終。

色搦加曰：眞福益公益美。且曰：爾有吉祥善事，而無伴侶同享之，尙不足爲福。妬者反曰：福益私益美，與其得伴侶，寧無善事。西土有兩人，一甚妬，一甚慳，俱聞於國。國王賢者，設計以探其情。召謂之曰：任爾所求，我皆聽爾。先請者祇一，後請則倍。兩人各遜居後，欲倍之也。王命妬者先，妬者締思曰：願王鑿我一目。此何意，王言倍必倍，王

命先不敢不先。己不得倍福，寧令人得倍禍，鑿己一目，易人兩目。深於妬矣哉。

人有他惡，其心飴然甘之，而後從之。盜有財貪，淫有色貪，類然。惟妬悉爲憂愁，悉爲痛苦，了不受樂，而人猶從之，何哉。人從他欲者，以目前暫樂，易死後永苦。從妬者，以目前重憂，并死後永苦。故曰：妬者有兩地獄，生一，死一。死，魔爲掌戮。生，妬自爲掌戮。

妬惡於怒，人先傷我，我則怒之。我怒由彼，惟妬一情，悉出我傲，恐人以德福勝我，而願敗之。

他人福樂，妬者視之，與己之禍災等。故昔賢遇一善妬者，面憂色黃。問之曰：爾遇不快事，抑他人遇快事耶。巴辣多曰：我願妬者，具千耳千目，使聽視衆人之德福，而憂無已焉。

妬人者，恆欲勝人。其自視也，勝萬萬人，不爲樂。不能勝一人，爲不樂也。多勝人之樂，不減一勝己之憂。夫妬者，人在上，妬在上。人己等，妬其等。人不己若，又妬其或己若也。盡人讐之，獨居無朋。上鬬不循於理，外鬬不容於人，內鬬不休於己。雖全得世間所爭羨愛者，亦爲天下無福人耳。

妬惡於吝，吝者忍弗能予，亦不計人予。妬者自不肯傳達其福，又不喜人傳達之。天主以賜爲心，故美好吉福，恆願傳致人。其念至公，故不計人善惡。日月均照，霜雨均潤，妬者喜人凶，憂人吉，以奪爲心，惟願天主顧己棄人，慈己怒人。豐茂於己，吝嗇於人。與天主正相戾焉。天主至公，故至善。妬人至私，豈不至惡乎。仁者愛慕天主萬物之上，愛人如己，故見人凶惡，如己凶惡，痛憫欲捄之。見人德福，如己德福，則悅樂，而讚美天主爲諸德福之原。且愈愛其人，故以人德福爲己德福。妬人不然。見人福，爲己禍。見人禍，爲己福。自有，人亦有，不爲福。自大，人亦大，不爲大。自有人盡無，自大人盡小，乃爲有爲大矣。故以人之德福爲己禍。厄勒卧略曰：妬人者，以人光自闇，以人樂自憂，以人善自惡，以人安自病，以人生自死。悲哉，夫憂樂好惡，同者爲友。惟邪魔甚惡人吉，喜人凶。妬者悉與同之，不亦魔之徒乎。經言：天主謂其徒曰：爾能相愛人，乃識爲我徒。邪魔謂人曰：爾能相妬，則徵爲我徒。夫魔雖妬，妬人，不妬魔。妬者，妬其同類之人，不已甚乎。

傲情雖大，遇讓則止。怒心雖甚，値謙忍則息。貪念雖深，得財暫輟。諸如此類，尙爲可救，惟妬不然。忌人德福，故隨人德福，與爲滋長。爾愈忍，妬爾能忍。愈謙，妬爾能謙。不及喪爾德，滅爾躬，不獲息焉。夫妬人財物勢位等，可退舍以止之。若妬人之善，孰肯自喪己德，捐己命，以救其妬哉。

榮之實，功德而已。智者厚其德，豐其功，榮名自隨。故他人所有所得，不羨亦不妬。妬者願得榮名，而無榮名之本，故其求榮，惟欲辱人以榮己。抑人於下，自抗其上。塗人以濁，自居其清。臨深爲高，損人自益而已矣。

他情雖惡，其牽引人作害人辱己之事，未若妬情甚也。昔賢友數百人，遁世修道，中一少年甚盛德，名曰巴拏。有妬其德者，欲伺隙巇之，不得，則以所業簡冊私投其室中，於衆會時，佯亡其書。主者異焉，令二長年偏覓之，得諸巴拏之室。衆益異之，或曰：作此污行，向所爲德貌焉耳。巴拏不辨，亦不承，惟跪而求赦。主者依法罪責之，斥不與會。浹旬日，妬者自謂得計，快甚，邪神忽憑焉，盡道其前事。衆而後服巴拏之誠德也，天主亦賜焉，以誠德之徵應。蓋衆共禱祈，哀此妬人，免其患害。不得。巴拏控首請之，邪神去之。鄙哉妬人也，不能以眞德自伸於人上，圖以假惡屈人於己下，竟不能逃天主降監，而善人之德名愈彰，己之妬惡愈顯焉。蓋盛德令名，皆天主之恩，妬者忌人有之，是忌天主授之。故爲天主所惡，目前每亟罰焉，微獨死後永罪矣。

惟妬至愚，謂其不諳情理，不明損益之類也。若妬人形福，則富貴安樂，人有之，不奪我。人失之，不必歸我。矧妬者，欲損人益己，人未必損，己無不損。妬何爲哉。若妬人才德，則才德路甚寬。舉世之人同入焉，皆容，各取焉皆滿，彌散焉彌長。譬之於燈。以一燈燃千百燈，分光愈多，本光不少。是才德在人，爾能取之，曷禁於爾。才德在爾，爾能分之，曷妨於爾乎。妬何爲哉。

又《戒計念人惡》 善人者，萬人之鏡也，對照己惡而去焉。如貧人遇富，以富對照，遂見其貧。妬者不喜思人善，不於人善求照。而於或細缺，或微污處視之，是破鏡也，昏鏡也，得自見其醜乎。不惟不照己醜，且彌益妬惡。如藥火，以水爲薪，愈灌愈熾。如鴟鳥，以日爲翳，愈明

愈昏。

凡人以心揣事，如玻璃觀物，日光從玻璃出，無物不似玻璃色者。心從仁出，無事不受仁性。心從妬出，無事不受妬性。故仁與妬，俱如猛火。草木遇之作火，金石遇之作火。試仁人，見人善，必信之。見人惡，必解之。即有惡形，曰：彼貌然實有惡徵。曰：意未必然。意惡矣，曰：是偶然。至不可奈何，曰：彼豈迫於勢，我當之，且甚焉。是者見人惡，亦動我仁，何論善。如蜂然。花雖苦幸，取之作甘。妬者不然，見人惡，嗤之，見微過以爲重罪。見人善，必疑之。或曰：貌然非眞。或曰：偶然非堅。或曰：勢然非常。是者見人善，亦增我惡，何論惡。如蛇然。花雖甘，食之作毒。即德眞實堅甚，妬心不已，必黽勉尋求。曲處一肖善之惡以浮之。謙謂卑下，忍謂怯懦，勤於修，謂飾德。廉於取，謂釣名。簡嘿者，謂愚鈍。明辨者，謂浮誕。正直者，謂亢厲。慈凱者，謂柔靡。莊敬者，謂矯飾。和靄者，謂委隨。好施救人，既謂妄費。少施節用以自給，又曰：吝嗇。蓋心猶準也，度人猶度垣也。以正準度垣，彌正彌累彌堅，以邪準度垣，彌邪彌累彌危。故以妬心度善事，人愈增善，我愈增妬。妬逾增，德逾傾。

他人善惡，最爲難斷。蓋事之善惡，原本心意。心意如目，目明，全身明。目闇，全身闇。不先照心意之邪正，安能正斷事之善惡乎。夫人心秘藏，非天主無量之鑑，不能窮探之。故其眞僞善惡，獨天主能悉審而正判焉。聖經曰：未至其時，勿先斷人事。俟主來時，照幽隱中蓄藏，宣露諸心之擬意，乃各得其讚美於天主也。故凡以外貌微跡，輒斷定隱惡者，皆僭天主之大權全能，傲罪孰甚乎。經曰：以善爲惡者，與以惡爲善者，天主俱甚惡之。爾一見惡象，遽決眞惡，豈能不誣而以眞善爲惡哉。偶或不誣，而事情未明，輕必人惡，獨非罪乎。夫人以平心決斷人事，猶患多誣。何況妬心，極能翳心目，不使見眞僞乎。

夫是人善矣，爾以私憎視之，遂惡。試以移之乎交。爾復視果惡否。或以私忌視之遂惡，試以移之本身，爾自視果惡否。且爾偶見人一不善，其貌雖肖，其意未覈，曷能遽決眞似乎。即眞不善矣，反視己之多且大不善，而曰我不忌己之多，輒忌人之一，可乎。或問一賢者曰：嘗動我心，思人過惡。何故。答曰：爾惟不熟於觀己而已。昔數友同居修德，有犯罪者，捕致大德每塞，求判其罪。每塞持囊沙負之行，人問故，答曰：此我罪也。我罪鎮我，未能盡識之，盡除之，何暇判他人罪乎。加當，西國名君子也。有妬者曰：加當暮夜恣食飲，曷爲君子。則有解者曰：加當且晝勞勤心力，綜理國事，爾何不聞乎。見夜影，不見日光，爾目不病乎。一加當也，妬者獨見其細忽，以爲不足爲君子。不妬者，并亮其無違休憩之故，以爲不失其爲君子。

西有近達襪爾者，誠德人也。見人貧，則曰：媿哉，我安得輕世如是人也。見人富，則曰：媿哉，我安得守德，如是人之守財。見婦女盛服修飾，則泣曰：媿哉，修心悅天主，安得如是人修容悅世乎。生平如此，洎死，兩目炯炯如星。其友恠之，思其故，忽聞有聲曰：是人生平見人，未嘗不以爲善於己，夫惟生之目獨受善，故死之目不受暗。

又《戒讒言》 契理瑣曰：思人污行，污其心。言人污事，污其口。如竊人污物，而以示人，爲辱人耶，辱己耶。

造毀者如冢，置足焉，即置口矣。冢入名園，芬香不採，清泉不濯，美景不顧，獨污泥是甘是安焉耳矣。妬者見人好德，高才，多能，可讚可效，厭問之，厭聞之。有隱過微疵焉，則津津聽之，汲汲叩之，汎汎洩之。積於心神，噓於口舌，如其惡氣而發矣。

毀人者如蛇，面之畏而避，背之進而噬。蛇曲行，毀人者亦然。始作好言，掩其妬志，以取人信。訖加惡毀，污人善聞。

毀之害甚於盜。盜損財物，人所甚輕。毀損善名，人所甚重。又重於地獄。地獄噏死人惡人，毀人之口，不簡生死，不擇善惡，并噏之。

邪魔誘人於惡，人未必狥，即狥亦不能使之明行。必也闇然藏匿，不使人知，害止其人，可謂未大。造毀者，掩人之顯德，使人疑之，不復慕之。計人之隱慝，令人見之，又惑而從之。則邪魔所自成也小，託造毀者之舌而大，害尤廣，尤宜避之。故百爾納曰：毀人者，虐於毒蛇。蛇一齕，傷一人。毀者一言傷三人，己一，聞者一，受毀者一。是故覆邦家，疏友朋，離昆弟，間父子，皆由讒言。聖經謂造毀者曰：其齒兵箭，其舌利劍。又曰：兩舌之人，必負大禍，每搆亂相合者故也。又曰：屏放作毀者，而諍訟自息。

愚者中懷讒言，如犬傷於矢，矢不出不能休。故聖經勸人曰：爾偶懷

傷人之言，必使消融於內，勿畏裂爾腹而吐之於外。

厄勒卧略曰：吹灰者，自污其面，迷其目。毀人者，自污其心，闇其靈神。又曰：欲昇天者，必不誹謗。誹謗者，必不能升天。

讒人者，設坎以陷人，而屢自陷。一賢寓言曰：獅子爲百獸王。一日病，百獸來問安。獨狐未至。狼遂獻讒曰：大王病，我輩皆至，狐獨否，誠可恨。狐狸適至，聞後言，便進問疾。獅子大怒，問後至者何。狐狸曰：大王疾，百獸徒來一問安，於大王疾曷瘳。小狐則遍走求良方，頃得之，即來，何敢後。獅子大喜，問用何藥。曰：當用生剝狼皮，乘熱蓋大王體，立愈耳。獅子便搏狼，如法用之。詩曰：豈不爾受，既其女遷。

毀人有七端。無故而露人陰惡，一。喜聞，二。無故而傳，傳而增益，三。誣証，四。不許陰善，五。消明善，六。以善爲惡，七。其害俱等。

善人照世之燭也，燭不無煤，剪之則明。人雖大善，不無過失。大主縱讒口噬之，以剪其煤，以增其光，故手剔煤者燭加明，手加黑。讒善者，人加清，己加穢。

一賢者見重於王，備極尊貴。偶出，遇一貧者乞施，賢者命施錢。曰：我旅人也，不願錢。願收我，我即無以報。冀幸天主佑公，異日或得當尺寸之用，未可知也。賢者竊哂之，命館穀焉。久之賢者益尊寵，大爲同列所忌，謀共間之於王。曰：某之寵於王極矣，無厭。今且謀竊國奈何。王未之信也。則又曰：來日某見王，王試語之。欲棄國家，入山修道。以是嘗之，彼利王之去位，而已輔幼主專政也。惟恐王去之不果也，必極口贊決矣。彼不利王之去而沮王，臣言則誣矣。大抵西國賢王，多有謝世入道者。度彼賢人，必爲王願之。故設此謀穽，慮無不入也。翌日，王如言。賢者果大喜，力贊決之。王以爲實，勃然色變。口不言，必遂欲圖之。賢者覺耳目可疑，未解其故。歸而思之，乃悟，必有譖於王者，謂我利王之去國矣。憂懣不堪，又無自白之理，適貧者見之，問故，賢者實告之。貧者諦思曰：白此不難。今公褫冠服，衣道者之敝衣，悉家資散於貧人，以朝將從王而行，王必釋然矣。賢者果以是往，王見問故，對曰：昨聞大王欲棄國家，入山修道。臣甚喜，願從王行，已散棄家業矣。請問行期。王大悟曰：爾眞盛德忠良。彼言者，皆媢嫉讒諂人也。悉重謫遠竄之。經曰：陷於自作之穽，妬人如是輩者衆矣。

又《戒聽讒》 經曰：憂面息讒言，如北風散雲雨，蒙聽者厭聽，而言者喜言，無有也。爾聽者喜聞，即被謗者喜誦。故百爾納曰：作毀之罪，與聽毀之罪孰重，易辨也。假令見犬食生人，能逐不逐，能救不救，與率犬食人何異。爾聞讒吠，以正色可防，以貞言可止，不妨不止，顧且傾耳聽之，俛首銜之，更端審問以導之，豈不重於毀之罪哉。

造謗者，愼勿聽之。與爾言人過，與人言爾過也，譬之販者，以他貨售此方，轉以此貨售他方。

契理瑣責讒者曰：爾道人善，我當開耳承爾美膏。爾毀人，我則蔽耳，不堪受爾穢汙。又戒聞毀者曰：爾試思不躅在道，人或於爾過時，撓動其氣。爾不掩鼻過，切責之，且速避之乎。穢氣觸鼻，猶速散在空。讒言貫耳注心，乃至虧損在德。切責速避，宜更甚焉。

有數友同修德者，一少年遽欲辭去。老者問故。答曰：某毀我，弗堪也。惡信然。答曰：或告我，其人素長者，故信之。曰：然則不可信矣。果長者，弗女告矣。少年悟曰：是矣，非彼毀我，是人毀我。

法蘭濟途遇乞者，愍欲救之，不得，爲泣下。其徒曰：是者徒身貧於財，心或甚富於物欲也，奚恤焉。法蘭濟輒責之，令解衣衣之。曰：爾以舌傷其心，宜以衣保其身。聖者戒人毀方，深切如是。

訾人者，急責之。訾爾者，切勿怒之，并宜感之。曰：彼惡我，欲辱我，故毀我，非我猶且難堪，何況感恩哉。曰：彼實讐爾，其所施，則益友事，爾曷獨忌其心之惡，而不感其施之善乎。爾面污不自知，遇明鏡，則照而去之。計鏡主讐爾愛爾乎。爾果有是惡，彼辱爾，令爾能改歸善，爾亟宜謝酬之。爾即無此惡，亟自反思，豈無他惡。加以重刑，亦宜忻然而受，況忍逆言之微罰哉。是故爾宜勿論有惡無惡，苟有意作德，欲臻至善，路莫徑於堅忍人訾，故賢聖大德，其喜遇讒言也，甚於世人喜遇讚譽，誠知忍讒言之益德，善體天主仁愛故也。法蘭濟常曰：是人譽我，是推我以墜。是人毀我，是迫我以遷。有毀之者，則致謝曰：譽我者，非識我。惟爾識我，故讒言比颷風焉，颷風，小舟遇之覆。大舟遇之，行彌疾，至彌速也。讒言，小德遇之艴然忿怒，故覆。大德遇之，屹然勝受，忻然喜樂。故進於德彌疾，臻於至善彌速焉。

西有聖童女理都，或妬其德，訾毀之。聖女時厚餽焉，或問故，答曰：天主經云：爲義而被窘難者，乃眞福，爲其已得天國也。我修德欲行至天國，彼趣我，我當厚酬之。

又《仁愛人》 七罪宗，各有對治，如因病用藥。忿與妬俱有憎惡一情，病本相似。無愛一德，可兼治之。故系諸乎妬之後，與熄忿通焉。

天主所惡罪，莫過於妬。所喜德，亦莫過於仁愛也。微獨本德爲天主所喜，是德所在，諸德隨之。經云：仁必忍，必慈，必不妬，不傲，必不妄行，不復讐。是德不在，諸德俱虛，似而實非。經云：雖盡洞徹天地之奥理，以至悉測未來，仁乏，無所得也。雖稱述天神，及諸聖人之言，仁乏，猶鐘磬而已矣。雖盡施我財，以養貧者，捨身當大苦，仁乏，無益於我也。故天主眞道萬端，總歸愛慕天主萬物之上，與夫愛人如己，二者而已。愛人之命，天主自稱我命，示其至要無比也。

聖若盎既耄，不能多言，恆用相愛二字，勸其門人。習聞者，頗厭之，問何故都無他教。答曰：此天主親命，獨行之足矣。夫此道有四善，愚智俱識。至明也，一言可盡。至約也，貧富賤貴，少壯老病，悉能行之。天主云：我命不高不遠，在爾心中，至易也。聖葉落泥曰：相友愛，正我儕大益。天主又陳宏報以酬我，其慈無涯，至有益也。

夫水敵火，與他水合。獅殺衆獸，不殺獅。同類之鳥，羣居羣飛。凡諸不靈之物，無不和其同類者，矧靈人哉。天主初造天地，特生一男一女，爲人類公父公母，令人相視如昆弟，不相妬憎傲慢焉。況天主衆人之大父，大小人，悉其所生養愛育之子。大父所愛人，子曷敢憎慢之。經云：衆人之大父不亦一，爾何故輕嫚憎惡爾兄弟乎。故敬愛者，衆人相負之責。雖恆還，亦恆負。

相愛之德，甚益我也。人孤則負，合則勝。西有國王，集衆子大漸聚之。命牽一馬至前，令長子握尾鬃齊拔之。力甚費，竟弗得。已更令幼子析而漸拔之，輒盡。乃戒之曰：爾等愛合，即有大力，不能勝爾。爾分，雖微力，亦負焉。得愛我者，則可以與彼言。如與爾言，不亦樂乎。人實友愛，其福祉功德，智能財力，皆相通焉，其得焉。故獨所不能，恃愛我者則能之。友愛之德天主所賜，非以助惡，乃以輔善。孤德不能自進其途，自造其域。恃友愛之德，乃能進造焉。有罪不能自悟改，聽愛我者之勸責，能悟改焉。古賢有言：無友愛之德於人，猶無日於世。無日，黑白不別。無相愛之友，善惡不見，世樂悉亡矣。夫福分則增，禍分則減。爾遇樂事，無愛爾者，樂之如爾，則爾樂孤，故微。遇憂事，無愛爾者，憂之過爾，則獨當，故重。友愛之德，視人如己。故遠者邇，貧者富，病者愈，死者生。

人相愛有三。其一習愛。同居同業，同情同議等，相習生愛也。是者，易聚易散，鳥獸亦有之。縱不惡，固非天主所責我愛人之德矣。其一理愛。人皆自知生斯世也，同斯人也，不友愛任卹，不能成世道，不能立世事，不能備世變。是故恆求己所愛人，及愛己之人。此人間之事，爲愛也私，爲德也微，惡人亦有之，亦非天主所責我也。其一仁愛。仁者視人爲天主之子，與己同性，故愛之而願其得福。孰爲福，生時能識天主行實德，死時升享天福，則眞福，大福也。仁者先自眞愛天主，轉以天主之愛愛人。故望人識愛天主，以享生死眞福，冀改諸惡，脫永殃。若他福，無妨於此福望之，否則惡之。是謂仁愛，乃天主所責於我焉，若以是相愛者眞友也。非除貪妬，傲淫，諸惡情，非心契於天主眞道實德，雖合於外事，弗能得焉。故聖亞吾斯丁云：爾不愛造人之天主，不能善愛天主所造人。泉上出易下，愛天主者易愛人。仁者之人愛，原於天主之愛。天主之愛，又受育於人愛。如衣取熱於身，又自保身熱也。

世之人，猶一全身焉。經云：衆人共成一身，故人皆相與爲體也。其相愛，宜如人身之百體焉。身之百體，各有尊卑緩急。百體所營，亦有勞逸貴賤。第各安其位，各從其職。卑者不淩，尊者不嫚，無者不妬，有者不驕。故足不求爲首，首未嘗輕足。目不聽，不妬耳。目能視，不驕耳也。體各營其業，不私受其益，諸體共受之。如目視，謂人視。足行，謂人行。口食，謂人食。心明，謂人明。視行食明之職，各體分任之。其益，一人全享之。仁者安於性命，不妬不慢，所得所知，不吝傳達，猶衆人公得公知焉。己亦非己，乃人焉。

一體所得，必分於他體，諸體共得焉。口食胃化，自留所須，餘則分於他體。他體亦特取所須而已。留者過多，決非其益，乃徵疾耳。仁者愛人如己。得財，自留所必須，有餘，知是天主所賜以周貧者之乏也。靳固之，猶竊諸貧人焉，故弗敢自封以取罪也。

一體苦樂，諸體與俱苦樂。仁者視衆如己，故苦樂禍福悉與人同。經云：與哭者哭，與病者病，與樂者樂，合於衆以化衆，此之謂也。所施於一體，則以爲施己。故足痛，則口伸目泣。迨得醫而愈，則面悅，身輕，口頌讚之，手恭敬攜持酬謝之。仁者視人得施，猶己得之。經中天主曰：爾施於我小者，則施我也。色搦加亦曰：非爾損益，亦我損益。我與爾愛，固非眞愛矣。凡爾所遇所得，友愛之德，令我與爾，共遇共得。是故爾與我，無私吉，無私患，俱共得焉。

各體先顧身之公益，而後顧己之私益，故體各自當害，以捄身害。小體亦自當害，以免大體之害。如手臂寧自受傷，免首傷也。此體爲彼體所傷，不忿，不復讐，仁心至公。視衆之安，重於己安。故不辭人患，以捄人患。知君長代天主治民者也，故違君上之義命，猶違天主之命。若爲君而以義委命，猶爲天主委命，不謂患乃大幸矣。

經中天主自云：爾愛人，如吾愛爾，此則我命也，夫天主之愛我何如，天主之愛至正直，不待我先愛之，而後愛我，乃先自愛我矣。非先受於我，而後授我，乃先自授我。仁者愛人，非視人愛己與否，而自先愛人。蓋知授勝於受，愛人是我德也。愛於人，非我德也，人德也。經云：獨愛愛爾者，惡人亦能之。僅僅若此，蒙何報於天焉。天主之愛，無所冀，非望己益，惟圖我益。非望受於我，惟欲自授我矣。仁者愛人亦然。愛人爲人，故獨圖人益，非圖己益。色搦加曰：計益我而愛人者，益在愛在，益盡愛亡。若此者，非仁愛人之道，而殖貨之道也。夫友愛者何意乎，非謂其共相與委命，共相與赴難，共相與費財殫力也。智者恐友愛之德廢墜，因索友以建立之。非欲病而得慰我，貧而得周我，患而得拯我者也，乃欲得我所慰其病，所周其貧，所拯其患者矣。不然，友愛非德，乃利我愛人。非愛人，但愛我矣。嗚呼，今人愛友，猶愛梯焉。欲攀高物，升高處，方索梯，負之雖重不釋也。既用，置於室隅，不復顧之。不顧尚可，或藉其力，反復害之。日攝氣成雲，雲成遂掩日。故曰：智者，愛人如友。愚者，愛友尚不如人也。

天主之愛至清。愛人，則愛自所造善性，惡人所造惡罪也。仁者愛人於世物之上，於天主之下。故不因物犯人，亦不因人犯天主。經云：人之實愛，不令爲惡，爲友而行惡，豈足辭爾惡。人相友愛之緣，則德行而已。爲友行惡，則德亡。德亡友根已亡，友誼曷自存哉。故友愛人之德。於人，則禁求非義之事。於我，則禁聽非義事之求。

天主之愛，非虛言而已，實行也。仁人亦然。經云：我子勿獨以舌愛，以實行愛。今之愛，舌大，手小，不亦怪。實愛在心不以實行顯，無以驗實焉。故曰：實愛不知息，在心，必大者於實行。不著於實行，必不在心矣。

天主之愛，恆且毅，仁人亦然。於友不妄取，既取，不妄棄。妄棄友者，其愛非仁德也，孩童之暫情耳。經云：舊友勿輕棄之，新友必不如也。新友如新酒，久而享其美味。今人視友如花，喜其鮮。何哉。

人所當愛有四。其一，天主也。人愛所趣向，美好而已。萬物之美好，天主付與之，故悉聚於天主。其美好踰於萬物之上，無量無際矣。夫天主萬物之大父母，萬物之初造後存，悉賴天主無方之慈，能保護之。其惠又甚大，須臾不能離之。其可愛也，豈涯際所窮，言說所喻哉。

其二，我也。我者，非我形軀也，我靈神也。善愛己者，必重靈神之德，輕形軀之樂。若愛形軀，似愛己，實惡己也。惡形軀，似惡己，而實愛己。經云：愛其命者失之，惡其命於今世者，保之於天上無限之命。此之謂也。

其三，人也。愛人者，恕而已。己所不欲，勿施於人。即天主所謂愛人如己是也。愛人如己者，則先己而後人。爾不能正己，而欲正人，過愛人矣。貪妬傲淫諸情，不能無諸己，而欲無諸人，豈非愛人惡己，援人沈己哉。爾欲愛人如己，須先知愛己。聖亞吾斯丁曰：爾先知愛己，許爾愛人如己。未知愛己，恐壞人如己也。爾自愛己否乎，必曰愛矣，誰自憎者。經中天主云：爲惡者，自憎，自爲己讐也。則爾既愛己，必不行惡。爾欲爲惡，而愛人如己，則亦愛人爲惡如己。以邪愛壞己，及所愛如己之人矣。故既不知愛己，且勿愛人如己。不改愛，必須辭友。欲壞，特壞己也。

其四，則本身也。愛本身，則猶愛役奴，欲其供事靈神，而輔之爲善。若愛之過當，則自僭爲主，而溺爾於萬罪矣。慎哉。

人無不可友愛，第所擇爲密友者，宜有二，宜無二。宜有者，一謂智友。情極能相染。結友者，非先相似，必後相似。故智者之友，必智。愚

者之友，必愚矣。二謂德。友先德，則交友無根，故速毀，不能久存焉。

宜無者，一謂忿怒。經云：與忿人勿結。忿人如棘樹，近之者，必受刺也。締交雖固，忿火能遽焚之矣。二謂驕傲。眞友必平等。傲者，欲在人上，不堪與人等，豈能爲眞友哉。經云：有驕，必有侮慢。侮慢至，友情悉喪矣。

友德中所宜備者九。其一，則心相和。一是一非，一愛一惡也。其二，心相通。眞友，其心盡傾於友，無所遺焉。爲友者，心既無私，意悉相告，語事悉同擬議焉。其三，行惠。報友之惠，不可操衡。宜如沃田，受一還百。但勿過爾能及友之力。故與友，宜揣爾所能與，友所能當。勿因益友而損己，勿因過愛而害友。其四，勸責。人孰無過，爾爲眞友，見友過，勸責之。第勸，毋佞諛，責毋侮辱。如明鏡，醜直示其人，人亦弗怨之。勸友，勿視其所喜聽，惟視其所宜喜聽。經云：以甘言僞語其友者，則布網於其足前也。色搦加曰：友之過，必須破之。我不傷之，不愛之。我勸責效與否，未可知也。與其不言失友誼，寧言之無效矣。亞歷山，西國大王也。聞一士有盛德大智，結爲密友。同居數月，無所勸責。王謂曰：我人耳，豈無罪過。爾不見，不智。見而不我責，阿矣。非我所望也。遽遣之。亞熱西老，西國王也。非恆責其過者，弗聽其譽。謂見過責我，其譽必實。見過不責，譽言可疑矣。其五，於友不求非義，爲友不行非義。人愛在前，友愛在後。故爲友不可害人，爲友不可讐人。古有兩友。其一，求行非義之事，一弗聽。彼怒曰：爾不聽我，爲爾友何益。答曰：爾求行非義，我聽爾，非爾損友乎。但事有爲友可爲之，爲己不可爲者。爲友爲之合義，爲己爲之非義。是在智者，可與權也。其六，患難不忘棄。經云：眞友隨恆愛。又云：友貧不忘情，友富乃可與俱享矣。其七，不露友秘。經云：露友之秘意者，即失信，非弗能得心合之眞友也。其八，隱友惡。經云：掩惡者，索友。其九，友所求即予。經云：友求，爾能予即予，勿言來日予。

又《策怠》 怠如駑疲，以勤策之，作策怠。

怠者何，德行之厭憂也。恣諸欲，自諉不能。善無恆毅，須暇，閑遊，多寐，皆其支也。淫慾，饕餮，盜竊，妒嫉，戲言，浪笑，惡謀，訕誹諸情，皆其流矣。

凡物或無生無覺，如日。或有生無覺，如草木。或有生有覺而無靈，如鳥獸。或有靈而無德，如凡民。或有德如聖賢。皆是策我怠，激我勤也。日無生無覺，當開闢之初，天主命之。晝自東而西，夜自西而東，日終古不違不息也。今日盡日行，明日復然。聖亞吾斯丁謂修士曰：日已興，爾尚寢寐。使日能言，必曰：昨者我勞疲於爾也，今我作，爾息耶。不媿歟。

有生無覺之物，如草木。草木者，初生微眇，竟致鴻鉅。或經寒暑摧折，風雨飄搖。或採掇華實，剝斲條幹。迨至其時，芽蘖華實，宛然如昔，且有加焉，未嘗怠於本事矣。覩其眇末，孰信鴻鉅。睹其揪藏，孰信鮮茂。然而不覺致然者，積漸故也。夫物固未有忽然底極者，凡大事嘉績，天主不欲忽成之，必繼之艱難，事成彌艱，人視之彌重，守之彌謹矣。亟成者弗食。良者必弗亟成也。獸逾大，孕逾久，成長逾遲。致大者，蔑弗小。致安者，蔑弗危。怠者豈不願豎丕績，成大美。第弁其欲，且不欲之。將不行而至，不鬬而勝，不滌而淨，不造而成，不求而得，豈能就哉。欲行德者，必遇敵讐，必遭窘難。若爾勇者，遇艱苦，增膽力以勝之可也。事惟初難，稍習則易，剖核之堅，食仁之甘。是以世間善事，非中心優裕強毅者，悉不能成之。矧克己積德，攻天國最難事哉。凡害成事者，莫心亟若也。語曰：歲克一欲，夙致心淨。心亟者，不能徐竢漸積。尚未肇始，輒欲見終。亟造弗獲自諉不能，因生怠棄，事全廢矣。

意西鐸，西國名聖也。少年好學，而資性魯鈍，以爲憂。俄視井幹堅石，綆踪甚深，自謂曰：石性甚堅，綆甚細，以積漸能深之。雨滴無力，密落鑿石。我性雖鈍，恃天主之祐，祛怠執勤，豈不能練精之。以此一念，痛自激發，漸致盛德大學，當世莫或勝之。

有覺無靈者，如蟻。經云：爾怠者，盍視蟻，盍思其道路，法其智慧。無王，無師，無帥，夏時知斂藏夏後之食。夫人情長老，師穉幼以爲辱，矧微蟲耶。聖經令師蟻者何，蟻行悉足愧怠者，爲勤敏者儀也。夏時收藏，示不失營業之機也。先備異日之用，示遠慮無匱之智也。爲物微眇，取義於謙。愈謙，愈智也。棄浮蔵，受精糳，稱其淨潔粹精，能剔實虛，棄取之也。羣蟻相助，示其實行仁愛，非虛言也。往來不絕，示其恆毅，作業不息也。嚙穀之芽，俾不萌生朽壞，視能豫絕險機。訓人克己去

私，無滋蔓也。陰時匿穀，示無益之時斂藏德美，以避失墮也。晴時曬曝，示有益時顯明其善德，用以觀化衆人，令讚事天主也。身負道在，示其慈愍，不辭勞罷也。共收共用，示其公共，不貪不吝也。蟻行若此全美矣。其行之也，無主帥可從，無師傅可習，無刑戮可畏，無賞賚可勸。我儕有本性之靈可用，有天主之默牖可據，有先聖賢訓箴實行可聽從，有地獄之永殃可畏，有天堂之永報可望，而頹然自廢，坐失今世積德立功之機，不思將來之患，不欲當日下暫時之微勞，以免身後永世之苦，不甚愚哉。經云：怠者，爾寐何時止，卧何時興。暫卧暫寐，而貧匱輒迄，如郵置窮乏，逮汝如嚴裝之士矣。蓋言怠者，若內若外，德財俱乏。今世後世窮匱速至，有速如郵置，不能避之。且復強至如嚴裝介士，不能敵之。

世之人，勤敏於俗事，亦甚足媿我之怠於天主事也。世人勤名利，圖安樂，靡所弗至。不惜勞苦，不計歲月。至其行德致道，事天主，遇微勞，輟之。遇他務，奪之。非甚暇本欲廢，不能營他業之日，不舍之。商賈梯航遍山海，蹈水火，走天際，逃貧趨富，求以護命，因而失命者甚衆。度海之舟，九沈一浮。彼九者，不足懼沮之。此一者，顧足誘動之，以大勞致微樂，以微樂又屢致永年之苦。殫竭既久，得聚財，忽死遂不獲暫享之。我儕以微勞能致永年之樂，費一而得萬。力微功鉅，勞暫享永，尚懶營之。彼就死而勤且樂，我就命而怠且厭。彼勤於損，我怠於益，不甚羞歟。聖亞吾斯丁云：吾能激發一切修士之心志，令愛重永存之命安，猶世人愛重暫且速過之命支，甚幸矣。人之人情，與其失命，寧失其所由存命者。與其富而速死，誰不擇爲丐而且生。疇聞此時渡海可不死，而須暇之，疇語之欲不死，須營業造作，任勞歷苦，而不甘心爲之。天主所命遵行，以得天國。常命永安。其功力微，且易造，而我惰從其命，猶不謂怠乎。

古今聖賢德士，事天主，建功積德之勤敏勞苦，敵邪感之勇毅，甚足警我怠，勵我勤也。凡聖賢修德者，皆日敵邪魔之誘感煽惑，忍小人之忌妬，謗誹，誚譏。當疾病匱乏之患，克性欲，不從己之勞苦，及天主之嘗試輕世俗，食飲薄陋，少眠多醒，少笑多哭，痛自刻責，仇視其身，謝世娛樂。輕身命，重道德。恆泣悔所犯過，羞媿所未行善。故實修之士，其勞苦無輟時。經云：凡欲以仁心事天主者，必受苦難窘迫也。

中西罷爾西國，有大臣甚富，僕役千人。國王寵異之，但王甚信神佛，此臣甚信天主，不相入也。王強之背天主禮敬神佛，不從。曰：臣今日不忠天主，明日安能忠大王乎。王大怒，籍其財，褫其爵，置於溷室，使守鹿駝。奪其妻，嫁廝養卒，竟不爲動，爲天主安然忍受之。越數年，國王偶過憐之，還其舊職，榮福倍昔也。王曰：我厚遇之若爾，必若我命矣。又強之如初，臣輒解其寶衣，捐之王前。曰：爲此衣也，以棄天主，臣必不能。臣還王衣，王還臣鹿駝矣。王益怒，復廢之。

上古有大王納部郭者，實有傲德，於京都中範黃金爲己象。定期日，令都下士民萃於象設之地。樂作，皆伏抑投地稽顙，一如彼國大祭之禮，此意直以天主自待。恐國人不盡從也，於旁作大穽，熾火其中，有不如命者，遽投之。國人莫敢不從，獨達尼，亞納，亞雜三少年，盛德之士，弗聽也。王召問故。答曰：我輩天地人物之主。衆所宜最尊者，惟天主而已。大王爲此，正僭其尊位，罪大矣。臣不敢從王之亂命，王何怪焉。王大怒曰：我命投於火穽，誰復爾救耶。答曰：恃天主。欲得拯救，縱不我救，亦不敢從王於僭天主之命矣。王遽命投之竝入大火中，行立自如，身體衣服，悉無燬焉。王甚異之，自承其罪，後毀其象設，依歸天地大主，虔誠敬事。且命自今以後，屬國臣民，皆歸依奉敬之。聖賢敵難之勇，修善之勤，忠於天主，道力堅固若此矣。與今稱修道德士者，遇微窘難，小阻險，遂廢然而怠於道德，違天主，星淵哉。

生人至寶，無貴於時，凡物皆不可爲我物。獨時實爲我物也。怠能奪我時，豈細故淺害哉。經云：我子，爾時，勿付之酷仇。謂空費其時者，用之非義無益心德之事，皆以其時付予人仇之邪魔也。夫時爲重寶者何故，物少爲貴。時已過不可返，未來不可求，惟得目下此微息耳，不甚少乎。況物無有疾過迅行如時者。既過百年，一刻埒焉。將來之時在前，人視之最長，既過而在後，必視之甚短矣。且雖百歲之壽，以死後無限年視之，尚未足一息，況爲長哉。物價貴賤，宜憑識此物者。若聖賢德士，皆視時爲至寶矣。色搦加曰：知時時近死，而以一日之時爲可論價者，豈智哉。昔賢每聽定時鐘聲，即反諸己曰：天主定我生期，今復過一時矣。以此念自策其怠，激於善行也。且勿論聖賢德士，惟論地獄中受難人，使可望得在世時，所妄費片時，以悔改其惡，求赦之，以免彼所受永苦。雖盡

易諸世間珍寶，盡受世間諸苦難，必以爲甚易，大樂矣。今人所賤莫過於時，不計時以營事，惟求事以消時。惟不悟罪惡須改，善德須行，天堂有大報，地獄有永殃耳。哀哉。色搦加云：縱年歲甚長，非甚嗇用之，必不足營所當營之業。矧侈費之，以營悖德之事，無益之學哉。故嗇財小人之罪，嗇時君子之德也。

古賢自記云：一日默思死後之事，忽聞人聲最悲。問之爲誰，答曰：地獄中受苦之靈神也。所負苦難甚衆，獨妄費生身之時，至爲痛恨，此念苦我最甚矣。天主賜我時，以行善，改惡建功，可並聖賢天神於天堂，可免此大苦於地獄，我悉空費浪用之。今欲得片時，萬萬不可得焉。嗚呼，彼冀望而不能得之，我輩得之，弗知重之，妄用之，盍畏異日欲用而不能得乎。得重寶，棄置如礫，既盡失乃識之，不亦晚乎。經云：凡爾手所能爲，即爲之。爾所奔赴塋域無功，無智，無計也。

夫時悉天主惠爾，終身黽勉事之，尚不足酧，矧即用之以行非義悖主命哉。聖百爾納曰：時刻慎勿輕費之，虛言虛行。時蜚不還。天主所賜以行善建功，虛費之，天主必嚴鞫致罰焉。職業，盡心力爲之猶不足，矧怠於今日之業。須暇之，并他日之職業並圖之，反足乎。人之命，時刻而已。失時者，失命也。生也者，逝死之道。年歲愈長道愈短，盡用之事天主，行實德學正道，則以今世之命，續身後之命，命永永不旣矣。怠於善者，身後之命不能享。今又妄用其時，故天主奪之。如栽樹者久待不實，必曰：此久妨地矣，不摧之爲薪乎。是以怠人者，今世與後世之命并失焉。

夫成就萬事者，恆毅心而已。怠能奪之，故事敗功滅，前業悉廢矣。海舟經歷險遠，及岸而沈。向者之勞，全歸無益也。人之功德，善始，未善也。善終，善也。終身之榮，不勝一卒日之辱。一卒日之辱，足勝終身之榮。終年之惡，足消於一末日之善。終年之善，足喪於一末日之惡。一生之業孰爲急，非終日之業乎。事不竟，微獨隳德棄功耳，辱乃滋甚焉。爾栩室，工半而止，不令人譏曰：此夫能始之，不竟之乎。經云：凡柔折於業者，與自毀其業者，兄弟也。何也，柔者業未訖而止，以與自毀業，曷異哉。怠者行而不底，種而不獲，戰而不勝，食而不飽，勞而無成，邪魔誘人於他惡，必或陳列實甘以爲餌，乃能鈎致之。怠者否。無繩而拘之，無鐍而扃之。途乎無阻，視皆荆棘矣，獨以虛怖之影自局焉，無警而徒畏，莫逐而空走，故屢被克於無有之敵也。

人怠者之心，甚分。故其願慮事業，不能恆久如一也。覺御心有微勞，則遺之。隨欲肆游，無顧焉。譬如海舟，舟師寐而失舵，隨風行動，無刻可同。怠者之心業，欲和於一，猶膠破瓦器，不得堅固，隨復散焉。爾欲爲勤德士，先須遠惡就善，次縱事不惡，須離小就大。次縱事善，須離多務一。一者何，天主也。色搦加云：凡如意不如意事，皆以不平心遇之，則輕心之旗耳。終日一額生乎一面者，正智也。特務一而止者，甚美矣。非大智疇能之。我儕無不怠，故多變昨日所識人，今日尚誰何之，兩日如一者鮮矣。爾修道，欲試實有所得，視爾合己與否，視今日之念，與昨日之念異同與否。安者不移，倐積倐毀者，倐改方爲圓，改圓爲方者，明徵大道不固於善也。醫方云：始服有効，進用之，必瘳。日誓新善，不如守己誓之善。毅然進於所始之善，天主之惠也。曰易方，正邪魔之計，奪心之恆毅，及德行之益耳。君子慎擇，擇而得。務握固恆守之。勤修之士，豈惟定心於一業，亦宜定身於一所也。身不定於一所，心難定於一念一願矣。怠者不能奮然克己，以致心安而易處求心安。正猶身疾者，易處而求愈，祇益疾耳。爾求安，在易心，豈在易所。諸所自攜，易所終在，何益哉。今此所累爾者何，令爾舍彼所，易此所者是也。非謝心所居而安焉，豈能致爾樂邪。行方以消心任，而心任以搖易更重也。譬舟中物，定在者，爲累微。傾倚無常者，展轉積聚，使垂沈焉。爾所由易所者，病故耳，以數易所顧增病。能除心之病，隨所皆安樂矣。木數移不茂，方石自安，誠德自靜。定身於一所，正實德謐心之印證矣。是以欲知此人安樂與否，勿問其所何如，惟問其人何如。

旣定身所，又宜謐肄獨居。色搦加曰：爾問何當亟避。余曰：衆也。吾實知我性靈薄弱，出時所獲，旋時未或全存也。先所已靜，有所復淆。先所已克，有所復旋。嗇淫酷傲諸情，皆尤深。惟居於衆人中故耳。鮮德未固於道心，須別異之於流衆矣。人之情苟衆所在，則超越而從之。視人之淫吝，皆大有所害。柔靡好燕樂之友，漸消我勇毅。富隣煽我貪，縱令心淨，交一惡友，必染其惡。況衆所銜逆之心，又何如乎。爾非效法之，必憎怒之。兩者須并避焉。勿因其衆而效之，亦勿因其異爾而憎怒之也。

走通衢者，必觸多人。或俾隕越，或尼其行，或點污我衣。交於衆者，疑礙必多。或招尤，或虛我所望，或阻所之，或遲所得，事悉非如意也。

經云：治其地者，飽其食。狥其閒者，居其貧。又曰：怠者曲手而齕其肉。曰：與心苦而兩握盈，不如一撮而靖安也，怠者不欲以微勞求得所須自贍，而以饑渴消其肉，猶自食其肉耳。國有敵寇來攻，人寧恆鬬，不甘屈服。怠者無勇以敵邪魔之惑，遏欲爲苦，而以曲從邪魔之誘惑。屈於諸欲爲靖安，豈非諸罪惡之奴哉。

夫閒暇，怠惰之密侶，諸惡之母也，邪魔邪感穢欲之鵠也。鳥生以飛，人生以勞，造物之主，鳥傅之兩翼，人傅之兩手。一也。飛鳥弋人何慕焉棲，乃援弓射之矣。水沸，蠅去之。溫且寒，則就之。流水生嘉魚，潦水生蛙蛇。室曠易污，罇充於美液，惡者莫能入之。萬物盡然。人營業時，邪念無所自入，故邪魔去之。暇時，乃就而煽惑焉。傷其心命，虛其功德，亡其天報矣。聖協落尼曰：使邪魔來時，恆遇爾營業。古賢有言：務業者，特有忌勞一邪感而已。閒居者，邪感百種幷來攻之。瑣奪馬中西國上古名城也，天主嘗降火，悉燼其人物。聖經解所致此大殃之緣，一爲飽飫，一爲閒暇。被阿小國王也，遇數人閒居，招之曰：爾儕無穀以種乎，無牛以耕乎。我與汝，勿肆閒也。或問故，答曰：以遏其邪心。何者。居多暇，恐有惡謀亂略也。語曰：人無所造，則學造惡。故閑人，惡人，一也。辣則德國法，凡惡事，根究無主名，游閑者當之。一以令人勿閑，一以示習閒暇者，諸罪皆可疑焉。

怠者好閑，又不耐閑，故以閑爲樂，復以閑爲憂。既樂且憂，遂蕩於萬欲。經云：怠者手不欲作業，故終日戀欲。目欲視虛事，口饕食飲，舌好多言，耳貪讒誹，體戀淫慾矣。夫閑者必致匱乏，恣慾必須厚費，詎能不流於貪婪竊盜哉。又必恣寢寐。其寐非作業致疲，乃閑厭飽飫自廢耳。故非勸者所憩之席，乃死者所藏之棺也。經云：營業無論食多寡，其寐必甘。富者之飽，不使寐矣。夫耳目口鼻，皆節於聽視食齅，即寢寐亦節其中，念象亦清潔矣。怠者之耳目諸官，皆恣於行。其寐中之念慮形象，能無穢污乎。

或曰：我事甚繁，無晷刻暇，而邪念穢欲不獲衰止，何故。曰：世之煩勞，天主以爲甚閑。明目人，不見實理，謂之瞽。世之智慧，天主以爲愚。煩勞於世事之人，天主以爲至閑也。譬諸兒童，以竹爲馬，泥爲室，跨馬造室，自視甚勞，不獲閑。人視之，不甚閑乎。凡造作事業，非向於天主，及顯天主之榮名，及身後之永命，非益己德，乃益他人之德。雖世俗以爲大事急事，眞智人視之，亦皆兒童跨竹之類耳，矧天主及天神乎。

人巽術，所須視者三。其一善也。善業雖多，但以克人欲，修正道，事天主，務豫備身後永年之事，至爲急也。其一，有益也。務閑事以除閑，不甚可笑乎。能消此日之憂，致此日之樂，未遽爲益業也。業既畢，此遺益於心德，增我實學，乃足爲敵閑之益業耳。其一，不奪心也。內業者，本業德士瑩精圖之。其於外事，借心不寄心。即務外行，無傷內心。恆懷向天主，向道德之眞慮耳。雖息於外務，不已於善慮，謂之寧謐，弗謂閑暇也。此則息於外務之爲至務矣。聖亞吾斯丁云：獨暇者，能識天主。非懈怠之暇也，靜謐之暇也。智者知心力愈析愈微，愈無專，故恆圖減外業，以增內業。聖百爾納曰：我獨居時，乃最不獨何也。獨居則寂於外務善慮道願，益密益純，我心恆偕天主，詎獨乎。

夫邪感猝至，扣我心門。此時敵之，其去甚易，更增功德。次則稍向樂之，未從也。此時未成大罪，不免爲過失矣。下則喜而從之，乃成大罪焉。勤者甚急於守心。邪感至門，輒閉不待，輒力敵之。邪欲如熛，偶爾一發，輒撲滅之，不及於熾。故我此心，反淨於邪慮邪欲也。怠者不守心門，心門恆闢，邪感一至輒入。覺其險，乃始敵之，甚遲矣。勞苦既倍，勝負莫必。如敵至門，輒閉拒之，防守則易。俟既入門，圖欲毆之，其不尤難乎。巨不在巔，安置甚易。既始崩隕，後欲止之，不尤難焉。是故怠者之心，大罪難免。縱或不犯邪念穢欲，將必甚稠，過失甚多矣。

夫怠者之害，遲遲遷善其一也。經云：勿遲遲歸依天主，勿須暇。俟其怒輒至行罰日壞爾矣。人壽之期，悉由天主，非人可爲。怠者須暇爲善，姑諉於異時。似彼年壽，天主悉託令典司之。聖百爾納云：愚人未來之時，天主既不令爾自主之，何故豫妄分排，如屬爾物乎。所賜時，妄用之，以得罪於時主，而尙望其長，爾望不甚虛耶，盍尤畏其速絕乎。經記有人甚富，一日自謂其靈神云：我靈神，業聚得大財，足多年之用。今靜矣，食矣，樂矣。或聞有聲曰：愚人哉，今夕取爾命，爾所備誰得之。故經曰：爾不知爾主來時，爾恆便候之，不宜乎。色搦加亦曰：爾不知死刻

何處候爾，爾處處候之，不甚寧乎。修士先竟其路，而片時，俟死期至，則善矣。恆備以待死時，死時雖忽至，不爲不虞也。我曹生命，大半空消於須暇，是以當事業中，而忽屈死矣。

亞爾色，古名聖也，天主賜之冥觀世人之情。初見一人，盛水於璺罌，此入彼出，纖悉不存。天神解之曰：是爲行善於此，造惡於彼者。善行所積功德，旋以惡行毁敗之。次見兩人，横抱一長大木，欲入天主殿也。而爭先莫肯後進，並不能入焉。示傲人者，皆不能入天堂也。次復見一人採薪累積之，既積，欲負以行。覺力不及，姑置之，復採而益之。天神解曰：此則怠人之邪情。罪惡甚多，覺今難克難改，姑待來年改之。而其間又益他罪，增他惡，後欲改，不愈難哉，故明日一言，正鬼魔之言也。爾有惡未改，有善未行，立時肇業，成功甚易，須後更難也。何者。一罪之重，必垂心於他罪。今日不能，明日安能。久成若性，習慣自然。疾老難瘳，惡舊難竄。溺罪彌深，主祐彌絶，主怒彌重。行善彌遲，疑礙彌多。罪惡注心，恆有所害，心力日衰，心明日昧，心欲日恣，心記日鈍。累年重結，非大勞不釋。積歲順欲，非大苦不脱。宿負能即償，而須異日者，明徵不肯償也。事能即行，而須暇者，是明徵不欲行耳。

夫善德之修，特其初難。其難也，亦非德難之，我性邪情難之也。稍務克己，邪情漸融，德路日開，德行日樂矣。蚤年修詣者，情欲之根，尚爲未深，擢之甚易。爲善享樂，尤永久焉。壽命甚長，愈宜善也。爾藏酒愈多，愈願其嘉。不幸而敗，愈多愈惜。蚤年爲善，事天主，則以爾最强美奉天主，主益嘉之，厚報之，幼壯回遹，老耄而後思善，既廢於世，始思循德，則以淸美奉世事魔，以查滓奉事天主。語曰：一往千里，一返千里。久離於道，非久難還。幼壯年之行，悉背德違道。老耄不能行，時欲即還之，曷能迄歟。壯年行惡，而行善推遺於老時。猶得珍器，將貯美液，先且多年，用貯穢污，不甚愚乎。色搦加曰：修德宜如行路者。出門遲，非疾行不詣也。夜臻旅館，諸便悉乏。夫移樹，矯幹，調馬，治疾，初敵，泲酒，諸凡及時須作之事，稍待他時，必廢之。小樹易移，細幹易直。待既成長，而後思移之矯之，非妄耶。教老馬，藥痼疾，待敵入城毆之，酒既酸而泲之，不甚遲乎。

涉大海者，知順風將至，又不知何時至，即於未至時，豫備所用物可也。待既至，揚帆捩舵，乃始備之，不晚耶。防敵者，待敵既至，厲甲礪刃，得不受傷。將朝王，俟登座而製朝服，能及見王哉。備死後永年之事，生人至急矣。豫備者爲大智，死期已至，靈神欲行，邪魔來肆攻，天主莅聽訊鞫，始求正道，行善備德，克惡悔罪，祈天主，豈不甚難哉。善營事者，事急先之，事緩後之。心德及身後之事，最急矣，最後之，可謂智乎。

近死之時，阻礙尤多。身之疾病楚痛，妻子之依戀，世事之別離，所犯罪惡之畏慮，死後訊鞫，及永殃之怖懼，皆擾我心最深。臨終之時，邪魔之攻伐更堅，心慮更昧。歸善改惡之意，豈易至哉。況人隨所種，必以是收。生種罪惡，死時收靜慰，至難矣。生恣世樂，死後收安樂，必無之理也。生忘天主，死天主便忘己。生時簡忽天主，死時天主必簡忽之。經中天主自云：我招爾而爾逆我，輕忽我勸責。爾死我亦笑爾，災禍倏至，爾求而我不聽矣。是以自下，期暫狥欲，享世樂，而後棄世勤於修道，以是天堂者，譬猶猛暑際行路者，逢樹蔭，赴就之，解囊暫憩，稍寐，當速行。不覺迄晚不寤，此時奔走入城，門已闔矣。

敝國一商人，鳩聚數載，積財甚豐。或問何法致之。答曰：非義之財，不使入我門。今日所能造，不待明日。自所能造，不委他人也。能用此三箴自修，必於暫時，可就大德矣。

今世人甚勤於俗事，甚怠於善德。其故有三。一則心無主可敬從，一無道可履蹈，一無罰可畏，無賞可望也。何謂無主。天地有宗主，人能識之，敬事之，即善有所趨向，有所據依。故行大小善之根，悉在信識天壤中有主，虔誠奉尊之。萬世聖賢行道德之箴，以事萬物眞主爲本。欲行善而舍此眞主，善無根本，似而實非，或則微眇，無報於天矣。人心無主，如天無樞，舟無舵，進退無度，行動淆亂無準焉。故不識眞主，正爲諸惡之根原也。經曰：愚者云於心中，天地無主，遂朽腐。甚爲可恨，無有一爲善者。

何謂無道可履蹈。夫正道必出於天主，亦自趨向於天主也。弗知所從出，所趨向，安能知道乎。夫生人之亟務，莫如求正道。爾娶妻，求賢女。買田，求沃土，百凡世物世務，亡不求精良。盡其靈智計畫，不辭勞苦，不惜時與費冀得之。獨求道即否。無論善惡，不辨正邪，輒取之。物

有眞贗，盡意求眞。道更有邪正，何不盡意求正焉。市贗物，則失微價。循僞道，則失天主，失眞德，失天報，失功勳，而終必不免天主之怒，受永年之殃，所失孰大乎。

何謂無罰可畏，無賞可望。邪魔者，我輩之劇寇也。其計慮所向，全在喪人德，淪人於罪惡。其所用籌策至酷者，在令人誤信善德，身後無應報，罪惡死後無罰殃也。聖協落尼曰：我輩皆勤愼於小事，怠惰於大事。所以然者，惟不知實命實福所在也。聖經記世人言，曰：人與獸，至竟如一，兩者之勢均矣，凡物絕息之理一也，人無加於獸，皆以土摶埴而成，卒歸於土，誰知亞當天下祖宗之名子之神上陟，而獸魂下降。世人誤信此言，故恣於萬罪，怠於諸善也。見罪人犯科，不見即受罰。故曰：天地無主，爲惡無損。不覺天主之待不亟罰，正爲其弘量大慈，不急行罰，待我悔改耳，非全不顧不罰也。夫德非大勞不修，人欲非大苦不克。應報之望，增力以勝苦勞，此爲修治進德之途也。除應報之望，更有何法以勵衆善，警衆惰乎。工之負繩墨斧斤，游行於市，問曷不作務。必曰：莫我鳩矣。居貨物，問此物曷不售。必曰：我待價也。人游閒不務德，怠於克己，惟誤謂作德克己有大勞，身後無報應之價，故沈溺怠荒，視忍受作德克己之苦勞者，顧爲狂愚也。

世有智者，魔或不能令信德行，無身後之應報，則又設一策誑之曰：行善而望酬報，此非德，乃利矣。爾行德，不冀酬報，不尤精美乎。此言似高遠，引人進於至德，其實使人離於實德，誘人恣行諸惡者也。何者行德爲德，此物此志，洵美矣。第非聖人弗及此也，即聖人之行德也。其大意悉爲天主爲德美，亦何嘗不望於死後之報，況衆人乎。非望益，安能策怠，當行德之苦，謝隨世之樂。非畏害，安能去惡克己哉。今信有主有報者，猶難勗於精修，況去主去報歟。是以德行所忌，惟世報之望而已，以德望報於世，德性遂虛。此眞非德，乃利矣。若天堂正爲衆人之本鄉，永命之所，天神及聖賢之境界，人昇之，能見天主之本體，定於善，不能受害。凡人心所願美好，悉得於此所，天主生人，令行善者冀望之，願得之，求就之，正大德耳。而反以爲利，眞邪魔欲令人溺惡怠善之誣語耳。

夫邪魔陰網非一，使人或脫於彼，復絓於此。曰：死後天堂應報縱實有，我黽勉於善，必昇受之。今何必論有無，何必信望之。余曰：有天堂之報，眞爲善者，勤心事天主者，必昇受之。但不實信果有而望受之，必不能事天主，爲眞善矣，又何以能昇受之耶。邪魔知人之情，不堅信望死後之報，即善德必不能毅然保存，故雖似令人爲善，第令棄此信望，善德必幷棄焉。夫死後無永報，天壤亦無主，若果有天地人物之主，身後必有善惡之永報矣。此則萬世聖賢共心語也。夫天地有主宰，爲萬物共主。全能至善，誰疑之，則死後有永年之應報，亦豈屬可疑之理哉。矧此信望，能策人怠慢，激人精進，又何故不誠心信望之。若曰：必待死後既親見，吾則信焉。則先失天堂之永福，墮地獄之永苦，而後始信實有天堂地獄，豈不甚晚，信何益耶。

夫天主所備善人之酬報，非言可罄。天主聖經云：今世瞬息微眇之勞，所致天堂之福樂，無量數，無期限矣。又云：目未見，耳未聞，心未思，天主所備以酬愛之者。或問一賢者，天主何物。賢者約諦思一日，對之。既又約二日，次求四日。如是每倍之。問故，答曰：此事愈思，愈覺甚超人力，故難言也。天堂之事，亦若此矣。但知一節之大，可測一人之大，諦思目下世事，亦略可測天堂樂之萬一也。聖亞吾斯丁云：吾主爲我此賤軀，與以多且大恩賜，一至於此。如天地氣海，晦明寒暑，霜雪雨露，鳥獸魚鼈草木，至備矣。所備於天境，聖賢面爾之所，又何如。圄牢中若此多且厚，天庭當何如。涕谷若此大樂，諸樂之境何如。今所幷賜仇者友者若此豐隆，身後所特賜友者何如。不信爾言，不從爾道。賜享天地間，諸福若此。所豫備以報信爾言者，尊爾命者，從爾道者，豈不尤盛大無比乎。智者遇世之樂，不爲牽動，但用以推思天上福也。富貴齎錢入市，或粥微賤物，目下輒償其值矣。若最貴物所齎錢不足，約到家償之。世人之善德眇小，其值輕微，天主隨用世福酬之耳。誠心愛事天主之德，其值重大，總世福不足酹之。德士亦視爲簡賤，不願得之。其值則天主約死後，全償於天堂焉。

或曰：向聞天堂地獄之說，竊謂此實至理，萬不可疑。又聞天主至言，極能策人於怠，迪人於善，弗敢不實信之。今世所由致疑者，爲其特聞天堂爲諸福樂所，地獄爲諸苦難所，未知其福樂苦難之態云何。與世間福樂苦難，是同是異。世又特知能覺苦樂者，爲有五官故。未知身內神靈既離本形，不能視聽齅啖覺知，云何復能受苦受樂，又未知是身死後，尚

能與神靈同歸福樂苦難之境，抑既降於地，永久不能復作，若開釋此理，使人明悟其實，信天堂地獄之賞罰，因而行善改過，棄異端事天主，不甚易歟。

余曰：凡天主造物，各有所爲。爲者諸物所趣向，所急願望得也。得之即其本性之全福已獲矣。試如農夫耕田何爲乎。必曰：爲欲令人飽也。則其終歲勤動，必趨於饜足而後已。饜足，斯耕之事畢矣。天主所以造人何爲乎，則使之今生據所賜理心。善事天主，而後歸於天境，得見天主本體，享其福樂，以是得其性之全福焉。

凡靈物所不慰樂者，有願不遂，有所欲得，弗能得也。既得則慰樂，得彌大，樂彌廣。迨既全得其性所欲得，含容之量，絲毫悉滿。冀望心，絲毫悉遂。斯爲全慰安，全福樂矣。若所得福樂雖大，此外尚有美好福樂，可得可享，即覺所得尚有虧歉，欲兼得之，未獲滿足，所得安樂，不謂純全矣。

夫人有神靈，有形軀，兩相締結，成爲全體。惟神與形，體性既異，作用亦殊，所享福樂，各從其類。身以形用，不能覺知神物，其所福樂，皆形福樂，不必盡暢於神靈也。神者神用，其所福樂，亦神福樂，亦不必盡適於形矣。夫靈神者，一身之宗主，其作用則有明悟，愛欲，此二能者，實爲神靈之手足也。明悟者，審物理，辨事宜，別善惡之端。使人知所趨避，欣樂效動，以求實理，如水流行，常運不已。故稱神靈之足，運動之謂也。此爲生人最要之能，最先之用，故人性所願欲，無急於明悟實理矣。既已明悟，願欲乃愜。所明彌廣，所樂彌大也。愛欲者，愛惡冀望喜怒也。冀獲所欲獲，則安靜慰樂享受之。如山屹峙，不復移易，故稱神靈之手，握固之謂也。愛欲者，本向於美好順便，既獲之，遂生慰樂。所獲彌大，樂亦彌深。愛惡之用，恆居明悟之後。明悟者，以爲美好順便。愛欲者，遂眷戀慕悅幾欲獲之，如以爲穢惡鄙陋，即增疾厭惡，趨欲避之。二能既滿，二願既足，加之綿亘不已，則靈神所欲得者，既全得矣，吉福豈不完滿乎。

夫萬物之實理，與其美好，咸有限際。而二能之期願寬廣，明悟所能洞知實理，愛欲所能享抱美好，悉無窮竟。何由全得完滿，不及該洞享受萬物以上，無窮之實理美好。即萬物之實理既該洞美好盡享受，曷能饜足慰滿，其冀望容量之大哉。夫萬物不能慰滿者，獨萬物之主惟能慰滿焉。是以凡靈物之全福，非見享天主，不全完矣。聖亞吾斯丁謂天主曰：我主爾造我心於爾，非及歸爾，不能安靜矣。聖經謂天主亦曰：識爾，及爾所使耶穌基利斯督，天主降生之名號此則常生矣。蓋天主之聖性雖純一，而萬理精妙，萬物美好，既已該備無餘，其伸於萬物之上者，猶無窮焉。靈神既離下土，趨登天域，以神目照洞吾天主無窮之性體智能，以愛欲之，是爲享受吾天主無窮之美好，則其明實理，享美好之量悉盡。而凡其性所願明悟，所期美好者，既悉得該洞享受焉。人至於此，智福俱全，愁痛窮悲，種種禍災，種種邪情，悉得離遯。念慮願欲，悉若主旨。故其見享天主，無量時限，人定不易矣。其爲福樂安靖，不至極全備乎。

靈神既飽飫於眞福，其光輝吉樂之末，因達於肉身。肉身之福，據其本性亦備足矣。此非口舌可詳，今姑以世所謂福者略喩之。夫外身精神強固，百疾不侵，氣度舒和，體貌麗美。內之神心，靈明睿智，事物萬理，澄徹會通，視聽言動，不爲物引，克積於德，大定於善。加以富厚尊貴，顯榮安樂，此則世所謂身中身外，吉祥善事者。夫此種種諸福，在此塵世，則暫福也。居世之人，又僅獲其纖毫耳。在天，則永居天堂者，正得其眞與全矣。蓋肉身一入此境，無受損害，常生不死。百體強固全備，四肢相稱，無餘無虧。發大光明，七倍於日。周旋六合，不待俄頃。透山入石，了無留礙。非若今之肉身，饑思食，渴思飲，寒思衣，勞思逸，必有待而然也。若其靈心，親見天主無窮能性，悉得洞曉無得疑礙，大定於善，無復更易。寓於靜天，靜天之境，高峻盛麗。固非世主珍寶玩好，瓊宮瑤臺，所可彷彿其萬一。與天神及萬世之聖靈，相爲伴侶，相爲昆弟，相視相愛，如一身心，共是共非，共愛共惡，大所願，惟天主所願。分外之願，自不復容，自不復起。凡巨細願，無或不遂有所欲爲，賴天主之全能，無不能爲。此其富足安逸，尚矣，居天堂者，皆是天主鍾愛之子，天神契慕之交。尊與榮，又孰大焉。

曰：凡人形軀，既死入棺入墓，腐朽無知，安能又受若此之福耶。
曰：血肉之軀，今雖速朽，歸復於土，亦有日復生，而與本神靈俱升於天堂，受慶福也。此則天主親言，不必他論，遽當實信。即以理論之，亦有確然義據。蓋靈神肉身，兩相締結，始成一人。凡二物相合，莫如靈神肉

身，最爲親切也。當其結合，惟恐相離，迨既相離，甚欲復結，以成全人矣。故靈神方孑然獨立，未合肉身之時，雖享天堂之榮福，然其性之自然，猶未悉得慰滿焉。天主許令一日諸聖人之神靈，與原身復結，滿其性願，受全性之榮福，不亦宜乎。凡謂善惡者，必曰：人爲善惡，不僅曰靈神爲善惡也。故雖擇善蹈惡，原屬靈神自爲主持。方結合時，獨一靈神不能自作，必藉肉身爲助。故凡種種善行，種種惡行，莫非靈神肉身所共造作。褒貶賞罰，宜與受之。故知肉身必有時復生，而與靈神合爲全人。然後或升明天，蒙爲善之福榮。或墜冥獄，受行惡之殃咎也。況靈神本自向善，惟締結於血肉之身，乃始誘役，而甘其穢欲沈淪罪惡，故肉身者微獨與靈神均惡，而更爲煽惑之媒。若使靈神受罰，肉身蒙宥，天主至公至平之義，必不出此矣。

所謂復生之肉身，非天主更爲造一肉身，乃與神靈原結合之肉身也。蓋人生時，靈與身共爲善惡。故天主約令復生之日，共受其報。是受善惡之報者，則其爲善惡者也。本來肉身，與靈神同爲善惡。今受報者必當以其原身。苟離於原身，更造一身，而加之以原身所爲善惡之報，此猶罰無罪，宥有罪，賞無功，棄有功，豈天主至公至平之義哉。是以目下形軀，雖或焚成灰燼，或朽成浮塵，化歸於土，天主自有全智全能，初能於無中，造成天地萬物。今亦能於無中，造成衆人之靈神，後於復生之際，取灰燼浮塵，變成人之原身，何謂不能乎。夫火能焚人使爲灰，土能蝕人使爲塵，豈造物者不能以灰塵復變爲原身耶。

夫肉身復生，向後之事，悉天主自造之事。事由天主自造者，莫不致精致備矣。於是今生所闕損，一切皆蒙補益。增減適中。氣力狀貌，全獲壯盛，端嚴美好。天主又以大能大德潤飾之，其最大者有四，一曰無損。謂一切病患，水火刀鋸，損人之物，不能傷之。六欲七情，絕無所攖，是故不能復死。一曰明光，所發光明照燿，日不能儷。一曰神速。肉身復生，非若今時重濁之體，無翼而飛，不行而至。靈神所欲，無論上下遐邇，肉身隨至，不待瞬息。一曰神透。一切堅實之物，悉能透達，無有滯礙。穿山入石，無之不可。聖經所記，大概如此。其他天主所惠聖靈之能德恩施，莫可數計。

曰：世人功德，必有小大。主報福樂，宜有輕重。受福者若各飫滿斟酌，毫無缺久，曷分等級耶。若曰：有分，則下者不足，不如上者之足。願望之情，奚能悉謝。曰：聖靈功德，巨細不同，主報因之。但其功德愈宏，容含愈大，聖靈受報，各稱其容，故品級雖殊無傷，爲悉皆充滿也。譬之巨室，家有多子，皆以寶錦爲其鮮衣。短長寬窄，合稱其體。而裁製之，長子之衣，既長且寬，其價必重，然其衣止合長子之身。若移於他子，豈堪著哉。亦必非他子所願望也。

若地獄與天堂正相反也。天堂安於靜天九重天之上，最爲清朗。地獄置於地中最下之處，最污暗也。其苦難之態，固非口舌可罄其萬一也。凡天主所自造之物，如天如地如海，皆甚大甚備，皆足顯無涯之智能也。地獄之苦，及甚盛義怒刑罰，亦用呈其無量之能，即甚大甚備，可想知已。地獄之苦多種，總歸於二。一謂覺苦，一謂失苦。覺苦者，寒，火，饑，渴，臭穢，暗冥，憂懣，與凡一切能致痛楚之刑，此類之苦，地獄甚備甚大。凡世間所謂苦者，以是苦視之，悉不爲苦，正如畫物與眞物也。是以天主屢使人暫視地獄之苦，其人後遇世之大苦，甚樂忍之，不謂苦矣。

失苦者，則失天主，及天堂諸慶福，永不復得之悲憂也。兩苦並大，失苦更深。譬之一人，今日盡勝服其敵，將立爲大國之王。不虞偶以微故，事勢忽易。敵立爲王，己又被敵束縛，加之大苦重刑。斯人之覺苦雖重，但其忽失大福之憂懣更深矣。夫世苦雖大，或有他慰。即無他慰，尚有有限之慰。地獄之苦，既猛且大，而又無限。入者知不能出，故悉無復脫之慰，而有永永不能脫之苦憂。地獄中人與鬼，使天主許之一蟻，每年食海水一口，待海水食盡，地獄之苦亦殫，此望雖甚遐，然亦有時而至，亦足輕減其苦，但此微望悉絕，其苦憂豈不甚大無比哉。同苦者多，尚足微慰。獄苦獨否，同苦者，相恨惡，視如寇仇，故彼之苦悲皆增我憂，而我愈多苦也。此處之掌戮則鬼魔也。其惡劇大，甚強有力。酷虐無比，其恨我人類最深，無絲髮慈愍。凡所能加，惟力是視。其所加苦難，又孰尚乎。受世苦者，知或憐我，亦當微慰。地獄中受苦者，無論天主無涯之慈，及天神與諸天堂之聖人悉不復哀愍之。即諸聖靈視天主至義至當之永罰，甚爲樂矣。受苦者，復計前在世時，肯虛心求正道，事天主，守其微滅，忍其暫勞，則能免此大難。復仰天堂，視在世所識人，以微苦致天堂，無量之慶福安慰，更增其懺忮。是其苦難，憂懣至純，無纖毫慰樂

焉。是其哀悲吁嗟，恚懟天主心言，永永不間焉。

曰：地獄中受苦者，其肉身亦復生否。曰：衆聖靈之肉身復生時，地獄之人，亦同復其原身。但聖靈之肉身復生，遂升天庭，偕與本神靈同享福樂，而聖靈之福樂，從是滿足。惡人不然。其身再作，更與原神靈，同受永罰。其爲痛苦，較前更甚。神靈受苦，既不能堪，惟求亟滅而不可得。加以肉得之苦，實又更益之，安可謂生耶。生者，動而自適之謂也。原泉混混，不舍晝夜，謂之活水。掘地而注，更無改移，謂之死水矣。聖靈既在天域，凡所欲爲，無弗能爲，大小之欲，無不必遂，如是無量，不計歲月，謂之常生。若夫不仁之人，既入地獄，束縛於萬苦之中，曾無轉動，自負痛楚，懇求滅息，又不可得，願欲雖微，無一能遂，永永如是。雖有形質，不能滅亡，實爲常死，曷爲常生耶。

又《論勤德》 夫人心如地，久不耕耘，必生荆棘。經云：我經怠人之地，荆棘充滿之。是以克己之業，須臾不可置。稍置之，則邪念及穢欲，羣芽叢生焉。夫心之邪情，方在世之時，誰能言已盡克之，悉拔之耶，爾勿自欺，絶者復芽，退者復返，滅者復熾，曲者復伸，淨者復污，寐者復醒。一拔而已，豈足乎，必須恆拔矣。惡樹雖以美枝接之，第其根幹尚存原性，豈能不如其原性發芽乎。故修士之業，惟逆其性，拔絶其芽，正其念慮，清其願欲，守其五官，此非甚勗於善者，豈能就哉。

夫世所謂慶福，無論富貴安樂，才智道德，必須人自求索，乃始得之。無有自能求索人者也，故必由勤勞致之。怠者憎勞避勤，已失所爲得慶福之因，何由得諸慶福耶。譬之一城特有二門，彼爲諸福所入，此爲諸禍所入。汝恆閉彼闢此，不令滿城皆禍災，狀若地獄爲可畏可避之處乎。怠者好暇，是闢諸邪念回行所由入之門也。憎勤惡勞，是闔諸慶福所由入之門。故諸災禍悉隨之，諸慶福悉避之。

經云：爾見人勗於事業者，必當王而立，不小人伍也。千歲之前，大西諸國，未盡入天主聖教，有國主奉事神佛，而臣民多敬信天主者，有一王新即位，令曰：諸臣偕我事神佛者，官位如故，否悉逐去。我特貫爾命，足矣，諸臣中，有不背天主者，皆棄位去。有戀官位者，內信天主，外若王命，向神佛拜禮之。王遽命去者悉還官之，其外順王命者，盡逐之，曰：爾曹不忠於天地大主，而忠我乎。今向微利棄大主，遇利豈不棄小主乎。

天主視一黽勉於善之人，亦千倍重於善人而不黽勉者。經云：一罪人實悔痛其罪，轉化爲善。天上之樂，大於九十九善人而無須痛悔者，何故乎。彼罪人自承爲罪人，故切於痛悔，急於悛改，勤敏善行，用贖前諐。故天主最重之。善者或自謂善，未或大犯，不急於精進，雖善，主視之猶輕焉。譬有一卒，先怯敵，棄甲曳兵而走，忽返而力戰勝敵。又一卒焉，不怖走，亦未嘗力戰，爾孰賞乎。有地於此，荆棘叢茂。荆棘既拔，復種五穀，生産亦豐。又有地焉，不生荆棘，而甚磽瘠，生穀亦薄，爾孰貴乎，是以一時勤敏，勝多年之善。千百善人，不務精進，并力祈禱，未感主心。勤敏於善人，但一祈禱，即能感動，聽受開可焉。譬爾有百僕，其九十九者，慮主怒，畏主刑，弗敢犯大罪。但小過微疵，不務避之。大命不敢不行，但小命輕忽之。一者媚茲其主，雖小過弗敢故犯之。雖微命弗敢不遵之。自此之外，又伺主心所喜。雖大勞，悉務行之。使主智者，視此一僕，不重於九十九僕乎。此一僕者，有所祈請，其感動智主之心，不亦深且速於他僕乎。

善人而不勤敏於善，奚翅不能得所求，天主最深厭之。經中天主云：爾或熱或寒，但溫不寒熱，始唾爾。熱謂勤敏於德，寒謂流溺於罪也。溫者不爲惡，又不勤於善行，取譬於水，或寒或熱，皆可食。溫水不寒不熱，難食，令唾耳。但溫者有二，從熱向寒，從寒向熱，皆經於溫。一過之後，非向熱，必向寒，不久溫也。人不日進於所當爲之善，即所已爲之善，必且日消矣。若曰：吾莫止於此，善不進亦不退。無是理也。一失於進，遂始退矣。夫天主豈願人惡，不願人善乎。善人而怠於精進，必近於惡，從善墮惡。其復起於善，難於未嘗爲善者也，故天主甚厭之。若罪人自識其惡，知其險危，畏恐大罰。今日雖惡，尚冀悛改。黽勉善行，急於精進，故天主不之棄焉。經曰：怠使於使之者，如酸於齒，烟於目也，亡不艴然厭怒之。矧爾縱不爲他惡，特怠於善，自足爲惡也。爾有一僕，不竊不詈，不浮不詐，諸罪不犯。第終日遊閒，諸務悉廢。爾謂善僕乎，爾不責怒之乎。責以何罪，豈止營業已乎。故他罪不犯，獨怠於善，必能令天主懠怒，大降不祥也。故僅不爲惡，不足稱善。先絶諸惡，復勉爲善，乃足稱善焉。

夫天主者，造我正主也。其智能仁慈，美好尊大，皆無限際，是以我儕所宜敬愛奉事之者，亦無限際也。我力既不克爲所宜爲，第竭力守其誡命，不怠於所能爲之微善，不亦可乎。矧我儕所得性，及樂性之美好，與身內身外之福，悉皆天主惠賜。殫心力奉事，猶不能謝其萬一，況怠於所能爲之微善哉。我儕罪過，日多且重，我功勳未足盡贖之。大主所設報罪惡之殃，亦極重大。策怠勗善，以感動天主，赦罪宥殃，設可泄泄哉。天主所備爲善之天報，亦宏大無境，我功德不足當之。今怠於積功修德，又安能承受之。天路遐邈，其中寇敵甚多，須克之。邪感甚繁，須遏之，誡命須守之，窘難須忍之。人命適短，今日盡爲我有耶否耶。不可知半途息肩而卧，罪惡之赦，與天堂之安，何由施及歟。升高山者，不得不疲，何況升天堂。天堂者，天主所備以報功德，以報苦難之忍受。怠於功德，不忍受苦難，則不得其報。經云：天國受攻，惟強者能劫之。怠者柔如脂膏，以微苦之火，輒傾蝸化消之，又安望悉力戰勝哉。

人勗於善，勤事天主，應報之望，輒生於心。無論身苦樂，其心恆保樂焉。是則身後永報之味，今世已始嘗之。勤人之望，豈不貴於世人之得哉。是用不怖死，且願望之，死期迄無憾，且樂受之。知爲歸鄉，入所恆望永慶之門耳。怠者異是。無功德，無天報可望之樂也。有口以造訧，故恆怖永殃，無刻可安，今世已始嘗死後永殃之苦矣。或曰：凡獸如馬牛二，牽之則從，豕獨否，且大作悲聲，何故。曰：馬謂將我乘，牛謂將我耕，羊謂將剪我毳，皆有所用之故，不疑受害耳。獨豕終日饜而遊閒，不可乘不可耕，無毳可衣，而牽之不謂將我殺歟，故甚悲拗，怒欲脫矣。勤敏於善者，世福不望得之，故亦不畏失之。心抱功德，懷身後永報之望，故險中甚安也。怠者終日徇欲，無功德可恃，有罪惡可怖。故樂中不樂，安中疑害，微疾畏死，正不祥人耳。

爾勤於德，遇勞勿止。天主令爾鬬，祚爾勝，輔爾弱，報爾勳，邪情攻爾，勿以目下德行之憂勞，比狥邪情之樂。惟以今行善之憂，比狥情罪後之憂。以今狥情之樂，比身後天堂之樂，乃知德樂大且永。狥情欲之樂，小且短矣。爾鬬勝，勿自安而釋兵。紐勝，屢生怠致負。既得一勝，必敵於礪刃以復鬬。大海必多浪，此世必多邪感矣，鬬而被傷，勿失心，勿曳兵而走，須如勇士，被比之辱，與傷之痛，益力而復鬬。若以傷增勇，必逐逐爾者，必勝勝爾者，復鬬復傷，亦勿失心，善戰者，不在不受傷，正在不屈於敵。多受傷，不爲負。受傷失心，而屈服於敵，斯爲負焉。誘感至，勿徒不狥而止，因而益德可也。邪慾饕誘爾，爾因稍減食飲正慾。吝貪攻爾，爾增捨施，若此者，以邪感益德，邪感自止。

凡德行自有我情欲所致之難，勤心修之，諸難自消。經云：爾營業，務勤速，諸病不逢爾。是以修善如推車，不脂其牽縱地夷。車輕，窮力不進。脂之，雖重載易前矣。難行之德，勤心易之，易行之事，怠心難之。

夫修士必遇艱阻寇敵，故勤者欲護諸德，須內備勇德以勝之。勇德何也，不妄就險，不畏逃險。以平心愉色，忍大辱嫚。輕忽身命，及諸世之吉福，而重事天主之德，及身後永年之事。不畏世禍，而特以譽訧過失爲可畏者。斯正勇德也。外勇力，人尚不及獸，豈足爲德。惟敵情欲，忍艱難，是則內勇足爲德也。君子知無勇，功德難以保護，故恆備防怖之慮，消世患畏之義也。

色搦加勸一徒進德，當置世變之虛怖，曰：我曹不知自備於邇者，惟妄慮於遠者。未然之慮，天主賜人類之大恩也，人自轉用爲大害焉。險逮前，禽獸知避，避而有益時，乃避之。我曹已過者，未來者，併累焉，過慮之極，屢以福致害焉。已過之苦，心憶不忘。未來之苦，豫慮先致。緣目前而爲無福者鮮矣。怖我者多，損我者寡。疑心苦大，實事苦小。實者有度，惟虛者無度。其擾滋多，凡我仇中最狠者誰，緣我小心懼心，致渠益力增膽矣。事有憂之過當者，有不當憂而憂者，有非其時而先憂者，須明揣所畏將至之兆實否。無憑致畏，不明辨，不勇排，空顫何爲乎，爾所畏終不見至者，不甚多歟，縱必至矣。待既至而後迓之，亦不遲矣。且未必果爲災也，安知不致我福，使我此暫苦，貽多年之樂乎。我曹須臾之後，不得不死。須臾之前爲道德死，則因所不能免之患，致丕功宏報，不大幸乎。

艾儒略《五十言餘》　人所以當戒者有五，明惡一，似善實惡二，實善似惡三，始善終歸不善四，小善阻大善五。戒明惡者，犯理招尤，造物主顯禁，我明違之，胡逃其譴。似善實惡，如或枵腹菜色，而心自飽滿。借齋以增傲，似德而實爲慝，戒之哉。依西篤曰，戒美食而不戒不美行，眞魔徒耳。魔未嘗不戒食飲，然未能戒惡業，內有惡，反假善貌，欺人盜

名，眞惡一，假善一。若乃善亦眞善，苐其貌似醜，有似惡也，亦宜戒之，何也。其貌既醜，人必目爲惡矣。因我或自止其善，或效我外醜以爲不善，害甚也。況因此似非之是，而自浼己名，豈獨害人，亦自損也。宜避嫌，然善不貴有始，而貴有終，若不絶罹詈之端，究必陷其阱。如與損友交接，初無惡意，無惡事也。但習染既久，豈不殆哉。夫不欲污其美服者，則不宜近污物也明矣。《經》云，喜危者必陷不速，避險者必速敗。戒之戒之。然俱爲善也，善有巨細，行善有公私，巨可以兼細，公可以該私，而私而細，每爲公巨累，吾寧遺其細者，其私者，勿以其故，阻我大公之善也。此又不可不審也。

爾有過，請速悛悔，勿需老也。夫人生死有期，惟造物者所自定。且惟造物者所自主，非我所得自改移。《經》云，昔有富人，乃積乃倉。一夕寢際，私自謂曰，吾軀乎，隨爾飲食飫飽，舒泰逸樂，庫藏足多年之用矣。忽聞聲曰，狂乎哉，今夕爾將還爾命矣，庫藏非爾享矣。嗚呼，人間之事莫定，於死又莫不定於死之時，無刻可保，無處可逃，無勢可恃也。我軀原生乎土，終必歸乎土。靈神受命於天地之主，終亦必復命而受判於天之主，誰許爾能生以至耋耄也哉。

善功不早，又延至暮年而後爲也，失其四益，徒有四害焉。四益云何，心舒也，生用也，獻精也，死安也。夫妄作之人，豈不自以爲至樂哉，作未幾，而心中隱隱然如茨之刺，如毒之螫，斷不能舒泰也。惟此爲善省心無疚矣，對人無怍，質諸上主無慚，其最樂。誰堪擬者，《經》云，存德之心，猶如常晏也，矧人生命，既受之於天主，則宜用以勤修，翼翼昭事，乃應主心，乃爲善用。自非然者，不亦徒稟生命，而虛負主畀也乎哉。人生幼年，猶春華之色。其末年，則秋冬枯色也。幼年時，縱欲以狥世情。乃待年暮始圖遷而事大主，斯不謂以美秀之物先奉世俗，卻將枯槁末品獻祭至尊者乎。《經》云，若以牲祭主，匿其博碩，而獻其老且瘠者，斯奸人也。菑不逮身哉。又曰，苟能干犯而弗敢犯者，其爲眞福之人與。奧斯丁曰，身後之事，爾欲先善定之，則莫要於夙悔過，夙趨善矣。夫能行不善，而乃務於善，斯誠可謂之善。而幼稚之時如是也。待力不足以行惡，因爾不爲是，非爾拒遺其惡，乃惡拒遺爾耳。故需暮年以爲善，必有四害，心亂不寧也，徒稟生命也，獻腐於至尊也，終時惛昧也。嗚呼，傷哉。

財樂福壽，人之所同欲也，然智者求緜已得之財，趨不能失之樂。慕能滿己心之福，禱其無終盡之壽也。金帛之財，不必由我得，故智者弗求。世上榮樂不必永不失，故智者弗趨。目所見，耳所聆，身所享諸福，概未足滿我心，故智者弗慕。人生年壽罔不有終，故智者亦弗之禱。惟夫神靈眞寶緜已獲之，至樂在中，一得永得，其在天上眞福，無雜也，無窮也，於我心無不滿足，其爲身後常生，又無終而無盡也，視千萬年直若瞬息耳，是以智者願此不願彼。噫嘻，人皆智許已，乃觀其所求，察其所慕，盡若不智之，何也，而且未知其爲不智，異哉。

撒落滿，古賢王也，責人之怠而令以蟻爲師。蟻積度歲之糧，一日百道往來不煩。而吾人營永福，未肯用一日，百刻之一。蟻且無前賢可效，師誨可從，國法可懼，主賞可望，而如是拮据。人者引以先覺，訓以師傅，威以憲刑，歆以眞福之賞，而頑冥不之勉也。於蟻亦堪羞矣。古賢者又醒人曰，汝曷不觀夫蟻之微體，學其巨智乎，蟻其體甚小，而任較身數倍之重也。彼慮冬寒將來，汝輩乃不慮有審判之日將來耶。彼恐日後無食，而預備之，汝輩曷不慮身後之事，或無可享用，而今預備耶。厄斯玻氏亦西賢也，其寓言云，冬蟬赴蟻求糧。蟻曰，爾曹當夏時，胡弗計此日，而儲用糧乎。蟬曰，我輩當夏亦未嘗安閑，自朝至昃，務歌以悅行人也。蟻曰，善哉。務夏時既歌，冬時踴躍可也。何復計食爲。蟬無以應，寒餒而死。噫。蟬閑樂，蟻勤苦，孰得孰失，勿問可知。

天下士好讀書者不少，然善讀者亦自不多。讀書不在多，惟善而不煩，乃爲有益。好遊者多方無定，良朋必希，花木屢遷，則難茂矣，飲食太雜，雖美難化，況不美者乎。凡物美好，無有俄頃而悉通其妙者。人既不能罄所能得之書，即止得所能讀而有益者足矣。飲啖多味，每常厭之，此皆致病之由也。讀一言不如記一句，記百句不如行一德，日只一句一德，無日不積，廣矣，大矣。

遇無名人所垂言，勿輒棄擲也，有高士而發僻陋之論，亦有庸夫而發高奇之談，且爲不易之理。最忌以成心觀覽，但鋤爾傲氣，辨其是非而已。

不善者之毁我，與其稱美我無異，阿者之譽我，與其誹謗我無異。何

也，俱不足憑也。

《聖經》云，吁。世之子，較計世情。比天之子，謀爲善業，周詳而密矣。夫天下萬民，無非天主所生，然《經》言，只以遵教務德者，稱爲天主之子，而狥世敗俗者，乃以世之子爲稱。嗚呼，我等將寧天主不以我爲子乎。

吾主耶穌箴諸徒曰，我之誡也，惟欲爾輩相愛，猶我愛爾輩也。聖額我畧曰，《聖經》諸誡，無不是天主之誡也。何獨於相愛之誡，而曰我之誡也。吾知之矣。凡諸誡之功，俱以仁□□實，故諸誡之義總歸一仁愛之義耳。然愛人宜何如，主經亦嘗言之矣。親友翕天主而愛之，敵讐爲天主而愛之，是也。親親友友，人之本情善惡者所同，有如此之愛，雖翕天主心，未足爲大功。必也既合天主而愛其親，又爲天主而親其讐，視之等一大父所生也，方是遵守主命而相愛也。然又曰，如我愛爾輩也。蓋言宜如我相愛以德，匪爲互相圖利而□害云爾。

事物理義，人莫不願明通，但不向道，不成德，雖自云窮理，吾以爲誤認物理云耳。夫物之所以格，必先明達造物主宰，爲吾萬德之大原。若格物，而不以造物之主爲主者，而心向之，正猶欲得一樹之花實，而先伐去其根也。萬物初從於一而出，終歸於一而止。能知物物皆爲一主所造，則通於一，而萬理無不明矣。

非奇才博識可以成聖人，惟誠心精進而已。設我通徹諸經奧義，而能明釋之，博覽諸聖賢之嘉言妙詮，而能口說之，但未見其實信實行也，奚益哉。且爾學爾博，言彌繁，而大主責爾怠修必彌嚴厲。即爾聰睿果超越，而謙善未逮，則爾聰睿之才特重爾之罪，非可羨也。故曰，與其多論而寡行，無寧寡言而多行。

智者重眞樂而務於永，愚者重僞樂而務於暫，今日戀愛後所必悔，今專求後所必失，則汝謂之智耶不耶。夫世之榮位權勢，固爲異日所必遺失，爾又煩勞求之，眼前逸樂穢娛，固爲日後所必痛恨，爾反愛慕之，不割捨去，爾謂爾智何哉。

爾有學有識，愼勿誇詡。時時自怖其德未成，則乃心明之證也。若以爲博學多識，宜思所未識未通之理尤多也，千萬理之中有一不知，未得爲全智，矧廑知千萬之一也哉。爾何以所知之少自謂智，不以所未知之多自謂不智乎。自居高賢者未增其高，乃增其倨傲耳。自居愚賤者未減己之高賢，乃加己謙德之美也。爾毋自智自高，惟自認己無知且陋，可矣。爾曷自視智過於人者，而弗視人智多過於爾者耶。知己之學最高最有用之學也，不貴己而貴重他人，此正粹德之人也。見人行爾所未行不善之事，切勿自視美也，弗知爾能履善，及離絕惡端幾久也。吾儕皆佹弱，今雖能存，然未必永久。衆人雖然，而我宜自以爲最佹最弱也。

智者何不信謗語，不恃己長，樂聞讜言，不迫於事，凡所見聞不輕泄於口，視榮富甚輕，而以德修爲重，自歉如不肖，而常仰畏至尊大主是也。

此世之時比之後世，暫而已矣。顧雖暫，實關係無窮也。恣樂之暫，係無限之苦。苦修之暫，係無極之樂，協樂尼聖人曰，此世之樂如影之逝而往，然其所關之慘永遠不移。嗚呼，人生之狂，有所將亡而不可留者，而愛戀之，有所將得而不失者，而反忘之。惜哉。

可奪於我者，非我之物也。

不肖者在位，未能免己辱，乃顯其醜耳，賢者居下，未失其榮，反彰其德之美。

孰爲充裕，安其分而無貪是也。孰爲乏窮，慳且貪而常望分外者是也。

身力彌強，心德彌弱，肉軀之疾，靈心之藥也。

至虛乏者，惟有自滿自足者焉。何者，不能有受也，聖人厄卧畧曰，惟天主之大眞無窮哉，人力莫及知焉。獨欽愛之者，有時受神光之內炤而心目豁然，頗通其玄義。顧得明見之際，但稍明不能大明也。神目愈近之愈自覺遠，而未能通究。夫其自以爲遠之故無他，蓋稍近視之，而聯悟其無窮也。倘不近視而聯悟之，則必不能知其不能明，而深求之矣。

善與人交，我有過，則私戒之，或面責之。我有德，公擧之，背譽之。斯謂眞友，斯謂益友。匪人不然，我有德，面贊我。我有過，又背議我。

聖達味云，吾有此心，惟願徙之歸天，敬祈吾主得慰爲羡。奧斯丁云，人生於地，觸地之患，始思避之，移歸於天。蓋造心之主在天，衆苦之域在地，故人心之樂孰樂於歸天，而得對越其主者乎。請觀之稻，稻未

成熟，種在田中，望其秀實也。成熟之後，則將上置廩庾，虞其在地朽爛也。世人不虞心之朽爛，聽其卑污而不向上，何哉。夫世境之可慰者，亦似多矣。聖人獨亟亟然惟就上主爲羡，無異故也。夫亦徘徊世路，終無安樂之鄉，或恐懼，或憂患，或誘感，人於此世一息，不能稍慰，況生平乎。己之一身不能慰己，況望他人乎。茫茫宇宙，誰是能慰我者。人而爲惡，吾雖望其遷善爲慰，然且受其惡之害矣。人爲善，雖有可嘉，猶復慮其轉不善矣。彼此兩不能慰，則慰我者誰乎。托寄地上，既無可自安，安得不超出於世。惟就上天之主，乃誠可羡也夫，乃誠可羡也夫。

或疑霹靂震空，何以擊不靈之山，而不擊有靈之盜。曰，山雖不靈之物，正可以動有靈者之心，如慈母於子，欲使知懼，不忍責其躬，則擊几以驚慴之可也。雖然，亦有時造物主欲借此以擊人焉，則擊之矣。或又曰，與其擊一無知，曷不擊一有罪人，顯示賞罰之公。曰，生死之際，殊不可以人情推測也。善人雖刀鋸之終，亦善終也。惡人之終，雖床第之安，亦不善終矣。天帝寬容不改，則降之刑罰愈爲重，何必亟雷擊之乎。悲哉，愴愴地獄，諸靈寧受雷擊之火而死，不堪受地獄之苦而死，而終不能死也。是故，死之一字，等死也。就寢而死，與沉海而死，雷擊而死，其亦無大分別。不拘何狀，有罪而死則不善死矣，又何疑耶。

怠之壞心，猶銹敗鐵也。鐵器用而彌光，藏則銹矣。人之明德亦然，置而不用，不但內心受損，即此身力亦且日餒。噫嘻，泥塑人身，頓之則存，運之則壞。乃至活人，偏以不運壞，時運存也。怠者，自謂泥人哉。

能行善而不欲行，必有欲行而不得行之日矣。《經》云晝光未盡，人須趲行。幽暗已至，無復之矣。故人年少如日方升，行百里無難也。年邁而往，是日昃之，離前征幾何，況末路又力疲，能逮乎。

業數更者，其中必有大疾也。無疾則身強，利用大作，作能持久。故凡無恆之人，皆是有疾憊耳。鳥無尾，何以御風不搖。舟無柁，何以逆流不蕩。人心無欛柄，何以歷險阻而不驚。

交接與人者，慎勿恃利相害，有顯報焉。古有寓言曰，鷹與狐，異類也。一巢於樹，一窟於丘。適巢窟相近，習久相狎，亦遂相安。比各生子，各出索食，鷹乃取狐子同哺焉。狐歸失子，懊甚。又忿禽鳥高飛，無從追逐，但仰罥之不置。忽有於野祭天者，炮其牲，鷹攫以食子也。炮肉帶火，焚其巢，雛墜地，狐乃吞而食之。噫，巢窟兩相隣，固相忘也。狐子見哺，不知報德，覆以成怨，鷹爲情愛貪肉，忘火不義之友。仇恩見利之夫，逮菑亦復如是。

凡吾行事，必揆吾心之安，必揆夫事之正，二者俱美，方可爲之。意本善而事未必善，人必謫之，未可行也。有其事實善矣，而私意則有所圖，人雖不知，於我靈神能無疚乎。況赫赫上主，先我而鑒吾意矣。

人皆知禱得壽，壽而必禱，非以權在天主乎。禱之何心，非以彌久累功乎。天主與之，非以假其修改乎。乃得壽之人，無虛歲月，無負主恩者誰耶。則爾壽彌多，爾善彌寡，爾惡彌增，而上主之降罰，亦當以彌重矣。噫，可懼哉祈壽者。

德如高山，冀陟其巔。然遠望陡絕，叢林鬱翳，將於何處攀躋。惟併心一路，履險巇披蒙茸，尋向上去，巍巍乎，大觀矣。崇德之域，莫高匪山，克己之難，無畏乃獲，尙其勗哉。

人涉世，猶舟之航海，官骸其帆艢，精神其櫓柁，而志向則其指南也。兩岸無山，茫茫何往。但詳視指南，把定櫓柁，雖有波濤之險，則陵之。雖有龍宮鮫室，亦且安坐而過之。一到岸，不須舟矣。若審視不詳，把持不定，一旦帆艢逆風，能免魚腹乎。噫。人孰無志，志孰無力，乃汎汎焉。乘此扁舟，任漂泊於大海中也，殆焉哉。

事莫大於生死，又莫定於生死之期。若生期多過一日，則死期便迫一日，況百年人稀，而稚童時嬉戲已耗幾何年矣。迨能應酬，則讌集讙譆，又耗幾何年矣。少壯至老，又不知疾病愁苦耗幾何年矣。若乃馳騖利名，憔悴齷齪，又不知耗幾何年矣。其間爲道德性命良圖者，蓋千百無一人，一年無數日，一日無數刻也。忽忽焉，耽眼前之逸樂。茫茫焉，忘死後之永苦。誰思大行之期一至，雖王公大人亦不可須臾延者。極樂棄我，則極苦加我，疇能代爲銷受者。噫。

古稱生寄死歸。夫天地至無窮久，而吾生不百年遽逝去，非寄耶。一去則不復來，非歸耶。唐子以歸故鄉爲幸，而人乃以死爲悲。死者安知不悔其始之蕲生乎匪誕也。雖然，歸而得安所，則以寄世間爲悔。不得安所，又悔寄時不蚤修矣。二者之悔，故當有辨。

嘻，必壞者形軀也，不滅者靈神也。朱顏皓齒轉盼即爲臭腐，而人乃

爲惑溺，堪輿選勝，麗封茂樹，不知塚內枯骨已飽螻蟻久矣。曷不用畢世之精力，洗滌爾靈神，對越爾上主，永享福樂無疆。乃躭躭世華，奉爾形軀，瞬息貽爾靈神長苦哉。

五星行度，有疾遲留伏不齊，五德之修，當反乎此，日日進步，不敢斯須停輟也。操舟者，逆流而遡湍灘，不極力撐掉，必至覆溺。豈但不進已乎，學不日圖進德，則併其前積而失之，可畏哉。

人多自恃年富，恃力強，詎知倏然而富者耗，強者弱矣。故修士惟日不足，至惜分陰也。錢帛雖美，可以之施人而不慳。乃此光陰，萬勿虛舍，寶玩雖珍，易以重價猶可。時乎時乎，切勿與易。蓋時可以積財，而財卒不可以積時也。重價則珍奇能得，而時則千萬價不能換一刻也。是故知惜時，不善者得一刻之悔，即可改惡而遷善，以免永苦。善者增一刻之修，更可崇德，以享無疆眞福。

聖人論世之言，皆精妙也。惟專心繹玩者，乃能深嗜其味。欲嘗此味，必先袪俗心染。譬病未瘳，而以甘旨餉之，彼不知其甘，反以爲苦。非味之苦也，惟去其病，而苦且甘矣。

太陽之光極於覆載所及，廣矣。微雲稍翳，遂失其光。世福之貴，極於三公之位，萬鍾之祿，榮矣。如以非道得焉，非義處焉，誰不謂辱乎。

凡我所不欲人知之事，其事必不當爲者也。事不可以對人，況可以對上主乎。故吾儕昭事上主，正欲使此心先合上主。合上主心者，可使人知矣。可使人知，即慊於我心矣。快焉哉。

靈心猶田也，必時加耘耔。不然者，草滋蔓矣。純修之功，猶莖艸不容。容一莖艸，即損一莖禾。嘻。我田欲臧，我廩欲實。可云吾心，小惡無傷哉。

易退者，隳於成。輕進者，亦蹈於悔。彎弓急，則斷膠而弦反矣。勒馬急，則跳梁而轡脫矣。欲中的取遠，其善調習哉。

謙者，德之府乎。古之至人，恐人知己德而仰之，其避稱譽若浼也。西有比奴匪阿者，嘗爲日多國諸士之師，通國無不聞其名，欽其德，佩其訓，而祇事之。比奴匪阿謂此虛聲，於吾實德無益。乃乘夜微服適他方，求入修道會，聽長者之命。諸會士無知者，直以爲歲歉閑人耳。比奴匪阿日懇不休，姑容入會，命之視園。園中事，彼惟長者之命是聽。而日多國會士，以衆失賢師，遍覓不得。偶有因事過此邦，至茲會，倏睹園中傭老，背項酷相肖也。但計彼爲一國共尊師，寧有無故而他之，甘受苦辱如此哉。惟是細察其舉止，聽其聲，眞比奴匪阿也，亟跪拜焉。見者不知其故而詫之，又且稔聞其名，而益相驚愕，服其盛德眞至乃爾。因爭敬禮，欲留共師事，而彼國來者，強必同歸。歸則國衆鼓舞相慶，更祇奉之倍焉。然比奴匪阿悵然不自得，謂其弗遂所願，而竟使人知之也。

酒以成禮，不及於亂。爲匪人所邀而與之飲，其失甚大。淫湎，一也。耗時，二也。囂穢之語聒耳，三也。狥流輩俗情，四也。爲淸飭修士所輕，五也。一舉而數失，雖飲鴆毒蔑加茲矣。人可輕入飽肆，而式號式呼也哉。

魔固人之仇也，其攻我百端，我宜堅壘力拒。城埤旣固，敵不能入。若稍開微竇，一魔乘隙，百魔隨之。始猶伺吾間也，繼則爲之主矣。若百聖人曰，魔寢於竹之中，蓋以竹之空，指人心虛空，爲邪魔之藪也。然厥來之初，黨寡力弱，制之尙易，爲主旣久，則盤結轇轕，不可解矣。噫，拒魔者，不於作始，乃待終畢之巨耶。

立志必爲，即孤行而獨往可也。必須人力以成事，徒虛負耳。西方寓言云，有鳥覆卵於穀中，穀熟，其雛未克奮翮。母出覓食，而諭之曰，穫者至，爾亟告我。無幾何也，農人偕其子來，相與議曰，禾可刈矣。旦且訂諸侶，而納諸場乎。鶵惶告母，母慰之曰，凡需人作，不能猝集，且無慮也。次日母又覓食去。是田者招侶不至，再語其子曰，翼日別徵諸姻，相與往穫其易也。母鳥歸，雛仍告語。母仍慰之如初。越三日，田者方自定云，禾熟逾時矣。風雨突如，我無穫矣。我惟併力，勿遑需矣。鶵乃告母，遽移之他。倚人不如自力，信哉。

凡事敗圮，莫不始於微，而成於巨。涓涓不塞，遂成江河。心爲甚，可不懼哉。爾心稍萌衺趨，急宜提挽。若俟其恣肆，而乃制之，恐猿馬競馳，難控勒矣。故曰，克巨敵易，克一己甚難。欲克己，必防其微。

用驥者，特用其力也。力不稱乎，胡爲哉。區區惟才於取道致遠，胡涉哉。蓋泛駕之馬，毁啣斷轡，決首陷胸，而不可御也。無德之力，無當於用，與無力同實。其患視無力，且又甚馴良者，調習如法，遵道而馳，見鞭影即若飛，一息萬里矣。空才之夫，鴟張豕突，用之則敗人事，不用

則圖危人國。夫惟德盛而才自全，天下事無不可爲也。無德之才，固非眞才。抑無才之德，亦非全德。故君子先慎乎德，其緒餘可以治平，是謂大學之道。

世人大患，俱繇不肯安分順命。貧不安貧，而生貪生怨。富不安富，而彌慳彌傲。不安順主命，獨增罪戾，而命終不可違也。進德之道莫大於順逆之境而樂聽主命爲要也。試觀西土一大學士，素志於道，時懇天主，賜之一師，示以大德直徑。如此祈禱八年，祈望不絕。一日動念更切，忽聞空際一聲，謂之曰，爾即詣聖堂，必見一人，指爾至善眞道。彼亟往，即見堂前一丐者，敝衣惡瘡，赤腳又沾汙泥。學士視之曰，天主賜爾吉日。此乃西國相逢祝願之詞丐者曰，愚追想一生，未嘗一日不吉，何但今日。學士又祝之曰，天主賜爾眞福。爾適所言何哉。曰，我實未嘗有凶事也。學士曰，福哉人也。願以詳示所云，我實不明爾言也。丐者曰，善哉問，余即詳其說。爾初祝我吉日。愚曰，追想一生，未嘗記有不吉日也。蓋或饑寒，即謝天主。或遇風雨霜雪，或天陰天霽，予亦必讚天主。或有人侮我慢我，亦無不然。如是，則我實無日不吉樂也。今爾又祝我眞福。余荅未嘗有凶事也。余嘗求順合於主旨。故耳吾知天地間一切事物，無一不是天主所命，天主烏有不爲至美至妙也哉。故凡大主所與，或樂或憂，或順或逆，或甘或苦，俱樂承受於吾主之手，以爲至美。故云未嘗遇逆境，皆順事也。吾心求合於主心，以順主命爲樂，無求於外。實吾一生之大願也。

學士已聞如是高論，復詰曰，我借問爾，倘天主欲置爾於冥獄，永受至苦，爾心何如。丐者曰，問我倘天主置我於冥獄何如乎。余意若天主有此命，我有兩手以抱吾主。左手乃一謙下之心，以合吾主耶穌。右手乃一愛主之心，以合天主本體。如是抱住吾主。若主命我下地獄，吾必與天主偕。如是寧願翕合吾主，永在地獄，不願稍離吾主在天國也。學士始悟，尋得天主直徑無他，只一至謙下之心，及純合主命爲要也。學士復問丐者，從何而來。丐者曰，從天主而來也。學士曰，爾何從尋得天主。曰捨天下萬物處，即是得天主處。學士曰，天主何在。曰，在凈心及善願之人心也。學士曰，爾何人也。曰，吾王也。曰，爾國何在。曰，吾國在吾心。善治吾五官四司，言動俾俱順合眞理，如是以吾心爲一國也。此國更貴於天下萬國無疑也。學士終問曰，何修而得如此大德。丐者曰，從簡默及存想之工，求合主心得之也。吾主之外，終未獲一安所也。茲得天主，乃得舒泰永安也。學士謝教而歸，知丐者非凡人也，乃知天主賜一大師，而勉學焉。

利安當《天儒印》 《論語》云，不怨天，不尤人。下學而上達，知我者，其天乎。蓋世福不齊，上主不□均畀，其或此豐彼嗇，似天有偏私，則怨天矣。世欲無厭，上主不容曲狥，其或此愉彼拂，似人有奇遭則尤人矣。曷思富貴雲影，功名石火，窮通得喪，造化自有秘密，怨尤徒生觖望。諺有云，怨天者不勤，尤人者無志。君子爲己之學，曾如是乎。是以刻苦精修之士，惟知以昭事眞主爲宗，以廣愛行仁爲本，以克己寡過爲切務，以生死令終爲究竟。其於世境浮榮毫不縈心，則其退藏篤慥之詣，人所不見，而上主於重玄之際，鑒觀冥漠，庸有不徹爾志，歆爾勤者乎。所謂下學上達，知我其天。信不誣也。夫大主全知，無有人隱，不在其洞照中者。然而下學上達者篾聞，怨天尤人者概見，徒曰天不知我。天焉不知知爾怨矣，知爾尤矣，知爾弗之學，弗之達矣。第恐如此而爲天主所知，異日爾將自怨自尤之不暇，雖欲冀天主之莫我知也，何可得乎。

又 《孟子》云，天將降大任於是人也，必先苦其心志，勞其筋骨，餓其體膚，空乏其身，行拂亂其所爲，所以動心忍性，增益其所不能。由是觀之，舜說諸人所肩不過世任，猶必始困終亨。況吾人欲希心最上事業，此其爲任尤其至大極重者，而欲以富貴安享致之，必不得之數也。蓋天國之分，非恃人力可能，故以巨繩穿針孔尚易，而以富貴進天國實難也。是以人欲求天降大任，其心志體膚身行等，必若是苦勞飢餓空乏拂亂，諸態種種備嘗，惟其所動忍，而堅心毅性以承之。由是苦勞我者，將安逸我也。餓之我者，將飽飫我也。拂亂我者，將順適我也。於以增我神力，益我聖寵，而任人可以克荷大任，何患其不能哉。故《孟子》又云，生於憂患，死於安樂。夫人莫不慕安樂而惡憂患，詎知憂患者，榮福之基乎。安樂者，殃苦之胎乎。生於憂患，是即常生。死於安樂，是即永死。憂樂二門，決招生死二路，人奈何不以苦勞重直售天上之大業乎。

《孟子》云，盡其心者，知其性也。知其性，則知天矣。蓋言人能盡心以格物窮理，則知吾有形之身有無形之靈性，既知吾有此靈性，即可知

畀吾靈性之天主矣。又云，存其心，養其性，所以事天也。蓋言吾性不自有，有授吾之性者。吾心不自有，有予我之心者。存心非欲侈自心之廣大，養性非欲侈自性之神奇，正欲不失其賦畀心性之本原耳。故曰，所以事天也。又云，夭壽不貳，脩身以俟之。夫人生在世，無論壽脩殀折，皆不免死，所異者脩爲不同耳。惟當脩身克己，以靜聽主命，此天學以善備死候，爲向終之上範也。至於數之修短，豈聖賢所願問哉。

楊廷筠《天釋明辨·苦空》 問苦空如何。曰釋氏苦空，本天教窘難益德言也，而實不同。夫苦空原是二解，空者空無所有，苦者實受諸苦，空是見地，苦是實脩。若談空而不談苦，則逆來不能順受，舉所謂空非眞空矣。夫人具耳目口鼻四肢，血氣所充，咸欲順適。苦之來也，與血氣相逆，誰肯順受，惟認得諸體所攝俱是空相，成則必壞，完則必缺，自然受時，已覺無味。過去益無戀着，不難來去翛然矣，諸色既空，即苦亦是空，受時雖稍逆礙，過去大得灑脫，不難消釋矣。故嘗謂苦空二字不可分別，不可偏遺也。釋氏初教原從苦入，日中一食，桑下一宿，布衲行腳，不求安飽。齋有八關，課有六時，耳目口鼻，四肢血氣，無一使之自逸，彼既不能力食，又不虛受供養，如此習苦，頗合克己正學，如此談空似不妄空實際。然而本原既昧，無敬畏天主之心，雖苦亦徒苦。性道未晰，無誠意脩業之實，雖空亦強空耳。至於今之緇流，又失初意，只道幻空，不究苦空，談義日高，砥行日闊，以了悟爲解脫，以戒律爲拘縛，眞修苦行，未見其人。或衣食無門，勉趨清淡，其立禪燃指，刺血書經等事，又皆意有所爲，可當苦空否。士農工商必各執一業，足以餬口，方可無求於人。此天主生人，與帝王持世，只有此法。今舍四民之業徑入空門，而身衣口食，不免仰給十方，其勢不得不生希冀，生希冀便增營謀，增營謀便入粧飾，而掩惡著善之事，無不有矣，此皆倡教者之罪也。一郡之中，披剃者數萬人，失數萬人之業，須倍得數萬人之力作以養之。無功世間，虛叨供養，此等罪孽，作何消受，誰實貽之，亦倡教者之罪也。西儒國中之教，吾未及詳論。觀其來此，無非苦行，凡所躬修與所立說，皆是捐棄世樂，銳意克己之事，如富貴壽考安寧，完聚榮名逸樂，人世之所羨也，彼一不經心。貧賤危險勞苦，屈辱拋棄忍耐，人世之所病也，無不備嘗。夫豈性與人殊乎，彼之所圖，原務脩身，冀升天堂，享無窮福。故在人間，不望世福，謂順境者，損其天上之眞福，而不願有也。不辭世禍，謂逆境者，益其天上之眞德，而不願去也。於凡拂逆之來，非但無避，且欲迎之，非但不得已而受，又且甘之如飴，彼皆貴族上智，來此鏟采韜光不異。凡流默簡暗修，不令人知，有誠信向善者，雖殘疾乞丐，必爲周旋。誠信不如，雖寇蓋臨之，只生憐憫而已。大抵世之所趨，彼之所去。世之所棄，彼之所取。教要眞福八端，第一乃神貧，實能空掃一切也。第八乃爲義而受窘難，實能忍受諸苦也。釋談苦空，亦復如是乎。耶穌在世備受難苦，原未易與人言，今將窘難益德，爲世人作榜樣，爲升天作階梯，具見解者，亦可默會於言表矣。

又《禪觀》 問禪觀如何。曰釋氏禪觀，似本天教默省退修言也，而寔不同。夫天教不廢世事，凡人倫日用，服勞作務，無不與世同也。然欲升天堂，更有欽崇天主，愛人如己之寔功。不深究其理，則尙涉人事未契眞原，故其教有默想省察之法，每日或晨起，或午或臨卧，默省數刻，省其夜之所夢，晝之所爲，所言所思，有無違悖十誡，有則亟悔，依教規行解罪之禮，力改前非，痛自刻責，行善功以補之。此皆求安自心，不令人知，乃心上工夫，較之事爲，則更細矣。而又有退脩之一法，蓋已上工夫，日夕持循，儘堪湔刷，但恐日久成習，又作故態，至三月或半歲，乃又猛勵精神，收攝視聽，密處一室，即書亦不觀，同堂共業之士，通不交接，接亦不出一言，專想平時推論玅義，如某聖賢所論某端，所行某件，是何精意，吾今心境與此符合否，此體認耶穌聖教有證人否，理會有得，即密密護持，竊意聖之洗心，乾之專，坤之翕，大旨亦不異此。釋氏則不然，彼知因果報應，可以誘愚民，不可以動中智。故有教門言語文字，可以動中智，不足以契闇脩，故有律門。遺教梵網，可以契闇脩，不足以諧上哲，故有宗門，最後專談義學，盡掃有爲，不立文字，直指心性，明心見性，立地成佛，於是禪宗止觀之學大行於世矣。夫語及心性，原是聖門未發之中，天命之性，明德至善之本體，但釋氏不談心性之用，止將無聲無臭，窈然冥然者，虛摹其意象，有無雙遣，能所俱捐，加之新辭巧句，活脫變化，安得不據上游，安得不傾動一世。而營壘之堅，公輸墨翟不能與較勝負，宋儒所謂彌近理，所謂如淫聲美色，所謂今之惑人也，乘其高明，非此之謂歟。夫人心難持，比於六轡，無時無鄉，最稱神物。求之於

動，既多妄思，求之於靜，亦生浮念。欲祛浮念，難靠靜功，故靜功更須依泊，還勝於彼，乃作十六觀想，寄想在觀，妄念不生。立此法門，救人紛擾，用意良亦勤矣。不識眞主，徒然逐妄，逐妄之心獨非妄乎。西教最精處乃爲絕意，絕意非無意也，以天帝眞宰爲歸宗，以《聖經》教誡爲繩尺，以同方善信爲步趨，自身耳目肝膽俱無有焉。認是天理，即勞心焦思，無半點私在，仍是無意。認是人欲，即耽空守寂，不覺涉於私見，仍是有意。聖賢之心，義理爛然，有觸念起，觸去念無。子之四絕，原非工夫，乃其本體如是也。且天主付人此心，正欲其用之進善成德。聖賢存養此心，正欲其推之修齊治平，若止一念不起，與木石等，何貴有此心，有此修哉，禪家者流，跏趺止觀必須遺棄人倫，返視收聽，即果能依觀作止，一心不亂，亦程子所謂有直內，而無方外。止得寂然不動，尙少感而遂通一邊。夫子教人兩端必竭，而釋乃欲一端盡之。就其美處，亦有何用，乃欲驚然加諸神聖之上也，豈不惑哉。

又《代疑篇》卷上《答謂窘難益德遠於人情條》 問喜順惡逆，人情之常。即古來聖賢，不遠人情，患難之來，不得已受之，非有擇也。今西士言之津津，似擇而取之，毋乃矯枉之過乎？答曰：不得此解者，難與進道；溺於世味者，難進此解。今幸承明問，請就而折之。夫人世有何順逆，只緣有身，是以口欲味，目欲色，耳欲聲，鼻欲臭，四肢欲安逸，得之即謂順，不得即謂逆。順即謂之福樂，逆即謂之窘難。豈知此皆形軀分事，靈神不與焉。靈神所司，仁義禮智天道，大都與形軀相反，形軀之所便，必義理所不安者也；義理之所宜，必形軀所不樂者也。故聖人每外形骸，俾不得自專制血氣，俾不得過逞。即天主於豪傑，將降大任必先勞筋骨，餓體膚；行拂亂其所爲，以堅其德性，而增其不能，則窘難之中，有大利益在。天與聖賢之所共珍者也。要之患難之來，聖賢亦不視爲窘迫；應之無策，當之不堪，方可謂之窘迫。聖賢視逆境，是實境；處逆境之功，是眞功。孔之蔬水，顔之簞瓢，皆謂之樂。履順者，止一富貴，而貧賤夷狄患難，乃有多途。爲仁者不去貧賤，而造次顛沛，不違終食。世間有順必有逆，逆非不美事。粗浮者不得其解，往往棄而不取。寧思金非錘煆不精，玉非鑢盪不粹，鏡非磨擦不明，藥非瞑眩不已疾，農非晨耕暑耨不收穫，商非宿水餐風不捆載，士非屈首寒牕不成名，將非拚身疆場不封拜，矧生死何事，欲昇天堂，何究竟，可以未經磨煉，不堅不勞之僞德，僥倖萬一哉。夫不覈躬行，止騰口說，何人不聲律乎？不涉世緣，止耽空寂，何人不靜定乎？一生履順，不藉營求，何人不止足乎？一遇事變，而猝不及圖，本色悉露，有明知不可，而物重我輕，不能堅持，於是盡失故吾。止足者，亂營矣；靜定者，棼擾矣；聲律者，背馳不顧矣。人不由事煉，事不由窘難煉，皆屬僞德。縱議論高青天，事功揭白日，不過人世間作一名流，青史中標一顯跡，謂於天德有成，天國有分，未敢許也。鍮石似金，烈火試之，即成灰燼，碔砆類玉，良工眂之，不異凡石。患難者，試金之烈火，眂玉之良工也。故《經》曰：「窘難者，天國所無，其價甚貴。」又曰：「市天國者，艱難而已。」言之似拂人情，而欲求超性之榮樂，非勵超性之工夫，不可幾也。故此種學問，與世俗言，非嚼蠟，必充耳，而眞心爲生死者，得之如獲異方，知奉眞訣，守而弗失，初以信而得佑，即以佑而益信，謂之益德，實自試其必然，非關師說也。

李九功《勵修一鑑》卷上《敬主類·窮理》 天主之理可知而不可竟，愚怠者不務知其所可知，智貪者更求竟其所不可竟，此二者皆非也。昔西土聖人名奧斯定，欲一概通天主之說而書之於冊，一日浪遊海濱，心正尋思，忽見一童子掘地作小窩，手執蠔殼汲海水灌之。聖人曰，子將何爲。童子曰，吾欲以此殼盡汲海水，傾入窩中也。聖人笑曰，若何甚愚，欲以小器，竭大海入小窩。童子曰，爾既知大海之水小器不可汲，小窩不盡容。又何爲勞心焦思，欲以人力竟天主之大義，而入之微冊耶。語畢不見。聖人亦驚悟，知爲天主命神以警戒之也。

天下至微物，人不能畢達其性，矧天主至大至尊者，豈易達乎。如人可以易達，亦非天主矣。古有一君欲知天主之說，問於賢臣。賢臣答曰，容退一日思之。至期又問。答曰，更二日方可對。如是已二日，又求四日以對。君怒曰，汝何戲。答曰，臣何敢戲。但天主道理無窮，臣思日深，而理日微，亦猶瞪目仰瞻太陽，益觀益昏。是以難對也。俱《天學實義》

又《篤信》 昔耶穌講道山中，宗徒航海先歸，忽颶風大作，船將沉。耶穌涉海往救之，宗徒伯鐸祿者望是曰，吾主乎，吾將往從焉。耶穌曰，來。伯鐸祿遂躍入水中，其足不沉。徐見波濤噴湧，心忽生疑，遂溺。耶穌挈其手，拯之曰，子何信之淺哉。是之謂大信不沉，小疑即溺。

《口鐸日抄》

方濟國聖王類斯者，一日公堂與彌撒禮，時堂宇有兩所奉祭，忽有人報某堂彌撒，舉揚之際，大主肉體親現阿斯弟亞之中，衆咸趨往欣仰，請王往觀焉。王神色自如，竟不往。人問其故曰，主爲不信者而見，非爲信者而見也。吾在此與祭，吾主豈不降臨。予知實在，又何待往見而後信耶。噫。吾儕日日與彌撒，當聖體舉揚之際，愚者或以肉目不見爲無也，安知信者不以神目所見爲實有乎。是以《經》有云，見我而後信者，不如不見而信者更有幸也。請以大主所顯像者，一諦思之。《德楷》

又《存想》 昔西鄉有一士，常默思對越天主，務以行事仰合其旨，不得爲俗事所脱。一日值事急，茫然一辰，忌而勿思，既而猛省，即悔嘆曰，嗟嗟。盡一辰弗思天主，如禽獸焉。兹士一辰不思道，叱己爲禽獸。有人終日無是念，期年忌之，奚不詈己爲草木土石乎哉。《畸人》

西有國王，其容甚蹙，未嘗發笑，群臣莫知其故，求王弟爲請，弟以詢。王曰，語在異日。弟出，王命人掘深塹如井，下設刀林火池，上置一敗椅，以絲繩繫之。王語弟坐其上，命人四旁持刀擁之，有欲弑狀。前列盛筵，命俳優作樂。王問曰，吾弟快乎，何弗笑。弟曰，上下四方無不可畏，稍不戒心，立就死地，敢笑乎。王曰，爾今知我一生恆憂之故矣。上有天主臨炤，鑒我所思所言所行之善惡。下有地獄，無限苦楚，已往有未省之罪愆，將來有難避之死候。右有黑魔，晝夜機阱我，而或墮其誘，左有天神默啓我，而或不聽其諭。以是六端，常自存想，雖欲不憂得乎。《齋克》

又《敬威》 棲濟里亞國王曰的吾泥削，國豐廣，爾時有臣極稱其福樂。王謂之曰，汝能居王座而安食一饌，則以位遜汝。即使著王衣冠，升王座，設舉盛饌，百執事以王禮御之。而寶座之上，則以單絲繫利劍，垂鋒而切其頂。此臣升座，初觀王庭左右侍人，奔走趨命，即大歡喜。既仰視劍欲墮，便慄慄危懼，四體戰動。未及一餐，遽請下座曰，臣已不願此福樂也。王曰，嗟乎。余時時如此，子以爲福樂也。兆民畏君，君無所畏耶。嚴主在上，日日刻刻，以明威之懸劍懼我焉。

有賢者脩道八十餘年，臨歿時四體戰兢，旁人問其故。答曰，是懼非始自今也，吾平生有之。人曰，衆皆云夫子道已成矣，何懼。答曰，造物主審判嚴矣，其耳目我也，猶人乎哉。可弗懼歟。俱《畸人》

又《順旨》 □時名聖祭穀者，首立一會，其規戒精密，以棄爲尙，□從者有數萬友，皆成德之士也。初有親炙一友，名如泥伯陸，會中無與比者，其學豁然，日增無息。有一邪鬼憎妬，欲沮之。僞化天神，旁射輝光，夜見於名聖私居曰，天神諭爾，如泥伯陸，德誠隆也，雖然終不得躋天堂，必墮地獄。天主嚴命已定，不可易也。言訖弗見。祭穀驚秘不敢洩，而心深痛惜，每見如泥伯陸，不覺涕淚，如泥伯陸屢見而疑之。已齋宿，赴師座問曰，某也，日孜孜守誡，奉敬天主，幸在憫教。邇日以來，覺先生日有異也，何以數涕淚於弟子。祭穀初不肯露，再三懇請，盡述向所見聞。如泥伯陸怡然曰，是何足憂乎。天主主宰人物，惟其旨所置之。上天下地，吾儕無不奉焉。吾所爲敬愛之者，非爲天堂地獄，爲其至尊至善，自當敬當愛耳。今雖棄我，何敢毫髮懈惰，惟益加敬愼事之。恐在地獄時，即欲奉事，不可及矣。祭穀覩其容，聽其語，恍然悟而嘆曰，誤哉前者所聞。有學道如斯而應受地獄殃者乎，天主必躋爾天堂矣。《天學實義》

若白，西國上古聖人也，尊貴富厚，當世無比。忽中落，七子皆死，身復病癘。前相欽重者，詬爲罪人，受兹天刑。聖人恬然忍受，憂不見色，口無怨聲，心無惱意，恆曰，赤身出母腹，固當赤身歸矣。主予主取，悉如主意，唯念聖名賛頌而已。其妻誘之，令怨天而死，聖人責之曰，爾言大愚矣。福樂受之於主，患苦奚不忍哉。如是者十有四載，尤人怨天，未嘗萌心出口。原天主之意，加此患苦者，非以罪罰，欲標其忍德爲世儀也。十有四載之後，除其患，倍歸其富貴安樂。而盛德榮名，施於萬方，流傳至今。故曰，先忍暫苦者，后必享永樂也。香者火爇之，顯其鬱烈。聖者患苦之，著其盛德。《七克》

又《受窘》 中西罷爾西國，有大臣甚富，僕役千人，國王寵異之。但王甚信神佛，此臣甚信天主，不相入也。王強之背天主，禮敬神佛，不從曰，臣今日不能忠天主，明日安能忠大王乎。王大怒，籍其財，褫其爵，置於溷室，使守鹿駝，奪其妻嫁廝養卒。竟不爲動，爲天主安然忍受之。越數年，國王偶過，憐之，還其舊職，榮福倍昔也。王曰，我厚遇之若爾，必若我命矣。又強之如初。臣輒解其寶衣，捐之王前曰，爲此衣

也，以棄天主，臣必不能。臣還王衣，王還臣鹿駝矣。王益怒，復廢之。

上古有大王納部郭者，實有傲德。於京都中，範黃金爲己像。定期日，令都下士民萃於像設之地，樂作，皆伏抑投地稽顙，一如彼國事天之禮。此意直以天主自待，恐國人不盡從也。於旁作大穽，熾火其中，有不如命者，遽投之。國人莫敢不從，獨達尼亞納亞雜三少年，盛德之士，弗聽也。王召問故。答曰，我輩天地人物之主，衆所宜最尊者，唯上帝而已。大王爲此，正僭其尊位，罪大矣。臣不敢從王之亂命，王何怪焉。王大怒曰，我命投於火穽，誰復爾救耶。答曰，恃天主救。縱不我救，亦不敢從王僭天主之命矣。王遽命投之，並入大火中，行立自如，身體衣服悉無燬焉。王甚異之，自承其罪，遽燬其像，依歸天主，虔誠敬事。且命自今以後，屬國臣民，皆歸依奉敬之。聖賢敵難之勇，脩善之勤，忠於天主，道力堅固若此矣。乃今稱脩德士者，遇微窘難小危險，遂廢然而怠於修德，違上帝，星淵哉。俱《七克》

又《致命》 未曾德，西國大聖人也，心純一事天主。時國王甚惡，欲強令棄去，事他神像。未曾德曰，天地間至尊眞主惟有上帝，此外稱主皆僭矣，正宜絕之。棄上帝弗事事焉，罪惡孰重此乎。王曰，從我，予若高位，且厚賜，不且爲大戮。聖人不聽，王怒命懸而榜箠磔裂之。聖人心顏俱樂，了無痛楚聲。王益怒曰，不聽我，且更加大刑。答曰：此我願也。王又命束縛，囚之冥獄中。地布芒刺，炮諸烈火，周身熾鐵，數日不給食。聖人謂王曰，世所言苦者，爲上帝受之，即不足爲苦，正惟喜樂事也。以苦圖變我心，曷可得乎。威王以苦關，聖人以忍當。王力竭計盡，能隕聖人之生命，卒不能改其忍，不能屈其義，不能奪其樂，孰勝乎。《七克》

昔西土主教方行，有四十人者，矢志靡他。左道之徒，擁權位而拘之，千百其刑，不屈也。誕置之寒冰，悉勇往焉。顧其地有溫泉，四十人弗就，惟祈主祐，無或失志而已。時有守者，忽見從天有光遍視諸人，各有天神以冕旒加其首。數之則亡其一，旁矚之，有一渝其志，從溫泉取煖者。守者愕然，用奮厥志，亦赤身從之，以滿四十人之數，役卒椎其足死焉。中有一童名默理端者，尚未殞命，其母在旁，喜而慰之曰，吾子少忍，王在邇以接汝也。俄而役載衆聖之屍，將往焚之，欲獨留其子，冀生全而歸彼教。仁母不許，力負而隨，及殞命，與衆偕火，故俾厥子獲躋常生之域者，莫不賢智其母也。然則人不甘窘難，竟舍常生而入永苦，亦獨何哉。《口鐸日抄》

又《脩己類・受洗》 聖教有領洗禮規，凡初入教時，所行以滌夙染者也。今姑約舉數端，亦足明其禮之重矣。西國聖女嘉大利納，王室之裔也，性情既粹，又習於博學之師，有令名，但未得領洗。一夜似夢見聖母，抱耶穌降臨，而自引手授之。時猶年少，感聖母寵炤之榮，意欲接抱耶穌，耶穌反目拒之曰，是女未領聖水，以其舊染未凈不足取也。驚醒，察夢中所見，知以未奉天主聖教洗原罪之污故見卻。從是矢志正道，得領聖水。聖母實視其已蒙洗滌，中外潔清，時時增加神力，復如前抱耶穌降臨。耶穌始怡然容接，撫慰之，又以異寶持定其心。《聖人行實》

楊京兆公淇園諱廷筠，既詳究天學指歸，豁然於衷，乃矢志爲主功臣，求領聖洗。領洗之規，首遵十誡。誡中嚴於邪淫，第以夫婦爲正，無二色也。曩公因未嗣，故置側室，公之二子繇庶出。比公固請聖洗，而先生未許。公躊躇良久，私謂李冏卿我存公諱之藻曰，泰西先生乃奇甚。僕以御史而事先生，夫豈不可，而獨不能容吾妾。若僧家者流，必不如是。我存公喟然嘆曰，於此知泰西先生非僧徒比也。泰西規戒，天主頒之，古聖奉之。奉之德也，悖之刑也。德刑昭矣。阿其所好，若規戒何，先生思救人，而不欲奉己。思挽流俗，而不敢辱教規，先生之不苟也，其所全多矣。君知過而不改，從之何益乎。公忽猛醒，痛改前非，諭妾異處，躬行教戒。於是先生鑒其至誠，俾領洗焉。《楊淇園先生事蹟》

吳淞徐相國玄扈先生諱光啓，博學多才，欲參透生死大事，惜儒者未道其詳。諸凡禪學玄學及三教等學，莫不拜求名師。然於生死大事，竟無着落，心終不安。萬曆庚子到南都，見利先生，略通其旨。回家得一奇夢，如見圓圓堂中設有三臺，一有像二無像，蓋天主預啓以三位一體降生妙義，然尚未知其解也。癸卯臘月又到南都，入主堂訪論天學。至暮不忍去，迺求得《實義》、《解略》諸書，於邸中讀之，達旦不寐，立志受教。因請羅先生與講解《經》旨，覺十誡無難守，獨不娶妾一款爲難。蓋先生獨有一子，而未得孫，意欲納側室以廣嗣也。羅先生不許曰，有子無子，一憑主命，烏可以此犯誡。先生躊躇久之，毅然堅決曰，嗣可無，誡斷不

可犯。唯聽天主所賜耳。遂欣然受洗，守誡甚堅，天主鑒其精誠，越年即得孫矣。至今諸孫遶膝下。迨曾玄奉教，濟濟到堂，如層簫然，愈知大主福善不獨於其身後也。《利先生行蹟》

福清人陳鉦有子大議先奉聖教於三山，鉦初不以爲然。及謁艾先生面晤，始欽承聽講，求領聖水。先生以其有副室，不敢承也。鉦長跽叩首，涕泗交頤，若負重罪而不自容者。如是數次，先生慰之曰，予九萬里而來，專以救人爲念，授洗實吾心也。其如誡行何。鉦退而憂鬱，幾成疾。蓋非有戀其妾不忍割，實慮妾不肯行，且未有適從之處耳。月餘，適得偶，遂勸諭而遣之，不惟卻財聘，又加衣橐焉。爾乃獲蒙主恩，併全家俱虔奉矣。《閩中欽崇範》

又《誦經》 薰沐誦經，固爲誠敬，然徒潔其身，不如先潔其心。昔西域有一少年奉聖母瑪利亞，朝夕誦經不輟，但邪念常萌，未能蠲潔。聖母憐之，欲遏彼邪念，俾進所未進之善。於其誦經時，忽顯示一盂，盂中鮮菓甚多，俱美品，第有垢汙，令少年食之。其人曰，菓則美矣，奈未洗滌，豈堪食。聖母云，爾雖誦經，然心不潔，亦猶是也。其人深自愧悟，頓息邪念，自是專務精脩。蓋世人寵愛，猶可以美言倖致。若天主與聖母恩寵，非正志淨念，必不可幾。故凡在教者，必須先潔己心，然後誦經，庶天主不棄我求。若罪垢未除，誦念皆虛矣。雖然，又不可因之自棄，遂輟誦經工夫。何者。吾善雖缺，但不稍輟誦念，亦必藉此以徼主憐，助我改過，得至所未至之善也。《德楷》

一賢士某，欽崇聖母最勤。每晨至郊園採花六十三朵，編製美冠，送堂冠聖母首，敬念聖母一生功德。日久脩益精進，復蒙聖母啓牖，避世入聖會。第從是不能如前製冠，心殊不慊，尋生疑慮，未知新規與初功孰是，正躊躇間，聖母顯慰之曰，自爾入會，事我加虔。我業鑑而喜之，奚須花冠。但能堅志嚴脩，每誦吾經六十三次，其功勝獻花冠百倍矣。賢士聞命，即釋疑定志，誦經如式，朝暮罔間。既而會長巡視，賢士門尚扃，窺之見賢士伏跽聖母臺前，異光圍繞，口吐奇美鮮花，每吐銀花十朵，隨有金花一朵間之，源源而出。傍一天神，謹執金絲逐朵貫之，製成一冠，加賢士之首，有頃不見。會長大奇之，叩其故。賢士對曰，並無他功，惟依夙規，誦聖母古經一串耳。會長更奇訝，令諸友倣賢士，勤行經串美規，而靈跡始傳於四方矣。《聖母行實》

又《守齋》 上古納佈格國王戰服如德亞國，命其臣選如德亞國大臣幼子弟數十輩，習其國語言文字。三年後，當入朝王前，用備顧問，命館人以王食食之。中有四子弟，一名達尼厄耳，與長者約，必守本教，死不違，又約守齋。乃對館人曰，予輩食飲止菽水，不敢當王膳，願毋煩費。館人曰，此王命，若輩避膳而致羸瘦，王將我罪。達尼厄耳曰，請試以十日，若我輩面有饑色，則順命，否則任我輩意。館人如言，及期見四人顏色潤澤，非他人比，輒聽食不強也。三年期滿，入朝事王，應對如大師，迥異諸童。達尼厄耳又以齋功獲主啓翼，預言數百年未來事，後悉不爽，齋之獲益如此，豈曰戕生而促算哉。

聖西滿勤圖克己之方，日加進焉。因念耶穌四十日全絕飲食，欲倣行之。語友巴鎖曰，我入某窟，爾塞土其口，越四十日，當來見我。友曰殺己大罪也。四十日不食，寧不死乎。曰，可納數麪裹，及水一器置此，吾志決矣。巴鎖如命，及期啓窟，見西滿奄奄垂死，乃取熱水潤其口，稍進食，徐徐甦，向所置麪水具在。自後西滿視持四旬齋，如他人之一日，蓋習以成性，不覺其苦也。此雖古聖私齋，不可概責世人。然亦當知人，誠眞心事主，主必篤佑而加其力。俱《齋克》

又《勗學》 儒畧爲西總王，嗜學，無日不讀。晝或爲政所奪，夜即補之。恐不堪睡，手握銅毬，置盆於下，睡則毬落盆響，自醒矣。《勵學古言》

意西鐸，西國名聖也。少年好學，而資性魯鈍以爲憂。俄視井幹堅石，綆跡甚深，自謂曰，石性甚堅，綆甚細，以積漸能深之。雨滴無力，密落鑿石。我性雖鈍，恃天主之祐，祛怠執勤，豈不能練精之。以此一念，痛自激發，漸致盛德大學，當世莫或勝之。《七克》

昔有兄弟二人，其一勤書史，其一則日入主堂用神功也。兩人相聚，各叩所學。其入主堂者曰，吾生平所學，三字直終身以之，未易竟也。問奚字。曰，黑紅白。其一大詫，請竟厥旨。曰，所謂黑者，自顧平昔種種罪汚爲極黑穢之物，我當如何慚愧。所謂紅者，存想吾主耶穌爲我等受難，紅血流下，我當如何感泣。所謂白者，天上聖人聖女純脩之德，潔白可喜，我當如何景仰之。三字者，體認終身足矣。其一爽然自失曰，我終

日讀書，尚不如爾三字。《口鐸日抄》

又《謹言》　聖多瑪斯自幼寡言，其軀頗肥，友誚之曰啞牛。其師聞之曰，人誚多瑪斯啞牛乎。不久當發大聲聞於天下，共愛慕之矣。蓋少言乃成學之根。後多瑪斯果以博學力行聞於世，爲聖教之大師焉。

龎薄古大德之士，從師學道，師舉聖達味德經言訓之曰，自後惟願顧我路躬行也，免我舌愆。龎薄起謝曰，謹受教。請先事此語，待有得後，再來請益。越數年始至，或問故曰，前承師訓，尚未全習。敢又更端以求，而不實見之行乎。及龎薄臨終，語衆曰，自聞吾師守舌之學，不敢妄發一言，迄今不易也。此足驗其厚積諸德之功矣。俱《齋克》

西鄉一商人遇瞻禮日，赴主堂與彌撒，又請鐸德告解其罪。解罪之禮改過爲先，鐸德因勸令從今勿作誑語。商人曰，他罪之污，仰賴天主聖佑，冀可得免。惟是誑語之過，在貿易時不能無，恐利人損己耳。鐸德曰，此何言也，未有爲免罪過，而反絕利受害者，汝今年幸試之。其人受教而往，雖貿易之利日微，而亦不敢失信犯命。歲暮復見鐸德曰，虛誕之言，日奉命不出口矣。顧謀利日微，恐難持久。鐸德復勉之，令再試一年。望天主慈憫護佑，不使爾求益於善，而受損於利也。不然，寧一生貧困，亦終不可欺心，以獲罪天主。商堅志不犯，久之，以質直著名，遠近咸樂與之，交易日豐。故凡在教而經營治生者，必戒誑語，雖暫不利於爲俗，而終蒙佑於天主也。商人事可爲左券。《德楷》

又《念死》　夫懸轂向心者，路有佳冶，雖娙弗顧也，可見有所惕於前，必不敢肆於後。人思天主尊矣，嚴威之下，蓋無時不監臨也，則邪僻之心自無從入矣。昔泰西一國王，聞耶穌會中多少年守童貞者，心慕何脩而得此。時有謬告王曰，是必有妙劑可以窒慾，王不察爲信然也，延會長訪之，對曰，有王請其方。會長曰，惟有常念死候耳，王惕然受教，故常念死候，爲守貞坊淫之一劑云。《口鐸日抄》

西國有賢王，年老，僅一世子當嗣。世子荒縱自肆，國人患之。有司以告王，王訓約百方，弗若也。乃命士師曰，世子犯重法，依律治之勿效。不日世子仍舊行奸宄事，士師訊鞫之，律當大辟，至期則出以行刑。世子見事窘，請詣王所面訣，許之。至王前訴曰，以王之子，國之上嗣，如匹夫死於刑下，理乎情乎。王洒泣曰，非我也，法也，吾豈忘父子恩。旣爾，暫免汝目下刑，吾讓汝爲王七日。七日之內，恣汝意行樂。滿七日，自往士師所伏法矣。語畢，即解王衣裳袞冕服之，令即王位，百官皆聽其命。俾一陪僕從世子，每日夕即提稟云，七日限，今已過若干日矣。如是諸日，世子一意盤樂縱玩無倦。獨至夕，聞僕之提稟，即大驚寤，憂愁不勝。迨至第七日期已逼迫，啓請遊樂，畢無歡悰矣。王至期出，問世子七日之樂何如。曰，何樂乎。王曰，一國之力，不足供一人樂乎。對曰，我見夕夕有一僕來，以就刑日提刺我心。於是知我命就終，竟滅諸樂已。王曰，人人日日，無不就終，壽數不等，而均寡焉已矣。以後汝可保國矣，往昔所犯，大赦於汝。惟自今後，令此陪僕，依前七日，夕夕提警汝念也。通國士民聞之大喜，世子謝赦謝恩，悉改前行。父歿代立，亦爲賢君。視此可驗幾載之教誨百端，以移其心，終不能致。而七日死候之念，致之矣。是陪僕之設，智者不可一日無也。《畸人》

又《謙讓》　《聖經》有言，兩人登天主堂祈祝天主，其一才智榮名過人，其一無賴也。才智者近立，謝曰，謝天主獨厚我，俾我異於他人。他人奸淫盜賊犯義，又大異此無賴人。我一七二日齋，捐己財什一，爲天主奉敬謝天主。無賴者皇竦遠跽，不敢仰視，拊胸籲號曰，嗟乎天主，憐我罪人。耶穌判之曰，此人惡，顧自悔自中。入時罪人，出時潔矣。彼誇者，以傲以滿，自滅前善也，出時愈污矣。才智者以德取傲，傲存而德亡。無賴者以罪取謙，謙至而罪滅。故曰，以美食自病，不如以毒藥自療。以美德自傲，不如以惡罪自謙。

每塞身隱一陶，名彰萬國。有貴客往訪之，途見老者曳杖來，以爲知每塞者也，詢之。答曰，每塞落拓人耳，豐儀不足象，脩行不足尊，奚見爲。貴客聞言，廢然而返，以語其友，知即每塞也。益嘆服曰，向聞其聖者，未試之。今目擊矣。

聖法蘭濟一友最盛德，天主賜以神目，見天堂甚明，寶座甚多，一座尤高峻，光耀絕異。心奇之，思世人功德，孰有稱是座者，遂聞聲曰，此尊神之座，初以傲罪見屛，今天主豫定，以酬法蘭濟之謙德也。友不敢宣，欲一試聖德。一日與同行，問曰，夫子自視何如。答曰，吾爲世人最惡者。友艴然曰，世間惡者甚衆，夫子乃作是言，無乃不誠乎。曰，世間最惡者，苟得天主憐恤，寵眷佑助之如我乎。其殫力爲善，盡心愛慕天主

必勝我，我乃如此而已，豈不甚惡於彼哉。友喟然嘆曰，我昔所見，今證其實矣。法蘭濟自居人下，天主預定其位於他座之上。自下彌卑，天主上之彌高。故曰，獨傲能以天神爲魔鬼，獨謙能以世人爲天神。

聖鐸敏我居篤洛撒，敎化人甚衆，已避居加爾加瑣，人問故。答曰，篤洛撒敬譽我者多，我居之，虚喜易至矣。加爾加瑣毁我者多，我居之，實謙易保矣。

泥哥老之鄉人貧甚，有三女，長而未嫁。泥哥老暮夜挾貲，潛擲其家，是人得貲，嫁其長女。復擲如初，嫁其仲女。終莫解所從來，私謂仁功未竟，仁心當未休，吾有少者在，必復來也。陰伺之，泥哥老果至，擲貲而奔。急迫得見，甚感其恩，問何以報也。泥哥老曰，我之行此，惟爲天主，故恐人知。當我生時，爾弗告人，是報我矣。嫁女如親，避人如盗，藏德以避虚譽，聖人也。俱《七克》

又《貞潔》 若盎西國名賢也，天主賜之大能，能服邪魔。四遠被魔者來祈拯援，邪魔無不聽之。一人爲魔所憑，賢屢命之去，弗聽。俄有一少年來，魔見之甚怖，悲哀而去。異之，問其爲人，及今來意。答曰，弟子無德，獨早歲發志，欲遁世隱居，純心脩道事上帝。自知非謝形樂不能也，故矢絶情慾，保完童身矣。既而親命强醮焉，初婚之夕，勸化新婦與我同志，并居十餘載，相視如兄弟，内不起污念，外不作污行也。近約分别各脩，弟子乃來，從初志棄世求教矣。賢者嘆曰，夫婦少年共居，而心形俱淨，勝居猛火聚而不焚也。若此潔士，當彼污魔，能無避乎。

則祭理亞，西國聖女也。少時矢志，終保童貞。既爾親命嫁焉，初婚之夕，謂其壻曰，我自幼誓存童身，天主賜我一天神嚴守之。爾欲壞我，必被戮矣。壻曰，我不見天神，不爾信也。聖女曰，爾欲見，當純誠奉敬天主，歸從聖教，滌除心慾，即見矣。人悉如其言，天主賜見焉。異其懿美，曰，天神之尊，天主遣命下世，以保護貞人，其重貞德甚矣。遂與婦共約終身守貞，自後天神恆以奇妙花爲冠冠之，終歲香不滅，色不槁，獨夫婦兩人能聞見之，他人莫得而聞見也。俱《七克》

聖方濟各初脩時，邪魔投之污念，誘令不潔。聖人屢脱衣，赤身入雪中，反覆殊久，以滅其熖。他日不堪淫惑，乃摶雪爲丸，或大或小，裸體居其中，謂其身曰，此大者，爾妻也。此小者，爾子也。今而後，當勤勞育養之。倘不能，則何煩多慮，不專一事天主乎。從是淫念不染，仍潔淨矣。或問曰，夫子若是苦身傷生，得無妨理乎。聖人曰，夫此害彼害，不能并免，取其輕免其重可也。保神之貴，苦身之賤，冒暫苦以得永樂，至智至義，何妨之有。《聖人行實》

斤達者，早歲脩道，矢志守貞，目不視女人。或譏之曰，子竟不視女人，恐一視即流淫行乎。答曰，否。盡其在我，不輕視，自絶罪端，天主必佑我免之。不盡其在我，而自納於險，天主必棄遺我，自陷於罪，不亦宜乎。

淫樂一息而亡，應淫罪之苦，永刼不消，人能深思地獄之火，甚易撲滅淫火也。有賢者淫念勃發，恐力不能敵之，自謂其身曰，爾欲行淫樂，先當自試能當地獄之火否也。以手置火中暫炙，不堪痛楚曰，既不堪微苦，豈宜行淫樂乎。淫念頓忘矣。

古有脩士，一日見美女盛飾者，後其象貌恆著胸中，不能遣之。越數歲，女死，遽往求見之，尸已臭腐而未歛，以巾染其腐血藏之，每淫念動，即齅其臭，自謂曰，爾昔所視美女，今者臭腐若此。淫念頓息。聖厄勒卧略曰，凡能坊淫欲者，莫若深思所愛人死後何如矣。一少年嘗淫於色，後悔欲絶其端，屏居精修，數年而歸。有先所識女遇之途，恠問曰，我昔年某，不顧我何也。答曰，我非昔年某矣。不顧也而去之。

貞人者，邪魔甚嗔恨之，此亦足徵貞德之至美且大功也。西有名士，自幼守貞，邪魔深忌焉。四十年攻伐，弗克勝之。後乃稍變，爾時有人入城日暮，就路傍廢宅宿。深夜有群魔入中，一巨魔據高坐，覈諸從魔功績賞罰之。或曰，我曾令某所人作亂相殺。或曰，我曾鼓烈風壞海舟，沉其人。或曰，曾誘人盗竊刼掠。各陳所行惡狀，巨魔俱以爲懈怠，切責之。最後一魔曰，我曾以淫念誘某貞士，逮今四十餘年不克。昨更竭愚計誘惑之，乃得視家中一童女，手拊其背也。巨魔踴躍大喜，奬其功，勸令盡力，事成有豐賞。宿者不勝怖懼，審畢魔散。厥明，往見所謂貞士某，具告之。貞士乃深悔，更加精進。遂辭家，弗敢與女人偕居焉。俱《七克》

又《含忍》 所加德，西國名士。途遇一人，禮敬之，其人不答，從者怒，欲責讓之。所加德止之曰，若有身病於我者過此，爾怒之否乎。此人之心，病於我心，何怒爲。

斯德望，西國名士也。或怒之，無所洩。則焚其禾，佃者來報，以爲恨。答曰，我害在我外未大，彼害在心甚深難補，盍哀彼而哀我哉。故以怒害人如蜂，蜂以怒螫物，物得微痛，而自失命。

瑪加署怒一蠅而殺之，遂自責曰，蠅嘬不能忍能忍，大苦耶。遂解衣行野，命蚉虻噆其膚。人問故。答曰，習忍責怒耳。脩德累年，忽聞有聲曰，某所有二女，其德脩精於爾，遽往見之，問其脩德之方。答曰，妯娌也，同居十五年，無一念一言相迕。問何以得爾。曰爭者起於爾我，我輩相約，共絕世財世榮以不貪，無爾我。去爾我，爭亦去矣。

西國有名王，或貢以玻瓈水晶器，王喜，厚賞其人。稍展視，則一一命碎之，見者甚惜，問故。王曰，我信喜之，第我甚易怒。此物甚易壞，若有人壞之，我必怒。今豫絕其端，無使怒害我，我怒害人也。俱《七克》

又《愛人類·事親》 京兆楊公淇園者，其封翁素有德學，聞公從教，輒喜。亦躬自澡勵，獲霑聖澤。大夫人耄而惛也，日惟長齋，繡佛，持誦《涅槃》，與之談教戒，明理道，如寒灰不燃，枘鑿不合。公低回無計者久之，唯是呼籲天主，引躬自悼。戒家人嚴守聖齋，冀主默啓。公年邁六旬矣，衣不解結，食不加飱，如是者旬餘，遂致形體尫羸。母訊其故，公乃自訟不已。母復訊之，則泫然出涕曰，兒不德，不能事母，使惑於邪而背正教，兒之罪也。異日者，母淪永苦，兒百其身，莫可贖矣。太夫人乃悲而悟，悟而愈悲也。欷歔言曰，吾今信矣。而曷不早言之，而自苦若是，吾今信矣。惟子是從，無復疑矣。於是亟求領洗，一堂之中讙說相慰，以爲從迷而得路，出幽而視明也。愛感鴻慈，闔家奉齋旬有餘日，致謝主恩焉。

楊公篤奉聖教，闔家之人胥顧化矣。迨其太公年八十有四，太夫人年八十有三，先後遐舉也。公居苦□，盡志盡誠，武林故尚佛事，往往齋僧雜道，廣宣經儀，喧鐃鼓於長夜，爇楮幣以終朝。見公闃不聞聲，則咸疑焉。親昵宗郿，至有爲公婉規切勸，公命取家禮示之曰，此非吾儕所當遵守者哉，宋儒集古喪祭，垂之萬□，不過如是，安所取於今之念佛功果爲。衆皆默然，而猶私意公儉於待親。於是七七之期，舊俗作佛事日也。公權佛事之費，而倍施舍之，老羸殘疾，犴獄孤寡衆，乃知公實有所見而然。既釋苦，蓋宅墳塋，則依聖教隆重之禮，尊嚴具備，不與俗同，其地惟取崇潔，不拘堪輿之說焉。俱《楊先生事蹟》

又《貽後》 如德亞國昔有聖王曰達未得者，臨崩將寄國於幼子，囑曰，吾將逝矣，爾猶未足爲君，殆哉。然能畏敬天主，庶幾成學，而承先王之統耳。子代立，遵父訓，卒成顯王。

伯兒西亞國賢王，得明世子曰濟祿，而教之曰，吾與爾言，爾謹藏諸胸，以爲慈親之重寶。生平謹畏主命，晝夜事之，事事禱之，勿忘也。蓋幼者無所不短，而天主無所不長，以長補短，不亦智乎。濟祿謹受教，念茲在茲，竟起王業，表萬世。俱《童幼教育》

夫人一身之外，皆爲長物，故凡聚財者，多爲子孫謀耳。孰知財無善惡，惟人所用。若子孫賢否不可知，則遺之多財，不如少財之爲穩也。加德西國名士也。將終，以黃白金數億，寄其友人，曰，我死之後，子孫作德善用，全予之。否則毫末勿予。或問故曰，金錢者，善用之爲德器，否則爲惡器。我子孫不能必其爲善，不願助其爲惡。《七克》

又《濟貧》 《經》曰，慈貧者，積富於天域。故濟貧則財不失，乃置於安穩之處也。西國王有一大臣，或於王前訾其過富。王問之果否。對曰，否。臣千金產耳。其人曰，某室某田賈幾何，曷面謾。曰，田里諸物，王欲取即能取，豈我物耶。獨嘗爲天主施於貧人者千金，莫我能奪也。臣千金產耳。《七克》

意撒伯耳爲巴諾泥亞國女，適於諸侯，惟以濟貧爲快，朝夕躬紡紝不倦，以其值施捨。常曰，捐帑藏以與人，不勞而得，賤功耳。唯所與從喘汗中來，其功始貴。蓋不惜力，更不惜勞，聖人之施人類如此。

伯多祿者，利未亞人也，富而甚吝。偶本府乞兒群曝日，各舉富室相問，某喜捨，某詈捨，求主報之。有一丐舉吝伯多祿之名，衆詈曰，生平不拔一毛，何足道哉。丐曰，我能強得之。今往，彼必與我。衆尾之去，至門，伯多祿自外來，載有新造麪裹一駝。見丐者，便發怒叱逐，丐者不去，再四求乞。伯多祿愈怒，欲加毆擊而無梃，即取一麪裹擲之，丐者急取以走。吝者度不可追，曰，捨爾捨爾，衆乞共嗤笑焉。越二日，伯多祿忽大病，幾死。夢在一官長前，取其一生行實衡之，魔鬼舉其惡行寘左盤，天神舉其善行寘右盤。右輕，天神念無可加者。俄而曰，曾強捨一麪裹矣，以寘右，即平焉。天神謂之曰，爾非麪裹增重，若於黑鬼必械爾去

矣。伯多祿驚醒，自忖夢中所見曰，此非夢，實事也。我見魔鬼盡露我一生之惡行，而一麪裹且以怒心捨之，猶足相抵，況眞心濟之，焉得無大功乎。自後專以廣捨爲務。俱《哀矜行詮》

凡人不能無過，其所以補而贖之者有三，一禱贖，一齋贖，一施贖。斯三者，齋功於禱而施，尤切於齋，顧施贖之功，人率稱難，曰無財可施耳。是大不然。夫所爲施財者，非必奢定幾何也。一縷之微，一粒之細，皆可以爲功，但不可不存是心與是事耳。昔如德亞國主堂前，嘗置一櫃，凡入堂者，投錢物其中，收之以施貧者。惟時富貴之人，所投金銀錢甚衆。獨一老嫗，貧不能自存，亦投銅錢二。耶穌見之，顧謂宗徒曰，向所投者孰多乎，宗徒舉某某以對。耶穌曰，非也。多投者惟此嫗耳。蓋富貴人捨其所有餘，而老嫗捨其所不足，故曰多也。繇此觀之，凡人施捨，不在所捨之多寡，資愈貧捨愈微，而功愈大矣。《口鐸日抄》

又《飲渴》 西記有一教主，渴甚，命僕進酒，本方無茶，亦不飲湯，但以酒解渴。時値酒罄，不滿爵。主將飲，而門外忽有乞人呼渴甚哀。主聞之曰，我既以渴爲苦，彼寧與我異乎。愛人如己，乃主之命。我自飲之，非仁也。命以酒與乞者，而已渴轉甚。計無所施，冀主或見憐，復問尙有酒否。僕曰，無有。曰，試往觀之。僕實知其無有，不欲去。第恐主怒，勉一往觀，而酒已盈尊矣。喜而復命，共謝天主之恩。因相勸以賑窮爲急，蓋爲主好施，主必補其所乏焉。

古有依臘利盎者，大德聖人也，從學者衆。夏月偕門人至村中，衆渴，聖人詣一友家，求葡萄解渴，主人以□□食罄無以釀酒辭焉。聖人別詣一友求之，友家視前友較貧，而其人樂施，見聖人與其徒至，甚喜。請入圃，任採掇焉。衆渴得解，聖人感其仁愛，先謝是友，後求大主加報，是友當釀酒時，所獲葡萄四倍往歲，而前吝者所收較減。耶穌常曰，爾與窮者，別有與者與爾。此類是也。俱《哀矜行詮》

又《衣裸》 馬耳丁年十八，遇冬月甚寒，見一裸者乞衣，久之不獲，垂死。耳丁心動，而身無餘衣，遂割身上衣半給裸者，半留蔽身。畧不懼寒，見者或嗤其愚，乃天主實歆享之。至夜耳丁夢耶穌衣所施半衣，臨其前，且謂天神偕來者，言曰，馬耳丁未入敎時，衣我此衣，其功最大。耳丁覺，自思嚮者衣裸人，蒙主鑒也。乘此聖寵絕世精修，終入聖域。

聖若望常想裸者之苦，所用衣衾自甘粗惡，不求精美。有客見之，捐多金，製衾襆贈焉。若望念其情切，不能卻。及夜就寢，輒嘆曰，契利斯多之兄弟，多有以無衾死者，有衾單難以禦寒者，而我獲溫暖。又多枵腹受凍者，而我獲醉飽。又多奔走道途，棲止霜露者，而我獲家居安枕，主佑至矣。忍獨享此，不推以與人乎。因是竟夕不寐，思售此以濟貧乏，令均沾賜者之惠也。次日鬻諸市，原主見之，償以直，仍以衾襆歸若望。若望不忍負初意，再鬻之，原主再償再歸之。如是者三。若望謂其人曰，我鬻以濟貧，爾仍鬻以與我。彼此授受，誰先倦乎。俱宜謝主。蓋此□□益焉。一爾富而立功，二彼貧者獲濟，三我於中喜其意之得行。總非主愛不及此。噫，聖人心想裸人之苦，即不敢自享精美。倘實見其形，聞其聲，其哀憫當何如。故聖人慈心如蠟，日炤之即柔也。俱《哀矜行詮》

又《顧病》 聖嘉祿主敎於米蘭府，時百姓罹疫死者日數千。聖人先爲求主，次散多資，幷鬻衣衾以濟療之，仍躬自省視病者以良言解其惱，不分貴賤也。或諫且宜避患全身，以待大用，恐染疾爲害。曰，吾主設眞假之喻，有曰如牧羊然。眞牧其羊者，雖死不懼，假者一遇虎狼，輒棄羊而走。我位居民上，如群羊之牧，乃當民病苦遽欲遠之，我豈其假者乎。又曰，使我居上，先有怖心，彼在下者，必更怖矣。凡此病者，救護無人，命不幾泯乎。又謂其童僕曰，爾環侍我，勿怖死，宜怖獲罪天王。先自悔罪，乃隨我。聖人之行類如此，故西國會士，多以視病者爲本職，且暮行之罔懈焉。《哀矜行詮》

聖女嘉大利納思立奇功，請惡病窮婦寓之己室，卧以己榻，親治其瘡，日夜供事。此婦久病煩苦，或被邪魔煽惑，多見忿怒，畧不感恩，反妄談是非，以沒其功，玷其聞。聖女加勤服役，以仁行塞彼惡言，又懇乞天主勿罪罰之。耶穌乃親顧，右手執寶冠，左手執茨冠，謂曰，任汝擇其一冠之。聖女便擇茨冠曰，吾主向日爲我甘受苦難，我可辭苦哉。執茨冠弁之於首，甚痛。耶穌善其志，勸勉前進，大功將成也。病婦忽見異光，從天漸布，覆幬聖女，昭灼四方。大驚，即悟其誹謗之非，因悔而改，揚聖德焉。《聖人行實》

又《贖虜》 諸臘府有聖人保利諾者爲主敎。會海盜入寇，搶掠財

物，人民被虜，保利諾捐貲贖衆，至盡傾其家。後有一嫠婦幼子被虜，泣訴求救。利諾曰，我今貧矣，僅有一物，即我身也。汝偕我往，當指我言曰，此我奴以贖子。嫠以爲戲，笑曰，求爲主救我兒，曷戲乎。利諾曰，我正言，非戲也，汝行勿疑。即偕渡海，抵利未亞國，見彼王之婿，即嫠子之主。婦跽而泣曰，老婦貧寡，僅此幼子，望憐而歸我。王婿不顧，婦指利諾曰，願以此奴易。王婿見利諾儀度甚偉，乃問汝何能。曰，善灌園。王婿還釋幼子，而命利諾灌園。利諾入園，若素習者。王婿遊觀，呼與語，大悅。因時時顧問，以資裨益。一日與王婿論本國事，言及王筭將促。婿遽語王，王遂願見，婿因囑利諾曰，予侍王食，爾持蔬果進。利諾如命，王見輒勃然體顫，謂婿曰，予昨夢爲罪人，讞於官。今園夫貌與夢中官相肖，可問彼爲誰，恐非常人。婿問之。利諾曰，予爲人奴，爲主母易子耳。婿又問，其先爲何如人，須明言勿隱。強之再三，利諾不得已言曰，予曾叨授本府教主。王婿聞而驚畏曰，今將歸汝。惟汝願，不汝吝也。利諾曰，某無他願，某之來，爲贖幼子耳。今求盡歸本國之被虜者。婿言於王，王許之。乃召先所虜諸臘府千餘人俱來，給以餱糧，令偕利諾歸，歡聲動地。未幾，王薨，如其言，咸稱利諾大聖焉。《哀矜行詮》

又《葬死》 古聖多比亞，如德亞國人也。早年受誡行仁，會敵國來攻，俘虜多衆，比亞與焉。至其國，行善如初，恆以所得物，分惠同虜者，且以忠言相勸。彼國王聞而愛之，厚加賞賚，任所之弗問。比亞因得環遊，廣行化導。一日至臘厄斯府，遇其戚屬加白祿貧甚，贈以多金，不收其劵。國王沒，新主不喜如德亞人，比亞每慰勉其人，且賑卹之，勤施不倦。時新主復攻如德亞國不克，益憎向所虜人，橫殺無筭。比亞恆取葬之，王聞而怒，命殺多比亞沒其家，比亞挈妻子亡去。及王沒，王子嗣立，慕多比亞，召之，復其家。比亞不背初志，行仁益力。一日與知己宴會，席半，聞路有同鄉人未葬者，即離席往，負尸瘞之。親友諫曰，昔爲此幾不免，今仍踵覆轍乎。比亞曰，予惟尊天主命，此外無所顧惜。忽一日倦寢，燕矢墜其目中，遂瞽，絕無慍意。親友謂之曰，爾目若何，葬死何益乎。多比亞曰，予所望者非世福，凡主有命，惟順承之。即今瞽，莫非主賜耳。然已雖能忍，恐世人莫喻，乃默求主曰，爾眞仁者，眞義者，今盍我救，即我獲罪，望爾爲爾赦我，許我自贖。天主乃遺天神假人像療其目，多比亞欲酬之。天神曰，爾惟謝主，讚頌主。世主之美宜秘，天主之美宜傳。凡積哀矜之功，絕勝於積財也。爾多功行，我爲齎送天主臺前，欲煉爾成全德，爾果能忍，主命我療爾，今反天國矣。多比亞聞言，益加敬而懋脩焉。《哀矜行詮》

又《提誨》 聖若盎既耄，不能多言，恆用相愛二字勸其門人。習聞者頗厭之，問何故都無他教。答曰，此天主親命，獨行之足矣。夫此道有四善，愚智俱識，至明也。一言可盡，至約也。貧富賤貴，少壯老病，悉能行之。天主云，我命不高不遠，在爾心中，至易也。聖葉泥曰，相友愛，正我儕大益。天主又陳宏報以酬我，其慈無涯，至有益也。《七克》

瑪耳聽聖人嘗與門弟子行野，先過群豕踐踏之地，次過牛羊牧養之地，後過花卉茂盛之地。聖人有感，借以立訓曰，若是者，正足加益於我之脩也。彼群豕踐踏之地，足比淫人，無美可觀，爲穢魔所盤據耳。牛羊畜牧之地，足比婚娶之人，有其清美，乃爲女婦所消耗也。若花卉茂盛之地，譬童身浄潔之人，全美無玷，極可觀可尚焉。言訖，趨前復玩，從者得佩神教而益其躬。《聖人行實》

又《託諷》 有隱士曰雅哥般者，棄家游世，一切捐舍，人目爲清狂，有所知買得四鷄，囑令攜歸其家，雅哥般許之，徑持去。其人還家，問則無有，謂雅哥般誑己也。他日遇之塗，就而問之曰，向托汝鷄安在乎。曰，汝命歸汝家，安在乎。其人訝之，引與偕行，至其人生壙中，則四鷄在焉。其人益訝曰，吾托汝攜歸家，曷置之塜乎。曰，彼汝寓，此汝家也。《畸人》

昔西國有寵臣新搆宅第，壯麗宏敞，延一賢士往觀，深居曲房，靡所不屈。觀畢，賢士問曰，今日承召以觀君之居也，君之居安在乎。寵臣愕然曰，向所觀者非耶。賢士曰，是非君之居也。向所觀者，寢廟以妥宗祖耳，廳事以延賓客耳，居室以貽子孫耳，廊廡以俾僮僕耳，君安得長處此乎。以電光石火之身，不思久安長享之所，顧以目前之居爲君居也，豈不惑哉，寵臣始恍然自失。《口鐸日抄》

厄肋濟亞國，有名士曰的阿日搦，欲譏本世之虛僞，於白晝秉燭急赴諸衢，匆遽尋索，或詢爾失何物，答曰，吾索人而弗得也，或誚曰，呼衆

中而索人乎。賢士曰，衆中難得眞正人也。今世人其所行事非人事，其所從情非人情也。蓋諸人之言行情皆僞而已，眞正人何從可得耶。《則聖》

又《責過》 則撒爾，大西諸國宗王也。有大臣名薄量，王一日幸其第，薄量饗之，其盤盂俱玻瓈水晶之屬，光彩陸離。役吏趨走，傾跌壞一器，薄量甚怒，命投其人池中，爲魚所食。犯者脫赴王前，跪請救。王悉聞前故，命役者捧寶器來，徧閱之。既見，一一破毀之。且命平魚池謫薄量曰，上帝生萬物爲人，故勿論大小尊卑，是人則非天壤間寶器可比。爾愛物於人上，不識輕重，甚愚也。以微物害人命，大罪也。今破爾器，以杜爾狂端也。賢者撒拔授徒甚衆，恆訓之，欲保心潔，減淫念，必勿輕視。一日偕門下一少年同行，遇一美女，撒拔欲試之，遽曰，此女若不眇者，國色矣。門人曰，女故不眇。曰，爾未諦視耳。門人曰，我視最審，流盼特美焉。乃責之曰，爾未能禁目，安能保心。禁不使出戶者兩期，使肆不輕視焉。俱《七克》

聖意納爵一故人，久迷邪色，無法可止，即於寒日往投凍池，俟其過而呼之曰，無幸之子，何迷行乎，牽於邪慾，日益肆侈，弗覺天怒之將降爲大僇歟。汝且任意宣淫，吾姑蹈此凍池，自苦膚體，代汝贖罪，而息天主義怒也。故人一見一聞，毛髮悚然，猛醒其迷，追念從前重犯，肫肫懺悔，立時誓改，遂棄淫守貞焉。《聖人行實》

又《賞讐》 有誠學之士曰利古爾義，親愛下民，有如父母，乃作善政綱紀之。忽遇大懟，抉其一目以去，邦之士庶，無不憑怒，捕縲罪人，致諸賢士，請自行法，賢者乃不用法刑之，顧先欵遇之，而後從容敎育之，卒化爲善士也。或異而詢之，何乃親厚仇惡人如是。答曰，彼前虐剜吾目，今吾復剜彼目，豈不將增不肖之數耶。前一不肖傷我，我又傷之，是二不肖也。彼前脫吾肉目，未及脫吾心目。今復之，能瘳我肉目耶，徒自敗我德。又自脫我心目，以益之也。與其增不肖之數，不如引人改惡爲善耳。且吾往者受其小損而失肉目，今能使彼受吾大益而開心目，不猶愈乎。往者國家有一傷人之罪人可忌，今使國家有一遷善之君子可法，利孰大焉。《則聖十篇》

西國有人欲殺其仇，求之不得。遇大瞻禮日，入天主堂，適見焉。遽欲手刃向之，忽自轉念，言今日大瞻禮，人人向此中悔過遷善，求赦罪於天主，獨我向此中殺人報讐，重得罪於天主，不可。遽擕其讐，在主前誓，願今日以後，爲天主故，不復讐爾。願爾亦爲天主，不復讐我。其人感動，相與捐棄前惡，共詣天主像下，抱足頂禮，於時木塑聖像遽伸一臂，下抱其人，萬衆共見，驚異歎仰。知忘怨釋怒，天主所最重也。其聖像伸手作抱勢，至今不復收矣。

以西巴尼亞有殺寡婦之子者，吏將收之。寡婦知所在，贈以良馬資裝令速避去，是人得脫。其子忽見大寶光，謝其母曰，死後過失未凈，當受多年煉罪之苦。今母以恩報害，以愛報惡，甚感天主心，故赦我罪，免我刑，已昇光明天，享大福樂。此恩豈生養我可比哉。言畢不見。聖亞吾斯丁曰，不赦讐者，天門已闔之。其祈不入於天主，天主之慈惠亦不降於己也。俱《七克》

又《通功》 昔西耳物度府一人死，越幾日，其家一婦人忽見其像，服恆服如生時，展衣徧身火光，目如熾炭。婦恐懼仆地大呼曰，某人來，某人來。死者之女及一家聞之俱駭，乃請通儒問其故，或謂此婦偶病，情未足信爲眞也。越日，死者復見象如前，且作聲曰，爲何不我救，得無懼乎。婦愈懼曰，我將死矣。本日復兩見而不言，惟大發痛嘆聲。後又見曰，終不救我乎。婦曰，誰能救爾，我即願救，而不知何法。像曰，爲我赴堂，祭主三次，且取某物爲獻。蓋我病時有所許，未得獻耳。家人及鄰友如其言，皆爲持齋，行濟貧等功，代爲求主。忽一日天未明，復見像曰，我去矣。即出院中，復見大光，謂其兄曰，恆心求主，佩服聖敎，勿生疑心。蓋我先畧有所疑，故受多苦。又論其女曰，世人若知煉處之苦，宜爲求主獻功，勤行不倦，必有大益。以謝衆曰，主初定我煉罪五年，今謝諸仁人代求，大主享其功，減我四年矣。語畢，忽不見。據此可見，死者之望救於人甚切也。《哀矜行詮》

西邦一地方，原人居鱗集之所。廿餘年前，忽然地坼，穴中出一人，騎馬往來如飛。衆皆驚駭，閉戶莫敢視。次日，自戶隙窺之，其突出往來猶故也。越數日，有一名士欲窮究其理，因告解祈祐，往穴房，伺其將入，控轡而問曰，我奉主命，問爾爲何人，因何出穴驚駭人若是。對曰，我乃某之靈魂也，生前爲妄證一人，致其人身名俱損。玆受主罰，未得安所，幸主容我出現，白彼無辜。若彼冤得白，更求爲我通功，即可獲安所

矣。名士慨然許諾，因代彼人別白且多爲通功，自是入穴不復再出。此事在通衢，萬目所共見者，艾先生友親爲先生言之，端不誣也。《口鐸日抄》

朱宗元《拯世略説・輕棄世福爲先》　客有詣予者，謂禍福予奪，出於天主，何不使事之者，蒙富貴福澤耶？余曰：子以爲事天主者，將求富貴利達耶？殊不然矣。夫世福者，善人處之，惡人亦處之，非天主所以報我也。且爲善者，必先正其志；志在富貴利達，則立念已差，所爲之善，悉自私自利之情耳，烏足尚哉？夫奉事眞主，豈遂得位乎？豈遂多財乎？豈遂吉祥如意乎？豈遂聲名騰達乎？似與世俗之人，無以大異。不知此世者，冬日也，後世則春日矣。冬日百卉凋零，草木之有生意者，與無生意者，總不可辨；迄於春至，則生意具者，萌芽滋長；無者不過砍伐爲薪，以供甑炊而已。人在世時，事天主者，與不事天主者，亦無以辨；至於既死，一者登化光之天，一者付冥阱之爨已。且世福之念，最壞人心，阻喪善德：必富而後可，則掊克攘奪，不足以厭其心；必貴而後可，則倖進僭竊，無以激其耻；必得名而後可，則欺世誣民，不足以竟其術；其未得之也，有羨心；其既得之也，有傲心；得之而恐其復失也，有畏心；不幸而一旦喪之也，有悲心；終其身爲四心所奪，尙有清虛之衷以趨道哉？而貪想所使，無事不爲：或冀蔭庇於五行風水，或占終身於星相夢卜，或乞福佑於野廟天星；種種奇狀癡態，皆世福一念肇之矣。夫身處巍峨之勢，何如神靈不屈於物欲之足貴也；家藏陶頓之饒，何如中心充足乎道義之爲富也；外有赫赫之譽，何如隱微爲上主鑑歆之可悦也。古之君子，恆恐以權勢在己，生其驕態，其履高位也，如登危梯焉；恆恐以積貯過多，府蓄辜怨，其處富厚也，如居叢刺焉；恆恐以諛聞動衆，喪我眞德，其避虛譽也，如避盜賊焉。故有辭爵棄位，遁世潔修者；有散巨資於人，以儉約澹泊終其身者；有埋名剷跡，闇然不章不露者；彼視一切美利榮華，威聲勢耀，庸夫俗子，艷心咋舌者，如草上露，日出遂晞；如枝上花，朝榮夕隕；如鏡中像，一掩不見；如夢中境，一醒輒空；得不得，何足以係其心與？乃以不獲富貴吉祥，爲聖教無效驗，洵鄙人之識也哉？

又《受苦爲大吉祥》　異端妄言以語衆曰：求官位，得官位；求男女，得男女；求長壽，得長壽。今誦其經而祈請者衆矣，試問果得其所求否？乃不悟其妄，終身信之，何也？若聖教則異是：彼官位男女長壽，操於上主之手，求之良易，上主亦不之吝；然而學道之士，不之求也。求勝世禍，不致失望；求賜愛貧之德；求賜一切忍受患難；求賜輕忽世界，若已死亡，不戀在世虛妄之福；故曰窘難者，益德之資；又曰，爲義而被窘難者，乃眞福；又曰，市天國之價，艱難而已；苦患礪德，如他山之石硎玉也。今夫金入於火，雖有焚灼之形，然經煆煉而益精矣；水過於峽，雖有束縛之勢，然經抑遏而益迅矣；吾生之頓挫險阻，亦融性之火，騰德之峽也。自古在昔，成大德者，恆不辭苦；其甚者，委命證道，或剝膚鑿眼，或火炙鼎烹，甚或倒懸橫截，或碎體分肢；其次亦被撻被貶，被辱被訕；又其次奔走勞疲，冒犯寒暑，甘受饑渴，衝歷風波。至有一生慶譽，不逢拂意之遭，則遂懼天主棄我也，乃自取苦焉：或避家野處，或辭世卻華，或露宿仰籲，或赤日跪禱，或披棕束棘，或揮鞭縄撻；其於一切苦患，不惟不去之，且受之；不惟受之，且索之；故凡疾病坎坷，貧賤困頓，譏侮勞役，種種不順之境，悉以爲上主玉成我德之具，欣然忍納；而遇人之非道加我者，亦不生報復心，惟益勵我德也。夫世上萬端罪惡，皆自厭苦始；萬端德行，皆自茹苦始。厭苦，則有非分之願；當其得之，則有恣睢之行；若使不得，日抱怨望之心；恣睢，則爲淫爲奢，爲驕爲逸；怨望，則爲妬爲爭，爲竊爲亂。苟能茹苦，雖湯火白刃，可前蹈也；驚濤絶澗，可履冒也；監門臣虜，可安作也；凍饑勞頓，可寧耐也。若而人者，臨難不避，見利不動，立朝則直，臨陣則勇，財不苟取，名不苟得，富貴不淫，貧賤不移，居上不驕，爲下不諂，孟子不云乎，天將降大任於是人，必先苦其心志云云，增益其所不能？夫升九天之上，侍大主之側，友神聖之群，享無窮之福，所謂大任孰過於是？而可不經苦煉，泰然安受也哉？故曰，爲主而死者，乃是常生；爲主而貧者，乃是常裕；爲主而失位者，乃是常貴；爲主而流竄者，乃是得其本鄉；爲主而勞苦者，乃是常安樂。世亦有肯受苦之人，而所爲一非，竟等無用，吾甚憫之，而思有以救之也。天之生斯民也久矣，生民悉大父之子，則誰非我昆季者；而觸目所覩，不達者十九：予用不勝悲惋，而撫襟欲絶也！或曰，子何言之過也，普世豈無善人哉？而皆下墮耶？曰：試令諸人捫心自思，生平果無一過失否？果有過失而哀悔洗滌否？縱敢於人前大言無過者，必不

敢對天主言無過也：若是，則吾言豈過哉？人生不能無過，過而不改，罪遂著矣；猶身不能無病，病不求醫，病遂危矣！或曰：舍此間相傳之道，而取外夷新立之說以救過，不亦悖乎？曰：方家之藥，強半自海外載至者，苟可與病相濟，豈曰，不生我土而不用乎？苟可與過相補，豈曰，不出吾邦，而不取乎？地有華夷，天無彼此；庶民相見，則曰，子某郡人也，我某郡人也；自帝王觀之，咸屬統蒞之百姓矣；子不操帝王之心，而存庶民之見，宜乎以地自隘，不以天自廣也。或曰：夷之一字，終難消受。曰：大舜亦消得東夷二字，大禹亦消得羌字，由余亦消得一戎字；所謂夷者，特以地遠言耳；不然，則以聲名文物自矜耳；如徒取聲名文物，則後世之紛華靡麗，豈勝於羲農之不衫不履？娼優之珠玉錦繡，豈過於孝弟力田，鄙薄無儀哉？且如吾吳越之地，昔未嘗入中國版圖也；被髮文身，昔未嘗衣冠文物也；至於文明極盛，豈得亦謂之蠻邦而不重哉？況所稱大西歐邏巴者，文章學問，規模制作，原不異吾土也；輦轂畿甸，地之華也；千萬里外，地之夷也；克認眞主，修身愼行，心之華也；迷失原本，恣行不義，心之夷也；不以心辨而以地辨，恐所謂謹辨者，不在是也。若曰，界限截然，則雖兄弟既分之財，猶不得侵，而況於他國哉？若泛溟九萬者，非特心不利我土地，并其勢不能代此居守也。予觀西士之居於此者，無求於人，不競於物，世人往往恨妬譏訕，甚至欲擊欲殺焉；則以所傳之道，所晰之理，多觸人隱慝耳。世俗所甚信者佛老，而毅然斥之，則拂人情矣；世俗所重者淫祀，而毅然斥之，則拂人情矣；世俗所甚嗜者美色，至富貴之子，姬媵偏多，狡童之好，更過家室，而毅然斥之，則拂人情矣。嗚呼，俗疾既深，施以對疾之劑，固宜有瞑眩之勢；然雖至於欲擊且殺，不能不加服焉者。西士教人事主，大原所在，良知有不容泯滅處；而諭人於善，平旦好惡，有未盡牿亡故耳。或曰：以子之位卑而力微也，乃欲胥天下而易之，不亦難乎？曰：苟得上主之意，位雖卑，力雖微，自可以有所爲；不得上主之意，縱位高力大者，恐不能遂其志也。夫天主轉移人心甚易；然或善或惡，且聽之人而不強，吾安敢以強天下？但夙志所矢，則願人人同認大父，得返本鄉，盡我昆弟之職耳。顧天地之內，善人雖多，亦自有不可化誨之流；使無此等，則地獄爲空設矣；地獄不虛設，此等固必有也。昔吾等主耶穌有言，以善語陳惡人前，猶以珍寶置家前，必踐污之。主教之珍寶，吾豈敢謂世且必踐污也而不陳哉？然予則用是甚悲也。悲夫，種種之理，極明之，而極能言之，而猶不能悉體而盡行之也。

紀事

利瑪竇《西字奇蹟·二徒聞實即捨空虛》 天主救世之故：受難時，有二徒避而同行，且談其事而憂焉。天主變形而忽入其中，問憂之故。因解古《聖經》言，證天主必以苦難救世，而後復入於己天國也，則示我勿從世樂，勿辭世苦歟？天主降世，欲樂則樂，欲苦則苦，而必擇苦，決不謬矣。世苦之中，蓄有大樂；世樂之際，藏有大苦，非上智也，孰辯焉！二徒既悟，終身爲道尋楚辛，如俗人逐珍貝矣。夫其楚辛久已息，而其愛苦之功常享於天國也。萬曆三十三年歲次乙巳臘月朔，遇寶像三座，耶穌會利瑪竇謹題。

又《淫色穢氣自速天火》 上古鎖多厖等郡，人全溺於淫色，天主因而棄絕之。夫中有潔人落氏，天主命天神預示之，遽出城往山。即天雨大熾盛火，人及獸、蟲焚燎無遺。乃及樹木、山石，俱化灰燼，沉陷於地，地瀦爲湖，代發臭水，至今爲證。天帝惡嫌邪色穢淫如此也。落氏穢中自致淨，是天奇寵之也。善中從善，夫人能之；惟値邪俗而卓然竦正，是眞勇毅，世希有焉。智遇善俗則喜，用以自賴；遇惡習則喜，用以自礪。無適不由己也。萬曆三十三年歲次乙巳臘月朔，遇寶像三座，耶穌會利瑪竇謹題。

藝文

利瑪竇《西琴曲意八章·吾願在上》 誰識人類之情耶？人也者，乃反樹耳。樹之根本在地，而從土受養，其幹枝向天而竦。人之根本向乎天，而自天承育，其幹枝垂下。君子之知，知上帝者，君子之學，學上帝

者，因以擇誨下衆也。上帝之心，惟多憐恤蒼生，少許霹靂傷人，當使日月照，而照無私方矣！常使雨雪降，而降無私田兮。

又《牧童遊山》 牧童忽有憂，即厭此山，而遠望彼山之如美，可雪憂焉。至彼山，近彼山，近不若遠矣。牧童、牧童，易居者寧易己乎？汝何往而能離己乎？憂樂由心萌，心平隨處樂，心幻隨處憂，微埃八目，人速疾之，而爾寬於串心之錐乎？已外尊己，固不及自得矣，奚不治本心，而永安於故山也？古今論皆指一耳。遊外無益，居內有利矣。

又《善計壽修》 善知計壽修否？不徒數年月多寡，惟以德行之積，盛量己之長也。不肖百紀，孰及賢者一日之長哉！有爲者，其身雖未久經世，而足稱耆耄矣。上帝加我一日，以我改前日之非，而進於德域一步。設令我空費寸尺之寶，因歲之集，集己之咎，夫誠負上主之慈旨矣。嗚呼！恐再復禱壽，壽不可得之，雖得之，非我福也。

又《德之勇巧》 琴瑟之音雖雅，止能盈廣寓，和友朋，徑迄牆壁之外，而樂及鄰人，不如德行之聲之洋洋，其以四海爲界乎？寰宇莫載，則猶通天之九重，浮日月星辰之上，悅天神而致天主之寵乎？勇哉，大德之成，能攻蒼天之金剛石城，而息至威之怒矣。巧哉，德之大成，有聞於天，能感無形之神明矣。

又《悔老無德》 余春年漸退，有往無復，釐老暗侵，莫我恕也。何爲乎窄地而營廣廈，以有數之日，圖無數之謀歟？幸獲今日一日，即亟用之勿失。吁，毋許明日，明日難保；來日之望，止欺愚乎？愚者罄日立於江涯，竢其涸，而江水汲汲流於海，終弗竭也。年也者，具有輶翼，莫怪其急飛也。吾不怪年之急飛，而惟悔吾之懈進。已夫，老將臻而德未成矣。

又《胸中庸平》 胸中有備者，常衡乎靖隱，不以榮自揚揚，不以窮自抑抑矣。榮時則含懼，而窮際有所望，乃知世之勢無常耶？安心受命者，改命爲義也。海嶽巍巍，樹於海角，猛風鼓之，波浪伐之，不動也。異於我浮梗蕩漾，竟無內主，第外之飄流是從耳。造物者造我乎宇內，爲萬物尊，而我屈己於林總，爲其僕也。慘兮慘兮，孰有抱德勇智者，能不待物棄己，而己先棄之，斯拔於其上乎？曰：「吾赤身且來，赤身且去，惟德殉我身之後也，他物誰可之共歟。」

又《肩負雙囊》 夫人也，識己也難乎？欺己也易乎？昔有言，凡人肩負雙囊，以胸囊囊人非，以背囊囊己慝兮。目俯下易見他惡，回首顧後囊，而覺自醜者希兮！觀他短乃龍睛，視己失即瞽目兮。默泥氏一日濫刺毀人，或曰「汝獨無咎乎？抑思昧吾儕歟？」曰「有哉？或又重兮，惟今吾且自宥兮。」嗟嗟，待己如是寬也，誠闇矣。汝宥己，人則盍宥之？余制虐法，人亦以此繩我矣。世寡無過者，過者纖乃賢耳。汝望人恕汝大癰，而可不恕彼小疵乎？

又《定命四達》 嗚呼，世之芒芒，流年速逝，逼生人也。月面日易，月易銀容，春花紅潤，暮不若旦矣。若雖才，而才不免膚皺，弗禁鬢白。衰老既詣，迅招乎凶，夜來瞑目也。定命四達，不畏王宮，不恤窮舍，貧富愚賢，概馳幽道，土中之坎三尺，候我與王子同坋兮。何用勞勞，而避夏猛炎？奚用勤勤，而防秋風不祥乎？不日而須汝長別妻女親友，縱有深室，青金明朗，外客或將居之。豈無所愛？苑囿百樹，非松即楸，皆不殉主喪也。日漸苦，萃財賄，幾聚後人樂侈奢一番，即散兮。

吴歷《三巴集》卷三《克傲》 傲惡知何似，驕獅不可馴。雄心誇有物，俯目視無人。幾日淩雲氣，千秋委地塵。爭如勤自克，萬德一謙眞。

又《克吝》 貪惡知何似，癡猴握固然。解囊眉早皺，拜賜色爭妍。卒世饒千算，終期但兩拳。爭如勤自克，心惠破慳鍵。

又《克淫》 淫惡知何似，流情水決溪。乍污顏尚赧，稍縱意全迷。獸行叢多指，神監逼暗閨。爭如勤自克，貞德是金隄。

又《克忿》 忿惡知何似，風狂火舉熛。無端纔有觸，誓死不相饒。豈是輕三尺，居然患一朝。爭如勤自克，常用太和澆。

又《克妬》 妬惡知何似，平流忽起波。高才容我獨，好事恨人多。咄咄偏相逼，睊睊奈若何。爭如勤自克，一恕百無他。

又《克饕》 饕惡知何似，溟墟吸衆流。萬錢難下箸，一笑爲擎甌。直待腹相負，方知軀是仇。爭如勤自克，甘節德之儔。

又《克怠》 怠惡知何似，駑駘負主恩。有軀安豢養，無志望騫騰。神業難期頓，流光欲若奔。爭如勤自克，振策入修門。

自由意志

綜　述

利瑪竇《天主實義》卷下第六篇《釋解意不可滅並論死後必有天堂地獄之賞罰以報世人所爲善惡》　中士曰：承教，一則崇上帝爲萬尊之至尊，一則貴人品爲至尊之次。但以天堂地獄爲言，恐未或天主之教也。夫因趣利避害之故，爲善禁惡，是乃善利惡害，非善善惡惡正志也。吾古聖賢教世弗言利，惟言仁義耳。君子爲善無意，況有利害之意耶？

西士曰：吾先答子之末語，然後答子之本問。彼滅意之說，固異端之詞，非儒人之本論也。儒者以誠意爲正心、修身、齊家、治國、平天下之根基，何能無意乎？高臺無堅基不克起，儒學無誠意不能立矣。設自正心至平天下，凡所行事皆不得有意，則奚論其意誠乎，虛乎？譬有琴於市，使吾不宜奏，何以售之？何拘其古琴今琴歟？

且意非有體之類，乃心之用耳。用方爲意，即有邪正。若令君子畢竟無意，不知何時誠乎？《大學》言齊治均平，必以意誠爲要，不誠則無物矣。意於心，如視於目，目不可卻視，則心不可除意也。君子所謂無意者，虛意、私意、邪意也。如云滅意，是不達儒者之學，不知善惡之原也。善惡德慝，俱由意之正邪。無意則無善惡，無君子小人之判矣。

中士曰：「毋意」，毋善毋惡，世儒固有其說。

西士曰：此學欲人爲土石者耳，謂上帝宗義，有是哉。若上帝無意無善，亦將等之乎土石也。謂之「理學」，悲哉，悲哉。昔老莊亦有勿爲、勿意、勿辯之語，然己所著經書，其從者所爲註解，意固欲易天下而僉從此一端。夫著書，獨非爲乎？意易天下，獨非意乎？既不可辯是非，又何辯「辯是非」者乎？辯天下名理，獨非辯乎？則既已自相戾矣，而欲師萬世也，難哉！

吾觀世人爲事，如射焉，中的則謂善，不中則爲惡。天主者，自然中于的者也，有至純之善，無纖芥之惡，其德至也。吾儕則有中有不中矣。其所修之德有限，故德有不到，即行事有所不中，而善惡參焉。爲善禁惡，縱有意，猶恐不及，況無意乎？其餘無意之物，如金石草木類，然後無德無慝，無善無惡。如以無意無善惡爲道，是金石草木之，而後成其道耳。

中士曰：老莊之徒，只欲全其天年，故屏意棄善惡，以絕心之累也。二帝、三王、周公、孔子，皆苦心極力修德於己，以施及於民，非止于至善不敢息。誰有務全身，滅意，消遙，以充其百歲之數者哉。縱充其百歲之壽，亦不能及一龜一朽樹之壽也，而徒以加二三旬之暫於此穢身，竟何濟哉？然二氏無足詆。所言德慝善惡俱由意，其詳何如？聞夫順理者即爲善，而稱之德行；犯理者即爲惡，而稱之不才；則顧行事如何，於意似無相屬。

西士曰：理易解也。凡世物既有其意，又有能縱止其意者，然後有德、有慝，有善，有惡焉。意者，心之發也。金石草木無心，則無意。故鏌鋣傷人，復讎者不折鏌鋣；飄瓦損人首，忮心者不怨飄瓦。然鏌鋣截斷，無與其功者；瓦蔽風雨，民無酬謝。所爲無心無意，是以無德無慝，無善無惡，而無可以賞罰之。

若禽獸者，可謂有禽獸之心與意矣，但無靈心以辯可否，隨所感觸，任意速發，不能以理爲之節制。其所爲是禮非禮，不但不得已，且亦不自知，有何善惡之可論乎？是以天下諸邦所制法律，無有刑禽獸之慝，賞禽獸之德者。

惟人不然。行事在外，理心在內，是非當否，嘗能知覺，兼能縱止，雖有獸心之欲，若能理心爲主，獸心豈能違我主心之命？故吾發意從理，即爲德行君子，天主祐之；吾溺意獸心，即爲犯罪小人，天主且棄之矣。嬰兒擊母，無以咎之，其未有以檢己意也。及其壯，而能識可否，則何待于擊？稍逆其親，即加不孝之罪矣。

昔有二弓士，一之山野，見叢有伏者如虎，慮將傷人，因射之，偶誤中人；一登樹林，恍惚傍視，行動如人，亦射刺之，而實乃鹿也。彼前一人果殺人者，然而意在射虎，斷當褒。後一人雖殺野鹿，而意在刺人，斷當貶。奚由焉？由意之美醜異也，則意爲善惡之原，明著矣。

中士曰：子爲養親行盜，其意善矣，而不免于法，何如？

西士曰：吾西國有公論，曰「善者成乎全，惡者成於一」。試言其故。人既爲盜，雖其餘行悉義，但呼爲惡，不可稱善，所謂西子蒙不潔，則人皆掩鼻而過之。譬如水甕，周圍厚堅，惟底有一罅，水從此漏，此甕決爲無用碎瓦。惡之爲情，甚毒也。舍己之財，普濟貧乏，以竊善聲，而得非所得之位；所爲雖當，其意實枉，則其事盡爲不直，蓋醜意污其善行也。子爲親，竊人財物，其事既惡，何有善意？吾言正意爲爲善之本，惟謂行吾正，勿行吾邪。偷盜之事，固邪也，雖襲之以義意，不爲正矣。爲纖微之不善，可以救天下萬民，猶且不可爲，矧以育二三口乎？爲善正意，惟行當行之事，故意益高則善益精，若意益陋則善益粗。是故意宜養宜誠也，何減之有哉。

艾儒略《三山論學記》 相國曰：「造物主超出理氣之上，肇天地而主宰之，固矣。第云世間萬事，無非天主所爲。至於善惡萬不齊，亦皆天主爲之耶？」曰：「萬物之化生無窮，無不繫於造物主之全能。至論善惡，考之《聖經》與古名論，未有混歸之天主者。蓋天主至善，人爲天主所生，悉啟翼於善；或乃爲惡，則固人所自造。造惡者，反天主之命者也，豈可謂善與惡，皆天主爲之乎？第其所好惟善，所惡惟惡，實司其賞罰以勸懲天下萬世耳。貴邦經中，『作善降之百祥，作不善降之百殃』，與福謙禍淫之說，正可相證。」

相國曰：「天主萬善之宗。爲惡者，固其自犯天主之罪，但天地至廣，物類甚繁，若皆天主所生，天主所宰，彼至微至細之物，亦陘其搆撰，不幾褻乎？毋亦煩而過勞也。」曰：「造物主之生物，非可謂因大小分難易也。微族細品，亦各有當然造化。試觀天地間，物寧皆大而無小者乎？獸不必皆麟象，而無蟲蟻；鳥不必皆鸞鵬，而無燕雀；魚不必皆鯨鱷，而無鯤鮞；木不必皆豫樟松柏，而無樸樕，即此變化懸殊，皆顯天主化功之妙。天主至尊無褻，至明無煩，至能無勞。世間工匠作室，大抵必資木石，必利器械，必費心力，必需時日，厥室乃成。既成之後，不能定其存毀。天主則自無物生萬物，又時時保存安養之，俾得不壞。若此世界，天主頃刻不顧，便歸全無。譬之日光，從日而生，必不能離日而存；少有不照，則天地黯然無色矣。此以知萬物之存，不得不繫於天主安養之恩也。顧天主全能，亦何煩勞之有？如太陽發照，六合同光，雖至偏僻至穢下之處，糞泥腐草，無所不照，而日光如故，未見煩何心力，致褻其高明之體也。」

相國唯唯。觀察公曰：「余未窺天學中扃，尚容請益。如君今日捨故土東來，名利世塵，一切不染，飄然天地間，其樂何如？」曰：「旅人區區，實爲天學之傳，出九死一生，以請於上國諸有道者，惟冀有以教我，發明此一種大事，庶免於戾，何敢言樂乎？」

明日，相國復顧余邸中，曰：「天主全能，化生保存萬有，固無煩勞，如昨論甚悉。但既爲人而生，必其皆資民用，不爲人害者，乃今爪牙角毒，百千種族，不盡有用，或反害焉。生此於天地間何爲？」曰：「兩間原無一物無益於人。第人智識淺隘，多不善用之耳。蓋造物主之生物，或以養人逸人，如百穀充食，牛代耕，馬代乘載之類；或以衣人，如枲苧繭絲皮革之類；或以治人疾病，如百草五金藥石；或以娛悅人耳目，如五色五音；或以資人取法，如烏鳥之孝，雎鳩之貞，螻蟻之義，鳥紀官，蝌蚪作書之類也。西聖諳當曰：『學不貴窺簡策，即星辰草木昆蟲，天地之眞文章，皆可法也。豈可謂有無用物乎？』不可用於此，或可用於彼。蟭螟蟣蝨，最爲無用。余經印度國，有名醫取臭蟲七八枚，裹以樹葉，救垂死之病，而立起之；糞蛆炒爲末，能止漏血；蜘蛛可以治蜈蚣之毒。敝鄉有最毒蛇，名未白刺者，取煉成藥，可救萬病解諸毒。蝎能傷人，畜於玻璃缾內，盛暑日曬煉，其油亦能解諸毒。大抵物性隱微，物用廣博奧妙，人惟無所傳授，不能究其性味生剋，故未得其實用耳。亞悟斯丁曰：『爾不能啖彼蟲乎？第瓦雀啖蟲，人啖瓦雀，則蟲亦未爲棄物也。』若論其害人者，象虎猛獸，多不害嬰兒；獅熊惡物，而畏伏之者不害；間有被害之人，或繇人先有害物之意，故物求自保，而害人以自避，且其能害人者，縱有害於外身，實有益於內心，何也？非常之害，人皆以爲天災，使人畏天之怒，無敢戲豫，悔改求宥。是緣暫殃，反獲永福。蓋天主哀憫宇下，恩以慈之，威以懼之。苦事之警醒，使人無躭樂恣肆，知責躬修行，厭世界，而思昇眞福之域耳。如厥慈母，欲兒斷乳，而習飲食，必以苦味加乳，使其畏苦不嗜。況天主生物，欲以養人；生人欲以事主。原無一物能害人者，惟迨人犯仁主之命，物始戕人之命而肆其毒。若然亦所以代天

主之威，討有罪，警無罪者耳。噫嘻，人不肯順大主之命以成善，乃欲大主順人意以成福，不亦惑哉。」

又　相國曰：「人之善惡，賞罰既不可免，則大主生人，何不多善少惡？善或不可多得，何不篤生賢哲之君。君仁莫不仁，君義莫不義。而天下萬世治平，不亦休哉？」曰：「父母生子，豈不欲皆賢，以身爲範而訓之正。然有不肖者，此乃其子之過，何可妄咎厥父耶？人性原無異稟，天主至善，豈有賦予惡性之理。故人之生也，天主賦以明悟之知，使分善惡；又賦以愛欲之能，使便趨避。知能各具，聽其自專。第其原罪之染未除，原罪之染，詳見別篇。則本性之正已失。明悟一昏，愛欲頓僻，而趨避之路，所以漸歧。其爲善惡之分者，一也。形軀受之父母，則血氣有清濁，所謂稟氣是也。稟氣乃靈性之器具，或有良易冲和者，或有躁虐暴戾者，生平舉動多肖之而出，其爲善惡之分者，二也。人所居處，五方風氣不同，習尚因之而異，見聞既慣，習與性成，其爲善惡之分者，三也。善惡既分，功罪自定，賞罰隨之，此必然之理也。人自不願爲善，顧願爲惡，而天主強之於善，無有是理。人各有所爲之善惡，自應各受善惡之報，而謂天主不加，亦無是理。若使天主賦性於人，定與爲善，不得爲惡，雖造物主之全能，無不能者。顧必如此而後爲善乎？則爲善者，天主之功，豈得謂爲人之功也哉？如天主生火，其性本熱，民賴以生，然非火之功也。日之光萬方畢照，日亦曾有何功可賞。緣火之熱、日之照，非其本心則然，其性定於此，不自知其然而然也。賞罰上主不爽，善惡聽人自造，蓋如此已。至論篤生賢君，亦以此可推。夫帝王士庶，同是一稟。然帝王之力，無所不舉，能爲善則功德甚大；苟爲惡則罪譽亦甚大。是非天主定其善惡，亦世主之自爲善惡也。天學大行之地，則代有聖哲，主持教化，政平俗美，上下和樂，熙熙穆穆，此豈大主偏厚此一方人耶？上下皆尊崇聖教，自不肯爲非也。彼不知上有至尊可畏，而恣意妄爲者，則極之不建，民將何從？風俗浸漓，亂賊踵接，自貽伊慼，而責望於天主，謂將有靳焉，非通論矣。」

相國曰：「氣質習慣雖不同，然不善者改而之善，固欽崇要道也。」曰：「稟氣習慣之善惡，旅人譬之二人馳焉。其一調良，其一覂駕。良馬不煩控勒，馳騁如意；覂駕者御勒有法，亦能聯鑣併進。若不善御，任其奔騁，此不盡馬之過，亦御者之過也。靈性之於形軀，猶主人之勒馬，克己復禮，自強不息，自可變化氣質，以抵成德，此善御馬者也。苟爲不然，任情放逸，隨俗成非，蔑十誡而罔聞，任三仇之遞引，則亦何所不至哉。然此非不能改，不欲改耳。大都自畫者多，自奮者少；沉淪故習者多，砥礪圖新者少。所謂勒馬懸崖，鞭鐙咸失；毀御竊轡，決首碎胷，夫誰之咎，皆怙終不改致然，而反疑惡之不可改，善之不可遷也，過矣。」

相國曰：「良然。第天主生人爲善，人顧爲惡。天主有權何不盡殲之，爲世間保全善類。豈其不能，抑不欲乎？」曰：「天主無不能，然有不可。若必舉惡人而盡殲之，誰不罹法網者？恐將靡有孑遺矣。天主至公也，尤至慈也，且愛人悲懇，如慈母育子。子雖不肖，其忍遽棄絕之耶？且天主所以容惡人者，其慈悲無已之心，猶望其改。世亦有初爲惡而終善者，始因蒙昧無知，陷於污下，繼而因人啟迪，自己奮勵，躋於高明。若使陷罪即滅，將法無自新之路，非大父母慈愛心矣。況縱惡無忌者，生前多有顯戮，如水火刀兵、猛獸暴死之災；死後又有永劫沉淪之報，何必於電光石火之世，遽殲滅之耶？」

利類思《不得已辯》　光先云，天主造人，當造盛德至善之人，以爲人類之初祖，猶恐後人之不善繼述。何造爲惡□驕傲之亞當，致子孫世世受禍。是造人之人貽謀先不臧矣。

天主所造事物，無不精粹純備，而人性尤爲全美，其明悟能直通萬理。而辨事宜，裁度善惡，所當趨避，其受欲復清潔正直。所願惟善，所憎惟不善。又賦之擇善惡之能，《經》曰，天主初化成人，而任以本心之決。生死善惡，並設爾前，惟爾所擇。若欲使人必不能爲惡，天主固無難，但非人性之自然。即不爲惡，亦不云爲善，是定人于一，不使自如其所行德，似是而實非，終無功績以蒙天報也。試觀人幼稚之年，善惡未辨，此時不爲回邪。而人卒不誇其功德者，正謂其不能爲，非能爲不爲也。使能爲而不願爲，此則實德可讃美矣。經讃善人，曰能犯而不犯，能爲惡而不爲，故其吉祥定於無窮也。天主生亞當，而賦以心權，豈徒不犯而已。誠欲以循善得善報，以避惡免惡刑，乃自犯命以取罪，與天主何預哉。

南懷仁《善惡報畧說》　康熙八年八月內，諸王貝勒大臣，九卿科道，屢次會議天主教事情，屢次具疏云：該臣等會同再議得惡人楊光先，

捏詞控告天主教係邪教；今看得供奉天主教，並無爲惡亂行之事，相應將天主教仍令伊等照舊供奉等語，具奏在案。是時會議已畢，會議內諸公問曰：天主欲勉人爲善享福，何故凡行善者，現世不降以福，行惡害人者，即時不降以禍，又何故容惡者多享富貴，終身快樂，善者多窮困患難災病，豈不令人疑天地無主宰，或疑主宰不公乎？余答曰：因惡者現世多享富貴快樂，善者多窮困患難，則可明推而知善惡之報，不專在現世也。人在現世，非享福本所，惟以現世之暫寄，定身後之永居；人暫處兹世，當修德行善，爲身後常享之基，以斯世立功，身後受賞焉。然凡行善立功，皆由人自主而行；若無自主之權，不可稱之爲善，亦不可稱之爲功也。故天主既欲人行善立功，特賜之以自專之主張：善惡統具目前，任意擇爲，而不強不阻。蓋造物主命定萬物之性情，俱各隨本性之能力以行其事：如重物則與以垂下之力，輕物則與以升上之能。試觀造定火性，命其燒化諸凡所著之物：故人物等著於火者，則火不得不焚燒，而造物主不禁阻其性。若禁阻，則于前命又相違戾矣。

天主賦人性自主之能力亦然，凡所行諸事，任隨其性，並無強阻，以定善惡之功罪賞罰：故現世行惡者，其恣肆加害善人，造物性之主宰，姑且容之，一以存其自主之能力，一以開善者立功之門矣。蓋善者在世，加將士在戰場中，惡者爲讎敵，當習勇以戰勝，立升天之功，故王者賞將士，不賞於臨戰之時，而賞於戰勝凱旋之日。世人不明此意，以爲奉天主教者，天主必賞世間福祿，以定其心，勉其行善：如此謬想，猶之出仕者，思朝廷先賜以金帛，延其受職無異；天主原許以天堂永福，豈有先賜現前之福，延升天堂受永福之理乎？

死候

綜述

利瑪竇《畸人十篇》卷上《常念死候利行爲祥》　余問於徐太史曰：中國士庶，皆忌死候，則談而諱嫌之，何意？

答曰：罔己也，昧己也，智者獨否焉。子之邦何如？

余曰：夫死候也，諸嚴之至嚴者。生之末晝，人之終界，自可畏矣。但敝邑之志於學者，恆懼死至吾所，吾不設備，故常思念其候，常講習討論之。先其未至，豫爲處置，迨至而安受之矣。人有生死兩端以行世，如天有南北二極以旋繞於宇內，吾不可忘焉。生死之主，不使人知命終之日，蓋欲其日日備也，有備則無損矣。聖經曰：守矣。夫將來如偷者，偷者闖主莫慮耳，是以凡聞訃，皆驚曰：「某斃乎？」曰某斃乎，誠不意其死矣。聖教中凡稱賢、稱聖者，無不刻刻防死候，以對心惟，以爲沮惡振善之上範也。

徐子曰：如是急乎？

余曰：生人所明，莫明乎死之定所；不明，莫不明乎死之期。不論王公賤僕，盡人之子，誰不有一日焉？或且不及暮，或暮不及旦乎？誰居甲能保乙乎？汝不知死候候汝於何處，汝當處處候彼可耳。故智士時冀死候相値，持此爲生也。世之大惑，視死候若遠焉，抑孰知此身恆被死耶，吾今已死大半耶！既往之年，皆已爲死將去耶！旅人航海，宿船中坐立卧食，如停不行焉，而其身晝夜遷移，曾無止息，且不問汝欲不欲條就岸而須登矣。二船相値，其間各以彼爲行動，以己爲住止，而實則俱行矣。世人或謬云「吾命今日如是，詰朝亦如是」，而吾生實汲汲趨沒無停也，雖誤云「彼有疾且死，我安且生」，而彼我息息並就終也。有以勺勺盡甕水，將謂末一勺乃竭盡之乎？非也，自初至末，每勺竭盡之矣。夫人命亦謂卒日爲終，而實日日終之矣。夫吾此生命也，非如西江之水也，江水有源，下流洩之，上流增之，則江永存不涸也。生人者，如燭耳，恆自消化，誰益之膏油乎？故漸至燼滅矣。人少而冀長，長而冀壯，皆如冀死也。已壯之後隨老，老之後，隨死矣。誰欲行路，而不欲至其域乎？是以總總蒼生，吾未識死人寓此世界中活耶，抑活人寓此世界中死耶？未定也。

徐子曰：子之玄語皆實。今世俗之見，謂我念念言行悉向善，即善矣。如念死候之不祥，便目爲凶心凶口焉。是故諱之。

余曰：不然。施我吉祥，即爲吉祥；施我凶孽，即爲凶孽。是死候一

念能祐我，引我釋惡而就善，則世之祥，孰祥乎是耶？彼言域，而竇乃言至域之道，欲至其域，先由其途，惟途難焉。子不聞爲善如泝流行舟乎？有常念死候之近，而不得免心於縱恣者焉。況以是憚凶心凶口而諱言之，是非長惡之門歟？凡不肖從欲者，概由忘死之近，而自許壽修之僥倖耳。若爲善者，自許壽不如自許夭矣。蒼生之生宇內，如矢如鳥，速飛無遺跡；如影如夢，無體可持也。而人於此營大業，如永久居焉，哀哉。

南方有國名黑入多，古法未造墳墓，不得製室屋。其俗居室陋隘，而墳絶廣大，謂居室次寓數年之暫，吾常居者獨墳耳，故以此爲急，崇飾之也。敝鄉昔年有隱士名雅哥般，棄家遊世，一切捐捨，人目爲瘋狂。有一友買得四雞，囑令攜歸家。雅哥般許之，徑持去。其人還家，問別無有，謂雅哥般誑己也。他日遇諸塗，就而問之曰：「向托汝雞，安在乎？」曰：「汝命歸汝家，安在乎？」其人訝之。引與偕行，至其人生壙中，則四雞在焉。其人愈益訝，曰：「吾托汝攜歸家，曷置之塚乎？」曰：「彼汝寓此，汝家也。」嗟乎，雅哥般曷狂？其爲此以警我曹，不其深歟。

夫造物者造人，貴絶萬類，但其壽不及樹木與禽獸者，何意乎？今之人壽短於古，造物者惜憐之耳。子不見世愈降，俗愈下乎？父之世不如祖，生我世不如祖、父，而我以後，將轉之於益下者，孫也。人增咎，天增罰，不善之殃矣。然則人之生世，亦終身煩冤耳，徒得生之名，而實與苦俱來，與苦俱去也。百年之中，非是度生，是度苦海也，則死豈非行盡苦海，將屆岸乎？苟歲月久長，豈非逆風阻我家歸乎？

嗚呼，世人以命之約者，省苦也，減咎也，則死非凶，凶之終竟耳；似不爲刑罰，刑罰之赦耳。君子明知天主借我此世，似僑寓，非以長居，則以天下爲寓，不以爲家；吾常生別有樂地，爲我常家焉。且本生之壽縱長久，比之常生不滅，其爲短也，可勝言哉。《輿地總誌》記泥羅河之濱有鳥焉，日出而生，日入而死，則其壽盛，乃一晝耳。必夫在卯爲嬰，偶死爲殤，以辰巳爲幼爲壯，能見日中爲至艾，頒白以未，爲老，而幸得至申酉，爲耋、爲耄矣，豈異吾於百歲之微，置是節乎？是以志乎常生者，凡有終之生，成爲須臾。持此須臾與端倪，爲吾身後全吉大凶之所關係，故不可不愼焉。

凡所望於壽修者，冀以了畢是生之事耳。智者未至死，而生之事已完矣；若不肖者已死，而未嘗始生也。凡眞實急切之行，俱待明日矣，不知從明日者，必不能得之焉。已至明日，明日非明日，乃今日也，明日已往矣。誠如翻車水筒，先後比次，次筒裁上，則前筒已傾矣。席上設有餚饌百器，而曰其中有一器，蠱也，食必死，則此百器者，吾全不甘嘗之矣。吾數日之命，明知必有一日待死，而不知何日，則我宜一一疑之，而不迷於其樂。夫人命非獨短淺而已，短淺之中，尤無定期。何日不聞其暴病死乎？某被壓、被溺、被焚死乎？某行市偶飛瓦中首，冒風死乎？某出門偶蹶，輒偃僵不起乎？某腹痛，誤飲湯一杯死乎？某夜新娶，詰朝已亡乎？塵埃易散，琉璃易碎，猶不足喻人命之危脆也。吾命無一日之定，而忙人圖多年之謀，若壽在其手焉，從而分定其事，如製衣者置帛於案，而分畫之，以若干爲衣，若干爲裳，愚也哉。

嗚呼，毋恃年之茂、身之強，所見死亡，往往幼者多乎老者，強者多乎弱者也。子入陶肆閱諸器，小大厚薄不一，問是諸器孰先壞？必不曰薄者先壞，厚者後壞也；又不曰先出陶者先壞，後出陶者後壞也；惟曰先偃地耳。葆祿聖人謂人之身與靈曰：「吾曹得金貝，藏於陶具也。」則此身體，陶器焉，易碎矣，何論稚老哉？吾視圖畫，以手摸之，其所畫物物皆近，而巧士以法加減色，使我目誤視，或如遠焉，或如近焉。世界一圖畫耳，人人皆近於死，無復遠者，不可信目之化，而謬曰或遠或近矣。以是觀之，吾不謂今日乃我所稟命終之日，必不能使我善用此日也。以吾年寡，多爲善行，是預獲長壽利矣。至耈老而不能爲善，豈不失長壽利乎！人壽恆短，人欲恆長。短其壽者，戒其欲之長也，苟能自知前路不長，所當止宿不遠，何必盛聚資費哉？未老謀善度生，已老則圖善受死可也。老者勤積財，尤異焉。家彌邇，彌急於路費乎？特伯國法，老者至八旬，毋許用醫，曰此時非謀生之時，乃備死時耳。

又 士君子生或逢時不幸，不容我善度生，孰能禁我善受死乎？吾願生死均善；不可得兼，寧善死焉，一死光明，照耀終生也。昔有問西士：「賢嚋之壽爲至長？」曰：「至至善之候。」又問：「君子生世，宜幾何時？」曰：「至可生之分限耳。」辣責德滿，西土之名邦也，其習俗視生死無二，惟論理當否，有詩人作詩，云：「士臨陣，與其失命，寧失

刃」，當路聞之，以爲大僇，流之遠方。其餘風及於閨閣，亦皆輕死尚義。本國史載，一母有子，出禦寇，死之，或告之曰：「令子死國難矣。」母安坐弗動，曰：「我政爲今日，生此兒也，是生已足矣。」由此論之，可見本世生姑爲生，而煩苦實甚；歲月漸消，危淺無比，則生而似死焉。此理明甚，無可疑也。

然此世界中無他生，不得不以知覺運動爲生；既以爲生，不得不以氣盡命終爲死。但此死期，凡有生者，常當念之，念之甚有利於道行矣。故今猶須略揭其形狀也。夫死之候，有三艱：一在死前，一在死際，一在死後焉。

凡人將死，既先遘厲虐疾，不可療已，則良友泣涕矚耳語之，曰：「有後事宜相付囑者，速言之矣，命幾以泯矣。」吾從蓐間聞此語，則慄慄戰懼，不知身後何如也，惟默歎曰：「此日月已矣，我永永不可再睹之矣。吾所愛良田廣宅，珍貝盈篋，非我有，徒爲他人積矣。妻子兒女，不得復相聚矣，徒戀愛無益矣。嗚呼，已往若干年，遽去如電，而使我至此殫殄也。」蓋曩所甚愛，此時睹之，甚傷心也。存之以樂，失之以憂，則前多愛，今多死矣。是故賢妻孝子女，此時避而不忍見也，見而增彼此之哀痛故也。爲吾友者，或備棺槨，或製衰麻；爲親戚者，或歛家具，或守財笈。吾展轉床第間，惟有幽憂塡膺耳。此則未死前也。

死非他，惟靈魂與形體分別耳。凡二物相吻合者，莫如靈與身之親切也；合既密，分之愈難矣。兩友偕行於途，臨岐尚猶惜別，況一生同體之交乎哉？即見遍身失潤色，而貌變目深，鼻稜口暗，耳燥足冷，脈亂心動，四體流汗，哀哉哀哉。夫人以母痛入世，以己痛出之，出入皆痛，惟死時痛在我身尤切矣。及至將死，則仰而見天主義怒吾前行，俯而思一生之歲月，都費之以造惡，向前而觀無窮幽暗之路，下而視，視地獄苦谷之門大開，以我翕吞，左右旋觀而有群魔，俟我神魂出身而搶之，傷哉。此時欲進而不堪，欲退而不容，欲悔而無及，即恨其生而死已。此則死際也。

及至死後，所苦患又甚焉。何者？死之後，我之所存，魂與魄耳。魄即爲尸，尸爲腐肉，腐肉爲蟲蛆，蟲蛆化歸於土，此則賢否無異焉。請隨視惡人之靈魂。夫既出身外，忽見移幽陰異界，輒置之天主嚴臺前，以審判一生之所爲，則盡出籍記，詳載行事無遺。於是所得非義之財，所取非凈之樂，藐法欺君，酷虐暴民，順私意傷剝孤弱者，皆來受其報也。於是淆亂神道，抗侮上主，妄尊異端，詐僞誣世，無所懼畏，既見主威，在上審罰，無奈顫慄而無所逃也。於是不肖人所掩諸醜情，陽廉陰貪，外飾正、內釀邪，見過不圖改，見義不肯若，諸隩隅闇事，心中所藏逆公之謀、非禮之欲、非法之念，人目所不及，一一發露，不可蔽焉。天地萬物，并我自心，皆從而訐我證我，則我焉辭乎？在生多見天主慈惻，天主寬容，至此始見天主之義怒威嚴也，則我何禱乎？誰復解救之乎？於是方知財賄已無，而惟有犯理得財之罪也；穢樂之味速過，而取穢樂之咎常遺也；傲矜之氣已隨風而散，而惟留傲矜所招之刑，永悠不脫於身也。則第得恨己恨天，懊惱而受無限殃痛，嗚呼不已矣，此難之至難，在死之後也。

又《常念死候備死後審》 徐太史明日再就余寓，曰：子昨所舉，實人生最急事，吾聞而驚怖其言焉。不識可得免乎？今請約舉是理，疏爲條目，將錄以爲自警之首箴。

余曰：常念死候，有五大益焉。

其一，以歛心檢身，而脫身後大凶也。蓋知終乃能善始，知死乃能善生也。知家財乏，則用度有節；知壽數不長，則不敢虛費寸陰。不然者，如行霧中，前後不知，惟見目下耳。舟師使船，必有路程，有地圖，日記已行幾何，以知其所餘於後也；坐必船後，即知其船前事，乃以舵張翕之矣。吾人行此生之路，亦如是也，日記其日已往，而自置己於此生之末，乃能善迪檢一生之事也。又如魚潛以尾，引海中路也；鳥飛以尾，導空中路也。行此世，非如於海、於空乎？非以死候之尾，永言念之，難乎免焉。恆以心居死候，則知生際所當爲。吾欲知生際一事當行耶，否耶，即思此事是我死候，所願得於生前者耶，抑否耶。如此開導，豈不痛切哉？古賢裴羅谷氏，六年處塚內。伯辣漫人之俗，家門之外即是墳墓，出入顧瞻之。西土吾同道幾百國，大概葬死皆於城中。夫皆懼忘死之備，而立計晝以自提醒耳。昔西鄰國有賢王，傳不傳其世代名號，惟時君老僅一子，當嗣國。子輕佻無威儀，荒縱自肆，國民患之，有司以告王，請戒諭焉。王訓約百方，弗若也，則命士師曰：「王世子犯重法，依律治之勿赦。」

不日，世子以舊行奸宄事，士師拘囚，訊鞫之，律當大辟，至日則出以行刑。世子見事窘，請詣王所，與父王面訣，許之。至王前訴曰：「以王之子，國之上嗣，如匹夫死於刑下，理乎？情乎？」王灑泣曰：「非我也，法也。吾豈忘父子恩？既而暫免汝目下刑，吾讓汝爲王七日；七日之內，恣汝意行樂；滿七日，自往士師所伏法矣。」語畢，即解王衣裳衮冕服之，令即王位，百官皆聽其命，己退而燕處，了不與國政矣。第俾一陪僕從世子，每日夕即提稟云：「七日限，今已過若干日也。」如是諸日，世子一意盤樂，娛玩無倦，獨至夕，聞僕之提警，即大驚寤，憂愁不勝。迨第七日，期已逼迫，啟請游樂畢，無歡悰矣。王至期出，即問世子：「七日之樂何如？」曰：「何樂乎。」王曰：「一國之力，不足供一人樂乎？」對曰：「然而夕夕有一僕，來以就刑日數，提刺我心，於是日日知我命就終，竟滅諸樂已。」王曰：「人人日日無不就終，壽數不等，而均寡焉已矣。以後汝可保國矣，往昔所犯，大赦於汝；惟自今後，令此陪僕，依前七日，夕夕提警汝念也。」通國士民，聞之大喜。世子謝教謝恩，而悉改前行，父歿代立，亦爲賢君也。視此可驗幾載之教誨百端，以移其心，終不能致，而七日死候之念，致之矣。是陪僕之設，智者不可無也，恐世事脫其心，而忘之故也。

其二，以治淫欲之害德行也。五欲之炎發於心，則德危，而受彼燒壞。此死候之念，則一大湧泉，滅彼熾焰，故於懲戒色欲，獨爲最上良藥也。吾在世，若已結證罪案犯人，從囹圄中將往市曹行刑，標榜我自負之以行，而於道中適遇喜樂事，何堪娛玩乎？若翰聖人設一喻，狀世人取非禮之樂也，甚善。其言曰：「嘗有一人，行於壙野，忽遇一毒龍欲攫之，無以敵，即走，龍便逐之至大阱，不能避，遂匿阱中，賴阱口旁有微土，土生小樹，則以一手持樹枝，以一足踵微土而懸焉；俯視阱下，則見大虎狼張口欲翕之，復俛視其樹，則有黑白蟲許多，齕樹根欲絕也，其窘如此；倏仰而見蜂窩在上枝，即不勝喜，便以一手取之，而安食其蜜，卻忘其險矣；惜哉食蜜未盡，樹根絕，而人入阱爲虎狼食也。」是奚謂乎？人行壙野，乃汝與我生此世界也。毒龍逐我者，乃死候隨處逐人，如影於形也。深阱者，乃地獄之憂淚苦谷也。小樹者，乃吾此生命也。微土者，乃吾血肉軀也。虎狼者，乃地獄鬼魔也。黑白蟲齕樹根者，乃晝夜輪轉，減少我命也。蜂窩者，乃世之虛樂。哀哉人之愚，甘取之，迷而忘大危險，不肯自拯拔焉，哀哉。西土有兩泉相近，其一泉水，人飲之便發笑，至死不止；其一泉水，人飲之便止笑，而瘳其疾也。使人笑至死之水，是乃世樂迷人壞其心也；止笑瘉疾之水，則死候之念耳，可不旋酌之乎？

其三，以輕財貨功名富貴也。夫物也，非我有也，非我隨也，悉乃借耳，何足戀愛乎！身後，人所去所也，彼所無用財爲，亦無重財爲矣。吾曷不萃彼所之所尚乎？惜乎妄人，於己所不在受譽，於己所在受苦也。夫物，汝曾嚌其得之之娛，而未試其失之恨，請毋觀其來，觀其去，毋觀其面而觀其背歟。夫進而聊帶僞樂而退，乃大遺真憂也。聖經所謂財人已畢其寐，而手中無所見也，言有人夢捉得金銀滿手，喜甚，急握固之，忽然而寤，即空拳耳。經不曰「人財」，而曰「財人」，以是貪得者，非我使財，爲財所使，是財奴也；不曰「得財」，而曰「夢得財」，蓋其富厚百年，猶一夜之短夢耳。且狀其情，以一舊事，極著明焉。昔有一士，交三友，而情待不等。其一愛重之深於己，其一愛重之如己，其一甚菲薄，希覿面焉。忽遇事變，國主怒逮訊之詔獄。士聞之，即急走其上友，訴己窘急，幸念夙昔，冀援手焉。其友曰：「今日特不暇救汝，政與他友有嬉遊之約，當候於此，不得動移。只能送汝衣一襲，輿一輛耳。」士悵然歎息，則走其中友，愈益悲泣訴己患，祈勿襲前友，特脫我於厄也。友曰：「今日適遠行，不暇。惟得偕汝行至中途，遠則至公府門耳。訊獄在內，吾不得與聞也。」則益窘，而悔曩昔擇交之誤也。既而思彼小友，素忠實，或能救我乎未可知。至其所，無奈愧怍不得已，先告以二友相負狀，又自咎曩之菲薄，請勿介意也，惟幸念一日之雅，願邀大德，無棄我矣。友曰：「吾故寡交，恆念汝。汝今勿憂，此等事惟我能任之，便相拯濟，爲好我者勸也。」言畢，即先行趨王所。此友之寵於王也異甚，則一言而釋，士竟無虞矣。是奚謂乎？士遇事變，即人之死候，上主將審判我一生不善行也。其三友者，一財貨，一親戚，一德行矣。夫財貨室屋田產，自不能運動，惟與我葬服及棺槨耳。夫親戚朋友，惟送我山間及墳墓之外，自不能入矣。第德行陰騭，人雖不甚重之，卻能保身後之急，且以我救也。以是可見死候之念，導人以明世物之虛實矣。能隨我者，乃我事也，實也；不隨我者，非我事也，虛也。沙辣丁者，西方七十國之總王也，將薨，取

葬衣，命一宰臣揭諸旂竿之首，行都邑中，順塗而大呼曰：「沙辣丁七十國王，今去世，惟攜此衣一稱耳。」噫，詎不亦此意乎？野狐曠日饑餓，身瘦臞，就雞棲竊食，門閉無由入，逡巡間忽睹一隙，僅容其身，饞亟則伏而入，數日飽飫欲歸，而身已肥，腹幹張甚，隙不足容，恐主人見之也，不得已又數日不食，則身瘦臞如初入時，方出矣。智哉此狐。吾人習以自淑，不亦可乎？夫人子入生之隙，空空無所有也，進則聚財貨富厚矣，及至將死，所聚財貨，不得與我偕出也，何不習彼狐之智計，自折閱財貨，乃易出乎哉？問何者爲眞富？必曰廣有重物，能恆存不受壞者爲眞富，故良田腴產，謂富人之本業焉。夫田產於人，火不得爇，水不得漂，盜不得負，而趨年遠，不得銷損於諸物中，獨爲堅久，故善持富者寶之，何況於德，更萬倍堅久乎？德不畏水火盜賊，彌久彌固，不相脫離，生死我隨也。此爲人之大本業也，必矣。

其四，以攻伐我倨敖心也。倨敖之氣，諸德之毒液也。養敖者，其道心固敗矣。夫敖之根柢本弱也，以虛爲實，以無爲有，以他爲己也。故常念死候，不俾自昧自爽己矣。孔雀鳥，其羽五彩至美也，而惟足醜，嘗對日張尾，日光晃耀成五彩輪，顧而自喜，倨敖不已，忽俯下視足，則斂其輪而折，意退矣。敖者何不效鳥乎？何不顧若足乎？足也，入之末，乃死之候矣。當死時，身之美貌，衣之鮮華，心之聰明，勢之高峻，親之尊貴，財之豐盈，名之盛隆，種種皆安在乎？何不收汝輕妄之輪乎哉？古者西土有總王，名歷山，奄有百國，幅員數萬里，無勝其富，而心傲甚，猶若不足；既薨，葬埋之侈，殫極華美。時有名賢，觀其塋，譏之曰：「夫人昨也踵土，今也爲土踵矣；昨也彼藏金玉，今也金玉藏彼矣；昨也寰宇不足容之，今也土窟三尺則足矣。」嗚呼，行世之際有尊卑，死之後無尊卑也。誠若象戲焉，運於枰局，將卒異位殊道，及事畢覆局，則雜位同道矣。目者無所不見，惟不見己也，見己有道，以鏡照焉。人者無所不識，惟不識己也，識己豈遂無道乎？以死者之髑髏鑒焉。彼昔如我今，我後如彼今也。往日余有友，常晝髑髏形懸於齋室，以自警也。彼詎不善於圖畫古器之設乎？

其五，以不妄畏而安受死也。造物主每造一物，即各賦以愛己之心，是者不論靈蠢，物物有之，則畏死欲生之性，人人均也。然而生死皆聽天主之命。人自求死，即不可；人強求生，亦不可。何者？天主固不令人自擅死也，若士卒非帥命不敢離行伍也。倘終竟不欲死，是爲悔既生焉。夫生死之主，借爾此生，實陰約以死而還之，如左券在彼，不願死則失約而悔其已生矣。貪財不可，而貪生可乎？欲負約賴人之財不可，而欲負約賴天主之生，可乎？吾鄉人亞入西勞氏，西極之名將也，經踰阿林波山，時方市，市爲天下最盛，或請觀之，曰：「無貨不備。」辭曰：「有售長生者，吾則往矣。」陋哉若人，不貪貨而貪生，幷貪下流也。別有眞儒，承國主大封，問使者曰：「上賜我此祿，亦賜我壽命以久享之乎？」使者曰：「否，此天主恩耳。」儒者曰：「既爾，我則往事天主，自修我行，以我身後求享天祿矣。」辭不拜受。夫願常生，則進求常生之路可也，汝於死人之域，於常生謬矣。夫死候者，須臾耳，雖嚴而速畢，何當懼之乎？吾不能無死，然而能免死之懼也。狂者與嬰兒不懼死，吾反弗克焉，彼愚而我智也。愚能與人以安，智能與人以不安，哀哉！失眞智之君子，備死也，不畏死也。死候無時不在其念，譬如良將時時不忘戰，是備敵也，非畏敵也。夫死候之念，初來以威，次來以慰，卒來以喜也。武士入都試，或有驚馬，則數日前肄習之馬埒間，使勿驚，至試日，馬已習弗驚也。人心於死候，亦如驚馬矣。吾以念死，心習之埒間，至眞死候，則已習，弗誤我大事也。夫人所畏於死者，非死之瞬息，乃瞬息之後所紀也。此畏也，最能引我於善，則宜存養之，不宜卻去之也。試思吾自今以後有日，將我一生中日日刻刻，凡眼所視、耳所聞、口所啖、鼻所嗅、四體所動，才所爲心所愛，合理與否，一一藉計無漏焉無爽焉，凡善與惡，悉審察以按判，孰不懼乎？既懼之，必有助以斂心以謹行者矣。故敝鄉有賢者，修道八十餘年，臨歿時四體戰兢。旁人問其故，答曰：「是懼也。非始自今也，吾平生有之。」人曰：「衆皆云夫子道已成也，何懼？」答曰：「天主審判嚴矣，其耳目於我也，猶人乎哉，可弗懼與？」古又有一人，死而兩日後復生，又生世十餘年，竟不發一語，亦絕不見笑哂，默居靜修。其復死日，諸友強問之，惟曰：「人不知死後審何如？使知之夫！」語畢而死。蓋君子於天下無所與，無所與即無所愛，無所愛則捨之無恨也。其志在天上，不在人間，以彼爲家。客聞欲近家，不啻無憂且大喜焉。以此軀殼爲囚禁、爲桎梏，則見其壞朽無任；娛樂如囚人視狴犴垣

壁裂，桎梏壞爛，乃望其解脱拘繫，可歸故鄉，何憂哉？第兢業日慎，不敢輒自居安居賢，猶恐德未成也。是以孜孜矻矻，惟日不足矣。

徐子曰：於戲，此皆忠厚語，果大補於世教也。今而後，吾知所爲備於死矣。世俗之備於死也，特求堅厚棺槨、卜吉宅兆耳，孰論身後天臺下嚴審乎！

余曰：迂哉，重所輕，輕所重，莫凶乎是也。文王墓在豐鎬，而周公作詩以詰其後王曰「文王在上，於昭於天」，則豐鎬之文王，文王之灰燼焉耳。吾忘已之精靈，而獨顧吾灰燼乎？夫遺魄朽於高，朽於下，終生思之，未審何異歟？棺槨所不覆，固天覆之，奚厭其薄乎？然厚葬親者，自是人情，不必非之，所叮嚀者，惟毋自菲薄吾神靈焉。此世一生耳，而身後永常苦樂，皆自今造之。今世也，吾有不善可蠲，吾有善可增，此生以後絶不能也。死後按察賞罰之時也，有未犯王法，未得罪於人，而偶經過於司生殺者之前，入其庭猶且惴惴焉，矧終其身所爲莫非違天命，獲罪於天主，臨死時將至乾坤主宰嚴臺之前，按我萬世罪殃，而且得晏然乎？不思乎？妄望僥倖免乎？自昧而不信乎？謬矣。

夫善備死候者，萬法總在三和。三和者，和於主，和於人，和於己是也。得罪於主無所逃。不從主而禱，孰禱乎？繫在此，則祈解亦在此矣。即復勤詢天主所貽至教，習其情悔，責吾前非，立心於守聖，戒以息主怒，以致其神寵，此以和主也。吾藏人非義財物，即還之其人。嘗毀謗人玷缺其名行，即以眞實語獎許之，復成立之。嘗與人交爭，傲狠有讎，即恕宥和睦好待之。此以和人也。凡有以酒色自污蠛本身，以醜念邪情亂熒心靈，即時洗滌新新，修善志，歸道體，或有誘感我於非義，遠離廢之勿惜。此以和己也。嗚呼，倘死者已受主刑，今能復生於世一刻，以改前非，移心於道德，不難出無量之價，無苦不甘心，取之以易之。其如不可得，而吾承啟心以忖悟，備死候之實範。若不圖迅行之，何心哉。

龍華民《死説》 天主原初生我人類，欲其常生，不欲其死。惟人墮於誘感，以自罪召之。

有罪必有罰，死乃罪罰之酬也。罪前之人不死，惟得罪天主之後，始罰而歸其命。是死乃自召之耳。

邪魔爲死之元。蓋邪魔妬人之福，始誘感人類之祖，以得罪而受罰，從此天主始以死酬其罪也。因人類之祖，罪惡見於斯世，故人生帶有原罪，死俱不得免焉。

孰爲人而生，而不見其死哉。

自人祖死，厥後人類，肉身生必有死，並無長生之説。

凡出於土者，將歸於土也。

人有肉身靈魂二者，合而成人。靈魂是神類，天主所造，不死不壞。肉身是父母所生。初間天主生人，以土造之，又生後以土所産以養之。非土所出而何。

我衆赤身而生，赤身而死。既死之骸，無所別白。富者高堂，貧者茅屋，死則齊青，疇分貴賤。青乃死之色也。

提死在念，若人素以財富爲快戀者，比之於貧窶者，爲更苦矣。

吾人日日近死，蓋日日減損本生之一分。方其長時，即其消時。

人之生，有期有限，越一日，則減一日，前期多，則後期必少。

吾儕之生，脆於玻璃。

死之一日，乃斷定平生之諸日。

平生之諸日，須時時安排，如臨終之末日。

死後之永福永禍，皆憑末日之所定。

人年未老，務期善生，年既老，務期善死。

死不明定何處何時就汝，汝當隨處隨時嚴備待之。

死於行德之人，乃睡寐耳，而第有死之名。

善者，以死爲安穩之地也。不嚴修於平日，至其界域，而徒生怖畏者，醜孰甚。

夫死未來之先，倘常思念，會與習熟，則實來時，易能迎之。汝於諸功，記念汝末，必永久不犯罪也。

待死之險已及，乃備其藥，晚矣。

夫死倘於未至，爲我等所懼，及其已至，必爲我等所勝。人愈少喜樂於其生，亦愈少恐懼於其死。

爲私不願死者，鮮德之驗也。

何爲私，蓋多聖人，爲主爲民，不願死而祈生，乃或以補其罪而立功，或以救人之靈魂，救人之肉軀，此則公也。若戀功名富貴而不願死，

則私矣。

天主隱藏末日，正欲人時時密伺於諸日。

主曰，汝等可時時防備。蓋方不思之時，室女之子即至焉。室女之子，乃吾主耶穌。蓋吾主時時鑒察，我等若不防備，必以缺漏獲罪。故言此以警懈惰於善者。

聖人之死，在天主臺前，爲至珍寶。

蓋爲享福之始。

罪人之死，爲甚凶惡。

蓋爲嘗萬苦之始。

生而爲善，死後受福，必也。生而行惡，死而欲免禍焉，難矣。凡人欲不懼死，全在生平防備。凡人思及將死，必易棄卻目前萬有。凡人知死決難免，必賤微世間虛物。

死於世人爲萬苦之極，於善人爲萬苦之藥。

死之記念，如水滅愛欲之火。

人晨起而想，今日或不能到夕，晚卧而想，今夜或不能到明朝，如此者，必神福也。

人避萬讐之害，莫如死之常記。

人世之讐我者有三，魔鬼，世俗，肉軀。人之萬罪所積，其害或在今世，或在後世，俱由此三根而來。

陽瑪諾《四末之公論·死候四末之第一·有時死者聆天主子之音》

死候一大端，雖其小端難罄，今畧提其五。思益之一，定至之二，莫定之期三，速至之四，何備之五。

其益。輕世財第一，念死之益也。若伯古聖謂已曰，昨日赤身出私母之胎，翌日赤身入塚公母之胎。基所聖人解曰，生時富人視財若強，死時始覺其劣，蓋弗能脫主於死之手，弗能同去以給，目前死牽其主，而莫能救，劣哉其財焉。可知有財者，不可謂富人，可謂人夢富也，可謂優人登臺扮富人脚色，死至罷戲而顯其貧，可恃乎，可輕乎。

色搦加已死，造富人之家，叩戶使出，謂之云，出矣隨吾，出隨勿攜所聚資財，攜入世所帶而已。赤身入世，赤身出世，人思其死，烏愛其富。於戲，富人在時安度其生，正若客舟，順風渡海，倏然到岸，卸載而空。死候，富人之岸也，死至必遺其富，留之他人，而彼虛空也。

經慰乏人曰，勿慕富者之羸，勿貪其光，其死疾至，其富莫能同行，光莫能隨也。可憐其富，可惜其光，皆爲其路之阻，使蹴使仆，使落地獄，使獨帶藏積之苦，聚哀斂之罪而已。奧斯定聖人長嘆曰，凶矣富人，以富行惡，死至帶惡，而遺其富。富人盍思已死，盍思富勢，思之則輕，蓋人恆念其死，視已若已死也，視富若已無也。

伏抑其傲第二，念死之益也。巴西畧聖人謂傲者曰，請深思念傲人之終，請以念入塚，即反土勤尋，必不遇也，僅遇臭灰，問曰，昨日某傲者入茲，何在何去。灰必答曰，不在矣，已去矣，吾弗知何往也。在時特異於人，貴以已爲貴，高以已爲高，賤卑之人，皆弗敢近。既入斯塚，高貴卑賤同等，安然雜居，不分謙傲焉。先傲者，昨日如是，現傲者，翌日如是。汝必未幾如是，何傲乎。

奧斯定聖人曰，人原弗死，傲之得罪屬死，其死，其傲之罪也。天主罰傲以死，欲人思罰而謙。人念其死，緊窒傲路，大開謙道焉。醫家曰，蝮虺毒蟲也，酖人毒延身腫，速令致死。獨有神法以救，執蝮燒燼，以灰傅腫，毒止腫消，酖人免死也。蝮虺傲氣也，入心腫心，傲人念身既死，未幾歸灰，傲氣自抑，而免殺靈也。

其定。生死相應，有生必有死，斯理明矣。人目恆擊，何必猜疑，何必口舌之贅，何曰，人視其生，弗視其死，無益也。蓋水恆流，至海乃止。人生恆流，至死乃息。人生道路也，入世興程，居世繼程，死至訖程。旅人恆行，弗停弗退，必到定處。人生恆行，恆近於死，奚不死乎。聖人曰，人欲其生，不欲其死，若人欲行，不欲到處，愚者哉。

色搦加曰，吾生，道路也。道所止，吾死也。夫道澗也，迢也，容世萬民，可知其闊，始於世始，終於世終，可知其迢。奈何吾居其中，先我者衆也，後我者亦衆也。在後者推促，不能停步，在先者牽引，不能不隨。可知吾也，衆入世者人也，皆入以出也。

奧斯定聖人，甚異有人疑定死之端曰，斯世之事，槩有未定，因人以斷，槩有多疑。獨死定也，莫疑也。試之人父生子，必疑異日善乎，惡乎，富乎，貧乎，強乎，弱乎。無人疑問，汝子死乎，否乎，蓋其死已定，無疑可決也。

賢曰曾有郵人云，某府某人已死，聞者異弗信。賢責之曰，汝異某死，吾異汝異。汝聞蠟近火而化，異乎。聞薪入竈而燼，異乎。聞影過烟散漚破，異乎。人屬死之物也，今聞死弗信而異，可異汝異。

其莫定之期。經論曰，人弗知其死之期，在世時，若鳥魚貪餌不覺呑鉤而死，今世之樂，人餌也，死時其鉤也。弗思其死，死倏至，不覺而亡也。經警人曰，寤矣勿寐，夫死若盜，伺主寐，刼其財，可醒乎可睡乎。

或問，天主不示人以其死之時何。聖人皆曰，欲人恆備也。死者苦仇，時時謀害，人不知來，時而寐。愚哉，經比之守烟營卒，登臺夜守，寇來一時也，其守望諸時刻也，不知何更寇來，諸更防守。死來之日，一日也，人不知何日，可待以終身之諸日。

主曾規徒設喻曰，有家主暮夜出戶，呼僕十人曰，守戶勿寐，而待吾歸。僕五智人也，餘五愚人也。智者受命，備燈備油，愚者備燈，而忘備油，未幾油乏燈滅，出門以市。既出市，人大呼曰，家主已至。智者出迓，偕主入室。主命門闔勿啓，愚者歸，大呼急叩，主謂之曰，遲矣痴矣，吾不知痴人也，不許開戶也。解曰，家主，吾主也。十僕，世人也。家主歸時，死時也。人不知死時何至，智者恆待，至時出迓，同主入天。愚者弗備，不覺忽至，至後欲備晚矣。

盎博削聖人又答曰，主欲利人，因隱死時，人知則怠，則延其改，弗知則驚，則備以迓，知之無益，驚之小益，備之大益。吾輩不必慕知，必慕不知也。其速。經戒衆人，示生之促，多喻曰，人出母胎，其生若花，其短若冬日也。人壽之長，僅一尺耳，冬夜僅一更耳，飛氣也，幻影也，虛夢也，早生晚萎花也，蜘蛛之網也，輕烟也，黎明之光也，江水之流然也。

或問，比之江者何。曰，其故有三，濺流一，恆流不住一，恆進不洑一。人生急流，急至死海，頃刻不停也。人止而寐，生寤而行，異矣。人生之勢，其始，其中，其終，皆相繼，彼者一過，此者即嗣，焉得轉焉。試嬰過幼至，莫得反嬰，幼過童至，而幼弗反，凡生之勢皆然，故比江流。

達未聖王謂友臣曰，某昨日入朝，今日出朝，促良可惜。奧斯定聖人解曰，聖王之言，明解吾生之促，奈何百年之久，短日之暫也。吾生若置郵，速跑於死。人出母胎，若出於塚，死入地塚。二塚相近，一出彼即入此，道勢甚邇，道上弗停，必未久而至。

基所聖人又比曰，人生，鳥巢也，鳥夏壘草結搆，望備久居，冬至而敗，其望悉負。人之冬，其死也，未久必至也，人生猶玻璃之脆，譬猶不及，玻璃弗落，弗損，人生奚必待落，冒風而壞，乏食而壞，過食而壞，安得悉罄吾死之故，多死而弗知其故，或隱几欲寐而死，安席斷氣而死，多愁，多忻，多驚而死，可恃生乎。

色搦加深嘆曰，噫，人生之異態，人在時，時時加生，時時□□□□□□□□退消焉，時時享生，不全享一日之生，蓋時時分生於死，各有其分焉。因雅各伯宗徒，責人妄恃其生曰，爾生何物乎，登空速散地烟，是也。奚謀大業，奚營遠計，若手握生死之柄。愚哉，盍思生死，全在主手，憑意裁制，早斷則夭，遲斷則壽。第三卷封齋前第三主日已有本論。

其備。主戒衆人曰，備矣以迓爾死，以有善終。或聞主言問曰，倘有善法以有善終，請示。曰，善生上法也，人善其生，必善其死，其外更無善法。色搦加曰，吾也，日日備以迓終日。凡生之日，視之若終，而備吾生乎路也。寶訓哉。

額我畧聖人依其言，而演其旨曰，人將起程，依路邇遐裹糧多寡，設路甚近，置備厚資，侈人也。路迢而曠，怠備束裝，痴人也。噫，世人槩侈槩痴，生之路，短乎其短，離塚咫尺而已，一生莫及備需，可知其侈。死之路，遠乎其遠，奚云咫尺，備費無幾，可知其痴。

主曾規衆喻曰，家主將起程，呼僕數人畀之多金。曰，姑受吾財，善營增息，吾歸以勤怠爲賞罰。解曰，天主賜人生時，意欲其行善備死，勤者善死，而主賞勤。怠者惡死，而主罰怠。蓋人善生，而並善死，十之十也。惡生而有善死，萬之一也。

善人之生及死，若農稼穡，望穡之樂，而忘稼苦。若旅人之行，忘跋履之程，而望安歇之處，人善其生，以忍度生，以樂受死，視死若收穡之時，若安歇之所也。幸哉，善人之善終焉。

天主廣延人生，以備於死。人槩曠費，死至弗備，而欲善死，理乎。經記，天主洪水前預告世人，告後猶延罰百年。基所聖人異問曰，罰懸一

期，弗降湌沒惡人，天主何意。答曰，以免授罰也，欲人善生，得脫凶死，得享善終也。迷乎世人，不改惡生，罰降而皆惡死。葆祿聖徒警人曰，生時宜勤修行善，勿忽生時，生時藏惡於心，幷藏天主義怒，死時天主發冢出怒，凶哉汝死焉。生時藏善，幷藏天主聖寵，死時天主發冢出報，幸哉汝死焉。

利安當《天儒印》《中庸》云，造端乎夫婦。天主創生人類，其始惟一男一女，結爲夫婦配耦，令其傳生，是爲萬世人類之元祖，所爲造端也，此人生之所自來也。又云，及其至也，察乎天地。吾人之終盡時，必有所至之處，不在天上則在地下，無世界中立之理。《論語》亦云，君子上達，小人下達。蓋示人以察之之意，此又人身後之所由往也。

又《中庸》云，上天之載，無聲無臭，至矣。靜天之上，是謂上天，所云天堂是也。地言載者即足所履處。上天亦言載，則知吾人本家不在世在天，是上天寔人生身後之持載，戴於斯，履於斯矣。故曰，上天之載。其云無聲無臭者，人之身後，形徂氣散，靈神獨存，而可至於上天者，惟此靈神耳。四元行土上爲水，水上爲氣，氣上爲火，至火域已無氣矣。火上爲七政列星之天，又上之靜天，非復形氣可躡，故云無聲無臭是也。其云至者，神至而非氣至也。釋此，推知吾人在世如行旅然，皆行其所當至之域，非即其已至之域也。惟至於天上國，所謂萬福之所，則爲至於本家矣。

又《論語》云，愼終追遠，民德歸厚矣。終者，即天學所云四終也，一身死，二審判，三天堂，四地獄也。遠者，言一生之所思，所言，所行，雖久遠，而必有善惡之報也。人若常念其終而愼謹之，常追思其往昔所有之是非而省克之，則凜於聖誡，有所爲善而不敢爲惡，民德其歸厚乎。

又《論語》云，未能事人，焉能事鬼。蓋非鬼而祭，孔子既以爲諂，則邪魔必爲其所厭絕。而事神之理，人又未易曉徹。則且就臣事君，子事父者言之，此人事之當然，不容不事者也。而況合天下萬國之大父大君，當何如事之哉。故不言所以事神而言事人，正精於言事神也。又云，未知生，焉知死。言人既不知人之生爲天主賦人之靈魂與形骸締結而生，又焉知人之死爲天主收人之靈魂與形骸相離而死乎。苟能知生之所由來，則有以究初人肇造之恩，即能知死之所終向，而可以悟靈神不滅之理，故不言所以知死，而言知生，正精於言知死也。惟在人深思而自得之。

又《論語》云，人無遠慮，必有近憂。註云，慮不在千里之外，則感必在几席之下。余亦云，慮不在世事之外，則身後□苦之憂，必在枕蓆之下矣。

又《正學鏐石·釋生死魂魄之辯》天學論，初人之成，由上主以土造化其軀，又不以他物，而用自己全能，化成靈性，賦於肉身，使靈軀相合，而成爲人。其後以夫婦之道俾於知能，各以父母之精血功用，預備上主生人之肉身，及以所賦之靈性，與形軀締結有生，是則人之初成，成於天主。而人之傳生，生於初人。此人類之根源，萬無容疑者。然人既有生，又必有死。凡以人身之生，所賴惟魂，即天主所賦之靈性也。魂在而生，魂去而死，魂所由在與所由去，乃生死故，此知生知死之眞傳也。儒論云，天地絪緼，萬物化成。男女搆精，萬物化生。謂未有種類之初，以陰陽之氣合而生，是氣化也。既有種類之後，以牝牡之形合而生，是形化也。是以或問生第一個人時如何。曰，以氣化二五之精，合而成形，釋家謂之化生。如今物之化生者甚多，如虱然。夫天下未有無父母之人，古有氣化，今何獨無氣化乎。且古初氣虛，今後氣實，何虛氣能化，而實氣轉不能化乎。乃儒者又云，天地之初如化，討得個種，自是蒸結成兩個人，後方生有許多人。那兩個人，便似人身上虱，自然爆出來。既有此兩個人，一牝一牡，後來卻從種子漸漸生去，所謂萬物之始，氣而化矣。既形氣相傳，則形化長而氣化消是也。不知種之發生，必不離於造者，有樹於此，設種無前樹生之，將必無今樹生之，故前樹爲後種之私造者。縱自各有種子，無人力栽培，與夫土之滋潤，天之照臨，爲種公造者，則亦不能發生也。況夫人類之靈且貴，非資父母精血之功用，豈能無種而生哉。矧所云氣化苟無造之者，氣從何來。設有此氣，而無凝結是者，安能自然而聚，相摩相蕩而生人乎。釋此而知一人一樹，必生於前樹前人，窮其前人前樹所從出，必出於天地間第一人第一樹也。而最初之人樹，既不復有人樹所從生，則皆爲天主大造物之所化生也。不識大造物之眞元，而執蟣虱之微解，槩生人之大化，是豈知生之所自來者乎。及其論死也，儒云氣聚則生，氣散則死。又云凡物參和交感則生，離散不和則死。又云合而生，

非來也。盡而死，非往也。然而精氣歸於天，形魄歸於地，謂之往亦可矣。夫靈魂非若陰陽二氣，可聚可散者比。蓋其體爲神體，不歸空無，不入寂滅，永存不壞者也。若認氣爲神，以爲生活之本，則生者何由得死乎。物死之後，氣在內外，猶然充滿，何適而能離氣，何患其無氣而死。故氣非生活之本也。既非生活之本，亦非死息之緣，則人之生死，由於魂之去存明矣，柰何以氣聚氣散爲生死也哉。若夫和則生，不和則死者，凡以萬形萬象，用四行，用陰陽，用理氣者，謂之兼體亦謂之雜體，兼則非一，雜則非純，如是者，不免有因緣和合，則有相生相克之理，以聚散爲生死，以離合爲存亡，其必然者也。即如人具肉體，載有四情，互相攻剋，以此不能無死。然而肉體雖死，靈魂不滅。凡以靈魂受成於主，於四行無關，形體有毀，神體不在形界，孰克壞神體哉。故人靈合身亦生，離身亦生，未可執氣盡身死，并謂靈魂亦淪滅也。至於人之生死，其生也有自來，其死也有自往。知所自來，則知其始，始於有始矣。知所自往，則知其終，終於無終矣。故儒謂原始足以知終，反終足以知始。果如是原之反之，不可得死生之說哉。今云合而生非來也，盡而死非往也。夫生而非來，何由生乎。死而非往，何由死乎。推其氣，不過謂人資氣化以生，而不見其來之之跡。則亦歸氣化而死，而不得其往之之處。故謂非來非往，但游移消長於二氣之中而已。是則不察往來之因，無以明生死之故也。且既謂非來非往，何得云精氣歸天，形魄歸地，謂之往來可乎。試問來無從來，則此之往將何往乎。況靈魂與精氣有辯，據儒解云，人之生惟精與氣，爲毛骨血肉者精也，爲呼吸冷熱者氣也。然而爲萬物之靈，非木石比，故其精其氣莫不各有神焉，精之神謂之魄，氣之神謂之魂，合魂與魄乃陰陽之神。由是言之，魄是精，魂是氣，魂魄之辯，精氣之分也。既分則不容復混，則所云形魄歸地，是即歸於地矣。曷云精氣歸天，豈非魄亦歸於天乎。借云歸地者，魄之形，歸天者，精之神。形魄精魄，不及人身有兩魄歟，矧魄爲形軀，魂爲神體，魂神而魄不神，若蓋謂精之神，氣之神，是又人身疑有兩神矣。將所云精氣歸於天，不但魂與氣淆，並魂與魄混，此均不可解者也，是又豈知死之所自往者乎。死生之故不明，而眞傳晦蝕，生也貿貿，死也昧昧。嗟哉，惜哉。

楊廷筠《天釋明辨・大事因緣》 問大事因緣如何。曰釋氏大事因緣，似本天教爲我等死候言也，而實不同。夫人生寄寓耳，須臾耳。不足以當大事，死則還其本所，數甚久長。人不聞道，以寄寓而迷本所，以須臾而悞久長，關係甚大，故謂之一大事。西儒教人專言死候，謂生時萬般皆可假僞，死後一毫瞞昧不得。生時有作，死必食報。故欲吾人時作是想，將一聚白骨嘗對目前，即種種快樂，一念死候泊然無味矣。種種憂患，一念死候，怡然輕寬矣。而又念此靈性是從何來，自天主命之。既天主命之，必能主張我，能審判我，能禍福我，何可不一心敬奉之乎。惟一心敬奉，故天主加其力量，經謂之額辣濟亞。生時益增德行，死候多方接引。譬如子是父母所生，則養育其身體，訓迪其德性，德性益良，寵愛益加焉。非如他人父母，於我身心不開。於我教養不管，即亦不緣進修，加其寵愛。此自然之理也。西儒教人念死候，必修德行，修德行必先祈天主，不得主佑，思不啓，行不翌。今人知善而不能行，知惡而不能去，知悔而不能改，知改而不能不再犯，皆不得承受主佑之故。世有妄人，自謂已力足恃，皆悞卻一生者也。儒者云，天命之謂性。知天命故知性，知性故知死候，故曰，未知生，焉知死。又曰，原始反終。故知死生之說，是眞能了一大事者矣。釋氏言性與此有異，謂性是佛賦耶，未嘗言佛賦。既非佛賦，何云佛能主持，而令人祈之也。謂性非天授耶，未嘗言非天授，既爲天授，何云天不能主持，而不令人祈之也。若曰佛報四恩，未嘗不敬天。試問諸經何函，是敬天一門。四恩之說，亦後代緇流補苴其缺，推墨附儒，豈其本旨。況四恩首天地。天與地配，是指日月星辰之天，山川草木之地。屬於形氣者，謂有功世間，隨俗加敬，更不知天地之上，原有眞主。知敬而不知有主，有主而不知加敬。譬主人晏客，酒食既畢，不謝主人，而謝庖廚。父母作室與子居處，不念父母，而念木瓦。此爲不知恩者，安得謂之報恩。故大事因緣，必已能解能修，方可傳法立教。今且不知生，安能知死。不原始，安能反終。不知眞主，安知敬事。如來爲一大事因緣，出見於世，大事依舊未明，因緣依舊未了，豈不悞己悞人也耶。

朱宗元《拯世略説・學以明確生死爲要》 宇宙之內，以貴賤與生死較，兩者孰重？必曰，殆不侔矣。以貧富與生死較，兩者孰重？必曰，殆不侔矣。濡毫墨者，去賤而求貴；遷有無者，即富而辭貧；富世必謂大能。獨有人焉，毅然而談生死，則不以迂訕，必以異斥。嗚呼，人孰不愛

己者哉？而身生非生，身死非死；美衣食，華居處，則身生以順；多子孫，營墳墓，則身死以寧；不知此非能愛己者也，愛藏己之器者也。計人靈之處於身也，不猶主人之處於室乎？使有人終日丹楹刻桷，而不恤其飢寒，則必以爲大愚矣。彼勤其身而忘其神者，何異於是？雖有缶器，使置之危而必損，未有不求所以安之者。神靈，非缶器也，乃不思所以置之，何哉？涉大海者，知有險阻，必預計舟楫資糧，趨避之事；生死之海，其爲險阻也多矣，乃欲任一葦之所如耶？雖極愚鈍者，慮必及此。稍有明悟，便思身後事大。所以修仙坐禪，多屬高明，然二氏雖亦期徹生死，不過隨人腳跟，總屬貿味，毫無把捉，胥歸淪溺耳。譬如適燕趙者，向南而轅，厥志雖猛，而終不可至。何則？其向路差也。夫肉軀之苦樂，爲暫苦樂；性靈之苦樂，爲永苦樂；生前之榮辱，爲僞榮辱；死後之榮辱，爲其榮辱；苟使神靈上陟，此生雖刀鋸鼎鑊，未爲無福；苟其神靈下墜，此生雖安富尊榮，不勝悲苦。然則生死一事，如何重大切要，可漠不尋討，而誤以躭空服氣爲定論哉？總之生死一事，俗儒存而不論，二氏論而不確；存而不論，則理何由明？論而不確，則益以滋惑。今將求之六經，大旨雖有包蓄，而儒者不知所講明；將求兩藏，抑又渺茫無據，拂理悖情。若是，則將任吾性靈，游移而無定，喪陷而不顧耶？抑將謂一死之後，無知無覺，遂渙散而無所歸着耶？過今不講，將憑此隙駒之歲月，而徐徐以圖耶？嗟夫，欲知器之久近者，必詢諸制器之人；欲知途之遐邇者，必問之已經之士；欲知死生之正道者，必決諸生死之主。吾生也，誰爲賦畀？吾死也，誰爲收取？當其生，非吾欲生也，有授之生者也；當其死，非吾欲死也，有命之死者也。歸之佛，佛且有生；歸之仙，仙何嘗不死；歸之世俗之鬼神，鬼神自生而死者，皆不能自主。無智無愚，皆曰天生蒸民；要知非蒼蒼之天生此民，乃蒼蒼之天之主宰生此民也。既以天之主宰生我，必由天之主宰死我，且處置黜陟我，我又向何處問生死的確之道哉？余故曰，惟天主命人生死之説爲定論。若夫道家以修煉引年，不識形神貴賤，豈呼吸引導之術，謬謂可得長生也耶？則是琢其形以汨其神矣，固悖矣。至如釋氏以明心見性，便得成佛，試問此心性，非天主賦與之耶？故存心養性所以事主，佛氏非惟不知事主，又欲屈主於其下，而使之事己；源頭既差，谿徑悉誤：食主之糧，衣主之衣，用主生之口，而言逆主之論，悖更甚矣，而又烏足以得生死之定論哉？

末日審判

綜述

陽瑪諾《四末之公論·審判四末之第二·因子降世成人父畀判世權》

聖賢恆云，世終若巨室貴人將終，先多病多苦，似使者預至報死。世界將終，多兆前出以告，並告人同終焉。其使不一，吾主預示門徒之衆，兼示世人，令其預備，弗得推托不知。余今約數其槩，一，多有僞先知者出世，僭主名號，以便欺人。

二，世王不和，此謀吞彼，彼謀吞此，相戰互侵，普地之亂，無刻得止。三，異教大行，惡人蜂起，奸僞滋多，時時處處擒殺聖教聖人。四，吾主勍敵一人出世，其惡，其虐，其害難罄，盡力滅燼聖教，及從教聖人。嗟，右前三兆，至苦至急，比迫聖會，斯惡人之兆，論數第四，論虐第一也。經指聖會曰，正若堅舶也，從起涉今世之海，以至泊天國之岸，逆風四面鼓拍，夙夕弗寧。初鼓之主仇，東風也。繼者虐王，西風也。後繼異端，南風也。未來吾主勍敵，北風也。彼也，困急鼓擊聖會聖舶，奧斯定聖人曰，前仇或以力伏人，或以賄市心，或以言誑民，主之勍敵惡人，力也，賄也，言也，全備也，其害可知，主指其害曰，自天主開闢以來，諸世之窘，不及當時之窘遠矣。

五，惡人既死，既落地獄，世界安寧。聖教福音，流傳遠近，多人信從。又，吾主本國仇之後裔，猛醒其迷，深痛夙非，而入聖教。聖經所云，末時主仇之繼嗣，皆信以享眞福，是也。

六，人兆既畢，天兆乃起。四元行，大變驚人，地荒連震，海浪厲闐，沸溢出境。空中諸域，時顯多異天失序，時速時遲，日月薄食，大歛其光，人弗得相見。

七，吾主受苦聖架，懸於空中。人皆明視，其作之料，其顯之故，已

見第八卷聖神降臨後第二十四主日。

多兆之後，世人猶迷，弗信世終之將至，而其終倏至焉。主警宗徒曰，末日若盜賊也，人弗知其至而至，正若洪水之時，人皆應酧，男女婚媾，洪水忽來，淹沒大盡，正若古時婬人售市，郊外植木，城內竪造，倏火降燒人燼城，主預警人，炳然如是，爾時人猶弗醒，異矣迷矣。

八，巨火從空降滿地面，經曰，火先吾主，主隨而降判世。或問，火多之用何。篤瑪聖人曰，用有四。一，燒滅飛潛動植，五金珍寶等物。斯皆天主爲人而生，人已將終，物失其用，何存之哉。二，燒苦惡人，始罰其罪。三，善人有滓未淨，火煉以備得入天堂也。倘有潔淨聖人，無渣滓可煉，火雖燒身，弗覺其苦。四，以淨四元行，蓋今日四元行，便人之用多雜不純。又，人罪臭惡，多穢其純，火降以淨。

人既燒死，主命天神，降行復活之工。工有四奇，聚屍之灰一，列擺百肢二，形質既具靈入三，攜人至審判之所四。第二，第三，天主之能也，第一，第四，天神之工也。但善惡之身不同，天神之工亦異，善人之身，自有輕快之恩，自至判所，天神陪之同行，惡人軀重難動，必籍天神扶攜。

或聞復活大奇，心疑致問曰，人屍或瘞而朽，或燒而燼，或獸鳥噬啄，焉得復活。基所聖人答曰，人弗知主聲之能，心疑弗信，主之命，皆行也，命出口而效自顯也。主末日之聲，大能之聲也。命死者活，塚啓噴灰，海開叱咤，地獄吐靈，皆全主命。復活之工，論人之能，難甚，論主之能，焉難哉。天主原於全無命出人屍，依命即出，而從難命，百變之後，屍尚在世，命之復活，愈更易也。信彼難，弗信斯易，理乎。

另有天主之言，聖人之解不必疑貳。經內若伯古聖曰，吾信吾主復活，而享常生。吾末日必當復活，而親目必視吾主。

史記，異端讀經，至復活之奇異曰，難矣信斯句焉，宜刪免人多疑。額我畧聖人明闢之，使理盡屬，無言可應。乃伏乃信露手拈皮，倏發大聲曰，信矣信矣難信復活之端，吾信過時竟卸斯皮，異日再取復活，信矣弗敢再疑。

奧斯定聖人又斥之曰，汝云吾不知人屍既朽既燼既過萬變，何繇得出復活。吾云，天主明知，萬變弗迷其知，汝從汝不知弗信，宜從天主之知而信，主知全也，主能全也，汝信其知，盍信其能。

又問，復活後衆身之態如何。曰，聖人槩云，復活之時，復活之後，無孩童老壯之殊，皆若吾主復活之年。葆祿聖徒曰，審判之時，吾皆出塚，以迓吾主，各軀如吾主復活之時。奧斯定聖人解曰，天主之工全也，孩童因不及，莫全人也。老邁因過，莫全人也。因復活之時，無幼無老也。又，莫有黑白之別，黑人復活皆白。又，在世或盲，或瘻，或體不仁等，復活之時，百體相稱，無餘無虧，紛全成也。

又問復活之時，晝乎夜乎。基所聖人曰，其時夜時也。篤瑪聖人曰，約五更之時，即吾主復活之時，吾亦復活也。

又問，審判之處何。曰阿理瓦山，即吾主昇天之山，判處也。但山窄狹，弗容衆人，崥有廣谷，名若撒法谷，譯言審判之谷，人皆屯聚於兹，以便聽判。吾主昇天之時，天神謂徒曰，吾主自兹昇天離世，末日再降兹判世。經內主所云，異日大集萬民，命之迨若撒法谷，親判世之曲直，是也。

萬民既集，諸天大開，多神列出，各捧吾主受難之具，主隨漸臨，至乎空中近地乃止。善人甚喜，火速以迓，惡人痛哭，泥地弗敢仰視。主乘彩雲，諸神諸聖翼衛，主大施天主之威。

惡人之逼，審判之嚴，筆舌不詳，審判既訖，賞罰既定。主喜色向右，謂善者曰，從開闢時，天國已備，爲爾眞福之友，來矣昇天，以享無窮眞福，後怒目向左，謂惡者曰，從開闢時，地獄已備，爲爾眞禍之仇，離矣下矣，以受無窮眞禍。言竟地面大開，呑噏惡人，復合而永弗啓。吾主始昇，聖人偕升，天神各持樂器，並奏凱音喜甚，而入天堂焉。斯審判之畧也。余今依聖經之言，聖人之解，將演其旨。

古新二經，廣述末日之異態。曰，異矣末日，甚喜甚憂之日也。善者之喜，惡者之憂，皆至甚，無可加也。可慶善人之大幸。其善之報已至也，可醜惡人之大禍，其醜之酧無已也。

善人之幸，主謂門徒曰，末日既至，翹首而喜，爾福之日，是此日也。額我畧聖人解曰，主命善人擡首仰天者何。答曰，命仰而見眞福之處，蓋已將入而享也。善人日誦主經，日求曰，爾國臨格，可知何慕末日也。葆祿聖徒勸弟曰，守節行仁，末日則喜，甚望主降判世，是日同昇汝

福完全，以後莫有所望，無所缺也。雅各伯宗徒慰善者曰，視農夫哉，冬時多苦以稼，以忍望穡。夏時多忻，蓋歛早遲之麥。吾友若農，在時冬也，行善而苦，可望末日之夏，是日汝眞福之穡也。可知善人何慕其至，何喜既至。

至於惡人眞禍，末日之驚且苦，皆爲驚苦惡人。古經恆舉多名，以名末日，名皆不祥也，曰末日，至苦之日，之患，之辛，之迫，天主義怒之日也。是日天主躬臨挫傲之銳，顯懲世罪也。是日火降，地實若窰，罪人若薪，其根盡燼，再莫能復興也。是日天主本日也。

或疑曰，世日皆天主之日，獨末日謂天主之日何。曰，夫世之日，固乃天主之日，但主借於人，善用行善，惡人反用行惡，奢費若本爲自已之日。經曰，世之日，罪人之日也，罪人在世，恆樂應酬無息，恣肆無節，主若弗視，若非其日，判日其日也，是日詳審，嚴討惡人，謂主日之故。

經狀主嚴，借譬曰，正若猛將，披掛甲冑，執持戰具，出敵寇兵，主之兵何，經繼曰，公義至直，無曲之判。其鎧也，夫義若鎧掩蓋主心，是曰無求無賂能曲其判。又灼知惡人之罪，其冑也。噫矣，惡人之醜行，是日莫能遁掩。又公平之審，不過以剛，不及以柔其牌也。夫牌全護人身，使兵雖利，不及害身。是日主雖嚴訊惡人。皆視公平之問，莫能誣其不公義，但俱伏而從其問。又，義怒之極其鎗其劍也，經曰，主劍，二刃之創也，一刃討靈，一刃討身。甚哉，末日罪人甚禍也。

其禍雖衆而甚，皆起於至赧。蓋惡人在世，幽獨所行醜行，胸中所蘊惡謀，所藏惡念，昭然發露萬民之前，皆明見之焉。葆祿聖徒曰，主降臨時，明炤人內心所藏蓄。炳炳發現，善者受揚，惡者受貶。盎色爾聖人解曰，太陽漸升，既中頂，物長物短，皆光無影。主臨若太陽，使人長短皆光，大小無隱焉。羞哉惡人之羞，聖賢解惡人之赧，審判之嚴，曰，世官之判，吾主之判，其嚴其態懸絕。官之判，獨一罪人之判也，獨一罪之判也，罪人入堂聽審，首告者一也，被告者一也，作證者幾希也。吾主當日審判萬民之罪，吾主法曹也，親見之證也，曾謂罪人曰，吾將作判，吾將作證，蓋炳然目視汝惡，汝猶弗畏吾威，汝醜皆在吾前也。奧斯定聖人解曰，末日不必問證，主今躬視，而爲見證，是日躬判，而爲法曹，惡人焉得藏匿其惡。

又，何必問證，罪人自首自認，而其天理乃厲證也。若翰宗徒曰，曾見高座主坐而將行審判之工，命開多書，依書判人。解曰，各書，各人，天理也，其外不必他書。不必人出告訐，罪人之天理明證也，明書也，首告也，被告也，獄卒也。

又萬民皆視其惡，而爲之證，而加其赧。巴西畧聖人深嘆罪人之赧曰，今日惡人之醜行，皆藏諸心，若衣蓋身。是日主命卸衣，強露心醜於萬民之前，惡人諱乎，飾乎，辭乎。赧羞滿面頓首，莫敢出言。於戲，今世之始，天主細察其行，面皆美甚。一則降福而福之，一則大顯本光也。今世之終，細察罪人之行，而槩醜穢，降禍而禍之也，多加其赧也。

或問倘有善法，得免當日之赧請示。曰，聖教定有神法，罪人若善用之，罪雖多甚醜，當日人即明視，不慮其赧焉。神法雖一，其工有三，痛一，告一，補一。其詳已見第一卷吾主聖誕前第一主日。

人既落於罪，乃痛，乃告，乃補而起，比人有布粗衣，偶破壞，以金綿釘補，赧前破耶，喜現補耶。人落，怙終莫悛，其衣破縷，裸體顯身萬民之前，赧哉。伯爾納聖人勸罪人曰，在時嚴審汝靈，縫裂釘破。末日吾主必釋，必美縫釘。罪人宜先自審，後到主前聽釋，弗宜前到聽判，後受擬罪也。吾友，汝靈若薄脆舟渡海，難免裂破而沉，可勤以悔窒縫以告戽倉，過今世之海，則安到末日之岸。

解經聖賢皆曰，痛告補三工，皆今世之工也，末日之工，皆無益。經曰，可乘時宜。祈求天主，末日非宜時也，是日罪人不敢近天主也。噫。經曰，是日太陽大陰，諸星有兆，而皆妖兆也。解問曰，夫天之兆，應符何哉。答曰，太陽，吾主也，太陰，聖母也。天星，諸神聖也。是日無憫惻之光，無憐惡人，是日，無憐之日也，惟直判之日也。因聖人警吾曰，在世之時，可求吾主，聖母神聖，末日則遲，而不及。基所聖人曰，人有官訟，莫待斷案之時，以解仕怒，前或賂其心，或尋先容，求進言而救本命，吾友可法焉。在世祈求，行善賙濟，則賂主心，仗聖母聖人，末日即苦求，無一得救也。

達末聖王曰，吾已明戒惡人，勿恃其位，勿倚其能，以横肆弛，明警而云，定有判日，是日，惡人望東望救，而望盡負，望西亦然，望山望陵亦然，天主定罰惡人，孰敢近阻。解曰，東，吾主也。西，聖母也。山

陵，神聖也。是日不可望其救也。

於戲，聖人在世，思念末日之勢皆顫慄，弗敢少肆。若伯古聖曰，恆懼末日天主義怒，吾懼若至重之任，吾靈莫能荷也，若舟特重而居猛濤之中，不覺覆溺也。解曰，海內前發暴風，風掀白浪，舟卒溺沉。惡人之罪若風，大動主義怒之浪，使溺地獄苦海也。

熱落聖人曰，吾思末日之嚴，奈何心寒身戰。飲食之際，行工之間，恆聆主聲，命逮座前，以聽其審，以受訊罪之案。偶遇樂時，此末日之念，若賊倏出，而盡奪吾樂也。末日主降若□，聖人堅固高木也。而動而搖而戰，吾細荻脆枝也，何之如哉。

伯爾納聖人曰，審判之念，吾靈之茨針也，令戰，令懼，令號而曰，孰知主義怒之甚，孰能荷其重。孰念審判之嚴，而敢少忽。奈何，人忽而肆，實不思之故也。斯諸聖人平生之念也，懼也，吾輩罪人，可念可驚之乎。

艾儒略《三山論學記》 相國曰：「承明訓。人之靈神永在，不與世物同朽。善惡聚之生前，罪福定之身後，斯善無遺恨，惡無漏網，可以厭人心矣。雖然善本當爲，不必有希冀而後爲。惡本當戒，不必以畏懼而不敢。如但執賞罰爲趨避，斯釋氏報應之說，吾儒所不喜道者，姑置之不論何如？」曰：「嗚呼，縱無所爲，必有可畏。畏與不畏，此乃君子小人之分也。夫世之所以陷溺愈深，造罪彌甚者，正繇生死之大事不明，身後之審判不論也。《聖經》云：『時念四末，永無犯罪。』四末者何？人生之盡頭四事，人人所不免也：曰身死，曰審判，曰永賞，曰永罰。蓋人之所以肆惡無忌，不時時思念四末故耳。作善縱一無可望，固不可以不修；爲惡縱一無可懼，固不可以不戒。然天帝至公之法，尤不可不明也；人之究竟不可以不知也。欲人爲善，而不示以善之歸宿，猶導人以坦夷之路，步履之法，而不指其路之所止，將漫漫何所措足耶。如知身後之結局，善必賞，惡必罰，而又不但以恐懼滌惡，希冀修善，必欲盡己職分，奉天地之大主，悅吾人之大父，此更爲眞德純修，世豈多見。西土一聖德士，名如尼伯樂者嘗云：『吾豈不知爲善必昇，爲惡必墜哉。我於死後，設使天主必罰我以永苦，絕無昇天之路，亦不敢少涉惡途，必盡心以奉天主。何也？寧無罪而下幽獄，不願有罪而冒登天國。』旨哉斯言，其聖人之心乎？第人不盡皆聖哲，心不必皆無爲而爲，則安得不以勸懲之典明示之。農不期有秋，何以胝胼於隴畝；器不期適用，何以終歲於陶冶。怵以桎梏，必不敢自罹於罪罟；指以陷阱，必不敢縱步而漫行。此罪福之關，悉從善惡而來者。露電浮生，功罪未暇相償。設不天堂不地獄也，造物之主豈不便益於小人，而難乎其爲善類也哉？且朝聞夕死，惡知其可也，死則賢愚同盡。設賢者身後一無所得，安見聞道者之益，而曰可矣，特未信此理之必有，未察其事之實據。又以佛教入中國，雜之輪迴謬說，儒者或所厭聞，遂併詆天堂地獄之至理，爲誕幻下俚之談，而不樂道之。噫，崑山之璞，豈非至珍？第市碔砆者，混贋價於前，令人併昆玉亦致疑耳。善必不可不爲，惡必不可不避；則天堂地獄之賞罰，自是必有。斯天帝制馭天下萬世之大權。若置之不論，則不惟上主至公之賞罰不明於世，且人無究竟着落，不幾塞行善之門，長小人之無忌憚哉？」

孟儒望《天學畧義・天主耶穌日後降臨審判善惡》 審判有二。一謂私審判，蓋人終命之後，其靈魂即詣天主耶穌臺前聽其命，善者陟天堂享福，惡者下地獄受刑。升者升，墮者墮，無得自脫以轉生人世，如所謂輪迴之謬說者。一謂公審判，稽古經新典，世界竟有窮盡之期，斯爲吾主在世所累言，故不可疑也。所謂世界者，非天地也，天地不廢壞，廢壞者，乃飛潛動植及人類耳。世界近盡，天降火，人物盡燬，天主重新萬人之原身，而在天上與在地中之靈魂，俱入墳墓，與本身相結，而忽皆復活，然後齊集寂廣之方，天主耶穌速來審判以酬善惡。其公審判，無不合於至宜。蓋爲善與爲不善，咸繇肉身及靈魂兩端而出，非有公復活及公審判，人之肉身竟遺不報，烏見天主公義乎。又恭敬天主者，大都被惡人齮齕而訕笑之。而吾主在世，亦被惡人釘辱，則不免有此期，以顯其全能之大，其天威之重，其聖教之實，而於萬人之前，尊報諸從守聖教者。當是時，昧主之徒，仰瞻於上，見天主耶穌之嚴容。俛□於下，見地獄之猛火。顧視於旁，見惡鬼邪魔，內辛外苦並立，悔之何及乎。於今必須時戒慎，時時恐懼，庶免地獄之永苦耳。

楊廷筠《天釋明辨・閻羅斷獄》 問閻羅斷獄如何。曰釋氏閻羅斷獄，似本天教天主前審判言也，而寔不同。夫生前既有善惡，死候必加審判，而審判大權誰，寔爲主，一天主也，或曰天主一耳。而每日死者萬

萬，一一審之判之，天主不甚勞乎。曰，子何視天主之小也。譬如人身數萬毛孔，一毛孔動，靈性即覺，可云靈性有勞否。又如日光，四海九州之象無不兼炤，可云日光有勞否。靈性日光，是天主所造，已有如此。矧天主自性，嘗炤嘗覺，自無始至無窮，一齊炤見。凡人自初生至死候，一齊炤見，不須推測，不須等待，亦不須衆神與之分職。世間事雖天神分職，惟人生時賦畀靈性，死後定其賞罰，獨天主專之。子若知天主全能，以全無中造成天地萬物，如此神妙，則審判其所造者爲事更易，子不須疑矣。或曰閻羅果無有乎。則今人往往有夢見閻羅，死去見閻羅放還復生者，抑又何也。曰，閻羅之稱，不知何義。即使有之，不過如世間獄官，禁卒，刑人之類，奉大吏命收管罪人，止管罪人，不能出入輕重其罪也。魔王奉天主命收管罪魂，在火中同受熱，在水中同受寒，在黑中同受暗，在臭中同受汙穢，在密中同受逼窄，其苦更甚，第奉天主命不得不然。謂其能審斷善惡，孰升天堂，孰降地獄，自己受罪，安能予人奪人，若世人夢中之見，生還之見，皆繇平日習心，或緣魔鬼眯亂，有何足據。且地獄有主，必自開闢以來即有所屬，不得遷轉更換，如世間官府陞任去任。而今人所傳，皆爲有名有姓，多是眼前知見之人，益信其妄矣。

朱宗元《拯世略説・天地之終有期》 乾坤必有盡期，天生降世時，所親口詳諭；又先知聖人，預記天主降世，生於聖母之童身，及無數超性事跡，俱一一驗證，則於終盡之期，定然無謬也。所謂天地盡者，非其形體毀滅，歸於無有；乃運動止，功用隱，而化育息也。宇宙非一大試院乎？生人非入試士子乎？人類之生既畢，如試事已竣，牆雖不折毀，而種種供給之具，可以不復設矣。有謂天地一周，如人一生；開闢之初，是爲天地孩時；洪水之世，是爲幼時；耶穌降生，是爲壯時；過此則爲耆爲頤，而將抵於終矣。夫降生之距開闢，僅五千餘年耳，豈天地之運已過半乎？有謂經星既周，爲天地盡期：蓋天主既生此星，使之運行，豈有未周而即已之理？夫經星以七十年爲一度，二萬五千餘歲而一周耳；則今日天地之運，僅得四分之一耳。此二説，皆以人見推測之論；惟耶穌云，天地之終如霹靂而至，雖在天之神，不識其時；故經不載其期，而但載其將終之兆。終期將至，當是時，普天之下，不論人物蠻夷之國，咸惟天主一教是從；乃有僞基利斯生於此，依魔之力，能作靈異，不數年而踪跡遍天下；凡敎人以此委命者，更多於千萬年以來致命之士也。此人旋被天神擊死；然後災患大起，天運違序，三光失明，空中恆震，響過雷霆，火矛火劍，怪異疊興，家國並鬭，疫厲並行，海濤沸濫，漂溺人物，全地大震，山陵城郭宮室，悉皆崩裂，江河橫行，人靡所棲，惟願早亡，蓋不復可以爲人間世矣。至於末日，天降大火，生民動植，咸殄無遺；天永不行，地永不生；凡滓濁之氣，經火煆煉，悉入地獄。玆時地體，澄徹如玻璃，月光如日，日光更倍於今，天星麗耀，皆過舊時。夫乾坤本爲人設，此時宇宙之内，既不生人，則天可廢滅，然而存之，且加美焉，欲升天諸人，睹玆而彌感大恩也。或曰，天地既終之後，或者復起，化育如初開闢時乎？或於此天之外，更造天地，以生育人物乎？曰：天既恆寂，地既晶明，化育之功，從何復起？蓋天主全能，造天堂廣大之美好無量，有不可數計之聖人，不可指限之天神，能事已足，何必更爲哉？

賞罰

綜述

利瑪竇《畸人十篇》卷下《善惡之報在身之後》 乙巳年，龔大參因事入京，就余問曰：「天也至公至正，凡行善者，凡爲惡者，必有吉凶報應。第今人多曰，善惡之報，全在現世，加於本身；若身後則無有佛氏所傳輪迴六道、天堂、地獄之虛説也。不識貴敎云何。」

余曰：是何言與？豈可以輪迴六道之虛説，輒廢天堂、地獄之實論乎？吾天主聖敎不如是輕薄德勛。俗言以爲順者，天下福祿足賞之；逆者，天下災禍足罰之也。豈德之根本高峻，從天而發；天下萬物，皆卑陋異類，孰有價值相應，可以酬德者哉？天下君以天下[位]黜陟國吏，天上君亦以是償天吏乎？明達世界之情者，咸曰遍大地皆從欲者，迴拔衆凡而爲君子，每世得幾人耶？君子欲行道於世，常不脱終身之苦辛，則此世界也，謂之地獄氣象猶可，若謂天堂，殊不似矣。試觀世人群類無

不自稱苦焉，苦中有天堂耶？天堂中有苦耶？彼小民勞於農力，險於經途，汗於百工，疲於戎守，每仰縉紳持權者爲安樂，且曰世界有天堂，居高官食厚祿者，即是其人，豈不然乎。今子臨民有年矣，敢問身所得天上樂何如哉？

大參曰：否否。世界有地獄，居官者陷於其深區焉。泥塗中肩重負，此之爲勞，不及於位小官、署輕任者，矧等而上之乎？人不識縉紳士所茹荼苦，故謀掇而加諸身；令識之，偶値諸路，必速過不拾取也。古人比吏道，如黃金桎梏，拘於囹圄，甚得其情也。是以吾今思抽簪投紱，歸耕娛老，冀幸不虚此生耳。

余曰：信矣，子治一方，見勞如此其甚，矧治多方乎？即其苦奚啻百倍也。位愈高，心愈危也。西土古昔有棲濟里亞國，王名的吾泥削。國豐廣，爾時有臣極稱其福樂。王謂之曰：「汝能居王座，而安食一饌，則以位遜汝。」即使著王衣冠，升王座，設舉盛饌，百執事以王禮御之，而寶座之上，則以單絲繫利劍，垂鋒而切其頂。此臣升坐，初覩王庭左右詩人奔走趨命，即大歡喜，既仰視劍欲墮，便慄慄危懼，四體戰動。未及一餐，遽請下座，曰：「臣已不願此福樂也。」王曰：「嗟乎，余時時如此，懸劍懼我焉。」俗人不知居上之苦，故慕之，因嫉之；倘知之，反憐之矣。吾嘗且笑且惜，彼經世之士，謀安而溺於阨，努力功苦，以立功增職。王法亦按頒功疏爵，次第加之，誰知吾以苦市苦，朝廷亦以苦償苦乎。今子謀歸田耶？歸而能竟卻人緣，專務一己生死大事，則得矣；苟圖離苦就甘，恐死甘者無時可就，苦者無時可離也。世如壙野，滿皆荆楚，何往不刺身焉？藥氏者，西土聖人，嘗曰：「鳥生以飛，人生以勞。」是以生人際此齟齬，未及平坦，而逼迫他患，已便萌發，如候缺次補焉。吾於辛苦，如仇國卒世相攻，中或可圖暫瞬解休，曷得其泰平乎？智者時防其侵也，易居易職，非謝苦也，如荼蓼芩連，僅易苦之別味耳。四方民無不哀號曰：「世俗勞生」，吾以爲圖免之，不如圖忍受之。必欲免者，須尋他世界，苟於此未見未聞行人倖免焉。此世界譬若細長繩作極密締結，糾纏盤互，令群生一一解之；我群生者，雖解至命盡，而繩之締結，猶未盡解也。造物主祐君子者，令不困於患，莫免其患矣，毅其心以甘受，使不形其憂矣。故君子小人，德雖不等，憂患雖殊，然而見困苦均焉。

大參曰：信哉，率四海之濱皆苦乎。

既三日，韶陽侯蘇子張飲爲大參祖道，余在席。大參目我而哂曰：世界人皆樂矣，何也？今日又復相晤，談論飲嬉，非樂乎！且吾尚有疑焉。生若苦者，世何以無願死悉嗜生乎？非但問富庶康逸榮華者，問貧窶裸裎卧凌跣冰丐於街市，及諸老耄、目盲耳聾、遍體衰憊，若老病痼毒、晝夜僵地、傷痛不間，咸猶寧生不寧死焉，奚不咸恬樂行世之驗乎？此非樂地，人人何肯愛戀之，弗忍舍去之？且善惡之報，天下萬國各立君王，用專賞罰之權；君又選士居方，定律設法，綱紀民心，以賞賜正之，以刑僇齊之。是今善者必榮樂，惡者必危辱，足爲勸懲焉，奚待後世之遐且遲乎？

余曰：固也，竇未始曰此世有苦，而竟無樂也，特曰此世樂，不足稱上主酬仁人之神德；若此世苦，亦不足明著上大主殃不仁人之凶禍也。故當造身後眞天堂、眞地獄，盡善惡之報，以顯上主全能淵旨矣。昔者吾述《天主實義》，已揭其理，今復舉其端倪。

夫天降禎祥妖孽，多不因善惡，況合其德慝輕重乎？世病秉世權者賞罰偏私，則以省疑造物主弗理視世事；或又解之曰，此主之未定焉。嗟乎，主豈有弗定？有弗定，豈可爲主？則曷不信此後有日焉，各得其所當得，且補今之缺，而幷鞫彼偏私之咎耶？嗚呼，持世權者，縱爲公平，而所褒貶功績與否，惟耳目是信耳，無審據者弗克究也。民之庸情，有所妬憎，則泯其善，揚其惡，壅蔽莫達；有所親愛者反是。則在上者，時或不及聞其人之功罪，何能不失法意乎？豈惟人也，己亦掩己矣。雋德之精，多含於內，不露於外。發外者，德之餘耳，非其人，易粉飾焉。善者彌誠，彌隱己德，何啻曰隱也，且不有其德也。人與己不知之，則疇從而褒之？惡慝之本，素釀於心，不洩於外，見外者慝之末耳，詐善者不難文藏焉。惡著滋熟，滋匿己慝，奚徒曰匿也，且不覺己慝矣。人與己弗達，則誰從而貶之？夫自蘊蓄己之善惡，同類之人又覆蓋之，秉法君臣又不及知之，復有天主暫容，姑且未報，或姑報而不盡也，此必待來世天之主宰明威神鑑，按審無爽矣。

至若人情無不願生者，此別有故。天主造天堂地獄爲善惡之報，本自

親口傳宣，令人遽信，不待忖量。其奈人情染惡，自塞天牖，神賦大光，無由得入，便不能明知身後所受；又自古人死少有復生者，益復不知死後事情也。既不知其情，誰願往乎？譬如人情戀土，若有人從他鄉還，明知彼處利樂，便願裏糧從之；若去者自古及今無一人還，非萬不得已，誰欣然肯行哉？狐最智，偶入獅子窟，未至也，輒驚而走；彼見坑中百獸蹟，有入者無出者故也。夫死亦人之獅子坑矣，故懼之。懼死則願生，何疑焉。仁人君子信有天堂，自不懼死戀生；惡人應入地獄，則懼死戀生，自其分矣。

大參曰：子論人之報人善惡，苦樂眇小，不能相稱；眇小之中，又有法律所不能窮究者，是則然矣。然人與法律所不暨者，吾方寸中，具有心君，覺是覺非切報之，則報仍在己在今，不俟身後也。仁人有天堂，即本心。是心眞爲安土，爲樂地，自然快足，自然欣賞矣。汝若辦一德，心即增福祿一品；備全德，即備全福樂。故謂仁者集神樂大成也。慝生於心，心即苦海，罪創於內，百千殃械，應時肆陳，則慝自責自罰矣。吾犯一戒，自招一孽，放恣無法，則是地獄重刑也。何者？吾旣違天命，即吾自羞恥心告訐證我，我胡得辭乎。即我自惴懼心桎梏囚我，我胡能遁乎。自性天理審判，按我罰我，我可以賄賂脫乎？可望主者慈宥乎？則哀痛悔慘，種種諸情，四向內攻，殃毒無方，我何能避哉。矇人者不得矇己，逃人者不得逃己。故曰逢艱患，賢不肖無大異，蓋苦樂均也，則請毋睹其膚，視其臟矣。請毋睹其面，視其心矣。君子不因外患改其樂，小人不據外榮輟其憂也。若然，德慝之償，在身內，不由身外，豈不信夫？

余曰：固也。凡生覺之類，不論靈蠢，行本性之順，自忻愉，遇己性之逆，自哀感矣。饑渴而飮食，滋液洗腆則甘嘗焉，倘乏其所嗜，或啖食草具，餲飯敗漿，即委頓嘔逆焉。此何故也？造物者之奧旨，迪物以就其生育，而避之乎失養也。軀殼之陋，飲食之卑，行物主引之以味，而靈神之崇，作德之偉，行無味乎？必踐道，即心休焉，違道則心厄焉。夫然後天主賦我本性靈才，本善無惡，足著明矣。但德之味，誘民以從德，非以是賞德功也。惡之困，以沮人勿爲惡，非以是罰惡之咎也。世主馭臣，從命者方命者，褒貶賞罰將由君；何故此蒼生之衆，其順逆天命之報，獨由己而不關天主哉？家有燕喜，主人置酒召客，命樂工陳歌舞。樂工謳歌舞蹈，終日曼聲趫容，娛樂極矣。卒燕，主人豈謂樂工曰：「汝今日姸歌妙舞，自娛樂無量也，吾弗予若値乎？」仁者旣集德之神樂大成，洵自愉悅，然本以娛樂主也，即天地之主，豈以仁人自愉悅，竟無他報稱，用酬其無涯尊情也歟？子曷不察上國故典也？「三載考績，三考黜幽陟明」，且有「五服五章」、「五刑五用」，以賞善罰惡，曷嘗曰鴟義奸宄，御人國門之外者，身歷險艱且勞（力）〔勦〕困苦有餘刑矣，無俟吾法律誅戮之耶？又豈曰幹國澤民，忠貞之士，縱懋勞績，自謀德不圖報矣，作德日休，已自享其福樂，國家無煩表門閭，〔勒旂常〕不必詔之以祿，而豐其爵耶？夫人知行善之愉悅，不足以報德；爲惡之況悴，不足以責咎；而外設法例，以命以討，厚售其值，詎不知天主法例愈精愈備乎？君考臣功，視勳庸，又視國力，乃賞焉。然國藏微矣，上德嘗不得其酬也，故有不賞之功。上主六合之主，其能無盡，以無量數給人，未減其所有之毫毛，則至較德之時，德乃獲其盡報焉。西國史，記歷山王，至豐盛，一日丐者進前乞捨，王予之萬金，丐者辭曰：「小人得數鐶幸甚，何敢儌分外如此？」王曰：「汝第知丐子承數鐶捨，則足矣；何復知歷山捨人，不萬金不可哉？」命悉負之去。夫寥廓之主，豈若世王氣象褊小哉？俗之弊，乃獨尙耳聞目見而已，不知其耳目所不及之福樂也；惟驚駭本世刑災，不慮此世後殊凶極殃矣。

龔大參曰：席中忻際，其身後患不堪問，惟願聞來世喜樂何如？

余曰：夫天堂大事，在性理之上，則人之智力弗克洞明。欲達其情，非據天主經典，不能測之。吾察天主經稱，天堂者，居彼之處，一切聖神具無六禍，此世中無人無有其一；具有六福，此世中無人有其一。

六者，一謂聖城，則無過而有全德也。世道莫盛乎聖人。聖人行世，猶以寡過爲功，況在天乎？經云義人一日七落。落者，違也。循義之人，於小節每日七犯，則不循義者何如也？世塗險滑，道心惟危，稟氣柔弱，性理瞶昧，民焉克免乎？凡自云無過，過重矣。居天堂者已臻其域，安毅光明，無惑無屈，潔凈庸正，中立不倚，無過矣。侍世之尊君，其衣必靜嘉。侍天主，其心畢無垢塵也。且世人不但過失稠，而善行又疏也。有窮年困攻一慝，慝不去；有盡年懋致一德，德不至。故自少詣老，幸得辦二三德行，民仰而稱賢矣。孰能勇具道德大全耶？若天上君子，道純則

德備也。比之如上庾所蓄糧者，粃糠已去，惟精鑿是存。比之如上庫所蓄財者，渣滓既銷，惟兼金是儲矣。是以曰聖城也。

二謂太平域，則無危懼，而恆恬淡也。吾於世有三仇焉，本身其一，世俗其二，鬼魔其三。三者同盟，以害我矣。本身者，以聲色臭味，以怠惰、放恣、婾佚，闇溺我於內矣。世俗者，以財勢功名，戲樂玩好，顯侵我於外矣。鬼魔者，以倨傲魅惑，誑我眩我，內外伐我，則我於其間，亟於防守，迫於抵拒，自不遑暇息矣。嗟乎，區區一心，上畏天命，下懼不虞之變，左恐覆於險難，右憚迷於佚欲，前恍往年積累多愆，後惕來世未決大凶，內悚於己，外驚於人，誰得不皇皇乎。使吾不肖耶？懈惓於克己之功，窘於三仇之勢，而委心奉之，雖得暫安，而實奉敵仇之逆命，反天主之正命，爲患大矣。使吾爲君子耶？立志存正，而率循天命，其功雖高，乃仇之冤對，至死方止，則當在生時，功未成就，略不敢安寧矣。既升天域，則戰陣已休，功績已立，釋干戈而特享其榮賞，恬無事也。故曰太平域也。

三謂樂地，則無憂苦，而有永樂也。世人不求憂，而憂屢至；勤以尋樂，而樂罕得。憂已至，力求以雪之，而憂反自熾焉。樂既來，吾慎以留延之，而樂愈速消滅焉。茲眞爲苦世，何疑哉？且世樂者，五官受之，受之全賴此身，身沒，世樂幷渙矣。譬如葛藟纍樛木耳，木偃仆，葛藟無自立矣。今人八十爲耋，上壽也，鮮得焉；縱得之，較之常生，得幾何長乎？又八旬之中，且得全享樂歟？請計其實數，以著世樂之妄焉。嬰兒時無知覺，則孩提之年竟無樂也。七十以後，大概身疲劣，目眯耳重，口不知味，已失榮樂之具，即逢樂事，無以樂矣。八十之中，除其初末各一旬，聊可樂者，六十年耳。夫人寤則能樂，寐則畢不省事，無樂焉。世習懈惰，未厭夜寢，猶耽晝眠，故日之大半，爲寢所得，而六旬之徑，醒且樂者，僅三旬也。及三旬之徑，計幼時習藝業，屬父師之繩束，急於樹基，時被憂楚，樂無由。至壯而承其家任，易其稼穡，鞠其妻孥，酬應萬事，曷云喜樂乎？或暇日微及之，其間孰不遭父母兒女之喪乎？孰不值水旱饑饉瘟疫之災乎？誰久身安無瘡痏無傷殘無楚痛乎？此皆非樂之時焉。如是展轉淘汰，三十年中，每日之樂，十得其一，幸甚矣，則一生之樂日，不亦希歟？夫世之憂至極，聊帶微僞樂耳。若天上罄無憂焉。憂於是處，無根無種，故無從發萌，而全爲樂也。聖經謂始進天門者曰：「善僕汝忠，入汝主之樂矣。」言此世之樂微少，則樂入於我中；彼處之樂廣大，則我入於樂中；是以曰樂地也。

四謂天鄉，則無冀望而皆充滿也。人類本天民，其全福獨在彼耳。客流於他界，故常有本鄉之望，常歎息之。既未得其本所，則有欠缺，有欠缺則有希冀，有希冀則明其無全福，全福無冀也。吾人衆性所欲，必得無窮之美好，乃慰耳。世所謂美好者，咸微眇，咸有限焉，則吾性於是不得慰滿，不得其所欲得矣。故人以爲世界缺陷，福樂不足，是乃實理實情，不足異也。倘以世樂自滿足，此眞足異耳。譬如王有上嗣，宜君大邦，而自安寢陋之處，行役度生，且恬然不思復其尊位，不亦異乎？吾人本國，天國也。天國主，乃吾世人大父，而吾儕乃自忘本國，逆嚴尊大旨，惟蕩流殉世卑賤之務，是湛是悅，孰知而不深加歎恤乎哉？吾既歸天鄉，大小之欲無有不遂，所宜享福非漸次分取之，惟合併全受之，則無庸冀望也。蓋天上君子，分外不得而圖，不得而望，故雖享福者有巨細品級，卻皆充滿，比之如大小甕，各以佳液飽滿斟酌，故無增加之覬覦焉。衆人爲伴侶、爲昆弟，相視如皆己身也，常得其所願，而不得願其所不能得也。是以曰天鄉也。

五謂定吉界，則無變而常定於祥也。夫世界人未必無成德且備也，無安且恬也，無樂且永也，無克且足也，第四福者未定耳。經曰：無人知己在天主所愛耶，所惡耶。世事既畢，吾吉凶始定，無復更動矣。又逐世務者，如步行江流之上，無安隱之處可印吾跡也。此心乍悅向道，忽翻然而思非道者也，本心汝不能持，矧他人乎？世態恆轉如輪焉，何德無罪？何安無危？何靜無搖？何樂無憂？何隆無殺？何峻無墮？何往無復？則本世謂之反覆無常世，特以無常爲常耳。所獲福祿，惟暫借也，吾不能爲之主焉。若天上吉福，是乃大定不易，吾可恆恃遠攸據也。是以曰定吉界也。

六謂壽無疆山，則人均不死而常生也。夫有限之生，其狀近乎死也。蓋生日日消化，而不可遲留也。故經謂世人曰「坐於闇及死陰也」。今見在天下萬國人民與鳥獸等諸種生類，百年以後，大概皆死，而新者迭生。其生死之數正等，則本世者，謂之生域可，謂之死域亦可也。又其生時

短，死時長，故西土古賢者，常呼人曰「將死者」，呼世界曰「將死之土」也；常呼居天者曰「不死者」，呼天國曰「生者之地」也。夫人世之壽縱修，而歲月日時，悉有既也，有既則必死，必死則心懷死之慮，蓄死之懼。故能死者，其福樂不得全圖。若神靈升天者，固常生不亡矣。是以曰壽無疆山也。

壽無疆，則並前諸福，俱永久不滅，此天主切答仁人之情也。何者？仁人德盛，至死而已，而其立志曰：「使吾常生於世，即常行善不止。」故天主賜之常生常德，以實其志也。入地獄者不仁人，亦未嘗滅亡，曷不謂之常生乎？彼受罪犯人，不勝其痛苦萬端，則懇求死以息殃也，而不得死，則其生似爲常生，實爲常死矣。彼生時爲惡已熟，至死乃已，而其立志亦曰：「使吾常生於世，常爲惡不止。」故天主俾其永存不滅，常受惡報者，報其定於惡也。是則天主之法，一世之善惡，報以萬世之吉凶，大指如是已。佛氏竊聞吾西方天堂地獄之說，又攙入吾前世閉他卧刺所妄造輪迴變化之論，遂造作教法，云居天堂、置地獄者，過去若干劫，亦有又還生於世。此奚知造物主情乎？設升天受福者，知若干劫後，將失其安樂，而復生苦世，更爲凡民，受福雖大，亦大有欠缺；福固不全，必生憂懼，不稱天堂至樂充滿也，又非天主善妙方，以振世德者也。蓋謀向道者將曰：「吾縱爲道至善，而我大事終不得安定不移矣。」使人入地獄受刑者，知若干劫已滿，其苦將止，還於元界，復爲世人，其苦雖大，亦大有冀望，不爲至極，翻生喜慰，非所謂地獄無量苦惱也，且非天主所施沮惡善法也。蓋小人迷於私欲，且曰：「吾縱逆道至惡，而我大事不得盡敗，猶可幸復立矣。」此佛氏不知情一也。夫樂之時易過則見短，苦之日難度則見長，此情無賢愚共達焉。吾推而可識，樂甚也一日當一刻，苦甚也一刻當一日矣。兩者又盛，則樂者一年疑一日，苦者一日疑一年也。若天上樂及地獄苦，人言不及闡發之，心不及思測之，則天堂之千年，爲世界不能一日耳，地獄之一日，爲世界不啻千年也。經謂天堂，曰「天主御前，千載如已過之昨日也」。不曰「如現運日」，而曰「已過之日」；不曰「今日」，而曰「昨日」；若無有者然，以指其短之至也。謂地獄曰「大日甚苦也」，忻之日不長，惟患之日長大矣。

《聖神實錄》記昔年西土有一道會，數友共居一山。舍中修行一友者，失其名，道盛而天主殊寵眷之。一日天神降，命之入深山某壘，享以天筵，使嘗天上福樂也。朝往其處，塗次稍淹，至其所筵將徹矣，僅嚌一二臠，覺異常味。即還詣舍，欲入，閽人大詫之云：「汝何人，輒闌入內也？」其友曰：「余會中友，晨出遊山中，今返。汝何人，遂不識我乎？」閽人奇其言，請會長及諸友諦視之，則無有知其名識其面者矣。彼此太驚愕，審問。忽一老友悟曰：「會中記事書稱二百年前一友名某出遊山中，竟不還，則此人是也。」覆視，信然也。此足證天樂千年一日矣。又記大聖人額肋卧略者，昔居持敎尊位十餘年矣。時有總王德慝不相掩，宜入地獄。聖人惜之，告禱天主，願代受苦罰，以贖其無盡罪殃也。天主俯聽，即委一天神報之曰：「代王或終身腹痛，或四刻受地獄之苦，二者擇取其一則可免彼無量苦也。」聖人計之，腹痛苦不爲甚，恐在終身，久難堪忍；地獄之苦至甚，而四刻之頃且幸速過，遂擇地獄刑也。天神置之地獄中而去。聖人不任其痛之極，覺踰期且遠矣，即自疑悔，不知可禱耶，否耶？抑罪應入地獄竟不得出耶？既而天神往見之，問：「何如？」曰：「何如此大欺我！先謂四刻蹔耳，而乃使我受苦萬餘年乎？」天神曰：「何謂乎？向者至今止二刻耳，更如許則迄期矣。」聖人聞之大駭，搖首曰：「已矣，請終身腹痛則輕於地獄之一息也。」其後額肋卧略果終身腹痛也。衆人知其病，少知其緣也。以是可觀天上地獄之年日不同，而佛氏曰「入地獄受苦若干劫止」，雖長固不爲過；惟曰「居天堂若干劫」即速逝之甚也，此佛氏不知情二也。

竇今識眞天堂所有六福，所無六禍，常久不滅者，則天主賞善報德，眞實法意也。世界無斯六福，世界非眞天堂矣！夫治今與治後，兩世一主耳；吾人之德業德報，兩世一功耳。今者爲行路，後者爲詣域。西聖人設兩喻，喻是事理，甚著明也。一曰務德業如造大廈，木石諸材雜散厝署，顛倒失序，愈當華美之處，愈受斧鑿，廈未成故也。廈成，峻美者萬年峻美，卑陋者萬年卑陋。今世人位淆亂，不可因所居位，即徵其德否也。善者頻患苦，不善者多安樂，如司馬遷稱顏回、盜跖之倫，世世多有之。愚者或曰世無德慝，或曰禍福莫非偶命，皆謬也。明哲之士，乃知善者無位，用以增其德，而繕其功耳，終當結天殿靈庭，不須憫恤之；不善者冒得非其位，用以釀其惡而厚其罰耳，終將置最下處，殊足可憐矣。一

曰譬之如樹木，隆冬時佳惡無異，非其時故也。常有菀枯二樹，同植於苑，俱無花葉，俱無果實。以判生死，則此時特內異耳，一則根存液注，生意勃然，而一者根已朽，液已乾，凄然死矣。春夏既至，人方辨之。生者即萌蘗怒生，沃然光澤，灼灼其華，蓁蓁其葉，有蕡其實也。彼枯木者，既負圃主期望，衆棄賤之，則斤斫斧截，析而付之燎爨耳。吾人既孜孜業業，勤奉天主大教，豈即榮富乎？豈即身無疾乎？家無虞乎？與不奉教者無大異焉，則汝何不俟其時乎？彼其根液內充，汝不得而見之，是本世也，眞爲人之冬耳。迨來世，乃其春夏矣，則善惡者之所受，始今明焉。善者，則於其身神生大光輝，視太陽七倍甚焉，目得見此世所未見景光，耳得聞此世所未聞聲樂，口鼻得啖嗅此世所未啖嗅味香，四體得覺此世所未覺安逸也；冬已往，而爲春夏者無量年，榮茂無替矣。惡者，既負天主重恩，爲天神所厭惡，則其身神變成黑醜，貌相類鬼魔焉，如不材枯木，棄之地獄爲薪燎，以供其永爇爨火耳。其苦痛萬端，非言所及也；前世小患已畢，而後世大患無限矣！請子無疑聖經及聖人醇言也。

大參曰：竊聽精論，即心思吾中國經書，與貴邦經典相應相證，信眞聖人者，自西自東自南自北，其致一耳。但貴邦經典全存，故天堂地獄之說，致爲詳備。吾儒書曾遇秦火焉，子知之乎？故此燼餘，大多殘缺，而後世之報應，具不明不諳焉。因而伎儒者疑信半，混之有無之間也。然有能據今經典推明其說，亦足與大教互相發也。《詩》云「文王在上，於昭於天」，「文王陟降，在帝左右」；又云「世有哲王，三后在天」，又云「秉文之德，對越在天」。《召誥》曰：「天既遐終大邦殷之命，茲殷多先哲王在天。」經載是語，以示身後上升天堂，以弘德享弘報，而世反疑無天堂，豈周公爲矯誣上主及祖宗，且以疑誤後世乎？三王爲德，必有反身而誠，俯仰不愧之樂於內，而主猶從而榮之以至尊之位於外，又錫之以天上福，何也？則子言身後有天堂，燦然白矣。周公、仲尼、老聃，三聖之賢，不下三王，高於後世帝王遠矣，而不得尊位，則主未必以世之富貴酬德，而咸令永享天堂樂，又可知也。三王、周公、仲尼、老聃，既已在天，則夏桀、商紂、盗跖，歷代之凶人，何在乎？暴虐奸回，不下地獄，安所置之哉？有此賞則有此罰，有此人則有此置頓之處，天堂地獄相有無也。信天堂不信地獄，其有陽而無陰，造化安得運流乎？惟《中庸》語舜，云「大德必得其位」，「必得其壽」，得無以是爲德之報耶？

余曰：固嘗言之，天主者，前後世禍福之原，豈不能以世福報德？子思子誘世於德，見世人重位嗜壽，即指人所期望之報而揚厲之，但不可以是爲常，以是爲至報焉。故不曰仲尼無位，顏回無壽，必無其德也。苟世外無他報，惟位與壽爲至報焉，則正位之後，所立功德，何以償之乎？爲道之故，致命遂志，此之爲績，賚誰乎？余竊觀賢者位彌峻，壽彌修，其心彌勵，其身彌勤，則意者天王施彼以世福，非酬其德之功也，惟以廣其功耳，酬德固在後也。吾西偏庠校，所論休戚，大異他校也。其言曰：黄白出諸深坑，珍珠探於海底，美玉韞之石璞，凡諸珍寶物，每獲之於艱險；矧德爲至寶，必不可得之於安樂矣。德者，安地，而詣德之道，至危難也。有育身之道，可導我以育心者，身無恙，了無作務，惟圖閑居宴安，鴆毒劇於病卧。何者？閑居則厭飫食飲，不得其養；勞身則餒，則甘飲甘食，雖粗淡，常得其養焉。心不勤動以事道，是不嘗德味，不霑其養也。貪得者愈得愈欲得，嗜德者愈德愈圖德。民之秉彝，好是懿德，豈於積財不厭多，於積德獨願寡乎？道以行成名耳，在道者固利乎進不利乎止，利乎速不利乎淹。聖經曰：天道狹，天門卑，進者鮮矣。汝索德於自寬之地，縱自高竦，從衆不從賢，恐非其路，而難入天門矣。生知者寡，而學困者多，世世然也，故憚苦避勞，而成爲大丈夫者希矣。苦勞也，爲萬善母，安樂乃道德之賊。止水不流不動，必生蛆而敗，故謂世樂爲仁人之苦，仁者以是爲敵仇矣。弱劣之輩，入德無因焉，其聞道語，寒心驚魄，如卒無膽氣，聆鼓聲以接戰也。昔賢睹幼年之迷於色者，遽退而去。或問之，「奚不化誨斯人乎？」曰：「新酥不上筋也。」人取樂而爲慝者，當念樂之忽逝，而慝之獨留永久，遺悔辱於身也。行苦而爲善者，宜繹苦之忽往，而爲善之德，永久遺光榮於心也。葆祿聖人曰：「以瞬息之輕勞，致吾無窮之重樂也。」予敢轉其語曰：「以瞬息之輕樂，招吾無涯之重苦也。」若此兩言，疇不當用爲終身箴儆與？且天主經自始迨末，無不戒人安於逸樂如陷水火也。嘗誨人以今世眞福八端，一一由劇艱趨義耳。今惟述第八則，子自可知其餘也。曰：爲義被窘難者乃眞福，爲其已得天上國也。生靈之類，無不屯苦，若爲利祿，爲功名，爲邪淫，又種種非義者，徒屯苦矣。若爲天主，爲義，而受窘難，此乃福也，故謂已得天

國矣。兹且未離下界之累，曷謂之已得天國耶？蓋已積其價也。夫爲義，而使人答之以讚譽，以腆貺，以敬崇，以祠宇，以碑記，皆足爲福，而非眞福也。將懼吾以是萌生矜傲，反足敗德，而後祈天主賞，天主即曰「汝曾得汝報已」，惟行義者竟無計賞，且人反報之以毁，以辱，以仇，而吾惓惓操節無悔，此乃上品德耳。人輩無以答之，全功爲天主所酬，必盛必重也。所以天主敎士以德報仇，宜也；不以仇爲仇，且用仇以資己德也。金無煉不成精美，香無爇不生鬱烈；君子之德，不得小人之窘難，無以致其成就，鴻聞於天下也。敝邦所產木，有一種曰巴爾瑪，華言掌樹也，性異凡木，每以任重，任重則曲。凡木之曲，曲而向下，掌樹之曲，曲而向上。故戰勝有功者班賞，有掌樹之枝焉，蓋曰勇遇觸敵，自然奮增，不奮增非勇也。凡德以屯患爲砥，用自磨厲也。不畏劬勞，何功不成乎？視苦如樂，視樂如苦，苦樂化齊，不爲所動，不爲所屈，而反精粹，斯亦爲德者之掌樹已。是故吾敎中聖賢，習求勞困，甚乎俗人干冒安樂也。或辭后王君公尊位重祿，而終身順聽師命，躬行賤役，自苦筋骨，愛凌辱以扶難拯迷者。或豐家盛財，久習安樂，旨殺衣美，而盡施於窮乏，身行乞於衢市，食淡服麤，睡卧堅勁牀地，克責體膚。或在鄉文業已成，足自聞達，而離父母國，骨肉親，客流遠方，煩劇身心，鏟滅名跡，以談道勸德，博修陰騭。或睿穎足逢世，而棄俗業，特以闢邪救謬言，證天主正傳，甘心服殃，置命刑下也。嘗有聊歇息，非謀歇息，惟以耐以勉以久受勞苦，皆萬計謀爲義之故，生死違樂就苦耳。倘有曠日，弗逢拂志之事，輒自省察，恐或得罪天主，爲所棄也。蓋伏屈苦勞之下，則是爲彼抑覆。著踵踏苦勞，身行其上，是以苦勞爲上天階矣。吾國人見學士者，千數百年以來，無異論，無異行，以此爲常，無議之爲非人情也。倘以是爲衆庶所怪，即明哲者因是益尊尚之矣。

大參曰：施我富爵安樂，名譽顯達，則我不得已姑受之；施我貧賤憂患，鬱沒無聞，則我領其意，忻然取之；此中國未聞奇範也。此範得見尊尚，以爲道何有乎？子能行此說於中國，民不治而治矣。人所爭競者，財耳，位耳，功名耳，喜樂耳。除爭競之薪，彼鬥亂之火從何而熾乎？則太平自久長矣。雖然，身所甘受之苦，身自取之，則苦不爲苦，吾惟樂之是避，即樂反爲苦也。且苦既習也，亦無不樂也，則賢人者，此世亦樂矣，後世亦樂矣。

艾儒略《三山論學記》 相國曰：「造物主爲人而生萬物，未嘗無益於人。人之受其害者，人自招之，於理甚合。然造物主用是物以討人罪可也，乃善人亦或受其害，何耶？吾儒直以爲氣數所遭，若盡屬之天理，恐理窮而不可究詰矣。此疑不剖，恐無以解天下，而動其敬信也。」答曰：「造物之道無窮，人之明悟有限。吾欲以一人私見，窺上主大權，是持螢光而照泰山之八面也。明問云横遭之害，不宜及於善人。然善人惡人之辨，非吾人所能定也。善之十分，或缺其一二，未成善人。且間有飾節於昭，而敗行於冥；或始善而終惡，或實惡而類善；或居己於善名，而陷人於罪阱者。惡之十分，僅染一二，便爲惡人，何者？善成於全，惡敗於一也。譬之國法百款，獨犯其一，便是罪人，爲王法所不宥。今吾輩觀人，亦只觀其外行耳。至於天主，乃併其底裏衷曲而悉鑒焉。吾見其一時，天主直照其畢世；吾見於儔衆，天主直燭其閒居。一念不善，而德之址傾矣。善惡之界，如此其微也，焉知人之所羨，不爲帝之所誅。所謂人之君子，天之小人，其孰能辨之。故災毒之害，即天帝之戮；氣數之遭，即行刑之日，肆市朝於青天白日之下者，正以信天主癉惡之權耳。安得信人之隱善，而致疑於上主之顯義，委之氣數耶？」

相國曰：「人稍亦爲善者，天主尚譴其陰惡，則人共見其爲惡者，當何如譴之？且不譴之，何復有反加之世福者，抑不譴其身，而譴其子孫乎？若其不然，則留一惡名於世，萬年不滌者，亦當其惡一罰乎？抑以心勞日拙，自足爲罰乎？」曰：「子孫之善惡，自有子孫之彰癉。父惡子賢，父賢子不肖，不相及也。胡可以父之譽，而移責其子之賢，以父之德，而曲祐其子之不才者乎？矧夫無子若孫者又多，則其善惡之報將誰當之？故凡子孫之遺福遺禍，只可謂祖父之餘慶餘殃而已矣。而其本身之功罪，斷莫能代者。至於善惡之名，與夫自慊自歉之心，固亦賞罰之一分，第非其報之正，僅其報之餘耳。嗚呼噫嘻，人之生從何來，死歸何去？其受生也，天主必降之靈性，命之遵守義理，毋負賦畀初意。如朝廷命官牧守某地，付以符篆，課以殿最，及其滿任，未有不復命而聽陟降者。人死則形骸歸土，乃其靈性不滅，必復命於天主，各聽審判。自有天地以來，無有一人生而不受天主爲善祛惡之命，無有一人死而不復命天

主，以蒙賞罰之報者。此賞罰也，應知生前猶小，身後甚大。夫人之爲善，未有純粹無微瑕者；人之爲惡，亦未有純毒無纖善者。天主至公至明，其善者或稍受世苦，此以煉其細過，玉成其德。迨德行純全，始昇之天國，以食永遠無涯之報。惡人者雖少獲世福，此以了其微德當酬者耳。至於顯然恣惡，絶不悛改，則天主必降重罰，不逭於冥獄也。如醫者視病，病可療，則進苦口之藥。其必不可救者，則藥石無所用。恣其好嗜，不之禁焉。此天主暫恕不善之故，盈其惡而降之罰，豈祚之哉。矧天主間加世福於不善之人，乃欲以恩德激發其心，使之知恩遷改，不復再犯。如終怙惡，則其受恩愈深，負罪愈重，萬無可赦，降之永罰，不亦宜乎？抑且不惟罰於死後，即當生前，亦多有身罹其苦者。總之賞善罰惡，惟在上主。輕重遲速，毫釐不差。未有顯恣其惡，而天主不知，且不加相稱之罪譴者也。」

又 相國曰：「善惡之報，固知不忒。然冥冥中孰能見之。且一惡人不知害幾善人，胡不懲於昭昭，俾有所儆畏。其善者亦必食報於昭昭，俾有所激勸，庶人皆爲善，而不敢爲惡乎？」曰：「善必降祥，惡必降殃，或生前或死後，此皆天主所必兼用之權。大抵善極始必賞，惡極始必罰。若行一善遽賞之，行一惡遽罰之，則一生之行，一日之間，善惡參半，倏而賞，倏而罰，天主彰癉之權，不其錯桒屑越也哉。況爲一善事，未足爲善人；必飭躬勵行，至終不變，始稱爲善人。即行一惡矣，或後日省改，未便入惡人之籍；必終不改圖，方爲下流，方爲衆惡所歸，不得不重罰也。且隨善隨賞，爲善者不能無希覬世福之想，其修德心便不純。故必德行純粹，無覬覦於世，惟盡本分以事主，方爲眞德，方［近］天神之品，天主方可以償其德，而行賞也。況世福甚雜甚微，亦甚不永，非聖賢之所注愛，取其所不愛者，而以報施純德厚善之人，不其薄之耶？故必以天上之眞福，至純至大至永久者報之。天主賞善之心始慊，而聖賢之願，亦始滿足。又人處貧窮拂鬱之境，多自儆創刻責，努力爲善。稍遇富貴福澤，多生懈惰，或至以長傲滋淫，則以富貴賞善，不亦反害而速之惡乎？世苦甚微，至死已矣。然且惡人所不懼也，不足懲其惡。故必報以身後永遠難堪之萬苦，方爲相稱之刑。使眼前善惡，輒見報應，雖人人得知，然知其小者，終不知其大者；知其近者，終不知其遠者，豈天主陶冶下民之意，主持世道之權衡耶？若論惡人多淩虐善類，余以金不鎔於火，則不見其赤。聖亞悟斯丁曰：『天主容不善之人在世，或以望其改圖，或以鍛善人成其德器。』儻受其磨涅而磷緇，則非眞德也。烈火試金，艱難試德，豈虚語哉。有成仁取義而死者，即《經》云：『爲義而被窘難者乃眞福，爲其已得天國，不虚死也。』此於穆奥妙，豈可以人意測度？世人或以死後之事，渺茫無據，無所激勸。故昭昭之中，天主復有顯以示人者。如大德之必受祿位名壽，極惡之必罹凶咎災患，屢徵之屢言之矣。其間已然未然，當然所以然，可知不可知，可見不可見。總之善惡二字，賞罰二權，天國地牢二路，惟人自取。遲速之間，幽冥之界，如衡之平，毫不得輕重；鑒之公，毫不容媸姸。吾何可以其所不見，而疑其至當至微至公至妙者哉？」

利類思《不得已辯》 光先云，天堂地獄，釋氏以神道設教，勸怵愚夫愚婦，非眞有天堂地獄也。作善降之百祥，作不善降之百殃，百祥百殃，即現世之天堂地獄。

天堂地獄，賞罰甚明。欲以見世之賞罰爲賞罰，則失賞罰之大矣。夫世之操賞罰者君也，一國之內，其爲君所賞罰者，特千百之一二耳。一人之身，其爲君所賞罰者，又特千百之一二耳。故欲以世賞遍善，則祿爵不足以答有德。欲以世罰遍惡，則囹圄不足以容多奸。《書》曰，惟上帝不常，作善降之百祥。然有善而未蒙報也，則世賞固不足以盡之。作不善降之百殃，亦有惡而未加譴也，則世罰亦不足以盡之。是何足顯天主至公，無善不報，無惡不罰之義乎。況今世之祥，惟富貴福澤，最爲人之所好。然達人志士，且有棄之而不居者。今世之殃，惟剖肝碎首，實爲人之所畏。然藎臣義士，且有殺身以成仁者。若謂後世無報，是豈賞罰之本旨乎。夫德之爲物至寶，盡天下財物爵祿，未足以還其値。苟不以後世之天堂永福報之，則有德者不得其報稱。且有未享一日之榮樂者矣，可奈何。惡之爲物至凶，盡天下極刑嚴法，未足以滿其辜。苟不以後世之地獄永禍報之，則有罪者不得其報稱。且有漏網於呑舟者矣，可奈何。或曰善惡之報在今世，似有足據，不觀夫違理者，心中怵然不安，順理者心中暢然自喜，又何俟後世天堂地獄之報乎。曰此憂樂乃世人常憂常樂之本情耳，豈一時之憂樂，足當善惡之實報乎。又曰果有天堂地獄，何經傳不載，或前

聖未達此理乎。曰《詩》《書》雖未顯言之，而已明示之矣。《詩》曰文王在上，在帝左右。曰三后在天。《書》曰乃命於帝庭，曰茲殷先多哲王在天。夫在上在天在帝左右，非天堂乎。有天堂必有地獄，二者不能缺一。若謂盜跖顏回伯夷桀紂同歸一域，則聖賢徒自苦耳。天堂地獄之説，載之經史，見之事蹟，班班可攷。豈釋氏神道設教之謂。

光先云，彼教則鑿然有天堂地獄，在於上下。

天堂地獄之説，非剏於佛，中國因彼始聞，遂指爲佛教所有。按《天竺誌》，釋迦淨飯國王之子，摩耶夫人所生。初專以清淨明心爲教，彼國之人莫有從者。其國西近大秦，即如德亞，國有天主古教，釋氏索聞，乃竊其天堂地獄之説，攙入輪迴六道雜揉成教，彼國遂服焉。今觀藏典，其最上一乘，惟事明心見性，且欲不起善惡之意，不立禍福之相。而教外別傳，拈花微笑，蓋謂無佛無法，本來如是，並不假語言文字。則知天堂地獄，非其本旨，先儒所謂寶玉大弓之竊也。豈因爲其所竊，而遂置不講耶。佛氏竊天主教説，不特此也。蓋唐時天學已東來，中土罕究厥旨。故所譯經典，多混入佛藏，以訛沿訛，反令僞教興，而眞教晦。究竟天堂地獄之説，彼此懸殊，彼之天堂有欲界色界，仍不離於塵俗之境。又福盡復降。是雖得之，不足我有也。我所謂天堂，有内祉外祉，内則以本性明觀造物主無窮之美好，與萬物之性情，於諸神群聖同居，而與之一心一旨，微憂纖患，悉不能被。外而四體百骸極美麗光明，神快透堅，一切饑寒倦勞，所不能侵。彼之地獄不出刀山劒樹，切頂磨踵，而苦盡仍出。我所謂地獄有内痛外痛，内則永失眞主至美之望，常懷怨妬。外則身形永被暴火焚灼，五官各觸其苦，萬苦並集，墮之者永不出焉。則是二者固名同而實異矣。

光先云，奉之者昇之天堂，不奉之者墮之地獄。誠然，則天主乃一邀人媚事之小人爾，奚堪主宰天地哉。

據如所論，則聖帝明主，皆不必持賞罰之權耳。夫虞廷二十二賢人用，三載考績，黜陟幽明，抑皆邀人媚事之小人耶。天主正因主宰天下，故特置天堂地獄，以示賞善罰惡之大權。但帝王之賞罰，聖賢之是非，皆範人於善，禁人於惡，至詳極備。然賞罰是非，能及人之外形，不能及人之隱情。惟後世永遠禍福，乃治人心，使善惡判然，而無所遁。司馬遷有云，顏回之天，盜跖之壽，使人疑於善惡之無報。然則，天主非置後世之報，何得謂持主宰之權乎。

南懷仁《善惡報略説》 然天主至公，無善不賞，無惡不罰。故有爲惡而富貴者，乃行惡之中亦有微善存焉，天主即以現世富貴賞之，及死後則以永苦之獄，罰其惡矣。其有爲善而貧賤者，或因爲善之中有小過，天主以現世貧賤罰之，至於死後毫無瑕疵，則以永福之域賞其善矣。況善惡之報，若全在後世，則愚人不知後世之報，或疑天上無主，益放恣無忌：故巨惡者，亦有時遭現世之苦，以懲其前，而戒其後；行善者，亦有時蒙現世之福，以酬其往，而勸其來也。

但善惡之報，大概不在現世之禍福。何以言之？蓋善者惡者，均平受福受禍；且現世之福，最大者莫過帝王之受享，猶不足以報善人之德：非但不能滿其心，尚多有不安之處，又其福不越數十年，與人俱歿。

若細論現世之人，比鳥獸爲更苦；每察鳥獸之情，較人反爲自適。何者，其方生也，忻忻自能行動，就其所養，避其所傷；身具毛羽爪甲，不俟衣履，不待稼穡，無倉廩之積藏，無供爨之工器，隨食可以育生，隨便可以休息；嬉遊大造，嘗有餘閒，其間豈有彼我貧富尊卑之殊，可否先後功名之慮，操其心哉？熙熙逐逐，日從其所欲已耳。人之生也，母嘗痛苦；出胎赤身，開口先哭，似已自知生世之難；初生而弱，步不能移；三春之後，方免懷抱；壯則各有所役，無不苦勞：農夫四時，反土於畎畝；客旅經年，偏度於山海；百工勤動手足，士人晝夜劇神殫思，所謂君子勞心，小人勞力者也。五旬之壽，五旬之苦，至如一身疾病，何啻百端。嘗觀醫家之書，一目之病，三百餘名；況罄此全體，其苦又可勝計乎？

今不論荒亂之時。縱遇太平之世何家成全無缺？有財貨而無子孫，有子孫而無才能，有才能而身無安逸，有安逸而無權勢則每自謂虧缺。極大喜樂，而爲小不幸所泯，蓋屢有之。終身多愁，終爲大愁所承結，以至於死。身入土中，莫之能逃。凡世界之苦辛，爲眞苦辛；其快樂，爲僞快樂；其勞煩，爲常事；其娛樂，爲有數；一日之患，十載訴不盡；則一生之憂事，豈一生而能盡述乎？夫人心在此，爲愛惡忿懼四情所伐，譬樹在高山，爲四方之風所鼓，胡時得靜？或溺酒色，或貪功名，或迷財貨，各爲欲擾，誰有安本分而不求外者？雖與之數百萬金，官居一品之貴，

尤不止足也，愚矣。

今世者，非人世也，鳥獸之本所也，所以於是反自得有餘也。人之在世，是暫寄居也，所以於是不寧不足也。如大比選試，是日士子似勞，徒隸似逸；有司豈厚徒隸，而薄士子乎？蓋不越一日之事，而以定厥才品耳；試畢，則尊自尊，卑自卑也。吾觀天主亦置人於本世，以試其心，而定德行之等也。故現世者，吾所僑寓，非常久居也；吾本家不在今世，在身後；不在人，在天；當於彼創本業焉。今鳥獸各類之像，俯首向地；人爲天民，則昂首向天；今世豈可以爲報德之所乎？即報德之中，皆有勉人行善之意：故所賞報德之福祿，比斯人爲道德所棄者，應更爲重大也。

蓋人有盼望重大，則情願棄其輕小；豈有願棄重大，而反得輕小者乎？今設有人，爲道德致命，而棄現世最大之福，當以何等之福還報之？本世之福，不足以充人心之欲，又不副誠德之功，亦不顯天主賞酬之力量也。公相之位，極重之酬矣；若以之償德，萬不償一矣；天下固無可償德之價者也。修德者，雖不望報，天主之尊，豈有不報之以盈量者乎？王者酬功臣，尚賞以三公九錫；天主之酬，而止於是乎？人之短於量也，如是！

又 今奉天主教者，以現世之禍福，既不足爲善惡之報，則不必問天主現世不賞善罰惡者何故，應還問光先等敬形天，並敬佛神者，既謂天於善者降現世之福，惡者降現世之禍，則天之照臨萬物，其降雨露霜雪等，何不分別善惡人之地田乎？又旱澇地震等災，何不分別善惡人之家產乎？恆有敬形天者，一生貧窮疾病，形天何不救之？不敬天地者，或反見其一生常享富貴安樂，形天何不罰之？或不能乎，或不公乎？

夫奉佛神等教者，於此問不能答，則有推脫於來生曰：現世善者惡者，後世托生，必有相當之禍福以報之。余難之曰：後世托生之福，與今世之福，原無殊異。夫與今世之福，既爲相等，何爲今世不報，而延於後世乎？今世之福，既足報善者，則佛宜降福於諸善者，以勉其行善。設令今世有行善之人，而貧窮疾病艱難，若托生於後世，本人行惡，則奈何？將於今世行善之身加艱難，而後世行惡之身反降福乎？若不降福，則本人現世之善無報；若降福，則於理不合之甚矣。譬有居官者，先數年，極公明，極愛民，絲毫無過；其後數年，不公不明，不愛民；朝廷明知之，而於先行善時加之以罰，後數年行惡之際，反賜爵秩賞之，有此理乎？

彼又曰：本人先世所行之善惡，其報能歸於後世之子孫。余則復問：若後世之子孫爲惡，其善報亦歸於惡人之身乎？如後世之子孫爲善，其惡報亦歸於善人之身乎？今佛家竟置本人之身而不問，惟將應受之報，全歸於其子孫，此等善惡之報，其法若果合於理，則國家之賞罰可以倣而行乎？設令有奇貪異酷之官於此，朝廷雖知，而不剷奪官爵，任其長享富貴，置之不罰，惟將應受之罰，全歸於其無罪之子孫；又有豐功偉烈之官，卻罰而不賞，惟將應行之賞，全歸於其爲惡之子孫享受，可乎？

若依佛教而論，今世之貧窮疾苦，皆爲前世所行之惡報，則今世貧窮疾苦者，皆係前世爲惡人耳；宜乎今世受貧窮等苦，以爲前罪之刑罰，人見之如在獄之罪人然。若此之說，豈能感動人心，行濟貧哀矜之事乎？其貧窮疾苦者，既皆爲前世有罪之惡人，將必令人憎憾之，見其受苦正爲當受之刑罰耳。

由此而論，則五倫之理，必致互相傷矣：蓋凡貧家之夫婦，父子兄弟，親戚朋友，既信此說，則彼此交謫，皆以爲前世之作惡者，而絕其孝敬親愛之情矣。設爲人子，見父母久病在床，必誤推爲前世有罪惡，而現世之苦楚，謂其宜受者：以此謫想，豈能兼起敬愛之心哉？又若夫見其婦，多遭病苦，亦謫想其婦必爲前世乖亂之婦耳。夫前世與今世相比，猶如先年之與今年，原無有異，設令有夫於此，聞知今年所娶之婦，原爲先年乖亂之婦，豈不懊恨，而自怨差謬乎？信此等之道，必令夫婦之心相離間矣。又偶有人遭飛磚飄瓦而死，其友信者，必曰，此人原應死，今死之故，必有前世之罪愆所致：有如此言，不但冷厥友憐憫之心，據應死之詈語，是視死者如仇讐然。如此害倫之道，豈可信而從之乎？

且今世亦有善惡者多受其報，與釋家所云後世之報相同。夫國法所定之刑，即在現世施行，豈有延至後世之托生，如釋家所云者乎？蓋後代之髡刖大辟等刑，與今代所行相等；幷後代之富貴爵祿，與今代國家所報有功者之富貴爵祿亦爲相等，並無增減，然國家所賞所罰，俱係現世之善惡，非係前世之善惡，人主所不能知之者也。

至所云托生變禽獸者，鳥獸比人爲自適，上已明言，使惡人變禽獸，

反遂其邪情矣。如人欲縱其邪淫等情，所羞者，惟具此人面耳。人既變獸，而脱人面，則無耻無忌，甚得志也，豈可謂之罰乎？現行《太上感應篇》卷六，刊刻滿漢字，散布四方，内載各種善惡，歷代已受今世相當之報。其所謂相當之報者，非係前世所行之善惡；本書明開者，皆係今世所行之善惡也。然今世之賞罰，既能盡善惡之報，而善惡人已多受之，其餘善惡者，何不令均受之？釋迦又必延之於後世，可見其惟推脱之言，實無賞罰之權能也。偏天下許多誠心念佛，施僧修寺者，與世人均受現世之禍福：如夭壽者，均之夭壽，貧富者，均之貧富；豈不更爲明據乎？

或曰：敬天主與不敬天主者，亦有同然。答曰：天主之賞罰，不專在現世；又現世之福禍，不足以報善惡，其善惡均平受之者，上章已悉矣。且天主教所禁絶者，不義之財，並二色之慾也。故凡不肯舍二色，或戀不義之財，縱獻天主多金，修堂濟貧，而欲銷其罪，斷不敢許之進教，天主亦不赦其罪也。因而本教之中，多有甘心淡薄，安守清貧者，職此故耳。

況天主教以現世之貧窮苦難，若甘心安受，原爲眞福之門。現有《教要》《聖經直解》等書，所載天主降生，親傳眞福八端可考：如所云神貧者乃眞福，爲其已得天上國；爲義而被窘難者乃眞福，爲其已得天上國；爾倘爲予被咒辱，殘害妄誣，乃眞福者，受苦時，可喜悦，既迨天國，必承隆報矣。如此，則不必問敬天主者，天主何不降之以福：緣天主不以現世一時之福，惟以後世天堂永遠之福，爲善報故也。

還應問光先等敬形天佛神者，形天佛神，既以現世之福爲行善之報，何不降福於善者乎？以此詰問，無可應對，則不得不自屈曰：蒼天厚地佛神等，皆非眞主，無降福之權能耳。況其所云現世之賞罰，多有不合於當然之理也。如《太上感應篇》等書，每以無罪者，而定其爲應罰：無罪而爲應罰，是以無罪爲有罪，背理之甚也。如打獵捕魚，原以無罪，《感應篇》以爲應罰，皆引疇昔所已受罰者而証之。又以戕伐樹木，與傷殺人命者，同爲一例。以保存蟻蜂蟲豸爲有功，存之則賞，殺之則罰。依此而論，亦將保存虱蟣蠅蚋爲有功，而傷之爲有罪乎？且伐木造屋，割刈五穀百菓蔬菜之類，有生魂者，皆有罪而應罰乎？今以托生之說總論之：設令殺禽獸，伐草木，刈蔬菓，日用必需之物，俱爲有罪；又設若現世受難之人，皆係前世之惡人，亦並無容哀憐之情；又云婦人生產，有血污之罪，下血湖地，獄依是說，則不敢嫁，而怕生子，或懼其所嫁之夫，係其前父，及親人所托生，俱未可定，如此之教，豈不將殄絶人類，而獨存禽獸耶？康熙九年庚戌仲春治理曆法耶穌會士南懷仁述

馮秉正《盛世芻蕘・賞罰篇》 或問靈魂不死不滅似乎近理，至於身後的賞罰，尚有許多疑惑。假如果在身後，則生前現受的賞罰，未免重叠。果在身後，則世上的流芳百世，遺臭萬年，作何着落。果在身後，不算世上的吉凶，難以勸善戒惡，果在身後，則望報而爲善，亦非眞善。果在身後，靈魂係無形之體，難施賞罰。果在身後，與佛氏的天堂地獄，道家的羽化成仙一樣。答曰，既知靈魂常在，必有常住之處。這常住之處，要知道明白，最煩難，又最容易。怎麼說最煩難。假如要照俗人說的話，欲知山下路，須問過來人，則自古至今，去常住的人，不能自己走轉來。現在的人，都是不曾去住過的，如何能彀得一位過來人問一問。執定了這樣的主見，決不能有明白的日子。我所以説最煩難，然何以又説最容易。豈不聞秀才不出門，能知天下事。他怎麼樣知道的，因他認得文字，看得書多，故能知道。若只靠自己親眼看得見的事，不獨沒有多少，併不能得其眞實。如日月之大，異乎尋常，親眼看來，不過幾寸，做戲法的明知是假，並不能看破。可見那有學問的人，必係彙合古今衆人的知識，雖屬不見不聞之事，或有或無，或眞或假，都能明白知道。由此而推，豈不又是一件最容易的事麼。今這身後的賞罰，就算有一個過來人親自轉來，對人說知，也不能人人親眼看見。仍舊還是傳之於人，見之於書而已。既然如此，救世的耶穌是親造賞罰地方的天主，現操賞罰的大權，親口留下的說話，最眞最切，爲何倒不肯信，起上許多的疑心。這個緣故，皆因不信天主而來。假如尊駕府上祖父傳下一部家譜，載明歷代祖先的名號墳墓，必然事事俱信。設有一人疑其虛假，即力辨之，此非偏見，亦非私心，總因信得祖父狠眞，所以一毫沒有疑惑。今我們信天主大父母，也像信祖父的心腸，則所傳天主的事實語言，猶如祖先的名號墳墓，不敢不信，亦不肯不信。故前人嘗說，聖教至理，惟恃造物主眞傳，自當先信後明，信爲明之引導，明乃信之印證。聖教諸事俱該如此，身後之賞罰更當先信後明，今尊駕既不肯先信而後明，又何妨先明而後信，所示疑惑之處，俱有跌磕不破的眞道理，擺在眼前。我雖舌敝唇焦，決不敢少辭辛苦。

頭一說，總看得生前賞罰，狠利害，故有重叠之疑。今先把生前的賞罰論一論。人君之賞不過爵祿，有罪之罰不過五刑。然善人受賞，惡人受罰者，千百中不得一二。且本人善惡甚多，所賞所罰之事又千百中不過一二。若善而又善者，除了封廕無再賞之法，若惡而又惡者，除了一死，亦無再罰之法。雖堯舜禹湯之君，皋夔稷契之臣，惟有賞一以勸衆，罰一以儆百，從沒有無善不賞，無惡不罰之事。若說作善降之百祥，作不善降之百殃，這句話必當兼生前死後而說。若單指生前，難逃公道，眼見善人終身貧困，惡人終身富貴的甚多。又有高人達士，棄富貴而不居，忠臣義士，甘苦辱而如飴的亦多。況一生享福之時甚少，幼年不知其樂，老年無能受樂，中間不過三四十年，保無有盗賊饑寒，官刑災病之忽來，保無有怨恨愁繁忿懼悲哀之即至。且富而無勢，貴而無財，有子者憎其不賢，無子者又傷孤獨，誰人是件件完全的，自富貴以至貧窮，總不能稱心如意。一世之樂，一刻便成空一日之憂，一生消不盡。要說是賞，並無轉眼的快活，如何算得是眞賞。要說是罰，普世的人都髣髴，如何算得是眞罰。明白了生前算不得賞罰，則重叠之疑，自然消滅。

第二說，將世上的虚名，認做賞罰。這一句話，最悮事不淺。因天堂地獄被佛家説錯，不合於理，遂不信身後有眞實的賞罰，由着自己混說，把世上的禍福，就算天堂地獄，看來不像，又添出這一條身後的名聲，補其不足。若果只於如此，不獨惡人沒怕懼，亦不獨善人沒指望，竟把天主賞罰的大權，或由自己，或由同類之人，有是理乎。世間的富貴貧賤係天主之公恩，雖有時用以賞善罰惡，儆醒愚蒙，不過間或行之。大概准人巧取者甚多，所以俗人都知道小富由勤的道理。若要把他算了眞賞眞罰，豈不是賞罰之權，竟由自己的能與不能，由不得天主了。這樣的錯處，人或容易明白，獨有身後的虚名，中人以下，不能害此沉疴。就是那才智聰明之輩，明知生前有限，無法久長；又見死後俱空，毫無把捉，單把世上的虚名，反認爲實事。豈知口中的褒貶，都憑着各人的喜歡不喜歡，一唱百和，保無偏見私心。且此是彼非，朝更暮改，不能一定。即如配享孔廟的人，忽去忽留，常有出入。若要把他算了賞罰，豈不是賞罰之權，又由得同類各人的主意，仍然由不得天主了。何不想一想天地人物，沒有一件，不由天主。即論我一身，由天主而生，由天主而養，將來亦由天主而死。獨有死後，倒不由天主賞罰，只聽憑世上的人說好說歹，就算完了。則天主的至公至義，反不如人世的君王，如何說得去。只看古來流芳百世的，莫如孔孟，何故流芳之外，子孫還要世沾封爵。古來遺臭萬年的莫如虞舜時候的四凶，何故遺臭不准抵償，本身必要放流竄殛。因人世的君王，沒有賞罰靈魂之法，又不肯因他身後虚名就歇了手，所以不得不如此。可見身後名聲，還抵算不得國家的賞罰，倒能彀抵算天主的賞罰麽。若說既然算不得賞罰，作何着落，當知名聲的好歹，原與本人毫無干涉。一個善人妄說他許多惡蹟，不能損他些微之善，還增他受謗忍辱的好處。一個惡人，妄說他許多善行，不能減他些微之惡，還增他遮掩朦朧的不好。若果然名稱其實雖與本人無干，可做後人的榜樣，如此是善，如此是惡，使後人不致以善爲惡，以惡爲善，更可使後人勸善戒惡，有憑有據，這就是流芳百世，遺臭萬年的着落。除此以外，並無别用。倘錯認名聲就是賞罰，沒有身後天堂地獄，請問那闇修潛德的君子，文過飾非的小人，與那不出名的平常庸衆，他的一生功罪，作何着落。

第三說，總因尊駕不信了身後的賞罰，只得把後世名聲，本身禍福，這兩件榜樣於心，我將這兩件算不得賞罰的緣故，已經分解明白。若這不能勸善戒惡的疑心，無關本人賞功罰罪之事，乃額外生的枝葉，我只說世上的吉凶，不能算身後賞罰，並不曾說世上的吉凶，不可勸善戒惡。自生民以來，水旱災荒，天主無日不用此提撕警覺。因這世上，猶如文人考試的貢院，兵馬打仗的戰場。赶考的人，有盤費有飯食，好的當面旌奬，不好的或退或笞。出兵的人有錢糧，有犒勞，好的給以功牌，不好的或杖或革。這樣吉凶，都是當塲的勸戒，算不得事後一定的賞罰。天主的曲成人類，亦是如此，善人而得世福，彼能感恩奮勉，日新又新，身後必蒙永福之報。若受此世福不知感勉，頓改前修，則從前有限之福，足報從前無恆之善，到了死後，必受永殃。設或善人而遭凶禍，彼能益加修省，其善愈純，平生之小過，因暫禍而寛其後罰。此正烈火試金，艱難試德之意。又如惡人被害，彼能引咎自懲，亦可轉禍爲福。若不知悔改，因此小災，反生咀怨，則罪上加罪，永禍愈深。或惡人而享順利，亦望其感恩，遷改，迨至怙終不悛，則一生之或利或榮正可以償惡中之微善，其未罰之惡，則有永遠之刑。種種妙用，足見天主至公至義，無善不賞，無惡不罰。而世

上的吉凶禍福，以及流芳遺臭，俱係勸善戒惡之方，並非眞賞眞罰，其義甚明。總而言之，一念之差能消衆善，瞬息尙可轉移，蓋棺方能論定。善定而後賞，惡定而後罰，如何說得不在身後。猶如兵馬出征，現在的犒勞功牌，都是勸戒，直到得勝回朝，纔能論功陞賞。假如身後沒有了永賞永罰，連那生時的禍福，後世的虛名，都不能勸善戒惡。又像那打仗的兵丁，不指望後來大大的恩賞，只有軍前的犒勞，未必聽你的勸戒。所以身後的永賞永罰，眞眞是勸善戒惡之根。尊駕既要在勸戒上用工夫，當從根說起。

第四說，謂望報即非眞善。可見尊駕，先將世福誤爲永賞，今又把永賞認做世福。頭緒不能清楚，無怪乎疑處愈多。自古聖賢所不望者，世上的富貴功名，子孫壽考之類。所以君子謀道不謀食，憂道不憂貧。子張學干祿，孔子責之。顔回居陋巷，孔子賢之。因世福假而不眞，暫而不久，虛而不實，用之得其法，固可以借勢立功。用之不得其法，必至於喪身敗德。凡眞正修身克己之聖賢，棄天下如敝屣，視軒冕如泥塗。惟求身後的永福，決不肯養小以失大。小指肉身，大指靈魂，養指世福，失指天堂。因身後之禍，係本來所固有故不得者，必謂之失，一失不能再得，一得亦不能再失。不比世福，忽而得，忽而失。有朝不保暮之危。孟子說，彼以其富，我以吾仁。彼以其爵，我以吾義。倘身後並無永遠之福，這居仁由義之中，有什麽高官厚祿。古人立言，大約包藏含蓄之處居多，全靠善讀書的人看透紙背後，纔知意味深長。當夏禹王之時，去古未遠，定不得知道天堂永福，是我本家。故說生寄也，死歸也。只看一個歸字，何等眞切。世上原如客店，做客的，必以歸家爲善報。假如本家，向來是一個財主，客中雖苦，決不憂愁。到家之日，仍是富翁。天堂是世人的善報，世途雖苦，到了天堂，富貴無窮。《中庸》說，君子居易以俟命。《孟子》說，夭壽不貳，修身以俟之。又說，君子行法以俟命，而已矣。這些說話，若不是望天堂的眞福，請問古人所俟者何事，所歸者何地，不可失者何物。讀書的隨口念去，不肯着意求明，猶如隔靴抓癢的一般，這是世人的通病。若果能溫故知新，則後儒所說六經皆我註腳，並非虛語。但我們原講天主的道理，何必拉扯許多經書上的說話。因這一句爲善不望報，係古人戒勉之意，後人借爲過高體面之談。今要解我們中國人說的道理，必仍用中國的經書，纔容易明白。若論眞正天主的道理，天主是我們的大父母，不管有賞沒賞，都該恭敬，只看人家養了兒孫，不管窮富，俱該孝順。難道有祖產的纔該孝順，那沒祖產的，就不該孝順麽。但我非望賞而後善，賞能因善而必來，這是天主的至公至義，爲善自然有賞，爲惡自然有罰。所以孳孳爲善之人，不必望，而望在其中也。再看樹根向地，人首向天，這就是天主生成的教訓。命我們顧形思義，不可忘了這永福的指望。心爲一身之主，反無此想，現與本身不對。然則不可望報之說，非是永賞錯認世福，就是不肯眞心向善的推脱話。

第五說，尊駕以無形之靈魂，難受賞罰爲疑。此可以駁佛家的天堂地獄，不可以疑天主的賞罰。略揭數端，即証其謬。就如肉身現遭苦難。若身內沒有靈魂，怎麽知道痛癢。此可証者一。肉身之禍福，皆從外而入，只在一處，必賴肉身，纔能承受。靈魂之賞罰，內外相連，完全充滿，沒有肉身，更能承受，此可証者二。眼見現在之人，若係心內的苦樂，比那外來的禍福，更覺不同。此可証者三。有形之肉身，倘有難以形容之禍福，則無形之靈魂，豈無難以形容之賞罰。此可証者四。請看天上地下，或有形而無形者，或無形而有形者，造化之妙，誰能測其萬一。即如一火，眼見不同之處甚奇。焚燒之火，係有形者，脾胃之火，係無形者。木中石中之火，不引則無引之，即有太陽之火，不引止於乾燥，引之即能焚燒。樟腦之火，無引不焚，入水不滅。火同，而火之奇妙，如此不同。且脾胃之火，比之焚燒之火，更猛更奇。烹煮之工，久而後爛，胃中鎔化，不費多時，其猛可知。所化者，又皆外來之肉食，區區脾胃，竟如金鐵之堅，不更奇乎。若據尊駕的疑心，謂離了肉身，難受賞罰。爲何身內之火，現貯本身，並無傷害。足見天主的全能，各體各用，既能如此，豈不能如彼。那受罰的靈魂，自然另外一種，有質之實火，能困有體無質之靈魂，決不像這世上，專燒肉身，不燒靈魂之火。罰既如此，賞亦可知。

第六說。因佛老用了天堂地獄之名，就要埋沒天主的眞賞眞罰。請看佛家稱神稱聖甚多，難道儒家就不稱神不稱聖了。佛家稱師稱祖甚多，難道人家就不稱師不稱祖了。這是徇名失實之大害，若不分解明白，難免大惑終身。今只要知道了佛老的假天堂，假地獄，便知道天主的永賞永罰，並非一樣。釋迦本屬凡人，原無立教之權，強爲欺世盜名之舉，不得不旁

搜竊取以遂其奸。彼雖僻居天竺，往來之人，所傳開闢以後之事，略聞一二，故牽擔之處甚多。如天堂地獄，其最著者，但只竊其名，竟失其實。因彼雖誇明心見性，竟不知心性之本原，又何能知心性之賞罰，遂以無聲無臭之靈魂，加以有像有形之禍福、所說的天堂，有寶珠纓絡，瑪瑙車渠，黃金白玉的城池，巧鳥鮮花的玩好，叫做人天小果，還免不得輕依粒食，福盡仍要輪迴。所說的地獄，有刀山劍樹，剉鋸油鍋，抽腸割舌的慘刑，碓搗磨研的利害，苦盡亦要輪迴。若世上念動眞言，雖阿鼻地獄，萬劫不出，必然獄破魂走。猶可怪者，女人若欲升天，必須披過袈裟，地獄另有血湖，專罰生產的婦人，求免血湖，須多請僧衆唪誦血盆經，併吃血盆齋。至於道家，又以洞天爲福地，以踾罡步斗，水火煉渡等爲破獄的道場。種種悖謬，罄竹難書。在他們本意，不過爲圖利騙財之計，豈知愚魯無知者，易惑而難曉，聰明太過者因噎而廢食。貽害人心，竟無底止。總因他不知道心性，又不知道世樂世苦之外，另有神樂神苦，併不曾想到要穿要吃的肉身，現在世間，無腸可抽，無舌可割，竟不顧前後，隨口亂談。故當初司馬溫公，曾闢他既無身體，刑亦安施。與尊駕所說無形之靈魂，難施賞罰，其言大同小異。竟該說靈魂無形，難施世上有形的賞罰，用此以闢佛老的天堂地獄，彼再不能強辯。但那受騙的人不論是非，惟命是從，甚爲不解。假如天堂之樂，止於金玉珠寶，仍用輕衣粒食，與世上相去不遠，這些珠玉之類，世上亦能備辦，不必天堂始有，何用升天。況金珠雖貴，保無有不愛之人視之如同土塊，保無有不重之處，棄之等於泥沙。如後周世祖，曾說我治天下十年，當使黃金與土同價。此即不愛不重之見証。從來方以類聚，物以羣分，豈有靈體之輕清能承受瑪瑙車渠之重濁，他若果能明心見性，決不肯說這樣不合理的話。若論天主的賞罰則大不同。我們奉教的人，時刻不可忘者有四。一死候，二審判，三天堂，四地獄。這四件係我們在世盡頭之事，故謂之四末。死候，審判，人人共有。天堂，地獄，非此即彼，人人必有其一。今要知道天主的賞罰，把這四件，略說幾句。人生在世，或比爲客旅，或比爲陣前，或比爲戲塲，都是形容不久之意，現在肉身猶如客人的船隻，車馬兵丁的盔甲，戲子的行頭，用着的時候，必當小心整理，若客已到家，仗已打完，鑼鼓已經煞塲，這就像死候的樣子，船隻車馬盔甲行頭都用不着了。做客的，單算他的本利，打仗的單論他的輸贏，做戲的單定他的好歹，這就像審判的樣子。所不像者，有一定之死無定死之時，正當千頭百緒，熱鬧奔忙，死忽前來立候不容轉眼。靈魂一出肉身，天主無所不在，不消瞬息，即判定一生善惡，纖悉不遺。這是世上無可比方之事。再說到善人上升受賞，惡人下墜受罰，更沒有事情比喻，亦沒有言語形容。猶如紙上畫的山川人物，都在眼前，理當容易，然畫日而不能畫日之光，畫水而不能畫水之流，畫火而不能畫火之熱，畫禽獸而不能畫禽之飛，獸之走，人所共見者，尚不能得其萬一，以世人而講天堂地獄，如何說得眞切。欲達其情，非引聖賢之典籍，不能道隻字。今先論天堂的好處。天堂之上具有六福，升天堂之人具有四奇。何爲六福。一曰聖京，世人過多德少，雖聖不純，天堂之內，聖聖同居，非聖不入。聖聖同心，無聖不合。淨如百煉之兼金，潔如無瑕之美玉，實衆聖之都城。二曰太平域。人在世間，三仇之勁敵，日無寧晷。天堂之內，仇懼全無，憂疑盡釋，恬然安靜，永享太平。三曰樂國。世間偶得一樂，必然多缺多艱，故只可說樂來我內。天堂之樂，無苦參入，時樂時新，處處俱樂，纔可說得我來樂內。四曰眞鄉。世間暫寓，無從無滿足之時，天堂眞我本鄉，無願不遂。就像器有大小，物俱充滿，無彼多此少之心。人有高矮，衣各稱身。無此短彼長之想。五曰定吉界。世態動如轉輪，反覆無常，有德即有罪，有安即有危，天堂之吉，大定不移，無復更動。六曰無疆。世人歲月，最久不出百年，懷死之心，能消諸福。天堂係長生之國，其壽無疆，其福亦無終期。到了肉身復活還有四端奇美，一是明亮。大光自內而發，遠勝於太陽。二是壯健。不倦不傷，不冷不熱，不渴不飢，諸般苦難，毫無侵害。三是輕速。上下四方，隨心即至，就說萬里一瞬，不足以表其快。四是通透。門垣雖阻，出入無痕。金石雖堅，透而無跡。這六福四奇，除了天堂，普世不拘何人，俱弗能得十中之一。然所講的福與奇，都從享見天主無限美好內所發，還是萬福萬奇中，餘剩的一小分。惟有享見天主本體的全福，眞口不能說，筆不能傳的世上的美好，不能一齊享受。天堂的萬福，內三司之記含，明悟，愛欲，外五司之耳目口鼻心思，一齊享受。故前人嘗說，用天下的話，講天上的事，污穢了永福。只此一句，包括無窮。既知天堂之樂，如此比不來說，不盡可知。地獄之苦，就是天堂的反面。我亦略提大意，以見天主的義

罰，不比平常地獄之苦有二。第一是失苦，第二是覺苦。失苦，係內罰。生前背主徇私，死後永不能得主謂之失苦。約含四端。一，明知天主全福，奈義案已經判定，從此以及無窮，絕無一線可生之路。此苦勝於肝腸寸裂。二，雖服公刑，不無私恨，恨怨愈深，則苦情愈猛。三，同在一處者，都是惡人惡鬼，雖呼號不絕，只有凶殘凌虐，永無安慰哀憐之望。四，回想生前，原望罪惡可以懺消，紙錢可以買囑。即或不能，又望死後靈魂散滅，即或不散，又望修煉可得長生，念佛可往西天。再無效驗，又望一生許多善行，從來不做半點虧心事，神佛必來保護。誰知到了今日，件件都不中用。當初原有人叫我恭敬天主，爲何不肯信從，反加毀辱。愈想愈傷，愈痛愈苦。這四端是失苦的大概。覺苦，是外罰。萬穢所積，萬苦所聚，烈火充滿內外。生前有一欲，死後即有一刑。如邪婬者有婬罰，貪饕者有貪罰，妄視美色，好聽美音者，有各樣聲色之罰。緊圍纏縛，無轉動之法，無呼吸之離。一刻之苦，包含萬萬年的苦。受過了萬萬年的苦，又從新一刻一刻的苦起，並無窮盡之日。求生而不得生，欲死而不得死。若比世上的苦，還算不得永苦的影子。這是覺苦的大概。有人說，佛家的天堂地獄，既闢他不該用世上有形的金玉珠寶爲賞，刀鎗剉磨爲罰，爲何天主的賞罰，說來亦不相遠。問這話的人，是不曾知道說話的方法，故有此疑。當知說話之中，有死話，有活話。這兩樣要分得明白。佛家不知心性的來歷，故不知死後之事，遂把靈魂肉身，認做一樣。所以天堂的賞，地獄的罰，都與世人用的物件一樣。他本來原是道聽而塗說的，除了這死話，也不能知道別的事情。今論天主的賞，有內外之福。天主的罰，有內外之苦。只因人習見習聞，都是世上之物，故各書像內，亦有借世上的物件，以形容其苦樂。猶如雲龍以表君德，難道君即是龍。犴犬以表禁囚，並非囚能爲犬。再此時，沒有肉身，亦借耳目口鼻以形容其承受。因靈魂之體，自然能見能聞，如夢中見物，不賴肉眼，這就是能承受的大憑據。但無形之腸抽不出，無形之舌割不去，無形之體搗不爛，磨不碎，佛家不知心性，故用此死話哄人。明白了死話活話的不同，則佛老之邪說顯然易見。至若羽化成仙，乃小人而無忌憚之言。請問伐毛洗髓者是誰，脫胎換骨者是誰。求仙者莫過於秦皇漢武，惟武帝末年，始悔悟云，天下豈有神仙，盡妖妄耳。後人尚被其搖惑，甚屬不解。誰不知道自古皆有死，故云死生有命。乃一介凡流，欲藉妖魔之法術，改移天主之定命。毋論不敢，亦且不能。此等悖逆，明者必知其妄。但我與尊駕，尚有一言奉達，人世如同電光，轉眼便爲身後。永賞永罰，必居其一。目前若不早圖，後悔無窮，請熟思之。

王徵《畏天愛人極論》　客曰，若然，則天主之與佛教，信薰蕕之不可同器語矣。乃天主之教，胡亦竊彼天堂地獄之誕言乎。吾聖賢書中，何獨無此天堂地獄之說。

曰，誰竊誰耶。佛氏西竊天堂地獄之大旨，而又妄附之以閉他卧剌謬語，增以輪回六道妄言，以鼓動世人。其所以能鼓動世人之信從者，正此天堂地獄之說，有以欣發其良心耳。然徒知其名似，而實未灼見其眞境。故其所說仍復狂誕不根，令有識者轉滋疑眩。乃今至疑天主之教竊彼誕言乎，是齊丘子翻誚景升盜我化書也。不亦可笑乎哉。姑先定賞善罰惡之定理，而後略述天堂地獄之眞境，以破世儒之惑，於以明吾聖賢承天持世之大權。凡人之所以異於禽獸者，無大乎天賦之靈才。靈才者能辨是非，別眞僞，而難欺之以理之所無者也。彼禽獸之愚，雖有知覺運動差同於人，而不能明達先後內外之理。惟人則超拔萬類，內稟靈才，外通物理。察其末而知其本，視其固然而知其所以然。故能不辭現世勞苦，以專精修道，圖身後萬世之安樂也。靈才所顯，不能強之以殉夫不眞。凡理所眞是，我不能不以爲眞是。理所僞誕，我不能不以僞誕。捨靈才所是之理，而殉他人之所傳，無異遮日光而持燈燭也。語云，鳥得羽翼，以翔山林。人稟義理，以窮事物。故事物之折衷，論惟尙理焉耳。理之體用廣甚，雖聖賢亦有所不知焉。一人不能知，一國或能知之。一國之人不能知，千國之人或能知之。君子以理爲主，理在則順，理不在則逆。其誰得而強之。今茲世人，所現居之界名曰蒙鐸，蒙鐸者善惡未分之總稱。乃聖凡雜處，污潔幷涵，憂樂交萃之所也。蒙鐸而上，天則高廣不知其幾千萬里。大略九重，最上一重名曰光明天，乃天上主臨莅之國。與原初所造九品天神，及諸後來畏天愛人，修德純福，升受天福之聖賢所居也，即世所稱天堂者是。蒙鐸而下，地則厚深約三萬餘里，其中心最深暗處一窖，名曰萬苦聚。乃天上主所罰傲魔露祭弗爾與原初從惡之魔侶，及諸後來欺天害人，作惡貫盈，墮受天罰之罪犯所居也，即世之所稱地獄者是。比自開闢天地安立世

界之初，即創置之若此矣。而天主所立十誡之後，又明明云，順者升天堂受福，逆者墮地獄加刑。其所從來久遠爲何如。夫此蒙鐸世界不能有善而無惡也，則自不得不有賞而有罰也，勢也理也。誰謂非至當不易之法則哉。顧現前之賞罰，小則官長操之，大則國君操之。然而非其至也，眞正大賞罰，則惟天上主得而操之。即世所稱操賞罰之人，皆其所并受賞罰之人也。故曰惟仁者能好人，能惡人。蓋惟天上主始可當仁者耳。不然，孔子既聖矣，何以云若聖與仁，則吾豈敢。而則天之堯，始僅僅稱其仁如天也耶。天世之人，總好人，總惡人，而不能直遂其好惡之情之實者，往往而是。試觀孔子大聖人也，而未操賞罰之權。再四陳請，欲討一陳恆而不能，則其他可知。夫大夫能薦人於諸侯，而不能必其爲大夫。諸侯能薦人於天子，而不能必其爲諸侯，則其他又可知。矧推其極愛之情，欲其生而不能。推其極惡之情，欲其死而不能。不但不能，而反爲惑矣。然則世之好人惡人者多，而能好人能惡人者，固不數數見也。其惟仁者乎。其惟上帝之至仁者乎。書云，惟上帝不常，作善降之百祥，作不善降之百殃。此眞正永遠大賞大罰之權輿也。而厥賞在於何所，則有前所稱明光之天堂在。厥罰在於何所，則有前所稱萬苦之地獄在。夫好惡少闢，且不能齊一家。賞罰不當，且不能行一旅。捨彰善癉惡之典，而欲齊家治國平天下，即聖哲不能也。而謂宰制六合之大主，獨無所操賞罰於其上，豈理也哉。理之所在，萬古不易。雖聖賢未言，聖賢弗能違天也。況吾聖賢隱意微言，亦自有不盡泯者乎。聖賢之教在經傳，其勸善必以賞，其沮惡必用罰也。舜典曰，象以典刑，流宥五刑。又曰，三載考績，三考，黜陟幽明。皋陶謨曰，天命有德，五服五章哉。天討有罪，五刑五用哉。益稷謨曰，迪朕德，時乃切，惟敍。皋陶方祇厥敍，方施象刑惟明。盤庚曰，無有遠邇，用罪罰，厥死。用德，彰厥善。泰誓曰，爾衆士其尚迪果毅，以登乃辟。功多有厚賞，不迪有顯戮。康誥曰，乃其速由文王作罰，刑茲無赦。多士曰，爾克敬，天惟畀矜爾。爾不克敬，爾不啻不有爾土。予亦致天之罰於爾躬。多方曰，爾乃惟逸惟頗，大遠王命。則惟爾多方探天之威，我則致天之罰，離逖爾土。此皆二帝三代所傳語也，則無不人人言賞罰矣。夫曰賞曰罰，豈眞別無分疏安頓之處。故都俞吁咈於一堂，賡謌喜起，其諸聖賢聚集天堂之景象乎。顯戮殄滅，代有刑人之所，其諸罪惡聚苦地獄之景象乎。第天堂之樂，更全更大更眞，不但如世福之僅有其影。而地獄之苦，視人世之刑戮極嚴極備極永，尤可畏耳。今試就世法論之，小而郡邑，大而邦國，無不設立禮賢之館，刑罪之囹圄。而謂天上主宰治六合之大，反無一安頓善不善之處所耶。則天堂地獄，乃上帝陟善於明，黜惡於幽，最切最公之第一義也。聖賢即未言，可謂聖賢之缺典。胡可以明明不易之理，特因聖賢未言而弗信乎哉。況地獄之說，吾聖賢書中雖未顯見，而天堂之意義，則固有明載焉者。第讀者急在文，緩在意，弗及細思之耳。詩云，文王在上，於昭於天。文王陟降，在帝左右。又云，世有哲王，三后在天。召誥云天既遐終大邦殷之命，茲殷多先哲王在天。金縢云，乃命於帝庭，敷佑四方。夫在上在天在帝左右，非天堂之謂其何歟。而況明明言上帝之有庭，乃命於帝庭耶。夫既有天堂，則自然有地獄，二者不能相無，其理一也。如眞文王殷王周公在天堂上，則桀紂盜跖必在地獄下矣。行異則受不同，理之常，何容疑哉。況顏貧夭，跖富壽，令不天堂不地獄也而可乎。大德受命，受命而德施彌溥，報以蒼梧伐木削迹之身。兩楹奠而素王終，即血食萬世，□浪得身後榮，聖人不起而享也。報在子孫乎。丹朱傲外，丙仲壬殤，伯邑考醢，奚報焉。惟是衍聖之爵延世，顧易世而子孫之面目名號賢愚好醜悉不可知，以代聖人受賞，此足以厚聖人乎。不天堂又不可也。說者謂秦焰酷而義弗存，故吾聖賢書中不具載，然政不得因其不載而有疑。不然彼輪回六道之誕言，凡出佛書無理之談，悉吾聖賢書中所不載，且皆有識之儒所力闢者，何世之人反信之而不疑耶。吾且就世人觖望之情，而益徵天主之必有。凡物類各有本性，所向必至是而定止焉，得此則無復他望矣。人類亦必有止，然觀人之常情，未有以本世之事爲足者，則其心之所止不在本世也，明矣。不在本世，非在後世天堂歟。蓋人心之所向，惟在全福。全福備處，是謂天堂。是以人情未迄於是，未能有冀望焉。全福之內，介壽無疆。人世之壽，雖欲信天地人三皇及楚之冥靈，上古大椿，其壽終有界限。則現世信有缺也，故世人往往呼本世爲缺欠世界，所謂世界無全福，彼善於此則有之。試觀商賈貨殖之人，雖金玉盈箱，甲富州縣，心無慊足。又如仕者，躐身世之浮名，趨明時之捷徑，惟圖軒冕華袞爲榮。即至於□紳朝陛，晉職臺階，心猶未滿。甚且極之奄有四海，臨長百姓，福貽子孫，其心亦無底極，焉非人心

之果無饜足也。現在原人之僑寓焉者，無限之樂，無疆之壽，悉在本鄉天堂。故一蚊之小，不足飽龍象。一粒之微，弗克實太倉。古聖有悟此理者，瞻天嘆曰，上帝公父爾，實生吾人輩於爾，惟爾國能滿吾心也。人不歸爾，其心詎能安足哉。經曰，天堂之樂，天主所備以待仁人者。目所未見，耳所未聞，人心所未及忖度者也。夫欲度天堂光景，且當縱目觀茲蒙鐸世界。見在奇麗之景，多有令人嘆息無已者，曰，嗟乎。吾主爲我此賤軀，與以多且大恩賜，一至於此。如天地氣海晦明寒暑霜雪雨露鳥獸魚龜草木至備矣。所備於天境，聖賢面爾之所又何如。圈牢中若此多且厚，帝庭當何如。涕谷若此大樂，諸樂之眞境更何如。今所幷賜仇者友者若此豐隆，身後特賜友者更何如。不信爾言，不從爾道，賜享天地間諸福已若此，所預備以報信爾言，尊爾命，從爾道者，豈不尤盛大而無比乎。必也常爲暄春，無寒暑之迭□。常見光明，無暮夜之屢更。其人常快樂，無憂怒哀哭之苦。常舒泰，無危害。韶華之容常駐不變，歲年往來，夭壽無減。周旋左右於上帝。世俗之人烏能達之。烏能言釋之哉。吾輩拘於目所恆睹，不明未見之理。比如囚婦懷胎，產子暗獄，其於至長而未知日月之光，山水人物之嘉，祇以大燭爲日，小燭爲月，以獄內人物爲齊整，無以尙也。則不覺獄中之苦，殆以爲樂，不思出矣。若其母語之以日月之光輝，貴顯之裝飾，天地境界之文章，廣大數萬里，高億萬丈，而後知容光之細，桎梏之苦，囹圄之窄穢，則不肯復爲安爲家矣。乃始晝夜圖脫其手足之桎梏，而出尋朋友親戚之樂矣。世人不信有天堂也，因不信有身後無窮之眞樂，而遂以現在之苦世，恬然爲樂地也。悲哉囚子之見也。夫經中稱天堂之景有曰，居彼之處，一切聖神具無六禍，此世中無人無其一。具有六福，此世中無人有其一。六者云何。一謂聖城，則無過而有全德也。二謂太平域，則無危懼而恆恬淡也。三謂樂地，則無憂苦而有永樂也。四謂天鄉，則無冀望而皆充滿也。五謂定吉界，用無更變而常定於祥也。六謂壽無疆山，則人均不死而常生也。壽無疆則幷前諸福，俱永久不滅。此天主切答仁人之情也。其詳悉見畸人篇內。又試略述升天堂者尊榮之旨焉。蓋升天堂之人，靈神既飽於眞福，其光輝吉樂因達於肉身。肉身之福，據其本性，亦罔不備。姑以世所謂福者略喻之。夫人精神強固，百疾不侵，氣度舒和，體貌精美，神心睿智，事物之理，澄然融會，視聽言動，絕無欲牽，充積於德，大定於善。又加富足尊貴，顯榮安樂，此皆世俗所謂身中身外之吉祥者。但此諸種種福，在此塵世則暫福也。居世之人，又僅獲其纖毫。惟是永居天堂者，始得其眞且全。蓋因身躋此百體強固，無受損害。常生不死，四肢協稱。無餘無虧，放有光明。七倍於日，周旋六合。不待俄頃，速如心目，透山入石，竟無留礙。非若今日之肉身，饑思食，渴思飮，寒思衣，勞思逸，必有待而然者也。其靈神親見天主無窮能性，悉得洞曉，無復凝滯。大定於善，無復更易。此昔寓居靜天，靜天之境，高峰華麗，因非世主珍寶玩好，瓊宮瑤宇所可仿佛其萬一。所伴侶者天神，與萬世之聖神，相爲昆弟，相親相愛，如一身心。共是共非，共愛共惡。其人之所願，惟天主之所願，而分外無復有願。凡所願巨細，無一不遂。凡所欲爲，賴天主之全能，無不能爲。此其富足安逸無以復加。此皆天主鍾愛之子，天神契悅之良友也。尊榮孰大。於是諸人還想此等光景否。吾夫子云，不怨天，不尤人。下學而上達，知我者其天乎。夫上達者，其即上達此天堂乎。不然，孔子一生周流困苦，即嘆莫我知矣，何以又云知我其天也耶。他日又云，君子上達，小人下達。上下懸隔，寧非天堂地獄之定界歟。何者天堂。非他，乃古今仁義之人所聚光明之宇。地獄亦非他，乃古今罪惡之人所流穢汚之域。彼既升天堂者，已安其心乎。善不能易矣。其旣墮地獄者，已定其心乎。惡不克改也。今吾中處，烏可不定心於德，烏可不速改其不善，烏可不畏近仁義之君子，烏可不遠避罪惡之小人，烏可不時時望當天上之永福，烏可不刻刻想墮地中之永殃。夫吾輩不知天命，不知眞正大主之可畏，即妄自謂我爲善而不爲惡也。我不敢信乃既知有天命之可畏矣，而悠悠忽忽，日復一日，爲善不誠且不堅，去惡不猛且不力者，正不知此身後天堂地獄，上無所望，下無所畏焉耳。倘誠眞知其必有，即不望天堂乎，寧能不畏地獄也耶。夫地獄與天堂正相反者也，天堂安於靜天九重天之上，最爲清朗。地獄置於地中最下之處，最汚暗也。其苦難之態，固非口舌可罄其萬一者。凡天上主所自造之物，如天如地如海，皆甚大甚備，皆足顯無涯之智能也。地獄之苦及甚盛義怒刑罰，亦必顯其無量之智能。即其甚大甚備，可想見矣。蓋本世之患，有息有終。地獄之苦，無窮無間。厥若多種，總歸爲二，一謂覺苦，一謂失苦。覺苦者寒火饑渴，臭穢暗冥憂懣與凡一切能致痛楚之刑。

此類之苦，地獄甚備甚大。凡世間所謂苦者，以是苦視之，悉不爲苦，正如畫物與眞物也。是爲外患。失苦者則失天主，因失天上諸慶福永不復得之悲憂也。是爲内禍。兩苦幷大，失苦更深。罪人所傷痛，尤莫深乎所失之巨福也。故常哀哭自悔曰，悲哉。吾生前爲淫樂之微，失無窮之福。而溺於此萬苦之聚谷乎。今欲改過免此而已遲，欲死而畢命以脱此而不得。蓋此非改過之時，乃天主公法所使以刑具苦痛其人，不令毁滅其體，而以悠久受殃者也。此處之掌戮則鬼魔也，其惡劇大，甚強有力，酷虐無比。其恨我人類最深，無絲髮慈憫。凡所能加，惟力是視。其所加苦難，又孰尚乎。夫世者雖大，或有他慰。即無他慰，尚有有限之慰。地獄之苦，既猛且大，而又無限。入者知不能出，故悉無復脱之慰，而有永不能脱之苦憂。吁。可畏哉。世人或見罪人犯科，不見即受罰。將曰，造化茫茫，原無主宰。善未必榮，惡未必罰。修德何益，爲惡何損。又或見柄世權者，賞罰偏私，則以省疑造物主原非理視世事。或又解之曰，此天之未定焉。噫。豈知造物主之定賞定罰，固在此身後哉。嗚呼，柄世權者之賞罰，縱不偏私而公平乎，其所褒貶功績與否，亦惟耳目是憑信耳。無審據者弗克洞燭也。民之庸情，有所妒憎，則泯其善，揚其惡，壅蔽莫達。有所親愛者反是。則在上者，時或不能周悉其人之功罪，何能盡得法意。豈惟人乎，己亦掩已矣。雋德之精，多含於內，不露於外。發外者德之餘耳，非其人易粉飾焉。善者彌誠，彌隱己德。不但内隱也，且不有其德也。人與己不，知之則疇，從而褒之。惡慝之恨，素釀於心，不泄於外。見外者慝之末耳，詐善者不難文藏焉。惡者滋熟滋慝。已慝，豈但曰慝也，且不覺爲慝矣。人與己弗達，又誰從而貶之。夫己自蘊蓄，己不有之。同類之人，又覆蓋之。秉法君臣，不及盡知之。非天上主明威神鑒，豈得按審無爽也哉。乃世之儒者，侈爲高遠之談曰，行善而望天報，此非德，乃利也。爾行德，不望天報，不尤精美乎。此言似高遠，似乎引人進於至德，而其實使人怠於修德，誘人恣行諸惡者也。何者行德爲德。此物此志洵美矣，第非聖人弗及此也。即聖人之行德也，其大意悉爲上帝，爲德美，特不汲汲望世報耳，亦何嘗不希望於身後之天報，況衆人乎。非望福安能策怠，勵行德之苦，謝隨世之樂，非畏害安能去惡克己乎哉。今信有主有報，猶多自欺，自恕，自縱，自怠，難於精修，況去主報歟。又有拘儒，狃於成説曰，善惡必報，信矣。第在本世，或不於其身，於其子孫耳何。比言天堂地獄，豈知本世之報甚微，不足以克人心之欲，又不足以盡償誠德之功，且不足以顯上帝賞善之力量也。公相之位，極重之酬矣。若以償德之價，猶爲萬不償一，天下固無可以償德之價者也。修德者雖不望報上帝之尊，豈有不報之盡滿者乎。王者酬臣之功，賞以三公至足矣。上帝之酬於是止乎。人之短於量也如是。夫世之仁者不仁者，皆屢有無嗣焉者，其善惡何如報也。我自爲我，子孫自爲子孫，夫我所親行善惡，何能報其子孫，而不能報及其躬。苟能報及其躬，又何爲遠俟其子孫。且其子孫又有子孫之善惡，何以爲報。亦將俟其子孫之子孫以酬之歟。我爲善，子孫爲惡，則將舉我所富享之賞而盡加諸其爲惡之身乎。可爲義乎。我爲惡，子孫爲善，則將舉我所當受之刑而盡施諸其爲善之躬乎，可爲仁乎。非但王者，即霸者之法罪不及冑，天主捨其本身，而惟冑是報耶。則信哉天堂地獄之賞罰，爲天主至公至仁至義之大典，毫無疑焉者。倘必執佛氏六道輪回之説，而概疑天堂地獄爲誕言，且出自佛言，反久相信從。出自西儒天主之教，反執不相入。是許劫盜殺人，而不許士師之殺人也。不亦惑乎。

客曰，吾子已曾見有天堂地獄乎。而必曰，有。

曰，世之儒已曾見無天堂地獄乎。而必曰，無。夫死後無永報，必天壤間無主也。果有天地人物之眞主，身後必有善惡之永報矣。倘曰必待死後，即親見，吾則信焉。則先失天堂之永福，墮地獄之永苦，而後始信實有天堂地獄，豈不甚晚。縱信將何益耶。常見聰明智慧之儒，靈才所具，亦既實見至理，深信天堂地獄之必有矣。而狃於俗情，不肯急遷其善，急滌其惡，謬自寬解曰，天主之教，固甚精美矣。第吾儕儒也，姑不從信，不知者或不罪乎。夫朝廷設立大法，原欲人人尊奉。豈惟是知法犯法者方罪，而鄉愚無知之人，可以其未曾讀律知法，輒縱容其劫盜殺人之罪而不知罪耶。噫，寧獨天不欺，想自心亦不能自欺。掩耳盜鈴，知必嘿然而自笑也。

客曰，行善以致現世之利，遠現世之害。君子猶且非之，吾子何諄諄論來世之利害爲。

曰，來世之利害甚眞大，非今世所可比也。吾今所見者，利害之影

耳。故今世之事或吉或凶，俱不足言也。吾聞師之喻曰，人生世間如俳優在戲場，所爲俗業，如搬演雜劇。諸帝王宰官士人奴隸后妃婢媵，皆一時裝飾之耳。則其所衣衣，非其衣。所逢利害，不及其躬。搬演既畢，解去裝飾，漫然不復相關。故俳優不以分位高卑長短爲憂喜，惟扮所承脚色，雖丐子亦眞切爲之，以中主人之意而已，蓋分位在他，充位在我。吾曹在於茲世，雖百歲之久，較之後世萬祀之無窮，烏足以當冬之一日乎。所得財物，假貸爲用，非我爲之眞主，何徒以增爲悅，以減爲愁。不論君子小人，咸赤身空出，赤身空還。臨終而去，雖遺金千笈，積在庫內，不帶一毫，奚必以是爲留意哉。今世僞事已終，即後世之眞情起矣，而後乃各取其所應得之貴賤也。夫世利最小，非他人貧我不得富，非多人貧我不得獨富。不取之此，不得予彼，世之利者如是耳矣。吾所指來世之利至大也，至眞也，而實無相礙，縱盡人得之莫相奪也。以此爲利，王欲利其國，大夫欲利其家，士庶欲利其身，上下爭先，天下方安方治矣。重來世之利者，心輕現世之利。輕現世之利，而好犯上爭奪，未之聞也。使民皆望後世之利，於爲政乎何有。先貴謂世界無全福，且無眞福，蓋眞福惟善人得而有之。世界之福，善與惡均受焉。甚且惡者反享福利，而善人弗得享也。則誰謂世福之果眞哉。然則長生而享無窮之眞福，信非身後之天堂，天主無以酬善人矣。

朱宗元《拯世略說・禍福皆係上主》　世人皆天主所生，則皆天主所愛也；愛豈有偏屬哉？乃富貴通塞，迥然不齊，并有君子蒙禍，小人獲福者，天主爲之耶？抑人爲之耶？抑如佛言今世所受，爲前生之因耶？解之曰：天主之禍福人也，必無有不符其實者矣；但人之善善惡惡，人自不得而知，其被禍被福也，非可以世法按也；且夫天主之公，無微不賞，無細不懲；今有善多而惡少者，大約先報之以禍，而使其永享天堂之樂；有惡多而善少者，大約先報之以福，而使其永受地獄之苦；且世上之事，半任人自爲，半由天主默限；有人謀之而竟得者，此任人自爲者矣，然而未始非天主所許也；有人謀雖善，而竟不得者，此由主默限者也，然而未始非天主所愛也；抑有經營而得富貴者，適值天主之所許也；不然，雖才智不能強邀利達。若曰，夫人也，不應處富貴也。然天主必有所以篤厚此人之故。總之審判之日，根由悉露，始知造物處置，最當最巧。且世上報應，雖不可以意量，未始不可以類推。試觀積善之家，恆有餘慶；積不善之家，恆有餘殃；敦實厚重者，爲凝承福履之器；輕薄儇佻者，且以殺其身而有餘；如此者十之六七，豈報應竟渺茫哉？況世俗之見，以利順爲大慶，以坎坷爲至辱；若天主所輕重，不盡在世福世禍；卑窘而善，上主重之，更甚於崇高之士；亨利而惡，上主惡之，更甚於藍縷之子。總之美麗福澤，欲人忻謝，而感激以報主；災禍險阻，欲人忍受，而磨勵其德性；此兩途者，天主用之以玉成人類之具，猶寒暑之不可廢一也。特人有善承與不善承耳：善承者，當其得意，則以爲造物之恩我，而勉建美績，惟力是視；當其失意，則以爲造物之煉我，而安意忍受，不忮不求。不善承者，當其得意，則驕奢淫佚，日積惡緣；當其失意，則怨天尤人，無所不至；故世上參差不齊之事，正區別人品之大衡鑑也。若據異端因果之論，則前身爲善爲惡，今身受福受殃，不報其爲之者，而報其未始爲之者，拂理逆情，莫大於茲說。至於水旱疾病之災，寃抑枉窒之事，人有竭誠祈禱，籲呼於土木邪神之前，而偶得拯拔，得昭雪者，非彼神之靈也；緣人雖忘棄天主，天主猶或憫之，雖誤祈邪鬼，弗較也；然而終爲天主所棄絕者多矣；甚至大荒大兵大疫，則皆天主假此以刑戮不肖，警戒善人者也。

又《死後必有賞罰》　入其居，視其所置，前有宗廟，後有寢室，倉庫在左，車廐在右，不問而知其爲家也已；入其居，視其所置，外無廩積，內無寢廟，日用之具，聊且畧陳，不問而知其爲旅也已。試觀茫茫世界，家耶？旅耶？佳景物，美田宅，好妻子，我所甚繫戀者，誰能久處此耶？死期既至，大智極勇，能緩之須臾耶？一切世物，誰非借而用之者？久則還主人耳。不見數畝之宮，百年之內，更迭而處者，且數姓耶？乾坤之內，雖欲不謂之旅，而不可得已。第人爲萬物之靈，生爲逆旅，死有所歸；旅時功罪，歸則分明。若謂至德之聖，極惡之流，同歸一域，有是理乎？是知死後之必有賞罰也。世之操賞罰者，君也；一國之內，其爲君之所賞罰者，特千百之一二耳；一人之身，其所賞罰之事，又特千百之一二耳；故欲以世賞遍善，則有道之時，祿爵不足以答有德；欲以世罰遍惡，則無道之時，囹圄不足以容多奸也。書曰，惟上帝不常，作善降之百祥，作不善降之百殃；殃祥，兼生前死後之賞罰，現世不足以盡之也。今

必曰，富貴福澤，爲善徵乎？則是必爲善人之所好也；然達人志士，且有棄之而不居者焉。今必曰，剖肝碎首，爲惡報乎？是必爲善人之所畏也，然忠臣義士，且有殺身成仁，致命遂志者焉。是知死後之必有賞罰矣。絕德酹以公孤，以後之德，更何以報？殺人者死，而劇盜巨憝，殺百千萬命者，一身之死，曷足以償？是知死後之必有賞罰矣。曹馬之奸，刃未推胸，而子孫有爲帝者，逄干之忠，腦已塗地，而其後亦竟泯滅；天主寧或非耶？是知死後之必有賞罰矣。聖帝明王雖九五崇高，善業猶在；作奸犯法，雖粉身碎骨，惡跡仍存；斷不以肉軀之禍福，能消神靈之善惡者也。是知死後之必有賞罰矣。世上之予奪，視在形迹；天主之禍福，注在心神；人犯刑辟，雖悔恨願改，帝王未有赦之者，而天主則無不赦；人無惡行，雖中心具無數惡想，即有措諸行爲，而人不及覺，帝王未有罪之者，而天主則無不罪；仁義忠信，先澤其性，後澤其形；貪詐淫虐，先污其心，後污其體；世苦世樂，特身受之耳，心性不與也；豈有神靈爲良爲醜，徒使形骸食報乎？是知死後之必有賞罰矣。或曰賞罰之說，爲庸下人設也，上智則否。曰：虞廷二十二人，皆聖賢也，乃云三載考績，黜陟幽明；胡以賞罰之於上智也更嚴？豈專爲庸下人設乎？是知死後之必有賞罰矣。

又《賞罰迥別人世》 可以言言，非天堂之況；可以語語，非地獄之景；蓋二者之苦樂，迥異人世矣。大約地獄之苦有二：一爲覺苦，一爲失苦。覺苦者，所被之焚灼，所觸之臭穢，所嘗種種之痛楚是也。失苦者，永失見天主之望。此念所注，摧肝裂肺，過於千百矛盾之交；而又暴火烹煉其形神，此火烈厲無儔，以世上之火視之，猶畫火之視眞火也。獄中之掌戮即鬼魔，其力甚大，其妬恨我人類甚深，凡可以加虐者，必盡其力；其間同苦之人雖多，絕無相寬慰者，即生平父子兄弟，至是亦如仇敵，而相賊害：蓋痛極所迫也。故地獄之火，最爲慘毒，最爲酷烈；使可緩其一息，雖盡受地上諸苦以易之，甚所甘心；故在此者，度一刻，如度萬年，而又無他冀望，惟冀天主速銷滅己，而卒不可得。其所在地之中心，昏冥無光，極爲迫窄；偶有隙明，惟見厲鬼妖威，及諸苦態惡狀。古聖人云，地獄之事，使人略見其萬分之一，必立時驚悸以死；彼刻刻親嘗其況者，又何如耶？蓋雖千喙齊號，不足鳴其斯須之苦。總之論罪輕重，則罰有輕重；但最輕者，亦踰於世上之酷刑也。人在世時，雖大惡人，眞心籲主，主未有不憐之者；至此則爲所棄絕，哀號徹天，曾不足動主之憫焉；此苦乃無終之殃也。天堂福有二：曰外慶，曰內慶。內慶者，神靈之慶；外慶者，肉身復活之慶。總歸四端：一者，堅好四體百骸，諸苦不侵，火不灼，水不濡，刀兵不害也；一者，身光萬倍於旭日；一者神快，不疾而速，不行而至，一者無礙，凡金石之物，皆能直越之也。昔人云，人生三世，母腹爲一世，此世爲一世，天堂爲一世。以今世界視天堂，猶以母腹視今世也，其廣大可知矣。天國之福，雖有大小，但各滿其量，無冀於外；如人穿衣，雖有長短，各稱其體，而俱適也。昔聖保祿，天主賜以神目，俾略見天堂之樂；保祿曰：目之所未覩，耳之所未聞，口之所不能形容也。彼外景如此，況內景乎？總之天堂地獄之二景，最利害，最眞實，又最迫近；愼毋躭目前之計，不慮永遠，或恃空之論，任其淪墜也。

天堂地獄

綜　述

利瑪竇《天主實義》卷下第六篇《釋解意不可滅並論死後必有天堂地獄之賞罰以報世人所爲善惡》

中士曰：聖人之教，縱不滅意，而其意不在功效，只在修德。故勸善而指德之美，不指賞；沮惡而言惡之罪，不言罰。

西士曰：聖人之教在經傳，其勸善必以賞，其沮惡必以懲矣。《舜典》曰：「象以典刑，流宥五刑。」又曰：「三載考績，三考黜陟幽明。庶績咸熙，分北三苗。」《皋陶謨》曰：「天命有德，五服五章哉。天討有罪，五刑五用哉。」《益稷謨》曰：「帝曰：迪朕德，時乃功惟敘。皋陶方祇厥敘，方施象刑，惟明。」《盤庚》曰：「無有遠邇，用罪伐厥死，用德彰厥善。邦之臧惟汝衆，邦之不臧惟予一人佚罰。」又曰：「乃有不吉不迪，顚越不恭，暫遇奸宄，我乃劓殄滅之，無遺育，無俾易種於茲新邑。」《泰誓》武王曰：「爾衆士，其尚迪果毅，以登乃辟。功多有厚賞，不迪有顯

戮。」又曰：「爾所弗勖，其于爾躬有戮。」《康誥》曰：「乃其速由文王作罰，刑茲無赦。」《多士》曰：「爾克敬，天惟畀矜爾；爾不克敬，爾不啻不有爾土，予亦致天之罰于爾躬。」《多方》又曰：「爾乃惟逸惟頗，大遠王命，則惟爾多方探天之威，我則致天之罰，離逖爾土。」此二帝三代之語，皆言賞罰，固皆併利害言之。

中士曰：《春秋》者，孔聖之親筆，言是非，不言利害也。

西士曰：俗之利害有三等。一曰身之利害，此以肢體寧壽爲利，以危夭爲害。二曰財貨之利害，此以廣田畜、充金貝爲利，以減耗失之爲害。三曰名聲之利害，此以顯名休譽爲利，以譖斥毀汚爲害也。《春秋》存其一，而不及其二者也。然世俗大概重名聲之利害，而輕身財之損益，故謂「《春秋》成，而亂臣賊子懼」。亂臣賊子奚懼焉？非懼惡名之爲害不已乎？孟軻首以仁義爲題，厥後每會時君，勸行仁政，猶以「不王者，未之有也」爲結語。王天下顧非利哉。人孰不悅利於朋友？利於親戚？如利不可經心，則何以欲歸之友親乎？仁之方，曰不欲諸己，勿加諸人。既不宜望利以爲己，猶必當廣利以爲人。以是知利無所傷於德也。

利所以不可言者，乃其僞，乃其悖義者耳。《易》曰：「利者，義之和也。」又曰：「利用安身，以崇德也。」論利之大，雖至王天下，猶爲利之微。況戰國之主，雖行仁政，未必能王；雖使能王天下，一君耳，不取之此，不得予乎彼。夫世之利也，如是耳矣。

吾所指，來世之利也，至大也，至實也，而無相礙，縱盡人得之，莫相奪也。以此爲利，王欲利其國，大夫欲利其家，士庶欲利其身，上下爭先，天下方安方治矣。重來世之益者，必輕現世之利。輕現世之利，而好犯上爭奪，弑父弑君，未之聞也。使民皆望後世之利，爲政何有？

中士曰：嘗聞之：「何必勞神慮未來？惟管今日眼前事。」此是實語，何論後世？

西士曰：陋哉，使犬彘能言也，無異此矣。西域上古，有一人立教，專以快樂無憂爲務，彼時亦有從之者。自題其墓碑曰：「汝今當飲食懽戲，死後無樂兮。」諸儒稱其門爲「豬寮門」也，詎貴邦有暗契之者？夫無遠慮，必有近患。猷之不遠，詩人所刺，吾視人愈智，其思愈遐；人愈愚，其思愈邇。凡民之類，豈可不預防未來，先謀來逮者乎？農夫耕稼於春，圖秋之穡。松樹百年始結子，而有藝之，所謂圃翁植樹，爾玄孫攀其子者。行旅者，周沿江湖，冀老之安居鄉土。百工勤習其業，期擭所賴。士髫丱勤苦博學，欲後輔國匡君。夫均不以眼前今日之事爲急者也。不肖子敗其先業，虞公喪國，夏桀、殷紂失天下，此非不慮悠遠，徒管今日眼前事者乎？

中士曰：然。但吾在今世則所慮雖遠，止在本世耳。死後之事，似迂也。

西士曰：仲尼作《春秋》，其孫著《中庸》，厥慮俱在萬世之後。夫慮爲他人，而諸君子不以爲迂。吾慮爲己，惟及二世，而子以爲迂乎？童子圖既老之事，未知厥能至壯否，而莫之謂遠也。吾圖死後之事，或即詰朝之事，而子以爲遠乎？子之婚也，奚冀得子孫？

中士曰：以有治喪葬、墳墓、祭祀之事也。

西士曰：然。是亦死後之事矣。吾即死，所留者二，不能朽者精神，速腐者髑髏。我以不能朽者爲切，子尚以速腐者爲慮，可謂我迂乎？

中士曰：行善以致現世之利、遠現世之害，君子且非之。來世之利害，又何足論歟？

西士曰：來世之利害甚眞，大非今世之可比也。吾今所見者，利害之影耳。故今世之事，或凶或吉，俱不足言也。吾聞師之喩曰：人生世間，如俳優在戲場，所爲俗業，如搬演雜劇。諸帝王，宰官，士人，奴隸，后妃，婢媵，皆一時妝飾之耳。則其所衣衣，非其衣，所逢利害，不及其躬。搬演既畢，解去妝飾，漫然不復相關。故俳優不以分位高卑長短爲憂喜，惟扮所承脚色，雖丐子亦眞切爲之，以中主人之意耳已。蓋分位在他，充位在我，吾曹在於茲世，雖百歲之久，較之後世萬祀之無窮，烏足以當冬之一日乎？所得財物，假貸爲用，非我爲之眞主，何徒以增而悅，以減而愁？不論君子小人，咸赤身空出，赤身空返，臨終而去，雖遺金千笈，積在庫內，不帶一毫，何必以是爲留意哉？今世僞事已終，即後世之眞情起矣，而後乃各取其所宜之貴賤也。若以今世利害爲眞，何異乎蠢民看戲，以妝帝王者爲眞貴人，以妝奴隸者爲眞下人乎？意之爲情，精粗不齊。負救世之責者，孰先布其粗，而後不闡其精，必既切琢，而後磋磨矣。需醫者，惟病者，非謂瘳者也；需吾教者，惟小人耳已，君子固

自知之。故教宜曲就小人之意也。孔子至衛，見民衆，欲先富而後教之，詎不知教爲滋重乎？但小民由利而後可迪乎義耳。

凡行善者，有正意三狀：下曰因登天堂免地獄之意，中曰因報答所重蒙大主恩德之意，上曰因翕順天主聖旨之意也。教之所望乎學者，在其成就耳，不獲已，而先指其端焉。民溺於利久矣，不以利迪之，害駭之，莫之引領也。然上意至，則下意無所容而去矣。如縫錦繡之衣，必用絲線，但無鐵鍼，線不能入，然而其鍼一進即過，所庸留於衣裳者，絲線耳已。吾欲引人歸德，若但舉其德之美，夫人已昧於私欲，何以覺之乎？言不入其心，即不願聽而去。惟先怵惕之以地獄之苦，誘導之以天堂之樂，將必傾耳欲聽，而漸就乎善善惡惡之成旨。成者至，則缺者化去，而獨其成就恆存焉。故曰：「惡者惡惡，因懼刑也；善者惡惡，因愛德也。」

往時敝邑出一名聖神，今人稱爲拂郎祭斯穀，首立一會，其規戒精密，以廉爲尚，今從者有數萬友，皆成德之士也。初有親炙一友，名曰如泥伯陡，會中無與比者，其學豁然，日增無息。有一邪鬼憎妒，欲沮之，僞化天神，旁射輝光，夜見於聖神私居，曰：「天神諭爾，如尼伯陡，德誠隆也，雖然，終不得躋天堂，必墮地獄。天主嚴命已定，不可易也。」言訖弗見。拂郎祭斯穀驚，秘不敢洩，而心深痛惜。每見如尼伯陡，不覺涕淚。如尼伯陡屢見而疑之，已齋宿，赴師座問曰：「某也日孜孜守戒，奉敬天主，幸在憫教，邇日以來，覺先生目有異也，何以數涕淚於弟子？」拂郎祭斯穀初不肯露，再三懇請，盡述向所見聞。如尼伯陡怡然曰：「是何足憂乎？天主主宰人物，惟其旨所置之，上天下地，吾儕無不奉焉。吾所爲敬愛之者，非爲天堂地獄，爲其至尊至善，自當敬，自當愛耳。今雖棄我，何敢毫髮懈惰，惟益加敬慎事之，恐在地獄時，即欲奉事，而不可及矣。」拂郎祭斯穀睹其容也，聽其語也，恍然悟而嘆曰：「誤哉前者所聞。有學道如斯，而應受地獄殃者乎？天主必躋爾天堂矣。」

夫此天堂地獄，其在成德之士，少借此意以取樂而免苦也，多以修其仁義而已矣。何者？天堂非他，乃古今仁義之人所聚光明之宇；地獄亦非他，乃古今罪惡之人所流穢污之域。升天堂者，已安其心乎善，不能易也；其落地獄者，已定其心乎惡，不克改也。吾願定心於德，勿移於不善。吾願長近仁義之君子，永離罪惡之小人，誰云以利害分志，而在正道之外乎？儒者攻天堂地獄之說，是未察此理耳已。

中士曰：茲與浮屠勸世、輪迴變禽獸之說，何殊？

西士曰：遠矣，彼用「虛」「無」者僞詞，吾用「實」「有」者至理。彼言輪迴往生，止于言利，吾言天堂地獄利害，明揭利以引人于義。豈無辯乎？且夫賢者修德，雖無天堂地獄，不敢自已，況實有之。

中士曰：善惡有報，但云必在本世，或不於本身，必於子孫耳。不必言天堂地獄。

西士曰：本世之報，微矣，不足以充人心之欲，又不滿誠德之功，不足現上帝賞善之力量也。公相之位，極重之酬矣，若以償德之價，萬不償一矣。天下固無可以償德之價者也。修德者雖不望報，上帝之尊，豈有不報之盡滿者乎？王者酬臣之功，賞以三公足矣。上帝之酬，而於是乎止乎？人之短於量也如是。

夫世之仁者不仁者，皆屢有無嗣者，其善惡何如報也？我自爲我，子孫自爲子孫。夫我所親行善惡，盡以還之子孫，其可爲公乎？且問天主既能報人善惡，何有能報其子孫，而不能報及其躬？苟能報及其躬，何以捨此而速俟其子孫乎？且其子孫又有子孫之善惡，何以爲報？亦將俟其子孫之子孫，以酬之歟？爾爲善，子孫爲惡，則將舉爾所當享之賞，而盡加諸其爲惡之身乎？可謂義乎？爾爲惡，子孫爲善，則將舉爾所當受之刑，而盡置諸其爲善之躬乎？可爲仁乎？非但王者，即霸者之法，罪不及胄。天主捨其本身，而惟胄是報耶？更善惡之報於他人之身，紊宇內之恆理，而俾民疑上帝之仁義，無所益於爲政，不如各任其報耳。

中士曰：先生曾見有天堂地獄，而決曰有？

西士曰：吾子已見無天堂地獄，而決曰無，何不記前所云乎？智者不必以肉眼所見之事，方信其有，理之所見者，眞於肉眼。夫耳目之覺，或常有差，理之所是，必無謬也。

中士曰：願聞此理。

西士曰：一曰：凡物類各有本性所向，必至是而定止焉。得此，則無復他望矣。人類亦必有止。然觀人之常情，未有以本世之事爲足者，則其心之所止，不在本世明也。不在本世，非在後世天堂歟？蓋人心之所向，惟在全福。衆福備處，乃謂天堂。是以人情未迄於是，未免有冀焉。全福

之內，含壽無疆，人世之壽，雖欲信天、地、人三皇，及楚之冥靈、上古大椿，其壽終有界限，則現世悉有缺也。所謂世間無全福，彼善於此則有之，至於天堂，則止弗可尚，人性於是止耳。

二曰，人之所願，乃知無窮之眞，乃好無量之好。今之世也，眞有窮，好有量矣，則於是不得盡其性矣。夫性是天主所賦，豈徒然賦之，必將充之，亦必於來世盡充之。

三曰，德於此無價也，雖舉天下萬國而市之，未足以還德之所值。苟不以天堂報之，則有德者不得其報稱矣。得罪上帝，其罪不勝重，雖以天下之極刑誅之，不滿其咎。苟不以地獄永永殃之，則有罪者不得其報稱矣。天主掌握天下人所行，而德罪無報稱，未之有也。

四曰，上帝報應無私，善者必賞，惡者必罰。如今世之人，亦有爲惡而富貴安樂，爲善而貧賤苦難者，上帝固待其人之既死，然後取其善者之魂而天堂福之，審其惡者之魂而地獄刑之。不然，何以明至公至審乎？

中士曰：善惡之報，亦有現世，何如？

西士曰：設令善惡之報，咸待於來世，則愚人不知來世之應者，何以驗天上之有主者？將益放恣無忌。故犯彝者，時遇饑荒之災，以懲其前而戒其後；順理者，時蒙吉福之降，以酬於往而勸其來也。然天主至公，無不盡賞之善，無不盡罰之惡。故終身爲善，不易其心，則應登天堂，享大福樂而賞之；終身爲惡，至死不悛，則宜墮地獄，受重禍災而罰之。其有爲善而貧賤者，或因爲善之中，有小過惡焉，故上帝以是現報之；至於歿後，既無所欠，則入全福之域，永享常樂矣。亦有爲惡而富貴者，乃行惡之際，並有微善存焉，故上帝以是償之；及其死後，既無可舉，則陷深陰之獄，永受罪苦矣。夫宇宙內外，災祥由天主歟？由命歟？天主令外，固無他命也。

中士曰：儒者以聖人爲宗，聖人以經傳示教。遍察吾經傳，通無天堂地獄之說，豈聖人有未達此理乎，何以隱而未著？

西士曰：聖人傳教，視世之能載，故有數傳不盡者；又或有面語，而未悉錄於冊者；或已錄，而後失者；或後頑史不信，因削去之者。況事物之文，時有換易，不可以無其文，即云無其事也。

今儒之謬攻古書，不可勝言焉。急乎文，緩乎意，故今之文雖隆，今之行實衰。《詩》曰，「文王在上，於昭于天」；「文王陟降，在帝左右」。又曰，「世有哲王，三后在天。」《召誥》曰，「天既遐終大邦殷之命，茲殷多先哲王在天。」夫在上，在天，在帝左右，非天堂之謂，其何歟？

中士曰：察此經語，古之聖人已信死後固有樂地，爲善者所居矣。然地獄之說，絕無可徵於經者。

西士曰：有天堂自有地獄，二者不能相無，其理一耳。如眞文王、殷王、周公在天堂上，則桀、紂、盜跖必在地獄下矣。行異則受不同，理之常，固不容疑也。緣此，人之臨終，滋賢者則滋舒泰，而略無駭色焉；滋不肖則滋逼迫，而以死爲痛苦不幸之極焉。若以經書之未載爲非眞，且誤甚矣。

西庠論之訣，曰正書可證其有，不可證其無。吾西國古經載，昔天主開闢天地，即生一男名曰亞黨，一女名曰阨襪，是爲世人之祖，而不書伏羲、神農二帝。吾以此觀之，可證當時果有亞黨、阨襪二人，然而不可證其後之無伏羲、神農二帝也。若自中國之書觀之，可證古有伏羲、神農於中國，而不可證無亞黨、阨襪二祖也。不然，禹蹟不寫大西諸國，可謂天下無大西諸國哉？故儒書雖未明辯天堂地獄之理，然不宜因而不信也。

中士曰：善者登天堂，惡者墮地獄。設有不善不惡之輩，死後當往何處？

西士曰：善惡無間，非善即惡，非惡即善。惟善惡之中，有巨微之別耳。善惡譬若生死，人不生則死，未死則生，固無弗生弗死者也。

中士曰：使有人先爲善，後變而爲惡，有先爲惡，後改而爲善，茲二人身後何如？

西士曰：天主乃萬靈之父，限本世之界，以勸吾儕於德，必以瀕死之候爲定。故平生爲善，須臾變心向惡而死，便爲犯人，則受地獄常永之殃，其前善惟未滅耳。平生爲惡，今日改心歸善而死，則天主必扶而宥之，免前罪而授天堂，萬年永常受福也。

中士曰：如此，則平生之惡，無報焉。

西士曰：天主經云：人改惡之後，或自悔之深，或以苦勞本身自懲，於以求天主之宥，天主必且赦之，而死後即可昇天也；倘悔不深，自苦不及前罪，則地獄之內，另有一處以置此等人，或受數日數年之殃，以補在

世不滿之罪報也，補之盡則亦躡天。其理如此。

中士曰：心悟此理之是，第先賢之書云：何必信天堂地獄？如有天堂，君子必登之；如有地獄，小人必入之，吾當爲君子則已。此語庶幾得之。

西士曰：此語固失之。何以知其然乎？有天堂，君子登之必也。但弗信天堂地獄之理，決非君子。

中士曰：何也？

西士曰：且問乎子：不信有上帝，其君子人歟？否歟？

中士曰：否。《詩》曰「維此文王，小心翼翼，昭事上帝」，孰謂君子而弗信上帝者。

西士曰：不信上帝至仁至公，其君子人歟？否歟？

中士曰：否。上帝爲仁之原也，萬物公主也，孰謂君子而弗信其至仁至公者耶。

西士曰：仁者爲能愛人，能惡人。苟上帝不予善人升天堂，何足云能愛人？不迸惡人於地獄，何足云能惡人乎？夫世之賞罰大略，未能盡公，若不待身後以天堂地獄，還各行之當然，則不免乎私焉。弗信此，烏信上帝爲仁爲公哉。且夫天堂地獄之報，中華佛老二氏信之，儒之智者亦從之，太東太西諸大邦無疑之，天主聖經載之，吾前者揭明理而顯之，則拗逆者必非君子也。

中士曰：如此，則固信之矣。然尙願聞其說。

西士曰：難言也。天主經中特舉其概，不詳傳之。然夫地獄之刑，於今世之殃略近，吾可借而比焉。彼天堂之快樂，何能言乎？

夫本世之患有息有終，地獄之苦無間無窮。聖賢論地獄，分其苦勞二般，或責其內中，或責其表外。若凍熱之不勝，臭穢之難當，饑渴之至極，是外患也。若戰慄視厲鬼魔威，恨妒瞻天神福樂，愧悔無及憶已前行，乃內禍也。雖然，罪人所傷痛，莫深乎所失之巨福也，故常哀哭自悔曰：「悲哉，吾生前爲淫樂之微，失無窮之福，而溺於此萬苦之聚谷乎？今欲改過免此而已遲，欲死而畢命以脫此而不得。」蓋此非改過之時，天主公法所使，以刑具苦痛其人，不令毀滅其體，而以悠久受殃也。夫不欲死後落地獄，全在生時思省，思其苦，思其勞。思則戒，戒則不爲陷溺之事，而地獄可免焉。設地獄之嚴刑，不足以動爾心，天堂之福，當必望之。經曰：「天堂之樂，天主所備，以待仁人者，目所未見，耳所未聞，人心所未及忖度者也。」從是可徵其處爲衆吉所歸，諸凶之所遠焉。

夫欲度天堂光景，且當縱目觀玆天地萬物，現在奇麗之景，多有令人歎息無已者，而即復推思：此乃上帝設之，以爲人民鳥獸共用之具，爲善與作惡同寓之所，猶且制作成就如此，若其獨爲善人造作全福之處，更當何如哉！必也常爲暄春，無寒暑之迭累，常見光明，無暮夜之屢更。其人常快樂，無憂怒哀哭之苦，常舒泰，無危險，韶華之容，常駐不變，歲年來往，大壽無減，常生不滅，周旋左右於上帝。世俗之人，烏能達之？烏能言釋之哉？夫衆福吉之溶泉，聖神所常嗜，所常食，嗜而未始乏，食而未始饜也。此其所享不等，僉由生時所爲之善。功有多寡，而享福隨之，無有胥憎。何者？各滿其量也。譬長身者長衣，短身者短衣，長短各得其所欲，何憎之有？衆善爲侶，和順親愛，俯視地獄之苦，豈不更增快樂也乎？白者比黑而彌白，光者比暗而彌光也。

天主正教以此頒訓於世，而吾輩拘於目所恆睹，不明未見之理。比如囚婦懷胎產子暗獄，其子至長，而未知日月之光，山水人物之嘉，只以大燭爲日，小燭爲月，以獄內人物爲齊整，無以尙也，則不覺獄中之苦，殆以爲樂，不思出矣。若其母語之以日月之光輝，貴顯之妝飾，天地境界之文章，廣大數萬里，高億萬丈，而後知容光之細，桎梏之苦，囹圄之窄穢，則不肯復安爲家矣，乃始晝夜圖脫其手足之桎梏，而出尋朋友親戚之樂矣。世人不信天堂地獄，或疑，或誚，豈不悲哉。

中士曰：悲哉！世人不爲二氏所誑，則蕩蕩如無牧之群，以苦世爲樂地天堂耳。玆語也，慈母之訓也。吾已知有本家，尙願習回家之路。

西士曰：正路茅塞，邪路反闢，固有不知其路，而妄爲引者。眞似僞也，僞近眞也，不可錯認也。向萬福而卒至萬苦罪，彼行路愼之哉。

陽瑪諾《四末之公論・天堂四末之第三・善者復活以享常生》 額我畧聖人曰，不嗜其味，奚解其味，天堂眞福，嗜者能解，不嗜者莫能焉。蓋世上無譬得詳其奇，世福即宏，世樂即隆，不肖萬一，皆僞福樂焉。世之樂實苦，貴者實卑，富者實乏，得解眞福者乎。

葆祿聖徒曾見眞福宏海，主賜僅嘗一滴，長嘆曰，天堂快樂孰能言乎。人莫能解天主豫備之報，以報其愛者之功，奇矣，其樂人目未覩，人耳未聞，人心未忖也。解曰，眞福既非耳目所經，思念所及，人強欲解，猶盲之别色也，猶蠡之測溟渤也。

主曾變貌山上，令徒畧睹眞福微影。伯鐸羅宗徒渾忘身境，悉輕世樂，謂主曰，不下斯山宜乎，恆居而享斯樂宜乎。奥斯定聖人深嘆解曰，噫嘻，眞福極廣無際之海也，宗徒惟飲一滴，其靈如醉，忘己，忘世，棄嫌下土諸味。設深入海，任意得飲，其言如何耶，其忘己忘世如何耶。奇矣妙矣，眞福一擊聖人之目，世上之美皆醜，豈得奥之彷彿哉。

聖賢曰，解天主之奇，二道也。加一，棄一。加奇而曰，其善，其能，其知，其智等妙，皆至極，無可復尙。棄惡而曰，無肉軀，無劣弱，無差謬等。二道雖美，棄道更切也，眞福亦然。曰，聖人恆享多美，多福，多奇，內舒泰，外寧靜，皆不及。宜云不死也，不倦也，不病也。不飢渴，不晝夜遞更，不寒暑迭變，不愁哀痛哭之苦，種種災禍皆相離逖，乃畧得解其福。

經雖屢解眞福之妙，特舉其槩，引吾測其奇曰，天堂，佳奇美麗之景致也。蓋云夫景致愉目樂心，人煩勞，心鬱，氣結，人景心立舒暢而忘前苦也。聖人既入天堂眞福，神形安樂，目愉，心泰，已過之苦，再不復侵其靈，比之美景者故也。

經又曰，天堂，火天也。夫火約含二奇，熱一光一。聖人之火，其愛也。天主他聖其薪也，其愛之火，恆熖恆純，竟無微烟也。首愛天主，若孝子親愛仁父，又更切也。見奇則喜，見意則順，天主所愛則愛，所惡則惡，有命則從，毫髦不違，固不肯違，又不能違也。

難釋聖人之互相親愛，視福相慶，以彼之福爲福，以彼之樂爲樂，額我畧聖人曰，至矣奇矣，其愛昆仲之愛不及遠矣，各聖共其福於衆，衆共其福於各，各聖自享衆聖之福，躬弗受他聖之福，而心樂若受，可知其樂，可知其愛。

至論天堂之光，聖賢曰，太陽之光，若爝火之小光也。彼光無影，恆晝無夜，太陽難擬。若翰宗徒曰，異矣其光，天主本光，其光也。吾主之朗體，其炤也，奚需日月之光。經曰，聖人之軀，既入福境，各發大光，各勝太陽七倍。聖人無數，各輝如是。難擬天國之光。

經又曰，天堂太平之居也，善人在世，□衆攻心，恆亂其平。夫仇槩歸於三，世俗一，魔鬼一，邪情一，既進太平之域，泰矣。其平，世物離遠，焉得上至以攻。無一搖意眩心也，魔鬼原出福城，再莫能復入也。七情悉正，弗得微斜，無物得□得引，靈性已定於善，永永莫能更易，神形太平，衆和主意，彼此無異，諸聖之身多也，諸聖之心一也。孰能奪其平耶。奥斯定聖人曰，奇矣聖人之太平，外有合內無逆，平哉。經內天主曰，異日吾民安享諸福，安坐太平之內，吾其天主也。彼皆吾民，皆吾鍾愛之子也。

繼又曰，天堂活人之地也。蓋云，今世死人之域，似活而實死也。元祖方主命之前，主警之以罰，曰，勿犯吾命，犯必當日即死。額我畧聖人解曰，元祖既犯，猶居世九餘期之期。奚云當日即死。答曰：當日始起死，繼生繼死，其九百歲之生，其九百歲之死也。奈何人在世恆苦恆勞，謂之恆死信乎。既迫天國，恆安寧恆靜息，而實乃活人。天堂謂活人之地故也。

經又曰，天堂諸樂之境也，世之樂弗得全，一樂之內，多缺多苦，謂之樂乎。聖人之樂全矣純矣，無苦參雜其內，得減其樂也。聖人之樂，繇於內而達於外，內樂靈魂之樂也。其明悟既見天主尊體，諸聖之美，既洞達萬物之理，萬國之音，愜然飫足，無慕於外。奇矣，世上聰睿□天堂孩童，至愚至鈍也。其愛欲熾烈如火，恆愛天主，恆愛諸聖，斯靈性之樂也。

夫聖人之樂有等，其多寡，深淺，輕重，巨細，皆係在世所行之善工。蓋眞福必因準對其功，功德愈宏，主愈寬聖人之容，功厚，容大福隆。功薄，容窄福少。因所受切稱其容，因各充滿，其小福之聖，弗慕大聖人之福，皆安其分也。比之孩童及壯年，其飲食多寡有異，彼不妬此，此不欺彼，皆飽而安，比之巨室豐父，有長幼二子，其衣短長寬窄不同，各稱其體，各安其衣，比之大小二器，所容斛斗不均，各既盛貯，無有所冀，聖人皆然。

聖人之靈，內既滿，其福大溢於外。大福外形，形福之數雖難計，其大有四。謂之四奇，謂之四形體之恩，光明一。莫能受傷二，輕迅三，透

實四。

光明。主語門徒曰，義人迨聖父之國，身耀發光，太陽不麗。葆祿聖徒解光異曰，聖人之光，一若太陽，一若太陰，一若星辰。奧斯定聖人解曰，光對聖人之功，功上其光如日，功中如月，功下如星。各功有殊，各光有異。

莫能受傷。斯恩如海，兼包多恩如派，大流大沃聖人之身，百體強固，莫能損敗，莫能飢渴，入火不燒，入海不溺，無愁憂無邪情動內，無寒熱攻外等。世患盡無終，不能屬死於無窮焉。奧斯定聖人曰，元祖未罪之前，其位高貴，比聖人之位，低也賤也。元祖能不死，聖人不能死也。葆祿聖徒曰，聖人之遺體，入塚形□，□屬爛膚，出塚乃神軀也。謂之神軀者何。曰，論本性之態，肉軀也。論其奇妙，幾近天神也。世物莫能傷諸神，莫能傷聖人之軀，謂之神軀者故。

輕迅。經曰，輕快矣聖人之身，插翅翬翬如鳳也，習而不倦也，經借鳳凰解聖人之疾，惟喻猶不及。伯爾納聖人曰，其疾豈獨鳳哉，豈必插翼哉。其疾若明悟也。明悟在地，未幾達天，聖人之身，如天神也。頃刻之內，自天至地，自東徂西，無物得阻其快。

透實。透實者何。曰，於實同處，透天，透山，透石，而不必問路是也。試之吾主復活之時，莫啓墓石而聖軀出墓。復活之後，頻顯門徒，而弗開牖戶。盎色爾聖人曰，天神莫阻也，房闔而進，扃鍵而透。聖人之身，任意進透，而無物能困也。

聖人形福不止乎斯，五司另有本樂，盎色爾聖人曰，聖人形體，多種奇樂，各司各樂若小成，湊合而集大成。目視吾主之奇體，聖母德容，他聖之休光，耳聆諸聖之徽音，異馨芬馥而永不散，珍味適口，隨欲隨應，聖人復嘆曰，難釋斯味之味，吾解而云，聖人恆飫。汝云，則厭也。吾云，恆貪，汝云則飢也。奇矣，聖人無厭無飢，恆嗜恆欲再嗜，竟莫至厭焉。

或問，聖人在天，明達普地之語音，對晤時用何語。曰，槩用吾主本國之語，厥始元祖用也。世人洪水前用也，吾主在時用也。雖然，聖人不羈於一，任意得用他國之語。

又問，經舉眞福美處，或謂聖人之城，或謂天主之宮，或謂茂盛之景，弗知經借譬喻解天堂之奇，或實有城宮美景。曰，論理實有城宮美景，夫宮高下不等，美麗有異，得別聖人之功。夫景佳甚，便愉目樂心，天宮至光，其料極奇寶珍。今世之寶雖美雖精，比之皆粗頑也。

若翰宗徒神目曾見眞福，廣述其態曰，天神攜吾置之高山，謂曰，視乎天主聖府，斯天主聖處也，兼聖人之居也。主聖偕居若君臣居朝內，聖人既入諸福之境，其幸至甚，其福全滿，竟無福得尚也。天神講訖，吾仰見城，貴矣其珍。城牆高固而方，門十有二，其三向南，其三向北，東西亦然。各門各珍，城內宮室市朝，皆百煉精金。奇矣其清，皆透光明若至清水晶也。另見大江，江右江左多樹，難解其茂其奇，其實無絕，其葉無凋，而能醫各等之病，皆宗徒之詞也，彼也親見美城，美宮，美江，美樹。又古教先知聖人，其言亦然，奚必致疑而云皆喻哉。

右形神之奇福，或大或小，諸聖之公福也。其外有三等之奇樂，謂之三冕旒，天主特備以旌三等之聖，致命者一，童身者一，太師者一。其貴其色有異，第一極貴而紅，致命者之冕旒也。其次而白，童身之冕旒也，又次而綠，太師之冕旒也。或問，何獨有三。篤瑪聖人答曰，聖人在世，敵勝其仇，夫冕旒，敵勝之報也。仇約有三。世一，身一，魔一。致命者勝世，即世之虐王暴臣，童身者勝身，即身之邪情穢樂，太師者勝魔，即魔之惡敎隱謀，夫勝有三，其報亦三。

終問，三冕旒之料何。其餙靈耶，或餙身耶。篤瑪聖人又答曰，皆靈性異樂也。蓋聖人恆念其勝，恆享異樂，正若猛將，念向勝伏仇之勇，心始大忻。惟其報不止於內喜，國王特賜表異，因旌其功，因寵異之於衆故也。天主賜三等之聖，首戴異光，手持美枝，以別於衆，使他聖且美其勇，且重其勝焉。

右箴槩經言也，今將提聖人之詞，畧足眞福之論。祭彼盎聖人曰，純情無雜，聖人之忻，永悠聖人之生，恆生而不老，恆立而不倦，恆無飮食而不飢渴，恆享諸福，無慮得失，其生其福，皆無窮也。嗟夫，一人之生，兼包多死，幼死而童始生，童死而壯始生，耋耄既至，乃人全死，無生始生，人戀愛多死之生，而無慕無死之生，迷乎。

奧斯定聖人問，聖人之樂何。答曰，經一言兼包其樂，而云聖之太平，其樂也。經言甚約，其意甚廣，明別世人聖人之樂。世人幸有金玉則

樂，有從役之衆則樂，有宮殿厚産則樂，有豐筵美衣則樂。聖人之樂，太平也。奇矣，天主之太平也，其樂也。明見尊體，大享太平，大享至樂。世人之金，無玉也，其玉無殿也，其殿無産也，其産無衣食也，奈何多需以爲其樂天主，諸需諸樂之聚也，獨一聖之全樂也。其金玉也，其宮殿也，其田産也，既至明見，無他所需也。天主，聖人無影之光，無憂之樂，無厭之飽，無死之生，無病之壯，諸善之源是也。

基所聖人曰，舉皇帝小福，略測聖人大福。設一人統握普地，而王萬民，而享太平，而藏地之金玉，海之珍寶，人皆仰慕稱福而云，福矣樂矣，無可尙矣。吾云，多有可傷，至小天堂，聖人過之萬倍，譬猶不及也。皇帝也，初陟皇帝位樂甚，過時樂消，死至全滅，聖人也，皆天堂之帝也，其樂至極，無時得消，無死得滅，獨其樂眞樂也。皇帝之樂，其小微影也。

聖人既解天堂奇美，多言策勵吾怠，勸行善，輕世之勞，得有眞福一分，葆祿聖徒曰，今世之苦暫輕也，其報永重也。奧斯定聖人解曰，大哉眞福之美，重哉其值。人即當得萬年之苦，以市眞福之一日，價不對萬一。寛哉天主之寛，人出小苦以市，天主則售，人猶弗出，而憎其貴。痴哉。倘問要出何物以市。吾曰：不必出金，蓋金獨富人有。世之苦，其值也。倘問要出幾何。吾曰，無盡之福，無盡之苦，得對其值。寛哉天主之寛，弗欲萬年之苦，百千之苦，在世數年之期，暫矣，何不勵哉，何弗讀聖經之言，主曰，天國固高，獨強者得奪得搶也。吾友，盍思盜賊之計，欲奪人財，何伺時宜，何待人寐，何窺空隙，何寤竟夜以奪輕物。吾謀登天國，竟日穩寐，愚矣赧矣。

泥責聖人曰，使人幸遇銀礦，避勞乎，惜費乎，售器傭人，勤勤弗息，望踰時勞止補費，而終身安寧也。吾友，眞福金寶之礦也，汝尋易得，不必借於人力，不必費資，天礦弗深，在世行善忍苦，乃求必得，焉不勤哉。

達未聖王問曰，孰能登天主高山。答曰，義手淨心，無空受其靈之人，是也。解曰，手，行也，義手，德行也。聖王問，何能升眞福之山，以解人升之希。又曰，空受其靈以深責人怠，聖王若云，天堂高山也，欲迨而安，可上不倦，可善其外，可淨其內。可勤於諸德實務，奈何人獨務於世之空務，則空受其靈也，得升眞福之山乎。第七卷聖神降臨後第二主日已有別論。

又《**地獄四末之第四・惡者復活以受永苦**》 天堂地獄之態，無舌能詳。彼諸福之聚，此諸禍之集也。格物者曰，美對於醜，美者之美醜者之醜，愈顯愈發也。右箴畧提天國之美，今將畧舉地獄之醜，使敎友畧測其異，解永苦之苦，可解多疑，令人得信得驚，信而驚得免，不然必墮，既墮乃信，信無益也。

疑之第一。地獄何在。曰，依聖經之言，聖人之解，地心其所也，其故有三。一，聖人皆天主之子，其貴最高，其福之所，最高也。惡人皆惡鬼之奴，其卑最低，其苦之所，最下，即地之心也。二，國内有大罪叛臣，國主屏逐投諸四裔。惡者，逆賊也，流竄於地心，理也。三，惡人在世，懷地於心，去世地懷於心，罰其偏愛，理乎。

第二，惡人之苦何。曰，皆歸於二，失一，覺一。失苦罰内，覺苦罰外，蓋惡人犯時，背主向物。因背主，失主而苦，因向物，受物之苦。失苦在靈，而乃極甚。惡人思念已失天主無盡之善，無罄之福，無比之美，而永弗覩。兼失諸神聖之交，苦憂狼悖，至甚無聊。斯苦有等，眞禍之罪，愈衆愈重，愈達失福之緜，而其苦愈深。

覺苦，次苦也，其狀不一，而皆難堪。第一，火也。經警惡人曰，地獄已備，其薪已集，天主義怒，苦風恆吹，其火永弗滅。盎色爾聖人解火力曰，異矣其烈，今世之火若畫，彼者眞實火也。世火雖大，候水則湮，彼者迥然不同，就罄大海，弗熄其熾。天主曾賜聖女，得覩地獄之火，復醒嘆曰，今世之苦，無苦也，人弗知而假爲苦。迷矣，人厭世苦，忌之若辛，弗嘗地獄之苦，設往嘗一滴而歸，必愛今世之苦，貪之如飴。

聖人又曰，夫火，焞烟無光，其光微耿，是眞禍者人，得覩虐刑，以加其苦，弗減其苦。經所云，地獄永死之影，幽暗冥黑之所，是也。

夫火之力不等，天主依人之罪，或鬆或緊其力，使罰因罪。額我畧聖人曰，天主若人執持衡平，一盤置罪，一盤置刑，二盤既平，弗加多刑，因地獄之火雖一，依人之罪多寡輕重，其能有異，有開疑曰，火同燒異，難信也。聖人喻曰，視太陽乎，並曝二人，人性不同，曝因有異。稟厚易忍，稟薄難忍，彼受害輕，此受害重。地獄之火，體一烈異，何必猜疑。

第二，凍寒也。若伯古聖曰，熱寒迭苦惡人，時入烈火，時溺凍湖，苦無時了也。主曰，地獄，涕泣切齒之所也。解曰，涕泣爲火，切齒爲寒。

第三，各等蚓龍毒獸甚蟲，恆嚙惡人之身，恆飢不至飽厭。經曰，其蟲不能死也。毒蟲，其罪之報也。惡蟲苦嚙其肉，苦甚而冀終也。巴西畧聖人解曰，地獄毒蟲皆恆吃，皆不知飽。世人難解惡人之痛，惡人愈難忍其苦之痛，盎色爾聖人又曰，地獄第三苦，無屬死之獸蟲也。多龍多蛇嚇人以形，驚人以吹，痛人以嚙，皆遊火內，若魚浮海。大哉惡人之不幸，內蟲嚙心，外蟲嚙身，內外二蟲無了，其眞禍得了乎。

右苦之外，另有多苦。口飢渴至極，鼻聞臭穢難當，目視眞禍之醜形，耳聆慘哭之咨嗟，又恆覩惡鬼之猛厲，夫魔，地獄之卒也，掌戮時加酷刑，力不至乏倦，心不知慈愍，眞禍者狠甚，欲復而無力，恆增懩忮，恚懟天主，妬忌聖人，醜已而已，吁矣乎，是至極多苦狀有時得盡，惡人畧忍，畧慰其望。色溺加曰，有終之苦，雖重得忍，其終之念，大輕其重。基所聖人之友，偶逢逆時大苦，聖人慰曰，今世之苦暫也，有息有終，苦輕當得，苦重致死乃終。苦攻人性，苦重必勝，性屈而死，大不幸眞禍之性，不屬於死，其苦雖重，攻也弗勝也，因其攻無盡也，萬年之後乃始，億兆之後乃始，異哉地獄之苦，恆有多始，弗有一終。異矣。

聖人又繼曰，懇祈吾友深思，倘有刑官，問罪罰人，燒之火內，以百年爲期，人聞其斷大驚，人從其斷如何之驚。嗟矣，百年之期，之千，之萬，之億，之兆，擬無盡之期，俄頃之期也。吾友設使細米貯實天地間之空，每兆年鳥來啄，取一粒而去，過兆復來，復啄一粒，何時得盡啄耶。地獄之人，有望啄盡其苦亦盡，大減其苦。蓋斯幾無望之望，斯幾無期之期。終有其終，地獄之苦，無望也，無期也，無終也。經解其苦之悠曰，懇求亟滅，而不可滅，願死亟至，而不至也，額我畧聖人解曰，惡人之生，擬較萬死，更醜更凶，盍求盍願死乎。設尋而得，願而至，則大忻大幸也。異矣，其死無死，其終無終，其死活死也，其終恆死也。異矣，惡人在世，甚惡其死，甚驚死至，而死速至。在彼甚欲得死，甚慕得至，而永不至，以受無窮之苦，強受無窮之生。異矣，在玆世多行死罪，其生，死生也。在彼其死活死也，恆死而弗得盡死也。

經又喩曰，農夫伐木，木既傾，莫能再起。伯爾納聖人解曰，農夫，天主也。樹木，吾人也。伐時，死時也。惡人死時，既墮地獄，再莫能復出。蓋主之斷，萬莫能改移焉。人每可警，在世未倒之前，可念何倒，倒後終莫能復起也。欲知樹木何傾，視枝視實何向何重，便知何傾。人之枝，其念也。人之實，其行也，念惡行醜，必倒地獄，而其倒永也。謹矣戒矣。

經終喩曰，死，眞禍之牧也。蓋云，惡者，若牛若馬，地獄之廣若曠野，萬苦之狀，若芻牧，飼者，永死也。牛馬吃芻，獨吃葉幹食莫及根，根存再萌，牛馬再食，萌食遞更，不至於止。眞禍者然，恆食至苦，而莫能盡食，既食此苦，彼苦復萌，何時止乎。吾主警徒曰，地獄之火，其性若鹽，鹹眞禍之軀。解曰，夫鹽存肉，使之弗爛。地獄之火，眞禍之鹽也，燒之苦之存之。

古賢欲警畜人，設寓言曰，有吝人心腸不憐，既亡下地獄，罰應其吝，鷹立胸上剖裂心腸，抓啄無已，異矣，鷹僅吃盡，心腸又萌，鷹始再吃，如是於無窮也。解經曰，眞哉實哉，賢之寓言，彼謂之寓，吾謂之實，永禍之身，入水而溺若死，未幾再浮，以得再溺，再苦也。

或疑曰，惡人在世，有時行惡，亦有時而止，再行再止，死至竟止。因少年之罪，加永遠難堪之苦，何義。曰，至公至合理之義也，其故有四。

一，罪，無窮之惡也。試人辱庶人，辱輕易宥，辱仕則重難釋，辱君難解其重，難獲其赦。蓋依受辱之貴賤，辱有輕重，而罰可相對，天主尊貴，無窮也。吾罪，其辱也。有無窮之罰，義乎理平。

二，人負宿逋，官司禁獄，待還方釋，莫償則留。惡人負逋者也，地獄監禁也。功勞善功，其贖鍰也，天主待償以釋。惡人在彼，悉無聖寵，永無功善之立，於無窮不償，於無窮不出義也。

三，盜賊頃刻間刼人貨財，依國法律，執而殺之。蓋殺，無窮之罰也，世法爲暫時之罪，加以永罰，而人勿異，弗爲不義，弗爲反理。天主罪人之罪，而加無窮之罰，義理宜焉。

四，罪人終身執迷，冥然不改，至死弗悛，明顯愛惡之心。設使得永其生，則永不改，惡心歹意，自包萬刼，當萬刼之戮，豈不宜乎。

聖人既述地獄之苦，大異人迷，不留心思。額我畧聖人曰，人戀今世之樂，不念後世之苦，蓋以斯念刺心，而參其樂。愚哉。未幾失樂，而墮於苦，智人恆念，恆忌世樂，得免嗜後苦焉。熱落聖人曰，吾也，賤棄世樂，絕人入林，多年岩穴，吾室也。猛獸毒龍，吾朋也。多苦何哉，特懼地獄更苦之故也。祭利落聖人曰，吾也，恆念恆畏地獄可驚之處，其苦無已，其火無光，其蟲無飽，盍驚乎，盍思乎，人驚持謹，弗驚失謹，思自制，弗思自弛。

伯爾納聖人曾勉一人苦已，得補夙罪。人嘆曰，苦哉師言也。聖人亦嘆曰，痛哉汝言也。汝思今世之暫苦，盍思後世之永苦，以暫免永，以輕贖重，可喜其易。汝嘆其難，吾嘆汝嘆。

孟儒望《天學畧義·天堂略說》 天上微妙，非人力所能形容。蓋上天之事，勿屬於人目也。《詩》云，上天之載，無聲無臭。世上衆福萬樂，與天上福樂之微滴，亦不堪比。蓋嗜彼厭無足，嗜此足無厭也。所爲殊繇彼乃形而僞，此乃實而神也。上天福樂之一滴，足滿人心，矧其無量乎。葆祿聖人在世，撣試之而曰，從古以來，目之未視，耳之未聞，心之未思，天上極榮福之妙。故聖人恆欲死以得享之。此榮福，爲天主之至美好，凡見此至美好者，必愛之而讚譽之。其全福繇此，故其心不務他福也。但享此至美好，有巨細不同。天上之報稱於世上之功，以其能明悟者明之盡，以其能愛欲者愛之盡。此至美好，非人之肉身所能視且享也。或問身之榮福如何。曰，復生後，天主潤聖人之形身，以盛能盛美，㝡大者有四。一曰無損。既復生，不復死。一曰明光靈顯，不假太陽之光。一曰神速無翼而飛。一曰神透入堅破實，毫無踪跡。又其神心聰明睿知，其身軀強固，百疾不侵，體貌精美，髮七倍於細金之黃色。凡天神聖人，相親相愛，如一身心。共是共非，共愛共惡。惟天主之所是非愛惡焉。蓋享榮福者，瞬息不離於天主之命，繇此視聽言思動靜大定於善，而絕無一毫人欲之襍。論天堂之所，在第九重天上，爲天國之京都。九品天神與諸聖人爲其純臣，人無功弗許之通。此㝡妙之境，無晝無夜也。吾主耶穌爲其日，聖母爲其月，聖人爲其星，饑渴悉得遠離。天上非疾死之鄉，乃嘗生之所也。《經》云，在天上享天主至美好之睹，一千歲之期，似一短日焉。於乎不望天上之妙福，豈非昏迷之至乎。

又《地獄約言》 按《經》傳，地獄乃天主報惡之處，在地心，與天堂正相反。蓋天堂最高太廣，至美甚光。地獄最下太狹，至醜甚暗。天堂盛福之所，地獄盛禍之所。天神善人居於彼，邪魔惡人居於此。總之，無一不反。地獄之全禍有二。最大者在失望升天而享至美好之睹，因淹淪於萬悶衆憂之中，致恨自棄，爲此種種惡事，而天主備極加刑。次在暴火能焚人之身神，所以內憂外患，相繼並來。入地獄者，即束縛此萬苦之中而不能脫。凡慶樂慰逸，毫不進地獄之門，故無吉福之刻，皆凶禍之時也。其哀呼戾於天，而終不能搖天主之心。此無竟無終之苦，久不能衰，而但日盛，邪魔惡人，雖爲猛火所灼爛，而實不能化。盡受此地獄之苦，一短刻似萬歲之難度焉。如此，可知地獄之苦，莫可比擬，豈非人所當深怖者乎。

或曰，吾中華有說，今世之安樂窮難，即天堂地獄之苦樂，是否。曰，惜哉此說，乃邪魔及下愚之論也。身後非有天堂地獄以報善惡，則吾人於禽獸何異。禽獸者，不知美惡，不辨是非，是故無功無罪，無苦無樂也，蓋其魂至死而滅焉。人則不然，靈性神類也，人死而靈性不滅，乃受諸報，依今世所行之善惡焉。且人不慮身後之事，必將縱恣狂悖，日習於惡而無所忌憚。則今世即是天堂地獄之說，適引人陷於罪中而不出也。夫世之人主，猶必以賞善罰惡爲理法。況天主無始無終之大君，而謂無有確報乎。

或曰，造物主必有賞善罰惡之權，然而今世之禍福，亦可爲報，故善者降之百祥，不善者降之百殃。亦何必報之於後世。曰，世間苦樂，未足爲善惡之報，爲其不久也。恆擇乎善，與恆擇乎惡，非無終無竟之報不相稱。又世上有君子終身克己，嘗居貧困。小人縱欲敗度，反獲富安。使無後世之賞罰，則小人之幸固大乎君子。彼古聖前賢，自少而壯，壯而老，孜孜不怠，自克而忘其身，反不若恣肆畢生者之爲適也，亦何以見天主至公之法哉。且天下之主愈貴，其賞愈大，其罰愈重。天主既爲至貴，則其賞罰亦必天堂之永福與地獄之永禍，方相稱耳。或又曰，今世之吉凶禍福，忽然而來，似未出於造物主何也。曰，皆繇天主以吉福暫酬人之性德，以凶禍暫懲人之罪惡也。且將提醒吾輩之心，使信後世之苦福有甚於

今世之貧富，倘非有今世之報，誰信後世之報乎。又曰，子言幾於明理，請詳闡性德之報，以全剖我疑。曰，格物窮理之精義，難以全悉。今惟言其大畧，夫立德之終即立德之功，立德之功即立德之報。蓋報係於功，而功係於終也。立德之終有二，一謂性終，一謂超性。終。性終者，乃物之美好，超性終者，乃天主之至美好。超性人力所不及，惟恃天主之佑，乃能得也。夫天主始人之類而決其終，善人至於終，乃睹天主之至美好而愛之。不然，人於生死何意焉。凡爲善者，未向此至美好，而獨止於德之美好。攻性之德，與夫知有至美好，而向此至美好，攻超性之德。則性德之功報，與超性德之功報不同。夫超性德之功，乃天主之神恩，此恩潤人之靈性，而義之聖之美之，得此超性之恩者身後升天，得睹至美好，得享至美好，此至美好。含終報之義。善聖人爲終，榮聖人爲報，超性報之妙，難測難量也，約之爲永遠之福也。若性德之功，爲性之恩，潤人之心，而其報不外今世之境，世間之祿位名壽是也。孔子贊舜之性德，明言其報，故大德必得其位，必得其祿，必得其名，必得其壽，則性德之報，全在今世之內。故凡慕進德之門，須正其意，以立超性德之大功，而得超性德之終，及享其無窮之報也。

楊廷筠《天釋明辨·天堂地獄》 問天堂地獄如何。曰，釋氏天堂地獄，似天教罷辣依瑣，因弗耳諾，而爲言也，而實不同。夫作善降祥，作惡降殃，儒有恆言。皆生前報應之理，死後一節，未經指點，死而靈性不滅，必有安頓以爲報應之所。釋氏揣其意而爲之說。因天教有天國地牢之言，遂以華音演之，亦曰天堂地獄。據彼云，天堂在六道中最優，地獄在六道中最劣，然不免與四道互相輪迴，出不得生死關。惟念佛修淨土，徑生西方，證佛地位，高出天道之上，再不輪轉。平生好施捨，行方便者，多生天堂，有寶珠瓔絡，車渠瑪瑙，金玉城池，音樂花鳥，富貴之玩，故謂之人天小果。較人道不遠，較佛道大相懸絕。修天堂者雖樂，福盡輪迴，不若西方之極樂也。平生極惡者，死入地獄，刀山劍樹，剉燒碓磨。種種極刑，如所繪像。血肉淋漓，慘不可視。然受報已盡，亦得輪迴，惟阿鼻一獄，永劫不超轉也。其言如此。然細詳之，天堂爲人天小果，享盡輪迴，獨地獄中轉與不轉，分爲兩截，與天道不復相稱，其說何居。且寶珠瓔絡等原無可愛，不過供耳目之玩，世有不貴異物者，視之不殊土塊，何足爲樂。靈體清虛如何承受，而地獄之刑，止於剉燒碓磨，有形之麤，具難及性靈。宜乎司馬溫公闢之曰，既無形體，刑亦安施也。問曰，然則天教云何。曰，天教云，天主安立世界，分爲三等，其最上界爲罷辣依瑣，今所云天國，乃萬福之所，大主天神聖居之。最下界爲因弗耳諾，今所云地獄，乃萬禍之所，魔鬼罪人居之。在中界爲蒙鐸，今所云人世，乃禍福相兼之所，人類禽獸草木居之。上下二界是善惡一定之處，中界是善惡未定之處，惟其未定，故自有作有修，而有瞬息改移之。修悖惟其已定，故無作無修，而有萬年不改之苦樂。人世非無樂，然樂中有苦，不若天堂之樂爲眞樂，爲純樂，爲永樂，無纖毫之苦。人世非無苦，然苦中有樂，不若地獄之苦爲眞苦，爲純苦，爲永苦，無纖毫樂。地獄之不可比人世，猶人世之不可比天堂，相去懸絕，智想不能思慮也。問曰，二所境界可得聞甚詳乎。曰，眞純永樂，眞純永苦，是二所境界之詳，必欲一一舉似，身未曾到，口焉能言。且身未曾到，即聞人言，亦焉能信也。昔有聖人，天主賜之親見兩境，既出欲詳其狀，曰，世間無一物可以比方，遂終已不言。雖然西儒亦嘗談其畧矣。謂人之性光喜開不喜閉，升天堂者性光大開，天主又益其眞光，使之能通萬理，凡平日心所窒礙一時了徹。從古聖賢咸得交接，不言而心喻，不行而神至，飛行天地無所阻障，天堂之上美好萬倍人世，入其中者應接不暇，欣悅無厭。且性繇天主賦，天爲本所，今歸本所，如富貴人久客得歸。而其最快心不可形容者，生平願到天堂見天主，萬善萬福，篤信而熱愛之，熱愛而切望之。今日到此親見不疑，向慕之情滿足無憾。得小者無歉心，得大者無侈心，如長人服長衣，短人服短衣，各無有餘不足之意也。凡此皆神靈所發，與色聲香味觸等嗜好迥然不同。知得天堂所享，則地獄之苦亦屬神受，可以一一反觀。比於剉燒碓磨，精麤輕重，又萬倍矣。夫此二所異於人世，福不可增，禍不可減，天主賞罰正理，原自如是。若似釋氏言天堂之上，有福盡時，福盡則苦。如名花開發，至於萎謝，豈不可憎。地獄之下，有禍盡時，禍盡則樂，如草木凋枯，至於發榮，豈不可羨。憎則美中有惡，不爲全福。羨則惡中有美，不爲全禍。與人世賞罰，亦何以殊。又釋言天堂地獄。二所安在。天教言，天堂在宗動天之上，地獄在與地球之中，人則戴天履地，可升可降，原有其理有其處，而天神魔鬼各奉天主命，以類相引，如磁石

引針，琥珀拾芥，雖欲不就不可得者。釋氏謬謂天主所居止於天堂，可得輪迴。佛則另有世界，在西方淨土，再無輪迴。此則掇拾西教之緒言，又欲駕而出於其上，創爲卑天尊佛之說，望空白撰，是以荒唐悠謬，全無理據耳。

又《代疑篇》卷上《答有天堂有地獄更無人畜鬼趣輪迴條》 問天堂地獄，原出佛教；既不信佛，何猶沿其說也？曰：說固有名同而實異者。吾所謂天堂，非佛之天堂；所謂地獄，非佛之地獄。蓋佛氏所指二處，似乎肉身享用，故境界現前，俱極粗淺。而福盡業盡，俱復輪迴，則樂苦亦非極處。不知人死，不帶肉身，止是一靈。一靈所向，境界絕與人世不同，受享絕與肉身各別。昇天堂者，入至善之鄉，止增其善，無福盡之期；入地獄者，處全惡之地，止增其惡，無業盡之理。且生前有作有修，全爲有身。死既無身，在天堂者，與天神一類；在地獄者，與魔鬼一類，無作無修，憑何福業，爲昇墮之實乎？後談淨土者，不言地獄，談宗學者，併天堂亦不設。終古今極大一事，可以任意改竄，爲此更端之說耶？佛之與祖，同一法門，前後持論，迥然不同。而奉佛者，且兩是之，何哉？至六道輪迴，其說亦不始佛。大西洋上古一士，曰閉他卧剌者，憫世沉迷，倡爲此說，以誘導愚俗，謂之權法。而大西古賢，久已直斥其妄矣。厥後流傳鄰裔，延及西竺等邦，承訛習舛，甚淺俚不經，不謂中華文獻之地，祖述其說，傳會轉工，遂成家傳戶誦，久假不歸也。若人與物不輪迴，人與人不轉世。輪迴另有專論，在《或問西釋辯明》書中，閱之自醒。故知六道輪迴，決非正理。然後信釋氏之說，與西學不同，而西學之言天堂地獄，可得而舉焉。天主化成天地，即分爲三等：至清至善者，在天之上；至濁至惡者，在地之下；清濁分、善惡半者，在天地之中。此等分別是自然恰好，上下二處，是有定之所。惟中間一處，可上可下，爲無定之處，何也？人有靈性，則向於天；人有肉身，則向於地。又人得自專，爲聖爲賢由人，爲禽爲獸由人，天主特設此境，以待人之自修，故謂之未定。要終還歸天堂本所，而天主不加強焉。強之則不得自專，雖善無功，如蜂蟻之忠，蛛蠶之巧，水火之冷熱，不得不然。此之爲功，非人之功，皆天主之功，昇天不可望焉。

問天堂之樂何如？曰：昔有天神，自天而來，人問其樂，但告之曰：無言美好，無所不有。世間無一物比之也。所可言者，人昇天堂時，天主增益其能，如身自有光，增倍於日；體輕可飛行上下；能速瞬息屆所欲至；無阻穿堅透實，物莫能傷；心明得見天主，滿足快樂，遍通萬理，盡與古賢聖相值，而境界則別是一種成造，無一物是下界所有者。欲知地獄，即此反視之。古賢某德行純備，未知究竟，默祈天主，預示將來。天主使天神告之：「爾微罪未銷，宜歸煉修地獄兩時辰。若在人世，須腹痛終身，惟爾自擇。」此賢念終身腹痛難忍，兩時易過，情願煉獄。天主命攝至其地，備極苦毒，皆人世未有，若數十年之遠者，心怨天神欺我矣。天神曰：「未也，纔半時耳。」最輕易之煉所，其重如此，地獄可知。

與諸教關係部

教會與教派分部

天主教

綜　述

黃貞《**請顏壯其先生闢天主教書**》　邇來有天主教中人利瑪竇會友艾姓儒略名，到吾漳，而鈍漢逐隊皈依，深可痛惜。更有聰明者，素稱人傑，乃深惑其説，堅爲護衛，煽動風土，更爲大患。貞一見即知其邪，但未知其詳耳。乃稽自萬曆間以至今日，始知此種夷邪，爲毒中華不淺。貞不得已往聽講數日，未能辨析破除之，幾至大病。至四五日以後，方能灼見其邪説所在，歷歷能道之，心神始爲輕快。大端則有五者，能爲人世大害，餘且未暇多指，懇祈師慈細察俯聽，容貞縷析其凶毒，得以達於師臺也。蓋彼教獨標生天生地生人生物者曰天主。謂其體無所不在，無所不知，無所不能。謂主賦畀靈魂於人曰性，不可謂性即天，不可謂天即吾心。又謂天地如宫殿，日月似燈籠，更不可謂天地即天主。天地也，天主也，人也，分爲三物，不許合體，以吾中國萬物一體之説爲不是，以王陽明先生良知生天地地生萬物皆非也。此其壞亂天下萬世學脈者，一也。佛菩薩神仙斥之曰魔鬼，言其必入地獄。彼書云：祭拜天地日月、菩薩神仙等物，皆犯天主大戒，深得罪於天主是也。又彼教中有十誡，謂無子娶妾，乃犯大戒，必入地獄，是舉中國歷來聖帝明王有妃嬪者，皆脱不得天主地獄矣。貞詰之曰：「文王后妃衆多，此事如何？」艾氏沉吟甚久，不答。第二日，貞又問，又沉吟不答。第三日，貞又問曰：「此義要講議明白，立千古之大案，方能令人了然皈依而無疑。」艾氏又沉吟甚久，徐曰：「本不欲説，如今我亦説。」又沉吟甚久，徐曰：「對老兄説，别人面前我亦不説。文王亦怕入地獄去了。」又徐轉其語曰：「論理不要論人。恐文王後來痛悔，則亦論不得矣。」蓋彼教中謂犯戒後，能皈天主，眞心痛悔，則地獄之罪亦可免。直至氣盡而不知痛悔，則無及故也。嗟嗟！辭窮莫遁，謗誣聖人，其罪莫容者，二也。觀音菩薩、關聖帝君及梓童帝君、魁星君、吕祖帝君等像，皆令彼奉教之徒，送至彼所，悉斷其首，或置厠中，或投火内。語及此，令人毛髮上指，心痛神傷，此貞親見者。此其教人叛聖，殘忍莫甚，大罪大逆者，三也。謂人死無輪回，惟皈依天主教戒者，其靈魂永在天堂；不皈依者，餘雖善，靈魂亦必永在地獄，蓋不知天主大恩故也，忘本故也。至天地將壞時，天主現身空中，無數天神圍遶，乃自上古以來，一切死者，皆悉還魂再生，一一審判，善者現成肉身歸天堂；惡者現成肉身歸地獄，永永無轉變。此際雖有天不能運轉，而日月無光；雖有地不能生發，而草木俱滅；謂殺生不妨，以禽獸生而無靈，死後無魂故也。此其妄誕邪謬之甚，四也。艾氏言會友二十人來中國開教，皆大德一體也。今南北兩直隸、浙江、湖廣武昌、山東、山西、陝西、廣東、河南、福建福州興泉等處，皆有天主教會堂，獨貴州、雲南、四川未有耳。嗚呼！堂堂中國，蠱惑乎夷邪，處處流毒，行且億萬世受殃。而今日縉紳大老士君子入其邪説，爲刊刻天主教書義，爲撰演天主教序文。貞目覩所及甚多，此其可患可憤者，五也。彼竊附儒教昭事欽若之説，恣逞凶毒奸巧。陳水石兄謂其於吾教中做鼠入強出之賊，旨哉言也。伏望吾師究其書詳其説，急著論闢之除之，以維持天下萬世人心學脈，所謂其功不在禹下。今日急務，莫此爲甚。白蓮、無爲等教，乃疥癬之疾，不足憂也。天主邪教入中華，天下無有闢之者，此眞可爲痛哭流涕長歎息者也。昔日惟有虞德園先生與蓮池和尚，力闢其邪。蓮池老人至云：「吾當不惜老朽之軀，起而闢之。」惜乎未幾西歸。然當時蓮大師與利瑪竇，未嘗見面，未詳邪説，未深辨擊。且天主教書未甚多出，如文王入地獄等語，亦未有知之者。今日天主教書名目多端，艾氏説有七千餘部，入中國現在漳州者百餘種。縱横亂世，處處流通。蓋欲掃滅中國賢聖教統，一網打盡，行其邪毒而後快於心焉。微燃不息，炎炎可待。矧今已

非微燃之勢者乎？閩省皈依，已稱萬數之人。九州播惡，實受無窮之害，豈可忍乎坐視而釀大蠹者耶？小子貞不揣愚狂，力陳情旨。《梵網經》云：「如三百矛刺心。唯刺心故，不禁其言煩贅如此。」伏惟師慈俯納，多方剪斥，臨稟不勝感激之至。

又《尊儒亟鏡・狡夷之害無窮不辨爲忍心害理説》 利瑪竇輩相繼源源而來中華也，乃舉國合謀，欲用夷變夏，而括吾中國君師兩大權耳。今其國既竊讀吾邦文字經書，復定爵祿之等年月，考選其人之能聞教於吾邦者，大富貴之，此其計深哉。於是彼國之夷，奮臂爭先，竭畢世之心力而爲之。凡可以亂吾聖賢之教，無所不用其極，而無忌憚焉。其最受朱紫疑似者，莫若上帝、天命與天之五字。狡夷以爲甚得計者在此。吾國吠聲之夫，與貪貨之流，起而和之，各省皆有其羽翼。吠者無目者也，見聲不見人也；貪者喪心者也，見金不見人也。害道害世，茲無窮矣。計自利妖首難以至今日，五十餘年，吾儒豪傑之士，未聞有爲孟子之辨者。忠孝節義之像，日受其斬，天道德性之宗，漸以不明。誠可爲痛哭流涕者矣。予小子涼德不才，以期期之口著辨，愧汗殊深，然固不得已之苦心也。誠以爲忍心害理之甚者，莫甚於今日，坐視而不言者也。

又《不忍不言》 白衣弟子黄貞，頓首百拜於天下大沙門座下：蓋聞佛制比丘，不得見大僧過。況貞白衣人，何敢出粗獷語，唐突天下之名師碩德。唯是災近剝膚，恬不知慮，故以歌謠行國之思，號呼於天下名師碩德之前，庶幾愍其志而加察之耳。夫今天下禪宗教律之師之在在宣揚也，豈不各各自謂上報佛恩哉。貞誠不知報恩之果止於儼臨廣衆導利群品耶？抑有在於扞衛法城，降伏魔外者耶？使果止於是，則古今師德唯期人天皈向化無留難足矣。何以或爲法忘軀，或雲興論辨，遠則如龍猛無着，近則如知玄明教輩之照映古今耶？抑使有在於是，則自今狡夷大倡天主之教，首自利妖發難以來，迄今五十餘年，曾不聞一圓顱方服之人，起而匡救其間，豈普天之下名師碩德，盡皆塞耳無聞與？抑或聞之而漠然不在意與？抑或雖在意中，而勢無可奈何與？夫不能出死力於智盡能索之秋，謂之偷生之士。況法王之營壘尚在，先聖之紀律猶存乎？彼夫泣血於秦庭，終還生君之國，苦心於吳室，卒報死父之讐者，伊何人哉？孔子曰：「自吾有繇，而惡言不入於耳。」言能禦其侮也。今魔鬼我慈父，謬妄我經常，侮孰甚焉，而猶恬然不干於懷，則土木而偶矣，而況其著書排擊也，則汗牛充棟焉，其肆意摧殘也。則所過之處，佛顱粉碎，貝典灰飛焉。其分植徒侶也，則自廣之閩以至江淮河漢之地，幽燕薊遼之鄉，蕃衍盈昇焉。允哉逢此百凶，亦何能尙寐無聰，其安之也，意者畏威懼禍以故莫敢誰何與？則四大本空，五蘊非有，此皆師德日取四衆登曲錄而告之，而惟恐其不信受者。乃於己則氂牛愛重，首鼠爲懷，是何爲蚳蠹則善，而自爲則吾不知也。意者魔説無根，久將自敗，姑靜以俟之與？周《詩》有曰：「莫予荓蜂，自求辛螫；肇允彼桃蟲，拚飛維鳥。」言微毒當防，小而忽之，則大將不可制。彼《北斗化胡》等經，僞造於張道陵、杜光庭之輩，始終晉宋，至元而燔之，則邪説之難除也。況妖夷陽攻釋以款儒，陰抑儒以尊己。其説矯誣，視化胡而更巧；其心叵測，較張杜而爲尤。種訛言於聖代，豈理也哉？遺邪説於方來，誰之咎矣！意者其説雖張，愚夫信之，不可入於君子之耳，以故不與之較與？孟氏曰：「思天下之民，匹夫匹婦，有不被堯舜之澤者，若己推而納之溝中。」彼身任天下之責者，猶設心若是，而況明燈照夜，爲世導師，何有親操慧炬，而坐視愚夫之入於邪見稠林，而莫之止也。無論安忍棄衆大闕慈悲，抑出世本懷之謂何，得無規名剎以邀名，託利生以近利者乎？子曰：「歲寒，然後知松柏之後凋也。」意天下之名師碩德，率皆凋之類與？不然覩茲魔亂縱橫，當有恐祖生先我以着鞭者矣。寧有心目其人而燕雀其思也耶？且夷之言曰：不佛者置之不辨，亦非度盡衆生，我方成佛之本願也。故其著於書，則雲棲被駁而理屈，三槐受難而詞窮。夫雲棲、三槐何人哉？彼豈不知二老皆僧中所謂博大眞人者。而其門下子孫之賢，能握麈尾而譚四十九年大小乘教者，布北斗以南之天下，乃不悔過之延，公然顯揭。蓋有以窺其虛實故耳。嗟嗟二老，名播當世。凡緇流欲藉之以揚聲者，莫不曰我雲棲師翁、雪浪大師，至於重泉抱屈，大義未申，而子兮孫兮，反褎如充耳者何哉？豈所謂親者未必親，而所謂賢者未必賢也。蓋邀其名而不邀其禍，近其利而不近其害者耳。雖然四海之廣，神州之大，安知無相時觀變，如契嵩大師之伏首東山三十年，卒使慧天朗耀，大道廓如者哉。然天下之人，智者寡而愚者衆。計利妖之來不二世，海濱之民惑其説而從之，洗聖水擦聖油，而樂爲之死者，蓋數十萬戶。彼中州之士，縉紳之家

未問焉。若更假之以歲月，必有載胥及溺之禍。

伏願大師大德，大發智悲，亟以西土列祖攝九十六種外道之法以攝受之。或躬摧，或量破，俾之罄然心折，自立赤幡之下。然後疏表上聞，收其惑世誣民之說，投之水火之中，著爲令申，以示後世之臣庶，毋貪夷貨；毋縱詭隨；毋罔誣上帝以凶囚；毋作慝於汝神明，而媚所不可知之夷，民罪死者以消愆；毋以十字刑枷置於祖宗神祇之上；信自心之作佛，遵王路以蹐蹌，如是則貞雖死之日，猶生之年。如前訕謗之罪，抑粉骨其奚辭哉。臨書涕泣，不勝蒼黃。

王朝式《罪言》 閩中黃天香子，爲顏光衷先生門人，翩然來越，以狡夷之駕爲天主說者相告。顧鳩同志合擊之，必絕其根株乃已。蓋痛邪說之迷人，日日已甚，而我國家廟社之憂，不可言耳。萬曆間，南少宗伯沈公淮，首發其奸，疏三上未報。而一時兩都府部臺省，連章特奏，相繼並起，遂得旨放逐。我華人惑於其說者，亦皆依律正法，夷氛爲之頓熄，則其爲朝廷一大喫緊事可知矣。顧查《南宮署牘》，爾時狡夷入中國者，纔十三人耳，今則指不勝屈矣。建事天堂，聚衆惑民，止留都洪武岡一處耳，今則景教之設，延及數省矣。擦聖油、淋聖水者，特八九擔豎，今則縉紳先生且爲其書弁首綴尾，頌功揚德，加吾中國聖人數等矣。向使當日諸公及見如事，其痛哭流涕，又可勝道耶。且狡夷欺天侮聖，蔑君毀祖，其謬妄悖逆，皆振古所未有。而所以售其奸者，亦從來所不及。或布散金錢，蠱彼貪愚，或窮極機巧，動諸黠慧。陽持七克十戒之文，以收好修之士；陰竊昇天入獄之說，以堅從邪之志。天下根殊器別，固已一網打盡，而又資之以舉國之物力，竭其畢世之精神，遂敢破明禁而闌入，抗王章而不去，日蔓月延，幾遍海內。斯其心其勢，不舉我中國君師兩大權，盡歸之耶穌會裏；大明一統之天下，盡化爲妖狐一窟穴不止也，岌乎殆哉？故萬曆間明旨有立教惑衆，蓄謀叵測之語，蓋已逆知其如此矣。然而今日朝廷不及問，學士大夫不及知，獨天香子以韋布之賤，起而昌言之。且呼號同志，若求亡子於道者，視古人著論徙戎，更爲深隱。吾計天下豪傑之士，必將翕然應之若式，則視我君父大倫，爲邪說所破壞，中國大聖人事天享帝之文，爲么麼所竊侮，私心固弗忍，而欲一倡大義，爲天香子摧鋒陷陣，力又有所未能，徒坐而貽君父以隱憂，蓄生民之酖毒，則我一人不獨爲大聖人之罪人，實爲天香子之罪人矣。嗟夫。

黃廷師《驅夷直言》 古盛王通道諸夷，蓋亦因其向化，而以中國之治治之耳。蠢彼夷酋，朝貢有期，其屬不許私入內地，正朔是奉；其人不得謬獻私書，此華夷不相及之辨也。我朝應天御極，除腥羶而闢文明，按堯舜之璣衡，遵周孔之統系，列聖代興，諸賢輩出。窮三才奧窔，闡千古秘扃，發明已無餘蘊，未聞有天主之說，如夷人利瑪竇、艾儒略所云者也。夫天主一說，誕謬不通，朝野諸先生名士，擯之詳矣，但未有詳其夷種原繇者。余今謹將其夷種夷奸，一一說破可也。按此種出於東北隅，爲佛狼機，亦爲貓兒眼，其國係干絲蠟；而米索果，其鎮頭也。原距呂宋不遠，所謂數萬里者僞耳。其祖名仙士習，其祖母仙礁厤里耶，未嫁而孕生一子，名爲寮氏，年十五，頗有邪術，周流他國，誘占各處地方。其間復有豪傑起而擒之，釘以十字刑架，而寮氏竟爲罪鬼矣。後承其術者，緣此就假一說，謂寮氏之死也，蓋爲萬民贖罪，瘞三日復生，說法三十三日，飛昇天上。又謂凡能爲寮氏死難者，寮氏昇之最上天。於是諸國崇奉十字刑架，輕生敢死，雖赴湯蹈火，亦所甘心。更殺諸國主而襲其國，遂設五院。一曰仙多羅明；一曰仙巴難絲索果；一曰仙阿牛實丁；一曰仙弊里氏；一曰仙但耶。此五院等番，俱名巴禮，分五項備用，如遇鬭爭，則以仙弊里氏往，遇施與，則以仙巴難絲索果往，遇講和解紛，則以仙但耶往。至若教人文字，則[仙]阿牛實丁司之。而在仙多羅明則專持其邪說邪術，誘惑鄰國，即今艾利等所稱天主教是也。

嘉靖初年，此番潛入呂宋，與酋長阿牛勝，詭借一地，託名貿易，漸誘呂宋土番，各從其教，遂吞呂宋，皆以天主之說搖惑而併之也。說既謬而又佐以邪術。凡國內之死者，皆埋巴禮院內，候五十年取其骨化火，加以妖術，製爲油水，分五院收貯。有入其院者，將油抹其額，人遂癡癡然順之。今我華人不悟，而以爲聖油聖水乎？且不特其術之邪也，謀甚淫而又濟以酷法。凡呂宋土番之男女，巴禮紿之曰：汝等有隱罪，寮氏弗宥，當日夜對寮氏解罪。不論已嫁未嫁，擇其有姿色者，或罰在院內，灑掃挑水，或罰在院內奉侍寮氏，則任巴禮淫之矣。至若騙男人解罪，則用白布長衣，自頭面罩至腳下，用小索五六條，其索尾繫以鐵釘，勒令人自打於背上，血出滿地，押遍五院乃止。蓋借虐男人之法，以嚇婦人也，其

淫酷蓋如此哉。然使不從其教，何至彼吞占，何至彼荼毒耶？繇是觀之，彼所謂天主者，即寮氏也。寮氏乃其祖，而敢紿我中國曰天主，是欲加我無禮如呂宋也。術險機深，漸不可長。神宗聖上，弘柔遠之量，命撫按驅之歸國，不意只歸我廣嶴，或藏匿諸奸細家中，旋即夤緣而起，或掌星曆，或進鉅銃。假此使得復開教於各省郡。今其黨據鷄籠、淡水等處，其意何叵測也。奈之何尚有被其所餌，被其所惑者，豈部科諸公之疏參，海內紳士之辨駁，無有耳而目之者乎？孟夫子曰：「吾聞用夏變夷，未聞變於夷者也。」謹揭之以防猾夏之漸。崇禎戊寅孟夏撰

蘇及寓《邪毒實據》 艾儒略等，夷人也，自萬曆間入我中國。有識者窺其立心詭異，行事變詐，已疏其不軌而驅之矣。今也胡爲乎復來哉，其故可思矣。復來而天下不惟莫能詳察其奸，並且前驅諸疏，亦幾不得見。夷輩喜而相告曰：我西士有四眼，日本人有三眼，兩到日本開教，被其兩殺，故云。中國人有兩眼，呂宋人無一眼，於是多藉技藝，希投我聖天子之器使，胡公卿士大夫，相率詩詠之，文讚之，疏薦之？至於禮樂兵刑錢穀營建諸大權，皆讓能於夷。欲夷司其事，繇是夷勢夷毒，日釀於其中而不可言。夫復來而若此之久也，天下竟無一人憂之而維其變，將奈何？夫中邦而若此，又安得謂有兩眼耶？所賴志士端人，聞之心傷，見之痛哭，設破闢之計，起豪傑之章。賢士大夫有與之闢焉。嗟嗟中邦人士，今也亦可以有兩眼矣。然愚細玩之，道學先生，只辯眞僞，文人才士，猶工典雅。而狡番之所以爲毒，未昭其備也。政恐讀者未便傷心痛哭而寤寐不寧也，又將奈何。野人無知，天曆之說，未暇置辨。蓋但患人之不華，華之爲夷；不患曆之不修，修之無人也。今姑舉邪毒異慘一二親見聞者，實而據之。

一此夷詐言九萬里。夫詐遠者，令人信其無異志，而不虞彼之我吞耳。不知此番機深謀巧，到一國必壞一國，皆即其國以攻其國，歷吞已有三十餘。有薦疏云：彼西洋鄰近三十餘國，奉行此教是也。遠者難稽其蹤，最近而呂宋，而米索果，而三寶顏，而鷄籠、淡水，俱皆殺其主奪其民。只須數人，便壓一國。此其實實可據者歟。

一此夷藏奸爲市忠。助銃令人喜其有微功，祈雨令人疑其有神術。自鳴鐘、自鳴琴、遠鏡等物，令人眩其有奇巧。且也金多善結，禮深善誘。惑一人，轉得數人；惑數人，轉轉數萬。今也難計幾千億萬。夫邪之淺者，難以舉盡，最慘而毀聖斬像，破主滅祀，皆以藐我君師，絕我祖父，舉我綱常學脈而掃盡者也。此又其實實可據者歟，猶未也。

天主之教，創書駕說以惑王臣士子，華人喪心輩與之唱和矣。而彼則早慮天下賢愚不一，出入參半，邪毒之流行，爲未遍未速，所以必後先陰標諸教曰無爲，曰奶奶，曰天母，曰圓頓，多方籠罩以爲羽翼。而無爲之慘更甚，蓋所以鳩天下之亡命無賴，而煽惑夫一切愚夫愚婦也。然嘗自排者何意？吁噫！難言之矣。古有一計害三賢者，此所謂一邪滅三聖者也。於是咒壓之，使合家持齋素；愚弄之，使各處起干戈。蓋所以陽敗國家，陰壞道釋，明與天主反，暗與天主通也。教中默置淫藥，以婦女入教爲取信，以點乳按秘爲皈依，以互相換淫爲了姻緣。示之邪術以信其心，使死而不悔，要之發誓以緘其口，使密而不露。至於擦孩童之口藥，皆能制其必從，令其見怪。自萬曆初年，此夷入中邦，中邦即有吳公吳婆變亂，特世人未知之也。今日試觀父不父子不子，夫不夫婦不婦，孩童難保其孩童，酖殺生靈，傷風敗俗，莫此爲甚。我且計今之惑於邪也，不惟民而兼士，不惟愚而兼智。我且計邪之行於今也，不特顯而且陰，不特遍而且速，聞夷輩蓋嘗喜謂中邦之大器可窺矣。其妄擬官民之毒法也，數十里爲一保，保外不許相通。人授里票爲準，票誌姓名形貌，有越保而行者，有行無里票者，皆斬無赦。里中設邪寺，妻女驅入淫，又嘗抽子以別母，抽夫以離妻，或抽本鄉條居別國，或抽此土條往他邦。東西變換，南北移易，蓋皆所以令熟者生，強者弱，勇者不得相通，智者不得相謀。是奸夷所以御呂宋、三寶顏、米索果等之毒法也。此又其實實可據者歟。

夫既有實實三可據，吾不知幾時後，如何增毒，如何愚弄，嘗聞之友人曰：「彼夷凡所吞之國，所統之人，皆欲斷滅其智慧，不許其學習，必使人人爲木偶，然後快於心。彼種則學習機巧，無所不至，此奸夷不易世而王之毒計也。故嘗歎胡元無智術，不百年而亡。今入中華實欲滅儒道釋，而焚盡文字典籍，以木偶萬世，特其謀未遂耳。何時而無是念乎？」聞此令人心寒，今日滿朝俱荷君王恩，遍野皆習孔孟書，蠢爾狡番，敢誑天子，拜耶穌爲天主，敢毀孔孟入地獄爲話柄，朝廷無人憂憤之。且也學脈教化，兵刑禮樂錢穀營建，堂堂中國大權，交相口揚筆舉，欲委狡番秉

令。是中邦人士，不惟無兩眼，而深愧日本也。實且喪寸心而漸同呂宋歟。念及此能不傷心痛哭；鳴鼓合攻，尚且高枕而卧，是耶非耶，哀哉！

魏濬《利説荒唐惑世》 近利瑪竇，以其邪説惑衆，士大夫翕然信之。竇既死，其徒倡爲天主之教，呼群聚黨，所至譸張。南宗伯參論驅逐始散去，然惑於其説者，堅而不可破，人情之好異如此。所著《輿地全圖》，及洸洋窅渺，直欺人以其目之所不能見，足之所不能至，無可按驗耳。眞所謂畫工之畫鬼魅也。毋論其他，且如中國於全圖之中，居稍偏西而近於北。試於夜分仰觀，北極樞星乃在子分，則中國當居正中。而圖置稍西，全屬無謂。古以陽城爲天地之中，若專論地中，則應在崑崙高處。第偏東，地少海多；偏西，地多海少。崑崙乃地中，而非通地與海之中也。通地與海之中，宜在陽城耳。故陽城八尺之表，夏至午景在表北一尺六寸，而冬至午景在表北一丈三尺。偏東者，早景疾晚景遲；偏西者，早景遲晚景疾。則陽城爲中，得之測驗而定，非懸談也。嘗見金幼孜《北征録》載：永樂間從駕親征北虜。三月八日，次鳴鑾，戌夜見北斗，正直頭上，其所親見如此。余且舉一常事，人人皆知者。春秋二分，日躔行至黄赤道之交，正居南北之中。如鄉會兩試，時值二分前後，吾閩場日映止於足膚，而會場日映席上。閩去京師，不能五千里，相去已爭如許矣。又交趾以南，北戶見日，謂之日南。交趾距中國未遠也。元人陳孚，以至元間使交趾。二月初三日，宿溫丘驛，未昏見新月乃在天心，皆其較然可據者也。又陽城仰觀北極出地三十六度，南極入地三十六度。若北至朔方，則出入之度五十，南至交廣，則出入之度二十而已。鳴鑾、交趾，所見相遠，以至於此，焉得謂中國如此蕞爾，而居於圖之近北。其肆談無忌若此，信之者乃謂其國人好遠遊，斯非遠遊者耶。談天，衍謂中國居天下八分之一，分爲九州，而中國爲赤縣神州，此其誕妄，又甚於衍矣。至於九天之説，總以星體之大小，揣臆言其遠近。日反在土火之下，杜撰可笑。蓋五星之體，太白最大，歲星次之，辰星、熒惑又次之，惟填星最小。測驗家謂太白徑百里，歲星徑九十，以次漸殺，至填星徑止五十里。星體大小，即一座之間，亦各異狀。如心及河鼓三星，皆中星大，左右二星俱小。織女三星，上星大而下二星小，北極五星，大小更異。是豈大者必近，而小者必遠耶？全圖只因月中魄影，如世所謂婆羅樹及玉兎者，昔人以爲大地山河之影，因杜撰以欺世人耳。試取圖與月影質之，即見瑪竇所製測驗之器，謂之自鳴鐘者，極其精巧。此自是人力所能，如古鷄鳴枕之類耳。予嘗細析而觀之，大要在兩大輪卷鐵暗匿輪中，而貫之以軸。鐵不受卷必展，則設機以製之，使不得展，而轉極微細。又設數輪相承，以次漸小漸密，鐵輪微轉，亦以次相促，而漸催漸急，數盈則觸機而機脱，迅疾如風，輪上設杵十二如乳，杵至則刮其挺以擊鐘，疎密皆有次第。然鐵既受卷，久之則性亦稍緩，不能與時合，又須再卷使急。大約每日定須一整，整時須藉日影爲準。儻連日陰晦，則無從取定矣，但其法簡於壺漏耳。

許大受《聖朝佐闢·一闢誑世》 彼詭言有大西洋國，彼從彼來，涉九萬里而後達此。按漢張騫使西域，或傳窮河源抵月宮，況是人間有不到者。《山海經》《搜神記》《咸賓録》《西域志》《太平廣記》等書，何無一字紀及彼國者。又詭言彼天主，名耶穌，生漢哀帝中。按吾夫子及老聃並生彼前。大《易》稱冒天下之道，如斯而已。及彌綸範圍等贊，豈更有剩理，反超諸聖之上者。詭言耶穌，爲人甘罪，釘死於十字枷上。所謂聖人無死地，其生也榮，又何取焉？釋迦生周昭時，故《家語》載「西方聖人」一條，其果是孔子語否，且不必論。彼乃詭言孔子所指之佛，正是彼徒，特僧輩竊之以行其教耳。則豈有周之至聖，而先譽漢之戮夷者。又詭言耶穌前，已有費略、罷德勒之天主，堯時洪水係彼怒噴。且無論上世淳龐，至德不怒，縱使有怒，豈有不怒於蚩霧桀風，而怒於堯天禹洛者？嘗閱小説中，有龍名錢塘君，與他龍戰，一怒而堯世懷襄。彼特竊此諧殘，以譸張爲幻而已，萬萬無大西等説，豈待智者而後知哉。

吾鄉有余生士恢，負四方之志，親履其地，歸而刻書，名《藜藿亟言》。云彼特廣東界外香山嶴人，極陳其凶逆孔棘狀。若是，則先恭簡撫閩時，《議處倭酋疏》中，有云至於香山嶴交通一節，委屬有因。乞敕兩廣總督軍門，設法禁處。其浙江、福建、廣東三省住居倭國之人，不論歲月久近，有罪無罪，但有歸志，詔令跟附差，去使客船隻回還，則順逆之分明，華夷之防定等語，灼有先見。今考萬曆二十八年，彼夷始潛入長安，貢獻方物，乞留中華，候旨多年。神皇聖明，以若輩未經該國差遣，不聽散布，而豢之京師。其豢之者仁之也，而不聽散布者，恐其倡邪，而

欲以輦下威靈，坐治其族類也。至三十八年，瑪竇死，龎迪峨等疏乞給地瘞骸，其辭絶楚，故姑聽之。此聖朝柔遠之法，自應如是。初未嘗一念作興，而崇奉之也。瑪竇既死，當事者尚恐不測，上疏促歸。又奉明詔，盡行遣回該國，夷輩又乞止留一人守視夷塚，上必不許。及夫秩宗疏逐，復奉旨詔獄考掠矣。今更横行，豈知國法！夫不召而來，不遣而入，是謂私通。詔逐不遵，屢除潛蔓，是謂蔑旨。且以收瑪竇爲尊瑪竇，而號於人曰嘗爲聖天子所尊禮，擇地祭葬。則文王之澤枯骨，亦尊枯骨乎？欺天罔俗，至此極矣。且孔子之稱聖學，乃帝王聖之，孔子不自聖也。獨此邪徒，不但稱聖，而直稱天；又不但稱天，且稱天主。至於一切愚世之物，並以聖名。伏思漢光武中興令主也，尚勑祝史不得稱聖稱天。彼何夷斯，而敢自天自聖。又據其駢述詞云：天子之議禮制度，無過人爲。惟有彼國教化皇，是爲眞主。又云生也不逢其主，語焉誰得其眞。所慨中邦尤嗟末代等語。既蔑歷朝天子，且敢指斥乘輿，此其心何等無將，而爲士大夫者或左祖之，又何其全不知利害耶！

伏讀皇明祖訓於諸夷之曾通貢者，稍有叵測，尚嚴絶之。何況祖訓所不載，而可使逼處。若我中國士民，有非聖侮君者，法尚必屏四夷，何況夷民而可容之中國。嘗聞黨夷者之説曰：若輩初欲服我之服，以便化我而不敢擅也。必走九萬里，奏彼之教化皇而後行，其信義如此。余則曰：一往一返，是十八萬里，何人諧之，而何從覈之耶？此不根之論，而以是爲信義，不愚甚哉。就令果爾，彼一衣冠之細，尚不擅更，豈我天朝主臣内外之防，移風易俗之鉅，而偏不凜天威於咫尺，曾夷狄之弗若矣，眞可浩歎。

又《七闢竊佛訶佛種種罪過》 彼又竊佛忍辱悲願之説，謂天主曾爲衆生釘死於十字枷上。嗟嗟佛以佛性總圓，爲何枉入生死，譬醒人之憐醉漢，以是悲生。而夷則謂諸性不同，悲從何發。佛以雖極惡人，若自轉念，究竟出頭，譬病瘧之有瘥期，以是願滿。而夷則謂一墜永錮，願自何圓。竊佛懺悔之説，而以謟邪當之。不知罪從心起，謟則心濁。所謂因地不眞，果招紆曲，於懺法又何當焉。至其訶佛者，如曰漢明帝所夢金容，正是彼天主，魔鬼竊之以行佛教。夫天主威神無極，何物魔鬼而敢竊之。即暫竊之，亦當不旋踵誅之，而復以夢告，奈何瞌睡千餘年，今日方醒。又何爲當日肉身不爲帝現，而於戮屍久死之後，始倡此言。且彼最惡佛之神通，夢非神通耶？而天主乃甘爲之耶？如裂性篇所指，彼既認佛是閻王，奈何又向人曰佛不過是小西洋一淸修士，中國人文其説爲三藏十二部耳，豈閻王是淸修士耶？而彼夷更宣言：西國天書有七千部，即書目已有充棟之多，特未到此耳。夫據現在幾種書，譚理如此不通，譚事又如此不通，雖七千部何益。又謂佛之天竺國，其人最惡劣，中國人何苦願生西方。且無論其認西域是西方，懵然不知佛典，又不知生則定生，去實不去之義，大非彼所指若昇若沉、有來有去之邪言。即舉彼五天竺中極粗淺之名號事相，一詰問焉，而全不聞，又何爲誑人曰彼大西人到此，從佛國經過，而反誣佛經之竊彼説乎？此又全不知佛法影響，亦無許多筆札以教誨癡人矣。或曰彼不求人布施，而肯施人，比沙門似勝一籌。余曰：布施本破慳貪，不肖沙門懷貪求施固非也。彼夷以財賄餌人，長人貪習，且教其慳不施僧，尤非之非也。且金者所以貿百物者也，故古來之民生國計，獨珍惜之。今彼乃不惜揮金以貿民，所貿者又皆駔獪之徒。儻非求所大欲，何爲割所甚珍，而況可論施人施我之優劣哉？或又曰佛有四衆，將無爲男女混雜之嚆矢耶。余曰要哉此問。余將詳言以折邪淫魔子之根抵。佛之設教，廣被群機，故四衆八部，及他世界無窮之品彙，有根熟者自然皆得聞法。初非群婦女至伽藍而私授受也。是故姨母出家，佛爲之泣下，而歎正法之減，防微何甚。乃至佛中所設尼戒五百，比僧倍增，與女人受戒儀軌，必以朔望淸旦，於大衆前誦戒訖，即散去，不得退語。僧乞食者，不與寡女少女見面。其男女之別，豈有異於吾聖人扶陽抑陰之義哉。慨自羅祖、白蓮、聞香等妖輩出，而男女以混而混。今天主之邪説，陽教人謹邪淫，陰以己行貪慾，而男女名不混而實最混。如前所言，聖水聖油等，豈能以私憎而故入其罪哉？謹微君子，恪守儒規，以砥其波，兼明佛律，以防其濫，則王化之始端，而聖人之徒端有屬矣。

或又曰佛教禁殺，祇慮報復耶，抑另有精義耶？夷言克己正念二齋日，單食水族，是耶非耶？曰：因果感應，不但佛書詳之，史傳載之。惟黄魯直頌云：「我肉衆生肉，形殊性不殊；元同一種性，只是隔形軀。苦惱從他受，肥甘爲我須。莫教閻老判，自揣看何如？」最得戒殺之意。今夷不知鮮食，是治世聖人之權，乃以殺爲宜，而以齋爲號，又別水族異

於牲牷，宜充素食者，與回回之單不食豘，自殺自食之可笑，有何異哉？且夷謂殺生無罪，而但教人不殺人，人可殺乎？則戒又何必立乎？既曰不殺人，而盛譚兵學火學，又何爲乎？將無所謂不殺人者，第不殺於公戰，而殺於私鬬，所伏殺機正無窮乎？彼本以財餌人，而又惡人布施，豈結黨則宜施，而行仁則不宜耶？本欲聚黨以殺人，而誑曰愛人，豈黨人則宜生，非黨人則宜殺耶？戒其徒勿視他妻，而夷則不妨近女，督其徒使出妾，而他高足之畜妾者至數人。從夷者宜法夷之輕利，而封爾家者又比比，惡佛崇虛，彼獨課實，則所謂天主天神與夫人魂之不消，獸魂之獨滅，及天主賦魂時之辱臨儀仗，草木生魂之瘁往榮來，皆應一一明見，而今然否？又云各國王之從彼者甚衆，則出妃屏嬪而退甘一夫一婦者，是龜茲王耶？于闐主耶？又告人曰：再過三年，盡天下人自然從彼。彼之天主自然凌駕孔廟之上。且曰若不蚤從而待三年後，則天主亦怒而不容之矣。其煽惑何甚歟？又於邪黨中不別男女，指而稱之曰天主甚愛念他。或謂此人極易昇天，有何考據？又教人求盍臘際。盍臘際者，莫大之福慧也。而經年重病，謂之天主愛我。福慧之謂何？詰之，則曰病正所以福之而報在後世。既曰後世誰人見來。往歲武林火災，從邪者偶不火，輒誑人曰：是夷寶辟火之力。夫只辟八口火，而不爲萬竈禳，可謂愛人乎？及吾邑有嚴役者，首從彼教，而火其闔室，燼及三棺，夷寶之靈又安在，而謂其不欺哉？況古德謂，若人被邪師，熏一邪種於八識田中，如沖入麵，永不可出，其罪最重。不知何日出頭，而可言助揚佛法乎？有著闢佛書者，中有一則云：佛說西方，西是金位。金是殺氣，所以有五胡之擾。余曰：《易》《傳》曰：乾爲天，爲金，爲寒，爲冰，則乾亦殺氣耶？今彼夷因我大明而僭號大西。大西者，獨非大殺乎？竊謂五胡殺亂主，而彼直殺聖師及古聖帝；五胡偶亂華，而彼直舉從來之中華，以永遜於彼夷之下，其所殺有何窮已。而謗佛者，乃偏事夷，何悖甚也。

或曰：首楞嚴，陰魔有倒圓種，天主之說，或是彼否？曰：非也。觀自疑身心從彼流出句，亦酷似之。然彼禪定中人，粗欲盡遺，細惑未除，是利使一邊，此全不知身心是何物，日在好惡財色叛逆上作活計，虛捏一主，而勸人尊他則鈍甚矣。於倒圓種，何啻天淵。曰然則是何教耶？余曰：有宗始有教。嘗思彼因人之好異也，製爲奇技；因人之好利也，誘以金帛；因人之好味也，寬以殺生；因人之懼内也，束男以不二色，而鼓女使歸夷；因人之求福免禍，而欲攬盡威福之柄也。則曰雖無輪回，而天堂地獄之昇沉者，永永不返。因人之好上擬，則儕君若父；因欲鼓人之好援而敢死，則獨重友；因欲令人之昏夜自便，則不許人尊厥師。故謂彼爲聚欲倡亂之術則可，謂之教則不可。且佛之爲教，但闡心光，弗干治統，務尋法器，弗濫庸流。是故宗門孤峻，固貴屏絕狐蹤。縱使蓮社慈悲，亦復不容靈運，豈有如邪流之薄帝侮卿，譚兵說劍。且貌怯怯，而心眈眈，不論智愚男女而一概蠱惑之者乎？是不持儒門之介狄，而亦佛氏之毒魔也。噫。

張廣湉《闢邪摘要略議》 我太祖掃清邪氛，混一寰宇，開大明於中天，四方莫不賓服，威令行於天下矣。然國中敦秉倫彝，獨尊孔孟之學。凡在攝化之區，無不建立素王之廟，誠萬世不易之教道也。近有外夷自稱天主教者，言從歐邏巴來，已非向所臣屬之國，然其不奉召而至，潛入我國中，公然欲以彼國之邪教，移我華夏之民風，是敢以夷變夏者也。審察其教中有不可從者五。

據彼云國中君主有二，一稱治世皇帝，一稱教化皇帝。治世者攝一國之政，教化者統萬國之權。治世則相繼傳位於子孫，而所治之國，屬教化君統，有輸納貢獻之款。教化者傳位則舉國中之習天教之賢者而遜焉。是一天而二日，一國而二主也。無論堯舜禹湯文武周公孔子之政教紀綱，一旦變易其經常，即如我皇上可亦爲其所統御，而輸貢獻耶？嗟夫，何物妖夷，敢以彼國二主之夷風，亂我國一君之治統。

據彼云國中男女配偶，上自國君，下及黎元，止惟一夫一婦，無嬪妃姬妾之稱，不重無後爲大之說。所以我國之聖人，如堯舜禹湯文武等，亦皆云不免於鍊清之獄也。無論民庶不得畜姬取妾，以犯彼二色之誡。即如《周禮》所載，國君之三宮九嬪，御妻夫人之屬，寧亦悉令遣而出之，若四民之單婦隻妻耶？嗟夫，何物妖夷，敢以彼國一色之夷風，亂我國至尊之大典。

據彼云國中惟尊崇一天主，不祀他神，不設他廟。隨方建立天主堂，而供安其像。受其教者，皆得家延戶祀；如別奉他廟他神，則犯天主之教誡，必先毀我宣尼之廟，以及山川保社之壇，併廢往古勑建忠孝節義之

祠。一如夷説，取其像而投諸糞窖之中，然後檄令省郡州縣各建一天主堂，以奉安彼刑架之罪夫。嗟夫，何物奸夷，敢以彼國獨祀之夷風，亂我國萬代之師表。

據彼云國中人父母死，不設祭祀，不立宗廟，惟認天主爲我等之公父，薄所生之父母，而弟兄輩視之。不然則犯天主之教誡，將斬先王之血食，廢九廟之大饗，以詔民從之耶。嗟夫，何物妖夷，敢以彼國忘親之夷風，亂我國如生之孝源。

據彼云國中首重天教，推筭曆數之學，爲優爲最，不同中國明經取士之科，否則非天主之教誡矣。不知私習天文，僞造曆日，是我太祖成令之所禁，而併嚴剞劂其書者也。假令我國中崇尚其教，勢必斥毀孔孟之經傳，斷滅堯舜之道統，廢經濟而尚觀占，壞祖宗之憲章可耶？嗟夫，何物妖夷，敢以彼國末技之夷風，亂我國天府之禁令。

略而摘之，先此五端，餘則悉難盡舉。邇緣我國之縉紳，已有喪心者，踵習其非聖，而景慕其夷風。陰壞我素王之正學，冥毀我列聖之眞宗，非儒非釋非道，爲怪爲孽爲妖，豈現前之冠儒冠，服儒服，受君命，餐君祿者，耳目面顔之已往乎？嗚呼痛哉。目今流賊豕突，郡州縣查異地奸細之人，嚴各家共坐之禁，即鄰縣隔郡，如越人之來住吳地者，僅爾一衣帶水之間，尙根究其行蹤，而各門盤詰，猶嚴面生可疑之輩。至於茫茫海外，孰知其鄉之夷，遁形省郡，來莫之從，去莫之住，聽其雜入四民之中。鄰里利其多金，保甲貪其重賄，而竟不疑其跡。煌煌《大明會典》，罔顧華夷疆界之功令，不知果何相知相信之確若是乎？世道至此，人心已死，眞堪痛哭流涕長太息之時，吾恐其不止披髮左衽而已也。

林啓陸《誅夷論略》 竊聞聖代以原道正教爲根宗，以防邪闢異爲藩垣。鄉有塾，國有學，冑子翼以典樂之官，庶人嚴於庠序之教，斯所以世代有昌隆之勢，外夷有向化之風，禮樂日興，民心歸正焉。然其間有萬不獲已者，則佐之以律令，或從而誅滅之，或從而要荒之。雖上古至治亦所不廢也。帝曰皋陶蠻夷猾夏，寇賊姦宄，汝作士五刑有服。五服三就，五流有宅，五宅三居，惟明克允。所以嚴華夷也。又曰：龍朕即讒説殄行震驚朕師，命汝作納言。夙夜出納，朕命惟允。所以謹忠讒也，遠夷去讒，國之福也。乃利瑪竇何物，直外國之一狡夷耳。詐稱大西洋，航海而來，間關八萬里。自萬曆年間，因奸細引入我大明，倡天主之教，欺誑君民，毀裂學術。

細查天主之義，謂天主生天地人禽獸草木之魂。禽獸草木死則隨滅，獨人雖死，其魂不滅，所作善惡俱聽天主審判。而善惡無他分判，只是從天主教者爲善；雖侮天地，慢鬼神，悖君親，亦受天主庇而登天堂。不從天主教者爲惡，雖敬天地，欽鬼神，愛君親，竟爲天主怒而入地獄。夫庸愚者既溺於僥倖，隱怪者又便於放恣，繇是縉紳相率而薦揚之，士民相率而從事之。嗟乎，上古帝王，未嘗不以欽若天命，簡在帝心者爲致治垂世之宗。即歷代師儒亦各以畏天命之語，諄諄然相告誡也。且曰天者理也，帝者以主宰而言也。夫天之生民，有物必有則。人能順天理協帝則，自可以主宰萬物，統制乾坤，補宇宙之缺陷，正世代之學術，此吾儒之所謂天主也。而天下民物各具一天主也，堂堂正大，典籍昭彰，何我輩盡棄弗顧，而反聽於魑魅魍魎之教？削越祖宗，丟抛神主，排禮法，毀典籍，滴聖水，擦聖油，崇祀十字刑枷，而以碧眼高鼻者爲天主乎？其書譯入華地不能偏閱。適逢崇禎八年，利妖之遺毒艾儒略輩，入丹霞，送余有《天主實義》《聖水紀言》《辨學遺牘》《鸞鷃不並鳴説》《代疑續篇》諸妖書等，其言極膚淺、極虛誕，陽斥二氏之邪妄，陰排儒教之歧途。然其闢儒處，未敢十分啓口者。竊欲藉儒冠儒服者達其教於朝廷，使得以肆其奸毒也。彼夫斥二氏以成佛作祖之言，杳不可查；因果輪回之説，茫無可據。何獨以祀天主者，定登天堂爲天主之忠臣；背天主者定入地獄，爲天主之叛民之可查可據乎？嘗觀二氏之言，特謂一念善，即是成佛成仙種子；一念惡，即是畜生地獄種子。斯不過儆惕人心，使之遷善以棄惡也。老氏《道德經》，佛氏因果經，亦曾教人忠以事君，孝以事親；陰以敬神，陽以愛人；是亦有以補助乎儒教也。未有若天主之説，使帝王廢郊社禘常之典，士民棄祖宗祭奠之禮，正大神明，目爲魔鬼；不敬天主，視爲罪人，至教人燬闢聖、觀音之像，斬文昌帝君之首，丟棄祖宗神主於糞穢，人心始覺驚怖。稍稍有追先敬聖之思，而貪利其財者，竟堅不可破也。且以文王之翼翼昭事，以孔子之丘之禱久，若肯悔過，以皈天主，纔爲天主所賞而登天堂。苟不悔過而叛天主，遂爲天主所罰而入地獄，我輩未及文王、孔子之萬一。若不悔過，盡燬文、孔之典籍，悉歸天主之大教。不惟

天堂無路，而且不知置我於何獄矣。今世儼然儒冠者，寧從文、孔入地獄乎？抑隨耶穌登天堂乎？雖黄口嬰兒，亦當識所從違也。奈何入教者，俱是名公巨卿。或進表章薦於聖上，或作文章爲之序跋，或偏地吹嘘，或隨方擁護。爲之持維靡所不周，此何意哉？抑利其貨乎？吾未見不接夷利者之别無可致富也。抑奇其才之不數出，且謂其學之近正教乎？吾未見置文武周孔於地獄，俟其悔過，乃許登天堂，具髮齒頂踵者，所當仰天大哭者此也，而反以是爲正乎？其徒有曰：「爲我正度數，鑄貢銃，此二事大有功於朝。」不知此輩之論天文地理，日月星辰，儘有四大妄誕。謂星一天，日月一天，不相躔次，誕一；又謂地形如鷄旦黄精，上下四旁，人可居住，足踵相對，人可旋轉而走，遂以本天親上，本地親下，此二語謬會其理以欺愚頑，誕二；又云彼嘗從日邊來，利瑪竇嘗旋轉一週，誕三；《書》曰：「王省惟歲，卿士惟月，師尹惟日，庶民惟星。」是所以别上下，定尊卑，天道無乖，則人事順應，使凡有血氣者，得尊尊而親親也。彼又謂星高於日月，五星二十八宿，形體大於日月。彼曆中月置三十一日，未嘗置閏。日月之蝕，不須有司扶救。夫不救晦蝕，則有先後時殺無赦之戒。不置閏則有時漸不定，歲漸不成之虞。若從彼曆，是使歲時失序，上下倒置，庶民得以淩駕乎卿士師尹之上；卿士師尹得以淩駕乎主君之上也明矣。夫堯治世必以治曆明時，爲國家之首務。而此輩之擅入我大明，即欲改移曆法，此其變亂治統，覬圖神器，極古今之大妄，誕四也。有此四誕，誣上誣民，罪可勝誅哉？况我朝威聲可以奪夷，外國向化來貢者數十餘邦。縱有奸夷亦不肆其兵戈，區區一銃，能爲國家萬年計乎？從未見三代唐宋以來，治曆明時，防夷禦寇者，俱用此碧眼高鼻之狡番爲哉。吾且謂國家之大僇辱者此也，而反以此爲榮，不亦醜乎？當今主上，雖極明哲，然深居九重之中，閲彼表章所薦，謂此心此理，若合符節，况爲君人者，德合柔遠，得不曰在我則有變夷之權，在彼更有來王之誼，是何虞慮之有？不知此輩奸佞之甚，實亂人國。來王者彼反而王我，變夷者我反而變於夷矣。若有宰輔諫臣以及四方官府，陳彼利害，伸我律令，此輩自當迸跡絶域，在内則無奸讒震師之患，在外則無狡夷猾夏之虞。唐虞景色，不焕然宇宙間哉？嘗思上古之世，洪水虎豹之災，害民居者未盡害人命，戕人命者未必盡戕人性。然而櫛沐兼驅者，伊何人哉？及至戎狄之猾夏，異端之亂道，亂賊因而無懼，諸侯因而放恣，處士因而横議，彼當時誰不付之没可奈何。然而或操膺懲之權，或僭筆削之罪，或冒好辨之譏，車不停轍，席不暇煖者，伊何心哉？自我聖祖高皇帝開治統以來，以六經明世，以賢良治國，繼堯舜之道，宗周孔之學，其所以教澤士民，祿養簪纓者，可謂厚且至矣。雖粉身碎骨，寧足以報其萬一乎？奈何妖夷之教，倡亂是非，陷溺人心，遂默然不動，國運學脈，付之誰人乎？陸以草野書生，極知蕘言不足以斥奸邪。但古有云臯搏鷄雛，其毋舊翅，知不能庇，愛弗已也。陸在血性中，寧捨君親之愛乎？繇是食不安，寢不寧，覩典籍而增愁，向君親而揮淚，輾轉一夜，竊述是篇。庶有觀感而興者，俱出一語以闢此輩，不惟上可以正教防邪，佐聖主之盛治；下可以典樂明倫，維生民之學脈，亦使此輩不至笑我大明之聾啞，一一聽其簸弄耳。

鄒維璉《闢邪管見録》 海外極西之國，有夷人利瑪竇，號西泰者，萬曆初年，偕徒四五人流入中國。著《天學實義》等書，自標天主教，梓以傳世。其詞意險怪，首尾矛盾，似深而實淺，似文而實陋，徒以利口喋喋妄自尊大，已蹈荆楚僭王之罪。而其伎倆善盜，肺肝如見，大似呂不韋穿窬之雄。彼方思以易天下，孰知天下明眼有人，寧能一手盡掩哉？謬以天主合經書之上帝。夫既明知上帝屢見於《六經》，郊社所以祀上帝，則至尊在上帝可見矣。昔者大儒釋帝爲天之主宰，蓋帝即天，天即帝，故尊天即尊帝也。何云上天未可爲尊，並諱上帝之號而改爲天主之號乎？始曰天主是理，繼曰天主是神，終托漢時西國之凶夫耶穌，爲天主應運設教。是其標大題，僭大號，不惟呵佛罵老，且淩駕於五帝三王周孔之上，從來大變未有甚於此者。至於孔子太極之訓，《春秋》之作，孟氏仁義之對，無後不孝之言，皆見指摘。但云我以天主爲父，萬民爲子，而仁孝轉大，世間君父同爲兄弟，何足事哉？噫！逆亦甚矣。且天生素王以教萬世，生民以來所未有也。然其至誠無息，大道若愚，辭仁聖而不敢當。謝生知而云好古，豈故爲是謙辭哉。聖不自聖，故爲至聖。而利妖敢以邪説比《六經》乎？昔人有言：莊周道家之儀秦，王通孔門之王莽。若夫利妖電光之舌，波濤之辨，眞一儀秦；拔佛家之幟，登素王之壇，眞一王莽，侮聖欺天，譸張爲幻，左道之誅，豈可容於堯舜之世哉！璉以管見

而談，終覺惶汗。惟望憂時憂道大君子，極力剪除，勿使蔓延惑世以害天下，而爲中國將來憂，實區區之鄙衷也已。

李維垣《上翰林院左春坊蔣公德璟攘夷報國公揭》時公奉差復命路經三山

福州左右中三衛千百戶掌印効用等官李維垣等，福州府閩侯二縣儒學生員陳圻等謹揭，爲共剖丹衷事：

竊思華夷界限甚嚴，邪正勢不兩立，胡有天主之夷，群入內地，上欺聖主，中結朝士，下惑愚民。萬曆四十四年奉神宗皇帝驅除出境，天啓初，藐旨復入，布滿天下，煽惑交結，甚於萬曆之時，似不皆中國而變夷狄不已也。且呑我屬國呂宋及咬嵧巴、三寶顏、窟頭郎等處，復據我香山澳、台灣、鷄籠、淡水，以破閩粵之門戶。一旦外犯內應，將何以禦？可慨愛國之士，已詳言之。垣等或受國恩，或叨聖養，覩茲景象，深抱心腹之患，愧卑秩貧儒力棉，未能除此朝食。恭逢台臺學素格於天人，任佇隆乎舟楫，此正太史今日之事，勿貽國家他年之憂。

伏乞入告朝廷，盡除以清華夷，生靈幸甚，道脈幸甚，天下後世幸甚。垣等臨揭曷勝激切籲呼之至，須至揭者。

崇禎十一年十一月　日

福州左右中三衛千百戶掌印効用等官千戶李維垣、趙學淵、朱繩文、牛伯挺、王秉忠、戴壎，百戶李鏘、唐國輔、林挺楝、蔡士玉、朱繼宗、劉文華、韓堯道、呂調陽、羅萬象、侍元卿，撫院標下効用原都司僉書管守備事陳邦政，撫院標下効用原欽依青村把總以都指揮體統行事署指揮僉事百戶王繼武，撫院標下贊畫守備葉樞，撫院標下効用守備功加二級鄭邦卿，撫院標下効用守備功加都司僉書林深，原任欽依銅山寨把總以都指揮體統行事署指揮僉事何養魁，原協理戎政軍門贊畫加銜都司僉書楊憲祿，總鎮標下効用把總陳周官，原任揚州府照磨陸國熴，纂修貢生辦事候題中書周士義，候任邵武府倉大使鄭德閻，福州府閩侯二縣儒學生員陳圻、林浩、王德峻、陳周祚、蔡在新、陸之珍、李朝宗，布衣田正登、劉國祁、涂維搛、高登相、李銓。

王忠《十二深慨》　干絲蠟夷人，入我中華，倡天主教，予爲之深憂而切計者，誠痛我中華之自疢夷害，凡有幾種，試略言之。

一有聞及布金，輒生垂涎，見其謙恭，歎爲有禮，不知此夷政借金寶以濟其奸，設爲矜莊以飾其僞。及聞其邪說信爲至教，謂三教之所不及，此則讀聖賢之書，背聖賢之教，貌華而心夷也，可慨也；

一有知其悖亂，頗存鋤奸之意，狡輩知情，遂賂以財物，眩以僞書，迷其心箝其口，令袖手坐視，任彼奸謀，殊不思後來身家難免荼毒，則所賂者安歸乎？可慨也；

一有忽彼小醜，以爲無能，取其珍寶以爲無害，應其書札爲之吹噓，使中國之士大夫共相傳說，稱揚其美，因亦以書札爲之往來，不知狡夷正欲假此網盡中華，此雖非夷人之外護，而夷已實得其護也，可慨也；

一有陋其說不爲同流，但姑與之交接，聊示優容，而不堅拒以明絕之，使彼得爲夤緣要結之竇，此則繞夷之波，開人以入夷之端也，可慨也；

一有頗明書史，自恃靈明，謂我神理廓然，本體自在，何至爲小醜滅沒。見夫闢邪者，謂之杞人之憂，迂闊無當，不知邪教日興，正教日混，君父生靈之急，孰有切於斯者，奈何昧復隍衣袽之戒，而漸成棟撓滅頂之凶乎？可慨也；

一有見夷輩之毀佛仙及神祇等像，輒謂神靈自有冥誅，姑待其自斃，人安所用力乎？不知天地精英悉畀之人，惟有忠誠義激者出，而後正氣之神因相默護。人司陽，神司陰，陰陽合力而後魔祟可滅。安可坐視而悉聽之神乎？此則亦無關疼癢之言也，可慨也；

一有聞此猖獗，恬不爲怪，浸無可否，從此亦此，從彼亦彼。但耽利竇，只顧身家，不知利竇之竟成禍端，身家之終爲胥溺，所謂燕雀處堂者也。可慨也；

一有聞及草野之士，力鋤夷奸，輒訕笑之曰：此事必屬之有力者，區區韋布，將奈彼何？不知正緣有力者，未知任其事，故必到處疾呼告揭。夫既治之，則予何言哉。此則不知覆楚存楚之機之在絕孝純忠一人也，又安得自委於韋布，而日墮彼夷之奸計乎？可慨也；

一謂剝復循環，各有定數，運會未變，必有擔當；運會將變，非人所爲，不知君子急天下也如其家。譬如父母有疾，雖灼知其必不可爲，寧忍不投以藥石而坐聽其亡，此情理所不忍者也。況從來豪傑任世，苟時事有一毫可爲，猶必盡全人之力，故能轉禍爲福，以成回天之功，又安得徒委

之大數哉？此則所謂悠悠任運，置世道於不問也，可慨也；

一有矢志鋤奸之人，爲之日久，或緣寡助而中棄，或緣懼禍而中危，此則不克有終因於懦弱之無能爲也，可慨也；

一素稱明理之人，洞見邪正之分，但燕安高堂之中，而無吐握之意。草野或有所陳說，欲叩無門，故奸邪猖獗，總莫之知，遂使庭無義士之跡，門過九閽之遠也，可慨也；

一草野告變，幸而有階，初心接見，頗能感發，而左右朝夕旁撓，以爲無甚迫切，遂不殫心竭慮以弭禍亂，此則旋起旋沒，無意天下事，有負海岱之高望矣，可慨也。

是故憂危慮遠之士，抱忠君愛國之心，深知此輩出神沒鬼，多一月增一月之蠹，寬一日滋一日之毒。於是苦心冒死以維持，不啻疾痛之在身。其切切偲偲，遍暴天下，將使豪傑端人，共起而應之耳。嗚呼！孟夫子當年周流列國間，至蒙好辨傳食之譏，伊何人哉？伊何事哉？伊何心哉？苟曲突少，待燋多，天下將奈何當道大人。英邁君子，幸毋蹈種種之愆，毋忽草草之言，共芟邪夷之黨，以閑先聖之道，疏其淫謀，聞之當寧，使夷氛永絕，海宇廓清，上安邦國，下扶綱常，則僕之深慨有賴矣。

崇禎丙子孟春撰。

黃虞《**品級說**》　中國天子以下，公卿百官各有品級，以一至九，顯然定分，無容紊也。彼天主教之師徒，亦僭定品級。中國以一品爲尊，彼則以九品爲至尊，中國以九品爲卑，彼則以一品爲至卑。有七品主祭，六品副祭之說，餘不得祭。又有宗教分教，必夷人以主之，祭制冠裳，皆用夷服。吾恐目習其所見，耳變其所聞，將羲皇以來之道統治統，與聖祖高皇帝，驅胡定鼎，萬世金甌之天下，禮樂制度，人心風俗，一旦變於夷狄，莫此爲甚。孟子曰：「吾聞用夏變夷，未聞變於夷者也。」嗟乎！今將變夷矣。夫以管仲霸佐，而有尊攘之功；孔子猶然仁之。華夷之防，邪正之辨，自古聖賢，甚峻甚嚴。今之士庶，奈何從夷教而反爲同聲之吠耶？余觀品級一節，益見其冠裳倒置，幾不成世界矣，可慨也夫。

李王庭《**誅邪顯據録**》　六合之內，有存而不議，議而不論者，恐其亂人觀聽也。若夫不得不論，不得不議者，凡列衛聖，皆不可少一口誅之力。如今日之天主教是已。第辯之而不得其顯有可據者，則其心不服，辯之而不得其事之眞屬矯誣者，則其心尤不服。是以余於心性天堂地獄等說外，獨舉其彰明較著言之，令賢智之士，固賞此語有同心，而識苟非污下，亦得以隨事察奸也。試即彼所張挂中堂墨刻云，稱天主哀憫衆生，乃於四川裂山石，獻經文篆字，始知天主降生之本。噫，何舛也！四川列在中華，固非無人不到之所，且石崩獻文，亦非西夷獨有之經。試問四川之人，果於何年月何日時何州縣何村落，有石崩之跡，有篆字之文？四川之人，茫然不知也。川人不知，而西夷之人獨知之乎？此不過借河圖地不愛寶之說，以神鬼其教，而謬謂藏之石室耳。烏知石文可暗刊，而此石迄今川中竟付烏有，將何說以愚人。更可異者，《水法》一節，必於邊外石田用之。夫石田可用，則中都旱田亦可用也，並中都山田亦無不可用也，乃必試於邊，豈水生於石乎？此又不過以難能之事，荒惑今人，料今士大夫所日悸者，漕運之艱，故倡爲此說，以傾動世耳。曾思眞眞經濟，無地不効其實用，豈待託之遐荒以文其拙耶？至如《記函》一件，其鄙夷不屑我輩，更莫此爲大。夫天生聰明，將自我作古，即一目十行，一覽無遺，何代爲之，乃託名倒記背誦，既使下愚之夫希其捷，即中材之士認爲眞，孰知此萬萬無有之理，實實以聾瞶待人，勿論不得。縱使一旦得之，而章句誦說之學，何益於心解力行，矧其不然也。如前三事，夫非彰明較者不辯自知者哉？第異端竊我以實而不售，幸奸謀之自破，而竊我以名而可虞，尤天朝之隱憂，余更不能不有後言矣，何也？

我太祖高皇帝定鼎胡元，從古得天下之正，未有匹之者也。故建號大明，名稱實也。何物么麼輒命名大西，抑思域中有兩大否？此以下犯上，罪坐不赦。旋於大字下，以西字續之，隱寄西爲金方兵戈之象，則其思逞不軌潛謀之素矣。抱忠君愛國之心者，可不寒心哉？頃見中國名流輩，出力斥其妄，稍自知非易以泰西，說者謂其與佛老爲難也，有功於吾儒，殊不知三教並行，鼎峙兩間，原不甚左。獨此輩今日，詭事天知天之解而入者，將來併莫爲而爲者，以天爲主，究且何有於儒哉？抑余昔年與艾子會晤黃華山房及新創天主堂，識面有日，拜酬相頻，何忍於彼不恕也。但道脈關心，似是而非，害人不淺。一閱所送之書，及開口便稱天主，自漢哀帝降生不幾，盤古以後無天乎？此其淺近不根，應難騙人易知也。獨是無稽之輩，心覬其金，無識之士智昏於利，圖鋪餟計，且樂大齋小

齋，以水族魚鱗爲無妨，而恣其口腹也。其於孔聖不茹葷之齋，不顯悖耶？然獨曰飲食細事也。何一邂逅之後，久與周旋；周旋不已，浸假詞色；詞色不已，遂成意氣；意氣不已，漸引徒衆，恐日後愈不可測矣。噫！始恃飲食燕笑之微，終成昵狎奸邪之失。借小人以口實，敗大道之門牆。曾堂堂大明，堪令小醜亂華乎？願我輩思古之至人，高致妙用，如殷箕子陳範而居朝鮮，吳泰伯端委而行周禮於荆蠻。所謂用夏變夷，實在吾徒，甚勿爲異端所惑。

謝宮花《曆法論闢西曆棄閏邪説》 今西夷所以聳動中國，驕語公卿者，惟是曆法。然中國之曆法，自有一定之論，不待西夷言之也。我太祖詔劉國師，上觀天文，下察地理，鑄量天尺，制定天球，星宿分野，銅壺滴漏，晝夜時刻，消息度數，分毫若天。現在京都，衆目可觀。至於曆法，考諸前代國史，如漢武帝太初元年，鄧平所造《太初曆》，後劉歆衍之爲《三統曆》；東漢章帝元和二年，造《四分曆》；獻帝建安十一年，劉洪造《乾象曆》；魏明帝景初元年，楊偉造《景初曆》；東晉孝武帝太元九年，姜岌造《太元曆》；劉宋文帝元嘉二十年，何承天造《元嘉曆》；孝武帝大明七年，祖冲之造《大明曆》；魏孝明正光二年，李業興造《正光曆》；東魏孝靜帝興和二年，李業興造《興和曆》；北齊文宣帝天保元年，宋景業造《天保曆》；後周武帝天和元年，甄鸞造《天和曆》；靜帝大象元年，馮顯造《大象曆》，隋高祖開皇四年，張賓造《開皇曆》；仁壽四年，劉焯造《皇極曆》；煬帝大業四年，張胄元造《大業曆》；唐高祖武德九年，道士傅仁均以元起戊寅，造《戊寅曆》；高宗麟德元年，李淳風以元起甲子，造《麟德曆》；中宗神龍元年，南宫説造《乙巳曆》；玄宗開元十二年，僧一行造《大衍曆》；肅宗寶應元年，郭獻之造《五統曆》；德宗建中五年，徐承嗣造《正元曆》；穆宗長慶二年，徐昂造《宣明曆》；昭宗景福元年，邊岡造《崇玄曆》；五代周世宗顯德三年，王朴造《欽天曆》；宋祖建隆三年，王處訥造《應天曆》；太宗太平興國六年，吳昭素造《乾元曆》；眞宗咸平四年，史序造《儀天曆》；仁宗天聖二年，宋行古造《崇天曆》；英宗治平元年，周琮造《明天曆》；神宗熙寧七年，衛朴造《奉天曆》；哲宗元祐七年，皇居卿造《觀天曆》；元符三年，姚舜甫造《統元曆》；徽宗崇寧二年，姚舜輔又造《占天曆》；金太宗天會五年，楊級造《大明曆》；南宋高宗紹興五年，陳德一造《統元曆》；孝宗乾道三年，劉孝榮造《乾道曆》；淳熙三年，劉孝榮造《淳熙曆》；金世宗大定二十年，趙知微修《大明曆》；宋光宗紹熙二年，劉孝榮造《會元曆》；五年楊忠輔又造《統天曆》；元太祖十五年，耶律楚材造《庚午曆》；宋寧宗開禧三年，鮑澣之造《開禧曆》；理宗淳祐十年，李德卿造《淳祐曆》；寶祐元年，譚玉造《會天曆》；度宗咸熙七年，陳晢造《成天曆》；元始祖至元十八［年］，郭守敬等定《授時曆》。我朝《大統》曆法，莫不參證斟酌無移，再考《授時》，測定閏應，頒《大統曆》行於天下，萬世遵法，復徵回回曆官鄭阿里等十一人，至京議曆給廩有差。後因夷言天文，皆宗耶律，荒唐悠謬。洪武三十一年夏四月，罷回回欽天監，削夷官之號。即《大明一統志》有載，上遣使往西域，經天竺至天方國。其國人止知崇奉一天，凡有災福，望天祈禱，依然如中國之敬天也，亦未聞有天主釘死十字架上，設教行世，令其從之者。先拜右手之傷求勇德，拜左手之傷求忍德，右足之傷求勤德，左足之傷求畏德，又拜脅旁之傷求愛德。夫既以爲天主之德，且不能保全一體之傷，又烏有德以及人乎？夫既以爲天主之尊，天神爲之擁護，尙被蓋法氏釘死，是天主天神皆不靈無用之物也，焉能主宰萬物乎？況曰服咒水、盡咒油，食酒爲食天主之血，食麵爲食天主之肉，有一石置於案頭，謂是天主之骨，人能服聖水聖油者，雖平生爲惡，天主恤其一念皈依，前惡全赦。夫天主耶穌，因妖言惑衆，且被［蓋］法氏釘死，不能自赦，焉能爲人赦乎？此皆誕妄之極，而謂可信乎？然天方國亦有《回回曆》，其地近邊，與中國氣數差三度，固知《回回曆》，中國存而不用也。即中國之曆法，自《太初》以至《授時》，莫不遵古置閏。如西夷之邪説，謂閏可棄，是唐之欽天，《易》之《繫辭》，中國千古之帝王卿相、神聖賢哲、大識大見，皆在魍魎下也，是耶非耶？夫我明《大統曆》，兼參諸曆之長，行之萬世無弊。我太祖立欽天監内臺，分科各習一藝，專精象占，無得差移。至今而曰推筭有失，不能如劉國師之準，則當治欽天監内臺糜祿之罪也。

夏燮《中西紀事》卷二《猾夏之漸》 當雍正元二年間，因閩粵督臣請毀天主教堂撤爲公廨。時有湖北黄岡吳德芝記其事云，自西人設立天主堂，細民有歸教者，必先自斧其祖先神主，及五祀神位，而後主教者受

之，名曰喫教。人按一名與白銀四兩，榜其門以赤紙，上畫一長圈，中列十字架，刀錐鉤槊皆具。或曰其所奉神以磔死，故門畫磔器也。每月朔望，男女齊集堂中，闔門誦經，及暮始散。有疾病不得如常醫藥，必其教中人來施針灸，婦女亦裸體受治。死時主者遣人來斂，盡驅死者血屬，無一人在前，方扃門行斂。斂畢以膏藥二紙掩屍目，後裹以紅布囊，曰衣胞，紉其項以入棺。或曰借斂事以刳死人睛，作鍊銀藥。生前與銀四兩，正爲此也。故死時若不使聞知，不聽其斂法者，謂之叛教，即令多人至其家，淩辱百計，權四兩之子母而索之。窮民惑於此，每墮其術中。而士大夫之嗜利無耻者，皆幾其鍊術可得，相與尊信之，稱之曰西儒。而其主如所在地方，必與其長吏相結厚饋遺。有事則官長徇庇之，以故其教益張。所刻口鐸一書，其說極狂悖。工繪畫，雖刻本亦奇絕。一幀中，烟雲人物備諸幻態，而尋其理皆世俗横陳圖也。又能製物爲裸婦人，肌膚，骸骨，耳目，齒舌，陰竅，無一不具。初折疊如衣物，以氣吹之，則柔軟溫暖如美人，可擁以交接如人道。其巧而喪心如此。康熙中，黃岡令劉公澤溥，深惡之，議毀其廟，逐其人。胥吏有從其教者，懲以重典，不旬日而上官下檄，反責以多事。蓋錢可通神也。雍正二年，浙江制府滿公，名見上上言其惡，朝廷納之，禮部議覆。奉旨西洋人除留京辦事人員外，其散處直隸各省者，著該督撫轉飭各地方官，除起送至京効用人員外，餘俱遣至澳門安插。其所造天主堂，令皆改爲公廨。凡誤入其教者，嚴爲禁諭，令其改行。如有仍前聚衆誦經者，從重治罪。地方官若不實心禁飭，或容隱不報，如之三月，奉通檄盡逐其人，以其堂爲義學公所。百年汙穢，一旦洗濯，因喜書其事如此。按此書見採於梁中丞章鉅所著《浪跡叢談》，言此事在雍正初至今，剛踰百年，而其燄復張，甚爲可恨云云。又魏源《海國圖志》天主教條下云，查西洋之天主教不可知，若中國之天主教，則方其入教也有吞受丸藥，領銀三次之事，有掃除祖先神主之事，其同教有男女共宿一堂之事，其病終有本師來取目睛之事。凡入其教者，給銀一百三十兩爲貿易貲本，虧折許復領，領至三次，則不復給，仍贍之終身。受教者先令吞丸一枚，歸則毀祖先神主，一心奉教，至死不移。有泄其術者，服下藥，見廁中有物蠕動，洗視之，則女形寸許，眉目如生，詰之，本師曰，此乃天主聖母也。入教久，則手抱人心，終身信向不改教矣。凡入教人病將死，必報其師，師至則妻子皆跽室外，不許入。良久氣絶，則教師以白布囊死人之首，不許解視，蓋目睛已被收去矣。有僞入教者欲試其術，乃佯病數日不食，報其師。至，果持小刀近前，將取睛。其人奮起，奪擊之，乃踉蹌遁。聞夷市中國鉛百斤，可煎紋銀八兩。其餘九十二斤，乃可賣還原價。惟其銀必以華人睛點之，乃可用，而西洋人之睛不濟事也。按默深所論，與黃岡吳君大略相同。而吞受丸藥，則傳教者得手之初，持此以爲左券之握。蓋藥性初發，狀類顛狂，因有劈毀祖先神主之事。迨藥性既下，則心如魔醉，不但禮拜喫齋樂於從命，即使裸體受辱，亦所甘心。是則所謂手抱人心，終身不改，必有妖物憑之者矣。又聞傳教之士，周歷各省，凡深山窮谷，靡所不至。有不信其教者，則於其入堂講勸之際，暗施此藥於茶餌中，不踰時而本性潛移，皈依不二矣。至同教男女共宿一堂，何以有黑夜傳情之事，則以本師預目其婦人之白皙者，臨時投以藥餌，受者不悟而吞之，能令有女懷春，雉鳴求牡，蓋即世俗春方之品，正所謂鴆以爲媒者也。然則部議所云，奸誘婦女，誆騙病人眼睛者，不能拔其傳教之根株，而但舉此曖昧無憑之端，以示懲警，是猶閉男女於一室而禁之交媾，遇屠人於市中而勸之戒殺，豈非掩耳而盜鐘者歟。

漢之黃巾五斗米，其教匪之濫觴乎。明之白蓮無爲，其天主教之倀使乎。我朝乾嘉之際，直省教匪公行，一時傳其教者謂之七七教。而攷其教法，則不出吳魏二君所記之數事。是雖未嘗操入室之戈，而卧榻之旁，已被西人鼾睡矣。自英人請立傳教之條，佛人請弛習教之禁，於是各省拜會無不藉天主爲名，即非天主教者，亦假託之。粵西軍興，則有馮雲山，洪秀泉，楊秀清等，共結金田拜上帝之會。謂上帝爲天父，謂耶穌爲救世主。又杜撰讚美經，謂天父鴻恩廣大，不惜太子遺降凡間，損命代贖。大都剽竊耶穌書中語，以誘脅從之愚民，令每飯誦之。迨咸豐三年，粵匪攻踞江寧，則有上海不肖之外洋領事，欲藉以徼利，徑乘舟由海道至江寧，與之聯教通欵，遂釀是年八月上海劉麗川之案。時又有粵東紅棍賊者，據曾中丞望顔奏摺內言，近來粵中大吏不許人提及會匪二字，因而該匪等毫無顧忌，謂大憲並不禁人拜會，我等樂得結拜。遂至蔓延通省及於廣西，今竟禍連吳楚。當二十四年，有外匪來至臣籍之香山，在於港口隆都各鄉誘人入會。始猶數十人，於夜間結拜。後則千百爲群，行之白晝。其結拜

之處，凡有路口，俱用鎗炮把守，以防官兵圍拏。凡入會者，每人斂錢三百。其黨引得一人入會者，則分錢二十文。其已結拜後再看人結拜者，謂之看戲，亦得分錢十文。結拜之時，設一紙帳城，城上所供，未知何牌位，旁坐一白衣白帽者，謂之亞媽。入會之人俱穿刀門而入，跽聽亞媽教授隱語，各以縫針針其指頭出血，血水一鍾，各飲一口。亞媽乃高聲念悖逆之語，衆皆齊聲答應而起云云。按西人崇事天主有亞尼瑪之學，亞尼瑪者，華言靈性也。天主之母曰瑪利亞，義亦如此，此皆襲西人之唾餘，而張皇其教法者。至血水一鍾，各飲一口，其應如響，此必雜以符咒方藥，如傳天主教者，吞丸一枚，即終身信向之類。予以爲必有靈物憑之者，以近年之所見知之。當壬寅撫議定後，踰年而發棺之獄起，徽寧一帶惑形家言，久厝不葬，猝傳其事，相與戒嚴。然其所發，皆新喪衣物無所取，惟死者之顱輒遭斧鑿，疑其取腦髓也。一時鄉里無賴之徒遂乘其間，以發富家貴人窆壙，竊其珠玉襚衣。乃有歙縣程侍郎，及涇縣潘河帥之先塋，事發奏請勒限嚴緝。而殘尸之眞盜無所得。時大吏通檄各州縣，以爲青蓮匪黨，然絕無左證。閱三年，而有浙江蕭山小兒之案。方其急病而死，數日之間，傳染數十家，無識之者。有某戶偶尋視其小兒瘞處，被人掘發，斧其顱骨，傳之比戶，無不皆然，方悟其爲妖術也。貧家小兒嬉於門外，有過者投以瓜果，寘酖其中。有頃小兒暈仆在地，適有善醫者過視曰，此謎藥也。兒實不死，奈何棄之。遂傳解謎方如其法，急救而蘇者全活無算。然一兩月間，流毒南北各省，及於畿輔輦轂之下，御史奏請嚴緝。而各州縣繫獄鞫治者，率多流傭，走丐，賣方，操卜之徒。即偶有刑逼認供者，亦卒不能得其情實。予意邪教中符咒方藥欲藉人身精氣之靈，而顱中之髓，又其精靈之最聚者。此輩以左道惑人，預爲魔蠱之用。初取新死者之髓，不驗乃謀取其生者。故以謎藥投之小兒，使其醉不至死，待其棄之漏澤，則如探丸囊底，得珠頷下，不啻取諸其懷而生致之矣。然操其術行數千里而不敗露者，豈眞鬼蜮之技能遁其形，而胥吏因緣文網疎縱，欲以鬥猛虎於決蹯之後，制螫蛇於斷腕之時，不已難乎。此道光二十六年事，是年當丙午陽亢之運。又其事起於午未之月，予以告里中父老，謂東南數年之後，必有大獄。未幾，而粤西告變矣。西人自弛禁之後，傳教入中國者，佛郎西之人尤多。近年來，始有傳其取嬰兒腦髓，室女紅丸之事，播入人口。蓋又於天主堂後兼設育嬰會也，道家修鍊其下者流入採補，此固邪教中必有之事。附記於此。

釋圓悟《辨天三說》 季秋之望，余《二說》復出，如前致榜武林。而孟冬九日，夢宅張君仍持告天教之堂，坐移時始有范姓者出，乃中國人，蓋遊淇園楊公之門而篤信天教者也。張君具言前事，以《二說》示之。范君接得竟不目，即內諸袖，乃曰：「凡有書出來無不收，然必不答，實告於公，此是教中大主意。」張君曰：「此非釋氏生事，蓋因貴教中言，理無二是，必須歸一，索辨之言，不一而足。且曰辨者吾所甚願也，故天童和尚爰出《初說》，欲與辨論，以決是非。而貴教傳先生又面許辨答，後竟食言。於是復有《二說》，今又曰不答，且曰百說千說，一總不答，何先後矛盾之甚耶？」范君曰：「教中雖有欲歸一之說，然而佛教與天教原是不同，必不可合者。蓋佛教雖重性靈而偏虛不實。唯我天教明言人之靈魂出自天主，則有着落，方是大全眞實之教。雖然佛教以天堂地獄教化衆生，而我天教亦以天堂地獄教化衆生。如兩醫者，爾我如病人，隨服其醫之藥，唯期療病而已，何必是此非彼，況又欲合衆醫爲一耶？如病不瘥，則更醫可也。」張君曰：「此是病者分上事，夫醫者之理，豈有二哉？」范君曰：「理雖不二，亦未有見病人請二醫於家，使其爭論而合爲一者。」張君曰：「若是則並行而不悖，胡爲貴教著書排佛、毀佛形像，何也？」范君曰：「教門不同，自然要如此闢。」張君曰：「此即以是加彼，彼或以是報此，則終無歸一矣。」范君曰：「然。敝教皈依者，必先與講明天主大義，至再至三，然後受教。其進若此之難，故其出教亦不易。不似學佛之徒，倏爾進倏爾退。故彼欲化我，雖是好心，而我輩斷斷無捨天教而復皈依佛者，不必空費許多氣力。況雲棲嘗著《天說》四條，欲辨天教，尚且不勝，豈今天童更有過於雲棲者乎？」

據張君親持《二說》往告，西人不自面言，而假見我國之范君，且以必不答爲教中大主意，藏其貌，愎其詞，凜乎截乎？若示我嚴城堅兵無自而入者，蓋欲以含沙之計，陰肆其鬼蜮之懷。如去歲曾來會中，與辨不勝之說，或矯誣於異日，或捏造於他方，窮其心志，不過以之惑世行奸耳，豈明教辨學之意哉。抑當事者之有憂，余身林下老且死，何必與之計論。第據范君之言，則余又不可以不辨也。范君謂佛教雖重性靈，然偏虛

不實。唯我天教明言人之靈魂出自天主，則有着落，方是大全眞實之教。靈魂出自天主，且存後論。佛教偏虛不實，余言不足重，則我皇祖《御製心經序》，蓋論之詳矣，試爲范君陳之，皇祖之訓曰：

二儀久判，萬物備周。子民者君，君育民者法，其法也三綱五常以示天下，亦以五形輔弼之。有等凶頑不循敎者，往往有趨火赴淵之爲，終不自省。是凶頑者，非特中國有之，盡天下莫不亦然。俄西域生佛號曰釋迦，其爲佛也，行深願重，始終不二，於是出世間，脱苦趣，其爲教也，仁慈忍辱，務明心以立命。執此道而爲之，意在人皆若此利濟群生。今時之人，罔知佛之所以，每云法空虛而不實，何以導君子訓小人，以朕言之則不然。佛之教實而不虛，正欲去愚迷之虛，立本性之實。特挺身苦行，外其教而異其名，脱苦有情。昔佛在時，侍從聽從者皆聰明之士，演説者乃三綱五常之性理也。既聞之後，人各獲福。自佛入滅，其法流入中國，間有聰明者，動演人天小果，猶能化凶頑爲善，何況聰明者知大乘而識宗旨者乎？如《心經》每言空不言實。所言之空，乃相空耳。除空之外，所存者本性也。所謂相空有六，謂口空説相、眼空色相、耳空聽相、鼻空嗅相，舌空味相，身空樂相，其六空之相又非眞相之空，乃妄想之相爲之空。相是空相，愚及世人，禍及今古，往往愈墮彌深，不知其幾斯空相。前代帝王被所惑而幾喪天下者。周之穆王，漢之武帝，唐之玄宗，蕭梁武帝，元魏主燾，李後主，宋徽宗，此數帝廢國怠政。惟蕭梁武帝、宋之徽宗以及殺身，皆繇妄想飛昇及入佛天之地，其佛天之地，未嘗渺茫，此等快樂，世嘗有之。爲人性貪而不覺，而又取其樂人世有之者何？且佛天之地，如爲國君及王侯者，若不作非爲，善能保守此境，非佛天者何？如不能保守而僞爲，用妄想之心，即入空虛之境，故有如是斯空相。富者被纏則淫欲並生，喪富矣；貧者被纏則諸惡並作，殞身矣。其將賢未賢之人被纏則非仁人君子也，其僧道被纏則不能立本性而見宗旨者也。所以本經題云：《心經》者，正欲去心之邪念以歸正道，豈佛教之妄耶？朕特述此，使聰明者觀二儀之覆載，日月之循環，虛實之孰取保命者何如？若取有道保有方，豈不佛法之良哉。色空之妙乎，於戲！

皇祖蓋聰明睿智、開物成務之大聖人也。使先佛之道，無當於理，皇祖豈肯偏黨不公，而獨謂其敎實而不虛耶？

夫聖人之道，必折衷於聖人方始歸一而可行可遠，豈聖人之所然，而我反不以之爲然乎？不然聖人之所然者，則與聖人之見左矣。與聖人之見左，抑豈聖人之徒哉。范君殆將賢未賢之人，則亦聖人之徒也。聖人之徒必以聖人爲師，周公不曰「文王我師」也。若以道論皇祖，則亦范君之師矣。范君不師皇祖之言，而師夫皇祖所未折衷之人，而其人又其心行大有叵測者，蓋亦異於周公矣。

劉文龍《統正序》 憶予曩謁霞城大座師許於華亭，知有天主教來矣。時邑之縉紳士庶，口自操刃，攻之若寇，日訟於郡公縣公者，人不啻萬億計，牘不只千萬張。緣以暴銀金多，攀接貴介，不肖利其有者亦稍稍作寬活套子，聽其自去。此予目擊其事也。今夏月謁瑪石王父母師，轉任閩之建安，并仝詹月如年兄任甌寧，復聞有天主教之寓於建寧也有年矣。建邑之士其高期聳拔者，莫不以鄒魯之邦自任，豈小醜能亂哉？且屬名儒梓里，儀型不遠，然其中不無仁智。百姓受其狂惑，毋怪乎小道可觀也。以況雲間之訟之者則未之有矣。蓋其俗天性惇厚，不欲以非理繩人，誠先賢過化之區，而詩書源長，即此輩亦不能生事耳。雖然學必以正爲宗，一切吊詭皆可坐在左道之誅。況以夷人亂華，《春秋》首嚴，而儒不儒、釋不釋，道不道，獨標名曰天主教，則更爲左道之尤乎？此閑先之力，予所以與雲間許老師諸人有同心自不甘沒沒也。偶因訪盟社李猶龍兄，暨楚桃源上官法護先生，得拜費隱禪師大和尚《性命正解》，并諸公闢邪諸説。因知三教聖人尚存人間，此正其轉身説法時耳。凡切吾徒衛之不可不力，聊以一言辨之於首，非好辨也，以待後之學者大肆斧鉞，吾道幸孔。崇禎九年夏月臨川劉文龍雲子甫著。

釋普潤《誅左集緣起》 夫天主教者，實乃邪因外道反常異端，法所不容，理之必黜者矣。按其始，挾技以逢好事，揑徵以啓信邪，既而招來醜類，朋作僞書，今舉其尤，餘推以類。蓋彼不達唯心，全迷一體，故執心外有法，謂萬物皆生於天主，性體不偏，一靈唯局於吾身。且陽排釋道以疑儒，陰貶儒宗而探學，斥率性爲非道，譏事親爲不臧，怨禽獸以無靈，誣木石而有命。因以烹割爲齋，蔑好生之盛德；悖逆猶孝，亂秉彝之大倫；抹殺輪迴，謂無終而有始；私頒律曆，示彼正而我偏。無後未爲不孝，多妾誠爲大愆，理欲混淆，華夷倒置。故凡入其教者，斬祖宗之祀，

唯詔祭一天主；火神聖之像，但供十字刑枷。廢父母三年之喪，行渠魁七日之禮，大呼我主我罪，搥胸披髮而號，暗洗聖水聖油，彈指點額而詭，駕言卻祟以行怪，假托授秘而誨淫，傷俗敗倫，靡所不至，甚則螻蟻佛祖，伯仲君親。謂《周易》多少不通，堪赴丙丁童子，誣禪宗自他俱悞，全然烏有先生。謗太極仁義爲賤，虛三藏敎乘爲謬。妄指胡女產之耶穌呼爲上帝，罷德變之魔鬼名曰釋迦，姦盜詐僞之徒，一造其室遂登永樂之天。堯舜周孔之聖，不得其門久錮鍊清之獄。行人之不敢行，道人之不忍道，欺天侮聖，無父無君，至此極矣。況復賂漁中貴，糧餌寒衿，貢獻縉紳，簧鼓黔首，敎之以避吉趨凶，制彼甘心而赴難；吊生慶死，激其奮志以樂忘，加以製火車，鑄巨銃，城廣嶴，築平和。叵測其所從，人不定其所止，鼠竊我土，業已五十餘年；蠶食我民，不知幾千萬戶。察其不召而來，既逐不去，其視三尺爲何如。外貌謙恭，內懷詭譎，實與五胡無軒輊。得民如寶，揮金若泥，逼處都郡要隘，意果欲何爲哉？苟志於衛道籌邦，上弦下化者，應不啻賈生之痛哭，寧忍乎巢父之傍觀。是故子輿力排楊墨，良有以也；初祖躬摧六部，豈徒然哉？嗚呼！哲人往矣，景慕空殷，踵斯作者，予日望之。潤也匪似濫居禪窟，輒興斯舉，不獲已焉。每思聞一言而謗佛，如三百矛以刺心，後昆之罪首莫逃，先覺之功臣罔克。愧未及著全書而破邪，願先驅揭衆言以見志。於是蒐諸遐邇得若干篇，緇素兼收，拙工靡擇，意在廣集同然之理，公誅左道之心，庶道統治統咸明，君恩佛恩齊報云爾。崇禎甲戌仲秋之望扶病書於閩漳南山潛雲堂。

釋成勇《闢天主教檄》　竊惟法本無諍，理難容僞，正邪元不兩立，佛魔久已攸分。爰有狡夷潛居都會，負固跳梁，乃法網之漏網。用夷變夏，誠王路之伏戎，害理喪心，殃民惑世；指周孔爲罪人，欺天罔聖；訶佛祖作魔鬼，謗法蔑僧，弟父友君，吊生慶死，集怪誕以成書，其心叵測，布金錢而賈衆，立意何爲？包蓄異謀，譸張詭行，斬祀滅倫，藐二祖列宗之成憲，斥《書》毀《易》，塞百世一統之治原，恃錢神如無盡燈，肆焉作亂。昧般若如大火聚，妄敢輕常，害豈六師，眇同一介。甚至誣汚雲棲大師，誹辱天童和尚。災近剝膚，怪同見斗。然吾道乃涅槃天上之皎月，霾翳何虞，但此類亦大悲心中之赤子，寧無痛惜。某等既爲佛子，幸際聖明。沈宗伯之諫疏猶新，許徵君之闢書尚在，凡我同仁，敬期共事，或口誅筆伐，齊吐徽音，或面折庭諍，各申妙辨，標赤幡於當道，鳴諭鼓於王庭，掃殄妖氛，肅清狐兎，庶佛日永明，法燈徧熾，曷勝惶悚。泣告。崇禎十年春王正月具。

釋如純《天學初闢》　天敎云：佛氏之國，陋而且鄙。世人誤讀佛書，信其爲淨，甚有願蚤死以復生彼國者，良可笑也。

闢曰：此係謬妄無據，誠不足斥。但彼不情造過惑世誣民，大都類此。且此謬所易明，引敎證虛以例餘者。按《彌陀經》云：「從是西方過十萬億佛土，有世界名曰極樂，即所謂淨土也。」蓋三千大千世界爲一佛土，謂一佛之報土也。正言從此娑婆世界之西去，過一佛土二佛土，乃至十萬億之佛土，其遠亦不可思議矣。故曰生則決定生，去則實不去，乃唯心淨土之旨耳。今子指印土國以當經中所詮之極樂，其淨穢苦樂竟不啻霄壤矣。且西人遠於印土，尚可航海而來。如以彼爲淨土，則吾人亦可往矣，又何必願早死以生乎？且曰世人誤讀佛書，不知自誤也。曰良可笑，適足以自笑也。不思之甚也，其無根謗佛皆若此，悲夫。

又　天敎云：中國緣帝王託夢，宰相貢諛，差去使臣，奉君相意旨，何所不可崇飾。取至番文，誰人識之？以意翻演，誰人證之？蓋自蔡諳、秦景，用白馬駝回，虛恢譎詐，而百端僞妄以潛伏不可究詰矣。

闢曰：此亦前章之類，妄誣尤甚，一無所據。既云不可究詰，則眞僞詐諛均之無考，虛恢譎詐等又何從而知之？苟以筆舌抑揚，固無所不至，舉世無知則倖，脫有識者，其吹毛求疵故入人罪，灼見子之心術，則何益矣。夢而曰託，似乎有心，必未夢之先，懸知西竺元自有佛，恐人未信，特假夢以求其符則可。然明帝實未嘗知西方有大聖之說，乃太史傅毅述古語以對明帝之卜夢者。故曰：「臣聞西方有大聖人，名之曰佛。不治而不亂，無爲而成，陛下所夢，其必是乎？」是乎也者，未決之詞也。蓋毅亦未嘗親見，故只曰聞，何遽曰帝王託夢宰相貢諛耶？下承上命，不能必其無崇飾，然亦有不可崇飾在焉。其釋迦之畫像似崇飾矣，然而舍利流光，旋環如蓋，暎蔽日輪，非蔡諳等可崇飾者矣；取來之經四十二章而已矣，用白馬以駝，似崇飾矣。然經中若文若旨，非佛不足以言，豈諳等能之乎？偕迦葉、摩竺法蘭二尊者來，似崇飾矣；然其放光說法，飛行自

在，而諳等能之乎？凡民易惑，四衆雲臻，似崇飾矣；然天雨寶花及奏衆樂，諳等能之乎？是時欽釋慢道，似崇飾矣；然而築壇焚經以辨眞僞，而道教燼而釋教存，故唐太宗《焚經臺詩》有「春風也解嫌狼籍，吹盡當年道教灰」之句，豈諳等能之乎？縱能崇飾於一時，寧能使天下後世皆崇飾乎？邦畿內外，創梵刹以居僧，似崇飾矣；於時後宮陰夫人王婕妤等一百九十人，司空楊城侯劉善峻等二百六十人，四岳道士呂慧通等六百二十人，同時剃染。帝親與群臣給供浹旬，諳等能之乎？且安榮寵，忌寂寞，莫宮宦之若也。妻孥之愛，孤獨之悲，士庶咸若也；封己見，疾新端，莫羽流之若也。然其脫鶴氅而披袈裟，捨名位而歸蘭若，若惟諳等之不能，即極威以臨之，重勢以迫之，導之以親友，驅之以虎狼，苟無實感於心，遂肯捐棄恩愛，毀容易服，一旦皈誠未之有也。又按鑒斷明帝，天資明敏，尊賢下士，幾成聖治。儻昧於恢詭譎詐，尙得稱明敏乎？當時師傅鯁正循良，如張佚、張衍、桓榮、宋均輩，皆宿德純儒，犯顏直諫，豈復貢庚而釀非理者乎？如云崇佛即諛也，則自漢歷今，其間帝王卿相崇佛者不一而足，謂裴、房、楊、李等爲貢諛之臣且不可，敢以唐宋諸君，迨我有明太祖、成祖至於神宗，皆爲納諛之帝，又安可乎？曰取至番文，誰人識之，斯言不情之甚，胡能損至孝哉？蓋國必設掌理四方之職，以司鄰國之詞令，故譯場經館，列十位以該罷，預從事者有八備十條之約。其所以鄭重若此，正緣華梵相翻，恐諳文義者爾。十位維何？所謂主譯者、筆受者、度語者、證梵文者、證梵義者、證禪義者、潤文者、證譯義者、梵唄者、校勘者。非精通《三藏》，明練顯密，無以爲譯主；非言通華梵，學綜有空，無以克筆授。度語者，變梵成華，傳度令生解也。證文然後梵本眞，證義則其所詮正，定慧等持，方稱證禪之職。辭章藻雅，始宜潤色之充。證義酌既翻之旨，校勘讐已譯之文。自始至終，能事畢矣。然有恆位而無恆人，唯推能者當之。故聶承遠父子、房融等，嘗筆受焉；李嶠韋、盧藏用等，嘗潤色焉。至於監護簡校，則有周平高公、侯壽房梁公、楊愼交、杜行顗等，監掌翻譯之事，詮定宗旨者也。觀其條理詳密，考證再三，無以加矣。敢云取至番文誰人識之，以意翻演誰人證之，不思之甚也，妄誣之甚也。

又 天教云：按《朱子語錄》：佛經皆中國文士自相撰集，如晉宋間自立講師，孰爲釋迦，孰爲阿難，孰爲迦葉，各相問答，筆之於書。

闢曰：斯尤謬妄，誠不屑辨。第恐無知，傳爲口實，今即以朱子之事，反證其非。

考晦翁蚤從學於李延平先生，久之恨不能發明。及詢長者，咸指之禪學，已而偏謁禪老，與李東萊、張南軒，同問道於大慧禪師。先是從劉屛山遊，屛山意其必留心舉業，遂搜其篋，唯有《大慧禪師語錄》一帙。及登科，致書於開善謙禪師曰：「熹向蒙大慧禪師開示狗子佛性話頭，未有悟入，願受一言，警所不逮。」謙答書云：「把這一念提撕狗子話頭，不要商量，勇猛直前，一刀兩段。」晦庵覽之有省。噫！勃哉！既知佛法皆出中國文人，何不自撰幾卷，而反看他人之語何也？況又問道於學佛之徒又何也？自學佛，教人勿學佛；自用佛語，又怪周程明露佛語又何也？陳忠肅公謂性理之學，東林總禪師授之濂溪，其言已徧於天下矣。故周程張謝游楊晦庵等著書立言，凡說道理處，皆用佛經禪語之意，故反有指內典曰：「這一篇與宋儒相合，這幾句亦與相合。」嗚呼！曾不知宋儒盡是禪宗流將出去者，詳晦庵意，不過自護門戶耳，豈三藏五乘之教，果出於文士哉，固無庸置喙者矣。

且晉宋以來之人物，賢而且明，歷歷可數；才德之望，經綸之美，如謝安石；量識高古，才思逸群，如王羲之；情性之正，去住之高，如劉遺民；風規瀟灑，文章精遒，如謝靈運；曠懷雅韻，閑靜自樂，孰如陶靖節；《詩》《書》法程，節義嚴峻，孰如顏魯公；衡陽龐蘊，識見之高，禪髓之邃；相國裴休，文章之古，道學之至，孰能加焉；刺史李翱、侍郎居易，卓識宏度，文明典雅，孰能加焉；二蘇子、黃山谷，天資明哲，深入禪窟；楊大年、李遵勗，不離塵俗，悟徹心源，孰能加焉。學士王公曰休、秉政李公商老，皆博學知識，高明正大，有人所未易及者。是諸名賢篤志事佛，或入匡山之蓮社，或親宗匠之爐鎚。子云晉宋間文人，此其大概者矣，爲我一一指陳，令我疑惑。《三藏》五千四十八卷，某經某人問答，某人獨說某經，昭晰以示天下。破千古之重昏，亦使佛氏心伏，何不可乎？今既不能指出，則子之妄言明矣，將引他人不根之談，欲沮佛祖眞實至教，如吹螢火以涸蒼溟，徒喪子之心力，惜哉。且曰文人作過多端，偏畏死後，故其佞佛獨在人先。噫！心立不中，發言矯亂，於茲可

驗。據子先言佛經文人所自說，則實無佛，何佞之有？輪迴亦自所說，何畏之有？況佞佛者未始有不忠乎其君，不孝乎其親，不成乎其仁者。大本既基，內省不疚，何畏佞偏先人耶？苟當仁不讓而先人，則所趨之道正矣。朝聞夕死而豫行，則所信之言至矣。就有道正而忘己，則經非我說明矣。誣人之罪，以罪加之，子之業深矣。

鍾始聲《天學初徵》 鍾子讀《易》於震澤之濱，有客扣廬而問曰：「吾聞子年十二三時，便以千古學脈爲己任，闢釋老，閑聖道，今三十餘載矣。足不窺戶外，不與名公大人交，亦不思致身以事君，將安補於世道哉？且子不聞近世有天主教乎？其人從大西來，一見我中國之書，悉能通達，彼亦闢佛而尊儒，與子意甚相符也，曷一共討究焉？」鍾子欣而作曰：「有是哉？彼既從大西來，乃不祖釋而祖儒，意者吾聖道晦而復明之機乎？願聞其旨。」客迺出《聖像略說》一冊以示之。鍾子讀甫竟，遂訴曰：嘻，此妖胡耳。陽排佛而陰竊其粃糠，僞尊儒而實亂其道脈。請即以彼說攻之。彼云：天主，即當初生天生地生神生人生物的一大主宰。且問：彼大主宰，有形質耶？無形質耶？若有形質，復從何生？且未有天地時，住止何處？若無形質，則吾儒所謂太極也。太極本無極，云何有愛惡？云何要人奉事聽候使令？云何能爲福罰，其不通者，一也；且太極只是本具陰陽之理。是故動而爲陽，靜而爲陰，陰陽各有善惡之致，故裁成輔相之任，獨歸於人。孔子曰：「人能弘道。」又曰：「爲仁由己。」子思曰：「致中和，天地位焉，萬物育焉。」《易》曰：「先天而天弗違。」若如彼說，則造作之權，全歸天主。天主既能造作神人，何不單造善神善人，而又兼造惡神惡人，以貽累於萬世乎？其不通者，二也；且天主所造露際弗爾，何故獨賜之以大力量大才能。若不知其要起驕傲而賜之，是不智也；若知其要起驕傲而賜之，是不仁也。不仁不智，猶稱天主，其不通者，三也；又露際弗爾，既罰下地獄矣。天主又容他在此世界陰誘世人，曾不如舜之誅四凶，封傲象也，其不通者，四也；且天地萬物，既皆天主所造，即應擇其有益者而造之，擇其有損者而弗造。或雖造而即除之，何故造此肉身，造此風俗，造此魔鬼，以爲三仇，而不能除耶？世間良工，造器必美，或偶不美必棄之。以至大至尊至靈至聖之眞主，曾良工之不如，其不通者，五也；孔子曰：「天何言哉？」孟子曰：「天不言，以行與事示之而已矣。」今言古時天主降下十戒，則與漢宋之封禪天書何異？惑世誣民，莫此爲甚。其不通者，六也；又天主降生爲人，傳受大道，未降生前，居在何處？若在天堂，則是天主依天堂住，如何可說天主造成天堂？若言既造天堂，依天堂住，如人造屋，還即住屋。則未造天堂時，又依何住？若無所依，則同太極。不應太極依天堂住，福罰人間；亦不應太極降生爲人，其不通者，七也；又天主既降生後，彼天堂上，爲有本身，爲無本身。若無本身，則天上無主；若有本身，則濫佛氏眞應二身之說，而又不及千百億化身之奇幻，其不通者，八也；又謂天主以自身贖天下萬世罪過，尤爲不通。夫天主既其至尊無比，慈威無量，何不直赦人罪，而須以身贖罪，未審向誰贖之，其不通者，九也；又既能以身贖人罪過，何以不能使勿造罪，其不通者，十也；又既云贖天下萬世人罪，而今猶有造罪墮地獄者，仍贖不盡，其不通者，十一也；吾儒謂堯舜之聖，不能掩其子之惡；孝子慈孫，不能改幽厲之過。所以自天子至於庶人，壹是皆以修身爲本。而今天主既可贖人罪過，則人便可恣意爲惡，總待天主慈悲贖人，其不通者，十二也；遺下教規，謂只有一造物眞主，至大至尊，要人奉事拜祭，而盡抹殺天地日月諸星，則與佛氏所稱唯吾獨尊何異？陰倣其說而陽排之，其不通者，十三也；佛氏雖曰唯吾獨尊，尙謂天地日月諸星，覆照世間，有大功德，護世鬼神，保祐人間，宜思報効。今乃曰不當拜祭，則專擅名利之惡，甚於佛氏，其不通者，十四也；既不許輪迴之說，又云人之靈魂，常在不滅，有始無終，則轉積轉多，安置何所？其不通者，十五也；若謂天堂地獄皆大，可以並容，何異佛氏之說，其不通者，十六也；又彼謂佛氏所稱三千大千華藏世界，人所不見，便是荒唐；今彼所稱天堂地獄，又誰見之？其不通者，十七也；又謂天堂地獄，雖然未見，卻是實理。則安知三千華藏，非實理乎？而苦破之，其不通者，十八也；又謂臨終一刻，聽從天主教法，也還翻悔得轉，則與佛氏臨終十念相濫。汝說要眞，佛氏亦說要眞；汝說要依十戒，佛氏亦說要依十戒；汝說從自己身心上實實做出來，佛氏亦說從自己身心上實實做出來；汝說要眞心實意痛悔力除，從來不敢再犯；佛氏亦說要眞心實意痛悔力除，後來不敢再犯。全偸佛氏之說而又非之，其不通者，十九也；又佛氏專明萬法惟心，故凡事只靠一心。汝既專明萬法惟天

主，則凡事只靠一天主足矣，又何用從自己身心做出耶？若仍要從身心做出，則權不獨在天主明矣，而妄立天主，其不通者，二十也；汝既要攻釋道兩家，須搜其病根，彼方心服。若謂要人施捨些錢財，備辦些齋飯，燒化些紙張，便是功果，恐彼二氏亦未必心服。而汝又仍教人奉事拜祭天主聖像，與彼何異？其不通者，二十一也。吾儒謂物物一太極，天命之謂性，故人人可以成位於中。至於尊卑名位，則森然不亂。故天子事上帝，諸侯祭山川社稷，大夫五祀，士祭其先。今既謂天主至大至尊，又令家事而戶奉之，與佛老二像何異？而妄自表彰以爲不同，其不通者，二十二也。吾故曰：陽闢佛而陰竊之，僞尊儒而實壞之者也。逐其人，燬其書，禁天下不得存其像，庶不爲中國之賊耳。聞彼妖徒聰明能辯，必有以解吾徵者，吾將再徵之。

又《天學再徵》 其言曰：「天主未降生千百年前，已豫示必降之兆。及其將降，又有天神來報，乃至種種奇功異端，其書充棟，特未傳譯」等。徵曰：此與釋氏所述佛生瑞應何異也？若謂釋迦爲摩耶所生，不過是人；則天主爲聖女所生，獨非人乎？若謂耶穌定是天主降生，則安知釋迦非天主降生乎？若謂佛氏經書荒僞，則汝書安知不荒僞乎？若謂汝書歷歷有據，則佛經不亦自謂歷歷有據乎？若謂佛出西域，此間無人見聞，便稱爲謬；則汝出大西，此間尤無人見，不尤謬乎？佛書從天竺來，汝則以爲悞取；汝謂九萬里來，誰知其非説謊乎？汝既孤身至此，去家已遠，歷年已久，何繇與汝交者，猶有本國異物贈之？豈汝膂力甚大，當日所攜之物如此其多耶？抑有神通，朝取而夕至耶？抑有奇術，隨意能變造耶？吾亦聞汝之根底矣。生於近香山嶴之小國，聰明奸宄，意在覬覦中原神器。故泛海潛至嶺南，先學此方聲字，然後竊讀三教群書，牽佛附儒，杜撰扭捏，創此邪教，以爲惑世誣民，蠱壞國運之本。自謂絕淫不娶，而以領聖水之妄説，誘彼愚夫愚婦，私行穢鄙。然閩粵民庶，每年必與呂宋等國商賈往來。汝之羽翼，每年附舟賫送寶物以相資給。是故與汝交者，汝不希彼一毫供養，更以異物而贈惠之。人遂謂汝廉潔無求，勝彼釋老之勸人布施。乃至縉紳達士，亦被汝惑，以爲恭懿廉退，儼然大儒風格。嗚呼，安知王莽謙恭，乃漢室之賊；介甫新學，實宋世之蠹哉？汝之心術，亦太惡矣。

釋行璣《尊正説》 原夫至正之理，天人之命脈寓焉，故謂之大同，亦謂之大公。大公也者，神聖不得私其有，天地不能秘其權；大同也者，人稟之而爲聖爲凡，爲貴爲賤；物稟之或有知覺，或無知覺，萬彙千種，各安其位，一道坦然，不壞其相，此古今不易之定旨也。惟大聖人出興於時，推明公同之正理，指歸天人之命脈，是則以先知覺後知，以先覺覺後覺者矣。故我釋迦本師，離兜率，降皇宮，捨王位，入雪山，靜思六年，於臘八子夜，覩明星忽然大悟，乃歎曰：「奇哉，一切衆生具有如來智慧德相，良繇妄想執著，不能證得。」至法華會上曰：「諸佛世尊爲一大事因緣故，出現於世，欲令衆生開佛之知見故，欲示衆生佛之知見故，欲令衆生悟入佛之知見故，繼而達磨西來，稟教外單傳之旨，直指人心，見性成佛。嗣後禪宗競挺，覿面提持奮大機用，雖方便多端，特揭元本之正見。儻能回光返照，立證元初正體，則卓然無依，至眞獨露。此無他，蓋從本以來各各具足成佛故也。」孔子曰：「大學之道在明明德，在親民，在至於至善。」曰：「參乎吾道一以貫之。」子思子曰：「天命之謂性，率性之謂道。」曰：「自誠明謂之性。」孟子曰：「萬物皆備於我。」蓋聖賢繼天立極，闡當人性命之緒。蓋明具體之圓，而發其本然之妙也。而老氏亦曰：「有物混成，先天地生，寂兮寥兮，獨立而不改，周行而不殆，可以爲天下母，吾不知其名，字之曰道。」曰：「聖人抱一爲天下式。」曰：「昔之得一者，天得一以淸，地得一以寧，神得一以靈，人得一以盈，萬物得一以生，侯王得一以爲天下貞。」蓋天地人物總原於一，而不假外成者，渾然固有之理也。於是乎三教鼎立，今古並行而不相悖。自天子以至於諸人，踐其道造其極者，史典昭然不可枚舉，固無論中夏夷狄之精鄙，富貴貧賤之崇卑，唯正是宗，存乎其人而已。所以在朝在野，人人得而尊之，人人得而主之，人人得而正之，人人得而弘之。至於邪説異端，如水火之不同器，曲直之不相侔，毋容毫髮混乎其間者，明且著矣。何物西洋利瑪竇之夥者，肆布邪書，簧鼓當世，蔑至正本具之理，析裂心性，多般臆説，謂太極不能生物，天地萬物不能同根一體。噫，誠不足與語大道之原矣。豈知山河大地明暗色空，咸是妙明眞心中物，及人人法法各具太極之理。瑪竇既不悟法法唯心，心心本具，而務外計度，故別執有天主可尊可附，能生能造，以至趨妄逐物，起種種差殊之見。正是業識茫茫，無本

可據，欲望三教之宮牆，何啻數仞之崇高也。而敢恣意輕擬太極與夫同根一體之非是，則知瑪竇以己局見，比量義文之太極，以識心分別天地萬物，而方古人無同根一體之理，何狂誕之若是乎？

莊子曰：「井蛙不可以語於海，夏蟲不可以語於冰。」瑪竇之謂與，奈之何？聖世紳衿不察其言之可否，而甘醉心於怪妄，群然煽其和風，熾其邪說，自釀肺肝之大患，漸引膚毒以互攻，獨不思道統命脈垂茲於萬世，皎如月星。一旦戕賊投之夷手，是可忍乎，孰不可忍乎？余山林拙朽，匪敢僭越。第公同之道，天人命脈，朝野均關，所以云人人得而尊之，人人得而主之。緣剖三教之根源，證當人之具體，俾正眼者一燭洞然，知無稽之言，弗足採信。則未陷者毋至覆轍之虞，已陷者庶幾寒心痛悔，咸發公同之憤，誅公同之讐，還公同之元，尊公同之正，則不惟理學幸甚，而先聖幸甚，不惟先聖幸甚，而生靈亦幸甚，是故著《尊正說》云。

又《拆利偶言》　有客問曰：利瑪竇既排佛氏，謂竊伊西國善民輪迴之說，以天堂地獄嚇人。奈何渠教中亦有天堂地獄之說，得非自己倒置乎？余曰即吾教謂天堂地獄，亦異乎瑪竇之所說也。據瑪竇云：有人罪惡如山，但一歸天主，罪即消滅，天主畀之天堂之樂；其或不知信向者，雖聖賢猶入鍊淸之獄。若天主如是主權，可謂公乎？可謂天主乎？吾知瑪竇止竊吾教之天堂地獄，以誑惑愚民，又恐難逃至鑒，遂反誣佛氏嚇人，此所以見瑪竇之狡也。然狡雖深，其如我正大之教，萬世不磨，何哉？試爲子陳之。

我世尊說法五時，因機設教，隨機隨解，初無定義。雖言天堂地獄，實一時方便，以人有造善惡之業，故說業有輕重，感報不同。善者隨善業，感天堂之報，福盡還墮；惡者隨惡業墮地獄，餓鬼畜生之報，乃至從迷入迷，輪轉不息。蓋天堂等報，因人造業而有，非有定所也。若智者悟明，業果本無自性，則當下解脫，覓罪福之原，了不可得，安有善惡業之可隨耶？古佛偈云：「身從無相中受生，猶如幻出諸形象，幻人心識本來無，罪福皆空無所住。」《華嚴經》云：「應觀法界性一切唯心造。」古云：「了即業障本來空，未了應須還夙債。」如是則吾教本以明心見性，導人爲懷，豈有天堂地獄之實法繫綴於人乎？又豈若瑪竇梗執有天堂地獄，天主畀之上下乎？足見瑪竇不能明吾教之根源，而徒滯跡狂吠，何異韓獹捨人而逐塊哉？

客曰：承教深領唯心之旨，可知一切業果皆是當人分上召感，無心外之天堂地獄明矣。又彼謂孔子曰「西方有大聖人」，乃兆耶穌，而佛氏竊之，并願聞說以悉諸疑。余曰：噫，事固有理存焉。可妄爭乎？佛之道如日月麗天，古今獨輝。佛之德如天地覆育，塵刹無遺。余爲佛氏之徒，匪曰加辭自讚，道本如是故也。自漢明帝時吾教始入中華，所尊崇敬奉降心歸信者，皆有道君相也。蓋尊佛之神明，尊佛之道大也，道大而又合儒，故其化通乎天下。天下宗佛大道，無智愚貴賤男女，知有無生之常理，廓明本具之眞心，相承於茲，無方不被佛之博施濟衆，至矣極矣。是以後世正人推而崇之，曰西方大聖人，實符孔聖之贊襄，良有以也。瑪竇輩迷本逐末，捨自己莫尊莫太之貴，而向外妄立一天主司攝，是心外有法，乃邪見外道耳。豈有萬世師聖而預稱邪見之外道乎？且《列禦寇》載：「孔子曰：『西方有大聖人焉，不治而不亂，不言而自信，不行而自化，蕩蕩乎民無能名焉。』」如是則全一淳龐世界，上下渾然，可謂太平無象矣。以無象之眞風，雖有刑名，將安用哉？瑪竇自言，耶穌爲救兆民，甘心臨刑於十字架，以贖其罪。然耶穌既爲天主化生，符孔聖之微，處其國必君聖臣賢，民良時泰，而有億兆之刑民，謂之不治而不亂，可乎？又耶穌無取信於人，不能釋民之罪，而致以身贖之，謂之不言而自信可乎？又耶穌以度人自勝，稱爲教化皇，則必澤及遐邇。至爲民贖罪，彼國殊無敬畏之心，直以十字架之刑刑之。既刑矣，謂之不行而自化，可乎？孔子曰：「片言可以折獄者，其由也與。」夫由，賢者也，特有翼教之志，其行剛其言直，平日信足以取人。孔子歎其片言而獄可折，矧耶穌有主宰天地人物之權，并全仁全智之德，而不能主宰一形軀，則全能之術又安在哉？豈有天主而不迨我土一賢者耶？瑪竇妄竊聖言以嘉耶穌，余恐罪鬼反不能安於地下定矣。

客謝曰：誠哉是言也，以子之言質諸吾儒，當自了然燭邪正，如指掌間矣。

釋行元《爲翼邪者言》　蓋嘗思之，吾人以魁然七尺之軀，峨而冠，華而裾，推尚羲文。誦習周孔，卓乎宇宙之中，藹焉民物之上，其自任

也，品格亦既崇且貴矣。而所以葆夫崇且貴者，本性極爲靈明，絲毫㣲然不染，故當其世而有邪學僞造之徒，鼓煽於天下，則必立昌言以熄之，不大灰其焰不止也。宗正教以排之，不盡遏其源不願也。凡此皆以行大道爲公之心，擴萬物一體之量。夫然後續之先德而有光，綿之後禩而無弊也。夷人利瑪竇自稱航數萬里而東，倡天主教於我中國，所述《實義》八篇，大都皆支離孟浪不經之說，決裂心性，傾越典墳，熒擾黔黎，淩欺佛祖，謗儒家之太極，蔑三教之網彝，其蠹害固不可勝言，其爲詞亦不屑齒論。然而恆情樂玩，邪見易薰，徒安厝火空泣亡羊，殆非我中國君子防邪衛道之苦心，民饑民溺之素志，惟是朝乾夕惕，悉抱蟻穴隳社之憂。憂之愈深，言之彌切，牽林總之群而共踐景行，激節操之英而合佐公議。則彼腥羶小蠢輩，敢洶洶亂我大邦者，勢不久而自絕，而人心道統國脈，亦庶乎免狂瀾矣。獨奈何夷族之講求瞻禮者，我中國之章絕也。夷書之撰文輯序者，我中國之翰墨也。夷類之設爲景教堂者，我中國之畫軒華棟也，遷喬入幽，用夷變夏，噫嘻嗟哉，是尚可忍言乎？今試執三尺之童，而紿之曰：汝盍拜犬豕？童子猶耻不受。而況以堂堂鬚眉，覬瀆夷祀；亭亭脛骨，屈折夷徒，生平佩服之謂，何一旦而淪胥乃爾？賈生若在，吾不知其涕哭幾多。且又爲之飾辭設喻，竊取外史儒謨一二仿佛者，代爲券曰：是皆明天主者也。實有天主在，而可信可畏可格可斂者也。夫苟實有天主在，則開闢已後諸聖億萬言，何獨言天而不言天主，豈諸聖不知抑果知而反秘之乎？而苟謂天主降生於漢哀之時，則莫大靈奇，閭巷歌之，簡冊誥之，歷五代唐宋以來，須聞有天主之名可矣。何古昔無傳，而今反創見之乎？抑又謂天主受十字刑架以死，請代兆民贖罪，則天主死矣，縱爾靈魂不滅，只一橫架厲祟，何能超百神而獨爲民物主，更以不能修德，徒然委置其身，恃此教化大體安在。斯其理至明，其說甚舛，凡百君子所宜察焉，而不可輕信者也。即使盜我佛家三身之說，而謂天主能化生還其本位，亦置之勿問。但根源有差，多與中國正教相背戾。設或身遭其毒，便自焦胃潰腸，又凡百君子所宜嚴閑焉，如火之燃，如川之沸，如狼魅之暴者也。而反左袒彼夷者胡爲？此余所以不咎天教之行於中國，而深咎中國之人行乎天教，而尤痛咎行天德之人叛乎正教也。正教叛而天教行，禮義文物之邦何異侏㒧左衽之俗。吾恐邪黨盈途，蠶食日衆，將乘虛以逞不軌之謀，較若覆掌之易。

語云：「聚蚊成靁，積毀銷骨。」《詩》曰：「肇允彼桃蟲，拚飛維鳥。」古來人一言半句，所以懲戒我人，謹始毖終者，實有取於茲焉。迄今聖明馭世，合國朝宗，梧鳳萋雝，弓櫜矢戢，是願一切上中下士，勿利言是聽，勿利輩是從，排之熄之以維不死之人心。紹未墜之道統，培長存之國脈，固其宜也。否則晛見雪消，自貽伊戚，一污青史，萬古淒涼，悔奚及哉，悔奚及哉，幸藉此毋忘長慮。

又《緣問陳心》　或告曰：天教之行非諸人咎也，禍端有繇來矣。夫善戰必俘其首，斬草務芟其根。今觀吾子之言似於夷略怒於我輩甚刻者，得不過激而招惡與？余瞿然曰：君盍知夫立言者苦心乎？情切者聲哀，理直者氣壯，此《離騷》《孤憤》諸篇古人所以發也。雖然吾正恐其不知惡也，試知惡則必積久生疑。思夫己之被駁者何事，我之駁彼者何意？痛而悔，悔而返，返而復初心以還大道，料亦勢之不可必者也。即或未能如是，而吾樂受惡之懷，猶可白於人世，間有人焉。起而代爲推窮思，夫我之駁彼者何意？彼之被駁者何事，諒有知子懷之大不忍者，則即此已相期大道而不爲若輩所撓，是又惡之不可無者也。曰方今夷黨滋蔓，人心鼎沸，巨厦非獨木之支，輿薪非杯水之濟，豈子一言能肅清群惑哉？余曰：從來邪教難可久居，理語易以服衆，縱貿貿不顧吾言，獨不有天下公論在耶？公論一日在天下，夷輩不可一日在中國；夷輩不可一日在中國，當事者不可一日無吾言也。所以《誅左集》許先生末篇云：「伏願嵩目時艱之大人豪傑，憂深慮遠，如艾龍等，或斃之杖下，或押出口外，疏之朝廷，永不許再入。復悉毀其書，使民間咸知邪說之謬。」只此數語，實惬予心，然則余言固得已哉。相彼飛蟲時亦弋獲，安敢以未必肅清之念，箝其口而首鼠作活計也？

曰天教之行也，賢智凡愚各居其半。子似恕凡愚而刻賢智，將謂凡愚者不足爲世病耶？余曰：非謂凡愚者不足爲世病也，對賢智而若輕耳。夫凡愚昧理者也，昧理而媚之，畢竟是貪賂所使；賢智明理者也，明理而趨之，雖罄竹決波何能以窮其罪。大抵剏天下非常之事，駭人世不有之奇，定非一二庸駑者所能希圖萬一也。

曰聞子之言而識子之意，切且盡矣。第子等爲佛徒，而察察以譚世之

汶汶，毋乃不循本分而執人我見乎？余曰：人我見空吾人平居固爾。然當法城被敵之秋，自不得不仗義勇以前驅爲折衝營壘地也。譬如君父有難，而臣子能恬然無所慮者，此必無之理矣。故我漳天香黃居士，託以歌謠行國之思，籲控於天下名師碩德之前。蓋深冀天下之名師碩德躬推而量破之，俾若輩望風旗靡，群立赤幡之下也。余不揣敢以螳臂纖纖，聊効輿輪一擊，亦欲冀天下之名師碩德，及縉紳君子相與躬摧而量破之云者。則佛恩報而帝治隆，聖教尊而人心正。曾謂不循本分而專察察爲月旦之評哉？子言過矣。或曰吾過也，願協鳴鼓以從事。

釋性潛《燃犀》 武林楊彌格附西夷天主教，著《代疑篇》，内有《答佛繇西來歐邏巴既在極西必所親歷獨昌言無佛條》云：「始緣帝王託夢，宰相貢諛，差去使臣，奉君相意旨，何事不可崇飾。取至番文，誰人識之？以意翻演，誰人證之？蓋自蔡愔、秦景用白馬馱回，虛恢譎詐而百端僞妄，已潛伏不可究詰矣。後此途徑漸熟，知術漸工，又襲老列清談之餘，五胡雲擾，六朝偏安，無明王聖主擔持世教，處士橫議，邪說浸淫，助其瀾者便立取卿相，遂爾轉相效尤云者。」夷黨此言直令人指髮裂眦，必須磔扑而後甘心者也。蓋所憤者非憤其言無佛也，佛之有無不須與辨，以佛非小兒之輩所能毀謗而遏滅之者焉。所深憤者，辱我君相耳。夫自佛教入中國，佐化導慈，廣德濟物，雖幾經沙汰益見顯著。而列朝帝王親悟至教，卿相親徹宗猷，傳燈所載，非止一二。迨我皇朝聖祖高皇帝，更加寵錫，以及神廟聖母，迄今上皇帝，下之公侯卿相，皆欽祖訓，尊崇像教，頒賜名山以翼至治，何物醜夷乃敢謂自古及今，無明王聖主，而公卿大夫相與奸佞。此其肆言無忌藐視我大邦，貶斥我王公，而中國狡徒復敢爲助揚簧惑，正孟氏所謂不待教而誅者也。且彼言佛經爲番文而無人識，翻演而無人證，殊不知漢明帝乃太平英睿之主，而蔡愔、秦景亦非諂佞宵小之臣。白馬馱來，高僧翻譯，公卿贊襄，歷歷可據。而夷黨謬指爲昏君佞臣，惑僞而不足信，其誣謗爲何如哉？即如所言天主之教亦係番文，不過利瑪竇影響我國之文字，私爲翻譯；我國之人亦只依瑪竇而信之爾。況其意義不通，陰竊附而陽貶剝，是豈出於朝廷公府士大夫所共演者，光明正大之書，以爲僞而不足信乎？出於瑪竇一人之私，理致乖舛，詞章鄙匿反爲足信乎？噫，附夷矯夏，法所不赦，以邪亂正，理所不容，尙可與列衣冠者伍，俾之得肆以逞也耶。

紀事

施邦曜《福建巡海道告示》 欽差巡視海道兼理邊儲福建布政使司左布政使兼按察司副使施，爲拏獲通夷事：

十月二十二日，奉督撫軍門沈，批據本道呈詳。本月十五日，據寧德縣中蒙本道牌，照得夷漢之防甚嚴，通夷罪在不赦。據稱王春首告通夷之犯，稱見有夷人四名，窩藏在已故吳鄉官莊內。爲此備牌仰縣，會同中軍官顧世臣，前往拘拏。狀內通夷人犯，并通夷贓證，一併解道等因。蒙此隨該本縣，即時密委巡捕典史何汝煥，同顧中軍，到吳家莊。時獲得夷人一名，同夥福安人黃克私即黃尙愛。餘夷二名，及到莊亭內。諸等物件，顧中軍俱已搜出攤開，見在查點：竹籠八隻，皮包三隻，布包三包，內係裹衣物、番畫三張、熊皮二張。隨查夷人一名瑪方濟，一名阿腦伯，一名多明我，福安縣一名黃尙愛、莊戶一名李財六，并籠箱物件，押解到縣。當該本縣即會顧中軍、何典史，當堂與夷人及福安縣人黃尙愛，眼同逐件報明，塡票入箱外，更未獲夷人一名。據稱在福安縣白石司停住。隨復差役前往緝拏，即據福安縣三十四都塘邊保長、副甲頭黃清褒、繆文明、黃興、阮福等僉結，稱崇禎九年八月內，本鄉生員郭邦雍、黃大成、繆兆昂、郭若翰等，設立夷館，集衆從教。本縣聞知，給示驅逐出境，雍等不遵，今蒙差官到處擒拏。

據廿八口稱：初八夜二更時分，夷人同受教人林一、黃尙絅等，護送落船走脫等情，只獲得從天主教犯人徐伯獻、黃利八、洪若翰、黃沾四名，并籠一隻，內貯物件，及外獲大小天主龕各一座，經架一隻，印板十板，賣契二張，各到縣隨照數備開文冊見在。其未獲夷人，與從逃林一等犯，乞嚴行福安縣捕緝另解。今將見在人贓，合就解報物件數目冊一本，併供開福安縣從夷教生員郭邦雍、陳台臣、陳五臣、黃大成、黃元中、繆士响、繆兆昂、繆仲選、王之臣、王道淑、郭崑、陳端震、郭弘惠、阮孔貫等，緣繇到道。該本道查是呂宋夷利瑪竇一派，專講天主者。看得華夷

界限，從古甚嚴，左道惑人，法律最重。故以夷亂華，以邪亂正，實深人心世道之憂。

粵稽古聖人治世，教人惟有人倫。自堯舜以來，未之有改。何忽有所謂天主教者？自利瑪竇一人航海而來，闡揚其說，中國之人轉相慕效，莫覺其非。本道細閱其書，大概以遵從天主爲見道，以天堂地獄爲指歸。人世皆其唾棄，獨有天主爲至尊。親死不事哭泣之哀，親葬不修追遠之節，此正孟子所謂無父無君人道而禽獸者也。其爲邪說惑人，明白易見。然其巧詞深辨，足新好異之聽聞；細小伎能，又足動小民之嗜好。於是窮鄉僻壤，建祠設館，青衿儒士，投誠禮拜，堅信其是而不可移易。如生員吳伯溢以縉紳之後，甘作化外之徒；黄尚愛等田野匹夫，堅爲護法之衆。本道庭問尚愛等以從教之故，則云中國自仲尼之後，人不能學仲尼，天主入中國，勸人爲善，使人人學仲尼耳。夫仲尼教人愼終追遠，又曰：「生事之以禮，死葬之以禮，祭之以禮。」寧有親死不哀，親葬不奠而稱爲仲尼之教者乎？且極詆中國親死追薦之非，既從天主便昇天堂，春秋祭祀俱屬非禮。是則借夷教以亂聖道，眞爲名教罪人，然此猶以理之是非言也。本道諭令尚愛等悔悟徙教，免其戒責。彼則寧受責而不肯悔從教之非。但云秀才不從，則某等亦不從矣。是何異教之令人信從，牢不可破如此。夫一人能蠱數十人之信從，數十人便能蠱百人；既能蠱惑百十人，即能蠱惑千萬人。從其教者，人人皆堅信若斯，使之赴湯蹈火亦所不辭，又何事不可爲哉。是不但人道等於禽獸，必至夷狄而亂中華，誠時事之大可慮者也。況近奉功令，海禁甚嚴，安容非我族類，實逼處此。

伏乞本院嚴飭沿海各郡縣，不許容留此輩，於十家牌内注明：有從其教者，十家連坐；從教者處以左道惑衆之律。見在夷人三名，并從教諸犯，俱應重處。念此道惑人有日，在上申飭未行，夷人姑着帶原來行李，速令歸國，不許再處内地；藏夷生員吳伯溢等，俱行學道懲戒，令其悔改；黄尚愛等，該縣講鄉約以誨諭之，再不改則治之以律。此亦正人心以正風俗，杜患於未然之一端耳。最可異者，方具詳間，有生員黄大成、郭邦雍，忿忿不平，直赴本道爲夷人護法，極口稱人間追遠祭祀爲虛文，惟天主爲眞實，且以本道爲古怪不近情者。此等情狀似不普天下而入夷教不已者。二生更應行學道重處等緣繇，奉批人心不古，即聖訓揭於中天，尚或淪於匪僻。天主夷教何爲者，乃能使士民齊嚮，牢不可破如是，足見誘惑易行，漸不可長也。夷人驅逐出境，勿許地方潛留，通飭講明鄉約，一洗邪說。吳伯溢照議罰懲，黄大成等仍行學道處治。此繳奉此。又蒙巡按御史張，批該本道呈同前繇，蒙批據詳，士民惑邪，殊可怪詫，倡教夷人押令歸國，隨身行李許其帶回，天主龕板架等項即行燒燬。藏夷生員吳伯溢、護法生員黄大成等，即行學道降責，仍責同黄尚愛等，朔望赴縣具結。該地方尚有私習此教者，左道惑衆之罪，悉歸其身，一年無犯，許令自新。該道即於通行保甲中，嚴飭此款，講讀鄉約，候另文頒布繳，蒙此合行嚴禁，爲此示仰地方軍民人等知悉。凡有天主教夷人在於地方倡教煽惑者，即速舉首驅逐出境，不許潛留。如保甲内有士民私習其教者，令其悔改自新，如再不悛，定處以左道惑衆之律，十家連坐并究，決不輕貸，須至示者。崇禎十年十一月初一日給。

徐世蔭《提刑按察司告示》 福建等處提刑按察司，爲奉旨緝獲邪教事：

欽惟聖諭，以六章教民，平坦大道，百姓克遵，身家康泰。若無爲、天主等教，悉屬左道，妖妄邪言，律禁森嚴。近者奸徒董一亮、牛君臣等，在京私習，煽惑痴愚，就經捕獲，題奉明旨，將董一亮等即時淩遲處決訖；李光福等監候處決。復行福建緝擒黨與陳大有等正罪，隨行各府縣拏解。去後訪得閩屬傳習邪教者不少，而省城尤甚，本宜盡拏正法，以銷亂萌。本司矜念蠢爾無知，被奸簸弄，誤入迷途，不教而誅，寸衷惻然。稔聞邪教害人，烈愈長乎祖宗神主不祀，男女混雜無分，喪心乖倫，莫此爲甚。且呼群引類，夜聚曉散，覬覦非分之福，懶惰生業之營，卒至妄萌蠱亂，名陷逆黨，身棄法場。遠不具論，即今董一亮等，可爲殷鑒。除將天主教首楊瑪諾、艾儒略等，驅逐出境外，合行出示禁諭。爲此示仰軍民人等知悉。以後各宜力行忠孝，保守身家，不得妄習無爲、天主邪教。如前已被惑者，今各改過自新。示禁之後，若再執迷不悛，及祖宗神主不祀者，該府縣印捕官採訪得實，即行擒拏解司，以憑轉解兩院，盡法重治。各家仍遵。近蒙按院頒行家甲牌上，仍書本甲並無倡習邪教等人。如互相容隱，事發一體連坐。其地方若有教堂妖書，盡行拆毀焚除，不得隱藏。違者該保約并處不貸。各宜恪遵，毋貽噬臍，須至示者。

右仰知悉。

崇禎十年十一月初五日給發雙門前張掛。

吴起龍《福州府告示》 福州府爲嚴防邪教，以靖地方事：

夫經正民興，載在古訓；叛常亂俗，厥有明刑。故《周禮》不能寬左道之誅，《春秋》所以凜防微之戒。從來邪教事興，多方煽惑，致蚩蚩之衆，俛首皈依，或棄倫常而弗顧，或傾貲產以相從。種種昏迷，爲憂方大。如近日楊瑪諾、艾儒略輩，以天主教首，簧鼓人心，非覺發之早，驅逐之速，漸不可知矣。雖已押出境，仍恐邪黨未消，去向復入，更爲厲階。爾家甲人等，以後嚴加防察，如有天主教艾儒略、楊瑪諾等，并無爲教首，來省城者，許即稟官嚴拏究治。如容隱不舉，事發一體連坐。上司耳目最近，禁法森嚴，斷不爲爾等貸也。特示。崇禎十年十一月初五日給。

文秉《烈皇小識》卷六 上初年崇奉天主教，上海，教中人也，既入政府，力進天主之說，將宮內俱養諸銅佛像，盡行毀碎。至是，悼靈王病篤，上臨視之，王指九蓮華娘娘現立空中，歷數毀壞三寶之罪，及苛求武清云云，言訖而薨。上大驚懼，極力挽回，亦無及矣。時閣臣皆從外入，素不諳文義，上既痛悔前事，特頒諭內外，有「但願佛天祖宗知，不願人知也」等句，幾不成皇言矣。「宰相須用讀書人」，初年上曾舉以諷諸閣臣者，可勝三歎。

又 京師天主教，有二西人主之，南懷仁湯若望也，凡皈依其教者，先問汝家有魔鬼否，有則取以來，魔鬼，即佛也。天主殿前有青石幢一，大石池一，其黨取佛像至，即於幢上撞碎佛頭及手足，擲棄池中，候聚集衆多，然後設齋邀諸徒黨，架爐鼓火，將諸佛像盡行鎔化，率以爲常。某年六月初一日，復建此會，方日正中，碧空無纖雲，適當舉火。衆共聳視，忽大雷一聲，將池中佛像及諸爐炭盡行攝去，池內若掃，不留微塵。衆皆汗流浹背，咸合掌西跪，念阿彌陀佛，自是遂絶此會。

教義分部

天主

綜述

黄貞《尊儒亟鏡・聖賢知天事天夷不可混説》 子曰：「五十而知天命。」知天莫若夫子矣。然其垂教大旨，惟有德性心學，盡吾至誠無息之道而已矣。初不教人褻事帝天，蓋天之所以爲天於穆不已之誠也。天即理也，道也，心也，性也，此道最靈而有權柄。故《易》云：「天道福善禍淫。」此理最靈而甚神速。故曰：「一念善則景星慶雲隨之。」是以吾儒惟有存心養性，即事天也；惟有悔過遷善，即禱天也。苟捨是而别有所謂天之之説，别有所謂事之之法，非素王之旨矣。予讀禱爾於上下神祇。子曰：「丘之禱久矣。」未嘗不了然大暢，悠然深省也。是吾夫子之大功德，分明揭事天禱天之精義，以詔天下後世也。《注》云：「上下謂天地，天曰神，地曰祇。」又是朱子大功德，使人知有天有地，有天神有地祇，在上在下也。是吾夫子子路，未嘗不並言天地也，未嘗不並禱天神地祇也。豈非祇神之所以爲祇神者，一吾心之道乎？豈非吾心之鬼神，視之而弗見，聽之而弗聞，體物而不可遺乎？豈非能視者即鬼神，能聽者即鬼神。夫微之顯，誠之不可揜如此乎？此聖賢經書之明旨，昭若日月於中天，夷妖何得而混之也。是故夷妖混儒之言天言上帝，而絶不敢言地，不敢言禱於地祇，不敢言即吾心之道，不敢言即吾心之誠。豈非以其害於天主耶穌之説乎哉？而我華人以夷之天主耶穌，爲合吾儒之經書帝天者，何異以鳥空鼠，即爲合鳳凰之音也與。

又《尊貴迷悟相背説》 故君子尊德性，明是德性外皆卑也，捨德性别無可尊矣。此德性本體，在我原明，故曰克明德，此德性本體與天不

二。在天爲命，故曰顧諟天之明命，此德性本體原無邊際，極其高峻，而莫與儔，故曰克明峻德，皆自明也。明則誠矣，即此是人之道，故曰誠之者人之道也。即此是天之道，故曰誠者天之道也，即此是天與地之道，故曰天地之道可一言而盡也，其爲物不二。夫豈天主耶穌之所得而主宰，所得而七日造成乎？即此是物之道，萬物皆從此誠而生，故曰則其生物不測。夫豈天主耶穌之所生物乎？故曰誠者物之終始，不誠無物。是故君子誠之爲貴，明是誠之外皆賤也，不足貴也。夫君子之所尊貴如此，而謂不悟者能之乎？如是則與狡夷之所尊貴，在於深目隆鼻之天主耶穌也，毫不相干矣。蓋狡夷不知眞體所在，不悟自成自道，自貴其貴，以故教人乞成乞道於耶穌，乞靈乞貴於天主。今觀其尊刑枷之凶夫，貴釘死之罪人，恭敬奉持，無所不至，誠爲可悲。夫狡夷之所尊貴如此，而謂不迷者爲之乎？狡夷與君子迷悟相背如此，矧其他乎？

又《道貫天地人物非夷所知說》 是故當知此誠眞體，無所在而無所不在也。在聖人則爲聖人之道，故曰大哉聖人之道，洋洋乎發育萬物，峻極於天；在君子則爲君子之道，故曰君子之道費而隱，夫婦可以與知能行。聖人有所不知不能，是夫婦不乞靈於神聖也，神聖不能有豐於夫婦也。豎無上兮橫無外兮，虛空逼塞滿兮，語大莫載也；野馬尿溺兮窗前草兮，物物一太極兮，語小莫破也。在鳶魚則爲鳶魚之道，飛戾天兮忘其天，躍於淵兮忘其淵，鳶魚各足也。生民之食息起居，何非此道之妙用。兩間之水流花開，總屬此理之流行，造端乎夫婦，察乎天地矣。君子也，聖人也，夫婦也，天地也，飛潛動植也，共在一道中矣。故曰天得一以清，地得一以寧，王侯得一以爲天下貞，此吾道一以貫之宗，性與天道之旨也。洙泗一堂，當日漏洩已多，然及門弟子猶不可得而聞，況妖夷輩今日可得聞此哉。是故知此者謂之知天，行此者謂之事天，吾儒豈別有所謂知之之學，如今日利妖指天主降生爲耶穌，耶穌復返爲天主，地獄天堂有幾重，始爲知天乎哉？又豈別有所謂事之之法，如今日妖夷淋聖水、擦聖油、運十字刑枷以自桎梏其身心，暗招密誘，男女混雜，始爲事天乎哉？總之妖夷不能知此一貫之道，故妄立天主與靈魂，而卑賤太極與理道也。

又《太極理道仲尼不可滅說》 夷之言曰：若太極者，止解之以所謂理，則不能爲天地萬物之原矣。蓋理亦依賴之類，自不能立，曷立他物哉？又曰自不能立，何能包含靈覺，爲自立之類乎？理卑於人，理爲物，而非物爲理也。故仲尼曰：「人能弘道，非道弘人也。」如爾曰：理含萬物之靈，化生萬物，此乃天主也，何獨謂之理、謂之太極哉？繇此觀之，夷妖明目張膽，滅仲尼太極是生兩儀之言，而卑賤之矣，以天主耶穌滅太極矣。夫既滅之，而復引仲尼人能弘道，非道弘人之語何爲哉？蓋欲以仲尼攻仲尼也，使天下知仲尼之說爲矛盾，而太極生兩儀爲不足聽也。華人峨冠博帶輩，讀仲尼書者，敢曰利先生天學甚精，與吾儒合，嗚呼！是可忍也，孰不可忍也。只爲太極之亂臣賊子，爲素王之惡逆渠魁焉已矣。予請略言之，夫道者，人之體性，形之君也。本含弘而光大人者，道之妙用，性之臣也。惟當率其性之固有，而滿其本然之分量，以盡其妙用之職。此之謂人能弘道，非能出乎道外，而弘其道之所本無也。故以致良知良能之功用言之，言之能弘道也可。若以良知良能之本然言之，言道能弘人也亦可。所以知格物，尤貴知物格。吾且即問其人云何而能弘道，所以能弘者爲何物，則道爲人之主宰也，不已彰明較著乎？但人不順道不率性，是自違於道，自逆於性，自暴自棄矣。而道亦何能授擴充之柄於人乎？故曰非道弘人。此仲尼望人率性修道之奧旨，反覆抑揚之微言也。豈利妖輩所可得藉口哉？故曰道也者，不可須臾離也，可離非道也。豈依賴之云乎？若謂之依賴，則可離矣。利妖之滅太極，即滅中庸也。利妖不言白馬乎？曰馬乃自立者，白乃依賴者。雖無其白，猶有其馬。繇此而言，則利妖以道爲依賴，是利妖以道爲可離也，是利妖實謂雖無其道，猶有其人也。此口一開，孔之門皆閉矣。《詩》曰：「人而無禮，胡不遄死。」《詩》固謂人卑於禮矣，何妖夷之無道無理至此哉。夫滅理無道，而曰精曰高；攻孔悖孟，斥中庸，而曰符曰合，卑德性而尊耶穌，賤明誠而貴天主，輕仁義而重天堂，以生爲縲絏，以死爲出獄。源源而來，開教於吾邦，布金幾乎滿地，予則安能已於辨哉？故曰忍心害理之甚者，莫甚於今日坐視而不言者也。

許大受《聖朝佐闢・二闢誣天》 董子曰：「道之大原出於天。」子思子曰：「天命之謂性。」聖學何嘗不言天，然實非夷之所謂天也。彼籍曰：善皆天主使爲，惡皆爾之自爲。若是則人性皆惡，爲天主者，何從得

此惡種以蔓之人人；而人之爲善，反成妖妄。彼天主者，又何苦自爲而自賞之哉？且從古有敬天無媚天，夷不用敬而用媚。跡其晝夜翹勤，似乎苦行。然其種子無非欲得妖妄之歡心，全不肯依素位之正願。所謂尊天，實褻天耳。若以上帝臨汝、維皇降衷之典爲藉口，此又帝王誥辭，宗子家法。天止一子，恐不可以盡人而僭爲天子也。且彼籍又曰：天之與地，及與天神，皆彼天主以六日六夜內自虛空中造成。如是則不如乾元多矣。乾以不疾而速，彼勞六日六夜，優劣何如也。又曰：今之玉皇上帝，特是天主初造三十六神內之一神，以其知諂天主，故不次而擢居此職，是上帝又不足尊矣。《書》曰：「矯誣上天。」正此之謂。又按天尊之說，道家專稱，吾儒何嘗覓天於徼應。桓文挾天子，儒者猶非之。茲且揑天主以制天，挾天以制天子矣。於情於理，不知安否？宋儒亦曰：「天堂無則已，有則君子登；地獄無則已，有則小人入。」古之聖賢，寧其捨修德之外，別有修福之法哉？況夷所指之善不善，與聖賢所指正相反。如宋君有人君之言三熒惑退舍，何嘗爲其諂天。又如虞公饗祀修潔，無救危亡，何嘗爲其不諂。而夷籍乃曰：若爾畢世爲善，而不媚天主，爲善無益；若終身爲惡，而一息媚天，惡即全消。若是則爲天主者之着我着情，自私自利也，且百千萬倍於常人矣，又何以生天生地以爲天之主哉？而謬欲以此爲邀福免禍之陋計也。夷又曰：如《易》稱範圍，《中庸》稱參配，猶非至當之語。惟孔子所謂知我其天，及獲罪於天之天，即彼天主之明證。嗟乎！彼認性外有天，故譏範圍參配，其淺陋固不必辨。若使知我其天之天，果屬夷所妄立之天主，是不勝其畔援歆羨，其爲怨尤特甚，寧成不怨不尤。審如是，只宜曰但奉天，不宜曰不怨天，又不宜以天人平論矣。又使折賈之天，不指得天統之人君，而別推執我見之天主。是夫子教賈之精於媚，而豈尊君之本意哉？通文理者，請於語脈思之。

又《三闢裂性》 文皇帝頒性理於學宮，其於天地之間亦備矣。獨於生前死後，略而不言。孔子曰：「性相近也，習相遠也。」曰：「未知生，焉知死。」是以不言言。至繫《易》之辭曰：「精氣爲物，遊魂爲變。」是故知鬼神之情狀，已言其不言矣。而朱晦翁又以氣化詮之，秘其實義。若是者何也？吾儒手眼，只使人體認目前，絕不許人想前想後。所以前世後世，總不拈起，以絕人徼福免禍之私萌，而專精倫物。若精研儒理，自信得及，不言佛道亦可也。佛典既明後世，必追前世，先言三際，後極一乘，以絕人自他有無之横計，而不濫外邪。即彼道家者流，雖似狥生滯有，然張平叔叙悟眞云：「黄老悲其貪着，故以長生之術漸次誘之，是其極軌，亦未嘗與吾儒之性理相背。故我高皇帝謂佛老，爲陰扶聖教，暗助皇綱，大哉王言，允爲定論。」乃利瑪竇及艾龍諸夷之稱性，獨不然。言諸性不同禽獸之性，無前世亦無後世，何也？天主刱生殺則頓滅也。吾人之性亦無前世，永有後世，何也？人魂亦係天主刱造，一造以後，苦樂之報皆無盡也。惟天主之性，生於極前，貫於極後，而無始無終，何也？能造一切，更無一物能造彼也。又言上能包下，所以禽獸魂，混有草木魂；人魂混有禽獸魂，天主魂又混有人禽木石諸魂等。其種種割裂，萬萬不通之論一至此。審如彼云異類之魂頓空，而人魂獨苦者，則夷人未入以前，吾人之魂昇者絕無，墜者無量，反不如禽獸之一殺永絕。是天主之愛禽獸，甚於愛吾人矣。天主魂混有禽獸等魂，又物物而雕之，人人而怒之，怒之而又永不肯脱之。則彼天主必不能愛人，并不能自愛矣。今爲之詰曰：不識未造種種以前，爲天主者將諸魂藏向何處？物類貪生怖死，與人無異，又將滅向何處？又人物等承此魂時，爲別有二體，如以手接物耶，爲直一體耶？所造人魂幻耶眞耶？天主之魂獨無始終者，無始之始必有一始，無終之終必有一終，此義竟何歸耶？若所造之人魂是幻，則既從幻生，還從幻滅，豈有始偏有而終獨無者。若言是眞，則天人兩魂，苦樂同受。彼天主者何法以獨令人苦耶？至若無始無終，尤竊佛典不生不滅之吻，而成其大妄耳。夫佛言不生不滅，以一切諸法，當體純眞，故曰生滅無自性。不生不滅亦無自性，若執一死煞妄我，是無始無終而不容法界圓具者。不知此無始無終屬理乎？屬智乎？抑屬識情乎？若屬理者，則非道弘人，何爲突生天主？縱許突生，已有前際。若其屬智，即人人虛靈本體，不應彼所獨私。若屬識情，則有能所；有能所則有時代，何無始終？又若彼是生成者，一切總是生成。若從修得者，一切總可修得。其於獨具全性之義，又何居焉？彼又遁之以一性三位，非同非異之說。未讀佛書者，以爲精微，殊不知此特竊法報化三身之意，而横成惡解，有何精微之有。又彼言混有諸魂等，夫渾沌之渾，尚非極則，何況混雜之混，成何話言。總之，彼欲令人殺生以恣口，則硬曰無輪迴，曾

不知如佛典所稱。想不斷則輪不休，安能硬無，彼欲以無窮極之威福，眩嚇愚民。又曰：有天堂地獄，而決無昇沉之中變，曾不知如佛典所稱善惡既盡，則昇沉自更，安能硬有？

余嘗問艾夷曰：「爾教謂人之靈魂，善昇天堂，惡墮地獄，二俱不返，而禽獸之覺魂，又斷滅不輪，則中界人類應空，我爾復自何出？」艾曰：「子以人魂爲舊有乎？皆天主新造耳。造者生生不已，所以雖不輪轉，不礙多人，實無佛家前世之說。」余曰：「若無前世，爲何有貧富貴賤壽夭及種種天淵之別？」艾曰：「如儒家言，氣化之偶不齊耳。」余曰：「儒言聖人有所不能，天地有憾，故可屬之氣化。若爾教言天主無所不能，天地皆繇彼造，而氣化復能爲隔，是天主無全能矣。」艾乃歎曰：「子問甚深，不得不言其實。天主始生一男曰亞當，一女曰厄襪，爲一切人類之始祖。舉天地間之物恣其受用，而獨留一果樹，勅二人不得垂涎。厄襪聽一魔鬼，與亞當私嘗之。天主怒甚，乃著令曰：『自今以後，凡從二人所生人類，皆有原罪。』以有原罪，故勅後世子孫，男必曝日裂背粒食乃成；女必拆腹剞腸生育乃就。」余曰：「《易》稱一陰一陽之謂道，故乾成男而坤成女。即竺典小教中，稱劫初光音天爲造世主，猶吾儒稱盤古爲三才首君之意，並言肇人之形，不言造人之性也。今彼既言造性，而以孑然之陽爲性原，則厥子所稟之性，當肖乃父。而一味以偏陽幻術，化生人類足矣，何苦妄造一性爲女流，以滋飲食男女之禍，謬一；世之生而富厚者，多不耕而食之人，無告之嫠，不育之婦，皆不受娩身之苦，豈獨無原罪耶？謬二；原罪是一，而今報萬殊，謬三；其人之先得輕罪而使盡未來際之苗裔，皆罹重刑，與罪人不孥之意不同，謬四；祖累子孫，遠不如佛氏所稱六道輪迴、自作自受之平明公恕，謬五；徙木之法，欲立信於通國耳。彼亞當夫婦，鶉鶉兩人，乃以盜果深罰，不大無謂乎？謬六；凡人之智慧有限，所以不奈鬼何。以彼天主之威，魔鬼誘其血胤而勿能禁，謬七；凡小賢小善之人，其子不肖則諉之，曰其所不能者天也。以神聖如天主，篤生兩人爲最初繼禮，即誨盜而爲戎首，何神聖之爲，謬八；神叢倚木，所以藉則神枯。彼既尊爲天主矣，乃不怒耳。意雲仍之萬愆，而獨怒家子家婦之一果，何其舛歟。且後人不肖曰亞當作俑，若更追亞當之不肖，作俑其誰？吾不知爲天主者何辭以對，則又謬九而謬十矣。」又問艾曰：「所謂魔鬼安昉耶？」艾曰：「天主初成世界，隨造三十六神。第一鉅神曰輅齊弗兒，是爲佛氏之祖。自謂其智與天主等，天主怒而貶入地獄，亦即是今之閻羅王。然輅齊雖入地獄受苦，而一半魂神，作魔鬼遊行世間，退人善念，即天主亦付之誰何？」詰曰：「人類未生，阿誰繫獄，而以佛主獄耶？」夷曰：「從貶之天神，其數無量，繫獄者何慮無人？」曰：「以渠魁作王，而以脅從受罪，豈律也哉？且正使佛所作之閻羅王，遊行世界，爲天主者，但付誰何？可見其威靈超過天主，又天主有無窮之怒，爲所怒者，亦有無窮之壽，可見其力量與天主同。且所謂魔鬼者，非天主親手製造耶？何爲至於此？前云亞當、厄襪之不肖，尚是人也。或與天主稍隔，猶可言也。若輅齊是彼天主第一化生之神，而先見告焉。可見天主是萬惡之源，還罪天主爲是。豈不可爲捧腹而噴飯乎？至於性趣形聲，不受生滅，魂無色相，豈可造成。而彼乃言刱生各造如前所駁者，余亦不必另生辨端。」或曰：「然則造化之說非乎？」曰：「造化以不造造，邪說以造不造。不造造者，公造也，自造也。造不造者，私造也，他造也。此性命之金針，而正邪之秦鏡也。」

又《四闢貶儒》 按彼《天主實義》云：竊聞古先君子，敬恭天主，未聞有尊太極者。如太極爲萬物之祖，古聖何隱其說，太極之說甚難合理。斥擊《周易》，累若干言。嗟嗟甚矣，夷人之敢於非聖，而刻其書者之敢背先師也。蓋《易》有太極，是生兩儀，兩儀生四象，四象生八卦，然後化生萬物，此乃畫前原《易》。夷輩此言，如生盲人，寧見天日。彼又曰：「物類有二，人物禽獸等，自立類也，爲貴爲先；仁義五常，依賴類也，爲賤爲後。」嗚呼，此又謬拾老氏而肆無忌憚者也。夫天地之性人爲貴，人禽之異教爲先。寧有人禽同貴而仁義不先之理。即欲治老氏之圃，如所云失道而後德，失德而後仁等。但謂仁義不如道德，未嘗言不如禽獸也。彼敢貴禽獸而賤仁義，並賤太極，即比之仁內義外之說，更覺彼猖。豈不謂之喪心歟？然尚謂理非跡象，人有愚迷，無目與心，猶可原也。若我仲尼祖述憲章，上律下襲，凡有血氣莫不尊親，彼乃謂其與羲皇堯舜諸聖同在地獄。

據《藜藿亟言》所載：彼處夷人直名孔聖爲魔鬼，豈具人貌者之所宜出口耶？時余面聆此語，不覺痛心而作色焉。艾龍輩乃曰：「此一種鍊

清地獄，無甚苦事。凡從彼教而未造其極者，亦入此獄。蓋天堂之流亞云。」余曰：「天主一人，吾不得而知之矣。其諸天堂，亦是人登者否？」彼曰：「從吾教則登，不然則否。」余曰：「然則民之登天堂者，每每有之，而孔子反墮地獄。則自有生民以來，未有盛於孔子之讚揚，亦當拔舌矣。汝判孔子在地獄，視孔子何卑，判汝輩同在此中，自視又何倨歟？且既信孔子入地獄，則有子若孫者，萬萬不當令其與孔子作緣，而必教其習《四書》《五經》以取世資，業取世資。偃然華裾鼎食，或繫籍聖賢，乃尊穢賤夷人於壇坫之上，甚者簧鼓小才，好事之豎儒，大膽舞文之老宿，盡棄其學以學彼。且群父兄出妻子以北面之，而令吾孔子曾不分半席焉。眞如破鏡鳥子，成而即食其父矣，豈不痛哉。」或曰：「彼極斥佛，恐未斥儒也。」余曰：「貶太極仁義，是貶其理；貶孔子堯舜，是貶其人，猶謂其不斥歟？其所以未敢痛斥如佛者，徒以我中國戶尊孔子，家慕堯舜，而不得不權傍其籬闥耳。若如胡元時所列十等，以僧居第三，儒與娼丐同居八九十者，則彼之斥儒必更甚於佛矣。今彼徒又言孔夫子豈能及我艾先生之萬一。興言及此，無論智愚，無論窮達，凡存髮齒具頂踵者，皆當號泣聲振大千，而尚容默默乎？」余嘗以此質之江澹如丈，旁友笑云：「此亦無害，譬如地藏菩薩，亦常現身地獄中。」澹如佛然曰：「說到此際，豈容滑稽。」使余汗下，故若澹如丈者，此眞佛子，亦眞孔子弟子也。

又《七闢竊佛訶佛種種罪過》 夷竊佛典世尊之稱，而不得其義。輒告人曰：「一切帝王，一切賢聖，不如天主之獨尊。」又曰：「譬如天下統於帝，子統於親，臧獲統於家督，方是正理。」若儒言羲農以至孔子，並是大聖。釋言十方三世佛，悉皆平等，不無統乎？又言一切有佛性，如此現成不令人放恣乎？余曰：此正夷說不通之病根，而不容以不辨者也。夫有形之類必有欲，有欲而相聚必爭，故有帝王以主天下，有親以主家，有家督以主臧獲。今夷不識此義，而反欲以友之一字強平之。若夫超形而入氣，超氣而入神，又超情識魂神而反諸未生以前之眞性，則原非聲臭，何從主宰。夷又不識此義，而反欲立天主一說以強制之。曾不知有形而無主則亂，此主之決不可無者。無形而有主反粗，此主之決不能有者，何也？帝王但論膺圖，父母均爲離裏，掺家者之是非，但辨奴郎，不衡老少也。故佛有法身以上之事，如吾儒所謂統體一太極，至尊無對者也。然本觀體全眞，平等如如，而非亢之以成尊，亦有報化應機之身，如吾儒所謂物物一太極，各各皆尊者也。然如來說有我者，即非有我，而未嘗判誰獨卑。學道之人，若果盡理，謂之獨尊可也，謂之平等亦可也。稍有不盡，則其所挾以自雄，正如綠林黃屋，號彌尊，逆彌大耳。今按彼天主之分能分所，宛是外道；恣喜恣怒，宛是邪魔。又且讚殺誣天，儕君偶父，尚賂誨淫，謗經毀聖，又宛是凡夫之有重過者。奚其尊如彼《天主經》所載：在天我等父云云，今日也求天主賜糧，明日也求天主免債。昏夜祝頌，捏怪疲神，則無論我之魂神，日放於索糧免厄之間，而不能收拾，恐天主爲肆恣之戎首，而卑卑不足道矣。故按佛有惟吾獨尊之唱，此善表性體者也。雲門有一棒打殺之機，此又眞報佛恩者也，豈邪流所可窺乎？彼又云天主之來獨久，此即長於上古而不爲老之殘頰也。

余嘗問天主何人生，彼曰其母。余曰有母則又有久焉者矣。彼曰此降生之天主耳，又有所自生者實最久。又進而問其是理是人，不答。又問天主於世界未生時，爲無爲有，又不答。則何據而言獨久耶？但曰天主不可思議，若思議之，即獲大罰，曾不知釋典所稱不可思議，有二種義。一謂衆生界本不思議，二謂若人造到佛之境界，始稱妙不思議。何謂衆生界本不思議，如古之前又有古，今之後又有今，四方之外又有四方。蟭螟之睫，亦容國土，乃至黃粱爛柯，當此叵測，浮塵勝義，任舉無窮者是也。彼夷則謂天地只若干重，四方只幾何大。古今可以死法拴牢，一切性殊，別無生活一線，譬如太虛中而強設一斷垣圮壁以柴障之，太虛寧受耶？何謂佛境界妙不思議。言佛浩劫勤修，功德刹那，圓極性光，以及一切三昧，一切無作神通，絕非凡外邪魔三乘十地所及，言語道斷，心思路絕也。然此妙不思議處，人所本足。佛祖出世一場，正要人殫盡思惟，雲興答問以至於不可思議之極。如孟子所謂思則得之，《中庸》所謂弗得弗措，何嘗以禁人思議爲不可思議乎？乃彼於世出世法，凡有理礙詞窮處，便謂我天主不曾說此道理，最惡人思，甚謂此世界亘古至今只闢得七千年，前此更無世界等謬說。夫謂着我者可以造天，是七情在一性之先矣，謂七千年前無世界，是有今不許有昨矣。天主亦但有七千年壽，是禁人莫思而實可思，禁人莫議而實可議矣。而但嚇愚流曰不可思議，此又譬之向黃口小兒說暗室有鬼，不可窺瞷，瞷則禍人。稍有智者照之立破耳。又言一切

大聖及佛之知能，皆不如天主之全知全能。曰如余前篇所駁軫齊、當、襪之不肖，足見其於情世間無能矣；須六日夜造作之勞，與虛空判成兩橛，足見其於器世間無能矣。不特此也，佛言一切衆生，本來成佛，止因妄想執着而不證得。惟其本來是佛，故妄想執着之業力與佛力等。業力既等佛力，正使千佛出世，不能強度一生，非佛不能。是故悟本體之皆同，則雖有所不能，而眞實全能，孔子、釋迦是也。冤一眞之或異，則雖以全能私據而無一能，彼之邪人邪説是也。至其所論《十二信》之極，果曰：「我信常生。」甚哉其不知生義也。

陳侯光《辨學芻言・西學辨一》 大西國有利瑪竇者，言航海數萬里而至中華，以天主之教倡，復引《詩》《書》所稱上帝爲證。其友龐畢艾龍輩，相與闡繹焉。著書數十種，世之疑信者半。有客過東庠居士，東庠居士問答曰：「自古迄明，郊天饗帝，孰得而行之？」客曰：「天子也。」東庠居士曰：「諸侯祭封內山川，大夫祭宗廟，士庶人祭先祖，聖人祭禮，有定典矣。惟天至尊而無對，則燔柴昇中，非君不舉焉。凡經書所載，祀圓丘，類上帝者，孰非禹湯文武也。瑪竇令窮簷蔀屋，人人祀天，僭孰甚焉。且上帝不可形形，不可像像，瑪竇執彼土耶穌爲天帝，散髮披枷，繪其幻相，瀆孰甚焉。夷書亦云道家所塑上帝俱人類耳。人惡得爲天皇帝耶？在道家則譏之，在彼教則崇之，抑何相矛盾也。且彼謂耶穌即上帝，是禹湯文武周公孔子所昭事者。誣耶穌也，誣禹湯文武周公孔子也，適所以自誣也。」

又《西學辨三》 客曰：子言忠君愛親，皆善德耳。然賜我以作德之性者，非天主乎？中華第言修德，而不知瞻仰天帝，以祈慈父之佑，故成德者鮮。東庠居士曰：作德之性，未暇深言。即瑪竇所説天主者，先自矯亂，余豈無徵而譚。一云天主生是天地萬物，無非生之以爲人用，如日月星辰，麗天以照我，五色悦我，五音娛我，諸味香以甘我，百端輕煖以逸我。故我當感天主尊恩，而時謹用之。又云：天主悲憫於人者，以人泥於今世卑事，而不知望天原鄉及身後高上事，是以增置荼毒於此世界，欲拯拔之。夫既造物以養人，復造物以戕人，則天主之生殺相左矣。一云天主始創製天地，化生萬物，人無病夭，常是陽和快樂。今鳥獸無敢侵害。又云自我輩元初祖，先忤逆天主，物始忤逆我，而萬苦生，是多苦非天主初意也。信如其言，則天主之愛憎至變矣。且瑪竇云：我自爲我，子孫自爲子孫，若我所親行善惡，天主必不捨其本身而子孫是報。何今以元初祖，先獲罪於天主，乃令千百世子孫，共受其苦。姑勿論天主之罰太酷，得無與前説戾耶？況瑪竇謂天主能造天地萬物，無一不中其節。則初造生人之祖，自當神聖超群，何男曰亞黨，女曰阨襪，即匪類若此，譬之匠人製器，器不適用，非器之罪也，必云拙匠。豈天主知能獨巧於造天地萬物，而拙於造人耶？我中華遡盤古氏開闢以來，如伏羲、神農、黃帝、堯、舜，世有哲王，以輔相天地，未聞不肖如亞黨、阨襪者也。且洪荒以漸而平，民始得所，亦未聞初極樂，而後反苦者也。立言先自矯亂，欲中華士昧心以相從，吾子過矣。

又《西學辨四》 客曰：瑪竇以天地萬物皆天主所造，故人感深恩而愛敬之。如詆其誑説，則視天主爲烏有矣。若子所云尊上帝者，又安屬也。東庠居士曰：以形體言則爲天，以主宰之神言則爲帝。人居覆載中自當敬畏，非若西士之幻説耳。客曰：凡物有作者有模者，有質者有爲者，理甚明著。使無天主掌握其間，則天地萬物元初從何而成。東庠居士曰：陰陽絪緼，萬物化生，問孰主宰而隆施是，雖神聖不得而名也。故強名太極，瑪竇謂天主以七日創成世界，則已屬情識，著能所矣。造化樞機，當不其然。客啞而笑曰：太極虛理，泰西判爲依賴之品，不能自立，何以創製天地，而化生萬物耶？東庠居士曰：瑪竇歷引上帝以證天主，皆屬附會影響，其實不知天，不知上帝，又安知太極。夫太極爲理之宗，不得單言理；爲氣之元，不得單言氣。推之無始而能始物，引之無終而能終物者也。瑪竇管窺蠡測，乃云虛空中理，不免於偃墮。又云始何不動而生物，後誰激之使動。又云今有車理何不生一乘車，種種淺陋智能嗤之，即以此還詰天主，瑪竇亦作何解。昔賢謂説天者，莫辨乎《易》，伏羲以天地、山澤、雷風、水火，羅宇宙之法象。孔子又遡其從出之原，特揭易有太極一句，故下面遂云生兩儀，生四象，生八卦，顯矣，亦玄矣。惟能認得太極爲生天生地生人生物之主宰，便不落意識界中。而仁義禮智，觸處隨流。吾儒返本還源，秘密全在於此。何彼敢無忌憚，而曰太極之理卑也賤也。又曰仁義禮智在推理之後不得爲人性。夫告子未嘗知義以其外之也，今瑪竇實祖其説而尤遁焉。至謂神魂、人魂、禽獸魂、草木魂，天主一

雕刻以付之。誣妄支離，則其見更在告子下矣。告子誤論性，孟子辭而闢之；瑪竇誤逾甚，而子信逾篤，豈孔孟猶不足法與？

又《西學辨五》 客曰：儒認虛理爲性原，則與佛老之談空無者何異？乃復立門以攻二氏，故瑪竇詆爲燕伐燕，亂易亂耳。東庠居士曰：吾儒主於經世，則必宰事物，即說到虛無處，一切俱爲實有。二氏主於出世，則必避事物，即說到實有處，一切俱歸虛無，抄忽千里端緒極微。泰西漫曰空者無者，是絕無所有於己也，胡能施有性形以爲物體，非惟不知儒，併不知佛老矣。佛氏云性色眞空，性空眞色；老氏云有物混成，先天地生，豈性地毫無所窺哉。若瑪竇之天主教，則妄想成魔，叩以性學，眞門外漢也。敢云燕伐燕，亂易亂，譬斥鷃而笑鳳凰，適彰其傲而已矣。客曰：子既堅守儒宗，今獨寬二氏，而嚴斥西學，不過止就人性上研求虛理，視虞夏商周所以事天事上帝之實功，終爲有缺。恐西學未可盡非也。東庠居士曰：學不師古而能有獲者，未之前聞。余何敢憑臆而談哉。正惟經書之旨與彼夷戾，若附會其說以塗世耳目，余雖愚魯，弗能從矣。昔者三苗昏虐，惟聽於神。舜乃命重黎絕地通天。今瑪竇朝夕媚帝，猶三苗之故轍也，豈知事天事帝之眞功。吾儒自有坦平塗徑，知我其天，孔子言之矣；而下學上達者何事？所以事天，孟子言之矣；而存心養性者何功？昭受上帝，《書》言之矣；而必曰安汝止。昭事上帝，《詩》言之矣；而必曰小心翼翼。學問精微，孰過於此。至下手樞機，更不求諸天而求諸己，故《易》云：「天行健，君子以自強不息。」《書》云：「天作孽，猶可違；自作孽，不可逭。」又云：「惟克天德，自作元命。」《詩》云：「永言配命，自求多福。」確然《大學》歸本之消息也。捨此不務，而就瑪竇所言釘死之耶穌，指爲上帝，勤拜禱以祈祐，則惑矣。甚至入闇室，洗聖水，佩密咒，如巫祝邪術，考之經書，有是乎？彼瑪竇諸夷，眞矯誣上帝，以布命於下，固當今聖天子，所必驅而逐也。耳食者，徇事天事上帝之名，而不察其實，遂相率以從之，悲夫。

戴起鳳《天學剖疑》 客問天主教可從乎？愚曰可。或曰曷知其可？曰聖教大旨，在正心誠意毋自欺，惡惡務決去，好善求必得，修慝崇德必辨惑，令人體認眞切，著己用功，世多苦而忽之。一聞天主教，視爲善祛惡之訓，忻心嚮往，闡此而覺彼，是亦通明一路，何不可從。或曰：「天主降生然乎？」曰：「此事狡夷傳久，理未足信。天主者，主宰天地萬物，化工無一息停。既降生三十三年，則百神無主，化工不久輟乎？天地萬物不盡毀乎？甚不可解。」客曰：「天主仍在天，主宰造物，另一天主降生。」曰：「在天主宰一天主，降生復一天主，是二天主矣，又不可解。」客曰：「天主降生，不得已爲救世，選十二宗徒敷教，時有掌教，原受正傳，只襲外禮心傲滿不奉敬天主，誣以謀圖本國主位訟於官，受木杖笞背，棘環籠首諸苦，至十字架釘死，入地獄，復生後昇天。天主受苦難，令受難者知甘心故得救世，超地獄昇天堂。」曰：「此理大不可解也，天主欲救世，詎不能生聖人行天道以救之，何必自受難釘死也。」客曰：「天主言在事前故意爲之。」曰：「非也。天主固極誠無妄者，寧有無妄至誠之天，行故意之事乎？且天主至神靈，何悞用非人不知，被人誣陷莫解，冤極釘死罔脫，況謀國何事，無形無影，乃啞坐極刑之慘，何以爲天主，何異從井救人，而泥其身也。在下天主既不能燭奸而罹禍，在上天主又不能居高而聽卑，又何見捉之地獄倏入，脫之地獄更生乎？按從古聖人皆無死地，矧天主乎？湯夏臺也而生，文羑里也而生，問官雖暴豈過桀紂，湯文雖聖能勝天主耶？昔舜父母頑嚚，弟象傲，多方死舜，如焚廩浚井等害，召之則來，殺之則脫，何置之死地而生，亡地而存耶？桓魋惡孔子，伐其木將要而殺，不知微服已過宋。」曰：「天生德於予，桓魋如予何？觀舜孔益知天主矣。再按秦皇鞭撻四夷，威震八方，億萬擁衛，千騎輔從；張良令力士擊博浪之槌，誤中副車，大索十日，匪唯不得良，併不得力士。謂天主不能得良且不可，更不能得力士也可乎？此萬萬無足疑也。」

虞淳熙《第一篇・明天體以破利夷僭天罔世》 夷人利瑪竇，爲天主教以罔世。曰天主開闢時，能製作天地，安排萬物，如工匠之建樓閣，即生一男曰亞黨，一女曰阨襪，是爲世人之祖。故命人莫親父母，而親天主之大父，莫尊國君，而尊天主之大君，人宜愛而戶俱祀也。愛祀天主者，雖賤不肖，必昇天堂；不愛祀天主者，即君若聖，必墮地獄。天主立，而儒之太極，佛之慈悲，道之清淨，皆無是君矣。或從其教者，至毀棄宗廟以祀天主，而竟不知祀天之僭，罪在無將。罔世之夷，志將移國。抑且潛通利貨，以誘貪愚，誘一庶人入其教者賞，誘一庠士賞十倍，誘一縉紳賞

百倍。手受其書，崇尚其説，而爲之梓行，傳播於四方者，不少其人矣。度其漸久漸焻之勢，不至於移九廟辟雍而天主之不已也。生爲聖人氓，寧忘世道人心之痛乎？黄河之決，潰於蟻穴。莫謂其理背，其教微，料螢光之不待朝也。白蓮、無爲之教，未聞如是之傳誦，一熾而山東幾不可有，近鑒也蓋可忽乎？且天之當畏敬而昭事之也。先儒之訓戒素嚴，何待夷言而始覺。如欲窮天之界，極天之廣，詳載釋典，函之內藏，又豈小識之能量。何至誣天如工匠，生一男一女之無稽哉。故吾不諱言天，亦不諱言天主，而特破夷之僭天以罔世也。夷之教一日不息，夷之書一日不焚，吾輩猶枕戈也，敢惜軀命而不奮勇爲前矛者，非天矣。

李璨《劈邪説》 余不才，後孔孟數千年，後周程朱數百年，以至我明，又後陽明先生百餘年而生，未面質於同堂，竊心痛乎如綫，忝居儒列，難諉斯文。況當邪説横流之際，敢辭佐正好辨之擔，如頃所見有教名天主者，其説出於西洋國利瑪竇幻人之言，窺其立意，大約期於中土正教之內，煽鼓雌黄，爭立雄長。我中土不才小智之人，貪其燒茅揮鏹，助其惑浪狂波；陽爲滅佛，陰實抑儒；利欲昏衷，群愚往向；揣其烈禍，十倍白蓮；即其迷蹤，奚殊左衽；不肖聞之，豎髮疾首。

竊念氓之蚩蚩，罔知國憲，徒爲可憫。獨怪邇來士大夫亦翕然從之。相與採經書類上帝之語以實天義。又藉聖賢事親知天之論以闢佛經。扯曳敷辭，自語自背，欺天誑聖，喪盡良心。前者搖煽金陵，已蒙聖祖屏放，近復舉其伎倆一二，如星文律器，稱爲中土之所未見未聞，竄圖訂用，包藏禍萌。不思此等技藝，原在吾儒覆載之中。上古結繩而治不曰缺文，中古禮樂代興不無因革。誠以治教之大源在人心，而不在此焉故也。是以諸子百家，雖間有及於性命，尚以立論不醇，學術偏雜，不能入吾夫子之門牆，而況外夷小技，竊淆正言，欲舉吾儒性命之權，倒首而聽其轉向，斯不亦妖孽召亂之極，而聖天子斧鉞之所必加者乎？吾且舉其略而言之。夫聖賢之學原本人心，故曰人者天地之心，未聞心外有天也。孟子不嘗云事天乎？曰：「存其心養其性，所以事天也。」所以云者，見天於此心此性焉爾。存養外非別有天可事也，即云明王御極受命郊天。未聞堯舜兢業，只祟祀儀；桀紂幽厲，盡廢祈典也。乃至借朱子云帝者天之主宰，謂與天主之義相合，刪字牽文，深爲可哂。朱子生平得力，不離誠意正心。宋儒性理一書，率明此事。苟明此事，自卓然見天之有人，如人之有心。卷之一掬，放之六合，蓋天蓋地之量，人人自具，不假外求。若云仰求之天，則情類血氣，悉乏本根，人物之空殻，痿痹亦已久矣，可哀孰甚。且不思所云天主者，渠且有心乎無心乎？若云無心則頑如木石，云有心則天主復有主矣。其説之立窮，可不勞辨也。先儒曰：東海有聖人，此心此理同也；西海有聖人，此心此理同也。是以佛弟子達磨西來，直指人心，見性成佛。此理正與孔子一日克己復禮，天下歸仁之旨，脗一無二。故自漢以及我明，道互發明，薪傳不絶。且我高皇帝深明此宗，煌煌御製，誠見夫啓聾振聵。孔釋合符，榮賜聖僧，廣佐治化。夫高皇帝生知絶學，博洽群書，豈不知有韓愈毀佛之書，而故踵此弊哉。沿習至今，乃有亂臣賊子，敢藐國憲，澌滅本心，貪天逐臭，抑正昇邪，絶棄天理之極，亦至於此。夫凡爲臣子，見無禮於君父者，如鷹鸇之逐鳥雀，況此禍言傷入穀種，慘於楊墨，不止洪水猛獸，懼何可言？憤何可言？且彼之陽剪佛而陰傾儒也，其罪亦已昭著矣。其言釋迦背父不孝，至引孔子事親知天之語以實之，其説之謬止可愚弄淺見小兒，豈可與通人達士面折而角勝哉。昔孔子對哀公曰：故君子不可以不修身，思修身不可以不事親，思事親不可以不知人，思知人不可以不知天，非徑云事親不可以不知天也。其書之一篇大旨，歸重修身，吾身即親之身也。知人知天，皆修身中事。故孟子曰：事孰爲大，事親爲大；守孰爲大，守身爲大。事歸於守，親歸於身，身歸心性，修身以俟之，正是本於存養。釋迦棄國，亦止爲心性事大，是吾親遺體之本來面目。故辭榮有所不顧，與《孝經》國有諍臣，家有諍子之極則永符。《論語》曰：「遊必有方。」此之謂矣。古今論孝，莫備於孔子。其言事死如事生，明乎生死皆不違親，況遠近乎？是以孔子周流十九年，非拘拘於閭墓也。若利瑪竇泛海數萬里至中土，曾攜父母妻子來乎？彼利氏者，吾不罪其泛海遠來之不孝，而罪其離身言孝之爲大不孝也。嗟乎！今之從天學者，依然儒服也。既舉心性之大權，聽命於彼，則孔孟之學，已去其綱領，徒存枝葉，何儒之足云，而猶靦顔人世與之効力與？故不才此言，非僅僅佐佛，適所以存儒也。俗云：東鄰失火，西鄰汲泉。非救彼也，自救而已矣。中流遇風，同舟之人如左右手，非相濟也，自濟而已矣。從邪者將有甘心於不才者乎？水火非所敢避矣。

釋袾宏《天說一》 一老宿言，有異域人爲天主教者，子何不辨？予以爲教人敬天，善事也，奚辨焉？老宿曰：彼欲以此移風易俗，而兼之毀佛謗法。賢士良友多信奉故也。因出其書示予，乃略辯一二。彼雖崇事天主，而天之說實所未諳。按經以證，彼所稱天主者，忉利天王，一四天下三十三天之主也。此一四天下，從一數之而至於千，名小千世界，則有千天主矣；又從一小千數之而復至於千，名中千世界，則有百萬天主矣；又從一中千數之而復至於千，名大千世界，則有萬億天主矣。統此三千大千世界者，大梵天王是也。彼所稱最尊無上之天主，梵天視之，略似周天子視千八百諸侯也。彼所知者，萬億天主中之一耳。餘欲界諸天皆所未知也。又上而色界諸天，又上而無色界諸天，皆所未知也。又言天主者，無形無色無聲，則所謂天者，理而已矣。何以御臣民，施政令，行賞罰乎？彼雖聰慧，未讀佛經，何怪乎立言之舛也。現前信奉士友，皆正人君子，表表一時，衆所仰瞻以爲向背者。予安得避逆耳之嫌，而不一罄其忠告乎？惟高明下擇芻蕘而電察焉。

又《天說三》 復次南郊以祀上帝，王制也。曰欽若昊天，曰欽崇天道，曰昭祀上帝，曰上帝臨汝，二帝三王所以憲天而立極者也。曰知天，曰畏天，曰則天，曰富貴在天，曰知我其天，曰天生德於予，曰獲罪於天無所禱也，是遵王制集千聖之大成者夫子也。曰畏天，曰樂天，曰知天，曰事天，亞夫子而聖者孟子也，天之說何所不足，而俟彼之創爲新說也。以上所陳，儻謂不然，乞告聞天主，儻予懷妒忌心，立詭異說，故沮壞彼主教，則天主威靈洞照，當使猛烈天神下治之，以飭天討。

釋圓悟《辨天初說》 天香黄居士擬辨天主教，持其書以示予。予觀其立天主之義以闢佛，則知彼不識佛者果何爲佛，又何足與之辨哉？但彼云不佛者置之不辨，亦非度盡衆生，我方成佛之本願者，則不惟不識佛，亦且不識衆生，何故我佛覩明星悟云：奇哉一切衆生，皆有如來智慧德相，但以妄想執著，不能證得。惟彼不能自證得，故執天主爲天主，佛爲佛，衆生爲衆生，遂成迷倒。故有人我、彼此、是非之相，此乃彼之病根。所以我佛云不能度無緣者，正以彼自執爲天主故也。苟彼不自執爲天主，則自然不執佛爲佛，不執一切衆生爲衆生，方始識我佛之旨，亦識度盡衆生之義。今彼以妄想執著而欲闢佛，是則自暴自棄，自闢自矣。經云外道聰明無智慧。余固知其聰明，故聊示鞭影，儻彼尚執情不化，然後徐中其說以與之辨。崇禎八年八月五日。

釋通容《原道闢邪說·揭邪見根源》 按利瑪竇邪見，妄著《天主實義》一書，列爲八篇。而首篇論天地萬物布置安排，皆繇天主所生。論至天主，則曰天主之稱，謂物之原；如謂有所生則非天主也。物之有始有終者，鳥獸草木是也。有始無終者，天地鬼神及人之靈魂是也。天主則無始無終，而爲萬物始焉。據此便是利瑪竇妄執無始無終，爲天主之邪見根源矣。殊不知此無始無終，正是吾大道之元，亦是吾全眞之旨。且此全眞之旨，人人具足，大道之元，個個不無，在聖無增，處凡有減，抑亦在天而天，在人而人，至於物物如是，法法亦然，固無二，無二分，無別無斷。故悟此謂之聖人，迷此謂之凡夫，要且凡夫之與聖人初無二致。如是則聖凡靡間而物我匪虧，顯見大道之元無彼無此，全眞之體，無始無終，一道平等而浩然大均矣。蓋瑪竇不悟此意，專用心意識，向天地萬物上妄自推窮計度，以心意識向天地萬物上推窮計度到虛玄深邈處。自家體貼不來，便妄執有個天主，具無始無終之量，能育天地，健生萬物，而萬物則有始有終，謂鳥獸草木是也。有始無終則天地鬼神及人之靈魂是也。惟天主無始無終，能製造斡旋，且指物比類，要人欽奉遵守，而矯爲過高之論，卑劣今古聖賢，指人都無有主，而引誘多方，黨於邪見，假詞擊難，辨駁繁端，不啻枝上生枝而蔓上生蔓，興如此煩碎之辨，正眼觀之，何益於事。所謂毫釐之差，有千里之謬，信不誣焉？或云人物鳥獸與天地鬼神，如何見得是無始無終之旨耶？曰前已聰明，今又復問，姑分二說。一者因人契證，以顯人物天地及其鬼神，俱是無始無終底意耳。就當人心念上，返照窮元，則過去心念無有，而未來心念無起，現在心念無住，三際既無，則心念全無始而亦全無終矣。如心念既無始而又無終，則身體脫然無繫，亦無前後三際，了無生死去來，直下披露無始無終，即色身五蘊，完全解脫，而大道全眞，備在我矣。既人人返照窮元，契無始終，則草木鳥獸，天地鬼神，當前廓爾，邈無形跡。便是草木等類，全無始終而顯大同之旨也。且草木自不云草木，鳥獸自不云鳥獸，天地自不云天地，鬼神自不云鬼神，皆是當人識心分別，見有差殊；若無識心分別則頭頭是道，物物全眞。故《楞嚴經》佛對阿難云：「汝今諦觀，法法何狀？」正此之謂

也。又馬祖云：「凡所見色，皆是見心。」亦不外此意。又玄沙禪師，一日於斫柴次，見一老虎面前，傍僧云：「和尚虎。」玄沙云：「是汝虎。」玄沙歸院，傍僧問：「適來見虎云是汝，未審尊意如何？」玄沙云：「娑婆世界有四種極重事，若人透得，不妨出得陰界。」可見無識心分別，則物物契同，縱猛虎當前，亦無可懼矣，又天何言哉？四時行焉，百物生焉，則天亦無識心分別，故能行四時生百物，而與四時百物，冥相溥洽，更無缺悖者矣。又鬼神之爲德，其盛矣乎？視之而弗見，聽之而弗聞，體物而不可遺。夫鬼神既非視聽可及，又能體物不遺，則鬼神亦無識心分別，而其德固爲盛也。且孔子推鬼神之德如此之盛，而瑪竇謂有始無終，豈其宜乎？然則鬼神天地鳥獸草木，雖因人契證，顯其無始無終，要且自性如是，而亦自離意言境。故經云諸法不自生，亦不從他生，不共不無因。是故說無生，無生之體渾然一致，默識心通而與契合，無容妄想執着擬議，分別於其間矣。二者以明天地人物及其鬼神，不因人證，本來是無始無終，全無間隔之差，且據實約多廣而論，則虛空無盡，而所包世界亦無盡，以所居衆生亦無盡，乃至天地鬼神、草木鳥獸悉皆無盡，不得而數量之，以虛空無有邊際，則凡所有物悉無邊際。法爾如是，非是強爲使之然也。又據實約久常而論，則虛空無終始，而世界亦無終始，衆生亦無終始，并及天地鬼神、草木鳥獸悉無終始，覓其終始起伏，了不可得，以顯虛空世界，一切衆生及天地鬼神、草木鳥獸，同時同際，無分前後，永久常存，熾生不息。蓋亦不期然而然，非使之然也。然我土傳說，謂盤古之時，始有天地人物等類。而盤古之前，無有天地人物一切等類者。此據理推之，係一切衆生情分召感，以成生息始終之道。正我佛說隨一切衆生差別之性。故有成住壞空之劫不同。至於纖悉之物，皆具此劫。劫數因緣，載《藏經》「惡」字函起。世因本經內住世品備悉。又據理推之，世界有多多無盡，則此世界成而彼世界壞，彼世界住而此世界空。空而復成，成而復住，住而復壞，亦不期然而然，勢之必然。非此世界壞而彼一切世界悉皆壞之也。如是則盤古之前，無有世界人物。據我娑婆世界之說，非極空際所有世界悉無之也，理亦明矣。譬如一州城市，自有方隅。據方隅中，俱有屋宅，毋論一隅。屋遭回祿，一回祿後則屋又仍依襲始造。據始造中又有最初第一始造之者。就最初第一始造之者，比一物之始生而後依襲多生。一物如是，衆物亦然。此便是喻利瑪竇妄執天地人物及草木鳥獸有最初始生之謂也。然各方隅中，所有屋宇，有遭回祿及不遭者，喻之劫數有住有壞，此約別分，以明天地萬物有始有終也。一州縣中城市屋宇，望之儼然，無有燬者及不燬者，喻之極空。所有世界終古象立，無有壞者及不壞者。此約同分，以明天地萬物無始無終也。以同分言而該多廣衆博故，以別分言而就約略窄狹故，總以同分明之。虛空無盡，衆生無盡，世界無盡，乃至天地萬物悉皆無盡；既皆無盡，則無始無終；既無始終，則天地萬物皆無始終，而衆生世界，亦無始終，乃至極虛空際凡所有物悉無始終。如是則縱目所觀，縱手所指，物物頭頭，事事法法，本來無始而本來無終，自具大道之元，全眞之旨，又會而歸之。總備當人自心顯爲一體焉。今略比明，蓋當人有心思及一物，則一物可知可見，并及可聞，一物不思則不可見，亦不可聞，并不可知。類而推之，一物如是，衆物亦然，乃至一世界如是，多世界亦然。既爾則一人有心一世界現，多人有心多世界現。無多人心無多世現，一人無心無一世現，如是則世界之廣多，事物之彌盛，總在一心包羅該博，無一法而不具攝者。故孟子曰：「萬物皆備於我。」子思曰：「致中和天地位焉，萬物育焉。」程子曰：「放之則彌六合，卷之則退藏於密。」《經》亦曰：「心生，則種種法生；心滅，則種種法滅。」又云：「心也者，總持之大本。」萬法之洪源，不可以知知，不可以識識。知莫能知，識莫能識，默契其旨，存乎其人也。又於此當立三支比量，以防外道毀法之謬。

蓋西域菩薩與外道論義，要顯三支齊備則義勝許立。若宗因喻三支不齊，或宗與因相違，而因與宗相違，而喻與宗因相違等，皆不能立，自墮赤幡之下，甘倒著衣而出。或自斬首立誓，以見法有輸勝故也。今初立量以先明天地萬物，皆是無始無終，爲道原全眞，故此當先立量云。大道全眞爲有法，天地萬物具該爲宗，一於無始無終爲因。同喻如虛空，以虛空亦綿亘不斷，無有邊際。而具該萬象，故異喻如龜毛兔角，以龜毛兔角本無所有，異於無始無終，不能與萬象具該也。次當立量，以萬法會歸唯心，則立量云唯心爲有法，萬物具備爲宗，亦以無始無終爲因。同異二喻，一如前例，茲不煩贅。且瑪竇妄執有天主獨具無始無終，而生萬物爲有始有終，理甚乖舛，誠不足信，試以辨明。蓋萬物既有最初始生之時，

則最初始生之前，無有萬物。既無有萬物，則必彼時天主能生之功，亦必有滅有終，以因天主能生之功，有滅有終，故顯萬物最初始生之前無有。既彼時無有能生之功，又無所生之物，則顯無有天主，唯一混沌空晦而已。照如前論，衆生召感混沌空劫是也。而瑪竇不悟，錯認妄計爲天主，以具無始無終，寧不邪謬之甚乎？且伊既謂天主具無始無終，則應智能體用，悉無始終，方顯爲全智全能，有健生不息之道。若有間隔空缺於其中，則非是健生不息之道，亦非全智全能之理，而亦愈顯非具無始無終之體量也。譬如虛空該羅萬象，無時間離，而亦無可逃遁。直與萬象無始無終，方稱全功。豈有天主具無始無終爲全智全能，而獨生物有間有缺，有滅有終乎？然則據伊妄計天主，錯認雖多，不用盡究，就此最初生物一端，反復辨論。理窮於是，顯見無有天主，明而且著，誰有智者受伊外道之所惑哉。又縱伊謂天主則無始無終，而生物謂有始有終。今以三支比量照破，宗因相違，誠外道法，固不能立，理無可信也。於此當立量云，天主爲有法，能生有始有終鳥獸草木爲宗。自以無始無終，非所繇生爲因，同喻如龜毛生物，以龜毛非所繇生。本無所有，則無生物之理。既無生物之理，則因與宗相違，而亦宗與因相違。既宗因相違，則伊所立天主之義不極成矣。唯是自法相違，矯亂不一者，異喻如人生。人以人同人類，故異於無始無終，非所繇生之天主，生出有始有終之鳥獸草木也。智者於此推而鑒之，則知伊之妄計天主，固爲無根之談也。然瑪竇全不省天地萬物備於自己，而自己與天地萬物具足無始無終，本來者一着子，向天地萬物之外，妄執有一天主獨具無始無終，誠爲邪見外道也。蓋不信大道本來具足，向外別立有法。名爲外道，不見大道本來自具，妄見別有一法爲之企慕，名爲邪見，故命名曰《揭邪見根源》。然則其書聰明是邪見，而稱《天主實義》者，正是妄執有天主爲邪見之實義，則其書當叱爲邪見書云。

又《原道闢邪説・揭邪見以空無謗佛》　邪書第二篇，假以中士謂吾中國有三教，各立門戶。老子謂物生於無，以無爲道。佛氏謂色繇空出，以空爲務，此亦見瑪竇外道，不識我佛單闡無始無終，全眞大道爲究竟，妄以空無生物謗我佛矣。殊不知我佛以無始無終，全眞大道，演爲一乘實相了義之法，爲之開示，令人悟入。且一乘者何？乃實相常住之法也。此實相常住之法在於何處？就現前天地萬物，縱目所觀，縱手所指，頭頭就位，物物天眞，從本以來是實相常住之法。物既如是，人亦復然。故《法華經》云：是法住法位世間相常住，以事事法法住於本位，則天住天位，地住地位，日住日位，月住月位，人住人位，物住物位，既各相住於本位，則本位即是無始無終實相常住之體，既是實相常住之體，則顯天相常住而地相亦常住，日相常住而月相亦常住，人相常住而物相亦常住。既都是常住，則天地萬物、古今物理，皆一乘實相常住之法也。且此一乘實相常住之法，從本以來，非空非有，非因非緣，非自然性，四句既離，百非並遣，口欲言而詞喪，心欲緣而慮忘，直得出乎心思言議之表，默契於斯者，可謂悟入實相常住之法矣。夫如是則目前色物物，豈從空出耶？若從空出則終歸於空，豈得謂之實相常住乎？既非空出，則是汝妄言謗佛，謂色從空出，義固墮也，以空爲務，義亦墮也。空能生物，義亦墮也。汝義既墮，則汝此篇説話辨論窮詰皆妄言也。汝謂二氏之徒，並天主大父所生，則吾兄弟矣。譬吾弟病狂顛倒怪誕，吾爲兄之道，恤乎恨乎？在以理諭之而已。觀汝不達全眞道元，妄執有天主，則汝是邪見外道，豈我佛爲汝兄弟乎？汝既邪見外道，正病狂顛倒怪誕，至無窮劫，未有返日，我今且不恤汝，亦不恨汝，但以全眞元道之至理喻汝耳。汝之夷輩其亦知返乎？汝又謂堅繩可繫牛角，理語能服人心。觀汝不達全眞道元，妄執邪見，則如野牛妄奔妄觸，無有休日。我但以元道正理爲堅繩，亦可繫汝邪見之牛角。且不計汝服不服矣。汝又以虛無爲賤，以天主爲貴，是汝既不達實相常住之理，妄謂佛教是虛是無。如謂之虛，汝自妄虛也；謂之無，汝自妄無也；謂之賤，汝自妄賤也。又何能浼瀆於我佛乎？汝又謂試以物之所以然觀之，既謂之空無，則不能爲物之作者模者，質者爲者。我教既非空無，是汝妄計爲空爲無，誠如所言，不能爲物作者模者，質者爲者，此是迷空情現，蓋見汝自敗露矣。然汝既不達大道之體，人人本具，物物全眞，妄以空無作此反復辨論，欲取勝於佛，吾知汝不能取勝，特自取敗，抑亦自無自空自虛。汝若是誠是有是眞是實，決不自甘作此無主孤魂，計心外有一天主，百年之後，往彼依附，使一切人都作無主孤魂，悉如汝者，眞所謂業識茫茫，無本可據也。或云色繇空出，以空爲務，瑪竇亦有所憑，未必臆説。曰縱有所憑，亦不過我家小乘偏計色空之謂，非是我佛一乘實相之談。然瑪竇未曾備覽佛經，唯跡朱子《大學》之

序，謂異端虛無寂滅之教，其高過於《大學》而無實。且朱子亦不曾備究佛經大乘實相之旨，不過涉獵見聞，影響附會於其間，便以爲然矣。然朱子一言之錯，而瑪竇據以爲憑，醜婦效顰，轉見其陋，邪蔓引蔓，不可勝長，凡我金湯固當剪除云。

又《揭邪見迷萬物不能爲一體》 邪書第四篇，以萬物不能爲一體，又以自執天主不與萬物爲一體，亦以萬物不可與天主爲一體，識情計度，勢固然也。蓋伊捨乎心，離乎性，向天地萬物之外，執有天主。誠虛妄法，如龜毛兔角，無可與萬物諧，而無物又豈可與虛妄該乎？無怪伊謂物物各一類，彼此各一軀，尊自尊而卑自卑，大小相背，巨細相淩，不能一歸於大本，親薦其覿體也。夫大本也者，乃天地萬物本於無始，而亦本於無終也。若萬物究竟有終盡之時，則試問伊邪輩，即此天地萬物從今日去至於未來，何時何日何月何年何世何劫是終盡之驗乎？若萬物亦有始生之時，則亦試問伊邪輩，即此天地萬物從今日始，推至過去盤古之前，離汝妄執天主能生之外，而此萬物亦是何時何日何月何年何世何劫是始生之兆乎？吾知離汝妄執天主能生之外推之，萬物固無始也，而亦無終也。既無始而亦無終，則即此無始無終，是天地萬物之大本也。悉其名則曰本心、曰本性、曰至理、曰大義、曰一氣，名目雖多，而旨固無外，此無始無終之大本。融其大本則曰亘古今，通物我，包萬有，齊群象，無所不該而無所不貫。故此大本與萬有、群象、古今、物我爲一體。蓋名相雖殊，而所稟之道體一也。然則物物頭頭，道體不昧，則名無其名而相無其相，名相不立，而全體覿露，超乎誠心妄想，出於思議之表矣。苟涉思議，形於妄想，則名相殊而町畦現，大小別而尊卑異，欲合爲一體，不止如人欲到東京而行向西，日劫相背，終無到日矣。此正合利瑪竇用識心妄想，分別萬物不能爲一體之實驗也。然既迷一體之旨，亦背一心之道，故捨乎心，離乎性，向天地萬物之外，妄執有一天主將我三教聖人心性之道，竊合其量謂天主無始也無終也。具有無量之能，包乎天地萬物而不與天地萬物爲一體。故賤天賤地賤人賤物賤古今聖賢，反謗我佛說心量之法爲誑，經爲傲慢。將聖賢闡天地同根萬物一體，矯揉悉盡，幾爲伊識神所迷矣。嗚呼！捨乎心性終古經常之法，妄執天主爲過高，竊於聖而反毀乎聖，噴此腥唾，如口含糞橛，自臭一時。比我聖賢終古常道，豈可同年而語乎？或云天地萬物本於無始無終爲今古常法，有義乎？曰凡天地萬物在乎當人善契不善契，止於幾微之間。若認以爲有，是妄執常見；若認以爲無，是妄執斷見，默契於其間，則出乎妄執有無斷常之見，而合於無始無終一實眞常亘古亘今之道也。若利瑪竇則以天地萬物爲有始有終，不契眞常之體，計爲斷見。且吾聖賢闡心性之外，更無餘法，縱執有之皆是虛妄不實。而瑪竇偏計心性與天地萬物之外，執有天主，另具無始無終，有無量能，誠以虛妄不常之法，計以爲常。如是則常計無常，而無常計常，轉偏計度，疊成六十二種邪見，如我聖典所明，而瑪竇悉皆備足，望我一貫眞常之道，何日而得染指乎？

釋如純《天學初闢》 天教云：天主者乃全能全智，造成天地萬物爲之主宰者也。厥初生亞當、阨襪，此爲人類之祖。其靈性其形體，本極備美備福，後一犯違聖命，恩澤悉隳，病患隨至，情慾錯出，天路隔焉。此祖宗之罪汚，又遞傳於人類，故人從受孕來，即皆體是污染，而凡後來罪惡，無不繇此根芽。

闢曰：然則天主賦命，唯善無惡，何不使亞當、阨襪，全其性善，絶其情慾，不爲萬代子孫清淨之源乎？且當初生之人，情慾未及滋蔓，少展神功，俾渠克肖，豈不易易。況全能全智，則必洞徹萬世之流弊，即盍去其方命者，并獲後來人人善始善終，絶爲惡之根倪，何不利益，而乃恣其惡念，蔓延至今，以致污染不了，是何自遺惡本耶？蓋斬莠必除其根，療疾必攻其本，而此人工猶窮委防微，何天主全能而反養癰蓄蠹如此耶？若云天主彼時即欲滅之，但恐無傳人種。然天主有生人不已之機，何不再生一個好人以之傳耶？若謂其惡未甚，不忍遽絶，則稽天之浸，發於涓涓；燎原之焰，起於星星，天主忍坐視乎？若謂已知其有生必有過犯，而聽其自善自惡，以定賞罰，是罔民也。其所主謂何，其稱全智全能謂何？則知所謂天主者，非能爲天地人物之大主宰章章矣，吾人又胡彼之惑爲？

又 天教云：仁者以天地萬物爲一體，乃至以之爲體。則此亦一體，彼亦一體，不可強而同明矣。

闢曰：蓋體有性體之體，有形體之體，形則妄而異，性則眞而同，不可不辨也。故論性體則智愚靈蠢，飛潛動植，小至塵芒，大至不可禦，無

少不同也。如論形體則萬品流形而自異，然非萬物一體之旨之所取。胡可執相難性，而疑萬物一體之本性乎？今子若能了相無自性，并無自相，則相相一相也，性性一性也，而疑釋矣。余故知渠錯認本源，故輒云人物不同性，人與天主性尤迥別。是爲天主一性，人一性，物一性，則一貫之道碎裂無餘。嗚呼！以此論性而敎斯民，實三敎聖人之罪首矣。

又　天敎云：上達以下學爲基，天下以實有爲貴，以虛無爲賤。二氏之謂曰無曰空，於天主理大相剌謬，不可崇尚明矣。

闢曰：循名起執，罪惡之端，得意忘言，聖賢所與。蓋不知妙無者不無，眞空者不空，乃妙有眞空，眞空妙有之義耳。況佛氏微旨，離四句絕百非，口欲言而詞喪，心欲緣而慮忘。老氏亦云吾不知其名，強名之曰道。遽可以空無盡之哉。蓋耳食之徒，承虛接響，謂無爲絕無所有之斷無，謂空爲毫無所存之頑空。不明其旨，妄加詆訾。如人未到寶山，疑皆瓦礫，封於自見，非謗則誣矣，彼豈受爾之誣哉。況無極而太極，不以無爲貴乎？吾有知乎哉，無知也，不以空空爲貴乎？太極即具衆理，空空原涵兩端，濂溪得嫡其傳，尼父道統心脈，業承衆聖，師表萬世。抑將非上達之基，敢不崇尚而賤之耶。噫！大矣哉！空無之不可輕議矣，明也。而況不滯於是者，固可借此以非乎？

鍾始聲《天學再徵》　鍾子作《天學初徵》，客閱而笑曰：「甚矣子之鹵莽也。乍聞天說，曾未深究，遽謂不通而徵之。子且再閱《西來意》《三山論學紀》及《聖教約言》，則不通者，乃在子而不在彼矣。」鍾子取而細讀之，復爲之徵如左。

其言曰：「上天自東運行，而日月星辰之天，自西循逆之度數，各依其則，次舍各安其位，儻無尊主斡旋主宰其間，寧免無悖。譬如舟渡江海，上下風濤而無傾蕩之虞，雖未見人，亦知一舟之中，必有掌舵智工」等。徵曰：舟之渡江海也，舟必各一舵工，未聞一舵工而偏操衆舟之上下者也。又操舟者，必非造舟人也，謂天惟一主并造之，并運行之，可乎？

其言曰：「凡物不能自成，必須外爲者以成之。樓臺房屋，不能自成，成於工匠之手。天地不能自成，成於天主」等。徵曰：工匠之成房屋也，必有命之成者。天主之成天地，孰命之耶？工匠成房屋，不能爲房屋主；彼成天地者，又烏能爲天地主乎？

其言曰：「天下之物極多極盛，苟無一尊維持調護，不免散壞。是故一家止有一長，一國止有一君，一人止有一身，一身止有一首」等。徵曰：謂一身無二首，可也；謂一身一首之外，別無他身他首，不可也。謂一家無二長，可也；謂一家一長之外，別無他家他長，不可也。謂一國無二君，可也；謂一國一君之外，更無他國他君，不可也。謂一天無二主，亦可也；謂一天一主之外，獨無他天他主，可乎？又一身雖惟一首，首必與四肢百骸俱生，非首生四肢百骸也；一家雖惟一長，長必與眷屬僮僕並生，非長生眷屬僮僕也；一國雖惟一君，君必與臣佐吏民俱生，非君生臣佐吏民也；則一天雖惟一主，主亦必與神鬼人物並生，謂主生神鬼人物，可乎？

其言曰：「天主非天也，非地也，而高明博厚，較天地尤甚；非鬼神也而神靈，鬼神不啻非人也，而遐邁聖睿，乃至無始無終，無處可以容載，而無所不盈充」等。徵曰：既無所不盈充，則不但在天堂，亦偏在地獄也；不但偏天地，亦偏在神鬼人獸草木雜穢等處也。若謂高居天堂，至尊無上，則盈充之義不成。若謂偏一切處，則至尊之體不立。或救之曰：天主之尊，如日在天，光偏一切，雖偏而不失其尊，雖尊而光原自偏。今再徵曰：是仍有處所，有方隅，有形像也。日有形像，彼謂天主造之，天主亦有形像，又誰之所造耶？

其言曰：「吾天主乃經所謂上帝也。」遂引《頌》《雅》《易傳》《中庸》等以證成之。徵曰：甚矣其不知儒理也。吾儒所謂天者，有三焉：一者，望而蒼蒼之天，所謂昭昭之多，及其無窮者是也。二者，統御世間主善罰惡之天，即《詩》《易》《中庸》所稱上帝是也，彼惟知此而已。此之天帝，但治世而非生世。譬如帝王，但治民而非生民也。乃謬計爲生人生物之主，則大謬矣。三者，本有靈明之性，無始無終，不生不滅，名之爲天。此乃天地萬物本原，名之爲命。故《中庸》云：「天命之謂性。」天非蒼蒼之天，亦非上帝之天也；命非諄諄之命，亦非賦畀之解也。孔子曰：「五十而知天命。」正深證此本性耳。亦謂之中，故曰：「喜怒哀樂之未發謂之中。」中也者，天下之大本也。亦謂之易，故曰：「易，無思也，無爲也，寂然不動，感而遂通，天下之故。」亦謂之良，故曰：「知至而後意誠。」亦謂之不睹不聞。亦謂之獨，故曰：「戒愼乎其所不睹，

恐懼乎其所不聞，君子必愼其獨。」即孔子所言畏天命也。亦謂之心，故曰：「學問之道無他，求其放心而已矣。」亦謂之己，故曰：「君子求諸己，爲仁由己而由人乎哉。」亦謂之我，故曰：「萬物皆備於我矣。」亦謂之誠，故曰：「自誠明謂之性。」誠者，天之道也。此眞天地萬物本原而實無喜怒，無造作，無賞罰，無聲臭，但此天然性德之中洪爾。具足理氣體用，故曰易有太極，是生兩極等。然雖云易有太極，而太極即全是易。如濕性爲水，水全是濕，雖云太極生兩儀，而兩儀即全太極；雖云兩儀生四象，四象亦即全是兩儀；雖云四象生八卦，八卦亦即全是四象；乃至八相盪而爲六十四；六十四互變而爲四千九十六，於彼四千九十六卦之中，隨舉一卦，隨舉一爻，亦無不全是八卦，全是四象，全是兩儀，全是太極，全是易理者。譬如觸大海一波，無不全體是水，全是濕性者。又如撒水銀珠，顆顆皆圓，故凡天神鬼人，苟能於一事一物之中，克見太極易理之全者，在天則爲上帝；在鬼神則爲靈明；在人則爲聖人，而統治化導之權歸焉。儻天地未分之先，先有一最靈最聖者爲大主，則便可有治而無亂，有善而無惡，又何俟後之神靈聖哲，爲之裁成輔相，而人亦更無與天地合德。先天而天，弗違者矣。彼烏知吾儒繼天立極之眞學脈哉。

又　其言曰：「物或有始終，如草木鳥獸；若有始而無終，如天地神鬼及人之靈魂。惟天主無始無終，而能始終萬物，無天主則無物矣。」徵曰：吾儒謂誠者物之終始，不誠無物，其次致曲，曲能有誠，誠則形，乃至惟天下至誠爲能化，至誠之道，可以前知；至誠如神，至誠能盡其性，能盡人物之性，贊化育而參天地。故先以二語定其宗趣，所謂自誠明謂之性，自明誠謂之教，而又結示性修不二天人合一之旨。故曰：誠則明矣，明則誠矣。此眞物化根源，非所謂天主也。若必立一天主，至靈至聖，無所不能，威權不二，則化育決無勞贊，而天地決不可參，豈理也哉？又彼所立「有始有終」、「有始無終」、「無始無終」三句，尤爲不通。《易》曰：「形而上者謂之道，形而下者謂之器。」器則有始必有終，道則無終必無始。既許「有始無終」一句，何不并立「無始有終」一句耶？且草木與鳥獸，其不同甚矣。猶皆有始有終，人之所以異於禽獸者幾希耳，獨有始而無終，何耶？又世間之法，父子必相類，因果必相同。現見人決生人，鳥決生鳥，瓜不生豆，豆不生瓜，天主既生人也，人有始無終，天主亦必有始而無終矣。若天主靈妙故無始，則人心亦靈妙，何謂獨有始乎？若人心靈妙，天主賦之；則天主靈妙，安知不亦有賦之者乎？又天主生人，則謂人之大父也；生鳥獸，不爲鳥獸父乎？生草木，不爲草木父乎？鳥獸草木之父，亦何足爲尊主乎？

其言曰：「譬如樹之花果枝葉及幹，皆繇根生。無根則皆無，乃樹之根固無他根所繇生也。天主是萬物根底，何所繇生？」徵曰：樹根必依地者也，天主獨能無所依乎？

其言曰：「天主當初欲生萬物以爲人用，先開闢天地，化生萬物之諸宗，然後化生一男一女」等。徵曰：天地未闢，尙未有人，云何欲生萬物以爲人用乎？

釋行元《誣經證略》

《天學證符》一書，儒而名者所作也。余始聞之而未敢遽信也。蓋習儒之學者，精儒之理，是非舉動斷不苟焉已也。或者狡醜夷徒浮藉名色，以誘惑愚民，未可知乎？迨親閱其書稽其實，而信作之果出於眞者，迺不覺掩卷拊心，而深爲長歎息也。

夫以吾中國孔孟之道，中正爲幹，仁愛爲根，繼往開來，致君澤物，巍巍朗朗如兩曜之環霄，毀不得護莫及，此經傳所以流宣乎古今，而爲萬世法也。然其中之言帝言道言學言命者，種種不一，總不外據其理之所。是心之所主，而歸之天已矣。未嘗於理外別措一詞，於心與天外更尋一主天者也，彼狡夷毋論已。惟此中國車書倫物之區，高巾而博帶者，儼然聖賢之遺風在焉。是焉可以聖賢之什，取爲夷教撰解：曰帝者天主也，道者天主之道也，學者天主之學也，命者天主之命也；至格天亦即格此天主也，事天亦即事此天主也，敬天畏天亦即敬畏此天主也，獲罪於天亦即獲罪此天主也。嗟乎斯言若當，孔孟宜推尊而先言之矣。抑豈吾人之聰明，吾人之睿智，有過於孔孟者乎？故觀彼之證時習章也。曰東海有聖人焉，共此天學也；西方有聖人焉，共此天學也。樂遠方之朋來，樂天而已，非樂與我同也。誠如所言，則東西聖人無不學天主之學，而尼山樂意，只是樂天主之樂也。此爲誣聖之說也。又觀彼之證異端章也，曰普天下惟天教至眞至正至大至公，故遠近同遵無異也。外此諸端雖持論操術，極靈極變皆異也。誠如所言，則三教鼎立，奕世昭垂。諸聖君賢相名公哲士所欽崇所隆守者，悉異端之徒。而獨彼之奉天主者爲正也。此則蔑教自驕之說

也。又觀其證言善章，曰歷看不奉天主者死候，都發狂哀號；而虔奉者之死候，言語色貌都安善也。幾曾見世間人死者，盡發狂哀號乎？儻以爲不奉天主而致之使然，則從來生民幾多不聞有天主，而死候安善，又何如也？此乃嚇頑民之說也。甚且證天主爲人中一大父母，其惡薄者必受譴於大父母也。吾人始祖所自出之帝，謂之天主。昧天主教者，即昧禘之理也。聖學之有矩，即天教之有誡規。志立者，志立此誡；不惑者，不惑此誡。至知天命則直洞夫天之主宰，而惟命是從也。更證云：夫子之禱久，是以天地爲不必禱而自有嘿禱焉，非蒼蒼之天也。曾子之啟手足，正欲門弟子知其安穩不忙亂？而免墮地獄也。顔淵喟然之歎，必有允可瞻仰，至賢無瑕者爲最上之主，而非歎道歎夫子也。孟氏之萬物皆備，以爲非遵天主之命，不能罄物我同歸於仁也。如斯判合乖亂，不可勝數。揣其意蓋眞視天主爲實，有不難降心以相從，而益恐天下後世疑其學於儒者學於天主。不得已借聖賢之什以明其相符，謂學天主即學儒也。又恐天下後世背於天主者學於儒，而剛然以聖賢之什證天教之相同。謂學儒者不若學天主也。名教干矛刺胸可畏，率獸食人莫此爲甚。非惟儒家當之而怒目切齒，即我釋氏計之，亦爲痛膽傷心者矣。余於是不列其姓氏，而特揭之曰《天學證符》一書，儒而名者所作也，亦以見世間儒者果有如是人也。

又《非楊篇》 凡從教者必先具乎眞正之眼，而擇其不二之宗以爲因。論教者必先究乎本然同歸之理，而不可泥其辭以啓將來之謬。如我佛世尊降生於毘藍園中，指天指地，周行七步，目顧四方，曰：「天上天下，唯我獨尊。」此蓋當陽指示吾人之本體，各稟夫惟我獨尊之旨。乃至一切物彙，萬種千差，莫不皆然。所謂今古常如物我靡間心佛及衆生三無差別也。彌格子不悟中意，躍入利氏之圈，妄執我佛之唯我獨尊，謗我佛爲抑人尊己，迷錯淆訛，病根全伏於是。繇是推之，而知彼所謂造化萬物一歸主者之作用，唯我獨尊之義未透也；生死賞罰偏係一主，百神不得參其權，唯我獨尊之義未證也；物性不同人性，人性不同天主性，唯我獨尊之義未徹也；西教不斷腥味，更無禽獸輪迴，唯我獨尊之義未貫也。其餘膚見臆說，紛然雜出於其間，總於唯我獨尊之義，了無交涉也。是奚足與論我佛之道哉？若夫裝潢七千餘部書笈，見頓香山澳云云，此益見若輩之狡，欲邀天朝群輔之心一旦相應，而以白馬駝經之故事，迎取而翻譯之，然後遂其謀以放恣，使海內貴賤賢愚不信唯我獨尊之旨，相率共祀一天主焉。而我佛四十九年之眞詮，必至於集焚經臺而始快也。噫，我佛以正法眼藏囑付國王大臣，肆今琳宮，永飭貝葉流輝。彼縱毀磨，何傷何害，徒自作闡提之逆種鑊炭之辠魁耳。蕭瑀有言，佛聖人也，非聖人者，無法彌格有焉。

又《拔邪略引》 按天學邪黨《代疑篇》首謂：氣無知覺，理非靈材。若任氣所爲，不過氤氳磅礴有時而盈，有時而竭，有時而逆，有時而順，焉能吹萬不齊，且有律有信也。即謂之理，理本在物不能生物等語。嗚呼！此皆識心測度認邪作正，執斷滅因自矜爲智，而恣其不本之說也。殊不知氣乃萬靈本具之元，彌乎混沌之始，純是一眞之體。靈通不息，遂有動靜二相，以動靜相生，剛柔相濟，分輕清爲天，重濁爲地。曰乾成陽，曰坤成陰，而二氣交徹融攝，名曰法界，是無相無名之本元，全成有相有名之天地。所以《易經》備載，六爻變動，有陰有陽，有剛有柔，合乎人心，明乎德化。故曰：「元亨利貞，乾之德也。」始於一氣，常樂我淨佛之德也。本乎一心，專一氣而致柔，修一心而成道。庶幾順性命通幽明，別邪正辨是非，盡事盡理而顯其開物成務之道也。孔子得其本，曰：「吾道一以貫之。」孟子得其本，曰：「吾善養吾浩然之氣，塞乎天地之間。」而邪黨不明本元一氣之理，以氤氳磅礴逆順盈虧等相，取量於氣而謂氣無知覺，理非靈材。余故斷彼執生滅識心測度理性，誠邪見外道也，而反謬說理本在物，不能生物。然理既不能生物，除汝識心分別之外，何者爲物，何者爲理。且夫物之未成也，必良工巧匠以理推之始成一物。所謂得之於心，應之於手，因理而成物也。物成而理顯，理若不推物亦不成。理成物，物顯理，理物渾融，不二之道，曉然明矣。邪黨迷元背理，必欲歸功於天主，漸至易俗敗倫，滅絕正見。嗟夫，文物之邦，堂皇之士，讀孔孟之微言，一旦欺聖明而佐狡猾者，必自楊彌格始。吾知自取誅戮，淹沒有日耳。

釋寂基《昭奸》 按利瑪竇立「天主」兩字，雖是望空扭捏，然其機關狡猾，將儒佛兩家互竊互排，抵死穿鑿，隨時變幻，無怪吾人被其惑也。蓋揣知吾人莫不敬天畏天順天，故譸張其說，以誑嚇天下，料天下莫敢膺懲，此其狡猾者，一也。又克作奇珍，趨世貢獻以求容，我土致夏夷

之防，上不嚴於朝廷，下不禁於關津，此其狡猾者，二也。又漁獵儒言，以三皇之時用化，五帝之時用教，遂誕其妖妄之術爲敎化皇。蓋以敎化神於儒，皇優於帝，舉三皇五帝之功德，盡剽竊之以標名，致令淺識之夫樂其誕也。凡六經言天言上帝處，頻引爲證。於《易》中太極生兩儀，共範圍彌綸，及《中庸》參配之微言，皆斥爲不當。若是者何也？彼將以天主抹煞儒佛，儻不遮範圍參配等微言，則難抗儒宗，而天主之創立難圖矣。此其狡猾者，三也。彼輩開口便斥佛爲魔鬼，所刱天主之義反全然竊佛。蓋佛典謂無始無終不增不減，充滿法界而不可測量者，皆發明古人理性之實旨。彼盡竊之以獨歸天主，又以佛從兜率天降生於西域，遂詭言天主，亦從天降生於西洋。又以漢明帝夢佛遣使求佛，即詭言天主生於漢哀帝時。蓋以哀帝在明帝之前，遂硬竊明帝所夢之佛爲天主，此其狡猾者，四也。彼嘗排佛以福利誘人，又竊佛天堂地獄之説，云奉天主者死後昇天堂，不奉天主者死後入地獄。甚有紿愚民曰：爲天主死難者，昇最上天，斯不特以福利許人，且以天堂誘人致命，此其狡猾直令人不忍言矣。故昔萬曆年間，夷人王豐肅等簧鼓南都，被當事者參奏擒拏，即有愚民執小黃旗，自云願爲天主死者，則其煽惑深入，勢實艱危，固爲忠君愛國者所隱憂。而語言矯誣日益浸淫，最爲衛道輔世者所遠慮也。詎意縉紳君子懵懵然，而與之相附會哉。説者謂祀天爲正學，謂天有主亦似有理，況吾人天命、天道、天德之語又甚可據。何獨於彼而疑之，不知夷得售其奸者，正依附此語也。吾人所以被其惑者，實未究此義也。何者？以形體而言，謂之天；以主宰而言，謂之帝。曰天，曰帝，名殊而體一也。若夫天命天道等微言，總不出乎自性誠明之外，故云天命之謂性，誠者天之道，何曾謂性外有天，天外有主，以製造萬物，并造魂靈之怪誕哉。頻以六經所稱上帝，爲天主明證。而製造萬物之誕，何六經無一言，可影響乎？

夫上帝儒言也，太極儒宗也。若排斥其宗，則不宜附會其言，既附會其言，則不宜排斥其宗，奈何排太極云。若太極者只解之以所謂理，則不能爲萬物之原。又云理亦依賴之類自不能立，曷立他物？按此何等横恣，將開闢以來之學脈最關係者，敢變亂之，夷罪不容誅矣。夫太極焉可解，原不容解也。即先儒解之，所謂理者，以太極無思、無爲、無方、無體，而具有生天地萬物之理也。惟具有生天地萬物之理，先儒解之，所謂理不亦宜乎？而利氏妄排云，解之所謂理則不得爲萬物之原。又云理亦依賴之類，以太極只解所謂理，固不知太極以理爲依賴，且不識理矣。何則萬法唯心，心外無法。心也者無形相，有靈覺。唯有靈覺，而天下物理具矣。所謂虚靈不昧具衆理，而應萬事者也。今利氏妄以人爲自立，理爲依賴，豈知萬法唯心，心外無法之微旨哉。即儒佛兩家並説體用，蓋以心具衆理爲體，而應萬事爲用。然説雖分體用，實則體用一源，究竟即一源亦不可得，惟一靈任運而已。今利氏妄分兩端，豈識理哉？又曰：所謂理者，只有二端，或在人心，或在事物。事物之理合乎人心，則事物方謂眞實；人心能窮彼在物之理，則謂之格物。據此兩端，則理固依賴矣，奚得爲物原云。此又錯認情識爲格物也。夫格物原在明德，德既明而物自格，利氏此言乃目前情識耳。以目前情識，執難先天發育之理，豈不可嗤。夫先天發育之理，統於乾元，自强不息。乾元之自强不息，即吾心之本覺常明。吾心之本覺常明，於先天後天，無二無分，無別無斷也。如是則合之，物物爲一體，散之各具一太極。此乃窮深極微之見，光明正大之道，豈容邪説所泯沒哉。嗟乎利氏業識茫茫，無本可據。横計天地之大萬物之多，最初必有生成之者，遂創立一天主焉。專欲立天主，遂硬排太極。蓋恐士君子以太極爲宗，則與天主不兩立，而邪説自遁矣。故横意排斥，捏妄銜怪，計將搖惑吾聖明之世也。

或曰：吾子學佛者也，何不直闢佛，尙言儒乎？曰：儒宗太極，佛説無生。無生、太極，名殊體同。惟其體同，故相安而不相悖。今邪説無宗，斷滅理性與儒佛並相反。吾所以言儒者，正明儒與佛同。蓋欲士君子繇知儒以知佛，會儒佛一貫，令邪説不得作也。所最可駭者，彼輩以一時突出之妖邪，敢亂吾國開闢以來之學脈。吾輩衍開闢以來之學脈者，反不能懲一時突出之妖邪，則爲三教後昆者能不慚惶乎？

紀　事

釋圓悟《辨天二説》 余《初説》既出，恐彼教中人不聞不知，特遣潤禪遍榜武林，索其辨論，得二旬餘日不報。後八月念一日有夢宅張君湉

者，毅然直持天教之堂以告曰：「湉嘗遊二氏之門，第未入其閫奧。向聞大教倡乎敝邦，欲領教而未得也。」頃有自四明來者，持《辨天初說》一紙。湉讀之乃與大教辨學之說也，且聞大教中屢徵詰辨，故敢將以請教，以決所疑，以定所趨。彼主教傳姓汎際者對曰：「妙妙，向來原有這個意思。」遽接讀之，沉吟再三，似不甚解。適我存李先生公子以引人入教在座，乃爲之解說，不覺愕然面赤，率爾問曰：「黃天香是何處人？」曰：「不知。」曰：「何從得此？」曰：「得之於友人處。」曰：「何不教這僧來這裏面辨？」曰：「此人乃一方知識，現在寧波，何得來此？乞先生出書爲辨可也。」曰：「善。」且曰：「吾將治行江右，亦留一篇於此。然吾尚有伏先生等在焉，亦足以與之辨明也。」既而張君告辭曰：「儻先生稿就，湉當過領。」曰：「諾。」隨以《辨學遺牘》一冊贈之。後三日往問曰：「書成否？湉特來領。」司閽者拒之不復使入，乃曰：「此僧去歲曾來會中，與辨不勝，發性而去，今又何必來辨？且《初說》中都是他家說話，有何憑據。況自亦有許多我相執著不平之氣，實非欲與我辨者，不過恐其徒歸依我教，故作是說以遮之耳。若與之辨則成是非，故不與之辨也。」曰：「既不與辨，讀買其書得乎？」曰：「我教中書不賣錢者。唯眞歸向天主，然後與之一二，不然縱欲求之不可得也。」

據張君親述如此，則見汝非不辨也，不能辨也。不能辨者，蓋義墮而莫可救也。唯義墮而莫救，故詞窮色沮，遁形露矣。然汝不能辨，而余復置之而不辨，則曲直終不分矣。故汝不辨而我必辨之。夫辨者曷憑乎？憑理也；曷據乎？據理也。故以理爲憑，以理爲據，則以我辨他可也，以他辨他亦可也。今汝但謂都是他家說話，有何憑據？然則我說無憑，汝說應有憑，何不以汝說而辨我乎？汝不能辨，則汝說必無憑，而我說有憑矣。我之所憑者，何也？至理也。至理也者，天下萬世不易之道也。故余《初說》謂汝妄想執著者，以汝不達大道之元，但逐名相，故執天主爲天主，佛爲佛，衆生爲衆生，而不知佛者覺也，覺者悟也，人人覺悟則人人皆佛矣，又何間於天人群生之類哉。故佛無定形，在天而天，處人而人，不可以色相見，不可以音聲求，以其即汝我人人從本以來具足者也。以汝我從來具足者，不自覺悟而乃闢之，非自暴自棄與？今汝反謂余亦自有許多我相執著不平之氣，然則總不必以理論量，唯汝教是從，隨汝迷倒而後謂之無我相與，是大不然矣。夫理直氣壯，理屈詞窮，此必然之勢也。孟氏不云乎：「自反而不縮，雖褐寬博吾不惴焉；自反而縮，雖千萬人吾往矣。」故余謂汝我相執着者據理而斷也，自反而縮者也；汝之謂余我相執着者唐塞之言也，自反而不縮者也。既而則曰：「吾將治行江右，亦留一篇於此，然吾尚有伏先生等在焉，亦足以與之辨明也。」洎其卒也，則謂若與之辨，則成是非，故不與之辨也。噫，俄爾之頃，貌言情態，何變幻錯出之若此也。且汝輩之來倡教於此土也，必確有一定之見，更無二三之說，而後可以約天下之歸趨。如鐘不考不聲，石不擊不光，共相恨恤，深相諍論孰是孰非者，非汝利氏《辨學遺牘》之言乎？及汝又謂辨則成是非，抑何前後彼此互相矛盾者耶？夫天下之理同於大通，大通而後是非泯，是非泯而後諍論息。故我大聖人之嘆一切衆生皆具如來智慧德相者，蓋親證大通之道也。汝既恐辨則成是非，則何不反諸己躬而自證其大通之道乎？自證大通之道，則不見有人我、彼此、勝劣之相，一道平等，浩然大均矣。見不出此，徒詭譎其情形，遮護其短陋，何庸也。且汝有大誡十，其八曰勿妄證。注曰：儻人本無是事，而故誣陷之，如此者妄。

夫余住天童，不踰甬東者五載。其去歲不過武林，江南北之人塗知矣，豈來汝會中，與辨不勝，發性而去者乎？故誣陷人以本未常有之事，妄耶不妄耶？夫余其彰明較著者也，若夫渺茫之地，恍惚之間，其爲妄證又安可勝計耶？故余謂汝所立之誡，所述之言，所勒之書皆妄也。汝若不妄，則應與聖賢經常之道互相表裏，何妨與天下之人共知共見，而必欲眞歸向天主者而後與之一二也。夫聖賢立言所以載道也，聖賢之言之所載之道者，非一己之道也，天下共相率繇之道也。故《六經》孔氏不以私其家，五千四十八部釋氏不以私其黨已之徒，藏之名山大川，散之通都國邑，聖天子頒之辟雍庠序，與天下之臣民世守之。太祖高皇帝、成祖文皇帝，定爲南北二藏，任天下之自信者，請焉弗禁也。唯聞香、白蓮等教，其說妖妄，非入其教者不得預聞。今余又不知汝書果何書，汝教果何教，而謂外人縱欲求之不可得也耶？崇禎八年九月望日。

三位一體

論説

釋性潛《燃犀・代疑篇內答十字架威力甚大萬魔當之立見消隕條者》

嗚呼，此輩情甚狡猾，反成若此之愚者，何也？夫耶穌受十字架之重刑以死，想不過一斃獄之厲鬼。或其強魂不散，如阿修羅者流，亦能作威福於一方。一遇正直者，自然匿迹，復指誰爲魔，而令之消隕哉？乃駕言十字架爲極苦之刑，耶穌爲人贖罪，甘心當之爲至德，故圖其形以祀之。夫苟至德則圖其未受刑之容貌衣冠，儼然儀形，令人瞻仰有何不可，何必作刑囚之狀以招物議乎？且與其以身受罪而贖罪爲至德，孰若以德化人無罪爲至德乎？無其德以化處其身於刑，非仁也，以十字架立表彰君之惡，非義也。披髮裸體，狀成鬼蜮，非禮也。斃身贖罪，何異從井救人，非智也。無仁義禮智之實，假竊仁義禮智之言，欺罔人民，非信也。五常不具，犬豖爲心，豺狼爲性，則犬豖之邦事之以犬豖，而事犬豖者宜也。乃欲倡之以欺中國耶？且言逆耶穌者，必罹橫禍之災，此是恐嚇愚人，不敢不事之術耳。使果災禍立至，則萬曆四十四年，被臺臣奉旨拏禁，毀其廬，逐其人，滅其神，何嘗有分毫禍患於其間耶？邪不勝正，間或邪魔得逞，皆以人心自信其邪，而邪從內發，豈眞刑囚能禍福我乎？

綜述

釋寂基《昭奸》 或曰：彼只欲蔑佛，儒猶不敢毀也。吾以爲太極儒家也，既反其宗，安謂不毀其教乎？且毋論舜文周孔入地獄等語，在文林尤可切齒。只見《實義》第二篇有云：敝國之鄰方上古不止三教，纍纍數千百枝後，爲西儒以正理辨喻，以善行嘿化。今惟天主一教，是從審此語，灼見夷心橫恣，目中豈直無佛老，抑亦無周孔矣。未幾果有周孔入地獄等語，察夷言之浸潤如此，則夷心之包藏誠叵測耳。而蔓延惑世，多種譸張，不止於是。其《實義》首篇幾千言，竊三教理性無始無終，六合不能爲邊際等語，誕爲天主嘵嘵萋菲並無一性三身之義。至終篇亦只言天主生於漢哀帝時，名爲耶穌，亦無一性三身之義。厥後利氏既死，其黨與猖獗於兩京，爾時憂世者皆惡其左道惑衆，累疏劾駁，如沈宗伯三參中有云：其術之邪鄙不足言也。據其所稱天主，乃是彼國一罪人，誠不足辨也。又有云：豈有上帝化爲胡人，胡人釘死之後復返爲上帝乎？又有云：以天主降生爲胡人，豈降生以後天遂無主乎？夫夫也可謂有識矣，彼夷自知情僞敗露，難以欺人，遂著《遺詮》一冊，竊佛典一性具三身之義，謂天主有三位。一位名罷德肋，二位名費略，三位名須彼利多三多。第二位費略，雖降生爲耶穌，而罷德肋猶在天，將以遁逃上帝化爲胡人，胡人返爲上帝。天主降生以後，天遂無主之詰。

夫《天主實義》，正著明天主之義也。豈天主有三身，利瑪竇不著明於前，尚待其黨與《遺詮》於後耶？則其隨時變幻遁逃，情僞斷可見矣。不然天主之説果眞，則自降生以後當親口宣揚，及彼輩之來我土，惟繙譯親口所宣之經，以示吾人，是其急務。何最初無一字將來，待二十年漁獵我土經書，東膘西竊，然後杜撰。而降生之謬，又被人東貶西駁，然後以三身爲躲竄，此何爲哉？如是則扭捏穿鑿，不特《遺詮》《實義》，雖汗牛充棟可類推矣。聞人樂其譚實，吾以爲過譽。所謂實者，莫尙佛典。佛典説三身之義，只明當人自性，非如彼夷之扭捏穿鑿也。夫三身者，清淨法身性也。以性清虛無物，故謂之清淨法身，圓滿報身行也。以性虛靈具足一切，故謂之圓滿報身，千百億化身用也。以性虛靈能感通萬事，故謂之千百億化身，是皆不離自性靈通而已。然詳言之三身，約言之體用。蓋性即體，行即用也，即質之《中庸》云：「君子之道費而隱。」費用之廣，非千百億化身而何？隱體之微，非清淨法身而何？周道如砥，百姓共繇。第此日用不知，故聖人先覺就其自性，而提醒之云：自性具三身，君子之道費而隱，苟悟自性即了然矣。今夷黨竊之以護天主降生之駁，謂天主有三位，一位名罷德肋，謂罷德肋照己而生費略。既生費略，與費略互相愛慕，共發須彼利多三多。又因須彼利多三

多之功，以血體造成耶穌之身，即降生於西漢末年。如此妖妄怪誕，所謂惑世誣民，莫此爲甚。

試以自性體用之道詰之，果孰是而孰非，孰邪而孰正乎？且就邪書以問彼云：罷德肋既是第一位天主，照己而生費略之賢可也。至於生亞當、厄襪爲人類之始祖，何不更推一性一能以與之共，而乃賦以頑梗之性，父命不遵不靈之魂被魔作擾耶？夫費略與亞當、厄襪，均是罷德肋所生，則均是罷德肋一子也。安有一子之中，不惟有親疎，而有憎愛，豈全能大公之天主尚且有憎愛之情僻乎？不特此乎，彼夷不悟萬物一體，故揣摩有天主以生萬物，遂以天主之性不同人性，人性不同禽獸性，謂禽獸之性本冥頑不靈。然饑知求食，渴知求飲，畏矰繳而薄青冥，警罟網而潛深澤，或反哺跪乳，俱以保身孳子，防害就利，與夫靈者無異，此必有尊主者默教之纔能如此也。此荒唐之説，諒有目者莫之或欺。試觀大地禽獸，何其綦多，饑餐渴飲，防害就利，何其綦紊。若一一必經嘿教，吾恐爲尊主者縱有全能全智，亦未免萬方照顧，終歲翹勤，又何其數數不憚煩耶？此不能盡自性以盡人物之性，故不知人物同靈原爲一體，至錯謬乃爾。且禽獸之靈，不止反哺跪乳保身孳子而已。如巢者莫不知風，穴者莫不知雨，知風知雨不可謂無知也。有知不可謂無靈也。儻云必有尊主嘿教之，則往往大川深澤之際被暴雨漂流，橫尸遍野，誠可憫矣。或舟過江湖被狂風覆逝，或葬魚腹，或暴沙礫，何其慘也？尊主何不默教之以預防乎？若捨諸人而教禽獸，則天主似愛禽獸而不愛諸人耳，豈理世哉？且彼籍嘗云：天主生禽獸無非以爲人用。然既生禽獸以爲人用，則矰繳之徒不必教其薄青冥，網罟之人不必教其潛深澤，天主並教之如此，則又不愛人而愛禽獸耳，何諸天主之顛倒錯亂竟若此乎？噫，彼夷之誣天誑世，罪莫大焉。其種種妖妄，種種變幻，令人不深恨，不痛絶不能已也。

靈魂

綜述

釋袾宏《天説二》 又問：彼云梵網經言一切有生皆宿生父母，殺而食之，即殺吾父母。如是則人亦不得行婚娶，是妻妾吾父母也；人亦不得置婢僕，是役使吾父母也；人亦不得乘騾馬，是陵跨吾父母也。士人僧人不能答，如之何？予曰：梵網止是深戒殺生，故發此論。意謂恆沙劫來，生生受生，生生必有父母。安知彼非宿世父母乎？蓋恐其或己父母，非決其必己父母也。若以辭害意，舉一例百，則儒亦有之。禮禁同姓爲婚，故買妾不知其姓則卜之。彼將曰：卜而非同姓也，則婚之固無害。此亦曰：娶妻不知其爲父母爲非父母則卜之，卜而非己父母也，則娶之亦無害矣。《禮》云：「倍年以長，則父事之。」今年少居官者何限，其舁轎引車，張蓋執戟，必兒童而後可，有長者在焉。是以父母爲隸卒也，如其可通行而不礙，佛言獨不可通行乎？夫男女之嫁娶，以至車馬僮僕，皆人世之常法，非殺生之慘毒比也。故經止云一切有命者不得殺，未嘗云一切有命者不得嫁娶，不得使令也。如斯設難，是謂騁小巧之迂談，而欲破大道之明訓也，胡可得也？復次彼書杜撰不根之語，未易悉舉。如謂人死，其魂常在，無輪迴者，既魂常在，禹湯文武何不一誡訓於桀紂幽厲乎？既無輪迴，先秦兩漢唐宋諸君，何不一致罰於斯高莽操李楊秦蔡之流乎？羊哀化虎，鄧叔子何能記前生爲某家子，明道何能憶宿世之藏母釵乎？鄧艾爲牛，如斯之類，班班載於儒書，不一而足。彼皆未知，何怪其言之舛也。

又《天説餘》 予頃爲天説矣。有客復從而難曰：卜娶婦而非己父母也既可娶，獨不曰卜殺生而非己父母也，亦可殺乎？不娶而生人之類絶，獨不曰去殺而祭祀之禮廢乎？被難者默然以告予。予曰：古人有言，卜以決疑，不疑何卜？同姓不婚，天下古今之大經大法也，故疑而卜之。

殺生，天下古今之大過大惡也，斷不可爲，何疑而待卜也。不娶而人爲絕，理則然矣；不殺生而祀典廢，獨不聞二簋可用享，殺牛之不如禴祭乎？則祀典固安然不廢也。嗟乎，卜之云者，姑借目前事以權爲比例，蓋因明通蔽云爾。子便作實法會，眞可謂杯酒助歡笑之迂談，排場供戲謔之諢語。然使愚夫愚婦入乎耳而存乎心，害非細也。言不可不愼也。客又難殺生止斷色身，行淫直斷慧命，意謂殺生猶輕，不知所殺者彼之色身，而行殺者一念慘毒之心，自己之慧命斷矣，可不悲夫。

釋圓悟《辨天三説》 況謂人之靈魂，出自天主則有着落，方是大全眞實之教，無論其愚迷橫計，即一出言之表，立教之端，且不可爲訓，而況其拯世而化人耶？何也？靈魂者，蓋生死之大兆也。即我先聖呵爲識神者。是亦即世間俗人罪夫見事不清，詆爲魂靈者是也。以此爲端，以此爲表，教可知矣。然則范君與西人蓋全不知靈魂何起，性靈何歸，又烏怪其業識忙忙而作此外道魔説耶？夫唯性始無變易，魂則有動搖，既有動搖則有遊逸，既有遊逸則有起滅，則惑斷惑常，禍且彌運，詎不亦生死之大兆乎哉？納民於生死大兆之中，反尊之爲敎主，可乎不可乎？故靈魂出自天主，斷然必無之事。今且問范君天主亦有靈魂耶？其無靈魂耶？若無靈魂，天主且屬烏有，何以靈魂出自天主，若有則天主之魂，渾然至善之體，出者既然，則爲所出者莫不皆然。今一家之內，一鄉一邑之間，何以智者愚者，仁者暴者，萬有不齊。至於莫可窮詰，而況殊方之外，異俗之人哉。然則天主何不一體同觀，平等化育，乃使其覬有餘，矜不足者之自古至今，相陵相奪而長此厲階耶？偏小虛妄，君當自擇，而眞實大全之説，余不知其於義何居矣。若我先聖人之敎則不然，明號於人曰：奇哉一切衆生，皆具如來智慧德相。但以妄想執著，故不能證得。據其旨之意，豈非大者乎？據其具之意，豈非全者乎？據其人人皆具本有之性靈而告之，則盡虛空徧法界之類，無乎不合，無乎不同，豈非謂之至大、至全、至眞、至實、至公之大道者哉。昔者我大聖人之既證此道也，復大觀乎群生生死往復之元，廣而導之，誨而不倦。故上極成其聖道，下極諸趣苦樂之相，莫不示其所以然。如良醫之治疾，明其證候，示其寒熱，投之以劑，無不霍然者也。

釋通容《原道闢邪説・揭邪見不循本分以三魂惑世》 邪書第三篇內，假以中士謂誰有安本分而不求外者，雖與之四海之廣，兆民之衆，不止足也，愚矣。此亦見瑪竇自昧全不知悟。蓋伊既妄計心外有天主可慕可修，可刱業於彼，便是不循自己本分而向外馳求，終竟無有了日，反説他人誰有安本分而不求外者。見倒惑生，理固然也。殆不知人人所固有者，曰本心，曰本性，曰大道，幷形所繇來者，今古聖賢莫不於此盡心性焉。故以斯道以覺斯民，百姓安而君王治，故君王富有四海不以爲多，兆民之衆不以爲盛，不謂不止足，抑亦非愚，蓋分所固有也。匹夫之窮，一簞食，一瓢飲，雖居陋巷，不改其樂，終不外慕，蓋亦自安其分也。使人人各安其分，則上下和睦而四海晏然，天下於是太平矣。如是則君安君位，臣安臣分，而百姓庶民悉皆安分。既皆安分，則道流德化於其間，固不外乎當人自心與自性也。然則瑪竇迷於本心，失於本性，理必悖常逆倫，致君爲愚，使臣不忠，而上下不和。凡天下之事，悉皆倒置，必自利瑪竇輩向外多事，不循本分之故也。伊又謂然則人之道人猶未曉，況於他道。而或從釋氏，或繇老氏，或師孔氏，而折斷天下之心於三道也乎？夫明其心，盡其性，不假於外，則人道備而釋氏同，老氏契而孔氏貫。且此三者，一猶三，三猶一，如寶鼎之三足，摩醯之三目，不期然而自然，能復天下之心無有遺逸，何斷折之有？瑪竇誠異於此，昧卻本心，妄求於外，則人道固未曉，抑尤迷於釋氏，而老氏孔子全未夢見。故謂折斷天下之心於三道也，不亦宜乎？於此亦顯見瑪竇將儒教與釋道並棄，不在伊目，豈孔子爲萬世師，一旦被此邪見所蔑，而明鑒君子，當與排擊歸於正理，是急務也。又以三魂作多方辨論，惑世誣民，其害不一，試以聖言量破之。孟子曰：「形色天性也，唯聖人然後可以踐形。」夫踐形者，就其本體當然之理，全眞默踐，合乎天性爲一體，直是心身一如，身外無餘，色心不二，神形靡間。而身前弗慮，死後不計，聖人於是了生死，通神明，亘古今而不磨，誠爲大道之根本也。而瑪竇不達聖人之道，妄以遊揚魂慮爲實法繫人，望於大道已甚不可。何況更於一人計有三魂：曰靈魂，曰覺魂，曰生魂。謂生魂之與覺魂，百年都滅，而獨靈魂百年不滅。夫有滅有不滅，則不能踐形爲一體，亦非合乎天性之道。唯是欣厭取捨生滅邊事，而當人本命元辰大全之旨，全無實踐，可知伊是無主孤魂，隨處棲泊。不馳天堂，便入地獄，一憑天主賞罰，自無立地之處矣。又裂禽獸不具靈

魂，應供口腹，致人恣殺，全無不忍之德，將吾聖賢盡人盡物之性，一時迷沒。且人分上計有三魂，已是迷妄，何況更裂禽獸不具靈魂，致人恣殺，寧非迷中又生迷，妄中復增妄乎？據此誠爲穿鑿邪見，業識紛飛，害己害人，其謬固不可勝言也。豈知我聖人能踐乎形，天性一體而心身一如，身外無餘，色心不二，形神靡間，故生前過去弗計，而死後未來不慮，甑體了然，無容毫髮於其間。所以神明燭古今，直與天地伍焉。此又理學君子，固宜燭破其外道之邪見，惑世誤民之太甚也。

釋如純《天學初闢》 天教云：自古及今，萬國聖賢，咸殺生食葷，而不以爲悔，亦不以此爲違戒。又孟軻示世主，以數罟不可入污地，斧斤以時入山林，非不用也。

闢曰：噫，是不知聖人有莫大慈悲，甚深妙義，轉旋五濁生機之微，君子之所爲，衆人固所不識也。伏羲氏始設網罟以警異類，詳其意，總防民土處木棲之囏，而非以生厥我供恣其殺也。嗣是禹治洪水，益焚山澤，亦不過驅龍蛇虎豹於淵菹，使各安其所，殆非爲殺生者作俑也。是以成湯解網，子產縱鱗，與夫釣而不網，弋不射宿，君賜生必畜之。至於不折生草，不履生蟲者，孔子仁之。然徵仁術於觳觫之牛，驗良心於惻隱之緒。故曰見其生不忍見其死，聞其聲不忍食其肉，其垂戒也，孰嚴於是。前聖後聖，雖設施不齊，要之好生不忍之心，未始有不同者矣。苟天生禽獸，我殺我食，胡爲聖賢襲此姑息之不忍耶？抑不知生而我給，反節罟之數入山以時耶？又胡爲必齋戒於禘常，禁屠沽於旱潦，無故不殺牛羊，七十政開食肉，其殺之之罪，孰明於是？不幸而習行成性，莫覺其非。今子遽曰戒殺生者爲不經，實天生而爲我用，如食河魨者曰必不至死。噫！於我何預哉？苟子親聞天主禽獸我生食爾也。禽獸死而靈亦滅也，恣爾殺不爾罪也則可，否則率天下後世之人，逆聖賢不忍之心，而爲忍行者，必此之言。嗚呼！子之罪上通於天矣。至以菜中紅液爲血，種種謬妄鄙俚之談不足斥。

又 天教云：輪迴之說，乃閉他卧刺之語，佛竊爲然，藉此以駭人者。自佛教入中國，始聞其說，誠不足信。

闢曰：性眞常中，求於去來、生死、迷悟、聖凡，了不可得。但清淨心中，不達外境唯心，倏然而動，名之曰妄。以妄爲因，作種種事業。業有善惡輕重之殊，故感報亦苦樂昇沉之別。蓋果非業不足以召，業非惑無從而興。惑業苦三，更相繇藉，如汲井輪，自成輪轉。若揭日月於中天，誠無得而疑者。苟果不繇業，則均爲天主之所生。無論禽獸之卑，蜎蠕之眇，即人類中富貴貧賤壽夭窮通，不啻天淵倍蓰，而天主之至公安在哉？其輪迴之理如是，豈待竊閉他卧刺之語耶？雖然果不自果，因業而果；業不自業，繇惑而業；惑不自惑，緣妄而惑；妄不自妄，從眞起妄；眞不自眞，對妄名眞，故曰應觀法界性一切唯心造。是則心生則種種法生，心滅則種種法滅，所謂「夢裏明明有六趣，覺後空空無大千」。佛不云乎，一切衆生具有如來智慧德相，但以妄想執着而不證得，從迷積迷，莫知底止。世尊說爲可憐憫者，又豈藉輪迴之說而駭人哉？若曰佛教入中國始聞其說，是大不然。雖無其言，業有其事。如鯀化爲熊，望帝爲龍，羊哀爲虎，彭生爲豕，如意爲犬，黃母爲黿，宣武爲鼈，鄧艾爲牛，徐伯爲魚，鈴卞爲烏，書生爲蛇，李微爲虎等。此種種皆儒書記載，盡釋教未入中國以前昭昭有之，特未揭出輪迴兩言耳。蓋有其言而無其事者，或有之矣；未有有其事而無其言，并不信其實有之事者亦惑矣。若曰盡信書則不如無書，則《六經》可焚棄，是非通論也。程子嘗曰，親見村民化爲虎，自引虎入其家，食其豬羊。聖人亦曰：「精氣爲物，游魂爲變，甚有深意。」蓋生而曰心，死而曰魂，非二物也。聖人曰變，吾佛曰輪，理則一也，此非又一證乎？何遽謂無輪迴耶？則知此身既不可以常保，儻背善而趣惡，固不免爲異類。故玄宗直指云：「人用禽獸心，死必爲禽獸。生用人天心，死必爲人天。」此唯心之旨不易之理也。若謂無能記前世之事以證無輪迴者，不見羊祜識環，鮑靚記井，向靖女亡而再育，問父母以求刀，文澹幻質以還生，說香囊而驗父，龜齡賦橋碑之宿寫，子瞻指殿陛以曾堦。事匪無徵，孰敢不信？且吾人壯而不記襁褓，耄矣頓忘壯年。一身所歷之事，尚然罔憶，而況隔生乎？至於終年染瀚，累舉筆而忘字，薄暮移榻，夜起而莫辨東西，豈遂謂不繇昔而突然自有於今耶？縱歿彼而即胎此，尚有臨終倉卒之怖，母腹局促之昏，顛倒而下，莫知所措，改頭換面，習業懸殊。迨識人事來，竟不知相去幾歲月矣。欲責以憶前世之事，不亦甚乎？故曰菩薩有隔陰之昏，羅漢有出胎之障。苟非智通宿命，惑淺業輕，未易記往事也，故憶者少而忘者多也。若云記者少不足以徵輪

迴，余亦將曰以此少記者，足徵子教非無輪迴，何則記之云者。存往事於心也，子教謂凡人之生時，天主即造靈魂畀之。然則斯身也，固父母遺體也；斯靈也，亦天主之始造也。其所能記前事者，何也？佛經固不足信也，書史亦不足信耶？學佛者固不足信也，夫學儒者豈亦不足信耶？欲盡信固不可也，寧無可信也耶？苟有一可信，則子將欺天乎？欺人乎？適足以自欺也。且輪迴者，往返之謂也。轉展不息，固輪迴也。即從此遷彼，亦輪迴之分也，必一定不移而後，始可言無輪迴矣。子教謂生則存斯世也，死則隨其善惡而昇降焉，永永無盡也。然則自天降靈乎人，又自人或復登乎天，是迴也輪亦過半矣。況又曰人稍有惡未盡，必入鍊獄，伺其罪凈而後昇天。又曰耶穌自天而生於人，自人而墜地獄，又自獄而復生爲人，又自人而登於天，其輪迴亦既多矣。縱曰以不變禽獸爲不輪迴者，吾教固未嘗單以人獸而論輪迴。且余亦未敢爲子保也。心境交加，疾如風火，從朝至暮，一息不停，俯仰之間，變態萬狀，前念未滅，後念繼生，道心人心禽心獸心，不知其幾週匝乎其間，其爲輪迴不已甚乎？又何伺帶角披毛而後爲異類哉。此心實輪迴之本也。循業受報，輪迴之理也。前所引者，輪迴之事也。游魂爲變，輪迴之證也；記述往事，輪迴之徵也。昭著若此，雖欲不信不可得也夫。

鍾始聲《天學再徵》其言曰：「魂有三品：下名生魂，草木之魂是也；中名覺魂，禽獸之魂是也；此二皆滅，亦云有始有終。上名靈魂，即人魂也，此魂不滅，亦云有始無終。」徵曰：「靈與覺異，則有始而無終；覺與生異，何皆有始而有終也。且謂禽獸有覺而無靈，惟人爲有靈者。現見世之愚人，但念飲食淫慾，他無所知，與禽獸何異？現見世有義犬義猴，捨身殉主，訴官理究，與人何異？」故孟子亦云：「人之所以異於禽獸者幾希，庶民去之，君子存之。」豈可妄分一有終一無終耶？

其言曰：「周公仲尼之論，孰有狎后帝而與之一者。設匹夫自稱與天子同尊，其能免乎？地上民不可妄比肩地上君，而可同天上帝乎？」徵曰：庶民不敢擬帝王者，名位也；不敢讓帝王者，德性也。故曰：「朝廷莫如爵，輔世長民莫如德。」又曰：「當仁不讓於師。」又曰：「自天子以至於庶人，壹是皆以修身爲本。」故文王，人君也，而純亦不已，可以配天；仲尼，匹夫也，而祖述憲章，不名僭竊。且父之生子也，誰不欲子之克肖者。天主既爲大父，實生於人，乃不欲人之肖之何哉？

其言曰：「知者之心，含天地，具萬物，非眞天地萬物之體也。若止水明鏡，影諸萬物，乃謂明鏡止水，均有天地。即能造作之，豈可乎？天主，萬物之原，能生萬物。若人即與之同，當亦能生之。」徵曰：止水明鏡之影萬物也，鏡水在此，萬物在彼，有分劑，有方隅，故知是影而非體也。心之含天地，具萬物也，汝可指心之方隅分劑，猶如彼鏡與水乎？若心無形朕，不能生萬物者；天主亦無形朕，胡能生萬物也？若天主無形，而能形形，心獨不可無形，而形形乎？

其言曰：「有在物之內分，如陰陽是也；有在物之外分，如作者之類是也。天主作物，則在物之外分矣。」徵曰：天主作天地萬物，必在天地萬物之外。如匠作器皿，必在器皿之外，是固然矣。然則天主有方隅也，有分劑也，原非偏一切也；則必有分段也，有變遷也，何以無始無終，能爲萬世主乎？

其言曰：「形者在所，故能充乎所神無形，則何以滿其所乎？一粒之大，萬神宅焉；豈惟往者，將來靈魂並容不礙也。」徵曰：神之無形善乎其言之矣。然無形則無往來，亦無數目，亦無生滅，而曰靈魂天主所生，其可乎哉？

其言曰：「化生天地萬物，乃大公之父也。又時主宰而安養之，乃無上共君也。世人弗仰弗奉，則無父無君，至無孝至無忠也。」徵曰：夫世間之法，決無全能，故天地能覆載而不能照明，日月能照明而不能生育；父母能生育而不能教誨，師友能教誨而不能賞罰；君主能賞罰而不能無漏網，鬼神賞罰無漏網而又不能覆載照明等。若天主果有全能也，則直以天主覆載、照臨、生育、教誨、賞罰之而可矣。又何用天地日月、君親鬼神，爲若猶待天覆地載，乃至親生君治之也，則天主全能安在？今現見人之生也，天覆之，地載之，日月照臨之，父生之，母育之，國君統治之，鬼神昭鑒保護之，顧不知感其恩德，獨推恩於漠無見聞之天主，謂之大父大君。既謂之大父大君，則必以吾父吾君爲小父小君矣。豈不至無孝，至無忠哉？又設謂天主全能，即寄於天地日月、君親鬼神，如國主寄全用於公卿牧長。則庶民有善，官宰賞之可矣；庶民有罪，官宰罰之可矣，豈事事必經國主哉？又庶民之所承事，亦但承事官宰無違，即爲承

事國主矣。豈必獨事一主，而禁其承事官宰哉？今謂仙佛僭竊，禁不承事，猶之可也。天地日月鬼神，固天主所造，以覆載照護人者，而亦禁其拜祭，不亦異乎？

其言曰：「人心性命，原天主所賦也。」徵曰：天命之謂性，紫陽之解甚謬。吾已釋大意於前矣。夫可賦者，必其有形者也。心性有何形像而可賦乎？若無形像而仍可賦，則天主靈明，亦必有賦之者矣。又可賦則可奪，云何有始而無終乎？

其言曰：「必先有物，而後有理。」引《詩》云：「有物有則。」徵曰：夫理者，貫於物之終始而能成物者也。故曰：「誠者物之終始，不誠無物。」《詩》所謂「有物有則」，正繇從理成物，故即物是理。如金作器，器全是金也。若言先有物而後有理，則未有物時，便無理耶？既無物，即無理。則無天地時，尤必無理。而天主在天地先，乃無理之尤甚者也。

其言曰：「必有無始而後有有始，有無形而後能形形。吾身之先，必有父母生我，必有天主降衷於我。」徵曰：無始無形，快哉論也。若天主無始，則父母亦無始乎？天主無形，則父母亦無形乎？或解之曰：父母有形，故有始；天主無形，故無始也。徵曰：吾身有形，故有始；吾心性無形，何爲不無始乎？

其言曰：「天地猶一宮室也。宮室樓臺，必待有主製造而後成。曾是天地之大，無有主之者，竟能自造自成乎？」徵曰：宮室未成時，主及工匠，依地依廠；天地未成時，天主何依耶？又宮室則用土木瓦石成之，天地用何物成之耶？又未有天地，先有成天地之料耶？此料爲本有之？爲天主生之耶？且安置何所耶？爲在天主身內？爲在外耶？若在身外，則天主不徧一切？若在身內，不幾戕賊其身，而以爲天地萬物耶？

其言曰：「太極之說，不過理氣二字。未嘗言其有靈知覺明也。既無靈覺，何以主宰萬化？」徵曰：孔子不言《易》有太極是生兩儀乎？夫易即靈明知覺之本性也。故無思無爲，寂然不動，感而遂通，然正不必以此主宰萬化。若萬化定有主宰，則但化善而不化惡；但化樂而不化苦，聖人修道之教，反爲無用矣。

其言曰：「儒云物物各具一太極，則太極與物同體，囿於物而不得爲天地主。」徵曰：太極妙理，無分劑，無方隅，故物物各得其全。全體在物，而不囿於物也。孔子曰：「範圍天地之化而不過，曲成萬物而不遺，通乎晝夜之道而知，此之謂也。」汝謂獨一天主，不與物同體，則必高居物表，有分劑，有方隅矣。何謂無所不在？

其言曰：「人爲天主所生，悉啟翼於善，或乃爲惡，則固人所自造。」徵曰：天主既有全能，何以好善而人不善？惡惡而人反惡？或救之曰：如父母生子，但欲其善，不欲其惡。子偏作惡，父母何辜？徵曰：父母生子身，不生子心性，故不得自在也。天主既生其心性，何不但生善心性耶？

其言曰：「天主生物欲以養人，生人欲以事主。」徵曰：天主既無始，無始何人事之，而忽起生人事己之想？又父母生子，爲防老死。天主既無終，生人何用？

其言曰：「人之生從何來，死從何去。」徵曰：此佛氏常談也，亦吾儒秘旨也，而用之則大異矣。孔子曰：原始反終，故知死生之說。精氣爲物，遊魂爲變。是故知鬼神之情狀。逮季路問事鬼神，則曰：「未能事人，焉能事鬼？」敢問死，則曰：「未知生，焉知死？」繇此觀之，生死無二理，人鬼無二致，明矣。朝聞道而夕死可者，謂其死而有不死者存也。既死而不死，則生必不生，而謂天主賦之，始生可乎？

其言曰：「天主降生之時，第以本性之原體，結合於吾人之性體，譬之以梨接桃，梨藉桃以生，桃何嘗損其本體。」徵曰：彼謂人之性靈，皆天主造，而今以桃梨譬之，將謂世間之梨，皆桃所生乎？梨本桃生，何須待接。接待方生，則桃本不能生梨矣。

倫理

綜述

許大受《聖朝佐闢・五闢反倫》　君臣，父子，夫婦，昆弟，朋友，雖是總屬人倫，而主敬，主思，主別，主序，主信，其間各有取義，非可

以夷天等地，推親作疎，陽反從陰，手顧奉足，背公以植黨，去野而於宗也。夷輩乃曰：彼國之君臣，皆以友道處之。又曰：彼國至今傳賢而不傳子。審從其說，幸則爲楚人之並耕，不幸則爲子噲子之覆轍，忍言乎？不忍言乎？《記》曰：「孝弟之德，通於神明。」《孟子》曰：「堯舜之道，孝弟而已矣。」夷輩乃曰：「父母不必各父母，子孫不必各子孫。」且對地之天亦不足父而同父天主。其於父子大親，但目爲彼男彼女，生此男此女而已。夷亦屬毛，乃忍捐本。且於父母之已歿，而生前未聞邪教者，即甚賢哲，必冤以鍊清地獄。稍稍常流，即誣入鍊罪永苦，其言以爲縱有孝子，媚我天主，得昇天堂。然天怒最嚇，萬難解免。雖存孝志，無益親靈云云。嗟乎，舜大孝，禹致孝，假使舜、禹陟位，而瞽鯀不得配天，吾知舜、禹之必蹙然而不南面矣。大《易》家人一卦，極重閑家，恆之六五曰恆其德貞，婦人吉，夫子凶。《書》曰：「牝鷄之晨，維家之索。」則婦當從夫，夫決不當從婦，審矣。《禮》曰：「男女不同巾櫛椸枷。」不通名聘問，則彼男與此婦不容混雜又審矣。夷輩乃曰：夫亦以婦爲主，婦死夫亦爲未亡人，雖無子而續娶者，不齒人類。甚而曰彼所經諸國，皆從其教，從教後，則雖帝王之貴，只許一夫一婦。然則舜文先爲不齒之人，即所謂在鍊清地獄者，亦不得已而未減之矣，有是理哉？余友周國祥，老貧無子，幸買一妾，舉一子，才二歲。夷教之曰：「吾國以不妾爲賢，不以無後爲大。」周聽而逐其子之母，今不知此子活否。又其設戒於丈夫子戒淫之外，復立一戒曰：「不視他妻。」至若從夷者之妻女，悉令其群居而受夷之密教。爲之灌聖水，滴聖油，授聖櫝，噬聖鹽，燃聖燭，分聖麵，揮聖扇，蔽絳帳，披異服，而昏夜混雜又何歟？《禮》曰：「男女無辨則亂昇。」吾不知其亂於何底也。昔陳軫悅少婦，而娶詈人者。雖策士且修帷簿，今若此爲陰陽倒置忍言乎？不忍言乎？若乃昆弟以天合，朋友以人合，固當敦恤，無取比私。夷輩乃告編氓曰：汝但從教，即某某大老，某某中貴，亦稱曰教兄，禮爲上客。雖酷貧者可驟富，功名可掇，患難必援。雖其說十九不實，然余親見某某本業刀筆，今徙業歸夷，不數月而屋潤，徒之聚食者日益數十人。夷又爲令曰：「能勸百人從者，賞自鳴鐘、自鳴琴各一，金帛稱是。若得一青衿，准十人；得一縉紳，准百人。凡從之者，楣有鼈形標記，其徒之晉見者必開三代貫籍，繳歸夷落，與白蓮等何異？且其以金買民，動輒蠱人曰：彼徒錢糧不可計量，民之走者如鶩焉。則較白蓮之攫金錄用者，其衆又易集，而其心又叵測矣。嘗思其金從何來，或謂其繇於黃白。彼甚諱言，云是彼國急於度人，輦金來助。嗟嗟爲道從師，尚恐陰爲利藪。夫子所以罕言，今爲利往，豈有義徒，且誠輦也。彼云若曹之分教中國者，且百餘人，一人輦三萬餘金，則歲得三百萬金以外，何不以此實右北平，殺□□□，豈非一段必昇天堂之大功勞，而僅爲此洴澼絖以歿世也。然彼於佛教不殺戒下，增一人字，有以知其決不殺人，因有以知其決不殺□□□也。則火器一試，殆命兩糜，又不知其於不殺人之戒何如，而於友道又何如也？此可爲賈生之痛哭者也。

又《六闢廢祀》 木本水源，惟夷不念。以故夷之初入實教人，皆不祀先。厥後被劾，又變其說，而今民間父祖，得與天主並廟。彼若諱言前非，而云宜祀先者，何稱彼之親死，皆不卜宅兆，見形家言，則非笑之，舉而委之荒丘乎？又何爲彼在我中國多年，曾不攜其先夷之一主乎？彼若言宜與天主並廟者，則不王不禘，從古有一定之大分。況彼所稱之天主，又在圓丘方澤以上，從來主神器者所未曾埒，而輒敢以庶人躋祀，奚取於三家之堂。至若經傳所定五祀，方社田祖等位，祀典所載，捍大災，恤大患，死勤事勞奉國等，諸靈爽以上，及吾夫子之聖神。凡從夷者，概指爲魔鬼，唾而不顧，以爲諂天主之妙訣，必督令棄之廁中。其有龕室者，令舁至本邑戎首之家所私設天主堂內雜燒之。嗟嗟以大聖大賢精忠仗義之神明，或受人燬之刑，或遭秦火之烈，何慘也。舉歷代我朝所褒崇之聖哲，即關公爲神皇近年所新加帝號之英靈，而恣意私戕，又何逆也。且私剙庵院，律有明禁，不知彼所令民間人設一天主堂，戶供一十字枷，奉何勅旨？因耶剙耶？私耶公耶？且且則聚其徒於斯，講膚淺之笑柄，夜則挾其尤，混諸婦女，披髮揗胸於斯，授秘密之眞詮。《傳》記披髮而祭於野者，以爲不祥。今無故而人人戶戶若此，祥耶否耶？夫小民之愚，有何底止。儻有人言媚百神可獲百福，則淫祀立興。今彼言毀百神以媚天主，可獲一莫大之福，則百神又立廢，其於舉廢又何當焉？若忠臣志士福國祐民，而詆同淫祀。彼天主者，古未聞今未見，上不命而矯舉以祭，非淫祠而何？

又《八闢夷所謂善之實非善》 或曰領惡全好，儒之宗也。彼之爲

教，亦無非導人爲善耳。人莫大於無君臣父子夫婦，故大處一不善，小處之善，愆不蓋也。有意爲善，雖善亦私。故皇天無親，惟善是親之善，正非計較邀求之可覬覦也。如彼籍《七克》，首貴克傲，只《曲禮》「傲不可長」一句，足以盡之，安事彼不文不了之義，而多言繁稱爲？且傲之起也有先，則其克也亦有要。即《曲禮》一篇有曰：爲人子者，在醜夷不爭，是因愛親之眞而鋤其色於儕伍也。又曰爲人子者，三賜不及車馬，而遐邇皆稱，是因尊父之至，而流其順於姻朋也。故曰：孝爲百行之本。釋典心地戒品，全是以孝順心爲五戒萬行之大根源。其捨親出家，雖割愛哉，其意蓋爲塵中不能學道，學道正以報親。是門庭雖異，而本孝之心，與佛無異也。今夷之輕父母也，不但如前篇彼男彼女之說，徧覽其書，如所謂《七克》《實義》《畸人》《十二信》《西學凡》，若經若戒及《交友論》《幾何源本》等數十萬言中，曾不錯寫一孝字，而乃襲三教諸子中皮毛，曰克傲克驕，以文其陋。夫不愛吾親而愛他人，不敬吾親而敬他人者，未之前聞矣。且夷既謂天怒難回，親魂不度，而現世相值又等路人。勸未亡父母從夷，又復路人祖魄，吾不知其於罔極之心何時得展，而但欲以空桑身私非分福乎？其於親亡者不焚楮而焚帛。從來惟朝廷有神帛堂督以中貴，夷敢僭之，可謂祭之以禮乎？且親既是從墜之魂，而越五祀百神之上，與主同焚帛焉，天主不大怒乎？興言及此，而孝子順孫有不斷腸欲絕者乎？則善乎非乎？其致敬彼主之狀，則昏夜乞哀，或就無人處，跪而呼曰：「眞主救我。」夷經首祝語曰：我願爾名成聖等。夫共主已眞，求眞何謂，未嘗被縛，須救何爲。且彼既是至聖而無以加，又欲借吾人以聖之不知何故。

夫吾儒之教，君尊如天，故《春秋》書法稱君曰天王，《書》稱天命天討。佛道雖云出世，而梵宇中必設萬歲牌，翹勤祝禮。佛以經法付囑國王大臣，豈曰諂君，誠萬古莫逃之義也。夷乃不稱臣而稱友，且欲一切國王之皆從邪說，盡去其後宮妃嬪，而等於編氓。然其自處，又延無智女流，夜入猩紅帳中，闔戶而點以聖油，授以聖水，及手按五處之秘媟狀，男女之亂，曷以加諸？又古有君道，必嚴師道。故曰師嚴然後道尊，即佛稱三界大師，必禮過去佛塔。而此夷獨不立師，以便其苟且行私之計。則古今之傲，孰大於是？又況引誘人家好男好女，無緣無因，見神見鬼，悉壞其本來之聰明，而倒置其萬古之倫理，其罪眞不容誅矣。夫新莽謙恭，至赴闕而誦功德者，八十餘萬人。莽之爲莽奚若，而明眼人可隨豎儒婦女，同善之乎？是故能讀《四書》《五經》，是爲善之據；能敦三綱五常，是爲善之本。能不諂鬼，不愧衾，毫無所爲而自潔精，毫無怯弱而嘗謹凜。寧冒天下不韙，而決不忍負吾君親。是又始於一善，而終於萬善之宗。若使捨華從夷，棄人暱鬼，空疎現在，而希冀未來，吾斷不敢以爲善也。

陳侯光《辨學芻言·西學辨二》 客醉西教，踰夕復過而問曰：「子尊上帝而不敢僭不敢瀆則聞命矣。然瑪竇謂天主化生天地萬物，乃大公之父也，又時主宰安養之，乃無上共君也。人凡愛敬不忘者，皆爲建祠立像，豈以大父共君而不仰承拜禱之，則亦至無忠至無孝矣。」東庠居士曰：此眞道在邇而求諸遠者也。「父兮生我，母兮鞠我。」孝惟愛吾親已矣。「惟辟作福，惟辟作威。」忠惟敬吾君已矣。「愛親仁也，敬長義也。」天性所自現也，豈索之幽遠哉。今瑪竇獨尊天主爲世人大父，宇宙公君，必朝夕慕戀之欽崇之，是以親爲小而不足愛也，以君爲私而不足敬也。率天下而爲不忠不孝者，必此之言夫。且余覽瑪竇諸書，語之謬者非一，姑摘其略以相正。瑪竇之言曰：近愛所親，禽獸亦能之；近愛本國，庸人亦能之，獨至仁君子能施遠愛。是謂忠臣孝子與禽獸庸人無殊也，謬一；又曰：仁也者乃愛天主，則與孔子仁者人也，親親爲大之旨異，謬二；又曰人之中雖親若父母，比於天主猶爲外焉。是外孝而別求仁，未達一本之眞性也，謬三；又曰：宇宙有三父，一謂天主，二謂國君，三謂家君，下父不順其上父，而私子以奉己。若爲子者，聽其上命，雖犯其下者，不害其爲孝也。嗟乎，斯言心亦忍矣。親雖虐，必諭之於道；君雖暴，猶勉之至仁。如拂親抗君，皆藉口於孝天主可乎？謬四；又曰：國主於我相爲君臣，家君於我相爲父子，若比天主之公父乎？以余觀之，至尊者莫若君親。今一事天主，遂以子比肩於父，臣比肩於君，則悖倫莫大焉。復云此倫之不可不明者，何倫也？謬五。就五謬而反覆玩味，謂余言苛耶非苛耶？吾人居堯舜之世，誦孔孟之書，乃欲舉忠孝綱常而紊之而廢之，以從於夷，恐有心者所大痛也。

人性

綜述

虞淳熙《天主實義殺生辨》 利清泰瑪竇書來，欲與余辨，一月而闡《實義》不得。今其書具在，極口詆蔬食者，謂禽獸紅血，草木綠血白血，不當重禽獸而輕草木。夫肇公之白血，萇弘之碧血，寧獨草木不聞，草繫比丘及斷一樹，不以其時非孝之語乎，草木之妖斫之，血殷刀斧，非白非綠，寧不知痛。故禪枝之蔭覆，虞美人之和歌應拍，靈明涉入，豈容分別大小耶？又云禁殺牲，大有損於牧牲之道，牛馬等受終身之患，不如殺食，止一時之痛。然則負販負鋤之人，囹圄床第之人，與奴隸卒伍諸牛馬走，多少苦患，皆當引頸乞刀下一死。而清泰哀憐行教，何不引國人入犯盡殺之，乃稱志齋乎？又云以牧養而用之，此類繁多，不見蟲多於蠶，蜂蠅蚊蚋多於魚蝦，野禽野獸多於家禽家獸耶？清泰齋志比於齋心，其義不大謬戾，第不識本源，不知萬物一體。雲棲師嘗言：「諸君若皆信受，我將著《破邪論》矣。」蓋憐之云。

聞之劫初，天生地肥以養人，地肥不生，乃生五穀，而啖果茹蔬，皆不傷其根。熟以梂石炭不啻足矣。近世戒僧，耕耘作務，念誦經行，其勞不減僕夫老病者，而精力反勝於肉食之子，何者樂而豐，憂而瘠，不待肥甘之足於口也。若曰天生肉食海物以養人。將曰天生人以養毒蟲猛獸乎？彼非人不飽，猶人非物不飽也，又將曰天生弱之肉以恣強之食，而使相吞噬乎？縱強暴而欺怯弱，天主之心，應不如是也。若夫豢養孳息，生而殺之，殺輪不絕，遂繁生類，家禽家獸，或有焉。然天主生毒蟲猛獸以警外人，何故不生肉食海味以安內人乎？吾國病人老人乳子人資丹石酥酪不傷物命者，皆延年保命。天主肯常生此物自絕殺機，儻必速殺耕野驂乘之牛馬，而脫其終身之患，則患歸僕夫人役，甘與牛馬同受一時之痛，委其勞於大人矣。大人又將誰委乎？勢將人人受刃，昇天堂者，皆斷首決頸之鬼，善吉界，變頭飛國，可畏哉？

又云身體爲外人，魂神爲內人；虎狼輩險外人而寧內人，卒有益於人。虎狼原不爲害，忤逆上帝者招之，不知虎狼何以知人之忤逆上帝耶？使生而知之則虎狼勝於人。天主力能使之警人，何故力不能使人不待警耶？虎狼易化而人難化，天堂爲虎狼之魂神設耶？假令虎狼之險止於警人益人，不吞噬人，人亦何畏乎虎狼而戒懼，儻所謂外人者，終飽其腹，其內人將永墮地獄乎？抑驚魂知懼，徑昇天堂乎？墮地獄則警之無益，昇天堂則捨身喂虎，爲昇天堂之捷徑，有是哉？況魂神爲倀，倀導而噬人，人又爲倀，如此不已，倀亦有益於人乎？抑使捨羊豕而專食人乎？如併食羊豕亦有益於羊豕乎？生弱肉以養虎狼毒蟲，天主當不爾也。吾非不知齋志之義，偶同原思告子第強制其心，佛氏所謂事天神我一外道而已，本之則無如之何？

爲清泰之言者，必曰人之性，非牛之性，馬之性也。至理悅心，則忘勞而戀世，大嚼養力則饕味而貪生。然戀世貪生，肯復思天堂乎？且牛馬性善馳驅，同惜軀命，游牝舐犢，呴煦相樂，試令受一時之痛，免終身之患，不勝悲號觳觫奔走而避之，爲牛馬計而拂其性，所謂無惻隱之心非人也。

黃紫宸《闢邪解》 夷教云：子思子曰率性之謂道。吾將曰克性之謂道。夫性體之未壞也，率之即已是道，乃今人之性也。亦盡非其故矣。不克之又何以成道哉？

闢曰：吾中國聖賢道脈，志之經傳，凡一句一字，皆從心性流溢，豈犬羊所可妄議者。雖不屑與較，第恐無見識者，爲彼所愚，不得不以筆舌明焉。夫率性之道，子思子舉未雕未琢，與生俱來之性，順而行之，莫非天則，少容擬議，便落情識，遂非眞性。故曰天命謂性，率性謂道。若曰克性之謂道，何以謂之性。孔子曰：性相近也，習相遠也。則性乃先天，習爲後染。若云克習則可，而曰克性，則性非外來之物，又焉用克？性若克去，中藏何物？又曰不克之又何以成道，則道在中，而性反在外歟？不然，又何必克性以成道哉？此言荒謬之甚。吾子思子學宗曾氏，脈衍尼山，開中庸之教，闢隱怪之流，故標性之初曰天命，推道之原曰率性，立教之準曰修道。以愼獨戒懼爲入性之功，以喜怒哀樂證性之體，以

中和位育見性之用，而章章有法，井井有條。聖人復起，亦不能少加增減。何物狡夷，敢以袾禰管窺，妄談性命，此之謂不知量也。

釋圓悟《辨天三説》 夫教者導也，所以導人而證道者也。故非道莫導，非千歧而一致、萬類而一得之道，不可以爲道。性命之道，千歧而一致，萬類而一得者也。何人無性，何人無命，聖人無性命以與人者也。導之使各證其本有皆具之性命而已。以性命爲教導，則亦以迷悟爲進退。悟者爲進，迷者爲退。然悟亦無所得，迷亦無所失，故進亦無方隅，退亦無處所，總天下萬類之含靈，唯□進退出入於性命之中，聖人慮其昧而不覺也。故多方而啓迪之，於是乎有權敎焉。有實敎焉。實之所以示頓也，機之所以示漸也。漸者，漸見此道也；頓者，頓悟此理也。頓漸之示，機所緜別也。權也者，有顯權，有冥權。聖人顯權之則爲淺敎爲小道，與其信者爲其小息之所也；聖人冥權之則爲異道爲他敎，爲與善惡同其事，與夫不信者廣爲其方便得道之緣也。是以道妙天人，而天人莫能測者也。然則聖人之道之敎，固已彌綸三際，磅礴萬有者矣，豈以從己者爲私人，而傍徨於進退得失之間哉？

夫余所以與天教辨者，非求勝之而使人之從我也，畏夫人之不知道而昧己也。昧夫己則逐夫物矣，逐夫物則妄念生焉。未有妄念動於中得爲仁人君子，而不罹夫殞身喪富之禍者也，何也？覬夫人，矜夫己，而不悟平等之理也。不悟平等之理者，不達本性之實也。達夫本性，則無欠亦無餘，無智亦無得矣。以無所得故無所求，非無求也，求自本心而已；非無得也，得自本性而已。所以先德云不著佛求，不著法求，不著僧求，嘗禮如是事，則皈依之義蓋可知矣。故范君謂余彼欲化我，雖是好心，夫子之説君子也，余豈敢當哉。謂我輩斷斷無捨天教皈依佛者，無乃駟不及舌歟？

夫佛者覺也，覺盡本性而無餘覺者也，故名大覺，亦名正覺。其覺也非一己之覺也，與萬靈同稟是覺，而特先證其覺者也。人不稟是覺，則無是人矣。物不稟是覺，則無是物矣。范君不稟是覺，則無是范君矣。無人無佛無范君，則天地世界且空荒絕滅矣，誰爲名天名物名敎化名歸依者哉。夫范君即今能藏竄范君乎？范君能回避范君乎？如不能藏竄，不能回避也，則范君行皈依佛矣，范君住皈依佛矣，范君坐卧皈依佛矣。自有范君以來，固無刼無生無時無處而不皈依佛者也。乃至謂斷斷無捨天教而復皈依佛者，亦皈依佛矣。魚龍死生在水而不知水，衆生終日在覺而不知覺，可不謂大哀耶？惟人有覺而不自證其覺。有大聖人者，先證我所同然之覺，復不敢自私其覺而欺夫人之不覺。實而示之，權而敎之，多方淘汰而啓牖之，必使其超然契證，直趨乎眞際而後已，聖人何如心哉？聖人何如人哉？我與聖人同稟是覺，而不自知其覺，則我之負於人多矣。復不欲夫聖人之我覺而狎之侮之排之毁之，則是欺夫聖人矣。聖人與我同覺者也，欺夫聖則欺夫自矣。自不可欺而聖人固可欺乎？今閭巷之人，欲以言而辱人，必亦思曰：彼福德人也，不可辱也，辱則折吾福矣。

釋如純《天學初闢》 天教云：性異同，緜魂異同；類異同，緜性異同焉。

闢曰：夫血氣之屬必有知，凡有知者必同體。蓋目均視焉，耳均聽焉，身均覺焉，鼻均嗅焉，舌均味焉，心均思焉，順則樂而逆則悲，生則安而死則危。其不學而知曰良知，不學而能曰良能，豈惟人有哉？即至微如蚊蚋蚤虱，莫不知趣利避害，慾食行藏，其所以不能推論道理者，黑業使之然也，非知之體有異乎人者也。若必以推理別其類，豈惟禽獸哉，而人亦有之。且多有之亦可謂非類耶？既不能推理，未可以濾分類，是以形而類，非以性類也。況人之行猶有甚於禽獸者，又將何以類之哉？故人畜異類并異其性者，非也。孔子曰：「性相近，習相遠。」斯言得矣。

死亡

綜述

黃貞《尊儒亟鏡・生死理慾相背説》 自十六字傳心以來，中國之儒，門無異學，惟有仁義而已。故生死皆不失其正，仲尼集千聖之大成，孟子學孔子者，後先垂教，可謂至矣。妖夷不知眞體所在，心惟天主是逐，不嫌盡此生而媚之，則生也爲抱妄想，生是虛生，志惟天堂是惑，不

難捨此生而求之，則死也爲抱妄想，死是虛死，生死皆慾也。夫吾人之生死大事也，妖夷與孔孟理慾相背如此，矧其他乎？

又《受用苦樂相背說》 子罕言命與仁，《注》曰：「命之理微，仁之道大。」蓋命即理也，此理極精微；仁乃道也，此道最廣大。惟君子致廣大而盡精微，總之所以尊德性也。此德性非可以言傳，乃千聖不傳之秘，現成之受用。《易》云：「艮其背不獲其身。」《書》云：「安汝止。」如是則可以見聖人，生未嘗生也，死未嘗死也。所謂生死不相干也，所謂齊生死也，超生死也，所謂「毋意必固我」者也。聖賢生之受用誠樂哉，如是則與狡夷之所謂靈魂者，生時如拘縲絏中，既死則如出暗獄，教人苦生樂死也，毫不相干矣。蓋狡夷不知眞體所在，外執天主，內執靈魂，情著天堂，而謀所以登，無事而自被刑枷，非罪而槌胸乞救，活潑潑之趣何在，坦蕩蕩之宗奚存，狡夷與聖賢苦樂相背如此，矧其他乎？

許大受《聖朝佐闢・七闢竊佛訶佛種種罪過》 夫儒曰生生，此據吾性之流行偏滿，如環無端者言之也。佛曰無生，此據吾性之離過絕非，如空無跡者言之也。老氏明知天地不能長且久，而於深根固蒂下，着有長生二字。正借長生以見不如常無常之有妙竅，而欲人悟入耳。今彼邪說乃改長生爲常生。夫生者起也，起可常乎？問之則曰人之墮地獄者，魂雖不滅，與死一般，不知行屍走肉之喻是儆詞，非實語也。既云不滅，何可謂死；既本不死，何求常生。嗚呼，此正是彼徒於無主中強作主，而千邪萬過之所自開矣。至其敎法，第妄希他日之魂常生，而今日之形莫急於求死。云彼國之遇生子者，親友共至其門，哭而吊之；父母死則共作樂而賀之。又曰此世界是禽獸之世界，故以死爲天恩，非獨不避而且樂之。人有失其二目者，謂是天主大恩，去其二怨賊等語。

夫儒言不敢毀傷，固非離形而覓性。即佛言忘身爲法，豈其欣果以厭因。而彼且言爲天主死難者，昇最上天。以致日夜鼓舞愚民，人人敢死，不知其意果安在乎？按禪師言，悟道之人，終日喫飯，不曾咬着一粒米。設其未悟，如海中有一業畜，名壓油殃，死幾千番未能捨殼，則生何礙道，死又何益於昇天。而彼邪人乃敎人求死乎？彼又謂地獄無多所，只有鍊清孩童，鍊罪永苦等四重。鍊清以處我中國之聖帝明王，聖師豪傑，孩童以厚諸凶短折，鍊罪永苦以驅天下之不從彼說者。問彼孩童獄之義何居？答曰：天主以孩童之無知爲可取，故以此薄鍊其原罪，罪畢出世，身量永不長大，而自在快樂，靡有窮期。若孩童生前，曾遇彼徒灌聖水者，其樂更倍。於是簧鼓蚩氓，幸其子之夭亡，而悼其不曾灌聖水也。余恨其簧鼓，詰曰：所謂孩童以幾歲限。彼曰視黠癡，黠者既孩准長，癡者稍長准孩。若是則人家生子，祝夭又祝癡，而耆頤明哲，反不如殤悼蔽蒙矣，有是理乎？且按《藜藿亟言》中，言彼夷殘甚，數掠十歲以下小兒烹食之。率一口金錢百文，惡少緣以爲市，廣人咸惴惴莫必其命。御史丘道隆、何鰲，皆疏其殘逆異狀等語。此固其誘嬰孩以速死之本意，而可令其易種於我仁壽之域乎？又曰地獄中，無佛氏火塗之說，但苦極暗極濕極窄。余曰：「暗與濕即不問，若窄安容無量罪人？」彼曰：「性靈與形骸不同，如千燈互照，雖窄如針鋒，無憂不容。」余曰：「汝輩謂佛理誑虛，汝獨課實。若是則與坐微塵裏，現一毫端之旨合矣。何成課實？」彼乃良久又遁其說曰：「雖云極窄，亦頗大在。」答曰：「此更不通，若性同形骸者，自開闢來，積骸如大地高山，復多無筭，將欲容向何處。」彼語方塞，天堂之誑與此相類，則謂彼理最實宜尊，彼言不誑宜學者，何其全無涇渭耶？

鍾始聲《天學再徵》 其言曰：「生前爲善爲惡，其魂各以死後赴天主審判。」徵曰：若天主無形聲處所，則死者將何所赴？若可赴聽審判，殆如世間士師，亦如釋氏所稱閻羅。然設如士師，則士師亦父母所生，不免老死者也；設如閻羅，則閻羅亦衆生數目，不免輪迴者也。猶可稱無始無終，造物之眞宰耶？

其言曰：「天堂地獄之報，決不可免。所以定有後世；無有一人能憶前世事者，所以定無前世。」徵曰：執途之人而問以初生時事，亦無一人能憶之者。可謂幷無初生事乎？初生雖不憶，不可謂無初生，前世雖不憶，又安知無前世也？

天堂地獄

綜述

釋圓悟《辨天三説》 夫天堂地獄，蓋衆生業力所召，非夫病者所受之症候，所感之寒熱乎？而天敎唱言，皈依者昇天堂，不則地獄而已。簧鼓愚民，欣上厭下，捨此趣彼，則已以病而加諸人矣。反以兩醫爲喻，抑何其自昧而昧人耶？故范君謂佛教以天堂地獄，教化衆生者亦妄也。佛蓋知夫天堂地獄之所繇來，故立戒定慧之教，引而出於昭曠之原耳。何也？一切衆生所以輪轉三界，流浪四生者，蓋業感爲其累也。業感之累，始於妄想之所因。妄想之因，始於不達本性之故。以其不達本性，著於前境，緣境爲識，循識爲業，繇業得報，故有六道種種差別之異果。果識爲因，熏發現行，而輪迴於是乎不息矣。然此如如正體，無始無終，不自天來，匪從人得，故曰無所從來，亦無所去，故名如來。但迷之則生死始，悟之則輪迴息，使天主苟不自悟，則亦浮沉三界之人耳，烏能以靈魂與人哉。使三界之人而苟自悟，則不妨隨處作主，遇緣即宗，在天而導夫天，處人而導夫人，非夫天人而命夫天人。命夫天人者，而天人無以命之。然則所謂天主者，蓋名也虛也；而名乎天主者，非虛也，本性之實也。本性之實，則無物不同，無物不然。然自得其然，非有所以使之然；同自得其同，非有所以使之同。無使而同，是之謂大同；無使而然是之謂大然。窺之不見其際，探之莫測其源，包乎天地，貫乎古今。精日精月，靈鬼靈神，出入乎死生，主張乎天人者，而天人烏得而主張之哉。出入乎死生者，而死生烏得而出入之哉？至哉妙乎，本性之實也。范君不務本實，徒羨虛名，執妄想之空相，而甘心於天主天堂之樂，非皇祖所謂爲人性貪而不覺，而又取其樂者乎？愚及世人，禍及今古，洋洋聖訓，臨爾有赫，奈何其不懷明畏，乃有所隕越耶？無論三界無安，猶如火宅。范君不宜俾晝作夜，畏日趨冥。然天堂亦非倖至之鄉，未有身行十不善道之業，而能高距六欲之境，而況其四禪八定者乎？故曰五戒不持，人天路絕。夫身有不善業者三：曰殺，曰盜，曰淫；意亦有三：曰貪，曰嗔，曰痴；口則有四：曰妄言，曰綺語，曰兩舌，曰惡口，皆絕人天之路之業者也。而殺盜淫爲首，殺尤首矣。貪嗔痴則其所自起者也。范君既謂天敎亦以天堂地獄教化衆生，而反恣情縱欲，謂一切衆生固當食噉。蓋天生以養人者，天何頗耶？害性命以育性命，天道至仁豈然乎哉？唱如是説者，不過以口腹者，乃生人之大欲存焉。投其所欲以要人耳，行地獄之因，希天堂之果，豈非天堂未就，地獄先成者乎？據是則身行明示，尚乃如此。如謂必先講明天主大義，至再至三，然後受教，其進若此之難者，則余又豈能測其講明何義，而非私傳暗授不可知之説者乎？